U1003101

本書爲國家社科基金項目
『朱子《近思録》東亞版本研究』
（編號15BZX041，結項鑒定等級爲『優秀』）成果
蘇州大學人文社科優秀學術專著資助出版

《近思録》東亞版本考述

上

程水龍 著

鳳凰出版社

圖書在版編目（CIP）數據

《近思録》東亞版本考述 / 程水龍著. -- 南京 :
鳳凰出版社, 2022.8
ISBN 978-7-5506-3668-2

Ⅰ. ①近… Ⅱ. ①程… Ⅲ. ①理學－中國－南宋②《
近思録》－版本－研究 Ⅳ. ①B244.75

中國版本圖書館CIP數據核字(2022)第132852號

書名	《近思録》東亞版本考述
著者	程水龍
責任編輯	吴 瓊
裝幀設計	徐 慧
出版發行	鳳凰出版社(原江蘇古籍出版社) 發行部電話025-83223462
出版社地址	江蘇省南京市中央路165號,郵編:210009
照排	南京凱建文化發展有限公司
印刷	蘇州市越洋印刷有限公司 江蘇省蘇州市吴中區南官渡路20號,郵編:215104
開本	718毫米×1005毫米 1/16
印張	97.75
字數	1250千字
版次	2022年8月第1版
印次	2022年8月第1次印刷
標準書號	ISBN 978-7-5506-3668-2
定價	980.00圓(全三册)

(本書凡印裝錯誤可向承印廠調换,電話:0512-68180638)

程水龍，安徽郎溪人。2003年、2006年分別於安徽大學中文系、華東師範大學古籍整理研究所獲碩士、博士學位，2010年復旦大學中國語言文學系博士後流動站出站。現爲蘇州大學文學院教授、中國古典文獻學博士生導師。主要從事古文獻學、朱子學文獻的教學與研究，著有《〈近思録〉集校集注集評》《理學在浙江的傳播》等，主編《東亞〈近思録〉文獻叢書》，校點整理《近思録集解》《性理群書句解》《近思録釋義》《近思録欄外書》等。

序

從當初的博士論文《〈近思録〉版本與傳播研究》，到如今《〈近思録〉東亞版本考述》的成書出版，程水龍教授在“《近思録》文獻整理與研究”這方雖小而見大的學術園地裏，已經深耕了將近二十個年頭。除了這兩部專著外，他還先後出版了編著《〈近思録〉集校集注集評》，撰著《理學在浙江的傳播——以〈近思録〉爲中心的歷史考察》，校點整理宋葉采《近思録集解》、蔡模《近思續録》《近思別録》、熊節《性理群書句解》等古籍，亦可謂碩果纍纍。雖然這樣的成果還只是對《近思録》這部理學經典的“周邊”研究，理學研究一向崇尚高深而不屑於此，但鑒於能如此專注而一貫，持續而有獲，也就不得不説是難能而可貴了。

《近思録》是朱子最具影響力的理學著述之一，也是研讀中國思想史的首選經典之一，其重要性堪比經書，這一點前輩大師如梁任公、錢賓四先生早有宣示。《近思録》在古代中國及日本、朝鮮廣泛傳播，經久不衰，歷代注釋、講説之作，要比除儒道經書之外的任何一書爲多，這一點也已有前輩大家如陳榮捷先生揭示。而《〈近思録〉東亞版本考述》的理論意義和學術價值，則在其運用傳統目録版本學爲主要研究方法，對現存中國、日本、朝鮮的古代東亞地區的《近思録》各種傳寫傳刻本，包括後世宗朱學者的注釋、續補、仿編、劄記、問答、講義、釋疑、訓點等研究著作，展開充分的調研、翔實的記録和系統的梳理，從而揭開了一個數量與門類均遠超以往認識的“東亞《近思録》系列文獻”的朦朧面紗，令人不得不對朱子《近思録》的歷史傳播和思想影響，再度“刮目相看”，並爲學術界對《近思録》的持續深入研究，提供了一串開啓文獻資源寶庫大門的便利鎖鑰。

在《〈近思録〉版本與傳播研究》出版後的十數年裏，水龍教授一直没有停下在國内外尋蹤《近思録》傳本的脚步，並因此不斷發現新綫索，陸續積纍新材料，《〈近思録〉東亞版本考述》便是其鍥而不捨、辛勞收穫的集中展示。雖説新著是在原書基礎上的擴展,卻非一般意義上的修訂與增補,無論搜輯範圍還是揭示力度,論説分析還是建構框架,都已面目一新。尤其是日本、朝鮮《近思録》版本部分,幾佔全書一半篇幅,純屬"前所未有",令人印象深刻。揭示這些歷史傳存的版本價值,已不衹是比較版式形態差異、文字異同優劣的一般版本意義,更在思想史、學術史層面上,實實在在地反映了東亞朱子學者對理學核心觀念的認知差異和詮釋異同。例如書中披露朝鮮學者鄭重器的《對近思録策》,是他參加李朝英祖二十三年(乾隆十二年)朝廷會試的策對文章。《近思録》居然被列入國家取士最高層級考試的策問試題,這在中國明清科舉史上也是未曾發現過的事例。再如葉采《近思録集解》在李朝最爲流行,不僅被屢屢翻刻,且有諸多注本,如韓元震《近思録注説劄疑》、姜奎焕《近思録集解劄疑》、李宗洙《近思録葉注劄疑》、南漢皜《近思録葉注記疑》、林翰周《近思録葉注存疑》等。這種以質疑、商榷爲特點的注釋版本,在中國歷代《近思録》注家中也是較少見到的。屬於"域外漢籍"的東亞《近思録》版本,既是見證日本、朝鮮儒學發展史的重要歷史文獻,也可用爲我們深入發掘《近思録》思想資源而借鑒的他山之石。

"朱子《近思録》東亞版本"的歷史陳賬,經水龍教授十餘年鍥而不捨的學術努力,始獲清算,這在《近思録》研究史上應説是一樁不小的成就。也許以後還會有若干文獻新發現,但無需再作如此大規模的版本整理研究工作是肯定的。聽水龍教授説,他有在中哲史方面再作進修的打算,厚殖自己的理學素養,以求繼續並深化其"《近思録》文獻整理與研究"的學術關懷。我十分讚賞這種不忘初衷、不斷進取的學術精神和學術進路,並熱切期待水龍教授在這塊園地裏栽培出更多的花果。

嚴佐之

2021 年 4 月

目　録

上册

下册

中編:《近思録》朝鮮半島版本考述

下編:《近思録》日本版本考述

餘論:《近思録》傳本在朝鮮半島、日本間的流佈

圖　録

插圖目録

緒　論

中國自西漢開始便以儒家學説作爲治國的政治理論，傳統儒學到宋代衍化爲一種新的理論形態，有人稱之謂“新儒學”。它承繼孔孟儒學，揚棄佛、道思想，將其精華融入儒學本體，形成一種脱胎於傳統儒學的儒學，提出了比較完整的哲學體系。其内容關乎修齊治平，涉及道德、政治、教育等諸多領域，是我國古代學術思想的重要代表，其中以程朱理學爲主體的擁有完整體系的儒學，在東西方世界具有相當影響。因而陳寅恪説，“華夏民族文化，歷數千年之演進，造極於趙宋之世”①。

天水一朝給後世留下的瑰寶之一就是宋代理學，它在我國學術思想史上具有重要影響。陳來認爲脱胎於傳統儒學的理學，“是十一世紀以後主導中國的思想體系，而且是前近代東亞各國（朝鮮、越南、日本、琉球）佔主導地位或有重要影響的思想體系”，是“近世東亞文明的共同體現”②。既然程朱理學源自中國傳統儒學，是中華民族的精神傳統，那麽歷史上帶有漢字文化圈歷史基因的東亞各國自然對其有着强烈的認同感，也曾將其作爲官方意識形態，在接受的同時又予以發展傳播。並且，理學對東亞各國、以及西方世界的深遠影響是伴隨着傳載其學術思想的文獻而展開的。程朱理學精髓主要融會於宋代新儒家傳道授業的言論著述之中，由朱熹、吕祖謙編輯的《近思録》，傳載的是周敦頤、張載、程顥、程頤四子的學術思想，是北宋理學思想的精要體現，隨後面世的《近思録》後續著述，多明確反映朱門學術思想體系，這些著述不衹是在中國本土傳播，而且傳播到朝鮮半島、日本、越南，甚至歐美。

中國是儒學的發源地，以儒學爲重要内容的中國傳統文化，對朝鮮、日

① 陳寅恪《鄧廣銘〈宋史職官志考證〉序》，見《金明館叢稿二編》，上海古籍出版社，1980 年 8 月 1 版，第 245 頁。

② 陳來《宋明理學》，華東師範大學出版社，2004 年 3 月 1 版，第 321 頁。參見陳來《東亞儒學九論》“前言”，生活・讀書・新知三聯書店，2008 年 8 月 1 版，第 1—2 頁。

本、越南的歷史和文化曾産生巨大影響。因爲該學術思想擁有濃厚的文化積澱,具有治政的功能性,故儒學曾經成爲這些國家的官方意識形態[①]。在中國本土,由傳統儒學演化而成的程朱理學於明初被皇權捧上了至高無上的地位,用以禁錮人們思想,以至於滿清王朝也很看重程朱理學的政治統治功能,以之教化民衆,維護其統治秩序。那麽,程朱理學在東方漢字文化圈的朝鮮半島、日本列島的生命歷程又如何呢?

朝鮮半島在新羅統一前,儒家思想已長期在此傳播。新羅統一後,引進唐朝的文化制度,成立"國學",以《論語》《孝經》爲基本教材,教授儒家經典,其儒學以經學爲主。由於該區域有儒家學説傳入的歷史基礎,故而程朱理學在此後的傳入也就水到渠成。高麗朝(918—1392)末期,程朱理學正式傳入朝鮮半島,高麗的儒學者安珦、白頣正、禹倬、權溥、李穡等在引進傳入程朱理學過程中發揮了很大作用。據《高麗史》記載,安珦(晦軒)多次到元大都,因敬慕朱熹而抄録朱熹之書,接受朱子之學,他回高麗的時間比白頣正早,依此可以説,最初是他將朱子學引入朝鮮半島,故學界一般認爲在西元 1290 或 1300 年,安珦引入朱子學。白頣正隨忠宣王到元朝的燕京,停留十來年,相較於安珦則在中國浸潤要久,歸國時也帶回了有關程朱性理之書。禹倬(易東)參究《程氏易傳》,以《易》説爲中心在朝鮮本土授徒傳播;權溥(菊齋)刊行了《四書章句集注》,也是"東方性理之學"重要倡行者之一。

等到高麗朝後期,隨着程朱理學的進入,儒家思想在高麗末呈現大發展的趨勢。高麗朝末年,作爲白頣正門人、權溥女婿的李齊賢,受其前輩影響,諳熟朱子學,又與元朝的姚燧、閻復等交游,對程朱之學認識較深。隨後,李齊賢門人李穡,以及李穡門人鄭夢周、權近等,逐漸使得朝鮮半島的朱子學學風步入正軌,以至李牧隱在詩文中不禁高歌"望道唯憑性理書"。在恭愍王時期,高麗朝的朱子學者講性理,主張排佛,有力地促成東方性理之學大興。

當朝鮮李氏王朝(1392—1910)建立後,便推行積極的崇儒政策,李成桂扶持了一批儒學群臣的成長,爲朝鮮朝培養了德才兼備的治國文臣,諸如鄭夢周、鄭傳道、權近等人。他們依據儒家《書經》等制定了治國綱領、典章制

---

① 王家驊"自序",第 2 頁。載於王家驊《儒家思想與日本文化》,浙江人民出版社,1990 年 3 月 1 版。

度，促進李朝社會形成崇尚禮義的民風。此後，在李滉、李珥等本邦大儒的推動下，朝鮮半島的儒學進入全盛時期。當時在朝鮮朝社會影響巨大的學術思想，就是被朝鮮半島繼承、改造的朱子學，並很快居於意識形態地位。縱觀朝鮮李朝歷史，朱子學的價值長期爲社會統治者所肯定，且借助社會權力機構將朱子學制度化、合法化，所以儒家倫理在很長的歷史階段内成爲了朝鮮半島人民的生活倫理。

與朝鮮半島相類似，同中國一水之隔的日本在歷史上也多蒙中國文化的滋潤。公元五世紀後，中國儒學思想傳入日本，但因五、六世紀的日本社會"還不具備使儒學發生廣泛影響的思維水準與社會條件"①，因而中國儒學在那時的影響也不廣泛，等到七世紀以後，儒學的影響纔日漸擴大。七世紀初期，當時的日本尚處於以部民制爲特徵的奴隸社會階段，他們不斷派遣隋使、遣唐使、留學生、留學僧前往中國大陸，吸收自己傾心仰慕的先進文化，主動地將中國經濟、政治、文化以及封建生産方式等移植到日本，完成了由奴隸制社會向封建社會的飛躍。孝德天皇的大化革新(645)使日本進入封建社會。

七世紀以後，中國儒家的天命觀、仁政思想對奈良時代(711—793)、平安時代(794—1192)的政治産生過巨大影響。那時的日本還未形成自己的政治理論，而國内形勢又逼迫封建統治者進行改革，於是他們援用中國儒學爲其提供政治理念，對儒學表示認同。奈良時代、平安初期的諸位天皇，大多具有中國的文史典籍和儒學知識的修養，熟悉唐王朝的統治經驗，尊孔尚儒。在大化革新後至平安時代前期，日本"在思想上多係中國儒家思想的照搬與模仿，很少創新與發展"②，以致儒學不能沉潛於日本民族文化的底層，其影響僅僅在日本文化的表層，確切地説儒學主要還是在社會的上層傳播。正如王金林所言："儒學在古代天皇制的確立和發展過程中，起過重要的作用，曾是中央集團政治體制的指導思想。"③自平安時代中後期開始，隨着皇權的旁落，儒士遭受藤原氏冷落和排斥，儒學開始逐漸衰落，大學寮荒蕪。

宋代形成的新儒學(日本人又稱之謂"宋學")，其主流派是濂洛關閩之

---

① 王家驊《儒家思想與日本文化》，第 9 頁。

② 王家驊《儒家思想與日本文化》，第 52 頁。

③ 王金林《日本天皇制及其精神結構》，天津人民出版社，2001 年 8 月 1 版，第 124 頁。

學,"是儒學由漢唐的訓詁學,進而受到佛教和道教影響,發展成爲帶有明顯的思辨哲學特點的、探究人的本性、注重道義、主張知行合一的學説,最早由俊芿傳入日本,後來又隨禪宗傳播"[①]。程朱理學是宋學的主體,其傳入日本的時機,大約與日本的來宋僧密切關聯,且是作爲禪宗的附庸在鎌倉時代(1192—1333)中期進入日本。日本學者坂本太郎認爲:"鎌倉時代起傳來的宋學,即朱子學,與禪僧一起逐漸傳播開來,到這一時期已成了儒學的主流。因此,這一時期的儒學,完全是由禪僧維持的。"[②]其中的主要人物有日僧俊芿、圓爾辨圓及宋朝僧人蘭溪道隆、大休正念、一山一寧等。

宋代融合佛、道學説的新儒學,切合了當時鎌倉武士社會宗教哲學思想的需求,"禪儒合一,參禪者幾無不傾心宋學"[③],於是程朱理學隨着佛家禪宗的傳入到了日本。隨後的室町時代(1336—1573),禪學與宋學合流。之後五山儒學分爲公卿博士、薩南、海南三學派。此時程朱理學思想逐漸向地方普及,正如朱謙之所言,"室町時代末,宋學思想逐漸佔據統治地位,尤其當時勃興之地方大名如大内氏、島津氏、菊池氏,均受儒教的影響,積極地以儒教爲其領内封建統治之理論基礎。因此,儒教乃相當普及,地域的弘佈也逐漸廣闊"[④]。中國儒學在鎌倉、室町時代的長期流播、浸潤,使其影響逐漸擴大,爲江户時代(1603—1867)新儒學的獨立、全盛創造了有利條件。

日本近世(1576—1867)以前的思想統治主要手段是神道、佛道等宗教,而儒學儘管受古代天皇尊崇,成爲君主統治的政治理論,但是儒學衹是上層統治者的教化工具,没有被作爲主流意識形態向民衆灌輸[⑤]。後經藤原惺窩、林羅山等大儒努力,儒學佔據了官方教育的統治地位,於是演變爲説教人民接受統治的工具。由於程朱理學注重倫理,其"三綱五常"具有絶對的、永恒的、至上的特性,比宗教更利於維護封建秩序,其所宣導的君臣之間的大義名分思想,與日本封建貴族領主的需求相吻合,能適應日本近世社會的切實需求,故很快成爲幕府各藩維持身份制度的御用學説,成爲日本封建社會成熟

---

① (日)坂本太郎《日本史概説》,商務印書館,1992 年 8 月 1 版,第 188 頁。

② (日)坂本太郎《日本史概説》,第 236 頁。

③ 朱謙之《日本的朱子學》,人民出版社,2000 年 12 月 1 版,第 46 頁。

④ 朱謙之《日本的朱子學》,第 126 頁。

⑤ (日)井上清《日本歷史》,陝西人民出版社,2011 年 8 月 1 版,第 160 頁。

期以後的儒學主流。

朱子學[①]在鎌倉中後期剛開始傳入日本時，速度較慢，自戰國時代（室町時代後期）起到江户時代初期，儒學逐漸普及到地方，從發展走向興盛，“直至戰國時代末期以及江户時代，日本朱子學者纔出現”[②]。所以朱謙之説：“江户時代的儒學，是統治階級的幕府之學、朝廷之學，在大阪則成爲町人之學，還是給剥削階級服務。……祇有統治階級纔想利用儒教教義來維持這階級制度之封建國家的現狀。……幕府之學與朝廷之學是完全一致的。因此幕府提倡朱子之學，朝廷也提倡朱子之學。”[③]

江户時期日本的儒學者又不斷努力使程朱之學的學術思想與其社會發生關聯，以增强該學説的社會影響力，以至出現江户時代程朱理學影響甚大的局面，並逐漸成爲統治性的社會道德。朱子學在江户時代的發展、繁興，原因複雜，在此筆者參考朱謙之《日本的朱子學》、王家驊《儒家思想與日本文化》、王金林《日本天皇制及其精神結構》等前輩著述，總結了朱子學受尊崇的主要原因：一是德川幕府在武力統治之外需要一種思想學説加强統治，而朱子學是在傳統儒學基礎上發展革新後的學術思想，符合幕府政治思想統治的需要；二是朱子學具有思辨性的精緻理論，對當時幕府現世統治秩序的合理性是一種肯定，有利於維護幕府政治體制，符合武士統制結構的需要；三是朱子學的“大義名分”論思想，維護了幕府政治的嚴格身份等級制度，注重於“忠”“信”，而“孝”則次之，故而也得到諸大名的回應，朱子學作爲官學，發揮了穩定幕藩體制和身份等級制的保守作用；四是日本朱子學者的宣導與社會教化的需要。

可見，朱子學在日本興盛的重要原因，主要涉及日本社會統治階層的主觀願望、社會教化、同期中國思想文化的影響等多種因素。儒學不但由江户幕府所宣導，也爲各地方的“大名”和歷代天皇所尊崇。從後陽成、後水尾、後光明等歷代天皇或敕版刊行四書、《孝經》，或進講《論語》《孟子》，或盡力於公

---

① 在朝鮮半島、日本，理學包括程朱學派、陸王學派在内，非單指程朱理學。在日本，宋學正統派是濂洛關閩之學，自戰國時代起到江户時代初期，發展極盛。寬政禁異學後，朱子學成爲官學。本文中所用概念“程朱理學”“理學”“朱子學”，稱謂雖異，然皆指程朱之學，非陸王心學。

② 王玉强、陳景彦《日本朱子學的官學化研究》，載於《社會科學戰綫》2013 年第 7 期，第 264 頁。

③ 朱謙之《日本的朱子學》，第 157 頁。

家的修學看，其所重用皆爲朱子學[①]。德川幕府文教政策的實施，以禮教文化政治緩和了幕府初期的武力殺伐之風，促進了社會的和平與安定。再者，江户時代中國文化對日本的影響，主要還是明末歸化人與清康熙、乾隆朝文化的影響，伴隨此影響的是大量反映中國思想文化典籍的圖書傳佈日本，如《近思録》及其多種整理本被日本社會接受，同時被革新改造，衍生出大量本土化理學文獻。此時的程朱之學已經滲入到日本人的靈魂之中。而且，朱子學的合理思想，還"爲日本接受近代西方自然科學奠定了基礎"[②]，可以説明治時代宣導向西方學習，也有朱子學的功績。另外，"儒學的一部分價值觀、倫理觀，已積澱爲日本人的道德規範和民族心理"[③]。具有多維價值觀並以樂於吸收外來先進文化而著稱的"日本民族，也不會像一些著作所描繪的那樣，會輕易地改變千百年形成的民族文化心理"[④]。因此，在明治維新後的東西方文化衝突中，儘管出現對政治化儒學的批判，但程朱理學的倫理觀依舊還是日本國民的主要道德準則。

程朱理學最接近中國傳統儒學，是中華民族的精神傳統。從現存文獻資料考察，它是中國封建社會中後期佔主導地位的社會思潮和意識形態，作爲居東亞宗主國地位的中國的主流學術思想，它在朝鮮半島、日本儒學中影響極大，東亞區域的邦國對其有着强烈的認同感，在受容的同時又予以發展傳播，特別是朝鮮半島、日本的新儒學對於程朱理學思想的發展也做出過創造性的貢獻。由於理學對周邊各國的深遠影響是借助傳載其學術思想的文獻而展開的，"《近思録》文獻"作爲北宋四子、南宋朱子與各時期理學家學術思想理論體系的集中體現，又自成一體，東亞《近思録》及其注本、續仿編本等後續著述，可串起七百多年的思想學術史，因此研究中國的《近思録》文獻，考察朝鮮半島、日本本土化的《近思録》文獻，是我們探討程朱理學在歷史上東亞思想學術領域影響的極佳門徑。

---

① （日）栗田元次《皇室與江户前期文化》，見《日本文化史大系》第 9 册，第 24—25 頁。

② 王家驊《儒家思想與日本文化》，第 113 頁。

③ 王家驊《儒家思想與日本文化》，第 416 頁。

④ 王家驊《儒家思想與日本文化》，第 178 頁。

一、現存《近思録》文獻的東亞版本概況

自古以來中國典籍對外傳播，最先是被其鄰邦接受。歷史上的東亞漢字文化圈包括中國本土、朝鮮半島、日本、越南，由於氣候、戰亂等因素的影響，《近思録》紙質文獻在越南鮮有存世，故本書對南宋至民國期間東亞現存《近思録》文獻版本的考述，則以中國、朝鮮、日本的此類文獻爲研究對象，據此能基本上反映歷史上東亞漢字文化圈理學文獻的存世概況。

在撰寫本書前，筆者以東亞漢字文化圈的中心——中國作爲古文獻調研的基地，逐漸延伸到對韓國、日本、美國等主要藏書機構現存東亞《近思録》文獻版本的實地目驗，在掌握了絶大部分相關文獻的版本後，便以傳統的書志體方式對各類版本進行嚴謹考述。經筆者過目的《近思録》文獻版本有幾萬册，最終寫進本書的各類版本計有 600 多種，目前存世的《近思録》東亞版本及存世現狀如下：

（一）朱熹、吕祖謙共撰《近思録》

明代嘉靖六年（1527）賈世祥重刻本，嘉靖十七年吴邦模刻本，萬曆三十五年（1607）朱崇沐刻本，崇禎八年（1635）鮑懋度刻本，崇禎九年張雋等人校刻本，明嘉靖年間張子繼刻本。清代吕留良家刻本包括兩大類：一是清初吕氏家塾讀本《近思録》，光緒三年（1877）傳經堂影刻本，清光緒十年三原劉氏傳經堂重刻本，民國年間上海中華書局鉛印本；二是清初寶誥堂《朱子遺書》初刻本，清代傳經堂《朱子遺書合編》刊本，道光三年（1823）重刻寶誥堂所刊《朱子遺書》本，咸豐七年（1857）湛貽堂重刻本，咸豐十年長沙徐樹銘校刊本，同光年間猗氏孫應文方麓書院刻本，光緒十二年賀瑞麟重刻本，光緒二十五年傅維森刻《端溪叢書》本。

朝鮮李朝英祖二十九年（1753）廣州府刊本，廣州府刊本的後印本，李朝宣祖三十二年（1599）姜沆筆寫本。

日本山崎嘉日文訓點本主要有：日本寬文十年（1670）壽文堂刻本，洛陽武村市兵衛、大坂武村佐兵衛刊本，安永三年（1774）壽文堂、井上清兵衛重刻本，覆刻安永三年刻本，安永九年新發田藩刻本，文化十一年（1814）重刻安永三年刊本，弘化三年（1846）菱屋孫兵衛修訂本，明治四年（1871）佐土原藩學

習館重刻山崎嘉訓點本;天保二年(1831)活字本。其他日文訓點本主要有:安政三年(1856)刊本,安政三年會津藩刊本,《小學》六卷與《近思録》十四卷合刊的和刻本。

日本重刻《近思録》本中無訓點的版本主要有:好古堂活字本,天保四年寫本,昭和六年(1931)東京春秋社日文排印本等。

(二) 南宋陳埴《近思雜問》

元代建安吴氏友于堂刊本,明初翻刻元代吴氏友于堂刊本,明弘治十四年(1501)高賓重刊本,正德年間京兆木石山人刻本,清乾隆年間《四庫全書》抄寫本,乾隆年間佚名烏絲欄抄本,同治六年(1867)東甌郡齋刊本,清末無名氏抄本,民國年間《四庫全書珍本》影印本。

日本寛文六年(1666)山森六兵衛刊行的日文訓點本與後印本。

(三) 南宋蔡模《近思續録》

《新編音點性理群書句解》本《近思續録》,元刊本;清康熙二十八年(1689)吕留良天蓋樓刻本;清光緒三十一年(1905)張晉刻本。

朝鮮李朝宣祖三十二年(1599)姜沆筆寫本;李朝人佚名筆寫本;李朝《新刊音點性理群書句解》本包括:太宗十五年(1415)崔迤刊本,世宗二十一年(1439)銅活字本,李朝成宗年間覆刻甲寅字本,成宗十九年(1488)木板本,燕山二年(1496)翻刻甲寅字本,明宗年間(1546—1567)甲寅字、乙亥字混用的活字本。

日本寛文八年(1668)小松太郎平刊本,延寶年間(1673—1680)出雲寺松柏堂翻刻寛文八年本。

另外,蔡模《近思别録》版本有:《新編音點性理群書句解》本,元刊本。朝鮮李朝宣祖三十二年姜沆筆寫本,李朝人佚名筆寫本。日本寛文八年洛陽角倉通鹽屋町、小松太郎平刊本,延寶年間(1673—1680)出雲寺松柏堂翻刻寛文八年刻本。

(四) 南宋佚名改編本《文場資用分門近思録》

南宋理宗朝刻本。

（五）南宋佚名《近思後録》

南宋刻本。

（六）南宋葉采《近思録集解》系列

元刊本，元刻明修本，明初刻本，明中期刻本，正德十四年（1519）刻本，嘉靖年間刻本，明末陸雲龍、丁允和訂正本；周公恕《分類經進近思録集解》本包括：明成化九年（1473）陳文耀刻本，嘉靖十七年（1538）劉仕賢翻刻本，《新刊分類近思録》明刊巾箱本，《新刊分類近思録》明代建陽坊刻本，吴勉學校閲的《分類經進近思録集解》明萬曆年間刻本，明建陽楊璧卿刻本，明稽古齋刻本，明萬曆四十六年（1618）陳以躍重刻本，吴中珩校閲的《分類經進近思録集解》明末刊本，盛芸閣刻本；葉采《集解》清代傳本有：清康熙年間邵仁泓校刊本，清□經堂刊本，雍正年間三多齋、雍正三年（1725）尚義堂翻刻邵滄來刻本，康熙年間柯氏重刊宋本，在兹堂重刻本，乾隆元年（1736）陳弘謀培遠堂刻本，乾隆五年刻本，乾隆年間刻本，光緒十年（1884）十月津河廣仁堂重刻本，《重鎸近思録集解》康熙二十八年（1689）崇正堂刊本，《近思録原本集解》康熙十三年朱之弼刻本，朱之弼合刻本，天心閣刻本，《四庫全書》抄本，文淵閣、文溯閣、文津閣、文瀾閣藏本。

朝鮮李朝的活字本主要有李朝世宗十八年（1436）鑄字所印製的銅活字本（初鑄甲寅字本），甲寅字，銅活字本，癸酉字本（二鑄甲寅字），李朝校書館印製的活字本，戊申字本（四鑄甲寅字），戊申字混入其他字體的李朝活字本，李朝英祖四十一年（1765）活字本，李朝戊申字印本，壬辰字本（五鑄甲寅字），丁酉字本（六鑄甲寅字），丁酉字混入補字本。朝鮮半島木板本主要有：高麗朝恭愍王十九年（1370）木板本，高麗朝木板本的後印本；李朝木板本包括：世宗年間覆刻甲寅字本，丙辰字覆刻本，中宗十四年（1519）鳳城精舍刊本，明宗二十一年（1566）清凉書院刊本，明宗年間（1546—1567）文川郡刊木板本，宣祖十一年（1578）禮山縣刊木板本及其後印本，宣祖十四年（1581）佔畢書院刻本，肅宗十三年（1687）覆刻戊申字本，肅宗十四年（1688）或英祖二十四年（1748）玉山書院木板本，玉山書院刊、後人抄配本，挹鶴軒藏本，正祖年間（1777—1800）成川府刊本，成川府刻本的修改本，正祖十八年（1794）木板本，純祖二十六年（1826）

刊本，三溪書院刻本，李朝後期木板本。李朝筆寫本包括：以文川郡刻本爲底本的李朝筆寫本，佚名烏絲欄筆寫本，在素紙上抄録的筆寫本等。

日本有江户初期的抄寫本。活字本主要有：元和二年(1616)銅活字本，寬永年間(1624—1644)活字版。日本刻本主要有：慶安元年(1648)風月宗知刊本，聚古堂翻刻明崇禎八年陸雲龍校訂的《集解》本，萬治二年(1659)吉野屋權兵衛覆刻聚古堂刊本，寬文八年(1668)重刻朝鮮李朝中宗十四年鳳城精舍刊本，元禄七年(1694)京都芳野屋權兵衛初刻本與後印本，文化九年(1812)加賀屋善刊本，天保五年(1834)覆刻清初刊本，天保十年佐藤一齋批注本，弘化三年(1846)九月之前的刻本，弘化三年加賀屋善補刻本，文久四年(1864)松敬堂、松根堂重刻本，青木嵩山堂重刻《集解》元禄七年或文化九年刊本，寶永六年(1709)吉野屋權兵衛刊本，《漢文大系》活字本，大正五年(1916)東京合資會社富山房活字排印本；寬文八年石渠堂刊梓的"吴勉學校閲"本，寬文十三年石渠堂重校本、吉野屋權兵衛刊行，貞享五年(1688)利倉屋喜兵衛改版刊行本，貞享五年八幡屋重兵衛改版本。

(七) 南宋楊伯嵒《泳齋近思録衍注》

南宋理宗淳祐六年(1246)刻本。

(八) 南宋熊剛大《近思録句解》

《新刊音點性理群書句解》本，元刻本。

朝鮮李朝《新刊音點性理群書句解》本包括：太宗十五年(1415)平安道平壤府刊本，世宗二十一年(1439)用甲寅字印行的活字本，李朝成宗年間覆刻甲寅字本，成宗十九年(1488)木板本，燕山二年(1496)翻刻甲寅字本，明宗年間(1546—1567)甲寅字、乙亥字混用的活字本。

《新刊音點性理群書句解》本，日本寬文八年吉野家總兵衛刊本。

(九) 明吴訥補注《近思録句解》

明宣德九年(1434)刻本，成化十五年(1479)重刊本。

朝鮮李朝成宗年間(1470—1494)重刻本。

日本江户時代的寫本。

(一〇) 明江起鵬《近思録補》

明萬曆三十二年(1604)江氏刊本。

日本江户時期寫本,若干部。

(一一) 明錢士升《五子近思録》

明崇禎五年(1632)刻本,清雍正二年(1724)徐孝表校刊本。

(一二) 清張習孔《近思録傳》

清康熙十七年(1678)飲醇閣刻本。

(一三) 清朱顯祖《朱子近思録》

清康熙五十二年朱氏初刻本,光緒二十八年(1902)紹越千、鐵寶臣翻刻本。

(一四) 清汪佑《五子近思録》

汪佑編、汪鑑校《五子近思録》清康熙三十二年刻本,康熙三十三年金閶勤有樓刊本,康熙雍正年間刻本,乾隆年間重刻本,退思堂重刻汪氏家刻本,萃華堂重刊本,同治十三年(1874)拾芥園重刻萃華堂刻本。

朝鮮李朝有木板本。李朝活字本包括:芸閣印書體字本,李朝肅宗年間或英祖年間印本,英祖年間混雜其他字體的芸閣印書體字本,李朝的芸閣印書體字本,李朝校書館印書體字本,李朝英祖年間木活字本,李朝光武元年(1897)活字本。李朝筆寫本存世多部。

日本天保六年(1835)加賀屋善、河内屋吉兵衛刊本。

(一五) 清施璜《五子近思録發明》

清康熙四十四年序刻本,康熙年間英秀堂、聚錦堂、世榮堂刻本,嘉道年間李宗傳校訂本,咸豐二年(1852)忠信堂重刻本,光緒六年雲南書局重刻本,光緒十四年(1888)新繁沈錫周家塾刻本。

朝鮮李朝筆寫本,朝鮮李朝肅宗後期至英祖年間抄稿本。

(一六) 清劉源渌《近思續録》

清初抄稿本,康熙三十二年至三十三年(1693—1694)馬常沛校抄本,康熙三十九年陳舜錫抄本,嘉慶年間劉耀椿抄本,同治八年青州學署刻本,光緒十七年劉景宸補刻本。

(一七) 清張伯行"三録"

《近思録集解》,清康熙五十一年姑蘇正誼堂刻本,乾隆元年(1736)維揚安定書院刻本,乾隆十三年刊本,乾隆十三年前後的尹會一抄本,同治五年(1866)福州正誼書局重刻本,清末馬氏存心堂翻刻本,民國二十六年(1937)鉛印本,《叢書集成初編》本。

《續近思録》,清康熙四十九年姑蘇正誼堂刻本,康熙年間後期校刊本,同治九年(1870)福州正誼書院重刻本,上海商務印書館《叢書集成初編》1936年排印本。

《廣近思録》,清康熙五十年姑蘇正誼堂刻本,康熙年間正誼堂修訂本,同治五年福州正誼書院(局)重刻本,光緒二十年(1894)河南學署刊本,上海商務印書館《叢書集成初編》1936 年排印本。

(一八) 清茅星來《近思録集注》

清乾隆年間《四庫全書》抄本,道光、咸豐年間的抄本,清代佚名抄本,清"臚雲寶楹群書"抄本,民國二十五年上海商務印書館《四庫全書珍本初集》影印文淵閣藏本。

(一九) 清江永集注《近思録》系列

《四庫全書》抄本,包括文淵閣、文溯閣、文津閣藏本,文瀾閣藏丁氏兄弟抄本。《近思録集注》清嘉慶十二年(1807)李承端校訂刊本,重刻者有道光五年(1825)婺源一經堂刊本,道光二十四年大梁書院刊本,咸豐三年(1853)醉經堂重刻道光大梁書院本，光緒十四年(1888)山西濬文書局刻本，光緒十五年金陵書局重刻大梁書院刻本，光緒二十年河南學署刻本，光緒年間維新局校刊本，光緒年間裕德局校刊本，清代後期刻本；王鼎校次的《朱子原訂近思録集注》有嘉慶十九年(1814)江西藩署刊本，咸豐二年(1852)孫鏘鳴重刻本，同治三年至四年(1864—1865)望三益齋刻本，同治七年楚北崇文書局重刻本，光緒元年香山何璟重刻本，光緒十一年江西書局重刻本，光緒十四年廣雅書局重刻本，光緒十五年重刻本，光緒十五年長安少墟書院重刻本，光緒十八年江西兩儀堂重刻本，光緒二十五年浙江官書局重刻本，民國八年(1919)麗澤會重刻望三益齋刻本，民國二十五年上海中華書局《四部備要》鉛印本；清同治八年江蘇書局刻本，附刻有《考訂朱子世家》一卷、王炳《近思録集注校勘記》一卷，重刊者有清光緒十五年掃葉山房重刻刊本，光緒二十七年上海文瑞樓石印本，光緒三十年蜀東善成堂重刻江蘇書局刊本，清末民初上海文瑞樓發行的鴻章書局石印本，民國十一年上海掃葉山房刊印本，民國十三年、民國十五年、民國十八年上海掃葉山房石印本，民國十九年上海商務印書館排印本，民國二十一年周學熙師古堂刊《古訓粹編》本，民國二十四年印本，民國二十四年上海會文堂新記書局本。

朝鮮李朝筆寫本。

(二〇) 清李文炤《近思録集解》

清刻本，雍正十二年(1734)刻本，四爲堂刻本。

(二一) 清黄叔璥《近思録集朱》

未竟稿本。

(二二) 清汪紱《讀近思録》

清光緒十年紫陽書院刻本，光緒二十二年重刻本。

(二三) 清孫嘉淦《五子近思録輯要》

清雍正五年(1727)刻本，雍正年間國子監或乾隆内府刻本，同治十二年

(1873)霞城書院校刊本。

(二四) 清鮑桂星、何鴻器輯《續近思録》

清道光十四年(1834)金陵何流春堂刻本。

(二五) 清陳沆《近思録補注》

清嘉慶年間白石山館稿本,道咸年間初刻本,同光年間修訂本。

(二六) 清黄奭《近思録集説》

清道咸年間叢書樓抄本。

(二七) 清李青函《五子近思録隨筆》

民國十一年(1922)緑野堂刊本。

(二八) 清郭嵩燾《朱子原訂近思録注》

有抄本存世。

(二九) 清吕永輝《國朝近思録》

清光緒二十六年(1900)刊本。

(三〇) 清黑璐次珮氏《近思録復隅》

清代稿本。

(三一) 清張楚鍾《小學近思理話》

清光緒三年刻本。

(三二) 清牛兆濂《讀近思録類編》

清光緒三十一年芸閣精舍印本。

(三三) 清厲時中《近思録按語》

存有抄寫本。

(三四) 清張紹价《近思録解義》

民國二十五年(1936)青島同文書局鉛字排印本。

(三五) 清管贊程《近思録集説》

民國二十五年浙江印刷所鉛印本[①]。

(三六) (朝鮮)金長生、鄭曄編《近思録釋疑》

李朝筆寫本:《沙溪先生近思録釋疑》李朝筆寫本,李朝宣祖三十一年(1598)金長生定稿本,《近思録釋疑》李朝筆寫本,《近思釋疑》李朝筆寫本,沙溪懸吐質疑的李朝筆寫本,源自中和板的筆寫本。

《近思録釋疑》李朝木板本主要有:顯宗二年(1661)木板本,補印本或後印本,顯宗二年之後的刊本。

李朝活字本主要有:顯宗年間戊申字本,肅宗年間(1675—1720)戊申字本,肅宗三十四年活字本。

(三七) (朝鮮)朴世采《近思録釋疑考正凡例》

李朝顯宗年間刻本。

其《近思録問答》,有李朝木板本。

(三八) (朝鮮)李載亨《近思録及釋疑疑目》

李朝木板本。

(三九) (朝鮮)柳長源《近思録釋疑辨》

李朝英祖年間活字本。

---

① 明清仿《近思録》續編的文本,書名中無“近思”的,在此不再贅述。

（四〇）（朝鮮）權得己《近思録僭疑》
李朝木板本。

（四一）（朝鮮）權思學《近思録記疑》
李朝活字本。

（四二）（朝鮮）鄭纘輝《近思録記疑》
李朝筆寫本。

（四三）（朝鮮）沈奎澤《近思録記疑》
李朝筆寫本。

（四四）李朝無名氏《近思録記疑》
李朝筆寫本。

（四五）（朝鮮）徐基德《近思録會疑》
存稿本。

（四六）（朝鮮）金鍾順《近思録劄疑》
李朝活字本。

（四七）（朝鮮）朴燉《近思録疑義》
李朝筆寫本。

（四八）（朝鮮）姜橒《讀近思録疑義》
李朝活字本。

（四九）（朝鮮）李鍾和《近思録經疑》
李朝活字本。

（五〇）（朝鮮）韓元震《近思録注説劄疑》

李朝木板本。

（五一）（朝鮮）姜奎焕《近思録集解劄疑》

李朝筆寫本。

（五二）（朝鮮）李宗洙《近思録葉注劄疑》

李朝木板本。

（五三）（朝鮮）柳栻《近思録注疑往復説辨》

李朝活字本。

（五四）（朝鮮）南漢皜《近思録葉注記疑》

李朝活字本。

（五五）（朝鮮）趙承洙《葉注記疑往復説》

李朝筆寫本。

其《近思録問答》，存有李朝筆寫本。

（五六）（朝鮮）林翰周《近思録葉注存疑》

李朝筆寫本。

（五七）（朝鮮）李漢膺《近思録葉注疑義》

李朝活字本。

其《續近思録》，存有李朝哲宗年間木板本，李朝哲宗八年（1857）刊本。

（五八）（朝鮮）柳鼎文《近思録集解或問》

李朝筆寫本。

其《近思録集解增删》，存有李朝筆寫本。

（五九）（朝鮮）李瀷《星湖先生近思録疾書》

李朝筆寫本。

（六〇）（朝鮮）朴履坤《近思録釋義》

日據時期石印本，即日本昭和八年(1933)石板本。

（六一）（朝鮮）金平默《近思録附注》

李朝筆寫本。

（六二）（朝鮮）徐壽錫《近思録增解》

李朝木板本。

（六三）（朝鮮）金澤述《近思録集注》

李朝筆寫本。

（六四）（朝鮮）黄炳中《近思録東本唐本考證》

李朝筆寫本。

（六五）（朝鮮）韓汝愈《近思録經義釋解》

韓國石版本。

（六六）（朝鮮）李滉《答某某問目近思録》

李朝活字本。

（六七）（朝鮮）李世龜《近思録問目》

李朝筆寫本。

（六八）（朝鮮）金榦《近思録答問》

李朝活字本。

(六九)(朝鮮)尹東洙《答李思齊問目》

李朝筆寫本。

(七〇)(朝鮮)鄭重器《對近思録策》

李朝木板本。

(七一)(朝鮮)金元行《近思録問答》

李朝筆寫本。

(七二)(朝鮮)蔡鍾植《近思録問辨》

李朝木板本。

(七三)(朝鮮)鄭載星《近思録發問》

李朝筆寫本。

(七四)(朝鮮)沈鶴焕《近思録問答》

李朝活字本。

(七五)(朝鮮)尹鳳九《近思録講説》

李朝木板本。

(七六)(朝鮮)沈相龍《近思録講説》

李朝筆寫本。

(七七)(朝鮮)楊應秀《近思録道體篇講義》《五子近思録發明道體篇講義》

李朝活字本。

(七八)(朝鮮)南景羲《近思録講義》

李朝木板本。

（七九）（朝鮮）柳徽文《近思録講録》

李朝活字本。

（八〇）（朝鮮）李朝正祖《近思録講義》

李朝木板本。

（八一）（朝鮮）李源祚《近思録講義》

李朝木板本。

（八二）（朝鮮）李鍾祥《近思録講義》

李朝活字本。

（八三）（朝鮮）柳重教《近思録講義發問》

李朝活字本。

（八四）（朝鮮）李根元《近思録講義發問》

李朝筆寫本。

（八五）（朝鮮）金輝轍《近思録講義》

李朝活字本。

（八六）（朝鮮）柳遠重《講説近思録》

李朝活字本。

（八七）（朝鮮）金克永《近思録講義》

李朝木板本。

（八八）（朝鮮）金鎮文《近思録講義》

李朝活字本。

（八九）（朝鮮）丁大秀《講近思録》

日據時期印本。

（九〇）（朝鮮）沈相鳳《近思録講義》

活字本。

（九一）（朝鮮）趙有善《近思録經義》

李朝活字本。

（九二）（朝鮮）金相進《近思録經義》

李朝活字本。

（九三）（朝鮮）朴知誠《近思録劄録》

李朝筆寫本。

（九四）（朝鮮）朴長遠《近思録劄録》

李朝木板本。

（九五）（朝鮮）林泳《近思録讀書劄録》

李朝木板本。

（九六）（朝鮮）朴光一《近思録劄記》

李朝木板本。

（九七）（朝鮮）趙德鄰《近思録參考》

李朝筆寫本。

（九八）（朝鮮）朴泰漢《近思録劄記》

李朝木板本。

（九九）（朝鮮）林象德《近思録讀書劄録》
李朝活字本。

（一〇〇）（朝鮮）金教行《近思録劄録》
李朝筆寫本。

（一〇一）（朝鮮）朴燦瑛《近思録劄記》
李朝筆寫本。

（一〇二）（朝鮮）姜必孝《近思録時習録》
李朝活字本。

（一〇三）（朝鮮）鄭裕昆《近思録抄説》
李朝木板本。

（一〇四）（朝鮮）李震相《近思録劄義》
李朝筆寫本。

（一〇五）（朝鮮）朴文鎬《近思録劄説》
李朝活字本。

（一〇六）（朝鮮）南昌熙《批奉姪太極圖解近思録疑目兼論立巖叔答説》
李朝活字本。

（一〇七）（朝鮮）權載奎《讀近思録首篇》
李朝活字本。

（一〇八）（朝鮮）金珠《金而晦近思録私劄講辨》
日據時期活字本。

(一〇九)(朝鮮)李秉灝《讀金士文權正父講辨金而晦近思録私劄》

日據時期木板本。

(一一〇)(朝鮮)金榥《近思録私劄》

韓國活字本。

(一一一)(朝鮮)李馥《近思録備忘録》

李朝筆寫本。

(一一二)(朝鮮)韓夢麟《續近思録》

李朝純祖十九年(1819)木活字本。

(一一三)(朝鮮)宋秉璿《近思續録》

李朝後期的木板本,高宗十一年(1874)序刊本,宋秉璿與金聖禮的修改本,高宗三十二年夏的校改本,李朝末期的木板本,李朝筆寫本若干部。

(一一四)(朝鮮)李度中《李子近思録》

李朝筆寫本。

(一一五)(朝鮮)朴泰輔《海東七子近思録》

李朝肅宗三十年(1704)筆寫本。

(一一六)(朝鮮)盧守慎《近思後録》

李朝明宗十五年(1560)筆寫本,活字本。

(一一七)(日)宇都宫遯庵《鼇頭近思録》

日本延寶六年(1678)吉野屋權兵衛、吉野屋五兵衛刊本,延寶六年吉野屋權兵衛刊行本,延寶六年刊本的後印本,出雲寺松柏堂刻本,出雲寺和泉掾刻本,文政元年(1818)菱屋孫兵衛重刻延寶六年刊本。

(一一八)(日)貝原篤信《近思録備考》

日本寛文八年(1668)吉野屋權兵衛新刊日文訓點本,明治四十四年(1911)鉛字排印本。

(一一九)(日)簗田忠勝信《近思録集解便蒙詳説》

日本久保得二校訂,大正三年(1914)東京博文館印製本。

(一二〇)(日)澤田希《近思録説略》

日本享保五年(1720)京都芳野屋權兵衛刊本,明治二十二年漢文寫本。

(一二一)(日)中井履軒《近思録聞書》

日文寫本。

(一二二)(日)溪百年《近思録餘師》

日本天保十四年(1843)森本三書堂合刻本,天保十四年河内屋太助等刊行本。

(一二三)(日)佐藤一齋《近思録欄外書》

日本天保十年漢文寫本,愛日樓抄九行本,無名氏抄九行本,無名氏抄十行本,佚名藍格漢文抄寫本,江户末期漢文寫本,江户後期交善堂抄本,明治年間十行寫本,無名氏漢文十行或十一行寫本等。

(一二四)(日)安褧《近思録訓蒙輯疏》

日本弘化四年(1847)日新館刊本,弘化四年寫本。

(一二五)(日)金子霜山《近思録提要》

漢文寫本。

(一二六)(日)大澤鼎齋《近思録詳説》

漢文寫本。

(一二七)(日)東正純《近思録參考》

日本大正八年(1919)漢文版排印本。

(一二八)(日)飯田伝一《近思録選釋》

日本昭和三年(1928)東京東興社印本。

(一二九)(日)古賀精里参訂《近思録集説》

漢文寫本若干部。

(一三〇)(日)中村惕齋《近思録鈔説》

漢文寫本,活字本。

其《近思録抄校正》,有漢文抄寫本。

其《近思録示蒙句解》,存有文化九年(1812)大阪森本太助、森本仁助、森本直助等刊行本,明治四十三年(1910)早稻田大學排印本,明治四十五年早稻田大學鉛字排印本。

(一三一)(日)櫻田虎門《近思録摘説》

漢文寫本若干部。

(一三二)(日)張源祥編《近思録鈔》

謄寫本,昭和十四年(1939)大阪ぐろりあ書房出版。

(一三三)(日)山崎闇齋《近思録講義筆記》

日文稿本。

（一三四）（日）伊藤維楨《讀近思録鈔》

日本元禄四年(1691)稿本,漢文抄寫本,寶曆十四年(1764)小田惟明抄寫本。

（一三五）（日）淺見絅齋《近思録道體師説》

加藤謙齋元文四年(1739)抄録,日文寫本。

其《近思録師説》,有日文寫本。

其《近思録筆記》,有抄寫本。

（一三六）（日）佐藤直方《近思録筆記》

日文抄寫本。

（一三七）（日）三宅重固《讀近思録筆記》

日本元文二年漢文寫本,享保十四年(1729)寫本,寬政十年(1798)片峰正明寫本。

（一三八）（日）五井蘭洲《近思録紀聞》

漢文寫本。

（一三九）（日）小出唯知《近思録會讀筆記》

漢文寫本。

（一四〇）（日）中井竹山《近思録説》

漢文寫本若干部。

（一四一）（日）宇井默齋《近思録筆記》

日文寫本。

（一四二）（日）日原坦齋《近思録筆記》

日本文化十四年(1817)板倉重深寫本。

(一四三)(日)大澤鼎齋《近思録筆記》

漢文寫本。

(一四四)(日)剛庵獨録《近思録講義》

日文寫本。

(一四五)(日)室鳩巢《近思録道體講義》

漢文寫本。

(一四六)(日)若林强齋《近思録師説講義》

天明三年(1783)抄録本,天保四年(1833)抄録本。

其《近思録道體師説》,存有寬政三年(1791)奥野篤之抄寫本。

其《近思録十四目講義》,有日文寫本。

(一四七)(日)小野道熙《近思録講義》

明和二年(1765)日文抄寫本,佚名抄寫本。

(一四八)(日)中村習齋《近思録講説》

漢文寫本。

其《近思録助業考》與《近思録資講讀感興詩》,存有寫本。

(一四九)(日)稻葉默齋《近思録講義》

日文抄寫本,漢文抄寫本。

其《近思録口義》,有寫本。

其《近思録筆記》,有寫本。

(一五〇)(日)手塚坦齋《近思録六有西銘講義》

日本文化十四年(1817)渡邊韞義抄寫本。

(一五一)(日)藤原兼原《近思録講義》

日本寶曆十四年(1764)抄録本。

(一五二)(日)内藤耻叟《近思録講義》

日文寫本,明治二十六年(1893)三月東京博文館印製本。

其《近思别録講義》,有明治二十六年三月東京博文館印製本。

(一五三)(日)西晋一郎《近思録講義》

日本昭和十五年(1940)出版日文印本。

(一五四)(日)山崎道夫《近思録講本釋義》

昭和三十四年東洋文化研究所日文鉛印本。

山崎道夫譯注《近思録》,有《中國古典新書》本。

(一五五)(日)宇井默齋《近思録筆記》《近思録講義筆記》《近思録口義》

日文抄寫本。

(一五六)(日)矢野撰德《近思録國字講義》

日文印本。

(一五七)(日)落合東堤《近思録講義》

弘化二年(1845)抄寫本。

(一五八)(日)御牧赤板《近思録講義》

日文寫本。

(一五九)(日)千葉重齋《近思録口義》

日本弘化二年日文寫本。

(一六○)(日)加藤常賢譯《近思録》

日本大正十三年(1924)印本,昭和五年(1930)印本。

(一六一)(日)林泰輔譯《近思録》

昭和四年(1929)有朋堂《漢文叢書》印本。

(一六二)(日)飯島忠夫譯注《近思録》

昭和十年大東出版社出版《漢籍た語る叢書》本,昭和十四年東京大東出版社印本。

(一六三)(日)秋月胤繼譯注《近思録》

昭和十五年岩波文庫印本。

(一六四)(日)湯淺幸孫《近思録譯注》

日文譯注本,即《中國文明選》叢書本、"教養文庫"本。

上述自《近思録》編撰至二十世紀四十年代計七百多年間東亞《近思録》版本的現存概況,是基於我們多年實地調研的結果。《近思録》不斷被注釋、續編、傳抄、刊印,形成多種整理形式的"《近思録》文獻"。如今可以確定:現存中國宋代至民國年間的版本有200來種,包括《近思録》原文本、注釋本、續編仿編本等,有南宋4種、元代5種、明代34種、清代136種、民國21種。現存朝鮮半島高麗朝至二十世紀四十年代的版本約187種,其中朝鮮人的問答、劄記、講義、續編佔相當大的比重。現存日本江户時代至二十世紀四十年代的版本約138種,其中以日本人的注釋、講義、筆記爲主體。本書對這些文獻的版本一一考述,意在彙粹中國、朝鮮半島、日本歷史上《近思録》文獻的代表性版本,爲人們深入研究這些文獻提供科學依據。

二、《近思録》在朝鮮半島的接受與傳播

理學自十一世紀以後主導我國的思想體系,對朝鮮半島社會思潮和意識

形態産生重要影響。《近思録》是南宋淳熙二年朱熹、吕祖謙所編纂，在中國南宋及後世各朝均受尊寵、被經典化，不斷有學者進行注解、續編、仿編，形成了中國“《近思録》系列文獻”。它們作爲程朱理學思想的重要載體，曾長期持續不斷地影響着東亞儒學文化圈。

朝鮮半島自古以來深受中國思想文化影響。中國元明之際，正值理學盛行，而此時剛剛初建的朝鮮李氏王朝主流思想意識、文化也深受程朱理學的積極影響。李氏朝鮮建立後，汲取了高麗末年佛學亂政的教訓，王室實行儒家王道政治，將程朱理學立爲官學，在朝鮮半島逐漸形成全面接受朱子學的局面。作爲傳承北宋四子思想兼而體現朱子理學構建理念的《近思録》，在朝鮮也倍受推崇，被提升到理學經典地位，作爲國民學習聖學的津梁。

（一）朝鮮社會受容《近思録》中國注本、續編本，特色鮮明

朝鮮半島與中國地緣相親，唇齒相依，文化聯繫歷來密切。《近思録》系列文獻在古朝鮮接受與傳播的歷史過程中，《近思録》原文内容先被接受，隨着中國注本、續編本的不斷出現，朝鮮學者與中國理學家交往的加深，朝鮮社會也相應地在本土進行整理、注釋、仿編，新生出大量本邦《近思録》系列文獻。據筆者調研發現，除重刻、抄印中國學者《近思録》及後續著述外，自朝鮮李朝至二十世紀四十年代，朝鮮半島學者有《近思録》釋疑類版本 12 種，考《近思録釋疑》類版本 3 種，其他注釋本 7 種，對《近思録》進行疑問與訓解的文本有 10 種，對葉采《集解》進行增删與辨疑的文本有 10 種，名曰《續近思録》或《近思續録》或“某某子近思録”的仿編本 12 種，《近思録》問答類文本 11 種，《近思録》講説、講義類文本 16 種，《近思録》劄記類文本 19 種，經義類文本 2 種。可見，現存純屬朝鮮半島學者新創文本就達一百多種，這些文獻在受容過程中一般呈現如下特色：

第一，朝鮮社會高度肯定《近思録》所蘊藏的理學思想體系。

衆所周知，聖人之學與聖人之書，往往合而爲一，彼此融通。聖賢思想主要依附於聖賢者傳道授業和其言論著述。後學欲學爲賢聖，便要認清歷史上儒學聖賢統緒，通過讀書知曉聖人之道，發明、傳述聖學。《近思録》是理學集大成者朱熹與婺學代表吕祖謙共編的一部哲學選輯，集中體現了北宋四子語

録精萃。它既總括濂洛關閩之學，又展現出程朱理學“簡明精巧的理學體系”，是後世求學理學者的入道之階。

正因爲《近思録》“切於人倫道學”，在社會教化上有“裨於性情心術之正”，故傳佈朝鮮半島後很快得到朝鮮儒學者的青睞。李朝初年金宗瑞說：“是書所載，皆正心修身之要。”李仁敏說：“是書諸儒極論學問思辯之功，具衆理而聖學始終備矣。”可以說，不讀《近思録》則難以“窮理盡性以至於命”。由於李朝前期是“望道唯憑性理書”的時代，以研究朱子學爲中心的性理學派最具影響力，全社會景慕中華，促成了朱子學的興盛，因而《近思録》自然成爲受李朝社會歡迎的讀本。

更有甚者，有人將《近思録》與四書同等看待，像經一樣予以尊崇。如李朝名臣洪啓禧說：“余謂《小學》《近思録》當與四子通作六書。”[①]因而重刻這本可與儒家經書相媲美的《近思録》，將其作爲“四子之階梯，初學之關鑰”[②]。至於《近思録》在傳播程朱理學的歷史進程中所擁有的價值，束景南先生說：“在朱熹以後直到近代，程朱理學在很大程度上是借助於《近思録》的注釋刊刻流佈得到廣泛傳播的，宋、明、清後儒們也多以《近思録》爲‘階梯’，從《近思録》切入到對程朱理學的認識與接受，因而一部《近思録》的注釋傳刻流佈史，也就是一部宋明到近代的理學接受史。”[③]儘管束先生是就國内而言，但歷史上的朝鮮對《近思録》内容的接受也是如此。即使古朝鮮自身再造的《近思録》相關文獻，語録文字與原《近思録》不盡相同，可是其基本内核與宋明理學並無明顯悖离之處，傳揚的依然是近思踐履、修治成聖的思想，求學者由此可便捷地進入聖學的殿堂。

第二，朝鮮半島的學者將朱、吕的編集動機，以及明清時期學者續編的用意融彙到自己編纂的《近思録》相關文獻中。

朱、吕在寒泉精舍編輯《近思録》的旨趣，是爲了初學者容易學習把握北宋周敦頤、程顥、程頤、張載四子書的要義，精選其中“關於大體而切於日用”

---

① (朝鮮)洪啓禧《廣州府刊〈小學〉〈近思録〉跋》，李朝英祖二十九年木版本。

② (朝鮮)尹箕《近思録》跋文，載於(宋)朱熹、吕祖謙共輯，(宋)葉采集解《近思録》，李朝宣祖十一年禮山縣刊本。

③ 束景南《序》，載於程水龍《〈近思録〉版本與傳播研究》，上海古籍出版社，2008年6月1版。

的語録編輯而成。自此，在中國歷史上有相當數量的學者又針對朱熹著述編輯了入門讀本，如蔡模《近思續録》、邱濬《朱子學的》、高攀龍《朱子節要》等。該思想、行爲也很快影響到朝鮮半島的學術界，在李朝的學者中，不乏共鳴之音，如韓夢麟在編輯《續近思録》時，認爲“朱夫子性理道學上説話，不啻倍蓰於周、程、張諸賢之書信，所謂義理之府庫、學門之表準，其一言一語，無非可讀可法，而第其篇帙浩穰，若無畔岸，學者不能遍觀而盡識”。於是，他從集萃朱子語録的《學的》《節要》中“采其尤切於學者六七百言，又於四書注疏中取其緊要者數百條，編爲一書，而一依《近思録》條目爲次，號曰《續近思録》”[①]。可見，此書編纂既取法於朱熹當初編集四子語録的初衷，又能效法宋、明學者續編《近思録》之法，從朱熹宏富的著述中采輯語録進行編纂。

並且，李朝學者在抄録傳入的中國《近思録》系列文獻時，往往對其内容、版式也完全照搬。例如，首爾大學校奎章閣藏有清施璜《五子近思録發明》李朝肅宗三十一年(1705)抄本，此抄本源自清康熙年間世榮堂刻本，抄寫版式爲每半葉九行二十字，注文小字雙行二十字。左右雙欄，上白口，下粗黑口，單魚尾。卷端題“新安施璜虹玉甫纂注，同里吴日慎徽仲甫、汪鑑晦叔甫閲正”。經與中國國内所藏世榮堂刊本比較，發現二者如出一轍，甚至連卷首牌記也照樣仿録：上横行抄作“孝感熊先生鑒定”，下三豎行抄作“新安施璜虹玉著/五子性理發明/世榮堂藏版”。

第三，李朝崇尚理學的君臣、學者，通過創製活字、刻板等多個渠道將傳入的《近思録》及其注本進行受容改造、更新傳佈，形成具有本邦民族特色的讀本。相較於中國原文獻，這些版本儘管形態發生了變化，而其内容卻與原書一致。

中國《近思録》系列文獻，國内現存版本多爲刻本，活字本極少，然而當其流佈朝鮮半島後，李朝利用自身具備的刻印條件與印製技術，刊印傳播了大量各具特色的本子。例如，利用活字技術印製《近思録》和葉采《近思録集解》，現存有甲寅字、癸酉字、校書館活字、戊申字、壬辰字、丁酉字本等多種多部，可謂繽紛多姿。

---

① (朝鮮)韓夢麟《續近思録》序文，載於韓夢麟編《續近思録》，李朝純祖十九年木活字本。

活字印書是朝鮮本的一大特色。據與《近思録》相關的現存文獻記載，明永樂元年(1403)，李朝太宗告誡群臣説："吾東方在海外，中國之書罕至，板刻之本易以剜闕，且難盡刊天下之書也。予欲範銅爲字，隨所得書必就而印之，以廣其傳，誠爲無窮之利。"隨後數月之間，鑄字多至數十萬字[①]。明永樂十八年李朝世宗"命工曹參判臣李蕆新鑄字樣，極爲精緻。……印者便之，而一日所印多至二十餘紙矣。……由是而無書不印，無人不學，文教之興當日進，而世道之隆當益盛矣"[②]。這些銅活字相較於木板本而言，印製便捷，可反復使用，可見李朝君臣有意鑄造活字以印製中國典籍，對書籍廣泛流佈發揮了積極的作用。到明宣德九年(1434)時，李朝世宗又命李蕆等人"更用大字本重鑄"，"所鑄至二十有餘萬字……一日所印可至四十餘紙，字體之明正，功課之易就，比舊爲倍矣。恭惟我殿下聖學無厭，萬機之暇，潛心載籍，思欲便利於用，廣布於下，俾人人皆得以講明焉。凡再變而鑄字之文，尤爲盡美"[③]。經過幾十年不懈努力，李朝銅活字越鑄越精，到正統年間李朝鑄字所大量印製了《小學》《近思録》等書，"俾人人讀《小學》書以正其操履，讀《近思録》以識其門庭而不迷於所從"[④]。

由於當時從中國流佈到朝鮮的《近思録》相關文獻數量有限，而崇尚理學的李朝臣民需求量較大，君王對《近思録》之類的性理學著述廣佈之意甚濃，於是李朝多次大規模鑄造活字，以致出現了大量銅活字本，有力地促進了書籍傳播。如葉采《近思録集解》，韓國高麗大學校藏有甲寅字本、癸酉字本、戊申字本，首爾大學校奎章閣藏有壬辰字本、丁酉字混入補字本，韓國國立中央圖書館藏有戊申字本、丁酉字本等。

從現存李朝《近思録》相關文獻的編纂者、製作者的立意看，他們非常尊崇性理之學，認爲四書之後，在"能垂教於世的儒學讀本"中，没有誰能超過《近思録》，因爲此書"以道體爲核心，以窮理爲精髓，以居敬、明誠爲存養工

① (朝鮮)權近《近思録》跋文，載於(宋)朱熹、(宋)吕祖謙共輯，(宋)葉采集解《近思録》，李朝世宗十八年刻本。

② (朝鮮)卞季良《近思録》跋文，載於(宋)葉采集解《近思録》，李朝世宗十八年刻本。

③ (朝鮮)金鑌《近思録》跋文，載於(宋)葉采集解《近思録》，李朝世宗十八年刻本。

④ (朝鮮)金汶《近思録》跋文，載於(宋)葉采集解《近思録》，李朝世宗十八年刻本。

夫,以齊家、治國、平天下爲實質,以成聖爲目標"[①],有助於入道,可爲"聖學之階梯"。所以李朝改造、新生的《近思録》系列文獻,在受容宋明理學家思想著述的同時,以弘揚程朱理學思想爲主體内容,逐漸加强對本邦朱子學家學術思想的凝練與傳揚。

(二) 朝鮮半島的《近思録》系列文獻,在文本編纂上是對中國相關文獻的接受與融合

《近思録》及其相關文本的内容,具有學術意義和文獻價值,又有階可尋,對求學者有很好的導引作用。當這些文獻流佈朝鮮半島之後,歷史上的李朝在整理新編、解説這些文獻時,一律遵從朱、吕編纂《近思録》時所采用的取材標準、編纂方法、綱目設定、體系建構等,形成了大量的《近思録》文獻仿編,其編纂理念受容了相當豐富的中國元素。

首先,在語録的選取上,李朝編纂者接受了朱、吕的做法,因地而制宜。

面對閎博無涯的前人著述,如何編纂一個經典入門讀本供後學使用,這是歷代學者都很關注的問題。程、朱治學,强調精思體認,程頤指導門人時,主張"自思""類聚觀之",然後"自得"。如何貫徹該主張,受二程思想影響的朱、吕二人編纂初衷,是想爲那些僻居窮鄉而不能遍觀四子之書的讀書人,提供一部能準確、全面、系統概括四子思想,且又切近日用、便宜遵行的理學入門讀本,於是精選四子語録 622 條編輯此書。因此,《近思録》的編纂出發點、路徑深深影響南宋及後世的中國學者,仿效《近思録》輯成的續編、仿編本層出不窮。

《近思録》一直受李朝學術界、思想界、教育界的關注,其編纂思路自然會得到效仿。如李朝的李漢膺仰慕中國理學家以及本邦朱子學代表者李滉,他有感於這些性理學家的著述"浩博,茫不知下手",於是編輯朱熹、張栻、吕祖謙以及本邦李滉的語録共計 1062 條,"篇目一依《近思録》例",編成《續近思録》十四卷。在李漢膺自己看來,此續編"又爲《近思録》之階梯,而以及四子、六經,退翁所謂'溯伊洛而達洙泗,無往而不可'者是矣"[②]。

---

① 張立文《宋明理學研究》,人民出版社,2002 年 11 月 1 版,第 13—14 頁。

② (朝鮮)李漢膺《續近思録》序文,載於李漢膺編《續近思録》,李朝哲宗年間木板本。

《近思録》文獻流佈到朝鮮半島後，在當地讀者心中生根開花結果的主要表現之一，就是以中國傳入的《近思録》爲基礎，接受其編集理念，采取與之相同或相近的語料，在中國原有血液之中融合本邦儒學家或朱子學者的“新鮮血液”，衍生出具有本土特色的讀本。由於其中的仿編本更多的是選録本土學者著述語録，内容切合當時當地之需，故鄉土味更濃。

如朴泰輔選録朝鮮半島歷史上的儒學者言語行事文字，依照《近思録》門類彙分抄録，意欲纂成李朝儒學經典讀本，在朴氏去世後，其門人繼承其“遺志，循考亭之舊規，依樣編輯”《海東七子近思録》十四卷[①]。該書是朴泰輔及其門人先後輯録李朝前期朱子學家金宏弼、鄭汝昌、趙光祖、李彦迪、李滉、李珥、成渾七位的語録。又因爲他們在朝鮮儒學家行列中具有舉足輕重的地位，故尊奉爲“七子”。這種將本邦理學家標定爲“子”的做法，肯定和褒獎了七子作爲一個整體在儒學史上的影響，也是朝鮮理學成熟的標誌之一。

其次，《近思録》“類編”且有“科級”的編排體例，成爲李朝學者效仿的經典範式，續編、仿編者皆以之爲準繩。

朱、吕在《近思録》編纂體例上進行了開拓實踐，《宋史》卷二〇五《藝文志》説“《近思録》十四卷，朱熹、吕祖謙編類周敦頤、程頤、程顥、張載等書”。這種“編類”做法得到後世充分肯定，影響深遠。正如陳榮捷在《朱子之〈近思録〉》中所言，《近思録》誕生之後，“朱子講友劉子澄即編《近思續録》，至明而有高攀龍之《朱子節要》，至清而有張伯行之《續近思録》與《廣近思録》等……皆依朱子之《近思録》分十四目。《近思録》之内容形式竟支配哲學選録之風氣達七八百年”[②]。

並且，分類編集的十四卷内容之間具有“科級”，正如編者之一的吕祖謙所説，“循是而進，自卑升高，自近及遠，庶幾不失纂集之旨”[③]。這種類編的理念，利於讀者“近思”自學，獲得一個從易到難、由低到高的進學次第。因而，後世《近思録》續編、仿編本，都是分作十四卷編輯理學家語録，如現存南宋蔡

① （朝鮮）豐城後學《海東七子近思録序》，載於（朝鮮）朴泰輔編《海東七子近思録》，李朝肅宗年間寫本。

② 陳榮捷《朱學論集》，華東師範大學出版社，2007 年 8 月 1 版，第 79 頁。

③ （宋）吕祖謙《近思録後引》，載於（宋）朱熹、吕祖謙共輯，（宋）葉采集解《近思録》，元刻本。

模《近思別録》十四卷，清代劉源渌《近思續録》十四卷、吕永輝《國朝近思録》十四卷等。

歷史上李朝的《近思録》相關文獻與中國相比，最具特色者就是效仿《近思録》編纂分類體例，以輯録本邦朱子學家的著述爲主，編纂了一系列仿編文本，如韓夢麟編《續近思録》十四卷，李漢膺編《續近思録》十四卷，宋秉璿編《近思續録》十四卷等。仿編者韓夢麟則肯定朱、吕所編"條分類别，合爲十四篇，名之曰《近思録》，使初學之士領其要而得其門焉，其惠後學深矣"[①]。

且更具仿效特色的是，在所編《近思録》文獻篇名上也流露出深厚的中國情結。中國南宋元明清各朝尊奉周敦頤、張載、程顥、程頤、朱熹等爲"子"，並在反映程朱思想的理學書籍命名上，往往用"某子"或"四子""五子"等來標定國人所敬仰的學者地位，如明代高攀龍編《朱子節要》、清代汪佑編纂《五子近思録》、王鼎類次《朱子原訂近思録》。李朝也照搬此法，在編集本邦儒學大家或朱子學名家的語録時，其文本名稱也以"某子"予以稱謂。如：

李度中《李子近思録義例》云："昔汪星溪佑編輯晦翁遺文，名曰'朱子近思録'，使其子鑒校正。度中竊依星溪事，彙編《栗谷全書》，亦名爲'李子近思録'，使子垂恭校，欲以此爲壽道之一脉云爾。"由此可知，該書十四卷完全是仿照清初汪佑《五子近思録》而編，意在凸顯李珥之名，傳揚朝鮮儒學。故其序文云："朱子後孔子，栗谷後朱子。此萬世不易之言也。栗谷先生亞於生知，渾然天成，纘前烈之遺緒，迹三代之絶軌。"李度中"遠仿二程之書，近稽宋子之例，擬稱《李子全書》，以致尊尚之義"，"依汪氏編朱子近思事彙輯《全書》要語爲十四編，冠之以李子之號"[②]。正因爲李珥在朝鮮時代的地位如同朱熹在宋以後的地位，故尊奉爲"子"，用"李子"題做書名，也順理成章。

因此，從文獻編纂的角度看，中國理學家所編冠名"朱子""五子"之類的仿編本，繼《近思録》之後在李朝也産生了較大影響。這些書的内容輯録了中國理學家代表周敦頤、張載、程顥、程頤、朱熹等"子"的語録，李朝的朴泰輔、李度中等受其啓發，在自己仿編本書名上冠以"七子""李子"等稱謂，如此命

① （朝鮮）韓夢麟《續近思録序文》，載於韓夢麟《續近思録》，李朝純祖十九年木活字本。

② （朝鮮）李度中《李子近思録序》，載於李度中編，（朝鮮）李垂校《李子近思録》，朝鮮李朝筆寫本。

名的方式，凸顯出李朝後期社會對本邦朱子學名家學術地位的肯定，也可察以研究朱子學爲中心的性理學派在李朝具有的影響力。

最後，朝鮮半島《近思録》文獻的綱目設定、體系建構，受容了《近思録》的範式。

《近思録》將北宋四子精要之語分類編集爲十四卷，原本各卷雖未標出綱目，但朱熹在回答門人提問時説："《近思録》逐篇綱目：(一)道體，(二)爲學大要，(三)格物窮理，(四)存養，(五)改過遷善、克己復禮，(六)齊家之道，(七)出處進退辭受之義，(八)治國平天下之道，(九)制度，(十)君子處事之方，(十一)教學之道，(十二)改過及人心疵病，(十三)異端之學，(十四)聖賢氣象。"①可見朱熹心中是有一個清晰綱目的，且在淳熙二年編集《近思録》的序文中嘗曰："凡學者所以求端用力，處己治人之要，與夫所以辨異端、觀聖賢之大略，皆粗見其梗概。""求端用力""處己治人""辨異端""觀聖賢"便是其大綱。

當代朱子學研究者認爲，朱、吕在《近思録》一書中建立了"一個比較嚴整、獨具特色的理學體系"②，各卷綱目的設定有嚴密的邏輯關係，這在束景南先生《朱子大傳》③有較詳盡論述。如今我們追溯歷史不難發現，早在南宋時期，朱熹再傳弟子及後學(如葉采、楊伯嵒)還爲此書補擬了十四卷綱目，使其體系更爲明晰。後來的文本絶大多數依從於葉采《近思録集解》各卷標題④：道體、爲學、致知、存養、克己、家道、出處、治體、治法、政事、教人、警戒、異端、聖賢。

《近思録》所建構的十四卷體例，成爲中外學者編輯理學讀本的典型模式，高麗後期、李朝時期的學者在進行相關文獻再建時，主觀上都很想體現出本土學術思想，或祇收本邦人著述的語録，但在編集用意、體系架構上卻不會僭越《近思録》的體例，有着濃濃的尊崇意識，均分作十四卷，各卷沿襲朱熹所擬綱目或葉采集解時的標目，或仿擬出文字相近的篇目。如：

李朝鄭曄、宋時烈《近思録釋疑》十四卷，各卷標題：論道體、總論爲學大

---

① (宋)黎靖德編，王星賢點校《朱子語類》卷一百五，中華書局，1986 年 3 月 1 版，第 2629 頁。

② 姜錫東《〈近思録〉研究》，人民出版社，2010 年 10 月 1 版，第 439 頁。

③ 束景南《朱子大傳》，商務印書館，2003 年 4 月 1 版，第 351 頁。

④ 此標題依據於(宋)葉采《近思録集解》，明代前期刻本，現藏中國科學院圖書館。

要止尊德性矣必道問學、論致知、論存養、論克己、論家道、論出處義利、論治體、論治法、論政事、論教學、論警戒、辨異端、觀聖賢;李漢膺《續近思録》十四卷,各卷標題:道體、爲學、致知、存養、力行、家道、出處、治道、治法、臨政處事、教人之道、警戒、辨別異端、總論聖賢;李度中《李子近思録》十四卷,標題分别是道體、爲學、致知、存養、力行克治、家道、出處、治道、治法、臨政處事、教人之道、警戒改過、辨别異端、總論聖賢。

程朱理學對東亞的影響深入而長久,作爲其思想載體之一的《近思録》,則體現出其思想體系的嚴整性,具體反映在該書的體例結構上,李朝學者在注解、仿編《近思録》時,於此接受最爲顯著。他們所輯此類文獻,其"發凡立例,一遵寒泉之成規",且認爲自己的續編可爲"四子、《近思》之羽翼"。儘管這種本土化文本建設没有脱離《近思録》的編纂精神,但他們在更新傳載媒介的同時,又在文本内容輯取上融入了本邦朱子學精華,這就有力地助推了程朱之學在朝鮮半島的傳播。

(三)在對中國《近思録》注本的批判性接受中,朝鮮半島學者走上了高層次本土化文本建設

葉采,南宋後期福建人,爲朱熹再傳弟子,久受朱熹弟子薰陶,頗具遠見,南宋淳祐八年(1248)集解《近思録》,淳祐十二年奉書表奏於朝,獲得趙宋皇家重視和贊許。自南宋至清末,葉采《近思録集解》系列[①]的傳本在本土現存多達36種,這是《近思録》其他注釋本難以企及的。早在清初,邵仁泓便認爲《近思録》"原本之美備,實足以該四子之精微,而葉注之詳明,又足以闡《近思》之實理"[②]。清人陳弘謀評價説:"葉氏用力於此書最專且久,所著《集解》原本朱子舊注,參之諸儒辯論而附以己説,明且備矣。"[③]因而,歷史上葉采《近思録集解》也成爲最受朝鮮半島歡迎的注本,或直接翻刻,或活字印製,但是他們在吸收葉采注本主體内容的同時,卻有與中國因尊朱而推崇葉注不同的

---

① 葉采《近思録集解》系列版本,主要包括重刻本、周公恕類次本、吴勉學校訂本等。參見筆者論文《宋葉采〈近思録集解〉版本源流考》,《華東師範大學學報》2006年9月第5期。

② (清)邵仁泓《近思録後跋》,載於(宋)葉采《近思録集解》,清康熙年間邵仁泓重訂本。

③ (清)陳弘謀重刊《近思録集解》序,載於(宋)葉采《近思録集解》,清乾隆元年陳氏培遠堂刊本。

一面，即敢於質疑和批駁，展示了自己的理解與主張。

第一，李朝前期對葉采《集解》多直接再版並傳播，活字本、木板本較多。

從韓國現存《近思録》系列文獻考察，李朝的《近思録》相關文獻，除歷史上直接從中國輸入外，大多數則是直接翻刻來自中國的文本。由於他們特崇信朱子再傳弟子葉采的《近思録集解》，欲廣爲流佈，故再造葉采《集解》版本最多，明清時期的中國學者注本、仿編本次之。韓國現存葉采《集解》系列版本多達 39 種，約佔現存《近思録》系列文獻的五分之一。它們往往以多種形態的版本面世，木板本、活字本、筆寫本等均有。如前文所述《集解》銅活字本，其内容與漢籍原本基本相同，甚至連版式編排也完全相同。事實上，活字印刷是李朝再傳葉采注本時所擁有的優勢，如李朝前期的甲寅字本、癸酉字校書館活字本、戊申字本等。同時，李朝也注重木板本的傳播作用，其代表有：

葉采《集解》李朝世宗十八年(1436)木板本。卷首有葉采《進近思録表》、葉采《近思録集解序》、《集解目録》、《近思録》(此書所取材的 14 部書名、朱熹序、吕祖謙跋)。正文内容也與國内所藏明代刻本一致，衹是卷十四末增刻了永樂年間權近跋文、永樂二十年(1422)卞季良跋文、宣德九年(1434)金鑌跋文、正統元年(1436)金汶跋文。

李朝中宗十四年(1519)鳳城精舍刊本。卷首刻有葉采《近思録集解序》、《集解目録》、《近思録》(即 14 部書名、朱熹序、吕祖謙跋)、葉采《進近思録表》，正文也與中國存世明代刻本一致，幾乎看不出異域特色，因爲僅卷十四末有刊記“正德己卯夏鳳城精舍刊”，説明它是李朝刻本。

李朝明宗二十一年(1566)清凉書院刊本。其内容體例與國内所藏明代刻本葉采《集解》一致。僅卷十四末有牌記“嘉靖丙寅郡守安瑺刊莊中和清凉書院”。

另有李朝文川郡、禮山縣、佔畢書院、玉山書院、成川府、三溪書院刊本等。這些版本與國内現存同時期的刻本基本相同，原版書的序跋、奏表等依舊保留不變，偶爾新增刊記、題識。

第二，李朝中後期出現了對葉采《集解》的質疑、批駁，由此新增一些有創見的性理學讀本。

儘管李朝有學者認爲葉采“出於朱子……采爲《集解》，而並收吕成公及張南軒、黄勉齋、蔡節齋、李果齋之説，而獻於朝，廣諸海内”①，且現存文獻確實佐證了葉采《集解》傳本數量遠超《近思録》原文本，但是朝鮮半島學者在接受此類注本時，並非無原則的苟同。從其注釋本、仿編本可見，他們受中國政治思想、學術傳統的束縛有限，在承傳中國歷代注家詮釋思想的同時，又敢於批判接受，增附己見，透露出一種民族自醒意識。所以即便是對“世誦習久”的葉采《集解》，也敢於不滿。如李朝朴履坤認爲《近思録》“葉氏之解尚有不能詳明者”，於是“用力於是書，更搜宋儒之論，參訂東賢之語，隨得隨劄”②，撰成《近思録釋義》十四卷。該書對《近思録》622 條語録中的“十之七八”作了注釋，既引用中國的程子、朱子、黄勉齋、真西山、饒雙峰、陳潛室等先賢語録，又參照本邦李滉、李珥、金長生等名賢的語録進行解説，對葉采集解提出異議，闡發己見。“所引所按，井井有據，足以資益於讀者”。如《近思録》卷三第 49 條，葉采集解云：“‘沿流而求源’，謂因言以求其意也。”朴履坤卻認爲：“葉注謂因言求意，愚則以爲因《傳》而求《易》也。”卷十四第 17 條，朴履坤又云：“‘教人而人易從’，注(筆者按，指葉采集解)：‘教人各因其資。’按，注説恐非。誠在言前，故人自化而易從也，且非但指學者。”

面對李朝中期的學風，實學派代表李瀷主張對儒學經典不要盲從，當有創造性的理解和發揮，説：“以今觀之，儒學日屈，無所事事，謂諸子之書不可卒，既不欲致思於其間，雖欲志焉，浩浩莽莽，亦遠而無得也。要其專意四子，不得不措，非此書不可信乎！”他在授家塾子弟時，擔憂子弟不能見到《近思録》“意趣”，“輒加箋解，俾有以易入云爾”③，於是編成《星湖先生近思録疾書》十四卷。此書側重於對宋代四子語録評析、總結，或對朱子語、葉采集解進行質疑，並闡述己見。如《近思録》卷二第 6 條，李瀷曰：“朱子曰：‘明道説得來洞洞流轉，若伊川以篤志解立其誠，則緩了，此説亦不可易矣。’今葉注引朱子語云：‘擇言謂修辭，篤志謂立誠。立誠即上文忠信。’此條遍求不得，而與見於《語類》者分明不合，則舍之無疑。此因《易》大傳中有，朱子釋伊川意者，不

①② (韓)盧相稷《近思録釋義序》，載於(朝鮮)朴履坤《近思録釋義》，韓國石板本，日本昭和八年印刷。

③ (朝鮮)李瀷《星湖先生近思録疾書》序，載於李瀷編《星湖先生近思録疾書》，李朝時期寫本。

察下有結辭，遂拈出爲説也，似甚魯莽。”

葉采《集解》爲朱子學脉之嫡傳，在朝鮮人的心目中，其内容很適用於教導求學問道者，爲程朱理學在李朝的發展壯大奠定了一塊基石。然而，李朝的學者在注解、傳播《近思録》時，對其相關注文又敢於質疑或甚至批駁，從中可察朝鮮儒者民族主體意識的覺醒，以致醖釀出李朝中後期對於居統治地位數百年的朱子學的不滿。

（四）對《近思録》系列文獻的傳播與本土化，促進了李朝朱子學大發展

歷史上的朝鮮半島，在思想文化方面有着深厚的中國淵源，宋代儒學的主流派“程朱理學”，對他們也産生了異常深遠的影響。《近思録》自南宋後期傳至朝鮮半島，朱熹的“階梯”之説、《近思録》的“入道”價值，便得到了高麗學者的肯定，隨後對李氏朝鮮政治思想、學術文化産生了很大影響。李朝在受容中國《近思録》及其相關文獻時不僅呈現出明顯的地域特徵，而且以之爲基礎新生出反映朱子學的大量文本，這些擁有時代意識的生命體態，大大推動了朝鮮理學的發展。

流佈朝鮮半島的《近思録》系列文獻，代表的是一種外來思想文化，而且是先進、發達、文明程度較高的文化，“當外來文化有利於原有的文化模式的維護時，便容易接受，並被作爲一種新的營養補充到文化機體之中”①，因此，李朝前期的儒學名家金宏弼、鄭汝昌、趙光祖、李彦迪、李滉、李珥、金長生等，都能主動接受並加以傳播，其中性理學研究者新創的《近思録》相關文獻又體現出本邦民族特色。可以説，李朝政治、思想、學術界的主動接受，成爲這種盛傳景象的關鍵。

在文獻編纂理念方面，《近思録》編纂方法容易操作，結構體例便於取法，於是，李朝《近思録》的相關文獻沿襲了《近思録》的綱目結構，發凡立例，如出一轍。諸如李朝的多種《續近思録》文本，體例結構完全接受《近思録》所代表的理學體系，而内容多爲本邦學者之論説文字，即用中國的瓶裝朝鮮的酒，融合了本族朱子學者思想、本土文化教育、圖書印刷等多樣元素，最終建構出適

① 沙蓮香等主編《傳播學》，中國人民大學出版社，1990 年 2 月 1 版，第 72 頁。

合本民族誦習的文本。所以，金長生在校閲鄭曄《近思録釋疑》時説，“此吾友守夢公（筆者按，鄭曄）之所編也，讀《近思》者不可以無此也”①，因而囑咐宋時烈加以校刊，故有李朝顯宗二年木板本《近思録釋疑》十四卷，隨後有活字、抄寫等多種版本形態面世。

朝鮮半島在受容中國《近思録》文獻時，在新創文本内容上體現出一種兼容並蓄的思想，既將中國宋、元、明、清具有代表性的理學家語録收入其中，又能兼顧本邦名家語録，諸如李滉、李珥等朱子學大家。也正是因爲在以“講明朱子之學，以斯道爲己任”的李滉等學者影響下，李朝社會倡行“紹修洛閩《近思》之學”②，故在李朝前期形成了朝鮮朱子學的興盛局面，所創建的以本民族朱子學家思想内容爲主體的《近思録》系列文獻，從一個側面反映了當時的時代思潮、社會之需。

例如宋熹準編《近思録注解叢編》中收録的朝鮮學者講辨、問答、劄記之類的文本特多，如：南景義《近思録講義》、柳徽文《近思録講録》、柳重教《近思録講義發問》、李滉《近思録問目》、李珥《近思録口訣》、鄭重器《對近思録策》、趙承洙《近思録問答》、林泳《近思録讀書劄録》、朴泰漢《近思録劄記》、金長生《近思録釋疑》、李瀷《近思録疾書》、林翰周《近思録葉注存疑》等。他們較多地展現出本民族學者關於《近思録》内容的别樣詮釋。因而，李朝學者的《近思録》系列文獻，相對於《近思録》文化母體，逐漸實現了在異國他鄉傳播而産生的一種文化增值；朝鮮民族的主體意識，隱約之中也由面對宗主的自卑走向一種民族自尊。

綜上所述，正是因爲在東亞尊崇程朱之學者心中，《近思録》有很高的地位，所以朝鮮半島不斷有人或注解、或續編、或劄録、或宣講此書。這裏我們重點論述了朝鮮半島自高麗王朝末期至李氏王朝結束這六七百年間對中國《近思録》系列文獻潛移默化受容的情況，其結果便是大量兼具本邦思想、文化、印製色彩的《近思録》相關文獻的産生、傳播，《近思録》所藴藏的理學思想文化，由最初淺層次的閲讀、製作，到深深浸藴於其民族内質之中；由開始的

① （朝鮮）宋時烈《近思録釋疑後序》，載於（朝鮮）鄭曄、金長生編，宋時烈等校《近思録釋疑》，李朝顯宗二年木板本。

② （朝鮮）李漢膺《續近思録》序文。

完全接受，發展到以中國《近思録》相關文獻爲主體，創建出具有本土學術思想性質的文獻。李朝《近思録》注釋本、仿編本的内容與編纂理念仍有着清晰的中國淵源，這些受容後而形成的本土化文獻，在中朝文化關係史中已成爲一道亮麗彩虹，至今熠熠生輝①。

三、《近思録》在日本的傳播與本土化

程朱理學是中國封建社會中後期佔主導地位的社會思潮和意識形態，也對東亞各國産生了深遠影響。作爲理學重要承傳載體的《近思録》，深爲當時及後世的尚儒者推崇，故《近思録》作爲理學"階梯"之書在宋元明清都很受尊崇。此經典在宋元之際傳佈日本後，身處東亞漢字文化圈中的日本同樣把它提升到顯要的經典之位，將其定性爲僅次於五經、四書的讀本，爲青少年入道的階梯。如日本元禄六年(1693)海西朱子學派代表中村惕齋説："天下古今之書，莫貴於六經、四子，而次焉者獨有此篇而已。"②江户後期會津藩學校奉行山内俊温説："學中刷印《近思録》，其議起於己丑之夏，其工畢於辛卯之春，其意專在奉公家教育之意，指引學徒而趨於正路也。夫此書之爲聖學之階梯、大道之標表也，固矣。"③

自江户時代至二十世紀四十年代，日本在受容中國《近思録》及其注本的同時，通過重刻、注釋、翻譯、講讀、仿編等途徑整理生産了大量具有本土特色的《近思録》系列文獻，大體可歸納爲以下三種類别：1. 日文訓點、注譯類，主要包括圍繞《近思録》原本進行的日文訓點本、漢文或漢文日文兼有的注本、日文譯本；2. 日本學者講讀、注評類，主要指由講讀《近思録》而形成的與原書密切關聯的文本，以及對南宋葉采《近思録集解》進行批評性講讀而新生的文本；3. 日本學者仿寫類，主要是效仿《近思録》體例而撰寫、編纂的仿《近思録》文本。如此三類合起來，差不多構成了《近思録》日本文獻版本的主體。

---

① 筆者與曹潔合作就上述内容撰寫一文，已公開發表，即《理學經典〈近思録〉在朝鮮李朝的接受與傳播》，載於《文獻》2016年第4期，第159—169頁。

② 元禄六年(日)仲欽《近思録鈔説序》，載於(日)中村惕齋《近思録鈔説》，漢文寫本。

③ (日)山内俊温《活版近思録跋》，載於(宋)朱熹、(宋)吕祖謙合輯《近思録》，天保二年活字印本。

（一）江户初期采用日本特有的漢文訓讀方法來傳播推廣《近思録》

《近思録》大約於鎌倉末期傳佈日本後，首先被日本儒者接受。爲宣傳此書所代表的理學思想和價值觀，他們在刻印、抄寫時，對書中的原漢文内容一般不改動，而是加注日文訓點。事實上早在江户之初（即中國明朝中後期），日本尊信朱子學的林羅山爲幫助不懂漢語的日本人能閱讀漢籍，就已經對《小學》《近思録》之類的中國典籍加句讀，句讀即成爲早期日文訓點此書采用的主要方式。日本現存《近思録》原文本，是在中國傳本基礎上重刊而成，大多爲日文訓點本，所刻或偏重於反點，或偏重於送假名，或二者兼具。

在《近思録》訓點方面最具代表性的人物，是江户時代前期尊奉朱子學的山崎嘉。他擔任過會津藩主的侍講，曾在江户等地講學，四方學徒靡然向風，一時號稱有六千多人。門人中傑出者有佐藤直方、淺見絅齋、三宅尚齋等人。作爲日本儒學正脉的首倡者，海南朱子學派代表山崎嘉講經時"先《小學》，次《近思録》，次四書"[①]，對《近思録》極爲推崇，其《讀近思録詩》云："六經四子四賢訣，都在《近思》一帙中。"[②]他認爲："此編以《近思》之名而極高妙之言，小學、大學工夫悉備焉，實學者入道之階梯，不可不好看。"[③]故他特加日文訓點以助本邦讀者閱讀理解此書。筆者實地調研發現，日本多家藏書機構中珍藏最多的《近思録》訓點本，就是山崎嘉訓點本的傳本。

經比較，山崎嘉訓點的《近思録》一書内容與中國現存《近思録》明、清刻本相同，但他對閱讀語言的更新，則便利了日本讀者閱讀。隨後日本學者重刊《近思録》時，大都選擇山崎嘉訓點本，僅在正文前後增補刊印者的序跋。如《近思録》十四卷，日本寬文十年（1670）山崎嘉序，壽文堂刊本，東京大學藏本有明治三十六年（1903）南莊批注；寬文十年山崎嘉序，洛陽武村市兵衛、大坂武村佐兵衛刊本，京都大學、東京都立圖書館有藏；安永三年（1774）壽文堂、井上清兵衛重刊山崎嘉訓點本，日本國立公文書館、廣島大學有藏；文化十一年（1814）石田治兵衛刊本，横浜國立大學有藏；弘化三年（1846）菱屋孫

① 朱謙之《日本的朱子學》，第294頁。

② （日）山崎嘉《讀近思録詩》，參見（日）山崎道夫《崎門學派における近思録の尊重と若林强齋の近思録十四目講義》，載於日本國士館大學《人文學會紀要》第4號，昭和四十七年一月，第123頁。

③ （日）寬文十年山崎嘉《近思録序》，載於（宋）朱熹、（宋）吕祖謙共輯《近思録》，壽文堂刊本。

兵衛刊本,北海道大學有藏;安政五年再校,明治四年(1871)佐土原藩學習館重刻本,上海圖書館有藏。隨後日本人所撰《近思録》漢文注解本等也多加注日文訓點。

可見,早在江户時代前期,日本有識之士已采用訓讀法幫助人們閲讀漢文《近思録》,即在不改變原文獻内容的基礎上,用特定的符號或假名進行訓點。這既順應了日本社會需求,也擴大了《近思録》的閲讀面,增强了普及傳播的力度,爲朱子學在日本的發展壯大夯實了根基。

近一百多年來,日本雖然已經完成脱亞入歐的轉型,成爲發達的資本主義國家,但是,對於是否全面抛棄歷史上所接受的中國文化思想,則比較慎重。因爲日本與中國有着長久的歷史交往,在許多方面與中國存在着割捨不斷的關係。自明治後期,歷經大正、昭和,直至當代的平成,日本從未停止過對中國思想文化的引進和借鑒,《近思録》仍舊是他們重點受容的對象之一。

但是,隨着時代的發展,僅刊印《近思録》日文訓點本已難以滿足讀者閲讀需求,於是,日本近現代的學者與出版機構相繼采用現代日文進行翻譯,不斷推出日文譯本《近思録》,其中大多數收録在反映中華文明包括朱子學思想的大型叢書之中。現存此類日文譯本或譯注本不少於 11 種,如《近思録》十四卷,内藤耻叟注譯本,《支那文學全書》第 16 編收録,明治二十六年(1893)博文館印本;加藤常賢譯本,《支那哲學叢書》第 11 輯收録,大正十三年(1924)東京支那哲學叢書刊行會編;塚本哲三編譯本,《漢文叢書》收録,昭和四年(1929)東京有朋堂書店印本;飯島忠夫譯本,《漢籍た語る叢書》第 9 卷收録,昭和十年(1935)、昭和十四年東京大東出版社印本;秋月胤繼譯注本,收入"岩波文庫",昭和十五年、五十二年岩波書店印本;山崎道夫譯注本,《中國古典新書》收録,昭和四十二年東京明德出版社初版;湯淺幸孫譯注本,收入《中國文明選》第 4、第 5 卷,昭和四十九年朝日新聞社印本;市川安司譯注本,收入《新釋漢文大系》第 37 卷,昭和五十年東京明治書院初版本等。如此編纂既鞏固了《近思録》所擁有的理學經典讀本地位,又明確告知世人它是中華民族優秀思想文化的一個部分,可以有選擇地接受並加以采納。此舉無形之中又增强了《近思録》傳播的廣度與力度。

（二）日本學者對《近思録》進行了别具特色的解讀與革新

日本流傳的《近思録》系列文獻，是在受容中國《近思録》及歷代注編本的基礎上形成的，其中最具本土特色的文本，是日本講學者、研究者在閱讀、解説《近思録》及其整理本的過程中，加以注解、講評而形成的講讀劄記文本，包括注釋、鈔説、講義、讀書劄記等，多達 85 種，幾乎佔現存日本江户時代至二十世紀四十年代流傳的《近思録》系列文獻版本的大半。這些文本反映出他們關於《近思録》内容的本土化的解説和講讀。

例如，對於《近思録》卷六中程頤“餓死事極小，失節事極大”一語，貝原篤信[①]《近思録備考》在考述時，借用了《小學章句》之語：“人皆有死守節而至餓死，則餓死比之失節爲小矣。失節，則無人道，而不可以立於天地之間，故曰事極大。”認爲“此一章言孀婦不可再嫁人，而人亦不可娶也”。從語意可見他基本認可“孀婦不可嫁娶”。

同樣是面對程頤此語，江户時代京師朱子派領袖室鳩巢在《近思録鳩巢先生講義》中認爲：“若夫既嫁多歷年月，行夫婦之義已久，則夫死當撫孤守寡，乃再嫁，是失節也。今云孤孀貧窮，則是必有子有家可以守寡者，不可以貧窮再嫁也”[②]。佐藤一齋[③]《近思録欄外書》卷六則認爲，此事當因人而異，有“出婦”與“孀婦”之異、“賤人”與“君子”之别。他説：“出婦於前夫義絶，嫁固可矣，娶亦無不可。孀婦則義不絶，嫁娶兩失節也。世儒一概謂婦人不可再嫁，則無出婦孀婦之辨，甚誤矣。然世往往有孀婦真怕寒餓再嫁者，在賤人不必深責，但在士君子則斷斷不可而已。”

又如專奉性理之學的仲欽，長期在本土宣揚理學思想。他認爲朱、吕共輯《近思録》是從爲學修身論及修齊治平，直至明曉道體、成賢成聖。而葉采的《集解》卻讓“初學之士不能得致思之端而了其旨歸”，故批駁葉注不足[④]。

---

① 貝原益軒（1630—1714），名篤信，江户時代前期的儒者、教育家。曾師從松永尺五、木下順庵、山崎闇齋，主張理氣一元論。著有《慎思録》《大疑録》《益軒十訓》等。他是日本江户前期至中期具有代表性的儒學家之一，寬文八年完成的《近思録備考》十四卷，是日本最早的《近思録》標注本。

② （日）室鳩巢《近思録鳩巢先生講義》卷六，見京都大學所藏漢文楷體抄寫本。

③ 佐藤一齋《近思録欄外書》於天保十年十二月完成，多引王陽明語，也引宋明理學家和明清《近思録》注家多人的注解，同時直言自己的觀點與考證依據，頗多獨立思想。

④ （日）仲欽《近思録鈔説序》，載於仲欽《近思録鈔説》，漢文抄寫本。

於是，他以葉采《集解》爲底本，抄録葉氏注解“難通之章，而各附録諸儒之説”，並增補自己的注解，冠以“鈔説”之名，撰就《近思録鈔説》。

諸如淺見絅齋《近思録師説》，室鳩巢《近思録道體講義》，若林强齋《近思録師説講義》，小野鶴山《近思録講義》，稻葉默齋《近思録講義》，藤原兼原《近思録講義》，内藤耻叟《近思録講義》《近思别録講義》，西晋一郎《近思録講義》，近代學者山崎道夫《近思録講本釋義（爲學篇）》等，都是日本豐富的講讀劄記類文本中頗具本民族特色的，反映出六七百年間日本學者、讀者對於《近思録》的認知、消化與回饋。

這裏需要强調説明的是，日本流傳的《近思録》系列文獻中有部分刊印本，在版式規格上也表現出本邦學者、刊印者的革新思想。日本後期的雕版印刷技術有了長足發展，他們在改造《近思録》相關文獻閲讀語言的同時，爲配合文字表達、譯注的需要，大膽進行了版本形制規格的改進。如林羅山再傳弟子宇都宫遯庵標注的《鼇頭近思録》十四卷（延寶六年刊本），是他爲了方便教學，將傳統的一葉書版分作内外框兩部分，内框爲漢字，内容是《近思録》及葉采集解；外框爲日文，是標注者的校注文字，内容摘引自《易》《詩》《書》《語》《孟》、北宋四子著述，以及《朱子語類》《性理大全》等[①]。又如，溪百年所譯《近思録餘師》十四卷，日本天保十四年（1843）河内屋太助等刊本，是將一葉板框分隔爲上下兩部分，上一部分約佔版面的 1/4，爲《近思録》日文譯文；下一部分約佔版面的 3/4，爲《近思録》漢文與日文注釋。溪百年在自序中説，“以國字略解四子、六經及《小學》書，以便童蒙”[②]。其版式的改進，使得日文譯文、日文注釋界格分明。

《近思録》在日本的傳播過程中，日本人一方面結合本民族語言的發展進行日文訓點，另一方面革新版印規格，努力使文本語言與刻印形制相呼應。如此，《近思録》及其注本更易被接受，此類著述也很快成爲日本所宣揚的程朱思想文化的一個有機組成部分。

---

① （日）宇由的《鼇頭近思録》跋文，載於（日）宇都宫遯庵標注《鼇頭近思録》，日本延寶六年刊本。

② （日）溪百年《近思録》自序，載於溪百年撰《近思録餘師》，天保十四年河内屋太助等刊本。

（三）日本學者對南宋葉采《近思録集解》進行了批判性接受

南宋淳祐年間，朱熹再傳弟子葉采《近思録集解》獲得了趙宋皇家的重視和贊許，自南宋至民國，葉采《集解》系列的傳本國内現存多達40種，這是《近思録》其他注釋本難以企及的。歷史上葉采《近思録集解》也成爲最受日本社會歡迎的注本，直接翻刻有之，加工改造者有之，但是他們尊崇而不阿諛，在吸收葉采注本主體内容的同時，卻有與中國因尊朱而推崇葉注不同的一面，即敢於質疑和批駁，展示了自己的理解與主張。

日本現存《近思録》注本中，葉采《集解》本尤多，其中部分重刻本内容與漢籍原本完全相同，甚至連版式也完全相同，如出一轍。如朱熹、吕祖謙編集，葉采集解，明代吴勉學校閲的《近思録》，日本寬文十三年（1673）石渠堂重刊本，國立公文書館有藏。其版式爲每半葉九行十八字，注文小字雙行十八字，白口，單魚尾。與國内所藏明稽古齋刻吴勉學校閲本相同。其卷首書名葉所刻"朱紫陽吕東萊兩先生纂輯/近思録/葉采集解 稽古齋藏版"，與國内藏本字體風格完全吻合。明萬曆年間刻本的書名葉刻"朱紫陽吕東萊兩先生纂輯/近思録/葉采分注集解 稽古齋藏版"，而日本刻本僅少"分注"二字，又將明萬曆刻本書名葉右下所鈐朱色陰文印"稽古齋"刻成墨色陰文印。若不是見到此書卷末蓮花碑記，即刊記"徒維涒灘寬文癸丑年/石渠堂重校梓/姑洗月焉逢敦牂日"，則很難分辨它是明刻本還是日本的和刻本。

日本現存《近思録》系列文獻約139種，日本本土再生的葉采《集解》系列版本約21種。這説明葉采《集解》實爲歷史上日本學界所青睞，其傳本數量在日本遠超《近思録》原文本。故陳榮捷説："葉采之注，在日本甚爲通行。日本注家幾皆全依葉注。"[①]這是有一定道理的。

程朱理學在中國封建社會後期，長期處於官方哲學的地位，極少有敢於公開批駁者，故而世人對朱子門人也多一味尊奉。歷史上日本儒學與中國程朱理學有不解之緣，朱子學自鐮倉中葉傳入，不久便成爲日本封建社會成熟期以後的儒學主流，雖然在明治時代（1867—1912）初期地位開始動摇，可隨後又有所回升。日本社會儘管長期尊信朱子學，但由於不受中國政治意識、

① 陳榮捷《近思録詳注集評》"引言"，第3頁，華東師範大學出版社，2007年7月1版。

學術傳統、門派之争的束縛，故在受容朱子學嫡傳者葉氏《集解》時，便出現了批判的聲音。

尊信朱子又不盲從朱子思想的貝原篤信，主張讀《近思録》當先明此書各卷文字之意，然後方能通其義理，故其《近思録備考》强調訓詁考據，以助本土讀者理解文辭。如葉采《集解》卷四第45條，葉采對"有以一"云云以下，注解曰："外整齊而内嚴肅，則心自一、理自明。"而《備考》則注云："盧玉溪曰：'外面整齊嚴肅，則内面便一；内面一，則外面便無非僻之干。'〇《小學衷旨》曰：'此心既一，則天理爲一，人欲不得相擾，自無非僻之干矣。'此内外合一之説。〇《小學章句》曰：'一，專一也。'〇合璧曰：未有外貌放肆而中心能一者。又曰：衣冠整齊，容貌嚴肅。〇愚案，葉注與盧玉溪異，將整齊嚴肅做内外説了，恐非。"

又如日本寛文十年，山崎嘉認爲"葉仲圭爲《集解》，楊伯嵒爲《衍注》，皆未能深有所發明"。弘化三年(1846)高津泰《近思録訓蒙輯疏序》云："葉氏私淑於北溪陳氏，其説宜得朱子之意，而其注往往不滿於人意。故我先儒闇齋山崎氏盡除之，單以白文行於世。"[①]史實證明，日本朱子學家山崎闇齋確實不滿葉采集解，而將葉氏注本中的注文删除，僅以白文的形態向世人傳播。

享保年間(1716—1735)澤田希認爲：葉采的《近思録集解》、何基的《近思録發揮》釋義未盡，不能完全闡明《近思録》文理微旨，以致初學者有所困惑。於是他博搜旁考"濂洛關陝全書以至諸儒百家之論説，及子史字書異端之編"，以師友之言論爲佐證，進行注説，並直陳葉氏注解的不精不詳，經"月訂歲改，積若干年而成"《近思録説略》十四卷[②]。

日本近世(1576—1868)的朱子學與中國朱子學有共性，也有其獨立發展的一面。在受容《近思録》中國歷代注家詮釋思想時，即便是長期被世人誦習的葉注，日本學者也敢於批判，不一味盲從，解説時增附己見，流露出一種民族自省、自信意識。他們或將葉采《集解》吸收轉化爲本土文本的一個重要組成部分，以他國文獻爲己所用的意圖甚是明朗。

---

① (日)高津泰《近思録訓蒙輯疏序》，載於(日)安褧《近思録訓蒙輯疏》，日本弘化四年刊本。

② (日)澤田希《近思録説略序》，載於澤田希《近思録説略》，日本享保五年芳野屋權兵衛刊本。

（四）日本人效仿《近思録》而編纂的具有本土色彩的“仿《近思録》文本”①

《近思録》在日本的巨大影響，不僅表現在其所藴藏的程朱理學思想的廣泛傳播，而且表現在朱、吕的編纂宗旨、方法、體例對日本學界的影響。因爲其學者整理編纂的仿《近思録》文本，發凡起例，遵從朱、吕在寒泉精舍編纂時的成法。

第一，日本編纂者尊崇朱、吕編纂宗旨，自編文本時所選取的内容，也不外乎那些讓讀者“近思”“日用躬行”的中國理學家或本邦朱子學者的語録。

日本學者爲何在解説《近思録》的同時進行仿編？是因爲朱、吕的編集動機、取材標準對他們啓迪良多。面對閎博無涯的前人著述，如何編纂一個經典入門讀本供後學使用，這是歷代學者都很關注的問題。受二程思想影響的朱、吕二人編纂初衷，是想爲那些僻居窮鄉而不能遍觀周敦頤、張載、程顥、程頤之書的讀書人，容易學習把握北宋四子書的要義，提供一部能準確、全面、系統概括四子思想，且又切近日用、便宜遵行的理學入門讀本。622 條語録的選取就體現出這種用心。

朱、吕編纂的出發點、路徑也深深浸潤於東亞儒學家心中。受其編纂動機的啓發，中國本土就有相當數量的學者針對朱熹著述編纂了入門讀本，如蔡模《近思續録》、高攀龍《朱子節要》、汪佑《五子近思録》、劉源渌《近思續録》、張伯行《廣近思録》等，就是爲了“極其要切，便於省覽”。此編纂意識也影響到日本的學術界，如宇都宮遯庵講學時，爲了“下國遠鄉乏載籍者”能知曉北宋四子、朱子著述的精華，在葉采《集解》本基礎上撰就《鼇頭近思録》十四卷，即“爲博學篤志之便”。

崇尚中國傳統思想文化的日本學者除了以中國《近思録》及注本爲底本續編外，還會博采中國理學家的語録，精選其中“關於大體而切於日用者”，又擇取本邦儒學家的語録，依《近思録》編纂路徑、編次方式去仿編，撰成具有本土色彩的仿《近思録》文本。如古賀精里的《近思録集説》十四卷，編集朱熹、

---

① 這裏所謂的“仿《近思録》文本”，不是狹義上所指書名謂“仿《近思録》”的文獻，而是指歷史上日本學者在注譯、説解、仿編《近思録》過程中形成的部分文本。因爲這些文獻從編纂學的角度看，基本遵從了朱、吕編輯《近思録》的範式，故稱作“仿《近思録》文本”。

山崎闇齋、淺見絅齋等人之言而成一書。據日本文化十二年(1815)石冢崔高《近思録集説凡例》可知,此書對《近思録》的集説,“凡每章有定説無可疑者”,便不載他説;對存疑之處,則“取諸家明解以折衷”,以求明白曉暢。“故此編於其各條章旨句意,未必盡爲章釋句解,但有古人誤解恐致讀者疑惑者,必擇其定説正解以載本節條下”。此書中各條集説主要采自朱熹《文集》《語類》等,對朱子未言或存疑之處,往往取自日本諸家解説,以輔助注解。顯然,此書是編纂者按照自己的標準摘取朱熹論説文字,采集本邦諸家之説,且針對那些易致求學者疑惑之處,編次已有的定説正解於相關條目之下,最終形成内外容和的理學讀本。

因此,日本學者所輯的此類文獻,既取法於朱熹當初編集四子語録的初衷,又效法中國續編《近思録》的做法,結合本邦實情,采輯了中國學者的著述與日本朱子學家的言語行事編集出理學簡明讀本,這自然便宜讀者遵行。

第二,在所輯語録的編纂上,《近思録》“類編”且有“科級”的編排體例,也成爲歷史上日本學者效仿的經典,仿編、講讀者皆以之爲準繩。

朱、吕在《近思録》編纂方法、體例建構上進行了有益開拓,其“編類”的手法,就是將北宋四子語録分作十四類編次。此法得到後世充分肯定,影響深遠。該書十四卷内容之間具有“科級”,體現出相當的層次性和一定的邏輯結構。爲此,吕祖謙明確表示,“循是而進,自卑升高,自近及遠,庶幾不失纂集之旨”。明代劉仕賢曾直言朱子的運思構想,説求學者首先應該“知方”,故首卷是反映義理本原的“道體”;在明確探求目標後,“次之以用力”,具體而言就是依次在修齊治平上下功夫,並“黜邪而居正”,所以全書“以辨異端、觀聖賢終焉”①。清人陳舜錫概述道:“(《近思録》)上明天道,則無極太極之奥、元亨利貞之常、通復往來之故、易簡生成之德、闔闢消長之機、一神兩化之妙,瞭如也;下明人道,則仁義禮智之性、喜怒哀樂之情、肅乂哲謀之則、親義别叙之經、禮樂中和之節、作止語默之宜,燦然也。學以致此道,則有窮理居敬、直内方外、深造自得之功;知以明此道,則有實地真切、漸進積多、上達一貫之序。言存養,則静中有動,動中有静,而復艮互用;言克己,則制之於内,防之於外,

① (明)劉仕賢《分類經進近思録集解序》,載於(宋)葉采集解,(明)周公恕類編《分類經進近思録集解》,明嘉靖十七年劉仕賢刻本。

而明健相資。由是以正倫理，以篤恩義，而家道成矣；窮則獨善，達則兼善，而出處正矣。至於挈綱維而端治體，修典制而明治法，通經權而敷政事，以迨進覺天下，退淑吾徒，而教育宏；内切憂危，外勤惕厲，而警戒深，有一不彰明較著者乎？而猶辨異端似是之非，使坎離鉛汞、不生不滅之説息；詳絶學遞傳之緒，使帝王師儒、歷聖群賢之統尊。寧復有奥指微詞，爲是書闡發之所未及者哉？"[①]在以上每一環節，朱、吕將相關語録類次而入，其編纂理念確實利於讀者"近思"自學，獲得一個從易到難、由低到高的進學次第。因而，後世《近思録》的續編、仿編本，都是分作十四卷編輯理學家語録，如現存南宋蔡模《近思續録》十四卷，明代錢士升《五子近思録》十四卷，清代汪佑《五子近思録》十四卷、劉源淥《近思續録》十四卷、鮑桂星《續近思録》十四卷等。

同樣，歷史上日本學者爲青少年解説《近思録》的文本，其編集分類體例基本都依據《近思録》，如日本文化十年(1813)寫本，櫻田虎門《近思録摘説》十四卷，逐句解釋《近思録》原文，解説文字"多引宋明儒及日本注家，如中村惕齋、貝原益軒、三宅尚齋等"。又如中村惕齋《近思録示蒙句解》十四卷，五井蘭洲《近思録紀聞》十四卷，内藤耻叟講述的《近思録》十四卷、《近思别録》十四卷等皆是類編而成。

第三，在整本書的體例架構上，由於《近思録》編織了簡明精巧的理學思想體系，具有典範性，故日本仿本的綱目結構設定，均以之爲範式。

《近思録》將北宋四子精要之語分類編輯爲十四卷，儘管原本未標出各卷綱目，但朱熹在回答門人提問時説有"逐篇綱目"[②]，也就是説原文本上雖未列出，可朱熹心中是有一個清晰綱目的，他在淳熙二年編集《近思録》的序文中嘗曰："凡學者所以求端用力，處己治人之要，與夫所以辨異端、觀聖賢之大略，皆粗見其梗概。"雖説此文字表述略嫌籠統，然而它卻蘊含着一種架構、一種次序。

後世學者多認爲，朱、吕在《近思録》一書中建立了"一個比較完整、獨具

① (清)陳舜錫《近思續録跋》，見(清)劉源淥編《近思續録》，清光緒十七年補刻本。

② (宋)黎靖德編《朱子語類》卷一百五，第 2629 頁。朱子曰："《近思録》逐篇綱目：(一) 道體，(二) 爲學大要，(三) 格物窮理，(四) 存養，(五) 改過遷善、克己復禮，(六) 齊家之道，(七) 出處進退辭受之義，(八) 治國平天下之道，(九) 制度，(十) 君子處事之方，(十一) 教學之道，(十二) 改過及人心疵病，(十三) 異端之學，(十四) 聖賢氣象。"

特色的理學體系"[1]。各卷綱目的設定有嚴密的邏輯關係,束先生《朱子大傳》説:"第一卷論太極之理的本體論與性論;二至四卷論敬知雙修的認識論與修養論。"朱熹分别用"道體""爲學大要""格物窮理""存養"爲篇名,很匹配。"五至八卷論大學之道",卷五輯録有關身體力行修養功夫的語録,用"改過遷善、克己復禮"也匹配;卷六輯録論述齊家功夫的語録,用"齊家之道"爲綱目;卷七輯録出仕爲官、待人接物的有關語録,用"出處進退辭受之義"爲綱目;卷八輯録實現外王理想及處理政事的爲官原則,用"治國平天下"爲綱目。"九至十四卷雜論儒家之學",卷九輯録處事爲官的具體方法,用"制度"爲綱目;卷十輯録四子對政治制度、治民原則的有關語要,用"君子處事之方"爲綱目;卷十一輯録教書育人的方法原則,用"教學之道"爲綱目;卷十二輯録戒惡行善、改過遷善的具體修行,用"改過及人心疵病"爲綱目;卷十三輯録對佛、道二教一些思想的批評,用"異端之學"爲綱目;卷十四輯録聖賢道統、體認聖賢氣象及評判諸子的有關語要,用"聖賢氣象"爲綱目。全書"概括了四子的政治觀、人生觀、教育思想、反老佛異端思想等,具體而微地構造出了以實用倫理人生哲學爲核心的二程理學體系"[2]。因而,朱熹再傳弟子及後學如葉采、楊伯嵒,在此基礎上補擬了十四卷篇名。葉采《集解》各卷綱目、提要的創建,使得原書體例顯得更加明晰完備,使所蘊蓄的程朱理學思想内容更趨明朗。故葉氏綱目爲諸家所宗,差不多成爲後世《近思録》的續編、仿編者特别倚重的範本。

歷史上日本學者關於《近思録》的講讀劄記、譯注、仿編,絶大多數分作十四卷,各卷篇名沿襲朱熹所擬綱目或葉采集解的標題,或仿擬出文字相近的篇目。如澤田希撰《近思録説略》、溪百年譯注《近思録餘師》、佐藤一齋批注《近思録欄外書》,十四卷標題均是:道體類、爲學類、致知類、存養類、克己類、家道類、出處類、治體類、治法類、政事類、教學類、警戒類、辨異端類、觀聖賢類。古賀樸等編集的《近思録集説》,十四卷標題與葉采所擬相同。湯淺幸孫的日文注譯本《近思録》,十四卷標題完全依據《語類》中朱熹所云。正是因爲有了這些眉目清晰的綱目,其本邦求學者在理解、領悟文本内容過程中更易綱舉目張。

---

① 姜錫東《〈近思録〉研究》,第 439 頁。

② 束景南《朱子大傳》,第 351 頁。

(五) 結語

自南宋後期《近思録》流佈東亞後不久，朱熹的“階梯”之説、《近思録》的“入道”價值，就得到了日本學界的肯定。日本學者安褧《活板近思録序》説：“欲學聖人之道者，不可不讀四子，而讀四子者尤不可以不讀《近思録》矣。”[①]以上筆者從四個方面較爲系統地闡述了日本引入、教習、崇奉、批判性解讀以及仿編中國理學經典《近思録》的具體過程和各種情形，下面再予以小結和補充：

第一，在日本衍生的《近思録》相關文獻，是其政治、思想、學術界主動接受與推動的結果，同時也體現出其選擇性、批判性的一面。

歷史上的日本思想文化，與中國有着深厚的淵源。宋代新儒學（或稱“程朱理學”，亦稱“道學”）對他們也産生了異常深遠的影響，差不多在十三世紀之後，上自王侯、下至市民，多信奉程朱理學。《近思録》比較全面地反映出宋代理學的觀念、立場與價值，作爲理學的經典讀本，不論其内容還是綱目體例，以及隨之而興起的編纂理學讀本潮流，都深深地影響着歷史上的日本。相對於近世日本社會，《近思録》所代表的是一種外來文化，而且是先進、發達、文明程度較高的思想文化，利於其社會維護君臣大義名分，自然可與封建領主統治需要進行對接，並作爲一種新的統治手段補充到社會教化之中。

筆者研究發現，自後陽成天皇至明仁天皇的 19 代天皇（近五百年間），在其中 17 位天皇的時代，日本或刊印、或抄寫、或注釋、或翻譯、或仿編《近思録》，幾乎每個時代都有《近思録》相關文獻産生。這足以説明，日本社會的統治者在政權趨穩之際，願意投入或支援思想道德領域的文獻建設。《近思録》及其相關文本是其社會教化的理想選擇，又有階可尋，因而對日本求學問道者發揮了很好的導引作用。

儘管《近思録》在日本差不多享受着“經典”的待遇，日本社會接受動機明顯，然而日本各朝代衍生的《近思録》相關文獻中，往往有批判接受中國某些注本的做法。正如前文所述，他們對葉采《集解》給予了批判、新解。並且，他們還在講説、編纂同類文本中特意融入本邦朱子學研究者的思想、主張，以之

---

① （日）安褧《活板近思録序》，載於（宋）朱熹、（宋）吕祖謙共輯《近思録》，日本天保二年活字印本。

作爲日本朱子學思想的傳承載體，表現出一種民族自覺意識。

第二，日本對《近思録》原文，一般都會全部接受，但爲推廣此書，又能結合本民族語言、刊印技術，賦予《近思録》文獻新的傳播形態，使其更受日本讀者歡迎。

日本學者用日文對該理學讀本進行訓點、翻譯的做法，確實方便了日本讀者的閱讀研究，這不僅在閱讀形式上反映了本邦讀者的需求，而且在編纂刊印方面也體現出其本土化的色彩。經過歷代日本學者、編印者的不斷努力，《近思録》在日本已不是停留於淺層次閱讀和文本製作上，其内容已深深浸蘊於其民族文化思想的核心。從皇權卿臣的推崇，到理學者的尊尚，再到求學者的崇信，無不透射出《近思録》所蘊藏的理學思想在東亞區域的深刻影響和不朽魅力。

經日本加工整理生成的本土化《近思録》文獻，很好地彰顯出儒學思想文化的血脉、生命智慧。所以，直至近代，日本學者張源祥仍舊以爲："朱子曰：'四子，六經之階梯；《近思録》，四子之階梯。'宜哉！是書風行於世之久且盛也，青年學子如繙此書，熟讀玩味，則於得聖學之綱領進而推求遠約，其有所補益不爲少矣。"[①]

第三，日本不僅深受《近思録》思想内容影響，而且對此書結構體現出的理論體系很推崇，諸多因素促成了《近思録》在日本社會的廣泛傳播。

由於"《近思録》最能反映、最能代表朱子的理學體系方面的構想和造詣"[②]，故歷史上敬仰朱子學的日本社會，對該經典自感親切，有意加强了對中國《近思録》系列文獻的受容，其結果便是大量具有本土思想文化特色的《近思録》相關文獻産生、傳播。日本由形式而内容、由表及裏、由中國而本土，多方位受容中國《近思録》系列文獻的歷史，再次表明中日兩國思想文化的緊密關聯。在歷史長河中，身處漢文化區域的日本確實是難以割棄中國思想文化的影響[③]。

---

① （日）張源祥《近思録鈔序》，收入張源祥《近思録鈔》，漢文謄寫版，日本昭和十四年大阪ぐろりあ書房出版。

② 姜錫東《〈近思録〉研究》，第 439 頁。

③ 該部分的内容，筆者撰寫成文已公開發表，見《中國經典理學〈近思録〉在日本的傳播與本土化》，載於《河南社會科學》2014 年 5 月第 5 期，第 94—99 頁。

四、《近思録》系列文獻流佈至東亞的概況

程朱理學被元明清各朝奉爲正統，世人予以研習修行。作爲傳播該理學思想的主要文獻《近思録》，在近七八百年間也是朝鮮半島、日本等國求學者常讀常新之物。相較於歐美讀者，東亞的朝鮮半島和日本都曾長期以漢語爲共同的學術用語，後來又結合漢字字形創製了本民族文字，他們以漢文儒家經典爲經典，接觸並承傳中國儒學。張立文在《宋明理學研究》中説："高麗末安珦引進程朱道學，他從元大都得到新刊《朱子全書》，並在國子監講授程朱道學。""日本於鐮倉時傳入朱子學，'五山'禪僧們在講授佛典時，研討宋學、朱子學。"[①]古朝鮮、日本接受程朱之學要早於亞洲其他國家，陳來認爲朱子學的中心分别於十六世紀、十七世紀後轉移至朝鮮朝、日本[②]，故陳榮捷説"朱子學支配我國思想五六百年，而操縱韓國、日本思想亦數百載"[③]。而且當代研究東亞朱子學者或認爲，在東亞歷史上，"朱子學及其重心有一個東移的過程"[④]，明代嘉靖後朱子學在朝鮮獲得進一步發展的活力。依此推測，作爲程朱之學思想重要載體的《近思録》，完全有可能在此前後更多地從本土流佈到鄰邦，而且在中國不斷出現的《近思録》後續著述也隨後傳佈朝鮮半島和日本列島。那麽，中國的《近思録》文獻在域外傳播的途徑[⑤]，也是我們研究程朱理學在東亞、歐美思想學術領域影響的重要課題之一。

（一）歷史上朝鮮半島獲取《近思録》系列文獻的途徑

歷史上朝鮮半島在發明自己的文字之前，接受的是漢字書寫系統，他們直接使用漢字和閲讀漢文文獻。由於漢字是朝鮮半島諸國的通用文字，伴隨着對儒學、漢語文學的接受，也促成了漢文圖籍在朝鮮的流通，以致朝鮮人在此基礎上全面吸收中國文化思想，形成學習中國文化的潮流。在朝鮮半島的

---

① 張立文《宋明理學研究》，第 398 頁。

② 陳來《東亞儒學九論》，生活・讀書・新知三聯書店，2008 年 8 月 1 版，第 177 頁。

③ 陳榮捷《朱門之特色及其意義》，第 1 頁。見《朱學論集》，華東師範大學出版社，2007 年 7 月 1 版。

④ 陳來《東亞儒學九論》，第 20 頁。

⑤ 這些域外《近思録》文獻，細而言之可分爲漢文原本、域外翻刻抄寫的漢文本、域外各民族用本民族文字翻譯或訓點的文獻三類。本文在未作明確表述的情況下，多是統而言之。

三國時期，中國已處於文化輸出國的地位。新羅統一朝鮮半島後，引進唐朝的文化制度，王號、年號都改用漢文，以《論語》《孝經》爲基本教材，在本邦教授儒家經典。高麗朝時期接受中國王朝册封，使用中國帝王年號、曆法等，其社會"以儒爲貴，故其國以不知書爲耻"，中國儒家經書在高麗各地流傳。並且在中國的五代末年到北宋（十世紀至十一世紀），有不少中國文人到高麗做官，等到十一世紀時，"中國與朝鮮半島的關係已經步入成熟的宗藩體系"[①]，這更有力地促進了漢文化在高麗朝的快速傳播。

高麗朝末期，程朱理學正式傳入朝鮮半島，在傳入過程中高麗王朝的儒學者安晦軒、白頤正、禹倬、權溥等發揮了很大作用。正如姜紹書《韻石齋筆談》所載，朝鮮人愛好中國書籍，"凡使臣入貢……在彼所闕者，日出市中，各寫書目，逢人遍問，不惜重直購回"[②]。南宋後期大量面世的朱子學文獻，諸如《朱文公文集》《朱子語類》等一批理學書籍，在高麗後期傳至朝鮮半島已完全可能，李瑞良在《中國古代圖書流通史》中也肯定了"元代中國圖書在高麗的流通，促進了程朱理學在高麗的傳播。程朱理學著作就是在元朝傳入高麗的"[③]。等到朝鮮李氏王朝建立後，他們推行積極的崇儒政策，鄭夢周、鄭傳道、權近等人依據儒家經典等制定了治國綱領、典章制度，逐漸形成崇尚程朱之學的世風。隨後在李滉、李珥等本邦大儒的推動下，朝鮮的儒學進入全盛時期。被朝鮮半島繼承、改造的朱子學，很快居於意識形態地位，被制度化、合法化。

在理學文獻不斷流佈高麗、李朝的歷史過程中，中國政府不斷賜贈書籍給朝鮮半島在南宋之後逐漸成爲一種常態。伴隨着高麗王朝多次遣使到中國求書，朝鮮半島也刊印圖籍，其印本中的漢文書籍很快在本邦流通。與此同時，隨着程朱理學書籍傳入朝鮮半島，高麗的政治思想、文化學術受其影響，性理之學逐漸成爲高麗朝後期的主流學術思想，發展成爲此後代之而起的朝鮮李朝的立國之本，因而朝鮮朝主動接受、有意傳播程朱理學典籍已成

① 楊軍、王秋彬《中國與朝鮮半島關係史論》，社會科學文獻出版社，2006 年 8 月 1 版，第 163 頁。

② （清）姜紹書《韻石齋筆談》，載於《四庫全書》子部雜家類，（臺北）商務印書館影印文淵閣藏本。

③ 李瑞良《中國古代圖書流通史》，上海人民出版社，2000 年 5 月 1 版，第 302 頁。

爲常態。

筆者的上述推論，不僅有史實可據，而且韓國現存漢文文本也可佐證之。因爲我們實地調研發現，程朱理學文獻早在高麗時已流佈半島，如現藏於韓國首爾大學校奎章閣的南宋葉采《近思録集解》，就是高麗恭愍王十九年(1370)"星山李氏刊于晋陽"，刊者李魯叔就是依據高麗人金廣遠藏本重刻，其跋文記載了刊梓情况。由此看來《近思録》及其注本在高麗王朝末期(十四世紀末)已流佈朝鮮半島，不然高麗朝有識之士則無底本可依。他們利用從中國傳入的文本及印刷術自行刊印漢籍，就是在中國原本漢籍基礎上的再生産、再傳播。

朝鮮李朝建立後，依舊接受中國皇帝的册封，越來越多地受到中國儒家思想的影響，漢籍流通朝鮮半島較前期更爲頻繁。一方面朝鮮半島的求學者絡繹不絶來明朝讀書、訪學。如《續文獻通考·學校考》云："洪武三年，高麗遣其國金濤等四人來學，次年濤成進士歸。"可以想見他們回國則會帶回儒學經典之書。另一方面則是中國賜書予朝鮮。洪武元年(1368)明朝建國時，正值高麗朝走向衰亡和李氏朝鮮的興替，新舊兩朝都曾與中國建立了密切的政治聯繫和文化交流，明王朝也不斷賜贈印本書給朝鮮。洪武三年明太祖遣使至高麗，頒佈科舉程式，"賜王六經、四書、《通鑒》《漢書》"①。明宣宗(1426—1435)時還賜"五經、四書及《性理大全》一部""《通鑒綱目》一部"給朝鮮。景泰五年(1454)又贈《宋史》一部。隨着漢文化的推廣，朝鮮上下對漢文書籍的需求日益擴大，朝鮮王朝除在中國采購或向明廷求贈外，又自行雕版印書。除木板本外，他們受中國活字印刷術的影響，在朝鮮半島以李朝世宗大王爲代表的賢明之士，還主持鑄造精美的銅活字印製漢籍。在此情形之下，《近思録》系列文獻自然成爲李朝社會渴求的書籍、活字印刷的對象，故劉沛霖確信：在李氏王朝前期，"朱子的著作中，《易學啓蒙》《近思録》和《增損吕氏鄉約》等在朝鮮倍受推崇"②。如明嘉靖二十三年(1544)李朝白雲洞書院的藏書

① (清)張廷玉等撰《明史》卷三百二十《朝鮮傳》有載，朱元璋除以書諭之使者外，"因賜之六經、四書、《通鑒》"。中華書局，1974年4月1版，第8280頁。

② 劉沛霖《儒家思想東漸及朝鮮儒學的基本歷程》，見《解放軍外語學院學報》1991年第6期，第65頁。

中有《近思録》貳件各肆卷[1]，即可爲證。

現存韓國的李朝《近思録》相關文獻，朝鮮木板本、活字本就很多：(1)《近思録》十四卷，有李朝宣祖三十二年(1599)筆寫本(藏日本)，李朝英祖二十九年(1753)廣州府木板本；(2) 葉采《近思録集解》木板本，有李朝世宗年間覆刻甲寅字本、李朝丙辰字覆刻本、中宗年間鳳城精舍刊本、明宗年間清凉書院刊本與文川郡刊本、宣祖年間禮山縣刊本與佔畢書院刊本、肅宗年間覆刻戊申字本、李朝玉山書院刊本、正祖年間成川府刊本、純祖年間三溪書院刊本等；(3) 葉采《近思録集解》活字本，有初鑄甲寅字本、二鑄甲寅字(癸酉字)本、四鑄甲寅字(戊申字)本、五鑄甲寅字(壬辰字)本、六鑄甲寅字(丁酉字)本，以及李朝校書館印製的活字本、甲寅字混入補字本等多種。

公元十五世紀至十六世紀，是東亞朱子學繼續發展和創新的階段，在此期間，朱子學居於儒家正統地位。清代以降，中國與朝鮮半島的文化交流又進一步發展。李朝後期常有使團來中國采購圖書，如奎章閣的檢書官柳得恭還曾多次來華，到北京琉璃廠購書，與中國學者陳鱣、揚州八怪之一的羅聘交游。因而，張秀民説："清代印本書籍受到朝鮮、越南、緬甸各國的歡迎，被購買回國。"[2]隨着漢籍大範圍地在朝鮮半島流佈，朝鮮儒學逐漸興盛，學派紛呈，有主治主義學派、性理學派、禮學派、陽明學派、經濟學派以及實學派等，其中以研究朱子學爲中心的性理學派最具影響力[3]。以至於反映程朱理學學術思想的《近思録》後續著述在朝鮮也被刊印傳播，甚至將其本土化。

再者，朝鮮半島與中國地緣相親，唇齒相依，文化聯繫歷久彌盛。在主體文化方面，朝鮮歷代都尊崇儒學，有親華慕華意識，對於已革新發展了傳統儒學的理學文獻他們更爲青睞，除官方求書、賜書外，民間交流、商貿往來更是豐富了《近思録》文獻的傳播途徑。總之，儘管記載此類史實的存世文獻有限，我們難以對《近思録》系列文獻流佈到朝鮮半島的途徑進行系統闡述，但是據現有文獻還是可以歸納出以下幾種主要的流佈路徑：

---

① 張伯偉《從朝鮮書目看漢籍交流》，載於王勇主編《書籍之路與文化交流》，上海辭書出版社，2009年12月1版，第380頁。

② 張秀民《中國印刷史》，上海人民出版社，1989年9月1版，第547頁。

③ 黄俊傑《東亞儒學史的新視野》，華東師範大學出版社，2008年6月1版，第160頁。

一是朝鮮半島主動接受《近思録》漢文原本，主要是高麗或朝鮮遣使到中國購書，使者或求學者把中國的書籍帶回國，直接將這些書籍帶到流通領域，隨後便有了《近思録》高麗版、朝鮮版漢文本的傳播。

二是部分《近思録》漢文原籍是中國主動傳播至朝鮮半島的，即由中國歷代皇帝向高麗朝、朝鮮朝國王賜贈。

三是有些流佈朝鮮的《近思録》文本是中國商人販書到朝鮮，或以獻書形式進行貿易所致。

四是朝鮮半島重新對《近思録》文獻進行製版刊行，包括木板、活字版，也有少量抄本。以至於具有朝鮮本土化特色的朝鮮半島版《近思録》及其相關後續著述，佔據現存《近思録》文獻的絶大多數。方彦壽在研究古代建本圖書時，曾説："歷代建本圖書傳入朝鮮，朝鮮也每加以翻刻。"①這與我們前文概述的李朝翻刻葉采《集解》本也相契合。另外，二十世紀末全寅初等人整合韓國多家藏書機構藏書目録而成的《韓國所藏中國漢籍總目》，大體可反映歷史上朝鮮半島《近思録》相關文獻的流佈概況。儘管該《漢籍總目》内容有明顯的重複或衝突，但據其所録，這些存世版本既有南宋以來流佈於朝鮮半島的中國版本，然更多地是伴隨着這些中國《近思録》傳本，朝鮮半島陸續衍生出具有本土化色彩的《近思録》文獻。

五是朝鮮半島學者在"《近思録》文獻"漢籍的漢文旁加注諺文訓點，或用朝鮮文翻譯此類文獻。此類經朝鮮人加工的傳本，在古代的朝鮮半島雖不多見，但在當今社會因朝鮮文（韓文）的通用而明顯增多。

（二）歷史上日本獲取《近思録》系列文獻的途徑

中日兩國古往今來交往不斷，據《日本書紀》載，儒家經書在西晋時期就傳入日本。公元五世紀後，朝鮮半島已成爲中國文化思想向日本傳播的橋梁，儒家思想主要通過當時的百濟人阿直歧、王仁，以及流寓日本的中國移民傳到了日本。這些中國移民"更多的則是沿海岸航行，先到朝鮮半島，再由那裏進入日本列島"②，但也有中國移民從中國南方直接到達日本。在五世紀中

① 方彦壽《建陽刻書史》，中國社會出版社，2003 年 4 月 1 版，第 510 頁。

② 王家驊《儒家思想與日本文化》，第 6 頁。

國移民遷居日本的高潮中，儒家典籍與思想肯定也隨之東渡了，不然何來六世紀時"日本人系統學習中國儒家典籍及其思想"？歷史上日本"以朝鮮半島上的百濟爲橋梁，逐漸擴大了與中國的文化交流"①，然而中國儒學在剛進入文明社會的日本影響並不廣泛，因爲日本原有的宗教文化仍佔據統治地位。正如王家驊所言，五六世紀的日本社會"還不具備使儒學發生廣泛影響的思維水準與社會條件"②，因爲一個民族接受先進文化的精神成果要比接受其物質成果緩慢些。

等到七世紀以後，儒學在日本的影響纔日漸擴大，其中"最主要的影響則是爲日本天皇制國家提供了政治理論"③。自聖德太子攝政（六世紀末）起，日本就全面吸收以儒學爲主體的漢文化。隨後，尊孔、祀孔之風興盛，於是在隋唐時期形成中日文化交流的高潮。日本派遣的遣隋使、遣唐使、留學生、留學僧等不斷往來於中日之間，儒家經籍由他們陸續傳至日本。在當時的强鄰面前，孤懸東北亞海上的日本，除已接觸的漢文化圈外，他們尚未與其他文明發生直接聯繫，於是繁榮、强勝、文明的隋唐成爲日本統治者實行社會變革和文化選擇的範本。於是，在大化革新後至平安時代前期，日本"在思想上多係中國儒家思想的照搬與模仿，很少創新與發展"④，而且"儒學在古代天皇制的確立和發展過程中，起過重要的作用，曾是中央集團政治體制的指導思想"⑤。然而自平安時代中後期開始，隨着皇權的旁落，儒士遭受藤原氏冷落和排斥，儒學開始逐漸衰落，大學寮荒蕪。

宋代時，日本處於平安時代中後期，此時貴族掌握文化，政治上較保守，没有派留學生來華，入宋僧也不多，然兩國文化交流仍在繼續。南宋以後，中國對日貿易頻繁，此時日本進入鐮倉時代，1167 年後平清盛掌權，對外政策開放，來華者以上層文化人、僧侶爲主。據木宫泰彦《日中文化交流史》⑥統

① 王家驊《儒家思想與日本文化》，第 7 頁。

② 王家驊《儒家思想與日本文化》，第 9 頁。

③ 王家驊《儒家思想與日本文化》，第 28 頁。

④ 王家驊《儒家思想與日本文化》，第 52 頁。

⑤ 王金林《日本天皇制及其精神結構》，第 124 頁。

⑥ （日）木宫泰彦著，胡錫年譯《日中文化交流史》，商務印書館，1980 年 4 月 1 版，第 254—258、305—334 頁。

計，北宋時來華日僧不過 22 人，南宋時增爲 109 人。在此期間，中日兩國佛學經籍交流頻繁，作爲宋代新儒學的主流——濂洛關閩之學，“最早由俊芿傳入日本，後來又隨禪宗傳播”①，因而程朱理學大約於鐮倉時代中期作爲禪宗的附庸而傳入日本。方彦壽認爲，南宋中葉建陽的圖書流傳到日本，一開始主要由五山時代派往中國的學僧回國時帶回，那時傳到日本的中國典籍就有朱熹的《四書章句集注》初刻本等儒家經典②。如南宋嘉定四年(1211)俊芿帶回朱熹《四書集注》，理宗端平二年(1235)圓爾辨圓入宋學禪，1241 年歸國時携帶了漢籍數千卷，其中就有朱熹的《大學或問》3 册、《中庸或問》7 册、《孟子集注》3 册，吕祖謙《吕氏詩記》5 册等。十三世紀中葉，日本首次刊刻朱熹《論語集注》③。程朱理學作爲當時的顯學，在東亞已有一定的影響，也爲這些入宋僧所熟悉、敬仰。並且，同時期的宋代禪僧也有東渡日本者，如蘭溪道隆、大休正念等也帶去了中國的文化典籍。因此，朱謙之認爲“鐮倉時代中葉爲宋學傳入日本之始，宋儒之書在鐮倉時代因宋日交通與禪學東傳，來宋僧與宋僧赴日之輩，他們往來所携物品中，已有儒道書籍”④。但需要説明的是，當時的大多日本僧侣並非有意宣傳程朱理學，而是想借助儒學來佈道，“其目的最初並不在於推廣儒學，而是將宋學視爲助道之一，藉以弘布禪宗”⑤。可見在鐮倉時代中後期以後，由於當時的日本社會關係還未要求把新儒學作爲統治階級的意識形態，程朱理學是作爲禪宗流行的副産物在日本傳播。

在隨後的室町時代，程朱理學思想在日本逐漸向地方普及，從發展走向興盛，“直至戰國時代末期以及江户時代，日本朱子學者纔出現”⑥。正是中國儒學在鐮倉、室町時代的長期流播、浸淫，“儒學的一部分價值觀、倫理觀，已積澱爲日本人的道德規範和民族心理”⑦，爲江户時代日本儒學的獨立、全盛創造了有利條件。那麼，江户時代興盛的程朱理學，便逐漸成爲統治性的社

① (日)坂本太郎《日本史概説》，第 188 頁。
② 方彦壽《建陽刻書史》，第 511 頁。
③ 李瑞良《中國古代圖書流通史》，第 426 頁。
④ 朱謙之《日本的朱子學》，人民出版社，2000 年 12 月 1 版，第 37 頁。
⑤ 葉渭渠主編《日本文明》，中國社會科學出版社，1999 年 1 版，第 160 頁。
⑥ 王玉强、陳景彦《日本朱子學的官學化研究》，《社會科學戰綫》2013 年第 7 期，第 264 頁。
⑦ 王家驊《儒家思想與日本文化》，第 416 頁。

會道德，對日本文化的各領域都産生了較大影響。

而且從鐮倉時代日本學問僧所到地域看，多是中國當時刻書業最發達的江浙地區，這一地區又是南宋理學最盛行的區域之一，那時的市面上已有《近思録》文本流通。在南宋後期朱子學受到尊崇的歷史背景下，那些到南宋的日僧極有可能開始閲讀研究《近思録》。並且，南宋學者也有去日本傳授理學者，如南宋末李用浮海日本，傳授濂洛之學；元朝赴日僧一山一寧等到日本傳法，也促進了漢籍在日本的流通。因而王金林認爲："程朱理學傳入日本的途徑，一是大批入宋的日本僧人……二是宋朝禪僧的東渡。"[1]

在日本的南北朝時代(1334—1392)，後醍醐天皇(1318—1339)的宫廷開設宋學講筵，日本史所説的"建武中興"，就是以宋學作爲其意識形態的理論基礎。由於玄惠法印等人的努力，"終於使朝廷擢用儒臣，而以宋學爲'建武中興'的思想根基"[2]。玄惠講席倡程朱之説，開日本宋學研究一代之風。自此之後，整個十四世紀講讀宋學者，分别以程朱新義講授《大學》《中庸》《論語》《孟子》等。因而筆者推斷，作爲學習四書階梯的《近思録》理應也是他們講學的對象，此書於日本南北朝後期(十四世紀，相當於元朝中期)傳播到日本，應該没有大的問題。

元明之際，不斷發展的程朱理學也多隨僧侣、使者東傳。據《明史・日本傳》載，洪武十四年(1381)，日本王良懷上書給朱元璋説，自己國家"論文有孔、孟道德之文章，論武有孫、吴韜略之兵法"[3]。隨後的日本室町時期遣明使僧收集的漢籍，其中大部分是宋元槧本，少數是明初版本，内容上以儒學典籍爲主。並且，自十四、十五世紀，明朝以漢文圖書賜贈日本國似乎成定例。《明史・選舉志》記載："日本、琉球、暹羅諸國亦皆有官生入監讀書，輒加厚賜，並給其從人。永、宣年間，先後絡繹。至成化、正德時，琉球生猶有至者。"這些絡繹不絕來華"官生"歸國時不可能不帶儒學圖籍到日本列島。

而且，明代成化四年(1468)入貢的日本使者帶來的國書猶稱："書籍銅

---

① 王金林《日本天皇制及其精神結構》，第128頁。

② 嚴紹璗《漢籍在日本的流佈研究》，江蘇古籍出版社，1992年6月1版，第42頁。

③ (清)張廷玉等撰《明史》卷三百二十二，第8343頁。

錢，仰之上國，其來久矣。今求二物，伏希上達，以滿所欲，書目見於左方。”①從其話語中可感知當時日本對漢文書籍的重視和渴求。中國禪宗東渡日本後，宋代理學先在五山禪僧中流傳，到室町時代中後期逐漸向民間傳播。理學典籍也不斷得到日本學界的傳播，如在桂庵玄樹的倡議下，刊行了朱熹《大學章句》，後來在其弟子林羅山的努力之下，當時的林家校勘、訓點的儒家經書多達一百多種，成爲日本朱子學派的代表。到十五世紀中期，理學在日本漸成一個獨立的學術門類。到十七世紀初期，雖然日本社會多種思想並存，但朱子學最符合幕府統治所需，既可肯定現實秩序，又利於武士階層政治的現世本位、武士本位，因此朱子學本身的特質使其被選作御用學説。此時的江户幕府已把朱子學作爲其意識形態，於是，朱子學派便發展成爲江户時代儒學的主流，成爲官方正統學派。

在程朱之學逐漸發展成爲日本主流學術思想的過程中，反映其思想内容的經典文獻在日本的流佈勢在必然，可爲理學在江户時代的大發展奠定基礎。諸如《近思録》及其後續著述在日本的傳播，又進一步促進了日本本土化理學文本的建設發展。日本現存中國明清刻本、本國翻刻本或活字本，確實可以佐證歷史上有一定數量的中國本土《近思録》文獻流佈至日本，如東京大學藏《近思録》明嘉靖刊本、張伯行《近思録集解》清康熙年刻本，國立公文書館藏葉采《近思録集解》明嘉靖年、明萬曆年、清初刻本，汪佑《五子近思録》清康熙年刻本，張伯行《續近思録》康熙刻本等。日本藏家另藏有據中土漢籍而産生的《近思録》文獻，如國立公文書館藏葉采《近思録集解》寬文八年、貞享五年刻本，陳埴《近思雜問》寬文六年刊本，葉采《近思録集解》寬永年間活字本；京都大學藏蔡模《近思續録》《近思别録》寬文八年刻本，《近思録》寬文十年刊本，葉采《近思録集解》寬文十三年、元禄七年刊本；早稻田大學藏葉采《近思録集解》萬治二年刊本等。

江户時代從江户城到各地方，孔廟林立，以朱子學爲官學。尤其是德川家康提倡朱子學，要國人“通四書之理”“熟玩《孟子》”，在日本國内掀起興理學、刊刻儒家經典之風。以至於《近思録》在日本人心中“是爲繼四書之後儒

---

① 彭斐章主編《中外圖書交流史》，湖南教育出版社，1998 年 6 月 1 版，第 124 頁。

門最要之書”。

關於中國的《近思録》系列文獻流佈日本的途徑,學界無專門的研究成果,除了前面所言僧侣、留學生帶回日本這一情形外,筆者認爲還有其他途徑。例如明代沿襲宋、元官置市舶,《明史·食貨志》載:“太祖洪武初,設市舶司於太倉、黄渡,尋罷之。設市舶司於寧波、泉州、廣州。”這也便利了東亞書籍的海上流通。明朝後期,中日經濟、文化交往已有了較大發展,中國商船頻繁往來於日本,有助於漢籍東傳。儘管可能因一時日本國策的影響,使得官方書籍交流有限,但中國漢籍還是通過商業渠道不斷傳到了日本。雖説明代後期中國大陸施行海禁,但清朝建立後既予解禁,中日之間商船來往頻繁,有益於書籍的傳佈,因而清康熙、乾隆編纂的圖籍曾大量流佈日本①。

據現有史料,江户時期日本商船往來傳播《近思録》的概況可從嚴紹璗《日藏漢籍善本書録》知曉一二,如:“據《商舶載來書目》記載,光格天皇天明二年(1782)中國商船‘幾字號’載《近思録集解》一部一帙抵日本。據《外船賫來書目》記載,光格天皇寛政十二年(1800)中國商船‘申二番’載《近思録集解》十五部(每部二册)抵日本。據《外船書籍元帳》記載,仁孝天皇天保十二年(1841)中國商船‘丑二番’載《近思録集解》一部抵日本。售價十五匁。據長崎港《漢籍發賣投標記録》記載,《近思録集解》一部投標價,仁孝天皇天保十五年(1844)爲安田屋十一匁五分,長岡屋十二匁三分,永見屋廿一匁三分。”“據江户時代《外船書籍元帳》記載,仁孝天皇弘化二年(1845)日本輸入《近思録》一部,售價八目。弘化四年(1847),中國商船‘午三番號’載《近思録》一部二册抵日本,售價八目。”②

在江户時代的日本,中國的文獻典籍已大量“進入流通領域”,由於理學書籍東傳的規模大、速度快,朱子學已對日本社會産生深遠影響。這一時期不僅中國的《近思録》在日本大量流佈,而且日本學者建設的本土化《近思録》文獻也呈泉湧之勢,相繼面世,如山崎嘉用日文訓點《近思録》、室鳩巢《近思録道體講義》、澤田希《近思録説略》、中村惕齋《近思録鈔説》、稻葉默齋《近思録講義》、三宅尚齋《近思録筆記》、淺見絅齋《近思録師説》等等。因而,日本

---

① (日)木宫彦泰《中日交通史》,商務印書館,1931 年 1 版,第 367—368 頁。

② 嚴紹璗《日藏漢籍善本書録》,中華書局,2007 年 3 月 1 版,第 723 頁。

寬文十年(1670)山崎嘉在訓點《近思録》時,説自己對上自南宋蔡模《續近思録》、下至明代陳文耀《近思録分類集解》"嘗閲之",且"不滿於心,聊試論之"①。這也應證了嚴紹璗所言,"到了十八世紀,清代所保有的文獻典籍的70%—80%便已經東傳日本了"②。

如今,我們雖不能將《近思録》流佈到日本的途徑細數殆盡,但現存文獻還是可以反映部分傳播途徑的。另據陳榮捷《朱子新探索》説,嚴鴻逵仿《近思録》編成的《朱子文語纂編》,是從閩浙商舶傳至日本的。因爲安政二年(1856)日本學者源忠精爲此書作序時説:"傳自閩浙商舶。"③

日本明治初年,程朱理學的地位在日本一時受到壓制,但不久後明治政府又在國民中復興朱子學,《近思録》本土化進程仍在不斷發展,出現較多的《近思録》講義類文本以及日文譯本,如《近思録》有明治四年(1871)學習館刻本,内藤耻叟《近思録講義》《近思别録講義》有明治二十六年印本,中村惕齋講述《近思録》有明治四十三年排印本,還有林泰輔、秋月胤繼等人的譯注《近思録》本等。

筆者依據前輩、時賢的論述及自己的實地調研,認爲《近思録》系列文獻傳入日本的途徑主要有以下:

一是《近思録》漢文原本由到中國的日本僧人、留學生有意帶回,或同時期中國禪僧東渡帶去。

二是《近思録》中國漢文本、朝鮮漢文本,通過朝鮮半島學者和中國移民帶到日本,少量朝鮮版本或在日本入侵朝鮮時被掠走。

三是部分《近思録》文獻在中日商貿往來時,由商船販書到日本。如江户時期(日)源忠精翻刻(清)嚴鴻逵《朱子文語纂編》時,就説此書"傳自閩浙商舶"。

四是日本社會將來自中國或古朝鮮的《近思録》文獻進行刊印或傳抄,形成《近思録》漢文和刻本、寫本。

---

① (日)山崎嘉《近思録序》,載於(宋)朱熹、(宋)吕祖謙同輯,(日)山崎嘉訓點《近思録》,日本寬文十年洛陽武村市兵衛、大坂武村佐兵衛刊本。

② 嚴紹璗《日本藏漢籍珍本追蹤紀實》"著者叙説",上海古籍出版社,2005年5月1版,第1頁。

③ 陳榮捷《朱子新探索》,臺灣學生書局,1988年4月1版,第401頁。

五是江户時期的日本學者已開始用日文訓點《近思録》，並在本邦生産的版本上進行明確標示，在江户後期、明治時期出現了日本學者用日文翻譯的多部《近思録》文獻，如今現存較多的日文訓點本、日文譯本可佐證這些具有本土特色文本的來源。

綜上所述，千百年來，中國、古朝鮮、日本等國的學者、官員、僧侣、商人、平民等，孜孜不倦地努力，把中國優秀的文獻典籍輸送到朝鮮、日本。其流佈途徑在朝鮮半島主要表現爲朝廷受贈、從中國購買、海上貿易、本土刻印等，在日本則主要表現爲中國朝廷賜贈、中國人或朝鮮人帶入、日本僧侣和留學生購買、海上商貿銷售或兼帶、日本翻刻、日本學者訓點與翻譯等。儘管《近思録》傳入兩地的途徑不一，也非一時一地傳入，但爲創造東亞古代的輝煌文明發揮過相當作用。其實在朝鮮半島與日本之間，歷史上也存在《近思録》文獻相互傳播的史實，則另文闡述。

五、《近思録》在東亞的學術地位與影響

（一）在中國理學思想傳播史上，《近思録》長期受到尊奉，影響深遠

《近思録》十四卷，是南宋淳熙二年（1175）朱熹、吕祖謙兩人在武夷山寒泉精舍共同編纂，選輯周敦頤、張載、程顥、程頤四先生精要之語分類編輯而成，經過十多年修訂方纔定型，朱熹曾於紹熙元年（1190）在漳州刊刻過此書。

作爲《近思録》的主編者，朱熹"吸收儒家、道家、道教、佛教及當時自然科學思想，並解構了佛、道二教，而合爲理學"①，是中國古代思想的集大成者，也是理學的集大成者。《近思録》這部書在他一生編撰的二三十種著述中顯得很特别，因爲它不是朱熹語録的集結，卻是朱熹編撰書中在後世傳刻最多、流播最廣的一種。這部東亞典範性漢籍的系列版本與各國各時期衍生的版本，紛繁多姿，流佈極廣，甚至連朱子一生特别用力、被朝廷定爲科考標準本的《四書章句集注》也難與比肩。朱熹對此書頗爲欣賞，六十一歲那年對門人陳

---

① 張立文《宋明理學研究》，人民出版社，2002 年 11 月 1 版，第 398 頁。

淳説："《近思録》好看。四子，六經之階梯；《近思録》，四子之階梯。"[1]

由於北宋理學家學術思想博大精深，初學者一時難以把握其精髓，朱熹、吕祖謙纔有意爲初學者編纂一部學習四子的入門要籍。《近思録》是北宋四子教人明理正心的言論彙集，又是一部理學綱要，包容了義理根源、聖學體用。這對那些有志於學的年輕學子來説，即使無良師益友的指點，衹要潛心讀此書，也能找到進入聖學的門徑。

在北宋五子中，"周、張、二程同稱四子，同列爲北宋理學大宗，蓋自《近思録》成編，而始漸臻爲定論"[2]。作爲此書的主編者朱熹，又充任了作者的角色，借四子語録以建立自己的理學體系，他用了一個明朗有序的面目呈現宋代理學的豐富資源，彰明道統。因而當代學者評價説，《近思録》是以"實用倫理人生哲學爲核心"，"最能反映、最能代表朱子的理學體系方面的構想和造詣"，反映了宋儒的人生價值觀、理學道統取向。

朱熹承繼二程，兼及周敦頤、張載等，其思想學問、志趣精神，成爲南宋後期以及元明清各朝學人的楷模。儘管在南宋有過寧宗年間的"慶元黨禁"，但這並未影響朱子學的大發展。在嘉泰二年(1202)解禁後不久，理宗便大力扶植理學，不斷提升理學地位，淳祐元年(1241)將程顥、程頤、周敦頤、張載、朱熹從祀於孔廟，於是，程朱理學在南宋官方統治思想中的地位得以確立。由於其思想在宋元明清處於主流思想地位，故在東亞儒學文化圈也有着巨大社會影響。

《近思録》的編撰，是朱熹思想逐漸成熟的結果，也是宋代學術思想走向成熟的標誌，具有重要的文獻價值、學術價值。作爲程朱理學的重要承傳載體，該書對理學的傳播弘揚發揮過重要作用，具有切問而近思的實踐價值，在理學思想傳播和朱子學研究中具有經典地位，得到後世普遍認可。自它誕生起至今的八百年間，不斷被注釋、續編、傳抄、刊印，形成多種整理形式的"《近

---

① (宋)黎靖德編《朱子語類》卷一百五，王星賢點校，第 2629 頁。按：這裏前一"四子"，或指孔子、曾子、子思、孟子，即朱熹合編的《學》《庸》《論》《孟》"四書"；後一"四子"既可理解爲指四書，也可指代周敦頤、程顥、程頤、張載四人及其著述。若陳淳所記屬實，那麽朱熹有意編《近思録》作爲讀者研讀五經、四書的入門讀物，其實也是將其作爲儒學的入門經典。朱子此論在後世得到學界普遍認可。

② 錢穆《朱子新學案》，巴蜀書社，1987 年 2 月 1 版，第 841 頁。

思録》文獻”,現藏宋代至民國年間的版本在200種左右。經筆者初步統計,存世的中國《近思録》原文本、注釋本、續編仿編本等,南宋4種,元代5種,明代34種,清代135種,民國21種。

《近思録》自編輯初成之後,抄本、刻本不斷呈現,南宋後期還出現了對《近思録》進行注解、續編的本子,如劉子澄《近思續録》、陳埴《近思雜問》、蔡模《近思續録》《近思别録》、無名氏《近思後録》、楊伯嵒《泳齋近思録衍注》、葉采《近思録集解》、熊剛大《近思録句解》等。元代注解者有趙順孫《近思録精義》、戴亨《近思録補注》、柳貫《近思録廣輯》等;並刊刻有葉采《近思録集解》等。明代分類注解者有周公恕,續補、仿編者有錢士升、江起鵬、高攀龍等人,重刻或重編者有賈世祥、鮑懋度、吴邦模、朱崇沐、張雋等,除明初、正德年間汪偉,明末陸雲龍刊刻葉采《近思録集解》外,另有陳文耀、劉仕賢、吴勉學、吴中珩、陳以躍等刻印《分類經進近思録集解》。

清代注解者有張習孔《近思録傳》、張伯行《近思録集解》、李文炤《近思録集解》、茅星來《近思録集注》、江永《近思録集注》、陳沆《近思録補注》、劉之珩《近思録增注》、郭嵩燾《近思録注》、張紹价《近思録解義》等;續編、仿編者有朱顯祖《朱子近思録》、劉源渌《近思續録》、嚴鴻逵《朱子文語纂編》、汪佑《五子近思録》、施璜《五子近思録發明》、張伯行《續近思録》《廣近思録》、黄叔璥《近思録集朱》、黄奭《近思録集説》、吕永輝《國朝近思録》、管贊程《近思録集説》等;猶有與《近思録》相關的劄記隨筆,如汪紱《讀近思録》、李元綱《五子近思録隨筆》、黑瑀次珮氏《近思録復隅》、張楚鍾《小學近思理話》、秦士顯《近思録案注》、徐學熙《近思録小箋》、陳階《近思録劄記》、厲時中《近思録按語》等。翻刻《近思録》者,主要有禦兒吕氏寶誥堂刻《朱子遺書》本,吕家塾讀本,湛貽堂刊本,傳經堂刊本,《西京清麓叢書》本等;重刻葉采《近思録集解》者,有邵仁泓重訂本、清康熙年刊本,尚義堂、在兹堂、安定書院、培遠堂等刊本。而且有清一代抄寫、刊印江永《集注》者達三十種之多,刊、抄茅星來《集注》、蔡模《續録》、汪佑《五子近思録》、施璜《發明》、張伯行“三録”者,也不斷湧現。

在南宋至清末的七百餘年時間裏,《近思録》不僅在國内廣泛刊刻傳播,而且元、明、清時期也在東亞的朝鮮半島、日本列島，南亞的越南[①]等地傳播。從現存刻印本和有關資料看，朝鮮各時期翻刻重刻《近思録》者，現存有木板本、銅活字本、木活字本、筆寫本等。注解《近思録》者有李珥、金長生、鄭曄、李瀷、金澤述、朴履坤、金平默等，仿編、改編者有韓夢麟、李漢膺、宋秉璿、朴泰輔、盧守慎等。釋疑類、問答類、講義類、劄記類的文本多達幾十種，如權得己《近思録僭疑》、韓元震《近思録注説劄疑》、柳鼎文《近思録集解或問》、朴世采《近思録問答》、尹鳳九《近思録講説》、南景羲《近思録講義》、李鍾祥《近思録講義》、朴長遠《近思録劄録》、朴泰漢《近思録劄記》、姜必孝《近思録時習録》等。

日本翻刻重刻《近思録》原文本、注本者，有壽文堂、洛陽武村市兵衛、大坂武村佐兵衛、井上清兵衛、好古堂、聚古堂、吉野屋權兵衛、芳野屋權兵衛、加賀屋善、松敬堂、松根堂、石渠堂、八幡屋重兵衛刻印本，也有銅活字本等。日本學者對《近思録》進行注解或續編者，有宇都宮遯庵、貝原益軒、簗田忠勝信、澤田希、溪百年、佐藤一齋、安褧、石冢崔高等人。解説、劄記、講義、講讀類文本更多，如中村愓齋《近思録鈔説》、櫻田虎門《近思録摘説》、山崎闇齋《近思録講義筆記》、淺見絅齋《近思録師説》、三宅重固《讀近思録筆記》、室鳩巢《近思録道體講義》、若林强齋《近思録道體師説》、内藤耻叟《近思録講義》、山崎道夫《近思録譯注》等。因篇幅所限在此不一一列舉，從後文考述的《近思録》東亞錯綜複雜的版本足以説明，具有儒家經典地位的《近思録》在後世得到了衆多密集的研究，獲得了長期恒久的關注。

在《近思録》面世後的七八百年間，它一直受到學界推崇，傳抄刊刻不斷，傳播久遠，包括白文本、注本，以及續編仿編等後續著述，初步調查統計現藏高麗朝至二十世紀四十年代的版本約 187 種，其中朝鮮人的問答、劄記、講義、續編佔相當大的比重；日本現藏江户時代至二十世紀四十年代的版本不少於 139 種，其中以日本人的注釋、講義、筆記爲主體。在深受漢文文化圈影響的東亞，《近思録》及其整理本在相當長的歷史時期一直被奉爲理學入門要籍，政府和民衆競相傳播，不斷讚譽它們爲“學者入道之階梯”。上述後續著

① 由於劉春銀、王小盾、陳義編《越南漢喃文獻目録提要》著録的“《近思録》文獻”僅有清代汪佑《五子近思録》洞中瞻拜堂印本，故本書不單列專章考述。

述多將朱熹的生平格言輯録其中，這種依據朱子構建的理學框架來纂集朱熹語録的做法，則成爲東亞歷來諸家續補《近思録》的重頭戲。

《近思録》面世後，在南宋時期就被看作理學經典，已成爲學界關注的獨具特色的性理書。朱熹本人曾經説："修身大法，《小學》備矣；義理精微，《近思録》詳之。"即《近思録》主要是理學家詳細論述精微高深的義理問題。"《近思録》一書，無不切人身，救人病者。"[①]南宋時期，這部書已成爲科試舉業的讀物，讀者衆多，故《近思録》在當時，即被視爲"宋之一經"[②]，與四書相並列，"爲後來性理書之祖"[③]，對國家意識形態産生過不小影響。如明初永樂皇帝詔修《性理大全》，"其録諸儒之語，皆因《近思録》而廣之"[④]。可見後世官方主持修纂的大型文獻也很推崇《近思録》。

從現存《近思録》文獻考察可知，《近思録》面世後很快成爲主流學術思想的經典，在歷史長河中有着可以古今轉换而歷久彌新的思想意義、學術價值。早在南宋，《近思録》注者葉采在其序文中説："(《近思録》)規模之大而進修有序，綱領之要而節目詳明，體用兼該，本末殫舉。"[⑤]其《進近思録表》又説"凡求端用力之方，暨處己治人之道，破異端之扃鐍，闢大學之户庭，體用相涵，本末洞貫，會六藝之突奥，立四子之階梯"，皆在此書。清代的代表性注家江永在集注《近思録》的序中評判説："昔朱子與吕東萊先生，晤於寒泉精舍，讀周子、程子、張子之書，嘆其宏博無涯，恐始學不得其門，因共掇其關於大體、切於日用者，爲《近思録》十四卷。凡義理根原，聖學體用，皆在此編。"[⑥]清末賀瑞麟在《重刻小學近思録序》中高度肯定："學者不學聖賢則已，欲學聖賢而不由斯二書，是猶立數仞之墻而浮埃聚沫以爲基，航斷港絶潢以望至於海也，必不可得矣。"[⑦]很顯然此書在古代已成爲代表中國古代主流學術思想的經典之一。

---

① (宋)黎靖德編《朱子語類》卷一百五，第2629頁。

② (宋)葉采《近思録集解序》，載於(宋)朱熹、(宋)吕祖謙共輯，葉采集解《近思録》，元刻本。

③ (清)永瑢、紀昀等撰《近思録集解・提要》，見《四庫全書總目》，中華書局，1965年6月1版，第781頁。

④ (清)永瑢、紀昀等撰《性理群書句解・提要》，見《四庫全書總目》，第787頁。

⑤ (宋)葉采《近思録集解序》。

⑥ (清)江永《近思録集注序》，載於江永集注《近思録》，清嘉慶十二年婺源李承端刊本。

⑦ (清)賀瑞麟《重刻小學近思録序》，載於(宋)朱熹、(宋)吕祖謙共輯《近思録》，清光緒十年三原劉氏傳經堂重刻吕氏家塾讀本。

陳榮捷説歷史上"除儒、道經書以外，注釋《近思録》者比任何一書爲多"[①]，不無道理。

所以，梁啓超、錢穆都尊奉《近思録》爲宋代理學的首選經典，以爲"後人治宋代理學，無不首讀《近思録》"，錢穆將《近思録》與《論語》《孟子》《大學》《中庸》《老子》《莊子》《六祖壇經》《傳習録》，合爲"復興中華文化人人必讀的九部書"[②]。看來他們絶非故作驚人之語，而是對歷史客觀存在的一個真切判斷。《近思録》確實對後來程朱理學思想在世界的傳播發揮了巨大作用，陳榮捷説：《近思録》是"我國第一本哲學選輯之書，亦爲北宋理學之大綱，更是朱子哲學之輪廓"[③]。陳來説"《近思録》代表了南宋理學所確認的理學體系及其基本結構"[④]。劉又銘説它是"一部理學精選集"，其"編纂眼光和編纂工作本身，都是對後代學術傳承工作者一個絶佳的啓示和典範"[⑤]。當代朱子學研究專家嚴佐之先生認爲流佈於中土、東亞的《近思録》及後續著述，"是一大筆值得後世珍視的思想學術史實貴資源"，"《近思》'續録'彌補了《近思録》無朱子思想資料的闕憾"，"《近思》'補録'構築起宋元明清程朱理學史基本框架"，關於《近思録》的注解、劄記也有着重要的思想學術史文獻價值，簡言之，《近思録》"映畫出一幅七百年理學思想史的學術長卷"[⑥]。

從《近思録》在東亞的傳播歷史考察，在相當長的歷史時期朝鮮、日本的朱子學家讚譽此書爲"學者入道之階梯"，讀者、注者、續編仿編者對其讚不絶口。朝鮮李朝的金平默注解此書時説："是書，以爲四子之階梯。凡所以求端用力，處已治人，闢邪説，明正宗者，階級有序，本末殫舉。蓋將使夫學者，先用心於此，而有得焉，然後求之全書，致博反約，盡得其宗廟百官之盛焉。此其爲傳心之要訣，而不在群經四子之下矣。"[⑦]李朝吴熙常在爲韓夢麟仿編本《續近思録》作序時説："竊惟子朱子《近思》一書，即四書之津筏也，大而天人

① 陳榮捷《朱子新探索》，臺灣學生書局，1988 年 4 月初版，第 401 頁。

② 錢穆《中國文化叢談》，臺北三民書局，1975 年 4 版，第 359—383 頁。

③ 陳榮捷《近思録詳注集評》引言，第 1 頁，華東師範大學出版社，2007 年 7 月 1 版。

④ 陳來《序》，載於朱高正《近思録通解》，華東師範大學出版社，2010 年 7 月 1 版。

⑤ 劉又銘《〈近思録〉的編纂》，載於臺灣《中華學苑》第 43 期(1993 年)，第 143、167 頁。

⑥ 嚴佐之《〈近思録〉後續著述及其思想學術史意義》，載於《文史哲》2014 年第 1 期，第 56—65 頁。

⑦ (朝鮮)金平默《近思録附注序》，載於金平默《近思録附注》，朝鮮李朝哲宗七年筆寫本。

性命之原，細而日用躬行之實，包涵該括，開卷燦然，其所以繼往開來者，可謂至深至切矣。”[①]日本的注家澤田希認爲：“是書實爲學之要務，求道之模楷也。”[②]高津泰在給童蒙解説此書時由衷感嘆：“學者苟志聖賢之道，而欲窮洙泗之淵源者，舍此書而無他途也。”[③]

如今，作爲宣揚朱子學思想的文獻載體《近思録》，已有中、韓、日、德、英等多種文字的版本在世界傳播，在悠久而廣泛的歷史空間有着世界性影響。朱傑人教授曾經説“朱子的思想不僅有補於封建社會之治道，也有補於現代文明之治道”[④]，那麽，在當下的國際社會，内容不尚空論而在乎近思踐履的《近思録》，仍具有普世價值，能澤被後學，有補於現代經濟社會的道德教化，有助於世人從日常灑掃應對、日用躬行做起，進而養成聖賢品性。

（二）《近思録》文獻在朝鮮、日本被本土化，具有重要的思想學術史意義

程朱理學作爲“新儒家”的學術思想代表，於高麗朝後期傳入朝鮮半島，十三世紀初期傳入日本，在朝鮮半島、日本的思想文化史上，一般習慣稱之謂“朱子學”。因而程朱理學傳至東亞後，隨之而興起的朝鮮朱子學、日本朱子學，則是該區域吸收消化進而本土化的學術思想。

在理學傳播東亞的同時，作爲宣揚該思想的文獻載體也相繼而入。在中國已被“經典化”的《近思録》以及《近思録》系列文獻（包括《近思録》原文本、注本、仿編本等）能反映程朱理學思想史，當其流佈朝鮮半島、日本後，受到推崇，於是當地學者又不斷加强理學文獻的本土化建設，形成《近思録》續編、仿編、注譯、講讀、筆記等具有本土特色後續著述，這對其朱子學思想本土化建設發揮了極重要的作用。在接受中國理學思想的歷程中，兩國也存在諸多相同要素，這些經長期纍積而成的本土化朱子學文獻，已成爲東亞理學思想、學

---

① （朝鮮）吴熙常《續近思録序》，載於（朝鮮）韓夢麟編《續近思録》，朝鮮李朝純祖十九年木活字本。

② （日）澤田希《近思録説略序》，載於澤田希《近思録説略》，日本享保五年芳野屋權兵衛刊本。

③ （日）高津泰《近思録訓蒙輯疏序》，載於（日）安褧《近思録訓蒙輯疏》，日本弘化四年日新館刊本。

④ 朱傑人、嚴佐之、劉永翔主編《朱子全書》“前言”，第 8 頁，上海古籍出版社、安徽教育出版社，2010 年 9 月 1 版。

術發展史研究的實貴資源，有着深厚的《近思録》思想學術史意義。

1. 朝鮮、日本重刊的《近思録》及其注本，成爲其本土理學傳播的基礎文獻，填補了早期本土朱子學文獻的空白。

理學傳入朝鮮、日本後，《近思録》在該地域也享受着“經典”待遇，崇尚理學的學者多以中國傳入的《近思録》及葉采《近思録集解》爲主要研讀對象，其行爲主要表現如下：

(1) 他們抄録、翻刻《近思録》原文本，以示對朱子學術思想的接受、崇敬。

從現存文獻可知，朝、日讀者除直接從中國獲得《近思録》及其相關文獻外，還進行抄録、翻刻。朝鮮李朝前期君王非常信奉程朱理學，有意廣佈中國的理學經典，名臣金汶説：“朱子嘗言：‘修身大法，《小學》備矣；義理精微，《近思録》詳之。’二書之切於人倫道學而不可不講也。如是惟我殿下慨念世之學者，率皆忽於明善誠身之學，而徒務於涉獵記誦之末，思欲廣布是書以祛兹弊……我殿下尊崇正學維持世教之意至矣。”[①]史上他們君臣傳揚理學的一個重要舉措就是新創活字印刷，用國家的財力幾十年如一日鑄造活字，以期使《近思録》之類的書籍“廣布於下，俾人人皆得以講明”，讓本邦學子“讀《近思録》以識其門庭而不迷於所從”。

他們大量刊印《近思録》的主因除此而外，還與傳播之需、傳刻省力、讀者易購等因素相關。如主持刊刻廣州府刊本《近思録》的洪啓禧云：“余謂《小學》《近思録》當與四子通作‘六書’，而今本帙大，窮儒鮮有藏者。若以朱先生舊本入梓，則刊者功省，購者費少，彼此交相益也。”[②]古朝鮮的《近思録》傳本，存有宣祖三十二年(1599)姜沆抄寫本、英祖二十九年(1753)廣州府刻本等。

《近思録》在鐮倉末期傳佈日本後，江户前期尊奉朱子學的山崎嘉利用日文訓點或日文譯注對《近思録》閲讀語言進行本土化，以便快捷傳播該書所代表的理學思想和價值觀。現存日本重刊《近思録》者，大都屬於《近思録》山崎

① (朝鮮)金汶《近思録跋文》，載於(宋)朱熹、吕祖謙共輯，(宋)葉采集解《近思録》，朝鮮李朝世宗十八年木板本。

② (朝鮮)洪啓禧《廣州府刊〈小學〉〈近思録〉跋》，載於(宋)朱熹、吕祖謙共輯《近思録》，朝鮮李朝英祖二十九年木板本。

嘉訓點本系列，如寬文十年(1670)壽文堂刊本，洛陽武村市兵衛、大坂武村佐兵衛刊本，安永三年(1774)壽文堂、井上清兵衛重刊本，安永九年新發田藩刻本，文化十一年(1814)石田治兵衛刊本，弘化三年(1846)菱屋孫兵衛刊本，安政五年(1858)再校、明治四年(1871)佐土原藩學習館重刻本等。

(2) 翻刻以葉采《近思録集解》爲代表的傳本，展現出其本土朱子學者對理學的認知，也反映出其學術思想的逐漸成熟。

從韓國現存《近思録》系列文獻考察發現，李朝前期對葉采《集解》多直接翻刻並傳播，儘管這是一種淺層次的文獻本土化建設，但在當時朝鮮、日本本土闕乏《近思録》注釋文本的情形之下，也不失爲一種好的傳播方式。故兩國傳刻的《近思録》注本則以朱熹再傳弟子葉采注本爲代表，翻刻的葉采《集解》本數量最多，明清時期中國學者的注本、仿編本次之。韓國學者認爲葉采"出於朱子……采爲《集解》，而並收吕成公及張南軒、黄勉齋、蔡節齋、李果齋之説，而獻於朝，廣諸海内"[①]，助益於朱子學傳播。因而葉氏《集解》在朝鮮朱子學派眼裹地位甚高，他們借助重刊葉采《集解》去爲建設自己的朱子學入門讀本奠定基礎，在李朝初期理學思想的傳播過程中發揮了積極作用。韓國現存的葉采《集解》系列版本筆者初步統計有不少於 39 種，約佔韓國現存《近思録》系列文獻總數的 21%，其中有木板本、活字本、筆寫本等。如《集解》的木板本有李朝世宗年間覆刻甲寅字本、中宗十四年(1519)鳳城精舍本、明宗二十一年(1566)清凉書院本、明宗年間(1546—1567)文川郡本、宣祖十一年(1578)禮山縣本、宣祖十四年佔畢書院本、肅宗十三年(1687)覆刻戊申字本、英祖二十四年(1748)玉山書院本、正祖年間(1777—1800)成川府本、正祖十八年木板本、純祖二十六年(1826)三溪書院刻本等。這些版本與中國現存同時期的刻本基本相同，保留着原版書的序跋、奏表等，偶爾新增刊記、題識。而且其銅活字本内容與漢籍原本基本相同，甚至連版式編排也完全相同。

李朝前期的儒家對葉采《集解》持肯定意見的佔絶對多數，如金長生、宋時烈在注釋《近思録》時，即使對葉采注解的文字偶有訾議，然對其主體依舊是肯定的，仍以此注本爲底本進行釋疑。直到李朝中後期，朝鮮學者對葉采

---

① (韓)盧相稷《近思録釋義序》，載於(朝鮮)朴履坤《近思録釋義》。

《集解》的質疑、批駁之聲漸多，在接受此類注本時，無原則苟同其釋義者漸少。這很可能與他們受中國政治思想、學術傳統的束縛有限相關，他們在傳承中國歷代注家詮釋思想的同時，敢於批判接受，增附己見，所以即便是對"世誦習久"的葉采《集解》，也敢於不滿了。如姜奎焕《近思録集解劄疑》、李宗洙《近思録葉注劄疑》、柳栻《近思録注疑往復説辨》、南漢皜《近思録葉注記疑》、趙承洙《葉注記疑往復説》、林翰周《近思録葉注存疑》、柳鼎文《近思録集解或問》《近思録集解增删》等。

葉采《近思録集解》在歷史上也是最受日本社會歡迎的《近思録》注本，現存其抄録、刻印的版本至少有 21 種，佔日本現存《近思録》系列文獻總數的 15%。如江户初年寫本，元和、寬永年間活字本，慶安元年(1648)風月宗知刊本、十七世紀前期的聚古堂刊本、萬治二年(1659)吉野屋權兵衛覆刻聚古堂本、寬文八年(1668)重刻鳳城精舍刊本、元禄七年(1694)京都芳野屋權兵衛初刻本、文化九年(1812)加賀屋善刊本、天保五年(1834)刊本、弘化三年(1846)加賀屋善補刊本、文久四年(1864)松敬堂、松根堂重刻本、大阪松邨九兵衛刊本、大正五年(1916)東京合資會社富山房活字排印本等。

相較於朝鮮學者，日本學者對於葉采的"集解"異議更多，主要體現在三個方面：有學者指出其訓詁考據的不足，貝原篤信《近思録備考》卷十第 2 條針對葉采《集解》考述道："王觀濤《四書翼注》云：'得乎丘民，非衹是得一丘民之心，即天下之民歸心也。衹論箇得民心可以有天下的道理。'愚謂，王説可據，葉氏注'得乎一丘之民，則可以得天下'之説，恐未是。"有學者不滿葉采集解而將其注文删除，僅以白文的形態向世人傳播。山崎嘉認爲"葉仲圭爲《集解》，楊伯嵒爲《衍注》，皆未能深有所發明"，其日文訓點本無葉采注文。高津泰《近思録訓蒙輯疏序》云："葉氏私淑於北溪陳氏，其説宜得朱子之意，而其注往往不滿於人意。故我先儒闇齋山崎氏盡除之，單以白文行於世。"[①]有學者認爲葉采《近思録集解》、何基《近思録發揮》釋義未盡，不能完全闡明《近思録》文理微旨，以致初學者有所困惑。享保年間(1716—1735)澤田希博搜旁考"濂洛關陝全書以至諸儒百家之論説，及子史字書異端之編"，以師友之言

① (日)高津泰《近思録訓蒙輯疏序》，載於(日)安褧《近思録訓蒙輯疏》，日本弘化四年刊本。

論爲佐證，進行注説，並直陳葉氏注解的不精不詳，經“月訂歲改，積若干年而成”《近思録説略》十四卷[①]。

葉采《集解》是中國《近思録》注本的代表，朝、日翻刻並以之構築本土朱子學基礎文獻，可以説是明智之舉，同時其本邦朱子學界又從尊奉走向批判性接受，這也見證了他們本國朱子學思想的逐漸成熟。祇是在批判性接受此類注本時，朝鮮學者讚揚之餘，肯定的成分遠多於否定；日本學者不一味盲從，解説時增附己見，爲我所用的價值取向較明顯。可見兩國批判程度的微異，也折射出他們對程朱理學思想的認知差異。

同時，兩國在重刻葉采《集解》系列文本時還存在截然不同的一面，這可從周公恕整理改造《集解》而成《分類經進近思録集解》在朝鮮半島、日本的流佈可窺一斑。在兩國宗信中國儒家文化的時代，這類反映程朱理學思想的書籍應該很容易進入他們的視野，被當地學者讀者閲讀使用，但是在韓國現存藏書目録中很難找到關於《分類經進近思録集解》的記録；而在日本現存漢籍與和刻漢籍中卻保留有相當數量的版本，既有中國明代時期的刊本，也有日本本土的刻印本，如寬文八年(1668)石渠堂刊梓的“吴勉學校閲”本，寬文十三年吉野屋權兵衛重刻稽古齋本，貞享五年(1688)利倉屋喜兵衛改版刊本，八幡屋重兵衛據石渠堂本改版刊本等。

這一現象説明，在接受消化源自中國的理學文獻時，朝鮮的選擇趣向與同樣崇尚中國儒家文化的日本並非完全一致。對於周公恕《分類經進近思録集解》，朝鮮學者可能更信奉明清之際中國理學家的評判，如清初漢學家江永曾批評周公恕“以己意别立條目，移置篇章，破析句段。細校原文，或增或複，且復脱漏訛舛，大非寒泉纂集之舊。後來刻本相仍，幾不可讀”[②]。清乾隆年間四庫館臣亦云：“葉采纂爲《集解》，尚無所竄亂於其間。明代有周公恕者，始妄加分析，各立細目，移置篇章，或漏落正文，或淆混注語，謬誤幾不可讀。”[③]因而他們很少珍藏，而日本江户時代對中國理學家的尊崇，已不是那種嚴格固守的心態，故諸如此類文獻的藏本，以及本土化色彩更濃的文本要多

① (日)澤田希《近思録説略序》，載於澤田希《近思録説略》，日本享保五年芳野屋權兵衛刊本。
② (清)江永《近思録集注序》，載於江永《近思録集注》，清嘉慶十二年婺源李承端刻本。
③ (清)永瑢等撰《四庫全書總目》，第 781 頁。

於當時中國的屬國朝鮮。

2. “仿編類”或“標注類”的後續著述，成爲朝、日最具本土特性的朱子學思想文獻，反映了其本土學者對朱子學的認知歷程。

（1）朝鮮的仿編《近思録》類著述構建了反映其本邦朱子學學術思想内容的框架。

《近思録》在東亞被視爲儒家思想學術的經典，朝鮮朱子學者推崇有加，不僅自己日誦夜讀，而且謹遵朱熹、吕祖謙寒泉精舍時所采用的《近思録》編纂方法與體例，將自己多年閲讀程朱理學著述或本邦朱子學家著述的讀書劄記進行彙編整理，所擬書名與《近思録》面世後中國學者的仿編者[①]如出一轍，即稱謂“《續近思録》”或“《近思續録》”。

其中有專集中國理學家語録的，如李朝前期學者盧守慎將多年閲讀明代羅欽順[②]《困知記》的劄記進行彙編，仿照《近思録》編輯方式與體例，“撮取記言彙屬十四門，擬爲《後録》”。他説：“守慎晚得《困知記》，見其言正大精微，多發未發，大有功於程朱之門，顧以隨手劄録，前後互見，恨未易融會也！昔朱子答門人，謂《程氏遺書》類編也好，衹恐言仁處或説着義，言性處或説着命，難入類耳，卻終編成《近思録》，後仍復有《續》《别》二録，至今學者賴之。”[③]故纂集《近思後録》十四卷。又如，中國早有學者針對朱熹著述編輯《近思録》續補仿編之作，諸如蔡模《近思續録》、高攀龍《朱子節要》、張伯行《續近思録》等。李朝韓夢麟在他那個時代並未因爲已有中國張伯行《續近思録》之類的文獻就不再編集，他從《朱子節要》《學的》中輯録朱熹“尤切於學者六七百言”，又從《四書章句集注》“取其緊要者數百條”，編成《續近思録》。其揀擇去取，與張伯行《續近思録》相似。可見此編是在中國學者續編的基礎上剔選並增朱熹《四書章句集注》的有關注解而成，故李朝學者吴熙常自詡此書的面世，可使得“朱子書大明於左海”。

有專集朝鮮理學家語料的，如宋秉璿認爲“本朝道學彬彬，浸淫乎大宋之

① 南宋蔡模《近思續録》《近思别録》，明代錢士升《五子近思録》，清代汪佑《五子近思録》、劉源淥《近思續録》、張伯行《續近思録》《廣近思録》等。

② 羅欽順（1465—1547），字允升，號整庵，明代泰和（今江西省）人，中國明代思想家。著有《困知記》《整庵存稿》《整庵續稿》等。

③ （朝鮮）盧守慎《近思後録跋文》，載於盧守慎《近思後録》，李朝明宗十五年筆寫本。

世，蓋静、退作於前，抽關啓鍵若濂溪周子；栗谷之通透灑落如伯程子，沙溪之實踐又似乎張子，而尤庵晚出，發揮運用，殆同於紫陽夫子”，李朝趙光祖、李滉、李珥、金長生、宋時烈五位儒學大師的著述，廣大宏博，“未易見其涯際”，而“有望洋之嘆”。所以他在多年讀書劄記的基礎上編輯本邦理學家語録，又與金聖禮一起加以删定，總計選録788條，仿照清汪佑《五子近思録》體例編《近思續録》十四卷，“凡於求端用力、處己治人之要，洎夫辨異端、觀聖賢之事，罔不備載，則可以爲進學之階也”。特别值得關注的是，他認爲趙、二李、金、宋“五先生之學，即周、程、張、朱之道。而闡明四子之旨則此書，安知不爲四子、《近思》之羽翼也歟！”[①]

有兼取中、朝理學家思想資料的，如李漢膺尊奉朱子“大體而切於日用”的主張，編輯南宋東南三賢朱熹、張栻、吕祖謙，以及本邦朱子學名家李滉的語録，而成《續近思録》十四卷。至於李漢膺爲何衹選取李朝朱子學者中的李滉與東南三賢相媲美，在他看來：“朱子歿後三百有二載，而退陶李子生於東方，講明朱子之學，以斯道爲己任。今天下淪没、道學弁髦，而獨我東諸賢，紹修洛閩近思之學，實退陶倡之也。”[②]正因爲李滉“集大成於群儒，上以繼絶續，下以開來學，使孔孟程朱之道焕然復明於世”[③]，在李朝前期擁有崇高的地位，故李漢膺通過續録仿編，將其地位抬升至與東南三賢同一層級。

上述李朝學者具有仿編性質的本土文獻，在文獻編纂上所采納的編纂思路、體例、目的，與中國學者的做法基本吻合。在語録選取上，編纂者接受了朱、吕做法，因地而制宜。其内容編集分科級，韓夢麟在仿編時明確肯定朱、吕所編“條分類别，合爲十四篇，名之曰《近思録》，使初學之士領其要而得其門焉，其惠後學深矣”[④]。在仿編本的綱目設定、體系建構上，儘管他們主觀上很想體現出本土學術思想，或專收本邦學者著述的思想資料，但其體系架構上卻不會僭越《近思録》，均分作十四卷，各卷大體沿襲朱熹所擬綱目或葉采集解時的標目，或仿擬出文字相近的篇名。如李度中《李子近思録》的十四卷

① (朝鮮)宋秉璿《近思續録序文》，載於宋秉璿《近思續録》，李朝高宗十一年木板本。
② (朝鮮)李漢膺《續近思録序文》，載於李漢膺《續近思録》，李朝木板本。
③ (韓)李丙燾《韓國儒學史略》，韓國亞細亞文化社，1986年8月1版，第144頁。
④ (朝鮮)韓夢麟《續近思録序文》。

標題分别爲道體、爲學、致知、存養、力行克治、家道、出處、治道、治法、臨政處事、教人之道、警戒改過、辨别異端、總論聖賢。

朝鮮朱子學者仿編類文獻，其“發凡立例，一遵寒泉之成規”，以之作爲“四子、《近思》之羽翼”，其内容多是集録中國理學名家與本邦朱子學大家的思想資料，在中國與朝鮮朱子學者間建立連結，展現出其本土理學與中國理學的淵源關係。其行爲有力地助推了程朱之學在朝鮮半島的傳播，更爲珍貴的是他們構築了朝鮮朱子學入門讀本，撰成了與本邦朱子學名實相符的仿《近思録》類著述，彌補了無本邦朱子學者思想資料的闕憾。

（2）日本學者的《近思録》注釋文字，體現出有别於其他區域學者對理學思想的認知。

歷史上與朝鮮同時期的日本亦崇尚朱子學，然而在他們所編的理學讀本中，衹有爲數極少的與中國本土仿《近思録》類文本相切近的命名，如古賀樸參訂的《近思録集説》十四卷，是石冢崔高、牧原直亮等學者編集朱熹、山崎闇齋、淺見絅齋等人之言而成。此書中各條集説主要采自朱熹《文集》《語類》等，對朱子未言或存疑之處，多取自日本古賀精里、尾藤二洲等諸家解説，以輔助注解。顯然，此書是摘取朱熹論説文字，采集本邦諸家之説，又針對那些易致求學者疑惑之處，編次已有的定説正解於相關條目之下，最終形成容和中國、日本理學家思想的理學讀本。可見，其内容既集朱又兼采本邦諸説，具有續録彙編性質。

儘管現存日本的理學文獻中幾乎没有書名明確標示爲“續録”“仿録”之類的文本，但並不能説崇尚中國傳統思想文化的日本學者没有作爲，朱、吕的編纂意識仍然默默影響着日本的學術界。如藤原惺窩朱子學的傳人宇都宫遯庵講學時，爲了“下國遠鄉乏載籍者”能知曉北宋四子、朱子著述的精華，在葉采《集解》本基礎上，於延寶五年(1677)完成對此書的標注，即撰成《鼇頭近思録》十四卷，契合朱、吕編輯之旨，以“爲博學篤志之便”。他受《近思録》朱熹階梯説的影響，彙集多種文獻來注釋《近思録》原文及葉采集解，以此作爲本邦民衆求學《近思録》的階梯。他的詮釋文字輯自四書、五經、北宋四子著述、《朱子語類》《性理大全》等，内容之豐富，是日本其他注釋者難以匹敵的。

並且日本朱子學者多是通過注釋來展現自己心中的朱子學思想，如江户時代前期海西朱子學派代表貝原篤信，針對《近思録》各卷某章或某節，或葉采的集解文字進行考釋，於寬文八年(1668)撰成《近思録備考》十四卷。這是日本最早的《近思録》標注本，對後世影響很大，佐藤一齋講學時多取《備考》。故學者們對此書評價甚高，陳榮捷曾説，其"引朱子及其他理學家甚長，亦附己見，爲日本研究《近思録》標準之作，其後學者多參考徵引之"[①]。

又如澤田希認爲《近思録》"實爲學之要務，求道之模楷"，宋元時期葉采、何基的《近思録》注本，訓釋不精詳，微旨尚未闡明，故"自濂洛關陝全書以至諸儒百家之論説，及子史字書異端之編，博搜旁考，質以師友之言，間亦附以管見，而筆之簡牘，月訂歲改，積若干年而成"[②]《近思録説略》十四卷。該書既吸收了葉采《集解》部分内容，又評議了自己之前和同時期學者的解説之辭，間附己見。因而，當時的學者伊藤長胤對該《説略》評價很高，認爲它"考覈精詳，援據明悉，采濂洛之旨，而窮其源委，其才之敏與業之勤，既有以過乎人也"[③]。陳榮捷亦云《近思録》"日本注以此與貝原益軒、宇都宫遯庵，與佐藤一齋爲最好。印本各處甚多"[④]。至於其他注解本，如安褧《近思録訓蒙輯疏》、簗田忠勝信《近思録集解便蒙詳説》、溪百年《經典餘師近思録》、東正純《近思録參考》等，在此就不一一介紹了。

從上述日本學者的注釋本考察，其内容有徵引中國、日本，甚至朝鮮朱子學者的文獻，有注者自己的閲讀心得。如果説中國、朝鮮續仿編文本"客觀"色彩多一些的話，那麽日本歷代注釋者則多展示其"主觀"認知，這些傳播程朱理學主將的注文，注重溯源反思、抒發己見，相較於朝鮮朱子學者的續仿編則自我意識顯明。從文本編輯形式與命名上，相較於朝鮮，日本雖少了《近思録》續編仿編類的文本，卻未影響日本讀者對理學的認知，因爲這些名家標注的文字在多采集朱子語録的同時又取其本邦學者的率真見解。這些注本反映出日本朱子學界在接受中國理學思想時不再隱晦個人見解，注解或辯駁性的文字往往多直言其主張，這也成爲日本受容朱子學歷程中的顯性特徵

① 陳榮捷《朱學論集》，華東師範大學出版社，2007年8月1版，第109頁。

② (日)澤田希《近思録説略序》，載於澤田希《近思録説略》，日本享保五年芳野屋權兵衛刊本。

③ (日)伊藤長胤《近思録説略序》，載於(日)澤田希《近思録説略》，日本享保五年芳野屋權兵衛刊本。

④ 陳榮捷《朱學論集》，第110頁。

之一。

3. 朝、日圍繞《近思録》形成的注釋、講義、劄記、問答類文本，體現出朱子學在東亞不同國度的學術思想價值。

（1）朝鮮學者的《近思録》續編、注釋、問答、講義、劄記類文獻展示出朝鮮朱子學發展的成熟，體現出較寬廣的文獻學價值。

歷史上的朝鮮半島在新羅統一前，已有儒家思想長期傳播。新羅統一後，引進唐朝的文化制度，在官學教授儒家經典。高麗朝後期，隨着程朱理學的傳入，儒家思想在高麗末開始了大發展，李朝時期儒學大家輩出，理論創新，在李滉、李珥等本邦大儒的推動下，朝鮮的理學進入全盛時期。在朝鮮社會影響巨大的學術思想，是被其繼承、改造過的朱子學，該學術思想所依存的主要載體之一便是具有本土化色彩的《近思録》系列文獻。

正如前文所述，如果説中國學者的續補仿編文獻彌補了《近思録》無朱子思想資料之闕憾，那麽朝鮮學者仿《近思録》路徑續補仿編的本土文獻，編輯李滉、李珥等朱子學名家的語録，則成爲此類後續著述的重頭戲，是有意宣揚本邦朱子學者的思想資料。例如在朝鮮有“東方聖人”之稱的李珥，其學術思想影響深遠，其後學仿照清初汪佑編輯《五子近思録》的心理，有意專集李珥思想資料爲一編，李度中云“竊依星溪事，彙編《栗谷全書》，亦名爲‘李子近思録’，使子垂恭校，欲以此爲壽道之一脉”[①]。

在明代邱濬采朱子之書編《學的》、高攀龍彙輯朱子語爲《節要》之後，汪佑認爲有必要將《近思録》與朱子精要之語進行合編，因爲“五子”是一個學術整體，“如五行之不可闕一”，而且“由五子而階梯四子、六經，由群儒大成而闡群聖大成”[②]，能給求學者構建一個有序的入道階梯，所以合五子爲一書是一種歷史責任，讓讀者對理學發展的前後脉絡有清晰認知，對程朱理學思想有整體把握。汪佑的編集心態也影響了李朝崇信程朱之學的學者，故他們在研討程朱理學著述時，在接受心理上忠實於中國學者之見解，故常常出現上述異域而同聲的默契，即與中國同時期的儒學者之間存在學術共鳴。而他們創建的這些弘揚本邦朱子學思想的文本，也彰顯出其與中國明清理學的契合，

① （朝鮮）李度中《李子近思録義例》。

② （清）汪佑《五子近思録序》，載於汪佑《五子近思録》，清康熙三十二年刻本。

從中可窺其理學思想發展史的痕迹。

除此而外，朝鮮猶有展現本民族學術主張的注釋類、問答類、講義類、劄記類文本等。如鄭曄、金長生編撰，宋時烈校讎的《近思録釋疑》十四卷。此注本的編校者承繼本邦李珥朱子學思想，忠信程朱理學，取葉采《集解》“以理舊學，則字有其訓，句有其解，不翅若瞽者之有相矣”。他們在自己的注文中多處引用李珥、李滉、金長生之言，以體現本土學者的主張；又多引朱子之説補入各卷，互成部居，注釋之中兼而續編。在注釋校刊《近思録》時，即使對葉采注解的文字偶有訾議，然對其主體依舊肯定，仍以此《集解》爲底本進行釋疑。然而《釋疑》的注文在字裏行間包藴着商討的口吻，多處用“恐”或“似”字表示商榷之意。正如李朝學者自己所説，“此書固與平巖本注多有異同，而不以爲嫌者，本欲公天下之義理而無一毫彼我之私”①。可見他們對葉采集解文字不過於諱忌，對其不當之處進行釋疑，又體現出學術乃天下公器的思想，故在李朝“讀《近思》者不可以無此”。此《釋疑》本因便利於李朝讀者閱讀理解《集解》，故史上傳本較多，韓國現存版本多達 12 種。

朝鮮半島現存有在中國極少見到的問答類、講義類、劄記類文本，這是《近思録》傳播朝鮮之後，李朝學者進行研讀問答，或君臣廷對問辨，或多位學者相約進行講論説辨，形成了具有李朝特色的此類成果。朝鮮半島的學者繼承發展了中土語録體文獻編纂方式，以一問一答或一問多答的方式將諸家論説進行編撰，形成的《答某某》或《某某問答》或《某某問目》等篇名的問答類文本，如朴世采《近思録問答》是其答成子章、沈龍卿、沈明仲、沈士磬、任大年、金士直、蔡伯瑞、權季文等問《近思録》的彙編。問者針對《近思録》中的某些語段或葉采《近思録集解》注文發問，朴氏所答多結合宋代周、張、二程、朱熹、黄勉齋等人，以及李朝學者的論説進行論辯，解疑答惑；或對葉采注文進行質疑，或予以評議，或對金長生《近思録釋疑》所論進行闡釋，或指出其不足，或進行校勘等。

講義類文本是李朝學者在講論《近思録》及其相關著述時的語録彙編，如沈相鳳《近思録講義》輯録李教文（止齋）、權載奎（松山）、金克永（梅西）、柳遠

① （朝鮮）宋時烈《近思録釋疑後序》，載於（朝鮮）鄭曄、金長生編，宋時烈等校《近思録釋疑》。

重(西岡)、金在植(修齋)、權載二(華山)、金鎮文(弘庵)、沈相鳳(德梧)、宋準夏(魯庵)、李教宇(果齋)、鄭珪錫(誠齋)等人相互講論的文字,其内容也與同時期金鎮文《近思録講義》輯録的諸家會講存在一致之處,都是朝鮮學者講論、講學《近思録》文獻形成的成果。

劄記類文本是李朝學者或讀者在研讀《近思録》及其著述後,將自己的感知、心得或疑惑進行劄録或劄記,如朴光一《近思録劄記》十四卷,是朴氏選取《近思録》若干語録,以及葉采《集解》注文、金長生《釋疑》注文,對其進行闡發,或比較中國理學家與李朝學者的異同,或指出葉采注文之失誤,或作校勘。

因此,在那個"望道唯憑性理書"的李朝時代,隨着其本土朱子學家的成長、成熟,他們已經不滿足於僅僅借用中國學者的注釋本、續仿編本,在"宋儒之論"後,有意倡明"東賢之語",在本土《近思録》文獻體系上盡可能多地補入本邦朱子學家的思想資料。從李朝中後期的本土仿編本之多、《釋疑》類流佈之廣,問答、講義文本之豐富多彩,可以看到學界確實樂於采納本邦朱子學者的後續著述,一方面這些本土文獻對國人來説親切易讀,另一方面所輯録的這些接地氣的入門讀本,較多地反映出本族學者的思想、價值觀,對於本族讀者來説則更具有指導意義。從編纂、注釋、講説者的學術思想與身份看,他們既有朝鮮朱子學派主將,也有崇尚朱子學的一般學者。這些後續著述與朝鮮朱子學家的著作互爲補充,體現出較寬廣的文獻學術價值。

(2) 日本學者關於《近思録》的講義、鈔説、劄記、譯注等有鮮明的本土色彩,反映了日本朱子學與時俱進的發展演進。

前文已述及日本歷史上仿編、注釋《近思録》的文獻,此外日本本土化的後續著述更多的是那些在講讀《近思録》時產生的講義、解説、劄記、譯注等,這些幾乎佔了日本現存相關《近思録》文獻的半壁江山。其中鈔説者,有中村惕齋《近思録鈔説》、伊藤維楨《讀近思録鈔》、櫻田虎門《近思録摘説》、張源祥《近思録鈔》等;劄記隨筆者,有山崎嘉《近思録講義筆記》、山崎嘉門下的佐藤直方《近思録筆記》、三宅尚齋《讀近思録筆記》、日原坦齋《近思録筆記》等;講義者,有剛庵獨録《近思録講義》、室鳩巢《近思録道體講義》、若林强齋《近思録十四目講義》、稻葉默齋《近思録講義》、仲欽《近思録講説》、内藤耻叟《近思録講義》《近思別録講義》、西晋一郎《近思録講義》、小野道熙《近思録講義》等;傳播師道者,如淺見絅齋《近思録師説》、若林强齋《近思録道體師説》等;其他,如佐藤一齋《近思録欄外書》、金子霜山《近思録提要》、中井履軒《近思録聞書》、五井蘭洲《近思録紀聞》等。這些也是日本豐富的本土化文獻中最具本民族特色的部分,從一個側面反映出六七百年間日本學者、讀者對《近思録》的認知、消化與回饋。

由於日本學者的興趣更多地是爲青少年講説《近思録》,這些講讀文本,其編集分類體例基本都依據《近思録》,將中日朱子學者的思想資料相融合,如櫻田虎門《近思録摘説》十四卷日本文化十年(1813)寫本,逐句解釋《近思録》原文,解説文字多引宋明儒及日本注家中村惕齋、貝原益軒、三宅尚齋等名家論説。朱、吕在《近思録》中所建立的"比較完整、獨具特色的理學體系",也得到日本學者認可,在講説或譯注《近思録》時對十四卷綱目始終予以保持,如澤田希《近思録説略》、溪百年《近思録餘師》、佐藤坦《近思録欄外書》,十四卷標題均是道體類、爲學類、致知類、存養類、克己類、家道類、出處類、治體類、治法類、政事類、教學類、警戒類、辨異端類、觀聖賢類。

又如與貝原篤信學風相近的中村惕齋,專奉性理之學,在編輯《四書鈔説》之後編撰《近思録鈔説》十四卷,認爲朱、吕共輯《近思録》是從爲學修身論及修齊治平,直至明曉道體、成賢成聖。而葉采的《集解》卻讓"初學之士不能得致思之端而瞭其旨歸",故批駁葉注不足①。於是,他以葉采《集解》爲底本,抄録葉氏注解"難通之章,而各附録諸儒之説",增補自己的注解,冠以"鈔説"之名。

日本學者構築的這些與《近思録》及其注本密切相關的本土文獻,在表達其心聲時相較於編輯他人思想資料的文本更顯直白,直接將自己對理學學術思想的理解呈現給大衆,故這些文獻能體現出《近思録》在日本傳播、閲讀、接受的思想意義。再者,日本《近思録》後續著述的鈔撰者、宣講者,多是本邦儒學名家,他們通過解讀來展現自己的理解,宣揚自己的思想。因極少受中國政治思想束縛,忌諱較少,故能主動從容,較多地彙輯中國程朱理學者的著

① (日)仲欽《近思録鈔説序》,收録在中村惕齋《近思録鈔説》卷首,日本漢文寫本。

述，並融入不斷更新的本土朱子學説。現存日本各時期關於《近思録》的講義、劄記、譯注，就是其本土理學思想的顯性體現，是其朱子學名家與一般讀者自我認知的明確表達。

日本在接受理學經典《近思録》時，又表現出善學的一面，前文所述海南朱子學派山崎嘉日文訓點《近思録》的系列文本正是反映了這一點。日本學者往往通過在傳本或再造文本上添加日文訓點，使其與本民族語言相容，使《近思録》及其注本融合成爲本邦宣傳程朱思想文化的有機組成部分。而且隨着時代的發展，僅刊印《近思録》日文訓點本已難以滿足讀者閱讀需求，於是，日本近現代的學者與出版機構相繼采用現代日文進行翻譯加注，不斷推出《近思録》日文譯注本，以滿足社會教化之需，其中大多數收録在反映中華文明，包括朱子學思想的大型叢書之中。承載朱子學説的本土化文獻，在日本得到了與時俱進的發展，成爲日本學界對朱子學思想認識、詮釋、演化的縮影，也流露出日本朱子學所體現的民族思想，即在吸收轉化來自他國的優秀思想時，注重能"爲我所用"，更新發展。在日本明治時期及現代社會，即便他們異常重視西方科技，也不廢《近思録》、黜朱子學，相反仍在本國傳播宣揚《近思録》思想，以之作爲社會教化、大衆修身的經典。

歷史上的東亞對華夏中國在很長時期都保持着一種敬仰與遵從，尤其是在思想文化上不斷汲取中華之精華，代表程朱學術思想的《近思録》在中國歷史上長期是家弦户誦的讀本，在東方儒學文化圈的朝鮮半島、日本自不例外。在經歷本土化文獻建設、發展之後，也促成其本邦朱子學的興盛、成熟。這既反映出各國朱子學學術思想發展的歷史本色，又體現出二者對程朱理學不同的接受方式、民族心態、學術取向，這些微異是值得研究東亞儒學思想者深思的。

附録：《近思録》在歐美的傳播

在近現代的中國曾出現過"西學東漸"的思潮，在歷史上的西方社會是否出現過"東學西漸"呢？從現存文獻資料考察，西方人了解東方中國，主要得益於傳教士，包括中國儒學在内的中國文化，多是隨一批學識淵博的傳教士傳入歐洲。"朱子學是關於自然、社會和人自身的認識成果的總結，是中華民族的珍貴文化遺産,也是東方文化的傑出代表。作爲文化遺産,朱子學是超越時代、超越區域的"[①]。朱子學也曾被傳播到西方社會。在十三世紀以後,朱子學已成爲東亞儒學的主流思想。相較於東亞儒學思想傳播歷史,西方社會既無中國儒學的基礎,社會文化背景又有别,且東西方地理相距遥遠,以至於朱子學晚了四個多世紀纔傳入西方,直到十七世紀傳教士接觸到朱子學,纔開始向西方介紹當時中國的程朱理學。

明末清初,朱子學主要由來華傳教士介紹到歐洲。從十六世紀中葉到十七世紀中葉這一百多年裏,西方傳教士羅明堅、利瑪竇、龍華民等將《四書章句集注》、五經、《性理大全》等著作譯成拉丁文。由於隨後的歐洲思想界反對宗教而主張哲學,提倡理學,於是對程朱理學的研究便成爲西方學術界的一個重要課題。

經過西方傳教士和學者們的翻譯,中國古代典籍開始持續地輸入西方。相較於歐洲其他國家,在歐洲各國來華傳教士中,法國人最多,影響也最大。德國學者 Leibniz(萊布尼茨,1646—1716)推崇中國古典思想,因而法國、德國相較於他國受朱子理學影響較大,於是德語世界的學者們不僅翻譯了大量中國經典著作,而且其中多部譯本都是漢文典籍在西方世界的首譯。如德國漢學家 Georg von der Gabelentz(喬治・封・德・卡布蘭兹,1840—1893)1876 年翻譯了周敦頤的《太極圖説》以及朱熹的注。法國傳教士 Charles de Harlez(查理・德・阿雷)1887 年翻譯了高攀龍《朱子節要》三至五章,1889 年翻譯了附有選自陳亮評注的《小學》;1890 年又翻譯了《性理精義》中的一些段落,包括朱子對張載《正蒙》的批注及其他言論;1891 年翻譯了張載的《西銘》,附朱熹的評注。正是此類譯著讓西方社會了解認知了程朱理學。

在十八、十九世紀西方學者翻譯《朱子全書》的基礎上,理學的入門經典《近思録》也成爲西方社會需求的對象。關於《近思録》在西方的傳播,現存有少量《近思録》文獻漢文原本流佈歐美。據《越南漢喃文獻目録提要》著録:"《五子近思録》,汪星溪編輯。今存印本一種,現藏巴黎,嗣德甲子年(1864)

---

① 張品端《朱子學的海外傳播及其意義》,載於《光明日報》2017 年 4 月 12 日,第 11 版。

印行於洞中瞻拜堂，並藏版於此。598頁，高24公分，寬14公分，三册。宋代五位名儒周敦頤、程顥、程頤、張載、朱熹的作品，新安汪星溪編輯。原目編爲4763號，中國重抄重印本。"[①]由於越南曾是法國殖民地，《五子近思録》漢文版很可能在越南獨立建國前被帶到法國。又如在美國哈佛大學、加州大學、麻州大學等皆藏有《近思録》文獻漢文版（其中包括古朝鮮、日本刊印本），《美國哈佛大學哈佛燕京圖書館中文善本書志》《柏克萊加州大學東亞圖書館中文古籍善本書志》等也有著録，如明吴勉學校閲《分類經進近思録集解》、清茅星來《近思録集注》、清江永《近思録集注》等，或由在華傳教士帶回，或美國藏書機構購買，或晚清中國移民帶去，或近代華裔轉贈等。

《近思録》能真正爲歐美社會認知，則主要是通過翻譯成其國民能讀懂的文字而實現的。在朱子學説傳入德國的大背景下，《近思録》被譯成德文傳播於世。最早的德文譯本是 Olaf Graf（厄拉夫·格拉夫，1900—1976）神父翻譯的，由於他常年在韓國和日本以本篤會教士身份傳教，有更多的機會接觸到東亞《近思録》傳本，所以經過多年努力，該神父於1953年將《近思録》翻譯成德文[②]。由此可見，歐洲的第一本《近思録》譯本是直接經東亞韓日傳播至歐洲，若追尋其源頭則仍來自中國。

這是筆者目前所知曉的《近思録》傳播至西方世界的第一種譯本，遺憾的是筆者不能識讀這些德文。據陳榮捷所論，此譯本"書凡三篇，共四册。第一篇爲概論。第二編上下册爲《近思録》與葉采《近思録集解》之翻譯。第三篇爲翻譯之附注。在概論中詳言《近思録》與其思想在理學上之位置。又與佛教、道教、西方思想，尤其是斯賓諾莎（1632—1677）相比較，實爲朱子研究一大進步"[③]。該德文譯本既然是由《近思録》及葉采《近思録集解》兩本書構成，那麽可謂是《近思録》及其注本之精粹。"德譯本《近思録》的問世，標誌着西

---

① 劉春銀、王小盾、陳義主編《越南漢喃文獻目録提要》"序"，臺北"中央研究院"中國哲學研究所編印，2001年12月初版，第366頁。

② Olaf Graf 譯，Dschu Hsi，Djin sï lu，die Sungkonfuzianische Summa mit dem Kommentar des Yä Tsai（東京，Sophia 大學，1953年）。該德文譯本以藏於日本的南宋葉采《近思録集解》爲底本翻譯而成。

③ 陳榮捷《歐美之朱子學》，載於陳榮捷《朱學論集》，華東師範大學出版社，2007年1版，第277頁。

方對新儒學思想研究,特别是對朱熹研究有了很大進步"[①]。歐洲的第二本《近思録》譯本,是當代德國漢學家、波鴻大學教授 Wolfgang Ommerborn(歐陽師)譯注,他致力於宋明理學研究,於 2008 年出版德文版《近思録》[②]。

從十八世紀開始,歐洲耶穌教會傳教士翻譯和撰寫的朱子學著作傳入北美,再加上後來華裔儒學家的推動,使得朱子學著述容易得到西方社會的理解與接受。在美籍華人與美國高校研究機構的努力下,美國社會開始重視朱子思想研究,逐漸成爲西方研究朱子學的重鎮。由於《近思録》在程朱理學文獻中的特殊性與重要性,故西方社會若能更好地傳播此書則意義深遠。爲此,美籍華裔朱子學家陳榮捷(1901—1994)在朱子學研究領域創獲了豐富成果,與此同時還積極向歐美譯介英文版的《近思録》。爲了使《近思録》英文譯本内容豐富詳實,陳先生在《近思録》十四卷原文的基礎上還增附選自《朱子語類》《朱子文集》《四書章句集注》《四書或問》的文字,以及朱子對周敦頤、張載等人著述的評注共計 281 條,此外還采譯中國、朝鮮、日本等注家的 215 條文字附於《近思録》各條之下,書末附《近思録》編纂的經過、622 條語録來源,中國、朝鮮、日本的注釋、筆記等若干。因此,陳榮捷翻譯的由哥倫比亞大學 1967 年出版的《近思録》英文譯本,相較於德文譯本,對朱子學術思想的介紹更爲豐富,有助於西方世界深入研究朱子學。

從歐美存世的《近思録》漢文本、德文英文譯本可明顯看到,《近思録》文獻在西方社會的傳播遠没有東亞朝鮮半島、日本早,傳播的途徑也不像東亞那樣複雜多樣。歐美獲得的《近思録》文獻雖然也有東亞區域刊行或抄録的文本,但不像朝鮮半島、日本接受《近思録》文獻那般手段多樣,種類豐富。除了少量漢文版《近思録》外,歐美社會主要利用翻譯這一手段,用德文、英文等將其譯成供西方社會大衆可閲讀的文本。這種重視翻譯的舉措對普及程朱理學有着積極的意義,不僅可使《近思録》成爲域外國家了解認知中國傳統文化、理學的門徑,使得西方世界學者踐行修身之學,而且能讓朱熹的思想、處

---

① 楊焕英《朱子學在朝、日、越及西方的傳播與影響》,載於《江西教育學院學報》1988 年第 1 期,第 45—46 頁。

② Wolfgang Ommerborn, Jinsilu-Aufzeichnungen des Nachdenkens uüber Naheliegendes-Texte der Neo-Konfuzianer des 11. Jahrhunderts. Verlag der Weltreligionen, 2008.

世哲學和人生修養惠及更多的社會大衆，爲他們提供精神指導，使中國文化思想的精華走得更遠，讓朱子學的普世價值觀更好地爲現代人服務。

此外，我們需要强調的是，對於理學經典《近思録》的傳播，因爲東西方世界歷史文化背景的差異而呈現不同的特色。雖説東西方都會采用翻譯這一傳播途徑，即用本民族語言文字翻譯《近思録》文獻，然而東亞各國對以漢文爲媒介的《近思録》文本卻情有獨鍾，偏重於保留漢文版。儘管東亞朝鮮、日本也曾用本民族語言進行翻譯，可是卻擺脱不了漢字文化歷史基因的影響，譯本往往是漢文、本民族文字兼備，方便本邦讀者對照閱讀；而西方社會從未對漢文版《近思録》進行翻刻印刷，其流通方式主要是通過德文或英文譯本向其社會傳播《近思録》。即便這些譯本基本上保留着程朱理學思想的精藴，也不可能像東亞宏富的漢文傳本那般原汁原味。

上編:《近思録》中國版本考述

第一章 《近思録》原文本的産生及其版本

筆者經十幾年的實地訪書查閲文獻，發現國内自北而南、自東至西的各大藏書機構均收藏有《近思録》文獻，調研考察韓國、日本現存文獻，這些國家的主要藏書機構無一例外或多或少皆珍藏有此類文獻。如今我們從東亞區域現存的各種類别的《近思録》文獻之多可以推斷，該類文獻在歷史上的東亞流佈必定廣泛，且有着深遠的世界性影響。

第一節 《近思録》的編纂與流佈

宋代的統治階級出於維護自身統治的需要，鼓勵宋儒改造舊儒學，創立新的理論體系。這對以程朱爲代表的理學、以張載爲代表的關學、以陸九淵爲代表的心學、以陳亮和葉適爲代表的實學都産生了重大的影響。以至於歷史上“人師之多，人格之高，蔑有過於宋者”[①]。宋代理學家各派雖有别，然而他們“皆以仁道爲政治之根本，而以正心誠意爲治術之先圖”[②]。他們宣導的義理解經，不僅促進了社會思想解放，催人奮進，而且對社會教化産生了積極影響。特别是宋代新儒學講究性理，宣導盡性窮理，以之整治人心，教化民衆，提撕後學，以達修齊治平之效。

綜觀我國的儒學發展史，理學作爲中國古代思想文化成熟的理論形態，蘊藏着豐富的思想精華，在封建時代作爲宋、元、明、清官方哲學，具有特别重要的意義。從十四世紀末到清朝末年，程朱思想差不多一直是儒家正統學説的中心，在政治領域、思想文化領域，均有着舉足輕重的地位和影響。

理學繼承古代儒學，融會佛老，有着比較完整的哲學體系。其主要代表人物有周敦頤、程顥、程頤、張載、邵雍等。周敦頤(1017—1073)，字茂叔，道

---

① 柳詒徵《中國文化史》，上海古籍出版社，2001年10月1版，第575頁。

② 蕭公權《中國政治思想史》，商務印書館，2011年12月1版，第491頁。

州營道(今湖南道縣)人。晚年曾建書堂於廬山,堂前有溪,故以家鄉濂溪爲名,稱濂溪書堂,人稱其謂濂溪先生:"嘉定十三年,賜謚元公。淳祐元年,封汝南伯,從祀孔廟庭。""明嘉靖中,祀稱'先儒周子'。"①周敦頤"善談名理,深於《易》學",而一生著述留存極少,傳世著述主要有《太極圖》(並《説》)、《通書》等。清代黄百家説:"元公崛起,二程嗣之,又復横渠諸大儒輩出,聖學大昌。……若論闡發心性義理之精微,端數元公之破暗也。"②可以説,周子是公認的理學派開山鼻祖。

程顥(1032—1085),字伯淳,人稱明道先生,他與弟程頤建立了二程學派,因他們出生洛陽,故其學説被稱爲"洛學"。二程早年師從周敦頤,以倡明道學爲己任,故吕滎陽認爲"二程初從濂溪游,後青出於藍"③。程顥著作不多,現存有《明道文集》五卷。著名弟子有游酢、謝良佐、吕大臨、楊時。

程頤(1033—1107),字正叔,人稱伊川先生。十四五歲時與兄顥隨周敦頤學,尋孔顔樂處。主要著作有《伊川易傳》《語録》等。著名弟子有楊時、羅從彦、李侗等。由於二程得周子指歸,傳續道統,"廣大而推明之,使夫天理之微,人倫之著,事物之衆,鬼神之幽,莫不洞然畢貫於一,而周、孔、孟氏之傳,焕然復明"④。因而,二程之學出自周敦頤,已成爲後世不易之定論。

張載(1020—1077),字子厚,祖籍大梁(今河南開封),因僑居鳳翔郿縣(今陝西眉縣)横渠鎮,學者稱之爲横渠先生。因講學於關中,張載學派被稱爲"關學"。主要著作有《正蒙》《横渠易説》《經學理窟》等。雖説《楊龜山集》卷二十六云"横渠之學,其源出於程氏",但是據林樂昌論證,這是門户之見所致,不符合歷史事實,張、程之間在學術思想上互相影響⑤。清初王夫之認爲,張載之學"上承孔孟之志,下救來兹之失,如皎日麗天,無幽不燭,聖人復起,未有能易焉者也"⑥。可見,張載在中國儒學史上有着崇高的地位。

---

① 《宋元學案》卷十一《濂溪學案上》,(清)黄宗羲原著,(清)全祖望補修,陳金生、梁運華點校,中華書局,1986 年 12 月 1 版,第 481—482 頁。

② 《宋元學案》卷十一《濂溪學案上》,第 482 頁。

③ 《宋元學案》卷十一《濂溪學案下》,第 520—522 頁。

④ 《宋元學案》卷十三《明道學案上》,第 540 頁。

⑤ 林樂昌《張載理學與文獻探研》,人民出版社,2016 年 3 月 1 版,第 31—34 頁。

⑥ (清)王船山《張子正蒙注・序論》,載於王船山《張子正蒙注》,見《船山遺書》,清同治四年曾氏金陵節署刻本。《續修四庫全書》子部收録,第 945 册第 594 頁。

理學也稱道學、性理之學或義理之學，興起於北宋，到南宋時已成爲思想界的主流。北宋五子周敦頤、程顥、程頤、張載、邵雍的思想學問與志趣精神，是南宋及後世的楷模。宋室南渡後，南方則成爲全國政治經濟重心。中國南北政治分裂，南宋政權延續着尊孔崇儒，對南宋具有威懾力的北方少數民族政權既想在政權上取而代之，亦欲在意識形態上效仿中原治政理論。在此格局之下，成型於南宋的程朱理學則改變了傳統儒學作爲政治統治學説的僵化狀態，逐步發展成爲社會的主流思想。二程後學們多供職南宋朝廷，不斷廣攬門徒，聚衆講學，因而在南方士子中理學的影響也隨之擴大。南宋朱熹"以韋齋爲父，延平、白水、屏山、籍溪爲師，南軒、東萊諸君子爲友"，爲宋代理學的集大成者。理學發展到朱熹，便已趨成就階段，加之衆多弟子門人的發揚光大，程朱理學便成爲理學"主流派的正統派"[①]，經過幾代學人的努力在南宋後期幾乎一統天下。南宋淳祐元年(1241)理宗皇帝將程顥、程頤、周敦頤、張載、朱熹從祀於孔廟，對理學的態度顯然不同於此前的帝王，理學在南宋官方統治思想中的地位得以確立；隨後成爲元朝治國的思想基礎，進而處於獨尊地位。就《近思録》這部理學文本來説，理宗趙昀在淳祐年間(1241—1252)已經對葉采注解的注本"俯詢"之，且"命繕寫以送官"，朝夕之間又加以"省閱"，由此反映出理宗時期(1225—1264)宋代理學已由此前的潛流變爲主流。

但是，簡要回顧宋代學術發展又可明鑒，宋初的新儒學即理學，作爲一個完整理論形態還没出現，舊儒學的禮法行政儘管被歷代統治者所取法，但作爲一種理論形態卻又不及佛道精緻思辯。統治者希望有一種學説來統一思想，因而有了王安石的變法，結果卻失敗了。之後，新奇詭異之論、違經背義之説競相紛出，没有停止。等到南宋，"當時思想界無主流意識的狀態"[②]，也正是朱熹青年時代生活的思想環境。此時，三十出頭的朱熹正由佛學轉向儒學，也意識到統一學界思想的必要，開始着手清理那些"混亂"思想。作爲思想家，有擔當的朱熹在清理過程中一方面要維護自己的地位，另一方面想爲

① 張立文1983年爲《吕祖謙思想初探》作序云："宋明理學……成爲後期封建社會的官方哲學，影響和支配着整個上層建築領域。在理學中有主流派的正統派，如程朱'道學'；有主流派的非正統派，如陸王'心學'；有非主流派，如王安石的'新學'，二蘇的'蜀學'，吕祖謙的'婺學'等。吕祖謙爲理學家，恐無疑問。"潘富恩、徐餘慶《吕祖謙思想初探》，浙江人民出版社，1984年6月1版。

② 何俊《南宋儒學建構》，上海人民出版社，2004年5月1版，第103頁。

南宋尋找一條正確的道路。朱熹一生的前期，通過整理二程、張載、周敦頤的著作成果來體現自己的思想意識，主要目的是清理思想界，確立自己的學術思想。

南宋初期，尊崇北宋儒學家學術的時代思潮也影響着朱熹與吕祖謙。對於周敦頤、程顥、程頤、張載北宋四子的著述，該如何閱讀？如何把握其精髓呢？既然朱熹在閱讀時已有感"其廣大閎博，若無津涯"，那麽可以想見四子學術思想一般讀者是難以把握的。朱熹由此而生發出對四子書進行整理、注釋的宏願，且付諸行動。例如，在南宋孝宗乾道年間，朱熹已着手對北宋重要理學家的代表性著述進行整理或詮釋，編訂《程氏遺書》(乾道四年)，修訂《太極通書》(乾道五年)，校訂《程氏易傳》(乾道五年)，修訂《祭儀》(乾道五年、乾道九年)，校訂程氏《遺書》《文集》《經説》(乾道六年)，著《西銘解》(乾道六年修訂，乾道八年完成)，撰《太極圖説解》(乾道六年修訂，乾道九年定稿)，撰成《論孟精義》(乾道八年)，撰修《資治通鑒綱目》(乾道八年)，編成《八朝名臣言行録》(乾道八年)，草成《大學章句》《中庸章句》(乾道八年)，編成《程氏外書》(乾道九年)，編《伊洛淵源録》(乾道九年)等①。可見，朱熹"寒泉著述時期"已全身心投入以四子爲代表的理學思想的思考研究②，《論孟精義》的成稿、《二程外書》的補編、《太極圖説》《通書》《西銘》的解説等已顯現朱熹自己的理學靈魂，催生了《近思録》的出現。

後世學界一般研究認爲，朱熹的理學思想在四十歲(乾道五年)初步確立，隨後逐漸定型。而在南宋淳熙二年(1175)朱熹四十六歲之前，即乾道年間的朱熹已逐漸具備編輯理學入門讀物的基礎。這正如清代張日晸説："《近思録》十四卷，考《朱子年譜》成於淳熙二年乙未，時年四十有六。先是數年間編次《二程遺書》及《外書》，作《太極圖傳》，作《通書解》，作《西銘解義》，皆有成書。其於四子之遺言既已熟貫精求，深造有得，然後掇其精粹以詔後學，猶且與執友東萊吕氏商榷往復，久而後出。蓋繼往開來，誨人不倦若是，其粗且

① 參見束景南《朱熹年譜長編》，華東師範大學出版社，2001 年 9 月 1 版。

② 嚴佐之《朱子近思録導讀》，載於(宋)朱熹、吕祖謙編《近思録》，程水龍整理，上海古籍出版社，2010 年 8 月 1 版，第 5—6 頁。

詳也。”[①]因而，當代學者劉又銘認爲：“朱子在四十六歲之前，已經花了巨大的心力，以二程思想爲主體，對周敦頤、張載思想加以取捨、消化、甚至轉化，構成一個融合完備的整體思想。這正是選録四子言論，編爲《近思録》的必要基礎。”[②]

由於此時編纂《近思録》的基礎條件已經具備，朱熹主張的道統借助《淵源録》已基本確立，故淳熙年間朱熹邀請“婺學”代表吕祖謙到武夷共編《近思録》差不多已是水到渠成。而且，南宋乾道、淳熙年間，“政治環境顯著改善，學人有較大的餘地發展道學的學説，並在精英知識分子之間傳播”[③]。理學學術氣氛十分活躍，許多流派争相湧現，如以朱熹爲代表的閩學，張栻[④]爲代表的湖湘學，吕祖謙爲代表的婺學，陸九淵爲代表的心學，陳亮爲代表的永康學，薛季宣、陳傅良、葉適爲代表的永嘉學。故而，清人全祖望説：“宋乾、淳以後，學派分而爲三：朱學也，吕學也，陸學也。三家同時，皆不甚合。朱學以格物致知，陸學以明心，吕學則兼取其長，而復以中原文獻之統潤色之。”[⑤]

吕祖謙學術折衷朱熹、陸九淵之學，又吸收永嘉學派經世致用的思想，自成一派，作爲南宋三大學術領袖之一的他在乾淳年間影響頗大，學者多稱其爲“婺學”。故全祖望又説：“乾淳之際，婺學最盛。東萊兄弟以性命之學起，同甫以事功之學起，而説齋則爲經制之學。”[⑥]於是，在乾淳之際的學術背景下，朱熹方邀請至友吕祖謙共輯《近思録》，弘揚道學，糾正學界的偏失，共建聖學之階梯。

朱熹、吕祖謙編輯《近思録》的原因動機並非僅此而已，也有其他因素的

---

① (清)張日晸《重刊近思録集注序》，載於(清)江永集注《朱子原訂近思録》，清道光二十四年大梁書院張日晸重刻本。

② 劉又銘《〈近思録〉的編纂》，載於臺灣《中華學苑》第 43 期，第 149 頁。

③ (美)田浩(Hoyt Cleveland Tillman)《朱熹的思維世界》，陝西師範大學出版社，2002 年 8 月 1 版，第 9 頁。

④ 張栻(1133—1180)，字敬夫，又字欽夫，號南軒，學者稱南軒先生。謚曰宣，後世稱其張宣公。綿竹人。張浚之子。宋孝宗時歷左司員外郎，除秘閣修撰，終荆湖北路安撫使。著有《南軒集》《南軒易説》《癸巳論語解》《癸巳孟子説》《希顔録》等。按：張栻學習二程之學，發揚胡宏湘湖學派思想，與朱熹交往頻繁，雙方都獲益匪淺，美國田浩認爲“張栻或許是 1160 年代最有影響的道學家”(見田浩《朱熹的思維世界》第 46 頁)。

⑤ (清)全謝山《同谷三先生書院記》，載於《宋元學案》卷五十一《東萊學案》，第 1653 頁。

⑥ 《宋元學案》卷六十《説齋學案》，第 1954 頁。

影響，諸如欲爲士子編纂學習周、張、二程四子著述的入門津梁，因南宋時代思潮的誘發，朱熹有意建構具有完備邏輯結構的理學思想體系等。南宋學者尊敬仰慕儒家聖人、尊奉北宋五子之學，那時士人數量空前，科考中第的機會反而在減少。在讀書人仕途暗淡之時，道學對他們來説相應地變得更具吸引力，因爲强調道德修養，將道德倫理價值和身心修養置於功利之上，似乎可讓一些精英知識分子找到理由，去注重修爲。道學對於那些通過科舉進入仕途者，猶可助之修齊治平，且爲之提供一個學術交際網絡。這正如明末陸雲龍在刊校葉采《近思録集解》時所言，此書是一個"津梁"，讀之可"切問近思，止則思爲顔、孟，仕則思爲伊、周，固亦草野所宜自矢者"①。因而寒泉相會時，朱、吕二人在拜讀周敦頤、程顥、程頤、張載四子書後，選擇其關於道體、爲學、修身、齊家、治政、戒警、聖賢等思想内容的言論，編成一部四子語録選集，以之"著性命之藴，而天下之言道者有所宗；揭進修之要，而天下之言學者有所準"②。所以，東亞區域的後學之士有賴於這部理學綱要性著作作爲階梯，得以入門理學進行深造。清代王鼎認爲此書"切實粹精，裨於性情心術之正，人生日用之恒，經世宰物之宜"③。

一、《近思録》的編纂者

朱熹（1130—1200），字元晦，號晦庵。祖籍徽州婺源（今屬江西婺源），出生南劍尤溪，爲二程三傳弟子。謚號文，世稱朱文公。朱子之學並非墨守屏棄一切，全祖望認爲朱子"致廣大，盡精微，綜羅百代"④。他是理學的集大成者，"明洪武初，詔以先生之書立於學宫，天下學者咸宗之。嘉靖中，祀稱'先儒朱子'"⑤。後世認定朱熹是近古時代最大的哲學家，中國封建社會後期影響最大的思想家。其著述宏富，然而在其一生編撰的二三十種著述中，與吕祖謙合輯的《近思録》卻是後世傳刻最多、流播最廣的一種。

---

① （明）陸雲龍《近思録序文》，載於（宋）葉采《近思録集解》，明崇禎八年陸雲龍、丁允和訂正本。

② （清）李文炤《近思録集解序》，載於李文炤集解《近思録》，清雍正十二年四爲堂刻本。

③ （清）王鼎《朱子原訂近思録序》，載於（清）江永集注《朱子原訂近思録》，清嘉慶十九年王鼎校次本。

④ 《宋元學案》卷四十八《晦翁學案上》，第 1495 頁。

⑤ 《宋元學案》卷四十八《晦翁學案上》，第 1505 頁。

吕祖謙(1137—1181),字伯恭,南宋婺州(今浙江金華)人。與朱熹、張栻齊名,時稱"東南三賢"。終年四十五歲,謚號成,後人稱其吕成公。因其曾祖吕好問被封爲東萊郡侯(東萊公),故學者又稱吕祖謙謂"東萊先生",或稱"小東萊"(其伯祖吕本中,人稱"大東萊")。吕祖謙著有《古周易》一卷、《書説》三十五卷、《東萊集》四十卷、《吕氏家塾讀詩記》三十二卷、《東萊左傳博議》二十五卷、《十七史詳節》二百七十三卷、《大事記》十二卷等。編有《宋文鑒》一百五十卷、《古文關鍵》二卷等,吕祖謙著述大多爲其弟吕祖儉及從子吕喬年刊補。

關於《近思録》的編纂者,歷史上因該書卷端葉的題署不一而出現差異。從宋元明清時期的《近思録》文獻版本卷端題名來看,主要有三種:

一是卷端不署編纂者名,如《近思録》明嘉靖六年刻本、明吴邦模刻本、明末張雋刻本、清吕氏家塾讀本皆如此。

二是題朱熹、吕祖謙同編者,如南宋葉采《近思録集解》宋建陽刊本署"宋朱子、吕祖謙同撰"[①],明末刊本題曰"新安朱熹、東萊吕祖謙編輯";南宋熊剛大《近思録句解》元刊本題曰"晦庵先生朱文公集編,東萊先生吕成公同編"。

三是僅題朱熹編者,如葉采《近思録集解》清初刻本題曰"朱熹原編",清代張伯行《近思録集解》清同治五年刻本題曰"子朱子原編"。

筆者認爲對於《近思録》編纂者最爲恰當的表述,當是朱熹、吕祖謙二人合編,朱熹爲主編者。現代朱子學名家陳榮捷也有類似看法,認爲"朱子主編,東萊附之助之,其功誠偉,然不無賓主之别"[②]。

關於朱、吕二人爲何要編纂《近思録》?其編纂用意在朱熹序文、吕祖謙跋文中表述較明確。朱熹《近思録序》(亦稱《近思録前引》)曰:

> 淳熙乙未之夏,東萊吕伯恭來自東陽,過予寒泉精舍。留止旬日,相與讀周子、程子、張子之書,嘆其廣大閎博,若無津涯,而懼夫初學者不知所入也。因共掇取其關於大體而切於日用者,以爲此編,總六百二十二條,分十四卷。蓋凡學者所以求端、用力、處己、治人(筆者按,明清傳本,

① 王國維撰,王亮整理《傳經堂藏書志》,上海古籍出版社,2014 年 8 月 1 版,第 492 頁。
② 陳榮捷《朱學論集》,第 82 頁。

此處往往有"之要"二字),與夫所以辨異端、觀聖賢之大略,皆粗見其梗概。以爲窮鄉晚進、有志於學而無明師良友以先後之者,誠得此而玩心焉,亦足以得其門而入矣。如此,然後求諸四君子之全書,沈潛反復,優柔厭飫,以致其博而反諸約焉,則其宗廟之美、百官之富,庶乎其有以盡得之。若憚煩勞,安簡便,以爲取足於此而可,則非今日所以纂集此書之意也。五月五日,朱熹謹識。

吕祖謙《近思録跋》(亦稱《近思録後引》)曰:

《近思録》既成,或疑首卷陰陽變化性命之説,大抵非始學者之事。祖謙竊嘗與聞次緝之意,後出晚進於義理之本原,雖未容驟語,苟茫然不識其梗概,則亦何所底止。列之篇端,特使知其名義,有所嚮望而已。至於餘卷所載講學之方、日用躬行之實,具有科級。循是而進,自卑升高,自近及遠,庶幾不失纂集之指。若乃厭卑近而鶩高遠,躐等陵節,流於空虚,迄無所依據,則豈所謂"近思"者耶?覽者宜詳之。淳熙三年四月四日,東萊吕祖謙謹書。[①]

然而,淳熙年間與朱熹同時代的學術名流較多,有張栻、陸九淵、陳傅良等,朱熹爲何選吕祖謙共同編纂此書?筆者今從以下兩個方面稍作闡述:

(一) 從乾淳年間朱、吕二人交游看,已具備合作編纂《近思録》的條件

1. 從朱、吕二人交友歷程看,有世交關係的兩家自然使得他們相識較早。

朱熹父親朱松與吕大器是契友,早有往來。南宋紹興二十五年(1155)春,吕祖謙隨父親吕大器到福州,初識朱熹[②]。而吕祖謙與朱熹的學術往來真正開始於隆興元年(1163)十月。該年十一月,吕祖謙在婺州與入對經過此地南歸的朱熹會面,"講論問答不絶"[③],後又書信往來不斷。

朱熹非常敬重吕祖謙學識。如乾道七年(1171)十二月,福建人劉爚、劉

① 朱熹《近思録序》、吕祖謙《近思録跋》,均録自(宋)葉采集解《近思録》,元刻本。
② 束景南《朱熹年譜長編》,第189頁。
③ 束景南《朱熹年譜長編》,第306—314頁。

炳兄弟經朱熹推薦從學吕氏。朱熹書信給伯恭説:“建人劉氏兄弟(爚、炳)……熹新阡與其居密邇,兩年相從甚熟,知其嗜學可教,”“皆欲見於門下。”[①]乾道七年,東萊的第二位妻子去世,朱熹寫信吊慰,並誠摯勸慰伯恭:“尊體未盡平復,深宜節抑,以慰友朋之望。”[②]而且,朱熹對吕祖謙父喪、幼弟之喪,皆真情吊慰,表現出對吕祖謙身體及其家人的關心。

朱、吕二人私交甚好,乾道九年(1173)夏,朱熹將長子朱塾送至吕祖謙門下,請求教誨。朱熹説:“欲遣兒子詣席下……此兒懶惰之甚,在家讀書,絶不成倫理,到彼冀親警誨,或肯向前。”[③]“今不遠千里以累高明,切望痛加鞭勒,俾稍知自厲。”[④]當時吕氏回信説:“令嗣氣質甚淳,已令就潘叔度(景憲)舍旁書室寢處,同窗者乃叔度之弟景愈。”[⑤]朱熹遣大兒朱塾往吕祖謙席下受教後,多次書信給伯恭,詢問兒子的學習交友情況,並不斷向吕祖謙表示感謝,云“仰累鞭策,感愧深矣”;“兒子既蒙容受,感佩非常”;“兒子蒙教督甚至,舉家感激不可言”;“兒子歸來,不惟課業勝前,至於情性作爲,比往時小異,信乎親炙薰陶之效,舉家感德,不可名言”[⑥]。由此可見,朱熹對吕氏學識的賞識、對其人品的敬重,其感激伯恭之意,溢於言表。試想,若不是崇尚吕氏的學識與教導有方,斷不會令其子師從吕祖謙。

吕祖謙不僅接受朱塾求學,讓其與品德學問兼佳的潘景憲共處,而且還撮合朱塾與潘景憲長女完婚。後又將自己的獨女嫁給婺州當地的望族潘氏,即嫁潘景良爲妻。如此,吕氏、潘氏、朱氏三家因姻戚關係相連得更爲緊密[⑦]。

朱熹與吕祖謙都曾是胡憲的門生,彼此很賞識,在《近思録》編撰前後,朱、吕二人交往頻繁,“吕祖謙大概是朱熹最親近的朋友”。吕祖謙《與陳同甫書》云:“某留建寧凡兩月餘,復同朱元晦至鵝湖,與二陸及劉子澄諸公相聚切

---

① (宋)朱熹《答吕伯恭》,《晦庵先生朱文公文集》卷三十三,見《朱子全書》,第1433頁。

② (宋)朱熹《答吕伯恭》,《晦庵先生朱文公文集》卷三十四,見《朱子全書》,第1491頁。

③ (宋)朱熹《答吕伯恭》,《晦庵先生朱文公文集》卷三十三,見《朱子全書》,第1438頁。

④ (宋)朱熹《答吕伯恭》,《晦庵先生朱文公文集》卷三十三,見《朱子全書》,第1440頁。

⑤ (宋)吕祖謙《與朱侍講元晦書》二二,《東萊吕太史别集》卷七,見《全宋文》第261册第86頁。曾棗莊、劉琳主編《全宋文》卷五八七一《吕祖謙》五,上海辭書出版社、安徽教育出版社,2006年8月第1版。

⑥ (宋)朱熹《答吕伯恭》,《晦庵先生朱文公文集》卷三十三,見《朱子全書》,第1442—1454頁。

⑦ 宋淳熙八年(1181),朱熹季子朱在又拜吕祖儉爲師,後來與吕祖儉女兒結婚,長期住在吕家。

磋，甚覺有益。元晦英邁剛明，而工夫就實入細，殊未可量。子静亦堅實有力，但欠開闊耳。”[①]黄宗羲曾説：“朱子生平相與切磋得力者，東萊、象山、南軒數人而已。”[②]朱熹與吕祖謙很早就有良好的情感基礎，《朱文公文集》中朱熹《答吕伯恭》書信有104封，比其他人都多，而且吕祖謙幾乎每封必回，其中有67封流傳下來。因而田浩認爲“從1163年起到吕祖謙1181年去世爲止，兩人一直相互影響甚巨”[③]。

2. 朱、吕二人性格能調和、互補。

伯恭的温和篤厚對朱熹暴悍的性格很有裨益，不會出現像朱熹與陸九淵之間的相互排斥，因而朱熹説：“伯恭天資温厚，故其論平恕委曲之意多，而熹之質失之暴悍，故凡所論皆有奮發直前之氣。”[④]

在學術交流上，吕祖謙氣量較大，待人誠懇，且善於聽取各方意見，當時的各學派代表人物，如永嘉的陳傅良、薛士龍、徐元德常到吕家論學。乾道五年吕祖謙任嚴州學教授時，與張栻鄰墻，日夕講論。在理學方面，於本體論與認識論上他對當時流行的不同派别折衷立場，提出的“理之在天下，猶元氣之在萬物”“道與心一”“明心窮理”“求其放心”“集義工夫”等，既兼朱熹理學的成分，又雜陸九淵心學的内涵，意欲調和朱陸異同。故而田浩以爲“吕祖謙的思想是張載和二程哲學結合的産物”[⑤]，吕祖謙的學問比較全面地反映了南宋社會思潮的特點。吕氏自己在學術上對各家“委曲調護”“未嘗倚一偏而主一説”，取相容並蓄的態度，竭力從理論的高度對當時思想界争論不休的問題作一總結性的探究。遺憾的是，因其天年不足，他還没有完全把“心學”和“理學”熔鑄於一爐，就走了，而他的奠基作用則不可忽視。對此，吕思勉曾説：“浙學分永嘉、永康二派……永康一派，道原於東萊，變化於其弟子約及同甫。”[⑥]故田浩以爲，從1160年代末期到1181年吕祖謙去世的十幾年裏，“他

---

① （宋）吕祖謙《與陳同甫書》一〇，《東萊吕太史别集》卷十，見《全宋文》卷五八七六《吕祖謙》一〇，第261册第157頁。

② 《宋元學案》，第1635頁。

③ （美）田浩《朱熹的思維世界》，第114頁。

④ 朱熹《答吕伯恭》，《晦庵先生朱文公文集》卷三十三，見《朱子全書》，第1430頁。

⑤ （美）田浩《朱熹的思維世界》，第98頁。

⑥ 吕思勉《理學綱要》，東方出版社，1996年3月1版，第129頁。

其實是道學最重要的領袖。吕祖謙比十二世紀其他道學領袖在政治上更得意,而學問也廣爲時人推崇”[①]。

3. 在淳熙二年(1175)之前朱、吕二人已有學術上切磋相助的經驗背景。

如乾道五年(1169)十月,吕祖謙便於婺州刻印朱熹校訂的《程氏易傳》(大刻本),此書於乾道六年(1170)秋刊成[②]。乾道六年春,朱熹、吕祖謙討論修訂《太極圖説解》。同年五月,朱、吕講論《中庸》首章之旨;秋季,朱熹將草成的《西銘解》寄張栻、蔡元定、吕祖謙討論。乾道八年歲末,朱熹將《大學章句》《中庸章句》寄予張栻、吕祖謙討論。在編撰《太極圖説解》《伊洛淵源録》期間,吕祖謙提出過有價值的意見。淳熙元年(1174)朱熹又將已經與張栻討論修改後的本子再寄吕氏。淳熙三年三月二十八日,朱、吕相會於開化,講論學問九日[③]。可見乾淳年間他們二人友誼持久,在治學上互助共進。

在吕祖謙與朱熹交往的歷程中,二人見面相處時間最長的一次,即淳熙二年夏季。是年四月一日,吕祖謙偕潘景愈到福建五夫與朱熹相會,接着游玩潭溪,隨後參觀開耀鄉社倉賑貸。四月二十四日,他們二人至寒泉精舍,共編《近思録》,“五月五日輯《近思録》成”。在寒泉精舍期間,朱熹還與到訪的吕氏商定删節《程氏遺書》而爲《程子格言》。五月十六日,朱、吕一起赴鉛山鵝湖,二十八日至鵝湖,陸九齡、陸九淵來會[④]。以後朱、吕又不斷書信往來。

若從朱熹與吕祖謙二十多年的交往過程中考察,可以發現朱熹對吕氏人品、學術都很佩服,“朱熹嘗言,學如伯恭方是能變化氣質,其所講畫將以開物成務”[⑤]。凡有重大學術問題,朱熹没有不徵求吕祖謙意見的,往往需求得吕氏幫助。如編修、討論《仁説》(乾道九年)、《太極圖説解》《西銘解》《中庸章句》《大學章句》(淳熙元年)、《近思録》《二程遺書》(淳熙二年)、《論語説》等,都徵求過吕祖謙意見。也正如《吕祖謙評傳》所言:“朱熹幾乎所有的重要文

---

① (美)田浩《朱熹的思維世界》,第 91 頁。

② 束景南《朱熹年譜長編》,第 421 頁。

③ 《吕祖謙年譜》曰:“淳熙三年丙申三月二十八日,往會朱編修於三衢。四月十日,歸自三衢。”參見杜海軍《吕祖謙年譜》,中華書局,2007 年 8 月 1 版,第 184—188 頁。

④ 束景南《朱熹年譜長編》,第 529 頁。

⑤ (元)脱脱等撰《宋史》卷四百三十四《儒林四》,中華書局,1985 年 6 月 1 版,第 12874 頁。

字在問世之前都要事先徵求吕祖謙的意見，聽聽他的看法。”[①]不僅如此，有些著述朱熹還得到吕祖謙主持鋟梓印行。如吕祖謙不斷刻印朱熹部分理學書籍：《程氏易傳》大、小刻本由吕祖謙刻版於婺州[②]；淳熙三年秋，朱、吕修訂《近思録》，吕祖謙作《題近思録》，刻版於婺州[③]。

4. 從地緣便利角度看，存在地緣優勢。

因爲二人所住之地地理相近，便於交流。儘管當時的交通條件遠非今日之便利，但由於相距較近，吕祖謙來武夷、建陽講學游玩，相較於身處江西撫州的陸九淵[④]來説還是較便利的。如在乾道年間，朱熹、吕祖謙二人不斷書信來往商討學術、編書、刻書等事宜，乾道五年六月吕氏派專人送《與朱侍講》書，向朱熹求取《伊川易傳》鋟板；乾道六年四月，《易傳》初刊完成，吕氏便印送朱熹請其糾正，七月吕氏將本月的《輪對劄子》寄呈朱熹；乾道七年朱熹將《太極圖》《西銘解》寄到吕氏處，與之討論；乾道九年七月，朱熹兒子朱塾到婺州求學，吕祖謙爲其擇友、規定課程，十二月吕氏向朱熹索取《祭禮》，爲朱熹刊刻《程氏易傳》；淳熙元年三月，吕氏收到汪應辰轉來的朱熹《祭禮》，朱熹寄《弟子職》《女戒》給吕氏，請其作跋，十月朱熹以《大學章句》及《中庸章句》草稿來徵求吕氏意見[⑤]。

在之後的淳熙年間，除二人之間不斷書信來往外，還利用彼此地理相對較近的優勢，吕祖謙幾次與朱熹相會，如淳熙二年三月朱熹邀吕祖謙來武夷，吕氏作《入閩録》；淳熙三年三月，吕氏赴約往會朱熹於衢州。另外，吕氏所在的婺州離京城臨安較近，與朝廷官宦來往頻繁，具有朱熹無法擁有的優勢。

朱熹編《近思録》時之所以邀請吕祖謙參與，也有着很濃的感情因素，不僅他們兩家是世交，而且吕氏在朱熹心目中也極具份量。儘管朱、吕治學思

---

① 潘富恩、徐餘慶《吕祖謙評傳》，南京大學出版社，1992 年 1 月 1 版，第 45 頁。

② 束景南《朱熹年譜長編》，第 504 頁。宋乾道九年十二月，吕祖謙刻朱熹再校的《程氏易傳》於婺州，即小刻本。

③ 束景南《朱熹年譜長編》，第 537 頁。

④ 陸九淵(1139—1193)，字子静，號象山，江西撫州人。世稱存齋先生，南宋理學家，心學的代表。著有《象山先生全集》。

⑤ 杜海軍《吕祖謙年譜》，第 45—146 頁。

想存有左右，性格及治學方法不盡相同，但兩人的學術都淵源於洛學，相交相知很深，在學術上是講友，相輔切磋；在私誼上彼此又忠告獎勸，互相矜憐①。二人之交誠屬莫逆之交、生死之交，哲人相重。

縱觀朱、吕交往歷程，在情感、學術、政事等方面，朱、吕二人關係密切，吕祖謙對朱熹産生過很大影響。所以，淳熙八年(1181)七月二十九日吕祖謙去世後，朱熹情不自禁在祭文大呼："嗚呼哀哉！天降割於斯文，何其酷耶！往歲已奪吾敬夫，今者伯恭胡爲又至於不淑耶！道學將誰使之振？君德將誰使之復？後生將誰使之誨？斯民將誰使之福耶？《經説》將誰使之繼？《事記》將誰使之續耶？若我之愚，則病將孰爲之箴？而過將誰爲之督耶！然則伯恭之亡，曷爲而不使我失聲而驚呼、號天而慟哭耶！嗚呼！伯恭有蓍龜之智，而處之若愚；有河漢之辯，而奪之若訥。……"②從此祭文中我們完全可以感受到，當朱熹失去了這位平日對其幫助極大的摯友時，是多麽的傷痛，故祭文動情之至，流露出其撕心之痛；同時，從中也看到朱熹對吕氏的讚頌之意，即稱讚他温遜謙恭、不輕易批評别人，文采出衆、兼采百家風格，入朝出仕，爲道德榜樣。如今我們這從一側面亦可感知那時吕祖謙在學術界的地位要高於朱熹。吕祖謙是爲他箴"病"、爲之督"過"的一位難得的學術同道，對其學術思想建設發揮過重要作用。

這些就是他們合作編輯《近思録》的基礎和有力佐證。事實上，朱熹邀請吕祖謙參與編纂的原因除上述因素外，還與吕祖謙家世、學術界影響等相關聯，"吕學與朱學中的若干部分，是吕中有朱，朱中有吕，難分彼此"③。

(二) 從吕氏家族及其學術地位看，朱熹需借助其良好影響增强理學魅力

1. 吕祖謙家學淵源深厚，在當時的學術地位甚高，其東萊學派的影響顯著。

吕氏家族非常重視讀書與治學，有"雜博"的特點，學術表現出類拔萃。

---

① 劉昭仁《朱熹與吕祖謙的交誼》，載於《黄山學院學報》2004 年 8 月第 4 期，第 56 頁。
② (宋)朱熹《祭吕伯恭著作文》，《晦庵先生朱文公文集》卷八十七，見《朱子全書》，第 4080 頁。
③ 潘富恩、徐餘慶《吕祖謙評傳》，第 48 頁。

吕家七世有十七人被列入《宋元學案》，其中三位各有專章論述，另有一位與范鎮並列；其中最重要的是吕希哲、吕本中、吕祖謙。二程是北宋道學的奠基人，吕希哲"少年，不名一師。初學於焦千之，廬陵之再傳也。已而學於安定，學於泰山，學於康節，亦嘗學於王介甫，而歸宿於程氏。集益之功，至廣且大"。他"與伊川俱事胡安定，在太學並舍，年相若也。其後心服伊川學問，首師事之"①。可見他問學甚廣，以二程道學爲主旨，逐漸形成"泛觀廣接"又以"中原文獻爲主"的風尚。南渡後吕氏家學亦類此。吕本中亦飽學之士，主張治學以儒爲本兼通諸家，"雖歷登楊、游、尹之門，而所守者世傳也。先生再傳而爲伯恭，其所守者亦世傳也。故中原文獻之傳獨歸吕氏，其餘大儒弗及也"②。可見，吕氏家族轉益多師，"不名一師，不私一學"的學術風格使得他們能包容多家學術。吕公著、吕希哲、吕本中、吕祖謙等與二程洛學關係極爲密切，其家學傳統猶重視工夫修養，治家格言爲"多識前言往行以蓄德"。

吕祖謙祖述家學，兼取衆長，獨闢蹊徑，學術頗具特色。他治學"以關、洛爲宗，而旁稽載籍，不見涯涘。心平氣和，不立崖異，一時英偉卓犖之士皆歸心焉"③，又"兼君舉、同甫之所長"。因此，吕氏在世時其學術地位之高也是得到公認的。對其"雜博"特色，劉永翔先生評道："東萊家學本獲中原文獻之傳，而又博采群賢，於朱子則取其格物致知，於象山則取其道心爲一，於永嘉則取其經世致用，於眉山則取其文字波瀾。"④事實上，吕祖謙在理學、史學、教育等方面均有令人矚目的成就，尤其在理學方面，他"一度爲南宋學術領袖，是浙東吕學的開山之祖"⑤，融會朱、陸學術的學術特點，對後世王陽明學術體系也産生了相當的影響。"吕祖謙不僅是他那個時代的學術領袖，而且他的學術思想對以後的學術發展也有巨大的影響"⑥。正如清代四庫館臣所云，吕祖謙"在南宋諸儒之中，可謂銜華佩實"。

---

① 《宋元學案》，第 902 頁。

② 《宋元學案》，第 1234 頁。

③ （元）脱脱等撰《宋史》卷四百三十四《儒林四》，第 12874 頁。

④ 見劉永翔爲杜海軍《吕祖謙文學研究》一書所作序文。杜海軍《吕祖謙文學研究》，學苑出版社，2003 年 7 月 1 版。

⑤ 杜海軍《吕祖謙文學研究》，第 310 頁。

⑥ 杜海軍《吕祖謙文學研究》，第 286 頁。

正因爲吕學影響深遠，故全祖望評定道："明招學者，自成公下世，忠公繼之，由是遞傳不替。其與嶽麓之澤，並稱克世。……而明招諸生歷元至明未絶，四百年文獻之所寄也。"王梓才案語云："東萊學派，二支最盛，一自徐文清再傳而至黄文獻、王忠文，一自王文憲再傳而至柳文肅、宋文憲，皆兼朱學，爲有明開一代學緒之盛。"[①]所以，吕祖謙在南宋理學建構發展歷程中，確實具有難以被取代的重要地位。

2. 吕氏家族的政治影響力大，吕祖謙在政治上的影響力較同時期的學者大。

吕氏家族長期擁有很好的政治優勢。其祖上爲趙宋政權的世臣，一直得到宋朝皇室的信任。吕氏家族在政府中的影響力於北宋達到最高峰，十一、十二世紀吕氏家人輔佐宋室的功績無人能及，有"累朝輔相"之稱。自宋開國以來，歷有吕蒙正、吕夷簡、吕公弼、吕公著、吕希哲等任宰相之職，封侯授爵。"吕氏一門的榮辱盛衰與趙宋政權休戚相關"[②]。建炎南渡時，吕祖謙曾祖父東萊郡侯吕好問攜全家南渡，遷居婺州。其父吕大器爲右朝散郎，吕祖謙本人通過科考步入宦海。在婺州吕氏家族仍屬上層社會，爲著姓望族，受人尊敬。其同道友人、門人後學遍佈兩浙地域。

吕祖謙仕途平坦，歷任國史院編修官、實録院檢討官、秘書郎、著作郎等職。在政治上取隨和不争、息事寧人的態度，他"尊長所命，非甚害義，皆當曲從"，對朝中之事不妄加評論，帶點圓滑世故的處世之道，所以在官場上没有多大起落。他與學術界長期相處，來往廣泛，"至躬自厚而薄責於人"的良好士德又使他在學人中間有良好的人緣，學人與之保持着良好的學術友誼。"與同時代任何一個學者相比，吕祖謙的相知友好都要多得多，學術聯繫面也最廣"[③]。吕祖謙政治地位穩固，社會聲望非常高。如乾道八年(1172)主持科舉考試，他敢於公開説認出陸九淵的考卷，與尤袤一起録取的道學人士比任何一年都多。這是一般人根本不敢爲的。

吕祖謙得到過優秀的教育，科舉、仕途順利，又與名門大族聯姻通婚成

---

① 《宋元學案》，第 2434 頁。

② 潘富恩、徐餘慶《吕祖謙思想初探》，第 61 頁。

③ 潘富恩、徐餘慶《吕祖謙評傳》，第 44 頁。

功，其個人婚姻生活雖不幸，但他的聯姻對他的政治地位大有益處，因爲其原配爲原開封的望族韓家（南宋時移居福建），後又迎娶著名的太學博士湖州芮燁的女兒，這種關係網對他以及朱熹的學術傳播均有良好的影響。

3. 吕祖謙有良好的治學背景。

其祖上"或是被北宋道學所推崇，或是本身就是道學中的人物"①，他自然也受此家風的影響，從小就接受了道學的薰陶，少時從學於林子奇、汪應辰、胡憲，學術上博雜；其性格與程顥相似，"平心易氣，不欲逞口舌以與諸公角，大約在陶鑄同類，以漸化其偏，宰相之量也"②。因而，吕祖謙能秉承門第家風，重在持盈保泰，擅長在儒家學者間扮演調停折衝的角色，追求"道家間的和諧共識"。

因吕祖謙寬容、開放、温和之舉，故使得他能吸納一大批知識分子在自己身邊，形成了一個良好的人脉圈。諸如尤袤、陸游、周必大、薛季宣、陳傅良、陳亮、葉適、張栻、朱熹、陸九淵等，與吕祖謙均保持着充分密切的學術交往，相互間還常常不辭艱辛拜訪問候，或書信切磋，或面議講論等。"吕祖謙在世的最後十餘年，與士大夫建立無比廣泛的人際關係，吸引衆多學生登門請益，其他道學家都望塵莫及"③。朱熹也從吕祖謙的幾次調和朱氏與各派的衝突中受益良多。吕祖謙能獎掖後進，提拔新秀，致使學術觀點迥異的學者，都願意與之建立良好的學術或私人關係，這也是朱熹個性難以成就的。朱熹欲在南宋提升自己的威望、建立受人崇敬的學術流派，不能不依靠吕祖謙這位南宋學術領袖爲之發揮作用。故朱熹稱讚吕祖謙："以一身而備四氣之和，以一心而涵千古之秘。推其有足以尊主而庇民，出其餘足以範俗而垂世。"④吕祖謙能突破宋代理學"純粹"一關，融合佛、儒，兼取關、洛，調和朱、陸，着實令人敬仰，代表了一種寬容、開放和多元的儒家精神。

4. 吕祖謙當時擁有的教育資源遠超朱熹，在教育界的影響也大。

伯恭一生以他隆興元年登進士第與中博學宏詞科爲界，在他二十七歲

---

① 潘富恩、徐餘慶《吕祖謙思想初探》，第 62 頁。

② 《宋元學案》，第 1652 頁。

③ （美）田浩《朱熹的思維世界》，第 307 頁。

④ （宋）朱熹《吕伯恭畫像贊》，見杜海軍《吕祖謙年譜》，中華書局，2007 年 1 版。

後，曾任南外宗學教授、太學博士、嚴州教授等職，做省試考官，並興辦書院，從事有關科試的教育活動，是一位非常成功的老師。

吕祖謙在家鄉興辦的麗澤書院，與當時的嶽麓書院、白鹿洞書院、象山書院，並稱南宋四大書院，成爲天下學者向往之地。《金華縣志》載："一時士人傾心嚮往，道統學派燦然昌明，名儒蔚興，踵武相接，天下稱婺州爲小鄒魯。"其實，他比朱熹早幾年建精舍（明招山），又在麗澤書院制定學規——《乾道四年九月規約》，編寫教學講義——《左氏博議》等，不但在當時享有聲譽，而且對後世影響也很大。他在出任太學博士期間，與當時的衆多學者交往頻繁，其門人非常多，到麗澤書院聽講學習的士子絡繹不絕，"士人相過聚，學者近三百人"。在南宋乾淳年間，他在教育界的影響力比朱熹大，在 1181 年吕氏去世前，從學吕祖謙的學生遠遠超過朱熹，即朱熹當時的影響無法與吕祖謙抗衡[①]。單就婺州之地來説，吕祖謙門人後學異常多，潘氏、時氏等望族有一家兩三代人追隨吕祖謙問學的現象。吕祖謙雖英年早逝，可是仍造就了大量人才。他不僅在金華，乃至在全國教育界皆有很大的影響力，這也是當時朱熹非常需要的。即便吕氏去世後，金華吕學的影響依然很深，南宋麗澤諸儒早年吕學成分相當大，後期逐漸轉向朱學，何基、金履祥、柳貫等曾整理注釋過《近思録》，發揮其義理。《近思録》經過從學於吕氏、朱子的麗澤諸儒的傳播，影響更大、更深遠。因而有的學者認爲"吕祖謙在南宋教育方面做出的貢獻，是他那個時代無人可比的"[②]。

吕祖謙對於教育思想、宗旨、方法有自己的見解，其中可取之處亦多，如爲學上，他常鼓勵學生勇於創發，發掘新觀點，在日用躬行中作修養工夫，注意思考，嘗曰："古人爲學，十分之中，九分是動容周旋、灑掃應對，一分在誦説。""今之爲學，自初至長，多隨所習熟爲之，皆不出窠臼外。惟出窠臼外，然後有功。""近思爲學，必須於平日氣稟資質上驗之，如滯固者疏通，顧慮者坦蕩，智巧者易直。苟未如此轉變，要不得力。""切要工夫，莫如就實。深體力行，乃知此二字甚難而有味。"又曰："'見賢思齊'，纔有一分不如，便不是齊。'見不賢内自省'，如舜之聖，禹尚以丹朱戒之。此最學者日用工夫，然格其

① 杜海軍《吕祖謙文學研究》，第 262 頁。
② 杜海軍《吕祖謙文學研究》，第 264 頁。

義，是聖賢地位。”[①]這些觀點深受朱熹賞識，與他們編輯《近思録》的志趣相契合。

並且，吕氏對科舉不排斥，他認爲士子應該通過科舉進入仕途，用“道”影響學生，使他們也能關心文化、道德和哲學的問題。他“教導士子應試的態度比張栻、朱熹積極，認爲科舉的成功可以使他們從政治中心改造影響社會”[②]。這也是其出身仕宦家族纔有的感悟。

綜上所述，朱熹十分明白吕家的社會政治地位對道學興起的潛在影響力，非常看中吕祖謙的人品，盼望得到他的交際圈來共贏，也非常需要兼收並蓄的學術支助，須要借助吕氏的教育資源推廣理學。因此，儘管上述所論吕祖謙皆非淳熙二年五月之前的他，猶兼及《近思録》編撰之後吕氏的作爲與影響，涉及淳熙二年之後的史實，但也能佐證朱熹選擇吕祖謙共輯《近思録》，當是明智之舉；朱熹從增强理學在各方的影響力、更大範圍傳播理學精髓的角度考慮，特邀伯恭合編此書，當爲謀劃之良策。事實上《近思録》成書後的傳播情況也達到了朱、吕二人預期的效果，兩浙路、福建路成爲傳播的核心區域，久盛不衰。

實質上，從《近思録》的編輯、立意、取材、題跋、修訂、刻版等方面考察，差不多每個環節都留下了吕祖謙的深深印迹。《近思録》如果没有吕祖謙的參與合編，它可能不是今天這個面目，也難以形成那麽大的影響力；如果没有吕氏的修訂意見融入，則恐難在當時的學術界産生共鳴，受推崇的程度或許會減弱。“紫陽倡道東南，祖謙實羽翼之”[③]，清乾隆年間館臣可謂一語道破要害。吕祖謙在歷史上確實有他應有的地位，元皇慶二年（1313）立崇文館於國子監時，便從祀吕祖謙於孔廟。

然而關於《近思録》的編者問題，歷史上的明清學者往往僅題署“朱子”或“朱熹”，如葉采《近思録集解》明前期刻本、清康熙年間刻本等多如此。這雖有失偏頗，可也從一個側面反映出明清某個時期朱子學的興盛與活躍，是歷史真實的又一種反映。從現存文獻考察，在《近思録》面世後，吕氏的弟子門

---

① 《宋元學案》，第 1654—1676 頁。

② （美）田浩《朱熹的思維世界》，第 104 頁。

③ （清）永瑢等撰《四庫全書總目》，第 1148 頁。

人幾乎無人注解或仿編此書,《近思録》的後世注者、續仿編者差不多皆是朱門後學或崇敬朱子學者,那麽,在他們眼裏《近思録》是其師或祖師之編撰,在後世讀者眼中《近思録》則成爲朱子建構理學體系的重要成果。

二、《近思録》的編纂與修訂

《近思録》初編的地點在武夷山的寒泉精舍,這與朱熹爲母親守墓有緊密關係。南宋乾道五年(1169)九月,朱熹母祝孺人卒,次年葬於建陽縣崇泰里天湖之陽的寒泉塢。爲守墓,朱熹於乾道六年春在墓旁築寒泉精舍,接納來學士子。淳熙二年夏,吕祖謙從東陽來到武夷山五夫,在福建境内與朱熹交往論學一月有餘。其中在寒泉精舍"留止旬日",兩人共同編輯《近思録》。

關於二人相會編輯的具體時間,陳榮捷通過《東萊吕太史文集·年譜》、吕祖謙本人的日記《入閩録》[①]考證,認爲"東萊三月二十一由金華動程,四月初一至武夷。先到五夫里,同輯《近思録》。隨赴建陽之寒泉精舍,完成《近思》。五月五日朱熹撰《後序》之後,二十一日前後游武夷山,順道赴鵝湖,月底抵步"[②]。對此,束景南先生《朱熹年譜長編》則交代更爲明確,認爲朱熹"四月二十四日,與吕祖謙至寒泉精舍,共編訂《近思録》",且説:"《吕東萊年譜》:'淳熙二年四月二十一日,如武夷訪朱編修元晦,潘叔昌從。留月餘,同觀關、洛書,輯《近思録》。'此'四月'當是'三月'之誤。'留月餘'者,蓋從四月一日至五夫,至五月五日輯《近思録》成也。"[③]另據吕祖謙《答潘叔度》書信説:"某以五月半後同朱丈出閩,下旬至鵝湖。"[④]

由此看來,吕祖謙一行三月下旬從浙江金華出發,四月初到福建武夷,隨後朱熹與來訪的吕氏等一起游玩、訪友,四月二十四日朱、吕到達建陽的寒泉精舍,"同觀關、洛書"主要是在該時間段,選輯有益於初學者學習的四子語

---

① 據吕祖謙《入閩録》説,四月初一方至五夫里見朱熹,相聚四十餘日,則離閩赴鵝湖。

② 陳榮捷《朱子新探索》,第553頁。

③ 束景南《朱熹年譜長編》,第527頁。

④ (宋)吕祖謙《東萊吕太史别集》卷十,見《全宋文》卷五八七六《吕祖謙》一〇,第261册第19頁。

録,於淳熙乙未年(二年)五月五日完成初稿。因而,朱熹在所撰《近思録序》中所言"留止旬日",約是四月二十四日至五月五日。因此,自淳熙二年(1175)四月初到五月中旬,朱、吕二人在這四十來天的時間,游學之餘初編了《近思録》。

至於此書編纂的具體地點——寒泉精舍,則是類似書院性質的教學場所。兩宋期間的書院受社會重視,總數遠超唐代,達到了一個空前發達的黄金時期。南宋開創了書院歷史的新紀元,"是書院發展史上最重要的一個歷史時期,它的最大特點是,在學術大師的指導下,書院作爲一種文化教育制度得以完全確立"①。宋代理學思潮的興起和發展,也與書院有着密切的關係,書院與理學走向一體化。考察朱熹一生,他與數十所書院都有聯繫,據方彦壽《朱熹書院及門人考》,方先生去附會、剔重複,訂正爲 67 所書院,其中朱熹創建 4 所,修復 3 所,讀書 6 所,講學 20 所,曾經講學而後人創建 21 所,撰記題詩 7 所,題詞題額 6 所。

在朱熹重要的理學著作中,有些就完成於他自己創建的書院。據束景南《朱熹年譜長編》、李國鈞《中國書院史》等可知,朱熹在寒泉精舍聚徒講學期間,初步完成了《西銘解》《太極圖説解》《論孟精義》《資治通鑒綱目》《八朝名臣言行録》《程氏外書》《伊洛淵源録》等。這説明朱熹的寒泉精舍擁有大量可供編纂的文獻,已成爲朱熹理學思想孕育、發展、成熟的重要基地。在文獻儲備、吕伯恭來訪、編纂時機成熟等要素具備的情形之下,朱、吕便在具有書院性質的寒泉精舍合作編纂了《近思録》十四卷。

(一)《近思録》的選材

現存《近思録》十四卷通行本,收録四子語録 622 條,依據現存葉采《近思録集解》元刊本卷首所刊《近思録》取材的 14 部書,它們分别是周子《太極通書》,明道先生《文集》,伊川先生《文集》《周易程氏傳》《程氏經説》《程氏遺書》《程氏外書》,横渠先生《正蒙》《文集》《易説》《禮樂説》《論語説》《孟子説》《語録》。現存《近思録》明代刻本卷首所載《近思録群書姓氏》也列舉了四子的這

① 鄧洪波《中國書院史》,東方出版中心,2004 年 7 月 1 版,第 110 頁。

14 部書[①]。由於清康熙年間姑蘇正誼堂刻本張伯行《近思録集解》十四卷，對 622 條語録大都直接標明“某某曰”，故筆者選取此本進行統計，發現有周濂溪語録 11 條，程顥語録 154 條、程頤語録 323 條，尚有難辨大程小程的程子語録 12 條，張横渠語録 107 條，另外有 15 條是“謝顯道云”“正叔云”“邢和叔云”“吕與叔”“劉安禮云”之類叙評四子行事的文字，共計 622 條。

對於北宋四子著述的選輯，表現出《近思録》編纂者的學術取向。朱熹是《近思録》的主編者，作爲中國近古時代最大的哲學家，他又是“道統”論説的正式建立者和道學的集大成者。在朱熹理學體系建構的歷程中，《近思録》展現出其綱目體系的輪廓，後“亦成爲數百年後理學一貫之哲學輪廓”。朱熹欲將此書作爲入門四子理學的階梯，他在《答或人》書信中明確説過：“《近思録》本爲學者不能遍觀諸先生之書，故掇其要切者，使有入道之漸。”到南宋中後期，朱子思想已成爲南宋理學思想的代表，其門徒衆多，爲朱子學術的遠揚傳播起到很好的推動作用。其“門人所築書院，大者必有朱子祠。朱子所編《近思録》《小學》等，亦必捧誦”[②]。宣揚朱子學與讀《近思録》幾乎合爲一體，後世讀者讀《近思録》也差不多是在體悟朱熹學術思想的展示歷程，因爲人們讀的《近思録》則是主編者朱熹眼中的《近思録》，朱熹是以自己的“權度”來選擇解説這 622 條語録。因此，《近思録》是客觀的四子語録與朱熹、吕祖謙主觀意識結合的産物。如果説朱熹編定此書有鮮明的學派目的的話，那麽可以説他是用自己的理學眼光來理解四子並編輯其語録，有意借用周、二程、張的語言建立自己簡明精巧的理學體系。

實際上《近思録》語録的選輯是比較複雜的，既有朱、吕二人不斷商榷交

---

① 這 14 部書名，可算是《近思録》取材的主要對象，實際上選取周敦頤的言語行事，主要出自《太極圖説》《通書》《遺文》；選取二程的言語行事，主要出自《明道文集》《二程遺書》《二程外書》《伊川文集》《伊川易傳》《伊川經説》《手帖》；選取張載的言語行事，主要出自横渠先生《文集》《正蒙》《語録》《易説》《孟子説》《論語説》《詩説》《禮記説》《記説》《禮樂説》《樂説》《行狀》等。按，陳榮捷《朱子新探索》説“選語來自四子所著二十七種”。陳榮捷《朱學論集》又認爲：不重複纍計二程之書的話，《近思録》實際采自二十三種書，收録周子四種，12 條；程子明道四種，162 條；程子伊川七種，338 條；張子十二種，110 條。這些語録中有確鑿證據能够證明是程顥（67 條）、程頤（309 條）之言的爲 376 條，尚有 124 條不能確定是程顥言還是程頤言。參見陳榮捷《朱學論集》，華東師範大學出版社，2007 年 8 月 1 版，第 85—87 頁。

② 陳榮捷《朱子新探索》，第 517 頁。

流的成果，也是各自妥協達成一致的結果。例如，因朱、吕重視卜筮，《近思録》中有106條來自伊川《易傳》，比所采録四子的其他書都多。朱熹説："《易傳》自是成書。伯恭都摭來作《閫範》，今亦載在《近思録》。某本不喜他如此，然細點檢來，段段皆是日用切近功夫而不可闕者，於學者甚有益。"①又説："向編《近思録》，説與伯恭此一段（筆者按，即"益之初九"）非常有，不必入。伯恭云：'非常有則有時而有，豈不可書以爲戒？'及後思之，果然。"②正是因爲程氏《易傳》中的語言有些切於日用，故而能成爲編纂者朱、吕二人的共識。即便"朱子所不欲載，亦以東萊意載入也"③。其實朱熹並非排斥《易傳》，儒家經典中的伏羲、神農、黄帝三位聖王與《易經》難以割捨，《周易·繫辭傳》有載。朱熹的道統説也是根植於《易》學，其"四書學"以《易》學爲依據，推舉伏羲，將太極觀念作爲道統之源。

同編者吕祖謙本就重視《易傳》，在編纂《近思録》前，吕祖謙已對《易傳》有過研讀與訂正。他明確肯定"《易傳》理到語精，平易的當，立言無毫髮遺恨"，故而朱熹説"伯恭多勸人看《易傳》，一禁禁定，更不得疑著"④。吕祖謙由《易傳》而提出了"自昭明德"的修身方法，君子要"多識前言往行以蓄其德"，"於古聖賢之言行，考迹以觀其用，察言以求其心，如是而後德可蓄也"⑤。儘管他們二人對《易傳》認識不盡相同，但都本着有益於學者的宗旨，選取伊川《易傳》中的文字編入《近思録》。因而劉述先説："東萊雖在哲學方面闕乏創見，但在他與朱子合編《近思録》時，卻堅持以'道體'篇爲首，以之爲一切學問的基礎，雖不必是學習的開始；也是在他的堅持之下，采入了伊川《易傳》的許多條目，而不論朱子對於該書的保留意見。"⑥並且陳榮捷認爲："朱子極不欲將《易傳》選録於《近思録》中。其託辭謂《易》已自成書，實則朱子自陷於矛盾。……卒至依合纂者吕祖謙之意，選輯《易傳》多段，段段皆是日用切近功

---

① 《朱子語類》卷一百十九，第2874—2875頁。

② 《朱子語類》卷一百二十三，第2965頁。

③ 錢穆《朱子新學案》，第845頁。

④ 《朱子語類》卷六十七，第1650頁。

⑤ 《易説·大蓄》，吕祖謙《東萊集》卷十三，見"金華叢書"本。

⑥ 劉述先《儒家思想意涵之現代闡釋論集》，臺灣"中央研究院"中國文哲研究所籌備處，2000年3月初版，第153頁。

夫。"[①]例如《近思録》卷二第 9 條，輯録伊川《易傳》語："人之藴蓄，由學而大，在多聞前賢古聖之言與行。考迹以觀其用，察言以觀其心，識而得之，以蓄成其德。"這與吕祖謙"多識前言往行以蓄德"的思想很契合。

又如卷一第 49 條"一故神"没有全收横渠《易説》文字，此條 45 字出於《易説》卷三，其後尚有"物形乃有小大精粗"至"惟是君子上達小人下達之爲别"共 68 字，今存世文本《近思録》卷一卻未選録。朱子説："横渠説得極好，須當仔細看。但《近思録》所載與本書不同，當時緣伯恭不肯全載，故後來不曾與他添得。"[②]對此，錢穆以爲："《近思録》乃朱、吕兩人合編，而兩人意見亦有不同。東萊素極重視伊川《易傳》，朱子則謂《易傳》自成一書，可不收載。今《近思録》中亦有收入，此乃東萊意見，若謂自成一書即不載，則《太極圖説》《正蒙》何以又載入而列之首卷，此本朱子所不欲載，亦以東萊意載入也。"[③]由此可見，《近思録》綱目建構中體現吕祖謙思想的地方也不少。

朱、吕編輯《近思録》時對四子語録的取捨，也表現出他們對四子學術思想的别樣解讀。他們依據自己的理解、感受來采集北宋四子語録，將其分類排次，該行爲也是在爲其理學綱目的建構取材，故説《近思録》意旨多爲朱、吕詮釋心理的外現，並不爲過，該書是他們二人無形理學思想的有形再現。從這一角度來説，四子的語録便成爲朱熹思想、吕祖謙意識的傳載體。例如《近思録》中關於"爲學"部分的語録，與朱、吕二人的志趣極其相關，吕祖謙與朱熹一樣重視爲學，强調"篤實力行"，《與朱侍講元晦》嘗云："吾徒講學，政須於日用間就事上商量。"[④]"大凡人之爲學，最當於矯揉氣質上做工夫，如懦者當强，急者當緩，視其偏而用力焉。"[⑤]在吕氏眼裏，近思爲學必須身體力行，從日用躬行做起，最切要的工夫在於"就實"。

又如，《近思録》卷一"道體"的設置與吕祖謙有很大的關聯。朱熹編《近

① 陳榮捷《朱學論集》，第 57 頁。

② 《朱子語類》卷九十八，第 2511—2512 頁。

③ 錢穆《朱子新學案》，第 845 頁。

④ （宋）吕祖謙《與朱侍講元晦書》一八，《東萊吕太史别集》卷七，見《全宋文》卷五八七一《吕祖謙》五，第 261 册第 83 頁。

⑤ （宋）吕祖謙《與朱侍講元晦書》三，《東萊吕太史别集》卷七，見《全宋文》卷五八七〇《吕祖謙》四，第 261 册第 69 頁。

思録》，“求諸四君子之全書，沈潛反覆，優柔厭飫，以致其博而反諸約。”初稿形成後，朱熹覺得“首卷難看……若唯讀此，則道理孤單，如頓兵堅城之下”[①]。而吕祖謙卻認爲：“《近思録》既成，或疑首卷陰陽變化性命之學，大抵非始學者之事，某竊嘗與聞次輯之意，後出晚進於義理之本原，雖未容驟語，苟茫然不識其梗概，則亦何所底止。列之篇端，特使之知其名義有所嚮望而已。”由吕氏此處表達的編纂意圖可見，他首先要借助“道體”，告訴“後出晚進於義理之本原”，使其能够識見爲學的梗概而有所向往。“道體”篇放在首卷，表明吕氏主張以道體爲核心，使人知道“陰陽變化性命之説”，欲使人考周、程、張子之學，因得以窺道學之淵源也，吕氏此功可謂大矣。朱熹因推崇周敦頤，最後他同意了祖謙的看法，寫信對伯恭説：“向時嫌其太高，去卻數段，今看得似不可無。”[②]卷一在朱熹看來，多涉及性理命氣，不近日用常行，如“太極”“明道論性”之類，後因吕祖謙之意而設。“道體”一卷放在卷首，得到朱熹認同，其《答嚴時亨》書説：“《近思録》一書，皆是删取諸先生精要之語，以亦後學入德之門户，而首卷又是示人以道體所在，編入此段，必不是閑慢處。”[③]朱熹又云：“《近思録》首卷難看。某所以與伯恭商量，教他做數語以載於後，正謂此也。”[④]最終他們二人意見達成一致，此番編排當有助於《近思録》構成一個完整的理學體系[⑤]。

吕祖謙雖然在經學、史學上與朱熹存在分歧，但是在理學上吕氏也信奉二程，加上他的兼取包容、折衷衆家的態度，因而他能够在寒泉相會時，在求同存異的情況下與朱熹共同編訂《近思録》。由於他在編纂過程中具有相當的影響力，故《近思録》中也選録了一些與史學相關的語録，如卷三輯録多條程頤論如何讀史的文字，伊川先生《春秋傳序》曰：“天之生民，必有出類之才起而君長之。治之而争奪息，導之而生養遂，教之而倫理明，然後人道立，天道成，地道平。……是傳也，雖未能極聖人之藴奥，庶幾學者得其門而入矣。”伊川曰：“五經之有《春秋》，猶法律之有斷例也。律令唯言其法，至於斷例，則

---

① 《朱子語類》卷一百五，第 2629 頁。
② （宋）朱熹《晦庵先生朱文公文集》卷三十三，見《朱子全書》，第 1460 頁。
③ （宋）朱熹《晦庵先生朱文公文集》卷六十一，見《朱子全書》，第 2965 頁。
④ 《朱子語類》卷一百五，第 2629 頁。
⑤ 束景南《朱子大傳》，第 351—352 頁。

始見其法之用也。”伊川曰：“《春秋》傳爲按，經爲斷。”可以説“《近思録》所選論史語録是出於吕祖謙之手”[①]。

《近思録》取材標準是“關於大體而切於日用”，朱熹也説過，“《近思録》所載，皆易曉者”[②]，一般不會選取那些文字深奥的語録，再者吕祖謙治史學注重經世致用，因而《近思録》中所選語録當體現出編纂者的用意。吕祖謙注重在義理之學的指導下來研究歷史，説：“觀史當如身在其中，見事之厲害，時之禍患，必掩卷自思，使我遇此等事，當做如何處之。”其中就體現出經世致用的情懷，《近思録》卷三談讀史書的語録與其趣味相合，體現出吕氏的史學思想。

除上述例證外，王傳龍在《再論〈近思録〉的取材成書與價值取向》中，列舉了卷九“介甫言律”條、卷三“元祐中有客”條與“《春秋》之書”條、卷九“井田卒歸”條、卷十一“古者八歲入小學”條、卷十四“孔明庶幾禮樂”條與“文中子”條等，認爲皆是出自吕祖謙圈選[③]。例如“戒甫言律是八分書”條的文字，語義難曉，青少年讀之不能無疑，因祖謙堅持而收録，朱子曰：“伯恭以凡事皆具，惟律不説，偶有此條，遂謾載之。”[④]

至於朱熹主張選入《近思録》的語録則更多更明顯，如《近思録》卷十三“辨異端”的確立，則是朱熹主張的凸顯。淳熙三年朱熹給吕祖謙的書信説：“向見吾兄於儒釋之辨不甚痛説。……乃是吾黨之責耳。”對此，李澤厚認爲朱熹反對佛老，是因爲宋儒通過“心性之學”，上連天道，下接倫常，以反擊釋老，指出釋氏追求寂滅，老氏企求長生，都違反了“人性”和“天道”[⑤]。人性論是宋明理學的體系核心，朱熹儘管吸取了禪宗的某些成果，但是更注重倫常法規，批駁佛老之學。

《近思録》中輯録有關“舉業”的文字，主要還是朱熹的建議。朱熹《答時子雲》則曰：“向編《近思録》，欲入數段説科舉壞人心術處，而伯恭不肯。今日

---

① 杜海軍《吕祖謙與〈近思録〉的編纂》，載於《中國哲學史》2003 年第 4 期，第 46 頁。

② 《朱子語類》卷九十八，第 2506 頁。

③ 王傳龍《再論〈近思録〉的取材成書與價值取向》，載於《厦門大學學報》2016 年第 1 期，第 48—49 頁。

④ 《朱子語類》卷九十六，第 2474 頁。

⑤ 李澤厚《中國古代思想史論》，生活・讀書・新知三聯書店，2008 年 6 月 1 版，第 236 頁。

乃知此個病根，從彼時便已栽種培養得在心田裏了，令人痛恨也。”[①]在《近思録》浙本、閩本流佈於世後，淳熙五年的桂林刻本中增添了“《近思》舉業三段及横渠語一段”。淳熙五年，張栻在給朱熹的書信中說：“《近思録》中可惜不載得説舉業處，幸寫示，尚可添入。”[②]朱熹在回信中說：“《近思》舉業三段及横渠語一段並録呈，幸付彼中舊官屬正之。或更得數字，説破增添之意尤佳。”同年夏天，朱熹在《答吕伯恭》書云：“欽夫寄得所刻《近思録》來，卻欲添入説舉業數段，已寫付之。”[③]可見，關於是否添入有關舉業的文字，朱熹與東南三賢之一的張栻有過商討，後采納張南軒之義，故在廣西刻本中添入。

若推究朱熹反對科舉之緣由，似與二程的思想影響有關。二程認爲科舉是入仕的一條途徑，參加科舉考試無大礙，但不要全身心沉迷於科舉之業。二程說：“人若不習舉業而望及第，卻是責天理而不修人事。但舉業既可以及第即已，若更去上面盡力，求必得之道，是惑也。”“科舉之事，不患妨功，惟患奪志。”程頤感嘆“做官奪人志”，通過科舉而入仕的官僚們，並不一定是求義的，往往是爲求利而來。

二程所言科舉壞人心術的文字，也就是如今所見《近思録》卷七中的與“舉業”相關條目，如“伊川先生曰人多説某不教人習舉業”條，“或謂科舉事業奪人之功”條，“伊川曰：但舉業既可以及第即已，若更去上面盡力，求必得之道，是惑也”。

總之，《近思録》的編纂是朱熹發起，吕祖謙參與。關於《近思録》的選材，非朱熹一人裁決，主要還是朱、吕二人共同商定。有些文字的選録，事實上很難明確地説一定是朱熹或一定是吕祖謙所爲，可是由於吕祖謙對朱熹思想體系的每個組織部分都很了解，並受其啓迪，在“吕學”的軀幹上還清楚地留着“朱學”的烙印[④]。故清人王學炳在《吕東萊先生本傳》中云：“觀先生（筆者按，吕祖謙）諸書，而朱文公之學可知。”可見，朱、吕二人的學術相互影響，總體上又與北宋理學一脈相承，價值取向上也彙集於《近思録》一書，衹是朱熹編纂

---

① （宋）朱熹《答時子雲》，《晦庵先生朱文公文集》卷五十四，見《朱子全書》，第 2569 頁。

② （宋）張栻《張栻集》《新刊南軒先生文集》卷二十三，中華書局，2015 年 11 月 1 版，第 1126—1127 頁。

③ （宋）朱熹《晦庵先生朱文公文集》卷三十四，見《朱子全書》，第 1476 頁。

④ 潘富恩、徐餘慶《吕祖謙評傳》，第 74 頁。

《近思録》的目的性更爲明確：爲了更好傳播四子思想，需要與吕祖謙合作編次一部精簡的理學讀本。

前文所述因吕氏影響而選入的語録，確實流露出其思想印迹。至於吕祖謙主張收録的這些文字是否應當收録在《近思録》，我們可參閲方旭東《〈近思録〉新論》（載於《哲學研究》2008年第3期），而且在方先生論文中也提及《近思録》的内容選取、體例建構是東南三賢的合力，朱熹對道學的認識有一個發展的過程。其實這也是符合人的認識規律的，人的認識是動態發展的，絶非一成不變。朱熹在1170年代前後思想的變化是正常的，《近思録》並非朱熹一人的專著，也非獨自選編，在編輯過程中有吕祖謙觀念的參與，受吕祖謙主張影響較多，也屬正常，後世就此説此書是朱熹、吕祖謙共編纔是符合史實的。

附論：朱、吕在編纂選材中如何體現周敦頤的開端之功

《近思録》語録的選定是朱、吕二人不斷商妥的結果，即由此展現四子學術主張。爲了將編纂者選材用意闡述得更爲具體，筆者在此以《近思録》對周敦頤語録的選取爲例，簡析其選材如何體現了周子在宋代理學中的開端之功。

周敦頤是學術界公認的宋代理學開山人物之一，對於其著述所涉及的内容，南宋張栻説：自秦漢以來，“言治者汩於五霸功利之習，求道者淪於異端空虚之説，而於先王發政施仁之術，天理人倫之教，莫克推尋而講明之……唯先生崛起於千載之後，獨得微指於殘編斷簡中，推本太極，以及乎陰陽五行之流布，人物之所以生化，於是知人之爲至靈而性之爲至善。萬理有其宗，萬物循其則。舉而措之，可見先王之所以爲治者，皆非私智之所出。孔孟之意，於以復明”①。真德秀云：“元公直指無極、太極，以明道體，殆與伏羲始畫八卦同功。”黄榦云：“周子以誠爲本，以欲爲戒，此周子繼孔孟不傳之緒也。”宋代學者的此類評論並非溢美之辭，其褒獎的緣由雖説難以盡述，然而筆者以爲主要原因是：

---

① 《宋元學案》卷十一《濂溪學案下》，第521頁。

1. 在“闡發心性義理之精微”上，周敦頤確有“破暗”之功。

雖説周敦頤的揚名在一定程度上是因程朱之學所致，可是清初黄百家在評述周敦頤時説：孔孟之後，“性道微言之久絶矣。元公崛起，二程嗣之，又復横渠諸大儒輩出，聖學大昌。……若論闡發心性義理之精微，端數元公之破暗也”①。至於周敦頤“破暗”之功原因，從其學術思想考察，則緣於其本身確實有一定的理論建構，對宋代理學思想體系的建立發揮了啓迪之功。

今從《太極圖説》《通書》的内容不難發現，周氏突破了傳統儒、道、釋的舊説，開啓宋代儒學之端緒，提出了一些新命題或觀念，彌補了傳統儒學的欠缺。對於理、氣、心、性之類的重要儒學概念，周敦頤明知闡釋有難度，又容易引起人們理解的混亂，但他依然勇於探討，且能新創一套不同於舊儒學的架構。其《太極圖説》就被《近思録》卷一首條收録：

> 濂溪先生曰：無極而太極。太極動而生陽，動極而静，静而生陰，静極復動。一動一静，互爲其根，分陰分陽，兩儀立焉。陽變陰合，而生水、火、木、金、土，五氣順布，四時行焉。五行，一陰陽也；陰陽，一太極也；太極，本無極也。五行之生也，各一其性。無極之真，二五之精，妙合而凝。“乾道成男，坤道成女”。二氣交感，化生萬物。萬物生生，而變化無窮焉。唯人也，得其秀而最靈。形既生矣，神發知矣，五性感動，而善惡分，萬事出矣。聖人定之以中正仁義，（本注：聖人之道，仁義中正而已矣。）而主静，（本注：無欲故静。）立人極焉。故聖人與天地合其德，日月合其明，四時合其序，鬼神合其吉凶。君子修之吉，小人悖之凶。故曰：“立天之道，曰陰與陽；立地之道，曰柔與剛；立人之道，曰仁與義。”又曰：“原始反終，故知死生之説。”大哉易也，斯其至矣！

朱熹、吕祖謙掇取《太極圖説》於《近思録》卷首，主要是因爲《太極圖説》表明了周敦頤關於宇宙起源的理論。周子此文論述無極而太極，一動一静而生陰陽五行，乾坤變化無窮，人爲天地間之靈秀，聖人能立人道之極致。對於周子“無極而太極”之説，朱熹做過明確肯定，説：“上天之載，無聲無臭，而實造化之樞紐、品彙之根柢也。故曰‘無極而太極’，非太極之外復有無極也。”

① 《宋元學案》卷十一《濂溪學案上》，第482頁。

又説："太極衹是極至，更無去處了。至高至妙，至精至神，更没去處。濂溪恐人道太極有形，故曰'無極而太極'，是無之中有個至極之理。"①

《太極圖説》與周敦頤本人在後世深受儒者推崇，朱熹認爲："《太極》却是周子自作，發明《易》中大概綱領意思而已。故論其格局，則《太極》不如《先天》之大而詳；論其義理，則《先天》不如《太極》之精而約。"②清初熊賜履評價説："濂溪，宋之仲尼也。其學廣大精微，純粹深密，上續魯鄒之傳，下開洛閩之緒，功在斯文，澤流後世。自秦漢以來未有盛於濂溪者也。"③可見，周氏之説是有所承接的，上承孔孟，下開程朱，創立圖説，初步建立起宋代理學的理論框架。

對於中國古代哲學，周敦頤與歷史上的儒家、道家學者一樣，多是通過對《周易》的闡釋來探究其中的哲學問題。關於周氏《太極圖説》與《易》的關聯，宋代學者基本肯定"此圖辭義悉出於《易》"，朱熹曰："《易》之爲書，廣大悉備，然語其至極，則此圖盡之。其旨豈不深哉！"④蔡節齋説："《圖説》無非取於《易》者，而其篇末又以'大哉易也'結之。"⑤在對《易》的闡發上，周氏開義理之端，朱熹門人陳淳評判《太極圖説》時説："老子曰'復歸於無極'，柳子曰'無極之極'，康節《先天圖説》亦曰'無極之前陰含陽也，有極之後陽分陰也'。是周子以前已有無極之説矣，但意各不同。老子、柳子、康節以氣言，此則專以理言也。"⑥顯然周氏能依據"易有太極"之辭，從義理的層面闡釋"太極動而生陽"，"静而生陰"，其《圖説》無不取自《周易》者，如他對《繫辭》"易有太極，是生兩儀，兩儀生四象"之義進行闡發，從《河圖》而生發出"五氣順布，四時行焉"。

而且，二程、朱熹關於義理的闡發基本上也是承繼周敦頤的學術思想。如朱熹説："周子手是圖以授程氏兄弟，程子之言性與天道多出於此，然卒未嘗明

---

① (宋)楊伯嵒《泳齋近思録衍注》卷一，見筆者拙作《〈近思録〉集校集注集評》，上海古籍出版社，2012年11月1版，第3—13頁。

② (清)茅星來《近思録集注》卷一，見筆者拙作《〈近思録〉集校集注集評》，第16頁。

③ (清)熊賜履《學統》，徐公喜、郭翠麗點校，鳳凰出版社，2011年6月1版，第108—109頁。

④ (清)茅星來《近思録集注》卷一，見拙作《〈近思録〉集校集注集評》，第16頁。

⑤ (宋)葉采《近思録集解》卷一，見拙作《〈近思録〉集校集注集評》，第17頁。

⑥ (宋)楊伯嵒《泳齋近思録衍注》卷一，見拙作《〈近思録〉集校集注集評》，第17頁。

以此圖示人，是必有微意焉。學者不可以不知也。”[①]看來此圖藴意豐厚，非深入研讀恐難明其意。二程在論説乾坤動静時，云“不專一則不能直遂，不翕聚則不能發散”，與《太極圖説》“聖人與天地合其德，日月合其明，四時合其序，鬼神合其吉凶”之意相契合，故聖人能體立而後用於行。正是因爲周敦頤用功頗深、識見獨到，故而能指示親切，其“聖人定之以中正仁義”之論頗得後世點贊。

周氏《圖説》《通書》精要語段多被輯入《近思録》一書，其中緣由正如當代學者徐洪興所説：“周敦頤首先在北宋理學家中嘗試從本體論維度思考宇宙的本源問題。”儘管周氏所論不很成熟，但卻推進了中國本土哲學的發展[②]。朱熹對此有較確切的評價：“若論‘無極’二字，乃是周子灼見道體，迥出常情，不顧旁人是非，不計自己得失，勇往直前，説出人不敢説底道理，令後之學者曉然見得‘太極’之妙不屬有無，不落方體。若於此看得破，方見得此老真得千聖以來不傳之秘。”[③]不論周敦頤著述中所論的天道觀是否嚴密、宇宙生成論是否精準、人性論是否完善，但是周敦頤卻敢於突破前人之論、試圖建立可以抗衡佛道的新儒家學説，僅此一點則可敬可贊。況且周敦頤將《易》中的“太極”、《中庸》中的“誠”等整合到自己的學術思想中，這在北宋理學家中是一個新創。

關於宋儒談論性理的著述，清初刁包認爲，“自孔孟殁而聖學晦，上下千四百年，無見性者，是以無見道者”，“讀《太極圖》，識性之原焉”[④]。相較於《西銘》《定性書》《顔子好學論》《敬齋箴》，周子《圖説》新開論性之道。而且現代學者侯外廬等對周氏《通書》也有中肯評價，説它儘管不是一部結構嚴密的著作，但“還是展示了周敦頤理學思想的體系”[⑤]。這與朱熹所言相契合，即認爲周敦頤創立了内容涉及衆多方面、結構較爲精深嚴密的理學體系。

2. 程朱學派乃後世顯學，周子在道學統緒中自當居於應有的地位。

“周子之學，在於志伊尹之志，學顔子之學”[⑥]，這也是周敦頤用以啓發引

① （宋）朱熹《太極圖説解》，見（宋）周敦頤《周子全書》卷一，《萬有文庫》本。
② （宋）周敦頤《周子通書》，徐洪興導讀，上海古籍出版社，2000 年 12 月 1 版，第 20 頁。
③ （宋）朱熹《晦庵先生朱文公文集》卷三十六《答陸子静》，見《朱子全書》，第 1568 頁。
④ （清）刁包《潛室雜記》，清雍正三年刻本，見拙作《〈近思録〉集校集注集評》，第 18 頁。
⑤ 侯外廬、邱漢生、張豈之《宋明理學史》（上册），人民出版社，1997 年 10 月 2 版，第 67 頁。
⑥ 《宋元學案》卷十一《濂溪學案下》，第 523 頁。

導二程子的。北宋五子中的程顥、程頤兄弟嘗奉父命從學於周氏，在學術造詣上受其影響較大。南宋魏了翁説，周敦頤“上承孔孟垂絶之緒，河南二程子神交心契，相與疏瀹闡明，而聖道復著”①。北宋吕希哲認爲“二程初從濂溪游，後青出於藍”②。正是因爲二程早年師從周敦頤，以倡明道學爲己任，得其指歸，傳續道統，“廣大而推明之，使夫天理之微，人倫之著，事物之衆，鬼神之幽，莫不洞然畢貫於一，而周、孔、孟氏之傳，焕然復明”③。

例如《近思録》卷一第3條所輯程頤《顔子所好何學論》，程子所論皆自周子著述而來，清人張伯行在注解時評述説：“此篇見程子所學之正，而其得力於濂溪者深，故其文無一字不從《太極圖説》流出也。”“程子之學得於周子者，今觀所論宗旨次第，與《太極》《通書》處處吻合。”④而且清初的茅星來進行了稍具體的分解，認爲“天地儲精”，“精”字即二五之精。“真而静”，“真”字即無極之真。但周子自太極説來，故先真而後精。程子衹自天地説來，故先精而後真。“儲”字即是“凝”字。五性具焉，即所謂“五行之生，各一其性”也。其中動而七情出，即所謂“五性感動，而善惡分、萬事出”也。

由於傳統儒學到了二程之時更趨於醇，二程與其師周敦頤又深爲後世關注，如朱熹再傳弟子葉采將他們與顔、孟進行了類比，認爲程顥之學近於顔子，程頤之學近似孟子。因此，作爲繼往世之絶學者的二程兄弟，其“理學體系以道爲本原和出發點，以人道爲核心和歸宿”⑤，其倫理道德學術思想後又被朱熹繼承和發展，故對後世産生了異常深刻的影響。因而清初儒者施璜認爲，“迨濂溪周子出，而希賢希聖之學始明，又得二程子、張子以及朱子相繼發明”⑥。儘管周敦頤在生前名氣並不顯著，影響也有限，但正因爲二程師從周敦頤，理學集大成者朱熹又爲二程的三傳弟子，加之程朱理學在南宋成爲顯學，所以自然使得周子榮光顯耀。南宋時期經朱熹等人的推舉，周子則居於宋代理學的開山祖師之位。

---

① 《宋元學案》卷十一《濂溪學案下》，第522頁。
② 《宋元學案》卷十一《濂溪學案下》，第520頁。
③ 《宋元學案》卷十三《明道學案上》，第540頁。
④ （清）張伯行《近思録集解》卷二，見拙作《〈近思録〉集校集注集評》，第142頁。
⑤ 姜錫東《〈近思録〉研究》，第420頁。
⑥ （清）施璜《五子近思録發明》卷二，見拙作《〈近思録〉集校集注集評》，第128頁。

從儒學發展層面上看，周子的學術思想是從孔孟到二程的橋梁，在道學統緒上，一般將周敦頤列於孟子與二程之間。例如，在《近思録》所輯北宋四子語録中，因爲二程在師承關係上與周敦頤存在着聯繫，故清人刁包認爲“周元公似顔子”“張明公似曾子”“程純公似子思”“程正公似孟子”。這是將他們與先前孔孟之儒進行類比，其實張載（明公）也是一位開宗立派的理學大師。鄧廣銘曾指出，北宋理學的開山始祖應當“歸之於程顥、程頤和張載三人”①，是有一定道理的。宋代大儒們對孔孟統續的傳承，學術界早有推演，《宋史·道學傳》云：“孔子没，曾子獨得其傳，傳之子思，以及孟子，孟子而無傳。兩漢而下，儒者之論大道，察焉而弗精，語焉而弗詳，異端邪説起而乘之，幾至大壞。千有餘載，至宋中葉，周敦頤出於舂陵，乃得聖賢不傳之學……仁宗明道初年，程顥及弟頤寔生，及長，受業周氏，已乃擴大其所聞，表章《大學》《中庸》二篇，與《語》《孟》並行，於是上自帝王傳心之奥，下至初學入德之門，融會貫通，無復餘藴。”②

而且清康熙帝還做過明確表達，云：“性理之學，至宋而明，自周、程授受，粹然孔、孟淵源，同時如張如邵，又相與倡和而發明之。”③自漢以來，在道學統緒中能使儒學之道彰顯光大者寥寥無幾，孟子之後，周、程、張子繼其絶，到朱熹那裏再次顯著。因而康熙帝又説：朱子生於北宋周子、張子、二程子、邵子之後，“紹述周、程，參取張、邵，斟酌於其及門諸子之同異是非，然後孔孟之指，粲然明白，道術一歸於正”④。總而言之，二程與周子有授受關係，朱子之學，直承二程，又兼及周敦頤、張載等，全面系統地整理宋代理學，實爲聖人全體大用之學。

3. 由於朱子率先尊奉周敦頤之學，從而使得周子位居北宋諸子之首。

在周敦頤身後，宋代收集、注釋、整理刊行周氏著述者，朱熹之功最顯，他

---

① 鄧廣銘《王安石在北宋儒家學派中的地位》，載於《鄧廣銘治史叢稿》，北京大學出版社，1997年6月1版，第192頁。

② （元）脱脱等撰《宋史》，第12709—12710頁。

③ （清）玄燁《御纂性理精義凡例》，見李光地等纂《御纂性理精義》，影印《四庫全書》文淵閣藏本，臺灣商務印書館，1986年3月初版，第719册第595頁。

④ （清）玄燁《御纂性理精義凡例》，見李光地等纂《御纂性理精義》，影印《四庫全書》文淵閣藏本，第719册第595頁。

曾兩次校定《通書》,第一次校定於宋孝宗乾道五年(1169),在建安刊行,即建安本《太極通書》;第二次校定是孝宗淳熙六年(1179),刊行於南康軍,即南康本《通書》。關於周子代表作《太極圖説》和《通書》,朱熹在《再定太極通書後序》中認爲,此前讀者誤將《太極圖説》作爲"《書》之卒章",因而予以糾正,並認爲"《通書》之言,蓋皆所以發明其藴"[①]。通過刊刻推廣,《太極圖》(並《説》)從早期傳本的附之卷末,被朱熹改作篇首,可以説《太極圖》是因朱熹的首肯而成爲學界共識的[②],因爲此後的《周敦頤集》《周子全書》《周元公集》等多是在朱熹南康本的基礎上衍生而出。

而且在南宋孝宗時期,朱熹邀請婺學領袖吕祖謙共輯《近思録》時,對於北宋周敦頤、張載、程顥、程頤四位理學家的著述,朱熹認爲其"廣大閎博,若無津涯",故與同道友人吕祖謙"共掇取其關於大體而切於日用者",於淳熙二年編就《近思録》十四卷。那時朱熹已在所作《近思録序》中稱他們謂"周子、程子、張子"[③],或可説自那時起,北宋周、張、二程四人姓氏之後便被學界習慣性地冠以"子"這一傳統尊稱。很顯然四子學術地位在南宋乾淳年間已得到學界認可,成爲諸"子"行列的一員,這不能不説是朱子之功,特别是周敦頤被冠於四子之首。

朱熹主持刊行周敦頤著述時,調次編序,精校精勘,其心目中的周敦頤學術思想地位庶幾已有定論。這裏我們還可以通過《近思録》一書的編纂來考察朱熹對周子的崇敬,藉此以展示其主張。

其一,作爲"性理諸書之祖"的《近思録》,朱熹當初編纂時有借此建構自己理學思想體系的意圖。

宋代理學又稱性理之學,在承繼古代儒學、融會佛老之學的過程中,形成了自己較完整的理論體系,提出了一些新的命題和原理。周敦頤作爲宋儒之首,也從道、釋那裏汲取不少思想成分,祇是其立足點始終在儒家這一身份之

---

① (宋)朱熹《再定太極通書後序》,見(宋)周敦頤《周敦頤集》,中華書局,2009年2月2版,第46頁。

② 至於《宋元學案·濂溪學案》將《太極圖書》置於《通書》之後,那祇是《學案》編撰者的意見,有明末去朱子化的轉向。但這並不代表歷史上刊刻周子著述的大多數學者或傳播者的意見,也不是官方所認同的思想。

③ 南宋淳熙二年五月五日朱熹《近思録序》,載於(宋)葉采集解《近思録》,元刻本。

上而已。那麼他的理學思想對朱熹建構程朱理學體系有何助益呢？

如今從《近思録》所展現的理學體系可以發現，此書首論道體，接之宣導人們格物致知、誠意正心、修身齊家、治國平天下，最終走向聖賢。其明顯受《大學》三綱八目體系的啓發與影響。至於其如此編排的緣由，前人有過較明確的概述，如明代劉仕賢説："學莫先於知方，故首之以求端；方不可以徒知，故次之以用力；力必爲乎己，故次之以處己；成乎己即成乎物，故次之以治人。是數者皆所以黜邪而居正也，故次之以辯異端、觀聖賢終焉。"①而且，清初馬常沛對於該書十四卷卷目的編次，更明朗地進行了闡述，云：《近思録》卷次"始於道體，道原於天也；繼以爲學、致知、存養、克己，道修於身也；家道，道自近始也；出處、治體、治法、政事，則爲行道之謀；教人，則爲傳道之計；申命警戒，堅其向道之心；指示異端，嚴其非道之辨；終以聖賢，則道必待人後行之意也。次第詳明，委曲誥誡，列聖道統之傳，諸儒表彰之功，統於是乎備矣"②。

反映朱子理學體系的《近思録》在建構時，很好地借助了周子的代表性觀點和創新性思想。周敦頤《太極圖説》簡明闡釋了宇宙、人類、萬物的起源、生成、演化基本原理，與其《通書》緊密關聯。朱熹在編纂《近思録》之前，校刊周子著述時已將《圖説》置於《通書》之前，視其爲周敦頤理學著述的開端之篇、周子學説的綱領。至於《通書》，文字雖不多，但其内容在朱熹看來，卻是周子親切簡要地談論"入德之方""經世之具"，而這些則利於青少年修養身心、學習爲政治國之方，因此在與吕祖謙編輯供青少年閱讀的理學入門讀本《近思録》時，朱熹選取其中精要語段歸屬於相關綱目之下。通過上述用功，周子的理學思想精髓便可融會在《近思録》構築的精巧理學體系之中。

例如，《太極圖説》論天地生人，聖人盡人合天之旨，在《近思録》卷一中處於綱領之位。儘管當代學者中有人認爲周敦頤"實是老學"、《圖説》有"道家氣息"，但當初朱、吕爲何選輯此段文字且置於卷首呢？主要是因爲《近思録》十四卷，是以道體開其端，卷一 51 條語録，詳論天道理氣、人心性情，而《太極圖説》已備言之，故將《圖説》冠其首。清人汪紱説："此如子思子之作《中庸》

---

① （明）劉仕賢《重刊近思録序》，收録在《分類經進近思録集解》，明嘉靖十七年劉仕賢刻本。

② （清）馬常沛《近思續録叙》，見於（清）劉源渌撰《近思續録》，清康熙三十二年至三十三年馬常沛抄本。

而首言'天命之謂性也'。性命,孔子所罕言,而子思、孟子、周、程、張、朱皆汲汲乎先言之者。"[①]《圖説》這段文字,"推原無極太極爲萬化之根,使人知中正仁義所自來",明顯具有探源、總領的功效。

因此,《圖説》内容與朱熹欲建立的理學"道體"不無關聯,又是《近思録》結構體系必不可少的關鍵。如果説《近思録》"儼然爲朱子吸收北宋四子理學思想内涵的結穴"[②],"最能反映、最能代表朱子的理學體系方面的構想和造詣"[③],那麽朱子所建立的體系則少不了周子之説來起頭。

其二,輯録《太極圖説》與《通書》中的文字,充分體現了朱熹對周子著述的理解和重視。

《近思録》622 條語録中有 11 條是輯録周敦頤之語,分别是卷一"道體"第 1、2 條,卷二"爲學"第 1、2 條,卷四"存養"第 1 條,卷五"省察"第 1、2 條,卷八"君道"第 1 條,卷九"治法"第 1 條,卷十一"教人"第 1 條,卷十二"警戒"第 1 條。這些語録主要取自周子《太極圖説》與《通書》,選自《太極圖説》的有 1 條,選自《通書》的有 9 條,選自《養心亭説》的有 1 條。

《太極圖説》是周子思想的綱領。朱熹説:"先生之學之奥,其可以象告者,莫備於《太極》之一圖。"[④]《通書》是宋初的理學經典,藴藏着豐富的義理,朱熹在宋孝宗年間不斷"潛翫"此書,發現它具有完整的理論體系,最終體悟到其"宏綱大用"是秦漢以來諸儒難及的,故他認爲此書"條理之愈密,意味之愈深"[⑤]。那麽,在朱熹潛心研讀周子著述期間,正值主編《近思録》,在語録的選取上自然會將自己所感知的周子"妙旨"之語選入書中,以便讀者之需。

如《近思録》卷一第 1 條(前文已引),朱、吕將《圖説》冠於道體篇的開端,是想給讀者一個宏綱、一個梗概。此卷有了濂溪《太極圖説》作爲綱領,隨後引程子、張子之言來發明"道體",可將天道、理氣、人心、性情等分而述之,則不失編纂此書之用意。現代朱學名家陳榮捷説:"周敦頤在其《太極圖説》開

---

① (清)汪紱《讀近思録》,見拙作《〈近思録〉集校集注集評》,第 20 頁。

② 盧其薇《聖賢氣象認知的展開——以朱子〈近思録·聖賢氣象〉篇爲鵠的》,《輔大中研所學刊》第 16 期,第 155 頁。

③ 姜錫東《〈近思録〉研究》,第 439 頁。

④ (宋)朱熹《再定太極通書後序》,見(宋)周敦頤《周敦頤集》,第 46 頁。

⑤ (宋)朱熹《通書後記》,見(宋)周敦頤《周敦頤集》,第 49 頁。

宗明義既謂'無極而太極',""朱子於周子著作中特表揚《圖説》並予重要地位,使之成爲新儒學哲學之基石。"[①]陳先生也充分肯定了《圖説》文字的開宗明義價值。又如明代的《性理大全》也將《圖説》作爲第一章。正是因爲周子在闡釋《易》時有意突出其蘊藏的義理,所以清人張伯行認爲:"此圖乃《易》中之至精至微,難以言盡,而無以復加者也。既圖其象,復著爲説,其示人之意益深切矣。"[②]

卷一第2條所輯周子語爲:"誠,無爲;幾,善惡。德:愛曰仁,宜曰義,理曰禮,通曰智,守曰信。性焉安焉之謂聖,復焉執焉之謂賢,發微不可見、充周不可窮之謂神。"

這段話選自《通書・誠幾德》。"誠"是中國傳統的儒學範疇,論及人性問題。周敦頤《圖説》不言"誠",其《通書》前三章對"誠"的論證,既是補充完善其論説,也體現了"周子之學,以'誠'爲本"的特色。"誠"源自"太極",又與人性相關聯,"誠者,聖人之本"。因爲聖人能存"善",故能做到"誠";而賢人不能存"善",故需要"復性"。周子是欲由此重新構建天道與性命的關係。朱熹此舉意在教誨讀者,《通書》能爲宋代新儒家的道德本體論奠定哲學基礎。

而且《近思録》取用周子的11條語録中有9條出自《通書》,之所以如此選輯,則與《通書》在宋代已深得學界關注、推崇相關聯。朱熹之前的胡宏就很推崇該書,指出"人見其書之約也,而不知其道之大也;見其文之質也,而不知其義之精也;見其言之淡也,而不知其味之長也"[③],認爲可與六經同流乎天下。胡氏對當時没能認真體悟《通書》的淺陋之士予以批評,這在朱熹看來,胡宏所贊《通書》的"大""精""長",纔是"不可易之至論"。從周子關於宇宙、道德、心性等的論述來説,他對宋儒確實有較大貢獻,所以徐洪興作了恰當的評判,即"周敦頤初步建立了理學的理論框架,以後的理學家正是在他建立的理論框架基礎上,進一步深化和拓展,建立起一個新型的世界觀,並恢復了儒家文化價值理想在中國思想界的主流地位"[④]。

---

① 陳榮捷《朱學論集》,第8—9頁。
② (清)張伯行《近思録集解》卷一,見拙作《〈近思録〉集校集注集評》,第19頁。
③ (宋)胡宏《通書序》,載(元)熊節編《性理群書句解》(前集)卷六,元代刻本。
④ (宋)周敦頤《周子通書》,上海古籍出版社,2000年1版,第28頁。

上述第 2 條語録，周子每説“幾”，與近思切用密切相關，故朱熹説這是“日用第一親切工夫”，仁、義、禮、智是德之體，曰愛、曰宜、曰理、曰通、曰守是德之用。此條與該卷第 1 條《圖説》文字内容互通，朱子門人陳埴説：“周子此言是以人心説太極，當其誠實無妄，此實理即爲太極，纔動便善惡生焉。”①事實上，周子的《圖説》與《通書》“動静”“理性命”等篇目的内容互通，並非僅此一例，因篇幅所限不再贅言。

4. 將周敦頤的語録置於各卷之首，凸顯出《近思録》編纂者對周子的尊崇。

朱、吕編纂《近思録》時，並非僅僅因周敦頤爲衆人師長而將其語録置於各卷之首，筆者以爲還有深層的原因，今摘一二試論之。

首先，就此書卷首設立“道體”一卷來説，編者意味深長。“道體”卷，是“論性之本原、道之體統，蓋學問之綱領”②，意在使人粗知梗概，有所向往，是後文中教人下手用力之所向。編纂初稿時，朱熹感到：“《近思録》首卷難看，某所以與伯公商量，教他做數語以載於後，正謂此也。若唯讀此，則道理孤單，如頓兵堅城之下。”③於是有了淳熙三年吕祖謙爲《近思録》所撰寫的跋文。吕伯恭説：“《近思録》既成，或疑首卷陰陽變化性命之學，大抵非始學者之事，某竊嘗與聞次輯之意，後出晚進於義理之本原，雖未容驟語，苟茫然不識其梗概，則亦何所底止。列之篇端，特使之知其名義有所嚮望而已。”④

可見首卷是論“義理之本原”，讀者首先應該知曉此書的指向。既然《近思録》是人們閲讀四書、五經的階梯，那麽朱、吕要教人從事於聖賢之學，理當讓窮鄉晚進之士明白聖賢如何窮理盡性以至於命，即便知其梗概，則可免於被歧説所惑。這正如清初儒者施璜所言，朱熹“首列《太極圖説》於篇端，使人粗知天理之根源，略明人物之終始，以正其趨向，而定其階梯，不至於錯走路頭也”。“此卷乃學問之綱領，學者必先究心於此，然後可以論盡性至命之事也”⑤。

---

① (宋)陳埴《近思雜問》，見拙作《〈近思録〉集校集注集評》，第 23 頁。
② (宋)葉采《近思録集解》卷一，見(宋)葉采集解《近思録》，元刻本。
③ 《朱子語類》卷一百五，第 2629 頁。
④ (宋)吕祖謙《近思録跋》，見(宋)葉采集解《近思録》，元刻本。
⑤ (清)施璜《五子近思録發明》卷一，見拙作《〈近思録〉集校集注集評》，第 1 頁。

而事實上在設立此卷的過程中，吕祖謙功不可没，朱熹弟子兼女婿的黄榦曾説："至於首卷，則嘗見先生（筆者按，朱熹）説，其初本不欲立此一卷，後來覺得無頭，衹得存之。"[①]可見朱熹擔心"道體"諸説難懂，對置於首卷曾經有過猶豫，後來特立此卷應是吕祖謙的建議發揮了作用。可以説《近思録》一書首卷的設立，既與朱熹的道體觀相合，也與吕祖謙要讀者明其"嚮望"分不開，皆藉周子之論來相助。

其次，朱、吕將所選輯的周子之語皆冠於各卷之首，凸顯出周子思想的首要之位。《近思録》卷一"道體"篇的第 1 條爲周子所論道學之本，他欲建構世界萬物的生成模式，由無極到太極，由太極至陰陽，由陰陽至五行，由五行而至萬物。對於其宇宙本體論，後世注解此書者的代表葉采，其注文則多引朱子關於《太極圖説》的注釋語來解説。由於葉采注本在後世影響深遠，所以後世學者談論宇宙起源時，均無法繞過周子之論，這從整個東亞漢字文化圈《近思録》文獻中可窺一斑。

卷二卷首引録了周子兩條語録，第 1 條："濂溪先生曰：聖希天，賢希聖，士希賢。伊尹、顔淵，大賢也。伊尹耻其君不爲堯舜，一夫不得其所，若撻於市。顔淵'不遷怒，不貳過'，'三月不違仁'。志伊尹之所志，學顔淵之所學，過則聖，及則賢，不及則亦不失於令名。"（《通書・志學第十》）是號召人們學習伊尹、顔淵，鼓勵後學成賢成聖。爲何將其置於該卷卷首，是因爲在宋儒看來，當讀者在第一卷已明確爲學方向之後，就應以立志爲先，"苟立志必爲聖賢，則不爲異端惑，不爲文采炫，不爲功利奪，庶幾可以言學矣"。這一條就是"爲學"卷的綱領，也是爲學的價值追求，成爲聖人，並與天道合一。故清末學者張紹价説："首篇起結皆言天道聖人。此卷以'聖希天'總承上卷，以'賢希聖'二句總領通篇。"[②]

第 2 條："聖人之道，入乎耳，存乎心，藴之爲德行，行之爲事業。彼以文辭而已者，陋矣。"（《通書・陋第三十四》）是告誡後學如何學習"聖人之道"。二程當初求學周子時，周敦頤"每令尋顔子、仲尼樂處"，其用意則要求有志於學者，必須學習、掌握、遵循聖人之道。如果沉溺於文辭之陋，則非求聖道。

---

① （宋）黄榦《勉齋集》卷八《復李公晦書》，見影印《四庫全書》文淵閣藏本，第 1168 册第 91 頁。

② （清）張紹价《近思録解義》卷二，見拙作《〈近思録〉集校集注集評》，第 131 頁。

同時也讓讀者領悟到，一個人的内修自然重要，但卻不是終極目標，因爲周子告訴人們濟世安邦的"聖人之道"纔是最終目標。

並且，本卷中引録的二程、張載之語，也有與這兩條相遥應者，如第4條輯録於程子《答横渠張子厚先生書》。究其内容，張伯行認爲："此見程子知性之學，即周子所謂'静而無静、動而無動'之理也。""程子此書之旨實本濂溪，其言定性也，反覆詳明。"[①]又如第89條輯録的張載《西銘》，二程很看重此文，朱熹還特意爲濂溪《太極圖説》及横渠此篇作注。《西銘》言理一而分殊，借事親以明事天之道，與周子學説相貫通。再如第111條所輯張載之語："學者大不宜志小氣輕。志小則易足，易足則無由進；氣輕則以未知爲已知、未學爲已學。"朱熹選録此語於卷末，意在表明"學"字"志"字，便是遥應本卷卷首周子之語。關於周、張、程之間學説的彼此映襯，在注家們的評説中已較明朗。《近思録》其他各卷中，在卷首引録周子語之後，下文中所引二程或張子之語，與之或多或少有相輔相成的關聯，這也是朱熹建構理學新道統的需要，甚至把周、張之學作爲二程理學的輔翼，因篇幅所限在此不再贅述。

卷四的第1條引録周子語："或問：聖可學乎？濂溪先生曰：可。有要乎？曰：有。請問焉。曰：一爲要。一者無欲也。無欲則静虚動直。静虚則明，明則通；動直則公，公則溥。明通公溥，庶矣乎！"（《通書・聖學第二十》）周子强調學聖之心須純一不雜，要求後學通過"無欲"達到"静虚""明""通""動直""公""溥"。這也是周子論述"心學"時强調的成聖要領。朱子借此告示讀《近思録》者，衹有踐行於日用之間，纔能真切去學爲聖賢，此卷"存養"的目標就是希望人們成爲聖人。故朱子云："此章之旨最爲要切，學者能深玩而力行之，則有以知無極之真，兩儀四象之本，皆不外乎此心，而日用間自無别用力處矣。"[②]

卷五的第1條："濂溪先生曰：君子乾乾不息於誠，然必懲忿窒欲，遷善改過而後至。乾之用，其善是，損益之大，莫是過。聖人之旨深哉！吉凶悔吝生乎動。噫！吉一而已，動可不慎乎？"（《通書・乾損益動第三十一》）朱子借周子對《周易》三卦的詮釋來教導後學，思誠之方在於懲忿窒欲、遷善改過，慎動

---

① （清）張伯行《近思録集解》卷二，見拙作《〈近思録〉集校集注集評》，第144頁。

② （宋）葉采《近思録集解》卷四，見拙作《〈近思録〉集校集注集評》，第453頁。

是關鍵。朱子曰:"此以《乾卦》爻辭,《損》《益》《大象》發明思誠之方。蓋乾乾不息者,體也。去惡進善者,用也。無體則用無以行,無用則體無所措,故以三卦合而言之。"[①]至於爲何置於卷首,張紹价認爲:"此言君子思誠之功,當慎之於動也。'不息於誠',承上卷末節而言;'懲忿窒欲、遷善改過',領起通篇之意。"因此可察《近思録》各卷内容環環緊扣,有着較嚴謹的邏輯。

第 2 條:"濂溪先生曰:孟子曰:'養心莫善於寡欲。'予謂養心不止於寡而存耳。蓋寡焉以至於無,無則誠立明通。誠立,賢也;明通,聖也。"(《養心亭説》)周子强調衹有"無欲"方能成賢成聖,這也是周子宣導學習聖賢的關鍵,他擔心人們衹停留於"寡欲",所以言"養心不止於寡欲"。對此,朱子認爲周子之言與孟子所論没有矛盾,人之養心要達到無欲,則有個循序漸進的過程,即由寡欲至於無欲。周子把儒家的"寡欲"發展爲"無欲",引導人們最終到達聖人的"至公",從修養可以達成天人的合一。

這兩條是周子談修身之道,既包括自修,也包括待人接物,是綜合性的内心修治。"誠"既指客觀存在,又是成聖的方法。作爲方法,就要"懲忿窒欲,遷善改過",就要"端本","誠心"。若要"誠立",則應"無欲"。因而將上述兩條編次在卷五"省察"篇。

卷八的第 1 條:"濂溪先生曰:治天下有本,身之謂也;治天下有則,家之謂也。本必端,端本,誠心而已矣;則必善,善則,和親而已矣。家難而天下易,家親而天下疏也。家人離,必起於婦人,故《睽》次《家人》,以'二女同居',而其'志不同行'。堯所以釐降二女於嬀汭,舜可禪乎,吾兹試矣。是治天下觀於家,治家觀身而已矣。身端,心誠之謂也;誠心,復其不善之動而已矣。不善之動,妄也;妄復則无妄矣,无妄則誠焉。故《无妄》次《復》,而曰'先王以茂對時,育萬物',深哉!"(《通書·家人睽復无妄第三十二》)周子作爲宋代大儒,深受《禮記》影響,由此語可見他主張儒家的修治要以誠心、正身爲本爲先,之後便可和親、善家,進而天下可治。《近思録》輯録此語,最終歸結點則在於君子治政當誠且善,其重點論及道之體,意在告誡治理天下者當身正端本、心誠無妄。因而張伯行説:"此篇綜論治體,而首引周子之論《易》卦者以

① (宋)楊伯嵒《泳齋近思録衍注》卷五,見拙作《〈近思録〉集校集注集評》,第 555 頁。

發明之。言治天下者，不求之於天下也，有其本焉。本者，萬事之根本，身之謂也。有本斯有則焉，則者，天下所視以爲法，家之謂也。”[①]天下雖大，還得以家爲之準則，誠善爲君子修身之要。《近思録》選輯的此條内容，上承第七卷末節之意，而以端本、誠心領起“君道”通篇。

卷九的第1條：“濂溪先生曰：古聖王制禮法，修教化，三綱正，九疇叙，百姓大和，萬物咸若，乃作樂以宣八風之氣，以平天下之情。故樂聲淡而不傷，和而不淫，入其耳，感其心，莫不淡且和焉。淡則欲心平，和則躁心釋。優柔平中，德之盛也；天下化中，治之至也。是謂道配天地，古之極也。後世禮法不修，刑政苛紊，縱欲敗度，下民困苦。謂古樂不足聽也，代變新聲，妖淫愁怨，導欲增悲，不能自止。故有賊君棄父，輕生敗倫，不可禁者矣。嗚呼！樂者，古以平心，今以助欲；古以宣化，今以長怨。不復古禮，不變今樂，而欲至治者，遠哉！”（《通書・樂上第十七》）這是周子針對此前及宋初社會的積弊而言，表達的是周子復古禮、變今樂的主張，他以爲恢復了古禮、古法、古制，社會便可遵循規律運行。朱熹將其置於卷首，承繼上卷末節“道學政術”，以作本卷“治法”的綱領，强調禮樂乃爲教化之本，治道必由此可達到極治。

卷十一的第1條：“濂溪先生曰：剛善，爲義，爲直，爲斷，爲嚴毅，爲幹固；惡，爲猛，爲隘，爲强梁。柔善，爲慈，爲順，爲巽；惡，爲懦弱，爲無斷，爲邪佞。惟中者，和也，中節也，天下之達道也，聖人之事也。故聖人立教，俾人自易其惡，自至其中而止矣。”（《通書・師第七》）此條既是周子關於教學目的的論述，也是他關於人性論的精闢見解，以“剛柔”等氣的特性論性。他認爲教育的最高境界是讓人得“中”，人能去惡從善、剛柔並濟，則可達到“中”。“聖人立教，俾人自易其惡，自至其中而止”，聖人的本性是“中”，周子的終極目標是望大家皆可成爲聖人。朱、吕輯此語置於此是有所考慮的，從前文看，《近思録》卷一的第1、第2條，卷二、卷四、卷五的首條，皆論爲學之方，卷八、卷九的首條是論應物之道，即無妄育物、興造禮樂、誠意感人，一個人能如此則歸功於變化氣質，因而此卷輯録周子此語領起“教人”一篇，宣揚聖人立教之道，肯定周子之言——“自易其惡，自至其中”。其實這一條也表明了周子“至中”的

① （清）張伯行《近思録集解》卷八，見拙作《〈近思録〉集校集注集評》，第711頁。

修養方法。

卷十二的第 1 條:"濂溪先生曰:仲由喜聞過,令名無窮焉。今人有過,不喜人規,如護疾而忌醫,寧滅其身而無悟也。噫!"(《通書・過第二十六》)此語是嚴厲警告那些不懂改過之人,因爲他們護疾忌醫,以致"寧滅其身而無悟"。朱、吕輯録此語於"警戒"卷首,領起通篇,教導後學知警戒者必以改過爲先。

上述《近思録》各卷都將周子語録列於首位,是合情合理的。從周敦頤的著述中可以看到,他在創建理學體系方面有一種自覺性,即表現爲對宇宙觀、人性論、修養論、社會政治思想多領域的探究,對前人鮮有論及的命題苦苦思索,故周子便得到學界讚賞。這正如南宋黄震説:"周子文約理精,言有盡而理無窮……其闡發性命之根源,多聖賢所未發,尤有功於孔、孟,較之聖帝明王之事業,所謂接中天之日月者哉!"①周子提出的一些理學新命題,近千年來一直爲學界所稱道,《圖説》是宋代理學建立的基礎;《通書》提出了一些新觀念,"將《中庸》道理又翻新譜",彌補了宋之前儒家哲學所論的不足,雖説其中有道家氣味,但朱熹堅定地説:"道喪千載,聖遠言湮。不有先覺(筆者按,指周子),孰開我人? 書不盡言,圖不盡意。"因此,可以説在周子提及的命題與哲學範疇上,程朱學派與其有着非常緊密的呼應,故陳榮捷説:"誠、性、命、心、太極諸觀念,確俱源於《太極圖》及《通書》。微周子之貢獻,新儒學將有不少之闕隙;微《太極圖》之觀念,新儒學亦殊闕乏其基礎。此朱子之所以苦心孤詣,以周子爲道統中重要之一環,初無論其哲學含有道家氣味也。"②

從上文《近思録》所輯録周子之語考察,儘管這些語録都比較簡短、論述略嫌籠統,但從周子所論及的命題與範疇來説,對宋代理學的發展,乃至最終的成熟卻有着重要的貢獻。朱熹爲了表明自己對周子的尊崇,不僅積極刊行周敦頤著述,而且在《近思録》一書的編纂中融入自己的意旨,進而在道學統緒中體現周子所擁有的崇高地位。通過上述案例剖析可以肯定,朱熹研讀周敦頤著述幾十年,推崇周子思想,又有意使之發揚光大,致使後世學界尊奉周子,也將其位列宋代理學家之首,其《通書》亦爲宋代理學的發端之作。

---

① 《宋元學案》卷十一《濂溪學案下》,第 522 頁。

② 陳榮捷《朱學論集》,第 17 頁。

從宋代理學的發展史考察，周敦頤、邵雍、張載均受道家的影響較深，然而朱、吕在編纂《近思録》時卻没有直接收録理學家邵雍的語録，僅在《近思録》卷五間接收録，如葉采《近思録集解》卷五第 15 條："堯夫解'他山之石，可以攻玉'：玉者温潤之物，若將兩塊玉來相磨，必磨不成，須是得他箇粗礪底物，方磨得出。譬如君子與小人處，爲小人侵陵，則修省畏避，動心忍性，增益預防，如此便道理出來。"這是程子復述邵雍之論，也是對邵氏之論的贊同。葉采《集解》注解説這是邵氏"解《詩・小雅・鶴鳴》篇"。

爲何邵雍創立了北宋先天象數學體系，而《近思録》卻未更多地采録邵雍語録？邵雍字堯夫，號康節，《宋史・道學傳》有載，二程之父稱"堯夫，内聖外王之學也"，著有《皇極經世》①。作爲宋代理學大家，其先天象數學具有獨創性、自成體系，位於北宋五子之列。儘管如此，但因其學説的側重點以及艱澀難懂的文字表達，與朱、吕編輯的《近思録》主旨不相吻合，因而其語録未被收録在"關於大體而切於日用"的《近思録》中。陳榮捷以爲："其主要原因，不外朱子以邵子居儒學正統體系之外。所以然者，一方蓋以其少談仁義等儒家基本問題，而一方則因邵子理數之學，道家氣味太濃。"②近年來，劉洋在陳榮捷、姜錫東有關論述基礎上撰寫了《關於〈近思録〉未收邵雍之言的研究》。此文論述較全面，認爲不收邵雍的原因是：邵氏道家氣味濃重，朱熹對邵雍有一些誤讀，邵、吕之間思想衝突，邵氏學説自成體系，其文深奥難懂③。

邵雍之學與北宋其他四子存在差異，朱、吕有整合北宋諸家學説的志趣時，無意於凸顯各家不同，而是有意尋找他們的相同點，各有所取，"並根據自己的學術理念'别出心裁'地加以編排，從而爲理學的發展，爲中國學術史留下了這部不朽的巨著"④。以至於傳世的《近思録》没有直接選録邵雍語録，僅其卷五第 15 條從《程氏遺書》中選取程顥之語時，間接引用了邵雍的話語。事實上選編者的用意並不是爲了突出邵雍，這從清康熙年間張伯行集解《近

---

① (元)脱脱等撰《宋史》卷四百二十七，第 12726—12728 頁。

② 陳榮捷《朱學論集》，第 126 頁。

③ 劉洋《關於〈近思録〉未收邵雍之言的研究》，載於《綏化學院學報》2015 年 9 月第 9 期，第 98—99 頁。

④ 路新生《理學開新：〈近思録〉的編纂及其内在邏輯理念》，載於《華東師範大學學報》2015 年第 6 期，第 59 頁。

思録》中可以明顯覺察到。現存張伯行《近思録集解》清康熙年間姑蘇正誼堂刻本，在“堯夫解”前有“明道曰”三字，即“明道曰：堯夫解‘他山之石，可以攻玉’：……如此便道理出來。”因此可見，這並非是直接抄録邵氏語録，而是程明道將邵氏語録作爲自己表述内容的一部分，最多衹能算是勉强地間接輯録。

而且，此類情形在《近思録》所收語録中至少有十來處，如卷三“謝顯道云”條，卷四“邢和叔云”條，卷九“邢和叔叙明道先生事云”條、“吕與叔撰横渠先生行狀曰”條，卷十“劉安禮云”條，卷十四“謝顯道云”條、“侯師聖云”條、“劉安禮云”條、“吕與叔撰明道先生哀詞云”條、“吕與叔撰横渠先生行狀云”條等。由於這些文字仍舊是述説四子言語行事，故統而言之，一般視作“四子語録”，以至於後世在言及《近思録》所選語録時，通常衹説是周、張、二程四子的語録。

另外，需要説明的是，儘管《近思録》622 條語録分别歸屬於十四卷，但並非在理解的時候，對一些語録衹能從所在卷次的主題去理解。因爲朱、吕對某些選入的語録，衹是注重這些語録的某一個方面，並由此去歸類，而實際上這些語録本身内容較豐富，有些與其他卷目交相關聯，讀者也不可能衹從某一面去理解，往往需要通觀之。故而朱熹曾説過“《近思録》大率所録雜，逐卷不可以一事名”，如卷二“定性書”條、卷三“春秋傳序”條、卷十“人教小童”條等。

（二）《近思録》的組材

《近思録》是北宋四子精要言語的彙萃，“學者先讀之，使知道統之復續”[①]，那麽朱、吕如何對所選語録進行組織編排呢？研讀此書便可見該書按一類一卷、一個主題的體例編纂。據《朱子語類》卷一〇五載，朱熹後來説出了各卷綱目，即“《近思録》逐篇綱目：一道體，二爲學大要，三格物窮理，四存養，五改過遷善、克己復禮，六齊家之道，七出處進退辭受之義，八治國平天下之道，九制度，十君子處事之方，十一教學之道，十二改過及人心疵病，十三異

① （宋）陳淳《北溪大全集・答李公晦三》，見影印《四庫全書》文淵閣藏本，第 1168 册第 684 頁。

端之學，十四聖賢氣象”[①]。這個《近思録》綱目與當初所輯各卷内容有關聯嗎？

束景南先生《朱子大傳》對此有所闡釋，説“第一卷論太極之理的本體論與性論；二至四卷論敬知雙修的認識論與修養論”。朱熹分别用“道體”“爲學大要”“格物窮理”“存養”爲篇名，很匹配。卷五輯録有關身體力行修養功夫的語録，用“改過遷善、克己復禮”也匹配；卷六輯録論述齊家功夫的語録，用“齊家之道”爲綱目；卷七輯録出仕爲官、待人接物的有關語録，用“出處進退辭受之義”爲綱目；卷八輯録實現外王理想及處理政事的爲官原則，用“治國平天下”爲綱目；卷九輯録處事爲官的具體方法，用“制度”爲綱目；卷十輯録談政治制度、治民原則的有關語要，用“君子處事之方”爲綱目；卷十一輯録教書育人的方法原則，用“教學之道”爲綱目；卷十二輯録戒惡行善、改過遷善的具體修行，用“改過及人心疵病”爲綱目；卷十三輯録四子對佛、道二教一些思想的批評，用“異端之學”爲綱目；卷十四輯録聖賢道統、體認聖賢氣象及評判諸子的有關語要，用“聖賢氣象”爲綱目。這十四卷將原來鬆散的、難見要領的語録，有意識地按内容分類編輯，在結構上建立了一個看得見的理學體系。

《近思録》按照從易到難、由低到高的邏輯順序編排内容。從朱熹所作序文可知他們編輯剪裁時，是“掇取其關於大體而切於日用者”。吕祖謙的後序又告訴我們，讀《近思録》當從第二卷讀起，最後返回來讀第一卷，是有“科級”的，“循是而進，自卑升高，自近及遠，庶幾不失纂集之旨”。其卷次編排的用意是在於“日用躬行之實”，要求學者就切身日用處下功夫，不廢初階，不陵節以進。如果讀者“厭卑近而鶩高遠，躐等陵節，流於空虚，迄無所依據，則豈所謂‘近思’者耶？”顯然這也是針對言性命學者的空虚之病而予以强調。《近思録》兼攝身心，切於日用，人人宜體會，因而後世學者在讀《近思録》時，“必切實向自己身上領取”，而那些“不讀《近思録》者，大抵不知向躬行上講求，且畏其高遠而難施功力。又粗浮之人，病不簡約，淺嘗即止，妄庸之徒，放言高論，不識徑途，遂終身爲俗儒，而不可與入聖賢之道”[②]。

---

① 《朱子語類》卷一百五，第2629頁。

② （清）麻竹師司馬《五子近思録輯要序》，載於（清）孫嘉淦編《五子近思録輯要》，清同治十二年霞城書院刻本。

《近思録》按類分卷編次，各卷之内大體按照周、程、張的次序編排語録。從《近思録》原文本存世最早的明嘉靖年間刻本看，此書編纂定型時極有可能没有立門目，朱熹門人兼女婿黄榦[①]《復李公晦書》説："但覺《近思》舊本，二先生所共編次之日，未嘗立爲門目，其初固有此意，而未嘗立此字。"[②]既然他們没有在原文本上真正立十四卷門目，那麽《語類》所載"綱目"衹是朱子門人所記，而非載於《近思録》原本之上。

雖然從《近思録》原文本早期傳本上，我們不能見朱熹所言的此類綱目文字，但是當初編撰時若擬出綱目，或者擬出各卷内容提要，對讀者閲讀理解來説則很有幫助。如南宋時期的《近思録》三家注本就較好地反映了朱熹"逐篇綱目"的主張，在此我們以《近思録》的代表注本——葉采《近思録集解》各卷綱目、提要爲例，來審視朱、吕當初分類編纂組材、統領各條語録的思想意識。

葉采《集解》綱目、提要如下：

卷之一，道體，凡五十一條，此卷論性之本原、道之體統，蓋學問之綱領也。卷之二，爲學，凡一百一十一條，此卷總論爲學之要。蓋尊德性矣，必道問學，明乎道體，知所指歸，斯可究爲學之大方矣。卷之三，致知，凡七十八條，此卷論致知。知之至，而後有以行之。自首段至二十二段，總論致知之方。然致知莫大於讀書，二十三段至三十三段，總論讀書之法。三十四段以後，乃分論讀書之法，而以書之先後爲序。始於《大學》，使知爲學之規模次序，而後繼之以《論》《孟》《詩》《書》。義理充足於中，則可探大本一原之妙，故繼之以《中庸》。達乎本原，則可以窮神知化，故繼之以《易》。理之明，義之精，而達乎造化之蘊，則可以識聖人之大用，故繼之以《春秋》。明乎《春秋》之用，則可推以觀史，而辨其是非得失之致矣。横渠《易説》以下，則仍語録之序，而《周官》之義因以具焉。卷之四，存養，凡七十條，此卷論存養。蓋窮格

---

① 黄榦(1152—1221)，字直卿，南宋閩縣(今福州郊區洪山鎮)人，朱熹弟子、女婿。人稱勉齋。幼欲從朱熹受業，適逢朱熹外出，黄榦竟寓居客舍等了兩個月，使朱熹大受感動。入學後，"夜不設榻，不解帶，少倦則微坐，倚或至達曙"，志堅思苦，因此朱熹贊他"與之處甚有益"，並以女妻之。後朱熹在建陽建成"竹林精舍"，請黄榦代爲即席講學。宋慶元末年(1200)，朱熹彌留時，把所著之書，全部面託給黄榦，並立遺囑曰："吾道之託在此，吾無憾矣！"遺著有《黄勉齋集》。

② (宋)黄榦《勉齋先生黄文肅公文集》卷六"復李公晦書"，書目文獻出版社據元刻延祐二年重修本影印。載於北京圖書館編《北京圖書館古籍珍本叢刊》90《集部・宋别集類》，書目文獻出版社，1988年2月影印，第377頁。

之雖至，而涵養之不足，則其知將日昏，而亦何以爲力行之地哉？故存養之功，實貫乎知行，而此卷之編，列乎二者之間也。卷之五，克治，凡四十一條，此卷論力行。蓋窮理既明，涵養既厚，及推於行己之間，尤當盡其克治之力也。卷之六，家道，凡二十二條，此卷論齊家。蓋克己之功既至，則施之家，而家可齊矣。卷之七，出處，凡三十九條，此卷論出處之道。蓋身既修，家既齊，則可以仕矣。然去就取舍，惟義之從，所當審處也。卷之八，治體，凡二十五條，此卷論治道。蓋明乎出處之義，則於治道之綱領不可不求講明之，一旦得時行道，則舉而措之耳。卷之九，治法，凡二十七條，此卷論治法。蓋治本雖立，而治具不容闕，禮樂刑政有一之未備，未足以成極治之功也。卷之十，政事，凡六十四條，此卷論臨政處事。蓋明乎治道而通乎治法，則施於有政矣。凡居官任職，事上撫下，待同列、選賢才，處世之道具焉。卷之十一，教學，凡二十一條，此卷論教人之道。蓋君子進則推斯道，以覺天下；退則明斯道，以淑其徒。所謂得英才而教育之，即新民之事也。卷之十二，警戒，凡三十三條，此卷論戒謹之道。修己治人，常存警省之意，不然，則私欲易萌，善日消而惡日積矣。卷之十三，辨別異端，凡十四條，此卷辨異端。蓋君子之學雖已至，然異端之辨尤不可以不明，苟於此有毫釐之未辨，則貽害於人心者甚矣。卷之十四，總論聖賢，凡二十六條，此卷論聖賢相傳之統，而諸子附焉。斷自唐虞堯、舜、禹、湯、文、武、周公，道統相傳，至於孔子。孔子傳之顔、曾，曾子傳之子思，子思傳之孟子，遂無傳焉。於是楚有荀卿，漢有毛萇、董仲舒、揚雄、諸葛亮，隋有王通，唐有韓愈，雖未能傳斯道之統，然其立言立事有補於世教，皆所當考也。迨於本朝，人文再闢，則周子唱之，二程子、張子推廣之，而聖學復明，道統復續，故備著之。

朱熹與吕祖謙共編《近思録》，就是要建構一個大家都能接受的理學體系，引導士子探研理學的内涵，因而所輯"《近思録》十四卷，則分別部居，皆有深意，如門階堂户秩然可循"①。陳榮捷研究該書後肯定了其佈局謀篇，説："《近思録》之編排與内容，均以朱子本人之哲學與其道統觀念爲根據。全書以周子《太極圖説》爲首……每卷以周子始，二程次之，張子爲後。張子比二

① （清）何桂清《重刻近思録序》，載於（宋）朱熹、吕祖謙共輯《近思録》，清咸豐七年刻本。

程年長，應居先，而朱子之次序如彼者，乃以周子爲理學之開端，以二程爲理學之成立，張子爲理學之補充，於禮教鬼神等説，貢獻更大。”①而劉鹿鳴認爲“《近思録》實際上是依照《中庸》《大學》的結構而編排的”，三書在文本結構和深層義理上具有内在同一性，《近思録》“與《中庸》的綱目更相合”，該書“所藴涵的深層義理體系，是再現《中庸》《大學》的内在義理”，展現的是儒家仁學理論體系内涵，朱熹通過《近思録》的編纂確立理學爲學次第之道②。

《近思録》編纂意旨確實多爲主編者朱熹理學思想的有形再現，其體系有朱子學色彩、性格，也是朱熹建構理學體系過程中特别看重的。《近思録》中所選用的四子語録，是該書理學綱目的構建材料，實際上又成爲朱熹思想意識的投射，各卷語録也成爲朱子欲建構體系的傳載體。例如，朱熹再傳弟子葉采在注解《近思録》卷三時，就其中的第 21 條（“義理有疑”條）、第 33 條（“焞初到問爲學之方”條）的編次，説：“此段（筆者按，即“義理有疑”條）及‘焞到問爲學之方’一段，泉州本皆系卷末，而舊本則此段在第二十一，‘尹問’一段在三十三。今考此卷編輯之意，則二段乃總論致知，不當在卷末無疑也。但舊本此段不全載‘心中有所開’以下云云，恐是後來欲添足此數語，傳者誤成重出耳。又詳此段（筆者按，即“心中有所開……久則自覺進也”一段）已是專論讀書之法，不當在廿一。疑當時欲移在‘尹問’之後，故並録之耳。今不敢輕改，姑從舊本，而添入‘心中有所開’數語。”③這裏葉采所言“舊本”宜是《近思録》初編不久而形成的本子，語録内容前後相近，然各有所旨。

從《近思録》編成到南宋學者對其進行注解，在此過程中出現的刻本、抄本或多或少在編次上出現差異，這又反映出《近思録》十四卷的語録在編次上也存在需要商榷的地方。我們從近年來學者的研究看，這個問題仍值得深思，如姜錫東在《〈近思録〉研究》一書中認爲，《近思録》有些卷目中的語録，朱、吕編次尚不够合理，研究者宜應“糾正、彌補《近思録》這一重大闕陷”。

① 陳榮捷《朱學論集》，第 82 頁。

② 劉鹿鳴《〈近思録〉與〈中庸〉〈大學〉文本的内在統一性》，載於《安徽大學學報》2009 年 3 月第 2 期，第 24—26 頁。

③ （宋）葉采《近思録集解》卷三，見葉采集解《近思録》，元刊本。按：“泉州本”是南宋時期福建泉州刊刻的《近思録》，校刊者不明緣由隨意編次，則不妥。

説:“從第二卷至第十四卷,載録的是‘講學之方、日用躬行之實’,並且具有科級、層次、順序。”最後閲讀第一卷,也是一種合理的閲讀方法。又説:每卷“編録時多不分子目與專題,多散亂而乏序”。他舉例説卷一“引録二程的40條文獻時,祇按原書摘録,在内在的内容上並無邏輯順序。從全部51條來看,也祇是按人按原書排列,在内容上則頗爲散亂無序,闕乏整體的邏輯性”①。

姜先生所云《近思録》某卷之内闕乏嚴密的邏輯,實際上這與當初朱、吕二人編纂《近思録》的時間短有關,當時編撰者無更多的時間相聚一處進行精緻縝密的編次,再者二人編次語録的理念也存在一些分歧。但是,我們整體地考察《近思録》,會發現其“體大思精”依然是它被後世稱道的主因之一,諸如卷一“道體”設立的必要性,首卷以下的其餘各卷是一種循序漸進的建構,教導後出晚近者讀書之法、求學之方,即“尊德性矣,必道問學”。《近思録》所構築的理學體系是較完整的,它與讀書求知之法是兩回事,也正因爲如此,日本昭和四十二年(1967)明德出版社出版的山崎道夫譯注本《近思録》十四卷,山崎道夫在注譯時,將《近思録》原本卷次作了調整,把原本的第二卷“爲學”作爲首卷,其餘各卷順次排列,而將原本的首卷“道體”移至最後作爲第十四卷。這也與吕祖謙所言“最後返回來讀第一卷”相合。

(三)《近思録》漫長的修訂過程

《近思録》十四卷從初稿編寫到最後定稿,期間經歷了不斷修訂,歷時十幾年,最終成爲經典而嘉惠東亞希賢希聖者。

1.《近思録》的初稿編纂,以及修改稿刊行面世。

關於《近思録》的初編時間,依據朱熹作序文時間當是“淳熙二年五月”。據吕祖謙《入閩録》、吕祖謙《答潘叔度》書信,從四月初到五月中旬②,共計四十來日,除去游玩五夫里、訪友所費時日外,他們在寒泉精舍相聚,同觀關、洛

---

① 姜錫東《〈近思録〉研究》,第13、15、46頁。

② 吕祖謙答潘叔度書信説:“某以五月半後同朱丈出閩,下旬至鵝湖。”説明吕祖謙淳熙二年武夷之行,是五月半後出閩到江西的。見《東萊别集·答潘叔度》,影印《四庫全書》文淵閣藏本,第1150册第292頁。

書，編纂《近思録》的時間確實很有限。也許“在‘旬日’之前將近一個月，以及之後十餘日，都有可能或多或少的進行編纂工作”①，但在這麽短的時間内，即使朱、吕二人有弟子相助，也衹能編出《近思録》大致的初稿（即毛坯），不可能編纂出很完美的定稿。

並且這個《近思録》初稿本，很可能與隨行的吕祖謙門人潘景愈（字叔昌）有關，吕氏與朱熹在寒泉精舍共輯《近思録》時潘叔昌會做一些助理工作，能及時知曉朱、吕圈點的四子語録條目，明白先生們初編選材。作爲隨行弟子，他自然會與朱熹身邊的門人一道參與抄録工作。故《吕東萊年譜》載：“淳熙二年四（筆者按，此“四”當是“三”）月二十一日，如武夷訪朱編修元晦，潘叔昌從。留月餘，同觀關、洛書，輯《近思録》。”束景南先生認爲：“朱、吕寒泉之會，吕方有潘景愈，”“朱、陸鵝湖之會，實有四方人士參會：浙吕一方有吕祖謙、潘景愈。”②儘管相關文獻没有明確説潘氏抄録《近思録》，但這年夏天吕祖謙、潘叔昌一行還是有可能抄録《近思録》帶回婺州的。因爲既然朱、吕選定了收入《近思録》的文字，照常理來説抄録之事則主要由他們身邊的隨行弟子去做，那麽潘叔昌抄録《近思録》帶回婺州也合情合理。

《近思録》在宋淳熙二年秋有抄寫本面世，這個本子極有可能來自朱、吕二人圈定條目的稿本。對此，朱熹是比較認可的，是年秋朱熹《答吕伯恭》書説：“昨專人反，附府中一書，想比日秋凉，伏惟尊候萬福。《近思録》近令抄作册子，亦自可觀。……熹頓首再拜，八月十四日。”③從語氣推測，此册子似爲當初朱熹或吕氏令人抄録。之後，吕祖謙還將朱熹原來以爲“嫌其太高，去卻數段”的太極及明道論性之類的語録增入其中。朱熹讀後也以爲“似不可無”，並對此抄録本卷次的調整提出自己的意見：“如以《顔子論》爲首章，卻非專論道體，自合入第二卷（作第二段）。又事親居家事直在第九卷，亦似太緩。今欲别作一卷，令在出處之前，乃得其序。卷中添卻數段，草卷附呈，不知於尊意如何？第五倫事，《閫範》中亦不載，不記曾講及否？不知取去之意如何，

① 劉又銘《〈近思録〉的編纂》，載於臺灣《中華學苑》第 43 期，第 155 頁。

② 束景南《朱熹年譜長編》，第 529 頁。

③ （宋）朱熹《晦庵先生朱文公文集》卷三十三，見《朱子全書》，第 1460 頁。朱熹此信中所説“更得老兄數字附於目録之後”，即淳熙三年四月四日吕祖謙《近思録跋》。

因來告諭及也。”[①]

在此修改過程中，朱、吕在編纂上或增删原稿，或析出文字，於淳熙二年八月抄成了一個較完整的本子。朱熹在給吕氏的信中説“事親居家”原在第九卷，“今欲别作一卷，令在‘出處’之前”，即在存世傳本的第六卷。這些改動之處在我們今日所見《近思録》傳本上有反映。而且在八月的這封書信中，朱熹還叮囑道“此書若欲行之，須更得老兄數字附於目録之後，致丁寧之意爲佳”，即邀請吕氏爲《近思録》作跋，故後來吕氏有了“淳熙三年四月”“《近思録》既成”之説。從文獻編纂的通常情形看，此時吕氏跋文的撰寫，則意味着《近思録》初稿自編纂開始至此基本完工。

但從朱、吕二人後來的書信往來考察，《近思録》有一個較長的修訂過程。朱、吕二人相約寒泉精舍，既相與讀四子之書，又商討《近思録》的體例、選録内容。在如此短的時間裏要編成一個體例完備的書是不易的，“其後往復商榷，久而始定”[②]纔是符合情理的。《四庫全書總目》也有此認定，説：“《晦庵集》中有乙未八月與祖謙一書，又有丙申與祖謙一書，戊戌與祖謙一書，皆商榷改定《近思録》。”

然而，筆者梳理他們往來商討修訂《近思録》的書信後，發現並非僅此三封書信。在初稿編纂當年的淳熙二年（乙未年）八月十四日，朱熹《答吕伯恭》書説，“如以《顔子論》爲首章，卻非專論道體，自合入第二卷”[③]。據朱熹給吕祖謙的書信，最初編纂的《近思録》是將“顔子論”放在首卷，説“顔子論”“自合入第二卷”（作第二段），即今天所見存世《近思録》傳本的第二卷。可見，後世《近思録》傳本的首卷應是經過修訂而來。

朱熹淳熙丙申年（三年，1176）四月《答吕伯恭》書中談道：“《近思録》道中讀之，尚多脱誤，已改正送叔度處。横渠諸説告早補定，即刊爲佳。此本既往，無以應朋友之求假，但日望印本之出耳。千萬早留意，幸甚。”[④]此信説明朱、吕仍在不斷商討修改事宜，即便是在朱熹回婺源省墓的路途上也不忘修改，特别掛念增補横渠諸説之事。

---

①③　（宋）朱熹《晦庵先生朱文公文集》卷三十三，見《朱子全書》，第1460頁。

②　（清）王鼎《朱子原訂近思録序》，載於《朱子原訂近思録》，清嘉慶十九年王鼎校次本。

④　（宋）朱熹《晦庵先生朱文公文集》卷三十三，見《朱子全書》，第1467頁。

淳熙三年九月，朱熹《答吕伯恭》書云："《近思》數段，已補入逐篇之末，今以上呈。恐有未安，卻望見教。所欲移入第六卷者可否？亦望早垂喻也！喪禮兩條承疏示，幸甚。或更有所考按，因便更望批報也。偶有便人，夜作此附之，未及究所欲言，臨風惘惘。"又云："叔度向欲刻《近思》板，昨汝昭書來，云復中輟，何也？此人行速，亦未及作書。此事試煩商訂，恐亦有益而無損也。未承教中，正惟以道自重爲禱。"[①]因而在他們二人商訂修改過程中，潘叔度正在刊刻《近思録》。這部潘叔度刻印的本子，也是朱、吕二人商討的又一修改稿。

編纂《近思録》的初稿，宜是以抄本形式在門人弟子中流傳。在朱、吕的不斷修改之下，《近思録》也成爲他們指導學子讀書時的推薦書之一。淳熙乙未之後，朱熹《答黄仁卿》書云："看《春秋》外，更誦《論》《孟》，及看《近思録》等書，以助其趣乃佳。"[②]試想若無抄本出現，門人弟子從何讀起？因而，在《近思録》編纂當年就有抄本流佈，隨後開始出現雕版印本。淳熙三年初冬婺州刻本的面世，差不多算是《近思録》從初編至修改出版的前期成果。

南宋婺州（今浙江金華）學術氣氛濃，又是浙江距離建陽最近的地區，當時吕祖謙與朱熹交往頻繁，良好的天時、地利、人和，爲《近思録》在婺州的刊刻創造了條件。《近思録》最早的刻本，很可能是潘叔度所刊。潘景憲，字叔度，金華人。南宋隆興元年（1163）進士，曾做過南嶽祠官、太平教授。中進士後，"既而學於東萊先生。與東萊同年而齒長，聞其論説行身探道之意，慨然感悟，遂棄所學學焉。父喪服除，不復仕，日游吕氏之門，誦詩讀書，旁貫史氏，尤盡心於程《易》。朱晦翁子塾，其婿也"[③]。《潘叔度可庵記》亦云："金華潘景憲叔度，從伯恭游最久而密者也。"潘叔度對吕祖謙執弟子禮，又是朱熹的兒女親家，他們三人關係非同一般。早在乾道九年（1173）秋，朱熹在給吕祖謙的信中誇讚"叔度惠書，觀其論説，氣質良厚，不易得也"[④]。

在淳熙三年春季，朱熹回老家婺源省墓途中，仍在考慮修正《近思録》初

---

① （宋）朱熹《晦庵先生朱文公文集》卷三十三，見《朱子全書》，第1468—1469頁。
② （宋）朱熹《晦庵先生朱文公文集》卷四十六，見《朱子全書》，第2153頁。
③ 《宋元學案》卷七十三《麗澤諸儒學案》，第2439—2440頁。
④ （宋）朱熹《答吕伯恭》，《晦庵先生朱文公文集》卷三十三，見《朱子全書》，第1439頁。

稿，不僅在去婺源展墓途中於三衢與吕祖謙相會數日，而且很可能將修改意見送給了潘叔度。因爲淳熙三年四月朱熹在給吕祖謙的信中説："《近思録》道中讀之，尚多脱誤，已改正送叔度處。横渠諸説告早補定，即刊爲佳。此本既往，無以應朋友之求假，但日望印本之出耳。"①此時已是四月，而潘氏的這個刊本並未面世，而且淳熙三年秋天潘叔度刊本曾"中輟"一次，朱熹曾書信詢問吕祖謙，請其幫助與潘氏商談。那時朱熹還在努力對原稿進行增補、移易，説"《近思》數段已補入逐篇之末"，"所欲移入第六卷者可否?"這説明潘氏刊刻的本子此前尚在進行修訂，並不時得到朱熹的修改建議。

在淳熙三年冬，婺州潘叔度刻本應該面世了，因爲這一年的十月朱熹給吕祖謙的書信説，"近事一二，似亦可喜。……《近思》刻板甚善，曲折已報叔度矣"②。淳熙三年十一月朱熹的夫人劉氏去世③，從情理上説，朱熹衹會在此之前寫信給吕祖謙時説出"可喜"二字，自不會在喪期説"喜"，且他所言近日喜事之一很可能是指潘氏刊本面世。而且之後，即淳熙四年(1177)春，朱熹《答程允夫》書信中説："《近思》已成，尚未寄到，到即附去。"④也是在這一年春天，朱熹《答吕伯恭》書云："今日得叔度書，知已向安，甚慰。《近思》已寄來，尚有誤字，已校定寫寄之矣。"⑤從上述情況推斷，這時朱熹所説的"已成"《近思録》就是婺州刻本，那麽此婺州刊本極有可能於淳熙三年初冬(或許是十月)面世，即朱熹妻子去世之前。

而且，從淳熙四年朱熹《答張敬夫》書信還可佐證此事，朱熹説："《近思》舉業三段及横渠語一段並録呈，幸付彼中舊官屬正之。或更得數字，説破增添之意尤佳。蓋閩、浙本流行已廣，恐見者疑其不同。兼又可見長者留意此書之意，尤學者之幸也。"⑥這裏所説的"浙本"，當是指婺州刊本。

---

① (宋)朱熹《答吕伯恭》，《晦庵先生朱文公文集》卷三十三，見《朱子全書》，第1467頁。

② (宋)朱熹《答吕伯恭》，《晦庵先生朱文公文集》卷三十三，見《朱子全書》，第1461—1462頁。據陳來《朱子書信編年考證》，朱熹《答吕伯恭》書信當在淳熙三年冬。

③ (清)王懋竑纂訂《朱子年譜》載，淳熙"丙申冬十一月，令人劉氏卒"。《叢書集成初編》之《朱子年譜》，中華書局，1985年新1版，第65頁。淳熙三年冬朱熹《答吕伯恭》書信云："私家不幸，室人隕喪，悲悼酸楚，不能自堪。"見《朱子全書》，第1473頁。

④ (宋)朱熹《晦庵先生朱文公别集》卷三，見《朱子全書》，第4878頁。

⑤ (宋)朱熹《晦庵先生朱文公文集》卷三十四，見《朱子全書》，第1474頁。

⑥ (宋)朱熹《晦庵先生朱文公文集》卷三十二，見《朱子全書》，第1391頁。

至於束景南先生考證所説,“淳熙二年”秋,“修訂《近思録》,吕祖謙作《題近思録》,刻版於婺州”[①]。該婺州刻本,或許就是潘氏刊刻,宜是淳熙三年刊就。且從朱熹幾次囑託吕氏、潘氏修改《近思録》的情形看,該刻本應該比淳熙二年抄本完善。

2. 淳熙三年後《近思録》仍不斷被修訂。

在古代交通不便的情况下,朱熹、吕祖謙極少有機會面談《近思録》修訂,他們主要通過書信往來對《近思録》十四卷内容進行審讀修訂。在淳熙三年夏季之後,他們對所編《近思録》仍不滿意,儘管有了淳熙三年冬婺州本的面世,但是此後朱、吕猶繼續對其進行修訂,同時也不斷有傳本面世,這些在不同時段通過不同的修訂方式呈現出的《近思録》不同版本,我們姑且稱之謂修訂本,其版本有閩本、廣西刻本、臨漳刻本等。

(1)《近思録》閩本(或淳熙四年四月間在建陽刊梓,或是史傳的泉州本)

據淳熙四年朱熹《答張敬夫》書信説,當時《近思録》“閩、浙本流行已廣”。朱熹如果没有看到福建、浙江地區的刻本,應該不會這麽説,看來最終定稿之前就有閩、浙傳刻本傳播。

關於“閩本”的詳情我們則難以考訂。在此據方彦壽《建陽刻書史》云,淳熙二年朱、吕編成《近思録》後,“於第二年在建陽刻板後,影響尤爲巨大”[②]。至於據何而斷有淳熙三年的“建陽刻本”,筆者尚不清楚。

閩本中或有朱熹再傳弟子葉采見過的“泉州本”。此本是將現存《近思録》傳本卷三的第 21“義理有疑”條置於第 33“焞初到”條下,且編次於卷末。雖説如今我們見不到泉州本,但從葉采《近思録集解》卷三第 21 條的注文大致可以體察到,葉采説:“此段及‘焞到問爲學之方’一段,泉州本皆系卷末,而舊本則此段在第二十一,‘尹問’一段在三十三。今考此卷編輯之意,則二段乃總論致知,不當在卷末無疑也。但舊本此段(筆者按,即“義理有疑,則濯去舊見,以來新意”)不全載‘心中有所開’以下云云,恐是後來欲添足此數語,傳者誤成重出耳。”葉采由此指出,第 33 條與“義理有疑”條内容都是總論讀書之法,泉州本將其置於卷末是不妥的,故葉采《集解》本此處依從舊本編次。

---

① 束景南《朱熹年譜長編》,第 537 頁。

② 方彦壽《建陽刻書史》,第 120 頁。

這個南宋泉州本可能是《近思録》修訂過程中的一種刊本，與現存傳本有異。而且，現存楊伯嵒《泳齋近思録衍注》南宋衢州刻本確實存在此類迹象，如該本卷三第21條文字僅有“義理有疑，則濯去舊見，以來新意”，而該卷的第79條（比現存葉采《近思録集解》元刻本多出此條）文字又是“義理有疑，則濯去舊見，以來新意。心中苟有所開……久則自覺也”，此條文字既有與楊氏注本本身第21條相重的文字，又多出數語。但是《衍注》這種將“義理有疑”條放在卷末的本子，也佐證了類似泉州本的存在。

另外，現存文獻中朱熹《答汪易直》説：“《近思》小本，失於契勘，致有差誤，此執事不敬之罪也。後來此間書坊别刊得一本，卷尾所增已附入卷中，仍削去重出數字矣。”①對於朱熹這封書信所言《近思録》“小本”，是否是與“泉州本”相關，我們不得而知。劉又銘認爲“這封信應在淳熙四年間，最晚不會超過淳熙五年初。在這期間福建也有了刊本，而且這個刊本已經將初刊本所‘補入逐篇之末’的部分正式放進各篇之中了”②。對於書信中的“書坊别刊”本，或是朱熹委託書坊刻印，方彦壽以爲此刻本朱熹刻於建陽③。簡言之，對於“建陽刻本”或“泉州本”，因爲現存文獻及相關學者的考訂也語焉不詳，我們難以明確斷定其版本的具體時間和刊刻者。

（2）《近思録》廣西刻本（或於淳熙五年前後刊成）

在淳熙五年（1178）前，《近思録》浙本、閩本已流佈於世。隨後又有廣西刻本，該本與東南三賢之一的張栻（字欽夫）有緊密關聯。淳熙元年冬張栻知静江（今廣西省桂林），淳熙二年春到任。從淳熙三年春朱熹《答劉共甫》書信可知，張栻在廣西“爲政之意甚美”。淳熙四年，張欽夫派人向朱熹求寫《静江府學記》④，該《記》於淳熙四年冬十一月完成。

淳熙五年，張栻在給朱熹的書信中説：“學中重刊……《近思録》方議刻，欲稍放字大耳。”⑤“《近思録》中可惜不載得説舉業處，幸寫示，尚可添入。”⑥

① （宋）朱熹《晦庵先生朱文公文集》卷六十，見《朱子全書》，第2883頁。
② 劉又銘《〈近思録〉的編纂》，載於臺灣《中華學苑》第43期，第158頁。
③ 方彦壽《建陽刻書史》，第67—68頁。
④ （宋）朱熹《晦庵先生朱文公文集》卷七十八，見《朱子全書》，第3741—3743頁。
⑤ 虞萬里《吕祖謙與〈近思録〉》，載於《温州師範學院學報》2004年第1期，第12頁。
⑥ （宋）張栻《南軒集》卷二十三，臺北廣學社印書館，1975年1版，第5頁下。

朱熹在回信時建議他們將“《近思》舉業三段及横渠語一段”添加刻本中。張栻在淳熙元年至五年知静江，據淳熙五年夏朱熹《答吕伯恭》書信“敬夫北歸”，即淳熙五年張栻除秘閣修撰荆湖北路轉運使，尋改知江陵安撫湖北。可見是年夏張栻便離開廣西，那麽此静江府學的刊本《近思録》或是張栻在廣西任上刊梓，故淳熙戊戌年（五年）夏天静江府學刻本恐完工，於是朱熹《答廖子晦》纔會説：“《近思録》字大，甚便老眼，有便幸寄一二本。”

儘管張栻在廣西任上主持刊刻的《近思録》很可能是大字本，且增添了有關舉業的語録，可那時的朱熹還是放心不下，稍前在《答吕伯恭》書中説：“欽夫寄得所刻《近思録》來，卻欲添入説舉業數段，已寫付之。但不知渠已去，彼能了此書否耳。”①朱熹《答張敬夫》的書信中亦云：“《近思》舉業三段及横渠語一段並録呈，幸付彼中舊官屬正之。或更得數字，説破增添之意尤佳。”怎奈由於淳熙五年夏季張栻調離廣西，廣西刻本今又不存，故朱熹欲增入的這幾條文字是否在静江府學刊本保存，我們也無從知曉，然而閲讀存世《近思録》文本，實有説舉業數條。另外，據束景南先生《朱熹年譜長編》記載，這一年的夏間朱熹在清湍度夏，“補修《近思録》等”，這或許是與桂林刻本有關聯的修訂。

《近思録》初編當年有抄稿本，差不多在一年半後出現了潘叔度刻本。在此過程中，朱熹、吕祖謙一直没有停止對初編本的修改。等到淳熙五年，《近思録》從初稿到此時刊行，歷時三四年，朱、吕二人多是以增補、析出等形式來進行修訂統籌。然而，考察淳熙五年之後朱熹給吕氏的書信，筆者尚未發現他們二人書信往來談論《近思録》改訂事宜。所以，我們認爲到淳熙五年時《近思録》的修訂基本告一段落，但並不能因此就説此後朱熹不再對《近思録》進行修訂，事實上關於《近思録》修訂尚未最終定案。

（3）出現在吕祖謙去世之後的《近思録》朱熹臨漳自刻本又有文字增添

南宋淳熙十六年朱熹知漳州，紹熙元年（1190）年初，朱熹到漳州赴任後不久便開始刊行儒學典籍於漳州學宫。據束先生《朱熹年譜長編》，紹熙元年十二月，漳州學宫刊刻有《大學章句》《近思録》《家儀》《鄉儀》《獻壽儀》等，所

---

① （宋）朱熹《答吕伯恭》，《晦庵先生朱文公文集》卷三十四，見《朱子全書》，第1476頁。

刊《近思録》是用刊刻部分經、子類書籍後的多餘紙張刊印的，朱熹《與學古》書信可以爲證。朱熹説："有紙萬張，欲印經、子及《近思》《小學》《二儀》。然比板樣，爲經、子則不足，爲四書則有餘。意欲先取印經、子分數，以其幅之大半印之，而以其餘少半者印它書。"又説："所印書，但以萬幅之太半印經、子，其餘分印諸書。"[①]朱熹所印"它書""諸書"中或有《近思録》的身影。

關於朱熹這次刊印《近思録》的確切時間、地點，陳來則認爲"此書當在朱子去漳不久，以辛亥秋冬爲近"[②]，似有不妥。方彦壽説"朱熹在建陽刻書，日常事務主要交由其婿劉學古、季子朱在打點，門人林擇之擔任部分發行工作，刻書地點則在建陽崇化書林"，並以《朱文公文集・别集》卷五《答學古》書二爲例作了闡述[③]。再查朱熹給宋澤之的書信，朱熹説："今春不幸，長子喪亡……人還，無以爲意，臨漳所刻諸書十餘種，謾見遠懷。書後各有題跋，見所爲刻之意。《近思録》比舊本增多數條，如'買櫝還珠'之論，尤可以警今日學者用心之繆。《家儀》《鄉儀》亦有補於風教，幸勿以爲空言而輕讀之也。"[④]朱熹長子於紹熙二年(1191)正月去世，隨後朱熹歸家治喪。那麽臨漳所刊《近思録》應在此前，束景南先生考訂爲紹熙元年十二月，應該可信。

從《近思録》淳熙二年初編到紹熙元年漳州刊行，其間不時有朱熹或吕祖謙提出修改意見，修訂歷時 15 年。朱熹臨漳自刻本猶在竭力完善此書，"增多數條"之舉表現出朱熹精益求精的學術精神。如《近思録》卷二"伊川先生謂方道輔曰聖人之道"條，很可能是此時增補的，不然信中何須言"比舊本增多數條，如'買櫝還珠'之論"。在紹熙元年至二年朱熹守漳州期間，他注重教化，刊印圖籍，該《近思録》增訂本應是他在任一年多的時間内刊刻的。故束先生《朱熹年譜長編》説，"紹熙元年庚戌"，"刊刻《大學章句》《近思録》……等於臨漳學宫"[⑤]。

從上述《近思録》早期刊本的刻印地域看，主要出現在南方。這與宋代的雕版印刷發展也相關聯。"宋代立國之後，長期推行重文輕武的政策，爲雕版

① (宋)朱熹《晦庵先生朱文公别集》卷五，見《朱子全書》，第 4923 頁。
② 陳來《朱子書信編年考證》，上海人民出版社，1989 年 4 月 1 版，第 343 頁。
③ 方彦壽《建陽刻書史》，第 70—71 頁。
④ (宋)朱熹《晦庵先生朱文公文集》卷五十八，見《朱子全書》，第 2777—2778 頁。
⑤ 束景南《朱熹年譜長編》，第 1010 頁。

印書技術的發展和雕版印書事業的繁榮創造了良好的社會條件，故兩宋刻書之多，雕鏤之廣，規模之大，版印之精，流通之寬，都堪稱前所未有，後世楷模"[1]。宋代刊刻圖書有數萬部之多，書價低廉，購求容易。在《近思録》出現前的宋真宗時，國子祭酒邢昺説："今板本大備，士庶家皆有之，斯乃儒者逢時之幸也。"[2]當時朝廷大力推動圖書傳播，堅持"固非爲利，正欲文籍流布"的宗旨，故那時學者容易得書，士大夫家不勞力而有藏書。這對宋代新儒學思想傳播有相當積極的影響。金鍔《漢唐以來書籍制度考》也説，"至板本盛行，摹印極便，聖經賢傳乃得家傳而人誦"[3]。在北宋、南宋之交，葉夢得撰寫《石林燕語》時，已是"書籍刊鏤者益多"，"學者易於得書"，刻印書有杭本、蜀本、建本，且"福建本幾遍天下"[4]。

南宋圖書刻印業的發達，對北宋諸儒著述的流通傳播起到了很好的推動作用，對生活在那個時代的朱熹也有直接的影響，宋代較爲發達的印本文化更是助推了《近思録》各式刻本的誕生。朱熹、吕祖謙因擔憂後學們讀書苟簡、不能心裹思量，有意編《近思録》指導門人後學近思、踐履。該書一出現，南宋的學者就利用南方雕印技術發達的優勢很快對其進行刻印，上述《近思録》浙本、閩本、廣西刊本等，就是在雕版文化興盛的背景下産生的，而且使得《近思録》文本在那時除抄寫本外更多的是以刻本形態流佈。

從現存公私藏目著録看，《近思録》定稿之前的本子的確不止一種，在朱熹時代已出現不同傳本。清代四庫館臣説："《近思録》雖成於淳熙二年，其後又數經删補，故傳本頗有異同。至各卷之中惟以所引之書爲先後，而未及標立篇名，則諸本不殊。"[5]據南宋陳振孫《直齋書録解題》卷九儒家類著録，曰："《近思録》十四卷，朱熹、吕祖謙取周、程之書關於大體而切於日用者六百十九條，取'切問近思'之義，以教後學。"陳氏著録的"619 條"本《近思録》與朱

---

① 李致忠《宋版書叙録》(自序)，北京圖書館出版社，1994 年 6 月 1 版，第 1—2 頁。

② (宋)李燾《續資治通鑒長編》卷六十，中華書局，1980 年 1 月 1 版，第 1333 頁。

③ 袁詠秋等編《中國歷代國家藏書機構及名家藏讀叙傳選》，北京大學出版社，1997 年 1 版，第 178 頁。

④ (宋)葉夢得《石林燕語》卷八，見《叢書集成初編》收録《萍洲可談(及其他一種)二册》，《石林燕語》(二)，第 74 頁，中華書局，1985 年新 1 版。

⑤ 江永《近思録集注》"提要"，載於(清)永瑢等撰《四庫全書總目》，第 781 頁。

熹《近思録序》所説的"六百二十二條"不同，而且陳振孫説《近思録》是取周敦頤、二程三人之言，没有張載之名，與今天所見朱熹序文所言"四君子"有别，由於此 619 條本今已不存，故不知是否輯録有張子語録。如果陳振孫著録無誤的話，那麽他所見的《近思録》619 條本尚不是定本，很可能是最終定稿前的本子。因爲在長達十幾年的修訂過程中，各種本子在當時都有可能流佈，陳振孫所藏或許是其中一種。

並且，現有文獻資料也能解答早期版本不一、輯録四子語録有别的問題。如淳熙乙未之後朱熹《答程允夫》書説："《近思録》載横渠論氣二章，其説與《太極圖》動静陰陽之説相出入。然横渠立論，不一而足，似不若周子之言有本末次第也。横渠論氣與《西銘》《太極》各是發明一事，不可以此而廢彼，其優劣亦不當輕議也。"①從朱熹在這裏談及《近思録》所載横渠論氣之説可見，當時朱熹還在考慮如何處理收録的横渠之論與周敦頤之言。朱熹丙申年《答吕伯恭》書中也在與吕氏商定該書收録内容，他説"横渠諸説告早補定，即刊爲佳"。從中我們似可窺見，那時兩人在商訂《近思録》時，對於收録的張載之語作過訂補，不然何言"補"字。因而南宋陳振孫不説"張載"之名是有原因的，很可能其著録的《近思録》就是早期傳本之一，且是未補定張載有關論説之前的本子。

三、《近思録》編纂的獨特性與典範性

《近思録》是一部有目的、有系統編纂北宋四子學術思想的語録體編著，儘管其文字内容不是朱熹、吕祖謙原創，但其編纂理念、卷次編排、綱目結構卻具有相當的原創性與學術典範性。

（一）獨創的編纂手段構築了較完備的理學體系，新創的"四子"稱謂影響深遠

1. 朱、吕二人編撰此書時雖無前人的編輯樣本可依託，卻在選輯内容、編纂體例上有獨到之處。

---

① （宋）朱熹《晦庵先生朱文公文集》卷四十一，見《朱子全書》，第 1889 頁。

在他們之前無人將北宋四子語録彙集，在無前人經驗可依託的情形之下，若編就一部讀四子著述的便宜入門讀本，並非易事。因而現代著名學者錢穆説："朱子集周、張、二程，並漢宋諸儒之大成，博文之功，千古無匹，而不失約禮之精神。"①

他們編撰的《近思録》每卷各圍繞一個問題擇録四子之論説，有的是同中有異，有的是異中有同，將這些語録彙聚一處後，可做到相互發明、相互補充，如果讀者"無明師良友以先後之者，誠得此而玩心焉，亦足以得其門而入矣"。朱熹《答或人》書説："《近思録》本爲學者不能遍觀諸先生之書，故掇其要切者，使有入道之漸。若已看得浹洽通曉，自當推類旁通，以致其博。若看得未熟，衹此數卷之書尚不能曉會，何暇盡求頭邊所載之書而悉觀之乎？"②可見此書選材關注"要切"之語，編纂强調"入道"，目的是利於讀者"近思"自學四子著述。

《近思録》在内容編排上注重從易到難、由低到高的科學思維。從朱熹序文可知編輯剪裁時，是"掇取其關於大體而切於日用者，以爲此編"。吕祖謙的後序又告訴我們，讀《近思録》當從第二卷讀起，最後返回來讀第一卷，依照"科級"，"循是而進，自卑升高，自近及遠，庶幾不失纂集之旨"。至於有人説第一卷道體"難看"，爲什麽編定時放在卷首呢？前文已述這是朱熹采納了吕祖謙合理的建議，使讀者"知其名義，有所嚮望"。並且吕氏也强調其卷次編排的用意是在於"日用躬行之實"，要求學者就切身日用處下功夫，不廢初階，不陵節以進。如果讀者"厭卑近而鶩高遠，躐等陵節，流於空虚，迄無所依據，則豈所謂'近思'者耶？"顯然他也是針對言性命學者的空虚之病而作以强調。

《近思録》卷次的分類編排，體現出相當的層次性和理學邏輯結構。對此，清人陳舜錫有較適當的概述，説《近思録》："上明天道，則無極太極之奥、元亨利貞之常、通復往來之故、易簡生成之德、闔闢消長之機、一神兩化之妙，瞭如也；下明人道，則仁義禮智之性、喜怒哀樂之情、肅乂哲謀之則、親義别叙

① 錢穆《明初朱子學流衍考》，載於《中國學術思想史論叢》卷七，安徽教育出版社，2004年7月第1版，第5頁。

② （宋）朱熹《晦庵先生朱文公文集》卷六十四，見《朱子全書》，第3142頁。

之經、禮樂中和之節、作止語默之宜，燦然也。學以致此道，則有窮理居敬、直内方外、深造自得之功；知以明此道，則有實地真切、漸進積多、上達一貫之序。言存養，則静中有動，動中有静，而復艮互用；言克己，則制之於内，防之於外，而明健相資。由是以正倫理，以篤恩義，而家道成矣；窮則獨善，達則兼善，而出處正矣。至於挈綱維而端治體，修典制而明治法，通經權而敷政事，以迨進覺天下，退淑吾徒，而教育宏；内切憂危，外勤惕厲，而警戒深，有一不彰明較著者乎？而猶辨異端似是之非，使坎離鉛汞、不生不滅之説息；詳絶學遞傳之緒，使帝王師儒、歷聖群賢之統尊。寧復有奥指微詞，爲是書闡發之所未及者哉？"[①]

朱熹、吕祖謙的編纂方式，"使得《近思録》的理學思想體系更爲完整：宇宙本體哲學'結頂'，倫理政治哲學'奠基'"[②]。綜觀其結構内容，"是書雖約，然首明道之大體，以示之端，繼言爲學之要、修己治人之方，終則辨别邪異，統論聖賢，以一其向"[③]，各卷内容相呼應，結構非常完整，綱目之間邏輯緊密。這也體現出理學細密地分析、實踐地講求"立志""修身"，以求最終達到"内聖外王""治國平天下"。正如李澤厚所論，理學"把道德自律、意志結構，把人的社會責任感、歷史使命感和人優於自然等方面，提揚到本體論的高度，空前地樹立了人的倫理學主體性的莊嚴偉大"[④]，朱熹也是以構建倫理學爲目標的。

對於此書，淳熙十五年(1188)，五十九歲的朱熹自己頗爲欣賞，自評道："修身大法，《小學》備矣；義理精微，《近思録》詳之。"在朱熹六十歲前後，還肯定道："《近思録》一書，無不切人身，救人病者。""《近思録》好看。四子，六經之階梯；《近思録》，四子之階梯。"[⑤]在朱熹眼裏，該書就是閲讀周、張、二程之書的不二之選。

---

① (清)陳舜錫《近思續録跋》，收録在(清)劉源渌《近思續録》，清光緒十七年補刻本。

② 嚴佐之《導讀》，第13頁。載於(宋)朱熹、吕祖謙編，(宋)葉采集解，嚴佐之導讀，程水龍整理《近思録》，上海古籍出版社，2010年8月1版。

③ 清康熙二十八年柯崇樸《近思續録原刻序》，載於(宋)蔡模《近思續録》，清康熙年間柯崇樸重刻本。

④ 李澤厚《中國古代思想史論》，生活·讀書·新知三聯書店，2008年6月1版，第269頁。

⑤ 《朱子語類》卷一百五，第2629頁。按，這裏"四子"即"四書"。參閲石立善《朱子所謂"四子"何指》，載於《衡水學院學報》2015年4月第2期，第60—63頁。

2. 南宋以來的“四子”之稱，實因《近思録》而定論。

若論北宋理學家中誰纔是不可或缺的代表人物，則《近思録》一書給出了答案。朱熹説他們是“讀周子、程子、張子之書”而生發出編纂之意，該書凸顯的是周、二程、張四人學術主張，“四子”稱謂因此而出現。正因爲在理學史上是朱、吕編纂《近思録》時創立此稱謂，故錢穆認爲，在北宋五子中，“周、張、二程同稱四子，同列爲北宋理學大宗，蓋自《近思録》成編，而始漸臻爲定論”①。那麽“後世之同尊四子，其事胥自朱子發之”。

《近思録》關於“四子”的定論在中國古代學術思想史上是一種創見，該書是宋代濂洛關閩之學全面、集中、簡明、概括的表述。北宋四子之書閎博無涯，有志於理學的後學之士若不識門徑則功效甚微。爲幫助他們切實學習，朱、吕二人博中取約，所選録的622條語録委實反映了四子思想的概貌，也體現了四子思想的精華。該書每卷都以周敦頤的語録開始，接着是二程、張載的語録，由此也可窺四子在朱熹心目中的地位。周敦頤是北宋理學的開山之祖，是理學的奠基者，其思想也構成了朱子思想的不可或缺的内容。他的《太極圖説》闡釋了宇宙本原及其生成過程，提出了太極、理、氣、性、命等一系列哲學範疇，後來成爲理學的基本範疇。朱熹對周敦頤很是推崇，“以《太極圖説》爲開篇，正説明了周敦頤爲價值本體設立形而上的依據的貢獻”②，所以《近思録》卷一開篇就是“太極”本體創化萬物的宇宙生存論模式。

由於程顥、程頤提供了理學的主要理論建構，提出性即理、存天理滅人欲等思想，重視人性問題、“變化氣質”的方法，融會傳統儒學，並批判吸收釋、道理論成果，構建了新儒學體系，所以他們的語録排在其師周敦頤之後。張載三十多歲在京師與二程論學，其理學思想的完成年代還早於二程，他的思想體系是以“天”爲核心觀念③，其理論向心性、義理等道德修養領域深入，“對儒學真能登堂入室並能發展出一個新系統”④。或許是因爲朱熹出於建立理學

① 錢穆《朱子新學案》，第841頁。
② 何俊《南宋儒學建構》，第118頁。
③ 林樂昌《張載理學與文獻探研》，第28頁。
④ 韋政通《中國思想史》下册，上海書店，2003年12月1版，第749頁。

道統的需要，纔把張子作爲二程的輔翼，將張載的思想觀點看作是對理學思想的必要補充，所以大多收録在各卷之後。

此書對四子語録的編排，也反映出朱熹在思想逐漸成熟過程中研修理學的邏輯思考。陳榮捷説："《近思録》之編排與内容，均以朱子本人之哲學與其道統觀念爲根據。全書以周子《太極圖説》爲首……每卷以周子始，二程次之，張子爲後。張子比二程年長，應居先，而朱子之次序如彼者，乃以周子爲理學之開端，以二程爲理學之成立，張子爲理學之補充，於禮教鬼神等説，貢獻更大。"①

3. 此書分類編纂體現出"三綱八目"的結構體系。

該書主要是作爲學習四子思想的入門讀物。卷一設立"道體"，且置於首卷，以體現其"義理之本原"。在"道體"卷後，先總論"爲學"，接之按八綱目分論格物、致知、存養、修身、齊家、爲政、治國等。由於朱熹在編纂《近思録》之前已完成《大學章句》，所以《近思録》卷次的編排也與《大學》"三綱八目"②相契合，雖説"教學之道""改過""辨異端""觀聖賢"等卷目與之並不緊密，可也反映出理學家重視講學、陶養聖賢氣象之意，以及對佛道異端的排斥。

《大學》爲四書之首，二程説："《大學》，孔氏之遺書，而初學入德之門也。"朱熹説："先通《大學》，立定綱領，其他經皆雜説在裹許。通得《大學》了，去看他經，方見得此是格物、致知事，此是正心、誠意事，此是修身事，此是齊家、治國、平天下事。"③《大學》"以修身爲基礎的、强調一切服從於治國平天下的政治倫理哲學，迫使一切宗教哲學不得不向儒家俯首屈服，這一點確定了《大學》對新儒家具有的重要意義及其地位"④。《近思録》的綱目與《大學》"三綱八目"明顯存在關聯，也爲明清學者所關注。清代茅星來《近思録集注原序》説，《近思録》濃縮了"古聖賢窮理正心修己治人之要"，可"與《大學》一書相發明者也。故其書篇目，要不外'三綱領''八條目'之間，而子朱子亦往往以《小

① 陳榮捷《朱學論集》，第 82 頁。
② "三綱"：明明德、新民、止於至善；"八目"：格物、致知、誠意、正心、修身、齊家、治國、平天下。
③ 《朱子語類》卷十四，第 252 頁。
④ 陳來《朱子哲學研究》，華東師範大學出版社，2000 年 9 月 1 版，第 283 頁。

學》並稱，意可見矣”。對於二者之間關係，余英時説《近思録》“綱目大致本之《大學》八條目，卷一至五相當於格、致、誠、正、修，朱熹《集注》所謂‘修身以上，明明德之事也’……卷六至十一相當於齊、治、平，《集注》所謂‘齊家以下，新民之事也’……最後三卷中‘異端’是通過批判老、釋以加强‘内聖’之學，其餘兩目則屬於雜類，可以置之不論”。

嚴佐之先生對《近思録》綱目與《大學》“三綱八目”之間的互相發明曾作過很好的論述。對於二者理學理論邏輯結構，嚴先生以爲：“《大學》是四書的‘政治哲學綱領’，其要義則是‘三綱領八條目’。朱熹在‘寒泉著述時期’，已經初步構築起他的四書學説體系，而他要編纂的《近思録》又是一部‘關於大體而切於日用’的書，因此，用《大學》‘三綱八目’來‘規模’《近思録》，自然是十分合乎邏輯的。”又説：“四書是儒學元典五經的入門階梯，《大學》是四書的綱領，《近思録》按《大學》‘三綱八目’規模來輯次周、程、張四子語録，故而讀《近思録》可與《大學》相發明，並循級而上，漸登聖學殿堂。”①

陳榮捷也曾説，《近思録》“朱子之次序，乃大體上依《大學》之格、知、誠、正、修、齊、治、平。由於朱子極重《大學》，而《近思録》又爲理學之基本典籍，於是十四目之次序，遂成《語類》《性理大全》《朱子全書》《性理精義》之典型，而中國哲學之範疇，牢不可破矣”②。

4. 此書構築了較完備的理學體系。

從整個理學體系建設來説，朱熹當初感到有必要構建一個各方都能接受的理學體系。《近思録》便承擔了這一角色，主編者朱熹也藉之以確立儒學精神，建立自己的儒學道統觀。在寒泉窮經苦讀的著述生活時期，“對朱熹來説更需要的是學派思想體系的總結，是用理性邏輯的方式進行理論體系的概括……一個學派要有號召力和生命力，必須要有一部系統而又簡明闡述自己學派思想體系的著作作爲旗幟……正是這種學派意識推動朱熹同吕祖謙相晤共同編出了《近思録》”③。束先生此論肯定了《近思録》在理學體系建構中的必要性與創新性，因爲在此之前，儒家思想一直依附於經書，而《近思録》中

① 嚴佐之《導讀》，第 12 頁。見程水龍整理《近思録》，上海古籍出版社，2010 年 1 版。
② 陳榮捷《朱子新探索》，第 213 頁。
③ 束景南《朱子大傳》，第 347 頁。

的理學理論體系建構，擺脱了對於儒家經書的簡單依附，呈現鮮明的獨立性，這是朱熹之前的傳統儒學不曾展現的。

"對朱熹來説，爲建立自己學派同其他學派競争，明晰闡述二程的理學體系已經成爲必要，一方面需要有一本概括二程理學體系的著作作爲學習二程理學的簡便階梯，吸引士子'入吾彀中'，另一方面需要各學派的首領坦率地到一起來相談面論，交流統一思想；吕祖謙在這種想法之外，更有一重折衷衆家、會歸衆説於一的打算。而這一切又必須以朱熹和吕祖謙兩個理學大師首先統一思想、認識一致爲前提"[①]。寒泉相會朱、吕二人的認識大致統一了，《近思録》也成爲他倆思想交流的成果。特别是此時思想較成熟的朱熹，有意通過編《近思録》以傳播自己欲建構的理學思想體系。

朱熹編輯《近思録》之前的那個階段，是他一生中對北宋儒學著作的整理相對集中的階段，他整理和研究的儒家經典重在五經、四書、北宋諸子著作。通過個人的學習研究實踐，他認識到四書的地位高於北宋諸子著作，五經的地位又高於四書，學者治學應當由《近思録》上升到四子，由北宋諸子著作上升到四書，再由四書上升到五經，即"四書乃凌駕於五經之上，治學者必先四書，乃及五經"[②]。清嘉慶十九年(1814)王鼎説：窮經致用"必於《近思録》基之。體認既熟，於以讀四子書，始恍然於義理之悦我心。由四子書而研窮諸經，益恍然於唐虞三代之學與治"[③]。清光緒丙戌年(1886)賀瑞麟也説："學者不學聖賢則已，欲學聖賢而不由斯二書(筆者按，即《小學》《近思録》)，是猶立數仞之墻浮埃聚沫以爲基，航斷港絶潢以望至於海，也必不可得矣。""讀者能於此二書深究入德之門，造道之方，則聖賢途轍可循而入，不至誤落坑塹。"[④]《近思録》體現且肯定了"北宋諸子著作→四書→五經"這一進學序列。這一朱學化的讀書進升程式，在南宋已顯示出朱子學在學術競争中具有的重要影響力。

① 束景南《朱子大傳》，第 349 頁。

② 錢穆《宋代理學三書隨劄》，生活・讀書・新知三聯書店，2002 年 8 月 1 版，第 220 頁。

③ (清)王鼎《朱子原訂近思録序》。

④ (清)賀瑞麟《重刻小學近思録序》，載於(宋)朱熹、吕祖謙共輯《近思録》，清光緒年間傳經堂刊本。

(二)《近思録》綱目是朱子理學體系的定型,在後世産生典範性效應

1.《近思録》所建綱目成爲後世續編、整理者的範本。

《近思録》出現在南宋前期,其選材來自北宋周、二程、張的論説文字,朱熹利用這些師長的思想確立了北宋儒學道統。若從主編者朱熹著書立説的歷程看,此書的編纂處在承前啓後的階段,前期他關注的是北宋道學,《近思録》之後他更多地是研究"四書",故《近思録》《四書章句集注》是最能代表朱熹思想的典範性著作。《近思録》所構成的嚴謹而完整的思想體系,是在對《大學》《中庸》的有機結合基礎上實現的,吸收了朱熹之前的道學和先秦儒學的理論成果,反映了兩宋新儒學家們的共識,在整個儒學發展史上有獨特的價值。

作爲中國傳統哲學中具有體系化思想的專門性著作,《近思録》受到後世追捧並不爲奇,因爲該書十四卷之間邏輯次序謹嚴,明代劉仕賢的話基本道出了其中奥妙。他説:"學莫先於知方,故首之以求端;方不可以徒知,故次之以用力;力必爲乎己,故次之以處己;成乎己即成乎物,故次之以治人。是數者皆所以黜邪而居正也,故次之以辯異端、觀聖賢終焉。"[①]可見《近思録》是儒者深造的階梯。

《近思録》卷端所題一般是"近思録卷之××,凡×××條",如《近思録》的明清刊本多如此,一般不題署篇名。那麽,最初編纂的《近思録》有無篇名呢? 據《朱子語類》所載,朱熹説:"《近思録》大率所録雜,逐卷不可以一事名。如第十卷,亦不可以事君目之,以其有'人教小童'在一段。"[②]但我們在研讀《近思録》後,明顯感知它是按類編排,當初或有撰目之意,或有卷次號[③]。對此,陳榮捷認爲,"定《近思録》本來决有題目,而不知所謂目録或如黄榦所云之'其初固有此意',或祇指卷之號碼而已"[④]。此話也不無道理。

爲了讓對理學感興趣的讀者讀此書時更易把握中心,有清晰的眉目可循,於是南宋時朱熹門徒給《近思録》擬定了綱目,如葉采《近思録集解》十四

---

① (明)劉仕賢《分類經進近思録集解序》,載於《分類經進近思録集解》,明嘉靖十七年劉仕賢刻本。

② 《朱子語類》卷一百五,第 2629 頁。

③ (宋)朱熹《晦庵先生朱文公文集》卷三十三,見《朱子全書》,第 1460 頁。

④ 陳榮捷《朱子新探索》,第 397 頁。

卷、楊伯嵒《泳齋近思録衍注》十四卷、熊剛大《近思録句解》十四卷中皆有綱目。我們將楊、葉所擬篇名與《朱子語類》中所載的逐篇綱目[①]比較後,發現除卷一"道體"、卷四"存養"、楊氏本的卷十四"聖賢氣象"文字上没有差别外,其餘都作了删節縮改,表意稍顯概略,然而總體上楊、葉二人仍保留着朱子原綱目的邏輯體系,與其理學思想一致。葉采更是在朱熹所言十四卷綱目基礎上進行了簡化,其篇名簡明易懂,這也成爲葉采集解本在後世廣泛傳播的重要因素之一。

在歷史上的《近思録》注本中,影響最久遠、最具代表性的是葉采《近思録集解》,其十四卷篇名分别是:道體,論學,致知,存養,克治,家道,出處,治體,治法,政事,教學,警戒,辨異端,觀聖賢[②]。後世仿編、續編《近思録》的文本在篇名的擬訂上也多與此關聯,如明初周公恕《分類經進近思録集解》、清汪佑《五子近思録》、清張伯行《近思録集解》、朝鮮韓夢麟《續近思録》、日本澤田希《近思録説略》等。

考察後世理學文本的編纂歷程我們會發現,《近思録》分類編纂的綱目結構,成爲後來理學要籍編撰時仿效的範本,甚至明代永樂年間胡廣等奉敕編撰的《性理大全》,清康熙年間李光地等人奉敕編輯《朱子全書》《性理精義》等典籍,在編輯體例或方法上都受其影響,以致成爲"數百年來理學一貫之輪廓"[③]。李祥俊等學者還認爲,《近思録》主要由道體、爲學、聖賢氣象三大部分組成,"全書構成了一個具有自身内在邏輯結構的完整的思想體系"[④]。

並且,關於《近思録》十四卷的各卷綱目,也是儒家的内聖外王之學的明確展示。對此,余英時解讀説:"這個綱目大致本之《大學》八條目,卷一至五相當於格、致、誠、正、修,朱熹《集注》所謂'修身以上,明明德之事也'。這是'内聖'的領域。卷六至十一相當於齊、治、平,《集注》所謂'齊家以下,新民之事也'。這是'外王'的領域。最後三卷中'異端'是通過批判老、釋以加强'内

---

① 《朱子語類》卷一百五,第 2629 頁。

② 見(宋)葉采《近思録集解》,元刊本。

③ 陳榮捷《朱學論集》,第 277 頁。

④ 李祥俊、賈椏釗《〈近思録〉與中國傳統哲學的體系結構》,載於《哲學研究》2014 年第 9 期,第 41 頁。

聖’之學，其餘兩目則屬於雜類，可以置之不論。”[①]余先生對《近思録》理學的綱目與其内聖外王的分析是可取的。

2.《近思録》十四卷體例也代表了朱子理學體系的定型。

朱熹非常重視思想文本的建設，所以他與吕祖謙整理四子書的目的也在於爲後學提供能作爲教化的讀本。《近思録》在内容上彰明道統，在架構上順應時代發展而集大成。其編纂手法既反映出朱熹思想，又確實爲後世學者提供了一個藉此學習理學文本編纂的路徑。作爲儒學理學的津梁，此書是由一個完整的理學體系組合而成。儘管朱熹當初雖未直接撰寫出各卷主旨提要，但我們從其再傳弟子葉采淳祐年間集解《近思録》所擬各卷提要不難看出，其表意是完備的。現將葉采《近思録集解》所擬各卷提要抄録如下。

卷一：此卷論性之本原、道之體統，蓋學問之綱領也。

卷二：此卷總論爲學之要。蓋尊德性矣，必道問學，明乎道體，知所指歸，斯可究爲學之大方矣。

卷三：此卷論致知。知之至，而後有以行之。自首段至二十二段，總論致知之方。然致知莫大於讀書，二十三段至三十三段，總論讀書之法。三十四段以後，乃分論讀書之法，而以書之先後爲序。始於《大學》，使知爲學之規模次序，而後繼之以《論》《孟》《詩》《書》。義理充足於中，則可探大本一原之妙，故繼之以《中庸》。達乎本原，則可以窮神知化，故繼之以《易》。理之明，義之精，而達乎造化之蘊，則可以識聖人之大用，故繼之以《春秋》。明乎《春秋》之用，則可推以觀史，而辨其是非得失之致矣。横渠《易説》以下，則仍語録之序，而《周官》之義因以具焉。

卷四：此卷論存養。蓋窮格之雖至，而涵養之不足，則其知將日昏，而亦何以爲力行之地哉？故存養之功，實貫乎知行，而此卷之編，列乎二者之間也。

卷五：此卷論力行。蓋窮理既明，涵養既厚，及推於行己之間，尤當盡其克治之力也。

卷六：此卷論齊家。蓋克己之功既至，則施之家，而家可齊矣。

---

① 余英時《朱熹的歷史世界》，生活・讀書・新知三聯書店，2004年8月1版，第10頁。

卷七:此卷論出處之道。蓋身既修,家既齊,則可以仕矣。然去就取舍,惟義之從,所當審處也。

卷八:此卷論治道。蓋明乎出處之義,則於治道之綱領不可不求講明之。一旦得時行道,則舉而措之耳。

卷九:此卷論治法。蓋治本雖立,而治具不容闕。禮樂刑政有一之未備,未足以成極治之功也。

卷十:此卷論臨政處事。蓋明乎治道而通乎治法,則施於有政矣。凡居官任職,事上撫下,待同列、選賢才,處世之道具焉。

卷十一:此卷論教人之道。蓋君子進則推斯道,以覺天下;退則明斯道,以淑其徒。所謂得英才而教育之,即新民之事也。

卷十二:此卷論戒謹之道。修己治人,常當存警省之意,不然,則私欲易萌,善日消而惡日積矣。

卷十三:此卷辨異端。蓋君子之學雖已至,然異端之辨尤不可以不明,苟於此有毫釐之未辨,則貽害於人心者甚矣。

卷十四:此卷論聖賢相傳之統,而諸子附焉。斷自唐虞堯、舜、禹、湯、文、武、周公,道統相傳,至於孔子。孔子傳之顏、曾,曾子傳之子思,子思傳之孟子,遂無傳焉。於是楚有荀卿,漢有毛萇、董仲舒、揚雄、諸葛亮,隋有王通,唐有韓愈,雖未能傳斯道之統,然其立言立事有補於世教,皆所當考也。逮於本朝,人文再闢,則周子唱之,二程子、張子推廣之,而聖學復明,道統復續,故備著之。

由此可見,《近思録》卷一"道體"的設立有其必要性。葉采是從"學問之綱領"的高度來看待此卷,揭示出此卷是編纂者意識最終達成一致的標誌。從前文所引文獻可知,朱熹、吕祖謙最初關於此卷的設立是有過分歧的,但由於"道體"一卷在整本書中具有提綱挈領的作用,儘管它有大量形而上的哲理思辨内容,可從學理上看"道體"衹能置於首卷,可使讀者"知其名義,有所嚮望"。這也是這本理學讀本自身體系的内在要求。

首卷之後的其他十三卷,按照由易到難、由近及遠的閱讀次序編排。"道體"内涵的領悟需要先"道問學",學以明理,需致知力行、修身踐履,因而卷三"致知"、卷四"存養"就是讓讀者"内化"的環節。當知行功夫已達,便可盡顯體用一源，學以致用。卷五“克治”、卷六“齊家”、卷七“出處”、卷八“治體”、卷九“治法”、卷十“政事”，主要涉及修身、齊家、治國、平天下。卷十一“教學”是要求在朝堂之上的君子和賦閑在野的士君子不忘教化。卷十二“警戒”是强調儒者要誠敬慎獨，勇於改過。卷十三“辨異端”是理學家對佛道二氏的防範，儘管理學吸納了二氏的思辨精髓，但與之仍需劃清界限。卷十四“聖賢氣象”，與儒家的“道統”論息息相關，此卷的設立體現了編撰者的理想追求①。

儘管朱熹、吕祖謙編纂之初没有明確表述各卷内在之關聯，但我們從葉采的擬定能够確信此書以朱熹爲主導的理學體系的存在。這或許就是《近思録》在後朱熹時代産生深遠影響之主因，故其結構體例成爲後學編輯、整理理學文獻時的範本。因而，陳榮捷在《朱子之〈近思録〉》一文中評説，《近思録》誕生之後，“朱子講友劉子澄即編《近思續録》，至明而有高攀龍之《朱子節要》，至清而有張伯行之《續近思録》與《廣近思録》等等十九種。或輯二程子門人，或選宋明理學家要言，或專采朱子精語，皆依朱子之《近思録》分十四目。《近思録》之内容形式竟支配哲學選録之風氣達七八百年”②。

綜觀《近思録》，其結構完備，綱目邏輯緊密，“是書雖約，然首明道之大體，以示之端，繼言爲學之要、修己治人方，終則辨别邪異，統論聖賢，以一其向”③。代表朱子理學體系的十四卷體例，不僅受到“近思録文獻”注編者崇敬，而且相關理學文獻再編也遵循之，如《四庫全書總目》在《性理群書句解》“提要”中説：“明永樂中詔修《性理大全》，其録諸儒之語，皆因《近思録》而廣之。”④

從東亞各時期不同地域整理、注解《近思録》的具體舉措考察，他們均崇尚程朱理學，極力肯定《近思録》的經典地位。在東亞性理學者的心目中，《近思録》有普世價值，或注解之，或續編之，或講讀之。所以，陳榮捷纔

---

① 參見路新生《理學開新：〈近思録〉的編纂及其内在邏輯理念》，載於《華東師範大學學報》2015年第6期，第59—62頁。

② 陳榮捷《朱學論集》，第79頁。

③ （清）康熙二十八年柯崇樸《近思續録序》，載於（宋）蔡模集編《近思續録》，清初天蓋樓刻本。

④ （清）永瑢等撰《四庫全書總目》，第787頁。

會認定歷史上"除儒、道經書以外，注釋《近思録》者比任何一書爲多"[①]，實非誇飾之言。

總之，《近思録》是主編者朱熹思想走向成熟時的産物，朱熹綜合了北宋周、邵、張、程諸大哲的學説，確實做到《中庸》所謂"博學之、審問之、慎思之、明辨之、篤行之"[②]。他以繼承伊洛傳統爲己任，以二程思想爲基礎，充分吸收北宋其他理學思想家的思想營養，建立了集兩宋理學之大成的理學體系。《近思録》十四卷卷次的安排具有内在邏輯，結構體系極具特色，既是後世《近思録》整理者、仿編者的範本，又是閲讀宋代理學的首選經典，故"後人治宋代理學，無不首讀《近思録》"。

四、南宋時期的《近思録》傳本

從前文的述考可以發現，《近思録》從初編到最終的定稿，是一個長期修訂、逐漸豐滿的過程。在朱熹、吕祖謙增删、調整、修訂過程中已産生出不同形態的本子，除此前朱、吕修訂過程中述及的初稿本、抄本、婺州刻本、閩本、廣西刊本、臨漳刊本等外，在此再據相關文獻資料將南宋時期的其他傳本簡述如下：

（一）淳熙七年的傳本

《近思録》刊本，在淳熙年間較流行。據《宋史》"陳淳傳"載，陳淳（1159—1223），字安卿，號北溪，漳州龍溪人，朱熹弟子。"少習舉子業，林宗臣見而奇之，且曰：'此非聖賢事業也。'因授以《近思録》，淳退而讀之，遂盡棄其舊業焉"[③]。"時陳淳年二十有二"（南宋淳熙七年）[④]，即未拜謁朱熹爲師之前，得到前輩林宗臣贈送的《近思録》，拜讀後即知"爲己之學"之理，堅信濂洛關閩

---

① 陳榮捷《朱子新探索》，第 401 頁。

② 張岱年 1988 年 12 月《張序》，見束景南《朱子大傳》，商務印書館，2003 年 4 月 1 版。筆者按：張岱年在《序論》中又認爲，朱熹作《近思録》目的在分類輯録北宋諸子的哲學思想，其結果分成十四部分，"各部分互相出入的情形頗甚"。見張岱年《中國哲學大綱》的《序論》第 5 頁，中華書局，2017 年 5 月 1 版。

③ （元）脱脱等撰《宋史》卷四百三十，第 12788 頁。

④ 見《北溪先生全集》中《初見晦庵先生書》，參見束景南《朱熹年譜長編》，第 1002 頁。

之學是真得洙泗之傳，盡棄其舊學而服膺朱學。依此推算，陳淳此時已讀到流行於世的《近思録》[①]。這個本子是紹熙元年十一月陳淳到朱熹處受學之前已誦習過的《近思録》，筆者依據出現地域推測可能是閩地刊本。

（二）淳熙八年前後白鹿洞書院刻本

朱熹於淳熙六年(1179)三月至淳熙八年三月知南康，任職期間積極辦學，以宣揚理學。淳熙七年修復白鹿洞書院，自任洞主，開放講學，制定《白鹿洞書院學規》。學者田浩以爲"朱熹的白鹿洞書院成爲朝廷和道學人士在13世紀關係改善以後合作的範例。朱熹爲書院製定的行爲規範爲日後書院的發展開創了先例"[②]。在該書院講學日盛的情况下，朱熹完全可能在此刊梓《近思録》。據現存清初刊本《朱子遺書》卷首牌記"禦兒吕氏寶誥堂重刻白鹿洞原本"，可知吕留良重刻《朱子遺書》本的源頭是白鹿洞刻本。既然清初猶有白鹿洞傳本存世，那麽相關刻本在史上也應是存在的，故李紀祥《〈近思録〉之"録"與〈傳習録〉之"録"》認爲："朱子的《近思録》白鹿洞刻原刊本，則是祇有分卷而無各卷標題。"遺憾的是我們至今未見過此"原刊本"。

（三）淳熙十五年前的坊刻本

在淳熙十五年(1188)之後，朱熹《答汪易直》書二，云："《近思》小本，失於契勘，致有差誤，此執事不敬之罪也。後來此間書坊别刊得一本，卷尾所增已附入卷中，仍削去重出數字矣。偶未有别本，旦夕求得，續當附去也。"[③]據此推測，在淳熙十五年前有《近思録》坊刻本，是"失於契勘"的"小本"、書坊"别刊"本。而且，據《朱子語類》卷一百十四記載，淳熙十三年四月五日丹陽竇從周來武夷問學時，告訴朱熹自己"看《伊川易傳》……《近思録》"。這似乎也能佐證淳熙十五年前傳本的存在。

---

① 參見(日)佐藤仁著，張加才、李思婉譯，李穎清校《北溪字義》日譯本《解題》，載於《朱子學刊》2012年第1輯，第155頁。

② (美)田浩《朱熹的思維世界》，第125頁。

③ (宋)朱熹《晦庵先生朱文公文集》卷六十，見《朱子全書》，第2883頁。

（四）紹熙三年以後的刊本

據陳榮捷説，《朱子語類》所載彭世昌守象山書院時，在慶元二年(1196)來訪朱子且購書，"雖未説明何書，然必是經、史、子、集，尤是其理學書籍如《論》《孟子》《精義》《小學》《近思録》之類爲建陽市面所無者"[①]。據史料，自慶元二年開始黨禁，一直到嘉泰二年(1202)，此間朱熹學説受打壓，《近思録》刊行恐遭遇困難，那時書商對理學書籍印行可能很少。但自紹熙三年(1192)朱熹定居建陽考亭至慶元黨禁之前，很可能繼續經營着刻書業，尤其有必要刊印理學類的書籍。依此推測，在這四年間考亭市面猶有《近思録》的印本行市。

（五）南宋時期曾出現過有"門目"的《近思録》本子

據黄榦《復李公晦書》説："《近思》舊本，二先生所共編次之日，未嘗立爲門目，其初固有此意，而未嘗立此字。後來見金華朋友方撰出此門目，想是聞二先生之説，或是料想而爲之。"[②]那麽，黄榦朋友撰有"門目"的《近思録》本子，其詳情雖有待考究，但此處仍可察"有門目"本子的存在。

另據黄榦《復李公晦書》云："今乃著爲門目，若二先生之所立者，則氣象不佳，亦非舊書所有。不若削去而别爲數語，載此門目，使讀者知其如此，而不失此書之舊爲佳。試與真丈言之如何?"黄氏所言"今乃著爲門目"的本子與真德秀有關，其《復李公晦書》云："真丈所刊《近思》《小學》皆已得之，《後語》亦得拜讀。"[③]那麽黄氏所見的有門目的本子如果是真德秀刊刻，則與其所云"金華朋友"又不吻合。真德秀爲朱熹再傳弟子，建州浦城人，篤信朱熹理學，一生的大多時間在閩地度過，即使他刊刻了《近思録》，則也當屬閩地刻本。黄氏書信所言是"金華朋友方撰出此門目"，依此推測撰寫門目者是金華人，而不會是真德秀。總之，因相關文獻資料不足，我們仍難以確定此金華本的抄者或刻者。

---

① 陳榮捷《朱子新探索》，第128頁。

② (宋)黄榦《勉齋先生黄文肅公文集》卷六《復李公晦書》，書目文獻出版社據元刻延祐二年重修本影印。載於北京圖書館編《北京圖書館古籍珍本叢刊》90《集部·宋别集類》，第377頁。

③ (宋)黄榦《勉齋先生黄文肅公文集》卷六《復李公晦書》，載於《北京圖書館古籍珍本叢刊》90《集部·宋别集類》，第376頁。

但是，值得我們思考的是，作爲朱熹嫡傳的黄榦應該讀過《近思録》原本，因爲黄榦約在宋孝宗乾道年之前已師從朱熹，他所説的那個"舊書"是否就是原稿本呢？由於存世文獻匱乏，尚待進一步探究。但可以肯定的是，初編本即使没有擬定門目，《近思録》各卷内容也無不體現出有"次第"的理念。

(六)《近思録》有建康板、嚴州板、明州板三種

據張秀民《中國印刷史》，"南宋朱熹之學盛行……朱文公《小學》書，及朱熹與吕祖謙同撰之《近思録》，各有建康板、嚴州板、明州板"①三種版本。

南宋兩浙東路慶元府（今寧波市）的刻書，稱爲"四明本"或"明州本"，理宗"寶慶《四明志》卷二載州學書板，有……《近思録》《續録》"②。寶慶三年(1227)修志時，明州板中有《近思録》《續近思録》兩種。具體的"書板"數，"《近思録》一百八十板，教授陳松龍置"，"《續近思録》一百五十板，教授陳松龍置"③。據王國維《兩浙古刊本考》，這兩種書，屬於"州學書板"。

南宋兩浙西路的嚴州（今浙江建德）也刻了不少書，一般稱之爲"嚴本"或"嚴州本"。錢可則，南宋理宗景定元年(1260)六月以承議郎直寶章閣知嚴州，景定二年十二月升直華文閣，三年四月徙知嘉興府。他在嚴州知府任内刻《近思録》十四卷和蔡模《近思續録》等④，景定《嚴州續志》卷四"書籍"類載："《近思録》，知郡華文錢寺丞任内刊。《近思續録》，知郡華文錢寺丞任内刊。"⑤以上明州、嚴州兩地所刊均屬"浙本"。

---

① 張秀民《中國印刷史》，第109頁。

② 張秀民《中國印刷史》，第78頁。

③ (宋)羅濬纂寶慶《四明志》卷二，見《四庫全書》史部地理類，影印文淵閣藏本，第487册第32頁。

④ 王國維《兩浙古刊本考》(卷下)載："《近思録》十四卷(小字雙行注：知郡華文錢寺丞任内刊)；《近思續録》(按，注文同前)。趙希弁《讀書附志》：'《續近思録》十四卷，右寶慶丁亥蔡模纂晦庵先生之語以續之。'案，直寶章閣錢可則以景定元年六月十八日知嚴州，二年十二月升直華文閣，三年四月八日徙知嘉興府。"《王國維遺書》第7册，上海書店，1983年9月1版，第529頁。張秀民説："景定《嚴州續志》卷四載……衹有四種注明爲知郡華文錢寺丞任内刊，即《近思録》《近思續録》《融堂四書管見》《新定續志》。所謂錢寺丞即錢可則。"《中國印刷史》，第80頁。按：蔡模的《續近思録》，又稱《近思續録》。

⑤ (宋)鄭瑶、方仁榮撰景定《嚴州續志》，見《四庫全書》史部地理類，第487册第558頁。參見明萬曆《嚴州府志》卷九，日本德山毛利家藏明萬曆六年刻本，書目文獻出版社1990年2月影印。

南宋江南東路的建康府(今南京市),刻書歷史較長,南宋景定年間(1260—1265)建康府刻有《近思録》本[①],"書板"爲"《近思録》二百六十版"[②]。

(七) 朱熹再傳弟子葉采所云《近思録》"舊本"

關於《近思録》的"舊本",可以從現存葉采《近思録集解》元刊本卷三第21"義理有疑"條下的注文找到綫索。該本"義理有疑"條内容是:"義理有疑,則濯去舊見,以來新意。心中有所開,即便劄記。不思則還塞之矣。更須得朋友之助,一日間意思差别。須日日如此講論,久則自覺進也。"

在此條末,葉采注解説:"此段及'焞到問爲學之方'一段(筆者按,即本卷第33條),泉州本皆系卷末,而舊本則此段在第二十一,'尹問'一段在三十三。"葉采在此所言"此段",即"心中有所開……久則自覺進也",泉州本將此段文字與第33條都放在卷末,葉采認爲這樣編次是錯誤的。現存《四庫全書》文淵閣所藏清茅星來《近思録集注》卷三,將"義理有疑,則濯去舊見,以來新意"單列作爲第21條,將"心中有所開……久則自覺進也"放在卷三末,另單列爲一條(即比葉采《集解》多出第79條)。茅氏注文説:"葉本此條在前第二十一條'以來新意'下,今據宋本及楊本正之。"[③]這"宋本"似乎可以佐證南宋確實有類似泉州本的《近思録》傳本存在,而它與現存通行的《近思録》傳本有異,此處"舊本"所編卻似後世通行本。

關於"心中有所開,即便劄記。不思則還塞之矣。更須得朋友之助,一日間意思差别。須日日如此講論,久則自覺進也"這段文字,葉采云:"又詳此段已是專論讀書之法,不當在廿一。疑當時欲移在'尹問'之後,故並録之耳。"儘管葉采推測了"心中有所開……久則自覺進也"移至第33條後的原因,但是最終他説:"今不敢輕改,故從舊本,而添入'心中有所開'數語。"可見,葉采

---

① 張秀民説:"江南東路的建康府(今南京市)……景定《建康志》卷三十三記建康府書板多至六十八種。均不著作者名氏與卷數,惟每種注明板數……除解經諸作《東坡論語》等外,有《程子》《近思録》。"《中國印刷史》,第82—83頁。

② (宋)周應合撰景定《建康志》,見《四庫全書》史部地理類,第489册第390頁。

③ (清)茅星來《近思録集注》卷三,見影印《四庫全書》文淵閣藏本,第699册第229頁。筆者按:南宋楊伯嵒《泳齋近思録衍注》卷三、清初茅星來《集注》卷三,此條語録中皆多"朋友論著則一日間"八字。

對“舊本”還是肯定的，而且依從“舊本”將“心中有所開”云云的這段文字輯録，添入到第21條“以來新意”之後。這就是如今我們所見的《近思録集解》傳本第21條的模樣。

再者，朱熹《答汪易直》説：“《近思》小本，失於契勘，致有差誤，此執事不敬之罪也。後來此間書坊别刊得一本，卷尾所增已附入卷中，仍削去重出數字矣。偶未有别本，旦夕求得，續當附去也。”[①]如果該書信所言，與後世葉采集解《近思録》時所指是同一事，那麽“書坊别刊得一本”或許是與“泉州本”有别的那個“舊本”，且這部“舊本”恐比泉州本稍早面世。

（八）陳振孫《直齋書録解題》卷九儒家類著録的《近思録》619條本

陳振孫（1183—1249），字伯玉，號直齋，安吉人。著有《直齋書録解題》《易解繫辭録》《尚書解》等。他根據所藏圖籍編撰了《解題》一書，其中曰：“《近思録》十四卷，朱熹、吕祖謙取周、程之書關於大體而切於日用者六百十九條，取‘切問近思’之義，以教後學。”此處陳氏著録的《近思録》619條本，與朱熹《近思録序》所説的“六百二十二條”不同，且不言“張載”。查閲有關文獻可知，淳熙乙未之後朱熹《答程允夫》書云：“《近思録》載横渠論氣二章，其説與《太極圖》動静陰陽之説相出入。然横渠立論，不一而足，似不若周子之言有本末次第也。横渠論氣與《西銘》《太極》各是發明一事，不可以此而廢彼，其優劣亦不當輕議也。”[②]朱熹在這裏談及《近思録》所載横渠論氣之説，説明當時他在考慮如何處理横渠與周敦頤之論説。朱熹丙申年《答吕伯恭》書中也與吕氏商定《近思録》收録内容，他説“横渠諸説告早補定，即刊爲佳”，從中我們似可窺見，那時兩人在商訂《近思録》時，對於收録的張載之語作過訂補，不然何言“補”字。那麽陳振孫不説“張載”之名，可能另有緣由，其著録的《近思録》或許是淳熙年早期的傳本。

（九）《郡齋讀書志》著録的《近思録》本

據宋代趙希弁《郡齋讀書志》《附志》卷下語録類，其著録的本子中有：

---

① （宋）朱熹《晦庵先生朱文公文集》卷六十，見《朱子全書》，第2883頁。
② （宋）朱熹《晦庵先生朱文公文集》卷四十一，見《朱子全書》，第1889頁。

“《近思録》十四卷,右晦庵先生、東萊先生集周、張、二程之説也。”此本四子之言俱備,然未著録語録條目數,很可能是接近定稿的《近思録》。

朱熹時代及南宋後期,福建地區朱子學的影響最大,通過以上考述可知,《近思録》在閩地被刊行的較多。南宋乾淳之際,很有活力的學術區域還有浙東與湖湘,即所謂“乾淳之際,婺學最盛”[①]。婺州當時也是南宋學術中心,各種思想在此傳播,吕祖謙思想的影響力很大,他不僅參與編輯此書,而且還與朱熹反復商討修改事宜。這既有助於增强《近思録》在此地的影響力,又利於其傳播。所以,那時《近思録》在浙地的傳抄、傳刻本與閩地相當。再者,湖湘學派代表張栻也刊刻過此書,也反映出湖湘學派對《近思録》的推崇之意。總而言之,《近思録》在南宋後期已有很大的影響力,人們尊崇喜愛,甚至把它作爲饋贈佳品。例如,“陳芝拜辭,先生(筆者按,即朱熹)贈以《近思録》”[②]。可見,當時學界領袖將《近思録》作爲贈書,自然更助長了它在士子中的廣泛傳播,可以想見後學們若能得此書,其喜愛之情當如何。

儘管現今我們没有見到《近思録》初編本的具體面目,但是通過前文考述,可以肯定在朱熹時代及南宋後期至少有 15 種《近思録》白文本先後出現過,南宋淳熙、紹熙年間是該書傳抄、傳刻的一個高潮。但因客觀條件的限制,傳播流域不廣,當時主要集中於長江以南的地域。至於南宋之後《近思録》版本存世情況,以及版本的源流,我們在下文再作探討考證[③]。

在此仍需説明的是,南宋時期除《近思録》白文本外,尚有朱熹講友、門人弟子續編、注釋《近思録》,如劉清之編《續近思録》[④](今佚),陳埴撰《近思雜問》,蔡模編集《近思續録》《近思别録》,葉采集解《近思録》,楊伯嵒衍注《近思録》,熊剛大句解《近思録》,何基《近思録發揮》(今佚)等。詳見後文。

---

① 《宋元學案》卷六十《説齋學案》,全祖望案語。

② 《朱子語類》卷一百十九,第 2874 頁。

③ 宋代以後,《近思録》的傳本,明清學者或藏書家也有記載,然多是語焉不詳,難以確切知曉所記版本是何時何地何人刊抄,故本文没有將這些書目著録的傳本一一羅列,如祁承㸁《澹生堂藏書目》云:“《近思録》三册,十四卷,吕祖謙輯,新本、舊本、婺源本。”

④ 《朱子語類》卷一百一,第 2555 頁。朱熹説:“劉子澄編《續近思録》,取程門諸公之説。某看來,其間好處固多,但終不及程子,難於附入。”

第二節　現存《近思録》原文本版本考

依據現存文獻資料，前文我們已經考述了《近思録》原文本（相較於注本而言）刊刻、抄寫的不同途徑，其種類較多，亦曾盛極一時。史上確實存在《近思録》南宋抄本、刻本，且如今我們仍能從一些文獻資料知曉歷史上南宋《近思録》傳本存世情況。例如，明代正德年間汪偉爲恢復《近思録》的舊貌，在重刻《近思録》時，説"刻且半，諸生盧襄偶得宋本，取以相較良合"①。清康熙年間茅星來集注《近思録》時，曾"取周、張、二程全書及宋元《近思録》刊本，參校同異"②。清人何焯《與友人書》云："吕無黨令郎（筆者按，即吕留良孫子吕懿曆）有宋板《近思録》一部，與雜書三種，質於馬仲安處。需銀二十七兩贖出。書則弟未經到眼也。"③另從日本澁江全善等人編撰的《經籍訪古志》可知，日本史上的昌平學藏有"宋槧本"《近思録》十四卷④。由此看來，明清時期市面上依然有宋版《近思録》存世。

關於《近思録》的元刻本，筆者不曾見到，僅據明汪士鐘《藝芸書舍宋元本書目》"元板書目"著録，知道有"《近思録》十四卷"的存在⑤。由於其注記簡略，故難以知曉元版本詳情。又據明代吴邦模刻本中竹昕墨筆題記："元人翻雕宋淳熙本《近思録》十四卷。宋朱熹、吕祖謙同撰。"⑥似能説明元代有重刻《近思録》者。再據陳榮捷論説，元代有"姚樞並刻《近思録》與《小學》"⑦。然而這些傳説的本子均待考。

簡言之，《近思録》在南宋淳熙二年初稿編成後，從朱熹時代到元朝，世間不斷有抄本、刻本面世，總計前文所論傳本有近二十種之多。儘管今天難以

---

① 明正德年間汪偉跋文，載於（宋）朱熹、吕祖謙共輯《近思録》，明崇禎九年張雋刻本。

② 茅星來《近思録集注》"提要"，見《四庫全書總目》，第781頁。

③ 卞僧慧《吕留良年譜長編》，中華書局，2003年9月1版，第432頁。

④ （日）澁江全善，森立之等撰《經籍訪古志》，上海古籍出版社，2014年10月1版，第140頁。

⑤ （清）汪士鐘《藝芸書舍宋元本書目》，見民國江杏溪編輯《文學山房叢書》初集，1924年蘇州文學山房木活字排印本。

⑥ 《竹昕日記》是竹昕用墨筆題記在《近思録》首册扉葉上的文字，見明代嘉靖年吴邦模刻本《近思録》，藏上海圖書館。

⑦ 陳榮捷《朱學論集》，第208頁。

發現南宋時期的《近思録》抄本、刻本，但存世的《近思録》原文本，應或多或少保留着南宋通行本的内容、形態。元代的"近思録文獻"傳本筆者僅見過《近思録》葉采注解本。明代《近思録》傳本存世若干，相互間的關係較複雜，下文對其版本進行梳理、考訂。清代的《近思録》原文本存世較多，主要是以吕留良家刻本爲主體，後文也會對其源流進行考證，以便考察歷史上這些版本的傳承關係。

一、《近思録》原文本明代版本考述

關於《近思録》明刻本，明代公私藏書目録著録的版本種類、部數較多，遺憾的是這些注記文字簡略，多統而言之，稱其"《近思録》"，卻未注明孰爲原文本、孰爲注本，以及各類版本的確切年代。筆者作以整理，輯録如下：

明楊士奇等編的《文淵閣書目》卷四"性理類"著録："《近思録》一部八册，完全。《近思録》一部八册，完全。《近思録》一部八册，完全。《近思録》一部八册，殘闕，塾本十册。《近思録》一部二册，殘闕。《近思録》一部十册，完全。"

明徐圖的《行人司重刻書目》經部"儒學類"著録："《近思録》四本。"

明陳第的《世善堂藏書目録》卷上"諸子百家類輔道諸儒書"著録："《近思録》十二卷。"

明葉盛的《菉竹堂書目》卷一"性理"著録："《近思録》八册。"

明祁承㸁的《澹生堂藏書目》卷二"經部理學類"著録："《近思録》三册，十四卷，吕祖謙輯。新本，舊本，婺源本。"

明朱睦㮮的《萬卷堂書目》卷三"儒家"著録："《近思録》十四卷，朱熹。"

明周弘祖的《古今書刻》上卷著録："南京國子監子書，《近思録》。南直隸應天府《近思録》。蘇州府《近思録》。太平府《近思録》。浙江布政司《近思録》。杭州府《近思録》。福建福州府學《近思録》。書坊理學類《近思録》。"

明李廷相的《濮陽蒲汀李先生家藏目録》著録："中間朝西頭櫃一層《近思録》十本。"

明趙琦美的《脉望館書目》"昃字號子類儒家"著録："《近思録》六本。"

明范懋柱的《四明天一閣藏書目録》"秋字號厨"著録:"《近思録》二本,又一本蛀。"

明梅鷟的《南雍志經籍考》下卷"子類"著録:《近思録》"祭酒汪偉、司業景暘校,正德十四年刊"本[①]。

上述明代藏書書目的著録並非全部正確,也有可疑之處。如梅鷟的《南雍志經籍考》説有《近思録》汪偉正德十四年刊本,並且清邵懿辰《增訂四庫簡明目録標注》著録云"明正德己卯汪偉刊本,即南監本",清莫友芝、民國傅增湘訂補《藏園訂補郘亭知見傳本書目》又著録云"明正德乙卯汪偉刊本","明正德汪偉本"。看似明正德年間汪偉刻有《近思録》,然而這些書目著録的汪偉刊本並非一定是《近思録》原文本,因爲筆者在北京大學圖書館查閲到的所謂明代汪偉刻本《近思録》,卻是一種注本,詳見後文考證。

另外,臺灣《"國立故宫博物院"善本舊籍總目》著録一種明刻本,曰:"《近思録》十四卷,宋朱熹、吕祖謙同撰。明刊,白口九行本,二册。"[②]明代刻本多爲白口九行本,然此《總目》注記版本不詳,尚不能明確它是否爲《近思録》原文本。《中國古籍善本書目》著録的名謂"《近思録》"的善本 10 種。除 2 種是南宋葉采集解《近思録》[③]外,存世的《近思録》明代版本有 7 種,即明嘉靖六年賈世祥刻本,明吴邦模刻本,明刻本(吉林大學此藏本實爲明代嘉靖十七年吴邦模刻本,見後文考訂),明萬曆三十五年朱崇沐刻本,明崇禎八年鮑懋度刻本,明崇禎九年張雋等刻本,明刻本(九行十八字,白口,四周單邊。藏中共北京市委圖書館,筆者未能見到);清沈叔埏題跋的明刻本 1 種(實爲清初吕留良家刻本,詳見後文考證)。因客觀條件限定,筆者不能全部目驗上述《善本書目》著録的版本,現將其中 6 種《近思録》版本考訂如下:

---

① 以上書目記録,參見馮惠民、李萬健等選編《明代書目題跋叢刊》,書目文獻出版社,1994 年 1 月 1 版。

② 臺北"故宫博物院"編《"國立故宫博物院"善本舊籍總目》,臺北"故宫博物院"出版,1983 年 4 月初版,第 652 頁。

③ 《中國古籍善本書目》著録的一種"明刻本":八行十八字,黑口,四周雙邊,即藏於湖南圖書館的葉采《近思録集解》。另一種"明刻本":十行十九字,白口,左右雙邊,即藏於北京大學圖書館的葉采《近思録集解》。

(一)《近思録》明嘉靖六年賈世祥刻本

明代嘉靖六年(1527)賈世祥刻本《近思録》十四卷,621 條,是目前能見到的最早原文本。此刻本楷書手寫上版,每半葉九行十九字,四周單欄,有界行,框高 18.20 釐米,寬 13.80 釐米。白口,對(黑)魚尾。版心魚尾上方刻記"上",魚尾間題記卷次(如"卷一")、頁碼(如"四")。卷一卷端葉首行頂格題"近思録卷之一",越五格題本卷語録條目總數"凡五十一條",次行低兩字格刻本卷篇名(如"道體篇"),第三行頂格刻印正文,卷末有尾題"近思録卷之某"。

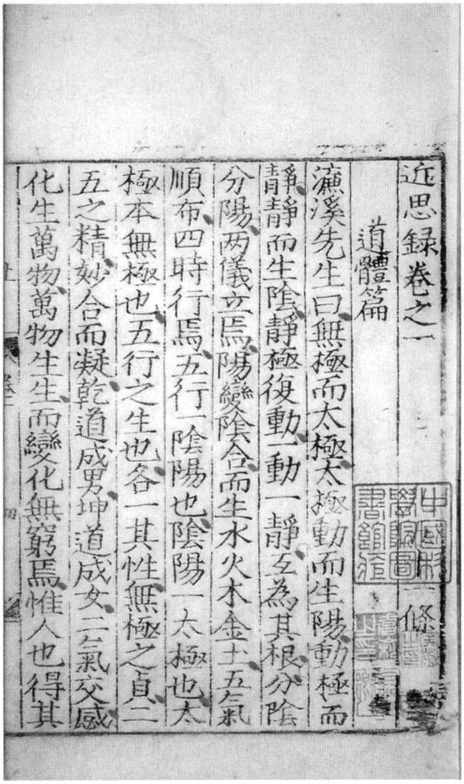
近思録卷之一
道體篇
濂溪先生曰無極而太極太極動而生陽動極而
靜靜而生陰靜極復動一動一靜互為其根分陰
分陽兩儀立焉陽變陰合而生水火木金土五氣
順布四時行焉五行一陰陽也陰陽一太極也太
極本無極也五行之生也各一其性無極之真二
五之精妙合而凝乾道成男坤道成女二氣交感
化生萬物萬物生生而變化無窮焉惟人也得其

圖 1-1　朱熹、吕祖謙共撰《近思録》,明嘉靖六年賈世祥刻本

卷首刻有南宋淳熙二年朱熹《近思録》序文(後文或稱《近思録前引》,簡稱"朱序"。此刻本的朱熹序文中無"之要"二字,文末也未題"新安"二字),淳熙三年吕祖謙跋《近思録》跋文(後文或稱《近思録後引》,簡稱"吕跋"),《近思録目》(即《近思録》此書取材的 14 部書名)[1]。《近思録》卷十四末刻有明嘉靖丁亥(六年)賈世祥《刻近思録成序後》。中國科學院圖書館藏本(書影見圖 1-1),4 册,四眼綫裝。此藏本經藏家加襯

① 《近思録目》:周子《太極通書》(周子,名惇實,字茂叔,避厚陵藩邸名,改惇頤。世爲道州營道人,營道縣出郭三十里,有村落曰濂溪,周氏家焉。先生晚年卜居廬阜,築室臨流,寓濂溪之名),明道先生《文集》(先生姓程氏,名顥,字伯淳,太師文潞公題其墓曰"明道先生"),伊川先生《文集》(先生名頤,字正叔,明道先生之弟也。家居河南伊水之上),《周易程氏傳》《程氏經説》《程氏遺書》《程氏外書》,横渠先生《正蒙》(先生姓張氏,名載,字子厚,世大梁人。父迪,知涪州事,卒於官,遂僑寓鳳翔郿縣横渠鎮南大振谷口,晚年居於横渠),横渠先生《文集》,横渠先生《易説》,横渠先生《禮樂説》,横渠先生《論語説》,横渠先生《孟子説》,横渠先生《語録》。

紙修繕過，有佚名朱筆圈點句讀；鈐朱文橢圓印"海昌朱氏朝經莫史畫□集樓藏書印"，朱文方印"侯榮之印""廉讓堂制"等，白文印"喬崧之印"。

刻本中卷一"天下之理"條中三個"恒"字闕末筆，避宋真宗趙恒名諱；卷十"恒之初六曰"條中四個"恒"字闕末筆；刻本中"德"闕筆作"徳"（南宋在趙構之後皇帝都是趙德芳的後代，故多避諱"德"字），"顯"改作"顕"（南宋末恭宗趙顯名諱）。據其避諱特徵可推知該本源頭很可能與宋本緊密相關，或源自宋本。依據賈世祥作序時間，此刻本極有可能在賈氏作序之年，即嘉靖六年刊梓。究其重刻此書的原因，是因爲"近時學者以文辭相尚，以聲色利達相高，間有潛心體道者，則目爲固陋、爲愚腐，甚者群起而攻之，爲怪異"，所以"堅志於簿書紛錯之際，强力於事務交變之餘"的賈氏，爲讓當時的學者能"近思""立其本""不失其心"，刊刻四子切要語《近思録》，且"以遺塾人"[①]。

賈氏刻本各卷各條除首條外，餘則未單列頂格刻印，而是在首條後的每條語録間刻"○"，以此區分每條語録。若據此刻本各卷卷端題署的語録條數，那麼卷一道體篇 51 條，卷二爲學篇 114 條，卷三致知篇 78 條，卷四存養篇 67 條，卷五克己篇 39 條，卷六家道篇 22 條，卷七出處篇 39 條，卷八治體篇 25 條，卷九治法篇 27 條，卷十政事篇 64 條，卷十一教人篇 21 條，卷十二警戒篇 33 條，卷十三異端篇 14 條，卷十四聖賢篇 26 條，全書共計 620 條。如此看來似乎與通行的《近思録》622 條本有出入，但筆者仔細閱讀後發現，該刻本與《近思録》明代吴邦模刻本、清代吕留良家塾刻本衹是在語録分合上存在差異，其所刊印的北宋四子語録總數是 621 條，僅卷十四第 26 條"横渠先生曰：二程從十四五時，便脱然欲學聖人"，賈世祥刊刻時没有收録，若補上這條語録則是 622 條。

但是，中科院所藏賈世祥刻本也存在不足，該刻本有三卷（卷二、卷四、卷五）卷首題署的語録條數有誤。如刻本卷二卷首雖署"一百十四條"，而文本内容仍是 111 條，刊刻者將原本當單列的語録未單列刻印，而是與他條合爲一處，且在不當單列的語録前刻有符號"○"，似擬作一條。因而筆者除去原本不用單列的語録（實際上該刻本單列了），加上據他本當單列而未單列的語録，統計後發現計 111 條。又如卷四卷首署"六十七條"，而文本内容實際上

---

① （明）賈世祥《刻近思録成序後》，載於（宋）朱熹、吕祖謙共輯《近思録》，明嘉靖六年賈世祥刻本。

是 70 條，即除去原本不用單列的語録（實際上該刻本單列了），加上據他本當單列而未單列的語録；卷五卷首署“三十九條”，而文本内容實際上是 41 條，即除去原本不用單列的語録（實際上該刻本單列了），加上據他本當單列而未單列的語録。筆者之所以作出上述判斷，是據現存《近思録》宋元明清的通行本，經參照比對得出的結論。也就是説，在賈世祥刻本中如果我們刪除不應擬作單列的語録，並據他本分列出應當單列的語録，那麽此本與他本幾乎不存在文字内容的差異。現存日本東京大學東洋文化研究所藏本（亦無卷十四的第 26 條）是可爲證，該藏本卷帙完好，有佚名墨筆批校。

中科院藏本殘存 604 條語録，卷二闕第八葉、第十五葉，卷三闕第三葉，卷十闕第六葉、第十葉，卷十二闕第一葉、第三葉，卷十三闕第二葉，卷十四闕第六葉。可能是裝訂者或藏家不慎而漏脱，以致殘闕。

賈氏刻本中每葉每行字數基本固定，即大字九行十九字，但是也存在極少數卷葉大小字不分的現象，如卷一“誠無爲”條末“謂神”兩字刻作雙行小字，“一陽復於下”條末“識之”兩字刻作雙行小字；卷二“問作文”條末“文也”兩字刻作雙行小字，“横渠先生作訂頑”條中“其四”兩字刻作雙行小字，此類情形在刻本中有 21 處之多，且多置於一條語録的末尾。這説明刊刻時在大小字的編排上存在不嚴謹的問題。究其原因，或是爲了節省木板而將少數條目中的最後幾個字或一兩個字刻作小字，壓縮在一格中，或是刻工一時所爲，以致與刊刻者擬定的全書編次體例有微異。

賈世祥《刻近思録成書後》曰：

> 有宋際文運之隆，濂溪周子、河南兩程子、横渠張子繼作，其立言，有《太極圖》《通書》《易傳》《外書》《經説》《文集》《西銘》《正蒙》等書。是皆羽翼六經，而上接孟子以來千載不傳之統，自後有考亭朱子又集大成者。以四子之書廣浩無涯，初學未易指尋，乃與東萊吕氏共擇其切要語，爲《近思録》。蓋道之用，散在天下，而其本具之人心，初非高且遠者。是故其思近則機發，機發則心虚，心虚則理得，而闢邪崇正，律己治人，推之天下無難也。聖賢之學，帝王之道，皆不外是矣。竊嘆夫近時學者以文辭相尚，以聲色利達相高，間有潛心體道者，則目爲固陋、爲愚腐，甚者群起而攻之，爲怪異。噫！我國家右文遠過宋氏，亦奚爲有是哉！蓋學者不近思、不立

其本之故也。予不幸蚤登科第，茫然自愧，無以立天地間，於是堅志於簿書紛錯之際，强力於事務交變之餘，惴惴焉惟求不失其心足矣。顧才性愚拙，志氣昏懦，尚未之能爾，謹書此於卷末以自警，且將以遺塾人也。若夫天下知學之士，則無事於言矣。嘉靖丁亥春正月壬午雁門賈世祥謹序。

(二)《近思録》明嘉靖十七年吴邦模刻本

近思録巻之一　凡五十一條
濂溪先生曰無極而太極太極動而生陽
動極而静静而生陰静極復動一動一
静互為其根分陰分陽兩儀立焉陽變
陰合而生水火木金土五氣順布四時
行焉五行一陰陽也陰陽一太極也太
極本無極也五行之生也各一其性無
極之眞二五之精妙合而凝乾道成男
坤道成女二氣交感化生萬物萬物生

圖 1-2　《近思録》，明嘉靖十七年吴邦模刻本

《近思録》十四卷，現存明代嘉靖年間的刻本中，還有嘉靖十七年(1538)吴邦模刻本(書影見圖 1-2)。是本 622 條，每半葉九行十六字，左右雙欄，有界行，框高 18.10 釐米，寬 13.70 釐米。白口，對(黑)魚尾。版心魚尾間題記書名卷次(如"近思録卷一")、頁碼。卷一卷端首行頂格題"近思録卷之一"，越三字格題記本卷條目總數"凡五十一條"，次行頂格刻印正文，卷末有尾題"近思録卷之某"。每條語録單列，除首字頂格外，其餘行格皆低一字格刻印。

首册扉葉有竹眆墨筆所題《日記一則》。正文卷前依次刻有明嘉靖戊戌年(十七年)林應麒《近思録叙》、《近思録》(此書取材的 14 部書名)、朱熹序文(序文前無"淳熙"二字，中有"之要"二字，末無"新安"二字)、淳熙三年吕祖謙《近思録》跋文。卷十四末刻有明代吴邦模《近思録跋》。

據林應麒《叙》説："希程張君令吴江時，惟取是《録》，託吴子以傳，其亦探本之義也與哉！予承乏二載，始克讀而序之，思與同志共明其旨。"[①]可見林應

① (明)林應麒《近思録叙》，載於(宋)朱熹、吕祖謙同輯《近思録》，明嘉靖十七年吴邦模刻本。

麒所讀文本,即張希程[1]做吴江縣令時託請吴邦模刊梓。吴氏於嘉靖十七年刻成,並題記了重刻原因[2],説:"我玉泉張先生令吴江,以是書爲士人進道之基,不寧取給,於身心異時居官任政所以尊主庇民者,端有賴焉。……屬命邦模復新諸梓,愧不足以窺先生之盛心,而竊疑其在此也。庸表而出之,俾讀者庶幾有益……是書也,先生其身之矣,讀者當重嘉先生而知所法也。謹載拜稽首而爲之跋云。乃若明編之意,則二夫子之序具存,不敢復言,懼贅也。"

關於林、吴二人《叙》《跋》的版式,林氏《叙》爲八行十六字,單魚尾,版心刻記"序"字、頁碼;這與卷首朱序、吕跋以及卷末吴氏《跋》的版式明顯不同,因爲它們是九行十五字,對魚尾。由於序跋文字内容没有明説此刻本源流,林氏之"叙"很可能是刊行時題記,故我們依據林氏作叙時間,推測此本爲嘉靖十七年刊本。刻本書體似趙孟頫體,紙質白軟。從版式、紙張看,也極具明代嘉靖時期刻本的特點。另從刻本"恒"字避諱闕末筆看,又似乎是源自宋本,且據上海圖書館該藏本扉葉竹昕墨筆"日記一則"云:"余後得宋槧本,照書校勘錯誤,全美信之,亟録而藏,睹此以致舊聞放失,洵不誣耳。"這也説明此刻本與宋刊本有"同宗"關係。

從上海圖書館藏本竹昕墨書題記及字體看,其正文中的墨筆批校語可能是竹昕據宋刻本進行校勘。該藏本天頭處常見竹昕墨筆注解文字言及"宋板"字樣,如卷一第二葉"心一"條中"何如"二字右下朱筆批注"一作如何",而與該行格對應的天頭處,墨筆批注"'何如'宋板作'如何'";卷二第一葉"濂溪先生曰聖賢"條中"學顔子"三字右下朱筆批注"一作'淵'",而與該行格對應的天頭處,墨筆批注"'顔子'宋板作'顔淵'";卷十二第六葉"孟子言反經"條中,與"反經者"對應的天頭處,墨筆批注"'反經'下宋板無'者'字"。既然竹昕批注是以"宋板"《近思録》作爲比較對象,那麽從二者文字微異的情形推斷,吴邦模刻本《近思録》與校本"宋板"血脉極相近。

上海圖書館藏本另有佚名朱筆標點、批校,批注者用的是另一種《近思録》版本來與此本比對,故該藏本爲批校本。藏本 4 册,四眼綫裝,鈐有"徐乃昌讀""養一""朱門私淑""我思古人"等印章。朱筆批注者或許與這些鈐印者

① 張明道,字希程,明嘉靖八年進士。

② (明)吴邦模《近思録跋》,載於(宋)朱熹、吕祖謙同輯《近思録》,明嘉靖十七年吴邦模刻本。

相關。因此藏本内容完整，卷帙完好無闕，故其文獻價值、版本價值較大，在現存《近思録》原文本中屬最佳。

林應麒《近思録敘》曰：

録者何，録哲言以明心學也；思者何，心之官也；近者何，因心也。心之官則思，猶目之官則眂、耳之官則聽也。聽因於聲，眂因於色，故同聲而聽，雖盡耳也，無改聞矣；同色而眂，雖盡目也，無改見矣。觸而應，過而無迹，不慮而知，不學而能，如鑑效照，如鐘應響，無古今聖愚，一也。何獨至於心而疑之？正心者之於思也，亦若是而已矣。廓然而大公，物來而順應。是以先天而天弗違，後天而奉天時，考諸三王而不謬，百世以俟聖人而不惑也。其所由病也，則不因以爲之故爾。或將也，或迎也，或留也，或戰也，四者思之莫因也，是以遠也。其猶病耳者之自鳴乎，不因於聲矣，將不可得而聽也；由病目者之自翳乎，不因於色矣，將不可得而眂也。此之謂失其本心。《繫辭》曰："天下何思何慮，天下殊途而同歸，一致而百慮。"《通書》曰："無思，本也。思，通用也。"嗚呼，盡之矣！是則近思之説也。使得其説而通之，則於是《録》思亦過半；不然，執是《録》而拘，拘求之事爲之末，以證所謂近思，抑又遠矣。希程張君令吴江時，惟取是《録》，託吴子以傳，其亦探本之義也與哉！予承乏二載，始克讀而序之，思與同志共明其旨云。淳熙(筆者按，此書有剜改作僞的痕迹，是用朱熹序文前的"淳熙"二字代替此處原有的"嘉靖"二字)戊戌秋季望後仙居林應麒書。

吴邦模《近思録跋》云：

《近思録》者，朱、吕二夫子之所爲編也，我玉泉張先生令吴江，以是書爲士人進道之基，不寧取給，於身心異時居官任政所以尊主庇民者，端有賴焉。蓋事有本末，道無精粗，其致一也。屬命邦模復新諸梓，愧不肖不足以窺先生之盛心，而竊疑其在此也。庸表而出之，俾讀者庶幾有益，而是書也，抑不寧彌文爾矣。雖然嘗觀先生經綸之略、牧愛之方、清修之節，而實推於淵源之漸，若今《律吕》《史綱》之解之纂可考焉。是書也，先生其身之矣，讀者當重嘉先生而知所法也。謹載拜稽首而爲之跋云。乃若名編之意，則二夫子之序具存，不敢復言，懼贅也。延陵後學吴邦模題時。

明代吴邦模刊本，泰州市圖書館也有藏，4 册，但闕林應麟《近思録叙》的首葉，恐藏儲過程中脱損。

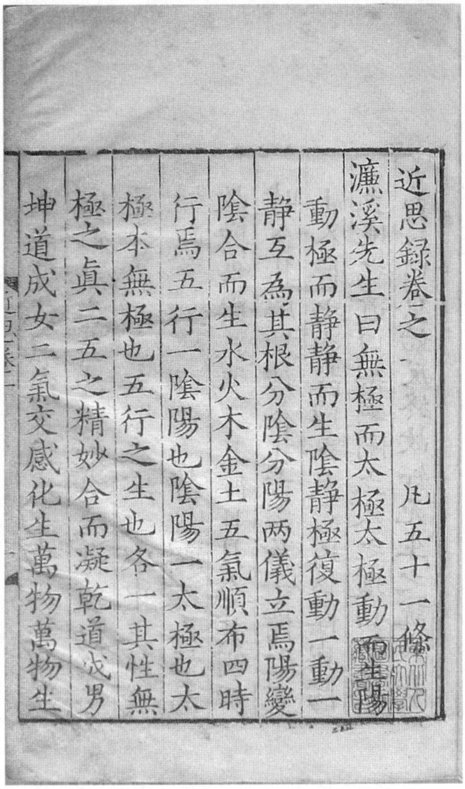
近思録卷之一　凡五十一條
濂溪先生曰無極而太極太極動而生陽
動極而静静而生陰静極復動一動一
静互為其根分陰分陽兩儀立焉陽變
陰合而生水火木金土五氣順布四時
行焉五行一陰陽也陰陽一太極也太
極本無極也五行之生也各一其性無
極之眞二五之精妙合而凝乾道成男
坤道成女二氣交感化生萬物萬物生

圖 1－3　《近思録》，明嘉靖年間刻本

這裏需要説明的是，《中國古籍善本書目》著録有一種"《近思録》十四卷，宋朱熹、吕祖謙撰，明刻本"，藏吉林大學圖書館(書影見圖 1－3)。筆者前往該館目驗發現，該刻本半葉九行十六字，左右雙欄，有界行，框高 18.20 釐米，框寬 13.80 釐米。白口，對(黑)魚尾。其字體、版式、版心、卷端署名均與上圖藏吴邦模刻本同。吉林大學藏本的卷十末葉文字也有殘闕，卷十四末有兩葉脱損。該藏本經藏家修繕過，4 册。刻本中"玄"改作"元"，猶有宋版書避宋始祖諱的遺跡。

筆者將此藏本《近思録》與上海圖書館藏明代嘉靖十七年吴邦模刻本的書影進行比較後發現，兩種刻本不僅版式特徵相同，且字迹筆鋒相同，甚至連板框的斷痕都相同。儘管吉林大學所藏明刻本没有上圖藏本那様保存有較完整的序跋文字，但依據二者的相同點，可以推斷《善本書目》所云的此"明刻本"，事實上是明代嘉靖十七年(1538)吴邦模刻本，當與現藏上圖的是同一版。衹是吉大此藏本的墨色較淡，或爲後印本。再者，歷史上同一版刻圖書分藏他處屬於正常現象，當初編《善本目録》的學者恐未將這兩地藏本進行比對，以致重複著録，故此情亦可諒。既然是同一部"明刻本"，那麽《中國古籍善本書目》[①]此處則不需再次著録。

① 中國古籍善本書目編輯委員會編《中國古籍善本書目》(子部)，上海古籍出版社，1996 年 12 月 1 版，第 58 頁。

（三）《重編近思録》明萬曆三十五年朱崇沐刻本

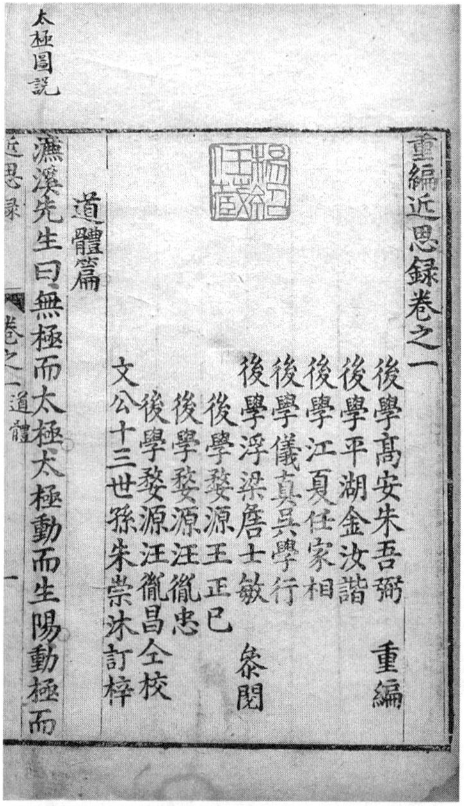
重編近思録卷之一
後學高安朱吾弼　重編
後學平湖金汝諧
後學江夏任家相
後學儀真吳學行　叅閱
後學浮梁詹士敏
後學婺源王正已
後學婺源汪徿忠
後學婺源汪徿昌仝校
文公十三世孫朱崇沐訂梓
道體篇
濂溪先生曰無極而太極太極動而生陽動極而

圖 1－4　朱吾弼《重編近思録》，明萬曆三十五年朱崇沐刻本

朱崇沐[①]，字汝潔，乳名文喜，明末徽州人。他是朱熹第十三世孫，一生刻朱子著述很多，《重編近思録》是其中之一。根據筆者實地調研，發現《中國古籍善本書目》著録的藏於湖南圖書館的"《近思録》"朱崇沐刻本（書影見圖 1－4），就是《重編近思録》十四卷，630 條。該刻本每半葉九行十九字，左右雙欄，有界行，框高 20.20 釐米，寬 14.10 釐米。白口，單（黑）魚尾。版心魚尾上方刻書名"近思録"，魚尾下刻卷次（如"卷之一"）、頁碼。卷一首葉卷端首行頂格題"重編近思録卷之一"，次行低七字格題署"後學高安朱吾弼重編"，第三行至第六行均低七字格題署"後學平湖金汝諧、後學江夏任家相、後學儀真吳學行、後學浮梁詹士敏參閱"，第七行至第九行均低八字格題署"後學婺源王正已、後學婺源汪徿忠、後學婺源汪徿昌仝校"，第十行低七字格題署"文公十三世孫朱崇沐訂梓"。隨後另起一行低二字格刻本卷篇名"道體篇"，接之頂格刻印正文。卷末有尾題"重編近思録卷之某終"。此刻本除卷一題署校刊者外，其他卷在題名之後直接刻篇名、正文。刻本編次爲每條語録單列，首字頂格刻印，餘者皆低一字格刻印。刻本中"恒"字闕末筆，"寧"字避諱，"常"字不諱。

此刻本卷首刻有《近思録》朱熹序文（序文末"朱熹"前增有"新安"二字）、

① 見《（道光）徽州府志》卷十二之五《人物・義行》。

吕祖謙跋文,明代萬曆丁未年(1607)仲秋金汝諧《重編近思録》序文,任家相跋文(跋文末原版刻有兩方印:陽文"任家相印"、陰文"任氏夏"),《近思録書目》(此書取材的 14 部書名。在北宋四子下均加小字雙行,注明生平),《近思録篇名》。依據上述信息可以確定,此書爲朱吾弼重編,明萬曆三十五年(1607)朱崇沐刻本。

此刻本卷前的《近思録篇名》載:"卷之一 道體篇,卷之二 爲學篇,卷之三 致知篇,卷之四 存養篇,卷之五 克己篇,卷之六 家道篇,卷之七 出處篇,卷之八 治體篇,卷之九 治法篇,卷之十 政事篇,卷之十一 教人篇,卷之十二 警戒篇,卷之十三 辨異端篇,卷之十四 聖賢篇。"

《重編近思録》此刻本每卷語録編次不同於其他《近思録》版本,各卷首不題各卷語録條目數,而是在卷末最後一條語録末,以小字注文的形式注明本卷語録數,如卷一末題注"已上五十一條"。此藏本除卷二未提注本卷語録數外,各卷末所題注的語録數分别是:卷一"五十一條",卷二無,卷三"七十八條",卷四"七十條",卷五"四十條",卷六"二十二條",卷七"三十九條",卷八"二十五條",卷九"二十七條",卷十"六十五條",卷十一"二十二條",卷十二"十四條",卷十三"十四條",卷十四"三十五條"。

雖然此刻本某些卷目的語録條數,看似與一般所見《近思録》622 條本有差異,如卷五"克己篇"題注"四十條",比上述明代吴邦模刻本少 1 條;卷十"政事篇"題注"六十五條",比吴氏刻本多 1 條;卷十一"教人篇"題注"二十二條",比吴氏刻本多 1 條;卷十二"警戒篇"題注"十四條",比吴氏刻本少 19 條;卷十四"聖賢篇"題注"三十五條",比吴氏刻本多 9 條。但是,實際上衹有卷十四净增了 8 條語録,其餘各卷語録條目差異則是編纂或刊校者對 622 條進行分合所致,如該朱氏刻本卷一至卷十三,與前文所述賈世祥刻本語録條目的分合雖有别而輯録的四子語録則基本相同,偶有少數文字存在差異,朱氏刻本卷十四的語録編次與賈氏刻本不一,且多出 8 條語録,全書輯録四子語録爲 622+8 條。這些情形應該與朱崇沐等人的校訂有關,故而定名曰"《重編近思録》"。

湖南圖書館藏本《近思録》[1]，4 册，四眼綫裝，原藏家在原印葉内加襯紙，修繕完好。鈐朱文印："楊紹任藏""曾在有不盡庵""湖南省中山圖書館珍藏""湖南省文物管理委員會收藏"。藏本有佚名墨筆在版心題寫卷名，如卷一版心題記"道體"；或在天頭批注，如卷一首葉天頭批注"太極圖説"；或在行間批注，如卷二的第 89 條末左側"横渠學堂雙牖"語録末，有墨筆行楷體批注一段文字："《御纂性理精義》《集説》《補注》云，此章即《東銘》也……以爲遷善改過之機，誨人之意深矣。"藏本的行格間有朱筆圈點句讀，多用小圓圈鈐在漢字的右下側，對一些重要的句子則連續鈐圓圈。

參與《重編近思録》者，朱吾弼，字道卿，高安（今江西廬陵）人。明萬曆十七年（1589）進士。朱熹後裔，《明史》有傳。金汝諧，字啓宸，平湖人，萬曆甲辰（1604）進士，萬曆年間曾任婺源知縣，撰有《歷代名臣芳躅》二卷，曾重編《朱子語類大全》。他在《重編近思録序文》中充分肯定了《近思録》一書的價值，認爲讀此書有助於人們從求放心入門，以至於尊德性。他在婺源縣爲政期間得到《近思録》，認定此乃"真學"，故依此慎思而踐行。任家相，字白甫，江夏（今湖北武漢）人，著有《雲龍集》。他服膺《近思録》，認爲此書是學習朱子、四子的入門鑰匙，時任婺源縣校事職，受朱崇沐囑託撰寫了叙文。

金汝諧《重編近思録》序文云：

> 欲測周天之度，則寸管是矣；欲適方輿之廣，則跬步是矣。故功至天地位，萬物育，世有不詑爲高遠之事乎，而約之戒懼慎獨綦近矣。迺庶民馮馮而生，感物而動，其思憧憧，若泛滄溟者之忘杓，恣盤游者之忘家，故《易傳》受之以艮止，而子輿氏亦曰"求放心"。求放心者，慎思之旨也。説者謂聖人何思何慮？余應之曰："聖人之思幾殫矣。奥而陰陽變化，隸首之所不能窮，而聖心窮焉。第聖神之思，常寄於愚夫愚婦之所與知；而百姓之思，常索於聖神之所不知。當時聖孔子者以多能，以多聞。"而聖人應之曰："吾有知乎哉！"故三思不如九思，則思有事内事外之别也。心在事内，則放心收而可以入聖。而世儒謂朱、陸異指，乃《近思》一録，非

---

① 《中國古籍善本書目》（子部）著録的湖南圖書館所藏另一種"明刻本"《近思録》，其版式爲八行十八字，四周雙邊，黑口。實際上是《近思録》注本，即南宋葉采《近思録集解》十四卷。

晦翁尊德性之學乎？近莫近於性，近思則從求放心入門，從戒懼凝精，而可以臻位育，自邇自卑之説也。婺故紫陽闕里，而遺書或軼而無紀，或闕而不完，得是《録》也，於真學思過半矣。萬曆丁未仲秋朔日知婺源縣事當湖金汝諧謹撰。

任家相跋文云：

侍御朱公既刻《紫陽先生全書》成，復檢《近思録》授朱生崇沐，爲易善本，而朱生以序屬余，余悚然曰："是惡容敘！"夫其纂言之意，與守約該博之方，二先生示之不啻詳已，惡容敘？雖然，余小子憶鼓篋時，侍汝南趙太宰公，初試余以切問近思之目，遂陪過庭，聞爲學之訓甚切至。蓋公最善耿天臺先生，而其學一宗主紫陽，真衾影不愧者。無何小子去公日遠，而道不加修，馳騖於聲塵，泛濫於枝葉，猶未免爲鄉人耳。頃徼天幸，司鐸紫陽先生桑梓，侍御公嘉惠《全書》，得縱觀先生之學之全，而兹《録》實爲之橐籥，寧獨周、程、張三先生之要語已乎？夫人心猶火也，火之光外傳，傳而不止則滅。火之精爲日，日息地中而後能行健，故近思者，存夜氣者也。夜氣存，則可以通微而作聖。周公之思，兼尼父之不食不寢以思，皆是物也。而惡乎近，惡乎弗近，余小子竊願與二三子服膺是《録》。若親炙紫陽先生，以終踐太宰公之遺訓，此庶幾矢言乎，敘則何敢贅！時萬曆丁未歲中秋日，署婺源校事任家相頓首謹識。

（四）《近思録》明崇禎八年鮑懋度刻本

明崇禎年間徽州鮑懋度刻本《近思録》十四卷，每半葉九行二十字，四周單欄，有界行，框高 19.80 釐米，寬 13.40 釐米。白口。版心上方刻書名"近思録"，中間刻卷次（如"卷一"），下刻頁碼。卷一卷端首行頂格題"近思録卷之一"，次行與第三行間低八字格題"明新安後學/鮑懋度訂（筆者按，即第二行），鮑學較（筆者按，即第三行）"，第四行低兩字格刻本卷篇名"道體篇"，第五行頂格刻印正文。卷末有尾題"近思録卷之某"。"校"避明熹宗諱，刻作"較"。

正文卷前刻有明崇禎八年鮑懋度《重刻近思録小引》、《近思録自序》（朱熹序）、《近思録原序》（吕祖謙跋）、《近思録書目》（此書取材的 14 部書名）與

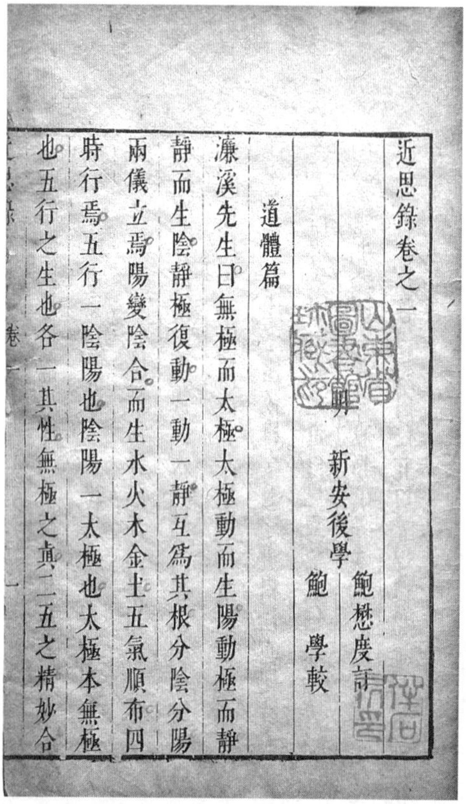
近思錄卷之一

新安後學 鮑懋度訂
鮑 學較

道體篇

濂溪先生曰無極而太極太極動而生陽動極而靜
靜而生陰靜極復動一動一靜互爲其根分陰分陽
兩儀立焉陽變陰合而生水火木金土五氣順布四
時行焉五行一陰陽也陰陽一太極也太極本無極
也五行之生也各一其性無極之真二五之精妙合

圖 1－5 《近思録》,明崇禎八年鮑懋度刻本

《近思録篇目》。卷十四末刻有崇禎八年孟冬新安鮑學《重刻近思録跋》。依據鮑學題跋時間,以及刻本避朱由校名諱,推斷此《近思録》爲明崇禎八年(1635)鮑懋度刻本。山東省圖書館藏本(書影見圖 1－5),4 册,四眼綫裝,有佚名墨筆批注。據首册封面右下所題“伴石居郝藏”,墨筆或爲伴石居所爲。鈐朱文印“伴石斤印”“山東省圖書館珍藏之印”。

關於鮑氏刻本,清初的張習孔在《近思録傳凡説》中有評定,説:“此書自周氏瞀亂之後歷年既遠,學者莫知適從,惟明季新安鮑氏所刻舊本白文最爲完善,與朱宅所藏家本雖有數字傳寫不同,無傷大體。”①

儘管該刻本各卷首雖未題署本卷語録條數,但筆者統計後發現,各卷語録條數分别是道體篇若干條,爲學篇 51 條,致知篇 118 條,存養篇 75 條,克己篇 41 條,家道篇 22 條,出處篇 39 條,治體篇 25 條,治法篇 27 條,政事篇 64 條,教人篇 21 條,警戒篇 33 條,辨異端篇 14 條,觀聖賢篇 35 條。與所見《近思録》通行本 622 條相較,其語録條目有增有減。例如,此刻本《近思録》卷十四末葉左下墨筆批注:“原本二十六條,餘係張元禎增入,已上三十五條。”此卷在第 26 條下,有“伊川先生撰明道先生形狀曰:先生……以一毫及之”,卻闕常見“横渠曰二程從十四五時”條。

刻本卷首《近思録篇目》載:“卷之一 道體篇,卷之二 爲學篇,卷之三 致

① (清)張習孔《近思録傳凡説》,載於張習孔《近思録傳》,清康熙十七年飲醇閣刻本。

知篇，卷之四 存養篇，卷之五 克己篇，卷之六 家道篇，卷之七 出處篇，卷之八 治體篇，卷之九 治法篇，卷之十 政事篇，卷之十一 教人篇，卷之十二 警戒篇，卷之十三 辨異端篇，卷之十四 聖賢篇。”

鮑懋度《重刻近思録小引》曰：

今天下文稱極盛矣，有世道之憂者，恒嘆鮮真儒之學焉。夫文學非有二也，今之號爲學士文人者，果視爲一耶？二耶？學之不□（筆者按，殘闕處似作“講”），所以德之不修。風趨日下，道其不明矣夫。嗟乎！道可一日不明乎哉！蓋自孔孟而後，周、程、張四子承其統，朱紫陽集其成。迄我明至以孔孟之語言、諸夫子之傳注，律以取士，實望人人以斯道自任也。以故昭代名儒間出，繼紫陽以理學起家者亦不乏人。無何世久弊滋，操觚之家，惟取以工帖括而媚青紫。至斯道一燈，幾同煨燼。幸今上赫然中興，加意理學，復取《大全》諸書，勉勵學宫，更新天下，實斯道大明之一日也。夫欲窮其源者，必遡其流；欲陟其巔者，必循其級。故志存理學，務於濂洛關閩諸全書，極深研幾，躬行心得，則斯道之旨，庶幾近之。然諸夫子全書，廣大閎博，紫陽懼其茫無津涯，爲學者所難，爰輯其至要，成此《近思録》一書。然則欲入濂洛關閩之門，而不求端乎此，其若泛滄溟者之忘杓，恣盤游者之忘家矣。惡乎！可哉！惜理學久湮，是書若存若亡，余幸生近闕里，得其遺册，間多殘闕舛謬，則取諸全書，詳求訂正，不憚苦心，用以朝夕佩誦。欣逢理學浸昌之會，敬新諸梓，遍告天下，庶留心斯道者，讀是《録》以得諸夫子全書之要旨，則於以體會《大全》諸書。自爾身心加悚，意知求誠，所不失仰承孔孟相傳之意，端不外是，不至徒爲工帖括、媚青紫之資，則天下幸甚！斯道幸甚！至若是書命名之旨，以及類分叙次，各有至意在，夫子自序暨東萊先生言之詳矣，余小子又何敢贅一辭！時崇禎八年歲在乙亥應鍾之月，新安鮑懋度敬書。

鮑學《重刻近思録跋》云：

嗟乎！道之不明未有如今日者也：卑者馳情利禄，高者溺志詞章。不但具希聖希賢之志，毅然以斯道爲己任者，吾未之聞，求一自好之士，超然於聲利之場者，亦或不少。概見豈天之降才爾，殊抑古今人多不相及與，何有志者之寥寥也？近日爲制舉業者慨然興反古之思，於是《大全》諸書稍稍見之八股。然大約文字之意居多，躬行之念或寡，吾恐先正格言將又爲梯榮捷徑也。况《大全》等俱後儒編集之書，意取廣搜，未遑詳擇。先儒所謂文滅質博，溺心者時或不免。夫以後人纂集先賢，何如先賢所手纂者，其所筆削爲更精乎，則《近思録》一書在今日尤爲提綱挈領，不可不亟爲表章，以公諸海内者也。原夫此《録》成於朱子，非周、程、張四子之言不入，而四子中又擇其言之切於日用、宜於初學者，以爲此編，一切泛濫穿鑿之語，不得以漫附其中，學者誠不可以一日而不讀也。願我同志，身體力行，不徒以爲粉飾辭章之用，直以爲省察克治之資。繇四子之言以窺四子之藴，繇四子之藴以上承堯舜以來相傳之統，則斯編之梓，其有造於天下匪淺鮮矣。如或入耳出口，不務躬行，則是買櫝而還其珠也，夫豈近思之謂也哉？凡此皆余兄表章古訓、嘉惠天下之苦心，惟余小子知之獨深者也，故不辭固陋，詮次其言於卷末，以告夫世之讀是編者。時崇禎乙亥孟冬新安鮑學□。

（五）《近思録》明崇禎九年張雋刻本

張雋（？—1665）[①]，字非仲，一字文通。明末清初吴江人。由其主持重刻的《近思録》，每半葉九行二十字，左右雙欄，有界行，框高 20.3 釐米，寬 14.50 釐米。白口，單（黑）魚尾。版心魚尾上方刻書名"近思録"，魚尾下刻卷次（如"卷一"）、頁碼。卷一卷端首行頂格題"近思録卷之一"，接之小字題"凡五十一條"，其下空白處有佚名朱筆題署卷一篇名"道體"。第二行頂格刻印正文。

卷首刻有《近思録目次》（此書取材的 14 部書名）、朱序、吕跋、明正德十四年汪偉跋文。

中國國家圖書館所藏刻本爲批注本（書影見圖 1 - 6），字裹行間與天頭等處有佚名朱筆批注。各卷首葉的書名卷次下有朱筆書寫本卷篇名，其名稱與南宋葉采《近思録集解》擬定的篇名相同。在各卷首葉的天頭位置，有朱筆書

① 張慧劍編《明清江蘇文人年表》，上海古籍出版社，1986 年 12 月 1 版。

寫本卷内容提要。

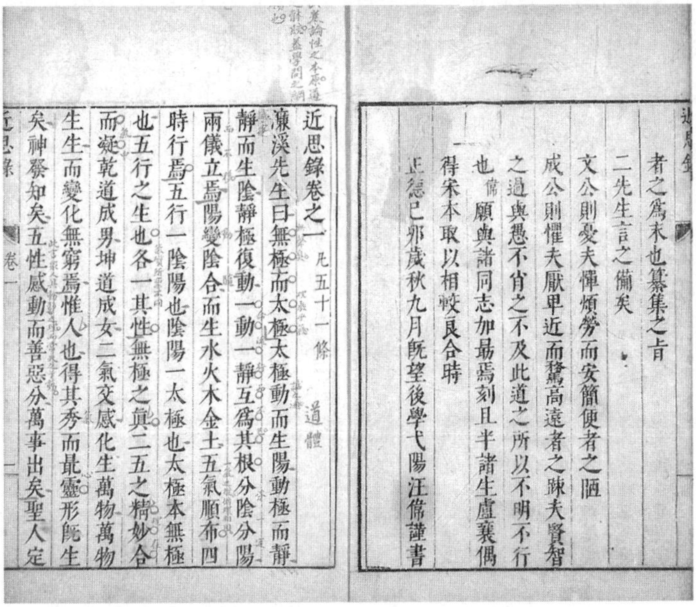
者之爲末也纂集之旨
二先生言之備矣
文公則憂夫憚煩勞而安簡便者之陋
成公則懼夫厭卑近而騖高遠者之躐夫賢智
之過與愚不肖之不及此道之所以不明不行
也偉願與諸同志加㫄焉刻且半諸生盧襄偶
得宋本取以相較良合時
正德己卯歲秋九月既望後學弋陽汪偉謹書

近思錄卷之一 凡五十一條 道體
濂溪先生曰無極而太極太極動而生陽動極而靜
靜而生陰靜極復動一動一靜互爲其根分陰分陽
兩儀立焉陽變陰合而生水火木金土五氣順布四
時行焉五行一陰陽也陰陽一太極也太極本無極
也五行之生也各一其性無極之眞二五之精妙合
而凝乾道成男坤道成女二氣交感化生萬物萬物
生生而變化無窮焉惟人也得其秀而最靈形既生
矣神發知矣五性感動而善惡分萬事出矣聖人定
近思錄 卷一

圖 1－6 《近思録》，明崇禎九年張雋刻本

刻本首册扉葉有姚濟人墨筆題記："金俊明，字孝章，初名衮，字九章，號耿庵，又號不寐道人，吴縣人。兵後棄諸生，傭畫自給，工詩能書，長於畫梅。私謚貞孝先生。有《春草閒房詩集》。金侃，字亦陶，孝章子，詩畫世其學，亦隱居不仕。仁和姚濟人志。"

國圖此藏本，4 册。鈐有"金俊明印"[①]"孝章""金侃之印""韻秋""志在春秋""長洲林鎮""别字夏庵""深柳讀書堂""一字文通""涵芬樓""海鹽張元濟經收"等印章；另鈐有左朱文右白文印"張雋之印"。從姚濟人題記内容和此刻本的藏書章推測，佚名朱筆批注、圈點、劃綫可能是金俊明所爲。此本曾被明末張雋、民國張元濟收藏過。

該刻本卷一至卷十一、以及卷十四卷末均刻校刻者姓名，各卷校刻者有别，如卷一末刻有："崇禎丙子歲冬月，吴江後學張雋天食重刻。"卷二末刻有："吴江後學沈學閔孝甫、烏程後學嚴滮滣之董應宸、臨女丁傅元汝器、丁傅相

① 金俊明（1602—1675），明末清初吴縣（今蘇州）人。畫家、文學家。

汝命仝較刻。”卷三末刻有：“苕溪後學董式印先董漢策帷儒董説，豫生吴上松耐鄭鳳際飛仝較刊，雙亮軒識。”而卷十二、卷十三末未見此類文字，可能是卷葉損壞所致。根據各卷末所刻文字可知，全書的重刻、校刻者爲張雋、丁傅元、丁傅相、吴上松、耐鄭鳳、陸泰寅、陸士崧、陸兆澣、張維原、沈德元、沈休含、嚴曾煌、董之坦、張俊遴、陸上銘、張應綸、高士駿、范泰聖、莊世榮、張權、張瑱、張頡等。卷二至卷十一末還題署“雙亮軒識”四字。刻本中“校”字避明熹宗朱由校諱，改作“較”。卷一末葉張雋重刻時間“崇禎丙子歲”，即崇禎九年(1636)。因而，我們依據上述諱字、張雋藏書印等可知國圖此藏本爲明代崇禎九年(1636)張雋等人校刻。該本實收四子語録622條，卷二題識“凡百十條”中“十”下恐脱“一”字。

這裏有必要説明的是，從刻本載録的汪偉跋文看，汪氏以爲葉采《近思録集解》、楊伯嵒《泳齋近思録衍注》對《近思録》主旨解釋不够深透，爲了恢復《近思録》舊貌，糾正後世注本之誤，“與同寅中兄景伯時取是編，考定其條件，正其謬誤，繕寫刻之，以復於舊。……刻且半，諸生盧襄偶得宋本，取以相較良合”[①]。刻成後作此跋，且跋文中“文公”“成公”“二先生”均提行刻印。張雋重刻本既然收録了汪偉跋文，那麽它與汪偉用以參校的宋本《近思録》或許有關聯。因此，如果真如某些書目所言有汪偉刻白文本《近思録》存在的話，那麽此本與汪氏刻本可能存在重刻關係，這也許是張雋收録汪氏跋文的用意吧。

此本張元濟《涵芬樓燼餘書録》有著録，但是其言值得推敲。張氏曰：“《近思録》十四卷，宋朱熹、吕祖謙撰。明正德刊本，四册。金孝章校，張文通舊藏。”“金俊明字孝章，蘇州明末諸生，隱居讀書。是編用朱、墨筆通體評點，遇精要處别加標識，眉批側注，到底不懈。”[②]其所記藏書印與筆者見到的國圖藏本藏書印章完全一樣，張先生所見當是此藏本。如果依其言，則此本爲張雋舊藏、金俊明批校，明正德刊本《近思録》。但如今通過考證可知，張先生將此《近思録》斷爲“正德刊本”，不妥，當是張雋生活的崇禎年間刊行。

---

① 明代汪偉《近思録》跋文，載於(宋)朱熹、吕祖謙共輯《近思録》，明代崇禎年間張雋校刻本。

② 張元濟《涵芬樓燼餘書録》，見張人鳳編《張元濟古籍書目序跋彙編》，商務印書館，2003年9月1版，第556頁。

汪偉跋文云：

《近思録》爲卷十四，爲條六百二十二，惟我文公與成公所銓定。近時刻本既多淆亂，又建安葉采有《集注》，代郡楊伯嵒有《衍注》，皆未能究有所發明。偉承乏成均，患諸士枝葉繁而本根昧，思有以易之。乃與同寅中兄景伯時取是編，考定其條件，正其謬誤，繕寫刻之，以復於舊。誠能反覆周洽，熟讀而精思之，雖有疑窒，自當相説以解，一日既有所得，然後知向之區區於口耳文詞者之爲末也。纂集之旨，二先生言之備矣。文公則憂夫憚煩勞而安簡便者之陋，成公則懼夫厭卑近而騖高遠者之疏。夫賢智之過與愚不肖之不及，此道之所以不明不行也。偉願與諸同志加勖焉。刻且半，諸生盧襄偶得宋本，取以相較，良合。時正德己卯歲秋九月既望後學弋陽汪偉謹書。

最後需要説明的是，明代傳刻的《近思録》原文本，《中國古籍善本總目》雖有著録，但在著録名謂"《近思録》"的傳本時，也存在欠妥之處，如將藏於湖南圖書館、北京大學圖書館的葉采《近思録集解》著録爲"明刻本"，容易讓讀者迷惑，不明确是《近思録》原文本還是《近思録》注本。關於明代《近思録》原文本，除我們考訂的上述存世版本外，明代高攀龍《重鍥近思録原序》説："予既仿《近思》而節朱子要語，秦生彦熙欣然有意其間，並刻《近思録》。"[①]依此，則猶有《近思録》明萬曆間秦彦熙刻本，遺憾的是今天已難覓此本。

二、《近思録》清代吕留良家刻本源流考

清初，在學術思想界頗具影響的明朝遺民中，浙江崇德的吕留良、張履祥可謂是頗具特色的儒者。當時反對明末空談心性之風已成蔚然之勢，程朱理學也藉此獲得了復興。吕留良與其同道摯友們通過講學、刊印書籍傳播程朱理學思想，對清初朱子學的興盛發揮了相當影響。

---

① 明萬曆三十二年高攀龍《重鍥近思録原序》，載於明錢士升《五子近思録》卷首，明崇禎五年刻本。清邵懿辰《增訂四庫簡明目録標注》卷九子部儒家類著録："《近思録》十四卷，明高攀龍刊本。"上海古籍出版社，1959年12月1版，第390頁。

(一) 清初的吕留良有志於傳播程朱理學

吕留良(1629—1683),字莊生,號東莊;又字用晦,號晚邨;又自號耻齋老人、南陽村白衣人。晚年號何求老人。浙江崇德(今桐鄉市崇福鎮)人,崇德於康熙元年更名爲石門,或説吕氏是石門人。其書室名"南陽村莊""寶誥堂""天蓋樓""風雨庵"等。清順治十年二十五歲的他易名光輪,應清廷試,成爲諸生。康熙五年又因不應清廷試而被革除秀才。此後歸隱南陽村東莊,設館講學,發明宋學,以朱子爲歸。在此過程中他創設天蓋樓刻書局刊印程朱著述。康熙十九年,晚年的吕留良削髮爲僧,法名耐可,字不昧,隱居吴興妙山,專心研究和傳播程朱之學,門人子弟甚衆。

吕留良自幼懷有"以天下己任"之志,文似朱熹,翻瀾不已,善於説理。順治十八年,吕留良在二哥吕茂良的要求下,辭去社集坊選,在吕家楳華閣教授子侄,他崇信程朱之學,所制《楳華閣齋規》以程子"灑掃、應對、進退造之便至聖人"爲第一事,在家塾執教期間也有意傳揚程朱學術思想。三十歲前後(順治年後期,康熙年前期)他倡社崇德,影響甚大,"名流輻輳,玳筵珠履,會者常數千人"①,其活動地域也成爲傳揚程朱理學的陣地。

統觀吕留良學術思想不難發現,他初受三兄吕願良的薰陶,後受浙東名儒黄宗羲等影響,再後來得清儒張履祥幫助,在經歷年歲的磨礪後,便成爲當時江南地域頗有影響力的理學家、思想家。若從清初學術史的角度考察,吕留良在康熙年間以宣導程朱理學著稱於江南,則在清代學術思想史上理應擁有一席之地。或許緣於此因,清末張之洞在《國朝著述家姓名略》中,將"陸世儀、張履祥、應撝謙、魏裔介、陸隴其、李光地、張伯行、楊名時、朱軾、蔡世遠、陳宏謀"歸於"程朱之學"②。

吕留良生前批判王陽明之學,認爲"今之人心大壞,至於此極,皆陽明之教之流毒也"③,因而視王陽明爲"朱子之罪人,孔子之賊人"。其《答吴晴巖書》曰:"某平生無他識,自初讀書,即篤信朱子之説,至於今老而病,且將死

---

① 卞僧慧《吕留良年譜長編》,第96頁。

② (清)張之洞《國朝著述家姓名略》,清光緒年刻本。見《續修四庫全書》史部,第921册第734頁。

③ 卞僧慧《吕留良年譜長編》,第204頁。

矣，終不敢有毫髮之疑，真所謂賓賓然守一先生之言者也。”[①]清康熙六年，吕留良《與張考夫書》曰，數百年來：“毒鼓妖幢，潛奪程朱之坐以煽惑天下也亦久矣……某竊不揣，謂‘救正之道，必從朱子；求朱子之學，必於《近思録》始’。又竊謂‘朱子於先儒所定聖人例内，的是頭等聖人，不落第二等’，又竊謂‘凡朱子之書，有大醇而無小疵，當篤信死守而不可妄置疑鑿於其間’。”[②]

關於吕留良尊崇、傳播朱子學的概况，以及與當時學界的交往、行事主張，我們可從吕留良與張楊園交往歷程中的幾個片段略知一二。張履祥(1611—1674)，字考夫，號念芝，浙江崇德(今桐鄉市)人。居楊園村，學者稱楊園先生。師從劉宗周，又不默守師説。“肆力於程朱之書，真知力踐。”三十四歲後隱居授徒，門人請謁，必令讀《小學》《近思録》及《顔氏家訓》。他也重視研求經濟。著有《讀易筆記》《言行見聞録》《補農書》等。《清儒學案》評價他“踐履篤實，學術純正，大要以仁爲本，以修己爲務，而以中庸爲歸”[③]。據劉師培《近儒學術統系論》，吕留良曾經從黄宗羲、張履祥游，“所學略與履祥近，排斥餘姚，若放淫辭”[④]。吕留良與同鄉張履祥常常通過書信或面晤研討程朱理學，相互鼓勵，以弘揚朱子學爲己任。這從他們二人交往的書信内容可窺一斑。吕留良《與張考夫書》中説，當今首要任務是辨理學正統，正人心，校風俗之弊，而“救正之道，必從朱子”。

張履祥年長於留良，在立身處世等方面，常常給予吕留良提醒和關愛。正因張、吕二人志趣投合，張履祥頗受留良敬重。康熙六年張履祥《與吕□□》云“仁兄文章可追作者之林，德誼足希賢哲之位”，勸説吕留良放棄醫學：“儒者之事，自有居廣居、立正位而行大道者，奚必沾沾日活數人以爲功哉？”[⑤]因此，康熙七年，吕留良謝醫事，放棄了多年提囊行醫謀生之業。

學術思想上，吕、張二人相契合，生活上，當時家境富庶的吕留良對這位學術同道也是關照有加。康熙八年吕氏《答某書》曰：“今歲屈致老夫兄在舍，

① (清)吕留良《吕晚邨先生文集》卷一，清雍正三年吕氏天蓋樓刻本。

② (清)吕留良《吕晚邨先生文集》卷一。

③ 徐世昌等編《清儒學案》卷五《楊園學案》，沈芝盈、梁運華點校，中華書局，2008年10月1版，第229—230頁。

④ 劉師培《劉師培儒學論集》，四川大學出版社，2010年4月1版，第175頁。

⑤ (清)張履祥《楊園先生全集》卷七，清同治十年江蘇書局重刻本。

求其指教，冀於身心間稍得收拾，未知有受益之地否耳。”[①]《與高旦中書》曰：“一月前晤考夫，自覺有益，恃之不孤。”正因爲如此，吕留良人生的後期受張履祥思想感染影響較爲直接，且在傳揚朱子學的道路上吕氏有了這位可以信賴和神交的兄長兼同道，自然欣慰之至。

清康熙八年，張履祥應吕留良邀請來吕氏家塾執教，晚年的張履祥在吕氏家塾訓導門人云“學問固重踐履，然必自致知格物始”。“儒者之學，修身爲本”，“讀書所期，明體適用”。嘗“勸友人、門人刻《二程遺書》《朱子遺書》《語類》及諸先儒書數十種，且同商略。迄今能得見諸書之全者，先生之力也”[②]。可見，吕氏家刻程朱理學之典籍或多或少受到了張氏等學界名儒的影響。

張、吕二人在許多層面彼此影響。張履祥身前與吕留良相處若干年之後，對留良人品異常敬佩，康熙十年《答葉静遠》曰：“用晦兄高明之識，曠達之度，既足超越倫等；兼其晰理必精，嗜賢如渴。祥兩載相依，殊覺瞠乎其後。”[③]這也與張履祥對其的關愛相關，因爲張氏對吕留良人生志趣的影響不可小覷。康熙十一年四月，張履祥寫信給留良，勸阻他批選時文。《與吕□□》曰：“案頭忽見‘天蓋樓觀略’之顔，深疚修己不力，無一可爲相觀之益。……兄賦禀之高明，嗜善之飢渴，與夫擇道之不惑，見義之勇爲，種種懿美，何難進造比肩於千古之人豪。……往時嘗止兄之學醫，實懼以醫妨費學問之力。今去此又幾春秋矣！……堪爲若此無益身心，有損志氣之事，耗費精神，空馳日月乎！……伏惟鑒此硜硜，急卒此役。”[④]或許正是因爲這些原因，在康熙十三年以後，留良不再評選時文，而是專意刻印朱子遺書，倡行朱子之學，爲扭轉當時學術風氣不懈努力。

在吕、張共處期間，他們還曾編撰理學讀本教授青少年。清康熙四十年吕留良長子吕公忠在《四書朱子語類摘抄》跋文中説，康熙十三年張履祥在剛完成此書初稿時即去世，於是其父便“取張先生所定本，重加簡閲。易簀前數日，是書猶在几案，竟絶筆於《論語・泰伯》之篇”。可見，直至康熙二十二年

---

① （清）吕留良《吕晚邨先生文集》卷一。

② （清）蘇惇元《張楊園先生年譜》。收在《楊園先生全集・附録》，（清）張履祥著，陳祖武點校，中華書局，2002年7月1版，第1512頁。

③ （清）張履祥《楊園先生全集》卷二，清同治十年江蘇書局重刻本。

④ （清）張履祥《楊園先生全集》卷七，清同治十年江蘇書局重刻本。

夏吕留良去世前，留良也未能將二人選編的書修訂面世。因而，吕公忠説他父親“以續録未成爲生平憾事”。又説：“然則《語類》一書爲先君子與張先生未竟之緒，而實其平生志念之所繫焉者也。先君子臨終以稿本付公忠俾藏之，距今十有九年矣！公忠……乃取其中論四書數帙，合兩家之所采，彙而録之，名曰《四書朱子語類摘抄》，凡三十八卷，先以行於世。嗚呼！四書者，六經之户牖；《近思録》者，又四書之階梯也。……嗚呼！此固先君子與張先生之遺志也。”[①]

至於張、吕二人編撰《朱子近思録》之事，文獻也確實有載，據《吕留良詩文集序》説，他們“二人共同選編《朱子近思録》”，即以《近思録》的體例選編朱子語録。《楊園先生全集》載：“某（筆者按，即張履祥）欲取朱子《文集》《語類》兩書，選定編輯，録其最切要精粹者，爲《朱子近思録》一編。”從康熙十一年到康熙十三年，張履祥衹編輯出部分選目，書未成便去世了，後來吕留良繼續進行補輯，“康熙二十二年，吕留良病重時仍手批目覽，矻矻不休於補輯《朱子近思録》”。

吕公忠所説“昔者先君子與楊園張先生欲續朱子《近思録》”[②]，在吕氏高弟子嚴鴻逵那兒得到印證，嚴氏曰：“昔先師吕子嘗病蔡覺軒《近思續録》失之太簡，至如《學的》《節要》等書，非編類雜而少當，則采擇略而不精。因欲除凡朱子所已成書外，約取《文集》《語類》二書，爲《朱子近思録》。書未成而遽殁，學者至今以爲恨。”因此，吕留良確實有意編撰《朱子近思録》一書，然而書未成張、吕二人就先後離世，令人遺憾。

很明顯，吕留良在清初堅持傳揚程朱理學，與同道友人張履祥等人的協助、唱和分不開。現代朱子學名家錢穆評價吕氏時説：“晚邨以發明朱學爲務，”“推奉朱子，實有創見，卓然輩流之上，爲有清一代講朱學者别開生面。”[③]

---

① （清）吕公忠《四書朱子語類摘抄》跋文，載於（清）吕留良、張履祥合輯，吕公忠編《四書朱子語類摘抄》，清康熙四十年南陽講習堂刻本。載於《四庫禁燬書叢刊》，北京出版社，1997 年 6 月 1 版，經部第 4 册第 316—317 頁。又見卞僧慧《吕留良年譜長編》，第 343—344 頁。

② 吕留良、張履祥合輯，吕公忠編《四書朱子語類摘抄》，載於《四庫禁燬書叢刊》經部第 4 册。

③ 錢穆《中國近三百年學術史》，商務印書館，1997 年 8 月新 1 版，第 82—85 頁。清康熙二十二年，陳祖法《祭吕晚邨先生文》曰：“其大者在扶正道於將墜，闡微言之未絶，特於制藝中晰毫釐而抉精髓，終以《朱子近思録》《知言集》二書未成爲憾。……此濂洛關閩諸君子之憾，後世有心斯道者之憾。”（《古處齋文集》卷五）

吕留良個人志趣與所處社會背景，是吕氏家刻圖書在當時廣泛流佈社會的重要基礎。時至今日，這仍是值得我們關注的。吕氏對朱子學著述的刊刻發行，與清初帝王需要程朱理學以助其統治相暗合，儘管吕家在清雍正十年(1732)遭湖南曾静謀反案的牽連，吕留良被剖棺戮屍，其著作被禁毁，刻版也被焚燒，但是吕家整理刊佈的程朱理學書籍卻依稀尚存於世。這也説明，吕留良著述在清代雖屢遭禁毁，鮮有存世，然而正是因爲其生前的治學、刻書影響非同一般，幾百年後的我們仍能知曉其主要著述有《吕晚邨先生文集》《續集》《吕晚邨先生詩集》《慚書》《四書語録》《四書講義》等。

（二）吕留良創辦天蓋樓刻書機構有助於程朱理學書籍的流佈

吕留良集士農工商於一身，在程朱學説的傳播方面，除自己著書立説外，還創辦天蓋樓刻局刊刻書籍，也曾邀請理學家張履祥到東莊編刻《朱子遺書》《語類》等。清順治十三年(1656)，吕留良贈送《近思録》給好友吴爾堯。清順治十七年陳祖法《慚書序》評價吕留良："深入乎聖賢之閫奥而服習之者有年，故其旨一本乎傳注，而其言盡乎六經。……今吕子於朱子《近思録》等書，日搆原本而校讎之，付剞劂以公海内。"[①]是年吕留良三十二歲，其家刻圖書在此前後差不多已有《近思録》流佈於世。例如現存"吕氏家塾讀本"《近思録》單行本，可能於清順治十八年前後刊印，因爲那時吕留良在二哥吕茂良的授意下，在崇德檗兒吕家私塾教書，同時也開始經營刻書[②]，故今存世"吕氏家塾讀本"極有可能是那時刊梓的。

清康熙十年二、三月間，張履祥在吕留良家塾執教，姚瑚、姚璉前來請教學業，吕留良曾經贈送他們《朱子遺書》1 册。當時張履祥《訓門人語三》曰："吕先生所刻《遺書》四種，最救時急務，有益學者。而《近思録》，某謂治經之階梯，尤不可不熟復深造也。某平生用力《小學》《近思録》爲多，稍有得益，亦在於此。故有志問學者，必舉此二書相勉也。"[③]而且在此前後，吕留良《與葉静遠書》曰："今思刻意摒當，墨守洛、閩之書，不欲爲顢頇謬悠之見，不敢爲主

① 卞僧慧《吕留良年譜長編》，第 102 頁。
② 徐德明《吕留良實語堂刻書考述》，《上海高校圖書情報學刊》2001 年第 4 期，第 53 頁。
③ (清)張履祥《楊園先生全集》卷五十四。

張調劑之言。……《朱子遺書》四種先完，正在刷印，恨信行促迫，未及待成，俟後便寄呈可耳。"[①]這就説明吕氏家刻《朱子遺書》在康熙初年已經面世，康熙十年還用以饋贈姚氏。

清康熙十二年春，留良前往金陵搜書、刻書發售，幾月未歸。張履祥因關心吕氏的交際、家族刻書，特作書勸留良早歸。其《與吕□□》云："游通都之會，已閱三朔，南北人士，往來繁庶，交游必日廣，聲問必日昭，恐兄雖欲自晦，亦不可得。迂鄙私憂，誠及於此。以兄高明，固已洞察微隱，無俟多言。"[②]

從前文吕留良子所言吕留良、張履祥編纂理學文獻、刊印朱子學文獻的史實，從吕留良崇尚程朱之學與張履祥尊朱思想相契合上，可以肯定張履祥對吕留良所從事的刻書業發揮過積極影響。張履祥在東莊講學期間，對吕留良家刻書曾建言獻策，特别是關於吕氏家刻書的選書、用意，多有張氏影響因素存在，如刊刻《二程遺書》《朱子遺書》等。正因爲得到學界同道的支持幫助，因而吕留良所創刻書業的規模、影響在其晚年均遠超前期。受此激勵，吕留良在與同道交游期間，又以傳揚朱子學爲己任，主持編選刊行有關程朱之學的書籍，表明自己的志向，以便時人後學能沉潛反覆程朱之學，盡讀朱子之書。因此，吕氏家的刻書，康熙年間多以程朱理學之書爲主，通過銷售和贈送得以廣泛流佈。吕氏家刻書業在清初程朱理學書籍的流佈方面確實發揮了一定的作用。

在吕留良創建的家族刻書機構中，其"天蓋樓"[③]刻局在吕氏晚年影響很大。"天蓋樓"大約是在康熙五年後吕氏歸隱禦兒鎮南陽村時所創，他的"天蓋樓藏版"繼續選刻時文、程朱著述出售，康熙年間刊行的本子多題署"天蓋樓"。其中值得關注的是，吕留良在世時，爲了不忘明王朝對其祖上的恩澤，依據祖上曾建築的"賓誥堂"，設立"禦兒吕氏賓誥堂"於天蓋樓内，曾刊有《朱

---

① （清）吕留良《吕晚邨先生文集》卷一。

② （清）張履祥《楊園先生全集》卷七。

③ 清康熙十五年，吕留良所刻書在南京書坊寄售。留良命兒子公忠前往經紀。《答潘美巖書》曰："某年來乞食無策，賣文金陵，亦止僦寓布家，自鬻所刻。並非未立坊，亦未嘗販行他書。所謂'天蓋樓'者，乃舊園屋名，不可以移餉者也。……某書舊亦在承恩寺葉姓坊中發兑，後稍流通，遷置今寓，乃不用坊人。其地離承恩尚有二三里，殊不便兑客也。"（《吕晚邨先生文集》卷二）

子遺書》“禦兒吕氏寶誥堂”本。

吕留良創建的天蓋樓刻局，後爲其子承繼，繼續從事刻書，甚至有吕氏門人參與該局刻書。據劉師培《近儒學術統系論》可知，傳續留良之學者，“浙有嚴鴻逵，湘人有曾静，再傳而至張熙，及文獄誕興，而其學遂泯”①。並且諸如柯崇樸等也傳其學。現存南宋蔡模②編輯的《近思續録》有康熙年間天蓋樓藏板。此刻本半葉十行二十二字，左右雙邊，上下黑口，對魚尾。書名葉題署書名“近思續録”，左下有刊記“天蓋樓藏板”五字。此本爲康熙二十八年吕氏門人柯崇樸據蔡模《近思續録》本校訂刊行。儘管此時吕留良已逝，但其子仍在經營天蓋樓刻書，當時吕留良弟子有可能采用或利用天蓋樓刻局的名號刻書。事實上，吕氏家族經營的刻書業，在吕留良生前已由其子吕葆中、吕毅中兄弟在南京、福建等地經營，在其去世後，吕氏家刻書還在不斷擴大經營，《二程全書》《朱子遺書》《朱子語類》等在康熙年間被多次刊行即可佐證。此類反映程朱理學思想的圖書遍佈大江南北，對清初朱子學的傳播具有較大的推動作用。

因而，綜觀清代的理學書籍傳播，很難繞開吕氏家刻書。從現存文獻考察，僅《近思録》一書，有清一代主要有賴於吕氏家刻而得以大範圍長久流佈。即使清雍正年間因曾静案牽涉，造成吕家版毁書禁，也没能讓吕氏家刻圖籍絶迹。如果就《近思録》傳播歷程考察，在清代中後期，除《近思録》的注本、續編本外，那麽《近思録》原文本的傳播，依然是以清初形成的《近思録》原文本兩大傳刻系統，即吕氏家塾讀本《近思録》、寶誥堂刻《朱子遺書》本《近思録》爲主。該底本在後世不斷再版印行，流佈四方。不論在當時，還是在後世，甚至禁毁時期，這些刻本都在綿延傳播，重刻者不斷，可見其價值、影響力之大。有清一代的士子、後學即可藉此進升理學，探尋程朱之奧秘，吸納四子之精髓，發展理學之思想。故此，吕氏刻書對朱子學復興乃至作爲統治思想高居廟堂，産生了不可忽略的影響。

（三）吕氏家刻本《近思録》在理學文獻傳播史上功不可没

因吕留良案的影響，吕留良家族刊印書籍的文獻依據如今很難獲取，以

① 劉師培《劉師培儒學論集》，第 175 頁。

② 蔡模，字仲覺，人稱覺軒先生。蔡沈長子，朱熹再傳弟子。

至於吕氏家刻圖籍的具體時間也不能一一確定，然而史上吕氏大量刻書的曾經存在卻是不争的事實。吕留良對於滿清朝廷多取不合作態度，從事刻書售書，既可藉以宣傳抗清思想，又可解決吕氏家人的生計。吕留良嘗曰："程朱之要必以《小學》《近思録》二書爲本，從此入手以求四書、五經之指歸，於聖賢路脉必無差處。"[①]從現存清初《近思録》版本可知，是浙西的吕留良首開清代重刊《近思録》原文本之風氣。他用心闡發朱子《近思録》之精蘊，所刊刻的《近思録》既有單行本，也有收入《朱子遺書》者，皆爲清代讀者學習理學的重要讀本。雖然清初文字獄的摧殘禁毁讓我們難以知曉吕氏家刻詳情，但如今我們從現存《近思録》清初版本大致也可考察吕氏刊刻此類書籍的盛況。

1. 清初吕氏家塾讀本《近思録》，作爲單行本其影響不可小覷。

(1) 清初吕氏家塾讀本

朱熹、吕祖謙共輯的《近思録》十四卷，622 條，在現存清初吕氏家刻圖書中，有一種名曰"吕氏家塾讀本"《近思録》。此本爲楷書上板，每半葉九行十八字，注文小字雙行同，左右雙欄，有界行，框高 17.80 釐米，寬 13.70 釐米。白口，單(花)魚尾。版心魚尾上方刻記書名"近思録"，魚尾下記卷次(如"卷一")、頁碼。

卷一卷端首行頂格題"近思録卷之一"，越兩字格題本卷語録總數"凡五十一條"，再越兩字格刻雙行小字刊記"吕氏家塾讀本"。第二行頂格刻印正文。《近思録》原文爲大字，本注及吕氏輯録的注文刻作雙行小字。卷末有尾題"近思録卷之某"。其他各卷卷端除首行無"吕氏家塾讀本"外，其編排體例與卷一同。此刻本各卷語録均單列刻印，每條語録除首行頂格外，餘則皆低一字格刻印。刻本漢字的右下角刻有句讀圈點"。"。

首册卷首依次刻有《近思録》(即此書取材的目録，有 14 部書名)、淳熙二年(1175)朱熹序(與明代賈世祥刻本相較，"處己治人"下增"之要"二字，"五月五日"下增"新安"二字)、淳熙三年吕祖謙序。卷一第九葉右半葉三個"恒"字闕末筆；卷十第四葉兩個"恒"字闕末筆，卷十"問人於議論"條中，即第十葉左半葉的"玄"闕末筆。依此看來，這部單行本保留着宋刻本避諱的痕迹。臺北

① (清)吕留良《與柯寓匏書》，見《吕晚邨先生文集》卷四。

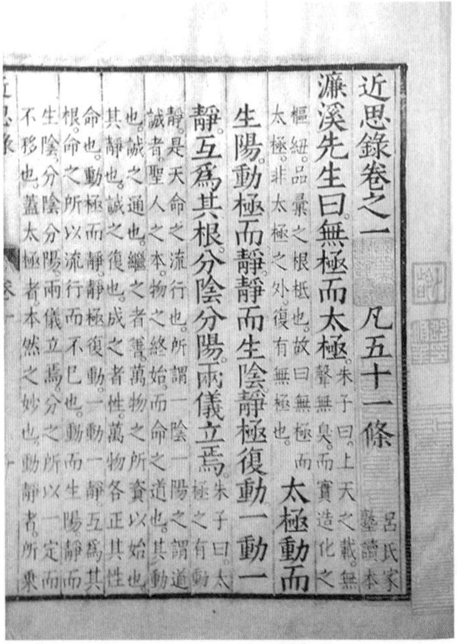
近思録卷之一　凡五十一條　呂氏家塾讀本
濂溪先生曰無極而太極朱子曰上天之載無聲無臭而實造化之樞紐品彙之根柢也故曰無極而太極非太極之外復有無極也太極動而生陽動極而靜靜而生陰靜極復動一動一靜互爲其根分陰分陽兩儀立焉朱子曰太極之有動靜是天命之流行也所謂一陰一陽之謂道誠者聖人之本物之終始而命之道也其動也誠之通也繼之者善萬物之所資以始也其靜也誠之復也成之者性萬物各正其性也命也動極而靜靜極復動一動一靜互爲其根命之所以流行而不已也動而生陽靜而生陰分陰分陽兩儀立焉分之所以一定而不移也蓋太極者本然之妙也動靜者所乘

圖 1－7　《近思録》，吕氏家塾讀本，清初刻本

“國家圖書館”藏本（書影見圖 1－7），1 册。刻印精美，墨色清晰。藏本天頭有佚名墨筆批注。藏本中鈐有朱文印“子齡”“仁和邵氏履素堂藏書印”“國立中央圖書館收藏”，白文印“邵順年印”。

依據此刻本卷端題署“吕氏家塾讀本”，以及“弘”字不避諱的情形推斷，應是清康熙年間吕留良家刻本。清丁申、丁丙《八千卷樓書目》卷十著録：“《近思録》十四卷，宋朱子、吕祖謙同撰。吕氏刊本。”其所指宜是清初的吕氏家塾讀本。

此刻本除避諱特徵外，尚有一般《近思録》通行本没有的特色，如從《近思録》各卷語録條目的分合上看，較明清時期的其他刊本更爲合理；與明清部分《近思録》刊本比較，其校勘精審，鮮有脱衍，較明嘉靖年間刻本爲優；該刻本中除《近思録》原有的極少數夾注“本注”外，又有與一般通行《近思録》原文本明顯不同之處，即在卷一第一條末附刻“太極圖並解”，又在其他各卷中於某些語録下增加了雙行小字注文，這些注文多是引朱熹語録來對周敦頤語録進行詮釋。

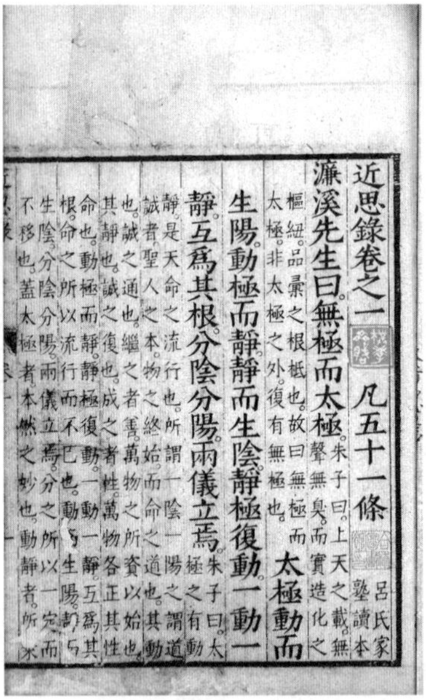
近思録卷之一　凡五十一條　呂氏家塾讀本
濂溪先生曰無極而太極朱子曰上天之載無聲無臭而實造化之樞紐品彙之根柢也故曰無極而太極非太極之外復有無極也太極動而生陽動極而靜靜而生陰靜極復動一動一靜互爲其根分陰分陽兩儀立焉朱子曰太極之有動靜是天命之流行也所謂一陰一陽之謂道誠者聖人之本物之終始而命之道也其動也誠之通也繼之者善萬物之所資以始也其靜也誠之復也成之者性萬物各正其性也命也動極而靜靜極復動一動一靜互爲其根命之所以流行而不已也動而生陽靜而生陰分陰分陽兩儀立焉分之所以一定而不移也蓋太極者本然之妙也動靜者所乘

圖 1－8　《近思録》，吕氏家塾讀本，清初刻本

吕留良著述及其家刻圖書在清雍正朝雖遭嚴厲禁毁，但該刻本卻有多部存世。上海圖書館、南京圖書館、吴江市圖書館等皆有收藏，不論該刻本的形式還是内容，各家皆同。上海圖書館藏本（書影見圖 1－8），4 册，佚名墨筆批校，且對批語又有朱筆圈點句讀。該

藏本除原本刻有的句讀標記外，多數卷葉還有佚名朱筆圈點句讀，少數地方用黄筆再圈句讀。上圖藏本的藏家曾用已經印刷過文字的紙作襯紙來裝裱，鈐有"樸學齋藏書印""合衆圖書館藏書印""汪寒子""合衆圖書館印"等印章。

南京圖書館也藏有吕氏家塾讀本，3 册。其版式、内容均與臺北"國家圖書館"藏本同。藏本的每册封面左上墨筆篆文寫有書名"仿宋刻近思録"（並分别題記"上""中""下"）；右邊墨筆隸書注記本册所收卷次、篇名。首册封面墨筆題識爲："禦兒吕氏家刻原本，懷寧方氏枕經堂藏讀。同治五年秋日方朔小東記於任城寓廬。標題依建安葉氏。"依此可知墨筆爲清同治五年安徽懷寧人方朔所爲。南京圖書館藏本首册卷首有書名兼牌記葉，上刻書名"小學/近思録"（雙行大字），左下角牌記題署"禦兒吕氏家塾讀本"。這或許就是吕氏家塾讀本原刻本應有的書名葉。

吴江市圖書館藏本《近思録》，在吕祖謙跋文後的空白格上，有清四庫館臣浙江秀水人沈叔埏墨筆行書題跋①，述説吕祖謙生平事迹。該館藏本 2 册，鈐有"悔過齋弟子""王景曾藏書印""復孫"等印章。而《中國古籍善本書目》將此藏本著録爲"明刻本"，吴江市圖書館卡片也如此著録。筆者考查發現，從避諱角度看，該本"常""校""檢"字不諱，基本上可排除它不是明末刻本；並且宋本多避宋帝王諱，如在"玄""恒""貞"等字往往有闕筆諱，而吕氏家塾此刻本中"恒""玄"字闕末筆，但清乾隆帝的"弘"字不諱，因而推斷該處藏本是清初年間據宋本《近思録》刊刻。《中國古籍善本書目》將此本著録爲"吴江縣

---

① 沈叔埏墨筆題記：埏按《歷代名儒傳》，祖謙字伯恭，尚書右丞好問之孫，自其祖始居婺州。祖謙之學本諸家庭，有中原文獻之傳。長從林之奇、汪應辰、胡憲游，又友朱子及張栻，講索益精。舉進士，復中博學宏詞科，除太學博士，兼國史院編修官、實録院檢討。及輪對，首勉孝宗留意聖學，且言恢復大事。召試館職，嘗喜陸九淵之文而未識其人，考試禮部得一卷，曰："此必江西小陸文也。"揭示果然。人服其精鑒。《實録》成，進對言治道體統，願虚心以求天下之士，執要以總萬事之幾，今日固當激勵其事功，尤當愛護其根本。遷著作佐郎，尋兼禮部，以末疾丐祠。建麗澤書院，以會友講學。病中猶爲日記，察物内省，不以一日懈。除直秘閣。卒年四十五，謚曰成。祖謙學以關、洛爲宗，嘗言静多於動，踐履多於發用，涵養多於講説，讀經多於讀史，工夫然後可久可大。少卞急，一日誦讀《論語》至"躬自厚而薄責於人"，一時意氣皆平。朱子每稱學如伯恭，方是能變化氣質，所講畫，將以開物成務，居家之政皆可爲後世法。嘗欲編《近思録》，因與朱子同止寒泉精舍，分類抉微，一月而成。又嘗修《讀詩記》《大事記》，皆未成書。考定《古周易》《書説》《闔範》《官箴》《辨志録》《歐陽公本末》，皆行於世。學者稱東萊先生。又按《續文獻通考》，理宗嘉熙二年改謚忠亮。景定二年，追封開封伯，從祀孔廟。明嘉靖九年，改稱先儒吕子。

圖書館”藏“明刻本”《近思録》,恐因其失查致誤。再者,上圖、南圖的藏本均可佐證它是清康熙年刻本。

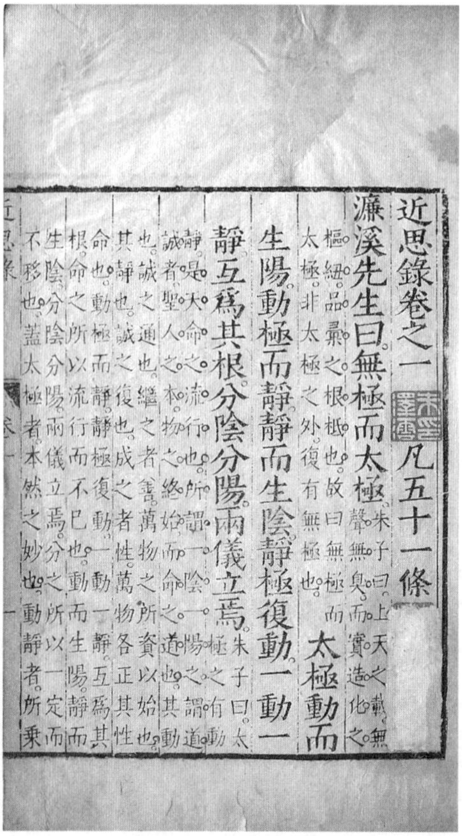
近思錄卷之一　凡五十一條
濂溪先生曰無極而太極朱子曰上天之載無聲無臭而實造化之樞紐品彙之根柢也故曰無極而太極非太極之外復有無極也太極動而生陽動極而靜靜而生陰靜極復動一動一靜互爲其根分陰分陽兩儀立焉朱子曰太極之有動靜是天命之流行也所謂一陰一陽之謂道誠者聖人之本物之終始而命之道也其動也誠之通也繼之者善萬物之所資以始也其靜也誠之復也成之者性萬物各正其性命也動極而靜靜極復動一動一靜互爲其根命之所以流行而不已也動而生陽靜而生陰分陰分陽兩儀立焉分之所以一定而不移也蓋太極者本然之妙也動靜者所乘
近思錄卷一

圖 1-9 《近思録》,吕氏家塾讀本,清初刻本

另外,陝西師範大學圖書館藏有一部《近思録》刻本(書影見圖 1-9),其體例、内容與上述臺北藏吕氏家塾讀本相同,“玄”闕末筆,“弘”不諱。其卷一卷端首行下端無“吕氏家塾讀本”六字,然仔細觀察會發現這個位置有明顯剜去一小片紙的痕迹,或後世藏家因吕留良案的影響,剜去這六字後用無字的紙補上。藏本,一函四册,卷首有闕損,卷三第二葉、卷四第十一葉、十五葉爲抄配葉。

關於“吕氏家塾讀本”《近思録》,清姚際恒《好古堂書目》子部儒家類著録云:“《近思録》十四卷。宋朱熹輯,吕氏家塾讀本。三本。”① 《近思録》“吕氏家塾讀本”爲仿宋刻本,學界一般認爲是吕留良教授家塾學童時所用,大約在順治十八年(1661)已開始刊梓②。

我們爲探尋家塾刻本之源,試着把吕氏家塾讀本與明嘉靖年間吴邦模刻本的卷一、卷十三進行了抽樣比較。發現它們卷端題識相同,均題書名卷次,注明本卷條數,不題各卷篇名;兩本正文内容基本相同,“恒”字避諱闕末筆。既然吴邦模刻本爲依據宋本重刻,吕氏此本很可能也是仿宋本刻印。或許是

① (清)姚際恒《好古堂書目》,載於(清)錢謙益等《稿抄本明清藏書目三種》,北京圖書館出版社,2003 年 5 月 1 版,第 782 頁。

② 徐德明《吕留良實語堂刻書考述》,第 53 頁。

因爲此書所據底本爲宋本，加之精校精刊，故儘管吕留良所刊行的圖籍在清代長期遭禁毁，存世微微，而其家塾讀本《近思録》卻能存世若干。

但是，在選擇重刻的底本時，二者依據的版本還是存在差異。吕氏家塾重刻本與明代吴邦模刻本《近思録》明顯不同的地方是，在卷一前幾條以及其他各卷少數的條目下不僅有注文，而且注文文字較長，多以"朱子曰"的形式注釋；而且原版的"本注"二字用白文黑底刊印，如卷一有 7 處這樣的注文。

由於清初朱子學得以復興，《近思録》本身又具有經典價值，加之吕氏家塾讀本刊刻精審，所以"吕氏家塾讀本"在清初較流行。清康熙年間張漸説"近日吕晚邨先生錴善本無注，而先大夫則嘗爲《傳》"[1]，即他父親張習孔康熙年間進行傳注的《近思録》原文本，與吕氏家塾讀本不無關聯。

(2) 清光緒三年劉氏傳經堂影刻本

雖然吕氏家刻圖籍在清雍正年遭禁，但吕家所刊梓的一些經典並未因此銷聲匿迹，其旺盛的生命力在清末的重刻本中也得到體現。據陝西師範大學圖書館藏光緒十年傳經堂刻本卷首的清光緒三年賀瑞麟《刻小學近思録序》，賀瑞麟認爲《小學》《近思録》是讀四書六經的基礎臺階，在明朝初年、清朝初期都能得到大儒尊信，但是明中葉的王陽明良知之學、清乾嘉的漢學卻將《小學》《近思録》束之高閣。可喜的是，清初吕留良家刻程朱之書，流佈較廣，曾將《小學》《近思録》二書合刻，光緒年間劉氏傳經堂得此合刻本，影刻流佈，於是賀瑞麟作序記之。依其作序時間爲"光緒三年"(1877)，此時該影刻本應已刻成。遺憾的是，我們調研《近思録》版本時，尚未目驗到此影刻本。

清光緒三年賀瑞麟《刻小學近思録序》曰：

> 許魯齋先生於《小學》敬之如父母，其爲教悉棄章句之習，使無大小必自《小學》入。陳北溪得林宗臣授以《近思録》，遂絶舉子之業。張楊園初從蕺山，及讀《近思録》，乃一意程朱。然則二書固有斬關奪隘之力，正本清源之功，豈數子不素讀四書、六經哉？蓋四書、六經義理宏闊，造道之極，《小學》《近思》語意親切，入德之階，不先二書真知而實好之，其有得於四書、六經難矣。二書自朱子後，明初及國初人知崇尚朱學，一二大

① (清)朱澐《朱子近思録跋》，載於(清)朱顯祖輯、朱澐校《朱子近思録》，清光緒二十八年刻本。

儒倡之於前，無不始於尊信二書，其時人才風俗篤實淳樸。逮明中葉，良知之説盈天下，而國朝乾嘉間，漢學者興，往往以字學爲小學，反非程朱之説理，例皆以《小學》《近思録》爲無取，而二書遂束高閣矣。然其人才風俗其效可睹，又兼以俗學薰灼腸胃、聾瞶耳目。若非功令所在，且將並四書、六經而不讀，尚望其於二書真知而實好之哉？亦可慨已。近歲四方《小學》刊布漸多，而《近思録》尚未廣，適得吕氏合刻本，傳經堂劉氏正欲梓行，而蕭季萬時爲劉氏刻《朱子語類》《文集》諸書，乃先取以影刻焉。間有舛誤，清麓諸子亦樂爲之校。蓋冀其流傳之盛，而真知實好者之多也，世豈無魯齋、北溪、楊園其人哉？人才風俗亦何遂不古若耶？天運循環，無往不復，吾將爲斯人斯世幸。光緒三年夏五二日三原賀瑞麟謹識。

（3）清光緒十年三原劉氏傳經堂刻本

清代重刻《近思録》吕氏家刻本者，猶有光緒十年三原劉氏傳經堂刻本。該刻本每半葉九行十八字，注文小字雙行十七字，四周雙欄，有界行，框高 17.00 釐米，寬 13.30 釐米。上下黑口，對(黑)魚尾。版心魚尾間刻書名卷次(如“近思録卷一”)，下魚尾下端刻頁碼，下黑口右側刻有“傳經堂藏書”五字。正文行間漢字旁刻有句讀符號“、”“。”。刻本中“恒”“玄”“弘”闕末筆，“淳”刻作“湻”。

該刻本卷首爲四周雙欄的書名葉，刻“近思録十四卷”(大楷)，其左半葉中間刻四周單欄的牌記“光緒十年甲申閏月既望雕訖”。正文前依次刻有清光緒丙戌(十二年，1886)賀瑞麟《重刻小學近思録序》、《近思録考異》、《近思録》(此書取材的 14 部書名)、淳熙二年朱熹序及淳熙三年吕祖謙序。

據此刻本卷首的《考異》云：“兹刻依禦兒吕氏家塾本，其顯誤者已爲改正，更據吕氏所刻《朱子遺書》，湖北所刻國朝江慎修《集注》，津河新刻宋葉平巖《集解》諸本爲考異。”又據賀氏《重刻小學近思録序》説：“兹依某氏家塾本爲之重刻，讀者能於此二書深究入德之門、造道之方，則聖賢途轍可循而入，不至誤落坑塹，而六經、四書之旨，亦庶乎其不難盡得之矣。書此以質天下有志之士。”[①]“某氏”即吕氏，清人因避吕留良文字獄案而改。筆者將該本卷一

---

① (清)賀瑞麟《重刻小學近思録序》，載於(宋)朱熹、吕祖謙共輯《近思録》，清光緒十年傳經堂刻本。

與吕氏家塾讀本比較後，發現二者體例、内容都一樣，其卷端版式與上述吕氏家塾刻本同。因此，傳經堂此刻本應是源自吕氏家塾讀本《近思録》。

至於此本確切的刊刻時間，根據牌記，加之文中“恒”“玄”“弘”“淳”“寧”字均避諱，即可確定這是清光緒十年(1884)重刊吕氏家塾讀本。華東師範大學圖書館藏本(書影見圖1－10)，2册，六眼綫裝。鈐有“仁和王氏得圃藏書印”“華東師範大學圖書館藏書章”。然而或許有人會問，華東師大藏本卷首爲何有光緒丙戌(十二年)賀瑞麟作的序文？筆者以爲此序是光緒十年雕版印刷後增刻，因爲賀氏序文的刻板版心僅刻“序”，無“傳經堂藏書”字樣，這與傳經堂刻本的版心標識明顯不同，這種在書版刻好之後印刷時補收序跋再增刻的事是很可能的，所以該本將賀氏序與光緒十年原版書葉裝訂在一起。因此，華東師大所藏此本，是清光緒十年三原劉氏傳經堂重刻吕氏家塾讀本。

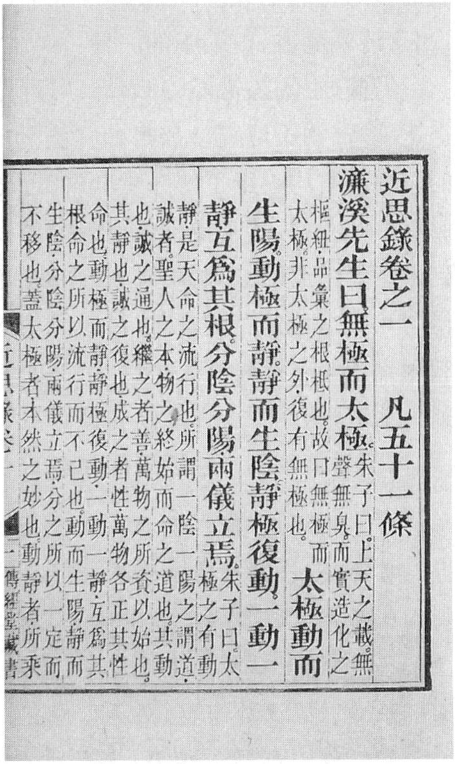
近思錄卷之一　凡五十一條
濂溪先生曰無極而太極。朱子曰上天之載無聲無臭而實造化之樞紐品彙之根柢也故曰無極而太極非太極之外復有無極也
太極動而生陽動極而靜靜而生陰靜極復動一動一靜互爲其根分陰分陽兩儀立焉。朱子曰太極之有動靜是天命之流行也所謂一陰一陽之謂道誠者聖人之本物之終始而命之道也其動也誠之通也繼之者善萬物之所資以始也其靜也誠之復也成之者性萬物各正其性命也動極而靜靜極復動一動一靜互爲其根命之所以流行而不已也動而生陽靜而生陰分陰分陽兩儀立焉分之所以一定而不移也蓋太極者本然之妙也動靜者所乘
近思錄卷一　傳經堂藏書

圖1－10　《近思録》，清光緒十年三原劉氏傳經堂刻本

此《近思録》光緒十年刻本，陝西師範大學圖書館有藏。藏本卷首無賀瑞麟光緒十年序文，卻有清光緒三年賀瑞麟《刻小學近思録序》，從紙質與該本其他卷葉明顯差異可察，恐是後來添加的。《近思録考異》則位於《近思録》卷十四末，即裝訂所致。藏本行間有佚名朱筆圈點句讀，天頭處偶有墨筆批注。

並且，上海圖書館藏有一部《近思録》，爲《西京清麓叢書》中收録的《朱子近思録》2册，書名葉牌記、版式、版框高寬、版心、正文内容、字體等與華東師大藏傳經堂刻本《近思録》單行本相同，它們應是同一版，即清光緒十年傳經堂刻本。"恒""玄""弘""淳""寧"字均避諱。但是，上圖藏本無光緒十二年賀瑞麟《重刻小學近思録序》，且《近思録考異》附在卷十四末；該藏本的《西京清麓叢書總目》"正編"下注云："《朱子近思録》，二册。"依此，上圖此藏本即是《西京清麓叢書》正編中的一種。

另據《中國叢書綜録》著録："《近思録》十四卷，附《考異》。""《西京清麓叢書正編》，《劉氏傳經堂叢書》。"《劉氏傳經堂叢書》爲清人劉毓英編輯。這裏的兩種叢書均收録了傳經堂刊本《近思録》。

由此考察，清末重刻《近思録》者非常重視《近思録》，爲幫助有志之士得到入聖賢之道的經典讀本，便選擇吕氏家塾讀本重刊，以爲由此入門可"盡得""六經、四書之旨"，所以吕氏家刻本在清末受到青睞。即使吕氏刊梓的書版因雍正年皇權屠戮而被燬，可此前流佈於世的刻本在清初以至後世卻一直爲人稱道，仍在士子中不斷發揮着重要的導引作用。

賀瑞麟《重刻小學近思録序》曰：

> 六經，古無有也而成於孔子；四書，古無有也而成於朱子。六經、四書而後，求其可繼此二者，莫切於《小學》，莫精於《近思録》，而亦皆成於朱子。蓋所謂傳授聖賢心法，以適於六經、四書者也。學者不學聖賢則已，欲學聖賢而不由斯二書，是猶立數仞之墻而浮埃聚沫以爲基，航斷港絶潢以望至於海也，必不可得矣。自朱子以來，前哲尊信此二書，其效灼然可觀。或疑信相半，或疑而不信，且詺訾議者，其所得淺深得失、偏正純駁，豈待問而知哉？人心風俗之本，學術治理之原，皆於此系焉。二書今多刊行，然真知而篤好之者，果有其人乎？諸家注本亦不無可取，要未有如朱子傳義章句集注其人者，爲可惜耳！兹依某氏家塾本爲之重刻，讀者能於此二書深究入德之門、造道之方，則聖賢途轍可循而入，不至誤落坑塹，而六經、四書之旨，亦庶乎其不難盡得之矣。書此以資天下有志之士。光緒丙戌九秋三原賀瑞麟識於正誼書院。

(4) 民國年間中華書局鉛印本

《近思録》十四卷，活字排印本也是仿古書豎行編排，每半葉十三行二十字，注文(或夾注)小字雙行十九字。四周雙欄，有界行，框高 15.30 釐米，寬 10.70 釐米。上下細黑口，單魚尾。版心魚尾上題書名"近思録"，魚尾下題記卷次、頁碼。下細黑口右側左側分題“中華書局聚/珍倣宋字版印”。卷一卷端首行頂格印“近思録卷之一”,越二字格題“凡五十一條”,次行頂格印正文,每條語録單列,首字頂格,餘則皆低一字格印製。卷末有尾題“近思録卷之某”。

此印本卷首有書名葉,題書名“近思録”,其背面有刊記“上海中華書局印行,全二册,連史紙/賽宋紙,定價八角/五角半”。卷一第一條後,内容編次如同吕氏家塾讀本一樣,“附太極圖並解”一段文字。因而,我們推測此印本是民國年間上海中華書局據吕氏家塾刻本爲底本印製。陝西師範大學圖書館藏,一函二册。

2. 現存清初《朱子遺書》本《近思録》,也爲吕氏家刻重要典籍。

清康熙五年(1666),吕留良因拒絶配合浙江學使考核生員,被革除諸生,於是隱居在石門(即今崇福鎮)城東的禦兒鎮南陽村東莊。因爲當時人稱東莊謂“禦兒鄉”,故又稱吕留良爲禦兒吕氏[①]。康熙九年秋張履祥在吕留良家執教,其《與何商隱》曰:“日者,禦兒之鄉,群賢畢至,其聚不亦樂乎!”[②]清人朱彝尊《静志居詩語》曾言祁承爜家藏書“流轉於姚江、禦兒鄉”,禦兒即指購書者之一的吕留良,禦兒鄉即吕氏家族住地。經查,康熙初年吕留良曾購得山陰祁氏澹生堂藏書三千餘册,藏於此地,後續有添置,且以此作爲其刻印圖書的基礎。

吕留良不僅在禦兒鄉設館授徒,而且自創天蓋樓刻書機構刊行圖籍。其中的“寶誥堂”是吕氏家刻的堂號之一。吕留良祖吕熯,尚淮莊王朱祐棨長女南城郡主,爲淮府儀賓中奉大夫。後來吕熯父殁,便與淮莊王女一起,辭歲禄四百石,歸養奉親,明王詔可,“相應褒許,以風天下”。熯謙和樸茂,事諸兄甚謹,喜歡與當時的縉紳文學交游,在回到崇德(清康熙年改稱石門縣)後構築許歸堂以記皇恩。故其後人吕留良在爲自己刻書堂號取名時,采用“寶誥堂”之名。清代流佈的禦兒吕氏寶誥堂刻本《朱子遺書》即吕留良家所刻。但是在吕留良去世後,他的後人不再用“寶誥堂”的堂號刻書,以免禍端。

---

① 徐德明《吕留良寶誥堂刻書考述》,第52頁。

② (清)張履祥《楊園先生全集》卷五。

如今筆者調查發現，現存《朱子遺書》刻本[1]中仍有清代“禦兒吕氏寶誥堂”刊本，且有初刻、再刻之别，卷首牌記均題“禦兒吕氏寶誥堂重刻白鹿洞原本”(篆體字)，版式特徵相同。

(1) 寶誥堂《朱子遺書》初刻本

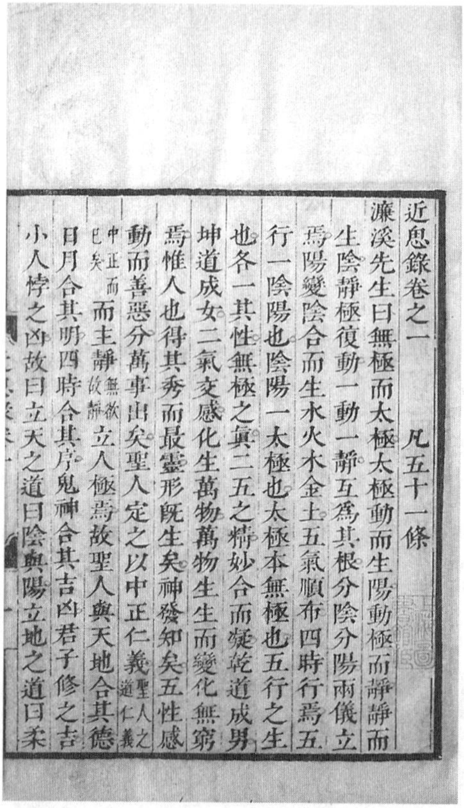
近思錄卷之一　凡五十一條
濂溪先生曰無極而太極太極動而生陽動極而靜靜而
生陰靜極復動一動一靜互爲其根分陰分陽兩儀立
焉陽變陰合而生水火木金土五氣順布四時行焉五
行一陰陽也陰陽一太極也太極本無極也五行之生
也各一其性無極之眞二五之精妙合而凝乾道成男
坤道成女二氣交感化生萬物萬物生生而變化無窮
焉惟人也得其秀而最靈形既生矣神發知矣五性感
動而善惡分萬事出矣聖人定之以中正仁義聖人之道仁義
中正而已矣而主靜無欲故靜立人極焉故聖人與天地合其德
日月合其明四時合其序鬼神合其吉凶君子修之吉
小人悖之凶故曰立天之道曰陰與陽立地之道曰柔

圖 1 - 11　《近思録》，清初《朱子遺書》本

該本輯録 12 部圖書，其《朱子遺書目録》載有《近思録》《延平答問》《雜學辨》《中庸輯略》《論孟或問》《伊洛淵源録》《謝上蔡語録》《論語集義》《小學》《易學啓蒙》《詩序辨》《儀禮經傳通解》。

初刻本首册的書名兼牌記葉，刻雙行大字“朱子遺 /書”，“書”字下有長方形四周單欄的牌記，題“禦兒吕氏寶誥堂重刻白鹿洞原本”。上海圖書館藏本一部八種(藏書號：T09901—908)，其中《近思録》十四卷，622 條語録，位於該刻本的首册(書影見圖 1 - 11)。刻本每半葉十二行二十二字，夾注雙行小字同，左右雙欄，有界行，框高 17.80 釐米，寬 13.80 釐米。上下細黑口，對(花)魚尾。版心兩魚尾之間刻書名卷次(如“近思録卷一”)，下魚尾下端刻頁碼。卷一卷端首行頂格題“近思録卷之一”，越三字格題“凡五十一條”；次行頂格刻正文，每條語録單列，首行首字頂格，其餘各行均低一字格刻印。卷末有尾題“近思録卷之某”。刻本中“恒”字闕末筆，“玄”

① (清)耿文光《萬卷精華樓藏書記》云：“《近思録》十四卷，宋朱子、吕東萊同編。《朱子遺書》本。……此本采自《文集》《文衡語類》及《性理大全》諸書，與原本不同。”《萬卷精華樓藏書記》，中華書局，1993 年 1 版，第 634 頁。

"弘"不避諱。

此藏本的書名葉之後刻有《朱子遺書目録》、《近思録》(群書姓氏,即此書取材的 14 部書名)、淳熙二年朱熹序、淳熙三年吕祖謙跋。在《朱子遺書目録》的"《近思録》"條目下,題有雙行小字:"坊本多從周公恕分類割裂舛錯盡失其舊,今依原本訂正。"此藏本鈐有朱文印"武原朱彭壽印"。

上圖另藏有一部 16 册本《朱子遺書》,一部 15 種本《朱子遺書》,其内容、版式特徵與此藏本同,《近思録》也同樣出自"白鹿洞原本"。可是如今因"白鹿洞原本"難覓,故無從考證此刻本與所謂"原本"具體的異同。

又據相關文獻記載,清康熙十年吕留良將《朱子遺書》贈送給張履祥門人姚瑚、姚璉,當時張履祥所言"吕先生所刻《遺書》四種",應該與此有關聯。而且在康熙十年前後,吕留良在贈送葉静遠《朱子遺書》之前,其書信嘗云"《朱子遺書》四種先完,正在刷印"之類的話語。康熙十三年,吕留良《答吴雨若書》曰:"家刻《朱子遺書》一册奉覽。"[①]由此可推斷,吕氏家刻寶誥堂刻本《朱子遺書》初刻本是重刻白鹿洞原本,至遲在康熙十三年已刻成,在清初流佈較廣。當代學者王俊義認爲吕氏所刻《朱子遺書》初輯,收録《近思録》《延平答問》等,爲清初讀者提供了研讀程朱思想的讀本,功不可没[②]。

筆者調查後發現,《朱子遺書》吕氏家刻本今存世多部,其中有將《近思録》編次在《遺書》刻本首篇者,如清華大學圖書館藏有《朱子遺書》一部 10 册本,浙江圖書館藏有一部 10 册本,南京圖書館藏本,它們均與上海圖書館此藏本(一部八種本)相同。

清華大學藏有《朱子遺書》刻本兩部,一爲 10 册本(編號:甲 815.3/4706.01),其中《近思録》1 册,有佚名墨筆、朱筆批注,鈐有朱文印"本家書籍外有翻板舛錯訛謬識者須詳鑒之""新增學庸或問"等。另一部爲 48 册(編號:甲 815.3/4706),在《朱子遺書目録》12 部書名下,墨筆增注 3 部:《孝經刊誤》《周易參同契考異》《陰符經考異》。有佚名墨筆批注,鈐朱文印"聚錦文自在江浙蘇閩練選古今書籍發兑□"。其版式特徵與前一部藏本同。

浙江圖書館藏《朱子遺書》刻本至少有兩部:一部爲 10 册本(編號 2279),

① (清)吕留良《吕晚邨先生文集》卷一。

② 王俊義《清代學術探研録》,中國社會科學出版社,2002 年 8 月 1 版,第 140 頁。

《近思録》1 册(書影見圖 1－12),鈐朱文印“聖弢”,白文印“吴文□印”,有佚名墨筆批注。另一部爲 16 册(編號 3047),在《朱子遺書目録》卷端葉的天頭,有佚名墨筆批注:“王氏彙刻書目《中庸輯略》上有《大學或問》一卷、《中庸或問》一卷,此本無之。”在與“《論孟集義》《小學》”對應的天頭,墨筆批注:“二刻目録作《精義》,二刻目録無《小學》。”

該館另藏有《近思録》單册本(編號 3048),很可能屬於《朱子遺書》的一部分(書影見圖 1－13)①。

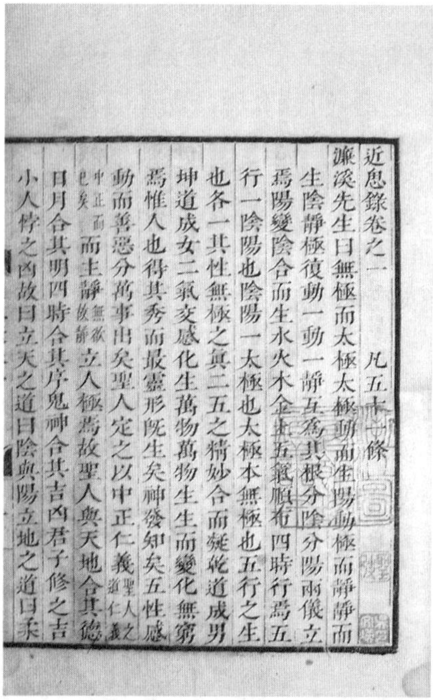
近思錄卷之一　凡五十一條
濂溪先生曰無極而太極太極動而生陽動極而靜靜而
生陰靜極復動一動一靜互爲其根分陰分陽兩儀立
焉陽變陰合而生水火木金土五氣順布四時行焉五
行一陰陽也陰陽一太極也太極本無極也五行之生
也各一其性無極之眞二五之精妙合而凝乾道成男
坤道成女二氣交感化生萬物萬物生生而變化無窮
焉惟人也得其秀而最靈形既生矣神發知矣五性感
動而善惡分萬事出矣聖人定之以中正仁義聖人之道仁義中正而已矣而主靜無欲故靜立人極焉故聖人與天地合其德
日月合其明四時合其序鬼神合其吉凶君子修之吉
小人悖之凶故曰立天之道曰陰與陽立地之道曰柔

圖 1－12　《近思録》,《朱子遺書》本

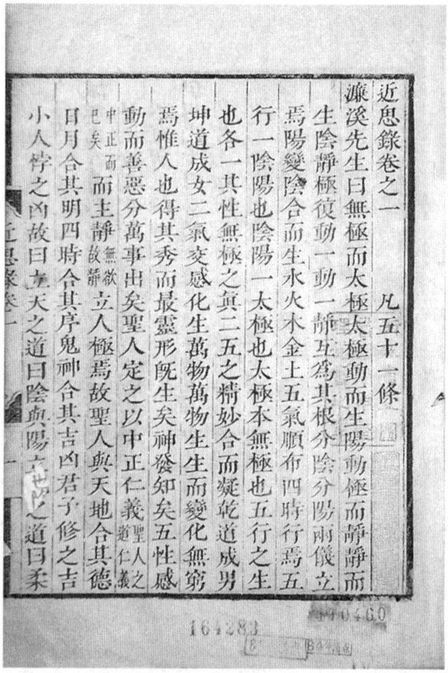
近思錄卷之一　凡五十一條
濂溪先生曰無極而太極太極動而生陽動極而靜靜而
生陰靜極復動一動一靜互爲其根分陰分陽兩儀立
焉陽變陰合而生水火木金土五氣順布四時行焉五
行一陰陽也陰陽一太極也太極本無極也五行之生
也各一其性無極之眞二五之精妙合而凝乾道成男
坤道成女二氣交感化生萬物萬物生生而變化無窮
焉惟人也得其秀而最靈形既生矣神發知矣五性感
動而善惡分萬事出矣聖人定之以中正仁義聖人之道仁義中正而已矣而主靜無欲故靜立人極焉故聖人與天地合其德
日月合其明四時合其序鬼神合其吉凶君子修之吉
小人悖之凶故曰立天之道曰陰與陽立地之道曰柔

圖 1－13　《近思録》,清刻本

① 浙圖此藏本《近思録》1 册,爲單行本,實際上屬於《朱子遺書》中的一部分,僅闕《朱子遺書》卷首的牌記葉、《朱子遺書目録》葉,很可能藏家緣於吕留良案而有意除去。此刻本與浙圖所藏的《朱子遺書》(10 册)中的《近思録》,内容、版式、避諱字完全相同,甚至行格印迹,斷口、框欄刷痕亦同,顯然二者爲同一版印製,因此它當屬於《朱子遺書》初刻本中的一部,僅單行而已。此藏本有佚名朱筆批校,主要參校清江永《近思録集注》的白文,指出了《朱子遺書》刻本的個别字的錯誤。另按:《朱子遺書》刻本,多家圖書館藏本内容一樣,衹是裝訂册數有别,《近思録》均在首册,有與《延平答問》合爲一册,偶有單爲一册的。

南京圖書館藏本(編號 131387),《近思録》也列首篇,在該藏本卷首序跋文後的空格處,有名"誠"者墨筆批注:"此吕氏刻本《朱子遺書》本,僅《近思録》《延平答問》二種也。先後經邵書稼微君、鮑渌飲先生、後及錢先生馥收藏,有印可證。朱墨圓規必邵、錢兩先生手筆,其'樂安書屋'一印爲蔣山留先生刻,今藏寒家,惜已闕角。何人以金填之,反不能見筆法,悵惘。至聖先師誕日,誠記。"依此,該本中的朱筆圈注、少數卷葉墨筆連續圈注,當是邵書稼、錢馥所爲。藏本鈐有朱文印"新增學庸或問""本家書籍外有□板舛錯訛謬□□須詳鑒之"[①]"馥""八千卷樓藏書之記",白文印"四庫著録"(該印左右有紋飾)、"知不足齋藏書""邵書家印""廣伯""朝陽晚翠之軒""番氏"等,還有紅底金文印"樂安書屋"。

在上述幾部藏本中,《近思録》刻本的版式、字體、斷痕相同,應是同一版印,相互間有同源關係。從《朱子遺書》刻本整體看,其版式、字體、内容相同,至於各家藏本册數的不一,或許是流佈過程中藏家裝訂所致。爲探尋《朱子遺書》本《近思録》的來源,我們將其卷一、卷十三與明嘉靖年間吴邦模刻本進行抽樣比較,發現二者的體例、正文内容、避諱字基本相同,僅《遺書》本偶有個别字詞與吴本有異。從總體上看,《遺書》本與吴本極相近,兩種版本都有"仿宋"的性質。故我們以爲《朱子遺書目録》中所言依"原本訂正"應該可信,此刻本極有可能源自宋本。

(2)《朱子遺書》二刻本

特别值得我們關注的是,吕留良家刻《朱子遺書》並非僅僅刊梓一次,因爲現存禦兒吕氏寶誥堂所刊《朱子遺書》還有二刻本。相較於初刻本,二刻《遺書》收録篇目與之有别,這從前文所述浙江圖書館所藏 16 册本的佚名墨筆批注能覺察一二。

清康熙二十三年秋,吕公忠往福建經紀自家刻書業,當時他有一封答陸隴其的書信曰:"新刻《朱子遺書》六種,又《朱子家禮》及《小學》《近思録》合刻各一册,先君書義四帙呈覽。目下刻《儀禮經傳通解》已將及半矣,明歲可得

① 南京圖書館藏本的這兩方印章與清華大學藏本所鈐印章相同,印章闕角所脱字,可據清華藏本的鈐印補之。依此,清華藏本與南圖藏本是吕氏寶誥堂刊刻後鈐印,曾同爲一家收藏。

竣事，更容奉寄。”[①]據此，吕留良兒子接管吕家刻書業所刊的圖籍有《朱子遺書》，即康熙二十三年或此前不久刊就的本子。此版在後世有流佈，清乾隆七年江永集注《近思録》時説："永自早歲，先人授以《朱子遺書》原本，沈潛反復有年。”[②]江永是康熙二十年出生，由此推算，先人所授《朱子遺書》在其出生前後面世。

對此，徐德明認爲，康熙八年吕留良迎理學大儒張履祥至南陽村東莊講學，經張氏建議，先後刊行《二程遺書》《朱子遺書》《朱子語類》等。其《朱子遺書》初刻七種六十九卷、二刻《朱子遺書》六種三十二卷中，收録《近思録》十四卷，這些刻本封面或内封刻有"禦兒吕氏寶誥堂重刻白鹿洞原本”或"禦兒吕氏寶誥堂刻”[③]。

經過多年實地調研，我們基本可以肯定《朱子遺書》禦兒吕氏寶誥堂刻本有康熙初年的初刻，有康熙年間的二刻。華東師範大學藏有吕氏家刻《朱子遺書》二刻一部20册。其書名兼牌記葉題署"禦兒吕氏寶誥堂重刻白鹿洞原本”。卷首《朱子遺書二刻目録》記録六部書:《論孟精義》《易學啓蒙》《詩序辨》《孝經刊誤》《周易參同契注》《陰符經注》。未輯録《近思録》。此《遺書》本的版式特徵與初刻本基本相同，不再贅述。

如今我們查閲古今書目，清代藏書目録對《朱子遺書》多有著録，但很難區分它們是初刻還是再刻。對於《朱子遺書》本《近思録》，《增訂四庫簡明目録標注》《郘亭知見傳本書目》《萬卷精華樓藏書記》《八千卷樓書目》《中國叢書綜録》等均有著録，云"《朱子遺書》本”。但《藏園訂補郘亭知見傳本書目》另著録一條，則謂"清康熙吕氏寶誥堂刊《朱子遺書》本”[④]。由此我們不禁思考，莫友芝著録的"《朱子遺書》本”與傅增湘訂補的爲何有别？傅氏的訂補文字較莫氏明確，如果二人所指是同一種版本，那麽爲何著録兩次、文字表述有别呢？

關於《近思録》《朱子遺書》本，姚際恒《好古堂書目》有著録，曰："《朱子遺

① 卞僧慧《吕留良年譜長編》，第316頁。

② (清)江永《近思録集注序》，載於江永集注《近思録》，清嘉慶十二年婺源李承端刻本。

③ 徐德明《吕留良寶誥堂刻書考述》，第53—54頁。

④ (清)莫友芝撰，傅增湘訂補，傅熹年整理《藏園訂補郘亭知見傳本書目》，中華書局，1993年6月1版，第44頁。

書》，宋朱熹。八本。《近思録》十四卷，《延平問答》，《雜學辨》，《中庸輯略》二卷，《論孟或問》三十四卷，《伊洛淵源録》十四卷，《謝上蔡語録》三卷。《朱子遺書》二刻，《論孟精義》二十四卷……《陰符經考異》。"[①]

(3) 在寶誥堂本基礎上形成的"《朱子遺書合編》本"

《朱子遺書》作爲朱子學思想的重要代表，在明清學者心目中地位甚高，往往以多種形態的本子傳播，也自然成爲吕留良家刻圖書的對象。受此影響，清代後期猶有學者或出版機構選輯吕氏家刻《朱子遺書》初刻、二刻進行合編，如清光緒年間賀瑞麟編輯的《朱子遺書合編》，收録在《西京清麓叢書》中。

賀瑞麟説："朱子生平著述，四書、《易》《詩》各注皆列學宫，天下後世學者所共見《文集》《語類》《通鑒綱目》諸巨帙而外，尚十餘種未易盡得，此《遺書》之刻所以爲有功也。惟原書有初刻、二刻，或非一時所搜，然其次第似有意義，兹爲合編，而以《論孟精義》《中庸輯略》爲先，《論孟或問》次之，《大學》《中庸或問》本非原編所有，亦據後人刊本增入。《易啓蒙》《詩序辨》又次之。蓋《論孟或問》朱子雖不欲存而正多於《集注》相發，即初年未定之説，亦不可不互相參考。而《精義》《輯略》又諸説之所自出，不先讀之且茫然不知朱子所以斟酌去取之意，即不知《章句集注》之精確而不可易。至《啓蒙》《序辨》尤朱子獨得之奥，讀而不知乎此，其於《易》《詩》亦無以得其旨歸，而朱子之苦心泯矣，故列原目書首而志其合編之意如此。若夫《近思録》以下悉仍其舊，更無他義例云，抑學者果於《近思録》熟讀而有得焉，其於此書前後諸篇讀之自有權衡，或亦原書之意亦不可不知也。光緒丙戌十一月庚子，三原賀瑞麟謹識。"賀氏在該《合編》刻本目録後的這篇跋文，簡述了自己編輯《合編》的原因以及所收録十三部圖書次序編列的緣由。

此《朱子遺書合編》爲清代傳經堂刊刻，每半葉十二行二十二字，四周單欄，有界行，框高 17.00 釐米，寬 13.10 釐米。上下粗黑口，對(黑)魚尾。版心魚尾間刻大書名(如"朱子遺書")、小書名卷次(如"近思録卷一")，下魚尾下端刻頁碼。在版心下端黑口右側刻有"傳經堂藏書"。每條單列，首字頂格，餘則皆低一字格刻印。

---

① (清)姚際恒《好古堂書目》，載於(清)錢謙益等《稿抄本明清藏書目三種》，北京圖書館出版社，2003 年 5 月 1 版，第 783 頁。

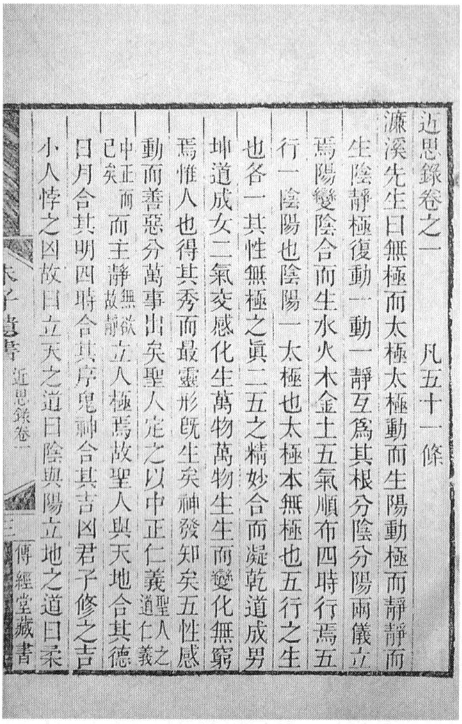
近思録卷之一　凡五十一條
濂溪先生曰無極而太極太極動而生陽動極而靜靜而
生陰靜極復動一動一靜互爲其根分陰分陽兩儀立
焉陽變陰合而生水火木金土五氣順布四時行焉五
行一陰陽也陰陽一太極也太極本無極也五行之生
也各一其性無極之眞二五之精妙合而凝乾道成男
坤道成女二氣交感化生萬物萬物生生而變化無窮
焉惟人也得其秀而最靈形既生矣神發知矣五性感
動而善惡分萬事出矣聖人定之以中正仁義聖人之道仁義中正而已矣而主靜無欲故靜立人極焉故聖人與天地合其德
日月合其明四時合其序鬼神合其吉凶君子修之吉
小人悖之凶故曰立天之道曰陰與陽立地之道曰柔
朱子遺書　近思録卷一　三　傳經堂藏書

圖1-14　《近思録》,《朱子遺書合編》本,清光緒十二年傳經堂刻本

此刻本上海圖書館有藏(書影見圖1-14),卷首的書名葉刻書名"朱子遺書合編",其背面的牌記題署雙行文字:"光緒丙戌十月晦日雕訖。"刻本卷首刻有《朱子遺書重刻合編目録》,載録的13部書分别是《論孟精義》《中庸輯略》《四書或問》《易學啓蒙》《詩序辨説》《孝經刊誤》《近思録》《延平問答》《雜學辨》《伊洛淵源録》《上蔡語録》《周易参同契考異》《陰符經注》。此編將吕氏寶誥堂刻本中的《論孟或問》改成《四書或問》,寶誥堂初刻本《朱子遺書》收録的《小學》《儀禮經傳通解》兩種在此編中未見。

在賀瑞麟的跋文後還刻有《朱子遺書吕氏原編目録》"初刻":《近思録》《延平問答》《雜學辨》《中庸輯略》《論孟或問》《伊洛淵源録》《謝上蔡語録》;"二刻":《論孟精義》《易學啓蒙》《詩序辨》《孝經刊誤》《周易参同契考異》《陰符經注》。由此我們可以看到吕氏寶誥堂刻本《朱子遺書》初刻七種、二刻六種的分合情況,賀氏此編是將初刻、二刻原序打亂重編,《近思録》位於該叢書的中間。筆者在目驗刻本中的《近思録》後,發現其卷首刻有《近思録》(群書姓氏,即此書取材的書名)、朱熹序、吕祖謙跋。刻本中"恒""玄""弘""寧""淳"字均避諱,也佐證了牌記所言刊刻時間。因此,據牌記及避諱特徵,此本爲清光緒十二年(1886)傳經堂刻本。

關於賀瑞麟所輯《朱子遺書合編》,《中國叢書綜録》曰:"《西京清麓叢書正編·朱子遺書重刻合編》。"《綜録》是將該刻本的目録名作爲書名,故我們在此將其稱之謂"《朱子遺書合編》本"。

(4) 寶誥堂所刊《朱子遺書》本《近思録》在清代的重刻本

清初《朱子遺書》本《近思録》面世後，後世重刻者較多，其版式與吕氏寶誥堂刻本基本一致。現存主要有：

①《近思録》姚椿刻本，清道光三年印本

清嘉道年間，《近思録》依舊是崇尚理學者重點閱讀的對象。如當時的學者姚椿特服膺《近思録》：“適得是書善本，輒爲付梓，以廣流傳。雖此書之存，不因此增重，而區區之志，固有所不容已也。今天子敦重儒術，方表章《朱子全書》，以風厲學者，草茅之士，所以仰承德化，其意恉亦未嘗不竊取於斯。”①

此刻本每半葉十二行二十二字，偶有夾注小字雙行二十一字，左右雙欄，有界行，框高 17.80 釐米，寬 13.70 釐米。上下黑口，對(花)魚尾。版心魚尾間刻記書名卷次(如“近思録卷一”)，下魚尾下端刻頁碼。卷一卷端首行頂格題“近思録卷之一”，越三字格題“凡五十一條”。第二行頂格刻印正文。有尾題“近思録卷之某”(書影見圖 1－15)。

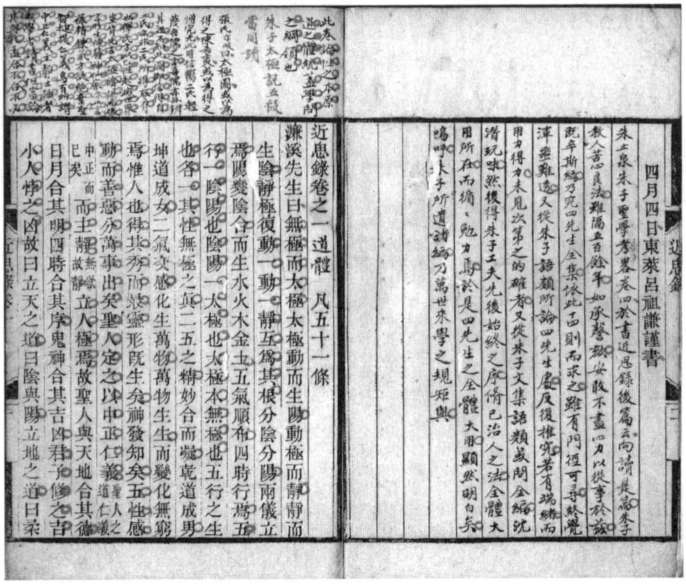
四月四日東萊呂祖謙謹書
朱止泉朱子聖學考畧卷四於書近思錄後篇云向讀是篇朱子
教人苦心良法雖隔五百餘年如承謦欬安敢不盡心力以從事於茲
既卒斯編乃究四先生全集依此而求之雖有門徑可尋終覺
渾淪難透又從朱子語類所論四先生處反復推究若有端緒而
用力得力未見次第之的確者又從朱子文集語類或問全編沈
潛玩味然後得朱子工夫先後始終之序脩己治人之法全體大
用所在而循循勉力焉於是四先生之全體大用顯然明白矣
嗚呼朱子所遺諸編乃萬世來學之規矩與

此卷論性之本原道之體統蓋學問之綱領也
朱子太極說五段
當同讀

近思錄卷之一 道體 凡五十一條
濂溪先生曰無極而太極太極動而生陽動極而靜靜而
生陰靜極復動一動一靜互爲其根分陰分陽兩儀立
焉陽變陰合而生水火木金土五氣順布四時行焉五
行一陰陽也陰陽一太極也太極本無極也五行之生
也各一其性無極之眞二五之精妙合而凝乾道成男
坤道成女二氣交感化生萬物萬物生生而變化無窮
焉惟人也得其秀而最靈形既生矣神發知矣五性感
動而善惡分萬事出矣聖人定之以中正仁義聖人之道仁義中正而已矣而主靜無欲故靜立人極焉故聖人與天地合其德
日月合其明四時合其序鬼神合其吉凶君子修之吉
小人悖之凶故曰立天之道曰陰與陽立地之道曰柔

圖 1－15 《近思録》，清嘉慶二十二年刻，道光三年印本

① (清)姚椿《重刊近思録後記》，載於《近思録》，清嘉慶二十二年刻、道光三年印本。姚椿字子壽，一字春木，自號樗寮生，清江蘇婁縣(今上海松江)人。崇敬朱子之學。著有《晚學齋文録》《通藝閣集》等。

首册書名葉分三欄自右至左刻印："道光三年春季 寶山毛嶽生謹書/近思録/道體一 論學二 致知三 存養四 克治五 家道六 出處七 治體八 治法九 政事十 教學十一 戒警十二 辨别異端十三 總論聖賢十四。"其後依次有《近思録》(此書取材的14部書名。該葉空白處墨筆寫有《近思録》各卷標題)，在吕祖謙跋文後空白處有姚椿墨筆行書批語。卷十四末刻有歸安茅星來《近思録集注後序》(在其後空白處也有姚椿墨筆批語)，乾隆戊申(五十三年，1788)寧化陰承方《寧化陰氏立方近思録集注序》[①]，嘉慶二十二年姚椿《重刊近思録後記》。

該刻本的内容、版式特徵，與上述寶誥堂刻《朱子遺書》本《近思録》相同，二者應有淵源，恐因吕留良案的影響，本書刊者未明言源自何人所刊。刻本姚椿於嘉慶二十二年"付梓"並題記，最終於道光三年(1823)印成。上海圖書館有藏，2册。然上圖此藏本的卡片僅著録爲"道光三年刻本"，不够精確。該藏本有姚椿跋文計三篇，署名謂"樗寮病叟"，是爲姚氏晚年案頭讀物。筆者查閲此藏本時，猶見其天頭、正文中多處有姚椿批校語，多爲墨筆小行書，也有朱筆小行書。而且在正文、批校文字中尚有用朱筆句讀，或連續圈點。每卷卷端天頭位置姚椿墨筆批注本卷内容提要，正文卷次下的空白處，墨筆題寫本卷篇名，分别爲道體，論學，致知，存養，克治，家道，出處，治體，治法，政事，教學，警戒，辨異端，觀聖賢。這與刻本書名葉所刻各卷篇名基本一致，但與卷首《近思録》14部書名下欄空白處墨筆題寫的篇名卻不盡相同[②]。所以從上述種種迹象可以肯定這部《近思録》是姚氏自刻本並手批。該處藏本第2册後封底的襯紙上還有民國庚辰年(1940)高基墨筆跋語[③]，高基説自己在民國己巳年(1929)於上海書肆所得。

另外，據該本收録陰承方爲茅星來《近思録集注》作的序，以及姚椿《後記》對茅氏《集注》的稱讚："葉氏注今既未暇刻，江氏注聞有刻本，亦未及見。

① 此刻本卷末刻作《寧化陰氏立方近思録集注序》，序文末署"後學寧化陰承方謹序"。然該藏本朱筆批注，改"承"爲"立"，意爲"承方"即"立方"。

② 此處篇名主要依據《朱子語類》所載，或參考了茅星來《近思録集注》依據《語類》擬定的篇名。

③ 高基跋文云："東原……歲己巳偶游滬肆，又得先生手批自刻《近思録》十四卷，朱墨燦然，大都體道之言。前後三跋，署'樗寮病叟'，當係晚年案頭讀物。"見清嘉慶二十二年刻、道光三年印本《近思録》，姚椿批校本。

而茅氏之書，則雷通政鋐自浙携之入閩，以付其友陰明經立方，今存寧化陰氏，見諸所刊文集中，亟稱其善。椿以爲能讀是書，則必將求諸家之集解而探討之，考其學術之醇駁，詳其辨説之異同，博觀約取，以冀心得，此則子朱子之所望乎後人，而吾黨有志之士所宜交勉者也。”此處姚椿肯定了茅星來《集注》在當時已爲人關注，姚椿也肯定了此注本的價值。

或許由於姚氏刻本言及茅星來《近思録集注》，今人王澔《〈近思録〉版本考》卻將上圖此藏本歸屬於茅星來注本，顯然王先生失查。因爲我們試着將姚氏刻本與《朱子遺書》本《近思録》比較，發現不論版式、書口、版框高寬，還是正文體例、内容，兩種版本均相同，很明顯姚氏刊本爲翻刻《朱子遺書》本。

並且，筆者將姚氏刻本《近思録》與茅氏《集注》本的白文略作比較，發現：《群書姓氏》下欄空白處墨筆題寫的篇名與茅本篇名同；卷二中“弘”字，兩本都避諱。但是，卷一第 13 條中“恒”字姚氏刻本避諱，茅本不諱；卷五姚本爲 41 條，後來姚氏批注時據茅本在卷末用墨筆添加了第 42 條：“凡所當爲一事意不過，則推類，如此善也。一事意得過，以爲且體，則百事廢矣。”卷六第 20 條中，姚本“不要斯學”，茅本爲“不要相學”；卷十二第 33 條“心中初無作”，姚氏朱筆批注時改“作”爲“主”，天頭處批曰“從葉注改”。由此看來，姚本與茅本雖有一定關聯，但姚氏刻本並非重刻茅星來《集注》。

姚椿刻本除姚氏手批自刻本存世外，還有未經姚氏批注的道光三年印本《近思録》，上海、泰州市圖書館藏本均爲 2 册。由於此藏本的書名葉、序跋、版式、内容與姚椿批校本同，甚至書版框欄的斷口都一樣，因此兩處的藏本與姚氏批校本應是同一版印製。

姚椿《重刊近思録後記》云：

> 昔子朱子患當世窮鄉晚進、有志於學而無明師良友以先後之，則不得其門而入，乃與東萊吕成公輯爲是書，傳世已久。近世之士，多溺於詞章訓詁，其於是書或未暇讀，抑或視爲平近無奇而不遑深究其義。於是，此書之作，若存若亡，此於先正著書之心，固未敢謂能得其意者已。椿少而失學，未獲研究，中年多病，乃始服膺。竊以爲經學之樞緘，人倫之的鵠，言近而旨遠，語簡而義該，學者誠由是而求之，則於夫子之門，其登堂而入室也何有？適得是書善本，輒爲付梓，以廣流傳。雖此書之存，不因

此增重，而區區之志，固有所不容已也。今天子敦重儒術，方表章《朱子全書》以風厲學者，草茅之士所以仰承德化，其意恉亦未嘗不竊取於斯。至此書，宋有建安葉氏采注本，國朝則歸安茅氏星來、婺源江氏永皆有箋釋，載於《四庫書目》。葉氏注今既未暇刻，江氏注聞有刻本，亦未及見。而茅氏之書，則雷通政鋐自浙携之入閩，以付其友陰明經立方，今存寧化陰氏，見諸所刊文集中，亟稱其善。椿以爲能讀是書，則必將求諸家之集解而探討之，考其學術之醇駁，詳其辨説之異同，博觀約取，以冀心得，此則子朱子之所望乎後人，而吾黨有志之士所宜交勉者也。嘉慶二十二年十二月甲午，婁後學姚椿謹識。

②《近思録》清咸豐七年湛貽堂刻本

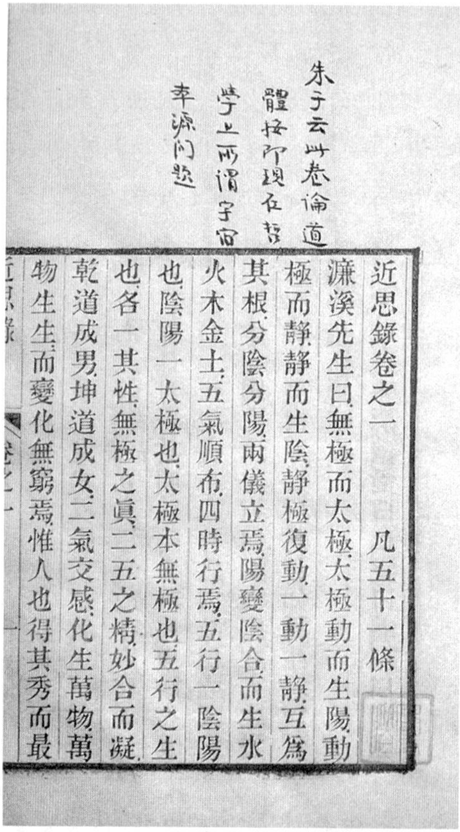
近思錄卷之一　凡五十一條
濂溪先生曰無極而太極太極動而生陽動
極而靜靜而生陰靜極復動一動一靜互爲
其根分陰分陽兩儀立焉陽變陰合而生水
火木金土五氣順布四時行焉五行一陰陽
也陰陽一太極也太極本無極也五行之生
也各一其性無極之眞二五之精妙合而凝
乾道成男坤道成女二氣交感化生萬物萬
物生生而變化無窮焉惟人也得其秀而最

圖 1－16　《近思録》，咸豐七年湛貽堂刻本

清代後期有將《朱子遺書》本《近思録》進行重刻，多以單行本行世，除上述道光三年《近思録》十四卷印本外，存世的尚有四五種之多，如清咸豐七年(1857)湛貽堂刻本，十四卷 622 條。每半葉九行十七字，左右雙欄，有界行，框高 13.80 釐米，寬 10.80 釐米。白口，單(黑)魚尾。版心魚尾上刻書名“近思録”，魚尾下刻記卷次(如“卷之一”)、頁碼。卷一卷端首行頂格題“近思録卷之一”，越三字格題本卷條目總數“凡五十一條”。第二行頂格刻印正文。此刻本每條語録單列，均頂格刻印。刻本中“玄”改作“元”，“弘”改作“宏”。原版刻有句讀標記“・”(書影見圖 1－16)。

刻本的書名兼牌記葉，自右至左刻有“咸豐七年冬十月/近思録/

湛貽堂藏板”。卷首依次刻有《欽定四庫全書總目》(《近思録》館臣提要)、清咸豐七年何桂清《重刻近思録序》、咸豐七年李聯琇序文、朱熹序、吕祖謙跋。《近思録》卷十四末刻有馮景琦《校刻近思録劄記》、謝應芝《近思録校刊本後序》。

咸豐七年冬,馮景琦《校刻近思録劄記》云:“《近思録》,案各本多題《朱子近思録》,今依《朱子遺書》本改正。是書自宋建安葉氏以下各有異同,惟國朝婺源江氏《集注》一用《朱子遺書》本,盡復其舊,但間有訛脱,或不免以意參改,兹悉據《朱子遺書》校正。”[①]馮氏接着考述了四子著述的版本,如周子《太極通書》,明道先生《文集》,伊川先生《文集》《周易程氏傳》《程氏經説》《程氏遺書》《程氏外書》,横渠先生《正蒙》《文集》《易説》《禮樂説》《論語説》《孟子説》《語録》等。然後依《近思録》十四卷分卷分條對原文及“注”進行校勘,校記清晰,既標明文字的異同(主要説明《朱子遺書》、葉采《集解》、江永《集注》等版本的異同),又注明語録的出處。

據何桂清《重刻近思録序》,趙朗甫得《近思録》善本,於咸豐二年倡議重刻。又據謝應芝《近思録校刊本後序》,可知趙朗甫弟趙曾向采參與刊刻之事,並得到吴容光、周贇襄出資贊助。再據馮景琦《劄記》所云:“咸豐丁巳,趙君曾向重刻是《録》,以校事相屬。乃與史君致準遍檢各書,用諸本參勘,以《朱子遺書》本爲定。”[②]綜合上述内容可知,此刻本由趙曾向主持刊刻,歷時五年,於清咸豐七年完成。馮景琦參與校勘,主要采用《朱子遺書》本作校本,此版本差不多可以看成湛貽堂校刊《朱子遺書》本。湖南圖書館藏本,2 册,刻印較精。藏本在各卷首葉有佚名墨筆批注篇名。

何桂清《重刻近思録序》曰:

儒者之學,二程子直接孔孟之傳,而導其源者周子,同時羽翼之者張子,至朱子而集其大成。朱子生平著述散見於文集者,間有早晚之殊,而醇乎醇者,則四子書、章句集注也。但注家之體,隨經訓釋,學者未易窺其大全。惟與東萊吕成公所輯《近思録》十四卷,則分别部居,皆有深意,

---

① (清)馮景琦《校刻近思録劄記》,收録在(宋)朱熹、吕祖謙同輯《近思録》,清咸豐七年湛貽堂刻本。

② (清)馮景琦《校刻近思録劄記》,清咸豐七年湛貽堂刻本。

如門階堂户，秩然可循。朱子自云《近思》爲四子之階梯者，此也。自元迄明之中葉，學者咸守一先生之言。成化而後，心學漸興，幾等是書於弁髦，始猶師友之間私相傳習，繼乃濫及於場屋之文。所謂"文衰於隆、萬"，非文衰也，其所以爲文者，失也。我朝崇尚正學，進朱子於廟堂而學術復出於一。顧自國初諸老提唱漢學，風會所趨，承學之士皆殫其精神於訓詁考證之一途，以爲精博，而厭宋學爲簡陋。雖間有通儒力爲表章，而終莫能易後進之好尚，故是書近今又尠傳本。陽湖趙朗甫編修爲余壬子禮闈所得士，慨然有志振興宋學，而又病人之騖高遠而忘切近也。爰鳩同志重刻是書，以廣其傳。庶幾家置一編，而義理漸浹於人心，非特文運由此日隆。將見有豪傑之士感發於此，以上追四子、六經之旨，而延斯道之統緒者，可立竢也。抑又思之北宋以前，儒者之病在於務外，故周、程、張子之意皆欲引之於内。南渡而後，人皆知用心於内矣，而禪定之説又陰附焉。朱子目擊其敝，故其持論務於卑而不敢稍高，一於方而不敢稍圓，與周、程、張子之詞氣又有略殊，而其本原則出於一也。是在讀書論世，善會其旨焉可矣。咸豐七年歲在丁巳冬十月既望，昆明何桂清謹序。

李聯琇序文云：

凡書爲晦庵之書，皆足扶翼正學，若《近思録》者，其尤要也。學者既不爲章句、訓詁、辭賦、考訂之學，卓然歸正學，其中高明之流有失之太過者，即大儒如象山、陽明。而當湖楊園猶以異端爲況，始知晦庵所以成是《録》之意也。陸王之學有爲何思何慮之説，則將無所思；有爲致良知之説，則即所思而不論其近與否。不知未審善惡之機，而遽慕誠之無爲，其流遂以空虚爲悟矣；未盡人倫之察，而遽誇庶物之明，其流遂以了徹爲能矣。大學之道，首重誠意，意之所發爲思，引而至於修齊治平而當其用。思以求誠，又不外格致以知止。蓋知止則所思不越，所謂反身而誠，求仁莫近也。然則"近思"云者，其即聖門所謂能近取譬爲仁之方，亦即《中庸》審問、慎思之指，考亭蓋甚懼學者毫釐千里之失，葺舉是《録》，爲陸王之學作之防者不深且遠哉。聯琇魯鈍不文，於性命身心毫無所得，顧朗甫太史以重刊是《録》郵示余。按，是書成於淳熙二年，參證者東萊吕氏，今取《博議》較之，與是《録》相去遠矣。學者能有悟於“近思”之指焉，當亦不迷於所入，而於太史扶翼正學之心庶乎其不負也。已讀竟，以管見之所及識於篇。咸豐七年歲次丁巳秋九月臨川李聯琇謹序。

謝應芝《近思録校刊本後序》曰：

自孔子手定六經以垂教，門弟子相與承傳，宋儒始定爲四子書，其間千五百年。戰國縱横，士習大壞，遂遭秦人之禍。漢儒崇經學而節義興，魏晋流爲清虚，風俗頹靡，延及於唐，尚詞章藻繢，卒之紀綱不振。猶幸董、王、韓數大儒，淵源勿替。宋興，群賢接踵，聖學大明，濂溪周子著《太極圖説》《通書》，發天人之藴，闡《周易》《中庸》之旨。明道、伊川二程子《定性書》《好學論》，宣敬義知行之要，而伊川《易傳》義理尤備。横渠張子《西銘》《正蒙》比於《孝經》《孟子》。而《近思録》者，四子之精言，朱子暨東萊吕子爲之者也。自是而後，明人好講學而氣節亦盛。

本朝當五百歲，聞知之時，李文貞、湯文正、陸清獻並興，爲正學宗傳。蓋古今運會之盛衰，胥由於士習。凡異日之公卿大夫具旋乾轉坤之責者，無非昔之爲士者也。而士習之正，則里黨之教，與學校共操其權，未有習爲慆心溺志之學，而能正身以及家國天下也。朱子嘗曰：“修身之法，《小學》備矣；義理精微，《近思録》詳之。”是故非《小學》，無以爲蒙養之正；非《近思録》，無以窮理盡性以至於命。士生千百載後，紹承濂洛關閩之學，以延孔孟相傳之緒。於戲，豈不賴有是書也哉！宋葉氏采嘗爲之注，而茅氏星來、江氏永皆名於時，然於原書互有異同。咸豐丁巳，吾鄉趙君曾向據善本重刊，同志爲詳校，而吴君容光、周君贊襄相與助貲，趙君之弟曾采與焉。刊成屬序，固辭不獲，乃爲後序云。陽湖謝應芝謹序。

③《近思録》清咸豐十年徐樹銘校刊本

《近思録》清咸豐十年（1860）長沙徐樹銘校刊本，南京、安徽省圖書館有藏。存世刻本爲楷書上板刊刻，每半葉十二行二十四字，四周雙欄，有界行，框高 20.10 釐米，寬 14.50 釐米。上白口，下細黑口，單（黑）魚尾。版心魚尾上方刻書名“近思録”，魚尾下刻卷次、頁碼。

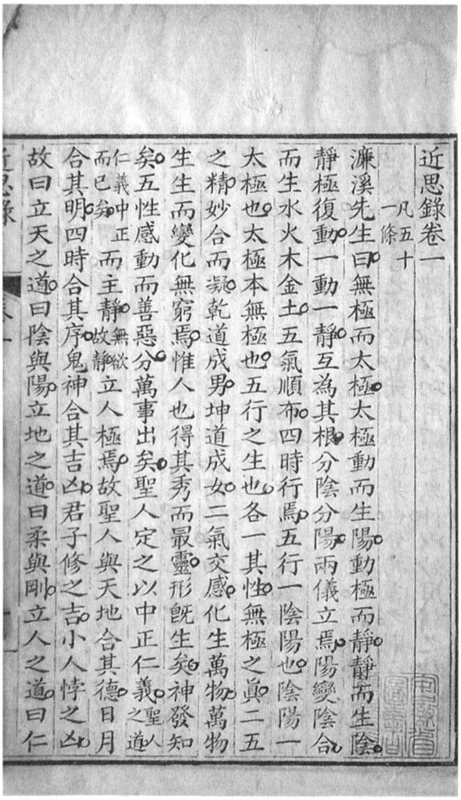

近思録卷一
凡五十一條
濂溪先生曰無極而太極太極動而生陽動極而靜靜而生陰
靜極復動一動一靜互為其根分陰分陽兩儀立焉陽變陰合
而生水火木金土五氣順布四時行焉五行一陰陽也陰陽一
太極也太極本無極也五行之生也各一其性無極之眞二五
之精妙合而凝乾道成男坤道成女二氣交感化生萬物萬物
生生而變化無窮焉惟人也得其秀而最靈形既生矣神發知
矣五性感動而善惡分萬事出矣聖人定之以中正仁義聖人之道
仁義中正而已矣而主靜無欲故靜立人極焉故聖人與天地合其德日月
合其明四時合其序鬼神合其吉凶君子修之吉小人悖之凶
故曰立天之道曰陰與陽立地之道曰柔與剛立人之道曰仁

圖 1－17　《近思録》，清咸豐十年徐樹銘校刊本

該本的書名兼牌記葉，右面刻印“《近思録》十四卷，《朱子遺書》原本”，左半葉有四周單欄的小框，刻雙行牌記“庚申二月初吉/長沙徐樹銘校”。正文前刻有《近思録》（此書取材的 14 部書名）、《讀近思録綱領》[①]。《近思録》卷十四末刻有“侯官縣學生員郭溶敬寫”字樣。因此，該本爲咸豐十年徐樹銘據《朱子遺書》本校刊，由郭溶手寫楷書上版。南京圖書館藏本 2 册，鈐“八千卷樓藏書之記”“錢唐丁氏正修堂藏書”等印章。《增訂四庫簡明目録標注》《八千卷樓書目》著録的“徐氏刊無注本”，即此本。安徽省圖書館藏本（書影見圖 1－17），1 册，其書名葉、目録、版式、内容、題識、字體與南圖藏本同，即咸豐十年長沙徐樹銘校刊本，藏本有佚名墨筆圈點句讀。

④《近思録》清同光年間猗氏孫應文方麓書院刻本

清代重刻《近思録》者，同光年間刻本多有存世。筆者家藏一部清刻本，每半葉十行二十二字，夾注雙行小字，四周雙欄，有界行，框高 17.30 釐米，寬 12.60 釐米。上下黑口，對（黑）魚尾。版心魚尾間刻書名卷次（如“近思録卷一”），下魚尾下端刻頁碼。各卷每條語録單列，首字頂格刻印，一條内其餘各行皆低一字格。正文行間漢字旁刻有句讀符號“、”“。”。刻本中“恒”“弘”闕末筆，“淳”刻作“湻”。卷末有尾題“近思録卷之某”（筆者家藏本書影見圖 1－18）。

① 《讀近思録綱領》輯録朱熹語録 13 條，從朱子《文集》《語類》中輯録而成。

近思錄卷之一　凡五十一條
濂溪先生曰無極而太極太極動而生陽動極而靜靜而生陰靜極復動一動一靜互為其根分陰分陽兩儀立焉陽變陰合而生水火木金土五氣順布四時行焉五行一陰陽也陰陽一太極也太極本無極也五行之生也各一其性無極之真二五之精妙合而凝乾道成男坤道成女二氣交感化生萬物萬物生生而變化無窮焉惟人也得其秀而最靈形既生矣神發知矣五性感動而善惡分萬事出矣聖人定之以中正仁義聖人之道仁義中正而已矣而主靜無欲故靜立人極焉故聖人與天地合其德

圖 1－18　《近思録》,清同光年間猗氏方麓書院刻本

子朱子編集
近思録
猗氏方麓書院藏板

圖 1－19　《近思録》,清同光年間猗氏方麓書院刻本書名葉

刻本卷首在緑色紙上印有四周雙欄的書名葉,内分三豎格,分别題"子朱子編集/近思録/猗氏方麓書院藏板"(書影見圖 1－19)。正文前依次刻有《讀近思録綱領》(17 則)、《近思録》(此書取材的 14 部書名)、淳熙二年朱熹序、淳熙三年吕祖謙序。卷十四末另刻有《近思録考異》。

至於此本確切的刊刻時間,根據書名葉,以及刻本中"恒""弘""淳"等字避諱初步推測,很可能源自宋本,且於同治年間或稍後刊刻。筆者家藏本,2 册,四眼綫裝。

據葉采《近思録集解》清光緒十年津河廣仁堂刻本卷末所載王守恭跋文:"光緒甲申冬,津河廣仁堂重刊葉解《近思録》,守恭謬任校字之役,適友人送《近思録》本至,展視之,則同門友猗氏孫應文所刊吕本,經先師朝邑先生點定，即守恭二十年來所讀本也。喜甚，爰商之堂中諸同志，加先生句讀於葉本。……自應文本出，而秦、雍、豫、晋之讀是書者，往往據兹句讀以爲析疑地。今又移刊葉本以廣於世，其裨益後學，豈淺鮮哉！先生所輯《綱領》十七條，今亦冠於卷端。守恭録《考異》若干條，附於其末云。"①我們發現，此刻本當是王守恭在光緒十年重刊葉采《近思録集解》時見到的猗氏孫應文刻本，而孫應文刻本則源自清初吕留良家刻本，其内容頗似清初禦兒吕氏寶誥堂所刊《近思録》《朱子遺書》本。此刻正文行間漢字旁所刻句讀符號，爲朝邑楊樹椿點定，由此也佐證了王氏所言屬實，且他將此句讀符號加注在光緒十年所刊《集解》本中，王氏在《集解》刻本卷首刊印的十七條《讀近思録綱領》，在卷末所附《考異》均來自孫應文此刻本。所以綜合上述信息可知，筆者所藏此刻本應是清光緒十年之前猗氏孫應文據吕氏家刻《朱子遺書》本重刻，是當時"秦、雍、豫、晋之讀是書者"所倚重的主要讀本。

此刻本末附有孫應文《近思録考異》十九條：

卷一"性即理"條"無往而不善"下，《孟子集注》有"發不中節，然後爲不善"二句。"氣坱然太虚"條"感遇聚結"，一本作"聚散"。

卷二"或問聖人之門"條"三千子"，《論語集注》作"七十子"。"須是大其心"條"須得"，一本作"始得"。

卷三"明道先生善言"條"石曰"，一本作"又曰"。"學《春秋》亦善"條"時也"，一本作"然也"，屬下讀。

卷四"蘇季明"條"謂之無物"，朱子云"無物恐當作有物"。

卷六"先公大中"條"從叔幼姑"，一本作"幼孤"。

卷七"君子所貴"條，易傳作"賁"，此條一本在"蠱之上九"條後。"明夷初九"條，一本在"晋之初六"條後。"士之處高位"條，一本在"君子思不出其位"條後。

卷九"冠婚喪祭"條小注"設二位"，一本作"一位"。

卷十"隨九五"條，一本在"人心所從"條後。

① (清)王守恭《近思録集解跋》，載於(宋)葉采《近思録集解》，清光緒十年津河廣仁堂刻本。

卷十一“天下有多少才”條“聲音以養其耳目”,《論語集注》作“聲音以養耳,采色以養其目”。

卷十二“孟子言反經者”條,一本無“者”字;“心中初無怍”,一本作“無主”。

卷十三首條“疑於義”,一本作“仁”;“疑於仁”,一本作“義”。“道之外無物”條,“其分於道”,一本作“外於道”。

⑤《近思録》賀瑞麟翻刻本

賀瑞麟(1824—1893),原名賀均,改名瑞麟,字角生,號復齋,陝西三原人。清末理學家。授業於關學大儒朝邑李桐閣(李元春,字時齋),謹守程朱之學,實踐躬行。清同治九年(1870)創立正誼書院。主講正誼書院二十年,學兼體用,精研程朱之道。曾主講本邑學古書院,接引後學。晚年闢清麓精舍於清涼原,來學者益衆。著有《讀朱録要》《養蒙書》《清麓文集》等。面對清室習帖括、尚考據的世風,賀瑞麟“擁書自樂,學以《近思録》《小學》爲宗,輯宋元諸儒《養蒙書》九種教授生徒”[①],“言學必以道爲宗,言人必宗朱子”,在中國中西部刊行朱熹著述。賀瑞麟認爲《小學》《近思録》當與四子並,而尤加親切,“學者如能篤信並謹守之,則一生受用必多”。由於他“恬於榮利,確守程朱”,故學界稱其謂“關中之學統、海内之儒宗”[②]。

清光緒十二年九月賀瑞麟重刻《小學》《近思録》成,同時期又輯録《西京清麓叢書》,頗爲時人敬重。賀氏編刻的《朱子遺書》中收録了《近思録》,卻不像吕氏寶誥堂刻本《遺書》那樣將《近思録》列作首篇,而是置於《論孟精義》《中庸輯略》《四書或問》《易學啓蒙》《詩序辨説》《孝經刊誤》之後。該刻本上海圖書館有藏,即前文所述《朱子遺書合編》本《近思録》,恐刻於正誼書院。

⑥《近思録》傅維森刻《端溪叢書》本

清光緒二十五年(1899)端溪書院所刊刻的《朱子遺書》,是番禺傅維

① 參閲(清)張元勛編《清麓年譜》,民國十一年刻本。

② 參閲(清)張元勛編《清麓年譜》,民國十一年刻本。另參閲《清儒學案》卷二百六《諸儒學案》十二。

森[①]在該院前任主講梁節盦、山長朱鼎父編輯刊刻基礎上刻成，收録在《端溪叢書》中。

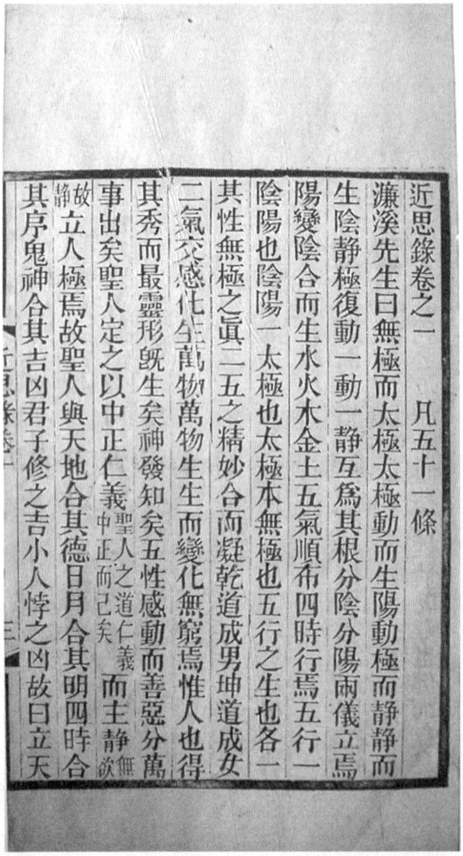

近思錄卷之一　凡五十一條
濂溪先生曰無極而太極太極動而生陽動極而靜靜而生陰靜極復動一動一靜互爲其根分陰分陽兩儀立焉陽變陰合而生水火木金土五氣順布四時行焉五行一陰陽也陰陽一太極也太極本無極也五行之生也各一其性無極之眞二五之精妙合而凝乾道成男坤道成女二氣交感化生萬物萬物生生而變化無窮焉惟人也得其秀而最靈形旣生矣神發知矣五性感動而善惡分萬事出矣聖人定之以中正仁義聖人之道仁義中正而已矣而主靜無欲故靜立人極焉故聖人與天地合其德日月合其明四時合其序鬼神合其吉凶君子修之吉小人悖之凶故曰立天

圖 1 - 20　《近思録》，傅維森《端溪叢書》本，清光緒二十五年刻本

《端溪叢書》首册書名葉刻書名"端溪叢書"，其左下刻記"端溪書院藏版"六字，並刻有光緒二十五年二月傅維森題記。該叢書中收録的《近思録》，每半葉十一行二十二字，夾注雙行小字同，四周單欄，有界行，框高 18.80 釐米，寬 13.30 釐米。上下黑口，對（黑）魚尾。版心魚尾間刻書名卷次（如"近思録卷一"）、頁碼。每條單列，均頂格刻印。

此刻《近思録》的正文前刻有書名"近思録"，次葉刻有《近思録書目》（即此書取材的 14 部書名，首行下刻"《端溪叢書》三集之三"[②]）、朱熹序、吕祖謙跋。上海圖書館藏本（書影見圖 1 - 20）《近思録》十四卷收録在該《叢書》第 11、12 册。

我們依據該叢書卷首的傅氏題識，可知此刻本歷時六七年，於光緒二十五年二月告罄，版藏端溪書院。其中的《近思録》，内容與《朱子遺書》本相較，大部分文字相同，但也存在一些差異，例如此本《近思録》

① 見清光緒二十五年《端溪叢書》第 1 册卷首，光緒二十五年二月傅維森題記云："光緒十三年番禺梁節盦先生主端溪講席，以書院餘款刊爲《端溪叢書》。甫一載先生去院，義烏朱鼎父先生繼之，工未及竣，先生遽歸道山，刊貲亦告罄，手民中輟，忽忽六年。明年戊戌，維森來主斯席，懼存版肆久且散佚，而二先生之志終不克竟也。商諸監院，節存餘款，又閱一年始償舊值，取版歸弆院中，且印成書，資諸生誦覽焉。異日續有刊刻，積爲巨觀，尤所望也。光緒二十五年己亥二月番禺傅維森識。"

② 《中國叢書綜録》著録的"《端溪叢書三集》"，即此本。

正文中的夾注較多，且多數是注明各條語録的出處。因它與《遺書》本較接近，我們將光緒二十五年《端溪叢書》本《近思録》歸屬於《朱子遺書》本系列。

但爲了探究此刻本的源頭，筆者將該本與吕氏家塾本、《朱子遺書》本《近思録》進行抽樣比較，發現它與家塾讀本差異很大，而與《遺書》本很接近。如卷一，《端溪叢書》本《近思録》正文内容與《遺書》本同，夾注内容兩者大多相同，唯《叢書》本卷一還在第 6—8、11—15、50 條末，有注明本條語録出處的少許文字，如第 6、7 條末均多"《乾傳》"；第 22 條末還多一段注文。又如卷十三，《叢書》本白文、夾注與《遺書》本基本相同，僅第 5 條末多小字注"《外書》下同"，第 14 條《遺書》本爲"已五百年"，《叢書》本作"千五百年"。依此推斷《端溪叢書》本《近思録》與《朱子遺書》本有相當的關聯，或是在《遺書》本的基礎上翻刻而成。

從前文的述考可知，筆者經過多年調查考證，基本可探明現存《近思録》原文本的主要版本及其流别、特點。《近思録》在宋、元、明、清四朝的傳播多以刻本形式爲主，其中明代中後期重刻《近思録》宋本者較多，清代則主要以《朱子遺書》本和吕氏家塾讀本爲主流。有清一代吕氏家塾讀本與《朱子遺書》本《近思録》，自面世開始就已成爲世人樂於閲讀和收藏的版本，儘管遭受過政治摧殘，可是清末重刻者不斷，它們對程朱理學思想傳播作出了不可磨滅的貢獻。不僅如此，《近思録》吕氏家刻本還流佈朝鮮、日本，如日本國立公文書館所藏《朱子遺書》本《近思録》，即爲吕氏家刻本。

另外，需要説明的是，本節所考僅僅是筆者所見到的清代《近思録》白文本，尚有少數明清所刊所抄《近思録》原文本無力無緣識荆，如清丁日昌《持静齋書目》卷三子部儒家類著録的"《近思録》十四卷，刊本。宋朱子、吕祖謙同撰"，因其注記版本不詳，筆者尚不清楚此刊本爲何人所刊；《八千卷樓書目》著録的"抄八卷本"，我們也不曾見到；《清代禁燬書目（補遺）》中著録的"《近思録》三編四編"[①]，是屬於"禁書總目"中"應毁尹嘉銓編纂各書"中的一種，今

① （清）姚覲元編，孫殿起輯《清代禁燬書目（補遺）》，商務印書館，1957 年 8 月初版，第 95 頁。

已不見此本。又如《東北地區古籍綫裝書聯合目録》著録的版本，遼寧鞍山市圖書館所藏《近思録》清同治十一年(1872)刻本，黑龍江大學圖書館所藏《近思録》光緒三年(1877)刻本等，筆者不能一一目驗詳考。不論這些著録是否確切，皆有待於來日查考。

第二章 《近思録》代表性注本版本源流考

從"《近思録》文獻"傳播歷史考察，理學經典《近思録》在東亞思想學術史上的影響廣泛而久遠，但是從現存《近思録》十四卷原文本看，其存世的傳刻傳抄本卻有限。相較之下，《近思録》注本及仿《近思録》體例編纂的文獻則豐富多彩，顯得更具活力，《近思録》内容及其思想借助這些整理本而名揚天下，這種狀況在歷史上的中國已成常態。

我國歷史上"《近思録》文獻"的注本，宋元時代有葉采集解《近思録》、楊伯嵒衍注《近思録》、熊剛大句解《近思録》、何基《近思録發揮》等，明清時期又有江起鵬、張習孔、張伯行、李文炤、茅星來、江永等注家的注本分别行世，而且這些注本大都流佈於東亞朝鮮半島、日本列島，對東亞地區儒學者、《近思録》讀者閲讀理解理學著述發揮過積極作用。

第一節 葉采《近思録集解》版本考述

《近思録》面世後，南宋淳祐年間便出現注本，最著名者當數葉采《近思録集解》十四卷。該注本在東亞區域流佈最廣，傳本數量在歷史上遠超《近思録》原文本。葉采集解《近思録》蕆事於朱子逝世將近半個世紀的淳祐八年(1248)，並於淳祐十二年奉書表奏於朝，獲得趙宋皇帝的重視、贊許和認可。由此以至清代中葉，葉采《集解》一直盛行不衰，成爲廣大讀者喜愛的《近思録》通行注本，直至清乾隆年間江永《近思録集注》出世，其主導地位纔逐漸被取代。然即便如此，葉采《集解》的價值依然存在，其傳本並行不廢。在作爲《近思録》主要版本形態傳播行世的六七百年間，葉采《集解》本身也出現了衆多版本，如早期的宋元刻本、明代盛行的周公恕改編類次本、清初的多種重刻本，乃至遠播東亞的朝鮮、日本傳刻傳抄本等，版本情況相當複雜。在此對我國傳世的葉采《集解》版本試作梳理，注其存佚，考其源流，辨其優劣。

一、葉采集解《近思録》的宋元刊本

葉采，字仲圭，號平巖，葉湜仲子，南宋建安人，主要生活在南宋理宗朝。曾先後從蔡淵、李方子、陳淳問學，爲朱熹再傳弟子[①]。南宋淳祐元年(1241)正月，理宗皇帝頒詔將周、張、二程、朱五子從祀孔廟，葉采以爲此舉並非"徒褒顯其人，正欲闡明斯道"，堅信後世一定會把理學作爲"明國家之統紀，表範模於多士"的重要政治思想。對於《近思録》，葉采《進近思録表》曰：該書"求端用力之方，暨處己治人之道，破異端之扃鐍，闢大學之户庭，體用相涵，本末洞貫，會六藝之突奥，立四子之階梯"。因而幾十年用心爲之集解，其《近思録集解序》曰：凡"其諸綱要，悉本朱子舊注，参以升堂記聞及諸儒辨論，擇其精純，刊除繁複，以次編入，有闕略者，乃出臆説"[②]。又依據《近思録》各卷内容，擬定了與之相契合的篇名，並簡要闡明各卷内容提要；其注文主要引用朱子語注解四子語，猶作評析，發揚光大該書主旨，直至"意稍明備"方休。

其《集解》經"朝删暮輯，逾三十年"，於淳祐八年完成。他曾經以之"授家庭訓習"，自覺地傳播理學思想。正如其序文所云："寒鄉晚出，有志古學，而旁無師友，苟得是集觀之，亦可創通大義，然後以類而推，以觀四先生之大全。"後因理宗"俯詢集解之就緒"，於是葉采在淳祐十二年正月上表進呈所撰《近思録集解》一部，10 册。他向理宗極力推薦《近思録》，説："凡求端用力之方，暨處己治人之道，破異端之扃鐍，闢大學之户庭，體用相涵，本末洞貫，會六藝之突奥，立四子之階梯，人文載開，道統復續。"[③]在理宗垂詢和葉采進書的背景下，原本祇是作"授家庭訓習"之用的《近思録集解》便迅速推向全社會。

---

① 參見拙作《〈近思録〉注者考二則》，載於嚴佐之、顧宏義主編《〈近思録〉文獻叢考》，上海古籍出版社，2018 年 1 月 1 版，第 77—101 頁。

② (宋)葉采《近思録集解序》，載於葉采集解《近思録》，元刊本。

③ (宋)葉采《進近思録表》，載於葉采集解《近思録》，元刊本。

葉采《近思録集解》各卷綱目、提要的創建，使得原書體例顯得更加明晰完備，使程朱理學思想内容更趨明朗，在後世影響深遠。其所擬綱目差不多成爲後世《近思録》續編、仿編者所倚重的範式，爲諸家所宗，儒林學界久嘉讚譽，云《近思録》“原本之美備，實足以該四子之精微，而葉注之詳明，又足以闡近思之實理”[①]；“葉采本文公舊注、諸儒辯論輯爲注解，而後四先生精蘊昭然日星”，“四先生之精蘊萃於《近思録》，《近思録》之精蘊詳於葉注。遵原本則條例該括，存葉注則義理詳明”[②]。又認爲“葉氏用力於此書最專且久，所著《集解》原本朱子舊注，參之諸儒辯論而附以己説，明且備矣”[③]。因此，後世屢屢重刻再造，成爲南宋後期，元、明、清時期士子進升理學的重要入門津梁，其傳本之多、種類之繁，幾乎替代《近思録》原書而行傳播程朱理學思想之實，成爲《近思録》文獻中的中流砥柱。

從現存文獻資料可見，歷史上葉采《近思録集解》曾廣泛流佈於朝鮮半島、日本，甚至歐美。朝鮮李朝時期刊刻、活字印刷、抄寫的中國學者《近思録》文獻有多種，其中以葉采《集解》爲絶對主體，韓國現存此類版本達 40 種之多；日本現存《近思録》系列文獻近 140 種，其本土再生的葉采《集解》系列版本有 20 多種。由此可見歷史上東亞學界對《集解》的青睞，並認爲“葉氏私淑於北溪陳氏，其説宜得朱子之意”[④]，因而“葉注之爲世誦習久”。陳榮捷曾肯定道：“葉采之注，在日本甚爲通行，日本注家幾皆全依葉注。”[⑤]此言不無道理。葉采創製的各卷篇目、解題，使得原書體例顯得更加明晰完備、内容更趨明朗，亦多爲後世《近思録》續編、仿編者所宗，因襲沿用，故《集解》成爲《近思録》衆多注本中流佈最廣者。

葉采集解《近思録》成書於宋理宗淳祐八年。至於他淳祐十二年進獻的“《近思録集解》壹部拾册”是刻本還是抄本，從奏表的文字表述來看，似乎是繕寫之書。那麽是否可以就此認爲：從淳祐八年成書至淳祐十二年獻書期

---

① （清）邵仁泓《近思録後跋》，載於（宋）葉采《近思録集解》，清康熙年間邵仁泓重訂本。

② （清）朱之弼《近思録原本集解序》，載於（宋）葉采《近思録集解》，清康熙十三年刻本。

③ （清）陳弘謀《重刊近思録集解序》，載於（宋）葉采《近思録集解》，清乾隆元年培遠堂刻本。

④ （日）高津泰《近思録訓蒙輯疏序》，載於（日）安褧《近思録訓蒙輯疏》，日本弘化四年刊本。

⑤ 陳榮捷《近思録詳注集評》“引言”，第 3 頁，華東師範大學出版社，2007 年 7 月 1 版。

間,《集解》並無刊印之本面世。表奏之後,《集解》是否付梓行世,因文獻不足難以考知。至於葉采《集解》初刻於何時,南宋時刊抄本形態如何,亦因相關文獻闕損,目前皆不得其詳。

但可以肯定的是,《集解》在南宋已經有了刻印本,因爲清康熙間邵仁泓重刊《近思録集解》時,其跋文提到過宋本,説"泓於汲古後人師鄭五兄架上得宋刻朱子原本並葉氏原注"①。依此可見,至少在康熙年間仍有宋本《集解》流傳於世。但檢點歷代公私藏書目録,清嘉道間常熟瞿鏞《鐵琴銅劍樓藏書目録》②和民國張元濟《涵芬樓燼餘書録》各著録一"宋刊本"。而瞿氏藏所謂"宋刊本",曾遭後世藏家否定,傅增湘則以爲:"海虞瞿氏藏,號爲宋刊本,實際元明之際所刊者。"③該本傳存至今,經專家鑒定,確非宋槧;涵芬樓藏"宋刊本"同樣如此。雖然結果未免有些令人"失望",但根據該"元明之際"刊本"惇""恒"字闕筆的仿宋避諱特徵,仍可以間接證明宋刻《集解》的曾經存在。而且王國維《傳書堂藏書志》卷三明確著録有葉采《近思録集解》"宋末建陽刊本",云:"《近思録》十四卷,宋刊本。'宋朱子、吕祖謙同撰,葉采集解'。朱子序(淳熙乙未),吕祖謙序(淳熙三年),葉采《進近思録集解表》(淳祐十二年)。每半葉八行,行十八字。宋末建陽刊本。有'建赧''師楚耆好''萬宜樓藏善本書印'諸印。"④此本現存中國國家圖書館,後文有考。

葉采《近思録集解》在歷代公私藏目中除上述著録的"宋末建陽刊本"外,其元刻本在清乾隆間《天禄琳琅書目》卷六"元版"著録有兩種:一種是"仿宋刊"本,"一函四册";另一種"一函三册,此本版式較大,紙質亦極堅致,勝於前

---

① (清)邵仁泓《近思録後跋》。

② "每半葉八行,行十八字,雙行夾注,每行十八字,魚尾注大小字數,'惇'字闕筆,即淳祐時刻本也。"

③ (清)莫友芝撰,傅增湘訂補,傅熹年整理《藏園訂補郘亭知見傳本書目》卷七:"《近思録集解》十四卷,宋葉采撰。元刊本,八行十八字,注雙行同,黑口,左右雙欄。有淳熙二年乙未朱熹序,三年吕祖謙題辭,淳祐八年戊申葉采序,十二年葉采進書表。海虞瞿氏藏,號爲宋刊本,元明之際所刊者。"中華書局,1993 年 6 月 1 版,第 45 頁。

④ 王國維撰,王亮整理,吴格審定《傳書堂藏書志》,上海古籍出版社,2014 年 8 月 1 版,第 492—493 頁。

本"[①]。可惜館臣没有記録這兩種元版的行款、版式,現在也不知其下落。以上是藉助書目文獻記載的宋元刻本,來推論宋刻《集解》的確有其事,似乎隔了不止一層。好在元刊本不僅見諸文獻,而且還有實物現存。筆者在訪書過程中,在臺北"故宫博物院"有幸親睹了一種元刊本實物。在此將《集解》現存元刻本三種陳述如下。

(一)《近思録集解》元刊本

葉采《集解》十四卷,622 條,現存有元代刊本,每半葉八行十八字,注文小字雙行同,四周雙欄,有界行,框高 17.30 釐米,寬 11.50 釐米。上下粗黑口,順(黑)魚尾。版心上魚尾下刻有菱形符號("◇",卷三、四、五、六、八、九、十、十一、十三,皆如此。一般是在每卷的第二葉版心開始刻記書名,簡稱"思"),下魚尾下端刻有頁碼(如"一")。卷一卷端首行頂格題"近思録卷之一"(其他各卷也如是題書名卷次),越四格題"凡五十一條"(其他各卷也如此題本卷語録條數)。第二行低四字格雙行小字刻本卷提要"此卷論性之本原,道之體統,蓋學問之綱領也"(其他各卷也如此雙行小字刻本卷提要)。第三行頂格刻印正文,《近思録》原文爲大字,葉采注文爲雙行小字。卷末有尾題"近思録卷之某"。如果依據卷端首行的題名,此書名曰《近思録》,但是學界習慣稱葉采集解的此書名謂《近思録集解》,以下同。該刻本是楷體上板,書體有顔體韻味,刻印較工整,俗字、簡化字較普遍。

刻本各卷每條單列,頂格刻印,各卷語録條數分别爲:51、111、78、70、41、22、39、25、27、64、31、33、14、26,計 622 條。然此刻本編排體例不甚嚴謹,例如卷一,若依據其每條單列刻印的語録來統計,則爲 49 條,而卷首卻題署"五十一條",當我們仔細閲讀後發現是因爲其中有些語録未單列。也偶見有行格字數不太統一的情形,這或許是刻工爲節省版面壓縮字間距所致。

正文前刻有宋淳祐戊申年葉采《近思録集解序》、《集解目録》(紫陽先生朱文公,南軒先生張宣公,東萊先生吕成公,勉齋先生黄文肅公[名榦,字直

---

① (清)于敏中《天禄琳琅書目》:"《近思録》,一函四册。宋朱熹、吕祖謙同輯,十四卷。宋葉采集解。……此本係仿宋刊,而紙質不免粗黝之病。"中華書局,1995 年 8 月 1 版,第 112 頁。

卿]，節齋先生蔡氏[名淵，字伯静]，果齋先生李氏[名方子，字公晦])、《近思録》(取材的 14 部書名，部分文字下有雙行小字注文)、朱熹序文(部分文字下有雙行小字夾注)、吕祖謙跋文、淳祐十二年葉采《進近思録表》。

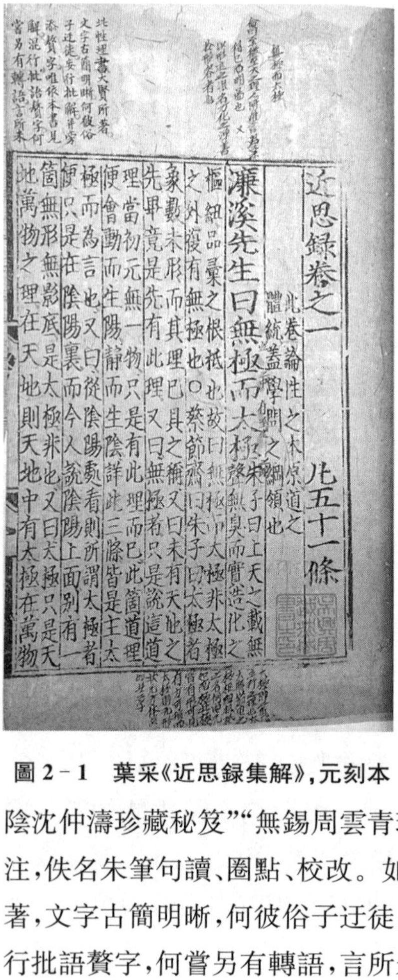
近思録卷之一　凡五十一條
此卷論性之本原道之體統蓋學問之綱領也
濂溪先生曰無極而太極朱子曰上天之載無聲無臭而實造化之
樞紐品彙之根柢也故曰無極而太極非太極
之外復有無極也○蔡節齋曰朱子曰太極者
象數未形而其理已具之稱又曰未有天地之
先畢竟是先有此理又曰無極者只是說這道
理當初元無一物只是有此理而已此箇道理
便會動而生陽靜而生陰詳此三條皆是主太
極而為言也又曰從陰陽處看則所謂太極者
便只是在陰陽裏而今人說陰陽上面別有一
箇無形無影底是太極非也又曰太極只是天
地萬物之理在天地則天地中有太極在萬物

圖 2－1　葉采《近思録集解》，元刻本

該刻本中"玄""惇""恒"字避宋帝王諱闕末筆，如卷首所輯《近思録》取材的 14 部書名中，周子《太極通書》下注文"惇"闕末筆；卷一第十葉後半葉"天下之理"條中，四個"恒"字均闕末筆。由此可見該刻本具有明顯的宋刊痕迹。然從刊本的字體、版式、墨色可知有較明顯的元代刻本特色。臺北"故宫博物院"藏本卷帙完好(書影見圖 2－1)，其《善本舊籍總目》著録云："《近思録》十四卷，宋朱熹、吕祖謙同撰，葉采集解。元刊黑口本，六册。沈贈。"①

從現存葉采《集解》傳本的時間上看，該本是現存最早的刻印本，臺北"故宫博物院"藏本，6 册，紙質薄黄，有明晰的纖維紋理，後經藏家加白紙作爲裹襯。藏本上鈐有朱文印"吴興周越然藏書之印""山陰沈仲濤珍藏秘笈""無錫周雲青珍假觀印記"等。天頭、地脚、行間有墨筆批注，佚名朱筆句讀、圈點、校改。如卷一首葉天頭，墨筆書："此性理書，大賢所著，文字古簡明晰，何彼俗子迂徒，妄行批解，並旁添贅字。唯依本書見解，混行批語贅字，何嘗另有轉語，言所未言，發所未悟，可以教導於人者，衹如小兒學語，信口隨人，又若醉漢狂吐，隨處嘔穢，彼豈顧聖經賢傳之污濁哉！讀此書者，當看本文刻印字句，其批贅塗抹語句一切莫觀、莫看，蓋雖觀之，徒亂人意耳。此即善讀此書之法也。"

① 臺北"故宫博物院"編《"國立故宫博物院"善本舊籍總目》，臺北"故宫博物院"出版，1983 年 4 月初版，第 652 頁。

葉采《近思録集解序》曰：

皇宋受命，列聖傳德，跨唐越漢，上接三代統紀。至天僖（筆者按，當作“禧”）、明道間，仁深澤厚，儒術興行。天相斯文，是生濂溪周子，抽關發矇，啓千載無傳之學。既而洛二程子、關中張子，纘承羽翼，闡而大之。聖學湮而復明，道統絶而復續，猗歟盛哉！中興再造，崇儒務學，遹遵祖武，是以巨儒輩出，沿泝大原，考合緒論。時則朱子與吕成公采摭四先生之書，條分類别，凡十四卷，名曰《近思録》，規模之大而進修有序，綱領之要而節目詳明，體用兼該，本末殫舉。至於闢邪説，明正宗，罔不精覈洞盡，是則我宋之一經，將與“四子”並列，詔後學而垂無窮者也。嘗聞朱子曰：“四子，六經之階梯；《近思録》，四子之階梯。”蓋時有遠近，言有詳約不同，學者必自近而詳者，推求遠且約者，斯可矣。采年在志學，受讀是書，字求其訓，句探其旨，研思積久，因成集解。其諸綱要，悉本朱子舊注，參以升堂記聞及諸儒辨論，擇其精純，刊除繁複，以次編入，有闕略者，乃出臆説。朝删暮輯，逾三十年，義稍明備，以授家庭訓習。或者謂寒鄉晚出，有志古學而旁無師友，苟得是集觀之，亦可創通大義，然後以類而推，以觀四先生之大全，亦“近思”之意云。淳祐戊申長至日建安葉采謹序。

葉采《進近思録表》曰：

臣采言先儒鳴道，萃爲聖代之一經；元後崇文，兼取微臣之集傳。用扶世教，昭揭民彝。臣采實惶實恐，頓首頓首。竊惟鄒軻既歿，而理學不明；秦斯所焚，而經籍幾息。漢專門之章句，訓詁僅存；唐造士以詞華，藻繪彌薄。天開皇宋，星聚文奎。列聖相承，治純任於王道；諸儒輩出，學大明於正宗。逮淳熙之初元，有朱熹之繼作，考圖書傳集之精粹，遡濂洛關陝之淵源，摭其訓辭，名《近思録》，彙分十有四卷，六百二十二條。凡求端用力之方，曁處己治人之道，破異端之扃鐍，闢大學之户庭，體用相涵，本末洞貫，會六藝之突奥，立四子之階梯，人文載開，道統復續。臣昔在志學，首受是書，博參師友之傳，稍窮文義之要，大旨本乎朱氏，旁通擇於諸家，間有闕文，乃出臆説，删輯已逾於二（筆者按，佐藤坦認爲是“三”

訛作"二")紀，補綴僅成於一編。祇欲備初學之記言，詎敢塵乙夜之睿覽。兹蓋恭遇皇帝陛下天錫聖智，日就緝熙。遵累朝之尚儒，講誦不違於寒暑；列五臣於從祀，表章遠邁於漢唐。豈徒褒顯其人，正欲闡明斯道。俯詢集解之就緒，遽命繕寫以送官。儻於宫庭朝夕之間，時加省閲，即是周、程、張、朱之列，日侍燕閒。固將見天地之純全，明國家之統紀，表範模於多士，垂軌轍於百王。粤自中古以來，未有若今之懿。臣幸逢上聖，獲效愚衷，顧以螢爝之微，仰裨日月之照。五千文十萬説，雖莫贊於法言；四三王七六經，願益恢於聖化。所有《近思録集解》壹部拾册，謹隨表上進以聞。干冒宸嚴，臣無任戰汗屏營之至。臣采實惶實恐，頓首頓首謹言。淳祐十二年正月日朝奉郎監登聞鼓院兼景獻府教授臣葉采上表。

(二)《近思録集解》元刻明修本

中國現存與臺北"故宫博物院"所藏《集解》元刊本有淵源關係的刻本有兩種：

1.《中國古籍善本書目》著録的"元刻明修本"，十四卷，621條(其卷十四末無第26條語録)

該本每半葉八行十八字，注文小字雙行同，左右雙欄(間有四周雙欄)，有界行，框高17.30釐米，寬11.80釐米。上下粗黑口，順(黑)魚尾。卷末有尾題"近思録卷之某"。其版式特徵、版心刻記、避諱字特徵等，均與上述元刊本基本相同。但是，該刻本雜有版框不一、字體略異之書葉。筆者將其與元刊本大部分内容對校後發現，臺北所藏元刊本天頭處或行間的批校意見，大多數被此國圖所藏刻本的刊梓者采納，即此刻本所作的校改大都與臺北藏本的批校相關，如卷一第十一葉"人性本善"條，臺北藏元刊本的注文"有分明强弱"，在與其行格對應處的地脚有墨筆批注"昏"字，而國圖藏此元刻明修本的注文刻作"有昏明强弱"。因而，此本不僅與元刊本風格相近，而且在文字校勘上有着淵源關係，疑似明初在元刻本基礎上修補印製(書影見圖2-2)。

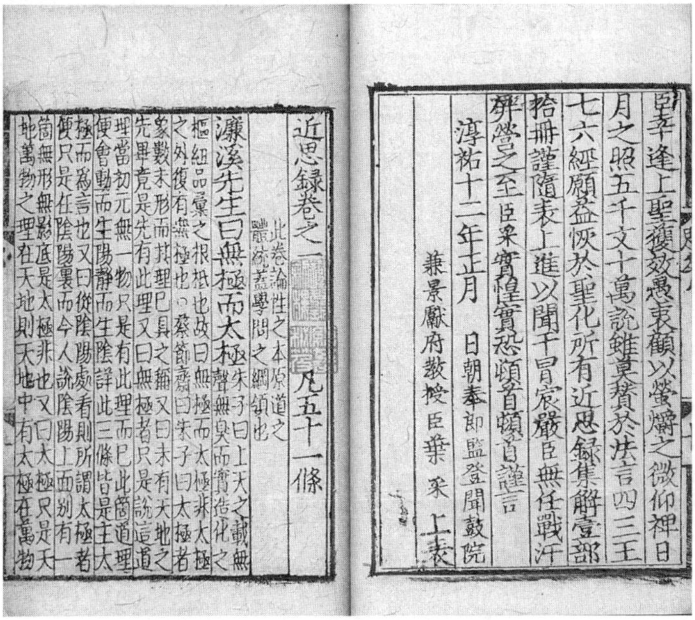

圖 2-2 《近思録集解》,元刻明修本

刻本正文前依次刻有葉采《近思録集解序》、《集解目録》、《近思録》(取材的 14 部書名)、朱序(有雙行小字夾注)、吕跋及葉采《進近思録表》。

此刻本特徵與《鐵琴銅劍樓藏書目録》著録所言相同,該《目録》所謂的"宋刊"本,實乃具有元刊本特色的明修本。此本現藏中國國家圖書館(藏書號 4185 號),8 册。卷端鈐有"汪士鐘印"①"閬源真賞""鐵琴銅劍樓""紹基秘笈""子雝金石"等印章,是知瞿氏原藏之物,而瞿氏又源自汪氏藝芸書舍。

2. 中國國家圖書館所藏的另一部"元刻明修本"

筆者目驗比較後發現,該《集解》刻本的内容、版式、字體、避諱字闕筆特徵等與上述"元刻明修本"均相同,似乎同一版。其行格字數、黑口與前一種同,然邊框有異,宜非同一版本。然該本字迹墨色較濃,卷前的葉采序文、《集解目録》及《集解》卷十三第七葉係後人抄配,其他卷葉還有補刻痕迹;卷二第四十四葉有 6 處墨釘,卷十四也有 3 處。

① 汪士鐘《藝芸書舍宋元本書目》著録的所謂"元板書目"《近思録》十四卷,很可能就是該刻本。

國圖此藏本(藏書號 7489 號),8 册。《北京圖書館古籍善本書目》注記其版式特徵爲"八行十八字,黑口,四周雙邊"①。卷端鈐有多家藏書印記:"高氏鑒定宋刊版書""紗賞樓藏""五嶽貞形""萬宜唐氏藏善本書記""參夢庵""師鄦乙酉歲莫檢書記""師楚耆好""涵芬樓""海鹽張元濟經收""遜時敏志"等,是知明高濂、清涵芬樓舊藏。王國維《傳經堂藏書志》卷三著録的"宋末建陽刊本",所鈐藏書印章與此本頗合。

此本張元濟《涵芬樓燼餘書録》有著録,云:"《近思録集解》十四卷,宋葉采集解。宋刊本,八册。高瑞南、汪柳門、江建霞舊藏。""采尚有自序,已佚。半葉八行,行十八字。版心闊黑口,間記字數及刻工姓名。姓名全者,僅有翁生、沅大二人,餘僅著周、錢、有、良、李、大、口、沈八字。宋諱惟恒、貞、惇等字,偶見闕筆。"②張氏將其斷定爲"宋刊本"之説,已被傅增湘先生否定。那麽王國維所云"宋末建陽刊本"也難成立。或許正因爲如此,此本《中國古籍善本書目》正式出版時③未予收録,顯然是當初編撰書目的專家們對其刊印年代的鑒定尚存疑意。姑且,我們在此也稱之爲另一種"元刻明修本"。

需要再强調的是,通過將《善本書目》著録的元刻明修本與元刊本比對,我們發現二者存在較明顯的源流關係。因爲二者版式大體相同,各卷編排體例基本相同,如在某些語録是否單列上二者完全一致,且四子語録刻作大字、葉采注文刻作小字,僅少數字體有差異。再者,明修本儘管刻印風格與元刊本很接近,但也存在文字、少數行格排版的差異,往往對元刊本中存在明顯問題的文字進行了修正,這些地方卻與臺北"故宫"藏元刊本中佚名墨筆批校的地方較吻合。

另外,《善本書目》著録的明修本與元刊本也存在某些明顯差異,如卷十"人心所從"條與"隨九五之象"條,在編次上不一。又如卷五"横渠先生曰湛一"條,在元刊本的第十三葉右半葉,第一行雙行小字,首字分别是右行"之"、左行"屬",末字分别是右行"也"、左行"足",各行排列的分别是十八個字,這

---

① 北京圖書館編《北京圖書館古籍善本書目》,書目文獻出版社,1987 年 7 月 1 版,第 1199 頁。

② 張元濟《涵芬樓燼餘書録》,見張人鳳編《張元濟古籍書目序跋彙編》,第 556—557 頁。

③ 天津圖書館編《(稿本)中國古籍善本書目書名索引》著録:"《近思録集解》十四卷,宋葉采撰。元刻明修本。八行十八字,黑口,四周雙邊。"齊魯書社,2003 年 4 月 1 版,第 794 頁。

與刻本整體行格一致，皆爲“行十八字”；而元刻明修本此行的文字編排出現明顯差異，首字分别是“之”“厭”，末字分别是“屬”“不”，此雙行的右行刻有十九個字，左行刻有二十個字，這與刻本整體行格明顯不一。經仔細辨别後發現，明修本是將元刊本左行首字“屬”移作右行末字，那麽其右行首字則輪爲“厭”，且將元刊本第二行雙行小字的右行頂格三字“而已不”擠刻在明修本第一行雙行小字的右下，以致這一行有二十字。該條語録的後面幾行，明修本也是這般類似編排，甚至造成《近思録》原文“纖惡必除……粗矣”句有單列刻印之嫌。這些問題，在明修本上並非一處，其某些行格字數的編排不統一，難道真的是刻工爲節省紙張而將一些文字擠刻在某幾行上嗎？這尚待進一步考究。

雖説元刻明修本在全書體例、版式等方面與臺北“故宫”所藏元刊本有較近的血緣關係，很可能源自元刊本，但明修本在修正後卻仍存在脱葉、補抄、行格字數不統一等問題，總體看來其刻印的精緻度、字體、墨色等不如元刊本。

此外，《藏園群書經眼録》還著録有一部“元明間刻本”，“九行十九字，白口，單欄。刊甚潦草”[①]。傅增湘對其刊印年代鑒定比較寬泛，如就其注記的版式特徵來看，似乎刻於明代的可能性更大。可惜如今我們不能一睹此刻本真容。

二、《集解》明刊本與《分類經進近思録集解》傳本

現存葉采《近思録集解》明代傳本，有明初、正德、嘉靖年間的《集解》重刻本；有陸雲龍、丁允和訂正本；有重新類次《集解》的刻印本，如周公恕《分類經進近思録集解》，吴勉學校閲《分類經進近思録集解》等，今分述如下。

（一）《近思録集解》明刊本考

由於葉采《集解》的明刻本形態不一，在此我們以時間先後逐一梳理那些保留着葉采《集解》體例、内容的傳本。

---

① 傅增湘《藏園群書經眼録》子部儒家類著録：“《近思録集解》十四卷，宋葉采撰。元明間刻本。九行十九字，白口，單欄。刻甚潦草。（癸丑）。”中華書局，1983 年 9 月 1 版，第 558 頁。

1. 葉采《集解》十四卷，明初刻本

明代早期的刻本每半葉八行十八字本，注文小字雙行十八字，四周雙欄，有界行，框高 17.60 釐米，寬 11.80 釐米。上下粗黑口，順(黑)魚尾。版心上魚尾下刻有書名卷次簡稱(如“近思録一”)，下魚尾下刻記頁碼。卷一卷端首行頂格題“近思録卷之一”，越五字格題本卷語録總數“凡五十一條”。第二行低兩字格刻卷名“道體”，在卷名下刻提要：“此卷論性之本原，道之體統，蓋學問之綱領也。”(雙行小字)第三行頂格刻印正文，《近思録》原文刻作大字，葉采注文爲雙行小字。

此刻本的版式特徵、正文編排體例、“恒”字避諱等，與元刻本相近，然各卷卷端葉卻刻有元刊本没有的篇名，它們分别爲：道體、爲學、致知、存養、克己、家道、出處、治體、治法、政事、教人、警戒、異端、聖賢。該刻本卷首的序跋内容與元刻明修本同。

刻本字體爲楷體，有趙孟頫體餘韻，又有明代早期刻本黑口、四周雙欄等特徵，從其避諱字可察該本源自宋元本，且其不避明代後期的帝王諱，總體而言它宜是明代早期刻本。中國科學院圖書館藏本(書影見圖 2-3)，一函八册，字迹墨色較淡，竹紙脆黄，藏家修繕過。鈐朱文印“夢選樓胡氏宗柔藏”“張天爵印”，白文印“竹窗居士”“帶經堂家藏”。

此刊本，該館著録爲“葉采集解，明刻本”，未見《中國古籍善本書目》及其他公私書目著録。

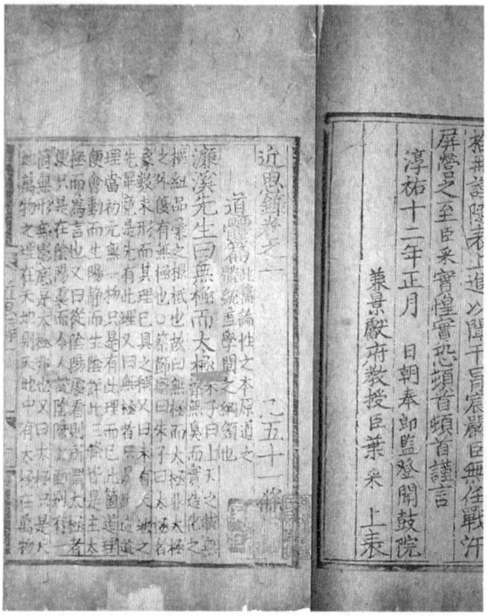

圖 2-3　《近思録集解》，明初刻本

2.《集解》十四卷，明代中期刻本

此刻本每半葉九行二十一字，葉采注文小字雙行二十字。左右雙欄，有界行。框高 20.40 釐米，寬 13.90 釐米。白口。版心上方刻書名卷次(如“近思録卷之一”)，中刻卷名(如“道題類”)，下端刻頁碼。卷一卷端首行頂格題

“近思録卷之一”，次行低九字格題“建安葉采編集”，第三行低一字格刻卷名“道體類”，其下刻記雙行小字，即本卷語録條數（如“凡五十一條”），第四行低四字格刻雙行小字，即葉采提要（如“此卷論性之本原，道之體統，蓋學問之綱領也”），第五行頂格刻印正文，《近思録》原文刻作大字，均頂格，而葉采的注文刻作雙行小字，皆低一字格刻印。卷末有尾題“近思録卷之某”（書影見圖 2－4）。

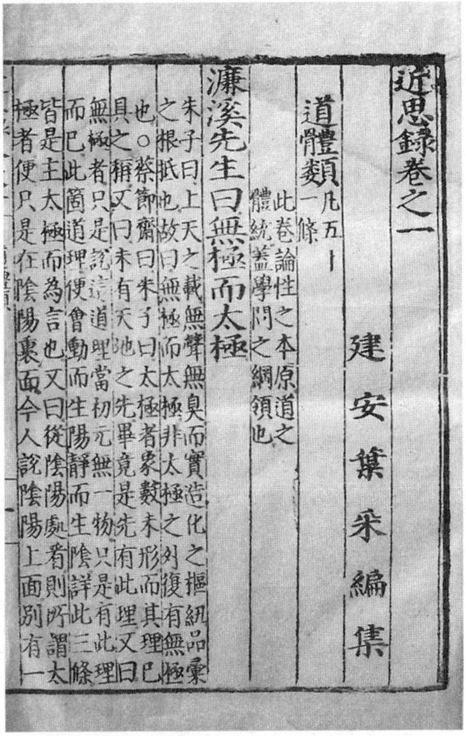
近思録卷之一

建安葉采編集

道體類 凡五十一條

此卷論性之本原道之體統蓋學問之綱領也

濂溪先生曰無極而太極

朱子曰上天之載無聲無臭而實造化之樞紐品彙之根柢也故曰無極而太極非太極之外復有無極也○蔡節齋曰朱子曰太極者象數未形而其理已具之稱又曰未有天地之先畢竟是先有此理又曰無極者只是說這道理當初元無一物只是有此理而已此箇道理便會動而生陽靜而生陰詳此三條皆是主太極而為言也又曰從陰陽處看則所謂太極者便只是在陰陽裏面今人說陰陽上面別有一

圖 2－4 《近思録集解》，明中期刻本

正文前的序跋内容與元刻本基本相同，稍不同的是將朱熹序、吕祖謙跋文分别刻了題名稱謂，即《近思録前引》《近思録後引》。從各卷卷端所署語録數量來看，分别是 51、111、78、70、41、12、39、25、27、64、31、33、14、26，總計 622 條。可是其卷六“凡一十二條”與元刊本“二十二條”，卷十一“三十一條”與元刊本“二十一條”，卷端題署數字存在差異，經筆者查驗，此刻本的實際情况則是卷六有 22 條語録、卷十一有 21 條，故卷端的數字乃刻工誤刻所致。

此刻本卷首葉采序文是行書手寫上板，諸如“皇宋”“宋”“列聖”等字皆提行頂格（有宋刊本的特點），然而卷首的“惇”字又不避諱，這些特徵與元刊本和其他明刻本又存在明顯差異。但是刻本正文中“恒”字闕末筆。總體而言，此本殘留宋元刻本的痕迹，這也間接肯定了《集解》宋刻本的曾經存在。該刻本正文爲楷書上板，書體近顔體，略扁。從其版式特徵看，具有明代中期刻本白口、左右雙欄的特徵，很可能是明代嘉靖年間重刻宋本。邵氏《增訂四庫簡明目録標注》著録的"明刊《集解》,九行二十一字"本[①],極似此本。

此刻本上海圖書館有藏,《中國古籍善本書目》著録:"《近思録集解》十四卷,宋葉采撰,明刻本。"上圖此藏本,6 册。卷一第十一葉、十二葉爲後人抄配。鈐有藏家印記,如"吕雅山家藏圖書""柞溪沈寶稼幼樵藏書印""織簾先生五十世孫""剛伐邑齋藏書"等。

並且該藏本的信息,見録於近人袁榮法所撰《剛伐邑齋藏書志》,其注記版本較詳,曰:"舉凡'皇宋''列聖'諸字樣,無不提行者。首行'近思録一卷之幾',次行僅題'建安葉采編集'六字。注小字雙行,每半葉九行,行二十一字,小字同,中有版泐而抄補者。宋朝諱惟'恒'字仍闕末筆,當從宋本覆刊者。白綿紙。序首有'吕雅山家藏圖書'朱文印,目録下有'柞溪沈寶稼幼樵藏書印'白文方印、'織簾先生五十世孫'朱文印,三印並絶佳。卷三、卷八首並有吕氏印,同前。凡六册,至佳。"[②]剛伐邑齋舊藏本,今上圖庋架,觀其版式、字體,無魚尾等,可以肯定其爲明代刻本。此明代中期刻本,日本國立公文書館也有藏,3 册。卷十四末的襯葉上有日本寶曆七年(1757)白峰野叟跋文。

3.《集解》十四卷,明正德十四年刻本

明正德十四年(1519)南京國子監汪偉校刊本《近思録》十四卷,明代梅鷟《南雍志經籍考》下卷有著録,曰:"《近思録》十四卷,完,計板一百八十一面。祭酒汪偉、司業景暘校,正德十四年刊。"[③]此刊本書版竣工後,汪偉於"正德己卯歲秋九月既望"之日,書跋文一篇,追記校刊始末。其正德十四年的跋文曰:"《近思録》爲卷十四,爲條六百二十二,惟我文公與成公所銓定。近時刻本既多淆亂,又建安葉采有集注,代郡楊伯嵒有《衍注》,皆未能突有所發明。偉承乏成均,患諸士枝葉繁而本根昧,思有以易之。乃與同寅中兄景伯時取是編,考定其條件,正其謬誤,繕寫刻之,以復於舊。"[④]

如今,依據汪偉跋文所記可知,他們校刻的本子似應是"復舊"的白文本《近思録》,而非葉采《近思録集解》十四卷。而這個《近思録》原文本在邵懿辰

---

① (清)邵懿辰撰、邵章續録《增訂四庫簡明目録標注》,第 390 頁。

② 袁榮法《剛伐邑齋藏書志》:"《近思録》十四卷,宋朱熹、吕祖謙同撰,建安葉采集解,明刻本。"臺北"國立中央圖書館"特藏組出版,1988 年 5 月印行,第 53 頁。

③ (明)梅鷟《南雍志經籍考》,見馮惠民、李萬健等選編《明代書目題跋叢刊》,第 457 頁。

④ (明)汪偉《近思録跋》,載於(宋)朱熹、吕祖謙共輯《近思録》,明崇禎九年張雋等刻本。

《增訂四庫簡明目録標注》也有過記録，云："明正德己卯汪偉刊本，即南監本。"①稱其爲南監本。後來莫友芝《郘亭知見傳本書目》也記載有"明正德乙卯汪偉刊本"。而傅增湘訂補説："明正德汪偉本，見《南雍志》，世未見傳本，或莫氏自《南雍志》中録其目。"②查閲《中國古籍善本書目》，我們也未見到明確而具體的著録，那麼"南監本"的存佚果如傅氏所云嗎？

在《近思録》傳播歷史上，《近思録》原文本與葉采注本是一體兩面，確實與《集解》難以分開，但在版本著録上理當分開著録。經實地調查後，我們發現《北京大學圖書館古籍善本書目》著録的"正德十四年"的本子，是"《近思録》十四卷，宋朱熹、吕祖謙合撰。明正德十四年刻本，四册"③。據此文字，或許就是明南監刻本、汪偉所刊，然筆者目驗後卻發現這是一部葉采《近思録集解》，而不是前文所述各家著録的《近思録》原文本。

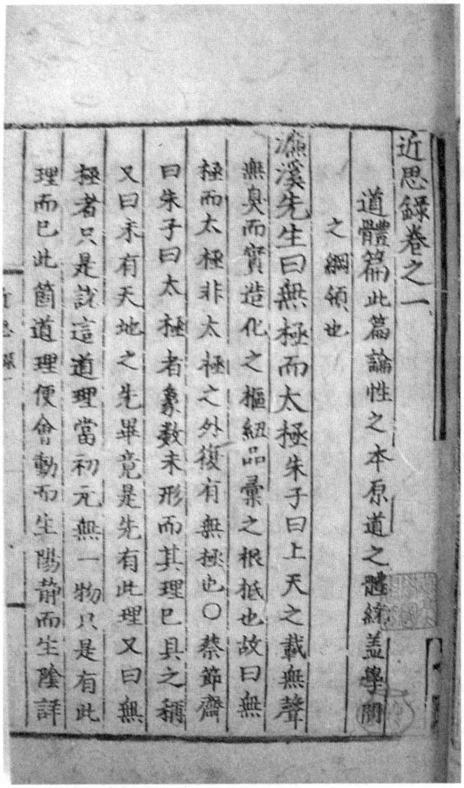
近思録卷之一
道體篇此篇論性之本原道之體統蓋學問
之綱領也
濂溪先生曰無極而太極朱子曰上天之載無聲
無臭而實造化之樞紐品彙之根柢也故曰無
極而太極非太極之外復有無極也○蔡節齋
曰朱子曰太極者象數未形而其理已具之稱
又曰未有天地之先畢竟是先有此理又曰無
極者只是説這道理當初元無一物只是有此
理而已此箇道理便會動而生陽靜而生陰詳

圖 2－5　《近思録集解》，明正德十四年刻本

北京大學所藏此刻本（書影見圖 2－5），每半葉十行十九字，注文小字單行十八字，左右雙欄，有界行，框高 18.20 釐米，寬 12.90 釐米。白口。版心中間刻書名卷次簡稱（如"近思録一"）、頁碼。卷一卷端首行頂格題"近思録卷之一"，次行低兩字格刻卷名"道體篇"，其下刻有小字提要："此卷論性之本原，道之體統，蓋學問

① （清）邵懿辰《增訂四庫簡明目録標注》，第 390 頁。

② 《藏園訂補郘亭知見傳本書目》，第 44 頁。

③ 北京大學圖書館編《北京大學圖書館古籍善本書目》，北京大學出版社，1999 年 6 月 1 版，第 222 頁。

之綱領也。”(本行未刻完而轉至第三行)第四行頂格刻印正文,《近思録》原文刻作大字,葉采注文刻作單行小字。正文中每條語録首字頂格刻印,其餘行格則均低一字格。其版刻款式與中科院所藏明初刊本、上圖藏明中期刻本皆有相似之處。

正文前刻有葉采序文、進表、朱熹序、吕祖謙跋等文字,與《集解》元刊本同。但“惇”不闕末筆,“恒”字闕末筆。《進近思録表》中“皇宋”“列聖”“聖化”“聞干”諸字亦均提行頂格刻印。刻本書體有明代前期刻本趙字的風格,其左右雙欄、白口等特徵也符合明正德嘉靖年間雕版的特徵。北大藏本,4 册,紙黄厚軟,纖維較粗,刻印精美,有朱筆、墨筆圈點句讀。鈐藏書印有“卧觀”“豈之印”“有酒盈尊”“燕京大學圖書館”等。

從上述版式、書體、編次等特徵來看,這是一部與元刊本有一定關聯的本子。如果説是正德十四年刊本,可是在此刻本中卻未見附有正德十四年汪偉跋文(因爲該跋文載於《近思録》明末張雋刻本)。至於邵氏、莫氏、傅氏等文獻學家確定《近思録》有“明正德十四年刻本”,或許是據那篇跋文題署時間而言。筆者曾特意向該館工作人員求教著録爲“正德十四年汪偉本”的依據,遺憾的是答者亦不知其解。實際上北大所藏此《近思録》是葉采《近思録集解》,或刊於明代中期。《中國古籍善本書目》著録爲“《近思録》十四卷”,“明刻本”,還是較爲合理、妥當的。儘管我們仍懷疑明正德南監汪偉刻本是否存世,但通過實地版本考訂,意外發現了這一部明清書目未著録的明刻十行本葉采《近思録集解》,也是意外的收穫。

4.《集解》十四卷,明嘉靖年間刻本

此刻本每半葉八行十八字本,注文小字雙行同,四周雙欄,有界行,框高 17.90 釐米,寬 11.60 釐米。上下粗黑口,順(黑)魚尾。版心上魚尾下刻書名卷次簡稱(如“思一”),下魚尾下刻記頁碼。卷一卷端首行頂格題“近思録卷之一”,越四字格題本卷語録條數“凡五十一條”,次行低四字格雙行小字刻本卷提要“此卷論性之本原,道之體統,蓋學問之綱領也”,第三行頂格刻印正文,《近思録》原文爲大字,葉采注文爲雙行小字。刻本中“恒”闕末筆,“玄”“惇”“弘”等字不諱(書影見圖 2 - 6)。

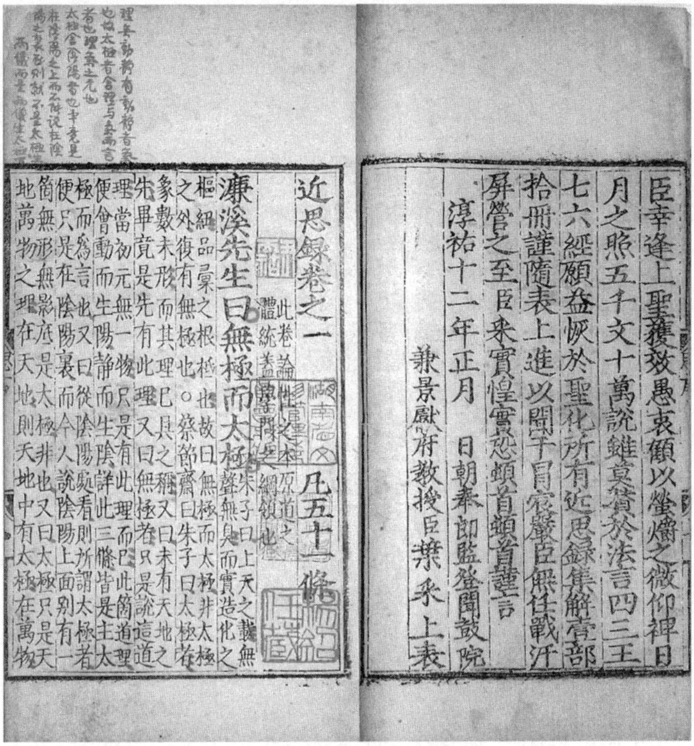

臣幸逢上聖獲效愚衷願以螢爝之微仰裨日
月之照五千文十萬説雖莫贊於法言四三王
七六經願益恢於聖化所有近思録集解壹部
拾冊謹隨表上進以聞干冒宸嚴臣無任戰汗
屏營之至臣釆實惶實恐頓首頓首謹言
淳祐十二年正月　日朝奉郎監登聞鼓院
兼景獻府教授臣葉釆上表

近思録卷之一　凡五十一條
此卷論性之本原道之體統蓋學問之綱領也
濂溪先生曰無極而太極

圖 2-6　《近思録集解》,明嘉靖年間刻本

正文前刻有葉采《近思録集解序》、《集解目録》、《近思録》(取材的 14 部書名)、朱熹序(有雙行小字夾注)、吕祖謙跋及葉采《進近思録表》。

葉采集解《近思録》十四卷該刻本的卷端所題與前文所述元刊本相同,正文中的版式行款特徵基本一致,均爲八行十八字本,四周雙欄,上下粗黑口,因而頗似重刻元刊本,從避諱字"恒"闕末筆看,也帶有宋本的痕迹。如果將其與上述中科院藏明初刻本比較,二者編排體例相近,版式特徵接近。該刻本的字體筆畫與前幾種明刊本均有異,與元刊本筆道卻相近,方筆略多,有明代嘉靖年刻本字體的風格。故綜合上述因素,推斷其可能刊於明嘉靖年間。湖南圖書館有藏,3 册。卷帙完好,有佚名朱筆、墨筆批點。鈐有朱文印"楊紹任藏""湖南省中山圖書館珍藏",白文印"尹丙祜"。

5. 葉采《集解》,明末陸雲龍、丁允和訂正本

元明之際,周公恕分類改編《分類經進近思録集解》在明代較流行,一方

面此書繼續承載了傳播《近思録》的社會功能，另一方面周氏此舉也造成割裂、僵化、歪曲程朱思想的嚴重後果。因此，明末思想界、學術界、出版界開始對這一現象進行反思，一度黯然的葉采《近思録集解》在明末重新受到關注。明崇禎八年(1635)陸雲龍、丁允和爲重倡理學而再刻葉采《集解》十四卷，他們認爲《近思録》"初分十四卷、十四類，後有晰爲數十類者，道理自一，曷爲多歧？厭其剖碎"，於是"訂正而復其故"[1]。

陸雲龍，生卒年不詳，主要生活在明代崇禎年間。字雨侯，號孤憤生，浙江錢塘人。著有《遼海丹忠録》等。從陸雲龍訂校刊行葉采《近思録集解》序文可以窺其心聲，他稱頌明代的太祖、成祖等聖明賢君尊儒尚理，肯定理學並不負國。以爲若能用理學教化子民則可成就人才，講學明道，切問近思，"止則思爲顔、孟，仕則思爲伊、周"。他特别强調《近思録》是明道之津梁，不可忽闕，但是由於後世改編《近思録》者，隨意類次改動，注釋多誤，這裏很可能指周公恕之流，因而陸雲龍與丁允和合力校訂葉采《集解》，以嘉惠時人。

此刻本爲楷書上板刻印，每半葉九行十九字，注文小字單行十八字，四周單欄，有界行，框高 20.10 釐米，寬 14.20 釐米。白口，單(黑)魚尾。版心魚尾上方刻書名"近思録"，魚尾下刻卷次(如"卷之一")、頁碼。卷一卷端首行頂格題"近思録卷之一"，第二行第三行均低兩字格分題"新安朱熹""東萊吕祖謙"，接之在二、三行中間刻"編輯"，再越兩字格分題"建安葉采編集""錢塘陸雲龍訂正"，在第四行與"錢塘陸雲龍訂正"並行處又題"仁和丁允和訂正"，第五行低三字格刻卷名"道體"，第六、七行低四字格小字刻本卷提要"此卷論性之本原，道之體統，蓋學問之綱領也"，第八行頂格刻印正文，正文前刻有"〇"以作標示。正文中《近思録》原文刻作大字，葉采注文刻作單行小字。此刻本的卷二至卷十四卷端不題編者、注者、校訂者姓名，衹題書名、篇目名、本卷内容提要。

卷首依次刻有錢塘陸雲龍雨侯甫於翠娱閣中所作《近思録》序文(序文末原版刻有陽文印"翠娱閣雨侯氏"、陰文印"陸雲龍印")、葉采《近思録集解序》、《近思録》(取材的 14 部書名)、朱序及吕跋。關於葉采序、表等内容的編次提行與元刊本、明代前期刻本基本相近。各卷卷端部分依次刻書名"近思録"、篇名、

---

① (明)陸雲龍《近思録集解序》，載於(宋)葉采集解《近思録》，明崇禎八年陸雲龍、丁允和訂本。

内容提要、正文，不題語録條數，與前文所述明刻本有同有異。版框天頭欄邊多處刻有注解性的小字，應是陸氏、丁氏的校訂成果。另外此刻本書名題在魚尾之上，魚尾下衹有卷次，具有明末刻本的明顯特徵。因而，綜合上述因素推斷該本很可能是在元明刻本基礎上再校訂重刻，據陸雲龍作序時間，暫定爲明崇禎八年刻本。傅增湘《訂補郘亭知見傳本書目》著録爲“明末刊本，九行十九字”。

此本泰州市圖書館有藏（書影見圖 2－7），藏本首册封面右側題記“濂洛關閩之學”，其下墨筆書“風雨草廬”，“道體，爲學……觀聖賢。凡十四卷”；左側題記書名“近思録”，其下題記“著雍執徐仲春上浣題”。由此推測該藏本的墨筆批注、圈點是“風雨草廬”所爲。藏本另有佚名朱筆批注。此刻本日本東京都立中央圖書館有藏，參見後文考述。

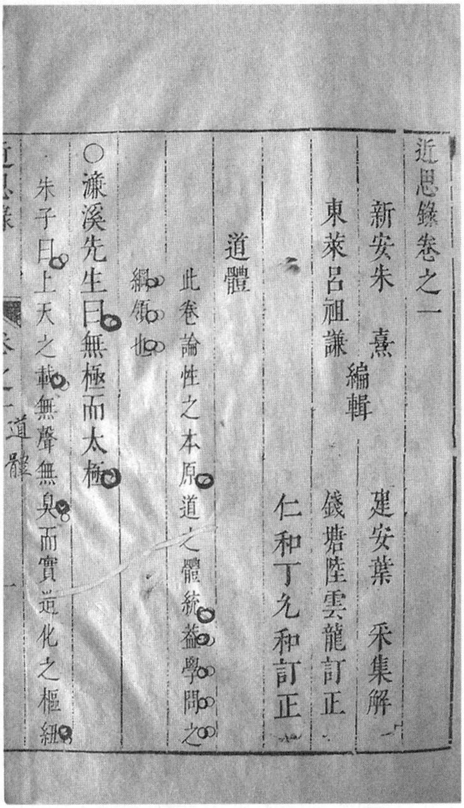
近思錄卷之一
新安朱　熹
東萊呂祖謙　編輯
建安葉　采集解
錢塘陸雲龍訂正
仁和丁允和訂正
道體
此卷論性之本原道之體統蓋學問之綱領也
濂溪先生曰無極而太極
朱子曰上天之載無聲無臭而實造化之樞紐

圖 2－7　《近思録集解》，明末陸雲龍訂正本

陸雲龍《近思録》序文曰：

嘗讀宣尼之約人思也曰“再思”，子思子曰“慎思”，皆近之旨也。然則僅局之一身一室已乎？善乎？《易》之言曰“思不出其位”，位在則窮千古、徹天下，非遠也。不然，“志伊尹之所志”者，非學顔子者所學，引爲切己事歟。所惜者，秦漢以來，開治悉以馬上，矜拳勇而尚陰謀。其餘守文之主，或崇黄老，或祖申韓，即有一二修飾禮樂、表章理道者，又不獲真儒，獲真儒而不能用。遂令詮句字者浪雲入室，踽步履者輒侈及門，甚則貪墨侈肆之夫，反仄不端之士，亦依託焉，口堯行蹠，而儒效大裂。即昌黎，予猶怪其進之亟亟，此則病在弗思，病在誤思。誠思則思。夫乾父坤

母，生我不小；胞民與物，倚我正愍。形生知發，作何持循；知化窮神，從何證入。富貴福澤，厚我之生，不容役思以妄營；貧賤憂戚，玉我於成，不得勞思以規脱。處作真儒，出爲名世，維思之績，乃廢而不講者久。無學術遂無事功，拈道體示人，幾作爰居鐘鼓。經學不明，誰啓知行之路？心性未粹，烏睹齊治之規？存發皆衍，進退何據，其不得希聖希賢也，固其所也。迨周、程、張四先生出，首揭道體，源本六經，以學開知，以知策行，先存養以完未發，繼克治以清悔吝，自治治人，詘邪崇正，功固有序。而晦庵、東萊兩先生復循其叙，實以所言，名爲《近思録》。從此著思，吾固知高談天地而非渺，深言物理而非寞，昏可得惺，睿乃作聖，揖子淵，駕保衡，堯舜君民，於是在矣。第世不觀理而觀效，曰："有宋理學大明而國日削，若是乎賢者無益於國，其緒言亦無勞吾思。"嗟乎！黨禁方開，僞學旋逐，何日是諸賢行志之日？是欲以宣尼之不能治《春秋》，孟氏之不能治《戰國》，横以課之諸賢也，不亦冤乎！試觀明典，太祖高皇帝觀心有《銘》，清教有《録》；成祖文皇帝則輯《性理》諸書，嗣後聖聖相承，遞爲表章。理學既明，真儒輩出。如我浙章文懿以恬退著，陳恭湣以直節著，至王文成早以諫言，晚以耆定，豈云儒迂無當哉！理學亦何負於國也！則夫崇正學，禮真儒，以收實效，聖天子之事；興教化，一士趨，以成人材，良有司之責。去嗟卑嘆老之俗腸，浣鏤月琱冰之浮思，相與講學以明道，切問近思，止則思爲顔、孟，仕則思爲伊、周，固亦草野所宜自矢者，兹《録》豈非津梁歟！《録》初分十四卷、十四類，後有晰爲數十類者，道理自一，曷爲多岐？厭其剖碎，因訂正而復其故，且爲之序云。崇禎乙亥重九錢塘陸雲龍雨侯甫題於翠娱閣中。

葉采《近思録集解》在明代的傳本，或多或少保留有宋元刻本的遺韻，普遍有避宋諱的字。若以明嘉靖爲界，此前（包括嘉靖）的刻本較多，等到明末時，現存僅見陸雲龍、丁允和的校訂本，而此本在明末卻有復興葉采《集解》之功用，對清初至清中葉期間翻刻重印《集解》有一定影響。

（二）周公恕《分類經進近思録集解》傳本考述

明代流行的《近思録》注本雖然説是以葉采《近思録集解》十四卷爲主流，但在明成化年間便出現了以周公恕《分類經進近思録集解》爲刊印對象的版本,隨着此類版本的流佈,在明代後期一段相當長的時期内,社會上流行的《近思録》版本多是經人重新類次、校閲的改編本,而對葉采《近思録集解》進行分類改編者叫周公恕。

周公恕,生卒年無考。清黄虞稷《千頃堂書目》卷十一認爲他是"吉安人",將其《近思録集解》與元代學者著述一起歸在"元"代下①。莫友芝《宋元舊本書經眼録》云"元周公恕",清乾隆時《四庫全書總目》則曰"明代周公恕"②。周氏著作還有《大學總會》五卷,收録在《國史經籍志》《明史》中,然而在《國史經籍志》中,《大學總會》被列入宋朱熹和元許衡作品之間,《内閣藏書目録》亦是如此,顯然將其看作元代人。《明史》中,《大學總會》則被列入"不知時代"一類。《千頃堂書目》著録"元代周公恕《大學總會》五卷"。總之,史上相關文獻多將周氏著述多歸屬於"元",似乎是將其視作元人,或是元末明初人。至於其籍貫,據現存《分類經進近思録集解》明刻本,其卷端多題作"鷺洲後學周公恕類次",鷺洲又名白鷺洲,位於江西吉安府城東,因南宋朱熹二傳弟子江萬里官吉州,淳祐元年在廬陵縣建白鷺洲書院而聞名,前人取名於唐代詩人李白的"三山半落青天外,二水中分白鷺洲"。故筆者將周氏看作元末明初江西吉安人。

《近思録》傳播文本在明代出現的"變體",不是個别現象或偶然現象,問題恰恰相反,清人嘗曰:"《近思録》坊本甚多,或有依明賢本增入紫陽者,或有分門别類體制乖錯者,或有遵原本而全删葉注者,或有存葉注而妄加去取者,凡此俱非善本。"③明末清初的黄虞稷就認爲,周公恕《近思録分類集解》十四卷是"就葉采《集解》參錯雜折之,非葉氏本書也";清初張習孔亦云"鷺洲周公恕者,取葉氏本參錯離析之,先後倒亂,且有删逸,仍冒葉氏名曰'分類集解'……流傳既久,幾亂本真"④,"坊本多從周公恕分類,割裂舛錯,盡失其初"⑤。而且有現存刻本可以佐證。

---

① (清)黄虞稷撰,瞿鳳起、潘景鄭整理《千頃堂書目》,上海古籍出版社,1990 年 5 月 1 版,第 320 頁。

② (清)永瑢等撰《四庫全書總目》,第 781 頁。

③ (清)邵仁泓《近思録後跋》。

④ (清)張習孔《近思録傳序》,載於張習孔傳《近思録傳》,清康熙十七年飲醇閣刻本。

⑤ (清)耿文光《萬卷精華樓藏書記》,第 634 頁。

雖然葉采《近思録集解》十四卷經過周氏"參錯雜折",其文字編排形式發生較大差異,但究其注釋文字,大多仍爲葉采《集解》的内容。所以我們不妨把它看作葉采《集解》的一個另類,仍然可以把周公恕類次本及其傳刻系統的各種版本,置於葉采《近思録集解》版本源流的整體中去考察。大約從明代成化至萬曆年間,葉采《集解》在明代社會的廣泛傳播,主要就是依託於周公恕分類改編本及其衍生的版本系統,《集解》的這些分類改編本之重刻本、校閲本相當多,以至於《集解》原本顯得黯然不彰。

周公恕爲何重編葉采《集解》,何時重編,何時刻印,原本原貌如何,書名作何?凡此等等,皆因文獻失徵,原本早佚,洵難作出考證。但周公恕如何改編葉采《集解》是個必需交代的問題,因爲這也涉及我們爲什麽要將其劃入葉氏《集解》版本系統。所以,在見不到周氏原刻本的情况下,我們衹能以現存卷帙完好的明嘉靖十七年(1538)劉仕賢刻本《分類經進近思録集解》爲對象,比較葉采《集解》與其異同。

對現藏於浙江圖書館的《分類經進近思録集解》劉仕賢刻本稍作分析,我們便會發現,周公恕打亂了葉采《集解》本原有的語録編排體例,將原葉采《集解》本的十四卷分爲約 287 個小類目,如卷一分作 20 個小類目:太極,天道,陰陽,天地物理,對待,生意,鬼神,道,四德五常,仁,義,性,氣,性命,心,中和,中,誠(誠意、養成見後),感應屈伸,神,本末[①]。清人説它"創爲二百餘類,全失朱子之意"[②],並非太過。然就正文、注文的内容看,二者差異不大。從周氏《分類經進近思録集解》的注釋"元本"推測,周氏是依據葉采《集解》元刻本對其各卷之語録正文、注文進行了取捨調整,有時並非衹在本卷内作增删,還從其他卷中選輯語録。如卷一增加的正文、注文取自第二、四卷的就很多,且多爲伊川、横渠的語録,注文大多注明原本所在卷次,即"元本某卷某某門";有時也肢解了葉采《集解》本原來的某條語録,如卷一第 2 條肢解成三段,分别編入"誠/立誠/存誠""四德五常""神"等小類中。周氏對《集解》原有語録文字删除或改動的不多,如卷一中的注文,周氏多在注文前注明出處,文字上

① 需要注意的是,正文中各卷的小標題與卷首《綱目》所擬往往有出入,如卷一正文將"天地物理,對待生意"合爲一個小目,"性"下無小標目"氣"。因而在統計各卷小標目數上也會有差異。

② (清)張習孔《近思録傳序》。

祇存在少數脱、衍、訛現象，且不像葉采《集解》宋元本那樣避諱。因此，總體看來，《分類經進近思録集解》仍是以葉采《集解》内容爲主體，其卷端首題“建安葉采集進”，再署“鷺洲後學周公恕類次”，也明確表明了其歸屬。葉采《集解》經過周公恕分類改編之後，雖説是“容顔”有較大改變，但其内容仍以葉采《集解》爲基礎，所以我們仍把它置於葉采《集解》版本系統來考述。

而且筆者有意嘗試將現存《文場資用分門近思録》南宋末年建安曾氏刊本與《分類經進近思録集解》劉仕賢刻本稍作比較，因爲二者都是將《近思録》各卷語録重新類分，每卷分若干小標目，其編纂形式相近，各小標目所轄語録内容也相近，如《文場資用》卷九下有“大小學”，該標目下有語録：

> 古者八歲入小學，十五入大學，擇其才可教者聚之，不肖者復之農畝。蓋士農不易業，既入學則不治農，然後士農判。在學之養，若士大夫之子，則不慮無養，雖庶人之子，既入學則亦必有養。古之士者，自十五入學，至四十方仕，中間自有二十五年學，又無利可趍，則所志可知，須去趍善，便自此成德。後之人，自童稚間已有汲汲趍利之意，何由得向善？故古人必使四十而仕，然後志定。祇營衣食卻無害，惟利禄之誘最害人。

《分類經進》卷十一下有“小學大學”“小大教”，該標目下有語録：

> 古者八歲入小學，十五入大學，擇其才可教者聚之，不肖者復之農畝。蓋士農不易業，既入學則不治農，然後士農判。……故古人必使四十而仕，然後志定。祇營衣食卻無害，惟利禄之誘最害人。先傳後倦。君子教人有序。先傳以小者近者。而後教以大者遠者。非是先傳以近小。而後不教以遠大也。

比較二者此條文字可見，除《分類經進》多出最後一段文字外，二者同。據此推測周公恕的分類或受南宋無名氏《文場資用分門近思録》的啓發或影響。

對周公恕的分類編次，清代學者多持批評意見。例如清乾嘉年間大儒江永曾批評周公恕“以己意别立條目，移置篇章，破析句段。細校原文，或增或複，且復脱漏訛舛，大非寒泉纂集之舊。後來刻本相仍，幾不可讀”[①]。四庫館

---

① （清）江永《近思録集注序》。

臣也云:“葉采纂爲《集解》,尚無所竄亂於其間。明代有周公恕者,始妄加分析,各立細目,移置篇章,或漏落正文,或淆混注語,謬誤幾不可讀。”[①]儘管周氏類次本在清代被説成“謬誤幾不可讀”,然而它在明成化、嘉靖、萬曆年間影響仍很大,所以有必要對其進行考察。

周公恕分類改編的《集解》版本,在明清公私藏目中很少著録。究其原因,一是因爲明代人作書目一向不重視注記版本,二來則因爲清代時周公恕類次本已聲名狼藉,且大多坊刻俗本,難入收藏家法眼,即使《增訂四庫簡明目録標注》有所記録,也衹是不屑一顧地説:“近刻竄亂,謂周公恕本,及新安朱氏本。”故此,周公恕的《分類經進近思録集解》及其傳刻系統的版本,不僅歷史記録的少,而且流傳至今的也不多。王重民於上世紀初搜訪遺書時,説:“是書今幾失傳,然明清之間極通行。”然而,隨着《中國古籍善本書目》及各大圖書館古籍目録的編輯和出版,明刻周公恕類次本隨之浮出水面,並非“今幾失傳”。依據這些書目提供的綫索,我們發現這些傳本多爲明代翻刻本,今分别考述如下:

1.《近思録分類集解》或《分類經進近思録集解》,明成化年間陳文耀翻刻本

陳煒(1430—1484),字文耀,福州三山人,明景泰五年進士,歷任御史、布政使等。他在重刻葉采《近思録集解》前,曾刊刻過《朱子語類》[②]。

據哈佛大學藏明萬曆年間吴勉學刻本《分類經進近思録集解》卷十四末張元禎[③]跋文説:“此書元禎得諸同鄉溪西王氏,憲副三山陳公文耀因取而翻刻焉,其嘉惠後學之心甚盛。但此書終卷,據其篇目,自明道程純公以後,並殘闕不在,因僭與公采原《録》之未分類者補成之。然原《録》載伊川行迹獨不備,而此書篇目特有伊川程正公一類在明道後,不知當時采之何書,意亦不出朱子所編《伊川年譜》也。用是復僭與公撮取《年譜》中所載伊川行己大節綴入之,庶便初學之搜索焉。蓋察言以求其心,考迹以觀其用,學者讀此書,其於二程子尤不可以不之詳也。刻成,謹識其由於末簡。時成化九年癸巳八月

① (清)永瑢等撰《四庫全書總目》,第781頁。

② 《彭惠安集》卷四,(明)彭韶撰《陳文耀方伯公墓誌銘》。見《四庫全書》集部,第1247册第66頁。

③ 張元禎(1437—1507),字廷祥,號東白,江西南昌人,謚號文恪。明天順四年進士。讀濂洛關閩之書,居家潛心理學。著有《東白集》。參見臺北“國立中央圖書館”編《明人傳記資料索引》,文史哲出版社,1978年再版。

朔，南昌張元禎謹書。”

陳文耀刊刻的《分類經進近思録集解》，今不見其傳本，我們之所以了解並確定爲陳氏刻本，是根據上述張氏跋文。陳文耀成化六年（1470）副憲江右，張氏跋題於成化九年，依此可見其翻刻時間應在成化六年至九年之間，依據参與校刻者張元禎題跋時間，我們初定此刊本爲明成化九年陳文耀刻本。衹是從張氏跋文無法獲知該本的正式書名，究竟是《千頃堂書目》著録的“《近思録分類集解》”呢，還是别的名稱？倘若考慮到是明吴勉學刻本《分類經進近思録集解》卷十四末載録此跋文，明末刊者意圖似乎是在表明其所據底本的來源，那麽陳文耀翻刻本的書名或許就是“《分類經進近思録集解》”。

2.《分類經進近思録集解》，明嘉靖年間劉仕賢刻本

劉仕賢，生卒年不詳，方彦壽説他是明代刻書名家劉弘毅長子①，南昌仰峰人。劉仕賢爲明嘉靖年間進士，歷官福建、浙江、江西、廣東等地。劉仕賢在《重刊近思録序》中曰：“晦庵朱子暨東萊吕氏，討論聖學，纂修名言，而爲《近思録》，以範後世。予嘗讀而思之：學莫先於知方，故首之以求端；方不可以徒知，故次之以用力；力必爲乎己，故次之以處己；成乎己即成乎物，故次之以治人。是數者皆所以黜邪而居正也，故次之以辨異端、觀聖賢終焉。夫學而達於聖賢，亦既遠且大矣，而其實不越乎心，其思不出乎位。何遠非近，何近非遠，斯道也，其一致矣乎。予嘉先儒之垂教，而病學者之遺近也，因重梓以示焉。”②據其序文“嘉靖戊戌春三月之吉，賜進士出身欽差巡按浙江等處監察御史南昌仰峰劉仕賢書”，可知其重刻的《近思録》本，是他在浙江巡按浙江監察御史任上主持重梓。然因其序言叙述刊刻緣起比較“虚”，對重刊此書的版本來源，語焉不詳。不過，就其“重梓以示”之語及今日所見該本的卷端所題“分類經進近思録集解”，能基本斷定它源自舊本《分類經進近思録集解》。由此看來，在明嘉靖十七年前，已經有名爲《分類經進近思録集解》的刻本面世，當然，那未必就是成化年間的陳文耀翻刻本。

---

① 方彦壽説：“劉仕賢，刻書名家劉弘毅長子，刻本1種。嘉靖十七年刻印宋葉采撰《分類經進近思録集解》十四卷。”（《建陽刻書史》，第325頁）按，方先生説劉仕賢是“明後期的建陽劉氏書坊中”的一家，可能不妥，因爲依據劉仕賢序文，《集解》當是在浙江監察御史任上刻印。

② （明）劉仕賢《重刊近思録序》，載於《分類經進近思録集解》，明嘉靖十七年劉仕賢重刻本。

劉仕賢主持重刊的《分類經進近思録集解》十四卷，是目前所見我們能確定刊刻年代的最早《分類》重刻本。是本每半葉九行二十字，注文小字雙行二十字，四周單欄，有界行，框高20.30釐米，寬13.80釐米。上下細黑口，對(綫)魚尾。版心上魚尾下先刻記“○”，接之刻書名卷次簡稱(如“近一”)、篇名(如“道體”)，下魚尾下端刻頁碼。卷一卷端首行頂格題“分類經進近思録集解卷之一”，第二行第三行低兩字格刻葉采所擬提要：“此卷論性之本原，道之體統，蓋學問之綱領也。”第四行低三字格刻小標目(如“太極”，其他各卷的小標目也如此編次刻印)，第五行刻印正文，《近思録》原文刻作大字，注文刻作雙行小字。卷末有尾題“分類近思録集解卷之某”。“恒”字避諱改作“常”。

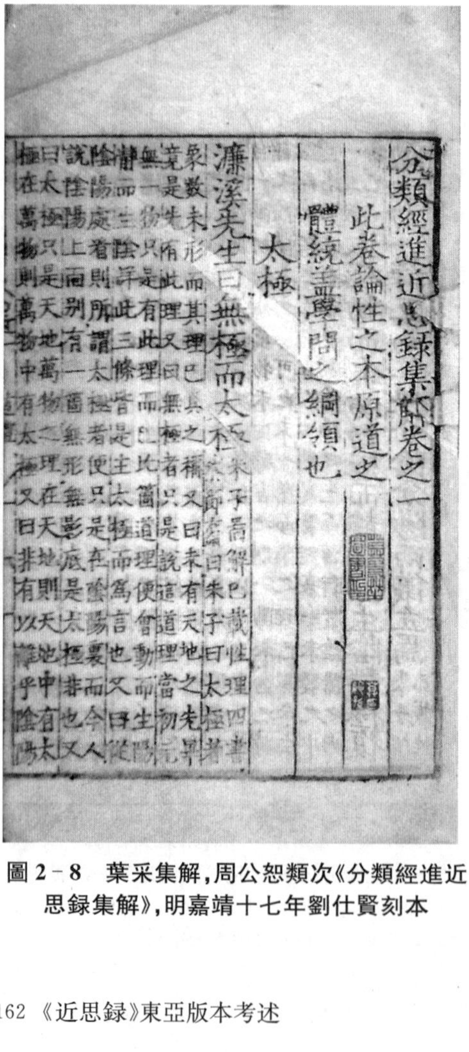

圖2-8　葉采集解，周公恕類次《分類經進近思録集解》，明嘉靖十七年劉仕賢刻本

此刻本正文前刻有明嘉靖戊戌年劉仕賢《重刊近思録序》、《近思録》(取材的14部書名，且有雙行小字注解)、朱序(有夾注雙行小字)、吕跋及《集解目録》，在此序跋文之後刊刻者集中刻録了葉采《近思録集解》各卷内容提要，《分類經進近思録集解綱目》。尤其值得注意的是，在刻記各卷提要的卷端“近思録集解卷一”左下，題署兩行文字：“建安葉采集進，鷺洲後學周公恕類次。”刻本字體具有明嘉靖字的特點。因此，依據上述内容以及劉仕賢作序時間，可以判定此刻本是明嘉靖十七年(1538)劉仕賢重刻葉采集解、周公恕類次的《分類經進近思録集解》。浙江圖書館藏本(書影見圖2-8)，2册，爲白棉紙，偶有朱筆圈點，鈐朱文印“莫友芝圖書印”“吴興劉氏嘉業堂藏書記”等，白文印“莫繩

孫印”“柳蓉村經眼印”等。

浙圖此藏本曾爲嘉業堂舊藏之物,《嘉業堂藏書志》著録曰:“《近思録集解》十四卷,明刻本。建安葉采集進,鷺洲後學周公恕類次。……《提要》譏其妄爲分析,各立細目,移置篇章,或漏落正文,或淆混注語,謬誤幾不可讀,即此本也。明嘉靖戊戌劉仕賢序。”①

明嘉靖十七年劉仕賢重刻本是目前所見周公恕類次本中卷帙最完整者,《中國古籍善本書目》已著録,國圖、南京、天津、重慶市等圖書館也有藏。筆者對部分藏本目驗比對後發現,浙圖藏本的版式、行款、内容,甚至框欄高寬均與國圖藏本相同,卷端亦題“建安葉采集進,鷺洲後學周公恕類次”,國圖藏本與之很接近,宜爲同一版印製。其序跋文字比所見國圖、南圖藏本完整,保存完好,卷葉無脱損、錯置。例如國圖藏本的正文卷五末小目“事親”的編次有誤,應依浙圖藏本將其放在卷六首,這樣與卷前所擬刻的《綱目》方爲一致。另外,日本國立公文書館也有藏(書影見圖 2－9),卷帙完好。

近思録集解卷之一
建安葉采集進
鷺洲後學周公恕類次
此卷論性之本原道之體統蓋學問之綱領也
近思録集解卷之二
此卷總論爲學之要蓋尊德性矣必道問學明乎道體知所指歸斯可究爲學之大方矣
近思録集解卷之三
此卷論致知知之至而後有以行之自首段至二十二段總論致知之方然致知莫大於讀書二十三段至三十三段總論讀書之法三十四段以後乃分論讀書之法而以書之先後為序

圖 2－9 《分類經進近思録集解》,明嘉靖十七年劉仕賢刻本

劉仕賢《重刊近思録序》曰:

道一而已矣。孰爲近焉?孰爲遠焉?以言乎遠則不禦,以言乎邇則静而正,一以貫之爾矣。一者何也?心也。心之理謂之道,心之官謂之

① (清)繆荃孫等撰,吴格整理校點《嘉業堂藏書志》,復旦大學出版社,1997 年 12 月 1 版,第 392—393 頁。

思，無思而無不通謂之聖。夫學所以希聖也，學而不思，何以作睿？思而不近，何以基遠？故思者聖功之本也，近者推行之則也。《書》曰“若陟遐必自邇”，其此之由乎？世之學者，馳神於外，役志於物，而反之身心之間，每扞格焉。吾不知其可與入聖也。晦庵朱子暨東萊吕氏，討論聖學，纂修名言，而爲《近思録》，以範後世。予嘗讀而思之：學莫先於知方，故首之以求端；方不可以徒知，故次之以用力；力必爲乎己，故次之以處己；成乎己即成乎物，故次之以治人。是數者皆所以黜邪而居正也，故次之以辯異端、觀聖賢終焉。夫學而達於聖賢，亦既遠且大矣，而其實不越乎心，其思不出乎位。何遠非近？何近非遠？斯道也，其一致矣乎。予嘉先儒之垂教，而病學者之遺近也，因重梓以示焉。嘉靖戊戌春三月之吉，賜進士出身欽差巡按浙江等處監察御史南昌仰峰劉仕賢書。

3.《新刊分類近思録》，存卷七至卷十，明刊巾箱本

此刻本楷體上板，每半葉九行十八字，注文小字雙行十七字，四周單欄，有界行。白口，對(黑)魚尾。版心上魚尾下刻卷次(如“卷七”)、頁碼，下魚尾下刻有刻工名字。從殘存的卷七卷端葉看，首行頂格題“新刊分類近思録卷之七”，第二行第三行均低五字格分别題署“建安葉采編集”“潞洲周公恕類次”，第四行低一字格刻卷名“出處類”，其下刻雙行小字本卷條目數“凡三十九條”，第五行第六行均低三字格刻葉采所擬提要：“此卷論出處之道。蓋身既修，家既齊，則可以仕矣。然去就取舍，惟義之從，所當審處也。”第七行頂格刻印正文。《近思録》原文刻作大字，每條頂格刻印；注文刻作雙行小字，另起一行皆低一字格刻印。“慎”字不諱，明代後期帝王諱不避。

按照版本著録的傳統慣例，我們依據殘本卷端題名可稱此書名謂《新刊分類近思録》，由葉采編集、周公恕類次。從其版式特徵來看，雖具明代刊本的特色，但從其編次體例、卷端題識來看，明顯是出自周公恕分類改編的《集解》，卻與題名“分類經進近思録集解”的劉仕賢刻本存在差異。

此刻本原藏北平圖書館，現藏臺北“國家圖書館”（書影見圖 2－10），殘存卷七至卷十，鈐有藏書印“季振宜讀書”“京師圖書館收藏之印”。該館《善本書目》著録爲“明刊巾箱本”[①]，可從。

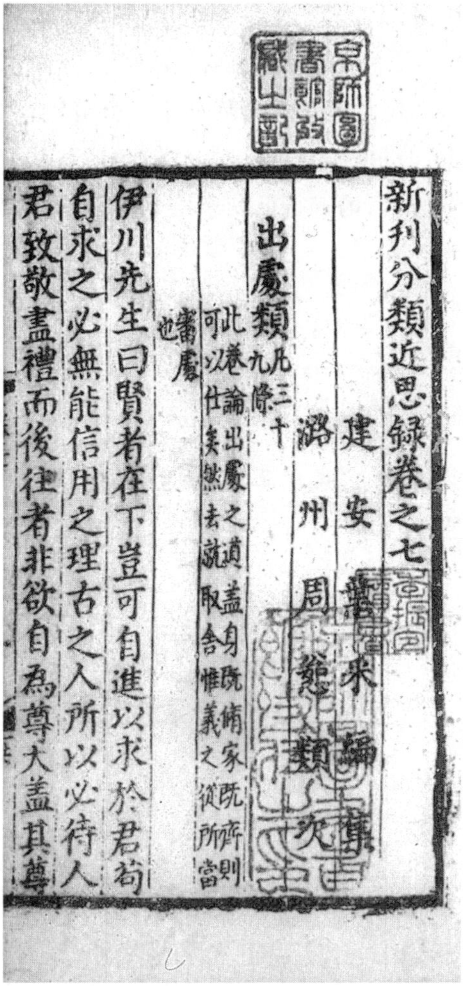
新刊分類近思録卷之七
建安　葉采　編集
潞州　周公恕　類次
出處類 凡三十九條
此卷論出處之道蓋身既脩家既齊則可以仕矣然去就取舍惟義之從所當審處也
伊川先生曰賢者在下豈可自進以求於君苟自求之必無能信用之理古之人所以必待人君致敬盡禮而後往者非欲自爲尊大蓋其尊

圖 2－10　葉采集解，周公恕類次《新刊分類近思録》，明刊巾箱本

此本王重民《中國善本書提要》曰：“《新刊分類近思録》，殘存四卷，四册。（北圖）明刻本。[九行十八字（12.5×7.2）]原題：‘建安葉采編集，潞州周公恕類次。’按是書今幾失傳，然明清之間極通行。”“全書仍爲十四卷，此本今存卷七至十。卷内有‘季振宜讀書’印。”[②]這與臺北藏本非常吻合，屬於存世的明刊“周公恕類次”本之一。中國國家圖書館、南京圖書館藏有膠卷，但《中國古籍善本書目》和《北京圖書館古籍善本書目》未曾著録。中國國家圖書館編《原國立北平圖書館甲庫善本叢書》影印本第 473 册收録[③]。

4.《新刊分類近思録》，明代建陽坊刻本

該刻本每半葉十行二十二字，注文小字雙行二十一字，四周雙欄，有界行，框高 17.30 釐米，寬 11.10 釐米。版心上下小黑口，順魚尾。版心上黑口

① 臺北“國立中央圖書館”編《國立北平圖書館善本書目》，“國立中央圖書館”發行，1969 年 12 月初版，第 124 頁。

② 王重民《中國善本書提要》，上海古籍出版社，1983 年 8 月 1 版，第 223 頁。

③ 中國國家圖書館編《原國立北平圖書館甲庫善本叢書》第 473 册，國家圖書館出版社，2013 年 7 月 1 版。

上端刻書名卷次簡稱(如“近思録卷之一”),版心上魚尾下刻卷名(如“道體類”),下魚尾下端刻記頁碼。卷一卷端首行頂格題“新刊分類近思録卷之一”,第二行第三行均低十字格分别題署“建安葉采編集”“鷺洲周公恕類次”,第四行低一字格刻卷名“道體類”,其下刻本卷語録條數(如雙行小字“凡五十一條”),第五行低四字格刻葉采所擬提要:“此卷論性之本原,道之體統,蓋學問之綱領也。”(筆者按,此刻本僅闕卷十的提要文字)第六行頂格刻印正文。《近思録》原文刻作大字,每條頂格刻印;注文刻作雙行小字,另起一行皆低一字格刻印。“恒”字闕末筆,明代帝王諱字不避。各卷端“鷺洲”或刻作“潞州”。

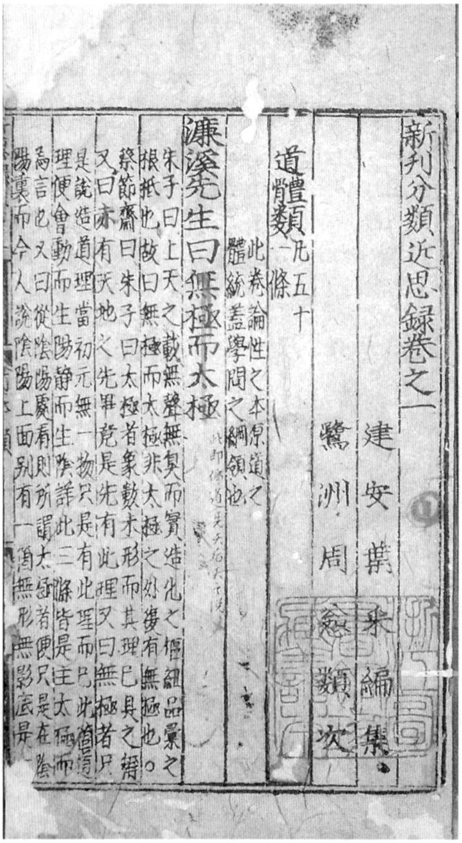
新刊分類近思録卷之一
建安葉采編集
鷺洲周公恕類次
道體類 凡五十一條
此卷論性之本原道之體統蓋學問之綱領也
濂溪先生曰無極而太極
朱子曰上天之載無聲無臭而實造化之樞紐品彙之
根柢也故曰無極而太極非太極之外復有無極也○
蔡節齋曰朱子曰太極者象數未形而其理已具之稱
又曰未有天地之先畢竟是先有此理又曰無極者只
是說造道理當初元無一物只是有此理而已此道理
理便會動而生陽靜而生陰詳此三條皆是主太極而
爲言也又曰從陰陽處看則所謂太極者便只是在陰
陽裏而今人說陰陽上面別有一箇無形無影底是

圖 2-11 《新刊分類近思録》,明代建陽坊刻本

此刻本正文前刻有葉采《進近思録表》,文中的“天朝”“皇宋”“列聖”等提行頂格刻印。從此刻本的版式編次、卷端題署看,與上述“明刊巾箱本”較接近,而在行文提行與避諱字上又反映出宋本的痕迹。此刻本版面較窄,紙質粗黄。從整體特徵觀察,似有明中期建陽坊間刊梓的風格。藏家著録爲“明建陽坊刻本”。浙江圖書館藏本(書影見圖 2-11),4 册,有佚名朱筆、墨筆批點。藏本鈐有朱文印“鹽官蔣氏衍芬草堂三世藏書印”①“寅昉”,白文印“臣光焴印”。

① 蔣光焴(1825—1895)次孫蔣欽項編有《鹽官蔣氏衍芬草堂藏書目》3 册。海寧蔣氏原是海鹽吴叙橋蔣家村人,於清乾隆中葉遷居海寧硤石鎮聚族而居。其族藏有宋元明刊善本、珍本上萬卷,此本爲其舊藏之物。

5.《分類經進近思録集解》,明代吴勉學校閲本

吴勉學,字肖愚,一字師古,官光禄署丞,明末刻書家,徽州府歙縣豐南人。博學多識,家富藏書。家有師古齋。明萬曆年間曾校刻經史子集及醫書數百種,如輯録金代劉完素所著醫書刊爲《河間六書》,又彙輯初盛唐時樂府爲《唐樂府》,另刊有《性理大全書》等[①]。現存周公恕類次本《分類經進近思録集解》十四卷多題署"吴勉學校閲"字樣,此類吴勉學校閲翻刻本與上述劉仕賢刻本比較,卷首載録的序文、目録等内容相近;卷端題署的書名相同,在注者、類編者的署名上,除"建安葉采集進,鷺洲後學周公恕類次"外,翻刻本新增了"新安吴勉學校閲"。既然明嘉靖時的劉仕賢刻本來自周公恕類次本,那麽吴勉學刻本極有可能是據周公恕分類改編本或劉仕賢刻本進行校閲而成。

從存世"吴勉學校閲"本考察,該書於萬曆年間面世,差不多佔據了這期間葉采《近思録集解》傳本的主體地位,幾乎形成了一個吴勉學校閲本的傳刻系統。如上海、山東省、福建省、南京、安徽省、青島市、復旦大學等圖書館或博物館有藏,甚至韓、日、美等國亦多珍藏。

經實地查閲後發現,這些"吴勉學校閲本"也存在不同的類别,大體如下:

(1) 吴勉學校閲本,明代萬曆年間刻本

該刻本每半葉九行十八字,注文小字雙行十八字,左右雙欄,有界行,框高 20.00 釐米,寬 14.00 釐米。白口,單(黑)魚尾。版心魚尾上方刻書名"近思録",魚尾下刻卷次(如"卷之一"),下端刻記頁碼。卷一卷端首行頂格題"分類經進近思録集解卷之一",第二行、第三行、第四行均低七字格分别題署"建安葉采集進""鷺洲後學周公恕類次""新安吴勉學校閲",第五行、第六行均低兩字格刻葉采所擬提要"此卷論性之本原,道之體統,蓋學問之綱領也",第七行低一字格刻本卷小標目"太極"。第八行頂格刻印正文,《近思録》原文刻作大字,每條頂格刻印,注文刻作雙行小字。從書名、正文編次刻印觀察,此刻本與嘉靖年間劉仕賢刻本很相近。

正文前刻有葉采《近思録集解序》、《進近思録表》、《分類經進近思録集解

---

① 參見《(道光)徽州府志》卷十一之四《人物志・文苑》;張撝之等編《中國歷代人名大辭典》,上海古籍出版社,1999 年 12 月 1 版。

綱目》、《近思録群書姓氏》(取材的 14 部書名,且有注解)、朱序、吕跋及《近思録集解》(目録)。這些與劉仕賢刻本基本一致,衹是多出葉采的序文、進表,且在十四卷末刻有明代成化九年張元禎跋文。

此刻本在各卷端所題書名不一致,卷二、三、四、七、八、九的卷端題署"分類近思録集解",卷五、六、十、十一、十二、十三、十四的卷端題署"近思録集解",相應的也存在尾題不一的情形。這也從一個側面説明該"分類集解"本的主體還是葉采《近思録集解》。至於吴勉學校閲的痕迹,可從此刻本的小標題、正文、注文中與劉仕賢刻本的差異處見到。

從此刻本的版式、版心觀察,該本先題某某撰注再"某某校",左右雙欄,白口,單魚尾,書名題在魚尾之上,並且字體明顯呈現方板整齊、横平豎直的宋體字特徵,具有明末刻本的顯著特色。再依據此刻本載録的張元禎跋文看,似乎該本所據底本爲張元禎參與的陳文耀翻刻本,且此本與劉仕賢重刻本極相近,因而可以肯定吴勉學校閲本是在周公恕類次本基礎上完成的,據其生活的時代,可擬定爲明萬曆年間刊本。

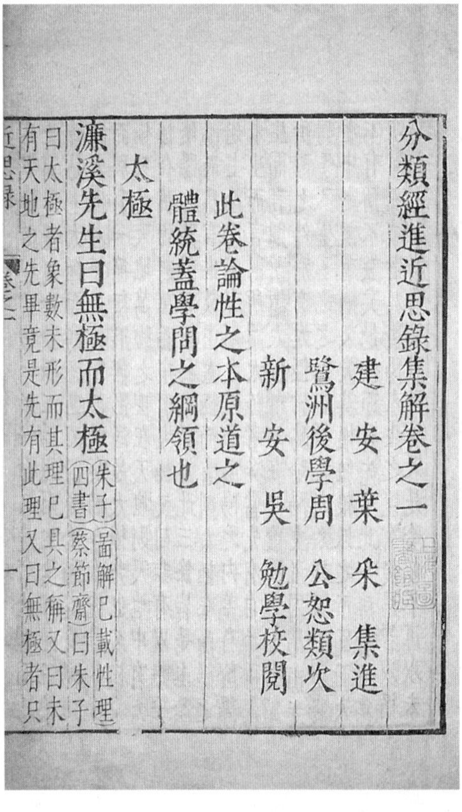
分類經進近思録集解卷之一
建安葉采集進
鷺洲後學周公恕類次
新安吴勉學校閲
此卷論性之本原道之體統蓋學問之綱領也
太極
濂溪先生曰無極而太極(朱子圖解已載性理)(四書蔡節齋)曰朱子曰太極者象數未形而其理已具之稱又曰未有天地之先畢竟是先有此理又曰無極者只

圖 2-12　葉采集解,周公恕類次,吴勉學校閲《分類經進近思録集解》,明萬曆年間刻本

此刻本上海圖書館有藏(書影見圖 2-12),2 册。鈐有白文印"莆亭封氏萬進齋藏書記"。《中國古籍善本書目》有著録。

明萬曆年間刊刻的吴勉學校閲本,多家藏書機構有藏。如《分類經進近思録集解》南京圖書館藏本,其卷端題署、每卷編輯體例(包括小標目)、内容、版式等,與上圖藏本基本相同,而卷一首葉版心僅刻頁碼"一",第二葉版心上方刻書名,魚尾下刻記卷次、頁碼，這一點與上圖藏本所刊有別，嚴格意義上來説可算是又一部刻本。南圖藏本鈐印“丁氏八千卷樓藏書之記”。丁氏《八千卷樓書目》著録的“吴勉學刊本”，即此刊本。

至於美國哈佛大學燕京圖書館藏本，沈津《美國哈佛大學哈佛燕京圖書館中文善本書志》説：“《分類經進近思録集解》十四卷，宋葉采撰。明吴勉學刻本。一册。半頁九行十八字，左右雙邊，白口，單魚尾。框高 19.5 釐米，寬 13.5 釐米。題‘建安葉采集進，鷺洲後學周公恕類次，新安吴勉學校閲’。前有淳祐八年葉采序、淳祐十二年葉采進書表，《近思録群書姓氏》，淳熙二年朱熹跋、淳熙三年吕祖謙跋。末有成化九年張元禎跋。”[①]遺憾的是此刻本卷首的《近思録集解目録》《分類經進近思録集解綱目》沈先生没著録。這部藏本卷十四末葉空白處墨筆題記：“謹曰《近思録》揚諸先生著作，古今金言，而讀者熱奥書至聖人烈事，可等日待也。”此處鈐有“澤瀉屋”字樣的印章。其藏本扉葉、卷底墨筆分别題“天地萬物逆旅”“上鹽尻村澤瀉屋”。總體感知，這部藏本與國内藏明萬曆年間刻吴勉學校閲本相同。且沈先生《書志》又云《分類經進近思録集解》，“本館又有複本一部，四册”。

（2）吴勉學校閲本，明代建陽楊璧卿刻本

吴勉學校閲本面世後，很快便出現了重刻本。建陽楊氏書房刻本就是其中之一。此刻本每半葉九行十八字，注文小字雙行十八字。左右雙欄，有界行，框高 19.50 釐米，寬 13.90 釐米。白口，單(黑)魚尾。卷一首葉版心魚尾下刻記“○”，下端刻頁碼。而在第二葉及後面的各葉版心魚尾上方刻書名簡稱“近思録”，魚尾下刻記卷次(如“卷之一”)，下端刻記頁碼，與上述南京圖書館藏本同。該刻本的字體方筆多，横細竪粗，具有明末宋體字風格，版式編次也如此。

正文所刊文字，諸如葉采《近思録集解序》、《進近思録表》、《近思録群書姓氏》、朱序、吕跋、《近思録集解》、《分類經進近思録集解綱目》等與上述南圖藏吴勉學校閲本同。卷十四末刻有明代成化九年張元禎跋文。

---

① 沈津《美國哈佛大學哈佛燕京圖書館中文善本書志》，上海辭書出版社，1999 年 2 月 1 版，第 281 頁。

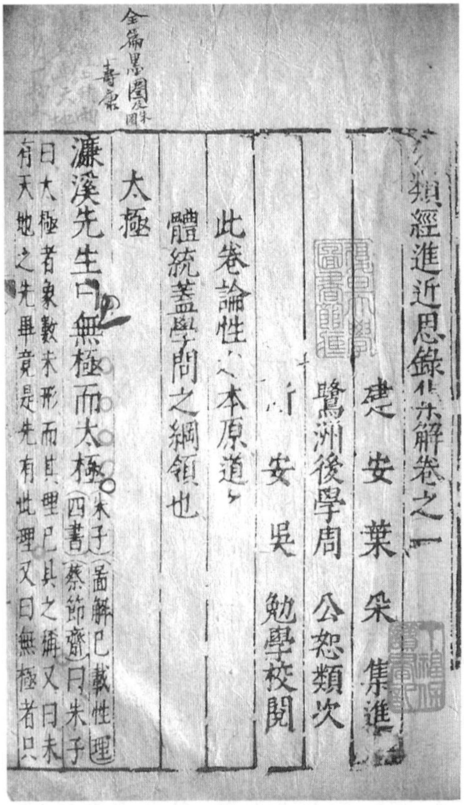

圖 2－13 《分類經進近思録集解》，明代建陽楊璧卿刻本

該本復旦大學圖書館有藏（書影見圖 2－13），6 册。其卷首的書名兼牌記葉，在四周單欄的板框内自右至左刻有三豎行文字“葉先生解/近思録/書林楊璧卿梓”，鈐有白文印“清白堂”。“清白堂”爲明代建陽書林中楊氏有名的書坊之一，因此可斷其爲明末建陽楊氏坊刻本[①]。藏本鈐朱文印“丁福保讀書記”“復旦大學圖書館藏”。藏本天頭行間有墨筆、朱筆批注，據卷一第一葉墨筆批語“全篇墨圈及朱圈，壽康”“壽康記，民國三十、七月六日”等文字記載，可知是民國三十年壽康批注本。此藏本字迹漫漶不清，印製不精，多有脱字，紙黄薄脆。楊氏此刻本日本國立公文書館有藏，參見後文考述。

從上述《分類經進近思録集解》題署“吴勉學校閲”的本子在上圖、南圖、復旦大學三家藏本看，其版式、版框、卷端編次等方面基本相同。

（3）吴勉學校閲本，明代稽古齋刻本

《分類經進近思録集解》“明稽古齋刊本”，《增訂四庫簡明目録標注》《木犀軒藏書書録》[②]著録過，但注記簡略。筆者在北京大學圖書館有幸見過此本，其版式爲每半葉九行十八字，注文小字雙行十八字，左右雙欄，有界行，框

① 楊璧卿書坊在明末屬建陽書林之一。參見方彦壽《建陽刻書史》，第 327—334 頁。

② （清）李盛鐸《木犀軒藏書書録》曰：“《分類經進近思録集解》十四卷，宋朱熹、吕祖謙輯，葉采集解。明刊本（明稽古齋刻本）標題後題‘建安葉采集進，鷺洲後學周公恕類次，新安吴勉學校閲’。半葉九行，行十八字。前有淳祐戊申年葉采序並進表。”張玉範整理《木犀軒藏書題記及書録》，北京大學出版社，1985 年 12 月 1 版，第 156 頁。

高 19.40 釐米，寬 14.00 釐米。白口，單（黑）魚尾。其卷一首葉、次葉版心所刻文字款式與上述復旦大學藏楊氏坊刻本同。刻本字體、版式具有明末刻本的形態特徵（書影見圖 2－14）。

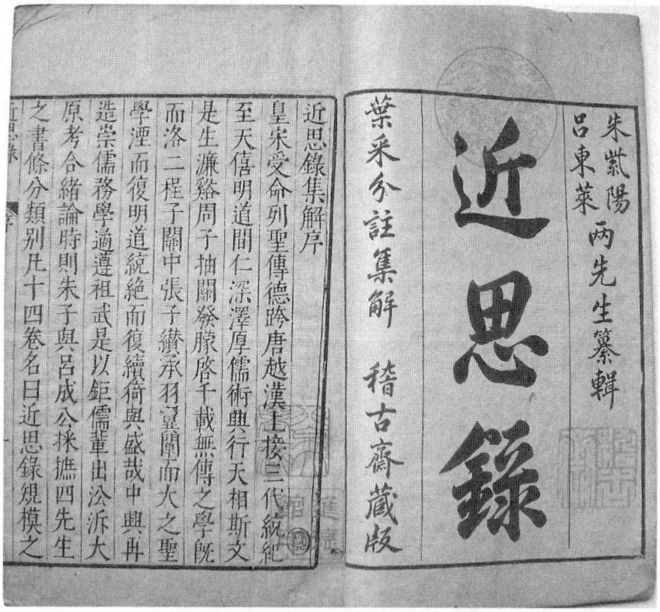
朱紫陽
呂東萊兩先生纂輯
近思錄
葉采分註集解　稽古齋藏版

近思錄集解序
皇宋受命列聖傳德跨唐越漢上接三代統紀
至天僖明道間仁深澤厚儒術興行天相斯文
是生濂溪周子抽關發縢啓千載無傳之學旣
而洛二程子關中張子纘承羽翼闡而大之聖
學湮而復明道統絶而復續猗歟盛哉中興再
造崇儒務學遹遵祖武是以鉅儒輩出沿泝大
原考合緒論時則朱子與呂成公採摭四先生
之書條分類別凡十四卷名曰近思錄規模之

圖 2－14　《分類經進近思録集解》，明代稽古齋刻本

該刻本的書名兼牌記葉，在四周單欄的板框内，自右至左刻有“朱紫陽、吕東萊兩先生纂輯/近思録/葉采分注集解，稽古齋藏版”。此葉頂端鈐龍鳳圖文圓印，右下鈐白文印“稽古齋”。因而可以肯定此本是稽古齋覆刻吴勉學刻本。

此刻本卷首刻有葉采序，進表，《近思録群書姓氏》，朱序，吕跋，集解目録，集解綱目等，卷十四末刻有明代成化九年張元禎跋文。

此本北京大學圖書館有藏，一函四册，有佚名朱筆批點。鈐有“進德館印”“北京大學藏”等印章。藏本印刷不精，有部分書葉字迹模糊。其版式、卷端編次等與上述上圖藏吴勉學校閲本同。

（4）《分類近思録集解》，明萬曆四十六年陳以躍重刻吴勉學校閲本

陳以躍，生卒年不詳，字司霖，明代江西泰和人。關於明末陳以躍刻本，我們在國内不曾見到，在此據沈津《美國哈佛大學哈佛燕京圖書館中文善本書志》的著録，説該本“九行十八字，四周雙邊，白口，單魚尾，書口下刻有字

數”，卷端題“建安葉采集進，鷺洲後學周公恕類次，新安吴勉學校閲，泰和後學陳以躍校梓”。美國哈佛大學燕京圖書館有藏。

此刻本卷首刻有葉采序、劉仕賢序、葉采進表、《近思録群書姓氏》、朱序、吕跋等，卷十四末刻有明代成化九年張元禎跋文。據沈津判斷：“此本爲陳以躍據嘉靖十七年劉仕賢重梓。劉序後刊‘萬曆戊午秋月兩浙運使泰和陳以躍重梓’。”[①]萬曆戊午，即萬曆四十六年(1618)，故此刻本便是此時陳以躍重刻吴勉學校閲本。

此藏本筆者未能見到，據前文所考“吴勉學校閲”本及沈先生記録，發現它們之間内容相近、版式相近，既然題署“建安葉采集進，鷺洲後學周公恕類次，新安吴勉學校閲”，那麼筆者以爲此本可能是陳以躍在萬曆年間吴勉學刻本基礎上重梓，故將其歸入“吴勉學校閲本”一類。陳以躍刻本書名謂《分類近思録集解》，與吴勉學校閲的《分類經進近思録集解》稍異。

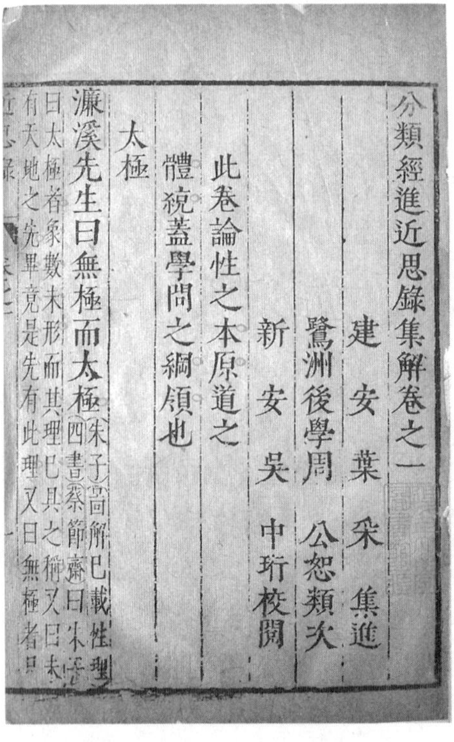
分類經進近思録集解卷之一
建安葉采集進
鷺洲後學周公恕類次
新安吴中珩校閲
此卷論性之本原道之
體統蓋學問之綱領也
太極
濂溪先生曰無極而太極（朱子圖解已載性理 四書蔡節齋曰朱子）
曰太極者象數未形而其理已具之稱又曰未
有天地之先畢竟是先有此理又曰無極者只
近思録 卷之一

圖 2-15 葉采集進，周公恕類次，吴中珩校閲《分類經進近思録集解》，明末刊本

而此刻本的版式與前文所述劉仕賢刻本(九行二十字、黑口、四周單欄、對魚尾)稍作比較，發現陳氏重刻本的版式與之相差很大，如果説陳以躍重刻劉氏本，則不如説是重刻宋葉采集解、周公恕類次、吴勉學校閲的本子。

(5) 葉采集進、周公恕類次、吴中珩校閲的明末刊本

明代末年社會上流通的葉采集進、周公恕類次《分類經進近思録集解》十四卷，不僅有題“新安吴勉學校閲”者，還有題署“新安吴中珩校閲”者。筆者調研發現復旦大學(書影見圖 2-15)、上海圖書館、安徽省博物館

① 沈津《美國哈佛大學哈佛燕京圖書館中文善本書志》，第 281—282 頁。

藏有一種版本,其卷一卷端均題“建安葉采集進,鷺洲後學周公恕類次,新安吴中珩校閲”[①],而其卷二至卷十四的校閲者卻題署“新安吴勉學校閲”。卷一署名之所以與其他各卷不同,可能是重刻吴勉學校閲本的卷一首葉脱落後,刻工補刻時改用吴勉學之子姓名“吴中珩”[②]。從“吴中珩”三字與其他卷中“吴勉學”三字字體比較,筆畫略異,或許此本是幾位刻工分工刻成,或許是刻工刓改所致。另有一種可能是,吴勉學校閲本流佈後不久此版過版給了吴中珩[③],故改用“吴中珩”名。

上述三家藏本的版式均爲每半葉九行十八字,注文小字雙行十八字,四周單欄,白口,單(黑)魚尾。版心魚尾上方刻書名簡稱“近思録”,魚尾下刻卷次、頁碼。其卷一卷端的編次、版式、版心與前文所考述的上圖藏“吴勉學校閲本”完全相同,有着明末雕版印本的特徵,此版應與萬曆年間的吴勉學校閲本有緊密的淵源關係,在此姑且稱之謂明末吴中珩校刊本。

三家藏本版式、字體、内容、體例相同,版印斷口一樣,很可能同一版印製。祇是復旦大學、安徽省博物館藏本的序跋、正文内容較完整,唯安徽省博物館藏本印刷品質較好;而上圖藏本卷首闕葉采序,卷十四末又闕尾葉。但是它們三者卷首刻印的綱目或目録之名卻有别,復旦大學、上圖藏本卷首刻録的集解目録名稱都是《分類經筵近思録集解目録》,而安徽省博物館藏本刻録的集解目録名稱則爲《分類經進近思録集解綱目》。

從現存文獻版本觀察,題署“吴中珩校閲”的此刻本情況較複雜,究其原因:一是因爲《分類經進近思録集解》刻本各卷卷端不知爲何署名不一,既有署名“新安吴勉學校閲”,也有署名“新安吴中珩校閲”。二是因爲吴中珩刻本

① 此本的版式依卷一首葉版式而定,卷二至卷十四又皆題署“新安吴勉學校閲”。並且該本多數卷葉爲左右雙欄。

② “吴勉學之子吴中珩(字子美)也是繼承父業的刻書家。”明萬曆間“吴中珩主要刻書有……《分類經進近思録集解》十四卷”。見徐學林《徽州刻書》,第 86 頁。徐學林還説,吴勉學刻書六十種中有《近思録》,吴氏父子坊刻書,有少數版本父子互易姓名;還談到吴琯刻本版權轉讓到吴中珩手裏時,吴中珩將校刊者署名更改的事。

③ “在吴勉學的刻書中,值得注意的是常常有題校刊人氏爲……‘吴中珩’……這裏大致有三種情況:一是别人書版,後歸吴勉學,吴氏重新印行……二是吴勉學校刻的書版歸於别人,如……《傷寒六書》過版給吴中珩,中珩又據以印行。三是疑爲吴勉學之後人。”參見劉尚恒《徽州刻書與藏書》,廣陵書社,2003 年 11 月 1 版,第 72 頁。

卷首收録的《分類經筵近思録集解目録》與吴勉學刻本《分類經進近思録集解綱目》内容稍有差異[1]，尤其是吴中珩刻本正文各卷卷端所題署的文字内容與吴勉學刻本有同有異。例如書名稱謂，吴中珩刻本卷一題作“分類經進近思録集解”，卷二、三、四、七、八、九題爲“分類近思録集解”，其餘各卷題爲“近思録集解”，這些與上圖藏萬曆年刊刻的吴勉學校閲本基本一致。又如卷端題署的周公恕籍貫，吴中珩校閲本的卷三至卷九“鷺洲”刻作“鷺州”。再如，此刻本僅卷一題署“新安吴中珩校閲”，卷二至卷十四的校閲者則題作“新安吴勉學校閲”。

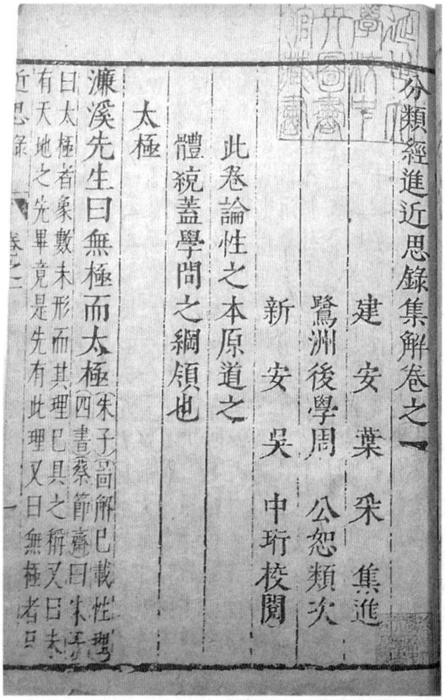
分類經進近思錄集解卷之一
建安葉采集進
鷺洲後學周公恕類次
新安吳中珩校閱
此卷論性之本原道之
體統蓋學問之綱領也
太極
濂溪先生曰無極而太極（朱子圖解已載性理四書蔡節齋曰朱子
曰太極者象數未形而其理已具之稱又曰太
有天地之先畢竟是先有此理又曰無極者只

圖 2－16 《分類經進近思録集解》，盛芸閣刻本

雖然筆者尚不能準確斷定此刻本卷端書名、編次校閲者署名等不同的真正原因，然而不論其版式、體例，還是卷首、正文内容，此類刻本與萬曆年間刻吴勉學校閲本都非常相近，把它們歸屬於“吴勉學校閲本”一類應該可行。

(6) 葉采集進，周公恕類次，吴中珩校閲，盛芸閣刻本

筆者在韓國延世大學校圖書館調研《分類經進近思録集解》時見到一部明刻本，其内容、版式特證與上述明末刊刻的吴中珩校閲本（如復旦大學藏本）相同。

延世大學校藏本（書影見圖 2－16），每半葉九行十八字，注文小字

[1] 吴中珩刻本卷一篇目稱謂“性之本原類”（吴勉學刻本稱作“道體類”），文中無小標題“對待 生意”，可是正文中兩刻本有此内容；吴中珩刻本卷一無“誠意養誠 見後”字樣，正文中兩刻本都有“立誠 存誠見二卷”；吴中珩刻本卷一的小標題有幾條排列次序爲“仁 義/性 氣 性命/心 中和/中 誠/立誠 存誠/感應 屈伸之理”，與吴勉學本不同。卷二目録中吴中珩刻本無“古今文學”，正文中兩刻本都有“古今之學”；吴中珩刻本《目録》、正文均無“勤惰”“德”；卷二的小標題爲“聖賢 學力/外誘 德業（知行）/敬義敬/誠敬 恭敬 無妄/……/内外 名實 進退/説樂 人己 學知/循序 自得 /學問聞見 悟敏/……/修德 無時不學 學力應驗/經學 文學/道學 理學/友道 師教/西銘 東銘”，有幾條排列與吴勉學刻本不同。

雙行十八字。四周單欄，有界行，框高 20.00 釐米，寬 14.00 釐米。白口，單(黑)魚尾。版心魚尾上方題書名簡稱“近思録”，魚尾下題記卷次(如“卷之一”)、頁碼。卷一卷端頂格題“分類經進近思録集解卷之一”，第二、第三、第四行均低七字格，分別題署“建安葉采集進”“鷺洲後學周公恕類次”“新安吴中珩校閲”，第五行低二字格題本卷解題，其後另起一行刻印正文。每卷正文分若干小類，先擬小標目，然後在其下刻印《近思録》原文與葉采集解文字，《近思録》原文刻作大字，注文刻作雙行小字。卷末有尾題“分類近思録集解卷之某某”。

該本卷首有書名兼牌記葉(書影見圖 2 - 17)，在一個四周雙欄的大框欄上方題署“經筵原本”，框欄内分三格，從右至左分別是“南軒張宣公、紫陽朱文公、東萊吕成公 合諸家分類集解/近思録/盛芸閣藏板”。該葉鈐有朱文方印“盛芸閣藏板”“蕭齋文庫”。正文前刻有葉采《進近思録表》《近思録群書姓氏》《近思録集解》《分類經筵進近思録集解目録》。

圖 2 - 17 《分類經進近思録集解》，盛芸閣刻本書名葉

從此刻本的卷首牌記、序跋、目録之類的文字以及正文内容，可知《分類》一書是元末明初周公恕將葉采《近思録集解》十四卷重新分類組合而成的《分類經進近思録集解》十四卷，吴中珩校閲本板藏盛芸閣。從版心魚尾上方題記書名看，這是明代後期刻本具有的典型特徵，據此可初步推斷是明萬曆年間盛芸閣刻本。而且中國國内所藏《分類經進近思録集解》萬曆年間署名“吴勉學”或署名“吴中珩”校閲的刻本存世較多，經過比照書影，我們發現吴勉學、吴中珩校閲的《分類經進近思録集解》版式行款、字體相同，如上

海圖書館、安徽省博物館、復旦大學等處的藏本皆如是。並且這個“盛芸閣”刻本的字體、版式與明萬曆年間新安吴勉學或吴中珩校閲的刻本相同,二者恐源自同一版本。

如果説“吴勉學之子吴中珩也是繼承父業的刻書家”,那麽明萬曆年間吴中珩主持校閲的《分類經進近思録集解》,很可能是在吴勉學校閲本基礎上的再完善。至於中國國内藏本中未見有“盛芸閣藏板”字樣的書葉,或許是時間久遠,卷首的書名葉在流佈時損脱,或是新安吴氏將其刻版轉讓給了盛芸閣。韓國延世大學校圖書館藏本,3 册,著録云“清代木板本”,恐有誤。

從目前存世的題署“葉采”集解的明代刻本數量看,題作“周公恕類次”的刻本最多,至少有 9 種,數量超過前文所述葉采《近思録集解》明刻本,因而《分類經進近思録集解》明代後期周公恕類次本差不多成爲葉采《集解》明代傳本的主流。但是,由於葉采《集解》的原貌在周氏類次中已發生較大變化,且此類次本存在錯亂、脱訛等等不足,以致後世的公私書目很少注記它,到清初時則難覓其重刻本的痕迹①。

三、葉采《近思録集解》在清代的傳本

(一) 清代的校訂本或重刻本

清初程朱之學開始復興,對於理學經典文獻很是青睞,恐因清初的學者們厭倦了明代後期臆改葉采《集解》的做法,故他們反而推崇葉采集解《近思録》宋刊本。前文所述明末陸雲龍校訂本已開啓“復故”,此風至清康熙盛世得以發揚光大,因而在清代前期出現了葉采《集解》多種傳本,成爲葉采《集解》傳播的一個小高潮,且事實上有清一代的傳本數量並不遜色於明代。

1. 清康熙年間邵仁泓校刊本

邵仁泓,字滄來,清康熙年間吴郡(今蘇州)人。曾主持校訂重刻葉采《近思録集解》十四卷,此書成爲現存清代最早的《集解》刻本。

清康熙年間邵仁泓刻本每半葉九行十九字,注文小字雙行二十四字,左右

① 該部分内容的考證參見拙作《明代中後期〈分類經進近思録集解〉考述》,載於《圖書館雜誌》2008 年 4 月第 4 期,第 63—67 頁。

雙欄，有界行，框高 18.40 釐米，寬 13.30 釐米。白口，單(黑)魚尾。版心魚尾下刻書名卷次簡稱(如“近思録卷一”)，下端刻記頁碼。卷一卷端首行頂格題“近思録集解卷之一”，第二行、第三行均低九字格題署“新安朱熹原編”“建安葉采集解”，第四行低一字格刻卷名“道體”，其下刻小字“凡五十一條”(即本卷語録條數)，第五行、第六行均低兩字格刻葉采所擬提要“此卷論性之本原，道之體統，蓋學問之綱領也”，第七行刻正文。《近思録》原文刻作大字，葉采注文刻作雙行小字，各卷每條語録單列刻印。卷末有尾題“近思録集解卷之某”。此刻本中“玄”字避康熙玄燁諱，闕末筆；“弘”字不避諱(書影見圖 2－18)。

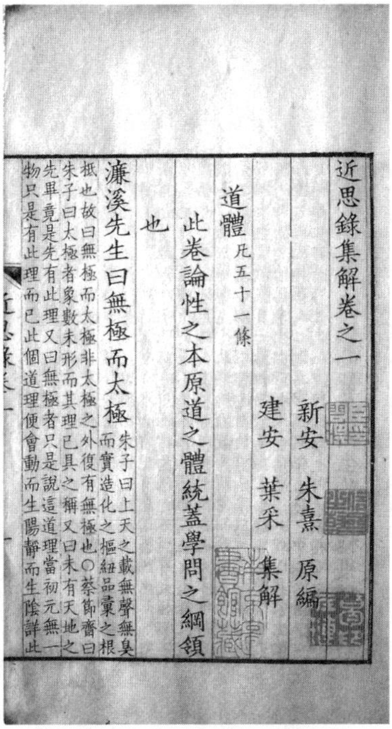

圖 2－18　葉采《近思録集解》，清康熙年間邵仁泓校刊本

卷首的書名兼牌記葉，在四周單欄的板框内，自右至左三豎行刻“朱子原本/近思録集解/吴郡後學邵滄來重訂”。

正文前刻有葉采《進近思録表》(凡“天開”“皇宋”“列聖”等均提行頂格刻印)、《近思録集解序》、朱熹《近思録前引》(“治人”下刻有“之要”二字，部分文字下有雙行小字夾注)、吕祖謙《近思録後引》、《近思録集解目録》及《近思録群書姓氏》。卷十四末刻有邵仁泓《近思録後跋》。最後一册的末葉左下刻有“吴門程際生鎸”，此刻本爲程氏鎸刻，書體端莊素雅，刻印精美。

依據上述信息可推斷，此本是據“宋刻朱子原本並葉氏原注”而來，與宋本關係密切，是邵氏重刻宋本。據其跋文可知，校勘頗費力。南京圖書館藏本，2 册。鈐朱文印“安樂居藏書記”“葛氏召諷樓珍藏”“希君文古”，白文印“葛住璉印”等。

葉采《集解》康熙年間邵滄來重刻本，蘇州大學、上海圖書館(卷十四末的跋文脱損)、吴江市圖書館(跋文也脱)也有藏。上述幾處藏本不僅版式、題識、字體、内容相同，甚至連版框的高寬、斷口都一樣，因此它們應該是同一版印製。但各家藏本又略有差異：上圖藏本行格没有南圖藏本清晰，從墨色濃淡推測，是爲後印本；南圖、吴江藏本比上圖藏本卷首多書名兼牌記葉“朱子原本/近思録集解/吴郡後學邵滄來重訂”。又南圖藏本卷末存邵氏《近思録後跋》，文末題“吴門程際生鐫”一行。爲什麽上圖藏本没有牌記和邵氏跋文呢？或許因在輾轉流佈中，卷首的書名葉和卷末的跋文容易損落，故今天難以見到，這種情况在版本流傳過程中實爲正常。

據其《進近思録表》的提行款式以及邵氏跋文，此《近思録集解》本是清康熙年間邵滄來重訂宋本而成。至於上圖藏書卡片著録爲“清初刻本”，可能因其無牌記、邵氏跋文，出於慎重，纔如此著録。如果説上圖無牌記、無邵氏跋的藏本是覆刻邵氏刻本，則可能性不大，因爲哪有覆刻本與原本版框斷口都一樣的呢？另外，湖北省、泰州市的圖書館也藏此刻本，與南圖藏本的版式、正文内容等均相同，宜是同一版，扉葉書名葉亦脱。由此可見邵氏重刻本流佈甚廣。而且筆者在四川大學圖書館目驗過一部版本，其行款、版心、避諱字等與上述南京圖書館藏邵氏刻本同，藏本蟲蝕嚴重，多數卷葉損脱，扉葉有俞守己題記一則，云：“清康熙間寫刻本，校對精，印刷精工……是書爲清皇次子成親王讀本，硃筆圈點精細。”鈐有朱文印“皇次子章”“俞氏珍藏”，白文印“慎静齋”“敦復堂珍藏善本書籍之記”等。

爲什麽説《近思録集解》邵氏重訂本是源自宋本，這要從以下幾點來考慮。一是，我們將其與《集解》明代中期重刻宋本仔細校對，發現其序跋、内容、體例一樣，如《進表》與明正德嘉靖之際的刻本同，“天開”“皇宋”“列聖”等字提行頂格刻印，有“仿宋”性質；二者卷端的編次形式亦相近。二是，據邵仁泓跋文説：“泓於汲古後人師鄭五兄架上得宋刻朱子原本，並葉氏原注，請歸讀之。因嘆原本之美備，實足以該四子之精微，而葉注之詳明，又足以闡《近思》之實理。今世有志之士，於舉業一途，莫不遵守宋儒，而於是書，尤人所家弦而户誦者，奈何紛更原本，丹黄葉注爲也。泓因亟刊之，以公同志。讀是書者，以是書爲舉業之精粹可也，以是書爲聖道之淵源亦可也。”可見，邵氏是據“宋刻朱子原本，並葉氏原注”重刻葉采《近思録集解》，實有與當時坊刻劣本“反其道而行之”的深意，同時由此也可知該本的刊刻源流，故耿文光説“邵氏重刊宋本。是本仿宋刻之，刊於吴門"[①]。

由於程朱之學得到康熙帝重視，邵滄來重訂本又源自宋本，校刊皆精，故很快成爲清代前期很有影響力的理學傳本。清代及民國初年的藏書書目對其著録頗多，如《增訂四庫簡明目録標注》《藏園訂補郘亭知見傳本書目》著録爲"吴郡邵氏刊集解本"，《鄭堂讀書記》[②]《萬卷精華樓藏書記》注記稍詳。而且在邵氏之後，重刻、翻刻者接踵而來，如雍正三年尚義堂，乾嘉時期在兹堂、安定書院、培遠堂，同治八年江蘇書局，光緒十年廣仁堂等均據以重刻，幾乎形成一個邵氏刊刻《集解》本系統，它們也成爲清代《近思録》注本的重要代表之一。

邵仁泓《近思録後跋》曰：

> 《近思録》坊本甚多，或有依明賢本增入紫陽者，或有分門别類體制乖錯者，或有遵原本而全删葉注者，或有存葉注而妄加去取者，凡此俱非善本。泓於汲古後人師鄭五兄架上得宋刻朱子原本，並葉氏原注，請歸讀之。因嘆原本之美備，實足以該四子之精微，而葉注之詳明，又足以闡近思之實理。今世有志之士，於舉業一途，莫不遵守宋儒，而於是書，尤人所家弦而户誦者，奈何紛更原本，丹黄葉注爲也。泓因亟刊之，以公同志，讀是書者，以是書爲舉業之精粹可也，以是書爲聖道之淵源亦可也。吴郡後學邵仁泓滄來謹跋。

2. 清□經堂刊本

此刻本每半葉九行十九字，注文小字雙行二十四字，左右雙欄，有界行，框高 18.40 釐米，寬 13.30 釐米。白口，單(黑)魚尾。版心魚尾下刻書名卷次簡稱(如"近思録卷一")、頁碼。刻本各卷每條語録單列，均頂格刻印。卷末有尾題"近思録集解卷之某某"。刻本中"玄"字闕末筆，"恒""弘"字不避

---

① (清)耿文光《萬卷精華樓藏書記》："《近思録集解》十四卷，宋葉采撰。邵氏重刊宋本。是本仿宋刻之，刊於吴門。板心題'近思録'，内題'《近思録集解》，新安朱熹原編，建安葉采集解'。每葉十九行，每行大字十九字，小字二十四字。首爲淳祐十二年朝奉郎監登聞鼓院兼景獻府教授葉采進書表，次葉采序，次《近思録前引》朱子撰，《後引》吕成公撰，次集解姓氏，吴郡邵仁泓跋。"第 634 頁。

② (清)周中孚《鄭堂讀書記》曰："《近思録集解》十四卷，吴郡邵氏刊本，宋朱子與吕祖謙同撰，葉采集解。……是本爲吴郡邵滄來(仁泓)所刊，並跋其後。"中華書局，1993 年 1 月 1 版，第 172 頁。

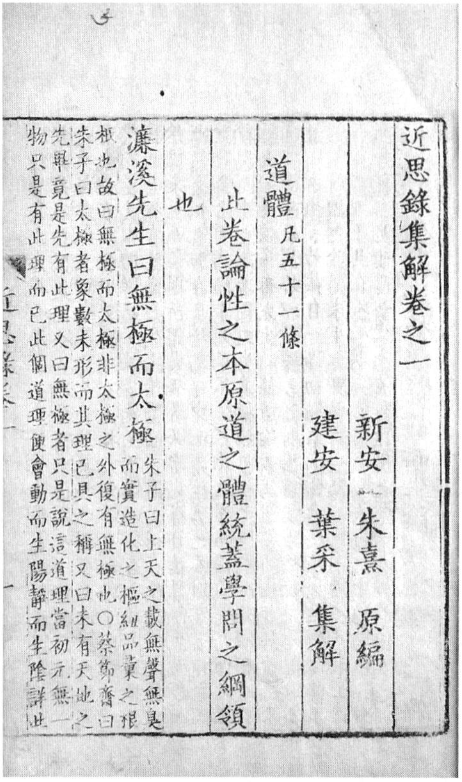
近思錄集解卷之一
新安　朱熹　原編
建安　葉采　集解
道體　凡五十一條
此卷論性之本原道之體統蓋學問之綱領
也
濂溪先生曰無極而太極　朱子曰上天之載無聲無臭而實造化之樞紐品彙之根
根也故曰無極而太極非太極之外復有無極也○蔡節齋曰
朱子曰太極者象數未形而其理已具之稱又曰未有天地之
先畢竟是先有此理又曰無極者只是說這道理當初元無一
物只是有此理而已此個道理便會動而生陽靜而生陰詳此
近思錄卷一

圖 2－19　《近思録集解》，清□經堂刊本

諱。此本（書影見圖 2－19）卷一卷端葉的編次、版式與上述邵滄來刻本同，若不是卷首有藏板信息，則讓人以爲二者是同一版。

刻本卷首爲書名兼牌記葉，在四周單欄的板框内，自右至左三豎行刻有“朱子原本/近思録集解/□經堂藏板”。卷前刻有葉采《進近思録表》（“天開”“皇宋”“列聖”等也提行頂格刻印）、《近思録集解序》、朱熹《近思録前引》、吕祖謙《近思録後引》、《近思録集解目録》、《近思録群書姓氏》及邵仁泓《近思録後跋》（在邵氏跋文的末葉左下刻有“吴門程際生鎸”）。這些文字與内容亦與邵氏刊本同，僅邵氏刊本將跋文編排在十四卷末而已。從上述刻本内容、版式、鎸刻者推斷，此刻本爲□經堂覆刻邵滄來重訂本。

此本日本國立公文書館有藏（298—0162 號），4 册（封面左上墨筆題記“近思録集解”），五眼綫裝。藏家將其著録爲“清刊本”。藏本天頭有朱筆漢文批注。藏本鈐朱文印“淺草文庫”“大學校圖書之印”“文政庚寅”，墨色陽文印“昌平坂學問所”，由此可知原爲昌平坂學問所、大學校舊藏。

3. 清雍正年間三多齋重刻本

此刻本每半葉九行十九字，注文小字雙行二十四字，左右雙欄，框高 18.00 釐米，寬 13.30 釐米。白口，單（黑）魚尾。版心魚尾下刻書名卷次簡稱（如“近思録卷一”）、頁碼。“玄”字闕末筆，避康熙玄燁諱，“胤”字用“允”字代替；“恒”“弘”字不避諱。其卷端編次、版式與上述南京圖書館藏邵滄來完全相同（書影見圖 2－20）。

刻本卷首書名兼牌記葉在四周單欄的框内自右至左刻“建安葉氏集解/朱子近思録原本/三多齋梓行”。正文前刻有葉采《進近思録表》(其中的文字提行頂格刻寫形式與邵氏刻本同)、《近思録集解序》(有殘損)、吕祖謙《近思録後引》、《近思録集解目録》、《近思録群書姓氏》、邵仁泓《近思録後跋》。

該刻本書名葉雖謂“朱子近思録原本”,而據卷一卷端所題“近思録集解”,可以肯定這是葉采《近思録集解》,另據避諱字特徵,可知此刻本是清雍正年間三多齋[①]刻本,從其與邵滄來刻本版式相同、字體相近,以及所刻邵氏跋文推斷,二者關係密切,或是翻刻自邵氏刻本。

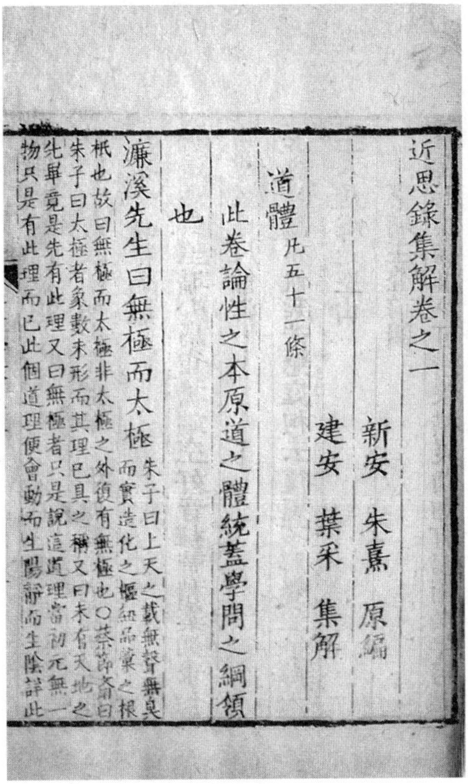

圖 2-20 《近思録集解》,清雍正年間三多齋重刻本

湖南圖書館藏本,6 册。卷十四末有殘闕,僅存 12 條。書眉、行文間有佚名朱筆批注。鈐朱文印“湖南省中山圖書館藏書”。此藏本印製粗糙,油墨不均,有多處斷痕,字迹漫漶,恐爲後印本。

4. 清康熙年間柯崇樸重刻本

此刻本每半葉九行十九字,注文小字雙行二十四字,左右雙欄,有界行,框高 17.60 釐米,寬 13.30 釐米。白口,單(黑)魚尾。其版式特徵、卷端題署與尚義堂刻本相同。

① 三多齋在清嘉慶十一年(1806)重鎸《書經體注深詮》,湖南圖書館藏本上鈐有朱文印“江南省狀元境内三多齋王氏書林發兑”。

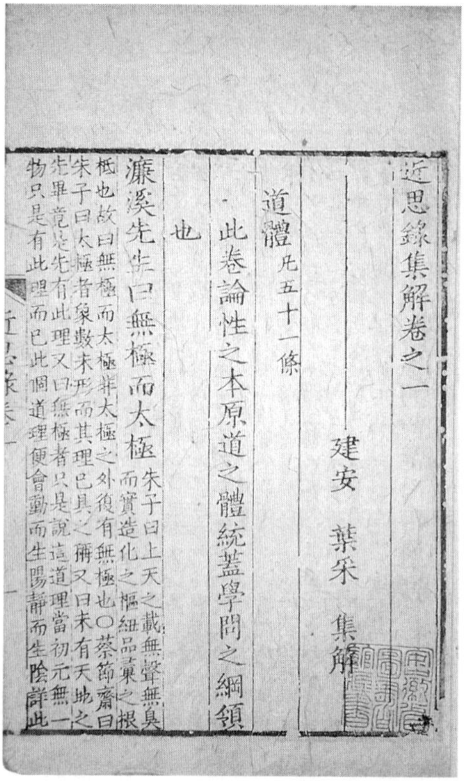
近思錄集解卷之一
建安　葉采　集解
道體凡五十一條
此卷論性之本原道之體統蓋學問之綱領
也
濂溪先生曰無極而太極朱子曰上天之載無聲無臭而實造化之樞紐品彙之根
柢也故曰無極而太極非太極之外復有無極也○蔡節齋曰
朱子曰太極者象數未形而其理已具之稱又曰未有天地之
先畢竟是先有此理又曰無極者只是說這道理當初元無一
物只是有此理而已此個道理便會動而生陽靜而生陰[illegible]此

圖 2－21　《近思録集解》，清康熙年間柯崇樸重刻本

葉采《近思録集解》的該刻本，與清康熙二十八年（1689）柯崇樸重刻蔡模《近思續録》合作一函儲藏。安徽省圖書館此藏本（書影見圖 2－21），3 册。

儘管此藏本無表明刊刻時間的文字，但筆者將其與《集解》邵仁泓刻本、尚義堂重刻本比較後，發現其卷首序文編次、版式以及正文内容皆相同。如卷首葉采《進表》中，“天開”“皇宋”“皇帝”“上聖”等也提行頂格刻印。因而筆者以爲它是康熙年間柯氏重刊宋本，或重刻邵仁泓刊本。

需要説明的是，以上考述的葉采《集解》後三種刻本卷端僅題署“建安葉采集解”，不題“新安朱熹原編”，雖其序跋、内容、版式、字體與清初邵氏刻本相同，但重刻者又欲與邵氏刻本有别。

5. 清雍正三年尚義堂重刻本

此刻本每半葉九行十九字，注文小字雙行二十四字，左右雙欄，有界行，框高 18.10 釐米，寬 13.30 釐米。白口，單（黑）魚尾。版心魚尾下刻書名卷次簡稱（如“近思録卷一”）、頁碼。卷一卷端首行頂格題“近思録集解卷之一”，第二行第三行之間低九字格題署“建安葉采集解”，第四行低一字格刻卷名“道體”，其下刻小字“凡五十一條”（即本卷語録條數），第五行第六行均低兩字格刻葉采所擬提要：“此卷論性之本原，道之體統，蓋學問之綱領也。”第七行刻正文，《近思録》原文刻作大字，葉采注文刻作雙行小字。“恒”“弘”字不避諱。其版式特徵與前文所述邵氏刻本相近。與之不同的，是卷端不再題署“新安朱熹原編”(書影見圖2－22)。

該本卷首的書名兼牌記葉,在四周雙欄的框外,即天頭處有一横行刻印“雍正三年重鎸”,框内分三豎行自右至左分刻“朱子原本/近思録集解/吴郡後學邵滄來重訂,尚義堂梓”。因此,該本是清雍正三年(1725)“尚義堂”重刻邵滄來刻本。正文前所刊序文、目録之類的文字與邵氏刻本同,如《進表》中的“皇宋”“列聖”等提行頂格刻印。

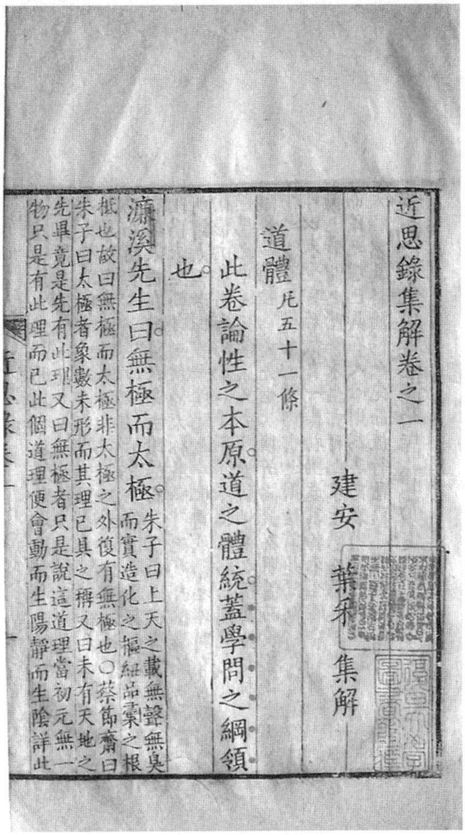
近思錄集解卷之一
建安　葉采　集解
道體 凡五十一條
此卷論性之本原道之體統蓋學問之綱領也
濂溪先生曰無極而太極 朱子曰上天之載無聲無臭而實造化之樞紐品彙之根柢也故曰無極而太極非太極之外復有無極也○蔡節齋曰朱子曰太極者象數未形而其理已具之稱又曰未有天地之先畢竟是先有此理又曰無極者只是說這道理當初元無一物只是有此理而已此個道理便會動而生陽靜而生陰詳此

圖2－22　《近思録集解》,清雍正三年尚義堂重刻本

復旦大學圖書館藏本,紙白薄軟,刻印精雅,六眼綫裝。有佚名朱筆圈點、句讀,對重要語句用連續圈點來標示。鈐有“蕭何扛鼎”“數點梅花天地印”“復”“印”“吴興劉氏嘉業堂藏書記”等印章。

6. 清代在兹堂重刻本

此刻本每半葉九行十九字,注文小字雙行二十四字,左右雙欄,有界行,框高17.70釐米,寬13.30釐米。白口,單魚尾。版心魚尾下刻書名卷次簡稱(如“近思録卷一”)、頁碼。其版式特徵與上述尚義堂刻本相同,刻本字體具有仿宋體特色,刻印較精美。

刻本卷首的書名兼牌記葉,自右至左鎸刻“建安考亭朱熹鑒定/五子近思録/在兹堂藏板”。儘管此處云“五子近思録”,而其卷一卷端則題“近思録集解卷之一,建安葉采集解”,從内容可知該本是葉采集解《近思録》。雖然刻本未注明其刊刻的具體時間，但從在茲堂[1]刻本中“玄”“弘”字不諱考察，其刊刻時間不會晚於乾隆朝。

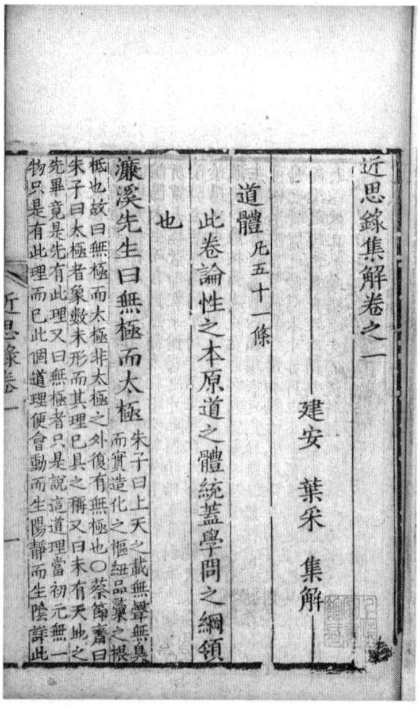
近思錄集解卷之一
建安　葉采　集解
道體 凡五十一條
此卷論性之本原道之體統蓋學問之綱領
也
濂溪先生曰無極而太極 朱子曰上天之載無聲無臭而實造化之樞紐品彙之根
柢也故曰無極而太極非太極之外復有無極也○蔡節齋曰
朱子曰太極者象數未形而其理已具之稱又曰未有天地之
先畢竟是先有此理又曰無極者只是說這道理當初元無一
物只是有此理而已此個道理便會動而生陽靜而生陰詳此
近思錄卷一　一

圖 2－23 《近思録集解》，清代在茲堂刻本

正文卷前刻有葉采進表、序文、《近思録前引》、《近思録後引》、《近思録集解目録》及《近思録群書姓氏》(書影見圖 2－23)。

葉采《近思録集解》在茲堂刻本的體例、内容、卷端署名與上述尚義堂重刻邵氏重訂本相同。上海圖書館藏本，4 册。紙質粗黄，四眼綫裝。鈐有“上海圖書館”藏印章。

7. 清乾隆元年培遠堂刊本

陳宏謀(1696—1771)，字汝諮，號榕門，原名弘謀，後因避乾隆弘曆諱，改“弘”作“宏”，清廣西臨桂人，謚文懿。著有《培遠堂全集》。他是清雍正元年(1723)進士，曾任監察御史、兩廣總督、雲南布政使、大學士等職。外任三十餘年，歷行十二省，所到之處無論久暫，必究心於人心、風俗之得失及利害之當興革者，分條鉤考，次第舉行。

陳弘謀是清雍乾時期的理學名臣，對《近思録》素向推崇，他説：“平巖葉氏用力於此書最專且久，所著《集解》，原本朱子舊注，參之諸儒辯論，而附以己説，明且備矣。弘謀服膺此編，携之篋衍。近見滇中罕所流布，因出以重付梓人，將散之列郡，俾義塾家塾，人置一編也。夫滇士之有志於學者多矣，得此編而沉潛玩索，切己體認，依類貫通，由是以求濂洛關閩之全書，以窮六經之奧旨，當必有深造自得而不能自已者，此余所切望於滇人士也。”[2]

清代前期重刻葉采《近思録集解》本，除前文述及的分别題署“新安朱熹

① 在茲堂，位於福建閩西四堡，明萬曆年間鄒希孟創建。在清代刊刻過《五子近思録》，詳見後文。

② (清)陳弘謀《重刊近思録集解序》，載於(宋)葉采《近思録集解》，清乾隆元年培遠堂刊本。另據《四庫全書》史部地理類《雲南通志》卷二十九之十二，收録有陳弘謀《重刊近思録集解序》。

原編，建安葉采集解”，“建安葉采集解”者外，還有一種是清乾隆元年培遠堂刊刻的葉采《集解》，由陳弘謀主持刊刻。該刻本每半葉九行十九字，注文小字雙行二十四字，左右雙欄，框高18.80釐米，寬13.40釐米，無界行。白口，單（黑）魚尾。版心魚尾下刻書名卷次簡稱、卷名（如“近思録卷一道體”），下端刻記頁碼。卷一卷端首行頂格題“近思録集解卷之一”，約在第二第三行的中間位置，低九格題署“建安葉采集解”，約在第四行的位置低一字格刻“道體凡五十一條”，在第五第六行的位置低二字格刻本卷提要。在第七行的位置頂格刻正文，《近思録》原文刻作大字，葉采注文刻作雙行小字，每條語録單列。儘管此刻本框欄内没有行格，但其編次、體例與上述尚義堂刻本等均相同（書影見圖2－24）。

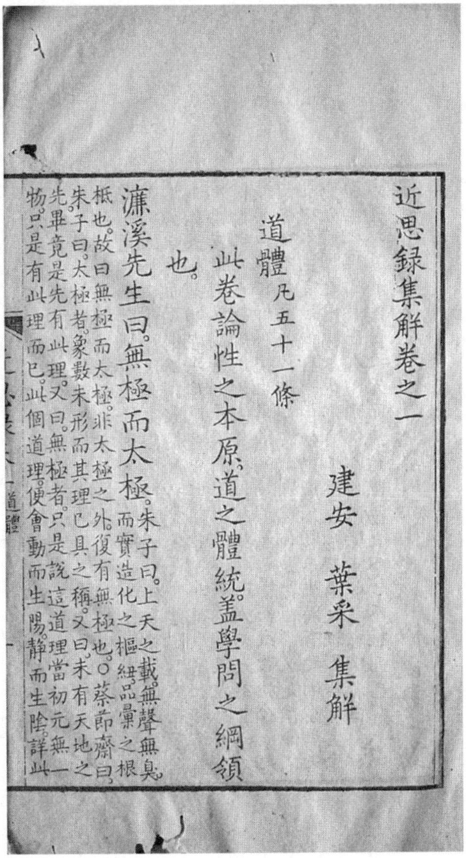
近思録集解卷之一

建安　葉采　集解

道體凡五十一條

此卷論性之本原。道之體統。蓋學問之綱領也。

濂溪先生曰。無極而太極。朱子曰。上天之載。無聲無臭。而實造化之樞紐。品彙之根柢也。故曰無極而太極。非太極之外。復有無極也。○蔡節齋曰。朱子曰。太極者。象數未形。而其理已具之稱。又曰。未有天地之先。畢竟是先有此理。又曰。無極者。只是說這道理當初元無一物。只是有此理而已。此個道理便會動而生陽。靜而生陰。詳此

圖2－24　《近思録集解》，清乾隆元年培遠堂刻本

刻本卷首的書名兼牌記葉，在四周雙欄的框欄内自右至左三竪行分别刻“乾隆元年重刊/近思録集解/培遠堂藏板”。在“乾隆元年重刊”下原版刻有墨色陽文印“培遠堂”。

正文前刻有陳弘謀《重刊近思録集解序》（手寫行楷書上板，文末刻有陰文印“陳弘謀印”、陽文印“汝諮”）、葉采進表、序文、《近思録前引》、《近思録後引》、《近思録集解目録》及《近思録群書姓氏》。各卷末均刻有“桂林後學陳弘謀重校刊”。

依據上述信息，以及刻本中“恒”字不避諱，“玄”字避諱改作“元”，“弘”字

避諱闕末筆，可判定此刻本是乾隆元年(1736)陳弘謀在廣西桂林執政時主持刊刻的培遠堂版《近思録集解》十四卷。

爲探尋該刊本的源流，筆者將此刻本與上圖所藏清初邵滄來重刻本《近思録集解》比較，發現卷首除陳弘謀序文外，其收録序文、目録等與之同；正文體例編次二者相同，即書名卷次、集解者、篇名、語録條數、内容提要、正文相同；葉采進表中凡"天開""皇宋""列聖""皇帝""累朝""上聖""聖化""聞干"也提行頂格刻印。因此，陳氏重刻本當來自清初刻本《集解》。並且，此本在體例、版式、卷端署名上，與上述尚義堂刻本、在兹堂刻本均一致。從現存文獻可知，《近思録集解》清初邵氏刻本首開重刻宋本，對後世影響很大，翻刻、重刻者不斷，乾隆元年陳弘謀的桂林培遠堂重刊本即可爲證。

湖南圖書館藏本，4 册。鈐朱文印"小鈍"，白文印"秉純""抑儒一字小鈍"。由此可知此刻本曾是董秉純(1724—1794)家藏。董氏字抑儒，號小鈍，清鄞縣人。全祖望弟子，乾隆十八年(1753)拔貢，補廣西那地州州判，升泰安縣知縣。湖南圖書館藏本的卷前空白處有佚名墨筆題跋，云"此書爲乾隆元年陳文恭公藩滇時校刊本，卷端印有董秉純白文方印……嘆慕移時"。

此刻本華東師範大學圖書館也有藏本，2 册，鈐有"愚齋圖書館藏"印。

陳弘謀《重刊近思録集解序》曰：

> 子朱子與東萊先生讀周子、程子、張子之書，擇其關於大體切於日用者，編爲《近思録》，凡格致誠正之方，修己治人之要，節目詳明，體用兼備。朱子曰："四子者，六經之階梯；《近思録》者，四子之階梯。"又以窮鄉晚進有志於學無良師友之助者，得此亦足以得其門而入。朱子誘掖後學之苦心，尤在於此。平巖葉氏用力於此書最專且久，所著《集解》，原本朱子舊注，參之諸儒辯論，而附以己説，明且備矣。弘謀服膺此編，携之篋衍。近見滇中罕所流布，因出以重付梓人，將散之列郡，俾義塾家塾，人置一編也。夫滇士之有志於學者多矣，得此編而沉潛玩索，切己體認，依類貫通，由是以求濂洛關閩之全書，以窮六經之奥旨，當必有深造自得而不能自已者，此余所切望於滇人士也。刊既竣，敬書於簡端以竢。乾隆元年正月既望，桂林陳弘謀謹序。

8. 清乾隆五年刻本

葉采《近思録集解》十四卷，清乾隆年間也有刻本，是手寫楷書上版。每半葉九行十九字，注文小字雙行二十四字，左右雙欄，框高 18.40 釐米，寬 13.00 釐米。白口，單(黑)魚尾。版心魚尾下刻書名卷次簡稱與卷名(如“近思録卷一道體”)，下端刻記頁碼。其版式、編次、版心與上述培遠堂刻本相同。《近思録》原文刻作大字，葉氏注文刻作雙行小字。每條單列，頂格刻印。“玄”字改作“元”，避康熙玄燁諱；“弘”字不避諱(書影見圖 2－25)。

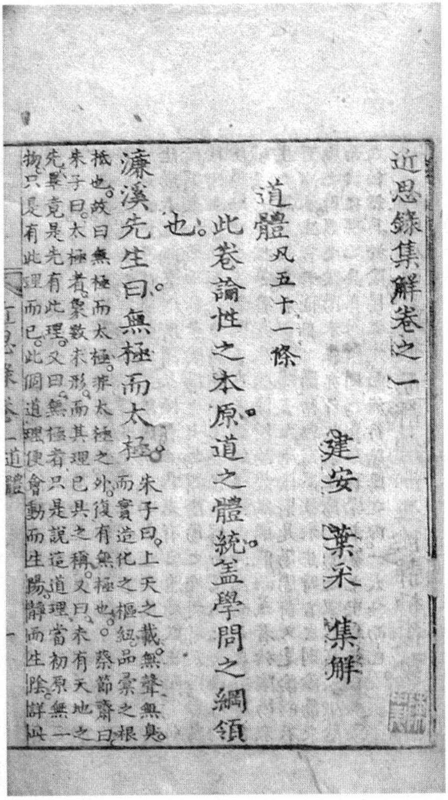
近思錄集解卷之一
建安 葉采 集解
道體凡五十一條
此卷論性之本原道之體統蓋學問之綱領也。
濂溪先生曰：無極而太極。朱子曰：上天之載，無聲無臭，而實造化之樞紐，品彙之根柢也。故曰無極而太極。非太極之外，復有無極也。蔡節齋曰：朱子曰：太極者，象數未形，而其理已具之稱。又曰：未有天地之先，畢竟是先有此理。又曰：無極者，只是說這道理當初元無一物，只是有此理而已。此個道理便會動而生陽，靜而生陰，詳見
近思錄卷一 道體

圖 2－25 《近思録集解》，清乾隆五年刻本

正文前刻有乾隆五年(1740)某氏奏摺“大學士伯臣鄂等謹奏……乾隆五年十月三十日奉旨依議欽此”(該奏摺中“旨”“丹”“敕”“諭”等提行，凸出原版框刻印)、葉采進表、序文、《前引》、《後引》、《集解目録》及《近思録群書姓氏》。除奏疏外，其内容與培遠堂刻本同，如進表中“天”“皇”“上”“聖”等提行頂格刻印。

據此刻本卷首那篇給乾隆帝的奏摺可知，在乾隆五年前有御史徐以升奏請乾隆準許各省督撫重刊“理學第一要書”《近思録》，育德成材，讓直省府州縣學及書院義學的士子勤加研讀，對其躬行實踐殊有裨益。而此奏摺的“臣鄂”認爲《近思録》這部理學入門書，“坊刻亦甚多，南北近省處處有之，無庸特降諭旨刊刻印發”，衹是諸如廣西這些偏遠之地流佈不多，建議乾隆帝“令廣西、雲南、貴州、四川巡撫轉飭藩司刊刻，頒發各州縣，務令流布，俾人人得以研究”。我們由此再聯繫上文，乾隆元年陳弘謀在廣西、雲南任上所刻葉采《集解》，即“培遠堂藏板”，就是因爲“見滇中罕所流布，因出以重付梓人，將散

之列郡”。可見前文所述陳弘謀主持刊行的培遠堂本《集解》,應是在此背景下産生的。而此刻本極有可能是在大臣“鄂”的奏請之下刊印,故刊成之後將此奏摺收録在卷首,其具體的刊刻時間應在乾隆五年十月後不久。至於其刊刻地域,極有可能是在南方就近取葉采《集解》重刊而成,不論其版式、内容,還是刊刻時代,都與陳氏培遠堂刻本存在一定關聯。湖南圖書館藏本,4 册。卷帙完整,毛邊紙,佚名朱筆圈點句讀,墨筆批注。鈐印“唐□之家寶藏”。

9. 清乾隆年間刻本

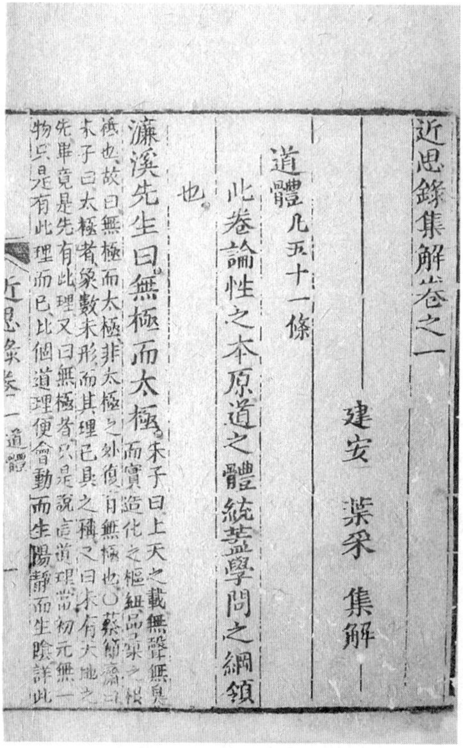

圖 2 - 26　《近思録集解》,清乾隆年間刻本

我們之所以在此單列一部乾隆年間翻刻本,是因爲筆者在四川成都圖書館查閲過一部刻本(書影見圖 2 - 26),藏家著録爲“清乾隆五年刻本”。儘管該館所藏此刻本與上述湖南圖書館藏乾隆五年刻本卷前序跋文字相同,也有乾隆五年這篇奏摺,二者編次體例也相同,但是其字體、行款有别,故筆者出於慎重將其單列作爲一種刻本,此本或是據乾隆五年刻本翻刻而成。

該本每半葉九行十九字,注文小字雙行二十四字,左右雙欄,有界行,框高 18.80 釐米,寬 12.50 釐米。白口,單(黑)魚尾。版心魚尾下刻書名卷次簡稱與卷名(如“近思録卷一道體”),下端刻記頁碼。其卷端編次、版心與上述乾隆五年刻本相同。

該刻本卷首有書名葉,其右半葉爲龍紋圖案,上額題“御製”,葉面正中題署“五子近思録”;刻本中“玄”“弘”闕末筆,這些均明顯與上述乾隆五年刻本有别。

該藏本,4 册,有朱筆圈點。紙質粗黄,字迹有些漫漶,藏家恐是據卷前的奏摺落款“乾隆五年十月”來擬定刊刻時間的。從避乾隆名諱來説,確實是乾隆年間刊刻。

附録：

清乾隆五年奏摺

大學士臣鄂等謹奏，爲遵旨議奏事御史徐以升敬陳管見一摺"據稱《性理大全》一書成於明永樂間，宋儒之緒論始經薈萃成編前，此諸儒語録概多散見，惟朱子《近思録》一書，彙濂洛關陝之微言，傳德性問學之正派，卷帙無多，性理之精蘊已具。朱子曰：'四子，六經之階梯；《近思録》，又四子之階梯。'此朱子與吕祖謙喫緊爲人之書也。蓋古先賢經籍垂訓，非不明備，而理學之宗旨至宋儒而大昌，且年代未遥，其所體念物理人情與近時大概相似，故格言多可取法。是書十二（筆者按，"二"當作"四"）卷，凡學者求端用力，處己治人，與夫所以辨異端、觀聖賢之大略，燦然已具，不惟當乎天理，亦皆深合人情，語語平恕近人，事事切實可做。六經、四子而外，《近思録》爲理學第一要書。宋淳祐間教授葉采《進近思録表》云：'倘於宫廷朝夕之間，時加省閲。即是周、程、張、朱之列，日侍燕閑。'良以是書，實有裨於身心政事，自帝王以至儒生皆足取資獲益也。然臣愚以爲備丹扆之覽觀，固可養心治世，廣薄海之弦誦，尤足育德成材。查是書自前明至今，雖大概流傳，而風行未廣，江浙等大省士庶之家，或多有是書者，若窮鄉僻壤，見者寥寥矣，至邊遠之區，見者更寥寥矣。臣前任廣西學政，每考畢發落時，必詢諸生所習之業，叩以《近思録》，百無一應者，即此類推，可知僻壤遐陬購覓維艱，流傳尤少，可否仰請敕下直省督撫將《近思録》重加刊刻？酌定每部價值若干，印發各學，令士子就近購買。並行令國子監直省府州縣學及書院義學，凡肄業諸生有能精習《近思録》者，各該管處量加獎賞，以示鼓勵，將不數年間，風行海内，家有其書，人自爲學，於士子躬行實踐殊有裨益"等語。查《近思録》乃理學入門之書，爲士子所應誦習者，卷帙無多，坊刻亦甚多，南北近省處處有之，無庸特降諭旨刊刻印發。但據御史徐以升奏稱，廣西士子未見此書，想邊遠省分僻壤遐陬流傳未徧，亦未可定，應令廣西、雲南、貴州、四川巡撫轉飭藩司刊刻，頒發各州縣，務令流布，俾人人得以研究，似屬妥便。如蒙俞允，請將徐以升所奏及臣等所議，抄寄廣西等四省巡撫，遵行可也。至誦習此書，亦士子之常，不必加以奬賞，該御史所奏，無庸議，謹奏。乾隆五年十月三十日奉旨依議欽此。

10. 清乾隆元年維陽安定書院刻本(存疑)

除上述康雍乾三朝重刻的葉采《集解》版本外，這一時期其他依葉采《集解》宋本再刊梓者，筆者還不曾見到。但是《山東省圖書館館藏海源閣書目》著録一種“安定書院刻本”，筆者尚不知其詳情。據其《目録》，該館所藏“《近思録集解》十四卷，宋葉采撰。清乾隆元年維陽安定書院刻本。一函四册。17.4×13.4 cm，九行十七字，小字雙行同，白口，左右雙邊，單黑魚尾。封面題‘維揚安定書院鋟’”[①]。因無緣識荆，尚待考。

從前文考證可知，葉采《近思録集解》宋刻本在清康熙年間仍存世，邵氏校刊葉采《集解》宋本已是事實。從清前期學者們對葉采《集解》的崇信、傳刻，已折射出朱子學的影響之大；從他們不重刻周公恕類次明刊本，又可見清人對周氏類次本的不滿。人們在傳揚《近思録》注解文本時顯露出“返真”情感，即青睞葉采《集解》宋元刻本。而且，從清道光間張日晸、同治間應寶時稱讚江永《集注》的話語[②]中，可察在江永《集注》盛行之前，唯葉采《集解》是江氏之前注本中的最佳者。

11. 清同治八年江蘇書局刻本(存疑)

據《東北地區古籍綫裝書聯合目録》著録，葉采《近思録集解》在清代同光時期有重刻本，即清同治八年(1869)江蘇書局刻本[③]，吉林大學圖書館有藏。此傳本筆者未曾見到，其版式特徵尚待考補。但筆者以爲，對於某些學者所云葉采《集解》清後期刻本，我們需要留意考辨，不可盲從[④]。對於葉采《集解》

① 山東省圖書館編《山東省圖書館館藏海源閣書目》，齊魯書社，1999年12月1版，第131頁。

② (清)張日晸《重刊近思録集注序》評：江永《集注》是“自葉仲圭《集解》以下，注釋者數家，惟此最爲善本”。(清)應寶時《近思録跋》云：“《近思録》江氏集注，輯朱子之語以注朱子之書，非葉仲圭以下諸家所及。”

③ 《東北地區古籍綫裝書聯合目録》，第1566頁。

④ 王澔《〈近思録〉版本考》，將“同治七年湖北崇文書局刻本”“光緒二十五年浙江官書局刻本”歸入葉采《集解》版本系統，有誤。這兩種版本當屬江永《集注》傳刻本。見徐德明等編《朱熹著作版本源流考》，中國文聯出版社，2000年10月1版，第121頁。

同治八年刻本是否真的存在，筆者也持懷疑態度。

12. 光緒十年津河廣仁堂校刊本

此刻本每半葉九行二十三字，注文小字雙行同，四周雙欄，有界行，框高17.20釐米，寬14.00釐米。白口，單(黑)魚尾。版心魚尾上方刻書名簡稱“近思録”，魚尾下刻卷次(如“卷一”)、刻工姓名、頁碼，版心下端刻有堂號“廣仁堂”及本版字數。卷一卷端首行頂格題“近思録集解卷之一”，第二行低十四字格題“建安葉采集解”，第三行低一字格刻卷名“道體”，其下刻本卷語録條數(如“凡五十一條”)，第四行低兩字格刻本卷提要，第五行頂格刻正文，《近思録》原文刻作大字，葉采注文刻作雙行小字。刊本上的刻工名有王慶有、王玉林、劉桂圃、朱廉等(書影見圖2－27)。

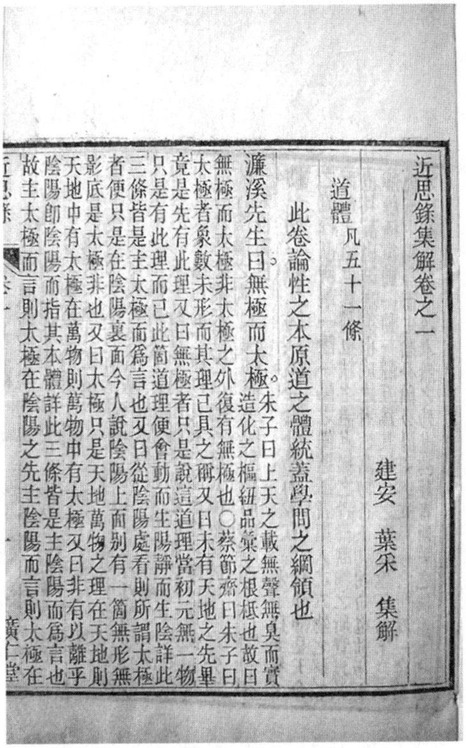
近思錄集解卷之一
建安 葉采 集解
道體 凡五十一條
此卷論性之本原道之體統蓋學問之綱領也
濂溪先生曰無極而太極。朱子曰上天之載無聲無臭而實
造化之樞紐品彙之根柢也故曰
無極而太極非太極之外復有無極也○蔡節齋曰朱子曰
太極者象數未形而其理已具之稱又曰未有天地之先畢
竟是先有此理又曰無極者只是說這道理當初元無一物
只是有此理而已此箇道理便會動而生陽靜而生陰詳此
三條皆是主太極而爲言也又曰從陰陽處看則所謂太極
者便只是在陰陽裏面今人說陰陽上面別有一箇無形無
影底是太極非也又曰太極只是天地萬物之理在天地則
天地中有太極在萬物則萬物中有太極又曰非有以離乎
陰陽卽陰陽而指其本體詳此三條皆是主陰陽而爲言也
故主太極而言則太極在陰陽之先主陰陽而言則太極在

圖2－27 《近思録集解》，清光緒十年津河廣仁堂刻本

卷首書名葉刻有篆體字書名“近思録集解”，其左半葉刻有四周單欄的長方形牌記“光緒甲申津河廣仁堂較刊，吴縣吴大澂審檢”(均爲篆書)。

正文前刻録《欽定四庫全書總目・近思録》“提要”、葉采進表、序、《近思録前引》、《近思録後引》、《近思録集解目録》、《近思録群書姓氏》、《讀近思録綱領》，卷十四末附載《近思録集解正文與遺書吕本吕氏家塾本異同考》[①]、邵仁泓《近思録後跋》、王守恭跋。各卷末刻有“華陰王守恭校字”。刻本上還刻有

① 河津廣仁堂刻本《集解》，與《四庫全書》收録的葉采《集解》非常相近，恐源自《四庫全書》本。此《考》將《集解》的白文部分與吕氏寶誥堂刊《朱子遺書》本《近思録》、吕氏家塾讀本《近思録》進行比較，指出各卷中部分文字的不同。

圈點句讀符號。依據牌記、提要、序跋等可知，此刻本是光緒十年（1884）十月津河廣仁堂參照邵氏刻本、《四庫全書》本，重刻葉采《集解》，由王守恭校勘。“玄”“弘”闕末筆，“淳”改作“湻”。

王守恭，陝西華陰人，曾從學於山西芮城的薛於瑛、陝西朝邑的楊樹椿、陝西三原的賀瑞麟。其跋文曰：“光緒甲申冬，津河廣仁堂重刊葉解《近思録》，守恭謬任校字之役，適友人送《近思録》本至，展視之，則同門友猗氏孫應文所刊吕本，經先師朝邑先生點定，即守恭二十年來所讀本也。喜甚，爰商之堂中諸同志，加先生句讀於葉本。會手民寫樣已訖，慮字上下無空，乃定字旁，圈者爲句，點者爲讀，斯亦可矣。守恭昔從芮城、朝邑、三原三先生游，授讀是書，惟朝邑先生於儒先書尤深入，爲二先生所推重。自應文本出，而秦、雍、豫、晋之讀是書者，往往據兹句讀以爲析疑地。今又移刊葉本以廣於世，其裨益後學，豈淺鮮哉！先生所輯《綱領》十七條，今亦冠於卷端。守恭録《考異》若干條，附於其末云。十月之望，華陰王守恭謹跋。”[①]

從王氏序文可知，當廣仁堂重刊此本時，王守恭依據孫應文所刊《近思録》吕留良家刻本上朝邑楊樹椿點定的句讀，在重刻的葉采《集解》本上增刻了圈、點。上海圖書館藏本，2 册。此本收入《津河廣仁堂所刻書》叢書，《中國叢書綜録》著録。葉采《集解》廣仁堂重刻本，蘇州大學（見彩色圖録）、無錫市圖書館皆有藏，2 册。

（二）清代的編校本

從前文考述可見，清代前期葉采《集解》不斷得以刊刻流佈，與此同時清人猶有對《集解》再作編校刊訂，如崇正堂《重鐫近思録集解》本、康熙年間朱之弼詮正本、雍正九年天心閣刻本《近思録原本集解》。

1.《重鐫近思録集解》，清康熙二十八年崇正堂刊本

李振裕（1642—1710），字維饒，號醒齋，清代江西吉水人。康熙九年（1670）進士。由庶吉士歷官刑、工等部尚書。振裕出生世家，好學篤行，治學以關、洛之學爲本，與陳廷敬、張玉書等齊名。嘗督學江南，頗重文教。著有

① （清）王守恭《近思録集解跋》，載於（宋）葉采《近思録集解》，清光緒十年津河廣仁堂刻本。

《白石山房稿》《别本白石山房稿》《群雅集》等。高裔,生卒年不詳,字素侯,清直隸宛平(今河北宛平)人。康熙十五年(1676)進士,曾任翰林提督江南學政。他們二人據葉采《近思録集解》重編而成《重鎸近思録集解》十四卷。

清初李振裕、高裔對葉采《近思録集解》進行改組編撰的刻本,版框每半葉各自獨立,即版框半葉與半葉之間不相連接。每半葉九行十八字,注文小字雙行十八字,四周雙欄,有界行,框高 19.50 釐米,寬 12.10 釐米。白口。在版心的位置,上方刻書名"近思録"、卷次(如"卷之一"),下端刻頁碼、堂號"崇正堂"。字體爲宋體字。

卷一卷端頂格題"重鎸近思録集解卷之一",第二第三行均低一字格分别題署"内閣學士兼禮部侍郎吉水後學李振裕,提督江南學政翰林院侍講宛平後學高裔重編",第四第五行均低二字格分别題署"徽州府知府廣寧後學朱廷梅重校","徽國文公十六世孫掌管書院生員朱致蕃訂梓",第六行低一字格刻卷名"道體篇",第七行刻正文,《近思録》原文刻作大字,注文刻作雙行小字。需要説明的是,該刻本卷一、三、九的卷端像上述體例一樣編刻,其餘各卷僅題書名、卷次、卷名。此刻本"恒"字改作"常","玄""弘"字均不避諱。

重編者李、高二人主要生活在康熙朝,重校者朱廷梅曾於康熙二十六年(1687)任徽州知府。刻本卷十四末葉有刊記"康熙己巳歲孟春月望日徽婺崇正堂梓"。康熙己巳歲,即康熙二十八年(1689)。因此,依據上述刻本的信息推斷,該本是康熙二十八年朱熹十六世孫朱致蕃刊梓,也可稱之爲康熙年間徽州婺源崇正堂刊本。

據各卷卷端,此刻本十四卷篇名分别是道體篇、爲學篇、致知篇、存養篇、克治篇、家道篇、出處篇、治體篇、治法篇、政事篇、教學篇、警戒篇、辨異端篇、觀聖賢篇。而且在每卷篇名之下又擬出若干小類目,如卷一"道體篇"下分作 22 個小類目:太極,天道,陰陽,天地物理,對待,生意,鬼神,道,四德,五常,仁,義,性,氣,性命,心,中和,中,誠(誠意養成見後),感應屈伸,神,本末。由此推測,明顯受到周公恕類次《分類經進近思録集解》本的影響。從其對《近思録》原語録的剪輯、删改以及所擬定的小標目等,可知此《重鎸近思録集解》具有改編性質。

清嘉慶十九年王鼎在校次江永《近思録集注》時,認爲:"淳祐中葉氏采進《集解》,一遵原本。其後周公恕分標細目,移動本文,破碎糾紛,不免漏落妄增之譏。新安朱氏本，或節去本文，或以本文訛入分注，又或訛葉注爲本文，謬僞滋甚，大率沿周氏本而益其誤也。”[1]王氏所言“新安朱氏”，極有可能是指“朱致蕃”或“朱烈”刊本。儘管人們對此類割裂葉采《集解》的本子評價較差，可是由於它的內容大體爲葉采集解《近思録》，十四卷體例依然存在，故將其仍歸屬於葉采《集解》版本系統。

湖南圖書館藏本（書影見圖 2－28），3 册，卷帙完好。鈐朱文印“姚鐵人印”“湖南省南嶽圖書館藏書”等。

重鎸近思録集解卷之一
內閣學士兼禮部侍郎吉水後學李振裕
提督江南學政翰林院侍講宛平後學高　裔　重編
徽州府知府廣寧後學朱廷梅重校
徽國文公十六世孫紫陽書院生員朱致蕃訂梓
道體篇
濂溪先生曰無極而太極朱子圖解已載性理四書蔡節齋曰朱子曰太極者象數未形而其理已具之稱又曰未有天地之先畢竟是先有此理又曰無極者只是說這道理當初元無一物只是有此理而已此箇道理便會動而生陽靜而生陰詳此三條
近思録　卷之一　一　崇正堂

圖 2－28　李振裕、高裔重編《重鎸近思録集解》，清康熙二十八年崇正堂刊本

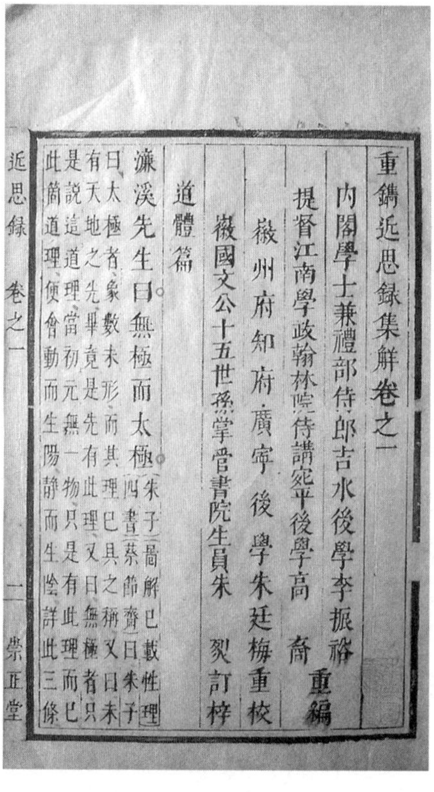
重鎸近思録集解卷之一
內閣學士兼禮部侍郎吉水後學李振裕
提督江南學政翰林院侍講宛平後學高　裔　重編
徽州府知府廣寧後學朱廷梅重校
徽國文公十五世孫紫陽書院生員朱　烈訂梓
道體篇
濂溪先生曰無極而太極朱子圖解已載性理四書蔡節齋曰朱子曰太極者象數未形而其理已具之稱又曰未有天地之先畢竟是先有此理又曰無極者只是說這道理當初元無一物只是有此理而已此箇道理便會動而生陽靜而生陰詳此三條
近思録　卷之一　一　崇正堂

圖 2－29　《重鎸近思録集解》，清刻本

① （清）王鼎《朱子原訂近思録序》，載於（清）江永集注《朱子原訂近思録》，清嘉慶十九年江西藩署刊本。

《重鎸近思録集解》刻本多家有藏，如南京圖書館藏本(書影見圖 2 - 29)，6 册，框高 19.70 釐米，寬 12.60 釐米，佚名朱筆圈點句讀。但是該藏本裝訂有誤，卷十第十葉後所闕的十一、十二、十三、十四葉，裝訂在卷九第十四葉後；卷十四末約闕四葉。

值得注意的是，南圖藏本與湖南圖書館藏本存在明顯差異，一是卷一卷端的"訂梓"者，南圖藏本題署爲"徽國文公十五世孫掌管書院生員朱烈訂梓"[①]；二是正文前所刻序跋文字有别，南圖藏本卷前刻有朱熹序，《近思録後引》，葉采進表，而湖南圖書館較之多出《重鎸近思録集解》(此處擬出各卷綱目，其中的小標目與周公恕《分類經進近思録集解》非常相近)；三是在卷十四末，湖南圖書館藏本刻有"康熙己巳歲孟春月望日徽婺崇正堂梓"，而南圖藏本卷十四殘闕，無尾題。

經此比較，筆者覺得《重鎸近思録集解》湖南圖書館藏本刊刻時間或晚於南京圖書館所藏刻本，從訂梓者不同可察，第十五世孫朱烈在世時間或早於"十六世孫"朱致蕃。難道是因爲朱熹第十五代孫未刊就，後由第十六代孫續刊而成？遺憾的是南圖藏本有殘闕，我們尚不能確定崇正堂此刊本的具體刊刻時間。

2.《近思録原本集解》，清康熙十三年朱之弼刻本

朱之弼(1621—1687)，字右君，清大興(今屬北京)人。順治三年(1646)進士。關於《近思録》及葉采《集解》，他確信"建安葉采本文公舊注、諸儒辯論輯爲注解，而後四先生精藴昭然日星"。由於受周公恕類次的明代刊本影響，故他欲求得葉采《集解》原本卻又不易，康熙十三年(甲寅年)"與同學庾子大也、劉子伯賢，取葉注依次分載於原本十四卷中。但割裂既久，遺忘頗多，諸所闕略，悉從四先生全書、《朱子全集》《性理大全》諸書，逐一增入，庶幾此書復稱美備"[②]，如此朱氏便撰成《近思録原本集解》。但是，此康熙年朱之弼原刻印之本未見古代藏書目録載録，惟今人所編《東北地區古籍綫裝書聯合目

---

① 朱烈，字企武，清初婺源人，朱熹第十五世孫。性剛烈，見義勇爲。因家藏先世書籍被火毁，重修之。見清光緒《婺源縣志》卷三十一。

② 清康熙十三年朱之弼《近思録原本集解》序文，載於(宋)葉采集解，(清)朱之弼詮正《近思録原本集解》，清康熙年間刻本。

録》著録有遼寧省圖書館藏“清康熙十三年敬軒刻本”[1]一部，似與朱氏原本相近，筆者因無緣目驗此藏本，尚不知所題刻年、刻者爲何，不敢妄定，姑且附説待考。如果説有康熙十三年北平朱之弼《近思録原本集解》存世，那麽筆者調研所見《近思録原本集解》清刻本，當與之關係密切。

中國科學院圖書館藏有一部刻本，每半葉九行二十字，注文小字雙行二十字，四周雙欄，有界行，框高 21.70 釐米，寬 15.10 釐米。白口，單(黑)魚尾。版心魚尾上刻書名簡稱(“近思録”)，魚尾下刻卷次(如“卷之一”)、頁碼。卷一卷端頂格題“近思録原本集解卷之一”，第二行、第三行均低九字格分别題署“建安葉采集解”“北平朱之弼詮正”，第四行低二字格刻卷名“道體篇”，其下小字刻本卷語録條目數“凡五十一條”，第五、第六行均低三字格刻本卷提要“此卷論性之本原，道之體統，蓋學問之綱領也”，第七行頂格刻正文，《近思録》原文刻作大字，注文刻作雙行小字。刻本中“恒”“玄”字避諱，闕末筆，而“弘”字不諱。

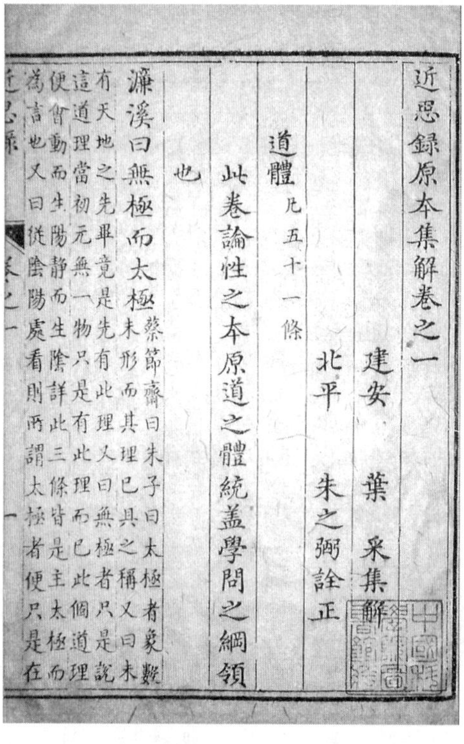

圖 2-30　葉采集解，朱之弼詮正《近思録原本集解》，清康熙十三年刻本

中科院圖書館藏本(書影見圖 2-30)，正文前刻有康熙十三年朱之弼《序》、葉采《近思録集解序》、《近思録群書姓氏》、朱序、吕跋。此本《中國科學院圖書館藏中文古籍善本書目》有著録：“《近思録原本集解》十四卷，宋葉采撰。清康熙刻

① 《東北地區古籍綫裝書聯合目録》著録：“《近思録原本集解》十四卷，(宋)葉采撰，(清)朱之弼詮正，清康熙十三年敬軒刻本。”第 1567 頁。

本，四册一函。”[①]

經目驗並與相關藏本比較，中科院此藏本的版式、行款、字體、避諱、内容與天一閣、南圖藏本完全相同，甚至版框裂縫痕也一模一樣。因此中科院藏本宜是清雍正九年(1731)孫濩孫在康熙刻本基礎上的修補印本。藏家或許因爲其藏本卷首無清雍正辛亥年孫濩孫序文，吴泰與周毓崙跋文，因而無從知道書版鬻售、修補重印的經由，將其斷爲“康熙刻本”，欠妥。藏本鈐有朱文印“沬南朱氏”“鈍甫”，白文印“曾喆印”。

清康熙十三年朱之弼《序》曰：

昔文公嘗曰：“四子，五經之階梯；《近思録》，四子之階梯。”夫周、程、張四先生全書，非不釐然備也，然而閎博無涯。文公與吕成公慮後學不知所從入，因節取其全書爲《近思録》，擇其精粹切實有關於身心日用者六百二十二條，分爲十四卷，而全體大用無不備焉。暨淳祐間建安葉采本文公舊注、諸儒辯論，輯爲注解，而後四先生精蘊昭然日星矣。迨周氏公恕就十四卷中分爲二百餘類，未免文義掛漏，前後割裂，海内所傳者皆此本，較之原本紛更多矣。故後人衹知原本之善，不知葉注之精，又以爲分類始於葉氏，不知葉氏止就原本集解，分類之繁蓋始於周氏公恕也。近今間有原本，及求葉注原本，概未之見。甲寅春夏，予與同學庾子大也、劉子伯賢，取葉注依次分載於原本十四卷中。但割裂既久，遺忘頗多，諸所闕略，悉從四先生全書、《朱子全集》《性理大全》諸書，逐一增入，庶幾此書復稱美備。蓋四先生之精蘊萃於《近思録》，《近思録》之精蘊詳於葉注。遵原本則條例該括，存葉注則義理詳明。後之學者其亦從事於此，而無事旁求矣。時康熙十三年歲在甲寅長至日北平朱之弼識。

3.《近思録原本集解》，清朱之弼合刻本，清雍正九年修補印本

據下文所述天心閣刻本所載“康熙十四年歲在乙卯夏至日北平朱之弼識”的《近思録原本集解》序文，朱之弼主持刊刻的《近思録原本集解》十四卷622條，是與高攀龍《朱子節要》合刊在一起的。康熙十四年朱之弼序説：學

① 中國科學院圖書館編《中國科學院圖書館藏中文古籍善本書目》，科學出版社，1994年1版，第209頁。

者讀《近思録》不讀朱熹語録，則有闕憾，“往余讀文公傳注、《文集》諸書，稍有所見，隨即劄記以防遺忘，日久浸成卷帙，欲仿《近思録》編次分類，抄寫以付家塾，與《近思録》並藏之。後得高景逸先生《朱子節要》，讀之與予相吻合者十之七八。先生一代大儒，其所輯彙無庸增損，今付梓人與《近思録》合刻，公諸同志”。當他得到高攀龍所編《朱子節要》時，便覺得它“至遠而近，至微而顯，合前聖後聖而會之一堂，俾學者有所依據而易於誦習，有益於後學，功不在《近思録》下矣”①。那麽他所合二爲一且“付梓”的此書應在傍近“序年”之時，即朱之弼《近思録原本集解》於清康熙十四年付梓刊刻。

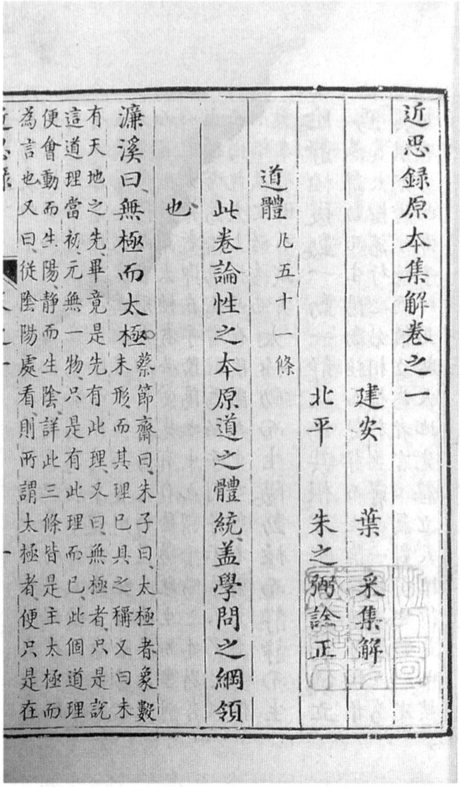
近思録原本集解卷之一
建安　葉　采集解
北平　朱之弼詮正
道體　凡五十一條
此卷論性之本原道之體統蓋學問之綱領
也
濂溪曰無極而太極 蔡節齋曰朱子曰太極者象數未形而其理已具之稱又曰未有天地之先畢竟是先有此理又曰無極者只是說這道理當初元無一物只是有此理而已此個道理便會動而生陽靜而生陰詳此三條皆是主太極而為言也又曰從陰陽處看則所謂太極者便只是在

圖 2－31　《近思録原本集解》，清雍正九年修補印本

浙江圖書館藏本（書影見圖 2－31）每半葉九行二十字，注文小字雙行同，四周雙欄，有界行，框高 21.70 釐米，寬 15.10 釐米。白口，單(黑)魚尾。版心魚尾上刻書名簡稱“近思録”，魚尾下刻卷次（如“卷之一”）、頁碼。卷一卷端頂格題“近思録原本集解卷之一”，第二行、第三行均低九字格分别題署“建安葉采集解”“北平朱之弼詮正”，第四行低二字格刻卷名“道體篇”，其下小字刻本卷語録條目數“凡五十一條”，第五、第六行均低三字格刻本卷提要，第七行頂格刻印正文。每卷中各條語録不單列刻印，語録間前後相接，中間用“○”隔開。卷末有尾題“近思録原本集解卷之某終”。刻本中“玄”字闕末筆，“弘”字不諱。

① 清康熙十四年朱之弼《近思録原本集解序》，載於（宋）葉采集解，（清）朱之弼詮正《近思録原本集解》，清雍正年間修補本。

正文前刻有清雍正九年孫濩孫《重訂近思録集解朱子節要合刻序》，雍正九年吴泰、周毓崙《近思録原本集解》跋文，葉采《近思録集解序》，《近思録群書姓氏》（包括此書取材的 14 部書名），朱熹序，吕祖謙跋。

從該館藏本藏儲形態可知，藏家將《近思録原本集解》與《朱子節要》二書合爲一處，當視作合刻，《集解》（編號 7538），2 册（封面右上墨筆題記“朱子節要”，且分别題記“利”“貞”），與前兩册（即《朱子節要》“元”“亨”）合爲一函，故藏家僅在封面題記“朱子節要”，而實際上這 4 册爲兩部書。

儘管早在清康熙年間就有朱之弼刊梓《原本集解》，但恐實際上未完成刊印。雍正年間孫濩孫在購得康熙年刻板後，與吴、周等人加以考訂，請良匠刓補，於雍正九年刊行面世，從此刻本的避諱也能説明這是清雍正九年的印本。而且康熙年間汪佑編纂的《五子近思録》也與朱之弼《近思録原本集解》、孫嘉淦《輯略》有關聯，後文將述及。所以，《近思録原本集解》此刻本具有修補性質，故暫定現存此刻本是清康熙朱之弼刻，雍正九年孫、吴、周等修補印本。

清雍正九年孫濩孫《重訂近思録集解朱子節要合刻序》曰：

> 濂洛關閩之學，至今日表章稱極盛矣。聖祖仁皇帝欽定《性理精義》《朱子全書》頒示學官，風勵天下，一時卿士大夫奉爲拱璧。顧其書卷帙浩繁，窮鄉晚進之士罕寓目焉。吾家合河先生督學江南，令生童誦朱子《近思録》，坊本寥寥，頗未易覯。及先生以國子祭酒督學京畿，爰取星溪汪子合編之《五子近思録》，擇其言尤精要者，名曰《輯略》，刊授鄉國學生，咸感發興起，思以聖賢自淬勵，則是書之爲功大矣哉！我皇上崇道右文，欲舉薄海内外而甄陶之，特詔直省拔鄉學士貢成均，復舉有積學篤行者，分列六堂課業。而合河先生既晋秩工部侍郎，仍掌祭酒事。於是天下之士，裹囊負笈，喁喁然而來，《輯略》一書流傳日多，將弗給於用。去年冬，余見有鬻版於市者，拂塵綢視之，則《近思録集解》與《朱子節要》二書合刻。因急購歸，與友人山陽吴方岳、徐州周汝峰細加考訂其闕略訛舛，付良梓人刓補完好，期以公之天下。考是版乃先進北平朱大司空所刻，未審何故不流布。似今日《輯略》之多，且浸淫剥落於風雨鼠蠹間，豈書有幸有不幸歟？抑所謂事與時會，必待表章極盛之日而始一出，以爲佽助功也。是二書者，爲《五子近思録》所自出，學者得而潛翫之，既窺原

本之全，愈見合河先生决擇之精，由是以讀《性理精義》《朱子全書》諸本，而身體力行，必有真儒輩出，以仰副兩朝崇實黜浮之至意。合河先生育材報國，不愧名臣。而余備員司經，校讎乃其職守，亦可借是以稍塞曠瘝之咎云。時雍正辛亥春日，高郵後學孫濩孫謹序（男 鑾/穀/喬 仝校）。

吴泰、周毓崙《近思録原本集解》跋文云：

居嘗喜讀宋五子書，及來京師，窺合河先生《五子近思録輯略》，嘆其擇焉而精，裨學道人大也。嗣於都市見《近思録集解》並《朱子節要》合刻版，蓋北平朱公家藏，歲久蠹殘，夥亥豕訛矣。因趣執友孫沛村先生購獲之，相與校讎釐訂，復成完書。考朱公諱之弼，字右君，官大司空，嗜儒先著論，捐俸付梓者最夥，二帙其片羽也。今聖天子崇尚實學，合河先生視祭酒事，既修明五子書，又本白鹿洞之教以造士，海内翕然向風。沛村與合河同派，敦屬前修，而北平舊鋟適淪市肆間，藉沛村以流布於當世，爲合河贊助功，洵所稱事與時會，待表章極盛之日而始出歟。校訂畢，用志所緣起。至書之爲義洎編纂氏姓，讀者自能辨之，故不綴。雍正辛亥春，後學吴泰、周毓崙謹識。

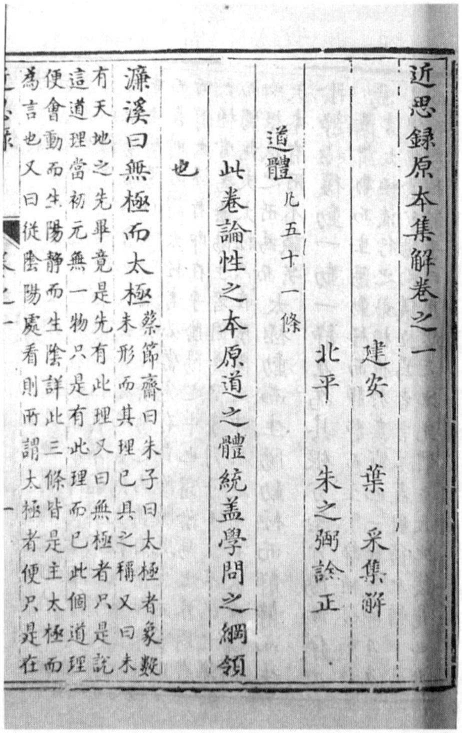
近思録原本集解卷之一
建安　葉　采集解
北平　朱之弼詮正
道體凡五十一條
此卷論性之本原道之體統蓋學問之綱領
也
濂溪曰無極而太極蔡節齋曰朱子曰太極者象數未形而其理已具之稱又曰未
有天地之先畢竟是先有此理又曰無極者只是説
這道理當初元無一物只是有此理而已此個道理
便會動而生陽靜而生陰詳此三條皆是主太極而
爲言也又曰從陰陽處看則所謂太極者便只是在

圖 2－32　《近思録原本集解》，清代天心閣刻本

4.《近思録原本集解》，清代天心閣刻本

朱之弼《近思録原本集解》清刻本，多家藏書機構有藏。寧波天一閣藏本（書影見圖 2－32），卷首有書名兼牌記葉，在四周雙欄的板框内分三豎行，自右至左刻"高郵孫邃人重訂/近思録集解、朱子節要合刻/天心閣藏板"。

正文前依次刻有清康熙十四年

(1675)朱之弼《序》(序文末，原版刻有兩方印"朱之弼印""幼山右君氏")，宋淳祐年葉采《近思録集解序》，清雍正九年孫濩孫《重訂近思録集解朱子節要合刻序》，雍正九年吴泰、周毓嵛《近思録原本集解》跋，《近思録群書姓氏》(包括朱熹序、吕祖謙跋)。

孫濩孫序文和吴、周二人的跋文，大體交代了他們獲得朱之弼合刻本《近思録原本集解》原版的經過。雍正年間孫嘉淦以國子祭酒督學京畿時，曾編《五子近思録輯略》刊刻教授學生，流播較廣。雍正九年孫濩孫曰："去年冬，余見有鬻版於市者，拂塵網視之，則《近思録集解》與《朱子節要》二書合刻。因急購歸，與友人山陽吴方岳、徐州周汝峰細加考訂，其闕略訛舛，付良梓人刓補完好，期以公之天下。考是版乃先進北平朱大司空所刻，未審何故不流布。……是二書者，爲《五子近思録》所自出，學者得而潛翫之，既窺原本之全，愈見合河先生抉擇之精，由是以讀《性理精義》《朱子全書》諸本，而身體力行，必有真儒輩出，以仰副兩朝崇實黜浮之至意。合河先生育材報國，不愧名臣，而余備員司經，校讎乃其職守，亦可借是以稍塞曠瘝之咎云。"[①]同年，吴泰、周毓嵛的跋文亦證實，在他們考校修補之前，"嗣於都市見《近思録集解》並《朱子節要》合刻版，蓋北平朱公家藏，歲久齧殘，夥亥豕訛矣。因趣執友孫沛村先生購獲之，相與校讎覈訂，復成完書。……沛村與合河同派，敦屬前修，而北平舊鋟適淪市肆間，藉沛村以流布於當世，爲合河贊助功，洵所稱事與時會，待表章極盛之日而始出歟。校訂畢，用志所緣起"[②]。

該刻本正文的編次、板式、内容、字體與上述中科院藏本相同。寧波天一閣藏本 2 册，藏家著録爲"清雍正九年天心閣刻本"。此刻本中"恒""玄"字避諱，闕末筆，"禛"字改作"禎"，"弘"字不諱，由此確定爲清雍正年間刊梓。

而且筆者將其與南京圖書館藏本稍作比較，兩處藏本的版式、内容同，且板框斷痕一致，兩處藏本應是同一版刻印，衹是南圖藏本損脱了卷首的書名葉。因而，南圖藏本也是清雍正九年(1731)天心閣刻《近思録原本集解》十

① (清)孫濩孫《重訂近思録集解朱子節要合刻序》，載於(宋)葉采集解，(清)朱之弼詮正《近思録原本集解》，清雍正年間修補本。

② (清)吴泰、周毓嵛《近思録原本集解跋》，載於(宋)葉采集解，(清)朱之弼詮正《近思録原本集解》，清雍正年間修補本。

四卷。

清康熙十四年朱之弼《序》曰：

《近思録》文公所手訂，《節要》載文公語，學者讀《近思録》而不讀文公語録，未有不以爲闕如者也。文公集四子之大成也，廣大精微，行之篤而説之詳。蓋日星爲昭而莫可紀極，學者苦其載籍浩繁而不得其要領。往余讀文公傳注、《文集》諸書，稍有所見，隨即劄記以防遺忘，日久浸成卷帙，欲仿《近思録》編次分類，抄寫以付家塾，與《近思録》並藏之。後得高景逸先生《朱子節要》，讀之與予相吻合者十之七八。先生一代大儒，其所輯彙無庸增損，今付梓人與《近思録》合刻，公諸同志。蓋以宋代大儒，自孟氏之後，有濂溪、關、洛之學，而列聖之道備；有考亭之學，而列聖之道明。是集也，先生蓋掇其大指，擇其精粹，其曰道體、曰論學、曰致知、曰存養、曰克治、曰家道、曰出處、曰治體、曰治法、曰居官處事、曰教人之法、曰警戒改過、曰辨别異端、曰總論聖賢，凡皆先生之所論定者，一如文公之纂集四子，粲然明備。首卷論陰陽變化性命之理，欲學者知所從入而載記獨詳。六卷論家道，申明祭祀之典，不啻再三，以爲家之重事而人所易略，尤見苦心焉。至於餘卷所載講學之方與日用躬行之實，别理欲於微芒，明道器於一致，深求乎無極太極之妙，而實不離乎匹夫匹婦之所知，大至於位天地、育萬物，而實不外乎暗室屋漏之無愧。蓋至遠而近，至微而顯，合前聖後聖而會之一堂，俾學者有所依據而易於誦習，有益於後學，功不在《近思録》下矣。時康熙十四年歲在乙卯夏至日，北平朱之弼識。

（三）《四庫全書》抄本中，有葉采《集解》本

在《近思録》文獻的傳播歷程中，自清乾隆初江永《近思録集注》問世至民國初年，《近思録》注本的版本傳播開始轉以江永《集注》爲主體，此時葉采《集解》的傳刻雖不如以前，卻仍不被廢棄，其價值依舊得到四庫館臣的肯定。

清乾隆三十七年至四十七年（1772—1782）開館修《四庫全書》，實爲當時盛大的文化工程。《四庫全書總目》著録"近思録文獻"有八種，分别收入正録、存目之中，其子部儒家類首先著録的《近思録》（直隸總督采進本），就是葉

采集解《近思録》十四卷。如果僅從著録的書名"《近思録》"三字看，則很容易理解爲是《近思録》原文本，然而細讀《四庫》收録的全文後方知是葉采《近思録集解》，《四庫全書》文淵閣所藏抄本便如此。

《四庫全書總目》著録的八種"近思録"，排列首位的是葉采集解《近思録》。館臣評價説："朱子《近思録》，宋以來注者數家，惟葉采集解至今盛行。"[1]此言不虚，故《四庫全書》抄録《近思録》文獻時，首抄葉采集解《近思録》本。從該抄本卷端題署的編纂者、注者"宋朱子、吕祖謙同編，葉采集解"，可察館臣不再像明代某些傳本那樣因門户之見僅題"朱熹"編纂。至於館臣爲何没有選録《近思録》原文本，也許是因爲葉采《集解》已包容原文本，又便於讀者領會四子思想，因而以葉采注本代之。簡言之，葉采《集解》十四卷在館臣心中有着很高的地位。

《四庫全書》抄本文淵閣藏本，每半葉八行二十一字，注文小字雙行同，四周雙欄，有界行。白口，單魚尾，版心處魚尾上抄寫"欽定四庫全書"，魚尾下題記書名卷次（如"近思録""卷一"）、頁碼。卷一卷端首行頂格題"欽定四庫全書"，次行低一字格題"近思録卷一"，越四字格題"宋朱子吕祖謙同編"，第三行低十四格題署"葉采集解"，第四行低二字格題本卷篇名及語録條目總數（如"道體凡五十一條"），第五行抄録本卷提要，第六行頂格抄録正文。《近思録》原文抄作大字，葉采注文抄作雙行小字。每條語録單列抄寫。卷末有尾題"近思録卷某"。"玄""弘"皆闕末筆。文淵閣藏本鈐有"文淵閣寶""乾隆御覽之寶"印。遺憾的是《四庫》此抄本卻有漏抄現象，全書編次的語録數看似總計爲 622 條，實際抄録衹有 620 條，因爲漏抄了卷一第 18 條、卷二第 58 條語録。

筆者將《四庫全書》抄本（卷一）與葉采《集解》明正德、嘉靖年間刻本稍作比較，發現衹有少數字句略異，且與葉采《集解》清初邵仁泓重刻本很相近。既然葉采《集解》清初重刻宋本仍存世，那麽負責抄纂《近思録》的館臣，在體例上受所見宋本和前期流行的葉采《集解》刻本影響也屬常情。故文淵閣抄本或承襲《集解》宋元本。關於現存文溯閣（現藏甘肅省圖書館）、文津閣（現

---

① 茅星來《近思録集注》"提要"，見《四庫全書總目》，第 781 頁。

藏國圖)、文瀾閣(現藏浙圖)的葉采《集解》抄本,在此不再贅述。

綜上所述,自明代崇禎年間至清代乾隆時期,葉采《集解》存世刻本、抄本共計不少於 20 種。隨着清代前期直接重刻《集解》版本的陸續面世,在清代幾乎見不到周公恕類次本的痕迹,明代中後期周公恕類次本、吴勉學刻本流行一時的局面也不再出現。清前期之所以有多種葉采《集解》版本流佈,除了前文偶作分析的因素外,主要還是得力於清初學術界的推崇,朝廷思想政治統治的需要。葉采《集解》在清代前期的刻本數量多,流佈廣,形態多變,是《近思録》的其他注釋本難以企及的,這也充分説明葉采注本擁有不朽的生命力,當爲注本中的翹楚。所以縱觀《近思録》傳播史,清代前期不僅是《近思録》原文本流佈的好時機,也是葉采《近思録集解》流佈的盛行期。因爲自清乾嘉考據學盛興之後,重刻翻刻的葉采《集解》者便不多見。此後儘管葉采《集解》仍在流傳,没有被人遺忘,但是其在《近思録》注本中的地位確實已被清代中後期暢行的江永《近思録集注》取代。

四、附論:《宋元學案》所載兩位"葉采"考辨

葉采《近思録集解》在東亞理學史上名聲顯赫,關於其注者"葉采",《宋元學案》之類的文獻儘管有所記録,然而其記録文字卻頗令人疑惑,故有必要在此作以考述。

《近思録》是朱熹、吕祖謙輯集北宋周、張、二程四子語録而成的一部理學入門書。在《近思録》的衆多注本中,南宋葉采集解本流佈最廣。葉采集解藏事於朱子逝世將近半個世紀的淳祐八年,並於淳祐十二年奉書表奏於朝,獲得皇家的重視和贊許。從此以至清朝中葉,葉氏《集解》一直盛行不衰,成爲發行量最大的《近思録》通行注本。其面世後不久,便遠播東亞的朝鮮、日本,該注本也成爲東亞區域最具代表性的《近思録》注本。儘管"葉采"其人在東亞從事《近思録》文獻研究者、閱讀者的心目中具有不同尋常的地位,但是,關於他的諸多信息依舊不甚明朗,或存在争議。例如《宋元學案》這部學術思想史名著,記載有南宋理宗年間的"建安"葉采、"邵武"葉采,他們是否指同一人呢?筆者在此欲努力考辨澄清,以求教方家。

(一)《宋元學案》關於"葉采"的兩處記載

一是《宋元學案》卷六十五《木鍾學案》"西山家學"下,"秘監葉平巖先生采"條記載:"葉采,字仲圭,(雲濠案,謝山《學案》原底云:'一字平巖。')邵武人。初從蔡節齋受《易》學,已而往見陳北溪。北溪以其好躐高妙,而少循序就實工夫,屢折而痛砭之。先生自是屏斂鋒芒,俛意信向,駸趨着實,北溪深喜之。(雲濠案,《學案》原底有云:'初事節齋,後事李方子。')寶慶初,爲秘書監,嘗論郡守貪刻之害,上嘉納之。(王梓材謹案,《道南源委》《儒林宗派》皆以先生爲文修子,蓋自文修從朱子於武夷,遂居建寧,及先生登淳祐進士,爲邵武尉,故訛而爲邵武人歟?)"①

二是《宋元學案》卷七十《滄州諸儒學案下》"果齋門人"下,"縣令葉先生采"條記載:"葉采,建安人,安仁令子是之仲子也。鄉貢進士。婿於李公晦,從公晦問學,得其指歸。(王梓材謹案,《學案》原底於《葉平巖傳》云:'初事節齋,後事方子。'方子即公晦。蓋宋有兩葉采,事節齋者平巖,事公晦者先生,因同名而誤及之珥。又案:先生嘗爲昌化宰。見胡石塘所作《陳孝子傳》。)"②

上述兩處關於"葉采"的記録,不同之處是:1. 一字仲圭,一無字號;2. 一稱"秘監葉平巖先生",一稱"縣令葉先生";3. 一爲邵武人,居建寧,一爲建安人;4. 一是葉文修子,一是葉子是子;5. 一是師從蔡淵、陳淳,一是師從李方子,且爲李氏女婿;6. 一位是理宗淳祐年進士,一位是鄉貢進士;7. 一位曾任邵武尉、秘書監,一位曾任縣令、昌化宰。

《學案》中的兩處記載皆云葉采是朱熹再傳弟子。清代道光年間王梓材、馮雲濠在校訂此書時,所據底本均言葉采"初事節齋,後事李方子"。清光緒二十六年刊本《邵武府志》在宋代"知軍"欄下記載:"葉采字仲圭,建安人,嘗從李方子學。"③看來,朱熹弟子李方子是葉采的老師應該没大問題。李方子(1169—1226),字公晦,號果齋,昭武人,朱熹武夷精舍門人。

由於《宋史》無"葉采"傳記,《學案》所記載的"葉采",則主要生活在南宋

① 《宋元學案》卷六十五《木鍾學案》,第 2108 頁。

② 《宋元學案》卷七十《滄州諸儒學案下》,第 2331 頁。

③ (清)王琛等修、張景祁等纂《邵武府志》卷十五,清光緒二十六年刊本。見《中國地方志叢書》第 73 號,臺灣成文出版社影印,1967 年 12 月 1 版,第 280 頁。

理宗朝，爲建州人。宋代福建路有六州、二軍。建州（東漢建安初年設爲建安縣，宋紹興三十二年升建州爲建寧府）下轄七縣，即建安、浦城、嘉禾、松溪、崇安、政和、甌寧。“邵武爲閩西郡，初吴立爲昭武，又爲邵武，又爲邵陽，又爲樵陽，舊志云古以南爲昭，武者以地在武夷山南，故爲昭武”[①]，緊鄰建州。

《木鍾學案》所云之“葉采”，其師從的蔡淵、陳淳二先生，《宋史》均有記載：蔡元定，建州建陽人，其子蔡淵（1156—1236），字伯静，號節齋，建陽人，朱熹滄州精舍門人。陳淳（1153—1217），字安卿，號北溪，漳州龍溪人，朱熹滄州精舍門人。若從上述李、蔡、陳三人所居住地域看，他們都屬於南宋福建路，且長期在建州境内隨朱熹研學。在古代交通不便的情況下，求學問道者往往都會選擇距離自家較近者師從之，因而不論建安的葉采，還是邵武的葉采，都有可能師從此三人。

可是，若知二“葉采”詳細籍里，還得追索其父輩履歷。

（二）葉湜與葉文修的籍貫、子嗣

關於葉采的父親，《滄州諸儒學案上》載：“葉湜……子采，見上《果齋門人》。”[②]意爲葉采是葉湜的兒子。查尋《學案》李果齋門人，欄下注云：“葉采……陳天澤、陳沂，别見《北溪學案》。”[③]再閲《北溪學案》，云“秘監葉平巖先生采，别見《木鍾學案》”[④]，而《木鍾學案》所載梓材案語，卻云葉采“爲文修子”。

如果《學案》編校者清楚葉采生平，此處記載文字爲何交叉混雜呢？由此看來，《宋元學案》關於“葉采”的兩處記載是雜亂不清的。而關於“葉采”父親——①葉湜，②葉文修，現存文獻又如何記載的呢？

1. 葉湜有子“葉采”

“葉湜”（1168—1227）者，《滄州諸儒學案上》有載：“葉湜，字子是，建安（今建甌市）人。以父任調新華簿，去尉寧都，歷安仁令以卒。壯歲游朱文公之門，得以直養氣之説，故其爲人磊落明白，無所回隱。”[⑤]清初史學家萬斯同

---

① （清）王琛等修、張景祁等纂《邵武府志》卷一。見《中國地方志叢書》第 73 號，第 27 頁。
② 《滄州諸儒學案上》，第 2256 頁。
③ 《滄州諸儒學案上》，第 2246 頁。
④ 《北溪學案》，第 2236 頁。
⑤ 《滄州諸儒學案上》，第 2321 頁。

《儒林宗派》卷十"朱子門人"亦云:"葉湜,子是,建安。"[1]明代朱衡《道南源委》卷三有類似記載,云"葉公湜字子是,甌寧人"。現存清康熙年《甌寧縣志》亦載有此人。

葉湜嘗與真德秀同僚,真德秀稱許之。而《滄州諸儒學案》關於葉湜、葉采的記載,均參考過南宋真德秀《西山文集》,今查該書卷四十四《葉安仁墓誌銘》,曰:"昔余爲泉山守,同僚之賢有數人焉。昭武李公晦、建安葉子是其尤也。……君既去泉而蹇於任。越若干年乃得知饒之安仁……不數年而公晦歿,又數年而子是歿。子是之仲子,蓋婿於李氏者也,前爲婦翁求銘而未及作,今又爲其父求銘焉。……子是名湜,世爲建望族……君壯歲游文公朱先生之門,得以直養氣之説,故其爲人磊落明白,無所回隱。……妣鄭氏,繼劉氏,兵部郎中炳之女,又繼亦其季,皆封孺人。子果、采、椈、榘,女適進士翁德廣。采,鄉貢進士,即前所謂婿李氏者,從公晦問學,得其指歸,方進而未已也。"[2]

此文是葉湜去世後,其子葉采請真德秀撰寫。真德秀與葉湜共事過,相處於同一時期,其言當可信。《葉安仁墓誌銘》所言葉湜字子是,爲建安望族,後歷官饒州安仁(今江西餘江縣)令,以循吏稱。朱熹門人。先後娶鄭氏、劉氏爲妻。葉采爲其仲子。因而,《滄州諸儒學案》所載葉采是"建安人",應該是有所依據的。葉采是其父同僚李方子的女婿,並從李方子問學。這與《滄州諸儒學案下》的記録相吻合。

並且清初所編《江西通志》卷六十五"名宦"下也有類似記載,猶可佐證,曰:"葉湜字子是,建安人。少游朱文公之門,以父任得邵州新化簿,改尉寧都。……後以宣義郎知贛縣,一以所得於師者施之政,督吏胥不少假借,而以家人父子遇其士民,兩造至庭,一見即決,無所宿滯。邑有田訟,更數令不能辯枉直,湜一見,詰問具得其情,縣人稱神明。"[3]

葉湜、真德秀、李方子三人既爲同僚,又近乎師友。關於葉采師從李方子之事,因爲其父與李氏皆爲真德秀"同僚之賢",志趣相投,葉采從李氏問學自

---

① (清)萬斯同撰《儒林宗派》卷十,見影印《四庫全書》文淵閣藏本,第458册第557頁。

② (宋)真德秀撰《西山文集》卷四十四,見影印《四庫全書》文淵閣藏本,第1174册第702—705頁。真德秀,福建浦城人,謚文忠,學者稱西山先生。南宋理學家,與李方子、陳淳交游,墨守朱子之學。

③ (清)謝旻等監修《江西通志》卷六十五"名宦",見影印《四庫全書》文淵閣藏本,第515册第268—269頁。

然合情合理，而且從其成爲李氏女婿這一角度看，葉采應是李氏的得意弟子。

從姻親及地理區域看，葉采的老師不衹是李方子一人。其母劉氏爲劉炳之女，劉炳(1146—?)，字韜仲，建陽人，從學朱熹於寒泉精舍。劉氏很有可能將居住在娘家建陽境内的、當時的名士蔡淵推薦給葉采爲師。葉采在武夷就讀期間，曾謁見朱熹弟子陳淳，淳以其好躐高妙而屢砭之。葉采由是而屏斂鋒芒，循序就實。故後來便有葉采師從蔡淵、陳淳之説。

可是，清初《閩中理學淵源考》卷二十《縣令葉子是先生湜》又云："葉湜字子是，甌寧人。舉進士，以父任調新化簿，遭母喪，服闋從江淮宣司闢，以論軍事不合，去尉贛之寧都，改承事郎，丞惠安縣。時守泉者真文忠公，文公嘗言'僚佐之賢者數人，而湜與昭武李方子公晦其最'。公晦學邃氣平，本經術明世用，子是堅强介直，遇事無難意，處劇無倦容。他人所不能爲與所不敢爲者，吾盡舉屬之二人，勁易不同，同歸於是。文忠既得二人之助，二人亦相得甚歡也。湜仕終安仁令，壯歲游朱文公之門，得直養之説，故其爲人磊落明白，無所回隱，每自謂'生平與賓客言者，皆可語妻子'。"[①]

比較前文所引文獻可見，除葉湜的籍里稱謂稍異外，《道南源委》《淵源考》與《葉安仁墓誌銘》《江西通志》所載葉湜爲官經歷基本吻合。至於説葉湜"甌寧人"的問題，或與宋代不斷變更縣屬區域有關。宋英宗治平三年(1066)析建安、建陽、浦城三縣地置甌寧縣，哲宗元祐四年(1089)"析建安地之半復置甌寧縣"，南宋時甌寧屬建寧府管轄，與建安爲鄰，故建安、甌寧有時指同一地域。如康熙年間《甌寧縣志》卷八"儒行"，民國年間合建安、甌寧兩縣志爲一的《建甌縣志》卷三十二"儒林"下均載有"葉湜"[②]，且所記内容與《西山文集》基本相同。

2. 葉文修恐無子名"葉采"者

葉文修，即葉味道(1167—1237)。據《宋史》卷四百三十八載："葉味道，初諱賀孫，以字行，更字知道，温州人。少刻志好古學，師事朱熹，試禮部第一。……登嘉定十三年進士第……所著《四書説》《大學講義》《祭法宗廟廟享

① (清)李清馥撰《閩中理學淵源考》卷二十，見影印《四庫全書》本，第460册第298—299頁。

② 詹宣猷等修、蔡振建等纂《建甌縣志》，民國十八年鉛印本，見《中國地方志叢書》第915號，第375頁；(清)鄧其文纂修《甌寧縣志》，清康熙三十二年刊本，見《中國地方志叢書》第94號，第145頁。

郊社外傳》《經筵口奏》《故事講義》。"①

另據《木鍾學案》"文修葉西山先生味道"下載:"葉味道,初名賀孫,以字行,更字知道,温州人。師事文公。試禮部第一。時制策禁僞學,先生所對,率本程學,不爲顧避。知舉胡紘斥之。學禁開,登嘉定進士,調鄂州教授。……授太學博士,兼崇政殿説書。……尋終著作郎。……謚文修。"②

與這兩處史料記載大體相同的是《閩中理學淵源考》卷二十《文修葉先生味道》,曰:"葉味道,初名賀,以字行,更名知道。其先括蒼人,後居建陽。與弟任道俱師事朱子。……謚文修。……子采,見蔡節齋學派。"③《福建通志》卷四十七"人物"條下,云:"葉味道,以字行,其先括蒼人,徙居建陽。師事朱熹,試禮部第一。嘉定十三年舉進士。……謚文修。……子采,字仲圭,從蔡淵、李方子學。淳熙初登第。著有集解《近思録》《西銘》《性理》等書。累官翰林院侍講。"④

明嘉靖年間刻本《建陽縣志》卷十二載:"葉賀孫字味道,括蒼人也。師事朱文公,遂居建陽之後山。初賀孫試禮部第一,對學制策率本程頤。……謚文修。子采。采字仲圭,號平巖。從蔡淵學,又與李果齋游學造益。深居武夷八曲鼓子書堂,講讀暇游玩賦詩。往見陳安卿,以其好躐高妙,屢砭之,遂循序就實。……淳祐初登第,調邵武軍。以學行稱,及轉景獻府教授。集《近思録》,《表》呈,上悦,遷爲秘書監。論郡守貪刻,上納之,遷樞密院檢討。累官翰林侍講。乞歸。景定初詔起,病不能赴,旋卒。"⑤清康熙、道光、民國年間的《建陽縣志》記載内容與之相近。《道南源委》卷之三所載⑥與前文大同小異。

---

① (元)脱脱等修《宋史》卷四百三十八,第 12986—12987 頁。

② 《宋元學案》卷六十五《木鍾學案》,第 2105 頁。

③ (清)李清馥撰《閩中理學淵源考》卷二十,見影印《四庫全書》本,第 460 册第 302 頁。

④ (清)郝玉麟等監修、謝道承等編纂《福建通志》卷四十七,見影印《四庫全書》本,第 529 册第 611—612 頁。

⑤ (明)馮繼科纂修《建陽縣志》卷十二"列傳儒林類",明嘉靖年間刻本。

⑥ (明)朱衡撰《道南源委》云:"葉公味道,初名賀,以字行,更字知道。其先括蒼人,後居建陽。與弟任道俱師事朱子。試禮部第一。僞學禁行,公對策率本程氏,知舉胡紘曰'必僞徒也',遂落第。復從朱子於武彝山。學禁開,登嘉定庚辰進士,除鄂州教授。……謚文修。升一官。故事未有也。與蔡仲默、黄惠卿、劉韜仲、童伯羽、真西山、張洽諸君友善。著有《四書説》《大學講義》《易會通》《祭法宗廟廟享郊社外傳》《經筵口奏》《故事講義》。子采。"見《叢書集成初編》,第 3344 册第 86—87 頁。

從這幾處文獻記載基本可以斷定：葉味道，謚號文修。故人稱“文修葉西山先生味道”。宋時，括蒼屬温州。建陽縣於宋理宗景定元年(1260)改名嘉禾，或云景定三年因爲縣産嘉禾改名嘉禾縣，與建安縣相鄰，隸屬建寧府，統而言之稱“建寧”，這是葉味道後來定居之所。那麼，《木鍾學案》説葉味道“温州人”“文修”“從朱子於武夷，遂居建寧”，其籍里定爲“温州人”較妥。這與《淵源考》云“其先括蒼人，徙居建陽”，基本相符。

至於葉采是否是葉味道兒子、葉味道的父親是否是葉適，《宋史》《木鍾學案》均未記載。《建陽縣志》《道南源委》《淵源考》《福建通志》所云是否屬實呢？葉適、葉味道均是南宋名家，一般説來其生平史料中父子關係，尤其是有名望的子嗣關係應有記録，既然在正史史料與學界研究認知中，未見他們與葉采存有父子或祖孫關係，那麼葉采是葉文修的兒子一説則值得三思。而且歷史上已有學者質疑關於葉采“知道子”之説，《道光建陽志》的編纂者説：“此舊志云爾，今考《近思録集解》自序，竟無一語叙及家學，上書表亦未叙及先人受職，世受國恩云云，不知何故。”[①]因此，如果集解《近思録》的葉采父親是葉味道的話，葉采在呈給理宗的奏表中隻字不提頗有名望的父輩，似乎也不近情理。

雖然葉適、葉味道、葉采三人的關係，現存建陽《溪山葉氏宗譜》有載，但是該《宗譜》卷四記載葉味道爲葉適第三子的問題，已經方彦壽《朱熹書院及門人考》批駁，認爲是“葉氏後人在清代重修宗譜時，胡亂更改，强拉名人藉以廣大門庭之所爲”[②]。既然葉適不是葉味道的父親，而且正史中尚未見到關於葉采爲葉味道子的確鑿記録，尤其是《宋元學案》本身在“文修葉西山先生味道”條下，也未有“葉采”是葉味道兒子的相關記録，那麼，目前若僅憑藉清人的《淵源考》和《木鍾學案》“西山家學”下清道光年間王梓材的一條案語——“皆以先生爲文修子”，如此判定葉采爲葉味道子，是難以令人相信的。

（三）“邵武人”葉采與“建安人”葉采

如果葉湜與葉味道二人均有子名“葉采”的話，那麼其籍里因隨其父而有

① （清）梁輿、李再灝修，江遠青等纂《道光建陽志》，抄本。見《福建師範大學圖書館藏稀見方志叢刊》第17册，北京圖書館出版社，2008年1版。

② 方彦壽《朱熹書院及門人考》，華東師範大學出版社，2000年7月1版，第151頁。

别。然而前文已論及作爲葉味道子的"葉采"是頗值得懷疑的,故在此不再考察此人,那麽,葉湜子"葉采"到底是"邵武人",還是"建安人"呢?

1. 關於"邵武人"葉采

考察現存部分文獻,《福建通志》卷五十一"文苑""邵武府"下記載:"葉采字仲圭,邵武人,初從蔡淵受《易》,已而往見陳淳,淳以其好躐高妙而少循序,痛砭之。自是屏斂鋒鋩,騣趨着實。慶曆初爲秘書監,嘗論郡守貪刻之害,理宗喜納之。"①清光緒二十六年刊本《邵武縣志》,所記與之相同。

然同爲《福建通志》,該書卷二十五《職官六》"邵武府"下卻云"葉采,建安人"②。《福建通志》卷三十五"選舉三""宋科目"下,載淳祐元年(辛丑)徐儼夫榜時云"建安縣……葉采"進士③。《福建通志》爲清初所編,距南宋已四五百年,編者本身對"葉采"籍里也存兩説,即邵武、建安。如此看來,《通志》所言葉采籍貫,莫衷一是。

《萬姓統譜》是明代萬曆年間凌迪知撰,曰:"葉采字仲圭,邵武人。初從蔡淵受《易》學,已而往見陳淳,淳以其好躐高妙,而少循序就實工夫,屢折而痛砭之。采自是屏斂鋒鋩,俛意□□騣趨着實,淳深喜之。寶慶初爲秘書監闕□□郡守貪刻之害,上嘉納之。"④

上述兩處記録的邵武人葉采,師從蔡、陳二人,與《木鍾學案》所載吻合。而且現存《北溪大全集》有一處記載可以佐證,葉采老師陳淳有《答葉仲圭》一文,其題下注云"邵武人,名采"⑤。葉采爲邵武人,似乎也没大問題。

但是,對於《木鍾學案》葉采"邵武人"的記載,清人王梓材再校時説:"自文修從朱子於武夷,遂居建寧,及先生登淳祐進士,爲邵武尉,故訛而爲邵武人。"其實這種説法可能源自《道南源委》所載:"采字仲圭,少從蔡節齋、李果齋學,嘗居武彝書堂,游玩賦詩。陳安卿以好躐高妙屢砭之,遂循序就實,構漁隱精舍,問學日進。淳祐初登進士第,授邵武尉。歷景獻府教授,遷秘書

① (清)郝玉麟等監修、謝道承等編纂《福建通志》卷五十一,見影印《四庫全書》本,第 529 册第 746 頁。

② (清)郝玉麟等修《福建通志》卷二十五,見影印《四庫全書》本,第 528 册第 293 頁。

③ (清)郝玉麟等修《福建通志》卷三十五,見影印《四庫全書》本,第 529 册第 110 頁。

④ (明)凌迪知撰《萬姓統譜》卷一百二十四,見影印《四庫全書》本,第 957 册第 702 頁。

⑤ (宋)陳淳撰《北溪大全集》卷三十三,見影印《四庫全書》本,第 1168 册第 767 頁。

監。論郡守貪刻,遷樞密檢討,知邵武軍。作郡乘,築祠郡泮以祀朱子。復置田若干頃,祀朱子於光澤,以果齋配。累官翰林侍講,乞歸。”①

事實上,南宋時的邵武與建安有別,非同一地。現存《邵武縣志》《建陽縣志》均將“葉采”納入本縣儒林傳中,或許因爲葉采在南宋末期有一定的名望,後世修志者爲炫耀本地歷史名人,凡有絲毫牽連便將葉采納入本志之中。而且這兩種縣志也晚於《道南源委》而成書,恐受其影響。因而,其所記仍難以盡信。

對此,我們認爲《學案》云爲“邵武人”,是因爲葉采曾在邵武爲官,故被後人誤以爲邵武人。那麼《學案》又爲何保留該記載呢?或是王梓材意在保持《學案》馮刻本的觀點,在應何紹基之約重校時,對此類問題處置謹慎,未直接删改原刻本馮氏案語,而是於原文後以另加梓材案語的方式予以注明。因而,我們推斷“邵武人”葉采之説,或難成立,淳祐年集解《近思録》的葉采宜是“建安人”。

2. 集解《近思録》者應是“建安人”葉采

據《閩中理學淵源考》所載《侍講葉仲圭先生采》,其内容與《木鍾學案》相近似,曰:“葉采字仲圭,初從蔡節齋,受《易》學,又嘗從李果齋、陳安卿游。安卿以其好高妙,少循序,屢折而痛砭之。自是屏斂鋒芒,駸趨着實,構漁隱精舍,問學日進。淳祐元年登進士第,授邵武尉,歷景獻府教授,遷秘書監。論郡守貪刻,遷樞密檢討,知邵武軍。…… 累官翰林侍講,乞歸。所著《近思録》,嘗以進呈,理宗稱善,又著解集《西銘》《性理》等書。”②

此葉采,字仲圭。南宋理宗淳祐元年(1241)進士,曾歷官邵武尉、秘書監、知邵武軍、翰林侍講。師從蔡、李、陳三人。

如果結合《福建通志》卷三十五“選舉三”“宋科目”下所載,淳祐元年(辛丑)徐儼夫榜云“建安縣……葉采”進士③。卷二十五《職官六》“邵武府”下,又云“葉采,建安人”④。那麼,從淳祐元年進士科看,前文《淵源考》所言“淳祐元

① (明)朱衡撰《道南源委》,見《叢書集成初編》,第3344册第87頁。

② (清)李清馥撰《閩中理學淵源考》卷二十五,見影印《四庫全書》本,第460册第326—327頁。

③ (清)郝玉麟等修《福建通志》卷三十五,見影印《四庫全書》本,第529册第110頁。

④ (清)郝玉麟等修《福建通志》,卷二十五,見影印《四庫全書》本,第528册第293頁。

年登進士第"的葉采，是建安縣人。而且後世文獻多有類似記載，如元刻明修本葉采《近思録集解》所録葉采序文末云"建安葉采謹序"。《千頃堂書目》卷十一著録："葉采《近思録集解》十四卷，建安人。"[①]《四庫全書總目》曰：葉采"字仲圭，號平巖，建安人"[②]。

(四) 結論

1. 從《宋元學案》成書本身來推斷，《學案》中關於"葉采"的兩處記載，或因《學案》原稿殘闕，後雖經修補，但修補加工既經多人之手，傳本又經多家刊訂，以致《學案》所載文字相互間出現差異、混雜，這也屬情理之中；又或許最後的校定者王梓材、馮雲濠對前人記録的資料難以取捨，以致出現目前版本所保留的信息。故我們認爲，因爲葉湜、葉文修同姓，均爲朱熹弟子，又生活在同一時期，相關文獻的正確或錯誤記録中皆有與"葉采"相關處。而黄宗羲當初未來得及仔細審查、初稿也未完成，《學案》中有些文字是黄百家、全祖望續輯或補定，"謝山續補者十居六七"，並非誇張。所以，今見關於"葉采"的兩處記録，文字較少，無全氏案語，而大字下的較多案語，乃王梓材、馮雲濠等修訂刊行時補加。這些案語也流露出疑慮，如云"《道南源委》《儒林宗派》皆以先生爲文修子，蓋自文修從朱子於武夷，遂居建寧，及先生登淳祐進士，爲邵武尉，故訛而爲邵武人"，"蓋宋有兩葉采，事節齋者平巖，事公晦者先生，因同名而誤及之耳"。兩處"蓋"字表明王梓材也是在推測，並未肯定。一般説來，古人多異地爲官，不會將爲官之地作爲自己的籍貫。《學案》本身的兩處記録存有疑點。

2.《宋元學案》總體上是按籍貫分類編纂，對於某些人物的籍貫，編撰時常謂"某某人"，但現存"王梓材""雲濠"的案語，有的是在行文中作夾注，如"一作某某人"，以示參考，另如《槐堂諸儒學案》的"傅夢泉"條、"包揚"條，《西山真氏學案》"陳均"條等；有的注明可資查考某人籍貫的其他文獻，如《士劉諸儒學案》"士建中"條，《百源學案上》"邵雍"條等；有的對同名者，則注明另一人字號、籍貫，如《劉李諸儒學案》"劉立之"條等；有的因遷徙難知籍貫，以

---

① (清)黄虞稷撰《千頃堂書目》卷十一，上海古籍出版社，1990年1版，第317頁。
② (清)永瑢等撰《四庫全書總目》卷九十二"子部二儒家"，第781頁。

案語考辨之，如《安定學案》“盛僑”條等；有的因某家祖輩遷徙，注明遷徙前後的籍貫，如《泰山學案》“徐庸”條等。不論是黄宗羲原文、全祖望補修文字，還是方式多樣的案語，未見將某人爲官之地作爲籍貫表述的，此處極有可能是因葉采“爲邵武尉”而訛“爲邵武人”，且《學案》中此類行文幾乎找不到第二例；再説，王梓材云“葉采”“爲文修子”，未交代緣由，令人難以置信。

3. 筆者通過上述考辨，歸結如下：葉味道没有名叫“葉采”的兒子，注解《近思録》者是葉湜之子葉采，建安人。曾問學於蔡淵、李方子、陳淳，爲朱熹再傳弟子。南宋理宗朝並不存在兩個“葉采”，《滄州諸儒學案下》記載的“建安人”葉采與《木鍾學案》所記“邵武人”葉采，極有可能是同一人。《木鍾學案》所云“邵武人”，正如王梓材所言，即葉采曾爲“邵武尉”“知邵武軍”，故而致訛。而且現存東亞區域的所有《近思録》序跋文中，在言及《近思録》葉采集解時，從未見説“邵武葉采”或“邵武人”葉采者，多言“建安葉采”①。這也可佐證未有“邵武”葉采一説。

第二節　江永《近思録集注》版本考述

江永（1681—1762），字慎修，號慎齋，清徽州婺源（今屬江西婺源）人。他生於朱熹故鄉，讀朱子之書，服膺朱子之學，博通精奥，躬行孝悌，一生不仕，潛心學術。他居住鄉里坐館授徒，戴震、金榜、程瑶田等皆師從之，其弟子多以經史考據聞名於世，遂成樸學皖派。江永對經學研究精深，尤精於三禮，兼擅音律，在清代學術史上有創新開派之功。他不僅能發揮漢學考據，而且能深入宋學之奥。著述甚多，僅收入《四庫全書》者便有十三種之多，諸如《周禮疑義舉要》《群經補義》《儀禮釋宫增注》《禮記訓義擇言》《四聲切韻表》《考訂朱子世家》等②。後人評價其著述“考證精覈”“持義多允，非深於古義者不能”。而他集注的《近思録》，引據詳洽，絶非空談尊朱者可比。

關於江永集注的緣由，從乾隆七年江氏所作《近思録集注序》可知一二。他認爲朱熹主編的《近思録》“直亞於《論》《孟》《學》《庸》，豈尋常之編録哉！

① 見《歷代〈近思録〉傳本的序跋、題記彙編》，載於拙作《〈近思録〉集校集注集評》。

② 《清史列傳》卷六十八有載，王中翰點校，中華書局，1987 年 11 月 1 版，第 5490 頁。

其間義旨淵微，非注不顯”。其集注之動機，就是要發明《近思録》奥義之事。再者，由於“明代有周公恕者，始妄加分析，各立細目，移置篇章，或漏落正文，或淆混注語，謬誤幾不可讀。永以其貽誤後學”①，撰此《集注》。而且他考證發現，“朱子朝夕及門人講論，多及此書，或解析文義，或闡發奥理，或辨別同異，或指摘瑕疵，又或因他事及之，與此相發，散見《文集》《或問》《語類》諸書，前人未有爲之薈萃者”②。因而，他便薈萃朱子之語以注《近思録》，故謂“集注”。

《近思録》是《朱子遺書》中的一篇，也是江永晚年案頭的常見讀物。江永序曰：“永自早歲，先人授以《朱子遺書》原本，沈潛反覆有年。今已垂暮，所學無成，日置是書案頭，默自省察，以當嚴師。竊病近本既行，原書破碎，朱子精言，復多刊落。”其注解《近思録》之法，自云“因仍原本次第，裒輯朱子之言有關此《録》者，悉采入注，朱子説未備，乃采平巖及他氏説補之，間亦竊附鄙説，盡其餘藴。蓋欲昭晰，不厭詳備。由是尋繹本文，彌覺義旨深遠，研之愈出，味之無窮”。可見，江永自早歲至垂暮，差不多一生心繫《集注》，用功尤深、持久，故而自以爲“此《録》既爲四子之階梯，則此《注》又當爲此《録》之牡鑰，開扃發鐍，祛疑釋蔽，於讀者不無小補”③。

江永出生在有濃厚理學氛圍的江南徽州，浸淫於朱子之學，有鮮明尊朱思想。對江永《近思録集注》十四卷的價值，館臣評價道：“凡朱子《文集》《或問》《語類》中，其言有相發明者，悉行采入分注。或朱子説有未備，始取葉采及他家之説以補之。間亦附以己意，引據頗爲詳洽。”④當時或稍後，儒林多讚譽江永“輯朱子之語，以注朱子之書，至爲精切，裨益於世道人心不淺”⑤，“自葉仲圭《集解》以下注釋者數家，惟此最爲善本”⑥。而且江永“穿穴於典籍者深”，與此前“空談尊朱者異”，因而，其《集注》既宗朱又有考據特色，具有相當的學術價值，故得到四庫館臣首肯。

---

① （清）永瑢等撰《四庫全書總目》，第781頁。

②③ （清）江永《近思録集注序》，載於江永《近思録集注》，清嘉慶十二年婺源李承端刻本。

④ （清）永瑢等撰《四庫全書總目》，第781頁。

⑤ 朱珪語，引自（清）吴棠《朱子原訂近思録跋》，載於（清）江永集注《朱子原訂近思録》，清同治四年望三益齋刻本。

⑥ （清）張日晸《重刊近思録集注序》，載於（清）江永集注《近思録》，清道光二十四年大梁書院刻本。

劉師培評價這位乾嘉考據學的先導者時，説："徽歙之地有汪紱、江永，上承施璜、吴日慎之緒，精研理學，兼尚躬行，然即物窮理，師考亭格物之説，又精於三禮。永學猶博，於聲律、音韻、曆數之學，均深思獨造，長於比勘。金榜從永受學……戴震之學亦出於永……徽歙之士，或游其門，或私淑其學，各得其性之所近，以實學自鳴。"①

正是因爲江永受人尊崇，其《集注》較昔日《近思録》注本别具特色，故當其面世後，該注本很快受到世人關注，得到學術界推崇。自清乾隆朝後期至民國年間，朱熹再傳弟子葉采《近思録集解》的主導地位也讓位於江永《集注》，《集注》則成爲《近思録》注本的主要代表，在清同光年間乃至民國期間特别通行。

一、江永《近思録集注》的抄本

（一）《四庫全書》抄本，文淵閣藏本

清乾隆年間開四庫館纂修《四庫全書》，抄録七部分藏七處。江永集注《近思録》十四卷當時應有七部抄本，然歷經清同光年間的戰亂後，僅有三部半《四庫全書》存世，那麽江永《集注》宜有乾隆年間館臣抄寫的三或四部抄本存世，從時間上説，這也是江永《集注》現存最早的版本。

在此我們以文淵閣藏本爲例考述江永《近思録集注》十四卷抄本。《四庫全書》文淵閣藏本，爲安徽巡撫采進本。館臣抄寫的本子，每半葉八行二十一字，注文小字雙行同，四周雙欄，有界行。白口，單魚尾，版心處魚尾上抄寫"欽定四庫全書"，魚尾下題記書名"近思録集注"、頁碼。卷一卷端首行頂格題"欽定四庫全書"，次行低一字格題"近思録集注卷一"，第三行低十四字格題署"婺源江永撰"，第四行低一字格題寫本卷綱目"朱子曰此卷道體"，第五行頂格抄録正文。《近思録》原文抄作大字，江永注文抄作雙行小字。每卷首條語録頂格抄寫，其餘各條相繼抄録，條與條間空一字格或增一"○"。卷末有尾題"近思録集注卷某"。

《四庫全書》抄本的正文前有總纂官紀昀、陸錫熊、孫士毅，總校官陸費墀

① 劉師培《近儒學術統系論》，見《劉師培儒學論集》，四川大學出版社，2010 年 4 月 1 版，第 176—177 頁。

等撰寫的《提要》(其内容與《四庫全書總目》的文字稍異)。

此抄本中"玄""弘"字闕末筆。鈐印二方"文淵閣寶""乾隆御覽之寶"。1983年臺灣商務印書館影印了文淵閣藏本。至於江永《集注》抄本的文溯閣、文津閣藏本,文瀾閣藏丁氏兄弟的抄本,在此略述。

《欽定四庫全書·近思録集注》"提要"曰:

> 臣等謹案《近思録集注》十四卷,國朝江永撰。永有《周禮疑義舉要》,已著録。案《朱子年譜》,《近思録》成於淳熙二年,其後又數經删補,然各卷之中,惟以所引之書爲先後,而不及標立篇名。至淳祐間葉采纂爲《集解》,表進於朝,雖闡發不免少略,尚無所竄亂於其間。明代有周公恕者,始妄加分析,各立細目,移置篇章,或漏落正文,或淆混注語,謬誤幾不可讀。永以其貽誤後學,因仍原本次第,爲之《集注》。凡朱子《文集》《或問》《語類》中,其言有相發明者,悉行采入分注。或朱子説有未備,始取葉采及他家之説以補之。間亦附以己意,引據頗爲詳洽。蓋永邃於經學,究心古義,穿穴於典籍者深,雖以餘力爲此書,亦具有體例,與空談尊朱者異也。乾隆四十六年十一月恭校上。總纂官臣紀昀、臣陸錫熊、臣孫士毅,總校官臣陸費墀。

(二) 清乾隆年間朱珪抄本或刻本

江永於乾隆七年作《近思録集注序》,依此推斷《集注》應在乾隆七年或稍早完成,那麽乾隆七年之後是否被人抄寫拜讀呢?筆者在查閱《近思録集注》清嘉慶十二年刻本卷末李承端跋文時,看到李氏説:"前秋謁相國石君師,出《近思録集注》抄本,語端曰:'江先生輯朱子之語,以注朱子之書,至爲精切。雖非時儒所好,然使是書得行,必將有讀之而興起者,用裨益於世道人心不淺。夫人必能體程、朱之心,然後能爲程朱之學。'"①

"石君"是指朱文正公,即朱珪(1731—1806),字石君,號南崖,清直隸大興(今屬北京)人,原籍浙江蕭山。在當時與兄竹君朱筠齊名。乾隆戊辰(1748)科進士,歷任要職,官至宰相,是乾嘉間的名臣,清高不俗,清明廉潔,

① 李承端校訂《近思録集注》跋文,載於(清)江永集注《近思録》,清嘉慶十二年李承端校刊本。

卒謚文正。著有《知足齋文集》。據李承端跋文,他見過朱珪出示的《近思録集注》抄本。

可是,由於闕乏相應的文獻資料,我們很難確定此本是朱氏所抄還是他人所爲。據嘉慶十九年(1814)王鼎《朱子原訂近思録序》説"予廿年前,得婺源江氏慎修《集注》,極爲完善"[①]。王鼎此序作於嘉慶十九年,上推二十年前,即王鼎在乾隆六十年前已得到《集注》傳本,遺憾的是他没有説明是抄本還是刻本。然而,同治三年吴棠在主持重刻《朱子原訂近思録》時,他在跋文中推斷:"文恪《序》,廿年前所得完善本,合徽人新刊刻本校之,則即李跋所謂文正抄本。"[②]那麽,吴棠則以爲王鼎得到的是李承端所言朱珪抄本。

另外,嘉慶十九年王鼎又説"十年前又得大興朱文正公與徽人之宦京師者新刻江氏本",那麽,王鼎還得到過"朱文正公與徽人"刻本《集注》,這個應是嘉慶九年刊刻。另據道光二十四年張日晸《重刊近思録集注序》:"道光壬寅,日晸承乏大梁,給諫星湖前輩方主講於斯,每進諸生課以前賢語録文字,士多砥行自愛者。一日携此本示余,大興朱文正公所刻也。"[③]依此,張氏曾經見過朱珪刻本。

據上述與《集注》相關的序跋文獻,李、王、張、吴四人所言與"朱珪"有關《集注》本,或云抄本、或云刻本,讓人困惑。至於朱珪抄寫或刊刻的《集注》是不是真的存在,則因這些所謂的本子已不存世,我們也難以確定。儘管如此,但從王鼎、張日晸重視程朱之學文本的程度看,則比較信從他們所得所見不會有差錯。筆者以爲乾隆年間朱珪對當朝大儒江永的《近思録集注》應有興趣,抄録或刊刻也是情理之中的事。如果説朱珪有抄本,則可能抄自徽州江永的稿本,或許抄自四庫館所抄《集注》本,但其版别的具體情况尚待進一步查尋原物再作探究。如果説朱珪刊刻過《集注》,那很可能就是王鼎、張日晸所言及的"朱文正公"刻本。朱珪一生大多時間生活在乾隆朝,依此推測,可能是他於乾隆年間抄或刻江永《集注》。

---

① (清)王鼎《朱子原訂近思録序》,載於《朱子原訂近思録》,清嘉慶十九年江西藩署刊本。

② (清)吴棠《朱子原訂近思録跋》,載於《朱子原訂近思録集注》,清同治三年至四年望三益齋重刻本。

③ (清)張日晸《重刊近思録集注序》,載於(清)江永集注《近思録》,清道光二十四年大梁書院刻本。

(三) 江永《近思録集注》在清乾隆十九年前有傳本流佈

黄叔璥於乾隆十九年(1754)輯成《近思録集朱》十四卷稿本(見後文考述),黄氏所輯録的文字有朱熹本人、先儒及後學的學説言論,任莉莉認爲《集朱》全書采自"茅星來《近思録集注》、江永《近思録集注》諸家注本者不少",該稿本"以朱釋朱的做法,與江《注》有異曲同工之妙","以江《注》之形寄寓張《解》之神"[①]。儘管江永《集注》於乾隆七年成書,但目前尚未發現黄氏本人明確説自己依從於江永注本,如果據任莉莉的上述論説,則似乎可以推斷黄氏在乾隆十九年前見到過流佈於世的江永《集注》本,不然何來采輯江永《集注》。祇是筆者覺得尚闕實證,暫附於此。

二、江永集注《近思録》附《考訂朱子世家》傳本考

這一部分所考述的江永集注《近思録》十四卷版本,與後文書名題謂"《朱子原訂近思録》"者有别。在江永注本的傳播歷程中,曾出現一類以《集注》十四卷爲主體,另附有《考訂朱子世家》一卷的版本,今爲免枝蔓,在此對《世家》不作考辯。

(一) 清嘉慶十二年婺源李承端刊本

在調研《近思録》文獻的過程中,我們在南京圖書館發現一部藏本,其内容包括江永集注《近思録》十四卷,附《考訂朱子世家》一卷,該館(藏書號爲3000436)藏書卡片著録爲"清乾隆刻本,四册"。

此刻本每半葉九行二十字,注文小字雙行同,四周雙欄,有界行,框高19.20 釐米,寬 14.50 釐米。白口,單(黑)魚尾。版心魚尾上方刻書名"近思録",魚尾下刻卷次(如"卷一")、頁碼。卷一卷端首行頂格題"近思録卷之一",越六字格題本卷條目總數"凡五十一條",第二行低十字格題署"婺源後學江永集注",第三行低一字格雙行小字刻本卷綱目"朱子曰此卷道體",第四行頂格刻正文,《近思録》原文刻作大字,江永注文刻作雙行小字。一卷之中

---

① 任莉莉《治〈近思録〉之階梯　以朱釋朱之典範》,載於《文獻》2015 年 11 月第 6 期,第 80—82 頁。

各條語録之間不單列，用“○”隔開（書影見圖 2－33）。

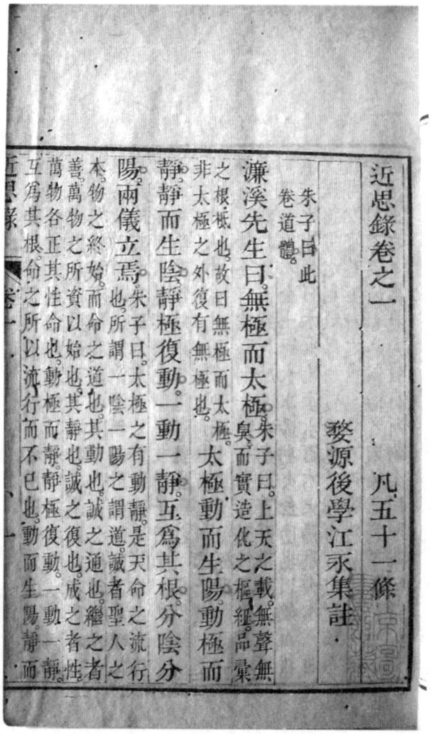
近思錄卷之一　　凡五十一條

朱子曰此卷道體　　婺源後學江永集註

濂溪先生曰無極而太極朱子曰上天之載無聲無臭而實造化之樞紐品彙之根柢也故曰無極而太極非太極之外復有無極也太極動而生陽動極而靜靜而生陰靜極復動一動一靜互爲其根分陰分陽兩儀立焉朱子曰太極之有動靜是天命之流行也所謂一陰一陽之謂道誠者聖人之本物之終始而命之道也其動也誠之通也繼之者善萬物之所資以始也其靜也誠之復也成之者性萬物各正其性命也動極而靜靜極復動一動一靜互爲其根命之所以流行而不已也動而生陽靜而

近思錄　卷一

近思錄卷之一　　凡五十一條

朱子曰此卷道體　　婺源後學江永集註

濂溪先生曰無極而太極朱子曰上天之載無聲無臭而實造化之樞紐品彙之根柢也故曰無極而太極非太極之外復有無極也太極動而生陽動極而靜靜而生陰靜極復動一動一靜互爲其根分陰分陽兩儀立焉朱子曰太極之有動靜是天命之流行也所謂一陰一陽之謂道誠者聖人之本物之終始而命之道也其動也誠之通也繼之者善萬物之所資以始也其靜也誠之復也成之者性萬物各正其性命也動極而靜靜極復動一動一靜互爲其根命之所以流行而不已也動而生陽靜而

近思錄　卷一

圖 2－33　江永《近思録集注》，清嘉慶十二年婺源李承端刊本

圖 2－34　《近思録集注》，清嘉慶十二年婺源李承端刊本

正文前刻有清乾隆壬戌年（1742）九月江永《近思録集注序》、《近思録書目原序》（包括《近思録》取材的 14 部書名、朱熹序、吕祖謙跋，並附有朱子關於《近思録》部分論説）、《近思録集注審定及校勘姓氏不及次序》（載録“近思録校勘姓氏”，如“桐城吴貽詠種之，休寧汪滋畹蘭畬，懷寧汪德鉞鋭齋……婺源李承端翼堂”）、《近思録集注凡例》。《集注》卷十四末另附刻一卷，卷名葉題署“江慎修先生手定/考訂朱子世家”，隨後刻有江永《考訂朱子世家引言》及《考訂朱子世家》一卷。

如果從江永乾隆七年作序時間，以及該藏本中多處“弘”字避乾隆弘曆諱考慮，該館所斷此本的刊刻時間似乎可信，即這部江永集注《近思録》刻本或許是乾隆年間刻本。

然而，筆者在上海圖書館也曾查閲到與南圖所藏刻本類似的版本(“綫普長 005041”，書影見圖 2－34)，隨後多次往返兩地將兩家藏本書影及相關文獻進行比對，發現兩處所藏江永《集注》刻本存在許多共性：(1) 刻本内容相同，即江永集注《近思録》十四卷、《考訂朱子世家》一卷，卷首序文、凡例等皆同。(2) 版式相同，均爲每半葉九行二十字，注文小字雙行同，四周雙欄，有界行；版心題記文字相同；各卷綱目均采用《朱子語類》；每卷編次相同。(3) 板框斷痕相同，如卷一卷端的右上角、右下角，斷裂痕迹一樣，框欄墨色濃淡、粗細、虚實極相近。(4) 字體相同，甚至連字的筆畫斷綫、字的間架結構也一模一樣，如卷端葉的“思”“後”“先生”等。(5) 刻本中避諱字相同，“玄”刻作“⺓”，“弘”闕末筆，“曆”刻作“歴”。經過筆者仔細辨識，最終確定兩家藏本是同一版印製。

上海圖書館所藏此刻本第 1 册首葉爲書名兼牌記葉，自右至左刻“婺源江慎修先生手輯/近思録集注/嘉慶丁卯鐫”。在“嘉慶丁卯鐫”下猶刻有雙行小字“版存琉璃廠東門桶子□同龍文齋甘姓”。其《近思録集注凡例》位於《校勘姓氏》前，且《考訂朱子世家》卷末有清嘉慶十二年李承端校訂跋文一篇。

儘管此本卷首卷末的這些信息與南京圖書館所藏“乾隆刻本”有異，但從常理上來説，古文獻在經過兩百多年的輾轉流佈後，南京圖書館所藏刻本卷首牌記、卷末李氏跋文脱落遺失，也是古籍流傳收藏過程中常有的事，並且卷前《凡例》與《校勘姓氏》裝訂次序差異或爲藏家重新裝訂所致。既然上圖藏本可以確定爲清嘉慶十二年(1807)李承端校訂本，那麽從兩家藏本内容、版式相同，框欄、字體筆畫斷裂非常接近的角度推斷，兩刻本並非簡單的巧合，而應屬於同一版，印刷時間也非常接近，所以説此南京圖書館所藏已脱落牌記的刻本，不應是清乾隆七年刊刻，而應是清嘉慶十二年刻本。

而且，通過現存有關江永集注《近思録》的其他文獻資料，也可佐證上述推斷。證據如下：

1. 從考據學大家江永生平資料中，未發現江永生前刻印過此刻本(即乾隆七年“序刻本”的説法也難成立)，與江永同時期的學者官宦在其著述中也未曾言及江永集注《近思録》有過原刻本，如《四庫全書》館臣在收録江永集注《近思録》時，未見談論過有關“江永《近思録集注》乾隆七年刻本”的信息。

2. 據清嘉慶十二年李承端跋文，嘉慶十年他在京城從朱文正公處得到《近思録集注》抄本，“端受書退，因與鋭齋汪君互相校讎，訂其訛舛，請正於師，醵資授梓”[①]。李承端與汪德鉞[②]校讎訂訛的底本應是朱珪交給的江永《集注》本，嘉慶十二年刻成時李氏作跋記之。而且此刻本《增訂四庫簡明目録標注》著録爲“嘉慶丁卯京師刊本”[③]，《書目答問補正》著録“嘉慶間有京師”刻本[④]，兩家書目著録的時間地點上都與李承端刻本吻合。我們卻未見有書目著録早於此刻本的江永《近思録集注》乾隆年間刻本。

3. 據清同治八年(1869)江永《近思録集注》刻本所載應寶時跋文，應氏云：“予權篆蘇藩，值書局開雕書籍，爰出舊藏婺源洪氏刻本，暨吴刻本，屬元和王孝廉炳校刊之。”[⑤]應寶時曾藏有的“婺源洪氏刻本”。王炳《校勘記》所用的參校本之一就有此“洪本”。關於“婺源”刻本，《增訂四庫簡明目録標注》《藏園訂補郘亭知見傳本書目》著録爲“婺源刊本”，將其排列在“嘉慶壬申江西督學王鼎刊本”之後。邵懿辰、莫友芝二人主要生活在清道咸年間，均爲藏書名家，不可能將書目内容隨意編次，所見“婺源刊本”在當時應該存世，也不可能早於嘉慶十二年李承端校訂所刊。

4. 據清道光二十四年(1844)大梁書院刻本所載張日晸《重刊近思録集注序》，張氏曰：“自葉仲圭《集解》以下，注釋者數家，爲此最爲善本。道光壬寅，日晸承乏大梁，給諫星湖前輩方主講於斯，每進諸生，課以前賢語録文字，士多砥行自愛者。一日携此本示余，大興朱文正公所刻也。余受而讀之，豁然如昧之得明，奮然如蹶之思起。因知原刊板已散失，傳本久稀。爰爲重校付梓，以授院生，使人各一編，誦習探翫，身體力行，其於學術人心，必有興起者矣。刊既成，謹識歲月緣起於首簡。《朱子世家》一篇，《婺源志》舊文而江先生訂定者，原本附刻於後，今亦仍其舊云。”[⑥]由此可知，張氏重刻的底本是

---

① (清)李承端《近思録集注》跋文，載於(清)江永集注《近思録》，清嘉慶十二年李承端校訂本。

② 江永《集注》清嘉慶十二年刻本卷首有《近思録集注審定及校勘姓氏》，載録“懷寧汪德鉞鋭齋”“婺源李承端翼堂”，説明此二人確實參加過校勘。

③ (清)邵懿辰撰，邵章續録《增訂四庫簡明目録標注》，第391頁。

④ (清)張之洞撰，范希曾補正《書目答問補正》，上海古籍出版社，2001年7月1版，第151頁。

⑤ (清)應寶時《近思録跋》，載於(清)江永集注《近思録》，清同治八年江蘇書局刻本。

⑥ (清)張日晸《重刊近思録集注序》，載於(清)江永集注《近思録》，清道光二十四年大梁書院刻本。

據道光壬寅(1842)見到的大興朱珪(即李承端所言"朱文公")刊本,並未言及有江永集注《近思録》乾隆刻本一事。

5. 據清嘉慶十九年(1814)江西藩署王鼎校次本《朱子原訂近思録》所載王鼎序文可知,嘉慶十七年奉命視學江右時,王鼎便把《近思録》作爲教育學子入德的門户,"顧其所讀本,率皆近世汪氏、施氏之編,且坊刻歧誤甚多,非復朱子之舊矣。憶予廿年前,得婺源江氏慎修《集注》,極爲完善,十年前又得大興朱文正公與徽人之宦京師者新刻江氏本,合而校之,藏諸篋中。因出以商諸中丞芝圃先公,重爲刊刻,遍示學宫弟子"[①]。那麽,序文中所言"廿年前"所得本子是何版本呢?據清同治四年吴棠《朱子原訂近思録跋》,吴棠推斷王鼎序文所言"廿年前所得完善本,合徽人新刊刻本校之,則即李跋所謂文正抄本"[②]。而且載於王鼎校次本卷首的嘉慶十九年先福《重刻近思録序》説,王鼎"因屬刊《近思録》,遍布學宫,俾知證歸。爰與方伯、廉使、觀察諸公,共商剞劂。梓成,因弁簡端,並敬告以勖多士"。因此,可以肯定王鼎是將不同版别的江永《集注》傳本合校刊刻,旨在用於教化民衆,以此作爲學宫的閲讀書籍。然而,王氏等人仍未明言江永集注《近思録》有乾隆七年刻本。

綜觀上述文獻資料可見,史上没有關於江永集注《近思録》"乾隆間刻本"的文字記載,前人所見版本也無江永集注《近思録》原刻本之説。所以,南京圖書館所藏此刻本不是"乾隆年間刻本",也不是筆者 2007 年妄斷的"江永《近思録集注》乾隆七年原刻本",而與上圖所藏嘉慶十二年刻本爲同一版本。李承端爲清代婺源人,江永集注《近思録》十四卷附《考訂》一卷的清嘉慶十二年刻本,也可稱之謂嘉慶十二年婺源李承端刻本。

關於嘉慶十二年刊本《集注》南圖與上圖所藏,各自尚有一些信息在此補充説明。南圖藏本,有佚名朱筆圈點,卷二中夾有一葉紙,墨筆批注云:"考朱長文,字伯厚,蘇州人……己卯立冬後一日宗濟識。"鈐有"東亞同文書院大學圖書館印"。上圖藏本,鈐有多枚藏書印章,如"莫繩孫""莫祥印""莫祁圖書

① (清)王鼎《朱子原訂近思録序》,載於《朱子原訂近思録》,清嘉慶十九年江西藩署刊本。

② (清)吴棠《朱子原訂近思録跋》,載於《朱子原訂近思録集注》,清同治三年至四年望三益齋重刻本。

之印”“莫棠之章”“獨山莫祥芝圖書記”等。

江永《近思録集注序》曰：

道在天下，亘古長存，自孟子後，一綫弗墜。有宋諸大儒起而昌之，所謂“爲天地立心，爲生民立道，爲去聖繼絶學，爲萬世開太平”，其功偉矣！其書廣大精微，學者所當博觀而約取，玩索而服膺者也。昔朱子與吕東萊先生晤於寒泉精舍，讀周子、程子、張子之書，嘆其閎博無涯，恐始學不得其門，因共掇其關於大體、切於日用者，爲《近思録》十四卷。凡義理根原，聖學體用，皆在此編。其於學者心身疵病，應接乖違，言之尤詳，箴之極切。蓋自孔、曾、思、孟而後，僅見此書。朱子嘗謂“四子，六經之階梯；《近思録》，四子之階梯”。又謂《近思録》所言，“無不切人身、救人病者”。則此書直亞於《論》《孟》《學》《庸》，豈尋常之編録哉！其間義旨淵微，非注不顯。考朱子朝夕及門人講論，多及此書，或解析文義，或闡發奥理，或辨别同異，或指摘瑕疵，又或因他事及之，與此相發，散見《文集》《或問》《語類》諸書，前人未有爲之薈萃者。宋淳祐間，平巖葉氏采進《近思録集解》，采朱子語甚略。近世有周公恕者，因葉氏注，以己意别立條目，移置篇章，破析句段。細校原文，或增或複，且復脱漏訛舛，大非寒泉纂集之舊。後來刻本相仍，幾不可讀。永自早歲，先人授以《朱子遺書》原本，沈潛反覆有年。今已垂暮，所學無成，日置是書案頭，默自省察，以當嚴師。竊病近本既行，原書破碎，朱子精言，復多刊落。因仍原本次第，裒輯朱子之言有關此《録》者，悉采入注，朱子説未備，乃采平巖及他氏説補之，間亦竊附鄙説，盡其餘藴。蓋欲昭晣，不厭詳備。由是尋繹本文，彌覺義旨深遠，研之愈出，味之無窮。竊謂此《録》既爲四子之階梯，則此《注》又當爲此《録》之牡鑰，開扃發鐍，袪疑釋蔽，於讀者不無小補。晚學幸生朱子之鄉，取其遺編，輯而釋之，或亦儒先之志，既以自勖，且公諸同好，共相與砥礪焉。乾隆壬戌九月丁巳朔，婺源後學江永序。

李承端跋文云：

前秋謁相國石君師，出《近思録集注》抄本，語端曰：“江先生輯朱子之語，以注朱子之書，至爲精切。雖非時儒所好，然使是書得行，必將有讀之而興起者，用裨益於世道人心不淺。夫人必能體程、朱之心，然後能爲程朱之學，躬行實踐，豈在多言？以江先生之發揮漢學，著述等身，考據家莫不宗仰。至其深入宋儒奥窔，研悦而羽翼之，則知者鮮矣。”端受書退，因與鋭齋汪君互相校讎，訂其訛舛，請正於師，醵資授梓。今梓成，不幸師不及見，未得一序言，爲可惜也。然其表章正學，以迪後進之盛心，於兹刻蓋三致意云。嘉慶十二年丁卯春正月，婺源後學李承端謹識。

此外，關於江永《集注》爲何附録《考訂朱子世家》一卷，據江永《引言》，他作此考訂旨在訂正《婺源志》的疏失，考朱、陸異同之説：“婺源有朱子……邑志仿《史記》例，儒林以下皆爲傳，特尊朱子於世家，宜矣。而昔之載筆者詮次《年譜》，事蹟甚疏略，又復考核不精，紀載失實，且朱子以名稱，張、吕亦稱名，獨於陸氏兄弟稱字，此何爲者耶？……於稱名稱字之間，微寓尊陸之意，於語意抑揚之間，微寓朱、陸始異終同之意。夫尊朱子於世家而隱尊陸，不可爲訓也。聖朝尤重道崇儒，編纂諸書，周、程、張、邵、朱皆稱子，未有稱名者。而先達屬辭如此，蓋由學術之乖，舉世同流，雖紫陽故鄉亦不免染其餘波，溺焉不返。後來吾邑雖有碩儒巨公，學醇言正，爲狂瀾砥柱者，於此篇猶憚改弦。休邑趙氏修府志，遂承用之，不知舊志之多疵也。今新志於此篇尤不敢草草，謹依《年譜》《行狀》《宋史》核實紀載，勿冗勿遺，所以還其星雲山嶽之舊。而白鹿之講，特指出所講者爲喻義喻利之章，俾後學毋惑於舊志之説云。”看來江永的考訂洵有正本清源之功，亦顯其對朱子的尊崇。

（二）清道光五年婺源一經堂刻本

此刻本每半葉九行十九字，注文小字雙行同，四周雙欄，有界行，框高19.10釐米，寬13.10釐米。白口，單（黑）魚尾。版心魚尾上刻書名“近思録”，魚尾下刻卷次（如“卷之一”）、頁碼。卷一卷端首行頂格題“近思録卷之一”，越五字格題記本卷語録總數“凡五十一條”，第二行低九字格題“婺源後學江永集注”，第三行低一字格雙行小字刻本卷綱目“朱子曰此卷道體”，第四行頂格刻正文。《近思録》原文刻作大字，江永注文刻作雙行小字（書影

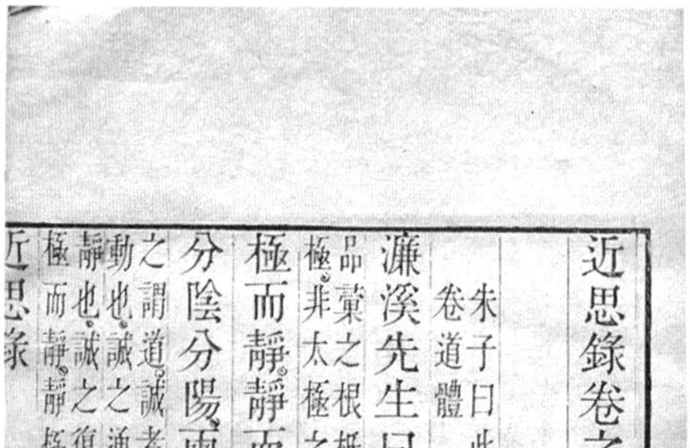
近思錄卷之一　凡五十一條
婺源後學江永集註
朱子曰此卷道體
濂溪先生曰無極而太極朱子曰上天之載無聲無臭而實造化之樞紐品彙之根柢也故曰無極而太極非太極之外復有無極也太極動而生陽動極而靜靜而生陰靜極復動一動一靜互爲其根分陰分陽兩儀立焉朱子曰太極之有動靜是天命之流行也所謂一陰一陽之謂道誠者聖人之本物之終始而命之道也其動也誠之通也繼之者善萬物之所資以始也其靜也誠之復也成之者性萬物各正其性命也動極而靜靜極復動一動一靜互爲其根命之所以
近思錄　卷之一

圖 2－35　《近思録集注》，清道光五年婺源一經堂刻本

見圖 2－35)。

刻本卷首有書名兼牌記葉，自右至左三豎行刻“道光乙酉重鐫/近思録集注/婺源一經堂藏板”。在“重鐫”的右下鈐無框朱文雙行印記“每部紙價紋銀壹錢捌分”。湖南圖書館藏本的此葉夾有一片紙簽，上有墨筆書“咸豐十年三月洪修政送一套計三册”。此本正文前刻有清乾隆七年江永《近思録集注序》《近思録書目原序》《近思録集注凡例》。

依據上述内容可斷定此刻本是清道光五年(1825)婺源一經堂刊本，即江永故里的婺源刊本。湖南圖書館藏本，3 册，原爲“咸豐十年三月洪修政”所贈，有佚名墨筆圈句讀。筆者將此刻本與嘉慶十二年刻本稍作比較，發現該本《集注》十四卷後，無《考訂朱子世家》一卷，難道是藏家脱損？

江永《集注》面世之後，後世不斷有人傳抄刊刻，當時的公私書目在著録時，對那些與著録者時代接近的刻本、抄本注記比較簡略，以至於我們今天已難見到這些本子，更是不清楚這些版本的詳情。如《增訂四庫簡明目録標注》《藏園訂補郘亭知見傳本書目》著録有“婺源刊本”，那麽這部婺源刊本何時刊刻呢？從這兩種書目編寫的位置來説，都將其排列在“嘉慶壬申江西督學王鼎刊本”後，而編撰者邵懿辰、莫友芝二人主要生活在清道咸年間，均爲藏書名家，不可能隨意編次書目内容，所見“婺源刊本”在那時應該存世，很可能就刊於道光年間。

再者，他們所記“婺源刊本”又是何人所刊呢？若僅據江永爲婺源人，就説這兩家書目著録的是乾隆間江永自己的刊本，恐難以服人。又據清同治八年應寶時説：“予權篆蘇藩，值書局開雕書籍，爰出舊藏婺源洪氏刻本暨吴刻本，屬元和王孝廉炳校刊之。”[1]應氏所藏圖籍中有“婺源洪氏刻本”，至於其刊刻時間，應氏則未明説。對此疑惑，我們可從清同治八年江蘇書局刻本附録的王炳《校勘記》中找到一點綫索，當時王氏用的參校本之一就有“洪本”；並且，應寶時自己在進行一些版本比較時，還説自己所見到的“王、洪諸本均無”《世家》，這也説明婺源洪本確實存在過，不然同治八年王炳何以見到？

綜合上述信息，筆者推測邵懿辰、莫友芝所記“婺源刊本”，以及同治年間應寶時、王炳校刊江永《集注》時所見“洪本”，很可能就是道光五年婺源一經堂刊本。其内容編次、卷端題署、版心題記等與嘉慶十二年刊本很相近，二者應有淵源關係。

(三) 清道光二十四年大梁書院刻本及其重刻本

在嘉慶李承端之後刊刻江永《近思録集注》十四卷並附刻《考訂朱子世家》一卷者，有清道光年間張日晸主持重刻的大梁書院本[2]。張日晸，原名日暄，字東昇，號曉瞻，貴州清鎮人。嘉慶二十二年進士，改庶吉士，授編修。典湖南、浙江鄉試，出爲叙州知府，調任成都知府，遷浙江鹽運史，官至雲南巡撫。張日晸在《重刊近思録集注序》中説：“自葉仲圭《集解》以下，注釋者數家，惟此最爲善本。道光壬寅，日晸承乏大梁，給諫星湖前輩方主講於斯，每進諸生，課以前賢語録文字，士多砥行自愛者。一日携此本示余，大興朱文正公所刻也。余受而讀之，豁然如昧之得明，奮然如蹶之思起。因知原刊板已散失，傳本久稀，爰爲重校付梓，以授院生，使人各一編，誦習探翫，身體力行，其於學術人心必有興起者矣。刊既成，謹識歲月緣起於首簡。《朱子世家》一篇，《婺源志》舊文而江先生訂定者，原本附刻於後，今亦仍其舊云。”由此可知他重刻的底本是據道光壬寅（二十二年）所見到的朱珪刊本，與上述李承端刊

[1] （清）應寶時《近思録跋》，載於（清）江永集注《近思録》，清同治八年江蘇書局刻本。

[2] 大梁書院由明成化元年的麗澤書院演化而來。康熙十二年河南巡撫佟鳳彩在開封重建書院，定名爲大梁書院。後經歷幾次重修、改遷，明清時期均有理學家來此講學。

刻的嘉慶十二年刻本一樣，也是在“朱珪刻本”的基礎上校訂重梓。

其刻本對《集注》十四卷、《世家》一卷的編排刻印與李承端刻本同。每半葉九行二十一字，注文小字雙行同，四周雙欄，有界行，框高 18.70 釐米，寬 13.80 釐米。白口，單(黑)魚尾。版心魚尾上刻書名“近思録”，魚尾下刻卷次(如“卷之一”)、頁碼。卷一卷端編次，與上述《集注》嘉慶十二年刻本同。

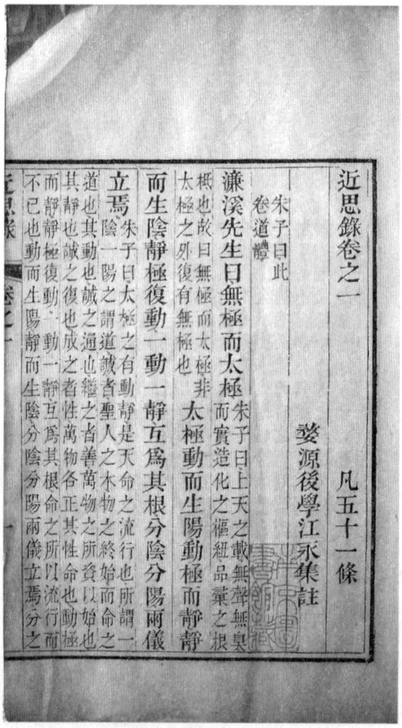
近思錄卷之一　　凡五十一條
婺源後學江永集註
朱子曰此卷道體
濂溪先生曰無極而太極朱子曰上天之載無聲無臭而實造化之樞紐品彙之根柢也故曰無極而太極非太極之外復有無極也太極動而生陽動極而靜靜而生陰靜極復動一動一靜互爲其根分陰分陽兩儀立焉朱子曰太極之有動靜是天命之流行也所謂一陰一陽之謂道誠者聖人之本物之終始而命之道也其動也誠之通也繼之者善萬物之所資以始也其靜也誠之復也成之者性萬物各正其性命也動極而靜靜極復動一動一靜互爲其根命之所以流行而不已也動而生陽靜而生陰分陰分陽兩儀立焉分之

圖 2 - 36　《近思録集注》，清道光二十四年大梁書院刻本

刻本卷首有書名兼牌記葉，其版框分三豎格，自右至左刻“江慎修先生手輯/近思録集注/道光甲辰年重鐫 板存大梁書院”。正文前刻有清道光甲辰年(二十四年，1844)張日晸《重刊近思録集注序》、江永《近思録集注序》、《近思録集注凡例》以及《近思録書目原序》(包括朱熹序、吕祖謙跋，以及朱熹論《近思録》的部分語録)。《集注》卷十四末後的另一書名葉，以及《考訂朱子世家引言》《考訂朱子世家》一卷與《舊跋》等，與嘉慶十二年李承端刊本相同，如《引言》中“聖”也是提行凸出原版框一個字格刻印。

依據上述内容及牌記可知這是道光二十四年(1844)大梁書院刊本，張日晸主持重刻。其内容、版式與嘉慶十二年刻本基本相同，二者同出一源。南京圖書館藏本(書影見圖 2 - 36)，4 册，天頭較闊，刻印較精，李承端跋文脱損半葉。藏本的少數卷葉有佚名朱筆點句讀。此刻本瀋陽市圖書館、吉林省社會科學院圖書館亦有藏。

張日晸《重刊近思録集注序》曰：

《近思録》十四卷，考《朱子年譜》，成於淳熙二年乙未，時年四十有六。先是數年間，編次《二程遺書》及《外書》，作《太極圖傳》，作《通書解》，作《西銘解義》，皆有成書。其於四子之遺言，既已熟貫精求，深造有得，然後掇其精粹，以詔後學，猶且與執友東萊吕氏商榷往復，久而後出。蓋繼往開來，誨人不倦若是，其精且詳也。乾隆間，婺源江慎修先生，生朱子之鄉，讀朱子之書，博通精奥，躬行孝悌，卓然爲當世大儒，著書布海内，累數百卷。而此《集注》獨久而後出，考自序成於壬戌，先生年六十有二矣，蓋亦終身爲之而不厭者。其所采輯，皆取諸《語類》《或問》諸書，比類發明，條理精密，不特不敢輕下己見，並不敢雜以他儒之議論，俾後之學者一意遵朱，而不惑於多歧，其篤信謹守又如此。故自葉仲圭《集解》以下，注釋者數家，惟此最爲善本。道光壬寅，日晸承乏大梁，給諫星湖前輩方主講於斯，每進諸生，課以前賢語録文字，士多砥行自愛者。一日携此本示余，大興朱文正公所刻也。余受而讀之，豁然如昧之得明，奮然如蹶之思起。因知原刊板已散失，傳本久稀，爰爲重校付梓，以授院生，使人各一編，誦習探翫，身體力行，其於學術人心必有興起者矣。刊既成，謹識歲月緣起於首簡。《朱子世家》一篇，《婺源志》舊文而江先生訂定者，原本附刻於後，今亦仍其舊云。道光甲辰春三月，貴筑張日晸序。

江永集注《近思録》以朱注朱，考據精切，得到後世褒揚。自張日晸重刻本（大梁書院板）面世後，重刻、翻刻大梁書院刻本者接踵而至，有咸豐三年重刻本、光緒十五年金陵書局重刻本、光緒維新局校刊本、光緒年間裕德局校刊本、清末《欽定朱子近思録》刻本等，今分别考訂如下。

1. 清咸豐三年醉經堂刻本

江永集注《近思録》十四卷，附《考訂朱子世家》一卷。清咸豐三年刻本每半葉九行二十一字，江永注文小字雙行二十一字，四周雙欄，有界行，框高18.80釐米，寬13.80釐米。白口，單魚尾。其卷端題識、版式、内容與道光大梁書院本相同，卷首也刻有乾隆七年江永序，《書目原序》與《凡例》；《集注》十四卷卷末附刻《引言》與《考訂朱子世家》一卷。

該刻本卷首書名兼牌記葉，爲四周雙欄的版框，其天頭處一横行刻記“咸豐癸丑重鐫”，版框内分三豎行，自右至左刻“江慎修先生原輯/五子近思録集注/醉經堂藏板”。咸豐癸丑，即清咸豐三年(1853)。從此刻本與大梁書院刻

圖 2－37 《近思録集注》，清咸豐三年醉經堂刻本

本非常相近的情形，推斷此刻本宜爲清咸豐三年醉經堂重刻道光大梁書院本。湖南圖書館有藏（書影見圖 2－37），4 册。紙質白軟，刻印精美。藏本末葉有佚名朱筆批注："咸豐七年歲次丁巳十二月三十日讀畢一過。"

此刻本國内其他藏書機構亦藏，如上圖、南圖藏本，多闕書名兼牌記葉，或無《考訂朱子世家引言》，疑爲版本流傳過程或裝訂時脱漏。山西省圖書館藏本，牌記葉左下無"醉經堂藏板"五字，有被人剜去的痕迹，詳情待考。

2. 清光緒十五年金陵書局刻本

清代後期，因太平天國農民運動的影響，江南地域文物蕩然，官私藏書損毁嚴重，大量典籍殘毁。爲了幫朝廷振興文教，重建社會秩序，對文教宏揚一直抱有敬意的曾國藩於同治二年開辦金陵書局於江寧，成爲清代官書局的領跑者。儘管胡林翼創建官書局的時間早於曾國藩，"但真正確立官書局發展樣式、賦予官書局興教勸學使命的是曾國藩"[①]。金陵書局在發展樣式、興教勸學方面成爲此後衆多官書局的典範。在曾國藩、李鴻章的勸諫下，同治六年皇帝諭旨各省督撫"將列聖御纂欽定經史各書先行敬謹重刊，頒發各學"，因而各省也紛紛設局刊書。金陵書局在當時彙集了一批有學問的編校者，如何璟、張文虎、趙烈文、李善蘭等，因而刊刻的儒學經典較多，品質亦佳。書局也曾刊行江永集注《近思録》十四卷，附《考訂朱子世家》一卷。

江永《集注》清光緒年間金陵書局刻本，每半葉九行二十一字，注文小字雙行同，四周雙欄，有界行，框高 18.80 釐米，寬 14.00 釐米。白口，單（黑）魚尾。

① 李志茗《曾國荃與晚清官書局刻書》，載於《厦門大學學報》2011 年第 5 期，第 135 頁。

其卷首書名葉，右半葉四周雙欄的框欄内分三格，中間一行刻書名"近思録集注"（隸書），左半葉内有四周雙欄的長方形牌記，刻雙行文字"光緒己丑年於金陵書局重刊"（楷體字）。《集注》正文前刻有江永序、《書目原序》、《凡例》與《考訂朱子世家》一卷[①]。

清"光緒己丑"，即光緒十五年（1889）。其卷端題識、版式、内容與上述張日晸重刻本同，版框高、寬幾乎一樣，因而該本應是金陵書局於光緒十五年重刻大梁書院刻本。安徽省圖書館藏本（書影見圖 2－38），4 册，多數卷葉字迹漫漶，紙黄質地粗糙，恐爲後印本。有佚名墨筆題記"民國十二年癸亥春二月購讀"。此刻本，湖南圖書館、香港中文大學圖書館也有藏。

圖 2－38 《近思録集注》，清光緒十五年金陵書局刻本

3. 清光緒十四年濬文書局刻本

因清代同治中興重臣曾國藩的影響，其弟曾國荃不僅打仗勇猛，而且對儒學抱有敬意。在戰亂平息之後，痛惜書籍的損毁，設局廣刊經籍。同治六年秋，時任湖北巡撫的曾國荃在湖北創建崇文書局，由楊麗珍、胡鳳丹兩位道員具體負責。光緒二年，調任山西巡撫的曾國荃，見到山西境内書肆没有刊印的官書，江南已刻的書籍又因路途遥遠無人販至，士子無書可讀，又無從購覓，於是他欲設立書局刊印書籍。光緒三年，與閻敬銘着手商辦書局，光緒四年，成立濬文書局，刊印了四書、六經等儒學書籍[②]。

① 此卷一般編排在《集注》卷十四末，此藏本置正文卷一前，恐藏家裝訂所致。此類情形也屬正常，若無特殊情形則下文不再注明。

② 參見李志茗《曾國荃與晚清官書局刻書》，載於《厦門大學學報》2011 年第 5 期，第 133—139 頁。

山西的濬文書局曾於光緒十四年(1888)刻有江永《近思録集注》十四卷。此刻本每半葉九行二十字,注文小字雙行同,左右雙欄。白口,單魚尾。其内容編次、版心、卷端題識等與上述大梁書院刻本同。稍有不同的是在漢字旁刻有句讀符號"。"

圖 2-39 《近思録集注》牌記,清光緒十四年山西濬文書局刻本

刻本卷首書名葉刻有篆文書名"近思録集注",其背面中心刻有一小長方形框欄牌記,刻"光緒十四年戊子仲秋山西濬文書局重刊"(書影見圖 2-39)。正文前刻有《欽定四庫全書總目·近思録集注》"提要"、王鼎《朱子原訂近思録序》、江永《近思録集注序》、《近思録書目原序》與《近思録集注凡例》等。《集注》卷十四末刻有清嘉慶十二年李承端跋文。

從此刻本的版式特徵、内容、卷端題署、相關序跋等推斷,濬文書局刻本很可能源自嘉慶年間李承端刊本,與大梁書院刻本同源。山西省圖書館此藏本,4 册。

4. 清光緒二十年河南學署刻本

江永《近思録集注》十四卷,清光緒年間河南學署刻本,每半葉九行二十一字,注文小字雙行同,四周雙欄,有界行。白口,單魚尾。其版式行款、版心所刻、卷端編次、題識等與上述大梁書院刻本同。

卷首的書名葉右半葉刻有篆文書名"近思録",左半葉刻有一長方形牌記,上題"光緒癸巳仲冬學署重刊"。正文前刻有王鼎《近思録序》(該序文後刻有一行刊記"光緒十有九年歲次癸巳嘉平月宛平邵松年謹書")、江永《近思録集注序》與《考訂朱子世家》一卷。《集注》卷十四末刻有(清)茅星來《近思録集注後序》(此序文後刻有刊記"此茅鈍叟先生作也……後學邵松年識並書"),光緒二十年五月河南學政邵松年《重刻近思録集注後序》。序跋文書體俊美,乃邵松年楷書。

邵松年(1848—1923),字伯英,號息盦,清代江蘇常熟人。光緒九年進士，授翰林院編修。光緒十七年任河南學政，光緒二十一年歸田養母。擅長書法，爲晚清民國年間的收藏家。

據邵氏序文，他"篋中藏有江慎修先生《近思録集注》善本，因特命工重刊，頒之各學"，以便諸生"講明切究，身體力行"，"博覽經義，廣證史鑒，底藴既厚，則體用兼賅"。因此，他在河南任上主持刊行的本子是出自其所藏江永《集注》，由河南學署刊梓。光緒癸巳，即光緒十九年(1893)。儘管該本牌記題作"光緒癸巳"，但據邵氏《後序》序文的落款時間則是"光緒二十年""五月"，此時該版刊竣。因而《集注》十四卷、《世家》一卷此刻本是河南學署於光緒二十年夏刊就。從其内容、版式等推測，其重刻的底本很可能是大梁書院刻本。大梁書院在河南開封，在道光二十四年刊刻的《集注》最易惠及本省，邵氏來此也自然容易得之。山西省圖書館此藏本(書影見圖 2－40)，4 册。

圖 2－40 《近思録集注》，
清光緒二十年河南學署刻本

邵松年《重刻近思録集注後序》曰：

昔倭文端師相致俞子襄學使書曰："《小學》課士，誠根本要圖，而《近思録》義理精微，天德王道，一以貫之。《小學》而外，似可進以此書，令士子朝夕講貫，實踐躬行。足下按試之時，爲之諄切講明，誘掖獎勸，俾得循途守轍，咸知希聖希賢。師道立則善人多，善人多則天下治，詎爲中州人士之幸已耶!"松年辛卯春奉命視學兩河，適爲我師桑梓之鄉，亦即子襄前輩督學之地。竊念伊洛爲理學之宗，歷代名儒載之洛學兩編者，班班可考，至我朝爲尤盛焉! 河山靈秀，所鍾意必多經明行修、篤信好學之士，輶軒采訪，無日能忘。曩者既刊《庸言》《吕子明職》《先正學規》諸書，頒示諸生矣。且夫學不致廣大，不足以見道之本原也；學不盡精微，不足以析道之毫芒也。程子曰："學之道必先明諸心，知所往，然後力行，以求其至。"則亦安能習於淺陋，而不求夫義理之精微，與夫天德王道之所以一貫者，以躬行實踐爲希賢希聖之階乎！篋中藏有江慎修先生《近思録集注》善本，因特命工重刊，頒之各學。關中王定九相國一序，窮源竟委，剴切詳明，重書以弁於首。茅鈍叟先生一序，持論明通，屏除門户，特書以附於後。諸生讀之，講明切究，身體力行，以爲讀四子書之階梯，即以爲希賢希聖之階梯。夫而後博覽經義，廣證史鑒，底蘊既厚，則體用兼賅，豈徒欲空談性理，冒爲道學之名而已哉！此則使者刊布之意也，亦即我文端師致子襄學使書中之意也夫。光緒二十年歲在甲午夏五月，提督河南學政翰林院編修宛平邵松年謹序。

5. 清光緒二十七年書業德書坊刻本

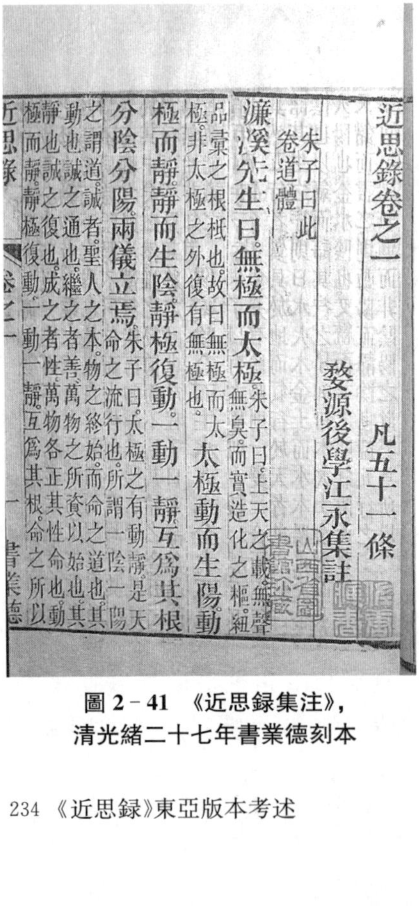
近思録卷之一　凡五十一條
婺源後學江永集註
朱子曰此卷道體
濂溪先生曰無極而太極朱子曰上天之載無聲無臭而實造化之樞紐品彙之根柢也故曰無極而太極非太極之外復有無極也太極動而生陽動極而靜靜而生陰靜極復動一動一靜互爲其根分陰分陽兩儀立焉朱子曰太極之有動靜是天命之流行也所謂一陰一陽之謂道誠者聖人之本物之終始而命之道也其動也誠之通也繼之者善萬物之所資以始也其靜也誠之復也成之者性萬物各正其性命也動極而靜靜極復動一動一靜互爲其根命之所以
近思録　卷之一　一　書業德

圖 2－41　《近思録集注》，清光緒二十七年書業德刻本

江永《近思録集注》十四卷，《世家》一卷，光緒二十七年冬書業德刻本，每半葉九行十九字，注文小字雙行同，左右雙欄，有界行。白口，單(黑)魚尾。版心魚尾上刻書名"近思録"，魚尾下刻卷次(如"卷之一")、頁碼，版心下端刻有堂號"書業德"。其卷端編次、版式特徵與上述大梁書院刻本同(書影見圖 2－41)。

此刻本的書名兼牌記葉，在四周雙欄的框内，自右至左分三豎格刻"光緒辛丑年冬鐫/近思録/後附考訂朱子世家書業德藏板"。正文前刻有江永《近思録集注序》、《欽定四庫全書總目・近思録集注》"提要"、王鼎《朱子原訂近思録序》、張日晸《重刊近思録集注序》及《近思録集注凡例》等。《集注》卷十四末附刻《世家》一卷。

"光緒辛丑年",即光緒二十七年(1901)。書業德,是清代山東聊城的刻書鋪,康熙年間由山西人郭氏所建。該書坊刻書在光緒年間達到頂峰,所刻圖書品種多,除在本省銷售外,遠銷河北、中原、江南等地。該書鋪於光緒二十七年冬刊行江永《集注》。從該刻本的内容、版式特徵、序跋等推測,書業德刻本很可能源自道光二十四年張日晸重刻江永《集注》本。山西省圖書館藏本,3 册,鈐有藏書印"佐唐藏書""帥氏相煜""山西省圖書館珍藏"等,有佚名朱筆圈點句讀。

6. 清光緒年間維新局校刊本

江永《集注》十四卷,《世家》一卷,光緒年間維新局刻本,每半葉九行二十一字,注文小字雙行同。四周雙欄,有界行,框高 18.70 釐米,寬 13.80 釐米。白口,單(黑)魚尾。卷端題署"婺源後學江永集注"。其版式行款、版心所刻、卷端編次、題識與上述大梁書院刻本同(書影見圖 2 - 42)。

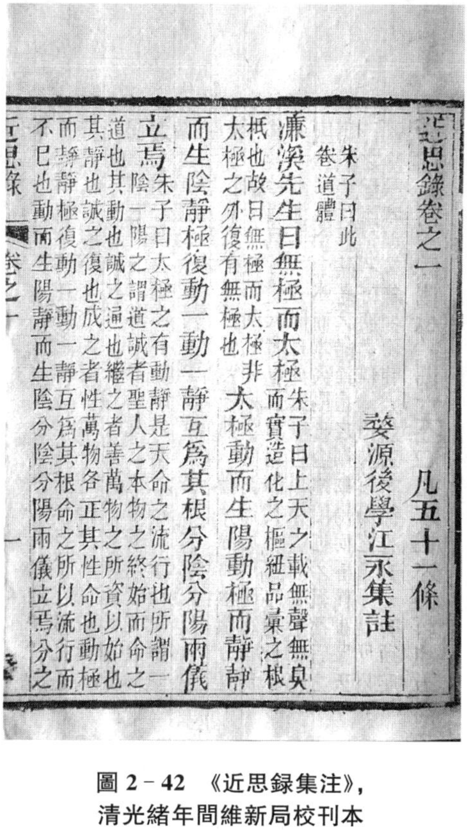
近思錄卷之一　凡五十一條
婺源後學江永集註
朱子曰此
卷道體
濂溪先生曰無極而太極朱子曰上天之載無聲無臭
而實造化之樞紐品彙之根
柢也故曰無極而太極非
太極之外復有無極也太極動而生陽動極而靜靜
而生陰靜極復動一動一靜互為其根分陰分陽兩儀
立焉朱子曰太極之有動靜是天命之流行也所謂一
陰一陽之謂道誠者聖人之本物之終始而命之
道也其動也誠之通也繼之者善萬物之所資以始也
其靜也誠之復也成之者性萬物各正其性命也動極
而靜靜極復動一動一靜互為其根命之所以流行而
不已也動而生陽靜而生陰分陰分陽兩儀立焉分之
近思錄　卷之一　一

圖 2 - 42　《近思録集注》,清光緒年間維新局校刊本

其卷首書名葉右半葉自右至左刻"江慎修先生原輯/近思録集注",左半葉刻牌記"光緒壬申歲維新局校刊"。正文前刻有江永《近思録集注序》《近思録書目原序》《近思録集注凡例》及《考訂朱子世家》一卷。

該刻本牌記題"光緒壬申",可是遍查史書,不見此朝有"壬申"年。但是,從其版式、内容、卷端題識等考察,與大梁書院刻本或有緊密關聯,恐重刻大梁書院刻本,故我們將其附於此類。華東師大圖書館藏本,4 册。該藏本字迹漫漶，紙質脆黄，天頭地脚較窄。鈐有“□彦遺書”“華東師範大學圖書館藏書章”等。

7. 清光緒年間裕德局校刊本

江永《集注》十四卷，《考訂朱子世家》一卷，裕德局刻本每半葉九行二十一字，注文小字雙行同，四周雙欄，有界行。白口，單(黑)魚尾。版心魚尾上刻書名“近思録”，魚尾下刻卷次(如“卷之一”)、頁碼(書影見圖 2－43)。

近思錄卷之一　凡五十一條
婺源後學江永集註
朱子曰此卷道體
濂溪先生曰無極而太極朱子曰上天之載無聲無臭而實造化之樞紐品彙之根柢也故曰無極而太極非太極之外復有無極也太極動而生陽動極而靜靜而生陰靜極復動一動一靜互爲其根分陰分陽兩儀立焉朱子曰太極之有動靜是天命之流行也所謂一陰一陽之謂道誠者聖人之本物之終始而命之道也其動也誠之通也繼之者善萬物之所資以始也其靜也誠之復也成之者性萬物各正其性命也動極而靜靜極復動一動一靜互爲其根命之所以流行而不已也動而生陽靜而生陰分陰分陽兩儀立焉分之
近思錄　卷之一　一

圖 2－43 《近思録集注》，清光緒年間裕德局校刊本

此刻本卷首的書名兼牌記葉，自右至左分刻“江慎修先生原輯/近思録集注/光緒壬申歳裕德局校刊”。既然光緒朝無“壬申”年，可爲何此刊本與上述“維新局”刊本均如此刻印牌記呢？筆者疑惑不解，以爲上述兩種刻本牌記或許有誤，以致我們不能知曉兩種刻本的確切刊刻時間。

從其版式、内容、卷端題識等與上述維新局的校刊本相同之處考察，筆者以爲它們應當同出一源，即光緒年間裕德局與維新局都是重刻張日晸刊本。

清光緒年裕德局校刊《集注》本，安徽省圖書館有藏，4 册，紙質黄薄脆，少數書葉有佚名朱筆圈點。

8. 江永集注《朱子近思録》清代後期刻本

清代後期刊行《近思録》文獻者甚多，其中有一種刻本，刻有江永集注《近思録》十四卷，並附《考訂朱子世家》一卷。刻本每半葉九行二十一字，注文小字雙行同，四周雙欄，有界行。白口，單(黑)魚尾。卷一卷端題署“婺源後學江永集注”。

其卷首序文，以及刻本的版式、内容等，皆與上述“維新局”“裕德局”重刊本同，也與張日晸刻本存在淵源，很可能是覆刻本。

但是該刻本卷首的書名葉四周刻有龍紋圖案，書葉上端刻“欽定”，中間刻大字“朱子近思録”。依據此特徵，筆者將其定名爲“《朱子近思録》”，實際上據卷一卷端題名，它應是江永集注的《近思録》。

從此刻本的總體形態看，它與前幾種重刻江永《集注》本一樣，儘管刻印單位未注明，但刻印時間大體在光緒年間。華東師大圖書館藏本（書影見圖 2－44），2 册，字迹較模糊，疑爲後印本。藏本鈐有“交通部上海工業專門學校圖書館”“交通大學上海學校圖書章”等印章。

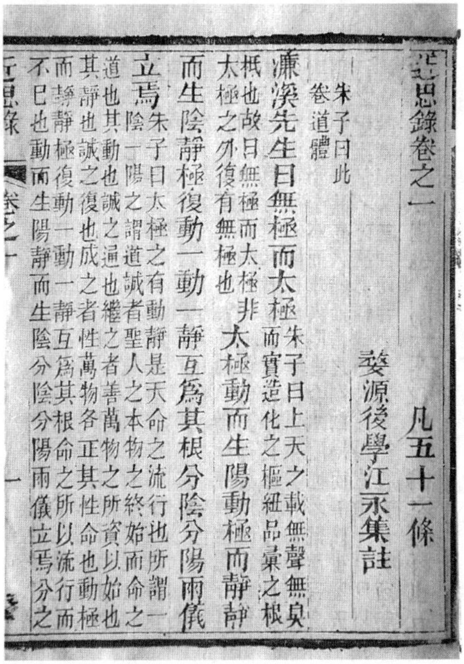
近思錄卷之一

凡五十一條

婺源後學江永集註

朱子曰此卷道體

濂溪先生曰無極而太極朱子曰上天之載無聲無臭而實造化之樞紐品彙之根柢也故曰無極而太極非太極之外復有無極也太極動而生陽動極而靜靜而生陰靜極復動一動一靜互爲其根分陰分陽兩儀立焉朱子曰太極之有動靜是天命之流行也所謂一陰一陽之謂道誠者聖人之本物之終始而命之道也其動也誠之通也繼之者善萬物之所資以始也其靜也誠之復也成之者性萬物各正其性命也動極而靜靜極復動一動一靜互爲其根命之所以流行而不已也動而生陽靜而生陰分陰分陽兩儀立焉分之

近思錄 卷之一 一

圖 2－44　江永集注《朱子近思録》，清末刻本

三、王鼎校次本《朱子原訂近思録集注》傳本考

這一部分之所以與江永集注《近思録》本的其他版本區分開來討論，是因爲江永《近思録集注》的此類重刊本在卷端題署書名、注者時有其明顯特徵。上述嘉慶十二年李承端刻本、道光二十四年大梁書院刻本等，它們的卷端將書名題作“近思録”，注者均題署“婺源後學江永集注”，而本部分所考本子多將書名題謂“朱子原訂近思録”，注者校者則題作“婺源江永集注，關中王鼎校次”，且在《集注》卷十四後一般不附刻《考訂朱子世家》一卷。

江永《近思録集注》面世以後，除不斷有人翻刻重刻外，也有對《集注》傳本進行校勘重刻，王鼎（1768—1842）便是代表者之一。王鼎字定九，號省崖，陝西蒲城人。清嘉慶元年進士，選庶吉士，授編修，官至户部尚書，河南巡撫，直隸總督，東閣大學士，卒謚文恪。作爲嘉慶時期的理學名臣，王鼎肯定聖賢所作儒家經典的價值，尤其是朱子學術思想能裨益政教，達到風俗醇美。他認爲宋以前有人解經不得聖人之心，而宋儒闡發儒學，發明了道統治法，特别是朱子教導學者慎思，以《近思録》作爲下學切要功夫。王鼎受其啓發，建言清廷應以儒學精義培養人才，從太學到各級官學，教授學生讀五經四子之書，探求義理。

至於王鼎校刊江永《集注》原因，據其《朱子原訂近思録序》似可得知。由於王鼎關注到《近思録》在社會教化上具有無可替代的基石價值，認爲學之可持己、戒浮薄、致力道德、醇風俗、育真才、立己立人、達己達人，所以他把刊刻江永《集注》也作爲自己的爲官職責。嘉慶壬申，即嘉慶十七年(1812)奉命視學江右時，王鼎便把《近思録》作爲教育學子入德的門户。嘉慶十九年他作序文説："顧其所讀本，率皆近世汪氏、施氏之編，且坊刻歧誤甚多，非復朱子之舊矣。憶予廿年前，得婺源江氏慎修《集注》，極爲完善，十年前又得大興朱文正公與徽人之宦京師者新刻江氏本，合而校之，藏諸篋中。因出以商諸中丞芝圃先公，重爲刊刻，遍示學宫弟子。公曰善，遂與方伯柏田袁公、廉訪孟岩盛公，暨僚屬等，輸貲發刊，起癸酉冬十一月，越次年夏五月告成。按學分大小而周布之，蓋人人得善本焉。……兹刻江氏《集注》，標名曰《朱子原訂近思録》，從其朔也。"並叮囑讀此書者"若夫拘守是書而不復旁通，徒事口耳而不求心得，甚或摭拾腐説，支離傅會，而一毫無裨於實用，反使記誦之學嗤其陋，詞章之學哂其拙。此則蹈嘉定以來末學談理之流弊，非今日刊刻之意矣。讀者幸鑒余之苦心也夫"[①]。另據嘉慶十九年先福《重刻近思録序》説，王鼎囑託他刊刻此書，"遍布學宫，俾知證鄉。爰與方伯、廉使、觀察諸公，共商剞劂。梓成，因弁簡端，並敬告以勖多士"。由此可見王鼎主導刊行《集注》，旨在用於教化民衆，以此作爲學宫的閲讀書籍。其校刊本用"朱子原訂"字樣標書名，意在力圖恢復朱子《近思録》的原貌，既與江永集注時欲還《近思録》舊貌的想法一致，也與當時見到的新安朱氏本、汪佑本、施璜本等區别開來。

---

① （清）王鼎《朱子原訂近思録序》，載於《朱子原訂近思録集注》，清嘉慶十九年江西藩署刊本。

而且我們也發現王鼎是以自己早年獲得的《集注》善本爲底本，將後來所得“朱文正公與徽人之宦京師者新刻江氏本”作爲校本，對不同版别的《集注》傳本進行校勘，最終由江西藩署刊行於世。王鼎的“校次”本是江永《集注》在嘉慶年間爲數不多的善本之一，有較大的學術與文獻價值。嘉慶年間王鼎校次的刊本面世後影響較大，重刊其本者頗多，對朱子學思想的廣泛傳播發揮了一定的作用。今先總述嘉慶十九年王鼎校次本，隨後分考各重刻本。

《朱子原訂近思録》十四卷，江永集注，王鼎校次，清嘉慶十九年江西藩署刊本，是今存最早的王鼎校次刻本。每半葉九行二十字，注文小字雙行同，四周雙欄，有界行，框高 18.70 釐米，寬 14.30 釐米。白口，單(黑)魚尾。版心魚尾上方題書名簡稱“近思録”，魚尾下題卷次(如“卷之一”)，下端題記頁碼。卷一卷端首行頂格題“朱子原訂近思録卷之一”，越兩字格題署本卷語録條數“凡五十一條”，第二行低三字格題“婺源江永集注”，越三字格題“關中王鼎校次”，第三行低一字格雙行小字刻本卷綱目“朱子曰此卷道體”，第四行頂格刻正文，《近思録》原文刻作大字，江永注文刻作雙行小字。此刻本在漢字的右下刻有句讀符號，即小圓圈“。”。卷末有尾題“卷之某終”。刻本中“弘”改作“宏”，“玄”改作“元”，由此可知是清乾隆年以後的刊本。

該刻本卷首書名兼牌記葉自右至左刻有“嘉慶甲戌重鐫/朱子原訂近思録集注”，書名刻作隸體大字，其左下刻有“板藏江西藩署册庫”。正文前依次刻有清嘉慶十九年先福《重刻近思録序》(此序文是手寫行書上版，洋洋灑灑甚是雅致，原版文字末刻有陰文印“先福之印”、陽文印“芝蒲”)、嘉慶十九年王鼎《朱子原訂近思録序》(凡“功令”“文教”“皇上”“聖天”等均凸出板框提行刻印，原版文末刻有陰文印“臣鼎”、陽文印“省厓”)、江永《朱子原訂近思録集注原序》、《朱子原訂近思録集注凡例》、《朱子原訂近思録集注書目原序》(其内容與《集注》嘉慶十二年刻本同)。在《集注》的卷十四末刻有嘉慶十二年李承端跋文。

依據此刻本的牌記、王鼎作序時間，筆者推斷此本爲王鼎校次，清嘉慶十

朱子原訂近思錄卷之一　凡五十一條
婺源江永集註　關中王鼎校
朱子曰：此卷道體。
濂溪先生曰：無極而太極。朱子曰：上天之載，無聲無臭，而實造化之樞紐，品彙之根柢也。故曰無極而太極，非太極之外復有無極也。太極動而生陽，動極而靜，靜而生陰，靜極復動。一動一靜，互爲其根。分陰分陽，兩儀立焉。朱子曰：太極之有動靜，是天命之流行也，所謂一陰一陽之謂道。誠者聖人之本，物之終始，而命之道也。其動也，誠之通也，繼之者善，萬物之所資以始也。其靜也，誠之復也，成之者性，萬物各正其性命也。動極而靜，靜極復動，一動一靜，互爲其根，命之所以流行而不已也。動而生陽，靜而
近思錄　卷之一　一

圖 2 - 45　江永《朱子原訂近思録集注》，清嘉慶十九年江西藩署刊本

九年(1814)江西藩署册庫刊行。復旦大學圖書館藏本（書影見圖2 - 45)，4 册，刻印精美。鈐有朱文印“仲祜手校”“獨山莫祥芝圖書記”“震旦大學圖書館丁氏文庫”等，白文印“莫祥印”“莫祁圖書之印”“莫棠之章”“丁福保鑒藏經籍圖書”等。這便是《增訂四庫簡明目録標注》著録的“嘉慶甲戌江西刊本”，《書目答問補正》著録的“嘉慶間”“江西”刻本，或許也是此本。

然而，關於現存公私藏目對此本刊刻時間、地點的著録仍值得推敲，《增訂四庫簡明目録標注》《郘亭知見傳本書目》都著録有“嘉慶壬申年江西督學王鼎刊本”①，恐是公私藏目中著録的一部最早的王鼎刊本，但是筆者對“嘉慶壬申年”，即嘉慶十七年(1812)的此刻本是否真的存在，表示懷疑。而且我們發現《標注》著録了兩種江西刻本，一種直言“壬申年”“王鼎刊本”，另一種則謂“嘉慶甲戌江西刊本”，即嘉慶十九年王鼎刻本。如果兩部書目著録的“壬申年”刻本真的存在，那麽王鼎會在嘉慶十七年、十九年連續刊刻《集注》嗎？這樣同一人僅相隔兩年刻印同一本書，似乎與事理不太相符。

當我們再讀王鼎序文時，可以發現他取家藏《集注》本，與先福商榷重刻事宜，希望“遍示學宫弟子”，在得到先福的肯定後，“遂與方伯柏田袁公、廉訪孟岩盛公，暨僚屬等，輸貲發刊，起癸酉冬十一月，越次年夏五月告成”。這説明王鼎校次的本子是嘉慶“癸酉”（十八年）冬開刻，“次年”（十九年）夏告竣，

① 《增訂四庫簡明目録標注》，第 391 頁。《藏園訂補郘亭知見傳本書目》，第 44 頁。

歷時大半年，其序文落款時間"嘉慶十有九年歲次甲戌夏五月"即可爲證。再據參與刊刻事務的先福作序時間"嘉慶十九年歲在甲戌春二月"，可以推知邵章"續録"、莫友芝著録的刻本時間可能存在問題，即史上不存在"壬申年"刻本，祇有"甲戌"年王鼎校次的刊本，即嘉慶十九年江西藩署刻成的《朱子原訂近思録》十四卷。而且，今人王澔《〈近思録〉版本考》列舉的江永《集注》本爲"嘉慶十九年吴氏望三益齋刻本"[①]，也值得商榷，因爲嘉慶十九年王鼎校次本與吴氏望三益齋刻本是兩種刻本，不可混爲一種。

王鼎《朱子原訂近思録序》曰：

> 學術與治術，一以貫之者也。古之聖賢，戒慎恐懼，主敬存誠，默察乎天命民彝之本，體驗於躬行實踐之餘，而天地之所以裁成，民物之所以發育，經典之所以燦陳，與夫一切制度文爲之淆列，而與時損益以各適其宜者，悉於是乎出。推之人心而同，放之天下而準，故學爲有本之學，而治爲可久之治。况夫學術醇則風尚端，膠庠稽古之士，範身名教，而鄉里之薰其德而善良者，效可立睹，又爲裨益政教之急務乎！歐陽子曰："教學之法，本於人性，磨揉遷革，使趨於善，至於禮讓興行，而風俗醇美，然後爲學之成。"誠哉！是言也。國家以經義育才，自太學以迄郡州縣，莫不立之學而設之官。教之之法，則使人日誦習五經、四子書，以講求義理之精，爲升選登進之階。海内之士，争自濯磨，學術畫然一出於正，以應朝廷之選者，蓋百七十餘年矣。竊嘗思之，人受天地之中以生，而治以協天地之大同。道者，所由適於治之路也。堯、舜、禹、湯、文、武、周公之治，集於孔子，孔子之道，著於孟子。秦火以後，漢之江都，隋之河汾，唐之昌黎，皆能闡發道義，力任正學。然或見其本而倚於偏，或窺其廣大而未極乎精微，其他紛紜舛錯，解經而不得聖人之用心者，指不勝屈，於異端害道，又何責焉？宋周、程、張、朱諸大賢出，剖晰於理欲之微，並進乎知行之功，密動静之交養，見内外之合一，由小學以及大學，由治己而推之治世，鉅細精粗，本末始終，莫不同條而共貫，體立而用行。然後千古之道統治法，燦然以明，而後世得有所取法。今科場功令命題，一本五

① 王澔《〈近思録〉版本考》，見徐德明等編《朱熹著作版本源流考》，第123頁。

經、四子書，其援引傳説，必以朱子爲斷，誠以朱子之道，孔孟之道也。夫聖人之道，高矣美矣，而朱子引之以近。聖人盡其性，推而行之，以盡人物之性，極於贊化育，參天地，而朱子則教學者慎之於思。昔吕東萊先生過寒泉精舍，朱子留與閲周、程、張四家之書，擇其切實粹精，裨於性情心術之正，人生日用之恒，經世宰物之宜者，得六百二十二條，分爲十四卷，名曰《近思録》。其後往復商榷，久而始定，以此爲下學切要功夫。且曰：《近思録》，四子書之階梯；四子書，五經之階梯也。然則士生文教昌明之會，誦聖賢之書，志聖賢之志，學聖賢之學，以仰體作人之化者，舍是書其何以爲階哉？嘉慶壬申冬，余奉命視學江右。抵任後，循例按試各郡，恭繹皇上"飭士習，厚風俗，正人心"之諭，兢兢與士子相勖以實學。爰取《近思録》爲入德門户，士之穎異者，翕然知所尊尚，而潛心研究之，予亦時能陳其義藴。顧其所讀本，率皆近世汪氏、施氏之編，且坊刻歧誤甚多，非復朱子之舊矣。憶予廿年前，得婺源江氏慎修《集注》，極爲完善，十年前又得大興朱文正公與徽人之宦京師者新刻江氏本，合而校之，藏諸篋中。因出以商諸中丞芝圃先公，重爲刊刻，遍示學宫弟子。公曰善，遂與方伯柏田袁公、廉訪孟岩盛公，暨僚屬等，輸貲發刊，起癸酉冬十一月，越次年夏五月告成。按學分大小而周布之，蓋人人得善本焉。夫是書自朱子手訂後，淳祐中葉氏采進《集解》，一遵原本。其後周公恕分標細目，移動本文，破碎糾紛，不免漏落妄增之譏。新安朱氏本，或節去本文，或以本文訛入分注，又或訛葉注爲本文，謬僞滋甚，大率沿周氏本而益其誤也。汪氏、施氏又取朱子語附益其中，復引後儒之説發明之，均失原編之義。兹刻江氏《集注》，標名曰《朱子原訂近思録》，從其朔也。余惟古昔教育人才之法，莫重於學，而學官之制，我朝更詳備於古。學所以求道也，道成己而成物者也。士君子窮經致用，思聖天子振興文治、廣勵師儒之意，原欲使經正民興，俾鄉有善俗，國有真才也。其服習必於仁義，而所學必求衷諸正，不矜博覽章句之能，盡捐富貴利達之見。一志慮之專，以戒夫浮薄之失；殫切磋之益，而力致夫道德之精。以之持己則誠而明，以之式俗則順而祥，以之處家國天下之事，無所施而不當，則必於《近思録》基之。體認既熟，於以讀四子書，始恍然於義理之悦我心；由四子書而研窮諸經，益恍然於唐虞三代之學與治，運用天理而合乎人情者，亘萬古而不易。然後博稽史傳，考製作之得失，驗人心之邪正，自釐然以辨，而不蔽以偏私。由是取以備公卿大夫百職事之選才皆預定，而設施亦皆素所習聞，即偶處鄉曲，而訓俗型方，亦已立立人、已達達人事也，豈不休哉！若夫拘守是書而不復旁通，徒事口耳而不求心得，甚或摭拾腐説，支離傅會，而一毫無裨於實用，反使記誦之學嗤其陋，詞章之學哂其拙。此則蹈嘉定以來末學談理之流弊，非今日刊刻之意矣。讀者幸鑒余之苦心也夫。嘉慶十有九年歲次甲戌夏五月，關中王鼎序並書。

先福《重刻近思録序》曰：

孔子云"切問而近思"，"近思"云者，將以收其放心也。操之則存其固有之良，舍之則亡其本來之善。聖狂殊途，祇争克念與否耳。朱子《近思録》一編，爲學者切要之槖鑰，所當朝夕循誦，以發深省者也。省垣使者視學西江，頃語予云："江右爲人文之藪，代有英賢，輶軒所及，課士命題，類多博通淹雅，斐然可觀。若再勖以先儒心性經術之精，修己治人之要，其所進當不止是。"因囑刊《近思録》，遍布學宫，俾知證嚮。爰與方伯、廉使、觀察諸公，共商剞劂。梓成，因弁簡端，並敬告以勖多士。嘉慶十九年歲在甲戌春二月初吉，長白先福謹序。

在清嘉慶年之後，重刻江永《集注》者中有一部分是以王鼎校次的《朱子原訂近思録》江西藩署刻本爲底本，現存此類刻本不少於 10 種，今分述如下。

1. 清咸豐二年孫鏘鳴校刊本

王鼎校次的《朱子原訂近思録》十四卷，咸豐初年便有重刊本面世。此刻本每半葉九行二十字，注文小字雙行同。四周雙欄，有界行，框高 18.90 釐米，寬 14.70 釐米。白口，單(黑)魚尾。版心的魚尾下刻書名卷次簡稱(如"近思録一")、頁碼，部分版心還刻有本版字數。卷一卷端首行頂格題"朱子原訂近思録卷一"，越三字格題本卷語録數"凡五十一條"。第二行題署注校者姓名時，與上述嘉慶十九年江西藩署刻王鼎校次本略有不同，先低三字格題"婺源江永集注"，再越兩字格刻題雙行小字"關中王鼎校次，瑞安孫鏘鳴重校"。第三、第四行的編次與江西藩署刊本同。刻本中"玄"改作"元"，"弘"改作"宏"。

朱子原訂近思錄卷一　凡五十一條
婺源江永集註　關中王鼎校次　瑞安孫鏘鳴重校
朱子曰此卷道體
濂溪先生曰無極而太極 朱子曰上天之載無聲無臭而實造化之樞紐品彙之根柢也故曰無極而太極非太極之外復有無極也
太極動而生陽動極而靜靜而生陰靜極復動一動一靜互爲其根分陰分陽兩儀立焉 朱子曰太極之有動靜是天命之流行也所謂一陰一陽之謂道誠者聖人之本物之終始而命之道也其動也誠之通也繼之者善萬物之所資以始也其靜也誠之復也成之者性萬物各正其性命也動極而靜靜極復動一動一靜互爲其根命之所以流行而不已也動而生陽靜而

圖 2－46 《朱子原訂近思録集注》，清咸豐二年孫鏘鳴校刊本

正文前刻有江永《朱子原訂近思録集注原序》、《書目原序》與《凡例》。卷十四末刻有孫鏘鳴跋文。

温州市圖書館藏有此刻本（書影見圖 2－46），蟲蛀嚴重，又有闕損。卷二末有墨筆抄配脱落的文字，卷三首葉亦抄配脱落的題名。

經查《孫鏘鳴年譜》，我們發現他三十五歲（咸豐元年）時説，道光己酉年（道光二十九年，1849）秋，"奉命典粤西試，留視學校，方將導以儒先性理之書與夫經史根柢之學，與諸生講明而切磋之"。咸豐二年，他又説："余在任又刻《近思録》一書，科試分給優等生員，以補俞庭之未逮，惜此版任滿携歸，亂後被毁。"[①]再據現存刻本的孫氏跋文，他在粤西是欲求乃師王鼎校次本（即江西藩署刻本）而不能如願，這時應是道光二十九年。也就在同年，他獲得龍翰臣從湖北帶來的江西藩署本，於是决定重校刊梓。咸豐辛亥（即咸豐元年）開雕，"壬子"年（即咸豐二年）冬"始就"，這與《年譜》記載吻合。因此，孫氏所言刻本就是咸豐二年（1852）重校刊刻本《朱子原訂近思録》，源自嘉慶十九年江西藩署所刊王鼎校次本。

孫鏘鳴跋文云：

> 《近思録》世多行汪氏、施氏本，皆失寒泉手纂之舊。慎修先生删繁訂誤，一復舊觀，即取朱子之語，以注朱子之書，疏通證明，視葉氏《集解》尤爲精切。其書初出於朱文正相國家，吾師王文恪公重刻於豫章使院。鏘鳴視學粤西，求是書善本不可得。同年龍翰臣學士自楚北歸，出此本

① 《孫鏘鳴集》（下），見《温州文獻叢書》，第 727—729 頁。

相示，遂重校付梓。開雕於辛亥之七月，迨壬子春，圍城㷽火，匠氏雲散，工中輟，至冬□剞劂始就。□□□□□□於此至，兹編之有裨於□□□□興，夫□□□是書之法，則有紫陽、東萊□□□□□□□□□□□□□孫鏘鳴跋。

2. 清同治三年至四年望三益齋刻本（附刻《考訂朱子世家》一卷）

清同治年間，因戰亂的破壞，許多儒學典籍被毁，以致傳世文獻驟減，江永《集注》的流佈也受影響，於是有識之士對其進行重刊傳播。吴棠（1813—1876），字仲宣，一作仲仙，號棣華，清代安徽盱眙（今安徽明光市）人。道光十五年（1835）舉人，授江蘇清河知縣，以治淮起家。咸豐十一年（1861）爲江寧布政使，同治二年（1863）兼署漕運總督，三年任江蘇巡撫，四年官兩廣總督，五年調閩浙總督，六年任四川總督。謚勤惠。撰有《望三益齋存稿》。他在江淮任職期間主持重刻了王鼎校次本，同治四年他説："《近思録》通行淳祐間葉采《集解》本。江氏《集注》成於乾隆七年，刊本輒未易得。山陽丁儉卿晏好蓄書，而所有亦僅《集解》。往歲秋，儉卿長子壽昌出守嚴州，篋中携有王文恪公刻本，出以見示。讀之恍接寒泉纂論謦欬，怡然涣然。命工重刻，延秀水高伯平均儒校訂，凡七月而畢。溯注成之始，今已一百二十四年。……可見是書刻本無多得，故不易而尋繹。"[1]

此刻本每半葉七行十八字，注文小字雙行同，四周雙欄，有界行，框高17.90釐米，寬13.60釐米。白口，單（黑）魚尾。版心魚尾上刻書名簡稱"近思録"，魚尾下刻卷次、頁碼，與上述江西藩署刊本稍異的是在版心下端刻有堂號"望三益齋"。尾題"卷之某終"。各卷除首條語録單列外，其餘各條語録皆隨上條末刻印，條與條之間用"○"以示區分。

其卷首的書名葉右半葉刻書名"近思録"（篆書），左半葉内刻有一小長方形牌記"同治三年十月啓工，四年四月刊成"。正文前刻《欽定四庫全書總目・近思録集注》"提要"、江永《朱子原訂近思序》、《凡例》、《朱子原訂近思録書目》（包括引用《近思録》書目、朱序、吕跋、朱熹關於《近思録》的部分論説），《集注》卷十四末刻先福《重刻近思録序》、王鼎《朱子原訂近思録序》、吴棠

① （清）吴棠《跋》，載於（清）江永集注《朱子原訂近思録》，清同治三年至四年望三益齋刻本。

《跋》文、李承端《跋》文。可見，《集注》正文前後的序跋，除卷首刻四庫館臣提要、卷末刻同治四年盱眙吴棠《跋》外，其餘序跋文均與嘉慶十九年所刊王鼎校次本同，而且此本的卷端題名、注校者亦與之相同。因此再結合吴棠跋文可知，該《朱子原訂近思録》本，是望三益齋於清同治三年至四年（1864—1865）據丁壽昌[1]家藏王鼎校次本重刻，高伯平校訂。

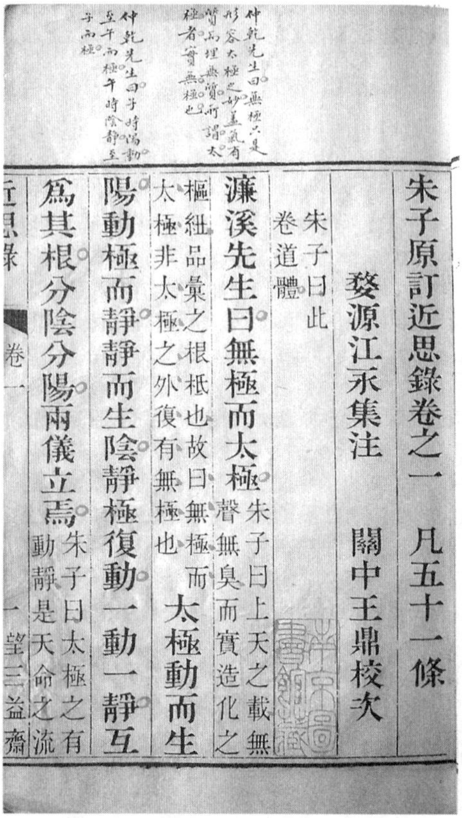
仲乾先生曰無極只是形容太極之妙蓋氣有質而理無質所謂太極者實無極也
仲乾先生曰子時陽動至午而極午時陰靜至子而極
朱子原訂近思録卷之一　凡五十一條
婺源江永集注　關中王鼎校次
朱子曰此卷道體
濂溪先生曰無極而太極朱子曰上天之載無聲無臭而實造化之樞紐品彙之根柢也故曰無極而太極非太極之外復有無極也太極動而生
陽動極而靜靜而生陰靜極復動一動一靜互
爲其根分陰分陽兩儀立焉朱子曰太極之有動靜是天命之流
近思録　卷一　一　望三益齋

圖 2－47　《朱子原訂近思録集注》，清同治四年望三益齋刻本

此本刻印較精，存世較多，南京圖書館藏本（書影見圖 2－47），4 册，有同治七年四月二日“德亨”的題識，另有“戊午”年“癸亥六月初八日懷祖”墨筆批注，佚名朱筆圈點再批注。上海圖書館、復旦大學等也有藏。

但是值得注意的是，温州大學圖書館藏本在《集注》卷十四之後，還刻有張日晸《重刊近思録集注序》，附刻有《考訂朱子世家》一卷，其首葉即書名“考訂朱子世家”（篆體），其背面牌記刻“同治五年六月續刊”，此後刻有《引言》與《世家》正文。由此看來，該藏本由兩部分構成，即同治四年刊就的《朱子原訂近思録》十四卷、同治五年續刊的《考訂朱子世家》，蘇州大學藏本亦如此。其《世家》的收録恐與前文所述嘉慶十二年李承端校刊本有關。

關於吴棠刊本，多家藏書目録注記簡略，表述略異，如《增訂四庫簡明目録標注》著録爲“同治三年吴氏望三

[1] 丁壽昌（1818—1865），字頤伯，號菊泉，江蘇山陽人，爲丁晏長子。道光二十七年進士，改庶吉士，官户部主事，升山西司員外郎。咸豐九年任順天鄉試同考官，擢四川司郎中。同治三年任福建道監察御史，又授浙江嚴州府知府。著有《睦州存稿》八卷。

益齋刊本”,《書目答問》著録爲“吴氏望三益齋本”[1],《藏園訂補郘亭知見傳本書目》《持静齋書目》[2]著録爲“同治三年望三益齋刊本”,《八千卷樓書目》著録爲“吴氏刊本”。

吴棠《朱子原訂近思録》跋文云:

《近思録》通行淳祐間葉采《集解》本。江氏《集注》成於乾隆七年,刊本輒未易得。山陽丁儉卿晏好蓄書,而所有亦僅《集解》。往歲秋,儉卿長子壽昌出守嚴州,篋中携有王文恪公刻本,出以見示。讀之恍接寒泉纂論謦欬,怡然涣然。命工重刻,延秀水高伯平均儒校訂,凡七月而畢。溯注成之始,今已一百二十四年。文恪視學江西,嘉慶十九年刊是本,序云廿年前得江氏注本甚完善,十年前又得大興朱文正公與徽人之官京師者新刻本,合而校之,刊示學官弟子。婺源李承端跋云:相國石君師,出《近思録集注》抄本,語端曰:“江先生輯朱子之語,以注朱子之書,至爲精切,裨益於世道人心不淺。”按文恪《序》,廿年前所得完善本,合徽人新刊刻本校之,則即李跋所謂文正抄本。可見是書刻本無多得,故不易而尋繹。文正所謂“輯注精切,裨益於世道人心不淺”之意,其難在讀而循之,以敦厥行,而不可沾沾以得是本爲足喜也,願與讀者共勉之。同治四年壬戌盱眙後學吴棠謹識。

3. 清同治七年崇文書局重刻本

晚清五大官書局之一的崇文書局[3],由同治六年時任湖北巡撫的曾國荃創設,次年便刊刻了江永《集注》。刻本每半葉七行十八字,注文小字雙行同,四周雙欄,有界行,框高 17.90 釐米,寬 13.60 釐米。白口,單魚尾。其版式特徵、編次、版心所刻與上述江西藩署刊本同。

其卷首的書名葉右半葉刻書名“近思録”(隸書大字),左半葉框欄内刻有一四周單欄的長方形牌記“同治七年楚北崇文書局開雕”。正文前序跋、内容與卷末的王鼎序、吴棠跋文,以及正文内容、版式、卷端題識,均與上述望三益

① (清)張之洞撰,范希曾補正《書目答問補正》,上海古籍出版社,2001 年 7 月 1 版,第 151 頁。
② (清)丁日昌《持静齋書目》云,單行本,清同治九年刊本。
③ 或云湖北崇文書局,清同治六年湖廣總督兼湖北巡撫李瀚章創立於武昌,又稱湖北書局。

齋刻本相同。

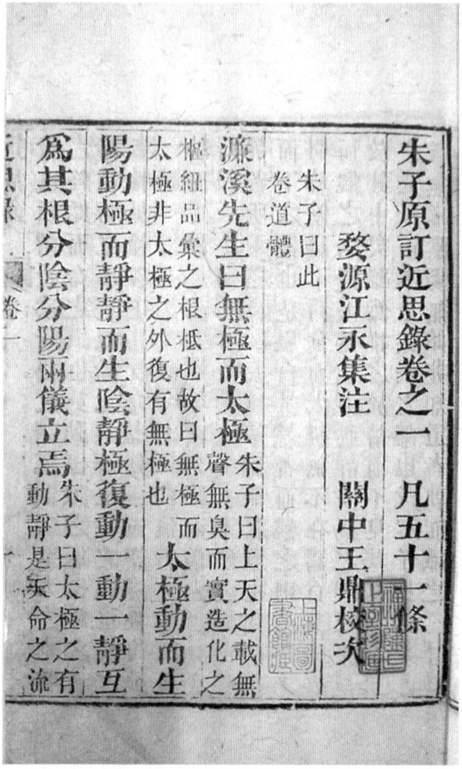
朱子原訂近思錄卷之一　凡五十一條

婺源江永集注　闕中王鼎校次

朱子曰此卷道體

濂溪先生曰無極而太極朱子曰上天之載無聲無臭而實造化之樞紐品彙之根柢也故曰無極而太極非太極之外復有無極也太極動而生陽動極而靜靜而生陰靜極復動一動一靜互爲其根分陰分陽兩儀立焉朱子曰太極之有動靜是天命之流

近思錄　卷一

圖 2－48　《朱子原訂近思録集注》，清同治七年崇文書局重刻本

因此根據上述内容，我們可以確定這是同治七年(1868)楚北崇文書局重刻《朱子原訂近思録》十四卷，又據應寶時《近思録跋》云“盱眙吴公得王文恪公江右雕本重刻於袁浦，楚北崇文書局踵而刻之”①，那麽該本是重刻江西藩署本。從刻書地看，《書目答問》著録的“武昌局本”，很可能是此本。

崇文書局此刻本存世較多，筆者所見上圖(書影見圖 2－48)、南圖等藏此本的目録、内容、版式、字體相同，當同版印製。

4.《近思録集注》，清光緒元年香山何璟重刻本

何璟(1816—1888)，字伯玉，號小宋，清廣東香山(今廣東中山)人。道光二十七年進士，歷任江南道按察使、廬鳳道布政使、福建巡撫、山西巡撫。同治十一年(1872)署兩江總督兼辦理通商事務大臣。光緒二年(1876)授閩浙總督兼福州將軍。晚年主講粤地的應元書院。著有《奏議》《通鑒大戰録》等。

光緒元年何璟説：《近思録》十四卷，“江《注》尤重於時。嘉慶間，朱文正公始刊江《注》於京邸，及王文恪公任督學，又刊於江西，同治初吴仲宣漕帥又刊於清江，近又刊於鄂省書局，惟粤省中流傳未廣。余因檢家藏王本重梓之”②。讀何璟跋文，他所言此前的《集注》版本，筆者已在前文多有考述。那

① (清)應寶時《近思録跋》，載於(清)江永集注《近思録》，清同治八年江蘇書局刻本。

② 清光緒元年何璟跋文，載於江永集注、王鼎校次《近思録集注》，清光緒元年香山何璟重刻本。

時的何璟覺得粵地相較於河南、江西、湖北,《集注》在此流傳不廣,希望通過刊行《集注》,振興道學,“激其流、揚其波”,讓粵人“求至乎聖賢之所歸”。然而他重刊的《集注》,在《近思録》編纂者的問題上,卻不像王鼎那樣偏舉“朱子”,而是删除“朱子原訂”四字,據《四庫全書總目》將書名更改爲“《近思録集注》”。儘管其卷端所題書名有改動,但依舊是重刻“婺源江永集注、關中王鼎校次”本,即如他自己所云“悉仍王本”。

此刻本每半葉七行十八字,注文小字雙行同,四周雙欄,有界行。白口,單魚尾。其版式特徵與上述望三益齋、崇文書局刻本皆相同。其卷端題署文字與嘉慶十九年江西藩署刊本稍異者,是在“婺源江永集注”下,越兩字格刻題雙行小字“關中王鼎校本,香山何璟重刊”。

其卷首的書名葉中間刻篆體大字“近思録集注”,在此書名左下題署“陳澧篆”。正文前所刊序跋文也與王鼎刊本相近,有江永序文、《凡例》、《原訂近思録書目》、王鼎《重訂近思録集注序》,以及《四庫全書》《集注》“提要”、吴棠跋等。在《集注》卷十四末葉左下題記“南海黎維樅重校”,接之另起一葉刻光緒元年二月何璟跋文。

因此,此刊本是光緒元年(1875)香山何璟重刻王鼎校次本《近思録集注》,黎維樅校勘,刊印於廣東。《書目答問補正》著録的“廣州”局重刻本,或許與此有聯繫。湖南圖書館藏本(書影見圖 2-49),5冊,有佚名朱筆圈點句讀。《香港中

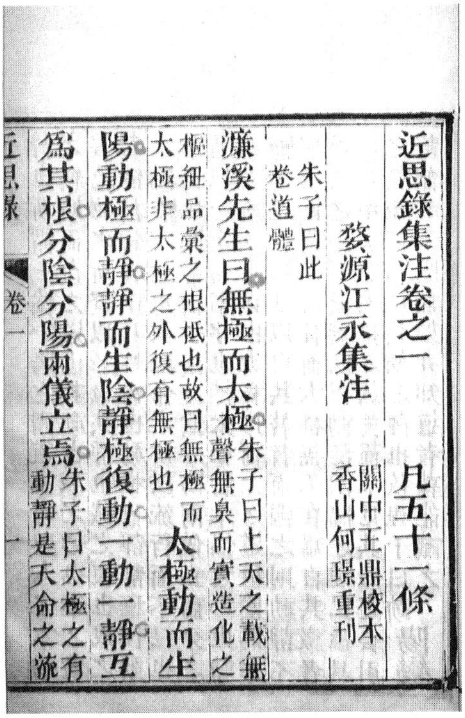
近思録集注卷之一　凡五十一條
婺源江永集注　關中王鼎校本 香山何璟重刊
朱子曰此卷道體
濂溪先生曰無極而太極朱子曰上天之載無聲無臭而實造化之樞紐品彙之根柢也故曰無極而太極非太極之外復有無極也太極動而生陽動極而靜靜而生陰靜極復動一動一靜互爲其根分陰分陽兩儀立焉朱子曰太極之有動靜是天命之流
近思録　卷一　一

圖 2-49　《近思録集注》,清光緒元年香山何璟重刻本

文大學圖書館中國古籍目録》[1]有著録。

何璟跋文云：

《近思録》十四卷，朱子與吕子伯恭同編。宋有葉氏采《集解》，康熙中有茅氏星來《集注》，又有李氏文炤《集注》。其後婺源江氏永，因周公恕之顛倒原文，復次第搜討，更爲《集注》，即今本也。葉、茅、江三家注，均著録《四庫》，李注淺陋，江《注》尤重於時。嘉慶間，朱文正公始刊江《注》於京邸，及王文恪公任督學，又刊於江西，同治初吴仲宣漕帥又刊於清江，近又刊於鄂省書局，惟粤中流傳未廣。余因檢家藏王本重梓之，至是凡五刻矣。大凡學校修明，人才輩出，必先有人焉爲導其源，繼復有大力者激其流、揚其波，而後宗派始盛。溯自惠半農學士督粤學，崇尚漢儒經訓，阮文達公益表彰之，開學海堂，輯《皇清經解》，以網羅粤中俊彦，幾幾乎家毛、韓而户馬、鄭焉。惟關閩濂洛之書，闕如未備，豈白沙、甘泉之遺澤就湮歟？抑無導源揚波其人耶？今學使章采南祭酒甫下車，即以振興道學爲事，刊《小學集解》，播諸庠序，試士有發明性理藴奥者，輒拔冠其曹。粤人士遂蒸蒸嚮風，争求五子書讀之。夫性理之書賾矣，是録與《小學》相表裏，無小非大，無近非遠，朱子所謂關於日用、切於大體者，又謂窮鄉晚近有志於學，得此而玩心，庶知入道之門。故《録》中反復商訂，不憚再三，古賢覺世深心，拳拳如是，非如《語類》第及門所輯也。學者誠能篤信敏求，因是以徧讀性理全書，博收而約取，審端而致力，求至乎聖賢之所歸，將正人心、厚風俗、濟世用者，胥於是乎在。余刊斯《録》，所以贊學士提倡道學之志，則斯《録》爲四書之階梯，江《注》又斯《録》之階梯也。昔高安朱文端公督學關中，得《張子全書》舊稿於其裔孫五經博士繩武之家，即爲刊布。余更以文端期學使，庶幾白沙、甘泉之遺澤，久郁而一發之，蓋非惟導其源也，且冀激其流、揚其波云。又是刻悉仍王本，惟每卷舊題“朱子原訂”字，竊謂寒泉舊業，同輯並題，專屬紫陽，不無偏舉。謹遵《四庫總目》，仍題《近思録集注》，所釐正者僅此已。光緒元年春二月，香山後學何璟敬跋。

---

① 香港中文大學圖書館系統編《香港中文大學圖書館中國古籍目録》，香港中文大學出版社，2004年1版，第232頁。

5. 清光緒十一年江西書局刻本(附刻《考訂朱子世家》與《近思録集注校勘記》各一卷)

《朱子原訂近思録》十四卷,江西書局刻本每半葉九行二十字,注文小字雙行同。四周雙欄,有界行,框高 18.50 釐米,寬 14.40 釐米。白口,單魚尾。此刻本版式、卷端題識、内容等與嘉慶十九年江西藩署刊本同。

卷首的書名葉右半葉刻雙行篆體字"近思録集注十四卷",左半葉刻牌記"光緒乙酉孟春江西書局開雕"。正文前依次刻有《四庫全書》《集注》"提要"、張日晸序、江永序、《書目原序》、《凡例》等。與江西藩署刊本稍别是,在《集注》卷十四末增刻了王炳《近思録集注校勘記》一卷,江永《引言》與《世家》一卷,應寶時跋文。此刊本或受同治八年江蘇書局刻本影響。

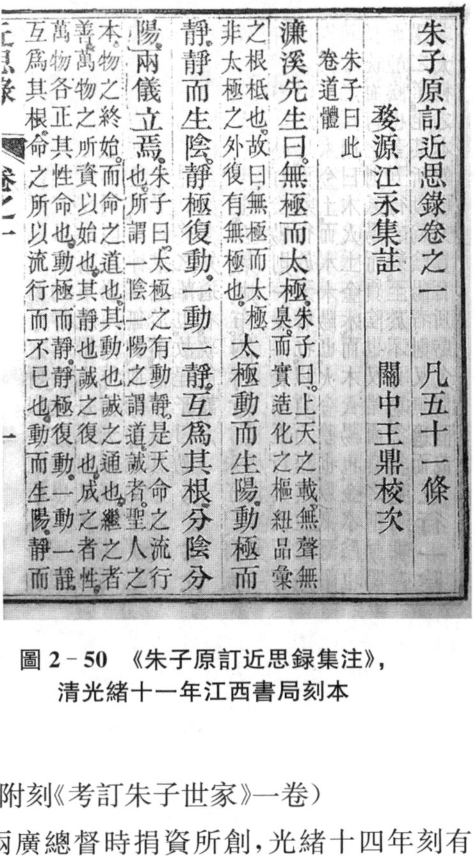
朱子原訂近思錄卷之一　凡五十一條
婺源江永集註　關中王鼎校次
朱子曰此卷道體
濂溪先生曰無極而太極朱子曰上天之載無聲無臭而實造化之樞紐品彙之根柢也故曰無極而太極非太極之外復有無極也太極動而生陽動極而靜靜而生陰靜極復動一動一靜互爲其根分陰分陽兩儀立焉朱子曰太極之有動靜是天命之流行也所謂一陰一陽之謂道誠者聖人之本物之終始而命之道也其動也誠之通也繼之者善萬物之所資以始也其靜也誠之復也成之者性萬物各正其性命也動極而靜靜極復動一動一靜互爲其根命之所以流行而不已也動而生陽靜而

圖 2-50 《朱子原訂近思録集注》,清光緒十一年江西書局刻本

從該刻本的版式、内容、卷端所題、牌記等考察,它當屬於王鼎校次本行列。"光緒乙酉",即光緒十一年(1885),江西書局於是年重刻王鼎校次本。江西書局重刻本,華東師大圖書館有藏(書影見圖 2-50),2 册;南京圖書館藏本,4 册。

6. 清光緒十四年廣雅書局刻本(附刻《考訂朱子世家》一卷)

廣雅書局爲光緒年間張之洞任兩廣總督時捐資所創,光緒十四年刻有《朱子原訂近思録》十四卷。該刻本每半葉七行十八字,注文小字雙行同,四周單欄,有界行。上白口,下黑口,單(黑)魚尾。版心除了刻有書名、卷次、頁碼外，在下黑口右側刻“廣雅書局重刊”。其卷端編次、題署等與上述同治年間的望三益齋、崇文書局刻本同，相互間當有淵源關係。

刻本卷首書名葉刻有左右兩行隸書，右爲書名“近思録十四卷”，左下刻“附考朱子世家”。其背面牌記刻“光緒十四年仲秋廣雅書局刻”。正文前刻有《集注》“提要”、江永序、先福序、王鼎序、張日晸序、《凡例》及《近思録書目》。此《集注》卷十四末刻有李承端跋，吴棠跋，江永《引言》與《世家》一卷。其所載録的序跋與望三益齋刻本同。因而，此刻本很可是廣雅書局能依王鼎校次本爲底本，於光緒十四年(1888)重刻。《增訂四庫簡明目録標注》《八千卷樓書目》著録的“廣雅局本”，即此本。

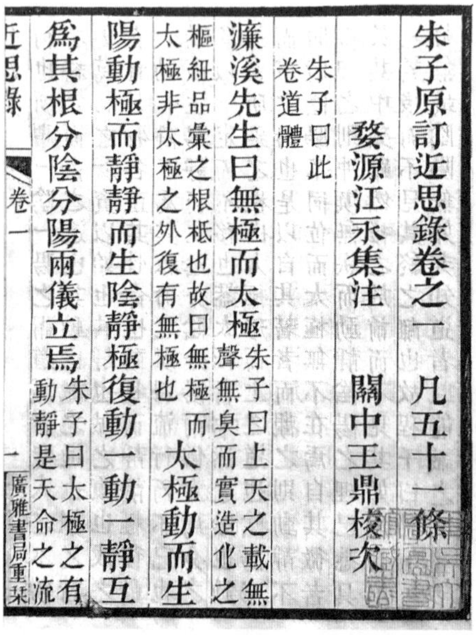
朱子原訂近思錄卷之一　凡五十一條
婺源江永集注　關中王鼎校次
朱子曰此卷道體
濂溪先生曰無極而太極朱子曰上天之載無聲無臭而實造化之樞紐品彙之根柢也故曰無極而太極非太極之外復有無極也太極動而生陽動極而靜靜而生陰靜極復動一動一靜互爲其根分陰分陽兩儀立焉朱子曰太極之有動靜是天命之流
近思錄　卷一　一
廣雅書局重栞

圖 2 - 51 《朱子原訂近思録集注》，清光緒十四年廣雅書局刻本

此刻本各卷末用小字刻有校刊者姓名，如卷一末刻：“番禺劉昌齡初校，番禺陳慶修覆校。”參與此刻本的主要校勘者還有潘乃成、沈寶樞、鄭權等。蘇州大學(書影見圖 2 - 51)、上海圖書館、南京圖書館、香港中文大學等有藏。

7. 清光緒十五年重刻本

《朱子原訂近思録》十四卷，此刻本每半葉九行十七字，注文小字雙行同，四周雙欄，有界行，框高 19.70 釐米，寬 14.20 釐米。白口，單(黑)魚尾。版心所刻、卷端所題，以及刻本的内容、體例等，均與上述清嘉慶十九所刊王鼎校次本同。但此刻本中“玄”改作“元”，“弘”改作“宏”，“淳”改作“湻”。刻印精美。

正文前刻有江永《朱子原訂近思録集注序》《凡例》及《朱子原訂近思録書目》。

刻本卷首書名葉右半葉刻“朱子原訂近思録集注”(三豎行篆書)，左半葉有四周單欄長方形小框刻牌記“光緒屠維赤奮若陽月刊”。光緒“屠維赤奮若”,即光緒己丑年(十五年)。依據上述避諱字、牌記可知這是清光緒十五年(1889)重刻王鼎校次本。陝西師範大學圖書館藏本(書影見圖 2-52),一函四册,卷帙完好。有佚名用朱筆圈點句讀或標示重要語句。

8. 清光緒十五年長安少墟書院重刻本

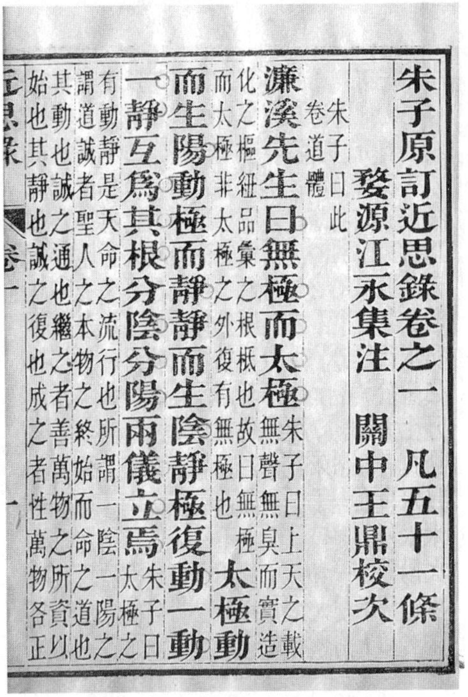
朱子原訂近思錄卷之一　凡五十一條

婺源江永集注　關中王鼎校次

朱子曰此卷道體

濂溪先生曰無極而太極朱子曰上天之載無聲無臭而實造化之樞紐品彙之根柢也故曰無極而太極非太極之外復有無極也太極動而生陽動極而靜靜而生陰靜極復動一動一靜互爲其根分陰分陽兩儀立焉朱子曰太極之有動靜是天命之流行也所謂一陰一陽之謂道誠者聖人之本物之終始而命之道也其動也誠之通也繼之者善萬物之所資以始也其靜也誠之復也成之者性萬物各正

近思錄　卷一

圖 2-52 《朱子原訂近思録集注》,清光緒十五年重刻本

此刻本與上述光緒十五年刻本基本相同,每半葉九行十七字,注文小字雙行同,四周雙欄,有界行,框高 19.50 釐米,寬 14.20 釐米。白口,單(黑)魚尾。版心所刻、卷端所題、序跋,以及刻本體例、内容、避諱字等,均與上述光緒十五年刻本同。

該本的牌記與上述版本有同有異。卷首書名葉、牌記“光緒屠維赤奮若陽月刊”,二者相同。但是該本在牌記小框欄的左側刻有雙行小字“板藏長安少墟書院,願刷印者不取版資”。由此判斷這是長安少墟書院重刻本。再結合上述内容,既然此刻本與上述光緒十五年刻本如此相似,那麽二者一定存在關聯。筆者以爲這是光緒十五年刻本的版片後歸長安少墟書院所有,少墟書院爲大力推廣傳播此書,“不取版資”,由當時的需求者取此版刷印。此刻本牌記葉的兩行小字便是刊行時所增刻。

清光緒十五年長安少墟書院重刻王鼎校次本。陝西師範大學圖書館有藏,鈐朱文印“西北大學圖書館藏書”“西安師範學院圖書館藏書章”等。安徽

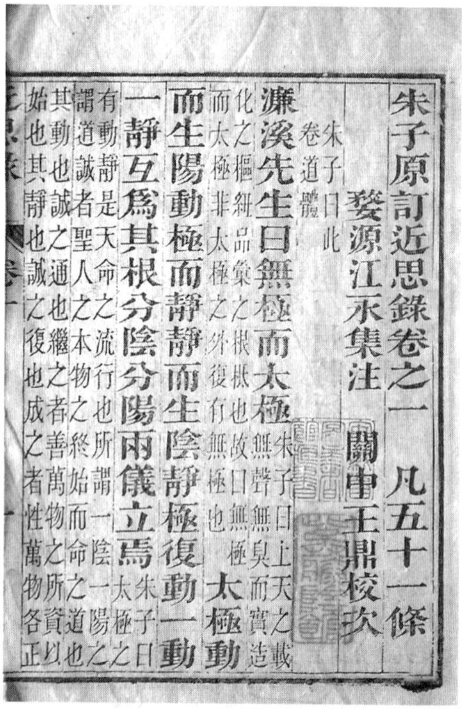
朱子原訂近思録卷之一　凡五十一條
婺源江永集注　關中王鼎校次
朱子曰此卷道體
濂溪先生曰無極而太極朱子曰上天之載無聲無臭而實造化之樞紐品彙之根柢也故曰無極而太極非太極之外復有無極也
太極動而生陽動極而靜靜而生陰靜極復動一動一靜互爲其根分陰分陽兩儀立焉朱子曰太極之有動靜是天命之流行也所謂一陰一陽之謂道誠者聖人之本物之終始而命之道也其動也誠之通也繼之者善萬物之所資以始也其靜也誠之復也成之者性萬物各正

圖 2－53　《朱子原訂近思録集注》，清光緒十五年長安少墟書院重刻本

省圖書館藏本（書影見圖 2－53），4 册，鈐朱文印“紫藤陰館”“安徽省圖書館藏書”。《安徽文獻書目》著録①。

9. 清光緒十八年江西兩儀堂刊本（附刻《考訂朱子世家》《校勘記》各一卷）

江西省除藩署、江西書局重刊王鼎校次本外，江西兩儀堂也曾刊刻了《朱子原訂近思録》十四卷。江西兩儀堂刻本每半葉九行二十字，注文小字雙行同。四周雙欄，有界行，框高 18.50 釐米，寬 14.20 釐米。白口，單（黑）魚尾。其版式、卷端題識、内容、序跋均與光緒十一年江西書局“九行二十字”刻本同。在《集注》卷十四末刻有王炳《校勘記》一卷、《考訂朱子世家》一卷、應寶時跋文，這很可能受到同治八年江蘇書局本的影響。但與江西書局刻本稍有不同的是，此本在卷前序文某些書葉的版心刻有“兩儀堂”三字。

刻本卷首書名葉右半葉刻雙行篆體字“近思録集注十四卷”，左半葉刻牌記“光緒壬辰年江西兩儀堂鋟板”。“光緒壬辰年”，即光緒十八年。

綜合上述信息，儘管此刻本卷首及卷末所刊序跋文，諸如張日晸《重刊近思録集注序》《校勘記》《世家》、應氏跋文是嘉慶十九年王鼎校次本没有的，但是兩儀堂重刻本的正文版式、内容等均與江西藩署刻本同，與江西書局重刻王鼎校次本一樣，也附刻《世家》《校勘記》各一卷。因而，我們推斷江西兩儀堂極有可能受上述本省兩部《集注》傳本的影響，於光緒十八年（1892）重刻王

① 安徽省圖書館編《安徽文獻書目》，安徽人民出版社，1961 年 7 月 1 版，第 112 頁。

鼎校次本。安徽省圖書館藏本（書影見圖 2－54），4 册。藏本裝訂有誤，即將《近思録書目原序》後三葉裝訂在《引言》後，《引言》的最後一葉裝訂在卷末的《校勘記》後。

10. 清光緒二十五年浙江官書局刻本

浙江官書局創始於清同治六年，作爲官書局中佼佼者，該局直到民國九年以後還陸續刻書。歷史上此官書局曾刊行過《朱子原訂近思録》十

朱子原訂近思録卷之一　凡五十一條
婺源江永集註　關中王鼎校㕘
朱子曰此卷道體
濂溪先生曰無極而太極。朱子曰上天之載無聲無臭而實造化之樞紐品彙之根柢也故曰無極而太極非太極之外復有無極也。太極動而生陽動極而靜靜而生陰靜極復動。一動一靜。互爲其根分陰分陽兩儀立焉。朱子曰太極之有動靜是天命之流行也所謂一陰一陽之謂道誠者聖人之本物之終始而命之道也其動也誠之通也繼之者善萬物之所資以始也其靜也誠之復也成之者性萬物各正其性命也動極而靜靜極復動一動一靜互爲其根命之所以流行而不已也動而生陽靜而

圖 2－54　《朱子原訂近思録集注》，清光緒十八年江西兩儀堂刊本

四卷，刻本每半葉七行十八字，注文小字雙行同，四周雙欄，有界行。白口，單（黑）魚尾。版心魚尾上刻書名簡稱“近思録”，魚尾下刻卷次、頁碼。其版式特徵、内容、體例均與上述江西藩署刊本、同治四年望三益齋刻本相同。

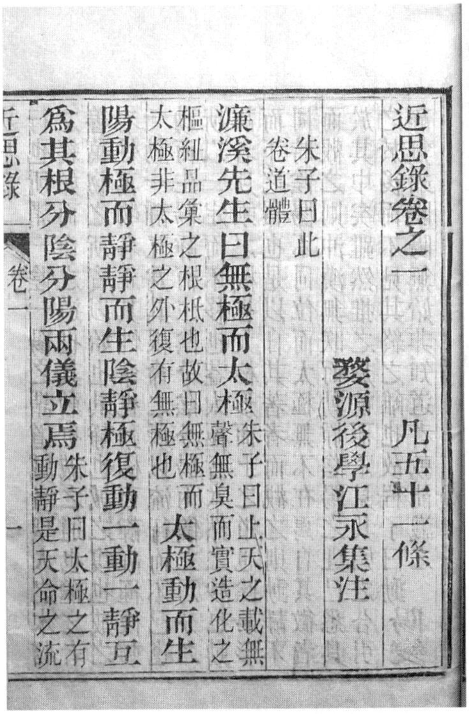
近思録卷之一　凡五十一條
婺源後學江永集注
朱子曰此卷道體
濂溪先生曰無極而太極朱子曰上天之載無聲無臭而實造化之樞紐品彙之根柢也故曰無極而太極非太極之外復有無極也太極動而生陽動極而靜靜而生陰靜極復動一動一靜互爲其根分陰分陽兩儀立焉朱子曰太極之有動靜是天命之流
近思録　卷一　一

圖 2－55　《近思録集注》，清光緒二十五年浙江官書局刻本

此刻本卷首書名葉右半葉刻書名“近思録”（隸書），左半葉刻牌記“光緒己亥餘月重鋟於浙江官書局”（隸書）。“光緒己亥”，即光緒二十五年（1899）。

正文前刻有《集注》"提要"、王鼎序、江永序、《凡例》、《近思録書目》等。

因而該本是光緒二十五年浙江官書局重刻王鼎校次本。此本多家機構有藏,上圖藏本,4 册,鈐朱文印"蔣抑卮藏""唐印"等。南京、黑龍江省、吉林市、日本京都大學(書影見圖 2－55)等圖書館有藏。

11. 民國八年麗澤會重刻本(附《考訂朱子世家》一卷)

《朱子原訂近思録》麗澤會刻本,每半葉七行十八字,注文小字雙行同,四周雙欄,有界行,框高 17.80 釐米,寬 13.70 釐米。白口,單(黑)魚尾。版心魚尾上刻書名簡稱"近思録",魚尾下刻卷次、頁碼。卷一卷端首行頂格題"朱子原訂近思録卷之一",越一字格題本卷語録條目總數"凡五十一條",次行低三字格題署"婺源江永集注,關中王鼎校次",第三行低一字格雙行小字刻印本卷綱目"朱子曰此卷道體",第四行頂格刻印正文,各卷每條語録不單列,除首條頂格外,其餘各條間用"○"分隔。卷末有尾題"卷之某"。其版式、卷端題識、内容以及卷前所刻序跋文等,與上述同治四年望三益齋刻本同。刻本中"玄"改作"元","弘"改作"宏","淳"刻作"湻",從避諱字看很顯然保留有同治年間望三益齋刻本的印迹。

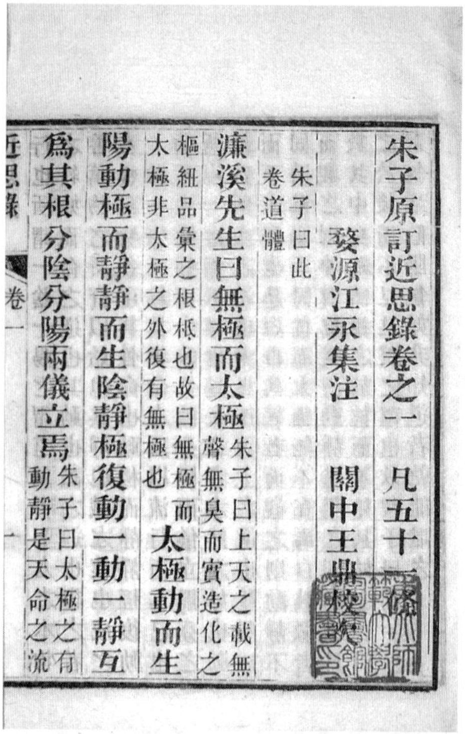

圖 2－56 《朱子原訂近思録集注》,民國八年麗澤會重刻本

卷首書名葉右半葉中間刻"近思録"(楷體大字),其左下刻有小字"趙熙敬署",左半葉内刻有四周單欄的框欄,刻雙行大字"己未夏麗澤會用望三益齋本重刊"(隸書)。按照天干地支紀年法,此牌記的"己未夏",應是清同治四年後的"己未"年,即民國八年(1919)。而此時,同治四年刊就的望三益齋刻本尚流佈於世,故麗澤會於民國八年重刊

此本。

該刻本《朱子原訂近思録集注》正文前刻有江永《朱子原訂近思録集注序》、《朱子原訂近思録書目》(取材的14部書名、朱熹序、吕祖謙跋、朱子論《近思録》的語録若干)、李承端跋文、張日晸《重刻近思録集注序》、先福《重刻近思録序》、王鼎《朱子原訂近思録序》。在《朱子原訂近思録》卷十四末附刻《考訂朱子世家》一卷、吴棠跋文。

此本刻印較精,存世較多,東北師範大學圖書館藏本(書影見圖2-56),6册。四川大學圖書館藏本,6册,鈐紅褐色印"華西協合大學藏書樓"。湖南圖書館藏本(32/32—4),6册。鈐有"敬止齋圖書""湖南省中山圖書館藏書"印。

12. 民國二十五年上海中華書局《四部備要》鉛印本

江永集注、王鼎校次《朱子原訂近思録》十四卷,民國年間上海中華書局進行了再版發行。此鉛印本仿照雕版印本的樣式排印,每半葉十三行二十六字,注文小字雙行同,四周單欄,有行格,上下細黑口,單魚尾。版心下端細黑口右側印有"中華書局聚珍仿宋版印"。卷端題署"婺源江永集注,關中王鼎校次"。筆者以爲它很可能源自清嘉慶年間王鼎校次本《集注》。

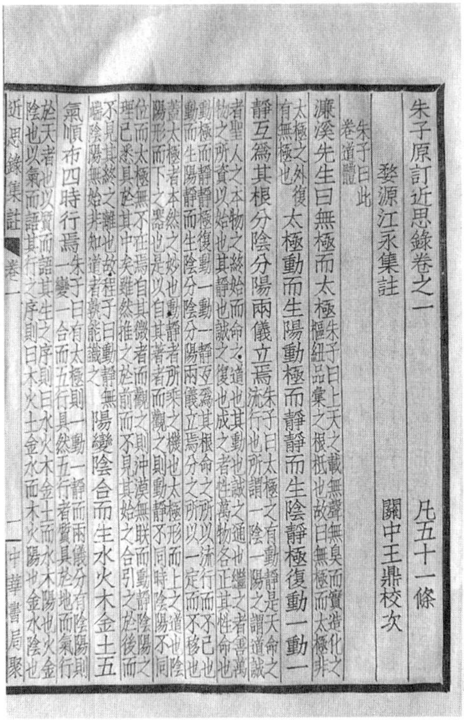
朱子原訂近思錄卷之一　凡五十一條
婺源江永集註　關中王鼎校次
朱子曰此卷道體
濂溪先生曰無極而太極朱子曰上天之載無聲無臭而實造化之樞紐品彙之根柢也故曰無極而太極非
太極之外復有無極也太極動而生陽動極而靜靜而生陰靜極復動一動一
靜互爲其根分陰分陽兩儀立焉朱子曰太極之有動靜是天命之流行也所謂一陰一陽之謂道誠
者聖人之本物之終始而命之道也其動也誠之通也繼之者善萬物之所資以始也其靜也誠之復也成之者性萬物各正其性命也
動極而靜靜極復動一動一靜互爲其根命之所以流行而不已也動而生陽靜而生陰分陰分陽兩儀立焉分之所以一定而不移也
蓋太極者本然之妙也動靜者所乘之機也太極形而上之道也陰陽形而下之器也是以自其著者而觀之則動靜不同時陰陽不同
位而太極無不在焉自其微者而觀之則沖漠無眹而動靜陰陽之理已悉具於其中矣雖然推之於前而不見其始之合引之於後而
不見其終之離也故程子曰動靜無端陰陽無始非知道者孰能識之陽變陰合而生水火木金土五
氣順布四時行焉朱子曰有太極則一動一靜而兩儀分有陰陽則一變一合而五行具然五行者質具於地而氣行
於天者也以質而語其生之序則曰水火木金土而水木陽也火金陰也以氣而語其行之序則曰木火土金水而木火陽也金水陰也
近思錄集註　卷一　一　中華書局聚

圖2-57 《朱子原訂近思録集注》,民國二十五年上海中華書局《四部備要》鉛印本

該書卷首的書名葉印"近思録集注",其左半葉牌記印:"《四部備要》子部,上海中華書局據通行本校刊。桐鄉陸費逵總勘,杭縣高時顯、吴汝霖輯校,杭縣丁輔之監造。"正文前印有先福《重刻近思録序》、王鼎《朱子原訂近思録序》、江永《朱子原訂近思録集注原序》、《朱子原訂近思録集注凡例》、《朱子原訂近思録書目

原序》(署“婺源江永集注,關中王鼎校次”)。根據上述内容,可知此鉛印本屬於民國年間上海中華書局的《四部備要》本。《中國叢書綜録》著録:“《朱子原訂近思録》十四卷,(宋)朱熹、(宋)吕祖謙輯,(清)江永集注。《四部備要》(排印本、縮印本),子部儒家類。”就是指上海中華書局的印本。

此印本多家圖書館有藏,如山西省圖書館、温州大學圖書館(書影見圖2-57)等。

四、江永集注《近思録》江蘇書局傳本考

江蘇書局是晚清著名的官書局之一,由李鴻章在同治四年(1865)創建於蘇州,又稱蘇州書局,主要采用雕版印刷。同治七年,時任江蘇巡撫丁日昌對其做過擴充。該書局在光緒年間刻書規模達到鼎盛,直至民國年間仍在刻印圖籍。書局於清同治八年(1869)刊印了江永集注《近思録》十四卷。

對此版的刊刻,江蘇藩臺應寶時[①]參與其事。據其跋文,他認爲江永《集注》是《近思録》葉采集解之後最好的注本,當年朱珪稱其“至爲精切,裨益於世道人心不淺”,並非虚言。他説:“往年盱眙吴公得王文恪公江右雕本,重刻於袁浦,楚北崇文書局踵而刻之。吴刻傳播未廣,板携入蜀中,東南學者多以不得其書爲憾。予權篆蘇藩,值書局開雕書籍,爰出舊藏婺源洪氏刻本暨吴刻本,屬元和王孝廉炳校刊之。孝廉以各本互有異同,復取《語類》《或問》諸書,詳加讎校,訂正舛訛,然後付諸剞劂。”可見,此江蘇書局刊本的底本是應氏家所藏婺源刻本與同治四年吴棠刻本,由應寶時主持刊梓,王炳校勘。王炳在將婺源本、吴棠刻本進行互校時,又參校《語類》《或問》,因而形成《近思録集注校勘記》一卷,附刻於《集注》卷末。

因此,同治八年江蘇書局刻本既有《集注》早期刻本的特點,又吸納了王鼎校次本的成果,在江永《集注》傳播史上形成了一種新體態的整理本,也成爲江永《集注》傳本在清後期至民國年間的主要代表之一。因其影響較大,重刻者絡繹不絶,故將此類傳本單列於此,一併考述。

---

① 應寶時(1821—1890),字敏齋,浙江永康人,清道光二十四年舉人。同治四年官蘇松太道。同治九年任江蘇按察使,兼署布政使。

至於江永《考訂朱子世家》一卷，此前的刊刻者或收録附刻，或棄之不録。對此應寶時以爲："江氏復有《考訂朱子世家》一篇，正邑志之疏失，於朱、陸異同之説，考之尤詳。末附《天寧寺會講辨》，闢謬訂訛，皆讀朱子書者所不可不知也。貴筑張君序，稱原本附刻《集注》之後。今王、洪諸本均無之，因據吴氏所刻補刊附後，俾還江氏之舊云。"[①]看來，該局所刊的《考訂朱子世家》一卷是據同治初年吴棠刻本補刊，其源頭則是附刻於嘉慶十二年李承端校訂刊本之末的《世家》。

清同治八年江蘇書局刻本，附刻《考訂朱子世家》一卷、王炳《近思録集注校勘記》一卷。每半葉九行十九字，注文小字雙行同。左右雙欄，有界行，框高 18.90 釐米，寬 13.10 釐米。白口，單(黑)魚尾。版心魚尾上方刻書名"近思録"，魚尾下刻卷次(如"卷之一")、頁碼。卷一卷端首行頂格題"近思録卷之一"，越五字格題本卷語録條數"凡五十一條"，第二行低九字格題"婺源後學江永集注"，第三行低一字格雙行小字刻本卷綱目"朱子曰此卷道體"，第四行頂格刻印正文，《近思録》刻作大字，江永注文刻作雙行小字。每卷首條語録單列，其餘各條語録緊隨前一條之後，各條之間用"○"以示分隔，皆頂格刻印。刻本漢字右下刻有標示句讀的符號"。"。刻本中"弘""醇""寧"字等皆避諱，明顯具有清同治年刻本的特徵。

卷首書名葉右半葉刻書名"近思録集注"(篆書)，左半葉有四周單欄的小牌記，刻"同治八年夏江蘇書局刊"(雙行隸書)。正文前刻有《欽定四庫全書總目・近思録集注》"提要"、王鼎序(仍保留着吴棠刻本"文教""皇上""聖天"等均提行凸出板框刻印的風格)、江永序、《書目原序》及《凡例》。《集注》卷十四末刻有應寶時跋文。此後一葉的右半葉刻卷名"考定朱子世家"(雙行篆書)，左半葉刻"同治八年五月合刊"(雙行隸書)，接之又刻有張日晸序，江永《引言》《考訂朱子世家》一卷，王炳校勘記一卷。

依據該刻本的牌記、正文内容、體例，以及應氏跋文，可以確定此《集注》是應寶時在洪氏刻本、吴棠刻本基礎上於同治八年主持重刻的江蘇書局刊本。《書目答問補正》著録云，《近思録集注》"蘇州、杭州、廣州諸局，皆有重刻

---

① (清)應寶時《近思録跋》，載於(清)江永集注《近思録》，清同治八年江蘇書局刻本。

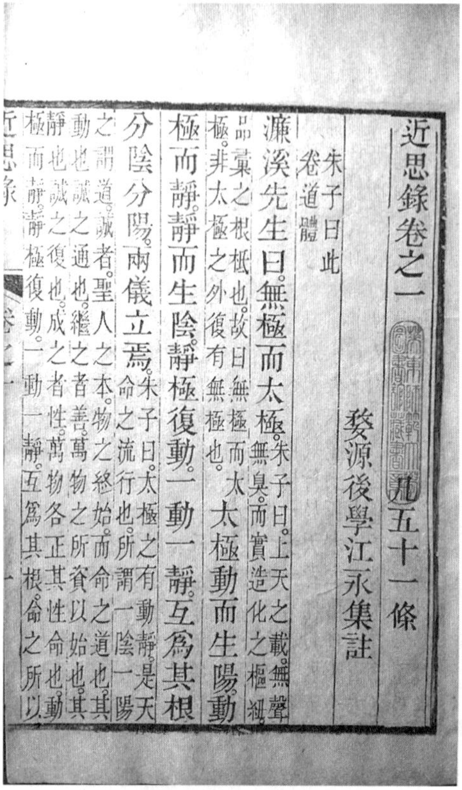
近思録卷之一　凡五十一條
婺源後學江永集註
朱子曰此卷道體
濂溪先生曰無極而太極。朱子曰上天之載無聲無臭而實造化之樞紐品彙之根柢也故曰無極而太極非太極之外復有無極也太極動而生陽動極而靜靜而生陰靜極復動一動一靜互爲其根分陰分陽兩儀立焉。朱子曰太極之有動靜是天命之流行也所謂一陰一陽之謂道誠者聖人之本物之終始而命之道也其動也誠之通也繼之者善萬物之所資以始也其靜也誠之復也成之者性萬物各正其性命也動極而靜靜極復動一動一靜互爲其根命之所以
近思録　卷之一

圖 2 - 58　《近思録集注》，清同治八年江蘇書局刻本

本”，其中所言“蘇州”重刻本宜是指江蘇書局刊本。華東師大圖書館藏本(書影見圖 2 - 58)，4 册，鈐有“南洋公學藏書處圖證”“華東師範大學圖書館藏書章”等印記。

江蘇書局此刊本，國内多家圖書館有藏[①]。筆者目驗過上圖所藏一部 2 册(綫普長 436544—45)，另一部 4 册(綫普長 346131—34)；無錫市圖書館所藏一部 5 册；吴江市圖書館所藏一部朱筆批注本 4 册，一部殘本 1 册；日本京都大學圖書館所藏批注本。

對於應寶時主持重刊的《集注》，《藏園訂補郘亭知見傳本書目》著録曰：“《近思録集注》十四卷，《考訂朱子世家》一卷，清江永撰。《校勘記》一卷，清王炳撰。○清光緒八年應寶時特刊本。”[②]而《販書偶記續編》著録云：“《近思録校勘記》一卷，清元和王炳録。同治八年永康應寶時刊。”[③]兩家對刊刻時間的注記有别，孰是孰非呢？今存江蘇書局刊本的牌記，以及卷末“同治己巳夏五月永康後學應寶時謹識”跋文的落款時間，都説明《藏園訂補郘亭知見傳本書目》所言“光緒八年”有誤，當爲“同治八年”。王炳《近思録集注校勘記》與《集注》《世家》合刻，也是同年第一次刻成面世。

---

① 上圖藏有一部 2 册，吴江市圖書館藏有一部 4 册，它們的版式、字體、内容與華東師大藏本 4 册同，應是同一版。上圖另藏有一部 4 册(藏書號爲綫普長 018902)，吴江市圖書館另藏有一部 5 册，它們的版式、内容與華東師大藏本同，牌記亦爲“同治八年江蘇書局刊”，但是字的筆畫略有異，或許是翻刻江蘇書局本。

② (清)莫友芝《藏園訂補郘亭知見傳本書目》，第 45 頁。

③ (清)孫殿起《販書偶記續編》，第 103 頁。

應寶時跋文云：

《近思録》江氏《集注》，輯朱子之語以注朱子之書，非葉仲圭以下諸家所及。朱文正公稱其"至爲精切，裨益於世道人心不淺"，非虚言也。往年盱眙吴公得王文恪公江右雕本，重刻於袁浦，楚北崇文書局踵而刻之。吴刻傳播未廣，板携入蜀中，東南學者多以不得其書爲憾。予權篆蘇藩，值書局開雕書籍，爰出舊藏婺源洪氏刻本暨吴刻本，屬元和王孝廉炳校刊之。孝廉以各本互有異同，復取《語類》《或問》諸書，詳加讎校，訂正舛訛，然後付諸剞劂。夫朱子當日纂集此書，豈徒使人翫其文詞？亦欲學者循是反求，身體而力行之，以馴造乎明體達用之實，學術以是正，人才以是醇，則國家致治之原，亦於是乎出。然則讀是書者，其必潛心體驗，由朱子之言，盡通周、程、張子之道，以上探四子、六經之精奧，而實有諸躬，庶無負纂集此書之意也乎！江氏復有《考訂朱子世家》一篇，正邑志之疏失，於朱、陸異同之説，考之尤詳。末附《天寧寺會講辨》，闢謬訂訛，皆讀朱子書者所不可不知也。貴筑張君序，稱原本附刻《集注》之後。今王、洪諸本均無之，因據吴氏所刻補刊附後，俾還江氏之舊云。同治己巳夏五月，永康後學應寶時謹識。

隨着江永《集注》江蘇書局刊本的面世，後世的翻刻、重刻本及石印本頗爲流行。如光緒十五年掃葉山房刻本、光緒三十年蜀東善成堂刻本、上海鴻章書局石印本、上海文瑞樓石印本、民國年間掃葉山房石印本等，今在此分而述之。

1. 清道光二十四年上海鴻章書局石印本(存疑)

清末，隨着西方石印技術的到來，中國的石印本也應運而生，清末民國的坊間紛紛以石印取代傳統雕版印製圖籍。光緒年間上海有名的石印書坊，諸如掃葉山房、同文書局、文瑞樓等皆曾印製過江永《集注》，這些傳本在晚清的《近思録集注》傳播中別具特色。

據《東北地區古籍綫裝書聯合目録》載，在光緒之前已有石印本，如江永《近思録集注》"清道光二十四年上海鴻章書局石印本"，藏瀋陽市圖書館[①]。此刻本筆者雖無緣見到，但筆者家藏有牌記題記"上海鴻章書局石印"的本

---

① 遼寧省圖書館、吉林省圖書館、黑龍江省圖書館編《東北地區古籍綫裝書聯合目録》，第1567頁。

子，顯然不是道光年印本，酷似民國年石印本，故懷疑此《目録》著録存在問題。

筆者所見鴻章書局石印本（書影見圖 2－59），每半葉十四行二十九字，注文小字雙行同。四周單欄，有界行。白口，單（黑）魚尾。版心魚尾上方題書名“近思録”，魚尾下印有卷次、頁碼。卷一卷端首行頂格題“近思録卷之一”，越十五字格題本卷語録條目總數“凡五十一條”，次行低十八字半題署“婺源後學江永集注”，第三行低一字格雙行小字印本卷綱目“朱子曰此卷道體”，第四行頂格印正文。此印本每卷各條語録不單列，除各卷首條頂格外，其餘各條緊隨其後，條與條之間用“○”以示分隔。該石印本在漢字的右下印有“。”，以作句讀符號。

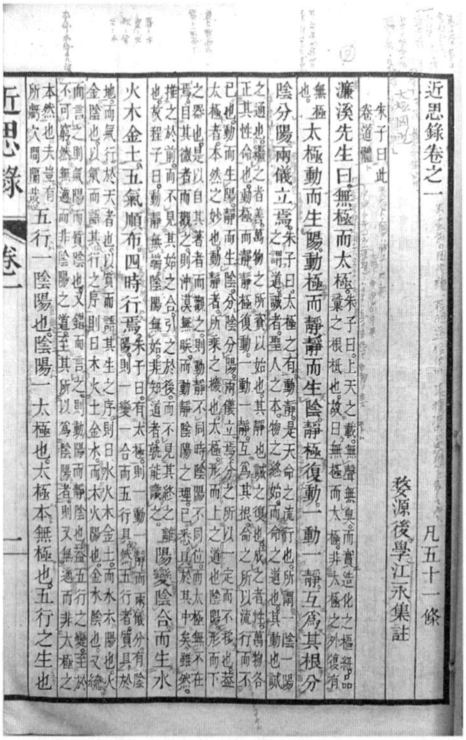
近思録卷之一　凡五十一條
婺源後學江永集註
朱子曰此卷道體
濂溪先生曰無極而太極。朱子曰上天之載無聲無臭而實造化之樞紐品彙之根柢也故曰無極而太極非太極之外復有無極也。太極動而生陽動極而靜靜而生陰靜極復動一動一靜互爲其根分陰分陽兩儀立焉。朱子曰太極之有動靜是天命之流行也所謂一陰一陽之謂道誠者聖人之本物之終始而命之道也其動也誠之通也繼之者善萬物之所資以始也其靜也誠之復也成之者性萬物各正其性命也動極而靜靜極復動一動一靜互爲其根命之所以流行而不已也動而生陽靜而生陰分陰分陽兩儀立焉分之所以一定而不移也蓋太極者本然之妙也動靜者所乘之機也太極形而上之道也陰陽形而下之器也是以自其著者而觀之則動靜不同時陰陽不同位而太極無不在焉自其微者而觀之則沖漠無朕而動靜陰陽之理已悉具於其中矣雖然推之於前而不見其始之合引之於後而不見其終之離也故程子曰動靜無端陰陽無始非知道者孰能識之。陽變陰合而生水火木金土五氣順布四時行焉。朱子曰有太極則一動一靜而兩儀分有陰陽則一變一合而五行具然五行者質具於地而氣行於天者也以質而語其生之序則曰水火木金土而水木陽也火金陰也以氣而語其行之序則曰木火土金水而木火陽也金水陰也又統而言之則氣陽而質陰也又錯而言之則動陽而靜陰也蓋五行之變至於不可窮然無適而非陰陽之道至其所以爲陰陽者則又無適而非太極之本然也夫豈有所虧欠間隔哉。五行一陰陽也陰陽一太極也太極本無極也五行之生也
近思録　卷一　一

圖 2－59 《近思録集注》，清道光二十四年上海鴻章書局石印本（存疑）

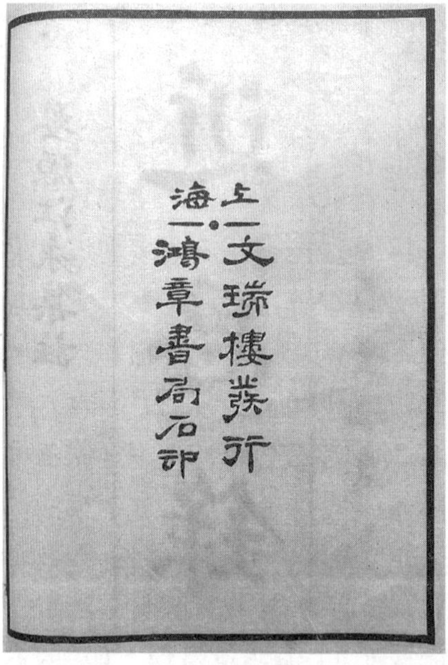
上海·文瑞樓發行
鴻章書局石印

圖 2－60 《近思録集注》刊記，清道光二十四年上海鴻章書局石印本（存疑）

首册卷首爲四周單欄書名葉，自右至左印“婺源江永集注/近思録/吕景端署”，其左半葉中間印雙行刊記，即“上海：文瑞樓發行，鴻章書局石印”（書影見圖 2－60）。本書名題署者“吕景端”，字幼舲，號蟄盦，清光緒年江蘇人，後在清

末的盛宣懷幕府主持筆政，書工行楷。從吕景端生活年代看，他不可能在道光年間爲文瑞樓印本題寫書名。顯然這部石印本是清末民初上海文瑞樓發行的鴻章書局石印本。

該石印本正文前印有《四庫全書總目·近思録集注》"提要"、江永《近思録集注序》、《近思録書目原序》(包括朱熹序文、吕祖謙跋文、選輯的朱子論《近思録》若干語録)、嘉慶十九年王鼎《朱子原訂近思録序》、道光二十四年(1844)張日晸《重刊近思録集注序》、《考訂朱子世家引言》、《近思録集注凡例》。《集注》卷十四末印有《考訂朱子世家》一卷、《校勘記》一卷，校勘記末印有同治八年應寶時跋文。

2. "清同治八年上海文瑞樓石印本"(存疑)

據《東北地區古籍綫裝書聯合目録》載，江永《朱子原訂近思録集注》有"清同治八年上海文瑞樓石印本"，藏東北師範大學圖書館[①]。此目録所言的鴻章書局石印本筆者雖無緣識荆，但對鴻章書局石印本中是否有此本，卻存疑。對其著録的所謂"清同治八年"(1869)文瑞樓石印本，則有幸過目。

該印本每半葉十四行二十九字，注文小字雙行同。四周單欄，有界行，框高 17.20 釐米，寬 12.00 釐米。白口，單(黑)魚尾。版心魚尾上方題書名"近思録"，魚尾下印有卷次、頁碼。卷一卷端首行頂格題"近思録卷之一"，越十五字格題本卷語録條目總數"凡五十一條"，次行低十八字半題署"婺源後學江永集注"，第三行低一字格雙行小字印本卷綱目"朱子曰此卷道體"，第四行頂格印正文。此印本各卷各條語録不單列頂格編次，除各卷首條外，其餘各條緊隨其後，條與條之間用"○"以示分隔。該石印本在漢字的右下印有"。"，以作句讀符號。

該本書名葉四周單欄的框内分三豎格，自右至左印"婺源江永集注/近思録/吕景端署"，其左面有一四周單欄的牌記，印"上海文瑞樓"。《近思録集注》正文前印有《四庫全書總目·近思録集注》"提要"、朱熹序文、吕祖謙跋文、輯選朱子論《近思録》的若干語録、王鼎《朱子原訂近思録序》、張日晸《重刻近思録集注序》、《考訂朱子世家引言》、《考訂朱子世家》一卷。《集注》卷十

① 《東北地區古籍綫裝書聯合目録》，第 1567 頁。

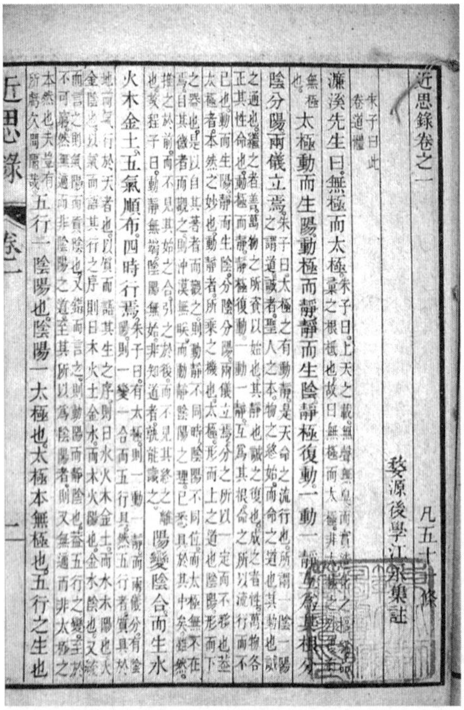
近思録卷之一　凡五十一條
婺源後學江永集註
濂溪先生曰無極而太極……動而生陽動極而靜靜而生陰靜極復動一動一靜互爲其根分
陰分陽兩儀立焉……
陽變陰合而生水火木金土五氣順布四時行焉……
五行一陰陽也陰陽一太極也太極本無極也五行之生也
近思録　卷之一　一

圖 2－61 《近思録集注》，
“清同治八年上海文瑞樓石印本”(存疑)

四末印有《校勘記》一卷，校勘記末印有同治八年應寶時跋文。

此印本卷端的編次、書名、題署的注者等與上述江蘇書局刻本一致，且“淳”印作“湻”，避同治帝諱，似乎與《集注》同治八年江蘇書局刻本緊密關聯。藏家之所以將其斷爲“同治八年”上海文瑞樓石印本，可能是依據卷末同治八年應寶時題跋時間而定。東北師範大學圖書館藏本(圖 2－61)，4 册，鈐朱文印“東北師範大學圖書館藏書印”。該藏本的《世家》一卷移至卷首，《校勘記》仍在卷末。

但筆者對該館關於此本時間的確定存疑，筆者在紹興圖書館見到一部與此本書名葉、牌記葉相同的本子，而非同治八年印。

3. 清光緒十五年掃葉山房刊本

掃葉山房是以出版古籍爲主的民間出版機構，創設於明末，有清一代它印製了經史子集諸文獻，據其《掃葉山房書目》可知其刊行書籍有上千種之多，其印製方式有雕版、石印等。掃葉山房在清代的坊間有一定的地位，清後期猶有多個分號，如蘇州閶門、松江、上海等分號。江永集注《近思録》十四卷，掃葉山房在光緒年間有重刻本，民國初年還有上海分號的石印本。

《集注》的掃葉山房光緒年刻本，每半葉九行十九字，注文小字雙行同。左右雙欄，有界行，框高 18.00 釐米，寬 12.90 釐米。白口，單(黑)魚尾。其版式行款、書名、題識、卷首序文，以及《集注》卷十四末所附刻的《世家》一卷、《校勘記》一卷，與上述江蘇書局刊本同。此刻本“玄”刻作“𤣥”，“淳”刻作

"涫","弘""寧"字闕筆,知爲清光緒年刻本。

此刻本卷首書名葉右半葉刻書名"近思録集注"(篆書),左半葉内有一小長方形牌記,刻"光緒十五年掃葉山房刊",依此可定此刊本爲清光緒十五年(1889)掃葉山房重刻江蘇書局刊本。華東師範大學藏本(書影見圖2-62),一函二册。陝西師範大學圖書館藏,一函六册,卷首鈐朱文印"掃葉山房督造書籍",天頭偶見墨筆批注。

4. 清光緒二十七年上海文瑞樓石印本

江永集注《近思録》十四卷,上海文瑞樓的石印本,每半葉十四行二十九字,注文小字雙行同。四周單欄,有界行,框高15.80釐米,寬11.30釐米。白口,單(黑)魚尾。版心魚尾上印書名"近思録",魚尾下印有卷次、頁碼。其卷端的編次、書名、題署的注者等與同治八年江蘇書局本一致。也在漢字的右下印有句讀標記符號"。"。

近思錄卷之一　凡五十條
婺源後學江永集註
朱子曰此卷道體
濂溪先生曰無極而太極朱子曰上天之載無聲無臭而實造化之樞紐品彙之根柢也故曰無極而太極非太極之外復有無極也太極動而生陽動極而靜靜而生陰靜極復動一動一靜互為其根分陰分陽兩儀立焉朱子曰太極之有動靜是天命之流行也所謂一陰一陽之謂道誠者聖人之本物之終始而命之道也其動也誠之通也繼之者善萬物之所資以始也其靜也誠之復也成之者性萬物各正其性命也動極而靜靜極復動一動一靜互為其根命之所以
近思錄　卷之一　一

圖2-62 《近思録集注》,清光緒十五年掃葉山房刊本

卷首的書名葉印有書名"近思録集注"(篆書大字),其左面的牌記印"光緒辛丑夏上海文瑞樓石印"(雙行隸書),且在牌記的左下角印有"通時書局代印"。該石印本正文前印有《近思録集注》四庫提要、江永序、《書目原序》、王鼎序、《凡例》。在《集注》卷十四末印有張日晸序、《引言》、《世家》一卷、王炳《校勘記》一卷及應寶時跋文。

此本除印製方式不同外,其内容、體例與江蘇書局本相同,亦附印《世家》一卷、《校勘記》一卷。牌記所云"光緒辛丑年",即光緒二十七年(1901),因此推斷此石印本是上海文瑞樓重印江蘇書局刊本,由通時書局代印。華東師大藏本，有佚名朱筆圈點句讀。上海、浙江省(書影見圖 2－63)、大連市、鞍山市等圖書館亦有藏。

值得注意的是，此本《集注》的字體、版式、内容等與上述東北師大所言"同治八年"上海文瑞樓石印本相同，二者或同出一源。如果説文瑞樓"同治八年"石印本不存在的話，那麽此光緒年石印本則是文瑞樓最早的《集注》石印本。

5. 清光緒三十年蜀東善成堂刻本

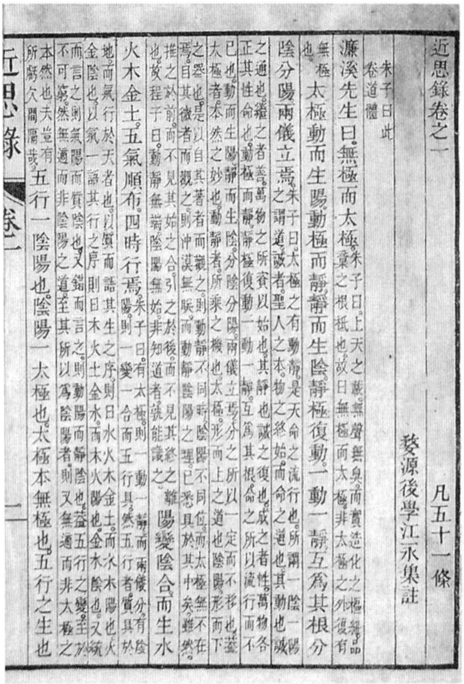
近思錄卷之一　凡五十一條

朱子曰此卷道體　婺源後學江永集註

濂溪先生曰。無極而太極。朱子曰。上天之載。無聲無臭。而實造化之樞紐。品彙之根柢也。故曰無極而太極。非太極之外復有無極也。太極動而生陽。動極而靜。靜而生陰。靜極復動。一動一靜。互爲其根。分陰分陽。兩儀立焉。朱子曰。太極之有動靜。是天命之流行也。所謂一陰一陽之謂道。誠者。聖人之本。物之終始。而命之道也。其動也。誠之通也。繼之者善。萬物之所資以始也。其靜也。誠之復也。成之者性。萬物各正其性命也。動極而靜。靜極復動。一動一靜。互爲其根。命之所以流行而不已也。動而生陽。靜而生陰。分陰分陽。兩儀立焉。分之所以一定而不移也。蓋太極者。本然之妙也。動靜者。所乘之機也。太極。形而上之道也。陰陽。形而下之器也。是以自其著者而觀之。則動靜不同時。陰陽不同位。而太極無不在焉。自其微者而觀之。則沖漠無朕。而動靜陰陽之理。已悉具於其中矣。雖然。推之於前。而不見其始之合。引之於後。而不見其終之離也。故程子曰。動靜無端。陰陽無始。非知道者。孰能識之。陽變陰合。而生水火木金土。五氣順布。四時行焉。朱子曰。有太極。則一動一靜而兩儀分。有陰陽。則一變一合而五行具。然五行者。質具於地。而氣行於天者也。以質而語其生之序。則曰水火木金土。而水木陽也。火金陰也。以氣而語其行之序。則曰木火土金水。而木火陽也。金水陰也。又統而言之。則氣陽而質陰也。又錯而言之。則動陽而靜陰也。蓋五行之變。至於不可窮。然無適而非陰陽之道。至其所以爲陰陽者。則又無適而非太極之本然也。夫豈有所虧欠間隔哉。五行一陰陽也。陰陽一太極也。太極本無極也。五行之生也

近思錄　卷一　二

圖 2－63 《近思録集注》，
清光緒二十七年上海文瑞樓石印本

山東聊城的蜀東善成堂，乾隆初年由四川人傅氏開辦，與前文所述書業德書坊爲鄰。據山東圖書館歷史文獻部唐桂艷女士考證，善成堂刻印有經史子集各類書，其書板，均聘請堂邑縣雕刻能手刻製，書簽和内封葉的字體請劉鳳藻或書法家肖莆田寫樣刻印。後因科舉廢、戰亂影響，在清末民初走向衰微。

江永集注《近思録》十四卷，善成堂刻本每半葉九行十九字，注文小字雙行同。左右雙欄，有界行。白口，單(黑)魚尾(書影見圖 2－64)。其刻

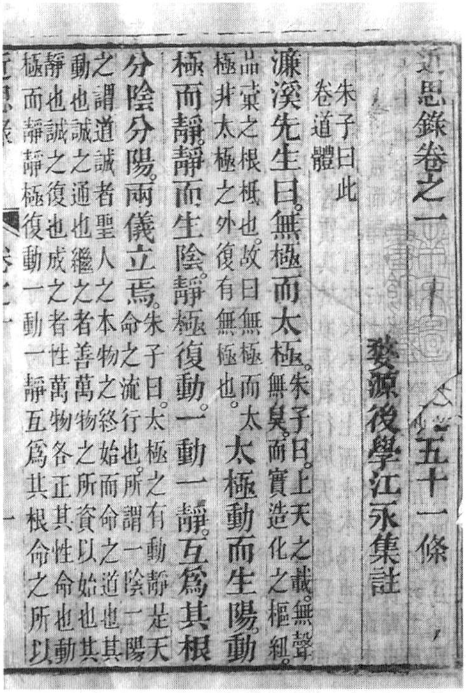
近思錄卷之一　凡五十一條

朱子曰此卷道體　婺源後學江永集註

濂溪先生曰。無極而太極。朱子曰。上天之載。無聲無臭。而實造化之樞紐。品彙之根柢也。故曰無極而太極。非太極之外復有無極也。太極動而生陽。動極而靜。靜而生陰。靜極復動。一動一靜。互爲其根。分陰分陽。兩儀立焉。朱子曰。太極之有動靜。是天命之流行也。所謂一陰一陽之謂道。誠者。聖人之本。物之終始。而命之道也。其動也。誠之通也。繼之者善。萬物之所資以始也。其靜也。誠之復也。成之者性。萬物各正其性命也。動極而靜。靜極復動。一動一靜。互爲其根。命之所以

近思錄　卷之一

圖 2－64 《近思録集注》，
清光緒三十年蜀東善成堂刻本

本的版式、卷端題識、内容，及序跋等與江蘇書局刻本相同。

卷首書名葉刻“近思録”(隸書)，其左面牌記刻“光緒甲辰仲春月蜀東善成堂重鋟”。在《集注》卷十四末有《考訂朱子世家》一卷，此卷首葉的牌記依然是“同治八年五月合刊”，看來這是直接翻刻江蘇書局刻本。

善成堂牌記所云“光緒甲辰”，即光緒三十年(1904)。因此，該本是光緒三十年蜀東善成堂重刻江蘇書局刊本。南京圖書館此藏本，6 册。然裝訂有誤，把王炳《校勘記》的第二十七葉錯裝在卷首序文中。

6. 民國十一年上海掃葉山房石印本

江永集注《近思録》十四卷，附《世家》一卷、《校勘記》一卷，現存有上海掃葉山房的多部印本。民國年間上海掃葉山房石印本中，有一種是每半葉十五行三十字，注文小字雙行四十五。左右雙欄，框高 17.20 釐米，寬 12.30 釐米。上下黑口，單(黑)魚尾。版心魚尾上方的黑口右側印書名“近思録”，魚尾下印卷次、頁碼，在版心下端黑口的右側印有堂號“掃葉山房藏版”。卷一卷端首行頂格題“近思録卷一”，隨之小字印本卷語録條目總數“凡五十一條”，越十字格題“婺源後學江永集注”，第二行低一字格印本卷綱目“朱子曰此卷道體”，第三行頂格印正文，正文漢字右下印有標示句讀的符號“◦”。總體看來其卷端編次與江蘇書局刻本基本一致。

其卷首有四周雙欄的書名葉，分三行自右至左印“民國十一年孟夏重校/近思録集注/上海掃葉山房發行”，其左面的牌記横向排印有“民國廿一年石印”，此行文字下印有圓形墨印“掃葉山房”。

卷首依次印有《近思録集注》“提要”、王鼎序、江永序、張日晸序、《書目原序》、朱熹序、吕祖謙跋、《凡例》。該《集注》卷十四末印有《引言》、《考訂朱子世家》一卷、《校勘記》一卷、應寶時跋文。

從此印本的序跋、正文内容、體例，以及卷端題識考察，均與同治八年江蘇書局刊本基本相同，二者間當有淵源關係，很顯然是掃葉山房重刻江蘇書局刊本。但是需要注意的是該本書名葉記録時間與牌記所記有别，我們該依從哪個時間呢？筆者以爲牌記或有筆誤，應以“民國十一年”(1922)作爲上海掃葉山房重校江永《集注》的時間。上海圖書館有藏(書影見圖 2－65)，1 册。鈐有藍色陽文印“上海青年會藏書鈐記”。上圖藏本卡片著録爲“民國十一年”石印本。

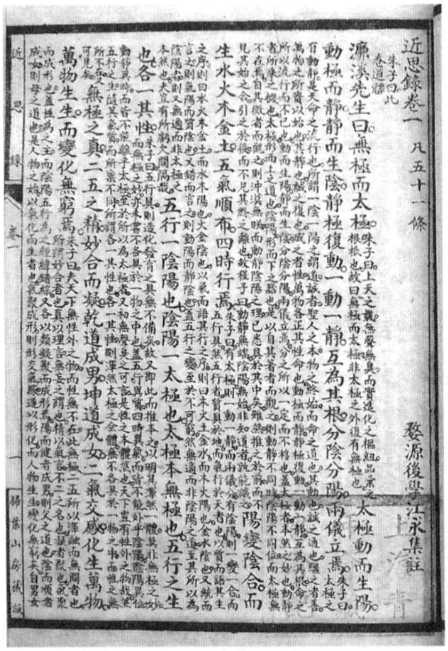

圖 2 - 65 《近思録集注》，民國十一年上海掃葉山房石印本

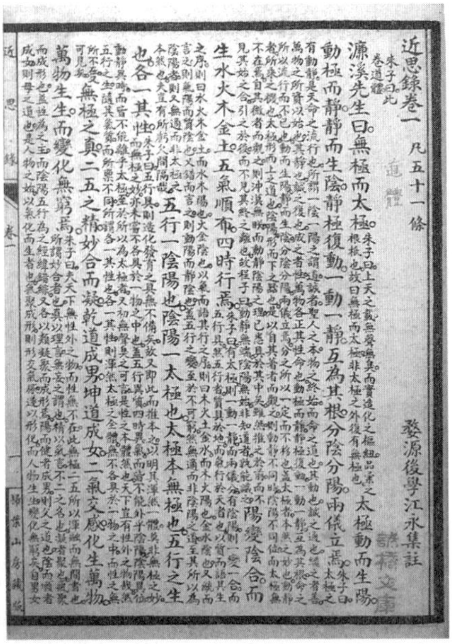

圖 2 - 66 《近思録集注》，民國十三年上海掃葉山房石印本

7. 民國十三年上海掃葉山房石印本

江永集注《近思録》十四卷，上海掃葉山房還有民國十三年重印本，每半葉十五行三十字，注文小字雙行四十五字，左右雙欄。上下黑口，單(黑)魚尾。版心印書名、卷次、頁碼，在版心下端黑口右側印有堂號“掃葉山房藏版”。這些與上述民國十一年掃葉山房石印本同，或許是掃葉山房民國十一年印本的再印。因爲從其卷端題識、序跋，以及正文内容、體例考察，它與同治八年江蘇書局刊本相同，也可以説是校勘重印江蘇書局刊本。

此本與民國十一年印本有别之處，是其卷首四周雙欄的書名兼牌記葉，右半葉自右至左印有“民國十三年孟夏重校/近思録集注/上海掃葉山房發行”，其字體編次與上述十一年印本同，僅僅改“一年”爲“三年”而已。筆者以爲此本是以民國十一年印本爲底本，僅將書名兼牌記葉略作修改而成。例如其左半葉的牌記横向排印“民國十三年石印”，此行文字下印有圓形墨印“掃葉山房”。由此可知，此本是民國十三年(1924)掃葉山房重校江永《近思録集注》，日本東京都立中央圖書館有藏(書影見圖 2 - 66)。

8. 民國十五年上海掃葉山房石印本

江永集注《近思録》十四卷，上海掃葉山房猶有民國十五年石印本，每半葉十五行三十字，注文小字雙行四十五字，左右雙欄。上下黑口，單(黑)魚尾。在版心下端黑口右側印有堂號“掃葉山房藏版”。該本的版式與上述民國十三年掃葉山房石印本同，而且全書的内容、體例皆相同(書影見圖 2－67)。

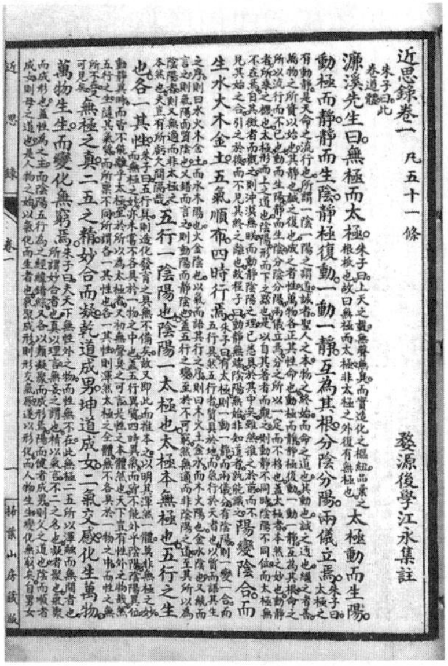

近思錄卷一 凡五十一條

婺源後學江永集註

濂溪先生曰無極而太極……太極動而生陽動極而靜靜而生陰靜極復動一動一靜互為其根分陰分陽兩儀立焉……陽變陰合而生水火木金土五氣順布四時行焉……五行一陰陽也陰陽一太極也太極本無極也五行之生也各一其性……無極之真二五之精妙合而凝乾道成男坤道成女二氣交感化生萬物萬物生生而變化無窮焉……

近思錄 卷一 一 掃葉山房藏版

圖 2－67 《近思録集注》，
民國十五年上海掃葉山房石印本

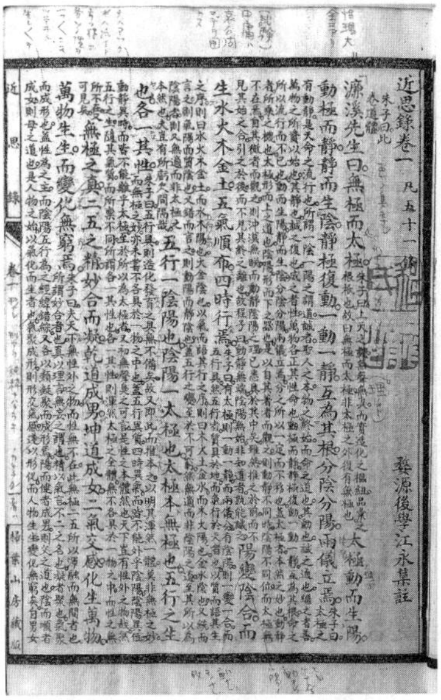

近思錄卷一 凡五十一條

婺源後學江永集註

濂溪先生曰無極而太極……太極動而生陽動極而靜靜而生陰靜極復動一動一靜互為其根分陰分陽兩儀立焉……陽變陰合而生水火木金土五氣順布四時行焉……五行一陰陽也陰陽一太極也太極本無極也五行之生也各一其性……無極之真二五之精妙合而凝乾道成男坤道成女二氣交感化生萬物萬物生生而變化無窮焉……

近思錄 卷一 一 掃葉山房藏版

圖 2－68 《近思録集注》，
民國十八年上海掃葉山房石印本

但是，從牌記看此本與上述石印本並非同一版印，因爲此掃葉山房石印本的卷首，書名葉自右至左印“民國十五年孟夏重校/近思録集注/上海掃葉山房發行”，其牌記横向排印“民國十五年石印”，在此行文字下印有圓形墨印“掃葉山房”。因此，此江永《近思録集注》當爲掃葉山房於民國十五年(1926)孟夏重校本。上海圖書館藏本，2 册。鈐有“梁永慶堂”“梁曉東印”等印章。該館還藏有一部，一函四册本。

9. 民國十八年上海掃葉山房石印本

傳世的上海掃葉山房印本中，另有民國十八年石印本，每半葉十五行三十字，注文小字雙行四十五字，左右雙欄。上下黑口，單(黑)魚尾。版心下端黑口右側印有堂號“掃葉山房藏版”。筆者家藏本(書影見圖 2－68)，其版式

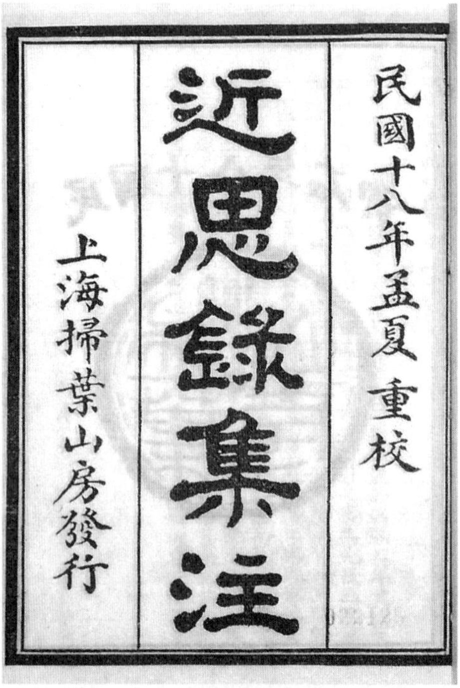

圖 2－69 《近思録集注》，民國十八年上海掃葉山房石印本書名葉

特徵、内容、體例等與上述民國十一年、十三年、十五年掃葉山房石印本同。

但是，該本與上述石印本並非同一版，因爲掃葉山房此印本的卷首，書名葉爲四周雙欄的版框，内分三豎格，自右至左印"民國十八年孟夏重校/近思録集注/上海掃葉山房發行"(書影見圖 2－69)，其牌記横向排印"民國十八年石印"，此行文字下印有圓形墨印"掃葉山房"。因此，它應是上海掃葉山房於民國十八年(1929)印製的另一石印本。浙江金華侍王府有藏，4 册。

上述民國十一年、十三年、十五年、十八年的上海掃葉山房石印本，版式、内容均相同，衹是卷首的書名葉、牌記葉題署的時間有别而已，其收録了《世家》《校勘記》，則與同治八年江蘇書局刻本緊密關聯。再者，這些石印本的不斷呈現，説明民國年間掃葉山房在不斷印製江永《集注》，對該理學讀本的傳播發揮了相當作用。

10. 民國十九年上海商務印書館排印本

民國年間，王雲五主編《萬有文庫》時收入江永集注《近思録》十四卷，附《校勘記》一卷，現存民國十九年商務印書館排印本。該本按古書編纂方式豎行編次，每半葉十四行四十字，注文小字雙行同。《近思録》原文印作大字，江永注文印作雙行小字。在版心的位置印有書名"近思録集注"、卷次、頁碼。

該印本封面印"《萬有文庫》，第一集一千種，王雲五主編。《近思録集注》(一)江永注。商務印書館發行"。内封印"《近思録集注》(一)江永注，國學基本叢書"。正文前印有王鼎《近思録集注序》、張日晸《近思録集注序》、江永《近思録集注自序》、《近思録集注凡例》、《近思録引用書目》、《近思録集注目録》。《集注》卷十四末印有王炳《近思録集注校勘記》、應寶時跋文。卷末封皮内印“王雲五主編，《萬有文庫》……上海寶山路商務印書館，中華民國十九年十月初版”。因此可知該印本是上海商務印書館於民國十九年(1930)排印，從其内容考察爲江永集注本，且從收録王炳校勘記看，宜與江蘇書局刻本有關聯。浙江圖書館、筆者家有藏(書影見圖 2－70)，2 册。

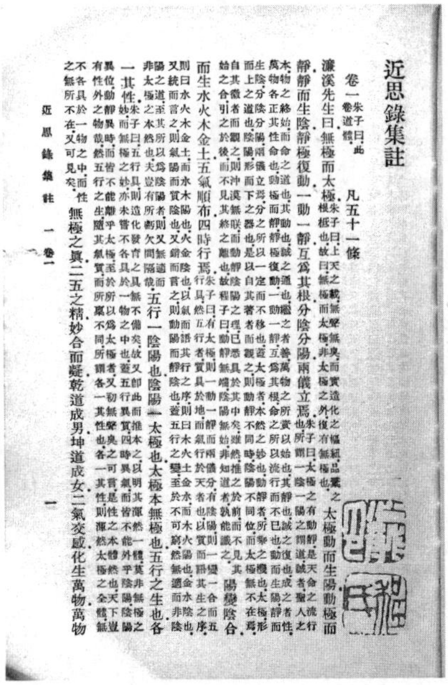
近思録集註
卷一 凡五十一條
濂溪先生曰無極而太極太極動而生陽動極而
靜靜而生陰靜極復動一動一靜互爲其根分陰分陽兩儀立焉
陽變陰合
而生水火木金土五氣順布四時行焉
五行一陰陽也陰陽一太極也太極本無極也五行之生也各
一其性
無極之眞二五之精妙合而凝乾道成男坤道成女二氣交感化生萬物萬物
近思録集註 一 卷一 一

圖 2－70 《近思録集注》，王雲五編《萬有文庫》收録，民國十九年商務印書館排印本

11. 民國二十一年周氏師古堂刊《古訓粹編》本

江永集注《近思録》十四卷，周學熙在編撰《古訓粹編》十二種時予以節録。周學熙(1865—1947)，字緝之，號止庵，安徽至德(今安徽省東至縣)人，清光緒舉人。室名師古堂。近代著名實業家，民國時曾任財政總長。其父周馥曾任兩廣、兩江總督。周學熙節録的《近思録》，對於其原文，往往衹是節録其中自己感興趣的某些語録，釋義選輯江永注文，故是以江永《集注》爲底本。如卷十四，僅選録 4 條語録，即“伊川先生撰明道先生行狀”條、“謝顯道云明道”條、“劉安禮云明道”條、“吕與叔撰横渠先生行狀”條。注文衹是在“吕與叔”條“豫而已矣”句下，輯録江永注本中朱子語“天理人欲……每説豫字”作爲注文。

該刻本每半葉十一行二十五字，注文低一字格，行二十四字，四周單欄，有界行。上白口，下黑口，單(黑)魚尾。版心魚尾上刻“近思録”，魚尾下刻卷次(如“卷一”)、頁碼。卷一卷端首行頂格題“近思録卷一”，越十九字格題“古訓粹編之二”，次行低二字格題“朱熹晦庵輯，江永集注，至德周學熙節録”，第三行低一字格題本卷綱目“朱子曰此卷道體”，第四行頂格印正文。

該《古訓粹編》本的卷首刻有壬申年俞壽滄《古訓粹編序》與《古訓粹編總目》。該書收《身世金箴》《近思録》《呻吟語》《庭訓格言》等十四種，《近思録》

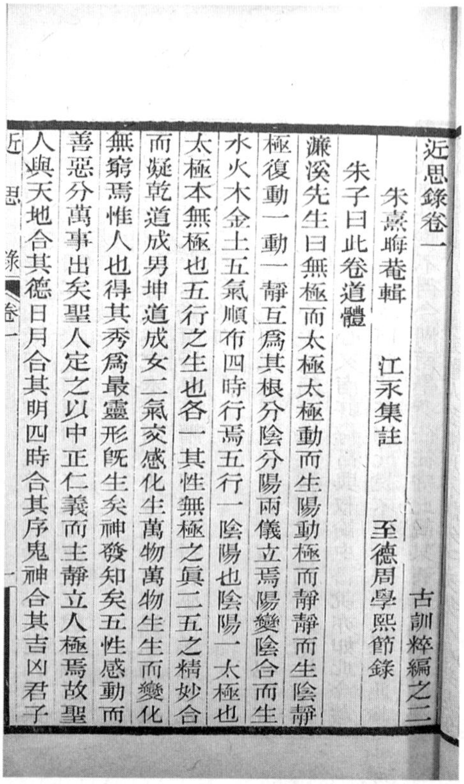
近思錄卷一　古訓粹編之二

朱熹晦菴輯　江永集註　至德周學熙節錄

朱子曰此卷道體

濂溪先生曰無極而太極太極動而生陽動極而靜靜而生陰靜極復動一動一靜互爲其根分陰分陽兩儀立焉陽變陰合而生水火木金土五氣順布四時行焉五行一陰陽也陰陽一太極也太極本無極也五行之生也各一其性無極之眞二五之精妙合而凝乾道成男坤道成女二氣交感化生萬物萬物生生而變化無窮焉惟人也得其秀爲最靈形既生矣神發知矣五性感動而善惡分萬事出矣聖人定之以中正仁義而主靜立人極焉故聖人與天地合其德日月合其明四時合其序鬼神合其吉凶君子

近思錄　卷一

圖 2－71　《近思録集注》，民國二十一年周氏師古堂刊《古訓粹編》本

位列第二。俞壽滄作序的"壬申年"，即民國二十一年。依據卷端題署，可知此刻本是周學熙節録江永《集注》而成的節選本，周學熙師古堂於民國二十一年(1932)刊行，可稱之謂"《古訓粹編》本"。此刻本日本東京大學東洋文化研究所有藏(書影見圖 2－71)，湖南圖書館也有藏。

12. 民國二十四年上海大達圖書供應社鉛印本

江永集注《近思録》十四卷，附《世家》一卷、《校勘記》一卷，現存有民國二十四年上海大達圖書供應社鉛印本。

該書封面左邊印書名"近思録"，右邊印花鳥畫一幅，及"大達圖書供應社刊行"字樣。正文前印有應寶時《跋》、《四庫全書總目·近思録集注》提要、江永序、《書目》、朱熹《原序》、吕祖謙跋文、張日晸《重刊序》、《凡例》、《引言》、《考訂朱子世家》一卷、王炳《近思録集注校勘記》。

封底印有："中華民國二十四年六月再版。《標點評注近思録》，標點者：周鬱浩；校閲者：沈世榮；出版者：大達圖書供應社；發行人：周健人；發行所：上海河南路大達圖書供應社一三七號。"因此，再據其内容考察，可知這是民國二十四年(1935)印本，其源頭應是同治八年江蘇書局本。紹興圖書館有藏，1 册。

13. 民國二十四年上海會文堂新記書局排印本

江永集注《近思録》十四卷，在民國年間的鉛字排印本，還有新記書局印本。該書按古書編纂方式豎行編次，每半葉十二行三十三字，注文小字雙行四十六字。在書口的位置上方印書名“近思録”,卷次(如“卷之一”)、頁碼。卷端題“婺源後學江永集注”(書影見圖 2-72)。

此本四周單欄的書名頁框内分上一横格、下三豎格。上横行印“中國學術基本叢書”,下三豎行印“宋朱熹纂集,清江永集注/近思録/上海會文堂新記書局印行”。封底版權頁印有“中華民國二十四年三月出版”,“精校圈點近思録”,印刷所“會文堂新記書局”(上海河南路三二五號)。因此可知這是民國二十四年(1935)上海會文堂新記書局以江永集注《近思録》爲底本出版發行。

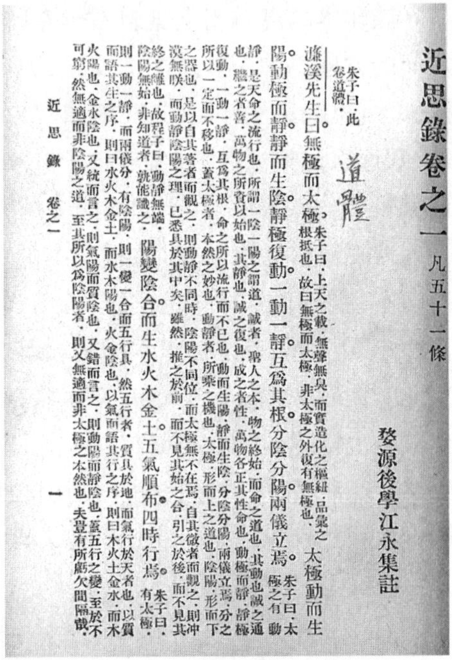
近思錄卷之一 凡五十一條
婺源後學江永集註
道體 朱子曰此卷道體
濂溪先生曰無極而太極 朱子曰上天之載無聲無臭而實造化之樞紐品彙之根柢也故曰無極而太極非太極之外復有無極也 太極動而生陽動極而靜靜而生陰靜極復動一動一靜互爲其根分陰分陽兩儀立焉 朱子曰太極之有動靜是天命之流行也所謂一陰一陽之謂道誠者聖人之本物之終始而命之道也其動也誠之通也繼之者善萬物之所資以始也其靜也誠之復也成之者性萬物各正其性命也動極而靜靜極復動一動一靜互爲其根命之所以流行而不已也動而生陽靜而生陰分陰分陽兩儀立焉分之所以一定而不移也蓋太極者本然之妙也動靜者所乘之機也太極形而上之道也陰陽形而下之器也是以自其著者而觀之則動靜不同時陰陽不同位而太極無不在焉自其微者而觀之則冲漠無朕而動靜陰陽之理已悉具於其中矣雖然推之於前而不見其始之合引之於後而不見其終之離也故程子曰動靜無端陰陽無始非知道者孰能識之 陽變陰合而生水火木金土五氣順布四時行焉 朱子曰有太極則一動一靜而兩儀分有陰陽則一變一合而五行具然五行者質具於地而氣行於天者也以質而語其生之序則曰水火木金土而水木陽也火金陰也以氣而語其行之序則曰木火土金水而木火陽也金水陰也又統而言之則氣陽而質陰也又錯而言之則動陽而靜陰也蓋五行之變至於不可窮然無適而非陰陽之道至其所以爲陰陽者則又無適而非太極之本然也夫豈有所虧欠間隔哉
近思錄 卷之一 一

圖 2-72 《近思録集注》,民國二十四年上海會文堂新記書局排印本

正文前依次印有張日晸《重刊序》、《凡例》、《引言》、《考訂朱子世家》一卷、《書目》、《原序》(朱熹序、吕祖謙跋)、江永序、《近思録集注校勘記》一卷、《欽定四庫全書總目·近思録集注》“提要”。《集注》卷十四末印有應寶時跋。這些信息顯示該本源自江蘇書局刻本。

日本東京都立中央圖書館有藏(諸 125/M/038),1 册,四眼綫裝。鈐朱文印“諸橋文庫”“東京都立圖書館藏書”。

14. 清末或民國年間上海文瑞樓石印本

上海文瑞樓在清末民初不僅有雕版,而且也有石印。現存江永集注《近思録》十四卷,附《世家》一卷、《校勘記》一卷,有一種民國年間文瑞樓的石印本。每半葉十四行二十九字,注文小字雙行同。四周單欄,有界行,框高 17.20 釐米,寬 12.00 釐米。白口,單(黑)魚尾。卷端題“婺源後學江永集注”。其版式特徵與上述光緒二十七年上海文瑞樓石印本同,也應同出一源。

該印本的卷首書名葉自右至左印“婺源江永集注/近思録/吕景端署”，其左面的方框爲牌記，印“上海文瑞樓印”。正文前有《近思録集注》四庫提要、江永《近思録集注序》、《近思録書目原序》、王鼎《朱子原訂近思録序》、張日晸《重刊近思録集注序》、《考訂朱子世家引言》、《近思録集注凡例》及《考訂朱子世家》一卷。《集注》卷十四末印王炳《校勘記》。

這裏值得注意的是，該石印本的版式、内容等與清光緒二十七年文瑞樓石印本基本相同，“淳”也改作“湻”，僅書名牌記有别；而與前文所述所謂“同治八年”上海文瑞樓石印本的書名葉、牌記葉、版式、内容等均相同。如果説東北師大所著録“同治八年”文瑞樓石印本真的存在的話，那麽紹興圖書館的此藏本也當屬此類。但是依據上述情形推斷，此石印本或是上海文瑞樓利用光緒年印版再印，或是民國年間文瑞樓重印“同治八年”石印本。紹興圖書館藏本（書影見圖 2 - 73），1 册。筆者藏有一函四册。

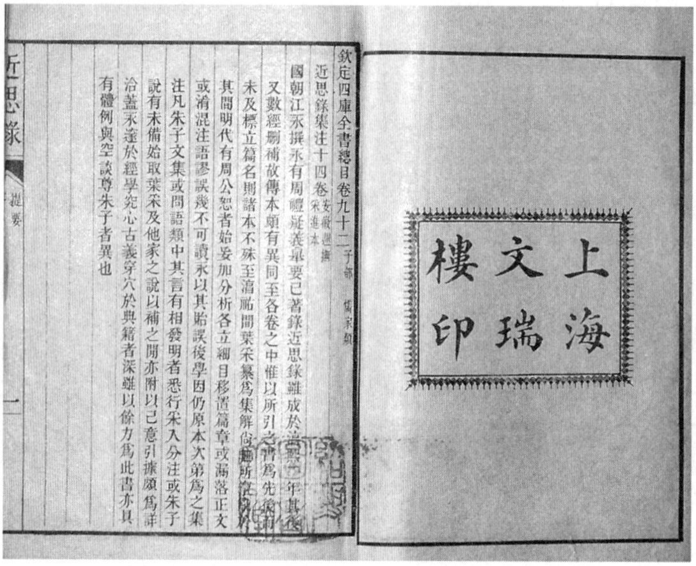
上海文瑞樓印
欽定四庫全書總目卷九十二 子部 儒家類
近思錄集注十四卷 安徽巡撫採進本
國朝江永撰永有周禮疑義舉要已著錄近思錄雖成於[illegible]年其後
又數經刪補故傳本頗有異同至各卷之中惟以所引之書爲先後[illegible]
未及標立篇名則諸本不殊至湻祐間葉采纂爲集解尚[illegible]
其間明代有周公恕者始妄加分析各立細目移置篇章或漏落正文
或淆混注語謬誤幾不可讀永以其貽誤後學因仍原本次第爲之集
注凡朱子文集或問語類中其言有相發明者悉行采入分注或朱子
說有未備始取葉采及他家之說以補之間亦附以己意引據頗爲詳
洽蓋永邃於經學究心古義穿穴於典籍者深雖以餘力爲此書亦具
有體例與空談尊朱子者異也

圖 2 - 73 《近思録集注》，清末或民國年間上海文瑞樓石印本

綜觀江永集注《近思録》十四卷在清代中後期至民國年間的傳本，種類繁多，有抄本、雕版印本、石印本、鉛印本，傳本形態多樣，其中尤以晚清官書局、清末的書坊印本爲主體。概而言之，上述存世傳本以嘉慶年間婺源李承端刊本、王鼎校次刊本、同治八年江蘇書局刻本爲主流，庶幾形成各自的系統。江永《集注》在乾嘉之後大量面世，傳刻不斷，廣泛流佈於東亞，充分説明江永《集注》具有良好的教化作用、學術價值，故在李朝純祖十年（相當於清嘉慶十五年，1810 年），朝鮮李朝洪奭周已明確肯定"舊有宋葉采《集解》，頗疏略；清張伯行更爲注，又病於蕪；近有江永《集注》，最號善本"[1]。這便有力地説明江永《集注》在漢字文化圈的影響力。隨着清代後期、民國年間《近思録集注》不斷傳播，各時期讀者的閱讀與推崇，我們發現江永注本的影響深遠，主要源於江永之後的新注本多以江永《集注》爲底本，如下文所考陳沆《近思録補注》、清末張紹价《近思録解義》皆如此，並且民國年間再版《近思録》時多選取江永注本以代之。同時，我們會感知朱子學在乾嘉考據學盛行之後猶呈現復興之勢，再次對東亞社會産生了重要影響。

① （朝鮮）洪奭周編《洪氏讀書録》"儒家"類，朝鮮李朝純祖十年抄本。

第三章　續仿編《近思録》的代表性著述版本考

第一節　續《近思録》版本考述

在朱熹、吕祖謙對其編纂的《近思録》進行修訂的過程中，南宋已有學者仿《近思録》再作編纂，如劉清之[①]采集二程門人之語編《續近思録》。對此，朱熹曾說："劉子澄編《續近思録》，取程門諸公之説。某看來，其間好處固多，但終不及程子，難於附入。"[②]可見朱熹對劉氏編纂《續近思録》一事並未做否定，衹是覺得程門諸公不及程子，不應與程子並列，至於劉氏編纂的具體情况，因該文本已佚我們已難知其詳。

縱觀《近思録》傳播史，不論是朱熹時代還是後朱熹時代，皆有人前赴後繼去續編《近思録》。清人黄叔璥在編撰《近思録集朱》的凡例中說："宋劉子澄取程門諸公之説，編《續近思録》，元柳道傳有《近思録廣輯》三卷，明郭一泉纂朱子及許魯齋、薛敬軒之言爲《續近思録》二卷，另立篇目十一，高忠憲《朱子節要》十四卷，自序'不敢擬於《近思》'。國初宛平孫北海《宋五先生明四先生學約》，仍其舊目，合'正''續'而爲一書。近時則星溪汪三省、張清恪《朱子續近思録》、孫静軒《五子近思録》，大率依類編附，不專發明本文也。"[③]自南宋至清末，這些學者編纂的具體時間雖有别，但其體例則一遵寒泉編纂之舊，即遵從《近思録》的類編綱目，多分作十四卷予以編次。本章在此就現存的南宋蔡模《近思續録》、明清的"五子近思録"等主要續、仿編本等，察其内容，考其版本，探其源流。

---

① 劉清之(1132—1189)，字子澄，吉州廬陵(今江西吉州)人。與朱熹有交往，學者號静春先生。他采集二程門人之語編輯《續近思録》。陳榮捷説"其書熊剛大之《性理群書》載之"，然筆者查閲後發現並非如此。

② 《朱子語類》卷一百一，第 2555 頁。

③ (清)黄叔璥《近思録集朱》"凡例"，見黄叔璥輯《近思録集朱》，清乾隆年間稿本。

一、蔡模《近思續録》《近思别録》版本考述

(一) 蔡模《近思續録》版本考

蔡模(1188—1246),字仲覺,號覺軒,福建建陽人。他是朱熹再傳弟子,人稱覺軒先生。史傳稱其操行高潔,風度夷坦,隱居篤學,以聖賢爲師。南宋淳祐三年(1243),建安守王埜創建安書院,特邀蔡模掌席。淳祐四年,以丞相范鍾薦,謝方叔乞表異之,詔補迪功郎,添差本府教授,令有司録所著書,並訪以所欲言[①]。據《宋史》卷四十三載,淳祐六年理宗詔曰:"朱熹門人胡安之、吕燾、蔡模並迪功郎,本州州學教授。給劄録其著述,並條具所欲言者以聞。"[②]另據黄宗羲《宋元學案》卷六十七《九峰學案》曰:"(蔡模)嘗輯文公所著書爲《續近思録》及《易傳集解》《大學衍説》《論孟集疏》《河洛探賾》等書行世。"[③]依此,那時朝廷已能讀到蔡模等人的著述。

從相關史料記載,我們能發現南宋福建建陽蔡氏一門與朱子關係十分密切。蔡模的祖父西山先生蔡元定,乾道年間"以師事文公,而文公顧曰'季通吾老友也'"。蔡元定長子節齋先生淵、次子復齋先生沆、季子九峰先生沈,兄弟三人"皆從文公游",而蔡模就是朱熹高徒蔡沈的長子,並同列朱子門墻。蔡模的名字乃朱熹所取,"仲覺之幼也,文公先生命之曰模,及其長也,又訓之以伊尹之'覺'"[④]。在朱熹殁後,蔡模爲其師編有《朱文公年譜事實》一卷。蔡模的著述,今除《近思續録》《近思别録》外,惟存《孟子集疏》十四卷,爲清《四庫全書》所收。

《近思續録》十四卷,是蔡模仿《近思録》體例,選集朱熹 438 條論説文字編撰而成,這些語録主要選自朱熹《文集》《語録》《易本義》《書傳》《論語或問》《太極圖》《論語集注》《孟子集注》《大學或問》《中庸章句》《中庸或問》《西銘解》《易學啓蒙》《經説》《手帖》《詩傳》等。此書依《近思録》分作十四卷,各卷標題分别爲道體、爲學、致知、存養、克治、齊家、出處、治體、治法、臨政處事、教人、警戒、辨别異端、總論聖賢。其篇名簡明概要,便於讀者把握其宏綱,此

---

① 參閲(清)李清馥撰《閩中理學淵源考》卷二十五,見《四庫全書》史部,第 460 册第 329 頁。

② (元)脱脱等撰《宋史》,第 835 頁。

③ (明)黄宗羲《宋元學案》卷六十七,第 2211—2212 頁。

④ 參見(宋)真德秀《西山文集》卷三十三"蔡仲覺名字説"。

舉或對葉采集解《近思録》擬定篇名有所啓發幫助。

北宋四子"周、程、張子之書，廣大閎博，若無津涯"，因擔心初學者不知所入，故朱、吕編輯《近思録》，"以爲窮鄉晚進、有志於學而無明師良友以先後之者，誠得此而玩心焉，亦足以得其門而入"。那麼蔡模爲何要集編朱熹之語呢？這裹我們借用清代康熙朝柯崇樸的話來説，是由於"朱子生平諸經之傳注，交友之書疏，同堂之講論，至精至詳，惜後世更無有如朱子者起而述之。故其廣大閎博者，猶散漫無統"[①]，因而蔡模集編朱子語而成此書。

蔡模《近思續録》面世後即有刊行者，遺憾的是這些宋刻本我們已無從見到。據宋晁公武《郡齋讀書志》、趙希弁《讀書附志》"語録類"著録，曰："《續近思録》十四卷。右寶慶丁亥（筆者按，即寶慶三年，1227 年）蔡模纂晦庵先生之語以續之。"[②]又據張秀民《中國印刷史》云"寶慶《四明志》卷二載州學書板"有"續録"[③]，可知南宋寶慶年間有四明州學書板蔡模《續近思録》，然今不存。

稍後於"四明"本的是南宋景定元年（1260）至二年間的嚴州刊本。據王國維《兩浙古刊本考》卷下載："《近思録》十四卷（筆者按，下有小字雙行注：知郡華文錢寺丞任内刊）；《近思續録》（按，注文同前）。趙希弁《讀書附志》：'《續近思録》十四卷，右寶慶丁亥蔡模纂晦庵先生之語以續之。'案，直寶章閣錢可則以景定元年六月十八日知嚴州，二年十二月升直華文閣，三年四月八日徙知嘉興府。"[④]另據張秀民《中國印刷史》説，《景定嚴州續志》卷四載："有四種注明爲知郡華文錢寺丞任内刊，即《近思録》《近思續録》《融堂四書管見》《新定續志》。所謂錢寺丞即錢可則，景定元年知嚴州，二年升直華文閣。"[⑤]錢氏主持刊刻的此《續録》本今亦不見。

南宋以降，蔡模《近思續録》仍流佈於世，不斷被傳抄刊梓，史上公私藏書目録多有記録。如明代王圻《續文獻通考》卷一百七十八載："《續近思録》，蔡模著。"明錢謙益《絳雲樓書目》著録："《近思續録》，蔡模。"蔡模所編書名當依《讀書附志》所言稱謂"《續近思録》"，故當代朱子學家束景南先生説："（南宋）

---

① （清）柯崇樸《近思續録序》，載於（宋）蔡模《近思續録》，清康熙二十八年天蓋樓刻本。

② （宋）晁公武撰《郡齋讀書志校證》，孫猛校證，上海古籍出版社，1990 年 10 月 1 版，第 1210 頁。

③ 張秀民《中國印刷史》，第 78 頁。

④ 《王國維遺書》第 7 册，第 529 頁。

⑤ 張秀民《中國印刷史》，第 80 頁。

《續近思録》十四卷，佚。是書爲宋蔡模依《近思録》門類編録朱熹之語以續之，見《福建通志·藝文志》《好古堂目》。”①

筆者經多方求索，目前所知蔡模《續録》現存版本主要有以下幾種。

1.《新編音點性理群書句解》本《近思續録》，元刊本

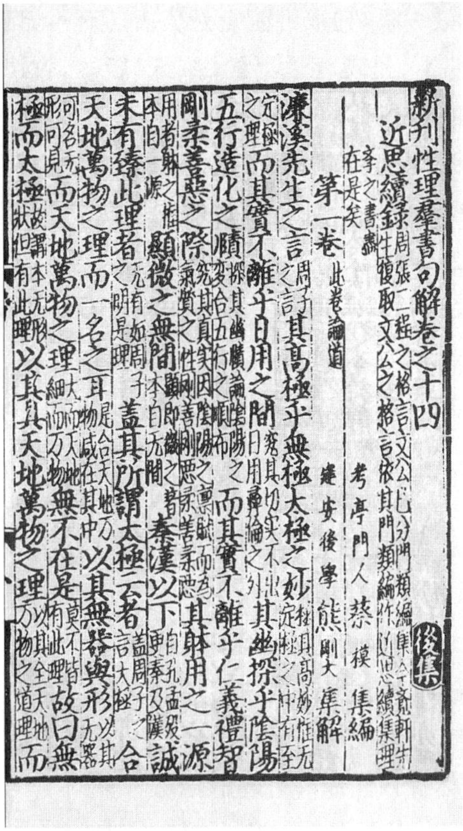
新刊性理羣書句解卷之十四　後集

近思續録

考亭門人蔡模集編

第一卷　此卷論道　建安後學熊剛大集解

濂溪先生之言　其高極乎無極太極之妙　而其實不離乎日用之間　其幽探乎陰陽五行造化之賾　而其實不離乎仁義禮智剛柔善惡之際　其體用之一源　顯微之無間　秦漢以下誠未有臻此理者　蓋其所謂太極云者合天地萬物之理而一名之耳　以其無器與形　而天地萬物之理無不在是　故曰無極而太極　以其具天地萬物之理而無

圖 3-1　熊剛大句解《近思續録》，《新編音點性理群書句解》本，元刊本

《新編音點性理群書句解》（以下簡稱“《句解》”）前集二十三卷、後集二十三卷，（宋）熊節集編，（宋）熊剛大集解。具體説來，“前集”二十三卷，是南宋熊節集編，熊剛大集解；“後集”二十三卷，則是南宋熊剛大集解。“後集”的主體由三部分組成：《近思録》朱熹、吕祖謙同編，熊剛大句解；《近思續録》蔡模編集，熊剛大句解；《近思別録》蔡模編集②，熊剛大句解。

收録在《新刊性理群書句解》“後集”中的蔡模《近思續録》十四卷，有朱子語録 438 條。目前現存的刊本，每半葉十三行二十四字，注文小字雙行同。左右雙欄，有界行。上下黑口，順（黑）魚尾。《續録》卷一卷端首行頂格題“新刊性理群書句解卷之十四”，越七字格刻墨蓋子“後集”二字，次行低一字格題“近思續録”，在其下是雙行小字，題記：“周、張、二程之格言，文公已分門類編集。今覺軒先生復取文公之格言，依其門類編作《近思續録》（筆者按，“録”字原本脱），集理學之書盡在是矣。”第四行低三字格題“第一卷”（筆者按，其下有小

① 束景南《朱熹年譜長編》，第 1452 頁。

② 關於此《近思別録》的編者考，詳見本書後文“《近思別録》日本寬文八年刻本編者考”。

字“此卷論道”），且在第三行、第四行低十三字格的位置，分别題署“考亭門人蔡模集編”，“建安後學熊剛大集解”。第五行頂格刻正文，《續録》原文刻作大字，熊剛大注解文字刻作雙行小字。“恒”“貞”“玄”等字避諱，有宋版書的遺迹。

從該本紙張、墨色、版口、諱字等特徵考察，它很可能是元代書坊刊本，且與曾經的宋版《句解》存在關聯。這部傳本，是現存最早的《續録》版本，收録在《句解》卷十四至卷二十一，非單行本（書影見圖 3－1）。

在此元刊本“後集”的卷首刻有《近思録編集諸儒注解》《新刊音點性理群書句解目録》。該《目録》的卷端題“《近思録》一十四卷，晦庵先生朱文公集編，東萊先生吕成公同編，考亭後學熊剛大集解”。《句解》“後集”卷一至卷十三爲熊氏注解的《近思録》，卷十四至卷二十一爲熊氏注解的《近思續録》，卷二十二至卷二十三爲熊氏注解的《近思别録》。

《句解》卷二十二卷端第二行《近思别録》下題：“此集乃覺軒專集南軒、東萊二先生格言以爲《别録》，蓋與文公生同時、學同道。皇上潛龍嘗推尊二賢，列之從祀，是其學亦今日所宗也。”

此刻本現存臺北“國家圖書館”，陸心源《儀顧堂題跋》卷六，《國立北平圖書館善本書目》皆有著録。

關於《句解》“後集”熊剛大注解“三録”的價值，在此簡要闡述如下。

熊剛大，生卒年不詳，爲宋理宗時建陽人。受業於朱熹門人黄榦、蔡淵，學者稱古溪先生。問學精專，操行篤至。南宋嘉定七年（1214）進士，爲建安書院教授。著有《詩經注解》《性理小學集解》《性理群書句解》等。

首先，仔細閲讀《性理群書句解》一書，不難發現熊剛大對《性理群書》前後集的句解頗具特色。熊剛大爲了使自己所推尊的朱子學思想傳播更廣，他對有關“性理”之説的文獻進行了深入淺出的注釋，做到通俗易懂，以便普及到童蒙階層，此舉非常有利於同時代讀者閲讀、理解《性理群書》。例如：

“前集”卷一，對《濂溪先生遺像贊》“道喪千載”句，熊剛大注云：“道者，日用常行之理，由堯、舜、禹、湯、文、武、周公而傳之孔子，由孔子而傳之顔、曾、思、孟，同此道也，孟子殁不得其傳，至於我朝蓋千餘載矣。”卷二對《學則》“先生施教”句，熊剛大注云：“先我而生謂父兄，施其教誨。”對《四箴》中“顔淵問克己復禮之目”句，熊氏注云：“姓顔名回，字子淵，孔門高弟也。問仁，夫子答以克己復禮。克己，是克去己私。復禮，是復還天理。又問其條目。”

“後集”卷一對“仁者天下之公”句，熊剛大注云：“仁者以天地萬物爲一體，故曰‘天下之公’。”對“滿腔子是惻隱之心”句，熊氏注云：“腔子，猶軀殻也。惻，傷也。隱，痛也。人之一身，惻隱之心無所不至，故疾痛痾癢，觸之則覺。由是推之，則天地萬物本一體也，無往而非惻隱之心也。”卷十四對“動静無端”句，熊氏注云：“端之説有二：有始端，有末端。端本之端，始端也；端緒之端，末端也。此是以始端言，若言動爲始，則動之先須有静，故無端。”卷二十二對“若謂但知便可”，“則釋氏‘一超直入如來地’之語也”句。熊氏注云“如言知則足矣”，“不過佛氏但求超悟而無力行工夫也”。卷二十三對“重言‘委蛇’”句，熊氏注云：“委蛇和緩之狀，言文王之時，在位之臣皆如此，且不一言而屢言之。”

此類熊氏注文看似淺顯，然而正因其簡明易懂，讀者通過其注文則能較容易地認知領會經典之藴，無形之中開闢了理學讀本傳播的便利途徑。他對“三録”的集解益於後世認知南宋後期的朱子學，其注文能真切地給入門讀者以階梯[①]。

南宋後期，對於理學經典《近思録》的注解，朱子門人後學勇擔重任，存世的有南宋葉采《近思録集解》、楊伯嵒《泳齋近思録衍注》，且多以單行本行世，而熊剛大的注解本存於《句解》“後集”中，不像葉采《集解》那般爲更多人所知。熊剛大不衹是對《近思録》作注，還對朱熹門人蔡模編集的《近思續録》和《近思别録》也分别進行了注解，因而有集“三録”於一體的創見，即將自己對《近思録》《續録》《别録》的注解彙聚一處，合編爲《性理群書句解》“後集”。因而，此舉在《近思録》及其仿編文獻的注解史上是前無古人的，在“近思之學”的整理與研究方面具有重要的文獻價值。

熊剛大集解的《句解》，在史上具有較大的文獻與學術價值：首先，《句解》在理學文獻編纂史上影響深遠。熊節、熊剛大二人編纂集解的《句解》在理學文獻編纂上具有導乎先路之功，明清時期的一系列“性理”之書的編纂多受其

---

① 參閲筆者與曹潔《〈性理群書句解〉的價值探究》，載於《歷史文獻研究》總第37輯，華東師範大學出版社，2016年9月1版，第100—102頁。

影響，諸如《性理大全》《性理備要》《性理要解》《性理精義》等。從存世文獻看，《句解》在明清重刻傳抄者儘管有限，但它並未退出歷史舞臺，有相當的隱性影響。由於繼承其衣鉢的《大全》影響大，因而《句解》的影響便透過《大全》而無形地影響着後世，僅《四庫全書總目》著録的與《大全》關涉者不下於10種。

特别是在續編《近思録》文獻的保存與詮釋方面，輯録的南宋蔡模續編本很有文獻價值。蔡模《近思續録》《近思别録》現存單行本極其稀見，《續録》國内單行刊本僅有清初柯崇樸重刻本。據柯氏序文，其刻本源自《性理群書句解》，至於《别録》則未見單行本存世。在東亞區域，我們能見到的最早《續録》《别録》單行刻本是日本寬文十年(1670)刻本，以及朝鮮李朝的抄本和刻本，而且這些本子距離南宋已相去三四百年，内容全是白文，没有注文。而《句解》中熊剛大既收録了《續録》《别録》原文，又逐句進行簡明注解，故熊氏注本在今天頗具文獻價值，有助於讀者理解南宋理學代表，即東南三賢朱熹、吕祖謙、張栻語録的詞義、句意，體會其思想情感，能填補史上關於《續録》《别録》整理注釋的空白。

其次，熊剛大對近思"三録"的集解頗益於後世認知南宋後期的朱子學。《句解》"前集"的編纂主旨在於彰顯宋代儒學群體的精神思想，將宋代七賢及其門人後學中的精粹之言分門别類彙聚一處，側重體現了熊節的學術主張，那麽"後集"則重在展示朱子後學熊剛大對藴藏理學學術思想讀本的解讀。

熊剛大在"後集"中明確題署《續録》《别録》皆爲朱熹門人"蔡模"所編，這不僅有助於解決多年來懸而未决的編者問題，而且他對《近思録》《續録》《别録》的整理與注解，意在呈現南宋學者所編輯的三種理學讀本之歷史面貌。在理學入門文獻的彙編上，在朱熹之後熊剛大之前，無人將"三録"彙集一處，也無一位學者憑一己之力將此三種經典文本均加注解，因此，熊剛大的彙總既是對"三録"的有效保存，又給讀者提供了閱讀三書的便捷途徑。而且熊氏生活在南宋後期，較《近思録》的後世注解者更諳熟本朝學人的思想，讀者通過熊氏在"三録"中的注文，可從文獻的源頭去探索《近思録》文獻的學術史意義，去理解東南三賢的學術思想，從中探尋南宋後期朱子學發展境況。

《句解》中的“三録”原文，除《近思録》的原文有少數删除[①]外，《續録》《别録》都是完整保留，而且熊剛大的注文在普及這些理學經典上有功於後世。這主要表現在三個方面：

一是史上衹有熊剛大一人對《近思録》及其仿編本都進行了注解。熊剛大曾爲南宋建安教授，對《詩經》《小學》做過注解。由於他特别注重爲童蒙解讀經典，故其注解的《性理群書》又增辟了理學傳播的新途徑。

關於《句解》中的熊剛大注文，四庫館臣以“淺近”“無可采”來定論，筆者以爲不妥。《性理群書》雖是熊節集編，可是熊剛大在歷史上的地位庶幾高於熊節，這與他盡心致力於學術普及工作密切相關。因爲漢唐對儒家經典的注疏，多是爲了便於時人閲讀、普及經典，以至於闡釋經典本身也成爲一種經典，所以熊剛大對《性理群書》的注解，也是非常有利於同時代讀者閲讀、理解這些典籍的。西方哲人康德曾經説過：“學術的講述是通俗講述的基礎。因爲衹有能够徹底講述某物的人，纔能以通俗的方式講述它。”[②]那麽，熊剛大的注文既要傳播自己的宗朱思想，又要深入淺出地注釋，能做到通俗易懂，實屬不易。正是其化深奥爲通俗，方能便於大衆認知“性理”的内涵，故而使得《句解》四十六卷在東亞儒學文化圈不斷得以傳刻、傳抄，其影響廣泛、傳播久遠，便是有力的佐證。

《近思録》在南宋有三種注本，與熊剛大注本類似的，還有葉采《集解》、楊伯嵒《衍注》。相較之下，熊剛大注解更爲淺近易懂，如《近思録》卷一“猶五常之仁”語，熊氏解曰：“亦如五常之仁。蓋所謂五常者，仁義禮智信，人之生也。得天之元，則爲此性之仁，故亦如此也。”《句解》中此類注解，不一而足。再者，《續録》《别録》史上除熊剛大注解外，未見文獻載有其他注本。熊氏注本有輯録之功，在當時因淺近通曉，故讀者障礙少，受衆群體廣，能擴大其影響範圍。若僅就“後集”而言，熊剛大在東亞理學讀本的傳播上應有一席之地。至於館臣爲何没有將《句解》“後集”收入《四庫》，恐因其已全文收録了葉采

---

① 《句解》中對《近思録》原622條語録的删除，主要是依據“前集”而定，一般來説，凡與“前集”中已收入的某子著述文字相同的語録，即使這段語録原被《近思録》輯録，爲行文簡潔，熊氏會在“後集”中删除。

② （德）康德《邏輯學講義》，楊一之翻譯，商務印書館，2010年1版，第18頁。

《近思録集解》、茅星來《近思録集注》、江永《近思録集注》，且當時《續録》《别録》仍有傳本在社會上流通，因而若再收録由“三録”組成的“後集”則顯得没那麽必要了。四庫館臣多爲崇尚考據的漢學大家，他們欣賞的是那些引經據典、考證繁密的著述，不收熊剛大“後集”，與四庫館臣的學術取向也密切相關。儘管熊剛大的注解太過“淺近”，但它卻是對《性理群書》的注釋，故四庫館臣在收録《性理群書句解》“前集”時還是一併録存其注文。

二是熊氏注解既反映了朱子理學思想，又凸顯其爲童蒙而解之意。《句解》“後集”收集理學入門經典《近思録》，以及仿照朱子編輯體例由朱熹門人蔡模編集的《續録》和《别録》。這三書是南宋後期主流學術思想的體現，其尊朱思想明顯，顯現出南宋後期朱子後學們的思想情懷與學術觀念，其注文具有一定的學術史價值。

熊剛大距離朱熹時代非常接近，能更多地呈現朱子學術思想的精髓，《句解》注文是在朱熹之後再“接着説”，更切合編纂者原本欲表達的意藴。例如朱熹編輯《近思録》之初，認爲“《近思録》首卷難看……若唯讀此，則道理孤單，如頓兵堅城之下”[1]。那麽作爲朱熹得意門人黄榦的弟子熊剛大，在集解《近思録》卷一時並未將原本的 51 條語録全部輯録，開篇就删除了原有的第 1、第 2 條，或許因爲它們出自周敦頤《太極圖説》《周子通書》，語録深奥，童蒙一時難以徹悟，因此删除“道理孤單”的語録。通觀《句解》，其輯録注釋的《近思録》不再是常言的 622 條，選輯的是二程、張載三人語録，共計 500 條，删去的多是童蒙難以理解的周子語録，且集解時多化用朱子語録進行詮釋。如此處理既反映爲童蒙作注者熊氏的簡明注解理念，又説明他受朱子思想影響至深，以致他對朱子思想的傳承，所憑藉的就是這種便宜淺近的訓釋。

儘管四庫館臣厭其“淺近”，如釋“曰”爲“云”、“或曰”爲“或人謂”、“乾，天也”爲“乾即天也”之類，確實淺顯瑣碎。然而熊剛大本人旨在爲童蒙解經，其治學思想在《句解》四十六卷的注文中有很好體現，即化深奥爲簡易，幾乎對每一句均作注解，如《近思録》卷十四：“横渠先生曰：二程從十四五時，（熊注云：明道、伊川從十四五歲時。）便脱然欲學聖人。（熊注云：伊川年十八作《好

① （南宋）黎靖德編，王星賢點校《朱子語類》卷一百五，第 2629 頁。

學論》，明道二十三著《定性書》，是時游山諸詩皆好，無非灑然塵埃之外，而所學者皆聖人之事。）"熊氏此類注文看似有淺顯之嫌，卻正因如此，方能開闢理學讀本傳播的便利管道。如果説《近思録》在南宋已有葉采、楊伯嵒進行注釋，熊氏注本顯得不是那麽特别緊要的話，則他對《近思續録》《近思别録》的集解，在理學讀本的傳播史上卻不可小覷，畢竟他是此二書的第一注者。

三是爲南宋後期三種《近思録》文獻的比較研究提供了非常可靠的文獻依據。《句解》的存世，有助於將熊氏收録的"三録"與現存明清時的《近思録》《近思續録》《近思别録》傳本進行比較，從中可探索這"三録"的真實面目及在後世傳播發展情況。再者，同爲朱子再傳弟子的葉采、熊剛大，均對《近思録》進行集解，同時期的楊伯嵒又有注釋，三家注本皆與南宋朱子學相關聯。若能比較三者注文，則有望揭示《近思録》在朱子門人後學眼中的價值、地位；在探尋三家注本共性的同時，若能重點辨析三家注文的微異，則可闡釋南宋後期朱子學發展的微觀世界。

儘管我們在此肯定了《句解》中熊剛大集解所擁有的價值，但在歷史上知道朱熹後學熊剛大注解過《近思録》《近思續録》《近思别録》的並不多。熊氏注本鮮爲人知的主要原因，或是其注本不是以"近思録某某注"之類的方式命名，而是將這三種文本收録在《性理群書句解》（後集）中①。亦或許是清初柯崇樸《近思續録序》所説的原因，柯氏在重刻《近思續録》時所據底本是《句解》，可他卻説："原本有古溪先生熊剛大集解，句櫛字比，意極詳明，然朱子之書明白簡易，原可不煩辭説，故輒删去，以待學者自得焉。"在清初的柯氏看來，《續録》的文字皆爲朱熹語，簡易明白，不必再爲之注解，於是他在重刻《續録》時將熊剛大《句解》"後集"所收録的《續録》熊氏注文删除。柯氏此舉説明，作爲一名頗具理學素養者，是能自得朱子語意，自然不用熊氏瑣細之注，亦或不希望熊氏的注文影響讀者的取向，而希望讀《續録》者去"自得"。但是，幾百年後的童蒙與南宋朱熹已經相去遥遠，恐難真正領悟那些語録的内涵，而熊剛大的集解文字卻能真切地給入門讀者以階梯，是有助於人們儘快

---

① 明代宣德年間，吴訥認爲"後集"所載"三録""與《四書集注》或不同"，《四書章句集注》後出，最能見朱子之真。他在補注《性理群書》時，覺得熊氏《句解》"去取間有未當"，故剪輯"前集"之要，删去"後集"的部分内容，以訂補熊氏之謬。

徹悟《續録》所輯録朱子文字的基本語意，今天如果説熊氏注語是多餘，則不妥。同理，熊剛大對《近思録》《别録》的注解亦然。

蔡模《續録》借助《句解》在東亞廣泛傳播，在《句解》元刊本之後，東亞的朝鮮、日本不斷予以翻刻或重印，在東亞的現存《句解》版本中，存世的"後集"中皆有《續録》《别録》，如李朝太宗十五年平壤府木板本，李朝世宗二十一年甲寅字本，李朝成宗年間覆刻甲寅字本，李朝成宗十九年木板本，李朝燕山二年翻刻甲寅字本，日本寬文八年吉野家總兵衛刊本等。

2.《近思續録》清康熙二十八年天蓋樓刻本

國内現存蔡模《近思續録》的最早單行本，是清康熙二十八年刻本。此刻本每半葉十行二十二字，左右雙欄，有界行，框高 17.90 釐米，寬 13.80 釐米。上下細黑口，對(黑)魚尾。版心魚尾間刻書名卷次(如"近思續録卷一")，下魚尾下端刻頁碼。卷一卷端首行頂格題"近思續録卷之一"，越三字格題本卷語録條數"凡五十五條"，第二行頂格刻正文。各卷每條語録單列，除首字頂格外，餘行則皆低一字格刻印。其刻版風格與吕氏"寶誥堂"所刊《朱子遺書》本相近。

刻本卷首有書名兼牌記葉，書名爲正楷大字"近思續録"，其左下刻有小字"天蓋樓藏板"。正文前刻有清康熙己巳年柯崇樸[①]《近思續録序》《近思續録目録》，該《目録》的標題左下題署"考亭門人蔡模集編，嘉善後學柯崇樸較訂"。康熙己巳年，即康熙二十八年(1689)。依據此刻本柯崇樸作序的時間和《近思續録目録》下的題識，此本宜是清康熙二十八年柯氏據蔡模《近思續録》本校訂刊行。

爲何此刻本會有刊記"天蓋樓藏板"？筆者以爲儘管康熙二十八年吕留良已逝，而其子仍在經營天蓋樓刻書，當時吕留良弟子有可能采用或利用天蓋樓刻局的名號刻書。或者此本雖爲柯崇樸校訂刊行，然其版權仍屬天蓋樓所有，故有"天蓋樓藏板"字樣。在經歷雍正時曾静一案之後，吕留良及其子的刻書資料在當時及後世很難保存，柯崇樸與天蓋樓的具體關係因文獻不

① 柯崇樸，字寓匏，號敬一，又小幔亭，嘉善西塘人。柯維楨兄，明榜貢生，清詞人。清康熙十八年舉博學宏儒，官内閣中書。曾協助朱彝尊選編《詞綜》。著有《紀遊草》《振雅堂集》。康熙二十四年刻印過周密《絶妙好詞》七卷。見傅逅勤《嘉興歷代人物考略》，第 210 頁。

足，不能做明晰詳解。因此，我們衹好依據牌記、柯氏序文及作序時間，來確定此本爲吕留良天蓋樓刻本，柯崇樸校訂，康熙二十八年刊。嘉興市圖書館（書影見圖 3－2）、寧波天一閣均有藏。但是安徽省圖書館藏本 1 册，是與葉采《近思録集解》刻本合爲一函，經目驗，其正文前的柯氏序文、《目録》以及正文版式、内容均與嘉興圖書館藏本同，僅卷首的書名兼牌記不存，或流佈過程中脱損，或受吕留良案影響有意去之。

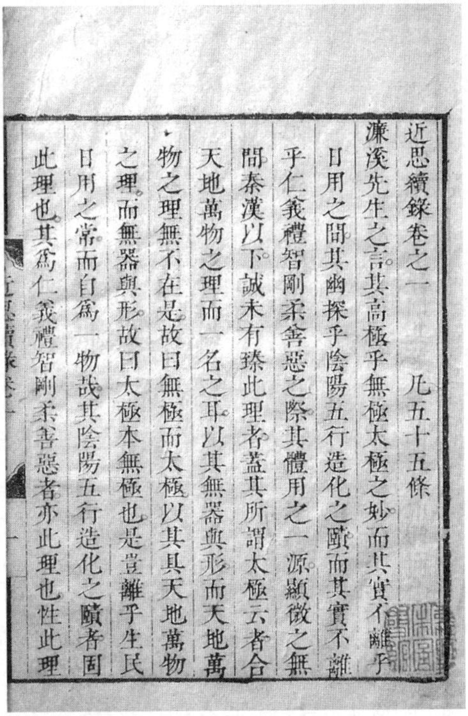
近思續錄卷之一　凡五十五條
濂溪先生之言其高極乎無極太極之妙而其實不離乎
日用之間其幽探乎陰陽五行造化之賾而其實不離
乎仁義禮智剛柔善惡之際其體用之一源顯微之無
間秦漢以下誠未有臻此理者蓋其所謂太極云者合
天地萬物之理而一名之耳以其無器與形而天地萬
物之理無不在是故曰無極而太極以其具天地萬物
之理而無器與形故曰太極本無極也是豈離乎生民
日用之常而自爲一物哉其陰陽五行造化之賾者固
此理也其爲仁義禮智剛柔善惡者亦此理也性此理

圖 3－2　蔡模《近思續録》，清康熙二十八年天蓋樓刻本

至於此《近思續録》的來源，柯氏序文僅言“獲購”了《續録》本，底本是何時何人何地所刊或抄，則其言不詳，但是可以肯定的是蔡模《續録》在清初有流佈。查閲史上的文獻目録，清人吴壽暘、邵懿辰、繆荃孫記載所言及的版本是否與清初流佈的《續録》本子有關呢？

據《拜經樓藏書題跋記》卷四著録：“《近思録續録》二十三卷，宋刻本。每葉二十六行，每行大字二十四，小字二十五六字不等。紙墨精雅。有東谷武原鄭氏圖記，蓋端簡舊藏，彌足珍重。”①邵懿辰《增訂四庫簡明目録標注》“附録”説《拜經樓藏書題跋記》著録有誤，曰：“《拜經樓題跋》標《近思録續録》，甚繆，緣即《性理群書句解》‘後集’二十三卷也，不宜兩存。説見《藝風藏書續記》（荃孫）。”②此處的“附録”文字，是繆荃孫的標注，説得較明朗。

再查閲繆荃孫《藝風藏書續記》，我們發現“《性理群書句解》‘前集’二十三卷，‘後集’二十三卷”下的按語，繆氏認爲前編爲熊節集解，熊剛大注：“後

---

① （清）吴壽暘《拜經樓藏書題跋記》卷四，中華書局，1995 年 8 月 1 版，第 649 頁。

② （清）邵懿辰《增訂四庫簡明目録標注》，第 390 頁。

集卷一至卷十三《近思録》,卷十四至二十(筆者按,脱“一”字)《近思續録》,卷二十二、卷二十三《近思别録》。《續録》爲節齋蔡模所編,取朱文公之格言依《近思録》門類編録,故曰‘續録’;《别録》,亦節齋所編,所取皆南軒、東萊之格言,故曰‘别録’。另有剛大集解。”[①]依此,拜經樓注記有誤,蔡模編有《近思續録》十四卷,而非“《近思録續録》”之名,並非“宋刻本”。而且筆者在調研元刊本《性理群書句解後》後,真切地認知到蔡模《續録》被熊剛大收入“後集”中,吴壽暘拜經樓所記,不是單行本。那麽柯氏序文説他刊刻所據“原本”,“有古溪先生熊剛大集解”,由此推斷這個《續録》“原本”,應與《性理群書句解》非常密切。綜合上述文獻記載與我們曾過目的存世《句解》元刊本,可知熊剛大注解的《近思續録》就收録在《句解》本中,柯氏所據底本即源自《句解》,衹是柯氏校勘重刻時删除了熊氏注文。

對於蔡模《近思續録》一書,柯崇樸校刊時做過評判,其序文説:“是書雖約,然首明道之大體,以示之端,繼言爲學之要、修已治人之方,終則辨别邪異,統論聖賢,以一其向。使學者得此而潛玩焉,觸類引伸,豁然貫通,循夫擇善固執之理,裕夫明體達用之功,則於朱子之廣大閎博者,亦可得其門而入矣。”“覺軒之述,其有功於朱子,並有功於聖學,豈淺鮮哉?此崇樸所急爲刊布意也。”

柯崇樸《近思續録序》曰:

《近思續録》十四卷,乃宋覺軒先生蔡模仿朱子《近思録》例,集朱子遺言類次之。崇樸既得而卒讀,爰校訂其字句之訛謬,因刊行之。而爲叙曰:《記》云“作者之謂聖,述者之謂明”,明,聖者;述,作之謂也。夫豈易言哉?六經之書尚已,孔子爲之删定贊修,而後焕焉與日月同光。此孔子之“述而不作”,功在萬世也。是後火於秦,雜於漢,支離晻翳者千五百餘年。迨宋室嗣興,名儒輩出,得不傳之旨於遺經,斯道璨然復明於天下。然周、程、張子之書,廣大閎博,若無津涯,此朱子《近思録》所由作。而其言曰:“四書爲五經之階梯,《近思録》爲四書之階梯。”則朱子之明,誠足以近述諸儒而上繼孔子也。乃朱子生平諸經之傳注,交友之書疏,同堂之講論,至精至詳,惜後世更無有如朱子者起而述之。故其廣大閎

① (清)繆荃孫《藝風藏書續記》,民國二年至三年藝風堂刊本。

博者，猶散漫無統。惟忠憲高景逸先生集爲《朱子節要》，然其明或未足及之。故我師吕晚邨先生謀更爲纂輯，會疾革不就。嗚呼！豈天之無意斯文耶？何後起者之不得與於斯文也？猶幸是編尚存，崇樸獲購而讀之。夫覺軒爲九峰先生令嗣，親炙師承，爲得其要領已。間嘗論之，近世儒者之失，莫大於不循下學，妄希上達，以致知格物爲支離，以直捷了悟爲能事，未明日用，輒語性天。所謂"心性"，所謂"良知"，總不過借我儒字目，以陰行其詖淫邪遁之説，於朱子之道，怯者陽奉而陰違，黠者明攻而肆詆。嗚呼！正學不明，邪説日熾，不有朱子，誰爲正之？不有述朱子者，又誰爲翼之哉？是書雖約，然首明道之大體，以示之端，繼言爲學之要、修己治人之方，終則辨别邪異，統論聖賢，以一其向。使學者得此而潛玩焉，觸類引伸，豁然貫通，循夫擇善固執之理，裕夫明體達用之功，則於朱子之廣大閎博者，亦可得其門而入矣。由是邪説不攻而自破，正學已晦而復明，則覺軒之述，其有功於朱子，並有功於聖學，豈淺鮮哉？此崇樸所急爲刊布意也。原本有古溪先生熊剛大集解，句櫛字比，意極詳明，然朱子之書明白簡易，原可不煩辭説，故輒删去，以待學者自得焉。康熙己巳夏日嘉善後學柯崇樸序。

《近思續録目録》：

考亭門人蔡模集編，嘉善後學柯崇樸較訂。第一卷道體，凡五十五條；第二卷爲學，凡六十六條；第三卷致知，凡四十九條；第四卷存養，凡四十七條；第五卷克治，凡二十六條；第六卷齊家，凡二十條；第七卷出處，凡二十四條；第八卷治體，凡十八條；第九卷治法，凡二十四條；第十卷臨政處事，凡二十條；第十一卷教人，凡十條；第十二卷警戒，凡十七條；第十三卷辨别異端，凡十一條；第十四卷總論聖賢，凡五十一條。

3.《近思續録》清光緒三十一年張曾刻本

蔡模《近思續録》清初天蓋樓刻本雖經歷了吕留良案的禁毁，可在後世仍有一些影響。一方面是蔡模"覺軒受學考亭最後"，《續録》"所采之粹美精確，實皆符合朱子晚年定論，概非後世選編者所可及"[①]；另一方面天蓋樓刻本尚

① 清光緒年間楊温如語，見(清)張曾《近思續録重刊序》，載於(宋)蔡模《近思續録》，清刻本。

存世，可作爲刊刻底本。據清光緒三十一年張晉《近思續録重刊序》曰“歲在光緒甲辰，澄城連君梅軒，以其手鈔宋儒蔡氏覺軒《近思續録》，屬晉重鋟之木”，“顧是鈔依天蓋樓藏板，係嘉善柯氏較訂本”①。可見，光緒二十五年連梅軒所抄是康熙二十八年柯崇樸校訂刊本，即天蓋樓藏板，那麽張晉此重刻本亦源自天蓋樓。

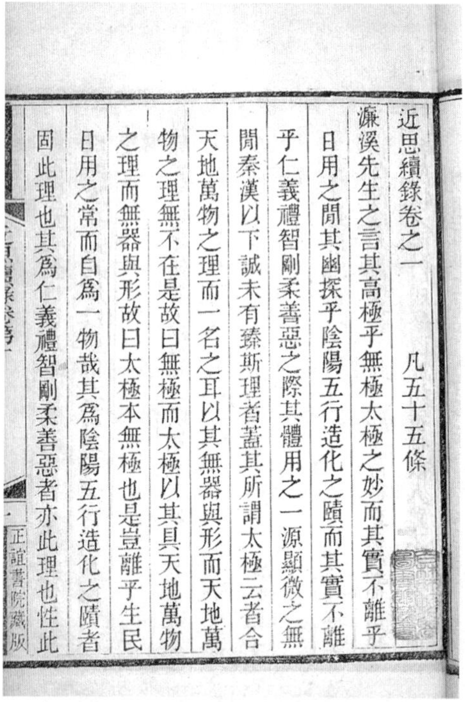
近思續錄卷之一　凡五十五條
濂溪先生之言其高極乎無極太極之妙而其實不離乎
日用之間其幽探乎陰陽五行造化之賾而其實不離
乎仁義禮智剛柔善惡之際其體用之一源顯微之無
間秦漢以下誠未有臻斯理者蓋其所謂太極云者合
天地萬物之理而一名之耳以其無器與形而天地萬
物之理無不在是故曰無極而太極以其具天地萬物
之理而無器與形故曰太極本無極也是豈離乎生民
日用之常而自爲一物哉其爲陰陽五行造化之賾者
固此理也其爲仁義禮智剛柔善惡者亦此理也性此
正誼書院藏版

圖 3-3　《近思續録》，清光緒三十一年張晉刻本

清光緒三十年（甲辰年，1904），連梅軒把自己的手抄本蔡模《近思續録》交給張晉，張晉考慮到柯氏刻本“其間小注舛誤脱落殊甚”，即請楊温如、賀敬修、雷立夫、孫仲玉、牛夢周、王亮甫等校刊。該刻本每半葉十行二十二字，四周雙欄，有界行，框高 16.00 釐米，寬 12.70 釐米。上下細黑口，對（黑）魚尾。版心魚尾間刻書名卷次（如“近思續録卷第一”），下魚尾下端刻頁碼，且在版心下端黑口右側刻有“正誼書院藏版”，左側刻字數。各卷每條語録單列，首字頂格刻印，其餘行格則均低一字格。其行款、版式特徵、版心所刊與上述康熙年刻本同。

刻本卷首書名葉爲四周雙欄的版框，右半葉刻正楷大字“近思續録”，在大楷字的左下角刻記“楊玉清署檢”。左半葉刻有四周單欄的牌記，上刻雙行篆文“光緒旃蒙大荒落秋抄鐫”。“旃蒙大荒落”，意爲“乙巳”年，即光緒三十一年（1905）。

刻本正文前刻有柯崇樸《近思續録原刻序》、張晉《近思續録重刊序》、《近

① （清）張晉《近思續録重刊序》，載於（宋）蔡模《近思續録》，清光緒三十一年重刻本。

思續録目録》、連梅軒跋文。在《近思續録目録》下題署“考亭門人蔡模集編，三原張曾重録”。因此，此刻本爲光緒三十一年張曾等依據連梅軒抄本校勘重刻蔡模《近思續録》十四卷，板藏正誼書院，很可能是賀瑞麟在正誼書院主持刊刻。至於他們校勘重録時的糾訛訂錯，今從刻本語録内容上可察一二，如此本共收語録 439 條，即卷十四比柯氏刻本多 1 條。東北師範大學圖書館藏有此刻本（書影見圖 3－3），2 册，鈐朱文印“吉林師範大學圖書館藏書”。

近思續錄卷之一　凡五十五條
濂溪先生之言其高極乎無極太極之妙而其實不離乎
日用之間其幽探乎陰陽五行造化之賾而其實不離
乎仁義禮智剛柔善惡之際其體用之一源顯微之無
間秦漢以下誠未有臻斯理者蓋其所謂太極云者合
天地萬物之理而一名之耳以其無器與形而天地萬
物之理無不在是故曰無極而太極以其具天地萬物
之理而無器與形故曰太極本無極也是豈離乎生民
日用之常而自爲一物哉其爲陰陽五行造化之賾者
固此理也其爲仁義禮智剛柔善惡者亦此理也性此

圖 3－4　《近思續録》，清代正誼書院刻本

與此刻本版式、内容、字體完全相同的《近思續録》刻本，有收録在《西京清麓叢書續編》中，上海圖書館有藏。

需要説明的是，筆者在北京大學圖書館見到一部蔡模《近思續録》刻本（書影見圖 3－4）。其牌記、序跋、版式、字體、内容與上圖藏本相同，當爲同一版，即正誼書院刻本。但是不知爲何北大藏書目録著録爲“光緒元年（1875）正誼書院刻本”，與《中國叢書綜録》[①]著録的收在《西京清麓叢書續編》的那個“光緒元年正誼書院刊”時間一致？既然《綜録》所記此本爲“《西京清麓叢書續編》”，那麽按理應與上圖所藏《續録》一致。可是，上述《續編》中的《近思續録》既然刊刻於光緒三十一年，那麽北大圖書館、《叢書綜録》卻云爲“光緒元年”。如此看來，他們對此本刊刻時間的推斷有問題，難道在光緒三十一年張曾等人校勘前，《近思續録》於光緒元年已事先被正誼書院重刻過？對此，筆者存疑。

① 上海圖書館編《中國叢書綜録》著録：“《近思續録》十四卷，（宋）蔡模輯。《西京清麓叢書續編》。”“光緒元年正誼書院刊。”上海古籍出版社，1982 年 12 月 1 版，第 728 頁。

張晉《近思續録重刊序》曰：

歲在光緒甲辰，澄城連君梅軒，以其手鈔宋儒蔡氏覺軒《近思續録》，屬晉重録之木。晉時方託朝邑楊君温如督刻《清麓先生答問遺語》，遂即以是書並委任之。竊惟先生一生酷嗜朱子之書，命門下里人劉君東初悉校梓之，不少遺漏，而此書乃獨闕如。夫蔡氏三世親炙考亭，其造詣固皆出類拔萃者，其所纂編豈尋常比而可空哉？晉愧未能略紹先生之學，其亦勉述先生之一事乎！顧是鈔依天蓋樓藏板，係嘉善柯氏較訂本，而其間小注舛誤脱落殊甚，至其條段之先後離合，字句之增删移易，蔡氏固用意深微，然恐亦未必果皆其本然也。抑或柯氏刻時已失其真，而天蓋又非柯氏之的本耶？温如悉遍考朱子原文，對勘釐正，數十晝夜未遑稍懈，而猶自訟迫於時促工催，未克研究之盡，其含糊者尚居什之二三。且曰："覺軒受學考亭最後，其所采之粹美精確，實皆符合朱子晚年定論，概非後世選編者所可及，惟常用力於此者知之。獨其去取編次之詳審細密處，尚有未盡領略得其旨者。若十四卷不及子思、周子之類，其一端也。要之，是書之大體純正周備，直續《近思》原録而無愧，洵爲洛、閩之嫡派，於學術大有關係。學者正當與原《録》一例熟讀玩索，不可釋手者也。"因並記温如語。而郃陽賀君敬修、雷君立夫、淄川孫君仲玉、藍田牛君夢周、三原王君亮甫，咸與襄辦之役，不敢没焉。乙巳季秋望旦會祭朱文公祠罷，三原張晉謹識。

連春魁跋文云：

按《近思録》，周、二程、張四子之語，朱子手輯之；《近思續録》，朱子之語，門人蔡覺軒手輯之。夫覺軒固九峰之子，親炙於朱子之門，學有所得而編集，非徒以類而推也。况所取皆多朱子手成之書中語，尤便於初學。凡四百三十八條，分十四卷，一依《近思録》例。純粹精詳，無異四子。余與《論孟集注》《近思録》恒並讀之，試問知言之君子以爲何如也？光緒二十五年己亥冬日澄城連春魁梅軒謹識。

4. 未能過目，尚待考訂的清代刻本

蔡模《近思續録》十四卷的傳本，現存部分公私藏書目録有記録。如《内蒙古自治區綫裝古籍聯合目録》著録："《近思續録》十四卷，（宋）蔡模輯。清初刻本，5 册。”[①]内蒙古社會科學院情報信息中心藏，第 12001 號。因筆者無緣見到，暫存待考。而東北師大圖書館藏著録的“（宋）蔡模編，清同治八年刻本”[②]。經筆者考訂，其考訂有誤，其藏本當是清代劉源淥《近思續録》的刻本。

（二）蔡模《近思别録》十四卷，《句解》元刊本

《近思别録》十四卷收録南宋東南三賢中吕祖謙、張栻的語録編纂而成，與《續録》所輯朱熹語録組合，可較全面地展示三賢思想之精華。《别録》的單行本筆者在國内尚未見到，僅見《新刊音點性理群書句解》收録，即上文所述《句解》元刊本。《别録》被收録在《句解》元刊本“後集”，其版式特徵，除四周雙欄外，則與此前的《續録》同，即每半葉十三行二十四字，注文小字雙行二十四字，有界行。上下細黑口，順魚尾。《别録》卷一卷端首行頂格題“新刊音點性理群書句解卷之二十二”，越四字格刻墨蓋子“後集”二字，次行低一字格題“近思别録”，在其下是雙行小字，題：“此集乃覺軒專集南軒、東萊二先生格言以爲《别録》，蓋與文公生同時、學同道。皇上潛龍嘗推尊二賢，列之從祀。是其學亦今日所宗也。”第四行低二字格題“第一卷”，第五行低三字格題“道體”，第六行頂格刻正文。《别録》原文刻作大字，熊剛大注解文字刻作雙行小字（書影見圖 3－5）。

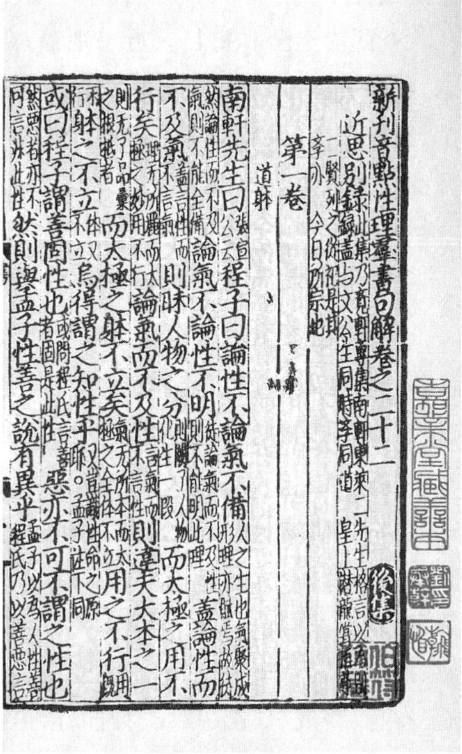

圖 3－5　熊剛大句解《近思别録》，《新刊音點性理群書句解》本，元刊本

① 何遠景主編《内蒙古自治區綫裝古籍聯合目録》，北京圖書館出版社，2004 年 11 月 1 版，第716 頁。
② 《東北地區古籍綫裝書聯合目録》子部儒家類性理之屬著録，第 1566 頁。

《近思别録》十四卷輯録吕祖謙、張栻的語録共計108條。儘管文字不多,但熊剛大仍如同注解《近思録》《續録》一樣認真詮釋,因爲他重視童蒙讀物的解讀,其注文看似有淺顯之嫌,但是卻能擴大此書的受衆面,對理學讀本的普及傳播頗有益處。

此刻本,臺北"國家圖書館"有藏,鈐有"劉承幹印""翰怡""伯符珍藏""嘉業堂藏善本"等印。

查閲史上公私書目,《近思别録》在其中偶有著録,如明代焦竑《國史經籍志》卷四著録:"《近思别録》八卷。"然因其著録不詳,我們難以知曉是何人編撰、何地刊抄、藏於何處。《别録》的編者,請詳見本書後面關於"《近思别録》日本寛文八年刻本編者考"。

二、佚名《文場資用分門近思録》宋刻本考述

南宋朱熹、吕祖謙編纂理學經典入門書《近思録》面世後,便有朱子門人後學進行續編、注釋,而南宋佚名所撰《文場資用分門近思録》二十卷,則將《近思録》十四卷原語録按内容分成二十卷121小類進行重新編輯,其小類目有性、心、氣、志、思慮、命義、道、五常、仁、義、禮、誠、敬、敬義、中和、忠信、剛、神、明、六經、易、書、詩、周禮、中庸大學、春秋、語孟、學上、學下、理學、經學、致知、窮理、格物、明善、涵養、自得、無妄、操守、弘毅、踐履、氣質、識量、節操、觀書、讀史、經疑、文章、舉業、取友、與人、教導、訓蒙、大小學、學校、動静、言語、視聽、感應、義利、公私、好惡、趨向、君子小人、善惡、外物、人欲、過失、改過、省身、警戒、異端、釋氏、神仙、治道、紀綱、禮樂、師傅、監司、守令、縣令、主簿、將帥、世禄、宗子法、格君、獻納、職守、爲政、論治、兵備、井田、經界、止盜、息訟、事親、孝悌、正家、祭祀、天道、陰陽、鬼神、帝王、聖賢、王霸、周公、孔顔孟、孔子、孔門群弟、孟子、諸子、漢唐諸儒、孔明、明道、伊川、太極圖、易傳序、春秋傳序、四箴、訂頑、砭愚等。若依其每條首行頂格編排的體例,筆者統計共有609條。相較於《近思録》原文本,則删除了其中若干條語録或語段,《分門近思録》的語録或將《近思録》原語録拆分爲若干,或對原語録進行剪輯,其編撰明顯有改造《近思録》的性質,可謂"《近思録》的改編本"。其最明顯的特徵是,編次的語録文字簡短,多是將原《近思録》進行分解,形成若干條,其意

恐是便宜於童蒙閲讀。儘管它没有《近思録》原文本完備，但“以是書爲舉業之精粹可也”。

南宋佚名改編本《文場資用分門近思録》二十卷，現存有南宋刻本，每半葉十行十七字，夾注小字雙行十六字，四周雙欄，有界行。白口，順(黑)魚尾。卷一卷端首行頂格題“文場資用分門近思録卷之一”，次行低三字格刻本卷的小標目“性”，第三行頂格刻正文。大多數語録的文末題記出處，如“明道”“伊川”等(但也有少數條目末端没有注明人名稱謂)。卷末有尾題“文場資用分門近思録卷之一”。字體在顔柳之間，刻印精美。

刻本卷首刻有《近思録》(其内容是本書語録取材的若干書名)，目録後次行刻有淳熙乙未(1175)朱熹序。序文末左側有四周雙欄的長方形牌記，題“建安曾氏 /刊於家塾”兩行，“曾”字漫漶難以識别(筆者據臺北“國家圖書館”藏本卷首題記“南宋末年建安曾氏刊本”補訂)。次葉刻有《文場資用分門近思録綱目》，將《近思録》十四卷語録按内容分成若干小類進行重新編輯，最終形成121個類目。如此别列類目，對後世周公恕類次葉采《集解》恐有影響。

此刻本現藏臺北“國家圖書館”(書影見圖3－6)，卷首上半葉的大半闕失，卷二十的第七葉衹剩殘闕的兩行，尚不知實際少多少文字。該藏本首葉欄外有墨筆題記“同治己巳二月三日武昌張裕釗觀”。藏本鈐有朱文印“臣紹基印”“燕緒”“石銘秘笈”“張石銘藏金石書畫印”“吴興張氏適園收藏圖書”等；白文印“臣紹鏇印”“張鈞衡印”等。可見爲清末莫友芝舊藏，其《宋元舊本經眼録》斷爲“南宋末坊刻”。

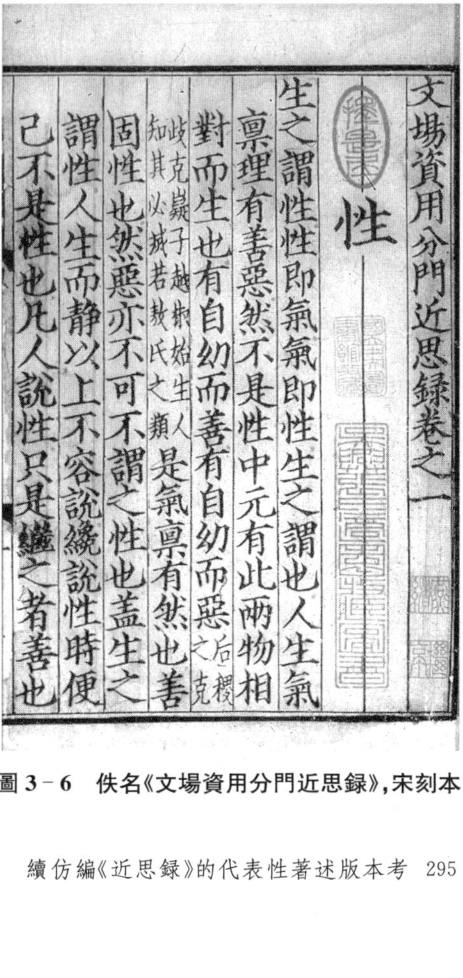

圖3－6　佚名《文場資用分門近思録》，宋刻本

此刻本避宋代帝王名諱較多，

筆者梳理後發現它一直避至南宋寧宗趙擴諱，如“玄”改作“元”，“恒”改作“常”，“貞”改作“正”，“讓”改作“遜”，“完”改作“全”，“慎”改作“謹”，“敦”改作“厚”，“擴”改作“廣”，“廓”改作“廣”。由於未見避理宗諱，故而推知其最早或刊梓於南宋理宗朝早期。另外刻本中還有俗字“躰”“辥”等。

例如，卷二“天下之理”條中三個“恒”字闕末筆，避宋真宗趙恒名諱；卷八“比吉從人”條中“貞”改作“正”，避宋仁宗趙禎名諱；卷一“莫説道”條中“讓”改作“遜”，避宋英宗父親允讓名諱；卷一“心情時少”條中“完”改作“全”，避宋欽宗趙桓諱；卷一“未知立心”條中“講”字闕筆，或避南宋高宗趙構名諱；卷二“孔子言仁”條中“慎”改作“謹”，避南宋孝宗趙昚名諱；卷十五“横渠先生爲”條中“敦”改作“厚”，避南宋光宗趙惇名諱；卷十三“横渠先生問”條中“貞”改作“正”，避宋仁宗趙禎名諱；卷十一“《咸》之象曰”條中“廓”改作“廣”，避南宋寧宗趙擴名諱。

此刻本各條語録末標記該語録的出處，在刻印這些文字時也有不嚴謹處，偶爾有大小字不分的。如卷六“嘉祐初”條末的“横渠”本應刻作小字，卻刻成大字。另外，在卷十九的正文中，對於“參”“子路”“曾點”“荀子”“荀卿”“揚雄”“文中子”“董仲舒”“毛萇”“韓愈”等加以環圈墨蓋子，字爲白文；僅“顔子”“曾子”加一環圈，字爲墨色，顯得體例不一。

三、佚名《近思後録》宋刊本考述

南宋續編《近思録》者，除蔡模《近思續録》外，猶出現了一種仿《近思録》的續編本，即《近思後録》十四卷，編者不明。據清道光年間見過《近思後録》宋刻本的莫友芝説：“《文場資用分門近思録》二十卷、《近思後録》十四卷。宋本。海寧查氏藏本，蓋南宋末坊刊，朱子序後有‘建安曾氏刊於家塾’二行木記。”[①]莫氏所見《近思後録》宋本，臺北“國家圖書館”有藏。

宋刊本每半葉十行十五字，夾注小字雙行十四字，左右雙欄，有界行。白口，對(黑)魚尾。版心上魚尾下題書名卷次簡稱(如卷一第二葉刻“近一”)，

① (清)莫友芝撰《宋元舊本經眼録》卷一。收録在《影山堂叢書》，清同治十二年影山堂刊本。北京圖書館影印，2000 年 6 月 1 版。

下魚尾上刻記頁碼。卷一卷端頂格題“近思後録卷之一”,第二行低三字格題卷名“道體”,第三行頂格刻正文,卷末有尾題“近思後録卷之某”。各卷每條語録單列,首字頂格,餘行則低一字格刻印,一般皆刻作大字,惟部分夾注刻作雙行小字。字體似柳體,刻印精美。

正文前刻有《近思後録總目》:“道體一卷,論學二卷,致知三卷,存養四卷,克己五卷,家道六卷,出處七卷,治道八卷,制度九卷,事理十卷,教人十一卷,警戒十二卷,異端十三卷,氣象十四卷。”正文中的篇名與之吻合。全書十四目,各爲一卷,共輯語録 336 條,這些語録分别是范内翰、吕正字、謝上蔡、游酢、楊龜山、尹和静、侯仲良、吕侍講、朱給事、胡文定、劉安禮、胡宏、張天祺、尹彦明、劉安節、周恭叔等人精要之語,注文中采録了朱熹言論。可見編撰此書者也有續補《近思録》之意。朱熹的語録文字,主要出自朱熹《中庸輯略》《論孟精義》《伊洛淵源録》《八朝名臣言行録》等。這正如莫友芝《宋元舊本經眼録》所云“《後録》皆采朱子所録之外、程門諸儒以下及於朱子之説……不知何人編也。唯其刊印精雅,即坊刻乃勝”。

筆者有意將該刻本各卷篇名與葉采《集解》所擬篇名比較,除卷二“論學”、卷八“治道”、卷九“制度”、卷十“事理”、卷十四“氣象”外,餘者與《集解》所擬篇名相同。而卷九“制度”與《朱子語類》所載篇名同。

《近思後録》宋刻本原物筆者未見到,僅見中科院圖書館藏臺北“國家圖書館”的影印本(書影見圖 3-7)。此宋刻本,“國家圖書館”將其定爲“南宋末年建安曾氏刊本”,後將其影印,作爲臺灣四庫善本叢書

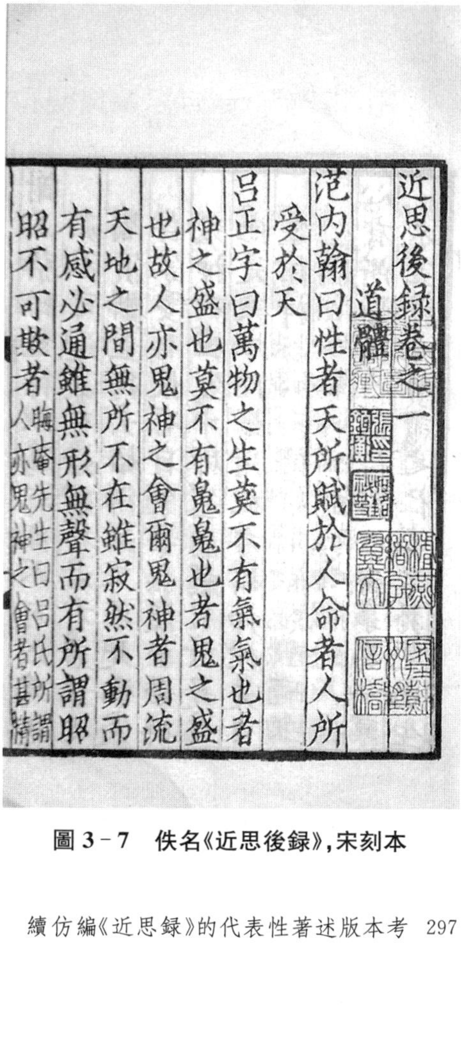
近思後録卷之一
道體
范内翰曰性者天所賦於人命者人所
受於天
吕正字曰萬物之生莫不有氣氣也者
神之盛也莫不有魄魄也者鬼之盛
也故人亦鬼神之會爾鬼神者周流
天地之間無所不在雖寂然不動而
有感必通雖無形無聲而有所謂昭
昭不可欺者晦菴先生曰吕氏所謂人亦鬼神之會者甚精

圖 3-7　佚名《近思後録》,宋刻本

館影印本之一，其書名葉右署書名"近思後録"，左署"四庫善本叢書初編子部"，背面刊記印有"四庫善本叢書館借'中央圖書館'藏宋本景印"字樣。筆者通過影印本發現原刻本避諱不嚴，"恒""惇"闕末筆，"慎"改作"謹"，"敦"改作"厚"，而"完""廣""講"等字又不闕筆，尚有俗字"斈"(學)、"舉"(舉)、"兴"(興)等。藏本上鈐朱文印"擇是居""莚圃收藏""楂燕緒字翼夫""堯斟""燕緒""家在蘇州望倍橋""石銘秘笈""吴興張氏適園收藏圖書"等，白文印"張鈞衡印""臣紹籛印"等。

另據顧宏義先生在整理校點《近思後録》時説："從收録範圍等情況推斷，本書疑即劉清之所編《近思續録》，然其不著撰人名氏，或與朱熹上述態度相關。"[①]朱熹上述態度，是指朱熹當年所云此書"不及程子，難於附入"，"某勸他不必作，蓋接續二程意思不得"。

四、清劉源渌《近思續録》及其傳本考述

南宋之後，仿照《近思録》體例續編者遠超南宋，尤以清代學者爲多，其中最典型者是清初劉源渌編輯《近思續録》十四卷。劉源渌(1618—1700)，字崑石，號直齋，山東安邱(一作"丘")人。據《清史稿》載，劉源渌在明末戰亂之後，"讀宋儒書，乃篤朱子之學，集朱子書作《續近思録》"[②]。生平所服膺者，爲明代薛瑄、清初陸隴其。他講學山左，主居敬窮理，宗朱子之學。劉源渌曾經費時四十餘年反復推究朱子之學，其著述有《近思續録》《讀書日記》《周易解》《四書補注》等。而《近思續録》十四卷則是劉源渌一生心血的結晶，我們可從其門人相關序跋文中感知。清康熙三十九年(1700)其門人陳舜錫説："劉先生天姿穎異，樂善好學，潛心於朱夫子《文集》《或問》《語類》諸書者餘四十年。"[③]康熙四十年馬恒謙説，劉源渌對朱子之學非常崇敬，嘗曰"朱子之書，吾信之如神明，敬之如父母"，源渌先生"於朱子《文集》《或問》《語類》三書，沈潛

① 顧宏義《近思後録》校點説明，見嚴佐之等主編《近思録專輯》(二)，華東師範大學出版社，2015年1月1版。

② 趙爾巽等撰《清史稿》卷四百八十，中華書局，1976年7月1版，第13129頁。

③ 清康熙三十九年陳舜錫《近思續録小引》，見(清)劉源渌編《近思續録》卷首，清康熙三十九年陳舜錫抄本。

反復，撮輯纂序，晨昏燈火，席不暇暖，風雨几硯，手不停筆，以至衣敝榻穿，體寒手凍，皆弗自恤也，務求先聖之道彰明較著而後已，凡三創草、三脱稿而始成矣”。其“采集考亭之著作精粹詳明者，纂爲《近思續録》，以爲前録之階梯”[①]。康熙五十一年劉氏另一門人馬常沛也説，劉源渌“逾四十餘年，心力具瘁，而作《近思續録》，録朱子之著述言動也。其分類一準前録，而折衷於《文集》《或問》《語類》三書之中，删其繁，摘其要，按類編次，條分縷悉，彙成一書，共十四卷”[②]。

劉氏《續録》十四卷也得到四庫館臣的肯定，《四庫全書總目》“存目類”有著録：“《近思續録》四卷，副都御史黄登賢家藏本。國朝劉源渌撰。”“是書因朱子《近思録》篇目，采輯朱子《或問》《語類》《文集》分門編輯。前有康熙辛巳其門人陳舜錫、馬恒謙二序。”[③]《清朝文獻通考》《皇朝文獻通考》《清史稿·藝文志》對此也有記載。

至於劉源渌編撰《續録》的緣由，陳舜錫序文説得比較明白：“蓋憂學者入道之無階而續也。朱夫子有言曰：‘四子，六經之階梯；《近思録》，又四子之階梯。’詎不以學者之求端用力、處己治人，與夫辨異端、觀聖賢之大略，畢載《近思録》中，可以漸達乎《學》《庸》《論》《孟》也哉？乃讀之者，又復駭義意之簡奥，憚指趣之淵深，將大道終無自而入乎？安丘直齋劉先生……潛心於朱夫子《文集》《或問》《語類》諸書……既而及門人仍《近思録》篇目，集成一書，名《近思續録》，蓋亦竊比之意云爾。間嘗受而讀之，未始不嘆是書之廣大精微也。”[④]

劉源渌采集朱熹精粹之語輯爲《近思續録》的傳世文本，主要憑藉弟子門人的抄本流佈，現存除復旦大學藏抄本（一作抄稿本）外，尚有清康熙年間劉氏門人馬常沛抄本，門人陳舜錫抄本，嘉慶年間劉耀椿抄本。其存世刻本僅見清光緒十七年劉景宸補刻本一種。

---

① （清）馬恒謙《近思續録跋》，見（清）劉源渌編《近思續録》卷首，清光緒十七年劉景宸補刻本。

② （清）馬常沛《近思續録叙》，見清康熙三十二年至三十三年馬常沛抄本。

③ （清）永瑢等撰《四庫全書總目》，第830頁。

④ 清康熙三十九年陳舜錫《近思續録小引》，見清康熙三十九年陳舜錫抄本。

(一) 劉源渌《近思續録》十四卷，清初抄本（“舊抄稿本”）

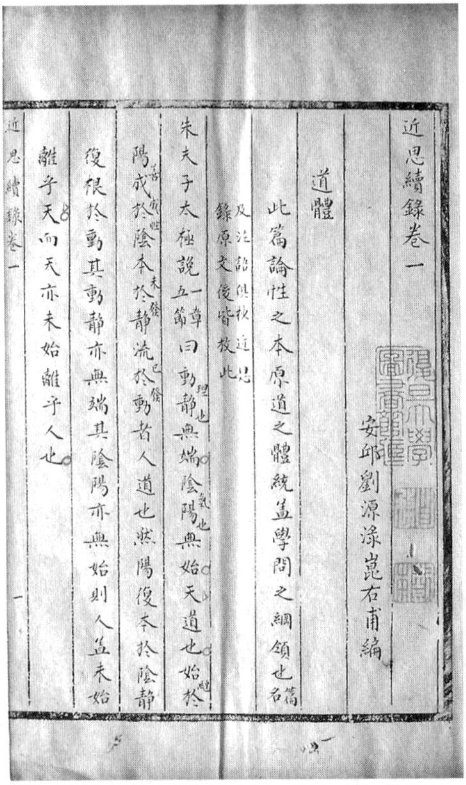
近思續錄卷一
安邱劉源渌崑石甫編
道體
此篇論性之本原道之體統蓋學問之綱領也
及注語俱抄近思錄原文後皆放此
朱夫子太極說五節一章曰動靜無端陰陽無始天道也始於
陽成於陰本於靜流於動者人道也然陽復本於陰靜
復根於動其動靜亦無端其陰陽亦無始則人蓋未始
離乎天而天亦未始離乎人也
近思續錄卷一　一

圖 3-8　劉源渌《近思續録》，清初抄本

復旦大學圖書館藏有一部《近思續録》抄本（書影見圖 3-8），是在印有框欄的紙上書寫，字體爲小楷兼行書。每半葉九行二十二字，左右雙欄，白口。版心上方題記“近思續録卷一”，下端題記頁碼。卷一卷端首行頂格題“近思續録卷一”，次行低十一字格題署“安邱劉源渌崑石甫編”，第三行低二字格抄寫本卷篇名“道體”，第四行低三字格抄寫本卷提要（其下雙行小字注云“篇名及注語俱抄《近思録》原文，後皆放此”），第六行抄寫正文。筆者根據該本抄録時分條單列編次形式，統計 1—14 卷輯録的語録，共有 853 條。該抄本卷十四末附録《朱子行狀年譜》30 條。

從該抄本的書體風格看，似一人所爲。卷葉多處有塗改、校勘的痕迹，而不像是一般的謄抄本那樣整齊劃一。其版心上題寫的文字前後有别，如卷一版心抄寫書名卷次“近思續録卷一”、頁碼，卷二的後一部分卷葉版心僅書寫頁碼，卷六、卷七、卷八僅在卷首那一葉版心抄寫書名卷次、頁碼，卷九的後一部分卷葉版心空白。從以上情況推斷，此本是一部體例尚未統一的本子，具有稿本的特徵，故該館藏卡片著録爲“舊抄稿本”。可是《中國古籍善本書目》卻將其著録爲“清抄本”，或許是因爲在難以確定是劉源渌手迹之前，所以即便面對劉源渌稿本，也如此著録，爲顯慎重。該館藏本兩函十册，部分卷葉有佚名朱筆圈圈或畫小三角號，或句讀，或用紅圈標示重要語句，少數卷葉上還有朱筆批校的痕迹。

據劉氏門人馬常沛跋文説,《近思續録》"書成,先生手録一部"[①]。那麼劉氏自己抄録的那一部《續録》會不會是今復旦所藏"舊抄稿本"呢? 或有可能,因爲在目前所見抄本中唯此本修訂痕迹特别明顯,既然劉氏編成後有自録,那麼對其塗改修訂也屬正常,且此藏本確實也存在這種迹象。再從藏本改動處的字迹、墨色看,與整本書字迹、墨色相一致,故很可能是劉氏自己抄録時臨時改動。而且下文述及的清華大學圖書館所藏抄本很可能來自此本。

該本每卷前書寫本卷篇名、内容提要是"俱抄《近思録》原文",尚不清楚此"原文"本是何時何人刊刻。我們將全書各卷篇名與葉采《集解》本比較後,發現除卷二篇名"論學"外,其餘各卷篇名均與之相同。

關於劉源渌所編《續録》的書名,從此抄本看,其編"名《近思續録》","仍《近思録》篇目","分類一準前録"爲十四卷,皆與劉氏門人弟子所言吻合,但不知爲何四庫館臣著録時云"四卷"[②],故懷疑館臣書寫有誤。

劉氏《近思續録》尚有其門人的抄本存世,筆者在目驗時又將復旦大學藏本的部分文字與劉源渌兩個門人的抄本略作比較,發現復旦大學藏本是一本尚未定型的文本,當早於藏在清華大學、國圖的抄本。至於劉源渌編輯的《近思續録》何時定型,筆者以爲在清康熙三十二年前差不多已完成,因爲那時門人馬常沛已在抄録乃師《續録》。

南宋蔡模、清初劉源渌的續編本都是輯録朱熹語要而成,但二者在各卷篇名、收録的語録條數等方面存在差異。若將康熙年柯崇樸校訂本蔡模《近思續録》(以下簡稱"蔡本")和清初抄本劉源渌《近思續録》(以下簡稱"劉本")稍作比較,則發現:卷一至卷十四的篇名,蔡本依次爲"道體/爲學/致知/存養/克治/齊家/出處/治體/治法/臨政處事/教人/警戒/辨别異端/總論聖賢",劉本除卷二"論學"、卷五"克己"、卷六"家道"、卷十"政事"、卷十三"異端"、卷十四"聖賢"外,其餘均同。卷一至卷十四收録語録,蔡本分别爲 55、66、49、47、26、20、24、18、24、20、10、17、11、51 條,計 438 條,劉本分别爲 35、127、36、88、68、87、73、37、21、100、59、54、49、19 條,計 853 條。這裏衹是簡略

---

① 馬常沛跋文,見(清)劉源渌《近思續録》,清康熙三十二年至三十三年馬常沛抄本。

② (清)永瑢等撰《四庫全書總目》,第 830 頁。

比較，具體詳情待另文闡釋。

(二) 劉源淥《近思續録》十四卷，清康熙年間馬常沛校抄本

山東安邱人馬常沛是劉源淥的門人之一，他於清康熙三十二年至三十三年(1693—1694)校勘抄録乃師《近思續録》十四卷。此本是在印有框欄的紙上抄寫，每半葉九行二十字，偶有注文。四周雙欄，藍格，框高 17.80 釐米，寬 13.10 釐米。白口。版心抄各卷篇名、所在卷語録出處的文獻名、頁碼。卷一卷端頂格題"近思續録卷一"，次行題署"安丘劉源淥集，馬常沛校録"，第三行抄録各卷篇名(如"道體篇")，第四行抄録本卷提要(其下雙行小字注云"篇名及注語俱抄《近思録》原文，後皆仿此")。在卷首抄寫有康熙五十一年(1712)六月馬常沛《叙》，接之爲《近思續録目録》，《續録》卷十四末抄有"附録"(即黄勉齋撰《朱子行狀》)、"語類姓氏"(如廖德明、輔廣、陳文尉等 89 人生平簡介)，馬常沛的跋文。

據該抄本卷首《近思續録目録》，已分卷列出各卷收録的語録條目數，每一卷中依據這些語録的來源分開計數，且同時注明紙數，如"第二卷 爲學篇《文集》二十四條，二十五紙；《或問》十條，九紙；《語類》四十九條，五十紙"，筆者目驗時依據《目録》統計，1—14 卷共計 940 條，加上"《附録》四條，二十四紙"，計 944 條。

相較於復旦大學藏本，馬氏抄本各卷篇名除卷二"爲學"[①]外，其餘一樣，但馬氏抄本抄録的語録條數與之差異較大。馬氏在抄本卷末又題記曰："共十四卷九百四十四條，一千二百七十六紙。康熙三十二年癸酉七月朔癸卯鈔起，至次年甲戌閏五月初七日甲辰鈔畢。"這也與卷首《近思續録目録》書目吻合，與復旦大學藏本(包括卷十四末的 30 條，共計 883 條)相差 61 條[②]。至於這些數目的差異原因，主要是馬氏抄録時調整了語録分合，重新進行編次校勘，且增添句讀，故與復旦大學藏本比較，書寫的大小字形已有改變，語録在

---

① 馬常沛抄本卷首抄録的《近思續録目録》，十四卷篇名分别爲：道體篇，爲學篇，致知篇，存養篇，克己篇，家道篇，出處篇，治體篇，治法篇，政事篇，教人篇，警戒篇，異端篇，聖賢篇。

② 復旦大學藏劉源淥抄本，卷首没有《近思續録目録》，筆者目驗時，依據各卷編排的各條語録是否分行單列，確定爲一條，並且每條首行語録超出其他行一個字格，據此統計一至十四卷語録，共計 853 條，加上十四卷末《朱子行狀年譜》30 條，計 883 條。

分條時也發生了變化。

中國國家圖書館所藏馬常沛抄本，每卷卷端編次與復旦大學藏本基本相同，衹是題署編校者時多出“馬常沛校録”。馬氏抄本《續録》一至十三卷内容依據所收語録來源，每卷主要取自《文集》《或問》《語類》，並依次抄録，版心據所抄内容，亦依次書寫“文集”“或問”“語類”。這與劉源淥編輯時選取該三書的内容相吻合。唯獨此抄本第十四卷分爲“古先”“北宋”“南宋”三部分來排列聖賢。卷十四末的“附録”主要記録朱熹的著述、行狀年譜。

至於馬常沛抄録《續録》的源頭，據馬常沛跋文説，劉源淥《近思續録》編成時，劉氏自己“手録一部”，“係先生晚年定本”，馬氏抄録或源自該定本。抄録“起於癸酉七月朔，成於甲戌閏五月七日”，即康熙三十二年(1693)開抄，次年完工。所云於“康熙甲戌録訖”，即康熙三十三年抄録完成。

馬常沛自康熙三十二年至三十三年“歷十一月而工始畢”手抄本，完工後因馬氏生病未能立即作跋，直到康熙五十一年馬氏病體稍康復時纔撰寫《叙》文。馬氏抄本今存中國國家圖書館，12 册。封面書簽上墨筆書“近思續録”、卷次、篇名。有佚名墨筆批注，鈐白文印“草船常沐”“渠丘馬氏鈔本”等。《中國古籍善本書目》亦著録。

馬常沛《叙》曰：

> 自唐虞十六字傳心，而後列聖相承，歷二千年而生孔子，實集列聖之大成，而其要則在删訂六經。六經訂矣，而孔子之著述言動則不自記，必待門弟子於數十年之後而後成，而百家之紛紜以息。自秦、漢而下，道失其傳，荀、揚諸儒，歷代相承，雖有表彰之功，而見偏識小，言人人殊，歷千餘年而至有宋周、張、二程真儒輩出，而終之以朱子，實集諸儒之大成，其要則在《近思録》。《近思録》作，而諸儒表彰六經之功於斯大著，而朱子之著述言動，一時門人雖有纂集記載而采取，或有未被審擇，容有未精，且各自爲書，散而無統。又五百年，而吾邑始有直齋劉先生，乃盡取朱子之書而詳味之，寢食其中，晝夜不間，逾四十餘年，心力具瘁，而作《近思續録》，録朱子之著述言動也。其分類一準前録，而折衷於《文集》《或問》(筆者按，恐脱“《語類》”)三書之中，删其繁，摘其要，按類編次，條分縷悉，彙成一書，共十四卷。而後朱子之書昭然大備。始於道體，道原於天

也；繼以爲學、致知、存養、克己，道修於身也；家道，道自近始也；出處、治體、治法、政事，則爲行道之謀；教人，則爲傳道之計；申命警戒，堅其向道之心；指示異端，嚴其非道之辨；終以聖賢，則道必待人後行之意也。次第詳明，委曲誥誡，列聖道統之傳，諸儒表彰之功，統於是乎備矣，苟能熟讀而慎思之，於道其庶幾乎！康熙甲戌録訖，欲一言以記其始末，歷十九年而不就。自審天分薄劣，讀書不熟於先儒之言，茫然無所窺，不敢妄有論説也。至壬辰六月，余病風十越月矣，不能動移尺寸，幸此心不甚回惑，右手略能把筆，思一生不了事無大於此者，因力疾扶坐，憑几書此數語。蓋自愧不才，深有負先生之教誨也！晚矣，云何！康熙五十一年壬辰六月三日乙卯受業門人馬常沛盥手敬書。

馬常沛又跋云：

(《近思續録》)書成，先生手録一部，虞章手録一部，先生故後，皆爲學使者徐、黄二公購去，止餘此一部，爲余手録，自始至終不間他人一字。起於癸酉七月朔，成於甲戌閏五月七日，歷十一月而工始畢。此係先生晚年定本，極爲詳密，功成而先生病矣，實絶筆也。珍重珍重！常沛再識。

(三) 劉源渌《近思續録》十四卷，清康熙年間陳舜錫抄本

劉源渌門人陳舜錫抄録的《近思續録》十四卷，是在素紙上抄寫，每半葉七行二十四五字不等，偶有夾注。版心位置題記卷名(如“道體”)、頁碼。卷一卷端首行頂格題“近思續録卷之一”，低九字格題署“安丘劉源渌纂集”，第二行低二字格抄寫篇名(如“道體篇”)，第四行低三字格抄録本卷提要(其下雙行小字注云“篇名及注語俱鈔《近思録》原文，下放此”)。第五行抄録正文。其體例、内容與上述復旦大學藏抄本基本相同。

此抄本正文前抄有清康熙三十九年八月陳舜錫《近思續録小引》《近思續録目録》。

據陳舜錫《小引》和康熙四十年(1701)陳舜錫跋文(或云《近思續録序》)可知，劉氏編輯此書，意在發揮朱熹著述中的“至味”之處，使讀者能更好領悟朱子思想精華，以之作爲“探聖經賢傳之指”的階梯。故陳氏推崇乃師劉源渌

《近思續録》“廣大精微而無所不備”。也正因如此，劉氏門人弟子纔會不斷潛心體悟，並抄録傳播。

此抄本“玄”闕末筆。卷十三末(即藏本的第 19 册末)貼有一紙條，上有墨筆書：“康熙壬申正月初三日，抄異端篇，三月二十三日，壬申訖《文集》三十二章，《或問》十章，《語類》五十三章，共九十五章。”康熙壬申年，即康熙三十一年，此時陳舜錫已抄寫到第十三卷了。陳氏抄竣後於康熙三十九年作序記之。綜合上述因素，我們推斷此抄本是陳氏依據劉源渌所編於康熙三十九年(1700)抄成。清康熙三十九年陳舜錫抄本《近思續録》現存清華大學圖書館(書影見圖 3－9)，三函二十册，開本較小。首册卷首《小引》上有佚名蓋小紅戳“◦”印，以示句讀。正文中時有墨筆批注，或在原本上塗改，或書寫在與原本紙質相同的夾簽上。從字迹看，這些墨筆批注很可能是抄録者陳舜錫自己所爲，是對劉氏《續録》的修訂。卷端所題“安丘劉源渌纂集”，墨色偏淡，其墨色與正文其他字迹略有不同，由此推測恐爲抄録者後加。該藏本鈐有朱文印“豐華堂書庫寶藏印”。《四庫全書存目叢書》收録，並在卷十四末附録部分，增入《四庫全書總目》存目類的《近思續録》“提要”。

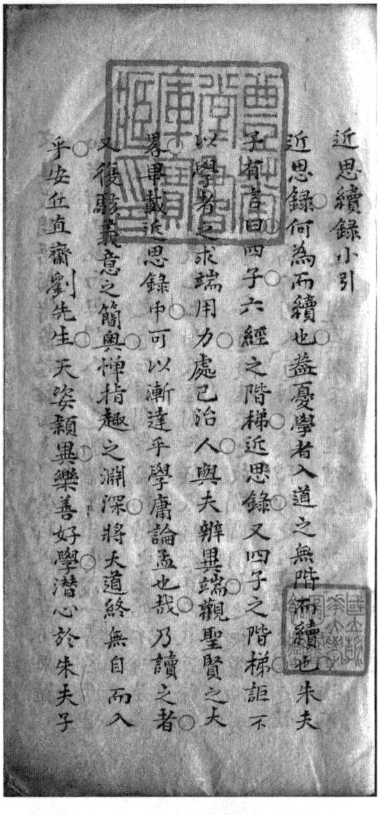
近思續録小引
近思録何爲而續也蓋憂學者入道之無階而續也朱夫
子有言曰四子六經之階梯近思録又四子之階梯詎不
以學者之求端用力處己治人與夫辨異端觀聖賢之大
畧畢載近思録中可以漸達乎學庸論孟也哉乃讀之者
又復駭義意之簡奧憚指趣之淵深將夫道終無自而入
乎安丘直齋劉先生天姿穎異樂善好學潛心於朱夫子

圖 3－9　《近思續録》，清康熙三十九年陳舜錫抄本

陳氏抄本各卷篇名除卷二“爲學”外，其餘均與復旦大學藏本相同。每卷内容大體按所輯語録來源，即《文集》《或問》《語類》的次序抄録排列，每條提行頂格抄録。全書體例與復旦大學藏抄本相同，衹是卷端題署編者名時略異，陳氏抄本題署“安丘劉源渌纂集”，不署劉氏字號。至於陳氏抄本的語録條數，筆者以各卷語録是否頂格書寫、分開單列爲依據，統計約爲 1264 條。至於爲何與復旦大學藏本條數差異很大，

主要是因陳氏抄本對劉氏原本語録編次作了較大改動，或增補、或删減。相較於上述清初抄本，如卷一“玉山講義”條，陳氏抄本將“玉山講義曰熹聞……則區區之望也”，進行節録，變爲“玉山講義……不可易不戒”；將“答陳器之……性分之外也”，分作兩條，一爲“答陳器之……無始者此也”，一爲“天道流行……性分之外也”。在增删語録上，正如黄珅先生在校點陳氏抄本時所列，如卷十三中：“某問：道家之説，云出於老子。今世道士又卻不然。今道家之傳，莫是張角術？……其設醮用五斗米。”陳氏删除“某問”之“某”，删除“道家之説……不然”，增添原文没有的“今道家之傳”的“道家”，增添“其設醮用五斗米”等文字。

清康熙三十九年陳舜錫《近思續録小引》曰：

> 《近思録》何爲而續也？蓋憂學者入道之無階而續也。朱夫子有言曰：“四子，六經之階梯；《近思録》，又四子之階梯。”詎不以學者之求端用力、處己治人，與夫辨異端、觀聖賢之大略，畢載《近思録》中，可以漸達乎《學》《庸》《論》《孟》也哉？乃讀之者，又復駭義意之簡奥，憚指趣之淵深，將大道終無自而入乎？安丘直齋劉先生，天姿穎異，樂善好學，潛心於朱夫子《文集》《或問》《語類》諸書者餘四十年，嘗曰：“此中至味無窮，惜知者鮮耳。”既而及門人仍《近思録》篇目，集成一書，名《近思續録》，蓋亦竊比之意云爾。間嘗受而讀之，未始不嘆是書之廣大精微也。上明天道，則無極太極之真、二氣五行之運、元亨利貞之常、通復往來之故、闔闢消長之機、屈伸變化之妙備焉；下明人道，則仁義禮智之性、喜怒哀樂之情、貌言視聽之則、親義别序之經、禮樂刑政之具、吉凶悔吝之説詳焉。學以致此道，則有窮理居敬、直内方外、希賢希聖之功；知以明此道，則有自近及遠、由粗入精、積累漸進之序。言存養，則静中有動，動中有静，而復艮互用；言克己，則制乎其外，絶乎其内，而明健相資。由是以正倫理，以篤恩義，而家道睦矣；窮則獨善，達則兼善，而出處宜矣。至於挈綱維而端治體，修典制而明治法，通經權而敷政事，以迨進覺天下，退淑吾徒，而有教育；内切憂危，外勤惕厲，而有警戒。辨異端似是之非，使飛升坐化之説不得行；列聖賢遞傳之緒，使帝王師儒之統無惑紊。天下有廣大精微逾於是書者乎？學者誠從事於此，以探聖經賢傳之指，則《近思録》與四

子、六經，一以貫之矣，又何患入道之無階哉？舜錫手録是書畢，不忍没先生之苦心也，因述其略云。門人陳舜錫謹識。時康熙三十九年歲次庚辰八月十三日癸酉。

（四）劉源渌《近思續録》十四卷，清嘉慶年間劉耀椿抄本

劉耀椿（1784—1858），字莊年，劉源渌五世孫，山東安邱人。清嘉慶二十五年（1820）進士。曾任安徽潁上、阜陽知縣，六安知州，廬州、安慶、潁州知府和金厦兵備道等職。鴉片戰争後罷職歸里。居家期間，於道光二十三年主講松林書院，二十六年應聘青州雲門書院，二十八年到濟南主講濼源書院，並任山長。主要著作有《潁上縣志》《海南歸棹詞》《青州府志》等。

據《中國古籍善本書目》著録，劉源渌《近思續録》還有一個抄本，是"清嘉慶十二年劉耀椿抄本"①。此抄本現存藏於山東省博物館，筆者曾專程前往懇請閲覽，然該館説是善本而不允，因而關於其版式特徵、内容、抄本源流等，無從考證。但是據華鈞在主持刊刻《續録》同治八年刻本時説，劉源渌的"五世孫劉莊年廉訪主青州講院，携來稿本"②，由於其言不詳，此"稿本"是其祖上所傳稿本《續録》，還是劉耀椿自己抄録的本子，我們不得而知。《善本書目》的著録或可信，劉莊年應該抄録過《續録》，若據華鈞所言"稿本"，則從語境推理恐是劉源渌的稿本。

（五）劉源渌《近思續録》十四卷，清同治八年青州學署刻本

《近思續録》雖然在劉源渌在世時已面世，但一直没有剞劂，直到清同光年間方有劉源渌《續録》刻本流佈。據現存文獻記載，清同治八年（1869）華鈞等人曾集資校刊此《續録》。同治八年華鈞題跋説："《近思續録》一書，安邱劉直齋先生集紫陽諸書而成者也。其五世孫劉莊年廉訪主青州講院，携來稿本。適濟東徐桓生觀察、青州李樂亭太守皆莊年同年友，與宰益都徐子信及金俊齋，翕然捐資開局。刊刻後以需費甚夥，未能蕆事。鈞於同治丁卯冬，權篆益都，得睹是書，不禁欣然嘆曰：'其語微而顯，樸而純，淺之爲日用

① 《中國古籍善本書目》（子部），上海古籍出版社，1996年12月1版，第59頁。
② （清）華鈞《近思續録跋》，載於（清）劉源渌《近思續録》，清光緒十七年劉景宸補刻本。

尋常之道，深之即身心性命之精，極之無非天地陰陽之撰，自小學以迄大成，不能一息偶離者，尤爲初學入德之要也。’喜是書之有功於人，而惜其刊刻未竣，不能廣傳海内，昌明聖道耳。時徐子信猶僑居於此，晤言及之，始得巔末。鈞因捐資補刻，仍同徐子信核校完竣。嗚呼！是書之刻始自道光乙巳年，迄今二十餘載矣。竭諸公之財與力，猶俟鈞成九仞一簣之功，其中文字之緣，有莫之爲而爲者耶？鈞愧不文，兼以勞形案牘，不能講明切究，而未嘗不恨見是書之晚也。夫聖賢之學，有諸己而後求諸人。鈞不能求諸己，而深有望人，是以立義學十餘處，各頒一部，欲後之學者得所師承，倘能朝夕講誦，其有裨於修己、治人之道爲不淺也。此板永存青州學署，如好學者捐資印刷，固爲大幸，但板不得携去，以致散亡。天下事成之難而敗之易，况係同人捐資，宜公同好，無論何人，不得視爲己有，即先生後嗣，當亦不易鈞之言矣。”

據華鈞跋文所言，劉源渌《近思續録》刻本，最初是依據劉耀椿（莊年）在青州講學時所携“稿本”刻印的。自道光乙巳年（二十五年，1845）至同治八年，期間曾有徐桓生、李樂亭、徐子信等人捐資開刻，但因刊資不够未能刊竣。同治年再由華鈞捐資，與徐子信一同校刊，直到清同治八年完成，刻成之時華鈞題跋記之。其板存青州學署，故也可稱之謂青州學署刊本。

可喜的是，此同治八年刻本現存東北師範大學圖書館，每半葉十二行二十七字，偶有夾注刻作雙行小字。四周單欄，有界行。框高 20.10 釐米，寬 13.40 釐米。上下細黑口，版心刻書名卷次（如“近思續録卷一上”）、頁碼。卷一卷端首行題“近思續録卷一上”，第二行低十九字格題署“安邱劉源渌編”，第三行低一字格刻本卷篇名“道體篇上”，第四行低二字格刻本卷提要，並注明“篇名及注語俱依《近思録》原文，下放此”。《續録》正文每條單列，均頂格刻印。刻本天頭偶見刻有校勘文字，如卷一第二葉左半葉天頭刻有“二五不可言别，太極不可言有”。

該刻本正文前刻有康熙年間陳舜錫序文、馬恒謙跋文、清同治八年華鈞跋文。據刻本華鈞題跋時間以及刻本中“曆”“寧”等字避清帝諱，改字或闕筆，可知這很可能是同治八年華鈞等補刻完成的。《東北地區古籍綫裝書聯合目録》將其著録爲“(宋)蔡模編”①,顯然錯誤,據卷端當是劉源淥所編《續録》。東北師範大學藏本(書影見圖3-10),兩函16册,鈐朱文印“東北師範大學圖書館藏書印”。

《近思續録》同治八年刻本收録的康熙四十年劉源淥門人馬恒謙跋文告訴我們,劉源淥自己衹抄録“五卷”,還有“九卷”是衆人抄録。這與前文馬常沛跋文説《近思續録》編成後“先生手録一部”的表述有差異。那麽,馬常沛所言劉源淥“手録一部”是否就是“五卷”呢?恐不是,因爲現存馬常沛抄録劉先生定本爲《近思續録》十四卷。那麽,馬恒謙所言可能另有所指,尚待探究。

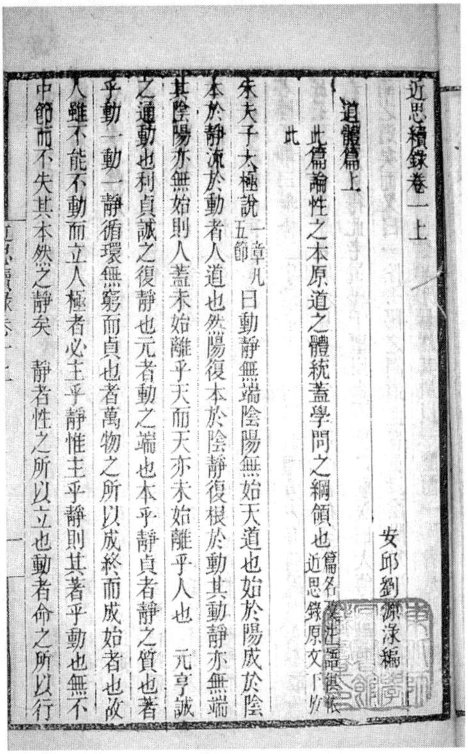
近思續録卷一上
安邱劉源淥編
道體篇上
此篇論性之本原道之體統蓋學問之綱領也 近思録原文下仿此
朱夫子太極説 一章凡五節
曰動静無端陰陽無始天道也始於陽成於陰本於静流於動者人道也然陽復本於陰静復根於動其動静亦無端其陰陽亦無始則人蓋未始離乎天而天亦未始離乎人也 元亨誠之通動也利貞誠之復静也元者動之端也本乎静貞者静之質也著乎動一動一静循環無窮而貞也者萬物之所以成終而成始者也故人雖不能不動而立人極者必主乎静惟主乎静則其著乎動也無不中節而不失其本然之静矣 静者性之所以立也動者命之所以行

圖3-10 《近思續録》,清同治八年青州學署刻本

從此刻本中收録的康熙四十年陳舜錫跋文可知,其文字與康熙三十九年抄録完《近思續録》後所作《小引》稍有差異。對於陳氏連續兩年作内容相近的序跋,筆者覺得疑惑,懷疑康熙四十年的陳氏跋文是清同光年間刊刻《續録》時校刊者在三十九年陳氏序文基礎上校改而成。

從版式、行款編次看,該同治年刻本與下文所考劉源淥《近思續録》光緒年補刻本關係密切。

清康熙四十年陳舜錫《近思續録》序曰:

《近思録》何爲而續也?蓋憂學者入道之無階而續也。朱子有言曰:

① 遼寧省圖書館、吉林省圖書館、黑龍江省圖書館編《東北地區古籍綫裝書聯合目録》,遼海出版社,2003年12月1版,第1565頁。

"四子，六經之階梯；《近思録》，四子之階梯。"詎不以學者之求端用力、處己治人，與夫辨異端、觀聖賢之大略，畢載《近思録》中，欲從事於四子以漸達六經者，不可不自《近思録》始也哉？乃世之人，或憚義藴之淵深，或鄙詞語之拙樸，讀之者又往往而鮮，然則大道終無自而入矣乎！直齋劉先生有憂之，取朱子《文集》《或問》《語類》諸書，仍《近思録》篇目，分次其言，以誘後學。曰《續録》，蓋亦竊比之意云爾。間嘗受讀而細繹之，未嘗不嘆是書之廣大精微而無所不備也。上明天道，則無極太極之奥、元亨利貞之常、通復往來之故、易簡生成之德、闔闢消長之機、一神兩化之妙，瞭如也；下明人道，則仁義禮智之性、喜怒哀樂之情、肅乂哲謀之則、親義别叙之經、禮樂中和之節、作止語默之宜，燦然也。學以致此道，則有窮理居敬、直内方外、深造自得之功；知以明此道，則有實地真切、漸進積多、上達一貫之序。言存養，則静中有動，動中有静，而復艮互用；言克己，則制之於内，防之於外，而明健相資。由是以正倫理，以篤恩義，而家道成矣；窮則獨善，達則兼善，而出處正矣。至於挈綱維而端治體，修典制而明治法，通經權而敷政事，以迨進覺天下，退淑吾徒，而教育宏；内切憂危，外勤惕厲，而警戒深，有一不彰明較著者乎？而猶辨異端似是之非，使坎離鉛汞、不生不滅之説息；詳絶學遞傳之緒，使帝王師儒、歷聖群賢之統尊。寧復有奥指微詞，爲是書闡發之所未及者哉？學者誠從事於此，以徐讀夫《近思録》，而漸博乎四子，以馴致於六經焉，則大道之階，不待遠求矣，又何患入之之無基耶？錫學也晚，於道渺無所見，而先生所以輯是書之意，嘗竊聞其略，而不忍使之湮没弗傳也，因爲之叙云。康熙四十年歲次辛巳九月十一日乙未門人陳舜錫謹識。①

馬恒謙跋文云：

夫道統之傳，遠自羲、軒，至於孔、孟，聖賢接受，精一同心，千有餘歲矣。自孟子而後不得其傳，道幾湮滅無聞也。至宋周、程、張子一時星聚，道統復續，傳之未久，異學混真。幸賴我朱夫子出，闡揚六經，訓注四書，彰明奥義，集厥大成，所著書有《易本義》等九部，所編次有《論孟集

① 清康熙四十年陳舜錫的跋文，内容與其《小引》相近。

義》等一十二部，又有《文集》一百二十餘卷，《語類》一百四十卷，《儀禮經傳通解》若干卷，由是理無不明，道無不備，洵我夫子千古之聖、百世之師也！今渠邱直齋劉先生嘗曰："朱子之書，吾信之如神明，敬之如父母矣。"先生於是潛心肆力於紫陽之經傳，神魂夢寐，身心性命倚之，實忘食廢寢，不爐不扇，俛焉日有孳孳，斃而後已也。先生嘗教同人曰："'修身大法，《小學》備矣；義理精微，《近思録》詳之。'朱子嘗謂周、程、張子爲五經之階梯，《近思録》爲四子之階梯，此《近思録》之所以不可不讀也。"但恐學者苦《近思録》之簡奥，聖道無由窺其精蘊。先生於是采集考亭之著作精粹詳明者，纂爲《近思續録》，以爲前録之階梯。洵哉，先生朱子之功臣也！先生嘗曰："余不揣，取朱子之《文集》《或問》《語類》而錯綜編次之，爲《近思續録》十四卷。渌手鈔五卷，裝潢彙成五帙，自作一函，爲内篇可也；其餘衆人所鈔者九卷，裝潢彙成九帙，亦作一函，爲外篇可也。共十四卷，分作内外二函，似出天意，不由人爲者也。蓋此道原有修己、治人本末二事，故此書亦有内外兩篇、上下兩函也。自古帝王列聖，道學相傳，至朱子而集大成，發其精蘊。今輯此書，略見梗概，讀者誠能得其要領，則從此而盡讀朱子之書，當無不浹洽於心而貫通其理矣。"先生之是編也，因朱子集周、程、張四子精意微言，而爲《近思録》，先生所以集朱子之精意微言，而爲《近思續録》也。先生之道，猶朱子之道；先生之心，仍朱子之心也。先生瀝盡心血二十餘年，於朱子《文集》《或問》《語類》三書，沈潛反復，撮輯纂序，晨昏燈火，席不暇暖，風雨几硯，手不停筆，以至衣敝榻穿，體寒手凍，皆弗自恤也，務求先聖之道彰明較著而後已，凡三創草、三脱稿而始成矣。此編之所載者，天道心性之原、倫理綱常之大、進學修德之方、經國化民之本、學術邪正之分、聖道流緒之傳，舉凡宇宙間萬物之理，精粗顯隱，經權常變，莫不備具而咸在焉。學者學此而已矣，知者知此而已矣，精一傳心之文，今不在兹乎？誠有志於進德而修業者，祈於此書潛玩而加意焉！康熙四十年歲次辛巳菊月重九日門人馬恒謙頓首撰。

華鈞跋文云：

《近思續録》一書，安邱劉直齋先生集紫陽諸書而成者也。其五世孫劉莊年廉訪主青州講院，携來稿本。適濟東徐桓生觀察、青州李樂亭太守皆莊年同年友，與宰益都徐子信及金悛齋，翕然捐資開局。刊刻後以需費甚夥，未能蕆事。鈞於同治丁卯冬，權篆益都，得睹是書，不禁欣然嘆曰："其語微而顯，樸而純，淺之爲日用尋常之道，深之即身心性命之精，極之無非天地陰陽之撰，自小學以迄大成，不能一息偶離者，尤爲初學入德之要也。"喜是書之有功於人，而惜其刊刻未竣，不能廣傳海内，昌明聖道耳。時徐子信猶僑居於此，晤言及之，始得巔末。鈞因捐資補刻，仍同徐子信核校完竣。嗚呼！是書之刻，始自道光乙巳年，迄今二十餘載矣。竭諸公之財與力，猶俟鈞成九仞一簣之功，其中文字之緣，有莫之爲而爲者耶？鈞愧不文，兼以勞形案牘，不能講明切究，而未嘗不恨見是書之晚也。夫聖賢之學，有諸己而後求諸人。鈞不能求諸己，而深有望人，是以立義學十餘處，各頒一部，欲後之學者得所師承，倘能朝夕講誦，其有裨於修己、治人之道爲不淺也。此板永存青州學署，如好學者捐資印刷，固爲大幸，但板不得携去，以致散亡。天下事成之難而敗之易，况係同人捐資，宜公同好，無論何人，不得視爲己有，即先生後嗣，當亦不易鈞之言矣。同治八年歲次己巳六月知益都縣事津門後學華鈞謹識。

（六）劉源淥《近思續録》，清光緒十七年修補刻本

劉源淥《續録》抄本、刻本的流佈，與其門人、族人關係緊密，除上述抄本外，尚存有清光緒年間刻本。此刻本每半葉十二行二十七字，偶有夾注；四周單欄，有界行。框高 20.30 釐米，寬 13.40 釐米。上下黑口，版心刻書名卷次、頁碼。卷一卷端首行題"近思續録卷之一上"，第二行低十九字格題署"安邱劉源淥編"，第三行低一字格刻本卷篇名，第四行刻本卷提要。其字體、編次、行款、版心等與上述同治八年青州學署刻本同，酷似一版。

此刻本首册正文前刻有劉景宸《補刻近思續録序》、清康熙四十年陳舜錫跋文、康熙四十年馬恒謙跋文、同治八年華鈞跋文。

據劉景宸《補刻近思續録序》，光緒十六年（1890）劉景宸守青州時，發現《續録》同治八年的刻板存青州學署，然已有殘闕，於是，他尋求善本捐資刊刻，精心讎校以恢復原本内容。在光緒十七年補刻竣工時，劉景宸作序“以誌顛末”。其序文云：“青州雲門書院舊藏安邱劉直齋先生《近思續録》板片，乃其五世孫莊年廉訪主講雲門時所刻也，筦鑰弗謹，致多散佚。余庚寅秋來守斯郡，適柏雲卿太史主講席，相與惜之。檢查原板，計殘闕四十餘葉。亟求善本，捐廉摹鋟，詳加讎校，復成完璧。工既竣，爰綴數語，以誌顛末。後之學者，其共珍而護之，毋使前人遺書仍有闕而不備之憾焉，則幸甚！光緒十有七年歲次辛卯仲夏，知青州府事中州劉景宸謹識。”

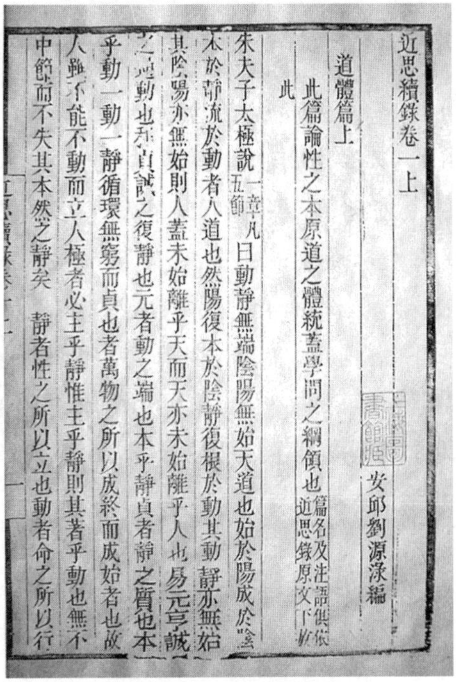
近思續錄卷一上
安邱劉源淥編
道體篇上
此篇論性之本原道之體統蓋學問之綱領也 篇名及注語俱依近思錄原文下倣此
朱夫子太極說 一章凡五節 曰動靜無端陰陽無始天道也始於陽成於陰本於靜流於動者人道也然陽復本於陰靜復根於動其動靜亦無始其陰陽亦無始則人蓋未始離乎天而天亦未始離乎人也易元亨誠之通動也利貞誠之復靜也元者動之端也本乎靜貞者靜之質也本乎動一動一靜循環無窮而貞也者萬物之所以成終而成始者也故人雖不能不動而立人極者必主乎靜惟主乎靜則其著乎動也無不中節而不失其本然之靜矣 靜者性之所以立也動者命之所以行

圖 3－11 《近思續録》，清光緒十七年補刻本

由此可見，該本是光緒十七年(1891)劉景宸補刻同治八年殘板而成。上海圖書館(書影見圖 3－11)、北京大學有藏，16 册。

然而北大藏書目録將此本著録爲“同治八年青州學署刻本(補刻)”。筆者目驗後，並將上圖、北大兩處藏本稍作比較，發現它們都是在清同治八年刻本的基礎上校補刊刻而成，爲同一版印，即光緒十七年修補刊本。從兩處藏本墨色看，北大藏本部分字迹模糊，恐爲後印本。

劉源淥《近思續録》光緒十七年劉景宸補刻本體例與上述抄本基本相同。

如《續録》卷一卷端編次：復旦藏抄本爲“近思續録卷一 /安丘劉源淥崑石甫編 /道體 /此卷論性之本原，道之體統，蓋學問之綱領也”(按，此處提要下小字注：篇名及注語俱抄《近思録》原文，後皆放此)。

馬常沛抄本爲“近思續録卷一 /安丘劉源淥集，馬常沛校録 /道體篇 /此卷論性之本原，道之體統，蓋學問之綱領也”(按，此處提要下小字注：篇名及注語俱抄《近思録》原文，後皆倣此)。

陳舜錫抄本爲“近思續録卷之一 /安丘劉源渌纂集 /道體篇 /此卷論性之本原，道之體統，蓋學問之綱領也”（按，此處提要下小字注：篇名及注語俱抄《近思録》原文，下放此）。

但是，同治八年刻本、光緒年刻本的卷一卷端編次均爲“近思續録卷一上 /安邱劉源渌編 /道體篇上/此卷論性之本原，道之體統，蓋學問之綱領也”（按，提要下小字注：篇名及注語俱依《近思録》原文，下放此）。光緒十七年補刻本有自己特色，全書雖爲十四卷，然而卷一、二、三、四、九、十卻分成上下兩卷，如卷一分作“近思續録卷一上 /安邱劉源渌編 /道體篇上”和“近思續録卷一下 /安邱劉源渌編 /道體篇下”，這又與上述《近思續録》的幾種抄本明顯不同。該補刻本每卷正文部分某些天頭處還刻印雙行小字，作爲批校語。

《近思續録》清同治八年版、光緒十七年修補刻本各卷篇名與馬氏、陳氏抄本同，與復旦所藏抄本僅卷二有别。如果將此刻本内容與上述康熙年抄本進行比較，則會發現它們之間差異較多，可參閲黄珅先生的校點本讀之[1]。

五、清鮑桂星、何鴻器輯《續近思録》考述

鮑桂星（1764—1824），字雙五，一字覺生，清徽州歙縣人。清嘉慶四年進士。歷官工部侍郎、翰林學士，官終詹事。鮑桂星師從姚鼐，詩古文有法度。著有《覺生古文》《覺生詩鈔》《詠物詩鈔》《詠史詩鈔》《唐詩品》等。何鴻器，生卒年不詳，字克庵，安徽南陵人。據清道光十四年（1834）何克庵跋文可知，何氏與鮑桂星合作纂成《續近思録》十四卷，刊梓前作了修訂。

此《續近思録》十四卷，是他們二人從朱熹《全集》《語類》《或問》三書中采輯朱子之言，“分其言之淺深、先後、本末、始終”，依據《近思録》體例分類編成。編纂者何鴻器認爲此書能“踵原編之意以備五子之全”，與《近思録》合爲一處，可使“道與學”完備一體。

筆者有幸在復旦大學圖書館查驗到一種版本，每半葉十行二十一字，

---

① 黄珅先生在校點陳舜錫抄本時，認爲：“同治本與康熙本比較，二者所録文章、語録互有出入，並不一致。大體上看，光緒本前面增補篇章較多，後面删削篇章較多。”見《近思録專輯》（十）上册。

左右雙欄，有界行，框高 19.00 釐米，寬 14.50 釐米。白口，單（黑）魚尾。版心的魚尾上方題書名“續近思録”，魚尾下題卷次（如“卷一”）、本卷篇名（如“道體”）、頁碼。卷一卷端首行頂格題“續近思録卷一”，第二、第三行均低十字格，分題“歙縣鮑桂星雙五/南陵何鴻器克庵同輯”，第四行低二字格題本卷篇名“道體”，第五行頂格刻正文，每條單列。在每條語録末用小字標注本條語録出處，或在幾處語録同出一源的最後一條語録末注明語録的出處。

此刻本首册刻有四周單欄的書名兼牌記葉，内分三豎行，自右至左刻“道光甲午年鎸/續近思録/金陵何流春堂藏板”。“道光甲午年”，即清道光十四年。牌記之後，刻有道光十四年沈維鐈《序》，《續近思録》“總目”。《續近思録》卷十四末刻有《附朱子言行》，清嘉慶二十五年何鴻器《續近思録後序》，道光十四年何鴻器跋文，校刊者姓名、籍里。依據上述信息可知，此書是鮑桂星、何鴻器采輯朱熹《文集》《語類》中朱子語録編纂而成，此刻本爲清道光十四年金陵何流春堂刻本，校刊者有莊兆熊、劉保泰、姚雯山、史獻書、戴漢翔、方寅、牛學仁、戴鼎亨。復旦大學藏本（書影見圖 3－12），2 册（封皮左上題書名“續近思録”，且分别題“上”“下”），鈐有朱文印“丁福保讀書記”“震旦大學圖書館丁氏文庫”“乙丑翰林”“臣泰畐印”等。

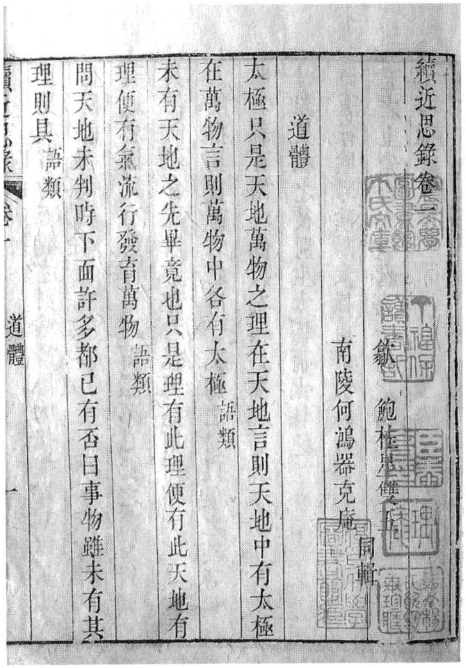

圖 3－12　鮑桂星、何鴻器《續近思録》，清道光十四年刻本

至於此刻本的刊行原委，則是因爲沈維鐈重視朱熹《文集》《語類》，以爲二書有“提挈綱維，開示藴奥”的價值，而何克庵《續近思録》取材於朱子著述，“文意相屬，條貫可尋”，建議何克庵“君速以此編開雕，俾志於正學者得其從入之津梁。由是扶聖學之統而熄俗學之氛，人心正而風俗淳”①。隨後在戴韞山、莊玉章、劉符階諸友捐資幫助之下，鮑桂星、何鴻器共輯的《續近思録》得以刊行面世，何克庵特意作序跋以記之。

關於何克庵《續近思録》一書，猶有抄本，《續修四庫全書總目提要（稿本）》有著録，曰：“《續近思録》一卷，鈔本。清何克庵撰。克庵以字行，南陵人。潛心朱子之學數十年。是書踵原編體例，取朱子之言，詳審而縷分之。令其文意相屬，條貫可尋。克庵與歙縣鮑覺生交最諗。此書之作，鮑實贊助之云。”②但是，該提要所言“鈔本”，筆者没有見到，僅在復旦圖書館目驗到道光十四年刻本。

沈維鐈《序》曰：

> 朱子《文集》《語類》二書，一生爲學，功夫先後、淺深、曲折、次第具載其中，所以提挈綱維，開示藴奥者。辨之極其精，語之極其詳，有志於聖學者，誠不可不熟復而精究之也。顧其爲書，詳略有無，往往互見，寶應朱止泉氏嘗言之矣。如己丑之悟、《中和舊説序》《與湖南諸公書》等篇，《文集》所有，《語類》所無；如語陳北溪窮究根原來處、識許多規模大體等篇，《語類》所有，《文集》所無；如《近思録》，周、張、二程遺書之解，《語類》所詳，《文集》所略；如封事奏劄以告君、時事出處以答朋友之詞，《文集》所詳，《語類》所略。此等相參處甚多，然則此書豈可以易而讀哉？余欲取止泉朱氏選定本所分九類，循序讀之，庶幾本末、淺深、曲折、次第，得以窺見一二，而因循頽惰，久未卒業。已矣，不敢復言學問事矣。南陵何君克庵，潛心朱子之書數十年，以所輯《續近思録》見視。踵原編體例，取朱子之言詳審而縷分之，令其文意相屬，條貫可尋。善哉乎，君之用心也！君與鮑覺生侍郎以正學相砥礪，此編之作，侍郎實贊成之，蓋審定再四而棄取始不疑焉。君於朱子之言，洵能熟復而精究之矣。余語：“君速以此編開雕，俾志於正學者得其從入之津梁。由是扶聖學之統而熄俗學之氛，人心正而風俗淳，君之功豈小補哉！”道光十四年八月檇李愚弟沈

① （清）沈維鐈《序》，載於清代鮑桂星、何鴻器共輯《續近思録》，清道光十四年刻本。

② 中國科學院圖書館整理《續修四庫全書總目提要（稿本）》，齊魯書社，1996年1版，第16册第400頁。

維鐈序。

何鴻器《續近思録後序》云：

右所輯《續近思録》十四卷。當朱子原編《近思録》後，其友劉子澄復著《近思續録》，朱子以其所輯程子門人等之言，其説不純粹，謂可以弗作。今其書或不傳，近世有以朱子之書，參列原編，爲《五子近思録》，則是破朱子之成書以爲己書，亦有專以朱子之書，依原編之例，采輯成集，而其節録間有改易本文。覺生先生既皆病之，又以朱子《文集》等書簡帙浩繁，恐學者不能悉心遍讀，於是將《全集》《語類》《或問》三書屬鴻器爲采輯。鴻器案：原編以所引著書之人爲先後，此係朱子一人之言，雖非出於一時，如令文意相屬，則更得所言之條貫，爰殫心詳味於各類之中，分其言之淺深、先後、本末、始終，别爲各册之次序如右。竊謂道有定體，學有成法，自堯、舜、禹、湯、文、武而上，修齊治平之道，全見於行，至孔、孟不獲行，則道隱而不可見，惟寓於學以傳之。秦漢而後，並孔孟之學不傳。其所謂學者，險膚怪誕，斯其所謂道者，卑陋悖謬，去聖人也遠矣。迨宋濂洛關閩之學興，得孔、孟淵源之正，而共以唱明窮理、正心、修己、治人之道，蓋其於全體大用無不明者，由其於尊聞行知無不一者也。夫軌必同而後合轍，迹必踐而後入室。自有宋五子以來，聖學之成法丙如日星，由是以求道，具見全體。是編從簡，不無掛漏之譏，要不過踵原編之意，以備五子之全。朱子之書具在，非遍讀不足以見其閎深，然以道與學而言，則全體成法，二編以無不備矣，讀者其盡心焉。嘉慶庚辰正月南陵何鴻器謹叙。

清道光十四年何鴻器跋文云：

向在都中，與覺生先生參訂是書，友人戴韞山時往來覺生先生寓所，見而好之，嘗語予："以不能身體力行爲愧。"嗣後改官，選授金壇縣教諭，以培養人材、振興學校爲己任。十餘年來，會晤不數次。今秋因公來省，盤桓竟夕，語次談及文宗。沈鼎甫先生慫恿，以是書付梓，苦無刊資。韞山慨然曰："是書有功聖教，正士習，挽頽風，此亦一助。不能梓行，是吾輩責也。"爰助全俸以爲之倡，繼得莊玉章、劉符階諸友共相資，以成是舉。余與韞山交最久，其生平所見於言行者，無非仁義之心，如樂成是書之類是也。詎料話别不及三月而溘然長逝，不及見是書之成。余不忍没其好善之心，感傷而誌之。甲午嘉平月日鴻器並識。

六、清鄭若羲《續近思録》本考述

鄭若羲（一作"光羲"），生卒年不詳，字玉粟，號夕可，清代無錫人。清盧文弨《常郡八邑藝文志》載録《續近思録自序》，在該序文下題署"鄭若羲"[①]。吴慰祖校訂《四庫采進書目》載："兩江總督采進本。《續近思録》。二十八卷，無錫鄭光羲輯，光原作若。"[②]很可能因吴氏的注記，後來便有稱"鄭光羲"者。

查閲與鄭若羲相關的文獻資料，我們發現，《鄭氏續修大統宗譜》記載："若羲（鄭瑜），字玉粟，號夕可，配周氏韞公女。生卒年俱失考。……所著有《正誼堂遺稿》《續近思録》。"[③]清顧光旭《梁溪詩鈔》記載："鄭正誼若羲，字玉粟，號夕可。"清高鑅泉《錫山歷朝著述書目考》載："鄭若羲，字玉粟，號夕可。"[④]傅惜華在《清代雜劇全目》中説："鄭瑜，一名若羲，字玉粟，一字無瑜，號夕可，别署正誼、西神。"[⑤]吴秀明的碩士論文《鄭瑜戲曲研究》[⑥]一文中，對鄭瑜生平有所考證。綜合而言，幾乎一致肯定鄭若羲就是鄭瑜，字玉粟，號夕可。由此推斷下文中《四庫全書總目》"存目類"[⑦]的著録不够精確，當改"光羲"爲"若羲"，改"字夕可"爲"號夕可"。

由鄭氏《自序》可知，鄭若羲認爲《近思録》十四卷内容上環環相扣、體系謹嚴，此前他父親鄭儀曾有意"欲仿《近思録》例續爲一編"，卻因爲華貞元先生之言"此非大有學問人用幾十年磨煉工夫者，安能辨其毫釐千里之界，以明前聖後聖若合符節之處乎"，故而作罷。鄭若羲深感宋以後諸子著述浩繁，當需要一本類似《近思録》的"關大體切日用"者，以之作爲讀書人的入門之書。

---

① （清）盧文弨《常郡八邑藝文志》卷六上，清光緒十六年刻本。

② 吴慰祖校訂《四庫采進書目》，商務印書館，1960 年 3 月初版，第 34 頁。

③ 鄭炳泉等編《鄭氏續修大統宗譜》，書帶草堂民國三十年木活字本。

④ （清）高鑅泉《錫山歷朝著述書目考》，清光緒二十八年天爵堂活字本。

⑤ 傅惜華編《清代雜劇全目》，人民文學出版社，1981 年 1 版，第 16 頁。

⑥ 吴秀明《鄭瑜戲曲研究》，南京師範大學 2017 年碩士學位論文。

⑦ 《四庫全書總目》，第 823 頁。據杜澤遜《四庫存目標注》載，《續近思録》《兩江第一次書目》有著録，云"無錫鄭若羲輯，四本"。杜先生説"吴慰祖改'若'爲'光'"。見《四庫存目標注》，上海古籍出版社，2007 年 1 月 1 版，第 1497 頁。

於是，他承襲乃父志向，“摘薛、胡、陳、高四子書爲前集，而文成王先生及顧、錢、吴三先生，與先君子所記華先生語録手著《損齋筆記》，摘其要爲後集”。編撰而成《續近思録》二十八卷，即“前集”十四卷、“後集”十四卷。他之所以選取薛瑄、胡居仁、陳獻章、高攀龍、王陽明、顧憲成、錢一本、吴桂森、華貞元、鄭儀曾等前賢語録，是因爲諸先生“上接千聖，下啓後賢”，後學讀此《續近思録》，可由博返約，“當必有進”。

鄭氏編撰的《續近思録》二十八卷，内容上是輯録明代有代表性的理學名家語録，與蔡模、劉源渌所編有別。此本《四庫全書總目》“存目類”著録：“《續近思録》二十八卷，兩江總督采進本，國朝鄭光羲撰。光羲，字夕可，無錫人。是編前集十四卷，采薛瑄、胡居仁、陳獻章、高攀龍四人之説；後集十四卷，采王守仁、顧憲成、錢一本、吴桂森、華貞元及其父儀曾六人之説。前有光羲自序云：‘不有朱子，孔子之道不著；不有高子，朱子之道不著。朱子依然一孔子，高子依然一朱子；朱子功不在孟子下，高子功不在朱子下。’然講學之家，申明聖賢之緒論，以引導後學則有之矣。動擬之於孔子，孔子豈若是易爲哉！”《皇朝經籍志》卷四著録云：“《續近思録》二十八卷，鄭光羲撰。”[①]《皇朝文獻通考》《清史稿》亦有著録，很可能沿襲《總目》而來。

鄭氏此本的編輯時間，或在明末清初，陳榮捷《朱學論集》説是“壯年1700”[②]，即康熙三十九年。但是，筆者尚未見到鄭氏《續近思録》原本，其詳情待考。

鄭若羲《續近思録自序》曰：

盈天地間皆理也，故曰心、曰性、曰天，先儒皆以“即理”二字明之。蓋合乎理爲道、爲盡性、爲達天，則人而聖賢矣；悖乎理爲人心、爲拂性、爲逆天，則人而禽獸矣。此毫釐千里之界，辨之不可不早辨也。斯理自堯、舜、禹、湯、文武、周公、孔子、顔、曾、思、孟而下，至宋周、程、張、朱，及後薛、胡、陳、高諸子，一脉相承。所謂前聖後聖若合符節者，固異世而同揆也。六經、四書外，宋儒著述浩繁，朱子恐學者嘆其無涯，摘周、程、張

① (清)黄本驥輯、蔣環校《皇朝經籍志》，清道光二十五年三長物齋校刊本。

② 陳榮捷《朱學論集》，第116頁。

四子全書之要，分十四卷爲一編，曰《近思録》。高子復摘朱子《文集》《語録》之要，分十四卷爲一編，曰《朱子節要》。二書固足羽翼聖經、表章絶學矣。其首言道體者，明乎理所從出也，理所從出，非學無以體之。故次言爲學，而學必由知入，故致知要焉。既知其理不可不履其事，欲履其事，而静存動察，功不可閑，此存養與克己所爲交致其修也。是故以之齊家，則家以齊；以之出處，則出處以當；以之致治，則治體以立、治法以備；以之行政，則政事以舉；以之教人，則人知所從而教以成。而尤恐其溺於欲而畔夫理也，此警戒所由嚴歟。繼之以辨異端，辨此理之同異，以正其趨。終之以觀聖賢，觀此理之會歸以作之則也。由是思之，則凡天地間，民物象數，因革損益，經權常變，人己内外，巨細精粗，有一不出於理，有一不本於心，與性、與天者乎？至宋後諸子，著述浩繁，等於濂洛先君子，維則先生日手一編，風雨寒暑不輟，固無不披覽，亦恐學者嘆其無涯，因請業於認庵華先生，欲仿《近思録》例續爲一編。先生曰："談何容易！此非大有學問人用幾十年磨煉工夫者，安能辨其毫釐千里之界，以明前聖後聖若合符節之處乎，談何容易！"先君子乃謝不敏，蓋有志而未逮也。羲承此志，日久碌碌浮塵，未能遍觀諸集，有所折衷，謹以先君子所謝不敏者，妄爲編次焉。謹摘薛、胡、陳、高四子書爲《前集》，而文成王先生及顧、錢、吴三先生，與先君子所記華先生語録手著《損齋筆記》，摘其要爲《後集》。蓋吴、華兩先生親炙，高子實有心契，而先君子親炙華先生得領高子之教，亦實有心契，斯理之傳固不容泯没也。第朱子之意，固欲學者於四子全書，沈潛厭飫，由博反約，非可樂簡便以自足也。特取其關大體切日用者，爲從入之門耳。高子之《節要》，實本諸此。嗚呼！不有朱子，孔子之道不著；不有高子，朱子之道不著。朱子依然一孔子，高子依然一朱子，朱子功不在孟子下，高子功豈在朱子下哉！今學者文詞相尚，實行無聞，然必有知之者起焉，則於六經、四書、《近思》《節要》而外取是編而讀之，則諸先生所以上接千聖，下啓後賢，其若合符節之處，毫釐千里之界，間不容髮者，燦然可觀。更取諸子全書，沈潛厭飫，由博反約，當必有進，又胡可樂簡便以自足？抑薛子有言曰："非有過人之識，而欲纂集群言以折衷，聖賢之旨多見其不知量也。"羲生也晚，不奉教東林君子有所折衷，而妄彙編成帙，謬承先志，亦不知量，甚矣！讀是編者，幸有以正之。

七、清杜培誠《近思續録》道光年間刊本考述

杜培誠，生卒年不詳，字樞亭，清裕州（今河南方城）人。撰有《近思續録》十四卷。該書着重收録元、明理學家語録，與劉源渌、張伯行重在輯録朱熹語録的做法有別。筆者未能見到清道光刊本，在此僅依《續修四庫全書總目提要（稿本）》著録：

> 《近思續録》十四卷，道光刊本。清杜培誠撰。培誠字樞亭，裕州人。少應童子試，至場門見士子競噪喧嘩，耻之，歸不復試。父高其志，令究心伊洛之學，從張里庵、張淡庵兩先生游，遂潛心考道，體驗性功，於書無所不窺，既而由博返約，專以天人合一爲功。蓋中州自二程傳學伊洛，淵源授受，代有傳人，然皆宗程朱一派。自尤西川私淑陽明，洛學爲之一小變。自孫夏峰講學蘇門，調和朱、陸，而洛學又爲之一變。朱子輯五子之言，以爲《近思録》，頗足以啓發幼學。然自紫陽以下，元、明諸子之粹言，尚無人爲之輯録。張伯行雖有《近思續録》《廣録》之輯，而又囿於門户之見，於陸、王斥爲異端。培誠之學淵源夏峰、私淑上蔡，躬行篤實，頗能融合朱、陸，無黨同伐異之習，故於陸、王之語多所采獲。大意謂輯録是編，豈敢汲汲以著述爲事，不過因此以印證我心，省存充克，不致放失。期於聖賢品詣道統，頗有所聞，以全乎人之道，合乎天之理焉耳。是其著書之意在於明理，而非以立異程、朱，且於羅、胡兩先生之言，亦多有所捄正，采擇精萃，有功後學。邵松年督學河南，爲序而行之，謂"是編有補張氏《近思續録》之未備，可與之相輔而行，亦足令學者博學詳説，以求反約之道"，斯語能得培誠著書之意云。①

從此《提要》著録的文字看，"培誠之學淵源夏峰、私淑上蔡"，不像張伯行那樣"囿於門户之見，於陸、王斥爲異端"，而"頗能融合朱、陸，無黨同伐異之習，故於陸、王之語多所采獲。大意謂輯録是編，豈敢汲汲以著述爲事，不過

① 中國科學院圖書館整理《續修四庫全書總目提要（稿本）》，第 11 册第 566 頁。

因此以印證我心，省存充克，不致放失”。再者，“自紫陽以下，元、明諸子之粹言，尚無人爲之輯録”，杜培誠所編《近思續録》“有補張氏《近思續録》之未備，可與之相輔而行”。看來，杜氏之編當有可取之處。另據《提要》言“邵松年督學河南，爲序而行之”一事，可知清光緒年間收藏家邵松年曾爲杜氏《近思續録》作序，然此序文尚待查找。

《近思録》在南宋淳熙年間面世後，在此後的七八百年間不斷得以傳抄刊刻。在此過程中，不僅有衆多注家精心詮釋、推廣普及，而且許多崇尚程朱之學者不斷仿《近思録》進行續編、仿編，這些《近思録》的整理文本在後世接踵而出，在東亞《近思録》傳播史上也可謂蔚爲壯觀。東亞的“續仿《近思録》文獻”多仿照《近思録》體例結構、卷次編排，其中有的在文本題名上用“近思”二字，如《近思續録》，或《續近思録》，或《近思後録》，或《五子近思録》，或《仿近思録》等等，給不同時代的讀者一種既傳統而又新鮮的感受。其内容多能因時而變，主要收録北宋四子之後的重要理學家語録，如朱熹、吕祖謙、謝良佐、楊時、胡安國、薛瑄、胡居仁、羅欽順等人。中國歷史上的《近思録》整理者對南宋至清末程朱理學家精要之語的編輯，旨在傳承程朱理學，重在發揚光大朱子學術思想之精髓。這些編撰者歷代皆有，傳本頗多，不僅反映了各時期崇信程朱理學者的心態、志趣，而且凸顯《近思録》在理學文本中的重要地位，成爲同時期閲讀研究朱子學術思想的重要文本，大大增强了朱子學在當時及其後世的影響力。

第二節　“五子近思録”系列版本考述

南宋以降，續編、仿編《近思録》的文本絡繹不絶，輯録的内容多是南宋、元、明的理學家精要之語。明清時期這些輯朱熹語録於《近思録》之中的後續著述，其書名除直接標示謂“續”或“廣”或“補”外，有些則在《近思録》書名前冠以“朱子”“五子”，其中以名曰“《五子近思録》”的文本最具特色。此類文本依《近思録》體例結構分作十四卷，語録内容包括北宋四子的精要之語，與集宋代理學大成者朱熹的重要語録，將周敦頤、程顥、程頤、張載、朱熹五人合謂

"五子",因而具有續編兼合編的特點,如明崇禎五年(1632)錢士升編成《五子近思録》十四卷。清初也有同名的續編本問世,其編者爲康熙年間的汪佑,汪佑《五子近思録》版本種類多,傳播廣,並由此而衍生出《五子近思録發明》《五子近思録輯要》等文本。這些"五子"系列的文本庶幾佔據着清代續編《近思録》類的主體地位,在東亞傳播程朱理學思想的過程中發揮過重要作用。今將此類書名署有"五子"的版本皆歸於"五子近思録"系列,集中考述如下。

一、明錢士升《五子近思録》版本考

明末政治腐敗,世風日下,學術界受王陽明心學影響,對真正的朱子之學鮮有人深入探究,顧憲成[①]曾感慨地説"世之言朱子者鮮矣"! 然而,當他見到高攀龍[②]仿《近思録》編輯的《朱子節要》時,甚感欣慰,以爲:"論血脉,朱子依然孔子也。雲從之爲是編,正欲人認取血脉耳……讀者以是求之,斯得之矣。"[③]而編纂者高攀龍本人也認爲:"今之時,有能讀《小學》《近思録》,而斤斤修彝倫日用之間以爲學者,吾必謂之曰聖人之徒也。"[④]顧、高二人均爲明末東林學派代表,在當時學術空泛的生態環境下,他們能如此尊奉程朱理學,重視理學入門讀物的建構,實屬不易。高攀龍力抨明代王學末流的空疏及引儒入禪的浮世學風,提倡濟世務實之學,他利用當時仍有影響力的朱子思想批評王陽明心學。高攀龍此舉及其思想在明末産生過一定影響,促進了明末朱子學的潛滋暗長。與其同一時期的錢士升在理學讀本的編纂上承襲前人又有發展,其編輯的《五子近思録》,拉開明末清初復興程朱之學的序幕。

錢士升(1574—1651),字抑之,號禦冷,晚號塞庵。浙江嘉善人。他精通朱子之學,早年與顧憲成、高攀龍等人宣導理學。明萬曆四十四年殿試第一,

---

① 顧憲成(1550—1612),字叔時,號涇陽,明代無錫人。萬曆進士,官至吏部文選司郎中。後革職還鄉在東林書院講學,世稱東林先生。著有《小心齋劄記》《顧端文遺書》。

② 高攀龍(1562—1626),字雲從,一字存之,號景逸,無錫人。少讀書,輒有志程朱之學。明萬曆進士。曾與顧憲成在無錫東林書院講學,時稱"高顧",是東林黨首領之一。著有《高子遺書》《春秋禮義》《二程節録》等。

③ 明萬曆三十年顧憲成《朱子節要題辭》,載於(明)錢士升《五子近思録》卷首,明崇禎五年刊本。

④ 明萬曆三十二年高攀龍《重鍥近思録原序》,載於(明)錢士升《五子近思録》卷首,明崇禎五年刊本。

授翰林院修撰。崇禎六年，升任南京禮部尚書兼東閣大學士。著有《周易揆》《南宋書》《明表忠記》《遜國逸書》《五子近思録》等。

在錢士升之前，已有朱、吕編纂的《近思録》十四卷，稍早有高攀龍輯録朱熹要言、"仿朱子《近思録》例分爲十有四卷"[①]的《朱子節要》。《節要》是一部"仿《近思》而節朱子要語"而成的"《近思録》仿編本"。明崇禎年間錢士升在《近思録》與《朱子節要》的基礎上，對《近思録》中的四子之言進行了精簡，又擇録《朱子語類》《朱子文集》内容相關者補入每卷之末，於明崇禎五年編就《五子近思録》十四卷。

但是，錢士升所編《五子近思録》，並非簡單地將《近思録》與《朱子節要》二書進行相加。考察其内容我們發現，錢氏編輯此書時，取材範圍比《近思録》所取自的 14 部書[②]多了兩種，即《朱子語類》《朱子文集》，其所輯語録條數雖未在卷端注明，但經筆者統計約有 1176 條，明顯比僅收四子語録的《近思録》多。全書綱目結構依照《近思録》，分作十四卷。其各卷版心所刻各卷篇名分别是：一卷道體，二卷論學，三卷致知，四卷存養，五卷克治，六卷家道，七卷出處，八卷治體，九卷治法，十卷居官處事，十一卷教人之法，十二卷警戒改過，十三卷辨别異端，十四卷總論聖賢。可見錢氏所擬十四卷篇名較規整。如果將其與葉采《集解》明刻本的篇名比較，除卷二、卷十、卷十一、卷十二、卷十三、卷十四稍異外，其餘均同。

（一）明崇禎五年錢士升刻本

錢士升《五子近思録》十四卷，存世的明代刻本每半葉九行十九字，四周單欄，有界行，框高 20.60 釐米，寬 14.40 釐米。白口，白魚尾。版心魚尾上方刻書名"五子近思録"，魚尾下刻卷次（如"卷之一"）、篇名（如"道體"）、頁碼，版心下端還刻有版面字數。卷一卷端首行頂格題"五子近思録卷之一"，第二行頂格刻正文，每條首字頂格刻印，其餘行格則低一字格刻印。卷末有尾題。字體爲宋體。

---

① 明萬曆三十年高攀龍《朱子節要原序》，載於（明）錢士升《五子近思録》卷首，明崇禎五年刊本。

② 詳見第一章。

正文前刻有《近思録原序》(朱熹序、吕祖謙跋)、明萬曆甲辰年(1604)高攀龍《重鍥近思録原序》、萬曆壬寅年(1602)高攀龍《朱子節要原序》(附録各卷篇名,且這些篇名與《五子近思録》正文中各卷版心所題一致)、萬曆壬寅年顧憲成《朱子節要題辭》、崇禎壬申年錢士升《五子近思録序》及《合刻五子近思録》(内容包括《近思録》取材的 14 部書名與《朱子語類》《朱子文集》)。

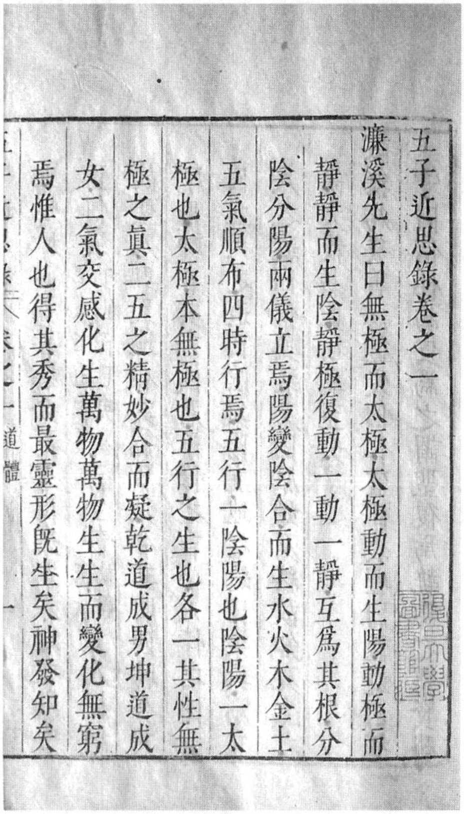

圖 3-13 錢士升《五子近思録》,明崇禎五年刻本

此刻本版心、字體具有明末刻本的典型特徵。錢士升作序時間是“崇禎壬申”,即崇禎五年(1632)。依據錢氏序文,《五子近思録》是“自兹刻始”,即崇禎五年孟秋作序之時已刊刻,因而可將此《五子近思録》刻本判定爲明崇禎五年刻本。浙江圖書館、復旦大學圖書館(書影見圖 3-13)有藏,刻印較精。筆者將兩處藏本比較後,發現其正文字體、版式特徵、内容同,應是同一版印製。《中國古籍善本書目》有著録。浙圖藏本卷帙完好,而復旦藏本卷首尾有闕損,其損落的内容可據浙圖藏本進行訂補。浙圖藏本有佚名藍筆圈點,鈐朱文印“李氏紫東印信”,白文印“理山珍藏之章”。清沈復粲《鳴野山房書目》著録云“嘉善錢士升輯”。

錢士升《五子近思録序》曰:

《近思録》集自紫陽,舊稱四子,高忠憲公復取紫陽全書比類而纂之,名曰《朱子節要》,於是濂洛關閩之微言,並揭中天矣。顧兩書同類異名,弓裘各别。原忠憲本旨,直以不敢遽擬大儒,故兩行以俟後人之合耳。其合稱《五子近思録》，則自茲刻始。嗟呼，學術之壞久矣！百年以前，詆諆傳格物者，比於楊墨、夷狄，浸淫流失，風尚遂成。初學小生未識之，無便抹撥傳注，識田中已無復有義理種子矣。微獨傳注即孔孟仁義之説，悍然發冢而操刃焉，大膽放言，穉狂相扇，居今世而取諸儒度閣飽蠹之陳言，家論而户説，是欲以井田封建之法行之叔季也，可不謂大惑乎！嗚呼，真亦弗思而已！誠近取諸身，反觀深省，目何以視，耳何以聽，口何以言，手足何以持行，天與人何以無間，人與禽獸何以幾希，原始要終何以知生知死，則於五子之言必有憬然而悟，瞿然而悔，爽然而解者矣！《洪範》曰"思作睿"，孟子曰"思則得之"，周子曰"無思本也，思通用也"，高子曰"思者，思其無思也"，思之時義大矣哉！雖然，余非能思者也。今有膏粱於此，不自食而號於人曰曷不食，食者飽矣，己能無餒乎？然則余之大惑，蓋在此而不在彼也。書此以志吾愧。崇禎壬申孟秋魏里後學錢士升敬書於寅清堂之南軒。

高攀龍《重鍥近思録原序》曰：

朱子曰：四書爲五經之階梯，《近思録》爲四書之階梯。言所由以從入之序也。從兹而至聖人之道，譬之植五穀者，下種既真，培之溉之，熟可計時而待；匪是，是種稊稗而欲其爲五穀也。夫近思者，近取諸己。近取諸己，萬理具備，視聽言動由是，君臣父子夫婦昆弟朋友之間由是。聖人之道，如此而已矣。要在人默而識之。默而識之曰悟，循而體之曰修，修之則彝倫日用也，悟之則神化性命也。聖人所以下學而上達，與天地同流，如此而已矣。此其教所以賢愚胥益，爲能開物成務，惠天下萬世於無窮也。今之説者好言悟，夫悟誠足貴也；懲之者又諱言悟，夫悟奚可少也。"立卓"非顔之悟乎？至於"不遷怒貳過"，斯其悟真悟矣。"一貫"非曾之悟乎！至於"啓手足"，斯其悟真悟矣！今之悟者何如耶？或攝心而乍見心境之開明，或專氣而查德氣機之宣暢，以是爲悟，遂欲舉吾聖人明善誠身之教，一掃而無之。决堤防以自恣，滅是非而安心，謂可以了生死。嗚呼！其不至於率獸食人而人相食不止矣！予既仿《近思》而節朱子要語，秦生彦熙欣然有意其間，並刻《近思録》。烏乎，逃虚空者聞人足音跫然而喜，况於今之時乎！於今之時，有能讀《小學》《近思録》，而斤斤修彝倫日用之間以爲學者，吾必謂之曰聖人之徒也。萬曆甲辰季冬錫山後學高攀龍序。

(二) 錢士升《五子近思録》十四卷,清雍正二年梧齋刻本

錢氏《五子近思録》在清代仍有傳本面世,刊刻者乃其同鄉後學徐孝表。徐善建(1649—?),字孝表,諸生,主要生活在康熙年間,浙江嘉善人,爲三魚學派創始人陸隴其[①](1630—1693)弟子。徐氏究心於宋五子書,教人以《小學》《北溪字義》,謂"先識體段,方可入精微處"[②]。

徐氏校刊《五子近思録》刻本,每半葉九行十九字,注文小字雙行十八字。四周單欄,有界行,框高 20.60 釐米,框寬 14.40 釐米。白口,白魚尾。魚尾上方刻書名"五子近思録",魚尾下刻卷次、卷名(如"卷之一道體")、頁碼。卷一卷端首行頂格題"五子近思録卷之一",次行頂格刻正文,每條語録單列,首字頂格刻印,其餘各行均低一字格。

刻本卷首有書名兼牌記葉,在四周雙欄的版框上,横題"雍正二年訂定"。其下框欄内分三豎格,自右至左刻印"嘉善錢塞庵先生合纂/五子近思録/同里後學徐孝表重校,梧齋藏板"。"錢塞庵"即錢士升,徐孝表爲其"同里",皆爲浙江嘉善人。

正文前依次刻有《近思録原序》(即朱熹序、吕祖謙序)、明萬曆甲辰年冬高攀龍《重鍥近思録原序》、萬曆壬寅年秋高攀龍《朱子節要原序》(在此序文左用小字刻按語一段,内容是《朱子近思録例》,即十四卷篇名,以及吕祖謙的關於自第二卷入讀《近思録》的論説文字)、萬曆壬寅年六月顧憲成《朱子節要題辭》、明崇禎壬申年(1632)秋錢士升《五子近思録序》、清雍正元年(1723)春徐善建跋文(跋文末原版刻有三方印,分别是"徐善建印""杉泉居士""親炙松陽之門")、《合刻五子近思録》(即此書取材的 16 部書名)。

依據徐善建跋文可知,錢塞庵特别尊信朱熹,將高攀龍《朱子節要》與《近思録》合纂而成《五子近思録》,並且進行刊刻。此後陸隴其將此情形告知門

---

① 陸隴其,原名龍其,字稼書,浙江平湖人。專宗朱子,以居敬窮理爲要。乾隆元年追謚清獻。《清儒學案》評價:"端居獨學,以濂洛關閩爲聖學正規,身體力行,排斥陽明,尤不遺餘力。"著有《讀禮志疑》《古文尚書考》《三魚堂四書大全》《松陽講義》《讀朱隨筆》等。見《清儒學案》卷十《三魚學案》,第 465—467 頁。

② (清)徐世昌等編纂《清儒學案》卷十《三魚學案》,第 492 頁。

人徐善建，徐氏從錢士升家族購得原板，重加校訂。據該刻本的牌記、以及徐善建題跋時間，知其爲清雍正元年開刊，雍正二年刊就，故此本當爲清雍正二年（1724）梧齋校刊本，由徐善建校刊。山東省圖書館藏本（書影見圖 3－14），一函二册。鈐有“公楷大字石樵”印。《山東省圖書館館藏海源閣書目》[1]有著録：“0819《五子近思録》十四卷，（宋）朱熹，吕祖謙撰。清雍正二年梧齋刻本，2 册；20.7×14.5 cm，9 行 19 字，白口，四周單邊，單白魚尾，封面題：雍正二年訂定，嘉善錢塞庵先生合纂，同里後學徐孝表重校。梧齋藏板。”

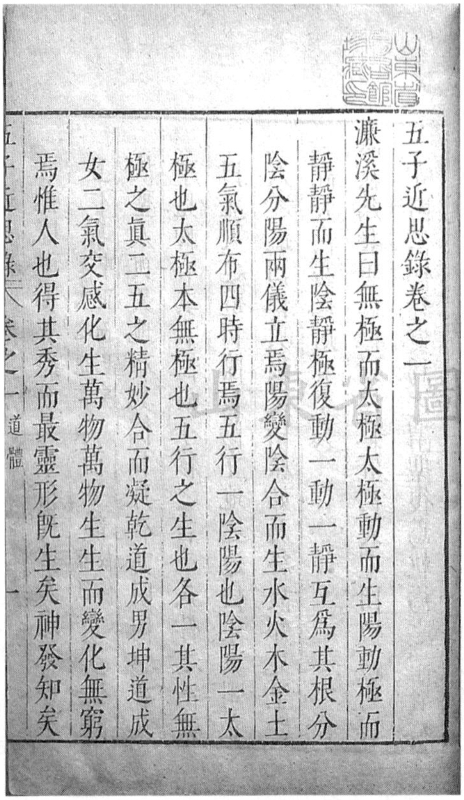
五子近思錄卷之一
濂溪先生曰無極而太極太極動而生陽動極而
靜靜而生陰靜極復動一動一靜互爲其根分
陰分陽兩儀立焉陽變陰合而生水火木金土
五氣順布四時行焉五行一陰陽也陰陽一太
極也太極本無極也五行之生也各一其性無
極之眞二五之精妙合而凝乾道成男坤道成
女二氣交感化生萬物萬物生生而變化無窮
焉惟人也得其秀而最靈形既生矣神發知矣
五子近思錄 卷之一 道體 一

圖 3－14 錢士升《五子近思録》，清雍正二年梧齋刻本

徐善建跋文云：

先師子陸子松陽先生平日教人惓惓，以《近思録》一書相勸勉。蓋此書原本紫陽朱子，大而身心性命，小而動静，云爲無不兼該，學者於此而致思焉。入德之門，夫豈遠乎？憶昔初受業於先生，執摯升堂，再拜侍立。先生手授一編，而命之曰：“是即子鄉先生塞庵錢公所刻《五子近思録》也。明世士大夫崇尚理學，廣設書院，知名者聚徒講學，自立宗旨，不可以數計，而莫盛於姚江，其支流别派，汪洋恣肆於浙東西，然而講學愈盛，公道愈遠也。東林爲正學之宗，而末失之龐雜，亦或不免。塞庵學本東林，而刊刻是編，决然以高忠憲公所纂《朱子節要》合之，號爲《五子近思録》，其卓識特見，求之東林，不數數觀。蓋忠憲之别《節要》於朱子，謙

① 山東省圖書館編《山東省圖書館館藏海源閣書目》，齊魯書社，1999 年 12 月 1 版，第 131 頁。

退之志也，而塞庵之合《節要》爲《近思》，尊信之深也。其嘉惠後學，豈淺鮮哉？子能執事編以求道，我知於道不遠矣。”余恪遵師訓，謹守是編，自謂差能意解而心得，乃復就其家購得原板，重加校訂，廣爲流通，以公同好，已三十餘年。今衰老多病，自分旦暮且死，而先師當日之所提訓惓惓者，未白於天下，故於卷末附誌其語，以告世之讀是編者。雍正元年歲次癸卯春正月穀旦嘉善後學徐善建敬跋，時年七十有五。

二、清汪佑《五子近思録》及其傳本考

明末清初的諸儒，有鑒於明末清談孔孟的不良習氣，認爲讀書講學當躬行、齊家治國，因而在這一時期集中出現了一批注解、續編或仿編《近思録》的著述，以期推動世風近思切問、博學篤志。猶如柳詒徵所説：“明末清初之學者，則兼講爲人與讀書，矯明人之空疏，而濟之以實學。”[①]朱熹故里的儒者汪佑《五子近思録》便是在此背景下問世的。

汪佑，生卒年不詳，字啓我，號星溪，清徽州休寧人。自幼嗜學，言動循禮，弱冠即悟至誠無息之義，去妄存誠。因生朱熹故鄉，終身私淑朱子。康熙年間與汪知默、汪德元、江恒、胡淵等講學新安紫陽、還古書院。以尊朱崇正爲己任，學者翕然從之。其著述除《五子近思録》外，猶有《星溪文集》《易傳闡要》《四書講録》《明儒統考》等[②]。

汪佑篤好《小學》《近思録》，據其《五子近思録序》可知，他將《近思録》視爲進入“鄒魯、虞夏之堂”的基礎階梯，考慮到此書僅彙集了北宋四子精要之語，卻不能讓讀者“集群儒大成之書類聚觀之”，則有美中不足之感。儘管在汪佑之前，明代的丘濬、高攀龍曾因此而分别編《朱子學的》與《朱子節要》，但是他依然覺得非其所願，於是“取《學的》與《節要》合訂”，並增入朱熹之書於《近思録》各卷之後，名曰“五子近思録”，使讀者“合編朱子與四先生類聚較研，又可見集群儒之大成於斯”。其意在於讓讀者“由五子而階梯四子、六經，由群儒大成而闡群聖大成”，做到科級畢具，如此則可讓“濂洛關閩之道會於

① 柳詒徵《中國文化史》，上海古籍出版社，2001 年 10 月 1 版，第 804 頁。

② 其生平參見《清史列傳》卷六十六，第 5294 頁。另參見蕭一山著《清代通史》(五)，第 416 頁。

一，前聖後聖之道亦昭融於一，正學永麗乎中天”①。

《五子近思録》依《近思録》體例結構編爲十四卷，所收語録内容包括北宋周、張、二程之語 622 條，與集宋代理學大成者朱熹語録 548 條，共計 1170 條語録，總數遠超《近思録》原文本，使讀者能整體把握五子思想之梗概。

汪佑將周敦頤、程顥、程頤、張載、朱熹五人合謂“五子”，“星溪汪氏訂補朱子之書也，彙朱子精微之言吻合於四先生者，增入各卷篇末，是爲五子合編”②。因而此書是具有合編兼訂補性質的“《近思録》文獻”。

汪佑在正文前編輯有《五先生姓氏》，在周子、程伯子、程叔子、張子、朱子名下分别作了注釋。還注明了《五子近思録增入朱子書目》的 18 部書名，向讀者言明其輯録朱子語的範圍，分别是朱子《四書集注》《四書或問》《四書集義》《中庸輯略》《周易本義》《毛詩集注》《朱子大全集》《語類》《伊洛淵源録》《延平答問》《謝上蔡語録》《雜學辯》《詩序辯》《儀禮經傳通解》《易學啓蒙》《小學》《家禮》《楚詞集注》。

汪氏在《五子近思録》卷首還編有《五子近思録目次》，曰：“卷之一 道體，原五十一條，補朱子三十七條；卷之二 爲學，原百十一條，補朱子五十四條；卷之三 致知，原七十八條，補朱子八十八；卷之四 存養，原七十條，補朱子六十四條；卷之五 克治，原四十二條，補朱子二十一條；卷之六 齊家，原二十二條，補朱子五十六條；卷之七 出處，原三十九條，補朱子二十三條；卷之八 治道，原二十五條，補朱子二十四條；卷之九 治法，原二十七條，補朱子十六條；卷之十 臨政處事，原六十三條，補朱子五十條；卷之十一 教人之道，原二十二條，補朱子十六條；卷之十二 警戒改過，原三十三條，補朱子二十二條；卷之十三 辨别異端，原十四條，補朱子二十一條；卷之十四 總論聖賢，原二十六條，補朱子五十六條。原共六百二十二條，訂補五百四十八條。”這裏汪氏將《近思録》各卷原語録與訂補的語録數分列，讓人一目了然。

汪佑《五子近思録序》曰：

---

① （清）汪佑《五子近思録序》，載於清代汪佑編、汪鑒校《五子近思録》，清康熙三十二年刻本。

② （清）汪佑《五子近思録例》，載於汪佑編、汪鑒校《五子近思録》，清康熙三十二年刻本。

每讀朱子誨言曰："修身大法，《小學》備矣；義理精微，《近思録》詳之。"言求詳乎此，而因類推其全書，則詳者益詳，庶美富可馴至也。又曰：四子，六經之階梯；《近思録》，四子、六經之階梯。言厭飫其書，由四先生而循企鄒魯、虞夏之堂，庶入室其先資也。雖然，取資四先生而不得集群儒大成之書類聚觀之，則所纂集旨趣，詎識始終條理，皆會通於大成分量中也？彼分類多門，紕繆原旨者夥矣。在昔文莊丘子嘗采朱子之書尊爲《學的》，擬效《論語》，而自附於曾子、有子之門人。梁溪高子嘗準《近思録》例，輯爲《朱子節要》，不敢擬於《近思》，而特梓以昭學。則愚以爲當取《節要》合編之，犁然五子，如五行之不可闕一矣，更取《學的》與《節要》合訂焉，由五子而階梯四子、六經，由群儒大成而闡群聖大成，所稱科級畢具，羹墻三古，孰逾於兹？惟《學的》多采《集注》粹言，顧《集注》，朱子身體四子而吻合聖賢之的也，學者概宜熟讀精思，不可揀擇出入。矧新學叛朱，其徒藐注，尤當尊爲不祧完書。四子之有《集注》，可稱五子，猶《近思》之入紫陽，是爲五子也。愚故於《學的》之采《集注》者多略焉，其餘則二先生彙編確當若合符節。誠取五子之書玩心厭飫，而濂洛關閩之道會於一，前聖後聖之道亦昭融於一，正學永麗乎中天矣。若夫合編朱子與四先生類聚較研，又可見集群儒之大成於斯，尤得其梗概也。新安後學汪佑謹序。

《五子近思録合編姓氏》載：

《近思續録》，考亭門人蔡（筆者按，"蔡"字下有墨釘），名模輯；《朱子學的》，瓊山先生丘文莊公，名濬，字仲深輯；《朱子節要》，梁溪先生高忠憲公，名攀龍，字景逸輯；《五子近思録》，新安星溪汪氏合編。先生姓汪氏名佑，字啓我，休寧縣西鄉方塘人。方塘在白嶽之麓七里許。先生遁世後嘗講學白嶽，群號爲"白嶽山人"。又村落有水曰"星溪"，先生隱居其間，屋後臨流，有星溪閣，學者稱爲"星溪先生"。子鑑，字晦叔，恭校點次；侄鎮，字永寧，敬閱；再侄可進，字爾升，冢孫可涵，字敬先，訂梓；金仁瀗、汪家裕、受業生朱景星、金仁洽、晚學生謝士柱校字。①

汪佑《五子近思録》現存有清康熙年間刻本多種，然史上公私藏目卻較少

① 《五子近思録合編姓氏》，載於（清）汪佑編、汪鑒校《五子近思録》，清康熙三十二年刻本。

著録，《增訂四庫簡明目録標注》僅説“新安汪氏佑於《近思録》每篇增入朱子之言，名《五子近思録》”。唯《續修四庫全書總目提要（稿本）》著録較詳，曰：“《五子近思録》十四卷，家刻本。明（筆者按，當爲“清”字）汪佑輯。是書以朱子原編《近思録》，係掇取周、張、二程之精言，分爲十四門。此則以朱子之説增補之，取考亭門人蔡氏謨（筆者按，當爲“模”字）所輯《近思續録》，丘文莊濬所輯《朱子學的》，高忠憲攀龍所輯《朱子節要》，彙補五百四十八條，散附於原書十四門之後，名曰《五子近思録》。……清康熙間其子鑑校刊之。”①

此《提要》著録的“家刻本”，與現存康熙三十二年（1693）汪鑑的校刊本是何關係呢？查閲清康熙三十二年朱啓昆《五子近思録跋》可知，汪佑在編成《五子近思録》後可能没有立即付梓。在汪佑“歿後數年”，“嗣君晦叔欲廣其書於天下，每恨力有未逮也。今冬刻《五子近思録》成，乞予一言弁諸簡端”，於是朱啓昆應邀爲之作跋。由此看來，汪氏家刻本在朱啓昆作跋之年的初冬刻成，即“康熙癸酉冬至前”。經查，刻本中“恒”“玄”字闕末筆，“弘”字不諱，亦可佐證刊刻時間。汪鑑康熙三十二年校刊本，應該是《提要》所言“家刻本”。

今將清代刊行的汪佑《五子近思録》版本考述如下：

（一）清康熙三十二年刻本

汪佑編、汪鑑校《五子近思録》十四卷，清刊本每半葉九行二十字，注文小字雙行十九字，左右雙欄，框高 20.40 釐米，寬 14.60 釐米。白口，單（黑）魚尾。版心魚尾上刻書名“五子近思録”，魚尾下刻卷次（如“卷之一”）、篇名（如“道體”）、頁碼，在版心下端刻有“星溪訂補”四字。卷一卷端首行頂格題“五子近思録卷之一”，第二行低三字格題署“新安汪佑啓我合編，子鑑晦叔恭校”，第三行低一字格刻本卷篇名“道體”，第四行刻本卷提要（内容同葉采《集解》），第五行頂格刻正文，《近思録》原文刻作大字，其餘刻作雙行小字，每條首字頂格刻印，餘則均低一字格刻印。原刻本行間漢字右下刻“、”“。”等符號，以標示句讀，亦用小圓圈連標重要語句。“恒”“玄”字均闕末筆，“弘”字不諱。

該刻本正文前刻有汪佑《五子近思録序》、康熙癸酉朱啓昆《五子近思

① 中國科學院圖書館整理《續修四庫全書總目提要（稿本）》，第 16 册第 370 頁。

録跋》、吕祖謙《吕東萊先生近思録原序》、朱熹《朱子近思録原序》、《原刻近思録例》[①]、《五子近思録例》、《五先生姓氏》、《原刻近思録徵書篇目》、《五子近思録增入朱子書目》、《原刻近思録集解姓氏》[②]、《五子近思録合編姓氏》（筆者按，在“考亭門人蔡”下刻有一長方形墨釘）、《附録星溪汪氏著述書目》[③]、《五子近思録合編參較姓氏》[④]、《五子近思録目次》。

朱啓昆題跋云，汪佑子汪晦叔“今冬刻《五子近思録》成”，請其題跋。我們依據朱氏作跋時間“康熙癸酉冬至前十日”，故推斷此刻本的刻成時間當在清康熙三十二年（1693）冬。且據《五子近思録合編姓氏》《五子近思録合編參較姓氏》所題署的校訂者姓名多爲汪姓，故或可稱之謂汪氏家刻本。

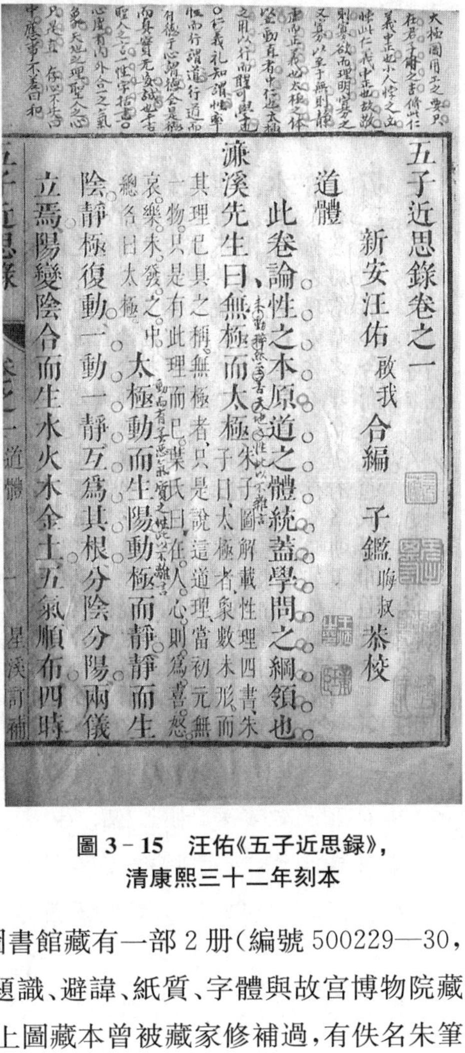

圖 3－15 汪佑《五子近思録》，清康熙三十二年刻本

此刻本多家藏書機構有藏，上海圖書館藏有一部 2 册（編號 500229—30，書影見圖 3－15），其内容、版式、卷端題識、避諱、紙質、字體與故宫博物院藏本、南圖藏本同，它們應是同一版印。上圖藏本曾被藏家修補過，有佚名朱筆

① 《原刻近思録例》載：“紫陽朱子手集周子、二程子、張子四先生之書也。掇取其關大體而切日用者，共成十四篇。”

② 《原刻近思録集解姓氏》載：紫陽先生朱文公，南軒先生張宣公，東萊先生吕成公，勉齋先生黄文肅公（名榦，字直卿），節齋先生蔡氏（名淵，字伯静），果齋先生李氏（名方子，字公晦），平巖先生葉氏（名采，字仲圭）。

③ 此處著録了汪佑著述 15 部，其中有《五子近思録》。

④ 合編參校者中有吴日慎、施璜、汪燧、朱啓昆等 34 人。

批注圈點，天頭和正文行格間有佚名墨筆批注，如卷二末空白欄内，有墨筆書《陳茂卿夙興夜寐箴》。鈐朱文印“漢一氏”“三印蘆”“東吴蘭子春氏曾讀”“孔顔樂處”，白文印“王炳之印”“張顧靈章”“無出其右”。卷首汪佑《五子近思録序》，疑流佈中脱落，可據南京圖書館藏本補之。

汪佑《五子近思録》在清初影響很大，此刻本一經面世，重刻者、翻刻者則接踵而至。書名均題作《五子近思録》，一般也在版心刻有“星溪訂補”四字。

朱啓昆《五子近思録跋》曰：

> 汪星溪先生之學，平正篤實，宗我文公，其著述之富，亦幾與文公並。殁後數年，嗣君晦叔欲廣其書於天下，每恨力有未逮也。今冬刻《五子近思録》成，乞予一言弁諸簡端。予惟五君子之言精微廣大，而先生合編之意旨甚深且遠，後生末學眇無智識，茫乎莫測其涯涘，敢贅片辭於卷末哉！雖然，自幼稟承庭訓，涉獵前人遺編，竊嘆義理精微，周、程、張諸君子發揮幾盡，而終有未盡者，迨我文公而乃罔不盡焉。蓋其睿智之高，問學之密，兼以年壽之永，教學相長之多，故所見所發真有過於前人者。學者讀四先生之書，而未合觀乎朱子之書，則終不能無所闕憾。此瓊山《學的》、梁溪《節要》拳拳搜輯，而星溪因而合編之，尤爲大成全觀也。則是編出，而朱子集大成之梗概昭著於世，而四先生之言益有所論定折衷焉。由是五子之言著，則孔、曾、思、孟之言益著，星溪之功於斯豈不大哉！晦叔甘貧守己，冷落寒氈，亟亟表章遺文，嘉惠來學，其操行有可風者，則又慶星溪之有後也已。康熙癸酉冬至前十日後學朱啓昆謹跋。

（二）清康熙三十三年金閶勤有樓刻本

汪佑編、汪鑑校《五子近思録》十四卷，金閶勤有樓刊本，每半葉九行二十字，注文小字雙行十九字，左右雙欄，框高 20.80 釐米，寬 14.70 釐米。白口，單（黑）魚尾。版心所刻、卷端題署、體例等與上述清康熙三十二年刻本同。“恒”“玄”字均闕末筆，“弘”字不諱。卷末多有尾題“五子近思録卷之某終”。

此刻本卷首有書名兼牌記葉，在四周雙欄的框欄天頭處刻“周□（筆者按，據日本國立公文書館藏本，此處脱“程”字）張朱合編”，框欄内分三行格，自右至左刻有“新安汪星溪先生訂補/五子近思録/金閶勤有樓藏板”。

正文前刻有汪佑序、朱熹序、朱啓昆跋、吕祖謙原序、《原刻近思録例》、《五子近思録例》、《五先生姓氏》、《徵書篇目》、《增入朱子書目》、《集解姓氏》、《合編姓氏》(筆者按,與上述上圖藏康熙三十二刻本一樣,在"考亭門人蔡"下也刻有一長方形墨釘)、《汪氏著述書目》、《参較姓氏》、《目次》。以上序跋類的文字與上述康熙三十二年刻本同。

儘管此刻本的内容、版式特徵、避諱字,以及卷前序跋文字等均與上述"星溪訂補"的康熙十二年刊本同,但是依據其牌記,此刻本則是金閶勤有樓刊本。至於爲何此本與上述版本如此相同,筆者以爲很可能是金閶勤有樓覆刻康熙三十二年汪氏家刻本。至於其刊刻時間,《東京大學東洋文化研究所漢籍分類目録》稱之爲"康熙三十三年序刊"[①],而且《清史稿藝文志拾遺》對其有著録,云:"《五子近思録》十四卷,汪佑編,康熙三十二年刻本,康熙三十三年金閶勤有樓刻本。《安目》,《販續》。"[②]

金閶勤有樓刊本,南京圖書館有藏(編號 3006686,書影見圖 3 - 16),2 册。第 1 册卷首書名葉前的襯紙上墨筆書"五子近思録上"及卷一至卷五的篇名、語録條數、補朱子語録條數,書名葉之後的襯紙上又書五豎行文字,内容爲五子的名、字、稱呼;第 2 册卷首扉葉墨筆書"五子近思録下"及卷六至卷十四的篇名、語録條數、補朱子語録條數,下一扉葉所書五豎行文字與上册同。此藏本偶有朱筆標點句讀。鈐朱文印"木樨皂館范氏藏書""小穀""江蘇省第一圖書館藏書"等。

日本國立公文書館也有藏(書影見圖 3 - 17),此藏本與上述南圖藏本稍有不同的是卷首刻有清康熙甲戌年李振裕《五子近思録叙》(此文末原版刻有陰文印"李振裕印",陽文印"醒齋""領袖三官")。據此叙文,李振裕對《朱子學的》《朱子節要》不能大顯於世甚感遺憾,有意將朱子要旨增入《近思録》,卻無暇顧及。當他見到門人朱啓昆送來的汪佑《五子近思録》後,"嘆其合編之旨與紫陽、東萊同一苦心,更以成瓊山、梁溪二公之志。學者讀是編,由五子

① (日)東京大學東洋文化研究所編《東京大學東洋文化研究所漢籍分類目録》著録:"《五子近思録》十四卷,清汪佑輯。康熙三十三年序刊本,金閶勤有樓藏板。"日本昭和五十六年三月,汲古書院發行,第 451 頁。

② 王紹曾主編《清史稿藝文志拾遺》,中華書局,2000 年 9 月 1 版,第 1043 頁。

而階梯乎四子，由四子而階梯乎六經”，頗益於聖教，因而於康熙甲戌年作序記之。“康熙甲戌”，即康熙三十三年(1694)。由此可見藏家與學者是據此序落款時間作爲勤有樓板的刊刻時間，即“序刊”。

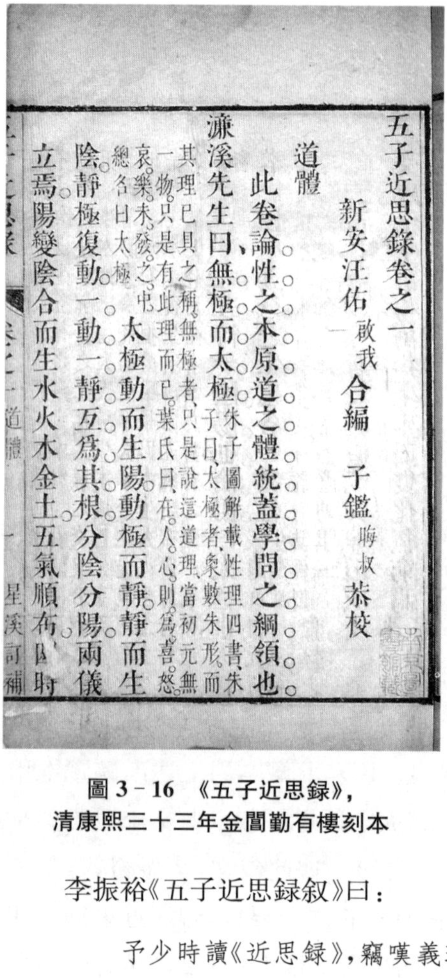
五子近思錄卷之一
新安汪佑啟我合編　子鑑晦叔恭校
道體
此卷論性之本原道之體統蓋學問之綱領也
濂溪先生曰無極而太極朱子圖解載性理四書朱子曰太極者象數未形而其理已具之稱無極者只是說這道理當初元無一物只是有此理而已葉氏曰在人心則爲喜怒哀樂未發之中總名曰太極太極動而生陽動極而靜靜而生陰靜極復動一動一靜互爲其根分陰分陽兩儀立焉陽變陰合而生水火木金土五氣順布四時
五子近思錄　卷之一　道體　一　星溪訂補

圖3-16　《五子近思録》，清康熙三十三年金閶勤有樓刻本

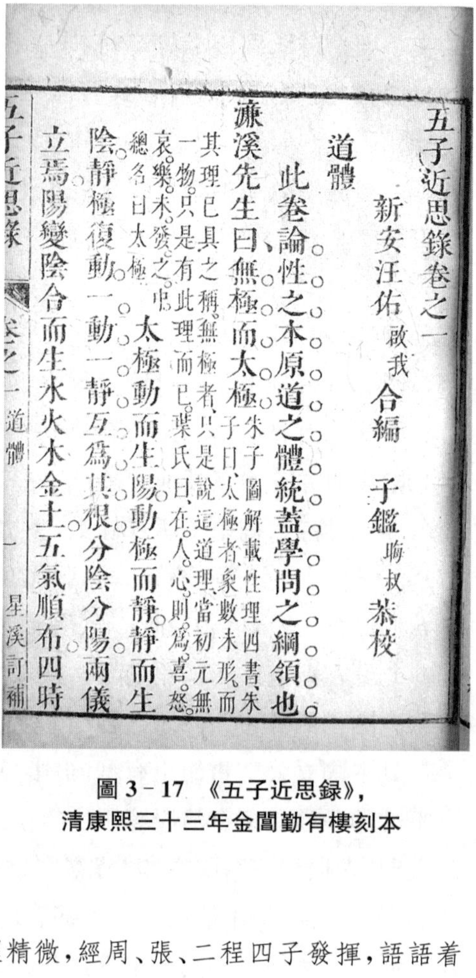
五子近思錄卷之一
新安汪佑啟我合編　子鑑晦叔恭校
道體
此卷論性之本原道之體統蓋學問之綱領也
濂溪先生曰無極而太極朱子圖解載性理四書朱子曰太極者象數未形而其理已具之稱無極者只是說這道理當初元無一物只是有此理而已葉氏曰在人心則爲喜怒哀樂未發之中總名曰太極太極動而生陽動極而靜靜而生陰靜極復動一動一靜互爲其根分陰分陽兩儀立焉陽變陰合而生水火木金土五氣順布四時
五子近思錄　卷之一　道體　一　星溪訂補

圖3-17　《五子近思録》，清康熙三十三年金閶勤有樓刻本

李振裕《五子近思録叙》曰：

予少時讀《近思録》，竊嘆義理精微，經周、張、二程四子發揮，語語着實，無毫髮滲漏。朱子與東萊嚴爲采擇，雖以共城涑水素所推服者，而曾不入一語，其旨深矣！然昔儒謂朱子集諸儒之大成，學者讀四先生之言而不得朱子之言類聚觀之，則猶未能得其會通也。瓊山《學的》、梁溪《節要》，皆纂集朱子粹言，欲以續乎《近思》者也。但《學的》體仿《論語》，《節要》雖照《近思》之例，而其書單行不顯，附於《近思》之後，故二書均未克

大彰於世，窮鄉晚進不能睹《朱子全書》，亦並無由睹朱子要旨，良足惜已！我皇上崇儒重道，表章正學，紫陽、鹿洞御額煌煌。予前奉命校士江南，飭多士惟程朱是守，士以此知讀《性理》《近思》諸編。考校之暇，嘗博觀《朱子全書》，竊欲兼取《學的》《節要》所采者，依類分門附於《近思》各條之下，庶便士子誦讀。旋膺簡命還朝，歷更機務，兼領史局，日夕靡暇，欲取向所增廣《近思》一録，以便士子傳習者益有志焉而未逮矣。近門人朱啓昆來謁，出示其鄉碩儒汪星溪所編《五子近思録》，實獲我心，捧讀累日，嘆其合編之旨與紫陽、東萊同一苦心，更以成瓊山、梁溪二公之志。學者讀是編，由五子而階梯乎四子，由四子而階梯乎六經，其有益於聖教豈淺鮮哉？聞星溪醇儒篤行，著述滿家，紫陽、東林學者至今俎豆之。予觀是編，亦足想其梗概云！時康熙甲戌端陽前二日吉水李振裕序。

(三)清敦化堂刻本

汪佑編、汪鑑校《五子近思録》十四卷，敦化堂刻本，每半葉九行二十字，注文小字雙行十九字，左右雙欄，框高 20.00 釐米，寬 14.70 釐米。白口，單(黑)魚尾。每條單列，首字頂格刻印，餘行皆低一字格。刻本刻有句讀符號，"恒""玄"字闕末筆，"弘"字不諱。卷前書名葉四周雙欄内分三豎格，分别刻"新安汪啓我編/五子近思録/敦化堂梓行"。卷一卷端編次與前文所述康熙年間刻本同。因此可知此刊本是清代康熙年後期乾隆年之前敦化堂重刻《五子近思録》康熙年前期刊本。内蒙古圖書館藏本一函 6 册(書影見圖 3－18)。

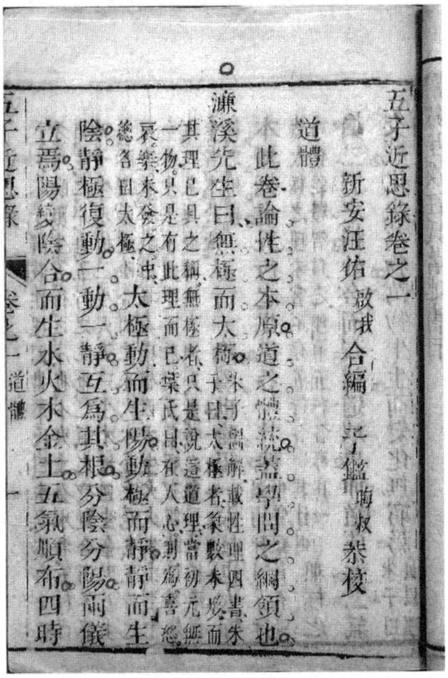
五子近思錄卷之一
新安汪佑啟我合編　男鑑晦叔恭校
道體
此卷論性之本原道之體統蓋學問之綱領也
濂溪先生曰無極而太極本圖解載性理四書朱子曰太極者象數未形而其理已具之稱無極者只是說這道理當初元無一物只是有此理而已葉氏曰在人心則爲喜怒哀樂未發之中總名曰太極太極動而生陽動極而靜靜而生陰靜極復動一動一靜互爲其根分陰分陽兩儀立焉陽變陰合而生水火木金土五氣順布四時
五子近思錄　卷之一　道體　一

圖 3－18　《五子近思録》，清敦化堂刻本

刻本正文前刻有汪佑序、吕祖謙原序、朱熹序、朱啓昆跋、《原刻近思録例》、《五子近思録例》、《五先生姓氏》、《目次》、《參較姓氏》、《徵書篇目》、《增入朱

子書目》、《集解姓氏》、《合編姓氏》、《汪氏著述書目》。這與康熙三十二年刻本基本一致。

（四）清康熙後期或雍正年間刻本

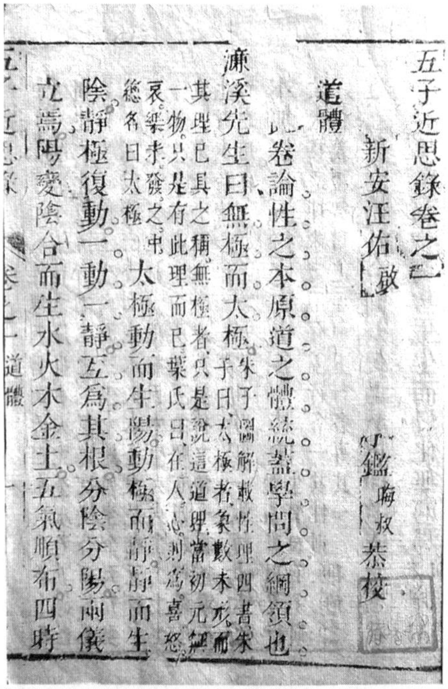

五子近思錄卷之一
新安汪佑
汪鑑晦叔恭校
道體
此卷論性之本原道之體統蓋學問之綱領也
濂溪先生曰無極而太極
太極動而生陽動極而靜靜而生
陰靜極復動一動一靜互爲其根分陰分陽兩儀
立焉陽變陰合而生水火木金土五氣順布四時

圖 3－19 《五子近思録》，清康熙、雍正年間刻本

汪佑編、汪鑑校《五子近思録》十四卷，清刻本中有一部每半葉九行二十字，注文小字雙行十九字，左右雙欄，框高 20.50 釐米，寬 14.50 釐米。白口，單（黑）魚尾。刻本中"恒""玄"字闕末筆，"弘"字不諱（書影見圖 3－19）。

此刻本卷首所載序跋文字，正文卷端題識、版式、内容，與上述上圖藏康熙三十二年刻本相同。但其版心下端卻未刻"星溪訂補"四字，刻本字體稍異。依此推測此刻本可能是康熙後期或雍正年間重刻康熙三十二年汪氏家刻本。

此刻本南京圖書館有藏（編號 3011127），4 册。有佚名朱筆圈點。鈐"東亞同文書院大學圖書館印"等印章。朱啓昆《五子近思録跋》脱落半葉，可能流傳過程中損落。此藏本紙質較差，字迹漫漶不清，或爲後印本。

（五）清乾隆年間重刻本

汪佑編、汪鑑校《五子近思録》十四卷，此清刻本每半葉九行二十字，注文小字雙行十九字，左右雙欄，框高 20.40 釐米，寬 14.60 釐米。白口，單（黑）魚尾。此本卷首收録的序跋，正文的版式、卷端題識、版心所刻與上述康熙三十二年汪氏家刻本同，正文中也刻有"、""。"等符號來標示句讀，在重要句子右側也連續刻較小的圓圈標示。

從上述情形似乎可以斷定其爲康熙三十二年刊本，故北京大學藏本（書影見圖 3－20）的藏書卡片原著録爲“康熙三十二年刻本”。但是，筆者目驗後發現該藏本中正文字體筆畫與康熙三十二年刻本明顯有異，絶非同一刻工所爲。例如，此刻本正文中連續刻有的圓圈比汪氏家刻本的圈小，刻本中不僅“恒”字、“玄”字闕末筆，而且卷二、卷七、卷十一中的“弘”字闕末筆，明顯是避清乾隆帝名諱。因此，我認爲北大此藏本應是清乾隆年間重刻《五子近思録》。

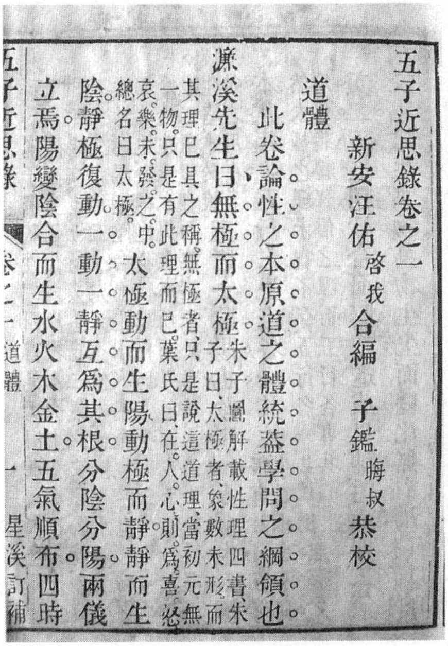
五子近思錄卷之一
新安汪佑啓我合編　子鑑晦叔恭校
道體
此卷論性之本原道之體統蓋學問之綱領也
濂溪先生曰無極而太極朱子圖解載性理四書朱子曰太極者象數未形而其理已具之稱無極者只是說這道理當初元無一物只是有此理而已葉氏曰在人心則爲喜怒哀樂未發之中總名曰太極太極動而生陽動極而靜靜而生陰靜極復動一動一靜互爲其根分陰分陽兩儀立焉陽變陰合而生水火木金土五氣順布四時
五子近思錄　卷之一　道體　一　星溪訂補

圖 3－20　《五子近思録》，清乾隆年間重刻本

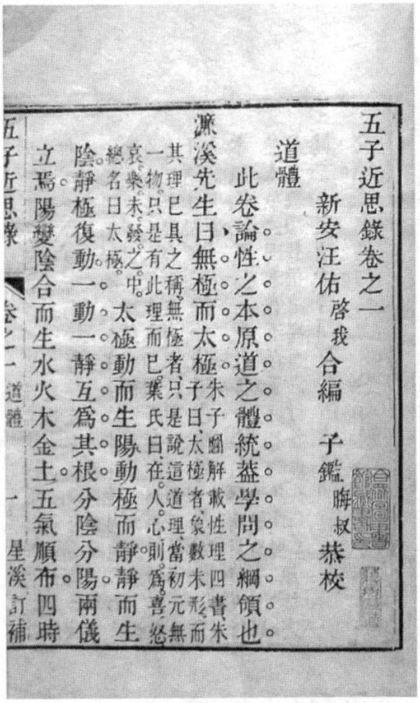
五子近思錄卷之一
新安汪佑啓我合編　子鑑晦叔恭校
道體
此卷論性之本原道之體統蓋學問之綱領也
濂溪先生曰無極而太極朱子圖解載性理四書朱子曰太極者象數未形而其理已具之稱無極者只是說這道理當初元無一物只是有此理而已葉氏曰在人心則爲喜怒哀樂未發之中總名曰太極太極動而生陽動極而靜靜而生陰靜極復動一動一靜互爲其根分陰分陽兩儀立焉陽變陰合而生水火木金土五氣順布四時
五子近思錄　卷之一　道體　一　星溪訂補

圖 3－21　《五子近思録》，清乾隆年間刻本

此刻本，南京圖書館亦藏（編號 3006683），4 册。其序跋、版式、字體、内容、册數等與北大藏本相同，甚至卷首序跋的排列次序亦相同。“恒”“玄”“弘”等字均闕末筆。因此，該藏本與北大藏本應是同一版印。然該館藏書卡片卻著録爲“康熙刻本”，值得懷疑。

此重刻本，上圖也有藏（編號 256078—81，書影見圖 3－21），4 册。其序跋、行款、版心、卷端題識、字體、避諱字等均與北大藏本同，甚至版裂斷痕都一樣，它們應是同一版印。可喜的是，此藏本首册的書名葉，上横行刻“濂洛關閩合編”，下自右至左豎行刻“新安汪星溪先生訂補/性理大全近思録”。該館將此本著録爲“清康熙三十二年刻本”，也值得商榷。儘管從版式、内容上看與上述汪氏家刻本同，但是書名葉卻明確告訴我們，刊者將其擬定謂“性理大全近思録”，這與《五子近思録》書名不同，而且刻本中的“啓”，不同於康熙三十二年刻本的“啟”。上圖藏本鈐有朱文印“蔣抑卮藏”“合衆圖書館藏書印”，還鈐有右半朱文左半白文的一方印“黄桂馨印”。

（六）清代退思堂重刻本

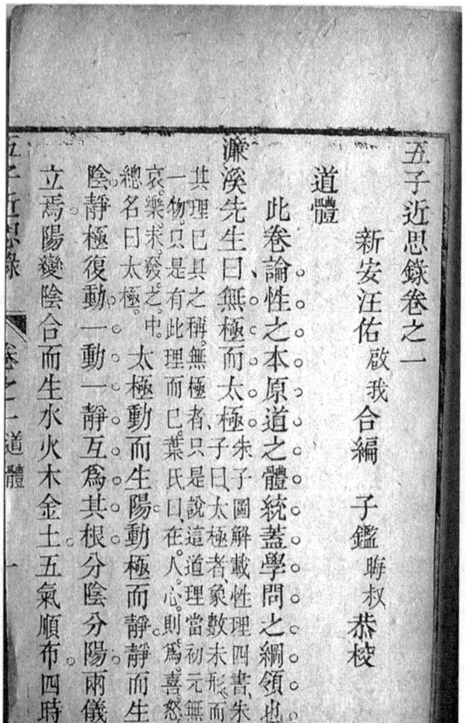
五子近思録卷之一
新安汪佑啟我合編　子鑑晦叔恭校
道體
此卷論性之本原道之體統蓋學問之綱領也
濂溪先生曰無極而太極朱子圖解載性理四書朱子曰太極者象數未形而其理已具之稱無極者只是説這道理當初元無一物只是有此理而已葉氏曰在人心則爲喜怒哀樂未發之中總名曰太極太極動而生陽動極而靜靜而生陰靜極復動一動一靜互爲其根分陰分陽兩儀立焉陽變陰合而生水火木金土五氣順布四時
五子近思録　卷之一　道體　一

圖 3-22　《五子近思録》，清代退思堂重刻本

汪佑編、汪鑑校《五子近思録》十四卷，退思堂刻本每半葉九行二十字，注文小字雙行十九字，四周單欄，框高 19.70 釐米，寬 14.00 釐米。白口，單(黑)魚尾。《五子近思録》此刻本版式、題識、體例、内容以及行格間所刻句讀符號等，與上述康熙三十二年汪氏家刻本同，但是其版心下端無“星溪訂補”四字，正文字體筆畫也稍異。刻本中“恒”“玄”“弘”等字均闕末筆(書影見圖 3-22)。

該刻本卷首輯録的序跋文字與清康熙三十二年刻本相比較，相同之處雖多，然猶有差異，如卷首無《汪氏著述書目》《合編參校姓氏》，也無《合編姓氏》末的“受業生朱景星校字，金仁洽，晚學生謝士柱”文字；《五子近思録》卷首卷末皆無朱啓昆跋文。

依據此刻本卷首四周雙欄的書名兼牌記葉，即自右至左三豎行刻“新安汪星溪先生訂補/五子近思録/退思堂藏板”，再結合此本的避諱字特徵，可以確定這是清乾隆年間退思堂重刻汪氏家刻本，重刻時不再在版心署“星溪訂補”。華東師範大學圖書館藏本，一函五册。印製不精，或爲後印本。有佚名墨筆圈點句讀。鈐朱文印“愚齋圖書館藏”。

（七）《增補五子近思録詳解》，清代萃華堂刊本

在汪佑《五子近思録》清代重刻本中，還有一種將書名做了更改，即謂《增補五子近思録詳解》。此刻本十四卷，每半葉九行二十字，注文小字雙行十九字，四周單欄，框高 19.30 釐米，寬 14.60 釐米。白口，單（黑）魚尾。版心魚尾上方刻書名“五子近思録”，魚尾下刻卷次卷名（如“卷之一道體”）、頁碼。版心下端未署“星溪訂補”。卷一卷端頂格刻“增補五子近思録詳解卷之一”，次行低三字格題署“新安汪佑啓我合編，子鑒晦叔恭校”，第三行低一字格刻本卷篇名“道體”，第四行低二字格刻本卷提要（内容同葉采《集解》），第五行頂格刻正文，每條語録單列，每條除首字頂格外，餘行則均低一字格刻印。刻本漢字右下刻有“、”“。”等符號標示句讀。刻本中“恒”“玄”字避諱闕末筆。卷末尾題多題記“五子近思録卷之某終”。

刻本卷首有書名兼牌記葉，在四周單欄的框欄上端，刻“周程張朱合編”，框欄分兩格，自右至左刻“新安汪星溪先生訂/增補五子近思録詳解”，在“詳解”下刻“萃華堂藏板”（浙江圖書館藏本無“萃華堂”三字）。

正文前刻有汪佑《增補五子近思録詳解序》、朱啓昆《增補五子近思録詳解跋》、朱熹《朱子近思録原序》、吕祖謙《吕東萊先生近思録原序》、《原刻近思録例》、《五子近思録例》、《五先生姓氏》、《原刻近思録徵書篇目》、《五子近思録增入朱子書目》、《原刻近思録集解姓氏》、《五子近思録合編姓氏》、《附録星溪汪氏著述書目》、《增補五子近思録詳解目次》。

儘管此刻本所署書名、卷端題名與上述《五子近思録》康熙年間刻本不同，可其版式、内容與康熙三十二年刊本非常相近，如卷一卷端首行頂格題“增補五子近思録詳解卷之一”，其餘内容、編次與康熙三十二年刻本同。卷首的序跋文多增添“增補”“詳解”字樣。從刻本内容總體考察，這是清代萃華堂重刊汪佑《五子近思録》，時間或在乾隆年後期。

該萃華堂刊本，日本京都大學人文科學研究所藏本（書影見圖 3－23），4

册。此藏本墨色較淡，恐後印本。《京都大學人文科學研究所漢籍目録》著録曰："《增補五子近思録詳解》十四卷，清汪佑輯。康熙三十三年序，萃華堂刊本。"①對其"康熙三十三年序"之説，筆者持異議，因爲目驗此藏本時，筆者未見有該年的序文。

與萃華堂刻本相同的刻本，浙江圖書館有藏（牌記見圖 3－24），6 册。但是該藏本的書名葉，"萃萃堂"三字卻被刊刻者剜去，不知何故。是否爲後來翻刻萃華堂者有意除去，尚待考。

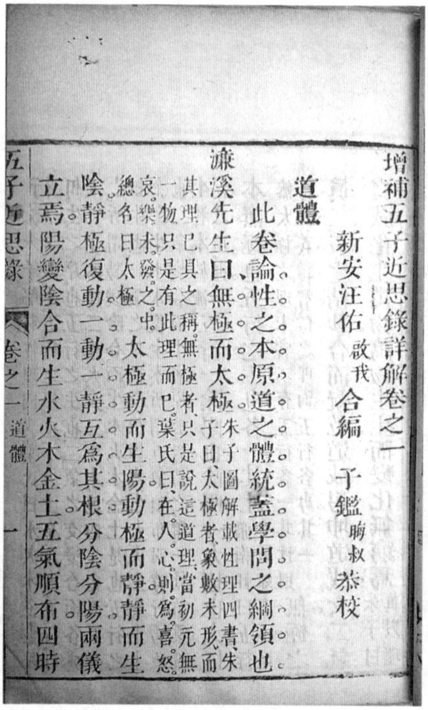

圖 3－23　汪佑《增補五子近思録詳解》，清代萃華堂刊本

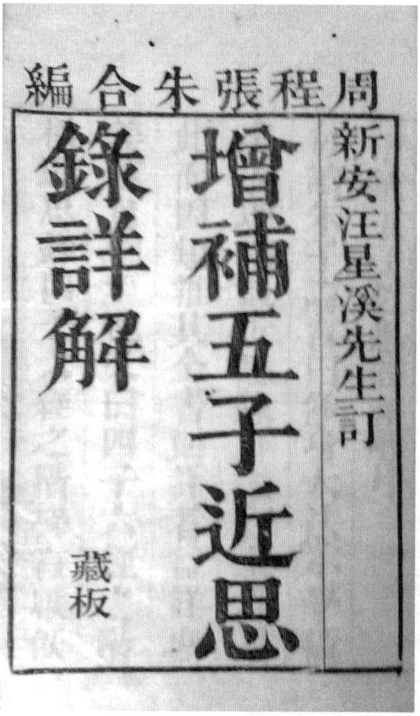

圖 3－24　《增補五子近思録詳解》書名葉，清刻本

（八）《增補五子近思録詳解》，清同治十三年拾芥園刻本

此刻本每半葉九行二十字，注文小字雙行十九字，左右雙欄，框高 19.20

① （日）京都大學人文科學研究所編《京都大學人文科學研究所漢籍目録》，株式會社同朋舍出版，昭和五十六年十二月發行，第 1356 頁。

釐米，寬 14.40 釐米。白口，單(黑)魚尾。卷一卷端頂格刻“增補五子近思録詳解卷之一”，次行低三字格題署“新安汪佑啓我合編，子鑑晦叔恭校”。其版心所刻、卷端題署、體例、内容等與上述萃華堂刻本同。“恒”“玄”字均闕末筆，“弘”字不諱。卷末尾題多題記“五子近思録卷之某終”。

刻本卷首黄色紙爲書名兼牌記葉，在四周雙欄的框欄書眉題記“同治甲戌重鐫”，框欄内分兩豎格，自右至左刻“江慎修先生原輯/五子近思録集注 拾芥園藏板”。此處的書名葉題記有問題，《五子近思録》乃徽州汪佑編撰，而非婺源江永。從此刻本内容及卷一卷端題署可知，這是《增補五子近思録詳解》，坊間將書名擬作“五子近思録集注”，不妥。

正文前所刻序跋等文字與上述萃華堂刻本同。儘管此刻本體例、内容與上述萃華堂刻本同，近似同一版刻，但是據其牌記可知這是清同治十三年(1874)拾芥園重刻萃華堂刻本。陝西師範大學圖書館有藏(書影見圖 3－25)，一函四册，部分卷葉有蟲蝕痕迹。

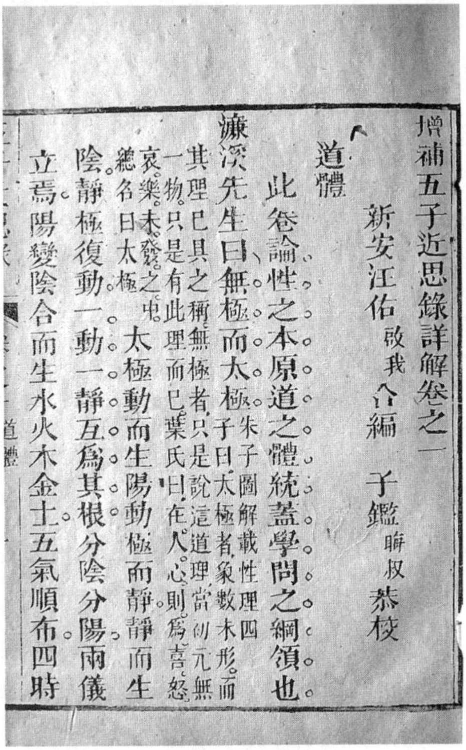
增補五子近思録詳解卷之一
新安汪佑啓我合編　子鑑晦叔恭校
道體
此卷論性之本原道之體統蓋學問之綱領也
濂溪先生曰無極而太極朱子圖解載性理四子曰太極者象數未形而其理已具之稱無極者只是說這道理當初元無一物只是有此理而已葉氏曰在人心則爲喜怒哀樂未發之中總名曰太極太極動而生陽動極而靜靜而生陰靜極復動一動一靜互爲其根分陰分陽兩儀立焉陽變陰合而生水火木金土五氣順布四時

圖 3－25 《增補五子近思録詳解》，清同治十三年拾芥園刻本

三、清施璜《五子近思録發明》及其傳本考

明清學者所編《五子近思録》十四卷，内容上是對《近思録》原本作增補，形式上是對前人所編纂的《近思録》續仿本進行整合再編，其編撰仍是一種再造理學文獻的行爲。當汪佑《五子近思録》問世後，與汪佑同時代的學者施璜又接着對其進行續編、詮釋。

施璜（？—1706），字虹玉，號誠齋，安徽休寧人。“幼凝重，寡言笑”，“年舞勺已通《孝經》《小學》、四子書”，壯年棄舉業，絶意仕途，潛心理學，“以宋儒程、朱爲的”。嘗主講新安紫陽、還古兩書院幾十年，於先儒語録多所發明。講學以誠感人，學者稱誠齋先生。清康熙十一年（1672）游學東林書院，師從高攀龍的侄子高世泰[①]，故劉師培《近儒學術統系論》云“歙人施璜、吴日慎，亦篤守高、顧之學”，世泰誇其“篤行君子”。施璜與同時代人吴日慎[②]篤守高、顧之學，一生以治學、游學、講學爲業，與汪佑同功。著有《易説》《西銘問答》《思誠録》《小學發明》[③]《性理發明》《近思録發明》《紫陽書院志》《誠齋文集》等[④]。

儘管汪佑所輯《五子近思録》使得“濂洛關閩之微言燦然備矣”，可是當初參與此書校勘工作的施璜仍覺得不甚完善，認爲在進學階梯上需要繼續用功。對當時人來説，如果要明確四書、五經之旨，僅有《近思録》還不够，“若不得朱子精粹切要之言合觀之，則學者終有所闕憾”，而且還須以明代薛瑄、胡居仁、羅欽順、高攀龍四先生之言，“發明”周、程、張、朱五先生之意。因此，施璜對汪佑《五子近思録》進行了增補續編，於清康熙四十四年撰就《五子近思録發明》十四卷。

至於爲何既要增補《五子》又要進行注解，則主要是因《五子》“尚少注解”，施璜的“發明”是“於葉注之精者而益求其精，其未及注者則搜輯而補之”，采集薛、胡、羅、高四先生語録附於宋五子語録之後。然而，自元、明至清初的理學家衆多，施璜爲何衹采集這四位明儒之言呢？據其《五子近思録發明例》曰：“紫陽朱子纂集周子、二程子、張子四先生之書，共成十四卷。星溪汪氏訂補朱子之書，增入各卷之後，是爲五子合編。每卷首尾有總發明，逐條有細分明。至於類聚薛、胡、羅、高四先生之粹言，則分附於五先生之

---

① 高世泰，字彙旃，高攀龍侄子，無錫人。其學“上承涇陽、梁溪之傳，講學錫山”。著有《中庸問答》《高子節要》等。

② 吴日慎，字徽仲，號敬庵，徽州歙縣人。篤行好學，尤致力於宋周、程、張、朱五子之書。曾從高彙旃游，後返故里，會講紫陽、還古兩書院。著有《大學章句翼》《周易集粹》《性情説》《敬庵存稿》等。《清史列傳》卷六十六有載。

③ 《清史稿藝文志拾遺》著録：“《小學發明》（一名《小學近思録發明》）六卷，施璜撰，康熙刻本。《安目》。”

④ 參見《清史列傳》卷六十六，第5295—5296頁。另見《清儒學案》卷十四《梁溪二高學案》，第662頁。

末。四先生前後同時，尚有理學正儒，然細心參酌，無出四先生右者，故衹彙編四先生粹言，而不敢他及也。”可見，此書主要是引用四先生之言類聚於五子言論之下，闡明其旨，同時施璜又對各卷、各條進行了適當闡發，表明主張。

施璜非常重視《近思録》的階梯作用，他認爲“五經以四書爲階梯，讀四書無入處，則不可以言五經；四書以《近思録》爲階梯，讀《近思録》無入處，則不可以言四書”。雖然汪佑所編《五子近思録》使得“階梯之説亦於是爲詳備”，但因“五子合編尚少注解，故璜與同志講習五子於紫陽、還古兩書院者有年，……略有發明”，采輯“薛、胡、羅、高四先生”之語，“彙萃其精要者，以附於各卷之末，蓋即以四先生之言發明五先生之旨，而意益親切，語更詳備焉”[①]。故而施璜完成《發明》後，在其講學之地還古書院作序記之。

《發明》除保留《五子近思録》原本注文中的朱熹語外，施璜精選了葉采《集解》之精者增入，又對葉采未注解者，采輯“薛子《讀書録》、胡子《居業録》、羅子《困知記》與高子《遺書》”中精要者以補充，名之曰《五子近思録發明》。這些在《五子》基礎上續編增補的“發明”文字，有助於窮鄉晚進之士對宋元明三朝理學家有較系統的認知，即由對明代理學家的認知逐步進升到對宋儒、四書、五經的理解。

施璜又在卷首列出了明代四先生著述並簡介其人，《四先生書目》載：“《薛先生文集》，先生名瑄，字德温，號敬軒，山西河津人，謚文清。《讀書録》。/《胡先生敬齋集》，先生名居仁，字叔心，號敬齋，江西餘干人，謚文敬。《居業録》。/《羅先生文集》，先生名欽順，字允升，號整庵，江西泰和人，謚文莊。《困知記》一續、二續、三續、四續、補續、附録。/《高先生遺書》，先生名攀龍，字存之，號景逸，江南無錫人，謚忠憲。《周易孔義》《春秋孔義》《正蒙集注》《高子節要》《誠齋記》。”[②]

施璜《五子近思録發明序》曰：

聖人之道大矣，然學者必有所由以從入之序焉。苟不識其門庭而欲

① （清）施璜《五子近思録發明序》，載於施璜纂注《五子近思録發明》，清康熙四十四年刻本。
② 《四先生書目》，載於（清）施璜纂注《五子近思録發明》，清康熙四十四年刻本。

升入聖人之堂室，何可得乎？故朱子既注釋《學》《庸》《語》《孟》，以弘昭聖人之道，復手集周子、二程子、張子之書，掇取其關於身心日用者，教人先識其門庭。嘗謂學者曰："四書者，五經之階梯；《近思録》者，四書之階梯。"夫階梯也者，言所由以從入之序也。然則五經以四書爲階梯，讀四書無入處，則不可以言五經；四書以《近思録》爲階梯，讀《近思録》無入處，則不可以言四書也明矣。雖然，孔子之道自孟子後失傳者一千四百餘年，至周子、二程子、張子而始著，至朱子而始大著。夫既集周、程、張四先生之言爲階梯，若不得朱子精粹切要之言合觀之，則學者終有所闕憾。故星溪汪子將瓊山先生所著《朱子學的》，與梁溪先生所著《朱子節要》合編之，以續於周、程、張之後，《近思》於是爲完書，而階梯之説亦於是爲詳備矣。但《近思録》在昔有平巖葉氏《集解》闡發，四先生之精藴昭然如日星。今五子合編尚少注解，故璜與同志講習五子於紫陽、還古兩書院者有年，遂自忘其固陋，略有發明。於葉注之精者而益求其精，其未及注者則搜輯而補之。又嘗讀薛子《讀書録》、胡子《居業録》、羅子《困知記》與高子《遺書》，喜其皆由《近思》以升入四書、五經之堂室者，先後一揆，若合符節。迨讀北平孫氏《學約續編》，亦謂薛、胡、羅、高四先生，羽翼周、程、張、朱五先生者也。於是彙萃其精要者，以附於各卷之末，蓋即以四先生之言發明五先生之旨，而意益親切，語更詳備焉。朱子謂："窮鄉晚進、有志於學而無明師良友以先後之者，誠得此而玩心焉，亦足以得其門而入矣。"愚爲此編，雖於聖人之藴不能大有發明，然於窮鄉晚進之士得此而玩心焉，亦庶幾有少資助云。康熙乙酉秋九月戊子，紫陽後學施璜虹玉氏敬書於還古書院之歸仁堂。

"康熙乙酉"，即康熙四十四年(1705)，爲《五子近思録發明》成書之年，《江南通志》《清史稿藝文志拾遺》也有著録。自清康熙朝至光緒年間，刊刻《發明》者較多，如聚錦堂、英秀堂、世榮堂、忠信堂、雲南書局、新繁沈氏家塾等均有刻本傳世。而且施璜《發明》對東亞朝鮮理學著述的編纂也産生一定了影響，朝鮮王朝學者金平默在編撰《近思録附注》時已遥知施璜之書"必多可采"。

(一) 清康熙四十四年序刻本

施璜纂注《五子近思録發明》十四卷,清康熙年刻本每半葉九行二十字,注文小字雙行同,左右雙欄,有界行,框高 19.90 釐米,寬 13.90 釐米。上白口,下粗黑口,單(黑)魚尾。版心魚尾上刻書名簡稱"近思録發明",魚尾下刻卷次(如"卷之一")、頁碼。卷一卷端首行題"五子近思録發明卷之一",第二行低八字格題署"新安施璜虹玉甫纂注",第三、第四行均低八字格題署"同里吴日慎徽仲甫、汪鑑晦叔甫閲正",第五行低兩字格刻本卷篇名"道體",第六行低一字格雙行小字刻本卷施璜解題。在解題之後另起一行頂格刻正文,各條單列,《近思録》原文刻作大字,頂格刻印,汪佑《五子近思録》的文字刻作雙行小字,施璜的《發明》文字則另起一行,低一字格刻作雙行小字。《發明》的文字除每卷首解題文字與卷尾總結文字外,在《近思録》相關原文之後也多見,其重在彙集五子之言,使薛、胡、羅、高四人精粹之言附於五子後。每卷末刻有校正者姓名,如卷一末刻"門人胡鼎、齊士亨校字"。尾題多爲"五子近思録發明卷之某終"。在施璜《發明》文字部分偶見在漢字右下刻有"、""。"以標示句讀(書影見圖 3-26)。

五子近思錄發明卷之一
新安施　璜虹玉甫纂註
同里　吳日愼徽仲甫
汪　鑑晦叔甫　閱正
道體
平巖葉氏曰此卷論性之本原道之體統蓋學問之綱領也愚按聖人未嘗輕以性之本原語人朱子編輯此書爲四書六經之階梯乃始學者之事而首卷便掇取太極圖說冠於篇端何哉蓋朱子教人從事聖賢之學而聖賢之所以爲聖賢者不過窮理盡性以至於命而已雖後出晚進於性命之本原未容躐等驟語苟僭然不知其梗槩則趨向恐不得其正而惑於他岐之說焉故首列太極

圖 3-26　施璜《五子近思録發明》,清康熙四十四年序刻本

《發明》中施璜猶對《近思録》原文作了一些改訂,對《五子近思録》中朱子之語多有所保留,又增入《五子近思録》没有的注文。

刻本卷首有四周雙欄的書名葉,框欄内刻雙行大字"五子近思録發明"。正文前刻有清康熙四十四年施璜《五子近思録發明序》、《近思録原編書序》

(包括《近思録》原編取材的 14 部書名、朱序、吕跋)、《五子近思録發明例》、《四先生書目》、《參閲校訂姓氏》(刻録有 63 人姓名)、《受業門人》(刻録有 39 人姓名)、《同族弟侄》(刻録有 36 人姓名)、《五子近思録補編增入書目》(包括書目、汪佑序文、汪佑小傳)、《五子近思録目次》等。

儘管此刻本没有明確的刊刻時間記録,但從刻本"弘""曆"二字均不避諱推測,應是清康熙年間刻本。因而若據施璜作序時間,可擬作康熙四十四年序刻本。這恐是現在能見到的《發明》最早刻本。

清康熙四十四年序刻本,上海圖書館有藏(編號:綫普長 309297—304),8 册。藏本紙薄,字迹墨色較清晰,似初印本。鈐朱文印"王培孫紀念物""季録讀過"等。

南京圖書館另藏有一部康熙年間刻本《五子近思録發明》(編號:3006685),8 册。其版式、字體、題識、内容,甚至紙質,都與上圖此藏本同,衹是南圖藏本字迹漫漶,或是後印本。鈐朱文印"天放樓""陽湖趙烈文字惠父號能静僑於海虞筑天放樓收庋文翰之記"等。卷首無施璜《序》,可能流傳過程中脱落。

(二) 清康熙年間英秀堂刻本

施璜纂注《五子近思録發明》十四卷,英秀堂刻本每半葉九行二十字,注文小字雙行同。左右雙欄,有界行,框高 20.00 釐米,寬 13.80 釐米。上白口,下粗黑口,單(黑)魚尾。其正文的卷端題署、行款、内容與上述清康熙四十四年序刊本同。

該本首册封面右半葉楷書刻印:"《近思録》朱子手集周子、二程子、張子四先生書,共成十四卷。星溪汪氏彙朱子粹言增入各卷末,是爲《五子近思録》。施氏璜又爲之采薛、胡、羅、高四家語録附於各卷末,發明五先生之旨,而意益親切,語更詳備焉。識者珍之。"其左半葉爲四周單欄的長方形牌記,自右至左刻"新安施虹玉先生纂注/五子近思録/英秀堂藏板"。卷首的這段題識語應是英秀堂刻印時所爲,旨在重述施璜序文大意。正文前刻施璜《序》《原編書序》《補編增入書目》《發明例》《目次》《校訂姓氏》等。

筆者將此刻本與上述《發明》康熙四十四年刻本稍作比較,發現其序文、版式、卷端題識、版心、字體、内容，及文中的校勘者、題跋者，均與之相同，甚至連斷版裂痕、字形筆畫、各卷葉數都一樣，可以説凡康熙四十四年刻本版框有斷口的地方，此英秀堂刻本都有，且較之還多。儘管二者如此相近，可仍難以明確它們之間的淵源。筆者以爲，從兩者共同點看，或是同一版，即康熙年間英秀堂刻本。可是，前文所述上圖、南圖所藏《發明》康熙四十四年刻本卻無牌記"英秀堂"，難道是圖書流佈過程中損脱？或是康熙年間刻版在印刷後，雕版轉讓給英秀堂，英秀堂再印時增添題識牌記，加之版子印刷日久，故裂痕較多。亦或英秀堂覆刻康熙四十四年刻本。總之，我們在没有完全弄清楚《五子近思録發明》康熙年刻本與英秀堂刻本的確切關係之前，暫將此《五子近思録發明》英秀堂刻本單列於此。

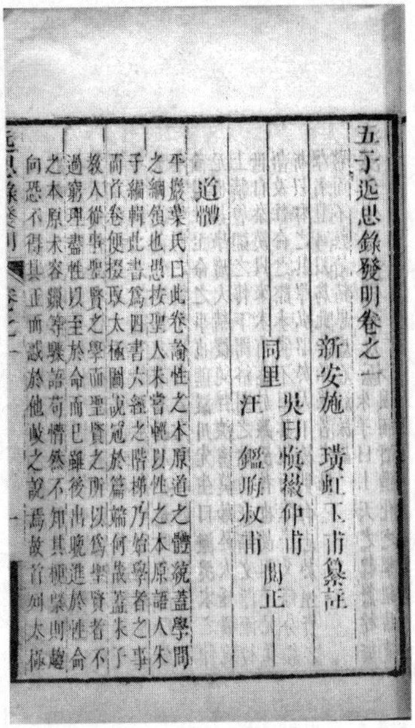

圖 3－27　《五子近思録發明》，清康熙年間英秀堂刻本

英秀堂刻本"玄"改作"伭"，"弘"字不諱，傳本現存多部，如内蒙古圖書館藏本（書影見圖 3－27）。上海圖書館藏本（編號：綫普長 006438），8 册，封面已脱，正文字迹漫漶，可能是一部後印本。紹興圖書館藏本，8 册，鈐朱文印"詒經堂周氏藏書"。大連、黑龍江省圖書館也藏有英秀堂刻本，且著録爲"清康熙四十四年"[①]刻本，有待考訂。

（三）清康熙年間聚錦堂重刻本

施璜纂注《五子近思録發明》十四卷，聚錦堂刊本每半葉九行二十字，注文小字雙行同。左右雙欄，有界行，框高 20.20 釐米，寬 13.70 釐米。上白口，下粗黑口，單（黑）魚尾。每條單列，頂格刻印。每卷卷端題署纂注者、閲正者，一至十四卷末刻有校勘者名。其正文版式、正文内容與上述清康熙四

① 《東北地區古籍綫裝書聯合目録》，第 1580 頁。

五子近思錄發明卷之一
新安施　璜虹玉甫纂註
同里　吳曰慎徽仲甫
汪　鑑晦叔甫　閱正
道體
平巖葉氏曰此卷論性之本原道之體統蓋學問之綱領也愚按聖人未嘗輕以性之本原語人朱子編輯此書爲四書六經之階梯乃始學者之事而首卷便掇取太極圖說冠於篇端何哉蓋朱子教人從事聖賢之學而聖賢之所以爲聖賢者不過窮理盡性以至於命而已雖後出晚進於性命之本原未容躐等驟語苟憒然不知其梗槩則趨向恐不得其正而或惑於他岐之說焉故首列太極

圖 3－28　《五子近思録發明》，清康熙年間聚錦堂重刻本

十四年刻本同，“玄”“弘”“曆”等字也不避諱。

刻本首册卷首刻有四周雙欄的書名兼牌記葉，框欄天頭處刻“孝感熊先生鑒定”，框内分三格，自右至左三豎行刻“新安施虹玉著/五子近思録發明/聚錦堂藏版”。

正文前刻有《原編書序》、施璜《發明序》、《補編增入書目》、《發明例》、《校訂姓氏》、《目次》等。

儘管聚錦堂刻本的序跋、版式、題識卷端、版心、内容與上述康熙四十四年刻本（或英秀堂刻本）相同，而且各卷葉數相同，字體相近，但是，它有自己的牌記，很明顯與上述刻本又有别。從此本與康熙四十四年刻本如此相近的程度看，應是康熙年間聚錦堂翻刻《發明》。

聚錦堂刊本，上海圖書館藏本（書影見圖 3－28），4 册，藏本的第三至十一卷有佚名墨筆圈圈、句讀。鈐朱文印“吴大成號”（四周有雲龍文裝飾）。另據《京都大學人文科學研究所漢籍目録》著録：“《五子近思録發明》十四卷，清施璜撰。清康熙四十四年自序刊本，聚錦堂藏板。”[①]經目驗，筆者發現京都大學的藏本與上圖此藏本同，是《五子近思録發明》清康熙年間聚錦堂重刻本。

（四）清代世榮堂刻本

施璜纂注《五子近思録發明》十四卷，世榮堂刻本每半葉九行二十字，注

① （日）京都大學人文科學研究所編《京都大學人文科學研究所漢籍目録》，第 323 頁。

文小字雙行同。左右雙欄,有界行,框高 20.00 釐米,寬 13.70 釐米。上白口,下黑口,單(黑)魚尾。其版式、内容與上述清刻本基本相同。刻本中"恒"字闕末筆,"玄"字改用"伭","弘"字不諱。

刻本卷首有書名兼牌記葉,在四周雙欄的長方形版框天頭處刻"孝感熊先生鑒定",框内分三格,自右至左三豎行刻"新安施虹玉著/五子性理發明/世榮堂藏版"。

正文前刻有《原編書序》、施璜《發明序》、《校訂姓氏》、《發明例》、《補編增入書目》、《目次》等。

將此刻本與上述清康熙年間聚錦堂刻本比較,其版式、卷端題識、版心、字體、序文、體例、内容皆相同,字體筆畫、版框斷痕亦同。由此推斷,這兩家的《五子近思録發明》書板極有可能存在轉售行爲,刊印時衹將牌記葉下的刻書堂號稍作修改。亦或世榮堂覆刻聚錦堂刊本。

五子近思錄發明卷之一
新安施　璜虹玉甫纂註
同里　吳日愼徽仲甫
汪　鑑晦叔甫　閲正
道體
平巖葉氏曰此卷論性之本原道之體統蓋學問
之綱領也愚按聖人未嘗輕以性之本原語人朱
子編輯此書爲四書六經之階梯乃始學者之事
而首卷便援取太極圖說冠於篇端何哉蓋朱子
敎人從事聖賢之學而聖賢之所以爲聖賢者不
過窮理盡性以至於命而已雖後出晚進於性命
之本原未容躐等驟語苟憒然不知其梗槩則趨
向恐不得其正而惑於他岐之說焉故首列太極
近思錄發明　卷之一

圖 3-29 《五子近思録發明》,清代世榮堂重刻本

北京大學圖書館藏本,10 册,有佚名朱筆句讀。版中有"介休文會堂書坊發兑"字樣。清華大學也藏有一部《五子近思録發明》,10 册。其版式、字體、序文、内容,甚至版中的斷痕都與北大藏世榮堂刻本相同。因此,兩處藏本應是同一版。衹是清華藏本闕少書名葉,或流傳過程中脱損。日本國立公文書館(書影見圖 3-29)也藏有世榮堂刻本(298—0198 號),8 册,卷帙完好。

（五）清代嘉道年間李宗傳重訂本

李宗傳（1767—1840），字孝曾，安徽桐城人。師從姚鼐，擅長詩歌古文。清嘉慶三年（1798）舉人，歷任浙江省麗水、平湖、建德、平陽等縣知縣，永州知府，山東按察使，湖北布政使等。著有《寄鴻堂文集》《外集》等。

施璜纂注《五子近思録發明》十四卷，李宗傳刊刻過，其刻本每半葉九行二十字，注文小字雙行十九字。四周雙欄，有界行，框高 19.40 釐米，寬 13.50 釐米。上白口，下黑口，單（黑）魚尾。版心魚尾上方刻書名簡稱"近思録發明"，魚尾下刻卷次（如"卷之一"）、頁碼。卷一卷端首行頂格題"五子近思録發明卷之一"，第二行低八字格題署"新安施璜虹玉甫纂注"，第三行低九字格題署"同里吴日慎徽仲、汪鑑晦叔閲正"，第四行低九字格題"桐城李宗傳孝曾重訂"，第五行低兩字格刻本卷篇名"道體"，第六行低一字格雙行小字刻本卷施璜解題，解題之後另起一行刻印正文。卷末有尾題"五子近思録發明卷之某某"。刻本的每卷末刻記校勘者姓名，如卷一末刻"湘西後學蕭明善校字"。此刻本的校字者有蕭明善、李家雋、楊鏡蓉、楊佩之等。

刻本卷首書名兼牌記葉題署："新安施璜虹玉先生纂注，《五子近思録發明》。《近思録》朱子手集周子、二程子、張子四先生書，共成十四卷。星溪汪氏彙朱子粹言增入各卷末，是爲《五子近思録》。施氏璜又爲之采薛、胡、羅、高四家語録附於各卷末，發明五先生之旨，語更詳備，學者宜日置案頭體翫焉。桐城李寄鴻堂藏板。"（其内容與上述英秀堂刻本卷首題識相近）

正文前刻有施璜《五子近思録發明序》、《近思録原編書序》（包括朱熹序、吕祖謙跋）、《五子近思録目次》、《五子近思録發明例》、《四先生書目》、《五子近思録補編增入書目》（附汪佑序）。

依據由上述信息可知，此刻本很可能是清代嘉道年間李宗傳校訂本，刊地待考。或可據卷首題識"李寄鴻堂藏板"，稱之謂清李寄鴻堂刻本。

施璜纂注《五子近思録發明》十四卷，此刻本東北師範大學有藏，《東北地區古籍綫裝書聯合目録》著録[1]。韓國延世大學校有藏（181.2321，書影見圖 3－30），8 册，四眼綫裝。鈐朱文印"心齋""唐城後人"等。清李寄鴻堂刻

① 《東北地區古籍綫裝書聯合目録》，第 1580 頁。

本,加拿大多倫多大學也有藏,6 册。《加拿大多倫多大學東亞圖書館藏中文古籍善本提要》著録[①]。

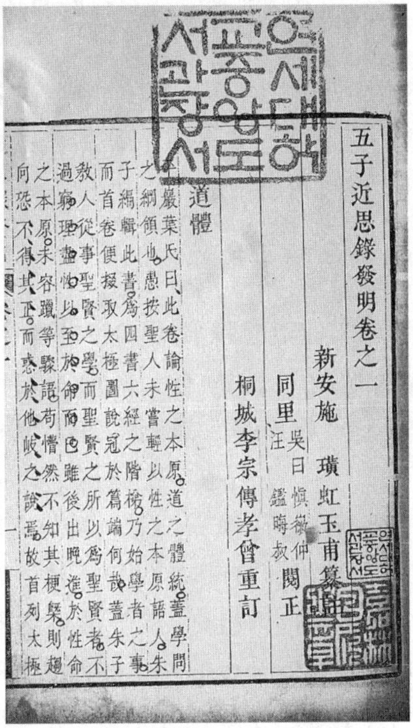

圖 3－30 《五子近思録發明》,清代嘉道年間李宗傳重訂本

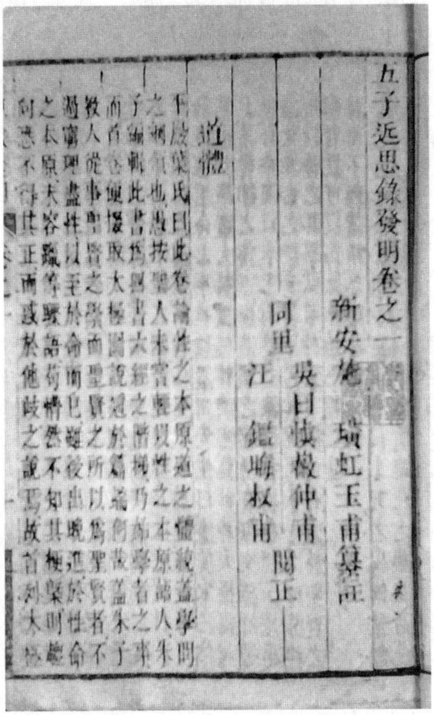

圖 3－31 《五子近思録發明》,清咸豐二年忠信堂刻本

(六) 清咸豐二年忠信堂刻本

施璜纂注《五子近思録發明》十四卷,忠信堂刻本每半葉九行二十字,注文小字雙行同。左右雙欄,有界行,框高 20.60 釐米,寬 13.70 釐米。上白口,下黑口,單(黑)魚尾。此刻本的卷端題識、版心、正文内容與《發明》康熙四十四年刻本或英秀堂刻本同。在施璜"發明"文字部分也偶見在漢字右下刻有"、""。"以標示句讀(書影見圖 3－31)。

① 多倫多大學鄭裕彤東亞圖書館編《加拿大多倫多大學東亞圖書館藏中文古籍善本提要》,廣西師範大學出版社,2009 年 7 月 1 版,第 228—229 頁。

刻本卷首有書名兼牌記葉，在框欄的天頭處刻“咸豐二年重刊”，下三豎行自右至左刻“新安施璜虹玉著/五子近思録/忠信堂藏板”。

正文前刻有施璜《發明序》《發明例》《原編書序》《補編增入書目》《目次》《校訂姓氏》等。

總體考察此刻本，其内容、體例與上述康熙四十四年刻本基本相同，二者存在淵源關係，因而該本是清咸豐二年(1852)忠信堂重刻《發明》。浙江圖書館藏本，3 册，有佚名墨筆圈點。鈐有朱文印“鄺翼甫讀書記”。

(七) 清同治年間刻本

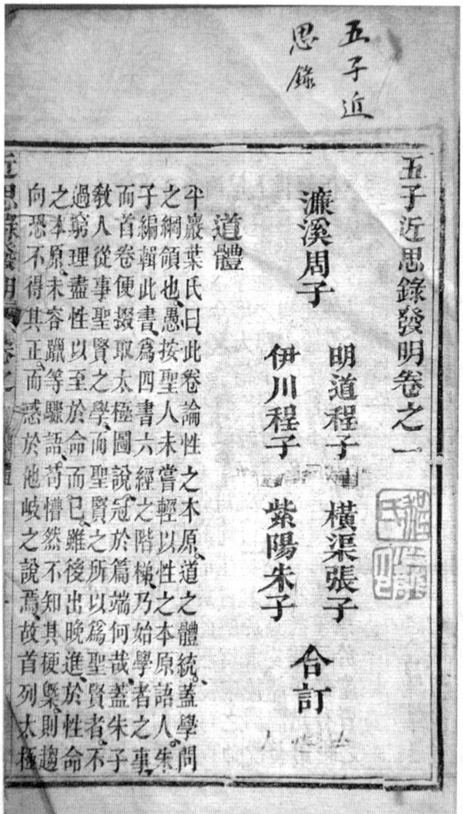
五子近
思錄

五子近思錄發明卷之一

濂溪周子

明道程子　橫渠張子

伊川程子　紫陽朱子

合訂

道體

平巖葉氏曰此卷論性之本原道之體統蓋學問之綱領也愚按聖人未嘗輕以性之本原語人朱子編輯此書爲四書六經之階梯乃始學者之事而首卷便掇取太極圖說冠於篇端何哉蓋朱子教人從事聖賢之學而聖賢之所以爲聖賢者不過窮理盡性以至於命而已雖後出晚進於性命之本原未容躐等驟語苟憒然不知其梗槩則趨向恐不得其正而惑於他岐之說焉故首列太極

圖 3－32　《五子近思録發明》，清同治年間刻本

《五子近思録發明》十四卷在清代後期的刊刻中，有一部於卷端葉末題署“施璜纂”，該刻本每半葉九行二十字，注文小字雙行同。四周雙欄，無界行，框高 20.30 釐米，寬 13.50 釐米。白口，單(黑)魚尾。卷一卷端首行頂格刻“五子近思録發明卷之一”，次行低一字格刻“濂溪周子”，其下分兩行分别刻“明道程子，横渠張子/伊川程子，紫陽朱子”，在此雙行下刻“合訂”二字。卷一篇名“道體”另起一行低二字格刻印，隨後低一字格刻本卷解題，然後頂格刻印正文，每條語録單列。卷末有尾題“五子近思録發明卷一終”。刻本刻有句讀標識“。”“、”。

此刻本卷首正文前刻有朱熹《近思録原編序》、施璜《五子近思録發明序》、汪佑《五子近思録補編》、《五子近思録目次》。

刻本字體爲仿宋體字,紙質脆薄,避同治帝諱,改"淳"爲"醕",從此刻本字體、避諱推測,恐是清同治年間刻本。筆者藏有殘本,存《發明》卷一(書影見圖 3－32)。

(八) 清光緒六年雲南書局重刻本

施璜纂注《五子近思録發明》十四卷,清代後期仍有刊刻,每半葉九行二十字,注文小字雙行同。左右雙欄,有界行,框高 20.20 釐米,寬 13.70 釐米。白口,單(黑)魚尾。刻本卷端題識、版心、正文内容與上述《發明》康熙四十四年刻本或英秀堂刻本同,字體筆畫相近。

刻本首册卷首的書名葉右半葉刻"五子近思録",左半葉的牌記爲"光緒庚辰雲南書局重刊"。正文前刻有施璜《發明序》、《原編書序》、《發明例》、《補編增入書目》、《校訂姓氏》、《目次》等。

"光緒庚辰",即光緒六年(1880)。因而此本是光緒六年雲南書局據《發明》康熙年間刊本重刻。南京圖書館藏本,8 册。卷十至卷十四有佚名朱筆圈點或句讀。鈐朱文印"高等學堂學山樓藏書"等。上海圖書館也有藏(書影見圖 3－33),8 册。其書名葉、牌記、序文、版式、題識、字體、内容均與南圖藏本同,它們應是同一版印製。此藏本有少數卷葉有佚名朱筆圈點。鈐朱文"吕銓之印""□□廳小學堂圖記"。

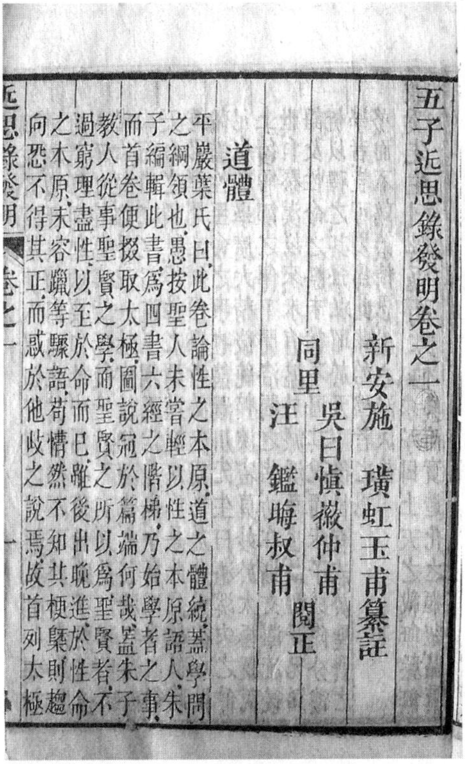
圖 3－33 《五子近思録發明》,清光緒六年雲南書局重刻本

(九) 清光緒十四年新繁沈氏家塾刻本

施璜纂注《五子近思録發明》十四卷，清後期刻本中還有一部是每半葉九行二十一字，注文小字雙行同。四周雙欄，有界行，框高 19.40 釐米，寬 13.60 釐米。白口，單（黑）魚尾。卷一卷端首行頂格題"五子近思録發明卷之一"，第二行低兩字格題署"新安施璜虹玉纂注"，第三行低兩字格刻本卷卷名"道體"，第四行低一字格刻施璜解題，隨後是正文。其版式與上述康熙四十四年刻本雖相近，然卷端題署明顯有别，且將《發明》中的"四先生之言""拓而大之"，編纂思路已有改進（書影見圖 3－34）。

五子近思錄發明卷之一
新安施　璜虹玉纂註
道體
平巖葉氏曰此卷論性之本原道之體統蓋學問之
綱領也愚按聖人未嘗輕以性之本原語人朱子編
輯此書爲四書六經之階梯乃始學者之事而首卷
便掇取太極圖說冠於篇端何哉蓋朱子教人從事
聖賢之學而聖賢之所以爲聖賢者不過窮理盡性
以至於命而已雖後出晚進於性命之本原未容躐
等驟語苟憒然不知其梗槩則趨向恐不得其正而
惑於他歧之說焉故首列太極圖說於篇端使人粗
知天理之根源畧明人物之終始以正其趨向而定
其階梯不至於錯走路頭也蓋學問起頭要知性中
間要復性臨了要盡性人不知性萬事皆低後世道
不明只是性不明四書六經都是說一性字性卽理

圖 3－34 《五子近思録發明》，清光緒十四年新繁沈氏家塾刻本

該本卷首書名葉的右半葉爲牌記，在四周雙欄的大長方形方框中刻一小長方形牌記"新繁沈氏家塾藏板"，左半葉刻書名"五子近思録發明"（隸書）。正文前刻有《近思録原編書序》、《補編增入書目》、汪佑序文、施璜《發明序》《發明例》等。《發明》卷十四末刻有清光緒十四年冬沈錫周《跋》。

據沈氏跋文可知，此前有《發明》李光翟初刻本（筆者按，此本未曾見到），沈氏有感於施璜《發明》"其有功後學爲不淺矣。因取原刻本詳正其訛脱，鋟諸棗梨。……屬馮君福瑞爲之校讎"。沈氏所云"原刻本"是指何時何人所刻，我們雖不明朗，但沈氏所刊則有所據，其家塾刻本請馮福瑞校讎。依據沈氏"鋟竟"題跋時間，初步推斷此刻本是光緒十四年（1888）冬季新繁沈錫周家塾刻本。山西省圖書館有藏，10 册，卷首鈐有朱文印"竹素書局發兑"。

清光緒十四年沈錫周《跋》云：

湘潭布衣李君光翟篤守程朱之學，出初刻《近思録發明》示余。余竊維聖賢之學，窮理盡性，以至於命而已。理原於天、具於性，義理之性，有善無惡，故人皆可以爲堯舜；氣質之性，有善有惡，故人必須變化於學問。學之事，自五倫五事以至萬事萬物，莫不各有其當，然與其所以然之理，必因其所已明者而益求之。聖賢之書析其微，致其精，體之於身，而殫其誠，敬義夾持，終食無間。夫然後優游漸進，乃有以復乎性之本然，而盡乎學之能事。然志或不立，則無以成始而成終；志立而不精，求之聖賢之書，則泛濫無歸，久或沉溺於異説，支離於考據，於爲己之學終無當焉。天佑斯文，篤生周、程、張子，又生朱子以集其成，所輯《近思録》一書，發明聖賢大義微言，如皦日中天，明徹無疑，四子、六經而外，僅見此書。嗚呼，至矣！星溪汪氏益以朱子之言爲“五子”，施氏又取明四先生附之，雖疑於僭，然使先聖之理、朱子之意益申明於天下，其有功後學爲不淺矣。因取原刻本詳正其訛脱，鋟諸棗梨。又以四先生之言原刻字小不便尋繹，拓而大之以自勵，並以公世之好學者。鋟竟，屬馮君福瑞爲之校讎，馮湘潭諸生，亦厲志程朱之學者也。光緒十四年季冬朔新繁後學沈錫周謹跋。

以上所述現存施璜《五子近思録發明》傳本九種，儘管因相關文獻闕失，加之存世版本的少數葉面損脱，以至不能非常清晰地梳理某些版本之間的關係，但是康熙年間的英秀堂、聚錦堂、世榮堂三堂刊梓《發明》卻是不争的史實。由於這些版本之間翻刻或覆刻的關係複雜，故尚待獲取更多文獻再作進一步探究。

《發明》除上述刻本外，歷史上也曾有抄本傳播，據《續修四庫全書總目提要(稿本)》載：“《五子近思録發明》不分卷，鈔本。清施璜撰。璜……又嘗讀薛子瑄《讀書録》、胡氏居仁《居業録》、羅氏欽順《困知録》、高氏攀龍《遺書》，喜其皆由《近思》以升入四書、五經之堂室者，於是彙萃其精要，附於各卷之末，名曰《五子近思録發明》，蓋參以明儒四先生之言，發明宋儒五先生之旨也。”[①]由於此抄本筆者未曾見到，其抄録時間、版本特徵仍待考。

另據清嘉慶年間見過施璜《發明》坊刻本的王鼎説，當時士子所讀《近思録》文本，“率皆近世汪氏、施氏之編，且坊刻歧誤甚多”[②]。至於王氏所言《發明》坊刻本，是否是指“英秀堂”或“世榮堂”或“忠信堂”之類的刻本，遺憾的是其説不詳，我們也難以知曉這些坊刻的“歧誤”具體在何處。

四、清孫嘉淦《五子近思録輯要》及其傳本考

在明末錢士升《五子近思録》、清初汪佑《五子近思録》面世後，便有學者對其進行訂補續編，更甚者輯其精要編訂新書，孫嘉淦《五子近思録輯要》當爲其中的代表。此書相較於汪佑《五子近思録》、施璜《發明》，則言簡而意明。

孫嘉淦，字錫公，號懿齋，又號静軒，山西興縣人。受業於張伯行，清康熙五十二年(1713)進士。雍正時幾度理國子監事，“與諸生講身心性命之學，纂《近思録輯要》受之”。其《五子近思録輯要序》曰：

> 昔朱子與吕伯恭讀周、張、二程之書，因掇其關於大體而切日用者，編爲《近思録》十四卷，以爲窮鄉晚進有志於學而無明師良友以先後之者，即此可以得其門而入焉。故曰：“修身大法，《小學》備矣；義理精微，《近思録》詳之。”又曰：“四子，六經之階梯；《近思録》，四子之階梯也。”有明邱文莊公采朱子之書，尊爲《學的》；高忠憲公又準《近思録》例，輯爲《朱子節要》；星溪汪子合編之，以爲《五子近思録》，而濂洛關閩之微言燦然備矣。然而張子之言間有出入，二程之語多出於門人所記，朱子之學與年俱進，其早年所著有晚而更之者矣，後之學者目不睹五子大全，又恐泥其抑揚近似之辭，或有毫釐千里之謬。蓋非前人之書尚有未善，而吾所以憂後學之心至無已也。書有以多爲富，亦有以簡爲明，有語之而欲詳，有擇焉而欲精。因不揣固陋，即舊編而更審擇之，非敢僭爲去取，惟期言愈簡而意愈明，庶學者不迷所趨焉，雖受誕妄之譏而不遑恤也。時

① 中國科學院圖書館整理《續修四庫全書總目提要(稿本)》，第15册第711頁。
② (清)王鼎《朱子原訂近思録序》。

雍正五年正月穀旦合河孫嘉淦謹序。①

據孫嘉淦序文可知，爲使此書“言愈簡而意愈明，庶學者不迷所趨”，他精審擇録宋五子之言，於清雍正五年(1727)編成《五子近思録輯要》。至於其所依據的底本，是錢氏還是汪氏的《五子近思録》，據其序文所言“汪子合編之，以爲《五子近思録》”，則更有可能是汪佑《五子近思録》。爲進一步確定孫氏《輯要》的編撰基礎，筆者將它與錢士升《五子近思録》、汪佑《五子近思録》稍作比較，發現：

1.《五子近思録輯要》卷首，孫嘉淦編有《五子近思録輯要目次》：“卷之一 道體，卷之二 爲學，卷之三 致知，卷之四 存養，卷之五 克治，卷之六 家道，卷之七 出處，卷之八 治道，卷之九 治法，卷之十 臨政處事，卷之十一 教人之道，卷之十二 警戒改過，卷之十三 辨別異端，卷之十四 總論聖賢，卷之十五 五子傳略。”孫氏所編前十四卷的篇名，與錢士升《五子近思録》篇名有些差異，如《輯要》卷八“治道”、卷十“臨政處事”、卷十一“教人之道”與錢氏不同。而與汪佑所編《目次》又稍異，《輯要》將汪佑所編卷六篇名改作“家道”，還增設“卷之十五 五子傳略”，且正文卷十五卷端題爲“博陵尹會一訂”，篇名題作“傳略”。

2. 從正文卷一卷端編次看，《輯要》爲“五子近思録輯要卷之一 /合河孫嘉淦訂 /道體 /此卷論性之本原，道之體統，蓋學問之綱領也”，接之正文。每卷卷端編次體例與錢士升所編《五子》差異較大。而書名、編校者、篇名、内容提要、正文與汪佑《五子近思録》基本相同，僅卷三、八、九、十四各卷提要文字稍異。

3.《五子近思録輯要》各卷内容提要與汪佑《五子近思録》各卷提要文字有不同之處：(1) 卷三 致知：“此卷論致知。致知莫大於讀書，始於《大學》，知爲學之規模次序。而後繼之以《論》《孟》《詩》《書》，義理充足於中，則可探大本一原之妙。故繼之以《中庸》，達乎本原，則可以窮神知化。故繼之以《易》，理之明、義之精，而達乎造化之藴，則可以識聖人之大用。故繼之以《春秋》，明乎《春秋》之用，則可推以觀史，而辨其是非得失之致矣。”汪佑《五子》的提

① 清孫嘉淦《五子近思録輯要》序文，載於孫嘉淦《五子近思録輯要》卷首，清雍正五年刻本。

要是講明段落起訖及各層次内容。(2) 卷八 治道:“此卷論治道。蓋知出處之義,講明治道之綱領,一旦得時行道,則舉而措之耳。”汪氏《五子》的“講明”二字爲“則於”,其餘同。(3) 卷九 治法:“此卷論治法。治本雖立而治具不容,體樂刑政有一之未備,未足以成極治之功也。”汪氏《五子》的“不容”後尚有“缺”字,其餘同。(4) 卷十四 總論聖賢:“此卷論聖賢相傳之統,而諸子附焉。”汪氏《五子》在此段文字後還有一段闡述文字,在此略抄。

從上述簡要比較可知,孫氏《輯要》是在汪佑《五子近思録》基礎上精簡而成。雖然孫氏《輯要》各卷卷端未注明語録條目數,然經筆者統計,一至十四卷共收語録 710 條,語録條目數明顯少於《五子近思録》,如卷一删除了“弘而不毅則難立……居之”等語録。

後世對於孫氏《輯要》評價較高,如清同治十二年麻竹師司馬評價云:“《輯要》一書,删繁就簡,擇焉而精。”“合河孫文定公因讀者以衍説過多,望洋而返,致生厭倦。編《近思録輯要》,雖不如《集注》之昭晰詳備,而去取審慎,宋賢語録精華粹焉,其簡明中正,後學可奉爲指歸。”[①]

孫嘉淦《五子近思録輯要》十五卷現存傳本主要有三種:

(一) 清雍正五年刻本

此刻本每半葉九行二十字,注文小字雙行十九字。左右雙欄,有界行。框高 16.40 釐米,寬 11.50 釐米。上白口,下粗黑口,單(黑)魚尾。版心魚尾上方刻書名簡稱“近思録輯要”,魚尾下刻卷次篇名(如“卷之一道體”)、頁碼。其版式風格與汪佑《五子近思録》康熙四十四年刻本很相近。

卷一卷端首行頂格題“五子近思録輯要卷之一”,次行低十二字格題署“合河孫嘉淦訂”,第三行低一字格刻篇名“道體”,第四行低兩字格刻本卷孫嘉淦提要,第五行頂格刻正文,每條單列,除首字頂格外,餘行則皆低一字格刻印。天頭闊綽,刻印精美。

正文前刻有清雍正五年孫嘉淦《序》(序文後原版刻有陰陽二方印:陰文“合河孫嘉淦印”,陽文“字錫公號静軒”)、《五子近思録輯要目次》。

① (清)麻竹師司馬《五子近思録輯要序》,載於(清)孫嘉淦《五子近思録輯要》,清同治十二年重刻本。

依據此刻本中“玄”字避諱，改作“元”，“弘”字不諱，以及孫嘉淦作序時間“雍正五年正月”，則可推斷此本爲孫嘉淦序年刊梓，即清雍正五年刻。南京圖書館有藏（書影見圖 3－35），2 册，有佚名墨筆、朱筆先後圈圈，天頭、正文有朱筆批注。東北師大也有藏（書影見圖 3－36），6 册，鈐朱文印“吉林師範大學圖書館藏書”。

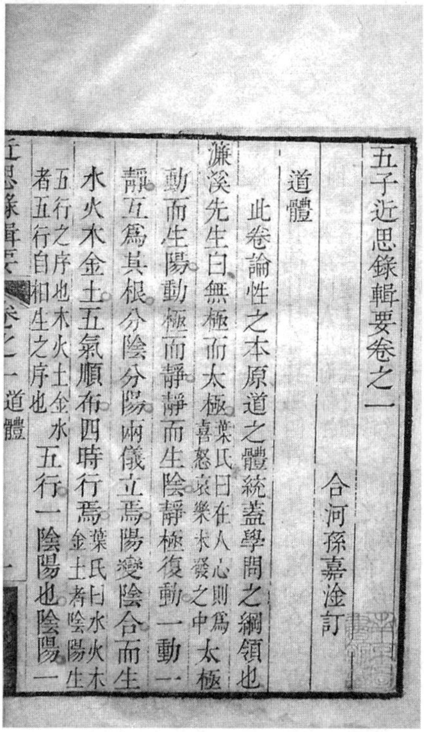

圖 3－35　孫嘉淦《五子近思録輯要》，清雍正五年刻本

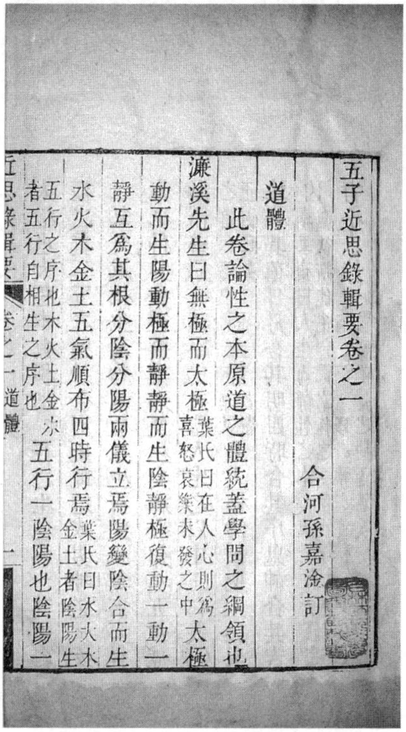

圖 3－36　《五子近思録輯要》，清雍正年間刻本

現存清雍正五年孫氏刻本，部分公私書目有著録，如《清史稿藝文志拾遺》著録曰：“《五子近思録輯要》十四卷，孫嘉淦編，雍正五年刻本。”可是，有些書目的著録令人疑惑，如《萬卷精華樓藏書記》説：“《五子近思録發明》十四卷，國朝施璜撰。合河孫氏本。雍正五年孫嘉淦校刊，有序。周子、二程子、張子、朱子爲五子。汪佑補朱子之書，增入各卷之後，是爲五子合編。《發明》又類聚薛、胡、羅、高之粹言，分附五子之末，凡五百四十八條。孫氏序曰：‘張子之書間有出入，二程之語多出於門人所記，朱子早年所著有晚而更之者，因即舊編，更審擇之，惟期言愈簡而意愈明，庶學者不迷於所趨焉。'"①《續修四庫全書總目提要(稿本)》曰："《五子近思録發明》十四卷，合河孫氏刻本。明(筆者按，當爲"清")施璜撰。……按，是書爲雍正五年孫嘉淦校刊，名曰《五子近思録》者，乃周子、二程子、張子、朱子是也。又汪佑補朱子之書，增入各卷之後，是爲五子合編，《發明》又類聚薛、胡、羅、高之粹言，分附五子之末，凡五百四十八條。卷端有孫氏序曰：'張子之書間有出入，二程之語多出於門人所記，朱子早年所著有晚而更之者，因即舊編，更審擇之，惟期言愈簡而意愈明，庶學者不迷於所趨焉。'"②

從這些著録文字可見，耿文光所言與《提要(稿本)》所著録的書名皆爲《五子近思録發明》，難道孫嘉淦刊刻過？然從前文考察《發明》存世刻本可知，不存在"合河孫氏本"或"合河孫氏刻本"一説。孫氏序文乃爲自己《輯要》所寫，且從耿氏、《提要》所轉引的一段"孫氏序"文看，與《五子近思録輯要》雍正五年刻本卷首的孫氏《序》文基本相同。因而，筆者以爲上述兩家的著録所指就是指孫嘉淦所刊《輯要》一書。

(二) 清雍正年間國子監或乾隆内府刻本

《輯要》存世刻本除雍正五年刻本外，《清代内府刻書目録解題》著録有："《五子近思録輯要》十四卷，明錢士升輯，清孫嘉淦訂。清雍正國子監刻本。半葉九行二十字，小字雙行字數同，左右雙邊，單魚尾。版框高 17.20 釐米，寬 12.30 釐米。無序跋。"又云："明崇禎五年，錢士升對四子之言進行了精簡，又擇録《朱子語類》《朱子文集》内容相涉者補入每卷之末，成爲《五子近思録輯要》，仍爲十四卷。朱熹之《近思録》每卷之首用一句話概括該卷内容，而錢士升則直接加了標題，繼之用較詳細的語言釋之。如卷二《近思録》中'朱子曰此卷爲學大要'，《輯要》則立題'爲學'，繼而釋之：'此卷總論爲學之要。蓋尊德性矣，必道問學，明乎道體，知所指歸，斯可究爲學之大方矣。'清孫嘉淦對錢氏《輯要》又進行了修訂，如卷十，錢氏原題爲'居官'，孫氏改爲'臨政

---

① (清)耿文光《萬卷精華樓藏書記》，第 634 頁。

② 《續修四庫全書總目提要(稿本)》，第 17 册第 189 頁。

處事’。……遼寧館所藏此書前後無序跋，推之，當編刻於孫氏理國子監事時。書中‘弘’字不諱，又乾隆《國子監則例》卷十八記録的國子監儲存書版的目録，内中有《近思録》，當即此書。故此書爲雍正國子監刻本。”①

因條件所限，筆者無法去“遼寧館”目驗此書，也無從知曉此《解題》所言刻本的詳情。若依《解題》，則是明人錢士升輯有《五子近思録輯要》，清雍正年孫嘉淦修訂，這卻與筆者在南圖所見《輯要》不同。爲解決此疑惑，筆者將此《解題》所言此本《輯要》版式，與錢士升編《五子近思録》明崇禎五年刻本的版式比較，發現它們之間明顯有别。再者，南圖所藏《五子近思録輯要》中收録的清雍正五年孫嘉淦《序》，根本未談及錢士升編輯《五子近思録輯要》一事。從前文對錢氏《五子近思録》的考訂又能發現其卷首僅題卷名“五子近思録”，無解題，未題署撰者、校者名。由此看來，此《内府刻書目録解題》的“明錢士升輯，清孫嘉淦訂”一説存在問題，若知其詳則待來日查閲目驗所言版本後方能揭示出其真正的錯誤所在。

如果我們從《解題》所言藏地“遼寧”省圖書館看，應與《東北地區古籍綫裝書聯合目録》著録的孫氏《輯要》刊刻本一致，但是該《聯合目録》曰：“《五子近思録輯要》十四卷，(清)孫嘉淦輯。清乾隆内府刻本。藏遼寧省圖書館。”②既然兩種書目都是指同一處藏本，那麽二者的著録文字理應基本一致，可是實際上卻存在較大差異，例如所言刊刻時間不一，一云“清雍正國子監刻本”，一云“清乾隆内府刻本”，委實令人困惑，《聯合目録》似可信。

(三) 清同治十二年霞城書院校刊本

孫氏《五子近思録輯要》，清後期的刻本尚存世，每半葉九行二十字，注文小字雙行同。左右雙欄，有界行，框高 17、80 釐米，寬 12、90 釐米。白口，單(黑)魚尾。版心所刻文字與上述清雍正五年刻本同。

卷一卷端首行頂格題“五子近思録輯要卷一”，第二行低兩字格題署“合河孫嘉淦原本”，第三行低一字格刻本卷篇名“道體”，第四行低兩字格刻本卷

① 故宫博物院圖書館、遼寧省圖書館編《清代内府刻書目録解題》，紫禁城出版社，1995 年 9 月 1 版，第 288—289 頁。

② 《東北地區古籍綫裝書聯合目録》，第 1566 頁。

提要，第五行頂格刻正文，每條單列。刻本中“玄”字改爲“元”，“寧”字改作“甯”。

卷首書名葉刻書名“近思録輯要”（篆書），其左半葉刻牌記“同治十二年刊於霞城書院”（隸書）。正文前刻有清雍正五年孫嘉淦《序》、同治十二年夏麻竹師司馬《序》。

依據避諱字、牌記以及校刊者麻竹師司馬的作序時間，可推斷此本爲清同治十二年（1873）霞城書院校刊本（書影見圖 3－37）。

五子近思錄輯要卷一
合河孫嘉淦原本
道體
此卷論性之本原道之體統蓋學問之綱領也
濂溪先生曰無極而太極朱子曰上天之載無聲無臭而實造化之樞紐品彙之根柢也故曰無極而太極非太極之外復有無極也太極動而生陽動極而靜靜而生陰靜極復動一動一靜互爲其根分陰分陽兩儀立焉朱子曰太極之有動靜是天命之流行也所謂一陰一陽之謂道誠者聖人之本物之終始而命之道也其動也誠之通也繼之者善萬物之所資以始也其靜也誠之復也成之者性

圖 3－37 《五子近思録輯要》，清同治十二年霞城書院刊本

麻竹師司馬認爲《近思録》雖不是科考作文之書，但若能切實向自己身上領悟，就能達到兼攝身心之用。他發現孫嘉淦《輯要》取材精審，文字簡明中正，這些對當時不讀《近思録》的粗浮之人很有針砭之用，“士人遵此入門，定志識，養德性，由是博觀周、程、張、朱各種全書，玩索其義藴，薈萃其微言，深造逢原，詣理探本，則聖賢體用具備之學也”①。因而麻竹師司馬完成校訂事宜，在清同治十二年夏刊於霞城書院。上海圖書館藏本，2 册。

該刻本收語録計有 593 條，語録少於《輯要》雍正五年刻本，這其中應是麻竹師司馬校訂所致。其行格字數、邊欄、魚尾，雖與《清代内府刻書目録解題》著録的雍正國子監刻本相同，僅版框高寬略有出入，但是麻竹師司馬序文中卻未提到“錢士升”名字。這又使人想到前文中《清代内府刻書目録解題》給人的疑惑，筆者以爲當改《解題》中“明錢士升輯”爲“清汪佑輯”。依此看

① 麻竹師司馬序文，載於（清）孫嘉淦《五子近思録輯要》，清同治十二年夏霞城書院刻本。

來,《解題》著録的文字確實值得推敲。如此,麻竹師司馬重刊所依底本則極可能是《解題》著録的版本。遺憾的是,筆者未能見到《五子近思録輯要》的國子監刻本,又不能將雍正國子監刻本與雍正五年刻本仔細比對,故目前還不能肯定它們中誰是最初的原刻本。而且,清同治十二年霞城書院重刻本正文内容與南圖藏雍正五年刻本也存在差異,顯然有麻竹師司馬校勘的痕迹。

麻竹師司馬序曰:

> 昔朱子謂周、程、張四子之書,廣大閎博,若無津涘,因與吕伯恭掇取其關於大體、切於日用者,爲《近思録》十四卷,以爲志學者入德之門。後人增集語録,非復舊本原文,未免太繁,惟江慎修《集注》稱爲善本。合河孫文定公因讀者以衍説過多,望洋而返,致生厭卷,編《近思録輯要》。雖不如《集注》之昭晰詳備,而去取審慎,宋賢語録精華粹焉,其簡明中正,後學可奉爲指歸。謝退谷曰:"《近思録》集周、程、張粹言,所言高遠,孔子、曾、思、孟,言甚卑近,朱子謂《近思録》爲四子之階梯,緣後人讀四書衹當作文之用,不向自己身上領取。《近思録》非當時作文之書,苟肯讀之,必切實向自己身上領取。"其論尚有見解,知《近思録》之兼攝身心,即知四書之切於日用,人人宜體會義理也。今之不讀《近思録》者,大抵不知向躬行上講求,旦畏其高遠而難施功力。又粗浮之人,病不簡約,淺嘗即止;妄庸之徒,放言高論,不識徑途,遂終身爲俗儒,而不可與入聖賢之道。故不尋繹《近思録》,而失朱子與吕伯恭編輯之深衷也。《輯要》一書,删繁就簡,擇焉而精。士人遵此入門,定志識,養德性,由是博觀周、程、張、朱各種全書,玩索其義蕴,薈萃其微言,深造逢原,詣理探本,則聖賢體用具備之學也。校訂蕆事,麻竹師司馬欣然以校刊爲任,遂刊存霞城書院,爲多士砥礪之資焉。時癸酉歲同治十二年夏四月也。

五、李元綑《五子近思録隨筆》版本考

在晚清,儘管有《五子近思録發明》《輯要》等可輔助人們閲讀認知朱子學,但畢竟時移世易,社會需要更爲適應當時閲讀群體的文本。《五子近思録發明》傳至清末,李元綑將自己閲讀此書的隨筆劄記撰就成書,即《五子近思

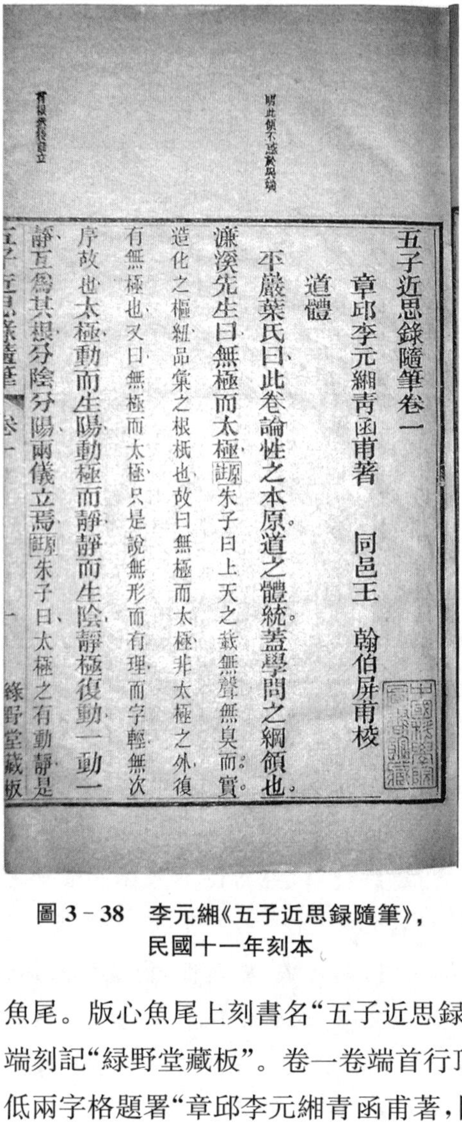

圖 3-38　李元紳《五子近思録隨筆》，民國十一年刻本

録隨筆》十四卷。其編撰旨在使之成爲士子讀《五子近思録》的階梯，進而探尋程朱理學之精髓。

李元紳（生年不詳—約 1882 年卒），字葉初，一字青函，清末山東章邱名儒，著有《居業録注釋》。李青函"性敦篤，初傳即知好學，甚尤嗜程朱書"，清末張紹价以爲"當道咸之際……先生獨潛心理學，淡然不逐衆好"①。李氏讀《五子近思録發明》，在其文下所作隨筆原無書名，其《五子近思録隨筆》書名是民國刊印時所題。儘管其《隨筆》在清末雖已編就，然一時不爲人所知，直到民國年間因孟雒川捐資並囑託王翰校勘，李青函《五子近思録隨筆》纔得以刊行面世。今存刻本爲王翰據李元紳曾孫的藏本校訂。

該刻本每半葉九行二十四字，小字單行同；四周雙欄，框高 17.80 釐米，寬 13.20 釐米。白口，單（黑）魚尾。版心魚尾上刻書名"五子近思録隨筆"，魚尾下刻卷次、頁碼，在版心下端刻記"緑野堂藏板"。卷一卷端首行頂格題"五子近思録隨筆卷一"，第二行低兩字格題署"章邱李元紳青函甫著，同邑王翰伯屏甫校"，第三行低兩字格刻卷名"道體"，第四行低一字格刻南宋葉采解題，第五行頂格刻正文。刻本天頭處另刻印小字，以作批注，宜是王翰校勘語（書影見圖 3-38）。

刻本卷首有書名兼牌記葉，在四周雙欄的框欄内分三格，自右至左刻"壬

① （清）張紹价《居安軒存稿》卷五《傳志・鄉賢李青函先生墓表》，民國二十一年開封新民社石印本。

戌夏五月/五子近思録隨筆/緑野堂刊印”。正文前刻有民國壬戌張梅亭[①]《五子近思録隨筆序》、民國壬戌年王翰《五子近思録隨筆序》、《凡例》。民國壬戌年，即民國十一年(1922)，故此刊本爲民國十一年緑野堂刊本。中國科學院圖書館有藏，一函八册。鈐有左朱文右白文印“山東柯氏”。該館將其著録爲“民國三十一年”，與牌記不一，恐誤。

王翰在《凡例》中説：“先生是書本無名，玆名之曰《五子近思録隨筆》；先生所據爲施虹玉《五子近思録發明》本，其發明之語均不録，每門所引葉氏語及薛、胡、羅、高四家之説則録之，以先生均有詮釋故也；施氏之注亦爲先生所詮釋，悉存之而加原注以別之；是書詮釋或在每條之端，或在旁，或在下，玆悉仍其舊書；是書圈、點、三角等式，均照先生原本以存其真；先生所據本中有闕葉，故未有詮釋，玆仍闕之。”[②]由此可知，《隨筆》源自施璜《發明》，該刻本的各卷篇名與上述施璜《五子近思録發明》相同，然卻不録施璜“發明之語”，對施璜所録四子語、所引葉采集解語則録用，並加詮釋。

張梅亭《五子近思録隨筆序》曰：

昔朱子輯周子、程子、張子之言爲《近思録》一書，其書廣大精微，内聖外王，一以貫之，非淺學之士所能驟窺也。然其中義藴時時發揮於《朱子語類》及《文集》各書，讀《近思録》者必先讀朱子之書，而後得朱子作書之意與四先生立言之旨。故梁溪高子準《近思録》例輯爲《朱子節要》，以示後學；而星溪汪氏遂於《近思録》每條之下增入朱子之説，爲《五子近思録》；其後玉虹施氏又仍汪本而附以薛、胡、羅、高四家之説，爲《五子近思録發明》。蓋皆以朱子之言證朱子之書，非欲自成一編，以與朱子之書並立也。夫《近思録》一書，四先生之粹言也。欲讀是書者，自當取四先生之全書讀之，庶有以窺其美富。朱子之書雖足與印證，然言各有當，豈必合爲一編而不顧原本編輯之微意耶？然著書之道，務在啓發後學，使易於領會而已，得著書者之所自爲説，以發明其所著之書，則讀者之領會固自易易也。愚蓋嘗致力於《近思録》一書矣，强探力索者累年，而茫無畔

---

① 張梅亭(1859—1933)，字雪安，號對溪。清光緒戊戌年(1898)進士，曾主持編修《原山張氏族譜》《萊蕪縣志》。著有《一松山房存稿》《一松山房隨筆》《中庸劄記》《歷史學舉義》等。

② 王翰《凡例》，載於(清)李青函撰《五子近思録隨筆》，民國十一年王翰校刊本，緑野堂刻印。

岸，及徐取合編讀之，則文意相發，義理相貫，讀之既久，而四先生之説亦若恍然而有會於心者。蓋四先生之説多引而未發，而朱子之説則明白通暢，無少疑滯故也。故以《近思録》而論，則原書自不可易，而以讀《近思録》者而論，則合編亦可並行而不悖也，則《五子近思録》者亦講學家不可少之書歟！章邱李青函先生勤一生以治朱子之學，所著《居業録注釋》之外，又有《五子近思録隨筆》一書。《隨筆》云者，不拘拘於注書之體，期於發揮義理而已。故不但正文有注，而原注亦有注，眉批旁詮，上下皆滿，蓋合一生之精力而成，非一朝一夕之功也。夫先生非不知原本之不可增損也，而必有於是而注之者，其意亦欲由朱子以窺四子，猶汪、施二家合編之意云爾。惟是書爲先生自課之作，非有意於著書傳後，故學者不甚措意。然其啓迪後學之功實不後於《居業録注釋》一書，特無人表章，故不得與汪、施二家並行於世。孟君雒川恐其久而遂湮没也，因付梓以公諸同好，屬王君伯屏爲之校正，而以序文屬梅。朱子之言曰"《近思録》者，四子之階梯"。梅則謂：《五子近思録》者，《近思録》之階梯。而先生是書，又《五子近思録》之階梯也。學者苟能循是書，以求朱子作書之意，與夫四先生立言之旨，是則雒川印布此書之微意也夫。壬戌三月萊蕪後學張梅亭序。

王翰《五子近思録隨筆序》曰：

《五子近思録隨筆》一書，吾邑李青函先生之所著也。先生畢生言動胥依禮法，其接人也寬厚和平，其處事也鉅細得宜，親疏遠邇，識與不識，其善者莫不愛之重之，尊以爲師；其不善者則畏避愧怍，凜凜然、惕惕然，唯恐先生之聞其名也。其待後進也，循循善誘。請業請益者，如飲河然，無不各滿其量以去，而終未有知先生學問之所出者。所著《居業録注釋》《五子近思録隨筆》二書，先生殁後，其曾孫樂三藏之四十餘年而未有以示人。其後孟君華軒始將《注釋》一書梓以行世，而海内始知有先生矣。獨是《隨筆》一書，工費頗鉅，流布不易，仍如珠之在淵，徒見其光芒而已。孟公雒川慷慨好義，舉凡賑災興學之事，莫不首先出貲，身爲之倡，而於世道人心尤拳拳焉。爰取是書，囑爲校閲，將付剞劂。竊以先生之書，隨手著録，默驗心得，本無意於著書而傳後；先生之爲人，爾室潛修，尚友古人，又未嘗聚徒而講學，因是惟寂惟漠，而聲名不出百里之外。夫子曰“君子求諸己”，子思曰“君子之道，闇然而日章”，如先生者，豈非求諸己而闇然之君子哉！世之讀是書者，誠能由是書以通五子之書，而上窺六經，不如鎖之得鑰乎！學先生之爲人，以合於有宋大儒，而遠希周孔，不如堂之有階乎！行遠自邇，登高自卑，即謂先生之書，爲學者之基礎也可。壬戌五月同邑後學王翰謹撰。

六、附論：《四庫全書》不收録《近思録》施璜、張伯行注本的原因探究

南宋淳熙二年朱熹、吕祖謙共輯的《近思録》，可謂“性理之祖”，“在朱熹以後直到近代，程朱理學在很大程度上是借助於《近思録》的注釋刊刻流佈得到廣泛傳播的”①。因而該理學經典讀本及後世衍生的注本，成爲不同時期後學入聖之門徑、入道之途轍。

現存清代順、康、雍、乾的“《近思録》文獻”傳本多達 50 種，僅康熙一朝便不少於 28 種，如張習孔《近思録傳》、劉源渌《近思續録》、朱顯祖《朱子近思録》、汪佑《五子近思録》、施璜《五子近思録發明》（以下簡稱《發明》）、張伯行《近思録集解》（以下本節簡稱《集解》，詳情見本章第三節）、《續近思録》和《廣近思録》、李文炤《近思録集解》、茅星來《近思録集注》等。而至乾隆盛世，《近思録》的傳播反而呈現下降之勢，乾隆三十七年至四十七年編纂《四庫全書》時，對清前期（筆者按，這裏指《四庫全書》文淵閣藏本）《近思録》代表性注本，僅收入了茅星來《近思録集注》、江永《近思録集注》，而對於當時影響力甚至超越二者的施璜《發明》、張伯行《集解》等注本卻未收録，這是爲什麽呢？清代的考據學在乾嘉時期發展到極至，“門户堂奥，次第建樹”，而對於此前的諸多《近思録》整理本，四庫館臣選録時應該已有考量。爲探究其中緣由，筆者以《發明》《集解》二例爲考察對象，從政治、學術、文化思想層面解析其背後的複雜因素，以求教於方家。

---

① 束景南《序》，載於筆者拙作《〈近思録〉版本與傳播研究》卷首。

（一）施璜《發明》、張伯行《集解》，是因時而生、因勢而行，在清前期傳播廣、影響大，符合社會多層面需求

明代前期，程朱理學已處於獨尊的地位，儘管遭際明代中後期王陽明心學的擠壓，但時至清初，緣於政治統治之需、學術發展之求，朱子學的興盛又有了希望。清人入關後，欲想成爲華夏的真正主人，則面臨着一個如何加强思想文化建設的問題，他們"需要一種能牢圄士人，使思想鉗於一尊的學術"[①]。此時清統治者必然選取能代表漢人先進文化思想的理學作爲統一思想的工具，以"興文教，崇經術，以開太平"，"凡理學道德，經濟典故諸書，務要研求淹貫，博古通今"[②]。也正如錢穆所説："理學道統，遂與朝廷之刀鋸鼎鑊更施迭使，以爲壓束社會之利器。"[③]由於程朱理學在前朝已很好地展示其政治的工具性功能，故也能在清人立足中原、站穩脚跟方面發揮重要作用。

就最高統治者來説，順治製定了"表章經學，尊重儒先"的文化政策，康熙自己"夙好程朱，深談性理"，認爲"有四子而後二帝三王之道傳，有四子之書而後五經之道備。四子之書，得五經之精意而爲言者也"[④]。他推崇理學，更關注其綱常倫理、躬行實踐的層面，認爲："理學之書，爲立身根本，不可不學，不可不行。……凡人讀書，宜身體力行，空言無益也。"[⑤]於是主持刊行《性理大全》《朱子全書》等，將朱子配祠十哲之列。出於政治思想統治的需要，清初的朱子學逐漸興盛，也承擔着彌補滿漢民族裂痕、促進各民族大融合的歷史使命，一度居於學術主導地位。隨後的雍正，"幼耽書史，博覽弗倦，精究理學之原，旁徹性宗之旨"[⑥]。並且，朝野有識之士有鑒於明末空談誤國之學風，尊朱子而黜陽明，主張求實之學。正如蕭一山所説，"清初學者，力挽明季之學

---

① 陳曉華《〈四庫全書〉與十八世紀的中國知識分子》，社會科學文獻出版社，2009 年 1 版，第 321 頁。

② （日）邨山緯、永根鉉編《清三朝實録采要・世祖實録采要》，日本文化四年（1807）伍石軒刻本。

③ 錢穆《〈清儒學案〉序》，載《中國學術思想史論叢》（八），第 358 頁，安徽教育出版社，2004 年 1 版。

④ （清）聖祖御製，張玉書等編《聖祖仁皇帝御製文集》卷十九《日講四書解義序》，載於《四庫全書》，臺灣商務印書館影印文淵閣藏本，第 1298 册第 185 頁。

⑤ 中國第一歷史檔案館編《康熙起居注》（第 3 册），第 2222 頁，中華書局，1984 年 1 版。

⑥ 《世宗憲皇帝實録》卷一，載《清實録》（第 7 册），第 29 頁，中華書局，1985 年 1 版。

風以返於宋,其尊程、朱者十之八九,不尊程、朱者十之一二而已"[①]。此時"清學壁壘未立,諸大師著述談説,往往出入漢宋"[②],朱子學復興有着良好的學術土壤。

正值程朱理學位居廟堂之上時,作爲反映程朱理學思想精髓的《近思録》,它"突出的是綱常倫理的道德規範,强調躬行實踐"[③],具有束縛人心、幫助治理國家的工具性作用,故在崇尚朱子學的康熙年間得到褒獎,得到社會廣泛回應,"爲朱氏《近思録》《小學》作注解者,有陸隴其、江永等三十餘家"[④],研究整理《近思録》者絡繹不絶,如吕留良、劉源渌、張習孔、汪佑、施璜、茅星來、張伯行等,《近思録》傳本多、流佈廣,一時間蔚然成風。而且施璜《發明》、張伯行《集解》等均"實有裨於化民成俗、修己治人之要,所謂入聖之階梯,求道之途轍也。學者精察而力行之,則藴之爲德行,學皆實學,行之爲事業,治皆實功"[⑤],確實有功於後學。

施璜《發明》十四卷,是爲同時代汪佑所編《五子近思録》進行注釋,康熙四十四年(1705)成書。該書除保留汪氏原本注文中的朱子語外,施璜"略有發明。於葉注之精者而益求其精,其未及注者則搜輯而補之",采輯"薛子《讀書録》、胡子《居業録》、羅子《困知記》與高子《遺書》","彙萃其精要者,以附於各卷之末,蓋即以四先生之言發明五先生之旨,而意益親切,語更詳備焉"[⑥]。使得"濂洛關閩之微言燦然備矣"。該注本有助於窮鄉晚進之士明析周、張、二程、朱子之思想,對宋元明三朝理學家有較系統的認知。它的面世,很快受到時人關注、後學推崇,成爲學習五子語録的重要津梁。在清前期便有英秀堂、聚錦堂、世榮堂等多種刻本行世,清末雲南書局、新繁沈氏家塾等官私家均重刊再播。

張伯行(1651—1725),字孝先,號敬庵,清代儀封(今河南蘭考)人。康熙乙丑(1685)進士。歷官内閣中書、山東濟寧道、福建巡撫、江蘇巡撫、禮部尚

---

① 蕭一山《清代通史》(一),中華書局,1986年9月1版,第994頁。
② 梁啓超《清代學術概論》,上海古籍出版社,1998年1月1版,第67頁。
③ 龔書鐸主編,史革新著《清代理學史》(上)"緒論",第13頁,廣東教育出版社,2007年1版。
④ 張秀民《中國印刷史》,第603頁。
⑤ 《高宗純皇帝實録》卷一百二十八,載於《清實録》第10册,第876頁,中華書局,1985年1版。
⑥ (清)施璜《五子近思録發明序》,載於施璜《五子近思録發明》,清康熙四十四年刻本。

書等，謚清恪。張氏學宗程朱，不參異説，是程朱學派的衛道者，爲當時的理學名臣之冠，力推朱子之學，有功於濂洛關閩諸儒之書的傳播。他在地方任職期間，構建院舍，廣刊先儒理學諸書五十五種，受康熙帝褒獎，雍正元年特賜御書"禮樂名臣"匾褒獎之。張伯行爲政之餘，也著述不輟，主要有《濂洛關閩書集解》《困學録集粹》《性理正宗》《道統録》《伊洛淵源續録》等。《敬庵學案》評其："專宗程朱，篤信謹守，與陸清獻相先後，躬行實踐，致君澤民，理學而兼名臣，亦與湯文正媲美。從祀朝廷，同膺盛典，洵無愧焉。"考察張伯行的爲政與治學，很明顯可見他以自己的理學修養爲基礎，以理學之思想輔助康熙帝治政，將治統與道統合一。

張伯行於康熙四十九年（1710）完成《近思録集解》十四卷，重在進行義理闡釋，讓朱子之學思想在他那個時代發揮更大的教化效用。據其序言，清初理學雖衰，但已具復興之象，清廷特推崇程朱一派，康熙帝推尊程朱之學，"每於濂洛關閩四氏之書，加意振興，以宏教育"。張氏非常崇敬程朱之學，以爲"集諸儒之成者朱子也，采摭遺書，作《近思録》，而性功王事該焉"，"是《録》，俾學者尋繹玩味，心解力行，庶幾自近及遠，自卑升高，而詖淫邪遁不能淆，訓詁詞章不得而汩没焉"，"故能啓佑乎後人"。"伯行束髮受書，垂五十餘年，兢兢焉以周、程、張、朱爲標準，而於朱子是《録》，尤服膺弗失。間嘗纂集諸説，謬爲疏解"，希望與天下同志"不負先儒諄復誨誘之心"，"以維持道脉、光輔聖朝斯文之盛"。其《集解》康熙五十一年（1712）正誼堂刻本由李丹桂、史大範校刊，隨後有乾隆元年（1736）尹會一維揚安定書院刻本、乾隆十三年尹會一重修本、同年影抄尹會一本，清同光年間猶有福州正誼書局、馬氏存心堂重刻傳揚。

這些注本在宣揚倫理的規範、强調士子的躬行實踐等方面發揮着很好的作用，從面世後的社會反響以及現存傳本的多樣性，足見其學術價值與思想文化影響力。而且與同時期的茅星來、江永注本相比，施、張之書並不遜色，可是卻不能得到四庫館臣的認可，更確切地説，没有得到乾隆帝的賞識：《四庫全書總目》將張氏《集解》排除在外，而將其《續近思録》《廣近思録》僅存目，這是爲何呢？

(二) 乾嘉時期的"漢學專制"局面,漢、宋門户之見,使得非漢學考據家的著述難以受到關注,館臣未收録施、張二人注本,與社會政治、學術思想不無關聯

自清朝立國至乾隆已逾百年,總體上學術圍繞着政治之需。清初,學術尚未全面走向考據。順治時即重視理學,思想統治工具是程朱理學,康熙也尊崇理學,在理學諸臣的影響下,采取了一系列尊儒尊孔的舉動,恩寵朱子學,以致國運良好。而且對於朱子學,康熙也意識到其不利統治的一面,主張棄虚崇實,因而指出"治天下,以人心風俗爲本,欲正人心厚風俗,必崇尚經學"①。雍正承繼康熙大統,仍尊崇程朱理學,"欲諸臣屏去虚文、崇尚實政"。

"乾隆時,就已覺察到理學難以維繫知識界,而必須提倡'漢學',推行所謂'崇宋學之性道,而以漢儒實之'的文教政策"②。乾隆重視程朱理學可助維護其統治秩序的地方,然對理學的哲理層面並無興趣。因而,隨着清政治統治的逐漸穩定與學術自身的發展,作爲御用工具的程朱理學的價值也逐漸被淡化。隨着君王對朋黨的憎惡,時移而事易,理學諸臣的驕奢淫逸,理學本身與生俱來的結朋納黨,生命力的喪失,使得朱子學的命運開始頹敗。程朱理學思想中不利於皇權統治的一面將會被根除。漢學以自身實證的學風和傑出的成就,切合了當時政治的需要,在學術界産生了積極的影響,朱子學原本一統的局面開始動摇,理學的學術地位開始邊緣化。故在政治、學術自身發展的雙重需求下,漢學成爲顯學,也就水到渠成。

從四庫館開館之前的學術動態考察,漢學已日漸勃興,士林宣導藏書、修書,學者們强烈呼籲,大臣們積極回應,社會向學。這些因素對乾隆帝不無影響,且乾隆早有修書之意,既可迎合時勢需求,又是爲了子孫基業,何樂而不爲? 因而,便通過修書達到錮蔽文化、統制思想的功效。而且當時的客觀基礎已經形成,官私藏書的興起,出版業的發達無疑給乾隆朝讀書人提供了博覽群書的良好條件,也爲編纂大型圖書準備了條件。於是,修書之勢成爲必

① 《聖祖仁皇實録》卷二百五十八,載《清實録》(第 6 册),第 552 頁。

② 李國鈞、吴宣德等編《中國教育思想史》第二卷,華東師範大學出版社,1995 年 1 版,第 424 頁。

然，乾隆三十七年下詔訪書，開四庫館。所以“四庫開館是政治與學術文化發展的雙重需要”①。

從《四庫》編修的標準與目的看，輯録的是那些足資啓牖後學，廣益多聞，而實在流傳已少，尚可裒綴成編者，又是古書中《古今圖書集成》未采録者。“今所録者率以考證精覈、論辨明確爲主，庶幾可以謝彼虚談，敦兹實學”②。當時，主張實學的考據學與《四庫全書》編纂關係密切。處於社會學術主流的漢學家們緊緊抓住這個展現自己學術主張的最佳機遇，藉此編修來弘揚漢學，以致漢學思潮盛極一時，這便打壓了其他學派或學術思想。例如入館修書的學者，多爲考據家，四庫館差不多成爲了漢學家的基地，引領着漢學學風，使得“近今之士，競尊漢儒之學，排擊宋儒，幾乎南北皆是矣”③。顯然，四庫館的編修在學術上的傾向性促成了宋學式微。

從四庫的主要館臣學術取向看，漢學派在館内學者中佔主流，宋學受冷遇。諸如彭元瑞、莊存與、邵晋涵、戴震、翁方綱等均爲漢學家，他們總體偏好漢學，厭惡宋學家的不切實際。總纂官紀昀重視經世致用之學，偏向漢學，時時暴露出崇漢抑宋的學術傾向，其《閲微草堂筆記》曰：“漢儒以訓詁專門，宋儒以義理相尚，似漢學粗而宋學精。然不明訓詁，義理何自而知?”這些因素對選録圖籍進入《四庫》有着直接的影響，因爲参與選輯、編纂日常事務和相關事項的館臣往往比乾隆更能左右選録的取向，如紀昀“在館十三年，始終其事，全書體例，皆一手所定”④。戴震以經學著稱，是當時南北學界都認可的大師，人稱“乾嘉學者第一人”，其思想情感對選録具有考據色彩的著述有很大影響。所以永瑢也承認“今所采輯，則尊漢學者居多”。實質上，漢學和宋學之間的相互攻駁，不衹是學術方法上的差異，更重要的還是學術思想的差異，這種“門户之争”，可以概括爲“攻漢學者，意不盡在於經義，務勝漢儒而已；伸漢學者，意亦不盡在於經義，憤宋儒之詆漢儒而已。各挾一不相下之心，而又

---

① 陳曉華《〈四庫全書〉與十八世紀的中國知識分子》，社會科學文獻出版社，2009 年 1 版，第 33 頁。

② 《欽定四庫全書總目》卷首“凡例”，載(清)永瑢、紀昀等編纂《欽定四庫全書》，上海古籍出版社影印文淵閣藏本，2003 年 1 版，第 1 册第 37 頁。

③ (清)袁枚《隨園詩話》卷二，清乾隆十四年刻本。

④ 郭伯雄《四庫全書纂修考》，嶽麓書社，2010 年 1 版，第 65 頁。

濟以不平之氣，激而過當，亦其勢然”[1]。

今從未被收入《四庫》的兩種注本内容來考察，我們發現施、張二人的注本都是宣揚程朱理學思想，有悖於乾嘉漢學主旨。施氏重視理學的統緒，采輯薛瑄、胡居仁、羅欽順、高攀龍的精要之語，注釋汪氏之書，進而發揮《近思録》微言大義，將宋代五子與元明四子統攝於《發明》一書；張氏《集解》尤重程朱理學義理的闡釋，詮釋的内容又涵蓋了南宋葉采集解《近思録》的内容，葉氏本已被收入《四庫全書》子部，而張氏的部分注解文字與其存在重複之嫌。這些對於依從君王旨意選取圖籍的館臣來説也很重要，同一性質的書内容有重複處，自會慎重考量。而且程朱之學並非此時帝王所崇尚，也非學界所推獎，此時研究理學者已不能成軍，即便宋學有顔色，而在一些有門户之見的館臣中則淡而無色。所以，在當時那樣的政治、學術背景之下，反映宋明理學的圖籍不易得到乾隆與館臣的嘉許，反映程朱理學思想的讀本，諸如施璜《發明》、張伯行《集解》不被選録，甚而成爲禁書，也是情理之中的事。

（三）清代的文化宰制對《四庫》選書有着至關重要的影響，館臣遵從上意，往往因人而廢其言、棄其書

清前期是文化高壓的時期，屢興文字獄，所形成的思想文化統治威懾，使得許多知識分子“著書都爲稻粱謀”。作爲清廷的最高統治者，他們深諳統治之術，通過一系列手段鞏固其統治，如對明遺民中的上層知識分子一向實行籠絡政策，打擊傾向於下層；通過告訐，讓漢人内鬥；並將文字高壓與禁書毁書相聯接，使反映先進思想或民族情緒的著述難以流佈。

乾隆之世，“海内殷富，素封之家，比户相望，實有勝於前代”[2]。作爲一代君王的乾隆自我感覺良好，曾自我標榜説：“朕稽古右文，聿資治理，幾餘典學，日有孜孜。”很想在文化上超越其祖父、父親。他欲通過編纂《四庫全書》昌明政教，得天下人心，達到思想的統一，實現思想統治、文化專制。而且在具體的編修過程中，乾隆時時以刑戮相尋，在搜訪輯録文獻的同時嚴查違礙

① 《欽定四庫全書總目》《詩類》總叙，載《欽定四庫全書》，上海古籍出版社影印本，第1册第320頁。

② （清）昭槤《嘯亭續録》卷二《本朝富民之多》，中華書局，1980年1版，第434頁。

之書。各地承辦督撫，爲了逢迎上意，苛求細搜，任意定其是非，以致有些書並無違礙也遭查禁。在此過程中，“文字之獄屢作，伏屍之禍接踵，慘酷之狀，亘古未有”，開館十年，大小案件不下四十餘起①。

由於朱子學者好發議論、指斥朝政，在這種文化專制背景之下，那些從事程朱理學研究與傳播的著述，很快成爲被打擊對象，遭受到不測之禍。如康熙時的戴名世案，雍正時的曾静案，受牽連者多爲崇信程朱理學的成員。那麼，作爲理學經典讀本《近思録》的注解之書，有無可能受文字獄的殃及呢？歷史告訴我們，清前期的許多崇尚朱子學者很難躲避文字獄的摧殘。當他們注解之書的某一方面或某些相關因素與帝王統治或其尊嚴發生矛盾時，統治者要廢棄的不僅僅是某個人的著述，更多時候牽連家族身家性命以及學界友人的前程、著述的流播。而作爲君王旨意的執行者——四庫館臣，一般不會理會那些凝結着程朱理學思想精華的圖書價值是如何之高，祇要一旦發現它們與君王之意相違礙，便會拒之門外。這種情形的出現並不足以爲奇，例如被《四庫》拒之門外的張伯行《集解》就是文化專制高壓態勢下的犧牲品。

乾隆時期的尹嘉銓爲父請謚並從祀文廟案就是典型例證。尹嘉銓，字亨山，尹會一(健餘)之子。雍正乙卯舉人。承家學，從王罕皆講習《小學》《近思録》，又執贄方苞②門下，授以《儀禮析疑》。官至甘肅布政使、大理寺卿。尹嘉銓認爲自己的父親尹會一的功績與文才足以够得上乾隆帝親自賜予謚號，在乾隆四十六年(1781)上疏爲父請謚，其狂妄未得乾隆理會。不久尹嘉銓又把父親尹會一的名字與湯斌、范文程、李光地、顧八代、張伯行等放在一起請求乾隆下旨準許他們從祀文廟，並且撰寫清代《名臣言行録》，把自己比附於朱熹。乾隆非常生氣，當年四月將其逮治處絞，並收查尹嘉銓所著書，認定其有違礙、狂悖的語句，結果其著述全被銷毁③。

乾隆四十六年正值編修《四庫》，由於至高無上的乾隆並不看重尹會一，對其子尹嘉銓上疏及其《名臣言行録》《朋黨論》甚爲不滿，故絞刑其人、毁滅

① 郭伯雄《四庫全書纂修考》，第 34 頁。

② 方苞，安徽桐城人，“桐城派”代表，以崇尚程朱理學爲旨歸。爲戴名世悖逆書作過序，曾受戴名世《南山集》案的牽纍。

③ 徐世昌等編纂《清儒學案》卷六十二《健餘學案》，第 2428 頁。

其著述。“懲治尹嘉銓，實際是貶抑好發議論、納黨結派的朱子學，提倡實學實風”[①]。此案自然禍及其父尹會一，那麼尹會一的著述則難以在《四庫》展露頭脚。儘管張伯行是乾隆帝父親嘉獎的理學名臣，可是因爲其《集解》在這之前主要是憑尹會一校訂而盛行於世，所以因爲尹嘉銓一案的牽連受纍，“禮樂名臣”的《集解》也不能被館臣收入《四庫》，而落入禁毁行列。今查《四庫禁燬書叢刊補編》，便可發現收録有清乾隆元年尹會一參訂的維楊安定書院刻本張伯行《集解》。

與此相似者，孫嘉淦編訂的《五子近思録輯要》也有類似結局。孫嘉淦授業於張伯行。歷官國子監司業、祭酒、順天學政，左都御史、刑部尚書、直隸總督、湖廣總督、工部尚書、翰林院掌院學士等。著《春秋義》十五卷行世，清世宗雍正非之，自悔曰：“吾學無真得，奈何妄測聖經！”遂並所著《詩》《删南華》，通毁其板，不復著書[②]。此前，孫嘉淦以國子祭酒督學京畿時，精審擇録宋五子之言，於雍正五年(1727)編成《五子近思録輯略》十四卷，刊刻教授生徒，流播較廣，如今猶存雍正五年刻本、國子監刻本、同治十二年霞城書院刻本。然而由於此書曾遭雍正毁版，在乾隆看來，它們屬於違礙書籍之列，以致《四庫》未予收入、《總目》不予著録。

從文字獄及相關忤逆之案的結果看，《近思録》文獻的傳播受其負面影響較大，殘酷的文化專制、君王獨尊的文化思想真切宰制了程朱理學在這一時期的發展與影響，造成因人而廢其言，結果是版毁書亡。

(四) 茅、江二人注本被選入《四庫全書》的主因，不僅關乎其本身呈現出的考據特色，而且得益於時代思潮相助與漢學家推重

“漢學對清代學術的貢獻，不但表現爲它徹底結束了宋明理學在學術領域中的獨尊地位，也表現爲它促使知識界比較徹底地擺脱了元明以來學術研究的空泛之風，開始以科學的態度和嚴謹的方法，對數千年文化遺産進行系統的考訂和整理”[③]。十八世紀古籍整理最重要、最具代表性的成果是《四庫

① 陳曉華《〈四庫全書〉與十八世紀的中國知識分子》，第 136 頁。

② 徐世昌等編纂《清儒學案》卷十二《敬庵學案》，第 586—587 頁。

③ 張傳鋒《〈四庫全書總目〉學術思想研究》，學林出版社，2007 年 1 版，第 309 頁。

全書》的編纂。該叢書收録《近思録》注本 3 種，即南宋葉采《近思録集解》、清代茅星來《集注》、江永《集注》。通過考察，我們發現除了葉采《集解》爲宋元明最具代表性注本應予收録外，清朝有考據特色的茅星來、江永注本也被全文收録，真可謂因人而異，因時而興。

茅星來(1678—1748)，字豈宿，號鈍叟，歸安人。明代茅坤後人。三十歲爲諸生，專攻經世及程、朱之書。念朱子《近思録》舊解未詳密，爲之集注，行止坐卧皆不輟，歷經三十年，於康熙六十年完成《集注》十四卷，其才識因之聲望甚高。因爲口吃，當時無人舉薦於朝。茅氏與果齋先生沈彤交往最久，沈彤與惠棟爲師友關係，在學界威望較高，因沈彤嘉獎，茅氏《集注》亦遂爲當時的士大夫推重。此注本"所重"在於考據，茅氏自言"名物訓詁雖非是書所重，亦必詳其本末，庶幾爲學者多識之一助"[①]，"《近思録集注》既成，或疑名物訓詁非是書所重，胡考訂援據之不憚煩爲？曰：此正愚注之所以作也"[②]。可見茅氏意在考證。

"康熙朝雖以程朱理學爲官方統治思想，而漢學一脉則在萌發"[③]。"乾、嘉間之考證學，可以説是清代三百年文化的結晶體"[④]，乾隆的四庫館差不多成了考證學者的大本營。漢學者注重實證，宋學者注重義理。相較於義理闡發成分較多的張伯行《集解》，茅星來、江永《集注》考據成分則較多。漢學重文字、音韻、訓詁、典章制度，在清前期的《近思録》衆多注本中，茅氏《集注》的注解方式和内容，體現了考據學的研究精神，即求諸訓詁、名物、典章制度等，注文博引毛、鄭、馬、賈、杜等人注文，注重實證，故漢學特色較明顯。正如館臣所云，他不僅"取周、張、二程全書及宋元《近思録》刊本參校同異"，而且"又薈萃衆説，參以己見，爲之支分節解，於名物訓詁，考證尤詳。更以《伊洛淵源録》所載四子事迹具爲箋釋，冠於簡端，謂之《附説》"[⑤]。

與茅氏之前的《近思録》其他注本相較，其不同之處，主要體現在茅氏追

---

① (清)茅星來《近思録集注原序》，載於《欽定四庫全書》，上海古籍出版社影印本，第 699 册第 129 頁。

② (清)茅星來《近思録集注後序》，載《欽定四庫全書》，第 699 册第 356 頁。

③ 龔書鐸主編，史革新著《清代理學史》(上)"緒論"，第 11 頁。

④ 梁啓超《中國近三百年學術史》，人民出版社，2008 年 1 版，第 25 頁。

⑤ 《近思録集注》"提要"，載(清)永瑢等撰《四庫全書總目》，第 781 頁。

本馬、鄭，探程、朱經説之本，茅氏自序曰："欲求程、朱之學者，其必自馬、鄭諸傳疏始。愚故於是編備著漢、唐諸家之説，以見程、朱諸先生之有本，俾彼空疏寡學者，無得以藉口焉。"他認爲宋以後的學者，"不復以通經學古爲事，於是彼稍稍知究心古學者，輒用是爲詬病，以謂道學之説興而經學寖微"。而且批評"《宋史》分道學、儒林爲二"，認爲經學與程朱之學是相互依存的，程朱之學是本於漢唐諸家之説，"欲求儒者之道於文章、訓詁中則可，而欲以文章、訓詁盡儒者之道則不可"，"馬、鄭、賈、孔之説經，譬則百貨之所聚也；程、朱諸先生之説經，譬則操權度以平百貨之長短輕重者也。微權度，則貨之長短輕重不見；而非百貨所聚，則雖有權度亦無所用之矣"①。

從茅氏注本可以發現，其鮮明的學術主張與館臣漢學傾向較吻合，館臣們看重的是他"於名物訓詁，考證尤詳"的地方，如《集注》卷九第三條："明道先生論十事：一曰師傅，二曰六官，三曰經界，四曰鄉黨，五曰貢士，六曰兵役，七曰民食，八曰四民，九曰山澤，十曰分數。"茅氏集注時，大量引證《周官》《周禮》《儀禮》《禮記》《春秋》《左傳》《漢書》《唐六典》以及漢唐人的注疏等。若從詮釋者的角度來説，注者往往結合自身體悟和時代取向去注解被釋之書，注文有着時代色彩、學術思想印迹和個人的主觀感悟。這也是因爲茅星來受其師友沈彤影響較大，果齋"《三禮》之學，清代最盛"，"取《周官》禄田、《儀禮》冠昏等禮疏之"，故茅氏《集注》在卷八、卷九部分引據三禮尤多。而且茅氏反對宋學"空談心性"，所言所行已流露出漢學秉持者的特徵，以考據見長，首開清人以考據方式注解《近思録》之風，所以其注文在版本、校勘、注釋上均運用文獻考證手段，導乎先路之影響不可小視，《四庫》全文收録其《集注》也就不足爲怪了。

江永在乾嘉考據學派中的地位甚高，"婺源江氏與元和惠氏同時並起，其後治漢學者皆奉爲先河。婺源之學，一傳而爲休寧，再傳而爲金壇、高郵。其學派傳衍，比於惠氏，爲尤廣大矣"②。戴震"學本出江永"，在考據學領域成就突出，在館臣中地位顯赫，江永的名聲固然不會像同時代的汪紱那樣暗淡，而是大顯於世。

---

① （清）茅星來《近思録集注後序》，載於《欽定四庫全書》，第699册第356頁。

② 《清儒學案》卷五十八《慎修學案》，第2245頁。

雍、乾時期已開始"尊崇漢學","乾隆以後,許、鄭之學大明,治宋學者已鮮。説經皆主實證,不空談義理。是爲專門漢學"[①]。衹是理學衰頽到尚未被抹殺的地步。江永既熱衷"義理",又求真求是,認爲《近思録》反映的是"義理根原,聖學體用",對"學者心身疵病,應接乖違,言之尤詳,箴之極切"[②]。作爲"漢學幟志",江永"邃於經學,究心古義,穿穴於典籍者深"。他以考據之法詮釋《近思録》,多引朱子語來注釋,"不薄宋儒"。其注文以朱注朱,引據詳洽,本身已透射出漢學特色,故四庫館總閲官朱珪曾高度贊許他"輯朱子之語以注朱子之書,至爲精切"。乾隆四十六年,館臣評價其注解云:"凡朱子《文集》《或問》《語類》中其言有相發明者,悉行采入分注,或朱子説有未備,始取葉采及他家之説以補之,間亦附以己意,引據頗爲詳洽,""雖以餘力爲此書,亦具有實例,與講學家空談尊朱子者異也。"[③]因爲其注文具有考據特色,以朱子精要之言作爲理解《近思録》的最好注脚,這既與他之前的注家有别,也彌補了以往注本的不足。所以在乾隆七年江永完成《集注》後不久,全文被收入《四庫》。

正因爲江永是漢學之祖,漢學强調師承,注而有所據,所以其注本被收入《四庫》,既與當時崇尚實學的考據學風有關聯,也與四庫館臣選擇的趣旨與標準相關。在《近思録》傳播史上,該注本是繼葉采《集解》之後最具代表性的注本,在清中後期江永《集注》多達三十餘種,如王鼎校次本,張日晸、吴棠、應寶時重刊本等,這是其他注本無法媲美的[④]。因此,從後世的反響看,也有力地佐證了江氏注本具有的學術價值。

事實上,朱熹對樸學界影響也很大,"清代樸學家們從事考證的途徑和方法,也有不少的方面是繼承朱熹的治學遺規而發展起來的"[⑤]。從江永《集注》可以發現,他並非排斥程朱理學,用考據之法來注釋理學讀本,意在回到朱熹的世界尋找解釋《近思録》的最好理據。

---

① (清)皮錫瑞《經學歷史》,中華書局,2004 年 7 月 1 版,第 250 頁。

② (清)江永《近思録集注序》,載於江永集注《近思録》,清嘉慶十二年刻本。

③ 《近思録集注》"提要",載(清)永瑢等撰《四庫全書總目》,第 781 頁。

④ 筆者拙作《江永〈近思録集注〉版本源流考》,載於《文獻》2007 年第 1 期,第 113—123 頁。

⑤ 張舜徽《清儒學記》,齊魯書社,1991 年 11 月 1 版,第 388 頁。

(五) 結語

有清一代,我國現存《近思録》及其整理本不少於 135 種,其中康熙、光緒年間的傳本尤多,分别佔到 20%、26%,相比之下,乾嘉時期理學著述卻顯得比較沉寂,《近思録》文獻在清代的流佈呈明顯的啞鈴狀。這與上述乾嘉時期政治、學術思想的轉變、過分尊漢抑宋、君王文化摧殘不無關係。

乾隆年間編纂的《四庫全書》,其學術價值和意義雖不言而喻,即推動了精覈翔實的漢學之風盛行,但是它既保存了文化,又摧殘了文化,使得當時的學術發展必須與官方認可合流。施璜《發明》、張伯行《集解》等注解本不被《四庫》收録,而茅氏、江氏《集注》卻被收録,這其中則隱含着很深的政治因素、複雜的學術思想問題,收與不收,門户之見亦昭然。

事實上,施璜《發明》、張伯行《集解》的刊行、流佈,與清前期理學的興衰相浮沉,以康熙爲代表的封建帝王奉行崇儒重道的文化策略,尊程朱理學爲儒學正宗,弘揚該思想的著述可得到大力傳播,符合當時的政治、學術願景。而乾隆時代,理學的不振以及對理學諸臣的失望,加以經學稽古之風的方興未艾,乾隆遂專意寵獎經學①。如此一浮一沉,恰恰也鑒證了清前期的學術思潮,又是對理學、漢學在此階段遭際的很好解讀。

第三節　張伯行"三録"版本考

張伯行通濂洛關閩諸儒之書,爲清初理學名臣。爲政之餘,自著及編纂文獻多種,主要著述被彙刊在《正誼堂全書》中,以之來推廣其表彰程朱之學、道統與治統合一的理念,在後世影響很大。張伯行的理學思想略見於《正誼堂文集·續集》,遵循程朱之説,奉"主敬以端其本,窮理以致其知,躬行以踐其實"三言爲準的,其思想明顯有堅守程朱學統的純粹性,但又趨於保守②。

在衆多理學著述中,張伯行對《近思録》很是推崇,其關於"近思録"的著述有"三録",即《近思録集解》十四卷、《續近思録》十四卷、《廣近思録》十四卷。"三録"是反映程朱之學的書籍,張氏意在用它們來垂範正學之型,以輔

① 陳祖武《乾嘉學派研究》,河北人民出版社,2005 年 1 版,第 17 頁。

② 楊菁《清初理學思想研究》,(臺北)里仁書局,2008 年 1 月初版,第 416 頁。

助清朝皇帝治世之需。這三部書均成書於清康熙年間，幾乎在成書同時姑蘇正誼堂便予以刊行，流播較廣。在清同治年間，福州正誼書院又在姑蘇正誼堂刊本的基礎上進行重刻，流佈於東亞。今分别考述如下。

一、張伯行《近思録集解》版本考

張伯行集解《近思録》十四卷，成書於清康熙四十九年(1710)。據張氏《近思録集解序》説，清初理學雖衰，但朝廷特推崇程朱一派，“皇上德邁唐虞，學配孔孟，性功與王猷並懋，道統偕治法兼隆，故六經、四子而外，每於濂洛關閩四氏之書，加意振興，以宏教育”。加之張伯行本身崇敬程朱之學，故對朱熹主編《近思録》稱頌有加，説“集諸儒之成者朱子也，采摭遺書，作《近思録》，而性功王事該焉”，“惟子朱子承先啓後，崇正闢邪，振寰宇之心思，開一時之聾聵。亟取周子、二程子、張子各書，采其關於大體、切於日用者，輯爲是《録》，俾學者尋繹玩味，心解力行。庶幾自近及遠，自卑升高，而詖淫邪遁不能淆，訓詁詞章不得而汩没焉”。於是，張伯行“束髮受書，垂五十餘年，兢兢焉以周、程、張、朱爲標準，而於朱子是《録》尤服膺弗失。間嘗纂集諸説，謬爲疏解”，希望與天下同志“不負先儒諄復誨誘之心”，“以維持道脉、光輔聖朝斯文之盛”。當他完成注解《近思録》一書後，“爰命李生丹桂、史生大範校梓”，於康熙五十一年(1712)仲夏在姑蘇之正誼堂作序記之。

現存張伯行《近思録集解》版本主要有：

(一)清康熙五十一年姑蘇正誼堂刻本

張伯行集解《近思録》十四卷，初刻本由李丹桂、史大範校刊，每半葉九行十七字，注文小字雙行同，左右雙欄，有界行，框高 18.20 釐米，寬 13.40 釐米。白口，單(黑)魚尾。版心魚尾上方刻書名“近思録”，魚尾下刻卷次(如“卷之一”)、頁碼，版心下端刻“正誼堂”三字。卷一卷端首行頂格題“近思録卷之一”，越四字格題“張伯行集解”；次行低二字格刻本卷篇名“道體”，下刻小字本卷語録數“凡五十一條”；第三、第四行均低三字格刻本卷提要，第五行頂格刻正文。《近思録》原文刻作大字，張伯行注文刻作雙行小字，刻本每條語録單列，頂格刻印。卷末尾題“近思録卷之某終”。刻本“玄”改作“元”。

此刻本卷首有書名兼牌記葉，在四周雙欄的板框天頭處，横行刻印“康熙四十九年鐫”，框欄内分三豎格，自右至左刻印“張大中丞訂/近思録集解/正誼堂藏板”。該葉上鈐圓形朱文印“性學真傳”，右上鈐橢圓形朱文印“讀書種子不絶”，右下鈐方形白文印“正誼堂藏板”，左下鈐長方形朱文印，文字是：“本衙纂輯儒書，前後付梓，爰公同好。近聞坊間翻板射利，殊屬可恨，一經察出，必不姑貸。”

正文前刻有清康熙五十一年張伯行《近思録序》（序文後原版刻有兩方印，陰文“張伯行印”，陽文“孝先”）、朱熹《近思録原序》、吕祖謙《近思録原序》、《近思録群書姓氏》。

依據此刻本的卷首牌記及張伯行作序時間，《集解》初刻本由姑蘇正誼堂於清康熙四十九年開雕，康熙五十一年（1712）刊成，故而可稱爲清康熙五十一年姑蘇正誼堂刻本。

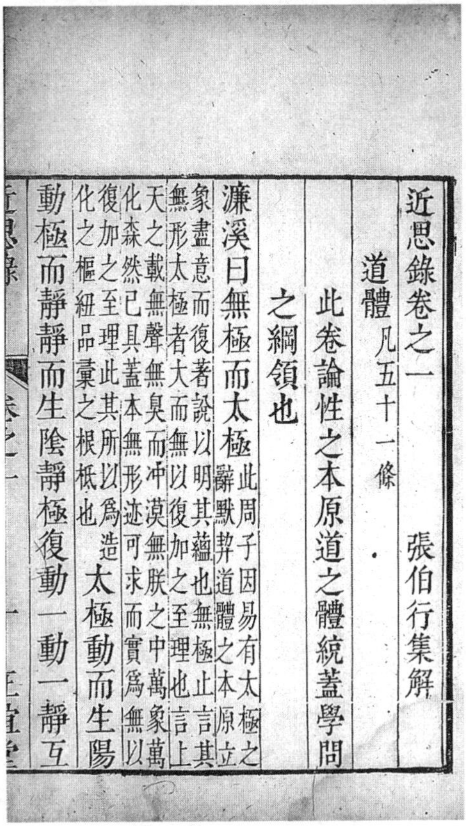

圖 3－39　張伯行《近思録集解》，清康熙五十一年姑蘇正誼堂刻本

此刻本刻印精美，流佈東亞較廣，如寧波天一閣、吉林省圖書館、韓國梨花女子大學校、日本東京大學總合圖書館（B60—698 號，書影見圖 3－39）等皆有藏。天一閣藏本與東京大學藏本的框欄斷痕一樣，應是同一版印。

張氏《集解》十四卷的篇名與葉采《集解》明代刻本相近，除卷十二“戒警”（筆者按，葉采擬作“警戒”），卷十三“辨别異端”（筆者按，葉采擬作“辨異端”），卷十四“總論聖賢”（筆者按，葉采擬作“觀聖賢”）外，其餘與葉采相同，很可能是在葉采基礎上擬訂篇名。

該刻本應是張伯行對《近思録》622 條語録進行了注解，但是依據初刻本各卷卷端題署的語録條數，總計衹有 620 條。筆者將它與葉采《集解》元刊本比較後發現，此本的卷七卷端雖題云“凡三十八條”，而其内容則有 39 條，究其原因則是刻本將“君子思不出其位”條與“人之止”條合二爲一，實際上應將“人之止”條單列刻印；此本的卷十一卷端題云“凡二十條”，而其内容有 21 條，或許刊者於“條”字上漏刻“一”字所致。因而，張氏《集解》内容依然是 622 條。

張伯行《近思録集解序》曰：

> 集群聖之成者孔子也，删定往訓，垂爲六經，而道統治法備焉。集諸儒之成者朱子也，采摭遺書，作《近思録》，而性功王事該焉。夫以堯、舜、禹、湯、文、武、周公之聖，使不得孔子繼起而紹述之，則《詩》《書》《禮》《樂》，雖識大識小之有人，而殘闕滅裂之餘，誰爲闡聖言於來禩？以周子、程子、張子諸儒之賢，使不得朱子會萃而表章之，則微文大義，所與及門授受而講貫者，即未盡泯没於廬山之阜、伊洛之濱、關中之所傳貽，然而斯人徒與，寥落幾何？一脉綿延，安恃不墜？況其時又有介甫之堅僻，楊、劉之纖巧，佛、老之寂滅虚無，浸淫漸染，卒難劃除，其勢皆足爲吾道敵。惟子朱子承先啓後，崇正闢邪，振寰宇之心思，開一時之聾聵。亟取周子、二程子、張子各書，采其關於大體、切於日用者，輯爲是《録》，俾學者尋繹玩味，心解力行。庶幾自近及遠，自卑升高，而詖淫邪遁不能淆，訓詁詞章不得而汩没焉。此則許魯齋所稱“爲入聖之基”，而朱子亦謂“四子，六經之階梯；《近思録》，又四子之階梯”者也。噫！堯、舜、禹、湯、文、武、周公雖聖，得孔子而益彰；周子、二程子、張子雖賢，不亦得朱子而益著哉！我皇上德邁唐虞，學配孔孟，性功與王猷並懋，道統偕治法兼隆，故六經、四子而外，每於濂洛關閩四氏之書，加意振興，以宏教育。近復特頒盛典，俎豆宫墻，躋朱子於十哲之次。誠以集群聖之成者孔子，用是師表於萬世；集諸儒之成者朱子，故能啓佑乎後人也。伯行束髮受書，垂五十餘年，兢兢焉以周、程、張朱爲標準，而於朱子是《録》尤服膺弗失。間嘗纂集諸説，謬爲疏解，極知淺陋無當，然藉是以與天下之有志者端厥趨向，淬厲濯磨，毋厭卑近而鶩高遠，毋覬凌躐而遁虚無，然後優柔厭飫，有先後次序，所謂江海之浸，膏澤之潤，涣然冰釋，怡然理順，以不負先儒

諄復誨誘之心也。於是乎士希賢而賢希聖，其以維持道脉，光輔聖朝，斯文之盛未艾矣。爰命李生丹桂、史生大範校梓，而書此以爲序。康熙五十一年壬辰[①]仲夏穀旦儀封後學張伯行題於姑蘇之正誼堂。

(二) 清乾隆元年維揚安定書院刻本，尹會一重訂

安定書院原爲紀念宋代大儒胡瑗(安定先生)而建，位於江蘇揚州，初建於清康熙元年(1662)，故名曰“維揚安定書院”。作爲學術交流的主要場所，該書院既聚集了大量學者，又刊行典籍傳播優秀思想文化。清雍正年間，尹會一在揚州爲政時，曾與該書院山長王步青(罕皆)鋟梓張伯行《集解》。尹會一(1691—1748)，字元孚，號健餘，直隸博野(今河北保定)人。清雍正二年進士，纍官河南巡撫，工部、吏部侍郎。他篤信程朱，“一以朱子爲宗”，“爲學務在力行，於古今學術純駁，審擇之而未嘗攻斥”。文以序記居多，著有《續洛學編》《重訂小學纂注》《健餘劄記》等。其子尹嘉銓[②]。

張伯行集解《近思録》初刻本在康熙五十一年面世後，歷經數年，姑蘇正誼堂版因年久“漫滅”需要修訂。據乾隆元年尹會一《重刻近思録集解序》説，他在淮海(揚州)做知府時，有意與王罕皆太史“商重鋟之”，考慮到“《集解》舊節四十餘條，先生當自有意。顧念後出晚進，未睹朱子原編，兹悉爲增列，采宋葉平巖先生輯注參補之，欲學者得盡見此書之全也”[③]。於是出現了清乾隆元年安定書院刻本。

這部由尹會一參訂的《集解》本，每半葉九行十七字，注文小字雙行同。左右雙欄，有界行，框高 17.70 釐米，寬 13.40 釐米。白口，單(黑)魚尾。版心魚尾上方刻書名“近思録”，魚尾下刻卷次(如“卷之一”)、篇名(如“道體”)、頁碼。其卷端編次題識與上述康熙五十一年刻本同。“玄”字避諱改作“元”，“弘”字闕末筆，或改作“宏”。此本天頭地脚闊綽，刻印精美。

刻本首册卷首有書名兼牌記葉，在四周雙欄的板框天頭處刻印“張儀封

---

① 清乾隆元年尹會一校訂重刻本所刻此序，將“康熙五十一年壬辰”改作“康熙四十九年庚寅”。

② 參見《清儒學案》卷六十二《健餘學案》，第 2409 頁。

③ 清乾隆元年尹會一《重刻近思録集解序》，載於(清)張伯行《近思録集解》，清乾隆元年維揚安定書院刻本，尹會一參訂。

先生原書”，框欄内分三豎格，自右至左刻印“博陵尹健餘重訂/近思録集解/維揚安定書院録”。

該本正文前依次刻有清康熙四十九年張伯行《近思録集解序》、乾隆元年尹會一《重刻近思録集解序》、朱熹《近思録前引》、吕祖謙《近思録後引》、《葉平巖先生近思録集解原序》、《近思録群書姓氏》、《近思録目》。

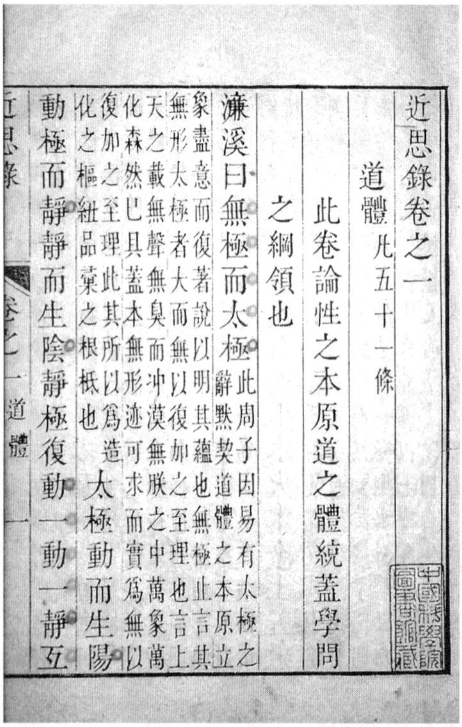
近思錄卷之一
道體 凡五十一條
此卷論性之本原道之體統蓋學問
之綱領也
濂溪曰無極而太極此周子因易有太極之
辭黙契道體之本原立
象盡意而復著說以明其蘊也無極止言其
無形而太極者大而無以復加之至理也言上
天之載無聲無臭而冲漠無朕之中萬象萬
化森然已具蓋本無形迹可求而實爲無以
復加之至理此其所以爲造
化之樞紐品彙之根柢也太極動而生陽
動極而靜靜而生陰靜極復動一動一靜互
近思錄 卷之一 道體 一
中國科學院圖書館藏

圖 3－40 《近思録集解》，
清乾隆元年維揚安定書院刻本

從上述内容考察，儘管此本卷一卷端没有題何人所撰所校之類的文字，但是在《近思録目》的卷端有題署，即“子朱子原編/儀封張孝先先生集解/博陵後學尹會一參訂，受業江都高堂賡、儀徵張文校”。依據牌記、避諱字、尹會一作序時間等，我們基本可確定這是清乾隆元年（1736）維揚安定書院刻本，尹會一參訂，尹會一門人高堂賡、張文校勘。張伯行集解、尹會一參訂的《集解》雖源自早期刊本，但是已明顯有了尹會一校訂的痕迹，如其十四卷的篇名與康熙刻本並不完全相同，卻與葉采《集解》明刻本完全相同，反映出尹會一參照葉采注本的做法。

《近思録集解》乾隆元年維揚安定書院刻本流佈較廣，東亞各國多有收藏。中國科學院圖書館藏本（書影見圖 3－40），4 册，卷首有佚名墨筆批注，其内容爲《欽定四庫全書總目提要》子部儒家類總叙及其案語。另外在尹會一序文後的空白欄中，有佚名緑筆抄録的文字，内容是概述《四庫全書總目》子部儒家類葉采《集解》“提要”，肯定《近思録》爲朱、吕二人同撰。正文中還有緑筆句讀。緑筆注解文字中“淳”字改作“湻”字，依此推測當是清同治年間人所爲。鈐朱文印“迪生寓目”“海上袁氏藏書”。

華東師範大學藏本，其版式、版框高寬、序文、正文内容均與中科院藏本同，當是同一版。鈐白文印“丙平”“陳氏書籍子孫是教鬻及借人斯□不孝”，朱文印“用儀盥讀”“仙元”。此藏本卷十一第十二葉、卷十二第七葉爲抄配。復旦大學藏本，6 册，著録爲“安定書院，乾隆元年”版。

關於張伯行《近思録集解》“舊節四十餘條”，尹會一説自己是采輯葉采《集解》參補，那麼哪些語録是增訂的呢？如果寧波天一閣所藏康熙五十一年初刻本是没有删節前的本子，那麼這個刻本爲何是 622 條呢？而且這個語録條目數則是史上對《近思録》語録的普遍確認。這未免令人生疑，天一閣藏本是不是初刻本呢？

在查閲乾隆元年刻本時，我們有意將其與康熙五十一年刻本進行比較，發現二者並無太大的差異。例如卷六的《近思録》原文，初刻本與尹會一參訂本相較，除第 13 條“問孀婦”條外，餘則同。關於乾隆元年安定書院刻本爲何將初刻本的此條改换作“伊川曰今人多不知兄弟之愛”條，詳見後文論述。對於初刻本卷六中的張伯行注解文字，尹會一僅對部分注文作了增删訂補，如第 11 條“問行狀云”下，改張伯行注爲：“《明道先生之行狀》，伊川所作也。《行狀》言明道盡性至命，必本於孝悌，或人不識……又誰謂盡性至命不自孝悌中見之哉！”“此又類而推之，以明此理之通一無二也……何况孝悌爲人根本事乎！”“盡性至命既本於孝悌，則有孝悌之人……未嘗不暗合也。”

又如張伯行《集解》卷七，尹會一參訂本的卷端，在卷名“出處”下，題署“凡三十九條”，這與本卷收録的語録數相一致①；而初刻本則是題署“凡三十八條”，顯然没有安定書院刻本精審。對此卷的《近思録》原文，尹會一衹是進行了小的改動，如第 20 條“伊川曰人之止難於久終”條，初刻本没有單列刻印，且無“伊川曰”三字，尹會一既單列又增添三字；又如第 25 條“伊川曰人苟有”條中，“是實見得須是有見不善”句中初刻本的“須是”，尹會一改作“及”。對於本卷張伯行注解文字，尹會一至少對 14 條語録的注文進行了或多或少的增删修訂。

爲了更確切闡明尹會一參訂本與康熙五十一年刻本的關係，我們在比對

---

① 乾隆元年尹會一參訂本《集解》的卷十一，卷端在卷名下題署“凡二十一條”，也與本卷實有 21 條語録相吻合，相較於康熙五十一年刻本，則更爲嚴謹，因爲初刻本題作“凡二十條”。

兩種版本後，歸納出乾隆元年尹會一參訂本四大特色：

一是對至少 39 條語録的注文作了增補，即卷一的第 46—51 條，卷二的第 103—111 條，卷三的第 71—78 條，卷四的第 68—70 條，卷五的 38—41 條，卷九的第 25—27 條，卷十二的第 32、33 條，卷十三的第 11—14 條。尹會一在參酌訂補這些注文時，大多數都依據葉采《集解》的注文加以發揮，而非照搬葉采注文，一般都是在每卷增補注解的首條注文末加一小圓圈"○"給讀者以提示，如卷一第 46 條，即在"横渠曰鬼神者"條注文末加一小圓圈"○"，隨之云："此下六條《集解》闕，今照原編補列，注參葉本。"再如卷四第 68 條，即在"横渠曰定然後始有"條末注云："此下三條《集解》闕，今照原編補。"

關於尹會一所言"《集解》闕"，頗令人疑惑。因爲他訂補的 39 條語録的《近思録》原文，在康熙五十一年刻本中皆有，且有張伯行注解文字。至於尹會一增補的注文，則基本上都是參照葉采注文。今以卷二第 103 條爲例列表如下：

<table>
<tr><td colspan="3">心大則百物皆通，心小則百物皆病。</td></tr>
<tr><td>張伯行《集解》康熙五十一年刻本的注文</td><td>尹會一參訂，乾隆元年刻本的注文</td><td>葉采《近思録集解》注文</td></tr>
<tr><td>心大則虚公朗徹，藴蓄多而意旨融，故百物遇之皆豁然而無所不通。心小則狹隘昏塞，包容少而神思亦滯，故所見百物皆窒礙而無所不病。何以大其心？亦在居敬窮理而已。</td><td>人心虚靈，具衆理而應萬事，原是廣大的，惟能涵養此心，寬平宏遠，自然處己待人無往而不達。若氣拘習蔽，不加擴充，則此心小偏急固陋，無所處而不爲病矣。故學以治心爲要也。</td><td>心大則寬平弘遠，故處己待人無往而不達；心小則偏急固陋，無所處而不爲病也。</td></tr>
</table>

二是更换《近思録》語録内容或改動部分卷名。例如《集解》卷六的第 13 條語録，尹會一校訂時改作："伊川曰：今人多不知兄弟之愛。且如閭閻小人，得一食必先以食父母，夫何故？以父母之口重於己之口也。得一衣必先以衣父母，夫何故？以父母之體重於己之體也。至於犬馬亦然。待父母之犬馬，必異乎己之犬馬也。獨愛父母之子，卻輕於己之子，甚者至若仇敵。舉世皆如此，惑之甚矣。"又如依照葉采《集解》本，將卷十二篇名改爲"警戒"、卷十三篇名改爲"辨異端"、卷十四篇名改爲"觀聖賢"。

三是增補《近思録》某條語録中的一段文字，並作注解。如卷二的第 89

條,尹會一在張伯行《集解》末增添的《近思録》原文是"横渠學堂雙牖……曰東銘",注文爲"頑者暴忍……義指自揮"。又如卷十三的第12條,尹會一據葉采《集解》增補原文"又曰自身……覺處",又據葉本增補注文。而《近思録》的這些語録文字及注文,在康熙五十一年刻本中均無。

四是調整個别《近思録》語録的歸屬。如卷十,康熙年刻本卷端署"六十四條",第64條語録是"横渠曰人教小童"條,而尹會一校訂本卷端所署語録條數與康熙年刻本雖同,但實際上此卷没有此第64條,而是將其歸屬於第十一卷。卷十一,康熙刻本卷端題署"二十條",其内容實際上有21條,而尹會一校訂本的卷端題署"二十一條",若加上從卷十移至此卷的"横渠曰人教小童"條,則總數應是22條。由此可見,尹會一校訂本存在卷端題署語録數與實際内容不一的瑕疵。

從尹會一校訂的《集解》整本書考察,相較於初刻本,尹會一的參訂本《集解》與康熙五十一年刻本的《近思録》原文基本相同,然有至少39條語録的注文與之完全不同,而且在其他語録中,尹會一還或多或少地對張氏注文進行了增删訂補。但是,《集解》乾隆元年刻本即便有多處注文存在增删改動,然而這些改動之處的表述、行文與康熙五十一年刻本注文的表述風格並無明顯的異樣,或許還是出自張伯行之手。這與後人評價張伯行注解"不憚冗煩""務於精細"相一致。由此推斷,如果像尹會一所言張伯行删去"四十餘條",那麼張氏爲何在自己的序文中卻隻字不提?這樣大的改動可不是一件小事。如果如尹會一所言,尹氏等人依據葉采《集解》訂補了四十餘條,可是在初刻本與尹會一參訂本的比較中,除了卷六有1條明顯更换外,並未見到對《近思録》原文的大改。因而總體考察後,我們認爲尹會一見到的"《集解》舊節四十餘條,先生當自有意"的本子,很可能不是如今我們在前文已考訂的初刻本,或許尹會一依據的底本是另外一種删减本,或許尹會一是在未得原刻本的情况下進行"妄補"。對此,筆者比較贊同羅争鳴的推斷①,即依據姑蘇"正誼堂藏板"字樣上所刻版權聲明:"本衙纂輯儒書,前後付梓,爰公同好。近聞坊間翻版射利,殊屬可恨,一經察出,必不姑貸。"可知張伯行時代的正誼堂刻書,

① 羅争鳴《漢宋之争與文化專制:張伯行〈近思録集解〉刊刻、流傳論考》,載於嚴佐之、顧宏義主編《〈近思録〉文獻叢考》,上海古籍出版社,2018年1月第1版,第158—172頁。

彼時就有盜版者，尹會一所見舊版，很值得懷疑。其所見舊本，很可能並非原版初刻，若確是初刻，也或有殘闕。尹會一以爲張伯行删去40餘條，"當自有意"，很可能是"被蒙蔽"的想當然之語，張伯行原本的《近思録集解》根本没有删除這40餘條。

由此看來，研究朱子學的名家陳榮捷《朱學論集》因爲没有分辨康熙五十一年刊本與乾隆元年尹會一校訂本，在論述中往往出錯，説"張伯行"將卷六的第13條語録更换了，這是陳先生之誤。近年來在整理張伯行《近思録集解》時，因爲不明白原刻本與尹會一參訂本之間的關係，有人把尹會一訂補的語録條目直接當作張伯行注解本，如張京華輯校的《近思録集釋》，對尹會一據補的條目，就直接署作"張伯行集解"，似乎有點"尹冠張戴"①。所謂"尹冠"，因尹會一據補的有些條目完全抄自葉采《集解》，有的注文則是在葉采注解的基礎上略作發揮而成，有尹氏自己的思考和斟酌。遺憾的是很少有人注意這些細節，遂以爲是張伯行原注之誤。

另外，關於尹會一的參訂本，還有一個謎團，即尹會一自言是據《集解》所闕，按照原編補列40條，且參考葉采《集解》進行注解。我們在梳理比對時，發現其增補注文的語録中有38條是"横渠"語録，爲什麽尹會一所依據的底本特意删除這麽多張載的語録呢？因不得尹氏當初所見舊本，故難言其詳。

清乾隆元年尹會一《重刻近思録集解序》曰：

> 子朱子有言："修身大法，《小學》書備矣；義理精微，《近思録》詳之。"誠以二書固聖道之階梯，學者所宜亟盡心也。自人騖詞章，此二書或罕寓目，欲以入道難矣。余備官淮海，以商士請，因安定故祠闢書院，延余同年友王罕皆太史爲師。既進諸生，屢申《小學》，尤欲以《近思録》與講明而切究焉。儀封張先生《集解》，致爲曉暢，惜版已漫滅，乃與太史商重鋟之。蓋太史故嘗講學於先生之門，而余亦獲交嗣君西銘憲副，竊聞庭訓，得藉手兹編，廣先生教澤，余二人實厚幸焉。按《集解》舊節四十餘條，先生當自有意。顧念後出晚進，未睹朱子原編，兹悉爲增列，采宋葉

① 《近思録集釋》(上下)收録葉采、張伯行、茅星來、江永四家注解，張京華輯校，嶽麓書社，2010年1版。

平巖先生輯注參補之，欲學者得盡見此書之全也。謹序。乾隆元年丙辰夏五博陵後學尹會一書於維揚使院。

（三）清乾隆十三年尹會一重修本

張伯行集解《近思録》十四卷，尹會一參訂的本子猶有乾隆十三年刻本存世。據清乾隆十三年尹會一《重訂近思録集解序》，尹會一乾隆元年重刻《近思録集解》後，於乾隆十三年督學江蘇，“爰取安定書院所藏《近思録》舊版，重加修補，與《小學》並行”[①]。

該修補本，每半葉九行十七字，注文小字雙行同。左右雙欄，有界行，框高 17.50 釐米，寬 13.40 釐米。白口，單（黑）魚尾。其編次、版式特徵與乾隆元年刻本同。此刻本“玄”字改作“元”，“弘”字闕末筆，或改作“宏”（書影見圖 3－41）。

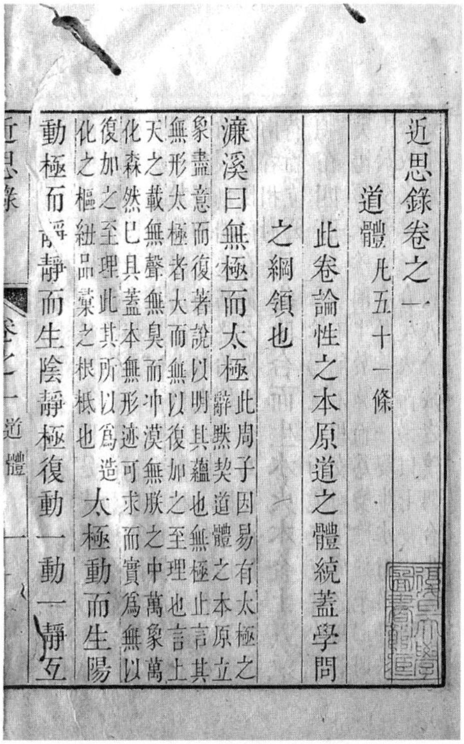
近思錄卷之一
道體凡五十一條
此卷論性之本原道之體統蓋學問之綱領也
濂溪曰無極而太極此周子因易有太極之辭黙契道體之本原立其象盡意而復著說以明其蘊也無極止言其無形太極者大而無以復加之至理也言上天之載無聲無臭而冲漠無朕之中萬象萬化森然已具蓋本無形迹可求而實爲無以復加之至理此其所以爲造化之樞紐品彙之根柢也太極動而生陽動極而靜靜而生陰靜極復動一動一靜互
近思錄 卷之一 道體

圖 3－41 《近思録集解》，清乾隆十三年尹會一重修本

卷首刻有書名葉，在四周雙欄的板框内分三豎格，自右至左刻“江蘇督學尹 重訂/近思録集解/安定書院藏板”。刻本卷首刻有清乾隆十三年尹會一在澄江書院撰寫的《重訂近思録集解序》（序文末原版刻有兩方印：陰文印“尹會一印”、陽文印“元孚”）、朱熹《近思録前引》、吕祖謙《近思録後引》、《近思録群書姓氏》、《近思録目》（卷端題“子朱子原編/儀封張孝先先生集解/博陵後學尹會一參訂，受業江都高堂賡、儀徵張文校”）。

① 清乾隆十三年尹會一《重訂近思録集解序》，載於（清）張伯行《近思録集解》，清乾隆十三年尹會一重修本。

根據上述信息可知此刻本是尹會一"視學江蘇"時主持重訂,即在原安定書院刻本的基礎上重新訂補而成,乾隆十三年(1748)刊刻,刻板藏於安定書院。復旦大學圖書館有藏(編號 601307),一函四册。鈐朱文印"繼善",白文印"有恒"。復旦大學藏本著録爲"維揚安定書院,清乾隆元年"版,"乾隆十三年尹會一重修本"。

筆者將此本與乾隆元年刻本卷一、卷二、卷六比較後,發現兩種版本僅個别字形有異,無大的改動。如卷二"伊川曰動以天爲无妄"條中,乾隆元年刻本"故《無妄》之彖曰"的"無",乾隆十三年重修本改作"无",顯然得當。

清乾隆十三年尹會一《重訂近思録集解序》曰:

> 余備官淮海,時闢安定故祠爲書院,與山長王罕皆太史每進諸生,申以《小學》,旋録張清恪公《近思録集解》,講明而切究之。誠以"修身大法,《小學》書備矣;義理精微,《近思録》詳之"。考亭之言,固俟諸百世而不惑者也。又云"《近思録》一書,無不切人身救人病者",則是精微之理,反求自得,所謂"近思",其義尤明。學者未入其門、未歷其階而漫語博通,雖日從事於六經、四子之書,恐猶昧於以類而推之要旨,其他又何論焉! 自余視學江蘇,所以奉行功令,發揮《小學》者,不遺餘力矣。訂刊纂注既成,爰取安定書院所藏《近思録》舊版,重加修補,與《小學》並行。有志之士苟能循是爲功,既厚培其本根,復詳求其次第,設誠於内而致行之,則博與約相乘互進,當有日新而不能已者,若陟遐必自邇,其於道也蓋庶幾焉。乾隆十有三年戊辰如月博陵後學尹會一題於澄江書院。

(四)清乾隆十三年之後的尹會一抄本

張伯行集解《近思録》在乾隆十三年刊梓之後,曾經出現過抄寫本。此本是在素紙上影抄而成。每半葉九行十七字,注文小字雙行同。版心所抄與上述乾隆十三年刻本同,卷端編次、行款亦同。抄録者字體雋秀,抄寫工整,美觀大方。

該抄本卷前依次抄有清乾隆十三年尹會一《重訂近思録集解序》、康熙四十九年張伯行《近思録集解序》、乾隆元年尹會一《重刻近思録集解序》、《葉平巖先生近思録集解原序》、朱熹《前引》、吕祖謙《後引》、《群書姓氏》、《近思録目》(卷端題記“子朱子原編/儀封張孝先先生集解/博陵後學尹會一參訂,受業江都高堂賡、儀徵張文校”)。

此抄本卷首尹會一的《重訂近思録集解序》,内容與乾隆十三年尹會一重修本序文相同,而且在尹會一序文後鈐有兩方印:白文“尹會一印”、朱文“元孚”。由此推斷此抄本恐出於尹會一之手,即尹氏抄於澄江書院。

此本抄寫的體例、正文内容均與乾隆十三年刻本同,從此抄寫本與乾隆十三年刻本相似程度看,二者存在抄與被抄關係,書體不同。儘管没有其他文獻資料能確切説明該本的抄録者、具體年代,但從抄本“弘”字闕末筆的避諱推測,應是乾隆年間抄寫,或在乾隆十三年之後。

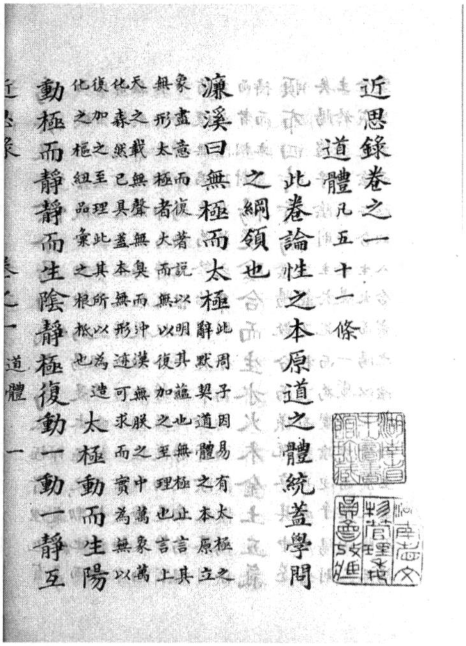
近思録卷之一
道體 凡五十一條
此卷論性之本原道之體統蓋學問
之綱領也
濂溪曰無極而太極
動極而靜靜而生陰靜極復動一動一靜互

圖 3-42 《近思録集解》,
清乾隆十三年之後的尹會一抄本

此本藏於湖南圖書館(書影見圖 3-42),4 册。天頭地脚闊綽。鈐朱文印“湖南省文物管理委員會收藏”“湖南省中山圖書館珍藏”。《中南、西南地區省、市圖書館館藏古籍稿本提要》有著録:“《近思録》十四卷,宋朱熹、吕祖謙編,清張伯行集解。清影抄清乾隆十三年尹會一刻本。四册。”[1]若是“影抄”,爲何書體有異呢?

(五) 清同治五年福州正誼書局重刻本

張伯行集解《近思録》十四卷,尹會一參訂本,在清同治年間有重刻本。每半葉十行二十二字,注文小字雙行同,左右雙欄,有界行,框高 18.10 釐米,寬 13.90 釐米。白口,單(黑)魚尾。版心魚尾上方刻書名“近思録”,魚尾下

① 陽海清主編《中南、西南地區省、市圖書館館藏古籍稿本提要》,華中理工大學出版社,1998 年 11 月 1 版,第 615 頁。

刻卷次（“卷之一”）、頁碼，版心下端刻有“正誼堂”三字。卷一卷端首行頂格題“近思録卷之一”，次行低一字格題“子朱子原編”，第三行低二字格題署“儀封張伯行孝先集解，後學尹會一參訂”，第四行低二字格刻篇名“道體”，其下刻雙行小字“凡五十一條”，第五行低三字格刻本卷提要，第六行頂格刻正文，《近思録》原文刻作大字，張伯行注文刻作雙行小字。“玄”字改作“元”，“弘”字、“寧”字闕末筆，“淳”字亦避諱。

刻本卷首書名葉刻“近思録”，在書名葉的左半葉刻有長方形牌記“福州正誼書院藏版”（楷書）。正文前依次刻清康熙四十九年張伯行《原序》、乾隆元年尹會一《尹序》、朱熹《前引》、吕祖謙《後引》、葉采《原序》、《群書姓氏》、《近思録目録》。收録的序跋文與乾隆元年安定書院刻本同。

此刻本正文與上述刻本不同的是，每卷卷端皆題署“子朱子原編”，“儀封張伯行孝先集解，後學尹會一參訂”，而且在每卷末有校刊印記，如卷一末，左上刻有一小長方形牌記，用篆文刻“同治五年夏月福州正誼書局重校開雕”，在該牌記下分行刻有“侯官楊浚雪滄總校，侯官張亨嘉燮鈞覆校，閩縣郭雲珂玉潭分校，侯官陳爲新咸臣分校”。各卷末題記的覆校、分校者明顯有别。雖説該藏本的其他各卷末，此類牌記或闕損，但總體看來，此刊本是楊浚總校，有多人覆校、分校。依據上述内容，我們確定此《集解》本是同治五年（1866）夏福州正誼書局重刻張伯行集解、尹會一參訂的本子。再從版心刻有“正誼堂”三字推測，清同治五年福州正誼書局重校刊梓時，參校了康熙年間正誼堂刻本。

該刻本屬於福州正誼書局所刊《正誼堂全書》的一部分，清同治六年楊浚雪作《正誼堂全書跋》，説：“張清恪公撫閩三載，甫下車即以表章道學、造就人才爲先務，並創建鼇峰書院於九仙山之麓，顔其堂曰‘正誼’。集諸生而講授之，搜求先儒遺書手自校刊，合理學、經濟、氣節各集共五十餘種，所自纂輯尚若干種，此《正誼堂全書》之緣起也。……宫保左公班師旋閩，重振文教，遍覓各集，得四十九種，得公著一十四種，設正誼書局，釐定重刊。”楊氏所記正誼堂叢書的刊刻情況與《叢書集成初編目録》所言也吻合，即清同治五年，左宗棠在福建重振文教，首訪是書，存者寥寥。而鼇峰藏版蟲蛀無遺，因設正誼書局，搜羅張伯行所刊書籍 49 種，以及張伯行著述 14 種，釐定重刊，共 63 種。至同治八年竣工，定其名《正誼堂全書》[1]。可見上述張伯行《集解》同治五年刻本，就是同治年間左宗棠在福州設立的“正誼書局”重刊，爲《正誼堂全書》的組成部分。

因爲《正誼堂全書》在東亞流佈較廣，故此刻本多家有藏。上海圖書館藏本(書影見圖 3－43)，收録在同治年間刊本《正誼堂全書》第 117—120 册。華東師大、香港中文大學等圖書館、日本廣島大學圖書館也有藏。《八千卷樓書目》《藏園訂補郘亭知見傳本書目》等有著録[2]。

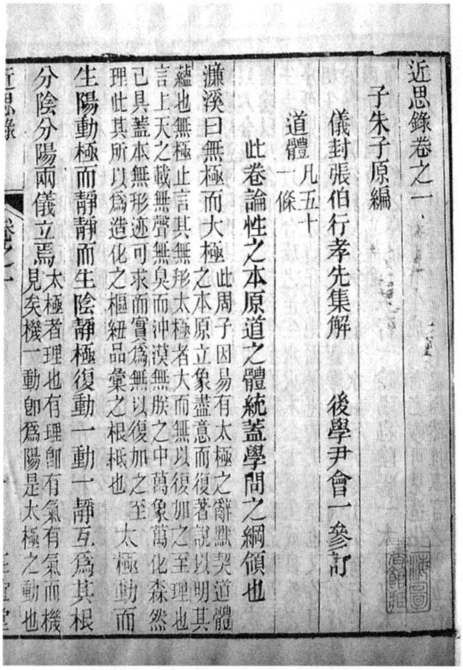
近思錄卷之一
子朱子原編
儀封張伯行孝先集解　後學尹會一參訂
道體凡五十一條
此卷論性之本原道之體統蓋學問之綱領也
濂溪曰無極而太極此周子因易有太極之辭默契道體之本原立象盡意而復著說以明其蘊也無極止言其無形太極者大而無以復加之至理也言上天之載無聲無臭而沖漠無朕之中萬象森然已具蓋本無形迹可求而實爲無以復加之至理此其所以爲造化之樞紐品彙之根柢也太極動而生陽動極而靜靜而生陰靜極復動一動一靜互爲其根分陰分陽兩儀立焉太極者理也有理卽有氣有氣而機見矣機一動卽爲陽是太極之動也

圖 3－43　《近思録集解》，清同治五年福州正誼書局重刻本

關於《正誼堂全書》清同治五年刻本，卷首的牌記刻作“福州正誼書院藏版”。該《全書》卷首還刻有同治五年五月《左宫保示》、《正誼書局章程》、同治七年六月《左宫保書》、《正誼堂全書重校刊姓氏》(簡介左宗棠、吴棠、英桂、徐宗幹)、《正誼堂全書校對姓氏》、《原校姓氏》、《重刊正誼堂全書總目》(其中包括張伯行《近思録集解》《廣近思録》)、《續刻》(包括張伯行《續近思録》)、《正誼堂全書采訪書目》(指明張伯行《續近思録》刊於同治九年三月)。此叢書還刻有《正誼堂全書跋》，即同治八年三月楊浚雪跋文。

(六) 清末馬氏存心堂翻刻本，《西京清麓叢書續編》收録

張伯行集解《近思録》十四卷，清末馬氏存心堂重刻本，每半葉九行十七

① 參閲楊菁《清初理學思想研究》，第 400 頁；《叢書集成初編目録》，第 23 頁。

② (清)丁申、丁丙《八千卷樓書目》著録：“《近思録集解》十四卷，國朝張伯行撰。正誼堂本。”民國十二年錢塘丁氏聚珍仿宋版印。傅增湘訂補《藏園訂補郘亭知見傳本書目》載：“《近思録》十四卷，宋朱熹、吕祖謙輯。清張伯行集解。○清同治五年福州正誼書院刊《正誼堂全書》本。”

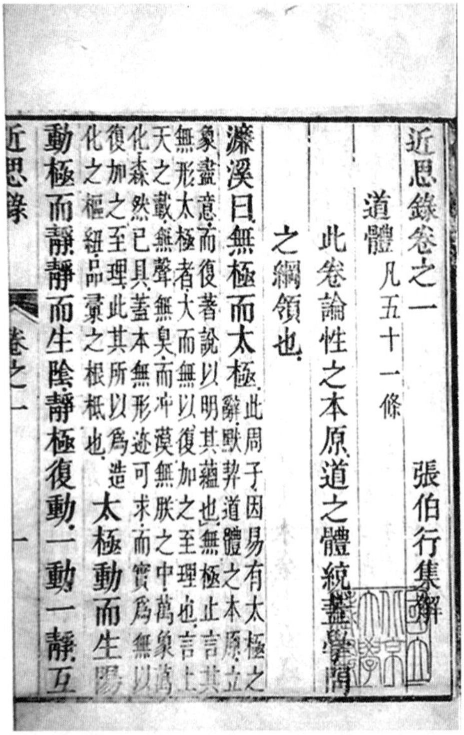
近思錄卷之一　張伯行集解
道體　凡五十一條
此卷論性之本原道之體統蓋學問
之綱領也
濂溪曰無極而太極此周子因易有太極之辭默契道體之本原立象畫意而復著說以明其蘊也無極止言其無形太極者大而無以復加之至理也言上天之載無聲無臭而冲漠無朕之中萬象化森然已具蓋本無形迹可求而實爲無以復加之至理此其所以爲造化之樞紐品彙之根柢也太極動而生陽
動極而靜靜而生陰靜極復動一動一靜互
近思錄　卷之一　一

圖 3-44　《近思録集解》，
清末馬氏存心堂翻刻本

字，注文小字雙行同。左右雙欄，有界行，框高 17.90 釐米，寬 13.50 釐米。白口，單(黑)魚尾。版心魚尾上刻書名“近思録”，魚尾下刻卷次、頁碼。卷一卷端首行頂格題“近思録卷之一”，越四字格題“張伯行集解”，次行低二字格題卷名“道體”，下刻小字“凡五十一條”，第三、第四行均低三字格刻本卷提要，第五行頂格刻正文。該本的内容、體例、版式等與上述清康熙五十一年正誼堂刻本同，衹是版心下端無“正誼堂”三字。“玄”字改作“元”，“弘”字不諱。

刻本卷首書名葉刻“近思録”，其左半葉牌記刻“板存鐘樓東馬氏存心堂”。刻本正文前刻有朱熹《近思録原序》、吕祖謙《近思録原序》、張伯行《原序》、《近思録群書姓氏》、《近思録目録》。

從前文知，張伯行《集解》康熙五十一年初刻本避康熙帝諱，而此刻本也避“玄”字諱，卻不像乾隆元年尹會一參訂本那樣避乾隆帝諱，依此，它很可能是馬氏存心堂翻刻《集解》康熙年刻本，《西京清麓叢書續編》收録，而“清麓叢書”刊於清末，故馬氏刻本當於此前刊梓。北京大學圖書館藏本(書影見圖 3-44)，8 册，有佚名墨筆圈句讀。封面書簽印“清麓叢書續編”。《中國叢書綜録續編》著録有《清麓叢書》、張伯行集解《近思録》[①]。

---

① 施廷鏞編撰《中國叢書綜録續編》雜纂類：“《清麓叢書》，西京清麓叢書局，一九一八年西京清麓書局刊印本。”續編類：“《近思録》十四卷，(宋)朱熹、(宋)吕祖謙輯，(清)張伯行集解。”北京圖書館出版，2003 年 3 月 1 版，第 79—80 頁。《中國叢書知見録》第 3 册《清麓叢書》下也載：“《近思録》十四卷，清張伯行集解。《近思續録》十四卷，宋蔡模覺軒撰。”

需要説明的是，存心堂刻本卷首《近思録目録》中的卷目篇名與正文中篇名有兩處不同，如《目録》卷十三篇名爲“辨異端”，正文卷端篇名爲“辨别異端”；卷十四篇名爲“觀聖賢”，正文卷端篇名爲“總論聖賢”，而這些正文中的篇名與康熙五十一年刻本卻相同，顯然源自康熙年刻本，此刻本卷首的“目録”顯然是馬氏翻刻時所爲。

(七) 民國二十六年《國學基本叢書》本

張伯行集解《近思録》十四卷，尹會一參訂，民國的鉛字排印本，仿古書豎行排版，每頁九行四十字，小字雙行五十二字。卷一卷端頂格題“近思録卷一”，第二行題“子朱子原編”，第三行題“儀封張伯行孝先集解，後學尹會一參訂”。從其版式特徵、内容推斷，此印本是源自清同治五年《正誼堂全書》本。

在印本的正文前印有《原序》(即康熙四十九年張伯行序文)、《尹序》(即乾隆元年尹會一序文)、朱熹《前引》、吕祖謙《後引》、葉采《葉平巖先生近思録集解原序》、《近思録群書姓氏》、《近思録目録》。

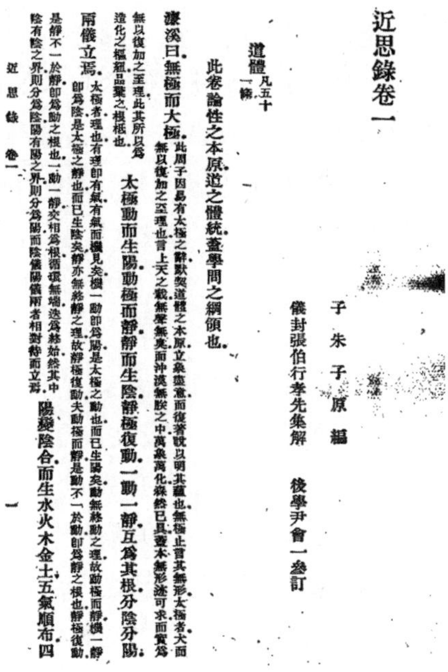
近思錄卷一
子朱子原編
儀封張伯行孝先集解　後學尹會一參訂
道體凡五十一條
此卷論性之本原。道之體統。蓋學問之綱領也。
濂溪曰。無極而太極。此周子因易有太極之辭。默契道體之本原。立象盡意。而復著說以明其蘊也。無極止言其無形。太極者大而無以復加之至理也。言上天之載。無聲無臭。而沖漠無朕之中。萬象萬化森然已具。蓋本無形迹可求。而實爲無以復加之至理。此其所以爲造化之樞紐。品彙之根柢也。太極動而生陽。動極而靜。靜而生陰。靜極復動。一動一靜。互爲其根。分陰分陽。兩儀立焉。太極者理也。有理即有氣。有氣而機見矣。機一動即爲陽。是太極之動也。而已生陽矣。動無終動之理。故動極而靜。機一靜即爲陰。是太極之靜也。而已生陰矣。靜亦無終靜之理。故靜極復動。夫動極而靜。是動不一於動。即爲靜之根也。靜極復動是靜不一於靜。即爲動之根也。一動一靜。交相爲根。循環無端。迭爲終始。然其中陰有陰之界。則分爲陰。陽有陽之界。則分爲陽。而陰儀陽儀兩者相對待而立焉。陽變陰合。而生水火木金土。五氣順布。四
近思錄　卷一　一

圖 3 - 45　《近思録集解》，民國二十六年《國學基本叢書》本

印本的封面印“國學基本叢書《近思録》”。内封印：“國學基本叢書，《近思録》，朱熹編，張伯行集解，商務印書館發行。”卷末的封底内印有：“中華民國二十六年三月初版，國學基本叢書《近思録》一册。……編者：朱熹。集解者：張伯行。發行者：王雲五。印刷所：上海河南路商務印書館。”因此，可知此印本是《國學基本叢書》收録的一種，上海商務印書館於民國二十六年(1937)三月初版，鉛印本。浙江圖書館藏本，1 册。日本國立國會圖書館也有藏(書影見圖 3 - 45)。

（八）民國年間《叢書集成初編》本

王雲五先生輯《叢書集成初編》哲學類收録有張伯行《近思録集解》《續近思録》《廣近思録》。民國二十四至二十六年（1935—1937）上海商務印書館鉛印，收録在《初編》，卷端題署“張伯行集解”。日本國立國會圖書館有藏。中華書局1985年新一版《叢書集成初編》（第0630—0633册）收録。

（九）附論：《近思録集解》清乾隆年間刻本爲何改換卷六第13條語録

《近思録》面世後便得到讀者青睞、受到學界關注，其傳本七八百年來流佈廣泛、影響久遠。從中國存世的《近思録》文獻近兩百種版本考察，原書所輯622條語録，在後世傳本基本保持不變，被各時期讀者接受。例如，不論是現存南宋刻本《泳齋近思録衍注》，還是流傳至今南宋葉采集解《近思録》，其卷六第13條語録均是：“問：‘孀婦，於理似不可取，如何？’曰：‘然。凡取以配身也。若取失節者以配身，是己失節也。’又問：‘或有孤孀貧窮無託者，可再嫁否？’曰：‘祇是後世怕寒餓死，故有是説。然餓死事極小，失節事極大。’”

然而，對於程頤此語録，清代張伯行《近思録張解》的乾隆元年（1736）尹會一校訂本卻用另一段文字予以替换，即：“伊川曰：今人多不知兄弟之愛。且如閭閻小人，得一食必先以食父母，夫何故？以父母之口重於己之口也。得一衣必先以衣父母，夫何故？以父母之體重於己之體也。至於犬馬亦然。待父母之犬馬，必異乎己之犬馬也。獨愛父母之子，卻輕於己之子，甚者至若仇敵。舉世皆如此，惑之甚矣。”伊川此語今見《河南程氏遺書》卷十八。那麽尹會一校訂時爲何作此改换呢？

尹會一此校訂本，對朱熹、吕祖謙編輯所選語録，用了作者式的“編者”權進行改動替换，使得《近思録》原文在清乾隆初年已非皆原編模樣，此時朱、吕選輯之理念似有被動摇的迹象。尹會一所輯語録與《近思録》原文本的第13條語録内容相比較，則側重於兄弟親情之倫理原則。對此，陳榮捷曾説：“張伯行之删去卷六‘家道’第十三‘問孀婦’條，而以伊川論兄弟之愛一段以補填之，諒必以伊川‘餓死事極小，失節事極大’之言爲太苛。……伯行效忠朱子，可謂鞠躬盡瘁，然去朱子之客觀精神，則甚遠矣。”[①]他誤認爲更换此條的是張伯行，以爲其行爲“去朱子之客觀精神”甚遠。

對此，筆者認爲，《近思録》原本輯録的程頤此語，並非有太苛刻之意，此語録内容與朱熹在《朱文公文集》中的看法並非矛盾。如果借鑒接受美學的研究思路和方法，從讀者、研究者及其閲讀研究活動的視野進行分析，那麽就不難發現這種更换背後的諸多因素。

1. 古人認爲女子當從一而終，再嫁爲失節。

《近思録》文本中程頤此語，由討論孀婦再嫁歸結爲“餓死事極小，失節事極大”，後世或有孤孀貧窮無託者再嫁，則被人看作是以怕寒餓死爲託辭。那麽，朱、吕輯録它用意何在？朱熹對於孀婦再嫁持何態度？對於此條語録的選輯，從現存朱熹、吕祖謙的來往書信看，他們之間未曾有過異議。

筆者認爲，輯録程頤此語，一方面顯現出宋人對這個古老話題所持的態度，更重要的則在於表明士人若與類似再嫁孀婦者共處，亦是失節。“餓死事極小，失節事極大”的深層意味並非衹是針對孀婦而言，而是涉及人的品行節操，逐漸成爲一種社會倫理原則。試想，如果朱熹僅僅贊同孀婦不可再嫁之主張，那麽他則不會説：“伊川先生嘗論此事，以爲餓死事小，失節事大。自世俗觀之，誠爲迂闊。然自知經識理之君子觀之，當有以知其不可易也。”[②]這裏，朱熹既從世俗的角度認可其現實性，又站在倫理原則的高度肯定君子當“知其不可易”，如此方爲“人倫之美事”。而且，朱子曾從禮的角度又云：“夫死而嫁，固爲失節。然亦有不得已者，聖人不能禁也，則爲之制禮以處其子，而母不得與其祭焉，其貶之亦明矣。”[③]

如果我們由此再作進一步推衍，在現實生活中孀婦若不能再嫁，那麽鰥夫亦當不可續娶。而事實上，作爲《近思録》編撰者之一的吕祖謙，曾先後三次娶妻。在朱熹時代，對鰥夫續娶、孀婦再嫁的態度或許並無明顯偏倚。由此看來，朱熹並非死板教條地認爲孀婦一律不可再嫁，聖人制禮予以約束，旨在告誡人們當從禮法，况且君子處事當與世俗有别，程、朱之意並非是要後世

① 陳榮捷《朱學論集》，第 84 頁。陳先生表述有誤，不是“張伯行”删，而是尹會一參訂本删。

② （宋）朱熹《晦庵先生朱文公文集》卷二十六，見《朱子全書》，第 1173—1174 頁。

③ （宋）朱熹《晦庵先生朱文公文集》卷六十二，見《朱子全書》，第 3025 頁。

將孀婦再嫁一事極端化看待。

時至南宋後期，對孀婦再嫁的問題，《近思録》的注者並未作過多的倫理評判。現存《近思録》經典注本是朱熹再傳弟子葉采的《近思録集解》，對此條語録注解時，曰："婦人從一而終者也，再嫁爲失節。""餓死事極小，所惡有甚於死也。"其注釋重點則在於"失節"，一方面界定何謂"失節"，一方面强調失節甚於死。

隨着程朱理學在後世的發展衍化，對於此第 13 條語録，在明清時期則出現了明顯的解讀差異，多因視角不同所致。因爲後世對孀婦再嫁的理解與接受，已不僅僅局限於再嫁這一層面。對於程頤此語，接受者似有你言在此而吾意在彼之趨向。其中，與朱熹看法大體吻合者有之，如清康熙年間李文炤在集解《近思録》時曰："自古皆有死，民無信不立，而君臣之義定矣。'餓死事極小，失節事極大'，而夫婦之義定矣。處變而不失其常，非可與權者，安能爲此言哉！"[①]李氏由夫婦之倫理言及君臣之義，由夫婦倫理論及臣子該如何堅守忠信節義，並强調人們處事遇變，當不失其常態。其實，李文炤的眼光不再僅僅死盯着孀婦失節之事，而是進一步深發開來，論及爲人臣當如何盡忠而有操守，人生遇突變當如何處置。士人守身不能藉口"不得已"而失名節。

又如清人汪紱曰："孀婦不可娶，以自修君子言之。若市井小人，何能問此。然或疑程子此章之言之過，則程子此言非過也，常理而已。孀婦怕寒餓而失節，何異於臣怕戰而降賊哉？孀婦再嫁，孀婦亦羞之。羞而可爲，則亦何不爲之有？可以知人道之大防意矣。"[②]汪氏之言，既表現出對孀婦行爲所潛藏的人性"常理"的理解與接受，頗似朱熹的態度，又指出君子與小人在此問題上當有差異，與上述李文炤看法相似，認爲爲人之道當有所不爲，若明知其爲可羞之事而爲之，諸如怕死而降之類，則不可取也，若可取則又有什麽不敢爲呢？因而，汪氏對"孀婦再嫁"行爲的泛化持有批判態度。

試想，作爲《近思録》的編輯者，選擇此條語録，則希望讀者盡可能接受文本的原意，即向語録原創者（程頤）本意靠攏，向編者的用意靠近，以便達到教化的作用。而實際上，閲讀者也好，詮釋者也罷，對於《近思録》文本的接受都

---

① （清）李文炤《近思録集解》卷六，清雍正十二年四爲堂刻本。

② （清）汪紱《讀近思録》卷六，清光緒十年刻本。

受制於“每個讀者的‘前觀念’(或‘前理解’),具有選擇性”[①],因而對於卷六第13條文字則存在不同視角的理解,也形成了不盡相同的審美維度,所以《近思録》的宋代注者、明清注者的差異也往往源於此。

2. 若僅從孀婦再嫁在各個歷史時期的現實性考察,宋代理學與明清理學也存有差異。

從北宋四子自身經歷亦可發現,當時的理學並未發展到人欲被滅到不許孀婦再嫁的程度,衹是後世理學家或讀者在評判上走向極端,一律否定孀婦再嫁的行爲,這也恐非北宋四子初衷或朱、吕選輯所望吧!

據《元公周先生濂溪集》中的《年譜》[②]記載,周敦頤母親仙居縣太君鄭氏,是父親周輔成的繼室,是其父在原配妻子唐氏卒後所娶;鄭氏是在丈夫盧郎中卒後,下堂再嫁到周家的[③]。作爲北宋四子之首的周敦頤,其父親確實取了孀婦,其母親又是孀婦再嫁,若依“孀婦不可娶”的倫理觀念,濂溪的門人程頤不應再議娶失節者、孀婦不再嫁之事。然而,程頤依然冷静看待此事,不予回避地加以評判。可見,程頤並非有意揭自己先生之短,而是藉此告誡爲臣者當守節、處事者能變通,而非明清時期某些理學家所一味强調的孀婦貞節觀。可以説,這也從一個側面反映出北宋時的理學與演化後的宋明理學存在差異。

若從人性的角度看,“世俗中年喪偶必再娶,老年喪偶必覓媪自侍”,乃人之常情常理。女子改嫁,在歷史上本是常事,甚至公主也有改嫁的。先秦時期,對於孀婦再嫁並没有後世那般苛刻,《周禮·媒氏》“中春之月,令會男女,於是時也,奔者不禁。若無故而不用令者,罰之。司男女之無夫家者而會之”[④]。由此透露出古人人性的一面,那時對無夫家者,特於中春創爲會,使之有機會相愛成家。試想“非貞節之人,徒使之不嫁,以避失節之名,則其陰至

---

① 朱立元《接受美學導論》,安徽教育出版社,2004年11月1版,第78—79頁。

② (宋)周敦頤的《年譜》,載於《元公周先生濂溪集》,南宋咸淳年間刻本。

③ 宋代嘉定十四年度正《濂溪先生周元公表》載:“輔成即先生之父,大中祥符八年蔡齊榜,六舉以上,特奏名賜進士出身,終賀州桂嶺令,葬道州營道縣榮樂鄉鐘樂里樓田,累贈諫議大夫。先娶唐氏,生礪,礪生仲章。唐卒,左侍禁鄭燦,其先成都人,隨孟氏入朝,因留於京師。有女先適盧郎中,盧卒,爲諫議公繼室,是生先生。”“先生時年十五。侍禁之子龍圖閣直學士鄭向,令先生母兄盧惇文挈之,遂偕母仙居縣太君自營道濂溪入京師,依舅氏。”參見(宋)周敦頤《元公周先生濂溪集》,嶽麓書社,2006年1版,第231頁。

④ 《十三經注疏》(阮元刻本),上海古籍出版社,1997年7月1版,第733頁。

於敗俗，必有甚者”[①]。情理雖如此，但我們仍需强調的是，聖人並非不重節義，如《柏舟》之節，則顯現出聖人重節義而非沽名釣譽，表面的“貞節”非其所欲。

關於程頤的“餓死事極小，失節事極大”，實際是一種人生常態化的表述，其意蘊並非僅局限於女性改嫁一事，或許偏重於“失節”的言外之意。因而朱熹及後世學者多由此解説君子與小人之别、忠臣與降將之别、處事有無操守之别。然而也有固守此語者，將天理人欲推向極端，以至有了“忠臣不事二主，烈女不嫁二夫”之類的倫理道德枷鎖。這在明清時期尤顯，於是有人把程頤此語當作至理名言，走向了一種極端。因此清末張紹价説：“程子言餓死事小，失節事大。以羞惡之本心，决生死之取舍，至理名言，有功名教。”[②]

若從接受美學的觀念推導，又可知各時期的讀者在接受《近思録》前已有自己的“期待視界”(或謂“前理解”)。讀者的這種“閱讀前的意向和視界，决定了讀者對所讀作品的内容和形式的取捨標準，决定了他閱讀中的選擇與重點，也决定了他對作品的基本態度與評價”[③]。因而，明清社會理學家偏重貞操之事，就成爲後世人們對程朱理學的一種偏差解讀或誤解。

事實上，不同時代的讀者或研究者對《近思録》的某些文字或許存在不同的理解和接受，“在很大程度上取决於作品本身的藝術概括同讀者接觸到的新的生活現象之間的相互關係”[④]。理解與接受的差異，也是一種正常現象，就《近思録》而言，這往往是因爲其中某些文字内在的多義性使然，而且這些多義性又恰好在後世得到了闡發與展現，獲得不同時期不同階層讀者的認可。如《近思録》卷十“人教小童”條談論教童子之益，葉采以爲“此段疑當在十一卷之末”，清代張伯行《近思録集解》將其歸爲卷十一“教學”部分。後世注者如清代茅星來則認爲：“此條所論，皆教小童時所以自處之道，非論教小童之道也。葉氏謂‘當在十一卷’者，非。”故茅星來否定了葉采、張氏的做法，其《集注》將此條仍歸於第十卷。

---

① (清)茅星來《近思録集注》卷六注文所引“王氏”語，見《四庫全書》，第699册第256頁。
② (清)張紹价《近思録解義》卷六，民國二十五年鉛印本。
③ 朱立元《接受美學導論》，第63頁。
④ 朱立元《接受美學導論》，第91頁。

3. 從《近思録》卷六與該第 13 條内容相關的語録來看，原文本輯録的第 17 條與程頤此語最爲緊密。

第 17 條曰："先公太中諱珦，字伯温。前後五得任子，以均諸父子孫。嫁遣孤女，必盡其力，所得俸錢，分贍親戚之貧者。伯母劉氏寡居，公奉養甚至。其女之夫死，公迎從女兄以歸，教養其子，均於子姪。既而女兄之女又寡，公懼女兄之悲思，又取甥女以歸，嫁之。時小官禄薄，克己爲義，人以爲難……"那麽，同卷中的這兩條語録關於"再嫁"的問題是否矛盾呢？

第 17 條語録輯自《先公太中家傳》與《上穀郡家傳》，是程頤爲其父母分别作的傳文。從中可見程頤並不反對程氏家族内的寡婦改嫁。試想，如果程頤認爲自己父親將守寡的外甥女接回來重又嫁了人，是不能守節，有背倫常，那麽二程的父親豈不是成爲其姐姐女兒的罪人？若以爲孀婦再嫁爲羞，則程頤斷不會言之鑿鑿，朱熹、吕祖謙也不會將此語收入此卷中。歷史上曾有人問朱熹："取甥女歸嫁一段，與前孤孀不可再嫁相反，何也？"朱子曰："大綱恁地，但人亦有不能盡者。"[①]朱子此言則明顯有寬容豁達之意，或因實際生活所迫，"再嫁"則非人人願爲，因而有此情形也是不得已。但理學家仍希望後人能遵從此"大綱"，不輕易嫁娶。因此，清初張習孔認爲"朱子詳載程氏先德，以爲後世儀法，莫非教也"。從孝悌慈善之道而言，"取甥女以歸，嫁之"，亦應爲世所頌了。對此，清人張伯行評價道："至其從女兄之寡，亦迎以歸併，教養其諸甥甚篤，即其寡甥女，亦體女兄意，取婦而嫁之。其於内外周親，亦極恩意之備至矣。"[②]因而後世有人肯定二程之父"於遺孤女，嫁甥女，見其慈"。清人對程頤父親此行爲的褒獎，也可察他們關於"再嫁"問題的複雜態度。朝鮮王朝學者李震相也認爲二程父親是"爲之周旋嫁之，亦出於恩厚之心"。

那麽，關於卷六第 13 條與第 17 條語録，讀者或研究者爲何會有不同評議呢？筆者以爲：關於"餓死事極小，失節事極大"，宋儒與明清學者皆有所感。清代中後期學者認爲，此問題於君子與市井小人而言，可有不同評判之標準；孀婦是否再嫁，也當因人、因情而有所别。程頤語録，不能被看作是對

---

① (宋)黎靖德編《朱子語類》卷九十六，第 2473 頁。

② (清)張伯行《近思録集解》卷六，載於張伯行集解《近思録》，清康熙五十一年姑蘇正誼堂刻本。

"孀婦再嫁"的無情抨擊，卷六第13條的孀婦再嫁與第17條程頤言其父取甥女歸嫁一事並非矛盾，而是一種人性的道德關懷。

然而，在第13條語録的評判上，後世之所以存有基本共識，又出現讀者接受或者研究者解讀的分歧，很可能是因爲他們自身已具備的先決條件制約了對《近思録》文本内容、潛在思想的接受，故而在接受趨向、重點、程度上出現不同的差異。同理，關於《近思録》的價值，後世也往往由《近思録》本身内容而達成基本共識，即認爲此書是進升北宋四子者的求端用力處，至於接受者的差異則又另當别論。

4. 從尹會一大膽改換卷六第13條語録看，後世讀者、理學家或研究者對於《近思録》原文在接受理解時又參與創造。

清代張伯行受朱子學影響至深，恪守程朱之學，並重視教化，在其爲官之地大力傳播《近思録》等理學文獻。雖説張氏集解《近思録》，重在闡述程朱理學之義理，"不負先儒諄復誨誘之心"，"以維持道脉、光輔聖朝斯文之盛"[①]。其注解有獨到之處。可是，乾隆年間的尹會一在校訂該注本卷六第13條的問題上並没有遵從《近思録》原文本，而改换了語録。如果尹會一僅僅爲繞開"孀婦再嫁"這一話題，或者爲免去人們對此事的紛争，而改换此語録，則大可不必如此。因爲《近思録》卷六所輯程頤此語，本是表明對一種人倫常情的態度，在張氏之前它已經歷五百多年的歷程。之前各時期讀者儘管對此語理解稍異，或因理解、接受的着眼點發生了變化而存有差異，卻未有人對程子語録徑加改换。從遵從歷史文獻原貌的角度看，後世的《近思録》注解本完全應保留朱、吕當初所輯原語録不變。

可是，乾隆元年刊本中《集解》卷六第13條尹會一選用另外的文字來替换，從接受美學的角度探析，或是因爲讀者或注者在閲讀《近思録》時經歷了"想像性再創造的過程"，出現對文本的更動、修改，甚至重新製作也是正常的。同理，後世也有許多《近思録》注本、續編、仿編文本的不斷呈現，其中反映出讀者或後世理學家對原文本某些内容的接受理解，對原文本的審美視界的改變，自然會産生出創造性想像、以及參與改造的成果。例如對《近思録》

① (清)張伯行《近思録集解序》，載於張伯行集解《近思録》，尹會一參訂，清乾隆元年維揚安定書院刻本。

部分語録的修改、重新製作，南宋楊伯嵒《泳齋近思録衍注》宋刻本就有，此刻本卷三較他本表面上似增加了部分文字，即第 79 條[①]，然而仔細考察便會發現該條與《近思録》原文本卷三第 21 條文字相同。雖説楊氏注本的第 21 條衹是輯録《近思録》原文本第 21 條的前一句，但此卷除去這段重複文字之外，楊氏注本輯録的語録内容總體上並未發生變化，衹是以另一種方式突出《近思録》文本某處語録所藴藏的内涵。又如清代李文炤《近思録集解》、茅星來《近思録集注》卷五較他本多了第 42 條，茅氏云"照宋本增"，而他們實際是增補、豐富了《近思録》原文本的語録，並未另起爐灶完全新造一種《近思録》。

5. 人性多有共通之處，關於孀婦再嫁之事，並非中國特有，歷史上東方漢字文化圈中的朝鮮半島、日本深受中國傳統儒學影響，特别是朱子學對其國民影響至深，那麽他們的儒者又如何看待此條呢？這裏選擇相當於我國明清時的幾位注解家的觀點稍做説明。

權得己《近思録僭疑》認爲："抑'餓死''失節'之喻，乃是爲婦人謀然也，非必以此盡責之於村婦也。今之士大夫於婦人失節必極口責之，於己之行則未嘗自責，是待己反不如女子也，可笑！"[②]在他看來，不衹是孀婦再嫁爲失節，而是世之君子對此類問題卻不能自省，其舉止甚至超過孀婦。同時期的鄭曄以爲"娶婦共承宗廟以傳嗣續，若娶失節者爲配，則與己之失節同矣"[③]，娶失節的人與孀婦本人失節皆是同類。

李瀷曰："王蠋曰：'忠臣不事二主，烈女不更二夫，其義一也。臣之事君恩絶於此，則未嘗不之於彼，如聖賢游宦可見也。'蠋之所謂特恩猶未絶，而追範先政也。至於女之事夫，恩若已絶，則亦可以嫁矣。故《記》云：'婦當喪而出，則除之若無。更嫁之義，則雖出不除當矣。'此何以云爾？然《記》云：'一與之齊，終身不改。'故夫死不嫁，何也？是夫死而恩則未絶也。夫男女昏因，信誓終老，不幸而夫死，與被黜恩絶者不同，當以死守之，豈以寒餓爲怕哉？

① 第 79 條文字："義理有疑，則濯去舊見，以來新意。心中苟有所開，即便劄記，不思則還塞之矣。更須得朋友之助，一日間朋友論著，則一日間意思差别。須日日如此講論，久則自覺進也。"已包含本卷第 21 條文字"義理……新意"句。

② （朝鮮）權得己《近思録僭疑》卷六，載於權得己著《近思録僭疑》，朝鮮李朝刻本。

③ （朝鮮）鄭曄《近思録釋疑》卷六，（朝鮮）宋時烈等校，朝鮮李朝顯宗二年木版本。

即此所謂孤孀者是也。”[①]李氏認爲當視不同情形作以評判。

李馥云:“古者許再嫁,後世不許再嫁,皆有義也。以人生之情勢言之,許之亦一義也。舉人義之輕重言之,不許亦一義也。然則一任乎其人之自量自製,亦非一義歟?”[②]李氏以爲孀婦是否再嫁當視情形而定。

貝原篤信在考述《近思録》此語録時,借用了《小學章句》之語:“人皆有死守節而至餓死,則餓死比之失節爲小矣。失節,則無人道,而不可以立於天地之間,故曰事極大。”認爲“此一章言孀婦不可再嫁人,而人亦不可娶也”[③]。宇都宮遯庵注釋此條時説:“《集説》吴氏曰:餓死極小,謂人誰不死,欲求守節,有甚於求生也。失節極大,謂失身再嫁,中心羞愧,無以自立於天地之間,雖生何益哉!”[④]他們二人對孀婦再嫁持明顯的反對態度。

澤田希解説此條時,認爲“此章前一節言孀婦不可娶,後一節言孀婦不可再嫁”。“此章之言最剴切,豈獨婦人之戒哉?死生亦大矣,非通道之篤,孰能以餓死爲極小事乎?學者幼而讀書,心知其義,口談其説,然而那箇上面果能心甘意肯否?須試思之。此吾所自愧也”[⑤]。澤田希認爲衹有信道篤者纔會甘願餓死。

從朝鮮王朝、日本學者的理解評説可見,對“孀婦再嫁”“再娶”“爲配”,持有與程、朱相同的觀念,很重視守節,並强調唯有篤信君子方會甘意守節,而能立於天地之間;同時,在孀婦是否可以再嫁之事上,他們以爲當視不同情形而論,或因人而異,或因時而變,有“人生”與“人義”之别,若夫婦恩絶則可改嫁,且有“出婦”與“孀婦”之異、“賤人”與“君子”之别[⑥]。

綜上所述,因不同時期的學者或讀者對《近思録》進行了闡釋與解讀,故使得《近思録》注本多彩多姿,展現出其思想内容的豐富性。同時,讀者接受多義性的顯現,又使得《近思録》隨着具體接受條件的變化而呈現出較好的適應性,然其宗旨不變,其内在的實質、結構、特徵等也成爲各時期均有的共識而

---

① (朝鮮)李瀷《星湖先生近思録疾書》卷六,朝鮮李朝寫本。

② (朝鮮)李馥《近思録備忘録》卷第六,見李馥《近思録備忘録》,朝鮮筆寫本。

③ (日)貝原篤信《近思録備考》卷六,載於《近思録備考》,日本寛文八年吉野屋權兵衛刻本。

④ (日)宇都宮藤庵《鼇頭近思録》卷六,載於《鼇頭近思録》,日本文政元年菱屋孫兵衛刊本。

⑤ (日)澤田希《近思録説略》卷六,日本享保五年刻本。

⑥ (日)佐藤一齋曰:“出婦於前夫義絶,嫁固可矣,娶亦無不可。孀婦則義不絶,嫁娶兩失節也。世儒一概謂婦人不可再嫁,則無出婦孀婦之辨,甚誤矣。然世往往有孀婦真怕寒餓再嫁者,在賤人不必深責,但在士君子則斷斷不可而已。”(佐藤一齋稿本《近思録欄外書》卷六)

得以接受並弘揚。《近思録》本身所擁有的制約之力、教化之功，使其生命久長。

二、張伯行《續近思録》版本考

張伯行篤信朱子學，不僅詮釋《近思録》，而且自編《續近思録》十四卷，輯録朱熹語録 639 條。據清藍鼎元《儀封先生傳》，雍正初年，張伯行將《近思録集解》進呈之後，"上親書'禮樂名臣'四大字賜焉。復進《續近思録》《廣近思録》及宋儒文集數種，皆蒙嘉納"[①]。雍正二年(1724)，"張伯行進《續近思録》……諸集，命赴闕里致祭。建議以明儒羅欽順、本朝陸隴其從祀兩廡。從之"[②]。張伯行《續近思録》十四卷"因《近思録》門目，采朱子之語分隸之，而各爲之注"[③]。從其《續近思録序》可知，他欲爲讀者建構通往《近思録》的進學之階，故而認爲："聖學之階梯，日用躬行之科級，非四子《近思録》無從入，非朱子《續近思録》，不尤爲學者一大憾事哉？第余往歲輯《濂洛關閩書集解》，其於朱子《文集》《語類》諸書略勤摭拾，不無散見於諸先正各集中者。兹録雅不愛其重出，故於諸先正集中，或删或補，未能强同，要其關於身心，切於行習，備乎全體大用，條分類别，精實而詳明，當亦無殊旨也。爰不揣固陋，謬爲詮釋，冀有發明於前人未盡之意，且期無負乎朱子誨誘後進之深心。"[④]

張伯行《續近思録》十四卷，現存版本主要有：

(一) 清康熙四十九年姑蘇正誼堂刻本

張伯行采輯朱熹之語，並集解之，撰成《續近思録》十四卷，初刻本每半葉九行十七字，注文小字雙行同，左右雙欄，有界行，框高 18.70 釐米，寬 13.50 釐米。白口，單(黑)魚尾。版心魚尾上方刻書名"續近思録"，魚尾下刻卷次

---

① 參閲(清)藍鼎元《儀封先生傳》，載於《清代詩文集彙編》影印清雍正十年刻本《鹿洲初集》卷七。

② (日)今關壽麿編撰《宋元明清儒學年表》，北京圖書館出版社，2002 年 4 月 1 版，第 164 頁。

③ 《四庫全書總目》"存目類"，《續近思録》提要載："《續近思録》十四卷，河南巡撫采進本。國朝張伯行編。伯行有《道統録》，已著録。是編因《近思録》門目，采朱子之語分隸之，而各爲之注。然自宋以來，如《近思續録》《文公要語》《朱子學的》《朱子節要》《朱子近思録》之類，指不勝屈，幾於人著一編。核其所載，實無大同異也。"第 827—828 頁。

④ (清)張伯行《續近思録序》，載於清張伯行集解《續近思録》，清康熙五十一年刊本。

（“卷之一”）、頁碼，版心下端刻“正誼堂”三字。卷一卷端首行頂格題“續近思録卷之一”，越三字格題“張伯行集解”，次行低二字格刻篇名“道體”，第三行起均低三字格刻本卷提要。第七行頂格刻正文，朱熹語録刻作大字，張伯行集解語刻作雙行小字。卷末有尾題“續近思録卷之某終”。全文每條單列，頂格刻印，字體爲長仿宋體字，刻印精美。“曆”字不諱。

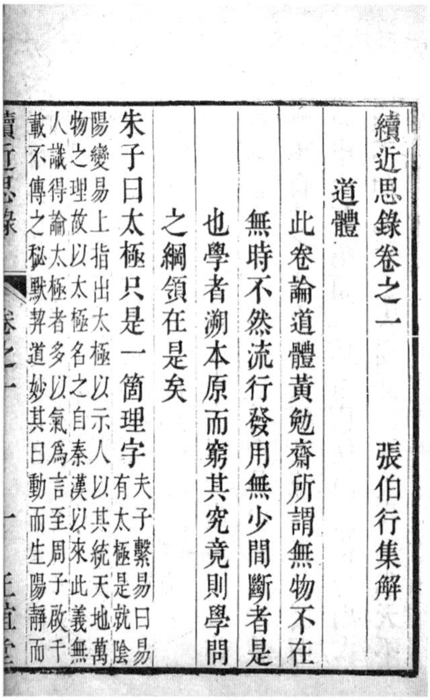
續近思錄卷之一　張伯行集解
道體
此卷論道體黃勉齋所謂無物不在無時不然流行發用無少間斷者是也學者溯本原而窮其究竟則學問之綱領在是矣
朱子曰太極只是一箇理字夫子繫易曰易有太極是就陰陽變易上指出太極以示人以其統天地萬物之理故以太極名之自秦漢以來此義無人識得論太極者多以氣爲言至周子啟千載不傳之秘默契道妙其曰動而生陽靜而

圖 3－46　張伯行《續近思録》，清康熙四十九年姑蘇正誼堂刻本

正文前刻有清康熙四十九年張伯行《續近思録序》（序文後原版刻有兩方印：陰文印“張伯行印”、陽文印“孝先”）、《續近思録目次》。該《目次》記録的十四卷篇名與語録條數，分别爲：卷之一道體，74 條；卷之二論學，83 條；卷之三致知，57 條；卷之四存養，42 條；卷之五克治，46 條；卷之六家道，45 條；卷之七出處，39 條；卷之八治體，28 條；卷之九法治，25 條；卷之十政事，51 條；卷之十一教學，25 條；卷之十二戒警，44 條；卷之十三辨别異端，31 條；卷之十四總論聖賢，49 條。《續近思録》各卷篇名除卷二“論學”與張氏《近思録集解》所擬篇名稍異外，其餘各卷篇名相同。

依據該刻本張伯行作序時間，基本可確定該本是清康熙四十九年（1710）完成，並由姑蘇正誼堂剞劂。康熙四十九年正誼堂刊本國内鮮見，日本國立公文書館則有藏（298—0192 號，書影見圖 3－46），5 册，四眼綫裝。美中不足的是此藏本卷十四末有幾行文字受損殘闕。

張伯行《續近思録序》曰：

自朱子與吕成公采摭周、程、張四子書十四卷，名《近思録》，嗣是而考亭門人蔡氏有《近思續録》，勿軒熊氏有《文公要語》，瓊山丘氏有《朱子學的》，梁溪高氏有《朱子節要》，江都朱氏有《朱子近思録》，星溪汪氏又有《五子近思録》,雖分輯合編,條語微各不同,要皆仿朱子纂集四子之意,用以彙訂朱子之書者。余於四子《近思録》服膺有年,業爲《集解》一書,因又念朱子會通群儒之大成,卷帙繁多,諸先正前後搜輯,不遺餘力,其惓惓爲道之心,可謂至矣。夫斯道期於不孤,故承先啓後,吾黨之責。朱子慮窮鄉晚進之有志於學者,或無明師良友以先後之,而輯《近思》爲入德之門。蔡氏、熊氏以至汪氏六先生,又恐朱子之書遽難卒讀,爰擇其精粹明顯、關於身心、切於行習者,各出己意而纂集之,務使全體大用靡不具備,固亦猶是朱子之意也。獨怪世之躬列儒林者,不爲俗學之卑陋,則爲曲學之支離,冥然悍然,如失舵之舟,日漂泊於顛風巨浪中,與時浮沉,茫然莫知所止。噫!是不惟獲戾四子,而實重負朱子,其亦不思而已矣。竊嘗念學聖之道,莫要近思。子夏曰:“博學而篤志,切問而近思。”程子謂近思者“以類而推”,而真西山又以爲不馳心高遠,就其切近者而思之。則知義類精微,未有不由於真切平實之地,玩索尋繹,而凡行遠自邇,升高自卑,殊非躐等凌節空虚無據者所得與也。信乎!聖學之階梯,日用躬行之科級,非四子《近思録》無從入,非朱子《續近思録》,不尤爲學者一大憾事哉?第余往歲輯《濂洛關閩書集解》,其於朱子《文集》《語類》諸書略勤摭拾,不無散見於諸先正各集中者。兹録雅不愛其重出,故於諸先正集中,或刪或補,未能强同,要其關於身心,切於行習,備乎全體大用,條分類别,精實而詳明,當亦無殊旨也。爰不揣固陋,謬爲詮釋,冀有發明於前人未盡之意,且期無負乎朱子誨誘後進之深心。夫然後正學光昌,聖人之門庭昭然在目,而登堂入室,庶不患其難幾及焉。吾深願天下學者,自周、程、張四子而外,亟與恬吟密詠乎斯編。康熙四十九年庚寅仲秋穀旦儀封後學張伯行題於姑蘇之正誼堂。

(二) 清康熙年間姑蘇正誼堂修訂本

在調查閲讀張伯行《續近思録》的版本中,我們還發現一種與上述康熙四十九年刻本版式、體例等完全相同的版本,現藏復旦大學(書影見圖 3-47),4 册;韓國國立中央圖書館也有藏,4 册。此刻本卷首刻書名兼牌記葉,在四周雙欄的板框天頭處横行刻印“康熙四十九年鎸”,框欄内分二豎格,自右至左

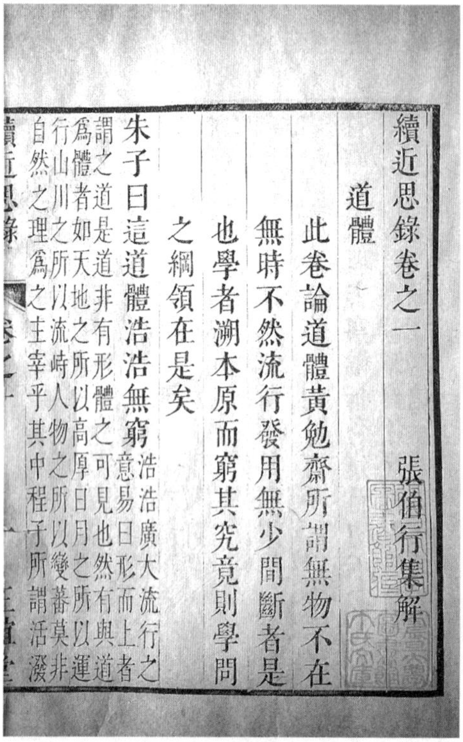

圖 3－47 《續近思録》，
清康熙年間姑蘇正誼堂修訂本

刻印"張大中丞訂/續近思録集解 正誼堂藏板"。並在此葉鈐有四方印，上端鈐圓形朱文印"性學真傳"，右上鈐橢圓形朱文印"讀書種子不絶"，右下鈐方形白文印"正誼堂藏板"，左下鈐長方形朱文印"本衙纂輯儒書，前後付梓，爰公同好。近聞坊間翻板射利，殊屬可恨，一經察出，必不姑貸"。

儘管此本與上述康熙四十九年版本極相近，但是二者間也有别，如果説藏於日本國立公文書館的姑蘇正誼堂康熙四十九年刻本是初刻本的話，那麼藏於復旦大學、韓國國立中央圖書館的《續近思録》康熙四十九年姑蘇正誼堂刻本則是修訂本。

爲什麼如此界定呢？因爲兩種版本的文字内容有别。雖説這兩處藏本也是九行十七字，左右雙欄，體例、題識等均相同，可是此刻本收録朱熹語録共計 641 條，較上述初版本多 2 條。例如該本的卷一有 76 條語録，第 1 條至第 9 條、第 58 條至 60 條，與初刻本不同，而且這個本子相較於初刻本還多出第 61、62 兩條。又如卷八，此本的第 24 條與初刻本完全不同。儘管如此，但就其印記、版式特徵、多數語録文字内容來考察，它與初刻本仍同出姑蘇正誼堂，當是在姑蘇正誼堂初刻本的基礎上修訂而成。再者，康熙末年《續近思録》《廣近思録》確實已經流佈於世，據清初蔡世遠門人雷鋐（1697—1760）回憶，在清雍正元年（癸卯年，1723 年）張伯行"授余以《居業録》……《續近思録》《廣近思録》等書"[①]，由此可佐證《續近思録》康熙年間刻本的存

① 《鼇峰書院志摘略》，載於（清）張伯行《正誼堂全書》卷首。

在。至於張伯行贈送給雷鋐的是正誼堂初刻本還是修訂本，則現存文獻没有明説。

例如，卷一第 1 條，兩種版本的差異如下：

初刻本	修訂本
朱子曰：太極衹是一個理字。 夫子繫《易》曰："易有太極。"是就陰陽變易上指出太極，以示人以其統天地萬物之理，故以"太極"名之。	朱子曰：這道體浩浩無窮。 浩浩，廣大流行之意。《易》曰："形而上者謂之道。"是道非有形體之可見也。然有與道爲體者，如天地之所以高厚，日月之所以運行，山川之所以流峙，人物之所以變蕃，莫非自然之理爲之主宰乎其中。程子所謂"活潑潑地"者，乃道體之本然，無一毫虧欠，無一息間斷，固浩浩然廣大流行而無窮盡者也。學者即形下之器，以求形上之道，切而驗之身心性情之地，實而體諸倫常日用之間，存養省察，致知力行，以馴致乎位育參贊之效，庶道體之浩浩無窮者即在吾身，而不至虚存於宇宙矣。此朱子親切示人之旨，與夫子川流之嘆、子思鳶魚之察同。薛敬軒謂"《孟子》'左右逢其原'，可見道體之無窮盡"，正此意也。

從日本所藏與復旦大學、韓國國立中央圖書館所藏清康熙年間刻本有差異的情況看，筆者以爲康熙四十九年正誼堂在刊行《續近思録》初刻本後，發現其存在不足，很快又進行修訂，對某些語録進行抽换，或對某條語録進行剜改修訂，由此看來這部修訂的版本大約在康熙年後期刊印。正誼堂的這部修訂本確實能做到後出轉精，如今我們從張文整理點校的張伯行《續近思録》可察其詳情，此校點本采納的底本便是復旦大學藏本，且説此藏本較之於日本藏本，"似爲貼切精要"①。因此，我們綜合兩種刻本的情形後，認爲《續近思録》康熙四十九年正誼堂刻本有初刻、修訂之别，故將復旦大學、韓國國立中央圖書館藏本（团 7—1 號，牌記書影見圖 3－48）單列

圖 3－48 《續近思録》，清康熙年間刻本牌記兼書名葉

① 張文《續近思録》"校點説明"，見《近思録專輯》第五册，第 3—4 頁。

於此，視作修訂本。

爲了讓大家對《續近思録》有更清晰的認知，在此抄録該書各卷提要如下：

卷一，此卷論道體。黄勉齋所謂"無物不在，無時不然，流行發用，無少間斷"者是也。學者溯本原而窮其究竟，則學問之綱領在是矣。

卷二，此卷總論爲學之要。蓋非學無以入道，希聖希賢，其功具在。知所適從之路，得其進爲之方，然後可以言學，故備著之，以俟天下後世之立志能自奮者。

卷三，此卷論致知。而所謂致知者，在即物而窮其理也。然窮理之方，程子謂"或讀書講明義理，或論古今人物别其是非，或應事接物而處其當"皆是。故其工夫實未易盡，而尤莫大於讀書。學者由四書而遞及五經，又會通乎濂洛關閩之指歸，以與經書從事，然後推以觀史，而辨其是非得失之致焉，則真所謂"窮理以進其知"者矣。

卷四，此卷論存養。蓋存養之功實貫乎知行，故編此以列乎二者之間，見致知涵養互發兼修，不可偏廢，而後有以爲力行之地也。

卷五，此卷論力行。蓋致知必進以篤行，而存養尤資乎省察。是以克治之功，君子所宜深致力也。

卷六，此卷論齊家。蓋由己及人，莫先於家，倫常日用，乃斯須不可離者，誠克治之功既至，則施之家而家可齊矣。

卷七，此卷論出處之道。蓋身既修，家既齊，則可以仕矣。然去就取舍，惟義之從，仕止久速，各當其可，所亟宜審處也。

卷八，此卷論治體。蓋明乎出處之義，則得時行道，務在提綱挈領，端厥治原，庶使天下知儒術之非迂疏而寡效也。

卷九，此卷論治法。蓋治本既立，則治具宜張，舉凡用人行政兵農學校，利弊之故，經權之宜，皆不可不講，以成極治之功也。

卷十，此卷論臨政處事。蓋明乎治體而通乎治法，則施於有政矣。凡居官任職，事上撫下，待同列，審時宜，經世之道，濟物之方，無不具於斯焉。

卷十一，此卷論教人之道。見師之所以教者，即弟子之所以學，惟在辨邪正，定從違，使之循循焉由下學而上達，將希賢希聖，自可廣其傳於無窮也。

卷十二，此卷論戒警之道。蓋“人心惟危，道心惟微”，知戒警則善日積，不知戒警則惡日滋。凡修己治人者，皆不可不存此意也。

卷十三，此卷辨異端。蓋異端不辨，則正學不明。故必於其彌近理而大亂真者，嚴析之於毫釐，然後人心不爲所惑，而世道庶乎其日隆也。

卷十四，此卷論聖賢相傳之統，而諸子附焉。蓋自堯、舜以來，傳之孔子，孔子傳之顔、曾，曾子傳之子思，子思傳之孟子，遂無傳焉。楚有荀卿，漢有董仲舒、揚雄、諸葛亮，隋有王通，唐有韓愈，雖未能傳斯道之統，然其立言行事，有補於世教，皆所當考也。迨於宋朝諸儒崛起，時則周子倡之於先，二程子、張子遂從而推廣之，而聖學復明。自龜山親受業於程門，載道而南，若羅若李，一脉授受。至我朱子集其大成，一時師友相承，幾上擬於洙泗，蓋天開斯文之會也。朱子嘗輯《近思録》，終以四子，以明道統之復續。愚今輯《續近思録》，終以朱子，以見道統之攸歸。學者誠由是而入焉，則庶乎其不差矣。

(三) 清同治九年福州正誼書院續刊本

現存《正誼堂全書》本（“福州正誼書院藏版”）中有一部張伯行的《續近思録》。該版的卷首有《重刊正誼堂全書總目》，其中記載：《近思録》十四卷，國朝張伯行編；《廣近思録》十四卷，國朝張伯行撰。並在“續刻”欄下注明有《續近思録》十四卷，國朝張伯行撰。在《正誼堂全書采訪書目》中注記有《續近思録》十四卷，國朝張伯行撰，同治九年三月續刊。我們依據清同治年間《正誼堂全書》刻本的相關文字，福州版《正誼堂全書》本中的張氏《續近思録》是在“續刊”時收録的，故刊刻時間晚於張氏的《近思録集解》《廣近思録》。

張伯行集解《續近思録》十四卷，福州正誼書院采訪續刊本，每半葉十行二十二字，注文小字雙行同，左右雙欄，有界行，框高 18.80 釐米，寬 13.90 釐米。白口，單（黑）魚尾。版心所刻文字、及正文的編次和體例等，均與上述康熙四十九年初刻本同。但是其文字内容與康熙四十九年刻本卻有别，而與復旦大學所藏康熙年間修訂本相同，以此看來該福州正誼書院刻本是源自康熙年間正誼堂修訂本。

此本卷首書名葉刻書名“續近思録”（正楷大字），其左半葉刻有四周單欄的長方形牌記“福州正誼書院藏版”（楷書）。正文前刻有清康熙四十九年張伯行《續近思録序》《續近思録目次》。

續近思錄卷之一
道體　張伯行集解
此卷論道體黄勉齋所謂無物不在無時不然流行發用無少閒斷者是也學者溯本原而窮其究竟則學問之綱領在是矣
朱子曰這道體浩浩無窮浩浩廣大流行之意易曰形而上者謂之道道非有形體之所可見也然有與道爲體者如天地之所以高厚日月之所以運行山川之所以流峙人物之所以蕃衍莫非自然之理爲之主宰乎其中程子所謂活潑潑地者乃道體之本然無一毫虧欠無一息間斷固浩浩然廣大流行而無窮盡者也學者即形下之器以求形上之道切而驗之身心性情之地實而體諸倫常日用之間存養省察致知力行以馴致乎位育參贊之效庶道體之浩浩無窮者即在吾身而不至虛存於宇宙矣此朱子親切示人之旨與夫子

圖 3－49 《續近思録》，清同治九年福州正誼書院續刊本

該本每卷末還刻有小的長方形刊記，用篆文刻記“同治九年三月福州正誼書院采訪續刊”，其下有三豎行用宋體字鎸刻總校、覆校者名，如卷一末葉三行刊記是“侯官楊浚雪滄總校/閩縣吴榮庚曜西覆校/閩縣林祚曾省軒覆校”。其他各卷刻記的總校者同，覆校者卻有别，故該刻本由楊浚總校，並有多位覆校、分校者。綜合上述信息可知，這是清同治九年（1870）三月福州正誼書院重刻康熙年間正誼堂修訂本。此《正誼堂全書》同治年間刊本流佈較廣，存世版本較多，如上海圖書館、華東師大、日本廣島大學（書影見圖 3－49）皆有藏。

張氏《續近思録》在現存的公私書目中也有著録。如《四庫全書總目》《清朝文獻通考》《八千卷樓書目》《清史稿》均有著録。《四庫全書存目叢書》全文收録的《續近思録》爲清同治九年福州正誼書院刊本。

（四）民國二十五年上海商務印書館印本

王雲五編輯《叢書集成初編》，民國二十四至二十六年（1935—1937）上海商務印書館鉛印，其中收録有張伯行《近思録集解》《續近思録》《廣近思録》。因而張伯行集解《續近思録》十四卷，存有上海商務印書館《叢書集成初編》1936 年排印本。該本以清同治年間正誼書局刻《正誼堂全書續刻》爲底本影印，見《初編》第 157—160 册。日本國立國會圖書館有藏。

三、張伯行《廣近思録》版本考

張伯行仿《近思録》體例，采輯宋代張栻、吕祖謙、黄榦，元代許衡，明代薛瑄、胡居仁、羅欽順等七位理學家的語録，編撰《廣近思録》十四卷，共輯語録1217條。關於其編輯緣由，清康熙五十年張伯行自序曰："天下之理本一而分則殊，不思固不能達，思之而不博觀群言，亦無以會衆理而歸於一。""自有宋迄元明，中間發揮聖藴繼濂洛關閩之後者，實惟是數大儒遺書，其言平實，其指深遠，可誦可法，特患後之人弗思耳。""余於《近思録》所爲，既詮釋之而又續之，既續之而又廣之，冀有以章明義藴，引進後人，而且以輔翼儒書於不墮也。……學者誠由《近思録》而並及夫《續》與《廣》二録，尋繹玩味，沉潛反覆，萬殊一理，悠然會心，夫然後六經、四子之書不爲口耳，當必有身體而心驗之者，入聖之階梯無逾斯矣。是則余所以纂集此書之意，非務多也。"[①]由此我們大致明白張氏編撰《廣近思録》之用意。清光緒年間邵松年重刻時，高度評價《廣近思録》，認爲"朱子後數百年儒者之言，精粹悉聚於此"。

張伯行《廣近思録》中編録有《廣近思録群書姓氏》，注明了其語録取材的源頭，即"張南軒先生《文集》《史論》；吕東萊先生《文集》《别集》《集録》；黄勉齋先生《文集》《講義》《經説》；許魯齋先生《文集》《遺書》；薛敬軒先生《文集》《讀書録》；胡敬齋先生《文集》《居業録》；羅整庵先生《文集》《困知記》"。

據張伯行序文和《群書姓氏》，可知《廣近思録》體例上是"類纂合編，仿諸《近思録》之例"，各卷篇名與其《續近思録》相同。内容上所"彙集七家言"，填補了《近思録》、張伯行《續近思録》所輯語録的空白，有一定的學術價值。

張伯行《廣近思録》十四卷現存主要版本有：

（一）清康熙五十年姑蘇正誼堂刻本

張伯行集解《廣近思録》十四卷，清初刻本每半葉九行十七字，左右雙欄，有界行，框高18.30釐米，寬13.30釐米。白口，單(黑)魚尾。版心魚尾上方刻書名"廣近思録"，魚尾下刻卷次(如"卷之一")、頁碼，版心下端刻"正誼堂"三字。卷一卷端首行頂格題"廣近思録卷之一"，次行低一字格題"儀封張伯

---

① (清)張伯行《廣近思録序》，載於張伯行輯《廣近思録》，清康熙五十年姑蘇正誼堂刻本。

行孝先甫輯”，第三第四行均低六字格題“閩中受業柳琫荆石、陳紹濂尚友仝校”，第五行低二字格刻卷名“道體”，第六行頂格刻正文，每條語録單列，首字頂格，餘行皆低一字格刻印。卷末有尾題“廣近思録卷之某終”。刻本爲長仿宋體字，刻印較精。

此刻本卷首刻有書名兼牌記葉，在四周單欄的框欄天頭處横行刻“康熙五十年鎸”，框内分三豎格，自右至左刻“張大中丞訂/廣近思録/正誼堂藏板”。該葉上鈐圓形朱文印“性學真傳”，右上鈐橢圓形朱文印“讀書種子不絶”，右下鈐方形白文印“正誼堂藏板”，左下鈐長方形朱文印“本衙纂輯儒書，前後付梓，爰公同好。近聞坊間翻板射利，殊屬可恨，一經察出，必不姑貸”。

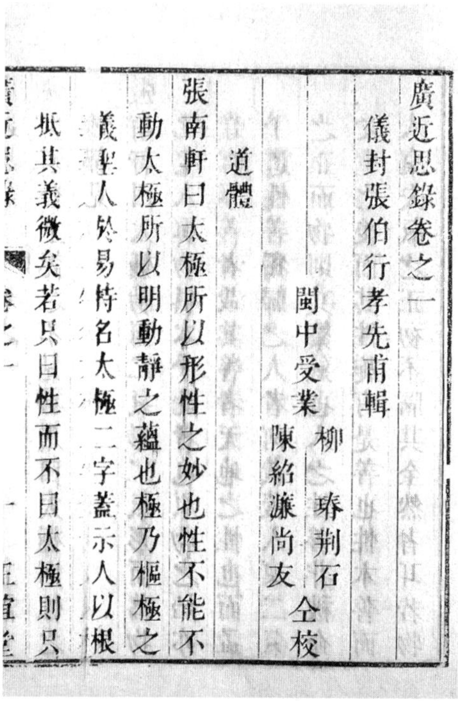
圖 3－50　張伯行《廣近思録》，清康熙五十年正誼堂刻本

正文前刻有清康熙五十年張伯行《廣近思録序》（序文後原版刻有兩方印：陰文印“張伯行印”、陽文印“孝先”）、《廣近思録群書姓氏》。

依據牌記以及張氏序末落款時間，可知此《廣近思録》宜是清康熙五十年（1711）冬刻於姑蘇正誼堂，與前文所述《集解》《續近思録》類同，屬於康熙年間姑蘇正誼堂初刻本。

此刻本國内稀見，據説東北師範大學圖書館有藏[①]，然筆者不曾見到，僅目驗過日本國立公文書館藏本（子 007—0001，書影見圖 3－50），6 册，卷帙保存完好。此本收録在《正誼堂全書》的第 91—96 册。韓國首爾大學校奎章閣藏有殘本（181. 1J255gv. 12—14），殘存卷十

① 《東北地區古籍綫裝書聯合目録》，第 1580 頁。

二至卷十四。

張伯行《廣近思録序》曰：

朱子《近思録》十四卷，采輯四子之言，體用兼該，義理條貫。余服膺既久，而詮釋之。詮釋之不已，而又續之，續之不已，而又廣之。豈務多乎哉？良以天下之理本一而分則殊，不思固不能達，思之而不博觀群言，亦無以會衆理而歸於一。夫千金之裘非一狐之腋，大厦之材非一丘之木。況身心性命之淵奧至粹至精，道德事功之講求至閎至博，尤有研之而益深、擴之而愈大者乎？且夫言近而指遠者，善言也。自有宋迄元明，中間發揮聖藴繼濂洛關閩之後者，實惟是數大儒遺書，其言平實，其指深遠，可誦可法，特患後之人弗思耳。至於類纂合編，仿諸《近思録》之例，則尤本末次第森然具列，其序有不可紊，而其功有不可闕者，章章較著也。蓋未有天地已有道，道實居乎天地之始；既有天地即有道，道又充滿乎天地之間。是故首之以道體，言道之大原出於天也。而道於何附？待人而行。人之爲道也，必泝流以窮源，由博而返約，於是乎有學。學矣而窮理以致其知，存養克治以踐其實，故身修。身修而後可與言家道，家道立而後可與論出處，出處正而後可與論治體、治法、政事。數者備而天德王道不亦綽有餘裕乎？然聖賢之生於世，又非自有餘已也。爲之教學以啓誘愚蒙，爲之戒警以唤醒聾聵，爲之辨别異端以闢邪崇正。循是而知適從，則所謂"士希賢，賢希聖"者在是矣，故以總論聖賢終焉。此一十四卷之大指，抑何其條貫而綿密也。噫！朱子之爲此書也，縷分類聚，統攝萬端，引而伸之，觸類而長之，靡有涯涘。後之學者不從此反己體察，磨礲淬厲，徒懵懵然涉獵浮詞，入耳出口，爲帖括計，是雖欲望先聖先儒之門墻不可得，況堂奥乎？此余於《近思録》所爲，既詮釋之而又續之，既續之而又廣之，冀有以章明義藴，引進後人，而且以輔翼儒書於不墮也。是編自南軒、東萊、勉齋迄許、薛、胡、羅，彙集七家言，皆粹然無疵，近裏着己，朱子所謂"關於大體，切於日用"者。學者誠由《近思録》而並及夫《續》與《廣》二録，尋繹玩味，沉潛反覆，萬殊一理，悠然會心，夫然後六經、四子之書不爲口耳，當必有身體而心驗之者，入聖之階梯無踰斯矣。是則余所以纂集此書之意，非務多也，蓋明師良友不於數大儒乎取資，而吾將安倣也夫。康熙五十年辛卯孟冬儀封後學張伯行書於姑蘇之正誼堂。

（二）清康熙年間正誼堂修訂本

《廣近思録》十四卷，温州市圖書館藏有一部刻本（書影見圖 3－51），藏家著録云“康熙五十年”刻本。但是筆者查閲後覺得藏家所斷刊刻時間欠妥。

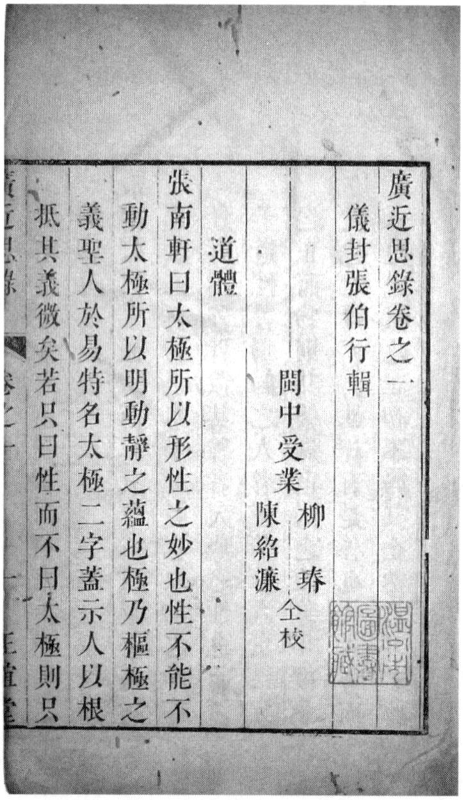
廣近思錄卷之一
儀封張伯行輯
閩中受業　柳　瑃
陳紹濂　仝校
道體
張南軒曰太極所以形性之妙也性不動太極所以明動靜之蘊也極乃樞極之義聖人於易特名太極二字蓋示人以根抵其義微矣若只曰性而不曰太極則只

圖 3－51　《廣近思録》，清康熙年間正誼堂修訂本

相較於上述康熙五十年姑蘇正誼堂刻本，温州市圖所藏刻本有明顯差異：一是，其書名兼牌記葉雖有殘損，卻依稀可識，其内容與日本藏本同，卻不見鈐有關於“正誼堂藏板”的四方印章。二是，該藏本卷前的張伯行序文、各卷内容、行款與上述日本藏本雖相近，但是二者的正文卷端題識有異。與日本藏本相較，温圖藏本卷端的編輯者、校勘者明顯不同，第二行題“儀封張伯行輯”，第三、第四行題“閩中受業柳瑃、陳紹濂仝校”。儘管其意雖與日本藏本同，可是文字明顯有别。

儘管温州市圖説此藏本是康熙五十年正誼堂刻本，但出於嚴謹慎重，我們以爲此藏本與日本所藏“康熙五十年正誼堂刻本”並非同一版印。從文字上的明顯差異可以看出，《廣近思録》此刻本雖是“正誼堂”刊行，但已有修改痕迹，這與前文所述姑蘇正誼堂刊刻《續近思録》的情形相彷彿，或許是正誼堂發現初刻本存在不足時，另行修訂再刊，以至於我們今天見到的温州市圖所藏《廣近思録》康熙刻本中存在剜改修訂迹象，特别是對初版的卷端題署明顯做了删改，故而筆者將這部藏本視作清康熙年間後印，亦可謂康熙年間正誼堂修訂本。

張伯行《廣近思録》，《四庫全書總目》“存目類”有著録，其提要曰：“《廣近思録》十四卷，副都御史黄登賢家藏本，國朝張伯行撰。伯行是編，采集宋……七家之遺書，以續朱子《近思録》，分十四門，仍如朱子原書之目。”

（三）清同治五年福州正誼書院重刻本

張伯行輯《廣近思録》十四卷，清福州正誼書院重校本，每半葉十行二十二字，左右雙欄，有界行，框高18.50釐米，寬13.80釐米。白口，單(黑)魚尾。版心所刻與上述清康熙五十年正誼堂刻本同。卷一卷端首行頂格題“廣近思録卷之一”，第二、第三行中間低二字格題“儀封張伯行孝先輯”，越一字格題“受業壽寧柳椿、羅源陳紹濂仝校”，第四行低二字格刻卷名“道體”，第五行頂格刻正文，每條語録單列，首字頂格，餘行皆低一字格刻印。刻本中“寧”字闕筆或改寫，避清道光帝名諱。

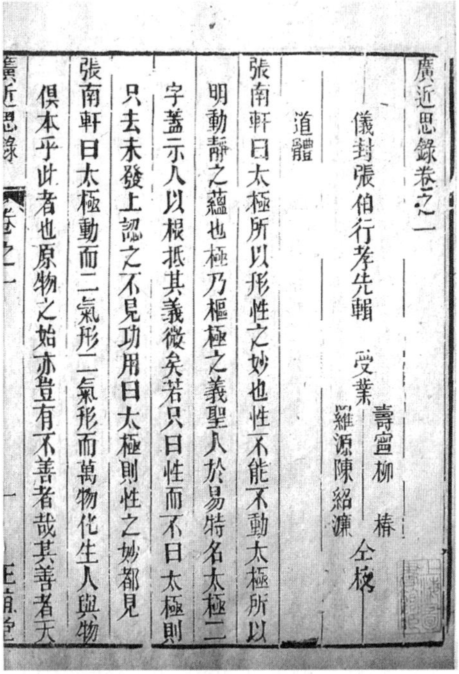
廣近思録卷之一
儀封張伯行孝先輯
受業 壽甯柳 椿 仝校
羅源陳紹濂
道體
張南軒曰太極所以形性之妙也性不能不動太極所以
明動靜之藴也極乃樞極之義聖人於易特名太極二
字蓋示人以根抵其義微矣若只曰性而不曰太極則
只去未發上認之不見功用曰太極則性之妙都見
張南軒曰太極動而二氣形二氣形而萬物化生人與物
俱本乎此者也原物之始亦豈有不善者哉其善者天

圖 3－52 《廣近思録》，清同治五年福州正誼書院重刻本

該刻本卷首書名葉刻“廣近思録”(大楷)，其左半葉有一小的長方形牌記，刻“福州正誼書院藏版”(楷書)。正文前刻有清康熙五十年張伯行《廣近思録序》《廣近思録群書姓氏》。

此刻本卷端編次、題署輯者、校者與上述康熙年刻本有别，文字上將“柳瑃”改作“柳椿”。每卷末還刻有長方形刊記“同治五年夏月福州正誼書局重梓開雕”(雙行篆書)，刊記下又鎸刻四豎行宋體字，記録總、覆、分校者名，如卷一末爲“侯官楊浚雪滄總校/侯官陳則誠鼇齋覆校/閩縣林應霖潤卿分校/閩縣陳涵子容分校”。流覽全書我們發現各卷總校者同，覆校、分校者有別，該情形與上述張伯行《集解》《續》的同治年間正誼書院刻本同。故此《廣近思録》刊本是楊浚總校，多人覆校、分校，於清同治五年(1866)夏月由福州正誼書院(局)重刻，其底本當源自康熙年刻本，收録在《正誼堂全書》中。

《廣近思録》清同治五年福州正誼書院刻本存世多部，上海圖書館有藏(書影見圖 3－52)，5 册。此藏本與張伯行《續近思録》3 册均收録在《正誼堂全書》中。鈐朱文印“上海市歷史文獻圖書館藏”“長樂高氏捐贈”。該館還藏有：一部 4 册本《廣近思録》，與張氏集解的《近思録》一起收録在另一部《正誼堂全書》中，僅闕張伯行序文，餘者同；又一部 1 册《廣近思録》，爲單行本，實際上原爲 3 册，後人除去封面合訂爲一册，闕張伯行序文，餘者同，有佚名朱筆圈點。上圖這幾部藏本版式行格、版框高寬、斷痕墨色、字體非常相近，故我們認爲它們爲同一版印刷，即清同治五年福州正誼書院重梓張伯行《廣近思録》本。

該本日本廣島大學有藏。《四庫全書存目叢書》收録的張伯行《廣近思録》十四卷，是據中科院藏清同治五年《正誼堂全書》本影印。

(四) 清光緒二十年河南學署刻本

張伯行《廣近思録》，除上述康熙年間姑蘇正誼堂刻本、同治五年《正誼堂全書》本外，還有清光緒年間河南學署刻本。每半葉十行二十二字，左右雙欄，有界行，框高 18.60 釐米，寬 13.70 釐米。白口，單(黑)魚尾。版心所刻與上述清康熙五十年正誼堂刻本稍有異，即版心下端無“正誼堂”三字。該本卷一卷端首行頂格題“廣近思録卷之一”，次行低二字格題“儀封張孝先先生原編”，第三行低二字格刻卷名“道體”，第四行頂格刻正文，每條語録首字頂格，餘行則均低一字格刻印。

此刻本卷首的書名葉刻“廣近思録”，其左半葉有一小的長方形牌記，刻“光緒甲午仲夏學署刊發”。正文前刻有清光緒二十年五月邵松年序文(楷書上板，原版序文後刻有兩方印：陰文印“邵松年印”、陽文印“伯英之印”)、《廣近思録群書姓氏》。

依據邵松年序文可知，此本是“取儀封張子清恪《廣近思録》，擇其尤切要者”，刊附於江永《集注》之後。然細查此書，發現其類似節選本。

我們依據牌記以及邵氏序文落款時間，可斷此刊本是邵松年任河南學政時主持刊刻，即光緒二十年(1894)夏刊梓於河南學署。復旦大學(書影見圖 3－53)、山西省圖書館有藏。

《增訂四庫簡明目録標注》對《廣近思録》版本有著録，云：“張清恪先有《續録》《廣録》各十四卷，有刊本，不甚行。”但因其注記不詳，尚不知此“刊本”是否是指康熙年刻本？而筆者卻在東亞韓、日，美國等多家藏書機構過目張伯行“三録”多部多種，緣何《標注》云“不甚行”？

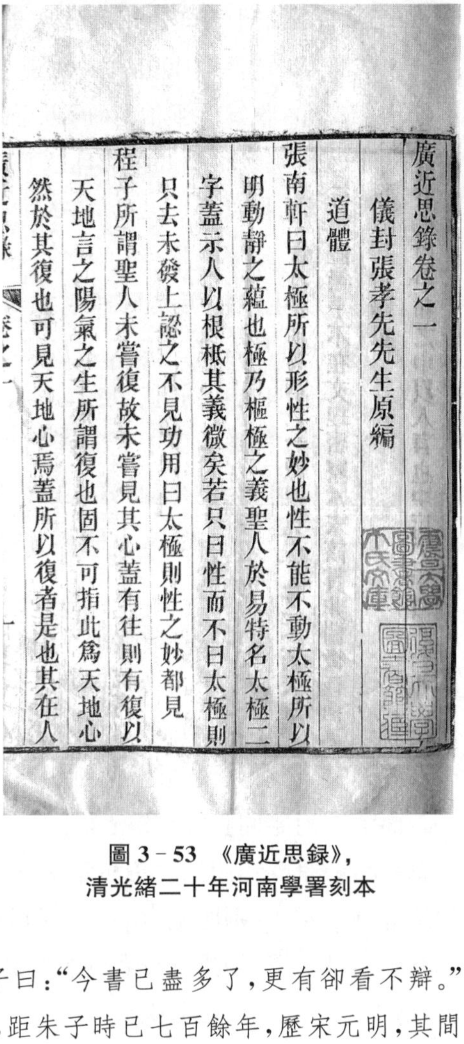
廣近思錄卷之一
儀封張孝先先生原編
道體
張南軒曰太極所以形性之妙也性不能不動太極所以明動靜之蘊也極乃樞極之義聖人於易特名太極二字蓋示人以根柢其義微矣若只曰性而不曰太極則只去未發上認之不見功用曰太極則性之妙都見
程子所謂聖人未嘗復故未嘗見其心蓋有往則有復以天地言之陽氣之生所謂復也固不可指此爲天地心然於其復也可見天地心焉蓋所以復者是也其在人

圖 3－53 《廣近思録》，清光緒二十年河南學署刻本

邵松年《廣近思録序》曰：

> 昔人有論《近思續録》者，朱子曰：“今書已盡多了，更有卻看不辯。”此無泛騖之説也。學者生今之世，距朱子時已七百餘年，歷宋元明，其間若許子文正、薛子文清諸先生，恪守程朱，闡明大道，其言無不與《近思録》相發明，學者研究性理，又烏可不約取而熟讀深思哉？余既重刊江氏《近思録集注》，因取儀封張子清恪《廣近思録》，擇其尤切要者刊附於後，而朱子後數百年儒者之言，精粹悉聚於此。至朱子闡發周、程、張義理者，江氏悉采爲《近思録注》，且《朱子全書》學者亦宜盡讀之，故於清恪《續録》則從其略焉。光緒二十年歲在甲午夏五月宛平後學邵松年謹序。

（五）民國二十五年上海商務印書館印本

王雲五輯《叢書集成初編》，民國二十四至二十六年（1935—1937）上海商務印書館鉛印，收録有張伯行《廣近思録》十四卷。該本以《正誼堂全書》清同治年間正誼書院刻本爲底本影印。日本國立國會圖書館有藏。王雲五輯《叢書集成簡編》也收録。

張伯行一生編輯了大量理學書籍，就其集解與編輯的《近思録》文獻而言，清代尚無出其右者。張氏善於提煉與闡發，集解《近思録》十四卷、編集《續近思録》十四卷和《廣近思録》十四卷，"三録"體系均嚴守朱子寒泉之舊，内容前後承接，庶幾彙集宋元明著名理學家的精粹之語於一體，形成一個理學脉絡清晰的可相承的鏈條式入道之階。張氏此舉對發揚《近思録》所代表的理學體系有積極意義，又可使讀者對程朱理學思想淵源、道學統緒、學問入道等有較全面的認識。

而且"三録"的清康熙年間姑蘇正誼堂刻本，又呈現出相同的特徵：卷首有書名兼牌記葉，注明開鐫時間、書名、藏板，並鈐有正誼堂的朱文印；卷前張伯行所作序文後均有兩方墨色印："張伯行印""孝先"；所刊書版行款相同，甚至框欄高寬也相近，天頭闊綽，紙墨較精。

而清同治年間收録在《正誼堂全書》本中的《近思録集解》《續近思録》《廣近思録》，與康熙年間姑蘇正誼堂刻本相比較則有明顯的不同：卷首的書名與牌記分列右左，分别題記書名與"福州正誼書院藏版"；刻本每卷末皆有刊記記録本卷總校、覆校或分校者姓名。此時的刻本紙墨已無清康熙年刻本的精良，清朝衰敗之氣象已顯端倪。

第四章　《近思録》其他注本版本考

第一節　南宋熊剛大、楊伯嵒注本考

一、熊剛大《近思録句解》版本考

熊剛大，生卒年不詳，爲宋理宗時期建陽崇泰里人。受業於朱熹門人黄榦、蔡淵，學者稱古溪先生。他問學精專，操行篤至，南宋嘉定七年(1214)進士，曾爲建安書院教授。著有《詩經注解》《性理小學集解》《性理群書句解》等。

《性理群書句解》，又名曰《新編音點性理群書句解》或《新刊音點性理群書句解》(以下皆簡稱《句解》)分前後兩集，各二十三卷，熊剛大對該"群書"中的每一句均作注解，注文淺顯易懂，故而謂之"句解"。此書現存有元刻本、朝鮮李朝刻本、日本江户時代刻本等多種。

《句解》"前集"二十三卷，由南宋熊節集編，南宋熊剛大集解。熊節，生卒年不詳，字端操，建寧府建陽人。朱熹門人，南宋慶元五年(1199)進士，官至通直郎，知閩清縣事。著有《中庸解》三卷、《智仁堂稿》十卷、《性理群書》二十三卷。《句解》"前集"的内容，是采摭宋代諸儒遺文分類編纂而成，意在貶斥姦黨，表彰宋代七位大儒的道德情操，訓誡後世求學者爲學之道，激勵後學弘揚宋儒優秀的學術思想。熊節以文獻編纂的形式在《性理群書》中正式定論"七賢"，在中國理學思想史上具有重要意義，今人以此爲鑒可考察元明清理學發展過程中的門户之見。《性理群書句解》的編纂主旨、體例對後世編纂"性理"類著述産生了很大影響，不論其學術思想史價值，還是其文獻編輯之法，都是值得後世研究的。

《句解》"後集"二十三卷，題署"考亭後學熊剛大集解"。其内容包括：《近思録》十四卷,《近思續録》十四卷,《近思别録》十四卷。對於《句解》,《四庫全書》提要評價説:"明永樂中詔修《性理大全》,其録諸儒之語,皆因《近思録》而廣之;其録諸儒之文,則本此書而廣之,並其'性理'之名,似亦因此書之舊。是其文雖習見,固亦作樂者之葦籥、造車者之椎輪矣。"①可見,《句解》全書,在性理學(或謂宋明理學)傳播史上有着獨特的地位,四庫館臣明確肯定了《性理大全》是"本此書而廣之","性理"之名也"因此書之舊",其評判較公允。

熊剛大注解的《近思録》十四卷位於《性理群書句解》後集之首,姑且我們稱之爲《近思録句解》。熊剛大輯録而入《性理群書》的《近思録》,歸屬於《句解》"後集"卷一至卷十三,儘管其體例編次依從於《近思録》原本,但該"後集"中輯録的北宋四子語録衹有 500 條。

關於熊氏注解的《近思録》爲何衹收録語録 500 條,而不是 622 條? 這還得從《句解》前後集説起。筆者將"後集"中的《近思録》各卷語録與現存南宋葉采《集解》元刻本進行比較後發現,熊氏注解的《近思録》卷一輯録語録 43 條(這裏以《近思録》原本 622 條語録與經熊氏删減過的語録爲比較計數對象,下同)、卷二 80 條、卷三 61 條、卷四 56 條、卷五 26 條、卷六 14 條、卷七 39 條、卷八 20 條、卷九 18 條、卷十 59 條、卷十一 19 條、卷十二 32 條、卷十三 11 條、卷十四 22 條。

《近思録》原文本有的語録,熊氏注本没有輯録的至少有 122 條,這其中有 48 條語録仍在《句解》前後集中,因爲在《句解》"前集"輯録的與之相對應的語録文字,因"前後互見"的緣故,爲避免重複纍贅,故熊氏在《近思録》中没有收録這 48 條語録。我們通過對熊剛大删除的 122 語録稍作分辨,發現熊氏删除的主要原因如下:一是它們多散見於《句解》"前集"收録的"行狀""序""記"等相關文獻中,如有 48 條語録在《句解》"前集"可以參見,又如關於《近思録》原書中周敦頤的語録,因在《句解》"前集"周子《太極圖説》《通書》中已有,正如明代吴訥所言,周子語録"已在編内,故删而不録"。因而編在"後集"的《近思録》不再收録此類關涉周子、二程、張子的語録。二是删除童蒙不易

① (清)永瑢等撰《四庫全書總目》,第 787 頁。

理解的語録，如周敦頤《通書》、張載《正蒙》中的語録，以及四子奏疏、談論國事、孀婦再嫁等内容的文字，在《近思録》原文本中卷二、卷三、卷四、卷六涉及此類情形語録較多，在此就不一一舉例贅述。

現存《近思録句解》元刊本，每半葉十三行二十四字，注文小字雙行同。左右雙欄，有界行，框高 18.60 釐米，寬 12.00 釐米。上下黑口，順(黑)魚尾。卷一卷端首行頂格題“新刊音點性理群書句解卷之一”，越五字格題“後集”(此二字以墨蓋子白文外加橢圓環圈别出)；第二行題“近思録卷第一”，下刻雙行小字“此卷論性之本原，道之體統，蓋學問之綱領也”；第三行頂格刻正文，《近思録》原文刻作大字，熊剛大注解文字刻作雙行小字。卷末有尾題。在刻每條《近思録》語録出處的書名時，多刻作墨蓋子白文，如“文集”“本注”“乾卦彖象”“遺書下同”等。刻本中“恒”“玄”等字避諱闕末筆，“貞”改作“正”，“慎”改作“謹”。從此刻本的版式特徵看酷似元代坊刊本，且保留有宋刻本的部分避諱字。儘管我們尚不清楚《句解》宋刊本存在情況，然此刻的避諱似乎表明曾有宋本存在，如今我們僅知此刻本是熊剛大《近思録句解》的最早版本，現存臺北“國家圖書館”(書影見圖 4－1)，華東師範大學出版社進行了影印。北京大學藏有殘本，存“前集”卷一至卷十，“後集”卷一至卷九。

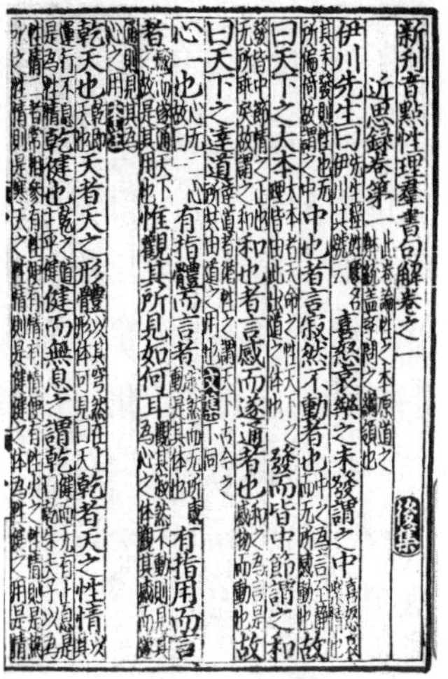

圖 4－1　熊剛大《近思録句解》，《新刊音點性理群書句解》元刊本

《句解》“後集”的首葉首行頂格題“近思録編集諸儒注解”，越二字格於下方以環圈墨蓋子白文題“後集”，該葉所刻内容主要有：晦庵先生朱文公。南軒先生張宣公。東萊先生吕成公。勉齋先生黄文肅公，榦，字直卿，文公門人，又其婿也。以文公捧表賀壽皇登極恩出官，終於寺丞，知潮陽不赴。鼇峰先生熊氏，節，字端操，文公門人也，己未省試前名，是時韓侂胄當國，專攻僞學，排此者悉在前列。惟知舉黄公由坐文公僞黨，得先生納諫行仁求賢策，以其學正大，未嘗迎合時好，置前列，且爲奏御，終於閩清長安，賜緋魚。節齋先生蔡氏，淵，字伯静，文公門人也，隱德不耀。果齋先生李氏，方子，字公晦，文公門人也，甲戌廷試第三。平巖先生葉氏，采，字中圭，文公門婿也，登進士第，官終於常卿知邵武軍。諸儒姓氏終。

"後集"次葉卷端則跨兩行以大字頂格題"新刊音點性理群書句解目録"，下端亦有環圈墨蓋子白文"後集"二字；該《目録》的次行亦大字跨兩行低一字格題"《近思録》"，而書名上方正中央加一圓圈，右下則題"一十四卷"；第五、六行均低六字格題"晦庵先生朱文公集編/東萊先生吕成公同編"；第七行則低八字格題"考亭後學熊剛大集解"，這三行作者名銜、尊稱及姓名上下字間皆有空格。在此目録部分還刻有《句解》"後集"各卷提要。

就《目録》下"《近思録》部分"的提要而言，分别是：第一卷，此卷論性之本原、道之體統。第二卷，此卷總論爲學之要。第三卷，此卷論致知。第四卷，此卷論存養。第五卷，此卷論力行。第六卷，此卷論齊家。第七卷，此卷論出處之道。第八卷，此卷論治道。第九卷，此卷論治法。第十卷，此卷論臨政處事。第十一卷，此卷論教人。第十二卷，此卷論戒謹之道。第十三卷，此卷辨異端。第十四卷，此卷論聖賢相傳之統，諸子附焉。

我們將這些提要内容與現存葉采《集解》元刻本各卷篇名後的"解題"相比較，則發現該本是取葉氏解題文字的前一部分，雖然熊氏的表意較簡明，但不如葉氏原提要表意完足。而且，熊剛大注解《近思録》没有像葉采那樣給各卷擬定篇名。但是，值得注意的是此《句解》刻本的正文中，熊剛大又像葉采一樣在《近思録》各卷卷端題署本卷提要，其文字與葉采《集解》的各卷解題基本一致。

如果再將《近思録》熊氏注文與葉采《集解》進行比較，會發現熊氏是給每條語録中的每個小分句或片語進行注釋，或注音，或翻譯，或注疏；而葉采的注文是對某條語録或語段進行注解，而不是對每條語録或每個單句都進行注解。可見熊氏、葉氏的詮釋、編次、用意存在明顯差異。然而，如果將某一條語録的熊氏注文相加連綴，我們會發現其内容與葉采集解的文字非常相近，有些則相同。如《近思録》卷二"非明則動無所之"條，熊氏注云："知行相需，不可偏廢。非知之明，則動將安之，如目盲之人，動則不知所之也。"對"非動則明無所用"句，注云："非行之力，則明亦無所用，如足痿之人，雖有見焉，亦不能行矣。○《豐卦》初九傳。”此條葉采集解云:“《豐卦》初九傳。知行相需,不可偏廢。非知之明,則動將安之,如目盲之人,動則不知所之也。非行之力,則明亦無所用,如足痿之人,雖有見焉,亦不能行矣。”可見,熊氏注文與葉采《集解》注文相對應處完全相同。此類例證較多,由此推斷,葉解本與熊注本之間應該存在淵源關係。

並且,除了二者相同的注文外,熊氏注文與葉采集解文字多處相類似,如《近思録》卷三“問如何是近思”條,熊氏注云:“‘近思’二字是如何?”對“曰以類而推”,熊氏注云:“思慮泛遠而不循序漸進,則勞心而無得。即吾所知以類推之,則心路易通而思有條理,是謂近思。”此條葉采集解云:“思慮泛遠而不循序漸進,則勞心而無得。即吾所知者以類推之,則心路易通而思有條理,是謂近思。○朱子曰:若是真箇劈初頭理會得一件分曉透徹,便逐件如此理會去,相次亦不難。又曰:從已理會得處推將去,便不隔越,若遠去尋討,則不切己。”又如《近思録》卷二“習,重習也”條,卷十二“睽極則咈戾而難合”條等也如此。

另外,熊剛大有時將朱熹的話語化作自己的話來進行注釋。如《近思録》卷一“天所賦爲命”條,熊氏對“物所受爲性”句的注解,注文是:“性猶職任,人稟受此理則謂之性。熊氏曰:天以元亨利正之理賦予於人則謂命,人稟受此理而爲吾心之仁義禮智則謂之性。”而此條葉采集解則是:“朱子曰:命猶誥敕,性猶職任。天以此理命於人,人稟受此理則謂之性。”

關於《新刊音點性理群書句解》的版本,除上述元刻本外,筆者在寧波天一閣發現的《句解》“前集”元刻本,是殘本,僅存“前集”的卷一至卷八,多數卷葉字迹漫漶不清,難以辨識。現存《四庫全書》文淵閣藏本衹收録了《句解》“前集”。至於《句解》明清時期的刻本,筆者在國内尚未見到。而歷史上部分公私藏目對《句解》有過著録,如:

清邵懿辰撰、邵章續録《增訂四庫簡明目録標注》著録:“《性理群書句解》二十三卷。天一閣目有刊本。”[附録]“《性理群書句解前集》二十三卷,宋熊節編。‘後集’二十三卷,宋熊剛大集解。《四庫》收‘前集’,《皕宋樓》止收《後集》,即拜經樓藏書。《近思續録》,則子目也。荃孫得宋本,方知陸存齋兩跋之誤。此書爲黄梨洲、全謝山所未見之書,前後兩集完善無闕,足以豪矣。”

(荃孫)[續録]"即明儒《性理大全》之藍本,諸家著録皆元板。繆氏藏宋刊本,半葉十三行,行二十四字。'前集'采録諸儒詩文,題'考亭門人通直郎知福建閩清縣事賜緋魚袋臣熊節編,覺軒門人掌御賜建安書院朱文公諸賢從祀祠熊剛大集解'。'後集':《近思録》十四卷、《近思續録》十四卷、《近思别録》十四卷,題'考亭後學熊剛大集解'。鈔本。"①《拜經樓藏書題跋記》《皕宋樓藏書志》在《句解》版本的著録上有誤,前人已考,即所藏爲元刊本。

王重民《中國善本書提要》著録曰:"《新編音點性理群書句解》'前集'二十三卷,'後集'殘存十九卷。八册,藏於北京圖書館。元刻本,十三行二十四字。……按是書《四庫全書》僅載'前集',吴騫有'後集',誤認爲《近思正續録》。其本後歸陸心源,《儀顧堂題跋》已辨之。後繆荃孫得全本,始評著其説,載《藝風藏書記》卷三。惟諸家均以爲宋刻。雖出麻沙,亦應抬諱;然不抬不諱,必元刻本也。'後集'亦二十三卷,此本闕卷第十三至十六。"②

由於《性理群書句解》具有一定的文獻學與學術思想史價值,故面世後,在歷史上的東亞漢字文化圈流佈較廣,《句解》在東亞的現存版本較多即可爲證。例如,朝鮮王朝刊印本大致如下:(1)《新刊音點性理群書句解》,朝鮮李朝平壤府木板本。韓國嶺南大學校、日本國立國會圖書館藏。(2)《新編音點性理群書句解》,李朝成宗十九年(1488)木板本。高麗大學校藏。(3)《新編音點性理群書句解》,李朝木板本(甲寅字覆刻)。高麗大學校藏。(4)《新編音點性理群書句解》(殘本),李朝木板本。高麗大學校藏。(5)《新刊音點性理群書句解》,李朝中宗年間(1506—1544)漢城活字本。韓國國立中央圖書館藏。(6)《新編音點性理群書句解》(殘本),李朝明宗年間(1546—1567)活字本(甲寅字、乙亥字混用)。高麗大學校藏。《新編音點性理群書句解》日本江户時代的刻印本,有日本寬文八年(1668)吉野家總兵衛刊本,日本國立國會圖書館藏。這些傳本中的"後集"均載録熊剛大集解《近思録》十四卷,可見其注本的價值已爲各國讀者所識,在此不再贅述。

---

① (清)邵懿辰撰,邵章續録《增訂四庫簡明目録標注》,第398頁。筆者按:《標注》云"宋本",誤,前文有考。

② 王重民《中國善本書提要》,第225頁。

附：吴訥補注《近思録句解》版本

熊剛大《近思録句解》在明代前期仍在流佈，因爲據明宣德九年（1434）嚴本《性理群書補注後》可知，主要生活在明代永樂、宣德、正統年間的吴訥，在没有被舉薦到宫中之前，已在弦誦熊剛大《性理群書句解》。如此看來，《性理群書句解》元刊本仍是明代早期求學性理之學者的閲讀對象。

吴訥（1372—1457），字敏德，號思庵，明初海虞（今江蘇常熟）人。永樂年間因善醫術被舉薦至京，爲宫廷顧問。洪熙初授監察御史，宣德年間歷任浙江、貴州巡按，後任南京都察院左副都御史。正統初被誣下獄，被釋後歸故里。吴氏一生博覽群書，於性理之學多有發明，著有《思庵集》《思庵文粹》《小學集解》《祥刑要覽》等。

據吴訥《性理群書補注凡例》可知，吴訥是以《性理群書句解》元代刊本爲對象進行補注。至於他爲何花費多年精力補注《句解》，或是因爲吴訥在研讀《句解》時，已感到前哲相去遥遠，"懼斯文之湮晦，弦誦之暇，删其可疑，補其所闕，而又稽經質傳，擇取儒先成説，足以己意，一以晦庵爲主，題曰《補注》"[①]。吴訥在六十歲前後對自己的《補注》"重加考訂，繕寫成帙"。嚴本得其稿本，又爲嚴氏姻親徐敏叔所知，徐氏有感於"是編發明親切，可以羽翼四書"，於是"捐貲繡梓"此書，故嚴本特爲之作跋以記之。

依據存世傳本可知，《補注》的内容主要如下：卷一至卷三輯録周敦頤、程顥、程頤、邵雍、張載、司馬光、朱熹七位大儒的像贊、行狀、年譜等，卷四新增程達原《性理字訓》，卷五至卷八主要輯録宋代儒者的詩、賦、箴、銘、贊、説、論、辨、規、戒、雜著等，其中新增司馬光《和堯夫打乖吟》，朱熹《仁説》《觀心説》《讀唐志》等，卷九至卷十輯録與宋元儒者相關的書、序、記、祭等，新增伊川《答楊中立》，温公《答程伯淳》，蔡仲默《書集傳序》，《周子通書後記》等，卷十一至卷十四輯録的是《近思録》十四卷中二程、張載語録，合計484條。

相較於熊剛大《句解》，吴氏《補注》本較爲精煉，其補注時的取去增損，從吴訥《補注》"凡例"可知一二，其主要做法有以下幾點：

---

① （明）嚴本《性理群書補注後》，載於（宋）熊剛大集解，（明）吴訥補注《性理群書補注》，明宣德九年刊本。

一是對於濂溪、明道、伊川、康節、横渠、温公、晦庵畫像並贊，考慮到“其《行狀》《墓誌》則皆録置卷末，然節减太多，不免文有間斷，事不聯續。今考原本，剟取其要補入於内，仍移置各贊之後，以便觀考”。對於《句解》原有的畫像及其所列傳道門人，因爲“非宜”“多冗雜”的原因，所以删除。

二是對於原《句解》所載《河圖》《洛書》《先天圖》《太極》《通書》《西銘》《正蒙》《皇極經世》等，由於“朱子已注”，“故皆不敢收載，學者取成書讀之，則自得之矣”。

三是認爲原《句解》所載《克己銘》、詠《禮》詩、詠《土牀》、南軒《宿方廣寺》、勉齋《訪高僉判》、《獨樂園》、《曲江樓記》等，“恐非發明性理之作，故皆不敢收入”。對於那些能發明理義之要的著述，如《答楊中立》《答程伯淳》《與汪尚書》《答或人問鬼神》《書集傳序》等，吴氏予以增入。

四是對《句解》所載《易序》《禮序》二序，吴訥“因竊有疑於心，近修《補注》，詳讀二序，率皆格致輕巧”，以爲“二序非伊川所作，故亦不敢收載”。

吴訥補注《近思録句解》明刻本，每半葉十一行二十一字，四周雙欄，有界行。上下粗黑口，順(黑)魚尾。版心魚尾間刻有卷次(如“卷某某”)、頁碼。卷十一卷端首行頂格題“性理群書卷之某某”，第二、第三行均低九字格分别題署“建安熊剛大集解”“海虞吴訥補注”，第四行頂格題《書近思録》(即朱熹淳熙二年序文)，在此序文之末有熊剛大注解、吴訥補注。隨後刻印《近思録》，先題《近思録》卷次(如近思録卷第一)，次題署各卷解題，然後是正文。每條《近思録》原文皆單列頂格刻印，各條語録左刻熊剛大集解，或吴訥補注，或熊、吴二人注釋，這些文字皆單列，然與《近思録》原文相比，編排上均低一字格刻印。在《補注》卷十四末，另葉刻明宣德九年刻本嚴本《性理群書補注後》。依據此刻本嚴氏跋文内容與落款時間，我們將其擬作明宣德九年刻本。《國立北平圖書館善本書目》[1]有著録，現藏臺北“國家圖書館”(書影見圖 4－2)。

南宋熊剛大爲了便於童蒙讀《性理群書》而注解此書，其集解的《近思録》，也是對每一句均作注釋，注文淺顯易懂，然略顯瑣碎，往往解不必解。然

---

① 臺北“國立中央圖書館”編《國立北平圖書館善本書目》著録云：“《性理群書》存六卷，宋熊剛大集解，明吴訥補注，明宣德九年徐敏叔刊本，存卷九至卷十四，一册。”1969 年 12 月初版，第 126 頁。

而當歷史走到明代早期時，熊剛大句解的不足也顯現出來，崇敬朱子學的吳訥多年研讀《句解》元刻本，静思體悟，在熊氏注解的基礎上進行補注。吳氏注文遵循朱熹教誨，對於“訓詁名物及理致尤難明者”略加注釋，對於《性理群書》易明之處則不注釋，對於“不可解處”也不硬解，故其《補注》“凡易明者不載熊注，不可解者闕”。簡言之，吳訥是易明處不注，難明處則解，不可解處存疑，其《補注》注文嚴謹，個性鮮明，對後世注釋經書頗有借鑒意義。

吳訥的補注，既反映出明代前期人們對性理之學的崇尚，也反映崇敬程朱之學者的思想取向。考察《補注》一書内容可知，熊剛大、吳訥對宋代傳承發揮孔孟之學的代表者，即周敦頤、程顥、程頤、張載、朱熹等諸儒的言論進行了精要詮釋，整體上是對儒學“性理”之旨的傳承與發揚，求學性理者由此上溯四書、六經，不失爲一個很好的探求聖經的路徑，故而此書在歷史上儒學文化氛圍濃厚的東亞區域得到較好傳播。

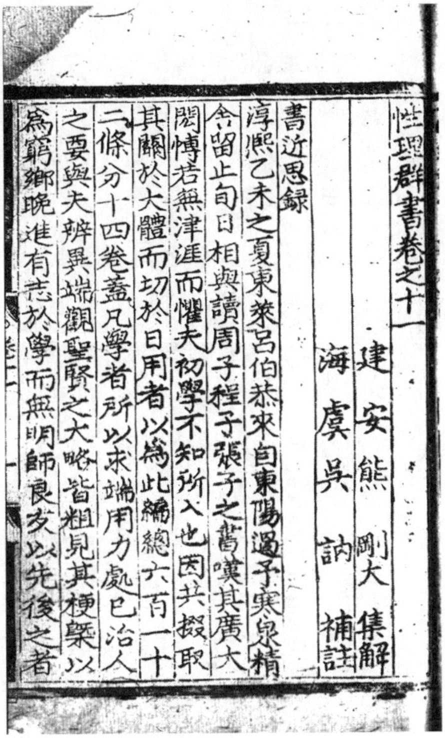
性理群書卷之十一
建安熊剛大集解
海虞吳訥補註
書近思録
淳熙乙未之夏東萊呂伯恭來自東陽過予寒泉精舍留止旬日相與讀周子程子張子之書歎其廣大閎博若無津涯而懼夫初學不知所入也因共掇取其關於大體而切於日用者以為此編總六百二十二條分十四卷蓋凡學者所以求端用力處己治人之要與夫辨異端觀聖賢之大略皆粗見其梗槩以爲窮鄉晚進有志於學而無明師良友以先後之者

圖 4－2　吳訥補注《近思録句解》，明宣德年間刻本

在吳訥《性理群書補注》宣德九年刻本行世四十五年之後，明代成化十五年(1479)便對此書進行重刊。而且明刊本也流佈於朝鮮半島、日本，在韓國、日本現存有《補注》朝鮮王朝重刻本、江户時代抄本。例如，朝鮮李朝成宗年間(1470—1494)重刻本，其體例編次與上述明刻本一致，内容完全相同，卷首刻有明成化十五年希古《重刊性理群書補注序》，吳訥《凡例》《性理群書目録》，此木板本現藏韓國國立中央圖書館。日本江户時代的抄寫本，與李朝木板本如出一轍，卷帙完整，在卷十四末抄寫有吳訥跋文，現藏日本國立公文書館。

吴訥跋文云：

按晦翁與東萊編《近思録》，載周、程、張子之言，總六百十二條。今考熊本止存程、張之言，四百八十四條，而周子之言無復在卷，豈熊氏以周子之言俱出《太極》《通書》，已在編内，故删而不録耶？抑别有所去取耶？又按《年譜》，淳熙二年晦翁編成是《録》，語學者曰："四子，六經之階梯；《近思録》，四書之階梯。"蓋當時《四書集注》未成，故録諸先生切要之言，令學者熟玩，以爲讀四書正文之階梯。越七年，辛丑而東萊没，又八年，己酉始序《大學》《中庸》，出《四書集注》以傳。自是凡教學者，則先四書而後及於六經也。晦翁既没，覺軒蔡氏模又輯朱、張、吕三先生遺言爲《續》《别》二録，而晦翁之説十居八九，其首篇則論無極、太極。勉齋云"名曰近思，反若遠思"者，兼其中多四書注，亦有與前《録》義同而複出者。竊謂程、張微言傳世者少，熊氏傳布是《録》有功後學，若晦翁則《四書集注》《詩傳》《易本義》《太極通書》《西銘解》，衣被海内、莫非切要之語，及有《語類》等書傳在學者。況南軒之言，其要切者，晦翁已收入《四書集注》；東萊之言，則蔡氏所録，遂有與《集注》不同者焉，（以閑先聖之道，爲閑智聖道。）抑又聞西山真公亦嘗編《近思後語》，欲先四書，勉齋辨之，今已不傳。故愚亦於《續》《别》二録不復收載云。訥謹識。

嚴本《性理群書補注後》曰：

濂洛關閩大儒之格言，凡有關於性理者，建安熊氏搜輯爲書。自天地陰陽之化、性命道德之奥，與夫格致誠正、修齊治平之功，靡不具載，且爲句解，傳行於世。惜其去取間有未當覽者，病焉。吾友思庵吴公昔在布衣時，慨前哲之已遠，懼斯文之湮晦，弦誦之暇，删其可疑，補其所闕，而又稽經質傳，擇取儒先成説，足以己意，一以晦庵爲主，題曰《補注》。邇來重加考訂，繕寫成帙，其嘉惠後學之心至矣！本得是書藏之已久，姻友徐公敏叔見之，曰："是編發明親切，可以羽翼四書。"乃捐貲繡梓以廣其傳。予謂思庵固有功學者，而敏叔樂善之心亦豈可泯哉？因爲僭書其後，有志性理之學者，誠能熟玩而擴充之，其必有以思進矣。宣德九年甲寅十月朔旦江陰嚴本書。

希古《重刊性理群書補注序》曰：

粤自孔子刪《書》繫《易》，曰"降衷"，曰"成性"，所以啓萬世言性理之端也。當時親炙其教而傳得其宗者，亦皆領悟而發明之，殆無餘藴。去聖既遠，人文亦晦，下逮秦、漢諸儒，雖或有述作之功，然不能無乖戾之失，間有羽翼之助，未免爲穿鑿之陋。天啓有宋五星聚奎時，則有若濂洛關閩諸君子出，爲之著述，文簡而理備，言約而義盡，於以發性命之微，闡天人之秘，其有補於聖經、有功於聖門可見矣。鼇峰熊端操乃搜輯成書，考亭熊剛大復解釋其義，至我國朝都憲吴公訥又益以補注，其理甚明，其義易曉。於中去取增損各有攸當，然而用心之仁則一耳。予奉藩之暇，獲閲是編，味其言之正而繹其理之深，特更鋟梓，嘉惠來學。噫！是書也，非數君子之著述固莫能羽翼乎聖人之經，非二公之注釋，抑無以發明數君子所言之旨也。學者誠先翫味二公之注，以求數君子之言，由數君子之言以探聖經之奥，庶幾循序而有得焉，尚其勖諸。成化歲之己亥菊月上旬吉日，希古。

二、楊伯嵒《泳齋近思録衍注》版本考

《泳齋近思録衍注》十四卷，宋朱熹、吕祖謙輯，南宋楊伯嵒注。楊伯嵒（寧宗朝早期—1254），字彦瞻，號泳齋，自稱代郡人，居臨安（今杭州）。南宋學者。淳祐年間以工部郎守衢州。宋嘉定十七年（1224）著有《九經補韻》一卷。據張秀民《中國印刷史》載：南宋淳祐四年（1244）"衢州學宫刻楊伯嵒《六帖補》"二十卷[1]。衢州也是南宋有名的刻書處，楊氏《近思録衍注》有可能刻於此處。

現存南宋刻本，每半葉九行十八字，注文小字雙行十七字，左右雙欄，有界行，框高 24.10 釐米，寬 15.80 釐米。白口，順（黑）魚尾。版心上魚尾上方刻本葉字數，上魚尾下刻書名卷次簡稱（如"衍注卷之一"）、頁碼，下魚尾下端刻記刻工姓名。卷一卷端首行頂格題"泳齋近思録衍注卷之一"，越二字格題

① 張秀民《中國印刷史》，第 80 頁。

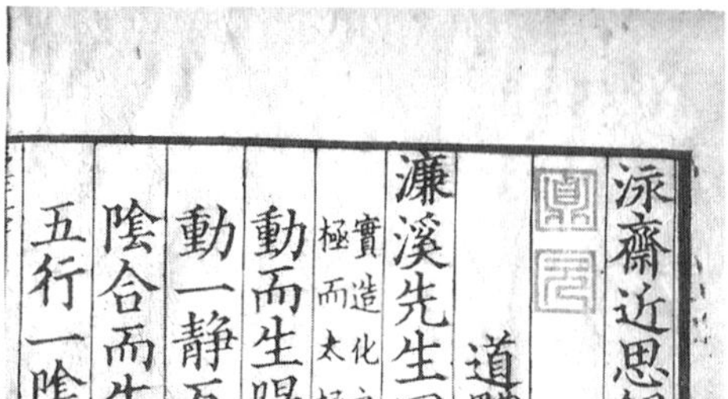
泳齋近思録衍註卷之一　凡五十一條
代郡楊　伯嵒　彦瞻
道體　造化性命
濂溪先生曰无極而太極　伯嵒按晦翁曰上天之載無聲無臭而實造化之樞紐品彙之根柢也故曰无極而太極非太極之外復有无極也
太極動而生陽動極而靜靜而生陰靜極復動一
動一靜互爲其根分陰分陽兩儀立焉陽變
陰合而生水火木金土五氣順布四時行焉
五行一陰陽也陰陽一太極也太極本无極

圖 4－3　楊伯嵒《泳齋近思録衍注》，宋刻本

署本卷語録條數“凡五十一條”；次行低六字格題“代郡楊伯嵒彦瞻”；第三行低三字格題本卷篇名“道體”，下有雙行小字“造化性命”；第四行頂格刻正文，《近思録》原文刻作大字，楊伯嵒注文刻作雙行小字。刻本每條語録單列，首字頂格，餘行則皆低一字格刻印（書影見圖 4－3）。

《泳齋近思録衍注》十四卷各卷篇名與卷首題署的語録數分别是：道體（造化性命），51 條；論學，111 條；窮理（經史），79 條；存養，70 條；省察（損人欲復天理），41 條；處家，22 條；處己（出處），39 條；君道，25 條；治法（禮樂，兵刑，學校，井田，封建，冠，昏，喪，祭），26 條；臣道，64 條；教人，21 條；警戒（遷善改過），34 條；辨異端，14 條；聖賢氣象，26 條。

據此統計，《衍注》刻本注釋語録 624 條，好似比葉采《近思録集解》元刻本（622 條）多 2 條，即楊本卷三 79 條（葉解元刊本 78 條）、卷十二 34 條（葉解元刊本 33 條）。而實際上，兩種注文中《近思録》原文的文字基本相同，衹是在語録的分合、排次上有别，以致出現語録條數的差異。如楊氏注本卷三的第 79 條文字已包含本卷第 21 條文字，卷十二的第 34 條實際上是截取卷五第 41 條的前一部分而成，因此，若除去這些重複文字，楊氏所輯語録實際内容仍爲 622 條。

由於現存此刻本無楊氏所作序跋之類的文字，對其衍注時間、刊刻地點，張秀民《中國印刷史》以爲，南宋淳祐四年“衢州學宫刻楊伯嵒《六帖補》”二十卷。陳榮捷《朱學論集》認爲，楊伯喦於 1246 年衍注《近思録》[①]。若張、陳二人所言屬實，那麽楊伯喦則是史上注解《近思録》者第一人。歷史上兩浙東路的衢州爲南宋著名刻書處之一，《泳齋近思録衍注》可能於楊氏衢州任上所刻，大約於淳祐六年至七年間，因而此刻本也就成爲《近思録》注本中的第一部刊本。因爲南宋葉采《近思録集解》約在淳祐十二年(1252)後方有刻本面世。

爲推斷此刻本的刊刻時間，筆者試着從其避諱入手進行考察。查閲此刻本，我們發現《泳齋近思録衍注》卷十，“謝玄”改作“謝元”，卷二“人之蘊畜”，“畜”闕末筆，皆避趙匡胤始祖名玄朗諱。卷一“天下之理，終而復始，所以恒而不窮。恒非一定之謂也，一定則不能恒矣”，“恒”字均闕末筆，避宋真宗“趙恒”諱。卷二：“其(《易》)九四曰：‘貞吉，悔亡；憧憧往來，朋從爾思。’”“貞”字闕末筆，因與宋仁宗趙禎之“禎”音同，“嫌名，謂音聲相近”，所以避嫌名諱；卷十四注文“魏徵問”，“徵”(與“禎”同音)闕末筆。卷二“莫説道將第一等讓與别人”，“讓”闕末筆，避宋英宗趙曙父親濮安懿王允讓諱。卷一“性者自然完具”，“完”闕末筆，避宋欽宗趙桓嫌名諱。卷四“‘慎言語’以養其德”，卷十三“巧言令色直消言畏，衹是須著如此戒慎，猶恐不免，釋氏之學更不消言”，“慎”字與宋孝宗趙昚之“昚”音同，所以避嫌名諱，均闕末筆。卷四“敦篤虚静者，仁之本。不輕妄，則是敦厚也”，“敦”字與光宗趙惇之“惇”音同，避嫌名諱闕末筆；卷三“焞初到”，“焞”字亦闕末筆。卷二“故君子之學，莫若擴然而大公，物來而順應”，“明善爲本，固執之乃立，擴充之則大”，“擴”字避南宋寧宗趙擴諱，闕末筆；卷十三“所以廓如也”，“廓”闕末筆。

儘管此宋刻本無序跋、牌記表明刊梓時間，但由於刻本文字有避宋始祖、祖，北宋真宗、仁宗、英宗父、欽宗，南宋孝宗、光宗、寧宗諱，而且南宋理宗、度宗、恭宗名不諱，因此推斷其刊刻時間很可能於南宋理宗與度宗之時。從楊氏卒於理宗朝，以及當時理宗對朱子學的推崇來看，該刻本極有可能在楊氏完成《衍注》後不久便得以刊刻。因此，楊伯喦《泳齋近思録衍注》大約刻於南宋理宗朝。陳榮捷説是理宗淳祐六年(1246)楊伯喦衍注，基本可信。

---

① 陳榮捷《朱學論集》，第 105 頁。

該刻本字體似歐體，紙白墨黑，版式寬大，字大疏朗，也符合南宋刻本的特徵。刻工有潘永年、金通、夏順、張侁、孫琢、尤貴、張佺、尤逵、田原等。北京大學圖書館藏本，8 册。鈐朱文印“貞元”“季雅”“燕京大學圖書館珍藏”。據此，是本爲明初王世貞小酉館舊藏。《續修四庫全書》收録。陳榮捷在《朱學論集》中説“此書茅（星來）序時已罕。今佚矣”。然而，北京大學卻藏有宋本，可見陳先生失查。

楊伯嵒衍注時，多引用孔子、孟子、伊川、南軒、朱熹、吕東萊等諸子之語要，以及四書、五經等儒家經典來注釋，對取自這些資料的文字，注釋時常用“伯嵒據”標明；楊伯嵒自己的注語，多用“伯嵒曰”“伯嵒謂”標明。

三、附論：楊伯嵒生平考

從存世文獻考察，宋代理學入門經典《近思録》的注解者除朱熹再傳弟子葉采外，尚有楊伯嵒、熊剛大。《近思録》注本中現存最早的刻本是南宋刻本《泳齋近思録衍注》十四卷，然而對其注解者楊伯嵒，人們鮮有知其詳情者，今在此稍作考述以助閲讀《近思録》注本者。

關於楊氏生平，翻檢現存文獻資料，僅見片言隻語，且説法不一，如云“名伯巖”“伯嵓”“字彦瞻”“字彦思”“彦德”“號泳齋”“朱子門人”“代郡人”“錢塘人”等等説法，至於哪一種更爲確切，其生平詳情如何，尚不清楚，故有必要作仔細考證，還其本來面目，以助於學界對其著述作進一步研究。

（一）關於楊氏的名、字、號

楊氏名伯嵒，或伯嵓。“嵒”古同“巖”，“嵓”古同“巖”，二字形雖異，然説他姓楊名伯嵒，並没有錯。《四庫全書總目》卷四十二“經部小學類”著録：“《九經補韻》一卷。”館臣曰：“宋楊伯嵒撰。伯嵒字彦思，號泳齋，自稱代郡人。然南宋時代郡已屬金，蓋署郡望也。淳祐間以工部郎守衢州。周密《雲烟過眼録》載伯嵒家所見古器，列高克恭、胡泳之後。似入元尚在矣。”[①]《總目》卷一百三十五“子部類書類”著録：“《六帖補》二十卷。”館臣又云：“宋楊伯

① （清）永瑢等撰《四庫全書總目》，第 362 頁。

嵓撰。伯嵓有《九經補韻》,已著録。”[1]

由於尚不明白《總目》所著録的楊氏這兩種文本是何時何地刊印或抄寫,故相比之下,現存《泳齋近思録衍注》南宋刻本藴藏的信息更顯可貴。據此刻本《衍注》卷端題署“代郡楊伯嵒彦瞻”,以及宋鄧牧《洞霄圖志》卷六《棲真洞神光記》云:“紹定辛卯孟夏,郎官楊公彦瞻游九鎖山幽巖邃谷,無所不歷。……且無忘楊公之德,公名伯嵒,彦瞻其字,和武恭王孫,好善忘勢,不異儒家子。”[2]清葛萬里《别號録》卷一所言“泳,楊伯巖,彦瞻”[3],則肯定了楊伯嵒,字彦瞻,號泳齋。

但是,楊氏除“字彦瞻”外,有無“彦思”或别的字號呢?據《欽定續文獻通考》卷一百六十“經籍考”云:“楊伯嵒《九經補韻》一卷。伯嵒字彦思,號泳齋,代郡人。淳祐間以工部郎守衢州。……於嘉定十七年冬而書成焉。”[4]宋周密《雲烟過眼録》云:“楊彦德,伯巖,號泳齋。”依此,楊伯嵒之“嵒”也有寫作“巖”的,其字一作“彦思”或“彦德”。

(二)關於楊氏的郡望及居住地

從前文所據文獻看,楊伯嵒生活在南宋時期,他是代郡人還是錢塘(今浙江杭州)人?爲何歷史上會出現這種地域差異?這兩地與他有何關係呢?

古人行文或落款往往在自己的名字前冠以籍里,從現存《衍注》宋刻本的卷端署名“代郡楊伯嵒”、南宋嘉定十七年(1224)楊氏所作《九經補韻原序》末云“代郡楊伯嵒彦瞻序”[5]可知,代郡是楊氏的籍里。

代郡,即代州(今山西原平)。據史料記載,宋徽宗宣和七年(1125)十二月,金國攻佔了代州。南宋時期,代郡已不屬於宋朝的版圖,而生活在此時的楊伯嵒,行文卻自言“代郡”,宜是表明自己郡望所在,或是對故土的思念。

歷史上關於楊氏籍貫,還有“錢塘”一説,如《浙江通志》卷一百十四“職官

---

① (清)永瑢等撰《四庫全書總目》,第1152頁。

② (宋)鄧牧《洞霄圖志》卷六,見《四庫全書》,第587册第462—463頁。

③ (清)葛萬里《别號録》卷一,見《四庫全書》,第1034册第125頁。

④ (清)嵇璜、曹仁虎等編撰《欽定續文獻通考》,見《四庫全書》,第630册第1184頁。

⑤ (宋)楊伯嵒《九經補韻原序》,見《四庫全書》,第237册第768頁。

四”中云:“楊伯喦,錢塘人。”[①]浙江的錢塘與北方的代郡相距遥遠,爲何會有這樣的差異呢? 這裏有必要考察楊氏祖籍和當時實際居住地的關聯。

代州,隋朝開皇五年(585)建置,唐天寶初改雁門郡,乾元年間仍名代州,北宋因之置爲代郡,金人佔據此地後置震武軍。《代州志》載:“楊業,太原降將劉繼業也。太宗聞其勇召見,復姓名,拜代州刺史。遼寇雁門,業以數百騎大破之。虜畏業甚,望見旌旗輒引去,號‘無敵’。後潘美敗耶律斜軫,入寰州,業欲稍避其鋒,護軍王侁等强業戰。業泣而出師,設伏陳家谷口,至暮侁又撤谷口兵,故業戰窮,爲虜所獲,不食死。子延玉亦死。他子延昭號六郎,知保州,孫文廣知宜、邕二州。”[②]可見,楊氏家族與代郡緊密關聯。

《宋史》卷二百七十二載:“楊業,並州太原人。父信,爲漢麟州刺史。業幼倜儻任俠,善騎射,好田獵,所獲倍於人。……弱冠事劉崇,爲保衛指揮使,以驍勇聞。累遷至建雄軍節度使,屢立戰功,所向克捷,國人號爲‘無敵’。太宗征太原,素聞其名,嘗購求之。既而孤壘甚危,業勸其主繼元降,以保生聚。繼元既降,帝遣中使召見業,大喜,以爲右領軍衛大將軍。師還,授鄭州刺史。帝以業老於邊事,復遷代州兼三交駐泊兵馬都部署,帝密封橐裝,賜予甚厚。後契丹入雁門,業領麾下數千騎……契丹大敗。以功遷雲州觀察使,仍判鄭州、代州。”朔州之敗後,被俘,絶食而死。宋帝詔曰:“雲州觀察使楊業誠堅金石,氣激風雲。挺隴上之雄才,本山西之茂族。自委戎乘,式資戰功。……可贈太尉、大同軍節度,賜其家布帛千匹,粟千石。”[③]宋初,楊業已久居代州,鎮守邊關,爲“茂族”。《平定楊氏宗譜》也云,先祖中楊肇在宋太平興國四年(979)遷平定,與北宋名將楊業同宗同族。代州一帶的楊氏屬“新昌房楊氏世系”[④],據該世襲表及《宋史》記載,可以肯定北宋時楊重貴(楊業)居代州一帶,爲郡中望族。

另據《乾隆崞縣志》卷八“人物傳”,記載了崞縣(今山西原平市)楊宗閔、

---

① (清)嵇曾筠等監修,沈翼機等編纂《浙江通志》卷一百十四,見《四庫全書》,第 522 册第 88 頁。

② 明萬曆周弘禴纂、張橋校、施重光修《代州志》,抄本,上海圖書館藏。

③ (元)脱脱等撰《宋史》卷二百七十二,第 9303—9305 頁。

④ 楊景宏等編《平定楊氏家譜》,2002 年電腦排印本,第 18—20 頁,上海圖書館藏。

楊震、楊沂中、楊偰、楊倓四代關係[1]。宋時崞縣屬代州,故亦説楊氏爲代州人。

《宋史》載,楊業有七子,“業既殁,朝廷録其子供奉官延朗爲崇儀副使,次子殿直延浦、延訓並爲供奉官,延瓌、延貴、延彬並爲殿直”。“延昭本名延朗,後改焉。……契丹憚之,目爲楊六郎”[2]。楊延昭長年治兵護塞,子楊文廣。

楊業的另一支脉是楊延彬,其子楊宗閔,楊宗閔子楊震。《宋史》有載:“楊震,字子發,代州崞人。以弓馬絶倫爲安邊巡檢。”宋靖康元年與子楊居中、楊執中守麟州建寧砦,“闔門俱喪,唯長存中從征河北獨免。明年宗閔亦死事於長安。震時年四十四。建炎二年,詔贈武經郎。存中貴,請於朝,謚曰恭毅”[3]。崞,即崞縣。楊存中是楊震大兒,是楊震這一支唯一幸存的血脉。據“新昌房楊氏世系”表載,楊存中有三子:楊契(筆者按,一作“偰”)、楊倓、楊仴。

楊存中秉承了楊家一門的光榮傳統,一生從事抗金戰鬥,與當時名將岳飛、韓世忠等苦心維持着南宋的偏安。據《宋史》載:“楊存中,本名沂中,字正甫,紹興間賜名存中,代州崞縣人。祖宗閔,永興軍路總管,與唐重同守永興,金人陷城,迎戰死之。父震,知麟州建寧砦,金人來攻,亦死於難。……乾道元年班師,加昭慶軍節度使,復奉祠。時興屯田,存中獻私田在楚州者三萬九千畝。二年,卒,年六十五,乙太師致仕,追封和王,謚武恭。……存中天資忠孝敢勇,大小二百餘戰,身被五十餘創,宿衛出入四十年,最寡過。孝宗以爲舊臣,尤禮異之,常呼郡王而不名。父、祖及母皆死難,存中既顯,請於朝,宗閔謚忠介,震謚忠毅,賜廟曰顯忠,曰報忠。又以家廟祭、器爲請,遂許祭五世,前所無也。……所居建閣以藏御書,孝宗題曰‘風雲慶會之閣’。子偰,工部侍郎;倓,簽書樞密院事、昭慶軍節度使。”[4]厲鶚《宋詩紀事》卷四十七載:“楊偰,偰字子寬,崞縣人,居臨安。和王存中之子。紹興十五年進士,仕至權工部侍郎。”[5]

---

① (清)邵豐鍭、顧弼修,賈瀛纂《乾隆崞縣志》,清乾隆二十二年刻本。

② 《宋史》卷二百七十二,第 9306 頁。

③ 《宋史》卷四百四十六,第 13166—13167 頁。

④ 《宋史》卷三百六十七,第 11433—11440 頁。

⑤ (清)厲鶚《宋詩紀事》卷四十七,見《四庫全書》,第 1485 册第 49 頁。

關於楊伯嵒與楊存中等人的關係,宋岳珂《金佗續編》卷二十八《鄂武穆王嶽公真讚並序》載"近有士夫得楊武恭王之孫伯嵒者言"①;宋鄧牧《西洞神光》又載"宋紹定辛卯,有楊公伯嵒者,武恭王之孫,游山至棲真洞"②。宋周密所輯《絶妙好詞箋》卷三亦載:"伯嵒,字彦瞻,號泳齋,楊和王諸孫,居臨安。淳祐間除工部郎出守衢州,錢唐薛尚功之外孫,弁陽周公謹之外舅也。有《六帖補》二十卷,《九經補韻》一卷行世。"③

另據周密《武林舊事》,楊沂中的園宅,在南山路有楊郡王府上園亭,小麥嶺有松庵,西湖三隄路有楊園,北山路有楊和王府水閣、楊府廨宇、聚秀園、雲洞園、環碧園等④。可見楊氏家業之大,没有幾代人的定居積蓄,恐難有如此規模。依此推斷,宋室南渡後,楊氏家族定居臨安(今杭州)是可以肯定的。

從上述文獻記載可知,楊存中即"楊和王""武恭王",南宋著名武將。楊存中隨高宗南渡後,主要居住地在臨安。其子楊偰爲南宋高宗紹興十五年(1145)進士,官至工部侍郎,居臨安。《乾隆崞縣志》卷三"進士"欄下載:"宋(年代失考),楊倓。"那麽,楊伯嵒作爲楊存中之孫,宜爲已經定居臨安的楊偰或楊倓之子。稱楊伯嵒籍里是南宋時期"錢塘人"或"臨安人",符合實情,且與楊氏祖居郡望之地"代郡"之間並不矛盾。

而且,事實上南宋楊氏家族多居住在臨安,依據與其聯姻的親屬關係住地可佐證楊伯嵒也長期居住臨安。據《絶妙好詞箋》卷三,楊伯嵒與宋代的薛尚功、周密等皆有姻親關係,即楊伯嵒是錢塘人薛尚功的外孫,是周密的外舅(即岳父)。

薛尚功,字用敏,錢塘人。南宋紹興年間爲通直郎,後官至僉書定江軍節度判官廳事。博洽好古,精通篆籀,尤好鐘鼎書,著有《歷代鐘鼎彝器款識法帖》二十卷。周密,字公謹,號草窗,又號弁陽老人,南宋文學家。祖籍濟南,流寓吴興(今浙江湖州)。取楊伯嵒女爲妻,"楊大受、楊大芳或伯嵒之子,草

① (宋)岳珂《金佗續編》卷二十八,見《四庫全書》,第446册第747頁。

② (宋)鄧牧《洞霄圖志》卷四,見《四庫全書》,第587册第430頁。

③ (宋)周密原輯,(清)查爲仁、厲鶚同箋《絶妙好詞箋》卷三,見《四庫全書》,第1490册第40頁。

④ 夏承燾《周草窗年譜》,見《唐宋詞人年譜》,上海古籍出版社,1979年1版,第353頁。

窗妻黨”，周密“晚年以與楊沂中諸孫大受有連，依之居杭”①，著有《武林舊事》《草窗詞》《癸辛雜識》等。既然當時與楊家有姻緣關係者，多居住在南宋京城附近，或依靠楊家而居住臨安，那麽説南宋時的楊伯嵒是“臨安人”也可。

（三）關於楊氏的生卒及其主要仕宦經歷

楊伯嵒生年無考，卒年可依據《周草窗年譜》所載：“寶祐二年甲寅，二十三歲。春，往桐川。楊伯巖卒。”②寶祐爲南宋理宗年號，楊氏於寶祐二年（1254）卒。至於楊伯嵒是否死於桐川，不得而知。或許是楊伯嵒死後葬於桐川，或許是周密護送岳父靈櫬回籍時路過桐川。

關於其生平主要經歷，各種文獻記載瑣碎，或語焉不詳，今據現存零星資料可以做一些推斷。如據楊氏作《九經補韻原序》的時間，即南宋嘉定十七年（1224），若云其壯年有此著則很有可能。另據（清）戴咸弼《東甌金石志》“楊伯嵒祝祖寧龍鼻洞題名”孫詒讓按語，曰：“伯嵒，南宋末人，著有《九經補韻》《六帖補》等書，今並有傳本。……伯嵒爲楊和王沂中曾孫，見《吕午六帖補序》。又周密《癸辛雜識》云：‘先子爲衢倅時，外舅楊彦瞻知郡，既而除工部郎中。’蓋即《總目》所據，又嘗以朝請郎知臨江軍，見舊鈔本薛尚功鐘鼎款識題字。據《癸辛雜誌》，則泳齋爲周公瑾婦翁，其所著《九經補韻》，自序題嘉定十七年。既已富有著述，即未中年亦必在弱冠以後。自嘉定十七年至德祐元年宋亡，又歷五十二載，則泳齋入元蓋已七八十歲，老年息影，更歷滄桑，未必尚遠出游。覽此題必在宋時所刻無疑也。”③孫氏考訂推測“龍鼻洞”楊氏題名時間或在嘉定年間，此時楊氏精力旺盛，可以遠游。

關於嘉定之後楊氏仕宦經歷雖不詳，據其他文獻仍可考察到部分綫索，如宋鄧牧《洞霄圖志》卷四《西洞神光》曰：“宋紹定辛卯，有楊公伯嵒者，武恭王之孫，游山至棲真洞。”紹定辛卯，即理宗紹定四年（1231）。

清康熙年《衢州府志》卷十二，“知州”欄下載：“淳祐四年，楊彦瞻。”④楊彦

① 夏承燾《周草窗年譜》，見《唐宋詞人年譜》，第 318 頁。

② 夏承燾《周草窗年譜》，見《唐宋詞人年譜》，第 328 頁。

③ （清）戴咸弼撰、孫詒讓校補《東甌金石志》，見《續修四庫全書》，第 911 册第 396 頁，上海古籍出版社，2002 年 1 版。

④ 《中國地方志集成（浙江府縣志輯）》，上海書店，1993 年 1 版，第 229 頁。

瞻即伯喦，淳祐四年(1244)知衢州，《周草窗年譜》亦云：淳祐四年“外舅楊伯喦守衢州”。淳祐六年丙午(1246)，周密十五歲，侍父衢州，“歲丙午、丁未，先君子監州太末時，刺史楊泳齋員外……一時名流星聚”[①]。可見楊伯喦與周密父親都曾在衢州爲官，淳祐七年周密隨父離開衢州，而與楊伯喦家締結婚約大概在此前後。故淳祐六年、七年，楊伯喦當時守衢州，應該没有異議。

至於《欽定續文獻通考》卷一百六十“經籍考”載：“伯喦……淳祐間以工部郎守衢州。”陳榮捷《朱學論集》云：楊伯喦“淳祐(1241—1252)中守衢州”[②]。如此説辭，恐是大略之意。因爲據(宋)張淏《會稽續志》卷二載：“楊伯喦以吏部郎官除，淳祐七年五月十六日到任，八年正月一日除樞密院檢詳諸房文字。”[③]也就是説，楊伯喦淳祐七年五月升任吏部郎官，淳祐八年升至樞密院。且《紹興府志》“職官表”則言楊伯喦淳祐七年爲浙東提刑。

由上述幾則材料推知，楊氏主要生活年代，應在南宋寧宗朝、理宗朝。至於其生年，從其祖上尚武、家境顯貴的角度推想，其享年不會很短。嘉定十七年他已著就《九經補韻》，此時他絶非少年，若正值壯年，宜三十歲左右。依此上推，筆者以爲楊氏或出生於南宋寧宗朝早期。

(四) 楊氏的主要著述

《四庫全書》(文淵閣藏本)收録楊伯喦著述有《九經補韻》一卷、《六帖補》二十卷。楊氏《九經補韻》的刊刻時間，據楊氏《九經補韻原序》於嘉定十七年完成並作序，刊行時間應在此後不久。其《六帖補》的刊刻地點與時間，張秀民《中國印刷史》認爲南宋淳祐四年(1244)“衢州學宫刻楊伯巖《六帖補》”二十卷。至於楊氏《泳齋近思録衍注》的刊刻地點與時間，僅有陳榮捷《朱學論集》認爲，楊伯喦於1246年衍注《近思録》[④]。筆者《〈近思録〉集校集注集評》則以爲此書刊刻於衢州，因爲據前文可知淳祐年間楊氏以工部郎守衢州，那

---

① 夏承燾《周草窗年譜》，見《唐宋詞人年譜》，第325頁。
② 陳榮捷《朱學論集》，第105頁。
③ (宋)張淏《會稽續志》卷二，見《四庫全書》，第486册第466頁。
④ 陳榮捷《朱學論集》，第105頁。

麽作爲衢州地方長官,他是有條件刊行自己的著述的。

此外,關於楊氏是不是"朱子門人",目前僅見文獻記載的是清人茅星來《近思録集注附説》,此書載:"姚氏曰:予丁卯館錦邨,有出《近思録》宋刻相示,《録》中凡先聖賢與諸先生必空一字,想朱子原本式也。五卷末較他本多一條,後於友人處得楊泳齋《衍注》,閲之,注甚約,而精要亦少,其書實宋刻,但嫌其中多載《章句集注》語。蓋此時《章句集注》未行世,而門人衹以師説示學者故也,但與前所見本又有不盡同者。楊名伯喦,字彦瞻,朱子門人。"[①]但是查閲(清)萬斯同《儒林宗派》卷十"朱子門人"[②],未見有楊伯喦之名;而且陳榮捷《朱子門人》、方彦壽《朱熹書院及門人考》,均未見到關於楊伯喦爲朱子門人的記載,故筆者對"門人"之説存疑。

另外,需要説明的是,南宋楊伯喦、葉采、熊剛大三家均注《近思録》,其注解文字存在大同小異。由於文獻闕失,三人對於自己注解文字的來龍去脉,唯葉采説得較明朗,説自己"年在志學,受讀是書,字求其訓,句探其旨,研思積久,因成集解。其諸綱要,悉本朱子舊注,參以升堂記聞及諸儒辨論,擇其精純,刊除繁複,以次編入,有闕略者,乃出臆説"[③]。至於楊、熊的注本,其注文或多或少與葉采注文相同或相近,可又無相關文獻能説明三者之間關係,因而我們也難以明確他們三人的注文間誰參考誰,或抄襲誰,或改造誰。

第二節　茅星來《近思録集注》版本考

茅星來(1678—1748),字豈宿,號鈍叟,又號具茨山人,浙江歸安(今浙江湖州)人。年輕時讀其父茅默存手抄《近思録》,對書中"科舉奪志"有所體悟,加之他天生口吃、爲人迂執、仕途不順等,而傾向程朱之學,自康熙四十六年(1707)左右"專攻經世及程、朱之書"[④],在"於世無患與人無争"的詮釋訓詁中

---

① (清)茅星來《近思録集注附説》,見《四庫全書》,第699册第161—162頁。

② (清)萬斯同《儒林宗派》,見《四庫全書》,第458册第556頁。

③ (宋)葉采《近思録集解序》。

④ 徐世昌等編修《清儒學案》卷六十一云:"先生年近三十,爲諸生,屢絀於有司,後遂專攻經世及程、朱之書。"第2399頁。

求索。《光緒歸安縣志》説他“性迂執,復口吃,雖有名人物色,而無敢達薦牘”,但仍得到過時人方苞、任蘭枝等的讚譽。著有《近思録集注》(本節以下簡稱《集注》)、《鈍叟文集》等[①]。

宋代理學,是宋儒一改漢儒注重文字訓詁的漢學傳統,轉而注重義理,對於經書則以義理去推索。宋代的理學學術之風開元明清學術先河,雖然在清乾嘉時期漢學家有反對宋學者,但考據之學與理學並非水火不能相容,張岱年就認爲“其實仍是宋學一方面的發展”。茅星來作爲清代考據學的前期代表者,以考據的思維方式來詮釋理學經典《近思録》,便佐證了宋學與漢學有關聯的一面。

據茅氏的《近思録集注原序》《後序》,其《集注》始撰於康熙六十年(1721)前,完稿於乾隆元年(1736),歷時長達十五年。其父茅默存曾手抄《近思録》,俾茅星來受而卒業,並告誡他:“此聖道階梯也。”茅星來從父受業,“反覆尋繹,久而稍覺有得,頗思博求注解,以資參討”。由於茅氏對當時坊間流行的葉采、楊伯嵒的注釋不滿意,認爲這些注本:“粗率膚淺,於是書了無發明,又都解所不必解,其有稍費擬議處則闕焉,至於中間彼此錯亂,字句舛訛。以二子親承朱子緒論,而其爲書乃如此,其他又何論乎?”於是茅氏“購取四先生全書及宋元來《近思録》本,爲之校正其異同得失。其先後次第,悉仍其舊本”。對於舊本舛錯的地方不隨意改動,審慎校訂,“仿朱氏《論》《孟》重出錯簡之例,注明其下,不敢擅自更易”。其注文“薈萃衆説,參以愚見,支分節解,不留疑竇”,在義理之外,兼及考據,對於“名物訓詁,雖非是書所重,亦必詳其本末”,並且“仿朱氏《論》《孟》附《史記》世家、列傳例,取《伊洛淵源録》中四先生事狀,删其繁複,爲之注釋,以附簡端”。最終,茅星來經過多年的悉心探討,於康熙六十年完成初稿,並作序記之。

茅星來《集注》收四子語録 623 條。卷五比宋刻楊伯嵒《衍注》本、元刊葉采《集解》本、明刊《近思録》本多出 1 條,即第 42 條“凡所當爲一事意不過,則推類,如此善也。一事意得過,以爲且體,則百事廢矣”。對此,茅星來説是“今照宋本增”,可是如今我們不知其所言“宋本”《近思録》模樣,詳情也不得

① 參見蕭一山《清代通史》第 5 册,中華書局,1986 年 9 月 1 版。

而知。此抄本《四庫全書總目》著録[1]。

該書所擬定的《近思録集注》一至十四卷的篇名與《朱子語類》、葉采《集解》所擬各卷篇名有同有異。如《集注》卷五"省察克治",《語類》作"改過遷善、克己復禮",葉采作"克治";卷六與《語類》同作"齊家之道",葉采作"家道";卷七"去就取舍",《語類》作"出處進退辭受之義",葉采作"出處";卷八"治道大要",《語類》作"治國平天下之道",葉采作"治體";卷九與葉采同作"治法",《語類》作"制度";卷十"臨政處事之方",《語類》作"君子處事之方",葉采作"政事";卷十二與葉采同作"警戒",《語類》作"改過及人心疵病";卷十三與葉采同作"辨異端",《語類》作"異端之學";卷十四"觀聖賢",《語類》作"聖賢氣象",葉采作"總論聖賢"。這些篇名應是茅氏涵泳内容多年,思慮成熟後乃定。

茅星來尊崇儒學,他在乾隆元年所作《後序》中,批評"《宋史》分《道學》《儒林》爲二"的做法,他認爲經學與程朱之學是相互依存的,程朱之學是本於漢唐諸家之説,"欲求儒者之道於文章、訓詁中則可,而欲以文章、訓詁盡儒者之道則不可","馬、鄭、賈、孔之説經,譬則百貨之所聚也;程、朱諸先生之説經,譬則操權度以平百貨之長短輕重也。微權度,則貨之長短輕重不見;而非百貨所聚,則雖有權度亦無所用之矣","欲求程朱之學者,其必自馬、鄭諸傳疏始。愚故於是編備著漢唐諸家之説,以見程、朱諸先生之有本,俾彼空疏寡學者無得以藉口焉"。事實上,《近思録》的綱目與《大學》綱領條目一致,反映出宋代新儒學的思維理念,"古聖賢窮理正心修己治人之要實具於此"。

茅星來《集注》十四卷是清代前期重要的《近思録》注本之一,四庫館臣評價説:茅氏"於名物訓詁考證尤詳",其"持論光明洞達,無黨同伐異、争名求勝之私","能正其心術"。對於茅氏注文注重考證名物有無必要,乾隆時期的學者陰承方以爲很有必要,他説:"今去朱子五百餘年,士皆沉溺帖括之中,求其矢志聖學者,雖千萬人無一二焉,義理之不明非一日矣。而地名、官職、俗語、方言亦多不同,讀者難以驟通,雖有葉注,未及詳明。茅君究心三十年,博采

---

① 《四庫全書總目》曰:"《近思録集注》十四卷,編修徐天柱家藏本,國朝茅星來撰。星來字豈宿,烏程人。康熙間諸生……"第781頁。按:關於茅星來的籍貫,《總目》云"烏程人",有誤,當是歸安人。

群書爲之訓釋,稿經數易,詳明精確。"[1]那麽,由此看來,茅星來幾十年如一日考索求證,其意在讓當時的讀書人明白古今之變、義理之韻。故而,我們可以肯定,茅氏之書先於同時期的江永《近思録集注》而定稿,其注本開清人以考據注《近思録》之風,在東亞區域擁有一定的影響力。儘管如此,然茅氏《集注》現存版本卻主要以抄寫本爲主。

一、茅星來《近思録集注》抄本考述

從茅星來《原序》與《後序》相差的時間看,茅氏《集注》自康熙六十年撰成後至乾隆元年的這十五年内未刊刻。那麽在乾隆嘉慶時期有無刻本呢?

據道光三年刻本《近思録》卷十四末刻録的乾隆五十三年(1788)陰承方《寧化陰氏近思録集注序》,"乾隆己卯仲冬,翠庭雷先生持以授方",乾隆己卯,即乾隆二十四年(1759),雷鋐[2]有意刊行茅星來《集注》,將茅氏之書交給陰承方,請他作序、校正節删。遺憾的是不久雷鋐便去世,陰承方卻保存着雷鋐交給他的茅氏書稿三十餘年。此時的陰氏年已七十有五,貧病交加,無力刊行此書,"惟望得一好學力義之君子授之,俾爲刊布,庶幾無負於先生三十年來命序之意,與茅君三十年間用心之勤,而朱子在天之靈亦用以慰焉"。並且在序文後特意告訴世人,"此序流布,或先生與黄公子孫及茅君族人見之,願多爲刊刻,即可來方家領取。不然,方若將死,當擇篤實君子付託收藏,以待其人"。由此推斷,乾隆年間無茅氏《集注》刻本面世。至於陰氏手中的茅氏《集注》本,最終下落不明。

另據嘉慶二十二年(1817)姚椿《重刊近思録後記》,他説:"茅氏之書,則雷通政鋐自浙携之入閩,以付其友陰明經立方,今存寧化陰氏,見諸所刊文集

---

① (清)陰承方《寧化陰氏近思録集注序》,載於《近思録》清嘉慶二十二年刻道光三年印本。陰承方(1715—1790),字静夫,號克齋,福建寧化人。清代教育家,學問以朱子爲宗。

② 雷鋐(1696—1760),字貫一,號翠庭,福建寧化人。清雍正十一年進士,授予庶吉士。乾隆元年,被授予翰林院編修。乾隆十年,雷鋐擢升爲通政使。乾隆十四年,雷鋐請假回鄉省母,次年回京後出任督浙江學政,後又改任督江蘇學政。乾隆十八年,雷鋐被擢升爲左副都御史,調任浙江。乾隆二十四年,雷鋐的母親病逝,雷鋐爲辦理母親喪事操勞過度而染病,於次年去世。雷鋐爲人篤忠,窮究義理,親力躬行,曾受業於閩人蔡世遠,蔡世遠喜言朱子學,受學於李光地。著有《讀書偶記》等。《清史稿》評價云:"鋐和易誠篤,論學宗程朱。督學政,以《小學》及陸隴其年譜教士。與方苞友,爲文簡約冲夷得體要。"

中,亟稱其善。”[①]那麽這裏所言陰氏“稱其善”者,筆者以爲很可能是上述那篇序文言及所保存的茅氏一書,在此時也未刊刻。關於保存在“所刊文集中”的到底是序還是《集注》,或有不同意見,則尚待探究。

從陰承方序文以及姚椿跋文已可知茅星來《近思録集注》在乾嘉學者眼中的地位。那時此書已爲時人注重,陰氏認爲:“茅君究心三十年,博采群書爲之訓釋,稿經數易,詳明精確。《録》中但載周、程、張子之言,未及朱子之語,今注中多采朱子之語,以爲義理之折衷,即可當朱子《近思録》矣。學者讀有心得,則聖學始終之功、致君澤民之道咸備,而凡陽儒陰釋之説永不能惑,其嘉惠後學之心可謂盛哉!”[②]姚椿曾評價《集注》説:“椿以爲能讀是書,則必將求諸家之集解而探討之,考其學術之醇駁,詳其辨説之異同,博觀約取,以冀心得,此則子朱子之所望乎後人,而吾黨有志之士所宜交勉者也。”[③]

茅星來《集注》有嘉惠後學的價值,但是該書並未及時獲得資助而刊行,故極少見後世學者言及刊本,僅見《販書偶記續編》曰:“《近思録集注》十四卷,清歸安茅星來撰。道光三年刊。”《續編》著録的此刻本,因其内容不明確,是《近思録》原文本還是注本,令人疑惑。因爲筆者在上海圖書館查閲過道光三年姚椿刊梓的《近思録》原文本,儘管此刻本也言及茅星來《近思録集注》,但是它與茅氏注本是兩個不同的類别,且此道光年刻本載有陰承方序文。

爲了探尋《近思録》姚氏此刻本與茅氏《集注》本的關係,筆者有意將二者的大字部分(即《近思録》原文)略作比較,發現:1. 在此刻本卷前的《近思録群書姓氏》下欄空白處,姚氏墨筆題寫的篇名與茅氏《集注》篇名同,而卷首書名葉左邊刻印的該書篇名卻與之不盡相同,説明姚氏在閲讀道光三年刻印本時,或以茅氏注本來校勘。2. 卷二中“弘”字,兩本都避諱,而卷一第 13 條中“恒”字姚氏刻本避諱,茅氏《集注》不諱。3. 姚氏刻本卷五爲 41 條,後來姚氏批注時據茅氏《集注》在卷末用墨筆添加了第 42 條:“凡所當爲一事意不過,則推類,如此善也。一事意得過,以爲且體,則百事廢矣。”4.《近思録》卷六第 20 條語録中,姚氏刻本“不要斷學”,茅氏《集注》作“不要相學”。5. 姚氏

①③ (清)姚椿《重刊近思録後記》,載於《近思録》,清嘉慶二十二年刻道光三年印本。

② (清)陰承方《寧化陰氏近思録集注序》,載於《近思録》,清嘉慶二十二年刻道光三年印本。

刻本卷十二第 33 條“心中初無作”，姚氏用朱筆批注改“作”爲“主”，又在此葉天頭處批曰“從葉注改”，而茅氏《集注》作“作”。由此看來，姚氏刻本《近思録》與茅氏《集注》雖有一定關聯，但道光三年姚氏刻本並非重刻茅星來《集注》。也就是説，直到此時尚未見到《集注》雕版印本面世。

爲便於讀者探尋茅氏《集注》版本，在此附録《近思録》道光三年刻本中的陰承方《寧化陰氏近思録集注序》如下，陰氏曰：

> 《近思録集注》，歸安茅君星來豈宿所著也。乾隆己卯仲冬，翠庭雷先生持以授方，曰：“此書字多訛錯，注亦間有繁委。子爲我代撰一序，並校正節删焉。”方敬受以歸，未卒業，而雷先生捐館舍矣。推先生命序之意，或欲入京過浙，付還請序之人爲之刊刻流布，而孰意其遽作古人哉！厥後方遵前命校節而序，則非可追代，即代亦無可施用矣。思欲奉還先生之家，恐其遺失，孤茅君之心，故不敢也。蓋朱子謂四書爲五經之階梯，《近思録》爲四書之階梯。與東萊吕子共相編次，當時講學者衆，義理著明，不藉於注。今去朱子五百餘年，士皆沉溺帖括之中，求其矢志聖學者，雖千萬人無一二焉，義理之不明非一日矣。而地名、官職、俗語、方言亦多不同，讀者難以驟通，雖有葉注，未及詳明。茅君究心三十年，博采群書爲之訓釋，稿經數易，詳明精確。《録》中但載周、程、張子之言，未及朱子之語，今注中多采朱子之語，以爲義理之折衷，即可當朱子《近思録》矣。學者讀有心得，則聖學始終之功、致君澤民之道咸備，而凡陽儒陰釋之説永不能惑，其嘉惠後學之心可謂盛哉！茅君爲鹿門先生七世孫，子前夭而無後。《原序》作於崑圃，黄公稱此書之美甚具，而以爲全體大用之書，天德王道，一以貫之。誠知言也。方初未艾家康，冀有餘力，可爲刊刻。侵尋荏苒，今已七十有五，而貧病相將，决可知其力不從心矣。但此書當輔四書、五經，並垂天壤，不可聽其泯没。惟望得一好學力義之君子授之，俾爲刊布，庶幾無負於先生三十年來命序之意，與茅君三十年間用心之勤，而朱子在天之靈亦用以慰焉。乾隆戊申孟夏朔後二日，後學寧化陰承方謹序。此序流布，或先生與黄公子孫及茅君族人見之，願多爲刊刻，即可來方家領取。不然，方若將死，當擇篤實君子付託收藏，以待其人。自記。

（一）清乾隆年間《四庫全書》文淵閣藏本

茅星來《近思録集注》十四卷,《附説》一卷。文淵閣抄本來源於編修徐天柱家藏本。該閣藏本,每半葉八行二十一字,小字雙行同,四周雙欄,有行格。白口,單(黑)魚尾。版心魚尾上抄寫"欽定四庫全書",魚尾下抄書名"近思録集注"、頁碼。卷一卷端首行頂格題"欽定四庫全書",次行低一字格題"近思録集注卷一",第三行低十三字格題"歸安茅星來撰",第四行低二字格抄卷名、解題(抄作雙行小字)。隨後的《近思録》原文抄作大字,茅氏注文抄作雙行小字,每卷除首條頂格抄寫外,其餘各條依次相連,中間空一字格以示分隔。卷末有尾題"近思録集注卷某"。

在《集注》卷一前抄有《欽定四庫全書・近思録集注》"提要",康熙辛丑年茅星來《近思録集注原序》,《近思録集注附説》一卷,朱序、吕跋。在《集注》卷十四末抄乾隆元年(1736)茅星來《近思録集注後序》。此抄本鈐有朱文印"文淵閣寶""乾隆御覽之寶"。臺北《"國立故宫博物院"善本舊籍總目》著録。

館臣説他們抄自徐氏家藏本,其原本恐來自民間,與陰承方所藏有無關聯尚且不知。抄本卷前茅氏《附説》一卷考訂了《集注》623 條語録源自的十七種書。筆者梳理 623 條語源後,發現分别取自濂溪先生《太極通書》12 條,《明道先生文集》8 條,《伊川先生文集》23 條,《周易程氏傳》106 條,《程氏經説》16 條,《程氏遺書》292 條,《程氏外書》53 條,横渠先生《正蒙》29 條,《横渠先生文集》20 條,横渠先生《易説》8 條,横渠先生《詩説》2 條,横渠先生《禮樂説》1 條,横渠先生《樂説》1 條,横渠先生《禮記説》2 條,横渠先生《論語説》2 條,横渠先生《孟子説》6 條,《横渠先生語録》42 條。茅氏所列這 17 部書名,比明代嘉靖年間吴邦模刻本《近思録》卷首所言語録出自的 14 部書目多 3 種,即横渠先生《詩説》、横渠先生《樂説》、横渠先生《禮記説》。而且茅氏如此爬梳歸正,是他之前《近思録》注家從未有過的,其考鏡源流自當有功於讀者、研究者。

《欽定四庫全書・近思録集注》"提要"曰:"《近思録集注》十四卷,編修徐天柱家藏本。國朝茅星來撰。星來字豈宿,烏程人,康熙間諸生。按朱子《近思録》,宋以來注者數家,惟葉采《集解》至今盛行。星來病其粗率膚淺,解所不必解，而稍費擬議者則闕，又多彼此錯亂，字句訛舛，因取周、張、二程全書及宋元《近思録》刊本參校同異，凡近刻舛錯者悉從朱子考正，錯簡之例各注本條之下。又薈粹衆説，參以己見，爲之支分節解，於名物訓詁考證尤詳。更以《伊洛淵源録》所載四子事迹具爲箋釋，冠於簡端，謂之'附説'。書成於康熙辛丑，有星來自序；又有後序一篇，作於乾隆丙辰，去書成時十五年，蓋殫一生之精力爲之也。其後序有曰：自《宋史》分《道學》《儒林》爲二，而言程朱之學者，但求之身心性命之間，不復以通經學古爲事。蓋嘗竊論之，馬、鄭、賈、孔之説經，譬則百貨之所聚也；程、朱諸先生之説經，譬則操權度以平百貨之輕重長短者也。微權度，則貨之輕重長短不見；而非百貨所聚，則雖有權度亦無所用之。故欲求程朱之學者，其必自馬、鄭諸傳疏始。愚於是編，著漢、唐諸家之説以見程、朱諸先生學之有本，俾彼空疏寡學者無得以藉口云云。其持論光明洞達，無黨同伐異、争名求勝之私，可謂能正其心術矣。乾隆四十六年七月恭校上。"[①]

另外，據任莉莉《治〈近思録〉之階梯　以朱釋朱之典範》一文的論説，茅星來《近思録集注》在清乾隆十九年前或許有傳本流佈。因爲黄叔璥於乾隆十九年(1754)輯成《近思録集朱》十四卷稿本(見後文考述)，黄氏輯録的文字有朱熹本人、先儒及後學的思想言論。《集朱》全書有采自"茅星來《近思録集注》"的，"茅星來基本上與黄氏屬於同時代人，黄氏對於茅《注》所引用朱子語，可謂徵引、摘録多多"[②]，據此似乎可以推測黄氏在乾隆十九年前見到過流佈於世的茅星來《集注》本。儘管從時間上推測，乾隆元年茅星來《集注》完稿，隨後黄氏有可能見到茅《注》，但是黄氏並未明説所見是何種形態的本子，因而筆者以爲若就此推測四庫開館前有《集注》雕版印本流佈尚闕實證佐證，若説讀者抄録，或有其事，據前文陰氏序文，"黄公"見過茅氏注本。

茅氏集注《近思録》四庫館臣的抄本，尚有藏於文溯閣、文津閣的，筆者尚未見到，待述。而杭州文瀾閣所藏抄本，恐是清末丁氏兄弟補抄而成，今藏浙江圖書館。關於《四庫全書》抄本，中國國内部分藏書目録有著録，如《增訂四庫

---

① 此"提要"，録自《四庫全書》文淵閣藏本的影印本。

② 任莉莉《治〈近思録〉之階梯　以朱釋朱之典範》，載於《文獻》2015年11月第6期，第80—82頁。

簡明目録標注》著録:"《近思録集注》十四卷,清茅星來撰。[續録]抄本。"

茅星來《近思録集注原序》曰:

子朱子纂輯周、程、張四先生之書以爲《近思録》,蓋古聖賢窮理正心、修己治人之要實具於此,而與《大學》一書相發明者也。故其書篇目要不外三綱領、八條目之間,而子朱子亦往往以《小學》並稱,意可見矣。先君子默存先生嘗手録是書,俾不肖星來受而卒業,謂曰"此聖道階梯也"。星來反覆尋繹,久而稍覺有得,頗思博求注解,以資參討。顧今坊間所行者,惟建安葉氏《集解》而已,楊氏泳齋《衍注》則藏書家僅有存者。星來嘗取讀之,粗率膚淺,於是書了無發明,又都解所不必解,其有稍費擬議處則闕焉,至於中間彼此錯亂,字句舛訛。以二子親承朱子緒論,而其爲書乃如此,其他又何論乎?然則彼窮鄉晚進,無明師良友以先後之者,雖使有志於學,得是書而玩心焉,亦恐終無以得其門而入矣。星來用是不揣固陋,輒購取四先生全書及宋元來《近思録》本,爲之校正其異同得失。其先後次第,悉仍其舊本,舛錯仿朱氏《論》《孟》重出錯簡之例,注明其下,不敢擅自更易也。本既定,然後乃敢會萃衆説,參以愚見,支分節解,不留疑竇。其名物訓詁,雖非是書所重,亦必詳其本末,庶幾爲學者多識之一助。又仿朱氏《論》《孟》附《史記》世家、列傳例,取《伊洛淵源録》中四先生事狀,删其繁複,爲之注釋,以附簡端。蓋是二書相爲表裏,且以見録中所言實可見諸施行,四先生固已小用之而小效也。其與朱子有未盡合處,亦以愚見斟酌從違,使會歸於一也。蓋星來悉心探討,隨得隨記,亦已有年,期於是書粗有所補,弆之篋衍,以爲後之有志於學者取焉。康熙辛丑七月七日歸安茅星來序。

乾隆元年茅星來《近思録集注後序》云:

《近思録集注》既成,或疑名物訓詁非是書所重,胡考訂援據之不憚煩爲?曰:此正愚注之所以作也。自《宋史》分《道學》《儒林》爲二,而後之言程朱之學者,往往但求之身心性命之間,而不復以通經學古爲事。於是彼稍稍知究心古學者,輒用是爲詬病,以謂道學之説興而經學寖微。噫,何其言之甚歟!夫道者,所以爲儒之具也;而學也者,所以治其具也。

故人不學則不知道，不知道則不可以爲儒，而不通古今則不可以言學。夫經，其本也，不通經則雖欲博觀今古，亦泛濫而無所歸也。《宋史》離而二之，過矣。伊川分學者爲三：曰文章，曰訓詁，曰儒者。夫六經，皆文章也。其異同疑似，爲之博考而詳辨之，即訓詁也。子曰："有德者必有言。"非儒者之文章乎？孟子曰："不以文害辭，不以辭害志，以意逆志，是爲得之。"非儒者之訓詁乎？然則文章也，訓詁也，而儒之所以爲儒者，要未始不存乎其間。然而伊川且必欲别儒於文章、訓詁之外者，何也？蓋欲求儒者之道於文章、訓詁中則可，而欲以文章、訓詁盡儒者之道則不可。其本末先後之間，固有辨也，奈之何進訓詁、章句之學於儒林，而反别道學於儒之外，其無識可謂甚也。夫道學與政術判爲二事，横渠猶病之，况離道學與儒而二之耶？甚矣，其蔽也！蓋嘗竊論之：馬、鄭、賈、孔之説經，譬則百貨之所聚也；程、朱諸先生之説經，譬則操權度以平百貨之長短輕重也。微權度，則貨之長短輕重不見；而非百貨所聚，則雖有權度亦無所用之矣。故愚嘗以謂欲求程朱之學者，其必自馬、鄭諸傳疏始。愚故於是編備著漢唐諸家之説，以見程、朱諸先生之有本，俾彼空疏寡學者無得以藉口焉。乾隆元年正月之望歸安後學茅星來謹識。

(二) 清道光、咸豐年間的抄本

清茅星來《近思録集注》十四卷，《附説》一卷，除四庫館臣抄録外，清代抄本不少於 3 種，其中有清代道光、咸豐年間抄寫本。該本在素紙上用楷體抄寫，書體有顔體韻味。每半葉九行二十一字，注文小字雙行同。版心位置抄寫書名卷次簡稱(如"近思録集注一")、頁碼。卷一卷端首行頂格題"近思録集注卷一"，次行低十三字格題"歸安茅星來撰"，第三行低二字格抄卷名、解題(抄作雙行小字)。隨後抄録正文，《近思録》原文抄作大字，茅氏注文抄作雙行小字。《集注》各卷語録，除首條外，其餘各條文字不單列，皆前後依次相連。其正文的編次與文淵閣藏本基本一致。抄寫者編次嚴謹，抄録工整。

《集注》正文前抄有《欽定四庫全書・近思録集注》"提要"、康熙辛丑年茅星來《自序》(即《近思録集注原序》)、《近思録集注卷首》(即《近思録集注附説》一卷)。《集注》卷十四末抄乾隆元年茅星來《後序》(即《近思録集注後序》)。所抄序文與《四庫全書》文淵閣藏本同,故很可能源自《四庫全書》抄本。此抄本中“玄”“弘”“寧”闕末筆,而清同治帝載淳之“淳”字不諱,故依此推斷當是同治年以前抄録,極有可能抄寫於清道咸年間。具體抄自何處,尚且不明。

此抄本現藏日本静嘉堂(書影見圖 4-4),4 册,四眼綫裝。鈐朱文印“歸安陸樹聲藏書之記”。可見此抄本原爲浙江湖州陸氏皕宋樓舊藏之物。

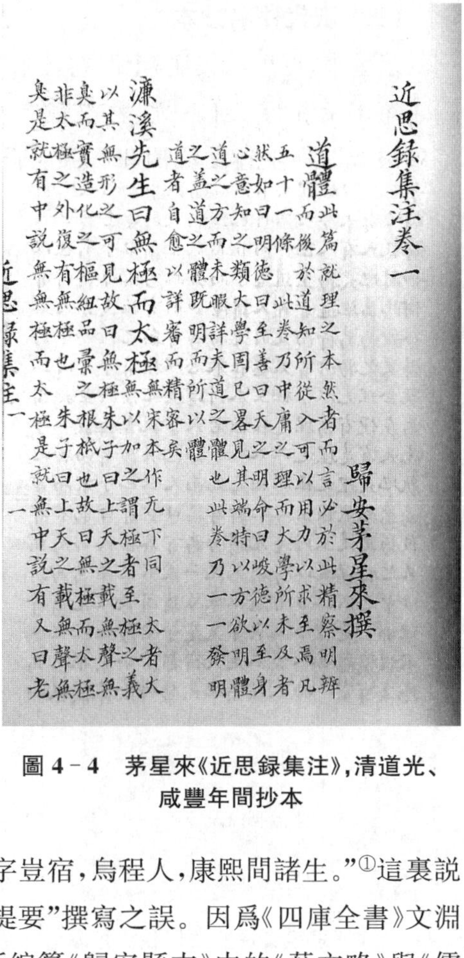
近思録集注卷一
歸安茅星來撰
道體
此篇就理之本然者而言必於此精察明辨
而後於道知所從入可以用力以求至焉凡
五十一條　此卷乃中庸之理而大學所未及者
然如曰明德曰至善曰天之明命曰峻德以至身
心意知之類大學固已畧見其端特以方欲明體
道之方而未服詳夫道之體也此卷乃一一發明
之蓋道之體既明而所以體
道者自愈以詳審而精密矣
濂溪先生曰無極而太極
無宋本作无下同　太者大
無以加之謂極者至極之義
以其無形之可見故曰無極朱子曰上天之載無聲無
臭而實造化之樞紐品彙之根柢也故曰無極而太極
非太極之外復有無極也　朱子曰上天之載無聲無
臭是就有中說無無極而太極是就無中說有又曰老
近思録集注　一

圖 4-4　茅星來《近思録集注》,清道光、咸豐年間抄本

此本,日本河田羆編《静嘉堂秘笈志》著録:“《近思録》(宋)朱熹、吕祖謙同撰,《集注》十四卷,(清)茅星來撰。抄四本。藏書志不載。案《提要》:《近思録》十四卷,宋朱子與吕祖謙同撰;案《年譜》:是書成於淳熙二年,朱子年四十六矣。又云:星來字豈宿,烏程人,康熙間諸生。”[①]這裏説茅星來爲“烏程人”,是沿襲四庫館臣“提要”撰寫之誤。因爲《四庫全書》文淵閣藏本正文題署“歸安人”,清光緒年所編纂《歸安縣志》中的《藝文略》與《儒林傳》二卷中都記録有茅星來文字,而《烏程縣志》中卻没有關於茅星來的隻言片語。民國時期徐世昌等人編纂的《清儒學案》卷六十一《果堂學案》下有“茅星來先生”一條,文中明確標明其爲“歸安人”[②]。因此,依據茅氏生活時代的地理沿革考察,當云“歸安人”爲妥。

---

① 賈貴榮《日本藏漢籍善本書志書目集成》,北京圖書館出版社,2003 年 6 月 1 版,第 6 册第 136 頁。

② 徐世昌等編修《清儒學案》卷六十一,第 2399 頁。

（三）清代佚名抄本

茅星來《近思録集注》十四卷，《附説》一卷，清人佚名抄本是在素紙上抄録。每半葉九行二十一字，注文雙行小字同。其抄寫款式、卷端所題“歸安茅星來撰”，與上述文淵閣藏本同。此本爲楷體抄寫，書口僅題記頁碼。

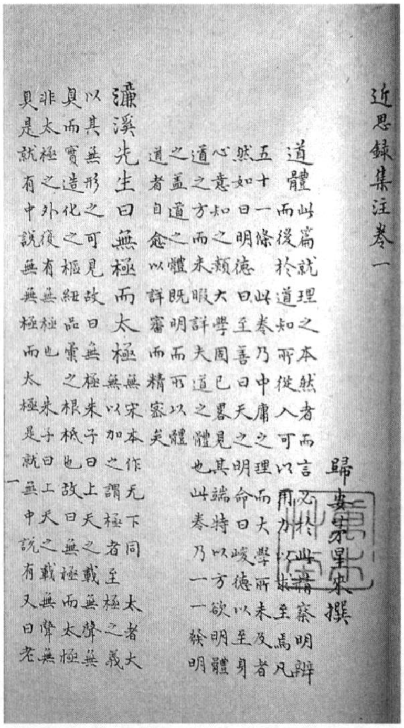
近思録集注卷一

歸安茅星來撰

道體

濂溪先生曰無極而太極

圖 4－5 《近思録集注》，清代佚名抄本

浙江圖書館藏本（書影見圖 4－5）第 1 册的扉葉，自右至左書寫“提要 序 説傳/茅注近思録 一 計三萬三千七百五十字”。其餘 4 册亦在扉葉抄寫所轄各卷的篇名、書名、册數序號、字數。首册扉葉後抄有“提要”（即《四庫全書·近思録集注》的提要）、康熙辛丑年茅星來《自序》、《近思録集注卷首》（即茅氏所撰《附説》一卷）。在《近思録集注》卷十四末，抄録乾隆元年茅星來《後序》。

此抄本與《四庫全書》文淵閣藏本相比，每行字數相同，其中有些卷葉，因字體大小的變化，以致每行格的首字、尾字位置發生了變化，故也出現與文淵閣藏本不一的情形。《集注》内容與《四庫》文淵閣藏本完全相同，偶有抄録失誤處，則以浮簽進行糾正，即抄録者粘貼紙條在當葉予以校訂，如第五十三葉貼的紙條，其内容就是改正原抄寫之誤，從字體一致的情形推斷宜是抄寫者自己所改。故總體感知，該無名氏抄本很可能是依據《四庫全書》文淵閣藏本抄録。

但此抄本也有與《四庫》文淵閣藏本不同之處，如卷一、二、四、七、九卷末，在後面皆抄録有“總校官檢討臣 彭元琉/編修臣 吴敬輿/校對監生臣 馬德”。這是文淵閣本所無的。浙圖現存佚名抄録本，原爲 5 册，今改裝成 10 册。天頭處偶有朱筆批校。藏本鈐朱文印“萬木草堂”，白文印“康氏有爲”，曾爲康有爲舊藏。

關於茅氏《集注》抄本，丁立中《八千卷樓書目》有著録，云："《近思録集注》十四卷，國朝茅星來撰。抄本。"此處因所言信息不詳，不能明確知曉是何人所抄，抄自何處，難道是指浙圖所藏此抄本？

(四) 清"臚雲寶楹群書"紅格抄本

該抄本是在印有朱欄紅格的紙上抄寫，每半葉九行二十一字，《近思録》原文抄作大字，茅氏注文抄作小字，且兩個小字佔一方格。《近思録集注》十四卷前抄有四庫館臣的《近思録集注提要》、茅星來《自序》、《附説》一卷；卷十四末抄有茅星來《後序》。此抄本現藏美國加利福尼亞大學伯克利分校(書影見圖 4－6)，天頭、行間有朱筆批注，並有少數浮簽粘於卷中。

陳先行主編《柏克萊加州大學東亞圖書館中文古籍善本書志》著録説："《近思録集注》十四卷，首一卷。清茅星來撰。清抄本，六册。紅格，框高 20.70 釐米，廣 13.10 釐米。半葉九行，行二十一字，四周單邊，白口，無魚尾，版心下鎸'臚雲寶楹群書'六字。前有《四庫》館臣所撰提要，康熙辛丑《自序》，乾隆元年自撰《後序》。……按朱熹《近思録》注本，向以葉采《集解》本最爲通行。星來病其粗率膚淺，解所不必解，而稍費擬議者則闕如，且多錯亂訛舛，因取周、張、二程全書及《近思録》舊本參互考訂，復薈萃衆説，間抒己見，爲之支分節解，尤於名物訓詁考證爲詳。更以《伊洛淵源録》所載四子事迹具爲箋釋，謂之'附説'，冠於簡端。其用心此書，前後凡十五年，可謂殫精竭力。此書未曾刻印，賴抄寫

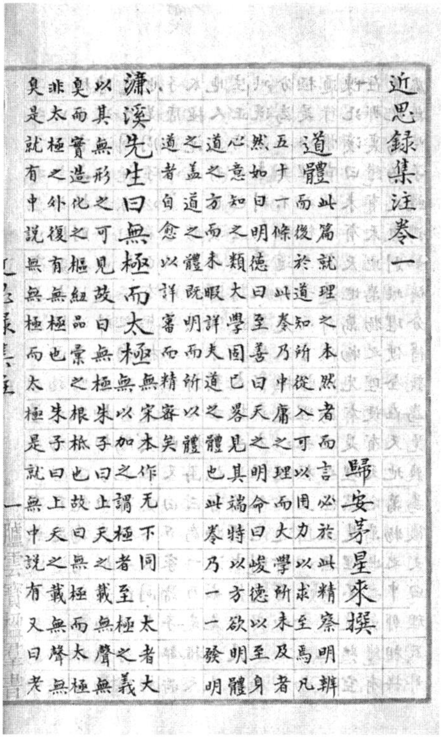
近思録集注卷一
歸安茅星來撰
道體 此篇就理之本然者而言必於此精察明辨而後於道知所從入可以用力以求至焉凡五十一條 此卷乃中庸之理而大學所未及者然如曰明德曰至善曰天之明命曰峻德以至身心意知之類大學固已略見其端特以方欲明體道之方而未暇詳夫道之體也此卷乃一一發明之蓋道之體既明而所以體道者自愈以詳審而精審矣
濂溪先生曰無極而太極 無宋本作无下同 太者大無以加之謂極者至極之義以其無形之可見故曰無極朱子曰上天之載無聲無臭而實造化之樞紐品彙之根柢也故曰無極而太極非太極之外復有無極也 朱子曰上天之載無聲無臭是就有中說無無極而太極是就無中說有又曰考

圖 4－6 《近思録集注》，清"臚雲寶楹群書"抄本

流傳。此本係據文淵閣《四庫全書》本所抄,頗爲精工。鈐有'陳寶晋讀'白文方、'蠖齋六十以後所讀'朱文方印。"①

從陳先行記録的抄寫行格字數看,與《四庫全書》文淵閣藏本有别。如果説"此本係據文淵閣《四庫全書》本所抄",那麽文淵閣本藏於深宫,一般讀者恐難以借閱抄録,故"臚雲寶楹群書"抄本當頗費周折,抄寫的具體時間尚待考訂。

(五) 民國二十五年《四庫全書珍本初集》影印文淵閣藏本

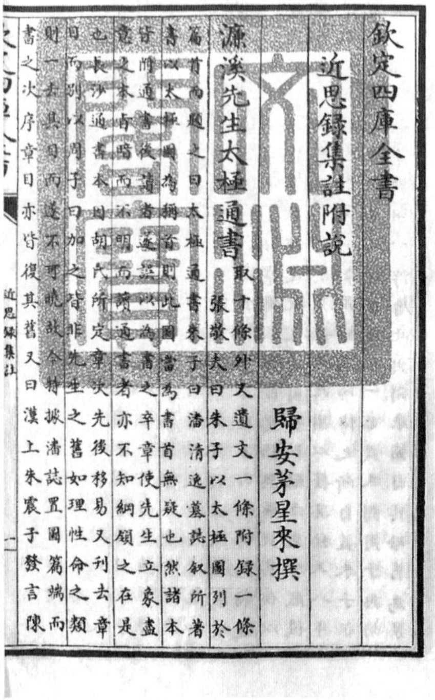

圖 4-7 《近思録集注》,民國二十五年影印文淵閣藏本

茅星來《近思録集注》十四卷,《附説》一卷,清乾隆年間的文淵閣藏本因卷帙完好,後世多以之爲底本進行再傳播。例如,民國二十五年(1936)上海商務印書館②影印文淵閣藏本,卷首的書名頁題署"《近思録集注》/《四庫全書珍本初集》子部儒家類",其背面有一小長方形刊記,云"商務印書館受教育部中央圖書館籌備處委託景印故宫博物院所藏文淵閣本",該印記下鈐朱文印"國立中央圖書館籌備處之章"。

《四庫全書珍本初集》,是民國二十三年、二十四年,民國教育部委託上海商務印書館影印的一套珍本圖籍,所選底本多爲史上現存精善之本。其中茅氏《集注》選取的是藏於文淵閣的四庫館臣抄本。

① 陳先行主編《柏克萊加州大學東亞圖書館中文古籍善本書志》,上海古籍出版社,2005 年 3 月 1 版,第 135 頁。

② 上海商務印書館,1897 年創辦,1934—1935 年影印文淵閣藏本,編輯出版過《四庫全書珍本初集》。

此民國二十五年影印本流佈較廣，藏家較多，浙江圖書館藏本，一函六册。每半葉八行，行二十一字，小字雙行同，四周雙欄；白口，有界行，單魚尾。《近思録集注》正文前有《欽定四庫全書・近思録集注》“提要”、茅星來《近思録集注原序》、《近思録集注附説》一卷、朱熹《近思録原序》、吕祖謙跋文。卷端題“歸安茅星來撰”。《集注》卷十四末有茅星來《近思録集注後序》。

這部上海商務印書館影印本，復旦大學（書影見圖 4－7）、山西省圖書館有藏。韓國、日本、美國等地皆有藏[①]。該《珍本初集》，《藏園訂補郘亭知見傳本書目》有著録：“《近思録集注》十四卷，《附説》一卷。清茅星來撰。按《四庫》著録，莫氏失記。〇《四庫》本已印入《四庫全書珍本初集》中。”《中國叢書綜録》亦著録：“《近思録集注》十四卷，《附説》一卷，（清）茅星來撰。《四庫全書》子部儒家類。《四庫全書珍本初集》子部儒家類。”

二、附論：論清初考證學對理學經典注解之革新[②]

王陽明心學是宋明理學發展到明代中期的傑出代表，但該學説遏抑創造、獎勵虚僞，成爲思想界的障礙，以致明後期王學繼承者取富貴弋名譽，相率於不學。在王陽明心學極盛而敝之後的晚明社會，學者習於“束書不觀，游談無根”，這便引發明清之際的反王學之風，故而梁啓超説：“清學之出發點，在對於宋明理學一大反動。”[③]清初學界排斥晚明學風，考證學尚處啓蒙期，也未形成壁壘，“諸大師著述談説，往往出入漢宋，則亦相忘於道術”[④]。此時的程朱理學學脉猶存，有爲程朱陸王守殘壘者，如孫奇逢、刁包、張履祥、陸隴其等，有投時主所好亦治宋學者，如湯斌、李光地、魏象樞、魏裔介等。處於淆亂的新思想建設之中的茅星來，“殫一生精力”所撰就的《近思録集注》，便成爲

① （日）京都大學人文科學研究所編《京都大學人文科學研究所漢籍目録》著録：“《近思録集注》十四卷，附一卷，清茅星來撰。《四庫全書珍本初集》，清乾隆中敕輯，民國教育部中央圖書館籌備處選，民國二十三年、二十四年，上海商務印書館文淵閣本影印。”日本株式會社同朋舍出版，昭和五十六年十二月發行，第 1356 頁。東京大學東洋文化研究所《東京大學東洋文化研究所漢籍分類目録》也有著録，日本昭和五十六年三月，汲古書院縮印本發行，第 451 頁。

② 此《論清初考證學對理學經典注解之革新》，是筆者與曹潔合作撰寫，已發表於《歷史文獻研究》總第 39 輯，華東師範大學出版社，2017 年 9 月 1 版，第 99—113 頁。

③ 梁啓超《清代學術概論》，上海古籍出版社，1998 年 1 月 1 版，第 7 頁。

④ 梁啓超《清代學術概論》，第 67 頁。

程朱理學繼續發展中、考證學發展初期的《近思録》注本代表。

茅星來爲清康熙間諸生，屢試鄉試不中，乃專攻經史及程朱著作。其治學取向在《説文一首贈立夫》有所表露，認爲人能切實讀書求學，則能"聞見廣博，學問淵深"，若是爲了"供賦詩作文之用"去讀書、去著書，則"詩與文之日就衰且薄也"，"其書未有不雜且陋者也"①。

清康熙朝世態大體安寧，學界研究氛圍自由，或矯正晚明之學，或求諸訓詁名物典章制度，或好研究古今史迹、經世之務。生活在康雍年間的茅氏受當時崇實學風的浸淫，實學思想鮮明。他與清初有志節者一樣，無意列於滿人朝堂，"相率返於沈實"，專精於樸學，詮釋故訓、考索名物以自藏。

作爲朱熹欲建構的理學理論體系代表作，《近思録》詳於"義理精微"，爲求學四書之階梯。當時行世注本以朱子後學的注解爲主流，受家學風氣薰陶的茅星來曾經讀過葉采的《近思録集解》、楊伯嵒的《泳齋近思録衍注》，認爲這兩種注本："粗率膚淺，於是書(筆者按，即《近思録》)了無發明，又都解所不必解，其有稍費擬議處則又闕焉……以二子親承朱子緒論，而其爲書乃如此，其他又何論乎?"②且因其他學者的某些注解也多有不足。於是他決意爲此書重新作注，去考察周敦頤、程顥、程頤、張載四子的著作及《近思録》的各種傳本，參校同異，薈萃衆説，並加入自己的見解，對於書中涉及"治道""治法""異端"等問題，逐一疏證；對相關名物進行訓詁，詳細分析源流本末，最終撰成《近思録集注》十四卷。我們以茅氏《集注》的《四庫全書》文淵閣藏本爲對象，將注文進行分類統計後發現，其引文有近 14 萬字，約佔整個注本的 50%，茅氏的按語近 10 萬字，約佔注本的 35%，可見茅氏注釋用心之勞、引據特色之明顯。

(一) 茅氏《集注》所流露出的考證學特徵

1. 從《集注》引據文獻的範圍看，茅氏引據涉及經史子集，側重於漢唐人的經學注疏、宋明儒家著述。

筆者初步統計如下：

---

① (清)茅星來《説文一首贈立夫》，載於《清經世文編》卷五，清光緒十二年思補樓重校本。

② (清)茅星來《近思録集注原序》，載於茅星來《近思録集注》，《四庫全書》文淵閣藏本。

種類	引據文獻	數量
經	《周易》《周易本義》《周易正義》《程氏易傳》《朱文公易説》《易傳》《讀易舉要》《尚書》《尚書大傳》《詩經》《毛詩正義》《草木疏》《詩集傳》《周禮》《周禮注疏》《儀禮》《禮記》《禮記正義》《大戴禮記》《禮書》《春秋》《左傳》《左傳正義》《公羊傳》《春秋穀梁傳》《春秋傳》《五經異義》《經典釋文》《程氏經説》《孟子》《論語》《四書集編》《孟子集疏》《四書大全》《天蓋樓四書語録》《樂書》《爾雅》《方言》《説文》《廣韻》等	40
史	《史記》《漢書》《後漢書》《三國志》《北史》《晋書》《宋書》《唐書》《新唐書》《宋史》《元史》《資治通鑒》《通志》《東都事略》《國語》《戰國策》《邵氏聞見録》《伊洛淵源録》《周元公集》《文中傳》《水經注》《洛陽記》《唐六典》《通典》《唐會要》《宋三朝會要》《文獻通考》《郡齋讀書志》《魏略》等	29
子	《孔子家語》《荀子》《新序》《法言》《勸學篇》《三禮義宗》《漢書注》《釋名》《中説》《張子全書》《張子語録》《程氏遺書》《程氏外書》《上蔡語録》《朱子語類》《朱子家禮》《書儀》《小學集注》《讀書記》《黄氏日抄》《北溪字義》《性理群書句解》《性理大全書》《讀書録》《大學衍義補》《居業録》《朱子學的》《性理大中》《唐制度紀綱論》《性理指歸》《本草》《名醫别録》《孫子算術》《尸子》《顔氏家訓》《白虎通》《困學紀聞》《避暑録語》《日知録》《困學纂言》《政書》《夢溪筆談》《石林燕語》《廣州記》《筆塵》《劉諫議語録》《精義考》《楞嚴經》《圓覺經》《莊子》《集説》《禮緯含文嘉》等	52
集	《周子全書》《柳宗元集》《韓愈文集》《二程文集》《晦庵集》《宋文鑒》《西山文集》《温公集》《吴文正集》《高子遺書》《詩苑類格》等	11

茅氏引據以經、子類著述爲主,猶旁及史書與相關文集。如此廣引博采群書,一方面凸顯取材於四子著述的《近思録》,涉及"義理根原、聖學體用"者多,另一方面又足見茅氏讀書勤勉、涉獵廣泛,漢學功底深厚。茅星來自而立之年直到離世,三十年如一日孜孜不倦注解《近思録》,到底接觸和參考了哪些文獻,《集注》中所引是否就是全部,雖然茅氏本人未作説明,但我們有理由相信他參考的文獻遠非這區區 130 多種,在那個交通不便,信息不暢,買書難、求學更難的農耕社會,《集注》能集衆家於一身,運用豐富的文獻資料,實屬難能可貴。

儘管《近思録》不是十三經那樣的經典,但茅氏《集注》卻參考引用了大量的經學、儒學文獻,對一些史實掌故也徵引了大量歷史文獻予以佐證。考證性文字包括漢唐諸家學説、宋明理學家論説,意在注釋"宋之一經"的《近思録》,考證性文字遠超義理闡釋性文字。他認爲程朱理學與漢唐經學並非割裂而中斷,程朱理學的源流深植於漢唐諸儒學説之中,故其引用大量經史文獻"以見程、朱諸先生之有本",如該注本卷首《附説》一卷徵引文獻達 48 種,引用諸儒之言不少於 49 人。

在關涉《近思録》義理闡釋時，茅氏“多采朱子之語，以爲義理之折衷”，對於朱子學術所涉及的淵源流别，則不惜筆墨廣徵博引，以期“聖學始終之功、致君澤民之道咸備”[1]。其注文中徵引朱熹《文集》《朱子語類》等文獻中的代表性論述，以之發揮旗幟與引領作用；而引用的其他學者相關論説，有程朱理學的嫡系門人和各時代的理學名家，也有許多經學家、史學家和文學家，他們往往身份重疊，學術思想博雜。因其引用文獻内容豐富，可使讀者對古代學術思想、歷史典故、典章制度等内容有一個較爲明確的認知。通覽全文可見，他已不再像此前的朱子門人後學那般衹引朱熹語，而是既心懷對程朱學術的崇敬之意，又能理性思考、客觀考證，較之前的《近思録》注家更趨考訂特色，其義理解説所藉助的考據思維方式，開闢出《近思録》詮釋的新路徑。

縱觀古代學術思想史，理學在宋代肇始發端，有濂洛關閩諸學派聲氣相援，二程、張、朱等大家開宗授徒，學者争相影從，方興未艾，聲勢浩大。茅星來注解《近思録》義理時，往往以宋代學者的論述爲重點，合情合理。因元代理學名家少，故引之不多；明代王陽明心學對程朱理學有一定的衝擊，以致明中後期純粹的朱子學者相對較少，茅氏亦引之不多。而生活在清代前期的茅星來，對相去不久的前朝遺老與生活在同時期的學者更爲熟知，故這一時期的諸儒差不多都成爲其選材徵引的對象，從他所引子部文獻可窺一斑。再者，從歷史走來的子學具有鮮活的思想，總是與現實保持着交互相通的關係，其開放性特徵，得到過明清之際學者的肯定。清初考證學未達鼎盛，茅氏注文博引之中相容漢宋，透射出考證學發端之際的端倪。

2. 茅氏在名物訓詁、典章制度的注釋上用功尤多，有意“博求注解以資參討”。

茅氏傾注大量精力於古代名物、典制的訓釋，而這原本並非朱熹主編《近思録》的重點，也不爲茅氏之前歷代注家所重視，茅氏卻能突破了過去注家僅僅注釋文字語義的藩籬，在注釋該書的側重點上展現出一種新的視角。

對相關名物訓釋，援引詳細。如《近思録》卷九第一條語録：“濂溪先生

---

① 清乾隆五十三年陰承方《近思録集注序》。

曰：古聖王製禮法，修教化，三綱正，九疇叙，百姓大和，萬物咸若，乃作樂以宣八風之氣，以平天下之情。"對於"八風"，茅氏注：

朱子曰："八音以宣八方之風。見《國語》。宣，所以達其理之分；平，所以節其和之流。"八風者，八方之風也。按《史記·律書》，西北不周風，北方廣風，東北條風，東方明庶風，東南清明風，南方景風，西南凉風，西方閶闔風。陽生於五，極於九，五九四十五日變，故每風各四十五日而一至。如距冬至四十五日爲立春，而條風至，又四十五日爲春分，而明庶風至是也，餘六風放此。賈逵並服虔以爲，八卦之風，《兑》音金，爲閶闔風；《乾》音石，爲不周風；《坤》音革，爲廣莫風；《艮》音匏，爲融風；《震》音竹，爲明庶風；《巽》音木，爲清明風；《離》音絲，爲景風；《坤》音土，爲凉風。又《周禮》保章氏"以十有二風察天地之和命，乖别之妖祥"。賈氏云："三月、六月、九月、十二月皆不見風，惟有八風以當八卦八節，云十二風者，蓋《乾》之風漸九月，《坤》之風漸六月，《艮》之風漸十二月，《巽》之風漸三月，四維之風主兩月故也。"陳氏《樂書》謂：《乾》西北之維，爲秋冬之交；《坤》西南之維，爲秋夏之交；《巽》東南之維，爲春夏之交；《艮》東北之維，爲春冬之交。則賈氏謂"四維之風主兩月"，於理自通。蓋金、木、水、火分行四時，故各有專氣而風應焉。惟四季屬土，無專氣，故無專風也。李嘉會曰："八卦主八風，惟辰、戌、丑、未之月，有立春、立夏、立秋、立冬在其中，故風無定風。如立春在前月，則兼前月之風，在後月則兼後月之風。立夏、立秋、立冬皆然。亦通。"顧亭林曰："今樂久無匏、土二音。笙以木加漆而不用匏，塤以木爲之，而八音但有其六矣。"元熊朋來謂："笙不以竹稱，而以匏稱，是所重在匏也。匏音亡，而清廉忠敬者之不多見，爲禮樂之官者，尚申請而改正之。"愚按，宋范蜀公謂"笙竽以木攢竹，而以匏裹之，是無匏音也。塤以木爲之，是無土音也"，則是八音無匏、土二音，宋儒已先言之矣。然笙竽猶以匏裹之，則匏之音未盡亡也。至元以後，並不復用匏矣。葉少藴《避暑録話》謂："元豐末，范蜀公獻《樂書》以爲言，未及行，至崇寧更定大樂，始具之。舊又無篪，至是亦備。"據此則匏、土二音，宋崇寧時已復，不知何時又廢，如熊氏所云也。

茅氏爲解説"八風"，徵引文獻上自《周禮》《史記》，下至明末清初，引用諸儒解說達 12 種。基於此考證，則避免了不必要的歪曲誤解，進而得出八風中的“匏、土二音，宋崇寧時已復，不知何時又廢”。諸如《集注》中此類名物訓詁，如《近思録》卷二第五條中“耒耜陶”，卷四第二十一條“翻車”，卷八第十七條中“權量”，卷九第十三條中“立廟院”，第十五條中“六禮”“立影堂”等，茅氏均徵引大量文獻作詳細注解。

對典章制度，茅氏也作精細考證，如卷九第五條：“又云：三舍升補之法，皆案文責跡，有司之事，非庠序育材論秀之道。”茅氏注云：“三舍：外舍、内舍、上舍也。初入學爲外舍，外舍生升内舍，内舍生升上舍。凡内舍，行藝與所試之等俱優者，升爲上舍。上舍分三等，上等取旨命官；一優一平爲中，以俟殿試；一優一否或俱平爲下，以俟省試。蓋王安石因慶曆中嘗於太學置内舍生二百人，而遂廣之爲‘三舍法’也。……馬貴與曰：‘三舍升補之法，蓋王安石設之，欲以引用其黨耳。’愚按，此條雖統三學而言，而其實專論太學所以教士之道也。蓋武學、律學特太學之分流，而非其本源之所在也，故獨略焉。朱子曰：‘鄉舉里選之法固善，今不能行，衹就科舉法中與之區處，使士子各通五經大義。凡《易》《詩》《書》爲一科，而子年、午年試之；《周禮》《儀禮》及二《戴記》爲一科，而卯年試之；《春秋》及三傳爲一科，而酉年試之，義各二道。諸經皆兼《大學》《論語》《中庸》《孟子》，義一道，使寫出注疏與諸家之説，而斷以己意。論則分諸子爲四科，而分年以附焉。諸史則《左傳》《國語》《史記》、兩《漢》爲一科，《三國》《晋書》《南北史》爲一科，新舊《唐書》《五代史》爲一科，《通鑒》爲一科。時務則律曆、地理爲一科，通禮、新儀爲一科，以次分年，如經子之法。策各二道。’又曰：‘聞……則經史皆通，此法甚好。’章楓山曰：‘宋教士之法雖不及於古，然如學校之外又有書院之設，無利禄之誘。凡有志者，聽其就學，有田以供給之，延名儒爲山長以教之。諸老先生有不願仕而反樂爲開講者，故往往作養得好人材出，後世之所不能及也。’”

“三舍法”是宋代三舍考選法或三舍選察升補法的簡稱，是王安石“新政”中的教育制度。爲選拔和造就人才，王安石於宋神宗熙寧四年(1071)創立太學生三舍法，將太學生分爲上舍、内舍、外舍三等。在一定的年限及條件下，外舍生可以升入内舍，内舍生可以升入上舍；上舍生考試成績優者直接授官，中等者直接參加殿試，下等者直接參加省試。茅星來引證明晰，以按語的形式扼要表明“其實專論太學所以教士之道也”，且引朱、章之言佐證。此類注解典章制度的長篇注文在茅氏《集注》卷八、卷九中尤爲突出，如祭祀之禮、讀法、宗子法、井田、兵制等，茅氏重點引用先秦至宋元的典籍及諸儒論説，幫助讀者知曉教育、選官、宗廟、葬禮、喪禮等制度的沿革變化及相關名物的來龍去脉，確實能達到以資學者廣見博聞的目的。北宋四子之言是有感而發、有的放矢，茅氏的注解不是空談道德性命之類不切實際的虚説，而是别開生面的嚴謹實證，一般都以按語的形式表明自己的理性判斷，這種先考證後歸納闡釋的治學方法，對《近思録》内容的詮釋來説是一種完善，且所引據的豐厚文獻也具有一定的文獻價值。

3. 茅氏視校勘爲注解之先務，搜集宋元至清初的多種《近思録》版本，校正異同得失。

《近思録》自面世至茅氏生活的時代，歷經五百多年，期間傳本多、流佈廣，茅星來在文獻校勘上花費了較多精力，參校的版本有宋本、泉州本、吕本、楊氏本、姚本、《遺書》本等。對版本信息較明確的本子，茅氏以“某某，某本作某”的形式標示，若需訂正，則附上校記；對版本信息不詳的本子，以“某某，一本作某某”或“某下，一本有某字”的方式作校記。這些校勘文字，較詳細地列舉了諸本異文，或訂正訛誤，或簡要詮釋。如《近思録》卷二第五十四條語録：“伊川先生曰：人謂要力行，亦祇是淺近語。人既能知見一切事皆所當爲，不必待著意，纔著意便是有個私心。這一點意氣，能得幾時子？”茅氏注云：“既能”之“能”，一作“有”。切音砌，或讀如字。兩“著意”下，《遺書》並有“做”字。“子”，《遺書》作“了”，今從葉、吕本。

又如卷五第十五條語録：“堯夫解‘他山之石，可以攻玉’：玉者温潤之物，若將兩塊玉來相磨，必磨不成，須是得他箇粗礪底物，方磨得出。譬如君子與小人處，爲小人侵陵，則修省畏避，動心忍性，增益豫防，如此便道理出來。”茅氏注云：“來”下，宋本無“相”字。“箇”上，葉本無“他”字。按，《遺書》有“相”字、“他”字。

此類例證在《集注》中隨處可見，茅星來廣采異本，在詳考歷代傳本的基礎上，標明各本文字差異，訂正了某些版本的錯訛，如對此前權威注本葉采《近思録集解》本的文字脱訛不加粉飾，而進行實事求是的校正，對葉本及其他《近思録》傳本的校勘文字,"各注本條之下"。茅氏的校勘語不僅給讀者提供了難以見到的某些版本信息,而且對讀者準確理解原文頗有幫助,也增强了其注文的文獻價值。

茅氏之前的注本鮮有考證版本的,茅氏或側重校勘文字訛誤,或考證關於《近思録》語録出處,如在十四卷前單列《附説》一卷,具體注明了《近思録》623 條語録出自何人、何書,使四子語録的隸屬明朗。《集注》中對那些出處清晰可考者,茅星來直接注明其出自某本書,或者是某某先生語;當某卷連續幾條語録皆出自同一人時,茅氏則在最後一條語録下面注明"某某語",如《集注》卷五第三十三至第四十二條語録都是張載語録,茅氏於第四十二條語録之末用"以上並横渠語"的字樣注明。

對於存疑之處,或者以前注家考證有誤者,茅氏則詳考其出處,如卷一第三條語録:"伊川先生曰'喜怒哀樂之未發謂之中',中也者,言'寂然不動'者也,故曰'天下之大本'。'發而皆中節謂之和',和也者,言'感而遂通'者也,故曰'天下之達道'。"葉采《集解》云:"《文集》。下同。"茅氏《集注》曰:"説見《中庸》……中節。按,此條今見《遺書》暢潛道本,列《文集》,誤。"今查相關古籍整理校點本[①],此條語録今見《程氏遺書》卷第二十五,而《二程文集》中無。這也能説明茅氏校勘語的正確,而葉采《集解》在語録出處上失查,説明其校勘功夫遠不及幾百年後的茅星來。

雖説茅氏此類工夫微小、瑣碎,但此舉卻反映出以茅星來爲代表的清初學者在整理和研究傳統經典時注重版本考查,故而他在序文中不無肯定地説,自己是"購取四先生全書及宋元來《近思録》本,爲之校正其異同得失"[②],顯現出其考鏡源流、追本溯源的學術精神。乾嘉時期段玉裁主張"不先正注疏釋文之底本,則多誣古人"的治學目的,與其頗多相似。茅氏注文重校勘、考版本,在以考據思想注解理學經典上已顯現出導乎先路之力。

4. 茅氏探求程、朱經説之本,往往追本溯源至漢代馬、鄭,反映出他漢宋兼采的主張。

茅星來雖以理學門人自居,但他並不囿於程朱學説門户,反而對宋代以

① (宋)程顥、程頤著,王孝魚點校《二程集》,中華書局,1987 年 7 月 1 版。

② (清)茅星來《近思録集注原序》,載於茅星來《近思録集注》,《四庫全書》文淵閣藏本。

來越來越狹隘的理學門户之争有着清醒的認識。他認爲經學本是道學的根源,欲入道學之堂奥,必經經學之門庭。在引據衆家之説時,茅氏往往從"漢唐諸家之説"取材,其《近思録集注後序》曰:"自《宋史》分《道學》《儒林》爲二,而後之言程朱之學者,往往但求之身心性命之間,而不復以通經學古爲事……嘗竊論之:馬、鄭、賈、孔之説經,譬則百貨之所聚也;程朱諸先生之説經,譬則操權度以平百貨之長短輕重也。微權度,則貨之長短輕重不見;而非百貨所聚,則雖有權度亦無所用之矣。故愚嘗以謂欲求程朱之學者,其必自馬、鄭諸傳疏始。愚故於是編備著漢唐諸家之説,以見程、朱諸先生之有本,俾彼空疏寡學者無得以藉口焉。"[①]他批評"《宋史》分《儒林》《道學》爲二"的做法,認爲程朱理學發端於經學,經學是"百貨所聚",而程朱之學如"權度",彼此依存。因此注解《近思録》必推本溯源,"必自馬、鄭諸傳始",從漢唐諸家的經學傳注中探求該書義理,這在理學典籍的注解方法上是一種突破。

如《近思録》卷四第五條語録,茅氏注云:"'震驚百里'二句,《震卦·彖傳》文也,下乃解其意。匕,以載鼎實升之於俎,其形似畢而不兩岐,以棘木爲之,長二尺刊柄與末。祭祀之禮,先烹牢於鑊,既納之鼎而加冪焉,將薦乃舉冪,而以匕出之,升於俎上。鬯,秬鬯之酒,所以灌地而降神。鄭康成《鬱人注》云:'鬱鬯者,築鬱金煮之,以和鬯酒。'《鬯人注》云:'秬鬯不和鬱者則是。鬱者草名,不和以鬱者,則直謂之鬯,言其氣調鬯也。'鄭司農及孔穎達則云:'鬯,是香草。'愚謂,後鄭爲是。楊氏曰:'震雷能驚百里,而不能失匕鬯於主祭之手者,蓋執匕鬯以祭,則一敬之外無餘念,一鬯之外無餘物。當是之時,白刃前臨,猛虎後迫,皆莫之覺。故震雷驚百里亦莫之聞,誠敬所至,而懼有所忘也。'上二條就處常言,此則又就處變時言之。"

"震驚百里,不喪匕鬯",語出自《周易·震》。《周易》是儒家六經之一,歷代對此書作注疏的學者雖然很多,但大都推東漢鄭玄(字康成)爲權威。因此,在注解該條語録中的"匕""鬯"時,茅星來引用了"先鄭"鄭衆、"後鄭"鄭玄和唐代孔穎達的解釋,認爲"後鄭爲是",並强調這裏是"就處變時

① (清)茅星來《近思録集注後序》,載於茅星來《近思録集注》,《四庫全書》文淵閣藏本。

言之”。

對於《近思録》語録涉及的經學注疏，茅星來皆能探本溯源，將來龍去脉闡述清晰，如卷八第十七條語録：“爲政須要有紀綱文章，先有司，鄉官讀法、平價、謹權量，皆不可闕也。……”這條語録是程顥語，第一句話僅有 26 字，而茅星來用了近 2500 字進行注解，據引的書籍有《周禮》《白虎通》《日知録》《宋志》等，涉及的相關學者有賈公彦、朱熹、王應麟、王昭禹、馬端臨、魏莊渠、顧炎武、陳氏等。程氏此語是選取經書中最切要者讓天下效法，而茅氏考證了其中涉及的職官、教化、度量衡等古代典制，從漢唐經注、唐宋諸家著述中精選相關文字予以解説，其用力之深是可想而知的。

與此類似的茅氏注文，常常雜陳多種文獻以爲依據，如《集注》卷九直接引據的文獻有三《禮》及其注疏、《尚書正義》、春秋三傳、《五經異義》《史記》《漢書》《國語》《唐書》等 46 種之多，注文引用歷代學者話語，有名姓者不少於 69 人。可見茅氏對諸家注解和歷代學者的言論，不是簡單地一加一地拼凑、不加考究地堆砌，而是進行抉擇與消化、拆分與整合，使之成爲其注文的有機組成部分，這對讀者理解古代歷史、地理、宗法等大有裨益。

若綜觀《集注》全書所涉及的學者，上至先秦兩漢，下迄明末清初，時間跨度很大。這些學者所持論説，涵蓋了古代思想學術的多個方面，有論經學的，有論數術的，有論性理的等。因《近思録》成書於南宋，對其義理的詮釋是茅氏難以回避的，故其注文在解説關涉義理的問題時，輯録宋元時期學者論説最多，其次是明代、清初學者。而且，茅氏在關於宋及宋以後注解《近思録》文獻的徵引上體現出宗朱子學的傾向。他在整合上自南宋後期、下至清初的理學家言論時，主要以朱熹的言論爲準繩，常將“朱子曰”列於諸家之首，如《近思録》卷二第五十二條語録，茅氏在解釋文字、音韻、語義之後，即引“朱子”五段語録對程頤之語進行闡發，足見他對朱子學説的倚重。

《近思録》雖然收録的是四子的言論，卻是在朱熹欲建構理學思想體系的背景下編輯而成，可以説是朱子學説的一種“代言”。後世尊奉朱子者衆多，茅星來集注時以朱熹及其門人一脉的言論爲宗，博采衆説，順理成章。但是他並未僅限於此，而是藉助訓詁考據之法，化用大量文獻來解釋他眼中的《近思録》，其路徑似欲取代純粹用朱子理論和義理詮釋該經典的前人思路，頗具新意。

5. 茅氏《集注》在引證前人注釋時，既能擷取其精華編纂入注，又有許多獨創之見。

例如，南宋葉采是朱熹的再傳弟子，其《集解》中存有許多精當之解，茅氏集注時也多引用，《近思録》卷十第十六條語録：

《睽》之九二，當睽之時，君心未合，賢臣在下，竭力盡誠，期使之信合而已。（《睽》九二《象傳》。葉氏曰："二五相應。然時方睽違，上下乖戾，故二必外竭其力，内盡其誠，期使疑者信、睽者合耳。"）[①]至誠以感動之，盡力以扶持之，明義理以致其知，杜蔽惑以誠其意，如是宛轉以求其合也。（此明上文"竭力盡誠，期使之信合"之意。葉氏曰："内竭其誠以感動君心，外盡其力以扶持國政，此盡其在我者也。推明義理，使君之知無不至；杜塞蔽惑，使君之意無不誠，此正其在君者也。"愚按，宛轉求合，即指上四者而言。若有意求合而過爲宛轉，則是曲徑詭遇，而非君子之所由矣。）"遇"非枉道逢迎也，"巷"非邪僻由徑也，故《象》曰："遇主於巷，未失道也。"（"由"，《易傳》作"曲"。此即孟子惡不由其道之意。）

朱子學傳承者葉采由《程氏易傳》上升到儒家政治哲學，論述君子匡正人君、扶持國政的道理，其注解以爲君臣相處相待必須誠信，宛轉相合。對前人此類獨到注解，茅氏將其吸納作爲自己注文的一部分，以助清人理解此書。但是，茅氏卻不像葉采、楊伯喦、熊大剛那般謹守朱子言論，而是摒棄了理學家的門户之見，對歷朝歷代學者的言論一視同仁，凡能爲我所用者都收入囊中，探其流，溯其源，讓讀者對相關問題的來龍去脉有一個較爲清晰的了解。因而，即使面對朱子學嫡傳者葉采注解，他在擇取其精華的同時，對其瑕疵也敢於批駁，如《近思録》卷十三第十一條語録：

謝顯道歷舉佛説與吾儒同處，問伊川先生。先生曰："恁地同處雖多，衹是本領不是，一齊差卻。"

葉采《集解》云："《外書》。大本既差，則其説似同而實異。"茅氏《集注》

① 按：括弧内爲茅氏注文，本段下同。

曰："差，初加反。《外書》。佛説與吾儒同處，如所云'明心見性'，與儒者所謂'盡心知性'同也。'有物先天地，無形本寂寥，能爲衆象主，不逐四時雕'，與儒者所謂'太極'同也。'主人翁惺惺著'，與儒者所謂'戒慎恐懼'同也。'會萬物於一己'，與儒者所謂'萬物一體'同也。又如云'知之一字，衆妙之門'，與儒所謂'知性知天'同也。本領，根本要領也。本領不是，如言定言空之類是也。朱子曰：'陸子静嘗言"儒佛差處衹是義利之間"，某謂此猶是第二著，衹他根本處便不是。當初釋迦爲太子時，出游見生老病死苦，遂厭惡之，入雪山修行，從上一念便一切作空看，惟恐割棄之不猛，屏除之不盡，吾儒卻不然。蓋見得無一物不具此理，無一理可違於物。佛説萬理皆空，吾儒説萬理皆實，從此一差，方有公私義利之不同。'朱子曰：'釋氏衹是守得些光明，全不識道理所以用處，七顛八倒。儒者則居敬爲本，而窮理以充之，其本原不同處在此。'又曰：'彼於天理大本處見得些分數，便須要見得爲己，有死後亦不失儒者，衹隨他天理去，更無分毫私見，屈伸往來皆是自然如此。'"

《近思録》第十三卷"辨異端"中彙輯四子關於釋、老的論説，借四子之言對其有過甄别和簡評，指出理學與這些學説的差異。後世注家在注解時，當有必要探尋本源，將理學思想和其他諸家思想學説的差異之處闡明，以釋讀者疑惑。此處茅氏在注解關鍵字詞後，比較佛、儒之同，引用朱熹相關論述來佐證自己見解。相比之下，葉采《集解》衹是籠統地説兩者似同實異，至於哪裏同，讀者恐不甚明白。故而，茅星來批評葉采《集解》"稍費擬議處則闕焉"，並非妄言，也無怪乎同時期的日本學者山崎嘉在注釋《近思録》時感嘆："葉仲圭爲《集解》，楊伯嵒爲《衍注》，皆未能深有所發明。"[①]

茅星來作爲清初啓蒙期考證學者中的一分子，其《集注》是後出的注本，既有繼承前世注家的地方，也有後出轉精之處，持論公允，無自固壁壘之嫌。如卷二第三十條語録："論性不論氣，不備；論氣不論性，不明。二之則不是。"葉采《集解》云："此條疑當在首卷。"茅氏《集注》曰："此爲論性、論氣者言之，非論性與氣也。葉氏謂'當在首卷'者，非。論性不論氣，論氣不論性，是將性與氣離而二之也，不備不明，故曰不是。"

---

① （日）山崎嘉《近思録序》，載於山崎嘉訓點《近思録》，寬文十年洛陽武村市兵衛、大坂佐兵衛刊本。

葉采認爲這一條語録談論的是理學中的"性"和"氣"兩大命題,因此懷疑這條語録是否應歸到《近思録》卷一"道體"。實際上這條語録是針對論性者、論氣者而言,不是對這兩大命題深入闡發,是告誡學者在爲學過程中如何對待"性""氣"的相關理論學説,茅氏認爲將其放在卷二"爲學大要"中是恰當的。

通讀茅氏注文,可以發現他在兼蓄前人注解時,其多有深思自得之見,主要體現在"按語"部分,即以"愚按""按""愚謂"等方式,置於文字、音韻、典章制度考釋之後。這些按語内容,概而言之,或對《近思録》語録義理進行闡釋,或對《近思録》文字編輯進行評判、校勘,或對所引文獻予以補充説明,或考證名物、典制後釋其大意。如《集注》卷十第十四條,茅星來按語中引用了明代吴訥《補注》的文字,因爲吴氏説南宋熊剛大《近思録集解》本在"獨異"下脱去十五字,而茅氏認爲當初朱熹在編輯《近思録》時對語録的剪輯是爲了删繁就簡,此十五字可不選取,從而肯定朱子編輯取向在於簡潔明瞭,所以熊氏注本不存在脱文之説。

《集注》的按語内容多與茅氏治學興趣、理念相關,如茅星來對典章制度、名物探究興趣明顯,在訓詁考證的同時,也多發表自己見解。如卷八第十四條語録中,關於"泮宫""閟宫"名物,茅星來將古代典籍中與此相關的文獻資料進行搜羅、整理和剪輯,形成了一段考證詳密的文字,並在此基礎上給出評斷:"朱子説固然",使讀者對這些名物有個清楚的認知。其思維方式,就是先進行考證,後歸納闡釋,在前人的基礎上作出理性判斷。

綜觀茅星來集注文字,他首先對所調研的《近思録》不同版本進行了校對,考察其異同,糾正了前人注本的訛脱衍;其次是對某些字詞進行注音和釋義,注音的方法靈活多樣,釋義多引經據典,力求具有權威性和準確性;再次是對重要的名物、典制通過廣徵博引予以詮釋;最後是往往以按語的形式簡述自己的見解;另外也不時標明某條語録的出處。經過茅氏上述幾個步驟的工作之後,《集注》的注文形成了較完備的體例,又凸顯了其重考證的特色。當我們明確其注解的主要特徵之後,對《近思録》原文的理解,對茅氏注文精髓的把握就會更進一步。

（二）茅氏注文蘊藏的考證思緒及歷史意義

1. 清初注釋理學典籍所用考證之法的産生和發展，有其合理性和必要性。

《四庫全書總目・凡例》曰："劉勰有言，'意翻空而易奇，詞徵實而難巧'。儒者説經論史，其理亦然。故説經主於明義理，然不得其文字之訓詁，則義理何自而推？論史主於示褒貶，然不得其事迹之本末，則褒貶何據而定？……今所録者率以考證精覈、論辯明確爲主，庶幾可謝彼虚談，敦兹實學。"[①]四庫館臣在此明確表示：要明經書之義理，需要通過訓詁來探求；要了解史書所載歷史事件中的褒貶之意，則需考查事件源流本末。

茅氏注重考證的理念切合清初社會學術發展，張岱年説過："宋代哲學是先秦哲學以後又一次的高峰，而且開元明清學術的先河，以後元明清學術實乃宋代學術的繼續發展。清代的漢學家雖然反對宋學，其實仍是宋學一方面的發展。"[②]此言不無道理，清初學術思想依舊是程朱學派的天下，即便到乾嘉時期，考證學極盛，程朱理學仍在繼續發展。身處康熙朝的茅氏所引用的注文常以朱熹爲宗，所取其他學者的言論多是對朱子思想的引申和補充，完善朱熹言論中未盡未詳之處。

並且，清考證學也是承襲朱子學疑經之緒而來，清代中後期的陳澧在其《漢儒通義》中，就認爲漢儒亦言理學，其《東塾讀書記》中有《朱子》一卷，謂朱子亦言考證。朱熹當初疑古而考《僞古文尚書》，可以説是清考證學的序曲。章太炎曾説："宋儒治經以意推測的很多。南宋朱文公憑他的臆測釀成很多謬誤。朱氏治經，有些地方原有功於經……《易經》本爲十二篇，鄭、王合彖辭於經，已非本來面目，朱氏分而出之，是他的功。……懷疑《僞古文尚書》，開後世考據的端緒，是他的功。"[③]因而"清代樸學家們從事考證的途徑和方法，也有不少的方面是繼承朱熹的治學遺規而發展起來的"[④]。顧炎武、閻若璩等直接從古代經典反求經世致用之學，論學必詳其始末，參以博證，以致用爲

① （清）永瑢等撰《四庫全書總目・凡例》，第 18 頁。
② 張岱年《中國宋代哲學》，河南人民出版社，1992 年 12 月 1 版。
③ 章太炎《國學概論》，上海古籍出版社，2011 年 12 月 1 版，第 26 頁。
④ 張舜徽《清儒學記》，第 388 頁。

鵠。“考據爲程朱理學中所必藴之物。而康熙時,清廷特尊朱學,升朱子於十哲之列,程朱成爲官學,爲群士所樂言。時尚既成,考據之學,乃勢所必至者矣”[①]。故而,朱熹開啓後世考證學端緒的説法也是可以接受的,程朱理學與考證學不無關聯。

受“漢、宋兼采”學風影響的茅氏,集注《近思録》而重考證博引,注文反映出清前期學者在義理與考據之間的思想動態,“並非完全不講義理,也並非完全没有思想,其義理思想隱藏在考據之後,或體現在考據之中”[②],這也較真切地反映出康雍時期理學與考證學相處的世態。再者,中國古代社會强調人文理性,清初社會普遍重視人文知識,更是注重實學,對於讀書人來説,歷史、典章制度等方面的知識更爲重要,有利於出仕治政,既然如此,那麽茅氏集注突出名物訓詁,也是意在幫助讀理學經典者明確修養所在,知其源流。

2. 館臣確認了茅氏《集注》的考證特性,充分肯定其學術價值。

在清初沿襲宋代理學之脉的背景之下,茅星來集注踐行着訓詁考證之實,但那時關於考證的研究方法尚不如乾嘉時期那樣精密,門户堂奥不甚明朗,無後世那種自固壁壘之弊。其《集注》表露出通經致用的觀念,不以所謂理强斷南宋葉、楊注文之誤,而是徵之於古人去溯流知源。正因如此,四庫館臣讚賞“其持論光明洞達,無黨同伐異、争名求勝之私,可謂能正其心術矣”[③]。

清前期漢、宋兩家並不像後世那樣勢同水火、涇渭分明。清代的皮錫瑞在《經學歷史》中説:“國初,漢學方萌芽,皆以宋學爲根底,不分門户,各取所長,是爲漢、宋兼采之學。”[④]時至清乾隆時考證學興盛,編纂《四庫全書》的四庫館雖然被視爲漢學家大本營,但館臣們所提倡的治學思想大體上還是漢、宋兩家兼收並蓄,對門户之争多有鄙夷。以紀昀、戴震爲代表的考證學派,“最惡立門户,不喜以師弟相標榜”,治學的根本方法,在“實事求是”“無徵不信”。他們認爲解説經典離不開訓詁徵引,要明經書之義理,當通過訓詁探求之;要知史事褒貶之義,應考證歷史源流。因而《四庫》的收録以考證精覈、論

① 陸寶千《清代思想史》,華東師範大學出版社,2009 年 11 月 1 版,第 174 頁。
② 黄愛平《樸學與清代社會》,河北人民出版社,2003 年 1 月 1 版,第 243 頁。
③ (清)永瑢等編《四庫全書總目・近思録集注》提要,第 781 頁。
④ (清)皮錫瑞《經學歷史》,第 341 頁。

辨明確者爲主，所以茅星來《集注》能被全文收録到《四庫全書》中，得到學界主流學者的肯定，這也是對其考證特性的確認。

正因爲“遠者見聞終不若近者之實”，漢儒的經學箋注更接近經書的原義，所以茅氏對文字、音韻、典章制度的注釋，多引漢唐注疏，引領讀者從中尋求義理所在。他這種取漢唐經注考證名物、典制的方法，與考證學廣徵博引、疏通證明的思緒基本吻合。從前文分析茅氏集注在注解方法、注釋對象、路徑等方面的特徵，已可察茅氏訓釋理學經典所體現出的考證理念、實學的精髓。

3. 茅氏注文初顯清考證學端倪，在理學讀本的注解史上有劃時代意義。

衆所周知，作爲宋代理學載體的經典，《近思録》向讀書人傳達着宋儒的理學思想。隨着它的面世，注解者絡繹不絶，其中少不了義理的推闡，如南宋朱熹的門人後學葉采、熊剛大、楊伯喦等均注重義理的解説。這些注本的流波餘韻延及元明，注家們大多亦如此，層層纍積，修修補補。可以説茅星來之前的注家鮮有通過考證手段對該書涉及的義理進行解釋的，或許是因爲他們所處的時代考證之學風微微，尚未脱胎成型。

與茅氏生活在同一時期的學者中，並非茅氏一人在注解《近思録》，在當時交通困難、資訊極其不暢的歷史條件下，康熙年間張習孔、張伯行、李文炤、江永等在不同地域亦注解此書，或作義理的探究，或是宗朱甚嚴的文字彙集，其中較歷朝注本有明顯差異者，則首推茅氏《集注》。茅氏注本往往是先作版本校勘，隨之傾注大量精力於典制、名物考證，在引據之中體現義理探索，在引用歷代經典及關於經典的注疏文字時，按考證之需編次於自己的注文中，或引用歷代諸儒論説義理文字，甚至將其作爲自己注文或按語的一個組成部分，故而陳榮捷評判説，在“名物、掌詁與校對”三方面，此前的注家皆不如茅氏。正因爲在注解思維、方法上，茅氏《集注》有明顯不同前人之處，在茅氏之前考證之路徑鮮有用於《近思録》的詮釋，所以把茅氏《集注》看作《近思録》注解從義理詮釋走向徵引考據的分水嶺並不爲過。

考證之法對闡釋經典的義理不無作用，這也得到後世館臣明確肯定。茅氏《集注》體現了清初考證學發端期的風氣，在注解内容上，茅氏的各卷題注，是解説十四卷的主旨大意以及與《大學》三綱八目的關聯；對語録的注解，既有注音詁訓，又有校勘版本、考證名物、訓釋典制等。與此同時，其注解猶引用葉采集解、引據相關文獻、加按語自注。在注釋形式上，每卷題注接題而下，各條語録的注釋在相應字句下隨文夾注。特别是茅氏不衹是尊朱宗朱，而且大量引證漢唐諸家、宋明諸論，整合衆家注解爲自己的“集注”，展示了注釋理學書籍的新思路，開創了關於《近思録》注解的新局面。

一個時代有一個時代的學術風氣，清人有重實證的特性，清代的考證學“以提倡一‘實’字而盛”，身處清前期的茅星來，其學術思想上已有這種時代的印迹。他受當時新思潮的影響，幾十年如一日踐行着自己意欲展示的注解路徑，其注文差不多折射出一個新的學術風向標。《近思録》是一部理學經典，注家紛紜，對作爲青年學子便宜遵行的理學入門讀本進行注釋，若能落到實處則不負朱、吕編纂之初衷，也能與此書近思而切問、關於大體而切於日用的定位相吻合。茅氏《集注》作爲清初詮釋理學典籍的代表，承流向風，使得考證手段運用與義理闡釋開始結緣，這在《近思録》注解史上具有重要的典型意義。儘管其詮釋考證尚未到達乾嘉時期那種嚴密、深透的地步，然其開拓之功不可小覷，在康雍時期能如此拔異於其他學者，理應值得關注，得到館臣賞識自是情理之中。

羅振玉在點評考證學與義理學的優闕點時稱讚了茅氏的學術思想，説：“訓詁名物、典章制度，自以漢儒爲近古；而發明義理，則宋儒爲勝。合之則交益，離之則兩損。善夫茅星來之言曰：‘馬、鄭、賈、孔之説經，譬則百貨之所聚；程、朱之説經，譬則操權度以平百貨之輕重長短者也。微權度，則貨之輕重長短不見；而非百貨所聚，則雖有權度亦無所用之。’故本朝欽定諸經，皆漢宋兼采。”[1]儘管茅氏《集注》注解體例並非完善統一，但在廣徵博引方面已具雛形，其表現出的研究之法在清代考證學學術發展史上卻是值得點贊的。他在注釋理學典籍時，創造性地引入考證學的方法和手段，對原文語録涉及的典章制度、名物等進行了詳細考證，該内容所佔篇幅超過了《近思録》傳統注解的義理闡釋，在此書注本群體中别具特色。由此個案來看，茅氏注文委實初顯了清代考證學端倪。

---

① 羅振玉《清代學術源流考》，江蘇文藝出版社，2011 年 4 月 1 版，第 129 頁。

但是該注本不足之處也較明顯，如茅氏注文對字詞的音訓義釋，少有乾嘉學者那般深入詳釋。他雖參考了《近思録》多個版本，可在標注版本文字差異時未能一一詳明，多是籠統地稱爲"一本"，以致我們今天難以深入考究，這不能不説是一件憾事。再者，茅氏因口吃而交游有限，在學界、官場影響遠不及戴震之師江永，故而其《集注》在後世影響不及江永《近思録集注》。

第五章　其他《近思録》注本與仿編本考述

第一節　《近思録》劄記及其他後續著述

《近思録》誕生後，在七八百年間不斷被傳抄刊刻的過程中，"《近思録》文獻"傳播的主體是那些續《近思録》文本、仿《近思録》文本以及諸如葉采、施璜、張伯行、茅星來、江永等注釋文本。那些尊奉程朱之學者，將理學史上宋代至清初重量級人物的道學統緒進行梳理、排列，形成脉絡，在各時期建構着自己心中的入聖之階。

史上除前文已述《近思録》原文本、代表性注本、續編本外，歷代尚有在閱讀《近思録》文獻過程中形成的讀書劄記、心得體悟，這也是與《近思録》傳播密切關聯的理學文獻，儘管他們中大多並非權威級理學家，没有進入當時一流學者的行列，甚至是一般性讀者，可其著述卻蘊藏着宗朱學者的閱讀心態、思想回饋，對傳播朱子學不無功勞，在《近思録》思想學術的接受史上尤具特色。本節在此將前文未述及的諸如劄記、注釋、續仿編類的整理文本按時代先後一併考述如下。

一、南宋陳埴《近思雜問》版本考

陳埴，生卒年不詳，字器之，號木鍾，南宋永嘉(今浙江温州)人。陳埴年少穎悟，曾經師從葉適先生，又從朱子於武夷，所見超卓。南宋嘉定七年(1214)進士，授豐城簿、湖口丞。南宋寧宗"嘉定間趙善湘建明道書院，辟主講席，四方學者從游數百人，稱爲潛室先生"。後以通直郎致仕卒。著有《木鍾集》《禹貢辨》《洪範解》等[1]。

陳埴的《潛室陳先生木鍾集》十一卷，又稱《木鍾集》，其内容包括：卷一《論語》，卷二《孟子》，卷三《六經總論》(《河圖》《洛書》《閏法》)，卷四《周易》，卷五《尚書》，卷六《毛詩》，卷七《周禮》，卷八《禮記》(《大學》《中庸》)，卷九《春秋》，卷十《近思雜問附》，卷十一《史》(漢唐)。其内容編撰似受儒家"十一經"啓發，即"五代時蜀主孟昶石刻十一經，去《孝經》《爾雅》，而入《孟子》"[2]，陳埴選取的是傳統五經、《禮記》《論語》《孟子》等進行問答，以之作爲《木鍾集》的主體。因其"名似文集而實語録"[3]，故其體例都是先設問而後答之，如攻堅木，如撞鍾然，故曰"木鍾"。清初陸世儀評價説："其言純粹中正，今世學者罕有其比。"

其卷十《近思雜問》，是針對《近思録》所載四子理學思想的設問與答疑。清康熙年間李文炤在集解《近思録》時，談及陳埴《近思雜問》，説自己的《近思録集解》曾"取葉氏、陳氏(陳氏，一名埴，字器之，著《近思雜問》)、薛氏、胡氏之説"。

《木鍾集》或有南宋本。《四庫全書總目》著録《木鍾集》時，云"明弘治十四年，温州知府鄧淮始得舊本重刊"[4]，那麽此"舊本"是南宋本還是元本呢？今據明代鄧淮《木鍾集序》云，陳埴"所遺《木鍾集》猶有存者"，所言留存於明代前期的傳本則很可能是元刊本，且上海圖書館藏有元刊本。然而此元刊本中卻存在較多避宋諱的字，如"玄"改作"元"、"讓"改作"遜"，"恒""桓"等字闕末筆等，因而據此似可間接證明《木鍾集》南宋版本的曾經存在，因文獻不足，衹能存疑。我們在此主要就存世的元明清各朝傳本進行考述。關於《近思雜問》一卷的版本，在國内鮮見單行本，該卷向來是與《木鍾集》爲一體，下文的考述衹是將《近思雜問》一卷從相關版本中拎出，其他各卷則略而不言。

(一)《木鍾集》(含《近思雜問》)元代建安吴氏友于堂刊本

陳埴《木鍾集》元刻本是我們今天能見到的最早傳本，上海圖書館藏本存

---

① (明)王瓚、蔡芳編《温州府志》，清同治五年温州府學重刻本。另見《温州府志》，胡珠生校注，上海社會科學院出版社，2006年3月1版。

② 蔣伯潛《十三經概論》，上海古籍出版社，2010年8月1版，第6頁。

③ (清)永瑢等撰《四庫全書總目・凡例》，第17頁。

④ (清)永瑢等撰《四庫全書總目》，第784頁。

十卷，該刻本卷首刻有陳埴《木鍾序》《潛室陳先生木鍾集目録》。刻本正文的問答之語均單列提行刻印，問句皆低一字格，答語均頂格刻印，似有對答者的尊敬之意。其卷十《近思雜問》，每半葉十二行二十二字，左右雙欄，有界行，框高 18.20 釐米，寬 11.80 釐米。上下細黑口，順(黑)魚尾。首葉在版心魚尾間刻有菱形花紋，第二葉題書名卷次簡稱“木鍾十”，下魚尾下端刻頁碼。卷十卷端首行頂格題“潛室陳先生木鍾集卷之十”，次行頂格刻單（三葉花紋）魚尾，魚尾下刻一“○”，接之刻題“近思雜問附”，第三行刻正文。卷末有尾題“潛室陳先生木鍾集卷之十”（書影見圖 5－1）。

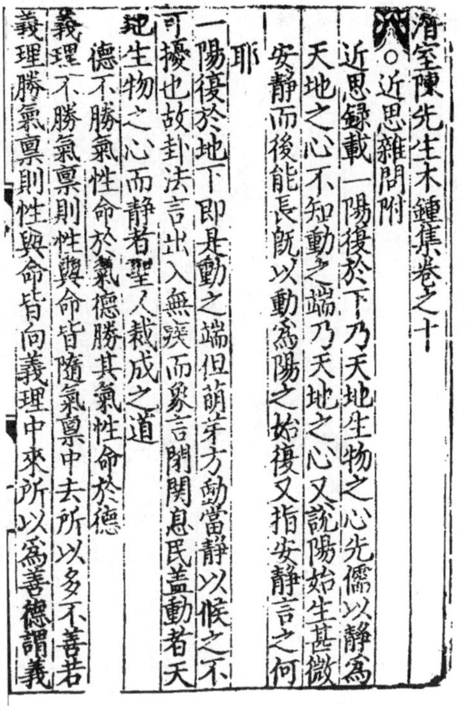
潛室陳先生木鍾集卷之十
○近思雜問附
近思録載一陽復於下乃天地生物之心先儒以靜爲
天地之心不知動之端乃天地之心又説陽始生甚微
安靜而後能長既以動爲陽之始復又指安靜言之何
耶
一陽復於地下即是動之端但萌芽方動當靜以候之不
可擾也故卦法言出入無疾而彖言閉關息民蓋動者天
地生物之心而靜者聖人裁成之道
德不勝氣性命於氣德勝其氣性命於德
義理不勝氣稟則性與命皆隨氣稟中去所以多不善若
義理勝氣稟則性與命皆向義理中來所以爲善德謂義

圖 5－1　陳埴《近思雜問》，《木鍾集》本，元代建陽吴氏友于堂刊本

刻本在卷首《目録》末葉左上刻有鼎形牌記“建安吴氏”，左下刻有四周雙欄的方形牌記“友于堂刊”（書影見圖 5－2），因此可知這是建安吴氏友于堂刊本。從刻本的字體考察，字形略瘦，筆畫圓勁，有顔體特色，且有元代建陽坊刊黑口、雙魚尾的特徵。尤其是《木鍾集》此刻本在正文中猶用“魚尾”的做法，即在每一卷大題之後的次行，在小題之上加個魚尾（或花魚尾），魚尾下又加“○”，以示醒目，體現出元建陽坊刻本的顯著特徵。再者建安、建陽原屬於建寧路，吴氏友于堂坊刻本也是元代具有代表性的建本。因而綜合上述因素，可以確定這是一部元代建陽坊刊本。

上海圖書館現存此元刊本闕卷二，卷四第十二葉、卷五第六第七葉爲抄配葉，故而是一部殘本。在牌記的左側空白處有墨筆題記“弘治九年菊月鏡塘遇買”。此藏本鈐白文印“錢爾復印”“徐渭仁印”，朱文印“隱軒”“曾爲徐紫珊所藏”“上海徐渭仁收藏印”等。可知此藏本曾爲清代著名藏書家、書畫家徐渭仁[①]舊藏。

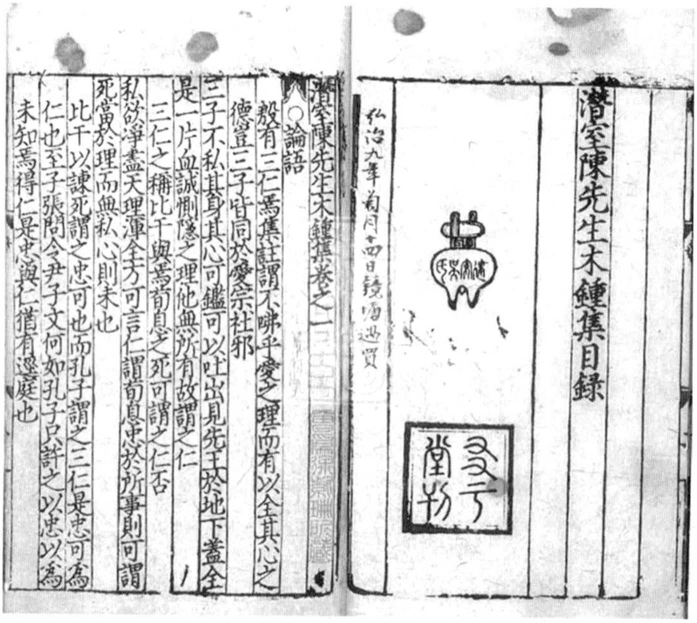
潛室陳先生木鍾集目録

弘治九年菊月十四日錢塘遇買

潛室陳先生木鍾集卷之一

○論語

殷有三仁焉集註謂不咈乎愛之理而有以全其心之德豈三子皆同於愛宗社邪

三子不私其身其心可鑑可以吐出見先王於地下蓋全是一片血誠惻隱之理他無所有故謂之仁

三仁之稱比干與焉荀息之死可謂之仁否

私欲淨盡天理渾全方可言仁謂荀息忠於所事則可謂死當於理而無私心則未也

比干以諫死謂之忠可也而孔子謂之三仁是忠可爲仁也至子張問令尹子文何如孔子只許之以忠以爲未知焉得仁是忠與仁猶有逕庭也

圖 5－2　陳埴《木鍾集》，元代吴氏友于堂刊本

筆者通過查閲《木鍾集》此刻本中的避諱字，發現卷四中的“恒”闕末筆，卷一、卷九中的“桓”闕末筆，卷三中的“讓”刻作“遜”，卷四中的“玄”刻作“元”，此類闕筆字、改换用字都是因爲要避宋代帝王名諱和始祖諱，而元代不避諱，故從此刊本避諱字推測《木鍾集》曾有南宋刻本的存在。

《近思雜問》一卷有答問約 114 條[②]，問答語中有結合宋代理學家語録發問或辨析的，有解説評價《近思録》理學家語録的，有引某家語録解釋的，有評析四子是非功過的。今摘抄幾例如下：

（問）：《近思録》載“一陽復於下，乃天地生物之心，先儒以静爲天地

① 徐氏字文臺，號紫珊，上海人。

② 參見宗韻整理校點《近思雜問》，載於嚴佐之主編《近思録專輯》第 2 册，華東師範大學出版社，2015 年 1 版。

之心，不知動之端乃天地之心”。又説“陽始生甚微，安靜而後能長”。既以動爲陽之始復，又指安静言之，何耶？

(答)：一陽復於地下，即是動之端。但萌芽方動，當静以候之，不可擾也。故卦、彖言“出入無疾”，而《象》言“閉關息民”，蓋動者天地生物之心，而静者聖人裁成之道。

(問)：明道曰“在人爲性，主於身爲心”，“心發於思慮謂之情”，如此則性乃心情之本，而横渠則以爲“心統性情”，如何？

(答)：心居性情之間，向裏即是性，向外即是情。心居二者之間而統之，所以聖賢工夫祇在心裏著到，一舉而兼得之。横渠此語大有功於後學。

(問)：“五皇極”之道，程子以極爲時中，晦翁謂之至，同否？

(答)：極者，至盡，無以加之辭，本不訓中字。中是無偏倚、無過不及之稱，各有所當。前儒秤尺猶疏，晦翁加密矣。

(問)：明道以記誦博識爲“玩物喪志”，如何？

(答)：徒記誦該博而理學不明，不造融會貫通處，是逐其小者，忘其大者，反以無用之物累其空明之心，是爲“玩物喪志”。

(問)：《近思録》明道言：“中有主則實，實則外患不能入。”伊川云：“心有主則虚，虚則邪不能入。無主則實，實則物來奪之。”所主不同，何也？

(答)：有主則實，謂有主人在内，先實其屋，外客不能入，故謂之實。有主則虚，謂外客不能入，祇有主人自在，故又謂之虚。知惟實故虚，蓋心既誠敬，則自然虚明。

陳埴此卷並非完全依據《近思録》體例分章闡釋，而是門人問答，其一問一答的文字内容，主要涉及《近思録》中的四子語要。陳埴采用問答的方式針對性地闡述宋儒學説，有益於後學理解宋代理學家的關鍵字句，體會其獨有的思想内涵。

陳埴《木鍾序》曰：

志曰：善問者如攻堅木，善待問者如撞鍾。朋友講習，不可以無問也，問則不可以無復。今之不善問者，徒先其所難，後其所易，取其節目之堅，乃欲一斧而薪之，不少徐徐以待其自解，則匠石從旁而竊笑之矣。至其待人之問者，或小叩之而大鳴，或大叩之而小鳴，不待其再至而亟盡其餘，聲或餘之未盡而恣其人之更端焉。然則是鍾也，其必州鳩氏之所棄者乎！余非待問者，顧諸友方持班氏之斧，以運成風之巧，乃欲以空中之物隨酢焉。其不哆然肆、黯然啞者幾希矣。或曰空故能聲，虛故能應，壞木之竅穴，而萬籟出焉，物固有然者矣。余有感於斯言也，取二物因命之曰木鍾焉。子幸有以問余，余方以問子。永嘉潛室陳埴題。

(二)《木鍾集》(含《近思雜問》)的明代刻本

1. 明初翻刻元代吴氏友于堂本

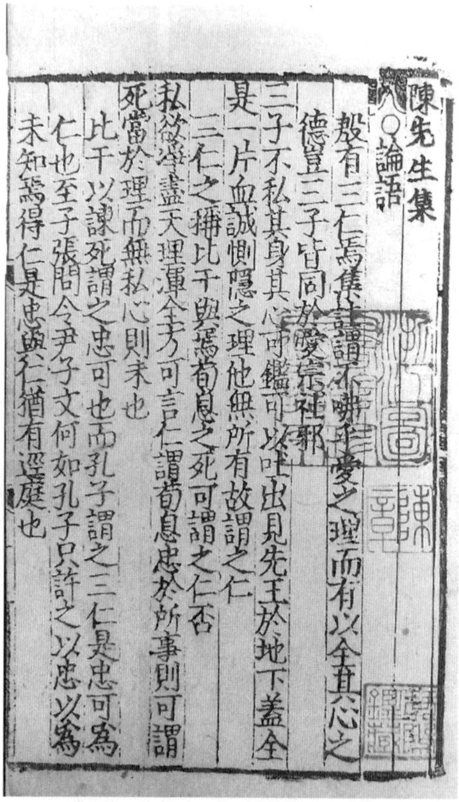
陳先生集
○論語
殷有三仁焉集注謂不咈乎愛之理而有以全其心之
德豈三子皆同於愛宗社邪
三子不私其身其心可鑑可以吐出見先王於地下蓋全
是一片血誠惻隱之理他無所有故謂之仁
三仁之稱比干與焉荀息之死可謂之仁否
私欲淨盡天理渾全方可言仁謂荀息忠於所事則可謂
死當於理而無私心則未也
比干以諫死謂之忠可也而孔子謂之三仁是忠可爲
仁也至子張問令尹子文何如孔子只許之以忠以爲
未知焉得仁是忠與仁猶有逕庭也

圖 5－3 《木鍾集》，
明初翻刻元代吴氏友于堂刊本

浙江圖書館藏有一部《潛室陳先生木鍾集》十一卷，卷帙完好。其版式特徵與上述元刊本雖大體相同，然也有差異，每半葉十二行二十二字，左右雙欄，有界行。上下黑口，順(黑)魚尾。其卷首卷端一般在版心上魚尾下方刻記書名卷次簡稱(如"木鍾一"或"木重十"等)，在下魚尾下方刻記頁碼，但是其卷一首葉的版心魚尾下方爲空白，其他葉則刻記"木鍾一"。該本卷一卷端首行頂格題"陳先生集"(其他各卷皆題完整的書名，如"潛室陳先生木鍾集卷之某")，次行頂格刻一魚尾，魚尾下刻一"○"，在此圓圈下接之刻本卷篇名(即"論語")，第三行刻正文。卷末有尾題，卷一末尾題"木鍾集一卷"，卷二至卷十一尾題多爲"潛室陳先生木鍾集卷之某某"(書影見圖 5－3)。

此刻本首册卷首刻有《木鍾序》《潛室陳先生木鍾集目録》。在《目録》後的空白處也刻有鼎形牌記“建安吴氏”,以及四周單欄的方形牌記“友于堂刊”。

儘管浙圖所藏此刻本的版式、正文編次、内容甚至牌記均與上述元刊本基本相同,從表像看似乎是元代吴氏友于堂刻本,但是當我們將其與上圖藏本的書影仔細比較後發現,浙圖所藏此刻本的書體拘謹,筆畫較瘦,筆道闕乏顔體字的韻味,不像上圖藏本字體穩健、筆畫飽滿,如“夫”“力”“貢”等字。

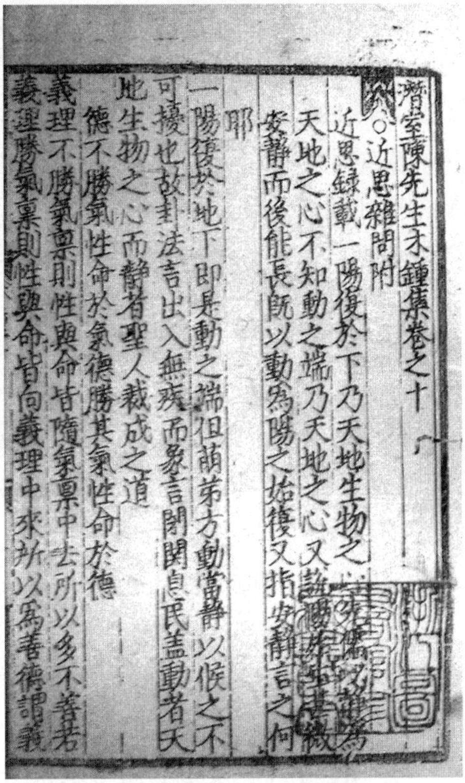
潛室陳先生木鍾集卷之十
○近思雜問附
近思録載一陽復於下乃天地生物之[illegible]
天地之心不知動之端乃天地之心又謂[illegible]
安静而後能長既以動爲陽之始後又指安静言之何
耶
一陽復於地下即是動之端但萌芽方動當静以俟之不
可擾也故卦法言出入無疾而象言閉關息民蓋動者天
地生物之心而静者聖人栽成之道
德不勝氣性命於氣德勝其氣性命於德
義理不勝氣稟則性與命皆隨氣稟中去所以多不善若
義理勝氣稟則性與命皆向義理中來所以爲善德謂義

圖 5-4 《近思雜問》,《木鍾集》本,明初翻刻吴氏友于堂刊本

進一步比較,我們看到二者還存在文字差異。一是浙圖藏本對少數文字做了明顯更改,如卷一第六葉“桓公殺公子”之“桓”,刻作“相”,第四十七葉“親故之好”之“故”,刻作“軙”,“此克”之“克”,刻作“訖”;卷十第十九葉“爲邪佞則”之“佞則”,刻作“徧前”。這些與現存《木鍾集》元、明刻本明顯不一。二是浙圖所藏刻本中有多處墨釘,而與之相對應處的墨塊,上圖藏元刊本或有字,或有模糊的印痕。此類墨釘僅卷一就有 12 處之多,如卷一第十三葉“回也其心”之“回”,第廿一葉“衹有孤單”之“有”,第四十三葉“應非先已”之“應非”等,浙圖藏本均刻作墨釘。此本偶有脱漏未刊的文字,元刻本則未脱。儘管如此,可總體比較此刻本與上圖藏元刊本,二者相同處很多,甚至連避諱字也相近。

爲更確切探尋浙圖藏本的源流,我們還將浙圖藏本與南京圖書館藏明弘治年刻本的書影稍作比較,發現二者在内容文字上也存在較多差異,如卷一第一葉“全是一片血誠”之“血”,明刻本作“至”;第四葉“初無怨惡”之“惡”,明刻本無;第六葉"不能蚤辨"之"辨",明刻本作"辯"。

綜合上述信息可知,浙圖所藏此刻本,雖説有建安吴氏的牌記,但是筆道有異,且刻本文字與上述元刊本存有一些差異,與明弘治年刻本也有不同。由於其總體上接近元刊本,故而我們認爲是翻刻元代建陽吴氏友于堂刊本,時間要比明弘治刻本早,或明初翻刻。

此刻本第 4 册的卷十爲《近思雜問》(書影見圖 5 - 4)。《近思雜問附》一卷,每半葉十二行二十二字,左右雙欄,上下黑口,順魚尾。框高 19.10 釐米,寬 12.00 釐米。版心上魚尾下方刻記書名卷次簡稱(如"木重十"),在下魚尾下端刻記頁碼。卷一卷端首行頂格題"潛室陳先生木鍾集卷之十"),次行頂格刻一花魚尾,魚尾下刻一"〇",在此圓圈下接之刻本卷篇名(即"近思雜問"),第三行刻正文。卷末有尾題"潛室陳先生木鍾集卷之十"。體例皆先設問而後答之。

浙圖藏本(編號 128),4 册,四眼綫裝,紙質粗劣,經藏家修繕過,但裝訂有錯葉,如卷一的第四十三葉裝訂在第四十二葉前。藏本有佚名墨筆圈句讀。卷四最後兩葉爲抄配。鈐朱文印"錢塘屠氏孟昭是程印信""琴隖鑒賞""陳章"。

2. 明弘治十四年高賓重刻本

明代弘治年間,鄧淮在任温州知府期間,編府志、修本府前賢文集。陳埴作爲温州前賢,其著述自然成爲關注的對象,故鄧淮囑託瑞安令高賓刊梓,以廣其傳,並於弘治十四年(1501)春作序記之。或許因此,四庫館臣在《木鍾集提要》中云"温州知府鄧淮始得舊本重刊",然而當我們細讀鄧淮重刊《木鍾集》序文,會發現鄧淮强調傳揚本郡先賢斯《集》是郡守職責分内事,他希望有人能刊行,而高賓心儀本地先賢陳埴,乃"知《木鍾集》"。因而從此書刊刻的實情來説,《四庫總目提要》表述不嚴密,此書應是當時的瑞安縣令高賓主持重刊,鄧淮嘉獎高賓,云"體予心而刻之者,瑞安令高君賓也"[①]。

高賓刊梓《木鍾集》十一卷,於弘治十四年六月作序記之,其序説"書以載道,道不可廢,則書不可以不傳","温州多先哲,若潛室陳先生輩,皆親炙程朱

① (明)鄧淮《重刊木鍾集序》,載於(宋)陳埴《木鍾集》,明弘治十四年高賓重刻本。

之門，而上承孔孟之緒者”[①]，對那些能發明程朱之學的遺書，“必梓行以嘉惠後學”，《木鍾集》就是其中之一。由於陳埴此《集》“根據六經，羽翼傳注，剖析微奥，精入秋毫，於古聖賢所以立言垂訓之旨，發之殆盡”，而且高賓說此書舊本是鄧淮“訪而得之，乃以命賓俾重鋟梓”，因此他“踴躍用命而不自計其力”刊行此書。所以若據高賓序文，那麽明弘治十四年重刻本，是鄧淮訪得舊本，由高賓重刻。至於高賓重刻依據的底本(即“舊本”)是南宋刻本還是元刊本，他們並未明說，並且高賓在閱讀陳埴此《集》時，發現“遺編中多訛闕，欲丐善本以考正而補完之”，結果未求得善本校勘，衹好作罷，這也説明明代前期在温州府已難見到存世的《木鍾集》早期傳本了。

現存南京圖書館的明代刻本(書影見圖5－5)，卷首刻有明弘治十四年鄧淮《重刊木鍾集序》，陳埴《木鍾題詞》(即《木鍾序》)，《潛室陳先生木鍾集目録》。刻本正文的問答之語均單列提行刻印，問句皆低一字格，答語均頂格刻印。每半葉十二行二十二字，四周單欄，有界行。上下粗黑口，順(黑)魚尾。版心魚尾間題書名卷次簡稱“木鍾某某”，下魚尾下方刻頁碼或刻工姓名“才”“方”“海”等。卷一卷端首行頂格題“潛室陳先生木鍾集卷之一”，次行低二字格題本卷篇名“論語”，第三行刻正文。卷一末無尾題，而其他卷末有尾題“潛室陳先生木鍾集卷之某某”。在卷十一的末葉尾題左下刻有題記：“新安仇以忠、以才、廷永、廷海、

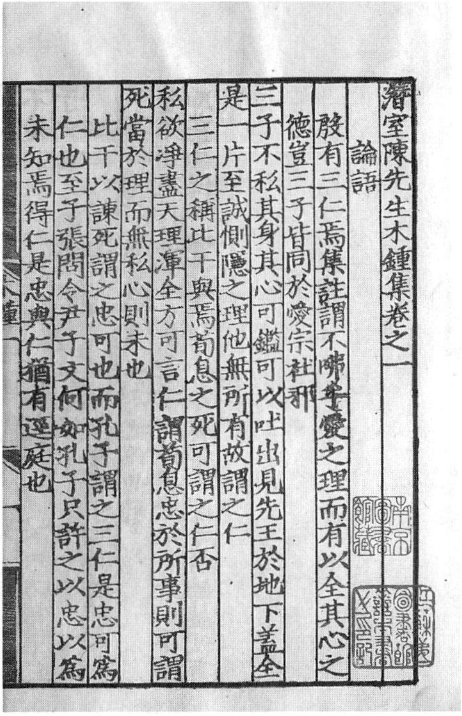
潛室陳先生木鍾集卷之一
論語
殷有三仁焉集註謂不咈乎愛之理而有以全其心之
德豈三子皆同於憂宗社邪
三子不私其身其心可鑑可以吐出見先王於地下蓋全
是一片至誠惻隱之理他無所有故謂之仁
三仁之稱比干與焉荀息之死可謂之仁否
私欲淨盡天理渾全方可言仁謂荀息忠於所事則可謂
死當於理而無私心則未也
比干以諫死謂之忠可也而孔子謂之三仁是忠可為
仁也至于張問令尹子文何如孔子只許之以忠以為
未知焉得仁是忠與仁猶有逕庭也

圖5－5　《木鍾集》，明弘治十四年高賓重刻本

① (明)高賓《重刊木鍾集後序》，載於(宋)陳埴《木鍾集》，明弘治十四年高賓重刻本。

廷芳刊。"而這些人名也是本書書口下刻記的刻工姓名。《木鍾集》卷末還刻有弘治十四年夏高賓《重刊木鍾集後序》(序文後附刻兩方印記"舜穆""丙辰進士")。

此刻本刻印較精,版式與元代刻本基本一致,字體似趙體字。南圖藏本的卷首扉葉上貼有一浮簽,上書:"重刊《木鍾集》十一卷,明宏治刊本。宏治十四年温州府知府吉水鄧淮序曰:'體予心而刻之者,瑞安令高君賓也。'賓,江陰人,有後序。"題簽中"宏"本當作"弘",據此避諱則知藏本題識是清人所爲。

依據上述内容及鄧淮、高賓作序時間等可知,在鄧淮的倡議下,由高賓於明弘治十四年(1501)夏重刻,其底本很可能是源自元代刊本。如該本中"恒""桓"闕末筆,"寧"刻作"甯",有着宋元刻本的遺風,尤其是元刊本中有特色的"辞""躰""迯""廍"等字,在此明刻本多有出現。又如卷一第二葉左半葉"不説到這處"之"不"字,該本與元刊本同;第六葉"桓公殺公子"之"桓",與元刊本一樣闕末筆;卷十第十二葉"方可"之"方",與元刊本同。另外,元刻本中留空之處,此明刻本也如是。但是,此明刊本也有極少與元刊本不同之處,如卷一第一葉"全是一片至誠"之"至",元刊本作"血";第六葉"管仲之仁者"之"者",元刊本作"也";第十葉"每有盡善"之"有",元刊本作"事";卷十第六葉"其光迸出"之"迸",元刻本作"逆"。這些或許是重刻時校改所致。如果將其與浙圖藏翻刻吴氏友于堂本比較,此明刻本將其多處刻作墨釘的地方,補填了文字,顯然較之後出。

《木鍾集》明弘治十四年刻本的卷十載《近思雜問》,每半葉十二行二十二字,四周單欄,有界行,框高 19.00 釐米,寬 13.20 釐米。上下粗黑口,順(黑)魚尾。版心上魚尾下方題"木鍾十下",下魚尾下端記葉次、刻工名字等。卷十卷端首行頂格題"潛室陳先生木鍾集卷之十下",次行低二字格題本卷篇名"近思雜問附",第三行刻正文。

該藏本鈐有朱文印"八千卷樓珍藏善本""八千卷樓""濟陽文府""善本書室",白文印"嘉惠堂丁氏藏",因而此本爲清後期藏書家丁丙舊藏,也就是《温州經籍志》記載的清人丁丙批跋本。《中國古籍總目》子部儒家類著録的"清丁丙跋"本,即南圖此藏本(書影見圖 5-6)。

此本王國維《傳書堂藏書志》有載，曰："《潛室陳先生木鍾集》十一卷，明刊本。'宋陳埴撰'。鄧淮序（弘治十四年），陳埴題詞，高賓後序（弘治辛酉）。此瑞安令高舜穆（賓）所刊。自卷五至卷十一皆題'卷某下'而無'卷上'，與《四庫》著録本同。然目録中不分上、下，似無所闕佚也。卷末有'新安仇以忠、以才、廷永、廷海、廷芳刊'二行。有'看緑軒圖書印''古槐書屋''昭谿閲藏'諸印。"①

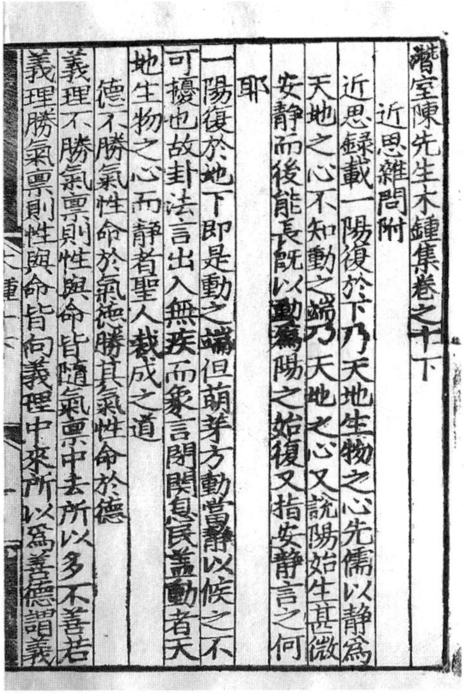
潛室陳先生木鍾集卷之十一下
近思雜問附
近思録載一陽復於下乃天地生物之心先儒以静爲天地之心不知動之端乃天地之心又説陽始生甚微安静而後能長既以動爲陽之始復又指安静言之何耶
一陽復於地下即是動之端但萌芽方動當静以候之不可擾也故卦法言出入無疾而象言閉關息民蓋動者天地生物之心而静者聖人裁成之道
德不勝氣性命於氣德勝其氣性命於德
義理不勝氣禀則性與命皆隨氣禀中去所以多不善若義理勝氣禀則性與命皆向義理中來所以爲善德謂義

圖 5－6　《近思雜問》,《木鍾集》本，明弘治十四年高賓重刻本

《木鍾集》明弘治十四年鄧淮、高賓重刊本，清瞿鏞《鐵琴銅劍樓藏書目録》卷十三著録曰："明弘治間鄧淮爲温州守得舊本刻置郡齋以行。卷首有牧翁蒙叟、璜川吴氏收藏二朱記。"②所指即明弘治十四年刻本。此刻本，中共中央黨校圖書館有藏。臺北"國家圖書館"也有藏，8 册，鈐有朱文印"國立中央圖書館收藏"，白文印"衛印唐御"。

鄧淮《重刊木鍾集序》曰：

今天下之文集，繁矣！而《木鍾集》則予未之見也，以予之未見，而又欲刻之，無乃益其繁耶？顧予少時繙閲五經及孔孟性理諸書，凡諸儒之有發明經旨者，必具列其姓氏，而潛室陳氏與焉。予既已知有其人，而亦與聞其言矣，但未知其言之具載於《木鍾集》。比者假守温郡，躬祀諸儒，乃知先生寔郡人，而其所遺《木鍾集》猶有存者。郡有斯人，而有斯《集》，表而出之，郡守事也，郡守責也。矧斯《集》之不傳久矣，後之學者，如予

① 王國維撰，王亮整理《傳書堂藏書志》，上海古籍出版社，2014 年 8 月 1 版，第 494 頁。
② （清）瞿鏞《鐵琴銅劍樓藏書目録》，中華書局影印本，1990 年 3 月 1 版，第 197 頁。

之未見亦多矣。刻之於梓，使皆得而見之者，予心也。體予心而刻之者，瑞安令高君賓也。若賓者，可謂知先生、知《木鍾集》者，可嘉也。至如斯《集》之命名，則自有先生之題詞具在，兹可略。弘治十四年辛酉春三月甲子，賜進士中順大夫温州府知府吉水鄧淮書於鹿城書院。

高賓《重刊木鍾集後序》云：

太守鄧侯守温始逾年，道洽政成，百廢具興。以温多先哲，若潛室陳先生輩，皆親炙程朱之門，而上承孔孟之緒者，乃歷考其人，作書院以崇祀之。其有遺書逸藁足以發明斯道者，必梓行以嘉惠後學，若《木鍾集》者，其一也。先生所著不止是《集》，於今可見者，纔此編耳。其言雖已散見群經，而板之失傳已久，人幾不知有是書矣。侯既訪而得之，乃以命賓俾重鋟梓，以廣其傳焉。夫書以載道，道不可廢，則書不可以不傳。然固有不載乎道者矣，不載乎道而不之傳可也，載乎道矣，而不得其傳，君子其能已哉！矧兹《集》之爲書，根據六經，羽翼傳注，剖析微奥，精入秋毫，於古聖賢所以立言垂訓之旨，發之殆盡，蓋真可謂載道之器，而天下之所不容無者！然由宋而來三百年，於此卒無有能衍其傳，以溥之於世，豈亦有待於今日乎？賓也承乏是邦，既得以敬拜先生於祠下，又因吾侯之教，得先生之書而讀之，幸亦大矣！顧惟遺編中多訛闕，欲丐善本以考正而補完之，旁求累月，卒不可得，亦惟付之太息而已。夫以先生之鄉，流風餘韻，在人未泯，而此《集》已無存者，而况於四方、於異日乎？此而不傳，則自是而往，抑又可知矣。然則侯之此舉，豈小補哉？嗚呼！此賓之所以踴躍用命而不自計其力也。時弘治辛酉夏六月丁丑朔又六日，後學江陰高賓謹序。

3. 明代正德年間京兆木石山人刻本

劉宏毅，號木石山人，是明代建陽書坊“慎獨齋”主人。他自幼酷愛經史，故設肆刻書，其坊刻本以史籍爲主，次以集部書，自明弘治十一年(1498)到嘉靖十三年(1534)刊行書籍三十多種[①]。陳埴《木鍾集》是其中之一，該刻本每半葉十一行二十二字，小字單或雙行，字數相同。四周雙欄，有界行。框高

① 方彦壽《建陽劉氏刻書考(下)》，載於《文獻》1988年第3期，第218—219頁。

18.80 釐米，寬 11.40 釐米。白口，順(黑)魚尾。版心上魚尾上方刻記書名簡稱及卷數(如“木鍾集卷之一”)，上魚尾下刻各卷篇名(如“論語篇義”)，下魚尾下端刻記頁碼。卷一卷端首行頂格題“潛室陳先生木鍾集卷之一”，次行低十一字題署“京兆木石山人刊行”(卷二、卷三卷端也如此)，第三行低二字格題本卷篇名“論語”，第四行刻正文。問句皆低一字格，答語均頂格刻印(書影見圖 5－7)。

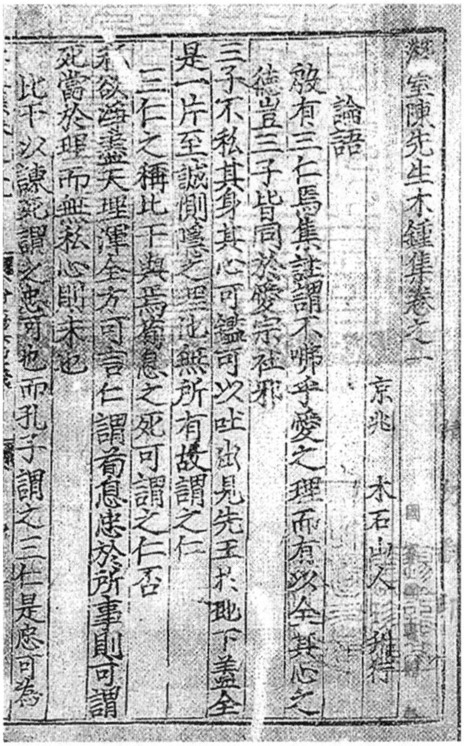
潛室陳先生木鍾集卷之一
京兆 木石山人 刊行
論語
殷有三仁焉集註謂不咈乎愛之理而有以全其心之
德豈三子皆同於愛宗社邪
三子不私其身其心可鑑可以吐欵見先王於地下蓋全
是一片至誠惻隱之理沚無所有故謂之仁
三仁之稱比干與焉荀息之死可謂之仁否
私欲淨盡天理渾全方可言仁謂荀息忠於所事則可謂
死當於理而無私心則未也
比干以諫死謂之忠可也而孔子謂之三仁是忠可為

圖 5－7 《木鍾集》，
明代正德年間京兆木石山人刻本

此刻本卷首刻有陳埴《木鍾題詞》(即元刊本的《木鍾序》)《潛室陳先生木鍾集目録》。據刻本卷一至卷三卷端第二行下所題署“京兆木石山人刊行”以及卷十一卷端第二行下題記“長樂鳳崗時齋陳秉良校正”，這是明代木石山人劉宏毅刊刻、陳秉良校正的本子。故此明代京兆木石山人刊本，也可稱之爲“慎獨齋刊本”。劉氏慎獨齋是那個時期建陽書坊之一，刻書校勘精嚴。

再據王重民《中國善本書提要》，“宏毅刻書多在正德間，則此本亦當爲正德間所刻”[①]。此刻本書體美觀，筆畫較細，有元代刻書遺風，印製較精美。從此刻本版式特徵、卷端題名看，與元刊本接近，宜源自元刊本。

《木鍾集》十一卷明正德年間刻本的卷十爲《近思雜問》，每半葉十一行二十二字，四周雙欄，有界行。白口，順(黑)魚尾。版心上魚尾上方刻記書名簡稱及卷數(如“木鍾集卷之十”)，上魚尾下刻各卷篇名(如“近思雜問”)，下魚尾下端刻頁碼。卷十卷端首行頂格題“潛室陳先生木鍾集卷之十”，次行低二

① 王重民《中國善本書提要》，第 224 頁。另外，葉德輝《書林清話》卷五“明人私刻坊刻書”列舉了正德年間木石山人刊行的多部書籍。

字格題“近思雜問附”，第三行刻正文。卷末有尾題“潛室陳先生木鍾集卷之十”。

《木鍾集》明代木石山人劉宏毅刻本，臺北“故宮博物院”有藏（書影見圖 5－8），鈐有朱文印“錫山龍亭華氏珍藏”“學部圖書之印”（滿漢文大朱方印）、“京師圖書館收藏之印”。

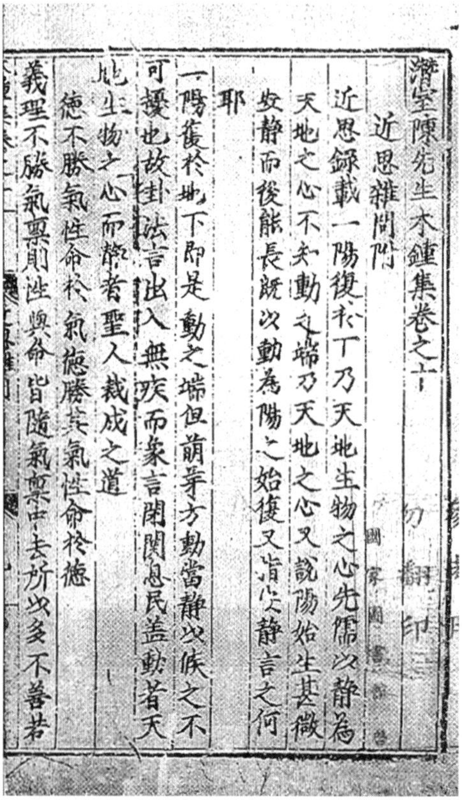
潛室陳先生木鍾集卷之十一
近思雜問附
近思録載一陽復於下乃天地生物之心先儒以靜為
天地之心不知動之端乃天地之心又說陽始生甚微
安靜而後能長既以動為陽之始復又皆以靜言之何
耶
一陽復於地下即是動之端但萌芽方動當靜以候之不
可擾也故卦法言出入無疾而象言閉關息民蓋動者天
地生物之心而靜者聖人裁成之道
德不勝氣性命於氣德勝其氣性命於德
義理不勝氣稟則性與命皆隨氣稟中去所以多不善若

圖 5－8 《近思雜問》，《木鍾集》本，明代正德年間京兆木石山人刻本

（三）《木鍾集》（含《近思雜問》）清代抄本與刻本

《潛室陳先生木鍾集》，除上述元明刻本外，在清代猶有抄寫本、刻本傳世，其抄本則主要集中於乾隆年間。

1. 清乾隆年間《四庫全書》抄寫本，文淵閣藏本

該抄本收録在文淵閣藏《四庫全書》子部儒家類，是依據浙江巡撫采進本抄寫。每半葉八行二十一字，四周雙欄，有行格。白口，單魚尾。在版心魚尾上方題記“欽定四庫全書”，魚尾下題記書名卷次簡稱（如“木鍾集卷一”）、頁次。其卷一卷端首行頂格題“欽定四庫全書”，次行低一字格抄題“木鍾集卷一”，第三行低十三字格題署“宋陳埴撰”，第四行低二字格題本卷篇名“論語”，第五行抄録正文。尾題“木鍾集卷某”。其抄寫的體例編次與元明刻本一致，問答之語均單列提行刻印，問句皆低一字格抄寫，答語均頂格抄録。《木鍾集》文淵閣所藏抄本正文前抄有乾隆四十四年總纂官、總校官的《木鍾集》“提要”，陳埴《木鍾集題詞》。

關於《四庫全書》抄本具體抄自哪個版本，館臣没有明説，我們將其與明弘治十四年刻本比較後，發現二者存在差異，如《木鍾集》卷十一“唐百官

志……”下的陳埴答語中有四處,《四庫全書》抄本注明“闕”,而與這四處相對應的明弘治年刻本卻有若干文字,並不闕文。又如《木鍾集》卷九末,四庫本有闕文,而明弘治刻本不闕。如果説館臣是據明弘治十四年刻本抄録,則不應出現此類問題。由此推測,四庫抄本或源自元代刻本。

在《四庫全書》抄本《木鍾集》的卷十抄録了《近思雜問附》,每半葉八行二十一字,四周雙欄,有行格。白口,單魚尾。在版心魚尾上方題記“欽定四庫全書”,魚尾下題記書名卷次簡稱(如“木鍾集卷十”)、頁次。該卷卷端首行頂格題“欽定四庫全書”,次行低一字格抄題“木鍾集卷十”,第三行低十三字格題署“宋陳埴撰”,第四行低二字格題“近思雜問附”,第五行抄録《雜問》正文。其抄寫的體例編次與元明刻本一致,問答之語均單列提行抄録,問句皆低一字格抄寫,答語皆頂格抄録。

《木鍾集》文淵閣所藏抄本,在民國年間編輯《四庫全書珍本》時又予以收録,以小開本的形式影印發行,今見《珍本》的第126册、第127册。

2. 清乾隆年間佚名烏絲欄抄本

此《木鍾集》十一卷抄本(書影見圖5-9),是在印製好烏絲欄格的紙上抄寫,書體有顏體特徵,端莊雅致。每半葉十二行二十二字,小字單或雙行,字數相同。四周單欄,有界行,框高20.10釐米,寬13.00釐米。白口,單(黑)魚尾,版心魚尾下偶記書名簡稱“木鍾”及頁碼。卷一卷端首行頂格題“潛室陳先生木鍾集卷之一”,次行低二字格題本卷篇名“論語”,第三行刻正文。抄本中問答之語均單列提行抄寫,問句皆低一字格,答語皆頂格。

潛室陳先生木鍾集卷之一
論語
殷有三仁焉集註謂不咈乎愛之理而有以全其心之
德豈三子皆同於愛宗社耶
二子不私其身其心可鑑可以吐出見先王於地下蓋全
是一片至誠惻隱之理他無所有故謂之仁
三仁之稱比干與馬荀息之死可謂之仁否
私欲淨盡天理渾全方可言仁謂荀息忠於所事則可謂
死當於理而無私心則未也
比干以諫死謂之忠可也而孔子謂之三仁是忠可為
仁也至于張問令尹子文何如孔子只許之以忠以為
未知焉得仁是忠與仁猶有逕庭也

圖5-9 《木鍾集》,
清乾隆年間佚名烏絲欄抄本

卷首抄録明弘治十四年鄧淮《重刊木鍾集序》、陳埴《木鍾題詞》、明弘治十四年高賓《重刊木鍾集後序》、《潛室陳先生木鍾集目録》。在《木鍾集》卷十一末葉尾題左下抄有題記“新安仇以忠、以才、廷永、廷梅（筆者按，“梅”當作“海”）、廷芳刊”。

從此抄本的行款看，與明代弘治年間高賓刻本同，爲十二行二十二字、四周單欄；從卷端題識看，特别是卷十首葉在“卷之十”下題署有“下”字，這也與明代高賓刻本同；從卷十一末所抄録的刻工姓名等與明弘治十四年刻本比較，二者基本相同。因此該抄本當抄自明弘治十四年高賓刻本。又查，此抄寫中“玄”改作“元”，“弘”字闕末筆或改作“宏”，“曆”改“歷”。依據上述信息，可知此抄本當是清乾隆間或稍後抄寫。

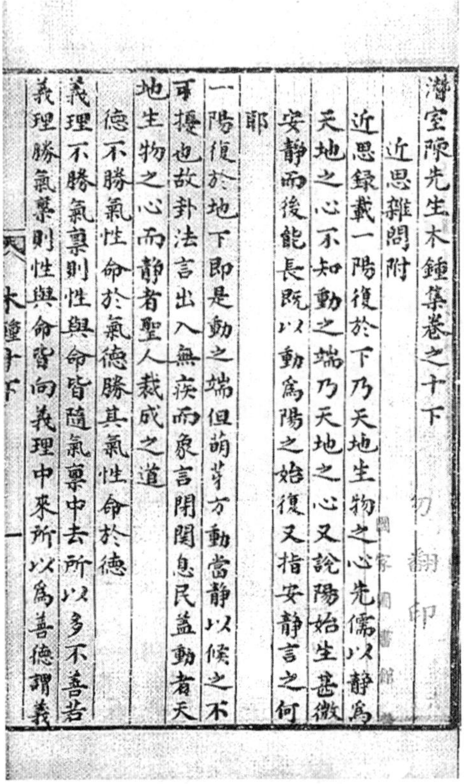
潛室陳先生木鍾集卷之十下
近思雜問附
近思録載一陽復於下乃天地生物之心先儒以静爲天地之心不知動之端乃天地之心又説陽始生甚微安静而後能長既以動爲陽之始復又指安静言之何耶
一陽復於地下即是動之端但萌芽方動當静以候之不可擾也故卦法言出入無疾而彖言閉關息民蓋動者天地生物之心而静者聖人裁成之道
德不勝氣性命於氣德勝其氣性命於德
義理不勝氣稟則性與命皆隨氣稟中去所以多不善若義理勝氣稟則性與命皆向義理中來所以爲善德謂義
木鍾十下

圖 5－10　《近思雜問》，《木鍾集》本，清乾隆年間佚名烏絲欄抄本

《近思録雜問》一卷，位於該抄本第十卷，每半葉十二行二十二字，四周單欄，有界行。白口，單（黑）魚尾。版心魚尾下抄書名卷次簡稱（如“木鍾十下”）、頁碼。卷端首行頂格題“潛室陳先生木鍾集卷之十下”，次行低二字格題“近思雜問附”，第三行抄録正文，卷末有尾題“潛室陳先生木鍾集卷之十下”。

此《木鍾集》烏絲欄抄本，編次書寫很整齊，非稿本可比。王重民《中國善本書提要》以爲是“從弘治間高賓刻本影鈔”，若從此本與明弘治本相似程度很高的特徵來説，似可從。該抄本現存臺北“國家圖書館”（書影見圖 5－10），2 册。鈐朱文印“國立北平圖書館收藏”，白文印“延古堂李氏珍藏”“四明盧氏抱經樓藏書印”。

3. 清同治六年東甌郡齋刊本

清同治年間温州知府陳思燏説，陳埴爲南宋名儒，嘗從朱熹於武夷，見識超凡，其《木鍾集》爲明代温州知府鄧淮訪求遺稿刊於郡齋，等到清同治年間，藏版已不存。然而在陳知府心中，陳埴"是《集》本末具舉，體用兼賅，卷帙無多，而内聖外王之學備，且復詞少理暢，語約事舉，綱振條析，冰解的破，譬諸馬君論事，無一言可損益者……學者得是編而誦討之，不啻與先生一堂晤對，辨難質疑，由是觸類引伸，旁參曲證"[①]。因而作爲温州知府的陳思燏覺得當珍守先賢遺編，東甌之人更應將此書奉爲圭臬，由此體陳埴之思想，循其可法之道，於是他有意"補鐫是書"。當時他從藏書家丁丙

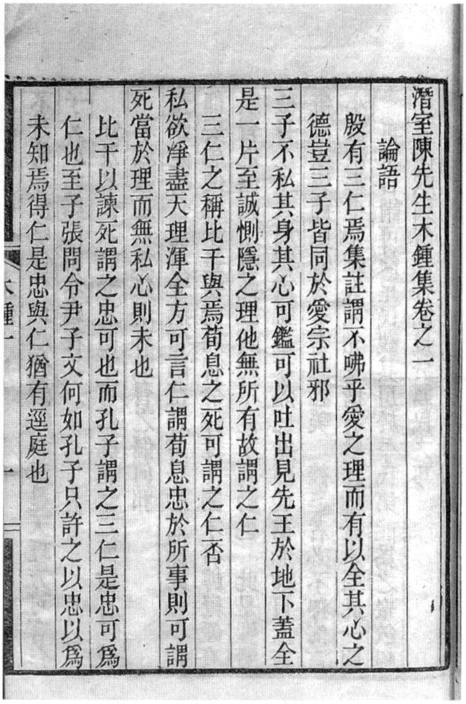
潛室陳先生木鍾集卷之一
論語
殷有三仁焉集註謂不咈乎愛之理而有以全其心之
德豈三子皆同於愛宗社邪
三子不私其身其心可鑑可以吐出見先王於地下蓋全
是一片至誠惻隱之理他無所有故謂之仁
三仁之稱比干與焉荀息之死可謂之仁否
私欲淨盡天理渾全方可言仁謂荀息忠於所事則可謂
死當於理而無私心則未也
比干以諫死謂之忠可也而孔子謂之三仁是忠可爲
仁也至子張問令尹子文何如孔子只許之以忠以爲
未知焉得仁是忠與仁猶有逕庭也

圖 5－11 《木鍾集》，清同治六年東甌郡齋刊本

那裏得到《木鍾集》舊本，與孫蕖田商榷，囑"永嘉王復齋廣文專司校理。篇幅字體悉仍舊版，閱四月告成"，意在藉助此刻本"志景仰前賢之深意"，"示引進後學之規模"[②]。

陳思燏主持刊刻的版本，每半葉十二行二十二字，左右雙欄，有界行。上下粗黑口，單(黑)魚尾。版心魚尾下刻書名卷次簡稱(如"木鍾一")、頁碼。卷一卷端首行頂格題"潛室陳先生木鍾集卷之一"，次行低二字格題"論語"，第三行刻正文。問句皆低一字格刻印，答語皆頂格刻印。卷一末無尾題，其他卷末有尾題"潛室陳先生木鍾集卷之某某"。

該刻本首册卷首的書名葉刻"陳潛室先生木鍾集"，其左半葉刻有一個四

①② (清)陳思燏《木鍾集序》，載於(宋)陳埴《木鍾集》，清同治六年刻本。

周單欄的小長方形牌記“同治六年十月東甌郡齋重刊”。正文前刻有《欽定四庫全書總目提要》卷九十二子部儒家類《木鍾集》十一卷的“提要”、清同治六年陳思燏《序》、明弘治十四年鄧淮《重刊木鍾集原序》、陳埴《木鍾題詞》、《潛室陳先生木鍾集目録》。卷十一末刻有高賓《重刊木鍾集原後序》。刻本中“玄”字闕末筆,“曆”刻作“歴”,“醇”刻作“醕”,“弘”刻作“宏”。

潛室陳先生木鍾集卷之十下
近思雜問附
近思録載一陽復於下乃天地生物之心先儒皆以静爲
天地之心不知動之端乃天地之心又説陽始生甚微
安静而後能長既以動爲陽之始復又指安静言之何
耶
一陽復於地下即是動之端但萌芽方動當静以候之不
可擾也故卦法言出入無疾而象言閉關息民蓋動者天
地生物之心而静者聖人裁成之道
德不勝氣性命於氣德勝其氣性命於德
義理不勝氣稟則性與命皆隨氣稟中去所以多不善若
義理勝氣稟則性與命皆向義理中來所以爲善德謂義

圖 5－12 《近思雜問》,《木鍾集》本,清同治六年東甌郡齋刊本

《木鍾集》清同治六年東甌郡齋重刊本,其卷十便是《近思雜問》一卷。刻本每半葉十二行二十二字,左右雙欄,有界行,框高 18.20 釐米,寬 13.50 釐米。上下粗黑口,單(黑)魚尾。版心魚尾下刻書名卷次簡稱(如“木鍾十下”)、頁碼。該卷卷端首行頂格題“潛室陳先生木鍾集卷之十下”,次行低二字格題“近思雜問附”,第三行刻正文。卷末有尾題“潛室陳先生木鍾集卷之十下”。

《木鍾集》清同治年間刻本與元、明刊本編次體例同,有明顯的同源關係。我們將此刻本與前文所述明弘治十四年刻本比較後,發現二者體例、版式特徵相同,依據陳思燏所云“篇幅字體悉仍舊版”,那麽東甌郡齋於清同治六年(1867)重刊《木鍾集》所據底本當是明代弘治年間高賓重刻本。而且巧合的是南圖所藏明刻本原爲杭州藏書家丁丙(字松生)舊藏,而同治刻本所據底本又是從丁松生處索得,如今南圖所藏該同治刻本也是丁丙舊藏之物,冥冥之中明清兩部刻本又走到了一起,彙聚於南京圖書館。

同治年間陳思燏主持重刊《木鍾集》時多依從明刊本,如卷一首葉“一片至誠”的“至”字,明清刻本同,而元刊本作“血”。卷一第四葉右半葉“初無怨心”中，“怨”下元刊本有“恶”字，而明清刻本無。卷一第五葉右半葉“既不能蚤辯”之“辯”字，明清刻本同，元刊本作“辨”。又如卷一第十六葉左半葉“不相離”下，同治本從明刊本删“去”字，而元刊本有“去”字。再如卷一第廿三葉左半葉“不能修葺”之“能”字，元刊本作“曾”。

如果我們從現存清同治刻本考察其校勘痕迹，會發現同治本雖遵從明刻本，卻也吸收了元刊本較得當的表述，如卷一第四葉右半葉“衹看道理如何”，明刻本“理”上有半個字符類似“王”，元刊本無此字符，同治重刻本也無。對此我們以爲此處理應無“王”字符，同治年重刻明刊本時或據元刊本作了校訂。又如卷一第六葉右半葉“管仲之仁者”，元刊本爲“者”字，明刻本爲“也”字。可見同治刻本對依據的底本（即明刊本）有所校動。再如卷一第廿三葉，改明刻本的“体”爲“體”；卷一第廿五葉左半葉第 11 行 24 字改爲 22 字，多餘的“不曾”兩字移至下行之首。從此類例證可見，儘管同治刻本對明代高賓刊本多有依從，但是在重刻時對其也做過校訂；同時同治六年陳氏重刻《木鍾集》時，對於元刻本與明刻本的不同，偶作改訂，相較於元刊本，其文字内容相對較完整，可謂後出轉精。

此刻本多家圖書館有藏，南京圖書館藏本（書影見圖 5－11、圖 5－12），4 册，鈐朱文印“江蘇省第一圖書館藏書”，白文印“嘉惠堂丁氏藏書之記”“四庫著録”。此外，浙江省、湖南省、温州市圖書館等有藏。

陳思燏《木鍾集》序曰：

> 聖賢之垂教也，博學繼以審問，切問先於近思。在《學記》曰：“知不足，能自反；知困，能自强。”惟教學本有相長之幾，故傳道解惑胥於問乎？是賴勉齋謂：朱子從游之士，迭誦所習，以質其疑，意有未喻則委曲告之，問有未切則反覆戒之。蓋學者因問以求其間，教者因問以致其詳，詳辨而間無不達焉，間得而理無不精焉，則試讀潛室先生《木鍾集》而得之矣。先生爲宋名儒，嘗從朱子於武彝，所見超卓。紹定間，趙善湘建明道書院，辟主講席，四方就學者數百人。所著《禹貢辨》《洪範解》《王制章句》等書，皆未及覯，而是《集》爲前明東甌守鄧公淮訪求遺稿，刊於郡齋，藏版已無復存。同治癸亥歲，余來守是郡，考獻徵文，輒樂得先生遺書而讀之，而所見惟葉氏《水心集》、王氏《儒志編》《梅溪集》數種。夙知是《集》

已奉采入《四庫全書》，而先生桑梓之郡，竟無一能追仰曩哲，珍守遺編，學術之不明，趨向之失準，深用感喟，因亟思補鐫是書。會瑞安孫琴西觀察主講紫陽書院，既從丁松生大令索得舊本，郵寄示余。且謂是《集》初鋟賴有吉水鄧公，今君亦籍隸豫章，能爲重謀剞劂，自明迄今，相望遥遥，後先輝映，亦佳話也。余重韙之，爰與中山院長孫蕖田學士互相商榷，即屬永嘉王復齋廣文專司校理。篇幅字體悉仍舊版，閱四月告成。余維古今著述惟足以發明斯道者，爲可誦可法耳。彼博洽者未精審擇，專一者未集大成。是《集》本末具舉，體用兼賅，卷帙無多，而内聖外王之學備，且復詞少理暢，語約事舉，綱振條析，冰解的破，譬諸馬君論事，無一言可損益者，是非根據經史，研窮理道，其能於古聖賢立言垂訓之旨，剖析徵（筆者按，似作"微"）奥如此哉！學者得是編而誦討之，不啻與先生一堂晤對，辨難質疑，由是觸類引伸，旁參曲證，誠如魏隺山之言曰："千數百年，習浮踵漏，莫知其説者，至是脱然若沈痾之間，大寐而醒，將鍾不待叩，居然聲入心通焉。"其斯爲可誦可法之道，非即爲可傳不可廢之書抑？余聞之東甌夙號"海濱鄒魯"，宋時理學尤盛，元明以來儒林文苑歷多傳人，及兹教澤寖衰，師承易失，將欲鼓舞而振興之，則既以是刻，志景仰前賢之深意，即以是刻，示引進後學之規模，不又重有望於多士之能講肄服習，胥以是書爲圭臬之奉哉！同治六年十月，浙江補用道知温州府事，江右陳思熽書。

4. 清末無名氏抄十二卷本

浙江圖書館現存有《木鍾集》抄寫本一部十二卷，是在素紙上抄寫，書體俊秀，抄寫編次很工整。每半葉十一行二十二字。卷一卷端首行頂格題"潛室陳先生木鍾集卷之一"，次行低二字格題"論語"，第三行抄録正文。問句皆低一字格抄寫，答語皆頂格抄寫（書影見圖 5－13）。

卷首抄有明弘治十四年春鄧淮《重刊木鍾集序》、陳埴《木鍾題詞》、《潛室陳先生木鍾集目録》。該《目録》不同於前文所述，而是分作十二卷，即將《木鍾集》原卷一"論語"分作二卷（自原《論語》一卷的"過庭之訓"以下分開來，第一、第二卷的卷名皆謂《論語》），如此以來原有的第二至第十一卷序次遞改，則成爲現存的十二卷抄本。在抄本卷十二末，另抄有明代高賓《重刊木鍾集後序》。

爲探究此抄本與前文所述傳本的關係，我們有意將其卷一、卷十二與《木鍾集》元刊、明弘治刻本、清同治刻本的相對應卷葉進行比較，發現：有與元刊本相同者，如卷十二第十六葉“則有之止”之“止”，與元刊本同，明清刻本作“正”。有與清刻本相同者，如卷十二第三葉“有性質”之“性”，與清同治本同，元明刻本作“氣”；第七葉“淳”，與清同治本同，改作“湻”；第二十葉“此前輩風流所以”之“風流”二字，元明刻本無，清同治本有。相較之下，此抄本更多的則是與明弘治刻本相同，如卷一第十六葉“不相離”下，元刊本有“去”字，此抄本與明清刻本同，無“去”字；卷十二第三葉“此當是修道”之“此”，與元明刻本同，清同治本無“此”字；第十二葉“能弘之而已”，抄本與元明刻本同作“弘”，而清同治本改作“宏”。

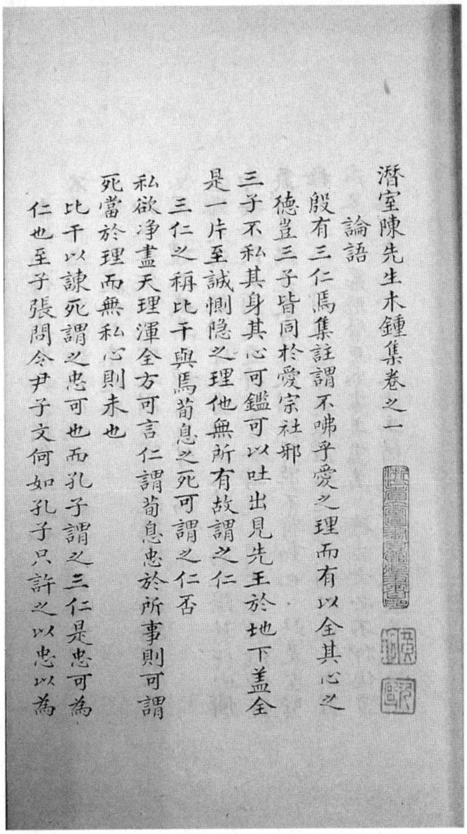
潛室陳先生木鍾集卷之一
論語
殷有三仁焉集註謂不咈乎愛之理而有以全其心之
德豈三子皆同於愛宗社耶
三子不私其身其心可鑑可以吐出見先王於地下蓋全
是一片至誠惻隱之理他無所有故謂之仁
三仁之稱比干與馬荀息之死可謂之仁否
私欲淨盡天理渾全方可言仁謂荀息忠於所事則可謂
死當於理而無私心則未也
比干以諫死謂之忠可也而孔子謂之三仁是忠可為
仁也至子張問令尹子文何如孔子只許之以忠以為

圖 5－13 《木鍾集》，清末無名氏抄本

因而，依據上述信息以及比較所得，我們認爲這部無名氏抄本很可能是以明代弘治年間高賓刻本爲底本抄録[①]，它與其他傳本的複雜關係，又説明抄寫者在抄録過程中，或綜合前人傳本作了一些校訂，如卷十二第十八葉“元之統亨利貞”之“貞”，元明清刻本均作“正”，而此抄本校改爲“貞”。抄本避諱不嚴，或將“淳”抄作“湻”，“醇”改作“醕”，“玄”字闕末筆，由此看來，極可能於清

① 周子美先生當年見過此本，其所編《嘉業堂抄校本目録》卷三著録也能佐證我的推斷。周先生説：“《木鍾集》十二卷，宋陳埴著，小學齋抄明弘治本，四册。”華東師範大學出版社，2000 年 3 月 1 版。

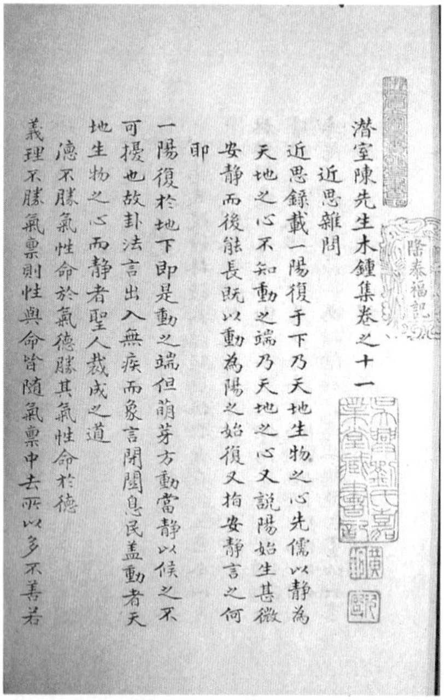
潛室陳先生木鍾集卷之十一
近思雜問
近思録載一陽復于下乃天地生物之心先儒以静為天地之心不知動之端乃天地之心又説陽始生甚微安静而後能長既以動為陽之始復又指安静言之何耶
一陽復於地下即是動之端但萌芽方動當静以俟之不可擾也故卦法言出入無疾而象言閉關息民蓋動者天地生物之心而静者聖人裁成之道
德不勝氣性命於氣德勝其氣性命於德
義理不勝氣稟則性與命皆隨氣稟中去所以多不善若

圖 5－14 《近思雜問》，清末無名氏抄本

同治年間抄録。

該抄本的卷十一爲《近思雜問》，編次與上述刻本、抄本不同，那是因爲抄寫者對《木鍾集》原本的十一卷體例編次作了改動，故《雜問》依次被編在該抄本的“十一卷”之下。每半葉爲十一行二十二字。卷端首行頂格題“潛室陳先生木鍾集卷之十一”，次行低二字格題“近思雜問”（無上述版本的“附”字），第三行抄録正文。

浙江圖書館所藏清後期的此抄本（書影見圖 5－14），4 册，鈐有“吴興劉氏嘉業堂藏書記”“隆泰福記”“黄鈞”等印，爲清末劉氏嘉業堂舊藏。

（四）《木鍾集》版本所體現的傳播意義

關於陳埴《近思雜問》，朱子學研究專家陳榮捷評價説：“書無秩序，不分章，衹摘若干語而加以詳解並發揮己意。日本内閣文庫藏有寬文六年（1666）本。”[①]陳先生很可能是就日本内閣文庫藏本所作評價，不甚公允。《近思雜問》日本重刻本爲單行本，筆者在京都大學目驗過，詳情見後文。關於《雜問》的價值，宗韻在校點《雜問》[②]後認爲，陳埴在傳承、傳播乃師學術思想方面的不遺餘力及其在朱子學史上的重要貢獻，通過此卷也基本能體會到。

從上述現存《木鍾集》版本考察，我們能感知宋版的曾經存在，元代建陽吴氏刊本很可能源自宋版，且在元刊本面世後即有翻刻本。明代高賓重刻本、劉宏毅刻本當自宋元本出。清代四庫抄本，乾隆年間佚名烏絲欄抄本，浙圖藏佚名抄本，都與元明刻本關係密切，或源自元刊本，或抄自明弘治年高賓刻本。清同治東甌郡齋刻本是以明代高賓刊本爲基礎，並作了校勘，可謂後

① 陳榮捷《朱學論集》，第 163 頁。
② 宗韻《近思雜問》校點説明，載於《近思録專輯》第 2 册。

出轉精之作。正是因爲各朝代的不斷刻抄，故使得陳埴《木鍾集》不斷嘉惠於後世求學者。

陳埴是在武夷精舍（1183—1190）建成之前以及建成時求學問道於朱子的九十多位門人中的一員。由於陳埴久從於朱熹，故他們師徒二人交往密切，現存文獻載有陳埴於南宋淳熙五年、紹熙元年、慶元三年問學朱子的記録，《朱子語類》中"器之問"條目甚多。在朱熹答陳埴的書信中，"問玉山講義"就是一篇有價值的重要文獻。而且在朱熹的衆多弟子中，陳埴是朱子臨終前少有的幾個陪侍者之一，故後世以爲"陳氏爲紫陽文公高弟子，其授受最有原本"，其《木鍾集》是後世從門人角度探究朱子學術思想的重要文獻。

那麽傳載陳埴學術思想的《木鍾集》又如何得以傳播後世呢？通過上述現存《木鍾集》刻本、抄本的版本考述不難發現，承襲朱子衣鉢而形成的陳埴學術思想主要依靠上述《木鍾集》傳本傳揚後世，且此書是朱子門人中少有的一直延續不斷流佈於世的理學文獻，顯然在元明清各朝對朱子學術思想的傳播有較大貢獻。

《木鍾集》元代建安吴氏友于堂刊本，刊刻之地屬於建陽地區，爲元代四大刻書中心之一。建本流通量大，流通面廣，在當時的社會影響極大，儘管這部《木鍾集》刊梓品質並非上層，而它出版量大，且面向社會中下層，因而這部子部圖籍也就成爲傳播朱子學的理學要籍，成爲當時讀書人樂於購置的對象，所以隨着《木鍾集》此刊本的大量流佈，其學術思想影響也傳播開來。也正因爲元刊本流佈之廣，故在明前期出現了以《木鍾集》元刊本爲對象進行翻刻的本子，從現存傳本二者牌記極其相似的程度來説，斷其爲覆刻元刊本也不爲過。

明代前期在弘治年間出現了《木鍾集》官刻本，即弘治十四年陳埴故里的高賓重刻本。當時的温州知府鄧淮與瑞安縣令高賓很關注温州地方先哲文獻，尤其像陳埴這樣"親炙程朱之門"的前賢的文獻，更是他們樂於刊刻的對象，如《木鍾集》乃"載道之器，而天下之所不容無者"[①]，特別有必要"衍其傳"，故"必梓行以嘉惠後學"，重刻此書使求學者"皆得而見之"。因此我們能完全

① （明）高賓《重刊木鍾集後序》，載於（宋）陳埴《木鍾集》，明弘治十四年高賓重刻本。

相信高賓主持刊行的此刻本其意在於讓《木鍾集》繁衍流佈得更廣。在該刻本面世後不久，明正德年間又有建陽坊刻本，即木石山人重刻本流佈於世。元代時建陽刻書業最發達，明代沿襲其遺風，建陽書坊新增的劉氏慎獨齋又肩負起刊刻《木鍾集》的重任，從其書坊刻本中保留避宋帝王名諱字、用俗字簡字來看，與《木鍾集》宋元刻本關係密切。從宋元理學文獻傳播歷史考察，如果我們將《木鍾集》在明前期的傳本與同時期的《近思録》傳本稍作比較便會發現，在理學史上有相當影響的《近思録》其現存明前期刻本寥寥無幾，即便流通量很大的建陽坊刊本也難尋覓，而《木鍾集》卻至少有三部存世，這些明前期刻本的流佈，對當時反映朱子學思想的《木鍾集》傳播發揮了重要作用，也與明初推崇朱子學思想的風尚相契合。

時至清代，《木鍾集》仍深得官府與民間讀者的推崇，四庫館臣將其收録於《四庫全書》，在乾隆朝以及清末均有求學者抄寫研讀，並且在陳埴故鄉又出現了東甌郡齋刻本（官刻本）。同治年間陳思燨來到有"海濱鄒魯"之稱的温州任知府，期間他考獻徵文，在拜讀温州地區宋明理學代表傳人陳埴的《木鍾集》後，深感此書"本末具舉，體用兼賅"，"詞少理暢，語約事舉"[①]，能據經史研窮理道，全書充溢着内聖外王之學，藴藏着"問"的思想原理。因此陳知府視其爲圭臬，重刻此《集》的明代刻本，以引進後學，鼓舞、振興程朱理學。

上述這些官私刻本、抄本已成爲清代傳播陳埴學術思想的重要載體。如果説《木鍾集》元明刻本主要在江南地域刊行流佈的話，那麽《木鍾集》在清代前期已經明顯爲皇家所青睞，在大清朝南北七閣皆有抄本流佈，這對當時求學朱子學者來説，不無裨益。而且清代的傳本在元明刻本的基礎上做了校訂，品質較昔日更佳，也是今人研讀的重要文獻。所以我們認爲學界若能據上述版本進行深入探研，則可考察朱子門人陳埴著述的學術思想傳播史與文本傳播的社會文化史，以及各朝代不斷刻抄對於惠及後世求學者所發揮的積極作用。

二、明代江起鵬《近思録補》版本考

江起鵬，生卒年不詳，字羽健，徽州婺源（今江西婺源江灣鎮）人。明萬曆

---

① （清）陳思燨《木鍾集序》。

二十三年(1595)進士,歷任永寧、姚江知縣,南京工部主事、禮部郎中等。著有《近思録補》《心性編》《遵行録》等①。

據其《刻近思録補小引》,江起鵬自幼讀其父教導的《近思録》《讀書録》,認爲程朱之學乃理學正脉。後來出仕姚江時,在范晞陽推薦下讀《困知記》《密箴》,又受益良多,"欲遡紫陽先生而下,以及諸先生書,仿《近思録》例,補綴成編"②,其結果便是《近思録補》十四卷的誕生。江氏之所以要補編,是因爲明末學者"譚虚騖空",加之尊崇朱學者深感"紫陽先生書浩瀚無所從入",於是江起鵬在高攀龍《朱子節要》編纂思路的啓發下,在陳德遠、汪子木、葛水鑒、汪惟正等友人的支持下,以輯録朱熹論説文字爲主,兼而亦收録南軒、東萊、果齋、勉齋、敬軒、敬齋、整庵等人語録,共計 778 條語録③,編成《近思録補》十四卷。該書各卷篇名分别爲:道體類,總論爲學之要,致知類,存養類,克治類,齊家類,出處類,治道類,治法類,政事類,教人之法類,儆戒類,辨異端類,觀聖賢類。

從全書整體結構看,此書依從《近思録》十四卷體例,且有所變更,即在各卷中又分出若干小類,增設小標題,如《近思録補》卷一"道體類"下分列 18 個小標題:太極,天道,陰陽,天地物理,鬼神,道,四德五常,仁,義,性,性命,心,中和,中,誠 立誠 成誠,感應屈伸之理,神,本末。卷二下分列 28 個小標題(與明劉仕賢刻《分類經進近思録集解》同)。其他各卷皆如此。這些小標題對於初學者快捷理解此書内容頗有助益。若追溯爲《近思録》類次增設小標目的源頭,則上自南宋無名氏《文場資用分門近思録》,此後元明之際有周公恕類次本《分類經進近思録集解》。由於加小標題形式的周氏類次本現存多爲明代中後期刊行本,遠超同時期刊印的《近思録》原本,故推斷萬曆年間徽州人吴勉學在周公恕類次本基礎上所作的校閲本,是因時而爲。而且吴氏校閲本流佈甚廣,作爲吴勉學的同鄉,江起鵬不可能不受《分類經進近思録集解》一書的影響,當筆者將《近思録補》的各卷内小標題與周氏類次、吴勉學校

① 参見(清)黄虞稷《千頃堂書目》卷二十五。

② (明)江起鵬《刻近思録補小引》,載於江起鵬輯補、陳邦瞻参訂、葛寅亮校閲《近思録補》,明萬曆三十二年江可元刊本。

③ 如卷一收録晦庵語 47 條,南軒語 7 條,敬軒語 11 條,敬齋語 19 條,整庵語 8 條。卷十四收録晦庵語 29 條,南軒語 3 條,東萊語 1 條,敬軒語 1 條,敬齋語 5 條,果齋語 1 條,勉齋語 1 條,未標名者 4 條。

閲本稍作比對時，發現二者很相近。

若將江起鵬《近思録補》與此前的續補《近思録》文獻進行比較考察的話，江氏的編纂則具有歷史價值，因爲他補輯了《近思録》未收録的部分宋明理學家語録，將《近思録》四子語録與不在此書中的宋明理學家語録合爲一體，且與南宋朱熹弟子蔡模《近思續録》《近思别録》分開編纂不同，江氏此舉是萬曆年間一種可貴的理學文獻建構嘗試。江氏此書既填補了相關内容，又總體保持《近思録》結構體例不變，結合時代之需增設各卷小類目，是現存明代具有補編性質的《近思録》文獻。其特色與價值，正如丁小明在整理校點《近思録補》時所言，此書“可當作一部簡要的程朱理學接受史來看待”，他選録朱熹而下的理學家“述朱、尊朱”語録，是道人所未道處；江氏身處陽明心學泛濫成災之世，有意“編纂程朱理學，其志所在是復興程朱理學、針砭心學弊端”[1]，向時人宣明程朱理學的統續仍在不斷延續。

現存《近思録補》明刻本，每半葉九行十八字，左右雙欄，有界行，框高19.00釐米，寬14.20釐米。白口，單(黑)魚尾。版心具有明末刻本的顯著特色，即版心魚尾上刻書名“近思録補”，魚尾下刻卷次、頁碼。卷一卷端首行頂格題“近思録補卷之一”，第二、第三、第四行均低七字格，分題“新安江起鵬羽健父輯補”“高安陳邦瞻德遠父參訂”“錢塘葛寅亮水鑑甫校閲”，第五行頂格刻卷名“道體類”，第六行低一字格刻小標目，第七行頂格刻印正文。

正文前刻有明萬三十二年江起鵬《刻近思録補小引》(文末原版刻兩方印：陰文印“江起鵬印”、陽文印“乙未進士”)、《近思録補篇目》。依據《小引》可知《近思録補》是由江起鵬季兒江可元主持刊梓。從江起鵬作《小引》記之來推斷，此刻本應是當年刻就，故斷爲明萬曆三十二年(1604)江氏刊本。《中國古籍善本書目》著録爲“明萬曆甲辰年自刻本”。

若據此刻本卷首《近思録補篇目》注記的各卷語録數，則總計爲750條，但若按刻本每條語録單列的編次體例，筆者統計其語録實際爲778條。卷一有晦庵、敬齋、敬軒等人語7條未計入，該卷應是92條；卷九在小標題“安定湖學”下東萊語1條，小標題“論治”下晦庵語2條，均未計入，該卷應是38

---

① 丁小明《近思録補》校點説明，見《近思録專輯》第2册。

條；卷十二小標題“理欲 剛欲”下晦庵語 3 條、敬軒語 1 條、敬齋語 1 條、東萊語 1 條未計入，該卷應是 51 條；卷十三小標題“仙術”下《遺書》1 條，小標題“諸子言有無”下晦庵語 1 條、敬齋語 1 條，均未計入，另有 3 條漏計，該卷應是 19 條；卷十四小標題“横渠張獻公”下，漏計晦庵語 2 條、敬軒語 1 條、虚齋蔡先生語 1 條、敬齋語 1 條、整庵語 1 條，該卷應是 45 條。因此，加上該本其他各卷收録的語録，總計爲 778 條。

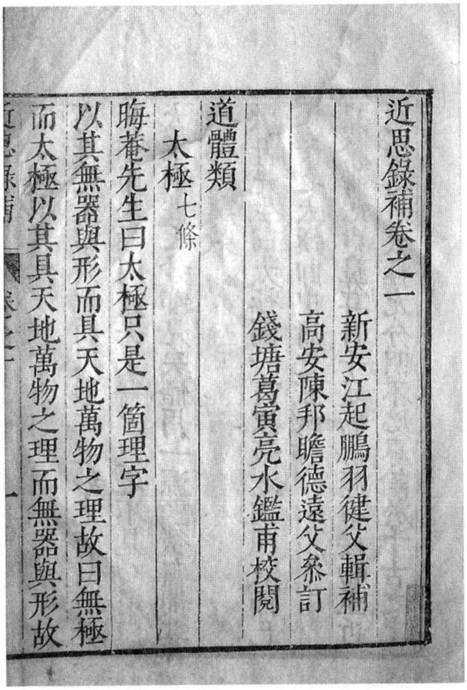
近思録補卷之一
新安江起鵬羽健父輯補
高安陳邦瞻德遠父叅訂
錢塘葛寅亮水鑑甫校閲
道體類
太極七條
晦菴先生曰太極只是一箇理字
以其無器與形而具天地萬物之理故曰無極
而太極以其具天地萬物之理而無器與形故

圖 5-15　江起鵬《近思録補》，明萬曆三十二年刊本

萬曆三十二年刻本，無錫市圖書館有藏（書影見圖 5-15），2 册，刻印較精，經藏家修繕過。鈐朱文印“海水記”“大公圖書館藏”“榮德生先生遺命捐贈”。藏本的極少數卷葉有佚名朱筆圈圈。原封皮左上角書簽上墨筆書“近思録補 上卷/下卷”。另外，《江南通志》卷一百九十《藝文志》著録：“《近思録補》，婺源汪起鵬。”[①]將“江”誤作“汪”。

明萬曆三十二年江氏《近思補録》十四卷流佈較廣，日本國立公文書館、京都大學圖書館等也有藏。

江起鵬《刻近思録補小引》曰：

予至不才，年十齡，先大夫授以《近思録》、薛文清公《讀書録》，曰：“此理學正脉也。”年十三，授以程明道先生《語略》、王陽明先生《則言》。迄年登志學，而先大夫仙逝矣。手澤具在，時爲儆心。既而爲塾師，得胡敬齋先生《居業録》，益用嚮往。嗣命姚江，予鄉先達范晞陽公時謂予曰：

① 《江南通志》，見《四庫全書》史部，第 512 册第 534 頁。

“方今學者，譚虚騖空，深爲世道憂。羅整庵先生《困知記》、蔡虚齋先生《密箴》，皆正學也。”予亟求二書讀之，實有啓發。遂欲遡紫陽先生而下，以及諸先生書，倣《近思録》例，補綴成編。而紫陽先生書浩瀚無所從入。抵留都，得予年友高雲從氏《朱子節要》，實擬《近思録》成者。再商之寅友陳德遠氏，意實符契。而同署汪子木、葛水鑑氏，吾鄉汪惟正氏，皆汲汲以正學爲念，若有同心。時以其暇，編次成書。稿成，適紫陽先生裔孫朱汝潔氏校書留都，見而喜之，以爲有裨於迺祖之學也。遂與吾季兒可元，以其私畀之梓人云。萬曆甲辰長至日，新都江起鵬羽健父書於留署不素軒。

三、清初張習孔《近思録傳》版本考

張習孔（1606—?），字念難，號黄嶽，徽州歙縣（今安徽歙縣）人。清順治六年（1649）進士，歷官刑部郎中、山東提學僉事。順治十六年僑居江都（今江蘇揚州）。著述有《大易辨志》《雲谷卧餘》《詒清堂集》《檀弓問》等。

《近思録傳》十四卷是張習孔晚年著述。據其《近思録傳序》《近思録傳凡説》可知，生活在明清之交的張氏不滿周公恕“取葉氏參錯離析”的做法，以爲如此則前後倒亂，又有删逸，所“創爲二百餘類，全失朱子之意”。因而他甚感“微志竊同夫朱子”，爲“保其故物，無使紊軼”[①]，采用能體現《近思録》原貌的版本作底本進行注解。注解時他又將自己長期研讀《近思録》的體悟融入注文，以傳疏的方式展示。故《近思録傳》一書“顯示了清初學者對於朱子所設計的理學理論構架的尊重和認同”，其政治關懷、知識關懷，表現出清初中下層士人的學術傾向和思想抱負。從其撰寫及刊刻時間來説，此《傳》是清人最早傳注《近思録》者，對朱子學在清初的復興起到了一定的推動作用，並且張氏注文注重對經史書籍的詮釋，正如方笑一所論，此《傳》凸顯出張氏强調理學的“道問學”，又標示出清初理學有轉向經史考證的趨向，説明清初“重新重視理學的知識傳統，强調經史的作用”[②]。因而方笑一在整理校點《近思録傳》

---

① （清）張習孔《近思録傳序》，載於張習孔《近思録傳》，清康熙十七年飲醇閣刻本。

② 方笑一《孤本〈近思録傳〉與清初的理學轉向》，載於《華南師範大學學報》2015年第6期，第32—34頁。

時評價此書“是後世研究張習孔學術思想與《近思録》詮釋史的一部重要文獻”[①]。

張氏《近思録傳》初稿編於康熙十三年,後經修訂,至康熙十七年定稿。據其《近思録傳凡説》可知,其傳注時對於《近思録》語録“意指顯白,詞語明了,無事贅衍者,則不復傳”;對於所引程子《易傳》的文字,張氏則花費較多筆墨疏明經旨;張氏注語簡明,追求“辭達而已”,注文“衹如常語,寧質無文”[②]。張習孔之子張漸曾曰:“先大夫則嘗爲《傳》,依朱子之次第,海内學者皆以爲有功聖門,獨是書唯四先生之言,而朱子自著不載。”[③]其注文雖鮮見朱熹論説文字,但張氏“有言則言,無言則止”的詮釋風格卻别開生面,反映出清初注釋《近思録》的求實之風。

《近思録傳凡説》曰:“傳文原屬鄙臆,有言則言,無言則止。其有意指顯白,詞語明了,無事贅衍者,則不復傳。亦有隻句單行,意無所屬,如‘九德最好’之類(典、謨語皆好,不獨九德),不知前人立言所嚮,亦不復傳。”“愚於東、西二《銘》俱無傳,衹言性理,諸儒其説已詳,愚不敢復贅。實以《西銘》意深難曉(如禹不言其大德而獨取惡酒,舜不言其孝而言其功,以潁封人爲育英才,子不言敬而言翼之類),且程、朱諸子極意推崇,愚之闇昧,何敢間然?君子於其所不知,蓋闕如也。愚實竊附斯義,《東銘》亦然。”“《録》中多引程子《易傳》,間有未載經文。治《易》之家固知程子所指,而初學慮有未晰。愚傳並疏明經旨,固稍有溢於本文者。然《録》之所無,皆經之所有,未嘗外也。知者詳之。”“《録》中所載行狀、哀詞、先德薦劄諸篇,於諸子德業文詞已極明備。愚再爲之,增飾讚誦,轉失其人之真,故傳文衹欲後人效法,不更多語。”“夫子曰:‘辭達而已矣’,况著書立説,質今待後,一字聱牙,遂啓疑刺。愚於此傳,只如常語,寧質無文,不敢避俚俗之誚。”“書加圈點,原是一人之好尚。此然彼否,未必合群心之公,反使意向混亂,故一切不用。但《録》文間有古奥難句處,讀者必再四以意逆志,方能得之。兹刻於每句之下,著以小圈,庶便觀覽。”由此看來《四庫全書總目》評説“其書甚喜議論而不甚考證,多以私臆斷

① 方笑一《近思録傳》校點説明,見《近思録專輯》第3册。

② 《近思録傳凡説》,載於張習孔《近思録傳》,清康熙十七年飲醇閣刻本。

③ 清康熙年間張漸《跋》,載於(清)朱顯祖《朱子近思録》卷末,清光緒二十八年刻本。

古人”，似也不妥。

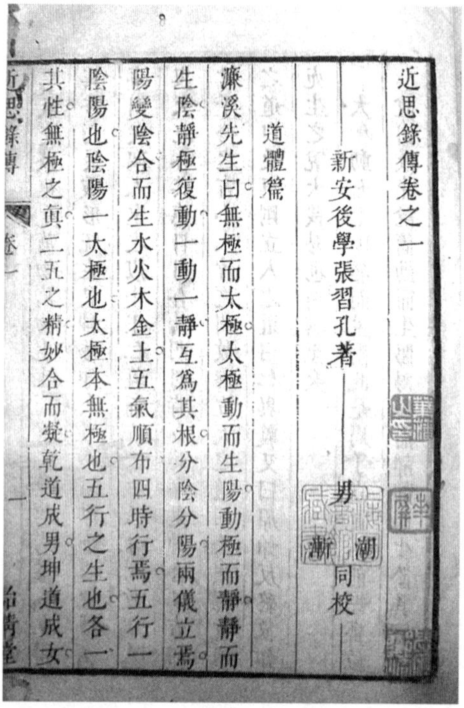
近思録傳卷之一
新安後學張習孔著
男潮漸同校
道體篇
濂溪先生曰無極而太極太極動而生陽動極而靜靜而
生陰靜極復動一動一靜互爲其根分陰分陽兩儀立焉
陽變陰合而生水火木金土五氣順布四時行焉五行一
陰陽也陰陽一太極也太極本無極也五行之生也各一
其性無極之眞二五之精妙合而凝乾道成男坤道成女

圖 5－16　張習孔《近思録傳》，康熙十七年飲醇閣刻本

《近思録傳》現存刻本(書影見圖 5－16)，每半葉九行二十二字，張氏傳文低於《近思録》原文一字格刻印，爲二十一字。四周雙欄，有界行，框高 20.30 釐米，寬 14.00 釐米。白口，單(黑)魚尾。版心魚尾上刻書名“近思録傳”，魚尾下刻卷次、頁碼，版心下端刻“詒清堂”[①]三字。卷一卷端首行頂格題“近思録傳卷之一”，在第二、第三行中間，低三字格題“新安後學張習孔著，男潮/漸同校”，第四行低二字格刻本卷名“道體篇”，第五行刻印正文。卷末有尾題“近思録傳卷之某終”。“玄”字避諱闕末筆，“弘”字不諱。

該本首册刻有書名兼牌記葉(上圖藏本此葉已殘闕，僅剩半葉)，上横行刻“東萊原本”，下三豎行，自右至左刻“張黄岳先生著/朱子近思録/飲醇閣藏板”。正文前依次刻有清康熙十七年張習孔《近思録傳序》(序後末原版刻印二方：陰文“張習孔印”、陽文“黄岳老人”)、《舊序》(即朱序、吕跋)、《近思録傳凡説》、《近思録群書姓氏》、《近思録目次》。依據此刻本的牌記、張氏序文等可知，張習孔《近思録傳》爲清康熙十七年(1678)飲醇閣刻本，由其子張潮、張漸校勘。

張潮(1659—1707)，字山來，號心齋，清代著名文學家。他“以霞舉堂、詒清堂號刊行其父張習孔及自著、友人王晫等著作多種”[②]。且“兹刻於每句之

① 詒清堂，原是張習孔徽州歙縣舊宅的一間廳堂，在張氏寓居揚州後，其子張潮繼續用以稱呼其居所，並以“詒清堂”爲堂號刻書。

② 徐學林《徽州刻書》，安徽人民出版社，2005 年 5 月 1 版，第 202 頁。

下，著以小圈，庶便觀覽”。

從該本卷首的《近思録目次》看，各卷篇名與楊伯嵒《衍注》、葉采《集解》稍異。例如，卷之十一曰“教人篇”，卷之十三曰“辨異端篇”，與葉采集解本有異。另外，筆者將此《傳》與《朱子遺書》本、吕氏家塾讀本《近思録》抽樣比較（選卷一比對），發現張習孔傳注的《近思録》原文部分，與《遺書》本、吕氏家塾讀本《近思録》相同。這説明張習孔極有可能參照了同時期的《近思録》吕氏家刻本，並且其子張漸亦曾言及吕氏家塾讀本與《近思録傳》的關係，見前文所述。

清康熙十七年飲醇閣刻本，上海圖書館有藏，2 册，僅存 619 條語録。該藏本卷十四末有書葉脱落，或脱損 3 條文字。鈐白文印“當湖孫氏思補齋珍藏”“葉藩之印”，朱文印“葉南屏”“南屏”等。

張習孔《近思録傳序》曰：

《近思録》者，吾鄉先正朱晦庵先生所裒集周、張、二程四子之文辭德業，舉其要領，編次成書，以嘉惠後學者也。先生與東萊吕伯恭氏讀四子之書，以爲廣大閎博，若無津涯，恐初學之士不知所從入，故采其關於大體、切於日用者，輯爲此篇，分爲十四卷，總六百（筆者按，“百”下恐脱“二”字）十二條。精粗、本末、先後之序，條理精善，其功於往聖，德於來者，甚盛心也。至淳祐間，建安葉氏爲之集解，自序已經進御。後乃有曰鷺洲周公恕者，取葉氏本參錯離析之，先後倒亂，且有删逸，仍冒葉氏名，曰“分類集解”，創爲二百餘類，全失朱子之意。流傳既久，幾亂本真，世亦無知而辨之者，此實後學者之責也。

習孔幸同先生梓里，凡先生一言一字，無論其云仍世守，保無亡失，而郡邑之士，亦家藏户習，代有表章。至於此《録》，上自天地陰陽之奥，下及修己治人之方，無弗具備。上智之士，循習不已，可以入聖，即姿質中下，隨其力之所至，亦不失爲善人，誠學者所當服膺而弗失也。習孔自少受讀是書，喜其約而備，微而顯，昕夕玩誦，意有所會，輒不自揆，敬爲傳數行，附綴本文之下，以相發明。序次篇章，悉本朱子之舊，日詮月徙，積成篇集。自甲寅編定以來，又已數易其稿，間有旁通微辨，要亦本乎心之所明，直而弗有。蓋不敢屈抑依附，以蹈不誠之愆，或亦無悖於先賢戒欺之旨歟。

嘗見朱子《與孫敬甫書》"《易》説初以未成，故不敢出。近覺衰耄，不能復有所進，頗欲傳之於人"云。習孔雖抱望道未見之志，而衰耄甚於朱子，其不能進於是也，愧慊當無已矣。嗚呼！義理無窮，而資識有量，以孔子之聖，且以不能徙義爲憂，習孔何人，敢謂此編爲不易之書哉？亦以日迫崦嵫，微志竊同夫朱子云爾。况保其故物，無使紊軼，固後學所宜有事也。用是不避僭逾之責，而潰於成，以俟後之君子擇焉。康熙戊午二月甲子，新安張習孔序，時年七十有三。

四、清朱顯祖《朱子近思録》版本考

朱顯祖，生卒年不詳，字以君，號雪鴻，清江都昭陽（今江蘇興化）人。順治三年(1646)副榜貢生。其究心理學，"游心理窟者數十年，著述極贍"。他考慮到"朱子之書博矣，窮年畢月不可卒讀"，於是仿《近思録》體例，"獨取而該繁舉要，續晦庵原《録》之後"[1]，輯録朱熹之語編成《朱子近思録》十四卷。其用意則在於："使有志於學者，即未遽睹先生之全，亦由此可以見其大要。而先生所輯周、張、程子原《録》後，更得先生之《録》而思之，不尤可以見四姓五賢之備，而無復餘憾也乎！"[2]

在清初朱子學復興的態勢之下，當時有張習孔、朱顯祖、吕留良等一批學人崇信朱子，也對《近思録》産生了濃厚的興趣。據《朱子近思録》光緒年間重刻本卷首載録的張漸跋文説，其父張習孔告訴他："朱子之學，著已近裏，於近思之義尤切。吾生平於朱子書恐未窺其全備，爾小子當留心於此，廣搜博覽，續輯一《録》，庶幾爲四姓五賢全業。"而且張習孔曾有意對《近思録》吕留良刻本作傳。而當張漸見到朱顯祖《朱子近思録》後，不無感慨道："不圖雪鴻先生已先先大夫而有此舉也。其輯此《録》也，實殫數十年精力，而五先生始有全書，藏之於家，爲訓子計。一日訪之，天綺出以示予。予反覆尋繹其旨，以爲此固先大夫志也，恨不早出，俾當時一見耳。因敬勸之梓，以公於世，所以表

---

① （清）宋實穎《朱子近思録序》，載於（清）朱顯祖輯，朱澐校《朱子近思録》卷首，清光緒二十八年刻本，紹宅藏板。

② （清）朱顯祖《朱子近思録又叙》，載於朱顯祖輯《朱子近思録》卷首，清光緒二十八年刻本。

彰聖賢、牖迪來學者，端於是乎有賴先生。”[①]由此可見，張漸深感朱顯祖與乃父雖未相見而心相契，使宋“五先生始有全書”，可謂志同道合。

朱顯祖將四子與朱子合爲“五先生”，精選朱熹著述進行編集，也成爲清初傳播朱子學説的功臣。至於他如何編撰《朱子近思録》，編成之後何時刊行，存世刻本又如何？我們可從現存《朱子近思録》清光緒年間重刻本收録的相關序跋及存世刻本本身找到答案。

讀清康熙二十三年(1684)朱顯祖叙文，可知其編輯的主要緣由。朱顯祖年少讀書，嘗讀張星瑞家藏性理類的書籍，深感《近思録》是學習理學的階梯，後來他又覺得宋儒集大成者朱熹“生平格言實行反未載於《録》内，豈非讀《近思録》者之大憾也乎！”既然朱熹主編的《近思録》“中未及自載”，於是朱顯祖説自己“不自揣而輯此書也，其即竊取先生當日所以輯四子之意也”[②]。可見，此書的編輯是朱顯祖有意欲補《近思録》無朱熹語録的不足。在編撰過程中，他“因舉歷年中笥藏心憶者，日舉以誨子澐。因從而録之，取要删繁，一循前書之例，不敢稍有差越。至於全書之中格言實行殆不勝收，更爲分輯《希賢録》《師承録》及《程朱經書子史説》等書。此書則準之前《録》，不能多載”。如今，我們從《朱子近思録》内容考察，它確實是繼《近思録》之後輯録朱熹精要之語而成，共收語録 785 條，體例仿《近思録》，分十四卷，各卷篇名與葉采《集解》明刻本相同。

關於朱顯祖其人其書，清康熙二十九年(1690)宋實穎説：“雪鴻先生，少讀書，不急仕進，數奇幾得而失，泊如也。游心理窟者數十年，著述極贍。同志先刊其《朱子近思録》一種行世。”從宋實穎爲之作序時間推知，在康熙二十九年時宋氏已見到“同志先刊”本一種，且“行世”，這很可能就是康熙二十八年秋“同學見者欣然請授之梓”的刊本，在光緒二十八年重刻本《朱子近思録》載録的陳均跋文中有交代。如此看來，朱顯祖《朱子近思録》面世後，在康熙二十九年已有刊本行世。

對於康熙二十九年的這個刻本，朱顯祖之子朱澐跋文也有記載。朱澐，

① (清)張漸《朱子近思録跋》，載於(清)朱顯祖輯《朱子近思録》卷末，清光緒二十八年刻本。

② 清康熙二十三年朱顯祖《朱子近思録叙》，載於朱顯祖輯《朱子近思録》卷首，清光緒二十八年刻本。

生卒年不詳，字天綺。他説其父朱顯祖“舉生平所輯諸大儒修己誨人等書，專爲講授，寒燈暑拂，未嘗少輟。自分何幸，而得此於失恃之後，不至終於蒙昧，失其所歸也哉！同志諸友人聞而好之，期授之梓。澐何敢自私，先刊《朱子近思録》一種，將更請之家大人次第刊行，以就正有道焉”[①]。因此，此刻本當是朱澐校刊，因爲從後世重刻本的卷端題識還可找到理據，其卷端皆署“男澐校”。由於朱澐跋文末未注明時間，因而我們仍難知曉他校刊《朱子近思録》的具體時間。

再審讀同時期陳均跋文不難察覺，其所言“己巳秋”，即康熙二十八年“同學見者欣然請授之梓”，於是朱顯祖“乃先出《朱子近思録》，俾均校閲”[②]。陳均所云與上述相關人員之言吻合，那麽依據這個時間，《朱子近思録》一書很可能在此時或稍後刊梓。而且，我們也能從《朱子近思録凡例》後題識的時間找到佐證，即“康熙己巳陽月朔日七十五叟顯祖識”，從朱顯祖作叙文時間，可知其早在康熙二十三年就編輯此書，到二十八年時應該編成，其子及門人均已見到文本，而且他後來又作一《叙》，試想如果不是刊刻，他何須於康熙二十八年(1689)又作《凡例》呢？因此，我們有理由相信此書在康熙二十八年已編成，至遲在康熙二十九年已有刻本面世。這個本子應該就是朱顯祖《朱子近思録》原刻本。遺憾的是筆者至今未能查閲到此刻本的現存版本。

關於朱顯祖《朱子近思録》，公私書目多有著録。如《萬卷精華樓藏書記》著録:“《朱子近思録》十四卷，國朝湯(筆者按，“湯”當爲“朱”)顯祖重編。通行本。采《文集》《性理》諸書，與原本不同。”[③]《江南通志》“藝文志”著録:“《朱子近思録解》，江都朱顯祖。”[④]據此編著者的署名推測，所言“《朱子近思録解》”當是“《朱子近思録》”。遺憾的是他們都未注明版本詳情。另外《中國拍賣古籍文獻目録》著録:“《近思録集解》，朱熹撰，朱顯祖集解。清康熙五十二年(1713)朱氏初刻本‘本衙藏版’本，十四卷，6 册，竹紙。提要:《近思録》乃

① 朱澐《跋》，載於(清)朱顯祖《朱子近思録》卷末，清光緒二十八年刻本。
② (清)陳均《跋》，載於(清)朱顯祖《朱子近思録》卷末，清光緒二十八年刻本。
③ (清)耿文光《萬卷精華樓藏書記》，第 634 頁。
④ 《江南通志》，見《四庫全書》史部地理類，第 512 册第 535 頁。

治學範本，爲朱子傾心之作，是書因收吕留良注語被列入禁書，故傳本極罕。尺寸 24 cm×15 cm。”[1]此拍賣《目録》著録值得參考，或許《朱子近思録》在康熙年間不止一種版本，亦或是朱顯祖注解的另一部文本。

對於朱顯祖此書的價值，光緒年間喬樹枏評價説：“康熙朝江都朱氏則有《朱子近思録》一編，蓋以朱子讀四賢書之心讀朱子之書也。其門目義例與朱子原書相同，其爲紫陽之功臣”，“學者苟由是書以進窺朱子之堂奥，於其所謂居敬窮理者三致意焉，務俾《大學》格物致知之義大顯於天下，無效莊生所譏守一先生之言暖暖姝姝者，而自昔聖賢相傳博約兼資之旨，庶幾賴以不墜云”[2]。

朱顯祖《朱子近思録》十四卷，存世的清光緒年間重刻本，每半葉九行二十字，四周雙欄，有界行，框高 18.60 釐米，寬 13.50 釐米。上下粗黑口，單(黑)魚尾。版心魚尾下刻書名“朱子近思録”、卷次篇名(如“卷之一道體”)、頁碼。卷一卷端首行頂格題“朱子近思録卷之一”，第二、第三行中間低四字格題“江都後學朱顯祖雪鴻輯，男澐校”，第四行低二字格刻本卷篇名“道體篇”，第五行頂格刻正文，每條單列，頂格刻印。刻本天頭地脚較闊，刻印精美(南圖藏本書影見圖 5－17)。

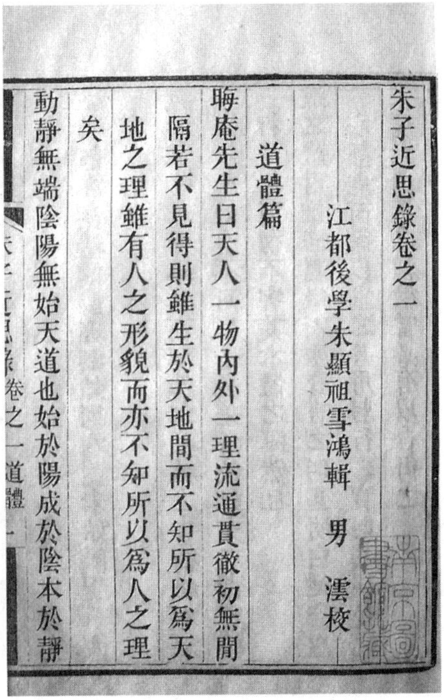
朱子近思錄卷之一
江都後學朱顯祖雪鴻輯　男　澐校
道體篇
晦庵先生曰天人一物內外一理流通貫徹初無間
隔若不見得則雖生於天地間而不知所以爲天
地之理雖有人之形貌而亦不知所以爲人之理
矣
動靜無端陰陽無始天道也始於陽成於陰本於靜

圖 5－17　朱顯祖《朱子近思録》，清光緒二十八年刻本

刻本首册卷前有書名兼牌記葉，自右至左刻“光緒二十八年重鐫/朱子近思録/紹宅藏板”。正文前刻有光緒二十八年喬樹枏《叙》、康熙二十九年

① 姜尋《中國拍賣古籍文獻目録》，上海書店出版社，2001 年 12 月 1 版，第 757 頁。

② 清光緒二十八年喬樹枏《朱子近思録叙》，載於(清)朱顯祖《朱子近思録》卷首，清光緒二十八年刻本。

宋實穎《朱子近思録序》、康熙二十三年朱顯祖《朱子近思録敘》、朱顯祖《又敘》、康熙二十八年朱顯祖《朱子近思録凡例》、《朱子近思録總目》。《朱子近思録》卷十四末有陳均《跋》，張漸《跋》，朱澐《跋》，光緒二十八年薩克達保善《跋》。

從光緒二十八年喬樹枬叙文可知，他不僅高度評價朱顯祖編此書的功績，而且説"是書世鮮傳本，今越千兵部乃與寶臣閣部梓而行之"。又據同年薩克達保善的跋文説："善家藏有《朱子近思録》舊刻本，前呈知交紹君越千一覽，便喜其言近旨遠，理則最爲切近，遂商之鐵君寶臣出資翻刻，囑襄校對。二君之重刊是書，誠爲振興正學起見。善雖不敏，不敢告勞，爰校刊成帙，以備分觀，俾向學之士深思而有得焉，其於馳騖高遠之習庶可免矣。"[①]所以，綜上考述，我們可以斷定此刻本爲清光緒二十八年(1902)紹越千、鐵寶臣二人出資翻刻薩克達保善家藏本《朱子近思録》，即重刻清康熙年間朱澐校刊本。薩克達保善參與校對，書板藏於紹宅。

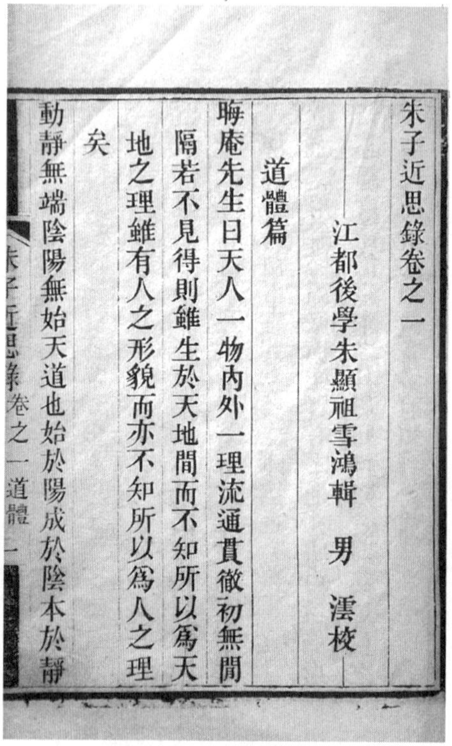
朱子近思錄卷之一
江都後學朱顯祖雪鴻輯　男　澐校
道體篇
晦庵先生曰天人一物內外一理流通貫徹初無間隔若不見得則雖生於天地間而不知所以爲天地之理雖有人之形貌而亦不知所以爲人之理矣
動靜無端陰陽無始天道也始於陽成於陰本於靜
朱子近思錄卷之一　道體　一

圖 5－18 《朱子近思録》，光緒二十八年刻本

《朱子近思録》光緒二十八年紹氏刊本，上海圖書館有藏，藏本封面左上有紅色書簽，印書名"朱子近思録"。南京圖書館藏本，其版式、版心、框高寬、題識，以及序跋、目録、正文内容、册數，與上圖藏本同，僅卷首書名兼牌記葉文字略異，南圖藏本自右至左刻有"朱子原本/朱子近思録/都京朝陽門裏新鮮胡同紹宅藏板"。"都京"即"京都"，清代北京除内府官刻外，又有很多私商設立的書坊及刻字鋪，均冠以"京都"二字。雖説南圖

① (清)薩克達保善《朱子近思録跋》，載於(清)朱顯祖《朱子近思録》卷末，清光緒二十八年刻本。

與上圖藏本同源,均爲紹宅藏板,但從牌記葉的差異來説,南圖藏本恐是另一種印本,即利用邵氏藏板重新刷印的本子。

華東師大圖書館藏有一部清光緒年間刻本《朱子近思録》(書影見圖5-18),儘管其卷首書名葉刻印的文字與南圖藏本有别,刻作"光緒二十八年重鐫/朱子近思録/紹宅藏板",但是該刻本的内容、版式、字體等與上述南圖藏本皆相同,亦爲紹家藏板所印。

宋實穎《朱子近思録序》曰:

> 余聞之前哲曰:"讀書取科第未是第一等事,惟學爲聖賢者當之。"夫學爲聖賢或終老不遇,讀書以取科第,則往往成大名、顯當世,此讀書之士所以争趨科第,求其矢志爲聖賢者不多見也。余不敏久已,無心仕宦,近以宫墻一席,寄迹昭陽,亦庶幾得有志者講求斯道,窺聖賢之奥云爾。昭陽多偉士,工文學,故其地歷有聞人居揆席,科第翩起,不勝述也。顧考其前有韓先生者,家素貧,裹糈業陶,過魯廟見諸賢從祀之典,遂矢志正學,治《孝經》《小學》,篤行孝悌,卒曉吾儒宗旨。此其人何如人與!宋胡安定公先生泰州講堂址,至今在焉。余過海陵,肅然瞻對,想見其爲人,真讀書不爲科第者。漢董子相江都,發明聖真,續幾絶心傳,惠兹來學,此豈一科第事哉!然則取科第與爲聖賢相去誠遠矣。昭陽接壤江都,徵士行不獨工文且知正學者,固得天綺朱子文與其人,並得其家學所在,其尊人雪鴻先生,少讀書,不急仕進,數奇幾得而失,泊如也。游心理窟者數十年,著述極贍。同志先刊其《朱子近思録》一種行世。夫朱子之書博矣,窮年畢月不可卒讀,雪鴻獨取而該繁舉要,續晦庵原《録》之後。蓋不忍五賢有闕業,而以聖賢自期,期天下後世也,使起安定諸前哲於今,不以爲當然乎!雪鴻繼安定諸前哲後,宗朱子之傳,天綺承家學,源深本厚,宜其不徒工文字取功名也。聖賢之學,前後賴雪鴻不墜哉!顧又念朱子"近思"之義,體用畢該,顯微合轍,原非斤斤一身者比。士之進取科第者,能由朱子意以修治身心,講求經濟,則上報君父而下利民生,己物兼成,天地古今一體。吾知其不愧聖賢,益可以重科第矣。是爲序。康熙庚午夏六月,年家同學弟廣平宋實穎既庭氏書於昭陽學舍。

朱顯祖《朱子近思録敘》曰:

昔晦庵先生在寒泉精舍，與東萊吕先生讀周、張、程子四先生書，“嘆其廣大宏博，若無津涯，而懼夫初學者不知所入也”，因取其關於大體而切於日用者，爲《近思録》一編，分爲十四卷，共六百（筆者按，疑“百”字下脱“二”）十有二條。凡學者所以求端用力、修己治人，與夫辨異端、觀聖賢者，皆已見其梗概。故嘗答人書曰：“此《録》本爲學者不能遍觀諸先生之書，故掇其切要，使有入道之漸。若已看得通曉，自當推類旁通，以致其博。若看得未熟，則祇此數卷尚不能領會，何暇更求全書而悉觀之乎！”觀先生原序及答書之意，可以知前《録》之不可少。然而先生之書，《録》中未及自載，則余今日之不自揣而輯此書也，其即竊取先生當日所以輯四子之意也歟。康熙甲子春正吉日江都後學朱顯祖自叙。

朱顯祖《又叙》曰：

憶余幼無知識而有志師古，偶以制藝見知於常鎮兵憲張公調鼎，延余署內，訓其子畿，因得與三吴勝友游。有孝廉張君星瑞者，世家多藏書，問知余所好，輒舉所見書種爲贈，而中有荆川唐先生後鶴徵者所輯孔、顔、曾、思、孟及諸先儒書爲《憲世》一編。余受而讀之，至朱子集内所發明，與平日所見四書、《易》《詩》《楚辭》等注已有不同，由是深動於中，謂必更有不止於此者。因請之張公，遍覓坊中所有，遂得十有餘種《文集》且百卷，《答問》八十卷，《别集》更十卷，真斯文之淵藪，一時未易窺測者也。既而返故土，伏讀深思，益究心於先生之學。因思自孔孟以後，歷漢唐來千有餘載，始得有宋周、張、二程諸大儒直追堯舜相傳之意，其間精微廣大，賴先生《近思》一録爲之階梯，俾後學得以入門。而先生在宋儒中更稱集大成者，乃其生平格言實行，反未載於《録》内，豈非讀《近思録》者之大憾也乎！因舉歷年中笥藏心憶者，日舉以誨子澐，因從而録之，取要删繁，一循前書之例，不敢稍有差越。至於全書之中格言實行殆不勝收，更爲分輯《希賢録》《師承録》及《程朱經書子史説》等書，此書則準之前《録》，不能多載。然使有志於學者，即未遽睹先生之全，亦由此可以見其大要。而先生所輯周、張、程子原《録》後，更得先生之《録》而思之，不尤可以見四姓五賢之備，而無復餘憾也乎！顯祖又叙。

陳均《跋》云：

雪鴻先生深心力學，樂志忘年，其於書也無不讀，而理學尤所究心。數十年中，采輯撰注成編者，不下十餘種，未嘗出以示人，人亦未有知者。己巳秋，令子天綺偶以語諸同學，同學見者欣然請授之梓，以公同好。先生以爲心理所同，非一己所得而秘，乃先出《朱子近思録》，俾均校閲。均三復之下，儼然如對晦庵夫子，而目睹心維，不啻親承其謦欬。先生之嘉惠余小子者，誠多也！若其書搜采之精，遴輯之富，彙别條分，文從字順，深得先賢本旨，則有目者所共睹，不得謂余之阿私所好矣。刻成，以志其後。年家同學姪陳均頓首拜題。

張漸《跋》云：

昔朱子與東萊先生輯《近思録》於寒泉精舍，蓋讀周、張、二程四先生之書而爲之者。宋葉氏有傳，爲周氏分類以行，非復朱子十四卷之原本矣。近日吕晚邨先生鋟善本無注，而先大夫則嘗爲傳，依朱子之次第，海内學者皆以爲有功聖門。獨是書唯四先生之言，而朱子自著不載。厥後高忠憲公著《朱子節要》，其意亦與《近思》等，然略而弗詳。先大夫常隱以爲憾，每於過庭之下，命不肖兄弟曰："朱子之學，著己近裏，於近思之義尤切。吾生平於朱子書恐未窺其全備，爾小子當留心於此，廣搜博覽，續輯一《録》，庶幾爲四姓五賢全業。"漸因永矢此言，日孳孳於此道，不圖雪鴻先生已先先大夫而有此舉也。其輯此《録》也，實殫數十年精力，而五先生始有全書，藏之於家，爲訓子計。一日訪之，天綺出以示予。予反覆尋繹其旨，以爲此固先大夫志也，恨不早出，俾當時一見耳。因敬勸之梓，以公於世，所以表彰聖賢、牖迪來學者，端於是乎有賴先生，遂不得辭。於書既成，謹勒數語，以志先大夫之昔有同志云。年家同志姪張漸頓首拜跋。

朱澐《跋》云：

澐七歲先慈見背，即侍家大人晨昏左右，自句誨以至今，猶一日也。家大人憫不肖何恃，獨居一室已三十餘年，惟是孳孳力學不倦。方澐留心舉業一途，謂進取之道在是，而家大人以爲未然；近又以步趨衆賢，率習爲詩辭，家大人復以爲未然。過庭之際，獨諄諄以此心此理爲訓，恨不肖未之逮也。因益舉生平所輯諸大儒修己誨人等書，專爲講授，寒燈暑拂，未嘗少輟。自分何幸，而得此於失恃之後，不至終於蒙昧，失其所歸也哉！同志諸友人聞而好之，期授之梓。澐何敢自私，先刊《朱子近思録》一種，將更請之家大人次第刊行，以就正有道焉。不肖男澐百拜敬識。

喬樹枬《叙》曰：

昔朱子與吕伯恭氏會於寒泉精舍，相與讀周子、程子、張子之書，掇其關於大體而切於日用者，編爲《近思録》，謂爲"四子之階梯"，又謂"四子，爲六經之階梯"。蓋朱子之學廣大精微，由博反約，非謂學者墨守是編，遂足窮盡天下古今事物之變也。國朝江慎修氏《集注》，闡明朱學，博取《文集》《語類》諸書，逐條編注，以證明四賢之要旨，幾於抉擇無遺矣。而康熙朝江都朱氏則有《朱子近思録》一編，蓋以朱子讀四賢書之心讀朱子之書也。其門目義例與朱子原書相同，其爲紫陽之功臣，殆與江氏無以異者。顧是書世鮮傳本，今越千兵部乃與寶臣閣部梓而行之。學者苟由是書以進窺朱子之堂奥，於其所謂居敬窮理者三致意焉，務俾《大學》格物致知之義大顯於天下，無效莊生所譏守一先生之言暖暖姝姝者，而自昔聖賢相傳博約兼資之旨，庶幾賴以不墜云。大清光緒二十八年冬十二月癸巳華陽喬樹枬謹叙。

薩克達保善《跋》云：

自昔理學，宋儒尚矣。二帝三王之道，非孔子無以傳；而孔、曾、思、孟之書，非周、程、張、朱之注無由闡發其旨。昔人曾言之矣，惟五子《近思録》所輯係朱子原訂，其間《太極圖説》《西銘》等篇，理甚淵微，設非朱子表章出之，誰得窺其涯涘。而《朱子近思録》復賴朱顯祖公輯成，愈徵體用一源，顯微無間矣！理則深入，語能顯出；深者見深，淺者見淺。學者苟視爲淺近不能深思而有得，不幾失"近思"之旨乎！今國家創設大學堂，培植士林，一道同風之盛，庶幾可復然。末學之徒，或馳騖高遠，歆羨泰西列邦之政教風俗，鄙棄中國性理之學，以爲不足復存。不知西人之所以齊政教而飭風俗者，必先自治其心始，士固未有不明性理而可與言修齊治平之業者也。是知治事之必原子性理，乃中外之通義。讀書之宜究乎性理，尤千古不易之常經也。善家藏有《朱子近思録》舊刻本，前呈知交紹君越千一覽，便喜其言近旨遠，理則最爲切近，遂商之鐵君寶臣出資翻刻，囑襄校對。二君之重刊是書，誠爲振興正學起見。善雖不敏，不敢告勞，爰校刊成帙，以備分觀，俾嚮學之士深思而有得焉，其於馳騖高遠之習庶可免矣。時光緒二十八年嘉平月，後學薩克達保善謹跋。

五、清李文炤集解《近思録》版本考

李文炤(1672—1735)，字朗軒，又字元朗，號恒齋，湖南善化(今長沙)人。少年時有神童之譽，清康熙五十二年(1713)舉人。李文炤博通經史，潛心理學，宗朱子之學，"生平力肩斯道，惟恐濂洛關閩之説不傳於世"。曾主講嶽麓書院數年，從游者甚衆，其學術在湖湘之學中有"恒齋學派"之稱，故《清史列傳》云"湖南自王夫之以學術聞天下，文炤繼起，名與之埒"。其著述宏富，有《周易本義拾遺》《周禮集傳》《宋五子書集解》《家禮拾遺》《恒齋文集》等[①]。

李文炤集解《近思録》十四卷，常作爲《宋五子書集解》所收八種(筆者按，或云七種，實際内容一様，僅統計角度有異)圖籍之一。據李氏《近思録集解序》文，他認爲《近思録》"著性命之藴，而天下之言道者有所宗；揭進修之要，而天下之言學者有所準"，具備内聖外王之精髓。讀者"欲求數君子之道而不先之以是書，固不得其門而入矣"。但是此書微辭奥義，讀者多未易曉，儘管朱熹有所發明，卻又散見於《四書集注》《四書或問》《晦庵文集》《朱子語類》《性理大全》等文獻中，"學者欲觀其聚焉而不得也"。李氏便裒集朱熹精粹之言進行分類編次，"又取其意之相類與其説之相資者"，附於《近思録》原書内容之下，作爲注解。對於"其所闕之處，則取葉氏、陳氏、薛氏、胡氏之説以補之，間亦或附己意於其間，庶幾可以便觀覽、備遺忘，以待同志者之取裁"。可見，李氏集解文字大多取朱子之説，又兼及南宋以降的諸儒之言論，間附己意，其中不乏真知灼見，展現了朱子學在後朱熹時代發展的大致脉絡。

---

① 《清史列傳》卷六十七，第5356頁。

李文炤集解《近思録》存世傳本有清刻本，每半葉九行十七字，注文小字雙行同，左右單欄，框高 16.80 釐米，寬 12.80 釐米。上白口，下黑口，單(黑)魚尾。其版框結構與一般刻本明顯不同，爲兩截版，即在上框邊另刻有高 1.30 釐米、寬 12.80 釐米欄框，内無文字。卷一卷端首行頂格題“近思録卷之一”，緊接着刻雙行小字“凡五十一條”，越一字格題署“李文炤集解”，次行頂格刻正文。卷末無尾題，僅在左下角刻“終”字。

《集解》正文前依次刻有《近思録》(此書取材的 14 部書名)、朱序、吕跋、康熙五十九年李文炤序文、《近思録綱領》。

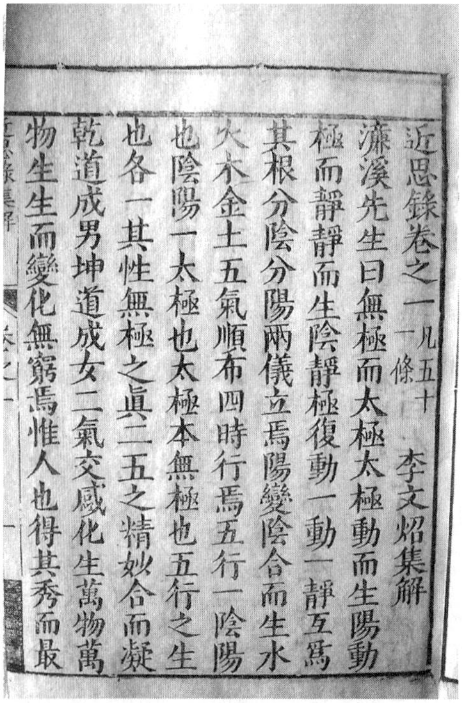

近思錄卷之一 凡五十一條 李文炤集解
濂溪先生曰無極而太極太極動而生陽動
極而靜靜而生陰靜極復動一動一靜互爲
其根分陰分陽兩儀立焉陽變陰合而生水
火木金土五氣順布四時行焉五行一陰陽
也陰陽一太極也太極本無極也五行之生
也各一其性無極之眞二五之精妙合而凝
乾道成男坤道成女二氣交感化生萬物萬
物生生而變化無窮焉惟人也得其秀而最

圖 5－19　李文炤《近思録集解》，清雍正年間刻本

此刻本，華東師大圖書館藏有殘本(書影見圖 5－19)，一函一册，僅存 3 卷：卷一 51 條，卷二 112 條(其中將横渠《訂頑》《砭愚》的文字分作兩條)，卷三 78 條。從其體例看，李氏依據的是《近思録》原本編次。若據李氏作序落款時間，則可推測此殘本爲康熙五十九年(1720)刻本，因而齊魯書社 1995 年編纂《四庫全書存目叢書》將此殘本影印，説是“康熙五十九年刻本”，此推斷不够嚴謹。

筆者在調研李文炤《集解》版本時，在湖南圖書館發現另一部殘本，存《集解》的卷四至卷十四，共計 11 卷，闕卷一至卷三。該殘本的版式特徵、内容編次、卷端題識等與上述華東師大藏本一樣。而在内容上，這兩家所藏單行本的内容可互補，恰能組合成一部十四卷的《近思録集解》。不禁遥想，若兩家藏本合爲完璧，不也是李氏《集解》之幸！戴揚本先生《近思録集解》整理校點本就是將二者合爲一個足本，當值得肯定。

另外，南京圖書館藏有李氏《集解》，殘存卷一至卷九，2 册。該刻本卷首的序跋，卷端題識，版式、框欄、字體，前三卷均與華東師大藏本相同。殘存的李文炤《近思録集解》九卷[1]，則收録在《宋五子書》（七種）的第 4、5 册。筆者查閲後以爲，《宋五子書七種》原裝訂恐爲 6 册，而該館藏有 5 册，《近思録集解》排在《太極圖説解》《通書解》《西銘解》《正蒙》之後。若依據刻本首册書名葉所刻“星沙李元朗著/宋五子書/太極、通書、西銘、正蒙、近思録、感興詩、訓子詩，四爲堂藏板”，那麽在《集解》之後應該還有《感興詩》《訓子詩》，可是筆者所見南圖藏本卻無這些内容，故推斷第 5 册之後很可能還有 1 册。由此看來，李文炤集解《近思録》的卷十至卷十四，極有可能在殘闕的那一册中。筆者之所以作如此推斷，是因爲在下文關於湖南圖書館藏本《宋五子書》的論述中可以找到佐證。

如果依據南圖藏本中卷首的清雍正甲寅年李芳華《宋五子書後序》的作序時間，和此本中“禛”字改作“禎”字，可推斷南圖此藏本應爲清雍正十二年（1734）刻本。而且值得注意的是，南圖此藏本與華東師大藏本版框的斷痕都一樣，它們很可能是同一版印，衹是華東師大藏本殘損更加嚴重且單行於世。因而，李文炤集解《近思録》的這兩處藏本或許是清雍正年間刻，其存世現狀是後世流佈所致。故筆者推測《清史稿・藝文志》著録的“《近思録集解》九卷，李文炤撰”，是否是據南圖藏本而言？因其注記不詳，尚待最終確定。另外，李文炤《集解》清雍正年間此刻本，韓國首爾大學校奎章閣藏有殘本（支 1344.51—3），3 册，存卷一至卷十，刻本

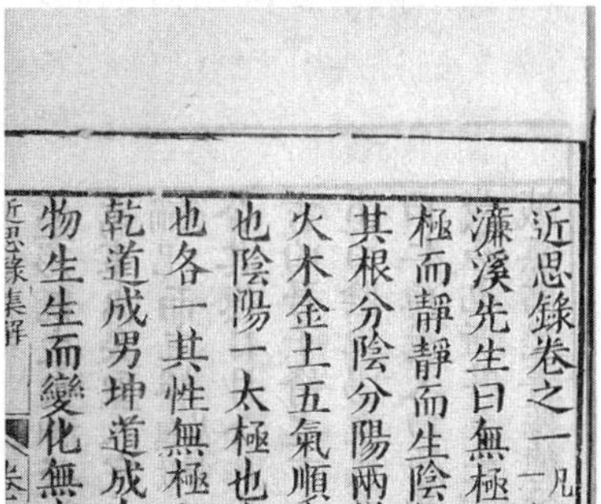
近思録卷之一 凡五十一條 李文炤集解
濂溪先生曰無極而太極太極動而生陽動
極而靜靜而生陰靜極復動一動一靜互爲
其根分陰分陽兩儀立焉陽變陰合而生水
火木金土五氣順布四時行焉五行一陰陽
也陰陽一太極也太極本無極也五行之生
也各一其性無極之眞二五之精妙合而凝
乾道成男坤道成女二氣交感化生萬物萬
物生生而變化無窮焉惟人也得其秀而最

圖 5－20 《近思録集解》，清雍正十二年刻本

① 中國古籍總目編纂委員會編《中國古籍總目》子部著録，中華書局、上海古籍出版社，2010 年 12 月 1 版，第 1 册第 29 頁。

中“恒”闕末筆,“玄”刻作“伭”,“弘”字不避諱。

經過展轉調研,我們在湖南圖書館驚喜地發現李文炤《近思録集解》十四卷也收録在《宋五子書》中(書影見圖 5－20),且藏本卷帙完好,刻印精美。該《宋五子書》6 册收録 7 種三十卷文獻,第 1 册卷首的書名葉,自右至左刻“星沙李元朗著/宋五子書/太極、通書、西銘、正蒙、近思録、感興詩、訓子詩,四爲堂藏板”。這與南圖藏本完全一樣。隨後刻有雍正十二年李芳華《宋五子書後序》(序文末原版刻有兩方印:陰文“李芳華印”、陽文“實華”)。在《近思録集解》前依次刊刻《太極圖説解》《通書解》《通書後録解》《西銘解》《正蒙》等。在第 4 册至第 6 册刻李文炤集解的《近思録》十四卷,在《集解》卷十四末又有李文炤注解《感興詩》《訓子詩》。據李文炤族人李芳華《宋五子書後序》,儘管當時有一些《近思録》注本存世,但是“不備不純”,李文炤有感於後生難以尋覓最佳梁筏以通濂洛關閩諸子之書,需要有一部裨益於後進的入門注本,於是李文炤“慨然以爲己任,於是薈萃群言,参以曠識,而末學寡昧亦得俾與商榷大旨,爬梳詳密,條理分明,皆可尋繹”[①]。

關於該《宋五子書》中《近思録集解》部分的編次體例、版式特徵、内容等,均與上述華東師大藏殘本、南圖藏《宋五子書》殘本同,甚至板框斷痕也相近,因而可推斷上述幾處藏本是同一版印刷。而在湖南圖書館所藏此本的《近思録集解》卷十四末葉尾題“近思録卷十四終”下,刻有刊記“四爲堂藏板”,與卷首書名葉相吻合。且刻本中“恒”字闕末筆,“玄”刻作“伭”,“弘”字不避諱。李芳華《後序》當是刊就之際所作,“雍正甲寅”,即雍正十二年。因此綜合上述情形可斷定這是清雍正十二年(1734)四爲堂刻本。孫殿起《販書偶記續編》著録曰:“《近思録集解》十四卷,附《感興詩解》一卷、《訓子詩解》一卷,清長沙李文炤撰,乾隆間四爲堂刊。”[②]所言“乾隆年間”或有誤。《清朝文獻通考》也有著録:“《近思録集解》十四卷,李文炤撰。”至於陳榮捷《朱學論集》説“惟書(筆者按,即指李文炤集解《近思録》)遍尋未獲”,當是陳先生失查。

李文炤《近思録集解》,《四庫全書總目》有著録:“《近思録集解》十四卷,湖南巡撫采進本,國朝李文炤撰。是編取朱子之説散見各書者附於《近思録》

① (清)李芳華《宋五子書後序》,載於(清)李文炤《宋五子書》,清雍正十二年四爲堂刻本。
② (清)孫殿起《販書偶記續編》,上海古籍出版社,1980 年 9 月 1 版,第 354 頁。

各條之下，其未備者則益以諸家之説，間亦自附己意。前有綱領數條，末附《感應詩解》一卷、《訓子詩解》一卷。”[1]其著録所言與現存《宋五子書》本吻合。

李文炤《近思録集解序》曰：

昔者衰周之運，百家競作，孔孟之徒有憂之，緝微言而成《論語》，遵正學而著七篇，使學者不迷於向方，其功盛矣。秦漢以降，道術分裂，荀、揚、王、韓，各駕其説而不能相一。有宋周子，以先知先覺之詣，建圖屬書，弁冕群言，以傳之程氏，而張氏亦與有聞焉。顧其業至廣，其説愈詳，學者乃或望洋而興嘆，甚至未嘗究其巔末而妄肆詆訶。有如陸九淵議《太極》之非，是大原可得而湮也；林栗攻《西銘》之失，是弘綱可得而絶也；程迥詆主敬之誤，是聖功可得而廢也；陳亮疑道治天下之迂，是王猷可得而雜也。朱子蓋深憫之，於是不得已而爲近思之録，著性命之藴，而天下之言道者有所宗；揭進修之要，而天下之言學者有所準。至於窮理居敬檢身之方，理家入官均平天下之法，以逮應物教人制心之則，與夫闢邪説、宗正學之歸，莫不舉之有要而循之有序，誠可以羽翼四子而補其所未備焉。欲求數君子之道而不先之以是書，固不得其門而入矣。然其微辭奧義，多未易曉，朱子雖往往發明之，而散見於各書(《四書集注》《或問》《大全》《文集》《語類》)，蓋學者欲觀其聚焉而不得也。竊不自揣，爲之裒集而次列之，而又取其意之相類與其説之相資者，條而附之，以備一家之言。至其所闕之處，則取葉氏、陳氏、薛氏、胡氏之説以補之，(葉氏名采，字平巖，著《近思集解》。陳氏，一名埴，字器之，著《近思雜問》；一名選，字士賢，著《小學集注》。薛氏名瑄，字德温，著《讀書録》。胡氏名居仁，字淑心，著《居業録》。其與《近思録》相發者取之。)間亦或附己意於其間，庶幾可以便觀覽、備遺忘，以待同志者之取裁而已矣。嗚呼！學者誠能遜志於此書，則諸子百家皆難爲言，而於内聖外王之要，不患其無階以升，較之役志於詞章之中，老死於訓詁之下，風推浪旋，無以自拔，而憂共矜衣鉢之傳者，其大小之不同量，爲何如也！聊志其概於此以自警云。康熙庚子仲夏天中節湘川李文炤謹序。

---

① (清)永瑢等撰《四庫全書總目》，第804頁。

李芳華《宋五子書後序》曰：

歲庚寅，余授徒宗祠，得晨夕接誨於家元朗先生。一日偶語及濂洛關閩諸子書淵微浩博，後生無由得覓梁筏。余應之曰："唯《太極》闡天人之秘，《通書》揭理性命之旨，《西銘》明理一分殊之道，《正蒙》雖多未瑩，然囊括三才、論述六經，不可謂非造道之軌範也。《近思》一録，綱領該括，節目精深，朱子亦嘗自謂四子之梯就，而《語類》則又朱子平日與及門講學論道之粹言也。廼若《感興》之什，則人心道心之介，古今升降之故，道術之絶續，聖學之源委，罔不具備。《訓子》之篇，則又由下學以幾上達，由成己以迄成物，無弗明明示誨。是二詩者，寧愧物則民彝之旨、敬儀慎話之規哉？顧《太極》《通書》《西銘》之解，朱子祇發其大義。《近思》之注，諸家互有其醇疵，令讀者不能無不備不純之嘆。若《正蒙》及朱子諸詩，則肆業及之者亦罕矣。至於《朱子語類》，乃其門人各記師説而彙集之者，故語句重疊，且多少年未定之論，誠解釋而纂輯之，則其裨益後進，良非淺鮮也。"先生慨然以爲己任，於是薈萃群言，參以曠識，而末學寡昧，亦得俾與商榷大旨，爬梳詳密，條理分明，皆可尋繹。復取《語類》，刪其重複，擇其精要，訂爲約編，並以公世。學者苟潛翫是書，有以見夫其大無垠，其小莫破，亘宇宙而常新，合道器而一貫，則由是上溯四子、六經，不啻問塗於己，經輕車驅周道矣。嗟夫！去聖日遠，來者有待，吾道豈聽其晦明剥復於兩間？有志之士，誠講明而佩服之，固絶續之，所由繫也。若謂聖功浩浩，非緜力眇材所能勝任，而卻顧不前，則是果於自棄而不仁之甚，殊非解輯此書之意也。今適授梓，故特敘編注始末，附識於後，與高明共質證之。雍正甲寅仲春湘川李芳華謹書。

六、清黄叔璥《近思録集朱》稿本考述

黄叔璥（1682—1758），字玉圃，號篤齋。原爲安徽歙縣程氏子，因其父過繼爲順天大興（今北京大興）黄氏，故爲大興人。清康熙四十八年（1709）進士，纍官湖廣道、浙江道御史，巡視臺灣御史，河南開封道，常鎮揚道等。著有《慎終約編》《廣字義》《南臺紀聞》等。其兄黄叔琳，字崑圃，爲康熙三十八年

進士,“自少年研究性理經世之學,有醇儒風。敭歷中外,以興賢育才爲己任”[1]。黄叔琳、黄叔璥兄弟年少時已受宋儒性理之學熏染,嘗師從理學名臣李光地,故其治學以立誠爲本,“究心宋五子及元明諸儒集,深造有得”,以爲“道學即正學也”[2]。

清雍正二年(1724)黄叔璥罷職在家,直到乾隆初年再被啓用,在此期間他研習理學,纂輯理學書籍。而《近思録集朱》十四卷則於乾隆十九年(1754)輯成,前後歷時近三十年,《集朱》一書可謂其多年心血的結晶。那麽他爲何要輯《近思録集朱》?據黄叔璥序文,知其欲爲士子學習《近思録》建構一新的階梯。他認爲:“朱子之言,散見於《或問》《語類》《大全》《文集》内,詮釋《近思録》所載者什之七八,有非係正條,以類而推,而其理實相通者又什之二三。裒集薈萃,爰於各條之下,件繫於左,珠還合浦,通體光呈,較葉本所載者不啻數倍。”黄氏覺得有必要編輯《集朱》,來改正此前注本之不足。而且在他之前已有學者編撰與《近思録》相關的理學讀本問世,諸如劉清之、柳貫、高攀龍等人“大率以類編附,不專發明本文也”。有鑒於此,黄氏編纂《集朱》時,《近思録》原文“悉依《遺書》原本”,“集朱子之言”分綴於各條之後,以便達到“解析通明,四子精蘊乃益呈露”。其各卷篇名“從葉氏標題,亦遵朱子《近思録前引》列叙”[3]。對於自己編纂的文稿,黄叔璥自有評定,其序文曰:“學者若知得朱子之言,便知周、程之語,語語着實。由此而體認心、理之同於以修己治人。而制生人之道,爲天下後世利用,則《集朱》一書,可不謂《近思録》之階梯哉!”

關於黄叔璥文稿之書名“集朱”,正如任莉莉整理校點《集朱》一書時所言:“可概括爲‘以朱釋朱’,即取朱子之語以注朱子之書。此‘朱’,蓋泛言之,决不是僅僅將朱子本人的語録加以裒輯,而是將朱子之前的先賢,朱子友好、門人、後學的著述,凡其學説中有可切近、發明《近思録》之言語,一併加以彙

① (清)徐世昌《清儒學案》卷六十二《健餘學案》,第 2429 頁。

② (清)徐世昌《清儒學案》卷六十二《健餘學案》,第 2430 頁。

③ 按:黄叔璥與江永生活的時代很接近,可黄叔璥在比較《近思録》注本收録朱子之言時,是與葉采《集解》比較,而不與同時期的“以朱注朱”江永《集注》對比,難道乾隆十九年之前黄氏没有見到江永注本;或者江永《集注》可能在那時尚未流通開來?若江永注本就在黄氏案前,那他爲何不取之比較呢?這似乎不合常理。難道因爲自己與江永是同時代人,諱言比較?因而,前文任莉莉考述文字説黄氏采自江永注本一説,仍值得斟酌。

集，堪稱集‘朱’薈萃之作。”①

《集朱》十四卷，622 條，爲黄氏手稿本。從現存中國國家圖書館稿本圈改、倒乙、增補、删减之處頗多的情形推斷，當是未竟稿②。此稿本是在印有版框行格的紙上寫録。每半葉九行約二十二字。四周雙欄，框高 18.30 釐米，寬 13.30 釐米。白口，單魚尾。卷一卷端首行書寫“近思録集朱卷一”，次行署“北平黄叔璥學”，第三行書“道體 凡五十一條”，第四行抄寫“吕東萊謂：一卷所論，非初學者所能領會。朱子曰：且令識箇頭腦。學者須自二、三、四卷而入。”隨後另起一行抄録正文。

此稿本第 1 册卷首有清乾隆十九年黄叔璥序、《凡例》。《集朱》卷十四末抄録《增朱子論列諸賢》《增朱子論陸氏之學》。全書編次大致呈階梯狀，即《近思録》原文爲單行大字，頂格抄寫，黄氏輯録的朱子語抄作單行大字，低一字格，所輯先儒、朱子門人後學等語録文字抄作雙行小字，低一字格，而黄氏自己的按語是低二字格抄作雙行小字。國圖藏本，一函四册，鈐有白文印“閟古樓收藏金石書畫圖籍章”。此稿本，《販書偶記續編》有著録：“《近思録集朱》十四卷，清北平黄叔璥撰。原稿本，首有乾隆甲戌自序。”《中國古籍善本書目》亦著録。

此稿本有墨筆批校，但是批校語、行間、版間增補的文字，浮簽上的文字，其書體與《近思録》正文的書體稍異，恐非黄叔璥一人抄寫。如卷一首葉，墨筆批“北平黄叔璥學”，以下各卷首葉往往還可見墨筆加注卷次（如“卷二”之類的文字）、語録條數（如“凡百十一條”之類的文字）等。天頭、文中行格也間有墨筆校注。稿本上多處粘貼有紙條（浮簽），又將原稿要修改的文字覆蓋，並在粘貼的紙上墨筆校注，此舉疑似作者自己校改，至於爲何字迹有點異樣，尚不明源委。再者，其中有極少數紙條的紙質、所書字體與大部分被用來粘貼的紙條及字體不同，難道該稿本非一人批校？此外，稿本中除墨筆校勘外，還有佚名朱筆圈句讀，偶亦校注。總之，該稿本上出現的校勘情况較複雜，尚需仔細探究。

---

① 任莉莉、秦静良整理校點《近思録集朱》校點説明，見《近思録專輯》第 6 册。

② 任莉莉認爲：“《集朱》不僅是稿本，而且是黄叔璥尚未完成的稿本，是飽含着作者學術觀點和思想方法的待謄抄或將付梓的本子。”見《治〈近思録〉之階梯　以朱釋朱之典範》，第 78 頁。

黄叔璥從雍正二年罷職開始究心宋五子書及元明諸儒著述，儘管後來又有短暫的復出，但從未間斷《集朱》的編撰，此書傾注了他人生後期的大量心血。從黄氏《集朱》稿本的卷名、編輯思路考察，黄氏很可能也借鑒了張伯行集解《近思録》《續近思録》，所引朱熹語録達到 1960 條，且“有集元、明、清初朱子後學觀點之大成的氣象”，成爲宋以後述朱子學者的代表之一，他欲以此稿本作爲人們求學《近思録》的階梯，引導後學，教化民衆。

關於《近思録集朱》爲何没有被《四庫全書總目》著録的原因，筆者以爲很可能與清乾隆年間尹嘉銓案有關。乾隆四十六年尹嘉銓想爲其父尹會一請謚、從文廟，因爲行爲狂悖被治罪，查辦其財産時發現尹氏父子著述中有悖逆語句，尤以尹嘉銓的《名臣言行録》《朋黨説》顯悖，因而尹嘉銓被處决。而尹會一曾與黄叔璥過從甚密，尹會一任河南巡撫時對黄氏爲人處事清廉、恭恕大加讚賞，稱黄叔璥“爲立不易，方和而不流，君子人也”[①]，還爲黄氏《廣字義》作序。再者黄氏《集朱》是未竟稿本，所以儘管該書具有一定的文獻價值，《總目》則不會予以著録。

黄叔璥序曰：

程子云：“著述不得已，如彼耒耜陶冶之器。一不制，則生人之道有不足。”朱子録《近思》，所謂制生人之道，爲天下後世利用也。生人之道，不外於理。聖賢之言，一理也；古今之人，一心也。濂、洛、關中四子，闡明正學，紫陽尊聞行知，因事立教，有一外於四子之言乎？蓋周、張之書，朱子表章之；《二程遺書》，朱子彙次之。惟其理同，其心同，故其言同也。朱子之言，散見於《或問》《語類》《大全》《文集》内，詮釋《近思録》所載者什之七八，有非係正條，以類而推，而其理實相通者又什之二三。裒集薈萃，爰於各條之下，件繫於左，珠還合浦，通體光呈，較葉本所載者不啻數倍。羅整庵先生曰：“理精潔微妙，至爲難言。苟毫髮失真，雖欲免於窒礙，而不可得。”今集朱子之言，間補以儒先成語，倣章句圈外注意，不惟四子之真昭然若揭，而朱子淵源有自，其真益著。學者若知得朱子之言，便知周、程之語，語語着實。由此而體認心、理之同於以修己治人。而制

① （清）魏一鼇輯，尹會一等續補《北學編》，清同治七年重刻本。

生人之道,爲天下後世利用,則《集朱》一書,可不謂《近思録》之階梯哉!乾隆歲在甲戌仲春,後學黄叔璥謹識。[①]

《凡例》云:

宋劉子澄取程門諸公之説,編《續近思録》,元柳道傳有《近思録廣輯》三卷,明郭一泉纂朱子及許魯齋、薛敬軒之言爲《續近思録》二卷,另立篇目十一,高忠憲《朱子節要》十四卷,自序"不敢擬於《近思》"。國初宛平孫北海《宋五先生明四先生學約》,仍其舊目,合《正》《續》而爲一書。近時則星溪汪三省、張清恪《朱子續近思録》,孫静軒《五子近思録》,大率以類編附,不專發明本文也。璥不揣固陋,白文悉依《遺書》原本,逐條取朱子所言者,分綴於其後,解析通明,四子精蘊乃益呈露。

《太極圖》《通書》《西銘》,朱子原注已詳,而義藴又有見諸論説者,並爲摘録,其義益備。程、張之書,朱子固采其説矣,間有駁語,今併録之,義理無窮,進一解,更進一解,體認精切,非墨守師説者比。

《録》中"忽於擇婦""程子葬父""事親奉祭"三則,列於《家道》,是婚、喪、祭爲治家要務。愚將《治法》内"管攝天下人心",並"宗子法壞""家法月爲一會""冠婚喪祭""卜其宅兆"諸條,凡有家者,所宜切究也,統入《家道》。後思程子云"管攝天下人心"句,似立意在《治法》,三易其稿,不敢私行胸臆,有乖舊本。

楊、墨、釋、老,諸子辭而闢之,廓如也。厥後鵝湖專務虚静,完養精神,假老、佛之似以亂孔、孟之真,竊孔、孟之言以文老、佛之説,朱子目之爲真異端。而其徒傅子淵、楊敬仲輩,奮其私智,益肆猖狂。愚於釋氏後,繼以"朱子論陸氏",益信垂老不以千金而易人之敝帚也。仲兄益齋謂:"《朱子節要》,無垢、象山,統入'觀聖賢'條内,而瑕疵自見。"從之。

末卷統論聖賢。伊川之學與明道同。《明道先生行狀》《哀詞》,可謂極於形容,而伊川先生獨闕焉,爰取朱子所輯《年譜》以補之。外此,爲朱子所心許者亦不乏人,而朱子生平亦詳附焉。

《語類》:"《近思録》逐篇綱目:一道體;二爲學大要;三格物窮理;四

① (清)黄叔璥《近思録集朱序》。

存養；五改過遷善，克己復禮；六齊家之道；七出處進退辭受之義；八治國平天下之道；九制度；十君子處事之方；十一教學之道；十二改過及人心疵病；十三異端之學；十四聖賢氣象。”兹編從葉氏標題，亦遵朱子《近思録前引》列叙也。

七、清汪紱《讀近思録》版本考述

汪紱（1692—1759），初名烜，字燦人，號雙池，又號敬堂，清徽州婺源（今江西婺源）人。汪紱聰慧勤讀，母亡後，因生計所迫到景德鎮作傭工，後漂泊閩中。但他纍年不辭辛勞而博覽群書，“博極兩漢、六代諸儒疏義，而一以宋五子之學爲歸，旁及天文、地理、樂律、術數、兵法，無不究暢”。年少時便開始著述，一生著述三十多種，有《易經詮義》《讀近思録》《讀參同契》《理學逢源》《樂經律吕通解》《雙池文集》等[①]。光緒初年，徽州書院刊刻汪紱著述多種。對於汪紱，後人多有評價，《清儒學案》評價説，汪雙池“居貧守約，力任斯道之傳”，“恪守朱子家法，與江氏慎修學派同中有異”[②]。據劉師培《近儒學術統系論》説：“徽歙之地，有汪紱、江永上承施璜、吴日慎之緒，精研理學，兼尚躬行，然即物窮理，師考亭格物之學，又精於《三禮》。”[③]

據汪紱年譜，汪紱將自己多年讀《近思録》的心得體會輯成一書，名曰《讀近思録》，清乾隆十九年成書。此書與同時代的江永《近思録集注》不同，汪紱依從自己的理解，以“融貫經義”的方式闡發《近思録》藴含的聖賢微意[④]。其内容雖未明確分卷，卻仍依《近思録》十四卷的先後次序，即道體、論學、致知、存養、克治、家道、出處、治體、治法、政事、教學、警戒、辨異端、觀聖賢，在每卷讀書心得結束處，用雙行小字標注“以上某某篇”，可謂條理清晰。汪紱在闡述自己心得時，有感則言，無感不言。每條心得單列撰寫，共計約242條。汪氏關於《近思録》各卷部分語録的讀後感受，反映了其志趣所在，如對《近思

---

① 參見《清代通史》第5册，第458頁；《清史稿》卷四百八十，第13152頁；《清史列傳》卷六十七，第5373頁。

② （清）徐世昌《清儒學案》卷六十三《雙池學案》，第2433—2434頁。

③ 劉師培《劉師培儒學論集》，四川大學出版社，2010年1版，第176—177頁。

④ 丁紅旗《讀近思録》校點説明，見《近思録專輯》第9册。

録》卷六的第2、5、8、11、12、13、18、21條語録談了自己的看法,關於第13條則評論爲“孀婦再嫁”“不可爲”。

此書,《續修四庫全書總目》著録爲“《讀近思録》一卷,家刻本”。而此所謂的“家刻本”,筆者未曾見到。汪紱家貧,《清儒學案》亦未記載其家曾刊刻圖籍。僅見文獻記録清乾嘉時期沈維鐈刊版。關於《讀近思録》的成書與刊刻,陳榮捷卻認爲汪紱此書不分卷,“乃其本人之議論,並無特別見地”,書成於清光緒丙申年(1896)[①]。若陳先生所言“書成”指的是汪氏成書時間,筆者則認爲不妥,因爲從下文考證可見,汪氏《讀近思録》至遲在嘉慶年已有刊本。

再讀《續修四庫全書總目提要(稿本)》,説此書:“清汪紱撰。是書無自序,其首一條略云:‘《近思録》分十四卷。而以道體開其端。道體五十一條,而以《太極圖説》冠其首。此如子思子之作《中庸》,而首言天命之謂性也。性命孔子所罕言,而子思、孟子、周、程、張、朱皆汲汲乎先言之者。’‘孔子既没,異説横行,於是乎人人各有性命而不知自求。君子不特標其本原而示之,則學者無由知性命之在己,而作聖非異人事也。’‘曰:性命之微深矣,遠矣,得非近思乎?曰:知爲吾之所固有,而自思得之焉,何近如之?’”[②]該《提要》中的引文與筆者在上海圖書館所見《讀近思録》清光緒十年(1884)刻本卷端文字上略有差異,例如上圖藏本卷首第一條文字,“道體五十一條”爲“道體篇五十一條”;“異説横行”後多“老、佛塞其源,功利汩其流”。故《提要》摘録卷首文字很可能依據他本,難道《提要》所記的《讀近思録》是“家刻本”中的信息?

(一) 清光緒十年紫陽書院刻本

汪紱《讀近思録》書成之後,並未及時付梓。據光緒十年刻本卷首《汪雙池先生著述書目》所載,列有“《讀近思録》一卷”,其下注文云:“嘉慶戊寅翰林院侍讀湖北學政嘉興沈公維鐈鼎甫先生刊版。”可知湖北學政沈維鐈於清嘉慶二十三年(1818)刊刻過此書。如今已佚。

---

① 陳榮捷《朱學論集》,第167頁。

② 《續修四庫全書總目提要(稿本)》,第15册第705頁。

汪紱《讀近思録》一卷，現存紫陽書院刻本(書影見圖 5－21)。每半葉十行二十五字，左右雙欄，有界行，框高 18.10 釐米，寬 11.80 釐米。白口，單(黑)魚尾。魚尾上方刻書名“讀近思録”，下刻頁碼。卷端首行頂格題“讀近思録”，次行低三字格題“婺源汪紱(烜又名紱)雙池著，闔邑後學校梓”，第三行頂格刻正文。每條單列，頂格刻印。

此刻本卷首刻有書名兼牌記葉，右半葉刻書名“讀近思録”，左半葉的牌記刻“光緒十年春月重鐫，板藏紫陽書院”。正文前刻有《汪雙池先生著述書目》(注記已刻二十三種，未刻十五種)。該《書目》中列有“《讀近思録》一卷”，其下注文載：“嘉慶戊寅翰林院侍讀湖北學政嘉興沈公維鐈鼎甫先生刊版。〇光緒癸未，闔邑請吴邑侯節志書捐款重刊，版存紫陽書院。”因此，《讀近思録》在嘉慶二十三年刊刻後，光緒癸未(九年，1883 年)便開始重刊。“吴邑侯節志書捐款重刊”本，即版存紫陽書院的此本，光緒九年開雕，光緒十年(1884)刊成。上海圖書館藏本，一册五十六葉。部分卷葉有佚名朱筆、墨筆圈點。

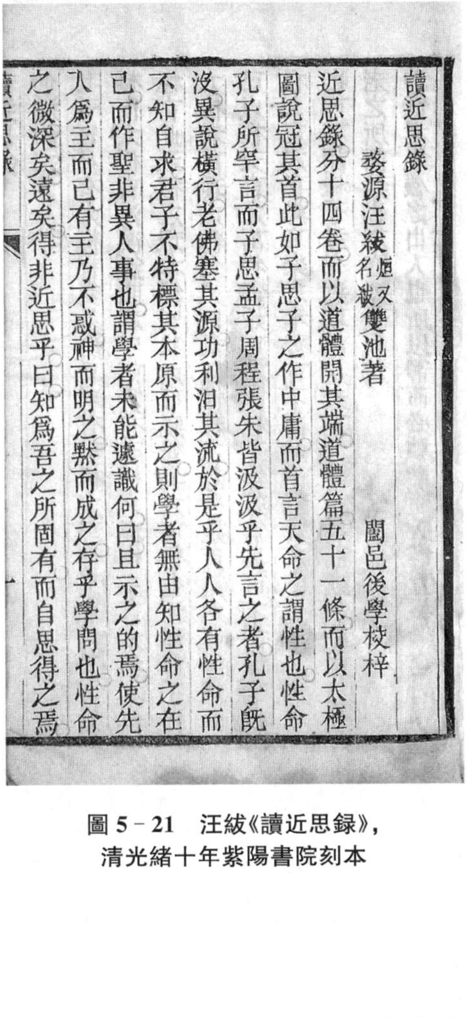
讀近思錄
婺源汪紱烜又名紱雙池著　闔邑後學校梓
近思錄分十四卷而以道體開其端道體篇五十一條而以太極
圖說冠其首此如子思子之作中庸而首言天命之謂性也性命
孔子所罕言而子思孟子周程張朱皆汲汲乎先言之者孔子既
沒異說橫行老佛塞其源功利汩其流於是乎人人各有性命而
不知自求君子不特標其本原而示之則學者無由知性命之在
己而作聖非異人事也謂學者未能遽識何曰且示之的焉使先
入爲主而已有主乃不惑神而明之默而成之存乎學問也性命
之微深矣遠矣得非近思乎曰知爲吾之所固有而自思得之焉

圖 5－21　汪紱《讀近思録》，清光緒十年紫陽書院刻本

(二) 清光緒二十三年浙刻本

汪紱《讀近思録》一卷，在光緒十年刊行後不久又有重刻本面世。每半葉十行二十二字，四周雙欄，有界行，框高 19.40 釐米，寬 13.30 釐米。白口，單(黑)魚尾。版心魚尾上方刻書名“讀近思録”，版心下端刻頁碼。卷端首行頂格題“讀近思録”，第三行低一字格題“婺源汪紱雙池著，後學烏程盧葆辰子純、同邑程夢元颬園、同邑余家鼎彝伯同校字”，第五行刻正文。每條單列，頂格刻印。

該卷收録在“雙池遺書十二種”之中，且位列首册。該《雙池遺書》卷首的書名葉刻“浙刻雙池遺書十二種”（篆隸書體），其左刻“同邑後學余家鼎謹署”。正文前刻有盧葆辰跋文《浙刻雙池遺書八種緣起》，《十二書目》（《讀近思録》《讀讀書録》《讀困知記》《讀問學録》《参讀禮志疑》《讀陰符經》《讀参同契》《儒先晤語》《詩韻析》《琴譜》《大風集》《物詮》）。

在《讀近思録》一卷的卷首有書名兼牌記葉，其右半葉分三豎格，自右至左刻“長安趙展如中丞鑒定/讀近思録/同邑後學余家鼎謹署”，左半葉中間有四周單欄的一塊牌記，刻“光緒丙申中冬重刊”。“光緒丙申”，即光緒二十二年。

從《讀近思録》此刻本的版式、版心等考察，與上述光緒十年刻本基本一致，由此可知此卷爲清光緒二十二年（1896）冬重刻光緒十年本。《中國叢書綜録》著録的“清道光至光緒間刊，光緒二十三年（1897）長安趙舒翹等彙印本”①，宜是此本。從該“彙印本”刊梓者趙舒翹（展如）等彙刻《遺書》來看，全部完工或在光緒二十三年初。

據盧氏《浙刻雙池遺書八種緣起》載，“江蘇巡撫長安趙展如中丞舒翹之刊汪雙池先生遺書”有傳本存世，當“元（筆者按，諱字，當作“玄”）孫彝伯先生家鼎挾書來杭，維時中丞開藩吾浙，讀而偉之，謀諸巡撫宣城劉景韓中丞樹堂，合捐廉資付梓，又得名公鉅卿暨鹽務紳耆相繼傾助。時辰方罷輿圖之役，與諸君子同司校字，訛者訂之，闕者補之，於甲午夏五開刻於安徽會館。……時光緒丙申中春，烏程後學盧葆辰子純謹誌。”因而，此《雙池遺書》源自余彝伯（家鼎）家藏本，由趙展如、劉景韓等合資刊刻於杭州的安徽會館，刊刻歷經三年左右。“甲午”，即光緒二十年。“丙申”，即光緒二十二年，此時盧氏作序記之。

《讀近思録》是《浙刻雙池遺書十二種》的第一種，浙江金華市侍王府有藏

① 《中國叢書綜録》（一），上海古籍出版社，1982年12月1版，第499頁。

（書影見圖 5－22），一册六十三葉，鈐朱文印“金華圖書館藏書”，知爲金華侍王府舊藏。日本東洋文庫也有藏。

關於汪紱《讀近思録》，現存較多書目有著録，然較簡單，如《清史稿·藝文志》云：“《讀近思録》一卷，汪紱撰。”①《中國叢書綜録續録》著録：“《讀近思録》一卷，”“（清）汪紱撰，（清）刊本。”②所記刊本具體時間不詳。至於汪紱《讀近思録》版本到底有多少，依據這些目録是不能全部確知的，仍需實地訪求。

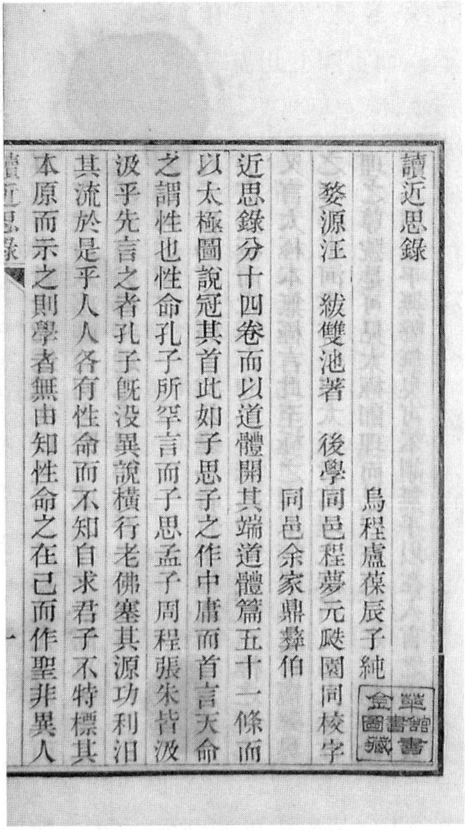
讀近思録

烏程盧葆辰子純

婺源汪　紱雙池著　後學同邑程夢元颷園同校字

同邑余家鼎彝伯

近思録分十四卷而以道體開其端道體篇五十一條而以太極圖說冠其首此如子思子之作中庸而首言天命之謂性也性命孔子所罕言而子思孟子周程張朱皆汲汲乎先言之者孔子既没異說橫行老佛塞其源功利汩其流於是乎人人各有性命而不知自求君子不特標其本原而示之則學者無由知性命之在己而作聖非異人

讀近思録

金華圖書館藏書

圖 5－22　《讀近思録》，清光緒二十三年刻本

八、清陳沆《近思録補注》版本考

陳沆（1785—1825），原名學濂，字太初，號秋舫，湖北蘄水（今湖北浠水）人。陳沆天資聰穎，清嘉慶二十四年（1819）狀元，授翰林院修撰，道光間任廣東鄉試正考官、四川道監察御史等。有室名“簡學齋”“白石山館”。陳沆博學多才，以詞章聞名，“尤篤好宋五子書”。著有《簡學齋詩存》《白石山館遺稿》《近思録補注》等。

陳沆與同時代的學者魏源③最爲友善，其《近思録補注》十四卷多引魏源

① 章鈺等編《清史稿藝文志及補編》，中華書局，1982 年 4 月 1 版，第 158 頁。

② 施廷鏞《中國叢書綜録續編》，第 169 頁。

③ 魏源（1794—1857），名遠達，字默深，又字墨生，號良圖，湖南邵陽人。清代啓蒙思想家、文學家。清道光二十五年進士。他博極群書，熟稔文獻典籍，著有《海國圖志》《書古微》《詩古微》《元史新編》《古微堂詩文集》等。

之説，常見“吾友邵陽魏默深曰”云云，以致今人誤將《補注》歸屬於魏源名下[①]，而實際上此書“是陳沆在魏源協助下完成的”[②]。陳沆“爲學之道，静虚爲本，深密爲要”[③]，對程朱理學很有興趣，做過深入體悟，魏源曾説陳沆“篤志求道，屏棄詞章之學”，因其鋭意理學，故在江永《近思録集注》的基礎上，采輯後儒之説，表達自己的意旨。其《補注》以引朱熹語録爲主，采擇宋代至清代的諸儒論説，間加自己的體悟發明，又充分吸收前人注本的成果，借鑒宋葉采《集解》，清施璜《發明》、茅星來《集注》、江永《集注》等，所引文獻有七八十家之多，具有一定的文獻學價值。

據《中南、西南地區省、市圖書館館藏古籍稿本提要》，陳沆《近思録補注》“每篇增入朱子之言，采入薛敬軒、胡敬齋、羅整庵、高景逸四家語録作注。全書凡六百二十二條，分十四門，逐篇綱目爲：一道體、二爲學大要、三格物窮理、四存養、五改過遷善克己復禮、六齊家之道、七出處進退辭受之義、八治國平天下之道、九制度、十君子處事之方、十一教學之道、十二改過及人心疵病、十三異端之學、十四聖賢氣象。書前有宋淳熙朱熹、吕祖謙題識，並附朱子及諸儒論《近思録》等。書中全用朱子原注，而他説次之；每章以歸重切要處而注之；凡周秦至唐諸儒之説，也均當取之。書中然朱子之學，旨於格物窮理，謂‘四書爲五經之階梯，而《近思録》爲四書之階梯’，使初學者易入四書之門，懂治人之要與辨異端、聖賢之大略等”[④]。由此看來，陳沆《補注》文獻價值、學術價值不可小覷，但是其注文略於訓詁考證，不重視詮釋文義，引多家之説又略顯龐雜。

現存陳沆《近思録補注》十四卷，有稿本與刻本存世。

（一）清陳沆白石山館稿本

陳氏此稿本現藏湖北省圖書館，筆者有幸見荆。該本是在印有藍色框欄的紙上書寫，四周雙欄，框高 20.90 釐米，寬 14.80 釐米。每半葉十行二十五

① 李瑚《關於詩比興箋與〈近思録補注〉的作者問題》，見《文史》第 21 輯。
② 參閱張文《近思録補注》校點説明，見《近思録專輯》第 11 册。
③ 《清史列傳》，第 6016 頁。
④ 陽海清主編《中南、西南地區省、市圖書館館藏古籍稿本提要》，第 200 頁。

六字不等,注文小字雙行二十四至二十七字數不等。白口,單(藍)魚尾。在版心下端印有“白石山館抄本”六個藍色漢字。卷一卷端首行頂格題“近思録卷之一”,越六字格題“凡五十一條”,次行低二字格題寫“朱子曰此卷道體”,未題撰者名。第三行頂格書寫正文,《近思録》原文爲大字,陳沆補注文字寫作雙行小字。

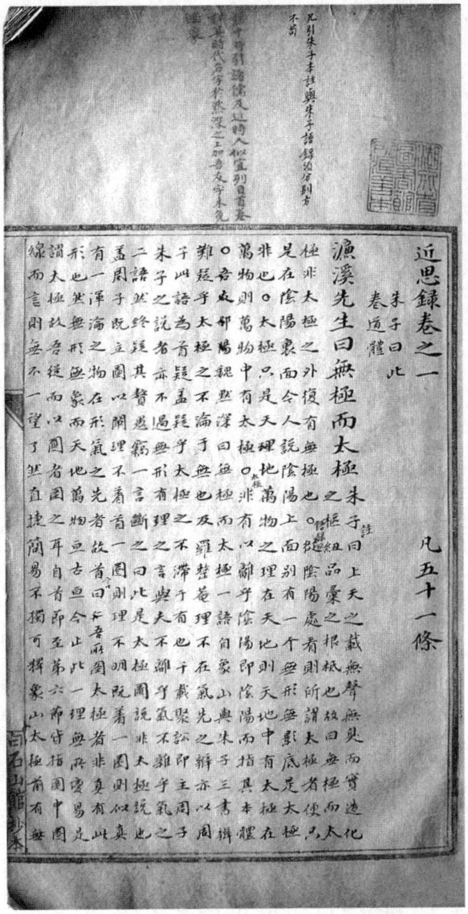
近思録卷之一　凡五十一條
朱子曰此卷道體
濂溪先生曰無極而太極

圖 5-23　陳沆《近思録補注》,稿本

此稿本卷首依次抄有《近思録書目原書序》《附朱子論近思録》《附諸儒論近思録》。書衣上有墨筆題記“簡學齋《近思録》手寫原稿補注,魏默深先生批”。“簡學齋”“白石山館”是陳沆室名。此本書名或依書皮所題而擬定。稿本内有魏源批語多處以及佚名增注,猶夾有陳沆粘貼的浮簽,並有陳沆墨筆勾劃,故爲陳氏原稿本。後人著録曰:“此書係簡學齋後人於 1961 年通過趙樸初先生手贈湖北省館。”[①]藏本鈐朱文印“湖北省圖書館所藏善本”。因此,此湖北省圖所藏稿本(書影見圖 5-23),是陳沆後人捐獻。

依據陳沆生卒年以及上述内容可知,陳沆英年早逝,此書尚未能最終修訂並刊行。湖北省圖書館此藏本,是清嘉慶年間的陳沆稿本。張文在將現存陳沆、魏源稿本的手迹比對後,也以爲湖北省圖所藏此《補注》“確係陳沆手稿”,現存稿本中的眉批乃魏源手迹。

---

① 《中南、西南地區省、市圖書館館藏古籍稿本提要》,第 200 頁。

稿本的各卷篇名采用《朱子語類》中朱熹所言“綱目”,這與江永《近思録集注》所依據的卷名相同,且陳沆在注文中較多地襲取了江永《集注》。該稿本在《近思録》原序下附朱子論《近思録》,其編次也沿襲了江永《近思録集注》卷首的編纂思路,而内容上較之江永《集注》本,朱子的 25 條論説文字中有 22 條相同,陳沆衹是抽换增補了 3 條。因而此《補注》是基於江永《集注》而生成的一部《近思録》新注本。

在朱子論《近思録》後,《補注》又附諸儒論《近思録》,其内容則是采録黄榦以下八位理學家的論説文字。所輯諸儒論説文字,有些頗有價值,如選録朱熹晚年認爲應補入《近思録》的四子語録,可使讀者對《近思録》内容的選輯修訂有更多的認識。此處補收朱熹認可的文字,有如:“《遺書晁氏客語》卷中,張思叔記程先生(程頤)語云‘思欲格物,則固已近道’一段甚好,當收入《近思録》。”[①]“因舉《東見録》中明道曰‘學者須先識仁。仁者,渾然與物同體,義、禮、智、信皆仁也’云云,極好,當添入《近思録》中。”[②]又如稿本所引魏源語録,卻不見魏源文集有載,這對輯佚魏源著述來説亦具價值。

關於陳沆原稿本的優劣,陳榮捷評價説:“所見並非卓越,考據遠不及茅星來之《近思録集注》,詮釋亦不及張伯行之《近思録集解》。以言以朱解朱,更不如江永之《近思録集注》。然遠勝日本素來通行之葉采《近思録集解》多矣。所采以朱子爲多,然此外亦引理學家約五十人,又述葉采注,江永注,施璜《五子近思録發明》,而獨張伯行不與焉。”[③]且説“國内早已不存”,當是陳先生失查,因爲他很可能是在日本東京大學中國哲學研究室發現陳沆《補注》後,作了上述評論,而未見過中國國内所藏的稿本與刻本。

(二) 陳沆《近思録補注》,清道咸年間初刻本

中國科學院、清華大學圖書館均藏有《近思録補注》刻本,每半葉九行二十二字,注文小字雙行同,四周雙欄,有界行,框高 18.40 釐米,寬 13.40 釐米。

---

① 《朱子語類》卷十八,第 405 頁。

② 《朱子語類》卷九十五,第 2447 頁。

③ 陳榮捷《朱子新探索》,第 401—402 頁。陳榮捷《朱學論集》一書評説:《近思録補注》“所引以朱子爲多,然此外亦引理學家約五十人。又述葉采、茅星來、江永、施璜注,而獨張伯行不與焉。中、韓、日諸注家之引與朱子共輯《近思録》之吕祖謙者,中村習齋而外,陳沆而已”。第 167 頁。

白口，單（黑）魚尾。版心魚尾上方刻書名“近思録補注”，魚尾下刻卷次、頁碼。卷一卷端首行頂格題“近思録卷之一”，越四字格刻“凡五十一條”，次行低十三字格題“後學陳沆補注”，第三行低二字格刻本卷提要“朱子曰此卷道體”，第四行頂格刻印《近思録》正文，《近思録》原文刻作大字，陳沆注文刻作雙行小字。刻本爲宋體字，刻印精美，天頭地脚較闊。

中國科學院圖書館藏本（書影見圖 5－24），4 册，此藏本卷五的條數刻記有誤，其卷端注記“凡 十 條”，“十”字前後各有一個字大小的空隙，按理它完全應該像其他卷端條數著録一樣不留空隙，故而推斷“十”字前後分别脱“四”“一”字，當爲“四十一”條，如此方與本卷實際輯録的語録條數吻合。刻本正文前刻印的序文及其他，與上述原稿本同。

近思錄卷之一　凡五十一條
後學陳　沆補註
朱子曰此卷道體
濂溪先生曰無極而太極朱子曰上天之載無聲無臭而實造化之樞紐品彙之根柢也故曰無極而太極非太極之外復有無極也○從陰陽處看則所謂太極者便只是在陰陽裏面今人說陰陽上面別有一个無形無影底是太極非也○太極只是天地萬物之理在天地則天地中有太極在萬物則萬物中有太極○太極非有以離乎陰陽即陰陽而指其本體○魏默深曰無極而太極一語自象山與朱子三書辨難疑乎太極之不淪於無也及羅整菴理不在氣先之辨亦以周子此語爲首疑蓋疑乎太極之不滯於有也千載聚訟即主周子朱子之說者亦不過無形有理之言與夫不離乎氣不雜乎氣之二語終疑其贅愚竊一言斷之曰此是太極圖
近思錄補注　卷之一　一

圖 5－24 《近思録補注》，清道咸年間初刻本

筆者將此刻本與湖北省所藏《補注》稿本稍作比較，便可發現其文字内容與稿本及稿本上的眉批緊密相關，稿本中的墨筆勾畫、增删修改之處在此刻本中多有體現，即刻本充分吸收了陳沆修改與魏源批語意見。此刻本中“玄”“禎”“弘”“寧”字避諱，其避清代帝王諱的下限是道光皇帝。如果依此推測，該本似清道光年間根據陳沆稿本刻印。

但是，據《簡學齋詩存》卷首所載陳沆女婿葉名澧題識説：“抑聞先生著述有《近思録補注》十四卷，尤爲平生所得力，董而理之，上諸史館，以備儒林之采擇焉，是則小舫之責也。”[①]小舫即陳沆之子陳廷經。由此看來，他與陳廷經

① （清）陳沆《簡學齋詩》，清咸豐二年陳廷經刻本。

完成《詩存》編校的時年，是咸豐二年(1852)孟春，在此之前他們對陳沆《近思録補注》是否整理付梓，是值得考究的。因爲葉氏没有説當時有《補注》刊本面世，那麽中科院所藏的此刻本很可能是在清咸豐初年刊刻，這也與刻本中的避諱不矛盾。因不見此前有《補注》刻本，或許這就是初刻本。

另外，從此刻本所刻“魏默深曰”云云，以及將稿本中魏源眉批刻作注文，我們能更清楚《補注》此刻所引魏源注文，有來自陳沆原稿的，有來自原稿中魏源批注之語，共計約 11 條，多集中於卷一、卷二中。

而事實上，在《補注》的原稿本中，魏源的批注有數百條，涉及《補注》的體例、文獻依據、人名字號等問題，體現出魏源的學術專長，然而在此初刻本中，已很難見到原稿本中魏源所言，以及相關表述的訛誤與不妥，這説明《近思録補注》此刻本是在原稿基礎上進行了修正，如稿本卷首輯録的明末清初孫北海語録一條在刊刻時被删除[①]。

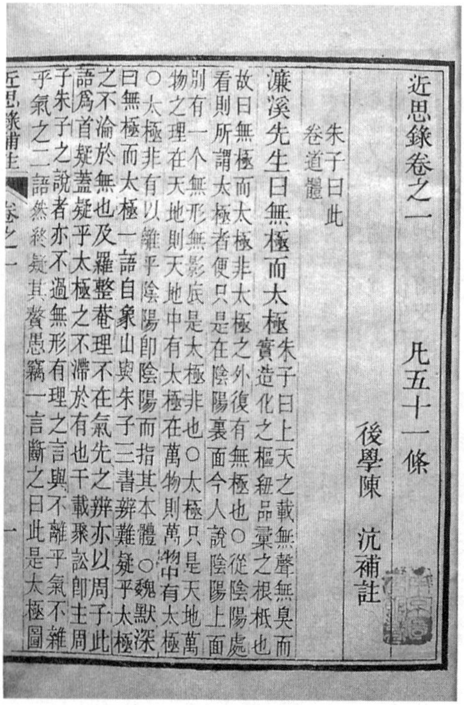
近思錄卷之一　凡五十一條
後學陳　沆補註
朱子曰此卷道體
濂溪先生曰無極而太極朱子曰上天之載無聲無臭而實造化之樞紐品彙之根柢也
故曰無極而太極非太極之外復有無極也○從陰陽處
看則所謂太極者便只是在陰陽裏面今人說陰陽上面
别有一个無形無影底是太極非也○太極只是天地萬
物之理在天地則天地中有太極在萬物則萬物中有太極
○太極非有以離乎陰陽卽陰陽而指其本體○魏默深
曰無極而太極一語自象山與朱子三書辨難疑乎太極
之不淪於無也及羅整菴理不在氣先之辨亦以周子此
語爲首疑蓋疑乎太極之不滯於有也千載聚訟卽主周
子朱子之說者亦不過無形有理之言與不離乎氣不雜
乎氣之二語然終疑其贅愚竊一言斷之曰此是太極圖
近思錄補注　卷之一　一

圖 5 - 25　《近思録補注》，清同光年間修改本

(三)《補注》清同光年間修改本

筆者在南京圖書館見到另一種《近思録補注》刻本(書影見圖 5 - 25)，4 册。其版式特徵、版心、卷首所載序文等，與上述道咸年間刻本基本相同。而且有意思的是卷五語録條數的刻印方式與中科院所藏道咸年間刻本存在一樣的問題。二者如此巧合，難道是同一版印製？

當我們將南圖此藏本與清華、

① 參閲張文《陳沆〈近思録補注〉考論》，《歷史文獻研究》總第 37 輯，華東師範大學出版社，2016 年 9 月 1 版，第 29—32 頁。

中科院藏道咸年間刻本比較後，發現二者又存在文字差别，在避諱問題上，此刻本不僅避諱道光帝"寧"諱，而且還避同治帝"淳"諱，由此看來，此本似清同治年間刊刻。

在各卷注文上，二者也存在少量差異，如卷一首葉道咸年間刻本"魏默深曰"四字佔據三個字的位置，顯得擁擠，而南圖此藏本在同一位置，卻是一個字佔據版子中應有的一個字大小的位置；道咸刻本的"與夫不離乎氣"，此本中此句卻無"夫"字。此類差異較多，筆者在此不一一列舉。

如果將各家藏本首葉所刊文字與湖北省圖所藏陳沆原稿本進行比勘，便發現中科院、清華大學所藏道咸年間刻本，文字更接近稿本，而南圖此藏本很可能是同光年間刷印時進行了剜改，即在道咸年刻本的基礎上剜改原版的少數文字再印製而成，因而其"玄""禎""弘""寧""淳"字均避諱。《販書偶記》著録的"約光緒間刊"本，極有可能是指南圖所藏的這部同治年間刻本，至遲不會晚於光緒，統而言之可謂"同光年間刻本"。至於《中國歷史博物館藏普通古籍目録》著録的《近思録補注》，清刻本[①]，4 册。其注記年代太寬泛，尚不知所謂"清刻本"具體所指年代，待考查。

九、黄奭《近思録集説》抄本考述

黄奭，生卒年不詳，字右原，清江蘇甘泉（今揚州）人，原籍徽州歙縣。清道光年間賜爲舉人。早年就學於江藩（鄭堂），專精漢學，後致力於輯證，所收逸書一一注明出處，校讎精審。與馬國翰同爲清代輯佚大家。著有《爾雅古義》《高密遺書》等[②]。《近思録集説》也是其著述之一，現存有清叢書樓抄本，是在印有朱色行格的紙上用墨筆小楷抄録，字形略扁。每半葉十一行二十五字，四周單欄，細紅口。原框欄的版心印有朱文"叢書樓"三字。卷一卷端首行頂格題"近思録集説卷一"，次行低十七字格題"甘泉黄奭學"，第三行低一字格題"道體 凡五十一條"，第四行低二字格抄寫提要，隨後另起一行書寫正文。此抄本編次清晰，書寫工整，似清稿本或謄抄本

① 中國歷史博物館圖書資料信息中心編《中國歷史博物館藏普通古籍目録》，北京圖書館出版社，2002 年 6 月 1 版，第 255 頁。

② 《清儒學案》卷一百十八《鄭堂學案》，第 4704 頁。

（書影見圖 5－26）。

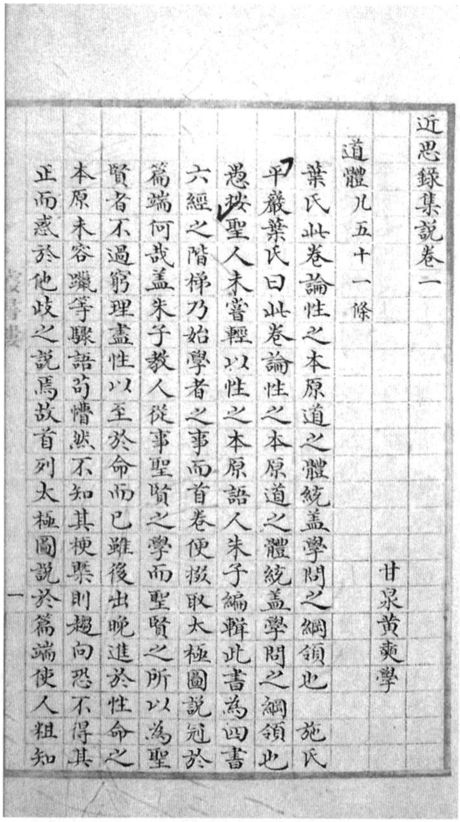

近思録集説卷一
甘泉黄爽學
道體凡五十一條
葉氏此卷論性之本原道之體統蓋學問之綱領也　施氏
平巖葉氏曰此卷論性之本原道之體統蓋學問之綱領也
愚按聖人未嘗輕以性之本原語人朱子編輯此書為四書
六經之階梯乃始學者之事而首卷便掇取太極圖說冠於
篇端何哉蓋朱子教人從事聖賢之學而聖賢之所以為聖
賢者不過窮理盡性以至於命而已雖後出晚進於性命之
本原未容躐等驟語苟懵然不知其梗槩則趨向恐不得其
正而惑於他歧之說焉故首列太極圖說於篇端使人粗知
一

圖 5－26　黄爽《近思録集説》，清抄本

該抄本卷首依次抄有朱序、吕跋、葉采《進表》（按，筆者以爲文中“淳熙”應爲“淳祐”）、葉采《近思録集解序》、施璜《五子近思録發明序》、汪佑《五子近思録序》、張伯行《近思録集解自序》（凡“皇上”“特頒”“聖朝”均提行抄録）、茅星來《近思録集注序》和《後序》、《近思録群書姓氏》（對取録各文集的語録條數作了較詳細説明）、江永《近思録集注自序》、《近思録集注凡例》。

黄爽撰《近思録集説》十四卷，每卷卷首除題署書名、撰者名外，也題有本卷篇名、語録條數。在正文前又集録葉采、施璜、張伯行、茅星來、江永五位《近思録》注家關於本卷内容的解題，如卷一卷端抄録：“葉氏：‘此卷論性之本原，道之體統，蓋學問之綱領也。’施氏：平巖葉氏曰：‘此卷論性之本原，道之體統，蓋學問之綱領也。’愚按，聖人未嘗輕以性之本原語人，朱子編輯此書，爲四書、六經之階梯，乃始學者之事，而卷首便掇取《太極圖説》冠於篇端，何哉？蓋朱子教人從事聖賢之學，而聖賢之所以爲聖賢者，不過窮理盡性，以至於命而已。雖後出晚進，於性命之本原，未容躐等驟語，苟懵然不知其梗概，則趨向恐不得其正，而惑於他歧之説焉。故首列《太極圖説》於篇端，使人粗知天理之根源，略明人物之終始，以正其趨向，而定其階梯，不至於錯走路頭也。蓋學問起頭要知性，中間要復性，臨了要盡性。人不知性，萬事皆低。後世道不明，衹是性不明。四書、六經都是説一性字。性即理也，仁義禮智是也。率而由之之謂道，三綱五常是也。《中庸》開卷即從'天命之謂性，率性之謂道'説起，亦是此意。故曰此卷乃學問之綱領，學者必先究心於此，然後可以論盡性至命之事也。熊澴川先生曰：'濂溪，宋之仲尼也。其學廣大精微，純粹深密，莫妙於《太極圖説》。上續魯、鄒之傳，下開洛、閩之緒，功在斯文，澤流後世。自秦、漢以來未有盛於濂溪者也。故程子兄弟語及性命之際，未嘗不因其説，而朱子又條分縷析以釋之，其學宏昭於天下。後世有志於聖賢之學者，豈可以爲此非始學者之急務，而不熟讀精思、虚心涵泳哉！'張氏：'此卷論性之本原，道之體統，蓋學問之綱領也。'茅氏：'此篇就理之本然者而言，必於此精察明辨，而後於道知所從入，可以用力以求至焉。凡五十一條。'此卷乃《中庸》之理，而《大學》所未及者。然如曰'明德'、曰'至善'、曰'天之明命'、曰'峻德'，以至'身心意知'之類，《大學》固已略見其端，特以方欲明體道之方，而未暇詳夫道之體也。此卷乃一一發明之，蓋道之體既明，而所以體道者自愈以詳審而精密矣。江氏：'朱子曰此卷道體。'"

黄奭集説的葉氏、施氏、張氏、茅氏、江氏等五位注家，生活年代最晚的一位是乾隆年間江永，因而黄奭當於乾隆年之後輯録。其抄本各卷篇名除卷二"論學"外，其餘卷名與葉采《集解》上圖藏明刻本的各篇名同，顯然是沿用葉采所擬標題。

由於在此抄本的卷首尾不載黄氏序跋之類的文字，我們衹能依據版心印記，暫定其爲清代叢書樓抄本。每卷卷端署名"甘泉黄奭學"。抄本中"炫"字闕末筆，"弘"字改作"宏"，"淳"字不諱，再結合黄氏生活的年代，筆者以爲該抄本爲清道咸年間黄奭書寫。中國國家圖書館藏本，三函十二册，部分卷葉天頭處有墨筆批校，少數卷葉用墨筆勾畫修改，依此看來黄奭在書寫時亦作校訂。天頭闊，裝幀精美。至於《集説》的其他傳本，筆者訪書多年不曾遇到，此抄寫本宜是孤本，當有一定的文獻價值。

十、郭嵩燾《朱子原訂近思録注》抄本考述

郭嵩燾（1818—1891），字伯琛，號筠仙，别號玉池老人、養知主人，湖南湘陰人。清道光二十七年進士，爲翰林院庶吉士，後入曾國藩、僧格林沁幕，同治年任兩淮鹽運使、福建按察使、廣東巡撫，光緒年爲兵部左侍郎，充總理各國事務大臣，出任英、法公使。著有《禮記質疑》《訂正朱子家禮》《養知書屋詩

文集》等。《清儒學案》評價郭氏，説："養知始宗晦庵，後致力於考據訓詁。其治經先玩本文，采漢、宋諸説以求義之可通。博學慎思，歸於至當，初不囿於一家之言，故能温故而知新，明體以達用。"[①]

郭嵩燾一生時而出仕爲官，時而罷官回籍，時而國内，時而英法，《近思録》是其案頭常備之書，多年來不斷閲讀，劄記心得，歷經數年注解此書。嚴佐之先生在校點此書時認爲：郭氏"注文内容重在義理思辨，且多獨特見解。對周、程、張四子思想，他既有發明，亦有持疑，而於朱子及張栻、黄榦、葉采、江永等注家詮釋，則頗多異議與辨正"[②]。其《朱子原訂近思録注》存有抄本，遼寧省圖書館有藏，該館著録爲"清末抄本"，《中國古籍總目》子部著録爲"《朱子原訂近思録》十四卷，宋朱熹、吕祖謙撰，清郭嵩燾注"[③]，没有講明版本情况。嚴先生在校點整理該書時，則簡要描述了其版本特徵。

此抄本是在素紙上書寫，每半葉十二行二十五字。中縫無卷數頁碼。卷首有清光緒十年郭嵩燾題識四則，無序跋文。正文卷一卷端首行題"朱子原訂近思録卷之一"，《近思録》正文頂格書寫，郭氏注文另行低一字格書寫。行間有圈點、校補，書眉間有批校評點。

各册書衣題署"《近思録》卷×之卷×/郭嵩燾注"。各卷末署"夏曆戊寅歲丹階記"題識多款。"丹階"是民國初東北藏書家孫廣庭之字，"戊寅歲"爲民國二十七年。據丹階題識字迹可推斷此抄本行間圈讀、校補與眉間評點皆出自孫廣庭之手。遼寧省圖書館藏本，一函四册，鈐有"東大圖書館所藏善本"印記，由此可知此本舊藏孫廣庭"因是樓"，後移架東北大學圖書館，如今歸遼寧省圖書館收藏。

現將此抄本卷首郭嵩燾光緒十年"題識四則"抄録如下：

同治七年冬，友人傅旭初自鄂寄到此本，敬讀二過，頗有發明，較其所得，似與十年前讀此書，微有淺深之異。謹志之簡端，異時自證其得失。養知主人郭嵩燾記。

《近思録》一書，慎修江氏集注，較張清恪注尤爲簡要，而於朱子之

---

① 《清儒學案》卷一百八十二《養知學案》，第 7007 頁。
② 嚴佐之《近思録注》校點説明，見《近思録專輯》第 11 册。
③ 中國古籍總目編纂委員會編《中國古籍總目》子部儒家，第 1 册第 86 頁。

言，所以發明程、張諸子之旨者，輯録尤詳，允爲善本。舊得豫刻本藏之，亂後遺失。流覽所及四十餘年，於諸賢立言垂訓，稍能得其指要。得此本十餘年，前後四次加注，參差異同，隨就所見爲言。多慚此道終無能有發明，然於研考人事之得失，與其存心之厚薄，以求爲斯道延一綫之緒，在於今日，無能多讓，因並記之。光緒十年甲申春三月嵩燾再題。

深味《近思録》所以分章之義，儘看得大，所録四子之言，亦多是從大處説，而於一言一動之微，仍是條理完密，無稍寬假。是以流行七八百年，奉此書爲入德之門，而體例之博大，記録之精審，尚亦非淺學者所能窺見也。嵩燾再題。

朱子輯《近思録》，四子微言大義備具其中。其采輯《伊川易傳》，多出東萊吕氏之意。蓋伊川借《易》以發明人事，反覆詳盡，多所啓發，而於《易》義，容有未盡融者。如《坎》九二之"納約自牖"爻中，可以有是義則無害也。《易》者象數之書也，去象數以明理，而或非其本義，則於其辭有違焉。生平所見《周易》之書，深得聖人之旨，無若船山王氏。所言象數，一求之本卦，無推測依附假借之勞，用是以求《易》，往往能窺知其崖略，而於《程傳》之言，非本卦所繫，輒加引申以明其旨趣。大抵《易傳》自爲成書，摘録數十條，未足盡其粹美，惜哉！無是可也。所與《易傳》異同，别詳其義如此。甲申春三月嵩燾再題。

這部抄本，雖然没有在卷端題署"郭嵩燾"之名，但經嚴佐之先生考證，此"遼圖藏孤本郭注《近思録》確爲清末名臣郭嵩燾的散佚之著"。據郭嵩燾題識所言，他流覽《近思録》四十餘年，期間他曾得江永《近思録集注》河南大梁書院刻本，同治七年又得江永《朱子原訂近思録集注》楚北崇文書局本，又曾多次加注，參差異同。例如郭氏自清同治七年至光緒十年，四次研讀江永《集注》，並隨筆劄記，因而在存世抄本卷前留下題識四則。依據其題識署年"光緒十年甲申春三月"，則知其《朱子原訂近思録注》已成。但他並未説自己的劄記加注付諸剞劂，因而很可能是未定稿，及郭氏歿後，該注記稿流出，於是抄録者依樣傳録，在書衣題署"郭嵩燾注"。儘管此抄本卷端無"郭嵩燾注"之類的文字，但後世在著録時一般多依從該書衣所題。

郭嵩燾在長期閲讀理學入門讀本《近思録》的過程中，認定此書"爲入德之門”,從其注文可以考察其“‘宗朱’的學術立場與取向”。對此,嚴佐之先生有非常精準的闡述,認爲:郭注“‘掛靠’理學‘三綱八目’‘内聖外王’體系,而必能反映其通貫、整體的‘宗朱’學術思想”,“其逐卷逐條加注,廣及理學範疇諸多議題,可補其他文獻議論不及的空闕”①。而且郭嵩燾“宗朱”而不“佞朱”,其注文中多處有“疑”或“疑朱子”,顯現其對前人學術思想既有繼承又有批判的治學精神。因此,通過郭嵩燾研讀、注解《朱子原訂近思録》的歷程,可見他不僅“始宗晦庵”,而且還是晚清尊宗程朱學派的代表之一,故其注本具有一定的文獻價值、學術價值。

至此,我們統觀清代的“《近思録》文獻”發現,清代的政客關注《近思録》者有多人,如張習孔、張伯行、黄叔璥、陳沆等,而郭嵩燾則是清末政客傳注《近思録》的代表,作爲讀書劄記式的注本,其字裏行間既有對前人注釋的辨正,也有自己的思考,談古論今,以求經世致用。

例如陳沆《補注》引陸九淵之説有 4 條,郭嵩燾《近思録注》引陸氏論説更多。而明清時期在很長一段時間内,宗程朱之學者因門户之見而排斥陸氏之學,而作爲“篤好宋五子書”“中年鋭治朱子學”的陳沆、“宗朱”的郭嵩燾卻不再有門户之私見,看到了朱、陸相同之處,也對程朱之言有所存疑。這在當時的歷史環境下是很有意義的,因爲以往的學者立論往往爲朱學、陸學重門户之見所束縛,以致不能放眼以觀,正如錢穆所言“象山之所是,有時爲朱子之所非”②,陳沆這類學者所表現出的無傳統的門户私見,肯定朱陸之同,在晚清學術思想界具有積極意義。

十一、吕永輝《國朝近思録》清刊本考述

吕永輝(1839—1921),字伯光,河南永城人,吕祖謙後裔。清咸豐十一年拔貢,官至直隸府知府,候補道臺。晚年講學明道書院。著述有《明道書院志》《篤實堂文集》《國朝近思録》等。

吕永輝在閲讀相關《近思録》文獻後,認爲若期望讀書人能“爲切近之學,

① 嚴佐之《清郭嵩燾注〈近思録〉及其“宗朱”之學》,載於《歷史文獻研究》總第 37 輯,第 6—10 頁。
② 錢穆《朱子新學案》第 3 册,九州出版社,2011 年 1 版,第 388 頁。

必取法於近代之儒”，而這些近世大儒文獻，則當推陸桴亭、張楊園、陸稼書、張敬庵四人之著述，他們四人“得周、程、張、朱之的派，爲千古道統之正傳”，在清朝理學史上均有一席之地。於是他爲了給時人建構入聖之階梯，則有意編撰《國朝近思録》，擇取“二陸、二張四先生”之書中“尤切近者若干條輯之，庶天下國家身心誠正之隆軌在是焉。學者近思而力行之，則入聖階梯不遠矣”。據其序文署年“光緒己亥”，即光緒二十五年(1899)，此時該書應已編成。

吕氏《國朝近思録》編成後很快被刊行面世，現存版本卷一卷端首行頂格題“國朝近思録卷一”，次行卷名“道體”。《中國古籍總目》著録有清光緒二十六年永城鶴湖吕氏刊本，中國國家圖書館有藏。

吕永輝《國朝近思録序》曰：

昔先伯恭先生過朱子寒泉精舍，同輯《近思録》一書，示學者以切近之功，爲千古人聖之階梯。學者遵而守之，以爲法程，則千古之學術正，千古之人倫益明。其後諸儒有《五子近思録》《續録》《廣録》，愈爲詳備。甲午冬，愚過明道書院，同黄子曙軒講學於春風堂，言及人期勉爲切近之學，必取法於近代之儒，《國朝近思録》一書，不可不急爲編輯。竊思一代則必有一代之聖賢，以綿道統於不墜。上古之世，堯、舜、禹、湯爲開天明道之聖人；中古之世，孔、顔、曾、孟爲繼世立極之聖人；宋之世，有周、程、張、朱五子爲繼往開來之聖人。其後接其傳者，元有趙江漢、劉静修、許魯齋；明有薛敬軒、胡敬齋、羅整庵、先司寇；當末世絶續之交，則有陸桴亭、張楊園，天地閉塞之時，養晦深山，獨延道統於一綫。逮我國朝，則陸清獻公、張清恪公出焉，恪守程朱以開文明之運。嗚呼，尚矣！是近世之儒，近思而有得之者，推二陸、二張四先生爲最純，悉具内聖外王之學、誠正齊治之略，得周、程、張、朱之的派，爲千古道統之正傳。因取四先生之書，讀而校之，擇其尤切近者若干條輯之，庶天下國家身心誠正之隆軌在是焉。學者近思而力行之，則入聖階梯不遠矣。光緒己亥秋九月，中州吕永輝伯光輯於明道書院。

十二、黑璊次珮氏《近思録復隅》稿本考述

清黑璊次珮氏，生卒年不詳，撰有《近思録復隅》。其内容涉及《近思録》

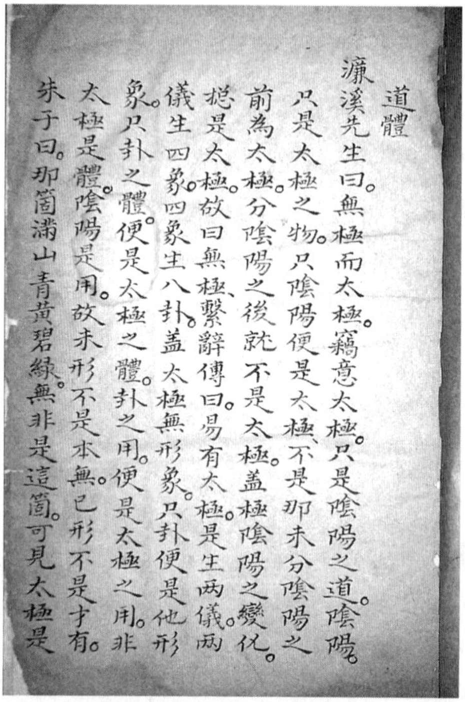
道體
濂溪先生曰。無極而太極。竊意太極。只是陰陽之道。陰陽。
只是太極之物。只陰陽便是太極。不是那未分陰陽之
前為太極。分陰陽之後就不是太極。蓋極陰陽之變化。
總是太極。故曰無極。繫辭傳曰。易有太極。是生兩儀。兩
儀生四象。四象生八卦。蓋太極無形象。只卦便是他形
象。只卦之體。便是太極之體。卦之用。便是太極之用。非
太極是體。陰陽是用。故未形不是本無。已形不是才有。
朱子曰。那箇滿山青黃碧綠。無非是這箇。可見太極是

圖 5－27　黑瑀次珮氏《近思録復隅》,清稿本

的“道體”“爲學”“致知”“存養”“力行克治”等。浙江圖書館藏有其稿本(書影見圖 5－27),2 册。此本在素紙上用楷體書寫,每半葉九行二十二字。

首册書名葉自右至左書寫“近思録復隅 九羅黑瑀次珮氏著/目次/道體/爲學/致知/存養/力行克治”。隨後另一葉書寫正文,首先爲“道體”部分,大致分作 21 條闡述自己的見解,每條内容首字頂格書寫,餘行則均低一字格書寫,其他各部分皆如此。“爲學”約分作 31 條,“致知”約分作 26 條,“存養”約分作 32 條,“克治”約分作 13 條,共計約 123 條。

該稿本不衹是就《近思録》所輯周、程、張四子語録進行闡述,還抄録引用朱熹的精要之語,意在用朱子語闡釋四子語意,使得四子與朱子合爲一體。他在談自己的認識時,用“竊意”或“竊聞”或“竊觀”等文字表明己見。如“道體”首條:“濂溪先生曰:‘無極而太極。’竊意:太極衹是陰陽之道……皆是自然之理。”浙圖藏本,有墨筆圈讀,鈐白文印“黑瑀”、朱文印“璞齋”,知爲撰者手稿。此藏本内有襯紙,爲藏家修繕過。

十三、張楚鍾《小學近思理話》清刻本考述

張楚鍾,生卒年不詳,字石瓠,清江西泰和人。據胡友梅《務實勝窩彙稿序》,張氏自幼勤奮好學,“寒暑未嘗去書不觀”。他通經史,淹貫古今,耻爲辭章之學。《小學近思理話》一卷,是張楚鍾的著述之一,收録在他的《務實勝窩彙稿》中。

北京大學圖書館藏有《務實勝窩彙稿》,8 册。第 1 册卷首有書名兼牌記

葉，刻書名“務實勝窩彙稿”，其左半葉牌記文字有脱落，僅存“光緒丁□□孟夏月刊□”，此葉還刻有“半生心解，得之静虚，聚精會神，合而成書”，落款署“巖叟漫識乙亥初冬”。此後刻有胡友梅《務實勝窩彙稿序》、光緒三年張楚鍾《務實勝窩自刻各書弁言》、《務實勝窩彙稿引》、《務實勝窩彙稿凡例》、《務實勝窩彙稿目録》。據其《凡例》，“理話”就是張楚鍾“有所見聞，或有所會悟，隨得隨記者”，因而此書具有劄記特色。據其《目録》，是將《小學》《近思録》二書合爲一卷，當是張楚鍾讀《小學》《近思録》兩書的心得輯録。

小學近思理話
泰和張楚鍾學
小學
嘉言第五　清者有守仁也慎者有猷智也勤者有爲勇也清不願
乎外勤素位而行慎則二者之本　婦從夫則兄弟睦娣姒亦睦夫
從婦則兄弟乖娣姒亦乖　驕貴者以人爲玩戲不知承奉者早已
以彼爲玩戲矣　古者冠必二十娶必三十雖似薄之其實有是德
乃行是禮正以厚之也今人但知爲子孫謀利欲皆令其早有不知
教之知理行義隨矣　冠太早則名浮於行昏太早則耗浮於生
俗視家事爲切而不公國事爲公而不切是歧尊親爲二　恩讐分
明非處物之義無好人非在物之理　知父母口體重於己之口體
而不知父母之子重於己之子自衆待舜已然　善必積乃成惡雖

圖 5－28　張楚鍾《小學近思録理話》，清光緒三年刻本

此藏本的第 3 册中有《小學近思理話》“一卷”（書影見圖 5－28），共計十一葉，即《小學》一葉，《近思録》十葉。現存刻本每半葉十二行二十六字，左右雙欄，框高 18.80 釐米，寬 12.70 釐米。單魚尾。版心刻“小學近思理話”、頁碼。卷端題“泰和張楚鍾學”。《近思録》“理話”的内容仍據《近思録》分十四部分，各部分的標題與葉采《集解》各卷篇名一致。由此説明張氏仍按《近思録》十四卷内容的先後次序，簡析各卷之間的結構聯繫，評析各卷内容，一一劄記。

此刻本牌記葉題識者的題署時間是“乙亥”，即光緒元年。再據張氏《務實勝窩彙稿引》末所署“光緒三年歲在丁丑冬十月”，那麽牌記“光緒丁□”或是“光緒丁丑”，即光緒三年（1877）。故此我們推斷《小學近思理話》當刊於清光緒三年。賈貴榮、張忱石所輯《稀見民國叢書五十種》有著録，張楚鍾《小學近思理話》光緒三年(1877)刊之[①]。

十四、牛兆濂《讀近思録類編》清活字本考述

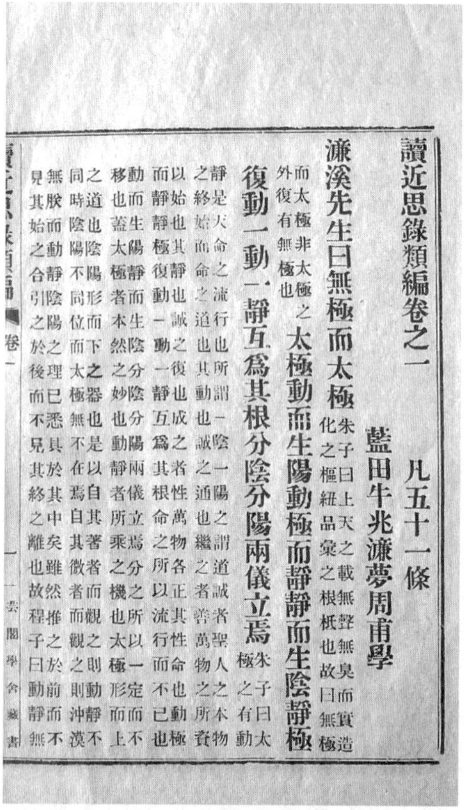
讀近思錄類編卷之一　凡五十一條
藍田牛兆濂夢周甫學
濂溪先生曰無極而太極朱子曰上天之載無聲無臭而實造化之樞紐品彙之根柢也故曰無極而太極非太極之外復有無極也太極動而生陽動極而靜靜而生陰靜極復動一動一靜互爲其根分陰分陽兩儀立焉朱子曰太極之有動靜是天命之流行也所謂一陰一陽之謂道誠者聖人之本物之終始而命之道也其動也誠之通也繼之者善萬物之所資以始也其靜也誠之復也成之者性萬物各正其性命也動極而靜靜極復動一動一靜互爲其根命之所以流行而不已也動而生陽靜而生陰分陰分陽兩儀立焉分之所以一定而不移也蓋太極者本然之妙也動靜者所乘之機也太極形而上之道也陰陽形而下之器也是以自其著者而觀之則動靜不同時陰陽不同位而太極無不在焉自其微者而觀之則沖漠無朕而動靜陰陽之理已悉具於其中矣雖然推之於前而不見其始之合引之於後而不見其終之離也故程子曰動靜無
讀近思錄類編　卷一　一　芸閣學舍藏書

圖 5－29　牛兆濂《讀近思録類編》，清光緒三十一年芸閣精舍活字本

牛兆濂(1867—1937)，字夢周，號藍川，陝西藍田人。清光緒八年(1882)縣考頭名，十年肄業於關中書院，後入志學齋，專攻儒家經學。光緒十五年舉人。光緒十六年任白水書院山長，始治程朱之學。十九年赴三原拜賀瑞麟(復齋)爲師，後講學於芸閣學社。光緒三十三年後講學於魯齋書院、清麓書院。著有《吕氏遺書輯略》《芸閣劄記傳》《讀近思録類編》等。

《讀近思録類編》十四卷，現存版本框欄交接處裂縫明顯，漢字墨色濃淡不一，當是活字本。是本每半葉十行二十二字，注文小字雙行二十四字。四周雙欄，框高 17.60 釐米，寬 12.40 釐米。白口，單(黑)魚尾。版心魚尾上印書名“讀近思録類編”，魚尾下印卷次、頁碼，在版心下端印“芸閣學舍藏書”。卷一卷端首行頂格題“讀近思録類編卷之一”，越三字格題記“凡五十一條”，次行低十字格題“藍田牛兆濂夢周甫學”，第三行頂格印正文，每條語録單列，首字頂格，餘行皆低一字格。卷末有尾題“讀近思録類編卷之某終”。《近思録》原文爲大字，注文印作雙行小字，印製精美(書影見圖 5－29)。

---

① (日)今關壽麿編輯《宋元明清儒學年表》，第 209 頁。

該本卷首書名兼牌記葉，右半葉印“讀近思録類編”（大楷），在書名的左側印有“米養純題”，在左半葉中間印四周單欄的牌記“光緒乙巳夏月芸閣精舍藏書”。正文前印有光緒三十一年牛兆濂《序》（序文末印有兩方印：陰文印“牛兆濂印”、陽文印“夢周”）、《讀近思録類編凡例》、《近思録》（包括此書取材的14部書名、朱序、吕跋）。

該印本各卷中的注文或夾注，多是對周敦頤語録、張載語録作注，頗似清前期吕留良家刻本的做法，究其原因，或許是牛氏老師賀瑞麟主持重刻的吕氏家刻本對其産生過影響，或許與牛氏研究吕氏遺書相關聯。該印本各卷末葉題記校勘者名，如卷一末題署：“咸寧門人王銘鼎慎齋，同邑門人程選臨升臣同校。”筆者稍作統計，發現該本由牛氏門人王銘鼎、程選臨、馬濂、賈毓齡、張鳴鳳、王敬祥、梁殿重、張棲鳳、劉元吉、張維浚、王希哲等校勘。

依據此本牌記“光緒乙巳”，即光緒三十一年（1905），可知《讀近思録類編》此印本是光緒三十一年芸閣精舍印本，當時牛氏或講學於芸閣學社。陝西師範大學圖書館藏本，一函二册。

牛兆濂《序》曰：

> 濂初見清麓先師，叩學術同異，承命讀《思録》。久之覺無所得，遂改從事《小學》者數年。既成誦，乃取前所讀《近思録》者，而更端讀之，沈潛反覆者又數年，乃覺所謂學者，所以求端用力、處己治人之要，與夫辨異端、觀聖賢之粗具梗概者，字字皆有下落，而嘆其理之實、義之精、言之親切而味之無窮也。獨其言散見四君子之書，先後錯出，互相發明，初學率莫由得其要領，恨不獲如《小學》之若綱在綱，可手持而足行也。夫散見者言也，一貫者理也，虚心平氣而深玩焉，則其散見之中，本末終始，莫不各有自然之先後，次第類聚而會通之。其見爲散者，未始不可貫而一也。暇日，竊本朱子《小學》及程子、張子，類聚觀仁編書，須理會有所歸。著遺意，取原書，而次第排比之，名曰《讀近思録類編》。言從其類，卷仍其初，取便誦習，不贊一辭，非必有當於前賢也。然窮鄉晚出，及時過後學，而無明師良友以先後之者，誠於是有取焉，則於朱子所謂義理精微，此書詳之。有志於學者，亦足以得其門而入。楊園張氏所謂“如鳳之六翮，能舉其要”者，或庶幾得階梯之階梯，其於讀原書也，不且事半而功倍歟！

書成，距先師之歿已周一紀，群言之淆亂且不知所紀極，吾安得起先師而質之！光緒乙巳秋七月之望藍川牛兆濂謹序於犧母廟。

十五、張紹价《近思録解義》民國活字本考述

張紹价(1861—1941)，字範卿，山東省即墨人。嘗從浙江富陽夏震武[①]游，究心於濂洛關閩之學。清同治年間舉人，爲清末民初即墨大儒，與鄉人鄭杲、王錫極並稱。其著述較多，有《中西學説通辨》《居安軒存稿》《近思録解義》等。

據張紹价《近思録解義序》，他認爲後世注解朱子《近思録》者，有人"則於《論孟集注》，章各爲解，節各爲説，無由觀其會通"，以致朱子當日編輯之意難以明澈。於是他在前人注本的基礎上，以江永《近思録集注》爲底本，對《近思録》進行解義，會通前後，並增己義，仿照江永《集注》"永按"的體例，以"价按"明確標示己見。對於張氏《解義》，《續修四庫全書總目》認爲："歷代關於《近思録》之纂注、成書頗多，而要以範卿此解爲最便於初學。雖義理深奥者，恒不能越出宋人窠臼，然不務高論，一趨平實，亦近人中不可多得者也。"[②]

《近思録解義》十四卷，622條，現存有民國青島同文印書局鉛印本。該本仿古書編次豎行編排，每半葉九行二十八字，注文雙行小字四十三字左右。四周雙欄，框高21.50釐米，寬13.00釐米。上白口，下細黑口，單(黑)魚尾。版心魚尾上印書名卷次(如"近思録解義卷一")，魚尾下印頁碼，下黑口右側印有出版單位"青島同文印書局公記印"。卷一卷端首行頂格題"近思録解義卷之一"，越十三字格題"凡五十一條"，次行低十七字格題"即墨後學張紹价"，第三第四行均低一字格雙行小字印本卷解題(張紹价解題文字多是簡述本卷大意)，第五行頂格印正文，《近思録》原文爲大字，《解義》注文爲雙行小字。

該印本首册的書名葉印"近思録解義/歲在丙子春月再版"，"丙子"，即民國二十五年(1936)。正文前印有《題範卿張兄古衣冠攝影》(文後署"臨沂狄

---

① 夏震武(1854—1930)，字伯定，號滌庵，浙江富陽人。世居靈峰山下禮山鎮，學者稱靈峰先生。著有《悔言辨正》《大學衍義講授》《論語講義》《孟子講義》等。

② 中國科學院圖書館整理《續修四庫全書總目提要(稿本)》，第1册第60頁。

建鼇曉策”)，該段文字下印有張紹价照片一張，照片左側題署“夏正壬申三月攝影時年七十有一”。此葉之後，接着印民國十三年(1924)張紹价《近思録解義序》、《近思録書目原序》(包括朱序、吕跋)、《引用諸儒姓氏》、《附朱子論近思録》。卷十四末印有民國二十五年朱玉麟《近思録解義跋》。在卷末版權頁，印有刊記“青島同文印書局公記”，發行者“青島同文印書局公記”。因此綜上所述，可知張紹价《近思録解義》此版本是民國二十五年春青島同文書局鉛字排印本。浙江圖書館藏本(書影見圖 5－30)，4 册，鈐朱文印“浙江省立圖書館所藏”。在該藏本書名葉的右側空白處佚名墨筆書“張範卿先生捐”。依此可知該館所藏此民國二十五年印本由張紹价捐贈。至於《解義》有無更早的刊印本，尚待查考。

近思錄解義卷之一

凡五十一條

卽墨後學張紹价

朱子曰、此卷道體。劉綎三曰、道體一卷。以天體物而不遺。猶仁體事而無不在。君子循而脩之所以吉爲主。以天以陰陽五行化生萬物。氣成形而理亦賦焉。聖人定之以中正仁義而主靜。立人極焉。爲總旨。以天道理氣人心性情爲分意。體似立綱。以濂溪太極圖說爲綱。引程子張子之言以發明之

濂溪先生曰。無極而太極。

朱子曰、上天之載。無聲無臭。而實造化之樞紐。品彙之根柢也。故曰無極而太極。非太極之外。復有無極也。○价按太極在人爲性。性之本體無形無聲。故曰無極。然雖無形無聲。而其理則至極而無以復加。故曰無極而太極。○蔡節齋曰、朱子曰太極者。象數未形而其理已具之稱。又曰未有天地之先。畢竟是先有此理。又曰、無極者只是說這道理當初元無一物。只是有此理而已。此個道理。便會動而生陽。靜而生陰。詳此三條。皆是主太極而爲言也。又曰、從陰陽處看。則所謂太極者。便只是在陰陽裏面。今人說陰陽上面別有一個無形無影底是太極。非也。又曰、太極只是天地萬物之理。在天地。則天地中有太極。在萬物。則萬物中有太極。又曰、非有以離乎陰陽也。卽陰陽而指其本體。詳此三條。皆是主陰陽而爲言也。故主太極而言。則太極在陰陽之先。主陰陽而言。則太極在陰陽之內。蓋自陰陽未生而言。則所謂太極者。必當先有自陰陽既生而言。則所謂太極者。卽在乎陰陽之中也。謂陰陽之外。別有太極爲陰陽主者。固爲陷乎列子不生不化之謬。而獨執夫太極只在陰陽之中之說。則又失其樞紐根柢之所爲。而大

近思錄解義卷一　一

青島同文印書局公記印

圖 5－30　張紹价《近思録解義》，民國二十五年活字本

在清末一片洋爲中用的呼聲中，傳統的東西在被邊緣化的情景下，仍有人默默注釋《近思録》，把筆墨傾注在那些著名的理學家身上，不再大談空談，而是從精神上取得慰藉，欲從中尋求醫治社會的處方。生活在清末的張紹价，仍高舉程朱大旗，努力捍衛程朱理學之地位，其《解義》有意凸顯“經世致用”思想，其注文也反映出張氏是一位具有時代感、使命感的清朝遺民。其文字平實易懂，頗具個性色彩，可助讀者從一個側面考察二十世紀初期的社會文化思想，也可考察傳統理學的尊崇者在西學東漸、新文化運動中的思想情懷。

《解義》是清末民初頗具特色的新式注本，張紹价推崇理學，排斥陽明學

與考據學，推崇程朱，貶斥佛學與西學，其《解義》具有較高的歷史文獻價值，反映了新舊交替時代固守程朱之學者的内心世界。筆者曾專門撰文探討張紹价《解義》的學術貢獻，以爲張氏解析《近思録》内在結構，注重概括章節，化繁複爲簡明；其注文會通解義，突出切問近思之旨，文字簡明，"不務高論"，思路謹嚴，"最便於初學"。《解義》注解方式呈現鮮明的"科級"特點，以"价按"爲主體，以朱子語爲輔助，以其他各家論説爲補充，體現出切問近思之意。與以往的注本相較，則重在將"切問近思"與清末民初的社會現實相結合，進行切近於讀者的解説。《解義》真切反映了新舊時代交替之際社會問題的複雜性，展現程朱之學蘊藏的生機與活力，彰顯宋儒不以事功爲止境的雄心雅量，是近代社會研治《近思録》的良好階梯[①]。

張紹价《近思録解義序》曰：

> 繼四書、六經而載道者《近思録》，四書、六經聖人傳道以垂教萬世。自辭章考據家起，譁世取榮，弋名干禄，經爲無用之糟粕，道術遂爲天下裂。周、程、張子崛起千數百年後，發揮道要，默契鄒魯。紫陽朱子采録精言，勒成一編，懼人騖於高遠，蹈於鹵莽，而引之於近，慎之於思。學者讀其書，始恍然於先聖遺經皆切身心，而深悟辭章考據之爲陋。《近思録》所以階梯四書、六經，允爲入道之津梁。朱子纂輯是書，體裁略仿《學》《庸》，與《論》《孟》之單章隻句各爲一義不相聯貫者異。後之注是書者，乃不取則於《學》《庸》章句，而取則於《論》《孟》集注，章各爲解，節各爲説，無由觀其會通。朱子當日編輯之意，鬱而不明，學者始終用功之要，亦闕焉弗詳。予弱冠後，即服膺是書，而莫能識其要領。中年獲交琅邪劉君緘三，緘三之言曰："《近思録》一書，規模宏大，綱目精詳，文理接續，血脉貫通，六百二十二條，分之爲十四卷，合之直如一篇。"予依其説讀之，沈潛反覆，垂二十年，頗有所見，不揣固陋，撰爲《解義》，分析其章段，提挈其綱維，疏通其節目，闡發其蘊奥。道原於天，學盡於人，理之所以明，心之所以存，身之所以修，家國天下之所以齊治平，出處進退之義，

① 程水龍、姚鶯歌《切問近思、經世致用——論張紹价〈近思録解義〉及其學術貢獻》，載於《朱子學刊》第 28 輯，黄山書社 2018 年 1 版。

禮樂制度之文，處事教人之方，改過遷善之法，異端之近理亂真，聖賢之可學而至。主敬存誠，盡人合天，宏綱奥旨，燦然明著。雖於朱子編輯之意，未敢謂吻合無間，而學者有志嚮道，循是求之，以進於四書、六經，固無難得門而入矣。夏正甲子歲秋八月甲辰即墨後學張紹价序。

朱玉麟《近思録解義跋》曰：

丁卯冬予余航海問道靈峰，路出青島，謁範卿先生於劉寓。先生乃靈峰夫子高弟，爲吾同門之先進者也，遂以所著《中西學説通辨》見惠。"其書精闡師説，明辨學術，爲自方植之《漢學商兑》後所不可多得之書，而純粹以精，有方植之所不及者。"(此本靈峰先師語麟者)又出所注《近思録解義》見示，余受而讀，見其支分節解，脉絡貫通，詳略相因，巨細畢舉，而凡諸説皆得以曲暢旁通，而各極其趣，誠有如朱子所云者。余遽起而拜之曰："先生此書加惠後學不淺，乃吾道之光也。"後嘗縈繫於心不忍釋懷，今已出版問世，幸得卒讀。學者果能由是循序漸進，默契心通，知行並進，存養交修，而進之於四書、六經，吾知於聖賢之道有不難至者矣。丙子二月濮縣後學瑞生朱玉麟書於黄華書屋。

十六、管贊程《近思録集説》民國活字本考述

管贊程(1872—1952)，原名協寅，字匡平，號向定，清末民國年間浙江台州黄巖人。與同時期學者張紹价同爲夏震武門人。著有《鞭裹録》《近思録集説》等。張紹价評價管氏時，説他"主静立極，聖學心傳……維我向定，獨得真詮；闡明奥旨，精蘊畢宣……祖述魯叟，步趨宋賢；《近思》一編，尤所精研"①。

據管贊程《近思録集説後序》的落款時間，可推知《近思録集説》十四卷於民國二十五(1936)已完成。管氏説此書以江永《近思録集注》爲底本，"掇拾各書而成"，即將史上《近思録》代表性注本，如葉采《集解》、施璜《發明》、張伯行《集解》、茅星來《集注》、江永《集注》等注文進行選擇性彙輯，分章詳説，前後貫通，不僅呈現各歷史時期入聖階梯的構建思維觀念，且加入了自己的闡發。《集説》所取史上諸家言論，自西漢至民國年間的學者，多達五十多人，人

① 見浙江印刷所鉛印本管贊程《近思録集説》卷首《管向定像贊》。

員成分複雜，有史學家、文學家、理學家、科學家、音樂家等，也收羅了宋元明清諸多學者解説評議《近思録》的文字，並對各家文字進行甄别，將衆多文獻資料以時代先後編次於各條之下，眉目清晰。其選輯典故的範圍相較於昔日的衆多《近思録》注本，則明顯擴大。

管氏《集説》的特色還在於其編次頗益於"初學之士"。此注本除在每段文字下寫按語，間或對一些語録進行解説外，還對《近思録》各卷相關語録進行分章或分段，概述其理學意義，這與以往《近思録》注家有明顯不同。其切近讀者的解讀方式，是宜於讀者很快把握《近思録》各卷綱領、各部分内容概要。可見管氏在繼承葉采、茅星來、江永注解《近思録》傳統的基礎上，在注解手段與方法上均有所創新，即切近讀者理解，又將近思切問之學與現實相結合，且其"程按"文字簡明扼要，便於讀者理解與接受①。

例如管氏對各卷語録，根據内容相近或相同歸納分章，卷一分作六章。並且注重前後文的注釋互見，如管氏在解説卷二"學原於思"條時，按語説是與卷二"時復思繹，浹洽於中"條相發明，指出"當参看而詳味之"。卷九"明道先生言於朝"條，管氏注文云："致知主敬之節序，此書卷三卷四備矣。"

管贊程《近思録集説》的内容主要有三部分：《近思録》原文，引古今人關於《近思録》的論述或相關佐證文獻，管氏自己對《近思録》中字詞音義、典故、語段文意的解説。特别是管氏自己的解説，多關注治國平天下的内容，這與清末民初中國社會的狀況有密切關聯，注者意在將讀書與治國相關聯，也與《近思録》編撰的初衷相一致。由此我們看到管氏那個時代部分知識分子的社會發展主張。

該《集説》現存有民國年間浙江印刷所鉛印本。此書按照古書行文慣例豎行排版，每半葉八行二十六七字不等，注文雙行小字四十一字左右。四周雙欄，框高 20.70 釐米，寬 13.00 釐米。白口，單(黑)魚尾。版心魚尾上印書名，下印頁碼，版心最下端印出版單位"浙江印刷所承印"。卷一卷端首行頂格題"近思録集説卷之一"，越九字格題"凡五十一條"，次行低十五字格題"黄巖後學管贊程"，第三行低一字格印雙行小字"朱子曰此卷道體"，第四行頂格

① 杜海軍、杜昭《浙學晚著〈近思録集説〉的學術貢獻》，載於《浙江師範大學學報》2015 年第 5 期，第 46—51 頁。

印正文，《近思録》原文爲大字，管氏集説的文字爲雙行小字。在該注文中，管氏在引用了前人的解説後，常常以“程按”的方式，闡明自己的理解。

近思錄集說卷之一　凡五十一條

黃巖後學管贊程

朱子曰此卷道體

濂溪先生曰。無極而太極。朱子曰。上天之載。無聲無臭。而實造化之樞紐。品彙之根柢也。故曰。無極而太極。非太極之外。復有無極也。又曰。上天之載。無聲無臭。是就有中說無。無極而太極。是就無中說有。又曰無極者。只是說這道理當初元無一物。只是有此理而已。間有此理。然後有此氣。曰此本無先後之可言。然必推其所從來則須說先有此理。又曰不言無極。則太極同於一物。而不足爲萬化之根。不言太極。則無極淪於空寂。而不能爲萬物之根。張範卿曰。太極在人爲性。性之本體。無形無聲。故曰無極。然雖無形無聲。而其理則至極而無以復加。故曰無極而太極。程按無極之眞。二五之精。渾融無間。不能相離。故理氣無先後之可言。但必先說無極。後說二五。此推其所從來之謂也。太極在人爲性。性又推其本體曰無極。蓋太極本無極也。若但言太極。則心具衆理而應萬事。不足爲萬化之根。不能與天同大。必以天命之性。方可稱至極而無以復加。周子之學本天。與中庸同意。故啓口便言無極而太極。

太極動而生陽。動極而靜。靜

浙江印刷所承印

圖 5－31　管贊程《近思録集説》，民國二十五年活字本

卷首印有張紹价《管向定像贊》、管贊程照片一張（照片左印“夏正丙子四月攝影時年六十有五”）、民國二十四年八月管贊程《近思録集説序》、《近思録書目原序》（《近思録》取材的 14 部書名、朱熹序、吕祖謙序）、《附朱子論近思録》。《近思録》卷一正文前印有《周子太極圖》，並附《朱子圖解》。卷十四末有民國二十五年二月管贊程《近思録集説後序》，該《後序》末左下印“黄巖蔡驤杰生、許憲衡服堯校”。因而可以推斷此印本由黄巖蔡驤、許憲衡校勘。據卷首照片左邊題署紀年“丙子”，即民國二十五年，因而《近思録集説》此印本是管氏 65 歲時印製，即民國二十五年（1936）浙江印刷所鉛印。浙江圖書館有藏（書影見圖 5－31），4 册。

依據該本卷首尾管贊程的序文，管氏認爲孟子歿後聖道不傳，極力讚頌宋代五子（周子、二程子、張子、朱子）在儒學傳承上、道學闡揚上的地位作用，特意表彰朱熹在《近思録》編輯上的用心，即“教人切近精思，變化氣質，痛斥記誦博識爲玩物喪志，無心得爲買櫝還珠，定其學之道曰‘主敬’‘致知’‘力行’。其求端之方雖多，固皆可以入手，惟類聚孔孟言仁，研窮大概，最稱良法”。强調了吕祖謙序文所揭示的“科級”之義，告誡“後之學者”主敬、致知、力行，玩熟此書，方能“循是而進，自卑升高，自近及遠”，纔能真切體悟四子之

學。在管氏看來,《近思録》"前人所注數家,未言求端之方,漸次經由之實",以致"朱子編輯之意既晦,學者入門漸進之路又塞,則此書雖存,而能知其貴者蓋鮮"。因而,管氏"歷選前聖之書,論其科級具備,序次詳明,以及艱難曲折,補偏救弊,考功惟此爲密。雖掇拾各書而成,而卷中前後淺深,聯絡一片,如天衣無縫"。認爲自己的《集説》雖"不能盡發其藴",但能"於求端用力之方,其間進步之漸,分章以詳其始末,珠聯以貫其血脉,隨時以救其弊病,使循階而不可躐等,此則稍有發明。至於辨異端似是之非,開百代未明之惑,關係學者之大,特加詳焉,初學之士其有取焉,則亦未必無少補"①。而且管氏還在《近思録集説後序》闡述了《近思録》科級的原理,乾道、坤道的轉化關係,以及自己對此書綱目編排的理解,爲何選録張載語録入《近思録》的原因。

管贊程《近思録集説序》曰:

孟子殁而聖道不傳,漢之訓詁、唐之詞章,既不足以明道,而楊、墨、老、莊、申、韓、蘇、張、孫、吴、釋迦、達摩之言,又塞仁義而亂天下,士不見聖道者千餘年,迨五季衰而壞亂極矣。宋興,文運天開,聚五星於奎,而周子出,不由師傳,默契道體,開千載絶學而著《圖》《書》,推無極太極爲萬化之根,以中正仁義全德,掃蕩百家,平定於一。其學必本於静而立人極,以静爲誠之復,天命之性可與天地合德,功極位育,上接洙泗,下啓河洛。河洛二程傳其道,擴大推明,出《大學》《中庸》於《禮記》,闡爲學次第於《大學》,明傳授心法於《中庸》,使道心之微、人倫之著、事物之衆、鬼神之幽,皆洞貫於一,而顔、曾、思、孟之傳,焕然復明於世,赫赫照人耳目,如日月經天,江河行地。横渠張子見而知之,紫陽朱子聞而知之,編輯周、程、張子精言以爲此録,名之曰《近思》。教人切近精思,變化氣質,痛斥記誦博識爲玩物喪志,無心得爲買櫝還珠,定其學之道曰"主敬""致知""力行"。其求端之方雖多,固皆可以入手,惟類聚孔孟言仁,研窮大概,最稱良法。此法淵源《學記》,"比物丑類",相説以解。三代以上所傳,不比尋常立法。能效其法,惟有南軒張氏,哀魯《論》,言仁,講明實踐,卒成宋代大儒。後之學者,果能實心研究,以身體驗,專心致志,必發

① 管贊程《近思録集説序》,載於管贊程《近思録集説》,民國二十五年浙江印刷所鉛印本。

其端。主敬則有本體可守，外患不入；致知力行則有思路可尋、端緒可接，念念不忘，爲之不厭，然後積累精專，次第而徧，而學級逐一進。此後目光自遠，能及高深遠大。致知則有精意可玩，主敬則有要約可據，能持其志，使氣不亂，從容涵泳，思慮日以清明，自能默契聖賢立言之旨，可以論學取友，而學級又一進。從此默識所得，玩心高明。主敬則能聳起此心，教其精一，自無一毫雜亂。致知則能味其真腴，探其困奧，潛心之久，自當知類通達，可謂深造，而學級又一進。自是而後，居敬窮理如江海之浸、膏澤之潤，自然漸漬浹洽，心與理一，不言自得於己。吕東萊序此書，稱其“具有科級，循是而進，自卑升高，自近及遠”，亦先接此義，使人共曉。前人所注數家，未言求端之方，漸次經由之實，朱子編輯之意既晦，學者入門漸進之路又塞，則此書雖存，而能知其貴者蓋鮮。歷選前聖之書，論其科級具備，序次詳明，以及艱難曲折，補偏救弊，考功惟此爲密。雖掇拾各書而成，而卷中前後淺深，聯絡一片，如天衣無縫。能通乎此，則視四書之高下淺深，皆有分寸，以得其梗概。朱子謂《近思録》階梯四書，學者果至此，則其言始驗。自此以讀二程、周、張之全書，玩四書、六經之微妙，仰見宫墻美富，始信主静可以立極，聖人可學而至，而不懈於用力，使功利有所制而不得肆，異端有所避而不得騁，則齊家治國以平天下，天地位，萬物育，亦由所學而推之，學與政無二致矣。贊程不敏，不能盡發其藴，而於求端用力之方，其間進步之漸，分章以詳其始末，珠聯以貫其血脉，隨時以救其弊病，使循階而不可躐等，此則稍有發明。至於辨異端似是之非，開百代未明之惑，關係學者之大，特加詳焉，初學之士其有取焉，則亦未必無少補云。夏正乙亥八月壬寅黄巖後學管贊程序。

管贊程《近思録集説後序》曰：

嘗讀東萊吕氏之序，曰“此書具有科級”。今尋其科目，乾道聖人之學，坤道賢人之學。化雨成德，爲德行之科；其次則進學以達財，爲言語、政事、文學之科，各隨性之所近以成其財德。論乾道者在卷一，謂之主静立極，思誠研幾，在卷二。顔子好學之論，明道定性之書，内積忠信，所以進德，本之子思《中庸》首章，皆生知之亞，上智之資之所爲也。或有天資不逮而其志不肯屈人下者，則有省事明善，惟進誠心，先識仁而後實有諸己，亦可以尋孔、顔樂處。及卷四，自静養微陽以至純亦不已，皆本之《中庸》末章，亦學乾道以至聖人。若其功有不逮，亦不失爲成德君子。論坤道者在卷一，則以義處物，觀生物氣象，以助其仁。如曾子之格物，以精察力行爲本；孟子之知言，以集義養氣爲主。以心之制，判斷事物之理，則理精而行力，浩氣隨知言而自生，知言因集義而益篤。孔門求仁之法，得其宗傳者，非偶然也。在卷二，敬義既立而德盛，直方自大而无妄，明動相資，知行並進，思繹立誠，忠信進德，隨乾道後以至聖人。其次亦可以成德，在孔門爲德行之士，所謂成德以仁爲先者也。此外所學，惟知講論誦讀，故教以才學，便須知著力處，以發其端。既學，便須知得力處，以立其本，庶不爲博泛爲人之弊。又言博學篤志，切問近思，優游厭飫，皆使心不外馳，而所存自熟，仁在其中，是以忠恕違道不遠，可以體之而爲仁，但氣質之病未化，故要剛决果敢，可以猛進於仁，在孔門爲達財之士，所謂進學以知爲先者也。德行之科，則有高下之殊；達財之科，則有言語、政事、文學之異。其科既具，其級又明，科各有級，而功用大小，亦各相承。使德行不流於異端，言語不流於訓詁，文學不流於詞章，政事不流於治園圃，而必有振民育德之實，然後終之以坤道、乾道，回繳上文以盡其義，可謂盛水不漏矣。蓋主敬致知並進，敬義相輔而行，然後求仁得仁，自有日新之益。必其性静而能先立其大者，乃能進乎聖人之域，亦坤道賢人之學也。始之以學問思辨，以擇善而爲知；終之以篤行，以固執而爲仁。朱子序《中庸》曰"'擇善固執'，則精一之謂"，以接十六字心傳，爲乾道聖人之學，故亦爲《中庸》所載，同爲傳授心法者也。然先坤道而後乾道者，先由知入，使其通明，便繼以仁而趨於篤實，不經一貫而直達全德，不使知勝於仁而不肯復進，此乾道可通諸科而一之。觀《中庸》不言"一貫"，可以知其意矣。人若先從各科入者，其後亦可以轉入乾道，故必以此統繳上文而結之，又可以應首條希聖希天之意，即明道所謂"自鄉人而可至於聖人之道"，朱子所謂"大哉精一，傳萬世，立人紀"。其編輯卷二論爲學大要，可謂無微不達，無理不周也。如有不信，可舉古人之學以證之，有如子貢之資，爲顔子下聰明第一，固以多學而識傳一貫者。然觀孔子之心，不願其止於此也，故嘗舉以方顔子，又以知我其天啓其學。予欲無言發其問，聖人教不輕發，而能盡發精藴，蓋欲其轉入乾道，使立誠而默契，收奇功於一原，不欲其達財以列言語之科，出曾子之下，聞性天道而已。惜乎其終不喻，僅以知傳一貫，不以行傳一貫，故不能連進誠意，順達正修。朱子論傳得其宗者，推顔、曾而不及子貢，又於《論語集注》感此兩章難得之傳，亦嘗深惜之矣。程、朱嘗論"横渠十五學'恭而安'不成"，可知多少病痛。以其氣質偏駁夾雜，初從博雜過來，故其自言學來三十年，始見宗廟之美、室家之好，天下議論莫能易此。是時年已五十，其所見者，豈非天下大本，萬物皆備於我乎？此後所學不過八年，必其轉入乾道，乃能進德有如此之速也。觀其言曰："每日須求多少爲益，求德性之益與學問之益，勿使俄頃閑度，三年，庶幾有進。"又曰："言有教，動有法，晝有爲，宵有得，息有養，瞬有存。"又曰："敦篤虚静者，仁之本，此難以頓悟。苟知之，須久於道，實體之，方知其味。夫仁亦在乎熟之而已。"又曰："存虚明，久至德，順變化，達時中，仁之至，義之盡也。"觀此可以知其所學所造矣。爲後學者讀其《西銘》，學其變化氣質之道，感其論學，必如聖人而後已。聞者莫不動心有進，非轉入乾道聖人之學者，安能動人若此之深乎？故此書亦采其説以附周、程之後，足見其爲傳道之人，可爲萬世法程者大有在也。學者有志聖人，自當深味乎其言。夏正丙子二月管贊程序。

十七、《近思録》文獻中尚待考證的版本

(一)(明)游再得《游氏近思録》，不分卷，抄本

明後期還有仿《近思録》的抄本，據《續修四庫全書總目提要(稿本)》載："《游氏近思録》不分卷，抄本。明游再得撰。再得，字汝見，婺源人。震得弟，亦從學湛若水、羅洪先、鄒守益之門。壯年即謝去。諸生。力學礪行，嘗作《四箴》，爲兄震得規，震得斂容謝之。鄉人有不善者，多自愧避，畏其知；遇有不平，多爲釐正解息。遠近之人有不願之公庭，惟再得是聽者。是書乃自記心得也。"[①]游震得爲嘉靖十七年(1538)進士，官至右副都御史、福建巡撫、南

① 中國科學院圖書館整理《續修四庫全書總目提要(稿本)》，第16册第356頁。

京户部侍郎，著有《讓溪甲集》《乙集》。從其兄生活時間推測，游再得主要生活時段可能在嘉靖至萬曆年間，因此，《游氏近思録》當爲明代後期的抄本。至於此抄本是否存世，尚待調查。

（二）《近思録》十四卷，（明）張子繼作，明嘉靖年間刻本

明代中後期有一部"《近思録》"十四卷，爲嘉靖刻本。據《中國拍賣古籍文獻目録》載："《近思録》，張子繼作。明嘉靖年刻本，十四卷，全一册，綫裝皮紙。鈐印：'上海圖書館歸還圖書章聯單''上海圖書館藏'。提要：有前人圈點。尺寸 22.5 cm×15 cm。"[①]此書筆者未見，待考。

（三）（清）王廷燮《小學近思録類解》，不分卷，鈔本

據《續修四庫全書總目提要（稿本）》載："《小學近思録類解》，不分卷，鈔本。清王廷燮撰。廷燮，字烈光，號春臺，婺源人，邑庠生。咸豐初舉孝廉方正，砥行礪節。汪文端公視學浙江，延燮分校，人不可干以私，以親老，不遠游，主講福山書院，講明心性之學，游其門者氣質爲之一變。爲文渾穆高古，真氣洋溢，胥從至性中流出。"[②]

（四）（清）程尚友《近思録輯要》六卷，刻本

《續修四庫全書總目提要（稿本）》載："《近思録輯要》六卷，家刻本。清程尚友輯。尚友，字朴亭，婺源人，庠生。讀《宋五子書》，言動莊敬，獨居不敢惰。其論學必本之躬行。母病風不語，尚友侍疾三年，視聽於微眇，撫兄遺孤，恩誼周至。宗黨匱乏必濟，歲災必賑。"[③]程氏此書版本存世情況尚不明，待考。

（五）（清）厲時中《近思録按語》，鈔本

清光緒三十二年著者進呈朱絲欄寫本，1 册。存"道體"一卷。據《"國立

---

① 姜尋《中國拍賣古籍文獻目録》，第 590 頁。

② 中國科學院圖書館整理《續修四庫全書總目提要（稿本）》，第 16 册第 309 頁。

③ 中國科學院圖書館整理《續修四庫全書總目提要（稿本）》，第 16 册第 391 頁。

故宫博物院"普通舊籍目録》子部儒家類著録:"《近思録按語》一卷一册,清厲時中撰,光緒丙午(三十二年)鈔本。"[①]厲時中,清末人,撰有《外交七篇》(清宣統間稿本),其《近思録按語》版本存世情況,待考。

第二節　明清"仿《近思録》文本"略考

上述各章節討論的"近思録文獻"的版本,或多或少在其書名中有"近思"二字,可是從現存文獻考察,早在明代就有學者或讀者因崇奉程朱之學,仿照《近思録》編纂思路、體系結構編纂仿《近思録》的文本,那時就有人不用"近思"這一核心詞,而是另擬書名,乍一看似乎與《近思録》毫無關聯,然卻頗具"近思録"特質。如果我們將《近思録》文獻的整理本進行細分的話,那麼朱熹之後出現的這些仿照《近思録》體例編纂的文本,不妨稱之謂"仿《近思録》文本"。

從現存文獻資料考察,南宋後期蔡模就編輯了《近思續録》十四卷,體例與朱、吕所編《近思録》完全相同,可算作仿《近思録》綱目體系的肇始之作。元代此類文獻存世寥寥,到明清時卻大放光芒,此類仿編文本陸續面世,如明代朱濂《理學纂言》,季本《説理會編》,高攀龍《朱子節要》,惲曰初《劉子節要》;清代嚴鴻逵《朱子文集纂編》,張履祥、祝洤《淑艾録》,祝洤《下學編》,孫承澤《學約續編》等。因明代高攀龍《朱子節要》十四卷、清代嚴鴻逵《朱子文語纂編》十四卷是其中的佼佼者,今簡略考述如下:

一、明高攀龍《朱子節要》版本考

高攀龍(1562—1626),字存之,又字雲從,江蘇無錫人,世稱"景逸先生"。明朝政治家、思想家,東林黨領袖。明萬曆十七年(1589)進士。歷任行人司行人、光禄寺丞、太常少卿、大理寺右少卿、太僕卿、刑部右侍郎、都察院左都御史等職。謚"忠憲"。著有《高子遺書》等。

---

① 臺北"故宫博物院"編《"國立故宫博物院"普通舊籍目録》,臺北"故宫博物院"發行,1970年5月初版,第213頁。

高氏《朱子節要》分作十四卷，各卷綱目受朱熹與葉采《近思録集解》影響，内容則是專集朱熹語録。此書在清初頗受崇尚朱子學者關注，有傳本流佈。筆者曾過目清雍正九年(1731)刻本，該本每半葉九行二十字，四周雙欄，有界行，框高 21.40 釐米，寬 15.40 釐米。白口，單(黑)魚尾。版心魚尾上方刻書名“朱子節要”，魚尾下刻卷次(如“卷之一”)、頁碼。卷一卷端首行頂格題“朱子節要卷之一”，第二、第三行均低九字格分别題“錫山高攀龍編次”[1]，“北平朱之弼訂正”，第四行頂格刻正文，每條單列，首字頂格刻印，餘則皆低一字格刻印。因與清雍正九年《近思録原本集解》合刻，故二者字體、版式風格同。

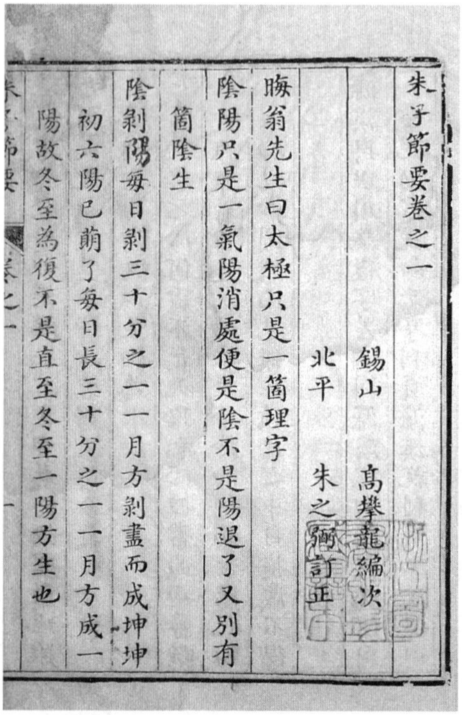
朱子節要卷之一
錫山　高攀龍編次
北平　朱之弼訂正
晦翁先生曰太極只是一箇理字
陰陽只是一氣陽消處便是陰不是陽退了又別有
箇陰生
陰剝陽每日剝三十分之一一月方剝盡而成坤坤
初六陽已萌了每日長三十分之一一月方成一
陽故冬至爲復不是直至冬至一陽方生也

圖 5-32　高攀龍《朱子節要》，清雍正九年刻本

正文前刻有明萬曆壬寅年(1602)高攀龍《朱子節要原序》《朱子節要目録》。該《目録》内容包括：《朱子語類》《朱子文集》；一卷論道體，二卷論學，三卷致知，四卷存養，五卷克治，六卷家道，七卷出處，八卷治體，九卷治法，十卷居官處事，十一卷教人之法，十二卷警戒改過，十三卷辨别異端，十四卷總論聖賢。

高攀龍輯《朱子節要》，清雍正九年朱之弼訂正本，浙江圖書館藏本(書影見圖 5-32)，2 册。有佚名墨筆圈點批注、朱筆圈點。陝西省圖書館也有藏，4 册。

明萬曆三十年高攀龍《朱子節要原序》曰：

聖人之道大矣，學者學焉而得其性之所近，故賦質各别，成德亦殊。至於前聖後聖，若合符節之處，則

① 此刻本的卷四至卷十四的卷端題署則改爲“高攀龍編輯”。

不容毫釐差也。以毫釐差，乃千里謬矣，聖人嚴似是而非也，嚴之於此也。由孔子而後，見而知之者，爲顔、曾、思、孟。然當孟子之時，邪説並作，而仁義充塞，不有孟子，孔子之道不著也。由孟子而後，聞而知之者，爲周、程、張、朱。然當朱子之時，邪説並作，而仁義充塞，不有朱子，孔子之道不著也。故昌黎韓氏曰“孟子功不在禹下”，而河汾薛氏曰“朱子功不在孟子下”，可謂知言矣。夫聖人之道載在六籍，得其言而得其意，以之而明聖人之道；不得其言而不得其意，以之而晦聖人之道。自朱子出，而六籍之言乃始幽顯畢徹，吾道如日月之經天，江河之流地，非獨研窮之勤，昭晰之密，蓋其精神氣力，真足以柱石兩間，掩映千古，所謂豪傑而聖賢者也。其書自傳注而外，見於《文集》《語録》者，浩渺無涯。攀龍不自揣量，三復之餘，節其要言，仿朱子《近思録》例，分爲十有四卷，而不敢擬於《近思》，名曰《朱子節要》。嗚呼！不有朱子，孔子之道不著也；而不知孔子，朱子之道不著也，余豈知之者哉！以爲是編於天理人欲毫釐千里之介莫詳焉，學者欲知前聖後聖，若合符節之處，此其要也。鍥成書此以諗同志。萬曆壬寅秋七月己卯錫山後學高攀龍謹序。

明萬曆三十年顧憲成《朱子節要題辭》曰：

昔朱子與東萊吕子會於寒泉精舍，相與讀周子、程子、張子之書，嘆其廣大閎博，若無津涯，而懼初學者不知所入，因共掇其要爲一編，分十四卷，名曰《近思録》。友人高雲從讀而珍之，以爲四先生之後能繼其道發明而光大之者無如朱子，亦取《朱子全書》，掇其要爲一編，分十四卷，悉準《近思録》之例，不敢擬於《近思録》也，而題之曰《節要》。間以示予，予受而卒業焉，爲之喟然太息，世之言朱子者鮮矣，彼其意皆不滿於朱子也。予竊疑之，非不滿也，殆不便也，何者？世好奇，朱子以平，平則一毫播弄不得，高明者遏於無所逞而厭之；世好圓，朱子以方，方則一毫假借不得，曠達者苦於有所束而憚之，故不便也。以其不便也，於是乎從而爲之辭。吾以爲平，彼以爲凡、爲陋，若曰夫豈誠有厭焉，不肯俯而襲，惜其傷於卑耳；吾以爲方，彼以爲矯、爲亢，若曰夫豈誠有憚焉，不能仰而模，惜其傷於高耳，故不滿也。内懷不便之實，外著不滿之形，不便之實根深蒂固，不滿之形遂成而不可解。宜乎！世之言朱子者鮮矣，乃雲從之於朱子懇懇如是，且謂學者不知朱子必不知孔子，抑何信之深也！非其超然獨立，不受變於流俗，夫孰得而幾之乎！此余之所以喟然太息也。然則朱子其孔子乎？曰孔子依乎《中庸》，遁世不見知而不悔，平之至也，十五而志學，七十而從心不逾矩，方之至也。朱子學孔子者也，是故論造詣，顏、孟猶有歉焉；論血脉，朱子依然孔子也。雲從之爲是編，正欲人認取血脉耳。血脉誠真，隨其所至，大以成大，小以成小，皆可以得孔子之門而入。倘不其然，即有殊能絶識，超朱子而上，去孔子彌遠，雲從弗屑也。讀者以是求之，斯得之矣。萬曆壬寅六月穀旦梁溪顧憲成謹題。

二、清嚴鴻逵《朱子文語纂編》版本考

嚴鴻逵(1654—1730)，字賡臣，自號寒邨(一作"村")，浙江歸安人，"與嚴元照、嚴可均爲一族"，吕留良門人，清初名學者。著有《朱子文語纂編》《釋略》《親炙録》等。因清雍正年間吕留良案的影響，其著述存世寥寥，即便清代中後期對嚴氏著述有述及者，也多簡略，如《欽定續通志》卷一百六十，《欽定續文獻通考》卷一百七十三，僅著録云"《朱子文語纂編》十四卷"，而不著編輯者姓名。

關於嚴鴻逵其人其事，清代官員奏摺偶有提及，在吕留良案之前，王國棟、李衛作爲地方官員曾獎勵其匾額。李衛奏摺稱："前觀風整俗使王國棟在浙時，又訪聞其人學問素優，因病未曾赴京，給匾獎勵。是以臣從前，亦據地方官稟聞，給有一額。"[①]並且學者車鼎豐《吕子評語正編》、周之方《希硜齋集》和孫學顔《麻山詩集》等著述中，對嚴鴻逵的才學、教學和操行多有好評。從中可見嚴鴻逵在當時是具有一定影響力的學者，否則《四庫全書總目》卷九十五子部"儒家存目"便不會著録嚴氏著作，《總目》曰："《朱子文語纂編》十四卷。編修勵守謙家藏本。不著編輯者名氏。其書取朱子《文集》《語類》，約略以類相從，而不分門目，前後亦無序、跋。蓋草創未完之本也。"[②]

嚴鴻逵的好友周之方，認爲"寒邨之學出自晚邨吕子"，"實承其統，樂汲引後進，誨人不倦"。嚴鴻逵承繼乃師吕留良遺志，輯録朱子《文集》《語類》二

① 清雍正六年十一月初三日李衛奏摺，引自《吕留良年譜長編》，第 374 頁。
② (清)永瑢等撰《四庫全書總目》，第 805 頁。

書精要而成《朱子文語纂編》十四卷。從其編纂之意可見主要是想完成吕留良遺願，因爲此前吕留良與學友張履祥篤信程朱理學，康熙八年（1669）張履祥到吕氏家塾授徒，在協助吕留良刊刻程朱遺書之時，“二人共同選編《朱子近思録》”[①]，即依《近思録》體例選編朱熹語録。據《楊園先生全集》可知，張履祥僅編輯出部分選目，不久便去世，後來吕留良繼續進行補輯，“康熙二十二年，吕留良病重時仍手批目覽，矻矻不休於補輯《朱子近思録》”。遺憾的是吕留良所編此書未完成，作爲承襲留良之學的嚴氏自感重任在肩，故而欲完成老師的遺願。嚴鴻逵説：“昔先師吕子嘗病蔡覺軒《近思續録》失之太簡，至如《學的》《節要》等書，非編類，雜而少當，則采擇略而不精，因欲除凡朱子所已成書外，約取《文集》《語類》二書爲《朱子近思録》。書未成而遽歿，學者至今以爲恨。鴻逵不敏，讀朱子書患弗能記，自歲甲申始合二書，掇其精要，纂録成帙，凡以自備遺忘，爲朝夕觀覽之便而已。稿凡數易，閲十年，癸巳之秋甫就稿。”[②]據此序文，嚴氏此書自“甲申”（康熙四十三年）開始編撰，至“癸巳”（康熙五十二年）秋編成。

嚴鴻逵編輯《朱子文語纂編》是有基礎的：一是當時的社會政治文化的氛圍有益於此類書籍的編撰，康熙年間朱子學已成復興之勢，吕留良家刻書業較發達，能及時出版吕氏及門人著述，如吕留良長子吕葆中承繼父業，繼續舉辦南陽講習堂和天蓋樓刻書局，在康熙四十年（1701）將張履祥、吕留良整理好的《朱子語類》中有關“四書”的材料進行選輯加工，在南陽講習堂刊刻，書名改爲《四書朱子語類摘抄》。二是有吕留良、張履祥的前期編纂作基礎，從吕公忠刊刻的張楊園、吕晚邨摘抄《四書朱子語類》跋文可知，“昔者先君子與楊園張先生欲續朱子《近思録》，謂諸書皆經朱子手定，唯《語類》一編出於門人所記録，其間或有初年未定之説，且條多繁複，雖同出一時之言，而記者之淺深工拙不無殊異，精别之爲難。遂相約采輯之功當自《語類》始”。吕留良“乃取張先生所定本重加簡閲。易簀前數日，是書猶在几案，竟絶筆於《論語·泰伯》之篇。然則《語類》一書爲先君子與張先生未竟之緒，而實平生志念之所繫焉者也。先君子臨終以稿本付公忠俾藏之”。“乃取其中論四書數帙，合兩家

① 見《吕留良詩文集序》。

② 清康熙五十七年嚴鴻逵序文，載於嚴鴻逵《朱子文語纂編》，清康熙五十九年車鼎豐金陵刊本。

之所采，彙而録之，名曰《四書朱子語類摘抄》，凡三十八卷，先以行於世”[①]。

正是因爲吕氏家刊刻程朱遺書，編選朱熹語録，宣揚朱子學等，這在當時已是一種常態，故而作爲吕氏門人的嚴鴻逵不能不受此影響與激勵。嚴鴻逵在《朱子文語纂編》序文中説自己編此書衹是“自備遺忘，爲朝夕觀覽之便”，而“若以爲成先師未成之緒，則逵也豈敢”，其實這是謙遜之辭。而且車鼎豐的《朱子文語纂編》序文也説吕留良“志未遂，而其門人寒邨起而承之”，即嚴鴻逵站在老師吕氏肩上又承繼其志，撰就了《朱子文語纂編》一書。

《朱子文語纂編》體例依《近思録》，將原來散在《文集》《語類》中的朱子語録進行摘取，按類編輯，分爲十四卷，計 2596 條。其收録朱子語之宏富，能更全面地展示朱熹理學思想。據《朱子文語纂編目録》記載，十四卷綱目分别是：“第一卷 道體，第二卷 總論爲學，第三卷 致和，第四卷 存養省察，第五卷 克治力行，第六卷 齊家，第七卷 出處，第八卷 治體，第九卷 治法，第十卷 臨政處事，第十一卷 教人之法，第十二卷 警戒，第十三卷 辨異端，第十四卷 總論聖賢及古今人物。”儘管其各卷篇名與《朱子語類》所載、葉采所擬《近思録》篇名稍異，然其精髓未易，理學内質猶存，有一個結構完整的理學體系。

關於《朱子文語纂編》十四卷内容，細而言之，卷一輯録與太極、陰陽、五行、天體、鬼神、性、理相關的語録，以“道體”爲綱目；卷二輯録與聖人之學、爲己之學、修身之學相關的語録，以“總論爲學”爲綱目；卷三輯録與讀書窮理以及各經書讀法相關的語録，以“致知”爲綱目；卷四輯録與存心持敬、操存涵養相關的語録，以“存養省察”爲綱目；卷五輯録與正心、誠意、克己相關的語録，以“克治力行”爲綱目；卷六輯録與協調父子、兄弟、夫婦等家庭關係相關的語録，以“齊家”爲綱目；卷七輯録與朱子出處觀、古聖賢出處觀與朱子論古人的出處觀等内容相關的語録，以“出處”爲綱目；卷八輯録與君臣治國綱要相關的語録，以“治體”爲綱目；卷九輯録與國家制度相關的語録，以“治法”爲綱目；卷十輯録與居官任職相關的語録，以“臨政處事”爲綱目；卷十一輯録有關教學方法的語録，以“教人之法”爲綱目；卷十二輯録與修己治人當警醒的相關語録，以“警戒”爲綱目；卷十三輯録與古今異端之學相關的語録，以“辨異

① （清）張履祥、吕留良摘鈔《四書朱子語類》，（清）吕公忠編輯，清康熙四十年南陽講習堂刻本。載於《四庫禁燬書叢刊》，第 4 册第 316 頁。

端”爲綱目；卷十四輯録與堯、舜、禹、文王、武王、孔、孟等古聖賢，程子門人、楊氏（楊時）門人、羅氏（羅從彦）門人等賢者相關的語録，以“總論聖賢及古今人物”爲綱目[①]。

歷史上學界對於《朱子文語纂編》評價甚高，日本江户時代儒學名家林用韜説：此書“依《近思録》體，以鈔朱子要語者，世有蔡氏《續録》，然采輯簡粗，不及斯編之詳也，而舶載者㝡少。凡簡册之未更重鐫而切於世教者，以是爲最”[②]。後世翻刻者源忠精認爲：“《朱子文語纂編》，傳自閩浙商舶。醇儒之格言，名家之精撰，部類詳備，體用兼該。廣深之理，醒聾發矇。諄篤之訓，刺骨擢髓。弘之在己，用之惟時。如登昆侖以拾群玉，似入蓬瀛而采綺貝。仁者誦之，資諸文治；智者觀之，籍諸武備。”[③]由此看來，四庫館臣所言此書“不分門目，前後亦無序、跋，蓋草創未完之本”，則是不實的表述。

由於清雍正年間的吕留良一案，吕氏之徒嚴鴻逵、沈在寬等被斬殺，其家藏書籍被毁，因而後世很難知曉嚴氏的著述詳情。目前中國國内存世的《朱子文語纂編》十四卷版本主要有：

（一）清康熙五十九年車鼎豐金陵刊本，晚聞軒藏板

此本每半葉十二行二十五字，小字雙行同，行間附刻句讀，左右雙欄，框高 19.70 釐米，寬 13.80 釐米。白口，對魚尾。版心魚尾上方題書名卷次（如“朱子文語纂編卷一”），中間記葉次。卷一卷端首行頂格題“朱子文語纂編卷之一”，越五字格題署本卷語録條目數“凡二百七十九條”，次行頂格刻印正文。卷末有尾題“朱子文語纂編卷之某終”。

刻本卷首有書名葉，書眉題“康熙庚子新鐫”，下分三豎行，自右至左三行分别題“苕溪嚴寒邨手定/朱子文語纂編/晚聞軒藏板”。該葉左欄外下方刻“金陵顧子英梓”。“康熙庚子”，即康熙五十九年(1720)。

正文前刻有《朱子文語纂編目録》，在《目録》後低三字格刻有清康熙五十

---

① 余杭《嚴鴻逵〈朱子文語纂編〉研究》，温州大學 2016 届碩士學位論文（程水龍指導）。
② （日）源忠邦《翻刊〈朱子文語纂編〉叙》，載於（清）嚴鴻逵《朱子文語纂編》，日本安政三年刻本。
③ （日）源忠精《翻刊〈朱子文語纂編〉引》，載於（清）嚴鴻逵《朱子文語纂編》，日本安政三年刻本。

七年嚴鴻逵序、同年車鼎豐[1]序。據其序文，車鼎豐應嚴氏邀請，對此書做過商訂，康熙五十七年秋爲其題跋。車氏讚賞嚴氏能承繼吕留良師的遺志，歷經十餘年完成此著，並告誡讀者"不可以繁簡論"此書，不可厭其繁複，讀此書"而逐條味之，無不根極理要，穩愜人心，協乎無過不及之中，而切於日用事物之實。蓋其單詞片語，皆如布帛菽粟之難以一日闕焉"。

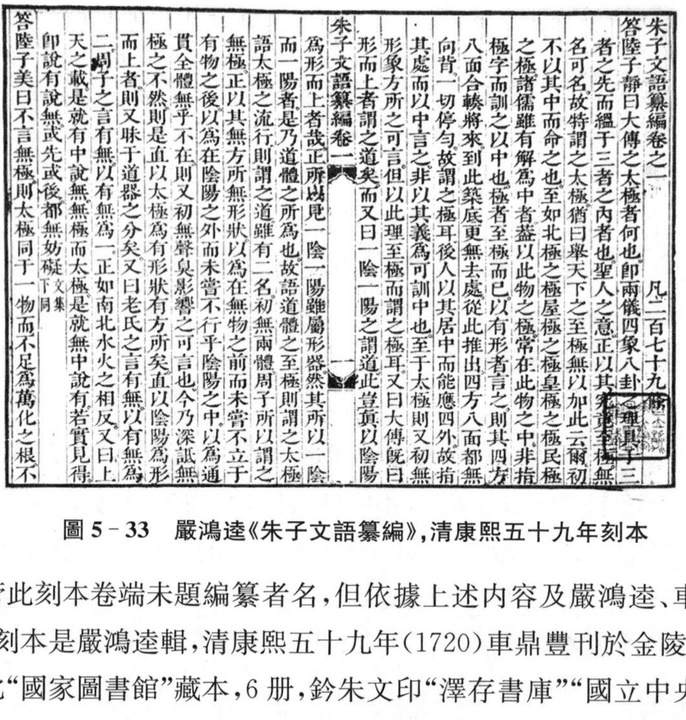
朱子文語纂編卷之一　凡二百七十九條
答陸子靜曰大傳之太極者何也即兩儀四象八卦之理具於三者之先而緼于三者之內者也聖人之意正以其究竟至極無名可名故特謂之太極猶曰舉天下之至極無以加此云爾初不以其中而命之也至如北極之極屋極之極皇極之極民極之極諸儒雖有解爲中者蓋以此物之極常在此物之中非指極字而訓之以中也極者至極而已以有形者言之則其四方八面合輳將來到此築底更無去處從此推出四方八面都無向背一切停勻故謂之極耳後人以其居中而能應四外故指其處而以中言之非以其義爲可訓中也至于太極則又初無形象方所之可言但以此理至極而謂之極耳又曰大傳既曰形而上者謂之道矣而又曰一陰一陽之謂道此豈真以陰陽爲形而上者哉正所以見一陰一陽雖屬形器然其所以一陰而一陽者是乃道體之所爲也故語道體之至極則謂之太極語太極之流行則謂之道雖有二名初無兩體周子所以謂之無極正以其無方所無形狀以爲在無物之前而未嘗不立於有物之後以爲在陰陽之外而未嘗不行乎陰陽之中以爲通貫全體無乎不在則又初無聲臭影響之可言也今乃深詆無極之不然則是直以太極爲有形狀有方所矣直以陰陽爲形而上者則又昧于道器之分矣又曰老氏之言有無以有無爲二周子之言有無以有無爲一正如南北水火之相反又曰上天之載是就有中說無無極而太極是就無中說有若實見得即說有說無或先或後都無妨礙（文集下同）
答陸子美曰不言無極則太極同于一物而不足爲萬化之根不

圖 5－33　嚴鴻逵《朱子文語纂編》，清康熙五十九年刻本

儘管此刻本卷端未題編纂者名，但依據上述內容及嚴鴻逵、車鼎豐序文可知，此刻本是嚴鴻逵輯，清康熙五十九年(1720)車鼎豐刊於金陵，板藏晚聞軒。臺北"國家圖書館"藏本，6 册，鈐朱文印"澤存書庫""國立中央圖書館收藏"等。

《朱子文語纂编》晚聞軒藏板，中國國家圖書館、南京圖書館、清華大學圖書館(書影見圖 5－33)等也有藏。《四庫存目標注》卷三十二有著録。《四庫全書存目叢書》子部收録有嚴鴻逵輯《朱子文語纂編》十四卷，清康熙五十九年刻本，也就是齊魯書社據清華大學圖書館藏本，於 1995 年 9 月影印[2]。陝

① 車鼎豐，字遇上，號雙亭，湖南邵陽人，受雍正年間吕留良案影響而被殺。作爲嚴鴻逵好友，他曾刻過《朱子文語纂編》。

② 此書影印本，收録《四庫全書存目叢書》子部儒家類，第 4 册第 426—785 頁。

西省圖書館藏有清康熙年刻本，6 册[①]。

清康熙五十七年嚴鴻逵序文曰：

纂輯朱子《文集》《語類》凡若干條，依《近思録》例編爲十四卷，因名曰《朱子文語纂編》。昔先師吕子嘗病蔡覺軒《近思續録》失之太簡，至如《學的》《節要》等書，非編類，雜而少當，則采擇略而不精，因欲除凡朱子所已成書外，約取《文集》《語類》二書爲《朱子近思録》。書未成而遽殁，學者至今以爲恨。鴻逵不敏，讀朱子書患弗能記，自歲甲申始合二書，掇其精要，纂録成帙，凡以自備遺忘，爲朝夕觀覽之便而已。稿凡數易，閲十年，癸巳之秋甫就稿。楚邵車遇上自金陵來，見之便携歸謄寫，且約將付諸梓。鴻逵竊惟朱子之書，廣大精深，豈末學小生之所能窺？顧此編纂輯之時，恐微言或有遺漏，故前後參互，不厭詳複。蓋所謂宗朝之美，百官之富，庶幾於此盡在。世有默契道要，由博反約者，則《近思》之續，故將可以不外是而他求矣，因更與遇上反復商訂而出之，願與世之善讀朱子書者共質焉！若以爲成先師未成之續，則逵也豈敢！戊戌七月既望吴興嚴鴻逵謹識。

清康熙五十七年車鼎豐序文云：

朱子《文集》《語類》兩書各盈尺許，皆所謂聖人之言，學者所當熟復潛玩而不可一字忽遺者也。顧自有明中葉以還，俗學束閣不觀，良知家横肆譏詆陵夷，至於末季，而紫陽流傳版本亦俱漸就磨滅，晦盲否塞，莫此爲甚。晚邨吕子出，痛聖學之將湮，憫人心之陷溺，購刊遺書，廣播寓内。於時文評語中輒爲之釐正是非，大聲疾呼，以震醒聾聵，而朱子之學始較然復明於世。晚將輯《朱子近思録》以便學者朝夕誦覽，賫志未遂。而其門人寒邨先生起而承之，反復於兩書者蓋十有餘年，而編始成。不以余爲不肖，俯就商訂，而余亦因得與聞决擇之旨。雖其取舍次第不知於吕子何如，在寒邨亦並不敢襲“近思”之名，謂能成吕子之志，而要其於朱子所謂求端用力、處己治人、辨異端、觀聖賢之大略，亦庶幾途徑井然，

① 陝西省圖書館編《陝西省圖書館古籍善本書目》，陝西古籍出版社，2007 年 8 月 1 版，第 160 頁。

可以得其門而入，而不爲他岐所惑矣。顧或猶有執《近思録》條數之無多，而病是編爲太繁複者，不知朱子之書之流傳，較之周、張、二程本不啻數倍，又况其辨析毫芒，樂誨不倦，精微廣大，實超出四子之上，而集四子之大成。讀其書者，雖若浩無津涯，而逐條味之，無不根極理要，穩愜人心，協乎無過不及之中，而切於日用事物之實。蓋其單詞片語，皆如布帛菽粟之難以一日闕焉！寒邨之爲是編也，方懼多所遺漏，而世顧且病其太繁，尚安望其熟復潛玩於《文集》《語類》之大全耶！此適足以見其信好之不篤，而朱子之書之懸日月而豁群蒙者，固不可以繁簡論也。噫，有志者亦確知所從事而已矣！康熙戊戌秋中楚邵車鼎豐謹書。

（二）清代南陽講習堂鈔本

南陽講習堂由清初吕留良創辦，在清康熙二十二年（1683）吕留良去世後，該講習堂由其子吕葆中承繼。南陽講習堂鈔本是吕葆中據康熙五十九年金陵刻本所鈔，用於日常教學。據《四庫存目標注》卷三十二記載："臺灣中研院史語所藏鈔本，作《朱子文集語類纂編》十四卷，八册，題'南陽講習堂鈔'。"①

筆者因爲無機緣前往臺灣"中研院"史語所閲讀此南陽講習堂鈔本，故其詳情待考。

三、明清"仿近思録文獻"的其他文本考述

《近思録》在其誕生後的七八百年時間裹不斷得以傳抄刊刻，除歷朝注家們精心詮釋、傳播推廣外，還與許多學者對《近思録》所構建的綱目體系非常推崇有關。在拜讀前人和同時期尊崇程朱理學者的著述（文集、語録等）後，他們在整理相關理學文獻時，直接仿照《近思録》的結構體系編輯相關語録而成篇，如朱濂《理學纂言》、高攀龍《朱子節要》、嚴鴻逵《朱子文語纂編》、祝洤《下學編》等。這些仿《近思録》文獻，相較於《近思録》十四卷，雖書名各異，卷名亦非一模一樣，編次卷目或偶有不同，然從其編纂的内容考察，差不多是朱

① 杜澤遜《四庫存目標注》卷三十二，第1424—1425頁。

熹、吕祖謙《近思録》的續作，輯録有北宋四子、南宋諸子以及元明清理學家精要之言。他們這些理學讀本，在歷史上可幫助各時期的讀者更好閱讀理學家著述，走進理學家思想的殿堂。

上述此類“仿近思録文獻”並不爲今人熟悉，考慮到全書篇幅受限，筆者在此僅選上述兩種仿《近思録》編纂而成的文本作了版本簡述，至於歷史上的其他代表性著述，衹能在此簡要列舉如下。

(一) 明初，朱濂《理學纂言》十四卷

朱濂，生卒年不詳，字伯清，明代浙江烏傷(今浙江義烏)人。其父朱裕軒師事許謙。若追溯其學術之源，則是朱門後學。因爲朱熹傳黄榦，黄榦傳何基，何基傳王柏，王柏傳金履祥，金履祥傳許謙，因而可以説朱濂既有家學，又上承朱子六傳之緒。朱濂自幼至老，酷嗜朱子之書，每謂人曰：“朱子之學，菽粟布帛也，天下一日不可無也。”明洪武十二年(1379)九月，宋濂①在爲朱濂《理學纂言》作序時曰：“伯清既受薦爲國史編修，上簡主知，持詔授經於楚王府，其見於辭章，資爲講説，皆以朱子爲宗。已而不俟引年，納禄而歸，寄迹浦陽江上，日取朱子書温繹之，察陰陽鬼神之運行，驗心情性命之發舒，明白昭著，循環無窮，皆本於道體之妙，所見端確，所得粹凝，於是輯朱子精語編成《理學纂言》一書。其凡例全仿《近思録》，其所采語録，雖雜以方言，唯恐失真，片辭不敢移易，氣象或不類者删之；其於文集，則節取切而要者載焉，凡八千三百條。方之於諸家，殊適厥中。取而讀之，不翅親逢朱子在坐，而見門人難疑答問之盛，不知其身生於二百年之後也。伯清嘉惠後學之功，何其至歟！”②

朱濂仿《近思録》編成《理學纂言》十四卷，傳承了朱、吕所建構的理學體系，輯録朱熹語録 8300 條，其内容之豐富，爲傳播朱子學術思想做出了一定

---

① 宋濂(1310—1381)，字景濂，其先祖爲金華潛溪人，至宋濂遷居浦江青蘿山，是爲浦江人。自1337 年赴鄭義門從吴萊學，1350 年舉家遷居鄭義門，至 1381 年因謫遷離浦，其中大部分時間，均在浦江居住。有明代“開國文臣之首”之稱。他的道德、文章、學識受到明清兩代浦江、金華乃至海内外的崇敬。

② (明)宋濂《理學纂言序》，見羅月霞主編《宋濂全集》，浙江古籍出版社，1999 年 1 版，第 450—451 頁。

貢獻，故深受明初宋濂贊許。

（二）明代嘉靖年間，季本《説理會編》十六卷

季本（1485—1563），字明德，號彭山，明代浙江山陰（今紹興）人。王陽明門人。明正德丁丑（1517）進士，官至長沙府知府。撰有《説理會編》十六卷。《四庫全書總目》卷九六子部儒家存目類著録，關於其編纂用意、各卷綱目擬定，館臣提要云："《説理會編》十五卷。浙江巡撫采進本。"季本"爲王守仁門人，自序謂：親聞姚江之傳，而同門之士傳布師説遍天下，恐其爲説既長，或乖典則，故輯此書。凡疑難之説，悉辨明之。其意蓋擬守仁於濂洛，而此書則仿《近思録》而作。《近思録》分類十四，此分類十二。其先之以性理、聖功者，猶《録》之首及道體論也。繼之以實踐、賢才者，猶《録》之次及於致知、存養、克治也。推之於政治者，猶《録》之有治道、治法也。終之以異端、諸子者，猶《録》之辨别異論、總論聖賢也。其間巧借程、朱之言以證良知之説，則猶守仁《朱子晚年定論》之旨耳"①。

季本學宗王守仁之學，卻推崇《近思録》綱目體系。現存《説理會編》十六卷，雖分作十二類，即性理、聖功、實踐、賢才、政治、帝王、經義、聖賢、學術、異端、雜術、諸儒。但是其基本體系依然是"仿《近思録》而作"，意在"擬守仁於濂洛"，"借程、朱之言以證良知之説"。就此書内容來説，仍是對程朱理學的一種繼承與發展。

季本所撰《説理會編》十六卷，清華大學圖書館藏明馮繼科刻本，每半葉十行二十一字，四周單欄，有界行。白口，白魚尾。版心魚尾上刻書名"説理會編"，下刻卷次、頁碼。卷一卷端首行頂格題"説理會編卷之一"，第二、第三行均低十五字格分别題"越季本撰次""吴袁洪愈訂正"。正文前刻有明嘉靖三十三年（1554）季本《説理會編序》《説理會編目目録》。此刻本北京大學也有藏。

關於《説理會編》"十五卷"與"十六卷"的問題，是因爲各家著録依據有别，《四庫全書總目》著録的"十五卷"本，是《浙江省第十次呈送書目》著録，六本。

① （清）永瑢等撰《四庫全書總目》，第811頁。

清華大學所藏"十六卷"本,或是《浙江采集遺書總録》所記載的"《説理會編》十六卷,刊本,明季本輯"[①]。清華大學藏本,《四庫全書存目叢書》子部儒家類收録,見該書第9册。《續修四庫全書》子部儒家類收録,見此書第938—939册。

明嘉靖三十三年季本《説理會編序》曰:

聖人之學所以盡性,盡性之功謹獨而已。此豈在言語間哉?故《易》曰:默而成之,不言而信,存乎德行,觀《中庸》尚絅之義,斯可見矣。孔門之以言語求道者莫深於子貢,孔子猶不然之,而示之以予欲無言之教,子貢於此必反求焉,故得聞一貫之旨。然其所成,終不離於言語之科,而不得與顔淵、閔子騫、冉伯牛、仲弓並稱德行,非以其謹獨之功有所不足耶?著書者,言語之見於文字者也,使其爲文果知一貫,亦不過子貢之支流耳,而何足以語聖功哉?陽明先師謂後世著述揣摩失真,是戒人之以著述亂正學也。本在門下實親聞之,曷敢不謹師傳哉!顧歲月因循,耄已將及,而同門之士傳布先師之學殆遍天下,説辭之善無以復加焉。然默成如顔淵諸賢蓋不多見,爲説既長,或乖經典,則聽者不能無疑於義之未精矣,竊獨懼焉,故述此編。凡疑雜之説,悉辯明之,以質同志,大抵以經義發先師之意,則不詭於聖人,而學者亦有所依據,夫豈好辯而别立一門户哉?孔子晚而贊《易》修經,懼道之失傳也。愧德未成,不可以擬孔子,然願學之志,豈敢後人?夫文字之發揮亦猶言語之講解,本非暗然之德,但寫真傳神,略存影像,庶幾有可想見耳。因言反求亦足自淑,雖老猶得以日孳孳也。若任衰頹而甘自棄,並其所聞而失之,則無以自解矣。豈謂性可以言語盡哉?嘉靖甲寅歲季夏望日彭山季本自序。

(三)明末,惲日初編《劉子節要》十四卷

惲日初(1601—1676),字仲升,號遜庵,爲劉宗周門人。他考慮到乃師著述繁富,讀者一時難以盡觀,於是仿朱、吕編《近思録》體例,將劉宗周論説文字分類輯録,分作十四卷。

此書現存版本,筆者未能識荆,據《四庫全書總目》提要著録:"《劉子節

① 參閱杜澤遜《四庫存目標注》卷三十二,第1451頁。

要》十四卷。浙江巡撫采進本。明惲日初編。日初，號遜庵，武進人，劉宗周之門人也。宗周生平著述，曰《劉子全書》、曰《儀禮經傳》、曰《古學經》、曰《家語考次》、曰《古易鈔義》、曰《讀易圖説》、曰《論語學案》、曰《曾子章句》、曰《十三字》、曰《古小學集記》、曰《古小學通記》、曰《孔孟合璧》、曰《五子聯珠》、曰《聖學宗要》、曰《明儒道統録》、曰《人譜》、曰《人譜雜記》、曰《中興金鑒録》、曰《保民要訓》、曰《鄉學小相編》。其子汋彙而訂之，凡百餘卷。以篇帙繁富，未易盡觀。因仿《近思録》例，分類輯録。一道體、二論學、三致知、四存養、五克治、六家道、七出處、八治體、九治法、十居官處事、十一教人之法、十二警戒改過、十三辨別異端、十四總論聖賢。每一類爲一卷，其排纂頗爲不苟，然亦有一時騁辨之詞，不及詳檢而收之者。如曰'天命一日未絶則爲君臣，一日既絶則爲獨夫。故武王以甲子日興，若先一日癸亥，便是篡。後一日乙丑，便是失時違天'云云。此語非爲臣子者所宜言，且癸亥師在商郊矣，實非甲子興師，即甲子滅紂先一日之説，亦未免過於求快。如斯之類，其去取尚未當也。"[①]

（四）明末，陳龍正《程子詳本》二十卷

陳龍正(1585—1645)，初名龍致，"字惕龍，嘉善人。崇禎甲戌進士，授中書舍人，左遷南京國子監丞，福王召爲禮部祠祭司員外郎。事迹具《明史》本傳"[②]。陳龍正爲高攀龍門人，受乃師影響，敬仰程朱之學。爲了便於讀者"樂簡苦繁，取整去亂"，使二程思想更精要地展現，他據二程著述，專録程子之言，精煉爲《程子詳本》一書，其體例"仿《近思録》而類分之，重複雜記無關理道者節去"[③]。特别是此書能刊削朱熹編纂《二程遺書》之不足，其分類編集使得二程論説更爲明晰。

《詳本》是陳龍正分類編次《二程遺書》而成，第一至十六卷的綱目基本依從《近思録》。全書綱目：卷一《道體》，卷二《爲學》，卷三《致知》，卷四《存養》，卷五《克治》，卷六《家道》，卷七《禮法》，卷八《出處》，卷九《治體》，卷十《治

① (清)永瑢等撰《四庫全書總目》，第 817 頁。

② (清)永瑢等撰《四庫全書總目》，第 724 頁。

③ (清)黄虞稷《千頃堂書目》卷十一。見《浙江通志》卷一百七十五"人物・儒林上"，光緒二十五年十月重刊，上海商務印書館影印，民國二十三年八月初版，第 3058 頁。

法》，卷十一《教人》，卷十二至卷十四《經説》，卷十五《聖賢》，卷十六《辨異端》，卷十七《明道先生文》，卷十八至卷十九《伊川先生文》，卷二十《附録》。

此書，《四庫全書總目》卷九五子部儒家類存目有著録，曰："《程子詳本》二十卷。浙江朱彝尊家曝書亭藏本。明陳龍正編。龍正有《救荒策會》，已著録。龍正以《二程遺書》雖朱子所手編，而其記載之重複，字句之同異，以至議論之出入，均未暇是正，乃排比刊削，分類編次，定爲此本。其《經説》之别行者，亦並載入，又益以元譚善心之傳聞續記。自序：視全書頗約而實不敢不加詳，故不曰'約本'而曰'詳本'，其間於二子之説多所辨駁，不出明末講學家詬争之習。"①

《程子詳本》二十卷，現存有明崇禎十六年(1643)刻本，湖南圖書館有藏，6 册。此刻本每半葉九行十九字，四周單欄，白口，單(黑)魚尾。版心魚尾上方刻書名"程子詳本"，魚尾下刻記卷次、篇名、頁碼。卷一卷端首行頂格題"程子詳本卷一"，越四字格題署"後學陳龍正彙纂"。正文前刻有明崇禎癸未(1643)八月嘉善陳龍正《程子詳本序》《程子詳本凡例》《程子詳本總目》。《凡例》《總目》末均題署有"陳龍正惕龍父識"。

此明刻本，《四庫全書存目叢書》子部儒家類影印收録，見該書子部第 2 册、第 3 册。

此外，陳龍正《程子詳本》二十卷，美國哈佛大學哈佛燕京圖書館藏有明崇禎十六年(1643)刻清康熙十四年(1675)修補本，8 册，原爲"積學齋徐乃昌藏書"。每半葉九行十九字，四周單欄。框高 20.40 釐米，寬 13.50 釐米。白口，單魚尾。卷端題"後學陳龍正彙纂"。正文前刻有陳龍正序文，清康熙十四年宗裔國澐序文，記者姓名，《凡例》十五則。

明崇禎十六年陳龍正《程子詳本序》曰：

> 記事記言，在昔人君有之。記布衣之言，自《論語》始也。孔子爲生民以來未有之聖，《論語》亦生民以來未有之書。後千年，乃有《文中子》，然其年未茂，其道未成，其徒追尊之，特仿《論語》而爲是書，未能精以純也。復五百年，周、程、張子繼出，周、張皆手自著書，張間有語録，今所載《經學理窟》中者，亦無幾何，惟程子終日言而不著書，伯子晚年欲著未

① (清)永瑢等撰《四庫全書總目》，第 803 頁。

逮，叔子自《易傳》外，皆不過隨問隨答，於是其門人爭自記録，儒家語録之興自此始。其後朱文公爲之手裁，初定《遺書》二十五篇，續定《外書》十二篇。據云，不可曉者不敢删，重複者已删去。然今本重複猶多，而其不可曉者，竊以爲必傳述之誤。即使學士大夫，白首枯髯，已無尋討，况能使有國有天下者得領其益乎？存之亦復何益？朱子有言，得先生之心，則於疑信之傳，可以坐判。朱子蓋心能判之，特時未暇耳。正生五百餘歲之後，豈敢曰能判之者乎？伏睹今上加意儒術，令詞臣删定六子書，每一書必經數公分定。愚謂周子粹以約，張、邵不無偏漫，各自成書，獨程、朱語録有藉於删定誠急，《朱子語類》自丁丑戊寅間參緝已成，程子書則躊躇不敢下筆者累年，因經朱子手編，非比朱子書，爲及門雜記也。然竊念學脉所係，與他政不同，政關一時，學關來世，政有定位，學無定位，長短以度，輕重以權，及是時，不妨野修之，以俟後之君子。乃略仿《近思録》義例，類聚其言，而於其重複者、舛訛者、不可解者，與雖可解而無甚切係者，量爲節去。凡欲讀程子全書者，文公所編具在。倘人情樂簡苦繁，取整去亂，則今日所緝，固深體朱子之意，以仰遡程子之心，雖視全書頗約，而實不敢不加詳者也。故不曰"約本"，曰"詳本"，由博而詳，則約也近矣。或者於啓沃所資，學士大夫涵養進學之藉，微開其便與。崇禎癸未八月朔壬戌後學嘉善陳龍正謹序。

（五）清初，孫承澤編《學約續編》十四卷

孫承澤（1592—1676），號退谷，清代山東益都（今山東青州）人。明代崇禎四年（1631）進士，曾任明代給事中、清代吏部侍郎。他尊崇朱子，著有《尚書集解》《學約續編》《考正晚年定論》等。

其《學約續編》十四卷是在其前期編輯《學約》的基礎上編纂而成。《學約》是編輯宋代周、程、張、朱之言，《續編》仿《近思録》之例，又取明薛瑄、胡居仁、羅欽順、高攀龍四家之語訂爲一集，以續《學約》，故而稱之"學約續編"。此書《四庫全書總目》著録，曰："《學約續編》十四卷。直隸總督采進本。國朝孫承澤編。初，承澤嘗輯周、程、張、朱之言爲《學約》一編。是編又以明薛瑄、胡居仁、羅欽順、高攀龍四家之語，仿《近思録》之例，訂爲一集以續之。前有

自記稱‘《學約》於二程同時不入堯夫，考亭同時不入南軒、東萊。故兹編亦不入月川、楓山、後渠、涇野、念庵、涇陽、少墟諸家’云。”①

（六）清張履祥撰、祝洤輯《淑艾録》十四卷

張履祥，字考夫，號念芝，清代桐鄉人，居楊園，學者稱楊園先生。爲劉宗周弟子，初學自王陽明始，後讀《小學》《近思録》有得，悟其失，於是專宗程、朱。著述有《劉子粹言》《願學記》《初學備忘》等②。祝洤（1702—1759），字貽孫，號人齋，浙江海寧人。乾隆元年（1736）舉人。他篤守楊園之學，在張履祥《備忘録》的基礎上“秉朱子《近思録》義例，采輯”張履祥《備忘録》之精要編纂《淑艾録》，成書於清乾隆甲子年（1744）。其體例仿《近思録》分十四目：“道體，爲學大要，致知，存養，克己，家道，出處義利，治體，治法，政事，教學，警戒，辨異端，觀聖賢。”關於此書價值，後世刊刻者沈楙德評價説：“《淑艾録》蓋取《備忘》中各條，依《近思録》分類，後學之士未見楊園全書，得此録讀之，可以盡窺其藴而於學術不致混淆，其有補於世道人心。”③

此書《四庫全書總目》提要曰：“《淑艾録》十四卷。江西巡撫采進本。國朝祝洤撰。洤，字人齋，原名游龍，海寧人。乾隆丙辰舉人。是書本張履祥《備忘録》而增删之。凡三百九十五條，仿朱子《近思録》例分十四門。持論頗爲純正。而其《後序》則門户之見，尚堅持而不化，必欲滅盡陸王一派而後已，如不共戴天之讎。是未免於已甚矣！”④

《淑艾録》現存版本，筆者不曾目驗，據杜澤遜《四庫存目標注》曰：“《淑艾録》十四卷。國朝祝洤撰。江西巡撫采進本。《江西巡撫海第二次呈送書目》：‘《淑艾録》一本。’四川大學藏清乾隆二十二年井辨居刻本十四卷二册，半葉十行，行二十一字，白口，左右雙邊。前有葉赫心齋養善序，乾隆九年甲子自序。目録題‘海昌祝洤纂’。目録末識語云：‘此甲戌後更定本也，總三百九十五條，視原本增五之一。其增訂大略見《下學編》。人齋手校訖。’書末有

---

① （清）永瑢等撰《四庫全書總目》卷九十七子部七儒家存目三，第821頁。

② 徐世昌等編《清儒學案》卷五《楊園學案》，第229—230頁。

③ （清）沈楙德《淑艾録跋》，載於（清）祝洤《淑艾録》，清道光年間吴江沈氏世楷堂刻《昭代叢書》本。

④ （清）永瑢等撰《四庫全書總目》卷九八“子部儒家類存目四”，第833頁。

乾隆二十二年丁丑自跋。封面刻'乾隆丁丑年初刻''井辨居定本'。"[①]

清道光二十四年(1844)吴江沈氏世楷堂刻《昭代叢書》本,收録《淑艾録》一卷,此"一卷"本乃十四卷本内容。刻本每半葉九行二十字,左右雙欄,有界行。白口,單(黑)魚尾。版心魚尾上方刻"昭代叢書",魚尾下刻"壬集""淑艾録""卷第二十九"、頁碼,版心下端刻記"世楷堂藏板"。卷端首行頂格題"淑艾録",越十字格題"補編卷第二十九",次行低七字格題"海昌祝洤人齋纂"。正文"道體"篇前刻有清乾隆甲子(九年,1744)自序,卷末刻有葉赫心齋養善跋文、清道光二十一年(1841)沈楙德《淑艾録跋》。此世楷堂刻《昭代叢書》壬集補編本,中國科學院圖書館有藏,其影印本,《四庫全書存目叢書》子部儒家類收録,見此書子部第29册。

臺北"國家圖書館"藏有清抄本,2册。每半葉十行二十一字,四周雙欄,白口。卷前有乾隆甲子自序。鈐有"虞壺莒敦書堂""石蓮校勘"等印記。其詳情待考。

民國二十五年至德周氏師古堂刻本一卷,收入《周氏師古堂所編書》,此刻本每半葉十一行二十五字,注文小字雙行二十四字。左右雙欄,有界行,框高18.30釐米,寬13.50釐米。上白口,下粗黑口,單(黑)魚尾。版心魚尾上方刻書名"淑艾録",魚尾下刻卷名、頁碼。卷端首行頂格題"淑艾録",次行低十三字格題"海昌祝洤人齋纂",第三行低一字格刻乾隆甲子年祝洤序文。在此序文後另起一行單列頂格刻正文,每條語録單列,首字頂格,其餘各行皆低一字格刻印。

卷首有書名兼牌記葉,右半葉題"淑艾録",左半葉内刻四周單欄的牌記"民國丙子二月周氏師古堂刊"。在《淑艾録》卷末刻有清乾隆丁丑年(二十二年,1757)祝洤跋文。

由此本的牌記可知,這是民國二十五年(1936)周氏師古堂刊本。山東大學圖書館藏本,書皮左上角題書名,四眼綫裝,1册。此刻本,上海圖書館也有藏。

清乾隆九年祝洤序文曰:

楊園先生生於有明之季,慨然以斯道爲己任,其所爲學一循孔門博

① 參閲杜澤遜《四庫存目標注》卷三十二,第1525頁。

文約禮、敬直義方之則，大要以爲仁爲本，以修己爲務，而以《中庸》爲歸爲能，有以正後儒偏詖之趨，而續古聖微茫之緒。百年以來，其道漸著，流風餘韻，被及四方。雖以泩之固陋，尤得與聞而思奮也。蓋嘗讀其遺書，昌言貞教，與子朱子先後一揆讀之，愈久而味愈深長。其《備忘録》四卷，爲先生晚年劄記，充實之積，發爲輝光，其切於日用，補於輓近，不啻粟帛之瘵飢寒，鐘鏞之警聾聵焉！泩反復有年弗能自已，既訂其全書，乃秉朱子《近思録》義例，采輯精要以爲此編，名曰《淑艾》，志私願也。若夫先生盛德所至，回狂瀾、砥中流，身困道亨，確乎不拔，實兼統乎河東餘干諸君子，而爲朱子以後五百年來聞知之一人。非泩之私言敢云爾也。讀其書當有以見其概者。乾隆甲子長至又七日祝泩謹識。

清乾隆二十二年祝泩跋文云：

道一也。朱子言道不外人倫事物，而象山每曰"卓爾"，曰"一貫"，學亦一也。朱子言學在乎居敬窮理，而象山則曰"主静"，曰"即心即理"。泛觀之，似乎語上語下，各循其端，未可是此而非彼也。乃吾夫子則嘗言學矣，曰時習，曰格物致知、誠意正心、修身齊家。夫子又嘗言道矣，曰庸言之信，庸行之謹，曰君臣也，父子也，夫婦也，昆弟也，朋友之交也，何聖人所論祇如是，其卑且邇邪。且所謂一貫，曾子、子貢而外不可得而聞也。所謂卓爾，顔子之所欲從而未由也。周子之主静，以聖人言也。孔子從心不逾，七十以前未嘗自任也。象山雖賢，宜未及此學，未及而輒儗其似君子之道，又寧有是邪？夫居敬窮理，即言乎格致誠正之實，而卓爾一貫，初不越信言謹行之常，學者但從事於常且實者，以致其力，即静悟良知，其謬悠可立見耳。或者不察，以爲學問之道，不可偏廢，均當取法，無事辨争。此其用心未嘗不正，視彼欺世自高立，始異終同之論，爲援朱入陸之謀者，固大不侔矣。然但知分門别户之爲私意，而不明乎騎墻穿穴之非所以登堂，但知公聽立觀之，爲廣益而不審。夫陟巘探幽之早，達乎周道，譬諸所憂者飢寒，而所寶者麴蘖，當其始非不充然意得也，久之，必受其病。楊園先生謂"初學功夫，辨惑爲首"，又謂"讀朱子書，《雜學辨》不可不先看，於此見得分明，辨别得個綱領界分，庶不至爲詖淫邪遁所惑"。嗚呼，先生之喫緊爲人亦已至矣！學道者宜三復斯言。乾隆丁丑中春之月寒食前五日祝淦又書。

葉赫心齋養善跋文云：

自庚申至壬戌，余與浙江祝子人齋同事研北，觀摩講習，往往於纏綿懇惻中發人情之所難言。既而讀所輯《楊園張先生遺書》，其言正大精詳，有足以閑聖道而祛俗惑者。人齋嘗推爲朱子後一人，夫然後知人齋所學有自來矣。甲子秋人齋復纂楊園之藴爲《淑艾録》。余反覆讀之，益有見夫楊園之學，精微廣大，體實用宏，所謂祖述孔孟，憲章程朱者，誠不虚也。是書也，吾願與天下共讀之。葉赫心齋養善書。

清道光二十一年沈楙德《淑艾録跋》云：

聖人之教人也，無過博文約禮，謹言慎行，入孝出悌，守先待後而已，何嘗有良知静悟之學哉！自讀聖人之書者，不得其注解，於是求諸高遠而遂遁入於虚無，不知居仁徙義，即爲善之經也；忠信篤敬，即立德之方也。聖人所不知不能者，在子臣弟友而不在四極八埏也。張楊園先生精於理學，深得紫陽之奥。祝氏人齋起而私淑之，所輯《淑艾録》蓋取《備忘》中各條，依《近思録》分類，後學之士未見楊園全書，得此録讀之，可以盡窺其藴而於學術不致混淆，其有補於世道人心，豈淺鮮哉！辛丑冬日吴江沈楙德識。

（七）清祝淦纂《下學編》十四卷

祝淦受南宋蔡模《近思續録》，明高攀龍《朱子節要》、嚴鴻逵《朱子文語纂編》等書的影響，認爲這些續編仿編之作不盡善，例如祝淦説"《文語纂編》一書差爲醇備，而失之繁。梁溪《節要》簡略矣，又多偏主之弊。其他迂疏滅裂，失其本來者什七八焉"[①]。於是從朱熹《文集》《語類》中選輯朱熹語 692 條，分十四卷編成《下學編》。此書初稿在清乾隆十三年至十六年編成，乾隆二十一年(1756)又作增補，最終編成《下學編》十四卷，"其可爲後學津梁"。

此書《四庫全書總目》著録，曰："《下續編》十四卷，江西巡撫采進本，國朝祝淦撰。淦以蔡氏所纂朱子《近思續録》及近代《朱子近思續録》《朱子文語

① (清)祝淦《下學編引》，載於祝淦《下學編》，清乾隆二十二年刻本。

纂》《朱子節要》諸書皆爲未善，乃掇取《文集》《語類》，分十四門編次之。門爲一卷，凡六百九十二條。其去取頗具苦心，然多竄易其原文，雖所改之處，皆注其下曰‘原作某句’。然先儒之書，意有所契，簡擇取之可也。意所不合，附論是非，破除門户，無所曲阿亦可也。學未能出其上，而遽改古書，其意雖善，其事則不可訓矣。”①

此書現存清乾隆二十二年(1757)刻本，每半葉十行二十一字，左右雙欄，有界行。白口，單(黑)魚尾。版心魚尾上方刻書名“下學編”，魚尾下刻卷次、篇名、頁碼。卷一卷端首行頂格題“下學編卷之一”，次行低二字格題卷名“道體”，第三行頂格刻正文。正文前刻有清乾隆十六年辛未(1751)祝洤《下學編引》、乾隆丁丑(二十二年)葉赫養善序、《下學編目次》(卷端題“漸江祝洤纂”)。在《目次》後刻有清乾隆二十一年丙子祝洤識語。此刻本爲清乾隆二十二年井辨居刻本，《販書偶記續編》有著録。中國科學院圖書館有藏。《四庫全書存目叢書》子部儒家類收録其影印本，見此書子部第29册。

《下學編目次》載：“漸江祝洤纂。卷之一體道，六十四條；卷之二爲學大要，八十條；卷之三致知，五十六條；卷之四存養，四十六條；卷之五克己，四十八條；卷之六家道，四十三條；卷之七出處義利，四十四條；卷之八治體，四十條；卷之九治法，四十一條；卷之十政事，四十五條；卷之十一教學，四十條；卷之十二警戒，五十條；卷之十三辨異端，四十一條；卷之十四觀聖賢，五十四條。”

《下學編》十四卷，尚存清抄本，山東省圖書館有藏，2册，待詳考。

清乾隆十六年祝洤《下學編引》曰：

> 自覺軒蔡氏纂子朱子精義爲《近思續録》，五百年來嗣而之輯者日已衆，朱子之道日尊，而朱子之教益晦。《文語纂編》一書差爲醇備，而失之繁。梁溪《節要》簡略矣，又多偏主之弊。其他迂疏滅裂，失其本來者什七八焉。嗟乎，古人之有傳述非苟焉已也！夫其好學深思追往哲之精神，而與爲默契，體諸身心，驗諸日用，必有所不能已。於天下後世之故，以隱相待者而後沉觀博取，會而通之，以折其衷。昔朱、吕作《近思録》旬日而畢，觀其本末具舉，顯微無間。此蓋本於生平講習之甚精，而操存踐

① (清)永瑢等撰《四庫全書總目》，第833頁。

覆之已熟，豈徒一時玩索探討之力所能擷而取諸？後之人識力所至，未及撤斯道之藩籬，而遽欲窺室家之好而稱量之，爲己乎，爲人乎，亦終無與而已矣。余讀朱子《文集》，甚美且富，既浩博無涯涘，而諸家所録往往限於一隅，蔽虧膠固罔識其可。夫以古大賢躬行心得之所存，爲百世而下篤志求道之士所賴藉，而竟莫爲之提其要而識其歸。見仁謂仁，見知謂知，混淆乖隔，余滋懼矣。爰彙其全書，掇取精到切近之言，爲初學者樹之鵠，凡六百九十二條。楊園張先生曰："三代而下，群言淆亂，折衷於朱子而可矣。"是編之輯，猶此志也。遵《近思》之例，而以《下學》名，師其意不敢同其辭也。淦識淺力薄，兹所抄撮其能無差謬，惟是因其本然求其當然，内不敢執己，外不敢狥人，以期無失乎當日立言之旨，則自誤誤人，庶幾其或寡也。志學之士誠使篤信力行，而不致徙倚於岐途，徘徊於方軌，庶乎朱子之學可得其門而入，即《大學》之明德新民，《中庸》之擇善固執，由是而之焉，無異程矣。豈能廢準繩、舍規矩而别有所謂徑捷要妙之術可以量平直而測方員者哉！乾隆辛未秋八月既望淛江祝淦謹書。

清乾隆二十二年葉赫養善序文曰：

古今來善教莫如孔子，善學莫如顔子。下學上達，學之矩也；博文約禮，教之經也。迨有宋朱子以學以教，一禀孔、顔家法，雖異論時淆，而誠不可掩。凡在學者蓋莫不知居敬窮理，必非主静、良知所可儗也。顧或者倡爲始異終同之論以自便，其假借附託之私，則其説愈巧而惑愈兹矣。國家昌明正學百有餘年，志學適道概不乏人，在戊辰之歲，嘗以授經與吾友祝子人齋相晨夕，因得讀其所纂《下學編》者。當是時，余誠見其可爲後學津梁也，謀欲付梓而人齋執未可，數年以來携之行篋，時一披誦，愈知朱子之文章一本於躬行心得之實而不可誣也。去年冬人齋來粤，乃出此本見貽，余反覆紬繹，益有以見夫朱子之學，廣大精微，無所不盡，而教人之道至完且密也。嗟乎，學者不法朱子，雖孔、顔矩法昭如日月，亦何由歷階梯而直上哉？抑《大畜》之象有之曰："君子以多識前言往行以畜其德。"朱子所以惟日孜孜，庸言庸行，而終馴致乎篤實光輝之盛者，非多識固無以爲畜德資也。蓋不博文無由約禮，而欲上達必先下學，後聖有作，無能易之，人惟畏夫學之難，故常欲其達之速，亦惟苦博而好約，故每至執簡以自高。此編於朱子所論博約全功罔不具舉，以爲是不過下學云爾也，將果不足爲上達云乎哉！乾隆丁丑二月之望葉赫養善書。

清乾隆二十一年祝淦題識云：

是編始於戊辰，定於辛未，年來時復尋繹，恐學者不得其中曲折，重爲增補。視原本加三之一焉。昔藍田吕氏從學程門，儒、釋之辨非不熟聞，及至晚年乃謂佛與聖人合。原其當初亦不過毫釐之差而終焉相反，一至於此，可畏哉！下學功夫所宜周詳透徹，而不可務求簡約也。

朱子之書本諸躬行心得，而發見於文辭隱顯、精粗無間也。志於道者，豈宜有所别異自爲迫狹？今欲取資初學，分目類纂，即不能無删節焉。若門人所記繁複雜亂，全非古法。近日習爲謹願概置勿議，以云傳述非其理也。是編間有改易，非敢妄作，期無悖當日立言大指而已。顧兹淺陋未能自信，謹附原本以便考校，惟有道之士匡其不逮而更正之。

朱子讀書得力處祇在沉潛反覆，後人讀朱子書亦必沉潛反覆乃可有得，所願讀是書者精思熟審，於日用間每事反躬以踐其實，更徧閲全書，參合經、子，以盡其變而會其通，將朱子之自爲學與其所以教人，必皆有以識其始終條理之當然而不可易。如此則讀書爲有益，而聖賢正學庶不至惑於異説焉爾。

四子《近思録》乃示人爲學之大方，誠所謂引而不發者矣。朱子書反覆懇至，十倍前人，乍讀之幾疑其太盡，迨論其世而後知其爲不得不然也。今去朱子又五百餘年，楊園先生危言苦口，視朱子尤多痛切，殆亦有不得已者乎！余之爲《淑艾録》，既志向往亦欲俟論定於後世云。乾隆丙子冬月長至後十日祝淦又書。

四、現已亡佚的《近思録》文獻簡介

據相關文獻記載，有史上曾經出現的"《近思録》文獻"，如今卻不見者，或亡佚，或被毁。故在此按時代先後將現已亡佚的宋元明清學者編撰的"近思録文獻"羅列如下。

(一) 南宋時期

1.(宋)劉清之《近思續録》

劉氏(1133—1189),字子澄,南宋吉州廬陵人。學者稱静春先生。朱熹門人,有志於義理之學。他采集二程門人之語編輯《近思續録》一書。陳榮捷説"其書熊剛大之《性理群書》載之",然筆者研讀《性理群書句解》則未發現。

2.(宋)李季札《近思續録》

《江南通志》曰:"《家塾記》《近思續録》,俱婺源李季札。"[①]"李季札,字季子,婺源人,参仲繒之子。從朱子學,有問答,見《朱子語録》。著有《近思續録》《字訓續編》諸書。"全祖望是據《徽州府志》説李氏曾編著此書[②]。

3.(宋)饒魯《近思録注》

據《宋元學案》卷八十三載,説饒魯有《近思録注》。饒魯(1193—1264),字伯輿,號雙峰,江西餘干人。爲南宋著名理學家。"饒魯……從黄勉齋榦、李宏齋燔學",爲朱熹再傳弟子。"嘗以《易》赴棘試,不遇,專意聖賢之學,以致知力行爲本"[③]。

4.(宋)黄績《近思録義類》

"黄績,字德遠,莆田人。初游淮、浙,遍参諸老。已而從陳師復、潘謙之二子游"。黄績生卒年不詳,爲朱熹再傳弟子,曾爲涵江書院山長。"著有《四書遺説》《近思録義類》"[④]。(明)王圻《續文獻通考》卷一百七十八儒家有著録,云莆田黄績著有《近思録義類》。

5.(宋)程若庸《近思録注》

程若庸生活在南宋後期,生卒年不詳,字達原,徽州休寧人,從饒魯和沈毅齋得朱子之學。淳祐間登進士,授武夷書院山長,纍主師席。又曾聘爲湖州安定書院山長、撫州臨汝書院山長,從游者稱勿庵或徽庵先生。元代著名

---

① (清)趙弘恩等監修,黄之雋等編纂《江南通志》載録,見《四庫全書》史部,第512册第531頁。

② 《宋元學案》卷六十九《滄洲諸儒學案上》,第2312頁。

③ 《宋元學案》卷八十三,第2812頁。《雙峰學案》黄百家案語曰:"黄勉齋榦得朱子之正統。其門人一傳於金華何北山基,以遞傳於王魯齋柏、金仁山履祥、許白雲謙。又於江右傳饒雙峰魯,其後遞有吴草廬澄,上接朱子之經學,可謂盛矣。"

④ 《宋元學案》卷六十九《滄洲諸儒學案下》,第2340頁。陳宓,字師復,朱熹門人。潘柄,字謙之,人稱瓜山先生,朱熹門人。

儒士程矩夫、吴澄皆其門人。據《江南通志》載，程氏有《近思録注》，另著有《性理字訓講義》《太極洪範圖說》等①。

6.（宋）何基《近思録發揮》

何基（1188—1268），字子恭，號北山，學者稱北山先生，南宋婺州（今浙江金華）人。爲黄榦弟子，以讀書講學爲平生志向，教授門生，不遺餘力。治學篤實，有類漢儒；闡明發揮，多創新意。謚文定。與王柏、金履祥、許謙並稱"金華四先生"（或"北山四先生"）。其著作多亡佚，僅存《何北山遺集》。其《近思録發揮》明代尚有傳本存世，多家書目有著録，如明王圻《續文獻通考》，焦竑《國史經籍志》，楊士奇等《文淵閣書目》，葉盛《菉竹堂書目》，清黄虞稷《千頃堂書目》，傅維鱗著《明書》卷七十五《經籍志》，嵇曾筠等監修、沈翼機等編纂《浙江通志》卷二百四十五"經籍五"著録。此書，元時吴師道曾代孫卿幹御史請刊刻《近思録發揮》，刊板於婺州②。

吴師道《代孫幹卿御史請刊〈近思録發揮〉等書公文》曰："北山何文定公基親學於勉齋黄氏，得朱子的傳，道德之望，爲時師表。……所著書有《大學》《中庸》《易大傳》《啓蒙》《通書》《近思録》等發揮，並用朱子本旨，不雜他說，《大學》等五發揮刊行已久，止有《近思録發揮》未就。内《太極圖》《西銘發揮》先刊於紹興，其後門人仁山金履祥纂次訂定，見有全書。蓋《近思録》乃近世一經，而《發揮》之旨尤爲精要，非泛泛他書之比。……以上《近思録發揮》《讀四書叢說》《詩集傳》《名物鈔》三書，不過數十卷，計費不爲甚大，如蒙就於婺州路儒學錢糧内刊板流布，幸惠後學，其於教化不爲無補。"

7.（宋）趙順孫《近思録精義》

趙順孫（1215—1277），字和仲，號格庵，縉雲雲塘（今浙江麗水）人。出生於儒學世家。淳祐十年（1250）進士。曾任秘書省正字兼景獻府教授、校書郎、婺州通判等職。其《近思録精義》，《千頃堂書目》卷十一，《浙江通志》卷二百四十五"經籍五"有著録③，明王道明《笠澤堂書目》子部著録云："《近思録精

① （清）趙弘恩等監修，黄之雋等編纂《江南通志》卷一百九十《藝文志》載録："《太極圖說》《近思録注》，俱休寧程若庸。"載於《四庫全書》史部地理類，第512册第530頁。

② （元）吴師道撰《禮部集》卷二十，見《四庫全書》集部一五一，第1212册第291頁。

③ （清）嵇曾筠等監修，沈翼機等編纂《浙江通志》卷二百四十五"經籍五 子部上 儒家""理學"類著録："《近思録精義》，趙順孫著，見黄溍《格齋先生阡表》。"見《四庫全書》史部地理類，第525册第579頁。

義》一册，趙順孫。”[①]清乾隆三十二年令狐亦岱纂修的《縉雲縣志》卷七“藝文志下”載：“《近思録精義》，趙順孫著。”因而，今人編撰的地方志中有著録爲“《近思録》《精義録》”的，是誤一書爲兩書。

（二）元代

1. （元）戴亨《近思録補注》

戴亨，生卒年不詳，字子元，元代浙江臨海人。師事邱木居。著有《太極圖説》《近思録補注》《北溪字義辨正》等[②]。該注本，明王圻《續文獻通考》，《浙江通志》卷二百四十五“經籍五”有著録[③]。陳榮捷説：“《萬姓通譜》卷九十九，頁六下，載其有《近思録補注》。十七世紀尚存於日本，因山崎闇齋謂其爲‘葉解之流亞’也。”[④]

2. （元）柳貫《近思録廣輯》三卷

柳貫（1270—1342），字道傳，號烏蜀山人，浙江浦江（今浙江蘭溪）人，元代著名學者。師事宋理學大師金履祥，係明代開國文臣之首宋濂的老師。柳貫一生好學不倦，博古通今，官至翰林待制兼國史院編修官，世稱柳待制。品行端莊凝重，爲官廉正不阿，德教甚廣，著作甚豐，與虞集、黄溍、揭傒斯並稱“儒林四傑”。與柳貫同時期的黄溍在《元故翰林待制柳公墓表》中説柳貫“著書有《近思録廣輯》三卷”[⑤]。明代宋濂評説：“道傳，器局凝定，端嚴若神。嘗受性理之學於蘭溪金履祥，必見諸躬行，自幼至老，好學不倦。”於朱熹學説多所發揮。詩文宏肆精嚴，“所著書有《文集》四十卷、《字系》二卷、《近思録廣輯》三卷”等[⑥]。其《廣輯》，明王圻《續文獻通考》，《千頃堂書目》卷十一子部儒家類“補元”著録：“柳貫《近思録廣輯》三卷。”清錢謙益《絳雲樓書目》道學類

---

① （明）王道明《笠澤堂書目》，載於（清）錢謙益等《稿抄本明清藏書目三種》，北京圖書館出版社，2003年5月1版，第108頁。

② 《宋元學案》卷六十六《南湖學案》，第2134頁。

③ 《浙江通志》著録：“《近思録》十四卷，《宋史・藝文志》，朱熹、吕祖謙編。《近思録補注》，《台學源流》，戴亨著。”載於《四庫全書》史部地理類，第525册第579頁。

④ 陳榮捷《朱學論集》，第164頁。

⑤ 黄溍（1277—1357），字晉卿，婺州義烏人，元延祐二年進士。謚“文獻”。著有《日損齋稿》《義烏志》。此《表》載於《柳待制文集》“附録”，收録在清光緒年間胡季樵夢選賡刻《續金華叢書》。

⑥ （明）宋濂撰《元史》卷一百八十一，中華書局，1976年4月1版，第4189頁。

著録云:"柳貫有《近思録廣輯》三卷。"[①]《浙江通志》卷二百四十五"經籍五"著録[②]。由上述文獻記載可見柳氏確有《廣輯》一書。至於茅星來在《近思録集注・附説》末云:"《元史》有黄氏溍《近思録廣輯》三卷,今皆無傳。"[③]其説有誤,若元代黄溍著有《近思録廣輯》三卷,那麽他應當不會在爲柳待制寫墓表時説是柳貫著有此書。

(三) 明代

1. (明)章綸《近思録》

章綸(1413—1483),字大經,號葵心,浙江樂清人。明代正統三年(1438)中舉人,次年中進士,授南京禮部主事。生性亢直。謚恭毅。關於章綸的《近思録》,清初黄虞稷《千頃堂書目》卷十一子部儒家類著録爲"章綸《近思録》"。由於黄虞稷注記簡略,筆者又不曾見到此書,尚不知此書具體内容,是章綸重刊朱、吕共輯的《近思録》,還是自己仿編的《近思録》。暫附此,待考察。

2. (明)郭孺(一作"儒")編《續近思録》二卷

清黄虞稷《千頃堂書目》著録:"郭孺(别本'孺'作'儒')《續近思録》二卷。號一泉,祁縣人,凡十一篇。嘉靖丁酉舉人,官淳化知縣,以清幹稱。江□□《續近思録》十四卷。"郭氏,生卒年不詳,清萬斯同撰《明史》載:"郭儒《續近思録》二卷。號一泉,祁縣人,凡十一篇。儒嘉靖丁酉舉人,官淳化知縣,以清幹稱。"[④]清徐乾學《傳是樓書目》著録:"明郭儒《續近思録》二卷,一本。"

3. 明代書目著録不詳的《近思續録》或《續近思録》

明代《續近思録》或《近思續録》傳本,尚有被本朝書目著録的。如明徐圖《行人司重刻書目》著録:"《近思續録》,二本。"無名氏《近古堂書目》著録:"《近思續録》。"董其昌《玄賞齋書目》著録:"《近思續録》。"徐𤊹《徐氏家藏書目》著録:"《續近思録》。"筆者以爲以上四種明代書目著録的《續録》,可能是蔡模《近思續録》在元明時期的傳本,尚待考證確定。另外,清萬斯同撰《明

---

① (清)錢謙益《絳雲樓書目》,載於(清)錢謙益等《稿抄本明清藏書目三種》,第409頁。

② 《浙江通志》著録:"《近思録廣輯》三卷,柳貫著,見宋濂《柳先生形狀》。"載於《四庫全書》史部地理類,第525册第579頁。

③ (清)茅星來《近思録集注》,見《四庫全書》子部,第699册第162頁。

④ (清)萬斯同撰《明史》,上海古籍出版社影印,2008年1月1版,第388頁。

史》載:"江□《續近思録》十四卷。"該江氏是誰,也不明朗,附此。

(四)清代

1.(清)王夫之《近思録釋》

王夫之(1619—1692),字而農,號姜齋,稱船山先生,著書甚多。據《清儒學記》所述王船山著述目録,"子部二十種"中有"《近思録釋》"①。陳榮捷也説王氏有該本,清道光年編刊的《船山遺書》,目録《近思録解》下云"未見",蓋已佚矣②。

2.(清)車鼎賁《近思録注析微》③

車鼎賁(1691—1732),又名世南,字須上,號南東,湖南邵陽人,因刊印吕留良《晚邨吕子評語》一書而罹禍。關於其《近思録注析微》,未見存世。

3.江清徵《近思録補》

江清徵,生卒年不詳。《四庫全書》史部《江南通志》載:"《近思録補》,婺源江清徵。"④此書詳情,也待考。

4.何氏《續近思録》

清邵懿辰《增訂四庫簡明目録標注》著録:"近江陰何氏又專集朱子語,依原書分類,名《續近思録》,皆有刊本。"此"何氏"指誰,尚不明確,待考。

5.《近思録輯要》,編者不詳

清姚覲元編《禁燬書目》時,將《近思録輯要》一書歸屬於"禁書總目"中"應毁尹嘉銓編纂各書"中的一種⑤。可是,這部《輯要》是誰編輯,語焉不詳。

---

① 張舜徽《清儒學記》,齊魯書社出版,1991年11月1版,第306頁。
② 陳榮捷《朱學論集》,第165頁。
③ 楊金鑫《朱熹與嶽麓書院》,華東師範大學出版社,1986年8月1版,第149頁。
④ 《江南通志》卷一百九十,見《四庫全書》史部,第512册第535頁。
⑤ (清)姚覲元編,孫殿起輯《清代禁燬書目(補遺)》,第96頁。

《近思録》東亞版本考述

下

程水龍 著

鳳凰出版社

中編:《近思録》朝鮮半島版本考述

第六章　古朝鮮刊抄的《近思録》及其續仿編本

第一節　李朝刊抄的《近思録》原文本考

在公元十二世紀之後，朝鮮半島差不多上自王侯、下至平民，多信奉程朱理學。作爲較全面反映宋代理學思想、立場與價值的經典——《近思録》，自南宋後期便流佈到朝鮮半島。在高麗王朝末期，已開始傳刻此類來自中國的理學文獻。在隨後的朝鮮李朝社會，依然尊奉中國儒學，將程朱理學作爲官方思想意識，其社會也湧現出大批崇尚程朱理學者，其代表人物有徐敬德、李滉、李珥等。他們視反映程朱理學思想的文獻爲圭臬，流露出濃濃的尊崇思想，其刊刻或抄寫的反映程朱理學的文本，在東亞朱子學發展傳播歷程中别具特色。其中理學經典《近思録》就是他們較早接受並很快予以傳刻的典籍，筆者在多次調研的基礎上，現將韓國現存《近思録》古朝鮮木板本、寫本等分述如下。

一、朱熹、吕祖謙合輯《近思録》李朝木板本

朝鮮李朝在傳播《近思録》的歷程中，用活字或雕版印製過大量的葉采集解《近思録》注本，而對於朱熹、吕祖謙共輯《近思録》十四卷卻很少用活字印刷，存世《近思録》原文（或稱白文）本多以木板本爲主。

（一）《近思録》十四卷，李朝英祖二十九年木板本

該刻本每半葉十行二十字，夾注小字雙行十九字。四周雙欄，有界行。框高 19.60 釐米，寬 15.20 釐米。白口，單（二葉花紋）魚尾。版心魚尾上方刻書名卷次簡稱（如“近思録一”），魚尾下刻卷名（如“道體”），版心下端刻頁碼。卷一卷端首行頂格題“近思録卷之一”，越三字格題“凡五十一條”，次行

頂格刻印正文。每卷每條單列，首字頂格，餘則低一字格刻印。卷末有尾題“近思録卷之某某”。刻本書體爲楷書，端莊大方，刻印較精美。

刻本正文前刻有《近思録》（包括此書取材的14部書名）、朱熹序文、吕祖謙跋文。《近思録》卷十四末刻有洪啓禧《廣州府刊〈小學〉〈近思録〉跋》。洪氏跋文末落款時間是“崇禎三癸酉”。“崇禎”是明代年號，也是朝鮮李朝習慣使用的紀年方式，因爲即使在滿人入主中原之後，朝鮮的儒學者仍多采用明朝年號，以示對原宗主朝廷的尊奉意識。“崇禎三癸酉”，是指崇禎年第三個甲子的癸酉年，即李朝英祖二十九年（1753），故此木板本當是此時刊刻。再者，據洪氏跋文所署官職“廣州府留守”，廣州府屬於李朝京畿道，顯然洪氏是在爲官之地刊行此刻本，故又可稱此刻本謂“廣州府刊本”。此本首爾大學校奎章閣有藏（奎中2111—v.1—4，書影見圖6-1），4册，五眼綫裝。鈐朱文印“京城帝國大學圖書章”“首爾大學圖書”。有佚名用墨筆諺文在漢字旁標示訓讀。

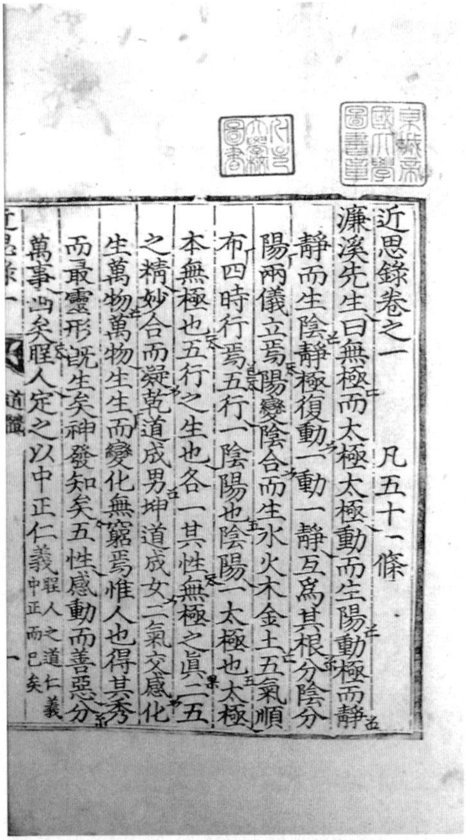

圖6-1　朱熹、吕祖謙共撰《近思録》，李朝英祖二十九年木板本

洪啓禧（1703—1771），字純甫，號淡寓，李朝南陽人，謚號文簡，朝鮮朝英祖時期（1725—1776）的文臣。英祖十三年下教賜文科及第，擔任過燕行使（出使清朝）、通信使（出使日本）、提調行判中樞府事、大司成等職，官至兵曹判書。著有《三韻聲彙》《皇極經世指掌》等。

《朱子遺書》是洪啓禧信賴的典籍，由於《遺書》中收録了《近思録》，因而洪氏主持刊刻的此本“《近思録》則用《朱子遺書》中所載者”，即采用《遺書》本作爲底本。其刻本風格與中國國内藏清初《朱子遺書》本很接近，或許所據底本源頭相同或相近。據洪氏跋文可知，他棄之不用的明末坊間“割裂舛錯”的《近思録》，恐指明代周公恕類次、吴勉學校閲本《分類經進近思録集解》之類的文本，而是將自己所見《近思録》諸本進行校勘，並作《考異》分置各卷之末。此刻本每卷末有洪啓禧所作“考異”文字，刻本中該部分的大字是從《近思録》中輯録，雙行小字爲洪氏的校勘語，是對本卷文字的考證校勘，簡要説明他本與此木板本的異同，故頗具文獻學價值。

洪啓禧《廣州府刊〈小學〉〈近思録〉跋》曰：

> 余涖南城，城有僧寺，亦所以備城守也。緇徒無以爲生，往往有販書爲業者，余爲之募匠，助其事。緇徒問宜刊何書，余謂《小學》《近思録》當與四子通作“六書”，而今本帙大，窮儒鮮有藏者，若以朱先生舊本入梓，則刊者功省，購者費少，彼此交相益也。遂倩人繕寫。蓋《小學》有朱先生本注，見於何氏《集成》，而未有能表章者，友人宋文欽士行任聖周仲思剔出而發揮之，然後其爲先生筆始明，故今謹依其本而録之。《近思録》則用《朱子遺書》中所載者，此蓋不襲坊本割裂舛錯，而一依原本訂正，最爲可信故也。仲思於《小學》本注有考證諸篇，而力詘不能並刻。余爲“考異”各附卷末，以見諸本同異焉。兹刻出，而兩書面目始復，其初尤足以寄後學之敬慕云爾。崇禎三癸酉重陽日行廣州府留守洪啓禧謹書。

與奎章閣此藏本字體、版式相同的版本存世較多，如：

1. 首爾大學校奎章閣另藏一部李朝英祖二十九年刻本（奎中 2220—v. 1—4），4 册，五眼綫裝。鈐朱文印“學部圖書”“編輯局保管”等。有佚名墨筆諺文標示句讀（懸吐）。儘管在此藏本的卷十四末没有見洪啓禧《廣州府刊〈小學〉〈近思録〉跋》（此跋文或許流佈過程損脱），但是從該本的版式、内容可知是廣州府刊本。

2. 韓國國立中央圖書館藏本（古 1252—79），2 册，五眼綫裝。卷十四末有崇禎三癸酉洪啓禧《廣州府刊〈小學〉〈近思録〉跋》。此刻本與上述奎章閣藏本（2111—v. 1—4）字體、版式、内容均相同，當爲李朝英祖二十九年（1753）木板本。

3. 高麗大學校圖書館藏本（C1—A79C），1 册。其版式、字體等與上述版本同。此刻本爲薪菴文庫舊藏，著録説是“[廣州府，英祖29(1753)]木板本”[1]。

(二)《近思録》廣州府刊本後印本

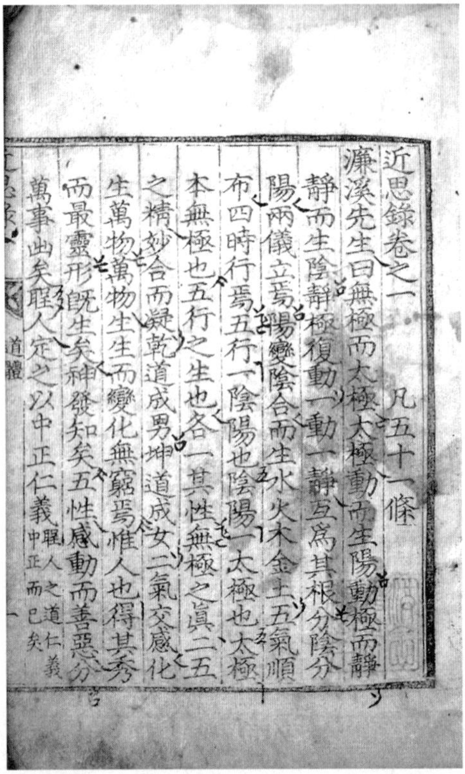

圖6-2 《近思録》，廣州府刊本後印本

《近思録》於李朝英祖二十九年刊行後，又有後印本出現。韓國國立中央圖書館還藏有一部《近思録》木板本(古1252—110)(書影見圖6-2)，每半葉十行二十字，夾注小字雙行十九字。四周雙欄，有界行，框高19.70釐米，寬15.20釐米。白口，單(二葉花紋)魚尾。刻本每卷末有洪啓禧所作“考異”文字。

其字體、版式、内容與上述奎章閣藏英祖二十九年廣州府刻本相同。但有意思的是，在此藏本卷末洪啓禧《廣州府刊〈小學〉〈近思録〉跋》文末，“洪啓禧”三字被墨筆塗黑。或許是因爲在正祖年間(1777—1800)洪氏子孫犯叛逆之罪，故後世藏家將跋文末“洪啓禧”三字塗黑以避禍。該館將其著録爲“木板本(後印)”。

國立中央圖書館藏本，1冊，五眼綫裝。藏本天頭有佚名漢文批注，行間有佚名用墨筆諺文標示句讀(懸吐)，卷底的内封上有墨筆題寫的短文：“十五日不寐咒：夫道……大權於天地……高掛일다。”(該段文字漢文、諺文交雜)“佛説夢受經：南無觀世音，南無佛，南無梵，南無僧，如佛有人，如佛有賢。佛法上人，相羅家庭，朝詠觀世音，暮詠觀世音，念念終身計，詠佛不難身。天羅

---

[1] 《薪菴文庫漢籍目録》子部儒家，第58頁，載於高麗大學校圖書館編《高麗大學校漢籍綜合目録》(下)，高麗大學校出版部，1975年2月出版。

神，地羅神，人伊羅，難難身，一切帝王下衛鎮。南無摩訶，半呵呵密。”

二、《近思録》朝鮮李朝筆寫本

《近思録》流佈朝鮮半島後，李朝讀者中自然少不了對該書的抄寫閱讀，筆者調研過程發現了李朝宣祖三十二年姜沆筆寫本。

此抄寫本是在印有烏絲欄的紙上抄寫，每半葉九行十七字，四周雙欄，上下粗黑口，對(二葉花紋)魚尾。框高 11.30 釐米，寬 9.00 釐米。卷一卷端首行頂格題“近思録卷之一”，越五字格題“凡五十一條”，次行低二字格抄寫本卷解題，第四行抄寫正文。每條單列，頂格抄寫。卷前抄有南宋葉采《近思録集解序》、《集解目録》、《近思録》(此書取材的 14 部書名)、朱熹序、吕祖謙跋、葉采《進近思録表》。從卷前收録葉采序文、進表的情形推測，此抄本或是依據葉采《近思録集解》本的《近思録》原文抄寫。

日本國立公文書館藏本(298—0154 號，書影見圖 6－3)，1 册，四眼綫裝。鈐朱文印“大學藏書”“日本政府圖書”。此寫本與《近思續録》《近思别録》的寫本合爲一函儲藏，在《别録》卷十四末有跋文，文末載：“己亥冬至月二十三日，朝鮮宣務郎前守刑部員外郎菁川姜沆字武卿謹跋。”

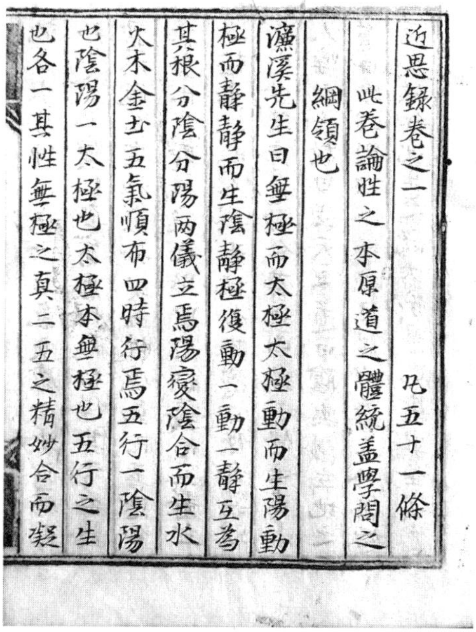
近思録卷之一　凡五十一條
此卷論性之本原道之體統盖學問之
綱領也
濂溪先生曰無極而太極太極動而生陽動
極而静静而生陰静極復動一動一静互爲
其根分陰分陽兩儀立焉陽變陰合而生水
火木金土五氣順布四時行焉五行一陰陽
也陰陽一太極也太極本無極也五行之生
也各一其性無極之真二五之精妙合而凝

圖 6－3 《近思録》，李朝宣祖三十二年姜沆筆寫本

姜沆(1567—1618)，字太初，號睡隱。朝鮮儒學者，著有《雲堤録》《綱鑒會要》《左氏精華》《看羊録》《文選纂注》《睡隱集》等。姜沆在 1597 年萬曆朝鮮戰爭爆發之際擔任刑曹佐郎要職，後被侵略朝鮮的日本軍隊俘虜，帶到日本。在日本期間，姜沆最初被關押在伊予大洲，後來遷往伏見。在日本做俘虜的三年生活中,姜沆將所見所聞記録下來,寫成《看羊録》。且在此期間,與日本儒學學者京都的藤原惺窩[①]有過交流,使得日本對朝鮮朱子學有更多了解。宣祖三十三年(1600)四月姜沆被日本釋放,經對馬島歸國,然後繼續在李朝爲官。依據這段歷史,其筆寫本卷末所題"己亥",應是朝鮮李朝宣祖三十二年(1599),即明代萬曆二十七年。所以此筆寫本當是姜沆被俘期間在日本抄寫完成,與下文所言《續録》《别録》都是同一時期姜沆抄寫,因而藏家裝作一函收藏,至今留在日本。

另外,由於韓國藏書機構對現存"《近思録》文獻"在著録時,對書名及内容考察不甚嚴謹,往往雖云"《近思録》",卻非《近思録》原文本。其中有部分題署謂"《近思録》"寫本者,筆者無從尋覓或難以目驗,衹好存疑,如:

1. 延世大學校藏有《近思録》,1 册(66 張)。《延世大學校中央圖書館古書目録》著録云"寫本"[②]。

2. 慶尚大學校藏《近思録》十四卷,2 册。《慶尚大學校圖書館漢籍室所藏漢籍目録》著録云:"筆寫本。發行地不明,發行處不明,發行年不明。"[③]

3. 雅丹文庫藏有一部《近思録》四卷(卷六至卷九),1 册。半葉十行十八字,對(二葉花紋)魚尾。《韓國所藏中國漢籍總目》著録爲"寫本,刊年不詳"[④]。

第二節　李朝刊抄的中國學者《近思録》續仿編本考

在李朝雕版印刷、活字印刷或抄寫的中國學者"《近思録》文獻"中,注本部分在本章後設有專章考述,而李朝刊刻或抄寫的《近思録》續編、仿編類文本,因其體量不大,故在本節作以考述。

---

① 藤原惺窩(1561—1619),字斂夫,號惺窩,又號紫立子。他重視宋儒的道學,是日本江户時代朱子學的開創者。著有《惺窩文集》《文章達德録》等。

② (韓)延世大學校中央圖書館編輯《延世大學校中央圖書館古書目録》,延世大學校中央圖書館發行,(韓國)光明印刷公社印刷,1977 年 5 月發行,第 49 頁。

③ (韓)慶尚大學校圖書館編輯《慶尚大學校圖書館漢籍室所藏漢籍目録》,慶尚大學校出版部發行,圖書出版民族文化印刷,1996 年 12 月 20 日發行,第 200—201 頁。

④ (韓)全寅初《韓國所藏中國漢籍總目》,首爾學古房,2005 年 6 月初版,第 19 頁。

一、蔡模《近思續録》《近思别録》李朝版本考

(一) 朝鮮李朝筆寫本

1. 李朝宣祖三十二年姜沆筆寫本

南宋蔡模《近思續録》十四卷筆寫本，是在印製好欄框行格的紙上抄寫，每半葉九行十七字。四周雙欄，有界行，框高 11.30 釐米，寬 9.00 釐米。上下粗黑口，對(二葉花紋)魚尾。卷一卷端首行頂格題“近思續録卷之一”，次行低二字格抄寫卷名“此卷論道”，第三行抄寫正文。每條單列，頂格抄寫。

此蔡模《近思續録》筆寫本(書影見圖 6－4)，書體、款式與上述《近思録》宣祖三十二年姜沆筆寫本相同，故《續録》也是同一時期抄寫。日本國立公文書館藏本(298—0154 號)，在此《續録》前有《近思録》十四卷寫本 1 册，後有《近思别録》十四卷，藏家將《近思續録》與《别録》合在一起裝成 2 册，將這三種書又合爲一函。該館藏本鈐朱文印“大學藏書”“日本政府圖書”，原爲紅葉山文庫舊藏。《改訂内閣文庫漢籍分類目録》將此藏本著録爲“宋蔡模，朝鮮萬曆二七，寫”本[①]。明萬曆二十七年，即李朝宣祖三十二年(1599)，姜沆此時在日本抄寫。

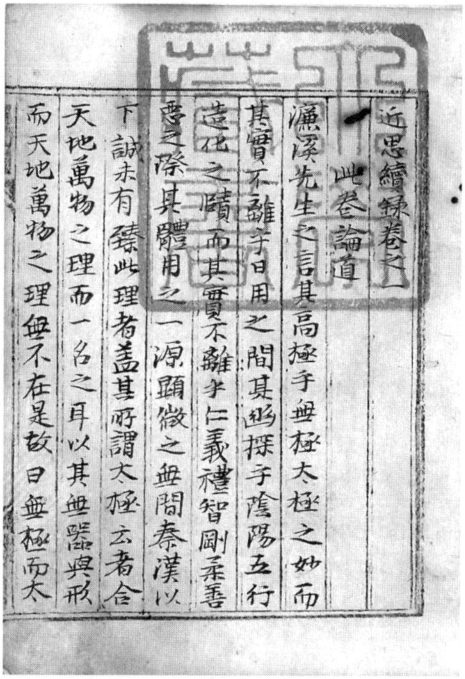
近思續録卷之一
此卷論道
濂溪先生之言其高極乎無極太極之妙而
其實不離乎日用之間其幽探乎陰陽五行
造化之賾而其實不離乎仁義禮智剛柔善
惡之際其體用之一源顯微之無間秦漢以
下誠未有臻此理者蓋其所謂太極云者合
天地萬物之理而一名之耳以其無器與形
而天地萬物之理無不在是故曰無極而太

圖 6－4　蔡模《近思續録》，姜沆筆寫本

緊接上述《近思續録》後的是蔡模《近思别録》十四卷，其筆寫本的書體、編次等與《近思續録》相同。每半葉九行十七字，四周雙欄，有界行。上下粗

① (日)内閣文庫編《改訂内閣文庫漢籍分類目録》，内閣文庫發行，日本昭和四十五年十月印，第 168 頁。

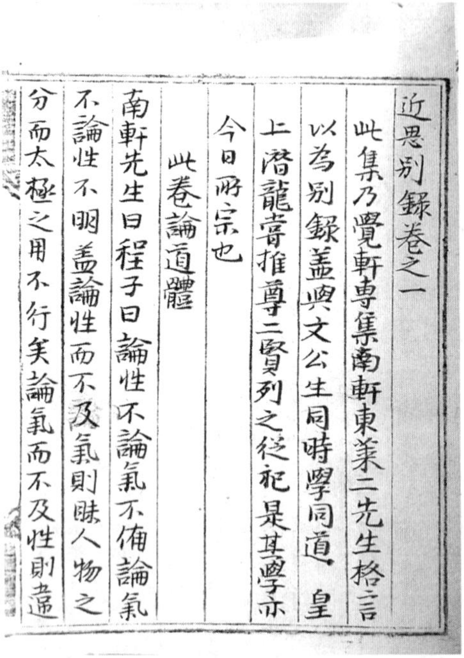
近思別録卷之一
此集乃覺軒專集南軒東萊二先生格言
以爲別録蓋與文公生同時學同道 皇
上潛龍嘗推尊二賢列之從祀是其學亦
今日所宗也
此卷論道體
南軒先生曰程子曰論性不論氣不備論氣
不論性不明蓋論性而不及氣則昧人物之
分而太極之用不行矣論氣而不及性則遺

圖 6－5　蔡模《近思別録》，姜沆筆寫本

黑口，對（二葉花紋）魚尾。卷一卷端首行頂格題“近思別録卷之一”；次行低一字格抄寫“此集乃覺軒專集南軒、東萊二先生格言以爲《別録》，蓋與文公生同時、學同道。皇上潛龍嘗推尊二賢，列之從祀，是其學亦今日所宗也”；第六行低二字格抄寫卷名“此卷論道題”；第七行抄寫正文。

《別録》卷十四末有題識，文末記載：“己亥冬至月二十三日，朝鮮宣務郎前守刑部員外郎菁川姜沆字武卿謹跋。”依據姜沆生活的時代，此“己亥”年，即朝鮮李朝宣祖三十二年，明代萬曆二十七年（1599）。故一般將朝鮮朝姜沆題跋時間，作爲此筆寫本的抄録時間。又因爲跋文末鈐有朱文“李氏臣子”四字，故抄寫者應是姜沆本人。日本國立公文書館藏本（書影見圖 6－5），四眼綫裝。鈐朱文印“寬政戊午”。

通過讀姜沆跋文，可知姜沆在日本滯留期間，有感於日本江户時代儒學開創者藤原惺窩抄録宋儒有關性理學書籍、表彰宋儒，以及赤松公尊德樂道，在日本推行性理之學，故而作此序文。

姜沆跋文云：

夫子之賢於堯舜，語事功也。所謂事功者，何也？繫三聖之易，而天地萬物之情顯；編六體之書，而二帝三王之心法著。風雅頌删，而善心感發，逸志懲創。禮樂定，而神人以治，上下以卞。《春秋》作，而亂臣賊子有所恐懼，使萬世之人，君君而臣臣，父父而子子，夫夫而婦婦，兄兄而弟弟，立極乎天地，立命乎生民，開萬事之群蒙，啓萬古之長夜，則夫子之事功豈不賢於堯舜哉？聖人既没，聖言遂湮，瑶琴弦絶，寶匣塵生。“九師起而《易》道微，三《傳》出而《春秋》乖”。前孔後孔之書止於傳注，大戴小戴之禮守其口耳，以及於康成之《詩箋》，平叔之《論語章句》而已耳。標題而已耳，曷嘗能得聖人之影響哉？五百餘年而後，僅得一韓愈《原道》之書，反遺格物致知，餘子何足論哉？昏昏紛紛，詖遁支離，君子不聞大道之要，小人不蒙至治之澤，以及於五季之末，壞亂極矣。宋日中天，文奎呈瑞，濂洛群賢，蔚起輩出，尋千載之遺經，續千載之絶緒。程伊川傳《爻》《象》而《易》道彰，胡文定傳《春秋》而王法顯。拔孟子於十子之中，而人知擴天理、正人心；表《庸》《學》於《戴記》之内，而士聞入德之門、性理之源。以及於紫陽朱夫子又集群賢之大成而一之，上自五經，下至《語》《孟》《庸》《學》，莫不發揮而章顯之，使學者知此道之不外乎日用人倫，聖人之皆可學而至，則宋賢之功，又豈下於堯舜哉？扶桑，海國也，去中國道理遼絶，士大夫未嘗以經訓名家，又豈嘗以窮理正心實用其力哉？其幸而以儒術聞者，亦不過何、鄭注疏，謂程、朱之訓解爲無用，其不以覆瓿者爲鮮。曠千百年始得惺齋斂夫一人，窮約自守，不求聞達，惟以文籍自娱，其學深造獨詣，一以操存省察爲本，經書洞念曉析，獨以程、朱傳注爲是，舉一國莫有知者。而惟赤松公以莪莩之義芃葛焉，因以其旨書五經、四書，以及於濂洛性理諸書，秃穎窮玄，積成卷軸，焚膏燃蠟，又卜其夜。既卒業，使余序其末。余應之曰："嗚呼！堯舜之道非孔子則不能明，是無孔子則無堯舜也。孔子之道非宋賢則不能行，是無宋賢則無孔子也。日東之人不知有宋賢，惟斂夫表出之，是無斂夫則無宋賢也。斂夫之志非赤松則不能成，是無赤松則無斂夫也。况余嘗聞赤松家世，日東王室之胄也，世襲貂蟬，奕葉蟬聯，綺紈襦絝，采邑連城，馳馬試劍，長金積玉，乃耳目之素所慣也，而隆師親友，進德修業乃至此，刻苦真實，則豈非日東斯文之幸哉？他日，日東諸達官之見是本者，因其文而悟其道，以及於爲上爲下、爲國爲家、爲比隣，一以聖訓從事，則扶桑一域未必不爲東周，而赤松公之利澤推及於海隅者，豈淺淺哉？斂夫之仁讓，可化一邦之獷俗，豈但興行於赤松公一邑哉？"余嘉斂夫之獨得遺經，又喜赤松公之尊德樂道也，於是乎書。己亥冬至月二十三日，朝鮮宣務郎前守刑部員外郎菁川姜沆字武卿謹跋。

2. 李朝人佚名筆寫本

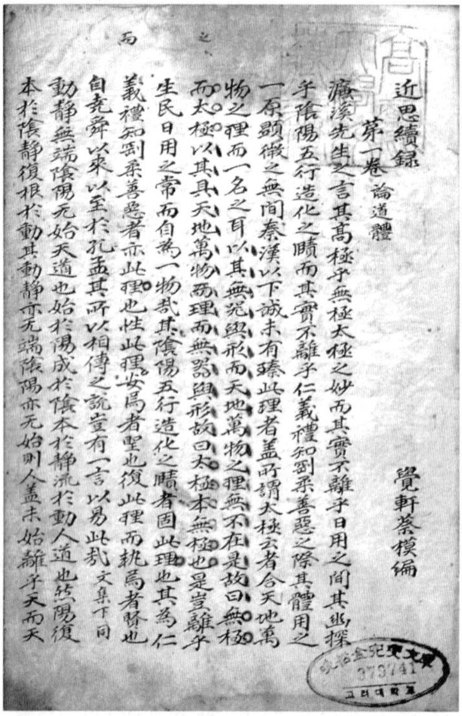
近思續録　覺軒蔡模編
第一卷　論道體

圖 6－6　《近思續録》,李朝佚名筆寫本

蔡模《近思續録》十四卷,李朝筆寫本(書影見圖 6－6)是在無框欄行格的紙上抄寫,書法精美。每半葉十二行二十九字,白口。卷一卷端首行頂格題書名"近思續録",下越十五字題署"覺軒蔡模編",次行低二字格題卷次、篇名(如"第一卷論道體"),第三行抄寫正文。每條單列,均頂格抄寫。高麗大學校圖書館藏本(C1—A211),1 册,五眼綫裝。爲晚松文庫舊藏之物。該寫本天頭處往往有漢字批注,書體與正文相同,恐抄録者自己所爲。又有佚名墨筆圈點。在此筆寫本卷前的空白頁上,有佚名墨筆書寫各卷標題,書體與正文明顯不一樣,故推測非本書原抄寫者所爲,或許藏家題記。

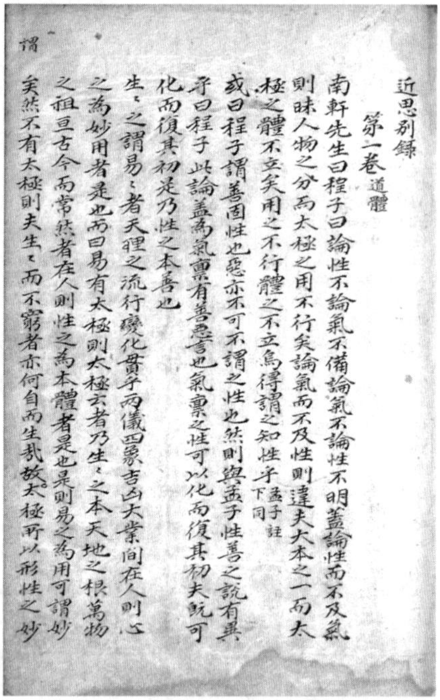
近思別録
第一卷　道體

圖 6－7　《近思別録》,李朝佚名筆寫本

在此筆寫本卷十四末,緊接其後抄寫的是《近思別録》十四卷(書影見圖 6－7),高麗大學校圖書館藏本(C1—A211),其版式與《續録》相同,藏家將其與《續録》合爲 1 册。且這兩部筆寫本的書體相同,應是同一人所爲。對於該《近

思别録》筆寫本卷端没有題署《别録》編撰者的問題，我們將在日本刻印中國學者仿編著作部分考證闡明。

3. 著録云“蔡模編”《近思後録》的筆寫本

在高麗大學校的藏本中，有一部《近思後録》(殘存 1 册)，藏家著録云：“蔡模編，寫本，零本 1 册。”“跋：嘉靖庚申(1560)上冬四日後學盧守慎書於沃川之蘇齋。”①

關於此書編撰者，很可能藏家著録有誤，因爲我們在該校調查時未見到署名“蔡模”的《近思後録》，卻發現有李朝明宗十五年(1560)盧守慎筆寫本《近思後録》殘本，還有題署“嘉靖庚申”的盧守慎跋文。明嘉靖庚申年，即李朝明宗十五年(1560)，該筆寫本很可能是此時抄寫。高麗大學校此藏本(C1—A213)，鈐朱文印“荷士”“深庵”“晋陽後人”“鄭寅默”。

關於此書詳情，我們將在“李朝學者的仿《近思録》編本考”部分再作考述。

(二) 李朝《新刊音點性理群書句解》本

蔡模《近思續録》《近思别録》在朝鮮李朝除被抄寫，並以單行本面世外，還有被收録在《新刊音點性理群書句解》，或云《新編音點性理群書句解》(以下簡稱“《句解》”)中，位於《近思録》之後。《句解》分前後兩集，“前集”二十三卷是南宋熊節集編，前後集均爲南宋朱熹再傳弟子熊剛大注解，熊剛大爲便於童蒙閲讀而逐句注解，因而《句解》注文具有簡明易懂的特徵。其“後集”二十三卷，是對《近思録》《近思續録》《近思别録》每條語録中的每一句分别注釋，《續録》收録在“後集”的卷十四至卷二十一，《别録》收録在“後集”的卷二十二至卷二十三。

從《新編音點性理群書句解》四十六卷現存版本的繁複程度來説，東北亞的傳本，當以李朝時期的刊印本爲大宗，版本呈現多樣性。《句解》現存有中國元刊本(前文已述)，韓國現存的《句解》版本遠多於中國，有李朝時

---

① 《晚松文庫漢籍目録》子部儒家，第 192 頁，載於高麗大學校中央圖書館編《高麗大學校漢籍綜合目録》(上)，高麗大學校出版發行，1979 年 3 月 1 版。另見全寅初《韓國所藏中國漢籍目録》，第 30 頁。

期的多種傳本。在此我們僅就其中的《續録》《别録》進行考述，將此類版本一併稱之謂"《新刊音點性理群書句解》本"。歷史上的朝鮮半島刊印的版本主要有：

1. 李朝太宗十五年平壤府木板本

《新刊音點性理群書句解》(後集)的《續録》《别録》，每半葉十三行二十四字，注文小字雙行同。四周雙欄，有界行，框高 17.60 釐米，寬 11.60 釐米。上下黑口，順(黑)魚尾。《句解》(後集)卷十四的卷端第二、第三行題署："《近思續録》，周、張、二程之格言，文公已分門類編。今覺軒先生復取文公之格言，依其門類編作《近思續録》。理學之書亦在是矣。"第三行下題"考亭門人蔡模集編"。第四行下題"建安後學熊剛大集解"。卷末有尾題"新刊音點性理群書句解卷某某 後集"。

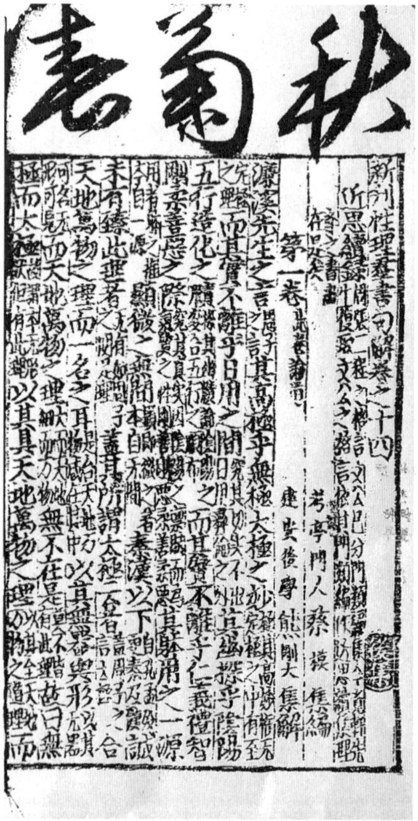
新刊性理羣書句解卷之十四
近思續録
考亭門人蔡模集編
建安後學熊剛大集解
第一卷
濂溪先生之言其高極乎無極太極之妙而其實不離乎日用之間其幽探乎陰陽五行造化之賾而其實不離乎仁義禮智剛柔善惡之際其體用之一源顯微之無間秦漢以下誠未有臻此理者蓋其所謂太極云者合天地萬物之理而一名之耳以其無器與形而天地萬物之理無不在是故曰無極而太極以其具天地萬物之理而

圖 6－8　蔡模編，熊剛大句解《近思續録》，《新刊性理群書句解》本，李朝太宗十五年平壤府木板本

筆者將此刻本與臺北藏元刊本《句解》稍作比較後發現，二者每葉文字編排、版式特徵相同，内容體例也相同，甚至現存元刊本中特有的俗體字、異體字，如"李""躰""荅""顕"等字，在此刻本中也均保留元刊本的字形，並且"熊氏曰"等字樣也刻作墨蓋子白文。故從行款、字形、刊刻特色考察，此木板本很可能是源自中國的宋元刊本，故可以説它是翻刻元刊本。

該本"後集"卷二十三末葉尾題左側下方有一行刊記，題"平壤府重刊"。隨後另一葉刻有明永樂乙未年金盧遐跋文，以及記録與此本刊校相關聯的人員，如記載了參與刊校此書的鄭仁錫、宋士植、李簡、黄得粹、金艮、全直、崔迤等七人姓名，以及他們的官銜。金慮題跋時間“永樂乙未”，即李朝太宗十五年(1415)，當時崔迤爲李朝平安道平壤府尹，此《句解》是因崔迤的宣導而刊行，所據底本是崔迤從浩亭先生處所得《性理群書句解》。而浩亭此前出使過中國，得到當時在世上流佈的《句解》，且很可能是中國宋元時期的版本。經筆者將此刻本與《句解》現存元刊本比對，發現其具有元刊本的明顯特徵，故此筆者以爲李朝的平壤府刊本當是翻刻或覆刻《性理群書句解》元版本，即李朝太宗十五年木板本。

此刻本，韓國延世大學校藏有殘本，存“前集”卷九至卷二十三，“後集”卷一至卷十四。該藏本的《近思續録》僅存卷一(書影見圖 6-8)，卷中及天頭有墨筆漢文批注。韓國嶺南大學校藏本卷帙完好，著録爲“平壤府重刻”本[①]。但是，關於此平壤府木板本的刊刻時間，藏家未明言。日本國立國會圖書館藏有殘本(“後集”卷一有殘損)，藏家著録云:1415 年平壤府金慮刊。3 册，四眼綫裝。鈐朱文印“帝國圖書館藏”“明治三九、七、七購求”。

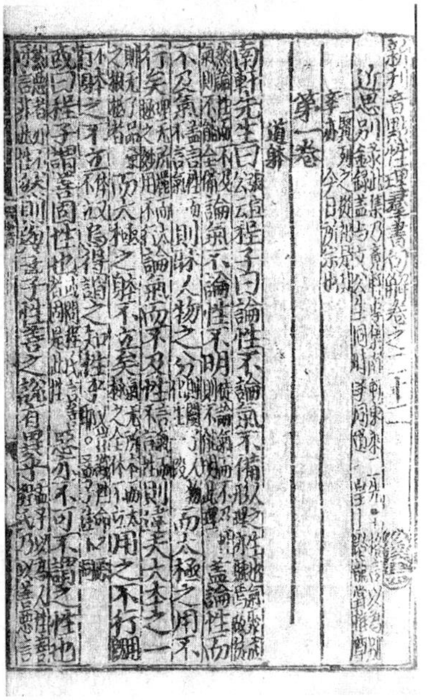

圖 6-9　蔡模編，熊剛大句解《近思別録》，李朝平壤府木板本

《近思別録》十四卷編次在此平壤府刻本《句解》“後集”的卷二十二至二十三，後集卷二十二卷端第二、第三行題:“《近思別録》，此集乃覺軒專集南軒、東萊二先生格言以爲《別録》，蓋與文公生同時、學同道，皇上潛龍嘗推尊二賢，列之從祀，是其學亦今日所宗也。”熊剛大分別對《別録》的十四卷内容進行了注解。從日本國立國會圖書館所藏《近思別録》看(書影見圖 6-9)，《別録》的版式特徵與《續録》同。

在此需説明的是，後文中關於《別録》的卷端題署、内容、版式等基本與此

① (韓)嶺南大學校中央圖書館編《嶺南大學校圖書館所藏古書目録》(陶南文庫)，嶺南大學校中央圖書館發行，大明文化印刷所，2004 年 12 月出版，第 49 頁。

相同，若無大的差異我們就不再重複解説。

朝鮮平壤府儒學教授金盧遐跋文云：

殿下之十三年秋，刑曹判書崔公以平安道都巡問察理使兼尹平壤，明年秋九月謂其寮佐曰，予之來左政丞浩亭先生公以家藏《性理群書》囑予曰："是書皆宋朝真儒九先生之格言也，孟軻氏以後千有餘年，不傳之學至是而復續，其有功於聖門而有補於世教者，至矣！予昔奉使中國，得一本而來，詳味有年，思欲刊行，與人共之。幸今國家閑暇，平壤人衆物阜，事功易就，子其爲意焉。"今農務之隙，盍圖始事。於是鳩工得十九人，食以廩禄之餘，俾參佐監督。期年而工告訖。恭惟殿下緝熙聖學，以致明德新民之效，每教監司守令，必以學校爲先務，政丞公以性理之學、經濟之才恭襄至治，以興起斯文爲己任，不私其有，欲廣其傳。嗚呼，聖君賢相，同寅協恭，爲世道慮，可謂盛矣！府尹公爲政勤謹，歲稔人和，乃能仰體君相之德，意拳拳焉！鋟梓流傳，欲使國人皆得而覽觀，以趨於正學，其用心豈不美哉！予府人也，悉其始末，是用書諸板後以示不泯，其參助以成者，並録於左云。永樂乙未秋八月甲申，通政大夫平壤府儒學教授官金盧遐謹識。

2. 李朝世宗二十一年甲寅字本

據李朝太宗三年權近[①]跋文可知，明永樂元年（即李朝太宗三年，1403年）李太宗有感於爲學治國須博觀群書，然"吾東方在海外，中國之書罕至，板刻之本易以剜闕，且難盡刊天下之書"，有意鑄造銅活字，以便在朝鮮廣泛傳播典籍。於是命李稷、朴錫命、李膺、姜天霔、金莊侃、柳荑、金爲民、朴允英等大臣監管鑄字之事，用"經筵古注《詩》《書》《左氏傳》以爲字本"，在永樂元年十一月初步完成此次的銅活字鑄造，即癸未字。但是由於"始鑄

① 權近（1352—1409），字可遠，思權，號陽村，謚號文忠，是朝鮮高麗末期、朝鮮初期的文臣、學者。他出身貴族，是李穡弟子。其師李穡（1328—1396，號牧隱）爲高麗末期的朱子學家。權近承繼乃師之學，對朝鮮朝朱子學發展有過重要貢獻。他曾按朱子學觀點闡釋五經，著有《入學圖説》《五經淺見録》等，有《陽村先生文集》。其學術主張爲朝鮮半島朱子學的深入發展做出了重要貢獻，促成了朝鮮時代朱子學的勃興。

字樣有未盡善者”，據李朝世宗四年卞季良[①]跋文可知，在永樂庚子年（即李朝世宗二年，1420年），世宗大王命“李蕆新鑄字樣”，次年完工，即庚子字。“印者便之”，“由是而無書不印，無人不學，文教之興當日進，而世道之隆當益盛”。

再據世宗十六年金鑌跋文可知，宣德九年（即李朝世宗十六年，1434年），世宗對負責新造字樣的大臣李蕆曰：“卿所嘗監造鑄字印本，固爲精好矣。第恨字體纖靡，難於閱覽，更用大字本重鑄之尤佳也。”因而讓他與金墩直、金鑌、蔣英實、李世衡、鄭陟、李純之、李義長等再造活字，“出經筵所藏《孝順事實》《爲善陰騭》《論語》等書爲字本，其所不足，命晋陽大君臣瑈書之”。這一次鑄字從是年七月至九月，“鑄至二十有餘萬字”，這一年爲甲寅年，所鑄活字即甲寅字。以此印書，效益與品質遠超以前“字體纖靡”的活字，參與其事者金鑌説：“一日所印可至四十餘紙，字體之明正，功課之易就，比舊爲倍矣。”

因此從《新編音點性理群書句解》卷末權近、卞季良、金鑌等權臣的跋文可以肯定，李朝世宗大王較太宗更是注重文教，不斷改進活字品質，用所鑄活字印行中國之書，“以傳永世”。在世宗十六年鑄造的銅活字（甲寅字）完工後，很快便用其印行典籍。從《句解》跋文末“金鑌拜手稽首敬跋”的左側所印刊記“正統四年四月日印出”可知，正統四年，即李朝世宗二十一年（1439），因而《句解》此活字本當是世宗二十一年用甲寅字印行的版本。

該活字本有些字形不規整、字迹墨色濃淡不一。每半葉十行十八字，注文小字雙行同。四周單欄，有界行，框高26.70釐米，寬17.30釐米。白口，順（黑）魚尾。上魚尾下方印“書某某”，下魚尾下印頁碼。每篇單列，首條頂格印製。字大疏朗，印製精美。在“後集”卷二十三末葉之後，另起一葉開始印有李朝三位大臣的跋文。

現存《新刊音點性理群書句解》此活字本（後集）的版式特徵與“前集”略異的是，多爲四周單欄。此甲寅字本，韓國國立中央圖書館有藏（古貴1257—3），《句解》“前集”殘存卷一至卷四，“後集”卷帙完好，即《近思録》《近思續録》《近

---

① 卞季良（1369—1430），爲李穡的門生，李齊賢再傳弟子。著有《春亭集》。

思別録》相較於前文所述木板本，則無闕損(《續録》書影見圖 6－10,《别録》書影見圖 6－11)。

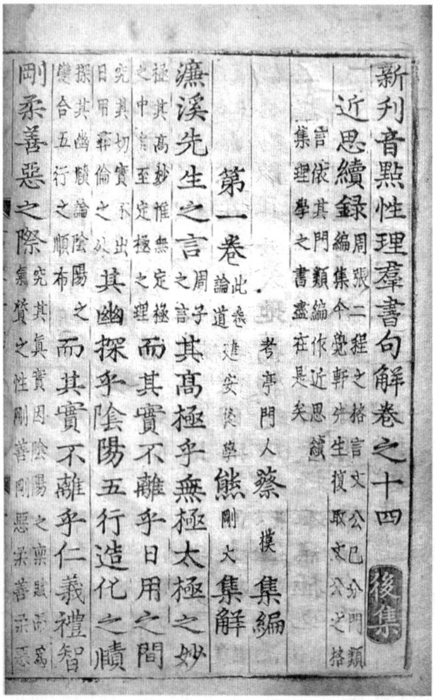

圖 6－10 《近思續録》,《新刊音點性理群書句解》本，李朝世宗二十一年甲寅字本

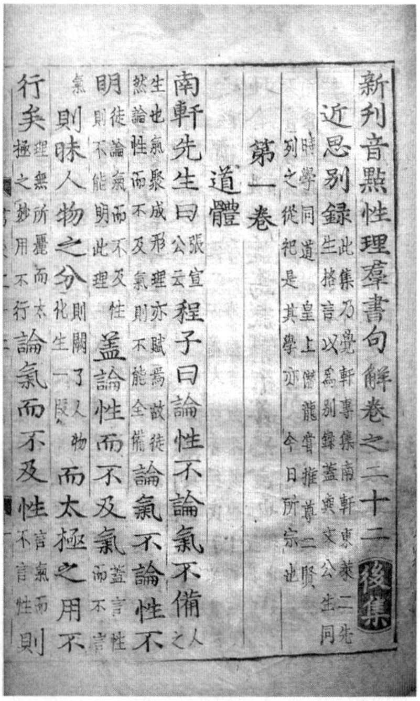

圖 6－11 《近思别録》,《新刊音點性理群書句解》本，李朝世宗二十一年甲寅字本

《新刊音點性理群書句解》後集卷二十三末跋文三篇，分別是：

權近跋文：

永樂元年春二月，殿下謂左右曰："凡欲爲治，必須博觀典籍，然後可以窮理正心而致修齊治平之效也。吾東方在海外，中國之書罕至，板刻之本易以剜闕，且難盡刊天下之書也。予欲範銅爲字，隨所得書必就而印之，以廣其傳，誠爲無窮之利。然其供費不宜斂民，予與親勳臣僚有志者共之，庶有成乎!"於是悉出内帑，命判司平府事臣李稷、知申事臣朴錫命、右代言臣李膺等監之；軍資監臣姜天霔、長興庫使臣金莊侃、代言司注書臣柳荑、壽寧府丞臣金爲民、校書著作郎臣朴允英等掌之。又出經筵古注《詩》《書》《左氏傳》以爲字本。自其月十有九日而始鑄，數月之間多至數十萬字。恭惟我殿下睿哲之資、文明之德，萬機之暇，留神經史，孜孜無倦，以浚出治之源而闡修文之化，思廣德教，以淑當時而傳後世，拳拳焉！爲鑄是字以印群書，可至於萬卷，可傳於萬世，規模宏大，思慮深長。如此，王教之傳、聖曆之永，固當並久而彌堅矣。是年後十一月初吉，推忠翊戴佐命功臣正憲大夫參贊議政府事判禮曹事寶文閣大提學知經筵春秋成均館事吉昌君臣權近拜手稽首敬跋。

卞季良跋文：

鑄字之設，可印群書，以傳永世，誠爲無窮之利矣。然其始鑄字樣有未盡善者，印書者病其功不易就。永樂庚子冬十有一月，我殿下發於宸衷，命工曹參判臣李蕆新鑄字樣，極爲精緻。命知申事臣金益精、左代言臣鄭招等監掌其事，七閱月而功訖，印者便之，而一日所印多至二十餘紙矣。恭惟我恭定大王作之於前，今我主上殿下述之於後，而條理之密又有加焉者。由是而無書不印，無人不學，文教之興當日進，而世道之隆當益盛矣。視彼漢唐人主規規於財利兵革以爲國家之先務者，不啻天壤矣，實我朝鮮萬世無疆之福也。永樂二十年冬十月甲午，正憲大夫議政府參贊集賢殿大提學知經筵同知春秋館事兼成均大司成臣卞季良拜手稽首敬跋。

金鑌跋文：

宣德九年秋七月，殿下謂知中樞院事臣李蕆曰："卿所嘗監造鑄字印本，固爲精好矣。第恨字體纖靡，難於閱覽，更用大字本重鑄之尤佳也。"仍命監其事，集賢殿直提學臣金墩直、集賢殿臣金鑌、護軍臣蔣英實、僉知司譯院事臣李世衡、議政府舍人臣鄭陟、奉常注簿臣李純之、訓鍊觀參軍臣李義長等掌之。出經筵所藏《孝順事實》《爲善陰騭》《論語》等書爲字本，其所不足，命晋陽大君臣瑈書之。自其月十有二日始事，再閱月，而所鑄至二十有餘萬字。越九月初九日，始用以印書，一日所印可至四十餘紙，字體之明正，功課之易就，比舊爲倍矣。恭惟我殿下聖學無厭，萬機之暇，潛心載籍，思欲便利於用，廣布於下，俾人人皆得以講明焉。凡再變而鑄字之文，尤爲盡美，誠我朝鮮萬世之寶也哉！宣德九年九月日，中訓大夫試集賢殿直提學知制教經筵侍讀官臣金鑌拜手稽首敬跋。

3. 李朝成宗年間覆刻甲寅字本

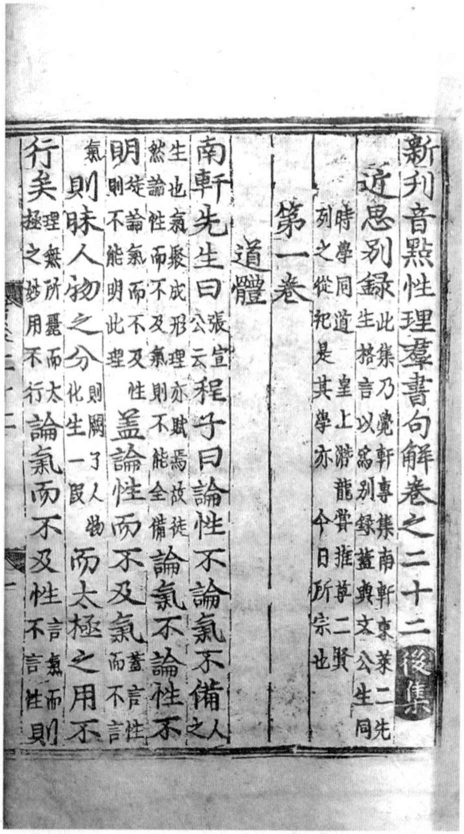
新刊音點性理羣書句解卷之二十二 後集
近思别録 此集乃覺軒專集南軒東萊二先生格言以爲别録蓋與文公同
時學同道皇上潛龍賛推尊二賢列之從祀是其學亦今日所宗也
第一卷
道體
南軒先生曰張宣公云程子曰論性不論氣不備人之
生也氣聚成形理亦賦焉故徒然論性而不及氣則不能全備論氣不論性不
明徒論氣而不及性則不能明此理蓋論性而不及氣蓋言性而不言
氣則昧人物之分則闕了人物化生一段而太極之用不
行矣理無所囿而太極之妙用不行論氣而不及性言氣而不言性則

圖 6－12 《近思别録》,《新刊音點性理群書句解》本,李朝成宗年間覆刻甲寅字本

《新編音點性理群書句解》"前集",每半葉十行十八字,注文小字雙行同。四周雙欄,有界行。白口,順(黑)魚尾。版心上魚尾下方題記"書某",下魚尾下端題記頁碼。高麗大學校藏本,殘存卷一至卷六。

《新刊音點性理群書句解》"後集"的版式特徵與甲寅字本同,十行十八字,框高 25.80 釐米,寬 18.00 釐米。高麗大學校藏本(貴 57)殘存卷二十一至卷二十三,《近思續録》僅存卷十二至卷十四,《近思别録》卷帙完整。在卷二十三末,另葉刻有弘治元年春清州教授金孝貞[①]跋文一篇。明弘治元年,即李朝成宗十九年(1488),因而此刻本很可能是此時刊行(書影見圖 6－12)。

據金孝貞跋文,李朝世宗"出行宫所藏鑄字一本,留賜本校",李朝觀察使嘉善大夫兼兵馬水軍節度使金礪石"思欲廣布於世",與柳文通商議刊刻《句解》。金孝貞認爲"是書之行,人皆知性命之説,如菽粟布帛之切於民用,將見人人皆邃於理學而一掃於華靡之習,則其有功於名教而嘉惠後學者"。由此看來,此刻本與世宗年間的甲寅字本有直接關聯,筆者將此刻本的體例、文字、版式等與上述甲寅字本比較後,發現二者基本吻合,故而高麗大學校藏本著録爲"木板本(甲寅字覆刻)"[②],可從。

① 金孝貞(1383—1440),字敬夫,號注村,善山人,爲清州教授。謚號文靖。
② 《薪菴文庫漢籍目録》子部儒家,第 61 頁。

高麗大學校藏本，舊藏於華山文庫，行間有墨筆用漢文批注，在金孝貞跋文末的左側，墨筆批注了此刻本的相關校勘者，如"縣監孫元老""文義縣令張漢弼""槐山郡守柳文通""觀察使金礪石""教授金孝貞"等。

金孝貞跋文云：

> 右《性理群書》一編，乃宋朝濂、洛諸公所撰，皆深入理窟之文，平常正直之語，皆可知可能，非寂滅空色之理、玄牝混屯之説、幻世惑民者之所可擬也。念惟世宗莊憲大王天從聖學，留神經史，以睿出治之源，乃於臨幸椒水之日，出行官所藏鑄字一本，留賜本校，以資學者之觀覽，誠爲曠世之奇寶，計今四十五年矣。今方伯光山金相國礪石重念先王之賜，恨其所傳不周，思欲廣布於世，謀諸槐山郡守柳先生文通，議以克合，仍將是本倩工侵梓，數月之間功乃斷手，何成功之速也！噫，事雖萬端，而所貴者知真務而已。病今之學者，日事於吟詠之間，至以春草池塘、楓冷吴江之詠，爲騷家之美談，相與誇矜於風花雪月之間，則格致誠正之學日就榛蕪，士習之卑下已足以起有識之寒心。然則是書之行，人皆知性命之説，如菽粟布帛之切於民用，將見人人皆邃於理學而一掃於華靡之習，則其有功於名教而嘉惠後學者，豈淺淺也哉？時弘治元年戊申季春日，承訓郎行清州教授金孝貞謹跋。

4. 李朝成宗十九年木板本

此《句解》刻本的版式特徵與上述"覆刻甲寅字本"基本相同。"前集"每半葉十行十八字，注文小字雙行同。四周雙欄（或單欄），有界行，框高 25.60 釐米，寬 17.80 釐米。白口，順（黑）魚尾。

《句解》"後集"十行十八字，多爲四周雙欄。在後集的《近思别録》卷末，即"後集"卷二十三末，另起一葉刻有弘治元年戊申金孝貞跋文一篇。跋文的内容與上述金氏跋文基本相同，而且還有上述覆刻甲寅字本卷末没有的一葉（上述覆刻甲寅字本，或因流佈過程中脱落最後一葉）。這一葉高麗大學校此藏本（貴 57F）保存完好，上面刻有刊校者身份與姓名，分别是："大禪師囧修，刻手學生韓叔、高永生，都邑户長郭善、郭有善，韓千孫、慶孝昌，幼學宋繼商、宋速孫、韓保命，丁壽眉，巖長孫，陸金石，姜□孫；""成均生員吴昌老，校正宣務郎前長兵庫主簿李貴寧，行陰城縣監承訓郎忠州鎮管兵馬節制都尉孫元老，行文義縣令通德郎清州鎮管兵馬節制都尉張漢弼，行槐山郡守通訓大夫忠州鎮管兵馬同僉節制使柳文通，行教授承訓郎金孝貞，行判官通訓大夫清州鎮兵馬節制都尉蔡元信，牧使通訓大夫清州鎮兵馬僉節制使金叔□，行都事通訓大夫韓曦，觀察使嘉善大夫兼兵馬水軍節度使金礪石。”

高麗大學校所藏《句解》此刻本，10 册，卷帙完好。儘管此本與上述李朝成宗十九年覆刻甲寅字本有諸多相似，但是筆者將此刻本與之比對後發現，該本的字體與之略異，字形略顯細瘦，因而，出於慎重而將此刻本單列，稱之謂李朝成宗十九年(1488)木板本。高麗大學校著録爲“木板本，成宗十九年(1488)”。此本原爲晚松文庫收藏，鈐有墨印“臨淵齋章”(《近思續録》《近思别録》的書影分别見圖 6－13、圖 6－14)。

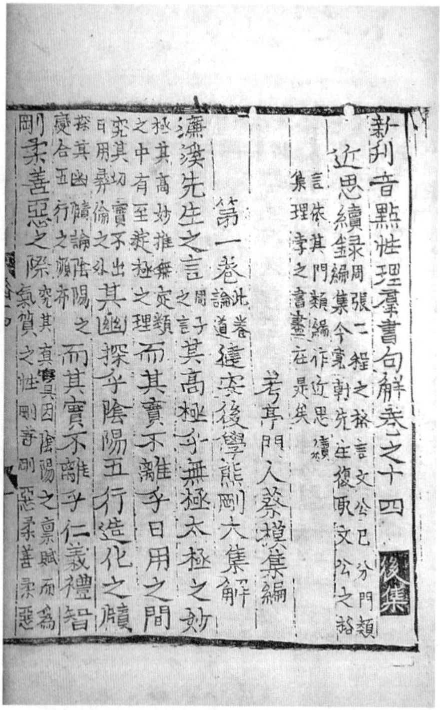

圖 6－13 《近思續録》,《新刊音點性理群書句解》本，李朝成宗十九年木板本

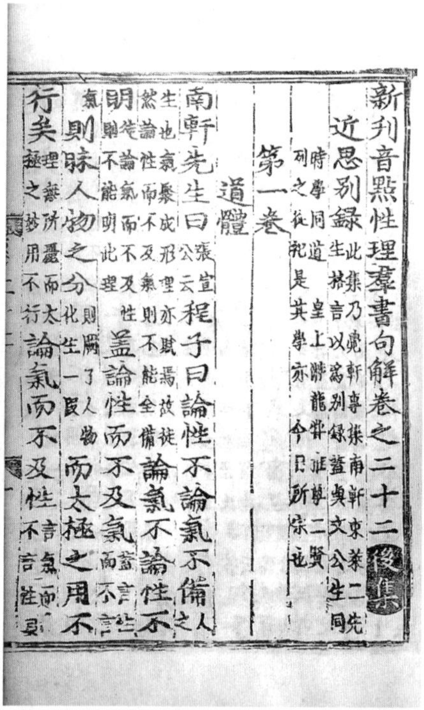

圖 6－14 《近思别録》,《新刊音點性理群書句解》本，李朝成宗十九年木板本

5. 李朝燕山二年翻刻甲寅字本

此《句解》刻本筆者不曾目驗到，據韓國國立中央圖書館著録，有“金屬活字本(初鑄甲寅字翻刻本)”，每半葉十行十八字，注文小字雙行同。四周單欄，有界行，順(黑)魚尾。藏家著録云“半郭 22.8×16.7cm”，是“燕山君 2(1496)刻[壬亂前補刻後刷]”①。其具體詳情待考。

6. 李朝明宗年間甲寅字、乙亥字混用的活字本

高麗大學校還藏有《句解》殘本(貴 57A)，存“後集”卷六至卷十四(即《近思録》卷六至卷九)。每半葉十行十八字，注文小字雙行同。四周單欄，有界行，框高 27.00 釐米，寬 17.50 釐米。白口，順(黑)魚尾。此本原爲華山文庫舊藏，藏家著録説是“[明宗間(1546—1567)]活字本(甲寅字、乙亥字混用)”②。高麗大學校藏本，2 册，鈐朱文印“西隱”。

二、汪佑《五子近思録》李朝版本考

徽州學者汪佑於清康熙年間早期編撰《五子近思録》十四卷，康熙三十二年便有刻本面世，傳本很快流佈朝鮮半島。朝鮮李朝既予以翻刻，又用活字印行。現存版本主要有：

(一) 李朝木板本

清汪佑《五子近思録》十四卷，李朝木板本每半葉九行二十字，注文小字雙行十九字。左右雙欄，框高 20.40 釐米，寬 14.60 釐米。白口，單(黑)魚尾。版心印書名“五子近思録”、卷次卷名(如“卷之一 道體”)、頁碼。卷一卷端首行題“五子近思録上”，越三字格署“新安汪佑啓我合編，子鑑晦叔恭校”(“晦叔恭校”四字移至第二行)，第三行低二字格題“道體”，越一字格題“原五十一條補三十七條”，第四行刻印正文。每條單列，頂格刻印，原版漢字旁刻有“、”“。”等句讀圈點。韓國梨花女子大學校藏本(181.23)，6 册(封面左上墨筆分别題：“禮”“義”“射”“御”“書”“數”)，四眼綫裝。鈐朱文印“梨花女子

---

① 見韓國國立中央圖書館官網：www.nl.go.kr

② 《華山文庫漢籍目録》子部儒家，第 64—65 頁，載於高麗大學校中央圖書館編《高麗大學校漢籍綜合目録》(下)，高麗大學校 1976 年 7 月出版。

圖6-15　汪佑《五子近思録》，李朝木板本

大學校圖書館之印”。

此木板本首葉爲書名兼牌記葉（書影見圖6-15），在四周雙欄的框欄上端題署“周程張朱合編”，框欄内分三竪行，自右至左刻有“新安汪星溪先生訂補/五子近思録/本衙藏板”。該葉左下鈐白文印“本衙藏板”。

正文卷前刻有清汪佑《五子近思録序》、康熙三十二年朱啓昆《五子近思録跋》、《朱子近思録原序》、《吕東萊先生近思録原序》、《原刻近思録例》、《五子近思録例》、《五先生姓氏》、《原刻近思録徵書篇目》、《原刻近思録集解姓氏》、《附録星溪汪氏著述書目》、《五子近思録合編參較姓氏》、《五子近思録目次》。

我們將此刻本與中國清康熙三十三年（1694）金閶勤有樓刊本的書影進行比對後，發現此書名葉與其基本一致，由此推斷此本或許源自清代金閶勤有樓刻本，而且從卷前序跋、正文内容的編排，也可佐證這個刻本確實是翻刻清代康熙年間《五子近思録》傳本。

（二）李朝活字本

1. 芸閣印書體字本，李朝肅宗年間或英祖年間印

“芸閣印書”，是指朝鮮時代朝廷的印書機構，即“校書館印書”。芸閣印書體字鑄造於李朝肅宗時代（1675—1720）或英祖時代（1725—1776），爲鐵活字。

高麗大學校藏有一部清汪佑《五子近思録》十四卷本，其字形排列不規整，字迹墨色濃淡不均，框欄交接處裂縫明顯，行格綫扭歪，且字體筆畫少鋒

芒，宜是金屬活字本。每半葉九行二十字，注文小字雙行十九字。四周單欄，有界行，框高 21.50 釐米，寬 13.60 釐米。白口，對(黑)魚尾。版心上魚尾上方題記書名“五子近思録”，魚尾間題卷次、本卷卷名(如“卷一”“道體”)、頁碼。卷一卷端首行頂格題“五子近思録卷之一”，次行低三字格題署“新安汪佑啓我合編，子鑑晦叔恭校”，第三行低一字格題卷名“道體”，第四行低二字格題本卷解題，第五行印正文。每條語録單列，首字頂格印，餘行則皆低一字格印製，《近思録》原文作大字，注文作雙行小字。卷末有尾題“五子近思録卷之某某”。

該本卷首依次印有清代汪佑《五子近思録序》、《朱子近思録原序》、《吕東萊先生近思録原序》、清康熙三十二年朱啓昆《五子近思録跋》、《原刻近思録徵書篇目》(即《近思録》取材的 14 部書名)、《五子近思録增入朱子書目》(朱熹著述中的 18 部書名)、《原刻近思録集解姓氏》、《五子近思録合編姓氏》(包括蔡模《近思續録》、丘濬《朱子學的》、高攀龍《朱子節要》、汪佑《五子近思録》，以及簡介汪佑的一段文字)、《附録星溪汪氏著述書目》(汪氏著述的 15 部書名，包括《五子近思録》在内)、《五子近思録合編參較姓氏》(有包括吴日慎、施璜、朱啓昆等在内的 35 人)、《五子近思録目次》、《原刻近思録例》、《五子近思録例》(星溪汪氏訂補朱子之書，彙朱子精微之言吻合四先生者增入各卷篇末，是爲五子合編)、《五先生姓氏》

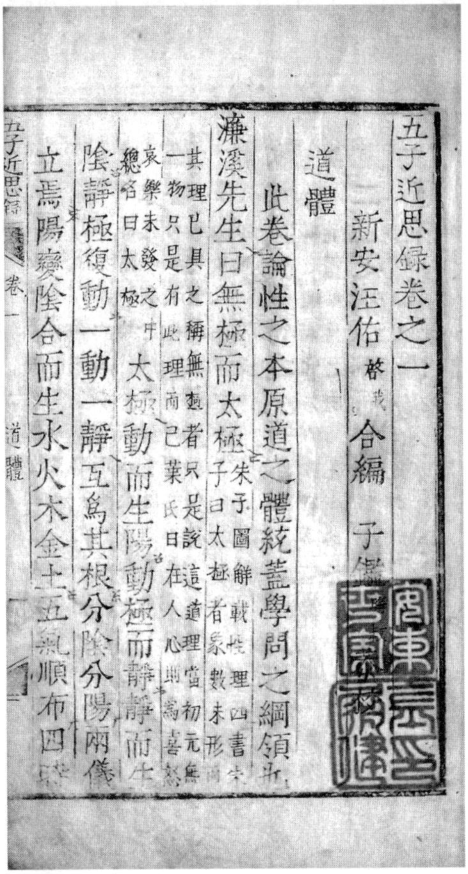

圖 6－16　《五子近思録》，芸閣印書體字本

(對周敦頤、程顥、程頤、張載、朱熹的簡介)。

此活字本卷首序跋文字,與中國清康熙三十二年汪佑家刻本《五子近思録》卷首收録的序跋内容一樣,正文編排體例亦相同,即每卷先書名、卷次,編校者名,篇名、提要,再正文,且正文内容亦同。由此看來,該活字本極有可能是據清康熙年《五子近思録》刊本印行。關於高麗大學校藏本(C1—A76,書影見圖 6 - 16)的印製時間,藏家的《漢籍目録》(舊藏)著録此本云"芸閣印書體字,肅宗 19(1693)"[①]。李朝肅宗十九年(1693),是清初朱啓昆作跋時間,此《目録》顯然是用朱啓昆題跋的時間作爲朝鮮此印本的時間,我們以爲不妥。因爲汪佑《五子近思録》傳至朝鮮半島有一個時間過程。朱啓昆題跋的本子是康熙三十二年(肅宗十九年)冬季,已接近年末,即便此刻本一經面世,即刻流佈朝鮮,並被李朝用活字立即印出,這也是需要花費工時的,其製版、刷印、裝訂都有個時間過程,那麽該活字本印製時間應該比李朝肅宗十九年稍晚,因而此印本宜是朝鮮李朝肅宗十九年之後印製,或許在肅宗年間的後期。而且高麗大學校藏本爲晚松文庫舊藏,藏家著録説是"芸閣印書體字[英祖年間]"[②],即十八世紀初期至中期校書館印書體字本,如此則較妥。該藏本 4 册(封面左上墨筆分别題"春""夏""秋""冬"),五眼綫裝。原本第 4 册腐蝕嚴重,經藏家抄補,使得此書十四卷内容完整無闕。

該藏本鈐印較多,如卷端鈐有白文印"安東世家",朱文印"金履健印"。在天頭鈐有多枚朱文方形印章,如"朝鮮全羅南道谷城郡谷城面邑内里館洞四壹壹番地/主人丁日宇 默容室藏 字永叔號栗軒/子舜泰、海泰、鳳泰、淵泰、河泰,孫來吉、來聖、來東、來明、來仁、來善、來範、來睦"(此朱文印下有一横行印文:"永世共守不售"),"全南谷城郡谷城面邑内館洞四壹壹地學説書屋,丁來範商伯建庵藏書印,必傳讀書種子","父主戒子侄心性情理,當學問吾家菽粟布帛,不肖來範奉刻丁門","祖考訓子孫:不知讀孔、孟、程、朱子書,非好子孫。不肖孫來範奉刻","祖考主戒子孫必學聖人,不肖孫來範奉","父主戒必守人生之直,不肖來範謹刻丁門"等。因而可知此印本是名叫丁來範者收

---

① 《漢籍目録》(舊藏)子部儒家,第 179 頁,載於高麗大學校中央圖書館編《高麗大學校漢籍綜合目録》(上),高麗大學校出版發行,1984 年 9 月 1 版。

② 《晚松文庫漢籍目録》子部儒家,第 204 頁。

藏,並作批注。文中漢字右下有用諺文作懸吐,天頭有漢文批注。少數書葉有殘損,藏家用墨筆抄補。

2. 李朝英祖年間,混雜其他字體的芸閣印書體字本

在金榮鎮教授的幫助下我們於成均館大學校查閲到一部芸閣印書體字本,但是此本與上述李朝肅宗年間後期(1675—1720)、英祖年間(1725—1776)的芸閣印書體字本,某些字體略有微異,如卷一卷端葉的"木"字。

此本每半葉九行二十字,注文小字雙行十九字。四周單欄,有界行,框高21.50釐米,寬13.50釐米。白口,對(黑)魚尾。版心上魚尾上方題記書名"五子近思録",魚尾間題記卷次、本卷卷名(如"卷一"、"道體")、頁碼。卷一卷端首行頂格題"五子近思録卷之一",次行低三字格題署"新安汪佑啓我合編,子鑑晦叔恭校",第三行低一字格題卷名"道體",第四行低二字格題本卷解題,第五行印正文。每條語録單列,首字頂格印,餘行則低一字格印製,卷末有尾題"五子近思録卷之某某終"(書影見圖6-17)。

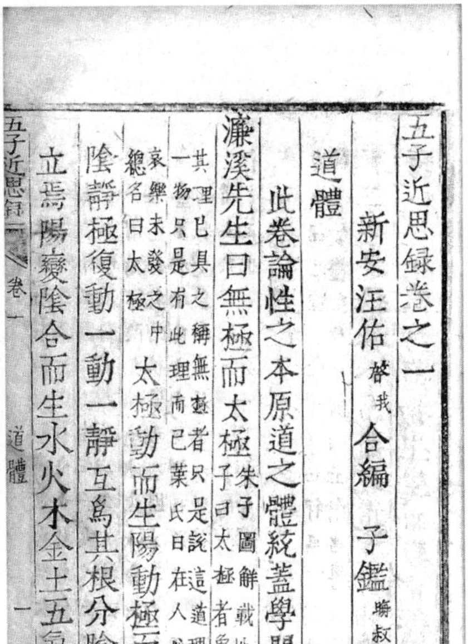

圖6-17 《五子近思録》,李朝英祖年間混雜其他字體的芸閣印書體字本

成均館大學校此藏本(C2—22v.1—4),卷首所引序跋、目録等文字與上述高麗大學校藏本同。流覽此本可以發現,其文字墨色濃淡不一,框欄交接處裂縫明顯,行格綫歪斜,顯然是活字本。此藏本的内容、版式與上述校書館印書體字本同,也應是芸閣印書體字本。藏本4册(封面左上墨筆分别題"《五子近思録》""元""亨""利""貞"),五眼綫裝。偶見墨筆批注,天頭偶有浮簽批注,行間偶有朱筆圈點,用諺文作懸吐。藏本卷首原本鈐印的印章均被塗紅,不知何故,或許售賣者所爲。

圖 6－18 《五子近思録》，李朝英祖年間混雜其他字體的活字本

對於該活字本，館藏著録云："《五子近思録》，汪佑（清）編。後期芸閣印書體多混補字版。［英祖—正祖年間］刊。"①從此本與上述高麗大學校藏本字體的細微差異考察，似有混入或補入其他字體的痕迹，筆者以爲很可能是李朝肅宗後期或英祖時代早期的印本，即十八世紀前期的芸閣印書體字本。

清汪佑編《五子近思録》十四卷，李朝的芸閣印書體字本有多部存世，具體印製時間難以準確確定。例如：

（1）延世大學校藏本（181.25），4 册（封面左上墨筆分别題"元""亨""利""貞"），五眼綫裝。此本文字的墨色濃淡不一，框欄交接處裂縫明顯，顯然是活字本（書影見圖 6－18）。

其卷首序跋文字，正文内容、版式與上述高麗大學校藏本同，故也是李朝校書館印書體字（芸閣印書體字）本。該藏本正文行間有藍色筆圈點，有佚名墨筆圈點。藏本鈐印較多，如右陰左陽印"翠潭"，朱文印"李海柱章""正心工夫守而勿失""延禧大學校圖書館藏"等。

（2）韓國國立中央圖書館藏本（古 1570—28），4 册（封面左上墨筆分别題"元""亨""利""貞"）。該本每半葉九行二十字，注文小字雙行十九字。四周單欄，有界行。框高 21.20 釐米，寬 12.70 釐米。白口，對魚尾。

此印本卷首序跋文字、正文的體例内容、版式特徵等與上述高麗大學校

① （韓）成均館大學校中央圖書館編輯《古書目録》，成均館大學校出版部發行，1979 年 2 月弘盛印刷，第 202 頁。

藏本同，故藏家著録云“芸閣印書體字本/英祖年間(1725—1776)”。

(3) 韓國國立中央圖書館另藏有一部活字本(古朝 16—55，書影見圖 6－19)，4 册。每半葉九行二十字，注文小字雙行十九字。四周單欄，框高 21.00 釐米，寬 12.50 釐米。白口，對(黑)魚尾。有佚名用諺文標示句讀(懸吐)。

其内容、版式等與上述芸閣印書體本同，從框欄痕迹、字體看，與上述該館所藏編號爲(古 1570—28)活字本爲同一版。該書的藏家與《韓國所藏中國漢籍目録》著録爲“古木活字本(芸閣印書體字)/刊地未詳/刊者未詳/刊年未詳”①。我們將此本書影與上述芸閣印書金屬活字本比較後，發現字體、筆道均相同，應是金屬活字，而非該館所云“木活字本”。

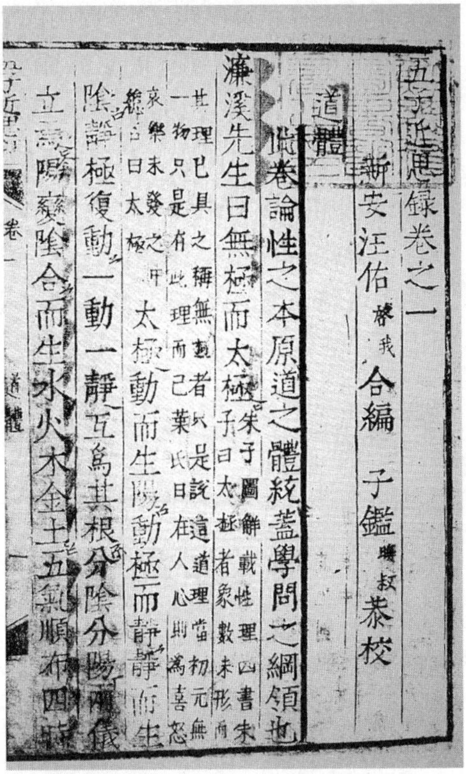

五子近思録卷之一
新安汪佑 啓我 合編 子鑑 曉叔 恭校
道體
此卷論性之本原道之體統蓋學問之綱領也
濂溪先生曰無極而太極
太極動而生陽動極而靜靜而生
陰靜極復動一動一靜互爲其根分陰分陽兩儀
立焉陽變陰合而生水火木金土五氣順布四時

圖 6－19 《五子近思録》，李朝英祖年間混雜其他字體的芸閣印書體字本

(4) 中山大學著録的汪佑編《五子近思録》十四卷李朝“光武元年”活字本，考訂恐有誤，它當與上文考述的李朝十八世紀前期芸閣印書體字本同。

中山大學藏有《五子近思録》活字本一部(書影見圖 6－20)，每半葉九行二十字，小字雙行十九字。左右雙欄，有界行，框高 21.50 釐米，寬 13.70 釐米。白口，對(黑)魚尾。版心上魚尾上方題記書名“五子近思録”，魚尾間題記卷次、本卷卷名(如“卷一”“道體”)、頁碼。卷端編次題署等均與上述李朝芸閣印書體字本同。

① (韓)全寅初《韓國所藏中國漢籍目録》，第 133 頁。

此活字本卷首序跋文字，與中國清康熙年間汪佑家刻本《五子近思録》卷首收録的序跋内容一樣，正文編排體例亦相同。每卷先書名、卷次，編校者名，篇名、提要，再正文，且正文内容亦同。該活字本極有可能是據清康熙年《五子近思録》刊本印行。但是，關於其印製時間，中山大學圖書館《藏書目録》將此印本判定爲"光武元年"（1897），不知其依據何文獻而定。因爲我們發現不論此本的版式、字體墨色、甚至字形的歪斜等，與上述高麗大學校所藏芸閣印書體金屬活字本同，故此藏本也應是李朝十八世紀前期的活字本，故中山大學著録恐有誤。

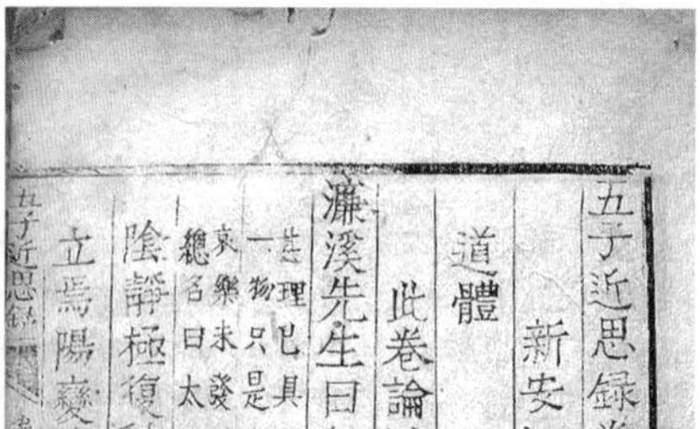
五子近思録卷之一
新安汪佑 啓我 合編　子鑑 晦叔 恭校
道體
此卷論性之本原道之體統蓋學問之綱領也
濂溪先生曰無極而太極 朱子圖解載此理四書朱子曰太極者象數未形而其理已具之稱無朕者只是說這道理當初元無一物只是有此理而已萊氏曰在人心則爲喜怒哀樂未發之中總名曰太極 太極動而生陽動極而靜靜而生陰靜極復動一動一靜互爲其根分陰分陽兩儀立焉陽變陰合而生水火木金土五氣順布四時

圖6-20　《五子近思録》，李朝英祖年間混雜其他字體的活字本

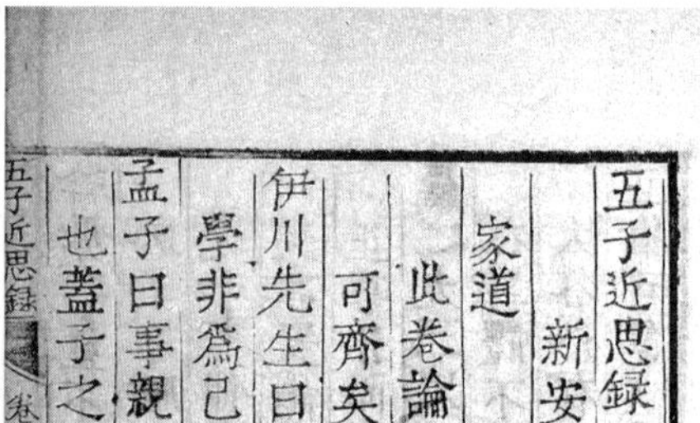
五子近思録卷之六
新安汪佑 啓我 合編　子鑑 晦叔 恭校
家道
此卷論齊家蓋克己之功既至則施之家而家可齊矣
伊川先生曰弟子之職力有餘則學文不修其職而學非爲己之學也 經解
孟子曰事親若曾子可也未嘗以曾子之孝爲有餘也蓋子之身所能爲者皆所當爲也 陽傳 下同

圖6-21　《五子近思録》，李朝英祖年間混雜其他字體的活字本

另外，浙江圖書館也藏有汪佑《五子近思録》朝鮮活字本（書影見圖6-21），存卷六至卷十四。該印本每半葉大字九行二十字，小字雙行十九字。

左右雙欄,有界行,框高 21.30 釐米,寬 13.50 釐米。白口,對(黑)魚尾。每條單列,首行首字頂格印,餘行則低一字格印製。該館藏本 2 册(封面墨筆分别題記"利""貞")。我們將其版式、字體等與中山大學所藏李朝活字本稍作比較,發現二者相同,或爲同一印本。再與高麗大學藏芸閣印書體本比較,發現二者酷似同一版印,故也可稱其爲李朝芸閣印書體字本。

韓國國立中央圖書館還藏有一部清人汪佑編《五子近思録》芸閣印書體字本的殘本(古 1252—102),存卷一至卷五、卷十至卷十四。每半葉九行二十字,注文小字雙行十九字。四周單欄,框高 21.00 釐米,寬 12.60 釐米。白口,對(黑)魚尾。該館藏本,3 册。

延世大學校還藏有一部《五子近思録》李朝校書館印書體字本,4 册(00040046956—9)。每半葉九行二十字,注文雙行。左右雙欄,有界行,框高 21.20 釐米,寬 12.50 釐米。對(黑)魚尾。卷首有壬午(1642)仲秋豐壤趙翼書,清代汪佑序文,朱啓昆跋文。

3. 李朝英祖年間木活字本

在汪佑《五子近思録》存世的李朝活字本中,除上述肅宗年間或英祖年間芸閣印書體字本外,還有李朝木活字本存世。高麗大學校藏有一部(C1—A76A)與前文所述活字本有别的本子。從此本文字墨色濃淡不一以及框欄的裂痕可知,其爲活字本,且與上述芸閣印書體金屬活字相比,筆畫較粗,筆鋒較明顯,恐爲木活字印製。

此本每半葉十行二十字,四周單欄,有界行,框高 23.50 釐米,寬 17.50 釐米。白口,對(三葉花紋)魚尾。版心魚尾間印書名卷次(如"五子近思録卷之一")、頁碼。此本分上下兩卷,包括《五子近思録》十四卷内容。上卷卷端首行頂格題"五子近思録上",越三字格署"新安汪佑啓我合編,子鑑晦叔恭校"("晦叔恭校"四字移至第二行頂端),第三行低二字格題卷名"道體",越一字格題本卷語録數"原五十一條補三十七條",第四行印正文。卷末有尾題"五子近思録卷某(或卷之某)"。每條單列,首字頂格印,餘行則低一字格印製。

該印本的卷首依次印有南宋黄勉齋《晦庵先生行狀略》、《五子近思録合編姓氏》、《五子近思録增入書目》、《目録》、汪佑《五子近思録序》、清康熙三十二年朱啓昆《五子近思録跋》(附對汪佑的簡介)。若將這些内容與清代《五子近思録》相比，除黄榦的《行狀》外，其餘内容在中國現存《五子近思録》傳本的卷首多能見到，僅編次有别。

該館藏本殘存卷上（書影見圖 6－22），1 册，五眼綫裝。藏家著録爲“木活字[英祖年間]”①（1725—1776）。李朝校書館製作過木活字，或許此印本是李朝十八世紀前期的木活字本。

高麗大學校另藏有一部活字本（C1—A76A. 1—2），每半葉十行二十字，四周單欄，有界行，框高 22. 90 釐米，寬 16. 30 釐米。白口，對（三葉花紋）魚尾。其版式、字體與上述該校藏本（C1—A76A）一樣，也應是木活字本，因爲其行格綫條扭歪，字形有斜正、框欄交接處裂縫明顯，即可爲證（書影見圖 6－23）。

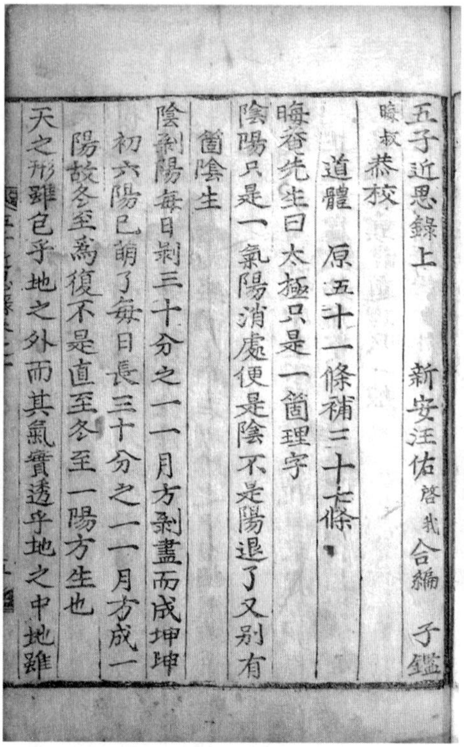

五子近思録上　新安汪佑啓我合編　子鑑
晦叔恭校
道體　原五十一條補二十七條
晦菴先生曰太極只是一箇理字
陰陽只是一氣陽消處便是陰不是陽退了又别有
箇陰生
陰剥陽每日剥三十分之一一月方剥盡而成坤坤
初六陽已萌了每日長三十分之一一月方成一
陽故冬至爲復不是直至冬至一陽方生也
天之形雖包乎地之外而其氣實透乎地之中地雖

圖 6－22 《五子近思録》，李朝英祖年間木活字本

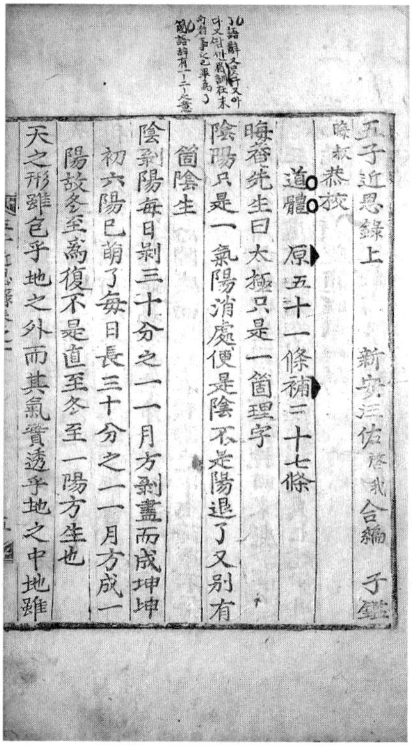

五子近思録上　新安汪佑啓我合編　子鑑
晦叔恭校
道體　原五十一條補二十七條
晦菴先生曰太極只是一箇理字
陰陽只是一氣陽消處便是陰不是陽退了又别有
箇陰生
陰剥陽每日剥三十分之一一月方剥盡而成坤坤
初六陽已萌了每日長三十分之一一月方成一
陽故冬至爲復不是直至冬至一陽方生也
天之形雖包乎地之外而其氣實透乎地之中地雖

圖 6－23 《五子近思録》，李朝英祖年間木活字本

① 《晚松文庫漢籍目録》子部儒家，第 204 頁。

此藏本行間有藏青色筆圈點，天頭有墨筆用漢文、諺文批注。此本爲晚松文庫舊藏，藏家著録爲“木活字[英祖年間]”。

（三）李朝筆寫本

1. 高麗大學校藏筆寫本

汪佑《五子近思録》十四卷，在李朝不僅有刻本、活字本流佈於世，而且還有抄寫本。如高麗大學校藏有李朝筆寫本一部（C1—A76B），是在印有烏絲欄格的紙上抄寫，用工整的楷體書寫，書體秀美。每半葉十行二十字，四周雙欄，有界行，框高 19.60 釐米，寬 13.50 釐米。白口，版心上方題記書名卷次（如“五子近思録上”）、版心下方題記頁碼。此本雖分上下兩卷，卻包括了《五子近思録》十四卷內容。上卷卷端首行題“五子近思録上”，越三字格署“新安汪佑啓我合編，子鑑晦叔恭校”（“晦叔恭校”四字移至第二行），第三行低二字格題卷名“道體”，越一字格題本卷語録數“原五十一條補三十七條”，第四行抄寫正文。卷末有尾題“五子近思録卷之某”。每條單列，首字頂格抄寫，餘行則低一字格抄寫（書影見圖 6－24）。

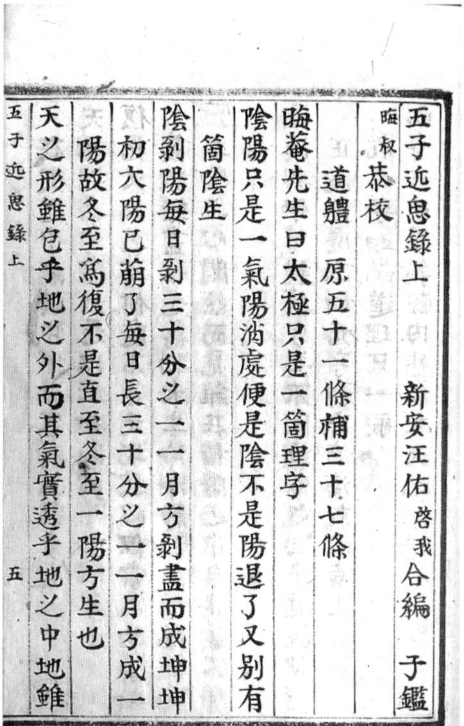
五子近思錄上　新安汪佑啓我合編　子鑑
晦叔恭校
道體　原五十一條補三十七條
晦菴先生曰太極只是一箇理字
陰陽只是一氣陽消處便是陰不是陽退了又別有
箇陰生
陰剝陽每日剝三十分之一一月方剝盡而成坤坤
初六陽已萌了每日長三十分之一一月方成一
陽故冬至爲復不是直至冬至一陽方生也
天之形雖包乎地之外而其氣實透乎地之中地雖
五子近思錄上　五

圖 6－24　《五子近思録》，李朝筆寫本

該本正文前抄録有南宋黄勉齋《晦庵先生行狀略》、《五子近思録合編姓氏》、《五子近思録增入書目》、《目録》、汪佑《五子近思録序》、清康熙三十二年朱啓昆《五子近思録跋》。

該筆寫本的內容編次、行款與前文所述李朝木活字本一致，二者應有淵源關係。

高麗大學校所藏此筆寫本，2 册（封面左上墨筆分别題記“五子近思録”“乾”、“五子近思録”“坤”）。此本原爲晚松文庫舊藏，藏家著録云：《五子近思録》“筆寫本[19—]”[①]，或以爲是李朝十九世紀筆寫本。

2. 延世大學校藏筆寫本，原是丁氏家藏諺文懸吐本

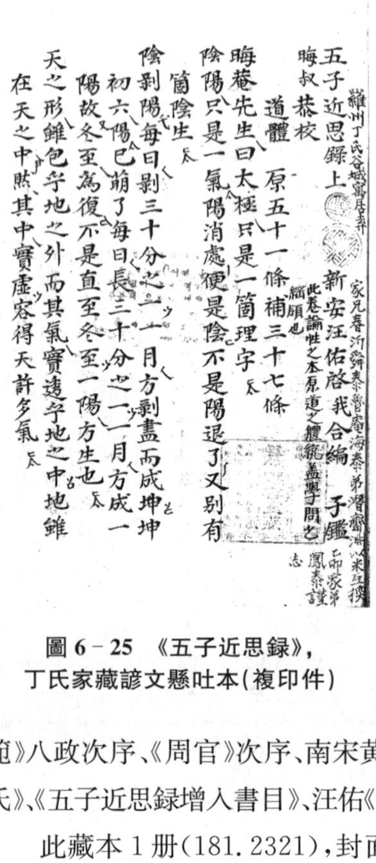
羅洲丁氏谷城寓居弆
家兄春沂舜泰魯庵海泰弟潛齋淵以米互換
五子近思録上　新安汪佑啓我合編　子鑑
晦叔恭校
道體　原五十一條補三十七條
此卷論性之本原道之體統蓋學問之綱領也
晦菴先生曰太極只是一箇理字
陰陽只是一氣陽消處便是陰不是陽退了又别有
箇陰生
陰剥陽每日剥三十分之一一月方剥盡而成坤
初六陽已萌了每日長三十分之一一月方成一
陽故冬至爲復不是直至冬至一陽方生也
天之形雖包乎地之外而其氣實透乎地之中地雖
在天之中然其中實虚容得天許多氣
乙卯家弟鳳泰謹志

圖 6－25　《五子近思録》，丁氏家藏諺文懸吐本(複印件)

該校所藏此筆寫本（書影見圖 6－25），是在素紙上抄寫，書體清雅。每半葉十一行二十字。此本分上下兩卷，内容仍是《五子近思録》十四卷。上卷卷端首行題“五子近思録上”，越三字格署“新安汪佑啓我合編，子鑑晦叔恭校”（“晦叔恭校”四字移至第二行），第三行低二字格題卷名“道體”，越一字格題本卷語録數“原五十一條補三十七條”，第四行抄寫正文。卷末有尾題“五子近思録卷某（或卷之某）”。每條單列，首字頂格抄寫，餘行則低一字格抄寫。該筆寫本對於《五子近思録》十四卷不是每卷另起一葉抄寫，而是下一卷緊接着上卷末抄録，似乎爲因節約紙張而如此。

正文前抄録有《舜典》九官次序、《洪範》八政次序、《周官》次序、南宋黄勉齋《晦庵先生行狀略》、《五子近思録合編姓氏》、《五子近思録增入書目》、汪佑《五子近思録序》、朱啓昆《五子近思録跋》等。

此藏本 1 册（181.2321），封面左上墨筆題記“五子近思録”，書眉有墨筆批注，還有緑色筆標注卷目名稱，行間有諺文懸吐，猶有緑色筆圈點。抄寫本的右邊有藏家丁鳳泰題識，如：“羅洲丁氏谷城寓居弆。”“家兄春沂舜泰魯庵、海泰弟潛齋淵以米互换。”“乙卯家弟鳳泰謹。”且題識的字體與筆寫本的書

① 《晚松文庫漢籍目録》子部儒家，第 204 頁。

體、墨色有别，由此推測該筆寫本經過丁氏批注。藏本爲丁氏家舊藏之物，鈐有多枚印章，如"朝鮮全羅道谷城鄭谷城面邑内里館洞四老巷番地……丁日宇默容室藏""西山遺民""欒里潛岷"等。

該筆寫本的内容編次、行款與前文所述李朝木活字本一致，也將《五子近思録》十四卷分編成"上""下"兩大卷，從編纂方式相吻合推測，二者應有淵源關係。此本抄寫時間或在李朝後期，具體的抄寫時間、抄寫者，待考訂。

今附録藏本卷首的題識二則如下：

> 羅洲丁氏谷城寓居珍藏。
>
> 粤我正祖大王甲寅秋，我高祖考雲谷(又竹溪)散人府君，諱志默，與侄西谷，諱任祖，自南平邑内全州府内泰仁禾湖里雲峰邑内雲峰女(今旅字)院峙下南原府内昌平舊邑内南原南面某洞，移於谷城西山下防築洞(今曰竹洞)(洞中竹溪精舍，即兩府君所建讀書處)。先考豫定，李滄上先生所命(商永)。下兩兒同。仲子來範(字商伯，又殷字，號建庵，又東海)辛巳正月(十九日下汽車)了業，歸自江户(游學五歲)，卧病呻吟，晝宵寓目書史，欲止安身，終不遇。未及，季子來豪(字興伯，又和字，號待庵，又西海)又返，與來(侄)允重(從孫)夏救護，日夕靡不用，極少有暇給使之看書。三兒未詳句讀，故範也時懸口(吐)訣，督東(字周伯，又姬字，號歸庵，又北海)時時禁絶，輟而復繼，及乎六七次未究，竟而不起(三月十)。(徐泰鳳、金禹瑞兩醫熱症用藥。)辛巳十二月十八日朝(範兒生朝)，長子來東欲志卷首數語，余濡毫泣書。泰清齋河泰。

3. 延世大學校藏丁鳳泰1901年筆寫本

延世大學校另藏有一部筆寫本，也是在素紙上抄寫，但是書體與前一種不同，其書體有唐代顔真卿體的韻味，抄寫非常工整，美觀大方。每半葉十行二十字。此本也是將《五子近思録》十四卷的内容分上下兩卷。上卷卷端首行題"五子近思録上"，越三字格署"新安汪佑啓我合編，子鑑晦叔恭校"("晦叔恭校"四字移至第二行)，第三行低二字格題卷名"道體"，越一字格題本卷語録數"原五十一條補三十七條"，第四行抄寫正文。卷末有尾題"五子近思録卷某"。每條單列，首字頂格抄寫，餘行則低一字格抄寫。該筆寫本對於

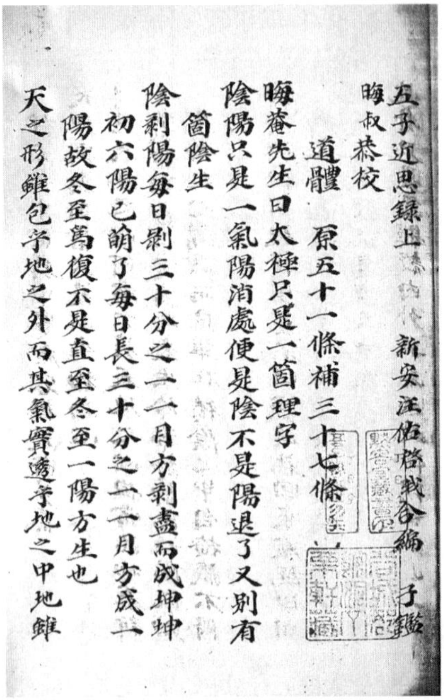
五子近思録上 新安汪佑啓我合編 子鑑
晦叔恭校
道體 原五十一條補三十七條
晦菴先生曰太極只是一箇理字
陰陽只是一氣陽消處便是陰不是陽退了又別有
箇陰生
陰剥陽每日剥三十分之一一月方剥盡而成坤坤
初六陽已萌了每日長三十分之一一月方成一
陽故冬至爲復不是直至冬至一陽方生也
天之形雖包乎地之外而其氣實透乎地之中地雖

圖 6－26 《五子近思録》,丁鳳泰筆寫本

《五子近思録》十四卷不是每卷另起一葉抄寫,而是下一卷緊接着上卷末抄録(書影見圖 6－26)。

該校此藏本(00040304451),1 册,五眼綫裝。封面左上墨筆題記"《五子近思録》乾坤",右題十四卷卷名。正文前抄録有黄勉齋《晦庵先生行狀略》、《五子近思録合編姓氏》、《五子近思録增入書目》、《目録》、汪佑《五子近思録序》、朱啓昆《五子近思録跋》。其内容與上述李朝木活字本同。

該筆寫本的版式特徵、編次與上述李朝木活字本同,二者有淵源關係。藏本鈐有多枚藏書印,如"丁日宇 默容室藏書印""丁日宇 吾子孫永世勿失""谷城郡館洞山栗軒藏"等。

藏本的首頁有墨筆題識如下:

> 錦城丁氏寓居谷城珍藏。
>
> 正宗大王丙寅秋,我高祖考府君,諱志默,號雲谷散人。自南平全州雲峰南原昌平泰仁帶南面移居竹洞。
>
> 伯兄舜泰再華夢沂,侄來吉、來聖、來明。仲兄海泰君渡夢魯,來仁、來善。次弟淵泰君明夢陶,季弟河泰君清夢西,子來東、來範、來睦,侍教。

筆者按,丁日宇是朝鮮後期學者,著有《栗軒集》。有五子,依次是丁舜泰、丁海泰、丁鳳泰、丁淵泰、丁河泰。此處題識未提"鳳泰"名,或許這就是丁鳳泰的親筆題識。

> 先考府君諱日宇,字永叔,號栗軒潛叟。希此書於鎮岑南溪申苟庵先生家,命不肖鈔之。始庚子正月二十日,終三月上旬。先考一讀又訓,

不肖五人誦習不失，嘗曰：歲月易流，聰明有限，且異端詖淫之書，不知百倍於昔時，决非孔、孟、程、朱、退、栗、尤、農之書，不可開眼。余曾聞於桂田、鳳峀兩先生，若輩戒之戒之。不肖輩未得耐久服行，日夜惶縮。

癸亥十月晦日閱舊箱，覓此册，痛哭拜覽，以爲後日不忘資料，謹誌。海東湖南谷城郡西山下栗里前館洞洙雲齋内仁誠敬直軒。

在藏本"五子近思録卷之二終"下，即卷末墨筆題識，云"大韓光武五年梧齋丁鳳泰抄"，"家弟淵泰拜受，仲兄所命追記"。

由上述幾則題識可知，此筆寫本是丁日宇讓自己的兒子抄録，始抄寫於"庚子"，即光武四年(1900)，當年春三月抄完。而據卷末丁淵泰的題識，此筆寫本是光武五年(1901)丁鳳泰抄録。

對於卷首、末書體與正文書體是有别的問題，即卷首題識的書體，以及卷末題記"丁鳳泰抄"這一行的書體，與抄寫《五子近思録》正文的書體有明顯差别，我們認爲此筆寫本的抄寫者恐是丁鳳泰，藏本卷前、卷末的題記乃他人所爲。因爲卷末題云"仲兄所命追記"來看，此處題識是丁鳳泰弟弟丁淵泰記録，題記"丁鳳泰抄"者卻非丁鳳泰本人題署。但是，我們又感到疑惑的是，該本所鈐印章有"丁日宇"字樣，丁日宇爲丁鳳泰父親丁永叔，在兒子的抄本上鈐其父藏書印，令人不解，故此筆寫本的真正抄録者，仍值得考究。

三、施璜《五子近思録發明》李朝筆寫本

清康熙年間儒者施璜對汪佑《五子近思録》進行注釋，撰就《五子近思録發明》十四卷，清康熙年間已有英秀堂、聚錦堂、世榮堂刻本問世。當這些刻本流佈朝鮮半島之後，朝鮮王朝讀者中也有對其進行抄録的，目前所知的有兩部。

(一) 十八世紀前期李朝筆寫本

清施璜纂注，清吴日慎等閱正《五子近思録發明》十四卷，首爾大學校奎章閣藏有筆寫本，殘存卷一至卷十二，闕卷十三、十四。該本是在素紙上抄寫，每半葉十行二十字，注文小字雙行同。卷一卷端首行頂格題"五子近思録發明卷之一"，第二行低八字格題"新安施璜虹玉甫纂注"，第三、第四行低八字格分題"同里吴日慎徽仲甫、汪鑑晦叔甫閱正"，第五行低二字格題"道體"，

第六行低一字格雙行小字抄寫本卷解題。此筆寫本中的汪佑《五子近思録》原文抄作大字，每條單列，施璜的“發明”文字（即對《五子近思録》注釋）抄作雙行小字，均爲楷行書體。“恒”字間或闕末筆，“玄”寫作“伭”，“弘”字不諱（書影見圖 6－27）。

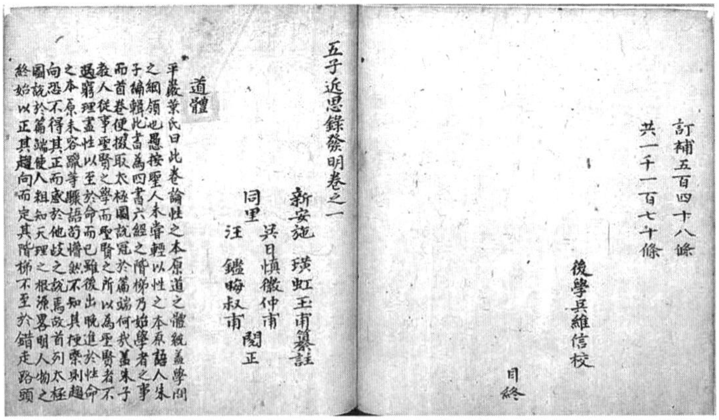

圖 6－27　施璜《五子近思録發明》，李朝筆寫本

抄本卷首仿照中國世榮堂刻本牌記的樣式抄寫，上横行題署“孝感熊先生鑒定”，下分三部分，自右至左題寫“新安施虹玉著/五子性理發明/世榮堂藏版”。

正文前依次抄有清康熙四十四年施璜《五子近思録發明序》、《近思録原編書序》（包括《近思録》取材的 14 部書名、朱熹序、吕祖謙跋）、《參閲校訂姓氏》、《五子近思録發明例》、《四先生書目》、《五子近思録補編增入書目》、《五子近思録目次》（該葉末編次與世榮堂刻本同，抄有“後學吴維信校”“目終”字樣）。

從此筆寫本的文字内容、版式特徵看，它與清代《發明》世榮堂刻本没有差異，甚至連每卷末的校勘者名也相同，如卷一末抄“門人胡鼎/齊士享 校字”。正是因爲全書的抄寫體例、内容等幾乎與清代世榮堂刊本一致，加之還有避清帝諱字，因而推斷該筆寫本應源自《五子近思録發明》世榮堂刻本。至於其抄寫年代，可能是清代康熙後期、雍正年間，即朝鮮李朝肅宗後期至英祖年間，即十八世紀前期。

該館藏本（古 1344—91—96），6 册（卷二中有一葉是抄寫補配），封面左上墨筆分别題記“一”“二”“三”“四”“五”“六”(筆者以爲原書應有 7 册,第 7 册即《發明》卷十三至十四,藏家闕),封面右上題寫本册各卷篇名,五眼綫裝。此筆寫本中有用濃色墨筆校改的痕迹,也有浮簽以示修補或更改,頗似抄稿本。鈐朱文印“朝鮮國洪□□□章印”“京城帝國大學圖書章”。

(二) 紀年不詳的抄寫本

清施璜纂注《五子近思録發明》李朝筆寫本中,首爾大學校奎章閣還藏有一部年紀未詳的抄寫本(古 1344—9A),3 册,存《發明》卷四至卷十二。筆者無緣識荆,是否真有此本存世,尚待考。

第七章　古朝鮮刊印的中國學者《近思録》注本

第一節　葉采《近思録集解》朝鮮版本考述

在《近思録》的衆多注本中，葉采集解的《近思録》在東亞流佈最廣。葉采，南宋建安人，曾問學於蔡淵、李方子、陳淳，爲朱熹再傳弟子。葉采集解蕆事於朱熹逝世將近半個世紀後的淳祐八年(1248)，並於淳祐十二年奉書表奏於朝，其注本獲得皇家的重視和贊許。當葉氏注本面世後，很快遠播朝鮮半島、日本，成爲東亞區域最具代表性的《近思録》注本。從東亞《近思録》傳播歷史考察，在東亞從事"《近思録》文獻"研究者、閲讀者的心目中，朱門嫡傳"葉采"具有不同尋常之地位，其《近思録集解》幾乎替代了《近思録》原文，受到人們的推崇。在歷史上朝鮮半島刊刻、活字印刷、抄寫的中國學者"《近思録》文獻"中，葉采《近思録集解》系列庶幾成爲主體。今單列爲一節，分類考述如下。

一、葉采《近思録集解》李朝活字本

歷史上受中國活字印刷技術影響的朝鮮半島，大約於十四世紀在中國泥活字的基礎上發明了銅活字，隨後在其本土鑄造金屬活字或木活字來印製漢籍與本邦文獻，成果豐碩，而且其活字技術對日本活字本也産生了積極影響。僅就"《近思録》文獻"而言，中國國内現存的近二百多種版本以雕版印本爲多，活字本極少。而朝鮮半島利用已掌握的印製技術，刊印傳播了大量各具特色的《近思録》版本，其中以銅活字本居多，流佈東亞後的葉采《集解》也不斷地被李朝政府用改造的活字印行傳播。

(一) 李朝世宗十八年鑄字所印製的銅活字本，即初鑄甲寅字本

葉采《近思録集解》十四卷，有一部李朝活字本殘存卷三至卷五（書影見圖 7－1），經與“韓國古活字實物對比表”比較，發現其“以”“之”“下”“人”等字酷似初鑄甲寅字。每半葉九行十八字，注文小字雙行同。四周雙欄，有界行，框高 26.70 釐米，寬 17.70 釐米。白口，順（黑）魚尾，上魚尾下方題記書名卷次簡稱（如“近思録某”），下魚尾下方題記頁碼。卷端首行頂格題“近思録卷之三”，越四字格題本卷語録條目數“凡七十八條”，次行低四字格雙行小字印本卷解題，在解題之後另起一行頂格印正文。卷末有尾題“近思録卷之某某”。高麗大學藏本（貴 39F）行間有墨筆用諺文圈點句讀（懸吐），五眼綫裝。鈐有黑色陰文印“金肅甫”，朱文印“聽梧堂”。

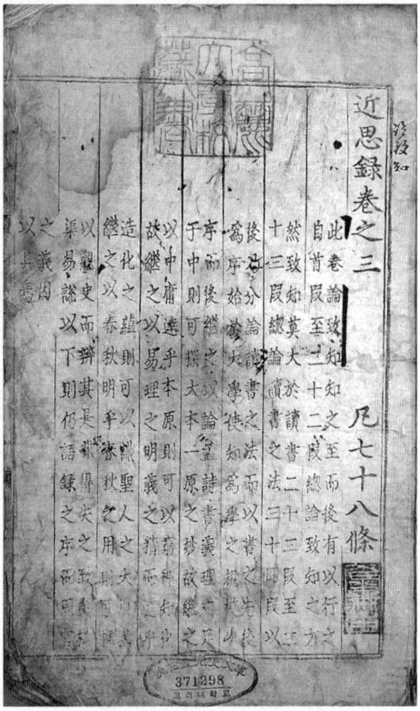

圖 7－1　葉采《近思録集解》，李朝世宗十八年銅活字本

關於此藏本，儘管高麗大學校晚松文庫著録爲“甲寅字[中宗年間]”[①]，但筆者認爲不妥。由於李朝世宗二年（1420）所鑄庚子字形纖密，於是世宗命大臣用經筵所藏書爲字本，鑄造二十餘萬活字，這就是世宗十六年（1434）鑄造的甲寅字。明正統元年（1436），即世宗十八年用甲寅字刊印圖籍，今從字體考察確實與庚子字有别。再據韓國禹貞訓《〈近思録〉集解本의板本研究》，韓國東國大學校所藏初鑄甲寅字本是雙欄，“9 行 18 字”，“上下下向黑魚尾”[②]，禹先生恐據該本卷十四末金汶跋文題署時間“正統元年六月”，推斷其爲漢城鑄字所世宗十八年（1436）刊，

① 《晚松文庫漢籍目録》子部，第 190 頁。

② （韓）禹貞訓《〈近思録〉集解本의板本研究》，中央大學校大學院碩士學位論文（指導教授：宋日基），2010 年 2 月，第 119 頁。

即“初刊本”。雖説甲寅字初刊本與後期的重刊本行格相同,但魚尾卻存在明顯差異。此本的版式特徵與禹貞訓考述的鑄字所初刊本描述相同,故高麗大學校此藏本應是世宗十八年初鑄甲寅字本。

(二) 甲寅字(花魚尾版),李朝世宗十八年印本

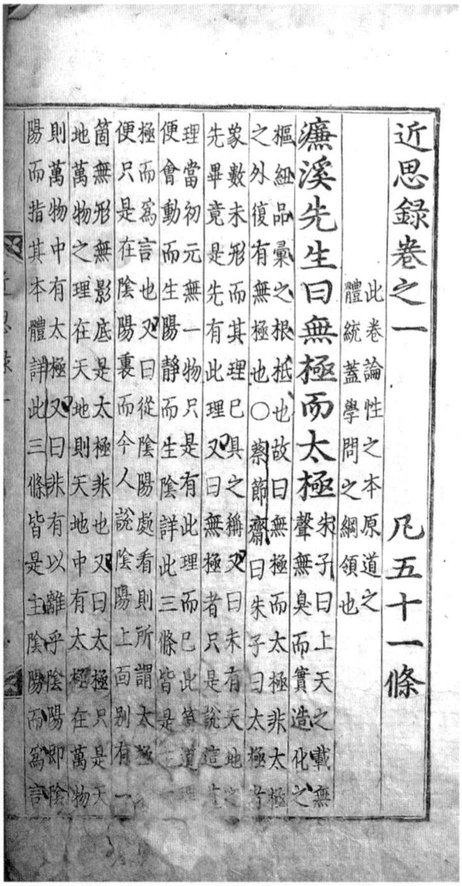
近思録卷之一　凡五十一條
此卷論性之本原道之體統蓋學問之綱領也
濂溪先生曰無極而太極朱子曰上天之載無聲無臭而實造化之樞紐品彙之根柢也故曰無極而太極非太極之外復有無極也○蔡節齋曰朱子曰太極……象數未形而其理已具之稱又曰未有天地之先畢竟是先有此理又曰無極者只是說這……理當初元無一物只是有此理而已此箇道理便會動而生陽靜而生陰詳此三條皆是……極而爲言也又曰從陰陽處看則所謂太極便只是在陰陽裏而今人說陰陽上面別有一箇無形無影底是太極兆也又曰太極只是天地萬物之理在天地則天地中有太極在萬物則萬物中有太極又曰非有以離乎陰陽即陰陽而指其本體詳此三條皆是主陰陽而爲言

圖 7 - 2 《近思録集解》,甲寅字(花魚尾版),李朝世宗十八年印本

高麗大學校還藏有葉采《近思録集解》十四卷的一種版本(書影見圖 7 - 2),其版框交接處有明顯裂縫,字迹墨色濃淡不一,筆鋒較圓潤,字形有的歪斜,顯然爲活字本,且字體“而”“人”“之”“曰”“也”等字極似甲寅字。每半葉九行十八字,注文小字雙行同。四周雙欄,有界行,框高 27.00 釐米,寬 17.50 釐米。白口,對(三葉花紋)魚尾。版心魚尾之間題記書名卷次簡稱(如“近思録某某”),頁碼。卷一卷端首行頂格題“近思録卷之一”,越四字格題“凡五十一條”,次行低四字格雙行小字印本卷解題,第三行頂格印正文。卷末有尾題“近思録卷之某某”。印本每條語録單列,頂格印製。

正文前有葉采《近思録集解序》、《集解目録》、葉采《進近思録表》、《近思録》取材的 14 部書名、朱熹序文、吕祖謙跋文。卷十四末印有明正統元年(1436)金汶跋文。

藏本(封皮記“貴 39H”,後用朱色筆改“H”爲“A”)有“柏堂”用諺文作懸吐,有墨筆標示句讀,圈點劃分隔號,每册末葉框欄邊墨筆題“柏堂藏”。此藏

本原爲晚松文庫舊藏，4 册，五眼綫裝。扉葉是用寫過字的紙來裝幀。此本藏家著録云“甲寅字，世宗十八(1436)”[①]。據李朝金汶跋文，李朝世宗命其鑄造活字，印製《近思録》，“欲廣布是書”，以袪那些“率皆忽於明善誠身之學，而徒務於涉獵記誦之末”的求學者。其跋文落款時間爲“正統元年六月”，即李朝世宗十八年(1436)。“甲寅”是“世宗十六年”的干支紀年，那時已開始鑄造銅活字，稱爲“甲寅字”。而此藏本雖是世宗十八年用甲寅活字印製，但有别於上文所述“順魚尾”的本子，它是花魚尾。

與高麗大學校所藏此甲寅字本相同的版本，延世大學校有藏，殘存葉采《集解》卷十一、卷十二。其“爲”“曰”“條”等字與上述甲寅字本同。每半葉九行十八字，注文小字雙行同。四周雙欄，有界行。白口，對(三葉花紋)魚尾。該本行間有墨筆諺文標句讀(懸吐)。延世大學校著録云“金屬活字本(甲寅字)”，刊寫地、刊寫年不詳。該本卷十二末的内封有“華山學人題誌”云：“檀紀四二八七年十二月二十有五日買得於花□□□琴氏……”

金汶跋文[②]云：

> 朱子嘗言：“修身大法，《小學》書備矣；義理精微，《近思録》詳之。”二書之切於人倫道學而不可不講也。如是惟我殿下慨念世之學者，率皆忽於明善誠身之學，而徒務於涉獵記誦之末，思欲廣布是書以袪兹弊，顧其舊本間有誤字，乃命臣汶讎校。臣汶謹考群書，參其同異，凡諸改正闕疑，悉受睿斷，仍命鑄字所模印頒賜，俾人人讀《小學》書以正其操履，讀《近思録》以識其門庭而不迷於所從。嗚呼，我殿下尊崇正學、維持世教之意至矣哉！正統元年六月日，奉訓郎集賢殿副校理知製教世子左司經臣金汶拜手稽首敬跋。

(三) 臺北藏《集解》李朝銅活字本

葉采《近思録集解》十四卷李朝銅活字本，尚有難以確定印製時間的本子，因其版式特徵與上述甲寅字本同，故附於此。中國臺北“國家圖書館”藏

---

① 《晚松文庫漢籍目録》子部，第 190 頁。

② 需要説明的是，此金汶跋文與《近思録》李朝世宗十八年刻本編次形式相同，内容相同，但字體有異。儘管此活字本與世宗十八年木板本是同時期的産物，但卻是兩個印製系統。

本(書影見圖 7－3),每半葉九行十八字,注文小字雙行同。四周雙欄,有界行,框高 28.30 釐米,寬 18.40 釐米。上下粗黑口,對(三葉花紋)魚尾。版心印書名卷次數簡稱(如“近思録一”)、頁碼。版心上下黑口處偶印有刻工人名。卷一卷端首行頂格題“近思録卷之一”,越四字格題“凡五十一條”,次行低四字格雙行小字題本卷解題,第三行頂格印正文。《近思録》原文爲大字,葉采注文爲雙行小字。每條單列,頂格印製。該本編次及版式,除書口外,與甲寅字世宗十八年印本相同。

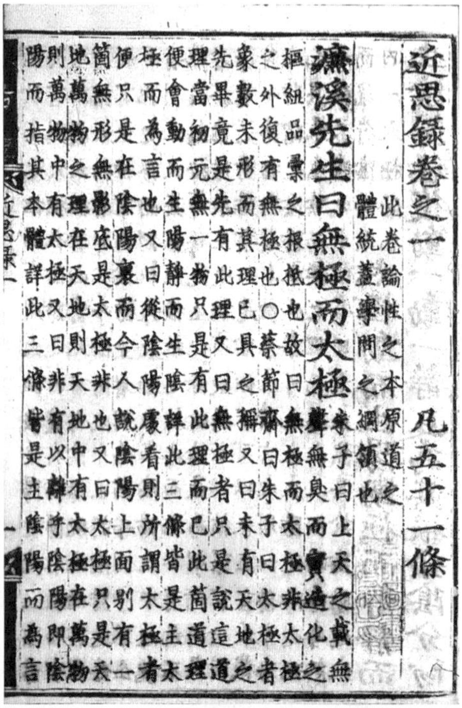
近思録卷之一　凡五十一條
此卷論性之本原道之
體統蓋學問之綱領也
濂溪先生曰無極而太極
朱子曰上天之載無
聲無臭而實造化之
樞紐品彙之根柢也故曰無極而太極非太極
之外復有無極也○蔡節齋曰朱子曰太極者
象數未形而其理已具之稱又曰未有天地之
先畢竟是先有此理又曰無極者只是說這道
理當初元無一物只是有此理而已此箇道理
便會動而生陽靜而生陰辭此三條皆是主太
極而為言也又曰從陰陽處看則所謂太極者
便只是在陰陽裏而今人說陰陽上面別有一
箇無形無影底是太極非也又曰太極只是天
地萬物之理在天地則天地中有太極在萬物
則萬物中有太極又曰非有以離乎陰陽即陰
陽而指其本體詳此三條皆是主陰陽而為言
近思録一

圖 7－3　《近思録集解》,李朝銅活字本

卷首印有宋葉采《近思録集解序》、《集解目録》、《近思録》(包括此書取材的 14 部書名、朱熹序、吕祖謙跋)、葉采《進近思録表》。卷十四末印有正統元年(1436)朝鮮人金汶跋。無刊記。

此版中的金汶跋文與葉采《集解》李朝世宗十八年(1436)刻本所載跋文内容相同,跋文中凡“殿下”均提行頂格排印。從其跋所言“鑄字所模印”,可知此本爲活字本,印成之後金汶於“正統元年六月日”題跋記之。該本王重民《中國善本書提要》著録爲“朝鮮銅活字本”,藏“北圖”,且說:“正統元年正朝鮮世宗極盛之世;世宗聰明好學,勵精文治,建藏書閣,命諸文士討論其中,凡大著作,皆是時所敕撰,而活字印刷之改進,尤爲文化史上之一大偉績,宜此本之精美若是也。”[①]但是我們將該本字體與前面的甲寅字本比較後發現,“之”“而”“人”“條”“爲”等字明顯有别,恐不是甲寅字本。

① 王重民《中國善本書提要》,第 223 頁。

此印本現藏中國臺北"國家圖書館",鈐有朱文印"京師圖書館收藏之印"。該館編《國立北平圖書館善本書目》著録云:"明正統元年朝鮮活字本,四册。"①

葉采《集解》李朝活字本中具有九行十八字、白口、花紋魚尾特徵的本子,韓國多家藏書機構有藏,儘管其版式特徵與上述甲寅字本相同,然藏家或不著録印製時間,或著録的印製時間有别。在韓國現存藏書書目中此類著録不清晰的文字,令人困惑,暫列舉幾例,請高明者辨析。

1. 高麗大學校藏本中另有一部殘本(貴 39E),存卷一、卷二、卷六至卷九。每半葉九行十八字,注文小字雙行同。四周雙欄。對(三葉花紋)魚尾。正文前有葉采序、朱熹序、吕祖謙跋,葉采進表。該本爲晚松文庫舊藏,藏家著録爲"甲寅字[明宗年間]"本②。該藏本,2 册。鈐朱文印"臨淵齋章""琴易堂"。

2. 韓國建國大學校圖書館藏有朝鮮銅活字本,該銅活字本半葉九行十八字,注文小字雙行同。四周雙欄,有界行,白口,對(三葉花紋)魚尾。注云"正統元年(1436)銅活字本(甲寅字)"。

3. 韓國國立中央圖書館藏有一部古活字本(貴 1571—4),殘存葉采《集解》卷六至卷十四。每半葉九行十八字,注文小字雙行同。四周雙欄,有界行。白口,對(三葉花紋)魚尾。版心印書名卷次簡稱(如"近思録卷六")、頁碼。卷十四末有正統元年,即世宗十八年(1436)金汶跋文。無刊記。天頭有佚名漢字墨筆批注。該館此藏本,2 册,五眼綫裝。鈐朱文印"琴應夾氏"。此本金汶跋文的内容、字體、排版與世宗年甲寅字本卷末跋文均相同,或爲甲寅字本。

(四) 改鑄甲寅字本,即癸酉字本(二鑄甲寅字)

改鑄甲寅字,又稱再鑄甲寅字或癸酉字,李朝宣祖六年(1573)鑄造。用此活字印製的葉采《近思録集解》本,高麗大學校有藏。該活字本,殘存《集解》卷一、卷二。每半葉九行十八字,小字雙行。四周雙欄,有界行。白口,對(花)魚尾。卷前有葉采《近思録集解序》、朱熹序、吕祖謙跋。藏本爲薪庵文

---

① 臺北"國立中央圖書館"編《國立北平圖書館善本書目》,"國立中央圖書館"出版,1969 年 12 月初版。

② 《晚松文庫漢籍目録》子部儒家,第 190 頁。

庫舊藏(貴 39A),藏家著録云:“[中宗十三～宣祖三(1518—1570)頃]活字本(改鑄甲寅字),零本 1 册。”①

該校另藏一部《集解》活字本,則爲華山文庫舊藏(貴 39A)。每半葉九行十八字,小字雙行。四周雙欄,有界行。白口,對(花)魚尾。正文前有葉采《近思録集解序》《進近思録表》。該藏本,4 册。鈐朱文印“長水後人”“黄德周印”。藏家著録云:“[中宗十三～宣祖三(1518—1570)頃]活字本(甲寅字)。”②因與“薪庵文庫”舊藏頗爲相近,故附於此。

(五) 李朝校書館印製的活字本

李朝校書館在“甲寅字”的基礎上改造舊活字、鑄造新活字,刊印了多種活字本,韓國部分藏書機構或藏書目録曾做過著録。

1. 初鑄甲寅字混入補字本

(1) 葉采《近思録集解》,韓國國會圖書館現藏一部活字本,九行十八字,四周雙欄,白口,花魚尾。此本爲檜淵書院舊藏,藏家著録云“甲寅字,間或補字/中宗年間”③。

此本版式,與禹貞訓《〈近思録〉集解本의板本研究》所言初鑄甲寅字混入補字本的版式相同,即四周雙欄,“9 行 18 字”,“内向 3 葉花紋魚尾”④,藏於冲齋遺物館。禹先生據刊記“正德十四年正月日,内賜承政院都承旨權橃《近思録》一件命除謝恩,左承旨臣柳[手決]”,將其定爲中宗十四年(1519)校書館用甲寅字印行的花魚尾本,即“初鑄甲寅字混入補字本”。

葉采《集解》此印本與初鑄甲寅字本的版式非常接近,相較於甲寅字初刊本,李朝校書館中宗十四年(1519)此印本,僅魚尾有别,即“内向 3 葉花紋魚尾”。

(2) 現存高麗大學校的琴景祖印本(書影見圖 7－4),殘存葉采《近思録集解》卷一至卷九,也是甲寅字混入其他字體的活字本。

---

① 《薪菴文庫漢籍目録》子部儒家,第 57—58 頁。

② 《華山文庫漢籍目録》子部儒家,第 62 頁。

③ (韓)全寅初《韓國所藏中國漢籍總目》,第 19 頁。

④ (韓)禹貞訓《〈近思録〉集解本의板本研究》,第 119 頁。

該藏本文字墨迹濃淡不一，知爲活字。將其字體與上述該校所藏甲寅字本比較可見，“爲”“之”“録”“條”等字相同，而“而”“無”等字則有同有異，如此看來這並非純粹的甲寅字活字本。每半葉九行十八字，注文小字雙行同。四周雙欄，有界行，框高 27.00 釐米，寬 17.50 釐米。白口，對(三葉花紋)魚尾。版心兩魚尾間題記書名卷次簡稱(如“近思録卷某”)、頁碼。

該本卷前有葉采《進近思録表》(殘存一葉)。内封皮有墨筆題“柏堂藏”。藏本(貴 39G)，3 册，桑樹紙印，用紙捻裝訂，五眼裝。鈐墨色印“紫山白士”“琴□□氏祖藏”。

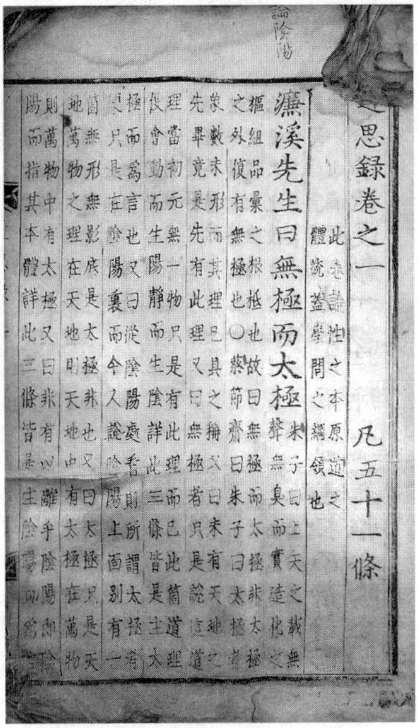

圖 7-4 《近思録集解》，初鑄甲寅字混入補字本

該藏本天頭行間偶有墨筆批注，也有用諺文進行懸吐，偶見朱筆句讀。在封底内題識：“歲丁巳秋八月下浣太羅散人琴景祖妝置案上，因書以爲識。”在該題識旁鈐有墨色陽文印“紫山白□”。雖然琴景祖題識言“丁巳”年自己拿紙印並裝訂置於案頭，但此“丁巳年”是世宗十九年還是燕山三年，具體時間我們無法確知，從字體考察，基本上算是用甲寅字印，但其中可能混入了其他活字。此本爲晚松文庫舊藏，著録爲“甲寅字[中宗年間]”①。

(3) 首爾大學校奎章閣藏有《近思録集解》，十六世紀李朝活字本。

此藏本(古貴 181.1—J868g v.10/14)，殘存《集解》卷十至卷十四。字體“條”“之”“不”“曰”等字頗似甲寅字。每半葉九行十八字，注文小字雙行同。四周雙欄，有界行。白口，對(三葉花紋)魚尾。版心印書名卷次簡稱(如“近

① 《晚松文庫漢籍目録》子部儒家，第 190 頁。

思録十”)、頁碼。每卷每條單列,頂格印。此本卷十四末有葉采《進近思録表》、正統元年(1436)金汶跋文。無刊記。此藏本受損被蝕嚴重(書影見圖 7－5),1 册,五眼綫裝。末葉最後一行的左下有“□□□□家”五字,前四字被塗黑。

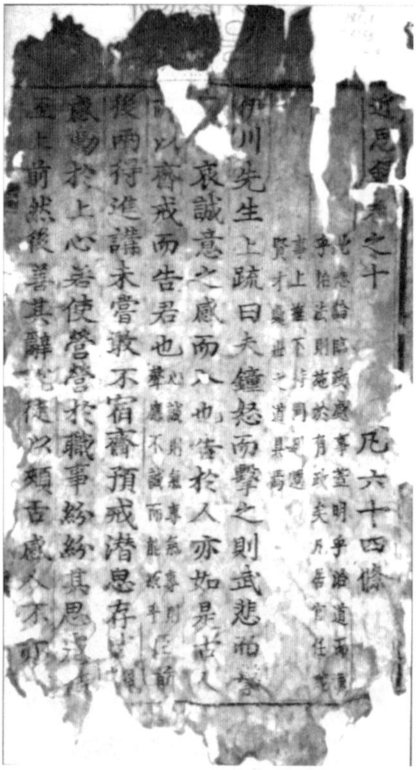

圖 7－5 《近思録集解》,初鑄甲寅字混入補字本

對於此活字本,藏家著録“甲寅字,十六世紀中半”,即意爲十六世紀朝鮮李朝活字本。但是若從魚尾特徵看,似乎是中宗十四年(1519)甲寅字花魚尾印本。

若從此本卷末的金汶跋文考察,則與李朝世宗甲寅字本編次形式相同,但個別字有異,如該本末的“鑄字而模印”,世宗甲寅字本均作“鑄字所模印”,而且金汶跋文末的“拜手稽首敬跋”六字,不像甲寅字本那樣緊隨前文,而是另起一行低二字格印。可見此活字本是後起活字本,而非甲寅字初鑄本。

附金汶跋文:

朱子嘗言:“修身大法,《小學》書備矣;義理精微,《近思録》詳之。”二書之切於人倫道學而不可不講也。如是惟我殿下慨念世之學者,率皆忽於明善誠身之學,而徒務於涉獵記誦之末,思欲廣布是書以袪兹弊,顧其舊本間有誤字,乃命臣汶讎校。臣汶謹考群書,參其同異,凡諸改正闕疑,悉受睿斷,仍命鑄字而模印頒賜,俾人人讀《小學》書以正其操履,讀《近思録》以識其門庭而不迷於所從。嗚呼,我殿下尊崇正學、維持世教之意至矣哉! 正統元年六月日,奉訓郎集賢殿副校理知製教世子左司經臣金汶拜手稽首敬跋。

2. 戊午字本(三鑄甲寅字)

葉采《近思録集解》的此類活字本,筆者暫未見到,待查。

3. 戊申字本(四鑄甲寅字)

李朝的甲寅字,在李朝顯宗九年(1668)進行四鑄,字形與甲寅字有别,即戊申字。

(1) 李朝顯宗十三年戊申字本,即初印本

首爾大學校奎章閣藏葉采《近思録集解》活字本(書影見圖 7－6),其“之”“爲”“而”“也”“此”等字形與前文所述甲寅字明顯有别,而極似戊申字。每半葉十行十七字,注文小字雙行同。四周雙欄,有界行,框高 25.30 釐米,寬 18.00 釐米。白口,對(二葉花紋)魚尾。版心魚尾間印書名卷次簡稱(如“近思録一”)、頁碼。卷一卷端首行頂格題“近思録卷之一”,越四字格題“凡五十一條”,次行低四字格雙行小字印本卷解題,第三行頂格印正文。卷末有尾題“近思録卷之某某”。印本每條語録單列,頂格印製。

近思録卷之一　凡五十一條

濂溪先生曰無極而太極

圖 7－6　《近思録集解》,戊申字本,李朝顯宗十三年初印本

第 1 册卷首有葉采《近思録集解序》、《集解目録》、葉采《進近思録表》、《近思録》(包括此書取材的 14 部書名、朱熹序、吕祖謙跋)。從印製内容看,是葉采集解《近思録》。此活字本,印製精美。藏本(古 181.1 J868g v.1—4),4 册(封面墨筆分别題記“元”“亨”“利”“貞”),五眼綫裝(紅綫裝訂)。在此本天頭有佚名朱筆漢文批注,行間漢字的右下方有用朱筆劃綫,或用墨筆諺文標示句讀(懸吐)。鈐朱文印“首爾大學校圖書”。

關於此本印製時間,藏家著録説是十八世紀初至十八世紀中半。筆者以爲此説不妥,因爲筆者在高麗大學校查閲過一種活字本(C1—A79S),也是每半葉十行十七字,注文小字雙行同。四周雙欄,有界行。白口,對(二葉花紋)

魚尾。兩部本子的版式相同，但是高麗大學校藏本的卷前印有内賜刊記：“康熙十一年八月六日，内賜假注書金聲久《近思録》一件，命除謝恩，右承旨臣金[手决]。”康熙十一年，即李朝顯宗十三年(1672)，故其藏書目録著録云：“戊申字，顯宗 13(1672)。”[①]此藏本，4 册，五眼綫裝。鈐朱文印“宣賜之記”“本聞韶”“居安東”“金熙敬”。

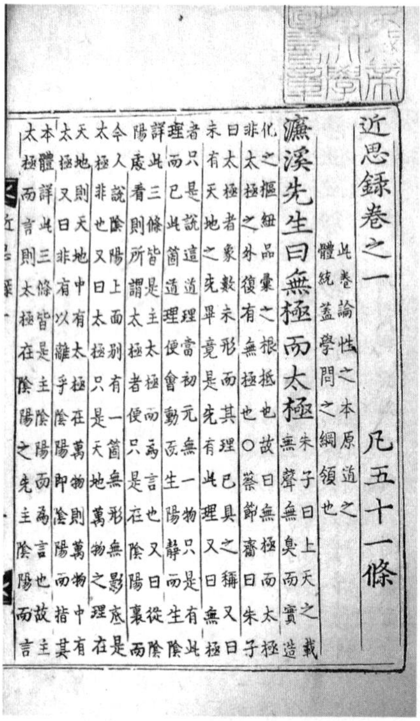
近思録卷之一　凡五十一條
此卷論性之本原道之體統蓋學問之綱領也
濂溪先生曰無極而太極
朱子曰上天之載無聲無臭而實造化之樞紐品彙之根抵也故曰無極而太極非太極之外復有無極也○蔡節齋曰朱子曰太極者象數未形而其理已具之稱又曰未有天地之先畢竟是先有此理又曰無極者只是說這道理當初元無一物只是有此理而已此箇道理便會動而生陽靜而生陰詳此三條皆是主太極而為言也又曰從陰陽處看則所謂太極者便只是在陰陽裏而今人說陰陽上面別有一箇無形無影底是太極非也又曰太極只是天地萬物之理在天地則天地中有太極在萬物則萬物中有太極又曰非有以離乎陰陽即陰陽而指其本體詳此三條皆是主陰陽而為言也故主太極而言則太極在陰陽之先主陰陽而言

圖 7－7 《近思録集解》，
戊申字本，李朝顯宗十三年初印本

巧合的是，禹貞訓《〈近思録〉集解本의板本研究》[②]對高麗大學校該藏本做過考證，以爲是校書館於顯宗十三年年印的戊申字初刊本。所以，我們綜合上述情形可以推斷高麗大學校所藏活字本與奎章閣此藏本，當是戊申字本，李朝顯宗十三年印。

葉采《近思録集解》十四卷，首爾大學校奎章閣藏有一版本(書影見圖 7－7)，字迹墨色濃淡不一，字形倚側，顯然爲活字本，藏家著録謂“丁酉字”。但是我們發現其字體與奎章閣所藏顯宗年戊申字同，字與字之間的編排同，甚至框欄斷痕也相同。每半葉十行十七字，注文小字雙行同。四周雙欄，有界行，框高 24.70 釐米，寬 17.00 釐米。白口，對(二葉花紋)魚尾。版心魚尾間題記書名卷次簡稱(如“近思録一”)、頁碼。每卷每條單列，頂格印。

此本首册正文前印有葉采《近思録集解序》、《集解目録》、葉采《進近思録表》、《近思録》(包括此書取材的 14 部書名、朱熹序、吕祖謙跋)。從印本内容上看，此書是葉采集解的《近思録》。

① 《晚松文庫漢籍目録》子部儒家，第 190 頁。

② (韓)禹貞訓《〈近思録〉集解本의板本研究》，第 119 頁。

奎章閣藏本(古 1343—1—v. 1—4),4 册(封面每册左上墨筆題記“近思録”,且分别題記“元”“亨”“利”“貞”,右上題記本册各卷篇名),五眼綫裝,卷帙完整。鈐朱文印“宣賜之記”“月城之李”“夏坤”“宛委閣圖”“京城帝國大學圖書章”等。天頭有佚名墨筆漢字批注。儘管藏家著録爲“丁酉字”,但我們將其與下文所考葉采《集解》丁酉字本比較後,發現二者字體有差異,與丁酉字本不是同一印本。而且其版式、字體均與奎章閣藏本(古 181.1 J868g v. 1—4)顯宗十三年戊申字本同。

在該本的扉葉上有賜記,墨筆書:“康熙四十七年五月二十六日内賜行吏曹判書李寅燁《近思録》一件,命除謝恩,行都承旨臣姜[手决]。”依據卷首名“姜”所言賜書時間,是清康熙四十七年,即李朝肅宗三十四年(1708,戊子年)。故此,藏家很可能是依據此“賜記”來將其斷爲肅宗年間的活字本,筆者以爲不妥。

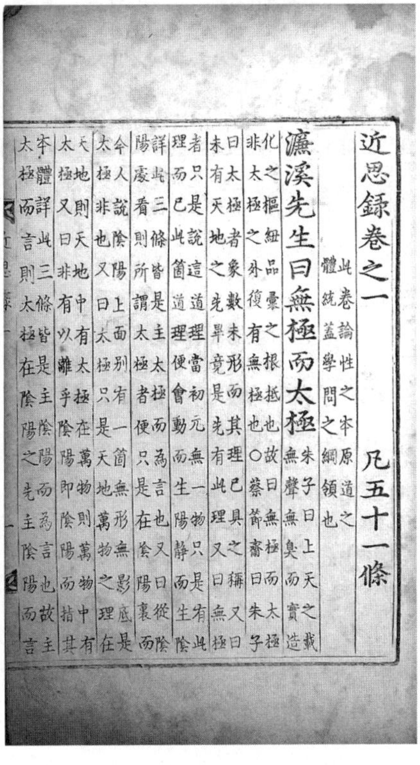
近思録卷之一　凡五十一條
此卷論性之本原道之體統蓋學問之綱領也
濂溪先生曰無極而太極
朱子曰上天之載無聲無臭而實造
化之樞紐品彙之根抵也故曰無極而太極
非太極之外復有無極也○蔡節齋曰朱子
曰太極者象數未形而其理已具之稱又曰
未有天地之先畢竟是先有此理又曰無極
者只是說這道理當初元無一物只是有此
理而已此箇道道理便會動而生陽靜而生陰
詳此三條皆是主太極而爲言也又曰從陰
陽處看則所謂太極者便只是在陰陽裏而
今人說陰陽上面別有一箇無形無影底是
太極非也又曰太極只是天地萬物之理在
天地則天地中有太極在萬物則萬物中有
太極又曰非有以離乎陰陽即陰陽而指其
本體詳此三條皆是主陰陽而爲言也故主
太極而言則太極在陰陽之先主陰陽而言

圖 7-8　《近思録集解》,戊申字混入其他字體的李朝活字本

此印本,日本東洋文庫也有藏(X1—4—B—32),4 册,五眼綫裝。鈐朱文印“東洋文庫”。藏本封皮、扉葉是用已經印刷過文字的紙來裝幀,紙面有菱形暗紋。

(2) 戊申字混入其他字體的李朝活字本

韓國學中央研究院(原精神文化研究院)藏本有一部葉采集解《近思録》十四卷(書影見圖 7-8),該本的字體非常接近上述戊申字本,但並非没有差别,如卷一卷端的“録”“之”“有”等字形與上述戊申字本的漢字筆畫以及字形歪斜程度都一致,但是“此”“本”“太”“天”等字又有微異,字與字之間的排列也有差異,故這部活字本與上述戊申字本絶非同一版印製。每半葉十行十七字,注文小字雙行同。四周雙欄,有界行,框高 25.30 釐米,寬 18.00 釐米。白口,對(二葉花紋)魚尾。版心魚尾間印書名卷次簡稱(如"近思録一")、頁碼。卷一卷端首行頂格題"近思録卷之一",越四字格題"凡五十一條",次行低四字格雙行小字印本卷解題,第三行頂格印正文。卷末有尾題"近思録卷之某某"。印本每條語録單列,頂格印製。

卷首印有葉采《近思録集解序》、《集解目録》、葉采《進近思録表》、《近思録》(包括此書取材的 14 部書名、朱熹序、吕祖謙跋)。從印製内容看,是葉采集解的《近思録》。

此活字本(C2—23H),4 册,藏本鈐印"宣賜之記""□謨堂印"。藏家著録云"初鑄甲寅字本/世宗 16(1434)"①。我們認爲其判斷失查,因爲將此本與上述戊申字本比較後發現,它們版式相同,有明顯的二葉花紋對魚尾,而這些特徵與甲寅字本有别,再加上它又存在與戊申字本不一樣的字體,因此我們把它看作是戊申字混入其他字體的活字本,印製時間很可能在李朝肅宗年間。

與韓國學中央研究院此藏本版式、字體、排版完全相同的版本,成均館大學校圖書館有藏,殘存葉采《集解》卷一、卷二,從該本中字與字之間不整齊、行格綫條扭斜可知爲活字本。每半葉十行十七字,四周雙欄,有界行,框高 25.50 釐米,寬 18.00 釐米。白口,對(二葉花紋)魚尾。成均館大學校藏本(C2—16),1 册。字大疏朗,印製精美。藏家著録云"顯宗—肅宗年間刊"。鈐有朱文、白文相間的印章"宋氏家藏"(或因家道敗落,出售此書時又將"宋"字擦拭掉,故此處"宋"字痕迹很淡)。

韓國宋熹準編《近思録注解叢編》第 1 册影印的葉采《近思録集解》十四卷本,其字體、版式特徵、内容與上述韓國學中央圖書館的這部藏本同,二者應該是同一版印製。

(3) 戊申字混入補字本中的李朝英祖四十一年活字本

韓國延世大學校藏有一部葉采《集解》十四卷金屬活字本,卷帙完好。每半葉十行十七字,注文小字雙行同。四周單欄,有界行。白口,對(二葉花紋)

① (韓)全寅初《韓國所藏中國漢籍總目》,第 18 頁。

魚尾。版心魚尾間題記書名卷次簡稱(如“近思録卷一”)、頁碼。正文前有葉采《近思録集解序》,吕祖謙序文、朱熹序文,葉采《進近思録表》等。

此活字本,4 册,藏家著録謂“金屬活字本(戊申字)”。對此,筆者覺得表述不够準確,因爲該本與上述戊申字本在框欄上明顯有别,爲“四周單欄”,且與筆者在奎章閣所見藏本是同一版本。

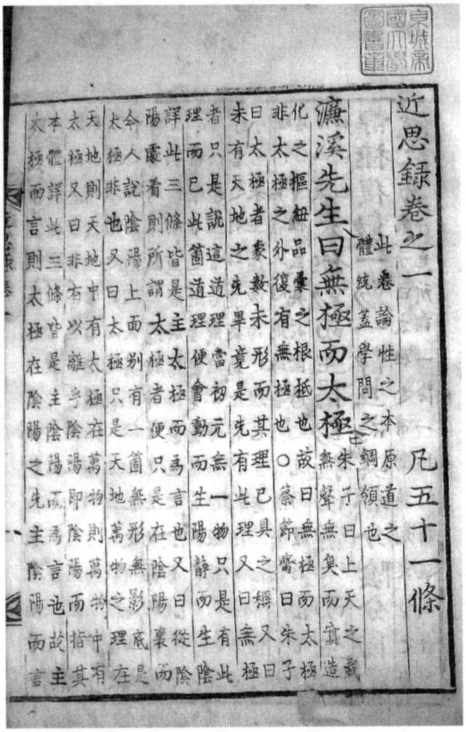
京城帝國大學圖書章

近思録卷之一　凡五十一條

此卷論性之本原道之體統蓋學問之綱領也

濂溪先生曰無極而太極朱子曰上天之載無聲無臭而實造化之樞紐品彙之根柢也故曰無極而太極非太極之外復有無極也○蔡節齋曰朱子曰太極者象數未形而其理已具之稱又曰未有天地之先畢竟是先有此理又曰無極者只是説這道理當初元無一物只是有此理而已此箇道理便會動而生陽静而生陰詳此三條皆是主太極而爲言也又曰從陰陽處看則所謂太極者便只是在陰陽裏而今人説陰陽上面别有一箇無形無影底是太極非也又曰太極只是天地萬物之理在天地則天地中有太極在萬物則萬物中有太極又曰非有以離乎陰陽即陰陽而指其本體詳此三條皆是主陰陽而爲言也故主太極而言則太極在陰陽之先主陰陽而言

圖 7－9　《近思録集解》,戊申字混入補字本的李朝英祖四十一年活字本

筆者目驗過的葉采《近思録集解》首爾大學校奎章閣藏本(書影見圖 7－9),殘存卷一至卷五。每半葉十行十七字,注文小字雙行同。四周單欄,有界行,框高 24.70 釐米,寬 18.00 釐米。白口,對(二葉花紋)魚尾。版心魚尾間題記書名卷次簡稱(如“近思録卷一”)、頁碼。此活字本,每卷每條單列,頂格印。

此本第 1 册卷首印有朝鮮人李性源(1725—1790)書寫的《御製近思録序》、葉采《進近思録表》、葉采《近思録集解序》、《集解目録》、《近思録》(包括此書取材的 14 部書名、朱熹序、吕祖謙跋)。該藏本(奎中 1436.1),2 册,五眼綫裝。在行間漢字右下方有佚名用諺文墨筆標示句讀(懸吐)。鈐朱文印“弘文館”,原藏於李性源供職的弘文館。另鈐有朱文印“朝鮮總督府藏書之印”“京城帝國大學圖書章”。

依據李性源作序題署的時間“乙酉”年,推測此本恐是李朝英祖四十一年(1765)活字本。關於奎章閣此藏本,韓國禹貞訓《〈近思録〉集解本의板本研究》

有過考證，其所言單欄“10行17字，内向2葉花紋魚尾”[①]，版式特徵與我們所見相同，禹先生考證爲李朝英祖四十一年校書館戊申字混入補字本，與我們的推斷一致，因而此印本當是“戊申字混入補字本”。

對於此活字本，《奎章閣圖書中國本綜合目録》著録云：“[仁祖時，]2册，戊申字……四周單邊……10行17字，注雙行。版心：上下花紋魚尾。卷首：御製序……歲乙酉(1645)……李性源奉教書。”[②]《韓國古書綜合目録》著録云：“[仁祖時]古活字本(改鑄甲寅字交木字)2册(零本)。四周單邊，半框24.2×17cm，10行17字，注雙行。版心：上下花紋魚尾。卷首：御製序……歲乙酉……李性源奉教書。藏奎章閣。”[③]依據李性源的生卒年，此“乙酉”年，當是李朝英祖四十一年(1765)，所以上面兩種著録皆有誤。

李性源《御製近思録序》曰：

> 夫切問近思，《魯論》之攸載，學問之要道，而即朱夫子編輯而成書者也。噫！予本晚學，辛丑陞儲以後，始專意講學，其年條詳備於讀書録中，今何架疊？噫！命代理之，前七書已畢，復講之前，《庸》《學》輪讀，千千萬萬，夢想之外。壬午復政，講亦自復，故不獲已，復讀《論》《孟》，重講《詩》《書》，訖工之後，仍欲繼讀《周易》。静而思之，四書、二經之重講已是異事，何必準三經義經？歷伏羲、文王、周公、孔子四大聖而成者也，顧不重歟。雖然，以予學淺，豈曰博約而？噫！氣日益衰，心日益耗，此正袪繁就簡之時，且此編與《小學》，紫陽之先後編輯者。噫！明年即予就傅之年，故欲效先正文敬公金宏弼之意，其欲復講《小學》，故問於領事經筵官。大抵此書集周子、兩程子、張子書而條凡六百二十二，卷亦十四，而首論道體、末論警戒而結之，是朱夫子專精於一編者。今年講此書，明年講《小學》，此亦慕紫陽之一端，其果潛心演繹，紫陽所云“宗廟之美、百官之富”，庶乎得其萬一，已講之《論》《孟》，欲講之《易傳》，俱

---

① (韓)禹貞訓《〈近思録〉集解本의板本研究》，第119頁。

② (韓)首爾大學校圖書館、李榮基編《奎章閣圖書中國本綜合目録》，信興印刷株式會社1982年11月發行，第193—194頁。

③ (韓)國會圖書館司書局參考書誌課編輯《韓國古書綜合目録》，大韓民國國會圖書館1968年12月出版發行，第90頁。

載於此，其亦舉一而講三。今予讀此，豈曰偶然？況朱夫子序此，即淳熙二年五月五日，吕東萊追書亦三年四月四日。噫！今予所講之月，是東萊書序之月，亦豈偶然也哉！且今日看叔程子所云一"和"字，心有所興感，此正予暮年一字良劑也，豈可以衰耗而忽也哉？不逾其日，特書卷首而自警焉！歲乙酉孟夏下弦日識，通訓大夫行弘文館副修撰知製教兼經筵檢討官春秋館記事官臣李性源奉教謹書。

李朝戊申字印本，在韓國有多部存世，如：

① 高麗大學校猶藏有一部戊申字本，每半葉十行十七字，注文小字雙行同。四周雙欄，有界行。白口，對(花)魚尾。藏家著録云"戊申字[顯宗 13(1672)]"，"刊年：同板 内賜記 依據"[①]。這也是依據同板内賜記確定印製時間的。高麗大學藏本(C1—A79R)爲晚松文庫舊藏，4 册。鈐朱文印"延谷""木石居士"。

② 韓國國立中央圖書館藏有葉采《近思録集解》殘本(書影見圖 7 - 10)，存卷三至卷十四，卷一、卷二爲補配。其卷三的版式爲每半葉十行十七字，注文小字雙行同。四周雙欄，有界行。白口，對(二葉花紋)魚尾。版心印書名與卷次簡稱(如"近思録三")、頁碼。此活字本，每卷每條單列，頂格印。印製精美。

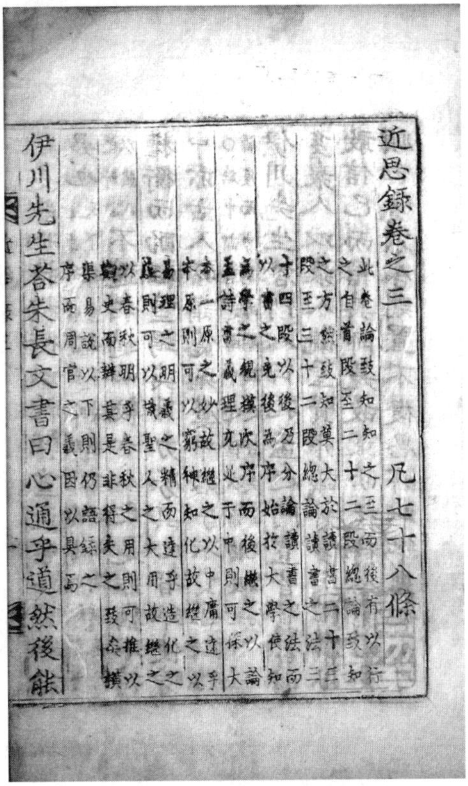
近思録卷之三 凡七十八條

伊川先生荅朱長文書曰心通乎道然後能

圖 7 - 10 《近思録集解》，李朝戊申字本

國立中央圖書館該藏本(古1252—106)，3 册，五眼綫裝。在漢字右下方有佚名朱筆諺文標注句讀(懸

① 《晚松文庫漢籍目録》子部儒家，第 191 頁。

吐),天頭有墨筆批注。鈐朱文印"毅齋",白文印"粤川世家"。

此藏本的卷三前,有人從《太極圖説》《西銘》中抄補若干語段,配作卷一、卷二的語録。封皮内有佚名墨筆書寫關於補配之事,題識云:"《近思》之爲書,學者上達之要具,不可不讀者也。逸其首卷,而余有所感於物之所遇,實難常也,且惜其爲無頭之書,不揆眼昏手拙,遂謄《太極説》及《西銘》兩篇以補其不可闕者,時丁酉(筆者按,在"酉"字右邊,有佚名改作"巳")上冬也。"關於干支計時"丁巳",具體是朝鮮哪個王朝我們尚不能確定,因而無從知道補配的時間。

該本與上述奎章閣藏印本(古 181.1 J868g v.1—4)字體、版式全同,故爲戊申字印本(卷一、卷二爲補配)。

③ 首爾大學校奎章閣所藏葉采《近思録集解》戊申字本(奎中 1436.2),殘存卷六至卷十四。每半葉十行十七字,注文小字雙行同。四周雙欄,有界行。白口,對(花)魚尾。版心印書名卷次(如"近思録六")、頁碼。此活字本,每卷每條單列,頂格印。藏本 2 册,五眼綫裝,墨迹清晰,或爲先印本。鈐朱文印"弘文館"。藏本的漢字右下方有佚名用朱筆諺文標注句讀(懸吐)。《奎章閣圖書中國本綜合目録》著録云:"[仁祖時,]2 册,壬辰字…… 四周雙邊……10 行 17 字,注雙行。版心:上下花紋魚尾。"[1]

④ 葉采《集解》戊申字本,嶺南大學校藏本(古 152.41)著録云:"金屬活字本(戊申字),14 卷 4 册:四周雙邊……有界,10 行 17 字,注雙行,上下内向四瓣黑魚尾。……口訣本(筆寫)。"[2]

⑤ 國立中央圖書館另藏一部《集解》戊申字本,《韓國所藏中國漢籍總目》著録云:"戊申字本/肅宗 27(1701)/14 卷 4 册。四周雙邊,半郭 24.6×17.1 cm。10 行 17 字。注雙行。内向 2 葉花紋魚尾。……序:淳祐戊申……葉采(宋)。内賜記:康熙四十年(1701)七日十三日内賜行副司直權尚夏……右承旨臣趙[手决]。印'宣賜之記''臣尚夏拜受'。"[3]

另外,日本東洋文庫藏有一部葉采《近思録集解》十四卷,疑似戊申字本。

---

① (韓)首爾大學校圖書館編《奎章閣圖書中國本綜合目録》,第 194 頁。

② (韓)嶺南大學校中央圖書館編《嶺南大學校圖書館所藏古書目録》(陶南文庫),第 50 頁。

③ (韓)全寅初《韓國所藏中國漢籍總目》,第 19 頁。

每半葉十行十七字，注文小字雙行同。四周雙欄，有界行，白口，對(花)魚尾。框高 25.20 釐米，寬 18.00 釐米。版心刻書名卷次簡稱(如“近思録一”)、頁碼。每條單列，頂格刻印。

卷前有葉采《近思録集解序》、《集解目録》、《進近思録表》、《近思録》(包括此書取材的 14 部書名、朱熹序、吕祖謙跋)。刻本卷端雖未題“葉采集解”字様，但據内容可知是葉采集解的《近思録》。藏本(X1—4—B—32)，4 册，五眼綫裝。鈐朱文印“東洋文庫”。藏本封皮、扉葉是用已經印刷過文字的廢紙來做裝幀，紙上有菱形暗紋。

4. 壬辰字本(五鑄甲寅字)

壬辰字是壬辰年所鑄，是以甲寅字《心經》《萬病回春》二書爲字本鑄造。這一年或指朝鮮李朝英祖四十八年(1772，清乾隆三十七年)。

首爾大學校奎章閣藏有葉采《近思録集解》十四卷活字本(書影見圖 7-11)，我們將其中的“而”“日”“於”“爲”“上”等字與《韓國古活字實物對比表》比對後，發現這些字極似壬辰字。每半葉十行十七字，注文小字雙行同。四周單欄，有界行，框高 24.90 釐米，寬 17.80 釐米。白口，對(二葉花紋)魚尾。版心魚尾間題記書名卷次簡稱(如“近思録一”)、頁碼。每條單列，頂格印製。

該本的藏本卷首有葉采《近思録集解序》、《集解目録》、吕祖謙跋、葉采《進近思録表》、《近思録》(包括此書取材的 14 部書名、朱熹序)。

奎章閣藏本(奎中 1035—v. 1—4)，4 册，五眼綫裝。鈐朱文印“京城帝國大學圖書章”“朝鮮總督府圖書之印”“首爾大學校圖書”等。藏家著録謂“壬辰字本”。

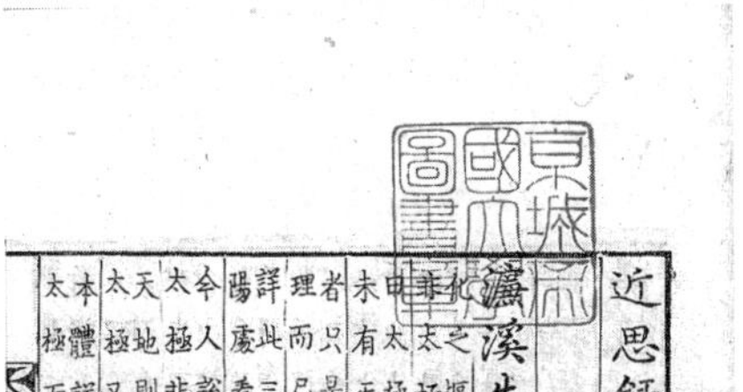
近思録卷之一　凡五十一條

此卷論性之本原道之體統蓋學問之綱領也

濂溪先生曰無極而太極朱子曰上天之載無聲無臭而實造化之樞紐品彙之根柢也故曰無極而太極非太極之外復有無極也○蔡節齋曰朱子曰太極者象數未形而其理已具之稱又曰未有天地之先畢竟是先有此理又曰無極者只是說這道理當初元無一物只是有此理而已此箇道理便會動而生陽靜而生陰詳此三條皆是主太極而為言也又曰從陰陽處看則所謂太極者便只是在陰陽裏而今人說陰陽上面別有一箇無形無影底是太極非也又曰太極只是天地萬物之理在天地則天地中有太極在萬物則萬物中有太極又曰天非有以離乎陰陽即陰陽而指其本體詳此三條皆是主陰陽而為言也故主太極而言則太極在陰陽之先主陰陽而言

圖 7-11　《近思録集解》，壬辰字本

關於現存葉采《集解》李朝壬辰字本，高麗大學校也有藏（書影見圖 7－12），每半葉十行十七字，注文小字雙行同。四周單欄，有界行，框高 25.00 釐米，寬 17.80 釐米。白口，對（二葉花紋）魚尾。版心魚尾間題記書名卷次簡稱（如“近思録一”）、頁碼。藏家著録云“[純祖 20（1820）頃]活字本（壬辰字?）”①。藏本（C1—A79F），4 册，卷帙完好。鈐朱底白文印“宋秉璿章”，由此可知此本原爲李朝憲宗、光武時期的文臣宋秉璿（1836—1905）舊藏。

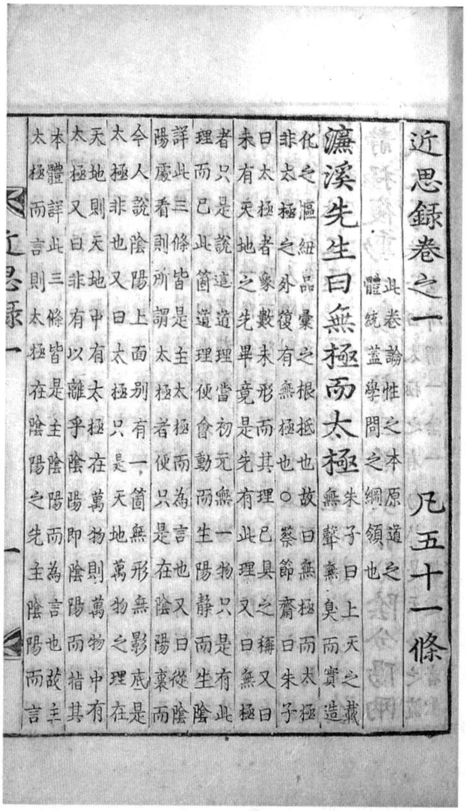
近思録卷之一　凡五十一條
此卷論性之本原道之體統蓋學問之綱領也
濂溪先生曰無極而太極朱子曰上天之載無聲無臭而實造化之樞紐品彙之根柢也故曰無極而太極非太極之外復有無極也○蔡節齋曰朱子曰太極者象數未形而其理已具之稱又曰未有天地之先畢竟是先有此理又曰無極者只是說這道理當初元無一物只是有此理而已此箇道理便會動而生陽靜而生陰詳此三條皆是主太極而為言也又曰從陰陽處看則所謂太極者便只是在陰陽裏而今人說陰陽上面別有一箇無形無影底是太極非也又曰太極只是天地萬物之理在天地則天地中有太極在萬物則萬物中有太極又曰非有以離乎陰陽即陰陽而指其本體詳此三條皆是主陰陽而為言也故主太極而言則太極在陰陽之先主陰陽而言

圖 7－12　《近思録集解》，壬辰字本

從高麗大學校著録時用“?”號看，他們對其印製時間並不能肯定，故其所言“純祖二十年”值得懷疑。而韓國禹貞訓《〈近思録〉集解本의板本研究》中曾以高麗大學校此藏本爲對象做過考證，説該本爲單欄，“10 行 17 字，内向 2 葉花紋魚尾”，是校書館十八世紀末印製的壬辰字本②。而且從高麗大學校此藏本的版式與上述奎章閣藏本版式相同，編次、内容也吻合的角度看，禹先生考述可從。那麽綜上所述，高麗大學校藏本也應是壬辰字本，十八世紀末期或李朝英祖、正祖年間由校書館刊行，故藏家云“純祖 20”年則不妥。

葉采《集解》李朝英祖時期的壬辰字活字本，韓國多家機構有藏，如：

（1）首爾大學校奎章閣猶藏一部壬辰字本（奎中 1036—v. 1—4），其字體、墨痕、字形與上述奎章閣藏壬辰字本（奎中 1035—v）的均相同，故當是同一版印製。藏本 4 册，五眼綫裝。

① 《華山文庫漢籍目録》子部，第 62 頁。
② （韓）禹貞訓《〈近思録〉集解本의板本研究》，第 119 頁。

（2）首爾大學校奎章閣還藏有一部壬辰字本（奎中 1043—v. 1—4），每半葉十行十七字，注文小字雙行同。四周單欄，有界行，框高 24. 90 釐米，寬 17. 90 釐米。白口，對（二葉花紋）魚尾。版心魚尾間題記書名卷次簡稱（如“近思録一”）、頁碼。此活字本每卷每條單列，頂格印。此本首册卷首有葉采《近思録集解序》、《集解目録》、吕祖謙跋、葉采《進近思録表》、《近思録》（包括此書取材的 14 部書名、朱熹序）。此藏本，4 册，五眼綫裝。鈐印“弘齋”“震章”“帝國圖書之章”“朝鮮總督府圖書之印”等。

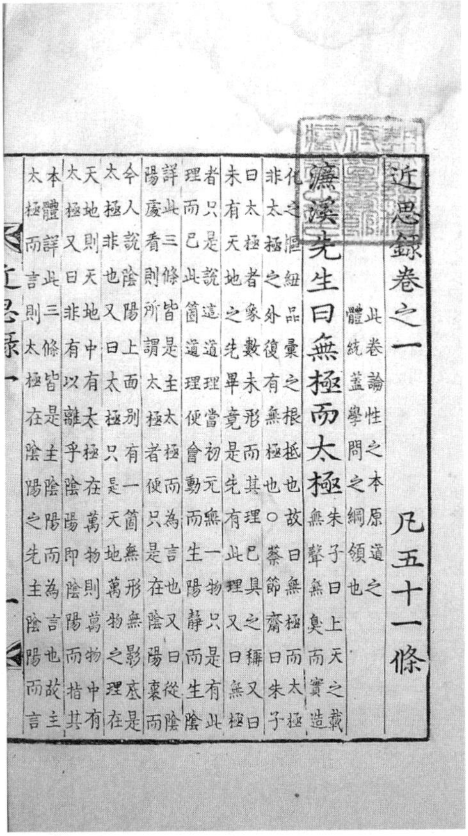
近思録卷之一　凡五十一條
此卷論性之本原道之體統蓋學問之綱領也
濂溪先生曰無極而太極朱子曰上天之載無聲無臭而實造化之樞紐品彙之根柢也故曰無極而太極非太極之外復有無極也○蔡節齋曰朱子曰太極者象數未形而其理已具之稱又曰未有天地之先畢竟是先有此理又曰無極者只是說這道理當初元無一物只是有此理而已此箇道理便會動而生陽靜而生陰詳此三條皆是主太極而為言也又曰從陰陽處看則所謂太極者便只是在陰陽裏而今人說陰陽上面別有一箇無形無影底是太極非也又曰太極只是天地萬物之理在天地則天地中有太極在萬物則萬物中有太極又曰非有以離乎陰陽即陰陽而指其本體詳此三條皆是主陰陽而為言也故主太極而言則太極在陰陽之先主陰陽而言

圖 7 - 13　《近思録集解》，丁酉字本

經與上述壬辰字本比較，發現它與此校圖書館所藏編號“1035—v”“1036—v”的壬辰活字本似爲同一版印製。但是《奎章閣圖書館藏中國本綜合目録》著録的框欄卻有誤，云“壬辰字……四周雙邊……10 行 17 字，注雙行。版心：上花紋魚尾”[①]。此處所言“雙邊”，有誤，因爲此壬辰字本是四周單欄。

5. 丁酉字本（六鑄甲寅字）

（1）丁酉字本

丁酉字，是李朝正祖元年（1777）命徐命膺[②]以甲寅字爲本鑄造。韓國國立中央圖書館藏有一部葉采《近思録集解》活字本（書影見圖 7 - 13），其中“而”“不”“上”等字酷似丁酉字。每半葉十行十七字，注文小字雙行同。四周單欄，有界行，框高 24. 90 釐米，寬 17. 90 釐米。

① （韓）首爾大學校圖書館編《奎章閣圖書中國本綜合目録》，第 193 頁。
② 徐命膺（1716—1787），字君受，號保晚齋，李朝大邱人。謚號文靖。著有《易學啓蒙集箋》《皇極一元圖》《啓蒙圖説》等。

白口，對(二葉花紋)魚尾。版心魚尾間題記書名卷次簡稱(如“近思録一”)、頁碼。每條單列，頂格刻印。

國立中央圖書館此藏本(古朝 16—4—2)，4 册(封面左側墨筆分别題記“近思録”“卷之一”“卷之二”“卷之三”“卷之四”)，五眼綫裝。鈐有朱文印“朝鮮總督府圖書之印”“朝鮮總督府圖書館藏書之印”“朝鮮總督府學務局保轉本”。對於此活字本，藏家著録云“古活字本(丁酉字)，正祖年間(1777—1800)”。因而我們遵從此意，擬作李朝正祖年間丁酉字本。

並且該館另藏有一部丁酉字本，每半葉十行十七字，注文小字雙行同。四周單欄，有界行，框高 24. 50 釐米，寬 16. 90 釐米。白口，對(花)魚尾。版心題記書名卷次簡稱(如“近思録一”)、頁碼。此本首册卷首有葉采《近思録集解序》、《集解目録》、朱熹序、吕祖謙跋、葉采《進近思録表》、《近思録》(此書取材的 14 部書名)。該館藏本(古朝 16—4—1)，4 册，五眼綫裝。鈐印“朝鮮總督府圖書之印”“朝鮮總督府學務局保轉本”。對於此活字本，藏家著録云“古活字本(丁酉字)，正祖年間”[①]。其版式特徵、内容、字體均與前一藏本同，應是丁酉活字本。

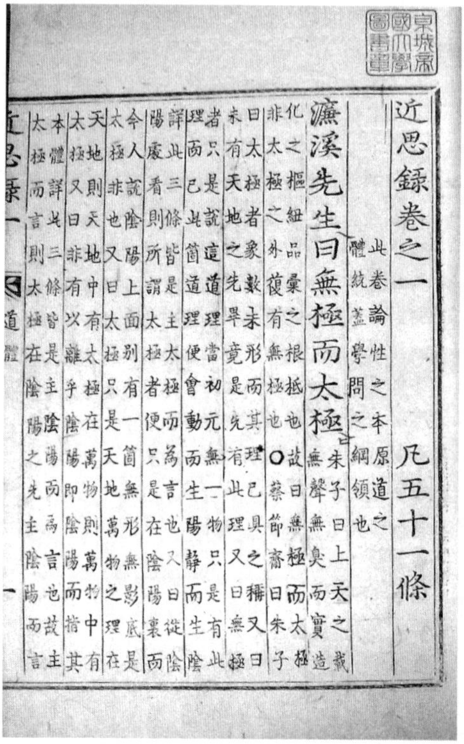
京城帝國大學圖書章
近思録卷之一　凡五十一條
此卷論性之本原道之體統蓋學問之綱領也
濂溪先生曰無極而太極朱子曰上天之載無聲無臭而實造化之樞紐品彙之根柢也故曰無極而太極非太極之外復有無極也○蔡節齋曰朱子曰太極者象數未形而其理已具之稱又曰未有天地之先畢竟是先有此理又曰無極者只是説這道理當初元無一物只是有此理而已此箇道理便會動而生陽靜而生陰詳此三條皆是主太極而爲言也又曰從陰陽處看則所謂太極者便只是在陰陽裏而今人説陰陽上面別有一箇無形無影底是太極非也又曰太極只是天地萬物之理在天地則天地中有太極在萬物則萬物中有太極又曰非有以離乎陰陽即陰陽而指其本體詳此三條皆是主陰陽而爲言也故主太極而言則太極在陰陽之先主陰陽而言
近思録一　道體　一

圖 7－14　《近思録集解》，丁酉字混入補字本

(2) 丁酉字混入補字本

筆者多年前在首爾大學校奎章閣目驗過其中一部藏本(奎中 1464，書影見圖 7－14)，框欄交接處裂痕明顯，字迹墨色濃淡不一，顯然是活字本。後來我們將葉采《集解》此活字本與上述國立中央圖書館所藏葉采

① (韓)國立中央圖書館編《古書目録》，韓國國立中央圖書館 1970 年 12 月出版發行，第 25 頁。

《集解》比較,發現版式除了"四周雙欄""單(2葉花紋)魚尾"外,二者基本吻合,兩種版本之間應該有密切的關係,可是有些字體卻不一樣,如"而""元""道""動"等字並不與上述丁酉字本完全相同,因而我們懷疑有别的活字參與其中。

禹貞訓《〈近思録〉集解本의板本研究》曾就此藏本做過考證,他考訂認爲這是校書館於十八世紀末刊行丁酉字混入補字本,爲雙欄,"10行17字,上2葉花紋魚尾"[①]。十八世紀末與李朝正祖在位時間相合,這種混入補字刊印的本子,在框欄上稍作變化,丁酉字本爲"雙欄",而"混入補字本"則是"單欄"。

葉采《近思録集解》"丁酉字本",韓國雖現存多部,然或殘損,或藏家著録不够精詳,例如:

(1) 高麗大學校圖書館藏有一部活字本,殘存葉采《集解》卷四至卷八。每半葉十行十七字,注文小字雙行同。四周雙欄,有界行。白口,單(花)魚尾。高麗大學藏本(C1—A79D),1册。鈐朱文印"趙魚鎮士□□"。藏家著録云"[正祖間(1777—1800)]活字本(丁酉字)"[②]。

(2) 韓國國會圖書館藏葉采《集解》十四卷,十行十七字,四周雙欄,有界行。白口,上下内向二葉花紋魚尾。卷前的《御製忠定公權橃袖珍近思録序》之後,鈐有"奎章之寶"印,《漢籍目録》説是活字本(丁酉字)[③]。藏本4册,鈐印"宣賜之記""春宫"。

(3) 延世大學校藏有一部葉采《集解》殘本,存卷一、卷二,1册。每半葉十行十七字,注文小字雙行同。四周雙欄,上下内向花紋魚尾。藏家云"甲寅字丁酉字鑄本"[④]。

二、葉采《近思録集解》古朝鮮木板本

葉采《近思録集解》除了朝鮮的活字本外,雕版印本實際上比活字本更早,自高麗朝末期至朝鮮李朝末期五百多年來一直刊刻不斷,並有傳本回流中國本土,同時又流佈日本。今按時代先後考述如下。

---

① (韓)禹貞訓《〈近思録〉集解本의板本研究》,第119頁。

② 《薪菴文庫漢籍目録》子部儒家,第58頁。

③ (韓)全寅初《韓國所藏中國漢籍總目》,第19頁。

④ (韓)延世大學校中央圖書館編輯《延世大學校中央圖書館古書目録》,第57頁。

（一）葉采《近思録集解》十四卷，高麗朝刻本

1. 高麗朝恭愍王十九年木板本

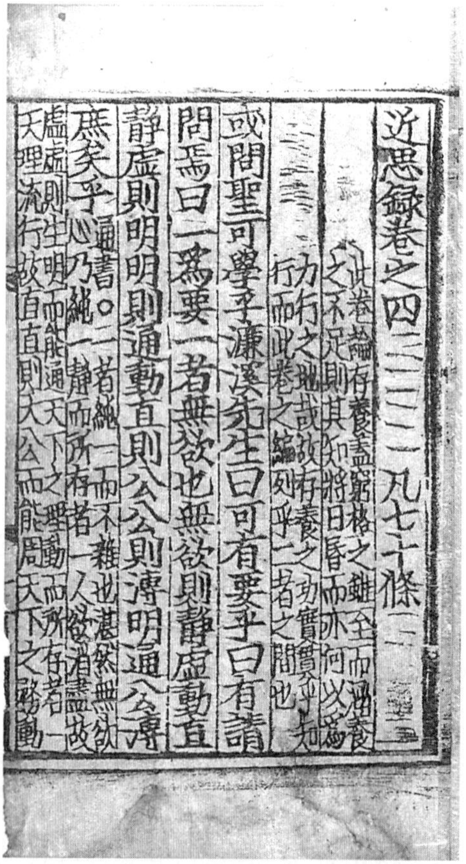

近思録卷之四　凡七十條

此卷論存養蓋窮格之雖至而涵養之不足則其所知將日昏而亦何以爲力行之地哉故存養之功實貫乎知行而此卷之編列乎二者之間也

或問聖可學乎濂溪先生曰可有要乎曰有請問焉曰一爲要一者無欲也無欲則靜虛動直靜虛則明明則通動直則公公則溥明通公溥庶矣乎通書○一者純一而不雜也湛然無欲心乃純一靜而所存者一人欲消盡故虛虛則生明而能通天下之理動而所存者一天理流行故直直則大公而能周天下之務動

圖 7－15　《近思録集解》，高麗朝恭愍王十九年木板本

現存《近思録》高麗朝恭愍王十九年（1370）木板本，首爾大學校奎章閣存有殘本（書影見圖 7－15）。從該本的正文與注文内容考察，則爲葉采《近思録集解》卷四至卷十四。該木板本每半葉八行十八字，注文小字雙行同。左右雙欄，有界行，框高 17.50 釐米，寬 11.00 釐米。細黑口，順（花）魚尾。版心上魚尾下方刻書名卷次簡稱（筆者按，一般是在各卷首葉版心刻菱形花紋，其餘葉則刻“思某某”，此與元代刻本風格相近），下魚尾下方刻頁碼。現存卷四卷端首行頂格題“近思録卷之四”，越四字格題“凡七十條”，次行低四字格題本卷解題，第四行頂格刻正文，每條單列，卷末有尾題“近思録卷之某某”。

刻本卷十四末的框欄内有一個四周雙欄的長方形牌記，刻有雙行刊記“星山李氏刊于晋陽”，晋陽即慶尚道的晋州。在牌記左側刻有兩方印章：鐘形陽文印“洪武三年”，鼎形陽文印“李魯叔”。接之刻有庚戌年魯叔跋文。在跋文之後刻有：“中正大夫晋州牧使兼管内勸農防禦使李仁敏，朝奉郎晋州牧判官□勸農防禦使賜紫金魚袋金子贇司録。/校正：成生鄭翼吾，鄉貢進士鄭思吾，色户長正朝門□飛□。/刻板：道人戒松，道人戒桓。”刻本中“桓”偶爾闕末筆，有源自中國宋元版《近思録集解》的痕迹，恐是據宋元刊本翻刻。

“庚戌”是魯叔作跋之年，即明洪武三年(1370)，高麗恭愍王十九年。這與刊記“洪武三年”相合。據李氏跋文，李魯叔於庚戌年春得到金廣遠所藏《近思録集解》本，於是與張躋合力刊梓，作跋記之。因此，此刻本是高麗恭愍王十九年李魯叔主持刊刻。奎章閣藏本著録云“恭愍王十九年(1370)跋晋陽”。該藏本(古貴 1344—20)，3 册(筆者按，原本恐是 4 册，第 1 册遺失)，五眼綫裝。

李魯叔《近思録》跋文云：

> 是書諸儒極論學問思辨之功，具衆理而垩學終始備矣。予嘗求之而未獲焉，逮庚戌春分得晋陽司藝朴先生尚裏祖行，而因出一部以囑刊行，是大常金公廣遠之所藏也。幸其斯得，嘉其所囑，與半刺金公張君躋書記，命工鋟梓，又資按部郭朝列儀以訖其功，其於聖門造道之徑，升堂之階不外乎是，志學之士庶幾勉旃以副壽傳之意。庚戌己丑朔星山魯叔謹識。

2. 高麗朝木板本的後印本

韓國國立中央圖書館藏有一古本，殘存卷一、卷三、卷四、卷八至卷十四。其版式特徵與奎章閣所藏高麗刻本同，每半葉八行十八字，注文小字雙行同。左右雙欄，有界行，框高 17.70 釐米，寬 10.90 釐米。白口，順(黑)魚尾。版心上魚尾下方刻書名卷次簡稱(一般在各卷首葉版心刻菱形花紋，其餘葉則刻“思某某”)，下魚尾下方刻頁碼。版心上端刻有本版字數。“恒”字偶闕末筆，有宋元刊本遺迹(書影見圖 7－16)。

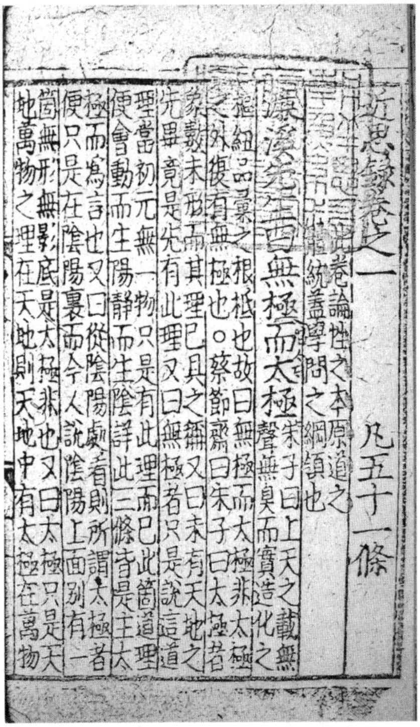

圖 7－16 《近思録集解》，高麗朝木板本的後印本

正文前刻有南宋葉采《近思録集解序》、《集解目録》、《近思録》(包括此書取材的 14 部書名、朱熹序文、吕祖謙跋文)、葉采《進近思録表》。卷一卷端首行頂格題署“近思録卷之一”，越四字格題本卷語録條目數(如“凡五十一條”)，次

行低四字格題本卷解題，第三行頂格刻正文。卷十四末有牌記“星山李氏刊于晋陽”，以及牌記左刻的兩方印章：鐘形陽文印“洪武三年”，鼎形陽文印“李魯叔”（牌記見圖7－17）。這些均與奎章閣藏本同。

圖 7－17 《近思録集解》，覆刻高麗朝木板本牌記

筆者將中央圖書館所藏此刻本與上述奎章閣所藏高麗刻本（殘本）的卷四進行比較後發現，二者内容、款式、字體相同，似同一版印，即高麗恭愍王十九年（1370）。而中央圖書館此藏本較奎章閣藏本多卷一、卷三等，更爲珍貴。

但是，對於此刻本，藏家著録爲“覆刻”“高麗恭愍王十九”。《韓國古書綜合目録》著録爲“高麗版後刷”本，即“《近思録集解》，（宋）葉采集解。晋陽，高麗恭愍王十九年（1370）木板本（高麗版後刷）”①。該館藏本（古朝16—84），4册（封面左上墨筆題記“近思録”，且分别題記“禮”“射”“書”“數”）。由於筆者僅見過此藏本的掃描本，未能見到原刻本，故而暫依藏家擬作覆刻高麗本或高麗版後印本。

據韓國禹貞訓《〈近思録〉集解本의板本研究》②，他依據冲齋遺物館所藏葉采《集解》高麗翻刻本進行考證，其刻本每半葉八行十八字，左右雙欄，卷末牌記均與上述藏本同，由此可佐證高麗恭愍王十九年木板本的存在，且存世多部。

關於葉采《集解》的高麗恭愍王十九年刻本，除上述内容外，筆者目驗過的殘本還有兩部。

---

① （韓）國會圖書館司書局參考書誌課編輯《韓國古書綜合目録》，第91頁。

② （韓）禹貞訓《〈近思録〉集解本의板本研究》，第119頁。

(1) 韓國學中央研究院藏有兩部木板本(索書號均爲 C2—23B)。

一部殘存葉采《集解》卷一至卷九(書影見圖 7 - 18),2 册。此刻本卷首有吕祖謙跋文(殘)、葉采《進近思録表》。從正文内容考察,此刻本當是葉采《近思録集解》。

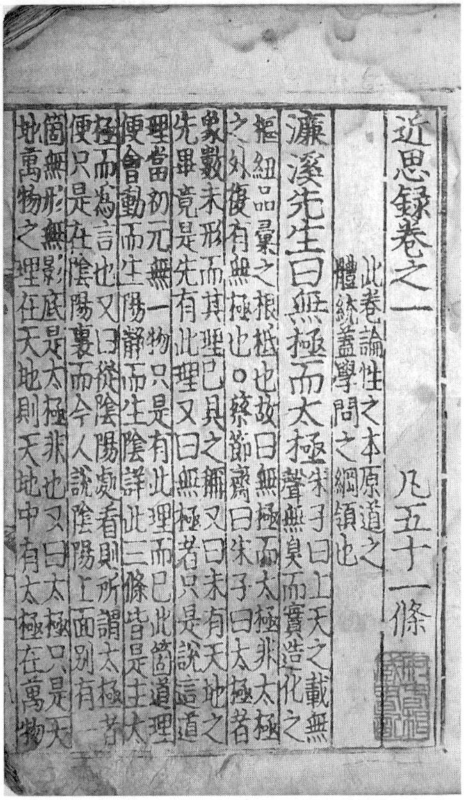
近思録卷之一　凡五十一條
此卷論性之本原道之
體統蓋學問之綱領也
濂溪先生曰無極而太極朱子曰上天之載無
聲無臭而實造化之
樞紐品彙之根柢也故曰無極而太極非太極
之外復有無極也○蔡節齋曰朱子曰太極者
象數未形而其理已具之稱又曰未有天地之
先畢竟是先有此理又曰無極者只是說這道
理當初元無一物只是有此理而已此箇道理
便會動而生陽靜而生陰詳此三條皆是主太
極而爲言也又曰從陰陽處看則所謂太極者
便只是在陰陽裏而今人說陰陽上面別有一
箇無形無影底是太極非也又曰太極只是天
地萬物之理在天地則天地中有太極在萬物

圖 7 - 18　《近思録集解》,高麗朝木板本

刻本每半葉八行十八字,注文小字雙行同。左右雙欄,有界行,框高 17.10 釐米,寬 11.60 釐米。順魚尾。版心上魚尾下方刻書名卷次簡稱(筆者按,一般在各卷首葉版心刻菱形花紋,其餘葉則刻“思某某”),下魚尾下方題記頁碼。藏本鈐有朱文印“安春相藏書記”“韓國精神文化研究院藏書印”等。

因爲該藏本爲殘本,故卷末的文字及牌記我們無從知曉,但將其版式特徵、字體、編次等與上述國立中央圖書館所藏高麗刻本比較,可知這是高麗恭愍王十九年刻本[①]。藏家著録爲“木板本[世宗年間]”,不準確。

另一部殘存《集解》卷八至卷十(書影見圖 7 - 19),1 册。每半葉八行十八字,注文小字雙行同。左右雙欄,有界行,框高 17.50 釐米,寬 11.90 釐米。白口,順(黑)魚尾。藏本鈐有多方藏書印,如朱文印“華山”“淮南”“安春相印”“韓國精神文化研究院藏書印”等。在藏本的封底有“寒泉精舍主人”題

① 葉采《近思録集解》,《韓國所藏中國漢籍總目》(第 17 頁)著録的韓國精神文化研究院所藏殘存 1 册本,爲“世宗年間”木版本。半葉九行十八字,四周單欄,上下黑魚尾。版心刻“思”。卷前有葉采序、表。鈐印“竹月堂”。筆者以爲此藏本或許就是我們此處所考高麗刊本,而非“世宗年間”木板本。

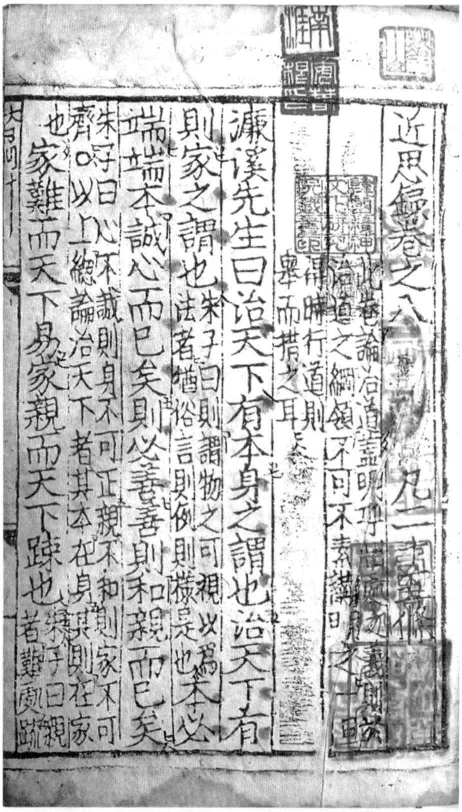
近思録卷之八

濂溪先生曰治天下有本身之謂也治天下有則家之謂也

本必端端本誠心而已矣則必善善則和親而已矣

家難而天下易家親而天下疎也

圖 7－19　《近思録集解》,高麗朝木板本

識,其内容與上述高麗藏本"題識"相近。即:"我邦의國寶로記録書籍史料集真上中下三匣中에寫真이나와있다。""本書는《近思録》十四卷中衹此八之十卷一册는。'星山李氏刊于晋陽','星山魯叔謹識','洪武三年','庚戌己丑朔(高麗恭愍王十九年이다)'。西紀一九六三年十月二日,寒泉精舍主人謹記,西紀一三七〇年(距今五九三年前)。"

由此看來,韓國學中央研究院此藏本與下述高麗大學藏本均爲"華山"舊藏,皆是"寒泉精舍主人"心愛之物,可惜如今分藏兩處。

(2) 高麗大學校藏有一種木板本,殘存 1 册(貴 39),即葉采《近思録集解》卷十一至卷十三。每半葉八行十八字,注文小字雙行同。左右雙欄,有界行,框高 17.70 釐米,寬 11.50 釐米。白口,順(黑)魚尾。鈐有朱文印"金然昌印""華山",白文印"金然昌印",墨色陽文印"華山文庫",可見爲華山文庫舊藏。但是《韓國所藏中國漢籍總目》著録爲"細黑口"[①],高麗大學校著録爲"上下細黑口"[②]。這些著録恐有誤,因爲我們目驗時未見有此特徵。

關於此木板本的刊梓背景,在藏本的封底内頁有 1963 年"寒泉精舍主人"的題記,可助我們加深對高麗刻本的認知。題識云:"史料集真에寫真이나와있다。依國寶의第四〇三號《近思録》과同本刊記'星山李氏刊于晋陽','洪武三年','庚戌己丑朔(高麗恭愍王十九年이다)星山魯叔謹識'。檀紀四二

---

① (韓)全寅初《韓國所藏中國漢籍總目》,第 12 頁。

② 《華山文庫漢籍目録》子部儒家,第 62 頁。

九三年十二月一日,寒泉精舍主人謹記,西紀一三七〇年(距今五九三年前)。”

(3) 葉采《近思録集解》高麗刻本,《韓國古書綜合目録》著録有“高麗版,2 册,藏淑大”[①],待詳考。

(二) 葉采《近思録集解》十四卷,朝鮮李朝木板本

1. 李朝世宗年間覆刻甲寅字本

該刻本每半葉九行十八字,注文小字雙行同。四周雙欄,有界行,框高 28.40 釐米,寬 18.40 釐米。上下粗黑口,對(三葉花紋)魚尾。版心魚尾間刻書名與卷次簡稱(如“近思録一”)、頁碼。版心上端刻有文字,如“李”“山” “甲”之類,或許是刻工的記録符號。卷一卷端首行頂格題“近思録卷之一”,越四字格題“凡五十一條”,次行低四字格題本卷解題,第三行頂格刻正文。《近思録》原文刻作大字,葉采注文刻作雙行小字。每卷每條單列,頂格刻印。雖然此本卷一卷端首行題書名“近思録”,未題署“葉采集解”,但從刻本内容可知,這是葉采《近思録集解》十四卷(書影見圖 7 - 20)。

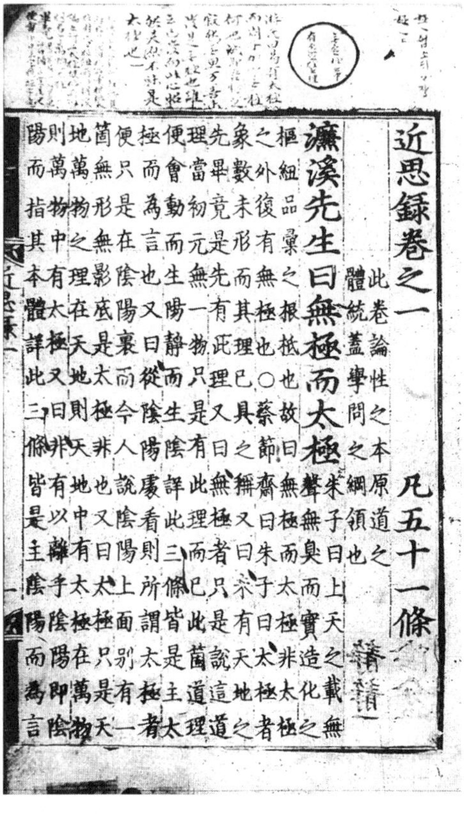
近思録卷之一 凡五十一條

濂溪先生曰無極而太極

圖 7 - 20 《近思録集解》,
李朝世宗年間覆刻甲寅字本

正文前刻有葉采《進近思録表》、《近思録集解序》、《集解目録》、《近思録》(包括此書取材的 14 部書名、朱熹序文、吕祖謙跋文)。卷十四末刻有明永樂二年(1404)朝鮮人

① (韓)國會圖書館司書局參考書誌課編輯《韓國古書綜合目録》,第 90 頁。

權近跋文、永樂二十年朝鮮人卞季良跋文、宣德九年(1434)朝鮮人金鑌跋文、正統元年(1436)朝鮮人金汶跋文。在金鑌跋文末左側單行刻有刊記“正統元年六月日印出”。首爾大學校奎章閣藏本(古貴 181.1—J868g—v.1),4 册(封面左上有墨筆題記“近思録”,且分别題記“元”“亨”“利”“貞”),五眼綫裝。天頭和行間有佚名墨筆漢文批注,或在卷中標示句讀。鈐朱文印“菽令”。

依據此刻本卷末跋文及刊記可知,這很可能是明正統元年(1436),即李朝世宗十八年刻本。但是前文已經考證過世宗十八年用甲寅字印製過葉采《集解》,是否同年還會進行雕版印刷?而且二者的版式特徵如此吻合,這似乎不太合符常情,故此筆者以爲是世宗年間覆刻甲寅字本。另外,與甲寅字本卷末金汶跋文一樣,朝鮮人權近、卞季良、金鑌三人跋文都是談鑄字印刷之事,卻不見“甲寅字”本卷首或卷末有載,而在此覆刻本卷末有載,不知何故。

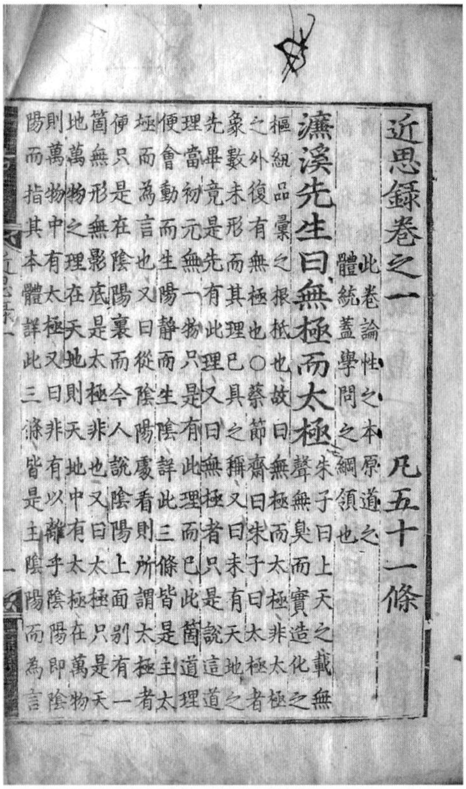
近思録卷之一　凡五十一條
此卷論性之本原道之體統蓋學問之綱領也
濂溪先生曰無極而太極
朱子曰上天之載無聲無臭而實造化之樞紐品彙之根柢也故曰無極而太極非太極之外復有無極也○蔡節齋曰朱子曰太極者象數未形而其理已具之稱又曰未有天地之先畢竟是先有此理又曰無極者只是說這道理當初元無一物只是有此理而已此箇道理便會動而生陽靜而生陰詳此三條皆是主太極而為言也又曰從陰陽處看則所謂太極者便只是在陰陽裏而今人說陰陽上面別有一箇無形無影底是太極非也又曰太極只是天地萬物之理在天地則天地中有太極在萬物則萬物中有太極又曰非有以離乎陰陽即陰陽而指其本體詳此三條皆是主陰陽而為言

圖 7－21　《近思録集解》,李朝世宗年間覆刻甲寅字本

此刻本卷十四末所附與前文考述《性理群書句解》本時所輯録的權近、卞季良、金鑌三人跋文内容相同,衹是權近跋文中的“恭惟我殿下濬哲之資”之“濬”,當作“睿”爲宜。在此三人後的金汶《近思録》跋文,則與前文所述葉采《近思録集解》李朝甲寅字本卷末的金汶跋文同,故不再附録。

從以上李朝太宗、世宗時期幾位大臣的跋文可見,其君王非常推崇程朱理學,有意廣佈理學經典,與大臣們采取的一個重要舉措就是新創活字,便利印刷,用國家的財力幾十年如一日鑄造活字,以期使《近思録》之類的書籍“廣布於下,俾人人皆得以講明”,讓本邦學子“讀《近思録》以識其門庭而不迷於所從”。

在此需要提醒讀者的是，關於李朝世宗年間木板本，在韓國的藏書機構中也有對其刊刻時間著録不當者，如在高麗大學校藏本中，有葉采《近思録集解》木板本一種（C1—A79B），該館將其斷爲李朝“光海五”刻本（書影見圖7-21），我們認爲不妥。在此特考述如下。

該刻本版式爲每半葉九行十八字，注文小字雙行同。四周雙欄，有界行，框高29.20釐米，寬19.80釐米。上下粗黑口，對（三葉花紋）魚尾。版心魚尾間刻書名卷次、頁碼，上黑口與上述李朝世宗十八年木板本一樣，刻有文字符號。正文前刻有南宋葉采《近思録集解序》、《集解目録》、《近思録》（包括14部書名、朱熹序、吕祖謙跋）、葉采《進近思録表》。

此刻本每條單列，頂格刻印，天頭地脚闊綽，字大疏朗，手寫楷體上版，筆鋒有力。鈐朱文印“高麗大學校藏書”，有佚名朱筆、墨筆圈點。關於其刊刻時間，《高麗大學校漢籍綜合目録》（上）著録爲“木板，[光海五（1613）]”，且説確定此刊本的依據是“表紙背接紙：萬曆四十一年（1613）九月初十日守府尹洪[手决]”①。但是，筆者仔細目驗後，覺得此目録對其刊刻時間斷定有問題。

一是因爲此藏本4册，每册均用厚實的朝鮮菱花紙作封皮，封皮前後有人用已經印過或書寫過字的廢舊紙粘糊於書皮之上，或在封皮上直接書寫漢字，這便是被藏書目録所云的封皮上粘糊“表紙背接紙”。此類裝幀在現存朝鮮時代的典籍中常見，如該刻本第1、2册封皮内粘貼紙上所寫的漢字均與刻本的文字呈倒置形態，明顯與刻本編次無關。由於封皮上前後粘貼的紙經過裁剪，前後行格相接處的文字不連貫，又很難讀通，而且每一册前後封皮上粘貼的紙張上所書寫的文字内容也不一樣，書法不一，顛三倒四。顯然它們並非是此版刻印時原本就有的，多是後來藏家裝幀隨意用紙所致，故不可作爲版本鑒定的主要依據。

二是因爲古籍版本的跋文一般是刻印或書寫於卷首或卷尾，朝鮮時代的刻本也多如此，從藏書目録所依據的“跋文”位置看，超乎常規，它既不在卷首，也不在卷尾，卻在第2册後封封皮内，文字有：“人與該掌色吏一名公同管

① 《高麗大學校中央圖書館漢籍目録（舊藏）》，第172頁。載於高麗大學校中央圖書館編《高麗大學校漢籍綜合目録》（上），高麗大學校1984年9月出版發行。

押，二十七日渡江交……果商人中尚有一二名分守道批下，前因事出……已爲交給緣由爲先，馳啓爲白卧乎事以……爾合行牒呈伏請照驗施行，須至牒呈者……右牒呈觀察使……萬曆四十一年九月初十日守府尹洪……馳報。”

三是從“表紙背接紙”的文字内容看，此文似在呈報商務、魚業、航運貿易之類的事，與《近思録》毫不相干，也與此刊本刊印時間無任何關聯。若以此作爲此刻本的跋文，未免有些牽强。而且其他幾册也有類似的文字，内容不一，書目著録者卻没有全部選來作爲版本鑒定依據，爲何在此單單選取一處作爲鑒定依據，或是因爲此處有記録時間的文字。

那麽，此刻本是何時刊梓呢？查驗藏本第 4 册，即《近思録》卷十四末刻有永樂年間權近跋文、永樂二十年卞季良跋文、宣德九年金鑌跋文、正統元年金汶跋文。從其版式、字體、紙張等仔細觀察，與前面十四卷一致，並無異樣。因而，據此來推斷此刻本的刊刻時間應該没有大問題。而且在金鑌跋文後單列一行，刻有刊記“正統元年六月日印出”，故據此可知朝鮮時代李朝世宗十八年(1436)很可能刊印過葉采《集解》，前文已考，即覆刻甲寅字本，或可稱爲李朝世宗年間覆刻本。所以高麗大學藏書目録此處的著録不正確。

再者，在禹貞訓《〈近思録〉集解本의板本研究》[①]一文中，就是依據高麗大學校所藏(C1—A79B)葉采《集解》木板本進行考證，其版式特徵、卷末的跋文、刊記均與筆者上文所述相同，禹先生將其斷爲“初鑄甲寅字 大字木板本”。其判斷與我們的推斷很相近。

2. “丙辰字覆刻本”，或李朝世宗年覆刻甲寅字本

對於前文考述的葉采《集解》覆刻甲寅字本，有的藏家著録“世宗十八年”“木板本”，其實在韓國現存書目中，對此類版本的著録用語複雜，令人困惑。除了上述禹貞訓考訂謂“初鑄甲寅字”“木板本”外，在韓國現藏與此刻本非常接近的木板本，有藏家著録爲“丙辰字覆刻本”，如奎章閣有一部藏本便如此。

該刻本每半葉九行十八字，注文小字雙行同。四周雙欄，有界行，框高 29.00 釐米，寬 18.50 釐米。上下粗黑口，對(三葉花紋)魚尾。版心魚尾間題記書名卷次簡稱(如“近思録一”)、頁碼。卷一卷端首行頂格題“近思録卷之

---

① (韓)禹貞訓《〈近思録〉集解本의板本研究》，第 119 頁。

一”，越四字格題“凡五十一條”，第二行低四字格雙行小字題本卷提要，第三行頂格刻正文。每卷每條單列，頂格印(書影見圖 7-22)。

正文前有葉采《近思録集解序》(殘存半葉)、《集解目録》與《近思録》(包括此書取材的 14 部書名、朱熹序、吕祖謙跋)。卷十四末有葉采《進近思録表》、權近跋文、永樂二十年卞季良跋文、宣德九年金鑌跋文、正統元年金汶跋文。

首爾大學校奎章閣藏本(古貴 1344—21— v. 1—3)，3 册，五眼綫裝。第 1 册封面内封、第 3 册末内封有墨筆書“蔡氏宅卷”。鈐朱文印“京城帝國大學圖書章”。有佚名用墨筆諺文標示句讀(懸吐)，天頭行間有墨筆漢文批注，諸如有“蔡氏宅卷”字樣，故這可能是蔡氏所爲。

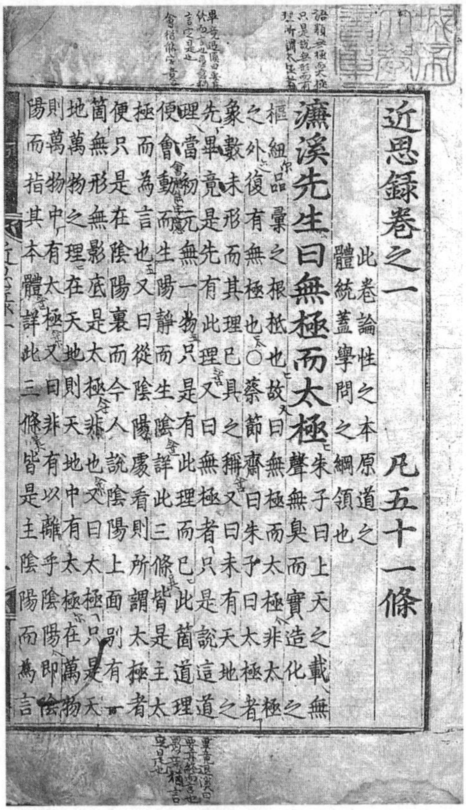
近思録卷之一　凡五十一條
此卷論性之本原道之體統蓋學問之綱領也
濂溪先生曰無極而太極朱子曰上天之載無聲無臭而實造化之
樞紐品彙之根柢也故曰無極而太極非太極
之外復有無極也○蔡節齋曰朱子曰太極者
象數未形而其理已具之稱又曰未有天地之
先畢竟是先有此理又曰無極者只是説這道
理當初元無一物只是有此理而已此箇道理
便會動而生陽靜而生陰詳此三條皆是主太
極而為言也又曰從陰陽處看則所謂太極者
便只是在陰陽裏而今人説陰陽上面別有一
箇無形無影底是太極非也又曰太極只是天
地萬物之理在天地則天地中有太極在萬物
則萬物中有太極又曰非有以離乎陰陽即陰
陽而指其本體詳此三條皆是主陰陽而為言

圖 7-22　《近思録集解》，“丙辰字覆刻本”

雖然此藏本的金鑌跋文後也有刊記“正統元年六月日印出”，依此或可暫定爲正統元年(1436)，即李朝世宗十八年刻本。而且其刊記、版式、體例、内容，甚至卷末的跋文與刊記等，均與前文所述世宗十八年刻本同。但是，藏家著録云“丙辰字覆刻本”，或許是因爲世宗十八年即丙辰年，“覆刻”或是覆刻世宗年間鑄造印行的甲寅字本，而且前文論述過在世宗十八年(即丙辰年)用甲寅字印行過葉采《集解》，因而筆者有意將二者書影稍作比對，發現它們字形相近，筆道相同，故基本可以確定這是“覆刻甲寅字本”，也許這就是藏家著録的意思。

與此刻本相近的木板本，韓國國立中央圖書館有藏(貴古朝 16—86)，14 卷 2 册，藏家著録云“木板本(丙辰字翻刻)”，“世宗十八(1436)”。可是，翻閱此書令人困惑，因爲此本卷十四末刻有牌記“文川郡新刊”，然而後文所考十六世紀的文川郡刊本，是十行二十字本，而不是九行十八字本，顯然與此藏本不一，藏家著録令人困惑。

葉采《近思録集解》十四卷，朝鮮李朝覆刻甲寅字木板本，多家藏書機構有藏。如：

(1) 韓國國立中央圖書館藏本(貴 1571—5)，其版式與上述奎章閣藏覆刻甲寅字本同。藏本 4 册，五眼綫裝。卷首、卷末的相關序跋文字與上述奎章閣藏本同，刊記一樣，因而屬於同一刻本。

(2) 延世大學校藏有三部九行十八字本，版式特徵與上述奎章閣藏覆刻甲寅字本吻合，其中一部殘存葉采《集解》卷十至卷十四，卷末刻有權近跋、卞季良跋、金鑌跋，刊記“正統元年六月日印出”。天頭有墨筆漢文、諺文批注，行間有諺文句讀(懸吐)。藏家著録爲“木板本”“世宗 18(1436)”。

(3) 日本慶應義塾大學藏有與上述高麗大學校藏世宗十八年木板本的版式、内容相同本子。該本每半葉九行十八字，注文小字雙行同。四周雙欄，有界行，上下粗黑口，對(三葉花紋)魚尾。版心印書名卷次簡稱(如“近思録一”)、頁碼。每條單列，頂格刻印。天頭、行間有墨筆漢文批注。

卷前有葉采《近思録集解序》、《集解目録》、《近思録》(包括此書取材的 14 部書名、朱熹序、吕祖謙跋)、葉采《進近思録表》。卷十四末印有權近跋文、卞季良跋文、金鑌跋文、刊記“正統元年六月日印出”、金汶跋文。

慶應義塾大學圖書館藏書目録著録説:《近思録》十卷，(宋)葉采集解。“覆刻朝鮮正統元年(1436)跋甲寅字印本，伊佐早謙舊藏”[①]。此藏本，4 册，四眼綫裝。鈐朱文印“伊佐早謙古書之寶”“林丁文庫”“慶應義塾圖書館藏”。此藏本卷一第八、九葉，卷二第四十一、四十二葉皆爲抄配葉。儘管藏家説是“覆刻朝鮮正統元年跋甲寅字印本”，但是該本與前文所述李朝甲寅字本有差異，卻與上述世宗年間木板本的字體、版式相同，因此其“覆刻”二字基本屬實。

第 1 册封皮上貼有一紙條，墨筆題識:“《近思録》四册，爲朝鮮永樂銅活

① (日)慶應義塾圖書館編集《慶應義塾圖書館和漢貴重書目録》，慶應義塾圖書館 2009 年 3 月發行，第 132 頁。

字本，今也傳存極鮮，宜珍襲。昭和己巳二月，半死翁謙。”第 1 册末葉夾有一張紙條，上書：“《近思録》，西曆一四三六刊。從來……銅活字本……珍重……”從此版本的款式、字體看，伊佐早謙“昭和己巳”年（1929）題識説是銅活字本，不當。

3. 李朝中宗十四年鳳城精舍刊本

鳳城精舍是李朝全羅道求禮一研學之地，曾刊刻過葉采《集解》十四卷。此刻本的字體端正，筆鋒剛勁，雖與甲寅字本字形、行款、内容、體例很相近，但卻有明顯的雕版印本特徵。刻本每半葉九行十八字，注文小字雙行同。四周雙欄，有界行，框高 26.00 釐米，寬 18.00 釐米。白口，順（黑）魚尾。版心上魚尾下刻印書名與卷次簡稱（如“近思録一”），下魚尾下方題記頁碼。卷一卷端首行頂格題“近思録卷之一”，越四字格題“凡五十一條”，第二行低四字格雙行小字題本卷提要，第三行刻正文，每條單列，頂格刻印。卷末有尾題“近思録卷之某某”。

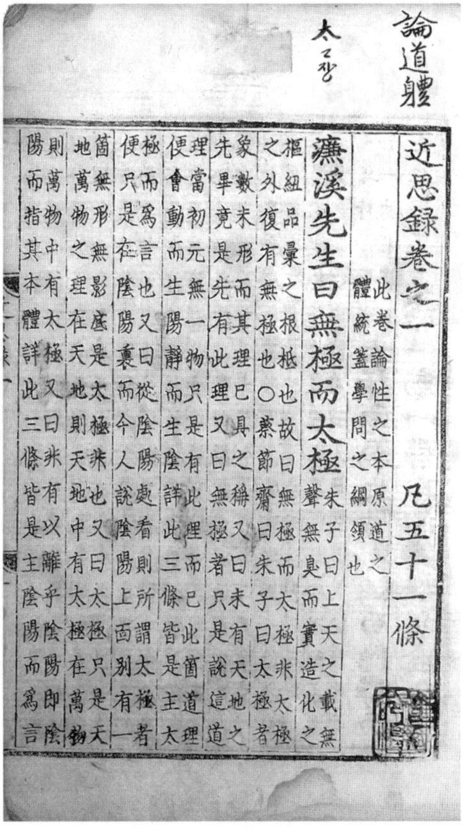
論道體

近思録卷之一　凡五十一條

此卷論性之本原道之體統蓋學問之綱領也

濂溪先生曰無極而太極朱子曰上天之載無聲無臭而實造化之樞紐品彙之根柢也故曰無極而太極非太極之外復有無極也○蔡節齋曰朱子曰太極者象數未形而其理已具之稱又曰未有天地之先畢竟是先有此理又曰無極者只是說這道理當初元無一物只是有此理而已此箇道理便會動而生陽靜而生陰詳此三條皆是主太極而爲言也又曰從陰陽處看則所謂太極者便只是在陰陽裏而今人說陰陽上面別有一箇無形無影底是太極非也又曰太極只是天地萬物之理在天地則天地中有太極在萬物則萬物中有太極又曰非有以離乎陰陽即陰陽而指其本體詳此三條皆是主陰陽而爲言

圖 7－23 《近思録集解》，李朝中宗十四年鳳城精舍刊本

正文前刻有葉采《近思録集解序》、《集解目録》、《近思録》（此書取材的 14 部書名）、朱熹序、吕祖謙跋、葉采《進近思録表》。成均館大學校藏本（書影見圖 7－23），3 册（黄色硬封皮上分别題《近思録》“忠”“質”“文”），卷帙完好。五眼綫張。鈐朱文印“禮榮文卿”“竹圃”“成均館大學校尊經閣藏書印”。藏本天頭有墨筆漢文、諺文批注，行間偶有墨筆圈點。

在該刻本的卷十四末左下有一塊四周雙欄的長方形牌記，刻雙行文字：

圖 7－24 《近思録集解》牌記，李朝中宗十四年鳳城精舍刊本

“正德己卯夏，鳳城精舍刊”（書影見圖 7－24）。李朝很長一段時間都沿用明代年號，“正德己卯”，是明正德十四年，即李朝中宗十四年（1519），故此刻本當是此時由鳳城精舍刊印，其源頭很可能是李朝甲寅字銅活字本。

初鑄甲寅字是指世宗十六年（1434）鑄造的銅活字，以衛夫人字體爲準，鑄造活字 20 餘萬。筆者將鳳城精舍刊本與前文已考證的現存甲寅字本比較後，發現二者字體（如“之”“太”“曰”等字）很接近，筆道吻合，行格字與字之間的編排也相同，故“鳳城精舍”有明顯覆刻或翻刻世宗年間甲寅字本的特色，成均館大學校所藏此刻本即如此，是中宗十四年鳳城精舍覆刻甲寅字本。另據禹貞訓《〈近思録〉集解本의板本考》一文，其所考證的鳳城精舍刊本是延世大學校所藏，説“鳳城精舍”刻本是“初鑄甲寅字覆刻本”[①]，當屬實。

李朝中宗十四年鳳城精舍刊本，現存多部，如：

（1）韓國高麗大學校藏本（書影見圖 7－25），每半葉九行十八字，注文小字雙行同。四周雙欄，有界行，框高 26.00 釐米，寬 17.50 釐米。白口，順（黑）魚尾。版心刻印書名與卷次簡稱（如“近思録一”）、頁碼。此刻本每條單列，頂格刻印。

正文前刻有葉采《近思録集解序》、《集解目録》、《近思録》（包括此書取材的 14 種書名、朱熹序、吕祖謙跋）、葉采《進近思録表》。第 1 册末的扉葉上墨筆書：“學如元凱方成癖，文似相如殆類俳，獨立孔門無一事，衹勝顔氏得心齋。”卷十四末左下有一塊四周雙欄的長方形牌記，刻雙行文字：“正德己卯夏，鳳城精舍刊.”故此刻本是李朝中宗十四年（1519）鳳城精舍刊印。高麗大學校圖書館藏本（貴 39D—1—4），4 册（封皮左上墨筆題“近思録”，並分别題記“仁”“義”

① （韓）禹貞訓《〈近思録〉集解本의板本考》，第 120 頁。

"禮""智"),五眼綫裝。有佚名用諺文標示句讀(懸吐)。

此刻本,如《韓國古書綜合目録》也有著録,云:"《近思録》,(宋)朱熹、吕祖謙共著。正德己卯(1519)木板本 14 卷,1 册。刊記'正德己卯夏鳳城精舍刊',藏 英京博。"[①]

(2) 延世大學校藏有一部鳳城精舍刊本(181.5),十四卷 4 册。每半葉九行十八字,注文小字雙行同。四周雙欄,有界行。順(黑)魚尾。卷末的刊記爲"正德己卯鳳城精舍刊"。藏家著録爲"鳳城精舍,中宗十四(1519)"。禹貞訓《〈近思録〉集解本의板本考》做過考證,署名版本的種類是"初鑄甲寅字覆刻本",即"鳳城精舍"據甲寅字本翻刻而成。

我們將此刻本與世宗十八年甲寅字本比較後發現,二者編輯體例、版式均相同,字體非常接近,故二者有淵源關係。

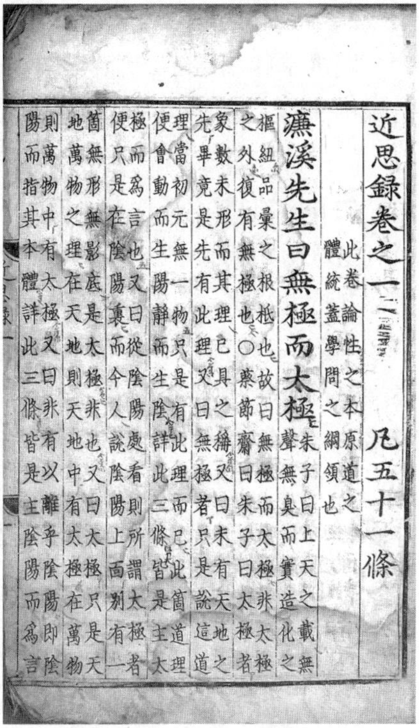
近思録卷之一 凡五十一條
此卷論性之本原道之體統蓋學問之綱領也
濂溪先生曰無極而太極朱子曰上天之載無聲無臭而實造化之
樞紐品彙之根柢也故曰無極而太極非太極之外復有無極也○蔡節齋曰朱子曰太極者
象數未形而其理已具之稱又曰未有天地之先畢竟是先有此理又曰無極者只是說這道
理當初元無一物只是有此理而已此箇道理便會動而生陽靜而生陰詳此三條皆是主太
極而爲言也又曰從陰陽處看則所謂太極者便只是在陰陽裏而今人說陰陽上面別有一
箇無形無影底是太極非也又曰太極只是天地萬物之理在天地則天地中有太極在萬物
則萬物中有太極又曰非有以離乎陰陽即陰陽而指其本體詳此三條皆是主陰陽而爲言

圖 7-25 《近思録集解》,李朝中宗十四年鳳城精舍刊本

(3) 高麗大學校藏有葉采《近思録集解》(殘存卷四至卷九),其版式爲半葉九行十八字,注文小字雙行同。四周雙欄,順魚尾。藏家著録谓"甲寅字覆刻[中宗十四(1519)]"[②]。從版式特徵推測,這個中宗十四年覆刻甲寅字本,很可能就是鳳城精舍所刊。高麗大學校藏本(貴 39C),零本 1 册。

(4) 高麗大學校還藏有一種版本,葉采《近思録集解》,殘存卷一至卷二。每半葉九行十八字,注文小字雙行同。四周雙欄,上黑魚尾。有葉采序、朱熹序、吕祖謙跋。藏家著録云"甲寅字覆刻[中宗十四(1519)後刷]"[③]。高麗大

---

① (韓)國會圖書館司書局參考書誌課編輯《韓國古書綜合目録》,第 91 頁。
② 《晚松文庫漢籍目録》子部,第 190 頁。
③ 《晚松文庫漢籍目録》子部,第 191 頁。

學校藏本(C1—A79J),1 册。

關於李朝明宗年、宣祖年覆刻中宗十四年的版本,在韓國現藏部分藏書目録中多有記載,然失查、表述不明之處較多,在此不再一一羅列。

4. 李朝明宗二十一年清凉書院刊本

中和清凉書院,是李朝平安道一書院,曾刊刻葉采《集解》十四卷,奎章閣現藏有卷八至卷十四(書影見圖 7-26),版闊,字大疏朗。就該刻本卷八而言,每半葉九行十八字,注文小字雙行同。四周雙欄,有界行,框高 24.90 釐米,寬 18.00 釐米。白口,順(黑)魚尾。版心刻書名卷次簡稱(如"近思録八")、頁碼。卷端首行頂格題"近思録卷之某某",越四字格題本卷語録條目數,第二行低四字格雙行小字題本卷解題,解題之後的下一行刻正文,每卷每條單列,頂格刻印。卷十四末左側有一塊四周雙欄的長方形牌記,刻有雙行行書:"嘉靖丙寅郡守安瑠刊藏中和清凉書院"(書影見圖 7-27)。《清芬室書目》[①]有著録。

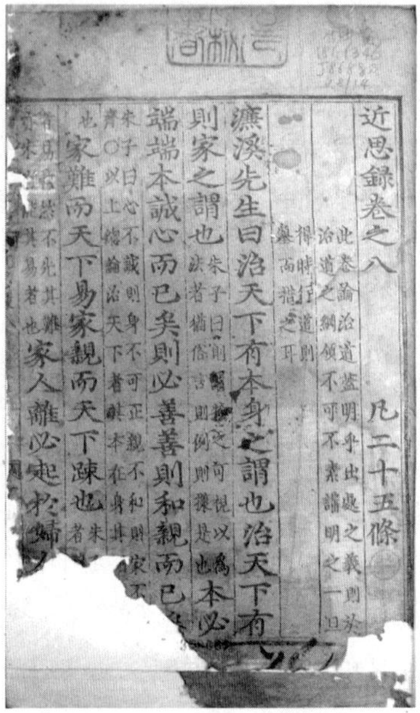

圖 7-26 《近思録集解》,李朝明宗二十一年清凉書院刊本

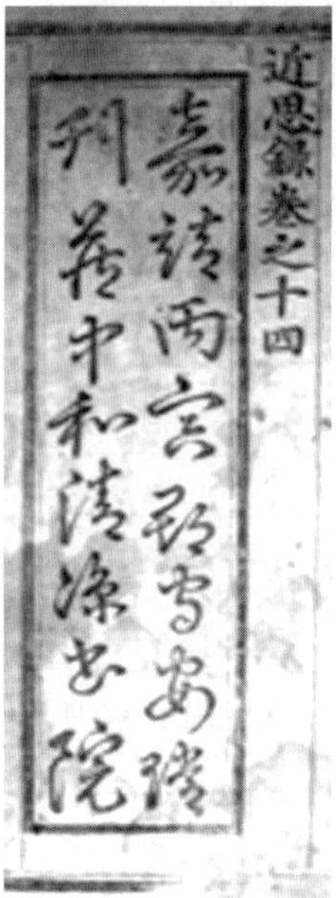

圖 7-27 《近思録集解》牌記,李朝明宗二十一年清凉書院刊本

① 張伯偉編《朝鮮時代書目叢刊》,中華書局,2004 年 10 月 1 版,第 4566—4567 頁。

依據該本牌記“嘉靖丙寅”，可知是明代嘉靖四十五年，即李朝明宗二十一年(1566)，故此刻本是清凉書院於此時刊印。首爾大學校奎章閣藏本(想白古貴 181.1346—J868gs—v. 8/14)，1 册，五眼綫裝。鈐朱文印“李東喆章”“愚齋”。另據禹貞訓《〈近思録〉集解本의板本考》一文，此“清凉書院”刻本也屬於“初鑄甲寅字覆刻本”[①]。筆者將清凉書院刻本與甲寅字本的部分書影稍比較，發現清凉書院刻本的字體與甲寅字相近，或有淵源關係。

5. 李朝明宗年間文川郡刊木板本

文川郡屬於朝鮮李朝咸鏡道，在李朝明宗二十一年刊刻過《心經附注》十行二十字本，同期也曾經刊刻葉采《集解》十四卷(書影見圖 7－28)。其刻本每半葉十行二十字，注文小字雙行同。四周單欄，有界行，框高 21.10 釐米，寬 14.70 釐米。上下大黑口，對(一葉花紋)魚尾。版心魚尾間刻書名卷次簡稱(如“近思録一”)、頁碼。卷一卷端首行頂格題“近思録卷之一”，越四字格題“凡五十一條”，次行低四字格刻本卷提要，第三行刻正文，每條單列，頂格刻印。卷末有尾題“近思録卷之某某”。

近思録卷之一 凡五十一條
濂溪先生曰無極而太極

圖 7－28 《近思録集解》，李朝明宗年間文川郡刊本

首爾大學校奎章閣藏本(奎中 2282—v. 1—3)，3 册，五眼綫裝。第 1 册卷首刻有葉采《近思録集解序》、《集解目録》、《近思録》(包括此書取材的 14 部書名、朱熹序、吕祖謙跋)。第 3 册《集解》卷十四末，刻有葉采《進近思録表》。在此《表》的末葉左半葉刻有四周雙欄單行牌記“文川郡新刊”(書影見圖 7－29)。然未注明何時何人刊於文川

① (韓)禹貞訓《〈近思録〉集解本의板本考》，第 120 頁。

郡。藏本鈐有朱文印“弘齋”“震章”“京城帝國大學圖書章”“帝國圖書之章”“朝鮮總督府圖書之印”“首爾大學圖書”等。

關於此本的刊刻時間，據禹貞訓《〈近思録〉集解本의板本考》可知，他是據韓國國立中央圖書館藏本（古朝16—86）進行考證，認爲文川郡木板本刊行於“16C中”[①]，即李朝明宗年間（1546—1567）。其説可從。

葉采《集解》李朝文川郡刻本，韓國其他藏書機構也有藏，如：

（1）高麗大學校藏本，殘存卷八至卷十四。每半葉十行二十字，注文小字雙行同。四周單欄，框高20.90釐米，寬14.20釐米。上下黑口，對（一葉花紋）魚尾。有葉采序、朱熹序、吕祖謙跋。該校藏本（貴39B），零本2册。著録云“木板［中宗～明宗年間］”[②]。

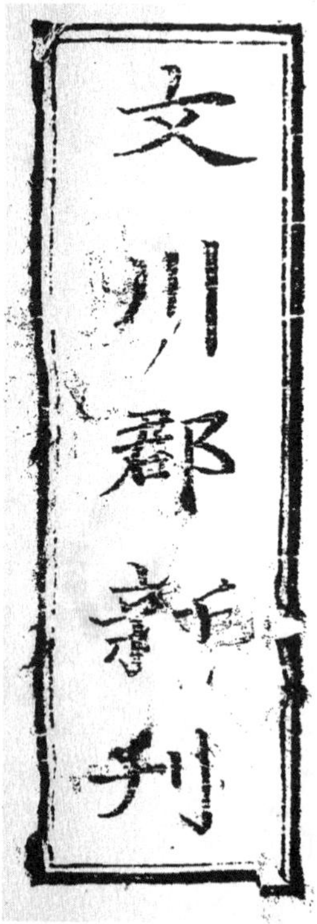

圖7-29 《近思録集解》牌記，李朝明宗年間文川郡刊本

（2）延世大學校藏有葉采《集解》兩部殘本，一部殘存卷五至卷十四。每半葉十行二十字，注文小字雙行同。四周單欄，有界行。上下大黑口，對（一葉花紋）魚尾。卷十四末有刊記“文川郡新刊”。在末葉的框欄左邊有墨筆題識：“《清芬室書目》一六〇面，明正德己卯夏鳳城精舍刊。”藏家著録云“木板本（甲寅字覆刻）”，“文川郡新刊”[③]。筆者將其與甲寅字本稍作比較，發現二者差異較大，恐不是“覆刻”甲寅字本。

延世大學校所藏第二部文川郡刊本，殘存卷一、卷二，其版式特徵與前一部相同，藏家著録云“木板本”。

（3）韓國雅丹文庫藏有李朝文川郡刊本，著録云“朝鮮前期刊”。《韓國

① （韓）禹貞訓《〈近思録〉集解本의板本考》，第121頁。
② 《晚松文庫漢籍目録》子部，第190頁。
③ （韓）全寅初《韓國所藏中國漢籍總目》，第24頁。

所藏中國漢籍總目》著録:“《近思録》,朱熹(宋)編,葉采(宋)集解。木版本/文川郡,朝鮮前期刊/14 卷 3 册。半廓 20.5×14.2 cm,半葉 10 行 20 字,大黑口,内向黑魚尾。刊記:文川郡新刊。”“雅丹文庫”藏①。

(4) 中國臺北“國家圖書館”藏有一部李朝後期的文川郡刊本(05474),此藏本的第 1、第 2 册封面封底摹刻有朱子手書“鳶飛魚躍”“學求聖賢”大字。

6. 李朝宣祖十一年禮山縣刊本及其後印本

禮山縣屬於李朝慶尚道,曾刊刻葉采《近思録集解》十四卷。

(1) 葉采《集解》禮山縣刻本

高麗大學校藏有殘本,存卷三至卷五、卷十至卷十四(書影見圖 7 - 30)。每半葉九行十八字,注文小字雙行同。四周單欄,有界行,框高 25.30 釐米,寬 17.50 釐米。白口,對(三葉花紋)魚尾。版心魚尾間刻印書名卷次簡稱(如“近思録某某”)、頁碼。此刻本每卷每條單列,頂格刻印。

該藏本卷十四末刻有葉采《進近思録表》,萬曆戊寅年朝鮮人尹箕跋文。尹箕(1535—1606),字伯説,號艮輔,李朝南原人。據尹箕跋文大體可知刊印此書緣由:一是因爲《近思録》具有進升理學的“階梯”價值,是初學入門之“關鑰”;二是因爲當時朝鮮國王崇尚朱子學,廣泛刊行漢籍;三是當時李朝窮鄉晚學不易見到此類理學經典,因而李朝大臣有意在地方刊行傳播,故令尹箕等刊行。

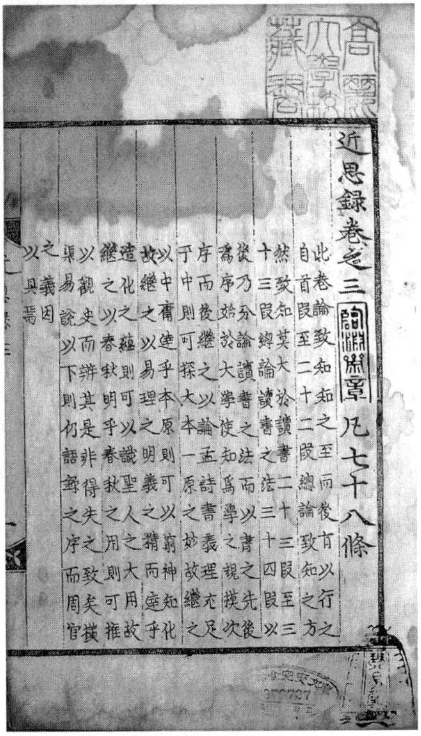

圖 7 - 30 《近思録集解》,
李朝宣祖十一年禮山縣刻本

① (韓)全寅初《韓國所藏中國漢籍總目》,第 21 頁。

圖 7－31 《近思録集解》刊記，李朝宣祖十一年禮山縣刻本

在尹箕跋文末左側，刻有五個大字，即刊記“禮山縣開刊”（書影見圖 7－31）。尹箕跋文題署時間爲“萬曆戊寅”，即明萬曆六年，李朝宣祖十一年（1578），因而此刻本是此時尹箕刊於禮山縣。高麗大學校圖書館藏本（C1—A79H），2 册，五眼綫裝。刻本有佚名朱筆圈點。鈐墨色陽文印“臨淵齋章”“琴易堂”，朱文印“高麗大學校藏書”。

此刻本，《韓國古書綜合目録》有著録，云：“10 行 18 字。版心：白口，上下魚尾，注雙行。跋：戊寅五月日……尹箕謹識。刊記‘禮山縣開刊’，藏姜周鎮。”①

葉采《集解》十四卷禮山縣刻本，延世大學校藏有兩部，一部卷帙完整，每半葉九行十八字，注文小字雙行同。四周單欄，有界行，框高 25.50 釐米，寬 16.70 釐米。白口，對（三葉花紋）魚尾。卷一卷端首行頂格題“近思録卷之一”，越四字格題“凡五十一條”，次行低四字格刻本卷提要，第三行正文，每條單列，頂格刻印。卷前刻有葉采《近思録集解序》《進近思録表》，卷末刻有萬曆戊寅年尹箕謹識，刊記“禮山縣開刊”。依據卷末尹箕跋文題署時間，應是宣祖十一年禮山縣刊本。此藏本（編號 5380），4 册，禹貞訓《〈近思録〉集解本의板本考》一文做過考證，認爲此“禮山縣”刻本屬於“初鑄甲寅字覆刻本”②。

尹箕《近思録》跋文云：

> 《近思録》爲四子之階梯，初學之關鑰。而中外無板，窮鄉晚學欲講罕見，莫不病焉。具使相鳳岭以斯文領袖來按蓀道，體聖上崇學之意，遂廣鋟經史於一道，又命予刻是書於是邑，凡五閱月而刊畢。噫！既刊不

① （韓）國會圖書館司書局參考書誌課編輯《韓國古書綜合目録》，第 91 頁。

② （韓）禹貞訓《〈近思録〉集解本의板本考》，第 120 頁。

印，既印不讀，是無益於有板，而非具相之志也，庶有志者勖之。萬曆戊寅五月□日，縣監尹箕謹識。

(2) 禮山縣刻本的後印本

延世大學校所藏的另一部禮山縣刊本(書影見圖 7-32)，卷帙完整。該木板本每半葉九行十八字，注文小字雙行同。四周單欄，有界行，框高 25.30 釐米，寬 16.50 釐米。白口，對(三葉花紋)魚尾(此藏本有二葉花紋魚尾混入)。版心刻印書名卷次簡稱(如"近思録某某")、頁碼。卷前刻有葉采《近思録集解序》、朱熹序、吕祖謙跋。卷十四末刻有萬曆戊寅年尹箕識、刊記"禮山縣開刊"。依據卷末尹箕跋文題署時間，應是萬曆戊寅年禮山縣刊本，而藏家著録云"禮山縣""後刷"。

相較於前文所述禮山縣刻本，此本版式稍有異，如其中有"二葉花紋"對魚尾的存在，以及字迹較模糊，這説明很可能是後來再印時修補所致，故可視作禮山縣刊本的後印本。延世大學校藏本，4 册。鈐有韓文朱文印"延世大學校藏"。藏本第 4 册封底有芙蓉山人題識，云："辛巳夏佐幕到是邑，尹侯伯説持以爲贈。芙蓉山人識。"禮山縣刊本刻於李朝宣祖十一年，此處的"辛巳"或爲宣祖十四年(1581)，此時距尹箕刊年不久，故方有尹侯贈書之事。

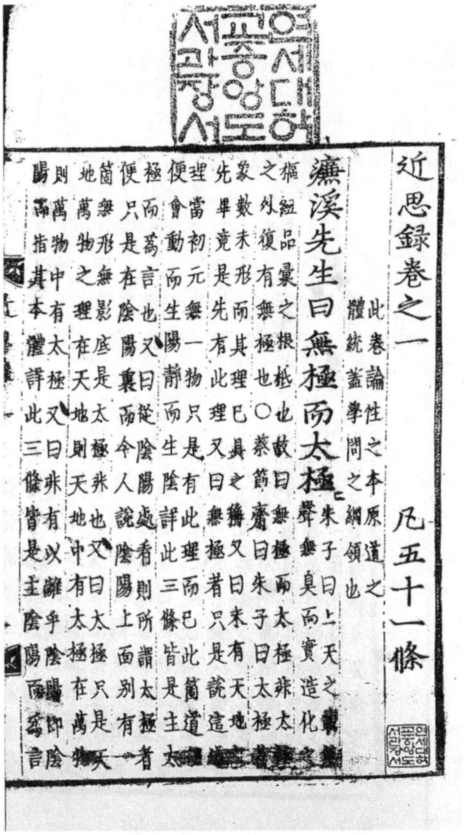
近思録卷之一　凡五十一條
此卷論性之本原道之體統蓋學問之綱領也
濂溪先生曰無極而太極

圖 7-32　《近思録集解》，禮山縣刻本的後印本

另外，葉采《近思録集解》十四卷禮山縣刊本，雅丹文庫藏有一部，半葉九

行十八字，花魚尾。卷末有萬曆戊寅年尹箕跋文。藏家著録説“刊年未詳”[①]，刊記爲“禮山縣開刊”。

7. 李朝宣祖十四年佔畢書院刊本

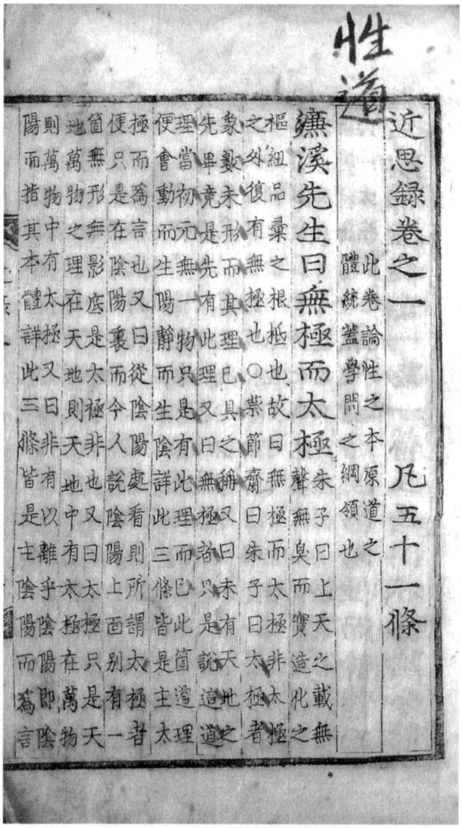

圖 7-33 《近思録集解》，李朝宣祖十四年佔畢書院刊本

佔畢書院是李朝慶尚道密陽一書院，也曾刊刻過葉采《集解》十四卷，高麗大學校現存有卷一至卷二、卷五至卷十四（書影見圖 7-33）。刻本每半葉九行十八字，注文小字雙行同。四周雙欄，有界行，框高 26.10 釐米，寬 17.20 釐米。白口，對（三葉花紋）魚尾。版心魚尾間刻印書名與卷次簡稱（如“近思一”）、頁碼。卷一卷端首行頂格題“近思録卷之一”，越四字格題“凡五十一條”，次行低四字格刻本卷提要，第三行刻正文，每條單列，頂格刻印。卷末有尾題“近思録卷之某某”。

高麗大學校圖書館所藏此殘本（C1—A79aQ），3 册（封皮左上分别題“元”“利”“貞”，每册扉葉右上墨筆題記本册卷名），五眼綫裝。首册卷首刻有葉采《近思録集解序》、《集解目録》、《近思録》（包括此書取材的 14 部書名、朱熹序、吕祖謙跋）、葉采《進近思録表》。原版的卷三、卷四闕（筆者推測原本第 2 册的封皮應書寫“亨”字），現存第 2 册（即原本第 3 册“利”）卷九末闕若干文字，第 3 册（即原本第 4 册“貞”）有部分書角腐蝕，藏家已作抄補。在該刻本的卷十四末左下刻有一塊四

① （韓）全寅初《韓國所藏中國漢籍總目》，第 23 頁。

周雙欄的長方形牌記，刻有雙行篆文"萬曆辛巳夏，佔畢書院刊"（書影見圖 7－34）。

"萬曆辛巳"，爲明萬曆九年，即李朝宣祖十四年（1581），故此刻本當是佔畢書院於此時刊印。高麗大學校著録此本時，云："癸酉字覆刻，佔畢書院［宣祖十三（1581）後刷］。"[①]我們認爲此處的著録文字有誤，宣祖十三年非 1581 年，當是"宣祖十四年"。至於覆刻的"癸酉字"原本，筆者不曾查閱到改鑄甲寅字（即癸酉字）；"後刷"，或意爲該藏本是後印本。禹貞訓《〈近思録〉集解本의板本考》在考證此"佔畢書院"刻本時，認爲是"初鑄甲寅字覆刻本"[②]，值得商榷。

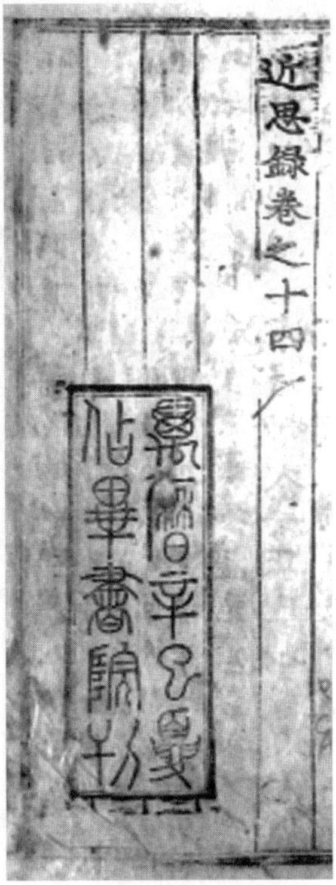

圖 7－34 《近思録集解》牌記，李朝宣祖十四年佔畢書院刊本

該館藏本文中有佚名墨筆諺文標示句讀（懸吐），天頭有墨筆漢文批注。封底上有"册主權發"用行草體書寫的一段題識。

8. 李朝肅宗十三年覆刻戊申字本

韓國國立中央圖書館藏有該刻本（書影見圖 7－35），每半葉十行十七字，注文小字雙行同。四周雙欄，有界行，框高 23.50 釐米，寬 17.00 釐米。白口，對（二葉花紋）魚尾。版心魚尾間刻印書名與卷次簡稱（如"近思録一"）、頁碼。卷一卷端首行頂格題"近思録卷之一"，越四字格題"凡五十一條"，次行低四字格刻本卷解題，第三行刻正文。每條單列，頂格刻印。卷末有尾題。

正文前刻有葉采《近思録集解序》、《集解目録》、吕祖謙跋、葉采《進近思録表》以及《近思録》（包括此書取材的 14 部書名、朱熹序）。國立中央圖書館藏本（古朝 16—7）的首葉有"内賜記"，云："康熙二十六年三月十一日，内賜户曹判書，［李敏叙］《近思録》一件，命除謝恩。右承旨臣閔［手决］。"原墨筆所

① 《晚松文庫漢籍目録》子部儒家，第 191 頁。

② （韓）禹貞訓《〈近思録〉集解本의板本考》，第 120 頁。

近思録卷之一　凡五十一條

濂溪先生曰無極而太極

此卷論性之本原道之體統蓋學問之綱領也

圖 7-35 《近思録集解》，
李朝肅宗十三年覆刻戊申字本

寫“書”下無“李敏叙”三字，筆者據該館藏書目録著録補。

李朝顯宗十三年校書館曾印製了十行十七字戊申字本，高麗大學校、奎章閣皆有藏，前文已作考證。該藏本此處的賜記與戊申字本卷前的“清康熙十一年”(1672)賜記略有不同，此處的“李敏叙”三字無，而被刮除，花押爲“臣閔”而非“臣金”。那麼依據該賜記清康熙二十六年，即李朝肅宗十三年(1687)，可推斷此木板本或是此時或稍早前刊印。國立中央圖書館藏本，4 册，五眼綫裝。鈐朱文印“宣賜之記”“李觀命子賓章”。

我們將此肅宗十三年刻本的部分文字與李朝戊申字本相比較，發現二者版式相同，字體很相近，筆道相同，如“此”“録”“本”“而”等字，因而可以肯定二者存在淵源關係，甚而可説肅宗十三年此刻本是覆刻戊申字本。且據禹貞訓《〈近思録〉集解本의板本考》一文，也説此本是“戊申字覆刻本”。

9. 李朝肅宗十四年或英祖二十四年玉山書院木板本

玉山書院是朝鮮朝慶尚道慶州的一個書院，李朝宣祖五年(1572)始建，宣祖七年定名“玉山書院”，也曾刊刻過葉采《集解》十四卷。

(1) 玉山書院刊本

成均館大學校藏有玉山書院印製的木板本(書影見圖 7-36)，每半葉十行十八字，注文小字雙行同。四周雙欄，有界行，框高 20.50 釐米，寬 17.30 釐米。白口，對(二葉花紋)魚尾。版心魚尾間刻印書名與卷次簡稱(如“近思録卷一”)、頁碼。卷一卷端首行頂格題“近思録卷之一”，越四字格題“凡五十一條”，次行低四字格刻本卷提要，第三行刻正文，每條單列，頂格刻印。卷末有尾題“近思録卷之某某”。

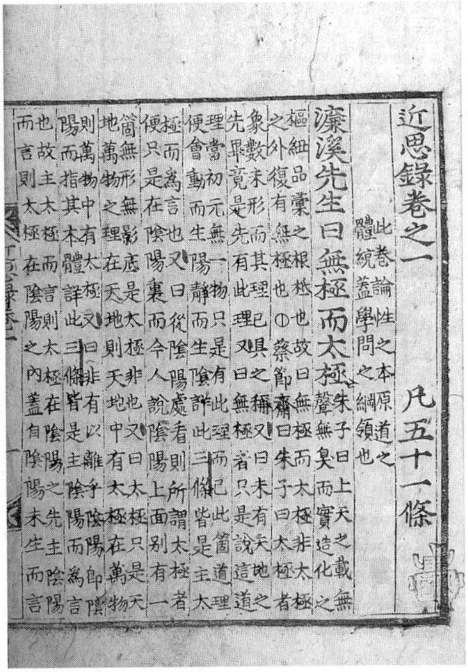
近思録卷之一　凡五十一條

此卷論性之本原道之體統蓋學問之綱領也

濂溪先生曰無極而太極

圖 7－36　《近思録集解》，玉山書院刊本

正文前刻有葉采《近思録集解序》、《集解目録》、《進近思録表》、《近思録》此書輯録的 14 部書名、朱序、吕跋，附“太極圖”及其解説。成均館大學校藏本（C2—16b. v1—4. c3），4 册（封面左上墨筆題記“近思録”，且分别題記“元”“亨”“利”“貞”），五眼綫裝。藏本行間有墨筆諺文句讀（懸吐），有墨筆書“秋岡藏”。鈐有墨色鐘鼎形印“秋岡”。在卷五、卷九末葉的空白處以及卷十四末左半葉中間，皆有墨筆題識“戊辰春印來於玉山書院手粧”“鄭泰履綏伯志”。“戊辰”，或指李朝肅宗十四年（1688），亦或指英祖二十四年（1748），由此可知，此刻本是鄭泰履此時拿紙在玉山書院刊印，並親手裝訂。

宋葉采《近思録集解》，玉山書院木板本，韓國多家圖書館有藏，如：

① 韓國學中央研究院也藏有玉山書院木板本（C2—16b—v. 1—4），4 册（封面左上墨筆題記“近思録”，並分别題記“一”“二”“三”“四”），五眼綫裝。天頭有佚名墨筆漢文批注。該藏本的版式特徵、字體、内容與上述成均館大學校藏本同，我們以爲是肅宗十四年或英祖二十四年玉山書院木板本。

② 成均館大學校圖書館另藏有一部殘本（C2—16e. v. 3—4），存卷六至卷十四本，2 册（封面左上墨筆題記“近思録”，且分别題記“利”“貞”）。其字體、版式特徵與前兩部藏本同，宜是玉山書院刊行。全寅初《韓國所藏中國漢籍總目》著録云：“木板本/朝鮮朝後期刊/9 卷 2 册（卷 6—14）。四周雙邊，半郭 20.9×16.7 cm。有界，半葉 10 行 18 字，注雙行，内向二葉花紋魚尾。”[1]

① （韓）全寅初《韓國所藏中國漢籍總目》，第 20 頁。

③ 梨花女子大學校藏本(書影見圖 7 - 37)。每半葉十行十八字,注文小字雙行同。四周雙欄,有界行,框高 20.40 釐米,寬 17.40 釐米。白口,對(二葉花紋)魚尾。版心魚尾間刻書名卷次簡稱(如"近思録卷一")、頁碼。卷末有尾題。

近思録卷之一　凡五十一條
此卷論性之本原道之體統蓋學問之綱領也
濂溪先生曰無極而太極

圖 7 - 37　《近思録集解》,玉山書院刊本

此刻本卷前刻有葉采《近思録集解序》、《集解目録》、葉采《進近思録表》、《近思録》(包括此書取材的 14 部書名、朱熹序、吕祖謙跋)。藏本(Ⅱ181. 234 81 4),4 册。天頭有佚名墨筆漢文批注。

④ 高麗大學校圖書館藏本(A3B),其版式特徵與上述成均館大學校藏本同,禹貞訓《〈近思録〉集解本의板本考》以爲是"1778 以前"[①]玉山書院刊本。對於此刊刻時間的論定,我們持懷疑態度。

⑤ 延世大學校藏有三部殘本,均著録爲"木板本":

第一部 1 册(181. 2321. 6),殘存卷六至卷九。

第二部 1 册(181. 2321. 8),殘存卷九至卷十四,天頭有佚名墨筆漢文批注。

第三部藏本十四卷 4 册(181. 2321. 1)。

這幾部木板本的字體、版式特徵與上述玉山書院刊本相同,由此推測它們也是玉山書院刊行。

(2) 玉山書院刊,後人抄配本

葉采《近思録集解》玉山書院刊本流佈於世後,當傳本有所損脱時,一般

① (韓)禹貞訓《〈近思録〉集解本의板本考》,第 121 頁。

來説藏家會進行補配。成均館大學校所藏玉山書院刻本中明顯有一部抄配本（C2—16h. v1—2/C2—16i. v.2）。藏本的封面左上墨筆題署“合部上/下”，右下題署“共二”。第1册爲雕版印本，每半葉十行十八字，注文小字雙行同。四周雙欄，有界行。白口，對(二葉花紋)魚尾。版心魚尾間刻印書名與卷次簡稱(如“近思録卷一”)、頁碼。卷一卷端首行頂格題“近思録卷之一”，越四字格題“凡五十一條”，次行低四字格刻本卷提要，第三行刻正文，每條單列，頂格刻印。卷末有尾題“近思録卷之某某”。該刻本的字體、版式特徵與上述玉山書院刻本相同，因而初步確定爲玉山書院刊本。

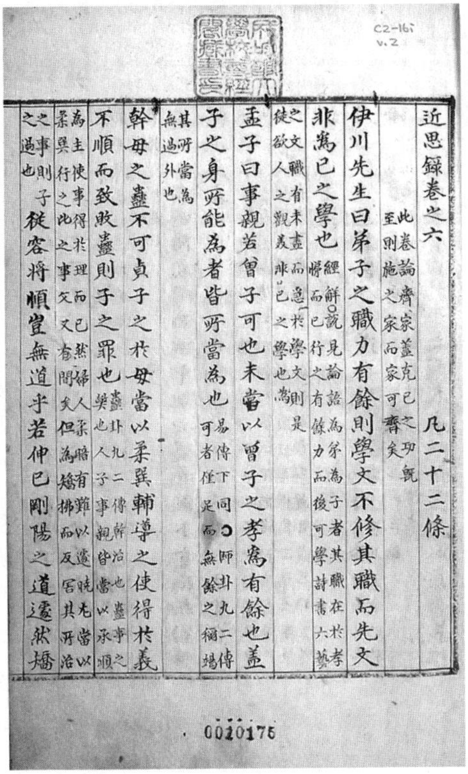
近思錄卷之六　凡二十二條
伊川先生曰弟子之職力有餘則學文不修其職而先文
非爲己之學也
孟子曰事親若曾子可也未嘗以曾子之孝爲有餘也蓋
子之身所能爲者皆所當爲也
幹母之蠱不可貞子之於母當以柔巽輔導之使得於義
不順而致敗蠱則子之罪也
從容將順豈無道乎若伸己剛陽之道遽然矯

圖7－38　《近思録集解》，李朝玉山書院刊，後世抄配本

第2册内容是《集解》卷六至卷十四，爲後人抄配，抄寫者是在印有烏絲欄的行格内抄寫(書影見圖7－38)。每半葉十二行二十二字，注文小字雙行同，四周雙欄，有界行。白口。每條語録單列，頂格抄寫。藏本天頭有漢文批注，行間偶有被修改的痕迹。

並且，成均館大學校另藏有一部木板本(C2—16b. v.1—4)，4册(封面左上墨筆題記“近思録”，且分別題記“一”“二”“三”“四”)。其版式特徵、字體、正文内容與上述該校所藏玉山書院刻本相同，儘管我們没有在此藏本卷十四末見到有關“玉山書院”字樣的文字，但此本與前述玉山書院刻本如此相同的特徵，使我們有理由相信這部藏本也是玉山書院刊梓。從字迹模糊看，很可能是後印本。然而因其卷二末葉爲抄配，故列於此。

10. 李朝木板本，挹鶴軒藏本

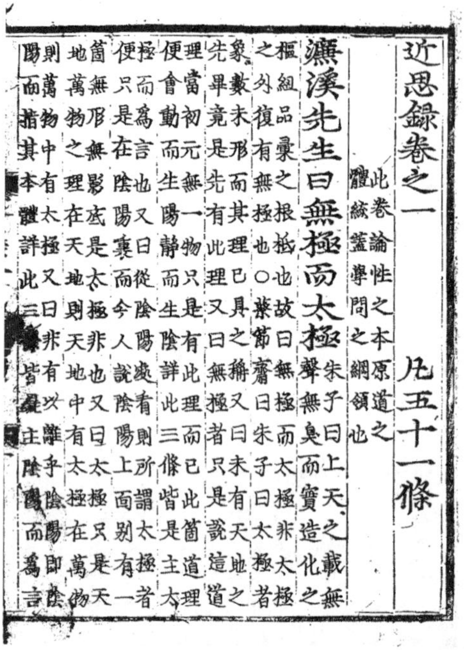

近思録卷之一　凡五十一條

此卷論性之本原道之體統蓋學問之綱領也

濂溪先生曰無極而太極朱子曰上天之載無聲無臭而實造化之樞紐品彙之根柢也故曰無極而太極非太極之外復有無極也○葉節齋曰朱子曰太極者象數未形而其理已具之稱又曰未有天地之先畢竟是先有此理又曰無極者只是說這道理當初元無一物只是有此理而已此箇道理便會動而生陽靜而生陰詳此三條皆是主太極而爲言也又曰從陰陽處看則所謂太極者便只是在陰陽裏而今人說陰陽上面別有一箇無形無影底是太極非也又曰太極只是天地萬物之理在天地則天地中有太極在萬物則萬物中有太極又曰非有以離乎陰陽即陰陽而指其本體詳此三[illegible]皆[illegible]主陰陽而爲言

圖 7－39　《近思録集解》，
李朝木板本，挹鶴軒舊藏

延世大學校藏有一部葉采《集解》十四卷李朝木板本（書影見圖 7－39），卷帙完好。此刻本每半葉九行十八字，注文小字雙行同。四周雙欄，有界行。白口，順（黑）魚尾。版心上魚尾下刻印書名與卷次簡稱（如“近思録一”），下魚尾下方題記頁碼。卷一卷端首行頂格題“近思録卷之一”，越四字格題“凡五十一條”，第二行低四字格雙行小字題本卷提要，第三行刻正文，每條單列，頂格刻印。卷末有尾題“近思録卷之某某”。

正文前刻有葉采《近思録集解序》、《集解目録》、葉采《進近思録表》、《近思録》（此書取材的 14 部書名）、朱熹序、吕祖謙跋。

儘管此刻本的版式與鳳城精舍刊本相同，但是字體卻明顯有異，如卷一卷端的“無”“卷”“思”等字，故單列於此。關於其刊刻時間，可參考禹貞訓考證的淑明女子大學校藏李朝木板本，其版式特徵與此本很接近。禹先生推斷爲十七世紀李朝木板本，即云“初鑄甲寅字覆刻本”①。

該藏本（300．980—983），4 册，鈐朱文印“挹鶴軒藏”，恐爲“挹鶴軒”舊藏。藏本中多處墨筆題識，或挹鶴軒所爲，如第 1 册卷首墨筆題“朱晦庵、吕東萊抄四先生文集中要緊者爲此書於寒泉精舍，時則淳熙乙未。四先生：濂溪、兩程、横渠”，“自樂堂”，“主朴亮”。又如第 2 册内封墨筆題云：“此爲人家日用之良方，凡致智格物。”第 3 册卷末内封墨筆題識“主亮靈朴氏”，“近思録

① （韓）禹貞訓《〈近思録〉集解本의板本考》，第 120 頁。

卷之二，挹鶴軒藏”。第 4 册卷十四第一葉後有墨筆題識，卷十四末又墨筆題識云：“余愛是書而不得以聘君命令，留此子孫世覽而勿失焉，則余瞑目於地下矣。戒之戒之。”“挹鶴軒藏。”

11. 李朝正祖年間成川府刊本

成川府屬於朝鮮李朝平安道，曾雕版印刷葉采《集解》十四卷。

(1) 成川府刻本

高麗大學校所藏本（書影見圖 7－40）每半葉八行十八字，注文小字雙行同。四周單欄，有界行，框高 23.70 釐米，寬 17.30 釐米。白口，對(二葉花紋)魚尾。版心魚尾間刻印書名與卷次的簡稱（如“近思卷之一”）、頁碼。卷一卷端首行頂格題“近思録卷之一”，越四字格題“凡五十一條”，次行低四字格刻本卷提要，第三行刻正文，每卷每條單列，頂格刻印。卷末有尾題“近思録卷之某某”。

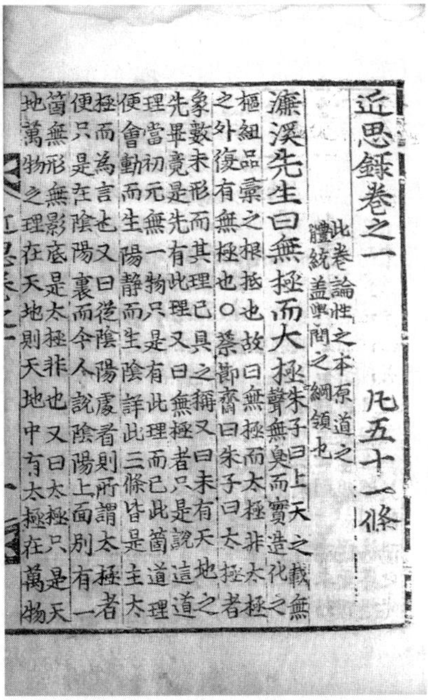
近思錄卷之一　凡五十一條
此卷論性之本原道之
體統蓋學問之綱領也
濂溪先生曰無極而太極朱子曰上天之載無
聲無臭而實造化之
樞紐品彙之根柢也故曰無極而太極非太極
之外復有無極也○蔡節齋曰朱子曰太極者
象數未形而其理已具之稱又曰未有天地之
先畢竟是先有此理又曰無極者只是說這道
理當初元無一物只是有此理而已此箇道理
便會動而生陽靜而生陰詳此三條皆是主太
極而言也又曰從陰陽處看則所謂太極者
便只是在陰陽裏而今人說陰陽上面別有一
箇無形無影底是太極非也又曰太極只是天
地萬物之理在天地則天地中有太極在萬物

圖 7－40　《近思録集解》，李朝正祖年間成川府刊本

圖 7－41　《近思録集解》牌記，李朝正祖年間成川府刊本

刻本卷首刻有葉采《近思録集解序》、《集解目録》、《近思録》（包括此書取材的 14 部書名、朱熹序、吕祖謙跋）、葉采《進近思録表》。在卷十四末左半葉刻有一小長方形四周雙欄的牌記，題署五個大字“成川府開刊”（書影見圖 7－41）。由此可知此刻本是李朝成川府刊本，具體刊梓時間未題記。高麗大學校圖書館藏本（C1—A79G），4 册（封面左上墨筆題記“近思録”，且分别題記“元”“亨”“利”“貞”，每册右上題記本册各卷篇名），五眼綫裝。天頭有佚名墨筆用漢文、諺文批注。各册卷首扉葉處有墨筆書寫本册各卷卷名、語録條數。鈐有墨色陽文印“華山文庫”，故爲華山文庫舊藏。

此成川府刊本，禹貞訓《〈近思録〉集解本의板本考》考證説，刊行於“1796以前”[①]，即成川府木板本爲李朝正祖年間(1777—1800)刊刻。

該李朝成川府刊本，韓國多家藏書機構有藏，如：

① 首爾大學校奎章閣藏本，其字體、版式特徵、内容等與上述成川府刊本同，與高麗大學校藏本或爲同一版印。奎章閣藏本(古 1344—29—v. 1—4)，4 册，五眼綫裝。天頭有佚名用漢文墨筆批注。

② 韓國國立中央圖書館藏本，殘存《集解》卷一、卷二。藏家著録云“木板本，刊年未詳”。當我們將其版式、字體與上述高麗大學校藏本比較後同，發現它們完全相同，應是同一版印。該館藏本(古 1252—53)1 册(封面左上墨筆題記“近思録”“元”，右上題記本册各卷篇名“道體”“爲學大要”)，五眼綫裝。鈐朱文印“權尚夏”“秋月照寒水心”，白文印“安東”等。

③ 復旦大學藏本，葉采《集解》十四卷，其字體、行款、内容與上述高麗大學校藏版本同，且卷十四末有牌記“成川府刊”，故當是朝鮮成川府刻本。

(2) 成川府刻本的修改本

葉采集解《近思録》十四卷，梨花女子大學校藏有一種木板本(書影見圖 7 - 42)，每半葉八行十八字，注文小字雙行同。四周單欄，框高 23.70 釐米，寬 17.30 釐米。有界行，白口，對(二葉花紋)魚尾。版心刻印書名簡稱與卷次(如“近思卷之

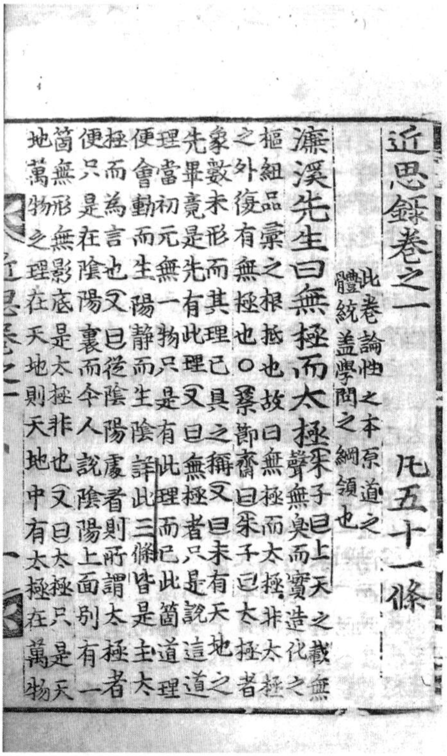
近思錄卷之一 凡五十一條
此卷論性之本原道之體統蓋學問之綱領也
濂溪先生曰無極而太極朱子曰上天之載無聲無臭而實造化之樞紐品彙之根柢也故曰無極而太極非太極之外復有無極也○蔡節齋曰朱子曰太極者象數未形而其理已具之稱又曰未有天地之先畢竟是先有此理又曰無極者只是說這道理當初元無一物只是有此理而已此箇道理便會動而生陽靜而生陰詳此三條皆是主太極而為言也又曰從陰陽處看則所謂太極者便只是在陰陽裏而今人說陰陽上面別有一箇無形無影底是太極非也又曰太極只是天地萬物之理在天地則天地中有太極在萬物

圖 7 - 42 《近思録集解》，成川府刻本的修改本

① (韓)禹貞訓《〈近思録〉集解本의板本考》，第 119 頁。

一”)、頁碼,卷末有尾題,卷十四末有刊記“成川府開刊”。由此我們完全可以相信這是李朝成川府刊本。

但是,當我們將其書影與高麗大學校藏成川府刻本比較時發現,該本的注文部分,在“朱子曰”“又曰”等處增加括弧。儘管其字體、版式、内容與上述成川府刊本相同,但是如此增添括弧的版本,恐是再次印製時所爲,故在此作爲“成川府開刊”另一種單列於此。

梨花女子大學校藏本(Ⅱ181.234　81 3),4 册(封面墨筆分别題記“元”“亨”“利”“貞”),五眼綫裝。鈐朱文印“坡平人”、白文印“尹東晢與叔印”“毋自欺齋”。偶見佚名墨筆批注,在行格中劃綫。

12. 李朝正祖十八年木板本

葉采《集解》十四卷,高麗大學校藏有一部木板本,每半葉十行十七字,注文小字雙行同。四周雙欄,有界行。白口,對(二葉花紋)魚尾。卷前刻有《御製忠定公權𢢜袖珍〈近思録〉序》等序跋文字。藏本鈐印“默容室藏書印”。關於其刊刻時間,《韓國所藏中國漢籍總目》著録云“木板本/正祖 18(1794)”[①]。藏本(C1—A79),4 册。詳情待考。

13. 李朝純祖二十六年刊本

此刻本每半葉十行十七字,注文小字雙行同。四周雙欄,有界行,框高 24.20 釐米,寬 17.20 釐米。白口,對(二葉花紋)魚尾。版心魚尾間刻印書名與卷次簡稱(如“近思録一”)、頁碼。卷一卷端首行頂格題

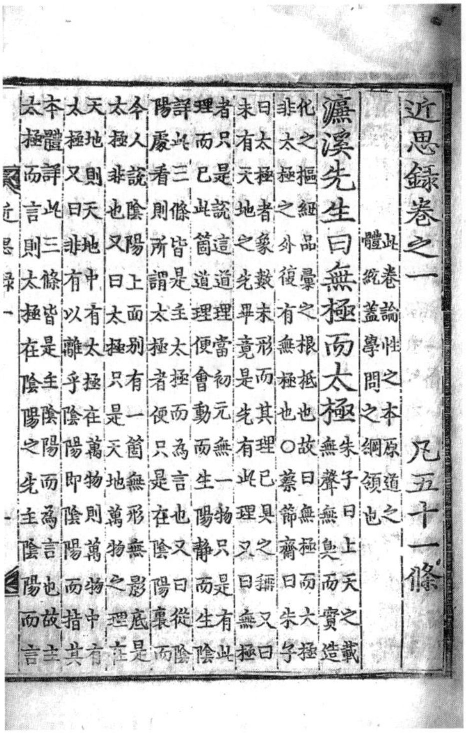
近思録卷之一　凡五十一條
此卷論性之本原道之體統蓋學問之綱領也
濂溪先生曰無極而太極朱子曰上天之載無聲無臭而實造
化之樞紐品彙之根柢也故曰無極而太極非太極之外復有無極也○蔡節齋曰朱子
曰太極者象數未形而其理已具之稱又曰未有天地之先畢竟是先有此理又曰無極
者只是說這道理當初元無一物只是有此理而已是此箇道理便會動而生陽靜而生陰
詳此三條皆是主太極而為言也又曰從陰陽處看則所謂太極者便只是在陰陽裏而
今人說陰陽上面別有一箇無形無影底是太極非也又曰太極只是天地萬物之理在
天地則天地中有太極在萬物則萬物中有太極又曰非有以離乎陰陽即陰陽而指其
本體詳此三條皆是生陰陽而為言也故主太極而言則太極在陰陽之先主陰陽而言

圖 7－43　《近思録集解》,
李朝純祖二十六年刊本

① (韓)全寅初《韓國所藏中國漢籍總目》,第 14 頁。

"近思録卷之一",越四字格題"凡五十一條",次行低四字格刻本卷提要,第三行正文,每條單列,頂格刻印。卷末有尾題"近思録卷之某某"。

韓國國立中央圖書館藏本(書影見圖 7 - 43),正文前刻有《御製忠定公權檏袖珍〈近思録〉序》("通政大夫承政院左副承旨兼經筵參贊官春秋館修撰官奎章閣檢校直閣知製教臣徐榮輔奉教謹書")、"英廟丙寅宣賜《近思録》時,特旨……奎章之寶"(即李朝正祖甲寅年序文)、葉采《近思録集解序》、《集解目録》、《近思録》(包括此書取材的 14 部書名、朱熹序、吕祖謙跋)、葉采《進近思録表》。另外,在卷十四末還刻有一段跋文。

刻本卷前的序文簡述了李朝中宗、宣祖、仁祖、英祖、正祖時期與此《近思録》本子相關的逸事,説明了序文撰寫的背景。《近思録》《心經》之類的儒學書籍,爲何會得到李朝君臣如此喜愛,甚至在赴宴席時也隨身携帶。這從一個側面反映了李朝君臣崇尚程朱理學的風尚。李朝國王正祖描述了李朝前期的世風,"耨耕而懷書,行邁而帶經,游宴而不離卷,跬步而不忘學"。儘管其中有溢美之辭,但也能讓人覺察到當時社會教化的成效。

依據《御製忠定公權檏袖珍〈近思録〉序》,可知此刻本源自李朝中宗年間儒臣權檏所藏,且將權檏袖珍《近思録》一事與李朝早期大儒李滉手訂《心經》之事相提並論,大加讚賞。李朝正祖親製《近思録》序文的書寫時間是"予踐阼之十有八年甲寅"年,即正祖十八年(1794),相當於清乾隆五十九年。如果依據序文中"予踐阼之十有八年甲寅仲秋""甲寅八月三十日"等,可推斷爲李朝正祖十八年刊梓。故該館著録云"正祖十八年(1794)"木板本。但是,卷十四末的跋文又云:"歲丙戌……鋟梓於先生本院,閲一月而工已訖,距先朝甲寅爲三十三年。"由此可見,此刻本不是正祖年所刊,當是"丙戌"年,即李朝純祖二十六年(1826)刊就。需要提醒的是,該館對此本的著録有誤,將"十行十七字"著録爲"10 行 18 字"。藏本的文字墨迹漫漶,或後印。

丁酉字,李朝正祖元年(1777)鑄造,又稱六鑄甲寅字,曾印行過葉采《集解》。筆者有意將此刻本與李朝丁酉字活字本的部分文字比較,發現二者字體、筆道相近,此版似有翻刻丁酉字的迹象,故以爲它們有一定的淵源關係。或許正因如此,有些藏書目録直接注云"丁酉字覆刻本"。然丁酉字本爲"四周單欄",與此本"四周雙欄"有別。

此藏本(古 1259—30),4 册,五眼綫裝,鈐墨色印“奎章之寶”。從國立中央圖書館藏本鈐印看,這與序文所云在御製本上“安‘奎章之寶’”吻合。至於序文是何人所作,據卷前所言:“忠定公權橃袖珍《近思録》序文御製以下,領府事蔡濟恭書一本,弁於今番宣賜《心經》本,檢校直閣徐榮輔書二本,弁於袖珍本《近思録》及先朝宣賜《近思録》本。”[1]此序文恐是李朝正祖年間(1777—1800)人徐榮輔抄録。

《御製忠定公權橃袖珍〈近思録〉序》曰:

我朝鴻朗之會,實始我中廟盛際,而“八方茹祉,九扈肇春”,治化文運,若有適相符者。於是乎聖祖垂拱無爲,數與儒學之臣講天人性命之蘊,至今頌其事者,怳如沂雩濂洛上下同流之氣像,而故忠定公權橃袖珍《近思録》亦故迹中一盛觀也。蓋當慶會樓設賞花之宴也,侑既醉之什,賡喜起之章。君臣一堂,相與前席亹亹者,自夫道體之本原、存養之工夫,以及乎家齊國治之術、道統異端之辨,首尾皆是説也。諸臣既退掖庭,人撤其席,得袖珍本《近思録》以獻。聖祖教曰:“此必權橃袖中物。”其還之,及問於橃,果然。今見其書無款識之可據爲誰藏而,宜指橃而,還之者晝訪夜對,橃之隨顧問而效啓沃,無非此書之精義奥旨。上所以知臣,下所以見知於君,自有契遇之暗親,詑於當時,傳諸後世。逮夫先朝另賜别本而書其事以識之,何其盛矣!予於甲寅因近臣之奉使嶠南,俾取其袖珍原本,及書事另賜之别本,三復敬玩,摩挲起感。夫耨耕而懷書,行邁而帶經,游宴而不離卷,跬步而不忘學,古亦有人矣。然皆循名考實以著其銖,積寸累之勤而曷嘗聞,太液之肆筵纔罷,樹葉之餘香猶存!見其書,知其人,有如橃之蒙被光寵之人者哉!漢儒之三十重席,唐臣之七寶妝山,史氏雖言千古遭逢,彼皆屬於觀美之侈,然固不足比論。猗乎!治化隆而文運闢,貽謨長世尚未艾,亭午嘉會之休祥,徵於一人一事,足可以觸類而溯源。予以是言弁其袖珍本,仍頒《心經》一部,使歸弆而併壽諸無窮。(先正文純公李滉亦曾有手訂之《心經》袖珍,而編簡古

[1] 《御製忠定公權橃袖珍〈近思録〉序》,載於(宋)朱熹、吕祖謙共撰,(宋)葉采集解《近思録》,朝鮮李朝純祖二十六年木板本。

雅，點畫不刓。予在春邸時，從先正後孫爲僚屬者求見之，今又得忠定家藏《近思録》舊本，序其卷首還之也。宣賜《心經》者，兩書義例互爲表裏，兩臣事迹亦相近似，爲嶺土人士，俾作楷範於永久也。）予踐阼之十有八年甲寅仲秋也。通政大夫承政院左副承旨兼經筵參贊官春秋館修撰官奎章閣檢校直閣知制教臣徐榮輔奉教謹書。

刻本正文前還刻有一段跋文，云：

英廟丙寅，宣賜《近思録》時，特旨面賜《近思録》一部於故判尹權橃六代孫正郎萬，傳致於故家，仍命勿謝。噫！昔年中廟朝賞花宴時遺於御苑，而我聖祖指名命給者，即此書也。今日覽書興感賜書眎意者，亦是書也。昔年、今日其豈偶然而？亦余使昔日盛事不泯於後云爾。（特旨命書時，上曰："命還《近思録》時，爾祖爲何官？"臣萬對曰："以漢城判尹兼帶春秋館事矣。"上曰："然則以判尹書之可也。"）

正廟甲寅，宣賜《心經》時，筵説甲寅六月二十日，上御便殿命承旨李益運入侍，教曰："春間嶺南奉使之行，古家書迹之可以備覽者使之持來矣，爾今適入院始問之矣。"益運曰："《近思録》即故贊成忠定公權橃袖藏，而嘉靖庚子中廟御慶會樓宴宰樞賞花，使各盡歡而罷，掖庭署拾得《近思録》小本。中廟教曰：'落自權橃袖中矣。'命還之。先朝丙寅並與金玏家所藏《大學衍義》而取覽之，宣賜常本《近思録》一本，而卷首書下特旨，各卷安御寶，又安'春宫'二字，一如《大學衍義》事，甚稀貴並爲持來。"上曰："諸般古迹之所自出、所由來，一一劄録入送内閣，則當製下弁卷文矣。"甲寅八月二十四日。

《傳》曰："忠定公權橃，當中廟盛際設賞花之宴於慶會樓也，隨身之《近思録》遺於席底。宴畢，撤其席，得其書，獻之，聖祖命還於權。"至今傳以爲美談。先朝徵覽訖，賜鄉本一本，書其事以識之。予今又取見摩挲，自覺起感晞。昔予在春邸也，聞先正李文純有手訂之《心經》袖珍，從其後孫之爲僚屬者求見之，事蹟相似，而兩書爲表裏輪翼，以《心經》一本宣賜記實於卷首，而橃之孫亦曾補官，近不甄用云，令該曹待窠一體調用，以寓追述尊賢樂利之思。甲寅八月三十日。

上御便殿，命承旨徐榮輔入侍，教曰："向來承旨李益運之奉使嶺南也，多有古迹持來者，欲幷卷以還之忠定公權檥家，《近思録》亦有序文製下。予在春邸聞先正李滉有手訂《心經》袖珍本，從先正後孫之爲官僚者求見之，今又見忠定《近思録》，特賜《心經》一部於忠定家，俾與《近思録》同藏。蓋兩書相爲表裏，兩賢事蹟亦相似故也。序文使領府及爾書進矣。”榮輔曰：“序文書進及作帖等役才已告完，方自内閣請出奎章閣之寶，安寶後出給伏計矣。”上曰：“筵退後安寶，今日内出送領府事家。”（忠定公權檥袖珍《近思録》序文，御製以下，領府事蔡濟恭書一本，幷於今番宣賜《心經》本；檢校直閣徐榮輔書二本，幷於袖珍本《近思録》及先朝宣賜《近思録》本，皆安“奎章之寶”。）

《集解》卷十四末的跋文云：

嗚呼！此即冲齋先生《近思録》也。先生當中廟盛際，與趙静庵、金思齋諸賢朝夕啓沃，皆是書旨訣。其在銀臺也，嘗宣賜《近思録》一本，又於宰執宴退之席命還袖珍小册之遺於御苑者，寔昭代盛事也。粤在英廟丙寅曠感古事，進覽小册，命召先生後孫之仕於朝者還之，前席仍書特旨於書筵大帙以賜之。逮我正考甲寅近臣李益運承命采訪嶺中諸賢古迹，重以是册進，上深加嘆賞，曰：“昔在春邸得見先正李文純袖珍《心經》，今又見是書，兩賢事迹相似，兩書相爲表裏。”遂别賜内閣新印《心經》，親製序文幷於兩書以下。此爲是書之顛末也。歲丙戌夏士林相與謀摹，得内下本，鋟梓於先生本院，閲一月而工已訖，距先朝甲寅爲三十三年。

朝鮮李朝純祖二十六年木板本，韓國多家藏書機構有藏，如：

(1)葉采《近思録集解》十四卷，首爾大學校奎章閣藏本木板本（書影見圖7－44），卷帙完好。每半葉十行十七字，注文小字雙行同。四周雙欄，有界行。白口，對（二葉花紋）魚尾。版心刻書名卷次簡稱（如“近思録一”）、頁碼。刻本天頭地脚闊綽。

正文前刻有《御製忠定公權檥袖珍〈近思録〉序》（序文末鈐墨印“奎章之寶”）、葉采《近思録集解序》、《集解目録》、葉采《進近思録表》、《近思録》（包括14部書名、朱熹序、吕祖謙跋）。卷十四末刻有一段跋文。該跋文内容與前文所述國立中央圖書館藏本（古1259—30）同，該藏本正文字體、版式、内容與上述李朝純祖二十六年刻本亦同，故應該是同一版印製。藏本（奎 521），4 册（封面左上墨筆分别題記“元”“亨”“利”“貞”），五眼綫裝。鈐朱文印“朝鮮總督府圖書之印”“京城帝國大學圖書章”。

近思録卷之一　凡五十一條

濂溪先生曰無極而太極

圖 7 - 44　《近思録集解》，
李朝純祖二十六年木板本

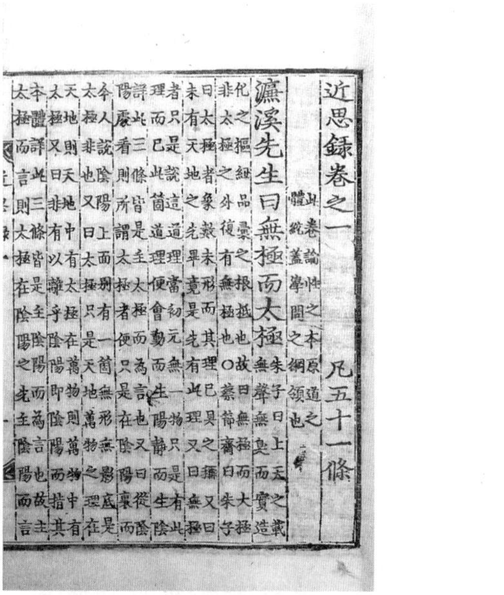
近思録卷之一　凡五十一條

濂溪先生曰無極而太極

圖 7 - 45　《近思録集解》，
李朝純祖二十六年木板本

（2）葉采《集解》十四卷，成均館大學校藏本（書影見圖 7 - 45），卷帙完好。每半葉十行十七字，注文小字雙行同。四周雙欄，有界行。白口，對（二葉花紋）魚尾。版心刻書名卷次簡稱（如“近思録一”）、頁碼。

卷首、卷末所刻序跋文字與上述國立中央圖書館藏本（古 1259—30）同，正文版式、字體、内容等也如是，故它們是同一版印製，即李朝純祖二十六年翻刻丁酉字本。該校藏本（C2—16a），4 册（封面左側墨筆題記“近思録”，且分别題記“元”“亨”“利”“貞”），五眼綫裝。鈐有朱文印“尹炳謨”、白文印“稼軒藏書”。

成均館大學校《古書目録》著録曰：“丁酉字覆刻版，純祖二十六

(1826)刊。"[①]

(3) 葉采《集解》十四卷,高麗大學校藏有一部木板本(書影見圖7-46),爲晚松文庫舊藏。其版式、字體等與前文所述純祖二十六年刊本同,極似同一版,應是翻刻丁酉字本。該館藏書目録著云"丁酉字覆刻,純祖 26(1826)","表題:冲齋先生袖珍近思録"。正祖御製序:"……予踐……仲秋也蔡濟恭奉教書。"刊記:"歲丙戌……鋟梓於先生本院……去先朝甲寅(1794)爲三十三年。"[②]此藏本(C1—A79K),4 册(封面左側墨筆題記"近思録",且分别題記"元""亨""利""貞"),五眼綫裝。鈐朱文印"晋山""姜鎮""鄭寅默""聞韶人""金永浩""秀直"。封皮是用印製過文字的廢舊紙製成。天頭有墨筆用漢文、諺文批注,文中也有用諺文標示句讀(懸吐),或用藍筆圈點。卷末内封有墨筆書"海中藏"三字。

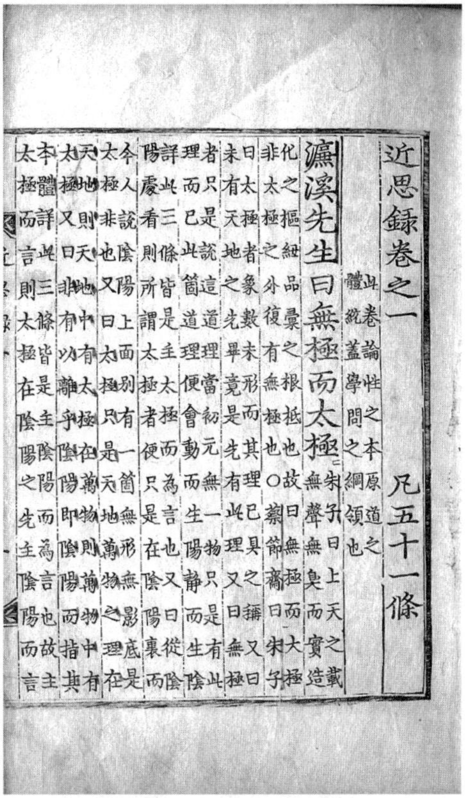
近思録卷之一　凡五十一條
濂溪先生曰無極而太極

圖 7-46 《近思録集解》,李朝純祖二十六年木板本

另外,東國大學校也有藏本,存《集解》卷一、二,卷六至卷十四。其《古書目録》著録云:"《近思録》,朱熹、吕祖謙(宋)共著,丁酉字覆刻版,純祖 26(1826)刊。10 卷 3 册。四周雙邊,半郭 24×17 cm。有界,半葉 10 行 17 字,注雙行,内向 2 葉花紋魚尾。……序:予踐阼之十有八年甲寅(1794)……臣徐榮輔(朝鮮)書。册末:歲丙戌(1826)夏士林相與謀摹得内下本鋟梓於先生

① (韓)成均館大學校中央圖書館編《古書目録》,第 200 頁。
② 《晚松文庫漢籍目録》子部儒家,第 191 頁。

本院。”①

14. 李朝純祖二十六年木板本，三溪書院刻本

近思録卷之一　凡五十一條
此卷論性之本原道之體統蓋學問之綱領也
濂溪先生曰無極而太極 朱子曰上天之載無聲無臭而實造
化之樞紐品彙之根柢也故曰無極而大極非太極之外復有無極也○蔡節齋曰朱子
曰太極者象數未形而其理已具之稱又曰未有天地之先畢竟是先有此理又曰無極
者只是說這道理當初元無一物只是有此理而已此箇道理便會動而生陽靜而生陰
詳此三條皆是主太極而言也又曰從陰陽處看則所謂太極者便只是在陰陽裏而
今人說陰陽上面別有一箇無形無影底是太極非也又曰太極只是天地萬物之理在
天地則天地中有太極在萬物則萬物中有太極又曰非有以離乎陰陽即陰陽而指其
本體詳此三條皆是主陰陽而言也故主太極而言則太極在陰陽之先主陰陽而言

圖 7－47　《近思録集解》，
李朝純祖二十六年三溪書院刻本

韓國國立中央圖書館還藏有一部木板本（書影見圖 7－47），每半葉十行十七字，注文小字雙行同。四周雙欄，有界行。框高 24.30 釐米，寬 18.10 釐米。白口，對（二葉花紋）魚尾。版心刻書名卷次簡稱（如“近思録一”）、頁碼。該刻本每條單列，頂格刻印。卷末有尾題“近思録卷之某某”。

正文前刻有《御製忠定公權潑袖珍〈近思録〉序》（“我朝鴻朗之會……予踐阼之十有八年甲寅……徐榮輔奉教謹書”）、李朝正祖甲寅年序文、葉采《近思録集解序》、《集解目録》、葉采《進近思録表》、《近思録》（包括此書取材的 14 部書名、朱熹序、吕祖謙跋）。該藏本（古 1252—221），4 册（封面左側墨筆分别題署“元”“亨”“利”“貞”），五眼綫裝。封皮是用印製過文字的廢舊菱花紋紙製成。藏本偶見佚名墨筆諺文標示句讀（懸吐）。

該刻本卷末跋文云：“嗚呼！此即冲齋先生《近思録》也。先生當中廟盛際，與趙静庵、金思齋諸賢朝夕啓沃，皆是書旨訣。其在銀臺也，嘗宣賜《近思録》一本，又於宰執宴退之席命還袖珍小册之遺於御苑者，寔昭代盛事也。粤在英廟丙寅曠感古事，進覽小册，命召先生後孫之仕於朝者還之，前席仍書特旨於書筵大帙以賜之。逮我正考甲寅近臣李益運承命采訪嶺中諸賢古迹，重以是册進，上深加嘆賞，曰：‘昔在春邸得見先正李文純袖珍《心經》，今又見是

① （韓）東國大學校中央圖書館編輯《古書目録》，東國大學校中央圖書館 1981 年 2 月發行，信興印刷株式會社印刷，第 45 頁。

書，兩賢事迹相似，兩書相爲表裏。'遂别賜内閣新印《心經》，親製序文弁於兩書以下。此爲是書之顛末也。歲丙戌夏士林相與謀摹，得内下本，鋟梓於先生本院，閱一月而工已訖，距先朝甲寅爲三十三年。"

這段跋文在交代該本《近思録》源頭始末後，説："歲丙戌夏士林相與謀摹，得内下本，鋟梓於先生本院，閱一月而工已訖，距先朝甲寅爲三十三年。"若此"甲寅"是指正祖十八年(1794)，那麽這部刊梓於先生本院的本子則是正祖十八年之後刊就，即"丙戌"年，李朝純祖二十六年(1826)。依據上述推論，關於此藏本的刊刻時間，韓國國立中央圖書館所言"正祖十八年(1794)"木板本，當有誤。當據純祖二十六年的跋文所言時間，即"距先朝甲寅爲三十三年"，將其擬作李朝純祖二十六年木板本。

至於跋文所説書院之名，筆者雖難斷定，但據《韓國古書綜合目録》著録："《近思録集解》，(宋)葉采集解。安東，三溪書院。純祖 26 年(1826)木板本，十四卷，4 册。藏奎章閣，中京，高大。"[①]"三溪書院"是李朝慶尚道奉花的一個書院，至於其所刊《近思録》本，《韓國古書綜合目録》説是三溪書院於純祖二十六年刻，那麽，由此推斷中央圖書館此藏本或許就是三溪書院刻本，然而在藏本中卻找不到關於"三溪書院"的字樣。

而且，關於葉采《集解》三溪書院刻本，禹貞訓《〈近思録〉集解本의板本考》一文以韓國國立中央圖書館所藏一部木板本(古 1252—86)爲對象做過考證。此本筆者也曾過目，其版式、字體等與前文所述純祖二十六年木板本相同，正文前的序文、卷末跋文均相同。國立中央圖書館藏本，4 册，五眼綫裝。此藏本，禹貞訓考證認爲是三溪書院"戊申字覆刻本"[②]。筆者以爲值得商榷，因爲此本與戊申字本的字體以及筆道差異較明顯，説是"覆刻"有些勉强。而其字體更接近"丁酉字本"，宜是覆刻丁酉字本。

其實，該館編號分别爲古 1259—30、古 1252—86、古 1252—221 的三部藏本，藏家著録皆有問題，如今我們儘管稱之謂李朝純祖二十六年刊本，或謂三溪書院刊本，但從版式、字體看，卻疑似同一版印製，刊梓時間應李朝純祖二十六年。

---

① (韓)國會圖書館司書局參考書誌課編輯《韓國古書綜合目録》，第 91 頁。

② (韓)禹貞訓《〈近思録〉集解本의板本考》，第 120 頁。

關於“三溪書院”刻本，高麗大學校圖書館也有藏，殘存卷三至卷六、卷十一至卷十四。《韓國所藏中國漢籍總目》云：“丁酉字覆刻本/安東，慶北，三溪書院。純祖 26(1826)/零本 2 册。……版出記：歲丙戌(1826)夏……鋟梓於先生本院。”①

15. 李朝後期木板本

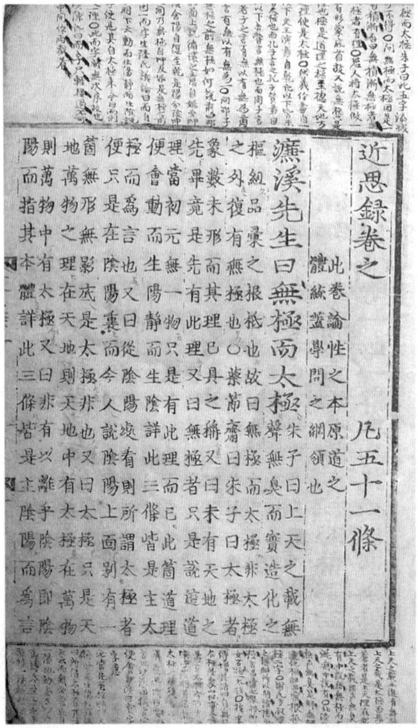
近思録卷之　凡五十一條
此卷論性之本原道之體統蓋學問之綱領也
濂溪先生曰無極而太極

圖 7－48　《近思録集解》，李朝後期木板本

葉采《近思録集解》十四卷，成均館大學校藏有一部木版本（書影見圖 7－48），每半葉九行十八字，注文小字雙行同。四周雙欄，有界行，框高 23.30 釐米，寬 18.00 釐米。白口，順(一葉花紋)魚尾。版心上魚尾下方題書名卷次簡稱（如“近思録一”），下魚尾下方刻頁碼。卷一卷端首行頂格題“近思録卷之一”（筆者按，此處的“一”字該藏本無，據韓國學中央研究院藏本增），越四字格題“凡五十一條”，第二行低四字格雙行小字題本卷提要，第三行刻正文，每條單列，頂格刻印。卷末有尾題“近思録卷之某某”。

藏本第 1 册卷首刻有葉采《近思録集解序》、《集解目録》、《進近思録表》、《近思録》取材的 14 部書名、朱熹序、吕祖謙序。成均館大學校藏本（C2—16f. v1—4），4 册（封面左上墨筆題記“近思録”，且分别題記“春”“夏”“秋”“冬”）。框欄外墨筆書“訥窩家藏”“延興大浦宅”。刻本天頭地脚闊綽，在天頭有密密麻麻的小楷行書批注，行間有諺文懸吐。因而可以說，這是一部批注本。從刻本字迹墨色較淡來看，或爲後印。

① （韓）全寅初《韓國所藏中國漢籍總目》，第 14 頁。

而且此刻本的版心前後變化較大，如部分卷葉的魚尾有差異，如卷一第三至第五葉的書口不是一葉花紋魚尾，而是三葉花紋魚尾，卷二、卷六、卷十、卷十四等書口的魚尾多是順(黑)魚尾，卷三的書口魚尾多是順(三葉花紋)魚尾，因而從其版式複雜的情形可以想見，該刻本非一人一時所刊，有後人不斷修補的迹象。至於該本的具體刊刻時間，因爲不見有關刊記，所以我們暫依藏家著録，即"原刻混入補版。[朝鮮朝後期]刊"①。

葉采《近思録集解》十四卷，李朝後期木板本，韓國學中央研究院(原精神文化研究院)藏有一部(C2. 23. 1—2)，每半葉九行十八字，注文小字雙行同。四周雙欄，有界行，框高 23. 00 釐米，寬 18. 00 釐米。白口，順(一葉花紋)魚尾，有些卷葉在下魚尾刻"心"字。版心上魚尾下方題書名卷次簡稱(如"近思録一"。筆者按，此"一"字原無，爲藏家增添補寫)，下魚尾下方刻頁碼。卷一卷端首行頂格題"近思録卷之一"，越四字格題"凡五十一條"，第二行低四字格雙行小字題本卷解題，第三行刻正文，每條單列，頂格刻印。卷末有尾題"近思録卷之某某"(書影見圖 7 - 49)。

近思録卷之一　凡五十一條

濂溪先生曰無極而太極

圖 7 - 49　《近思録集解》，李朝後期木板本

卷前刻有葉采《近思録集解序》、《集解目録》、《進近思録表》、《近思録》取材的 14 部書名、朱熹序、吕祖謙序。此藏本有殘損，2 册(藏家將原書天頭地脚切除了一截)，字迹較漫漶，或爲後印本。天頭地脚、行間有墨筆批注圈點。鈐朱文印"安春相藏書記"、墨色印"福川吴氏"。

葉采《集解》十四卷，李朝後期的此木板本，韓國學中央研究院還

① (韓)成均館大學校編《古書目録》第三輯，成均館大學校出版社，2002 年 3 月發行，第 219 頁。

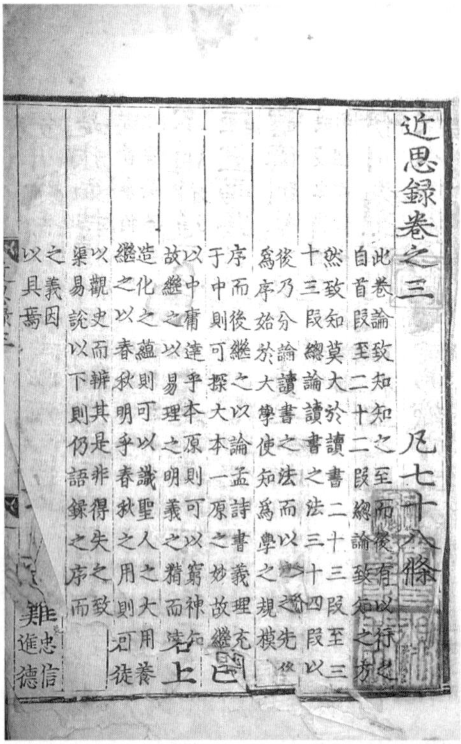
圖 7－50 《近思録集解》,李朝後期木板本

藏有一部殘本(書影見圖 7－50),存卷三至卷十四。每半葉九行十八字,注文小字雙行同。四周雙欄,有界行,框高 23.70 釐米,寬 17.70 釐米。白口,順(三葉花紋)魚尾。版心上魚尾下方刻印書名卷次簡稱(如"近思録三"),下魚尾下方題記頁碼。卷一卷端首行頂格題"近思録卷之某某",越四字格題本卷語録條目數,次行低四字格刻本卷解題,解題之後另起一行刻正文,每條單列,頂格刻印。卷末有尾題。

此刻本(C2. 23E. 2—4),現存 3 册(封面左上墨筆分别題署"亨""利""貞"),闕第 1 册的卷一、卷二。藏本鈐有多枚印章,如朱文印"鼎吉甫""完山世家""韓國精神文化研究院藏書印",白文印"李鉉象印"等。有佚名進行諺文懸吐、漢文批注。

我們將此藏本的卷三與成均館大學校藏李朝後期刻本的卷三進行比較,發現二者字體、版式均相同,故也將其斷爲李朝後期刊本。全寅初將其著録爲"訓監字本/年紀未詳/3 册,四周雙邊,半郭 24×17 cm。9 行 18 字,上下黑魚尾"①。其"上下黑魚尾"之説,恐失查。

16. 目前無法判定刊印者或印製時間的木板本

除上述葉采《近思録集解》李朝木板本外,尚有韓國現存藏書目録和藏書機構著録的,但我們無法確定刻印者或刻印時間的本子,如:

(1) 葉采《近思録集解》,高麗大學校藏一木板本,殘存卷三至卷九。每半葉九行十八字,注文小字雙行同。四周雙欄,框高 23.30 釐米,寬 16.60 釐

① (韓)全寅初《韓國所藏中國漢籍目録》,第 18 頁。

米。下黑向三葉花紋魚尾。該校藏本(C1—A79P),零本2册。鈐朱文印"歸隱齋藏"。藏家著録云"木板[中宗年間刻,後刷]"①。

(2) 葉采《近思録集解》,梨花女子大學校圖書館藏一木板本。《韓國所藏中國漢籍總目》著録云:"《近思録》,朱熹(宋)著。木版本/刊年未詳/14卷4册。……上下單邊,左右雙邊,半匡18×14.2 cm,有界,10行21字,注雙行,版心無。序:淳祐戊申(1248)……葉采。"②此"21字"本,待考查。

(3) 韓國國會圖書館藏一部木版本,十四卷,4册,四周單欄,八行十八字。藏家著録爲"黑口,上下下向黑花魚尾",有"御製忠定公權橃袖珍近思録序(墨書)"③。因我們無緣識荆,待考。

三、葉采《近思録集解》朝鮮人筆寫本

(一) 以文川郡刻本爲底本的李朝筆寫本

葉采《近思録集解》十四卷此筆寫本是在印製好框欄的紙上抄寫,書體爲楷書,有魏體字風韻。每半葉十行二十字,注文小字雙行同。四周雙欄,有界行,框高24.40釐米,寬16.90釐米。白口,版心上端題記書名卷次簡稱(如"近思録一")、下端題記頁碼。卷一卷端首行頂格題寫"近思録卷之一",越四字格題"凡五十一條",次行低四字格抄本卷解題,第三行頂格抄寫正文,《近思録》原文抄作大字,葉采注文抄作小字。每條單列,頂格抄寫,異常工整(書影見圖7-51)。

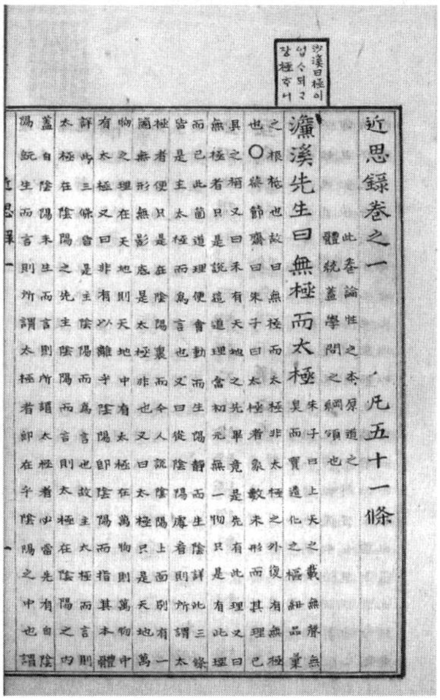

圖7-51 《近思録集解》,以文川郡刻本爲底本的李朝筆寫本

---

① 《晚松文庫漢籍目録》子部,第191頁。
② (韓)全寅初《韓國所藏中國漢籍總目》,第21頁。
③ (韓)全寅初《韓國所藏中國漢籍總目》,第20頁。

該藏本卷首抄録有葉采《近思録集解序》、《集解目録》、《近思録》(包括此書取材的 14 部書名、朱熹序、吕祖謙跋)。卷十四末有葉采《進近思録表》。末葉左半葉中間書寫大字“文川郡新刊”。據此,該筆寫本大約於李朝中後期以文川郡刻本爲底本抄録。至於抄寫者,尚待考。梨花女子大學校藏本(181. 234),4 册(封面左上墨筆題記“近思録”,且分别題記“一”“二”“三”“四”,右上則題記本册各卷篇名),五眼綫裝。鈐朱文印“趙泳默信”“五室之藏”“梨花女子大學校圖書館之印”。正文天頭有佚名用漢文或諺文批注。

(二) 李朝佚名烏絲欄筆寫本

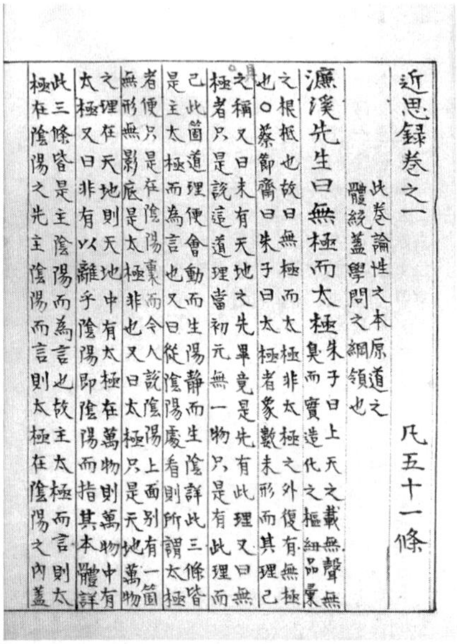
近思録卷之一　凡五十一條
此卷論性之本原道之體統蓋學問之綱領也
濂溪先生曰無極而太極朱子曰上天之載無聲無臭而實造化之樞紐品彙
之根柢也故曰無極而太極非太極之外復有無極也○蔡節齋曰朱子曰太極者象數未形而其理已
之稱又曰未有天地之先畢竟是先有此理又曰無極者只是說這道理當初元無一物只是有此理而
已此箇道理便會動而生陽靜而生陰詳此三條皆是主太極而為言也又曰從陰陽處看則所謂太極
者便只是在陰陽裏而令人說陰陽上面別有一箇無形無影底是太極非也又曰太極只是天地萬物
之理在天地則天地中有太極在萬物則萬物中有太極又曰非有以離乎陰陽即陰陽而指其本體詳
此三條皆是主陰陽而為言也故主太極而言則太極在陰陽之先主陰陽而言則太極在陰陽之內蓋

圖 7 - 52 《近思録集解》,李朝佚名烏絲欄筆寫本

據此筆寫本内容可知是葉采《近思録集解》。此寫本也是在印製好框欄的紙上抄寫,書體清秀,有古隸之韻。每半葉九行二十字,注文小字雙行同。左右雙欄,有界行,框高 17. 90 釐米,寬 14.10 釐米。白口,版心無題。卷一卷端首行頂格題寫“近思録卷之一”,越七字格題“凡五十一條”,次行低四字格抄本卷解題,第三行頂格抄寫正文,《近思録》原文抄作大字,葉采注文抄作雙行小字(書影見圖 7 - 52)。

該本卷首抄録有葉采《近思録集解序》、《集解目録》、《進近思録表》、《近思録》(包括此書取材的 14 部書名、朱熹序、吕祖謙跋)。

梨花女子大學校藏本(181. 234),4 册(封面左上墨筆分别題記“元”“亨”“利”“貞”),四眼綫裝。行格間有佚名朱筆圈點。至於何時何人所抄,尚待考證。

(三) 李朝後期素紙抄録筆寫本

葉采《近思録集解》的此筆寫本,是在素紙上抄寫,工整美觀。高麗大學校此藏本,每半葉十一行二十四字,注文小字雙行同。卷一不像常見文本那樣是在一葉紙的最右端頂格抄寫,而是緊接於前面的序跋文之後抄録。卷一首字提行在頂格的位置抄寫“近思録卷之一”,越四字格題記“凡五十一條”,次行抄寫正文。《近思録》原文抄作大字,葉采注文抄作小字。每條語録不單列抄寫,而是緊接上條之末,中間用“○”或“◇”以示隔開。卷末有尾題“近思録卷之某某”。

此筆寫本每卷的開始也不像常見版本那樣另起一葉抄寫或印製,而是前後卷内容相連續,不另起一葉單列抄寫。正文中有朱筆標注圈點,偶見浮簽批注。書眉行間有墨筆漢文小字批注,與正文書體相同,抄寫一絲不苟。書眉處的文字多豎行抄寫,偶有横行抄録。正文行間有朱筆劃分隔號或圈點,也有墨筆諺文懸吐。

該抄寫本的卷首抄寫《御製忠定公權檵袖珍近思録序》(有抬諱,署“蔡濟書”)、葉采《近思録集解序》(有朱筆圈點、劃綫,書眉有墨筆批注)、《集解目録》、《進近思録表》、《近思録》取材的 14 部書名、朱熹序、吕祖謙跋。卷十四末抄有跋文:“嗚呼! ……甲寅爲三十三年。”其内容交代了袖珍本《近思録》佳話及刻本源流,與李朝純祖二十六年覆刻丁酉字本同。由此可以推斷,該筆寫本很可能依據李朝純祖年間木板本抄寫,爲李朝後期抄寫本(書影見圖 7－53)。

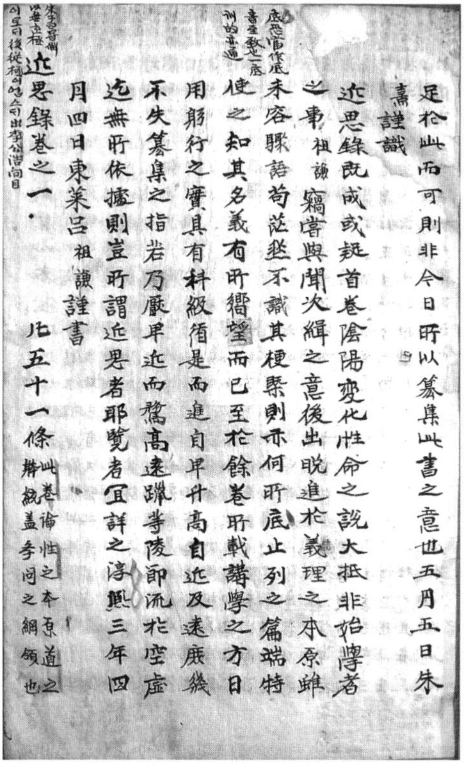
足於此而可則非今日所以纂集此書之意也五月五日朱
熹謹識
近思錄既成或疑首卷陰陽變化性命之說大抵非始學者
之事 祖謙竊嘗與聞次緝之意後出晚進於義理之本原雖
未容驟語苟茫然不識其梗槩則亦何所底止列之篇端特
使之知其名義有所嚮望而已至於餘卷所載講學之方日
用躬行之實具有科級循是而進自卑升高自近及遠庶幾
不失纂集之指若乃厭卑近而騖高遠躐等陵節流於空虛
迄無所依據則豈所謂近思者耶覽者宜詳之淳熙三年四
月四日東萊呂祖謙謹書
近思錄卷之一 凡五十一條 此卷論性之本原道之體統蓋學問之綱領也

圖 7－53 《近思録集解》,李朝後期筆寫本

高麗大學校藏本(C1 A79L. 1—2),2 册(封面左上墨筆題署“《近思録》”,且分别題記“乾”“坤”,右上墨筆題記本册書的各卷篇名)。鈐朱文印“西原”。此本爲晚松文庫舊藏,然藏家未注明抄寫時間[①]。

(四) 未目驗的葉采《近思録集解》李朝筆寫本(筆者無緣識荆,今摘録韓國部分藏書目録的著録)

1. 宋葉采集解《近思録》,寫本。韓國精神文化研究院藏本,全寅初《韓國所藏中國漢籍總目》著録曰“寫本/年紀未詳/全 14 卷 4 册,中 1 册(第 2 册闕)”,鈐印“玉川張是遠印”“舒卿”[②]。

2. 精神文化研究院藏本,全寅初《韓國所藏中國漢籍總目》著録曰:“寫本/年紀未詳/全 14 卷 4 册,1 册(第 2—4 册闕)。”[③]上述精神文化研究院即現今韓國學中央研究院,筆者前往查考,不見有這兩部寫本,難道是著録者失考?

3. 韓國國立中央圖書館藏本,全寅初《韓國所藏中國漢籍總目》著録曰:“寫本/1 卷。跋:己亥(1599)姜亢。序:淳熙戊申……葉采。”[④]

4. 慶尚大學校圖書館藏有一部寫本,1 册。發行地、時間均不明。

5. 延世大學校藏有一部筆寫本(181. 2321 2),14 卷 2 册。無界,每半葉十行二十字,注文小字雙行同。無魚尾。卷首抄有葉采序、進表。藏家著録云“寫記:乙未(?)八月上澣畢書”。藏書記“可隱書室藏”,鈐印有“可隱沈相元”“默容室藏外八種”[⑤]。

該校網站的藏書目録還著録有一部筆寫本(181. 5),5 卷 1 册。四周單欄,無界行。每半葉二十四行二十四字,注文小字雙行同。無魚尾。“寫記:癸酉(?)榴夏”。關於上述兩部筆寫本,筆者在該校訪書時無緣見到,在此僅録相關記録文字以便讀者設法尋考。

6. 忠南大學校藏有一部寫本,存卷三至卷十四。每半葉十行二十字,注

---

① 《晚松文庫漢籍目録》,第 191 頁。

② (韓)全寅初《韓國所藏中國漢籍總目》,第 17 頁。

③④ (韓)全寅初《韓國所藏中國漢籍總目》,第 18 頁。

⑤ (韓)全寅初《韓國所藏中國漢籍總目》,第 25 頁。

文小字雙行同。四周單欄,有界行。

上述筆寫本,雖有書目著録,但我們無法查實,有些是值得懷疑的,具體詳情待考。

另外,由於葉采《集解》在朝鮮半島一直深受歡迎,各時期的君臣皆用心傳播,除前文考述的木板本、活字本外,韓國社會利用現代印刷技術,對原有的某些版本進行複製或影印,如韓國國立中央圖書館藏有據高麗木板本複印製成的複印本,計10卷(原版闕卷二、卷五至卷七)。1974年複印。該館又複印李朝中宗年間的甲寅字本。並且隨着圖書製作技術發展,也進行了影印整理本,主要有:(1) 李朝戊申字本的影印本,國立中央圖書館藏有保景文化影印本,即將《心經》《近思録》二者合爲一書,1986年10月初版;保景文化社於1989年3月再版發行,1990年第3版發行。(2) 韓國景文社編1976年據壬辰字本影印《心經》《近思録》。

第二節　李朝刻印熊剛大、江永等人的注本考

在考述古朝鮮刊印、抄録的葉采《近思録集解》之餘,我們在此需補充説明的是,歷史上的朝鮮半島並非衹傳播葉采《集解》本,除該主流傳本外,他們也關注其他《近思録》注本,進行刊印,今簡述如下。

一、熊剛大句解《近思録》李朝版本

南宋熊剛大注解的《近思録》十四卷,收録在《新刊音點性理群書句解》或謂《新編音點性理群書句解》"後集"的卷一至卷十三中,編排在蔡模《近思續録》《近思別録》之前,由於是逐句注釋,一般稱之爲熊剛大《近思録句解》"《性理群書句解》本"。此書在宋元時期有刻本流佈,曾獲東亞儒學文化圈的青睞,注重性理之學的朝鮮半島自然不乏重刻本、活字本,現存多部版本即可爲證。

熊剛大,生卒年不詳,南宋建陽崇泰里人,是朱熹門人黄榦、蔡淵的弟子。

學者稱古溪先生[①]。蔡模(覺軒)門人,問學精專,操行篤至。南宋嘉定七年(1214)進士,掌建安書院朱文公諸賢從祀祠。著有《詩經注解》《性理小學集解》《性理群書句解》等。《近思録》在南宋有三種注本,相較之下,熊剛大開闢了該理學讀本傳播的又一途徑。作爲朱子後學,他重視童蒙讀物的解讀,其句解《近思録》注文,儘管看似有淺近之嫌,但是卻能擴大此書的受衆面,既是傳播自己的宗朱思想,又是一種深入淺出的注釋。正是因爲熊剛大的注文淺近易懂,能方便大衆認知,故該《句解》能在東亞漢字文化圈不斷得以傳播,影響較爲久遠。

《句解》李朝版本,現存主要是木板本、活字本,故收録其中的熊剛大注解《近思録》本亦如此。

(一) 李朝太宗十五年平壤府木板本

《新刊音點性理群書句解》(後集)中收録的熊剛大句解《近思録》李朝木板本,每半葉十三行二十四字,注文小字雙行同。四周雙欄(或左右雙欄),有界行,框高 17.60 釐米,寬 11.60 釐米。上下粗黑口,順(黑)魚尾。每卷首葉版心魚尾間上方題記菱形花紋,下方記頁碼,其餘各葉版心在魚尾間上題書名簡稱(如"書後")、下記頁碼。《近思録》熊剛大集解的卷一卷端首行頂格題"新刊音點性理群書句解卷之一",越五字格題有橢圓形墨蓋子的"後集"二字,第二行低二字格題"《近思録》卷第一"(下有本卷解題,即雙行小字注文),第三行刻印正文,每卷卷末有尾題。

《句解》"後集"的卷首刻有《近思録編集諸儒注解目録》。此《目録》的卷端題署:"《近思録》一十四卷,晦庵先生朱文公集編,東來先生吕成公同編,考亭後學熊剛大集解。"

該刻本體例、内容與現存臺北的《句解》元代刻本相同,甚至元刊本中特有字體,如"斈""躰""荅""顋"等在此刻本中均保留,"熊氏曰"等字樣也刻作墨蓋子白文。故從行款、字形、刊刻特色考察,很可能是源自中國的宋元刊本,可以説是翻刻元刊本。

---

① (清)黄宗羲原著,(清)全祖望補修《宋元學案》卷六十二《西山蔡氏學案》,第 2014 頁。

在“後集”卷二十三末葉尾題的左下，有一行題記“平壤府重刊”。隨後在另一葉有金慮遐識文，即“殿下之十三年秋……永樂乙未……金慮遐”。永樂乙未年，即李朝太宗十五年(1415)。依據本書第六章的考證，當爲李朝太宗十五年平安道平壤府刊本。嶺南大學校藏本卷帙完好(書影見圖 7－54)，藏家著録爲“平壤府重刻”本[①]，熊氏注解的《近思録》在其“後集”的卷一至卷十三中。《句解》平壤府刻本，延世大學校存有殘本，此刻本日本國立國會圖書館也有藏，熊氏《近思録句解》有殘損。參見第六章。

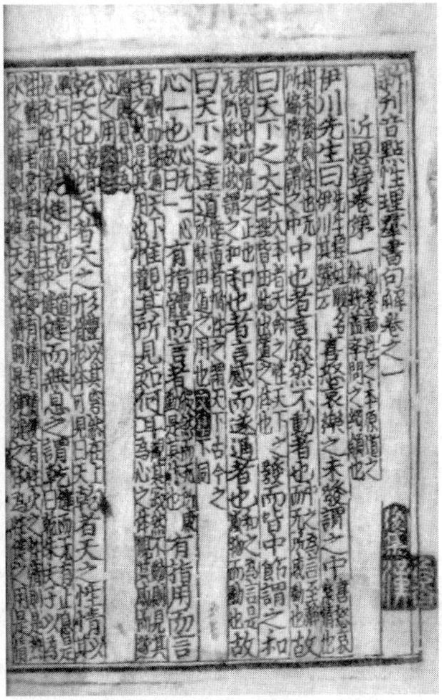

圖 7－54　熊剛大《近思録句解》，《新刊音點性理群書句解》本，李朝太宗十五年平壤府木板本

(二) 李朝世宗二十一年甲寅字本

據《新編音點性理群書句解》(後集)卷末權近、卞季良、金鑌等權臣的跋文可知，李朝世宗以新創活字印行了《句解》甲寅字本。該活字本每半葉十行十八字，注文小字雙行同。四周單欄，有界行，框高 26.70 釐米，寬 17.50 釐米。白口，順(黑)魚尾。上魚尾下方印“後集某某”，下魚尾下端印頁碼。卷一卷端首行頂格題“新刊音點性理群書句解卷之一”，越二字格題有橢圓形墨蓋子的“後集”二字，第二行低三字格題“《近思録》卷第一”(下有雙行小字注，即本卷解題)，第三行印正文。每條單列，頂格印製。“熊氏曰”等字樣也印成墨蓋子白文，刊印風格似元代刊本。

此《新刊音點性理群書句解》活字本(後集)的版式特徵與“前集”略異的是，多爲四周單欄。熊氏注《近思録》十四卷卷帙完好，印製精美。在“後集”卷二十三的末葉後，另起一葉印李朝三位大臣的跋文。在跋文末“金鑌拜手

① (韓)嶺南大學校中央圖書館編《嶺南大學校圖書館所藏古書目録》(陶南文庫)，第 49 頁。

稽首敬跋”的左側上方印有刊記“正統四年四月日印出”。因而此活字本應是李朝世宗二十一年(1439)用甲寅字印行的版本。韓國國立中央圖書館有藏(古貴 1257—3,書影見圖 7-55)。藏家説是朝鮮李朝中宗年間(1506—1544)印於漢城,爲朝鮮銅活字本(初鑄甲寅字)。但我們覺得該館對此活字本時間的斷定需要再推敲。

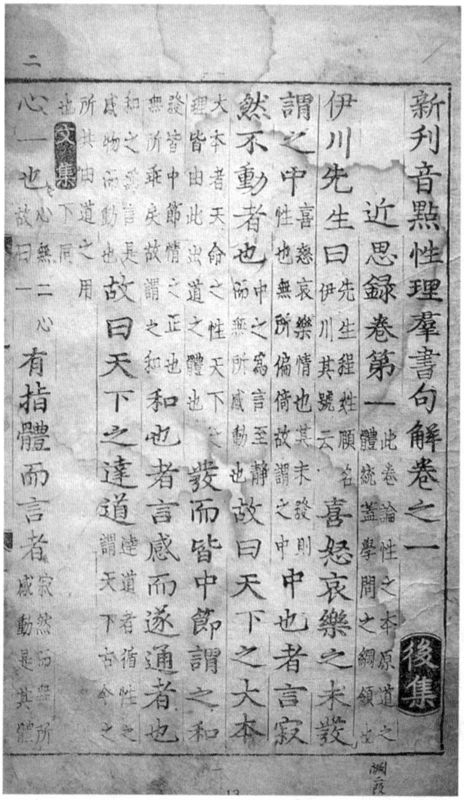
新刊音點性理羣書句解卷之一 後集
近思録卷第一
伊川先生曰喜怒哀樂之未發謂之中中也者言寂然不動者也故曰天下之大本發而皆中節謂之和和也者言感而遂通者也故曰天下之達道
心一也有指體而言者

圖 7-55 《近思録句解》,《新刊音點性理群書句解》本,李朝世宗二十一年甲寅字本

(三) 李朝成宗年間覆刻甲寅字本

高麗大學校還藏有《句解》(前集)殘存卷一至卷六,《新刊音點性理群書句解》“後集”殘存卷二十一至卷二十三,其版式特徵與甲寅字本同。在卷二十三末,另起一葉刻有弘治元年金孝貞跋文一篇。據本書第六章考證,此木板本或是李朝成宗十九年(1488)刊行。其底本與金孝貞跋文所云李朝世宗“出行宫所藏鑄字一本,留賜本校”相關聯,且此刻本的體例、文字、版式等與上述甲寅字本又頗吻合,故高麗大學校(貴 57)將此藏本著録爲“木板本(甲寅字覆刻)”①。此成宗年間覆刻甲寅字本,延世大學校藏有殘本②,遺憾的是我們没能獲得該校藏本的書影。

① 《薪菴文庫漢籍目録》,第 61 頁。
② (韓)延世大學校中央圖書館編輯《延世大學校中央圖書館古書目録》,第 51 頁。

(四) 李朝成宗十九年木板本

《新編音點性理群書句解》現存李朝成宗十九年刻本卷帙完好,高麗大學校有藏(貴 57F, 書影見圖 7-56),每半葉十行十八字,注文小字雙行同。四周雙欄,白口,順魚尾。其版式特徵與上述"甲寅字本"基本相同。《句解》"後集"多爲四周雙欄。卷一卷端首行頂格題"新刊音點性理群書句解卷之一",越二字格題有橢圓形墨蓋子的"後集"二字,第二行低三字格題"《近思録》卷第一"(下有雙行小字注本卷的解題),第三行頂格刻印正文。刻本風格近似《句解》元代刊本。在"後集"卷二十三末,另起一葉刻有李朝成宗十九年金孝貞跋文一篇。跋文的主體内容與上述金氏跋文同,也保留有末葉,上刻刊校者身份與姓名。

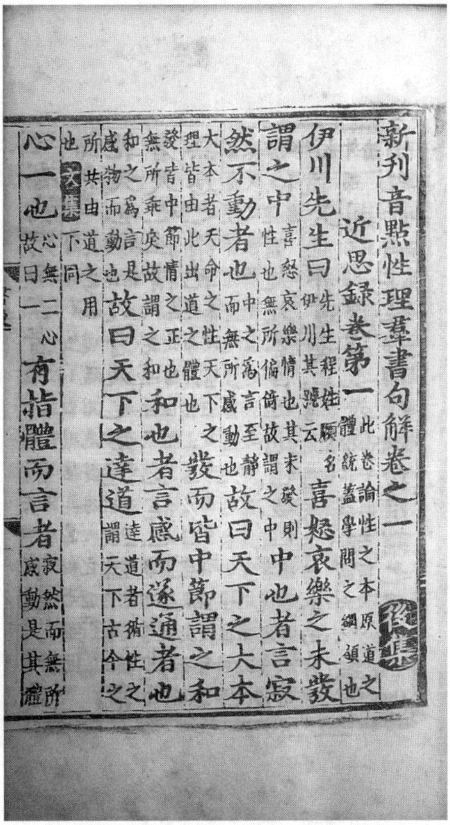

新刊音點性理羣書句解卷之一 後集
近思録卷第一
伊川先生曰喜怒哀樂之未發
謂之中 中也者言寂
然不動者也 故曰天下之大本
發而皆中節謂之和
和也者言感而遂通者也
故曰天下之達道
心一也 有指體而言者

圖 7-56 《近思録句解》,《新刊音點性理群書句解》本,李朝成宗十九年木板本

《句解》此刻本與上述覆刻甲寅字本相較,其字形略顯細瘦,出於慎重考慮,我們將此刻本單列,稱作李朝成宗十九年木板本。此藏本原爲晚松文庫舊藏,《華山文庫漢籍目録》著録云:"[成宗十九(1488)跋]木板本。"[①]鈐有墨印"臨淵齋章"。

(五) 李朝燕山二年翻刻甲寅字本

此《句解》刻本筆者無緣識荆,據韓國國立中央圖書館著録,有"金屬活字

① 《華山文庫漢籍目録》,第 65 頁。

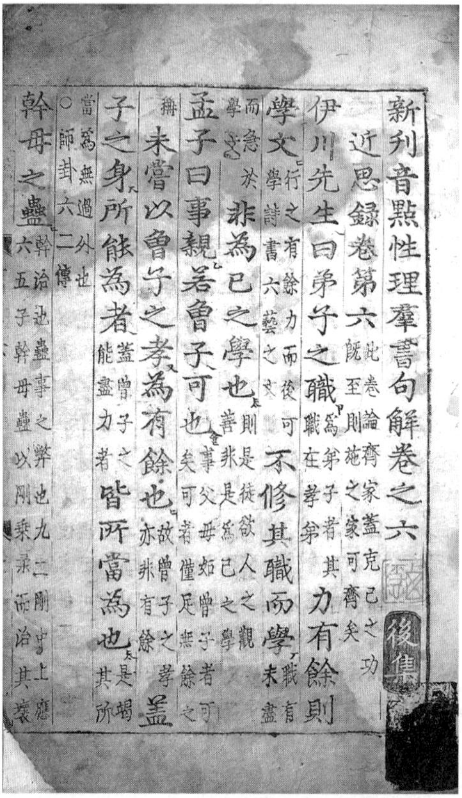
新刊音點性理羣書句解卷之六

後集

近思録卷第六

伊川先生曰弟子之職力有餘則

學文不修其職而學

孟子曰事親若曾子可也

未嘗以曾子之孝爲有餘也

子之身所能爲者皆所當爲也

幹母之蠱

圖 7－57　《近思録句解》,《新刊音點性理群書句解》本,李朝明宗年間甲寅字、乙亥字混用的活字本

本(初鑄甲寅字翻刻本)”,每半葉十行十八字,注文小字雙行同。四周單欄,有界行,順(黑)魚尾。藏家著録云“半郭 22.8×16.7cm”,是“燕山君二(1496)刻[壬亂前補刻後刷]”①。然具體詳情仍待考。

(六) 李朝明宗年間甲寅字、乙亥字混用的活字本

高麗大學校還藏有《句解》殘本(書影見圖 7－57),存“後集”卷六至卷十四(即《近思録》卷六至卷九)。每半葉十行十八字,注文小字雙行同。四周單欄,有界行,框高 27.00 釐米,寬 17.50 釐米。白口,順(黑)魚尾。此本卷六卷端首行頂格題“新刊音點性理群書句解卷之六”,越二字格題有橢圓形墨蓋子的“後集”二字,第二行低一字格題“《近思録》卷第六”(下有雙行小字注本卷的解題),第三行頂格印製正文。高麗大學校藏本(貴 57A),2 册,原爲華山文庫舊藏,藏家著録謂“[明宗間(1546—1567)]活字本(甲寅字、乙亥字混用)”②。鈐朱文印“西隱”。

上述《新刊音點性理群書句解》朝鮮李朝傳本,儘管不是對朝鮮半島最全面的考察,然由此似可發現《句解》版本的多樣性,説明朝鮮半島對朱熹再傳弟子熊剛大注解《性理群書》價值的肯定。

---

① 見韓國國立中央圖書館官網:www.nl.go.kr

② 《華山文庫漢籍目録》,第 64—65 頁。

附：(宋)熊剛大集解，(明)吴訥補注《性理群書補注》十四卷，朝鮮李朝成宗年間重刻本

宋熊剛大集解，明吴訥補注的《性理群書》十四卷，很可能在明代就已經傳至朝鮮半島。李朝在很長的歷史時期崇敬朱子學，對於《性理群書句解》自然很賞識，不斷刊行傳播，而且對於明初吴訥的《補注》也給予相當的關注，在成宗年間出現了《補注》木板本。

在此刻本中，吴訥補注《近思録句解》十四卷收録在卷十一至卷十四。此刻本每半葉十行二十字，四周雙欄，有界行。白口，順魚尾。版心題卷次、頁碼。卷一卷端首行頂格題"性理群書卷之某某"，第二、第三行低十字格題署"建安熊剛大集解，海虞吴訥補注"，第四行題輯録的相關篇名，接之爲正文。《性理群書》的文字均頂格刻印，熊剛大集解、吴訥補注的文字皆單列，然與《性理群書》的文字相比，均低一字格刻印。其刊刻體例編次與上述明刻本一致，内容完全相同。因而，推斷此木板本是重刻明代刊本(很可能是重刻明成化十五年刊本)。遺憾的是，韓國現存此本卷十四末脱損若干葉，顯得美中不足。

刻本卷首刻有明成化十五年希古《重刊性理群書補注序》，吴訥《凡例》《性理群書目録》。此木板本現藏韓國國立中央圖書館，藏家著録爲李朝成宗年間(1470—1494)木板本，覆刻明刊本。

二、江永《近思録集注》李朝筆寫本

江永(1681—1762)，字慎修，號慎齋，清徽州婺源人。作爲乾隆時期大儒，他熟讀經典，對經學研究精深，尤擅長聲律考據，著述甚多，其中有闡述宋五子的著述數十卷。自南宋至清乾隆時期，在《近思録》衆多注本中，葉采《近思録集解》最佳，但是當江永集注的《近思録》文本問世後，葉采《集解》在注本中的主導地位便讓位於它，故其注本在《近思録》傳播歷史上發揮過重要作用。在此後的一百六十餘年中，江永《近思録集注》的覆刻本、重刻本、校勘本交織出現，現存抄本、刻本、石印本共計不少於 30 種，其版本的多樣性在《近思録》注釋本中是除葉采《集解》外絶無僅有的。由於江永集注《近思録》，引據詳洽，絶非那些空談尊朱者可比，故也受到朝鮮李朝社會的認可。今僅就

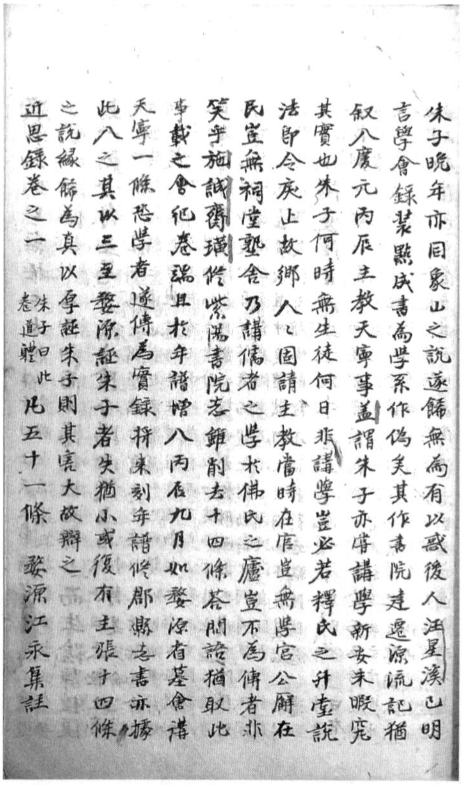

朱子晚年亦同象山之説遂歸無爲有以惑後人汪星溪已明
言學會録裝點成書爲學系作僞矣其作書院建還源流記猶
叙八慶元丙辰主教天寧事蓋謂朱子亦嘗講學新安未暇究
其實也朱子何時無生徒何日非講學豈必若釋氏之升堂説
法即令庚止故鄉人〻固請主教當時在庠豈無學宮公廨在
民豈無祠堂塾舍乃講儒者之學於佛氏之廬豈不爲儒者非
笑乎施誠齋璜修紫陽書院志雖削去十四條答問語猶取此
事載之會紀卷端且於年譜增入丙辰九月如婺源省墓會講
天寧一條恐學者遂傳爲實録將來刻年譜修郡縣志書亦據
此入之其以三至婺源誣朱子者失猶小或復有主張十四條
之説緣飾爲真以厚誣朱子則其害大故辯之
近思録卷之一　朱子曰此卷道體　凡五十一條　婺源江永集註

圖 7 - 58　江永《近思録集注》,李朝筆寫本

筆者所知略述一二。

清江永集注《近思録》十四卷,高麗大學校藏有一部筆寫本[①](書影見圖 7 - 58),是在素紙上抄寫,書體爲楷行書。每半葉十二行二十四字,注文小字雙行同。每卷開始不是都另起一葉抄寫,多是首尾相連,偶見卷二、卷十首葉另起一葉抄録。抄寫者也没有將《集注》各條單列抄録,而是各條語録相連續,條與條之間用"○"以示分隔。

該筆寫本的卷一卷端是緊接於卷首序跋文之後,頂格題寫"近思録卷之一",越一字格題本卷解題"朱子曰此卷道體"(小字雙行)、本卷語録條數"凡五十一條",再越一字格題署"婺源江永集注"。偶見尾題"近思録卷之某"。

筆寫本的卷首抄録有江永《近思録集注序》、《近思録書目原序》、朱熹序、吕祖謙跋、朱子論《近思録》文字若干段、《近思録集注凡例》(此處僅有標目,題下注記"故闕之"三字)、江永《考訂朱子世家》一卷,附天寧寺會講辯。

該校藏本(B1—A79M),2 册(緑色封面左上題記"《近思録》",且分别題記"天""地"),五眼綫裝。藏本書眉較闊,筆寫本的字行間有朱筆圈點畫綫。鈐有朱文印"高麗大學校藏書"、藍色印章"晚松金完燮文庫"。至於該筆寫本是何時何人抄寫,尚待考訂。

① 《晚松文庫漢籍目録》,第 191 頁。

第八章　古朝鮮學者的《近思録》注解本

在朝鮮半島的歷史上，高麗朝、朝鮮李朝政府不斷刊印傳播“《近思録》文獻”，與此同時，各地學者在閲讀《近思録》文獻時，或身體力行進行訓釋注評，或提出自己的疑惑，進行劄記解析，或在與他人的研討中闡發自己的理解、認知，由此形成多部《近思録》文獻注解本。這些經過李朝學者整理編纂而成的文本，主要反映了朝鮮李朝社會對《近思録》及其葉采注文的理解與評判，展現出李朝學者特有的認知與主觀能動意識，有助於導引本邦求學者學習理解程朱之學，因而這些朝鮮學者的注解本也具有相當的文獻價值，今分述如下。

第一節　李朝學者《近思録》“釋疑類”文本考

在朝鮮學者的“《近思録》文獻”中，有一類在書名中署“考疑”“釋疑”“僭疑”“記疑”“劄疑”等字樣，其主要内容是對《近思録》、葉采《集解》、李朝學者注釋講論進行注解或質疑，我們將其擬作朝鮮的《近思録》“釋疑類”文本，今按編撰者時代先後考述如下。

一、權橃《近思録考疑》文本

權橃(1478—1548)，字仲虚，號冲齋，李朝安東人。朝鮮李朝早期的學者，人稱忠定公，現存有《冲齋集》。

其《近思録考疑》對《近思録》卷一至卷八的 9 條語録文字進行考校或詮釋，如：

1. “在義爲理”下，權橃云：“卷一，‘義’作‘物’。”筆者所見葉采《近思録集解》現存元、明、清刻本作“義”字。

2. “買還珠”下，權橃云：“卷二，‘買’下脱‘櫝’字。”筆者所見現存葉采《集解》元、明、清刻本未脱“櫝”字，恐權橃是針對朝鮮本而言。

3. 在“得深則可以見誘之小。葉注‘造物深則嗜欲微’”下，權橃云：“‘物’當作‘理’。”我們查考中國國内藏葉采《近思録集解》本後發現，元刊本作“物”，清初邵仁泓校刊本作“理”。

4. 在“先生曰：《蠱》之《象》‘君子以振民育德’”下，權橃云：“振民，《大學》之新民；育德，《大學》之明明德。”

5. 在“‘古之學者爲己’，其終至於成物”下，權橃云：“此便是明明德、新民之事也。”

6. 在“人之知識於這裏適著”下，權橃云：“卷三，‘適’作‘蔽’。”我們所見《集解》元刊本作“蔽”。

7. 在“故《復》之《象》曰‘先王以至日閉關’”下，權橃云：“卷四，商旅不行，後不省方。”

8. 在“霸者崎嶇反側於由徑之中”下，權橃云：“卷八，‘由’當作‘曲’。”我們所見葉采《集解》明代刊本作“曲徑”，清初邵氏刊本亦作“曲徑”。

9. 在“釋氏之學，更不消言常戒，到自家自信”下，權橃云：“此下脱‘後便不能亂得’六字。”筆者所見葉采《集解》現存元、明、清刻本未脱此六字，恐權橃是針對朝鮮本而言。

權橃對9條語録的考證中，有對葉采《近思録集解》的考校，依此推測，權氏所考很可能以葉采《集解》爲藍本。但是，從權橃的考疑來看，其所見《近思録》與中國現存元明清刻本不盡相同，恐是針對朝鮮所刊印的本子。其考疑《近思録》語録九條，收録在《冲齋集》卷三，其木板本的影印本見宋熹準《近思録注解叢編》第2册。

另外，在明代嘉靖二十二年，即李朝中宗三十八年(1543)《朱子大全》傳至朝鮮半島，權橃有機會閲讀到並作題識。此事在《冲齋集》卷二有載：“嘉靖癸卯六月，中廟宣賜《朱子大全》一帙。時《大全》書自上國始來，先生手自校正，逐卷有短識。”[①]可以説權橃對朱子學的認識較透徹。

二、金長生、鄭曄《近思録釋疑》版本考述

中國元朝統治者在武力獲取政權後，爲了維護中央政權、籠絡漢族精英，

[①] (韓)宋熹準《近思録注解叢編》第2册，第1頁，韓國學民文化社1999年3月影印出版。

繼續采納具有歷史文化積澱的理學思想作爲統治工具，開科取士，尊孔崇儒。元朝仁宗皇帝二年(1313)，朱熹《四書章句集注》就成爲科舉考試的定本。因而，程朱之學憑藉科舉制度而對此後近六百年間中國知識分子思想産生了重大影響。

程朱理學在高麗王朝末期(相當於中國元代)傳入朝鮮半島，在十三世紀以後，朱子學成爲東亞朝鮮儒學的主流思想。此後不久，朱子學東渡日本，在德川時代(1600—1868)三百年間，對日本也産生了深遠影響。

在朝鮮李朝(1392—1910)時期，中國儒學繼續對朝鮮半島發揮着大的影響，伴隨着朱子學在本邦的興起，朝鮮半島也出現了本土儒學，其中以研究朱子學爲中心的性理學派①最具影響力，代表人物如李滉(退溪)、李珥(栗谷)等，隨後踵其學者有宋時烈(尤庵)與韓元震(南塘)等。

在程朱理學成爲東亞學術思想的主流之後，一方面李朝社會對程朱理學予以尊崇，接受並傳播之；另一方面朝鮮本土學者開始進行反思，出現反朱批朱的思潮。那些批判程朱之學者，有通過對四書的再詮釋，來批判以《四書章句集注》爲基礎所建構的朱子學思想系統，也有從詮釋理學入門經典《近思録》、仿編新生本邦文本等路徑來展現自己觀念主張，逐漸形成具有本民族色彩的朱子學。金長生、鄭曄便是其中的代表。

金長生(1548—1631)，字希元，號沙溪，李朝光州人。他少年老成，先後追隨宋翼弼、李珥研習周敦頤、二程、朱熹的著述與《近思録》等，自稱是李珥嫡傳。曾任刑曹參判，爲李朝的儒學者、思想家。謚文元，人稱文元公。著述有《李珥先生狀德》《經書辨疑》《疑禮問解》《沙溪集》《沙溪先生遺稿》。所著《近思録釋疑》，多概括闡釋《近思録》某些語録。鄭曄(1563—1625)，字時晦，號守夢、雪村，朝鮮草溪人。他師從向裒、李珥、宋龜峰(翼弼)，與金長生爲同門師友關係。謚號文肅，人稱文肅公。著述有《近思釋疑》《守夢集》。

金長生是一位“學以知之”的儒學家，他慎選讀本，窮理躬行，以《小學》爲修身之本，注重灑掃應對，“每夜必讀《庸》《學》《心經》《近思録》等書，循環純熟如誦己言”，做到居敬窮理、修己治人。金長生曾經將自己閲讀《近思録》而

---

① 黄俊傑認爲，其學派紛陳，有主治主義學派、性理學派、禮學派、陽明學派、經濟學派以及實學派等。見黄俊傑《東亞儒學史的新視野》，第160頁。

萌生的認識撰爲一册,請鄭曄刊正。在十餘年之後,當鄭曄外甥羅萬甲在明崇禎二年(1629)將鄭氏撰寫的"《釋疑》四卷"(筆者按,即 4 册)寄給金長生時,金長生甚感欣慰,拜讀之後,自己昔日的疑惑也涣然冰釋。而此時鄭曄已歿,金長生也發現鄭曄在他自己所撰基礎上修潤而成的《釋疑》稿本"凡例無甚賓主,又其先後間或錯置","亦取瞽説録於其間",對其"有可疑者,恨未及時晦在世時評論歸一",但是他卻覺得鄭曄學有所宗、所得,可取之處多,故特撰寫《近思録釋疑序》一篇,以表懷念之情、稱頌之意。

其《近思録釋疑序》曰:"吾友草溪鄭時晦於儕流年最少,少於我十五歲,奄然先我而逝既久,而悲嘆之意常往來於懷也。時晦嘗謂余:'吾受教於先人矣,曰爾當以栗谷爲師、金某爲友,故敢與吾子相從爾。'自是切磋道義,相期特深。曩余讀《近思録》到難會處,引諸儒諸説,間附以己見,録作一册,請時晦刊正,已過十餘稔矣。今年秋羅校理萬甲謫海西,將行,以時晦所撰《釋疑》四卷見寄。蓋羅於時晦爲甥,時晦未及净寫,屬於羅君故也。程、朱格言逐條類聚,亦取瞽説録於其間,蓋見時晦相信之篤也。閑中一閲,怳若謦咳之相接,而前日所疑釋然冰解,老境得此,誠大幸也。第於其中或有可疑者,恨未及時晦在世時評論歸一耳。時晦早事向裏,出入栗谷、龜峰兩先生之門,學有所得,居家多可取之行,立朝不與人苟同,或州縣或田野,盤桓不進,其意蓋可想矣。及至今上朝多被眷重,委任責成,將有所施,不幸賫志而没,惜哉!思時晦而不見,見時晦之所著,差可慰懷,遂爲之序。崇禎二年己巳重陽,沙溪金長生書。"①

金長生此序作於李朝仁祖七年(1629),此時鄭曄已仙逝四年。金氏雖已得鄭曄《釋疑》4 册,然垂暮之年的他恐難有精力校訂《釋疑》,故後來對《釋疑》進行校勘者,應是其門人宋時烈(1607—1689)。宋氏初名聖賚,字英甫,號尤庵、華陽洞主、橋山老夫、南澗老叟,李朝恩津人。謚號文正,人稱文正公。他是李朝孝宗至肅宗時期的名臣,曾任左議政,是朝鮮李朝中期的儒學者、思想家。師從金長生,其學承自李栗谷,"一主於朱子",故李朝後期人稱其"宋子"或"宋夫子"。他發展了直哲學、心法學,開創了權尚夏、韓元震等繼

① (朝鮮)金長生《近思録釋疑序》,載於(朝鮮)金長生、鄭曄著,(朝鮮)宋時烈校《近思録釋疑》,朝鮮李朝顯宗二年木板本。

承的義理學派的最高峰。著述有《李珥先生年譜》《紫雲廟庭碑》《近思録誤本辨證》《朱文抄選》《尤庵集》。今存《宋子大全》。

宋時烈自幼受父親訓導,知曉"朱子是後來的孔子,栗谷是後來的朱子,要想學朱子,必先從栗谷學起",於是,受此教導的他便步入由孔子、朱子、李珥繼承的道學之門。他經多年研習,具備了以程朱理學爲中心的性理學的學養,"繼承了由朝鮮朝經世學的代表人物趙光祖、李珥、金長生承襲的道學和禮學,發展了直哲學和心法學"。"成爲開創遂庵權尚夏、南塘韓元震、華西李恒老、勉庵崔益鉉、毅庵柳麟錫等繼承的義理學派的最高峰"[①]。

其《近思録誤本辨證》是對《近思録》卷三第 21 條語録"義理有疑"的校勘辨證。南宋葉采《近思録集解》元刊本,葉采説,"義理有疑"條是"專論讀書之法,不當在廿一,疑當時欲移在'尹問'之後"。葉氏認爲,"義理有疑"條在《近思録》舊本(筆者按,即没有"心中有所開"以下云云文字)是編次於第 21 條的位置(筆者按,今存世元、明、清刊本在此處則添加了"心中有所開"以下云云文字),卷三"焞初到問爲學之方"條(即"尹問"條)在第 33 條語録的位置,其意是論致知,不當在卷末,故南宋泉州本將這兩條語録文字繫於卷末,葉采認爲不妥。又説添加"心中有所開"以下云云文字的這段文字"已是專論讀書之法,不當在廿一,疑當時欲移在'尹問'之後"。但是,儘管葉采這麽説,如今我們所見其注本(如元刻本)卻未改動位置,仍是從"舊本",衹是在第 21 條"以來新意"下添加"心中有所開"以下云云文字。

在這一問題上,朝鮮李朝的宋時烈與葉采《集解》的見解基本吻合,認爲"義理有疑"條的"上下皆是泛論致知,則於此不應遽以此條讀書之法參錯於其間,其次於享(筆者按,"享"當作"焞")到之下,宜矣,而其在卷末則誤,無疑也"[②]。可見,宋時烈對葉采注解時的質疑予以肯定,以爲第 21 條應該編次在第 33 條"焞初到"語録之後,做到"使之以類相從"。可是現存《釋疑》(顯宗二年木板本)仍將此條置於第 21 條的位置,僅注云"泉州本繫卷末也"。

---

① 韓國哲學會編《韓國哲學史》中卷,龔榮仙譯,社會科學文獻出版社,1996 年 12 月 1 版,第 280 頁。

② (朝鮮)宋時烈《近思録誤本辨證》筆寫本的影印本,見(韓)宋熹準《近思録注解叢編》第 3 册,第 125—126 頁。

作爲程朱理學的忠信者宋時烈，在金長生授以《近思録》與《近思録釋疑》後，宋氏幾十年用功於斯，“取此書以理舊學，則字有其訓，句有其解，不翅若瞽者之有相矣”，因而深悟金長生、鄭曄關於《近思録》的論述。他認爲《釋疑》中所引朱子之説，近似於蔡模所編《近思續録》，故而堅信金長生之言：“讀《近思》者不可以無此”。但考慮到《釋疑》中“凡例無甚賓主，又其先後間或錯置，意其爲草本而未及修定”，於是對此書進行校讎，稍改原稿樣式，刊印時“大書《近思》本文以爲之綱，而以其所釋諸説分注於其下，又正其次序之舛者，使其綱目相承，井伍不紊”，如此校刊則便利了讀者的閲讀。同時，對那些需要“修潤損益之處”，“不敢以妄意穿鑿”，而是將金長生以前教誨自己的相關語録增補其中。所以，在明崇禎三十四年，即清順治十八年（1661），當羅侯星斗（鄭曄外甥羅萬甲）欲刊梓《近思録釋疑》時，宋時烈受其所託作序文一篇。

宋時烈《近思録釋疑後序》曰：

始余謁文元公老先生於溪上，先生首授以《近思録》一部，而並以《釋疑》四册視之，曰：“此吾友守夢公之所編也，讀《近思》者不可以無此也。”時余蒙陋益甚，無以窺其梗概，又方親受先生旨訣，似若無事於此書者。未幾，先生歿，踽踽若窮人之無歸，而有幽室求物之嘆，乃取此書以理舊學，則字有其訓，句有其解，不翅若瞽者之有相矣。而又凡老先生平日議論，多在其中，怳若復承謦咳於函丈之間，竊不勝羹墻江漢之思也。又多以朱子説從門補入，互成部居，是不待覺軒之手而宛一寒泉之續編，其功可謂大矣。於是追憶先生之言，果知此書之不可無也。第其凡例無甚賓主，又其先後間或錯置，意其爲草本而未及修定爾。余竊僭不自揣，與一二同志，參其校讎，稍改舊樣，大書《近思》本文以爲之綱，而以其所釋諸説分注於其下，又正其次序之舛者，使其綱目相承，井伍不紊。蓋欲其便於考閲而已，非欲求異於原書也。其間或不免有修潤損益之處，則亦以其所聞於老先生者，而不敢以妄意穿鑿，以犯不韙之罪也。蓋公與老先生俱學於栗谷之門，其淵源宗絡無有不同，則今其所聞於老先生者，亦公平日之緒論也。况公之此書固與平巖本注多有異同，而不以爲嫌者，本欲公天下之義理而無一毫彼我之私，則正亦不能不以此有望於後人也。若曰公能操其戈以入平巖之室，而反自有壘守之心，顧語後世曰“一字不可改易"云爾，則非所以知公者也。噫！九原可作，必將莞爾而笑，以爲粗得其當日之心矣。顧自始學以至於今，殆將三十年矣。悼前修之益遠，懼眇旨之無傳(筆者按，"眇旨之無傳"一本作"餘韻之終泯")，每抱遺編，徒切傷嘆，今海州牧使羅公(筆者按，"公"一本作"侯")星斗，以公之宅相謀入於梓，以壽其傳。而以余嘗與知其顛末也，求余一言以識，故輒書於簡末如右云。崇禎紀元之三十四年辛丑秋夕，後學恩津宋時烈謹序。[1]

從上述《釋疑》始末原委可知，《近思釋疑》又稱《近思録釋疑》或《沙溪先生近思録釋疑》，分作十四卷，金長生、鄭曄編撰，宋時烈校讎。鄭曄篤信程朱之學，其稿本將"程、朱格言逐條類聚"；金長生又"引諸儒諸説，間附以己見"，再加之宋氏多年校勘。可以説此書歷時多年，是兩代學人心血的結晶。

《釋疑》一書對朱熹、吕祖謙共編的《近思録》十四卷絶大多數條目(有時僅就某條語録中的詞句)進行了詮釋、考證，多處引用朱熹再傳弟子葉采"集解"文字，間有評析質疑，或解釋《集解》中的注文，或指出葉采注文"似未洽當""恐未穩""恐未安""似不襯切""下語恐有病""恐未免牽合"等，其字裏行間委婉揣測語氣，表現出友善的商榷之意，故而該注本取名"釋疑"。金、鄭、宋三人釋疑的文字，猶多處引用栗谷(李珥)、退溪(李滉)、沙溪(金長生)之言，從中也展現出本邦大儒的主張，宋時烈的校讎文字多以按語的方式來表現。宋氏在《近思録釋疑後序》中説：金長生"老先生平日議論，多在其中"，"其間或不免有修潤損益之處，則亦以其所聞於老先生者"，此書"又多以朱子説從門補入，互成部居，是不待覺軒之手而宛一寒泉之續編，其功可謂大矣"。因此，從此書的編撰性質看，與朱熹門人蔡模編集《近思續録》相仿，有類聚程、朱格言，輯録李朝朱子學者論説文字的成分，又有對葉采《集解》進行辨疑，若將此書看作是朝鮮本土初創的《近思録》注釋兼續編本，則是比較得當的。

從此書内容的文獻價值考察，朝鮮金長生、鄭曄編《近思録釋疑》，當是朝

---

① (朝鮮)宋時烈《近思録釋疑後序》，載於(朝鮮)金長生、鄭曄著，(朝鮮)宋時烈校《近思録釋疑》，李朝顯宗二年木板本。

鮮李朝前期儒者注解《近思録》的代表成果，在朝鮮儒學思想傳播史上具有很大的影響。宋時烈等人將其刊行於世，當有功於後世，現存版本有多種多部，今考述如下。

（一）《近思録釋疑》十四卷，李朝筆寫本

1.《沙溪先生近思録釋疑》十四卷，李朝宣祖三十一年筆寫本

延世大學校藏有一部筆寫本（書影見圖 8－1），因爲其無“某某卷一”字樣，依據卷首首葉題名，我們擬書名謂《沙溪先生近思録釋疑》，其内容主要是對葉采《近思録集解》進行釋疑。

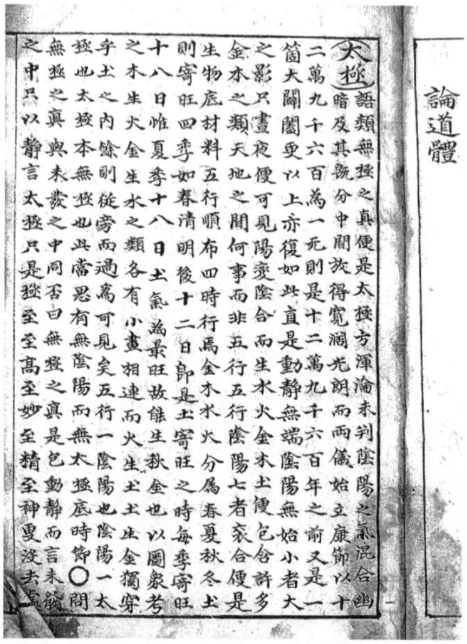
論道體
大極 語類無極之真便是太極方渾淪未判陰陽之氣混合幽
暗及其既分中間放得寬濶光朗而兩儀始立康節以十
二萬九千六百爲一元則是十二萬九千六百年之前又是一
箇大闔闢更以上亦復如此直是動靜無端陰陽無始小者大
之影只晝夜便可見陽變陰合而生水火金木土便包含許多
金木之類天地之間何事而非五行五行陰陽七者衮合便是
生物底材料五行順布四時行焉金木水火分屬春夏秋冬土
則寄旺四季如春清明後十二日即是土寄旺之時每季寄旺
十八日惟夏季十八日土氣爲最旺故能生秋金也以圖象考
之木生火金生水之類各有小畫相連而火生土土生金獨穿
乎土之内餘則從旁而過焉可見矣五行一陰陽也陰陽一太
極也太極本無極也此當思有無陰陽而無太極底時節○問
無極之真與未發之中同否曰無極之真是包動靜而言未發
之中只以靜言太極只是極至至高至妙至精至神更沒去處

圖 8－1　鄭曄、金長生《近思録釋疑》，李朝筆寫本

此筆寫本是在印有烏絲欄的框欄内抄寫，每半葉七行二十四字，注文小字雙行同。四周單欄，框高 16.80 釐米，寬 11.00 釐米。白口。此本卷一的編次與後文所述其他《釋疑》本有明顯不同，卷一卷端没有書名，祇有卷名“論道體”，其内容又是緊隨卷首文字之後書寫。

此藏本首葉頂格題“沙溪先生近思録釋疑”，次行低一字格題“問目”。《問目》後另起一行頂格書寫：“余年逾弱冠始學是書於師門，反覆讀之，終不能通透，若存若亡，垂三十年。自去年冬得家食間居，復得以温習，而仍記昔年所講論者，欲質於高明。其所記有未瑩處，須加修潤，其全不是者抹而去之，使之精約如何。右告守夢鄭時晦。萬曆二十六年戊戌秋，沙溪病夫金長生書於黄州村舍。”

在此文左，題記《近思録誤字校正》（以中和板校正），接之另起一行書寫：“性之真，真字當作貞……孝悌説見第四，四字疑作六，第十四卷第七板注。”在這些“校正”文字之後，還有《表》（筆者按，即對葉采奏表中的文字進行注釋）、《序》（筆者按，即對葉采序文的文字進行注釋）、《目録注》（筆者按，即對

涉及介紹周敦頤的文字進行注解)、《朱子書題》(筆者按,即解釋朱熹序文)、《東萊書題》(筆者按,即揭示吕氏跋文之意)。

在上述文字之後,另起一行低二字格題“論道體”。隨後是另起一葉抄寫《近思録》卷一的文字,用雙行小字進行注釋,並對葉采集解文字進行辯駁。無尾題。此筆寫本抄寫非常工整,書體小楷,甚爲雅致。

據卷首的《問目》内容,可知此書是金長生在萬曆二十六年,即宣祖三十一年(1598)在黄村書寫,説明該著作是在昔日研讀講論的基礎上,欲使“其所記有未瑩處,須加修潤,其全不是者抹而去之,使之精約”。這部書很可能就是金氏序文所言早年“録作一册,請時晦刊正”的那本書,而且此時金氏又作修潤、删改,那麼這部寫本宜是在原本講論基礎上的提高,因而差不多就是《近思録釋疑》的定稿本。另外據“沙溪病夫金長生書於黄州村舍”,初步明確這是金長生自己抄寫的本子。延世大學校圖書館藏本,鈐有“延世大學校中央圖書館藏書”等印。天頭偶有墨筆漢文批注。

2.《近思録釋疑》,李朝筆寫本

此筆寫本現藏韓國國立中央圖書館(書影見圖 8-2),是在印有框欄行格的紙上抄寫,書體端莊大方,有顔真卿書體遺韻。每半葉七行二十字,注文小字雙行同。四周雙欄,有界行,白口。卷一卷端首行頂格題“近思録釋疑卷一”,次行低二字格抄卷名“論道體”,第三行頂格抄寫正文。書寫工整。

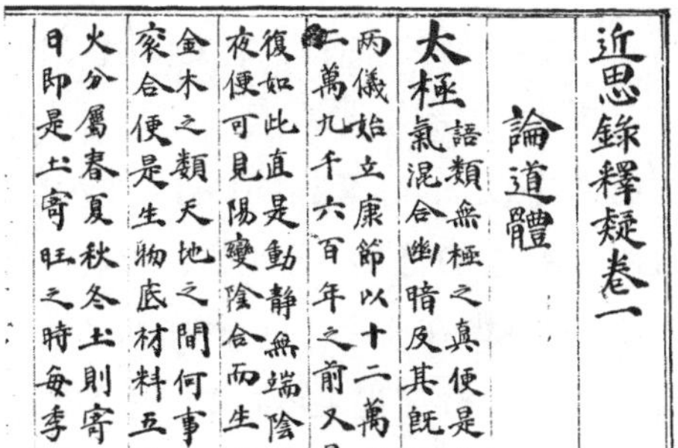
近思錄釋疑卷一
論道體
太極語類無極之真便是太極方渾淪未判陰陽之氣混合幽暗及其既分中間放得寬濶光朗而
两儀始立康節以十二萬九千六百為一元則是十一萬九千六百年之前又是一箇大闔闢更以上亦
復如此直是動靜無端陰陽無始小者大之影只晝夜便可見陽變陰合而生水火金木土便包含許多
金木之類天地之間何事而非五行五行陰陽七者衮合便是生物底材料五行順布四時行焉金木水
火分屬春夏秋冬土則寄旺四季如春清明後十二日即是土寄旺之時每季寄旺十八日惟夏季十八

圖 8-2 《近思録釋疑》,李朝筆寫本

正文前抄寫《近思録誤字校正》(以中和板校正)、萬曆二十六年(1598)金長生《沙溪先生近思録釋疑·問目》以及《近思録釋疑》(該部分包括對表、序、“目録注”、“朱子書題”、“東萊書題”等相關文字的解釋，之後有一葉抄寫“韶州州學濂溪先生祠……雜識内篇上”）。

該藏本上有文字塗改痕迹。若從卷前所抄文字的墨筆塗改痕迹看，或許與鄭曄外甥羅萬甲寄給金長生的本子存在關聯，或爲鄭氏手稿。但是關於此寫本的信息，該館著録云：“《沙溪先生近思録釋疑》，金長生著。”藏本（古1250—49），1 册（99 張），五眼綫裝。

筆者認爲，文獻學界一般以一部書卷一卷端的署名來確定該書的書名，因而依據該筆寫本卷一卷端署名“近思録釋疑卷一”，可知其書名當稱謂“《近思録釋疑》”。然而該館所用書名，或許依據於卷首的《沙溪先生近思録釋疑》而來。

關於此本的書寫時間，金長生作《問目》題云“萬曆二十六年”，即李朝宣祖三十一年（1598）。但筆者認爲這並不是此筆寫本的書寫時間，據其内容可知金氏早年有讀《近思録》的記録文字，“去年”（即宣祖三十年）又進行修改潤色，這可能就是最後送呈鄭曄刊正的本子，因而此本與金長生、鄭曄來往商榷《釋疑》的稿本有關聯。據前文所録金長生在李朝仁祖七年所作序文，鄭曄《釋疑》初稿 4 册直到仁祖七年（1629）金氏纔看到，如果我們僅僅據此本中金氏《問目》的時間來確定中央圖書館所藏這部筆寫本的時間，則恐不妥。

並且，這部筆寫本與上述延世大學校所藏宣祖三十一年筆寫本，卷前《近思録誤字校正》等皆相同，正文在編次、内容上雖相近，然也有明顯差異，如在“論道體”卷的首葉，《近思録》中“太極”二字，在國立中央圖書館的藏本中没有加“()”（即在文字上下添加括弧），而且該館此藏本的體例編排較規整，在“論道體”前擬定書名卷次“近思録釋疑卷一”，這已經顯得比較規範，而非稿本。從這些迹象上推測，它應晚出於上述宣祖三十一年筆寫本。

由於此筆寫本的《近思録》白文多用大字抄寫，釋疑的文字抄作小字，這種編排方式又與宋時烈《後序》所言參與校讎時擬定的體例相同，而其内容又與下文所考成均館大學校藏《釋疑》李朝四周雙欄木板本同，因此，我們推測該筆寫本與李朝宋時烈主持校刊的木板本之間存在淵源關係，宋時烈的校刊本很可能是源自此筆寫本。

3.《近思釋疑》十四卷，李朝筆寫本

此筆寫本延世大學校有藏，依據卷一卷端擬書名謂《近思釋疑》（書影見

圖 8－3）。此本是在素紙上抄寫，每半葉八行二十字，注文小字雙行同。白口。卷一卷端首行頂格題“近思釋疑卷之一”，次行低一字格題“論性之本原、道之體統”，第三行頂格抄録正文，卷末有尾題“近思釋疑卷之某某”。該《釋疑》體例編次較規範，不同於上述筆寫本的是，每卷前有解題（抄作大字），無篇名。其内容並非對《近思録》各卷所有條目進行釋疑，往往是僅就某條或某一詞句進行解釋，釋疑的文字中也有對南宋葉采注解的文字進行質疑者。有的卷葉用紙條粘貼重新抄寫，有稿本的特徵。

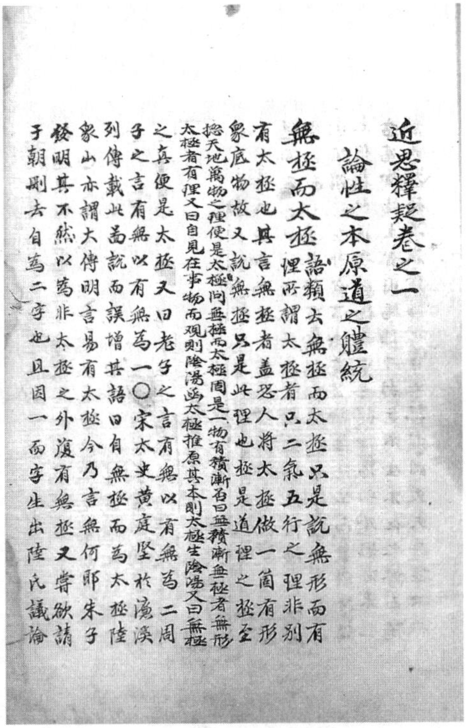
近思釋疑卷之一
論性之本原道之體統
無極而太極語類去無極而太極只是說無形而有
理所謂太極者只二氣五行之理非別
有太極也其言無極者蓋恐人將太極做一箇有形
象底物故又說無極只是此理也極是道理之極至
總天地萬物之理便是太極問無極而太極固是一物有積漸否曰無積漸無極者無形
太極者有理又曰自見在事物而觀則陰陽函太極推原其本則太極生陰陽又曰無極
之真便是太極又曰老子之言有無以有無爲二周
子之言有無以有無爲一○宋太史黃庭堅於濂溪
列傳載此爲說而誤增其語曰自無極而爲太極陸
象山亦謂大傳明言易有太極今乃言無何耶朱子
發明其不然以爲非太極之外復有無極又嘗欲請
子朝删去自爲二字也且因一而字生出陸氏議論

圖 8－3　《近思釋疑》，李朝筆寫本

此本正文前抄録有《太極圖》（朱熹注釋）。延世大學校圖書館藏本（181.5），2 册，五眼綫裝。鈐朱文印“治生讀書闕一不可 栗軒”“世世子孫善繼善述作書手門户丁栗軒”“丁日宇默容室藏書印”“吾子孫永世勿失”“谷城郡館洞山栗軒藏”等。依據藏書印章可知此筆寫本爲丁栗軒[①]原藏。該館藏書目録著云：“《近思釋疑》，寫本。14 卷 2 册。”[②]關於該筆寫本的具體抄寫時間、抄寫者，尚待考。

此筆寫本卷首及行間有漢字草書題識或批注，第 2 册扉葉内貼有一頁紙，上有一篇鉛印《示諸子孫》，内容是：“吾所居默容齋所藏萬卷書史，自吾先祖考觀齋諱佑星、墻東諱昌德、希庵諱大采、雲谷諱志默、竹隱諱任度、隱東諱容斗諸公以來，至於我七世辛勤所儲。古人謂擁書千卷，其樂不下於封侯，而

① 丁日宇，李朝後期學者，著有《栗軒集》。丁鳳泰爲丁栗軒次子，丁海泰、丁河泰也是栗軒子，丁來吉、丁來東爲丁栗軒孫子。

② 延世大學校中央圖書館編輯《延世大學校中央圖書館古書目録》，第 49 頁。

况逾於千數乎！世世子姓善爲守保，傳諸無窮，盛莫盛焉。朱夫子曰‘世間萬事須臾變滅’，豈可恃吾家一時之無事也，吾見人之藏書若干，不爲蟲鼠毁傷則必爲灾盗所孽，終爲三食之輩蕩盡，豈不寒心哉？吾之所願與其任諸彼之不幸，不若公於世間好讀書種子，此不惟吾一己之志，亦吾祖宗平日遺誡子孫之心也。若輩寔遵吾言，乘機善處，毋貽他日有識者之唾駡，以慰吾泉下之望也。歲在癸亥四月十七日朝，病父栗軒口授仲子鳳泰以書。”“伏白：今也書史若干，謹因於我（先考祖考）遺示，玆以仰納伏願僉位，善爲守保，傳之無窮，實是僕輩之切望者耳。不宣。戊辰四月十七日，全南谷城郡邑内里館洞默容室。受丁海泰，命河泰，寄來吉，贈來東，生來善拜白。”

由上述文字可知，丁氏家藏書上千卷是乃祖上七世之纍積，令人敬服，且丁栗軒開明之胸襟使得祖祖輩輩所藏之書能公諸於世，也是天下讀書人之幸。丁栗軒口授《示諸子孫》的時間是“癸亥”年，或是李朝哲宗十四年（1863）或公元 1923 年。這部朝鮮李朝筆寫本也是丁氏子孫“公於世間”的珍貴文獻。

4.《近思録》十四卷，沙溪懸吐質疑，李朝筆寫本

延世大學校所藏此筆寫本，藏家稱謂“沙溪吐質疑”。懸吐，是李朝學者給漢文文獻用諺文加句讀，質疑即釋疑。我們依據該本卷一卷端將書名擬作《近思録》，其内容是對葉采《近思録集解》進行懸吐、質疑。

此筆寫本是在素紙上抄寫（書影見圖 8－4），每半葉十行二十字，注文小字雙行同。白口。卷一卷端首行頂格題“近思録卷之一”，越四字格題記本卷語録數“凡五十一條”，次行低四字格題即本卷解題“此卷論性之本原、道之體統，蓋學問之綱領也”，第三行頂格抄録正

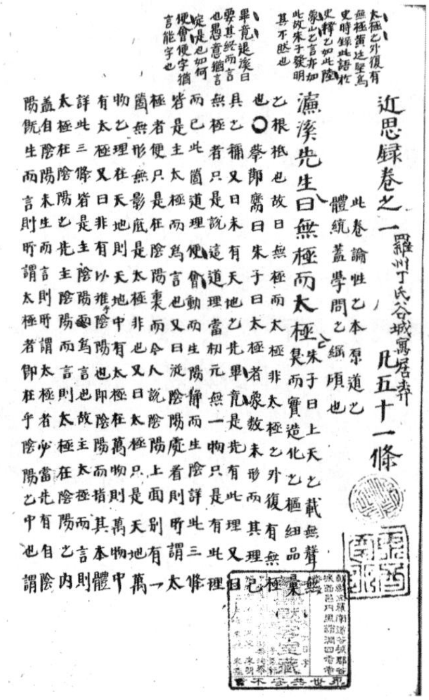
近思録卷之一 凡五十一條
此卷論性之本原道之體統蓋學問之綱領也
濂溪先生曰無極而太極

圖 8－4 《近思録釋疑》，沙溪懸吐質疑，李朝筆寫本

文，卷末有尾題“近思録卷之某某”。筆寫本每條文字單列，天頭地脚尚有蠅頭小楷批注，書體與正文同。

此藏本第1册封皮左上墨筆書“近思録上”，右題記“丙辰餘月 上澣”；其下的硬封皮左上墨筆題記“近思録上”，右題記“著雍閹茂月餘上澣”。硬封皮内有墨筆大字題記：“附沙溪吐質疑，落閏五月畢書。可隱書室藏。”正文前有題識，其内容是關於一日時辰的换算。在第2册的扉葉上大字題記“乙未八月上澣畢書，附沙溪吐質疑。八月上澣書”，小字書寫“甲己子午九……半吉”，大字書寫“可隱書室藏”。在卷十四末有一段題識，云“不明之君不能知人……非一士之智也”。從上述題識的書體看，極似“可隱”一人的記録。並且從該本的藏書印可知，此書曾爲沈相元可隱收藏，故這些題識便是沈相元所爲。

另外，在正文前還抄録有師徒問答的文字、葉采《近思録集解序》（在該序文右側有題記“伯兄春沂舜泰以米五斗互换”）、《集解目録》、葉采《近思録進表》、《近思録》（此書取材的14部書名）、朱熹序、吕祖謙跋。卷一卷端右側墨筆題記“羅州丁氏谷城居弆”，其字體與序文右側的題記一樣，但與卷首可隱書室所題不同，顯然這是丁氏家收藏後所題。

延世大學校圖書館所藏此筆寫本的正文字體、與書眉批注的書體一致，而且在正文中有墨筆圈點，在與其相對應的書眉有對所點畫的文字進行批注，有時書脚也有類似批注。從此筆寫本的書體，以及書眉、書脚的批注看，宜是金長生對南宋葉采《近思録集解》進行注釋、辨析，這些文字很可能是在書寫正文之後增添的沙溪批注。此本原爲可隱書室舊藏，後被丁氏以五斗米换得，藏於丁家。藏本鈐有多枚藏書印章，如朱文印“沈相元可隱”“梧齋”“丁鳳泰信”“朝鮮全羅道谷城鄭谷城面邑内里館洞四老巷番地　主人丁日宇 默容室藏……來睦。永世共守不售”“西山遺民”“東西南北”“延世大學校中央圖書館藏書”等。

關於此筆寫本的書寫時間，我們不能準確斷定，因爲儘管第2册卷首的可隱題識署“乙未八月上澣畢書”，可這個“乙未”具體是何時亦難確定，且與釋疑《近思録》一書的抄寫時間並非同時。另外，藏家沈相元所題“附沙溪吐質疑”，難道是指筆寫本書眉、書脚的批注而言？

5. 李朝源自中和板的筆寫本

寄託在韓國海軍軍官學校的《近思録》文獻中,有一部《近思録釋疑》十四卷筆寫本,1 册。其版式爲每半葉十行三十二字,小字雙行。四周單欄,有界行。卷首題記"以中和板校正"。裝幀記録是"己巳仲夏手妝於問渠亭"。藏本鈐印"金洽之印""石山"。該筆寫本抄寫時間是"己巳",或許是仁祖七年(1629),或肅宗十五年(1689)? 待考訂。

(二)《近思録釋疑》十四卷,李朝木板本

1. 李朝顯宗二年木板本

《近思録釋疑》十四卷,李朝雕版印本,文字編排齊整,字體堅挺有鋒芒。每半葉七行十八字,注文小字雙行同。四周單欄,有界行,框高 22.00 釐米,寬 16.60 釐米。白口,對(二葉花紋)魚尾。版心魚尾間刻印書名簡稱與卷次(如"近思釋疑卷之一")、頁碼。卷一卷端首行頂格題"近思録釋疑卷之一",次行低一字半格題"論道體",第三行頂格刻印正文。《近思録》原文刻作大字,釋疑的文字刻作雙行小字。各卷除首條外,每條之間用"○"區分開來。卷末有尾題"近思録釋疑卷之某某"。但是《釋疑》並非對《近思録》各卷所有條目進行釋疑,往往是僅就某條或某一詞句進行解釋,釋疑的文字中也有對南宋葉采注解的文字進行質疑者。

此刻本正文前刻有明崇禎二年(1629)金長生《近思録釋疑序》(行楷書上板刻印)、崇禎三十四年宋時烈《録一部而並以釋》、《近思録釋疑後序》(行草書體上板刻印)。這兩篇序文的字體風格與後世木板本明顯有别。宋時烈作序時間"崇禎紀元之三十四年辛丑",即朝鮮李朝顯宗二年(1661),可視爲宋時烈刊刻此本的時間,故稱其爲李朝顯宗二年木板本。

首爾大學校奎章閣藏本(奎 861—v. 1—4,書影見圖 8-5),卷帙完好,4 册(封面墨筆題記"近思録釋疑",且分别題記"元""亨""利""貞"),五眼綫裝。鈐印有"弘齋""震章""内標""京城帝國大學圖書之章"等。《釋疑》十四卷各卷卷首的篇名分别是論道體,總論爲學大要,論致知,論存養,論克己,論家道,論出處義利,論治體,論治法,論政事,論教學,論警戒,辨異端,觀聖賢。

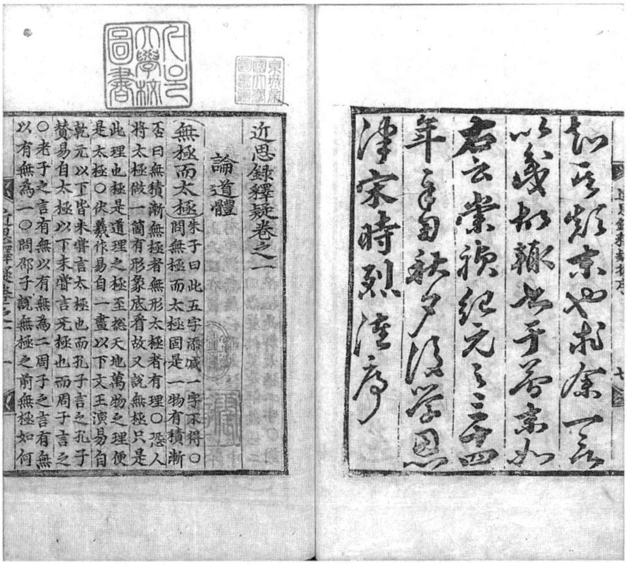

近思録釋疑卷之一

論道體

無極而太極 朱子曰此五字添減一字不得○問無極而太極固是一物有積漸否曰無積漸○無極者無形太極者有理○恐人將太極做一箇有形象底看故又說無極只是此理也極是道理之極至揔天地萬物之理便是太極○伏羲作易自一畫以下文王演易自乾元以下皆未嘗言太極也而孔子言之孔子贊易自太極以下未嘗言无極也而周子言之○老子之言有無以有無爲二周子之言有無以有無爲一○問邵子說無極之前無極如何

圖 8-5 《近思録釋疑》,李朝顯宗二年木板本

金長生《近思録釋疑》十四卷,李朝顯宗二年木板本的版式有别於後世其他刻本的特徵之一是"四周單欄",如成均館大學校藏本也如此。

該校藏木板本(書影見圖 8-6),每半葉七行十八字,注文小字雙行同。四周單欄,有界行,框高 22.50 釐米,寬 17.60 釐米。白口,對(二葉花紋)魚尾。版心魚尾間刻印書名簡稱及卷次(如"近思釋疑卷一")、頁碼。《近思録》原文刻作大字,釋疑的文字刻作雙行小字。卷末有尾題"近思録釋疑卷之某某"。卷十四末損脱若干葉。

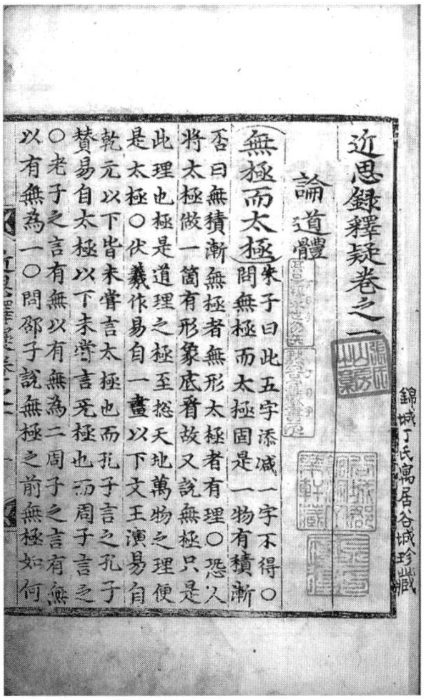

近思録釋疑卷之一

論道體

無極而太極 朱子曰此五字添減一字不得○問無極而太極固是一物有積漸否曰無積漸○無極者無形太極者有理○恐人將太極做一箇有形象底看故又說無極只是此理也極是道理之極至揔天地萬物之理便是太極○伏羲作易自一畫以下文王演易自乾元以下皆未嘗言太極也而孔子言之孔子贊易自太極以下未嘗言无極也而周子言之○老子之言有無以有無爲二周子之言有無以有無爲一○問邵子說無極之前無極如何

錦城丁氏寓居谷城珍藏

圖 8-6 《近思録釋疑》,李朝顯宗二年木板本

成均館大學校藏本(C2—17),4 册(封面題記"近思録釋疑",且分别題記"元""亨""利""貞"),五眼綫裝。鈐朱文印"張氏山房之章""丁日宇默容室藏書印""丁日宇吾子孫永世勿失""谷城郡館洞山栗軒藏""丁鳳泰君瑞梧齋，錦城人，見住全南谷城郡内館洞"，白文印"金氏□復"。卷首、卷一卷端有墨筆題記"丁氏世藏""錦城丁氏寓居谷城珍藏"。由此可知此藏本原爲丁氏家舊藏。

該藏本封面内貼有一頁紙，上面鉛印《示諸子孫》一文，其内容與延世大學校藏《釋疑》筆寫本封面内所貼一頁紙的《示諸子孫》相同。卷首序跋文前有一葉，上有丁鳳泰墨筆題識，大意是説此本爲其父丁日宇閲讀，藏於錦城丁氏寓居谷城。内容如下：

"錦城丁氏寓居谷城珍藏。""正宗大王丙寅秋，雲谷公諱志默，自南平始寓谷城防築洞。侄西谷公諱任祚陪從。""南平邑内全州府内泰仁禾湖□，雲峰邑内南原白坡坊南原府内昌平舊邑内，南原南面，南面至谷城芳竹洞。""侄來吉、來聖、來明、來仁、來善，子來東、來範、來睦，侍立。"

"先考主諱日宇，字永叔，號栗軒潛叟手閲。癸亥十月十七日朝，不肖鳳泰抆血再拜，書於全南谷城郡西山下栗里前館洞，抱經握髮，齋内忍痛含冤軒上。"

"先伯兄諱舜泰，字再華，號春沂遯民。仲兄海泰，字君濟，號恒齋山岷。次弟淵泰，字君明，號潛庵天民。季弟河泰，字君淡，號清齋通士。共侍教。"

鄭曄、金長生編，宋時烈等校《近思録釋疑》十四卷，李朝顯宗二年木板本，韓國多家藏書機構有藏，如：

(1) 國立中央圖書館藏本(古朝 17—30)，每半葉七行十八字，注文小字雙行同。四周單欄，有界行。白口，對(二葉花紋)魚尾。其内容、字體、版式特徵與上述首爾大學校奎章閣藏本(奎 861—v. 1—4)、成均館大學校藏本(C2—17)同，當是同一版。該館藏本 4 册，五眼綫裝。著録云"木板本""1661"。鈐朱文印"權尚夏"。

(2) 延世大學校圖書館藏有一部木板本，每半葉七行十八字，注文小字雙行同。四周單欄，有界行。白口，對(二葉花紋)魚尾。該校藏本(181. 5. 1—4)，4 册，五眼綫裝。鈐朱文印"丁日宇默容室藏書印""谷城郡館洞山栗軒藏""延禧專門學校圖書館印"。由此可知此本爲丁氏家原藏之物。

(3) 梨花女子大學校藏本(181.234),4册,五眼綫裝。鈐白文印"田自斯齋""問啓"等。梨花女子大學還藏有殘本(僅存卷二)(181.234),1本,四眼綫裝。

2. 李朝四周單欄木板本,補印本或後印本

金長生《近思録釋疑》十四卷,首爾大學校奎章閣藏一部木板本,每半葉七行十八字,注文小字雙行同。四周單欄,有界行。白口,對(二葉花紋)魚尾。版心魚尾間刻印書名簡稱與卷次(如"近思釋疑卷之一")、頁碼。卷端編次、卷首所刻序跋文内容與李朝顯宗二年木板本同。

但是此刻本卷首的崇禎三十四年宋時烈《近思録釋疑後序》,不僅行間有脱字,而且書體明顯與前文所述顯宗二年木板本用草書上板不同,而是以行楷書體上板刻印(書影見圖8-7)。儘管此本的版式、内容與前述木板本同,但是宋時烈《後序》的明顯差異,説明這或是後來印刷時改版補刻,所以我們將其單列於此。

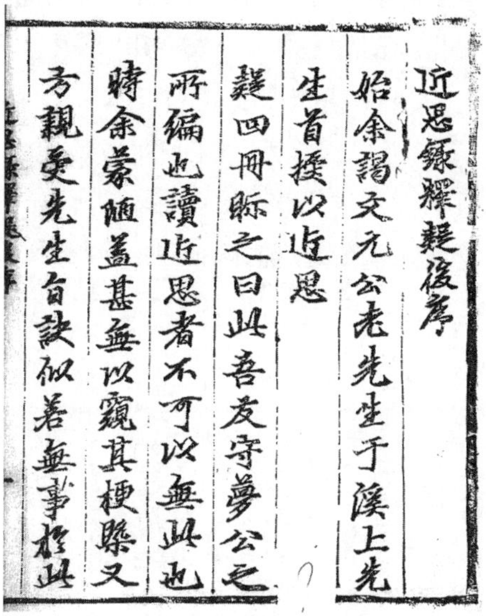

圖8-7 《近思録釋疑》後序,李朝木板本(四周單欄)

奎章閣此藏本(古1344—32—v.1—4),4册,五眼綫裝。鈐白文印"潘南朴氏家藏"、朱文印"齊精敬昭私章""京城大學圖書"等,原爲朴明源(1725—1790)家族藏本。

該木板本《釋疑》十四卷各卷卷首的篇名分别是道體,爲學大要,致知,存養,克己,家道,出處義利,治體,治法,政事,教學,警戒,辨異端,觀聖賢。

另外,成均館大學校還藏有《近思録釋疑》十四卷李朝木板本一部,每半葉七行十八字,注文小字雙行同。四周單欄,有界行。白口,對(二葉花紋)魚尾。版心魚尾間刻印書名簡稱及卷次(如"近思釋疑卷一")、頁碼。《近思録》原文刻作大字,釋疑的文字刻作雙行小字。卷末有尾題"近思録釋疑卷之某

某”。卷首刻有明崇禎二年金長生《近思録釋疑序》、崇禎三十四年宋時烈《近思録釋疑後序》，均爲行楷書上板刻印。

該木板本卷首的序文、正文内容、版式特徵、字體等與前文所述成均館大學校藏丁氏家舊藏本相同，二者應是同一版。從此藏本的墨團、字迹模糊看，似後印本。

該藏本(C2—160)，4 册(封面題記“近思釋疑”，且分别題記“一”“二”“三”“四”)，五眼綫裝。鈐朱文印“是吾家寶”，白文印“王化”“南原癡人學山所藏”。

3. 李朝四周雙欄木板本

《近思録釋疑》十四卷，成均館大學校存有一部有别於上文所述的李朝木板本(書影見圖 8 - 8)，每半葉七行二十字，注文小字雙行同。四周雙欄，有界行，框高 22.30 釐米，寬 16.00 釐米。白口，對(二葉花紋)魚尾。版心魚尾間刻印書名卷次(如“近思録釋疑卷一”)、頁碼。《近思録》原文刻作大字，釋疑的文字刻作雙行小字。卷末有尾題“近思録釋疑卷某某”。

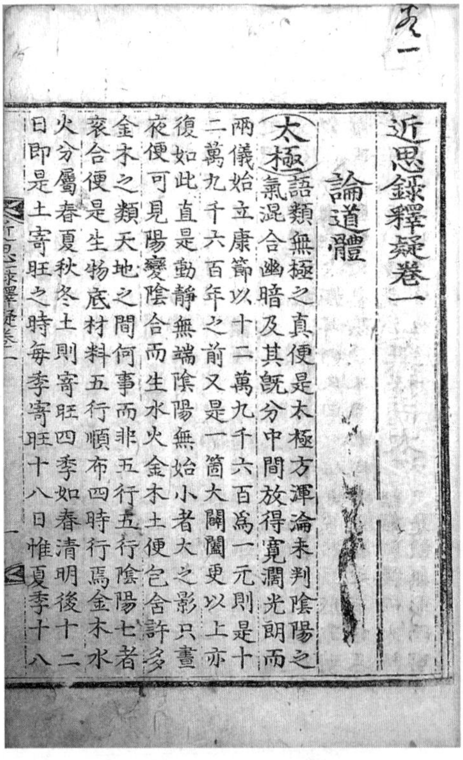

近思錄釋疑卷一

論道體

太極 語類無極之眞便是太極方渾淪未判陰陽之氣混合幽暗及其旣分中間放得寬濶光朗而兩儀始立康節以十二萬九千六百爲一元則是十二萬九千六百年之前又是一箇大闢闔更以上亦復如此直是動靜無端陰陽無始小者大之影只晝夜便可見陽變陰合而生水火金木土便包含許多金木之類天地之間何事而非五行五行陰陽七者衮合便是生物底材料五行順布四時行焉金木水火分屬春夏秋冬土則寄旺四季如春清明後十二日即是土寄旺之時每季寄旺十八日惟夏季十八

圖 8 - 8 《近思録釋疑》，李朝木板本(四周雙欄)

正文前刻有明萬曆二十六年金長生《沙溪先生近思録釋疑・問目》、《近思録誤字校正》(以中和板校正)、《近思録釋疑》(包括對南宋葉采進表、序文、《近思録》“目録注”、“朱子書題”、“東萊書題”等疑難字詞的注釋)。

該《釋疑》十四卷木板本各卷卷首的篇名分别是論道體，總論爲學大要，論致知，論存養，論力行，論齊家，論出處，論治道，論治法，論政事，論教人，論戒謹，論異端，論聖賢相傳之統。

成均館大學校圖書館藏本(C2—333)，全 1 册。封面後的扉葉上有兩篇草書題識，然筆者不能識别。卷首、正文有部分書葉上有浮簽，佚名批校。由於此刻本與上述朝鮮李朝顯宗二年(1661)刻本框欄及卷前所輯部分文字等不相同，故稱之爲“四周雙欄”本。

爲了探明此刻本與前文所述筆寫本的關係，我們首先將卷前序跋文字進行比較，發現其内容與上述《釋疑》李朝筆寫本(延世大學校藏《沙溪先生近思録釋疑》李朝筆寫本，簡稱“筆寫本 1”；國立中央圖書館李朝筆寫本，簡稱“筆寫本 2”)卷前對“表”“序”等的解釋相同。

我們又將此刻本的《近思録誤字校正》及浮簽與前文所述李朝筆寫本中的《校正》稍作比較，發現：筆寫本 1、筆寫本 2“不徒務博治，‘治’字當作‘洽’。第二卷第四十板注”，與此對應的木板本此處刻作“不徒務博治，‘治’字當作‘洽’。第一卷第四十板注”，木板本此葉此條對應的天頭有一浮簽，上墨筆書“第一之‘一’字當作‘二’字”。並且筆寫本與此木板本正文體例編輯基本相同。因此，我們推斷這兩部筆寫本的抄寫與此木板本藏家的校勘成果之間有緊密關聯。

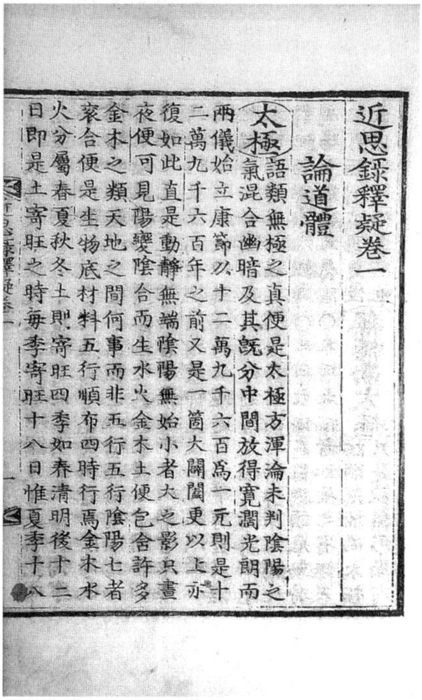
近思録釋疑卷一
論道體
太極 語類無極之真便是太極方渾淪未判陰陽之
氣混合幽暗及其旣分中間放得寬濶光朗而
兩儀始立康節以十二萬九千六百爲一元則是十
二萬九千六百年之前又是一箇大闔闢更以上亦
復如此直是動靜無端陰陽無始小者大之影只晝
夜便可見陽變陰合而生水火金木土便包含許多
金木之類天地之間何事而非五行五行陰陽七者
衮合便是生物底材料五行順布四時行焉金木水
火分屬春夏秋冬土則寄旺四季如春清明後十二
日即是土寄旺之時每季寄旺十八日惟夏季十八

圖 8-9 《近思録釋疑》，李朝木板本(四周雙欄)

此木板本卷首《校正》云“以中和板校正”，這個中和板是否是南宋葉采《近思録集解》李朝明宗二十一年(1566)中和清凉書院刻本？因闕乏文獻佐證，我們也不得而知。

《近思録釋疑》十四卷的此木板本，日本東洋文庫有藏(書影見圖 8-9)。每半葉七行二十字，注文小字雙行同。四周雙欄，有界行，框高 21.20 釐米，寬 15.90 釐米。白口，對(花)魚尾。版心刻印書名卷次(如“近思録釋疑卷一”)、頁碼。《近思録》白文用大字刻印，釋疑的文字刻作小字。

正文前刻有明萬曆二十六年金長生

《沙溪先生近思録釋疑問目》、《近思録誤字校正》(以中和板校正)、《近思録釋疑》(包括對"表""序""目録注""朱子書題""東萊書題"等的解釋)。這些内容與上述韓國國立中央圖書館所藏《近思録釋疑》寫本的卷前序跋相同,且正文編輯體例基本相同。如此看來,該刻本與前文所述寫本確實存在淵源關係,如果依據宋時烈校勘時所擬定的原文與釋疑文字大小字體編排體例,則此刻本宜是在宋時烈崇禎三十四年作《後序》之後面世,即李朝顯宗二年(1661)之後刊刻。由於此刻本與上述朝鮮李朝顯宗二年刻本框欄、序文等不相同,故稱之爲"四周雙欄"本。

與東洋文庫藏本的版式特徵相同的一部木板本,高麗大學校有藏(C1—A60)。其卷首也有萬曆二十六年(1598)金長生《沙溪先生近思録釋疑問目》。高麗大學校藏本1册,鈐朱文印"金印養正□□士"。該校藏書目録有著録[①]。

4. 金長生《近思録釋疑》,《沙溪先生全書》本

金長生《近思録釋疑》十四卷,李朝《沙溪先生全書》木板本,每半葉十行二十字,四周雙欄,有界行。白口,單(黑)魚尾。版心魚尾上方題署大題名"沙溪全書",魚尾下方題署大題卷次、小題書名(如"卷十七""近思録釋疑")、頁碼。卷末有尾題"沙溪先生全書卷之某某"。

金長生《沙溪先生全書》卷十七至卷二十收録有《近思録釋疑》十四卷,在《釋疑》前刻有對葉采《進近思録表》中"圖書""關陝""六藝"二紀"等語詞的解釋;有對葉采《近思録集解序》中"天禧明道""祖武""四子"等語詞的解釋;還有對"目録注"(即《近思録》取材的書名下注文)部分語詞的注釋,如"厚陵:英宗陵,英宗初名宗實";對"朱子書題"(即朱熹序文)、"東萊書題"(即吕祖謙跋文)部分語詞的解釋。正文前的注釋文字與李朝筆寫本、木板本卷前的内容相近,即對南宋葉采進表、序文、《近思録》"目録注"、"朱子書題"、"東萊書題"等疑難字詞進行注釋。

該《全書》本關於《釋疑》的編次不同於常見單行本,十四卷的卷名不是置於一葉紙的開頭頂格刻印,而是緊隨前文另起一行低二字格刻印。《近思録》原文或關鍵語彙另起一行頂格刻印,金長生的釋疑文字另起一行低一字格刻印。

---

① 《漢籍目録》(舊藏)子部儒家,第172頁。見高麗大學校中央圖書館編《高麗大學校漢籍綜合目録》(上),高麗大學校1984年9月出版發行。

在《釋疑》卷十四末刻有《近思録誤字校正》(以中和板校正),其内容與李朝宣祖三十一年筆寫本卷首所載相同,我們以爲這是《全書》成型時收録的,當在李朝四周雙欄木板本之後面世。韓宋熹準《近思録注解叢編》第 2 册影印《沙溪先生全書》卷十七至卷二十收録了此本。

(三)《近思録釋疑》十四卷,活字本

1. 金長生、鄭曄《近思録釋疑》十四卷,李朝顯宗年間戊申字本

首爾大學校現存一部《釋疑》版本(書影見圖 8-10),其框欄交接處裂縫明顯,文中字迹墨色濃淡不一,字體大小不均等,由此可知是活字本。此活字本每半葉十行十七字,小字雙行同。四周雙欄,有界行,框高 25.40 釐米,寬 18.00 釐米。白口,對(二葉花紋)魚尾。版心魚尾間印書名卷次簡稱(如"近思釋疑一")、頁碼。卷一卷端頂格題"近思録釋疑卷之一",次行低二字格題"論道體",第三行頂格印正文,卷末有尾題"近思録釋疑卷之某某"。此印本每條單列編次,每卷除首條外,其餘各條前印有一個"○"符號,以示爲一條。釋疑文字印作雙行小字。

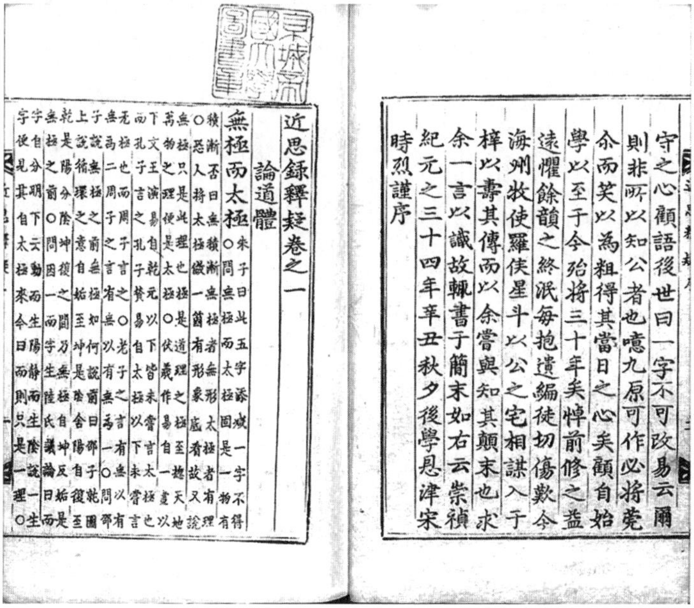
守之心顧語後世曰一字不可改易云爾則非所以知公者也噫九原可作必將莞尒而笑以為粗得其當日之心矣顧自始學以至于今殆將三十年矣悼前修之益遠懼餘韻之終泯每抱遺編徒切傷歎今海州牧使羅侯星斗以公之宅相謀入于梓以壽其傳而以余嘗與知其顛末也求余一言以識故輒書于簡末如右云崇禎紀元之三十四年辛丑秋夕後學恩津宋時烈謹序

近思録釋疑卷之一

論道體

無極而太極

圖 8-10 《近思録釋疑》,李朝顯宗年間戊申字本

在第1册的正文前印有崇禎二年(1629)金長生《近思録釋疑序》、崇禎三十四年宋時烈《近思録釋疑後序》。首爾大學校奎章閣藏本(奎5449—v. 1—4),4册(封面左上墨筆題記"近思録",且分别題記"一""二""三""四"),卷帙完好,五眼綫裝。鈐朱文印"京城帝國大學圖書章""朝鮮總督府圖書之印"等。卷首有墨筆題記"史閣藏"。

該館將此本著録爲"戊申字""顯宗二年"。對此,筆者疑惑,因爲戊申字是李朝顯宗九年(1668)鑄造,"顯宗二年"(1661,辛丑年)非"戊申"年,故在顯宗二年前不可能有所謂的戊申字活字本。該印本中的"此""之""以"等字形又頗似戊申字,故暫將其定爲李朝顯宗九年戊申字活字本。

韓宋熹準《近思録注解叢編》第2册的影印本《近思録釋疑》十四卷,其字體、版式、甚至字形的歪斜形態均與此印本相同,故該《叢編》收録的是李朝戊申字活字本。

2.《近思録釋疑》十四卷,李朝肅宗年間戊申字本

近思録釋疑卷之一
論道體
無極而太極朱子曰此五字添減一字不得〇問無極而太極固是一物有積漸否曰無積漸無極者無形太極者有理〇恐人將太極做一箇有形象底看故又說無極只是此理也極是道理之極至摠天地萬物之理便是太極〇伏羲作易自一畫以下文王演易自乾元以下皆未嘗言太極也而孔子言之孔子贊易自太極以下未嘗言无極也而周子言之〇老子之言有無以有無為二周子之言有無以有無為一〇問邵子說無極之前無極如何說前曰邵子就圖上說循環之意自姤至坤是陰含陽自復至乾是陽分陰坤復之間乃無極自坤反姤是無極之前〇問因一而字生陸氏議論曰而字自分明下云動而生陽靜而生陰說一生字便見其自太極來今曰而則只是一理〇

圖8-11 《近思録釋疑》,李朝肅宗年間戊申字本

高麗大學校所藏此版本(書影見圖8-11),卷帙完好。每半葉十行十七字,注文小字雙行同。四周雙欄,有界行,框高25.50釐米,寬18.10釐米。白口,對(二葉花紋)魚尾。版心魚尾間題記書名簡稱與卷次(如"近思釋疑一")、頁碼。卷一卷端頂格題"近思釋疑卷之一",次行低二字格題"論道體",第三行頂格印正文,卷末有尾題"近思録釋疑卷之某某"。每條首字前印有"〇"以標示爲一條。此印本的"也""之""以""人""此"等字形頗似戊申字,其框欄交接處裂縫明顯,行格綫條有扭斜、字形亦歪倚,顯然爲活字本。此印本天頭地脚闊綽,印製精美,墨色清晰。

首册的卷首印有崇禎二年金長生

《近思録釋疑序》、崇禎三十四年宋時烈《近思録釋疑後序》。高麗大學校圖書館藏本(C1—A60B),4 册(封面左上墨筆題記“近思録釋疑”,且分别題記“元”“亨”“利”“貞”),五眼綫裝。鈐印有“延安”“李崇臣印”等。天頭有佚名墨筆漢文批注。

此印本爲晚松文庫舊藏,關於其抄寫時間,藏書目録著録説:《近思録釋疑》十四卷,(朝鮮)鄭曄著,“戊申字[肅宗年間]”[①]。即李朝肅宗年間(1675—1720)用“戊申字”刷印。

3. 李朝肅宗三十四年活字本?

首爾大學校奎章閣藏有另一部《釋疑》版本(書影見圖 8-12),其框欄交接處裂縫明顯,字迹墨色濃淡不一,字體大小不均等,當是活字本。每半葉七行十七字,注文小字雙行同。四周雙欄,有界行,框高 25.30 釐米,寬 18.00 釐米。白口,對(二葉花紋花)魚尾。版心印書名、卷次簡稱(如“近思釋疑一”)、頁碼。此活字本卷端編次、内容與上述高麗大學校藏本同。

圖 8-12 《近思録釋疑》,
李朝肅宗三十四年活字本

此本第 1 册正文前有墨筆書賜記:“康熙四十七年五月二十六日,内賜行吏曹判書李寅燁(筆者按,原本有此“李寅燁”三字,但藏家用一紙條貼住遮蓋,筆者據奎章閣藏葉采《近思録集解》戊申字本卷首墨筆題記的相同文字補注)《近思録釋疑》一件,命除謝恩。行都承旨臣姜[手決]。”還有崇禎二年金長生《近思録釋疑序》,崇禎三十四年宋時烈《近思録釋疑後序》。

① 《晚松文庫漢籍目録》子部儒家,第 191 頁。

奎章閣所藏此活字本(古 1344—3—v. 1—4),4 册(封面墨筆題記“近思釋疑”,且分别題記“春”“夏”“秋”“冬”),卷帙完好,五眼綫裝。鈐朱文印“宣賜之記”“夏坤”“宛委閣圖書記”“京城帝國大學圖書章”,白文印“月城之李”等。

從此活字本的版式、字體、内容推斷,與前文所述奎章閣一部藏本同,宜是“戊申字本”。但是,該館依據此本卷首姜氏手書時間清康熙四十七年(1708,即“戊子”年),即李朝肅宗三十四年,確定爲是年活字本。

經過與上述活字本比較,我們發現這個肅宗三十四年印本的内容、版式與高麗大學校所藏肅宗年間戊申字本相同,版框裂痕也極相近,因而它們二者極有可能是同一版印。

另外,上述兩部《釋疑》李朝肅宗年活字本,其版式、内容、體例等與前文所述奎章閣藏顯宗年間戊申字印本,基本相同,故我們認爲它們之間有同源關係,而且我推測奎章閣所云《釋疑》李朝“顯宗二年”的那個戊申字本,很可能李朝肅宗年間用戊申字印行。

(四)《近思録釋疑》所體現的注解特色

從《釋疑》文本内容看,記録的是朝鮮學者對《近思録》及其葉采注文的理解與質疑,《釋疑》一書基本按照《近思録》體例編輯,因爲編者多處引用了本邦大儒栗谷、退溪、沙溪之言,又對《近思録》及葉采《集解》進行注釋,宋時烈校讎時,往往加按語以示己見。因而,可以説此書兼有箋注、續編之性質。

金長生、鄭曄的釋疑文字,有大部分是對南宋葉采《集解》引文、注文進行質疑或揣測,指出葉采注文的未穩、未安、不襯切、語序不當、牽强處,如《釋疑》卷一第 21 條對於葉采注文“人之有生”至“是之謂性”,《釋疑》云:“‘生之謂性’,告子語也。……此性字乃氣質之性也。葉氏所謂‘理因(筆者按,“因”《集解》元刊本作“亦”)具焉,是之謂性者’,此以理言也,釋生之謂性,似不襯切。”又如卷二卷首對於葉采所擬提要“‘總論爲學大要’止‘尊德性矣必道問學’”,指出其未安處,注云:“沙溪曰:‘首卷論道體,非尊德性也。’葉氏以尊德性言之,恐未安。若是泛論以起道問學,則又似贅。”再如對於卷二第 81 條語録中葉采注文“雜揉之質”,《釋疑》注云:“‘質’字未穩,‘揉’恐當從‘米’,雜也。”

此類對葉采“集解”的評析質疑，不能説他們全無根據，其所闡發之見解自有可取之處。《釋疑》中多處“恐”“似”之辭頗有助於我們去考察李朝儒學對於程朱之學的理解與批判性的接受。在校勘者宋時烈看來，“本欲公天下之義理而無一毫彼我之私”，也説明他並非有意攻擊葉采，這種敢於質疑葉采注文的舉動，説明李朝學者在面對朱學嫡傳者葉采的注解時，“墨守之心”有所動摇，他們“能操其戈以入平巖之室”[①]，多少也顯露出一定的膽量與自信，也體現出李朝中期儒學者開始具有的批判精神。

因此《近思録釋疑》在韓國現代也被再印面世，如 1983 年正文社影印本，收録在《史料叢書》第 2 輯，日本京都大學圖書館有藏。收録在恩津宋氏宋子事業會共編《宋子别集叢刊》，忠北大學校，尤庵研究所《尤庵資料集成》，2008 年保景文化社印刷，韓國國立中央圖書館有藏。

三、李朝學者“考《近思録釋疑》類”文本

由於《近思録釋疑》在朝鮮半島的影響很大，自《釋疑》面世後，不斷有學者對其進行考辯或解讀，我們將這一類的文本暫擬作“考《釋疑》類”文本，簡述如下。

(一) 朴世采《近思録釋疑考正凡例》，李朝顯宗年間刻本

朴世采(1631—1695)，字和叔，號玄石、南溪，李朝潘南人。謚號文純公。著有《近思録問答》《近思録釋疑考正凡例》《三先生遺書》等，現存有《南溪集》。他維護朱子學正統，晚年帶着病體對《近思録釋疑》進行考正，尚不能如願，故望後世有意於斯役者繼之用功，發揮《近思録釋疑》教化世人的效能。

《凡例》前的題識説：“初擬祇據已考落字填補而還之，暨頗更詳，則此外誤處未考者甚多，不得已各尋所引本文與今《釋疑》反復參互，欲求其是處而從之，庶免魯魚相混之弊，非所以反循其舊紛紜自私也。蓋箋注之法，既取其大義，則區區一字二字之間不必盡同，是故朱子之於四書所引諸先生説，多有更加點化者，然竊觀《釋疑》之義之例似未甚，直附於此。而近於栗谷所謂‘有

① (朝鮮)宋時烈《近思録釋疑後序》，載於《近思録釋疑》，李朝顯宗二年木板本。

删節而不敢添一字’之意(間有换補數處,然亦甚罕),後之與校此書者,恐亦不可徒推之古注,而不以互商於本文也(注:說若並見於《語類》《性理》《易傳》等書者,不能遍考,姑從其易閲者,如或並已考出,則直著其書名)。兹列其目於左。”

該《凡例》七則,每半葉十一行二十字,四周雙欄,有界行。據卷首篇名下題署“庚子”,可知是李朝顯宗元年(1660)撰寫《凡例》,刊刻當在此後。此《凡例》收録在《南溪先生朴文純公文正集》卷六十五。其影印本,宋熹準《近思録注解叢編》第 3 册收録。

(二) 李載亨《近思録及釋疑疑目》,李朝木板本

李載亨(1665—1741),字嘉會,號松巖,朝鮮全州人。存有《松巖集》。所著《近思録及釋疑疑目》,是李載亨對《近思録》卷一至卷四的 14 條語録或部分語段,或相關注文進行闡釋。其編次是先引《近思録釋疑》,再引他論,後表明自己的理解,提出對《釋疑》的質疑。李氏注釋之文單列,頂格刻印。如:

> “太極説‘五行一陰陽’云云。注‘朱子’云云(以下卷之一)。”李載亨云:“五殊二實無餘欠者,釋五行一陰陽也。精粗本末無彼此者,釋陰陽一太極也。上句既以五行對陰陽而言,則下句獨不言太極,而袛言陰陽耶,且袛言陰陽之精粗本末,可以發明陰陽一太極乎?熊氏之以精本爲太極、以粗末爲陰陽者,似精切,而《釋疑》非之,可疑。”
>
> “‘多少不盡分’。注‘分者天理當然之則’。”李載亨云:“《釋疑》以此注爲不切,而以職分之分爲釋,固當。但以君臣義、夫子親爲分,亦似未切。恐不如以君仁臣敬、父慈子孝爲分之爲切耶!”

由於筆者未能真切目驗現存的木板本,所見版本是《近思録注解叢編》第 3 册影印本,收録在《松巖集》卷五。宋熹準影印時,不是依據原版樣式,而是進行剪輯拼合爲一頁,故我們難以按照傳統的書志體方式來對其版式進行描述。

(三) 柳長源《近思録釋疑辨》,李朝英祖年間活字本

柳長源(1724—1796),字叔遠,號東巖先生,李朝全州人。著有《溪訓類

編》《湖書類編》《近思録釋疑辨》等，現存有《東巖集》。

其《釋疑辨》内容分别是就《近思録》卷一、卷二、卷三、卷四、卷五、卷八、卷十、卷十一、卷十二、卷十四的相關注文（包括葉氏注、《釋疑》）進行辨説，對葉采注文、金長生釋疑文字作比較品評，對其可疑處進行辨析。其編次是先引述《近思録》（包括葉采注文）、《釋疑》及李朝學者注説的文字，然後另起一行，以“按”或“竊”引出自己的辨析，隨後或附上湖上先生之“批”。筆者照此體例統計，共有49則。如：

1. “一卷《太極圖説》‘太極動而生陽’。注：‘用起天地先，體立天地後。’《釋疑》曰：‘用與體皆指陰陽而言。’”

“按，此用字恐是妙用之用，即指太極而言也。若以爲用與體皆指陰陽而言，則其於葉注‘太極流行之妙’‘二氣對待之文’（筆者按，“文”葉采《集解》本作“體”）有所不合。”

“先生批曰：竊意邵子本意當如《釋疑》，葉氏引之則固指太極而言，然終覺有未安。朱子本解以命之流行不已、分之一定不易（筆者按，“易”葉采《集解》本作“移”）對待立論，就動静陰陽上以太極爲主而言。然葉氏以‘太極流行之妙’‘二氣對待之體’相對爲言，是理爲用而氣爲體也。朱子嘗以太極爲體、陰陽爲用，而旋自謂其言有病，况理爲用而氣爲體乎？來説以用爲妙用之用，然與不易之體相對，則畢竟是體用之用耳，如何。”

2. “‘心生道也’章。《釋疑》曰：‘生，生物之生也。’退溪曰：‘此生字祇是生活之生，生生不窮之義，即與天地生物之心貫串。’祇一‘生’字云云，若以生活、生生、生物之生做一‘生’字看，則恐不分曉。”

“按，此‘生’字看作生活之生，則生生、生物之義皆在其中。先生之意似不過如此，恐不必曲生議論。”

3. “‘爲天地立心’章。注：‘參贊化育。’《釋疑》曰：‘程子曰：人者，天地之心。’朱子曰：‘所謂天地之心而人之極也。’據此‘立心’似謂立人極也，葉注恐未然。”

“按，程朱之訓固如此，然此章之旨必如葉注而後乃可通。”

從此本行格歪斜、字體筆畫圓潤、字迹墨色濃淡不一推測，極似活字本

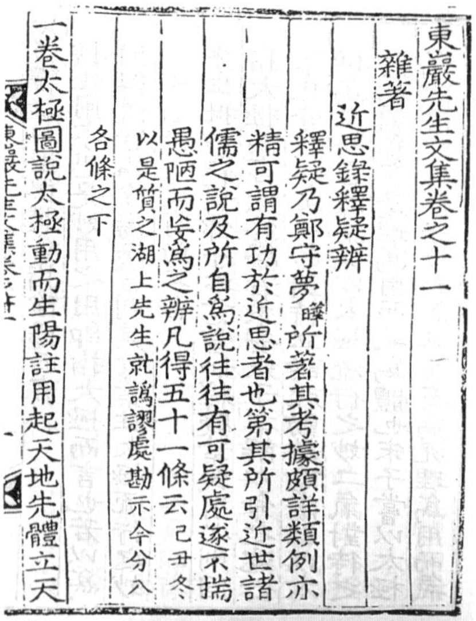
東巖先生文集卷之十一
雜著
近思録釋疑辨
釋疑乃鄭守夢曄所著其考據頗詳類例亦
精可謂有功於近思者也第其所引近世諸
儒之説及所自爲説往往有可疑處遂不揣
愚陋而妄爲之辨凡得五十一條云己丑冬
以是質之湖上先生就譌謬處勘示今分入
各條之下
一卷太極圖説太極動而生陽註用起天地先體立天

圖 8－13　柳長源《近思録釋疑辨》，李朝英祖年間活字本

（書影見圖 8－13）。每半葉十行二十一字，四周雙欄，有界行。白口，對（二葉花紋）魚尾。版心魚尾間題“東巖先生文集卷之十一”、頁碼。卷端首行頂格題“東巖先生文集卷之十一”，次行低一字格題“雜著”，第三行低三字格題“近思録釋疑辨”，第四行低四字格印題識。在題識之左是正文。

卷端葉柳長源題識曰：“《釋疑》乃鄭守夢曄所著，其考據頗詳，類例亦精，可謂有功於《近思》者也。第其所引近世諸儒之説及所自爲説，往往有可疑處，遂不揣愚陋而妄爲之辨，凡得五十一條云（己丑冬以是質之，湖上先生就訛謬處勘示，今分入各條之下）。”

依據柳長源生平，其落款時間“己丑”年，即李朝英祖四十五年（1769），此本當於此後印製。該篇收録在《東巖先生文集》卷十一，其活字本的影印本見《近思録注解叢編》第 4 册。

第二節　對葉采《集解》進行質疑、辨析的文本考

南宋《近思録》及葉采《近思録集解》不僅在中國社會影響大，而且對朝鮮社會也産生了久遠的影響，李朝衆多學者、讀者不斷研習《近思録》文獻，對《集解》進行增删、辨疑，展現出李朝學者的自主意識、客觀精神。因爲此類文本較多，故單列爲一節（其中也包括日據時期的少量版本）。

一、對《近思録》進行疑問與訓解的文本

（一）權得己《近思録僭疑》十四卷，木板本

權得己（1570—1622），字重之，號晚悔，李朝安東人。朝鮮光海君時期的

文臣。著有《論孟僭疑》《近思録僭疑》等，現存有《晚悔集》。他在當時提出了求是的策略，其《讀書僭疑》開卷自序中說："余讀書每遇難解處，不免妄生枝辭，恐其遺忘，筆以記之。以俟他日有道之見正，或與朋友講論。"《讀書僭疑》第一卷，收録在權得己《晚悔集》中，名爲《晚悔集僭疑》。其中第三卷是對《近思録》的論述。《晚悔集》是道山學會以影印本上下册的形式發行，《讀書僭疑》收録在下册①。

《近思録僭疑》是以讀書雜記形式撰寫，標以"僭疑"以示作者自己的謙遜之意，即對聖賢論説文字中的疑難之處加以議論。權得己對《近思録》的解釋與其《論孟僭疑》一樣，從疑問的角度出發，陳述自己的觀點與想法。據林熒澤所論，權得己説經的特徵是"堅持認真、謙虚的研究態度"，"立足於自身現實思考"，憂國憫時，有懷疑有定見。其"現實性和實踐性是'切問而近思'，來源於切近的學問方法論"②。他在《近思録僭疑》卷一中说："切近，謂在我本分，不可須臾離目前現做的事業也。"該書中偶見其自我反省、自我聲討的句段。他在《僭疑》中流露出的批判理論，也成爲李朝實學的先聲。

對於其《近思録僭疑》十四卷，筆者無緣見到此書原版，在此僅據宋熹準《近思録注解叢編》第3册影印本進行闡釋。依據現存版本《近思録僭疑》卷端題署大題《晚悔集僭疑》、小題《近思録》，可知是權得己對《近思録》進行僭疑，故將此刻本書名擬作《近思録僭疑》。

《晚悔集》卷三收録《近思録僭疑》十四卷，各卷的標題分别是論道體，論爲學大要，論致知，論存養，論力行，論齊家，論出處，論治道，論治法，論臨政處事，論教人，論戒謹，辨異端，觀聖賢。

《僭疑》是作者平時讀《近思録》時"僭記謬見以爲逐句訓解"之見解。該《僭疑》針對《近思録》271條語録，或提出自己疑惑，或指出自己不曉、不理解的語録文字，或訓解語彙之意，或陳述自己的讀書心得，或品評葉采《近思録集解》注文，或概述相關幾條語録内容等。雖説較之其他注釋《近思録》者，他的訓解方式有些特别，但是權氏在多處提出疑惑卻不作解，故而在義理的深

① 《晚悔集》，韓國道山學會影印本。轉自(韓)林熒澤著，李學堂譯《韓國學：理論與方法》，山東大學出版社，2010年9月1版，第270頁。

② (韓)林熒澤著，李學堂譯《韓國學：理論與方法》，2010年9月1版，第273—274頁。

入闈發上顯得乏力。如：

"'有感必有應',感應之理非余之所能窺測,衹以吾心真妄邪正起滅分數反而驗之,而較其多寡則庶乎寡過乎?"(卷一)

"'天下之事,不進則退'一段,'《濟》之終不進而止矣,無常止矣。衰亂至矣',此三句,全未曉文義。"(卷八)

"'敬義夾持直上'此六字欲作一句讀,'達天德自此'爲一句,不知是否?"(卷二)

"'子在川上'云云,'固是道無窮,然怎生一介無窮便道了得他'。愚意此是繼之者善之義耶,僭見如此,不知如何?"(卷三)

"'灑落'二字其義云何?灑,如蕭(筆者按,當作瀟)灑、脱灑之'灑';落,如牢落之'落'耶。'光風霽月'言其虚明洞澈之義耶。下文'精密嚴恕'四字,官政家政皆當體念。"(卷十四)

"'問必有事焉,當用敬否',及'敬義何别'二條,愚竊以爲敬所以爲集義之本,集義所以爲能敬之地。……○注引朱子'念慮起處,分别其公私義利'之説,最切於工夫,當銘心。"(卷二)

"'己心爲嚴師','定然後'光明,'必時其動静','見他人擾擾,非干己事,而所修亦廢'。此三段語,余之藥石也。"(卷四)

"孀婦不可取,然則豈但孀婦爲然,世之君子不能推其類者多矣。凡女色之不可暱有甚於孀婦者,凡事之不可行亦有甚於娶孀婦者。若以其輕者推其重者,則知所擇矣,亦余所當至警也。抑'餓死''失節'之喻,乃是爲婦人謀然也,非必以此盡責之於村婦也。今之士大夫於婦人失節必極口責之,於己之行則未嘗自責,是待己反不如女子也,可笑!"(卷六)

"'先生在講筵'云云,'户部案前任歷子',《性理群書》'案'作'索'。下文'動不動'字未曉,蓋方言也。"(卷七)

"教人習舉,如愚又别有所見。凡士之所以學者,無非舉業也。如格物、致知、誠意、正心,以所學應科。如詩賦則出於性情,論策亦攄發胸中之所藴,四六對言之文亦無非胸中流出者,而其中對策又最是致用之實,卻以所學之正應之,而得失付之於命,可也。蓋學非爲舉業,而舉業在其中,人能不外學而爲舉業則幾矣。但中國鄉舉猶有古意,我國則直令士

子自求舉，待士之道不其太薄乎?”(卷七)

此《僭疑》存有木板本(書影見圖8－14)，每半葉十行二十二字，四周單欄，有界行。白口，對(二葉花紋)魚尾。版心兩魚尾間題記書名“晚悔集僭疑卷三”、頁碼。卷一卷端首行題“晚悔集僭疑卷之三”，次行低一字格題本卷小題名“近思録”，越一字格題署《僭疑》卷一卷名“論道體”，第三行頂格刻印正文。其餘各卷的卷名不再另起一葉刻印，而是緊隨上卷之後，另起一行低一字格題署卷名。《僭疑》十四卷各條文字大都單列，頂格刻印。至於具體刊刻時間，尚待考。

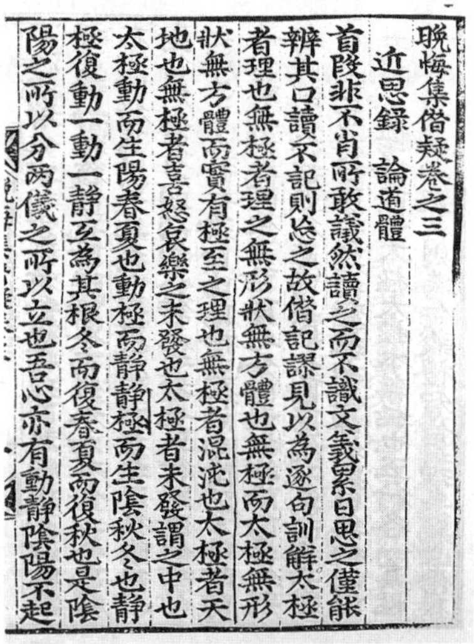
晩悔集僭疑卷之三
近思録　論道體
首段非不肖所敢議然讀之而不識文義累日思之僅能
辨其口讀不記則忘之故僭記謬見以為逐句訓解太極
者理也無極者理之無形狀無方體也無極而太極無形
狀無方體而實有極至之理也無極者混沌也太極者天
地也無極者喜怒哀樂之未發也太極者未發謂之中也
太極動而生陽春夏也動極而靜靜極而生陰秋冬也靜
極復動一動一靜互為其根冬而復春夏而復秋也是陰
陽之所以分兩儀之所以立也吾心亦有動靜陰陽不起

圖 8－14　權得己《近思録僭疑》，李朝木板本

(二) 權思學《近思録記疑》，李朝活字本

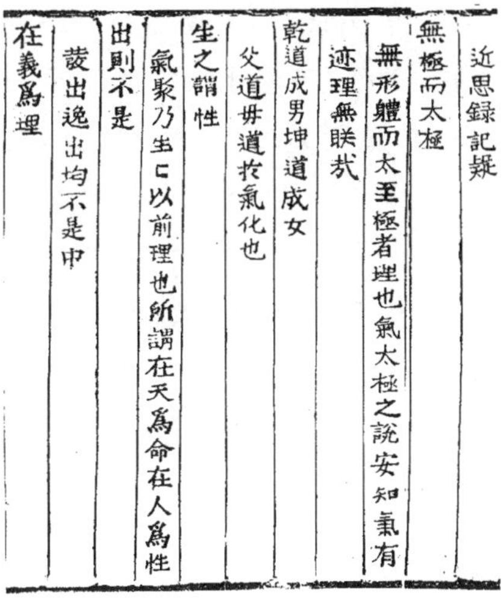
近思録記疑
無極而太極
無形體而太至極者理也氣太極之説安知氣有
迹理無朕兆
乾道成男坤道成女
父道毋道扵氣化也
生之謂性
氣聚乃生生以前理也所謂在天為命在人為性
出則不是
發出逸出均不是中
在義為理

圖 8－15　權思學《近思録記疑》，李朝活字本

權思學，生卒年不詳。其《記疑》是對《近思録》卷一、三、四、六、十四中的部分語録或詞語進行簡明扼要的訓解，計19則。如：

“在義爲理”，權思學云：“物則之謂義歟，能無礙於理在事、義在心，順理爲義之訓乎!”

“近思”，權思學云：“思不泛遠之謂近。”

現存版本字形有歪斜、字迹墨色濃淡不一，顯然爲活字本(書影見圖8－15)，由於筆者所見是《叢編》的影印本，且影印者將原本不是一葉的行格拼合在一頁，往往造成行格認知的錯誤，如該本首葉便是如此。每半葉十行二十字。卷端題署"近思録記疑"，故此將其擬作該部分的篇名。其編次是先頂格簡述某語録或詞語，次則另起一行，均低一字格訓解。

此《記疑》收録在《竹村集》卷六，其活字本的影印本，《近思録注解叢編》第5册收録。

(三) 鄭纘輝《近思録記疑》，李朝筆寫本

鄭纘輝(1652—1723)，字景由，號窮村，李朝迎日人。今存有《窮村集》。其《近思録記疑》内容分作27則，是對《近思録》及葉采注文進行注解，多結合《近思録釋疑》來闡發自己的主張。其體例編排是先概述"某某止某某"一段文字，或抄録有疑惑的一段文字，繼之在下面畫"○"，在此圓圈下書寫自己的釋文。如：

> "注：'愚謂性焉復焉'止'誠幾神之義'。○按，《通書》此章'誠幾德'，通衆人而言。次章'誠神幾'，單指聖人事而言。葉氏今欲合二章而一之。《釋疑》沙溪先生之非之，誠是也。但發微充周之神與感而遂通之神有異云者，則恐不然。《通書》本段小注，朱子曰：'發，動。幽，微也。言其不急而速。充，廣也。周，偏(筆者按，恐作'徧')也。言其不行而至。'所謂'不急而速''不行而至'二句，本釋'感而遂通'者神之文字，則葉氏之説實本於朱子，恐不可非之也。惟其兩章主意自不同，而必欲合而一之，此則不是耳。"
>
> "'近取諸身'止'自然不息'。○《釋疑》程子曰'天地有如紅爐，雖生物消鑠亦盡'，言如生物之有形體者，久則皆腐朽消鑠云耶。"
>
> "'拳拳服膺'。○韻書'拳，曲手也，於奉持之意不襯又眷顧也'。當以此'眷'字義觀之，蓋謂眷顧不忘、佩服於心胸也。"

存世的筆寫本是在印製好欄格的紙上抄寫(書影見圖8-16)，每半葉十一行二十二字，四周單欄。白口，版心處題記"窮村集卷六""雜著"、頁碼。

該《記疑》收録在《窮村集》卷六，其筆寫本的影印本，《近思録注解叢編》第3册收録。

（四）沈奎澤《近思録記疑》，李朝憲宗十一年筆寫本

沈奎澤（1812—1871），字稺文，號西湖，李朝青松人。現存有《西湖集》。其《近思録記疑》先輯録《近思録》原文某條語録或部分文字，或概述某語録，接着另起一行以"按"字引出自己的解疑，共計 8 則。如：

> "每日須求多少爲益。"沈奎澤曰："按，先輩多絶句於'爲'字下，然愚見則連下"益"字絶句爲是。蓋此'益'字統下'德性上益''學問上益'兩'益'字而言也。"

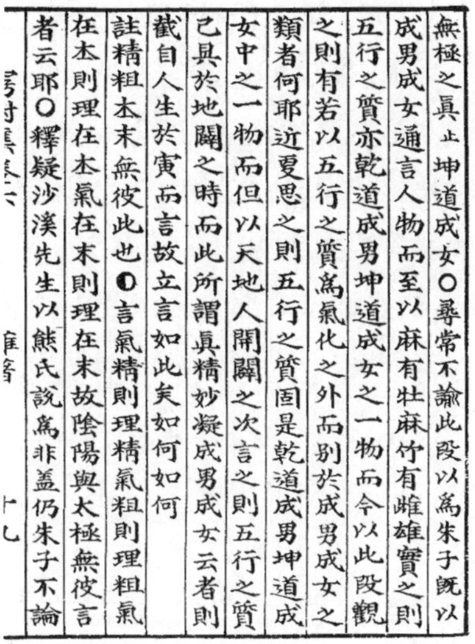

無極之眞止坤道成女○尋常不諭此段以爲朱子既以成男成女通言人物而至以麻有牡麻竹有雌雄實之則五行之質亦乾道成男坤道成女之一物而今以此段觀之則有若以五行之質爲氣化之外而別於成男成女之類者何耶近夏思之則五行之質固是乾道成男坤道成女中之一物而但以天地人開闢之次言之則五行之質已具於地闢之時而此所謂眞精妙凝成男成女云者則截自人生於寅而言故立言如此矣如何如何

註精粗本末無彼此也●言氣精則理精氣粗則理粗氣在本則理在本氣在末則理在末故陰陽與太極無彼言者云耶○釋疑沙溪先生以態氏說爲非盖仍朱子不論

圖 8－16　鄭纘輝《近思録記疑》，李朝筆寫本

現存筆寫本是在印製好框欄行格的紙上書寫（書影見圖 8－17），每半葉十行二十字，四周雙欄，有界行。白口，單（二葉花紋）魚尾。版心魚尾上方題記"西湖文集"，魚尾下題卷次（如"卷十七"）、"雜著"、頁碼。卷端首行低二字格題"近思録記疑（乙巳）"，次行低一字格輯録《近思録》的相關語録，第三行頂格書寫沈奎澤解疑文字。

據沈奎澤生卒年，卷端題署的"乙巳"，即李朝憲宗十一年（1845），可知此筆寫本於此時書寫。該《記疑》收録在《西湖集》卷十七，其筆寫本的影印本，《近思録注解叢編》第 6 册收録。

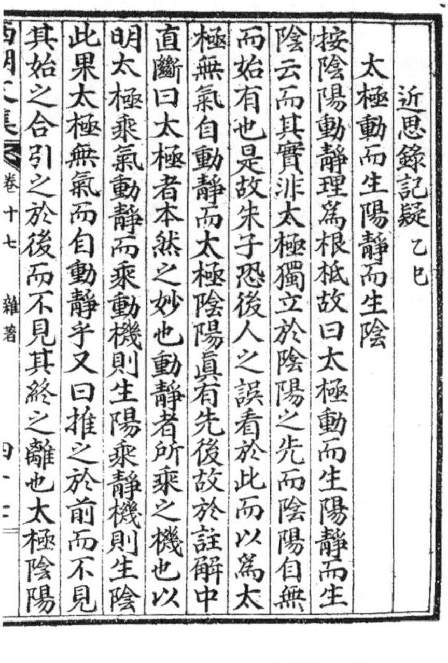

近思錄記疑 乙巳

太極動而生陽靜而生陰

按陰陽動靜理爲根柢故曰太極動而生陽靜而生陰云而其實非太極獨立於陰陽之先而陰陽自無而始有也是故朱子恐後人之誤看於此而以爲太極無氣自動靜而太極陰陽眞有先後故於註解中直斷曰太極者本然之妙也動靜者所乘之機也以明太極乘氣動靜而乘動機則生陽乘靜機則生陰此果太極無氣而自動靜乎又曰推之於前而不見其始之合引之於後而不見其終之離也太極陰陽

圖 8－17　沈奎澤《近思録記疑》，李朝憲宗十一年筆寫本

(五) 無名氏《近思録記疑》,李朝筆寫本

無名氏《近思録記疑》十四卷,分卷編次,每卷前題署"第某卷"。每卷編撰體例是先單列概述《近思録》某條語録,即"某某章",接之另起一行單列《近思録》語録及其注文,對於《近思録》語録、葉采注文、《釋疑》的文字抄作大字,記疑者的論説文字寫作雙行小字。該《記疑》並非對《近思録》所有語録進行注釋評議,衹輯録了大部分語録及中國、李朝學者的注文,對其評析或質疑。如:

"'天下之理,終而復始'章。(越三章)""注云云,《釋疑》云云。《釋疑》説之意似謂程子,則謂變故能不已。而葉氏只平説變者不已,語意不同云,而其説未瑩。"

"'好學論'章。(越一章)""'學以至聖人之道也',謂學而至聖人的道歟,抑'至'字當釋在'道'字下歟? 或'學'字直釋在'道'字下,亦通,更詳之。(《中説》爲長。)'喜怒哀樂愛惡欲','喜怒哀樂'屬四性而别是一説,若具七情則當從《禮運》本説,蓋'樂'可入之於'喜'之中,而'懼'字不可闕。("懼"似可屬之於"悪",而終覺牽强。)注:涵養與知行並進。《釋疑》引朱子説以訂其非。愚意,非知則行,涵養固不外於行,然涵養之爲行,終與踐履之爲行不同。今若曰講明操存,踐履交致其功,則亦無不可。葉説善看之,亦不至不通,然要之'知所往','往'作'養',非是。注'以上兩章'止'幾於化矣',《釋疑》以爲支離牽强。而愚意,程子立言固非有意分屬而言之而,就而推見,亦自有可以如此分屬者。葉説要極精深,恐難輕加詆斥。"

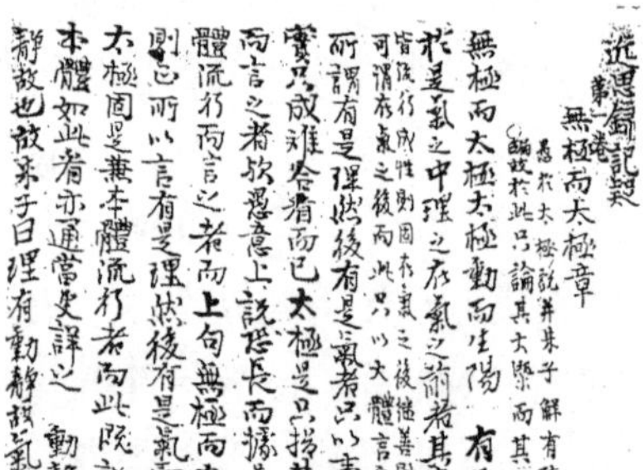

圖 8-18　無名氏《近思録記疑》,李朝筆寫本

現存筆寫本是在素紙上書寫,字體爲行書,從字迹、修改的角度看,極似稿本(書影見圖 8-18)。每半葉十四行二十八字,注文小字雙行同。卷端葉首行頂格題"近思録記疑",越十七字題記"五

十張”，次行低一字格書寫“第一卷”，第三行低二字格題“無極而太極章”，第四行是撰者的一段題識語，曰：“愚於‘太極’説並朱子解，有隨思劄記，及與友人問答者，散見他編，故於此衹論其大概，而其不入朱解處，亦並朱解而論之云。”在此題識語之後抄寫正文。

該《記疑》筆寫本的影印本，《近思録注解叢編》第 10 册收録，《叢編》説此書收録在“《經書記疑》卷之一”。

(六) 徐基德《近思録會疑》，稿本

徐基德(1832—1903)，石南居士。現存有《石南居士私稿》。其《近思録會疑》是按照先設問後訓解的方式編輯，其内容是對《近思録》十四卷的 110 條語録進行注解。如：

> “《圖》之太極與《易》之太極同歟?”(徐基德云：)“《易》之太極以卦爻言，《圖》之太極以造化言，卦爻所以擬造化，則其實一太極也。”
>
> “‘不遷怒’是因何而不遷耶?”(徐基德云：)“此心至虛明，喜怒各因其物而無一毫之私，故怒所當怒，而怒於此者不移於彼，此不遷怒之所因也。”
>
> “‘治家當有威嚴’，又曰‘以情勝禮，以恩奪義’，何也?”(徐基德云：)“威嚴本於吾身之謂也，情恩施諸家人之謂也。身先謹嚴，然後家人有所觀感；情恩常勝，然後禮義不爲苛刻。此‘威嚴’‘情恩’之所以並行而不悖，而家道感矣。”

現存筆寫本是在印好邊框的紙上書寫(書影見圖 8－19)，每半葉十一行二十字，四周單欄。白口，書口上方題記“近”，下方題記頁碼。卷端葉首行低一字格題“近思録會疑”，次行低二字格題篇次與本卷提要(如“第一篇論

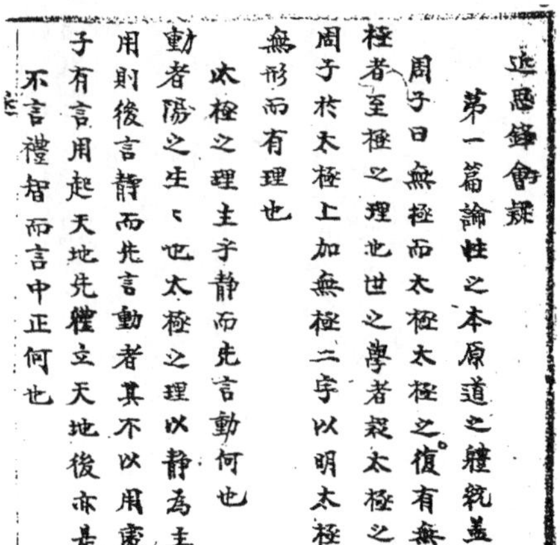
近思錄會疑
第一篇論性之本原道之體統蓋學問之綱領
周子曰無極而太極太極之復有無極歟上
極者至極之理也世之學者疑太極之有形體也故
周子於太極上加無極二字以明太極之無形蓋言
無形而有理也
太極之理主乎靜而先言動何也
動者陽之生生也太極之理以靜為主而以生生為
用則後言靜而先言動者其不以用處為言者歟邵
子有言用起天地先體立天地後亦是此意耳
不言禮智而言中正何也

圖 8－19　徐基德《近思録會疑》，稿本

性之本原道之體統，該學問之綱領”)，第三行開始書寫正文。問句在前低一字格書寫，答句在後，單列，各行均頂格書寫。從存世文本有塗改的迹象看，恐是稿本。此筆寫本的影印本，《近思録注解叢編》第 8 册收録，並云出自“《石南居士私稿》卷之八”。

(七) 金鍾順《近思録劄疑》，李朝活字本

金鍾順(1837—1886)，朝鮮後期學者。存有《直軒集》。金氏所著《近思録劄疑》是訓釋《近思録》相關語録，其中多引用朱子、上蔡等人的論説來進行闡釋，共計 63 則。如：

> “知時識勢，學《易》之大方也。”(金鍾順云：)“學者先讀《大學》以定其規模，次讀《論語》以求仁爲己，次讀《孟子》以集義擴充，次讀《中庸》以求其微妙。須將四書爲根本以去看他經他書，兼經歷世故，多識盡人情物理，然後可以讀《易》。《易》是箇包涵萬理，無所不言，而其爲言則一懸空底影像耳，所以最難看。不比諸書，如《書》則便真有這政事謀謨而方做書，《詩》則便真有這人情風俗而方做詩之類，故切忌使未當看者看，易得執滯一偏、妄意增減也。須是已知得義理者學此，方有以見夫屈伸、盈虛、消長、盛衰之幾，而在人一動息、一語默便無不合矣。”
>
> “科舉之事，不患妨功，惟患奪志。”(金鍾順云：)“朱子曰：‘纔以得失爲心，理會文字，意思都别了。’又曰：‘自家工夫到後，那邊自輕。’蓋科業之患莫切於自衒，自衒非志士之所爲也。學者立志之初，須先淡薄於此，方有專一向進處。若工夫到後，洞見我重而彼輕矣。”

現存版本字迹墨色濃淡不一、框欄交接處裂縫明顯，是爲活字本(書影見圖 8－20)。每半葉十行二十字，四周

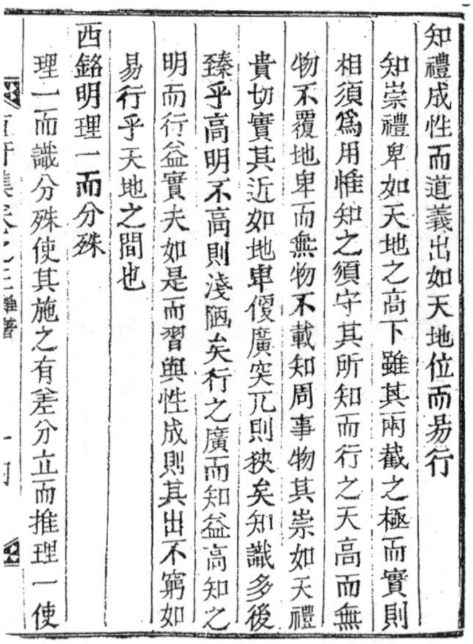
知禮成性而道義出如天地位而易行
知崇禮卑如天地之高下雖其兩截之極而實則
相須爲用惟知之須守其所知而行之天高而無
物不覆地卑而無物不載知周事物其崇如天禮
貴切實其近如地卑僾廣突兀則狹矣知識多後
臻乎高明不高則淺陋矣行之廣而知益高知之
明而行益實夫如是而習與性成則其出不窮如
易行乎天地之間也
西銘明理一而分殊
理一而識分殊使其施之有差分立而推理一使

圖 8－20　金鍾順《近思録劄疑》，李朝活字本

雙(或單)欄,有界行。白口,對(三葉花紋)魚尾。版心魚尾間題記“直軒集卷之三”“雜著”、頁碼。卷端葉首行低二字格題“近思録劄疑”,次行印正文。每則先輯録《近思録》語録的部分文字,訓解的文字單列,均低一字格印製。

此本收録在《直軒集》卷三,其活字本的影印本,《近思録注解叢編》第8册收録。

(八) 朴燉《近思録疑義》,筆寫本

朴燉(1863—1942),號艮庵。現存有《艮庵文集》。其《近思録疑義》是對《近思録》十四卷中的若干條語録及葉采注文進行訓釋,引朱熹及其他理學家言論闡釋《近思録》相關語録,同時也表明了自己的疑惑,每一條文字單列,共計232條(卷一36條,卷二68條,卷三50條,卷四8條,卷五16條,卷六4條,卷七9條,卷八6條,卷九6條,卷十13條,卷十一2條,卷十二5條,卷十三4條,卷十四5條)。每卷僅書編次“第某卷”,不寫卷名。如:

> (第一卷:)“第五條,‘以主宰謂之帝,以功用謂之鬼神,以妙用謂之神’止。帝、鬼神、神三者實難意曉,而既曰‘鬼神’又曰‘神’,則以功用、妙用相分,而功用兼精粗而言,妙用言其精者,則鬼神之神與妙用之神同歟不同歟?”

> (第七卷:)“第三十八條,‘人多言安於貧賤,其實衹是計窮力屈,才短不能營晝耳’止。得無知義而安於貧賤者乎?何獨言計窮耶?”

現存筆寫本是在印製好框欄行格的紙上書寫(書影見圖8-21),每半葉十一行二十二字,四周雙欄,有界行。白口,單(二葉花紋)魚尾。版心魚尾下題記“艮庵文集卷之三”、頁碼。卷端葉首行頂格題“艮庵文集卷之三”,次行低一

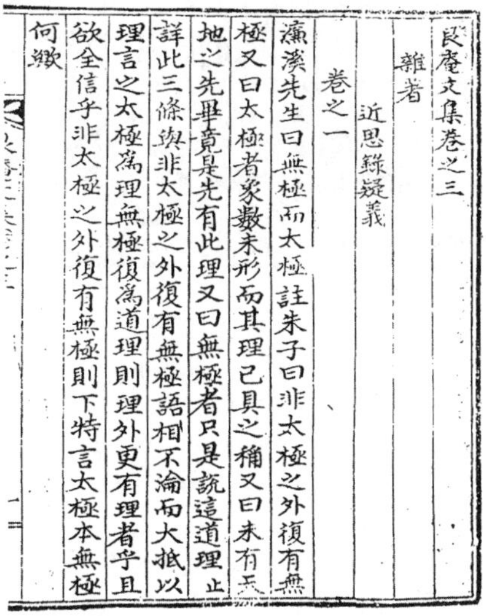
艮庵文集卷之三
雜著
近思錄疑義
卷之一
濂溪先生曰無極而太極註朱子曰非太極之外復有無
極又曰太極者象數未形而其理已具之稱又曰未有天
地之先畢竟是先有此理又曰無極者只是說這道理止
詳此三條與非太極之外復有無極語相不淪而大抵以
理言之太極爲理無極復爲道理則理外更有理者乎且
欲全信乎非太極之外復有無極則下特言太極本無極
何歟

圖8-21 朴燉《近思録疑義》,筆寫本

字格題“雜著”，第三行低三字格題“近思録疑義”，第四行低二字格題“第一卷”，第五行頂格抄寫正文。書體俊美，抄寫工整，版面精美，頗似清稿本。此《疑義》筆寫本收録在《艮庵文集》卷三，其影印本，《近思録注解叢編》第 9 册收録。

（九）姜櫄《讀近思録疑義》，活字本

姜櫄，生卒年不詳，李朝晉山人。其《讀近思録疑義》是有選擇地對《近思録》卷一至卷十三中的語録或字詞進行注釋，或表明疑惑。如：

“第一卷，一板。蔡注‘必當先有’”，姜櫄曰：“下語恐未穩。”

“第六卷，八板。‘至親至近’”，姜櫄曰：“謂夫婦家室之閫。”

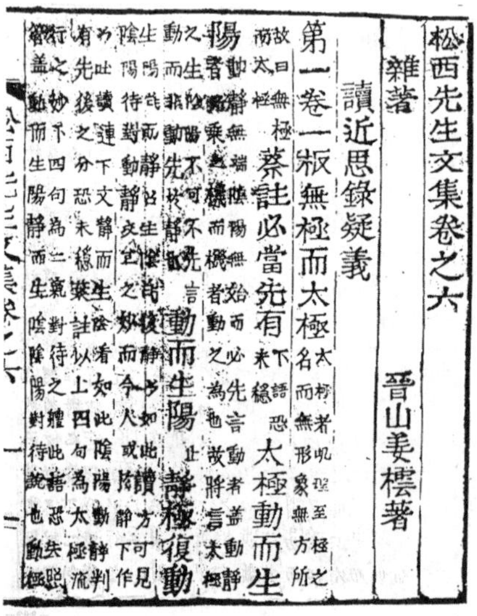
松西先生文集卷之六
雜著　晉山姜櫄著
讀近思録疑義
第一卷一板無極而太極
蔡註必當先有 …… 太極動而生
陽 …… 動而生陽 …… 靜極復動

圖 8－22　姜櫄《讀近思録疑義》，活字本

現存版本字形大小不一、排列不齊整，字迹墨色濃淡不一，顯然是活字本（書影見圖 8－22）。每半葉十行十八字，注文小字雙行同。四周單欄，有界行。白口，單（黑）魚尾。版心魚尾下題記“松西先生文集卷之六”，頁碼。卷端首行頂格題“松西先生文集卷之六”，次行低一字格題“雜著”，越八字題“晉山姜櫄著”，第三行低二字格題“讀近思録疑義”，第四行印正文。大字是概述某卷某板某某文字，或“某某止某某”，雙行小字是姜櫄的解説或存疑，每一卷中各條文字不單列，而是前後相接。

此本收録在《松西先生文集》卷六，其活字本的影印本，《近思録注解叢編》第 5 册收録。

（十）李鍾和《近思録經疑》，李朝高宗年間活字本

李鍾和（1830—1886），字鳳汝，號絅晦。其著述存有《絅晦遺稿》。其《近思録經疑》主要是答尹相爵、姜聖秀、蘇運奎之問，即解答問者關於《近思録》

的相關問題，重在釋義。其内容是按一問一答的方式編次，共計約 19 則。如：

“問：《小學與要訣》，則《中庸》在於《論》《孟》之後；而《近思録》，則《中庸》在於《詩》《書》之後，其意何也？”李鍾和答云：“以四書爲入德之序而後及諸經，蓋是朱子定論，而若程、張諸先生則以《中庸》爲上達之書，故論之於《詩》《書》之後也。”

現存版本字迹墨色濃淡不一、框欄交接處列痕明顯，是爲活字本（書影見圖 8－23）。每半葉十一行二十四字，四周雙欄，有界行。白口，對（三葉花紋）魚尾。版心魚尾間題記“絅晦遺稿卷之十一”“經疑”、頁碼，因而我們將此篇擬作《近思録經疑》。卷端葉首行低二字格題“近思録”，次行低一字格印製正文。問者的話語皆低一字格，答者的話語單列，均頂格印製。

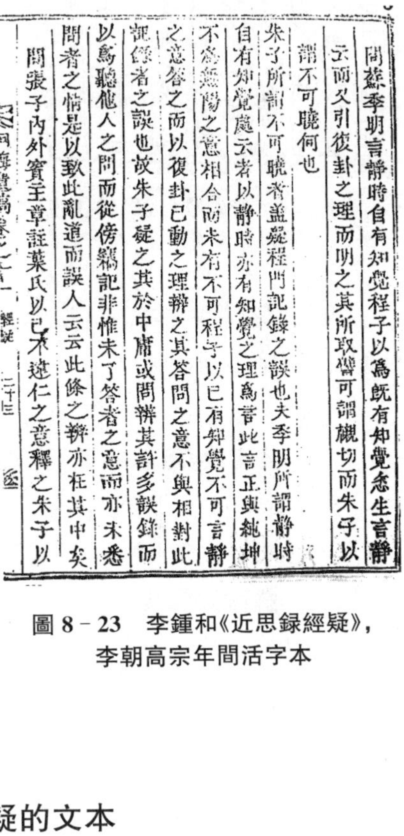
問蔡季明言靜時自有知覺程子以爲既有知覺悉生言靜
云而又引復卦之理而明之其所取譬可謂襯切而朱子以
謂不可曉何也
朱子所謂不可曉者蓋疑程門記錄之誤也夫季明所謂靜時
自有知覺處云者以靜時亦有知覺之理爲言此言正與純坤
不爲無陽之意相合而未有不可程子以已有知覺不可言靜
之意答之而以復卦已動之理辨之其答問之意不與相對此
記錄者之誤也故朱子疑之其於中庸或問辨其許多誤錄而
以爲聽他人之問而從傍竊記非惟未了答者之意而亦未悉
問者之情是以致此亂道而誤人云云此條之辨亦在其中矣
問張子內外賓主章註葉氏以已不逮仁之意釋之朱子以

圖 8－23　李鍾和《近思録經疑》，李朝高宗年間活字本

在該篇的“答尹相爵西銘疑義問”下，題署有“丁卯”，即李朝高宗四年（1867）。據此，該活字本當於此後不久印行。此《經疑》收録在《絅晦遺稿》卷十一，其活字本的影印本，《近思録注解叢編》第 8 册收録。

二、對葉采《集解》進行增删與辨疑的文本

（一）韓元震《近思録注説劄疑》，李朝木板本

韓元震（1682—1751），字德昭，號南塘，權尚夏弟子。今存《南塘集》。其《近思録注説劄疑》主要是圍繞《近思録》收録的《太極圖説》進行釋疑，對葉采的集解、金長生的釋疑進行評説，共計 9 則。如：

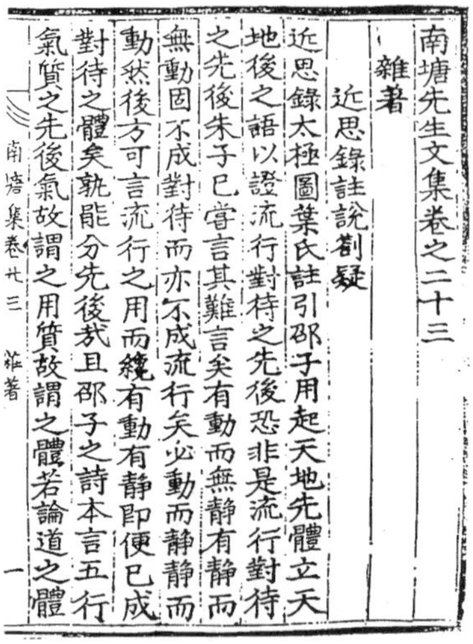

南塘先生文集卷之二十三
雜著
近思録註説劄疑
近思録太極圖葉氏註引邵子用起天地先體立天地後之語以證流行對待之先後恐非是流行對待之先後朱子已嘗言其難言矣有動而無静有静而無動固不成對待而亦不成流行矣必動而静静而動然後方可言流行之用而纔有動有静即便已成對待之體矣孰能分先後哉且邵子之詩本言五行氣質之先後氣故謂之用質故謂之體若論道之體
南塘集卷廿三　雜著　一

圖 8－24　韓元震《近思録注説劄疑》,李朝木板本

“葉氏引李果齋‘五性有動有静’之語以釋主静之意,與朱子説不同。”

“葉氏又引蔡節齋‘無極本於無體’之説,亦誤。無極以理言,無體以氣言。無極言其無形象,無體言其無定體,不可相準也。鄭守夢《釋疑》亦論其非矣。”

現存木板本(書影見圖 8－24),每半葉十行二十字,注文小字雙行同。四周雙欄,有界行。白口,綫魚尾。版心魚尾下題記“南塘集卷廿三”“雜著”、頁碼。卷端首行頂格題“南唐先生文集卷之二十三”,次行低一字格題“雜著”,第三行低二字格題“近思録注説劄疑”,第四行刻印正文。

該《劄疑》收録在《南唐先生文集》卷二十三,其木板本的影印本,《近思録注解叢編》第 4 册收録。

(二) 姜奎焕《近思録集解劄疑》,李朝筆寫本

姜奎焕(1697—1731),字長文,號存齋、賁需齋。存有《賁需齋集》。其所著《近思録集解劄疑》選取《近思録集解》中若干文字或葉采注文中所引朱子論説文字進行解疑,共計 8 則。重在考辨《太極圖説》《西銘》等章節中葉采集解之誤。如:

“鬼神。注:‘朱子曰:功用言其氣也,妙用言其理也。’夫所謂‘功用,造化之有迹者’,所謂‘妙用,造化之無迹者’,則造化是氣也,有迹無迹莫非氣也,是妙用豈是言理者耶? 神氣之伸也,鬼氣之屈也,鬼豈獨氣而神豈獨理耶? 且‘功用兼精粗而言,妙用言其精者’,其精者粗者皆氣也。妙用謂之理,則精者理而粗者獨氣歟? 先賢皆以氣言神於此説,不能無疑,是或記録之誤也。”

其筆寫本是在印製好框欄行格的紙上抄寫（書影見圖 8－25），每半葉十行二十字，四周雙欄，有界行。白口，對（二葉花紋）魚尾。版心魚尾上題“賁需齋集”，魚尾間題卷次（如“卷七”）、“劄疑”、頁碼。卷端葉首行頂格題“賁需齋先生文集卷之七”，行低一字格題“劄疑”，第三行低二字格題“近思録集解劄疑”，第四行抄正文。姜氏劄疑的文字，每則單列，首字頂格，餘則皆低一字格抄寫。該筆寫本，書體清秀。

該篇收録在《賁需齋先生文集》卷七，其筆寫本的影印本，《近思録注解叢編》第 4 册收録。

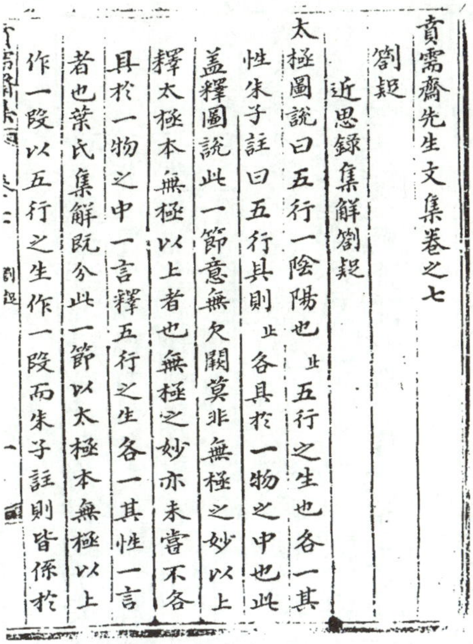
賁需齋先生文集卷之七
劄疑
近思録集解劄疑
太極圖説曰五行一陰陽也 止 五行之生也各一其
性朱子註曰五行具則 止 各具於一物之中也此
蓋釋圖説此一節意無欠闕莫非無極之妙以上
釋太極本無極以上者也無極之妙亦未嘗不各
具於一物之中一言釋五行之生各一其性一言
者也葉氏集解既分此一節以太極本無極以上
作一段以五行之生作一段而朱子註則皆係於

圖 8－25　姜奎焕《近思録集解劄疑》，李朝筆寫本

（三）李宗洙《近思録葉注劄疑》，李朝木板本

李宗洙（1722—1797），字學甫，號后山先生，李朝真寶人。存有《后[illegible]集》。其所著《近思録葉注劄疑》引朱熹、蔡節齋、李退溪等人論説、以及[illegible]傳》《禮記》諸語，對葉采《近思録集解》的注文進行質疑評析，或指出引[illegible]出處，計 59 則。其編次是先引述《集解》某條注文，接之空一字格[illegible]釋疑。如：

“‘義訓宜’章。注‘天理之當然’。‘當然’所以訓道，[illegible]不貼。”

“‘無將迎，無内外’。語出《莊子》。”

“‘博學之’章。注‘應酬事物’止‘毫釐之差’。[illegible]或問》曰：‘辨之明則斷而不差，故能無所疑惑，而可以見於行辨[illegible]知行際接處應事而辨，其是非固在其中。’然《中庸》之義謂辨其所[illegible]得之者耳，所包甚廣，衹以應事處言則恐偏了。”

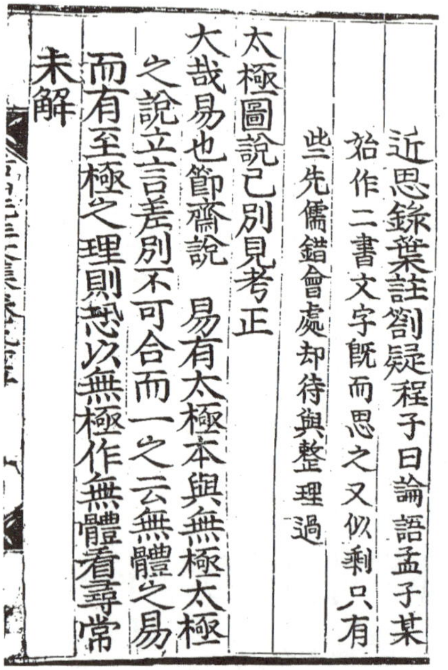
近思錄葉註劄疑程子曰論語孟子某始作二書文字旣而思之又似剩只有些先儒錯會處却待與整理過
太極圖說已別見考正
大哉易也節齋說　易有太極本與無極太極之說立言差別不可合而一之云無體之易而有至極之理則恐以無極作無體看尋常未解

圖 8－26　李宗洙《近思録葉注劄疑》，李朝木板本

“‘古者有東宫有西宫’章。‘愈貴則愈嚴’，注‘分制愈密’。‘密’字不若下‘嚴’字，嚴與密自不同。”

現存木板本（書影見圖 8－26），每半葉十行十八字，四周雙欄，有界行。白口，對（二葉花紋）魚尾。版心魚尾間題“后山先生文集卷之十五”、頁碼。卷端首行低三字格題“近思録葉注劄疑”（下有小字云：“程子曰，《論語》《孟子》某始作二書文字……卻待與整理過”），第四行刻印正文。李氏訓解的每則文字單列，首字頂格刻印，餘行皆低一字格。

此本收録在《后山先生文集》卷十五，其木板本的影印本，《近思録注解叢編》第 4 册收録。

（四）柳栻《近思録注疑往復説辨》，李朝活字本

柳栻（1755—1822），字敬甫，號近窩，李朝晉州人。著有《近思録注疑往復説辨》。依據該書現存版本卷端題署“近思録注疑往復説辨”及其小字注文“誠齋南公、梅隱趙公有所論説，故先生作此以辨”，可知《近思録注疑往復説辨》是柳栻針對趙承洙（梅隱）、南漢皜（誠齋）二公論説，並結合葉采《近思録集解》、金長生《近思録釋疑》、柳東巖《近思録釋疑辨》等相關注文進行辨説。關於《近思録》卷一、二、三、四、五、八、十中的部分語録，前人有注有疑，如《集解》《釋疑》《釋義》等，趙承洙、南漢皜等人有注疑論説（見前文考述），於是柳栻在此基礎上進行評析辨説，進而闡發自己的見解。如：

“‘生之爲（筆者按，“爲”葉采《集解》元刊本作“謂”）性’。注‘人之有生’止‘是謂之性’。”（柳栻説辨云：）“《釋疑》曰：‘此性字乃氣質之性也。’葉氏所謂‘理因（筆者按，“因”葉采《集解》作“亦”）具焉，是之謂性’者，此以理言也，釋‘生之謂性’似不襯切。柳東巖《釋疑辨》曰‘按朱子釋此段之義曰，人物既生，則即此所稟以生之氣，天命之性有焉，此程子所以發明告子“生之謂性”之説，而以性則氣、氣則性者言之。葉氏之説實本於此，恐不可非之也’云云。子希云‘《中庸》注“理亦賦焉”之“亦”字對上句而分别言之者也。此注“因”字承上句而拖引説來者也’云云。按東巖之訓既如是，子希之論又如是，則《釋疑》之斥以專以理言之者，恐未知如何也。”

“四卷，‘明道先生曰：學者全體此心’。注‘全主宰’。”（柳栻説辨云：）“《釋義》曰：‘“全體此心”本謂以此心爲體也，注説未穩。’東巖曰：‘《釋疑》之説亦未知其爲穩，蓋“體”字難説，衹可輕接過，故朱子嘗解此曰：衹是全得此心不爲私欲汩没，非是更有一心能體此心也。’須如此説而後可無病敗。”

“‘閑邪則誠自存’，‘主一則’注云云。”（柳栻説辨云：）“子希云：‘東、西指方所，言不偏於方所故曰在中；彼、此指事物，言不逐於事物故曰在内。’此衹是皆就静上説，恐不必分屬動静也，其言甚精。”

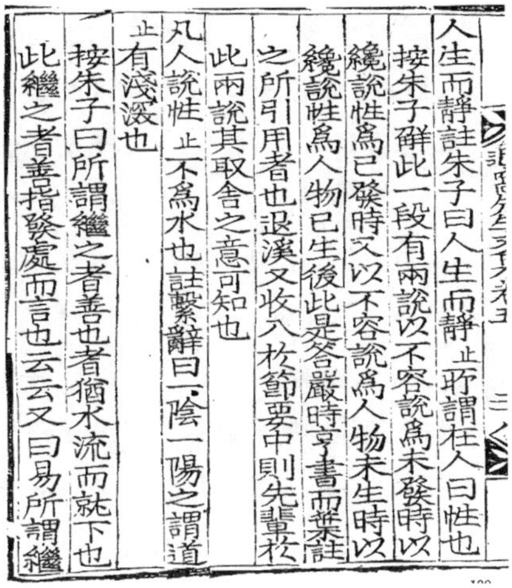
人生而靜註朱子曰人生而靜止所謂在人曰性也
按朱子解此一段有兩說以不容說爲未發時以
纔說性爲已發時又以不容說爲人物未生時以
纔說性爲人物已生後此是答嚴時亨書而葉註
之所引用者也退溪又收入於節要中則先輩於
此兩說其取舍之意可知也
凡人說性止不爲水也註繫辭曰一陰一陽之謂道
止有淺深也
按朱子曰所謂繼之者善也者猶水流而就下也
此繼之者善指發處而言也云云又曰易所謂繼

圖 8－27　柳栻《近思録注疑往復説辨》，李朝活字本

現存版本字迹墨色濃淡不一、行格扭曲，是爲活字本（書影見圖 8－27）。每半葉十行二十字，四周雙欄，有界行。白口，對（二葉花紋）魚尾。版心魚尾間題記“近寯先生文集卷五”、頁碼。《近思録》原文或對某語録的概引，頂格印製，柳栻説辨的文字單列，均低一字格印製。

此《注疑往復説辨》收録在《近寯先生文集》卷五，其活字本的影印本，《近思録注解叢編》第 5 册收録。

（五）南漢皜《近思録葉注記疑》，李朝活字本

南漢皜（1760—1821），字子皜，號誠齋先生，李朝宜寧人。今存有《誠齋先生文集》。南漢皜對葉采《集解》卷一、二、三、四、五、六、七、十、十一、十二、

十三、十四中若干語録的葉采注文有疑惑，引用中國、李朝學者的論説文字來闡發，由此表達自己的見解或存疑。其《記疑》每則是先簡述某語録及注文，接之以“竊”“按”等引出自己的存疑，並作評判，或以對話的形式表達自己的認知。如：

“‘人性本善’。注‘才者，性之所能’。按，‘才’有二義，孟子之言才本於性，程子之言才出於氣，此所謂‘語其才，則有下愚之不移’者。以出於氣而言，葉氏以性之所能釋之，恐未精。”

“‘在物爲理，處物爲義’。注‘朱子曰’云云。按，此説似未襯於此注，愚嘗采衆説而補之。朱子曰‘體用之謂也’，潛室陳氏曰‘理對義言，則理爲體而義爲用’，北溪陳氏曰‘理是在物當然之則，義是所以處此理者’，臨川吴氏曰：‘凡物必有所以然之故，亦必有所當然之則，所以然者理也，所當然者義也，理之有義猶形影聲響，世豈有無義之理哉？’”

“二卷題注‘尊德性矣，必道問學’。余嘗問趙子希曰：此義看得如何？子希曰：‘尊德性承上卷論道體而言，道問學就此卷論爲學而言。’余曰：此卷内有論存心處，有論致知處，故大山以爲‘尊德性’‘道問學’皆就此卷而言。子希曰：‘既有先輩定論，則豈敢有異？然統論聖道之體，細論爲學之要，亦安得以無德性、問學之分耶？’”（筆者按，這段文字與趙承洙《近思録問答》記録略有差異。）

“‘閑邪則誠自存’止‘直内是本’。注‘静而主乎一’止‘常在内也’。按，如此説於理，亦自是程子之意，似不過以東西、彼此備言主一無適之意，不必分言動静，未知如何？”

“十一卷‘明道先生曰憂子弟之輕俊者祇教以經學’條。《釋疑》：‘經學，六經之學。’葉注謂‘習經’，恐未當。”

“‘舞射便見人誠’條，‘便可到聖人事’。注‘誠之至，即是聖人事’。‘自幼子常視無誑’條，便教以聖人事。注‘此則聖人無妄之道也’。按，兩條説即《易·蒙卦》‘蒙以養正，聖功’之意，言作聖之功起於此，非謂即是聖人事，即是聖人無妄之道也。注説恐未得本意。”

現存版本字迹墨色濃淡不均，似活字本（書影見圖 8－28）。每半葉十行二十字，四周雙欄，有界行。白口，對（二葉花紋）魚尾。版心魚尾間題記“誠齋先生文集卷之八"、頁碼。卷端首行低三字格題"近思録葉注記疑",次行頂格印製正文。每一則"記疑"單列,均頂格印製。

此本收録在《誠齋先生文集》卷八,其活字本的影印本,《近思録注解叢編》第 5 册收録。

(六) 趙承洙《葉注記疑往復説》,李朝筆寫本

近思錄葉註記疑
首卷無極而太極註蔡節齋說主太極主陰陽云云
竊謂此說恐未精以愚考之六條所論皆主太極而
但所從而言者不同耳不當以前三條爲主太極而
後三條爲主陰陽也圖解曰非有以離乎陰陽也卽
陰陽而指其本體不雜乎陰陽而爲言易有太極註
曰太極者象數未形而其理已具之稱形器已具而
其理無眹之目是皆兩下立說幷主太極而所從而
言之不同非一主太極而一主陰陽也今節齋於上
三條遺了形器已具其理無眹之語則必以此爲主

圖 8-28 南漢皜《近思録葉注記疑》,李朝活字本

趙承洙(1760—1830),字子希,號梅隱。其《葉注記疑往復説》序跋文中所稱"老兄",或是南漢皜,因爲據前文《近思録葉注記疑》,南漢皜在"在物爲理"條下注云"愚嘗采衆説而補之",而此《往復説》"在物爲理"條下,趙承洙云"老兄所欲補之意",因而可知趙承洙在序跋中、正文中所云之"老兄",極可能是指南漢皜。

此《説》是對《近思録》卷一、二、三、四、五、六、七、十、十一、十二、十三、十四中的若干語録進行注解。其編次一般是先簡明扼要引述《近思録》某條語録、葉氏注文云云,然後另起一行書寫自己對葉采注文的評述,闡述己見。如:

"'在物爲理,處物爲義'。注'朱子曰'云云。"

"承謂:葉氏之意,以爲'在物爲理'一句衹爲'處物爲義'之張本而設,故特因朱子此説而統論之耶。若欲補注,則何獨於此條也? 且老兄所欲補之意,固也略見於葉氏所自爲注之中,衹好别録以覽,而不必以補注爲名。抑愚嘗疑注首'理即是義'一句,或是'義即是理'之誤换,然既可曰'義即是理',則雖謂之'理即是義'有何不可也,衹在看者之如何耳。"

"'心生道也'。注'心者,人之生理'。"

"承謂:此非就人之既生而言其理也。衹是據人而推言其生出之理也。從容玩味意自完足,恐不必打破,如何?"

"'學者要自得'條。"

“所引路徑門庭訓解，誠有功於學者，别爲録覽好矣，不必病葉氏之不入注，如何?”

“末卷‘仲尼元氣’條，‘不違如愚’，注‘與聖人合德’。”

“承謂：此衹以‘不違’而言。然顔子於聖人之德特有此未化之别，而其大則同謂之‘合德’，恐無不可，如何?”

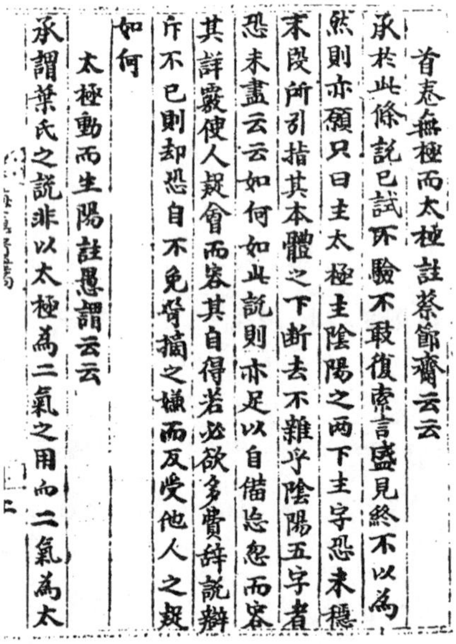

首卷無極而太極註蔡節齋云云
承於此條說已試体驗不敢復索言盛見終不以爲
然則亦須只曰主太極主陰陽之兩下主字恐未穩
末段所引指其本體之下斷去不雜乎陰陽五字者
恐未盡云云如何如此說則亦足以自備急怱而客
其詳竅使人疑會而客其自得若必欲多費辭說辯
斥不已則却恐自不免脊摘之嫌而反受他人之疑
如何
太極動而生陽註愚謂云云
承謂葉氏之說非以太極爲二氣之用而二氣爲太

圖 8－29　趙承洙《葉注記疑往復說》，李朝筆寫本

現存筆寫本(書影見圖 8－29)是在印有行格的紙上書寫，每半葉十行二十字，四周雙欄，有界行。白口，對(二葉花紋)魚尾。版心魚尾間題記“梅隱遺稿”，下魚尾下端記頁碼。卷端首行頂格題“梅隱遺稿卷之十二”，次行低三字格題“葉注記疑往復説”，第三行頂格書寫趙承洙序文。序文之後爲《往復説》正文、《近思録》語録及葉采注解，與趙承洙的解説皆單列，解説文字均頂格書寫，體例工整。在此本《往復説》卷末有趙承洙跋文一篇。此本收録在《梅隱遺稿》卷十二，其筆寫本的影印本，《近思録注解叢編》第 5 册收録。

趙承洙序文曰：

承也陋，曾未知葉氏之淵源何自，學術何如，而但見《近思録集解》平易明正，足以羽翼乎四子之書，分明是考亭門法。每依此注讀此書，輒尊敬之不暇，而自不見其不是處，間有不得於言者，則必完轉求索要得本意，而不敢以辭害之，亦或有求索不得而信所未及，則方自疑己見之蔽，而思得一，質於高明如老兄者而未之及，幸荷老兄而厚愛之，惠舉似《葉注記疑》而示之，辱與之上下論量。承也樂爲之反復潛翫，則蓋其所以開析義理之底蘊，打破字句之紕繆者，已極精細痛快，而又况博據朱訓證左分明，雜引東儒之説，而不拘於遠近彼此，間亦采取乎一二儕流之言，其公平光大又如此。欽嘆夯荷自不覺，惺然發悟，其於辭理最明，而易以牖蒙蔽者，則固已聞命即服，而其或立言之際容有未及磨研處，則不免潛爲之上下增損，以請可否。至若見理之愈密而命辭之尤高，則合下滯陋者，已將一個葉注横在肚裏，故雖以盛辯之明白，亦不能一一信及，而又不敢强作唯，唯敢兹隨疑供稟以俟復教。

趙承洙跋文云：

竊惟老兄見解優到高明，思辯細入微密，故似於先儒説乍見疑處，不復肯再下細繹而遽自成説，以故往往不盡乎其言之意，間亦有誤分文句，而因斥其謬。又或顯加譏貶，不貸辭令，使不知者驟看則殆，若要討其非而强加排擯者。然未論所言得失，祇此恐或損於君子進德之基。此承所以前後縷縷者，非直爲葉氏分疏也。抑又思之，先儒之説固未保其一一是當，而一人議之，十人踵之，積之之久，其弊將或至於因其一言之未當，而並與其至論而疑之。向無老先生一言，篁墩《附注》之書幾乎齊之久矣。此亦大可監處，頃對時所以直請其訓解。四子説疑晦處，而因及注説疑義，則所疑在此，而祇要自家之解會也。别立《葉氏注記疑》之題目，則所疑在彼，而必欲使人而不信也。均之爲《記疑》，而爲己循外之幾祇於此分，未知盛意以爲如何。

（七）林翰周《近思録葉注存疑》，李朝光武三年筆寫本

林翰周(1871—1954)，號惺軒。著有《近思録葉注存疑》。據現存筆寫本卷端小字注云，其《存疑》是解説"葉氏注疑難處"。從文中内容看，林翰周是對葉采《集解》(4 册本)按語録先後次序，就自己的閲讀理解提出疑難，引諸家論説進行闡述。如：

"'未知立心，惡思多之致疑'一條，未瑩。〇更思之，則其大意蓋謂必先立心，然後可以有講治之功。然所以急於講治者，欲其志之固、智之明、行之勇也。心之卓然不動，必待理明，然後可保其無虞。豈可以初學之士一朝向道之志而遽保其不受變於外物也耶？但横渠之言例多未易曉，粗心乍看尤難於領會也。"

"'晋之初六'云云。'然事非一概，久速惟時，亦容有爲之兆者'一

段，注曰：‘兆，幾微之見。君子知幾則可久可速，不失其時矣。’今按，此注與《孟子集注》不同，且以此段語意觀之，恐葉説爲非，未知如何?”

“‘伊川答人示奏稿’一條。葉氏解‘丘民’，謂‘四井爲甸，四甸爲丘，得乎一丘之民，則可以得天下’。此與《孟子集注》謂‘田野之民’之意不同。夫少乎一丘多乎一丘，皆民也，豈宜排定謂得乎一丘之民以後可以得天下耶?”

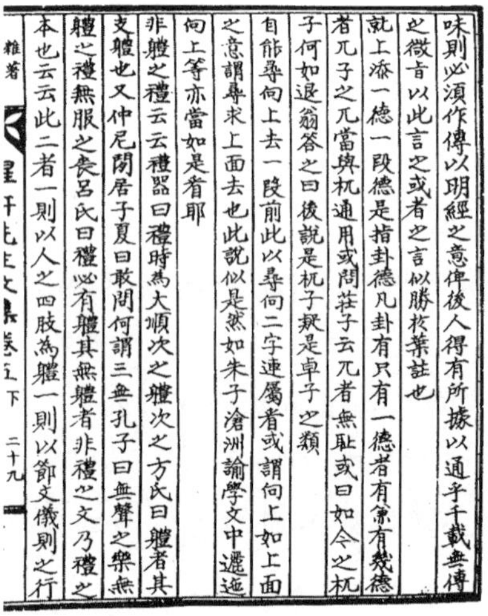
味則必須作傳以明經之意俾後人得有所據以通乎千載無傳
之微旨以此言之或者之言似勝於葉註也
就上添一德一段德是指卦德凡卦有只有一德者有兼有幾德
者几子之几當與机通用或問莊子云几者無恥或曰如今之机
子何如退翁答之曰後説是机子猶是卓子之類
自能尋向上去一段前此以尋向二字連屬者或謂向上如上面
之意謂尋求上面去也此説似是然如朱子滄洲諭學文中邐迤
向上等亦當如是看耶
非體之禮云云禮器曰禮時為大順次之體次之方氏曰體者其
支體也又仲尼閒居子夏曰敢問何謂三無孔子曰無聲之樂無
體之禮無服之喪呂氏曰禮必有體其無體者非禮之文乃禮之
本也云云此二者一則以人之四肢為體一則以節文儀則之行
雜著　卷五下　二十九

圖 8-30　林翰周《近思録葉注存疑》，李朝光武三年筆寫本

現存筆寫本，書體俊逸清雅。每半葉十二行二十五字，四周雙欄，有界行。白口，單(二葉花紋)魚尾。版心魚尾上方題“雜著”，魚尾下題“惺軒先生文集卷五下”、頁碼。卷端葉首行低二字格題“近思録”(下有雙行小字注云“此説葉氏注疑難處〇己亥”)，次行頂格抄寫正文。

據書寫者的生平，卷端題署的時間“己亥”，應是李朝光武三年(1899)，此筆寫本當於此時書寫。

該篇收録在《惺軒先生文集》卷五(書影見圖 8-30)，其筆寫本的影印本，《近思録注解叢編》第 10 册收録，此編將書名擬作《近思録葉注存疑》。

(八) 李漢膺《近思録葉注疑義》，活字本

李漢膺(1778—1864)，字仲模，號敬庵。著有《續近思録》《近思録葉注疑義》等。其《葉注疑義》是對葉采《集解》的注文進行分析評説，或直接就葉氏注文闡發自己的主張。如：

“‘如此則’條。注加圈曰‘前以其本言’，‘此以其用言’，此不過重言以示不然之意，而末復加詳之意，未見其體用之有異也。”

“‘古之學者爲己’。注‘爲己者盡吾性之當然’，盡性與爲己，立言差别，恐不著訓意。”

從現存版本字迹墨色、行格綫扭曲程度看，頗似活字本（書影見圖 8－31）。每半葉十行二十字，四周雙欄，有界行。白口，單（二葉花紋）魚尾。版心魚尾下題“敬庵先生文集卷九”、頁碼。其卷端葉首行低三字格題“近思録葉注釋義”，次行頂格印製正文。

此《疑義》收録在《敬庵先生文集》卷九，其活字本的影印本，《近思録注解叢編》第 5 册收録。

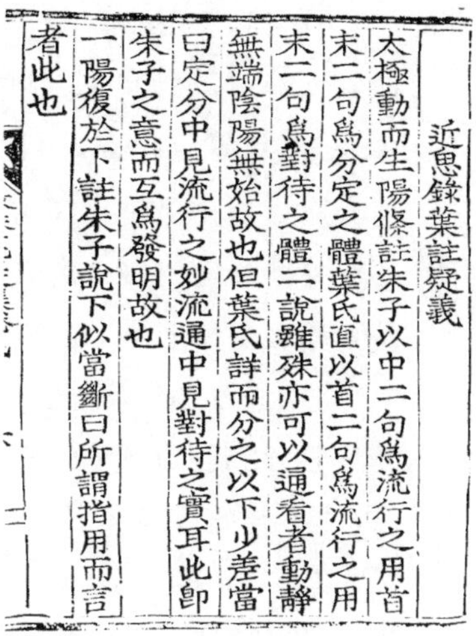
近思錄葉註疑義
太極動而生陽條註朱子以中二句爲流行之用首末二句爲分定之體葉氏直以首二句爲流行之用末二句爲對待之體二說雖殊亦可以通看者動靜無端陰陽無始故也但葉氏詳而分之以下少差當曰定分中見流行之妙流通中見對待之實耳此即朱子之意而互爲發明故也
一陽復於下註朱子說下似當斷曰所謂指用而言者此也

圖 8－31　李漢膺《近思録葉注疑義》，活字本

（九）柳鼎文《近思録集解或問》十四卷，李朝筆寫本

柳鼎文（1782—1839），字耳仲，號壽静齋，李朝全州人。著有《近思録集解增删》《近思録集解或問》。柳氏早年讀《近思録》，覺得葉采《集解》有可議可疑之處，説葉采“雖自謂‘本朱子舊注’，而亦有舍卻顯明，定而自出己見者。又或合諸條節略爲一，而未免於毫釐之差者。又雖自謂擇諸儒之精醇，而亦有擇焉不精者。至其所自爲説，則概多有切緊可喜處、發明得到處，而其間亦不能無微失本指者，其瑕瑜之不能相掩”[①]。後得鄭曄《近思録釋疑》以及部分學者問答論對，發現他們所疑所論與自己以前的疑惑有諸多吻合，以爲葉采《集解》“不能無待於與他整理過”，於是對葉采注文微失本旨、義理未穩等進行編撰或闡發，柳氏不敢專斷，仍希望“以俟後之君子”作進一步詳察。

其《近思録集解或問》題目是後來擬定。此書内容是以“或問”領起問題，以“曰”進行對答，多是柳氏對葉采《集解》注文的評析。全書十四卷共計 168 則，分别是卷一 22 則，卷二 45 則，卷三 14 則，卷四 31 則，卷五 8 則，卷六 2 則，卷七 8 則，卷八 4 則，卷九 4 則，卷十 10 則，卷十一 4 則，卷十二 5 則，卷十三 7 則，卷十四 4 則。如：

① 朝鮮李朝柳鼎文序文，見柳鼎文《近思録集解或問》卷首，李朝筆寫本。

“或問：‘一故神’章。《集解》吾子既病其涉於太深矣，而卻全存之，抑何也？曰：謹按《正蒙》曰：‘一物兩體，氣也。一故神，兩故化。’據此立言之意，所謂‘一’者，本以對夫‘兩故化’而言，非以純一不貳得名爲一也。此愚所謂恐涉太深者而猶得存而不删者，以本文既不全載而孤行，一故神則如葉爲義亦無不可，讀者於此先以朱訓而知横渠本旨，然後又以葉義而自警省焉，則亦可以並行而不悖也。”

“或問：‘思曰睿，思慮久後’章。《集解》人心偏暗之云，正得程子‘這裏蔽着’之義，而卻不見收何？曰：‘偏暗’之義則固然，而‘不滯一隅’之説，恐不是此章文義。”

“或問：‘思無思（筆者按，後一“思”《魯論》作“邪”），毋不敬’章。《集解》。曰：《釋疑》固可考。（《集解》‘心存’止‘無差失’。《釋疑》毋不敬，無時無事而不敬也，所包廣。葉注衹以‘心存乎中’言之似偏，且‘差’字，以‘見之所行’言，念慮之差不爲之差耶。）而觀於朱訓真説，其失尤見矣。”

“或問：‘明道先生行狀’。葉氏逐段所解亦多可喜處，而皆不見録，何意？曰：其未安處，《釋疑》可考。（《集解》‘大中至正’止‘是過之’。《釋疑》似非本文正意，上文自謂之意止於窮深極微之下。○《集解》‘是非難明’止‘亦不絶之’。《釋疑》雖謂辨其是非，而物我無間也，注説恐非。○《集解》教人各因其資。《釋疑》注説恐非，誠在言前，故人自化而易從也，且非但指學者。）其他亦概是不必釋而釋之，便似《性理群書句解》一樣，節目繁碎，意味短淺，反傷渾然之體，極害事。”

或問首章無極而太極註蔡節齋之説葉氏謂最爲明備則此必有見矣子何病於是而删之乎曰無極而太極此五字爲一篇劈頭在圖則爲第一圈子而朱子所謂指其本體不雜乎陰陽而爲言者也於此便以主太極主陰陽兩下爲説未免掠下一位而恐非依文觧義之法况其必當先有四字既未免於語病又其陰陽未生之云雖爲葉氏宛轉説來固無不可而終不若邵子萬物未生之説之爲無可疑愚於此有不敢回護故並葉説删之而却於下段存其大槩而已盖語自有次第也○

圖 8－32　柳鼎文《近思録集解或問》，李朝筆寫本

其筆寫本（書影見圖 8－32）是在印製好框欄行格的紙上書寫，抄寫工整，體例嚴整，卷帙完好。每半葉十行二十字，四周雙欄，有界行。白口，版心下方題記頁碼。每一“或問”内容單列，首字頂格，餘則均低一字格抄寫。《集解》《釋疑》的注文作雙行小字。卷一卷端未重新在另一葉紙上書寫，而是緊接於卷首柳鼎文的序文之後，另起一行低三字格題"第一卷"，次行頂格抄寫正文，不題卷名，其他各卷也是在前卷之末另起一行低三字格題"第某卷"，不題卷名。

另外，這部筆寫本的書體與《近思録集解增删》不同，非同一人抄寫，如果説《增删》是柳鼎文的稿本，那麽此《或問》則是他人抄録。且《或問》有些卷葉的書體也有别，如《或問》第"五十一"葉的書體與其他葉明顯不同，或是後人補抄。

此《或問》筆寫本的影印本，《近思録注解叢編》第 6 册收録。

柳鼎文序文曰：

或問：葉氏之解《近思録》，本朱子之舊説，采諸家之精粹，研思積久，成一部完書。以流傳之廣則遍天下，以承用之久則且累世未聞有異議者。乃今吾子不自量己，輒有所評訂增删於其間，使先儒已成之書，不能保其本來面目，其亦有説可以免於僭妄之科、求多之誚乎？曰：吾子見教，誠知罪矣，然鼎文小少趨庭，已聞此解之不能無可議，及讀之既久，愈不能無疑。既又得守夢鄭氏所爲《釋疑》者而讀之，則愚見所嘗以爲疑者，蓋已十六七在其中矣。既又得近世一二大家問答之語而讀之，則又有《釋疑》及愚見之所未及者尤多，於是益知此《解》之不能無待於與他整理過也。蓋雖自謂"本朱子舊注"，而亦有舍卻顯明，定而自出己見者；又或合諸條節略爲一，而未免於毫釐之差者；又雖自謂擇諸儒之精醇，而亦有擇焉不精者。至其所自爲説，則概多有切緊可喜處、發明得到處，而其間亦不能無微失本指者，其瑕瑜之不能相掩。如此，前輩文字固不可輕議。而至於義理有未穩處，亦不容一例承用，以誤初學之知見，是鼎文之所大懼也。且況區區此書，初不敢别立題目作爲一書，祇因葉氏之舊而就加增删，以爲私便覽觀之計，則葉氏之書固行於世自如矣。至於所引諸説又皆大儒先生之言，雖其出於諸家者，亦皆折衷於朱子而不敢出私意臆見。至其甚不得已處，時不免有罪焉。然亦不敢遽自勘斷，輒以疑恐，更詳等例處之，以俟後之君子。蓋兢兢乎未嘗敢專輒也，惟吾子之姑且寬恕而逐段相難以有發焉，是區區之望也。

（十）柳鼎文《近思録集解增删》十四卷，李朝筆寫本

柳鼎文《增删》十四卷，不是照抄葉采《集解》，而是對其進行再加工處置。筆者選擇若干語録與現存《集解》元刊本比較後，發現此書對《集解》葉氏注文的增删很明顯。如：

卷一"伊川先生曰喜怒哀樂之未發謂之中"條，在葉采原有注文後增加："（朱子）又曰：中，所以狀性之德而形道之體；和，所以語情之正而顯道之用。"

"天所賦爲命"條下，在葉采原有注文後增："大山李先生曰：性命衹是一理，以與受而異其名。"

卷一"乾天也"條下，除增加朱熹的三段語録外，删除了葉采注文："道者，天理當然之路。專言天者，即道也。分而言之，指其形體高大而無涯，則謂之天；指其主宰運用而有定，則謂之帝。天所以主宰萬化者，理而已。功用，造化之有迹者，如日月之往來、萬物之屈伸是也。往者爲鬼，來者爲神；屈者爲鬼，而伸者爲神也。妙用，造化之無迹者，如運用而無方、變化而莫測是也。"以及"伊川言'鬼神者造化之迹'，此以功用言也"。

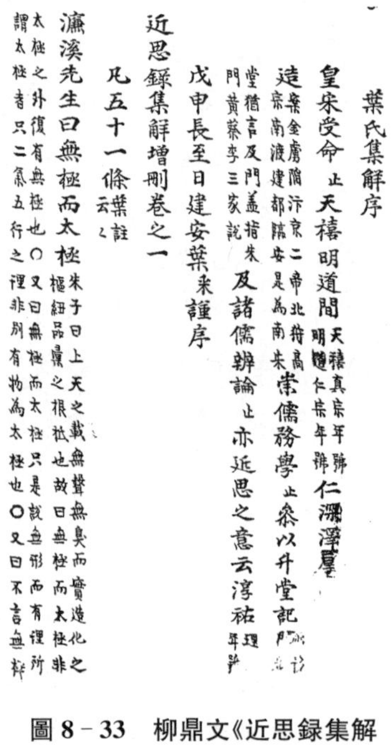
葉氏集解序
皇宋受命 止 天禧明道間
戊申長至日建安葉采謹序
近思録集解增删卷之一
凡五十一條
濂溪先生曰無極而太極

圖 8－33　柳鼎文《近思録集解增删》，李朝筆寫本

從《增删》一書多處可以明顯發現柳鼎文對葉采注文的删與增，所删多有必要，而所增既有引自中國理學家的論説，又有李朝學者的論述，欲將本邦學者的主張、思想融入《近思録》注文之中，使得該書頗具文獻學術價值。李朝學者中對葉采注文雖有質疑者，但鮮有直接代南宋葉采來編輯《集解》注文的，相較於其他學者，柳氏的行爲則明顯是在代替葉采行注者之實，如他在此書中直接改换增删葉采注文，意在重構《近思録》經典注本的想法，其舉止反映出李朝後期尚儒學者的主觀能動性、主體意識的覺醒。

現存《增删》筆寫本是在素紙上書寫（書影見圖 8－33），每半葉九行二十六字，注文小字雙行同。卷一卷端葉頂格題"近思録集

解增删卷之一”，次行低二字格題本卷語録條數（如“凡五十一條”），下有雙行小字“葉注云云”，再另起一行書寫正文，《近思録》原文爲大字，注文爲小字，每條單列。卷末有尾題“近思録集解增删卷之某某”。此筆寫本行格間偶見增删修改的文字，天頭偶見蠅頭小楷墨筆批注，由此看來恐非定稿本。

在卷一正文前抄有《近思録》（此書取材的 14 部書名及葉采注文）、朱熹序文、吕祖謙跋文（柳鼎文剪輯其中部分文字進行注釋）、葉采《近思録集解序》（柳鼎文剪輯其中部分文字進行注釋）。

此《增删》筆寫本的影印本，《近思録注解叢編》第 5 册收録。另外，柳佾坤編輯的《壽静齋先生文集》收録了柳鼎文《近思録集解增删》十四卷，壽静齋先生紀念事業會出版，2006 年版。延世大學校有藏。

第三節　李朝學者的其他注釋本考述

一、李瀷《星湖先生近思録疾書》李朝筆寫本

李瀷（1681—1763），字子星，號星湖，朝鮮京畿道驪州人。他出身兩班士族之家，是十八世紀前半葉朝鮮實學的主要代表。著有《李子粹語》《近思録疾書》《星湖禮説》等，現存有《星湖僿説類選》《星湖先生文集》。

十八世紀的朝鮮李朝，在思想領域中仍獨尊朱子學。朝鮮實學是十七世紀至十九世紀在朝鮮盛行的一種進步思潮，主張實用性的學問，其主要特徵是反對朱子學的空談性理，標榜“實事求是”“經世致用”。在哲學思想上，它的主要傾向是堅持並發展了朝鮮古代的樸素唯物主義。作爲其主要代表的李瀷，反對儒學者絶對信奉儒教經典、空理空談，主張對儒教經典持實學的態度，要有創造性的理解和發揮。他博覽儒學經典，注重研究本邦歷史、地理、制度和風俗，同時對經中國傳入的西方自然科學和天主教書籍也進行了深入的研究批判，提出了一系列社會改革方案，成爲實學發展興盛期的主要代表人物。諸如李瀷在批判當時李朝朱子學空疏學風的基礎上，主張讀書不要盲從，敢於懷疑，强調“讀而能行”的讀書，提倡實事求是的學風[①]。他撰寫了一系列的名曰“疾

① 謝寶森《朝鮮實學大師李瀷的哲學思想初探》，載於《浙江學刊》1982 年第 3 期，第 86—87 頁。

書”的著述，如《孟子疾書》《大學疾書》《論語疾書》《中庸疾書》《近思録疾書》《心經附注疾書》等，其目的是爲了克服當時朝鮮王朝性理學一味追求經學中形而上的經學觀，也是爲了樹立發揚經學中“下學”的新經學觀，其用心在於“經世致用”[①]。李瀷與其門人開創了以經世致用爲特徵的星湖學派，隨後其學術思想被丁若鏞等人繼承與發展，丁氏則成爲朝鮮王朝實學的集大成者。

李瀷在性理學方面屬於嶺南學派，追隨李滉的學説思想，他依據《近思録》體例編纂了《李子粹語》來記録李滉言論。而《近思録疾書》，則是李瀷授家塾子弟時擔憂他們不能見到《近思録》“意趣”，“輒加箋解，俾有以易入云爾”。在當時的學風影響下，他毫不隱晦地肯定《近思録》一書的價值，説：“以今觀之，儒學日屈，無所事事，謂諸子之書不可卒，既不欲致思於其間，雖欲志焉，浩浩莽莽，亦遠而無得也。要其專意四子，不得不措，非此書不可信乎！朱子纂集之功又不在四子下也。”[②]

此書並不像中國歷代注家那樣對《近思録》所有語録進行解釋或評議，而是有選擇性地進行注釋，或對四子語録進行評析、總結，或對朱熹話語、葉采集解語進行質疑，或引用《朱子語類》、朝鮮學者（如李退溪、李良溪等）的語録進行評析，或針對某條語録中疑難字詞句進行詮釋，或考證語録出處，或分析四子所引文字的原文與《近思録》之差異，或繫聯一條語録前後或幾條語録間的關聯，闡述己見，皆是有感而發。另外，李瀷還采用互見方式，提示讀者某些文字的解釋可另見《心經》《心經疾書》等。

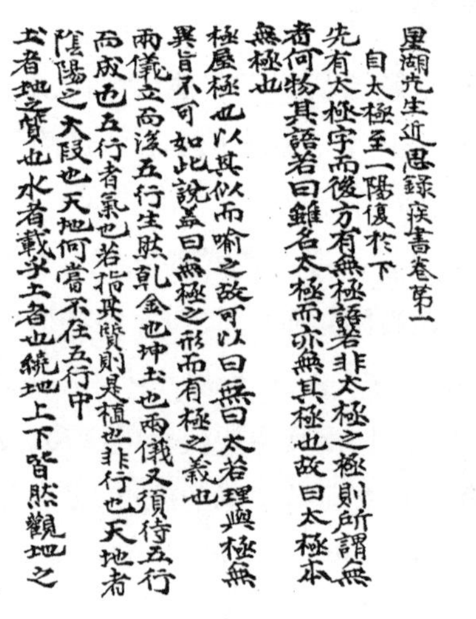
星湖先生近思録疾書卷第一
自太極至一陽復於下
先有太極字而後方有無極語若非太極之極則所謂無
者何物其語若曰雖名太極而亦無其極也故曰太極本
無極也
極屋極也以其似而喻之故可以曰無曰太若理與極無
異旨不可如此說蓋曰無極之形而有極之義也
兩儀立而後五行生然乾金也坤土也兩儀又須待五行
而成也五行者氣也若指其質則是植也非行也天地者
陰陽之大段也天地何嘗不在五行中
土者地之質也水者載乎土者也統地上下皆然觀地之

圖 8-34　李瀷《星湖先生近思録疾書》，李朝筆寫本

李瀷所編《星湖先生近思録疾書》十四卷李朝筆寫本是在素紙上抄寫（書影見圖 8-34），每半葉十一行二十二字。每條單

① 李甦平《韓國儒學史》，人民出版社，2009 年 8 月 1 版，第 504 頁。

② （朝鮮）李瀷《星湖先生近思録疾書》序文，載於李瀷編《星湖先生近思録疾書》，朝鮮李朝時期寫本。

列抄寫。正文前有《星湖先生近思録疾書》序文。首爾大學校奎章閣藏本(奎7334),1册,鈐朱文印"心齋"。因該寫本卷前序文未署抄録者名、也未標明時間,故其具體的抄寫時間、地點等,待考。

李瀷《星湖先生近思録疾書》序文曰:

> 昔者夫子罕言命與仁,罕言者,特罕與初學言。至傳心傳道,雖欲默其口,得乎?故撰《易·繫辭》,津津乎天人性命之原,與他日不侔。如子思之《中庸》,孟子之"七篇",俱是究極原初之文,其義亦太煞發露矣。聖王不作,民俗日趨魯莽,邪説並起,又從而惑亂之,至周、程諸子之時,殆不可以力挽。然仁人之心,豈可但已?如障倒瀾,如食疾子,迷若愈遠,誨斯愈勤。其意若曰:與其淺而阨,寧深而悦也;與其略而難曉,寧詳而或悟也。若又徒慮其躐易而未十分説破,則此道將不復明於世,是以言之於夫子之世則簡而切,言之於周、程之時則奥而繁。繁,非君子之所欲也,勢也。而説者曰"德衰則言高",故談性命,諸子之陋也。嗚呼!其不思哉。然以今觀之,儒學日屈,無所事事,謂諸子之書不可卒,既不欲致思於其間,雖欲志焉,浩浩莽莽,亦遠而無得也。要其專意四子,不得不措,非此書不可信乎!朱子纂集之功又不在四子下也。余始受讀齟齬,棘口未入,雋永久久,思量稍稍路開,覺有天壤間一大歡喜,比如聰明日漏,始知塵埃裏坐在也。余恐後來家塾子弟投脚下手未見意趣,如向之迷,吾輒加箋解,俾有以易入云爾。

二、朴履坤《近思録釋義》石印本

朴履坤(1730—1783),字芝村,朝鮮李朝靈川人。曾師從申太常、李大山。著有《芝村先生文集》。李朝社會後期朝鮮朱子學影響已很廣泛,人們尊崇朱子學,對《近思録》及葉采《近思録集解》的價值與影響給予積極肯定,但對來自中國注家的《近思録》注文已開始質疑。其中朴履坤發覺"葉氏之解尚有不能詳明者",於是"用力於是書,更搜宋儒之論,參訂東賢之語,隨得隨劄”[1]，最終完成《近思録釋義》十四卷。

該書在葉采《近思録集解》的基礎上，對《近思録》622條語録中的“十之七八”作了注釋，多引用二程、朱熹、黄勉齋、真西山、饒雙峰、陳潛室、栗谷、退溪、沙溪等先賢的語録以助注解，且往往在所引“宋儒之論”“東賢之語”之後闡發自己的見解，不時對南宋葉采的集解提出異議，“所引所按，井井有據，足以資益於讀者”。由於朴履坤對《近思録》某些詞句進行的詮釋仍有不够精密之處，頭緒尚須釐定，所以在其故去的一百多年後盧相稷[2]梳理該書部次，加以完善，以成現今體式。

其釋義並非像中國 宋、元、明、清注者那樣逐條注解，而是以解釋葉采注文爲主，即用‘注某某某’標示被解釋的葉氏注文，釋義中流露出質疑、辯駁的態度。這在朝鮮性理之學的發展史上頗具意義，反映李朝中後期崇尚朱子學者對待中國注解家的態度，我們從此可以體察到朝鮮朱子學的漸趨成熟。

今舉一二例以窺《釋義》特色，如：

(卷一)“‘性即理也’。注‘擲’《韻會》作‘擿’，急擊如投擲之勢。注‘撲’《韻會》‘打也’。”

(卷三)“‘聖賢所存治亂之機’。退溪答栗谷曰：‘存字未詳。’沙溪曰：‘存乃聖賢以治亂之機存之於心而戒謹者也。’如是看如何？”

(卷四)“‘聖人不記事’止‘以記其事’。朱子曰：‘聖人之心虛明便能如此，常人記事忘事秖是著意之故。’注‘明德日昏’，按下語恐太重。”

(卷七)“‘或謂科舉’止‘惟患奪志’。雙峰饒氏曰：‘義理與科舉初無相妨，若一日之間，上半日將經傳討論義，下半日理會舉業，亦何不可，況舉業之文未有不自義理中出者。若講明得義理通透，則識見高明，行文條暢，舉業當益精。若不通義理，則識見凡下，議論淺近，言語鄙俗，文字中十病九痛，不自知覺，何緣做得好舉業？雖没世窮年從事於此，亦無益也。’”

---

① (韓國)盧相稷《近思録釋義序》，載於(朝鮮)朴履坤《近思録釋義》，韓國石板本，日本昭和八年印刷。

② 盧相稷(1855—1931)，號小訥，光州人。著有《小訥文集》。

由於1910年朝鮮、日本簽訂《日韓合並條約》，將朝鮮正式並入日本，自此直到1945年二戰結束，朝鮮半島都處在日本佔領時期，故這一時期，朝鮮半島刊印的圖籍往往用日本年號。朴履坤《近思録釋義》十四卷，現存有日據時期的昭和八年(1933)石印本。

該石印本每半葉十行十八字，注文小字雙行同。四周雙欄，有界行，框高23.70釐米，寬19.50釐米。白口，單(二葉花紋)魚尾。版心魚尾下題書名卷次(如“近思録釋義卷一”)、頁碼。卷一卷端首行頂格題“近思録釋義卷之一”，次行低二字格題卷名“論性道”，第三行頂格印正文。每條單列，頂格印製。卷末有尾題“近思録釋義卷之某”。

正文前有己巳年(1929)光州盧相稷《近思録釋義序》、《近思録釋義目録》、《近思録》(即此書所取材的14部書名)、《集解目録》、《四先生書中拖引諸說十四賢》(謝顯道……張思叔……劉安禮)。

該書卷末内封印有：“昭和八年四月二日印刷，昭和八年四月七日發行。發行所：慕賢亭。”因此可知，此印本是日本昭和八年(1933)四月印刷，慕賢亭發行，即日本佔領朝鮮半島時的石印本。韓國國立中央圖書館有藏(古朝16—57，書影見圖8-35)，2册。成均館大學校也有藏。

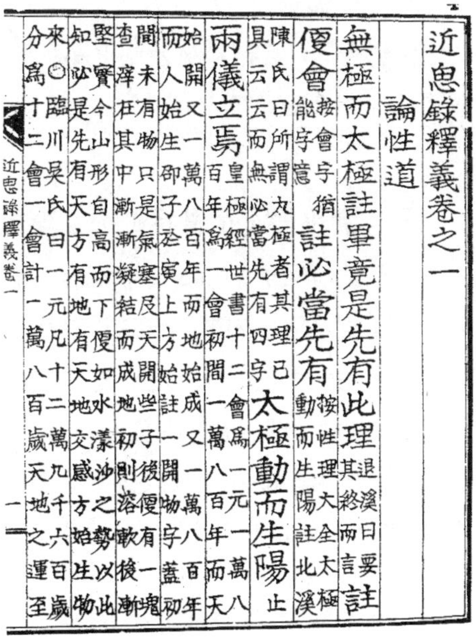
近思錄釋義卷之一
論性道
無極而太極註畢竟是先有此理退溪曰要其終而言註
便會按會字猶能字意註必當先有按性理大全太極動而生陽註北溪
陳氏曰所謂太極者其理已具云云而無必當先有四字太極動而生陽止
兩儀立焉皇極經世書十二會爲一元一萬八百年爲一會初間一萬八百年而天
始開又一萬八百年而地始成又一萬八百年而人始生卯子丑寅上方始註一開物字蓋初
間未有物只是氣塞及天開些子後便有一塊查滓在其中漸漸凝結而成地初則溶軟後漸
堅實今山形自高而下便如水漾沙之勢以此知必是先有天方有地有天地交感方始生物
來○臨川吳氏曰一元凡十二萬九千六百歲分爲十二會一會計一萬八百歲天地之運至
近思錄釋義卷一
一

圖8-35　朴履坤《近思録釋義》，石印本

《近思録釋義目録》著録的十四卷篇名分别是論性道，論爲學，論致知，論存養，論力行，論齊家，論出處，論治道，論治法，論政事，論教人，論戒謹，辨異端，論聖賢相傳之統。

該石板本的影印本，《近思録注解叢編》第4册收録。但是在該《叢編》的第4册“目録”及正文前將書名擬作“近思録釋疑”，有誤，“疑”當作“義”。

盧相稷《近思録釋義序》曰：

四子書出，而六經之旨大明。周、程、張四先生出，而四子之緒復傳，天下之士皆知道學之不泯。然朱子懼學者之未易窺其要領也，與吕成公取四先生之書，而抄節切己者，名之曰《近思録》，於是而四子有階梯矣。建陽葉氏以爲是編也出於朱子，故朱子之正論未載，恐令後生有遺憾，采爲《集解》，而並收吕成公及張南軒、黄勉齋、蔡節齋、李果齋之説而獻於朝，廣諸海内，殆爲劉𪻐所編《濂洛論語》及《大全》之右。然葉氏之解尚有不能詳明者，此芝村朴公履坤《釋義》之所由成也。公靈川人，早從青泉申太常學文章，既而請益於大山李先生之門。嘆曰"道非高遠"，遂用力於是書，更搜宋儒之論，參訂東賢之語，隨得隨劄，藏之篋衍，爲蟲蠹所困，識者頗惜之。後孫圭焕基鳳族裔一燦在璿璣，烈燉謀所以公之，遣在禧、基洛屬相稷編摩。蓋本録六百二十二條，而所釋者僅十之七八，然所引所按，井井有據，足以資益於讀者。但惜其半途捐館，未及益致精密，又未及釐定頭緒也，乃一一懸揭於本條之下，再易稿而送之。噫！葉注之爲世誦習久矣，猶未免今日雌黄，況公所劄記者，未卒其業，相稷所謂梳洗者，不過整其部次而已，安得完書哉？具眼之人或有以更加思量，庶不負公劄記之至意云爾。己巳穀雨節，光州盧相稷謹序。

三、金平默《近思録附注》李朝筆寫本

金平默(1819—1888)，字章樨，號重庵，是朝鮮末期的性理學家。他"平身苦心，惟在乎扶正道，斥邪説，尊中華，攘夷狄"[①]。著有《近思録附注》《重庵集》《尤庵先生實記》等。現存有《重庵先生别集》。

金平默對《近思録》評價很高，以爲"此其爲傳心之要訣，而不在群經四子之下"[②]，即與儒家經書地位持平。其所編《近思録附注》是以葉采《近思録集解》本作爲對象進行注評，並在鄭曄、金長生《近思録釋疑》基礎上删節文字、

① (朝鮮)金平默《重庵集》，參見杜宏剛、邱瑞中、韓登庸編《韓國文集中的清代史料》第16册，廣西師範大學出版社，2008年1版，第505頁。

② (朝鮮)金平默《近思録附注序》，載於金平默《近思録附注》，李朝哲宗年間筆寫本。

注釋完成。在金氏自己看來,《近思録釋疑》一書與此《附注》的關聯,"與《語》《孟》之有《精義》相似",是另一種"《近思録》精義",認爲李朝讀者由此書而用功,"庶四夫子傳心之要訣,不墜於地"。據金平默《近思録附注序》末所署時間"崇禎紀元後四丙辰"可知,《近思録附注》十四卷(或稱《近思録集解大全》)於李朝哲宗七年(1856)已經成書。

《附注》對於葉采《近思録集解》"義得而辭未暢""辭達而義未盡""辭與義並皆有失"者,"一以諸儒之説附而正之",對於《釋疑》與《集解》的異同之處,選取密切相關者輯録。對於諸家之論説,有與《集解》同者,選取以"證《集解》之爲是"。由此可見,金平默的《附注》編撰較爲謹嚴,將《釋疑》進行"搜輯,删繁粹要,分疏於《集解》之下",是具有"大全"性質的編撰,反映了歷史上李朝學者紛繁的學術主張,有一定的文獻價值。

細讀《附注》不難發現,該書卷五、八、十、十一、十二的綱目與葉采《集解》稍異,分别爲"論力行""論治道""論臨政處事""論教人""論戒謹",其綱目的更改也展現了李朝後期朱子學者的自主意識。《附注》的注釋文字,已不僅僅是注解《近思録》,而是眼界更闊,中國、朝鮮諸家之論説文字中與葉采《集解》有一定關聯者均予收録。此書引用了朱熹《四書章句集注》《朱子語類》,引述了宋元明理學家中的大部分學者言論,以及朝鮮李朝的李滉、李珥、金長生、宋時烈等名儒之説,展示了各時期儒者對《近思録》思想的不同認識,將歷史上中國與朝鮮儒學家的思想進行彙集組建,庶幾形成東亞詮釋《近思録》史上的新組合,使兩國的性理之學相融合。金平默《附注》儘管是在《近思録釋疑》基礎上的擴展與提升,但該後續著述的學術價值較大,諸如周欣撰文所言,此書"遵循朱子理學思想體系,先列歷代程朱理學家言論,次評葉采之'誤',再附華西先生學説,連結朱學著述及歷代朱子學家的注釋劄記,接續韓國性理學傳道譜系,輯録各自見解,映畫出一幅 700 年中韓理學思想史的傳播接受圖景"[1]。其持論雖有誇大、不嚴謹之嫌,然該書的思想文獻價值卻是值得我們肯定的。

《附注》十四卷,現存有李朝筆寫本及《近思録注解叢編》影印本。

① 周欣《韓國〈近思録附注〉學術價值探究》,載於《延邊大學學報》2014 年 9 月第 5 期,第 82 頁。

李朝筆寫本是在印有框欄行格的紙上書寫(書影見圖 8－36)。每半葉十行二十字,注文小字雙行十九字。四周雙欄,有界行。白口,單(二葉花紋)魚尾。版心魚尾下題記書名卷次(如“近思録卷一”)、卷名(如“道體”)、頁碼。卷一卷端首行頂格題“近思録集解大全卷之一”(關於《近思録附注》書名,是我們依據卷首的序文、凡例題名而定),次行低一字格題本卷語録條數“凡五十一條”,第三行低二字格題本卷葉采解題以及金平默的注文,隨後另起一行書寫正文。正文每卷的語録皆單列,除首條外在每條語録前冠以“○”,以作提示。《近思録》原文與葉采注文皆作大字,但是《近思録》原文均頂格書寫,葉采注文與金平默雙行小字注文都低一字格抄録,體例較爲謹嚴。卷末有尾題“近思録集解大全卷之某某”。

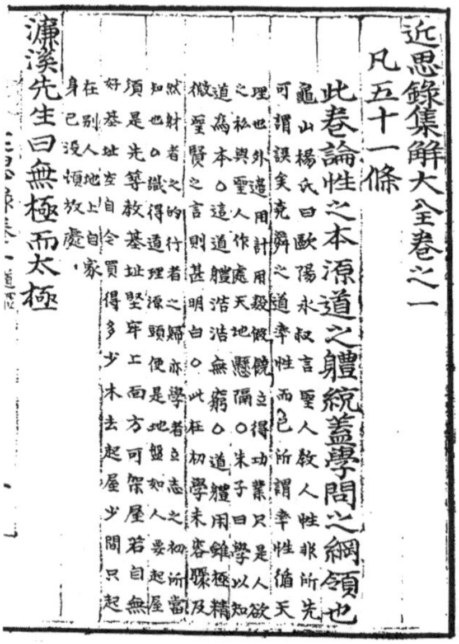
近思錄集解大全卷之一
凡五十一條
此卷論性之本源道之體統蓋學問之綱領也
濂溪先生曰無極而太極

圖 8－36　金平默《近思録附注》,李朝哲宗年間筆寫本

卷首書寫《近思録總目》(卷首、附注序、凡例、附注引用書目、附注引用先儒姓氏、進近思録表、近思録集解序、集解目録、序説、近思録目録、卷之一論道體、卷之二論爲學、卷之三論致知、卷之四論存養、卷之五論力行、卷之六論齊家、卷之七論出處、卷之八論治道、卷之九論治法、卷之十論臨政處事、卷之十一論教人、卷之十二論戒謹、卷之十三辨異端、卷之十四論聖賢)、李朝哲宗七年金平默《近思録附注序》、《近思録附注凡例》、《近思録附主引用書目》(筆者按,計引書有 38 種)、《近思録附注引用先儒姓氏》(筆者按,不少於 88 家)、葉采《進近思録表》(有金平默夾注)、《近思録集解序》(有金平默夾注)、《近思録集解目録》、《近思録序説》(即朱子論《近思録》)、《近思録目録》(有金平默對《近思録》取材的書及著者進行注釋)、《近思録書題》(朱熹、吕祖謙序文)。

我們比較該筆寫本的書體後發現,其卷一、卷三至卷八,與卷二部分葉面以及卷九、卷十,又與卷十二、十四的書體之間都有明顯差異,至少有三種風格的書體，因而推斷此筆寫本非一人抄寫。從該抄寫體例謹嚴，編排整齊的角度看，或是清稿本，是在金平默於李朝哲宗七年(1856)完成書稿後不久。此本的影印本《近思録注解叢編》第7册收録。

金平默編《近思録附注》，韓國曾有影印出版，如1982年景文社影印本，奎章閣有藏(181.146)。書名頁爲"重庵 金平默編/近思録附注/景文社影印"。影印本的原底本，卷端署"近思録集解大全卷之一"，故此書名也可稱之謂《近思録集解大全》。日本二松學舍大學圖書館有藏本，1册。鈐朱文印"二松學舍大學圖書館藏書"。另有保景文化社2009年印本，國立中央圖書館有藏。

金平默《近思録附注序》曰：

《近思録》者，周氏、二程氏、張氏四夫子傳心之要訣也。蓋嘗聞之心也者，在天地則所以一陰一陽而生成萬物者也，在人則所以善其身以宜其家，以及於國與天下，而極乎參贊位育之盛者也。語其理，則仁義禮智之性；語其發，則愛恭宜别之情；語其施，則日用彝倫之間；語其稟，則堯、舜、塗人之所同得；語其道，則天下古今之所共由也。但人生有氣稟物欲之雜，而世教有異端邪説之誘，是以不能有以遵其所共由而全其所同得也。皇天上帝憂患斯人，是生聖賢，作爲君相師長，治而教之，使之各有以由斯道而全斯性也。若舜、禹之精一執中，若臯陶之叙秩命討，若湯、武之建中建極，皆其傳心之要訣也。周公既歿，王道不行，孔孟生於其時，倡率天下。學者講而明之，垂之空言，以詔後世，以群經四子之書，所以"爲天地立心，爲生民立道，爲去聖繼絶學，爲萬事開太平"者也。孟子歿而其傳泯焉，則火於秦，佛、老於漢唐，其他百氏衆説，縱横繆戾，千四百年之間，所以陷溺人心者十倍於洪水猛獸之爲禍矣。宋興，始有周夫子挺亞聖之才，既有以得其心矣，於是建圖屬書，根極領要。程氏二夫子見而知之，遂擴大而推明之。張氏夫子生於同時而羽翼之。雖其王道不興於上，而所謂堯、舜、塗人之所同得，天下古今之所共由，善身宜家及於天下，極乎參贊位育之妙，其體用本末、鉅細隱見，莫不畢具於四夫子之書。是以天下之士家誦户講，道學之盛上軼乎鄒魯矣。顧其全書，廣大閎博，若無津涯，初學固望洋而駭，不知其所入矣。二程之言，門人所記，或有未粹，而張子之言則手筆，又或有過者。於是晦翁夫子與其友成公吕先生，采“其關於大體而切於日用者”編是書，以爲四子之階梯。凡所以求端用力，處己治人，闢邪説，明正宗者，階級有序，本末殫舉。蓋將使夫學者先用心於此而有得焉，然後求之全書，致博反約，盡得其宗廟百官之盛焉。此其爲傳心之要訣，而不在群經、四子之下矣。第其書手筆既高簡，而語録又聱牙，甚至有不可句者，平巖葉氏恐學者莫能領其大義而析其微言也，於是采輯朱子之訓，參以諸儒之説，補以自家之意，以爲《集解》。其爲解頗已詳盡，多所發明，然辭義肯綮之際，前言去取之間，讀者不能無憾焉。我朝守夢鄭先生又輯衆説，補而正之，今見行《近思釋疑》是已，其功可謂大矣。然與《集解》各爲一書，窮鄉之士患不得合聚而參玩焉，其所當補正闕不概及者，又不可歷記矣。聞清人有施、陸二氏各有成書，必多可采，而山海僻左，亦不可以歲月求也。平默僭不自揆，乃因鄭先生之書而廣加搜輯，删繁粹要，分疏於《集解》之下，向後若得施、陸之書，並當節入，以爲完書。然則此書之有《附注》，與《語》《孟》之有《精義》相似。蓋雖支蔓疏漏，猶患有未盡，其於創通大義，未必無少補，初學者誠以此而用功焉，庶四夫子傳心之要訣，不墜於地云。崇禎紀元後四丙辰秋七月癸酉，後學朝鮮金平默序。

《近思録附注凡例》云：

一、《集解》葉氏已成之書，故大書爲綱，其或義得而辭未暢，或辭達而義未盡，或辭與義並皆有失者，一以諸儒之説附而正之。於其外又覺有未盡正者，而不敢插入瞽説以犯僭汰之誅，故姑闕之，以俟博考而填補焉。

一、朱子原注見删於《集解》者，皆雙注還填，如“太極”章注是也。

一、諸儒之説有發明本文言外之意者，亦録之。

一、有大義要旨關係不細者，雖非解釋本文者，亦以類附。

一、諸説爲《集解》分疏者録之，與《集解》意同者録之，所以證《集解》之爲是也。

一、雖朱子之説重言複出者，多節删焉。

一、《釋疑》與《集解》異同處，《釋疑》云云；或涉情外之責者則不敢輒録。

一、有甚不得已處,插入一兩字,如"陽變陰合"注細書"圖説解文"四字之類。

一、先儒之稱某氏某,或稱某鄉某氏,或稱某號某氏,是經書小注已例,故東儒稱號亦如之。其中從祀孔子之先正,則以"先生"稱之。栗谷先生之稱"李子",則據紺坡崔氏有海、新齋李氏度中《文集》。尤庵先生之稱"宋子",則據《大全集》題目。華西函丈之稱先生,則以事一之地也。此數者非敢妄有軒輕,以計父祖年甲而然,覽者宜財赦也。

一、引用先儒姓氏圖世次未詳者,别附於後,俟更考正。

一、朱子論《近思録》若干條,見於《語類》者,輯爲《序説》以弁卷首。

一、經文舊本低一字者,凡有十處,或有以論辨原條而附録者(如卷之二《訂頑》末"明道先生曰"以下),或有與原條相類而附録者(如《砭愚》),或有與原條一意又或互相發明而附録者(如卷之三"又曰所務於窮理"云云,"又曰自一身之中"云云,"又云興於《詩》"云云,"又云伯淳常談詩"云云,"詩人之情性"云云。卷之九"又曰一年"云云。卷之十二"劉質夫曰"云云。卷之十三"又曰佛有一個"云云是也),舊本《集解》雙注而書故無礙,今以附注之,故《集解》低一字大書,則恐混而無别,故附録,則與原條極行書之不復識别云。

四、徐壽錫《近思録增解》木板本

徐壽錫(1841—1925),字静夫,號潁水,朝鮮大邱人。其《近思録增解》分十四卷,每卷題署語録條數、葉采解題,卷名置於版心上方,體例嚴整。其内容是在輯録前人注解的基礎上增添已見,意在詳解《近思録》,其中有删除葉采集解之失、江永集注之煩者。卷端徐壽錫云:"《近思録》有《集解》《集注》諸書,而葉解間有頗失本旨者,壽静齋已增删之矣;江注專取朱訓,而不免煩而不要,乃敢參互抄録,增以己見,務要詳解,以備私自省覽云爾。"

我們以葉采《集解》元刊本、江永《集注》江蘇書局本作爲比較對象,可以考察到徐壽錫增解的特色,例如卷一"動静無端"條。

葉采集解云:"動静相推,陰陽密移,無有間斷。有間斷則有端始,無間斷故曰無端無始也。其所以然者道也,道固一而無間斷也。異時論《剥》《復》之道,曰'無間可容息也',又曰'其間元不斷續',皆此意也。○朱子曰:動静相生,如循環之無端。"

江永集注云:"朱子曰'動静無端,陰陽無始',説道有,有無底在前,説道無,有有底在前,是箇循環物事。○動之前有静,静之前又有動。推而上之,其始無端,推而下之,以至未來之際,其卒無終。○如云'太極動而生陽',不成動以前便無静。程子曰'動静無端',蓋此亦是且自那動處説起。若論著動以前又有静,静以前又有動。○仁爲四端之首,而智則能成終成始。猶元雖四德之長,然元不生於元,而生於貞。蓋天地之化,不翕聚則不能發散,理固然也。仁智交際之間,乃萬化之機軸,此理循環不窮,總合無間。程子所謂'動静無端,陰陽無始'者,此也。○'動静無端,陰陽無始',看來只是一箇實理。○'動静無端,陰陽無始',天道也。始於陽,成於陰,本於静,流於動,人道也。然陽復本於陰,静復根於動,其動静亦無端,其陰陽亦無始,則人蓋未始離乎天,而天亦未始離乎人也。"

此條下,徐壽錫的注文是:"壽静齋曰:動極而静,静極復動,故曰無端。陽前又是陰,陰前又是陽,故曰無始。葉氏曰:'其所以然者道也,道固一而無間斷也。'"

由此可見,徐壽錫的《增解》之文較爲簡練,僅采納了葉采注文中的一句"其所以然者道也,道固一而無間斷也",對於葉采所引朱子語、江永大量引用的朱子語則予以删除。

又如《增解》卷七"或謂科舉事業奪人之功"條,徐壽錫注云:"朱子曰:一月之間著十日事舉業,亦有二十日修學。若被他移了志,則更無醫處矣。○又曰:以舉業爲妨實學,不知曾妨飲食否?衹是無志也。○葉氏曰:奪志則根本撥矣。故妨功之患小,奪志之患大。○壽静齋曰:朱子《答時子雲書》:以《近思録》'欲入數段説科舉壞人心術處,而伯恭不肯''爲恨'。蓋以上數段雖説科舉之弊,而一則曰'何嘗不教人習',一則曰'自無此累',一則曰'不患妨功',其於心術污壞處猶未及,極言痛戒。此朱子所以爲恨,而讀此書者不可不知此意也。"

此處徐壽錫删除了葉采、江永所引大部分語録,僅輯録了江永集注所引

"朱子曰"的一段文字,"又曰"以下文字是徐氏從其他文獻輯録,並輯録葉采集解,相較於江永《集注》的注文,明顯精簡了文字。

現存木板本(書影見圖 8－37),卷帙完好,每半葉十行二十字,注文小字雙行同。四周雙欄,有界行。白口,對(二葉花紋)魚尾。版心魚尾上題記本卷篇名(如"道體"),魚尾間題記"潁水全集卷十八"、頁碼。卷端首行題"潁水全集卷之十八",次行低二字格題"近思録增解",第三行低四字格題記徐壽錫題識(見本節前文所引),其後題署卷一語録條目數"凡五十一條"及葉采解題。正文中每一條單列,均頂格刻印,《近思録》原文刻作大字,注文刻作雙行小字。刻印精美。

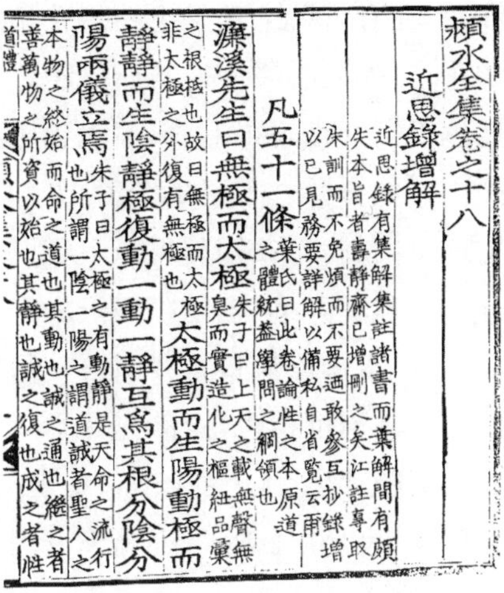
潁水全集卷之十八
近思録增解
近思録有集解集註諸書而葉解間有頗失本旨者壽靜齋已增刪之矣江註專取朱訓而不免煩而不要迺敢參互抄録增以已見務要詳解以備私自省覽云爾
凡五十一條葉氏曰此卷論性之本原道之體統蓋學問之綱領也
濂溪先生曰無極而太極朱子曰上天之載無聲無臭而實造化之樞紐品彙之根柢也故曰無極而太極非太極之外復有無極也太極動而生陽動極而靜靜而生陰靜極復動一動一靜互爲其根分陰分陽兩儀立焉朱子曰太極之有動靜是天命之流行也所謂一陰一陽之謂道誠者聖人之本物之終始而命之道也其動也誠之通也繼之者善萬物之所資以始也其靜也誠之復也成之者性
道體

圖 8－37 徐壽錫《近思録增解》,李朝木板本

該《增解》收録在《潁水全集》卷十八至二十三,其木板本的影印本見《近思録注解叢編》第 9 册。

五、金澤述《近思録集注》李朝筆寫本

金澤述(1884—1954),字鍾賢,號後滄,朝鮮扶安人。存有《後滄文集》。所著《近思録集注》主要是對江永《近思録集注》中朱子語進行闡發評論。如:卷一"人性本善"條,江永集注云:"○問'語其才則有下愚之不移',《孟子》'非天之降才爾殊',語意不同。朱子曰:孟子之説,自是與程子之説小異。孟子只見得是性善,便把才都做善看,不知氣禀各不同。如后稷岐嶷,越椒知其必滅若敖,是氣禀如此,須説到氣禀方得。程子説得較密。○'言非禮義',以禮義爲非而拒之以不信,自賊害也。'吾身不能居仁由義',自謂不能而絶之以不爲,自棄絶也。○自暴者,剛惡之所爲。自棄者,柔惡之所爲。○習與性成,而至於相遠,則固有不可移之理。然人性本善,雖至惡之人,一日而能從善,則爲一日之善人。夫豈有終不可移之理?當從伊川之説,所謂雖强戾如

商辛，亦有可移之理是也。○孔子説‘不移’，便定是不移了。人之氣質，實有如此者，如何必説變得？所以謂之‘下愚’，而其所以至此下愚者，便是氣質之性。伊川卻衹説得七分，不説到底。孟子卻衹説得性善。其所言地頭各自不同。○如堯舜之不可爲桀紂，桀紂之不可使爲堯舜。夫子説底衹是如此，伊川卻又推其説，須知其異而不害其爲同。○以聖人之言觀之，則曰‘不移’而已，不曰‘不可移’也。以程子之言考之，則以其不肯移，而後不可移耳。蓋聖人之言，本皆以氣質之稟而言其品第，未及乎不肯不可之辨也。程子之言，則以人責其不可移也，而徐究其本焉，則以其稟賦甚異而不肯移，非以其稟賦之異而不能移也。○葉氏曰：《史記》稱紂‘資辯捷敏，材力過人，手格猛獸，知足以拒諫，言足以飾非’，則其天資固非昏愚者。然其勇於爲惡，而自絶於善，要其終，真下愚耳。”

對江永此類文字較繁瑣的長篇注文，金澤述進行了輯録並作評述，其文字表述顯得較爲概要，説：“人性本善。注：朱子曰：‘雖至惡之人’，‘豈有終不可移之理’？又曰：‘程子之言’，‘以其稟賦甚異而不肯移，非以其稟賦之異而不能移也’。以此二段觀之，朱子一説所謂：‘人之氣質，實有如此，如何變得？’所以謂之‘下愚’者，疑非定論。”

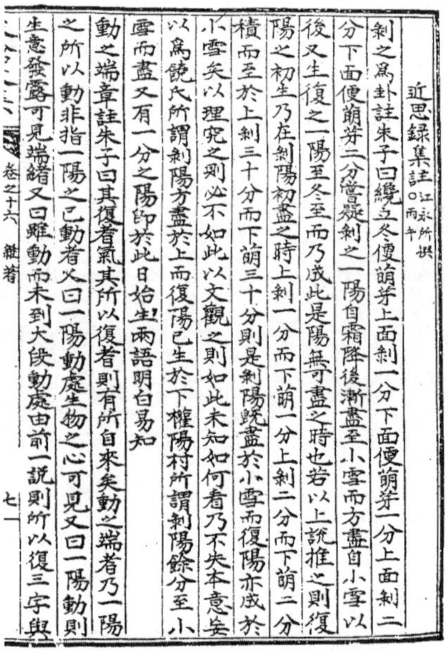
近思録集註（江永所撰○丙午）
剝之爲卦註朱子曰纔立冬便萌芽上面剝一分下面便萌芽一分上面剝二
分下面便萌芽二分嘗疑剝之一陽自霜降後漸盡至小雪而方盡自小雪以
後又生復之一陽至冬至而乃成此是陽無可盡之時也若以上説推之則復
陽之初生乃在剝陽初盡之時上剝一分而下萌一分上剝二分而下萌二分
積而至於上剝三十分而下萌三十分則是剝陽旣盡於小雪而復陽亦成於
小雪矣以理究之則必不如此以文觀之則如此未知如何看乃不失本意妄
以爲饒氏所謂剝陽方盡於上而復陽已生於下權陽村所謂剝陽餘分至小
雪而盡又有一分之陽卽於此日始生兩語明白易知
動之端章註朱子曰其復者氣其所以復者則有所自來矣動之端者乃一陽
之所以動非指一陽之已動者又曰一陽動處生物之心可見又曰一陽動則
生意發露可見端緒又曰雖動而未到大段動處由前一説則所以復三字與
卷之十六 雜著
七一

圖8－38 金澤述《近思録集注》，李朝筆寫本

現存此注本的筆寫本是在印製好框欄行格的紙上書寫（書影見圖8－38），每半葉十二行三十字，四周雙欄，有界行。白口，單魚尾。版心魚尾上方題記“後滄文集”，魚尾下題記“卷之十六”“雜著”、頁碼。卷端葉首行低三字格題“近思録集注”（筆者按，此處下有雙行小字注云：“江永所撰。○丙午。”）次行頂格書寫正文。

依據金澤述生平，該書卷端題署的時間“丙午”，應是朝鮮李朝光武十年（1906）金澤述撰寫。該《集注》收録在

《後滄文集》卷十六，其筆寫本的影印本見《近思録注解叢編》第 10 册。

六、黄炳中《近思録東本唐本考證》筆寫本

黄炳中，生卒年不詳。其《考證》一書所言"唐本"，意指中國刻本，"東本"是指其本邦傳本。該書是黄氏對《近思録》某卷某板文字的東本、唐本、"程書"進行比較，以簡明的文字作校記。如：

"爲學篇。二板，'喜怒哀懼'。'懼'東本及程書皆作'樂'，《論語》注作'懼'，唐本似勝"。我們將此條文字與現存葉采《近思録集解》元刊本比較後，發現元刊本作"樂"。

"存養篇。二板，'常艮其背'。'常'東本作'當'，《易傳》同，作'當'似是"。我們查閲葉采《集解》元刊本，發現元刊本作"當"。

"出處篇。十板，'索前任曆子'。'索'東本作'案'，程書作'索'，唐本是"。我們發現葉采《集解》元刊本作"案"。

現存《考證》版本似筆寫本，行二十四字，注文小字雙行同。上下雙欄，有界行。《考證》卷端葉首行低二字格題"近思録東本唐本考證"，次行頂格抄寫考證内容。

該《考證》的影印本見《近思録注解叢編》第 10 册，《叢編》説此文收録在"《鼓巖集》卷之三"。

七、韓汝愈《近思録經義釋解》石版本

朝鮮李朝韓汝愈(1642—1709)注解《近思録》，收録在《遁翁韓先生别集經義釋解》，石版本。十行二十四字，注文小字雙行。四周雙欄，有界行。白口，對(二葉花紋)魚尾。此書卷末有己亥(1959)仲春日十代嗣孫韓均的跋文。延世大學校有藏，此注本恐是韓汝愈晚年撰成。因筆者未能目驗，詳情尚待考。

第九章　古朝鮮學者的仿《近思録》類文本

在朝鮮李朝社會高揚程朱理學思想的背景下，一些崇尚程朱理學者在研讀《近思録》的同時，遵循朱熹、吕祖謙寒泉相會時所采用的《近思録》編纂方法與體例，在本土編撰了多部仿《近思録》理學讀本。這些具有仿編性質的文本，或輯録中國程朱理學代表人物之語，或輯録李朝本邦大儒之言，或以本土儒學代表者的語録爲主體兼及中國學者的言論編撰而成。文本的書名稱謂，多爲《續近思録》，或《近思續録》，或以"某某子"相稱，與中國歷史上的《近思録》後續著述並無二致。這些在《近思録》誕生若干年後朝鮮仿編、續編而成的文本，儘管其編纂體制、主旨與明清時期的《近思録》後續著述非常接近，但在文本内容及相關書名中仍蘊藏着濃厚的李朝本邦儒學色彩。

今擬專章將朝鮮學者仿照《近思録》而編撰的"仿《近思録》類"文獻考述如下：

第一節　名曰《續近思録》或《近思續録》的仿編本考

一、名曰《續近思録》的仿編本考述

（一）韓夢麟編《續近思録》十四卷，李朝純祖年間木活字本

韓夢麟（1684—1762），字泰瑞，號鳳巖，李朝清州人。著有《性命理氣説》《鳳巖集》等。他曾游學於崔鶴庵門人韓耻庵，世襄鶴庵之學出於華陽宋文正，故他又是宋時烈的再傳弟子。在朝鮮半島人稱"北儒之冠"。韓夢麟七十多歲時編就了《續近思録》十四卷。

韓夢麟認爲，"朱夫子性理道學上説話，不啻倍蓰於周、程、張諸賢之書信，所謂義理之府庫、學門之表準，其一言一語，無非可讀可法，而第其篇秩浩

穰，若無畔岸，學者不能遍觀而盡識”①。正因如此，在中國歷史上早有學者針對朱熹著述編輯入門讀本，如蔡模《近思續録》、邱濬《朱子學的》、高攀龍《朱子節要》，這些讀本“極其要切，便於省覽”。於是，韓氏又從《節要》《學的》中“采其尤切於學者六七百言，又於四書注疏中取其緊要者數百條，編爲一書，而一依《近思録》條目爲次，號曰《續近思録》”②。高攀龍《節要》、邱濬《學的》、李滉《朱子書節要》輯録的是朱熹語録，韓氏《續近思録》十四卷也是輯録朱熹言語而成，計 769 條。“此書發凡立例，一遵寒泉之成規”。

具有仿編性質的此書，十四卷篇名及語録條數分别如下：道體，184 條；爲學大要，86 條；致知，79 條；存養，116 條；克己，21 條；家道，24 條；出處義利，47 條；治體，31 條；治法，21 條；政事，30 條；教學，32 條；警戒，26 條；異端，24 條；觀聖賢，48 條。

韓夢麟《續近思録》十四卷，首爾大學校奎章閣有藏(書影見圖 9－1)，其編排體例謹嚴，而框欄交接處裂縫明顯，字迹墨色濃淡不均，行格綫條扭歪不齊，筆鋒稍利，頗似木活字本。每半葉十行二十字，夾注小字雙行同。四周單欄，有界行，框高 21.30 釐米，寬 14.20 釐米。白口，對(二葉花紋)魚尾。版心魚尾間題記書名卷次(如“續近思録卷之一”)、頁碼。卷一卷端首行頂格題“續近思録卷之一”，次行低二字格題卷名“道體”，越八字格題“凡一百八十四條”，第三行頂格印正文。每卷每條單列，頂格印製。卷末有尾題“續近思録卷之某”。

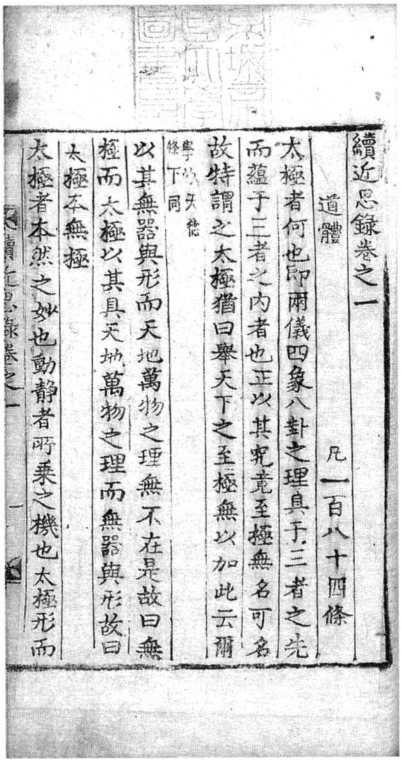
續近思録卷之一
道體　凡一百八十四條
太極者何也即兩儀四象八卦之理具於三者之先而藴於三者之内者也正以其究竟至極無名可名故特謂之太極猶曰舉天下之至極無以加此云爾學以天德條下同
以其無器與形而天地萬物之理無不在是故曰無極而太極以其具天地萬物之理而無器與形故曰太極本無極
太極者本然之妙也動静者所乘之機也太極形而

圖 9－1　韓夢麟《續近思録》，李朝純祖年間木活字本

---

① (朝鮮)韓夢麟《續近思録序文》，載於韓夢麟編《續近思録》，朝鮮李朝純祖十九年木活字本。

② (朝鮮)韓夢麟《續近思録序文》，載於韓夢麟編《續近思録》。

該藏本(古 1344—31—v. 1—3),3 册(封面左上墨筆分别題寫"天""地""人"),五眼綫裝。從此藏本墨色較淡推測,或爲活字本的後印本。

正文前印有朝鮮吴熙常《續近思録序》、韓夢麟序文。依據韓氏題署的時間"崇禎三周歲在丁丑",吴氏題署的時間"崇禎後四己卯",則可知明朝滅亡後,朝鮮李朝除公文用清代年號外,民間或私人多繼續使用中國明朝崇禎年號。韓夢麟序文所言作序時間"崇禎三周歲在丁丑",即李朝英祖三十三年(1757 年,丁丑年)。吴熙常序文作序時間云"崇禎後四己卯",即李朝純祖十九年(1819 年,己卯年),此時是中國清嘉慶二十四年。並且從吴氏序文可知,張伯行"又取朱子微言之關於學問者,彙分類次,編爲《續録》"。這就是清代張伯行《續近思録》十四卷,其最早的刻本有清康熙四十九年(1710)姑蘇正誼堂刊,且此書面世後很快傳入朝鮮半島,吴氏在李朝純祖時期見到此書,符合情理。吴熙常因韓夢麟孫子韓國禩之請爲韓氏著述作序,面對韓國禩所携《續近思録》"略加修整而序之",故而其作序的時間可以算作此書印製完成之時。因此筆者推測此活字本很可能於李朝純祖十九年(1819)印製。另外延世大學校藏本著録云,乃木活字印製。

吴熙常(1763—1833),字士敬,號老洲,朝鮮海州人。現存有《老洲集》。他主要生活在李朝正祖、純祖時期,在讀過清代張伯行《續近思録》後,將韓氏此書與張氏《續録》進行過比較,認爲此書"揀擇去取,與張氏之書大略相似","鉅細不遺,博約兩進,雖不見張氏書足矣"①。可見在吴氏看來,韓氏此書是李朝後期《近思録》後續著述的代表之一,朝鮮讀者有了它,似乎不須再讀張伯行《續近思録》。而且吴氏很自信地認爲:"異日是編儻入中國,而有具眼者則尚可見朱子書大明於左海,而絶徼之外亦有如張伯行者出焉。"

韓夢麟《續近思録》序文曰:

> 昔晦庵朱先生與東萊吕成公讀濂溪、明道、伊川、横渠四先生之書,嘆其廣大宏博而慮學者未知其要,昧於所入,於是掇取其關於大體切於日用者,凡六百餘條,條分類别,合爲十四篇,名之曰《近思録》,使初學之士領其要而得其門焉,其惠後學深矣。厥後劉子澄編爲《近思續録》,以

① (朝鮮)吴熙常《續近思録序》,載於(朝鮮)韓夢麟編《續近思録》,李朝純祖十九年木活字本。

禀於朱先生，先生稱嘉焉。愚未知其取誰書爲之，而想必好而可玩也，今不得見，可慨也已。噫！朱夫子性理道學上説話，不啻倍蓰於周、程、張諸賢之書信，所謂義理之府庫、學門之表準，其一言一語，無非可讀可法，而第其篇秩浩穰，若無畔岸，學者不能遍觀而盡識。退溪先生所爲《節要》，文莊丘氏所次《學的》，極其要切，便於省覽。故余於病中閉門取讀，甚覺其言之有味，其義之無窮，而但年老病篤，心昏目盲，其於二書猶覺其多，乃敢不顧僭越，采其尤切於學者六七百言，又於四書注疏中取其緊要者數百條，編爲一書，而一依《近思録》條目爲次，號曰《續近思録》，以爲朝夕寓目之資。而顧我識見粗淺，編次雜錯，自愧謬妄，不足出而示人也。然此皆朱子之書也，非我撰出之辭也。老而如我之精力短乏者，性之如我之鈍根不敏者，苟取此而玩賾焉，未必無少補云爾。崇禎三周歲在丁丑後學韓夢麟著。

吴熙常《續近思録序》曰：

余嘗從關北多士，聞故參奉鳳巖韓公隱居教授蔚然爲北儒之冠，至今衣縫掖者咸翕然宗之，意其邃學博識必有以大過人者。乃者公孫國禩携公所輯《續近思録》三卷，千里來訪，屬余爲序。竊惟子朱子《近思》一書，即四書之津筏也，大而天人性命之原，細而日用躬行之實，包涵該括，開卷燦然，其所以繼往開來者，可謂至深切矣。明（筆者按，當爲“清”）儒張伯行父又取朱子微言之關於學問者，彙分類次，編爲《續録》。夫朱書之宏博浩穰，不啻倍蓰於四子之遺書，而宇宙間義理至朱子而大備，兹《續録》之所由作也。今公此書發凡立例，一遵寒泉之成規，而揀擇去取，與張氏之書大略相似，曠世殊域不謀同志者亦云異矣。况其爲書也，分之則各專一家，合之則互見得失，雖與之並行，無傷也。噫！公主於窮北荒僻之野，奮起孤唱，與中華述者相上下，所謂豪傑之士非耶！且聞公搜輯之時年已七十有餘，右腕病痿，左搦管繕寫卒稿，好學之誠，老而彌篤，尤非浮慕之所可幾也。苟使北方之學者皆能以公之心爲心，而沉潛於是編之中，俟其怡然涣然，以進乎大全，則庶幾鉅細不遺，博約兩進，雖不見張氏書足矣。異日是編儻入中國，而有具眼者則尚可見朱子書大明於左海，而絶徼之外亦有如張伯行者出焉，是不可以無傳也。於是略加修整而序之。公諱夢麟，學於崔鶴庵慎門人韓耻庵，世襄鶴庵之學出於華陽宋文正云爾。崇禎後四己卯季冬下澣首陽吴熙常書。

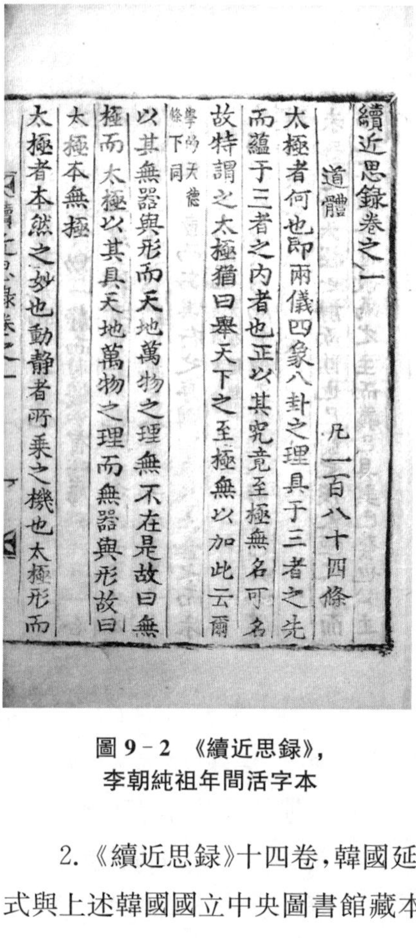

圖 9 - 2 《續近思録》，李朝純祖年間活字本

韓夢麟《續近思録》李朝活字本存世多部，如：

1. 韓國國立中央圖書館藏本（書影見圖 9 - 2），殘存《續近思録》卷一至卷六。每半葉十行二十字，夾注小字雙行同。四周單欄，有界行，框高 21.80 釐米，寬 15.30 釐米。白口，對(二葉花紋)魚尾。正文前印有"崇禎後四己卯"吴熙常《續近思録序》，"崇禎三周歲在丁丑"韓夢麟序文。該館藏本（古 1252—51），2 册（封面左上墨筆分别題記"天""地"），五眼綫裝。鈐印有"楊齋印""趙章熙金天印"等。天頭有佚名墨筆漢文批注，偶有浮簽。

其版式、内容等與上述奎章閣藏本相同，當是同一版印製。相較之下，該館藏本字迹墨色較濃、筆畫較清晰，或先印刷。

2.《續近思録》十四卷，韓國延世大學校藏本（181.15），3 册，其字體、版式與上述韓國國立中央圖書館藏本相同，宜爲同一版印製的活字本。《韓國所藏中國漢籍目録》著録云："木活字本，""四周單邊……10 行 20 字，上下花紋魚尾。序：崇禎後四己卯（1819）吴熙常，崇禎三丁丑（1757）韓夢麟。"①

3. 奎章閣另藏有韓夢麟《續近思録》殘本（古 181.1346－So24），1 册，存卷三至卷六，五眼綫裝。鈐印有"鄭基埈章"等。此本版式特徵、體例與上述該館所藏李朝純祖年間活字本同。

① （韓）全寅初《韓國所藏中國漢籍目録》，第 89 頁。

（二）李漢膺編《續近思録》十四卷，李朝哲宗年間木板本

朝鮮李朝前期朱子學的主要代表人物李滉，是李朝前期繼往開來的儒臣、思想家、教育家。他尊崇朱熹，以傳授程朱理學爲己任，維護朝鮮王朝的官學——程朱理學，反對陽明學，是朝鮮主理論的集大成者，被譽爲“朝鮮的朱子”。著有《朱子書節要》《退溪書抄》《心經釋疑》《四端七情論》等。

後世韓國學者認爲，李滉“集大成於群儒，上以繼絶續，下以開來學，使孔孟程朱之道焕然復明於世”[①]。“退溪是將儒家思想的源泉——朱子學，以理論加以體系化，並進一步發展爲性理學的哲學家和教育家。……朱子學……經過兩個世紀，到退溪先生纔開花結果的”[②]。更有學者甚至認爲李滉的學術造詣超過了中國元明時期的大儒，如日本佐藤直方評價説：“朝鮮李退溪東夷之産，而悦中國之尊，尊孔孟，宗程朱，其學識之所造，大非元明諸儒之儔矣。”[③]

李漢膺（1778—1864），字仲模，號敬庵。著有《近思録葉注疑義》《續近思録》。他認爲因李滉的倡行，而使得“我東諸賢，紹修洛閩《近思》之學”。由於李朝社會仰慕李滉及其所推崇的程朱之學，故李漢膺將中國南宋東南三賢朱熹、張栻、吕祖謙與李朝李滉這四人精要之語1062條，編輯成書，名曰《續近思録》。其十四卷篇名及語録數分别是道體92條，爲學122條，致知162條，存養137條，力行59條，家道71條，出處49條，治道45條，治法25條，臨政處事56條，教人之道47條，警戒79條，辨别異端37條，總論聖賢81條。與《近思録》相比較，“篇目一依《近思録》例”，也正如李氏自己在序文所言，此續編“又爲《近思録》之階梯，而以及四子、六經，退翁所謂‘溯伊洛而達洙泗，無往而不可者’是矣”[④]。可見，李朝後學中若有意於這四位大儒，則可以此爲入門要津，便可通達聖學。

李漢膺《續近思録》十四卷，首爾大學校奎章閣有藏，從該本字體、墨色與前文所述韓夢麟《續近思録》木活字本的比較，可知它不是活字本，宜是木板

---

① （韓）李丙燾《韓國儒學史略》，漢城：亞細亞文化社，1986年1版，第144頁。

② （韓）尹世鈴《東方哲學家退溪李滉》，《韓國畫報》1987年春創刊號，第38頁。

③ 《韜藏録》《討論筆記》第11—12頁，載於（日）板倉勝明《甘雨亭叢書》本。

④ （朝鮮）李漢膺《續近思録序文》，載於李漢膺編撰《續近思録》，李朝時期木板本。

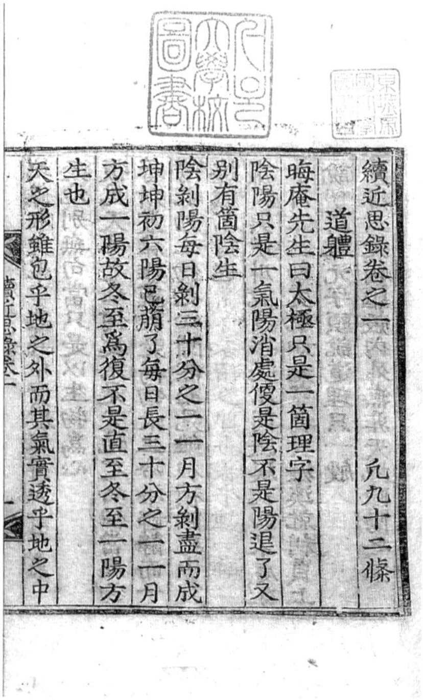
續近思録卷之一　凡九十二條
道體
晦庵先生曰太極只是一箇理字
陰陽只是一氣陽消處便是陰不是陽退了又
別有箇陰生
陰剝陽每日剝三十分之一一月方剝盡而成
坤坤初六陽已萌了每日長三十分之一一月
方成一陽故冬至爲復不是直至冬至一陽方
生也
天之形雖包乎地之外而其氣實透乎地之中

圖 9－3　李漢膺《續近思録》，李朝哲宗年間木板本

本。每半葉十行十八字，注文小字雙行同。四周雙欄，有界行，框高 19.00 釐米，寬 16.30 釐米。白口，對（二葉花紋）魚尾。版心魚尾間刻印書名卷次（如“續近思録卷一”）、頁碼。卷一卷端首行頂格題“續近思録卷之一”，越五字格題“凡九十二條”，次行低二字格題卷名“道體”，第三行頂格刻印正文。每卷每條單列，頂格刻印（書影見圖 9－3）。

刻本正文前刻有《續近思録》（即此書所取材的 11 部書名：《朱子大全》《朱子語類》《論語集注》《詩集傳》《大學或問》《中庸或問》《家禮》《南軒先生文集》《退溪先生文集》《退溪先生言行録》）、李漢膺序文。

奎章閣藏本（奎 3595），4 册，五眼綫裝。此藏本字迹清晰，墨色光亮，或先印本。對此本信息的著録，藏家云“四周單邊”，恐誤，從卷一卷端看當是“四周雙欄”；且其著録云“刊年不詳”，也不妥，因爲李氏的序文指明了大致時間。

李漢膺序文末采用的是歲陽、歲陰記時，“强圉”即歲陽名稱，對應十天干的“丁”；“大荒落”即歲陰名稱，對應十二地支的“巳”。那麽李漢膺題署的作序時間“强圉大荒落”，即“丁巳”年。再據序文所言“今天下淪没、道學弁髦”的歷史背景，以及李漢膺所描述的自己年老之態“耄荒”，可以推斷此“丁巳”年恐是李朝哲宗八年（1857）。因而，此木板本很可能是李朝後期刊印。

李漢膺《續近思録》十四卷木板本存世較多，韓國國立中央圖書館藏有一部，其版式爲半葉十行十八字，注文小字雙行同。四周雙欄，有界行，框高 19.80 釐米，寬 16.60 釐米。白口，對（二葉花紋）魚尾。該館藏本（古 1252—148—1—4），4 册，五眼綫裝。此刻本卷首所刻序文及正文的版式、内容等與上述奎章閣所藏木板本同，部分框欄的裂痕也相同，當是同一版印製。李漢膺《續近思録》，韓國國會圖書館也有藏。韓國國會圖書館《古書目録》著録云："《續近思録》，李漢膺（朝鮮）編，木板本，刊年不詳。14 卷，4 册。"[①]

李漢膺《續近思録》序文云：

子朱子承周、程、張四夫子統緒，推廣辨明之時，則有若張南軒、吕東萊兩先生蔸爲道義契，相與講討切磨之，其所以相助相長之者大矣。朱子殁後三百有二載，而退陶李子生於東方，講明朱子之學，以斯道爲己任。今天下淪没，道學弁髦，而獨我東諸賢紹修洛閩《近思》之學，實退陶倡之也。朱子嘗與東萊選周、程、張書爲《近思録》，曰："四子，六經之階梯；《近思録》，四子之階梯。"其迹甚美，而大有功於後學也。膺也生最晚，追慕退陶以及朱、張、吕，而其書浩博，茫不知下手。於是，乃敢采掇四子集要語，篇目一依《近思録》例，名曰《續近思録》，僭矣，無所逃罪。然後之學者有意於四子者，由是而尋焉，則庶乎得其門而入也。然則斯又爲《近思録》之階梯，而以及四子、六經，退翁所謂"泝伊洛而達洙泗，無往而不可者"是矣。但才學不逮，且極耄荒，抄纂之際極費心力，而疏脱之過烏得免也！是可懼也已。時强圉大荒落南吕上浣真城李漢膺謹識。

二、名曰《近思續録》的仿編本考述

（一）宋秉璿編《近思續録》十四卷，李朝後期的木板本

宋秉璿（1836—1905），字華玉，號淵齋、東方一士，忠清道恩津人，爲李朝大儒宋時烈的九世孫，李朝憲宗至光武時期的文臣。著作現存有《淵齋集》。在李氏王朝"道學彬彬，浸淫乎大宋之世"的文化背景下，他勤奮研讀《近思録》，對中國宋明理學家周敦頤、程顥、程頤、張載、朱熹等甚爲推崇，在他看來，趙光祖（號静庵）、李滉（號退溪）似周敦頤，李珥（號栗谷）似二程，金長生（號沙溪）似張載，宋時烈（號尤庵）若朱熹。但是相較於李朝早期尊奉程朱理學的李朝儒者，宋氏則更青睞本土碩儒，認爲本國趙、二李、金、宋"五先生之學，即周、程、張、朱之道"。據宋秉璿《近思續録》序文可知，他早年讀趙光祖、

① （韓）國會圖書館編《古書目録》，發行人：裴重燮，發行處：國會圖書館，1995 年 9 月發行，成紋印刷社印刷，第 134 頁。

李滉、李珥、金長生、宋時烈五位儒學大師的著述，感到内容廣大宏博，“未易見其涯際”，亦“有望洋之嘆”，於是遵從朱熹編集《近思録》的用意，欲把本國名儒的語録進行編輯，以助本邦士子很快掌握李朝朱子學精髓。最終他仿照清汪佑《五子近思録》體例編，將自己多年日積月纍的千餘條理學家語録彙集爲一書，“凡於求端用力、處己治人之要，洎夫辨異端、觀聖賢之事，罔不備載，則可以爲進學之階也”[①]。後來他又與金聖禮一起加以删定，得 788 條，編就《近思續録》十四卷。這就是李朝高宗十一年(1874)宋秉璿 39 歲時的初編本。此後歷經二十年不斷校勘續補，方基本定型，即後世常見的宋秉璿《近思續録》十四卷校改本。

宋秉璿《近思續録》一書强調本國理學傳承的獨立性與道學緒脉的正統性，是李朝儒學完成本土化建構的標誌性成果[②]。故而編撰者宋秉璿不無自信地説：“闡明四子之旨則此書，安知不爲四子、《近思》之羽翼也歟!”[③]此書雖名爲《近思續録》，卻與南宋蔡模《近思續録》繼四子之後續録朱子語録不同，它是仿照《近思録》體例輯録朝鮮李朝五位大儒的文集、言行録而成，因而此書是具有仿編性質的、内容爲純本土大儒語録的《近思續録》。

並且，歷史似乎有某種契合，在宋秉璿之前，李度中在編《李子近思録凡例》所言“我朝四五大賢皆宜有《近思》之編，是則近於寒泉四子之編，故不敢下手留俟後之君子云爾”。宋秉璿所編《近思續録》十四卷即在其後面世，也確實是選取李朝五位大儒之言薈萃而成，故而使得李度中願望成爲現實。

編撰李朝五位儒學家論説文字的《續録》因爲經過不斷修訂，所以其版本較爲複雜，有抄寫本、木板本多種。關於宋秉璿《近思續録》木板本，筆者從《近思續録序文》文字的差異、版式的不同進行辨別，可知其在刊刻修訂的過程中至少有過 4 種版本。

1. 李朝高宗十一年序刊本

高麗大學校圖書館藏有一種木板本，每半葉十行十八字，夾注小字雙行

---

① (朝鮮)宋秉璿《近思續録序文》，載於宋秉璿撰《近思續録》，李朝高宗十一年木板本。

② 羅海燕《〈近思續録〉與韓國的儒學本土化建構》，載於《東疆學刊》2016 年 10 月第 4 期，第 23—24 頁。

③ (朝鮮)宋秉璿《近思續録序文》。

同。上下雙欄(或四周雙欄),有界行,框高 21.50 釐米,寬 17.00 釐米。白口,對(二葉花紋)魚尾。版心上魚尾上方刻印書名"《近思續録》",兩魚尾之間刻印卷次卷名簡稱(如"卷一 道體")、頁碼。卷一卷端首行頂格題"近思續録卷之一",次行低一字格題卷名"道體",越八字格題"凡四十九條",第三行頂格刻印正文。每卷每條語録單列,頂格刻印。卷末有尾題"近思續録卷之某某"(書影見圖 9-4)。

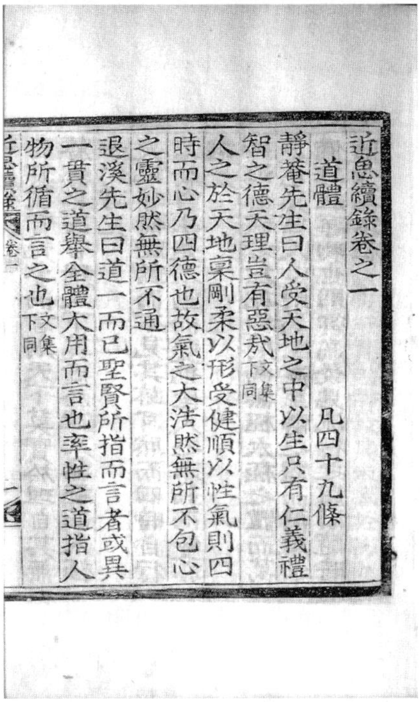

圖 9-4 宋秉璿《近思續録》,李朝高宗十一年序刊本

正文前刻有《近思續録目録》(該書的十四卷標題分别爲道體、爲學、致知讀書、存養、力行、齊家、出處、治道、治法、臨政處事、教道、警戒、辨異端、論聖賢)、《近思續録》(刻録了此書取材的 9 部書名:《静庵先生文集》《退溪先生文集》《退溪先生言行録》《栗谷先生全書》《沙溪先生遺稿》《經書辨疑》《宋子大全》《筵説講義通編》《朱子大全劄疑》)、崇禎二百四十七年宋秉璿序文。

依據此刻本宋氏作序題署的時間"崇禎二百四十七甲戌",可知此甲戌年,即李朝高宗十一年(1874 年,清同治十三年)。因而推斷此本爲宋秉璿序年刊梓。該藏本(C1 A54A),2 册(封面左上墨筆分别題署"近思續録上""近思續録下"),五眼綫裝(用緑綫裝)。此爲晚松文庫舊藏之物。從其字迹清晰、墨色光亮推測,或爲早期刊印本或先印本。

該刻本卷首的宋秉璿《近思續録》序文云:

維我東方,自殷師以後變夷爲夏,而逮至本朝道學彬彬,浸淫乎大宋之世,蓋静、退作於前,抽關啓鍵若濂溪周子,栗谷之通透灑落如伯程子,沙溪之禮學又似乎張子,而尤庵晚出,發揮運用,殆同於紫陽夫子,猗歟盛哉!秉璿自早歲受讀五先生書,而廣大宏博,竊有望洋之嘆,故積年隨抄得千餘條。是歲夏與外弟金聖禮更加删定,仿《五子近思》之例,條分類别,編爲一書。凡於求端用力、處己治人之要,洎夫辨異端、觀聖賢之事,罔不備載,則可以爲進學之階級也。學者不以人僭逾而廢之,循是而進,亦庶乎得其門而入矣。蓋不先力乎此,直欲求諸五先生全集,則地負海涵,未易見其涯際,必須由其要而致其博,然後可以盡得宗廟百官之盛矣。竊嘗聞朱子之言,曰"《近思録》,四子之階梯"也,五先生之學,即周、程、張、朱之道。而闡明四子之旨則此書,安知不爲四子、《近思》之羽翼也歟!略叙纂集之意,奉以稟質於博雅君子云爾。崇禎二百四十七甲戌秋七月己未恩津宋秉璿謹識。

2. 宋秉璿與金聖禮修改本(刊刻時間稍後於前一種)

宋秉璿《近思續録》十四卷,高麗大學校藏有另一種木板本。每半葉十行十八字。上下雙欄,有界行,框高 21.40 釐米,寬 17.10 釐米。白口,對(二葉花紋)魚尾。版心上魚尾上方刻印書名"近思續録",兩魚尾之間刻印卷次卷名簡稱、頁碼。正文卷前的相關内容與上述木板本亦同。高麗大學校圖書館藏本(C1 A54 1),2 册,五眼綫裝(用紅綫裝)。

儘管其版式特徵與前一種"宋秉璿序年"刊本同,但我們以爲這極有可能是宋秉璿校勘修改過程的一種版本。之所以作此推論,是因爲這個本子與上文所考述的《近思續録》早期刻本存在明顯不同,如卷首的宋氏序文(書影見圖 9-5)相較於前文所述《近思續録序文》,改"蓋静、退作於前"爲"蓋静庵、退溪作於前",改"啓鍵若濂溪"爲"啓鍵有似乎濂溪",改"栗谷之通透灑落如伯程子,沙溪之禮學又似乎張子而"爲"栗谷、沙溪繼其後,闡明大備,又同於程、張夫子",改"殆同於紫陽夫子"爲"殆若紫陽之夫子",改"受讀五先生書"爲"受讀其書",改"外弟金聖禮"爲"外弟金聖禮永膺",改"處己治人之要"爲"處己治人之道",改"而闡明四子之旨"爲"而推明四子之旨"。由此看來,這一版本顯然與前一種木板本非同一版,而是宋秉璿與外弟金永膺對初定本進行删定更改的修改本,這在宋氏撰寫的序文上明顯有所反映,而且相關文獻記載也可佐證,如據宋哲憲《家譜》載,在李朝高宗十一年七月,"《近思續録》成","先生就静、退、栗、沙、尤五先生遺書,纂輯其要領,與省齋金公更加商榷,仿

《五子近思録》之例，條分類别，編爲是書”①。或許該木板本就是他們删改後的印本。正因如此，藏家在裝幀這兩部圖書時，分用緑綫、紅綫以别之。但是高麗大學校《景和堂文庫目録》將其著録爲“宋秉璿、金永膺共編。高宗十一(1874)序木板本”②。此版刻時間值得懷疑，因爲該藏本的框欄斷裂痕迹、字形等與高麗大學校藏本(C1 A54A 晚松文庫原藏)並非完全相同，且字迹漫漶，宜是稍後的刻本或後印本。

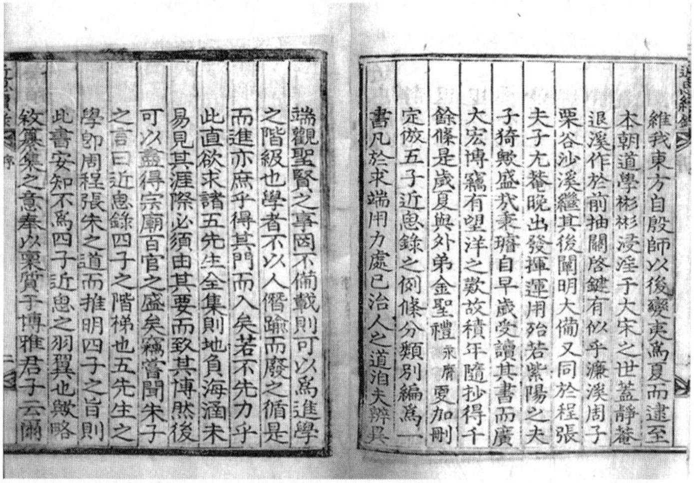
維我東方自殷師以後變夷爲夏而逮至
本朝道學彬彬浸淫乎大宋之世蓋靜菴
退溪作於前抽關啓鍵有似乎濂溪周子
栗谷沙溪繼其後闡明大備又同於程張
夫子尤菴晚出發揮運用殆若紫陽之夫
子猗歟盛哉秉璿自早歲受讀其書而廣
大宏博竊有望洋之歎故積年隨抄得千
餘條是歲夏與外弟金聖禮 永膺 更加刪
定倣五子近思錄之例條分類別編爲一
書凡於求端用力處己治人之道洎夫辨異
端觀聖賢之事固不備載則可以爲進學
之階級也學者不以人僭踰而廢之循是
而進亦庶乎得其門而入矣若不先力乎
此直欲求諸五先生全集則地負海涵未
易見其涯際必須由其要而致其博然後
可以盡得宗廟百官之盛矣竊嘗聞朱子
之言曰近思錄四子之階梯也五先生之
學卽周程張朱之道而推明四子之旨則
此書安知不爲四子近思之羽翼也歟略
敘纂集之意奉以稟質于博雅君子云爾

圖 9-5 《近思續録》，宋秉璿與金聖禮修改本

3. 李朝高宗三十二年夏校改本

據宋秉璿《淵齋先生文集》韓國隆熙元年(1907)木板本(韓國國立中央圖書館有藏)，宋氏生前多次考閲、增删、修改《近思續録》一書。其《淵齋先生文集》卷六載，李朝高宗十九年(1882)七月宋秉璿在《上枕泉族叔膺洙》中説：“《近思續録》，今更考閲，則删可爲多，添亦有之，大費心力。”説明此時依舊在對《續録》進行增删。其《淵齋先生文集》卷二載，宋秉璿作詩曰：“乙未仲夏月，同志會三四。續編有校役，寒泉依故事。筆删用心苦，對牀更相議。”此處“乙未”，即高宗

① (朝鮮)宋秉璿《淵齋先生文集》卷五十，韓國隆熙元年木板本。

② 《景和堂文庫目録》子部儒家，第 41 頁，見高麗大學校中央圖書館編《高麗大學校漢籍綜合目録》(下)，高麗大學校 1975 年 2 月出版發行。

三十二年(1895),可見在該年前後宋氏與同道友人校訂過《近思續録》,不然何來“校役”“筆删”呢? 可知該書的版刻情況確實較複雜。雖因相關的具體文獻資料難以尋覓,可如今韓國藏書機構的著録依稀可見衆多本子的存在。

我們在韓國的一些主要圖書館見到較多的宋秉璿《近思續録》本子,其中就有不同於上述兩種版本的木板本。例如韓國國立中央圖書館藏有一部刻本(古 1252—112,書影見圖 9-6),每半葉十行十八字,夾注小字雙行同。上下雙欄(也有四周雙欄),有界行,框高 21.50 釐米,寬 17.00 釐米。白口,對(二葉花紋)魚尾。版心刻書名、卷次卷名、頁碼。此刻本每卷每條單列,頂格刻印。該館藏本,2 册(封面左上墨筆分别題署“近思續録目録上”“近思續録卷之下”),五眼綫裝(用紅綫裝)。天頭有佚名漢文批注。

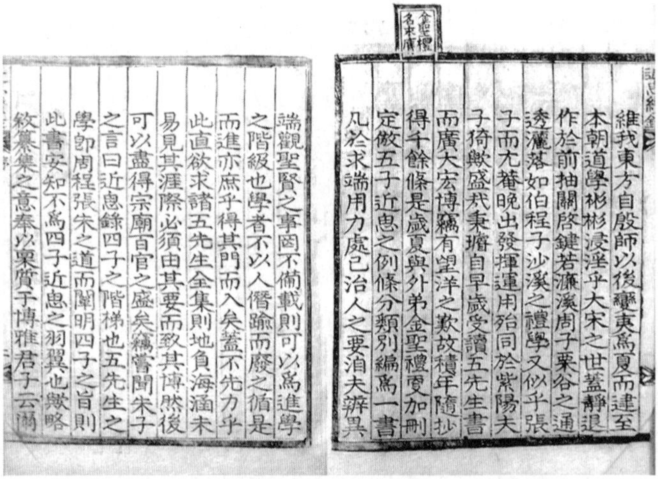
金聖禮名永膺
維我東方自殷師以後變夷爲夏而逮至
本朝道學彬彬浸淫乎大宋之世蓋靜退
作於前抽關啓鍵若濂溪周子栗谷之通
透灑落如伯程子沙溪之禮學又似乎張
子而尤菴晚出發揮運用殆同於紫陽夫
子猗歟盛哉秉璿自早歲受讀五先生書
而廣大宏博竊有望洋之歎故積年隨抄
得千餘條是歲夏與外弟金聖禮更加删
定倣五子近思之例條分類别編爲一書
凡於求端用力處己治人之要洎夫辨異
端觀聖賢之事罔不備載則可以爲進學
之階級也學者不以人僭踰而廢之循是
而進亦庶乎得其門而入矣蓋不先力乎
此直欲求諸五先生全集則地負海涵未
易見其涯際必須由其要而致其博然後
可以盡得宗廟百官之盛矣竊嘗聞朱子
之言曰近思録四子之階梯也五先生之
學卽周程張宋之道而闡明四子之旨則
此書安知不爲四子近思之羽翼也歟略
敘纂集之意奉以粟質于博雅君子云爾

圖 9-6 《近思續録》,李朝高宗三十二年夏校改本

此木板本正文前刻有《近思續録目録》、《近思續録》取材的五先生著述名稱、崇禎二百四十七年(1874)宋秉璿序文。

此刻本的版式與上述李朝高宗十一年刻本同,且卷前目録、序文等也相同,看似同一版刻。但是從卷前宋秉璿序文編刻看,並非同一版本,因爲在與序文“外弟金聖禮”行格相對應的天頭處,增刻一小框欄,内刻“金聖禮名永膺”六字。從天頭框欄所刻内容上看,這應是對序文中“金聖禮”的注釋。對於此刻本出現的有别於前文所述版本的特徵,筆者以爲,這極有可能是在高宗三十二年

(1895)刊刻的增删校改本,在版框欄外增添小框欄便是其明顯的校改痕迹。

4. 李朝末期木板本(疑似李朝光武五年刊刻)

宋秉璿《近思續録》的木板本中,高麗大學校還藏有一種天頭增刻小框欄的木板本,其版式特徵與上述國立中央圖書館同。該校圖書館藏本(C1 A54,書影見圖 9 - 7),2 册,五眼綫裝(紅綫裝)。儘管此刻本板框斷痕與同館所藏李朝高宗十一(1874)刻本(C1 A54A)同,但是兩者並非同一版。

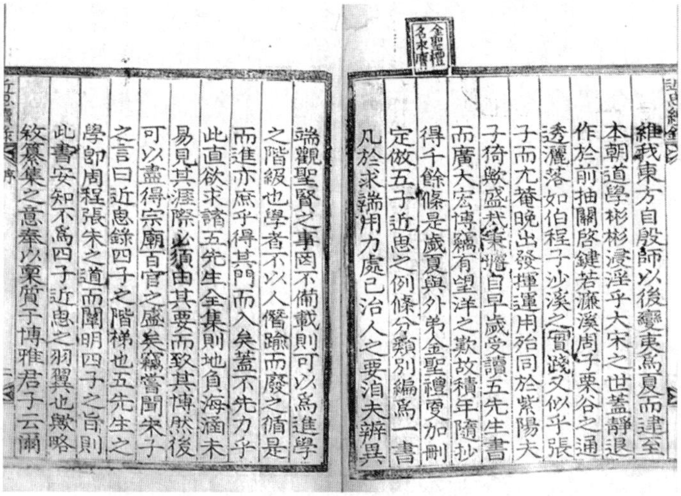
金聖禮名永膺
維我東方自殷師以後變夷爲夏而逮至
本朝道學彬彬浸淫乎大宋之世蓋靜退
作於前抽關啓鍵若濂溪周子栗谷之通
透灑落如伯程子沙溪之實踐又似乎張
子而尤菴晩出發揮運用殆同於紫陽夫
子猗歟盛哉秉璿自早歲受讀五先生書
而廣大宏博竊有望洋之歎故積年隨抄
得千餘條是歲夏與外弟金聖禮更加刪
定倣五子近思之例條分類别編爲一書
凡於求端用力處己治人之要洎夫辨異
端觀聖賢之事罔不備載則可以爲進學
之階級也學者不以人僭踰而廢之循是
而進亦庶乎得其門而入矣蓋不先乎
此直欲求諸五先生全集則地負海涵未
易見其涯際必須由其要而致其博然後
可以盡得宗廟百官之盛矣竊嘗聞宋子
之言曰近思錄四子之階梯也五先生之
學卽周程張朱之道而闡明四子之旨則
此書安知不爲四子近思之羽翼也歟略
敍纂集之意奉以粟質于博雅君子云爾

圖 9 - 7 《近思續録》,李朝末期木板本(疑似李朝光武五年刊刻)

我們將該本卷首的宋秉璿序文與上述李朝高宗三十二年刻本卷前的宋氏序文稍作比較,發現二者該版的天頭處均刻有一小框欄,刻有"金聖禮名永膺"。粗看二者似同一版,但審讀序文内容則二者有别,如將高宗三十二年(1895)夏刻本序文中的"沙溪之禮學"改爲"沙溪之實踐",而且"實踐"二字四周有明顯的剜改的痕迹,顯然二者非同一版印製。據《淵齋先生文集》卷十一載,李朝光武五年宋秉璿《答安穉章》云:"以序中'禮學'二字,爲不滿於沙翁,有所是非,故改爲'實踐'。蓋'潛思實踐'是稱横渠語,'篤實踐履'是稱沙溪語,則'實踐'二字更無可議者否? 細商以示如何。"[①]並且宋氏還就卷一"道體

① (朝鮮)宋秉璿《淵齋先生文集》卷十一,韓國隆熙元年木板本。

篇”的第十一板磨滅“頭注”的問題向安稺章請教。可見,如今我們所見序文中改作“實踐”二字的本子,應該是宋氏與同道商討更改的結果。因而,我們以爲此木板本是在朝鮮李朝末期刻印,暫定爲光武五年(1901)增補校改本。該藏本字迹較清晰,或許是初印本。

宋秉璿《近思續録》李朝末期刻本,首爾大學校奎章閣也有藏,其版式特徵與上述國立中央圖書館、高麗大學校藏本相同。奎章閣藏本(古 1344—5—v. 1—2),2 册,五眼綫裝。鈐朱文印“滎陽世家”。第 2 册末封底上墨筆書“册主 陜川藥洞崔生員宅”。此刻本正文前所刻的宋秉璿序文天頭處增刻一小框欄,内有“金聖禮名永膺”六字,而且宋氏序文中的“禮學”二字剜改作“實踐”。因而可知該木板本也是朝鮮李朝光武五年增補校改本,從其墨迹漫漶看,或是後印本。

除上述藏本外,關於宋秉璿《近思續録》的木板本,延世大學校圖書館藏有二部,刊刻的時間、地點均不詳。一部爲十四卷 2 册(181. 5),藏家著録爲“木板本”,是輯録趙、二李、金、宋著述中的語録分類編輯,卷前有崇禎二百四十七甲戌(1874)秋宋氏序文。另一部十四卷 2 册(181. 5),藏家著録爲“木板本”,卷前有崇禎二百四十七甲戌秋宋氏序文,並交代了各卷篇名。這兩部刻本版式與上述高宗十一年(1874)木板本基本相同,僅框欄有别,爲“四周雙邊”。

需要説明的,宋秉璿在乙未年(1895)會同好友校訂《近思續録》之時,正值東亞危機,李朝政局已陷入風雨飄零之中,李朝的這些儒學之士身處亂世卻能良苦用心於校刊《近思續録》,不能不令人敬佩這些學者的勤勉與弘揚儒學之精神。

(二) 宋秉璿《近思續録》,李朝筆寫本

1. 宋秉璿《近思續録》李朝光武十年(1906)抄寫本,抄寫者不詳。據羅海燕《〈近思續録〉與韓國的儒學本土化建構》[①]説有,但因該論文語焉不詳,筆者又未識荆,故暫附於此。

2. 韓國慶尚大學校也藏有一部筆寫本,藏家著録説:“《近思續録》,宋秉

① 羅海燕《〈近思續録〉與韓國的儒學本土化建構》,載於《東疆學刊》2016 年第 4 期,第 21 頁。

璿(朝鮮)編輯。寫(後寫)本。……5卷1册。……四周單邊……有界,10行20字,注雙行,上内向花紋魚尾。"[①]至於何人何時抄寫,亦待考。

3. 日據時期的韓國筆寫本。宋秉璿編《近思續録》十四卷,延世大學校藏有一部筆寫本(181.5),是在印有欄格的紙上抄寫。每半葉十行十八字,夾注小字雙行同。四周雙欄,有界行。對(一葉花紋)魚尾。其正文内容是將趙光祖、李滉、李珥、金長生、宋時烈的語録分類編輯。也抄有崇禎二百四十七甲戌秋七月己未恩津宋秉璿序文。該本上有"寫記:侄[於]來聖受命以寫,庚申(1920)秋"。此藏本2册,藏家著録爲"寫本"[②]。筆者雖到該校訪書兩次,但未尋覓到,不曾目驗,其詳情待考。

第二節　名曰"某某子近思録"的仿編本考

朝鮮李朝也像古代中國一樣,尊稱那些有一定影響力並具有獨特學術思想的學者爲"某子",在李朝學者仿《近思録》類文獻中,有一類在書名中以"某某子"來稱謂,即《某某子近思録》。

一、李度中《李子近思録》李朝筆寫本

李珥(1536—1584),字叔獻,號栗谷,世稱栗谷先生。祖籍慶畿道德水,出身貴族,朝鮮江原道江陵府人,曾拜李滉爲師。是李朝宣祖時期的名臣、哲學家、教育家。歷任户曹、吏曹、大提學、右贊成等,曾出使明朝。謚文成。著有《聖學輯要》《擊蒙要訣》《經筵日記》《小學集注》《栗谷全書》等。

李珥在理與氣的關係上,深化發展了朱熹、李退溪的思想,提出"理通氣局"説、"氣發理乘"説,有着獨特的"理氣二元論"。在"四端七情理氣之争"中,他反對李滉的"四端則理之發,七情則氣之發"的觀點,提出"四端七情"均是"氣發而理乘之"的觀點。創立了朝鮮朱子學的新學派即"主氣論"學派,成爲朝鮮主氣派的集大成者。其門人金長生評價他,能"出處以正,進退以義,

① (韓)慶尚大學校圖書館編輯《慶尚大學校圖書館漢籍室所藏漢籍目録》,第189頁。
② (韓)延世大學校中央圖書館編輯《延世大學校中央圖書館古書目録》,第49頁。

任繼開之丕責，壽道脉於無窮者，唯吾栗谷先生一而已”[①]。由於李珥具有獨特的思想與學術貢獻，李朝中後期的學者尊奉其爲“李子”“東方聖人”。

《李子近思録》一書，是李度中[②]彙編有“左海夫子”之稱的李朝著名大儒李珥語録而成。現存文本看似分作上下卷，實際仍是仿照《近思録》十四卷的體例編次。上卷内容包括：道體第一，爲學第二，致知第三，存養第四，力行克治第五，家道第六，出處第七；下卷内容包括：治道、治法第八、九（“先生所論治道、治法文勢相連，有難分析，故合而録之”），臨政處事第十，教人之道第十一，警戒改過第十二，辨别異端第十三，總論聖賢第十四。

梨花女子大學校現存《李子近思録》李朝時期筆寫本，由李度中編，李垂恭校。藏本卷首有李度中《李子近思録序文》、《李子近思録義例》、《諸家記述引用書目》（共計擬出 41 部書名，諸如金長生《沙溪集》、鄭曄《近思釋疑》、宋時烈《尤庵集》等）、《李子近思録目次》、《李子事實記略》（簡要概述李珥生平事迹）。

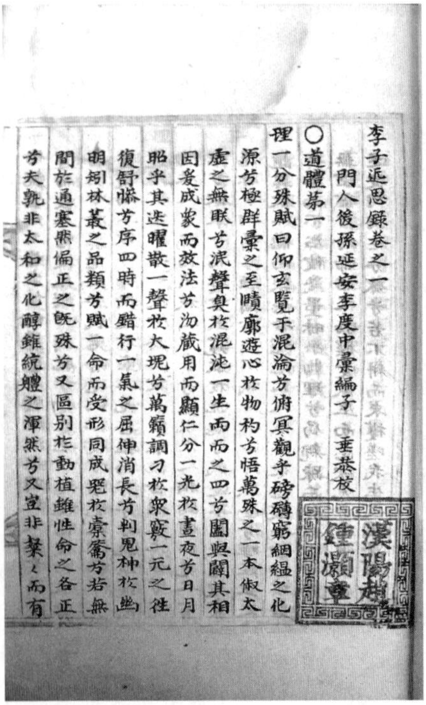

圖 9－8　李度中《李子近思録》，筆寫本

該筆寫本是在印有烏絲欄格的紙上書寫（書影見圖 9－8），楷書，體例很工整。每半葉十二行二十四字。四周雙欄，有界行，框高 22.80 釐米，寬 17.20 釐米。白口，對（二葉花紋）魚尾。卷一卷端首行頂格題“李子近思録卷之一”，次行低二字格題署“門人後孫延安李度中彙編，子垂恭校”，第三行頂格先畫“○”，再題“道體第一”，第四行頂格抄寫正文。此本每卷標題上畫有“○”，每條語録首字頂格，餘則低一字格書寫。

卷前的《李子近思録義例》曰：“昔汪星溪佑編輯晦翁遺文，名曰《朱子近

① 《附録・行狀・沙溪先生全書》卷四十八，見《沙溪・慎獨齋全書》下，第 867 頁。

② 李度中，李珥門人李默齋之孫，延安人。李垂恭是李度中之子。

思録》，使其子鑑校正。度中竊依星溪事，彙編《栗谷全書》，亦名爲《李子近思録》，使子垂恭校，欲以此爲壽道之一脉云爾。”由此可見此本是由李度中仿照清代汪佑《五子近思録》體例編輯而成，由其子李垂恭校訂。至於爲何没有取“續近思録”之類的名稱，那是因爲李度中認爲“我朝四五大賢皆宜有《近思》之編，是則近於寒泉四子之編”[①]，此書“依汪氏編《朱子近思》事，彙輯《全書》要語爲十四編，冠之以李子之號”[②]。因此，該《李子近思録》具有仿編《近思録》的性質。

梨花女子大學校藏本(171 이 79)，1 册，封皮是卍字紋朱色表紙，五眼紅綫裝。封面左側墨筆題記“栗谷近思録(全)”。書中鈐有藍色印“漢陽趙鍾灝章”，朱文印“梨大”。

據《李子近思録》卷前文字可知，李度中認爲對於李朝的四五位大儒，都應像朱、吕編輯《近思録》那樣，各自一編。此《録》所編衹是將李珥著述進行彙集粹編，其内容在以李珥著作“十書”爲主體的同時，也適當輯録了“諸家贊述以實其言”，這卻是不同於《近思録》編纂的地方，在體例上是一種新創。

關於《李子近思録》十四卷的編輯時間，依據李度中序文所言“是歲己卯，亦吾祖肆業栗門之年也，小子之繼祖業而纂師書”，再結合《義例》，那麽此“己卯”年，似乎是李朝仁祖年間或之後。但是，目前所知汪佑《五子近思録》最早的刻本是在清康熙三十二年(1693)面世，等到在朝鮮李朝看到《五子》，最早是十七、十八世紀交接之際，此筆寫本恐是李朝肅宗年間(1675—1720)或之後編輯，故此“己卯”或是指肅宗二十五年(1699)，更有可能是英祖三十五年(1759)。

李度中《李子近思録》序文曰：

> 宋子有言曰：“朱子後孔子，栗谷後朱子。”此萬世不易之言也。栗谷先生亞於生知，渾然天成，纘前烈之遺緒，迹三代之絶軌，際遇穆陵，彙征善類，王道之興已有七八分漸矣，竟爲東人所壞了。知道之不行，退而設

---

① (朝鮮)李度中《李子近思録義例》，載於(朝鮮)李度中編，李垂恭校《李子近思録》，朝鮮李朝筆寫本。

② (朝鮮)李度中《李子近思録序文》，載於(朝鮮)李度中編，李垂恭校《李子近思録》，李朝筆寫本。

教於首陽之下，其年丁丑也。越三年己卯，德教大行，四方風動，學徒雲集，庠舍不能容。我默齋先祖及門已先九年矣，先生述作亦皆誦習。先生既歿，門徒百餘人，默齋獨上萬言疏，洞卞師誣。仁廟改王之初，刊進遺集，闡明師道，惟吾祖爲然。小子竊聞之，周、孔之垂名教，尊祖尊賢，其義一也。故歲在甲戌，重刊《全書》也。小子相其役，遠仿二程之書，近稽宋子之例，擬稱"李子全書"，以致尊尚之義。異議横生，誣獄繼起，遂沮稱"子"之論，並陷尊栗之人。嗚呼！先生道既不行於前，名又不著於後，是天之未相斯文也。是歲己卯，亦吾祖肄業栗門之年也，小子之繼祖業而纂師書，義固當，竊不自揆，依汪氏編《朱子近思》事，彙輯《全書》要語爲十四編，冠之以"李子"之號。余曰：爲人君而有志於典學立政者，舍此書不得。余曰：爲人臣而有志於致君澤民者，舍此書不得。余曰：爲人師而有志於成就天下人材者，舍此書不得。余曰：爲人士而有志於推尋聖賢正脉者，舍此書不得。春三月甲午門人後孫延安李度中序。

《李子近思録義例》云：

一、昔汪星溪佑編輯晦翁遺文，名曰《朱子近思録》，使其子鑑校正。度中竊依星溪事，彙編《栗谷全書》，亦名爲《李子近思録》，使子垂恭校，欲以此爲壽道之一脉云爾。

一、先生立言凡有十書：《聖學輯要》，其文則經史子集之精髓也，其學則孔孟程朱之階梯也，其道則唐虞三代之模範也。宣廟覽之曰"此堯舜事也"。

一、《經筵日記》，明宣之際一部《春秋》也。不惟彰善癉惡，尊王黜霸之義，炳如日星，兼之以修己治人立政興化之法，粲然備具。牛溪曰："可以垂之百世，見斯人之爲青天白日也。"

一、《四書訣釋》及小注批抹，奉教釐正者也。洗滌諸家之謬説，闡明四聖之微義。畸翁曰："極其精詳，可使後學感發也。"

一、《周易傳義》，會通程《傳》朱《義》而一之者，視諸折衷之編，尤得其要也。

一、《東湖問答》，先陳古昔治亂之迹，次言當世矯救之策，如萃扁之對症而投劑也。

一、《擊蒙要訣》，亦一東國之《小學》也。其數不及紫陽之編四分一，而做人之坯璞皆在其中。趙月川曰："可傳於天下萬世，奚獨行於東方而止哉?"其後仁祖命頒賜於諸道鄉校。

一、《小學集注》，牛溪曰："删繁稡要，明白平實，可謂集群言而善折衷者也。"

一、《近思口訣》與《四書口訣》一例也。

一、《化俗方》采西山《政經》，參以己見而爲之，使閭巷小民亦有所興感者也。右十書或有遺佚，或有未刊，其見行者亦過半采入編中。

一、《疏章》四册，爲治之法，十過七八。《書牘》三卷，論理之説，五居三四，當與《朱子大全》一例者也。

一、《詩文雜著》，亦無非載道之器也。録其一二，如丹山之片羽、鄧林之壹枝也。

一、述作外又有《四書諺解》，句讀之間亦多發明經旨者政合，以此進講於經筵，頒行於學宫，此非愚見，乃先儒之論也。

一、《全書》如宫墻之美、百官之富，不得其門而入，未易窺見。《近思録》如九層寶塔，自有梯級，學者亦可以循序而進也。

一、《近思》原編有葉氏之注，今亦略倣，附以紙頭之按説也。

一、我朝四五大賢皆宜有《近思》之編，是則近於寒泉四子之編，故不敢下手留俟後之君子云爾。

一、乾坤之册凡十四編，每編冠之以先生著作，繫之以諸家贊述以實其言，此其新例也。

二、朴泰輔《海東七子近思録》李朝筆寫本

朴泰輔(1654—1689)，字士之，號定齋，李朝潘南人。李朝肅宗三年謁聖武狀元，歷任暗行御史、坡州牧等職。因仁顯王后被廢事，被收治拷問，後流配珍島，因獄毒發，卒於途中。謚號文烈，贈吏曹判事。著有《周書國編》《定齋集》。作爲李朝肅宗時期的學者，他曾與宋時烈、尹鑴等知名學者抨擊被偶像化了的朱熹體系，其觀點反映了那個時期的新潮思想。

朴泰輔初編的《海東七子近思録》，輯録了朝鮮李朝史上七位名儒或朱子

學大家的語録，即金宏弼、鄭汝昌、趙光祖、李彦迪、李滉、李珥、成渾[1]。前四位是朝鮮四賢，李滉、李珥均爲朝鮮朱子學的代表，合稱朝鮮思想界的“雙璧”，成渾爲朝鮮的性理學家。他們七人在朝鮮儒學家中具有舉足輕重的地位，合稱爲“七子”，其意味與中國宋代“五子”庶幾吻合。

《海東七子近思録》並非朴氏一人編集而成，據豐城後學的序文，朴泰輔“不幸早世，遂使先生之未就”。於是，在朴氏未完成的初稿基礎上，豐城後學“遂裒合抄節，粹要删正，由博而造約，越三年書始成”十四卷[2]。此書的編輯，是“循考亭之舊規”，“取士子事行文字，依《近思》門類彙分抄録合成一帙，以爲我東之一經”，因而其體例與《近思録》同，即具有仿編性質。所以説此書是朴泰輔與其弟子先後相繼編撰而成的成果。

現存李朝肅宗三十年筆寫本（書影見圖9-9），是在素紙上抄寫，書體爲行書。每半葉十六行二十字，注文小字雙行同。卷一卷端首行頂格題寫“海東七子近思録卷之一”，次行低一字格題“求端”，第三行低二字格題“道體”，第四行頂格抄寫正文。各卷每條語録單列，語録的編排依次爲寒暄先生、一蠹先生、静庵先生、晦齋先生、退溪先生、栗谷先生、牛溪先生。

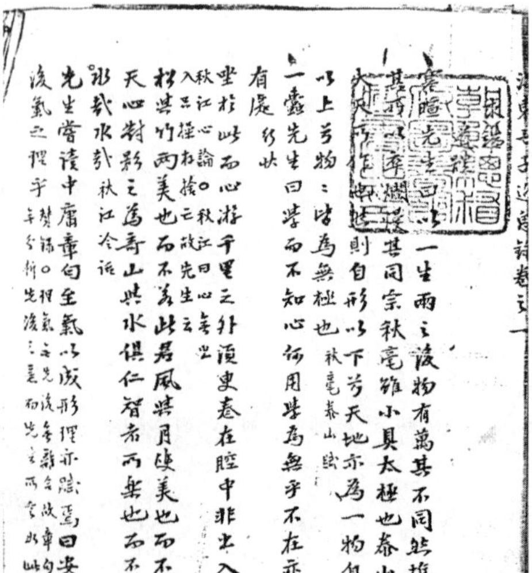

圖9-9　朴泰輔《海東七子近思録》，筆寫本

卷首抄寫豐城後學《海東七子近思録序》、《海東七子近思録引用書目》（即此書取材的11部書名）、《目録》（將十四卷綱目分成六大類編次）。

該書將《近思録》十四卷綱目分

① （朝鮮）李喜朝編《東賢奏議》載録高麗鄭夢周與李朝這七位賢達，這八人皆從祀孔廟。

② （朝鮮）豐城後學《海東七子近思録序》，載於（朝鮮）朴泰輔編《海東七子近思録》，朝鮮李朝肅宗年間筆寫本。

作六類，即“求端”下轄“道體”，“用力”下轄“爲學、致知、存養”，“處己”下轄“克己、齊家、出處”，“治人”下轄“治體、治法、政事、教學、警戒”，“辨異端”“觀聖賢”各自獨立成類。可見《海東七子近思録》在《近思録》十四卷的基礎上又擬出一個較大的宏綱，且在寫本卷端將分類後的大目置於各卷綱目之前。

朴泰輔去世的時間爲李朝肅宗十五年，那麽此書應是在朴氏去世後由其弟子續編而成，我們依據此寫本豐城後學序文題署的時間“甲申”，可知此“甲申”很可能是肅宗十五年之後的肅宗三十年（甲申年，1704），故此筆寫本是李朝肅宗三十年抄寫完成。韓國國立中央圖書館藏本（貴古朝 16—56），2 册。黄色厚褙表紙，土紅絲綴。鈐朱文印“朝鮮總督府圖書館藏書之印”。另外，國立中央圖書館對《海東七子近思録》筆寫本進行了影印複製，現存該圖書館。

豐城後學《海東七子近思録序》曰：

昔我明齋先生命定齋朴文烈公取七子事行文字，依《近思》門類彙分抄録，合成一帙，以爲我東之一經。定齋公不幸早世，遂致先生之未就。余甚恨焉！壬午夏申友羲世過余堊室，語及此事，仍相與之勉曰：“先師遺訓鄭重而未果，豈非吾儕之耻歟？”遂裒合抄節，粹要删正，由博而造約，越三年書始成。嗚呼！以吾謏聞寡識，何敢妄生意見，别立門庭，求多於前人也！祇爲承明翁之遺志，循考亭之舊規，依樣編輯而已，非敢曰有補於斯文，聊自爲牖昏警怠之資焉！甲申九月五日豐城後學謹識。

《海東七子近思録引用書目》：

《寒暄景賢堂集》：先生姓金氏，名宏弼，字大猷，居玄風。戊午被禍。

《一蠹先生文集》：先生姓鄭氏，名汝昌，字伯勖，居玄風。官至縣監，戊午被禍。

《静庵先生文集》：先生姓趙氏，名光祖，字孝直。官至大司憲，己卯被禍。

《晦齋先生文集》：先生姓李氏，名彦迪，字復古，居慶州，官至右贊成。卒於謫所。《九經衍義》。

《退溪先生文集》：先生姓李氏，名滉，字景浩，居禮安。官至左贊成。

《栗谷先生文集》：先生姓李氏，名珥，字叔獻，居海州。官至右贊成。《經筵日記》《擊蒙要訣》《聖學輯要》。

《牛溪先生文集》：先生姓成氏，名渾，字浩源，居坡州。官至右贊成。

按，筆者在此附録海東七子簡介（二李見前後文）：

金宏弼（1454—1504），字大猷，號寒暄堂、蓑翁。游學於金宗植門下，受甲子（1504）士禍的牽連，受極刑而死。謚文敬。是李朝儒學家，被列爲東國十八賢之一。朝鮮李朝《國朝儒先録》將金宏弼、鄭汝昌、趙光祖、李彦迪四人列爲朝鮮四賢。

鄭汝昌（1450—1504），字伯勖，號一蠹、睡翁。廣尚南道人。游學於金宗植門下，受甲子（1504）士禍牽連，被破棺斬屍。是朝鮮時代的文人、儒學家。謚文獻。

趙光祖（1482—1519），字孝直，號静庵。謚號文正。他是金宏弼的門生。出身於官僚家庭，歷任副提學、大司成等官職。是十六世紀李朝的著名思想家及政治家，朝鮮朱子學派的代表者。在己卯（1519）士禍中被李朝中宗賜死，後來在仁宗登位後獲平反。著有《静庵集》。

李彦迪（1491—1553），字復古，號晦齋、紫溪翁。慶尚道慶州人。官至右贊成。謚文元。是李氏朝鮮時代的性理學家，被列爲東國十八賢之一。

成渾（1535—1598），字浩源，號牛溪、默庵。官至右贊成。謚文簡。爲趙光祖再傳門人，李朝中期的文臣和性理學者。

第三節　名曰《近思後録》的仿編本

在中國南宋時期，有無名氏編撰《近思後録》十四卷，在朝鮮李朝又有盧守慎編撰《近思後録》十四卷。盧守慎（1515—1590），字寡悔，號蘇齋、伊齋、暗室、茹峰老人，李朝光州人，官領相。謚文簡。他是與李珥同時期的學者，著有《侍講録》《蘇齋集》等。他發現在朱熹以類編方式編輯《近思録》之後，便有《近思續録》《近思别録》相繼面世，於是他也仿照《近思録》編輯方式與體例，將多年閱讀明儒羅欽順《困知記》的劄記進行彙編，"撮取記言彙屬十四門，擬爲《後録》"[1]。就其所選輯學者語録來説，盧氏所編《近思後録》，是東亞

① （朝鮮）盧守慎《困知記後序》，載於盧守慎《近思後録》，李朝明宗十五年筆寫本。

歷史上第一個專輯明代某位理學家語録而成書的仿編本。

《困知記》是中國明代哲學家羅欽順[①]的重要著作，是仿照宋代張載撰寫《正蒙》的方式而作，書名取自《論語》中“困而知之”一語，意指苦心鑽研所得。全書六卷，是羅欽順哲學思想的總結。此書批判心學、改造理學，對於研究宋明理學演變史具有重要價值。羅欽順説：“平生於性命之理，嘗切究心而未遑卒業，於是謝絶塵絆，静坐山閣，風雨晦冥，不忘所事，乃著《困知記》前後凡六卷，並得附録一大卷，所以繼續垂危之緒，明斥似是之非，蓋無所不用其誠。”[②]他明確表示自己撰寫此書的目的是繼承儒家的傳統，批判各種似是而非的理論。其中主要是批判佛教唯心論和王守仁的良知説，同時批判地改造程朱理學。在理氣、道器、“理一分殊”“格物致知”等問題上，提出了重要的唯物主義思想。在天理與人欲問題上，批判了“存天理，去人欲”的理論，提出了理欲統一的學説，對於明清之際唯物主義思潮的興起發揮了重要作用。此書在明代嘉靖時代已有傳本面世，不久已有傳本流佈朝鮮半島，因而盧守慎纔有機會讀到。

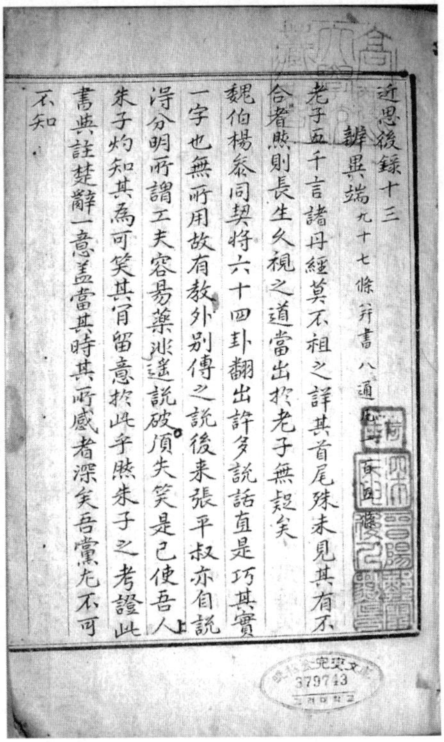
近思後録十三
辨異端 九十七條 并書八通
老子五千言諸丹經莫不祖之詳其首尾殊未見其有不合者然則長生久視之道當出於老子無疑矣
魏伯陽參同契将六十四卦翻出許多説話直是巧其實一字也無所用故有教外别傳之説後来張平叔亦自説得分明所謂工夫容易藥非遥説破須失笑是已使吾人朱子灼知其爲可笑其肯留意於此乎然朱子之考證此書與註楚辭一意盖當其時其所感者深矣吾嘗尤不可不知

圖 9－10　盧守慎《近思後録》，筆寫本

盧守慎所編《近思後録》十四卷，高麗大學校現存有李朝明宗十五年(1560)筆寫本殘本(書影見圖 9－10)，存卷十三至卷十四。此筆寫本是在印有烏絲欄行格的紙上抄寫，書體爲俊逸

① 羅欽順(1465—1547)，字允升，號整庵，明代泰和(今江西省)人。明弘治年間進士，歷任翰林編修、南京國子監司業、吏部右侍郎、左侍郎、吏部尚書等職。著有《困知記》《整庵存稿》《整庵續稿》等。

② (明)羅欽順《羅整庵自志》。

的行楷。每半葉十行二十二字,夾注小字雙行同。四周雙欄,有界行,白口。卷十三卷端葉首行頂格題“近思後録十三”,次行低二字格題卷名及語録條數,第三行頂格抄寫正文。每條語録單列,頂格抄寫。

高麗大學校藏本(C1—A213),1册(封面左上墨筆題“近思後録 坤”,右上題記“辨異端,觀聖賢”,右下題記“共二”),五眼綫裝。由藏本封面的題記可知,此筆寫本原本有2册,其中第1册已散佚。藏本鈐朱文印“荷士”“深庵”“晋陽後人”“鄭寅默印”“高麗大學校藏書”等。偶見墨筆圈點。

在卷十四末抄録有羅欽順《困知記序》:

余才微而質魯,志復凡近。早嘗從事章句,不過爲利禄謀爾。年幾四十始慨然有志於道,雖已晚,然自謂苟能粗見大意,亦庶幾無負此生。而官守拘牽,加之多病,工夫難得專一。間嘗若有所見矣,既旬月或逾時,又疑而未定。如此者蓋二十餘年,其於鑽研體究之功,亦可謂盡心焉耳矣。近年以來乃爲有以自信,所謂自信者何?蓋此理之在心目間,由本而至末,萬象紛紜而不亂;自末而歸本,一真湛寂而無餘。惟其無餘,是以至約,乃知聖經所謂“道心惟微”者,其本體誠如是也。故人心道心之辨明,然後大本可得而立;大本誠立,酬酢固當沛然,是之謂易簡而天下之理得。山林暮景,獨學無朋,雖自信則爾,非有異同之論,何由究極其歸趣乎!每遇病體稍適,有所尋繹,輒書而記之,少或數十言,多或數百言。既無倫序,且乏文采,間有常談俗語,亦不復刊削。蓋非有意於爲文也,積久成帙,置之座間,時一披閲,以求其所未至。同志之士有過我者,則出而講之,不有益於彼,未必無益於我也。雖然,《書》不云乎?“非知之艱,行之惟艱”。三復斯言,愧懼交集。《記》分爲上下兩卷,通百有五十六章,名以“困知”,著其實爾。嘉靖七年歲次戊子十有一月己亥朔日南至泰和羅欽順序。

《困知記續書》:

往年嘗述愚見爲《困知記》兩卷,欲告初學之士……嘉靖辛卯夏六月丙辰整庵書。

《困知記再續識》:

山林日長，别無所事，劄記之續，時復有之，然亦簡矣。……嘉靖癸巳夏五月戊申整庵識。

卷末還抄寫有明代嘉靖癸巳年（1533）黄芳跋文一篇，云："《困知記序》《困知記》四卷，泰和羅整庵先生述其所自得者也。……前南京兵部右侍郎瓊海黄芳撰。"又有明代嘉靖甲午年（1534）陳察跋文一篇，云："《困之記後序》，察向獲見整庵先生是編，粹然一出於正。……嘉靖甲午季秋望日虞山陳察寓虔抑抑堂拜書。"

藏本的最末葉有朝鮮盧守慎跋文云：

守慎晚得《困知記》，見其言正大精微，多發未發，大有功於程朱之門，顧以隨手劄録，前後互見，恨未易融會也！昔朱子答門人，謂《程氏遺書》類編也好，衹恐言仁處或説著義，言性處或説著命，難入類耳，卻終編成《近思録》，後仍復有《續》《别》二録，至今學者賴之。輒敢撮取記言彙屬十四門，擬爲《後録》，獨其間數條不免分截遷就。噫！此朱夫子所以有難意也。噫！此特慎自以便於參究而融會焉已。嘉靖庚申上冬四日後學盧守慎書於沃州之蘇齋。

據卷十四末盧守慎題跋時間"嘉靖庚申"，"庚申"即明嘉靖三十九年，即李朝明宗十五年（1560），此《近思後録》當於此時撰就。然從此筆寫本編排有序、抄寫工整來看，很可能是清稿本。從該筆寫本編纂時間上考察，盧氏要比明末錢士升仿《近思録》編集的《五子近思録》要早，在東亞《近思録》傳播史上當可圈可點。

該藏本爲晚松文庫舊藏，其《漢籍目録》著録説：《近思後録》，"蔡模（宋）編，筆寫"，"跋：嘉靖庚申（1560）上冬四日後學盧守慎書於沃川之蘇齋"[①]。此處著録"蔡模"所編，有誤，因爲筆者實地調研後發現此筆寫本並非南宋蔡模編，而是李朝學者盧守慎編撰。

除上述筆寫本外，盧守慎《近思後録》也有印本存世，如《韓國古書綜合目録》著録云："《近思後録》，印本，2 册。藏國史編。"[②]

---

① 《晚松文庫漢籍目録》，第 192 頁。

② （韓）國會圖書館司書局參考書誌課編輯《韓國古書綜合目録》，第 91 頁。

附説

朱熹、吕祖謙共輯的《近思録》大約於高麗王朝後期東傳朝鮮半島。據《高麗史列傳·安珦傳》及《晦軒先生實記》等可知，高麗忠烈王十六年，安珦到中國手抄朱子書、摹寫朱子像，其中所抄很可能有朱熹特别看重的理學入門要籍《近思録》。朝鮮半島的學者對於儒學以及宋明理學，早期是頂禮膜拜，後逐漸發展融合，到李朝後期便有以中華自居者，於是形成"小中華意識"。我們從中可隱約察其民族主體性意識逐漸蘇醒。

在清朝前期，李朝燕行使洪大容(1731—1783)曾經説過："至於敝邦，專尚儒教，禮樂文物皆效中華，古有'小中華'之號。"[①]那時朝鮮半島的士人多尊周思明，即便在清朝以武力奪取對朝鮮的宗主權之後，李朝在思想文化上仍不願歸附清朝，這從依然沿用明朝年號可窺一斑，其中流露出他們心中欲言又止的"華夏文化在我邦"，"變夷爲夏"是他們多年的願景，這是其一。

其二，從李朝前期的宋時烈到李朝後期的宋秉璿，在他們身上還保留着明朝遺民的情結，以中華自居而排斥異族文化，他們認爲元代大儒"許衡以近世儒者失身胡元，此甚可耻"[②]，如宋秉璿仿照清初汪佑《五子近思録》體例編撰的《近思續録》，不僅對中國元代、清朝的儒家多有否定，而且對與歷史上的中國元代、清朝有交往的本國儒者評價較低，從其《近思續録》卷十四對高麗朝的鄭夢周、安珦等評判不高可窺一斑。我們從他們否定的情緒中可以察覺，朝鮮學者更多地誇讚李朝時期的趙光祖、李滉、李珥等理學家。例如宋秉璿説："栗谷作於前，先生(筆者按，即指宋時烈)繼於後。我國海外道學之傳，豈天之正氣東行，自不得不然耶。朱子之道至栗谷而復明，栗谷之業至先生而益廣。栗谷如天開日明，先生如地負海涵。"[③]

其三，從本章所述李朝李度中、韓夢麟等編撰的仿《近思録》文本看，李度中在仿照汪佑《五子近思録》編輯李珥精要之語爲《李子近思録》時，明確肯定"我朝四五大賢皆宜有《近思》之編，是則近於寒泉四子之編"[④]。他認爲這些

---

① 《太學留館録》，載於李朝朴趾源《熱河日記》，韓國首爾民族文化推進會出版，1984年1版，第619頁。

②③ (朝鮮)宋秉璿《近思續録》，李朝高宗十一年木板本。

④ (朝鮮)李度中《李子近思録義例》。

李朝大儒也應像朱熹編輯北宋四子語録入《近思録》那樣，被編入類似《近思録》的文本，意在向宋代四子、朱子看齊。

吴常熙在爲韓氏《續近思録》作序時，直言不諱表達出對該書的自信，認爲："異日是編儻入中國，而有具眼者則尚可見朱子書大明於左海，而絶徼之外亦有如張伯行者出焉，是不可以無傳也。"[①]很明顯在向世人宣佈，朱子學思想在朝鮮已被李朝學者闡發得很明朗，韓氏此《續》可以與清雍正時期的禮樂名臣張伯行《續近思録》相媲美。

從這些編纂者的心聲與所編仿《近思録》文本可見，以《近思録》爲代表的理學思想在朝鮮半島影響深透，李朝學者在學習轉化的過程中，敢於肯定稱頌本邦名儒，對本邦學者的學術思想頗爲自信。

其四，等到清朝後期，李朝學者對朝鮮本土尊周孔、崇程朱更爲自信，有了明顯的小中華意識，如十九、二十世紀之交的宋秉璿《隨聞雜識》説："中國淪於夷狄久矣。西洋邪教，因此闖肆，漸染彌漫。而惟我東土，保守先王禮義，誦法孔朱緒餘，習化成性。"[②]而且，當日本侵略朝鮮半島時，又激發了朝鮮半島有志之士的本土意識與民族獨立意識，以致出現强烈的欲重建道統、回歸傳統的文化思潮，在此風氣的浸染之下，有一批學者著書立説宣揚他們所肩負的華夏文化，如金平默著《近思録附注》《學統考》，朴世采編《東儒師友録》，宋秉璿撰《東儒淵源録》，張志淵編《朝鮮儒教淵源》等。

隨着李朝學者一系列續編、仿編《近思録》著述的完成，如李瀷《李子粹語》（1753 年，節録李退溪語録），安鼎福、尹東奎《李子粹言》（1754 年，僅僅選輯李滉之語録），李漢膺《續近思録》（采輯中國學者語録），韓夢麟《續近思録》（采輯中國、李朝學者語録），任憲晦《五子粹言》（純粹輯録本國趙、二李、金、宋學者的語録），宋秉璿《近思續録》（輯録五子與任氏《粹言》同），朴泰輔《海東七子近思録》（輯録李朝七位名儒或朱子學大家的語録）等等，朝鮮半島在繼承理學經典《近思録》的基礎上，已逐漸完成了本土化的"近思録文獻"建構，而且這些文獻得以保存並繼續發展，至今依然是韓國社會道德軟實力的重要體現。

---

① （朝鮮）吴熙常《續近思録序》。

② （朝鮮）宋秉璿《淵齋先生文集》，韓國隆熙元年木板本。

第十章　古朝鮮學者關於《近思録》的問答、講義類文本

《近思録》在朝鮮半島傳播之後，李朝學者不時在一起進行研讀問答，或君臣廷對問辨，或多位學者相約進行講論説辨，以致形成具有李朝特色的問答類、講義類、劄記類文本。今在此我們選取這些在中國極少見到的成果進行述考。

第一節　李朝學者《近思録》問答類文本考述

《近思録》繼承的是中國古代語録體文獻編纂手法，對宋代四子語録進行選録並分類編撰。朝鮮半島的學者繼承發展了該語録體文獻編纂方式，以一問一答或一問多答的問答體方式將諸家論説進行編撰，形成的《答某某》或《某某問答》或《某某問目》等篇名的問答類文本。

一、李滉《答某某問目近思録》文本

李滉（1501—1570），初名瑞鴻，字景浩、季浩，號退溪、陶翁、退陶、清凉山人。朝鮮慶北安東府人。謚文純，又稱“文純公”。他心服闕里，尊崇朱熹，以繼承、捍衛、傳授程朱理學爲己任，“一以朱子爲的”，反對陽明學，是李朝前期朱子學的主要代表人物，對朱子思想的發展有很大貢獻，是朝鮮主理論的集大成者，被譽爲“朝鮮的朱子”，是十六世紀中葉之後朝鮮理學的代表。

李滉幼時就失去了父親，由母親養大。12 歲正式學習《論語》，22 歲進入成均館學習。而立之年後，他考中科舉，擔任過户曹佐郎、正言、承文院校理等官職。後辭官還鄉，隱居於陶山書院，根據“退而居於溪邊”之意取號爲“退溪”。他以“理氣互發説”爲思想核心，建立了嶺南學派，之後又設立了“陶山書院”，培育後人並研究學問。著有《朱子書節要》《宋季元明理學通録》等，其

思想主要保存在《退溪全書》。李滉的思想在朝鮮哲學史上具有深刻的影響，而且在壬辰倭亂時傳入日本，也成爲日本近代儒學的主體思想。

李退溪早年遵信《心經》，晚年得力於《朱子大全》，平生也遵信《近思録》，在《退溪集》中，載有黄仲舉、禹景善等向李滉請教内容，主要是就其閲讀《近思録》時的一些疑惑而發問，如《答黄仲舉問目近思録》《答禹景善問目近思録》，因而我們將李滉的答問擬作書名，統稱謂"《答某某問目》"。其影印本見宋熹準《近思録注解叢編》第2册。

(一)《答黄仲舉問目》二十則①

此《問目》是以一問一答的形式編次，其内容是圍繞《近思録》十四卷的若干語録進行探究。如：

(問：)"一卷，八張。'剥之爲卦'云云，剥盡於上，則復生於下矣。注：積三十分而爲一爻，自十月中至十一月中積成復之一爻，則以三十日當三十分否？"

(答：)"此來説得之。"

(問：)"九卷，五張，伊川先生《看詳三學條制》云云。又云'三舍升補之法'云云。三學、三舍，其名何也？如今四學之類否？升補者，自三舍而升用於朝否？"

(答：)"三學，謂國子監、太學、四門學。三舍，謂外舍、内舍、上舍。升補，謂初入外舍，自外舍升補内舍，自内舍升補上舍。"

(二)《答禹景善問目》三則②

(問：)"'生之謂性。'性傳按：朱子分三節，今與葉氏所分不同。"

(答：)"非但與葉氏不同，朱門所分節，見於《語類》者亦有異同。緣此段難看，故所看所分亦不同，當各隨其義而通之耳。"

---

① 黄仲舉，名俊良，號錦溪，平海人。

② 禹景善，名性傳，號秋淵，丹陽人。

二、朴世采《近思録問答》李朝木板本

朴世采是十七世紀朝鮮朱子學者，排斥陽明學。其《近思録問答》其内容包括朴世采《答成子章問近思録》《答沈龍卿問近思録》《答沈明仲問近思録》《答沈士磬問近思録》《答任大年問近思録》《答金士直問近思録》《答蔡伯瑞問近思録》《答權季文問近思録》等九篇，每篇有若干則，皆一問一答。問者針對《近思録》中的某些語段或葉采《近思録集解》注文發問，朴世采所答多結合宋代周、張、二程、朱子、黄勉齋等人，以及李朝學者的論説進行論辯，解疑答惑，或對葉采注文進行質疑，或予以評議，或對金長生《近思録釋疑》所論進行闡釋，或指出其不足，或進行校勘等。如：

《答成子章問近思録》："是已失節。"（朴世采曰：）"其理大體雖如此，若所遭各不同，則其處之之道亦在隨時斟酌之耳。難可以一例硬定作説。朱子論此語，亦見《語類》、程子書中。"

《答沈龍卿問近思録》："'流行對待'。葉注與朱子説不同，亦無妨耶。葉注所謂流行中定分不亂，以春夏秋冬言之可也。對待中妙用相通，指何者而言耶，指木生火、火生土之類而言耶，對待'待'字未詳，豈以此物與彼物相對者是對也？有此物必有彼物，然後方有此物。若相待而生者，是待也耶。"（朴世采曰：）"葉説固有意，畢竟朱子底是。待者，二氣必相待而成造化故云然。若其定分妙用，先以動静、陰陽之説推之，然後及於它義可也。"

《答沈龍卿問近思録》："'定之以中正仁義而主静'，正義是静，中仁是動，以朱子之説觀之無可疑者。竊謂處之也正，謂寂然不動時，行之也中；謂感而遂通時，裁之也義；謂裁度事物也，發之也仁；謂施行之也，皆所以主静，以此爲説，未知如何？"（朴世采曰：）"退溪曰：'圖説以正義爲體（屬陰静），中仁爲用（屬陽動），答南軒、東萊兩書，卻皆以中仁爲體，正義爲用（取義又别），相爲體用而不相妨也。'愚謂此主圖而言，故當如是，若泛論則亦如兩書之意，觀《玉山講義》亦然，此不相妨處也。"

《答沈明仲問近思録》："'蔡節齋曰易有太極'止'可識矣'。節齋此説自故周子以下，恐非是。至於上文所云'變易無體'云者，直釋'易有太極'之意，非論此圖所謂無極太極也。而守夢並非之，可疑。"（朴世采曰：）"以下文觀之'變易無體'云者，亦欲以此爲釋無極之張本，守夢非之，是也。"

《答沈士磬問近思録》:"'思無邪''毋不敬'在存養編,而衹是説道循行而無存養底意思何?"(朴世采曰:)"循而行之,便是存養,恐不可分説。"

《答任大年問近思録》:"顔子《好學論》。注曰'涵養之功,與知行並進'。守夢非此語,竊恐其未然也,何者?朱子嘗曰涵養、致知、力行三者,便是以涵養做頭,致知次之,亦須一時並了,非謂今日涵養,明日致知,又明日力行也。葉語實出於此,則未可遽謂之非也。蓋涵養有並知行言者,有衹與知對言者,不可執一而論也。異時朱夫子又曰伊川言'涵養須用敬,進學在致知',不言克己,蓋敬勝百邪,便自克。若以涵養對克己言,則各别作一件事亦可,守夢似不察乎此也。"(朴世采曰:)"程子涵養進學之説,先行而後知,如《中庸》'尊德性道問學'之類是也。朱子並言涵養、致知、力行者,如《行狀》論先生之學,而以持敬爲致知、力行之主是也。蓋涵養者,平日本源之功,實乃小學中事,衹爲後來無此根基,故朱子以持敬代之,遂成三件工夫。守夢但主程子之説,固未周徧,然葉氏以知所養爲涵養,則尤誤矣,何者?既曰知所養則知已爲重,恐不可以涵養言之也。"

《答任大年問近思録》:"'賢者惟知義而已'末端注:'義因事物之有。'此語近於義外之説,大都此段語皆未穩當。"(朴世采曰:)"葉氏語有病,並上'命定於事物之先'云者。《釋疑》非之,當矣。"

《答金士直問近思録》:"明道語'忠信所以進德'。按,此所謂忠信者,恐是實着心胸,牢着跟脚以進之意,如無自欺不妄語之類是也。恁地看然後便合於進德之義。而葉氏則曰'發乎真心之謂忠,盡乎實理之謂信',若夫發乎真心而無一毫之或僞,盡乎實理而無一事之或私,自非聖人不可及也,似非初學工夫。"(朴世采曰:)"葉氏之釋忠、信,意義欠當,《釋疑》已論之,但不可專以這忠信爲毋自欺不妄語之類。蓋九三爻辭,正當舜玄德升聞之時,程子亦曰'乾卦九三,言聖人之學',可見其本非爲初學而言也,若學者因此以自修則有之矣。"

《答權季文問近思録》:"第四十九段'尚不愧屋漏',《釋疑》欲衹作謹獨工夫看,似偏,恐不如葉注兼'戒懼謹獨'之爲全備也。"(朴世采曰:)"'不欺不慢'屬謹獨,'不愧屋漏'屬戒懼,《釋疑》説恐甚不然。不然,又何以曰敬兼動静也耶!"

答沈士馨問近思録○壬子七月十五日
葉氏以動而生陽止静極復動爲太極流行之妙。相推於無窮。以一動一静止兩儀立焉爲二氣對待之體一定而不易。此説殊未通快。兩儀立焉者固是對待一定底。互爲其根者實是相推無窮底。豈可以相推無窮爲對待一定説了。
葉氏説固與朱子少出入。然亦自有意。蓋欲以見太極之妙無方體無窮盡也。
只爲公則物我兼照。故仁所以能恕所以能愛公恕愛有序。葉註先釋恕愛後公字。文勢倒錯可疑。

圖 10－1　朴世采《近思録問答》，李朝木板本

《答權季文問近思録》："第三十四段'善斯成性'之'性'，似亦當以氣質言，而葉注乃以'本然'釋之，如何?"（朴世采曰：）"'成性'云云，先儒或作氣質説，或作本然説，至栗谷而始定，葉注之失無足怪矣。"

其《近思録問答》木板本，每半葉十行二十字，四周雙欄，有界行。白口，對（三葉或二葉花紋）魚尾。問語低一字格刻印，答語單列，均頂格刻印。刻本在行格漢字右下刻有句讀標識小圓圈"。"（書影見圖 10－1）。

依據朴世采生平，此書每篇答問下所署時間，分别是"辛丑"（1661）、"丙午"（1666）、"壬子"（1672）、"乙卯"（1675）、"丙辰"（1676）、"戊午"（1678）等，可知朴氏此《問答》非一時一地作答，而是其十多年間答問的彙集。該篇收録在《南溪先生文集》卷三十八至四十八，其木板本的影印本見《近思録注解叢編》第 3 册。

三、李世龜《近思録問目》李朝筆寫本

李世龜（1646—1700），字壽翁，號養窩，李朝慶州人。今存有《養窩集》。所著《近思録問目》内容包括甲戌年《答朴泰漢喬伯近思問目》1 篇，丁丑年、戊寅年、己卯年《答李太素挺天近思問目》計 12 篇，《養窩集》卷六彙集了李氏在六年期間答二人問目的 13 篇文字。問者對《近思録》包括葉采注解文字提出疑惑，答者解疑答惑，或結合李朝學者、中國學者的論説進行闡釋，或指出葉氏注解之善或不足。如：

《答李太素近思問目》："問：'今時人看《易》'章，'譬如不識此兀子'云云，何以解釋'兀子'之'子'以'字'通看耶?"（李世龜答曰：）"兀子，退溪以爲杌子，守夢以爲疑是倚卓之類，現《釋疑》，蓋兀子猶言卓子、倚子也。來示'以字通看耶'五字，未能曉其所問也。"

"問:'閑邪則誠自存'章。注'閑邪之意,即是誠'云。'意'字有似捉一個誠將來存着,如何?"(李世龜答曰:)"葉注'閑邪之意即是誠'云者,大失本旨,而亦不見其爲捉一個誠來存着也。"

《答李太素近思問目》:"問:末篇'介甫言律是八分書'云云。八分書與篆法相近故云歟?"(李世龜答曰:)"律是刑統,刑統有古法意八分,故介甫言'是八分書'云云。書法八分,則蔡文姬云:割程邈隸字八分取二分,割李斯篆字二分取八分爲八分書。蓋的乎篆隸之間者也。"

《答李太素近思問目》:"問:'做官奪人志',此訓所當深省也。"(李世龜答曰:)"葉氏所謂學未成而從仕者,所當深省也。此可謂善釋也。程子論科舉亦云'不患妨工,唯患奪志',當兼看也。"

《答李太素近思問目》:"問:'天下之理,終而復始,恒而不窮'止'常道也'。按,所謂'恒而不窮'云者,非謂其'亘萬古常然'云也,蓋言其隨時變易之常理也,故曰'一定則不能恒矣'。葉氏以'亘萬古常然'者釋'恒'字,恐未穩?"(李世龜答曰:)"葉氏所謂'往來屈伸'者,即《恒卦》傳文所謂'隨時變易'之意也。葉氏所謂'亘萬古而常然'者,謂往來屈伸。亘萬古而常常如此,此所以爲恒也,即傳文所謂'隨時變易乃常道'之意也,然則葉氏之言未見其不穩也。"

《答李太素近思問目》:"問:'文要密察'云。夫文者即節文之文,密察非細看意也。密,詳細。察,明辨也。謂其詳細明辨於節文也。葉注曰'文不密察,則見理粗疏',是則以文爲文詞之文,而密察爲細看,未知如何?"(李世龜答曰:)"葉氏所釋'文'字之訓,未見其必指爲文詞。蓋文者或指文章,或指節文,葉注之意亦要不出此也。密察當如來教用《中庸章句》所釋也,葉注所謂'粗疏'是'密察'之反也,'狹滯'亦是'洪放'之反也,亦未見其爲以密察爲細看也。葉注正與來教相符,幸更爲詳察如何。"

《答李太素近思問目》:"問:'治天下不由井地'云云。葉注必引'周道如砥'者,未審如何?"(李世龜答曰:)"葉注'周道如砥',衹是斷章取義,以釋井田周道之均平也。"

《答李太素近思問目》:"問:仲尼元氣,孟子露其材,蓋時然而已云。葉氏曰'孟子英材發越,蓋戰國時世道益衰,異端益熾',故'衛道之嚴,辯論之明,

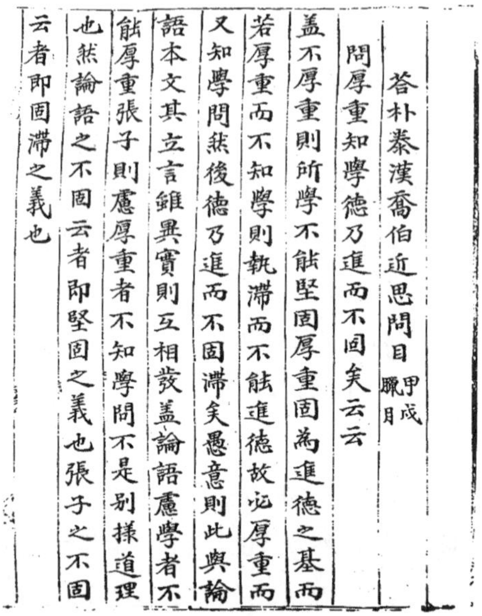

答朴泰漢喬伯近思問目 甲戌臘月
問厚重知學德乃進而不固矣云云
蓋不厚重則所學不能堅固厚重固為進德之基而若厚重而不知學則執滯而不能進德故必厚重而又知學問然後德乃進而不固滯矣愚意則此與論語本文其立言雖異實則互相發蓋論語慮學者不能厚重張子則慮厚重者不知學問不是别揉道理也然論語之不固云者即堅固之義也張子之不固云者即固滯之義也

圖 10－2　李世龜《近思録問目》,筆寫本

不得不然也’。以此釋‘時然而已’者,果爲端的耶?”(李世龜答曰:)“孟子固有英氣而所以露其材者,所遭之時亦然,故程子亦有‘時然’之語,葉注所釋,不可非之也。蓋顔子如愚當孔子之時,故如此;若當孟子之時,亦不得嘿然而已。”

其筆寫本是在印製好欄格的紙上抄寫(書影見圖 10－2),書體俊雅。每半葉十行二十字,上下雙欄,有界行。白口,對(二葉花紋)魚尾。朴泰漢或李太素問語皆低一字格抄録,李世龜答語皆頂格抄寫。

從每篇篇名下的題署時間“甲戌”(1694)、“丁丑”(1697)、“戊寅”(1698)、“己卯”(1699),可知這是李世龜晚年抄寫本。該《問目》收録在《養窩集》卷六,其筆寫本的影印本見《近思録注解叢編》第 3 册。

四、金榦《近思録答問》活字本

金榦(1646—1732),字直卿,號厚齋,謚號文敬。著有《小學劄記》《童蒙學規》《近思録答問》。今存《厚齋集》。

《答申明允》一篇,是申明允就《近思録》三處疑惑發問,金榦作答。如:

(問:)“《西銘》‘天地之帥吾其性’,‘帥’字有主宰之意,不曰‘心’而曰‘性’者,何也?”

(答:)“朱子注‘天地之帥,吾其性。曰乾健坤順,此天地之志,爲氣之帥,而人物之所得以爲性者也’。以此觀之,不言‘心’而言‘性’者可知矣。”

《答申明允》有活字本,每半葉十二行二十字,收録在金榦《厚齋集》卷十,影印本被《近思録注解叢編》第 3 册收録。

五、尹東洙《答李思齊問目》筆寫本

尹東洙(1674—1739),字士達,號敬庵,李朝坡平人。現存有《敬庵遺稿》。其《答李思齊問目》是以問答的體例編次,先問後答。問語是以簡潔的文字概括《近思録》語録及其注文,答語則是進行闡釋,也有將葉采《集解》、金長生《釋疑》、熊剛大《句解》的注文進行比較,判定優劣。如:

"'遷就他説',《性理群書》注'改就他説'云而未詳。"(尹東洙答云:)"當從《群書》注看。言詩不可就一字直解,如'有周不顯',若直解之,則爲周之德卻不顯也。是以文害辭,故必改就他説而解之,然後可以説得去也。"

"'所存治亂之機'。沙溪先生曰:'存乃聖賢以治亂存之於心而戒謹者也。'此説如何?"(尹東洙答云:)"退翁以爲'存'字未詳,以沙溪説看似粗通,亦未了然如何。"

"'將以其所不爲而强施之於天下'。《釋疑》曰'是舍是道而以他術强施之意'云云。"(尹東洙答云:)"《釋疑》所疑然矣,然葉氏以横渠之意將道學政術對折説,下故如是釋之。若如《釋疑》之説則是爲專主道學而言,而欠了政術一款,以葉注看亦似無不可,亦不知其果非本意也。如何學與政皆非云者,以學與政分而爲二之謂,學不干於政,則是如老佛之學,有體而無用,其爲學非矣。政不本於學,則不過如申韓、商鞅之爲耳,其爲政亦非矣云耳。"

現存筆寫本是在印有欄格的紙上抄寫(書影見圖 10－3),每半葉十行二十字,四周雙欄,有界行。卷端首行低二字格題記"答李思齊問目",次行低一字格抄寫正文。問語皆低一字格抄録,答語均頂格抄寫。

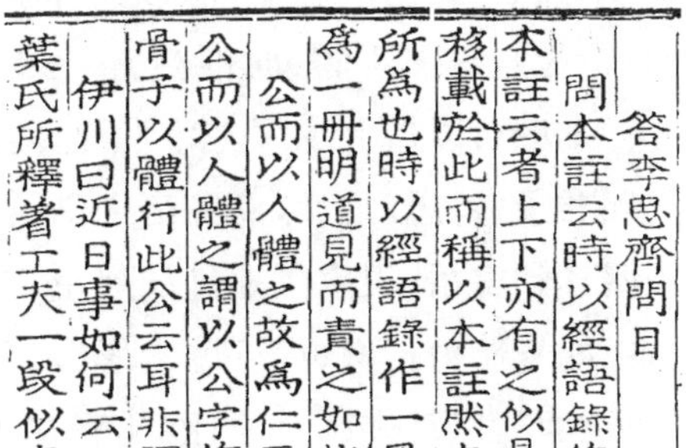
答李思齊問目
問本註云時以經語錄作一冊云云
本註云者上下亦有之似是原說下古有註釋者故
移載於此而稱以本註然未知所謂本註者是誰之
所爲也時以經語錄作一冊云者上蔡時以經語錄
爲一冊明道見而責之如此云云而語實未瑩
公而以人體之故爲仁云云
公而以人體之謂以公字作虛空物而人入公中作
骨子以體行此公云耳非謂人以公作骨子也
伊川曰近日事如何云云
葉氏所釋者工夫一段似未瑩蓋伊川抑上蔡之過

圖 10－3　尹東洙《答李思齊問目》,筆寫本

該《問目》收録在《敬庵集》卷七，其筆寫本的影印本見《近思録注解叢編》第 3 册。

六、鄭重器《對近思録策》李朝木板本

鄭重器（1685—1757），字道翁，號梅山，李朝迎日人。鄭氏在李朝英祖二十三年，即丁卯（1747）會試答卷上撰成《對近思録策》，闡明《近思録》的重要性，突出其在性理學中的位置。

鄭氏參加丁未會試的這篇《對近思録策》，内容由兩大部分組成，先是提"問"，後是"對"策。提問之語是就《近思録》的編纂、語録的選取、綱領設置、價值、閱讀進階，以及葉采《集解》等提出問題。鄭重器對策之論，主要肯定五經、四書之價值，進而突出《近思録》爲入道之津，説明朱熹、吕祖謙商討修改《近思録》的事宜，肯定葉采的注解是"朱子之餘意"顯現。指出讀《近思録》當注意的問題，"不可衹從皮殼上趲來趲去"，肯定朱子編纂《近思録》是爲後學建構了一個明確的"爲學之階級""入道之門户"，隨後簡析各卷内容編次的用意，《程氏易傳》、朱熹《本義》之别，司馬遷、邵雍之言不被采録之緣由。在如何讀《近思録》的問題上，他希望"世之學者不患是書之難曉，而惟患吾理之未明；不憂是書之難體，而惟憂吾心之未正。貫通乎衆物精粗，澄澈乎自家方寸。則庶可以燭照幽隱之旨，而由内達外；體得切要之功，而從卑登高。無負於四君子'近思'之教，而濂洛之學焕然復明於世"[①]。鄭重器在對策中並舉例説明李朝宣祖、肅宗國王是如何重視《近思録》的，而且在策文末他希望當朝君王能身體力行宣導"近思之學"，認爲："聖上誠能法唐堯之'精一'、踵周文之'緝熙'，以爲表率之地，則凡厥在下之士夫，孰不鼓舞興起於是學，而家誦周張、户説伊洛哉？故《大學》之教，必本於人主之躬行心得。愚以爲《近思》之教，亦若是也。"

此《對近思録策》後收録在《梅山集》卷八，其木板本的影印本見《近思録注解叢編》第 4 册。今將問對的論辯文字抄録如下：

---

① （朝鮮）鄭重器《對近思録策》，李朝木板本。其影印本見宋熹準《近思録注解叢編》第 4 册。

問：《近思録》一書，裒集四賢之格言，啓牖萬世之蒙學，其有關於吾道，顧不大歟？留之精舍而共與編輯者誰歟？參以舊聞而纂成《集解》者誰歟？其言廣大宏博而名以“近思”者，何意歟？首載陰陽變化而驟示初學者，何義歟？十四篇先後次第其可歷指，而六百條精義要旨亦可詳言歟？自有全書而有此抄録，既分綱領而不立篇名者何也？異端之斥宜在格致之中，戒謹之道亦係存養之功，而别爲編録者何歟？修治大要，模楷於會傳之綱條；聖賢傳道，沿襲於《鄒書》之末篇，其有詳略之可論歟？濂溪“無極”二字是大《易》所無，而取之者何歟？伊川《易傳》諸説與《本義》不同，而録之者何歟？明道《定性》之書所講論者何説，横渠《訂頑》之篇所發明者何理，而必收入於篇中歟？司馬君實無不可對人言者，康節先生明於先天之學，而何不記其言語歟？或稱以一經，或列於四子，其義可得聞歟？大抵此書體用兼該，本末備具，大而性命之原，小而事物之理，内而修己，外而治人，無不洞貫而畢舉，則信乎六藝之扃鐍，斯文之凖的也。苟使後學沉潛反覆，優柔厭飫，一循科級，上達不已，則雖無明師良友之益，庶幾由是入道，卓然有立。而曲世俗儒，率多尋數於行墨之間，鮮能玩索於義理之奥。買櫝還珠者，滔滔皆是；沿流溯源者，寥寥無聞。此豈朱夫子纂輯之本意耶？今欲使讀是書者，字求其訓，句探其旨，妙悟深契，反躬力踐，以至於由近及遠，博約兩至，使周、程、張、朱之學大明於斯世，其道何由？諸生必有玩是篇而志是學者，其各以平日所得者悉著於篇。

對：皦哉！若執事問也。夫代繩以還，載籍極博，凡厥溢千宇而汗萬牛者，殆不可以更僕數，而若言其根柢於斯文，領要乎吾道者，則於《易》可以明陰陽，於《書》可以道政事，於《詩》可以正性情，於《禮》可以盡節文，敦仁博義在乎《論語》，遏欲存理在乎《孟子》，大規模、詳節目莫如《大學》，盡精微、極高明莫如《中庸》，揭一統、嚴生殺之大權莫如《春秋》，則承綸音，策多士，與之講辨乎道者，宜不出於此等數件書，而必以此《近思録》一書爲問者何耶？噫！聖賢爲學之道，必由近而及遠，自卑而升高，其先後本末之序，自有一定不易之法，而有不可凌節躐等者。故天地間許多事，無非爲學者所當理會處，而其或舍近而趨遠，厭卑而喜高，不就自家身心上根本地着實用力，游意騁思於宏闊曠蕩之域，則幾何墮落空虛，而以免夫游騎出太遠之患耶？今夫《近思録》一書，首言性情之妙，而溯及其大原；次論修省之要，而推至於治人。向裏鞭辟，而全無走作意思；切己研究，而不及閑漫説話，實爲求道者最初下手處。則是書也，其非初學之第一門路耶？是以六經非不博也，而其旨也至簡，必由四子而後六經之旨可得以鉤索也。四子非不明也，而其言也至微，必由是書而後四子之言可得以膏潰也。朱夫子所以辛勤編輯，嘉惠後學者，其功爲如何哉！許魯齋所稱"義理精微"，薛敬軒所謂"入道要的"者，真可謂着實題目矣。世之學者，苟能信如神明，愛如父母，浸潛乎的源，咀嚼乎真腴，則於四子也、六經也，安得不凍解冰釋而怡然浹洽於中哉？愚然後執事設問之意，庶可較然睹矣。雖然，朱夫子答門人書：《近思録》，若看得通透，自當推類旁通。又嘗以程叔子"看文字易心見理"之説，載之於第三篇致知之條。則凡欲讀是書而求是書之要旨者，其不可衹從皮殼上鑽來鑽去，而以取夫説鈴之誚者明矣。此又非後學之所當戒者乎？抑愚因此而竊有感焉。昔我宣祖大王嗣位之初，日與諸臣講論是書，仍命刊佈中外，而是書之教大明於世。亦越我肅考大王，每於講筵亦必以是書爲重，而嘗作《慎獨齋詩》曰："仰瞻扁額俯而思，切近工夫莫若斯。"又於聖上在潛邸之日，嘗以"養性"二字命名小軒，而特以存養之意作詩勉之。其他發明學問之語，孰非是書中涵泳出來，而皆所以爲斯世倡率？則今日之士，宜其仰體我先王遺意，惕然用力於是書，而試觀當世，何其寥寥耶！今執事之問及之。噫！執事其欲承先王之遺意而贊襄我後，以鼓舞一世，如葉平巖之進表於宋理宗者耶？愚請以講究於平昔者，爲執事陳之。

竊謂《近思録》者，周、程、張四君子之書，而於學者最要何者？四君子之道，得聖門不傳之緒，而其學切近而不遠，其言純粹而無雜，皆可以爲學者法程，而微辭散出乎諸書，末學難得其要領，故朱先生采其格言，合爲一書。輯其切己之訓，而於以教詔乎萬世；裒其着實之語，而於以開牖乎群蒙。則《近思録》之有關於吾道者，其不大歟！是以辭以類聚，篇以序分，采録有法而規模之大已著，綱領有要而節目之詳尤盡，關於大體者無不載，切於日用者無不收，體用兼備，本末殫舉，而爲學之階級以之明焉，入道之門户以之闢焉，則後學之欲爲近思者，舍是書奚以哉？雖然，徒讀其書而不明其理，則文字之且不解，況可以玩而味之乎？徒誦其言而不正其心，則句讀之且不曉，況可以體而行之乎？然則讀《近思》之書而求“近思”之學者，要不出“明理正心”四個字而已。

請白之，命駕東歸，來聚墳庵，而講論全書，與聞次輯之意者，其非吕東萊歟？私淑朱門，飽飫遺編，而疏釋微旨，著爲《集解》之書者，其非葉仲圭歟？噫！朱先生平生樂取人言，如《四書集注》之作也。或因門人僚友輩請質而删改者無弄，則寒泉同事之意，蓋亦此類。而第其編次之時，欲入數段説科舉壞人心術處，而伯恭不肯，畢竟慨嘆之言，乃發於《答時子雲書》，則當時取舍之意，蓋可見矣。而至於葉氏之注解，沉潛三紀，始克成編，而本之以朱子舊注，參之以升堂記聞，則其所以發揮闡明者，夫孰非朱子之餘意耶？

四賢遺書，廣大閎博，若江河之無津，則“近思”之名，似乎失實。首篇所載論説頭腦，析陰陽之變化，則驟語初學似乎過高。噫！許多文集雖甚浩大，所采者祇其近思之語，則名篇之意，可見於朱夫子小序。而本原梗概，列之篇端，特使之知其名義有所嚮望，則弁卷之旨，吾聞於吕先生遺説矣。篇列十四，先後之次序有别；條餘六百，義理之精要太多。噫！求端而後可以用力，用力而後可以處己治人，而辨異端、觀聖賢之法，乃爲成德之事，故以是終焉，則先後之序瞭然可觀。而昔人有問於楊龜山曰：“《論語》二十篇，何者爲要切？”龜山曰：“皆要切。”朱子於《江隱君答書》中稱其爲名言，則愚於是書，亦必曰六百二十二條皆要旨也。四家之全書各存，而抄節之功反勞；一書之綱領既别，而諸篇之名不立。噫！群書浩穰，路脉難尋。而如程門之《外書》《語録》，多有記録之誤；横渠之《正蒙》《理窟》，或有過高之失。則抄收而類稡者，所以指南乎迷途矣。編紀已定，序説斯作，而如用力綱中有致知、存養之别，處己篇裏有克己、家道之殊，雖未嘗别立篇名，若《小學》之立教明倫，豈可謂之有綱而無目耶？燭邪之事，正是窮格中工夫，則卞異端一節，宜附於其篇，而反乃别録。戒謹之名，乃是存養時氣象，則論警戒一款，當屬於是卷，而抑又各編。噫！聖遠言堙，邪説並作，雖以宋孝宗之賢君，汪應辰之喆輔，未免駸駸於老、佛，而反以吾儒之學爲常談死法，以至子静之撑看努眼，同父之拾鐵爲銀，俱未免於蒲塞權數之歸，則别立一篇闢之廓如者，乃所以衛斯道也。而《中庸》之言戒謹者，就不睹不聞上説，則是静時存養之工也。是書之編戒謹者，就修己治人上説，則是動時警省之事也。其名雖同，而其實相懸，執事胡以是爲疑耶？無亦故試愚生耶？

修己治人之法，絜裘於會傳，而是書也爲之型範；聖賢道統之傳，絶筆於《鄒書》，而是書也爲之準則。噫！四先生之學，乃孔氏、曾氏之學，則其言之相符，若出一串，固其宜也，而編録之所以取則也。《盡心》末章，同揆於《論語》之《堯曰》，則是書之襲《鄒書》，亦奚異《鄒書》之襲《魯論》耶？"無極"二字，大《易》之所不載，而冠之卷首。《易傳》諸説，《本義》之所不同而采之特夥。噫！以其總腦而謂之太極，以其無形而謂之無極，則無極即太極也，有何矛盾之患？而全言義理者，程《傳》也；兼説象占者，《本義》也。順理則吉，悖理則凶者，乃《易》之時義，則朱子《本義》祗是因程《傳》而推演之耳。倘所謂不同而同者，非耶。皋比一撤，外累有問，而《定性》之書以作；學堂西牖，箴戒有言，而《訂頑》之名乃立。噫！性無内外，隨處皆定，則發而中節，動亦定也，静而無失，静亦定也。講論之旨，大概如此。而朱夫子以是篇爲明道二十三歲作，則其睿質之妙、聞道之早，亦豈多讓於顔子之資地耶？至於《西銘》之言，發明仁體，極言理一分殊之意，恰得《中庸》之理，則擴前聖之未發，與孟子性善養氣之論同功者，誠如程叔子之言矣。

篤學力行，辭必出於誠慤，則涑水之言宜若可收，而無一句見收；駕風鞭霆，學已傳於先天，則樂窩之文宜若可采，而無一篇見采。噫！君實八九分人也，質欠清明，見理未透，如《潛虚圖》之類，未免蹈襲揚雄，而於孟子亞聖地位反有所疑，則其言之未粹，可以驗矣。而堯夫一倍之法，祇是象數中學術耳，如《經世書》之論，不出乎元會運世之數，而其豪資逸氣難免於偏伯手段，則是書之見漏，亦何足怪乎？

體用相涵，理本六籍，則稱之以宋之一經；鄒魯妙訣，契合千載，則贊之以列於四子。噫！出入典謨，羽翼彖象，儼然有正大規範，則殆非文中子續經之類。而明孔、顔之道，闡思、孟之旨，精切簡當，盛水不漏，有非秦漢以下諸子之所可到，則先儒讚美之辭，亦可謂見得親切矣。大抵是書之於爲學也，豈不要且切哉！四賢之言萃於一秩，萬理之妙該於一書，體用兼備而無闕，本末相須而有序，大焉而性命之原頭瞭然分曉，小焉而事物之精粗燦然明著，以至於内而修身之方，外而治人之道，無不條貫而縷析，則先輩所稱六藝之閫奥、四書之階梯者，信乎不我欺也！

朱夫子殫精力，費筆研，喫緊爲後學地者，爲如何哉？後之志學之士，苟能沉潛格言，探索妙旨，沛乎若江河之潤，洽然若膏澤之漸，循科級而不差，達天道而不已，則雖窮鄉晚進、新學小生，無賢師强輔之益，而庶幾哉，由是書而得其門路，玩是書而見其標準，卓然有大煞樹立之力。而今日之曲士拘儒，乃反有大不然者，何也？噫！尋行數墨，世多闒儒之役文；出口入耳，人無湖學之玩義。買櫝還珠之習，一轍相尋；沿流溯源之美，漠然無聞。則朱先生辛苦撰述之意，果安在在？嗚呼！書不能自弊，而弊之者人，則是豈書之罪哉？書之言必有其理，而理固在我之理也；書之文必本於心，而心亦在我之心也。明在我之理，然後可以燭在書之理矣；正在我之心，然後可以覷在書之心矣。然則讀書之法，要在乎明理正心，而讀《近思》之書者，其可以不明理、不正心，而能有得於"近思"之旨乎？必須先著窮格之工，透得夢覺關上，又加誠正之力，過得人鬼路頭。由是而該廣我之知識，由是而涵養我之性情，臨書而字求其訓，開卷而句索其旨，不得乎前則不敢求其後，未通乎此則不敢志乎彼。有如猛將用兵，直是鏖戰一陣，又似酷吏用法，直是推勘到底。則其文字之奥、旨義之妙，始可以躍如而覷得，涣然而通解矣。以之而體之於心，行之於身，夫何有硬戛扞格之患哉？苟或理未至於融貫，心未得乎純正，中無定主，奔在册子，諷詠一餉，出入四寸，則雖使腐唇於《通書》《正蒙》之語，胼手於《遺書》《易傳》之文，亦何能窺覘一斑義理，體行半寸工程，以仿佛於四君子遺訓哉？何以明其然也。四君子之爲學也，輒皆盡力於明理正心之工，故能體得乎六經、四書之旨，而《近思録》所采之語，能與之契合焉。朱夫子之爲學也，又嘗竭精於明善誠心之方，故能灼見乎四君子之言，而編之爲《近思》之録。後朱子而欲讀是書者，不以明理正心爲先，而將何處下手乎？愚願世之學者不患是書之難曉，而惟患吾理之未明；不憂是書之難體，而惟憂吾心之未正。貫通乎衆物精粗，澄澈乎自家方寸。則庶可以燭照幽隱之旨，而由内達外；體得切要之功，而從卑登高。無負於四君子"近思"之教，而濂洛之學焕然復明於世矣。執事者所需，愚恐不外是矣。

篇末矣，請以余意贅之。噫！明理正心雖是爲學者近思之方，而不有在上者倡而導之，則其何以作新一世乎？唐堯有"精一執中"之學，故匡直輔翼之化行焉；周文有"緝熙敬止"之學，故多士思皇之美興焉。玆豈非後世之柯則耶？我聖上誠能法唐堯之"精一"、踵周文之"緝熙"，以爲表率之地，則凡厥在下之士夫，孰不鼓舞興起於是學，而家誦周張、户説伊洛哉？故《大學》之教，必本於人主之躬行心得。愚以爲《近思》之教，亦若是也。未知執事以爲如何？噫！謹對。

七、金元行《近思録問答》李朝筆寫本

金元行(1702—1772)，字伯春，號渼湖、雲樓，謚號文敬。李朝安東人。現存有《渼湖集》。所著《近思録問答》包括《答鮮于悋别紙》《答玄命直》《答沈潮》《答俞憲柱》四篇答問。其中四人的問語不出現，衹有金元行帶有闡釋文義的應答之文。如：

《答玄命直》：

"二十一板'心生道也'云云。

朱子：'心生道也'，'此句是張思叔所記，疑有欠闕處'。又曰：'天地生物之心是仁人之稟賦，接得此天地之心方能有生，故惻隱之心乃是得天之心，以生生物便是天之心。'又曰：'有是心，斯具是形而生。是心乃屬天地，未屬我在。至下面各正性命，則方是我底故。'又曰：'惻隱之心，是人之生道也。'觀此數説，所疑者可以涣然矣。"

現存筆寫本是在素紙上抄寫(書影見圖10－4)，書體較瀟灑，排列較工整。卷端首行頂格題"渼上經義"，次行低一字格題"近思録"，第三行低二字

格題“答解于恪别紙”，第四行頂格抄寫正文。筆者依此卷端，稱其篇名謂《近思録問答》。

該篇收録在《渼湖集》，其筆寫本的影印本見《近思録注解叢編》第 4 册。

八、趙承洙《近思録問答》李朝筆寫本

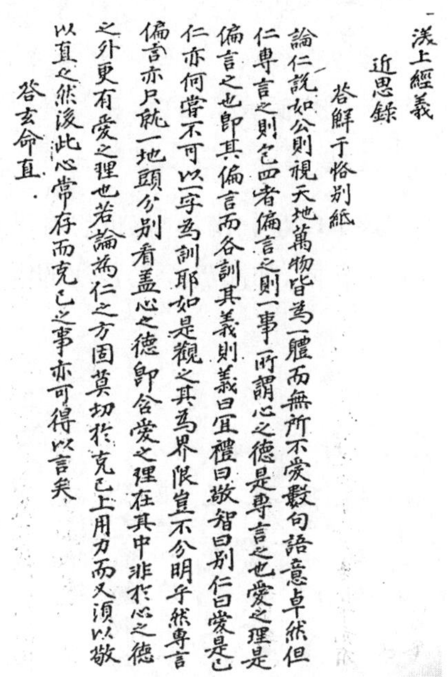
渼上經義
近思録
答鮮于恪別紙
論仁說如公則視天地萬物皆為一體而無所不愛數句語意卓然但仁專言之則包四者偏言之則一事所謂心之德是專言之也愛之理是偏言之也即其偏言而各訓其義則義曰宜禮曰敬智曰別仁曰愛是也仁亦何嘗不可以一字為訓耶如是觀之其為界限豈不分明乎然專言偏言亦只就一地頭分別看蓋心之德即含愛之理在其中非於心之德之外更有愛之理也若論為仁之方固莫切於克己上用力而又須以敬以直之然後此心常存而克己之事亦可得以言矣
答玄命直

圖 10－4　金元行《近思録問答》，筆寫本

趙承洙(1760—1830)的著述現存有《梅隱遺稿》。據其《近思録問答》卷端“近思録問答”下的一段序文曰:“癸亥冬，柳敬夫、南子皜會州東之青龍寺，趙子希帶循叟弟赴約，趙完之追至，諸妙友先後見從者亦數人，遂遞讀《近思録》一通，凡得日八九而訖。夫䞇期驟讀，既不能從容玩蹟多少論説，又皆不越乎文字異同之間，顧無益於心身。然吾輩散處南北，常有離索之恨，今因此合席，交相警益間，亦有始參差而卒爛熳者，俱可喜也。既罷，損翁丈席寄書(承洙)來，謂可録出爲異日自檢地。遂不敢違而起草，旬月之間已多有記不起者，正所謂不思則還塞，長者盡教我矣。其所記要非心得，又恐不能無差於命辭之際云爾。”

依據趙氏生平，序文中的“癸亥”，即李朝純祖三年(1803)。由此可知，是書記録的是這一年冬季柳敬夫、南子皜、趙子希等在青龍寺相會，相互論説《近思録》的文字，後由趙承洙輯録成篇。如:

> 卷之二。題注:“尊德性矣，必道問學。”皜曰:“此義如何看得?”希曰:“尊德性承上卷論道體而言，道問學就此卷論爲學而言。”皜曰:“此卷内有論存心處、有論致知處，故大山説以爲尊德性、道問學皆就此卷而言。”希曰:“既有先輩定論，則豈敢有貳而? 但如是看則似不成文理。凡看人文字，寧可從其文勢而論其病，不可强其無病而牽率其文也。”皜曰:“吾意亦然。”希曰:“統論性道之體，細論爲學之要，亦安得以無德性、問

學之分耶?”皓曰:“此則未必然。”

四勿箴。皓曰:“視言心,聽言性,何也?”希曰:“人固有是非之常性,而因外面言語誘之,失其是非之則,此《聽箴》所以就性言,若視則開眼便接,接應底衹是心。”皓曰:“説得分曉。”

該本内容與南漢皜《近思録葉注記疑》中南漢皜、趙子希之間的問答文字有許多相同,如關於卷二題注的問答即如此。

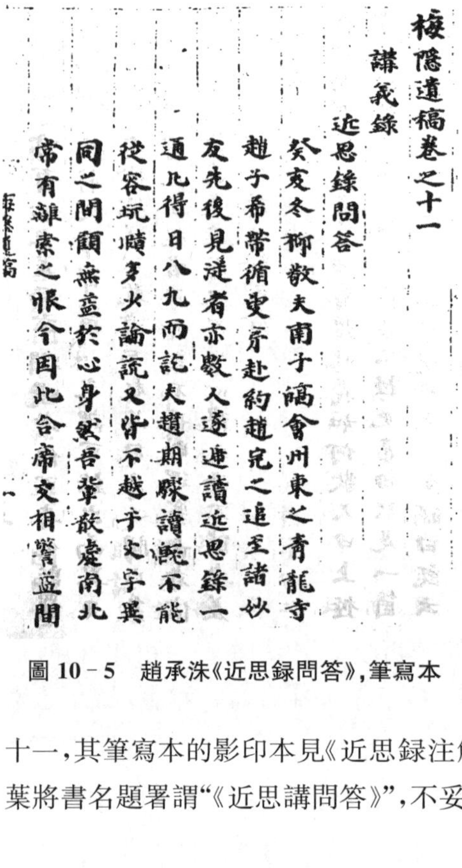
梅隱遺稿卷之十一
講義録
近思録問答
癸亥冬柳敬夫甫于皜會州東之青龍寺
趙子希帶循吏屑赴約趙兄之追至諸妙
友先後見從者亦數人遂連讀近思録一
通凡得日八九而記夫題期暇讀既不能
從容玩賾身火論說又皆不越乎文字異
同之間顧無益於心身然吾輩散處南北
常有離索之恨今因此合席文相警益開

圖 10-5　趙承洙《近思録問答》,筆寫本

現存筆寫本是在印製好行格的紙上書寫(書影見圖 10-5),書體敦實大方,有古風。每半葉十行二十字,四周雙欄,有界行。白口,對(二葉花紋)魚尾。版心魚尾間題記“梅隱遺稿”,下魚尾下端記頁碼。卷端首行頂格題“梅隱遺稿卷之十一”,次行低一字格題“講義録”,第三行低三字格題“近思録問答”,第四行低四字格書寫序文。每卷卷端題署“卷之某”,而不書卷名。該篇的每一則問答,先簡括《近思録》某條語録,越一字格便是趙子希與其他學者的論説文字,體例編排謹嚴。

此《問答》收録在《梅隱遺稿》卷十一,其筆寫本的影印本見《近思録注解叢編》第 5 册,但目録及其卷中書名葉將書名題署謂“《近思講問答》”,不妥,據卷端當謂“《近思録問答》”。

九、蔡鍾植《近思録問辨》李朝木板本

蔡鍾植(1832—1890),字子悔,號一齋。李朝仁川人。現存有《一齋文集》。所著《近思録問辨》是以問答的方式編輯,每一則一般是先設問,接之以“曰”來作答,答語是辨析闡釋相關《近思録》語録,共計 60 則。其内容重在詮

釋“無極而太極”“陽變陰合”等，如：

問：張子曰“息有養，瞬有存”，息如何養？瞬如何存？曰：氣之呼吸爲息，一息之間心不在則便是無養。目之闔闢爲瞬，一瞬之間心不操則便是無存。

問：人有問如何是近思，伊川曰“以類而推”，是果近思之義乎？曰：“以類而推”，非是近思之義。“近思”者，謂切己之思，若思慮泛遠則勞心而無得，非所謂切己也。切己者，如身心人倫之類，如父慈子孝，父如何慈，子如何孝，思其所以慈、所以孝之理而得其所當然之道，則君之於父亦類也，臣之於子亦類也。又推其慈孝之理，知其止仁止敬之所當然如此，推之則理會漸得多，相次如鱗，可以盡天下之理而自然有貫通處矣。

問：《易傳·蠱卦》事親之道以柔巽爲本，而於《家人卦》又以剛嚴爲善，何也？曰：處家之道，當以剛嚴律己，而後家人有所矜式。然至於事親之道，必以柔巽爲本，可也。

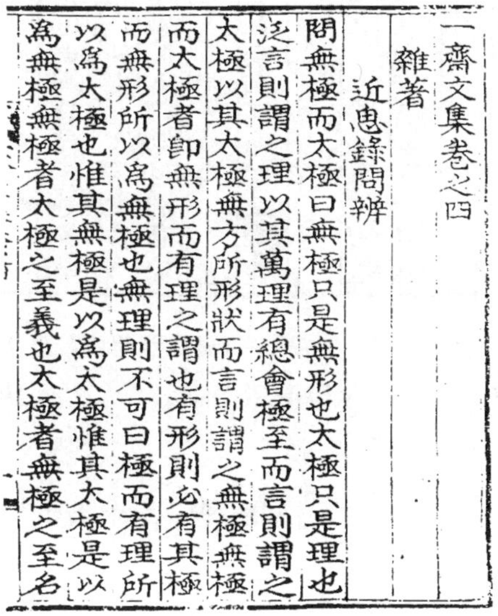
一齋文集卷之四
雜著
近思録問辨
問無極而太極曰無極只是無形也太極只是理也
泛言則謂之理以其萬理有總會極至而言則謂之
太極以其太極無方所形狀而言則謂之無極無極
而太極者卽無形而有理之謂也有形則必有其極
而無形所以爲無極也無理則不可曰極而有理所
以爲太極也惟其無極是以爲太極惟其太極是以
爲無極無極者太極之至義也太極者無極之至名

圖 10－6　蔡鍾植《近思録問辨》，木板本

現存此木板本（書影見圖 10－6），每半葉十行二十字，四周雙欄，有界行。白口，單（二葉花紋）魚尾。版心魚尾下題“一齋文集卷之四”、頁碼。卷端葉首行頂格題“一齋文集卷之四”，次行低一字格題“雜著”，第三行低二字格題“近思録問辨”，第四行頂格刻印正文，每一則單列。

此《問辨》收録在《一齋文集》卷四，其木板本的影印本見《近思録注解叢編》第 8 册。

十、鄭載星《近思録發問》筆寫本

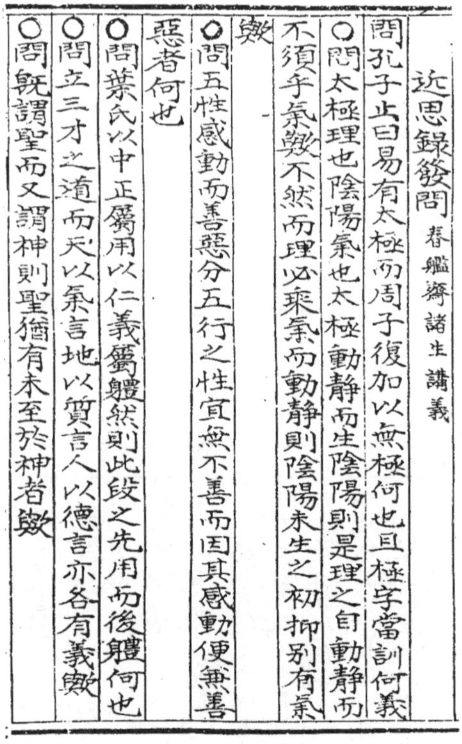
近思録發問 春鑑齋諸生講義
問孔子止曰易有太極而周子復加以無極何也且極字當訓何義
○問太極理也陰陽氣也太極動靜而生陰陽則是理之自動靜而不須乎氣歟不然而理必乘氣而動靜則陰陽未生之初抑別有氣歟
○問五性感動而善惡分五行之性宜無不善而因其感動便無善惡者何也
○問葉氏以中正屬用以仁義屬體然則此段之先用而後體何也
○問立三才之道而天以氣言地以質言人以德言亦各有義歟
○問既謂聖而又謂神則聖猶有未至於神者歟

圖 10－7 鄭載星《近思録發問》,筆寫本

鄭載星(1863—1941),字聚五,號苟齋、東里,晋陽人。其《近思録發問》主要是就《近思録》卷一、卷二的部分語録或葉采注文提出問題,往往在每則前冠以"問"字,而無答語,計 26 則。如:

問:葉氏以中正屬用,以仁義屬體,然則此段之先用而後體,何也?

問:士而希賢者,其不可希聖希天歟?

現存筆寫本是在印製好框欄行格的紙上書寫(書影見圖 10－7),每半葉十行二十六字,上下雙欄。白口,單(黑)魚尾。版心魚尾上方題記"雜著",魚尾下題"苟齋文集卷之八"、頁碼。該《發問》卷端葉首行低二字格題"近思録發問"(下有小字一行,云"春鑑齋諸生講義"),次行頂格書寫正文。除第一則外,其餘各則前畫有"○"。

此《發問》篇收録在《苟齋文集》卷八,其筆寫本的影印本見《近思録注解叢編》第 9 册。

十一、沈鶴焕《近思録問答》李朝活字本

沈鶴焕(1878—1945),字應章,號蕉山,朝鮮青松人。其《近思録問答》對《近思録》中某一話語或者李朝學者的論説,先問後答,每一則内容單列,即采用問答體方式詮釋性理之學。如:

問:"器亦道,道亦器",何道器之無分别也? 曰:此衹就道與器不相

離處説，非以道爲器、以器爲道也。

問："心統性情"，"統"字何義？曰："統"是統同底意。蓋仁義禮智各自爲性，不能相通，而其爲心則一也；惻隱、羞惡、辭讓、是非各自爲情，不能相通，而其爲心則一也。朱門所謂"心"者，性情之統名是也。

問："只輸顔氏得心齋"，"輸"字何義？曰："輸"是輸贏之輸，言元凱之學、相如之文皆見輸於顔氏之心齋也。

問：退陶論"四""七"多説分開，亦延平之意耶？曰：是。大抵延平此説傳之王魯齋，魯齋傳之金仁山，仁山傳之許白雲，朱門之嫡嫡相承至此，而退陶見世之學者樂渾淪而惡分開，故先生多就分開處説。後人不察，衹説分開，不及渾淪，亦恐非朱門相傳之意。蓋分殊而理一，理一而分殊，無往而不然，學者於此不當偏執一隅也。

之善本說天命之流行而却因孟子性善之說以當之尤不可曉孟子只
說性之本體而今歷言流而至海流而未遠出而甚遠皆就發見處言與
孟子本意不同然孟子只說性之本善而不言惡之由氣故程子兼氣言
之以明性本善而其流於惡者亦不可不謂之性此正忘言會意處
間才說性時便已不是性曰人生而靜以上是說天命之性才說性云云
便是生之謂性
問出則不是註釋之以心有散逸心是出入底物耶曰心之主宰是理理
本無形不可以出入論心之作用是氣氣無輪回出者不復入若入之出
入則出者還入入者復出至於心千起百滅不離乎方寸初非逐物有出
入也故纔知其放心便在此先儒所謂心無出入以是也然則出則不是
非出入之出猶俗言脫出之意更換先儒以操舍二字釋出入無時之意

圖 10－8　沈鶴焕《近思録問答》，活字本

現存版本字迹墨色濃淡不一，框欄裂縫明顯，應是活字本（書影見圖 10－8）。每半葉十一行二十八字，四周雙欄，有界行。白口。卷端葉低二字格題"近思録問答"（下有小字注"丁酉在后山門下"），次行頂格印製正文。

據沈鶴焕生卒年，卷端題署的"丁酉"，是李朝光武元年（1897），此《問答》或於此時撰寫，隨後印製。該《問答》活字本的影印本見《近思録注解叢編》第 10 册，收録在"《蕉山集》卷之三"。

第二節　李朝學者《近思録》講義類文本考述

此類文獻是李朝學者在講論《近思録》及其相關著述時的語録彙編，既包括李朝正祖大王與諸位大臣關於《近思録》的廷對，也有由其門人或後學整理諸家講論的成果。

一、尹鳳九《近思録講説》李朝木板本

尹鳳九（1683—1767），字瑞膺，號屏溪、久庵，李朝坡平人，謚號文獻。著有《屏溪集》。其《近思録講説》主要就《近思録》卷一"一故神"條、卷二"《咸》之《象》曰君子以虚受人"條而講論，共計 4 則。如：

> "一故神"下，教專以理言，竊以"一故神兩故化"本是言氣，而其上又言"一物兩體氣也"，言其一物而兩體也。其意恐如以一氣言，則至而伸者神，返而歸者鬼之意。蓋氣謂之一可也，謂之二可也。惟其一也，故周流通遍，無所窒礙，所以感必應，應復爲感，神妙而不測也。此所云云，以氣看恐亦不妨。
>
> （尹鳳九云：）"'一故神'上句曰'一物兩體氣也'，以此言之，'一故神'之'一'字，似專言氣盛説，本是言氣者似然矣。但此'一''兩'二字，以'一'爲一理、'兩'爲二氣看，意通。且本注'兩在'二字，以爲一理各在於二氣云。然後義理誠然，若謂一氣各在於二氣云，則不成説，可疑。《性理大全・正蒙》小注，朱子説'一是一箇道理，卻有兩段（筆者按，《正蒙初義》作"端"），用處不同'云者，亦以'一'看作理，極合商量。"

現存木板本，每半葉十一行二十字。卷端首行低二字格題"金景休近思録講説（乙亥）"，次行刻正文。據尹氏生平，該卷端所題"乙亥"，即李朝英祖三十一年（1755），因而此刻本當在此後不久刊梓。該篇收録在《屏溪集》卷三十八，其木板本的影印本見《近思録注解叢編》第 4 册。

二、楊應秀《近思録道體篇講義》李朝活字本

楊應秀(1700—1767),字季達,號白水,李朝南原人。現存有《白水集》。其所著《近思録道體篇講義》是楊氏針對《近思録》"道體篇"的 16 處文字進行講論,每則以問答的方式進行編次。如:

> 問:"心生道也。有是心,斯具是形以生"。此段文義難曉。
>
> 曰:朱子云"此句是張思叔所記,疑有欠闕處",又曰"天地生物之心是仁人之稟賦,接得此天地之心方能有生,故惻隱之心在人亦爲生道也"。以此等語及本注所引朱子語推之,則程子本義庶可見得矣。

現存《近思録道體篇講義》版本(書影見圖 10-9),其字迹墨色濃淡不一、框欄交接處裂痕明顯,應爲活字本。每半葉十行二十二字,四周單欄,有界行。卷端首行低二字格題"近思録道體篇講義",次行頂格印正文,每則講論單列。

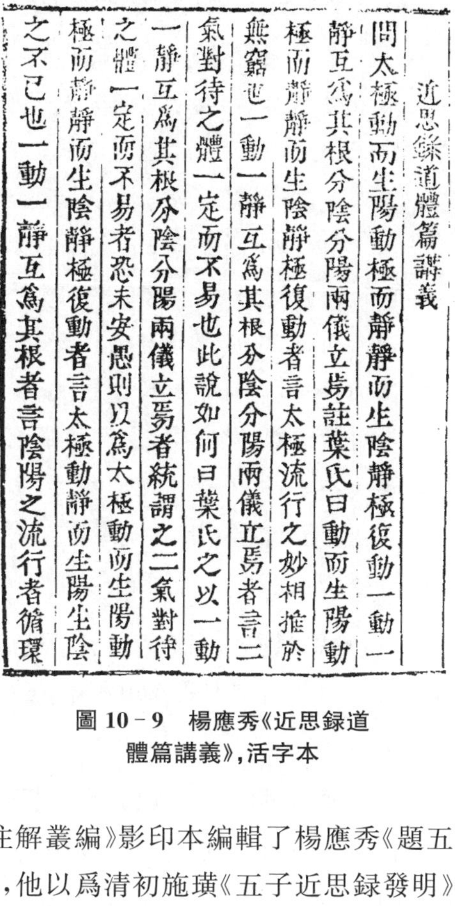
近思錄道體篇講義
問太極動而生陽動極而靜靜而生陰靜極復動一動一靜互爲其根分陰分陽兩儀立焉註葉氏曰動而生陽動極而靜靜而生陰靜極復動者言太極流行之妙相推於無窮也一動一靜互爲其根分陰分陽兩儀立焉者言二氣對待之體一定而不易也此說如何曰葉氏之以一動一靜互爲其根分陰分陽兩儀立焉者統謂之二氣對待之體一定而不易者恐未安愚則以爲太極動而生陽動極而靜靜而生陰靜極復動者言太極動靜而生陽生陰之不已也一動一靜互爲其根者言陰陽之流行者循環

圖 10-9 楊應秀《近思録道體篇講義》,活字本

並且在《道體篇講義》後,《近思録注解叢編》影印本編輯了楊應秀《題五子近思録道體篇後》。據楊氏該文可知,他以爲清初施璜《五子近思録發明》能"傳述朱學",然發現《發明》道體篇中,"羅、高二子之言,則多有違背朱子之訓",認爲施璜考察不嚴,因而楊應秀"略舉數條,敢加評論如左,以爲後世君子取舍之地"。

在此序文後,便是《五子近思録發明道體篇講義》(筆者按,此篇名是我們依據序文及内容而擬),楊氏列舉了"道體篇"中明代羅整庵兩段語録、高景逸

的一段語録來評析，指出其違背朱子學之處，判定他們“名雖爲朱子之學，而實則畔背朱學也。學者不可不知也”。在該部分文字的卷末有楊氏題記：“崇禎後三癸未秋七月甲子南原楊應秀書。”據楊氏生卒年，此“崇禎後三癸未”，即李朝英祖三十九年(1763)，那麽此處兩篇《講義》應是楊氏於此時撰就。

楊應秀《題五子近思録道體篇後》曰：

> 余竊嘗聞明儒多畔朱子、尚陸學，而聖賢道統遂絶不傳，心竊慨然。近日得見所謂《五子近思録》，乃星溪汪氏佑以朱子之書合編於朱子所纂集《近思録》，而名之以此者也。以是觀之，朱子之學不墜於地，猶有尊信而傳述之者，甚可幸也。又有清儒新安施氏璜者能尊信是書，既爲之纂注，又以爲薛敬軒瑄《讀書録》、胡敬齋居仁《居業録》、羅整庵欽順《困知記》、高景逸攀龍《遺書》，皆由《近思》以升入四書、五經之堂室者，先後一揆若合符節，於是彙粹其精要者以附各卷之末。據此亦可見傳述朱學者綿綿不絶，尤爲幸也！第觀“道體篇”所附薛、胡、羅、高四子之言，則惟薛敬軒語最粹，胡説次之，至於羅、高二子之言，則多有違背朱子之訓者，而施氏不察，一並尊信而盡録之，以傳諸後。則竊恐朱子所以發明經傳之旨，因是而默昧，其爲憂深矣。是以應秀之愚，竊不自量，略舉數條，敢加評論如左，以爲後世君子取舍之地云。

此《近思録道體篇講義》《五子近思録發明道體篇講義》兩篇收録在《白水集》卷十二，其活字本的影印本見《近思録注解叢編》第4册。

三、南景羲《近思録講義》李朝木板本

南景羲(1748—1812)，字仲殷，號疾庵，李朝英陽人。其《近思録講義》5則，主要是就《近思録》卷一“道體篇”首條講論自己的理解，其卷端題署“近思録講義”，下有雙行小字注云：“自此至《孟子講義》，公十九歲時所著也。又有《大學問解》《易傳通解》《通書疑義》等書，而逸不傳。”

例如，對於《近思録》卷首輯録“陰陽性命變化”之説，南景羲云：“此《録》名以‘近思’，而首以陰陽變化性命之説，疑若遠矣。然以其理之具於吾心者而言之，則莫近乎此也。‘近思’之義見於《大學》，《大學》之道自國與天下之

遠而次第約之，以至於身心意知，而心之所具者，陰陽性命之理也。知之所當格致者，亦舍陰陽性命不得，則是豈非至近而可思者乎？吾身之四肢百骸皆陰陽鬼神之變也，吾心之四端五常皆天地性命之藴也。學者致思之初所當先者孰有過於此者乎？此雖非朱子《序》中之意，而偶思得如此，故姑記之。"

現存此《講義》木板本，每半葉十行二十字，四周雙欄，有界行。白口，對(黑)魚尾。版心魚尾間題"疾庵集卷七"、頁碼。

此篇收録在《疾庵集》卷七，其木板的影印本見《近思録注解叢編》第4册。

四、柳徽文《近思録講録》李朝活字本

柳徽文(1773—1827)，字公晦，號好古窩，李朝全州人。現存有《好古窩先生文集》。其《近思録講録》以問答的方式編次，闡釋義理。"問"語在前，答"曰"語在後，一問一答爲一則，偶有無"問"字、"曰"字者。如：

> 問："有多少不盡分處"，不盡分與上"各無不足"相應，似是分數之分，《釋疑》作"職分之分"，恐未穩？曰：看得精。
>
> 問："立必俱立"止"成不獨成"，葉氏分屬四德，恐未然。觀《中庸》"成己"屬仁，"成物"屬知，及《論語》"己欲立而立人"可見矣。曰：余意亦然。
>
> 先生問"理在事，義在心"，對曰"恐人有作義外看"，故爲此説否？曰：每看此未甚分明，此説似得之。

從現存版本字迹墨色不一、行格扭斜看，宜爲活字本。每行二十字。因爲該《講録》的影印本是將原本不是一葉的兩部分文字拼合成一頁，故我們在没有見到原始版本前難以準確描述。此篇收録在《好古窩集》卷十三，其活字本的影印本見《近思録注解叢編》第5册。

五、李朝正祖《近思録講義》木板本

李朝正祖國王李祘(1752—1800)，字亨運，號弘齋，在位時間是(1777—1800)。此時正值李朝後期，李朝的政治環境較穩定，實學興起，但是以正祖爲中心的統治階層依然重視性理之學。依據現存《講義》卷首書名下所刻題

識:“辛丑春移設摛文院於都總府,用宋朝幸院故事。親至院,召原任提學李徽之、黄景源、李福源、徐命膺、蔡濟恭,提學金鍾秀、俞彦鎬,原任直提學徐浩修,直提學鄭民始、沈念祖,原任直閣鄭志儉、金憙,直閣徐鼎修,原任待教徐龍輔等講是篇,經筵諸臣亦以聽講與焉。”“辛丑”,即李朝正祖五年(1781),可知此《講義》是正祖在這一年的秋季於摛文院,就《近思録》内容提出若干論題(大約 87 則),李徽之、黄景源、李福源、徐命膺、蔡濟恭、金鍾秀、沈念祖、鄭志儉、金憙、徐龍輔等臣子分别講析,因而《近思録講義》是君臣論説文字的彙集。如:

《近思》一篇掇取四君子之格言而編輯之,搜英羅精,門路焕然。孔子之道,周、程、張、朱繼之,蓋孔夫子集群聖之成,而朱夫子又集諸賢之成。學者欲求孔夫子集成之迹,則求諸周、張、兩程之言,可以造其藴奥。欲求朱夫子集成之功,則觀於是書,又可以探其意義大概。是書求端用力之方、處己治人之要莫不備載,與《大學》次序可作表裏看,此曰“求端”者,似乎《大學》之“格致”也;此曰“用力”者,似乎《大學》之“誠正”也;此曰“處己”者,似乎《大學》之“修身”也;此曰“治人”者,似乎《大學》之“齊治平”也。今欲用工於二帝三王之學,用力於二帝三王之治,則舍是書何以哉! 然世之人視此書如視陳談,不曾致意者,其弊安在?

徽之對:册子規模各異,似不必强而較之矣。人不讀書,士皆瞢經,至以先聖之格言視若笆籬邊物事,初無喫緊下工之意,此所以世無真儒久矣。

爲學之全體大用盡載於“修己治人”四字中,而此外又生小節目者,何也? 必有指意可得詳知歟?

鍾秀對:用力當兼知行矣。

現存木板本,字大疏朗,書體有宋本遺風。每半葉十行二十字,注文小字雙行十八字,四周雙欄,有界行。白口,單(黑)魚尾。版心魚尾上題“弘齋全書”,魚尾下題卷次(如“六十四”)、小題名“講義”、頁碼。卷端葉首行頂格題“弘齋全書卷六十四”,次行低一字格題“經史講義”,第三行低二字格題“近思録”(其下有一段雙行小字注文,見前文所云辛丑年“題識”),此後刻印正文。正祖的話語均單列頂格刻印,諸臣講論皆單列,低一字格刻印。卷末有尾題“弘齋全書卷某某”。

此《講義》收録在《弘齋全書》卷六十四至六十五(書影見圖 10－10),其木板本的影印本見《近思録注解叢編》第5册。

圖 10－10　李朝正祖《近思録講義》,李朝木板本

六、李源祚《近思録講義》李朝木板本

李源祚(1792—1872),字周賢,號凝窩,李朝星山人。謚號定憲。現存《凝窩先生文集》。所著《近思録講義》是對《近思録》若干條語録進行講解,計 37 則。往往是首引《近思録》語録以及朱熹、黄榦、李珥、李滉、金長生等人之言闡明性理,接之進行講析,如:

注:"精粗本末,無彼此也。"《性理群書》注:熊氏曰:"太極爲精,陰陽爲粗,太極爲本,陰陽爲末。"栗谷説:"曰精粗本末,皆氣也,一理通於無精無粗無本末彼此之間也。"愚伏以《群書》注爲是,而栗谷説爲非,曰此一句明是貼太極陰陽字説,以爲理與氣無彼此也,非泛論氣有精粗也。愚意精粗本末秪指上端陰陽動静而言,是氣不能離乎理也。若以精與本爲太極,則是理不離理也,未知如何? 又按,《朱子答劉叔文》曰:"不論氣之精粗莫不有是理焉,不當以氣之精者爲性,性之粗者爲氣。"此言可相證。

"大學之法,以豫爲先"。《釋疑》謂:"大"當作"小"。以下段"人之幼也"觀之,則當爲"小學",而《學記》本文亦以"大學"言,蓋大學之豫即小學也,大小學雖異名,而八歲至十五皆未免幼年豫教之方。

"楊氏爲我疑於仁,墨氏兼愛疑於義",此明道説。而《孟子》"好辯"章集注,程子曰:"楊氏爲我疑於義,墨氏兼愛疑於仁。"兩皆程子語,而二書所録不同,可疑。蓋爲我之疑於義,兼愛之疑於仁,似是正義。《近思録》板本,或"仁""義"字互换,而葉氏因其文而强解,以爲無欲故爲仁,無私故爲義,恐未穩。

於天地只説誠不説敬而程子言之近來李息山謂
天地有敬至作説以明之蓋誠與敬雖異名而不敬
則不誠天地亦是有箇主宰方是變易無窮皆曰天
地亦有敬
不之東不之西如是則只是中不之此不之彼如是
則只是內葉註以中與內分動靜言之蓋內是敬以
直內之內中是不偏不倚之中內與中只是解主一
之義也主一固兼動靜言然不必以內與中分動靜
言未知如何
以心使心語類問此句無病否曰無病其意只要心

圖 10－11　李源祚《近思録講義》，木板本

現存木板本（書影見圖 10－11），每半葉十行二十字，四周雙欄，有界行。白口，對（二葉花紋）魚尾。版心魚尾間題記"凝窩先生文集卷之十一"、頁碼。《講義》卷端低二字格題"近思録講義"，次行頂格刻印正文，每則單列。

此《講義》收録在《凝窩先生文集》卷十一，其木板本的影印本見《近思録注解叢編》第 6 册。

七、李鍾祥《近思録講義》李朝活字本

李鍾祥（1799—1870），字淑汝，號定軒，李朝驪州人。著有《易學蠡酌》《近思録講義》等。其《講義》先出示李朝學者，諸如廷煥、尹仁錫、李圭一、基恒、鄭錫祜、李在齡、李在佾、崔晚善、李能朝、韓冕周、蔣圭源、韓樂天、李在宬、李在懿、李宗禧、任鼎宰、李能良等人的論説和疑惑，即提出問題，然後李鍾祥予以講解，一問一答，條理清晰。李鍾祥講解之語既辨析葉采、熊剛大等人注解之源流，又比較分析李朝學者論説之優劣，似重思想不重文義。如：

"注中'精粗本末'字，我東諸先輩解釋不同，栗谷則專就事物上説，霽山則分屬道器上説，而兩説皆好，但未知朱子本意如何？（鄭錫祜）"（李鍾祥講解云：）"平日看得如霽山説，然此非霽山説，而本熊氏説也。我東諸賢栗谷、沙溪則皆以熊氏説爲非。愚伏玄石則皆與霽山説同，而霽山《答趙豐原書》論此甚詳，取考如何？先輩説有異同處，雖不敢妄爲之説，而此七字乃所以釋陰陽一太極之語，則以爲'本'與'精'屬道、以'末'與'粗'屬器者，似是得朱子本意。"

"'出則不是'四字，葉注以爲'心有散逸，則失其所以爲主'，豈'出'字作'散逸'看否？（李能定）"（李鍾祥講解云：）"葉氏'散逸'之云，依稀似如此。然嘗考《語類》，則以'出'字作'發'字看，而謂'既發則可謂之

和，不可謂之中’云云。葉氏之意若果以‘散逸’字貼説‘出’字，則恐非朱子意。”

“‘在義’字與‘在天’‘在人’之語不協。（任鼎宰）”（李鍾祥講解云：）“‘義’字似是‘物’字之誤。”

現存版本的字迹墨色濃淡不一、框欄交接處斷裂明顯，是爲活字本（書影見圖 10－12）。每半葉十行二十字，四周雙欄，有界行。白口，對（二葉花紋）魚尾。卷端葉首行頂格題“定軒先生文集卷之十三”，次行低一字格題“雜著”，第三行低二字格題“育英齋講義近思録〇丁卯”，第四行爲正文。

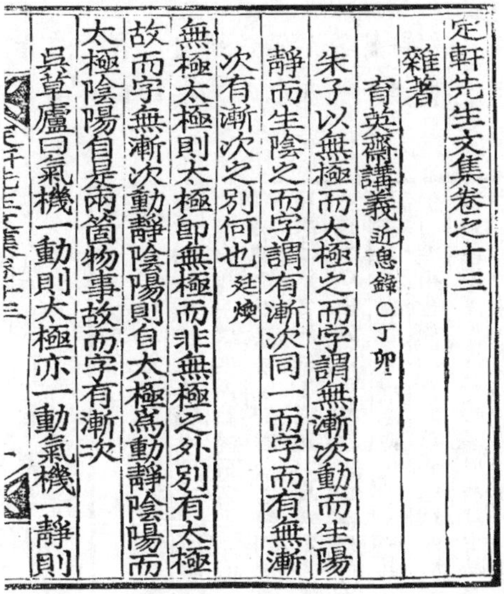
定軒先生文集卷之十三
雜著
育英齋講義近思錄〇丁卯
朱子以無極而太極之而字謂無漸次動而生陽
靜而生陰之而字謂有漸次同一而字而有無漸
次有漸次之別何也 延煥
無極太極則太極卽無極而非無極之外別有太極
故而字無漸次動靜陰陽則自太極爲動靜陰陽而
太極陰陽自是兩箇物事故而字有漸次
吕草廬曰氣機一動則太極亦一動氣機一靜則

圖 10－12　李鍾祥《近思録講義》，活字本

據李氏生平，卷端所題“丁卯”，即李朝高宗四年（1867），因而此活字本原是李鍾祥晚年之作，或於當年印製。此《講義》收録在《定軒先生文集》卷十三，其活字本的影印本見《近思録注解叢編》第 6 册。

八、柳重教《近思録講義發問》李朝活字本

柳重教（1832—1893），字穉程，號省齋，李朝高興人。謚號文簡。現存有《省齋集》。其《近思録講義發問》是就《近思録》卷一、二、三、四的部分語録發問，是劄記其閲讀《近思録》時的理解與疑惑，每一問題單列，共計 21 則。如：

《近思》首章“無極而太極”。孔子祇言“易有太極”，此加“無極”二字，而無極之名則實出異端之書，故後人多致疑者，此將何以辨之？朱子嘗以“無形”釋無極、以“有理”釋太極，則疑之者又以上下一“極”字分作形與理爲不便，謂無極是無形，則太極當作太形，太極是有理，則無極當作無理，此又當如何應之耶？

“定性”章言“性無内外”，所謂内指何而言，外指何而言，無内外又當如何解説？葉注雖有所釋而終覺於上下文語脉有不甚安疊處，豈愚迷之見偶自如此邪？願聞諸賢之論。（以下戊子春）

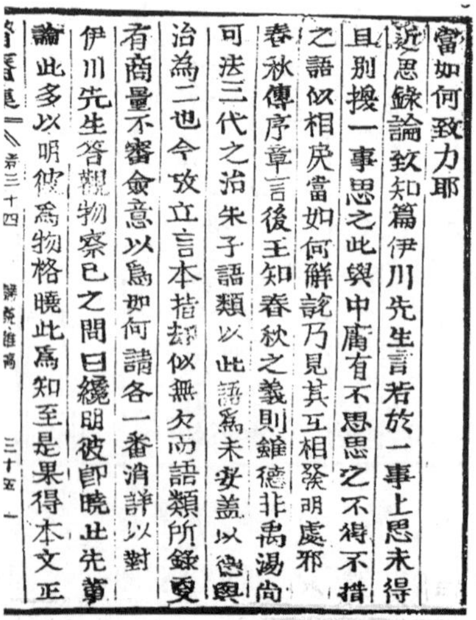
當如何致力耶
近思錄論致知篇伊川先生言若於一事上思未得
且別换一事思之此與中庸有不思思之不得不措
之語似相戾當如何解說乃見其互相發明處邪
春秋傳序章言後王知春秋之義則雖德非禹湯尚
可法三代之治朱子語類以此語爲未安蓋以爲與
治爲二也今攷立言本指恐似無欠而語類所錄更
有商量不審僉意以爲如何請各一番消詳以對
伊川先生答觀物察己之問曰纔明彼卽曉此先輩
論此多以明彼爲物格曉此爲知至是果得本文正
省齋集卷三十四 講說雜稿 三十五

圖 10－13　柳重教《近思録講義發問》，活字本

從現存版本字形大小不一、墨色濃淡不均、框欄交接斷裂看，當是活字本（書影見圖 10－13）。每半葉十行二十字，四周單欄，有界行。白口，綫魚尾。版心魚尾上題記“省齋集”，魚尾下題卷次（如“卷三十四”）、“講説雜稿”、頁碼。卷端葉首行低二字格題“近思録講義發問 丁亥秋”，次行頂格印製正文，每則單列。

據柳氏生平，卷端所題“丁亥秋”、以及文中所署“戊子春”，可知這是柳重教於李朝高宗二十四年（1887）秋至二十五年（1888）春的讀書劄記，該活字本當於此後印製。此《發問》收録在《省齋集》卷三十四，其活字本的影印本見《近思録注解叢編》第 8 册。但是《叢編》第 8 册的目録所云“省齋集卷三十七”，“七”有誤，據版心所題當作“四”。

九、李根元《近思録講義發問》筆寫本

李根元（1840—1918），號錦溪，李朝全州人。所著《近思録講義發問》内容是就《近思録》的部分語録發問，是其閲讀《近思録》時的理解與疑惑，每一問題單列，共計 7 則。

現存有筆寫本，書體清秀，排列工整。每行三十字。卷端葉首行低二字格題“近思録講義發問”，次行書寫每一則内容，均頂格抄寫。

需要説明的是，筆者無緣見到原本，僅見《近思録注解叢編》第 8 册收録的筆寫本影印本，《叢編》説出自“《錦溪集》卷之十七”。而且此影印本是將本不是一葉的文字拼合在一起，已失原版本體態。

需要指出的是，李根元《發問》的 7 則内容與上述柳重教《發問》活字本的前 7 則相同，而柳重教《發問》卻有李氏《發問》没有的 14 則文字，從李根元《發問》是筆寫本這一特性來看，李氏可能抄自柳氏《發問》。

十、金輝轍《近思録講義》李朝活字本

金輝轍（1842—1903），現存有《睡山文集》。所著《近思録講義》以問答體的方式編次，内容是就《近思録》及葉采注文發問，然後作答，即先問後答，計有 7 則。主要是就“無極之説”“陰陽動静”“五性感動”“中正仁義”“乾坤”等問題進行解説，也評葉采注解之失。如：

> 問：《西銘》主仁，故曰《訂頑》，頑則仁之反；《東銘》主智，故曰《砭愚》，愚則智之反也。今改以《西銘》《東銘》，其義隱矣。然張子教人以禮爲先，而此必主仁主智者何？曰：二《銘》雖主仁主智，而義與禮實寓於其中。如曰《西銘》主仁而已，不以義裁之，則墨子兼愛之仁也，豈可哉？且《東銘》所謂“戲言”“戲動”與“過言”“過動”，禮之所病也。然則雖“主仁而義在其中”，雖“主智而禮在其中”耶。

現存版本的字迹墨色濃淡不一、框欄交接處裂痕明顯，似爲活字本（書影見圖 10－14）。每半葉十行二十二字，四周雙欄，有界行。白口，對（黑）魚尾。版心魚尾間題記“睡山文集卷之五”、頁碼。《講義》卷端葉首行低二字格題“近思録講義”，次行印正文，每則單列，頂格印製。

葉註解濟惡曰長惡濟之所以爲長之義何也曰葉註謂之長惡不悛則不悛二字微有濟字義[illegible]之濟水豈有中止之理耶惟其不止故曰濟耳
問西銘主仁故曰訂頑頑則仁之反東銘主智故曰砭愚愚則智之反也今改以西銘東銘其義隱矣然張子敎人以禮爲先而此必主仁主智者何曰二銘雖主仁主智而義與禮實寓於其中如曰西銘主仁而已不以義裁之則墨子兼愛之仁也豈可哉且東銘所謂戲言戲動與過言過動禮之所病也然則雖主仁而義在其中雖主智而禮在其中耶

圖 10－14　金輝轍《近思録講義》，活字本

該《講義》收録在《睡山文集》卷五，其活字本的影印本見《近思録注解叢編》第 9 册。

十一、沈相龍《近思録講説》筆寫本

沈相龍(1855—1913),講説性理,李朝末期學者,著有《近思録講説》。沈相龍《近思録講説》,現存筆寫本,收録在《茳田集》卷二,每行二十四字。《講説》的卷端葉首行題"近思録講説",次行頂格書寫正文。主要闡述了沈相龍對《近思録》主旨的認知,希望諸位講學家"格君心、重世教",講明斯道,發揮《近思録》"體用兼備,本末該舉"之功用,"衛正斥邪、救時之急務"。該筆寫本的影印本見《近思録注解叢編》第 9 册。

沈相龍曰:

《近思録》一書,余嘗謂四子之析裏合於律令格式,成一家之法也,十四編次第,六百條精詳。其求端用力、修己治人之道,體用兼備,本末該舉,性命之原,事物之情,爲學者之最切近也。故文山謂"古之學者難,今之學者易",作聖賢塗轍犂然畢於編中矣。許魯齋稱"義理精微",薛敬軒云"入道要的",則千載之下講明斯道者,舍斯書而何以哉?粵我朝文明之治實賴於此,在昔己卯諸賢專尚《近思録》,而在宣廟初服,命刊表章。明陵御製《慎獨齋詩》曰:"仰瞻扁額俯而思,切近工夫莫若斯。石潭華陽之門傳,授要訣皆主此書。"而逮至英正晠際,尚義理,闡道學,信不越乎朱子纂述垂後之本意,而列聖之崇奬,群賢之繼開,吁已至矣。是書中一言一事何莫非正學,而别附"辨異端"一編者,其意可知已。朱子當夷教佛説亂華塞道之時,特加廓清之功矣。噫!後王後學苟能尊信此意,則豈有如今日所謂邪學之禍乎?自王道降而霸,霸降而夷狄,夷狄降而禽獸,禽獸而至於鬼魅,自有宇宙以來所未有者也。彼廼肆行無嚴,反欲加之於先聖先王之學之上,斯文之大變,世道之憂,視朱子時又如何也?廼者國家選士於太學,月三講《近思録》,其衛正斥邪、救時之急務,可謂得其要矣。雖然朱子答門人書曰"《近思録》看得洞透,則自當推類旁通",又以程叔子學聖人不可祇於名上理會,祇是講論之説,載於第三篇"致知"之條,則得是書之要旨者,顧不在徒講其書而已。既失其旨,復何論邪説之可斥哉?應選之士,苟徇其名,不務其實,奔趨冒進,反爲利害榮辱之所動,則不但如朱子所謂一杯水、一車薪之火,而真所謂"以邪攻邪,束緼灌膏而往赴之,直以身爲燼而後已者",不其殆哉!華夷人獸之分,治亂存亡之機，實係乎此！今日講學者克自惕厲奮迅，非聖賢之道，不惟身不敢爲，亦口不敢言，不惟口不敢言，亦心不敢萌，而不患邪説之不止，惟患吾道之不明，則邪説息矣。此自然之效也。然正士趨又莫先於明聖學也，誠能如葉廷（筆者按，“廷”恐當作“仲”）圭之進於宋理宗者，其在宫庭朝夕之間，時加省察，卽使周、張、程、朱日侍燕閑以明朝家之統紀，以垂多士之規範，而格君心、重世教，此尤當路諸公所先知也。

十二、柳遠重《講説近思録》活字本

柳遠重（1861—1943），字希輿，號愚軒、西岡，李朝晋州人。現存有《西岡集》。其《講説近思録》輯録鏡南、耻堂、西岡、松山、果齋、重軒、柏村、亨度、稽庵、湖山、小石、梅西等衆位講説家對《近思録》相關語録的論説，以問答體的方式編撰，多圍繞一個問題先問後答，約 8 則。如：

鏡南曰：《西銘》一篇皆稱“吾”字，而於初頭特稱“予”字，抑有異義耶？耻堂曰：“予”與“吾”固是一意，而但“予”是的指己身，“吾”是泛稱。初頭特下“予”字，然後其下十個“吾”字，方有歸宿處。西岡曰：説得是。

松山曰：《西銘》一篇皆有韻，而獨“體其受”至“伯奇也”一段韻不恆，何也？西岡曰：恐是葉韻，而嘗考字書未見的據，未可知也。果齋曰：嘗疑此篇本是無韻文字，而後來讀之者强索爲説，不惟此也，《砭愚》一篇亦如是。

重軒曰：此二篇本名《訂頑》《砭愚》，則初不用韻而作者耶？柏村曰：《西銘》恐皆有韻，《東銘》則“明”與“誠”爲韻、“人”與“焉”爲韻，而但《西銘》“參”與“奇”字不見於葉韻，可疑。

小石曰以顔子之亞聖而猶云心麤麤字義可詳言歟柏村曰只未達一間便是麤處與衆人之麤率而不精臟有間果齋曰顔子比衆人固是精細而比孔子則猶爲麤焉所謂微有不善是個麤處然其微不善是就顔子心上言其他自驗見得者鏡南曰果齋説固是而第未知微有不善卽是心麤耶抑心麤故有不善耶愚意心麤故有不善而不善爲心麤之驗處譬如稱金差了一分是微不善言其所差則由於稱得不極精此非心麤耶西岡曰顔子工夫猶未至於化而微有跡跡是心麤處

圖 10－15　柳遠重《講説近思録》，活字本

現存版本字迹墨色濃淡不均，顯爲活字本（書影見圖 10－15）。每半葉十行二十

或二十一字，四周單欄，有界行。白口，對(二葉花紋)魚尾。版心魚尾上方題記“西岡集”，魚尾間題記卷次(如卷之十三)、小題名(如“雜著”)、頁碼。《講說》卷端葉首行低二字格題“深寂庵講說”(下有雙行小字注“《近思録》乙亥”)，次行印正文，每則講說單列，頂格印製。

據柳氏生卒年，卷端所題“乙亥”，即日據時期的1935年，此《講說》當於此後不久印製。該《講說》收録在《西岡集》卷十三，其活字本的影印本見《近思録注解叢編》第9册。

十三、金克永《近思録講義》木板本

金克永(1863—1941)，號梅西。所著《近思録講義》輯録了松山(權載奎)、正淑(權載弘)、致善(李教宇)、景晦(沈相福)、南湖(李圭南)、希重(閔圭鎬)、幾軒(金基鎔)、明善(李教文)、子揚(朴熙廷)、致行(金鎮文)、啓源(金在洙)、益三(權宜鉉)、亨度(宋準夏)、棿(金棿)、上溪(朴來東)、聖七(鄭珪錫)、西岡(柳遠重)、德梧(沈相鳳)、子直(閔□□)、柏村(河思壽)、鏡南(閔致瓊)等人關於《近思録》的提問或論說，隨後是撰者就前文所引進行講評。如：

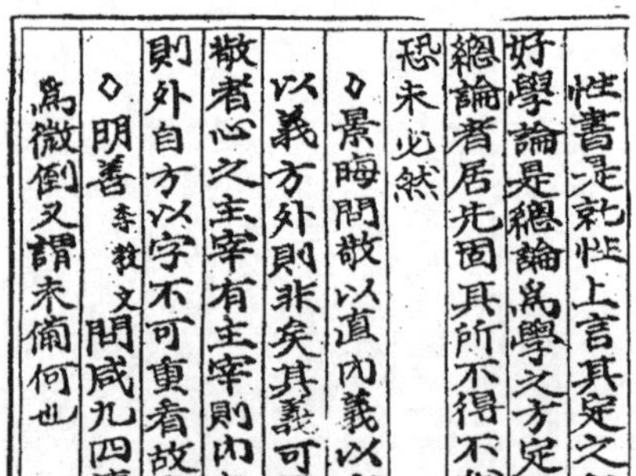
性書是就性上言其定之之工夫編章先後蓋以此歟
好學論是總論爲學之方定性書是指其用工之要而言
總論者居先固其所不得不然也幾君之專主一性字言
恐未必然
○景晦問敬以直内義以方外朱子曰若云以敬直内
以義方外則非矣其義可得聞歟
敬者心之主宰有主宰則内自直義者心之裁制有裁制
則外自方以字不可重看故朱子云然
○明善李教文問咸九四傳若往來憧憧以下朱子以
爲微倒又謂未備何也

圖10－16　金克永《近思録講義》，李朝木板本

“子揚朴熙廷問：‘曾點、漆雕開已見大意’，大意指何而言？”(金克永云：)“人之爲學有内外焉，有本末焉，二子既然一毫外慕而切切於内者本者，豈不可謂見得大意乎？伊川所謂‘知性善以忠信爲本，此先立其大者’語，亦類此。”

“明善問：‘涵養’‘進學’對舉言之，涵養獨非學耶？”“松山曰：言固有統言分言之别，統言則涵養亦學中事，而分言則學是知底意多。”(金克永曰：)“涵養屬静，進學屬動，故分而言之。然二者俱是學也，但進學之道多在致知，以其必先知而後可行故也。”

現存木板本(書影見圖 10－16),字迹漫漶,部分書葉字迹不清晰。每半葉十行二十二字,四周雙欄,有界行。白口。在《講義》的卷端葉首行低二字格題"近思録講義",次行低一字格刻印正文。刻本中諸位學者的問答或論説皆低一字格刻印,金克永講評的文字均頂格刻印,"梘"的按語往往低二字格。

據金氏生平,可知刻本在一些論説文字下所題時間,如"甲戌"(1934)、"乙亥"(1935)、"丙子"(1936)、"丁丑"(1937)、"戊寅"(1938)、"己卯"(1939)等。因而此《講義》是二十世紀三十年代衆學者講論的文字,後被彙集成册。

我們見到的是《近思録注解叢編》第 9 册影印的《講義》木板本,在其卷末有尾題"信古堂遺輯卷之二",因而可以確定此《講義》收録在《信古堂遺輯》卷二,而《叢編》第 9 册目録題署"信古堂集",不確切。

十四、金鎮文《近思録講義》活字本

金鎮文(1881—1957),字致行,號弘庵。存有《弘庵集》。據現存金鎮文《近思録講義》版本卷端葉的小字注文可知,這篇《講義》是"乙亥"年,即日據時期的 1935 年金鎮文在栗谷寺、深寂寺與諸位學者會講論説的文字。有弘庵(金鎮文)、梘等發問,諸學者講論。參加會講者有李教穳(東川)、權載奎(松山)、金克永(梅西)、金在植(修齋)、閔奎鎬(希重)、李教文(止齋)、權宜鉉(能齋)、宋準夏(魯庵)、朴來東(上溪)、權載二(華山)、鄭珪錫(誠齋)、沈相鳳(德梧)等。該《講義》輯録衆家論説文字於此,以現存文本每一部分内容單列開來計數,共有 9 則,具有一定的文獻價值。今摘抄幾則如下:

> 梘問:"中者,天下之大本","出則不是",當如何看?松山曰:如朱子説,則出爲發出之義,不是云者謂發出則是和而不是中也。葉注則以出爲放逸之意,意又别,衹當依朱説看。弘庵曰:觀下文"敬而無失最盡之"語,則其謂"出則不是"者,似當從葉注。蓋以其放出則不是中,故必敬而無失,然後乃得爲中也。
>
> 止齋曰:"涵養"與"進學"對舉言之,涵養獨非學耶?松山曰:言固有統言、分言之别,統言則涵養亦學中事,而分言則學終是知底意多。梅西曰:涵養屬静,進學屬動,故分而言之。然二者俱是學也,但進學之道多在致知,以其先知而後可行故也。西岡曰:涵養非不是學,而涵養底意

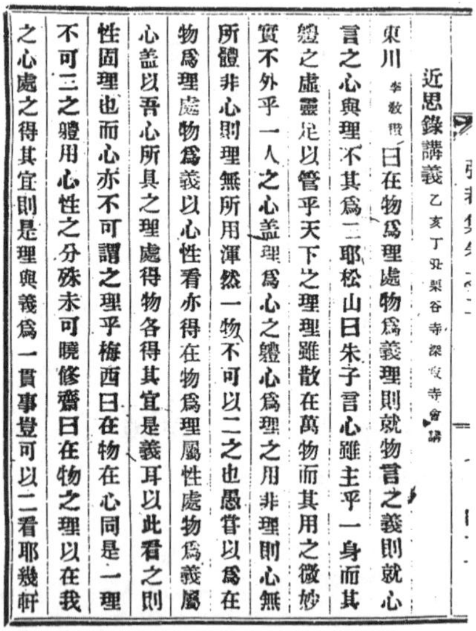

近思錄講義 乙亥丁丑栗谷寺深寂寺會講
東川 李敎徵 曰在物爲理處物爲義理則就物言之義則就心
言之心與理不其爲二耶松山曰朱子言心雖主乎一身而其
體之虛靈足以管乎天下之理理雖散在萬物而其用之微妙
實不外乎一人之心蓋理爲心之體心爲理之用非理則心無
所體非心則理無所用渾然一物不可以二之也愚嘗以爲在
物爲理處物爲義以心性看亦得在物爲理屬性處物爲義屬
心蓋以吾心所具之理處得物各得其宜是義耳以此看之則
性固理也而心亦不可謂之理乎梅西曰在物在心同是一理
不可二之體用心性之分殊未可曉修齋曰在物之理以在我
之心處之得其宜則是理與義爲一貫事豈可以二看耶幾軒

圖 10－17 金鎮文《近思録講義》，活字本

多，進學專言知，松山"統言分言"之説得之，而梅西動静分屬恐不襯貼。弘庵曰："學"字，專言則當兼知行、包涵養在中，對言則於知上較重。華山權載二曰：用敬、致知俱是學也，而此"學"字重在知上。德梧曰：以朱子無事時且存涵養在這裏，到講習應接時便當思量義理之説觀之，則梅西翁分屬動静，恐不可謂不襯切。

現存版本的字形歪斜、墨迹不均、框欄裂縫明顯，知爲活字本（書影見圖 10－17）。每半葉十一行二十四字，四周雙欄，有界行。白口，單（二葉花紋）魚尾。版心魚尾下題記"弘庵集卷之二"、頁碼。卷端葉首行低二字格題"近思録講義"（下有小字注云"乙亥丁丑栗谷寺深寂寺會講"），次行頂格印製正文，每一則單列。

該《講義》收録在《弘庵集》卷二，其活字本的影印本見《近思録注解叢編》第 10 册。

十五、丁大秀《講近思録》活字本

丁大秀（1882—1959），字士中，號陽泉，李朝靈光人。存有《陽泉遺稿》。所著《講近思録》，是對《近思録》（除卷六、卷八、卷十一外）的若干問題先設問再作答，也有注解特色。如：

第七卷，七板。"門人有居太學而欲歸應鄉舉者。問其故，曰：蔡人尠習《戴記》"云云，"蔡人"以下未曉。（甲寅）

欲歸者亦蔡人也，習《戴記》而欲專取利於蔡也。

（第九卷，）八板。"古人有花樹韋家宗會法"，韋家有花樹乎？

韋家於花樹下有宗會也。

現存版本書體筆鋒圓潤，同一字卻形態有異，行格又扭斜，頗似活字本。

每半葉十三行二十八字，四周雙欄，有界行。卷端葉首行頂格題“講近思録（癸丑）”，次行書寫正文。提出問題的文字單列，均低一字格，丁氏回答的文字單列，皆頂格。

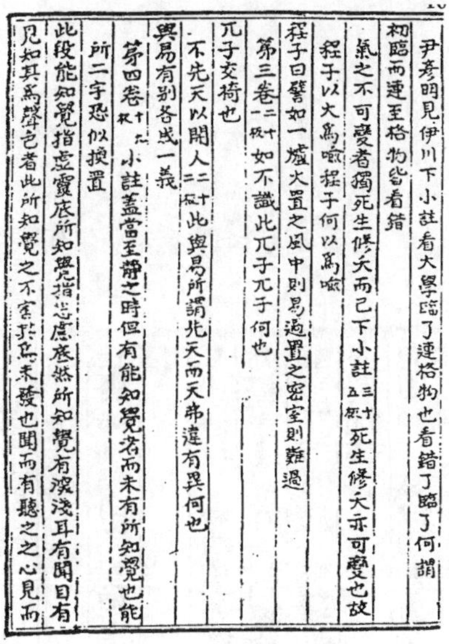
尹彥明見伊川下小註看大學臨了連格物也看錯了臨了何謂
初臨而連至格物皆看錯
氣之不可變者獨死生修夭而已下小註三十五板死生修夭亦可變也故
程子以大爲喩程子何以爲喩
程子曰譬如一爐火置之風中則易過置之密室則難過
第三卷二十一板如不識此兀子兀子何也
兀子交椅也
不先天以開人二十二板此與易所謂先天而天弗違有異何也
與易有別各成一義
第四卷十九板小註蓋當至靜之時但有能知覺者而未有所知覺也能
所二字恐似換置
此段能知覺指虛靈底所知覺指思慮底然所知覺有深淺耳有聞目有
見知其爲聲色者此所知覺之不害於爲未發也聞而有聽之之心見而

圖 10－18　丁大秀《講近思録》，活字本

依據丁大秀生平，該卷端、卷中題署的時間分别爲“癸丑”（1913）、“甲寅”（1914）、“乙卯”（1915），那麽“乙卯追記”的此印本或是日據時期的 1915 年印製。該《講近思録》活字本的影印本（書影見圖 10－18），《近思録注解叢編》第 10 册收録，輯録在“《陽泉遺稿》卷之四”。

十六、沈相鳳《近思録講義》活字本

沈相鳳（1893—1964），字德梧，號春泉堂，青松人。其《近思録講義》輯録李教文（止齋）、權載奎（松山）、金克永（梅西）、柳遠重（西岡）、金在植（修齋）、權載二（華山）、金鎮文（弘庵）、沈相鳳（德梧）、宋準夏（魯庵）、李教宇（果齋）、鄭珪錫（誠齋）等人相互講論的文字，其内容也與同時期金鎮文《近思録講義》輯録的諸家會講存在一致之處。如：

止齋李教文曰：“涵養”與“進學”對舉言之，涵養獨非學耶？

松山權載奎曰：言固有統言、分言之别，統言則涵養亦學中事，而分言則學終是知底意多。程子又曰“博學”以下，“五者廢一，非學也”。博學“學”字是分言，非學“學”字是統言。

梅西金克永曰：涵養屬静，進學屬動，故分而言之。然二者畢竟俱是學也，但進學之道多在致知，以其必先知後可行故也。

西岡柳遠重曰：涵養非不是學，而涵養行底意多，進學專言知，松山“統言分言”之説得之，而梅西動静分屬恐不襯貼。

修齋金在植曰：涵養亦是學中事，而致知於進學尤切，故特言“學”字以别之。

弘庵金鎮文曰："學"字，專言則當兼知行、包涵養在中，對言則於知止較重。

華山權載二曰：用敬、致知俱是學也，而此"學"字重在知上。

德梧沈相鳳曰：以朱子無事時且存涵養在這裏，到講習應接時便當思量義理之説看，則梅西翁分屬動静，恐不可謂不襯切。

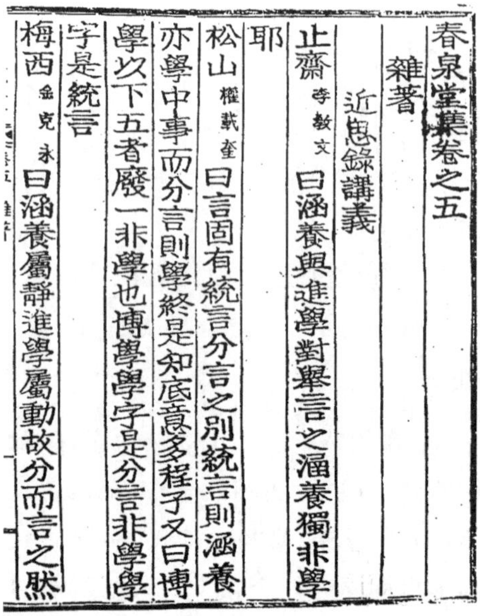
春泉堂集卷之五

雜著

近思錄講義

止齋（李敎文）曰涵養與進學對舉言之涵養獨非學耶

松山（權載奎）曰言固有統言分言之別統言則涵養亦學中事而分言則學終是知底意多程子又曰博學以下五者廢一非學也博學學字是分言非學學字是統言

梅西（金克永）曰涵養屬靜進學屬動故分而言之然

圖 10－19　沈相鳳《近思録講義》，活字本

上述文字與金鎮文《近思録講義》卷末輯録的文字内容大體相同，但是編次有别。沈相鳳《講義》是將每位學者的話語單列，沈氏自己（即德梧）的論説位於各家之後。而金鎮文是將圍繞這一問題論説的諸家語録編爲一段（即一則）。但是沈氏《講義》輯録的文字還有金鎮文《講義》所無者，如上述文中所引："程子又曰'博學'以下，'五者廢一，非學也'。博學'學'字是分言，非學'學'字是統言。"以及"金在植"的論説。另有少量文字與金鎮文《講義》有别。如在沈氏《講義》這一部分之後，猶有德梧問"更讀一經"之下的文字，以及諸學者講論的文字，也是金鎮文《近思録講義》所無者。由此看來，沈相鳳《講義》輯録的講論要比金氏《講義》多且全面，輯録的時間或晚於金鎮文。

現存版本的字迹墨色濃淡不一、行格綫扭斜，故爲活字本（書影見圖 10－19）。每半葉十行二十字，四周雙欄，有界行。白口，單（二葉花紋）魚尾。版心魚尾上方題記"春泉堂集"，魚尾下題"卷五""雜著"、頁碼。卷端葉首行頂格題"春泉堂集卷之五"，次行低一字格題"雜著"，第三行低二字格題"近思録講義"，第四行頂格印製正文，每家論説單列。

該《講義》收録在《春泉堂集》卷五，其活字本的影印本見《近思録注解叢編》第 10 册。

十七、關於李朝《近思録經義》的文本考述

《近思録》在中國南宋學者的眼中，葉采稱之爲“我之一經”（《近思録集解序》），在後世儘管有學者將其與四書、五經並列，卻始終未在理學文獻題名中以“經”字命其名。《近思録》同樣被李朝學者視爲“經”，但與中國古代學者不同的是，李朝學者中有人將講論《近思録》的文本置於“經義”類，稱之謂“近思録經義”，與中國《近思録》文獻題名有明顯差異。今在此舉一二例如下：

（一）趙有善《近思録經義》，活字本

趙有善（1731—1809），字子淳，號蘿山，李朝稷山人。其《近思録經義》主要就《近思録》卷一、卷二、卷五的部分語録進行解義，或結合李朝李退溪之論説進行闡述，共計 5 則。如：

“延蔓之物”。退溪曰：“學者被世習纏繞，若草木被延蔓之物。但上無‘草木’字，又無‘被’字，而其下衹云即上去，文理甚不穩。”竊詳本文之意，蓋謂延蔓之物無所纏繞，可以上去，如匏蔓因其性，則自然循物上去，若於中間纏繞於他物，則不得延蔓。蓋“纏繞”“上去”等語，衹主延蔓之物而言，退溪卻疑無“草木”字，殊不可曉。

現存版本的字形歪倚，字迹墨色濃淡不一，框欄交接處有明顯斷痕，知爲活字本（書影見圖 10－20）。每半葉十行二十字，四周單欄，有界行。白口，單（二葉花紋）魚尾。版心魚尾上方題記“蘿山集”，魚尾下題記卷次（如“卷六”）、篇名小題“經義”、頁碼。依據其版式編次題署，故將此篇“近思録”擬名謂《近思録經義》。

該《經義》收録在《蘿山集》卷六，其活字本的影印本見宋熹準《近思録注解叢編》第 4 册。

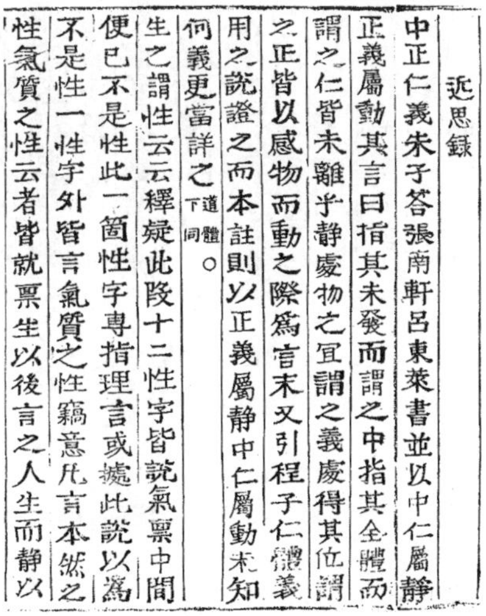
近思録
中正仁義朱子答張南軒呂東萊書並以中仁屬靜正義屬動其言曰指其未發而謂之中指其全體而謂之仁皆未離乎靜處物之宜謂之義處得其位謂之正皆以感物而動之際爲言末又引程子仁體義用之說證之而本註則以正義屬靜中仁屬動未知何義更當詳之（道體下同）。
生之謂性云云釋疑此段十二性字皆說氣禀中間便已不是性此一箇性字專指理言或據此說以爲不是性一性字外皆言氣質之性竊意凡言本然之性氣質之性云者皆就禀生以後言之人生而靜以

圖 10－20　趙有善《近思録經義》，活字本

（二）金相進《近思録經義》，活字本

金相進（1736—1811），字士達，號濯溪，李朝金海人。著有《禮説雜識》《經傳經義》《渼江語録》等，存有《濯溪集》。所著《近思録經義》73 則，是就《近思録》相關論題闡明自己的理解，解義形象，較爲精闢。如：

> 《近思》一篇，頭如《中庸》（論性命），腹如《大學》（論知行修治），尾如《論》《孟》（論聖賢），真是四子階梯也。

> 孔門教人“下學而上達”，孟子合下便説性善，從原頭説下來，《近思》之首言性命，亦孟子之遺意也。

註折膠膠著融寒結故折膠爲始寒之候駱賓王宿
温城望軍營詩虜地寒膠折邊城夜鐸聞註秋氣至
膠可折弓弩可用匈奴常以爲候而入寇
只是分數明孫武子曰凡治衆如治寡分數是也註
分謂褊裨卒伍之分數謂十百千萬之數
過此謂輕於肉刑者
朱子曰古父子異宮宮如今人四合屋雖各一宮然
四面共墻圍見語類
先叔父而後伯父盖其父爲長則同宮有叔父其父
爲次則同宮有伯父主長子之子而言歟

圖 10－21　金相進《近思録經義》，活字本

> 濂溪《太極圖》與康節《先天圖》太極圓直不同，何也？蓋太極無形，不可描也。或不得已描之以一圈，豈太極可圓而不可方之物耶？或不得已描之以一畫，豈太極可直而不可曲之物耶？特以是擬議而已，不可以形求也。

現存版本的字形大小不一、有歪斜，字迹墨色濃淡不一，知爲活字本（書影見圖 10－21）。每半葉十行二十字，四周雙欄，有界行。白口，單（二葉花紋）魚尾。版心魚尾上方題記“濯溪集”，魚尾下題卷次“卷四”、小題名“雜著”、頁碼。

此《經義》收録在《濯溪集》卷四，其活字本的影印本見《近思録注解叢編》第 4 册。

第三節　李朝學者《近思録》劄記類文本考述

李朝學者或讀者在研讀《近思録》及其著述後，將自己的感知、心得或疑惑進行劄録或劄記，所形成的“《近思録》文獻”，我們姑且稱之謂《近思録》劄

録、劄記類文本,今分述如下。

一、朴知誠《近思録劄録》筆寫本

朴知誠(1573—1635),字仁之,號潛治,李朝咸陽人。謚號文穆。今存有《潛治集》。朴知誠《近思録劄録》收録在其《潛治集》卷十。該《劄録》9 條,不抄録《近思録》原文,是對《近思録》的部分語録進行闡發或校勘,主要是對《近思録》首篇第三十五條、三十九條、四十二條,四篇第五十五條,六篇第六條、八條,十一篇第十六條,十四篇第十條、十四條進行劄記。朴氏以"按"語的形式標示自己的理解。其編次是先署名"某篇某某條",然後對其進行闡釋。如:

首篇三十五條。按:"惻隱之心,仁也"者,猶言就下之物水也,是蓋欲因用而推究其體之所在也。若曰"博愛之謂仁",則猶言就下之謂水也,是水字之名義專在於就下也。雖非水,凡物之就下者皆謂之水而可乎?且夫水有流、有不流,故就下者乃其水之一端也。若曰"就下之物水也",則是舉水之一端以明其有水也,其於水之静而不流,亦不害於知爲水也。若曰"就下之謂水也",則於其静而不流,人將以其無就下之狀而謂之非水也,焉能知其水之有流、有不流乎?退之之言其於仁也,亦若此也,人可知禹稷之爲仁,而不知顔子之亦爲仁也!

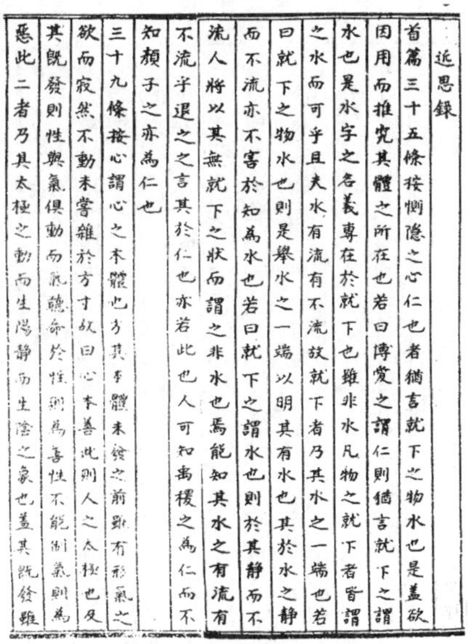
近思録
首篇三十五條按惻隱之心仁也者猶言就下之物水也是蓋欲
因用而推究其體之所在也若曰博愛之謂仁則猶言就下之謂
水也是水字之名義專在於就下也雖非水凡物之就下者皆謂
之水而可乎且夫水有流有不流故就下者乃其水之一端也若
曰就下之物水也則是舉水之一端以明其有水也其於水之静
而不流亦不害於知爲水也若曰就下之謂水也則於其静而不
流人將以其無就下之狀而謂之非水也焉能知其水之有流有
不流乎退之之言其於仁也亦若此也人可知禹稷之爲仁而不
知顔子之亦爲仁也
三十九條按心謂心之本體也方其本體未發之前雖有形氣之
欲而寂然不動未嘗雜於方寸故曰心本善此則人之太極也及
其既發則性與氣俱動而氣聽命於性則爲善性不能制氣則爲
惡此二者乃其太極之動而生陽静而生陰之象也蓋其既發雖

圖 10-22　朴知誠《近思録劄録》,筆寫本

現存版本是在印有框欄行格的紙上抄寫,書體清秀。此筆寫本(書影見圖 10-22)每半葉十二行二十五字,四周雙欄,有界行。白口,單(二葉花紋)魚尾,在版心魚尾上方書寫"劄録",在魚尾下題書名大題及卷次"潛治集卷之十",頁碼。

此筆寫本的"十四篇十條",抄寫有誤,當是"十三卷"第十條。其影印本見《近思録注解叢編》第 3 册。

二、朴長遠《近思録劄録》李朝木板本

朴長遠(1612—1671),字仲久,號久堂先生,李朝高靈人。謚號文孝。其《近思録劄録》是對宋代周敦頤、張載、程顥、程頤語録計 66 則進行闡釋,其編次是先列舉《近思録》某條語録或某一段文字,然後另起一行進行闡釋,其闡釋文字多與南宋葉采注文相同或相近,或輯録轉引葉采注文所引,間附己意。如:

"伊川先生曰:學者固當勉强,然須是知了方行得。若不知,衹是覷卻堯,學他行事。無堯許多聰明睿智,怎生得如他動容周旋中禮?"朴氏云:"學者當以致知爲明,苟明有所不至,徒規規然學堯之行事,其可得乎!"我們將此注釋與葉采注文比較後發現二者相同,如葉采集解云:"學者當以致知爲先,苟明有所不至,徒規規然學堯行事,其可得乎!"

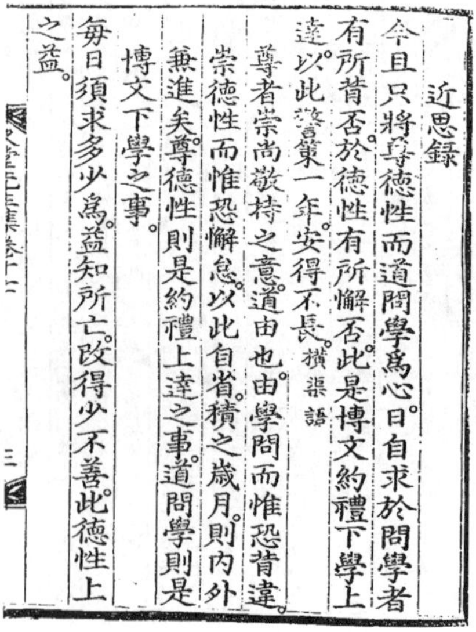
近思録
今且只將尊德性而道問學爲心。日自求於問學者有所背否。於德性有所懈否。此是博文約禮下學上達。以此警策一年安得不長。横渠語
尊者崇尚敬持之意。道由也。由學問而惟恐背違。崇德性而惟恐懈怠。以此自省。積之歲月。則內外兼進矣。尊德性則是約禮上達之事。道問學則是博文下學之事。
每日須求多少爲益。知所亡。改得少不善。此德性上之益。

圖 10－23　朴長遠《近思録劄録》,李朝木板本

"人心作主不定,正如一箇翻車,流轉動摇,無須臾停,所感萬端。若不做一箇主,怎生奈何?張天祺昔嘗言:'自約數年,自上着牀,便不得思量事。'不思量事,須强把他這心來制縛,亦須寄寓在一個形象,皆非自然。君實自謂吾得術矣,衹管念個中字。此又爲中所繫縛,且中亦何形象?"朴氏云:"張天祺欲强絶思慮,然心無安頓處。司馬温公欲寓此心於'中'字,亦未免有所繫着。朱子曰:'譬如人家不自作主,卻請别人來作主。'"此段文字與葉采注文也很相近。

"無極而太極。"朴氏云:"蓋亦言其無體之易而有至極之理,""或以爲周子妄加者,謬也。"

其文字與葉采注文中所引蔡節齋之言很接近。

現存木板本(書影見圖 10－23),每半葉十行二十字,夾注小字雙行同。四周雙欄,有界行。白口,對(二葉花紋)魚尾。版心魚尾間刻記“久堂先生集卷十七”、頁碼。卷首首行低二字格題“近思録”,次行頂格刻印正文。《近思録》的文字均頂格刻印,朴氏的劄録文字另起一行均低一字格刻印。刻本在行格漢字右下刻有句讀標識小圓圈“。”。

該篇收録在《久堂先生集》卷十七,其木板本的影印本見《近思録注解叢編》第 3 册。

三、林泳《近思録讀書劄録》李朝木板本

林泳(1649—1696),字德涵,號滄溪,李朝羅州人。現存有《滄溪先生集》。所著《近思録讀書劄録》,先對葉采《進近思録表》《近思録集解序》、朱熹序文、吕祖謙跋文中的某些語段進行解析,然後是對《近思録》若干條語録進行闡釋,闡釋時先概述“某某章”,接之訓解,不分卷。如:

“誠無爲”章。“誠”者言其本體,“幾”者言其地頭,“德”者言其實得。聖賢之性、復、安、執,皆就德上看,而兼包誠幾,則尤有實而可據。既實有此德,則誠之本體,流行動静,而無不立矣。幾之微細,純善無惡而無不明矣。

“管轄人亦須有法”。“轄”字訓義未詳。法,即分數也,分數固是法。然此云“有法”,如俗語有妙理之云。蓋祇言當有方便也,若分數固不可不明。然立言本旨,似非專指此爲言耳。

注:“不假修爲,立地成佛。”恐

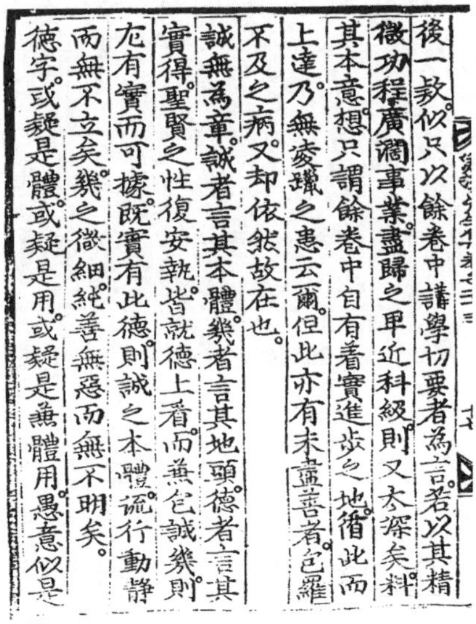
後一款。似只以餘卷中講學切要者爲言。若以其精微功程廣濶事業。盡歸之卑近科級。則又太深矣。料其本意。想只謂餘卷中自有着實進步之地。循此而上達。乃無凌躐之患云爾。但此亦有未盡善者。包羅不及之病。又却依然故在也。
誠無爲章。誠者言其本體。幾者言其地頭。德者言其實得。聖賢之性復安執。皆就德上看。而兼包誠幾。則尤有實而可據。既實有此德。則誠之本體。流行動静而無不立矣。幾之微細。純善無惡而無不明矣。
德字。或疑是體。或疑是用。或疑是兼體用。愚意似是

圖 10－24　林泳《近思録讀書劄録》,木板本

説本文意少差。此是世儒見識，非全是佛法也。

現存木板本(書影見圖 10 - 24)，每半葉十行二十字，四周雙欄，有界行。白口，對(二葉花紋)魚尾。魚尾間題記“滄溪先生集卷之二十三”、頁碼。原版在行格漢字右下刻有句讀符號小圓圈“。”。

該《劄録》收録在《滄溪先生集》卷二十三，其木板本的影印本見《近思録注解叢編》第 3 册。

四、朴光一《近思録劄記》李朝木板本

朴光一(1655—1723)，字士元，號遜齋，李朝順天人。謚號文肅。今存《遜齋先生文集》。其《近思録劄記》分作十四篇，題署卷次謂“第某篇”，無卷名。其内容是朴氏選取《近思録》若干語録，以及葉采《集解》注文、金長生《釋疑》注文，對其進行闡發，或比較中國理學家與朝鮮學者的異同，或指出葉采注文之失誤，或作校勘。其編次，先引述《近思録》某條語録，或某條語録中的某語段，頂格刻印。次引朱熹、《釋疑》、退溪等諸家之説，或引葉采注文，另起一行，均低一字格刻印。然後另起一行，頂格刻印朴光一的按語。如：

“鬼神合其吉凶。”“《釋疑》：栗谷先生曰：‘聖人知事之吉凶，如鬼神之明。’退溪先生曰：‘鬼神之屈伸變化無窮，而吉凶之應相尋於人事。聖人潛見飛躍，進退消息，與時偕行，而不失其正，是爲合其吉凶。若以知吉凶言之，與合字意不相應。’”(朴光一：)“謹按，退翁此説與南軒所謂‘鬼神之所以吉凶者’同。”

“伊川先生曰：心生道也。”“注：‘心者，人之生理。’○《釋疑》：守夢曰：‘心者，天地之心也。’”(朴光一：)“謹按，二説皆有異於朱子之説也。朱子曰：‘心生道，謂天地以生物爲心，而人得之以爲心者。’又曰：‘心生道也，全然做天底也不得，蓋理衹是一箇混然底，人與天地混合無間。’據此則‘心生道’一句，恐是合人與天地而言之矣。葉氏之偏言人，守夢之專言天地，其果合於朱子之説乎？”

“横渠先生曰：窮神知化，乃養盛自至。”“注：‘化者，著萬物而有迹。’○《釋疑》：守夢曰：‘化固有迹，然語意似陡，如曰變萬物而有漸則如

何?'"(朴光一:)"謹按,《西銘》'知化則善述其事'注:朱子曰'化底是氣,有迹可見'。葉氏之説蓋本於此。"

"横渠先生曰:詩人之志至平易,不必爲艱險求之。今以艱險求《詩》,則已喪其本心。""注:'今以艱險之心求《詩》,則已失吾心之自然矣'。"(朴光一:)"謹按,葉氏之説恐非横渠之意也。横渠之意,蓋曰詩人之志,本自平易,不必以《詩》作艱險求之。若以艱險様求《詩》,則吾心便是艱險,而已喪其本心云爾,恐非直以吾艱險之心求《詩》之謂也。下文'以崎嶇求之,先失其心以狹隘'注,亦如此矣。"

"伊川先生曰:如灑掃應對與盡性知命,亦是一統底事,無有本末,無有精粗。""注:'天下無理外之事,亦無事外之理。即其末而本已存,即其粗而精實具。'"(朴光一:)"謹按,盡性知命,灑掃應對,皆其然之事也。自盡性知命處觀之則本也精也,自其灑掃應對處觀之則末也粗也。然灑掃應對,亦有所以然之理,自其所以然之理而言之,則自無本末精粗之間,而盡性知命灑掃應對,自是一統底事也。然則所謂本末精粗,非以理爲本爲精,以事爲末爲粗也。本末精粗,皆以事言之,而其無有本末,無有精粗,'無有'字方是説理矣。若如葉氏之説,則以理爲本爲精,以事爲末爲粗矣,此與饒雙峰'以理之所以然爲本,以灑掃應對爲末',同一病根也。"

第十二篇篇題"常當存警省"。(朴光一:)"謹按,'常'字當在'當'字之下。"

"接物辨而不間。""注:'是非雖明,而亦不絶之。'〇《釋疑》:守夢曰:雖辨其是非,而物我無間,注説恐非。"(朴光一:)"謹按,葉注'不絶'云者,守夢之非之,誠是。而守夢所謂'物我無間'者,恐亦未安。以愚管見則《行狀》中先言其教人循循有序,次言其接物辨而無間,感而能通。其下即又結之曰'教人而人易從,怒人而人不怨'云云。蓋其教人也,自致知至於知止,自誠意至於平天下,自灑掃應對至於窮理盡性,而循循有序焉,所以教人而人易從矣。其接物也,辨别是非,曉然開示,而未有毫髮間隔不分明也,故雖其非者,自知其非焉。一有感觸於心而能通其故如神也,故雖其愚頑者,亦服其神焉,所以怒人而人不怨矣(《繫辭》曰:'感而遂通,天下之故。'今此'感而能通'四字,蓋出於此矣)。然則所謂'不聞'云者,恐

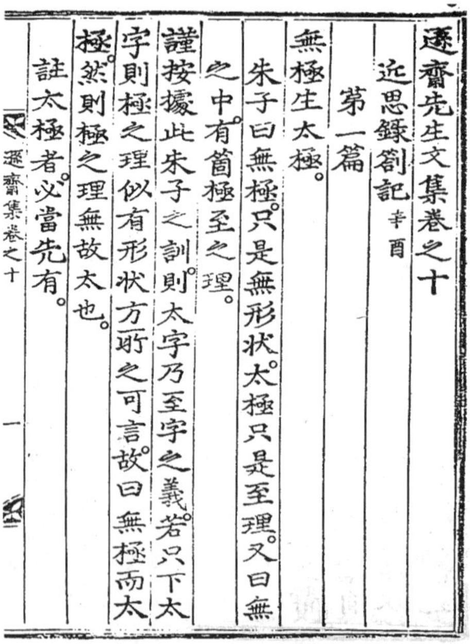
遜齋先生文集卷之十
近思録劄記 辛酉
第一篇
無極生太極。
朱子曰無極。只是無形狀。太極只是至理。又曰無
之中有箇極至之理。
謹按據此朱子之訓。則太字乃至字之義。若只下太
字則極之理似有形狀方所之可言。故曰無極而太
極。然則極之理無故太也。
註太極者。必當先有。
遜齋集卷之十　一

圖 10－25　朴光一《近思録劄記》，木板本

非物我無間之意也。”

據卷十四末朴光一跋文可知，他在肯定葉采《近思録集解》功績的同時，也指出葉氏注文偶有不能體現《近思録》語録本旨的地方，説其“未穩”“誤”；還肯定了李朝鄭守夢、金長生《釋疑》的價值，既肯定他們校正了葉采注文，又認爲他們的釋文也存可疑之處。朴氏將自己閱讀《近思録集解》《近思録釋疑》時的疑惑進行劄記，即隨讀隨記自己的認識與理解，希望自己的注解能做到義理分曉。

《劄記》現存木板本（書影見圖10－25），每半葉十行二十字，四周雙欄，有界行。白口，對(三葉花紋)魚尾。版心魚尾間題記“遜齋集卷之十”、頁碼。卷一卷端首行題“遜齋先生文集卷之十”，次行低一字格題“近思録劄記(辛酉)”，第三行低二字格題“第一篇”，第四行頂格刻正文。原版在行格漢字右下刻有句讀符號小圓圈“。”。

據朴氏生卒年，此本卷端篇名下所題“辛酉”，是李朝肅宗七年(1681)朴氏記，刻本當於此後不久刊行。該《劄記》收録在《遜齋先生文集》卷十，其木板本的影印本見《近思録注解叢編》第3册。

卷十四末的朴光一跋文云：

《近思録集解》葉平巖所撰也，所引諸説，乃朱子本注及升堂記聞及諸儒辨論之説，而逐條編入，有所發明，則平巖之功誠大矣，然其所引者，或未能精密，而且其所自爲説者，則失其本旨者頗有之矣。昔我沙溪金先生於此書，潛心力究而深味之，於其疑晦處，引諸儒諸説而明之，間附以己見，録作一册，以要刊正於鄭守夢矣。其後守夢公仍成《釋疑》四册，復正平巖之謬誤者，然後寒泉當日所纂集諸説之旨，蓋復明焉。一之愚亦嘗賴此而粗見其梗概，雖然平巖注説猶或有未安者，而守夢公所編者，亦多有不能無疑處，沙溪先生所謂“於其中或有可疑”者，抑以此歟。輒不自揆，妄以童觀，隨處劄記，因以成秩，總略千條，此非喜新厭舊，是己非彼，而自犯不韙題目也，衹要義理之分曉而已。然此個道理，自是公共底物事，而有非一人之見所敢私者，亦非敢以此爲十分精當而排衆議爾，誠願同志之士，相與講明云。

五、趙德鄰《近思録參考》李朝筆寫本

趙德鄰(1658—1737)，字宅仁，號玉川，李朝漢陽人。現存有《玉川文集》。其《近思録參考》分作十一卷(無《近思録》卷六、卷九、卷十二的文字)，先引述《近思録》語録，次爲“輯注”文字，然後是趙氏對“輯注”的評判及自己的理解，如：

“明道先生曰：‘修辭立其誠。’輯注解修省爲省治。”(趙德鄰小字注云：)“太緊。”“解修飾爲虛飾。”(趙德鄰小字注云：)“太露。其下解‘體當’作‘擬議’，不切。《易》所謂‘擬議’乃擬議其象類而言也，化體當太慢太抵，《集解》必欲以己意替換本文以成文字，故有此病。下解‘栽培’爲‘封植’亦然。”

“末章‘敦篤虛静者，仁之本也’。輯注解無所繫閡昏塞則是虛静，而曰不虛静則此心罔覺。”(趙德鄰小字注云：)“‘罔覺’字欠通，亦有以覺言仁之病。”

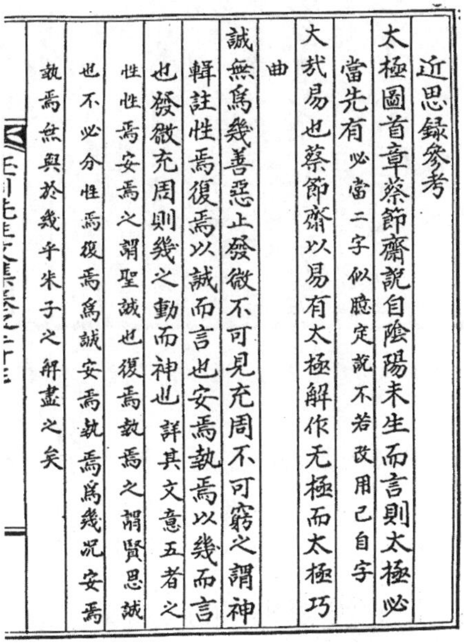
近思録參考
太極圖首章蔡節齋説自陰陽未生而言則太極必
當先有必當二字似聡定説不若改用己自字
大哉易也蔡節齋以易有太極解作无極而太極巧
曲
誠無爲幾善惡止發微不可見充周不可窮之謂神
輯註性焉復焉以誠而言也安焉執焉以幾而言
也發微充周則幾之動而神也詳其文意五者之
性性焉安焉之謂聖誠也復焉執焉之謂賢思誠
也不必分性焉復焉爲誠安焉執焉爲幾況安焉
執焉無與於幾乎朱子之解盡之矣

圖 10－26　趙德鄰《近思録參考》，筆寫本

現存版本是在印有框欄行格的紙上抄寫，該筆寫本(書影見圖 10－26)每半葉十一行二十字，四周單欄，有界行。白口，單(二葉花紋)魚尾。版心處題記

"玉川先生文集卷之二十三"。《近思録》及趙氏輯注的文字抄作大字，趙氏參考之文爲小字單行，行十九字。

該《參考》收録在《玉川集》卷二十三，其筆寫本的影印本見《近思録注解叢編》第 3 册。

六、朴泰漢《近思録劄記》李朝木板本

朴泰漢（1664—1698），字喬佰，李朝高靈人。今存有《朴正字遺稿》。其《近思録劄記》是朴氏對《近思録》中的四段文字進行闡釋。在編次體例上，先提出《近思録》中的若干問題（包括葉氏集解内容），或對某一章節進行概述，然後闡釋之文另起一行，低一字格單列編排。

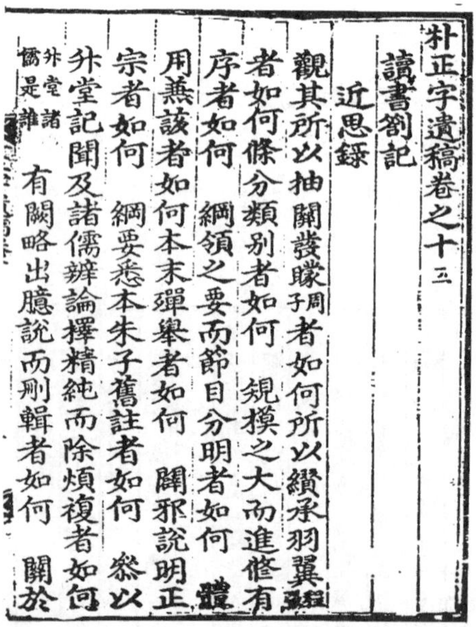
朴正字遺稿卷之十三
讀書箚記
近思錄
觀其所以抽關發矇周子者如何所以纘承羽翼張程
者如何條分類別者如何 規摸之大而進脩有
序者如何 綱領之要而節目分明者如何 體
用兼該者如何本末彈舉者如何 闢邪說明正
宗者如何 綱要悉本朱子舊註者如何 參以
升堂記聞及諸儒辨論擇精純而除煩複者如何
升堂諸儒是誰 有闕略出臆說而刪輯者如何 闕於

圖 10－27　朴泰漢《近思録劄記》，木板本

《劄記》有木板本存世，每半葉十行二十字，四周雙欄，有界行。白口，對（二葉花紋）魚尾。魚尾間題記"朴正字遺稿卷十三"、頁碼。卷首首行頂格題書名"朴正字遺稿卷十三"，次行低一字格題"讀書劄記"，第三行低二字格題"近思録"，第四行刻正文。

該《劄録》收録在《朴正字遺稿》卷十三（書影見圖 10－27），其木板本的影印本見《近思録注解叢編》第 3 册。

七、林象德《近思録讀書劄録》李朝活字本

林象德（1683—1719），字潤甫，號老村，李朝羅州人。其《近思録讀書劄録》是在閱讀《近思録》時，對朱熹序文、吕祖謙跋文、《近思録》若干語録或語段進行設問，然後以答語的方式闡發己見，其中對葉采《近思録集解》注文提出疑問較多。如：

東萊書恐不無病痛，如“特使之知其名義，有所嚮望而已”云者，最可疑。夫首卷所載乃欲使學者求端也，《太極圖》一篇特揭卷首，亦是吾無隱乎爾之意。若以爲祇資名義嚮望，則不幾於使人自畫而易怠乎？“而已”二字尤似有病，蓋陰陽性命之説固非始學所可驟而語者，亦非始學所能遽而造觀其極致者，然此道許大而皆不外乎吾身，人不知自己身上自具許大道理，則日用工夫皆是無頭腦强安排，亦安能有切近襯着意思？朱子識中既有“求端”之目，則編次之意恐不爲祇資“名義嚮望而已”，何如？何如？

“君子主敬以直其内，守義以方其外。敬立而内直，義形而外方。”（林氏云：）“葉注疑有未盡。蓋‘敬’字恐不可祇以心存戒謹言，而‘義’祇説事當其則，亦恐有單落外面之病。嘗以意解之心存戒謹，不如曰此心專一，事當其則，不如曰以理裁制，未知如何？”

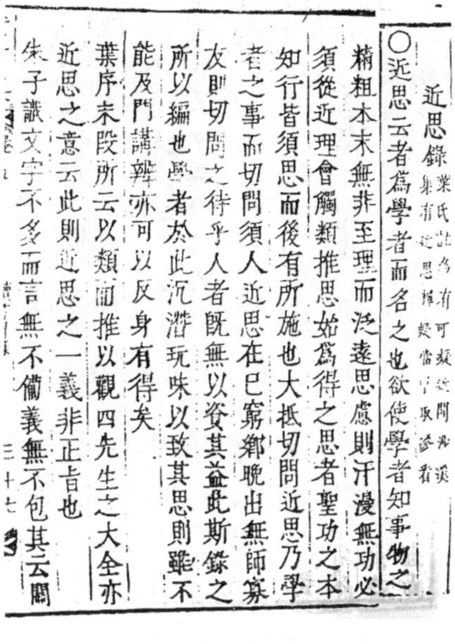
近思錄 葉氏註名有可疑近問渓 集有近思擇疑當宁取參看
○近思云者爲學者而名之也欲使學者知事物之
精粗本末無非至理而泛遠思慮則汗漫無功必
須從近理會觸類推思始爲得之思者聖功之本
知行皆須思而後有所施也大抵切問近思乃學
者之事而切問須人近思在已窮鄉晚出無師寡
友則切問之待乎人者既無以資其益此斯錄之
所以編也學者於此沉潛玩味以致其思則雖不
能及門講辨亦可以反身有得矣
葉序末段所云以類而推以觀四先生之大全亦
近思之意云此則近思之一義非正旨也
朱子識文字不多而言無不備義無不包其云闕
三十七

圖 10－28　林象德《近思録讀書劄録》，活字本

現存版本爲活字本（書影見圖 10－28），宋體字。每半葉十行二十字，四周單欄，有界行。白口，對（二葉花紋）魚尾。版心魚尾上題“老村集”，魚尾間題記卷次（如“卷九”）、“讀書劄録”、頁碼。引自《近思録》的文字單列頂格印，林氏闡釋的文字單列，均低一字格印。

該《讀書劄録》收録在《老村集》卷九，其活字本的影印本見《近思録注解叢編》第 4 册。但是該《叢編》在第 4 册目録、及正文中將此文篇名擬作“《近思録讀書答録》”，恐誤，因爲依據版心題署，當是《近思録讀書劄録》。

八、金教行《近思録劄録》李朝筆寫本

金教行（1712—1766），存有《惟勤堂遺稿》。所著《近思録劄録》是針對《近思録》卷一至卷十四的某板文字談論自己的理解與困惑，或評葉采集解之

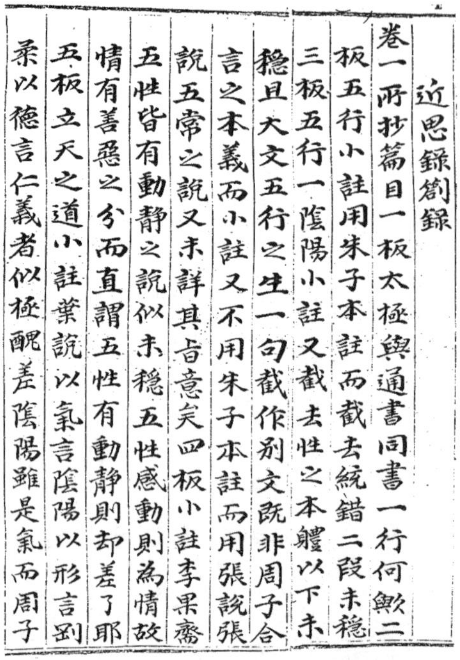
近思録劄録
卷一所抄篇目一板太極與通書同書一行何歟二
板五行小註用朱子本註而截去統錯二段未穩
三板五行一陰陽小註又截去性之本體以下未
穩且大文五行之生一句截作別文既非周子合
言之本義而小註又不用朱子本註而用張說張
說五常之說又未詳其旨意矣四板小註李果齋
五性皆有動靜之說似未穩五性感動則為情故
情有善惡之分而直謂五性有動靜則却差了耶
五板立天之道小註葉說以氣言陰陽以形言剛
柔以德言仁義者似極覶差陰陽雖是氣而周子

圖 10－29　金教行《近思録劄録》，筆寫本

誤，或就其版面模糊闕損提出疑惑，共計 14 則。如：

> 卷二　二板，七情。《論語》作“哀懼”，而此作“哀樂”。小注訓“樂”以“發散”，俱非照管者耶。十板小注“聞之師”，師爲誰耶？十六板“論性”自是爲學之事，而葉氏曰“當在首卷”，恐非朱子之意。三十一板“意必固我”之訓釋，與《論語集注》不同，而朱子何取而載之耶？三十八板“争端”，何謂耶？

現存版本是在印製好框欄行格的紙上抄寫（書影見圖 10－29），該筆寫本每半葉十一行二十字。卷端首行低二字格題“近思録劄録”，次行抄寫正文。每則論説首字頂格抄寫，餘行皆低一字格。

該篇收録在《惟勤堂遺稿》卷八，其筆寫本的影印本見《近思録注解叢編》第 4 册。

九、朴燦瑛《近思録劄記》李朝筆寫本

朴燦瑛（1736—1773），字洞玉，號陽洞，李朝興陽人。現存有《陽洞遺稿》。其《近思録劄記》是朴氏將自己讀《近思録》的認知簡明記録而成，其内容主要就“太極”“誠幾德”“中和”“心”“乾”“元”“命性”等問題闡發己見，計有 13 則。如：

> 乾健無息者，維天之命於穆不已也。君子體其無息而進進不輟，則達乎天德而合乎妙用之神矣。（乾）

現存筆寫本是在印製好行格的紙上書寫，行二十四字。卷端葉首行低二字格題“近思録劄記”，次行頂格書寫正文。

該《劄記》收録在《陽洞遺稿》卷四，其筆寫本的影印本見《近思録注解叢編》第 4 册。

十、姜必孝《近思録時習録》活字本

姜必孝(1764—1848)，字仲順，號海隱、法隱，李朝晋州人。存有《海隱遺稿》。所著《近思録時習録》是姜必孝平時閲讀《近思録》的讀書劄記 8 則，或解説《近思録》義理，或品評葉采注文，如姜必孝曰："'知化則善述其事，窮神則善繼其志'，化底屬氣故云述事，神底屬理故云繼志。"其注解與朱子之説吻合。

又如對卷一"誠無爲"條"性焉安焉""復焉執焉"句的葉氏注解，姜必孝曰："葉氏注發明原書，可謂詳矣，然間有紕漏處，如性安復執，朱子本注《通·誠幾德》而言之，而葉注則謂'性焉、復焉，以誠而言；安焉、執焉，以幾而言。發微、充周，則幾之動而神也'，殊失朱夫子本旨。"

其卷端序文曰：

> 《近思録》一書凡十四篇目，而曰道體、曰爲學，實一篇之大綱。其餘所以明此道、講此學，以求至乎聖賢之域者也。人之學常遠人以爲道，高人以爲學，學求愈邈，道求愈遠，職此由也，故子夏曰："博學而篤志，切問而近思，仁在其中矣。"子貢問仁，則曰："能近取譬，仁之方也。"聖門言仁、言學皆近裏著工夫，此朱夫子所以次輯此書爲近思之學者也。

現存版本的字迹濃淡有别、行格歪倚，似活字本。每行十八字。其卷端首行低三字格題"近思録"，次行頂格印姜氏序文。因爲其影印本是將原本不是一葉的兩部分文字拼合成一頁，故在没有見到原始版本前，我們無法描述其詳情。

此《時習録》收録在《海隱遺稿》卷十二，其活字本的影印本見《近思録注解叢編》第 5 册，書名是依據《叢編》編者而定。

十一、鄭裕昆《近思録抄説》李朝木板本

鄭裕昆(1782—1865)，字德夫，號晚悟，李朝迎日人。其《近思録抄説》先對《近思録》"首章《太極圖説》截其句絶，僭以己意，參於注説，刊其文，約其辭，以備遺忘"。對於《近思録》其他各卷語録有感悟者，也抄録並予解説，"節

略其文而推廣爲説，亦爲紀念用力之資”。正因爲其意在於作爲個人觀覽之用，故編次體例不甚嚴謹。在解説《近思録》相關語録及注文之後，鄭裕昆考慮到“王伯義利之分、四七理氣之辨，無别立名目表揭而論著，故以夫子與陳同甫辨三代漢唐同道之説，及我退溪先生與奇高峰四端七情理氣之辨附於此抄録之下”[①]，即卷末朱子《答陳同甫書》、退溪《答奇明彦書》。這些文字展現的李退溪四端理之發、七情氣之發的主張，是在朱子基礎上有發展，使得朱子學體系更完備[②]。該書體例是先抄録《近思録》，次進行解説。其見解較爲獨到，有一定的學術思想價值。如：

“‘在物爲理，處事爲義’。注：朱子曰：‘義者，心之制事之宜也。彼事之宜雖若在外，然所以制其宜則在心也。’”（鄭裕昆曰：）“心與事莫無具太極之理，故以心之理制事之理，而各適其宜者，是爲義也。”

“婢僕始至，本懷勉勉敬心，若到所提掇更謹，則加謹，慢則棄其本心，便習以成性。故仕者入治朝則德日進，入亂朝則德日退，衹觀在上者有可學無可學耳。”（鄭裕昆曰：）“非惟始至之婢僕然也，新嫁之婦人亦然。萃乎一家之内者，豈必皆賢淑？都係於家長導率之如何耳。入亂朝而德日退者，俗流容悦之人也，若君子則焉有隨時而易其操也？”

“《睽》之《象》曰：‘君子以同而異。’傳曰：聖賢處世在人理之常，莫不大同，於世俗所同者，則有時獨異。”（鄭裕昆曰：）“學者於義理關頭，壁立萬仞，斧鉞不見，然後可以有爲。若衹遜柔諛悦以媚於世，爲得計則大悖之，事雖或不犯，衹是鄉原之亂德耳。”

“横渠先生曰：異言滿耳，上無禮以防其僞，下無學以稽其弊。自古詖淫邪遁之辭，翕然並興，一出於佛氏之門者千五百年。向非獨立不懼，精一自信，有大過人之才，何以正立其間，與之較是非、計得失哉！”（鄭裕昆曰：）“自宋諸大賢斥異端、攻邪説如是之嚴，故自元明以來，至於我東

---

① （朝鮮）鄭裕昆《近思録抄説》卷首序文，載於鄭裕昆《近思録抄説》，李朝木板本。奇大升（1527—1572），字明彦，號高峰，李朝德陽人。與李滉有過幾次重要的論辯，如“四七理氣之辯”。

② 對於李朝學者討論四七問題，陳來曾經撰文肯定過，其《李退溪對朱子的繼承和發展》説：“李朝儒學討論的四七問題，在中國‘理學’中雖有涉及，但始終没有以‘四端’‘七情’對舉以成爲討論課題，更未深入揭示朱子性情説中的矛盾和問題。在這一點上，李朝性理學是有很大貢獻的。”見陳來《東亞儒學九論》，第 14 頁。

名儒多作，異教幾息，而吾道可謂大行，然其論性命之學者不爲不多，而能不少出入禪門而純然一出於程朱氏旨訣者，蓋或鮮矣，何哉？程子所謂'彌近理而大亂真'者，可謂覷破其真贓也。彼主静寡欲爲主之説，與吾家敬以直内無異，此所謂近於理者而無義以方外之道，則便是無星之稱，固無所用而亂真極矣。學吾學者，非不知彼之非是，而心平身安之術莫良於耽静廢思，故自不覺帶來葱嶺氣味矣，所以朱子謂佛氏大欲者，而且以禍福之説誘惑，一世上下紛然便成狂怪。我國之斥佛崇儒，自東漢以來未有如是之嚴，而猶未得絶去其根，殊可異也。"

現存木板本(書影見圖10－30)，每半葉十行十九字，四周雙欄，有界行。白口，對(二葉花紋)魚尾。版心魚尾間題記"晚悟文集卷十一"、頁碼。該《文集》卷端首行題"晚悟文集卷之十一"，次行低一字格題"雜著"，第三行低三字格題"近思録抄説"，第四行低二字格刻鄭裕昆的序文。《近思録抄説》正文在此序文之後，《近思録》原文均低一字格刻印，鄭氏的解説文字單列，均頂格刻印。在解説卷十四的語録之後，又抄録了朱熹與陳同甫之論、李退溪與奇明彦"四七"之辯，並予以解説。

辨三代漢唐同道之論及我退溪先生與奇
高峯四端七情理氣之辨附于此抄錄之下
以備私覽焉甲子陽月下澣後學鄭裕昆書
濂溪先生曰無極而太極註朱子曰上天之載
無聲無臭而實造化之樞紐品彙之根柢也故
曰無極而太極非太極之外復有無極也
太極動而生陽動極而靜靜而生陰靜極復動
一動一靜互爲其根分陰分陽兩儀立焉註朱
子曰太極之有動靜是天命之流行也所謂一
陰一陽之謂道止一動一靜互爲其根命之所

圖10－30　鄭裕昆《近思録抄説》，木板本

據鄭裕昆生平，其序文末題署的時間"甲子"當是其晚年所作，即李朝高宗元年(1864)，該木板本或刊刻於此時。此《抄説》收録在《晚悟文集》卷十一、卷十二，其木板本的影印本見《近思録注解叢編》第6册。

鄭裕昆序文曰：

《近思録》之爲書也，非出於四子、六經之外，而其明微闡奥、喻愚衷開幼蒙之功，實四子、六經之所未盡發揮者也。夫道學之傳，其來遠矣，在軒轅時，風后獻丹書曰："敬勝怠者吉，怠勝敬者滅；義勝欲者從，欲勝義者凶。”曰敬、曰怠、曰義、曰欲，天理人欲之分於是焉剖判，而爲學之方盡在是矣。自是以來聖聖相傳，堯之授舜曰“允執厥中”，舜之授禹曰“人心惟危，道心惟微，惟精惟一，允執厥中”。夫流於人心則怠欲生，本乎道心則敬義立，而精一執中之方，要在乎敬之一字。苟能主敬則察精守一，而危者安、微者著，動静云爲自無過不及之差矣。禹以是傳之湯，湯以是傳之文、武、周公，文、武、周公傳之孔子，孔子傳之曾、思、孟子。自周公以上，以是道而治天下，曰建中，曰建極，曰思兼三王。自孔子以下，是道而教萬世，《易・繫》之言“繼善成性”，《論語》之言“一貫”，《大學》之“格致誠正”，《中庸》之“中和戒謹”，《孟子》之“集義養氣”，及其他一動一静，千言萬語，無非所以明人道之分，致精一之方，而以至乎敬直義方而已。前聖後聖，一揆同德，以化天下，垂之萬世者，豈不誠深且切矣乎？風氣漸下，人禀不古，聖經賢傳之文辭，簡而義精，言近而旨遠，才魯知劣之人未易融會洞貫，服膺踐實，而異端之説横行天下，以及五季之衰而壞亂極矣。宋啓文明之運，周、張、兩程四先生者出，而得不傳之學於遺經，相與講明心法，發揮道術，直窮到底，無復餘藴。紫陽夫子憂斯道之泯喪，哀民生之昏墊，就四先生全書中摭取其切要之語而編分爲十四，爲後學開眼通心之資，而使其入頭之初知有所嚮望而準的，故首揭天人性道之原，其闡發推明雖詳於天而實主乎人也。人於有生之後觸物而易動者，形氣也。氣習爲主，天理易隱，雖才禀過人者，不學問思辨而去取之難矣，故次示爲學之方，學之道無他，知與行而已，必須道問學而明乎道體之有在，然後可以篤志勵行而尊我之德性矣。其法備悉於聖賢成法而布在於方册，故因以讀書窮理而存養而力行之，爲修身之要。身既修則家可齊矣，家既齊則大小雖殊，而推家而及乎國矣，可以出仕王朝，化理天下。而氣運不齊時，義無常故，係之以出處之義，既出而擔著事功，則爲治之道不可不講明制定，而至如禮樂政法、教民正俗之事莫不備具，而治道舉矣。先後有序，本末畢舉，明暢條貫，歷歷落落，而皆以戒謹爲主。末乃崇正學、辨異端，而必舉堯舜以來相傳之統，使人必信之而知所依歸。蓋一天人性命之原而吻然無間，明道學進修之節而毫髮不差，究人心隱微之際而明表裏不相應、悉言行不相孚之故，使知所以去取用工之地，而一言一行、一事一物，無一不出於天則者。昭布森刊，開卷瞭然，則猶有多於四子六經之書，不爲過言也。其葉氏注釋多引先賢議論，曲暢明備，别無晦昧。然顧余九十無聞之人，元無有德於本領而重，以精力秃盡掩卷茫然，不能領略其萬一，故如首章《太極圖説》截其句絶，僭以己意，參於注説，刊其文，約其辭，以備遺忘。又或值精神少回時時看，讀其一二板，而其所言之物情態度、妙理蹊徑，或有激慷感奮之氣，則節略其文而推廣爲説，亦爲紀念用力之資，必不中理，固知僭逾妄率，無所逃罪，然收司者原情照律，或有所惻然哀之而置之末勘之科耶。第其一部之中，規模甚大，節目詳備，雖無所不包，然王伯義利之分、四七理氣之辨，無别立名目表揭而論著，故以夫子與陳同甫辨三代漢唐同道之説，及我退溪先生與奇高峰四端七情理氣之辨附於此抄録之下，以備私覽焉。甲子陽月下澣後學鄭裕昆書。

十二、李震相《近思録劄義》李朝筆寫本

李震相（1818—1886），字汝雷，號寒洲。李朝星山人。受叔父李源祚影響而研究性理學，著有《太極通書劄義》《近思録劄義》等。其《近思録劄義》歷經三十年完成，分作道體篇、爲學篇、致知篇、存養篇、力行篇、齊家篇、出處篇、治道篇、治法篇、臨政處事篇、教人篇、戒謹篇、辨異端篇、聖賢篇。内容是針對《近思録》十四卷中的部分文字進行釋義，“參以先輩《釋疑》，僭有論辯”，分若干則，每則往往將該卷的若干條語録簡要依次引述，同時解義。如：

齊家篇。以剛爲善，處《蠱》則以剛爲戒，《家人》則以剛爲善。蓋事親之道當主於承順而治，其已壞之事尤易於矯拂故也。正蒙之道要積於嚴威，而盡其恩愛之際尤易於私昵故也。○“擇婦”。擇婦當觀其家法如何，其父兄之性行何如，家法正而父兄賢，則其女易於良善。若世俗訂婚之初，遣婆覘探徵之外貌之妍媸，則既非别嫌之禮，又失擇婦之要。○“避嫌”。禮以别嫌當避而避，正理也，假如男女異席，嫂叔不親授受。雖聖人亦所當避。若嫁女則要擇其相稱，豈可以别嫌之故强配於不相稱之哉？○“配身”。配身非要妃偶，雖妾御亦是，孀婦之失節，娼妓之無行，其不可取，則一也。○“比之不慈不孝”。身有重病而付之庸醫之手，則下非所以恤其子色（筆者按，“色”恐作“女”）憂之心，故比之不慈；上非

所以體其親劬勞之恩，故比之不孝。至如事親者亦不可不知醫，許世子不嘗藥而猶蒙弑逆之惡名，况可付之庸醫了？不知處方之利害者，既非奉親之誠，又非傳後之道。陳氏詳解於《小學》注中，而《釋疑》駁之甚精。○“甥女歸嫁”。此與上文“孀婦不可嫁”之説，雖若相反，然先王之法，有時而不禁其奔，不欲以傷天地之和故也。且太中公之甥女，其母既欲奪節，而其女又不能守節，則再嫁之事已成，非己之所能禁，而又恐其失所而增悲也，故爲之周旋嫁之，亦出於恩厚之心也。若其由己，則不可奪節而誨淫，天地之常義也。○“常食炰羹”。“常”疑作“嘗”。

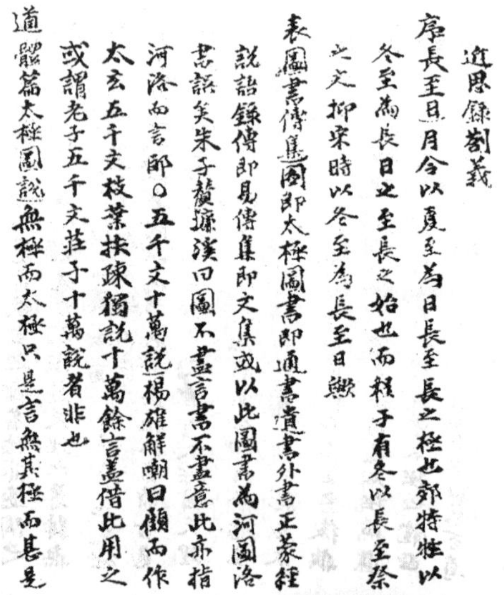
近思録劄義
序長至日 月令以夏至爲日長至長之極也鄭特牲以
冬至爲長日之至長之始也而程子有冬以長至祭
之文抑宋時以冬至爲長至日歟
表圖書傳集 圖即太極圖書即通書遺書外書正蒙經
說語録傳即易傳集即文集或以此圖書爲河圖洛
書誤矣朱子贊濂溪曰圖不盡言書不盡意此亦指
河洛而言耶○五千文十萬說楊雄解嘲曰顧而作
太玄五千文枝葉扶疏獨說十萬餘言蓋借此用之
或謂老子五千文莊子十萬說者非也
道體篇太極圖說 無極而太極只是言無其極而甚是

圖 10－31　李震相《近思録劄義》，筆寫本

現存文本是在素紙上抄寫而成，書體爲行楷體，偶有塗改。此筆寫本每半葉十一行二十一字，每則文字單列，首字提行，餘行均低於首行一字格。據卷末李震相《後説》可知，李震相於癸丑年（1853）撰寫《近思録劄義》，越三十餘年，於甲申年謄寫此文。所題署的“甲申”年，即李朝高宗二十一年（1884），故此筆寫本謄抄於此時。而且據李氏《後説》，他在終老之際“再勘别謄一本”，這很可能就是我們所見此筆寫本（書影見圖 10－31）。此《劄義》清稿本收録在《求志録》卷十二，其筆寫本的影印本見《近思録注解叢編》第 6 册。

李震相《後説》曰：

學以思爲要，而思以騖遠爲戒，故“近思”一語本出於《魯論》，而子朱子取之以名寒泉之編。夫四先生，宋人也，於時爲近，其言之粹於道最近，是《録》之成，宜皆切近之旨，而學者猶疑其高遠，何哉？其言曰：首篇所述性道本原，孔子之所罕言，子貢之所未聞，而太極源頭尤非初學之所可理會，且六百二十二條，《易》説居三之一，又皆閎深微妙，疑若不切於日用常行之實。然蓋嘗思之,性是吾固有之性,道是吾當行之道,仁義禮智之外無他性,孝悌忠信之外無他道,而夫子之教亦不過使之居仁由義、入孝出悌而已。如是則夫子之於性道居常語之,特以當時性無異論、道無他歧而不别説名義耳。若夫太極之妙,則亦在夫吾人方寸之内,而包括性道爲主宰於一身者也。近取諸身,太極在我,不思則已,思之則至近,况吾人之動静云爲莫非《易》理之流行,故吾夫子嘗曰"《易》之爲書也,不可遠"。《易傳》所論,又皆曲盡乎物情時宜,文字平淡,何嘗有高奇玄妙之旨乎?思之所戒乎遠者,每出於常理之外,而知之無益、行之有害者,苟其爲人道之本而不違乎天理,則何莫非近而當思者乎?况自春秋以降,道術分裂,不入於管商之功利,則入於老莊之虚無,不陷於申韓之刑名,則陷於楊墨之詖淫機巧變詐之習。日新月盛,無父無君之教將有以易天下,故子思於是首明性道之原,孟子繼之,力主性善之説,然而荀卿之性惡禮僞,告不害之杞柳湍水,又與之同時,一變爲揚雄善惡混之論,再變爲蘇胡無善惡之説。而佛氏作用之性,似乎揚真空之性,合乎蘇所謂太極,閃爍似無位。真人儒家之依稀認出者,僅爲元氣之目,故濂溪周子先覺於千載之後,建圖立説,發揮夫子之旨,所著《通書》皆從此圖推出。兩程之學實得其單傳,而猶不出此圖,固亦孔夫子罕言天道之意,而理不終。秘圖出而群疑集,謂太極陰陽不當分道器,而陷性於摇蕩恣睢之地,求道於窈冥昏默之域。朱、吕兩先生之編此書,安得不闡明理學之宗旨,扶世教而牖群迷哉?用力要待乎求端,希聖要賴乎辨異,則極説不可不首揭《易傳》,不得不多據近思名編,尤見性道之在我,而日用之所要由也。自兹以往,世儒稍知太極之理而非氣,性道之實而非虚,而陸、蘇二學偏中乎?自恣無憚者之心,其法以持敬存誠爲大禁,矜己傲物爲高致,用心積慮,要欲得一席無理之地而自安,太極無動静之説,出而理爲死物;理氣非二物之論,作而氣爲大本。如是之後,義利可以雙行,王霸可以並用,而理欲同體,氣質爲性,飲食男女之天超出於道德仁義之聖教,而泰西邪術遂入於中國矣。余於癸丑年間既畢《太極通書劄義》,因及此《録》,參以先輩《釋疑》,僭有論辯,今已三十餘年。學不進而耄及之,拭目再勘,别謄一本,庸寓傷時憂道之意於云爾。甲申暮春星山李震相謹書。

十三、朴文鎬《近思録劄説》活字本

朴文鎬(1846—1918),字景模,號壺山、楓山、老樵,寧海人。著有《大學章句詳説》《論語集注詳説》《孟子集注詳説》《詩集傳詳説》《書集傳詳説》《周易本義詳説》《楓山記聞録》等。今存有《壺山集》。其《近思録劄説》先簡要地對葉采序文、奏表中的某些難解詞語進行注解,隨後是對《近思録》某語録或葉采注文進行訓釋,或引用李朝學者如栗谷、尤庵、南塘、農巖、退溪、沙溪等人論説,或以"按"的方式表述自己的見解,其文字略有瑣碎之嫌。如:

南塘曰:"太極"注引"用起天地先、體立天地後"以證流行對待之先後,甚不襯矣。尤庵曰:五行各一,其燥濕剛柔實之性,此本然之性也。又曰:牛一太極也,馬一太極也,松一太極也,柏一太極也。故注其下文又曰"一物各具太極也"。按,就統體上論,則牛太極亦馬太極,松太極亦柏太極,此所謂一原之理也。就各具上論,則牛太極非馬太極,松太極非柏太極,此所謂異體之性也。

退溪曰:"八分"非謂八分書法,蓋政教有十分道理,而刑律所言占其八分耳。按,以注中朱子上説觀之,似是古刑法爲十分,則今律書得其八分之謂也。若曰政教十分中刑律占其八分,則粱肉藥石之分數恐不當爾也。

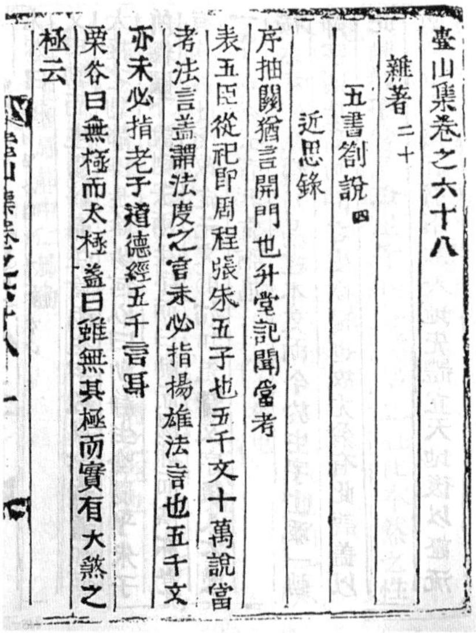
壺山集卷之六十八
雜著 二十
五書劄說 四
近思錄
序抽關猶言開門也升堂記聞當者
表五臣從祀即周程張朱五子也五千文十萬說當
考法言蓋謂法度之言未必指揚雄法言也五千文
亦未必指老子道德經五千言耳
栗谷曰無極而太極蓋曰雖無其極而實有大煞之
極云

圖 10－32 朴文鎬《近思録劄説》,活字本

該《劄説》現存版本的字迹墨色濃淡不一、字形大小不一且有歪倚者,是爲活字本。每半葉十行二十字,四周雙欄,有界行。白口,對(二葉花紋)魚尾。版心魚尾間題記"壺山集卷之六十八"、頁碼。版心首行頂格題"壺山集卷之六十八",次行低一字格題"雜著(二十)",第三行低二字格題"五書劄説(四)",第四行低三字格題"近思録",由此我們將該文書名擬作"《近思録劄説》"。正文中朴文鎬

的解説按語單列。

該《劄説》收録在《壺山集》卷六十八(書影見圖 10－32),其活字本的影印本見《近思録注解叢編》第 9 册。

十四、南昌熙《批奉姪太極圖解近思録疑目兼論立巖叔答説》活字本

南昌熙(1870—1945),號夷川,宜寧人。今存有《夷川集》。其《批奉侄太極圖解近思録疑目兼論立巖叔答説》是南昌熙批注或校訂《太極圖解》《近思録疑目》等形成的文字。該文有三大部分組成:先批注《圖解》《答説》,次解答《近思録疑目》,後《論立巖續辨》。在此摘録幾則如下:

(南昌熙云:)“或説以陰陽三畫認爲天地人之三極者,《答説》之辨斥甚當。”

(南昌熙云:)“若以精粗本末皆屬陰陽,則太極衹在一‘無’字上,文義不亦爲暗昧耶?南溪、南塘不從栗、沙、尤之説,而取熊氏及退溪精本太極、粗末陰陽之説者,此也。”(金大谷問:“‘灑掃應對是其然,必有所以然’。其然者,粗也末也。所以然者,精也本也。”蘆沙答曰:“似然。”此可見蘆門之論,亦取精本太極、粗末陰陽之説也。)

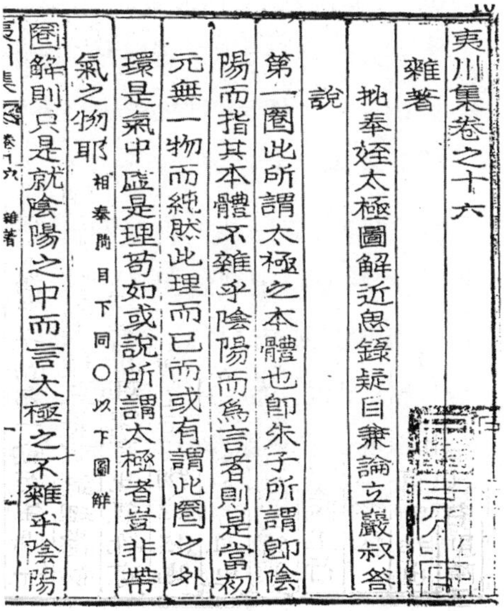
夷川集卷之十六

雜著

批奉姪太極圖解近思錄疑目兼論立巖叔答

說

第一圈此所謂太極之本體也卽朱子所謂卽陰陽而指其本體不雜乎陰陽而爲言者則是當初元無一物而純然此理而已而或有謂此圈之外環是氣中虛是理苟如或說所謂太極者豈非帶氣之物耶 相奉問目下同○以下圖解

圈解則只是就陰陽之中而言太極之不雜乎陰陽

夷川集 卷十六 雜著

圖 10－33　南昌熙《批奉姪太極圖解近思録疑目兼論立巖叔答説》,活字本

(《近思録疑目》曰:)“無極是太極之本體,則無極太極固是一物。然若論其立名之地頭,則恐些有不同。無極,言其無聲臭之本然者也;太極,言其爲樞紐根柢之能然者也。○見得精。”(南昌熙云:)“‘能然’字恐當作‘極至’。”

(《近思録疑目》曰:)“‘心統性情’。統字,朱子有包統、統領兩説,當從何説?○以該具而言,故曰包統。以宰制而言,故曰統領。試言之則

仁義是性，惻隱是情，而曰仁義之心，曰惻隱之心，是非包統乎？仁是性，愛是性之發於情。義是性，宜是事之合於情者，而曰以仁愛、以義宜，以之者心也，是非統領乎？二説皆有乃備，欲執一而廢一則不可。”（南昌熙云：）“‘心統性情’。陳北溪問：‘心是郛郭便包了性否？’朱子曰：‘横渠“心統性情”一句，乃不易之論也。’蓋《語類》論此處散出多端，然愚謂此一條實是要言不煩也。以仁愛、以義宜之説，先師所論亦如答説然。朱子終引其體則謂之易，易字而言心，則心猶陰陽者可知也。今當以朱子本説爲定，恐不可以以之之心爲太極也。”

（《立巖續辨》曰：）“‘能然’當作‘極至’，不欲以能然做理看故耶。然則朱子答理有能然之問，而曰此意甚備者，亦不信乎？樞紐根柢，乃太極極字之解也。既曰‘樞紐根柢’而又曰‘極至’，則無乃疊狀乎？”（南昌熙云：）“據四然説，則其能然者言其體也，當然者言其用也。今以能然之一義爲太極之釋，則太極得無那有體無用之嫌耶？疊狀之云，恐近乎洗索，樞紐是户之極至，根柢是木之極至，故圖注舉此釋太極也，不是以樞紐根柢名之爲極至也。”

《批奉姪太極圖解近思録疑目兼論立巖叔答説》現存版本的字迹墨色濃淡不一、框欄交接處裂縫明顯，當是活字本。每半葉十行二十字，注文小字雙行同。四周雙欄，有界行。白口，單（二葉花紋）魚尾。版心魚尾上方題記“夷川集”，魚尾下題“卷十六”“雜著”、頁碼。卷端葉首行頂格題“夷川集卷之十六”，次行低一字格題“雜著”，第三行低二字格題“批奉侄太極圖解近思録疑目兼論立巖權答説”，隨後是正文。南氏批注論辯的文字均頂格印製。

該篇收録在《夷川集》卷十六（書影見圖 10－33），其活字本的影印本見《近思録注解叢編》第 10 册。

十五、權載奎《讀近思録首篇》活字本

權載奎（1870—1952），字松山，人稱而堂先生。其《讀近思録首篇》是對《近思録》卷一“道體篇”各條語録内容進行闡釋，注文乃作者的讀書心得。如：

“誠無爲”,無爲字所以明其自然也,猶言實理自然如此,非有安排造作也。若做死硬無能爲,則誤矣。故朱子解之曰:“實理自然,何爲之有。”

“立必俱立,知必周知”,“成不獨成”,所謂以治己之心治人也。“愛必兼愛”,所謂以愛己之心愛人也。

此文現存版本字迹墨色濃淡不一、行格綫扭斜,應是活字本。每半葉十行二十字,四周雙欄,有界行。白口,單(二葉花紋)魚尾。版心魚尾上方題“雜著”,魚尾下題“而堂先生文集卷二十三”、頁碼。卷端葉首行頂格題“而堂先生文集卷之二十三”,次行低一字格題“雜著”,第三行低二字格題“讀近思録首篇”,第四行頂格印製正文。每一則文字單列。

此《首篇》收録在《而堂先生文集》卷二十三(書影見圖 10-34),其活字本的影印本見《近思録注解叢編》第 10 册。

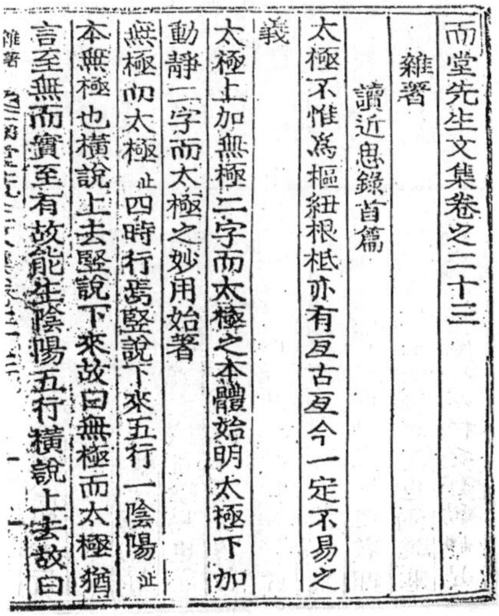
而堂先生文集卷之二十三
雜著
讀近思錄首篇
太極不惟爲樞紐根柢亦有亙古亙今一定不易之
義
太極上加無極二字而太極之本體始明太極下加
動靜二字而太極之妙用始著
無極而太極 止 四時行焉竪說下來五行一陰陽 止
本無極也橫說上去竪說下來故曰無極而太極猶
言至無而實至有故能生陰陽五行橫說上去故曰
雜著

圖 10-34　權載奎《讀近思録首篇》,活字本

十六、金珠《金而晦近思録私劄講辨》活字本

金珠(1890—1943),字士文,號滄溪,光山人。存有《滄溪文集》。所著《金而晦近思録私劄講辨》,主要是對金而晦《近思録私劄》、權正父的論説進行講辨。其編次是先輯録金而晦語録,次録權正父語,其間用“○”隔開。隨後是金珠講辨文字。如:

(金而晦曰:)“‘上天之載’,蒼蒼者是上天,理在‘載’字上。朱子以此四字訓‘太極’,則極之爲極,分明是即有形而説也。其曰‘象數未形,而其理已具之稱’,曰‘未有田地之先,畢竟是先有此理’。此數語則又以本文五字爲自其無形無象而不干氣底物事也。愚謂,如小注節齋蔡氏説,則二説固皆可通,然抑周先生立言所主,不知正在何義耳?”○“正父曰:太極先陰陽,而陰陽生於太極;太極後天地,而天地聽於太極。陰陽

天地有屈伸消長之時，而太極無時可盡矣。夫既無盡矣，何自有先後乎？象數未形之前，畢竟是這太極；天地既立之後，畢竟是這太極。周子所論衹是這太極。”

（金珠曰：）“自陰陽而言，則太極在陰陽之中；自太極而言，則陰陽在太極之後。太極在陰陽之中，是横説；陰陽在太極之後，是竪説。周子《圖説》是直從源頭上竪説將來，挑出太極於陰陽裏面，以明其造化本原之妙而已。非以此‘太極’二字直溯昆侖濛洞未生一物之時而言也。”

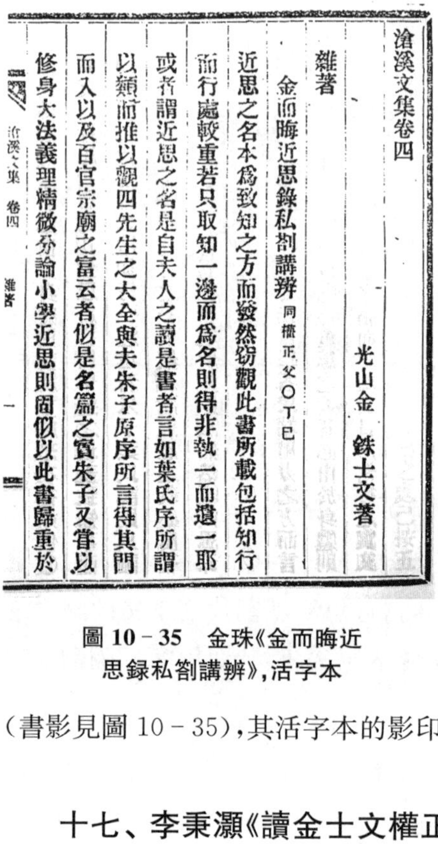
滄溪文集卷四

光山金　銖士文著

雜著

金而晦近思錄私劄講辨 同權正父○丁巳

近思之名本爲致知之方而竊然竊觀此書所載包括知行

而行處較重若只取知一邊而爲名則得非執一而遺一耶

或者謂近思之名是自夫人之讀是書者言如葉氏序所謂

以類而推以觀四先生之大全與夫朱子原序所言得其門

而入以及百官宗廟之富云者似是名篇之實朱子又嘗以

修身大法義理精微分論小學近思則固似以此書歸重於

滄溪文集　卷四　雜著　一

圖 10－35　金珠《金而晦近思録私劄講辨》，活字本

《講辨》現存版本字體爲宋體字，其字迹墨色濃淡不一、框欄交接處裂縫明顯，當是活字本。每半葉十行二十四字，四周雙欄，有界行。白口，單（三葉花紋）魚尾。版心魚尾下題記“滄溪文集卷四”“雜著”、頁碼。卷端葉首行頂格題“滄溪文集卷四”，次行低十四字題署“光山金珠士文著”，第三行低一字格題“雜著”，第四行低二字格題篇名“金而晦近思録私劄講辨”（下有小字注“同權正父〇丁巳”），第五行印製正文。金而晦、權正父的論述文字皆低一字格，金珠的講辨單列，均頂格印製。

該《講辨》收録在《滄溪文集》卷四（書影見圖 10－35），其活字本的影印本見《近思録注解叢編》第 10 册。

十七、李秉灝《讀金士文權正父講辨金而晦近思録私劄》木板本

李秉灝（1892—1964），號弘堂。存有《弘堂集》。所著《讀金士文權正父講辨金而晦近思録私劄》是李秉灝在讀到金士文、權正父、金而晦三人關於《近思録》的講辨文字後，對其講辨進行評説，將自己的解説分别附在三人論説之後。編撰時將三人的論述分别單列，於各自文末用小字署名“而晦”或

“士文”或“正父”，李氏自己的評説單列，且不在文末加注。

爲考察李氏輯録三家語録的源流，我們將其與相關問本比較後發現其内容基本一致。如關於金士文、金而晦、權正父的論説文字，金珠《金而晦近思録私劄講辨》相較於李氏此《讀金士文權正父講辨金而晦近思録私劄》，較爲完整，而李氏在輯録時往往省略部分文字，如“某某云云”之類，可能是在金珠《金而晦近思録私劄講》的基礎上進行剪輯。

而晦之疑在無極而太極之太極二字及朱子所謂無形而有理之有字上而謂上下之極字似有形上形下之異士文所辨諸語皆精密足以使而晦釋然矣然但其曰曰太曰無者就其不離之地而指其不雜之實體私竊有惑此蓋可說於太極陰陽而於無極太極則不可何也太極陰陽是雖二物而相離則不能呈其功用之妙此不離之謂也有道器形上形下之分故太極自太極陰陽自陰陽此不雜之謂也而無極太極則秖是一物也不離不雜非所可論也其曰理本至實而至虛者亦似倒說恐當曰至虛而至實是猶曰無極而太極不可曰太極而無極

圖 10－36　李秉灝《讀金士文權正父講辨金而晦近思録私劄》，木板本

《私劄》現存木板本（書影見圖10－36），每半葉十行二十二字，四周雙欄，有界行。白口，單魚尾。卷端葉低二字格題“讀金士文權正父講辨金而晦近思録私劄”，次行低三字格題記李秉灝識語：“余偶讀三君子講辨之文，欽其切磨之詳、識解之精。而或有未契於愚見者，略爲説於其後如左，非敢曰評批，恨未曾得參三君子講磨之席，而上下其論云。”三君子的論説均低一字格，李氏評説皆頂格，井然有序。

該《讀金士文權正父講辨金而晦近思録私劄》收録在《弘堂集》卷四，其影印本見《近思録注解叢編》第10册。

十八、金榥《近思録私劄》韓國活字本

金榥（1896—1978），字而晦，號重齋，義城人。著有《孝經章句》《四禮受用》《東史略》《獨立提綱》《益朋堂叢鈔》等。據《私劄》文末金榥跋文，其書是對《近思録》十四卷部分語録及相關注解、論説進行評析，歷時十四年完成，期間“讀誦數年，隨所疑礙，輒自私劄，以備問目，恰成一册”，後又曾與權正父、金士文等講論《近思録》第一卷。在“而先生”百年之後，金榥遵從先生遺書所

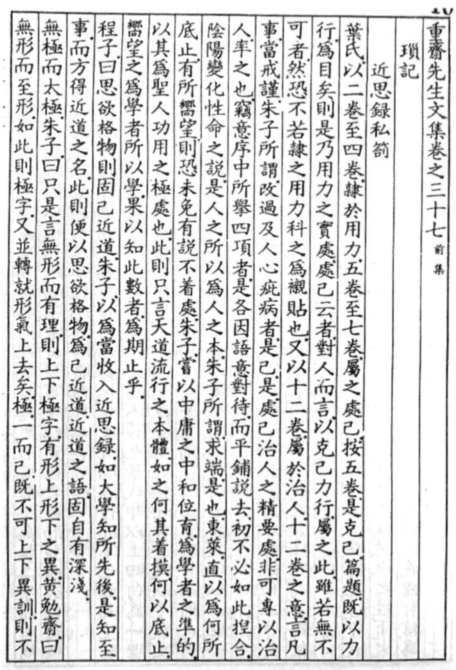
重齋先生文集卷之三十七 前集
瑣記
近思録私箚
葉氏以二卷至四卷隸於用力五卷至七卷屬之處己按五卷是克己篇題既以力行爲目矣則是乃用力之實處處己云者對人而言以克己力行屬之此雖若無不可者然恐不若隸之用力科之爲襯貼也又以十二卷屬於治人十二卷之意言凡事當戒謹朱子所謂改過及人心疵病者是已是處己治人之精要處非可專以治人率之也竊意序中所舉四項者是各因語意對待而平鋪説去初不必如此捏合陰陽變化性命之説是人之所以爲人之本朱子所謂求端是也東萊直以爲何所底止有所嚮望則恐未免有説不着處朱子嘗以中庸之中和位育爲學者之準的以其爲聖人功用之極處也此則只言天道流行之本體如之何其着摸何以底止嚮望之爲學者所以學果以知此數者爲期止乎
程子曰思欲格物則固已近道朱子以爲當收入近思録如大學知所先後是知至事而方得近道之名此則便以思欲格物爲己近道近道之語固自有深淺
無極而太極朱子曰只是言無形而有理則上下極字有形上形下之異黄勉齋曰無形而至形如此則極字又並轉就形氣上去矣極一而已既不可上下異訓則不

圖 10－37　金榥《近思録私箚》,活字本

教,"復出而考之,取其稍有意味者若干條,抄而存之"[①]。這便是我們今日所見歷時多年之後由金榥重新編輯整理而成的《近思録私箚》十四卷(書影見圖 10－37)。此書按《近思録》十四卷先後次序編次,約 219 則,或解析《近思録》語録,或比較葉采、江永等注文,或校勘文字等。如:

《易大傳》曰:"元者,善之長。"程子曰:"仁者,善之本。"本之與長,是必有異。而葉氏謂"四端萬善,皆統乎仁,故曰善之本",則卻似以"本"訓"長",可乎? 妄意恐當曰:四端萬善,皆自仁而出,故曰善之本。

葉注謂"往來,如《賁》《无妄》之類",此從朱子卦變圖之説,與程説差不同。

"亦足寬民之死,過此,當念其散之之久"。葉氏以"死"爲句,"過此"爲句;江氏以"過"爲句,曰過謂罪也。蓋民之散,由乎上之失道而致。爲上者當念之,所以於死罪必有以寬之也。按,江説似甚有理,但以"死罪"作"死過",終是於文不順。

《學記》三句,是言教人三患而其實相因,衹是一語。進之不顧其安,則其使人也不由其誠,而所以教人不能盡其材也。或曰雖是相因,所言則已分三患説去。當作三截讀。

現存版本書體爲楷書,字形有歪倚,似爲活字本。每半葉十六行三十二字,四周單欄,有界行。白口,書口處題記"重齋先生文集""前集""卷之三十七""近思録私箚"、頁碼。《私箚》卷端葉首行頂格題"重齋先生文集卷之三十

① (韓)金榥《近思録私箚》跋文,載於金榥《近思録私箚》,韓國鉛活字本。

七前集”,次行低一字格題“瑣記”,第三行低二字格題“近思録私劄”,第四行印正文。每則劄記單列,正文中漢字右下印有句讀小點“・”。在《私劄》文末有戊戌年金榥題識的跋文。

依據金榥跋文,其《私劄》於“癸丑”,即金榥18歲(1913)始作,期間不斷玩味,隨讀隨記,逐漸成爲完帙。又從跋文末題署的時間“戊戌”(1958),即可知此時定稿,因而可以説這是韓國鉛字印本。該《私劄》收録在《重齋先生文集》卷三十七,其活字本的影印本見《近思録注解叢編》第10册。

金榥跋文云:

昔在癸丑冬,榥以所讀《近思録》就正於函席,先生親爲整其句讀,説其疑難。臨退,命之曰:“此書不可一讀便了,須更從頭玩繹屢回,到得融會貫通,乃可立定根基。學問之法,於斯具在,要作文章,亦不出此。”(因亟言《伊川易傳》文章)復與先君書,及之曰且令就此泉編,徐徐作三五年工夫,恐得效非常,其惓惓如此。榥退則謹依所教,讀誦數年,隨所疑礙,輒自私劄,以備問目,恰成一册。進稟先生,欣然受置,未及下答。適會權正夫、金士文來留門下,出以示之,仍命與之講義,厘了第一卷,而二君告歸,仍以原本完呈而先生,亦不爲可否。其間蓋先生時已疲老,又惱多數酬應,無能用意及此故也。其與榥戊午三月書,所謂‘前來三録,恐無計作商量,且姑寬之者,即此及《論語》《通書》問目也’。及先生竟棄後學,則乃搜得此卷於巾衍,歸而藏之。今於四十年後,學不加進,而所疑者如舊,輒復出而考之,取其稍有意味者若干條,抄而存之,視原本,不滿三之一,然而此亦何足云爾!祇爲入頭之在是,而用意頗苦,雞肋之戀,不忍頓祛,豈亦私意未化之一端歟!戊戌冬初榥識。

十九、李馥《近思録備忘録》筆寫本

李馥,生卒年不詳。其《近思録備忘録》按《近思録》十四卷次序分卷編撰,在某卷文字之前往往題署“《近思録》卷第某”,其内容是李馥閱讀《近思録》時對相關語録進行的注解。這些見解頗有可取之處。如:

“在物爲理,處物爲義。”(李馥云:)“‘義者,心之制事之宜也。’夫制裁之合於理，即是義也。理無物不具，故曰‘在物爲理’，是泛言也。處於理在己，所以謂‘處物爲義’也，是指行事而言也。”

“正心之始，當以己心爲嚴師。”（李馥云：）“此句即程子所謂‘以心使心’之意，能知以心使心，則亦知以心爲師。蓋納贄求師者，欲學道而跋涉奔走，然要當先以在己之嚴師爲師，培養其受教之地，然後彼在外之師訓，節節聽納而沛然莫禦矣。”

“餓死事極小，失節事極大。”（李馥云：）“古者許再嫁，後世不許再嫁，皆有義也。以人生之情勢言之，許之亦一義也。舉人義之輕重言之，不許亦一義也。然則一任乎其人之自量自製，亦非一義歟？”

“科舉之事，不患妨功，惟患奪志。”（李馥云：）“所謂科舉者，將以出身行道，遠而事君，近而事親，有可以正風勵俗，有可以濟難救正，與國同休戚。然此不可强意求之，又不必苟欲避之，隨所遇處之而已。惟其所最慮者，專以得失爲務，遂奪志於其間，則雖得志不足以贖其失矣，君子所不肯也。”

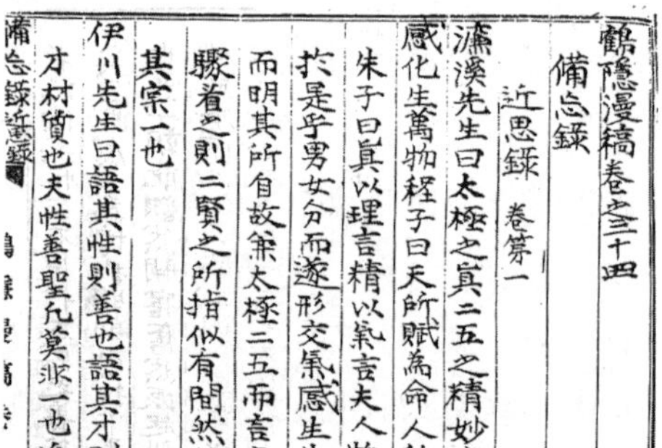
鶴隱漫稿卷之三十四
備忘録
近思録　卷第一
濂溪先生曰太極之眞二五之精妙合而凝乾道成男坤道成女二氣交
感化生萬物程子曰天所賦爲命人所受爲性
朱子曰眞以理言精以氣言夫人物之生得太極之眞成於二五之精
於是乎男女分而遂形交氣感生生不窮也然則周子就人物之成形
而明其所自故兼太極二五而言之程子但指其性之本原故單言天
賦者之則二賢之所指似有間然既言天則是太極二五之妙在其中
其宗一也
伊川先生曰語其性則善也語其才則有下愚之不移
才材質也夫性善聖凡莫非一也惟才有昏明強弱之不齊其明且強

圖 10－38　李馥《近思録備忘録》，筆寫本

《備忘録》現存版本（書影見圖10－38），是在印有框欄的紙上抄寫。該筆寫本每半葉十二行二十八字，四周雙欄，有界行。白口，單（黑）魚尾。版心魚尾上方題“備忘録近思録”，魚尾下題記“鶴隱漫稿卷之三十四”、頁碼。卷端葉首行頂格題“鶴隱漫稿卷之三十四”，次行低一字格題“備忘録”，第三行題署“近思録卷第一”，第四行書寫正文。《近思録》原文均頂格抄録，李馥的注解文字皆低一字格抄寫。由於該抄寫本中有塗改、添加文字的痕迹，故似稿本。該筆寫本的書名，我們是依據卷端題署而擬定。

該《備忘録》收録在《鶴隱漫稿》卷三十四至三十五，其筆寫本的影印本見《近思録注解叢編》第 10 册。

綜上所述，對於《近思録》進行講讀解説形成的講義，朝鮮王朝學者（包括下文所言日本學者）之"講義類"文本之多，是中國元明清時代難以見到的景觀，這或許與明清時代的中國學者治學特點相關。例如梁啓超曾説，清代的儒者不喜歡效仿宋明人聚徒講學，他們之間交换知識的機會不多，主要依賴函劄，往往是"凡著一書成，必經摯友數輩嚴勘得失，乃以問世，而其勘也皆以函劄"[①]，故而其函劄文風樸實説理，而少有朝鮮、日本學者這類相聚講論《近思録》的情形。

① 梁啓超《清代學術概論》，中國人民大學出版社，2004 年 9 月 1 版，第 187 頁。

下編:《近思録》日本版本考述

第十一章　日本刊印的《近思録》及其續編本

第一節　日本刊印的《近思録》原文本考

歷史上傳播到日本的"《近思録》文獻"有多種類型，諸如原文本、注本、續編仿編本等，本文所言"原文本"，即《近思録》十四卷 622 條文本。《近思録》作爲傳播宋代理學思想的經典文本，傳至日本後，日本刊印、抄寫了《近思録》原文本。日本學者爲方便本邦讀者閱讀研習，對相關《近思録》文獻用日文進行訓釋，或在漢字旁加注日文訓點[①]進行刊刻傳播，此舉有力地助推了此書快速而廣泛的傳播。

一、山崎嘉訓點本源流考述

在公元五六世紀時期，日本人衹有口頭語言，尚未創造出自己的文字，那時傳佈到日本列島上的中國儒家經典，自然没有可供使用的日語譯本。日本人若要理解這些漢籍就必須認識漢字，且中國的儒家典籍最初差不多也是作爲日本人學習漢字的教材被傳入、被閱讀的，因而日本人在學習使用漢字的過程中，一方面依照漢語的語法構造，按照漢字固有的意義來寫漢字，另一方面以漢字作爲固有日語的表音符號[②]進行改造。

---

① 訓點，是日本人閲讀漢文時使用的符號，又稱"倭點""和訓"，異名而同義。古代日本人閲讀漢文文獻時，發明了用古代日語語法閲讀漢文的方法，用以表示這種訓讀方法的符號叫做"訓點"，其中有"反點"與"送假名"。"反點"表示古代日語朗讀漢文時的順序，一般用"レ"標在兩個字中間，或用"一""二""三""上""中""下""甲""乙""丙"等標在正文左邊；"送假名"表示用片假名標漢字尾字的讀音，一般標在漢字右下角。訓點是"和刻本"最大特徵之一，本書多統而言之，稱作"日文訓點"。參閲陳正宏先生《東亞漢籍版本學初探》，中西書局，2014 年 10 月 1 版。

② 如後來産生的日本民族的假名文字，是九世紀中葉空海用單音節的草書體漢字製成平假名，吉備真備用楷書漢字偏旁製成片假名。

歷史上中國漢籍流佈日本之後，日本學者在室町時代早期已經開始用日文訓點漢籍，例如當時五山禪僧之一的歧陽方秀[①]，在朱熹《四書章句集注》流佈日本後，公開設教席講解朱熹《四書集注》，並在講説此書時還加注了"和訓"(即歧陽點)。遺憾的是他草創的《四書集注和點》後來失傳。五山的薩南學派代表桂庵玄樹[②]，明成化六年(1470)出使明朝，在日本文龜二年(1502)用國字解朱熹《集注》，述倭點之法，即《桂庵家法倭點》。

隨後的文之玄昌[③]完成了對於歧陽、桂庵等諸前輩的"四書倭點"的修正工作。他訓點的書有三種:《四書集注》《周易傳義》《素書》。文之"雖博識宏才，而生於西陲，詞辨鄙陋，頗少文飾"，在後水尾天皇宫廷講解朱子《四書新注》時，説的是薩州土音，因爲有倭點的幫助，故使得更多聽衆能明白其主旨。可見在當時日本書籍流通有限的歷史境遇之下，"文之點"方便了不同土音者之間的交流。文之的思想傾向於儒家學説，以程朱之學自命，因而他所做的日文訓點工作對推進儒學思想文化的傳播極具意義。所以朱謙之説:"由於《文之點四書》的刊行，使《四書集注》成爲當時讀書人的必讀書。"[④]

與文之玄昌同時期的藤原惺窩[⑤]，在文禄二年(1593)於妙壽院讀宋儒性理之書時，有感於朱熹《四書章句集注》没有和訓，故前往明朝學習，因途中遇暴風漂至硫磺島，偶聞有人以《新注》的和訓授徒，得知是"文之和尚所點本"，故而感嘆"今將渡明，亦無他，所求者惟此而已"。於是抄録文之倭點而去，歸洛後宣導《四書新注》。因此，藤原惺窩的日文訓點很可能源自文之。

雖説在明清時期，日本的官方文書、文史著作等也有用漢字書寫的，但漢文在日本的普及面並不很廣。江户時代仍不斷訓點源自中國的書籍，如林羅

① 歧陽方秀(1363—1424)，號不二道人，義堂周信弟子，"少學詩書，後崇宋學"，頗信程朱之書。著有《琴川集》《不二遺稿》。

② 桂庵玄樹(1427—1505)，字玄樹，號島陰，周防山口人。作爲詩人、儒者，他居釋門而敬信四書如神明。朱謙之説"他是日本程朱學宣導的巨擘，其貢獻决不在藤原惺窩之下"(見《日本的朱子學》，第109頁)。

③ 文之玄昌(1555—1620)，號南浦，師事二洲一翁。他以道統自命，力排古注派。其學術，受訓詁於一翁，學義理於黄友賢(爲他講授孔孟濂洛之道)。隨着"文之點"大功告成，文之《砭愚論》云"周子傳之河南二程，二程傳至於朱子而斯文益明"。

④ 朱謙之《日本的朱子學》，人民出版社，2000年12月1版，第119頁。

⑤ 藤原惺窩是京師朱子學派的鼻祖，其所編《四書五經倭訓》，即用日語注解四書五經。

山訓點(道春點)的書有四書、五經、《五經大全》《春秋胡氏傳》等,加句讀的書有《漢書》《十三經注疏》《文獻通考》《三國志》《二程全書》《邵子全書》《小學》《近思録》《朱子大全》《語類》《性理大全》《居業録》等。又如德川吉宗對普及儒學盡力尤多,訓點清順治時頒行的《六諭衍義》,又命室鳩巢和譯此書大意,享保七年(1722)刊行。

明治維新時期,日本脱亞入歐,西化更減弱了漢文的影響力。漢籍若要成爲日本民族便利易讀之物,加强日文訓點則顯得更爲必要。相較於過去,這一時期日文訓點或日文翻譯漢籍有了大的發展,出現了新的文本形態。

縱觀日本歷史,其學者日文訓點的對象多偏重於儒家典籍。作爲傳播中國程朱理學思想的《近思録》系列文獻,在流佈日本的過程中,日本學者爲了方便更多人閲讀,於十七世紀采用古日文進行訓點,或用本民族文字進行譯介。這些舉措既加速了程朱理學文獻的普及與傳播,也使得《近思録》日文訓點本或日文標注本不斷呈現,其中的多種刻本如今依然存世。

在《近思録》訓點方面最具代表性的人物,是江户時代前期尊奉朱子學的名家山崎闇齋。山崎嘉(1618—1682),字敬義,小字長吉,後稱清兵衛,又更改爲嘉右衛門,號闇齋、垂加、梅庵,京師人。曾經師從土佐信奉程朱之學的儒者谷時中,專讀四書、朱子《文集》《語類》等。擔任過會津藩主的侍講,晚年創立垂加流神道。著述有《易學啓蒙》《大學講義》《孝經刊誤》等。

據相關資料記載,明曆元年(1655)春,38 歲的山崎嘉在京師開講《近思録》,"四方游學之士,靡然向風,其講經,先《小學》,次《近思録》,次四書,次《周易本義》及程《傳》"(山田連思叔《年譜》)。寬文五年(1665)會津侯保科正之迎闇齋至江户(今東京)講四書、《近思録》等,寬文十二年十一月山崎嘉講完全部《近思録》後回京師[①]。因山崎嘉長期在江户等地講學,四方學徒靡然向風,一時號稱有六千多人,可見他當時在日本的影響之巨。然而山崎嘉存世著述很少,這與他"信朱子,亦述而不作"有關係。

山崎嘉尊孔宗朱,對《近思録》極爲推崇,欲"復朱子之舊",於寬文十年夏校成《近思録》。其《讀近思録詩》曰:"世遠人亡道統空,維天新命濂溪翁。一

① (日)安褧《活板近思録序》云:"藩祖土津公既讀《小學》,焚棄異説,專崇正學,既使山崎嘉講四子而後及於是書,以寬文十二年十一月終帙。"載於《近思録》,日本天保二年活字本。

心常泰顔淵樂，大志正任伊尹功。河洛宗誠修己敬，横渠先禮律身恭。六經四子四賢訣，都在《近思》一帙中。”①

山崎嘉門人中傑出者有佐藤直方、淺見絅齋、三宅尚齋等人，且再傳弟子若林强齋、稻葉默齋、小野鶴山等又是日本講論《近思録》文獻的名家，故崎門學派在日本朱子學學術思想傳播歷史上頗具影響力。

山崎嘉講經，“先《小學》，次《近思録》”，在他看來朱、吕所編“以《近思》之名而極高妙之言，小學、大學工夫悉備焉，實學者入道之階梯，不可不好看”②。因此他特意爲《近思録》加日文訓點，以助本邦讀者閲讀理解此書。據天保二年（1831）安褧説，藩祖土津公崇奉程朱之學，寬文年間，請山崎嘉講學《四書章句集注》《近思録》。那麽山崎嘉在江户所講《近思録》，極有可能是他加注的訓點本，而且在此前後刊行於世。我們實地調研日本多家藏書機構後，發現珍藏最多的《近思録》和刻訓點本，即山崎嘉訓點，可見其品質、影響力非同一般。

我們試着將山崎嘉訓點的《近思録》内容與中國現存明代、清初的《近思録》刻本相比較，發現它們基本内容相同。但是山崎嘉用漢字的簡體字來標音，用“レ”“一、二”等來標語序，他對該書閲讀方式或手段的改進，是利於日本讀者閲讀的，以致後世日本學者重刊的《近思録》，大都選擇山崎嘉訓點本，且版本形態幾乎相同。我們之所以説後世多重刻之，那是因爲在正文前後有不斷增添的相關序跋或批注可以佐證。如《近思録》十四卷，日本寬文十年（1670）山崎嘉序，京都壽文堂武村市兵衛刊本，東京大學藏本有明治三十六年（1903）南莊批注本；寬文十年山崎嘉序，洛陽武村市兵衛、大坂武村佐兵衛刊本，京都大學有藏；安永三年（1774）壽文堂、井上清兵衛重刊山崎嘉訓點本，日本國立公文書館有藏；安政五年再校，明治四年佐土原藩學習館重刻本，上海圖書館有藏；文化十一年（1814）石田治兵衛刊本，横濱國立大學有藏；弘化三年（1846）菱屋孫兵衛刊本，北海道大學有藏等。受《近思録》日文訓點本的影響，日本人隨後所撰《近思録》漢文注解本等也多加注日文訓點。

---

① （日）山崎嘉《讀近思録詩》，參見（日）山崎道夫《崎門學派における近思録の尊重と若林强齋の近思録十四目講義》，載於日本國士館大學《人文學會紀要》第4號，昭和四十七年一月，第123頁。

② （日）山崎嘉《近思録序》，載於（宋）朱熹、吕祖謙共輯《近思録》，日本寬文十年京都壽文堂刊本。

因此,日本有識之士在《近思録》閲讀方法上的用功,方便了本邦讀者閲讀漢籍,擴大了《近思録》閲讀面,增强了普及傳播的力度,爲理學在日本的發展壯大夯實了根基。今就其中最具代表性的山崎嘉日文訓點作以考述。

(一) 朱熹、吕祖謙共輯《近思録》十四卷,寬文十年京都壽文堂刊本

此刻本每半葉九行十六字,注文小字雙行同。四周單欄,無界行。框高21.50釐米,寬17.00釐米。白口,對(黑)魚尾。版心魚尾間刻書名卷次簡稱(如"近思録一")、頁碼。卷一卷端首行頂格題"近思録卷之一",次行低二字格題卷名與語録條數(如"道體 凡五十一條"),第三行頂格刻印正文,每條單列,頂格刻印。每卷除首條外,其餘各條前刻有一圓圈"〇",標示醒目,卷末有尾題"近思録卷之某某"。

該《近思録》和刻本的十四卷標題分别爲道體、爲學、致知、存養、克己、家道、出處、治體、治法、政事、教學、警戒、異端、聖賢。與《朱子語類》所載朱熹所言各卷篇名、葉采集解時擬訂的篇名略有差異,明顯有山崎嘉校訂痕迹。

此本卷前刻有寬文十年山崎嘉《近思録序》、《近思録目録》、《近思録》(即此書取材的14部書名)。卷十四末刻有《近思録後序》兩篇(即朱熹序、吕祖謙序)。刻本正文字體爲長仿宋體,原版在漢字旁刻有日文訓點。在此本卷末葉,即《近思録後序》左下角刻有刊記"壽文堂刊行"五字,因此推斷此刻本是寬文十年(1670)壽文堂刊行的山崎嘉日文訓點本。另據刻本"恒"字避諱闕末筆推斷,或與宋版《近思録》有關,這也符合山崎嘉"不取葉氏《集解》,别校一本,以復朱子之舊"之意。

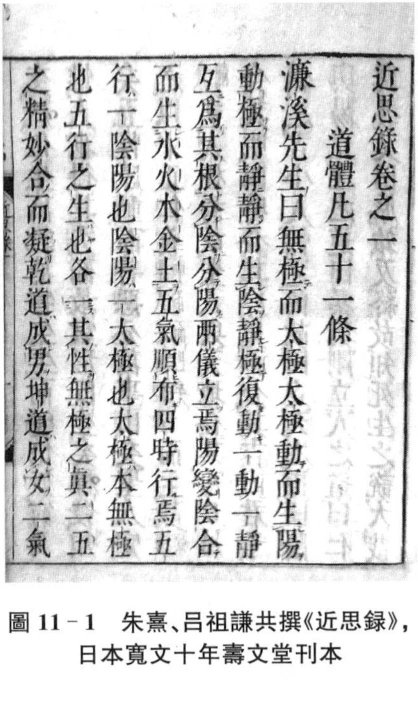
近思錄卷之一
道體凡五十一條
濂溪先生曰無極而太極太極動而生陽
動極而靜靜而生陰靜極復動一動一靜
互爲其根分陰分陽兩儀立焉陽變陰合
而生水火木金土五氣順布四時行焉五
行一陰陽也陰陽一太極也太極本無極
也五行之生也各一其性無極之眞二五
之精妙合而凝乾道成男坤道成女二氣

圖11-1 朱熹、吕祖謙共撰《近思録》,日本寬文十年壽文堂刊本

東京大學總合圖書館藏本(書影見圖11-1)將原印本改裝爲1册(B60—

1473號),鈐朱文印“東京帝國大學圖書館印”“宫原”。封皮内鈐紫色印“寄贈:昭和三年三月卅壹日 永峰春樹氏”。該藏本末葉的空白處有名謂“南莊”的墨筆題識:“明治三十六年紀元節,平山子ぅ訪ヒ歸洛小玉□□□求不此ハ内□樂子卜□横須矣□□島□赴ク。南莊。”由此推測該藏本天頭行間的朱筆漢文或日文批注,很可能是“南莊”所爲,因而此藏本又可稱之爲明治三十六年(1903)南莊批注本。該館藏書目録將其著録爲:“寬文十年序,京都壽文堂武村市兵衛刊本。”[①]此和刻本嚴紹璗《日藏漢籍善本書録》有著録,云:“靈元天皇寬文十年(1670)壽文堂刊印之《近思録》十四卷本,有山崎闇齋點。”[②]

作爲江户時代前期的日本朱子學名家山崎嘉,在序文中首先肯定了《近思録》的階梯價值,簡要回顧了南宋後期、元明學者關於《近思録》的注解,對自己所見《近思録》的注本、續編本作了較全面、中肯的評議,認爲:“何北山著《發揮》,恐微言未析也。葉仲圭爲《集解》,楊伯嵒爲《衍注》,皆未能深有所發明……戴亨之《補注》,柳貫之《廣輯》,皆葉解之亞流也。周公恕亂成書爲《分類》,張元禎、陳文耀雷同而補成之,共犯不韙之罪。”[③]他還着重圍繞蔡模的續編仿編提出異議,認爲《續録》選輯朱子語有失偏頗,對於朱熹所論“爲學者用力”處、“存養之要”語、“《白鹿洞揭示》”、“《答吴晦叔知行書》”等文字應載於《續録》而蔡氏未選入感到不滿;又認爲“《别録》之編不取南軒《主一箴》,不舉東萊《大事記》,其亦遺恨也”。他還高度評價了朱熹在五子中的地位,没有朱熹則《近思録》不會誕生,肯定了朱熹在理學讀本的編纂上是前無古人後無來者,“先生以後更無先生”,因而擔憂朱熹之後無人能像他那樣對理學家的文獻資料進行注解、編纂。正是因爲山崎嘉特别看中朱熹在《近思録》編纂中的作用,故對於朱熹之後出現的注本、續編本等未很好凸顯朱子思想頗有異詞。

山崎嘉《近思録序》曰:

> 晦庵先生曰:“《近思録》好看。四子、六經之階梯;《近思録》,四子之階梯。”信哉!是言也。孟子没而聖學不傳者,其無此階梯也。夫學之道

---

① (日)東京大學總合圖書館編《東京大學總合圖書館漢籍目録》,東京大學總合圖書館發行,1995年3月初版,第272頁。

② 嚴紹璗《日藏漢籍善本書録》子部,中華書局,2007年3月1版,第723頁。

③ (日)山崎嘉《近思録序》,載於《近思録》,寬文十年京都壽文堂刊本。

在致知力行之二，而存養則貫其二者也。漢唐之間非無知者也，非無行者也，但未曾聞存養之道，則其所知之分域，所行之氣象，終非聖人之徒矣。至於宋濂溪周子繼往聖而開來學，其所謂“無極而太極”，則啓大《易》之秘而發《中庸》之妙也。誠能有得於斯，則四子、六經可不治而明矣。然此豈若異端頓悟之所得哉？先生教伯恭做數語載於後，正爲此也。竊謂：“一高卑合遠近者，聖人之道也；升高自卑、行遠自近者，聖人之教也。或馳於高遠，或滯於卑近，則皆非道非教也。”先生此編以《近思》之名而極高妙之言，小學、大學工夫悉備焉，實學者入道之階梯，不可不好看也。當時鄧絅問之，略而不切，故先生且隨答之而已。後來陳潛室答人問之也，問者雜而不切，其答亦非達者語也。雖何北山著《發揮》，恐微言未析也。葉仲圭爲《集解》，楊伯嵒爲《衍注》，皆未能深有所發明，汪器之議之是也。戴亨之《補注》，柳貫之《廣輯》，皆葉解之亞流也。周公恕亂成書爲《分類》，張元禎、陳文耀雷同而補成之，共犯不韙之罪耳。抑此編之後，劉子澄取程門諸子之説，編爲《續録》，先生以謂“諸子終不及程子，接續其意思不得矣”。其後蔡覺軒以先生之書編爲《續録》，采張氏、吕氏之書爲之《别録》。嘉嘗閲之，不滿於心，聊試論之。夫先生經解之外，説天人之道，莫詳於“元亨利貞”“太極”之二説，然選乎“太極”説而遺“元亨利貞”説，何耶？仁愛之有味，智藏之無迹，先生丁寧開示之，其全收《仁説》，則愛之親切足以味之乎！其截取四性之論，雖有冬藏之言，而不聞其説之詳，則無迹之微意孰得而識之哉！《玉山講義》發揮四子，旁通情也，此爲學者用力而講之，宜依先生編入《好學論》之例矣。《敬齋箴》是存養之要也，《白鹿洞揭示》則教學之法而《大學》以來之規也，《答吴晦叔知行書》則《大學》之蘊而傳者之所未發也。皆不載之，其他可惜者猶多，今不盡論之也。《别録》之編不取南軒《主一箴》，不舉東萊《大事記》，其亦遺恨也。蓋有周、程、張子而微先生，則此書之編不可成矣。先生以後更無先生，則注解之眼、續編之手，果望於誰哉！寬文十年夏五月九日山崎嘉敬義序。

與山崎嘉訓點《近思録》寬文十年壽文堂刻本内容、編次、版式皆相同的和刻本，都可歸屬於山崎嘉訓點系列，現藏於日本多家圖書館，例如：

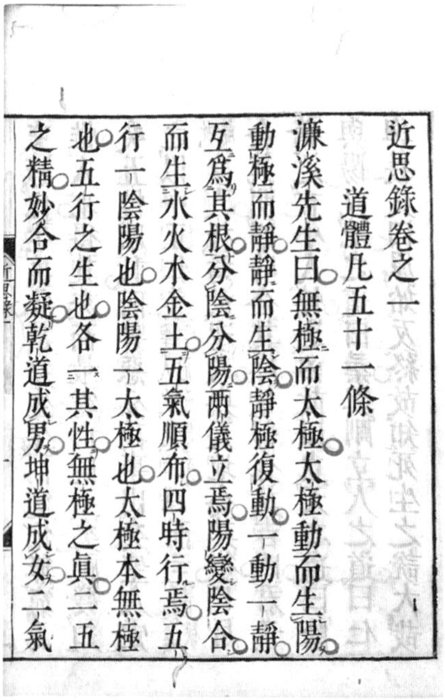
近思録卷之一
道體凡五十一條
濂溪先生曰無極而太極太極動而生陽
動極而靜靜而生陰靜極復動一動一靜
互爲其根分陰分陽兩儀立焉陽變陰合
而生水火木金土五氣順布四時行焉五
行一陰陽也陰陽一太極也太極本無極
也五行之生也各一其性無極之眞二五
之精妙合而凝乾道成男坤道成女二氣

圖 11－2 《近思録》，日本寬文十年壽文堂刻本

1.《近思録》十四卷，東京都立中央圖書館藏本(特 7168)，每半葉九行十六字，注文小字雙行同，四周單欄，無界行。白口，對(黑)魚尾。框高 21.50 釐米，寬 17.00 釐米。版心魚尾間刻書名卷次簡稱(如"近思録一")、頁碼。該刻本原版上刻有日文訓點，卷端題識與上述壽文堂刻本同，且卷首、卷末序跋文字也相同。此本末葉左下刻有刊記"壽文堂刊行"，因此，推斷其爲壽文堂刊刻日文訓點本。結合前文的考訂，可知這也是寬文十年(1670)壽文堂所刊山崎嘉訓點本。

該館藏本(書影見圖 11－2)，2 册，四眼綫裝。鈐朱文印"東京都立圖書館藏書""日比谷圖書館"，墨色陽文印"中山文庫"，原書爲中山太郎舊藏。該藏本的天頭、行間有漢文批注，漢字旁鈐朱色小圓圈以示句讀。

2.《近思録》十四卷，東洋文庫藏本(Ⅲ—4—819)，每半葉九行十六字，注文小字雙行同，四周單欄，無界行。白口，對(黑)魚尾。框高 21.50 釐米，寬 17.00 釐米。版心魚尾間刻書名卷次簡稱(如"近思録一")、頁碼。刻本原版上刻有日文訓點，故爲日文訓點本。每卷各條語録單列，頂格刻印，除各卷首條語録外，餘者每條前用"○"標示。此刻本的内容、版式、書體等與上述壽文堂刻本非常相近。

當我們將此刻本與壽文堂刻本比較後，發現二者版式相同、内容相同，刻印字體相同，極似同一刻本。儘管東洋文庫將此刻本著録爲"日本山崎嘉點，寬文十年山崎嘉序刊本"①，但我們覺得它酷似壽文堂刻本。

① (日)東洋文庫圖書部編《東洋文庫所藏漢籍分類目録》子部，平成五年四月發行，第 21 頁。

該文庫藏本(書影見圖 11－3),2 册,五眼綫裝。鈐朱文印“東洋文庫”,墨色印“財團法人東洋文庫,昭和十八年七月廿四日”。藏本第 2 册卷末封底上有墨筆題記“岩城喜厄衛門　豹林藏”。

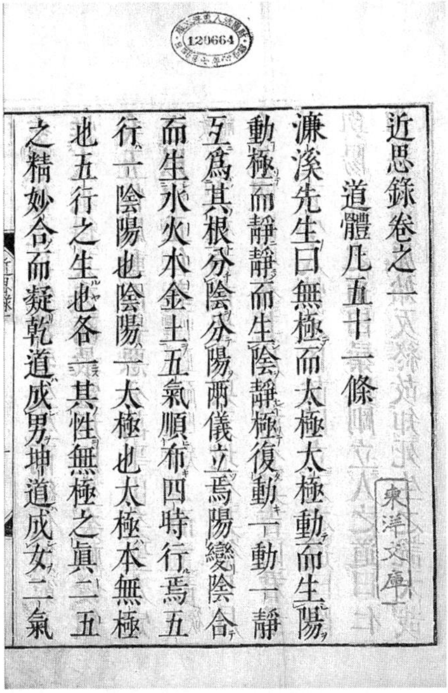
近思錄卷之一
道體凡五十一條
濂溪先生曰無極而太極太極動而生陽
動極而靜靜而生陰靜極復動一動一靜
互爲其根分陰分陽兩儀立焉陽變陰合
而生水火木金土五氣順布四時行焉五
行一陰陽也陰陽一太極也太極本無極
也五行之生也各一其性無極之眞二五
之精妙合而凝乾道成男坤道成女二氣

圖 11－3　《近思録》,日本寬文十年刊本

3. 彌生吉且《倭版書籍考》卷二著録的寬文十年山崎嘉作序的訓點本。嚴紹璗《日藏漢籍善本書録》説:“日本東山天皇元禄十五年(1702)彌生吉且《倭版書籍考》卷二著録《近思録》十四卷。其識文曰:‘此本乃朱子與吕東萊於建寧武夷山之寒泉精舍談合而編集,分十四門,集周濂溪、程明道、程頤川、張横渠之要語。是爲繼四書之後儒門最要之書。時朱子四十六歲,吕東萊三十八歲。朱、吕二公有《後序》,載葉仲圭集解本之卷首。倭版有寬文十年庚戌山崎嘉齋右衛門序文。’”[①]由於我們没有見到嚴先生所云此版本,將其暫附於有寬文十年山崎嘉序文的壽文堂本之後。

(二)《近思録》十四卷,洛陽武村市兵衛、大坂武村佐兵衛刊本

此刻本每半葉九行十六字,注文小字雙行同,四周單欄,無界行。白口,對(黑)魚尾。框高 21.50 釐米,寬 17.00 釐米。版心魚尾間刻書名卷次簡稱(如“近思録一”)、頁碼。卷一卷端首行頂格題“近思録卷之一”,次行低二字格題本卷卷名及語録條數(如“道體 凡五十一條”),第三行頂格刻印正文。每卷各條語録單列,頂格刻印,各卷除首條語録外,餘者每條前有“○”,以作標示。原版上刻有日文訓點,其體例、内容與上述壽文堂日文訓點本相同。

---

① 嚴紹璗《日藏漢籍善本書録》子部,第 723 頁。

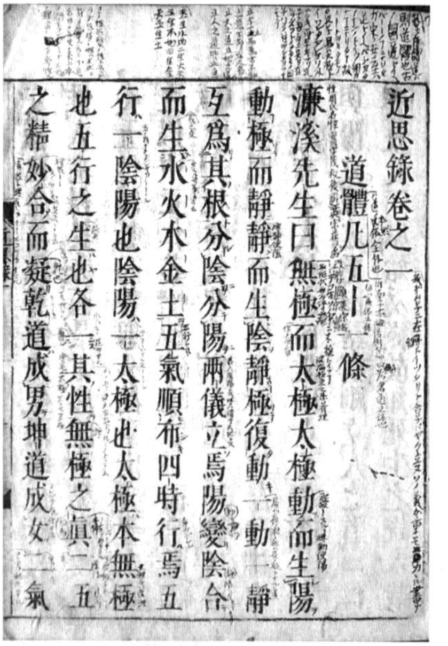

近思錄卷之一
道體凡五十一條
濂溪先生曰無極而太極太極動而生陽動極而靜靜而生陰靜極復動一動一靜互爲其根分陰分陽兩儀立焉陽變陰合而生水火木金土五氣順布四時行焉五行一陰陽也陰陽一太極也太極本無極也五行之生也各一其性無極之眞二五之精妙合而凝乾道成男坤道成女二氣

圖 11－4 《近思録》,洛陽武村市兵衛、大坂武村佐兵衛刊本

並且卷首也刻有寬文十年山崎嘉序文,卷末刻有《後序》等。刻本"恒"字闕末筆(書影見圖 11－4)。

該刻本末葉左下角刻有刊記:"書肆:洛陽武村市兵衛/大坂 同 佐兵衛。"因而此刻本爲洛陽武村市兵衛、大坂武村佐兵衛刊行的日文訓點本。嚴紹璗《日藏漢籍善本書録》説,壽文堂刊印《近思録》後,"其後有大阪武村佐兵衛、京都武村市兵衛重印本"①,所言不虛。京都大學文學部此藏本(支那哲文學 CⅡ—P6—1),2 册,四眼綫裝。天頭行間有佚名朱筆或墨筆用漢文、日文批注。

儘管此刻本的版式結構、内容與壽文堂刊本相同,也是山崎嘉訓點本,而且極有可能是覆刻壽文堂刻本,但是此刻本末葉的刊記又告訴我們它們二者有别,故藏家著録爲"寬文十年序,大阪武村市佐兵衛等刊本"②。

與這個大阪武村市兵衛刻本的編排體例、内容甚至字體相同的日文訓點本,各卷一般是先刊印書名卷次、卷名、語録條目數,如卷一"近思録卷之一/道體 凡五十一條",接之正文。每卷各條語録單列,頂格刻印,除各卷首條語録外,餘者每條前用"○"標示。正文字體爲略長的仿宋體,在漢字旁標注日文訓點。符合此特徵的武村佐兵衛、武村市兵衛刻本多家藏書機構有藏(筆者家藏本見彩色圖録),如:

1.《近思録》十四卷,山崎嘉訓點,洛陽武村市兵衛、大坂武村佐兵衛刊本,東京都立中央圖書館有藏(特 7169)。

每半葉九行十六字,注文小字雙行同,四周單欄,無界行。白口,對(黑)

① 嚴紹璗《日藏漢籍善本書録》子部,第 723 頁。

② (日)京都大學文學部編《京都大學文學部漢籍分類目録》子部,中西印刷株式會社,昭和三十四年三月印刷,第 76 頁。

魚尾。框高21.50釐米,寬17.00釐米。版心魚尾間刻書名卷次簡稱(如"近思録一")、"一"。"恒"字闕末筆,刻本刻有日文訓點。

卷前刻有寬文十年山崎嘉敬義《近思録序》、《近思録》(即此書取材的14部書名)、《近思録目録》。在卷十四末刻有《近思録後序》兩篇(即朱熹序、吕祖謙序)。吕氏跋文左下角刻有刊記:"書肆:洛陽武村市兵衛/大坂 同 佐兵衛。"因而此刻本當是洛陽武村市兵衛、大坂武村佐兵衛刊行的山崎嘉訓點本。

東京都立中央圖書館藏本(書影見圖11-5),2册(第1册封面書簽上墨筆題記"近思録""從卷一至卷五",第2册題記"近思録""從卷六終終至"),四眼綫裝。鈐朱文印"桑木藏書""桑木文庫""東京都立圖書館藏書""日比谷圖書館"。藏本天頭、行間有漢文、日文批注,第1册封面内有佚名於"萬延二辛酉正月"用漢文題的一篇批注。

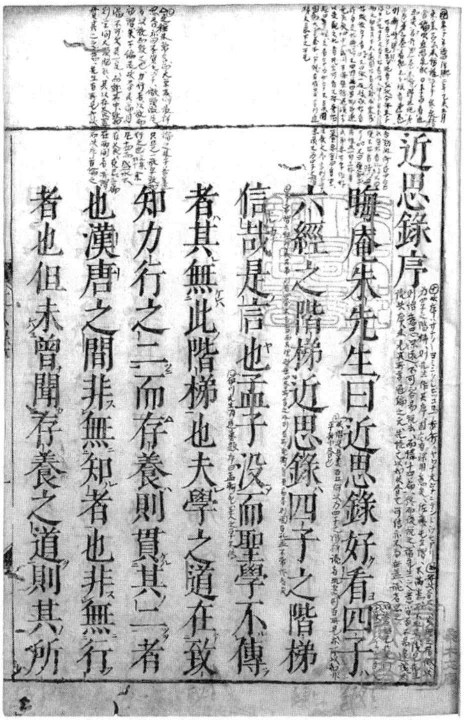
近思錄序
晦庵朱先生曰近思錄好看四子
六經之階梯近思錄四子之階梯
信哉是言也孟子沒而聖學不傳
者其無此階梯也夫大學之道在致
知力行之二而存養則貫其二者
也漢唐之間非無知者也非無行
者也但未曾聞存養之道則其所

圖11-5 《近思録》日本寬文十年山崎嘉序,洛陽武村市兵衛、大坂武村佐兵衛刊本

東京都立中央圖書館又藏一部"武村市兵衛、大坂武村佐兵衛刊本"(3855—010),2册。其内容、刊記、版框裂痕等與上述武村市兵衛刊本同,當是同一版印,然從墨迹看,此刻本恐爲後印本。鈐朱文印"東京市立日比谷圖書館藏書""日比谷圖書館寄贈""東京市立日比谷圖書館東京誌料藏書",墨色印"水原勝之助氏寄贈本"。

2.《近思録》十四卷,山崎嘉訓點,洛陽武村市兵衛、大坂武村佐兵衛刊本,東京大學總合圖書館有藏。

每半葉九行十六字,夾注雙行同,四周單欄,無界行。白口,對魚尾。框高 21.50 釐米，寬 17.00 釐米。版心刻書名卷次、頁碼（如“近思録一”、“一”）。刻本體例、書體、諱字、日文訓點等與上述版本同。

卷前有寬文十年山崎嘉敬義《近思録序》、《近思録》（即此書取材的 14 部書名）、《近思録目録》。第 2 册卷十四末第 10 條後，有《近思録後序》兩篇（即朱熹序、吕祖謙序），可見此後序前面應有卷葉脱損，即闕卷十四的第 11 條至第 26 條。末葉刻有刊記“書肆：洛陽武村市兵衛/大坂 同 佐兵衛”，因而可知此刻本是洛陽武村市兵衛、大坂武村佐兵衛刊梓。此和刻本，該館著録爲“大坂武村佐兵衛、京都武村市兵衛同印本”[①]，也可以説是洛陽武村市兵衛、大坂武村佐兵衛覆刻壽文堂本，因墨色較淡，或爲後印本。東京大學總合圖書館藏本（B60—109 號）。2 册，四眼綫裝。鈐朱文印“青州文庫”“甲斐城辰河内村舞鶴亭抽那氏藏”“東京帝國大學圖書館”等。

3. 洛陽武村市兵衛、大坂武村佐兵衛刊本，韓國國立中央圖書館有藏。

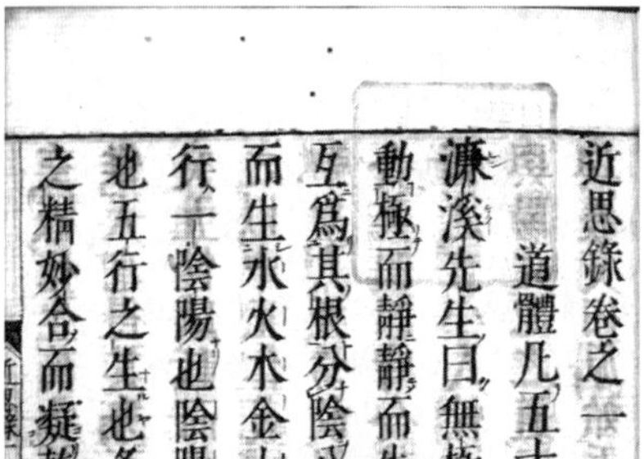
近思録卷之一
道體凡五十一條
濂溪先生曰無極而太極太極動而生陽
動極而靜靜而生陰靜極復動一動一靜
互爲其根分陰分陽兩儀立焉陽變陰合
而生水火木金土五氣順布四時行焉五
行一陰陽也陰陽一太極也太極本無極
也五行之生也各一其性無極之眞二五
之精妙合而凝乾道成男坤道成女二氣

圖 11 - 6　《近思録》，洛陽武村市兵衛、大坂武村佐兵衛刊本

每半葉九行十六字，夾注小字雙行同，四周單欄，無界行。白口，對（黑）魚尾。框高 21.50 釐米，寬 16.80 釐米。版心魚尾間刻書名卷次簡稱（如“近思録一”）、頁碼。卷一卷端首行頂格題“近思録卷之一”，次行低二字格題卷名與本卷語録條數（如“道體凡五十一條”），第三行頂格刻印正文。該刻本每卷各條語録單列，各卷除首條語録頂格刻印外，餘者每條前用“○”標示。正文字體爲略長的仿宋體，在漢字旁刻有日文訓點（書影見圖 11 - 6）。

卷前刻有寬文十年山崎嘉敬義《近思録序》、《近思録目録》、《近思録》（即此書取材的 14 部書名）。卷十四末刻有《近思録後序》兩篇（即朱熹序、吕祖謙序）。在

---

① 東京大學總合圖書館編《東京大學總合圖書館漢籍目録》，第 272 頁。

吕氏跋文末葉左下角刻刊記“書肆:洛陽武村市兵衛/大坂 同 佐兵衛”。因而此本是洛陽武村市兵衛、大坂武村佐兵衛刊刻的日文訓點本。因而依據山崎嘉作序時間與刊記可知,此刊本爲日本寬文十年洛陽武村市兵衛、大坂武村佐兵衛刊行。藏本(古 1—50—92),2 册,該館著録云“日本木板本”,寬文十年山崎嘉序。

4. 洛陽武村市兵衛、大坂武村佐兵衛刊本,早稻田大學圖書館有藏。

每半葉九行十六字,注文小字雙行同,四周單欄,無界行。白口,對(黑)魚尾。框高 21.00 釐米,寬 16.80 釐米。版心魚尾間刻書名卷次簡稱(如“近思録一”)、頁碼。從版式、内容與上述京都大學文學部圖書館藏本比較,二者相同。

卷前有寬文十年(1670)山崎嘉敬義《近思録序》、《近思録》(即此書取材的 14 部書名)、《近思録目録》。卷十四末刻有《近思録後序》兩篇(即朱熹序、吕祖謙序)。但是,末葉未見上文所述版本中的刊記。早稻田大學圖書館著録爲“寬文十年序”[①]。該藏本(イ 21/125 號),2 册,四眼綫裝。鈐朱文印“會津朔印”“上田氏印”“早稻田大學圖書”“昭和三十三年十二月一日購求”等。天頭行間有佚名墨筆漢文批注。

5. 洛陽武村市兵衛、大坂武村佐兵衛刊本,湖北省圖書館有藏。

每半葉九行十六字,四周單欄,無界行。白口,對(黑)魚尾。框高 20.50 釐米,寬 16.80 釐米。版心魚尾間刻書名卷次簡稱(如“近思録一”)、頁碼。“恒”字闕末筆(書影見圖 11－7)。

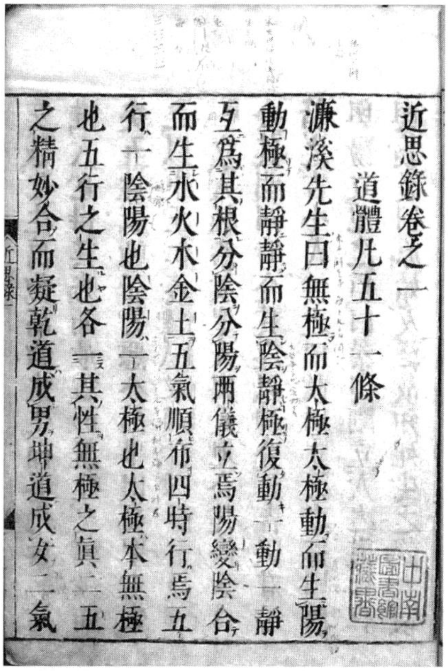
近思録卷之一
道體凡五十一條
濂溪先生曰無極而太極太極動而生陽
動極而靜靜而生陰靜極復動一動一靜
互爲其根分陰分陽兩儀立焉陽變陰合
而生水火木金土五氣順布四時行焉五
行一陰陽也陰陽一太極也太極本無極
也五行之生也各一其性無極之眞二五
之精妙合而凝乾道成男坤道成女二氣

圖 11－7 《近思録》,洛陽武村市兵衛、大坂武村佐兵衛刊本

① (日)早稻田大學圖書館編《早稻田大學圖書館所藏漢籍分類目録》子部,日本綜合印刷株式會社,平成三年十二月印刷,第 166 頁。

正文前刻有日本寬文十年山崎嘉《近思録序》，但需要説明的是，儘管此序文末葉原本印紙有部分被損毀，闕失原有的作序時間和作序者名，但是通過與現藏日本壽文堂刊本的山崎嘉序文比較，知爲山崎嘉之序。

刻本的内容、版式甚至字體筆畫（如“太”“火”“也”“四”等）都與上述京都大學藏武村市兵衛刻本同，故此刻本應是江户時期洛陽武村市兵衛刊刻，後流佈至中國而被收藏。

該館藏本（子—327），2 册，五眼綫裝，楮皮紙。内封上鈐朱文圓印“茨城縣水户市鳥見街菊池武恒”，圓形印中間是一個“證”字。鈐朱文印“中南圖書館藏書”。卷中行格、天頭有佚名朱筆或藍筆批注，文字多是漢文與日文交雜。

（三）《近思録》十四卷，安永三年壽文堂、井上清兵衛重刻山崎嘉訓點本

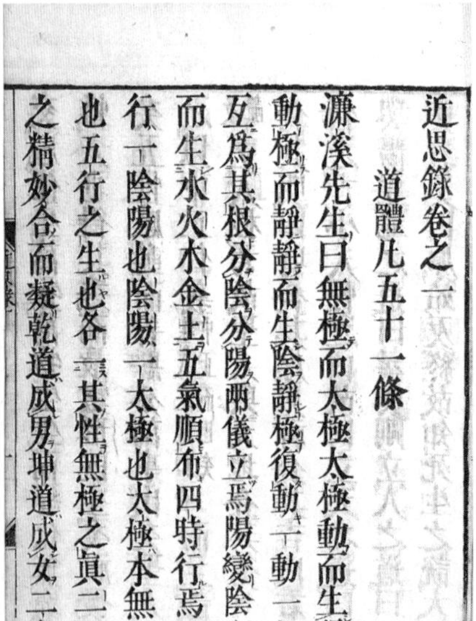
近思錄卷之一
道體凡五十一條
濂溪先生曰無極而太極太極動而生陽
動極而靜靜而生陰靜極復動一動一靜
互爲其根分陰分陽兩儀立焉陽變陰合
而生水火木金土五氣順布四時行焉五
行一陰陽也陰陽一太極也太極本無極
也五行之生也各一其性無極之眞二五
之精妙合而凝乾道成男坤道成女二氣

圖 11－8　《近思録》，日本安永三年壽文堂、井上清兵衛重刻本

此刻本（書影見圖 11－8）每半葉九行十六字，夾注小字雙行同。四周單欄，白口，對（黑）魚尾。框高 21.00 釐米，寬 16.80 釐米。版心魚尾間刻印書名卷次簡稱（如“近思録一”）、頁碼。此刻本的編次體例與上述寬文十年刻本基本相同，即卷端葉右刻書名卷次、本卷卷名及語録條數，如卷一“近思録卷之一/道體凡五十一條”。接之正文，每卷各條語録單列，各卷除首條語録外，餘者每條前有“○”，以標示語録條目。該刻本正文字體爲略長的仿宋體，原版刻有日文訓點，“恒”字闕末筆。

卷前刻有寬文十年山崎嘉敬義《近思録序》、《近思録目録》、《近思録》（即此書取材的 14 部書名）。卷十四末刻有《近思録後序》兩篇（即朱熹序、吕祖謙序）。在末葉左側空白處刻有刊記“安永三甲午年五月再版/壽文堂、井上清兵衛”。另將此刻本與上述京都壽文堂刻本的版式、内容比較,發現二者幾乎一樣,衹是少數文字的筆畫略異(如"火""體""太"等),因此該刻本是安永三年(1774)壽文堂、井上清兵衛重刻寬文十年壽文堂所刊山崎嘉訓點本。此刻本天頭處往往刻有校勘文字,如卷四第一葉右,與"有諸問"對應的天頭處刻有"諸問之'問',一作'聞'"。這些校勘文字,或是重刻時增補。嚴紹璗《日藏漢籍善本書録》説,京都武村市兵衛重印本之後,"又有後桃園天皇安永三年(1774)壽文堂井上清兵衛修訂重印本"①,嚴先生所指或許是這個本子。

日本國立公文書館藏本(298—0163 號),2 册,四眼綫裝。鈐朱文印"淺草文庫""鹿沼民藏書記""日本政府圖書""慶應乙丑",墨色陽文印"昌平坂學問所"。由此可知此本原爲昌平坂學問所舊藏之物。

此《近思録》安永三年刻本,日本藏家現存多部,如:

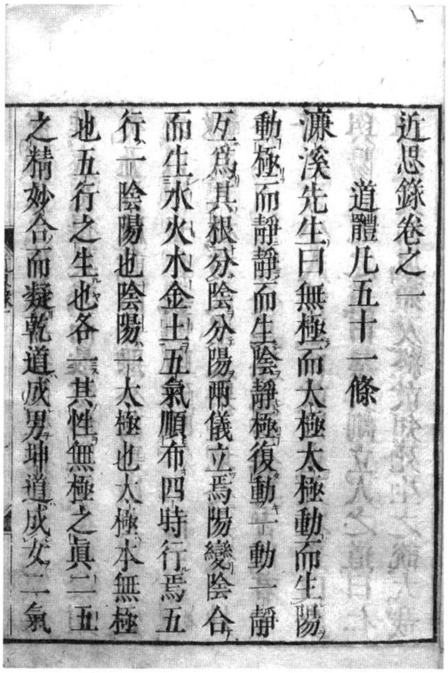
近思錄卷之一
道體凡五十一條
濂溪先生曰無極而太極太極動而生陽
動極而靜靜而生陰靜極復動一動一靜
互爲其根分陰分陽兩儀立焉陽變陰合
而生水火木金土五氣順布四時行焉五
行一陰陽也陰陽一太極也太極本無極
也五行之生也各一其性無極之眞二五
之精妙合而凝乾道成男坤道成女二氣

圖 11-9 《近思録》,日本安永三年壽文堂重刊本

1. 廣島大學圖書館藏本(書影見圖 11-9),每半葉九行十六字,夾注小字雙行同。四周單欄,白口,對(黑)魚尾。框高 20.90 釐米,寬 16.80 釐米。版心魚尾間刻印書名卷次簡稱(如"近思録一")、頁碼。該刻本正文字體爲略長的仿宋體,原版在漢字旁刻有日文訓點。有些框欄天頭處刻有小方框,裏面文字多爲校勘、批注語,與上述國立公文書館藏本同。

卷前刻有《近思録》(即此書取材的 14 部書名)、《近思録目録》、寬文十年(1670)山崎嘉敬義《近思録序》。卷十四末刻有《近思録後序》兩篇(即朱熹序、吕祖謙序)。末葉空白處有刊記"安永三甲午年五月再版/壽文堂、井上清兵衛"。由此可知,此刊本是安永三年(1774)五

① 嚴紹璗《日藏漢籍善本書録》子部,第 723 頁。

月壽文堂、井山清兵衛重刊寬文十年山崎嘉訓點本。

廣島大學圖書館藏本（子 3—02—9 2/2），2 册（封面左上書簽墨筆題記“近思録”，且分别題記“天”“地”），四眼綫裝。《廣島大學斯波文庫漢籍目録》有著録[①]。

2. 早稻田大學圖書館藏本，每半葉九行十六字，夾注小字雙行同。四周單欄，白口，對（黑）魚尾。框高 20.90 釐米，寬 16.90 釐米。版心印書名卷次、頁碼（如“近思録一”“一”）。該刻本正文字體爲略長的仿宋體，原版在漢字旁刻有日文訓點，當爲日文訓點本。

卷前刻有寬文十年山崎嘉敬義《近思録序》、《近思録後序》兩篇（即朱熹序、吕祖謙序，序文末葉左側空白處刻有刊記“安永三甲午年五月再版/壽文堂、井上清兵衛”）、《近思録目録》、《近思録》（即此書取材的 14 部書名）。需要注意的是，卷前的這兩篇《後序》在上述藏本中一般裝訂在卷十四末，而此藏本卻裝訂在正文前，很可能是後來的藏家改裝移位所致。

早稻田大學圖書館藏本（ロ 13/1714 號），2 册（封面左上書簽墨筆題記“近思録”，且分别題記“上”“下”），四眼線裝。鈐朱文印“早稻田大學圖書”“藤野潔氏遺愛之記”“明治四十一年四月二十四日藤野漸氏寄贈”等，書中佚名朱筆漢文批注，或許是藤野潔氏所爲。此刻本藏家著録爲“安永三年五月再版，京都井上清兵衛”[②]。

3. 日本安永三年壽文堂、井上清兵衛重刊山崎嘉訓點本，勝村治右衛門、勝村伊兵衛等重印本。此刻本每半葉九行十六字，夾注小字雙行同。四周單欄，白口，對（黑）魚尾。框高 20.90 釐米，寬 16.90 釐米。版心魚尾間刻印書名卷次簡稱（如“近思録一”）、頁碼。“恒”字闕末筆。該刻本正文字體爲略長的仿宋體，在漢字旁刻有日文訓點。

正文前刻有寬文十年山崎嘉敬義《近思録序》、《近思録》（即此書取材的 14 部書名）、《近思録目録》。卷十四末刻有《近思録後序》兩篇（即朱熹序、吕祖謙序），在左側的空白處刻有刊記“安永三甲午年五月再版，壽文堂、井上清

---

① （日）廣島大學附屬圖書館編《廣島大學斯波文庫漢籍目録》，山脇印刷株式會社，平成十一年十月發行，第 50 頁。

② 早稻田大學圖書館編《早稻田大學圖書館所藏漢籍分類目録》子部，第 166 頁。

兵衛”，而且在第 2 册末封底刻：“三都書物問屋：江户日本橋通一丁目 須原屋茂兵衛/……/京都寺町通松原下 勝村治右兵門 /同 寺町通高辻上 同 伊兵衛 版”。儘管此刻本與前文所述該館所藏“壽文堂、井上清兵衛重刊山崎嘉訓點本”的版式、内容同，二者極似同一版，但是又據封底所載，當是須原屋茂兵衛、勝村治右兵衛、勝村伊兵衛等刊行，故藏家著録爲“後印”，因而可以説這是安永三年(1774)壽文堂、井上清兵衛刊本的重印本。這也是嚴紹璗《日藏漢籍善本書録》所説的“修訂本”，即在壽文堂井上清兵衛修訂重印本之後，“修訂本又有京都勝村治右衛門重印本”[①]。

早稻田大學圖書館藏本(ロ13/3436 號)，2 册(封面左上書簽墨筆題記“近思録”，且分别題記“上”“下”)，四眼綫裝。該館藏書目録著録云：“安永三年五月再版(後印)，京都井上清兵衛。”[②]

此類後印(或重印)本，東京都立中央圖書館也有藏(和 0467，書影見圖 11－10)，僅爲殘本(存《近思録》卷六至卷十四)。封底的奥付刊記與早稻田大學藏本同，即“京都 須原屋茂兵衛/同 伊 八 /山城屋佐兵衛/岡田屋嘉 七 /大阪 敦賀屋九兵衛/秋田屋太右工門/京都 勝村治右兵衛版”。因而此本也是山崎嘉訓點，勝村治右衛門、勝村伊兵衛等重印本。藏本鈐朱文印“東京都立中央圖書館”。關西大學圖書館也有藏(L23)，待述。筆者家藏本書影見彩色圖録。

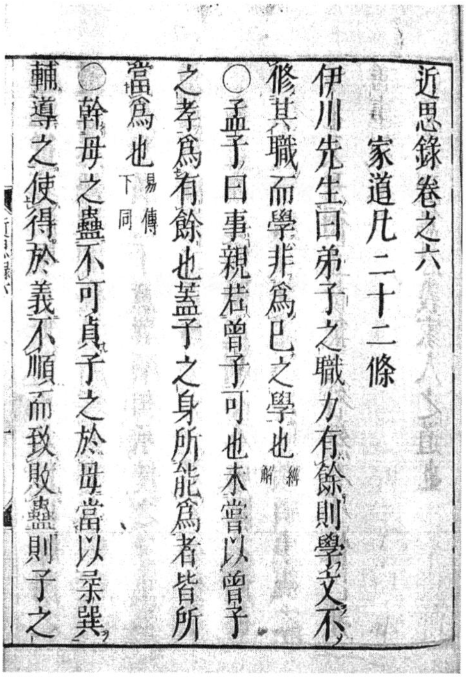
近思録卷之六
家道凡二十二條
伊川先生曰弟子之職力有餘則學文不修其職而學非爲己之學也
○孟子曰事親若曾子可也未嘗以曾子之孝爲有餘也蓋子之身所能爲者皆所當爲也
○幹母之蠱不可貞子之於母當以柔巽輔導之使得於義不順而致敗蠱則子之

圖 11－10 《近思録》，勝村伊兵衛等重印本

① 嚴紹璗《日藏漢籍善本書録》子部，第 723 頁。

② 早稻田大學圖書館編《早稻田大學圖書館所藏漢籍分類目録》子部，第 166 頁。

（四）安永九年新發田藩刻本

山崎嘉訓點《近思録》的新發田藩刻本，筆者無法識見，在此依據嚴紹璗《日藏漢籍善本書録》著録："光格天皇安永九年新發田藩刊印山崎嘉齋點《近思録》十四卷。"①因而，我們將安永九年(1780)此刊印本歸屬於山崎嘉訓點本系列，具體詳情待考。

（五）文化十一年石田治兵衛重刻安永三年刊本

此刻本每半葉九行十六字，注文小字雙行，四周單欄，白口，雙魚尾。漢字旁刻有日文訓點。

正文前刻有寬文十年(1670)山崎嘉序文，卷十四末刻有朱熹序、吕祖謙跋。在吕祖謙跋文末刻有刊記"安永三甲午年五月再版/壽文堂 井上清兵衛"，又刻有"文化十一年戌正月吉日，京師書肆，一條大宫西入，石田治兵衛藏"②。據此可知此刻本是文化十一年(1814)石田治兵衛重刻安永三年刊本。日本京都大學藏本(121.4 | | 6—1)，2 册。鈐朱文印"勝山家藏書印"。

（六）弘化三年菱屋孫兵衛刊本

(宋)朱熹、吕祖謙共編《近思録》十四卷，弘化三年(1846)菱屋孫兵衛刊本，筆者無法見到，在此僅據嚴紹璗《日藏漢籍善本書録》知，在壽文堂、井上清兵衛修訂重印本之後，"修訂本"又有"菱屋孫兵衛重印本"③。出版刊記爲"皇都菱屋孫兵衛，弘化三年"。其詳情待考。該《近思録》和刻本，日本北大、同大有藏。

（七）安政五年再校，明治四年佐土原藩學習館重刻山崎嘉訓點本

此刻本每半葉九行十六字，四周單欄，白口，對(黑)魚尾。框高 20.70 釐米，寬 16.60 釐米。版心印書名卷次、頁碼(如"近思録一""一")。卷一卷端首行頂格題"近思録卷之一"，次行低二字格題卷名與語録條數(如"道體凡五

---

① 嚴紹璗《日藏漢籍善本書録》子部，第 723 頁。
② 参見京都大學圖書館藏書檢索網站 https://op.kulib.kyoto-u.ac.jp/webopac/catdbn.do
③ 嚴紹璗《日藏漢籍善本書録》子部，第 723 頁。

十一條”)，第三行頂格刻印正文。每卷各條語録單列，各卷除首條語録外，餘者每條前用“○”標示。正文字體爲略長的仿宋體，在漢字旁刻有日文訓點。正文前刻有日本寛文十年山崎嘉敬義《近思録序》、《近思録後序》兩篇（即朱熹序、吕祖謙序）、《近思録》（即此書取材的 14 部書名）、《近思録目録》。

刻本卷首書名葉刻“山崎嘉點/近思録（全）/佐土原學習館藏板”。卷十四末的扉葉刻刊記：“安政五戊午五十二月再校/明治四辛未年五月再刻/佐土原藩/學習館藏板。”依此，該刻本爲山崎嘉訓點本，日本安政五年（1858）再校，明治四年（1871）佐土原藩學習館重刻。上海圖書館藏本（書影見圖 11 - 11），4 册。四眼綫裝，楮皮紙。鈐朱文圓印“經緯天地”，方印“佐土原藩刊行”“佐土原藩藏版”。

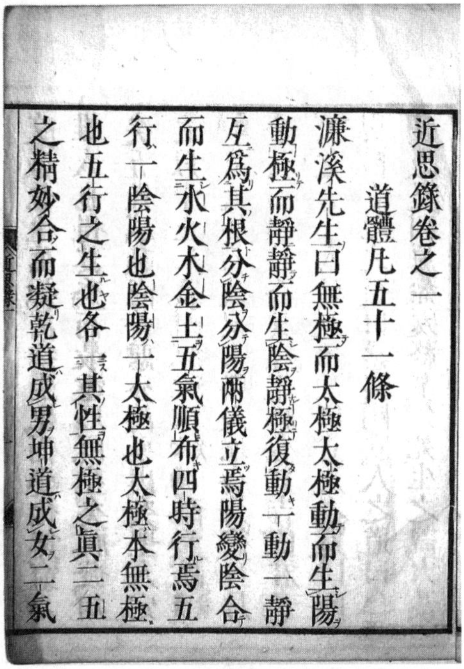
近思錄卷之一
道體凡五十一條
濂溪先生曰無極而太極太極動而生陽
動極而靜靜而生陰靜極復動一動一靜
互爲其根分陰分陽兩儀立焉陽變陰合
而生水火木金土五氣順布四時行焉五
行一陰陽也陰陽一太極也太極本無極
也五行之生也各一其性無極之眞二五
之精妙合而凝乾道成男坤道成女二氣

圖 11 - 11 《近思録》，日本安政五年再校、明治四年刻本

明治四年佐土原藩學習館重刻本的體例、内容與前文所述寛文十年山崎嘉訓點壽文堂刻本同。但是也存在明顯的校勘之處，如在部分版框的天頭處另刻一小框，刻印批校語，如卷三第八葉與“怎”字對應的行格天頭刻一小框，内有批校語“道，一無之；得，一作卻”；卷四第一葉與“有”字相對應的天頭另刻一小框，内有批校語“諸問之問，一作聞”；卷六第六葉與“又”字對應的天頭另刻一小框，内有批校語“春，下一有‘至春夏’三字”；卷十二第一葉與“如”字對應的天頭另刻一小框，内有批校語“獲，一作諱”。通過比較此刻本與安永三年壽文堂、井上清兵衛重刻本的天頭所刻校勘文字，二者多數相同，因而該明治四年重刻本宜是源自安永三年刻本，也是山崎嘉訓點本的再校本。

二、《近思録》其他日文訓點本考述

《近思録》除上述山崎嘉訓點本系列外，現存《近思録》和刻本中尚有其他訓點本，如：

（一）日本安政三年刊本，韓國國立中央圖書館有藏

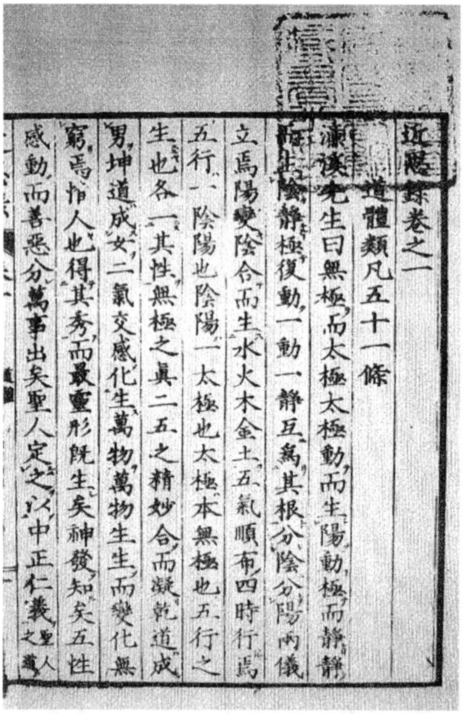
近思録卷之一
道體類凡五十一條
濂溪先生曰無極而太極太極動而生陽動極而靜靜
而生陰靜極復動一動一靜互爲其根分陰分陽兩儀
立焉陽變陰合而生水火木金土五氣順布四時行焉
五行一陰陽也陰陽一太極也太極本無極也五行之
生也各一其性無極之眞二五之精妙合而凝乾道成
男坤道成女二氣交感化生萬物萬物生生而變化無
窮焉惟人也得其秀而最靈形既生矣神發知矣五性
感動而善惡分萬事出矣聖人定之以中正仁義聖人之道

圖 11－12 《近思録》，日本安政三年刻本

該和刻本（書影見圖 11－12）每半葉十行二十一字，夾注小字雙行同。左右雙欄，有界行。白口，單（黑）魚尾。版心魚尾上刻書名“近思録”，魚尾下刻卷次、卷名（如“卷一”“道體”）、頁碼。卷一卷端首行頂格題“近思録卷之一”，次行低二字格題卷名與語録條數（如“道體類凡五十一條”），第三行頂格刻印正文。每卷語録單列頂格刻印，各卷除首條外，餘者每條前用“○”標示。此刻本漢字旁刻有日文訓點，但與山崎嘉訓點本所刻符號稍異。

此刻本卷首刻有四周雙欄的書名葉，框中分作三欄，其右、中兩欄刻有“安政三年丙辰鐫/《近思録》”，左行格上鈐藍色印“朝鮮總督府圖書館”。《近思録》十四卷末刻有《近思録後序》兩篇（即朱熹序、吕祖謙跋）。因而可知此本是安政三年（1856）刊刻。此訓點本的編排體例、内容與山崎嘉訓點本没有大的差異，或許采用的底本依舊是山崎嘉訓點，但是因爲其行格版式、書體卻與壽文堂刊山崎嘉訓點本明顯有別，故而在此單列，作爲没有明確署名訓點者的刻本來論述。

韓國國立中央圖書館藏本（古 1—50—95），2 册（封面正中題記“近思録”，並分别題記“乾”“坤”）。鈐朱文印“朝鮮總督府圖書館藏書之印”。

（二）尚待考訂的日文訓點本

在朱熹、吕祖謙撰《近思録》十四卷的和刻本中，尚有我們不能見到或難以確定刊者、刊刻時間的日文訓點本。如：

1. 安政三年(1856)會津藩刊本。關西大學圖書館藏本(L23)，2 册。注記“會津藩藏版”。鈐藏書印“柴宫藏書”“龜井藏書”“龜井”[①]。

2.《小學》六卷與《近思録》十四卷合刊的和刻本。此刻本每半葉十一行二十字。左右雙欄，有界行，黑口，雙魚尾。出版地不明。注記：朱子《孝經》《小學》《近思録》。版心題記書名“小學、近思録”。前附“孝經刊誤”。九州大學圖書館藏本(碩水文庫/シ/125)，4 册。墨瀾齋。鈐朱文印“尾府内庫圖書”[②]。

上述日本學者訓點《近思録》的和刻本，依據刊行時間先後，暫列順序如下：寬文十年壽文堂刻本→洛陽武村市兵衛刻本→安永三年刻本→覆刻安永三年刻本(後印本)→安永九年新發田藩刻本→文化十一年重刻安永三年刊本→弘化三年菱屋孫兵衛修訂本→安政三年刊本→安政五年校、明治四年重刻安永三年刊本。

最後需要説明的是，在日本現存的《近思録》文獻中，日文訓點的版本並非祇有山崎嘉訓點，歷史上日本刊刻、抄寫的葉采《近思録集解》本及中國其他學者的注編本，也有日文訓點的痕迹，儘管難以確定其具體的訓點者是誰，但可以肯定的是，因爲有了這些日文訓點，所以使得其文獻價值大增，傳播地域更廣。考慮到他們分屬於不同内容的文本，除本節《近思録》原文本的訓點本外，筆者將其他訓點本則放在相關章節中稍作陳述。

三、無日文訓點的《近思録》版本述考

《近思録》在日本學者眼裏“爲聖學之階梯、大道之標表”，能爲日本國培育德行、事業兼備的有用之才，在日本除前文所述大量雕版印製山崎嘉日文訓點本外，現存《近思録》原文本中還有日本人刊印、抄寫的版本。儘管這些版本没有一個明確的體系，卻可彌補其雕版的不足，也反映了日本學者、傳播者藉此以求廣佈的心願，成爲日本歷史上多途徑傳播《近思録》的真實寫照。

---

①② 參見京都大學圖書館藏書檢索網站 https://op.kulib.kyoto-u.ac.jp/webopac/catdbn.do

（一）朱熹、吕祖謙輯《近思録》十四卷，日本活字本

1. 以寛文十年刊本爲底本的好古堂活字本

此本框欄銜接處斷痕明顯，字迹墨色濃淡不一，筆鋒棱角分明，可知爲木活字本。每半葉九行十六字，偶有夾注，注文小字雙行同，四周單欄，無界行。框高 21.70 釐米，寬 16.90 釐米。白口，反向雙（黑）魚尾。版心上魚尾上方印書名卷次簡稱（如“近思録一”），兩魚尾間印圓圈與頁碼（如“○○○初”），下魚尾下端右側印記出版單位（如“好古堂”）。卷一卷端首行頂格題“近思録卷之一”，次行低二字格題卷名與語録條數（如“道體凡五十一條”），第三行頂格印正文。各卷每條語録單列，頂格印，每卷除首條外，其餘各條前增一“○”，以作條目標示。“恒”字闕末筆，或源自宋版《近思録》。

正文前印有寛文十年山崎嘉敬義《近思録序》、《近思録》（即此書取材的 14 部書名）、《近思録目録》。卷十四末有《近思録後序》兩篇（即朱熹序、吕祖謙序）。

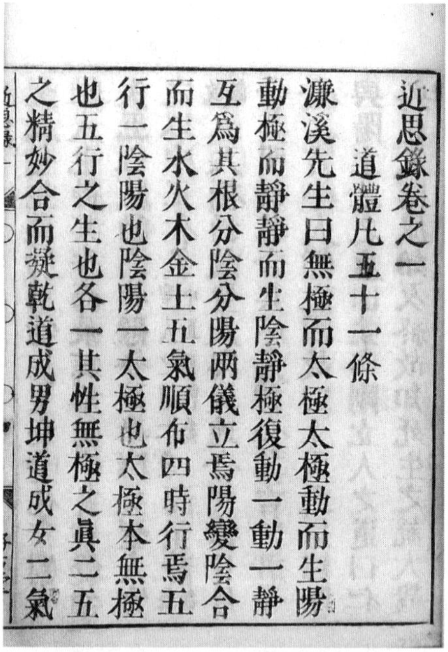

近思錄卷之一
道體凡五十一條
濂溪先生曰無極而太極太極動而生陽
動極而靜靜而生陰靜極復動一動一靜
互爲其根分陰分陽兩儀立焉陽變陰合
而生水火木金土五氣順布四時行焉五
行一陰陽也陰陽一太極也太極本無極
也五行之生也各一其性無極之眞二五
之精妙合而凝乾道成男坤道成女二氣

圖 11－13 《近思録》，好古堂活字本

由於該木活字本無日文訓點，字體也不同於寛文十年刻本（如“色”“遠”“昏”等字），故其具體源流很難明斷。關於此活字本的來源或底本，從其序跋的編次、版式、文本目録、内容以及諱字推測，它與上述日本寛文十年刊本同出一源，或許是好古堂以寛文十年（1670）刊本爲底本排印。東京都立中央圖書館藏本（特別買上文庫 7167—1，書影見圖 11－13），2 册（封面左上墨筆題記“近思録”，且分別題記“上”“下”），四眼綫裝。鈐朱文印“岡文庫”。此本，嚴紹璗《日藏漢籍善本書録》著録爲木活字本，云：“靈元天皇寛文十年又有好古堂用木活字刊印

《近思録》十四卷。”[①]

2. 天保二年以山崎嘉訓點本爲底本的活字本

江户時代後期，學界對《近思録》依然“崇奉之隆”，在“風靡使然”之下的日本社會仍倡行講讀《近思録》之風，讀四書者尤不可不讀《近思録》。當時就有學者主張各藩學校印行此書，便利於人才培養，希望讀者勿爲空言，“敬誦而謹行之，其處也孝子，其出也忠臣”[②]。那些講讀此書者意在通過給生徒們講習，使“生徒者日夜孜孜勉學，蘊而德行，行而事業，以供國家之用”[③]。

寬文年間，藩祖土津公崇奉程朱之學，請山崎嘉講學《四書章句集注》《近思録》。天寶年間，由於《近思録》“雕本不多，講者病焉，書庫中本有活版字印一函”[④]，於是刊印者借助藩祖土津公儲存的活字字模印製此書。此活字本起於文政十二年（己丑，1829），終於天保二年（辛卯，1831），歷時三年完成。刊印者“其意專在奉公家教育之意，指引學徒而趨於正路”[⑤]，並告誡藩學的學徒們不要“騖於空文而疏於實踐”。很顯然體現出日本民族重視實踐而疏於理論的接受觀念。

此本每葉板框四角裂縫明顯、字體墨色濃淡不一，可知這是活字本，印製較精美。每半葉十行十八字，四周單欄，無界行，框高 23.10 釐米，寬 16.30 釐米。白口。卷一卷端首行頂格題“近思録卷之一”，次行低二字格題卷名與語録條數（如“道體凡五十一條”），第三行頂格印正文。每卷各條語録單列，頂格排印，各卷除首條語録外，餘者每條前增加“○”，以作標示。卷末有尾題“近思録卷之某某”。

此印本卷首印有天保二年二月安褧[⑥]《活板近思録序》（序文末印有兩方墨印，陰文“褧印”、陽文“章卿”）、《近思録目録》。卷十四末有《近思録後序》兩篇（即朱熹、吕祖謙的序跋文）、天保二年三月山内俊温《活版近思録跋》（跋

① 嚴紹璗《日藏漢籍善本書録》子部，第 723 頁。按：原書“好古堂用木活字”印作“好古用木活字堂”，筆者以爲原印本次序有誤故改。

② （日）安褧《活板近思録序》，載於（宋）朱熹、吕祖謙合輯《近思録》，日本天保二年活字本。

③ （日）山内俊温《活版近思録跋》，載於《近思録》，日本天保二年活字本。

④ （日）安褧《活板近思録序》。

⑤ （日）山内俊温《活版近思録跋》。

⑥ 安部井帽山（1778—1845），名褧，字章卿，會津人。尊崇程朱之學，嘗爲會津藩文學。見《會津士人偉行録》。

文末印有兩方墨印，陰文“須滕”、陽文“俊温”），且俊温跋文云“其工畢於辛卯之春”。“辛卯”，即天保二年，因此該印本爲天保二年（1831）活字本，據所載序跋可知會津藩學校采納的底本很可能是寬文年間山崎嘉訓點本。該活字本的目録、體例、内容，與上述好古堂活字本相近。

日本國立公文書館藏本（298—0160號，書影見圖11－14），2冊（封面左上墨筆題記“近思録”，且分别題記“天”“地”），四眼綫裝。鈐朱文印“淺草文庫”“大學校圖書之印”“嘉永壬子”，墨色陽文印“昌平坂學問所”，故顯然是江户時代昌平坂學問所舊藏之物。關於此本是何種活字印製，嚴紹璗《日藏漢籍善本書録》的記載可以參考，嚴先生説：“仁孝天皇天保二年會津藩用木活字刊印《近思録》十四卷。此本由日人安部井褧校點。”①

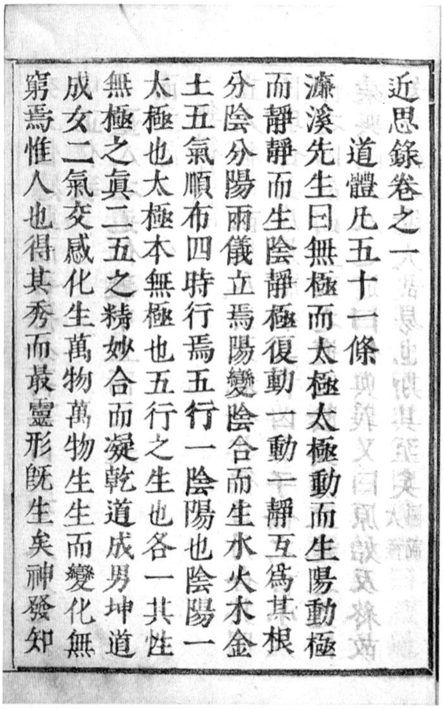
近思錄卷之一
道體凡五十一條
濂溪先生曰無極而太極太極動而生陽動極
而靜靜而生陰靜極復動一動一靜互爲其根
分陰分陽兩儀立焉陽變陰合而生水火木金
土五氣順布四時行焉五行一陰陽也陰陽一
太極也太極本無極也五行之生也各一其性
無極之眞二五之精妙合而凝乾道成男坤道
成女二氣交感化生萬物萬物生生而變化無
窮焉惟人也得其秀而最靈形既生矣神發知

圖11－14 《近思録》，日本天保二年活字本

此活字本，關西大學圖書館也有藏，殘本。《近思録》存一至五卷，宋朱熹、吕祖謙撰，安褧校，會津秘府，天保二年（1831）序刊。該館藏本（L23），1冊。注記：序の書名《活板近思録》。注記“木活字本”。鈐朱文印“會津秘府”②。

安褧《活板近思録序》曰：

子朱子曰：“四子，六經之階梯也；《近思録》，四子之階梯。”可見欲學聖人之道者，不可不讀四子，而讀四子者尤不可以不讀《近思録》矣。藩祖土津公既讀《小學》，焚棄異説，專崇正學，既使山崎嘉講四子而後及於

① 嚴紹璗《日藏漢籍善本書録》子部，第723頁。

② 參見京都大學圖書館藏書檢索網站 https://op.kulib.kyoto-u.ac.jp/webopac/catdbn.do

是書，以寬文十二年十一月終帙，實薨前一月也，其崇奉之隆亦可見矣。風靡使然，當時士大夫有志於學者莫不講焉，中間伊物之徒出於是書尤極詆呵，昧者惑焉，往往用供覆瓿，唯不過一二故家東閣之藏而已，可勝惜哉！方今作成之方，申明祖制，專以四子及是書課試學子，而雕本不多，講者病焉。書庫中本有活版字印一函，蓋藩祖時物，云二三子與書庫官議請印刷，將以便講習也。嗚呼，藩祖蓄字印，殆有若豫爲今日而設者，二三子之舉，其所以將順美意者，可謂至矣！抑又有説，自今以往講是書者仰體藩祖崇奉之意，遵方今作成之方，自濂洛而洙泗，敬誦而謹行之，其處也孝子，其出也忠臣。毋使平日講學徒爲空言，則此亦將順之大者而不可不勉也。天保二年二月壬子安聚序。

俊温《活版近思録跋》曰：

學中刷印《近思録》，其議起於己丑之夏，其工畢於辛卯之春，其意專在奉公家教育之意，指引學徒而趨於正路也。夫此書之爲聖學之階梯、大道之標表也，固矣。然苟學徒立志之不實，致力之不勤，唯鶩於空文而疏於實踐，則所謂買櫝還珠之蔽，學者之大病也。嗟乎！吾藩學校之盛，近古所未曾有，其設教亦不求日用彝倫之外，要在使人成德達材、各盡其器用而已。爲生徒者日夜孜孜勉學，藴而德行，行而事業，以供國家之用，則是吾之所以望於學徒，而讀此書者所不可不知也。天保二年三月甲子山内俊温題。

3. 天保五年櫻田迪重印好古堂活字本

櫻田簡齋(1797—1876)，名迪，字子惠，稱良佐、甫助，號簡齋、濟美，仙臺(宫城縣、岩手縣南部、福島縣的一部分)人。爲櫻田虎門的親戚，櫻田虎門，仕於仙臺藩，後爲藩黌教官。櫻田迪撰有《論語私考》《中庸私考》《四書近小改點》等[①]。

宋朱熹、吕祖謙合輯《近思録》十四卷，天保二年會津藩學校的活字本面世後，很快有重印本，據嚴紹璗《日藏漢籍善本書録》著録，在好古堂印本之

① 張文朝編譯《江户時代經學者傳略及其著作》，臺北萬卷樓圖書股份有限公司，2014 年 3 月初版，第 123 頁。

後,“仁孝天皇天保五年(1834)櫻田迪有重印本。重印時有改點”[①]。由於筆者尚未見到這部重印本,其詳情待考。

(二) 天保四年抄本

據相關資料記載,日本秋田縣立圖書館藏有《近思録》二卷,船木武定,天保四年(1833)寫本,2 册。此本筆者未能見到,詳情待考。

(三) 昭和六年排印本

《近思録》十四卷此排印本,是被譯成日文進行排印,收録在山口剛(1884—1932)編《世界大思想全集》第五十三卷。該卷(支那思想篇)收録有《大學》、《中庸》、《論語》、《孟子》、《荀子》(抄)、《老子》、《莊子》、《墨子》(抄)、《韓非子》(抄)、《近思録》(抄)、《傳習録》(抄)共計 10 部。日本昭和六年(1931)東京春秋社出版。製作者:國立國會圖書館。

第二節　日本刊印的《近思録》中國學者續仿編本考

《近思録》面世後,崇尚程朱理學的學者不斷仿照《近思録》編纂了大量以“近思”爲書名核心詞的續編本、仿編本。當這些文本流佈日本後,日本社會依據社會教化與思想統治的需要,爲利於更廣泛地傳播,進行了重刻或抄寫。今分别考述如下:

一、蔡模《近思續録》《近思别録》和刻本考述

(一) 蔡模集編《近思續録》十四卷,和刻本

1. 日本寬文八年小松太郎平刊本

該刻本每半葉八行十七字。四周單欄,無界行,框高 21.10 釐米,寬 15.20 釐米。白口。版心刻書名卷次(如“近思續録卷一”)、頁碼。卷一卷端首行頂格題“近思續録第一卷”,次行低八字格題“考亭門人蔡模集編”,第三

---

① 嚴紹璗《日藏漢籍善本書録》子部,第 723 頁。

行低二字格題本卷篇名（如“道體類”），第四行頂格刻印正文，每條單列，每條首字頂格刻印，其餘各行皆低一字格刻印。卷末有尾題“近思續録卷之某某”。刻本字體爲長仿宋體，且在漢字旁邊刻有日文訓點。

正文前刻有《近思續録目録》，《續録》卷十四末刻有寬文戊申年八月谷勿《近思續録》跋文。需要注意的是，此《續録》後還刻有蔡模《近思別録》十四卷，且在卷末後的内封刻有牌記“寬文戊申中秋日/洛陽角倉通鹽屋町/小松太郎平刊行”。“寬文戊申”，即寬文八年。依據《續録》末跋文題署時間，以及《別録》末的刊記，可知此刻本爲日本寬文八年（1668）小松太郎平刻本。

日本國立公文書館藏本（298—0191 號，書影見圖 11－15），3 册，五眼綫裝。鈐朱文印“淺草文庫”“日本政府圖書”“寬政戊午”，墨色陽文印“昌平坂學問所”，可知爲江户時代昌平坂學問所舊藏。藏本偶中有朱筆劃綫圈點。

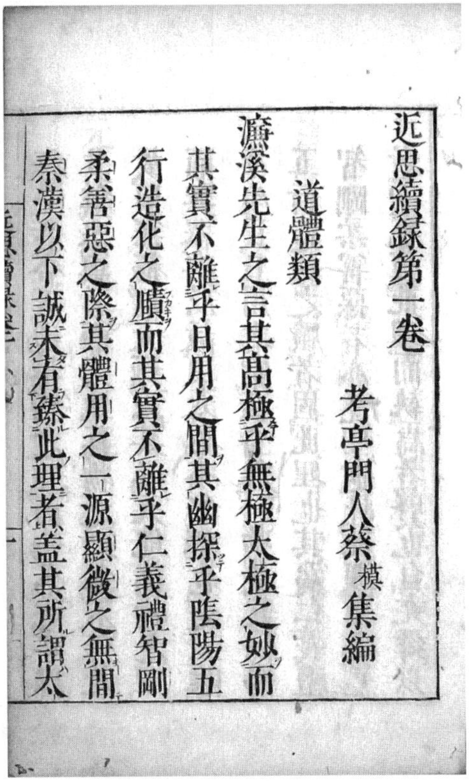
近思續録第一卷
考亭門人蔡模集編
道體類
濂溪先生之言其高極乎無極太極之妙而
其實不離乎日用之間其幽探乎陰陽五
行造化之賾而其實不離乎仁義禮智剛
柔善惡之際其體用之一源顯微之無間
秦漢以下誠未有臻此理者蓋其所謂太

圖 11－15　蔡模《近思續録》，日本寬文八年刻本

卷首刻《近思續録目録》：“第一卷道體類，五十一條；第二卷爲學類，六十四條；第三卷致知類，四十九條；第四卷存養類，四十六條；第五卷克己類，二十四條；第六卷家道類，十六條；第七卷出處類，凡二十三條；第八卷治體類，十八條；第九卷治法類，二十四條；第十卷政事類，二十一條；第十一卷教學類，十條；第十二卷警戒類，十七條；第十三卷辨異端，十條；第十四卷人品類，四十九條。”“《別録》目録同右，凡百八條。”該刻本所記語録條數與中國現藏清康熙年間刻本中《近思續録目録》存在差異，究其緣由則主要是語録條目分合有別，這些變化可能是重刻時所爲。

宋蔡模集編《近思續録》十四卷，寬文八年(1668)小松太郎平刻本，日本多家藏書機構有藏，如京都大學文學部藏本，卷首刻有《近思續録目録》，卷十四末刻有寬文八年谷勿《近思續録》跋文。藏本(中哲文C Ⅱ—P 8—14)，5册，五眼綫裝。鈐朱文印"京都大學圖書之印"。藏本有墨筆漢文批注，偶有朱筆劃綫圈點。依據封底墨筆書"藤原生"字樣，推測封皮、書中批注是藤原生所爲。此藏本《續録》後也有《近思别録》十四卷，1册，前後兩種書裝訂相同，合爲一函。藏家對於其刊刻時間著録有誤，説是"寬文七年京都小松太郎平刊本"①，但因其内容、版式等與日本公文書館藏本相同，依據封底刊記當是寬文八年刻本。

《近思續録》刻本末的谷勿跋文云：

朱夫子挺命世之資，承濂洛之統，廣大精微，博應曲當，於聖賢之書深淺精粗毫分縷析，直窮其到底而止，既皆質諸鬼神而無疑，百世以俟聖人而不惑矣。聖模賢範復粲然於世，如大明中天，凡有目者悉可得見之。於戲，盛矣至矣！斯又於周、程、張四夫子之書，而取其關於大體、切於日用者，輯爲《近思録》。"近思"者，何謂也？程子曰"以類推之"。所謂"求端用力、處己治人、辨異端、觀聖賢"，其綱也，自六經、《語》《孟》之後，未有如此之明且盡者也。而其躬自折理無毫釐之繆，處事無過不及之差，所以垂教於世者，蓋無與於此於斯。門人覺軒先生效夫子之例而專輯其言行，名之曰《近思續録》，合二録而潛玩以有得焉，則天下豈有不可窮之理、不可爲之事哉？矧亦從之，以及夫全書，以及六經，則何有不通乎？若憚煩勞安簡便，以爲足於此，而於夫子之全書，不以沉潛反覆，優柔厭飫，以致其博而反諸約焉，則其宗廟之美、百官之富，豈足以窺見乎？竊以先聖所以設教，則天命之發見於人事者，即修己治人之道也。四子所以發明者，亦此道也；朱子所以研精者，亦此道也。古今一道，千聖一揆，時雖有異，言如合符，是皆所謂"爲天地立心，爲生民立道，爲前聖繼絶學，爲萬歲開太平"，而道統之所寄者也，於呼至矣乎！或曰："子朱子於温公、康節，其平日尊之至矣，且於他書則多取其言，而於彼《録》則無或

① 京都大學文學部編《京都大學文學部漢籍分類目録》，第76頁。

取之者，何也？”曰：“二公之學，固非小子所敢爲言，而依夫子之言而竊窺之，其學各有所長，而於其大本處未免有少異，則已爲二本矣。其立言雖深邃，制行雖篤實，於此《録》論傳授之心法，義理之精微，則不得取之，至他書泛論物理，則從其所長而不得舍之。蓋不可以毫釐之差，自有不得不然矣。於乎，嚴哉！”或又曰：“横渠之於二程，固有高下，不可誣焉，而朱夫子於《近思録》取其言次於程子。吕、張之於朱子，猶横渠之於程子，而覺軒不同録，而别録之者，何也？”曰：“竊按横渠之於程子，猶備體有生熟之分耳。吕、張之學亦雖後生非所妄論，而亦以朱子言二公之學皆疏略，南軒疏略從高處去，伯恭疏略從卑處去之，類而視之，則二公之高下亦可見，而共不得列於《續録》，不亦宜乎？然而其言行適有與夫子同旨而切於日用者，不可亦以表之不爲用工之助，故别録之，而不雜於師説，固非有不足於斯以附之也。”余昔在海南，聞有此《録》而索之不能獲焉，乃不自量而私欲效退溪先生，因不得見王魯齋之所選之朱子書而自加損約，以爲用工之地，而凡於朱夫子之説雖略記之，而以不敏且無餘力，而未能遂其志。閑幸得此書，不勝歡賞焉，抑於其選之精粗、節之當否，則非小子所敢議矣。而又同志之輩欲廣其傳以共講之，因命剞劂氏繡梓。顧雖有先儒之注解，而妄意以爲未足爲定説，故今不專取之而姑竢他日云爾。寬文戊申八月望日谷勿謹題其後。

2. 日本延寶年間翻刻本

《近思續録》十四卷的另一部和刻本（書影見圖 11－16），每半葉八行十七字，四周單欄，無界行，框高 20.00 釐米，寬 15.10 釐米。白口。版心刻書名卷次、頁碼。卷端題識與上述寬文八年刻本同，刻有日文訓點，刻印精美。

此本卷首刻《近思續録目録》：“第一卷道體類，五十一條；第二卷爲學類，六十四條；第三卷致知類，四十九條；第四卷存養類，四十六條；第五卷克己類，二十四條；第六卷家道類，十六條；第七卷出處類，凡二十三條；第八卷治體類，十八條；第九卷治法類，二十四條；第十卷政事類，二十一條；第十一卷教學類，十條；第十二卷警戒類，十七條；第十三卷辨異端，十條；第十四卷人品類，四十九條。”“《别録》目録同右，凡百八條。”

北京大學藏本《續録》原爲 3 册，與其後的《近思别録》合訂爲一册。從其版式、内容看，與《續録》日本寬文八年(1668)刻本並無二致。但是北京大學該藏本是與《近思别録》合爲一體的，且在《别録》卷末的封底頁内刻印有奥付：“《和漢年表史略》……《八陣圖説》。御書物所，京都三條通堺町，出雲寺松柏堂。”筑波大學藏《鼇頭近思録》延寶五年刻本封底也有此奥付。另外，筆者在早稻田大學所見延寶年間出雲寺和泉掾刊本《近思録》宇都宫藤庵標注本封底的奥付與此也相同，且宇都宫藤庵標注本《近思録》的封底記載印製過“《續近思録》同《别録》”。因此，我們認爲這是日本延寶年間(1673—1680)出雲寺松柏堂翻刻寬文八年本。

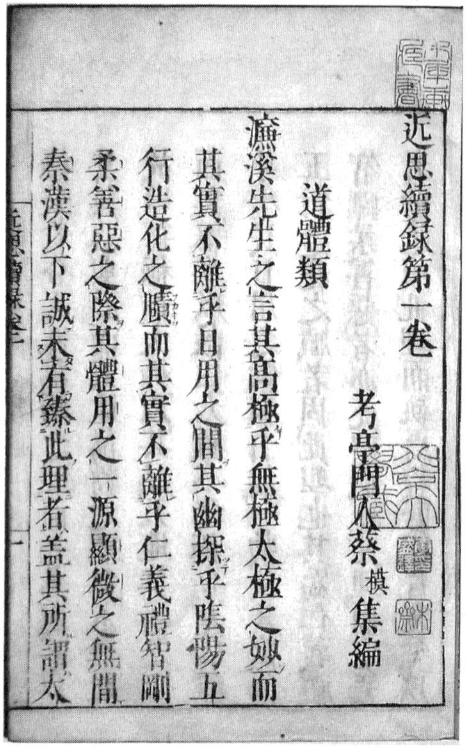
近思續録第一卷
考亭門人蔡模集編
道體類
濂溪先生之言其高極乎無極太極之妙而
其實不離乎日用之間其幽探乎陰陽五
行造化之賾而其實不離乎仁義禮智剛
柔善惡之際其體用之一源顯微之無間
秦漢以下誠未有臻此理者蓋其所謂太

圖 11-16 《近思續録》,日本延寶年間翻刻本

北京大學藏本封面藍紫色厚紙，上貼印有書名“近思續録”的書簽，並在封面墨筆題記“一 二 三 四 五 六 七 共四册 並《别録》”。四眼綫裝。鈐朱文印“木犀軒藏書”“木齋”等，白文印“李盛鐸印”“李滂”。

(二) 蔡模《近思别録》十四卷，和刻本

現存日本國立公文書館、京都大學的《近思别録》十四卷單行本，與上述蔡模《續録》刻本的版式特徵、字體相同，且與蔡模《近思續録》裝訂在一起，合爲一函，顯然藏家是將二者看作同一人的著述。日本刊刻者之所以將它們放在一起進行刊刻，在他們眼裏《近思别録》也是蔡模編輯。

關於蔡模輯《近思别録》之事，現存文獻中也可佐證，如山崎嘉《近思録

序》説“蔡覺軒以先生之書編爲《續録》，采張氏、吕氏之書爲之《别録》”[①]；清邵懿辰《增訂四庫簡明目録標注》曰：“日本刻宋蔡模輯《續録》《别録》各十四卷。”[②]陳榮捷也説：“（蔡模）依《近思録》十四卷輯朱子説爲《近思續録》。采自《朱子文集》《四書集注》《四書或問》《語類》《易學啓蒙》，不加評語。模又依《近思録》十四卷另采朱子兩至友張栻與吕祖謙之説爲《近思别録》，共一百零八條。二者合刊。日本東京尊經閣藏有寬文八年版本。”[③]

《近思别録》十四卷主要收録南宋張栻、吕祖謙的語録，計 108 條，意在補《續録》不足，二者合一可整體展現東南三賢的學術思想。其現存日本版本與上述《續録》一致。

1. 日本寬文八年小松太郎平刊本

《近思别録》十四卷和刻本，每半葉八行十七字，四周單欄，無界行，框高 21.20 釐米，寬 15.30 釐米。白口。版心刻書名“近思别録”、頁碼。卷一卷端頂格題“近思别録第一卷”，次行低二字格題卷名（如“道體”），第三行頂格刻印正文。各卷每條語録單列，語録首字頂格，其餘各行均低一字格。刻本的第二至十四卷不再另葉刻印，而是緊接上卷末條語録後提行刻印，此時衹題卷次卷名（如“第二卷 爲學大要”）。原本刻有日文訓點。

據《近思續録》卷首所刊《近思續録目録》的内容，及《目録》末所云“《别録》目録同右，凡百八條”，可知此刻本爲了行文簡潔，未在《近思别録》正文前另行刻印各卷目録。據《續録》前的《目録》所述可知，該《别録》一至十四卷的篇名應該與《續録》各卷篇名一致，但是我們發現此刻本正文各卷的篇名與之略有不同，依據正文各卷卷端所題，《别録》十四卷篇名分别是道體，爲學大要，致知，存養，克己，家道，出處義利，論治體，論治法，論政事，論教學，警戒，辨異端，觀聖賢。另外，按照此刻本每條單列頂格刻印的體例統計，從形式上看有 101 條，若將卷十一中用“○”隔開的語段看作單列的語録條目，則《别録》共輯語録與《近思續録目録》末所云吻合，即共輯語録 108 條。

《别録》卷末後的内封刻有四周雙欄的小長方形牌記，自左至右三豎行文

① （日）山崎嘉《近思録序》，載於《近思録》，寬文十年京都壽文堂刊本。

② （清）邵懿辰撰，邵章續録《增訂四庫簡明目録標注》，第 391 頁。

③ 陳榮捷《朱學論集》，華東師範大學出版社，2007 年 1 版，第 115 頁。

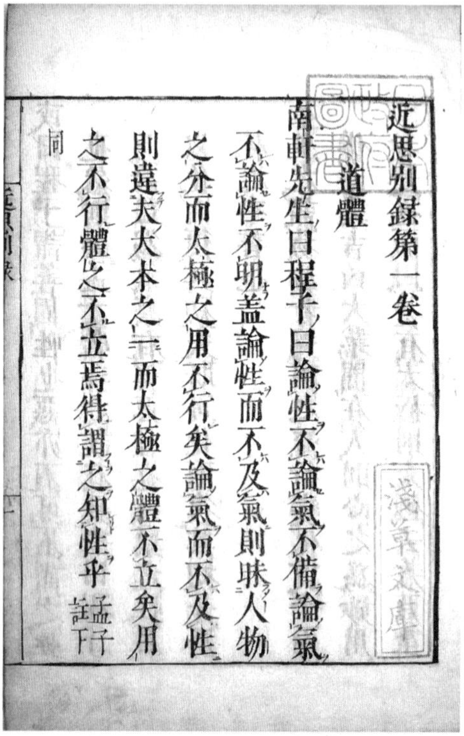
近思別録第一卷
道體
南軒先生曰程子曰論性不論氣不備論氣不論性不明蓋論性而不及氣則昧人物之分而太極之用不行矣論氣而不及性則迷夫大本之一而太極之體不立矣用之不行體之不立焉得謂之知性乎 孟子註下
同

圖 11－17　蔡模《近思別録》，日本寬文八年刻本

字分别是“寬文戊申中秋日/洛陽角倉通鹽屋町/小松太郎平刊行”。“寬文戊申”，即寬文八年。由此可知，此刻本是日本寬文八年（1668）洛陽角倉通鹽屋町、小松太郎平刊本。

日本國立公文書館藏本（書影見圖 11－17），1 册（與前文所述《續録》3 册，裝幀相同，合爲一函 4 册），五眼綫裝。鈐朱文印“淺草文庫”。

《近思別録》十四卷，日本寬文八年（1668）刊本，多家藏書機構有藏。如日本京都大學藏本與日本公文書館藏本相同，1 册，五眼綫裝。鈐朱文印“京都帝國大學圖書之印”。但是關於此書的刊刻時間，《京都大學文學部漢籍分類目録》著録有誤，其“寬文七年京都小松太郎平刊本”[①]之“寬文七年”，當改爲“寬文八年”。

2. 日本延寶年間出雲寺松柏堂翻刻本

《近思別録》十四卷，延寶年間刻本（書影見圖 11－18），每半葉八行十七字，四周單欄，無界欄，框高 20.10 釐米，寬 15.10 釐米。白口。版心刻書名“近思別録”、頁碼。卷端題識與上述寬文八年刻本同。

刻本除卷一卷端題書名“近思別録”、卷次（“第一卷”）、篇名（“道體”）外，第二至十四卷衹題“第×卷”、篇名。《別録》此刻本一至十四卷篇名分别爲道體、爲學大要，致知、存養、克己、家道、出處義利、論治體、論治法、論政事、論教學、警戒、辨異端、觀聖賢。

① 京都大學文學部編《京都大學文學部漢籍分類目録》，第 76 頁。

筆者所見此刻本卷末的内封頁刻有奥付:“御書物所/京都三條通堺町/出雲寺松柏堂。”此印記與筆者在早稻田大學所見延寶年間出雲寺和泉掾刊本《近思録》宇都宫藤庵標注本封底印記同,且宇都宫藤庵標注本《近思録》的封底記載印製過“《續近思録》同《别録》”。所以,儘管此刻本的内容、版式與寬文八年相同,但是依據封底的奥付,此刻本爲日本延寶年間(1673—1680)出雲寺松柏堂翻刻寬文八年刻本。

北京大學藏本,1 册,位於在《近思續録》後,與蔡模《近思續録》3 册合訂在一起。鈐朱文印“德化李氏□□閣珍藏”,白文印“李盛鐸讀書記”。

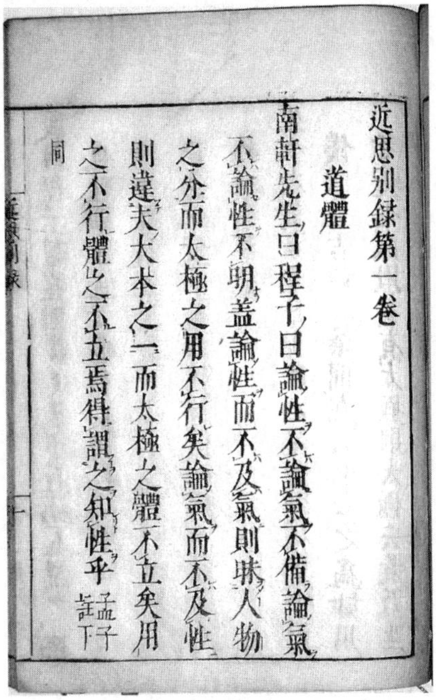
近思別録第一卷
道體
南軒先生曰程子曰論性不論氣不備論氣不論性不明蓋論性而不及氣則昧人物之分而太極之用不行矣論氣而不及性則違夫大本之一而太極之體不立矣用之不行體之不立焉得謂之知性乎 孟子註下
同

圖 11-18 《近思别録》,日本延寶年間出雲寺松柏堂刻本

(三)附論:《近思别録》日本寬文八年刻本編者考

關於《近思别録》的編者,現存中國國内的《近思别録》未明確署名,韓國現藏寫本卷端也没有署名,即便日本寬文八年重刻《近思别録》也未署名,故有必要在此對《近思别録》的編者進行考訂。

寬文八年刻本,是《近思别録》十四卷目前現存最早的單行刻本,其卷端卻未注明編纂者。關於《别録》何時何人編纂,因現存宋代文獻闕乏明確記載,國内又無《别録》傳本,而日本、韓國存世的《别録》刻本與抄本也没有署名何人編纂,故有必要探明此書的編者。

查尋歷代書目,僅有明清時期極少數書目對此書偶作著録,如明代焦竑《國史經籍志》卷四著録:“《近思别録》八卷。”①卻没有注明何人編纂。清代邵懿辰《增訂四庫簡明目録標注》曰:“日本刻宋蔡模輯《續録》《别録》各十四

① (明)焦竑《國史經籍志》,馮惠民、李萬健等選編《明代書目題跋叢刊》收録,第 302 頁。

卷。”[①]此“日本刻本”所指不明。繆荃孫《藝風藏書續記》認爲《性理群書句解後集》二十三卷“卷一至卷十二(筆者按,“二”當作“三”)《近思録》,卷十四至卷二十(筆者按,“十”後當補“一”)《近思續録》,卷廿二、卷廿三《近思别録》。《續録》爲節齋蔡模所編,取朱文公之格言依《近思録》門類編録,故曰《續録》;《别録》,亦節齋所編,所取皆南軒、東萊之格言,故曰《别録》。”[②]繆氏是就《性理群書句解後集》而言,筆者查驗後發現,《後集》卷二十二卷端題云:“此集乃覺軒專集南軒、東萊二先生格言以爲《别録》。”[③]如此看來,《近思别録》與蔡模有一定的關聯,但是若僅僅依據上述著録和相關文字確定該書是蔡模編集,則顯得理據不足。

由於國内未見《近思别録》單行傳本,在此我們祇有依據韓國、日本現存此書的傳世文本,來考察該書的編纂者是否是蔡模。韓國現存《近思别録》十四卷,抄本,每半葉十二行二十九字。高麗大學校有藏。但因此抄本未注明何時何人所抄,故無從尋其源頭。至於日本刻本《近思别録》的編纂者,日本學者山崎嘉認爲:“蔡覺軒以先生之書編爲《續録》,采張氏、吕氏之書爲之《别録》。”[④]

可是,關於蔡模編纂《近思别録》的問題,前人的著録或推斷,語焉不詳,難以令人信服,且又不見宋代文獻記載蔡模編有此書。如果説《近思别録》是蔡模編集,那麽蔡模在集編《續録》之後,有無必要編纂《近思别録》呢?從現存版本中又如何考察該書與《近思續録》的關聯、與蔡模的關係?因而,筆者不揣孤陋,今從現存日本寬文八年刻本《近思别録》文本内容、選録理據、版本形態、編纂體例等方面進行綜合考察。

1. 從《續録》《别録》所集語録内容和南宋學術背景看,如果説蔡模的《續録》是獨尊朱熹、弘揚朱學的話,那麽《别録》所輯張栻、吕祖謙之語,則裨益於程朱理學的傳播,也是較全面地給讀者提供了反映南宋東南三賢思想精華的讀本。

(1) 蔡模專輯朱熹一人語録爲《續録》,意欲將朱門學術立於獨尊的地

---

① (清)邵懿辰撰,邵章續録《增訂四庫簡明目録標注》,第391頁。

② (清)繆荃孫撰《藝風藏書續記》,民國二年至三年藝風堂刊本。

③ (宋)熊節集編,熊剛大集解《新編音點性理群書句解》,朝鮮李朝成宗十九年木板本。

④ (日)山崎嘉《近思録序》。

位。然而，在南宋後期朱子學受推崇的背景下，如何更全面、更有效地傳播朱子學，理應值得深思。

朱熹(1130—1200)，字元晦，號晦庵，徽州婺源人。是我國近古時期最大的哲學家，“既是中國古代思想的集大成者，也是道學的集大成者”①。淳祐元年(1241)，朱熹與程顥、程頤、周敦頤、張載一起從祀於孔廟。

蔡模(1188—1246)，字仲覺，學者稱覺軒先生。蔡沈長子，朱熹門人。作爲朱學干城的蔡模，對朱熹學術思想自然推崇有加，仿照朱熹與吕祖謙合輯的《近思録》，集編《近思續録》十四卷，弘揚朱子學術思想。其 438 條語録純爲朱熹一人之語，主要取自朱熹《晦庵集》《朱子語類》《周易本義》《四書或問》《太極圖説解》《四書章句集注》《西銘解》《易學啓蒙》《書傳》《經説》《手帖》《詩集傳》等。朱熹有代表性的學術思想基本囊括其中。蔡模編集之旨與紫陽、東萊同一苦心，“首明道之大體，以示之端，繼言爲學之要、修己治人之方，終則辨别邪異，統論聖賢，以一其向。使學者得此而潛玩焉，觸類引伸，豁然貫通，循夫擇善固執之理，裕夫明體達用之功，則於朱子之廣大閎博者，亦可得其門而入矣。由是邪説不攻而自破，正學已晦而復明，則覺軒之述，其有功於朱子，並有功於聖學”②。朱熹一生著述弘富，士子後學難以遍讀，蔡模選輯其中格言要語分類編次成爲《續録》，在南宋後期朱子學漸盛之際顯得很有必要，亦具非常之功，故此書在後世朱子學思想傳播中發揮了極其重要的作用。

然而，與朱熹同時期的理學大家，尚有張栻、吕祖謙等人。以朱熹爲代表的“閩學”、以張栻爲代表的“湖湘學”、以吕祖謙爲代表的“婺學”(或稱“吕學”)，在當時和對後世影響都很大。若仿照《近思録》來輯録南宋理學名家之精要粹言去引進後學登堂入室的話，那麽，僅有《續録》彙集朱熹精要之語，尚顯不够完善。因爲朱子學並非墨守屏棄一切之學問，“善讀朱子書者，正當遍求諸家，以收去短集長之益”③。試想若能編纂一種讀本，將朱子與南宋張、吕諸先生類聚研讀，也可算是集群儒之大成於斯，則可讓讀者得東南三賢學術之梗概。朱學門人蔡模，若要做到三者兼顧，僅僅集編《續録》，與當時學術界

---

① 張立文《宋明理學研究》，人民出版社，2002 年 11 月 1 版，第 398 頁。

② (清)柯崇樸《近思續録序》，收録在(宋)蔡模《近思續録》，柯崇樸校訂，清康熙二十八年刻本。

③ (清)黄宗羲原著，(清)全祖望補修《宋元學案》卷四十八《晦翁學案上》，第 1495 頁。

的實情恐不相合，也難以獲得其他學派的共鳴，那麼仍需要有彙集朱熹之外的對程朱理學傳揚大有益處的士子入門求道的讀本。

從現存《續録》《别録》内容的選取可見，如果説它們都是蔡模有意爲之的話，其中似可察蔡模既有門派之見，又欲竭力展示南宋理學家中東南三賢的學術思想。《别録》的編輯，意在宣揚學界中與朱子地位相當、交往甚密的張栻、吕祖謙，也就顯得理所應當。

《别録》中張、吕二人的語録共計 108 條，較之《續録》所輯語録，明顯偏少。如果説二書均爲蔡模所爲，那麼在篇幅上則有輕重之别，在三賢學術思想的宣揚上有主次之異。但是，在南宋後期的學術背景下，朱熹以"南軒、東萊諸君子爲友"，張、吕的學術思想與程朱理學有較多相通之處，若要傳揚程朱理學，則不可將湖湘學派、婺學置之不理，輯録他們的精要語録，更有助於增强朱子學的傳播力度，可助程朱理學思想更加廣泛地傳播。

（2）從著述立説、引進後學的角度來説，張栻、吕祖謙之學可以輔翼程朱理學於不墮。

著書之道，務在啓發後學，使後人易於領會其中精髓。行遠自邇，登高自卑。《近思録》的編撰就是以之爲初學入道之門，使人識聖門蹊徑。作爲朱熹再傳弟子的蔡模，領悟並實踐了朱熹、吕祖謙共輯《近思録》的旨意，首先輯録朱熹著述中的精要語録而成《近思續録》。蔡模會不會就此爲止呢？有無可能再輯録與程朱理學緊密相關的他人著述另成一書，以供時人和後學進學呢？

朱熹、張栻、吕祖謙三人生年相仿，張栻、吕祖謙皆爲朱熹首選之講友，學術思想彼此相容者較多，過從甚密，時稱"東南三賢"。朱熹雖稍年長，可相較於張栻、吕祖謙而言，則享年久長，這爲他日後在南宋學界發揮重大而深遠的影響産生了一定作用。

張栻（1133—1180），字敬夫，廣漢（今四川綿竹）人。張浚之子。張栻曾求學於二程再傳弟子胡宏，並繼承了胡宏的理學思想。乾道年間以張栻爲代表的湖湘學派，與閩學、婺學、江西學等具有同等重要的影響力。"南軒似明道,晦翁似伊川”,“湖南一派,在當時最爲鼎盛”①。因而,“張栻或許是 1160 年代最有影響的道學家”②。終年四十八歲,謚宣。淳祐初年從祀於孔廟。

張栻家傳忠孝,其本人“爲人坦蕩明白,表裏洞然,詣理既精,通道又篤”;論説行事,上下皆信之。“自南軒出,而與考亭相講究,去短集長,其言語之過者裁之歸於平正”③。張栻與朱熹交往頻繁,相與切磋學問,也是朱熹最爲推崇者之一,朱熹認爲“惟我之與兄,吻志同而心契”④,贊其“名質甚敏,學問甚正”⑤,“敬夫見識,卓然不可及。從游之久,反復開益爲多”⑥。

吕祖謙(1137—1181),字伯恭,婺州人。與朱熹、張栻齊名,終年四十五歲,謚成,後人稱成公。因曾祖吕好問被封爲東萊郡侯,學者又稱祖謙謂“東萊先生”,或稱“小東萊”。朱、吕二人都曾是胡憲的門生,二人交往甚密,“吕祖謙大概是朱熹最親近的朋友”,黄宗羲曾説:“朱子生平相與切磋得力者,東萊、象山、南軒數人而已。”⑦儘管《宋史》編撰者將吕氏歸於“儒林”,而非“道學”,但後人並未因此而看低他在道學方面的貢獻,全祖望曾爲吕祖謙抱不平,以爲“後世之君子終不以爲然”。而且我們從朱熹特邀吕祖謙共輯理學入門讀本《近思録》可知,吕祖謙對程朱理學的貢獻、對朱子學術思想的影響,都鮮有人能及。元皇慶二年吕祖謙從祀於孔廟。

程朱理學屬於理學中“主流派的正統派”⑧。“吕學”也屬於主流派,是理學陣營中的一個重要派支。該學派是吕祖謙將吕氏家學傳統和道學其他流派結合發展起來的,是十二世紀一支主要的理學流派。“吕學與朱學中的若干部分,是吕中有朱,朱中有吕,難分彼此”⑨。吕祖謙對朱熹思想體系的每個組織部分都很了解,並受其啓迪,在“吕學”的軀幹上還清楚地留着“朱學”的

---

① 《宋元學案》卷五十《南軒學案》,第 1609—1611 頁。

② (美)田浩《朱熹的思維世界》,陝西師範大學出版社,2002 年 1 版,第 46 頁。

③ 《宋元學案》卷五十《南軒學案》,第 1611 頁。

④ (宋)朱熹《晦庵先生朱文公文集》卷八十七《又祭張敬夫殿撰文》,見《朱子全書》,第 4075 頁。

⑤ (宋)朱熹《晦庵先生朱文公續集》卷五《答羅參議》,見《朱子全書》,第 4746 頁。

⑥⑦ 《宋元學案》卷五十《南軒學案》,第 1635 頁。

⑧ 張立文 1983 年爲《吕祖謙思想初探》作序説:“宋明理學……成爲後期封建社會的官方哲學,影響和支配着整個上層建築領域。在理學中有主流派的正統派,如程朱‘道學’;有主流派的非正統派,如陸王‘心學’;有非主流派,如王安石的‘新學’,二蘇的‘蜀學’,吕祖謙的‘婺學’等。吕祖謙爲理學家,恐無疑問。”潘富恩、徐餘慶《吕祖謙思想初探》,浙江人民出版社,1984 年 6 月 1 版。

⑨ 潘富恩、徐餘慶《吕祖謙評傳》,南京大學出版社,1992 年 1 月 1 版,第 48 頁。

烙印[①]。故清人王學炳在《吕東萊先生本傳》中説："觀先生諸書，而朱文公之學可知。""門庭徑路雖别，要其歸宿於聖人，則一也。"[②]可見，朱、吕學術相互影響，其思想與北宋新儒學一脉相承。

由於張栻、吕祖謙對於朱熹而言，可謂左肱右臂。試想，如果在南宋後期能有一種反應張栻、吕祖謙思想精華的類似《近思録》性質的讀本面世，則對程朱理學，尤其是對朱子學影響力的增强、朱子學的久遠傳播不無裨益。

既然反映張、吕學術思想的語録可羽翼朱子之學，且與朱子之學形成並立之勢，那麽仿照《近思録》再編纂張、吕二人的著述而成一種新的讀本以引進後人，自然也在情理之中。於是，蔡模在《續録》之後繼續編集《别録》也就顯得合情合理了，可用其彌補《續録》之不足。

(3)《别録》的内容爲何選取的是張栻、吕祖謙二人語録？其理據何在？

現存《近思别録》十四卷，内容主要是張栻、吕祖謙的格言，在語録編次上或因二人年齡而定次序，即先張栻後吕祖謙。關於張栻的語録，主要選輯張氏《南軒集》《孟子説》《論語解》等；關於吕祖謙的語録，主要選輯吕氏《東萊别集》《東萊吕太史文集》《麗澤論説集録》《吕氏家塾讀書記》《增修東萊書説》《左氏博議》等。108條語録中，張栻語録佔49%，吕祖謙語録佔51%，二者難分主次。這些語録的思想内容，多爲張、吕兩位理學家闡發明理躬行、切於日用的格言，重在詮釋、表彰周敦頤、程顥、程頤的學術思想，既有功於程朱之學，又有功於聖學的傳揚。

《續録》集編時以朱熹語録爲主，而《别録》的輯録爲何選取張、吕二人的語録呢？這就有必要從他們在南宋學界的影響來審視編者的這種取向。

① 張栻、吕祖謙在政治上的影響力較同時期的學者大，均受周敦頤、二程理學的薰陶，與集理學之大成者朱熹差不多都是同道中人。

張栻出身於官僚家庭，父親張浚出將入相，歷仕高宗、孝宗兩朝近四十年，政治影響力大，且在學術思想上受其師程頤弟子譙定影響較大。張栻幼承庭訓，好學深思，隨着年歲的增長，所見卓然。張栻爲政，修身務學，治民以寬，歷任嚴州知府、吏部員外郎、侍講、左司員外郎、袁州知府、廣南西路安撫

---

① 潘富恩、徐餘慶《吕祖謙評傳》，第74頁。

② 《宋元學案》卷五十一《東萊學案》，第1653頁。

史、轉承事郎、秘閣修撰、荆湖北路安撫使等職。他亦官亦學,“外爲軍民所屬望,内爲學者之所依歸”①,在爲官之地或學術研討中傳播理學思想,與朱熹交往密切、情誼深厚,僅保存在《南軒集》中張栻給朱熹的書信、問答就達 98 篇,保存在《朱文公文集》中朱熹給張栻的書信、問答也有 54 篇。另外還有許多題詩作序、往來唱和的材料②。這完全可以表明,朱子學若能得到張栻及其學派的推崇,將會對整個學界産生積極的影響。

吕祖謙的祖上爲趙宋政權的世臣,一直得到宋朝皇室的信任。吕氏家族在政府中的影響力在北宋達到最高峰,十一、十二世紀吕氏家人輔佐宋室的功績無人能及,有“累朝輔相”之稱。吕氏家族非常重視讀書與治學,家學源遠流長,在學術界威望甚高,有“雜博”的特點,學術表現出類拔萃。吕家七世有 17 人被列入《宋元學案》,其中三人各有專章論述,另有一人與范鎮並列;其中最重要的是吕希哲、吕本中、吕祖謙,且與二程洛學關係極爲密切。

吕祖謙本人仕途平坦,歷任國史院編修官、實録院檢討官、秘書郎、著作郎等職。在政治上取隨和不争、息事寧人的態度,他“尊長所命,非甚害義,皆當曲從”;他與學術界有着長期廣泛來往,“至躬自厚而薄責於人”的良好士德又使他在學人中間有良好的人緣,學人與之保持着良好的學術友誼。“與同時代任何一個學者相比,吕祖謙的相知友好都要多得多,學術聯繫面也最廣”③。治學“以關、洛爲宗,而旁稽載籍,不見涯涘。心平氣和,不立崖異,一時英偉卓犖之士皆歸心焉”④。學術交流上,氣量較大,待人誠懇,且善於聽取各方意見,如乾道五年吕祖謙任嚴州學教授時,與張栻鄰墻,日夕講論;多次與朱熹結伴而游,學術交往甚密。吕祖謙的學問比較全面地反映了南宋社會思潮的特點。

在朱熹眼裏,吕祖謙既是親戚又是學術同道。《朱文公文集》中朱熹《答吕伯恭》書信有 104 封,比任何人都多,而且吕氏基本上每封必復。吕祖謙給朱熹的信有 67 封流傳下來。“從 1163 年起到吕祖謙 1181 年去世爲止,兩人

---

① (宋)朱熹《晦庵先生朱文公文集》卷八十七《祭張敬夫殿撰文》,見《朱子全書》,第 4075 頁。

② (宋)張栻著,楊世文、王蓉貴校點《張栻全集》“前言”,長春出版社,1999 年 12 月 1 版,第 6 頁。

③ 潘富恩、徐餘慶《吕祖謙評傳》,第 44 頁。

④ (元)脱脱等撰《宋史》卷四百三十四《儒林四》,中華書局,1985 年 6 月 1 版,第 12874 頁。

一直相互影響甚巨”[1]。朱熹欲要在南宋提升自己的威望、建立受人崇敬的學術流派，不能不依靠吕祖謙這位南宋學術領袖爲之發揮作用。故朱熹贊吕祖謙：“以一身而備四氣之和，以一心而涵千古之秘。推其有，足以尊主而庇民；出其餘，足以範俗而垂世。”[2]

② 程朱理學在張栻、吕祖謙二人學術思想中佔據相當的地位，因他們常常從事於講學、教育活動，故在教育界、士子中的影響很大。如張栻開湖湘之學統，培養出大批學術與政治人才，從游者甚衆；吕祖謙“一度爲南宋學術領袖，是浙東吕學的開山之祖”[3]，故四庫館臣評價説：吕祖謙“在南宋諸儒之中，可謂銜華佩實”。

在此僅就吕祖謙傳道授業而言，吕氏寬容、開放、温和之舉，故使得他能吸納一大批知識分子在自己身邊，形成了一個良好的人脉圈。諸如尤袤、陸游、周必大、薛季宣、陳傅良、陳亮、葉適、張栻、朱熹、陸九淵等，與吕祖謙保持着密切的、充分的學術交往，還常常不辭艱辛相互拜訪，或書信切磋，或面議講論等。“吕祖謙在世的最後十餘年，與士大夫建立無比廣泛的人際關係，吸引衆多學生登門請益，其他道學家都望塵莫及”[4]。

在南宋乾、淳年間，吕氏在教育界的影響力比朱熹大，在 1181 年吕氏去世前，從學吕祖謙的學生遠遠超過朱熹，即朱熹當時的影響無法與吕祖謙抗衡[5]。單就婺州之地來説，吕祖謙門人後學異常多，潘氏、時氏等望族有一家兩三代人追隨吕祖謙問學的現象，吕祖謙雖天年不足，可是仍造就了大量人才。他不僅在金華，乃至在全國教育界皆有很大的影響力。這也是當時朱熹非常需要的。即便吕氏去世後，金華吕學的影響依然很深，南宋麗澤諸儒，吕學成分相當大，何基、金履祥、柳貫等曾整理注釋過理學經典讀本《近思録》，發揮其義理。《近思録》經過麗澤諸儒的傳播，影響更大、更深遠。因而有的學者認爲“吕祖謙在南宋教育方面做出的貢獻，是他那個時代無人可比的”[6]。

---

① （美）田浩《朱熹的思維世界》，第 114 頁。
② （宋）朱熹《吕伯恭畫像贊》，見《朱子全書》，第 4004 頁。
③ 杜海軍《吕祖謙文學研究》，學苑出版社，2003 年 7 月 1 版，第 310 頁。
④ （美）田浩《朱熹的思維世界》，第 307 頁。
⑤ 杜海軍《吕祖謙文學研究》，第 262 頁。
⑥ 杜海軍《吕祖謙文學研究》，第 264 頁。

張栻之學頗具特色，也與之類似的情形，故不贅言。

然而歷史卻造就了朱熹，使之成爲集理學之大成者，原因之一是因張栻、吕祖謙皆英年早逝，故全祖望在《宋元學案》中感慨道："向使南軒得其永年，所造更不知如何也。"[①]"朱、張、吕三賢，同德同業，未易軒輊。張、吕早卒，未見其止，故集大成者歸朱耳！"[②]張、吕的早卒，使得其在本學派、南宋學界以及後世的影響逐漸讓位於朱熹，所以朱子學在南宋末及後世的影響能遠遠超越南宋的其他理學家。四庫館臣説："紫陽倡道東南，祖謙實羽翼之。"[③]實際上，何嘗吕祖謙羽翼朱子學，張栻之學亦如是。

因此，南宋後期，欲想在士子、後學中傳播朱子學，並藉此反映東南三賢心目中的程朱理學精華，不借助於張栻、吕祖謙之力，恐難有理想的成效。三者交往，彼此獲益。朱熹看到這一點，作爲《别録》的編輯者也理應看到，因爲張、吕二人的人品、學問及其潛在學術影響力，在程朱理學思想傳播中擁有特殊地位，有利於提升程朱理學特有的影響力。故編纂《續録》者兼而編集《别録》，可得兼收並蓄的學術支助，同時也顯露出編纂者特有的智慧。

2.《别録》的選材剪輯，與《續録》編者蔡模集編時的手段、思維方式一致。

(1)《續録》是蔡模從朱熹代表性著述中取材，語録的剪輯，一般呈現如下幾種情形：

① 或不改動原文文字，直接將其録入《續録》，如：

卷一"盡己之謂忠"條：盡己之謂忠，推己之謂恕。夫子之一理渾然而泛應曲當，譬則天地之至誠無息，而萬物各得其所也。曾子有見於此而難言之，故借學者盡己、推己之目以著明之，欲人之易曉也。蓋至誠無息者，道之體也，萬殊之所以一本也；萬物各得其所者，道之用也，一本之所以萬殊也。以此觀之，一以貫之之實可見矣[④]。

② 或將原文進行删減，或增添少量文字，將一段文字編作一條語録，如：

---

① 《宋元學案》卷五十《南軒學案》，第1609頁。

② 《宋元學案》卷五十一《東萊學案》，第1678頁。

③ (清)永瑢等撰《四庫全書總目》，第1148頁。

④ 此條語録直接取自朱熹《論語集注》卷二。見《四書章句集注》，中華書局，1983年10月1版，第72頁。

卷七"上蔡先生有言"條：上蔡先生有言："富貴利達，今人少見出脱得者，非是小事。邇來學者何足道？能言真如鸚鵡。"此言深可畏耳。學者須是此處立得脚定，然後博聞約禮之工有所施耳。

此條語録源自《晦庵集》卷五十二《答吴伯豐》，原文是："但念上蔡先生有言：'富貴利達，今人少見出脱得者，非是小事。邇來學者何足道？能言真如鸚鵡。'此言深可畏耳。伯豐講學精詳，議論明決，朋游少見其比。區區期望之意不淺，願更於此加意。須是此處立得脚定，然後博聞約禮之工有所施耳。"[①]蔡模剪裁時，删去"但念""伯豐……加意"，增加"學者"。

卷二"學之大小"條：學之大小，固有不同，然其爲道則一而已。人之幼也，不習之於小學，則無以收其放心，養其德性，而爲大學之基本。及其長也，不進之於大學，則無以察夫義理，措諸事業，而收小學之成功。

此條語録源自《大學或問》，原文是："學之大小，固有不同，然其爲道則一而已。是以方其人之幼也，不習之於小學，則無以收其放心，養其德性，而爲大學之基本。及其長也，不進之於大學，則無以察夫義理，措諸事業，而收小學之成功。"[②]蔡模改"是以方其人之"爲"人之"。

③ 偶爾也有將出自不同篇章中的文字進行剪裁，編輯成爲一條語録，如：

卷五"有不善"條："有不善，未嘗不知，知之未嘗復行"。顔子衹是天資好，如至清之水，纖芥必見。"不遷怒，不貳過"。此是顔子好學之符驗，卻不是衹學此二件事。顔淵學處，專是非禮勿視、聽、言、動處。

此條語録"有不善……必見"部分，蔡模選輯自《朱子語類》卷七十六[③]；"不遷怒……動處"部分，選輯自《語類》卷三十[④]。

（2）《别録》取材於張栻、吕祖謙的代表性著作，對二人語録的剪裁也呈現出上述幾種情形。例如：

① 卷十一"凡預此集者"條：凡預此集者，聞善相告，聞過相警，患難相

---

① （宋）朱熹《晦庵先生朱文公文集》卷五十二，見《朱子全書》，第 2443 頁。

② （宋）朱熹《大學或問》，見《朱子全書》，第 505 頁。

③ （宋）黎靖德編《朱子語類》卷七十六，第 1949 頁。

④ （宋）黎靖德編《朱子語類》卷三十，第 767 頁。

恤，游居必以齒，相呼不以丈、不以爵、不以爾汝。

此語録直接取材於《東萊太史别集》卷五[1]，未作任何改動。

② 卷一"或曰程子"條：或曰程子謂"善固性也，惡亦不可不謂之性也"，然則與孟子"性善"之説有異乎？曰：程子此論，蓋爲氣稟有善惡言也。氣稟之性可以化而復其初。夫既可化而復其初，是乃性之本善也。

此條語録源自張栻《孟子説》卷六，原文是："或曰程子謂'善固性也，惡亦不可不謂之性也'，然則與孟子有二言乎？曰：程子此論，蓋爲氣稟有善惡言也。如羊舌虎之生，已知其必滅宗之類，以其氣稟而知其末流之弊至此。謂'惡亦不可不謂之性'者，言氣稟之性也。氣稟之性可以化而復其初。夫其可以化而復其初者，是乃性之本善也，可不察哉！"[2]編纂者選録時，删減"如羊……之性也"及"其""者"等文字。

卷三"論語首篇"條：《論語》首篇所記，大抵皆欲學者略文華、趨本實，敦篤躬行，循序而進，乃聖人教人之大工夫。

此條語録源自張栻《論語解》卷一，原文是："此篇列於《魯論》之首，所記大抵皆欲學者略文華、趨本實，敦篤躬行，循序而進，乃聖人教人之大方。"[3]編者改"此篇列於《魯論》之首"爲"《論語》首篇"，"大方"爲"大工夫"。

卷一"東萊先生曰易有"條：東萊先生曰"易有太極，是生兩儀"，非謂既生之後無太極也，卦卦皆有太極；非特卦卦，事事物物皆有太極。乾元者，乾之太極也；坤元者，坤之太極也。一言一動，莫不有之。

此條語録源自吕祖謙《麗澤論説集録》卷一，原文是："'易有太極，是生兩儀'，非謂兩儀既生之後無太極也，卦卦皆有太極；非特卦卦，事事物物皆有太極。乾元者，乾之太極也；坤元者，坤之太極也。一言一動，莫不有之。"[4]編纂者選録時，增"東萊先生曰"，删"兩儀"。

③ 卷十四"賈生英俊"條：賈生英俊之才，若董相則知學者也。治安之策，可謂通達當世之務，然未免乎有激發暴露之氣，其才則然也。天人之對，

---

① (宋)吕祖謙《吕祖謙全集》，黄靈庚、吴戰壘主編，浙江古籍出版社，2008 年 1 月 1 版，第 1 册第 359 頁。

② (宋)張栻撰《張栻全集》，楊世文、王蓉貴校點，第 427 頁。

③ (宋)張栻撰《張栻全集》，第 74 頁。

④ (宋)吕祖謙《吕祖謙全集》，第 2 册第 2 頁。

雖若緩而不切，然反復誦味，淵源純粹。蓋有餘意，以其自學問涵養中來也。橫渠皆是身經歷做工夫，剖决至到，故於學者凝滯處尤爲有力。

此條語録，"賈生……中來也"部分，選輯於張栻《南軒集》卷十六《賈董奏篇其間議論孰得孰失》篇[①]；"横渠……有力"部分，選輯於《南軒集》卷二十六《答蕭仲秉》篇[②]。

因此，從上述比較可見，《别録》與《續録》一樣，均從最具代表性著述中去選語録；《别録》對材料的剪裁基本形成以上述(1)(2)種模式爲主，與《續録》幾乎同出一轍。因而，這兩種文本極可能出於同一思維方式的編者所爲。

3. 從形態上看，《近思别録》與蔡模《近思續録》版式基本相同，刊刻者視其爲同一人所編。

現藏日本國立公文書館的寬文八年刻本，蔡模集編《近思續録》十四卷，422 條。每半葉八行十七字，四周單欄，白口。卷端題"考亭門人蔡模集編"。版心刻書名(如"近思續録")、卷次、頁碼。此刻本字體爲長仿宋體，且在漢字旁邊標日文訓讀符號。

此刻本 3 册，與《近思别録》十四卷 1 册，按先後編排，合爲一函。《别録》的版式與蔡模《續録》一樣，爲每半葉八行十七字，四周單欄，白口。版心刻書名(如"近思别録")、頁碼。字體相同。

稍有區别的是，《别録》没有像《續録》卷端那樣題署"考亭門人蔡模集編"，除卷一卷端題書名(即"近思别録")、卷次、篇名(如"道體")外，第二至十四卷衹題"第×卷"、篇名。如此看來，日本學者及刊梓者是將二書作爲蔡模一人的著述刊行，兩種文本共用一個牌記，即第 4 册卷末内封牌記"寬文戊申中秋日 洛陽角倉通鹽屋町 小松太郎平刊行"。

從上述版本形態比較而言，《别録》刻本的版式特徵、字體與裝訂在一起的蔡模《近思續録》刻本相同，刊刻者極有可能認定二者皆蔡模編輯。

4. 從編纂體例看，二書均仿《近思録》十四卷體例編次，《近思别録》各卷題名與蔡模《近思續録》基本相同，篇名擬定疑出自同一人之手。

《續録》正文各卷題名分别是道體、爲學、致知、存養、克治、齊家、出處、治

---

① (宋)張栻撰《張栻全集》，第 782—783 頁。

② (宋)張栻撰《張栻全集》，第 914 頁。

體、治法、臨政處事、教人、警戒、辨別異端、總論聖賢。十四卷 438 條語録，每條單列，頂格刻印。

《別録》十四卷正文各卷卷端題名分别是道體、爲學大要、致知、存養、克己、家道、出處義利、論治體、論治法、論政事、論教學、警戒、辨異端、觀聖賢。輯張栻、吕祖謙語録共計 108 條，每條單列，頂格刻印。

並且，《續録》正文前所刻《近思續録目録》載："第一卷道體類，五十一條；第二卷爲學類，六十四條；第三卷致知類，四十九條；第四卷存養類，四十六條；第五卷克己類，二十四條；第六卷家道類，十六條；第七卷出處類，凡二十三條；第八卷治體類，十八條；第九卷治法類，二十四條；第十卷政事類，二十一條；第十一卷教學類，十條；第十二卷警戒類，十七條；第十三卷辨異端，十條；第十四卷人品類，四十九條。"[①]又云："《別録》目録同右，凡百八條。"

由於《別録》單列爲一册，没有專門刻印《目録》，從《續録》目録載録的文字可推斷，刊者或編者以爲《別録》"目録同右"，故没有必要再編"目録"。而且二者正文中的篇卷體例相同，篇名幾乎完全相同，也是一種佐證。所以，《續録》《別録》的體例，宜出於同一種思維理念，很難想像會它們是兩位不相關的人編集。

無獨有偶的是，韓國高麗大學校現藏《近思續録》《近思別録》抄本，《別録》卷端未題"蔡模集編"的字樣，而抄寫者也是將二書前後編列，蔡模《續録》與《別録》抄本合爲一册裝訂，二者編纂體例、版式風格等完全一致。朝鮮王朝的學者在抄寫時似乎也認爲兩書屬於同一人編纂，故抄編在一起，或許也因前文《續録》卷端已題"覺軒蔡模編"，故《別録》卷端則省略不題。且現藏日本國立公文書館的朝鮮萬曆二十七年抄寫本《近思續録》十四卷、《近思別録》十四卷，合爲二册，也是如此。可見此二書如同形影不離的姊妹常常一起出現，總是合刻或合抄在一起。類比韓國、日本的此類存世傳本可知它們的編者宜同一人。

通過上述幾個方面的比較闡釋可見，寬文八年刻本《近思別録》與蔡模《近思續録》編集的用意、思維理念以及編輯體例等基本相同，儘管《別録》卷

---

① 需要説明的是，日本寬文八年刻本此處所記卷名、語録條數與正文存在一些差異，主要是因爲條目分合所致，而其内容卻基本一致。經比較，國内存世的清康熙年刻本也存在類似情況，或與刻工刊印有關。

端末署名“蔡模編”,但它理應是南宋蔡模集編[①]。

二、江起鵬《近思録補》日本抄寫本考述

《近思録補》十四卷,由明代江起鵬輯補、陳邦瞻参訂、葛寅亮校閲。江起鵬(生卒年不詳),字羽健,明代徽州婺源(今江西婺源)人。萬曆乙未年(1595)進士[②]。歷任永寧、姚江知縣,南京工部主事,禮部郎中。著有《近思録補》《悟道詩》《心性篇》等。他“仿《近思録》例補綴成編”的《近思録補》十四卷,分别爲道體類八十五條、總論爲學之要九十四條、致知類七十六條、存養類七十五條、克治類四十五條、齊家類二十七條、出處類五十一條、治道類三十四條、治法類三十五條、政事類一百二條、教人之法類二十九條、儆戒類四十五條、辨異端類十三條、觀聖賢類三十九條,共計 14 卷 750 條語録,且在各卷中又采用小標題分類格式編排語録。該書精選朱熹而下理學家的言論進行補注,意在復興程朱理學,以針砭王陽明心學之流弊,也顯現出明末朱子學道統依然在延續。此書或在江户時代流佈日本,隨後日本讀者進行閲讀抄寫。今就筆者訪書所見日本現存有兩部抄寫本予以述考。

(一)日本國立公文書館藏江户時代寫本

此寫本是在無行格框欄的素紙上抄寫,書體爲楷體,抄寫工整。每半葉九行十八字。卷一卷端首行題“近思録補卷之一”,第二至第四行均低七字格,分别題“新安江起鵬羽健父輯補”“高安陳邦瞻德遠父参訂”“錢塘葛寅亮水鑑甫校閲”,第五行頂格題本卷篇名(如“道體類”),第六行低一字格寫小標題及語録條數,隨後爲正文。每條語録單列,均頂格抄録。卷末有尾題“近思録補卷之某某終”(書影見圖 11 - 19)。

卷首抄録明代萬曆三十二年江起鵬《刻近思録補小引》(此文後描摹兩方陰文印“江起鵬印”“乙未進士”。與中國明刻本一陰、一陽兩方印略異),《近思録補篇目》。

---

① 這一部分參考拙文《日本寬文八年刻本〈近思别録〉編者考》,載於《〈近思録〉文獻叢考》(論文集),嚴佐之、顧宏義主編,上海古籍出版社 2018 年 1 月 1 版,第 59—76 頁。

② (清)黄虞稷《千頃堂書目》卷二十五。

此抄寫本的體例、抄録款式與江起鵬輯補、陳邦瞻參訂、葛寅亮校閲《近思録補》中國明代萬曆三十二年刻本完全相同,卷前所收録的《小引》《篇目》也相同,由此可推斷此本的抄寫者極有可能依據明代萬曆刻本進行抄録,衹是具體的抄寫時間、抄寫者不明。

日本國立公文書館藏本(298—0190號),1 册(封面左上墨筆題記"近思録補""一之十四"),四眼綫裝。鈐朱文印"淺草文庫""日本政府圖書""文政甲申",墨色陽文印"昌平坂學問所",可見爲江户時期昌平坂學問所舊藏之物。《改訂内閣文庫漢籍分類目録》著録:"《近思録補》十四卷,(明)江起鵬編,陳邦瞻校。江户寫。"①

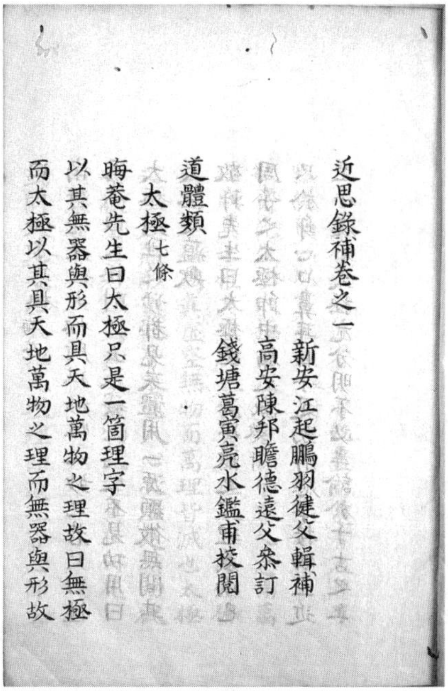
近思録補卷之一
新安江起鵬羽健父輯補
高安陳邦瞻德遠父參訂
錢塘葛寅亮水鑑甫校閲
道體類
太極 七條
晦菴先生曰太極只是一箇理字
以其無器與形而具天地萬物之理故曰無極
而太極以其具天地萬物之理而無器與形故

圖 11－19　江起鵬《近思録補》,日本江户時代寫本

(二) 京都大學藏漢文抄寫本

該抄寫本也是在無框欄行格的素紙上抄寫(書影見圖 11－20),楷體抄録,横豎排列整齊。每半葉九行十八字。卷端題署與上述公文書館藏江户時期的抄寫本同,即卷一卷端首行題"近思録補卷之一",第二至第四行均低七字格,分别題"新安江起鵬羽健父輯補""高安陳邦瞻德遠父參訂""錢塘葛寅亮水鑑甫校閲",第五行頂格題本卷篇名(如"道體類"),第六行低一字格寫小標題及語録條數,隨後爲正文。每條語録單列,均頂格抄録。卷末有尾題"近思録補卷之某某終"。

正文前抄録明萬曆三十二年江起鵬《刻近思録補小引》(文末無前文所述的兩方印章),《近思録補篇目》。14 卷内容下各分許多細目,細目之下又標明語録

① (日)内閣文庫編《改訂内閣文庫漢籍分類目録》,昭和四十五年十月出版,第 168 頁。

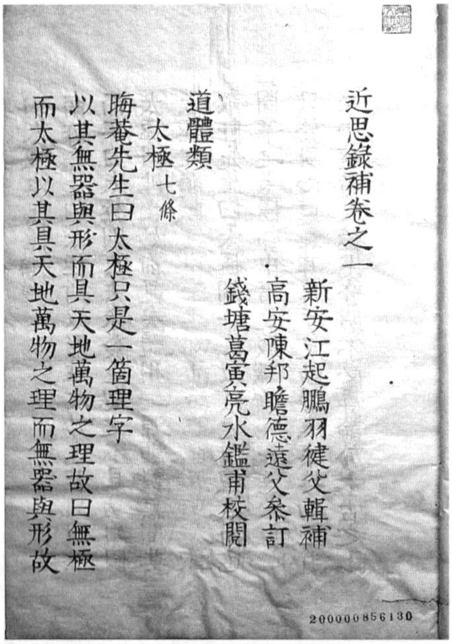
近思録補卷之一

新安江起鵬羽健父輯補

高安陳邦瞻德遠父叅訂

錢塘葛寅亮水鑑甫校閲

道體類

太極七條

晦菴先生曰太極只是一箇理字

以其無器與形而具天地萬物之理故曰無極

而太極以其具天地萬物之理而無器與形故

200000856130

圖 11－20 《近思録補》，漢文抄寫本

條數，如卷一分作：太極七條，陰陽五條，天地物理五條，鬼神四條，道九條，四德五常五條，仁七條，義二條，性九條，性命三條，心十八條，中和三條，中二條，誠、立誠、存誠五條，感應屈伸之理二條，神二條，本末一條。

儘管京都大學人文科學研究所藏該抄本與上述公文書館藏本體例相同、内容基本相同，但書體明顯有别，故非同一人抄寫。抄寫時間或在江户時代。另外，從此藏本第 1、第 2 册的書體比較可見，第 2 册書體有别，爲行楷，没有第 1 册工整，墨色略淡，筆者以爲此抄本恐經二人之手抄録完成。

此藏本，五眼綫裝。鈐朱文印“京大人文研藏”。第 1 册末内封墨筆題記“島田元子氏寄贈”，可見此寫本原屬島田元子氏所有。

三、汪佑《五子近思録》和刻本考述

清康熙年間徽州汪佑《五子近思録》十四卷面世後，便有傳本流佈日本，並得以重刻。現存日本刻本每半葉九行二十字，注文小字雙行十九字，左右雙欄，無界行，框高 19.90 釐米，寬 14.50 釐米。白口，單（黑）魚尾。版心魚尾上方刻書名“五子近思録”，魚尾下刻卷次、卷名（如“卷之一”“道體”）、頁碼，版心下端右下刻記“星溪訂補”。卷一卷端首行頂格題“五子近思録卷之一”，次行低三字格題署“新安汪佑啓我合編，子鑑晦叔恭校”，第三行低一字格題本卷篇名（如“道體”），第四行刻本卷解題，第五行頂格刻印正文，每條語録單列，首字頂格，其餘則均低一字格刻印。刻本行格漢字旁刻有句讀圈點，如“、”“。”等，在重要句子右側連續刻有較小的圓圈以標示。

此刻本的書名葉爲四周雙欄的版框，框欄上横行刻“周二程張朱合編”，框欄内分三豎行，自右至左刻“新安汪星溪先生訂補/五子近思録/小棲鈴存書記一刻”。左行格下鈐朱文印“雪屋小棲氏”。

正文前刻有清康熙三十三年李振裕《五子近思録叙》（在李振裕序文末原版刻有三方印，即陰文“李振裕印”、陽文“醒齋”“領袖三官”）、汪佑《五子近思録序》、康熙三十二年朱啓昆《五子近思録跋》、朱熹《朱子近思録原序》、吕祖謙《吕東萊先生近思録原序》、《原刻近思録例》[1]、《五子近思録例》、《五先生姓氏》、《原刻近思録徵書篇目》、《五子近思録增入朱子書目》、《原刻近思録集解姓氏》[2]、《附録星溪汪氏著述書目》[3]、《五子近思録編參較姓氏》、《五子近思録目次》。

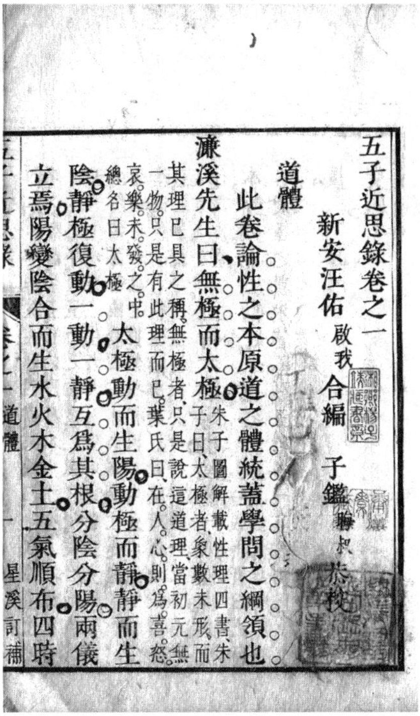
五子近思錄卷之一
新安汪佑啟我合編 子鑑 恭校
道體
此卷論性之本原道之體統蓋學問之綱領也
濂溪先生曰無極而太極朱子圖解載性理四書朱子曰太極者象數未形而其理已具之稱無極者只是說這道理當初元無一物只是有此理而已葉氏曰在人心則爲喜怒哀樂未發之中總名曰太極太極動而生陽動極而靜靜而生陰靜極復動一動一靜互爲其根分陰分陽兩儀立焉陽變陰合而生水火木金土五氣順布四時
五子近思錄 卷之一 道體 一 星溪訂補

圖 11－21　汪佑《五子近思録》，日本天保六年刊本

《五子近思録》卷十四末刻有牌記“天保五甲午年六月翻刻/小棲鈴存書記一刻”，並且在卷末内封另刻奥付：“天保六年乙未三月”，“製本所：大阪心齋橋通安土町 加賀屋善藏/同 心齋橋通南本町河内屋吉兵衛”。因此可知，此刻本天保五年開刻，天保六年（1835）加賀屋善、河内屋吉兵衛刊梓完成。從其版式、内容，書名葉的風格，特别是版心刻記“星溪訂補”，文中“玄”字闕末筆，故而推測這是翻刻清康熙年間“星溪訂補”本，即翻刻清康熙三十三年金閶勤有樓刻本。

日本天保六年刻本，湖南圖書館藏本（書影見圖 11－21），5 册，有佚名朱筆

① 《原刻近思録例》：“紫陽朱子手集周子、二程子、張子四先生之書也。掇取其關大體而切日用者，共成十四篇。”

② 《原刻近思録集解姓氏》：紫陽先生朱文公，南軒先生張宣公，東萊先生吕成公，勉齋先生黄文肅公（名榦，字直卿），節齋先生蔡氏（名淵，字伯静），果齋先生李氏（名方子，字公晦），平巖先生葉氏（名采，字仲圭）。

③ 此處著録的 15 部書名中，有《五子近思録》。

圈點。鈐朱文印"湘卿楊子□藏書章""承□寶藏書"等。

李振裕(1642—1710),字維饒,醒齋,江西省吉水縣人。清康熙九年(1670)進士。由庶吉士歷官刑、工、户、禮四部尚書。嘗督學江南。著有《白石山房稿》十三卷,一本作二十六卷。李振裕因族曾祖父李邦華任過明朝的兵部尚書,族祖父李日宣任過明朝的兵、吏兩部尚書,父親李元鼎晚年被清廷贈爲户部尚書,自己又歷任工、刑、户、禮四部尚書,所以後人稱他家爲"一家八尚書"。爲汪佑《五子近思録》作跋的朱啓昆是李氏門人,故此書面世後李振裕很快得到,欣然爲其作序,認爲"星溪醇儒篤行,著述滿家,紫陽、東林學者至今俎豆之",此書具有很好的階梯價值,"由五子而階梯乎四子,由四子而階梯乎六經,其有益於聖教"①。

清汪佑編、汪鑑校《五子近思録》十四卷,天保六年加賀屋善、河内屋吉兵衛刊本,京都大學也有藏(支那哲文學CⅡ—P6—16)。刻本中"玄"闕末筆。

此刻本第1册卷首書名葉爲四周雙欄的版框,框欄上横行刻"周二程張朱合編",框欄内分三豎行,自右至左刻"新安汪星溪先生訂補/五子近思録/小棲鈐存書記一刻"。左行格下鈐朱文印"雪屋小棲氏"。最後一册《五子近思録》卷十四末牌記爲"天保五甲午年六月翻刻/小棲鈐存書記一刻",並且卷末内封刻有奥付:"天保六年乙未三月","製本所:大阪心齋橋通安土町 加賀屋善藏/同 心齋橋通本町 河内屋吉兵衛"。因此可知,此刻本天保五年開刻,天保六年加賀屋善、河内屋吉兵衛刊梓完成。

正文前刻有清康熙三十三年李振裕《五子近思録叙》、汪佑《五子近思録序》、康熙三十二年朱啓昆《五子近思録跋》、朱熹《朱子近思録原序》、吕祖謙《吕東萊先生近思録原序》、《原刻近思録例》、《五子近思録例》、《五先生姓氏》、《原刻近思録徵書篇目》、《五子近思録增入朱子書目》、《原刻近思録集解姓氏》、《附録星溪汪氏著述書目》、《五子近思録編參較姓氏》、《五子近思録目次》。

從刊本的書名葉、版式、内容等推測,此刻本受清康熙三十二年汪氏家刻本、康熙三十三年金閶勤有樓刻本影響很大,故該本是據康熙年間《五子近思録》刻本爲底本進行翻刻。京都大學藏本6册(封面書簽題記"五子近思録",

① (清)李振裕《五子近思録叙》,載於(清)汪佑《五子近思録》,天保六年加賀屋善、河内屋吉兵衛刻本。

且分别題記“禮”“樂”“射”“御”“書”“數”)，四眼綫裝，天頭行間有佚名墨筆漢文批注。卷十四末葉左側墨筆題記“臨江書院，與點舍，存知”。鈐朱文印“京都帝國大學圖書之印”。

李振裕《五子近思録叙》曰：

> 予少時讀《近思録》，竊嘆義理精微，經周、張、二程四子發揮，語語着實，無毫髮滲漏。朱子與東萊嚴爲采擇，雖以共城涑水素所推服者，而曾不入一語，其旨深矣！然昔儒謂朱子集諸儒之大成，學者讀四先生之言而不得朱子之言類聚觀之，則猶未能得其會通也。瓊山《學的》、梁溪《節要》，皆纂集朱子粹言，欲以續乎《近思》者也。但《學的》體仿《論語》，《節要》雖照《近思》之例，而其書單行不顯，附於《近思》之後，故二書均未克大彰於世，窮鄉晚進不能睹《朱子全書》，亦並無由睹朱子要旨，良足惜已！我皇上崇儒重道，表章正學，紫陽、鹿洞御額煌煌。予前奉命校士江南，飭多士惟程朱是守，士以此知讀《性理》《近思》諸編。考校之暇，嘗博觀《朱子全書》，竊欲兼取《學的》《節要》所采者，依類分門附於《近思》各條之下，庶便士子誦讀。旋膺簡命還朝，歷更機務，兼領史局，日夕靡暇，欲取向所增廣《近思》一録，以便士子傳習者益有志焉而未逮矣。近門人朱啓昆來謁，出示其鄉碩儒汪星溪所編《五子近思録》，實獲我心，捧讀累日，嘆其合編之旨與紫陽、東萊同一苦心，更以成瓊山、梁溪二公之志。學者讀是編，由五子而階梯乎四子，由四子而階梯乎六經，其有益於聖教豈淺鮮哉？聞星溪醇儒篤行，著述滿家，紫陽、東林學者至今俎豆之。予觀是編，亦足想其梗概云！時康熙甲戌端陽前二日吉水李振裕序。

四、嚴鴻逵《朱子文語纂編》和刻本考述

歷史上流佈日本的“近思録文獻”還包括中國學者的仿編《近思録》本，其中並非均用“近思”作爲書名的核心詞，如清初吕留良高徒嚴鴻逵所撰《朱子文語纂編》，就是一部仿《近思録》編纂而成的文本。在此我們以清初著名學者嚴鴻逵所纂《朱子文語纂編》爲例，簡述其流佈日本後的傳本。

《朱子文語纂編》十四卷，清康熙五十七年(1718)嚴鴻逵編纂成書，康熙五十九年車鼎豊在金陵刊行，隨後有南陽講習堂吕葆中抄本，因受到雍正七

年(1729)吕留良案的影響,該書的傳播非常困難,因爲"嚴氏之學,出於晚邨,采訪時削其名,故《提要》無撰人姓名"①。日本學者鹽谷世弘在爲《朱子文語纂編》刻本題《跋》時,説"蓋以吕氏書係國禁,采訪時削其名而上之也"②。由此推測此書雖受吕留良案影響而被禁,然並未影響日本人對它的肯定。此書流傳日本後,因其内容關乎朱子學,故得到日本人的喜愛,在日本得以傳播,如江户儒學名家佐藤一齋説:"嚴鴻逵斯編,亦就《文集》《語類》選之,體例一依《近思録》,分類井然可見也。聞鴻逵受學於吕氏晚邨,而晚邨篤信朱子,平生規規乎早晚之論,則弟子所纂,意有師授也。"③

《朱子文語纂編》傳至日本後,大坂尼崎孝德曾收藏。據日本安政三年源忠精《翻刊〈朱子文語纂編〉引》可知,大坂尼崎孝德所藏嚴鴻逵《朱子文語纂編》清刻本,"傳自閩浙商舶"。莫伯驥《五十萬卷樓群書跋文》説:"日本大坂尼崎孝德藏鴻逵原本,久而始刊,東人備述其事,而嚴氏之姓名乃著。"④且據鹽谷世弘《跋》文記載,"其傳於我者,僅有此一部",即傳入日本的僅孝德一部,數量很有限。後來因天保十三年(1842)獎勵刻書,因而大學頭林用韜將孝德所藏中國原版書交給源忠邦,於是有了天保十四年三月日本刻本,之後又有弘化二年(1845)夏五月濱松水野氏翻刻本,安政三年(1856)八月源忠邦的兒子源忠精據濱松水野氏本翻刊。

(一) 日本天保十四年源忠邦翻刻本

據現存《朱子文語纂編》日本安政三年刊本可知,其所載天保十四年源忠邦《翻刊〈朱子文語纂編〉叙》云,天保十三年(壬寅,1842)"有旨令列國刻典籍"。爲了用此"正學之書"挽救時弊,源忠邦在林用韜的指點下,據大坂尼崎原藏《朱子文語纂編》中國原本進行翻刻。且據鹽谷世弘《跋》文可知,《朱子文語纂編》"原本爲大坂尼崎孝德藏本","孝德惜其傳播之不廣也,獻諸祭酒林君,請官爲鋟之。會刻書令下,我公謀當急梓者於祭酒,祭酒以此書慫慂,

①④ 卞僧慧《吕留良年譜長編》,第489頁。

② (日)鹽谷世弘《跋》,載於(清)嚴鴻逵《朱子文語纂編》,日本安政三年源忠精翻刻本。

③ (日)佐藤一齋《朱子文語纂編跋》,載於(清)嚴鴻逵《朱子文語纂編》,日本安政三年源忠精翻刻本。

因命付工”，以此公諸天下，嘉惠求學者。

因此我們依據源忠邦作叙時間“天保十四年癸卯三月”，推斷《朱子文語纂編》有天保十四年（1843）源忠邦翻刻本。

源忠邦《翻刊〈朱子文語纂編〉叙》曰：

壬寅歲六月，有旨令列國刻典籍。予欲獲其最有裨世用者鍥之，詢諸大學頭林用韜，用韜乃出《朱子文語纂編》示之，曰：“依《近思録》體以鈔朱子要語者，世有蔡氏《續録》，然采輯簡粗，不及斯編之詳也，而舶載者綦少。凡簡策之未更重鐫而切於世教者，以是爲最。”乃受而卒業焉，信乎擇焉而精者矣！吾聞治天下以正風俗、得賢才爲本，蓋聲教一則風俗正，造就至則賢才出。而聲教之所以一，造就之所以至，舍學而何以哉？雖然，學亦有弊，當今學術之弊，多書居其一焉。今使東閭奏雅樂，西閭歌俗謡，命里人縱其所習，則不背西而向東也，必矣。故華實俱陳，則孰弗取華而舍實？淺深相错，則孰弗赴淺而背深？世益降而書益多，書益多而浮華、淺膚、無實、無用之言日益行矣。夫如是，風俗安得不日偷，人才安得不日壞也？然則奈之何而可？亦莫若以正學之書救焉。昔從林快烈受業，居恒以此見勖，及用韜示之，乃命翻刊，原本出大坂尼崎某。若其事由，使儒臣識諸簡尾，故不復道。天保十四年癸卯三月源忠邦。（臣岩崎勝興謹書）

鹽谷世弘《跋》云：

右《朱子文語纂編》十四卷，清吕留良門人嚴鴻逵所輯，原本爲大坂尼崎孝德藏本。考《四庫全書》，題書目而不著選人名氏，蓋以吕氏書係國禁，采訪時削其名而上之也。其傳於我者，僅有此一部。孝德惜其傳播之不廣也，獻諸祭酒林君，請官爲鋟之。會刻書令下，我公謀當急梓者於祭酒。祭酒以此書慫恿，因命付工。昔者坂府有一老生，得王錫侯《字貫》，喜曰：“清人所禁，吾獨獲之，天賜吾也。”以爲帳秘，生既死，書不知存否？夫書者，天下之公用也，而私之，不亦不仁之甚乎！若夫誦其書而得其心，施諸事而達諸政，天下當多一人，不當少一人。公之亟命翻刊，蓋亦有取於孝德焉。至斯編簡擇之精，則林君之言盡矣，臣特舉事由以附於後。臣鹽谷世弘敬跋。

（二）日本弘化二年濱松水野氏翻刻本

據《朱子文語纂編》日本安政三年刊本所載，弘化二年（乙巳，1845）佐藤一齋爲“屬者濱松侯擬翻雕”本所作《朱子文語纂編跋》文可知，濱松侯在此時翻刻了《朱子文語纂編》。

佐藤一齋曾隨中井竹山、林述齋、林錦峰學習，後任昌平坂學堂教授，因給經書加標點而博得“一齋點”美名。他是天保年間有名的儒者，主講朱子學，並接受陽明學影響，安積艮齋、渡邊華山、佐久間象山等都出於其門下。著有《周易圖考》《言志四録》[①]。“佐藤一齋也推重清儒著述，其門下安積艮齋注意考證之學”[②]。我們從輯録的《朱子文語纂編跋》中可察一齋對朱子學甚是推崇。

佐藤一齋《朱子文語纂編跋》曰：

> 朱子之學大如海，無所不有也。今夫海當風猛濤怒，則雲霧咫尺，鯨鯢吼，雪山崩，何其壯也！至於風歇波恬，則千里一瞬，舩帆走，島嶼浮，何其豁也！曉暾則波面漾金，夜月則星宿涵珠，何其麗且妍也！然其爲海則同矣。朱子之學亦猶是也，畢生撰著，不啻等身，經注成書之外，《文集》《語類》亦累百卷，可謂極盛且大，無所不有矣。故後之爲其學者，往往采纂成編，而率皆隨其人之所韙，每編各異，不猶觀海者之殊其賞而概謂之海也乎！今讀嚴鴻逵斯編，亦就《文集》《語類》選之，體例一依《近思録》，分類井然可見也。聞鴻逵受學於吕氏晚邨，而晚邨篤信朱子，平生規規乎早晚之論，則弟子所纂，意有師授也。抑夫朱子之説，其出於中年，而確不可易者固不尠，雖出於晚年，而猶未定者亦有之，未可遽以中年而屏之。是又其所以爲大如海，若能取舍而决擇之，要在觀海者之鉅眼爾。如斯編，則雖韙吕氏之所韙，而語混中晚，不墜偏執幾乎，有眼識者歟，抑師傳爾歟？屬者濱松侯擬翻雕，徵言於坦，乃且經緯持論，繫諸尾如是。弘化乙巳夏五中澣，一齋陳人佐藤坦跋。（闕研書）

---

① 成春有、汪捷主編《日本歷史文化詞典》，南京大學出版社，2010 年 1 版，367 頁。張文朝編譯《江户時代經學者傳略及其著作》，第 59 頁。

② 朱謙之《日本的朱子學》，第 144 頁。

（三）日本安政三年刻本，快雪堂藏板

此刻本每半葉十二行二十五字，小字雙行同。左右雙欄，有界行，框高20.00釐米，寬13.80釐米。白口，對(黑)魚尾。版心上魚尾上方刻書名卷次(如“朱子文語纂編卷一”)，兩魚尾間刻卷名(如“道體”)、頁碼。卷一卷端首行頂格題“朱子文語纂編卷之一”，越五字格題記本卷語録數(“凡二百七十九條”)，第三行頂格刻印正文，每條單列，首字頂格，其餘各行均低一字格刻印。

卷首書名葉爲四周單欄的版框，内分三豎行，自右至左刻“清本翻刻”(下刻一長方形陰文印“千里必究”)、“朱子文語纂編”(下刻小字“全十五册”)、“快雪堂藏”。

正文前刻有安政三年源忠精《翻刊〈朱子文語纂編〉引》(首行標題下刻陰文印“厚德”，文末刻有二印：陰文“忠精”、陽文“禎孝氏”)、天保十四年源忠邦《翻刊〈朱子文語纂編〉叙》(標題下刻有長形陽文印章“誦詩聞國政講易見天心”，叙文末刻有兩方印：陰文“侍從忠邦”、陽文“京邑濱松”)、《朱子文語纂編目録》、康熙五十七年嚴鴻逵序文、康熙五十七年車鼎豐序文。在卷十四末刻有弘化二年佐藤一齋《朱子文語纂編跋》(標題下刻有長形陽文印“乾坤清氣”，跋文末刻有二印：陰文“佐藤坦”“大道”)、鹽谷世弘《跋》(跋文末刻有二印：陰文“世弘”、陽文“毅侯”)。在該本末葉刻有一小長方形牌記，刻有陰文“安政三年丙辰冬十月山縣城主水野氏藏板”，末葉框欄左邊墨筆題記“邨嘉平刻”。

依據上述資訊可知，該刻本是安政三年(1856)據早前日本翻刻的清代刻本重刻，板藏快雪堂。由於源忠邦嘗受業於林快烈，故署林家“快雪堂”堂號，以表對林家的敬重。温州大學藏本(書影見圖11－22)，13册，闕2册(即卷三上下)，

朱子文語纂編卷之一　凡二百七十九條
答陸子靜曰大傳之太極者何也即兩儀四象八卦之理具于三者之先而緼于三者之內者也聖人之意正以其究竟至極無名可名故特謂之太極猶曰舉天下之至極無以加此云爾初不以其中而命之也至如北極之極屋極之極皇極之極民極之極諸儒雖有解爲中者蓋以此物之極常在此物之中非指極字而訓之以中也極者至極而已以有形者言之則其四方八面合輳將來到此築底更無去處從此推出四方八面都無向背一切停勻故謂之極耳後人以其居中而能應四外故指其處而以中言之非以其義爲可訓中也至于太極則又初無形象方所之可言但以此理至極而謂之極耳又曰大傳既曰形而上者謂之道矣而又曰一陰一陽之謂道此豈眞以陰陽
朱子文語纂編卷之一　道體　一

圖11－22　嚴鴻逵《朱子文語纂編》，日本安政三年刻本

四眼綫裝。鈐有朱文印“學古”、白文印“東洋”。

《朱子文語纂編》源忠精安政三年刻本，東亞多家藏書機構有藏，如中國國家圖書館、清華大學、華東師大、湖南圖書館，日本京都大學等。杜澤遜《四庫存目標注》有著録，説日本安政三年有遠洲濱松水野氏刻本。陳榮捷《朱子新探索》一書提及他經眼的《朱子文語纂編》有一個“傳自閩浙商舶”，有“日本安政二年（一八五六）源忠精序”[1]的版本。但是陳榮捷所言時間有誤，因爲1856年是清咸豐六年、日本安政三年，且安政三年源忠精《翻刊〈朱子文語纂編〉引》文中有“爰有《朱子文語纂編》，傳自閩浙商舶”，所以此處陳榮捷經眼的應該就是日本安政三年翻刻本。

源忠精《翻刊〈朱子文語纂編〉引》曰：

> 皇威遠敷，有逾風飛雷行；天德溥容，靡拒螘附蠅慕。遐方筐篚，奚屑珍玩，殊域製作，獨取典策。爰有《朱子文語纂編》，傳自閩、浙商舶。醇儒之格言，名家之精撰，部類詳備，體用兼該。廣深之理，醒聾發矇。諄篤之訓，刺骨擢髓。弘之在己，用之惟時。如登崑崙以拾群玉，似入蓬瀛而采綺貝。仁者誦之，資諸文治；智者觀之，籍諸武備。顧當紫陽之時，外有女真之患，敵愾之憤聞見乎斯書，同仇之慨復發於吾儂。封豕長蛇，無國弗伏。遠洋巨濤，有航可濟。曲突徙薪，陳艾備痼。不恤緯而憂天，匪輪載以戒轍。嗟此愚悃，實從庭訓，纘箕裘之志，促梨棗之工，剞劂始竣，鉛槧是完，聊啓微衷，以質大雅。安政三年柔兆執徐壯月上弦源忠精。（臣井上俊乂謹書）

① 陳榮捷《朱子新探索》，華東師範大學出版社，2007年7月1版，第268頁。

第十二章　日本抄刻的《近思録》中國學者注本

自南宋開始，崇尚理學的學者便不斷對《近思録》進行注解詮釋，以利於不同時代的讀者閱讀理解此書。南宋至清末的注家主要有陳埴、葉采、楊伯嵒、何基、戴亨、陸雲龍、張習孔、施璜、茅星來、江永、張伯行、李文炤、陳沆等，在歷史上他們的注本大都漂洋過海傳至日本，被日本社會尊奉或借鑒，得以傳抄刊印。筆者今就所見此類注本的版本簡述如下。

第一節　日本刻印的葉采《近思録集解》系列版本考

葉采作爲朱熹再傳弟子，以朱熹論説爲主，集相關文獻來詮釋《近思録》。其《近思録集解》曾受到過南宋理宗皇帝褒獎，在南宋淳祐年間已具有一定的影響。當其注本面世後，宗朱一派更是奉之如圭臬，致使該書影響久遠，也得到歷史上朝鮮半島、日本列島讀者的青睞。對於日本刊印、抄寫的卷端署名"葉采集解"的《近思録》系列版本，本文分作兩類予以考述，首先闡述專署"建安葉采集解"者，再考述兼署名"吴勉學校閲"者。

一、卷端題署"葉采集解"的日本版本

存世的（宋）葉采《近思録集解》十四卷文本，卷端署名"建安葉采集解"的版本依據製作手段不同又可分作抄寫本、活字本、和刻本。

（一）葉采集解《近思録》十四卷，日本江户初期的抄寫本

此抄寫本是在印有框欄的紙上抄寫，書體清秀，介於楷行之間，縱橫行排列整齊。每半葉九行十八字，注文小字雙行同。四周單欄，無界行，框高 23.90 釐米，寬 16.40 釐米。卷一卷端首行頂格題寫"近思録卷之一"，越四字格題本卷語録數（如"凡五十一條"），次行低四字格雙行小字抄録本卷解題

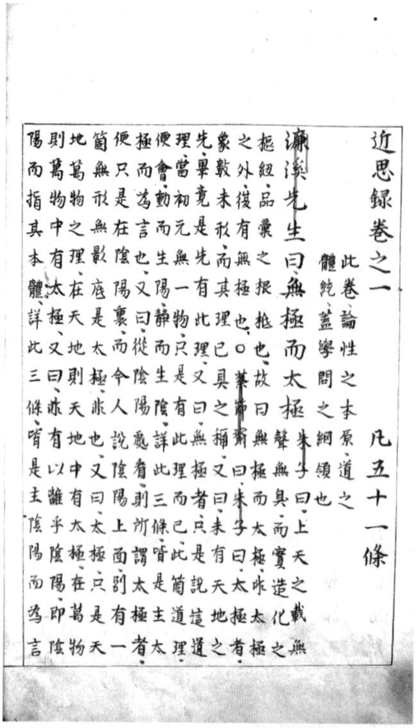

近思録卷之一　凡五十一條
此卷論性之本原道之
體統蓋學問之綱領也
濂溪先生曰無極而太極朱子曰上天之載無
聲無臭而實造化之
樞紐品彙之根柢也故曰無極而太極非太極
之外復有無極也〇蔡節齋曰朱子曰太極者
象數未形而其理已具之稱又曰未有天地之
先畢竟是先有此理又曰無極者只是說這道
理當初元無一物只是有此理而已此箇道理
便會動而生陽靜而生陰詳此三條皆是主太
極而為言也又曰從陰陽處看則所謂太極者
便只是在陰陽裏而今人說陰陽上面別有一
箇無形無影底是太極非也又曰太極只是天
地萬物之理在天地則天地中有太極在萬物
則萬物中有太極又曰亦有以離乎陰陽即陰
陽而指其本體詳此三條皆是主陰陽而為言

圖 12－1　葉采《近思録集解》，
日本江户初期抄寫本

（如“此卷論性之本原，道之體統，蓋學問之綱領也”），第三行頂格抄録正文，每條單列，均頂格抄寫，大字爲《近思録》原文，小字爲葉采注文。抄本在《近思録集解》之末，另抄寫有若干文字，有出自《分類經進近思録集解》（葉采集解，周公恕類次，吴中珩校閲）的文字（書影見圖 12－1）。

正文前抄寫葉采《近思録集解序》、《集解目録》、《進近思録表》、《近思録》（此書取材的 14 部書名）、朱熹序、吕祖謙跋。卷四十末尾題之左抄有刊記“嘉靖丙寅郡守安瓚刊藏中和清凉書院”。我們將此抄寫本與朝鮮李朝清凉書院刊本稍作比較，便發現二者行款相同，均爲九行十八字，甚至連牌記的版式、書體也一模一樣。由此看來，此抄本是抄自葉采《集解》朝鮮李朝明宗二十一年（明代嘉靖丙寅年，1566）清凉書院刊本。

現藏於日本國立公文書館該抄寫本（298—0161 號），3 册（每册封面左上墨筆題記書名“近思録集解”，右上題記本册各卷卷名），五眼綫裝。鈐朱文印“林氏藏書”“羅山”“江雲湯樹”“淺草文庫”“日本政府圖書”，墨色陽文印“昌平坂學問所”。可見此抄寫本爲林羅山舊藏之物。

在藏本第 1 册末葉有墨筆書“羅浮子道春一校”，第 2 册末葉墨筆書“夕顔巷道春一校了”，第 3 册封底墨筆書“《近思録》全部一校滴露了，道春”，且在“道春”二字下鈐有一方朱文印“羅山”。“道春”，乃林羅山名號，因此可知此本經過林羅山批校。那麽，《集解》此本框欄之外所抄寫的文字，不是清凉書院刻本所擁有的内容，而應是林羅山批校文字，其書體與該抄寫本的書體不盡相同，故尚難肯定此抄寫本是林羅山抄寫。從林羅山生活的時代推測，此抄寫本恐抄於十七世紀初期，或於日本江户初期抄寫，抄寫者待考，日本朱子學派的開創者林道春批校。

林羅山（1583—1657），名忠，又名信勝，字子信，號羅山、浮山、羅浮、羅洞等，剃髮後稱道春。日本京都人。青年時代便以興洛閩之學自任，立志專究朱子學，開門集徒，講説《論語集注》等。他師從江户早期首倡朱學的藤原惺窩，篤信朱子學，是幕府思想的奠基者，江户時代早期的著名思想家。在德川、秀忠、家忠各代將軍時，曾參與幕府的機要事務，幕府多數外交文書及法令等，均出其手。寬永七年（1630）在江户野忍岡設立家塾弘文院，傳授儒學。他博學廣聞，精通經史，通曉和、漢文學，"歷仕四代將軍，對確立近世封建社會理論基礎——朱子學的地位起了巨大作用"①。

他把儒學從明經家、僧侣手中解放出來，與武士道思想相結合，發揚了日本儒者的忠君愛國精神，在學術普及、古籍整理、典籍搜集等方面均有成就。他藏書多，著書也多。如訓點書有四書、五經、《五經大全》等。著有《周易手記》《二禮諺解》《論語解》《大學要旨》《四書要語抄》《四書集注抄》等②。現存《羅山文集》七十五卷，《詩集》七十五卷。在林羅山之後，其子孫相繼爲幕府儒官，形成了家學系統。繼承林羅山學説的是他的第三子春齋（1618—1680），號鵝峰，著有《鵝峰文集》《本朝通鑒》等。繼承春齋的是其第三子林鳳崗（1644—1732），名戇，一名信篤，著述頗多，爲幕府官學的祖師。這便是日本史上多稱賞的林氏三代家學。

（二）葉采集解《近思録》十四卷，日本古活字本

1. 日本銅活字本

古朝鮮用活字印製了葉采《集解》多種版本，對朝鮮社會傳播《近思録》發揮了相當作用。其銅活字曾在1592年豐臣秀吉侵略朝鮮時被搶去，隨後日本有了銅活字印刷術，也開始印刷《近思録集解》。

對於日本銅活字"爲朝鮮所鑄"這一問題，日本人島田翰説："始知慶長活字，實爲朝鮮所鑄，蓋豐公征朝之役，其圖籍活字爲我將士所收。"日本明治四

① （日）坂本太郎《日本史概説》，商務印書館，1992年8月1版，第304頁。
② 參閲張文朝編譯《江户時代經學者傳略及其著作》，2014年3月初版，第3頁。

十一年八月，重野安繹《活版高麗史序》曰："近者國書刊行會偶得一本（筆者按，即《高麗史》），將活字印刷以廣其傳，徵言於余，余謂'往昔朝鮮太祖鑄字所，銅鑄活字印行書籍，至世宗時撰述蔚興，其技滋精。文禄之役，我將士賫之以歸。德川氏初，用以印書，所得朝鮮活字者是也。我之文化，資於此而益盛'。"[①]山井重章跋《群書治要》又云："元和二年（1616）命金地院崇傳及林道春用征韓所獲銅活字刷印，文字不足，命漢人林五官者增鑄。又招刷工於京師，召五山僧掌校正。"[②]因而，日本活字印刷術主要來自朝鮮[③]，這是不争的史實。

日本人用銅活字印刷的葉采《近思録集解》十四卷，行格間的文字排列不甚規整。每半葉九行十八字，注文小字雙行同，四周雙欄。框高 23.50 釐米，寬 17.90 釐米。上下粗黑口，對（三葉花紋）魚尾。版心題記書名卷次簡稱（如"近思録一"）、頁碼。卷一卷端首行頂格題"近思録卷之一"，越四字格題本卷語録數（如"凡五十一條"），次行低四字格雙行小字印本卷解題（如"此卷論性之本原，道之體統，蓋學問之綱領也"），第三行頂格印正文。每條單列，頂格印製，大字爲《近思録》原文，雙行小字爲葉采注文。

卷首印有宋淳祐十二年葉采《進近思録表》、淳祐八年葉采《近思録集解序》、《集解目録》、《近思録》（此書所取材的 14 部書名）、朱熹序、吕祖謙跋。此活字本卷首所印序跋類文字與中國國内所藏明刻本葉采《集解》卷首相同，也與古朝鮮銅活字本葉采《集解》一樣。

日本此銅活字本的版式、體例與前文所考述的葉采《集解》朝鮮銅活字本相同。"恒"字亦不諱。此活字本中國國家圖書館有藏，4 册，藏家著録爲"日本銅活字本"，但未注印本時間。我們從銅活字印刷術傳至日本的歷史背景推測，此銅活字本可能在元和二年（1616）以後刷印。

中國國圖藏本天頭有佚名日文墨筆批注，正文有的卷葉在漢字右下角用墨筆標注日文訓讀。鈐朱文印"松坡圖書館藏""星吾海尋訪得秘笈"。

---

① （日）重野安繹撰《活版高麗史序》，載於《高麗史》，（日）市島謙吉編輯，明治四十一年十一月二十五日至明治四十二年十月一日，國書刊行會活字版，武術信賢印刷。

② 張秀民《中國印刷史》，上海人民出版社，1989 年 9 月 1 版，第 775 頁。

③ 關於日本的木活字印刷術，日本人島田翰説："私謂皇國活刷之法，傳自朝鮮。"參見張秀民《中國印刷史》，第 774 頁。

"松坡"是蔡鍔(1882—1916)字號,梁啓超爲紀念蔡將軍於 1923 年主持創建"松坡圖書館"。楊守敬(1839—1915),字鵬雲,號惺吾、星吾、心物,晚號鄰蘇老人。可見,此藏本是梁氏與楊守敬舊藏,極有可能是楊氏在日本訪書所得。

2. 日本寬永年間古活字本

與中國國家圖書館所藏楊守敬在日本所得日本活字本極相似的活字本,日本也有藏,其字號大小不一,字體墨色濃淡不一,每葉框欄四角斷痕明顯,當是活字本(書影見圖 12－2)。每半葉九行十八字,注文小字雙行同。四周雙欄,框高 23.40 釐米,寬 17.90 釐米。上下粗黑口,對(三葉花紋)魚尾。版心印書名卷次簡稱(如"近思録一")、頁碼。卷一卷端首行頂格題"近思録卷之一",越四字格題本卷語録數(如"凡五十一條"),次行低二字格印卷名,下有雙行小字印本卷解題,第三行頂格印正文。印本每條語録單列,頂格印製。卷末有尾題"近思録卷之某"。

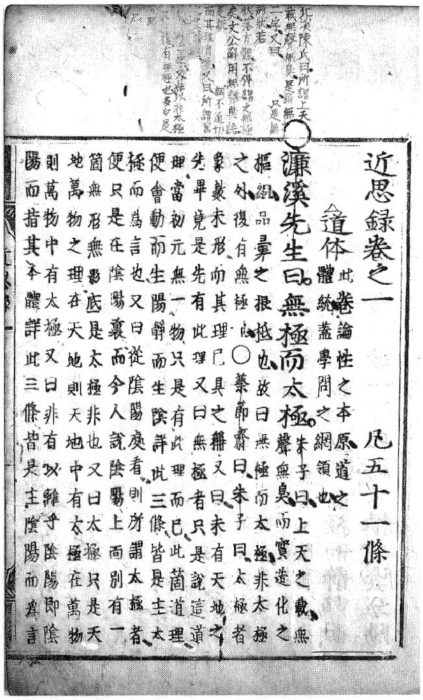
近思録卷之一　凡五十一條
道体 此卷論性之本原道之體統蓋學問之綱領也
濂溪先生曰無極而太極 朱子曰上天之載無聲無臭而實造化之
樞紐品彙之根柢也故曰無極而太極非太極
之外復有無極也○葉節齋曰朱子曰太極者
象數未形而其理已具之稱又曰未有天地之
先畢竟是先有此理又曰無極者只是說這道
理當初元無一物只是有此理而已此箇道理
便會動而生陽靜而生陰詳此三條皆是主太
極而爲言也又曰從陰陽處看則所謂太極者
便只是在陰陽裏而今人說陰陽上面別有一
箇無形無影底是太極非也又曰太極只是天
地萬物之理在天地則天地中有太極在萬物
則萬物中有太極又曰非有以離乎陰陽即陰
陽而指其本體詳此三條皆是主陰陽而爲言

圖 12－2 《近思録集解》,日本寬永年間古活字本

卷前印有葉采《進近思録表》、《近思録集解序》、《集解目録》、《近思録》(此書所取材的 14 部書名)、朱熹序、吕祖謙跋。

日本國立公文書館藏本(298—157),一函四册,五眼綫裝。鈐朱文印"淺草文庫""大學校圖書之印""文化乙亥"等,墨色陽文印"昌平坂學問所"。藏本有佚名墨筆或朱筆圈點批注。因該印本校勘不精,有一些錯訛,故天頭處的批校文字,則是對其對應行格中的文字進行校訂。

該藏本的函套左上書簽題寫"《近思録集解》,寬永古活字本",據此則爲寬永年間(1624—1643)古活字本。《改訂内閣文庫漢籍分類目録》著録曰:

“《近思録》十四卷，（宋）朱熹、吕祖謙撰，葉采集解。（寬永）刊（古活）。”[①]關於寬永年間活字本，嚴紹璗《日藏漢籍善本書録》有過著録，説：“後水尾天皇與明正天皇寬永年間有活字版印葉采集解《近思録》十四卷。”[②]

此活字本，日本國立國會圖書館也有藏（WA7—140），5 册。藏本天頭行間有日文批注。藏家著録爲“寬永年間古活字版”[③]。

（三）葉采集解《近思録》十四卷，和刻本

1. 日本慶安元年風月宗知刊本

此刻本每半葉八行十七字，注文小字雙行同，四周雙欄，框高 22.00 釐米，寬 16.00 釐米。上下粗黑口，對（三葉花紋）魚尾。版心魚尾間刻書名卷次（如“近思録卷一”）、頁碼。卷一卷端首行頂格題“近思録卷之一”，第二第三行低二字格分題“新安朱熹”“東萊吕祖謙”，接之在兩行中間題署“編集，建安葉采集解”，第四行低二字格題本卷篇名語録條數及葉采解題（解題文字刻作雙行小字），第六行刻印正文。正文各卷語録首條單列，頂格刻印，其餘各條依次相連，不再單列，條與條之間用“〇”分隔。《近思録》原文刻作大字，葉采注文刻作雙行小字，並刻有日文訓點。字體有仿宋體特徵，横細竪粗。刻本字大疏朗，刻印精美。

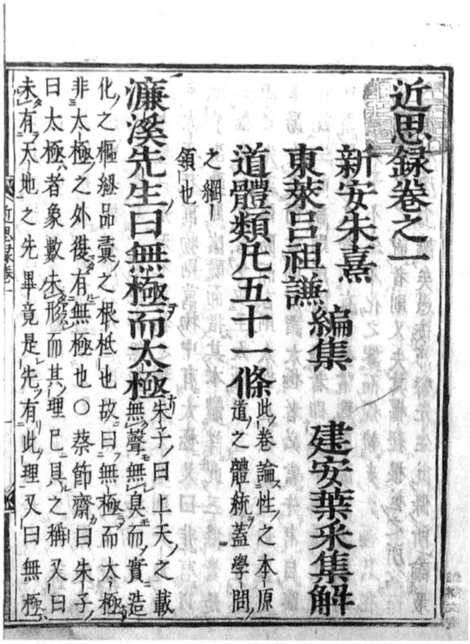
近思録卷之一
新安朱熹
東萊呂祖謙 編集　建安葉采集解
道體類凡五十一條 此卷論性之本原道之體統蓋學問
之綱領也
濂溪先生曰無極而太極 朱子曰上天之載無聲無臭而實造
化之樞紐品彙之根柢也故曰無極而太極
非太極之外復有無極也〇蔡節齋曰朱子
曰太極者象數未形而其理已具之稱又曰
未有天地之先畢竟是先有此理又曰無極

圖 12－3 《近思録集解》，日本慶安元年風月宗知刊本

正文卷前刻有葉采《近思録集

① （日）内閣文庫編《改訂内閣文庫漢籍分類目録》，第 168 頁。

② 嚴紹璗《日藏漢籍善本書録》子部，第 723 頁。

③ （日）東京堂出版編輯部《新編帝國圖書館和古書目録》（上卷），東京堂株式會社出版，昭和六〇年十月初版，第 345 頁。

解序》、葉采《進近思録表》、《近思録》(此書所取材的 14 部書名)、《集解目録》。卷十四末刻有朱熹序文、吕祖謙跋文。在吕氏跋文末的左半葉刻有四周單欄牌記,内分兩豎格,自右至左分别題記“慶安元曆仲春/風月宗知刊行”。因而可知此刻本是慶安元年(1648)風月宗知刊本。

此刻本東京都立中央圖書館有藏(諸 125/MW/021,書影見圖 12 - 3),8 册(封面左上墨筆題記“近思録”,且分别題記“一”“二”……“八”),五眼綫裝。鈐朱文印“諸橋文庫”“有即起書樓圖書記”“戌定”“東京都立中央圖書館藏書印”。可知,此刻本曾爲日本漢學家諸橋轍次(1883—1982)舊藏。藏本在區分各條語録的圓圈上偶見墨筆標注每卷語録的序號,扉葉處偶見批注,恐諸橋轍次所爲。

2. 十七世紀前期翻刻聚古堂刊本

該刻本每半葉八行十七字,注文小字雙行同,四周雙欄,框高 22.00 釐米,寬 16.10 釐米。上下細黑口,對(三葉花紋)魚尾。版心魚尾間刻書名卷次(如“近思録卷一”)、頁碼。卷一卷端首行頂格題“近思録卷之一”,第二第三行低二字格分題“新安朱熹”“東萊吕祖謙”,接之在兩行中間題署“編集,建安葉采集解”,第四行低二字格題本卷篇名語録條數及葉采解題(解題文字刻作雙行小字),第六行刻印正文。正文各卷首條單列,頂格刻印,其餘各條依次相連,不再單列,中間用“〇”分隔。《近思録》原文刻作大字,葉采注文刻作雙行小字,並刻有日文訓點。字體有仿宋體特徵,横細豎粗,版闊字大,行格疏朗,墨色濃黑(書影見圖 12 - 4)。

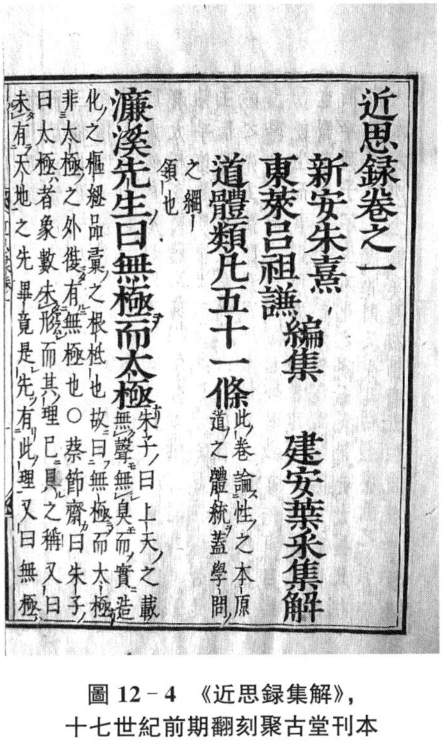
近思録卷之一
新安朱熹
東萊吕祖謙　編集　建安葉采集解
道體類凡五十一條　此卷論性之本原道之體統蓋學問之綱領也
濂溪先生曰無極而太極　朱子曰上天之載無聲無臭而實造化之樞紐品彙之根柢也故曰無極而太極非太極之外復有無極也〇蔡節齋曰朱子又曰太極者象數未形而其理已具之稱又曰未有天地之先畢竟是先有此理又曰無極

圖 12 - 4 《近思録集解》,
十七世紀前期翻刻聚古堂刊本

卷前刻有葉采《近思録集解序》、《近思録》(此書所取材的 14 部書名)、

圖 12－5 《近思録集解》卷首書名兼牌記，十七世紀前期翻刻聚古堂刊本

《集解目録》、葉采《進近思録表》。卷十四末刻有朱熹序、吕祖謙跋。

卷首書名兼牌記葉刻有四周雙欄的版框，内分三豎格，自右至左分别題記："翠娱閣訂定/近思録/聖主崇文正理學大明之日，兹録及性理，則濂洛關閩淵源近，宗師亦首崇之。本坊特求善本精梓以公四方，具眼宜共珍焉。聚古堂梓行。"(書影見圖 12－5)在"翠娱閣訂定"下刻有一方形陰文印"翻刻必究"。

此"翠娱閣"很可能是中國明代崇禎年間陸雲龍的代稱，因爲明崇禎八年(1635)陸雲龍、丁允和曾經刊訂葉采《近思録集解》，卷首書名葉記有"翠娱閣訂定""聚古堂梓行"字樣，錢塘陸雲龍校訂《近思録集解》的序文便作於"翠娱閣"，且此和刻日文訓點本與崇禎八年刻本字體相近、牌記有類似字樣。因而此刊本恐與明代崇禎八年聚古堂刊行關係密切，我們以爲這部和刻本極有可能是據明崇禎八年陸雲龍校訂的《集解》本爲底本翻刻而成，其刊刻時間大約在十七世紀前期，故卷首保留"翠娱閣訂定"。

該刻本少數卷葉的天頭刻有小方框，裏面文字爲校勘之語，如卷十三第二葉左邊"其分道也遠矣"對應的天頭位置刻有一框，内爲"分或作戾"；卷十三第九葉左邊"並興一出"對應的天頭處刻有一框，内爲"千或作已，自或作向"。

京都大學文學部藏本(支那哲文學 CⅡ—P6—5)，8 册，四眼綫裝。此藏本封皮厚硬，有菱形花紋，各册封面左上書簽印有書名"近思録"。

3. 日本萬治二年吉野屋權兵衛覆刻聚古堂本

此刻本每半葉八行十七字，注文小字雙行同，四周雙欄，框高 22.00 釐米，寬 16.10 釐米。上下黑口，對(三葉花紋)魚尾。版心魚尾間刻書名卷次(“近思録卷一”)、頁碼。卷端題識與上述聚古堂刊本同。原版刻有日文訓點。其編次體例、内容、版式、卷首書名葉等與上述聚古堂刻本同(書影見圖 12－6)。

但是與上述聚古堂刻本明顯有别的是，在卷十四末葉的空白處另刻有刊記:“萬治二己亥九月吉旦/柳馬場通二條下町/吉野屋權兵衛板。”既然此刻本的内容、版式、字體，甚至框欄，都與京都大學文學部圖書館藏聚古堂本相同，那麼再據書名葉和刊記可推斷，此《近思録集解》刻本是萬治二年(1659)吉野屋權兵衛覆刻聚古堂刊本。

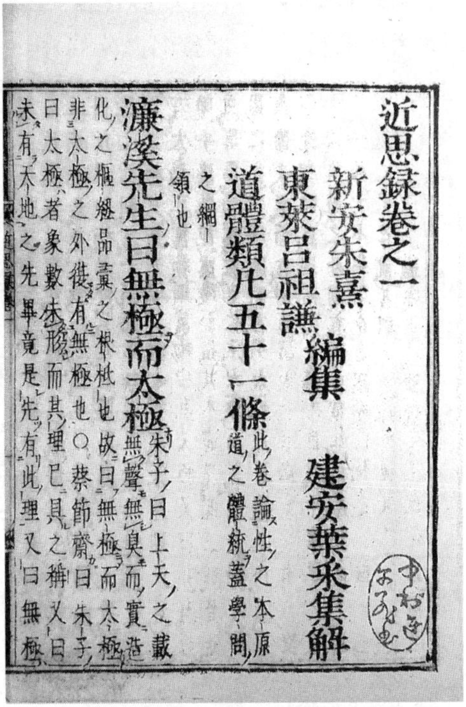
近思録卷之一
新安朱熹
東萊呂祖謙編集　建安葉采集解
道體類凡五十一條此卷論性之本原道之體統蓋學問之綱領也
濂溪先生曰無極而太極朱子曰上天之載無聲無臭而實造化之樞紐品彙之根柢也故曰無極而太極非太極之外復有無極也○蔡節齋曰朱子曰太極者象數未形而其理已具之稱又曰未有天地之先畢竟是先有此理又曰無極

圖 12－6 《近思録集解》，日本萬治二年吉野屋權兵衛覆刻本

早稻田大學圖書館藏本(文庫 5—333)，2 册，五眼綫裝。原爲“昭和十五年一月十六日中村本天氏寄贈”。鈐朱文印“故中村進午博士紀念圖書”“中村進午博士”“早稻田大學圖書館藏書”等。

4. 日本寬文八年吉野屋權兵衛刊本

此刻本每半葉八行十六字，注文小字雙行同。四周單欄，框高 22.30 釐米，寬 15.90 釐米。白口，對(二葉花紋)魚尾。版心魚尾上刻書名“近思録”，魚尾間刻記卷次(如“卷之一”)、頁碼。卷一卷端首行頂格題“近思録卷之一”，越四字格題本卷語録條數(如“凡五十一條”)，第二行低四字格雙行小字刻本卷葉采解題，第三行頂格刻印正文，每條語録單列，頂格刻印。刻本卷端雖未署“葉采集解”字樣，但據其内容可知是葉采集解的《近思録》，大字爲《近思録》原文，雙行小字爲葉采注文。卷末有尾題“近思録卷之某某”。

卷前刻有葉采《進近思録表》、《近思録集解序》、《集解目録》、《近思録》（此書所取材的 14 部書名）、朱熹序、吕祖謙跋。卷十四末葉刻有四周雙欄的長方形牌記，内有兩行文字：“正德己卯夏，鳳城精舍刊。”在此牌記的小框欄外，左邊另刻有兩行文字：“於時寬文八年歲次戊申五月吉日，吉野屋權兵衛板行。”

筆者將此刻本與韓國現存《集解》李朝中宗十四年（1519）鳳城精舍刊本比較，發現二者内容吻合，刊記相同，它們之間應有淵源關係，故該刊本極可能是寬文八年（1668）翻刻朝鮮李朝中宗十四年鳳城精舍刊本。而且嚴紹璗《日藏漢籍善本書録》也佐證了我們的推斷，嚴先生説：“靈元天皇寬文八年京都吉野屋權兵衛復刊高麗本《近思録集解》十四卷。”[①]《改訂内閣文庫漢籍分類目録》著録曰：“《近思録》十四卷，（宋）朱熹、吕祖謙撰，葉采集解。寬文八年刊（覆朝鮮）。”[②]

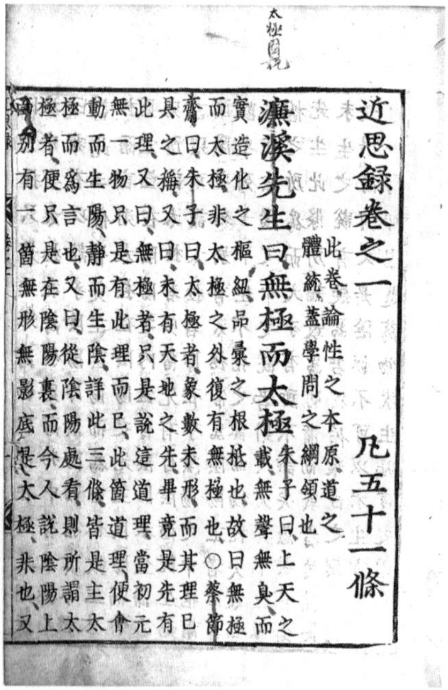
太極圖説
近思録卷之一　凡五十一條
此卷論性之本原道之
體統蓋學問之綱領也
濂溪先生曰無極而太極
朱子曰上天之
載無聲無臭而
實造化之樞紐品彙之根柢也故曰無極
而太極非太極之外復有無極也○蔡節
齋曰朱子曰太極者象數未形而其理已
具之稱又曰未有天地之先畢竟是先有
此理又曰無極者只是説這道理當初元
無一物只是有此理而已此箇道理便會
動而生陽靜而生陰詳此三條皆是主太
極而爲言也又曰從陰陽處看則所謂太
極者便只是在陰陽裏而今人説陰陽上
面別有一箇無形無影底是太極非也又

圖 12－7　《近思録集解》，
日本寬文八年吉野屋權兵衛刊本

日本國立公文書館藏本（298—0156，書影見圖 12－7），4 册，五眼綫裝。鈐朱文印“淺草文庫”“林氏藏書”“闊齋圖書”。墨色陽文印“昌平坂學問所”。天頭有佚名墨筆批注，正文有朱筆圈點，有些是在語録條目的天頭處用墨筆批注該語録的出處，如卷一第 1 條的天頭批注“《太極圖説》”。

日本寬文八年覆刻鳳城精舍刊本，日本多家圖書館有藏，如東京大學總合圖書館藏本（A00—5980），4 册。《東京大學總合圖書館漢籍目録》曰：“《近思録》十四卷，宋朱熹輯，宋葉采集解。江

① 嚴紹璗《日藏漢籍善本書録》子部，第 724 頁。
② （日）内閣文庫編《改訂内閣文庫漢籍分類目録》，第 168 頁。

户初期據中宗十四年朝鮮鳳城精舍刊本重刊，寬文八年京都吉野屋權兵衛印。”①

九州大學藏本（碩水文庫/キ/18），4 冊。刊記前有“正德己卯夏，鳳城精舍刊”字樣，刊記爲“於時寬文八年歲次戊申五月吉日，吉野屋權兵衛板行”。鈐朱文印“碩水藏書”“九州帝國大學圖書印”。

正德十四年（1519）朝鮮鳳城精舍刻本。九州大學藏本（坐春風文庫/72），4 冊。卷前刻有葉采《近思録集解序》，卷十四末刻有牌記“正德己卯夏鳳城精舍刊”。但是，筆者以爲九州大學、東京大學的這個藏本，很可能是朝鮮鳳城精舍刻本，而非日本翻刻本。

5. 日本元禄七年芳野屋權兵衛刻本

（1）日本元禄七年京都芳野屋權兵衛初刻本，博文軒藏版

此刻本每半葉八行十六字，注文小字雙行同，四周單欄，無界行，框高 16.50 釐米，寬 12.20 釐米。白口，單（黑）魚尾。版心魚尾下刻書名卷次簡稱（如“近思録卷一”）、頁碼。卷一卷端與上述聚古堂刻本很相近，首行頂格題“近思録卷之一”，第二第三行低一字格分題“新安朱熹”“東萊吕祖謙”，接之在兩行中間題署“編集，建安葉采集解”，第四行低二字格題本卷篇名語録條數及葉采解題（解題文字刻作雙行小字），第六行刻印正文。每卷語録首條單列，頂格刻印，其餘各條依次相連，不再單列，條與條之間用“○”分隔開來。卷末有尾題“近思録卷之某某”。原本刻有日文訓點，刻印精美。

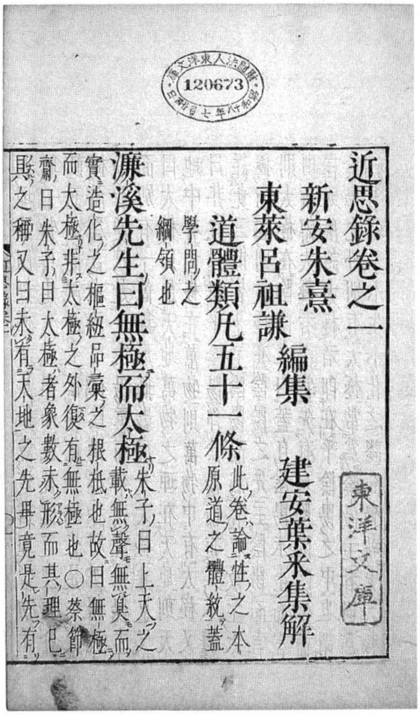
近思錄卷之一
新安朱熹
東萊呂祖謙 編集 建安葉采集解
道體類凡五十一條 此卷論性之本原道之體統蓋學問之綱領也
濂溪先生曰無極而太極 朱子曰上天之載無聲無臭而實造化之樞紐品彙之根柢也故曰無極而太極非太極之外復有無極也○蔡節齋曰朱子曰太極者象數未形而其理已具之稱又曰未有天地之先畢竟是先有

圖 12－8 《近思録集解》，日本元禄七年芳野屋權兵衛刊本

① 東京大學總合圖書館編《東京大學總合圖書館漢籍目録》，第 272 頁。

卷首書名葉分三行，自右至左分别刻有“朱紫陽、吕東萊兩先生纂集/近思録/葉采集解　博文軒”。正文前刻有葉采《進近思録表》、《近思録集解序》、朱熹序、吕祖謙跋、《近思録》(此書所取材的14部書名)、《集解目録》。卷十四末刻有牌記:“元禄七甲戌年六月中旬/柳馬場通二條下町/芳野屋權兵衛開版。”依據上述信息可知，該刻本是元禄七年(1694)京都芳野屋權兵衛初刻本，博文軒藏版。東洋文庫藏本(書影見圖12-8)，2册(封面左上墨筆題記“近思録”，且分别題記“乾”“坤”)，四眼綫裝，鈐朱文印“東洋文庫”。此刻本，嚴紹璗《日藏漢籍善本書録》著録曰:“東山天皇元禄七年(1694)京都芳野屋權兵衛刊印《近思録集解》十四卷。”[①]

與東洋文庫藏本同一版的元禄七年日本刻本，東京大學總合圖書館也有藏(B60—140號)，有佚名朱筆圈點或批注。鈐朱文印“青州文庫”。

(2) 元禄七年芳野屋權兵衛刊本(後印本)，天保十年佐藤一齋批注本

此刻本每半葉八行十六字，注文小字雙行同，四周單欄，框高16.30釐米，寬12.30釐米。白口，單(黑)魚尾。版心魚尾下刻書名卷次簡稱(如“近思録卷一”)、頁碼。卷端題署與上述博文軒藏版的刊本同，也刻有日文訓點，其刻本編次、内容也與元禄七年刻本同。卷首無書名葉，但正文前所刻序跋等文字與上述刻本同。刻本卷十四末也刻有刊記:“元禄七甲戌年六月中旬/柳馬場通二條下町/芳野屋權兵衛開版。”

儘管此刻本的内容、版式與前文所考“芳野屋權兵衛初刻本”相同，但是框欄卻有明顯差異，如刻本卷一卷端葉右下框欄有約1釐米的斷痕，這是前文所考東洋文庫藏本没有的，或許博文軒藏版在後來刷印，故在此單列爲一種。

東京都立中央圖書館藏本(125—KW—1—1，書影見圖12-9)，4册，四眼綫裝。天頭行間多處有朱文批注。如卷首扉葉朱筆書:“天保十年，爲諸生講斯篇，因復漫書於讀本欄外，以孟秋下三日起筆，至臈月中十日完業。愛日樓主，時齡六十有八。”卷十四末有朱筆書:“天保十年己亥臈月二十日讀完，暖老坦記。”(批注葉書影見圖12-10)藏本鈐有朱文印“河田文庫”“虚警廬珍襲”“東京都立日比谷圖書館藏書”，當是河田烈氏(1883—1963)舊藏。由於

---

① 嚴紹璗《日藏漢籍善本書録》子部，第724頁。

其“河田文庫”曾經珍藏有愛日樓佐藤一齋的相關文獻，加上此刻本上“愛日樓主”“暖老坦”的批注題識，故此刻本中的朱文批注應是佐藤一齋所爲。

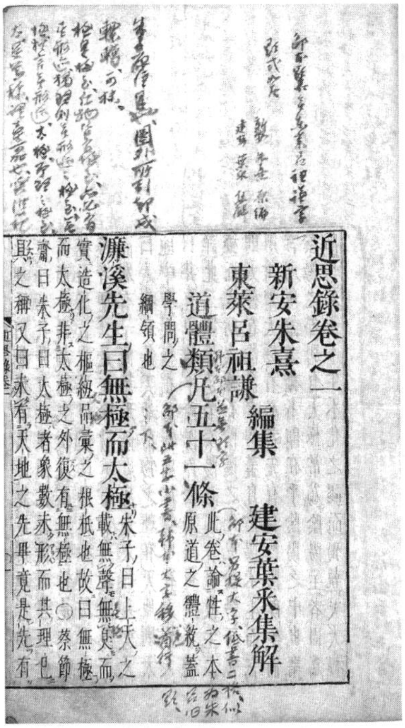

圖 12－9　《近思録集解》，日本元禄七年芳野屋權兵衛刊，佐藤一齋批注本

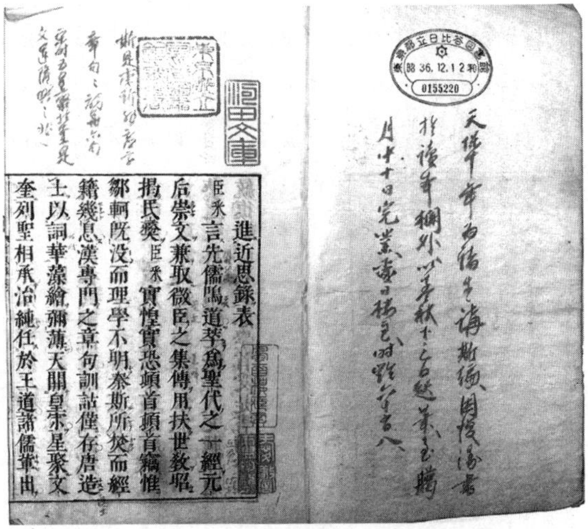

圖 12－10　《近思録集解》，日本元禄七年芳野屋權兵衛刊，佐藤一齋批注本

與東京都立中央圖書館所藏本内容、版式特徵相同刻本，京都大學人間環境學研究科綜合人間學部圖書館也有藏。卷一右欄下框欄有約 1 釐米寬的斷痕。京都大學圖書館藏本（216｜｜｜｜56｜｜三高和），4 册（封面左上墨筆題記“近思録”，且分别題記“元”“亨”“利”“貞”），四眼綫裝。有佚名朱筆標點批注。鈐朱文印“大阪中學校圖書之印”。

6. 文化九年大阪加賀屋善重刻元禄七年芳野屋權兵衛刊本

此刻本每半葉八行十六字，注文小字雙行同，四周單欄，框高 16.50 釐米，寬 12.10 釐米。白口，單（黑）魚尾。版心魚尾下刻書名卷次（如“近思録卷一”）、頁碼。卷端題署與上述《集解》元禄七年刊本同，也刻有日文訓點。每卷語録首條單列，頂格刻印，其餘各條依次相連，不再單列，用“〇”分隔開來。卷末有尾題“近思録卷之某終”。

正文前刻有葉采《進近思録表》、《近思録集解序》、朱熹序、吕祖謙跋、《近思録》(此書所取材的 14 部書名)、《集解目録》。在《集解》卷十四末葉左半葉的空白處刻有刊記,三竪行“文化九年壬申五月/心齋橋通北久太郎町/浪華書林 加賀屋善藏梓”。因而可知此刊本是文化九年(1812)加賀屋善刊梓。東京大學總合圖書館有藏本(B60—89),2 册。鈐朱文印“青州文庫”。

因爲此刻本的卷一右欄下有約 1 釐米寬的明顯斷痕,於是我們將此刻本與上述東京都立中央圖書館、京都大學人間環境學研究科綜合人間學部圖書館所藏元禄七年刻本進行比較,發現它們的内容、版式特徵相同,甚至連板框斷痕亦同,酷似同一版,但是此本卻有明確的刊記,所以它應是文化九年(1812)浪華書林加賀屋善覆刻或翻刻元禄七年芳野屋權兵衛本。

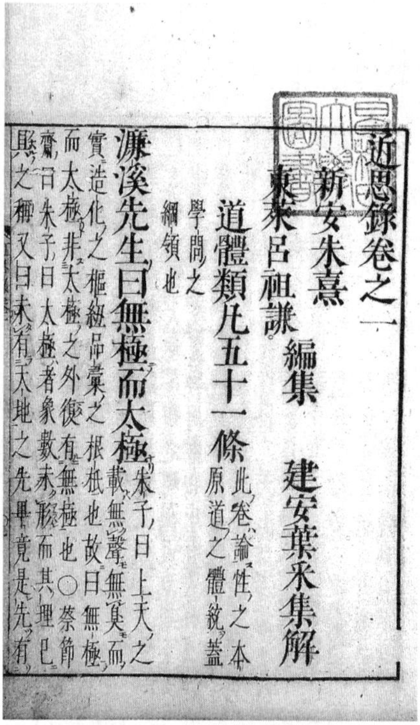
近思録卷之一
新安朱熹
東萊呂祖謙 編集　建安葉采集解
道體類凡五十一條 此卷論性之本原道之體統蓋學問之綱領也
濂溪先生曰無極而太極 朱子曰上天之載無聲無臭而實造化之樞紐品彙之根柢也故曰無極而太極非太極之外復有無極也○蔡節齋曰朱子曰太極者象數未形而其理已具之稱又曰未有天地之先畢竟是先有

圖 12－11　《近思録集解》,
日本文化九年刻本

該文化九年刻本在日本多家圖書館有藏,如早稻田大學藏本(イ17—289,書影見圖 12－11)的内容、版式、板框斷痕與上述東京都立中央圖書館藏本同。卷一右欄下有明顯斷痕,約 1 釐米。該館藏本,4 册,四眼綫裝。鈐朱文印“早稻田大學圖書”。並且,葉采《集解》日本文化九年加賀屋善刊本,韓國國立中央圖書館也有藏(古 1—50—90),4 册。

東京大學總合圖書館另藏有一部文化九年刻本(B60—1405),2 册。鈐朱文印“南葵文庫”“近藤藏”“島田氏麗桂樓收藏”。該刻本版式爲每半葉八行十六字,注文小字雙行十六字,四周單欄,無界行。白口,單(黑)魚尾。框高 16.50 釐米,寬 12.10 釐米。版心刻書名卷次(“近思録卷一”)、頁碼。卷端題“新安朱熹、東萊吕祖謙編集,建安葉采集解”。

刻有日文訓點。這與該館藏號 B60—89 的刻本是同一版本。

7. 日本天保五年刊本

刻本每半葉九行十九字，注文小字雙行二十四字，左右雙欄，有界行，框高 18.20 釐米，寬 13.30 釐米。白口，單(黑)魚尾。版心魚尾下刻書名卷次(如“近思録卷一”)、頁碼。卷一卷端首行頂格題“近思録集解卷之一”，第二第三行皆低九字格分别題署“新安朱熹原編”“建安葉采集解”，第四行低一字格題本卷名及語録條數(如“道體凡五十一條”)，第五行低二字格開始刻本卷葉采解題，第七行刻印正文。刻本各卷語録每條單列，頂格刻印，卷末有尾題“近思録集解卷之某某”。此刻本漢字旁刻有標示句讀的小黑點“·”。“玄”字闕末筆，“弘”字不諱。刻本是楷書上板，字體特徵極似《集解》清初刻本，刻印精美。

卷首刻有葉采《進近思録表》、《近思録集解序》、朱熹《近思録前引》、吕祖謙《近思録後引》、《近思録集解目録》、《近思録群書姓氏》。《集解》卷十四末葉尾題下刻有刊記“天保五年刊”。

將此刊本與所見《集解》中國清初刻本的書影比較，我們發現二者編次體例、框欄、版式相同，書體非常相近，避諱字相同，卷首序跋文題名編排也相同，很顯然該和刻本與《近思録集解》清康熙年間刻本不無關聯，很可能是因爲覆刻清初刊本而保留諱字，因而暫定爲天保五年(1834)覆刻清初刊本，與清初刻本稍有不同的是在行格間刻有標示句讀的小黑點。此藏本《改訂内閣文庫漢籍分類目録》著録：“《近思録》十四卷，(宋)葉采。天保五刊(覆清·官版)。”①

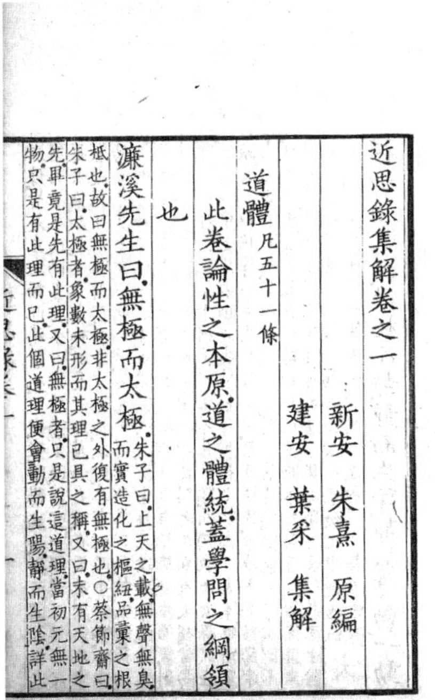
近思錄集解卷之一
新安 朱熹 原編
建安 葉采 集解
道體凡五十一條
此卷論性之本原道之體統蓋學問之綱領
也
濂溪先生曰無極而太極朱子曰上天之載無聲無臭
而實造化之樞紐品彙之根
柢也故曰無極而太極非太極之外復有無極也○蔡節齋曰
朱子曰太極者象數未形而其理已具之稱又曰未有天地之
先畢竟是先有此理又曰無極者只是說這道理當初元無一
物只是有此理而已此個道理便會動而生陽靜而生陰詳此

圖 12-12 《近思録集解》，日本天保五年刊本

① 内閣文庫編《改訂内閣文庫漢籍分類目録》，第 168 頁。

日本國立公文書館藏本(298—0164 號,書影見圖 12-12),4 册(封面左上書簽上刻印“官板近思録集解”,且分别題記“一”“二”“三”“四”),四眼綫裝。鈐朱文印“天保甲午”“淺草文庫”“日本政府圖書”“安政戊午”,墨色陽文印“官版見本”“昌平坂學問所”。從該本所鈐印章可以肯定應是昌平坂學問所刊梓,並在封面鈐有當年印製的時間天保甲午(1834)。而且,關於江户時代官板《近思録》,嚴紹璗《日藏漢籍善本書録》也可佐證我們的判斷,嚴先生説“江户時代《官版書目》‘子部’著録《近思録集解》十四卷四册。此即仁孝天皇天保五年(1834 年)昌平坂學問所刊行之《近思録集解》十四卷本”①。

此天保五年刊本(官板),日本多家圖書館有藏,如京都大學藏本(谷村文庫 1—69 キ3),4 册,封皮左上署“官板《近思録集解》”字樣。藏本四眼綫裝。鈐朱文印“□山藏記”“光島藏書”“京都大學圖書之印”。天頭、行間、框欄外有墨筆批注,據第 1 册末葉框外墨筆書“武庫郡道意新田村,矢野武一所有”,並鈐朱文印“矢野武一”,由此推測該本中批注是矢野武一所爲。

《近思録集解》,天保五年刊本,日本静嘉堂藏本原爲麴町教授所舊藏,4 册。版式、内容與公文書館藏本同。鈐朱文印“松□文庫”“静嘉堂藏書”。卷末鈐墨色陽文印“麴町教授所”。

8. 日本弘化年間加賀屋善藏板

(1) 弘化三年九月之前,勝村治右衛門、加賀屋善等人刊梓本

該刻本每半葉八行十六字,注文小字雙行十六字,四周單欄。框高 16.50 釐米,寬 12.10 釐米。白口,單(黑)魚尾。版心魚尾下刻書名卷次(如“近思録卷一”)、頁碼。其卷端題署與上述元禄七年刻本相同,即首行頂格題“近思録卷之一”,第二、第三行均低一字格分題“新安朱熹”“東萊吕祖謙”,接之在兩行中間題署“編集,建安葉采集解”,第四行低二字格題本卷篇名語録條數及葉采解題(解題文字刻作雙行小字),第六行刻印正文。首條頂格刻印,其餘各條依次相連,不再單列,用“○”分隔開來。卷末有尾題“近思録卷之某終”。刻有日文訓點。卷一右欄下有明顯斷痕,約 0.5 釐米。

---

① 嚴紹璗《日藏漢籍善本書録》子部,第 724 頁。

筆者藏有此刻本(書影見圖12－13),4册(封面左上白色書簽,分别題"近思録"及本册所轄卷數),卷帙完好。第1册正文前刻有葉采《進近思録表》、《近思録集解序》、朱熹序(有夾注)、吕祖謙跋、《近思録》(此書取材的14部書名,有注文)、《集解目録》。第4册《集解》卷十四末,封底奥付刻有:"三都書肆:京都寺町通松原下 勝村治右衛門/同 三條通升屋町 出雲寺文次郎/江户日本橋通一丁目 須原屋茂兵衛/同 二丁目 須原屋新兵衛/同 淺草茅町二丁目 須原屋伊八/同 芝神明前 岡田屋嘉七/同 日本橋通二丁目 山城屋佐兵衛/尾州名古屋本町七丁目 永樂屋東四郎/大坂心齋橋通安堂寺町 秋田屋太右工門/同 北久太郎町 河内屋喜兵衛/同 安土町北 加賀屋善藏板。"依此,該刻本當是勝村治右衛門、秋田屋太右工門、河内屋喜兵衛、加賀屋善等刊刻。另據下文"弘化三年丙午九月補刻"本,可推知此刻本要早於下文所言補刊本,暫定爲弘化三年(1846)九月之前的刻本。

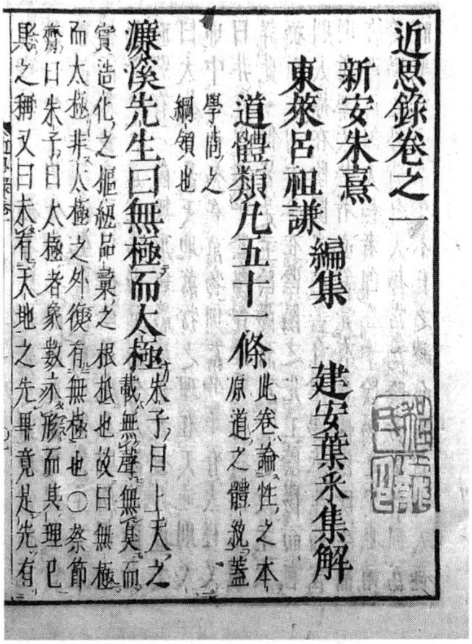
近思錄卷之一
新安朱熹
東萊呂祖謙 編集 建安葉采集解
道體類凡五十一條 此卷論性之本原道之體統蓋學問之綱領也
濂溪先生曰無極而太極 朱子曰上天之載無聲無臭而實造化之樞紐品彙之根柢也故曰無極而太極非太極之外復有無極也○蔡節齋曰朱子曰太極者象數未形而其理已具之稱又曰未有天地之先畢竟是先有

圖12－13 《近思録集解》,
日本弘化三年之前加賀屋善刻本

而且,我們將此刻本書影與上述《集解》元禄七年芳野屋權兵衛刊本相比較,發現二者文字内容同,版式相同,刻印風格相同,書體很相近,相互間宜有淵源關係。並且卷一右欄的斷痕與文化九年刻本相似。故筆者以爲這是三都書肆在元禄七年或文化九年刻本的基礎上再刊。

與筆者家藏刊記同爲"加賀屋善刊本"的《集解》本,筑波大學(ロ880—55),日本京都大學人文研究所、早稲田大學(ロ13/3446號)等皆有收藏。

(2) 弘化三年加賀屋善補刻本

宋葉采集解《近思録》十四卷,東京大學東洋文化研究所現存有東純批注

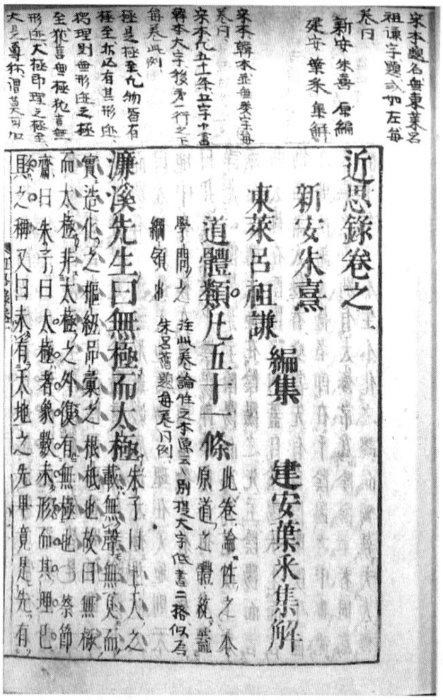

近思録卷之

新安朱熹

東萊吕祖謙 編集

建安葉采集解

道體類凡五十一條

濂溪先生曰無極而太極

圖 12－14 《近思録集解》，日本弘化三年加賀屋善補刻本

本。該刻本每半葉八行十六字，注文小字雙行同，四周單欄，框高 16.50 釐米，寬 12.10 釐米。白口，單(黑)魚尾。版心魚尾下刻書名卷次(如“近思録卷一”)、頁碼。卷端題署與上文所述弘化三年九月之前的刻本同。

正文前刻有葉采《進近思録表》、《近思録集解序》、朱熹序、吕祖謙跋、《近思録》(此書所取材的 14 部書名)、《集解目録》。在《集解》卷十四末葉的左半葉空白處刻有三行刊記：“弘化三年丙午九月補刻/心齋橋通安土町/浪華書林　加賀屋善藏梓。”由此可知此刻本是日本弘化三年(1846)加賀屋善補刻本。那麽，它與上述弘化三年九月之前的刻本有何差異呢？雖然此補刻本與上述筑波大學藏本的内容、版式、書體等多相近，但經比較可見，刻本卷一卷端葉右框欄下，補刻本無明顯斷痕，而上述刻本則有。

東京大學東洋文化研究所藏本(子儒家—75，書影見圖 12－14)，4 册，四眼綫裝。鈐朱文印“東方文化學院東京研究所圖書之印”，陰文印“東純”“崇一”。第 1 册内封墨筆題識：“近思録欄外書 依通本 一齋居士稿本。”“天保十年，爲諸生講斯編，因復漫書於讀本欄外，以孟秋下澣三日起筆，至臘月中澣十日完業。愛日樓主，時齡六十有八。”而且在藏本的天頭、行格間有多處漢文批注，這些注解文字中常常有“純録”字樣，加之藏本卷前鈐有“東純”印，故推斷此墨筆題識及書中朱墨筆批注、圈點，應是東純所爲。東純批注的文字内容，多是比較此本與宋本的不同，或指出某條語録的出處，或比較此本與宋本、朝鮮本的不同，或對字詞進行解釋，與佐藤一齋《欄外書》幾乎一致。

葉采集解《近思録》十四卷，日本弘化三年加賀屋善補刊本，多家圖書館有藏。如東京都立中央圖書館藏本(和 0614)與前述東洋文庫藏本同。然東京都立中央圖書館將此本著録爲弘化三年加賀屋善刊本"後印"。《日藏漢籍善本書録》著録的"仁孝天皇弘化三年(1845年)重印本"[①],或許此本。

9. 文久四年松敬堂、松根堂刻本

葉采《集解》的此刻本現存兩種:

(1)"青木嵩山堂"製本

此刻本每半葉八行十六字,注文小字雙行同,四周單欄,無界行,框高16.50釐米,寬12.20釐米。白口,單(黑)魚尾。版心魚尾下刻書名卷次(如"近思録卷一")、頁碼。卷端題署與上文所述《集解》元禄七年刻本同,也刻有日文訓點。每卷語録首條單列,頂格刻印,其餘各條依次相連,不再單列,用"○"分隔開來。卷一卷端葉右欄下有0.5—0.6釐米的斷痕。

正文卷前刻有葉采《進近思録表》、《近思録集解序》、朱熹序、吕祖謙跋、《近思録》(此書所取材的14部書名)、《集解目録》。

首册内封紅色紙上刻有書名兼牌記葉,上横行小字"文久四子歲再鐫",下三豎行自右至左分别是"建安葉采集解/近思録/浪華書肆:松敬堂、松根堂梓"。《集解》卷十四末的封底刻有奥付:"和漢洋書籍發兑處,東京帝國大學、京都帝國大學、高等師範學校、第一高等學校、學習院、帝國圖書館,御用書肆。……製本發賣所:青木嵩山堂。"由此可見,此刻本爲文久四年(1864)松敬堂、松根堂刊刻,青木嵩山堂製本。據其内容、體例編排、版式等推斷,該刻本除書體筆畫略顯硬挺一點外,多處相同,故很可能是翻刻《集解》元禄七年或文化九年刊本。

京都大學文學部藏本(穎原文庫Tb—1),4册,四眼綫裝。鈐朱文印"穎原文庫"。關於文久四年該刊本,《日藏漢籍善本書録》著録曰:"孝明天皇文久四年浪華松敬堂刊印葉采集解《近思録》十四卷。"[②]

(2)大阪松邨九兵衛等藏板

該刻本每半葉八行十六字,注文小字雙行同,四周單欄,框高16.50釐米,寬12.10釐米。白口,單(黑)魚尾。版心魚尾下刻書名卷次(如"近思録卷一")、頁碼。卷端題署與上文所述《集解》元禄七年刻本同,也刻有日文訓點。

---

①② 嚴紹璗《日藏漢籍善本書録》子部,第724頁。

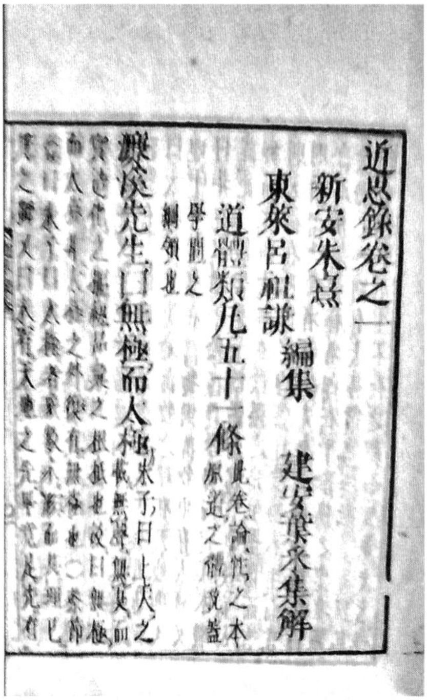

圖 12－15 《近思録集解》，
日本文久四年刻本，大阪松邨九兵衛藏板

每卷除首條單列頂格刻印外，其餘各條連續編次，中間用“○”隔開。卷一卷端葉右欄下有 0.4—0.5 釐米的斷痕（書影見圖 12－15）。正文前刻有葉采《進近思録表》、《近思録集解序》、朱熹序、吕祖謙跋、《近思録》（此書所取材的 14 部書名）、《集解目録》。

該刻本首册内封土黄色紙上刻有書名兼牌記，上横行小字“文久四子歲再鐫”，下三豎行自右至左分别是“建安葉采集解/近思録/浪華書肆：松敬堂、松根堂梓”。第 4 册封底刻有奥付：“三府書肆：東京北畠茂兵衛/同 稻田佐兵衛/……/大阪松邨九兵衛藏板。”依據上述内容可知，此刻本爲文久四年松敬堂、松根堂刊刻，板存大阪松邨九兵衛。爲了查明此刻本的源頭，將其與上述《集解》元禄七年或文化九年刊本稍作比較後發現，二者内容、體例、版式等皆相同，因而推斷此大阪松邨九兵衛藏板是翻刻元禄七年或文化九年刊本。

京都大學文學部藏本（東洋史桑原文庫 CⅡ元/1），4 册，四眼綫裝。鈐朱文印“桑原文庫桑原武夫氏寄贈”“京都帝國大學圖書之印”“大阪中學校圖書之印”“第二高等中學校之印”。卷一右欄下有 0.4—0.5 釐米的斷痕。

上述京都大學文學部所藏兩部文久四年刊本，一是原穎原文庫藏本，即文久四年（1864）刻本；一是原桑原文庫藏本。兩部刻本的板框斷痕相同，刊梓者同，屬同一版印製。衹是穎原文庫藏本印墨濃黑，桑原文庫藏本較淡，或爲後印本。

需要説明的是，儘管文久四年刊本與元禄七年、文化九年、弘化三年刊本版式特徵相同，或許同出一源。筆者以爲它們是覆刻或翻刻元禄七年芳野屋權兵衛刊本，或源自更早的聚古堂刻本，衹是因爲它們的刊記、發兑處不一，故分别言之。

10.（宋）葉采集解《近思録》十四卷，寶永六年（1709）[京都]吉野屋權兵衛刊本（同大藏本[Z125.4]，題簽“新板大字近思録”[①]。此藏本筆者未見，待考訂）

11.（宋）葉采《近思録集解》十四卷，《漢文大系》活字本

古代日本學者對中國文獻典籍一直都很關注，當許多經典傳入日本之後，便成爲日本學術界重要的研究對象。在日本明治年間後期，其社會逐漸意識到經典漢籍與日本國學的重要性，開始收録整理中國古代經典文獻，編纂成漢典叢書，有系統地向其國民介紹中國古代典籍，於是，在此背景之下《漢文大系》叢書誕生了。

這套叢書總共有二十二卷，内容以中國古代經、史、子部中的經典爲主。葉采集解《近思録》十四卷，收録在《漢文大系》第二十二卷（該卷前爲《楚辭》，後爲《近思録》），井上哲次郎解題與校訂。該書爲漢文本，印有日文批注。

《漢文大系》叢書有初印本與增補本兩種：

（1）富山房編輯部編《漢文大系》，日本大正五年東京合資會社富山房活字排印本

該《漢文大系》第二十二卷收録《楚辭》與《近思録》兩書，卷首有日本大正五年岡田正之《凡例》，《楚辭解題》《漢文大系第廿二卷楚辭目次》《楚辭集注目録》等。

葉采《近思録集解》正文前有日本大正五年（1916）八月井上哲次郎《近思録解題》《和漢近思録書類目録》，以上爲日文。接之印有《近思録目次》、《進近思録表》、《近思録集解序》、朱熹序、吕祖謙跋、《近思録》取材的 14 部書名，《集解目録》，以上均爲漢文。

所收録的《近思録》卷一卷端，首行頂格題“近思録卷之一”，次行低八字格題署：“新安朱熹、東萊吕祖謙編集，建安葉采集解。”該印本天頭印有日文批注。

---

① 参見京都大學圖書館藏書檢索網站 https://op.kulib.kyoto-u.ac.jp/webopac/catdbn.do

第二十二卷末，即《近思録》卷十四末有奥付：“大正五年十月二十一日印刷，大正五年十月二十四日發行。《漢文大系》第二十二卷奥付。”題記：“校訂者：井上哲次郎，校訂者：岡田正之，發行者：合資會社富山房，代表者：阪本嘉治馬；”“發行所：東京合資會社富山房。”可見，此《近思録集解》爲井上哲次郎校訂，東京合資會社富山房於大正五年(1916)十月二十四日發行。廣島大學圖書館有藏(書影見圖 12－16)，日本國立國會圖書館亦有藏。

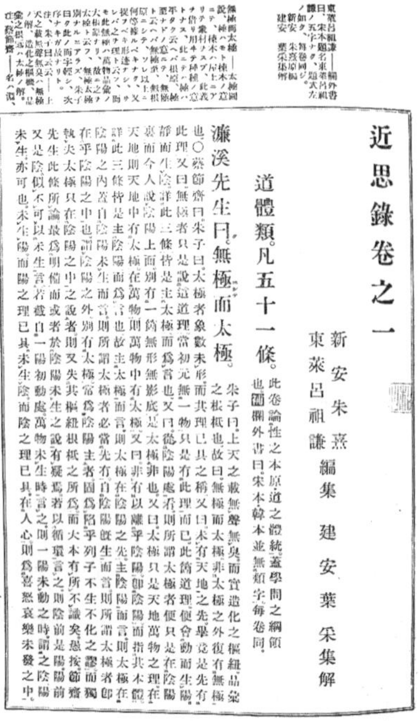
近思錄卷之一

新安朱熹 東萊呂祖謙 編集 建安葉采集解

道體類。凡五十一條。此卷論性之本原道之體統蓋學問之綱領也。欄外書曰宋本韓本並無類字每卷同。

濂溪先生曰。無極而太極。朱子曰上天之載無聲無臭而實造化之樞紐品彙之根柢也故曰無極而太極非太極之外復有無極也。○蔡節齋曰朱子曰太極者象數未形而其理已具之稱又曰未有天地之先畢竟是先有此理又曰無極者只是說道理當初元無一物只是有此理而已此箇道理便會動而生陽靜而生陰詳此三條皆是主太極而爲言也又曰從陰陽處看則所謂太極者便只是在陰陽裏而今人說陰陽上面別有一箇無形無影底是太極非也又曰太極只是天地萬物之理在天地則天地中有太極在萬物則萬物中有太極又曰非有以離乎陰陽也卽陰陽而指其本體詳此三條皆是主陰陽而爲言也故主太極而言則太極在陰陽之先主陰陽而言則太極在陰陽之內蓋自陰陽未生而言則所謂太極者必當先有自陰陽既生而言則所謂太極者卽在乎陰陽之中也謂陰陽之外別有太極常爲陰陽主者固爲陷乎列子不生不化之謬而獨執夫太極只在陰陽之中之說者則又失其樞紐根柢之所爲而大本有所不識矣愚按節齋先生此條所論最爲明備而或者於陰陽未生之說有疑焉者以循環言之則陰前是陽陽前又是陰似不可以未生言若截自一陽初動處萬物未生時言之則一陽未動之時謂之陰陽未生亦可也未生陽而陽之理已具未生陰而陰之理已具在人心則爲喜怒哀樂未發之中

近思錄 卷一 道體類 一

圖 12－16 《近思録集解》，《漢文大系》活字本

(2)《漢文大系》，日本昭和五十三年富山房增補本

該《漢文大系》第二十二卷的卷前序跋、内容編次、卷端所署、天頭日文注文等，與大正五年《漢文大系》第二十二卷初印本完全相同。明顯不同之處是在《近思録》卷十四末增添長澤規矩也《楚辭・近思録解題補》《楚辭・近思録索引》，均爲日文。

此活字排印本的奥付記載：“大正五年十月二十四日發行，昭和五十三年三月十日增補版發行。《漢文大系》第二十二卷。校訂者：岡田正之、井上哲次郎，編輯者：富山房編輯部”；“發行所：合資會社富山房”。因此，可知這個印本是昭和五十三年(1978)三月富山房增補本，廣島大學圖書館有藏。

二、葉采集解、吴勉學校閲《近思録》和刻本

從前文“中國部分”關於明代周公恕類次本的考訂可知，葉采《近思録集解》十四卷，在明代萬曆年間經徽州的吴勉學校閲，使得葉采集解、周公恕類

次的《近思録》興盛一時。從現存文獻資料考察，周公恕類次、吴勉學(或吴中珩)校閱的《分類經進近思録集解》明代刊本也有若干部流佈日本，在日本江户時代産生了一定影響，因而在日本出現了題署“葉采集解”“吴勉學校閲”的《近思録》傳本。

現存這些傳本的内容卻與周公恕類次的葉采《近思録集解》十四卷不同，未將葉采《集解》各卷條目打亂、另行分類，筆者抽樣比較了現存日本題署“吴勉學校閲”的和刻本、周公恕類次吴勉學校閲《分類經進近思録集解》明刊本、葉采《近思録集解》明刊本，發現日本刊刻的題署“吴勉學校閲”的本子，其内容非周公恕的類次本，而是與常見的《近思録集解》通行本基本相同。今將《近思録》十四卷，宋朱熹、吕祖謙編集，宋葉采集解，明吴勉學校閲日本刻本簡述如下。

(一) 稽古齋藏版，日本寛文八年江户石渠堂刊本

該刻本每半葉九行十八字，注文小字雙行同，四周雙欄。白口，單魚尾。卷端署：“新安朱熹、東萊吕祖謙編集，建安葉采集解，新安吴勉學校閲。”東京大學總合圖書館藏本(鷗 B60：1187)，5 册。《東京大學總合圖書館漢籍目録》曰：“《近思録》十四卷，(宋)朱熹輯，(宋)葉采集解，寛文八年石渠堂據萬曆中新安吴勉學校刊本重校刊，稽古齋藏板。有批注。”[①]那麽，此書當爲寛文八年(1668)石渠堂刊梓的“吴勉學校閲”本。因爲筆者兩次前往該館，均無法識荆。據嚴紹璗《日藏漢籍善本書録》説：“日本靈元天皇寛文八年石渠堂刊印明人吴勉學校《近思録集解》十四卷。其後有寛文十二年京都吉野屋權兵衛重印本，寛文十三年京都吉野屋權兵衛重印本。”[②]

(二) 稽古齋藏版，日本寛文十三年石渠堂重梓，吉野屋權兵衛刊行

此刻本每半葉九行十八字，注文小字雙行同。四周雙欄，框高 21.00 釐米，寬 15.40 釐米。白口，單(黑)魚尾。版心魚尾下刻書名卷次簡稱(如“近思録一”)、頁碼。卷一卷端首行頂格題“近思録卷之一”，第二、第三行低一字格分

① 東京大學總合圖書館編《東京大學總合圖書館漢籍目録》，第 273 頁。

② 嚴紹璗《日藏漢籍善本書録》子部，第 724 頁。

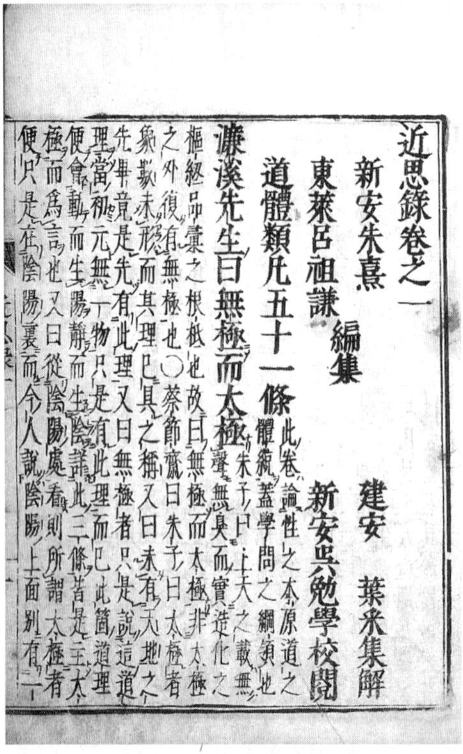

圖 12－17　葉采集解，吴勉學校閲《近思録》，日本寛文十三年石渠堂刊本

題“新安朱熹”“東萊吕祖謙”，接之在兩行中間題署“編集”，越三字格在第二、第三行分題“建安葉采集解”“新安吴勉學校閲”，第四行低一字格題本卷篇名語録條數及葉采解題（解題文字刻作雙行小字），第五行刻印正文。每卷除首條提行頂格刻印外，其餘各條不再單列，條與條依次相連，相互間用“○”隔開，卷末有尾題“近思録卷之某某”。原本刻有日文訓點（書影見圖 12－17）。

正文前刻有葉采《進近思録表》、《近思録集解序》、朱熹序、吕祖謙跋、《近思録》（此書所取材的 14 部書名）、《集解目録》。刻本少數卷葉的天頭刻有小方框，裏面文字爲校勘語，如卷十三第二葉左邊“其分於道也遠矣”對應的天頭位置刻有“分或作戾”；卷十三第九葉右邊“佛氏”對應的天頭處刻有“千或作已，自或作向”。

該刻本卷首的書名葉重刻了明代稽古齋藏版印記，在四周單欄的框内分三豎格，自右至左分題“朱紫陽、吕東萊兩先生纂輯/近思録/葉采集解 稽古齋藏版”。且此葉第一行格下刻有墨色陰文印“稽古齋”三字，頗似明代稽古齋刻本，然而在《集解》卷十四末刻有龍紋碑式牌記，則讓我們明白這是日本刻本。

此和刻本與中國國内藏明稽古齋藏版的《分類經進近思録集解》書名葉書體風格非常相近，明萬曆年間稽古齋刻本刻“朱紫陽、吕東萊兩先生纂輯/近思録/葉采分注集解，稽古齋藏版”，而日本刻本僅少“分注”二字，將明萬曆刻本書名葉右下所鈐朱色白文印“稽古齋”，刻成墨色陰文印。

此刻本卷十四末葉的左半葉，碑式牌記分三豎行，自右至左分别題記"徒維涒灘寬文癸丑年/石渠堂重校梓/姑洗月焉逢敦牂日"，且此碑式牌記的左下還刻有兩句刊記："柳馬場通二條下町/吉野屋權兵衛刊行。"（牌記書影見圖 12－18）"寬文癸丑"，即寬文十三年（延寶元年），由此牌記可知此刻本是寬文十三年(1673)"石渠堂重校梓"本，吉野屋權兵衛刊行，再據卷首書名葉可知，此刻本源自中國明代稽古齋藏版《近思録集解》，即明萬曆年間吴勉學校閲本。

圖 12－18 《近思録》牌記，日本寬文十三年石渠堂刊本

筆者將此和刻本與現存中國的吴勉學校閲的《分類經進近思録集解》萬曆刻本、清初重刻葉采《近思録集解》抽樣比較，發現日本刻本的卷端題署明顯不同於中國明清刻本，所題"建安葉采集解，新安吴勉學校閲"或許是告訴人們這個注本是葉采集解、明代吴勉學校閲，但是查考《近思録集解》明代吴勉學的校閲本，我們没有見到僅僅衹題"吴勉學校閲"的傳本，衹有若干部周公恕類次、吴勉學校閲的版本，難道是因爲周公恕類次《集解》甚是破碎，清初學界均不滿意，故日本石渠堂重刻時不再題周氏之名？

可是，我們發現如此推測又站不住脚，因爲石渠堂重校刊本的内容不是明代萬曆年間吴勉學校閲的《分類經進近思録集解》，如其卷一"濂溪先生曰無極而太極"條、卷二"伊川先生曰古之學者"條、卷五"世學不講"條等等，均與明清刊刻的葉采《近思録集解》相同，其注文内容明顯與周氏"類次本"有别。因而，可以説葉采集解《近思録》石渠堂重刻本儘管題署了"吴勉學校閲"之名，而實際上與其校閲的《分類經進近思録集解》非同一源流，難道明代吴勉學校閲的《集解》本在中國没有存世傳本？從各大藏書書目的著録來看，確實没有見到衹題"吴勉學校閲"的《近思録集解》本。

總之，在日本多家藏書機構所見寬文十三年"石渠堂重校梓"本，肯定是葉采《集解》日本刻本，不僅有牌記、刊記能説明，而且原版所刻日文訓點最有説服力，並且有些天頭的小框所刻校勘語，也應是"石渠堂"校記。

日本國立公文書館藏本（298—0171號），4冊，四眼綫裝。鈐朱文印"淺草文庫""司籍局記""大日本帝國圖書印"，墨色陽文印"昌平坂學問所"。偶有墨筆漢文批注。此藏本《改訂内閣文庫漢籍分類目録》著録曰："《近思録》十四卷，（宋）朱熹、吕祖謙撰，葉采集解，（明）吴勉學校。寬文（寬文八）刊（一三印・重印）。"[①]由此看來此藏本是寬文八年開刊，寬文十三年印行。藏本印刷不精，墨迹不甚清晰，框欄有斷痕，如卷一版右欄框下有約0.3釐米的斷痕，或許是後印本。

寬文十三年吉野屋權兵衛刊行的稽古齋藏版《近思録集解》，日本多家藏書機構有藏，如東京都立中央圖書館藏本（市125/IW/004），4冊，四眼綫裝。書名葉、牌記、刊記、版式、内容與上述公文書館藏本完全相同，卷一卷端葉斷痕一致。藏本鈐朱文印"市村文庫"。"市村文庫"，是市村瓚次郎舊藏，其中多爲漢籍、朝鮮圖書。

京都大學文學部圖書館藏本與國立公文書館藏本的版式、内容相同，甚至版框斷痕也一樣，故二者屬於同一版。若從墨迹濃淡推測，公文書館所藏或許後印。該館藏本（支那哲文學CⅡ—P6—3），4冊。四眼綫裝。鈐朱文印"豹軒圖書""永昌廣漢""京都大學圖書之印"。佚名朱筆、墨筆、黄筆圈點或校改。

廣島大學文學樓藏本，存《近思録》1—5卷，殘本。柚木靖史氏寄贈。從版式、板框斷痕推測，或與京都大學、國立公文書館藏有的寬文十三年刊本爲同一版。

筑波大學藏本（書影見圖12-19），刻本卷首的書名葉刻"朱紫陽、吕東萊兩先生纂輯/近思録/葉采集解 稽古齋藏版"。而且此葉右下原刻本有墨色陰文印"稽古齋"三字（明萬曆刻本是在此鈐上朱色陰文印"稽古齋"）。

① 内閣文庫編《改訂内閣文庫漢籍分類目録》，第168頁。

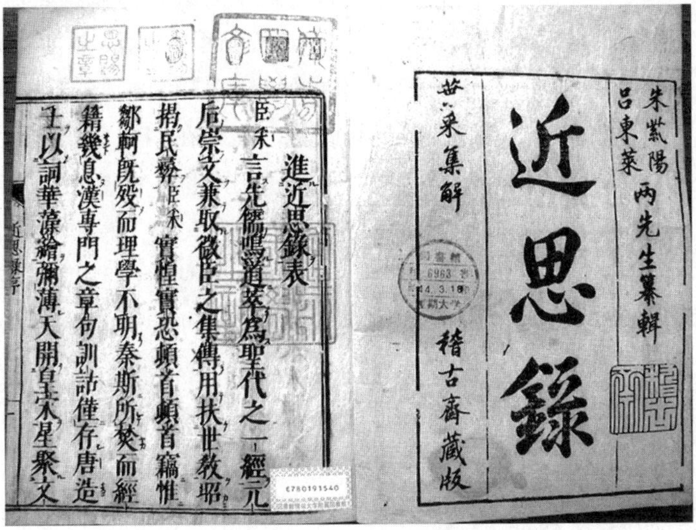

圖 12－19　《近思録》，日本寬文十三年石渠堂刊本

卷十四末有碑式牌記，爲“徒維涒灘寬文癸丑年/石渠堂重校梓/姑洗月焉逢敦牂日”，此牌記左下還刻有“柳馬場通二條下町，吉野屋權兵衛刊行”。“寬文癸丑”，即寬文十三年(即延寶元年，1673)，該刊本於是年由吉野屋權兵衛刊行。筑波大學藏本(125. 4)，4 册，四眼綫裝。鈐朱文印“恩賜之章”“□□國學文庫”等。

早稻田大學圖書館藏本(ロ13/3076 號)，4 册，四眼綫裝。無名氏朱筆、墨筆批注圈點。鈐朱文印“早稻田大學圖書”“島田藏書”、故島田三郎氏大正十三年二月“紀念圖書”等，原爲島田舊藏之物。

名古屋大學圖書館也有藏，4 册，鈐“晚成私塾之章”。九州大學也有藏本，4 册。筆者家藏本書影見彩色圖録。

(三) 貞享五年利倉屋喜兵衛改版本

此刻本每半葉九行十八字，注文小字雙行同，四周雙欄，框高 20. 50 釐米，寬 15. 50 釐米。白口，單魚尾。卷端署：“新安朱熹、東萊吕祖謙編集，建安葉采集解，新安吴勉學校閲。”版心魚尾下刻書名卷次簡稱(如“近思録一”)、頁碼。卷一卷端編次、題署與上述寬文十三年石渠堂重校本同。刻有日文訓點。

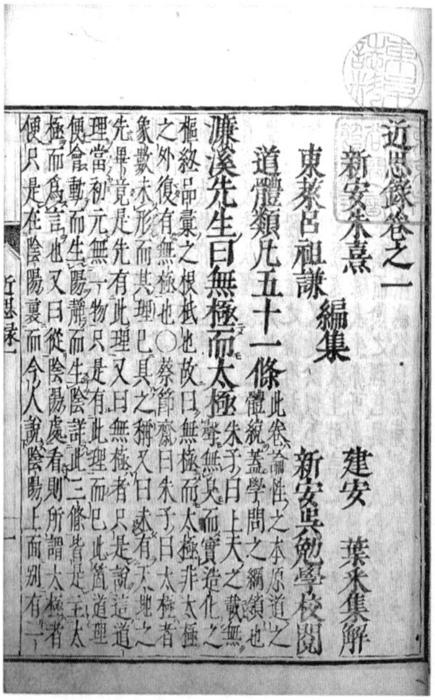

近思録卷之一
新安朱熹
東萊呂祖謙編集
建安 葉采集解
道體類凡五十一條
新安吳勉學校閲
濂溪先生曰無極而太極

圖 12－20 《近思録》，
日本貞享五年刊本

日本國立公文書館藏本首册卷首無書名葉，恐流佈過程中損落，然他處藏本（如東京都立中央圖書館藏本，書影見圖 12－20）則有此葉。該葉在四周單欄的框内分三豎格，自右至左分題“朱紫陽、吕東萊兩先生纂輯/近思録/葉采集解 稽古齋藏版”。

正文前刻有葉采《近思録集解序》、《進近思録表》、朱熹序、吕祖謙跋、《近思録》（此書所取材的 14 部書名）、《集解目録》。《集解》卷十四末刻有貞享四年（1687）安貞漢跋文，曰：“講《近思録》後，門下之孺琳乞筆削之，訓點爲開彼蒙。敢不顧管見，把筆於難波寓所。貞享四丁卯年季秋上弦成帙畢。安氏貞漢由越書。”跋文末，原版刻有一墨色方印“垚菴”。

在卷十四末葉的左半葉刻有龍紋碑式牌記，分三豎行，自右至左分别題記：“徒維涒灘貞享五戊辰年/石渠堂重校梓/姑洗月焉逢敦牂日。”在該牌記左側還有刊記：“江户日本橋南，利倉屋喜兵衛改版。”（牌記書影見圖 12－21）貞享戊辰，即貞享五年，由此牌記可知此刻本是利倉屋喜兵衛以寬文十三年“石渠堂重校梓”本爲底本，於貞享五年（1688）改版刊行，刻本中的日文訓點應是安貞漢所爲。此刻本，嚴紹璗《日藏漢籍善本書録》有著録，説是“貞享五年江户利倉屋西兵衛重印本”。

徒維涒灘貞享五戊辰年
石渠堂重校梓
姑洗月焉逢敦牂日
江户日本橋南
利倉屋喜兵衛改版

圖 12－21 《近思録》牌記，
日本貞享五年刊本

日本國立公文書館藏本（子 003—0003 號）（書影見圖 12－22），4 册（每册左上書簽題記"近思録",且分别署"元""亨""利""貞"),四眼綫裝。鈐朱文印"大日本帝國圖書印"。該藏本《改訂内閣文庫漢籍分類目録》著録,云:"《近思録》十四卷,(宋)朱熹、吕祖謙撰,葉采集解,(明)吴勉學校。貞享五刊(覆寬文一三)。"[①]從兩種刻本的編次、内容、版式特徵相同這一角度來看,説是覆刻寬文十三年本也不爲過。

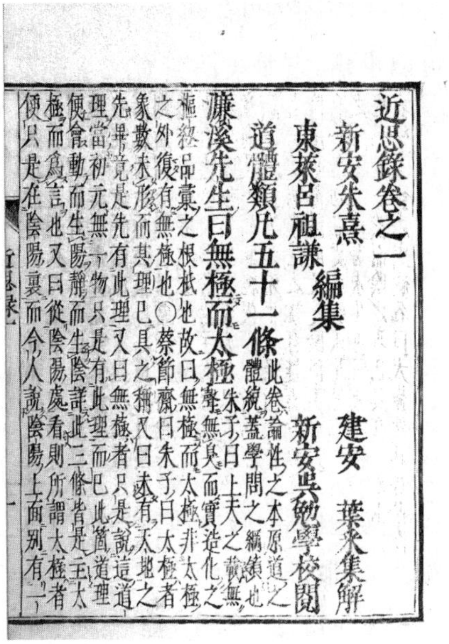

圖 12 - 22 《近思録》,
日本貞享五年刊本

筆者將此改版本的内容、版式與寬文十三年石渠堂重刻本比較,發現此刻本是直接拷貝寬文十三年刻本,諸如刊本少數卷葉的天頭刻有小方框,裏面文字爲校勘語,如卷十三第二葉左邊"其分於道也遠矣"對應的天頭位置刻有"分或作戾";第九葉右邊"佛氏"對應的天頭刻有"千或作已,自或作向"。這些特徵與寬文十三年石渠堂重刻本相同,二者關係密切。儘管此刊本與寬文十三年刻本相近,但是框高、寬與之有異,卷一版框無明顯的斷痕,刊記所署年份、刊者不同;卷十四末"《近思録》卷之十四終"語移至最後一條語録後刻印,並非編次在靠近版心的位置,且在該葉左半葉還刻有貞享四年安貞漢跋文。儘管二者存在差異,可是無法否定此刻本與寬文十三年刻本的一致性,利倉屋喜兵衛是對寬文十三年本的直接改版再刊。

宋葉采集解、明吴勉學校閲《近思録》十四卷,石渠堂重刊本的利倉屋喜兵衛改版本,日本多家藏書機構有藏,如東京都立中央圖書館藏本(3855—009),有與寬文十三年刊本類似的書名葉,即"朱紫陽、吕東萊兩先生纂輯/近思録/葉采集解 稽古齋藏版",且此葉右下也刻有墨色陰文印"稽古齋"三字。該刻本的版式、各卷内容與上述寬文十三年刻本相同,也保留寬文十三年刻

① 《改訂内閣文庫漢籍分類目録》,第168頁。

本在天頭刻校勘記録的編纂體式。因而，從利倉屋喜兵衛改版本總體特徵上可以推斷，它確實源自寬文十三年吉野屋權兵衛刊本。該館藏本，4 册，四眼綫裝。鈐朱文印“東京市立日比谷圖書館藏書”“高橋氏圖書記”“聽濤寄贈”“東京誌料”“走順之印”等。

（四）貞享五年江户八幡屋重兵衛改版本

除前文所述《近思録集解》日本貞享五年江户利倉屋喜兵衛改版本外，日本現存葉采集解、吴勉學校閲的刻本中還有一種改版本，其每半葉九行十八字，注文小字雙行同，四周雙欄，框高 20.50 釐米，寬 15.40 釐米。白口，單魚尾。版心刻書名卷次簡稱（如“近思録一”）、頁碼。卷端題署與上述貞享五年刻本同，也刻有日文訓點。刻本卷首序跋文、正文體例、内容，以及卷末安貞漢跋文、最後一葉的龍紋碑式牌記等，也相同。

然而，在此牌記左下卻刻有：“江户日本橋青物町，八幡屋重兵衛改版。”由此推斷，此刊本是貞享五年（1688）八幡屋重兵衛據石渠堂刊本改版而成，可以算作石渠堂重校本的一種。此刻本，嚴紹璗《日藏漢籍善本書録》説是：“靈元天皇貞享五年京都八幡屋重兵衛據明本刊印《近思録集解》十四卷。”①

京都大學文學部圖書館藏本（支那哲文學 CⅡ—P6—4），4 册。四眼綫裝。“木村浩吉寄贈本”。鈐朱文印“木村氏書章”。

若將此改版本與前文所述貞享五年利倉屋喜兵衛改版本比較，則二者版式、内容均相同，衹是此本卷末刊記刻作“江户日本橋青物町，八幡屋重兵衛改版”，而非“江户日本橋南，利倉屋喜兵衛改版”，既然二者的刻書地點、刊者出現差異，那麼筆者推斷這個改版本是八幡屋翻刻石渠堂刊本時所改，更有可能是因爲安貞漢日文訓點本受歡迎，多家刊行或改版則成爲可能。

另外，有些文獻記録的版本，筆者不曾見到，在此附録這些有待查考的版本。《日藏漢籍善本書録》著録有：“後西天皇寬文二年（1662）石渠堂刊印葉采集解《近思録》十四卷。”在元禄七年京都芳野屋權兵衛刊印之後，“有名古屋永樂屋東四郎等重印本”②。但是，嚴先生著録的這些版本，筆者無緣見到，

① 嚴紹璗《日藏漢籍善本書録》子部，第 724 頁。

② 嚴紹璗《日藏漢籍善本書録》子部，第 723—724 頁。

祇能待查驗證。

從葉采集解《近思録》十四卷日本版本考察可見,明代刊本流佈日本後,很快被日本翻刻,這一類《集解》傳本佔和刻本的主體,如聚古堂、萬治二年的刻本明顯源自明代刻本,元禄七年刻本又源自聚古堂刊本,以後的文化九年、弘化三年、文久四年等刻本皆是重刻聚古堂或元禄七年刊本,他們之間有着密切的淵源關係。其實葉采集解、吴勉學校閲的和刻本也與明末刊本不無關聯。

第二節　日本刻印的《近思録》其他中國學者注本

南宋葉采《近思録集解》系列傳本一直是東亞學界青睞的對象,得到了不同歷史時期崇尚理學者的首肯,然而他們同時對《近思録》其他中國學者的注本也進行了刊印,諸如陳埴、熊剛大、江永等人的注本。

一、陳埴《近思雜問》和刻本

《近思雜問》一卷,是南宋朱熹弟子陳埴答求學《近思録》者之問,此卷在一問一答中詮釋《近思録》所藴藏的理學思想。《雜問》在中國古代鮮有以單行本流佈,從現存資料看,多收録在陳埴《木鍾集》第十卷(如元明刊本),而在日本江户時代,《雜問》卻有單行本流佈於世。

(一) 日本寬文六年山森六兵衛刻本

此刻本每半葉九行二十字,夾注小字雙行同。四周單欄,框高 20.30 釐米,寬 14.60 釐米。白口,版心刻書名(如"近思雜問")、頁碼。卷端首行頂格題"近思雜問",次行低十一字格題署"永嘉陳埴撰",第三行空白,第四行低一字格刻印正文。其内容編次是先發問後回答,問語與答語皆單列,答語均頂格刻印,以示對陳埴的尊重。刻本原版刻有日文訓點。尾題"近思雜問終"。

卷末葉左半葉中間有刊記"寬文六丙午曆仲秋吉辰",在該葉框欄左下四周單欄的小框内刻有"椹木町通角倉町/山森六兵衛刊行"。因此,這是寬文六年(1666)山森六兵衛刊行的日文訓點本。

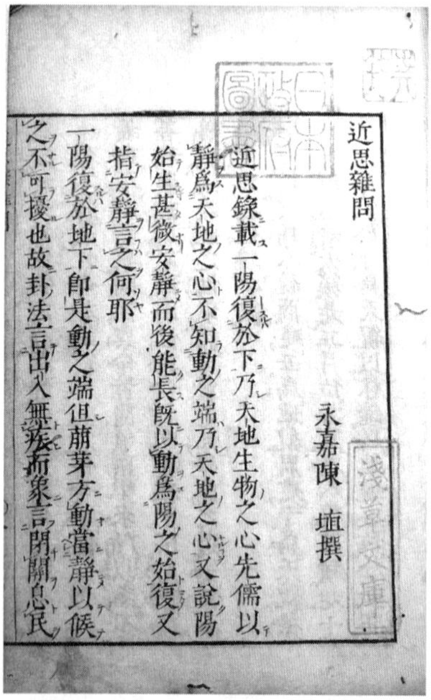

近思雜問

永嘉陳　埴撰

近思録載一陽復於下乃天地生物之心先儒以靜爲天地之心不知動之端乃天地之心又説陽始生甚微安靜而後能長既以動爲陽之始復又指安靜言之何耶

一陽復於地下即是動之端但萠芽方動當靜以俟之不可擾也故卦法言出入無疾而象言閉關息民

圖 12－23　陳埴《近思雜問》，日本寬文六年山森六兵衛刻本

日本國立公文書館藏本（298—0188號，書影見圖 12－23），1 册，五眼綫裝。鈐朱文印“淺草文庫”“曉天”“日本政府圖書”“文化己巳”，墨色陽文印“昌平坂學問所”。可知此藏本原爲日本昌平坂舊藏、内閣文庫舊藏。

《近思雜問》寬文六年山森六兵衛刻日文訓點本，日本多家藏書機構有藏，如京都大學人文研藏本，1 册。該刻本末葉所刻刊記與上述公文書館藏本同，即“寬文六丙午曆仲秋吉辰”，“椹木町通角倉町/山森六兵衛刊行”。因此可知，此刻本是寬文六年山森六兵衛刊行。藏本鈐朱文印“青木藏書”“磯谷氏藏書記”“島田元子氏寄贈”。

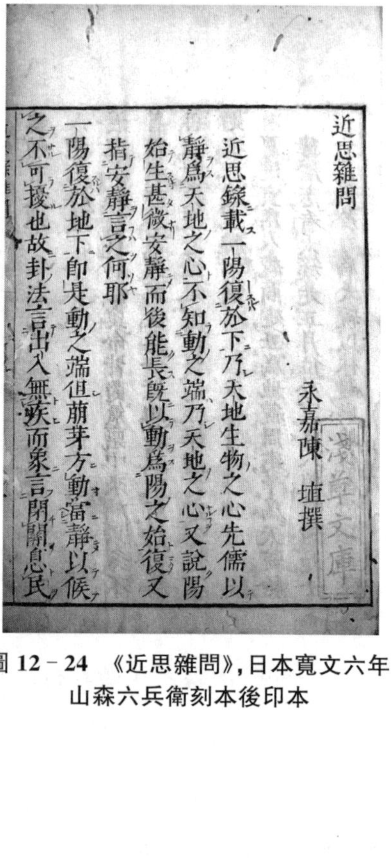

近思雜問

永嘉陳　埴撰

近思録載一陽復於下乃天地生物之心先儒以靜爲天地之心不知動之端乃天地之心又説陽始生甚微安靜而後能長既以動爲陽之始復又指安靜言之何耶

一陽復於地下即是動之端但萠芽方動當靜以俟之不可擾也故卦法言出入無疾而象言閉關息民

圖 12－24　《近思雜問》，日本寬文六年山森六兵衛刻本後印本

（二）寬文六年山森六兵衛刻本的後印本

日本國立公文書館還藏有一部《近思雜問》（298—174 號），其内容、版式與山森六兵衛刻本完全相同，但是在卷末卻不見刊記，從墨色看，或爲後印。鈐有朱文印“淺草文庫”“文化甲戌”。該藏本 1 册，卷末有朱筆題記“寬文六年刊本”，天頭有佚名朱筆漢文批注。藏家著録爲“刊本（後印），寬文 06 年”。因而，可視爲日本寬文六年（1666）刻本的後印本（書影見圖 12－24）。

二、熊剛大《近思録句解》和刻本、抄寫本

熊剛大注解的《近思録》十四卷，500 條，收録在宋熊節撰、熊剛大注解的《新編音點性理群書句解》“後集”23 卷中，該書在歷史上流佈日本，也得到日本社會的刊印，現存版本有：

南宋熊節編、熊剛大注解的《性理群書句解》“後集”，有日本寬文八年(1668)吉野家總兵衛刊本。其中收録熊氏《近思録句解》十四卷，日本國立國會圖書館有藏(170—9)，詳情待考。

另外，宋熊剛大集解，明吴訥補注的《性理群書》十四卷也流佈到日本，現存有日本江户時代的抄寫本。該抄寫本的卷十一至卷十四爲吴訥補注《近思録句解》十四卷。

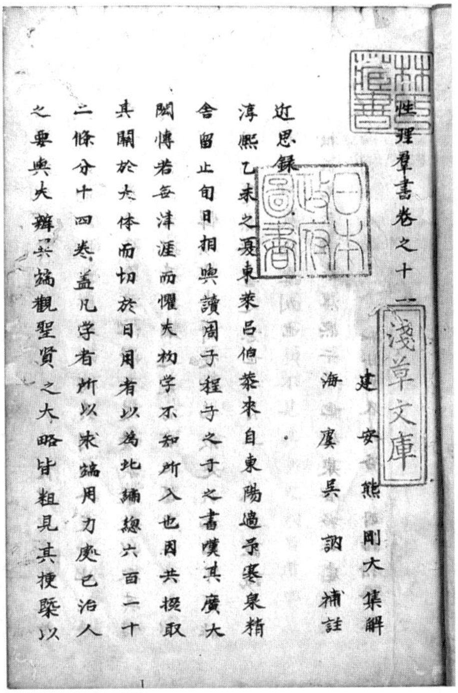

性理羣書卷之十一
建安熊剛大集解
海虞吴訥補註
近思録
淳熙乙未之夏東萊吕伯恭來自東陽過予寒泉精
舍留止旬日相與讀周子程子之書嘆其廣大
閎博若無津涯而懼夫初学不知所入也因共掇取
其關於大体而切於日用者以為此編總六百二十
二條分十四卷蓋凡学者所以求端用力處己治人
之要與夫辨異端觀聖賢之大略皆粗見其梗槩以

圖 12－25　吴訥補注《近思録句解》，抄寫本

該抄寫本是在素紙上抄寫而成，每半葉十行二十字。卷十一卷端首行頂格題寫“性理群書卷之某某”，第二、第三行低十字格題署“建安熊剛大集解，海虞吴訥補注”，第四行題“近思録”(下文爲朱熹序文)，之後爲正文。《性理群書》的文字均頂格抄寫，熊剛大集解、吴訥補注的文字皆單列，然與《性理群書》的文字相比，均低一字格抄寫。此抄寫本的内容、體例編次與朝鮮李朝成宗年間刻本完全相同，因此，二者之間關係密切。抄寫者的書體爲行楷，抄寫工整。該抄寫本卷帙完整，在卷十四末抄寫有吴訥跋文。所以，這是一部很有文獻價值的抄本。該抄寫本現藏日本國立公文書館(書影見圖 12－25)，6 册。鈐朱文印“淺草文庫”“林氏藏書”“日本政府藏書”等。

第十三章　日本學者的《近思録》注本與仿編本

江户時代(1603—1867)是日本朱子學最發達的時期。學界一般將日本朱子學分作五個時期[①]:(一)寬永時代:慶長(1603)—正保(1647);(二)元禄時代:慶安(1648)—寶永(1710);(三)享保寶曆時代:正德(1711)—寶曆(1763)。這三個階段是日本朱子學的興盛階段,出現了不同的朱子學流派,名家輩出。京師朱子學派寬永時代有惺窩門人林羅山,元禄時代有木下順庵,享保寶曆時代有雨森芳洲、室鳩巢、新井白石,海西朱子學派元禄時代有安東省庵、貝原益軒、中村惕齋,海南朱子學派元禄時代有山崎闇齋、佐藤直方、淺見絅齋,大阪朱子學享保寶曆時代有五井蘭洲,水户學派享保寶曆時代有三宅觀瀾等;(四)明和寬政時代:明和(1764)—文化(1817);(五)文政天保以後:文政(1818)—慶應(1867)。這兩個階段,朱子學的發展呈下降趨勢。明和寬政時代,大阪朱子學異軍特起,寬政三博士柴野栗山、古賀精里、尾藤二洲,對朱子有肯定、有否定,朱子學一時迴光返照。在此階段水户學派作爲朱子學派的變種,在文政天保以後頗吐光輝,成爲朱子學的歷史哲學與徂徠學派的合流。

反映朱子思想與體系建構的《近思録》傳至日本後,日本學者對其進行注釋(或注釋翻譯兼有),或仿《近思録》體例編纂具有本邦特色的續編本,因這些文本的内容複雜,專列於此予以考述。

第一節　日本學者《近思録》注本考述

關於日本昭和之前學者的《近思録》注本或注譯本,我們按注者時代先後探究如下。

---

① 朱謙之《日本的朱子學》,第528頁。

一、宇都宫遯庵《鼇頭近思録》版本考述

藤原惺窩(1561—1619),名肅,字斂夫,號惺窩、北肉山人,播磨(今日本兵庫縣西南部)人[①]。他是江户時代初期朱子學的開創者,著有《惺窩先生文集》《寸鐵録》等。他精通朱子之學,以興聖道爲己任,在日本理學發展史上的最大貢獻是讓日本學界擺脱禪學的束縛,使儒學走向獨立道路。他認爲"朱夫子者繼往聖開來學,得道統之傳者也",並調和朱陸。因而,佐藤一齋評價説:"我邦首倡濂洛之學者藤公,而早已朱陸並取。"朱謙之認爲"日本朱子學的展開是從藤原惺窩開始"[②]。惺窩門下高弟子有林信勝(羅山)、松永尺五、那波活所、菅得庵、堀杏庵等。其中,松永尺五(1590—1655)最好地承襲了惺窩朱子學學統,講習授徒,成就了許多人材,名弟子有木下順庵、宇都宫遯庵。

宇都宫遯庵(1633—1707),名的,字由的,號遯庵,周防(今日本山口縣東南部)人。受業於松永尺五,是藤原惺窩的再傳弟子,其學術思想多承襲其師門,也很好地傳揚了朱子學。著有《論語徵考》《鼇頭四書集注》等。由於他深受朱熹《近思録》階梯説的影響,爲了給本邦民衆創造一個求學《近思録》的階梯,他以葉采《近思録集解》爲基礎,彙集多種文獻來標注《近思録》原文及葉采集解,以此作爲後學入門路徑。其注文主要采自四書、五經、北宋四子著述、《朱子語類》《性理大全》等,内容之豐富,是他那個時代日本其他注釋者難以匹敵的。其注解《近思録》十四卷的書名,學界常稱之謂"《鼇頭近思録》,(宋)朱熹、吕祖謙輯,(宋)葉采集解,(日)宇都宫遯庵標注"。其版本現存有:

(一) 日本延寶六年京都吉野屋權兵衛、大坂吉野屋五兵衛刊本

此刻本的版式與一般雕版印本的編排形式不同,其大多葉面分作内外框兩部分。内框部分刻《近思録》原文與葉采集解文字,均是漢文,每半葉八行十五字,注文小字雙行同。上白口,下細黑口,對(黑)魚尾。框高 16.30 釐米,寬 13.00 釐米。版心魚尾間刻印書名卷次(如"近思録卷一")、頁碼。卷一卷端頂格題"近思録卷之一",第二、第三行均低一字格分題"新安朱熹"

---

① 參閱張文朝編譯《江户時代經學者傳略及其著作》,第 1 頁。

② 朱謙之《日本的朱子學》,第 175 頁。

"東萊吕祖謙",接之在第二、第三欄間題"編集,建安葉采集解",第四行低二字格題本卷篇名、語録條目總數及解題。《近思録》每卷原文,除首條單列頂格刻印外,其餘各條不再單列,條與條之間用"〇"以示區分。

外框呈半包圍形狀,所刻内容爲宇都宫遯庵的注文,每半葉二十二行三十六字,四周單欄,框高 23.80 釐米,寬 17.20 釐米。外框中對於要注解的語段或字詞,均刻作黑底白字的墨蓋子形狀。内外框内漢字旁均刻有日文訓點。從刻本内容上看,此書是宇都宫遯庵對葉采《近思録集解》的注釋,葉采的注文一般刻作黑底白字,宇都宫遯庵的注文分别位於葉采注文之下。

在正文卷一之前,刻有葉采《進近思録表》、《近思録集解序》、朱熹序、吕祖謙跋、《近思録》(即此書取材的 14 部書名)、《集解目録》。而且對於這些内容,宇由的分别作了詮釋。

卷十四末刻有延寶五年宇由的完成標注後所作跋文,跋文左側框欄内分上下兩段刻刊記:"柳馬場通押小路上町/延寶六年戊午二月吉辰/大坂高麗橋西壹町目","吉野屋權兵衛刊行/吉野屋五兵衛刊行"。由此可知,宇由的注解的此書,延寶六年(1678)由吉野屋權兵衛、吉野屋五兵衛刊刻。

圖 13-1 宇都宫遯庵《鼇頭近思録》,日本延寶六年刊本

京都大學人文科學研究所藏此刻本(書影見圖 13-1),7 册(在有菱形花紋的藍色封皮上左上有書簽,題有書名"近思録"),五眼綫裝。鈐朱文印"寶戒""島田""京大人文研藏""古柳堂藏書記"。

該藏本首册内封墨筆題記:"朱晦庵先生、吕東萊先生編集,葉采集解,宇遯標注/鼇頭近思録,全十四弓,緘七卷。"第 2 册内封有墨筆書"釋寶戒藏"四字;封底墨筆書"大日本幾内大和國芳野郡黑瀧鄉堂原邑連光寺"。據此推斷,此書是宇都宫遯庵標注的葉采《近思録集解》

十四卷，分作 7 册。日本人稱此注本謂《鼇頭近思録》，或又稱其《鼇頭近思録標注》。京都大學人文研藏本爲“釋寶戒”舊藏之物。

延寶六年(1678)京都吉野屋權兵衛、大坂吉野屋五兵衛刊本，日本多家藏書機構有藏，如京都大學人間環境學研究科總合人間學部圖書館藏本(216 ｜ ｜ ｜ ｜ 72 ｜ ｜三高和)，6 册。鈐朱文印“大阪中學校圖書之印”。

宇由的《近思録集解》跋文云：

> 嘗聞“《近思録》，四子之階梯”。我又欲階梯《近思録》而示後學升堂之道，故校此於四先生之全書及《易》《詩》《書》《語》《孟》，其餘可解此書者，《朱子語類》《性理大全》等若干編彙集細釋之。庶下國遠鄉乏載籍者見之，爲博學篤志之便，豈不教學之一助乎！延寶丁巳四月甲子求身堂宇由的跋。

(二) 日本延寶六年吉野屋權兵衛刊本

《鼇頭近思録》此刻本版式結構、特徵與上述延寶六年刻本同，也刻有日文訓點。從二者的内容版式看，宜是同一版。但是東京都立中央圖書館所藏此刻本，字迹墨色較前一種清晰。

之所以在此將此刻本獨立出來，是因爲其卷十四末宇由的跋文左側所刻刊記與上述刻本有别，其刊記爲“延寶六年戊午二月吉辰/柳馬場通押小路上町/吉野屋權兵衛刊行”(書影見圖 13－2)，而無“大坂高麗橋西壹町目”“吉野屋五兵衛刊行”兩行文字。由此可知，此刻本爲延寶六年(1678)吉野屋權兵衛刊行本。此刻本與上述延寶六年刻本的内容、字體等均相同，唯一區别在刊記，或因覆刻或因版權

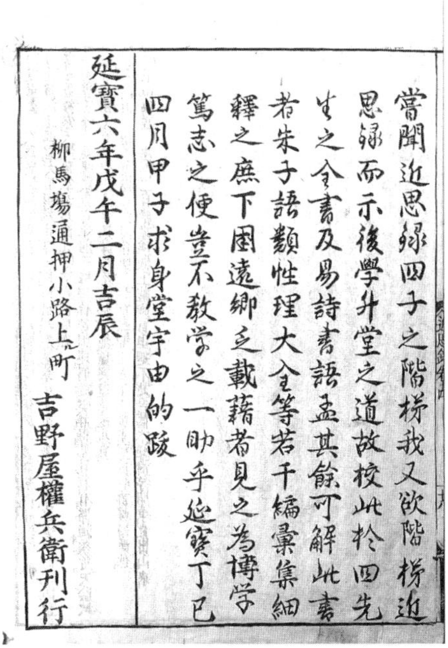
嘗聞近思録四子之階梯我又欲階梯近思録而示後學升堂之道故校此於四先生之全書及易詩書語孟其餘可解此書者朱子語類性理大全等若干編彙集細釋之庶下國遠鄉乏載籍者見之為博学篤志之便豈不教学之一助乎延寶丁巳四月甲子求身堂宇由的跋

延寶六年戊午二月吉辰

柳馬場通押小路上町

吉野屋權兵衛刊行

圖 13－2 《鼇頭近思録》，日本延寶六年吉野屋權兵衛刊本

更改所致。

東京都立中央圖書館藏本(井上文庫 0537—1),5 册(封皮左上書簽印書名“鼇頭近思録”),四眼綫裝。鈐朱文印“井上文庫”“井上巽軒藏書之印”“東京都立圖書館藏書”“東京都立日比谷圖書館藏書印”,可見這部書是巽軒井上哲次郎(1855—1944)舊藏,而井上哲次郎的“井上文庫”藏本多是關於中國思想、日本思想、儒教之類的書籍。此藏本框欄中偶見佚名漢文墨筆批注。第 1 册封面内有墨筆題記:“《近思録訓蒙輯疏》二卷,安褧。《近思録鈔説》寫本五卷,中村惕齋。《近思録説略》五卷,澤田希。《近思録備考》十四卷,貝原益軒。”

(三) 延寶六年刊本的後印本

有一種現藏日本東洋文庫的版本,其版式特徵與前文所述延寶六年京都吉野屋權兵衛、大坂吉野屋五兵衛刊本同。卷末刻有日本延寶五年宇由的所作跋文,在跋文左側框欄内分上下兩段刻刊記:“柳馬場通押小路上町/延寶六年戊午二月吉辰/大坂高麗橋西壹町目”,“吉野屋權兵衛刊行/吉野屋五兵衛刊行”。

從此藏本與上述延寶六年刻本的書影比較可見,二者版式、内容相同,是同一版印製。由於藏家著録爲“後印”本,故暫列於此。東洋文庫此藏本,6 册(封皮左上書簽印有書名“鼇頭近思録”),四眼綫裝。鈐朱文印“洗心堂藏書印”“宫川藏書”“東洋文庫”。從第 1 册前封皮背面上所貼紙條,紙上印“昭和十一年八月一日/井上四郎殿惠貺/東洋文庫”,可知是井上四郎所贈。

東京都立中央圖書館還藏有一刻本(3855—001),與此本版式、内容相同,是同一版印製,墨迹較淡,或後印本。

(四) 出雲寺松柏堂刻本

日本筑波大學藏有一部宇都宫遯庵標注《近思録》十四卷,其版式、内容與上述延寶六年刻本同,也刻有日文訓點(書影見圖 13 - 3)。卷十四末刻有日本延寶五年(1677)宇由的所作跋文(跋文的書體與延寶六年刻本同)。但是在跋文的左側卻無刊記,顯然不是吉野屋權兵衛刊行。

據此刻本封底所刻奥付最左側的記録“御書物所/京都三條通堺町/出雲寺松柏堂”,可知此刻本可能是京都出雲寺松柏堂刊本。而且從下文述及的早稻田大學藏本第 1 册封底所刻印文字,可以佐證出雲寺松柏堂印製過《近思録》大本小本之類的文本。故筑波大學所藏此刻本可謂"出雲寺松柏堂刻本",或翻刻延寶六年刻本而成。

筑波大學藏本(ロ880—56),6 册(深褐色封面,左上書簽墨筆題記書名"近思録",且分别題記"一""二""三""四""五""六")。鈐朱文印"杜城精舍藏書之記""北總林氏藏""林文庫""静觀堂""黑田藏書之記"等,是大正十一年十二月林直敬所贈。

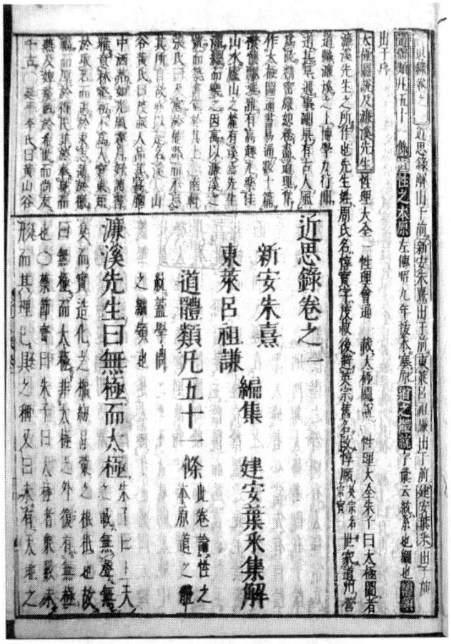

圖 13-3 《鼇頭近思録》,出雲寺松柏堂刻本

(五) 出雲寺和泉掾刻本

早稻田大學現藏一部宇都宫遯庵《鼇頭近思録》十四卷,其版式特徵與前文所述延寶六年吉野屋權兵衛、吉野屋五兵衛刊本同。即其大多葉面的版式分作内外框兩部分。内框部分:每半葉八行十五字,注文小字雙行同。上白口,下黑口,對(黑)魚尾。框高 16.40 釐米,寬 13.00 釐米。版心魚尾間刻印書名卷次(如"近思録卷一")、頁碼。外框部分:每半葉二十二行三十六字,四周單欄。框高 23.70 釐米,寬 17.30 釐米。

此刻本卷十四末刻有延寶五年(1677)宇由的所作跋文(跋文的書體與延寶六年刻本同),在該跋文的左側卻無京都大學人文研究所藏本那樣的刊記,而在第 6 册封底内刻有"京師三條通升屋町/御書物所/出雲寺和泉掾"。由此可知,此刻本爲出雲寺和泉掾刻本。

並且,在該藏本第 1 册封底所刻奥付,還告訴我們有一名叫"出雲寺松柏堂"的印製過《近思録》、《近思録》(無日文訓點)、《近思録頭書》、《近思録説略》、《近思録備考》、《續近思録》及《别録》等。在第 4 册封底還刻印有"山崎闇齋先生門人編集略書目……《近思録》……"。在這兩册奥付的最左側還印有"御書物所/京都三條通堺町/出雲寺松柏堂"。那麽,該藏本宜是在"出雲寺松柏堂”刻本之後刊出。

爲探明日本出雲寺和泉掾刊本源頭，我們將其版式、内容與上述京都大學人文研藏延寶六年刻本稍作比較，發現二者相同，此本恐覆刻延寶六年刻本而成（筆者所藏見圖 13－4）。

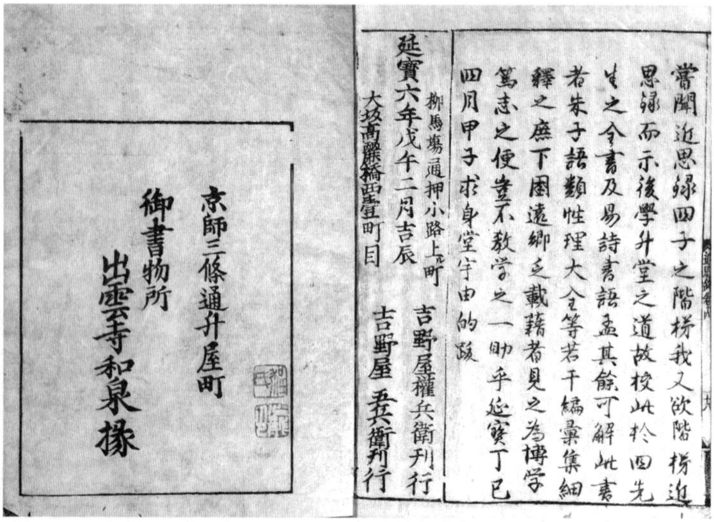

圖 13－4 《鼇頭近思録》，出雲寺和泉掾刻本

早稻田大學圖書館藏本（ロ13/1515 號），6 册（紫紅色封面左上書簽印書名“鼇頭近思録”），四眼綫裝。鈐朱文印“八户藏書之印”“明治四十一年十二月廿四日山越忍空氏寄贈”。該本字迹相較於延寶六年刊本有些模糊，印製品質差，恐爲後印本。

另外，東京都立中央圖書館藏有一部殘本（存卷一、卷五至卷十四；闕卷二至卷四。和 0466），封底内刻印有“京都（師）三條通升屋町/御書物所/出雲寺和泉掾”。刊記與早稻田大學這部藏本基本相同，故視作同一種刊本。但該館著録爲“延寶 6 刊（後印）”，需要再斟酌。

東京大學總合圖書館藏本（B60—979），6 册。《東京大學總合圖書館漢籍目録》著録過一種出雲寺和泉掾刻本，云“《近思録》十四卷，（宋）朱熹輯，（宋）葉采集解，日本宇都宫由的首書”。“京都出雲寺和泉掾後印本”[①]。

① 東京大學總合圖書館編《東京大學總合圖書館漢籍目録》，第 273 頁。

(六) 日本文政元年京都菱屋孫兵衛覆刻延寶六年本

該本版式、内容與上述延寶六年刻本同。刻本大多葉面分作内外框兩部分,内框部分每半葉八行十五字,注文小字雙行同。上白口,下黑口,對(黑)魚尾。框高 16.40 釐米,寬 13.00 釐米。版心魚尾間刻印書名卷次(如"近思録卷一")、頁碼。外框部分每半葉二十二行三十六字。框高 23.80 釐米,寬 17.20 釐米。

該刻本卷十四末刻有延寶五年宇由的跋文,其左側框欄内分上下兩段刻刊記"柳馬場通押小路上町/延寶六年戊午二月吉辰/大坂高麗橋西壹町目","吉野屋權兵衛刊行/吉野屋五兵衛刊行"。儘管這與延寶六年刻本相同,但其第 6 册封底内印有:"杜騙新書:……文政元年戊寅初冬 御幸町御池下町/皇都書林 菱屋孫兵衛。"

雖説東京大學總合圖書館所藏此刻本的版式,與京都大學人文研究所藏延寶六年刊本、早稻田大學藏出雲寺和泉掾印本版式相同,刻印風格一致,且有與延寶六年刊本相同的刊記。但是,據該本封底所印文字可知,此刻本是文政元年(1818)菱屋孫兵衛覆刻延寶六年刊本。

該館藏本(B60—2526 號),6 册,四眼綫裝。鈐朱文印"東京帝國大學圖書印"。封面内有墨筆書"寄贈:大正十三年五月十五日長基連氏"。

二、貝原篤信《近思録備考》版本考述

貝原益軒(1630—1714),名篤信,字子誠,初號柔齋,後號益軒、耻軒,筑前福岡侯侍醫寬齋之子。他是日本教育家的元祖,江户時代海西朱子學派的巨擘。曾師從松永尺五、木下順庵,主張理氣一元論、神儒合一論。少年時代的貝原篤信,好讀醫書、佛書,後好陸王之學。等到讀陳清瀾《學蔀通辨》纔一變爲純然朱子學派的人物,"由是益信濂洛關閩之正學,直欲泝洙泗之流,專心致志,晝夜力學不懈,至忘寢食"[①]。自三十六歲時起,極崇拜朱子,四十歲著《小學句讀備考》。朱謙之認爲,貝原"晚年受宋儒的影響,從朱子學的批判

① (日)井上哲次郎《日本朱子學派之哲學》,東京富山房,明治三十八年十二月初版,大正十三年七月第十四版,第 266—267 頁。

中，去掉了那可疑的成分，可仍然極重孔孟，尊程朱爲道學正統”[①]。他站在朱子學方面反對古學派，將儒家倫理通俗化，用淺顯易懂的日文在教育、衛生、博物、歷史、地理等方面寫了許多著述，計達百餘種，如《易學提要》《初學訓》《慎思録》《初學知要》《益軒十訓》《大和本草》《近思録備考》《養生訓》《學道訓》《日本釋名》等。曾訓點《四書集注》、五經等。

貝原篤信是日本江户時代前期至中期具有代表性的儒學家之一，多年搜集與《近思録》相關聯的訓詁資料，三十九歲（寬文八年，1668）完成《近思録備考》十四卷。其“備考”的文字不再輯録《近思録》原文，而是針對《近思録》各卷某章或某章中的某節進行考釋。對於中國學者注解《近思録》的注文，他往往以“注□”（即用長框框住注文）的形式標注，接着進行訓詁考釋，其見解則多用“愚案”或“案”明確標示出來。

其《備考》是日本現存最早的《近思録》注本。朱子嘗言“義理精微，《近思録》詳之”，貝原注解以爲若要詳查《近思録》所藴藏的義理，必須先知字詞之義，因爲學習儒家經典者“未有不得於辭而能通其意者，是以敢私記以備他日之考索”[②]，很顯然貝原主張先明《近思録》各卷文字之意，然後方能通其義理。他强調訓詁考據有助於理解文辭，其“備考”爲讀者提供了較詳實的注文，有助於後學查考求是，故其文字具有考證特色。陳榮捷説《備考》“引朱子及其他理學家甚長，亦附己見，爲日本研究《近思録》標準之作，其後學者多參考徵引之”[③]。如後世的佐藤一齋講學時多參考此《備考》。

《近思録備考》十四卷的標題爲道體類、爲學類、致知類、存養類、克己類、家道類（寬文八年刻本正文無此標題）、出處類、治體類、治法類、政事類（刻本正文刻作：《語類》曰“《近思録》十，君子處事之方”）、教學類（刻本正文刻作：《語類》曰“《近思録》十一，教學之道”）、警戒類（刻本正文刻作：《語類》曰“《近思録》十二，改過及人心疵病”）、辨異端類（刻本正文無此標題）、觀聖賢類（刻本正文無此標題）。

---

① 朱謙之《日本的朱子學》，第 249—250 頁。

② （日）貝原篤信《書近思録備考之後》，載於貝原篤信撰《近思録備考》，日本寬文八年吉野屋權兵衛刊本。

③ 陳榮捷《朱學論集》，第 109 頁。

(一) 貝原篤信《近思録備考》十四卷，日本寛文八年吉野屋權兵衛刊本

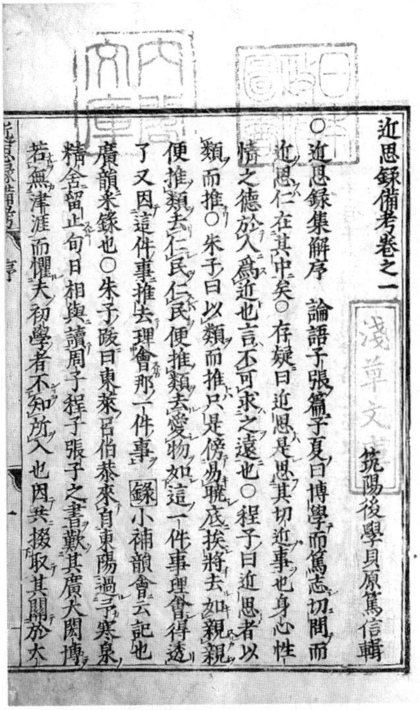
近思録備考巻之一
筑陽後學貝原篤信輯
○近思録集解序　論語子張篇子夏曰博學而篤志切問而
近思仁在其中矣○存疑曰近思是思其切近事也身心性
情之德於人爲近也言不可求之遠也○程子曰近思者以
類而推○朱子曰以類而推只是傍易曉底挨將去如親親
便推類去仁民仁民便推類去愛物如這一件事理會得透
了又因這件事推去理會那一件事　録小補韻會云記也
廣韻采録也○朱子跋曰東萊呂伯恭來自東陽過予寒泉
精舍留止旬日相與讀周子程子張子之書歎其廣大閎博
若無津涯而懼夫初學者不知所入也因共掇取其關於大

圖 13－5　貝原篤信《近思録備考》，日本寛文八年刊本

此刻本爲楷書手寫上板，每半葉十一行二十四字，四周雙欄，框高 21.10 釐米，寬 15.30 釐米。白口，順(黑)魚尾。卷一“道體類”首葉版心上魚尾上方刻書名(如“近思録備考”)，上魚尾下方刻記卷次(如“卷之一”)，下魚尾下端刻記頁碼。卷一卷端首行頂格題“近思録備考卷之一”，次行低十五字格題“筑陽後學貝原篤信輯”，第三行頂格刻一“○”，然後在此圓圈下刻印文字。刻本每條文字單列，頂格刻印。在每條首字前增符號“○”，以作標示。卷末有尾題“近思録備考卷之某終”。刻本刻有日文訓讀。

刻本卷一“道體類”之前刻有貝原篤信對葉采《近思録集解序》、《進近思録表》、“引用書目”的考釋。它不像一般刻本那樣將卷一頂格題署的書名卷次置於卷一篇名前。所題署的“近思録備考卷之一”下，是葉采序文、進表之類的文字。

卷十四末刻有日本寛文戊申年貝原篤信《書近思録備考之後》，在此跋文左側空白處刻有刊記：“寛文八年歲次戊申七月日/柳馬場二條下町/吉野屋權兵衛新刊。”因此，可知此刻本爲日本寛文八年(1668)吉野屋權兵衛新刊日文訓點本。

日本國立公文書館藏本(191—0343 號，書影見圖 13－5)，8 册(深藍色書皮，每册封面左上書簽題記書名“近思録備考”及册數)，五眼綫裝。鈐朱文印“淺草文庫”“内閣文庫”“日本政府圖書”。

貝原篤信《書近思録備考之後》曰：

> 《近思録》之爲書，於周程張子之道既足見其梗概。學者熟讀而有得，則於道亦思過半矣。予嘗伏讀其書於此，搜索有資於訓詁者，妄輯而爲一書。竊惟子朱子以爲“義理精微，《近思録》詳之”，是豈可以訓詁求

哉？然又聞之學者之於經，未有不得於辭而能通其意者，是以敢私記以備他日之考索云爾。寬文戊申六月十日筑前後學貝原篤信謹識。

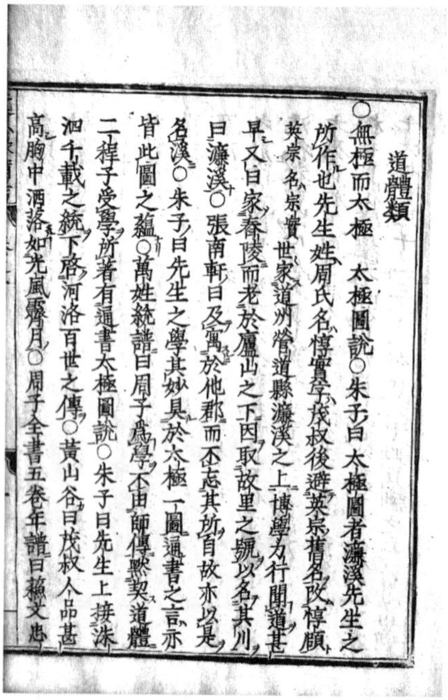

道體類

○無極而太極　太極圖說○朱子曰太極圖者濂溪先生之所作也先生姓周氏名惇實字茂叔後避英宗舊名改惇頤英宗名宗實世家道州營道縣濂溪之上博學力行聞道甚早又曰家舂陵而老於廬山之下因取故里之號以名其川曰濂溪○張南軒曰及寓於他郡而不忘其所自故亦以是名溪○朱子曰先生之學其妙具於太極一圖通書之言亦皆此圖之蘊○萬姓統譜曰周子爲學不由師傳默契道體二程子受學所著有通書太極圖說○朱子曰先生上接洙泗千載之統下啓河洛百世之傳○黃山谷曰茂叔人品甚高胸中灑落如光風霽月○周子全書五卷年譜曰蘓文忠

圖 13－6　《近思録備考》，日本寬文八年刊本

《近思録備考》寬文八年吉野屋權兵衛新刊本，日本多家圖書館有藏，如：

京都大學文學部藏本，每半葉十一行二十四字，四周雙欄。白口，順魚尾。藏本（支那哲文學 CⅡ—P 6—12），7 册，五眼綫裝。鈐朱文印“京都大學圖書之印”。藏本封皮深藍色，左上書簽印有“近思録備考”。扉葉朱筆書“飯村氏藏本”。刻本爲手寫楷體上版（書影見圖 13－6）。

刻本卷一的編次不同於他卷，在題署的“近思録備考卷之一”下是對葉采的《近思録集解序》《進近思録表》進行注釋，然後纔備考《近思録》原文。卷十四末刻有日本寬文戊申年，即寬文八年（1668）貝原篤信《書近思録備考之後》，接之爲刊記：“寬文八年歲次戊申七月日/柳馬場二條下町/吉野屋權兵衛新刊。”因此可知，此刊本是寬文八年刻本。

此刻本，日本國立國會圖書館有藏（104—129），“明治三〇、一一、一七購求”，鈐朱文印“帝國圖書館藏”。另外，韓國國立中央圖書館也藏有寬文八年刊本（古 1—50—42），3 册。

（二）日本明治四十四年鉛活字排印本

該排印本收録在益軒會編纂的《益軒全集》卷二，《備考》正文前有“益軒全集卷之二”《凡例》、“益軒全集卷之二”《目次》。《凡例》簡明扼要説明了本卷收録圖書情況。《目次》將《近思録備考》編次在《慎思録》《大疑録》《自娱集》《格物餘話》《自警編》《初學知要》《小學句讀備考》之後，《備考》尚有《和漢名數》《續和漢名數》。

《益軒全集》爲鉛字排印本,《備考》收録在此印本的第 625—820 頁。此印本正文,仿古本編排,在四周雙欄的框欄中間用橫綫分隔,分上下兩部分。按照先上後下的順序編次排列《備考》,卷端署"筑陽後學貝原篤信輯"。《全集》封底版權頁載:"明治四十三年四月十七日印刷,明治四十四年八月十二日再版印刷;印刷所:合資會社國文社;發行所:益軒全集刊行部。"因而可知它是明治四十四年(1911)鉛字排印本(廣島大學藏本書影見圖 13－7)。

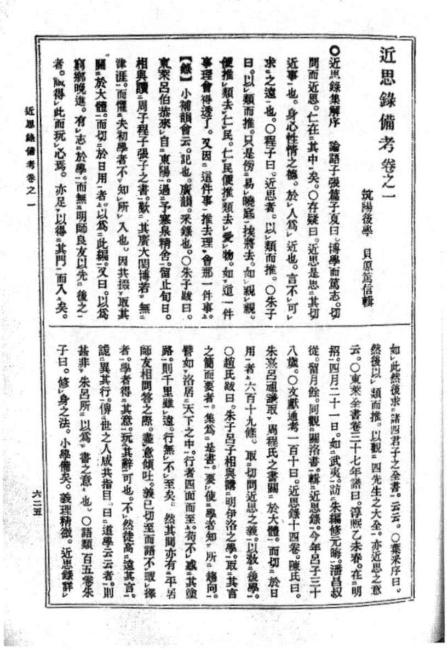

圖 13－7 《近思録備考》,日本明治四十四年鉛活字本

東京合資會社國文社印刷的此《全集》,日本國立公文書館有藏(081—0040 號),《備考》2 册。鈐朱文印"日本政府圖書"。

此排印本,現在日本多家藏書機構有藏,如東京都立中央圖書館藏本《益軒全集》第 2 卷,爲貝原益軒著,益軒會編纂。東京《益軒全集》刊行部 1911 年出版。

而且,在此鉛印本印行後,日本此後又進行了重印,如東京都立中央圖書館所藏《備考》,有東京國書刊行會 1973 年出版的《益軒全集》第二卷,益軒著,益軒會編。從編次、内容推測,可能是在明治四十四年印本的基礎上製作而成。日本昭和五十二年(1977)日本學者岡田武彦、荒木見悟主編《近世漢籍叢刊》([京都]中文出版社出版發行)和刻影印本,收録有貝原益軒《近思録備考》寬文八年刊本影印本。

三、簗田忠勝信《近思録集解便蒙詳説》版本考述

簗田毅齋(1671—1743),名忠、勝信,字勝德,稱信輔,號毅齋,江户(東京都)人。撰有《易書啓蒙解》《四書便蒙詳説》等。其《近思録集解便蒙詳説》二

十四卷，雖名爲“二十四卷”，實際上是將葉采《近思録集解》十四卷拆分所致，如將《集解》原卷一分作 3 卷，原卷二分作 4 卷，原卷三分作 3 卷，原卷四分作 2 卷，原卷五、六、七、八不變，原卷九分作 2 卷，原卷十分作分作 2 卷，原卷十一、十二、十三、十四不變。如此拆分編纂，在東亞《近思録》文獻編纂史上極稀見。儘管形式有變，然其内容仍以《集解》爲主，在葉采注文基礎上又用日文進行詳解。這是一部漢文、日文組合爲一體的具有日本本土化特色的注本。

此《便蒙詳説》中的《近思録》原文與南宋葉采集解文字均是漢文，簗田氏的詳説則爲日文。現存鉛印本按中國古書的體例編排，每頁是四周單邊的框欄，漢文、日文均豎行排列。一般是九行三十一字左右，小字雙行，漢文約在四十五字左右，日文類似。卷一卷端首行大字頂格題“近思録集解便蒙詳説卷之一”，越一字格題署：“新安朱熹、東萊吕祖謙編集，建安葉采集解。”次行頂格題本卷篇名與語録條目總數（如“道體類凡五十一條”），在其下印有漢字雙行小字（即葉采解題），之後另起一行低一字格印簗田勝信的詳説，此後編

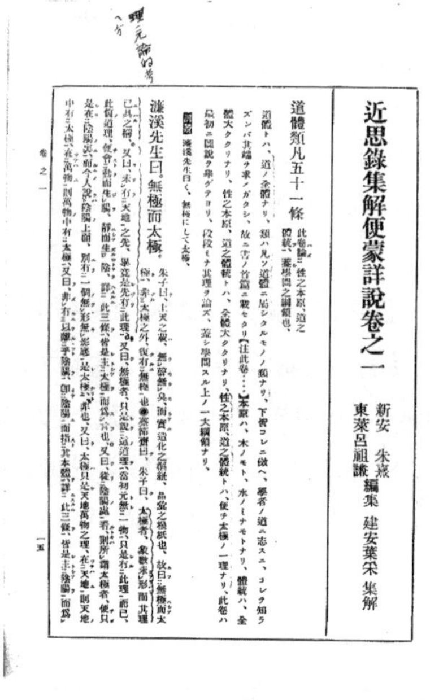
近思録集解便蒙詳說卷之一
新安 朱熹 東萊呂祖謙 編集 建安葉采 集解
道體類凡五十一條 此卷論性之本原、道之體統、蓋學問之綱領也、
濂溪先生曰く、無極にして太極。
濂溪先生曰。無極而太極。
卷之一
一五

圖 13－8　簗田忠勝信《近思録集解便蒙詳説》，日本大正三年活字本

排與《集解》中國明清刻本基本相同，先用大字印《近思録》語録，次用雙行小字印葉采集解文字，後印簗田毅齋的日文詳説。該印本印有句讀標識“、”“。”，在漢文右下印有日文訓點，極便利日本讀者閱讀使用。在每頁框欄書口位置印卷次、頁碼。有尾題“近思録集解便蒙詳説”。

此印本書名頁右印“文學博士三島毅先生、文學博士服部宇之吉先生監修，文學博士高瀨武次郎先生、文學博士久保得二先生校訂《校訂漢文叢書》第十册”；中間印“《近思録》、《近思録集解便蒙詳説》簗田勝信”；左印“東京博文館藏版”。《詳説》正文前印有日本大正三年（1914）四月久保天隨《解題》（日文）、《近思録集解便蒙詳説綱領》（漢文）、簗田忠勝信《近思録

集解便蒙詳説卷之首》(内容包括對葉采《進近思録表》《近思録集解序》的解説,解説文字爲日文)。在《詳説》正文二十四卷後印有朱熹序文、吕祖謙序文。

該本封底的奥付(版權頁)記載:"大正三年四月一日印刷,大正三年四月五日發行;編者:久保天隨";"發行所:博文館"等。因此,此書是簗田忠勝信著,久保得二校訂,日本大正三年(1914)東京博文館印製的活字本。廣島大學圖書館藏本(書影見圖 13-8),收録在三島毅、服部宇之吉監修,高瀨武次郎、久保得二校訂《校訂漢文叢書》[1]第 10 册。此印本,韓國國立中央圖書館也有藏。

從此《詳説》可見,葉采《近思録集解》傳至日本後,日本學者不滿意葉采《集解》的體例編次,於是根據自己的理解在分卷上進行了改編,這其中主要是對《近思録》語録條目比較多的卷次進行拆分,又不滿足於僅僅閲讀葉采注文,還希望有用本邦文字所作的注釋。因而諸如簗田氏之類的學者,便在葉采集解文字的基礎上,增入大量日文注釋,便利了《集解》傳本在日本社會的傳播。

四、澤田希《近思録説略》版本考述

澤田武岡,生卒年不詳,名希,字織部,號希齋。主要生活在日本元禄至享保年間,弱冠爲會津侯所識,擢居儒職,教授之暇,撰著《近思録説略》。《近思録》傳至日本後,在日本儒者中影響很大。澤田希認爲《近思録》"實爲學之要務,求道之模楷",故用漢文對其進行注解,評判《近思録》各家注本的得失,並集録了朱熹、黄榦、薛瑄等人之言以助解説,最終撰成《近思録説略》十四卷。其"説略"文字(即注文),既吸收了葉采《集解》的部分内容,又評議了自己之前和同時期學者的解説之辭,間附己見。因而,同時代的學者伊藤長胤對澤田希《説略》評價很高,認爲它"考覈精詳,援據明悉,采濂洛之旨,而窮其源委,其才之敏與業之勤,既有以過乎人也"[2]。陳榮捷也説:"日本注以此與

---

① 此印本版權頁後著録的《校注漢文叢書》共計有 12 册:(1)《論語》,(2)《孟子》,(3)《大學》《中庸》《孝經》,(4)《唐詩選》《三體詩》,(5)《七書上》,(6)《七書下》,(7)《門求》,(8)《詩經》,(9)《小學》,(10)《近思録》,(11)《古文真寶前集》,(12)《古文真實集》。又附《國文叢書》12 册書名與出版信息,《文選叢書》12 册書名與出版信息,《西洋文藝叢書》12 册書名與出版信息,《校注和歌叢書》6 册書名與出版信息,《俳諧叢書》6 册書名與出版信息,《校注謡曲叢書》3 册書名與出版信息,《支那文學叢書》24 册書名與出版信息等。

② (日)伊藤長胤《近思録説略序》,載於(日)澤田希《近思録説略》,日本享保五年芳野屋權兵衛刊本。

貝原益軒、宇都宫遯庵，與佐藤一齋爲最好。印本各處甚多。”[①]今筆者就所見版本考述如下：

（一）《近思録説略》十四卷，日本享保五年京都芳野屋權兵衛刊本

此刻本每半葉十一行二十五字，四周單欄，框高 20.20 釐米，寬 15.20 釐米。白口，單（黑）魚尾。版心魚尾上方刻書名（如“近思録説略”），魚尾下方刻記卷次（如“卷之一”）、頁碼。卷一卷端首行頂格題“近思録説略卷之一”，第二行低十六字格題署“武江後學澤田希著”，第三行低一字格刻提要（除卷一外，其他各卷無此内容），在提要之後另起一行頂格刻本卷篇名與語録條目總數，然後另起一行低一字格刻印關於本卷的解説，此後刻印正文。除各卷首條外，其餘各條前增“○”以標示條目。是本爲漢文寫刻本，卻不像常見的葉采《集解》本那樣逐條刻印《近思録》正文，而是對某條語録進行概括，或將一條語録分作若干段，概述各段或各節文字，隨後進行解説，一般來説被解説的某節文字往往單列頂格刻印。卷末有尾題“近思録説略卷之某終”。此本刻有日文訓點。

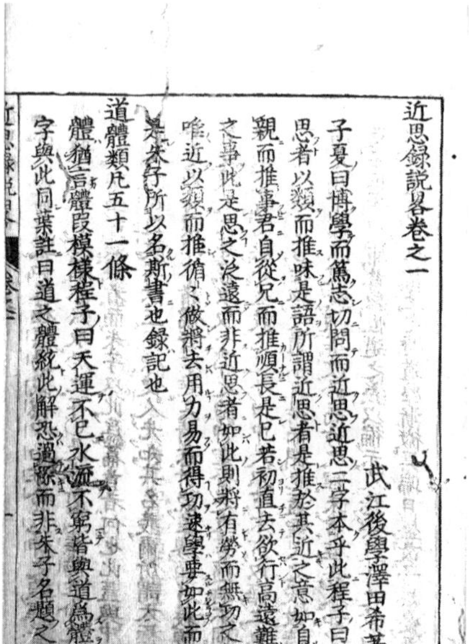
近思録説略卷之一
武江後學澤田希著
子夏曰博學而篤志切問而近思近思二字本乎此程子曰近思者以類而推味是語所謂近思者是推於其近之意如自事親而推事君自從兄而推順長是也若初直去欲行高遠難做之事此是思之泛遠而非近思者如此則將有勞而無功之弊唯近以類而推循々做將去用力易而得功速學要如此而已是朱子所以名斯書也録記也
道體類凡五十一條
體猶言體段模樣程子曰天運不已水流不窮皆與道爲體體字與此同葉註曰道之體統此解恐過際而非朱子名題之本

圖 13－9　澤田希《近思録説略》，日本享保五年刻本

《説略》正文前刻有享保五年伊藤長胤《近思録説略序》（文末原版刻有兩方印：陰文“長胤之印”，陽文“元廷”），享保庚子年澤田希《近思録説略序》。卷十四末刻有刊記“澤田織部著/享保五龍集仲夏良辰/柳馬場通二條下町/芳野屋權兵衛刊行”。因此，該刻本爲日本享保五年（1720）芳野屋權兵衛刊本。

澤田希主要是在葉采《近思録集解》的基礎上進行注解，其注本依然保持十

① 陳榮捷《朱學論集》，第 110 頁。

四卷的綱目，但對被注釋文字未一一羅列，而是進行了編纂加工，就自己所要解説的内容有選擇地進行注釋。這不同於此前的注本，特色明顯。

澤田武岡《近思録説略》享保五年刻本，日本國立公文書館有藏（191—0341 號，書影見圖 13－9），5 册（紅褐色封面左上書簽印書名“近思録説略”），四眼綫裝。鈐朱文印“淺草文庫”“司籍局記”“日本政府圖書”，墨色陽文印“昌平坂學問所”。

筆者所見此版本無書名葉，然在沈津、卞東波所編《日本漢籍圖録》中卻見到有書名葉的刊本，即在四周雙欄的框内分三欄，自右至左刻“武江澤田先生著/近思録説略/先生姓澤田，名希，字織部……因請上木布於世，請四方君子有取焉。平安書肆。聚文堂主人謹識”①。

《説略》享保五年刻本面世後流佈較廣，東亞各國有藏，如九州大學圖書館藏本，5 册；東京都立中央圖書館藏本，5 册。中國華東師範大學圖書館也有藏。韓國國立中央圖書館有藏（古 1—50—7），5 册。

澤田希《近思録説略序》曰：

> 昔者朱夫子之與東萊吕先生纂集《近思録》也，蓋欲使人考周、程、張子之學，因得以窺道學之淵源也。其言曰：“《近思録》，四子之階梯。”又曰：“義理精微，《近思録》詳之。”於戲！士苟有志於學，不原四子而將何據耶？不講義理而將何力耶？然則是書實爲學之要務，求道之模楷也。但其爲説者，雖有葉仲圭之《集解》、何北山之《發揮》，而字義事實未盡訓釋，文理微旨或未闡明，以故初學艱於其辭，惑於其意。迨近世，亦稍有爲之説，不惟失魚鬼兼謬，筌蹄者往往而然。希初受讀而竊憂之，乃自濂洛關陝全書，以至諸儒百家之論説，及子史字書異端之編，博搜旁考，質以師友之言，間亦附以管見，而筆之簡牘，月訂歲改，積若干年而成書焉，名曰《近思録説略》，明其不精詳也。深韞書匱，以備自己遺忘。會家君聞之，命采其書閲之，欣然言曰：“吾思之久矣，不圖子之能成余志也。速鋟諸梓，使學者有所依據也。”希以非素志，屢辭謝之。家君强之不輟，然後幡然以謂是編輯先儒之説十而八九，後學乏書，勞求者獨采於此，則亦不可謂無益焉。若夫管

① 沈津、卞東波編《日本漢籍圖録》，廣西師範大學出版社，2014 年 3 月影印本，第 4061 頁。

見中片言隻字,或有初學萬一之補則斯可也,己奚必避杜撰之譏而拒家嚴之命哉! 於是遂出附諸剞劂氏,望後之君子正其紕繆,以闢來學之惑,憫其苦心,以恕僭逾之罪云爾。享保庚子三月朔日武江澤田希書。

伊藤長胤《近思録説略序》曰:

予近與澤田常省翁相識,隱居丹州,時到都下,見過弊廬,云:"男希自幼嗜學,覃思經籍,弱冠爲會津度所識,擢居儒職,嘗著《近思録解》,已成帙。願弁一言其首。"予以宋朝傳先之説,與先人之旨不同,辭之再四,謂"疑而序之非情也,序而疑之非禮也。令嗣亦時通書四,屢叙繾綣,不以其趣之不一,誤蒙推獎"。曰:"願因子之言以託不朽。"辭而不可,乃予心竊自許曰,唯叙其交際之好、螢雪之勞以應之,亦何不可? 而未果。歲月荏苒,杳無消息。頃日翁來叩予門曰:"向所告書梓將成,而希也不幸,溘先朝露。予年八旬,唯有一息,日望其成立,而今如此,冀託子之筆,壽予兒之名於永世亦足矣!"淚與言下,予情不忍拒,乃諾曰:"此書也,考覈精詳,援據明悉,采濂洛之旨,而窮其源委,其才之敏與業之勤,既有以過乎人也,則其書之傳世必矣,固不待予之言矣。唯恨不相聚一堂,親接謦欬,商確論辨,以歸於一是□地耳。"吾豈敢謂人之心如吾心乎? 彼不有得焉,則我得矣。不永其天,悵也奈何! 遂叙其言,以寓掛劍之意云。時享保五年庚子秋九月,京兆伊藤長胤序並書。

(二)《近思録説略摘抄》,漢文寫本

九州大學藏有《近思録説略摘抄》,澤田希原著,廣島留生書院,1889 年漢文寫本[①]。附録:《近思録輪講私録》《近思録備忘私録》。遺憾的是筆者未能到九州大學目驗此藏本,待詳考。

五、中井履軒《近思録聞書》版本考述

十八世紀中期以後,東亞儒學界出現了對朱子學的不滿,這些批判的聲音也顯露出此時日本朱子學的危機,儘管當時日本社會仍高舉朱子學大旗,

① 参見京都大學圖書館藏書檢索網站 https://op.kulib.kyoto-u.ac.jp/webopac/catdbn.do

可在這旗幟之下卻湧動着反朱攻朱的暗流，這或許與朱子學在中國曾有的遭際一樣。因朱子學長期在日本作爲統治政權背後的意識形態，這一時期的日本儒學界，諸如伊藤仁齋、中井履軒等學者，對當時成爲官學的朱子學有異議，在重新詮釋古典儒學時兼而批判朱子學。

懷德堂原是大阪的一家私塾，後來在五位商人的資助下，從私塾轉化爲公開性質的講學主要場所。中井竹山在懷德堂講授朱子學，弟弟中井履軒也參與其中。他們的講學及思想觀點對後世影響較大，可以説是在“爲日本的明治維新進行思想上的奠基工作”[①]。

中井履軒(1732—1817)，名積德，字處叔，稱德二，號履軒，大阪人。爲中井甃庵次子，與其兄中井竹山學於五井蘭洲，均屬於大阪朱子學派傳人。他長於經學，又不墨守宋學，晚期隱居，遍注群經，撰有《七經雕題》《七經逢原》(《周易逢原》《尚書逢原》《春秋逢原》等)、《易經聞書》《禮記聞書》《論語聞書》等。這些書都是以朱熹《四書章句集注》爲參照本，在朱子注之後又對朱注予以批判，體現出懷德堂對經典詮釋的學風。

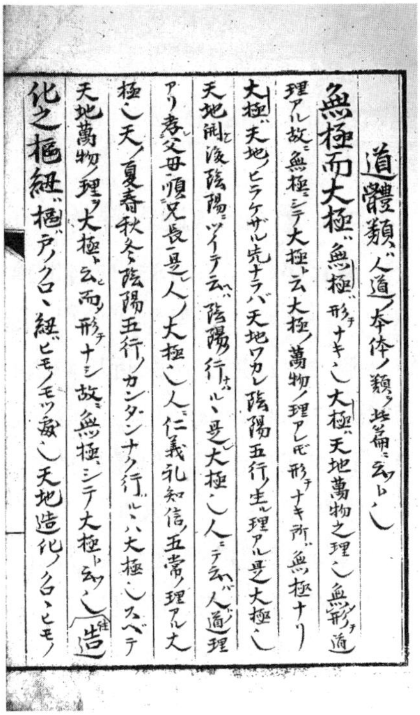
道體類ハ人道ノ本体ノ類ヲ此篇ニ云フト也
無極而太極ハ無極ハ形チナキ也太極ハ天地萬物之理也無形ノ道
理アル故ニ無極ニシテ太極ト云太極ノ萬物ノ理アレモ形チナキ所ハ無極ナリ
太極ハ天地ノヒラケザル先ナラバ天地ワカレ陰陽五行ノ生ル理アル是之太極也
天地開ケテ後陰陽ニツイテ云ヘバ陰陽行ハルヽ是レ太極也人ニテ云ハヾ人道ノ理
アリ孝父母順兄長ニ是レ人ノ太極也人ニ仁義礼知信ノ五常ノ理アル丈
極也天ノ夏春秋冬陰陽五行ノカンタンナク行ハルヽハ太極也スベテ
天地萬物ノ理ヲ太極ト云ト而ヲ形チナシ故ニ無極ニシテ太極ト云フ也（註）造
化之樞紐ハ樞ハ戸ノクロヽ紐ハヒモノモツ処也天地造化ノクロヽヒモノ

圖 13－10　中井履軒《近思録聞書》，抄寫本

中井履軒撰有《近思録聞書》十四卷，日本國立國會圖書館藏有抄寫本。該寫本是在印有版框行格的紙上用日文抄寫，每半葉九行十八字(因是日文抄寫，數字計算不甚確切)，左右雙欄，框高17.40釐米，寬12.00釐米。白口，單魚尾。各卷除首條外，其餘語録不單列，依次相連，中間用“○”分隔(書影見圖13－10)。

① 黄俊傑《東亞儒學史的新視野》，第132頁。

在正文前抄寫葉采、朱熹等人的序文並作簡要詮釋，依次爲葉采《進近思録表》、《近思録集解序》、朱熹序、吕祖謙跋。且此《近思録聞書》卷一卷端葉不像常見本那樣另葉抄寫，而是緊接於卷首序跋文的解説之後。在此日文寫本中，十四卷中僅有少數卷目的卷首是另葉抄寫，各卷篇名基本依據葉采《近思録集解》，如“道體類”“爲學類”“致知”等。卷十四末題記“近思録聞書終”，因而將此抄寫本定名爲《近思録聞書》。但從其内容、綱目體例看，則是在葉采《集解》基礎上用日文進行注解。

該藏本(209—642)，2 册(灰色封面左上書簽朱筆題書名“近思録”)，四眼綫裝。鈐朱文印“齋”“帝國圖書館藏”等，圓形印“明治三四、二、一六購求”。從鈐印看，此寫本至少在明治三十四(1901)前已經抄寫完成。《新編帝國圖書館和古書目録》(上卷)有著録①。

六、溪百年《近思録餘師》版本考述

溪百年(1754—1831)，名世尊，字士達，稱大六，號百年、玉藻亭，讚岐丸龜(今香川縣)人。早年學於白木蘭溪，後學於菊池崧溪。博學多能，著有《易經詳解》《六經用字例》《近思録餘師》(又稱《經典餘師近思録》)，編注《大學》《論語》《中庸》《小學》《詩經》等。溪氏用日文注譯的中國儒家經典，爲儒學思想在日本江户後期的傳播發揮了相當大的功用，因爲華夏典籍傳至日本，能讀懂原版漢文的日本人並不多，而溪氏用日文注解四書、《近思録》《小學》等書，使得這些書的受衆面大增，日本“童蒙之輩喜而讀之”，正如日本人自己評説，“以國字解之易通曉也”②。溪百年注譯的《近思録餘師》十四卷，也是用日文注解《近思録》，是一部漢文、日文合爲一體便於導引本邦讀者的具有本土化特色的注本，現存版本主要有：

(一) 日本天保十四年森本三書堂合刻本

此刻本將漢文、日文合爲一體，用兩截版編排，即每葉框欄分上下兩部

① 東京堂出版編集部《新編帝國圖書館和古書目録》(上卷)云：“《近思録聞書》(三卷)，寫本，中井積德(履軒)。”第 345 頁。

② (日)必山島圭《近思録跋》，載(日)溪百年《近思録餘師》，日本天保十四年河内屋太助等刊本。

分，上部約佔葉面的 1/4，刻印日文，且每段日文間用行格隔開；下部約佔 3/4，刻印《近思録》漢文大字和日文雙行小字。白口，單（黑）魚尾。版心魚尾上方刻“經典餘師”，魚尾下刻書名卷次簡稱（如“近思録卷之一”）、頁碼。

我們在此以刻本下部爲對象描述其版式如下：每半葉九行十四字，注文日文雙行小字，左右雙欄，有界格。卷一卷端頂格題“近思録餘師卷之一”，次行低八字格題署“溪氏譯”，第三行低一字格刻本卷篇名與語録條目總數（如“道體類凡五十一條”），第四行頂格刻印正文。每卷首條語録單列，其餘各條依次相連，條與條之間用“○”以示區分。尾題“近思録餘師卷之某某”。

卷首書名葉在四周雙欄的版框上，横行刻記“天保癸卯孟春”，框欄内分三豎格，自右至左分刻“讃岐百年先生述/經典餘師 近思録之部 十卷/浪華森本三書堂合刻”。

正文前刻有天保十三年（1842）溪百年《自序》，該序文是漢文行書上板，文末刻有墨色印“世尊”“百溪”（即溪百年的别名），“雲樓早瀨乾瑞書”（在此書寫者名字之左，刻有墨色印“乾瑞印信”“中□□”）。在卷十四末刻有浪華必山島圭《跋》，該跋文爲漢文行草書體，末刻墨色印“晚華”“必山”。刻本封底奥付刻有：“三都發行書肆：江户芝神明前 岡田屋嘉七/仝 淺草茅町二丁目 須原屋伊八/仝 日本橋二丁目 山城屋佐兵衛/仝 壹丁目 須原屋茂兵衛/京寺町松原下ル 勝村治右衛門/大坂心安橋通壹丁目 秋田屋太右工門。”

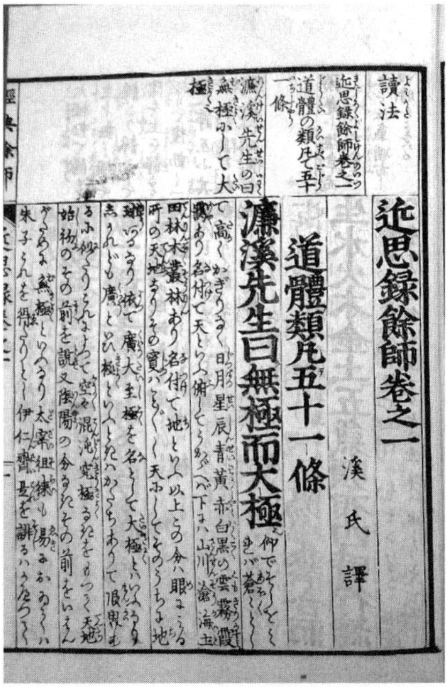

圖 13 - 11　溪百年《近思録餘師》，日本天保十四年森本三書堂合刻本

依據書名葉、序跋文、卷端所題、封底刻印的文字，可推斷此刻本是溪百年注譯《近思録餘師》十四卷，天保十四年（1843）森本三書堂合刻，秋田屋太右工門等發行。筑波大學圖書館藏本（ロ 805—144，書影見圖 13 - 11），5 册（每册

封面左上書簽上墨筆題記“經典餘師近思録”),四眼綫裝。鈐朱文印“勝庵”“東京教育大學附屬圖書館藏書印”。

此天保十四年刊本,韓國國立中央圖書館有藏(古 1—50—104),10 册。書名葉、序跋文等與筑波大學藏本同,當是同一版印。

溪百年《近思録自序》曰:

學問之道無它,博文約禮而已矣。博文者,讀書接物,以多其見聞,皆是也。約禮者,收斂其博而歸之於踐履是也。譬諸醫藥,藥有君,臣佐使,佐也使也,亦皆臣也。以三臣而輔一君也,非以一君而役於三臣也。故約禮君也,博文臣也,古之君子多其臣者,欲以成其君也。後世學者遺棄其君,而唯其臣是取,將以誇其濟濟之多也,不亦左乎!朱文公編此書,名以“近思”,其意雖在自卑升高,自近及遠,而其患後世學病之如是,而欲以有瘳之也,蓋亦有焉。余也不自揣,嘗以國字略解四子、六經及《小學》書,以便童蒙。今又取此書解之,願讀者能内視而不外騖云爾。天保壬寅夏六月讚岐百年溪撰。(雲樓早瀨乾瑞書)

必山島圭《跋》云:

我朝俗讀華夏之書者,百人而不過一二,故何者?以其字常不觸目,難冰解也。百年先生嘗有《餘師》之撰,六經、四子、《小學》皆公木大行於世,雖童蒙之輩喜而讀之,其所以讀之者,以國字解之易通曉也。今兹《近思録餘師》成,蓋其意在升高自卑,行遠自近焉。嗚呼!先生之功大矣。應書肆森本之需,以一語附卷末云。浪華必山島圭。

(二) 日本天保十四年京都出雲寺文治郎、江户須原屋茂兵衛、大坂河内屋仁助、河内屋直助、河内屋太助等刊行本

此刻本版式、内容與上述森本三書堂合刻本同,所刻序跋文亦同,但是因刊行者有别,故單列於此。

此刻本每葉框欄分上下兩部分,上部約佔葉面的 1/4,刻印日文,且每段日文間用行格隔開;下部約佔 3/4,刻印《近思録》漢文大字和日文雙行小字。白口,單(黑)魚尾。版心魚尾上方刻“經典餘師”,魚尾下刻書名卷次簡稱(如

"近思録卷之一")、頁碼。

刻本下部,每半葉九行十四字,注文日文雙行,左右雙欄,有界格。卷一卷端頂格題"近思録餘師卷之一",次行低八字格題署"溪氏譯",第三行低一字格刻本卷篇名與語録條目總數(如"道體類凡五十一條"),第四行頂格刻印正文。每卷首條語録單列,其餘各條依次相連,條與條之間用"○"以示區分。尾題"近思録餘師卷之某某"。

此藏本第1册卷首刻有天保十三年(1842)溪百年《自序》(書體爲行書)、必山島圭《跋》。第5册卷十四末刻有奥付,首行刊記:"天保十四癸卯歲正月發兑。"該奥付頁左刻:"三都書林:京都三條通堺町西入 出雲寺文治郎/江户日本橋通壹丁目 須原屋茂兵衛/大坂心齋橋通唐物町南入 河内屋仁助/同仝 通南久寶寺町北入 河内屋直助/同 仝 通唐物町南入 河内屋太助。"因而,從此奥付所記可知此本是溪百年譯《近思録餘師》十四卷,天保十四年(1843)河内屋太助等刊行。

國立公文書館藏本(191—0338號,書影見圖13-12),5册(每册封面左邊書簽上墨筆題署"經典餘師近思録")。鈐朱文印"太政官文庫""大日本帝國圖書印""日本政府圖書""明治十三年購求",爲日本内閣文庫舊藏。藏本卷六第三葉闕失。

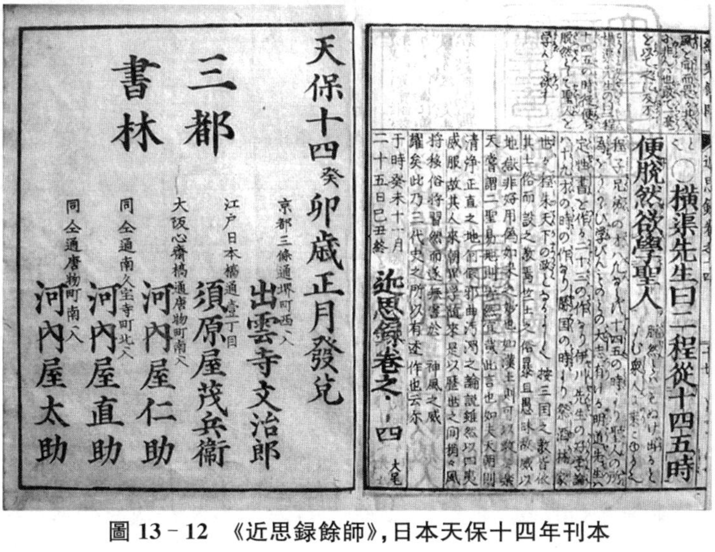

圖13-12 《近思録餘師》,日本天保十四年刊本

京都大學人文科學研究所藏有一殘本(125.4),《近思録餘師》殘存卷三至卷十四。其版式與此刻本同,且卷末的奥付相同,即“天保十四癸卯歲正月發兑”,“三都書林:京都三條通堺町西入 出雲寺文治郎/……河内屋太助”,與公文書館藏本當是同一版,即天保十四年(1843)河内屋太助等刊行。藏本8册,四眼綫裝。鈐朱文印“京大人文研藏”“島田元子氏寄贈”等。必山島圭《跋》文位於卷十四末。

經過對前兩種刻本的比較,我們發現其版式、内容如此相同,則以爲天保十四年森本三書堂合刻本、天保十四年河内屋太助等刊行本,或許就是同一版,僅僅發行單位有别而已。

七、佐藤一齋《近思録欄外書》版本考述

佐藤一齋(1772—1859),名坦,初名信行,字大道,號一齋、愛日樓、老吾軒。號其塾爲百之寮、風之寮。出生於江户浜町,在大阪師從中井竹山。是藤原惺窩再傳弟子林述齋(林衡,1768—1841)的門人,曾在林家從事教學,文化二年任林氏塾長,大小侯伯争相延聘,請其講學。曾任日本天保時期(1830—1843)的儒官,研究朱子學,誘掖後進。其講經,理義深奥,辯説詳密,尤精於《易》。歷史上學界一般將其視作朱王折衷的學者。著有《言志四録》《周易欄外書》《大學欄外書》《中庸欄外書》《論語欄外書》《孟子欄外書》《近思録欄外書》《傳習録欄外書》等。

《近思録欄外書》十四卷,原是佐藤一齋給學生講課時的講義,後彙集成專書[①]。該書是以葉采《近思録集解》爲底本,未對《近思録》全部語録進行解説,而是對葉采《進近思録表》《近思録集解序》《近思録》各卷部分語録或某些詞句以及葉采注文進行考辨、校勘或解説。由於他是一邊教學一邊講解,編次成書時,不像常見的《近思録》注本那樣先抄録《近思録》每條原文,而是在要解説的語録之前選擇此條語録開頭的兩字,並在其下附一“條”字以標明所要解説的對象,如卷一下有“濂溪”條、“誠無”條、“伊川”條等。接之在這些條

---

① 據陳榮捷《朱學論集》説,日本有“《近思録説》分乾坤二篇,天保三年寫本(岐阜),乃《欄外書》之稿本”。第111頁。

目下，將所選欲解説的内容依次單列編排。

對於各卷中的解説對象，佐藤一齋或選擇某條語録，或摘取某語録中的詞句，或選録葉采注文，或以“某某”止“某某”方式作簡單概述，或直接陳述被解説的對象，隨後或注釋，或考證，或校勘，或評判，引用朱熹、黄勉齋、王陽明、施璜等人的論説來幫助注解。

現存一齋《近思録欄外書》卷首載:“天保十年，爲諸生講斯篇，因復漫書於讀本欄外，以孟秋下澣三日起筆，至臈月中澣十日完業。愛日樓主，時齡六十有八。”[①]可見，其講稿於天保十年(1839)十二月撰寫完成。此書中一齋的注評援引了宋明理學家和明清《近思録》注家多人的注解，且以引王陽明語爲多，同時也直言自己的觀點與考證依據，頗多獨立思想。尤其值得注意是，一齋除引用朱熹學説外，在所引的宋元明清學者論説中，直接引用或間接引用明代王陽明的論説文字最多，共計約 34 條。而且，一齋所引王守仁的學説，大多是與朱子觀點相對立的，從其評論性的注解文字中可察其所持王學主張，故而日本學者永富青地認爲“佐藤一齋在《欄外書》當中是非常明確地以陽明學者的身份來闡發自己的學説主張的”[②]。

佐藤一齋的“欄外書”系列著作，在其身前皆未公開出版，主要是以書稿的形式在江户時代流傳，歷史上最早刊行其“欄外書”的是明治三十年(1897)啓新書院版《傳習録欄外書》。由於《近思録欄外書》是一部具有詮釋性的講義，簡明易記，便於讀者閲讀抄寫，因而該書在佐藤一齋身前已在門人中流傳，有弟子門人不斷抄録，故現存世的版本多是抄寫本。

(一) 佐藤一齋《近思録欄外書》“三卷”，日本天保十年漢文寫本，恐爲佐藤坦的九行稿本

這裏的“三卷”是日本人著録的習慣，意指此書有上、中、下 3 册，或上、中、下三部分。而《近思録欄外書》的内容爲十四卷，即按照《近思録》原十四卷的次序進行解説，在編纂抄寫的體例上有别於《近思録》，即每卷卷首不再

---

① (日)佐藤一齋《近思録欄外書》跋文，載於《近思録欄外書》卷首，日本天保十年漢文寫本。

② (日)永富青地《佐藤一齋是一位朱子學者嗎? ——就〈欄外書〉的記載而談》，載於《歷史文獻研究》2016 年總第 37 輯，第 144 頁。

特意另起一葉書寫，而是緊接於上卷之末。

東京都立圖書館藏有此漢文寫本，第 1 册封皮左上書簽，墨筆題寫："一齋居士稿本，祖考手寫 /近思録欄外書 上。"扉葉上墨筆題寫書名"《近思録》上帙"。卷首首行頂格抄寫"《近思録欄外書》上帙，依通本，一齋居士稿本"，次行低一字格抄寫："天保十年，爲諸生講斯篇，因復漫書於讀本欄外，以孟秋下澣三日起筆，至臈月中澣十日完業。愛日樓主，時齡六十有八。"接着另起一行低二字格題記"《表》"，隨後頂格抄寫："'逾於二紀'。'二紀'，疑'三紀'訛。自序作於淳祐八年，序中曰'逾三十年'，而此《表》係十二年，則'三'之訛'二'，可推耳。""五臣，指周、程、張、朱。""五千文，十萬説，謂老與釋。""葉采字仲圭，號平巖，朱子門婿。"佐藤坦對於葉采《集解》文本序跋文的解説多如此，如"《序》"，"考合緒論……"，"朱子題言……吕氏題言……集解目録……"。

此《欄外書》抄寫本正文卷一卷端没有單列一葉編次，而是緊接卷首的解説之後。低一字格題"近思録卷一"，次行頂格題署"宋本題名無東萊吕祖謙字，題式如左，每卷同。'新安朱熹原編，建安葉采集解'"。低二字格抄寫本卷篇名與語録總數，即"道體類，凡五十一條"。另起一行頂格抄寫："宋本、韓本並無'類'字，每卷同。"再單列頂格抄寫："宋本'凡五十一條'，五字小書，韓本大字，移第一行之下。每卷此例。"接着頂格雙行小字抄寫"注'此卷論性之本原'云云"，在其下抄録大字："宋本别提大字，低書二格，似爲朱、吕舊題，每卷同例。"然後是對《集解》正文進行解説，低二字格題記"'濂溪'條"，又頂格抄録："極，是極至，凡物皆有極至，亦必有其行迹，獨理則無形迹之極至。'無極'，猶言無形迹。'太極'，即理之極至。'太'是尊稱……"此寫本雖無行格邊欄，但在正文的各卷書口位置上題記卷名（如"道體"），下記頁碼。上册末有尾題"近思録欄外書上帙"（下册末則爲"近思録欄外書下帙"）。

此寫本是在素紙上抄寫，書體以楷體爲主兼而行書，筆勢奔放，抄寫編次工整。每半葉九行十九字，小字雙行同。書口處抄寫篇卷名、頁碼。對於抄錯的文字，抄寫者在塗白之後，又在原位置再書寫。在抄寫本的漢文右下，用小圓圈"。"鈐印，以標示句讀。從抄寫塗改這一特徵推測，此寫本很可能是佐藤一齋稿本。據該館記載，此寫本舊藏"河田文庫"，而該文庫是"佐藤一齋の曾孫である河田烈士の舊藏本”，收藏的多是佐藤一齋著述及筆記。那麽，依據現藏本封皮上所署“一齋居士稿本，祖考手寫”，“祖考”應是指此本原藏家河田的祖父佐藤一齋。所以，綜上所述，此寫本可能是佐藤一齋於天保十年(1839)據講稿抄録而成的清稿本。東京都立中央圖書館藏本（和 0615，書影見圖 13-13)，3 册(即分作上、中、下 3 册)，兩眼紙裝。

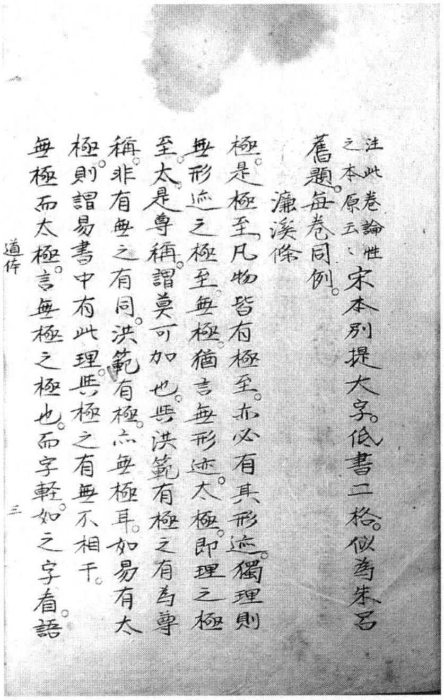
注此卷論世之本原云云 宋本別提大字。低書二格。似為朱呂
舊題每卷同例。
濂溪條
極是極至。凡物皆有極至。亦必有其形迹。獨理則
無形迹之極至。無極猶言無形迹。太極即理之極
至。太是尊稱。謂莫可加也。與洪範有極之有為尊
稱。非有無之有同。洪範有極。亦無極耳。如易有太
極。則謂易書中有此理。與極之有無不相干。
無極而太極。言無極之極也。而字輕。如之字看。語
道体
三

圖 13-13　佐藤一齋《近思録欄外書》，日本天保十年漢文寫本

(二)《近思録欄外書》，愛日樓抄漢文九行本

此寫本藏於東京都立中央圖書館，其内容、編次與前文所述該館藏本“佐藤一齋稿本”同。

卷首首行頂格抄寫“《近思録欄外書》上帙，依通本，一齋居士稿本”。次行低一字格抄寫:“天保十年，爲諸生講斯篇，因復漫書於讀本欄外，以孟秋下澣三日起筆，至臈月中澣十日完業。愛日樓主，時齡六十有八。”接着另起一行低二字格題記“《表》”，隨後頂格抄寫:“‘逾於二紀’。‘二紀’，疑‘三紀’訛。自序作於淳祐八年，序中曰‘逾三十年’，而此《表》係十二年，則‘三’之訛‘二’，可推耳。”“五臣，指周、程、張、朱。”“五千文，十萬説，謂老與釋。”“葉采字仲圭，號平巖，朱子門婿。”佐藤坦對於葉采《集解》文本序跋文的解説多如此，如“《序》”，“考合緒論……”，“朱子題言……呂氏題言……集解目録……”。

此寫本正文卷一卷端没有單列一葉編次，而是緊接卷首的解説之後。低一字格題“近思録卷一”，次行頂格題署“宋本題名無東萊呂祖謙字，題式如左，每卷同。‘新安朱熹原編，建安葉采集解’”。低二字格抄寫本卷篇名與語録總數，即“道體類，凡五十一條”。另起一行頂格抄寫:“宋本、韓本並無‘類’字，每卷同。”再單列頂格抄寫:“宋本‘凡五十一條’，五字小書，韓本大字，移

第一行之下。每卷此例。”接着頂格雙行小字抄寫“注‘此卷論性之本原’云云”，在其下抄録大字：“宋本别提大字，低書二格，似爲朱、吕舊題，每卷同例。”然後是對《集解》正文進行解説，低二字格題記“‘濂溪’條”，又頂格抄録：“極，是極至，凡物皆有極至，亦必有其行迹，獨理則無形迹之極至。‘無極’，猶言無形迹。‘太極’，即理之極至。‘太’是尊稱……”

該寫本是在印有黑色框欄的紙上抄寫，書體端莊俊美，編次異常工整。每半葉九行十九字，小字雙行同。四周雙欄，框高 18.50 釐米，寬 13.50 釐米。上下細黑口。正文版心位置題記卷名（如“道體”），下記頁碼（不分卷編頁碼，而是一册書連續編碼）。各册末尾題“近思録欄外書上帙”（或“近思録欄外書下帙”）。

東京都立中央圖書館藏本《近思録欄外書》（121/KW/035/0001—0003，書影見圖 13－14），3 册（上、中、下 3 册封面左上墨筆均題記書名“近思録欄外書”），鈐朱文印“河田文庫”“愛謦廬珍襲”“東京都立日比谷圖書館藏書”。

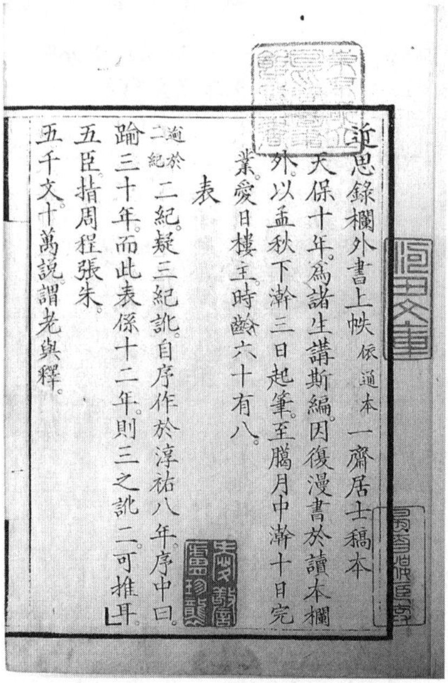
近思録欄外書上帙 依通本 一齋居士稿本
天保十年爲諸生講斯編因復漫書於讀本欄
外以孟秋下澣三日起筆至臘月中澣十日完
業愛日樓主時齡六十有八
表
道於二紀 二紀疑三紀訛自序作於淳祐八年序中曰
踰三十年而此表係十二年則三之訛二可推耳
五臣指周程張朱
五千文十萬説謂老與釋

圖 13－14 《近思録欄外書》，愛日樓抄寫本

據此藏本在每葉左框欄外所鈐墨色陽文印“愛日樓抄本”，可知與佐藤一齋關係緊密。該館藏本於《近思録欄外書》3 册之後另有《傳習録欄外書》寫本（3 册），二者合爲一函。在該藏本的第 6 册末（即《傳習録欄外書》末）題記：“天保紀元庚寅臘月念六日，江都佐藤坦大道書於愛日樓南軒。”其書體與前文同。“天保紀元庚寅”是天保元年（1830），由此可推測一齋講《傳習録》要早於《近思録》。至於此函中《近思録欄外書》抄於何時，綜合上述幾個方面信息，我們推斷此寫本與《傳習録欄外書》均爲佐藤一齋注解，從其抄寫内容、體例以及用紙、書寫工整的情形看，當是謄寫本，屬於“愛日樓抄本”中的一部，是河田文庫所藏佐藤坦著述中的一部。

(三)《近思録欄外書》，漢文九行寫本

關於《近思録欄外書》的寫本，東京都立中央圖書館猶有一藏本，其内容、體例以及抄寫款式與前文所述該館藏“佐藤一齋稿本”同。寫本是在素紙上抄寫，書體以楷書爲主，兼有行書，筆鋒較灑脱，抄寫工整。每半葉九行十九字，小字雙行同，在書口下方題記頁碼（偶見書口上方題記卷名的）。

上册封皮左上書簽，墨筆題寫“近思録欄外書 上”。首行頂格抄寫“《近思録欄外書》上帙，依通本，一齋居士稿本”。次行低一字格抄寫：“天保十年，爲諸生講斯篇，因復漫書於讀本欄外，以孟秋下澣三日起筆，至臘月中澣十日完業。愛日樓主，時齡六十有八。”接着另起一行低二字格題記“《表》”，隨後頂格抄寫：“‘逾於二紀’。‘二紀’，疑‘三紀’訛。自序作於淳祐八年，序中曰‘逾三十年’，而此《表》係十二年，則‘三’之訛‘二’，可推耳。”“五臣，指周、程、張、朱。”“五千文，十萬説，謂老與釋。”“葉采字仲圭，號平巖，朱子門婿。”佐藤坦對於葉采《集解》文本序跋文的解説多如此，如“《序》”，“考合緒論……”，“朱子題言……吕氏題言……集解目録……”（書影見圖 13－15）。

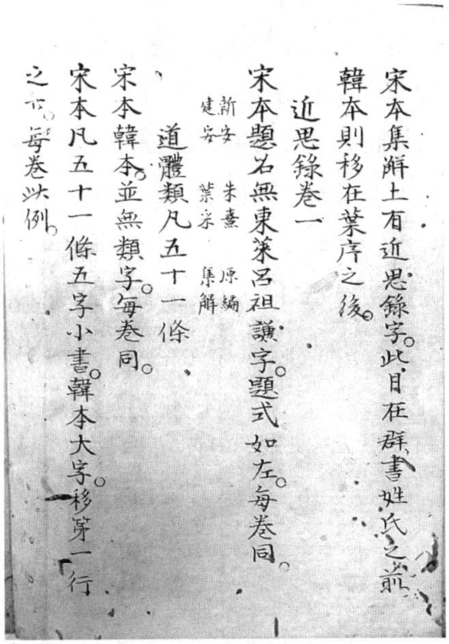

圖 13－15 《近思録欄外書》，漢文九行寫本

寫本正文卷一卷端没有單列一葉編次，而是緊接卷首的解説之後。低一字格題“近思録卷一”，次行頂格題署：“宋本題名無東萊吕祖謙字，題式如左，每卷同。‘新安朱熹原編，建安葉采集解’。”低二字格抄寫本卷篇名與語録總數，即“道體類，凡五十一條”。另起一行頂格抄寫：“宋本、韓本並無‘類’字，每卷同。”再單列頂格抄寫：“宋本‘凡五十一條’，五字小書，韓本大字，移第一

行之下。每卷此例。”接着頂格雙行小字抄寫“注‘此卷論性之本原’云云”，在其下抄録大字：“宋本别提大字，低書二格，似爲朱、吕舊題，每卷同例。”然後是對《集解》正文進行解説，低二字格題記“‘濂溪’條”，又頂格抄録：“極，是極至，凡物皆有極至，亦必有其行迹，獨理則無形迹之極至。‘無極’，猶言無形迹。‘太極’，即理之極至。‘太’是尊稱……”上册末有尾題“近思録欄外書上帙”（下册末則爲“近思録欄外書下帙”）。

該館藏此寫本（井 0138），分作上、中、下 3 册（每册封面左上墨筆題記書名“近思録欄外書”），四眼綫裝，有被蟲蛀蝕的痕迹。在抄寫本的漢文右下，用“。”鈐印，以標示句讀。該館著録云“佐藤坦穗本の寫”，可見與前文考述的佐藤一齋稿本關係密切，從其内容、體例、鈔寫款式與前文所述稿本异常吻合的角度推測，宜是據稿本鈔録。藏本鈐朱文印“松城望月氏圖書印”“基哲藏書”“東京都立圖書館藏書”，墨色印“井上文庫”。關於此寫本抄寫者、抄寫時間，尚待考。

需要説明的是，上述東京都立中央圖書館所藏這三部“九行本”的内容、體例看，很可能同出一源。

（四）佐藤一齋《近思録欄外書》，漢文十行寫本

除上述《欄外書》九行抄寫本外，筆者在二松學舍大學訪書時，發現《欄外書》猶有十行寫本。此抄寫本的内容、體例與前文所述東京都立中央圖書館藏“佐藤一齋稿本”同，僅抄寫的行款略異。

該寫本是在素紙上書寫，書體爲行楷，撇筆較輕，捺筆較重，編排工整。每半葉十行二十字，小字雙行同。用墨色小圈“。”標示句讀。

卷首首行頂格題寫“《近思録欄外書》上帙，依通本，一齋居士稿本”。次行低一字格題記：“天保十年，爲諸生講斯篇，因復漫書於讀本欄外，以孟秋下澣三日起筆，至臈月中澣十日完業。愛日樓主，時齡六十有八。”接之另起一行低二字格題“《表》”，又頂格抄寫：“‘逾於二紀’。‘二紀’疑‘三紀’訛。自序作於淳祐八年，序中曰‘逾三十年’，而此《表》係十二年，則‘三’之訛‘二’，可推耳。‘五臣’，指周、程、張、朱。”“五千文……”這部抄本的首葉“‘五臣’，指周、程、張、朱”未單列頂格抄録，而是緊接於上文之下，恐是抄寫者疏忽所致。

該寫本正文卷一卷端没有另起一葉編次，與前文所述稿本一樣，是緊接卷首的解説之後，因抄寫行款有别，同樣的内容書寫的位置卻有變動。如卷一的題目抄録於第二葉右半葉末行，低一字格題“近思録卷一”，左半葉首行頂格題署：“宋本題名無東萊吕祖謙字，題式如左，每卷同。‘新安朱熹原編，建安葉采集解’。”卷名也是低二字格抄寫，即“道體類，凡五十一條”。之後另起一行頂格抄寫：“宋本、韓本並無‘類’字，每卷同。”再單列頂格抄寫：“宋本‘凡五十一條’，五字小書，韓本大字，移第一行之下。每卷此例。”接着頂格雙行小字抄寫“注‘此卷論性之本原’云云”，在其下抄録大字：“宋本别提大字，低書二格，似爲朱、吕舊題，每卷同例。”然後是對《集解》正文進行解説，低二字格題記“‘濂溪’條”，又頂格抄録：“極，是極至，凡物皆有極至，亦必有其行迹，獨理則無形迹之極至。‘無極’，猶言無形迹。‘太極’，即理之極至。‘太’是尊稱……”

二松學舍大學圖書館藏本（P145 上/125.46/SI/1，書影見圖 13 - 16），分作上、中、下 3 册（每册封面左上墨筆題記書名“近思録欄外書”）。鈐朱文印“晚翠樓圖書記”。天頭、行間有朱筆批注。關於此寫本抄寫者、抄録時間，尚待考。

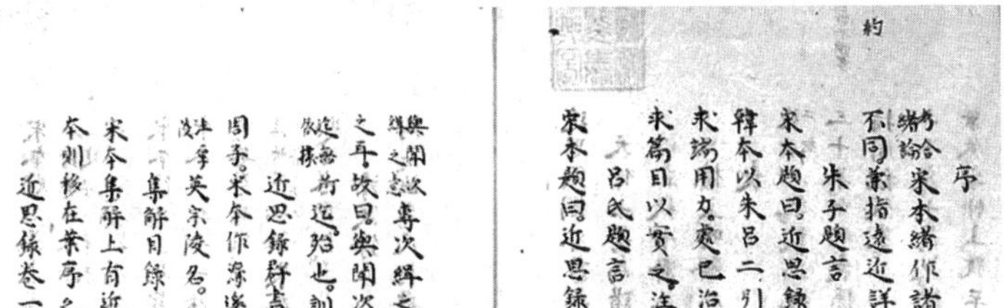

圖 13 - 16　《近思録欄外書》，漢文十行寫本

（五）《近思録欄外書》，藍格漢文抄寫本，明治年間十行寫本

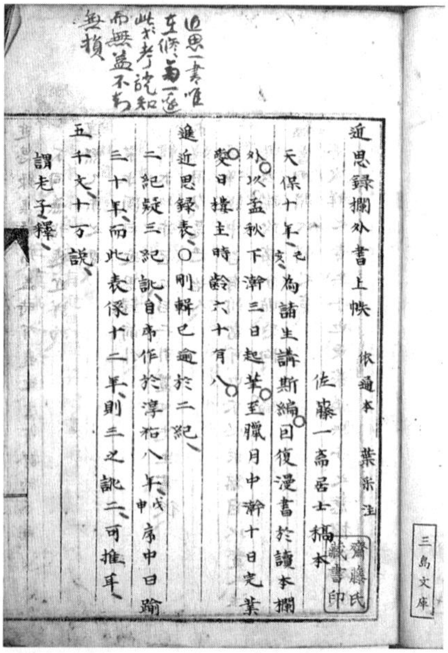

圖 13－17　《近思録欄外書》，藍格漢文抄寫本

此寫本是在印製藍色框欄行格的紙上抄寫，書體較灑脱，筆畫横細豎粗，撇輕捺重。每半葉十行二十字，小字雙行十九字。左右雙欄，有界行，框高 19.00 釐米，寬 13.80 釐米。白口，單（黑）魚尾。

二松學舍大學藏本（書影見圖 13－17）第 1 册封皮左上書簽墨筆書“一齋佐藤先生之著《近思録欄外書》天”，右上有朱筆書寫本册各卷篇名（如“無極道體 爲學 致知 存養”）。第 2 册封皮左上書簽墨筆書“一齋佐藤先生之著《近思録欄外書》地”，右上書“克己 家道 出處 治體 治法 政事 教學 警戒 辨異端 觀聖賢”。

卷首第一葉，首行頂格題寫“《近思録欄外書》上帙，依通本，葉采注”。次行低十字格題“佐藤一齋居士稿本”。第三行低一字格抄録：“天保十年己亥，爲諸生講斯篇，因復漫書於讀本欄外，以孟秋下澣三日起筆，至臘月中澣十日完業。愛日樓主，時齡六十有八。”隨後另起一行頂格抄“《進近思録表》〇删輯‘已逾於二紀’”。接之次行低一字格抄録：“‘二紀’疑‘三紀’訛。……”再另起一行抄“五千文、十萬説”，接之又低一字格抄“謂老子、釋”。從正文前的内容與編次看，此抄寫本與前文所述寫本皆有别：一是删除了某些文字，如無“‘五臣’，指周、程、張、朱”；二是編次發生了變化，如“五千文、十萬説”與注文“謂老子、釋”，是分作兩行抄録。

此抄寫本正文的編次與上述寫本也存在差異，即它的每一卷卷首都另起一葉抄寫，比較規整。如卷一卷端首行頂格題“近思録卷之一”，次行低一字格題：“宋本題名無東萊吕祖謙字，題式如左，每卷同。‘新安朱熹原編，建安葉采集解’。”並且對於各條語録或某段文字的抄録，相較於前文所述佐藤一

齋稿本，其概述用語稍明確，如卷一首條，此抄寫本頂格抄録“濂溪先生曰無極而太極”（稿本作“濂溪條”），且正文中也有删有增，如卷一“朱子原注……可抹”下，稿本有“注愚案上，宋本有圈”，此抄本無；“《傳習録》答陸原静書曰……非可以言語窮也”下，稿本無雙行小字注文，而此抄寫本有：“汽車汽舟輕汽球，亦此一太極。”

因而，將其與上述抄寫本稍作比較便可發現，此寫本的内容、編次與前文所述東京都立中央圖書館所藏“佐藤一齋稿本”存在差異，説明此本出現較晚，且有加工改造的痕迹。二松學舍大學圖書館藏本（090.1—K—2—1），2册（灰色封面），四眼綫裝。藏本天頭行間有墨筆漢文批注或校改，其書體與抄寫本的書體很相近，宜是抄寫者所爲。另外在第2册末葉有抄寫者墨筆題記：“以上元治元年甲子七月十三日三十七歲，於江户染井邸内寫，相跨十九年也。明治十五年壬午六月十日於伊藤東涯、東鄰再寫，行年五十五歲。”其下有朱筆題識，云：“余今兹明治十七年借原本於十河氏，命校，主人使寫之。於時年二十七歲，與十河氏，異十年，不亦奇哉！横濱伊勢街望嶽舍僑居閲焉。”在藏本兩册末葉左半葉空白處，均有朱筆書“明治十七甲申初冬後學齋藤懋閲”，並鈐朱文印“齋藤氏藏書印”。因而，此抄寫本的抄寫者很可能是伊藤東涯，是他於日本元治元年（1864）至明治十五年（1882）抄寫。再據藏本天頭、行間的朱筆圈點、批校，以及朱筆署名、鈐印，可知此寫本的批注者是齋藤氏，他據河氏所藏原本進行了校勘。該校藏本爲齋藤氏舊藏。鈐朱文印“二松學舍圖書之章”，墨色陽文印“三島文庫”。

（六）《近思録欄外書》，漢文十行或十一行寫本

該寫本的内容與前文所述東京都立中央圖書館藏“佐藤一齋稿本”相同，體例相近，抄寫行款不同。

此抄寫本是在素紙上用楷行書抄寫，即藏本上册以楷書抄寫爲主，每半葉十行十八字，小字雙行同。下册抄寫書體以行書爲主，半葉十一行十七字。因而上下兩册很可能出自不同抄寫者之手。抄寫時每句右下標有“、”，以示句讀。

第1册卷首首葉首行頂格抄寫：“《近思録欄外書》上帙上，依通本。”第二

行低十一字格題署“一齋居士稿本”,第三行低二字格抄寫:“天保十年,爲諸生講斯篇,因復漫書於讀本欄外,以孟秋下澣三日起筆,至臘月中澣十日完業。愛日樓主,時齡六十有八。”接着另起一行低五字格題記“《表》”,隨後頂格抄寫:“‘逾於二紀’。‘二紀’,疑‘三紀’訛。自序作於淳祐八年,序中曰‘逾三十年’,而此《表》係十二年,則‘三’之訛‘二’,可推耳。”“五臣,指周、程、張、朱。”“五千文,十萬説,謂老與釋。”“葉采字仲圭,號平巖,朱子門婿。”佐藤坦對於葉采《集解》文本序跋文的解説多如此,如“《序》”,“考合緒論……”,“朱子題言……吕氏題言……集解目録……”。

其正文卷一卷端没有另起一葉編次,而是緊接卷首的解説之後。低四字格題“近思録卷一”,次行頂格題署:“宋本題名無東萊吕祖謙字,題式如左,每卷同。‘新安朱熹原編,建安葉采集解’。”此後低四字格抄寫本卷篇名與語録總數,即“道體類,凡五十一條”。再起一行頂格抄寫:“宋本、韓本並無‘類’字,每卷同。”再單列頂格抄寫:“宋本‘凡五十一條’,五字小書,韓本大字,移第一行之下。每卷此例。注‘此卷論性之本原’云云(筆者按,此句雙行小字)。宋本别提大字,低書二格,似爲朱、吕舊題,每卷同例。”然後是對《集解》正文進行解説,低四字格題記“‘濂溪’條”,又另起一行頂格抄録:“極,是極至,凡物皆有極至,亦必有其行迹,獨理則無形迹之極至。‘無極’,猶言無形迹。‘太極’,即理之極至。‘太’是尊稱……”正文各卷書口位置上偶見題記頁碼。

此抄寫本相較於前文所述稿本,雖然内容基本相同,但在編次體例上更爲規範,尤其表現在對被注文字的編排上。例如,關於《表》中“五臣”的抄寫編次,不同於稿本大字單行編排,此抄寫本是采用小字雙行。又如關於《序》中的“不同”,此本也是以雙行小字的形式編排。

二松學舍大學圖書館藏本(子 91—3,書影見圖 13 - 18),2 册(上、下册深灰色封面左上書簽墨筆題記書名“近思録欄外書”)。藏本行間偶有朱筆連續圈點。鈐朱文印“三島復藏書印”“二松學舍圖書之章”,墨色印“三島文庫”。此本原爲三島文庫舊藏本。

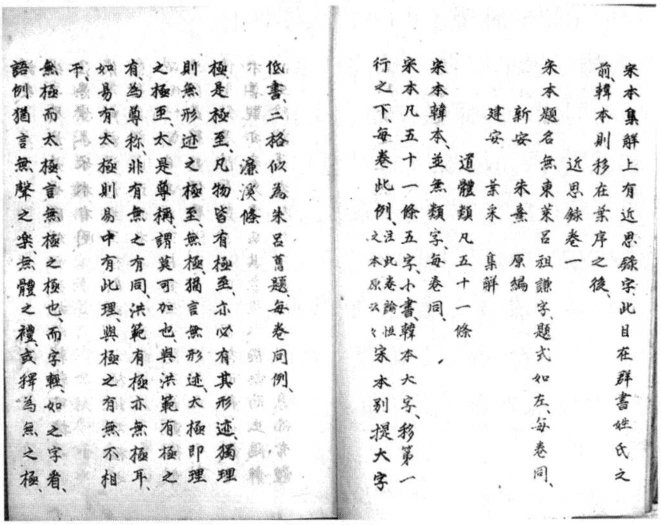

宋本集解上有近思録字，此目在群書姓氏之前，韓本則移在葉序之後，
近思録卷一
宋本題名無東萊呂祖謙字，題式如左，每卷同，
新安　朱熹　原編
建安　葉采　集解
道體類凡五十一條
宋本韓本，並無類字，每卷同，
宋本凡五十一條五字，小書，韓本大字，移第一行之下，每卷此例，注此卷論性之本原云々宋本別提大字
低書二格，似為朱呂舊題，每卷同例，
濂溪條
極是極至，凡物皆有極至，亦必有其形迹，獨理則無形迹之極至，無極猶言無形迹，太極即理之極至，太是尊稱，謂莫可加也，與洪範有極之有，為尊稱，非有無之有，同洪範有極亦無極耳，如易有太極，則易中有此理，與極之有無不相干，
無極而太極，言無極之極也，而字輕，如之字看，語例猶言無聲之楽，無體之禮，或釋為無之極，

圖 13－18　《近思録欄外書》，漢文抄寫本

（七）《近思録欄外書》，江户末期漢文寫本

慶應義塾大學圖書館藏有一部漢文寫本，是在素紙上用行楷體抄寫，書體俊美，每半葉十行二十字，小字雙行同。在每葉書口處題記頁碼。

此抄寫本的内容體例與前文所述稿本基本相同。卷首抄寫："《近思録欄外書》上帙，依通本，一齋居士稿本。天保十年，爲諸生講斯篇，因復漫書於讀本欄外，以孟秋下澣三日起筆，至臘月中澣十日完業。愛日樓主，時齡六十有八。""表……序……朱子題名……吕氏題名……集解目録……。"卷一卷端的内容、編次與前文所述稿本一致。

該藏本，3 册（上、中、下各册封面左上書簽墨筆題記書名"近思録欄外書"）。抄寫鈐朱文印"慶應義塾圖書館印""緑猗堂藏書記"。《慶應義塾圖書館和漢貴重書目録》著録爲"江户末寫"本[①]。然尚不清楚抄寫者何人。

另外，據日本藏書目録載，還有一部《欄外書》江户後期寫本，爲"交善堂抄本"，藏於關西大學圖書館（L24），分作上中下三帙，鈐印"坐象藏書"[②]。因爲筆者無緣識荆，故待詳考。

① 慶應義塾圖書館編《慶應義塾圖書館和漢貴重書目録》子部儒家類，第 133 頁。

② 參見京都大學圖書館藏書檢索網站 https://op.kulib.kyoto-u.ac.jp/webopac/catdbn.do

佐藤一齋曾求學於林羅山的後代大學頭林述齋，攻讀朱子學，多年從事儒學教育，也曾擔任過幕府官立學校昌平黌的儒官，由於其學術思想上承江户時代朱子學的開創者藤原惺窩而崇朱，隨林家而尚儒，又長期處於官學的高位而宣揚朱子學，因而佐藤坦的思想在江户後期以及明治時代影響很大，日本學者讀者不斷抄録其"欄外書系列"著述，《近思録欄外書》抄寫本之多，在現存"近思録文獻"中是稀見的。也正是佐藤坦學術影響之巨，近代以來日本還不斷將其著述譯成日文出版，如明德出版社於平成四年十二月出版的《佐藤一齋全集》十四卷，收録了佐藤一齋的《近思録欄外書》《傳習録欄外書》《論語欄外書》《大學欄外書》《孟子欄外書》《中庸欄外書》《孝經解意補義》《九卦廣義》《小學欄外書》《吴子副詮》《周易進講手記》《孫子副詮》《周易欄外書》《易學啓蒙欄外書》《尚書欄外書》等。

八、安褧《近思録訓蒙輯疏》版本考述

安部井帽山(1778—1845)，名褧，字章卿，稱辨之助，號帽山、芝蒲，會津(今福島縣西部)人，本姓安田氏，爲安井部詹園之嗣。受業於古賀精里，初主古學，後改程朱，此後爲會津藩文學。他是江户時代後期程朱學派的學者，著有《四書劄記》十卷、《四書訓蒙輯疏》二十九卷、《近思録訓蒙輯疏》二卷[①]。從前文可知安褧於天保二年(1831)對活字本《近思録》做過校勘，而他對《近思録》的輯疏，從現存文本看衹是對《近思録》卷一"道體"、卷二"爲學"進行注解，至於爲何没有對《近思録》十四卷均作注解，這便需要了解安褧訓釋的背景。江户時代後期，在日本社會傳播的《近思録》注本，葉采《近思録集解》是其一，但是會津藩主的侍講山崎嘉對其不滿，在進行日文訓點時除去葉采集解的文字，而日本學者的注本，諸如貝原益軒《備考》、宇都宫《鼇頭》、中村惕齋《鈔説》、澤田希《説略》等，各有所重，也不一致。這便給讀者帶來困惑，讀者難以清晰分辨《近思録》注家的精華與不足，因而需要有一部被日本學界共認的注解本。據弘化四年(1847)《近思録訓蒙輯疏序》説，當初"吾公懼學中

① 張文朝編譯《江户時代經學者傳略及其著作》，第 49 頁。

子弟多岐亡羊，命儒臣安褧改注此書”[1]。在此背景下安褧進行注疏，遺憾的是其書稿尚未全部完成，僅注《近思録》卷一、卷二兩篇，安褧便撒手人寰。

儘管如此，然高津泰認爲《近思録》在入聖賢之道上具有津梁作用，安褧所注二篇，也有助於學者成始成終，因而對《近思録訓蒙輯疏》進行校勘刊梓，而且他認爲，安褧雖未能注解《近思録》的其他卷次，但讀者可參閱安褧所著《四書訓蒙輯疏》，也差不多可盡識其義。關於安褧該本，筆者所知如下。

（一）安褧《近思録訓蒙輯疏》二卷，弘化四年日新館刊本

此刻本是楷書上板，書體有顔字韻味，刻印精美。每半葉八行十六字，注文小字雙行同，左右雙欄，有界格，框高 17.80 釐米，寬 13.80 釐米。白口，單（黑）魚尾。魚尾上方刻書名“近思録輯疏”，魚尾下刻卷次（如“卷一”）、本卷篇名（如“道體”），書口下端刻記頁碼。卷一卷端首行頂格題“近思録訓蒙輯疏卷之一”，次行低八字格題署“後學會津安褧著”，第三行低一字格刻本卷篇名語録條目總數，其下刻安褧對本卷的注疏。之後另起一行頂格刻印正文。每條語録單列刻印，除首條外，其餘各條在首字前刻有一“○”，以示一條的開始。卷末有尾題“近思録訓蒙輯疏卷之某終”。原本刻有日文訓點。

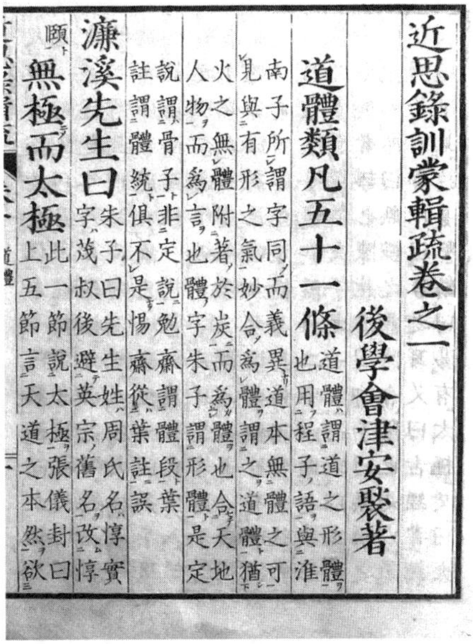
近思録訓蒙輯疏卷之一
後學會津安褧著
道體類凡五十一條 道體謂道之形體也用程子語與淮南子所謂字同而義異道本無體之可見與有形之氣妙合爲體謂之道體猶火之無體附著於炭而爲體也合天地人物而爲言也體字朱子謂形體是定說謂骨子非定說勉齋謂體段葉註謂體統俱不是惕齋從葉註誤
濂溪先生曰 朱子曰先生姓周氏名惇實字茂叔後避英宗舊名改惇頤
無極而太極 此一節說太極張儀封曰上五節言天道之本然欲

圖 13－19　安褧《近思録訓蒙輯疏》，日本弘化四年刊本

此刻本卷首書名葉爲四周雙欄的版框，内分三豎格，自右至左刻“弘化丁未十二月鐫/近思録訓蒙輯疏/日新館藏版”。弘化丁未年，即弘化四年。在刻本書名葉之後，正文前還刻有日

① （日）高津泰《近思録訓蒙輯疏序》，載於（日）安褧《近思録訓蒙輯疏》，日本弘化四年日新館刊本。

本弘化三年十月高津泰《近思録訓蒙輯疏序》(門人田坦書)。因而,據上述信息可知,這是弘化四年(1847)日新館刊本。

國立公文書館藏本(191—0340,書影見圖 13-19),2 册(封面左上書簽題署書名"近思録訓蒙輯疏"),四眼綫裝。鈐朱文印"淺草文庫""日本政府圖書",鈐墨色陽文印"昌平坂"。

高津泰《近思録訓蒙輯疏序》曰:

朱子曰:"四子,六經之階梯;《近思録》,四子之階梯。"然則學者苟志聖賢之道,而欲窮洙泗之淵源者,舍此書而無他途也。其急於學者如此,而注此書者平巖葉氏之外不多見,何也?蓋元明以降,取士惟於四書,故四書之説汗牛充棟,而其他則舍而不講也乎!惟怪葉氏私淑於北溪陳氏,其説宜得朱子之意,而其注往往不滿於人意。故我先儒闇齋山崎氏盡除之,單以白文行於世。要之,博洽精通如闇齋可矣,他人則不可也。以是益軒貝原氏有《備考》,遯庵宇都宫氏有《鼇頭》,惕齋中村氏有《鈔説》,習齋澤田氏有《説略》,其言人人殊而無所統一。吾公懼學中子弟多歧亡羊,命儒臣安褧改注此書。惜乎!安子僅注二篇,未卒業而没焉,因使門人泰等校而上梓,將以省子弟謄寫之勞也。或問於余曰:"安子注雖詳確,惟此二篇不能盡全書之旨,將若之何?"余應之曰:"二篇不能盡全書之旨固也。然第一篇論性命之理,以極斯道蘊奥。第二篇則論爲學之方,以示學者入德要道。故朱子曰:'若於第一卷未曉得,且從第二、第三看起,久久後看第一卷則漸曉得。'由是觀之,此二篇雖謂爲學者成始成終亦可也。且安子前奉命采擇宋元明清諸家之説裨朱説者,著《四書訓蒙輯疏》二十有九卷。學者若熟讀二篇而其餘注之所未備,參考諸前書,推類旁通,則庶幾足以盡其義乎!是豈非吾公所以有是命之微意乎?"問者唯唯而退,遂録是語,以弁簡首。弘化三年十月朔旦高津泰謹序。

(二) 部井帽山《近思録訓蒙輯疏》二卷,漢文寫本

部井帽山引"日本注家所少引之宋儒"來注疏《近思録》,撰成《輯疏》。據

陳榮捷説，此書除弘化四年(1847)刊本外，同年又有寫本(藏會津)[1]。其詳情待查考。

九、金子霜山《近思録提要》漢文寫本

金子霜山(1789—1865)，漢文名叫“金濟民”，字伯成，號霜山，安藝(今廣島縣西部)人。受家學，仕於廣島藩，爲藩黌的教官。著有《易本義纂要》《書集傳纂要》《四書擇言》等。

其《近思録提要》，也可謂“纂要”，多引宋儒之説，間亦句解。陳榮捷説他1956年在早稻田大學見過金濟民此書的弘化三年(1846)寫本十四卷。藏於日本九大、栗田、米本等圖書館[2]。可是我們無緣見到此書，暫附於此，待詳考。

十、大澤鼎齋《近思録詳説》抄寫本

大澤鼎齋(1812—1873)撰有《近思録詳説》。此書抄寫本，東京無窮會藏有殘本，僅存卷一至卷七。此書是對《近思録》“道體”“爲學”等卷的注説，“引朱子比江永爲多而不及其精。然書内無以證其爲鼎齋所著也”。據陳榮捷説大澤鼎齋“又有寫本《近思録筆記》二卷，漢文而略有日文”，現藏無窮會[3]。筆者未見到《詳説》與《筆記》，待考。

十一、東正純《近思録參考》漢文版排印本

東正純(1832—1891)，字崇一，又稱崇一郎，號澤瀉、水月道人、迂恠子等，周防人。佐藤一齋門人，爲江户後期陽明學系統的傳人之一。現存有《澤瀉先生全集》(日本大正八年本)。關於其《近思録參考》十四卷，陳榮捷認爲其“所選宋明儒與中日注家甚佳，議論也精”[4]。

《澤瀉先生全集》(上卷)，依次印有明治二十四年(1891)二月田結莊邦光《序》(爲行草書體)，《澤瀉先生自像自贊真迹》《澤瀉先生全集上卷目録》。該

①②③④　陳榮捷《朱學論集》，第111頁。

目録著録了本卷收録的内容：《澤瀉先生年譜》《證心録》《大學正文》《中庸正文》《論語撮説》《孟子撮説》《周易要略》《傳習録參考》《近思録參考》《儒門證語》。

該《全集》本《參考》的内容編次爲《緒言》《道體類》《爲學類》……《辨異端類》《觀聖賢》。該本不再刻印《近思録》各卷原有文字，而是以小標題的形式注明自己要“參考”的内容，單列在注文之前，如卷一“誠無爲”下一行，“參考”文字曰：“羅念庵曰：‘幾善惡者，言惟幾故能辨善惡。’猶云……葉氏殊憒憒。”卷二“弘而不毅”條下，“參考”文字曰：“心之本體，本自弘毅的。”

近思録參考上

周防 東正純著

緒言

近思錄一書。朱子與呂東萊所同輯。文集往復之書可致。而宋本除呂名。專爲朱子之編。殊非本義也。蓋朱呂初交親。而及後來論詩不合。門人互攻擊。遂至除名於是書。門戶偏執之見。雖理學家往往不免焉。可戒。

朱呂同輯是書。而其專任者朱子也。東萊作閫範。多引易傳。而欲併入是書。而朱子則以其成卷。不欲之。後思其日用切近從之。亦枉從耳。但呂後序所云。與聞編修之意。不特謙辭也。其實然。

近思錄之成。在淳熙乙未四月。而呂序其明年四月也。朱子後守臨漳曰。益精覈。乃得全備矣。答呂諸書可徵。

崎闇齋云。當時鄧絅問之。略而不切。故先生且隨答。亦非遂旨之語也。雖何北山發揮。恐徹

澤瀉先生全集　　六八七

圖 13－20　東正純《近思録參考》，日本大正八年漢文排印本

《全集》體例的編排仿照古代刻本，文字豎行排列，書口處上方印書名，下方印頁碼。其中的《近思録參考》分上下卷，上卷卷端首行頂格題“近思録參考上”，次行低十七字格題署“周防東正純著”。

在《全集》上卷末的奥付（版權頁）載：“大正八年七月十七日印刷，大正八年七月二十日發行，《澤瀉先生全集》上卷奥付。編輯者：澤瀉會。……”“發行所：東京市芝區日蔭町一ノ一 川岡事务所，山口縣吉敷郡山口町 白銀日新堂。”因此，這是一部漢文版排印本，由東澤瀉著，澤瀉會編《澤瀉先生全集》，大正八年（1919）川岡事務所、白銀日新堂出版發行。廣島大學藏本（書影見圖 13－20），鈐朱文印“廣島文理校大學圖書館”。此書東京都立中央圖書館也有藏。

十二、飯田伝一《近思録選釋》昭和三年印本

飯田伝一(1879—?),明治時代學者,撰有《近思録選釋》。從此書的印本内容看,飯田伝一選擇了《近思録》的 17 條語録進行解釋,這 17 條語録分别是:一、“人之蘊蓄”條,二、“心清時少”條,三、“人於夢寐”條,四、“書須成誦”條,五、“明道先生質稟”條,六、“未知道者”條,七、“今之爲學者”條,八、“所見所期”條,九、“凡天下至於”條,十、“人之有朋友”條,十一、“讀史須見”條,十二、“慎言語”條,十三、“横渠先生氣質”條,十四、“凡讀史不徒”條,十五、“罪己責躬”條,十六、“濂溪先生曰仲由”條,十七、“濂溪先生曰聖希天”條。

此選釋本,日本國立國會圖書館所藏印本(特 271—986),按三截版的形式編排,每頁分上中下三部分,上中之間用波浪綫隔開,中下之間用直綫隔開。上部爲日文“語釋”,解釋所選《近思録》某條語録的字詞之義;中間是漢文,即所選擇的《近思録》語録(並印有日文訓點);下部爲日文“通釋”,對所選語録大意進行詮釋。在書口上方題書名“近思録”,下方記頁碼。

該印本書名頁自右至左印“飯田伝一著/言志四録、慎思録、近思録 選釋全/東京 東興社發行”。封底的版權頁載:“昭和三年一月十日印刷,昭和三年一月廿日發行,言志四録、慎思録、近思録 選釋 奥付”;“著者:飯田伝一。發行者:近藤三郎。印刷者:平山泉”;“發行所:東興社”。因此,此印本是日本昭和三年(1928)東興社出版發行。

第二節　日本學者仿《近思録》體例續編本考

日本江户時代崇尚朱子學者,相較於朝鮮半島李朝學者來説,其仿《近思録》體例續編的文本則明顯偏少,主要是在江户時代中後期纔出現,且僅有寬正三博士的《近思録集説》一書。

古賀樸(1750—1817),字淳風,通稱彌助,號精里,肥前(今佐賀縣及長崎縣一部分)人。他主要生活在江户時代中期,講學於昌平黌,與柴野栗山、尾藤二洲,共稱寬政三博士。其學問廣博,文章俊潔,自成一家。其著作多爲集説、集釋之類,如《論語纂釋諸説辨誤》《大學章句纂釋》《大學諸説辨誤》(收録

入《日本名家四書注釋全書》)、《四書集釋》等[①]。其内容主要是抄録朱子學派的學説,與江户時代早期的山崎闇齋相比,少發明創新。

柴野栗山(1734—1807),名邦彦,稱彦輔,號栗山、古愚軒,讚岐高松人。初受業於後藤芝山,後入林氏之門。仕幕府爲昌平黌教官,欲世之學者一奉程朱之説。著有《論語筆記》。作爲朱子學的崇尚者,栗山的言論是當時朱子學走向没落過程的一種復興的旗幟,其《答大江尹》曰:"慶元之間,天下初定,惺窩、羅山諸先生以博洽精識爲一時唱,首誦宋學,贊成一代太平之治,但時猶草昧,人文未開,故其於文辭頗有未厭人意者焉。繼而山崎、木下二氏興焉,皆豪傑之士也,並研究正學,成就人才,其門稱爲多士,出焉則有所建,處焉則有所守,皆有可觀者也。……中世伊藤源助者出,其性惡高遠微妙之言,其所好則平實卑近,又厭時流剛愎褊滯、高談自許者之爲,凡古書説天道性命者,自《易》《中庸》舉而斥之以爲非孔氏之書。……繼而物茂卿者出,其所悟入則舌人譯學之緒餘矣,其所安身立命,則王(世貞)、李(于鱗)古文辭之遺窩矣。……其徒太宰純者,反噬其師,又自成説,自此其後虚驕成風,天下如狂。"[②]

尾藤二洲(1745—1813),名孝肇,字志尹,稱良佐,號二洲、約山,伊豫(今愛媛縣)人。喜愛洛閩之學,寬政年受幕府命爲昌平黌教官。著有《正學指掌》《周易廣義補》《學庸衍旨》等。嘗作《正學説》,説:"何謂正?孔、孟之所説,程、朱之所傳是也。何謂不正?陸、王之主知覺,陳、葉之主功利是也。"早年曾經接受伊(仁齋)、物(徂徠)和陸王之學的影響,後變爲一位純粹的朱子學者,以朱子學爲絶對標準,認爲:"自有聖人以來,未有孔子;自有儒者以來,未有朱子。"[③]柴野栗山、尾藤二洲推崇室鳩巢,而室鳩巢是正統的朱子學者,宣導大義名分,"完全站在朱子學的立場,宣導擁護幕府的思想"[④]。

對於程朱理學的經典讀本《近思録》,古賀樸肯定《近思録》旨在"近思",認爲"其可以助講習、資啓發",擔心"有藉口是書高談性理而無下學之功",被

① 張文朝編譯《江户時代經學者傳略及其著作》,第 37 頁。

② (日)柴野栗山《栗山文集》第三卷,天保十三年刊本,第 5 册第 3—8 頁。

③ (日)尾藤二洲《素餐録》,見(日)井上哲次郎編《日本倫理彙編》第 8 册,育成會,明治三十五年至三十六年版,第 388 頁。

④ 朱謙之《日本的朱子學》,第 218 頁。

人誤解，反成遠思，故有必要予以昌明。經過與諸友人商定，熟讀朱熹《文集》《語類》以及宋元以來諸家學説，抄録出其中可用來注解《近思録》的文字，進行編訂。最終經石家崔高[①]、牧原直亮、三宅昭、安藤知敬、飯冢蘊、松川光健、牧山兼三等人同輯，於文化十二年(1815)完成《近思録集説》五卷。石冢崔高《近思録集説凡例》認爲，此書不求對《近思録》各條語録作全面解説，但對於那些易致讀者疑惑處，則選擇已有的定説正解，置於相關條目之下，使讀者明朗；對於本邦諸家之説的采輯，他們也有自己的標準，因人因書而異。從《引用書目姓氏》看，《集説》所引諸家之説很豐富，有中國漢唐宋元明清、朝鮮李朝、日本本邦等多家著述，涉及著述或學者不少於 48 種(人)。

此書編纂是遵照《近思録》體例編次，以"某某章"的形式標明被集説的《近思録》語録，引朱熹、黄榦、葉采、李退溪、山崎闇齋、尾藤志尹等諸家論説，彙集於相關語録章節之下，以解説相關語録，因而書名取"集説"，稍作解釋。從其編纂體例、方式、用意看，此書具有續編兼注解性質。依據各卷提行編次的文字編排，雖説《集説》爲五卷，然而卷四包括"存養"與"克己"，卷五包括"家道"至"聖賢"的各篇内容，若具體查閲會發現《集説》實際有十四個篇名，除卷一至卷三外，將葉采《集解》卷四至卷十四再編組分屬於卷四或卷五之下。如此，書卷一至卷五的篇名分别是：卷一道體，卷二爲學，卷三致知，卷四存養、克己，卷五家道、出處、治體、治法、政事、教學、警戒、異端、聖賢。故其十四卷篇名與葉采《近思録集解》基本相同，只是從現存漢文抄寫本看，其編排體例不甚規整，且有些卷末也無"近思録集説卷某終"的字樣。

現存《近思録解説》版本，筆者見過兩種抄寫本。

(一)《近思録集説》五卷，古賀樸参訂，石冢崔高、牧原直亮、三宅昭、安藤知敬、飯冢蘊、松川光健、牧山兼三同輯。漢文抄寫本

該寫本是在已經印製好的框欄行格内抄寫，書法精美，編次工整。每半葉十行二十二(偶有二十三字)，注文雙行二十一字左右，左右雙欄，有界行，框高 20.00 釐米，寬 14.50 釐米。白口，上單魚尾，下綫魚尾。卷一卷端首行

---

① 石冢崔高(1766—1817)，名胤國、崔高，字士堅，一作子堅，號雪堂、確齋，薩摩(今鹿兒島縣西部)人。受業於古賀精里，仕於薩摩藩。著有《學庸口義》。

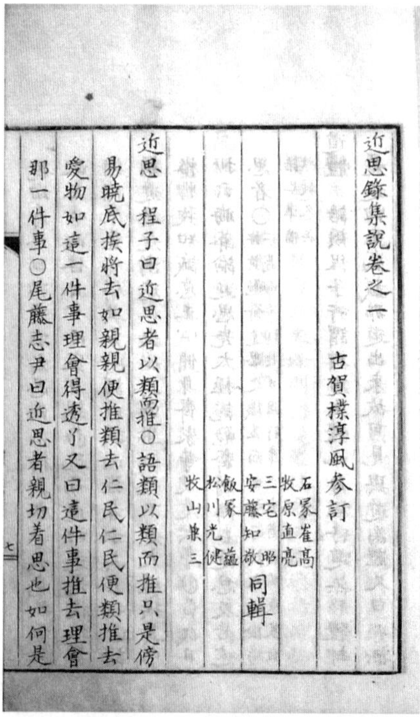
近思録集説卷之一
古賀樸淳風参訂
石冢崔高
牧原直亮
三宅昭
安藤知敬　同輯
飯冢蘊
松川光健
牧山兼三
近思　程子曰近思者以類而推○語類以類而推只是傍
易曉底挨將去如親親便推類去仁民仁民便類推去
愛物如這一件事理會得透了又曰這件事推去理會
那一件事○尾藤志尹曰近思者親切着思也如何是

圖 13－21　古賀樸等輯《近思録集説》，漢文抄寫本

頂格題“近思録集説卷之一”，次行低九字格題署“古賀樸淳風參訂”，第三至第五行均低十四字格題“石冢崔高、牧原直亮、三宅昭、安藤知敬、飯冢蘊、松川光健、牧山兼三”“同輯”。此寫本每條語録單列，餘則低一字格抄寫。卷末偶有尾題“近思録集説卷之某終”。

此抄寫本正文前抄有日本文化乙亥年(1815)古賀樸《近思録集説引》，文化十二年石冢崔高《近思録集説凡例》《引用書目姓氏》①，《近思録集説》(此項内容是對朱熹序、吕祖謙序及朱子語録進行解説)。正文十四卷卷末有文化乙亥牧原直亮《書近思録集説後》。

日本國立公文書館藏本(191—339)(書影見圖 13－21)，4 册(封面左上書簽墨筆題記書名“近思録集説”)。鈐朱文印“淺草文庫”“日本政府圖書”。從藏本鈐墨色陽文印“昌平坂學問所”推知，此寫本爲昌平坂學問所舊藏。

此抄寫本中有用與抄本同色紙片抄寫的文字，常常貼在寫本要修改的地方，此類浮簽意在進行修正，如卷二天頭多處貼有此類寫有漢字的小紙片，意在對所對應的行格的某些文字進行校正，也有在原抄寫本上貼紙條再進行重新書寫的。偶見天頭有墨筆批校。抄寫本又有文化十二年古賀朴、牧原直亮所作序跋。依據上述情形推斷，此寫本很可能是古賀樸等人在文化十二年(1815)完成的清稿本。

---

① 《引用書目姓氏》列舉了《集説》引自中國學者與日本本邦學者書名或人名，如《永樂大典》《十三經》《二十一史》《通鑒》《續通鑒綱目》《莊子》《韓非子》……《朱子語類》《近思録集解》《五子近思録注》……《讀書録》、李退溪《西銘考證考義》……潛室陳氏……景逸高氏、岱雲李氏，本朝《鼇頭近思録》《文會筆録》《山口氏詳説》、闇齋山崎氏、絅齋淺見氏、二洲尾藤氏。“凡係先儒諸書中所引用者，或舉書名，或録姓氏，不復一一辨别。若本朝先儒説無成書者，多出其講義及筆記”。

古賀樸《近思録集説引》曰：

自余濫典昌平教事，以雙日會講洛、閩諸書，循環數周，容冬復爲《近思録》開卷，至今秋末徹編矣。蓋彼中學者竭力四書以應科舉，往往不暇致詳於是書。四書末疏如牛毛，而是書注解則寥寥，其可以助講習、資啓發者，亦最難得，學者病之。故今次與諸友約，使其先會期熟讀朱集、《語類》及宋元以下諸説，抄出可纂入注解者，挾以臨席，旋商訂而編録，迄成四卷，名曰《集説》。朱子不曰"《近思録》，四子之階梯"乎？彼其鑽四書而忽是書，雖自謂能升堂而造閫，吾弗信也。世又有藉口是書高談性理而無下學之功，反"近思"爲"遠思"，均之失朱、吕二先生輯是書之旨矣，學者所宜省察也。文化己亥復月古賀樸書。

石冢崔高《近思録集説凡例》曰：

凡每章有定説無可疑者，不必具載其説，如篇首"太極"一條，不載朱注是也。今所以編集者，非敢曰成一部册。予每相與討論，常患其疑似難辨處，動輙費口舌、曠時刻，故取諸家明解以折衷焉，便易明白，又資他日講習耳。故此編於其各條章旨句意，未必盡爲章釋句解，但有古人誤解恐致讀者疑惑者，必擇其定説正解以載本節條下。

凡各條諸説多采朱集、《語類》爲主，或無其説，或有之而涉未定者，不得已取諸家，亦有賓主之辨。

凡所載本邦諸家，若吾精里先生，則方集是編，遇有衆説異同，即就執問，所嘗耳提面命者也。若二洲先生崔高等所嘗與聞講習，餘論或出於門人筆記者也。其他中村欽、澤田希雖有成書，顧其爲説未精詳至，《説略》類多誤解，大抵其人不識俗語，牽强爲説，特爲可笑，不暇悉辨，故今不載。

凡與集是編者，所嘗聞師友之言及自己平日所見之説，可備他日遺忘者，以附録焉。注"附録"二字以别諸家之説。

是編係精里先生參訂，故二洲先生説則書其姓字。

精里先生説用"按"字，同輯者説書名，並分行寫。

文化十二歲在乙亥正月，石冢崔高謹識。

《引用書目姓氏》載：

《永樂大典》,《十三經》,《二十一史》,《通鑒》,《續通鑒綱目》,《莊子》,《韓非子》,《淮南子》,《楊子法言》,《文中子》,杜氏《通典》,《文體明辨》,《事文類聚》,《書言故事》,《文選》,《韓柳文集》,《二程全書》,《朱子文集》,《朱子語類》,《近思録集解》,《五子近思録注》,《黄氏日抄》,《歸田録》,《讀書録》,李退溪《西銘考證考義》,朱子諸書注,李華《古戰場文》,南軒張氏,潛室陳氏,西山真氏,勉齋黄氏,慶源輔氏,臨川吴氏,雙峰饒氏,白雲胡氏,白雲郭氏,天臺陳氏,新安陳氏,敬齋胡氏,閎祖李氏,景逸高氏,岱雲李氏。本朝:《鼇頭近思録》《文會筆録》《山口氏詳説》,闇齋山崎氏,絅齋淺見氏,二洲尾藤氏。凡係先儒諸書中所引用者,或舉書名,或録姓氏,不復一一辨别。若本朝先儒説無成書者,多出其講義及筆記。

牧原直亮《書近思録集説後》云：

吾儕寓昌平學舍,每偶日朝會於艤舟齋肄業,月率十餘次,先生親臨循循訓誘,雖風雨寒暑未曾廢也。“四子”、六經及濂、洛諸書終而復始,特患《近思録》無善解可據,諸家注釋雖多,猶難明晰。於是與志堅、公武等議輯朱集、《語類》及諸説可以發明其旨者,每會質之先生三四章若六七章。先生批抹以授焉,積而爲卷名曰《近思録集説》。非敢以是謀不朽乎天下,後世聊以資一時講習耳。甲戌臘月開業,今年八月竣事,其説之遺漏不完者,猶待他日補入云。文化己亥秋日牧原直亮謹識。

(二)《近思録集説》五卷,古賀樸參訂,石冢崔高、牧原直亮、三宅昭、安藤知敬、飯冢藴、松川光健、牧山兼三同輯。漢文抄寫本,製作者不明

此抄寫本是在素紙上抄寫,書體爲行楷,抄寫整齊。每半葉十行二十二字(偶有二十三字),注文雙行二十一字左右,版心下端題記頁碼。卷一卷端首行頂格題“近思録集説卷之一”,次行低九字格題署“古賀樸淳風参訂”,第三至第五行均低十四字格題“石冢崔高、牧原直亮、三宅昭、安藤知敬、飯冢藴、松川光健、牧山兼三”“同輯”。卷末往往有尾題“近思録集説卷之某終”。

該抄寫本卷首依次抄寫文化十二年(1815)陽月古賀樸《近思録集説引》、

文化十二年石冢崔高《近思録集説凡例》、《引用書目姓氏》(列舉了《集説》引自中國學者與日本本邦學者書名或人名)、《近思録集説》(在此僅對朱熹序、吕祖謙序及朱子語録進行解説)。卷十四末有日本文化乙亥年牧原直亮《書近思録集説後》。

筑波大學所藏此抄寫本,其正文編次體例、内容與日本公文書館藏本《近思録集説》基本相同,個别文字有異。

筆者將《近思録集説引》《近思録集説凡例》國立公文書館藏本的文字與筑波大學藏本進行比較發現,二者内容雖大體一致,但也存在微異。公文書館藏本"自余",筑波大學藏本作"余自";"蓋彼中學者","中"字筑波大學藏本作"其";公文書館藏本"所宜省察",筑波藏本少一"省"字;公文書館藏本"復月",筑波藏本作"陽月"。因限於篇幅在此不再一一舉例。《近思録集説》筑波大學此藏本與國立公文書館所藏寫本關係密切,若從文字表達是否適當的角度看,公文書館藏本略好,應是在原稿基礎上抄寫校改而成。

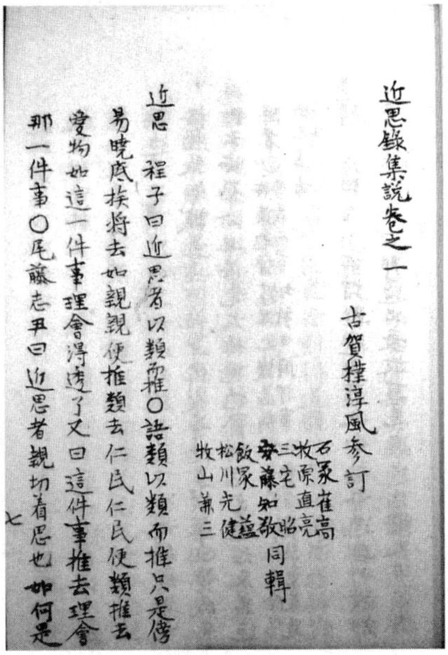
近思録集説卷之一
古賀樸淳風參訂
石冢崔高 牧原直亮 三宅昭 安藤知敬 飯冢蕴 松川先健 牧山兼三 同輯
近思 程子曰近思者以類而推○語類以類而推只是傍
易曉底挨將去如親親便推類去仁民仁民便類推去
愛物如這一件事理會得透了又曰這件事推去理會
那一件事○尾藤志尹曰近思者親切着思也如何是
七

圖 13-22 《近思録集説》,漢文抄寫本

筑波大學藏本(ロ880—58,書影見圖13-22),4册(封面左上墨筆題記書名"近思録集説")。有佚名朱筆點讀,鈐朱文印"東京文理校大學附屬圖書館藏書之印"。

另外,據陳榮捷説,日本無窮會藏有《近思録集説》五卷,漢文寫本。是石冢雪堂與牧原直亮及其他二人集朱熹、山崎闇齋、淺見絅齋等人之説,他們輯録此類言論甚多,而解釋文義甚少。存有日本文化十二年(1815)雪堂自序,也有古賀精里序文[1]。因筆者未能到無窮會實地查閲,此漢文寫本詳情待考。

---

① 陳榮捷《朱學論集》,第110頁。

第十四章　日本學者講讀《近思録》類文本

作爲程朱之學的主要載體《近思録》，其本身具有的價值得到了東亞漢字文化圈有識之士的肯定。中國《近思録》文獻在日本江户時代的流佈廣泛，日本朱子學者或讀者在研讀此書時，或作讀書筆記，或與友人切磋探討，或爲弟子後學講述其精髓等，因而形成諸如講義、鈔説、劄記等形式的《近思録》後續著述，我們在此稱之謂"講讀《近思録》類"文本，今分類予以述考。

第一節　日本學者解説《近思録》文本考述

日本學者在研讀《近思録》文獻時，往往會與中國學者的理解有别，那些不同時期、代表不同派别的學者在闡説己見時，也會帶有學派主張，或時代痕迹，或地域色彩。其中就《近思録》發表見解的多數學者，他們面對童蒙之問而對《近思録》進行解説，其意與朱熹當初編纂此書的初衷也頗吻合。今將日本人此類《近思録》後續著述擬作"解説類"。

一、中村惕齋解説《近思録》的文本

日本朱子學在德川時代呈現百花齊放的榮景，其中的海西朱子學派以貝原益軒、中村惕齋最爲著名。中村惕齋（1629—1702），名之欽，字敬甫，小字仲二郎，號惕齋，江户京師人。他出身於商人之家，年少時杜門讀書，在論學談文之外，少與人交際，澹泊名利，過着隱居生活。他博學洽聞，精通天文、地理、度量衡、禮典、樂律等。他一生崇拜程、朱，奉性理之學，以誠敬爲本，長期在本土宣揚程朱理學思想。其學風與貝原益軒相近，與當時的伊藤仁齋齊名。著述有 50 多種，如《四書鈔説》《四書啓蒙句解》《五經筆記》《四書筆記》等。其中關於解説《近思録》著述主要有兩種。

(一)《近思録鈔説》十四卷

中村惕齋編撰《四書説》,充分肯定了朱熹在儒學統緒上的歷史功績,隨後他抄引朱熹、葉采、饒魯等人語録來解説《近思録》,編次《近思録鈔説》十四卷。他認爲朱、吕共輯《近思録》"自求端用力、處己治人,至辨夫異端、觀聖賢,綱領舉而節目備,體用顯微莫不兼殫","天下古今之書,莫遺於六經、四子,而次焉者獨有此篇而已矣"。可見他對《近思録》評價之高。又由於他對南宋葉采《近思録集解》的注釋不滿,以爲"初學之士不能得致思之端而了其旨歸",因而他"標出其難通之章而各附録諸儒之説,竊補其乏"①。據此可知中村惕齋的《近思録鈔説》是以葉采《近思録集解》爲基礎,抄録葉氏注解"難通之章而各附録諸儒之説",並增補自己的注解,冠以"鈔説"之名。

其書並非全盤否定葉采《集解》,故其各卷標題基本保持葉采集解時所擬,在葉采所擬篇名後加"類"字,十四卷篇名分别是道體類、爲學類、致知類、存養類、克己類、家道類、出處類、治體類、治法類、政事類、教學類、警戒類、辨異端類、觀聖賢類。主要版本如下:

1.《近思録鈔説》十四卷,漢文抄寫本

該抄本是在素紙上抄寫(書影見圖 14-1),爲漢文楷體,抄寫工整。每半葉十一行二十字,注文小字雙行十九字。卷一首行頂格題"近思録鈔説卷一",次行低一字格畫一"○",在此圓圈下題"近思録綱要",第三行頂格抄《近思録》取材的書名,接之另起一行抄寫"欽按……"(即中村惕齋的解説),關於正文前的解説基本如此編次。

《近思録鈔説》卷一的正文卷端不同

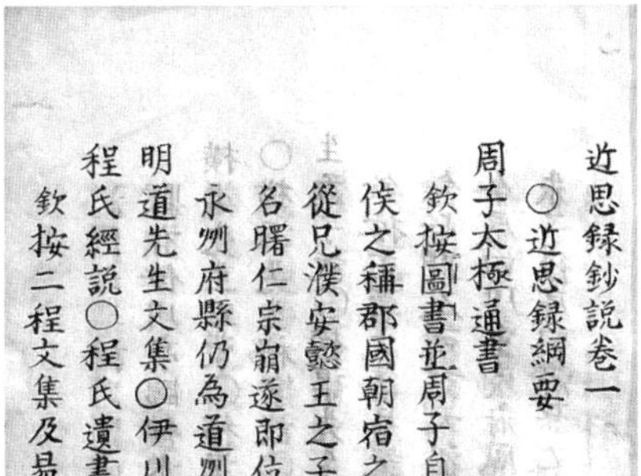
近思録鈔説卷一
○近思録綱要
周子太極通書
欽按圖書並周子自選厚陵宋英宗陵號藩者諸
侯之稱郡國朝宿之舍在京師者名邸英宗仁宗
從兄濮安懿王之子初名宗實仁宗立爲皇子賜
名曙仁宗崩遂即位道州營道縣今屬湖廣改爲
永州府縣仍爲道州廬阜即江西之廬山也
明道先生文集○伊川先生文集○周易程氏傳○
程氏經説○程氏遺書○程氏外書
欽按二程文集及易傳並先生自選餘皆門人所

圖 14-1 中村惕齋《近思録鈔説》,漢文抄寫本

---

① (日)仲欽《近思録鈔説序》,載於仲欽《近思録鈔説》,漢文抄寫本。

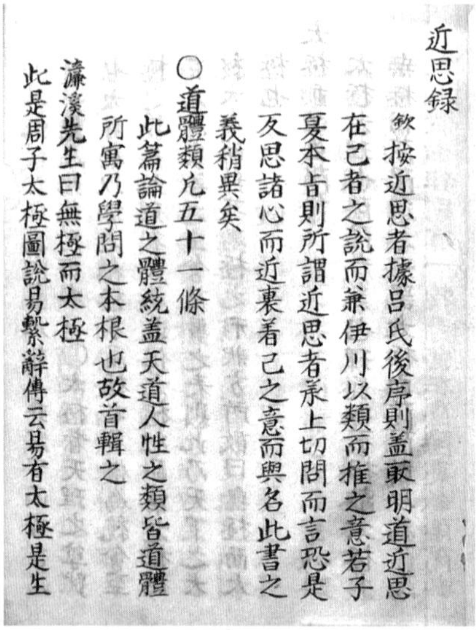

圖 14－2 《近思録鈔説》，漢文抄寫本

於常見本子，而是首行頂格抄寫“近思録”，次行低三字格進行解説，之後另起一行刻一“○”，在此圓圈下題卷一篇名與語録總數，再單列抄録葉采解題，在此之後頂格抄録被解説的《近思録》語段或語句，然後進行解説。該抄本卷一卷端未署“近思録鈔説卷一”，其他各卷卷端皆頂格抄題“近思録鈔説卷某”。此寫本的部分卷葉有日文訓點。

該本卷首有日本元禄癸酉年（六年，1693）七月仲欽《近思録鈔説序》。正文前抄有《近思録綱要》《朱子後序》《呂氏後序》《葉采集解序》，以及朱子的部分語録。

從此抄寫本書寫工整、編次有序的角度看，恐非初稿本，據平安仲欽作序時間，可能是元禄六年（1693）之後的抄寫本（書影見圖 14－2）。

日本國立公文書館藏本（191—342），5 册（每册封面左上題記書名“近思録鈔説”），四眼綫裝。鈐墨色陽文印“昌平坂”，鈐朱文印“淺草文庫”“日本政府圖書”“内閣文庫”。

中村惕齋《近思録鈔説》十四卷，除國立公文書館所藏此寫本外，據陳榮捷説，東京無窮會、名古屋蓬左等圖書館現藏有元禄六年（1693）寫本[①]。

仲欽《近思録鈔説序》曰：

上古聖神之道德君師者，世出而相承其統，至於吾夫子乃集大成，修定經典，而垂教於萬世，翼經傳言之籍，亦皆出於孔氏之徒。及孟子歿，而統緒一絶焉。經籍雖幸猶未亡，而其人熄，則殆與諸子混淆矣。如斯者千有餘載，至於趙宋文運再開，群賢挺出，尋於遺經之中，以得繼既墜之緒，而朱子又集成之，於是論釋諸經、傳注《學》《庸》《語》《孟》之書，然

① 陳榮捷《朱學論集》，第 109 頁。

後斯道復著於世，如大明中天也。又嘗與東萊吕公共輯周、程、張子之語關於大體而切於日用者編成此書，乃謂使觀夫四賢之全書者，得其門而入矣。然其爲書也，自求端用力、處已治人，至辨夫異端、觀聖賢，綱領舉而節目備，體用顯微莫不兼殫。故又其言曰："四子，六經之階梯；《近思録》，四子之階梯。"夫天下古今之書，莫遺於六經、四子，而次焉者獨有此篇而已矣。後之説此書者，推葉氏《集解》爲最，然猶恨其多不滿人意者，舍解從之，則又初學之士不能得致思之端而了其旨歸也。今標出其難通之章而各附録諸儒之説，竊補其乏。以愚識所及分爲五卷，亦以《鈔説》名之，而副《四書説》之後云。元禄癸酉年七月既望平安仲欽序。

2.《近思録鈔説》十四卷，活字本

東京都立中央圖書館藏有一部本子，文本字形歪斜，同一葉的字迹墨色濃淡不一，故而斷爲活字本（書影見圖14－3）。此活字本每半葉十一行二十字，注文小字雙行十九字，四周單欄，框高21.50釐米，寬17.30釐米。白口，版心處印有一小長條框，框中印有書名卷次簡稱（如"近思録鈔説一"），版心下端印頁碼。卷一卷端首行頂格題署"近思録"，次行低三字格印解説文字，之後另起一行印一"○"，在此圓圈下題卷一篇名與語録總數，再單列印葉采解題，在此之後頂格印被解説的《近思録》語段或語句，然後進行解説。原本印有日文訓點。

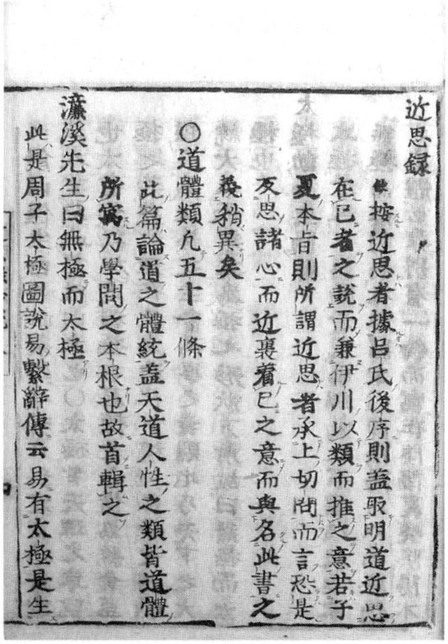

圖14－3　《近思録鈔説》，活字本

卷首印有元禄六年平安仲欽《近思録鈔説序》，其中個别文字與上述抄寫本有别，如"莫遺於六經"改作"莫貴於六經"，顯然活字本改正爲妥，這也説明此活字本在刊印時做過校勘修訂。在此序文後還有《近思録綱要》《朱子後序》《吕氏後序》《葉采集解序》，以及朱子的部分語録。

此印本《近思録》卷十四版心署名作“五卷”，與仲欽序文所言“分爲五卷”吻合。然此“五卷”宜是指裝訂册數，因爲此書内容實際上是十四卷，如卷十四卷端署“近思録鈔説卷十四”，其末葉印有“近思録鈔説終”。

此活字本版式、内容，與國立公文書館藏《近思録鈔説》寫本基本相同，很明顯二者有淵源關係。藏家著録云“[中村之]欽[惕齋]著，元禄六序刊”，故筆者推測，此活字本很可能在上述平安仲欽抄寫本的基礎上印製。該館藏本（特7170），2册，四眼綫裝。鈐朱文印“碩水藏書”“岡文庫”“村口書房”等，故知爲岡千仞舊藏。有佚名墨筆批注。

3.《近思録鈔説》，漢文抄寫本

此抄寫本是在素質上抄寫，每半葉十一行二十字。其編次體例與上述抄寫本、活字本基本相同。如抄寫本卷十四卷端首行頂格題“近思録鈔説卷十四”，次行低一字格題本卷篇名與語録總數（如“觀聖賢類凡二十六條”），第三行低二字格抄寫葉采的解題與中村欽的解説（如“葉氏曰：‘此卷論聖賢相傳之統，而諸子附焉。’欽按，序之於辨異端之後，孟子反經之義歟”），第五行頂格抄録《近思録》語段或語句（一般是作概述，如“明道先生曰堯與舜章”），然後另起一行抄録葉采注文或在葉采注文後中村欽進行解説。該本在被解説的某一段或某一章之前，往往畫一“○”，以示被釋對象，此類編次與前文所述活字本相同。從上述情況推測，此抄寫本與其存在淵源關係。此抄寫本，日本國會圖書館有藏（編號195—107），1册。該館藏書目録説：“《近思録抄校正》，寫本（惕齋筆録九），中村欽校稿。”[①]陳榮捷《朱學論集》所載“《近思録抄校正》”[②]，即此藏本。

（二）《近思録示蒙句解》十四卷

閲讀傳抄儒學經典時，若能將《近思録》與《小學》、四書等合爲一處，形成簡明扼要的解説文本，這對求學者而言則省力得多。江户前期的日本童蒙讀者在閲讀源自華夏典籍時，自然不能像中國古代的士子那般便宜，他們既有語言障礙，又有理解的困惑，因而中村惕齋覺得需要有淺近的解説來幫助本

① 東京堂出版編集部《新編帝國圖書館和古書目録》（上卷），第345頁。

② 陳榮捷《朱學論集》，第109頁。

邦讀者閲讀經典。爲便於本邦青少年讀者學習《近思録》，中村惕齋除鈔説《近思録》外，還進行了句解，以助日本學童閲讀。例如仲欽先作《小學示蒙解》《四子示蒙解》，後作《近思録示蒙》。由於中村惕齋基本上是對《近思録》各條語録的各句用日文進行講述解説，故在此我們稱其講述的《近思録》十四卷謂《近思録示蒙句解》。據中村惕齋作《叙》時間，此注本或於元禄十四年(1701)完成，也是他臨終前的著述之一。該書現存版本，筆者所見有：

1. 文化九年大阪森本太助、森本仁助、森本直助等刊本

此刻本的《近思録》原文爲漢字，楷書上板，每半葉八行十六字；《近思録》原有的舊注刻作黑底白字的陰文(即墨蓋子式樣)。仲欽解説爲日文，刻作雙行小字。四周單欄，框高 21.50 釐米，寬 16.10 釐米。白口，版心刻書名卷次(如"近思録句解卷之一")、頁碼。卷一卷端頂格題"近思録卷之一"，次行低一字格題本卷篇名與語録條目總數(如"道體類 凡五十一條")。此刻本《近思録》每條單列，頂格刻印。刻有日文訓點。

卷首刻有元禄辛巳(十四年，1701)仲欽《近思録示蒙句解叙》(叙文末原版刻有墨色印兩方"惕齋""敬甫")、《近思録示蒙句解卷首》(包括《朱熹後序》《吕祖謙後序》)。

在第 7 册卷十四末刻有："玉林墨鋪。書林：京堀川通六角下町/中川藤四郎/中川彌兵衛。"封底刊有："文化九年壬申初秋。製本所：大阪心齋橋通唐物町 森本太助/森本仁助 /同 心齋橋通南久寶寺町 森本直助。"

綜合上述資訊，可知此刻本是文化九年(1812)大阪森本太助、森本仁助、森本直助等刊行，且依據"叙文"末的署名，此《句解》是中村惕齋所爲。

日本静嘉堂藏本，7 册(封皮左上書簽印"《近思録示蒙句解》")，四眼綫裝。鈐朱文印"静嘉堂藏書""田中本"。

中村惕齋《近思録示蒙句解》十四卷，九州大學圖書館有一藏本，四周單欄。刊有日文訓點。因無緣見到，在此僅據相關書目記載，可知爲與文化九年刊本密切相關，因爲卷末所刻注記文字相同，然封底所記發行單位有別。注記載："玉林墨鋪 京堀川通六角下町，書林：中川藤四郎，中川彌兵衛。"版心書名：《近思録示蒙句解》。第 10 册末記載發行書林：(大阪)伊丹屋善兵衛，近江屋平助，榎並屋小兵衛。(江户)須原屋茂兵衛，須原屋伊八，山城屋

佐兵衛，英大助，岡田屋嘉七。（京都）出雲寺文治郎。（肥前）紙屋摠右衛門[①]。此藏本，10 册。鈐朱文印"碩水藏書""九州帝國大學圖書印"。

仲欽敬甫《近思録示蒙句解叙》曰：

余既著《小學》、"四子"示蒙解，爰不得獨遺此書，乃併及之，繕稿已成。初學後進請傳鈔者急比《小學》、"四子"。所以然者，何也？蓋全帙所載，非古籍之文則近賢之辭也。古文猶可從本編以明其義矣，近辭則在中華，固不須釋而通曉之，如鳥魚生而能飛游也，故雖有注疏而涉此者幾希，在本邦則其所難喻者未由尋訓詁矣。若夫博洽之儒，則或可類推以會意焉，蒙士豈得能然乎？是以雖淺解鄙説，亦不能不循由，猶學琴瑟者必先慣雜弄也。於其精蘊微趣，非此解所能發揮，亦知讀者考求不主乎此，特庶幾蒙學漸進之一助而已，但恐其間未愜言意而失先哲之本旨者。夫大匠製用，則天下無棄材，他日若得與君子之采摭，切望訂正修改以幸於世也。於是乎叙。元禄辛巳春分之日，南郊仲欽敬甫書。

2. 明治四十三年早稻田大學排印本

此印本收録在明治四十三年《先哲遺著漢籍國字解全書》，《全書》[②]書名頁印："《先哲遺著漢籍國字解全書》，早稻田大學出版部藏版。"其中第八卷收録中村惕齋講述《近思録》十四卷，後附伊藤東涯[③]輯《訓蒙用字格》。

該卷首頁首行頂格印"《先哲遺著漢籍國字解全書》第八卷"，次行低三字格印"《解題》附：著者小傳"，第三行四字格印"《近思録》中村惕齋講述解題"，隨後是日文解題。在"解題"之後另頁印有"附録《訓蒙用字格》伊藤東涯的解題"（日文）。

此後另頁印元禄十四年（1701）仲欽《近思録示蒙句解叙》（漢文，且有日文訓點）、《近思録示蒙句解目次》（内容包括：朱子後序，吕氏後序；十四卷標

---

① 參見京都大學圖書館藏書檢索網站 https://op. kulib. kyoto-u. ac. jp/webopac/catdbn. do

② 《先哲遺書漢籍國字解全書》第一卷收録了中村惕齋注解的《大學》《中庸》《論語》，第二卷收録其注解的《孟子》，第五卷收録其注解的《詩經》，第六卷收録其注解的《書經》，第七卷收録其注解的《小學》。

③ 伊藤東涯（1670—1736），名長胤，字原藏，號東涯、慥慥齋，京師人。伊藤仁齋長子，繼述家學，孜孜讀書，著述等身。著有《周易注》《詩經要領》《論語古義標注》《四書集注標釋》等。其父伊藤仁齋在他之前已着手用日文譯華夏漢籍。

題:道體類,爲學類,致知類,存養類,克己類,家道類,出處類,治體類,治法類,政事類,教學類,警戒類,辨異端類,觀聖賢類)。《目録》後是中村惕齋講述朱熹、吕祖謙後序的文字(原序文爲漢字,講述的文字爲日文)。

《近思録示蒙句解》各卷正文按照古書體例豎行排版(書影見圖 14-4),每頁四周雙欄,印本框高 18.20 釐米,寬 11.90 釐米。欄内分上、下兩部分,中間用横綫隔開。《近思録》原文爲漢文大字,每行十二字。仲欽講述的文字爲日文,印作小字。該印本雖無版心,但在書口的位置上印書名卷名(如“近思録”“道體類”),下印頁碼。

近思錄　道體類

近思錄

道體類、凡五十一條、

道體とは、體は體統の義にて、すぶる意あり、凡そ天道人性の類、みな道理をすべたる者にして、學問の根本なり、この故に、まづ首にこれをあつむ、

濂溪先生曰、無極而太極、

此一章は、周子の太極圖說なり、此句まづ太極の二字を會得すべし、太極は、天理の尊號なり、太とは、これを尊びて、大いなりとする詞、極は、もと屋の棟の名なり、その一屋の上にありて、衆材をすべたる者なるを以て、これを借りて、種々の義にとる、此極には、根極樞極の義あり、根極は、木の幹枝、根にすべたるが如くなることを云、樞極は、戶の開闔、樞にすべたるが如くなることを云、蓋し一箇の天理、品類を生ずる根本となり、造化をなす樞紐となるを以て、太極と稱す、然れども、他の極には、みな極の形あり、天理には、その極たる形狀方所なくして、而も天下の大根本、大樞紐となるを以て、無極にして太極なる者ありと云なり、

太極動而生陽、動極而靜、靜而生陰、靜極復動、

太極は、理にして形なし、陰陽は、氣にして形あり、理は氣の主宰にして、氣は理の形體なり、もと兩物にあらず、太極に動靜の理あるによりて、陰陽に動靜の機あり、太極その機の動くに乘る時は、陽氣あらはる、その機の靜なるに乘る時は、陰氣あらはる、これ動いて陽生じ、靜にして陰生す、こゝにをいて、始めて出生すと云にあらざるなり、而してその動靜の機は、これをせしむる者あるにあらず、動くこと極まる時は、その勢によりて、そのづから靜に凝じて陰生す、靜なること極まる時は、亦その勢によりて、そのづから動

六

圖 14-4　中村惕齋講述《近思録示蒙句解》,日本明治四十三年排印本

卷一卷端首行頂格題“近思録”,次行低一字格題本卷篇名與語録總數(如“道體類 凡五十一條”),第三行低一字格是對卷一篇名的注解。之後頂格印《近思録》語録文字,這些文字往往是某條語録中的一句話,然後另起一行爲仲欽敬甫注解,全書基本上都是一句一解,頗便於童蒙學習,故稱之謂《近思録示蒙句解》比較得當。至於一卷中各條語録的區分,是在每條語録首字前印有一“○”,以示區分。該印本每條語録單列,印有日文訓點。中村敬句解《近思録》卷十四末頁尾題“近思録示蒙句解終”。

在《近思録示蒙句解》卷十四之後,另印有元禄十六年(1703)伊藤長胤《訓蒙用字格叙》(漢文)。至於爲何要有“用字格”,伊藤長胤叙文認爲華夏中原的言語爲正道,日本人學習使用漢語有着久遠的歷史,但是因爲日本地域方言的拘礙,以致在閱讀理解漢籍上出現分歧,伊藤長胤説“先子欲矯之,嘗譯古文以課諸生”,有意做訓釋譯介之事,受其影響伊藤長胤“就經史子集掇用字上下之别可以楷則者,類聚群分,解以國語,凡得三百餘條,名曰《訓蒙用字格》”[1]。他編輯此書,旨在供日本讀者閱讀寫作之用。

在叙文後印有《訓蒙用字格凡例》(日文)、《訓蒙用字格目次》(漢文),接之爲伊藤東涯《訓蒙用字格》正文(漢文大字,日文注解爲小字)。在其文末頁印有享保十九年(1734)奥田士亨[2]《訓蒙用字格跋》(漢文)。

在《全書》版權頁的前一頁印有類似出版廣告之類的文字,該頁上一横行印有“《漢籍國字解全書》”,中間印“續刊豫告……”,隨後在其左邊依次印有《全書》第一卷至第十七卷所收漢籍書名與日本解説者姓名,即“第一卷《孝經》,熊澤蕃山(既出),《大學》《中庸》《論語》,中村惕齋(既出);第二卷《孟子》,中村惕齋(既出);……第五卷《詩經》,中村惕齋(既出);……第七卷《小學》,中村惕齋(既出);第八卷《近思録》,中村惕齋(既出),(附録)《訓蒙用字格》;……第十七卷《楚辭》,淺見絅齋”。在這行文字的左邊還印有“附告:《墨子》……”,該頁下端最末一横行印“早稻田大學出版部”。

《全書》末頁的奥付記載:“明治四十三年六月廿五日印刷,明治四十三年六月廿八日發行,早稻田大學編輯部編纂”;“發行者:荒川信賢”;“印刷者:渡邊八太郎”;“發行所:早稻田大學出版部”。因而,《近思録示蒙句解》此印本是早稻田大學整理排印,印製時間是明治四十三年(1910)六月。此印本,京都大學附屬圖書館有藏(10—01 | |カ| | 3—83),鈐朱文印“京都帝國大學圖書印”。此排印本,韓國延世大學校也有藏。

伊藤長胤《訓蒙用字格叙》云:

> 《禮》曰:“五方之民,言語不通,嗜欲不同,達其志,通其欲。東方曰寄,南方曰象,西方曰狄鞮,北方曰譯。”夫圓顱方趾、宵天地之貌者,無不有秉彝之心,則舟車所通,固不可限以内外也。然聲音之道,唯漢土爲得其正。蓋其體用先後之别,虚實主客之辨,詞約而義該,途同而歸殊,故通四方之言而不惑,垂千載之後而不朽,此其所以可尚也。吾邦學士習華語以屬綴,其來也遠矣哉!然拘於方言,或不能無顛倒錯置之失,先子

---

① (日)伊藤長胤《訓蒙用字格叙》,載於(日)中村惕齋講述《近思録》,明治四十三年早稻田大學排印本。

② 奥田三角(1703—1783),名士亨,字嘉甫,號三角、蘭汀、南山,伊勢(今三重縣大部分)人。幼年學於柴原蘋洲,後受業於伊藤東涯,仕於津藩。著有《毛詩解》。

欲矯之,嘗譯古文以課諸生,俾諳字法。予因就經史子集掇用字上下之別可以楷則者,類聚群分,解以國語,凡得三百餘條,名曰《訓蒙用字格》,附之諸季,以爲修辭之筌蹄。若夫格之所未及載,則引申觸類、存乎讀者之領解焉耳。時元禄癸未歲陽月伊藤長胤敘。

奥田士亨《訓蒙用字格跋》云:

此書初稿本未經改修,嘗被坊間竊刻,傳訛匪鮮,印流既廣,無由追究。今兹予休告在京,謀將上木,爰就定本,逐件校對,彙分臚列,條貫井然,庶免魯魚之誤,以資雕龍之益。梨棗告成,因書其由云爾。享保甲寅端午日,門人津府記室奥田士亨敬誌。

3. 明治四十五年早稻田大學鉛字排印本

中村惕齋《近思録示蒙句解》十四卷,早稻田大學整理排印本,多家藏書機構有藏,在此就不一一列舉了。但是需要説明的是,除上述明治四十三年《先哲遺書漢籍國字解全書》排印本外,還有該出版部繼續印刷出版的《全書》本,如韓國國立中央圖書館藏有早稻田大學出版《近思録示蒙句解》。

《句解》該印本收録在《先哲遺著漢籍國字解全書》第八卷。《全書》中該卷内容、編次與上述明治四十三年印本同,即《解題》(附著者小傳),仲欽《近思録示蒙句解叙》,中村惕齋講述《近思録》;附録伊藤東涯輯《訓蒙用字格》,奥田士亨《訓蒙用字格跋》等。

但是,韓國藏本《全書》末的出版印記與明治四十三年排印本的文字記載有差異,如該印本奥付載:"明治四十五年五月二十五日印刷,明治四十五年五月二十八日發行,編輯者:早稻田大學編輯部,發行者:早稻田大學出版部";"印刷者:渡邊八太郎";"發行所:早稻田大學出版部"。而且在此版權頁前,明治四十三印本印有《漢籍國字解全書》"續刊預告"以及"附告",而韓國藏此印本卻無此類文字,而在該頁上一横行印"漢籍國字解全書一覽",中間是按第一卷至第二十五卷的次序,編印各卷收録的漢籍書名與日本解説者姓名,如:"第一卷《孝經》,熊澤蕃山;《大學》《中庸》《論語》,中村惕齋;第二卷《孟子》,中村惕齋;……第八卷《近思録》,中村惕齋;……第十七卷《楚辭》,淺見絅齋;……第二十四、二十五卷《韓非子》,松平、破天荒齋。"本頁下端一横行印“早稻田大學出版部”。因此，從印製時間上看，此印本印刷發行時間較前一種印本稍晚，明治四十五年(1912)五月發行，因而可稱之爲後續印本；從《全書》内容上也可見，此時的印本相較於上一印本，刊印的圖書增多，即多出《管子》《墨子》《荀子》《韓非子》等注本，看來此時《漢籍國字解全書》的出版印刷已經全部告罄。

二、櫻田虎門《近思録摘説》版本考述

櫻田虎門(1774—1839)，名質，字仲文，稱周輔，號虎門、欽齋、鼓缶子，仙臺(今宫城縣、岩手縣、福島縣的一部分)人。初受業於服部栗齋，是江户後期的朱子學者，頗富才藝，撰有《易學啓蒙摘説》《論語説》《四書摘疏》等。其《近思録摘説》十四卷，以師生問答的方式編次，櫻田虎門遵守朱子之説，逐句解説《近思録》語録，多處引用宋明儒者論説，以及日本注家如中村惕齋、貝原益軒、三宅尚齋等人的解説，並有自己的見解。《摘説》各卷篇名或源自葉采《集解》，十四卷篇名分别是道體類、爲學類、致知類、存養類、克己類、家道類、出處類、治體類、治法類、政事類、教學類、警戒類、辨異端類、觀聖賢類。

關於其十四卷編寫體例以及摘説、注釋要領，我們可參閲其卷前的《近思録摘説例言》：“〇凡此編悉遵用朱子成説，不敢妄有所易也。但語録及答人手書，隨問隨答，固未必逐條分解，故其句疏字釋乃有未備者，兹采擇諸家訓説以資講索，又其所不及者而竊自爲説，以俟識者裁之。〇大文載程子《易傳》最多，而其論象義，有與朱子《本義》不合者，今專依程《傳》意而不敢雜引《本義》。蓋程《傳》、朱《義》本不同旨，則固不得據彼以釋此也，其或兩相同者，不在此例也。〇語録議論間多岐出，或有非本條正旨者，今不敢録，恐起人惑也。〇世之釋經者，往往剿襲前輩之言以爲己出，予竊不取焉。今片語隻言必載明姓氏，使讀者知其所出，冀不掠美也。〇諸家箋注條分節解，其於大義固不無發明處，但其全文或傷駁雜，或欠明切，兹欲擇之精則不得不割愛矣。但其間啓發精藴，尤不忍刜棄者，頗爲拾掇，間或加愚意，特標曰説本某氏。〇諸解或有異同，得失迭見，今獨取其義優詞順者，餘悉不載；或有義理略通、文意稍協者，别爲一説，以供人參考取舍。仿朱子注《語》《孟》例也。其誤來兹者，略加辨駁，雖不無僭妄之嫌，亦非得已也。〇朱子及諸儒之言，有

與大文本意互相發明者，雖其不爲本條而發，亦必收録以廣涵濡之趣，不必訝蛇足也。○所采本邦儒先諸解，或出手筆，或出傳録，其間有命辭倒錯、立意衡决、殆不易解者，今頗爲隱括，使讀者不惑其辭意所在，狂瞽之罪所不免也。”[①]由此可見，其采摘前人之言論，甚是嚴謹，不掠人之美，選取相關言論以注解《近思録》某些語録，旨在供讀者取捨。從此書編撰性質看，實爲“集説＋解説”的文本。

《摘説》十四卷，筆者知見者有漢文抄寫本兩種。

(一) 筑波大學藏漢文抄寫本

該抄寫本(書影見圖 14－5)是在素紙上用漢字抄寫，書體清秀，編排較工整。每半葉十一行二十四字，注文小字雙行同。卷一卷端首行頂格題“近思録卷之一”，越七字格題署“仙臺櫻田質仲文甫著”，第二行低二字格題寫本卷篇名與語録總數(如“道體類凡五十一條”)，第三行頂格抄寫正文。正文先單列被注釋的《近思録》某條語録，然後另起一行抄録某句或某章節，再低一字格書寫櫻田質仲文的“摘説”，即以“質按”的方式引出。對於《近思録》原文語録不是全部抄録，而是概述某條文字大意，如云“濂溪先生曰無極而太極條”“誠無爲條”等，其“質按”的説解内容，是櫻田虎門摘自諸家訓解疏説，同時也有其自己的見解。有的卷末有尾題。

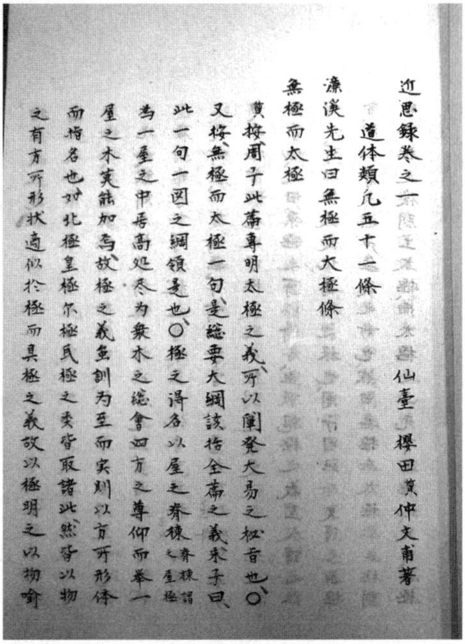
近思録巻之一　仙臺櫻田質仲文甫著
道体類凡五十一條
濂溪先生曰無極而大極條
無極而太極
質按周子此篇專明太極之義、所以闡發大易之秘音也。○
又按無極而太極一句是總要大綱、該括全篇之義、朱子曰、
此一句一圖之綱領是也。○極之得名以屋之脊棟脊棟謂之屋極
為一屋之中居高処、冬為衆木之總會、四方之尊仰而舉一
屋之木莫能加焉、故極之義無訓為至、而實則以方所形体
而指名也、如北極皇極爾極民極之类皆取諸此、然皆以物
之有方所形状適似於極而具極之義、故以極明之以物喻

圖 14－5　櫻田虎門《近思録摘説》，漢文抄寫本

---

① (日)櫻田虎門《近思録摘説例言》，收録在櫻田虎門《近思録摘説》，漢文抄本。

該抄寫本正文前抄寫《近思録摘説例言》(共八條),《例言》之後用日文抄録《論近思録闇齋先生序》(筆者按,這是下文所考抄本之無者)、《近思録摘説凡例》、《近思録摘説諸儒姓氏》(用日文抄,也是下文所述抄本所無者),然後抄寫“總論”(其卷端題寫“近思録摘説卷之一上,仙臺櫻田質仲文著。總論”),該“總論”的内容是摘録朱熹、葉采、李果齋、胡敬齋、李正叔等人論説文字。“總論”之後有解釋“近思”、《四先生全書目録》(即解説四子生平)、《近思録卷次》(以葉采綱目爲基礎,引尚齋、鳩巢室氏、山崎闇齋、中村惕齋、施璜等論説詮釋十四卷綱領,最後櫻田概述了《近思録》十四卷綱目之間的邏輯關係)、《吕氏題近思録》。抄寫本的卷十四末抄有《朱子近思録跋》(對朱熹跋文的解説)。

筑波大學所藏此寫本與下文所述東京都立中央圖書館藏抄寫本相比,正文内容、體例大體相同,但卷前抄録的序跋文有多少之别,且正文將卷一分作“近思録卷之一”“近思録摘説卷之一下”兩部分,也將卷二分作“近思録摘説卷之二上”“近思録摘説卷之二下”兩部分。從這些情形看,該本卷末的尾題很隨意,時有時無,對卷一、卷二又作分割,與其他各卷在篇卷分合上並不一致,這些似乎是撰寫者本人纔有的行爲,其形態類似稿本。另外此抄寫本的天頭有墨筆批注,行間有朱筆校改、標句讀。藏家著録説:《近思録摘説》十四卷,仙臺櫻田仲文著。寫本(手稿)。藏本(ロ880—59)。5 册(每册封面左上墨筆題記書名“近思録摘説”),四眼綫裝。鈐朱文印“東京文理大學校附屬圖書館圖書之印”,還有昭和五年登記之印。

(二) 東京都立中央圖書館藏漢文抄寫本

此漢文楷體抄寫本,是在素紙上抄寫,每半葉十行二十一字。卷一卷端首行頂格題“近思録卷之一”,次行低九字格題署“仙臺櫻田質仲文甫著”,第三行低二字格題寫本卷篇名與語録總數(如“道體類凡五十一條”),第四行頂格抄寫正文。正文先單列被注釋的《近思録》某條語録,然後另起一行抄録某句或某章節,再低一字格書寫櫻田質仲文的“摘説”,即以“質按”的方式引出。對於《近思録》原文語録不是全部抄録,而是概述某條文字大意,如云“濂溪先生曰無極而太極條”“誠無爲條”等,其“質按”的説解内容,是櫻田虎門摘自諸家訓解疏説，同時也有櫻田虎門自己的見解。

該抄寫本抄寫編次工整，正文前抄寫《近思録摘説例言》(共八條)，《例言》之後另起一行抄“總論”(其卷端題寫“近思録摘説卷之一上，仙臺櫻田質仲文著。總論”)，該“總論”部分的内容是摘録朱子、葉采、李果齋、胡敬齋、李正叔等人論説文字。“總論”之後有解釋“近思”文字及《四先生全書目録》《近思録卷次》《吕氏題近思録》。抄寫本的卷十四末抄有《朱子近思録跋》，其内容是櫻田虎門對朱熹後序、吕祖謙序文的處置意見。抄寫本天頭有墨筆批注，有的葉面夾有墨筆題寫注解文字的紙條。自卷三開始，抄寫的書體與前文有異。依據這些特徵，推測此抄寫本或爲抄寫者自己校勘，從前後書體不一推測，恐非一人所爲。藏家著録云“櫻田仲文著，寫”。具體抄寫時間尚待考。

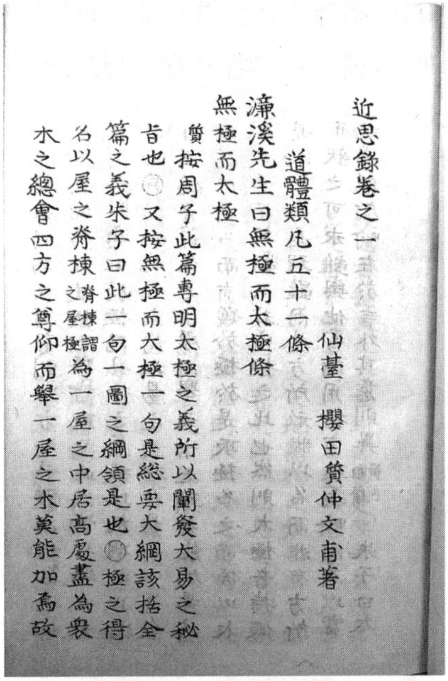
近思録卷之一
道體類凡五十一條　仙臺　櫻田質仲文甫著
濂溪先生曰無極而太極條
無極而太極
質按周子此篇專明太極之義所以闡發大易之秘旨也○又按無極而太極一句是総要大綱該括全篇之義朱子曰此一句一圖之綱領是也○極之得名以屋之脊棟脊棟謂之屋極為一屋之中居高處盡為衆木之總會四方之尊仰而舉一屋之木莫能加焉故

圖 14－6　《近思録摘説》，漢文抄寫本

東京都立中央圖書館藏本(諸 122/MW/009，書影見圖 14－6)，11 册(有菱形暗紋的深藍色封皮左上書簽題記書名“近思録摘説”)，四眼綫裝。鈐朱文印“諸橋文庫”“有即起書樓圖書記”“訥庵大橋順收藏圖書記”“光吉氏谷友書屋收藏”“東京都立圖書館藏書”。

以上是筆者所見《摘説》的兩種抄本，很可能是江户末期的抄寫本。

三、張源祥編《近思録鈔》謄寫本考述

明治維新之後的日本社會，依然有尊崇朱子學者，張源祥就是其中之一。他非常欣賞朱熹對《近思録》地位的評價，即朱熹所説：“四子，六經之階梯；《近思録》，四子之階梯。”張氏認爲求學之士讀此書，可“得聖學之綱領，進而

推求遠約，其有所補益不爲少”[①]。因而，他依據教學需要，在葉采《近思録集解》的基礎上，“擇其精純，刊除繁復”，選輯 205 條語録，編撰成《近思録鈔》十四卷，從此書内容考察，這是葉采《集解》在日本被改造後的精簡本。

此書的寫本是在素紙上抄寫，編排整齊，按照古書豎行編次抄寫，大小字排列眉目清晰，顯然不是最初的稿本，而是依據稿本謄寫而成。每半葉十行十九字，注文小字雙行三十八字。卷一卷端首行低二字格題卷次、卷名、葉采解題（如“卷一　道體類　此卷論性之本原、道之體統，蓋學問之綱領也”），次行低一字格抄寫《近思録》原文及葉采集解（葉采注文抄作雙行小字）。正文十四卷内容是張源祥從葉采《近思録集解》中選抄而來，各卷條目數具體如下：道體類 31 條，爲學類 37 條，致知類 20 條，存養類 20 條，克己類 11 條，家道類 10 條，出處類 10 條，治體類 8 條，治法類 4 條，政事類 15 條，教學類 5 條，警戒類 11 條，辨異端類 4 條，觀聖賢類 19 條。共計 205 條。行間標有日文訓點（書影見圖 14－7）。

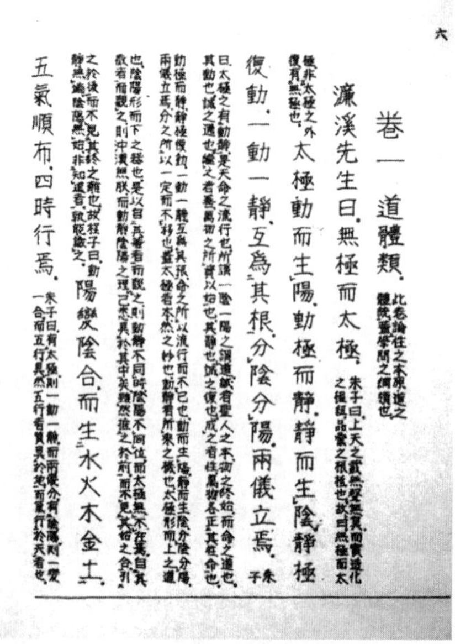
大
卷一　道體類。此卷論性之本原、道之體統，蓋學問之綱領也。
濂溪先生曰：無極而太極。朱子曰：上天之載，無聲無臭，而實造化之樞紐，品彙之根柢也。故曰無極而太極，非太極之外復有無極也。太極動而生陽，動極而靜，靜而生陰，靜極復動。一動一靜，互爲其根；分陰分陽，兩儀立焉。朱子曰：太極之有動靜，是天命之流行也，所謂一陰一陽之謂道。誠者聖人之本，物之終始，而命之道也。其動也，誠之通也，繼之者善，萬物之所資以始也。其靜也，誠之復也，成之者性，萬物各正其性命也。動極而靜，靜極復動，一動一靜，互爲其根，命之所以流行而不已也。動而生陽，靜而生陰，分陰分陽，兩儀立焉，分之所以一定而不移也。蓋太極者，本然之妙也；動靜者，所乘之機也。太極，形而上之道也；陰陽，形而下之器也。是以自其著者而觀之，則動靜不同時，陰陽不同位，而太極無不在焉。自其微者而觀之，則沖漠無朕，而動靜陰陽之理，已悉具於其中矣。雖然，推之於前，而不見其始之合；引之於後，而不見其終之離也。故程子曰：動靜無端，陰陽無始，非知道者，孰能識之。陽變陰合，而生水火木金土。五氣順布，四時行焉。朱子曰：有太極，則一動一靜而兩儀分；有陰陽，則一變一合而五行具。然五行者，質具於地，而氣行於天者也。

圖 14－7　張源祥《近思録鈔》，謄寫本

卷首的書名頁分作三豎行，右欄抄“朱熹、吕祖謙原編，葉采集解，張源祥選抄”，中欄題署“近思録鈔”。正文卷前抄有日本昭和十四年張源祥《近思録鈔序》、《近思録引用書目》、《近思録鈔目次》（在葉采所擬十四卷篇名後另附“参考篇《支那の哲學思想》”）。

卷十四末的“参考篇《支那の哲學思想》”，是用日文書寫，分“天道思想——原始的民族信仰”“形而學的理法觀”等來闡述。日本國立國會圖書館藏有此謄寫本（特 222—637），卷底的奥付記載：“昭和十四年二月十五日印

① （日）張源祥《近思録鈔序》，載於張源祥編《近思録鈔》，日本昭和十四年大阪ぐろりあ書房出版，漢文謄寫版。

刷，昭和十四年二月二十日發行”；“編者：張源祥”；“發行所：ぐろりあ書房”。因此，依據張源祥作序時間昭和十四年以及此書的印刷記録，可知國立國會圖書館藏此漢文謄寫本是昭和十四年(1939)大阪ぐろりあ書房出版。此藏本鈐朱文圓印“昭和十四、二、廿八、納本”，朱文方印“帝國圖書館藏”。

張源祥《近思録鈔序》曰：

> 朱子曰：“四子，六經之階梯；《近思録》，四子之階梯。”宜哉！是書風行於世之久且盛也，青年學子如繙此書，熟讀玩味，則於得聖學之綱領，進而推求遠約，其有所補益不爲少矣。余欲藉以爲教課之料蓋有年，而罕見適用之刊本，爲憾。今據葉氏《集解》斟酌授課時間，擇其精純，刊除繁復，編成此《鈔》本，以供教課之便。取舍當否，其責固在選者，其不妥當、不完備處，願將來經教學之實驗再加改訂。己卯孟春後學張源祥序。

第二節　日本學者讀《近思録》劄記類文本考述

日本學者在閱讀中國典籍時常常劄記自己的認知，或將自己個性化的見解述諸筆端，因而形成“讀《近思録》劄記類”文本。今分述如下。

一、山崎闇齋《近思録講義筆記》稿本

山崎闇齋(1618—1682)，名嘉，字敬義，號闇齋，晚年信神道，别號垂加。江户前期的儒者、教育家。幼時出家爲禪僧，後師從土佐谷時中，成爲朱子學者。“二十五歲讀朱子之書，覺佛學之非道，則逃焉歸於儒矣”(山崎嘉《闢異》跋文)。三十八歲(1655)春，在京師開講筵，四方游學之士靡然向風。寬文五年(1665)會津藩主迎至江户，在江户等地講學，學徒中有不少公卿諸侯。其崇奉朱子學如宗教一般，曾説：“學朱子而謬，與朱子共謬也，何遺憾之有?”[①]故而日本學者井上哲次郎評他是“盲信朱子言説之精神的奴隸”[②]。後又從吉川惟足專研神道，並將朱子學和日本神道相結合，創立垂加神道。山崎嘉的

① 《日本思想大系 31 山崎闇齋學派》，第 563 頁。
② 《日本朱子學派之哲學》，東京富山房，明治三十八年十二月初版，第 410 頁。

門人中傑出者有佐藤直方、淺見絅齋、三宅尚齋等。佐藤直方稱道其師，曰："近世獨山崎敬義先生，讀其書，尊其人，講其學，博文之富，議論之實，識見之高，實非世儒之所及焉，蓋我邦儒學正脉之首倡也。"①山崎嘉尊孔宗朱，對於理學入門要籍《近思録》，評價很高，曾在刊行《近思録》的序文中説《近思録》是"實學者入道之階"。山崎嘉著書甚多，有《文會筆録》《近思録講義筆記》等。《經名考》云："按朱門稱《易》《書》《詩》《春秋》謂之四經，《論語》《大學》《中庸》《孟子》謂之四書，亦謂之四子，而先生有四經、四子之跋文矣。抑先生編《小學》《近思録》，注四書而六經，則《易》爲《啓蒙正義》，《詩》爲《集傳》，《禮》著《儀禮經傳通解》。"②

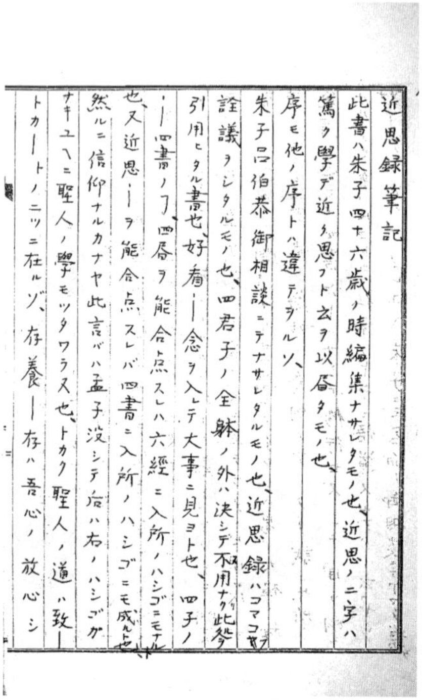
近思録筆記
此書ハ朱子四十六歳ノ時編集ナサレタモノ也、近思ノ二字ハ
篤ク學デ近ク思フト云ヲ以名タモノ也、
序モ他ノ序トハ違テヲルゾ、
朱子呂伯恭御相談ニテナサレタルモノ也、近思録ハコマコヤ
詮議ヲシタルモノ也、四君子ノ全躰ノ外ハ決シテ不用ナク此ケ
引用ヒタル書也、好看ー念ヲ入レテ大事ニ見ヨト也、四子ノ
ーー四書ノ了四昏ヲ能合点スレハ六經ニ入所ノハシゴニモナル
也、又近思ーーヲ能合点スレバ四書ニ入所ノハシゴニモ成ルト也
然ルニ信仰ナルカナヤ此言バハ孟子没シテ后ハ右ノハシゴガ
ナキユヘニ聖人ノ學モツタワラヌ也、トカク聖人ノ道ハ致ー
トカーートノ二ツニ在ルゾ、存養ー存ハ吾心ノ放心シ

圖 14－8　山崎闇齋《近思録筆記》，稿本

山崎闇齋《近思録講義筆記》有稿本存世，日本國立國會圖書館藏本第 1 册封皮左上書簽題寫"山崎闇齋先生《近思録講義筆記》(乾)"，第 2 册封皮左上書簽寫"山崎闇齋先生《近思録講義筆記》(坤)"。

此本是在印製好藍色框欄界格的紙上用日文書寫(少數爲漢文)，卷首第一葉右邊墨筆題記"山崎闇齋先生"，中間與左邊藍筆寫"近思録講義筆記 一""卷一、卷二"。朱筆書"安井藏書"字樣。第二葉藍筆寫"近思録卷之一、二""道體""爲學"。第三葉爲正文，每半葉十二行二十二至二十六字不等，四周雙欄，框高 21.40 釐米，寬 15.40 釐米。白口，單魚尾。版心下端題記頁碼。首行頂格寫"近思録筆記"，次行頂格書寫正文(書影見圖 14－8)。

① (日)佐藤直方《韞藏録・討論筆記》，第 11—12 頁，《甘雨亭叢書》本，日本安政三年安中造士館刻本。

② (日)山崎闇齋《垂加草附録》上，見《山崎闇齋全集》下卷，日本古典學會出版，昭和十一年至十二年出版，第 668 頁。

在藏本的第 1 册末，墨筆書："原本(高槻湯淺圖書館藏)四册，第四册奥書：'山崎闇齋柯講説也/之元文四己未歲/從三田氏聽焉，龜井敬勝 草稿。'"

第 2 册第一葉墨筆書"山崎闇齋先生《近思録講義筆記》三""卷六、七、八、九"，朱筆書"安井藏書"。卷十四末抄有"後序"。第 2 册末，用藍筆書："《近思録講義筆記》卷十四 大尾/山崎闇齋柯講説也/之元文四己未歲/從三田氏聽焉，龜井敬勝 草稿。"

第 2 册末葉墨筆寫："昭和十九年六月五日，大阪府高槻湯涉望楠軒弄處贈 味長村 /神藤土てフ製作所 /靖和寮節在中"，"昭和十九年六月十二日，東京ぃれッ原本ト校合了"。

從上述記録可知，此寫本除墨筆外，也有用藍色筆抄寫的，且體例不一，頗似日文稿本。從龜井敬勝"草稿"時間"元文四己未"，知是日本元文四年(1739)年抄寫。此元文四年龜井敬勝抄録的稿本，是昭和十九年(1944)大阪府高槻湯涉望楠軒弄處贈。國立國會圖書館藏本(Y994—L2519)，2 册。鈐朱文印"安井藏書""國立國會圖書館藏書"。

二、伊藤維楨《讀近思録鈔》抄寫本

伊藤仁齋(1627—1705)，名維楨，字源佐，初名維貞，字源吉，號仁齋、棠隱，京都堀川人。初學於家庭，始讀朱熹《四書集注》《朱子語類》《四書或問》《近思録》《性理大全》等宋明理學典籍，尊崇性理之學。他是江户時代前期的儒學者，堀河學派(古義學派)的創始人，人稱古學先生，後世學界稱之爲十七世紀古學派的大師。自寬文二年(1662)起，他從事社會教育工作，傳播自己的學術主張，在京都設立堀河塾(堀川古義堂，即堀川塾)授徒講學，不修邊幅，以誠待之，入門弟子多達三千人。著有《周易乾坤古義》《論語古義》《孟子古義》《中庸發擇》《童子問》《語孟字義》等。

自十七世紀至十九世紀，在東亞近世儒學史上興起過一股推崇實學的潮流，這些學者多是通過對經典的疏解來表達對朱子學的不滿，在當時的中國、朝鮮、日本學者中出現了帶有實學色彩的主張，如清代的戴震、朝鮮李朝的丁若鏞、日本的伊藤仁齋等。伊藤仁齋受此潮流影響，尊崇宋代儒學，主張以道德爲本，重視人倫日用之功，强調德行乃聖人之學，批判宋人的議論高空，禪學悟疏，有礙於以德行爲學。

作爲古學派大師，仁齋思想在其著述中有顯現。例如，他對於朱熹選取太極陰陽、鬼神性命之説入《近思録》，持有異議。其《讀近思録鈔》對“濂溪先生曰無極而太極……太極之外復有無極也”，伊藤維楨認爲“濂溪之本旨又非聖經之意”，朱熹的解釋不够明確，以爲解説周敦頤語録不當雜存解説者之意，當從周子本意，而且他主張尋求語意源頭，要據漢唐舊注來解釋。他的這種注重考證源流的讀解，似有清代漢學的特色。另外，他還在其他語録的解釋上，駁斥朱熹解説、陳淳解説、葉采注解等不足，他既崇敬朱子，又能駁斥南宋理學者的瑕疵，表露出他的自信與敢於求真的精神。總體看來，其書名雖云“鈔”，而實際上是其個人讀《近思録》某些語録後的一種感悟，是不同於其他日本注解者的個性詮釋。

其《讀近思録鈔》，筆者知見的版本多爲抄寫本，主要有：

（一）伊藤維楨《讀近思録鈔》六則，元禄四年稿本

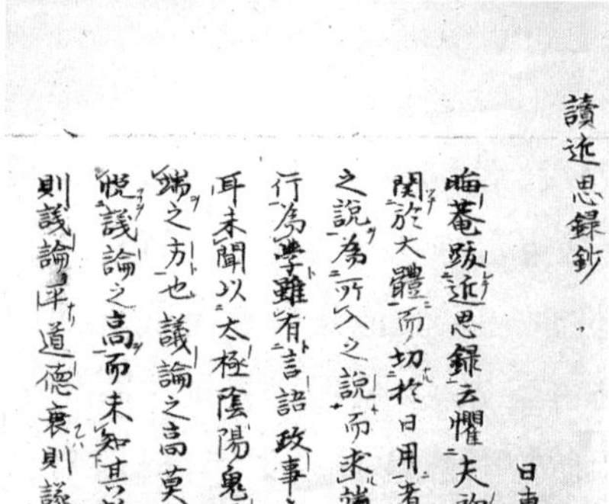

圖 14－9　伊藤維楨《讀近思録鈔》，日本元禄四年稿本

東京都立中央圖書館所藏此抄寫本（書影見圖 14－9），是與伊藤維楨的其他著述合爲一册，前有《仁齋日誌》《仁齋日誌極論》。《讀近思録鈔》是讀《近思録》中周敦頤語録的劄記，有六則：“濂溪先生曰無極而太極……復有無極也”“太極動而生陽……而命之道也”“太極本無極也”“五行之生也各一其性”“無極之真二五之精妙合而凝”“吾性感動而善惡分萬事出矣”。

此本是在素紙上抄寫，書體爲漢文行楷，每半葉十行，每行二十至二十二字不等。在行間漢字左右下方有日文訓點。

《讀近思録鈔》這一部分，卷端首行頂格題“讀近思録鈔”，次行低十字格題署

“日東 洛陽伊藤維楨著”，第三行低二字格書寫序跋，序跋之後另起一行低一字格抄寫正文，將所引《近思録》中的語録單列，然後是伊藤維楨自己的注釋，單列頂格抄録。其編次特點是在截引《近思録》各卷某些語録之後，多以“維楨按”的形式闡述伊藤維楨的觀點。但從現存的這一部分文字推測，是一篇尚未完成的讀書劄記，因爲該篇最後一句是“吾性感動而善惡分萬事出矣”，其下没有伊藤維楨的按語，這與前文體例不相合，當有下文方前後一致。

該抄本卷首序文末，伊藤維楨題署時間是“元禄辛未之歲春三月”，可知此本是伊藤維楨在元禄四年(1691)書寫。據藏家東京都立中央圖書館藏書記録注記“加 609”，可知此藏本原是“加賀文庫”舊藏，即加賀豐三郎氏(1872—1944)的舊藏，而且其藏書收有多位名家手迹、帖、込帖、雜誌類等，故這個抄寫本當是其中一種。從此藏本内容不完整、抄寫有序的情形推測，筆者以爲可視作伊藤維楨的稿本。

伊藤維楨《讀近思録鈔》跋文云：

> 晦庵跋《近思録》云“懼夫初學者不知所入也，因掇取其關於大體而切於日用者”。蓋以太極陰陽、鬼神性命之説，爲所入之説而求端之方矣。謹按，聖門之教，以德行爲學，雖有言語、政事、文學等科，本德行中一事焉耳。未聞以太極陰陽、鬼神性命之説，爲所入之説而求端之方也。議論之高莫宋人若，而後之學者亦惟知悦議論之高，而未知其離道德實昉於此。蓋道德盛則議論平，道德衰則議論高，議論愈高，離道德愈益甚焉，而人倫日用之功蔑如矣，若佛老之説及理學者流之學是已。大抵宋之一代，禅學大行，上自文武百官，下至於賈人賤匠、老尼幼女，凡少識字者皆莫不習禅，浸淫染漬，靡然成風，雖老師宿儒不覺自陷於其窠臼而不能逃焉。於是以悟爲的，廢百事趨之。苟於太極陰陽、鬼神性命之説有得焉，則爲學已至而不知其與聖門德行之學實相背馳，何也？蓋失道德則必以理性爲主，以理性爲主則必以悟入爲要，其論雖高而實空疏矣。惜哉！著《讀近思録鈔》，其詳於《語》《孟》字義者，不復贅於此。時元禄辛未之歲春三月，日東洛陽伊藤維楨謹識。

（二）伊藤維楨《讀近思録鈔》，漢文抄寫本

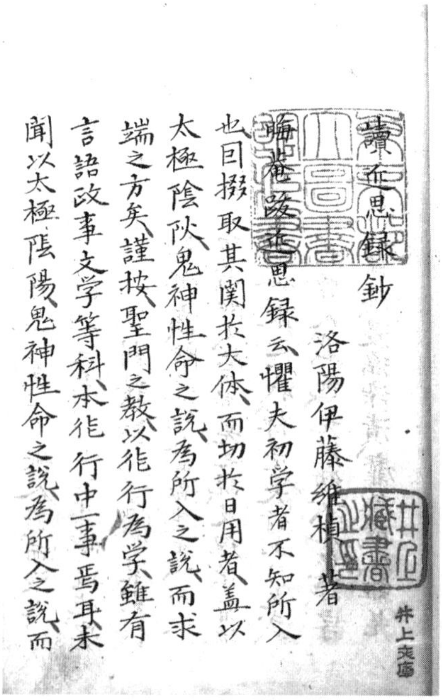
讀近思録鈔
洛陽伊藤維楨 著
晦菴跋近思録云懼夫初学者不知所入
也因掇取其関於大体而切於日用者蓋以
太極陰陽鬼神性命之説爲所入之説而求
端之方矣謹按聖門之教以行爲学雖有
言語政事文学等科本於行中事焉耳未
聞以太極陰陽鬼神性命之説爲所入之説而

圖 14－10 《讀近思録鈔》，漢文抄寫本

該抄寫本是將伊藤維楨、伊藤東涯父子二人的四篇短文合爲一册。首葉題記："《極論》《讀近思録》《太極圖説管見》《太極圖説十論》，伊藤仁齋先生著、東涯先生著，全。"

《讀近思録鈔》編排在《極論》之後，全文是在素紙上漢字抄寫，書體爲精美楷書，編排整齊，每半葉八行十六字。卷端葉首行頂格題"《讀近思録鈔》"，次行低六字格題署"洛陽伊藤維楨著"，第三行頂格抄寫伊藤維楨《讀近思録鈔》序文。在序文之後抄寫《近思録》語録選文與"維楨按"語，皆單列頂格編次。在周敦頤語"無極之真二五之精妙合而凝"之後，没有抄"吾性感動而善惡分萬事出矣"此句，更無對此句的劄記。因爲其下一頁便是《太極圖説管見》一文（書影見圖 14－10）。

東京都立中央圖書館藏本（井上文庫 0212），1 册，四眼綫裝。鈐朱文印"井上文庫""井上巽軒藏書之印""井上藏書之印""東京都立圖書館藏書"。文中有朱筆點逗。藏本封底朱筆書："明治十七年十一月一日得之於日蔭巷書肆，内藤耻叟。"故此本是内藤耻叟舊藏之物。

據此館藏書印章"井上巽軒""井上文庫"，可知此藏本原爲巽軒井上哲次郎井上文庫舊藏，明治十七年（1884）内藤耻叟購得，並用朱筆批點。儘管井上哲次郎此藏本的具體抄寫者尚不明確，但從抄寫整齊美觀的角度看，已非稿本，很可能是明治年間的抄本，且從内容、體例上推斷，宜是源自上述稿本。

（三）寶曆十四年小田惟明抄寫本

伊藤仁齋《讀近思録鈔》藏於東京都立中央圖書館的均爲漢文寫本，一般

都是與伊藤的其他著述組合在一起。而另一部《讀近思録鈔》日文本，收録在《古學先生别集》中，藏家著録爲寶曆十四年(1764)小田惟明抄寫本。日本國立國會圖書館藏本(詩文—1033)《古學先生别集》四卷，是伊藤仁齋著、伊藤蘭嵎(1694—1778)編，4 册[①]。遺憾的是筆者尚未仔細查閱此書，具體詳情待考。

另外，伊藤仁齋《讀近思録鈔》被收入関儀一郎編《日本儒學叢書》第五卷，爲活字本，株式會社鳳出版於昭和五十三年四月出版。

三、淺見絅齋的《近思録》"師説"與"筆記"

淺見絅齋(1652—1711)，名安正，初名順良，稱重次郎，號絅齋，近江(今滋賀縣)人。爲山崎闇齋門人三傑之一。著有《聖學圖講義》《易學啓蒙講義》《孟子浩然章講義》《中庸説》等。對於《近思録》他曾做過講解，其弟子也做過記録，弟子中若林强齋嘗抄録成《近思録道體講義》。

關於其《近思録師説》，陳榮捷説此書"又名《近思録講義》，寫本。一齋寫學於絅齋門人若林强齋，强齋有《近思録道體講義》，即絅齋所講。享保十七年寫本，又稱《近思録無極太極章講義》，有寫本。加藤謙齋亦於元文四年録《近思録道體筆記》一本。至《近思録師説》之天明八年寫本，則必據早年鈔本所寫也"[②]。據此可知，《師説》是在《講義》的基礎上形成的，曾有享保十七年(1732)强齋抄録本、元文四年(1739)加藤謙齋抄録本、天明八年(1788)寫本。

(一)《近思録道體師説》，加藤謙齋日文抄寫本

九州大學藏有一種《師説》本，是淺見絅齋講述《近思録道體師説》，加藤謙齋(1669—1724)於享保十年(1725)録，寶曆十二年(1762)奥野篤之(1736—?)抄寫。該藏本(坐春風文庫/35/116)，1 册。書中注記云："右《道體》一卷，絅齋先生所説，而門人加藤謙齋所録也，享保乙巳秋九月廿二日曉窗下了。""寶曆十二年壬午夏五月三日夜於江府四番町寫之，奥野篤之。"[③]遺

① 藏於日本國立國會圖書館"古典籍資料室"，見網站 http://www. ndl. go. jp/jp/service/index. html

② 陳榮捷《朱學論集》，第 109 頁。

③ 參見京都大學圖書館藏書檢索網站 https://op. kulib. kyoto-u. ac. jp/webopac/catdbn. do

憾的是筆者未能目驗此抄本,詳情待考。

(二) 淺見絅齋《近思録師説》,日文抄寫本

澤田重淵(? —1782),號一齋,絅齋再傳門人。其抄録《師説》的日文寫本,關西大學圖書館有藏(L24),1 册。據京都大學網站記載,淺見絅齋講《近思録師説》十四卷,弘化五年(1849)寫本。扉葉有書名"近思師説",注記"澤田重淵録","天明八年跋新齋寫本の寫本"①。因筆者無緣見到此抄寫,詳情待考。

(三) 淺見絅齋《近思録筆記》,文政五年抄寫本

淺見絅齋《近思録筆記》,文政五年(1822)片峰諒抄寫,關西大學圖書館藏本(L24),2 册。卷首抄寫:"元禄甲申正月二十六日開講。"注記:"片峰敬吾舊藏。"③元禄甲申,即元禄十七年(寶永元年,1704),可知是絅齋晚年所講。筆者未能見到此寫本,詳情待考。

四、佐藤直方《近思録筆記》日文抄本

佐藤直方(1650—1719),名直方,通稱五郎左衛門,備後(今廣島縣東半部)人。山崎闇齋門人。著有《詩經筆記》《大學講義筆記》《四書便講》等。他是山崎闇齋學派代表之一。三宅尚齋《默識録》第三卷説:"直方先生與人語,非《小》《近》、四子未嘗載於口舌,才之穎,辭之敏,終日與人談學,譬喻百端,殆教人踴躍自得矣,實東方一人耳。所憾者,其學止於《小學》、四子、《近思》之間,不吻合於《近思録·致知篇》所載先賢之語多,而其見識之徹,未知能入精微否?"③"直方先生讀書甚簡,不及於六經,唯試之四書、《小學》《近思録》而已,故其徒之學甚孤陋。"④其思想淵源於程朱,認爲程朱是道統的正統。佐藤直方評論程朱道:"孔、曾、思、孟之後,接其道統者,周、程、張、朱也,吾人所學豈外此而他求乎?"⑤

---

①② 參見京都大學圖書館藏書檢索網站 https://op.kulib.kyoto-u.ac.jp/webopac/catdbn.do

③ (日)三宅尚齋《默識録》,第 518 頁,見《日本倫理彙編》第 7 册本。

④ (日)三宅尚齋《默識録》,第 522 頁,見《日本倫理彙編》第 7 册本。

⑤ 朱謙之《日本的朱子學》,第 269 頁。

佐藤直方撰寫的《近思録筆記》，主要劄記自己對相關語録的理解，而非注釋《近思録》。日本國立公文書館藏有抄寫本（書影見圖 14－11），藏本封皮左上書簽署“《佐藤先生語録》（全）”，扉葉書寫“《佐藤先生國字筆記》”。正文第一行書“近思録筆記”，接之用日文抄寫。每半葉十二行，版心抄“近”“一”。若據卷端抄寫的書名，此抄本書名當謂“《近思録筆記》”。儘管這個抄本收録内容較雜，然從書體看卻是一人所抄。至於何時抄寫、何人編次，尚不明確。陳榮捷説是“爲門人録其所説《近思録》首四卷”，中文寫本現藏東京無窮會[①]。

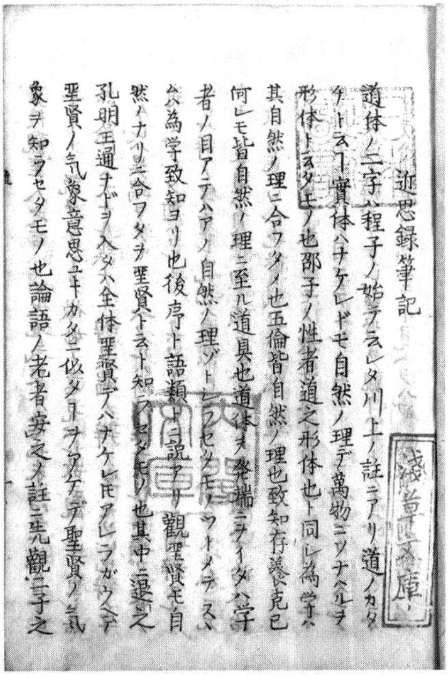
近思録筆記
道体ノ二字ハ程子ノ始テ云レタ川上ノ註ニアリ道ノカタ
チトスト實体ハナケレドモ自然ノ理デ萬物ニソナヘルヲ
形体トスタモノ也邵子ノ性者道之形体也ト同レ為学ハ
其自然ノ理ニ合フタメ也五倫皆自然ノ理也致知存養克己
何レモ皆自然ノ理ニ至ル道具也道体ヲ発端ニスヘイタハ学
者ノ目アテハアノ自然ノ理ゾトシラセタモノソトメテス、
此為学致知ヨリ也後序ト語類トニ説アリ観聖賢モ自
然ハナリニ合フタヲ聖賢トスト知ラセタモノ也其中ニ退之
孔明王通ナドヨ入タハ全体聖賢デハナケレドアレラガウヘテ
聖賢ノ氣象意思ユキカタニ似タコトナアヲデ聖賢ノ氣
象ヲ知ラセタモノ也論語ノ老者安之ノ註ニ先觀二子之

圖 14－11　佐藤直方《近思録筆記》，日文抄本

國立公文書館藏本（190—0335 號）1 册中收録的《近思録筆記》，抄作四葉，此後則爲《西銘講義》《伊川易傳序》，其後的空白葉書寫《佐藤先生語録》，隨之又抄有《稻葉正義所録》（乙未），其中一葉書“享保己亥”字樣。這一部分抄完後，另一空白葉上書寫“《迂齋先生語録抄略》”，隨之抄有《迂齋先生語録抄略》。藏本五眼綫裝。鈐朱文印“淺草文庫”“内閣文庫”“日本政府圖書”。

稻葉迂齋（1684—1760），名正義，通稱十五郎、十左衛門，號迂齋，江户（東京都）人。受業於佐藤直方，仕於唐津藩。著有《朱易衍義講義》《易經講義》《大學講義》等。

五、三宅重固《讀近思録筆記》漢文寫本

三宅尚齋（1662—1741），名重固，字實操，通稱儀左衛門，後更丹治，號尚齋，播磨（今兵庫縣西南部）人。他是山崎門下三傑之一，“學程朱而弗違”。

---

① 陳榮捷《朱學論集》，第 109 頁。

著有《朱易衍義筆記》《易學啓蒙筆記》《大學三綱領口義》《讀近思録筆記》等，又與天木時中共著《近思録天木氏説》，有寫本藏名古屋蓬左[1]。

尚齋《讀近思録筆記》側重於對《近思録》文義的記録，現有寫本傳世。東京都立中央圖書館藏本，是在印製好框欄行格的紙上抄寫，書體古拙，每半葉九行十八字，注文小字雙行同。四周雙欄，有界行。白口，單魚尾。版心魚尾上方常常題記篇名(如“道體”)，下方題記頁碼，版心下端印有“雲林院藏”字樣。“道體”篇首葉首行低一字格題“道體”(下有雙行小字“《淮南子》十四注言訓篇云‘無爲者道之體也’”)，次行頂格抄寫對篇名的解説，之後將所讀《近思録》某條語録或某段文字進行截録，隨之劄記。抄寫本在每則讀書筆記的天頭處用墨筆畫一圈“○”，以示提醒。

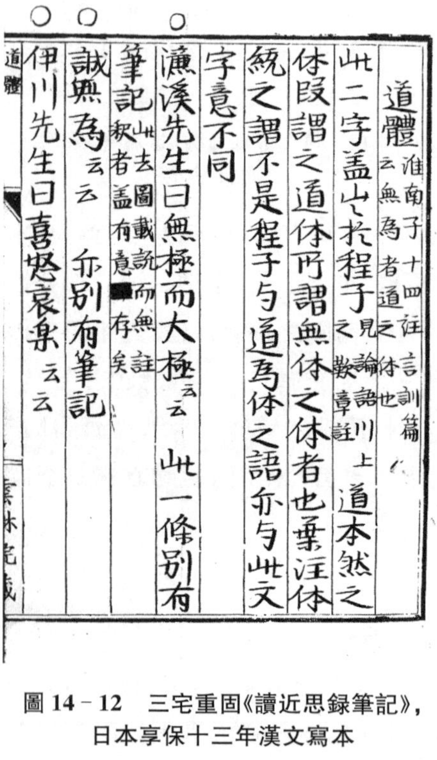
道體 淮南子十四詮言訓篇云無爲者道之体也
此二字蓋出於程子見論語川上之數章註道本然之
体段謂之道体所謂無体之体者也葉注体
統之謂不是程子与道爲体之語亦与此文
字意不同
濂溪先生曰無極而大極云云 此一條別有
筆記此去圖載說而無注釈者蓋有意■存矣
誠無爲云云 亦別有筆記
伊川先生曰喜怒哀樂云云

圖 14－12 三宅重固《讀近思録筆記》，日本享保十三年漢文寫本

此抄寫本的卷首首葉頂格題“《讀近思録筆記》，享保十三年戊申十月”，次行低九字格題署“三宅重固著”，接之抄寫内容是述説《近思録》書名之意、編録此書之意，並加評議，隨後評析了中國古代多位《近思録》注家的注本。在此抄寫本末葉題記“舊日所筆記大概得之更思，元文丁巳七月”。據此可推斷此寫本是三宅重固筆記自己讀《近思録》的心得，於享保十三年(1728)撰寫，元文丁巳(即元文二年，1737)抄寫完成。從首葉所鈐朱色陰文印“雲林院藏書”，可知該寫本是用雲林院專門印製的有框欄行格的紙抄寫。

東京都立中央圖書館此藏本(加00794，書影見圖14－12)，1册。鈐朱文印“加賀文庫”。可知其原爲加賀豐

[1] 陳榮捷《朱學論集》，第109頁。

郎氏舊藏。

另據陳榮捷説，三宅尚齋《讀近思録筆記》中文本，還有日本享保十四年(1729)寫本，現藏東京無窮會①。並且，尚齋此《筆記》恐非僅存上述所言抄寫本，因爲其他地區也藏有抄寫本，如關西大學圖書館藏有尚齋《讀近思録筆記》，寬政十年(1798)"片峰正明寫本"(手稿)，藏本(L24)，2 册，寬政九年至寬政十年日文抄寫。注記云:"寬政九丁巳八月十九日起筆，翌年九月十三日書寫成。"②九州大學圖書館猶有藏本(碩水文庫/キ/15)，3 册。注記:"享保十四年己酉十一月尚齋草。"③題簽書名:《近思録筆記》。

六、五井蘭洲《近思録紀聞》漢文抄寫本

五井蘭洲(1697—1762)，名純禎，字子祥，通稱藤九郎，號蘭州、洌庵、梅塢，大阪人。蘭州學宗程朱，排斥陸王之學。其學問大本則以朱子學爲依歸，是繼中井甃庵之後的大阪懷德堂學主。門人有中井竹山、中井履軒等。撰有《左傳蓄疑附事態》十二卷、《爾雅翼》四卷、《近思録紀聞》十四卷。據陳榮捷説，《近思録紀聞》引朱子之説，又發揮五井蘭洲本人思想，精彩之處不多。其漢文抄寫本現藏大阪圖書館④。

七、小出唯知《近思録會讀筆記》漢文寫本

小出唯知(1699—1784)，是久米汀齋的門人，撰有《近思録會讀筆記》，其漢文寫本，現藏東京無窮會⑤。詳情待考。

八、中井竹山《近思録説》漢文抄寫本

中井竹山(1730—1804)，名積善，字子慶，稱善太，號竹山、同關子、雪翁。中井甃庵(1693—1758)之子。播州人。中井竹山少時師事五井蘭洲，是繼蘭

---

① 陳榮捷《朱學論集》，第 109 頁。陳先生還説:"又稻葉通邦寫本一册。約注《近思録》四分之一，不重思想而重文義，略校諸本之字異同。引朱子語而指明《語類》卷數。"

②③ 參見京都大學圖書館藏書檢索網站 https://op.kulib.kyoto-u.ac.jp/webopac/catdbn.do

④ 陳榮捷《朱學論集》，第 110 頁。

⑤ 陳榮捷《朱學論集》，第 112 頁。

州之後的懷德堂學主，爲大阪朱子學派代表。“其學雖專奉宋學，然不陷於如山崎派、惺窩流等偏隘固陋，唯其之大本依據朱説耳”①。他長於文史，著有《易説》《書斷》《四書斷》等。

中井竹山撰有《近思録説》，分卷不嚴格，從現有“爲學類”“警戒類”“辨異端類”“觀聖賢類”等推測，很可能依從葉采所擬。其内容是針對《近思録》語録的部分文字或相關注文等分别進行注釋，或作評判，或作校勘。如卷十四：“觀聖賢類。注董仲舒之‘仲’，或作‘仙’，誤矣。‘仲尼之元氣也’云云，注坱圠無限際也，‘圠’作‘北’，非矣。‘仲尼天地也’云云，注一本和風慶雲者，協氣祥光也云云，不可以。孔子儘是云，注……張子西歸年五十餘，後八十卒。”

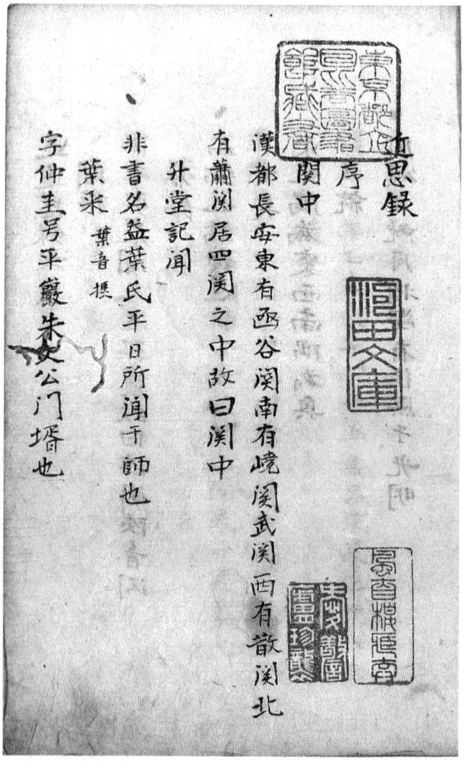
近思録
序
関中
漢都長安東有函谷関南有嶢関武関西有散関北
有蕭関居四関之中故曰関中
升堂記聞
非書名盖葉氏平日所聞于師也
葉采 葉音摂
字仲圭号平巖朱文公門婿也

圖 14－13　中井竹山《近思録説》，漢文抄寫本

此《近思録説》東京都立中央圖書館藏有一部漢文抄寫本（書影見圖 14－13），首葉首行頂格題書名“《近思録》”，接之另起一行低一字格題寫“序”，然後對南宋葉采此序文中的語詞進行解説，如：“‘關中’，漢都長安東有函谷關，南有……故曰關中。‘升堂記聞’，非書名，蓋葉氏平日所聞於師也。‘葉采’，葉音攝，字仲圭，號平巖，朱文公門婿也。……‘與聞次輯之意’，‘次’一本作‘决’，非矣。”卷一正文前的這些内容主要是對葉采《近思録集解序》《進近思録表》、朱熹序等的相關文字進行解説。

此抄寫本是在素紙上用漢文抄寫，書體清秀，抄録工整。每半葉九行二十字。卷一卷端葉首行頂格題“近思録卷之一”，次行低一字格抄

① 張文朝編譯《江户時代經學者傳略及其著作》，第 32 頁。

寫："朱子曰：'修身之法，《小學》備矣；義理精微，《近思録》詳之。'又曰：'四子，六經之階梯；《近思録》，四子之階梯。'又曰……"另起一行低一字格抄寫："李果齋曰：'《學》《庸》《語》《孟》《小學》《近思録》，此六者學者飲食裘葛準繩規矩，不可須臾離也。'"另起一行低一字格抄寫："胡敬齋曰：'學者當以《小學》《近思録》熟讀體驗有所得，然後方可博觀群書。'"接之在另一葉低一字格抄寫："《近思録》諸書，何基著《發揮》，戴亨著《補注》，柳貫著《廣輯》，蔡模著《續近思録》。模，元定之孫，號覺軒，又輯南軒、東萊之言著《近思別録》。林次崖曰……先師曰……"

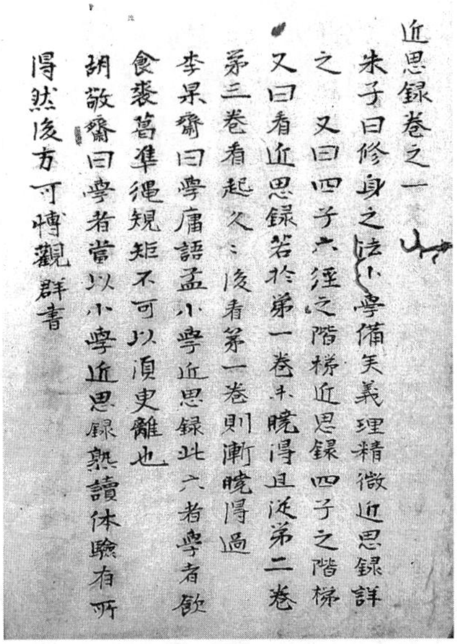
近思録巻之一
朱子曰修身之法小學備矣義理精微近思録詳
之　又曰四子六經之階梯近思録四子之階梯
又曰看近思録若於第一巻未曉得且從第二巻
第三巻看起久〻後看第一巻則漸曉得過
李果齋曰學庸語孟小學近思録此六者學者飲
食裘葛準繩規矩不可以須臾離也
胡敬齋曰學者當以小學近思録熟讀体驗有所
得然後方可博觀群書

圖 14 - 14　《近思録説》，漢文抄寫本

在此抄寫本卷十四末的左面空白處有墨筆題識："右竹山先生《近思録説》，辛巳嘉年月十八烏浪速早歸反容見贈。坦。"東京都立中央圖書館藏本（121—KW—072，書影見圖 14 - 14），1 册，四眼綫裝。鈐朱文印"河田文庫""愛謍廬珍襲""東京都立日比谷圖書館藏書"等。天頭有漢字朱筆批校。

綜上情形，此本書名是依據"坦"的題識而定爲《近思録説》，因爲卷首没有如此題署。此藏本原爲河田文庫舊藏，該文庫曾藏有佐藤一齋著述及筆記等，因而筆者據藏本題識"坦"字推測，此本乃佐藤坦批校本。佐藤一齋主要生活在日本文政、天寶年間，題跋所云"辛巳"，當是文政四年（1821），那麽烏浪速早所贈此抄本應是在此之前抄寫完成。

另據陳榮捷説，中井竹山有"又一本名《近思録標記》"，爲寫本，現藏東京無窮會，"集朱子、黄榦、真德秀等人之説頗多。另有兩寫本名《近思録説》和《近思録斷》"，亦藏東京無窮會[①]。該處藏本，筆者未見，待考。

① 陳榮捷《朱學論集》，第 110 頁。

九、宇井默齋《近思録筆記》日文寫本

宇井默齋(1724—1781),名弘篤,字篤信,稱小一郎,肥前(佐賀縣及長崎縣一部分)人。受業於久米汀齋,探究理學多年,曾仕於古河藩,以講學爲業。撰有《周易本義筆記》《論語説》等。關於其《近思録筆記》,陳榮捷説:宇井默齋"《近思録筆記》,序目、道體,一册。《近思録講義筆記》,道體至出處,四册。《近思録口義》,道體、致知,二册。日文三寫本",現藏東京無窮會[①]。關於此本詳情,待考。

十、日原坦齋《近思録筆記》抄寫本

關於此書,筆者尚未見到,據陳榮捷《朱學論集》著録云:"日原坦齋《近思録筆記》,文化十四年(1817)板倉重深寫本",現藏東京無窮會[②]。詳情待考。

十一、佚名《近思聽録》《近思道體首章之筆記》寫本

這兩部書的撰者不明,存有寬政十年(1798)至文化元年(1804)日文抄寫本(手稿)。關西大學圖書館藏本(L24),2 册。注記曰:"《近思聽録》:文化元甲子九月講(楢崎永和録)。《近思道體首章之筆記》:寬政十年戌八月二日講,第二席同三日之講(稲葉力行録),同九日講(門人録),久山先生資講(大谷主一録)。"[③]

第三節　日本學者《近思録》講義類文本考述

日本學者在講學華夏經典時,往往樂於編纂講義以助教學,因而他們在給門人或學童講解《近思録》文獻時,或自編或門人依據先生講義編纂了各具特色的"講義類"文本。今分述如下。

---

①② 陳榮捷《朱學論集》,第 112 頁。

③ 參見京都大學圖書館藏書檢索網站 https://op.kulib.kyoto-u.ac.jp/webopac/catdbn.do

一、剛庵獨録《近思録講義》日文寫本

剛庵獨録，生卒年不詳。其《近思録講義》抄寫本是在“長恨歌傳”紙背上用日文抄寫（衹有標題是漢文）。此寫本封面墨筆題記“近思講説 雜記”，首葉墨筆書“天竺勝滿婦人……”。接之抄寫：“〇知時識事條……〇大畜初二條……〇諸卦二五條……〇聖可學矣條……〇易始生條……〇動息節宣條……〇慎言語條……〇震驚百里條……”寫本末葉有漢字書寫“天正七年己午六月如意殊日”（“己午”二字是用朱筆寫）。此寫本第十葉標題“存養”下署“剛庵獨録”。因而，該本可能是日本天正七年（1579）剛庵獨録抄寫。

這部寫本藏於慶應義塾大學圖書館，1 册。鈐朱文印“慶應義塾圖書館藏”。《慶應義塾圖書館和漢貴重書目録》子部儒家類著録説：“《易講義・近思講義》，剛庵獨録撰，天正七年（1579）寫。”[1]天頭行間多漢文、日文批注。

二、室鳩巢《近思録道體講義》漢文抄寫本

關於日本社會在江户時期之所以仍提倡儒學，黄遵憲曾經有過論述，他在《日本國志》第三十二卷《漢學》中説：“逮德川氏興，投戈講藝，藤、林諸人，卓然崛起，於是有爲程朱學者，有爲陸王學者，有爲韓柳之文、王李之詩者，益彬彬稱極盛焉。”[2]江户幕府“專欲以詩書之澤，銷兵革之氣。於是崇儒重道，首拔林忠於布衣，命之起朝儀，定律令。俾世司學事，爲國祭酒。及其孫信篤，遂變僧服，種發，稱大學頭，而儒教日尊。……諸藩聞風仿效，各建學校。由是人人知儒術之貴，争自濯磨。文治之盛，遠越前古”[3]。

江户前期，德川家宣（1709—1712）重用新井白石、深見天漪、三宅觀瀾、室鳩巢等大儒，諸大名也對儒學進行保護獎勵。德川吉宗（1716—1745），對普及儒教盡力最多，曾經主持訓點清順治時頒行的《六諭衍義》，又命室鳩巢用日文譯此書大意，享保七年（1722）刊行。

室鳩巢（1658—1734），名直清，字師禮，號鳩巢、滄浪、駿臺。江户（東京

① 慶應義塾圖書館編《慶應義塾圖書館和漢貴重書目録》，第 133 頁。

② （清）黄遵憲撰，李紹平校點，《日本國志》第三十二卷《漢學》，嶽麓書社，2016 年 8 月 1 版，第 1085 頁。

③ （清）黄遵憲《日本國志》第三十二卷《漢學》，第 1070—1071 頁。

都)人。幼聰悟,十四歲受業於木下順庵[1]。他尊信朱子,爲江户時代京師朱子學派領袖。著有《周易新疏》《四書講義》等。他宣導大義名分,固守朱子學,贊朱子《太極圖説解》,駁斥羅整庵之説,斥責葉采《近思録集解》取張南軒性説代朱子有物必有性之説爲非[2]。故朱謙之認爲他是"完全站在朱子學的立場,宣導擁護幕府的思想"[3]。由於他墨守朱子學,故反對山崎闇齋,反對古學派,反對神道思想,因而深得幕府信任。他奉幕府之命著《六諭衍義大意》《五倫五常名義》。其《近思録道體講義》,主要内容是發揮朱熹哲學思想。如對於《近思録》卷六"問孀"至"極大"的注解,很明顯有維護程朱之意。室鳩巢按語云:"《儀禮・喪服》有繼母嫁爲之服,又有爲繼父同居者服,似不與程子之説不合。下文所舉程太中《行狀》又有女兄之女寡,太中嫁之,亦似與今説齟齬。此不可執一論也。既嫁未久而夫死,妻稚無子可依託者,禮許再嫁,亦聖人待物之恕也。若夫既嫁多歷年月,行夫婦之義已久,則夫死當撫孤守寡,乃再嫁,是失節也。今云孤孀貧窮,則是必有子有家可以守寡者,不可以貧窮再嫁也,餘有再嫁,義當並考矣。"

室鳩巢《近思録鳩巢先生講義》十四卷,京都大學藏有漢文楷體抄寫本。此抄寫本是在素紙上抄寫,編次非常工整。每半葉九行二十字,注文小字雙行十九字。卷一卷端頂格題"近思録鳩巢先生講義",次行低二字格題"道體",其下爲注文雙行小字。此抄寫本每卷每條語録單列,用大字抄寫《近思録》某條語録的起訖,或直接用大字抄寫《近思録》語録,或將原語録文字分成若干語段,分别講解,或概述爲"某某全章",然後隨之講解。室鳩巢講解文字爲雙行小字,且在漢字注文中還夾雜着日文。我們依據卷端題署稱此書謂"《近思録鳩巢先生講義》",其講義的各卷大綱與葉采《集解》所擬同。

室鳩巢講義的文字,或先簡要解説此條,或引《近思録》相關注文,或簡言

---

① 木下順庵(1621—1698),名貞干,字直夫,號錦里,又號順庵,平安人。篤信朱子。其《題朱子詩》云:"遺經千歲决群疑,義理精微抽繭絲。仰止鵝湖論舊學,確乎鹿洞定新規。百王蓍鑒編《綱目》,四子階梯録《近思》。頓悟金谿何足貴,泗源嫡派舍君誰?"與當時的明儒朱舜水往來甚密。在京都教授諸生,有"木門十哲":新井白石、室鳩巢、雨森芳洲、祇園南海、南部南山、三宅觀瀾、松浦霞沼等十人。

② 朱謙之《日本的朱子學》,第 215 頁。參閲《太極圖述》卷下,《續日本儒學叢書》解説部第一,昭和二年至四年出版,第 61—80 頁。

③ 朱謙之《日本的朱子學》,第 218 頁。

“注……云云”，接之空出一字格的位置，以“直清按”的形式標明以下爲其注解；有的注解直接以“直清謂”或“今按”“按”“又按”的形式標注。“直清”乃室鳩巢之名。

該本正文前首葉抄寫《鳩巢先生講義近思録》(内容是對《近思録集解序》、《進近思録表》、朱熹序、吕祖謙跋等内容的講解)。另結合文中内容可知，室鳩巢是據葉采《近思録集解》本進行講解。

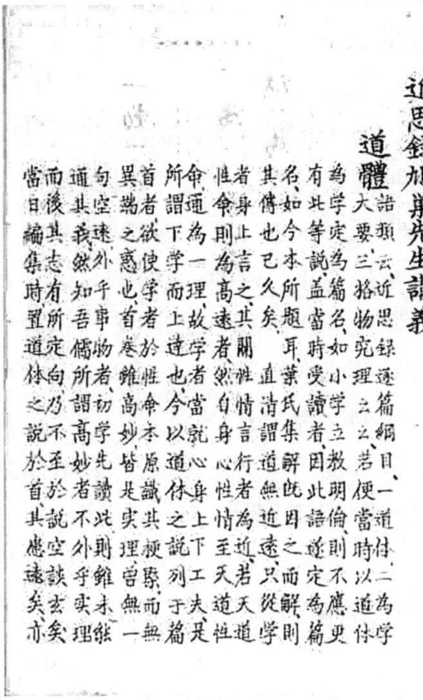
近思録鳩巢先生講義
道體

圖 14－15　室鳩巢《近思録鳩巢先生講義》，漢文抄寫本

京都大學藏本(谷村文庫 1—69キ2，書影見圖 14－15)，3 册(封皮爲櫻花暗紋的藍色厚紙)。鈐朱文印“京都大學圖書之印”，卷一部分有朱筆圈點。至於該寫本的具體抄寫時間、抄寫者，尚不清楚。

另據陳榮捷説，《近思録道體講義》漢文寫本，現藏東京無窮會。“又《近思録講義》，有中文寫本，無月日。其《近思録圖説》，中文，則衹講《太極圖説》”①。筆者除京都大學藏本外，尚未見到其他的本子。

三、若林强齋《近思録》講義的文本

若林强齋(1679—1732)，名進居，稱新七，號强齋、寬齋。京師人。清貧勉學，求學於淺見絅齋，與山本復齋、西依成齋共稱爲淺見三傑。以講説爲業，其學祖述師説，常以實踐躬行爲務。著有《大學講義》《四書筆記》《家禮訓蒙疏》等。《近思録》是强齋必讀之書，也是望南軒學塾的必修科目，因其研讀

① 陳榮捷《朱學論集》，第 109 頁。

滲透,《近思録》便成爲其講學的重要對象,其門人整理抄録的多種“講義”至今存世。

(一)《近思録師説講義》,有多部抄寫本

據陳榮捷説:“其《近思録師説講義》十四卷,乃寬齋所講,有數寫本。一爲其侄天明三年(1783)所録(藏無窮會),一爲天保四年(1833),乃集合强齋門人享保四年(1719)、十年、十三年所録而成(藏無窮會)。”

除此外,陳先生又説:“又一寫本(藏無窮會)與上略同,更有一寫本(藏無窮會),與此本無異。其《近思録講義》,寫本(藏無窮會),則止講第十、十一、十二三卷。書末云‘延享四年(1747)講經’,此時强齋已死十五年矣,故講者必非强齋也。强齋又有《近思録道體講義》(現藏京都大學),則《近思録師説講義》卷一之另抄也。”[①]

上述現藏無窮會的抄寫本,因條件所限我們無緣見到,其中藏於京都大學者,筆者兩次搜尋皆無果。

(二)《近思録道體師説》,日文抄寫本

此本爲若林强齋講述,日本寬政三年(1791)奥野篤之(1736—1803)抄寫,九州大學藏。其卷末抄寫:“右此《道體》一篇者,以大堀氏所持之記録書寫之者也。享保十五庚戌冬十一月十六日。”“右《道體》講義一卷,淺見文次郎藏書,而文没後高宫小林氏藏之。故予在高宫而講書之暇日謄寫焉。大堀氏者,强齋先生門人也。寬政三年辛亥十月十六日謄寫終,寧齋奥野篤之。”[②]可見此抄本底本原是享保十五年(1730)强齋門人大堀氏記録抄寫,寬正年間寧齋奥野篤之據大堀氏所記進行抄寫。九州大學藏本(坐春風文庫/35/114),1 册。

另外,九州大學藏有若林强齋《講義》本(坐春風文庫/35/80)。强齋先生《近思録道體講義》,有乾、坤二册。

---

① 陳榮捷《朱學論集》,第 109—110 頁。

② 参見京都大學圖書館藏書檢索網站 https://op. kulib. kyoto-u. ac. jp/webopac/catdbn. do

（三）若林强齋《近思録十四目講義》，日文抄寫本

該抄寫本四十二頁，無卷數，現藏東京無窮會。山崎道夫釋之，有 1960 年印本。這個印本我們在二松學舍大學圖書館見到，即山崎道夫《近思録研究序説》。此本是山崎道夫對若林强齋的《近思録十四目講義》進行解説，於昭和三十五年(1960)完成。

此藏本《序説》爲日文本，書名頁印“山崎道夫著/近思録研究序説/文榮社印行”（書影見圖 14－16）。鈐朱文印“惇齋文庫”。

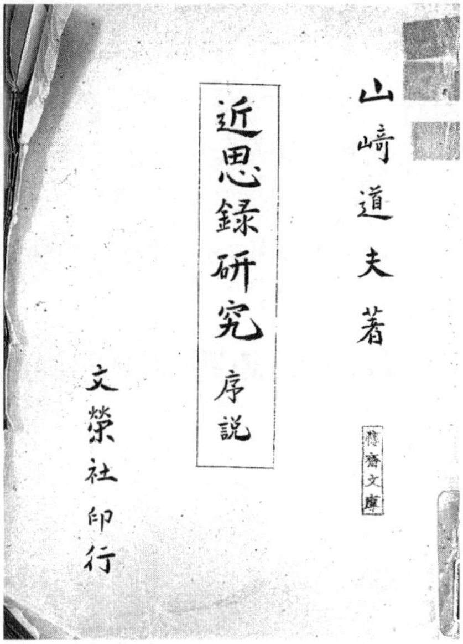

圖 14－16　若林强齋《近思録十四目講義》，寫本

卷首印有“序説”，《例言》(昭和三十五年十一月山崎道夫用日文寫的七條“凡例”)，《目次》(包括“十四目論”“若林强齋事歷”)，《近思録研究十四目》(序説，十四目論，若林强齋十四目講義，十四目)。緊接是“若林先生《近思録講義》十四目 全”，包括：本論一、《近思録》，本論二、十四目論，本論三、十四目各論。

第十四卷講義末有：“本文四、十四目講義 結語。……强齋先生延寶七年己未八日生，享保十七年壬子正月廿日終，享年五十有四歲。”

二松學舍大學圖書館藏本，1 册。鈐朱文印“二松學舍大學圖書館藏書”。紙黄脆薄。而此藏本則似影印本。

（四）《若林强齋の近思録十四目講義》，收録在國士館大學文學部《人文學會紀要》第 9 號，昭和五十二年日文印本

該講義，山崎道夫分作四部分講述：一、前言；二、論《近思録》十四卷：1. 朱子的每篇綱目與葉采《近思録集解》篇目，2. 山崎闇齋刊行《近思録》篇目，3. 崎門學派對十四卷的尊重；三、强齋十四目講義本文考證與解説、餘

論：1. 關於楠本海山、内天遠湖、織田确齋三種手譯本，2. 凡例，3. 本文考證，4. 解説、餘論；四、結語。

該書，東京堂出版編集部《新編帝國圖書館和古書目録》（上卷）有著録，云："《近思録一四目講義》，寫本（叢書科本六ノ内），若林强齋著。"[①]後來製作成鉛印本。筆者在日本國立國會圖書館所見藏本，收録在國士館大學文學部《人文學會紀要》第 9 號（第 77—106 頁），其編集兼發行者：國士館大學文學部人文學會，印刷者：誠友印刷株式會社。昭和五十二年（1977）印行。

四、小野道熙《近思録講義》日文寫本

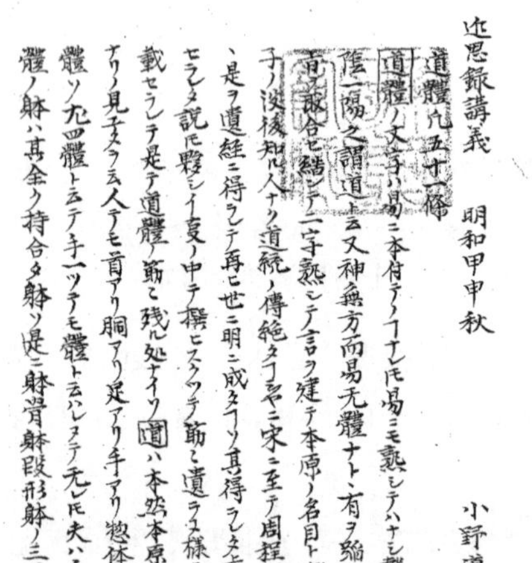
近思錄講義　明和甲申秋　小野道熙謹述
道體凡五十一條
明治 43. 4. 8 購求

圖 14－17　小野道熙《近思録講義》，日本明和年間寫本

小野鶴山（1701—1770），名道熙，稱平藏、勝藏、忠市郎，號鶴山、文關。豐後（今大分縣北部之外）人。受業於若林强齋，仕於小濱藩。著有《孟子講義》《近思録講義》等。其《近思録講義》十四卷，綱目基本上是依據葉采《近思録集解》，對《近思録》十四卷進行講述。

日本國立國會圖書館藏有日文抄寫本（書影見圖 14－17），該本是在素紙上抄寫，按照豎行編次方式抄寫，書寫工整。每半葉約十二行。每條《近思録》單列，前有朱筆圈上朱色"○"，以示醒目。

第 1 册首葉卷端首行頂格題"近思録講義"，越二字格題署"明和甲申秋，小野道熙謹述"，次行低一字格抄録本卷篇名與語録條目總數（如"道體凡五十一條"），第三行低一字格抄録日文講解。其内容是先對《近思録》原文進行簡要抄録概括，然後進行講解。如卷一第一條，抄作"濂溪先生曰無極而太極云

① 東京堂出版編集部《新編帝國圖書館和古書目録》（上卷），第 345 頁。

云”，接之另起一行講述該語録語意。第二條抄作“誠無爲幾善惡云云”，接着另起一行講述其意。也有用朱筆在講解文字上畫“同”形紅框。

第2册卷前抄寫“《近思録序講義》（對山崎嘉寬文十年的序文進行講解）”。接之題署“《近思録講義》，明和甲申秋，小野道熙謹述”。隨後抄寫：編集大意……；目録：……一卷道體……二卷爲學……十四卷聖賢……《近思録》（對《近思録》取材的14部書目進行講述）。此後抄寫：“《近思録》卷之二 講義。明和乙酉年。爲學凡百十一條……”

第3册抄録《近思録講義》明和乙酉秋小野道熙講述卷三至卷五的講義，第4册抄録《近思録講義》明和乙酉秋小野道熙講述卷六至卷九的講義，第5册抄録《近思録講義》明和乙酉秋小野道熙講述卷十至卷十四的講義。在《近思録講義》卷十四末題記：“《近思録》卷之十四，講義終。明和乙酉仲冬晦。”而且在卷十四尾題之後抄有《近思録後序》兩篇（即朱熹序、吕祖謙跋）。

因此，依據該抄寫本卷端所題，以及各卷題記的時間，可知此寫本是明和甲申（1764）至明和乙酉（1765）講述《近思録》時的文字記録，從時間上看，此時小野道熙健在，或許是其本人的清稿本。陳榮捷説，有“昭和元年（1764）日文寫本”[①]，此處存在文字訛誤，當以抄寫完成之時明和二年（1765）來計時。

國立國會圖書館藏本（229—337），5册。每册前内封上貼有一紙片，上書：“讀此編條約：正衣帶，盥漱潔，几案肅敬，正如對師方始得繙。雖有急速，必卷束整齊，拜戴而後方得起。若假於人者，沐浴具衣帶，親自拜趨須受之，切不許使價往來。不許或反曲，或垢污，或損敗，敬受護之。嚴不許示於庸俗無志之人，專爲己。右違條約者，切不許示此書。”從中可察日本社會對講述者的尊重、對圖籍的敬愛。

小野道熙《近思録講義》十四卷，九州大學藏有抄本（坐春風文庫/21），5册。卷首抄寫“明和甲申秋，小野道熙謹述”。卷十四末抄寫“《近思録》卷十四講義終，明和乙酉冬晦”[②]。明和乙酉，即明和二年。明和二年（1765）日文寫本。下小口注記：政事、教學、警戒、異端、聖賢，爲學，致知、存養、克己，家道、出處、治體、治法，道體。

---

① 陳榮捷《朱學論集》，第112頁。

② 参見京都大學圖書館藏書檢索網站 https://op.kulib.kyoto-u.ac.jp/webopac/catdbn.do

五、中村習齋《近思録講説》漢文寫本

中村習齋（1719—1799），名藩政，稱猪與八郎，號習齋，尾張（今愛知縣西部）人。初與其兄厚齋共同受業於小出侗齋，後入蟹養齋之門。爲尾張藩之文學，以博聞見稱，著述頗多，如《易學要略》《詩經講義》《論語講義》《大學講義》《諸經傳説》等[①]。《近思録講説》，是其講説寬文十年（1670）山崎闇齋日文訓點本時，習齋的批注、解説，現存漢文抄寫本，筆者未曾見到。據陳榮捷説，中村習齋"於山崎闇齋靈元十年（1670）所刊之《近思録》之書端及字裏行間下注甚多，解詞釋字甚詳。又引朱子、陳淳、三宅尚齋等人之言，並指明其出處，間亦評葉采。其門人亦有注"[②]。

中村習齋還有"《近思録助業考》與《近思録資講讀感興詩》（天保十五年，西野要齋所寫），均寫本一册（藏名古屋蓬左）"[③]。

六、稻葉默齋《近思録講義》日文抄寫本

稻葉默齋（1722—1799），名正信，稱又三郎，號默齋，江户（今東京都）人。他是稻葉迂齋次子，初學於其父，可謂左藤直方再傳弟子，後師從野田剛齋，爲唐津藩儒官。著有《易本義講義》《大學講義》《孟子講義》《中庸輯略講義》等[④]。陳榮捷説稻葉默齋《近思録講義》十四卷是其門徒抄録，有嘉永三年（1850）寫本，藏無窮會。另外，"其《近思録口義》寫本欠卷一、四、與十四。其《近思録筆記》寫本，則十四卷全"[⑤]。這幾處的藏本我們没能見到，在東京都立中央圖書館見過稻葉正信《近思録講義》卷八、卷九的漢文抄寫本。

稻葉默齋講述《近思録》的該寫本卷端署："治體、治法/默齋先生《近思録講義》。"卷八卷端署："近思録卷之八筆記/治體 凡二十五條/亥二月六日道生録。"卷九卷端署："近思録卷之九筆記/治法 凡二十七條/二月十九日 文七録。""道生""文七"恐是默齋門人，從上述各卷末的署名可見，這些《講義》

---

① 張文朝編譯《江户時代經學者傳略及其著作》，第 113 頁。

②③⑤ 陳榮捷《朱學論集》，第 110 頁。

④ 張文朝編譯《江户時代經學者傳略及其著作》，第 114 頁。

是其門人所録而成,具體時間待考。

東京都立中央圖書館藏本(加 00793),1 册,鈐朱文印“加賀文庫”,是愛書家加賀豐三郎氏(1872—1944)舊藏。關於默齋《近思録講義》的其他卷目,陳榮捷曾説“乃其門徒所録”,有日本寬政二年(1790)印本,此本衹有“道體”與“爲學”二卷,藏無窮會。

默齋《近思録講義》十四卷,九州大學有藏本(坐春風文庫),2 册,云“享和二年(1802),日文寫本”①。

七、日原先生《近思録六有西銘講義》日文抄寫本

手塚坦齋(1762—1834),名以道,號坦齋、困齋,初稱日原小源太。受業於稻葉默齋,爲土浦藩士。著有《學庸筆記》《近思録六有西銘講義》。

此《講義》,筑波大學藏本書皮左上書簽題寫“日原先生近思録六有西銘講義”,扉葉自右至左書寫:“默容韞義齋/日原翁《近思録六有西銘講義》。”扉葉之後有兩種書體的題誌,大字書寫“渡邊默容韞義齋”,“常州土浦之藩徒日原以道翁講義”。在“常州土浦之藩臣日原以道翁講義”之右,有書寫“改姓曰手塚改坦齋”(朱筆小字),左邊小字書寫“同可久録”,“此寫本母方從兄弟南部英左助之筆ニテ,誤字落字甚多,覽者リノ心得テ見ルーし,七十六翁”。因此,依據上述信息,初步推斷此抄寫本是日原先生的《近思録六有西銘講義》,是名叫“可久”者記録。

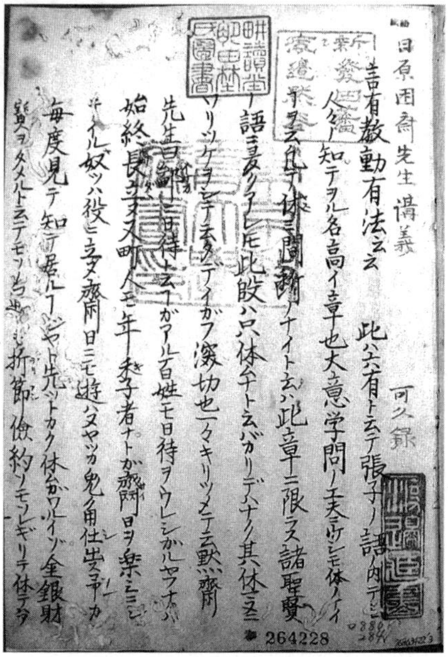

圖 14 - 18　手塚坦齋《近思録六有西銘講義》,日文抄寫本

此抄寫本每半葉十行,每行漢字二十字不等。書口下端題記頁碼。每條

① 參見京都大學圖書館藏書檢索網站 https://op.kulib.kyoto-u.ac.jp/webopac/catdbn.do

單列，除首字頂格外，其餘皆低一字格抄録。對於《近思録》語録的抄寫，不是全部抄録，多是概述式的以“某某某云云”方式編次。

正文卷首第一行漢字朱筆書寫“日原困齋先生講義，可久録”。正文中對於所講《近思録》語録，用漢文大字抄寫，講義則用日文書寫。卷末大字書：“文化十四丁丑年仲春□寫成，渡邊韫義書。”該寫本中有朱筆批點、校注，也有墨筆加日文訓點。抄寫時有勾改痕迹，頗似稿本。

日本文化十四年(1817)渡邊韫義抄寫本(書影見圖 14－18)。筑波大學藏本(ロ880—284)，1 册。鈐朱色白文印“渡邊藏書”，朱文印“新發田藩渡邊默容”“耕讀堂肥田埜氏圖書”“東京教育大學藏書印”。從藏書印章看，陳榮捷所説的“日原困齋(坦齋)《近思録六有西録講義》，寫本，藏教大”[1]，很可能是此寫本。

八、《近思録講義》藤原兼原抄本

藤原兼原主要生活在延享至寬政年間，他抄録的《近思録講義》十四卷，是其記録寶曆十年至寶曆十二年間乃師《近思録講義》講稿。

此日文抄寫本是在印有框欄行格的紙上抄寫(書影見圖 14－19)，每半葉十行約二十三字，四周雙欄，有界行。白口，單魚尾。版心魚尾上端印“寶曆戊寅之秋刻”，戊寅，寶曆八年(1758)；魚尾下記頁碼，版心下端印“源泉藏”三字。卷一卷端首行頂格題“近思録之一”，次行頂格抄寫本卷篇名語録條數(卷次、篇名、語録條數用漢字抄寫)以及講述的文字(日文)。正文中對於所講述的對象，即《近思録》語録，往往是每條語録單列，采用簡要引述的方式，然後緊隨其下抄録講解的文字(均爲日文)。除首條外，其餘各條上框欄天頭的位置畫一“○”。卷一末葉左題“近思録卷之一終。寶曆十年陽月廿三日講竟”。在此尾題右邊空格處有朱筆批注：“謹一閲多得本文之意，惟於性命章似有未説盡者，他日猶當思索而改焉。庚辰臘念一日。雄潤謹藏。”

---

① 陳榮捷《朱學論集》，第 112 頁。但是陳先生所題書名錯誤，當是《近思録六有西銘講義》。

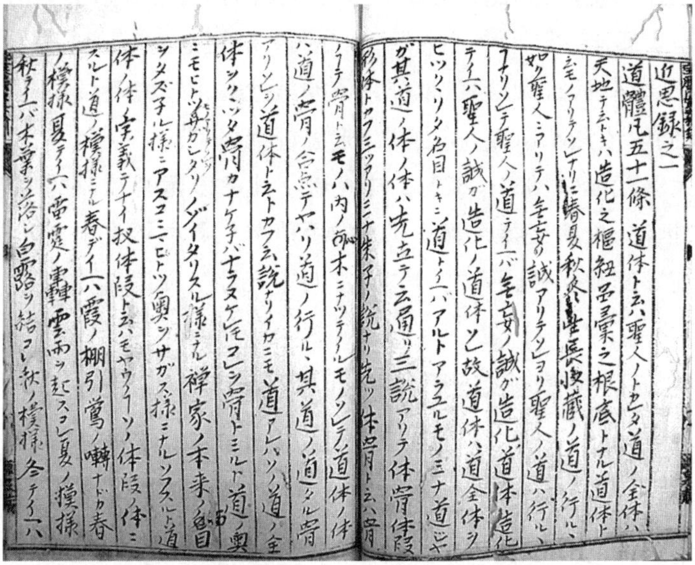

圖 14－19　藤原兼原《近思録講義》,日本明和年間抄本

筑波大學藏有此抄寫本,封皮左上墨筆題書名“近思録道體講義”。首葉墨筆行書題“近思録道體”五個大字。正文前依次抄寫《近思録引書目》、《近思録序》(標題下署“寶曆十年七月廿八日開講”)、《近思録目録》,講者分别對十四卷卷目進行講解。

《講義》在卷十四末的尾題“近思録卷之十四終”後,另葉抄寫《近思録後序》兩篇(即朱熹序、吕祖謙序),並作講解。在《近思録後序》末端左下書寫“寶曆十二(年)十二月三日講終”。而且在寫本卷末内封有“甲申之春”藤原兼原跋文,“寶曆十四年春”雄潤跋文。甲申年即寶曆十四年(即明和元年,1764),此本當於此時抄寫完成。

藤原兼原跋文云:“《近思録》凡十四卷,嘗得聽先生講説,原雖退而録之,顧謬誤過半,故嚮呈覽數卷,審蒙改正。於是瓦礫盡廢,隋珠忽赫然,豈不説哉! 今既至此末卷,復具機下,伏乞閑暇揮雌黄筆。是原之望,勿吝,幸甚! 甲申之春,藤原兼原拜。”(下鈐朱底白文印“藤原兼原”)

雄潤跋文云:“賢君所録,悉盡本文正旨,豈潤之愚能加其可否乎! 唯受命嚴,故謹抹乎焉之類已。寶曆十四年春三月,雄潤謹呈。”

綜合上述信息,可知此講義綱目基本依據葉采《集解》,其内容是寶曆十年(1760)至寶曆十二年間藤原兼原老師的講稿《近思録講義》,藤原兼原於寶曆十四年記録完成,雄潤珍藏、批校。依據該抄寫本卷一卷端所署,難以確定書名,故我們暫依藏家所擬,稱之謂“《近思録講義》”。

筑波大學藏本(ロ880—62),2 帙 6 册。其中多處有校改的痕迹,有雄潤朱筆圈點、批注,故應是藤原兼原抄録的手稿本。藏本鈐有朱文印記“南摩文庫”“東京高等師範學校圖書之印”“大正四年五月三日編入”。

九、内藤耻叟講述《近思録》《近思别録》本

内藤耻叟(1826—1903),字仲養,别名内藤正直、内藤碧海,號耻叟。常陸(今日本茨城)人。受業於會澤正志齋、藤田東湖。在日本明治維新後,專以明古道爲己任。主要著述有《平治物語注釋》《安政紀事》《德川實紀》《易辭一覽》《周官講義》《孝經講義》《墨子文中子講義》《四書講義》等。其《近思録講義》十四卷,重在釋義,有寫本、印本存世。

(一)《近思録講義》,日文寫本

據陳榮捷《朱學論集》説,此寫本現藏京大、國會圖書館①。然筆者在這兩處藏書機構均未能找到,故此本待考。

(二)内藤耻叟講述《近思録》十四卷、《近思别録》十四卷,明治二十六年博文館印本

此印本每頁十五行,《近思録》原文爲漢字大字,每行頂格印二十三字,在其左右下角印有日文訓點、句讀小圈“◦”;内藤耻叟的講述文字爲日文小字,且低於《近思録》原文一字格印刷,每行三十六字。除《近思録》每卷首條語録外,其餘各條語録上印有“○”,以作標示。在書眉位置印有“近思録講義”(下畫雙横綫)。卷一卷端頂格題“近思録卷之一”,次行低二字格題“道體類 凡五十一條”,第三行低二字格印内藤耻叟的講述文字,此後另起一行頂格印正

① 陳榮捷《朱學論集》,第 111 頁。

文，即内藤耻叟對《近思録》各條語録的講述。卷末有尾題“近思録卷之某終”（書影見圖 14－20）。

該印本封面爲緑色，上横行印“支那文學全書”，下三豎行自右至左印“内藤耻叟講述/第拾六編 近思録講義 全/東京 博文館藏版”。書名頁分三豎行印“正七位内藤耻叟講述/近思録講義 全/東京 博文館藏版”。

書名頁之後依次印有明治二十六年二月内藤耻叟《近思録講義》“緒言”，内藤在此列出了《近思講義録》622 條語録十四卷的篇目，即道體類、爲學類、致知類、存養類、克己類、家道類、出處類、治體類、治法類、政事類、教學類、警戒類、辨異端、觀聖賢，文末署“明治二十六年二月内藤耻叟識”。此後是内藤氏對朱熹序文進行講述（此處卷端題署“近思録講義，内藤耻叟講述”），朱熹序文印作漢文大字，講述文字印作日文小字，隨後有《近思録》（引用原書ノ目録也）。依據上述題識可知内藤耻叟該講義即“内藤耻叟講述《近思録》”。

此印本在《近思録講義》十四卷之後，接着印《近思別録講義》。

《別録講義》的版式編排與《近思録講義》同，除每卷首條語録外，其餘各條語録上印有“○”，以作標示。在書眉位置印有“近思別録講義”（下畫雙横綫）。各卷末無尾題。其十四卷的綱目是道體、爲學大要、致知、存養、克己、家道、出處義利、論治體、論治法、論政事、論教學、警戒、辨異端、觀聖賢。

《近思別録講義》末的版權頁載：“明治廿六年三月廿二印刷出版；編輯兼發行者：大橋新太郎；印刷者：久米川治三郎；發兑書林：博文館。”因此，依據書名頁、刊記可知，該本内藤耻叟《近思録講義》包括他講述的《近思録》《近思別録》，

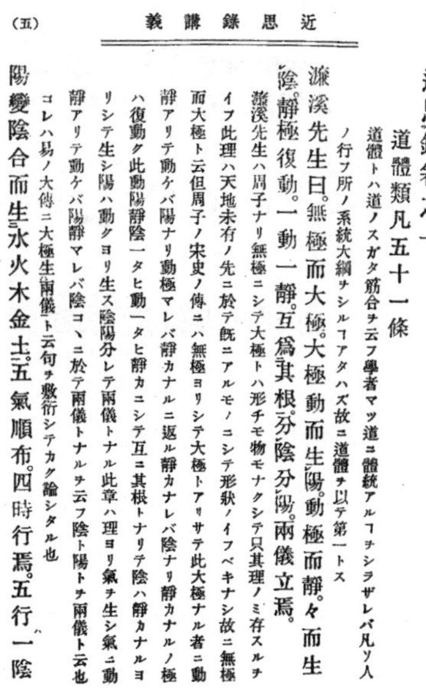
近思録講義　（五）

近思録卷之一

道體類凡五十一條

道體トハ道ノスガタ筋合ヲ云フ學者マツ道ニ體統アルコトヲシラザレバ凡ソ人ノ行フ所ノ系統大綱ヲシルコトアタハズ故ニ道體ヲ以テ第一トス

濂溪先生曰。無極而大極。大極動而生陽。動極而靜。々而生陰。靜極復動。一動一靜。互爲其根。分陰分陽。兩儀立焉。

濂溪先生ハ周子ナリ無極ニシテ大極トハ形チモ物モナクシテ只其理ノミ存スルヲイフ此理ハ天地未有ノ先ニ於テ既ニアルモノニシテ形狀ノイフベキナシ故ニ無極而大極ト云但周子ノ宋史ノ傳ニハ無極ヨリシテ大極トアリサテ此大極ナル者ニ動靜アリテ動ケバ陽ナリ動極マレバ靜カナルニ返ル靜カナレバ陰ナリ靜カナルノ極ハ復動ク此動陽靜陰一タヒ動一タヒ靜カニシテ互ニ其根トナリテ陰ハ靜カナルヨリシテ生シ陽ハ動クヨリ生ス陰陽分レテ兩儀トナル此章ハ理ヨリ氣ヲ生シ氣ニ動靜アリテ動ケバ陽靜マレバ陰コヽニ於テ兩儀トナルヲ云フ陰ト陽トヲ兩儀ト云也コレハ易ノ大傳ニ大極生兩儀ト云句ヲ敷衍シテカク論シタル也

陽變陰合而生水火木金土。五氣順布。四時行焉。五行一陰

圖 14－20　内藤耻叟講述《近思録》，日本明治二十六年印本

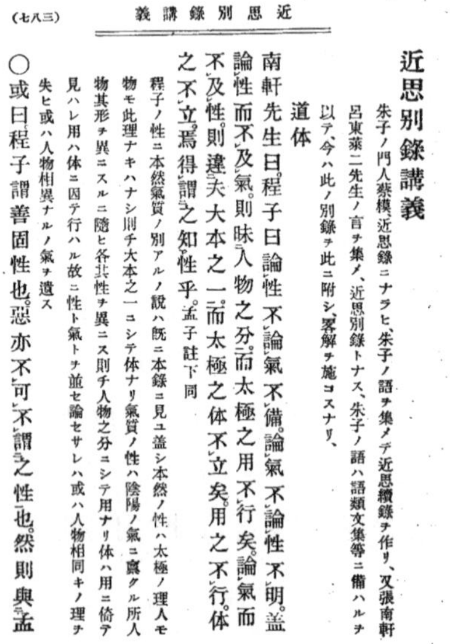

近思別錄講義 （三八七）

近思別錄講義

朱子ノ門人蔡模、近思錄ニナラヒ、朱子ノ語ヲ集メテ近思續錄ヲ作リ、又張南軒呂東萊二先生ノ言ヲ集メ、近思別錄トナス、朱子ノ語ハ語類文集等ニ備ハルヲ以テ、今ハ此ノ別錄ヲ此ニ附シ、略解ヲ施コスナリ、

道体

南軒先生曰。程子曰論性不論氣不備。論氣不論性不明。蓋論性而不及氣。則昧人物之分。而太極之用不行矣。論氣而不及性。則違夫大本之一。而太極之体不立矣。用之不行。体之不立。焉得謂之知性乎。孟子註下同

程子ノ性ニ本然氣質ノ別アルノ說ハ既ニ本錄ニ見ユ蓋シ本然ノ性ハ太極ノ理人モ物モ此理ナキハナシ則チ大本之一ニシテ体ナリ氣質ノ性ハ陰陽ノ氣ニ稟クル所人物其形ヲ異ニスルニ隨ヒ各其性ヲ異ニス則チ人物之分ニシテ用ナリ体ハ用ニ倚テ見ハレ用ハ体ニ因テ行ハル故ニ性ト氣トヲ並セ論セサレハ或ハ人物相同キノ理ヲ失ヒ或ハ人物相異ナルノ氣ヲ遺ス

○或曰。程子謂善固性也。惡亦不可不謂之性也。然則與孟

圖 14－21　内藤耻叟講述《近思別録》，日本明治二十六年印本

明治二十六年(1893)三月東京博文館印製，收入《支那文學全書》第十六編。二松學舍大學圖書館藏本（書影見圖 14－21），1 册。鈐朱文印“二松學舍大學圖書館”。

另外，從此印本封底所載廣告頁可知，《支那文學全書》全部三十六卷，即三十六編：第一編、第二編《四書講義》(《大學》《中庸》《論語》爲上卷，《孟子》爲下卷)……第十六編《近思録講義》(全)……第卅六編《〈墨子〉〈傅子〉〈文子〉講義》。

内藤耻叟《近思録講義》明治二十六年博文館印本，多家藏書機構有藏，如京都大學有藏(1—69 ｜ ｜キ ｜ ｜ 32 2)。國立國會圖書館還藏有内藤耻叟講述《近思録講義》電子版，收録在《支那文學全書》第十六編，明治二十六年博文館印本，也包括《近思録》十四卷、《近思別録》十四卷這兩部。

十、西晋一郎《近思録講義》日文印本

在日本明治至昭和初年，西晋一郎(1873—1943)《近思録講義》主要是對《近思録》道體類、爲學類、致知類的講解。昭和十五年的印本《易・近思録講義》，其内容包括西晋一郎講述《易》《近思録》《近思録道體類講義》《西銘講義》，木南卓一《後記》。其中《近思録》部分又分作三部分：一、道體類（包括“太極圖書”“誠無爲章”以下四十六章），二、爲學類（包括“聖希天章”以下二十九章），三、致知類（包括“心通乎道章”以下六章）。現將存世版本簡述如下：

(一) 本間日出男編輯《近思録講義》,日文印本,昭和十五年出版

此印本豎行編次,書名、卷名爲漢文,《近思録》原文爲漢文(印有日文訓點),大字低一字格單列編次,西晋一郎講述的文字爲日文,小字頂格編次。全文印有句讀圈點“。”。

此印本日本國立國會圖書館有藏(794—53,書影見圖 14－22),印本書名頁爲四周雙邊的框欄,内分三行格,自右至左印:“西晋一郎先生講述/易・近思録講義/筆記者編。”下欄邊下鈐圓形印“昭和十五、二、廿七,納本”。

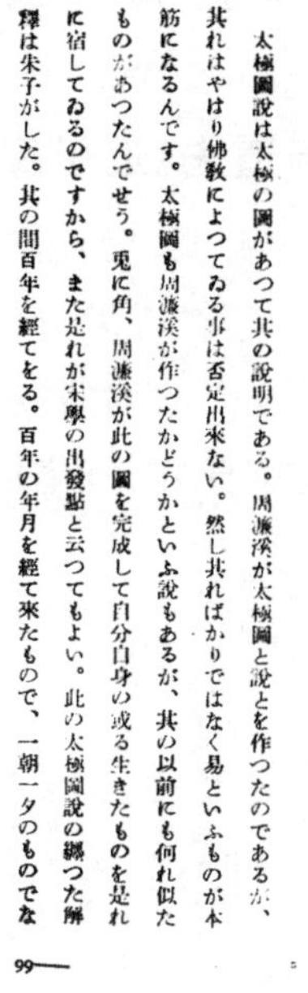
近思録

一、道體

太極圖說

太極圖說は太極の圖があつて其の說明である。周濂溪が太極圖と說とを作つたのであるが、其れはやはり佛教によつてゐる事は否定出来ない。然し其ればかりではなく易といふものが本筋になるんです。太極圖も周濂溪が作つたかどうかといふ說もあるが、其の以前にも何れ似たものがあつたんでせう。兎に角、周濂溪が此の圖を完成して自分自身の或る生きたものを是れに宿してゐるのですから、また是れが宋學の出發點と云つてもよい。此の太極圖說の綴つた解釋は朱子がした。其の間百年を經てをる。百年の年月を經て來たもので、一朝一夕のものでな

99

圖 14－22　西晋一郎《近思録講義》,日本昭和十五年印本

此書《近思録講義》的内容爲:《近思録》一道體類,二爲學類,三致知類(末有“昭和十一年三月三日講義終了”);隨後有《近思録道體類講義》(全是日文)、《西銘講義》(昭和八年三月)、木南卓一(1925—?)《後記》。書後的版權頁載:“昭和十五年二月廿五發行,編輯兼發行者:本間日出男。”因而,可知此印本是本間日出男[①]編輯,昭和十五年(1940)二月出版發行。

(二)《易・近思録講義》日本平成九年增補版

此印本書名頁印“西晋一郎先生講述/易・近思録講義”,《目次》前印有西晋一郎先生肖像、六幅漢字書法作品。《易・近思録講義》的末尾署:“昭和十一年三月三日講義終了。”隨後是《近思録道體類講義》《西銘講義》。《西銘講義》末注記:“昭和八年三月十一日、國民精神文化研究所に於いて。”在木南卓一《後記》後,是本書的版權頁,印有:“西晋一郎講述,本間日出男筆記,

① 本間日出男(1911—1947),兵庫縣神崎郡瀨加村人。

《易・近思録講義》,發行:平成九年八月八日。校訂增補者:木南卓一。發行所:株式會社溪水社。”因此可知此印本是《易・近思録講義》的增補版,平成九年(1997)出版發行。廣島大學圖書館有藏。

十一、山崎道夫《近思録講本釋義》日文印本

山崎道夫(1904—?)曾任國士館大學教授。主要著作有《近思録釋義》《近思録序説》等。其《近思録講本釋義》,實際上衹是講解《近思録》卷二“爲學”篇。山崎道夫的解説既參用了清代茅星來、江永的注解,又采輯了本邦朱子學者佐藤直方、三宅尚齋等儒者語録進行注釋。因而,惇齋佐典的跋文稱讚山崎道夫《近思録釋義》,“訓詁考證,精覈周密,義理主旨則博收本邦先儒之説”,能“使人涣然冰釋”,對今後道學的復興頗有裨益①。

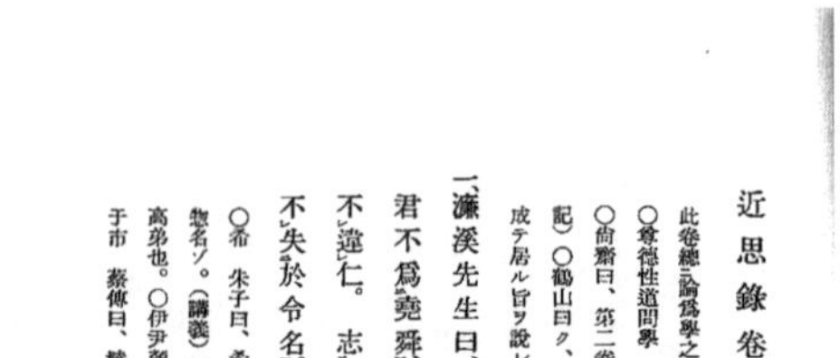
近思錄卷二　凡百十一條　朱子曰、此卷爲學大要（江注）
此卷總論爲學之要。蓋尊德性矣、必道問學。明乎道體、知所指歸、斯可究爲學之大方矣。（葉注）
○尊德性道問學　中庸二十七章曰、君子尊德性、而道問學。
○尚齋曰、第二卷爲學、總論學術之要。所以全道體於我也。中庸所謂「修道之敎」者是也。（近思錄筆記）○鶴山曰ク、目錄デ相述ル通此卷ハ人トシテハ學ヲ爲ルト云デナウテハ人ニ成ラレヌ。是ガ人道ノ當然ニ成テ居ル旨ヲ說レタ。今日學者ハ此卷ヲ讀テ志ヲ起シ堅苦シテ學ニ踏込ム樣ニトノ事ゾ。（近思錄講義）
一 濂溪先生曰、聖希天、賢希聖、士希賢。伊尹顏淵大賢也。伊尹恥其君不爲堯舜、一夫不得其所、若撻于市。顏淵不遷怒。不貳過。三月不違仁。志伊尹之所志、學顏子之所學、過則聖。及則賢。不及則亦不失於令名。（通書志學第十章。）
○希　朱子曰、希・望也。（通書注、葉注・江注引）○鶴山曰ク、士ハ志ノ字ノ意デ道ニ志シ義理ヲ學ブ者ノ惣名ゾ。（講義）○伊尹　姓尹。名摯。字尹。殷之賢相。佐湯王王天下。○顏淵　名回。字子淵。孔門第一高弟也。○伊尹顏淵云々　朱子曰、說見書及論語。皆賢人之事也。（通書注）注、書、書經說命篇。論語、論語雍也篇也。○若撻于市　蔡傳曰、撻于市、恥之甚也。不獲、不得其所也。○不遷怒云々　論語雍也篇曰、孔子對曰、有顏
三一

圖 14 - 23　山崎道夫《近思録講本釋義》,日本昭和三十四年印本

山崎道夫《近思録講本釋義》,昭和三十四年東洋文化研究所鉛印本。豎行編排,每頁十四行,行大字三十一漢字。全文印有句讀圈點“◦”。正文卷端頁,首行頂格題“近思録卷二　凡百十一條　朱子曰:此卷爲學大要(江注)”,次行低一字格題本卷提要,隨之另起一行進行詮釋。《近思録》卷二原文爲漢文大字,有日文訓點,山崎道夫講解文字是漢文、日文夾雜使用,印作小字。

二松學舍大學圖書館所藏鉛印本(書影見圖 14 - 23),書名頁印

① (日)惇齋佐典跋文,載於(日)山崎道夫《近思録講本釋義》,昭和三十四年東洋文化研究所鉛印本。

"山崎道夫編著/《近思録講本釋義》'爲學篇'/無窮會,東洋文化研究所刊"。鈐朱文印"惇齋文庫"。

卷首有昭和己亥(即三十四年,1959)惇齋佐典跋文(漢字行書書寫,跋文末有兩方印)。正文前印有昭和三十四年七月高田真治《序》(日文)、昭和三十四年七月楠本正繼《序》(日文)、昭和三十四年七月財團法人無窮會理事松本洪《公刊の辭》(日文)、昭和三十四年七月編者《緒言》(日文)、山崎道夫《後語》(日文)、《近思録篇目》(漢文,分上下欄列舉了朱熹《語類》、葉采《集解》中的十四卷篇目)、《近思録講本釋義目次》(漢文)、《近思録所載書目》(漢文)、《近思録載録書目各條分類一覽表》(漢文)、《近思録後序》(朱熹序文及注文均爲漢文)、《近思録後序》(吕祖謙序文及注文均爲漢文)、寬文十年山崎嘉《近思録序》(序文及注文均爲漢文)。

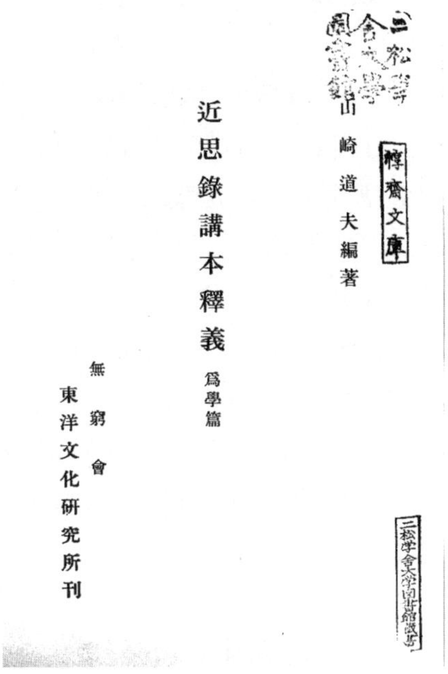

圖 14-24　山崎道夫《近思録講本釋義》封面,日本昭和三十四年印本

印本末的版權頁載:"昭和三十四年十二月二十日印刷,昭和三十四年十二月二十八日發行,《近思録講本釋義》。編著者:山崎道夫。刊行者:清田清。印刷者:春山治部左衛門。財團法人:無窮會。發行所:東洋文化研究所。"因此可知此印本是昭和三十四年(1959)東洋文化研究所鉛印發行。二松學舍大學圖書館藏本(書影見圖 14-24),1 册(左側書簽上墨筆題記書名"近思録講本釋義")。鈐朱文印"二松學舍大學圖書館""二松學舍大學圖書館藏書"。

惇齋佐典跋文云:

近時形而下之科學極盛,雖若可喜,而斯道之學衰頽不振。《近思録》等書講讀者寥寥無聞,山崎君有見於此,著《近思録釋義》,訓詁考證,精覈周密,義理主旨則博收本邦先儒之説,一讀使人涣然冰釋,欲罷而不能。自今之後賴此著而講解焉。道學之興復可得而幾矣，其裨益於世道人心可不嘉稱乎哉！昭和己亥孟秋惇齋佐典。

十二、其他尚待考訂的"講讀類"文本

在日本等地調研文獻由於受條件限制，我們難以窮盡昔日日本學者的所有"講讀類"版本，今據其他文獻記載簡要概述尚存的此類文本。

（一）陳榮捷《朱學論集》記載的文本①

宇井默齋(1725—1781)，爲日本敬義學派的學者，撰有《近思録筆記》《近思録講義筆記》《近思録口義》，三部日文抄寫本，藏於東京無窮會。

矢野撰德《近思録國字講義》，天命八年(1788)學徒録並序，日文印本藏於東京無窮會。

落合東堤(1749—1841)，撰《近思録講義》二十四卷，《近思録道體講義》，吉田盛歸弘化二年(1845)抄寫本。均藏於東京無窮會。

御牧赤板(1773—1833)，撰《近思録講義》，日文寫本，藏於東京無窮會。

千葉重齋，撰《近思録口義》十四卷，弘化二年(1845)日文寫本，藏於東京無窮會。

（二）其他相關文獻記載的文本

尚齋《近思録資講》十五卷。享保十四年(1729)日文寫本(手稿)。左右雙欄，有界行，九行。單魚尾。題簽書名"近思録筆記"，版心書名(下部)"松陰文房"。九州大學圖書館藏本(碩水文庫)，3冊②。

汀齋先生朱批《近思録講義》(道體)。三宅尚齋《講義》，久米汀齋(1699—1784)朱批，寶曆四年(1754)酒井敬德題誌，日文寫本。九州大學圖書館藏本(坐春風文庫/39)，1冊。卷首有"寶曆四甲戌年下弦日，酒井敬德謹誌"。卷末寫："右《近思録》序目'道體'，尚齋先生筆記……甲戌五月望，酒

---

① 陳榮捷《朱學論集》，第112頁。

② 参見京都大學圖書館藏書檢索網站 https://op.kulib.kyoto-u.ac.jp/webopac/catdbn.do

井敬德謹記。”[1]

服部栗齋(1736—1800)《近思録講義》,日文寫本。九州大學藏本(坐春風文庫/35/78),10 册(包括强齋先生《近思録道體講義》2 册,栗齋先生《近思録講義》8 册)[2]。

①② 參見京都大學圖書館藏書檢索網站 https://op. kulib. kyoto-u. ac. jp/webopac/catdbn. do

第十五章　日本現代譯注的《近思録》文本

進入二十世紀的日本，雖然已經完成脱亞入歐的轉型，成爲發達的資本主義國家，但他是否全面拋棄了自己歷史上所接受的中國文化思想呢？當然没有，日本與中國有着長久的歷史交往，在許多方面與中國存在着割捨不斷的關係。自明治後期，歷經大正、昭和，直至今天的平成，日本從未停止過對中國優秀文化思想的傳播，《近思録》也是他們重點傳播的對象，在現代社會依然不斷衍生再版出多種形式的《近思録》文獻，同時包括日本學者推陳出新的相關研究著述。在此簡述主要譯注本如下。

一、加藤常賢譯《近思録》

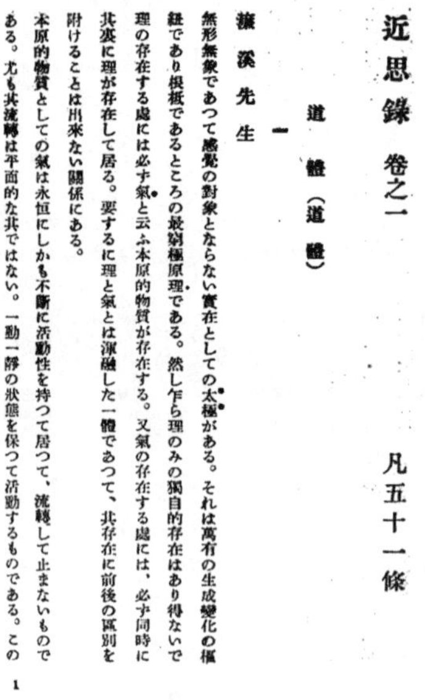
近思錄　卷之一　凡五十一條
道體（道體）
一
濂溪先生
無形無象であつて感覺の對象とならない實在としての太極がある。それは萬有の生成變化の樞紐であり根柢であるところの最窮極原理である。然し乍ら理のみの獨自的存在はあり得ないで理の存在する處には必ず氣と云ふ本原的物質が存在する。又氣の存在する處には、必ず同時に其裏に理が存在して居る。要するに理と氣とは渾融した一體であつて、其存在に前後の區別を附けることは出來ない關係にある。
本原的物質としての氣は永恒にしかも不斷に活動性を持つて居つて、流轉して止まないものである。尤も其流轉は平面的な其ではない。一動一靜の狀態を保つて活動するものである。この
1

圖 15－1　加藤常賢譯《近思録》，活字本

加藤常賢（1894—1978）用日文翻譯的《近思録》十四卷，收録在支那哲學叢書刊行會編《支那哲學叢書》第 11。

此日文譯本書名頁文字横排，四行分别印："現代語譯/《近思録》/加藤常賢譯著/大正 13. 12. 15。"卷首有《譯者から》（大正十三年八月廿六日），《解題》。

正文按照古書體例豎行編排，卷一卷端首行頂格題"近思録卷之一"，越若干字格題本卷語録條目數"凡五十一條"，次行低二字格題本卷篇名"道體"，第三行低三字格題"一"，第四行頂格印正文（書影見圖 15－1）。

據譯者題署的時間，該日文譯本《近思録》恐印於大正十三年（1924），日本國

立國會圖書館藏有印本(125.46—Sh99)。

另外,加藤常賢譯著《近思録》,日本昭和五年(1930)東京阪東書院出版。

二、林泰輔譯《近思録》

塚本哲三(1881—1953)編譯《漢文叢書》收録林泰輔(1839—1916)譯注《近思録》十四卷,並將此書與《傳習録》按先後次序編列,將二者合爲一册[①]。

此印本《近思録》四周單欄,正文每頁框欄大體分作上下兩部分,上部約佔頁面的1/5,爲《近思録》原文(漢字),下部約佔4/5,爲日文譯文,並有日文訓點。書口位置上端印卷次篇名,下端印頁碼。卷一卷端首行頂格題"近思録卷之一",次行低一字格題"道體類,凡五十一條",第三行印正文(書影見圖15-2)。

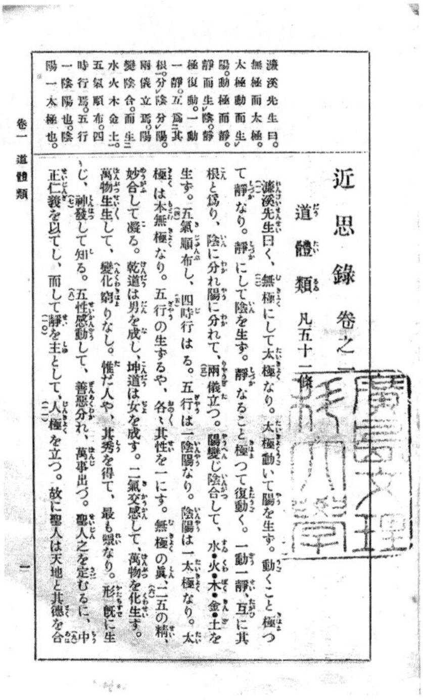

濂溪先生曰。無極而太極。太極動而生陽。動極而靜。靜而生陰。靜極復動。一動一靜。互爲其根。分陰分陽。兩儀立焉。陽變陰合。而生水火木金土。五氣順布。四時行焉。五行一陰陽也。陰陽一太極也。

近思録巻之一

道體類 凡五十一條

濂溪先生曰く、無極にして太極なり。太極動いて陽を生ず。動くこと極つて靜なり。靜にして陰を生ず。靜なること極つて復動く。一動一靜、互に其根と爲り、陰に分れ陽に分れて、兩儀立つ。陽變じ陰合して、水・火・木・金・土を生ず。五氣順布し、四時行はる。五行は一陰陽なり。陰陽は一太極なり。太極は本無極なり。五行の生ずるや、各〻其性を一にす。無極の眞、二五の精、妙合して凝る。乾道は男を成し、坤道は女を成す。二氣交感して、萬物を化生す。萬物生生して、變化窮りなし。惟だ人や、其秀を得て、最も靈なり。形既に生じ、神發して知る。五性感動して、善悪分れ、萬事出づ。聖人之を定むるに、中正仁義を以てし、而して靜を主として、人極を立つ。故に聖人は天地と其德を合

巻一 道體類 一

圖15-2 林泰輔譯《近思録》,《漢文叢書》本

此本書名頁分題書名"《近思録》全"/"《傳習録》全"。《近思録》十四卷正文前印有《例言》、《目次》(包括《近思録》十四卷、《傳習録》三卷的目録)、林泰輔《近思録解題》(内容包括《近思録》の編輯……)、小柳司氣太《傳習録解題》及《近思録》朱熹序、吕祖謙跋。

此印本封底奥付載:"昭和四年六月十日印刷,昭和四年六月十三日發行,《漢文叢書》《近思録》《傳習録》";"編輯者:塚本哲三";"發行所:有朋堂書店"。因此可知此印本是昭和四年(1929)有朋堂書店印行。廣島大學藏《漢

① 關於《近思録》《傳習録》的合訂本,在日本至少有三種:1929年有朋堂《漢文叢書》本,1935年大東出版社《漢籍た語る叢書》本,1939年大東出版社影印本"國策版"。

文叢書》有朋堂書店昭和四年六月十日印本，鈐朱文印“廣島文理科大學”。

從林泰輔作“解題”的情形看，此《近思録》譯本很可能是他用漢文、日文相對照的方式翻譯。陳榮捷説：“林泰輔（1839—1916）譯注《近思録》，大正十四年（1925）刊，采入《漢文叢書》。”然而大正十四年的刊本，筆者未曾見到。

另外，日本大正八年（1919）東京有朋堂書店已刊行了《漢文叢書》本，韓國延世大學校有藏。

三、飯島忠夫譯注《近思録》

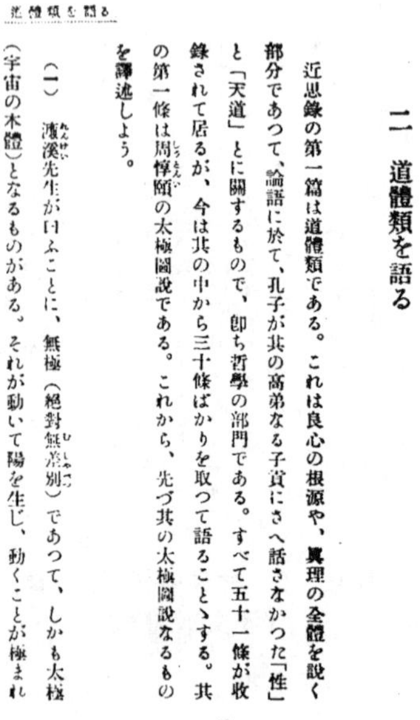
道體類を語る

一　道體類を語る

近思錄の第一篇は道體類である。これは良心の根源や、眞理の全體を說く部分であつて、論語に於て、孔子が其の高弟なる子貢にさへ話さなかつた「性」と「天道」とに關するもので、卽ち哲學の部門である。すべて五十一條が收錄されて居るが、今は其の中から三十條ばかりを取つて語ることゝする。其の第一條は周惇頤の太極圖說である。これから、先づ其の太極圖說なるものを譯述しよう。

（一）濂溪先生が曰ふことに、無極（絕對無差別）であつて、しかも太極（宇宙の本體）となるものがある。それが動いて陽を生じ、動くことが極まれ

19

圖 15－3　飯島忠夫譯《近思録》，日本昭和十年印本

飯島忠夫（1875—1954）所譯《近思録》十四卷，現存有：

（一）昭和十年（1935）印本，收録在大東出版社出版發行《漢籍を語る叢書》第九卷。該卷收録日文譯本兩部：飯島忠夫著《近思録》，山田準著《傳習録》。

第九卷書名頁署：“文學博士飯島忠夫著《近思録》/二松學舍學長山田準著《傳習録》/大東出版社。”《近思録》十四卷列於《傳習録》前，其書名頁題署“《近思録》飯島忠夫”，隨後的一頁簡介飯島忠夫（並有肖像圖片），接着爲《近思録目次》。卷端頁署：“《近思録》飯島忠夫。”（書影見圖 15－3）

日本國立國會圖書館藏本（664—20）。鈐朱文印“帝國圖書館藏”。

（二）昭和十四年（1939）印本，東京大東出版社出版發行。筆者在日本國立國會圖書館見到藏有《近思録》《傳習録》合二爲一的另一種印本（特 206—672），均爲日文譯本。

該書書名頁署：“文學博士飯島忠夫著《近思録》/二松學舍學長山田準

著《傳習録》/大東出版社。”其編次署名形式，與昭和十年(1935)《漢籍た語る叢書》第九卷相同，因而，推測此印本應該是源自前文述及的《叢書》。

因該書末頁刊記印有“戰時國策版《漢籍を語る叢書》”，“《傳習録・近思録》，二松學舍學長、文學博士、山田準著、飯島忠夫著”，故藏家著録爲“飯島忠夫著、山田準著”。

從此書内容、編排上看，與昭和十年(1935)《漢籍た語る叢書》第九卷收録的《近思録》《傳習録》本完全相同，但刊記略異，故推測此《叢書》本或許是昭和十四年大東出版社再印。

四、秋月胤繼譯注《近思録》

秋月胤繼(1873—?)日文譯注本《近思録》十四卷，以宋葉采《近思録集解》爲基礎，參考了日本儒者中村惕齋(1629—1702)的《近思録示蒙句解》。

岩波書店成立於1913年，是一家日本出版社。出版過大量學術著述，所出版的普及版“岩波文庫”等叢書，對中日典籍與學術研究成果在日本社會中的普及做出了一定貢獻，有利於文化的大衆化傳播。“岩波文庫”於二十世紀二十年代開始出版，其中收録有秋月胤繼譯注《近思録》十四卷。目前可知該文庫有兩部此譯注本。

(一) 日本昭和十五年(1940)岩波文庫印本。日本國立國會圖書館有藏(125.46)。

(二) 1977年岩波書店鉛印本(2204—2207)收録了秋月胤繼譯注《近思録》十四卷。

該鉛印本正文前印有《序言》(包括解題、朱熹與吕祖謙的簡歷)、《凡例》、《目次》、《朱子後序》、《吕子後序》。印本正

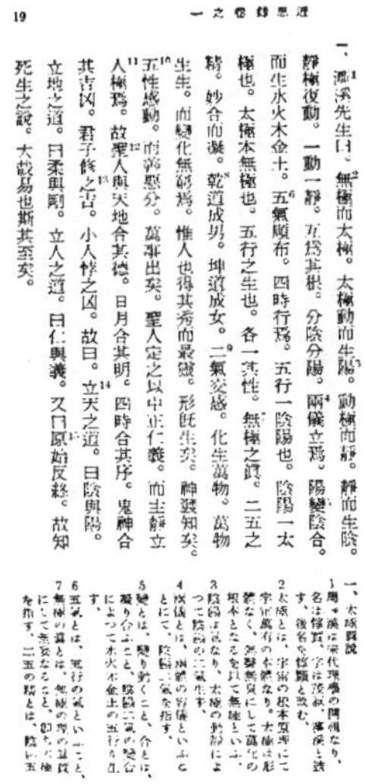
19 近思録巻之一

近思録巻之一

道體類凡五十一條

一、濂溪先生曰。無極而太極。太極動而生陽。動極而靜。靜而生陰。靜極復動。一動一靜。互爲其根。分陰分陽。兩儀立焉。陽變陰合。而生水火木金土。五氣順布。四時行焉。五行一陰陽也。陰陽一太極也。太極本無極也。五行之生也。各一其性。無極之眞。二五之精。妙合而凝。乾道成男。坤道成女。二氣交感。化生萬物。萬物生生。而變化無窮焉。惟人也得其秀而最靈。形既生矣。神發知矣。五性感動。而善惡分。萬事出矣。聖人定之以中正仁義。而主靜立人極焉。故聖人與天地合其德。日月合其明。四時合其序。鬼神合其吉凶。君子脩之吉。小人悖之凶。故曰。立天之道。曰陰與陽。立地之道。曰柔與剛。立人之道。曰仁與義。又曰原始反終。故知死生之說。大哉易也斯其至矣。

圖 15－4　秋月胤繼譯《近思録》，岩波文庫本

文頁面分作兩部分，上部約佔頁面的 2/3，一般又分左右兩塊，右是《近思録》原文（漢文），左爲日文譯文；下部約佔整頁的 1/3，爲日文注釋。原本印有句讀小圈“◦”。書眉印有書名卷次（書影見圖 15－4）。

卷末内封的版權頁載：“1940 年 1 月 23 日第 1 刷發行，1977 年 9 月 10 日第 4 刷發行。譯注者：秋月胤繼”；“發行者：岩波雄二郎”；“發行所：株式會社岩波書店”。廣島大學圖書館有藏。

五、山崎道夫譯注《近思録》

二十世紀六十年代，二戰後日本對朱子書籍的翻譯與注釋進入豐收階段，其中有昭和四十二年（1967）明德出版社的《中國古典新書》。該叢書收録有：宇野哲人（1875—1974）翻譯的《論語》《小學》，宇野哲人之子宇野精一（1910—?）譯注本，遠藤哲夫（1926—?）譯本；山崎道夫譯注本《近思録》十四卷；佐藤仁譯黄榦《朱子行狀》等。

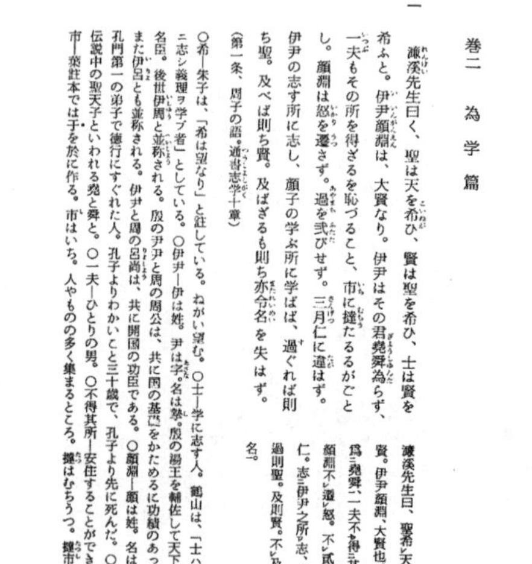

巻二　為学篇

一　濂溪先生曰く、聖は天を希ひ、賢は聖を希ひ、士は賢を希ふと。伊尹顔淵は、大賢なり。伊尹はその君堯舜為らず、一夫もその所を得ざるを恥づること、市に撻たるるがごとし。顔淵は怒を遷さず。過を弐びせず。三月仁に違はず。伊尹の志す所に志し、顔子の学ぶ所に学ばば、過ぐれば則ち聖。及べば則ち賢。及ばざるも則ち亦令名を失はず。

（第一条、周子の語。通書志学十章）

濂溪先生曰、聖希天、賢希聖、士希賢。伊尹顔淵、大賢也。伊尹恥其君不爲堯舜、一夫不得其所、若撻于市。顔淵不遷怒。不貳過。三月不違仁。志伊尹之所志、學顔子之所學、過則聖。及則賢。不及則亦不失於令名。

○希—朱子は、「希は望なり」と註している。ねがい望む。○士—学に志す人。鶴山は、「士ハ志ノ字ノ意デ道ニ志シ義理ヲ学ブ者」としている。○伊尹—伊は姓。尹は字。名は摯。殷の湯王を輔佐して天下に王たらしめた名臣。後世伊周と並称される。殷の尹尹と周の周公は、共に国の基礎をかためるに功績のあった賢相である。また伊呂とも並称される。伊尹と周の呂尚は、共に開国の功臣である。○顔淵—顔は姓。名は回。字は子淵。孔門第一の弟子で徳行にすぐれた人。孔子よりわかいこと三十歳で、孔子より先に死んだ。○堯舜—中国古代伝説中の聖天子といわれる堯と舜と。○一夫—ひとりの男。○不得其所—安住することができない。○若撻于市—葉註本では于を於に作る。市はいち。人やものの多く集まるところ。撻はむちうつ。撻市という熟語は、

65　　巻二　為学篇

圖 15－5　山崎道夫譯注《近思録》，日本昭和四十二年印本

《中國古典新書》印本《近思録》正文的每頁版面大多爲側“品”字形，一頁分左右兩部分，右邊又分上下部分，上爲《近思録》日文譯文，下爲《近思録》漢文；左邊爲日文注文。印本印有日文訓點、句讀符號（書影見圖 15－5）。

此鉛印本從前至後依次印有《凡例》（九條）、《目次》（包括“解説”“本文”、あとがき跋文）。其中的《解説》部分，内容有《近思録》的編集，《近思録》編集的過程與完成，《近思録》書名由來，《近思録》編纂的苦心，《近思録》的篇目，《近思録》

各篇的大意,《近思録》的十四目與《大學》的三綱領八條目,《近思録》载録的書目與四子的次序,《近思録》的讀法,《近思録》的注解與續編,《近思録》研究書目。正文第十四卷末有昭和四十二年夏日あとがき跋文。

從印本内容考察,山崎道夫選譯了《近思録》的 140 餘條語録,解釋基本依從清代江永《近思録集注》。其卷次排列不再按照《近思録》各卷傳統的編次秩序,而是將原卷一“道體”移至原卷十四的位置,他實際編排的卷次“一”至“一四”如下:一、卷二(爲學),二、卷三(致知),三、卷四(存養),四、卷五(克己),五、卷六(家道),六、卷七(出處),七、卷八(治體),八、卷九(治法),九、卷十(政事),一〇、卷十一(教學),一一、卷十二(警戒),一二、卷十三(弁異端),一三、卷十四(觀聖賢),一四、卷一(道體)。這種編排凸顯了南宋吕祖謙的主張。

封底版權頁記載:“昭和四十二年九月二十日印刷,昭和四十二年九月三十日發行,印刷所:清水印刷所,發行者:小林日出夫,發行所:株式會社明德出版社。”而且還印有一頁類似廣告的内容,上横行印有“中國三千年の不朽の古典を現代に生かす《中國古典新書》(全 100 卷),絶賛刊行中;宇野精一、鈴木由次郎責任編集”;下面豎行所列新書名下也列出日本譯注者姓名,如:“《論語》上下,宇野哲人……《近思録》,山崎道夫……《唐宋八家文》,佐藤一郎。”並云“以下續刊……全卷完結予定は昭和四十八年九月”。因而可知,此山崎道夫譯注本收録在《中國古典新書》中,昭和四十二年(1967)明德出版社印行。廣島大學圖書館有藏本。

六、湯淺幸孫《近思録譯注》

二十世紀七十年代,關於朱子學書籍的翻譯與注釋,日本學者出版了較多著述,除《朱子學大系》收録的《四書章句集注》《近思録》等譯本外,還有湯淺幸孫譯本《近思録譯注》、市川安司譯本《近思録》被收録在其他叢書之中。

湯淺幸孫(1917—2003),1932 年京都大學文學部中國哲學科畢業,精通德國哲學,受黑格爾和韋伯影響大。著有《中國倫理思想の研究》《翰苑校釋》,參與《世界文學大系》編寫。湯淺幸孫以江永《近思録集注》清同治年刊本爲底本,對《近思録》十四卷進行譯注,意在“以周、張還周、張”“以二程還二程”，揭示北宋四子的學説思想是如何被朱子理解的。其十四卷篇名分别是：道體篇，爲學大要篇，格物窮理篇，存養篇，改過遷善克己復禮篇，齊家之道篇，出處進退辭受之義篇，治國平天下之道篇，制度篇，君子處事之方篇，教學之道篇，改過及人心疵病篇，異端之學篇，聖賢氣象篇。

其日文譯注本，分别收録在《中國文明選》叢書、“教養文庫”中。

（一）《中國文明選》本

《中國文明選》第四、第五卷收録湯淺幸孫《近思録譯注》十四卷，分作上下兩册。第四卷扉頁三豎行分别印有：“吉川幸次郎、小川環樹監修，朝日新聞社刊；《中國文明選》4；《近思録》上，湯淺幸孫。”正文前印有兩張書影（朝鮮正統元年刊銅活字本《近思録》卷一的卷端頁、吕氏寶誥堂刊本《伊洛淵源録》卷二的卷端頁），以下印《目次》《まぇがき》《原序》《近思録群書姓氏》《凡例》等。

《近思録譯注》正文豎行編排，卷一卷端豎行頂格題“近思録譯注卷の一”，次行題本卷篇名“道體篇”。各條語録編次一般是，先印《近思録》原文某條語録（漢文，且印有日文訓讀），接着單列印日文譯文，然後是日文注釋。

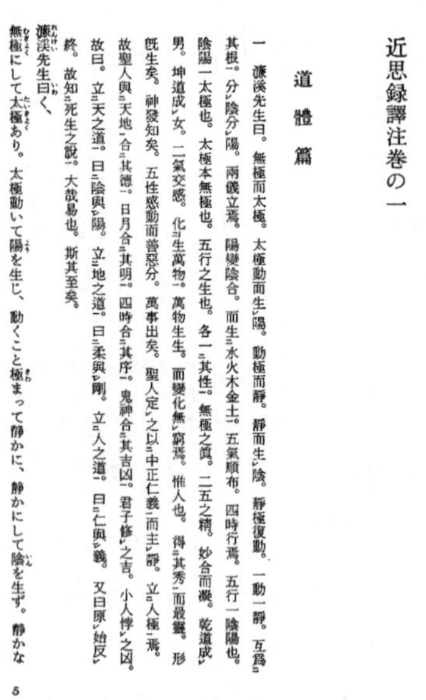
近思録譯注巻の一
道體篇
一　濂溪先生曰。無極而太極。太極動而生陽。動極而靜。靜而生陰。靜極復動。一動一靜。互爲其根。分陰分陽。兩儀立焉。陽變陰合。而生水火木金土。五氣順布。四時行焉。五行一陰陽也。陰陽一太極也。太極本無極也。五行之生也。各一其性。無極之眞。二五之精。妙合而凝。乾道成男。坤道成女。二氣交感。化生萬物。萬物生生。而變化無窮焉。惟人也。得其秀而最靈。形既生矣。神發知矣。五性感動而善惡分。萬事出矣。聖人定之以中正仁義而主靜。立人極焉。故聖人與天地合其德。日月合其明。四時合其序。鬼神合其吉凶。君子修之吉。小人悖之凶。故曰。立天之道。曰陰與陽。立地之道。曰柔與剛。立人之道。曰仁與義。又曰原始反終。故知死生之説。大哉易也。斯其至矣。
濂溪先生曰く、
無極にして太極あり。太極動いて陽を生じ、動くこと極まって靜かに、靜かにして陰を生ず。靜かな
道体篇　5

圖 15－6　湯淺幸孫《近思録譯注》，《中國文明選》本

第五卷印本正文前印有兩張書影（文淵閣藏《四庫全書》茅星來集注卷七的卷端頁，《張子正蒙》張棠、周芳《正蒙注》的卷端頁）。第五卷末印有《總索引凡例》，1971年1月吉川幸次郎《監修者のことば》。

《近思録譯注》在《中國文明選》第四卷末的刊記載“昭和四十七年八月二十五日第一刷發行”；《中國文明選》第五卷末的刊記載“昭和四十九年十月二十五日第一刷發行。著者：湯淺幸孫”；“發行

所:朝日新聞社”。因而,《中國文明選》收録的《近思録》是湯淺幸孫譯注,吉川幸次郎、小川環樹監修。第四、第五卷收録的湯淺幸孫《近思録譯注》,分别於東京朝日新聞社 1972 年 8 月、1974 年 10 月出版。廣島大學有藏本《中國文明選》(書影見圖 15－6)。

(二)“教養文庫”本

收入“教養文庫”的湯淺幸孫譯注《近思録》,日本平成八年(1996)株式會社たちばな出版,分作上、中、下 3 册。

上册前有 1996 年 3 月 5 日岡山の敞居にて《文庫版への序文》、《近思録》目次、《まぇがき》(1972 年春)、《原序》(朱熹序、吕祖謙跋)、《近思録群書姓氏》(僅此爲漢文)、《凡例》。印本正文全部爲日文,並有日文訓點。

下册,《近思録》卷十四後有《周張程にっして》《人と思想》、1974 年秋京都の僑居に識文《あとがき》。該册末的刊記載:“平成 8 年 4 月 29 日第 1 刷;著者:湯淺幸孫;發行所:株式會社たちばな出版。”因而可知此書是平成八年(1996)株式會社たちばな出版發行。廣島大學圖書館有藏,3 册(書影見圖 15－7)。

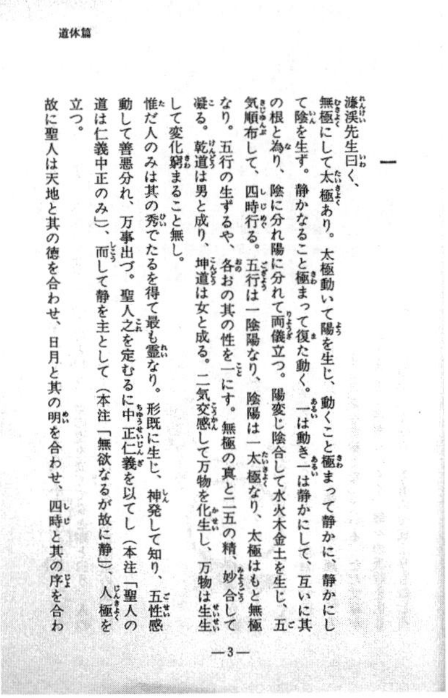

道体篇

一

濂渓先生曰く、

無極にして太極あり。太極動いて陽を生じ、動くこと極まって静かに、静かにして陰を生ず。静かなること極まって復た動く。一は動き一は静かにして、互いに其の根と為り、陰に分れ陽に分れて両儀立つ。陽変じ陰合して水火木金土を生じ、五気順布して、四時行る。五行は一陰陽なり、陰陽は一太極なり、太極はもと無極なり。五行の生ずるや、各おの其の性を一にす。無極の真と二五の精、妙合して凝る。乾道は男と成り、坤道は女と成る。二気交感して万物を化生し、万物は生生して変化窮まること無し。

惟だ人のみは其の秀でたるを得て最も霊なり。形既に生じ、神発して知り、五性感動して善悪分れ、万事出づ。聖人之を定むるに中正仁義を以てし（本注「聖人の道は仁義中正のみ」）、而して静を主として（本注「無欲なるが故に静」）、人極を立つ。

故に聖人は天地と其の徳を合わせ、日月と其の明を合わせ、四時と其の序を合わ

—3—

圖 15－7 《近思録釋注》,“教養文庫”本

湯淺幸孫譯注本的教養文庫本,即訂正版(3 册),與上述昭和四十九年(1974)朝日新聞社刊行《中國文明選》本有别,即文庫本删去了《近思録》原有漢文,成爲純日文版本,1996 年 4 月東京株式會社たちばな出版。

七、《朱子學大系》本《近思録》

二十世紀七十年代,是二戰後日本朱子學研究的黄金時代。這時的朱子

學研究特色是集體合作、集體研究。以東京大學爲首的東京學界與九州大學的楠本一門合作，推出全 40 册的叢書《朱子學大系》。這套叢書視野開闊，收入通論性的文章、專題研究、研究史回顧與朱子學書籍的譯注本。“在時代上，籠括了朱子學的成立前史和明清以後的展開。在地域上，包含了朝鮮與日本朱子學等方面的内容”①。其中的《朱子學大系》第九卷收録日文譯本《近思録》十四卷（書影見圖 15－8）。株式會社明德出版社，昭和四十九年印本。此《大系》本日本多家藏書機構有藏。

《近思録》正文前有日本昭和四十九年編集者鈴木由次郎②《凡例》、昭和四十九年山崎道夫《解説》《近思録載録書目》（采納了清代江永《近思録集注》本的書目）、《近思録集注附説》（采納清代茅星來《近思録集注》本的附説）。《近思録》正文後收録《近思録原序》（即朱熹、吕祖謙的序跋），並附《近思録》漢文原文。

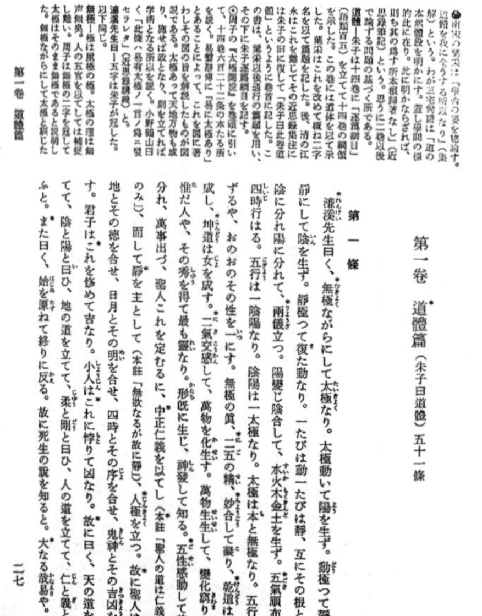

第一卷　道體篇（朱子曰道體）五十一條

第一條

濂溪先生曰く、無極ながらにして太極なり。太極動いて陽を生ず。動極つて靜なり。靜にして陰を生ず。靜極つて復た動なり。一たびは動一たびは靜、互にその根となり、陰に分れ陽に分れて、兩儀立つ。陽變じ陰合して、水火木金土を生ず。五氣順布し、四時行はる。五行は一陰陽なり。陰陽は一太極なり。太極は本と無極なり。五行の生ずるや、おのおのその性を一にす。無極の眞、二五の精、妙合して凝り、乾道は男を成し、坤道は女を成す。二氣交感して、萬物を化生す。萬物生生して、變化窮りなし。惟だ人や、その秀を得て最も靈なり。形既に生じ、神發して知る。五性感動して善惡分れ、萬事出づ。聖人これを定むるに、中正仁義を以てし（本註「聖人の道は仁義中正のみ」）、而して靜を主として（本註「無欲なるが故に靜」）、人極を立つ。故に聖人は天地とその德を合せ、日月とその明を合せ、四時とその序を合せ、鬼神とその吉凶を合す。君子はこれを修めて吉なり。小人はこれに悖りて凶なり。故に曰く、天の道を立てて、陰と陽と曰ひ、地の道を立てて、柔と剛と曰ひ、人の道を立てて、仁と義と曰ふと。また曰く、始を原ねて終りに反る。故に死生の說を知ると。大なる哉易や。こ

●南宋の葉采は「學的の要を總綸す。道體を我に全うする所以なり」（集解）という。わが三宅尚齋は「道の本然體段を明かにす。蓋し學問の標的此に在り。此に明かならざれば、則ち其の爲す所本根歸著なし」（近思錄筆記）という。思うに二卷以後で論ずる問題の基づく所である。

道體―朱子は十四卷に「逐篇綱目」（語類百五）を立てて十四卷の綱領を示した。葉采はこれを改めて概ね二字名を以て篇題を記した。後、清の江永はこれを難じてその近思錄集注には朱子の旧に復して「朱子曰此卷道體」というように卷首に記した。この書は、葉采以後通行の篇題を用い、その下に朱子逐篇綱目を記す。

◎周子の『太極圖說』を卷頭に引いて、十四卷六百二十二條の本たる所を說く。易繫辭傳に「易に太極あり」とあることによって、これを圖に著わしその圖の旨を解說したものが圖說である。太極あって天地万物も成り、施せば敎となり、則を立てれば學術となる所以を說く。小野鶴山曰く「此條ハ易有太極ノ一言ノ爲ニ發セラレタ」（近思錄講說）と。

濂溪先生曰―五字は朱子が冠した。以下同じ。

無極―極は屋極の極。太極の理は無声無臭。人の五官を以てしては捕捉し難い。周子は無極の二字を冠して太極はそのまま無極であると說明した。無極ながらにして太極と訓じた

第一卷　道體篇　　二七

圖 15－8　《近思録》,《朱子學大系》本，昭和四十九年印本

《近思録》正文印頁分上、下兩部分，上部約佔全部頁面的 1/4，爲日文注釋；下部佔 3/4，爲《近思録》日文譯文。印有日文訓點、句讀符號。書口位置上端印卷次篇名，下端印頁碼。該譯注本語録每卷每條單列，各條語録前用“第某某條”標注。而且，此譯本各卷訓讀、注解者非一人，分别爲山崎道夫（譯卷一、卷二）、市川任三（譯卷三、卷四）、内

① 石立善《戰後日本的朱子學研究史述評》（1946—2006），參考博寶藝術網 http://news.artxun.com。本文原載石立善《鑒往瞻來——儒學文化研究的回顧與展望》，復旦大學出版社，2006 年 10 月 1 版。

② 鈴木由次郎（1901—?），日本中央大學教授，主要著作有《漢易研究》《太玄易の研究》。

山知也(譯卷五、卷六、卷七)、石川梅次郎(譯卷八、卷九、卷十)、廣常人世(譯卷十一、卷十二、卷十三、卷十四)等。《近思録》原序翻譯是山崎道夫。

此印本版權頁載:“昭和四十九年十二月十五日印刷,昭和四十九年十二月二十日發行,發行者:小林日出夫,發行所:株式會社明德出版社。”由此可知,這是多人合作的《近思録》注譯本,爲昭和四十九年(1974)十二月明德出版社印行。廣島大學有藏,韓國延世大學校也有藏。

八、《新釋漢文大系》本《近思録》

日本江户時代崇尚程朱理學者,大多青睞朱熹再傳弟子葉采對《近思録》的集解,傳刻抄寫本尤多,而明治之後,學界對《近思録》注本的選取,較多的偏向江永《近思録集注》,故市川安司選取江永《近思録集注》爲底本進行譯注。

日本在明治年間編纂《漢文大系》叢書之後,在昭和年間又編纂《新釋漢文大系》叢書。《新釋漢文大系》第三十七卷收録的《近思録》十四卷,是日文譯注本。該卷扉頁上印:“《新釋漢文大系》37,明治書院;《近思録》,市川安司著。”

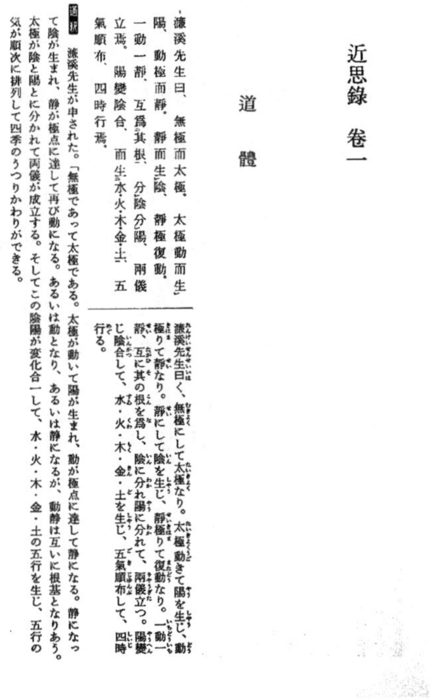
近思錄　卷一

道　體

濂溪先生曰、無極而太極。太極動而生陽、動極而靜。靜而生陰、靜極復動。一動一靜、互爲其根、分陰分陽、兩儀立焉。陽變陰合、而生水・火・木・金・土、五氣順布、四時行焉。

濂溪先生曰く、無極にして太極なり。太極動きて陽を生じ、動極りて靜なり。靜にして陰を生じ、靜極りて復動なり。一動一靜、互に其の根を爲し、陰に分れ陽に分れて、兩儀立つ。陽變じ陰合して、水・火・木・金・土を生じ、五氣順布して、四時行る。

通釈　濂溪先生が申された。「無極であって太極である。太極が動いて陽が生まれ、動が極点に達して静になる。静になって陰が生まれ、静が極点に達して再び動になる。あるいは動となり、あるいは静になるが、動静は互いに根基となりあう。太極が陰と陽とに分かれて兩儀が成立する。そしてこの陰陽が変化合一して、水・火・木・金・土の五行を生じ、五行の気が順次に排列して四季のうつりかわりができる。

一　道　体　　　　一

圖 15-9　《近思録》,《新釋漢文大系》本,昭和五十年印本

市川安司(1910—?)著有《朱子——學問とその展開》(從四書學與封事的角度,簡明介紹了朱子的學問與政治的特色),《朱子哲學論考》(主要集中在對《四書集注》的解釋)。其《近思録》譯本,詳查了622條的出處、語句的出典。據其《凡例》可知,他所據底本是江永《近思録集注》清同治八年江蘇書局刊本,校勘本用的是明代高攀龍序刊本

《近思録》、清朱之弼序刊本(即葉采《近思録集解》本)。

此《漢文大系》印本扉頁後有清同治八年江永《近思録集注》、明刊本《近思録》書影各一。正文前有市川安司昭和五〇年八月《はしがき》、《近思録目次》(主要包括各卷標題,即道體、論學、致知、存養、克治、家道、出處、治體、治法、政事、教學、戒警、辨别異端、總論聖賢;索引)、《凡例》、《近思録解題》(包括書名、編者、編纂的目的、周程張的學問、内容、抄録書目、注釋書等)。

市川安司譯注本大多頁面文字的編排分左右兩部分,右邊分上、下兩欄,上爲《近思録》漢文,下爲《近思録》日文譯文;左邊爲日文注文,有"通釋"(解釋整條語録的大意)、"語釋"(側重於解釋字義、詞義、句意的解釋)。(書影見圖 15 - 9)

此印本封底的版權頁記載:"昭和 50 年 10 月 20 日初版印刷,昭和 50 年 10 月 25 日初版發行。著者:市川安司";"發行所:株式會社明治書院"。可知此譯注本是昭和五十年(1975)明治書院刊行。廣島大學有藏本。

九、《近世漢籍叢刊》和刻影印本

京都的中文出版社與岡田武彦(1908—2004)、荒木見悟合作,在臺北和京都兩地刊行了《近世漢籍叢刊》和刻影印(初編、續編、三編)收録宋明理學典籍,如《周張全書》《二程全書》《擊壤集》《晦庵先生朱文公文集》《四書或問》《近思録集解》《北溪先生字義詳講》等被收録其中。

該《叢刊》爲影印本,收録了南宋葉采《近思録集解》,京都大學文學部有藏。並且,中文出版社在這套叢書之外,還影印了吕氏寶誥堂刊本《朱子遺書》、寬文八年和刻本《朱子語類大全》、朝鮮刊本《性理大全》等,其中《朱子遺書》也收録了《近思録》,爲清初吕氏家刻本。

餘論:《近思録》傳本在朝鮮半島、日本間的流佈

在東亞歷史上,漢籍在中國、朝鮮半島、日本列島之間彼此流通,早已形成你中有我、我中有你的格局,《近思録》文獻在東亞區域的相互流佈也不例外。在此簡要陳述歷史上中國學者《近思録》文獻流佈東亞,以及東亞朝鮮半島、日本之間的《近思録》文獻流佈概況。

第十六章　韓國現存中國、日本的《近思録》傳本

第一節　韓國現藏中國“《近思録》文獻”簡目

歷史上中國刊刻、抄録、排印的《近思録》文獻，通過不同的途徑流佈朝鮮半島後，得到了朝鮮社會的普遍歡迎，官私皆有珍藏。今將所見、所知韓國現存此類主要文本簡要介紹如下。

一、《近思録》原文本

宋朱熹、吕祖謙共輯《近思録》十四卷，清代刊刻《朱子遺書》時收録，主要有禦兒吕氏寶誥堂刻《朱子遺書》本。首爾大學校奎章閣有藏，15 册。

二、《近思録》注本

(一)《分類經進近思録集解》十四卷，明末盛芸閣刻本

南宋葉采集解，明初周公恕分類編次，明末吴勉學、吴中珩校訂的《分類經進近思録集解》，明末盛芸閣刻本，韓國延世大學校圖書館有藏，3 册。鈐有朱文印“延世大學校中央圖書館藏書”(考證見前文第二章)。

(二) 施璜《五子近思録發明》十四卷，清刻本

1. 施璜纂注《五子近思録發明》十四卷，清康熙年間英秀堂刻本

首爾大學校奎章閣有藏(奎中 4585—V)，12 册。

2. 施璜纂注《五子近思録發明》十四卷，清李寄鴻堂刻本

延世大學校圖書館有藏(181.2321)，8 册(考訂見前文第三章)。

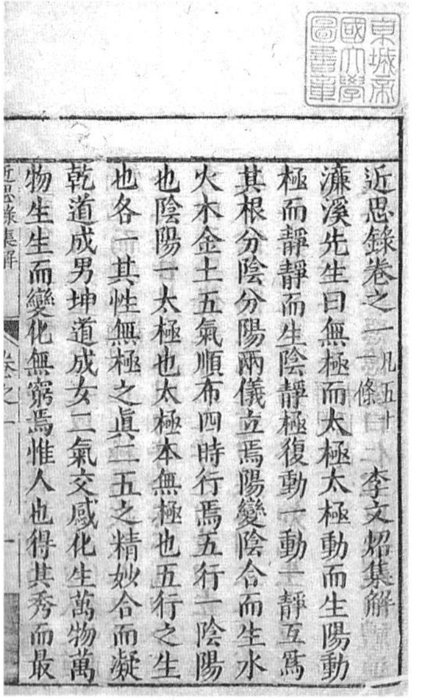
近思録卷之一 凡五十一條 李文炤集解
濂溪先生曰無極而太極太極動而生陽動
極而靜靜而生陰靜極復動一動一靜互爲
其根分陰分陽兩儀立焉陽變陰合而生水
火木金土五氣順布四時行焉五行一陰陽
也陰陽一太極也太極本無極也五行之生
也各一其性無極之眞二五之精妙合而凝
乾道成男坤道成女二氣交感化生萬物萬
物生生而變化無窮焉惟人也得其秀而最

圖 16－1　李文炤《近思録集解》，清雍正年間刻本

（三）李文炤《近思録集解》十四卷，清刻本

清代李文炤《近思録集解》十四卷，清雍正年間刻本，首爾大學校奎章閣藏有殘本（支 1344.5 1—3，奎中 4583，書影見圖 16－1），存卷一至卷十，3 册。並藏有李文炤集解《近思録》的《宋五子書》四爲堂刻本（奎 4805），1 册。

（四）江永《近思録集注》十四卷，清代至民國年間的傳本

1. 江永集注《近思録》十四卷清刻本現存韓國的有：

（1）清嘉慶十九年（1814）江西藩署册府刊本，成均館大學校有藏（C2—124 v. 1—4，書影見圖 16－2），4 册。藏本卷首書名兼牌記葉自右至左刻有“嘉慶甲戌重鐫/朱子原訂近思録集注”，書名刻作隸體大字，其左下刻有“板藏江西藩署册庫”。先福的《重刻近思録序》爲手寫行書上版。卷一卷端題“婺源江永集注，關中王鼎校次”。

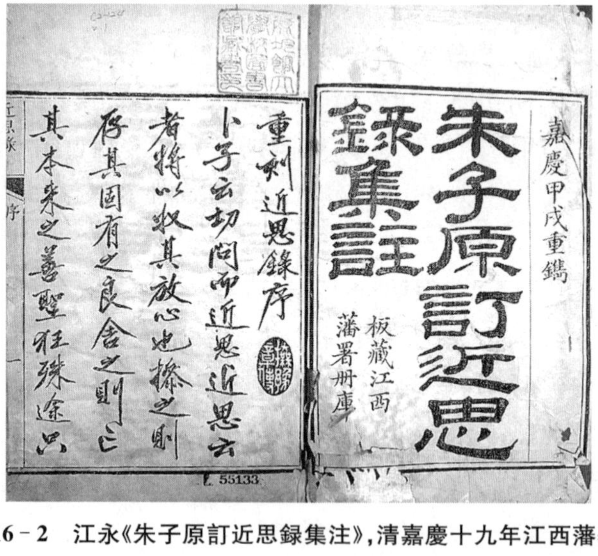
嘉慶甲戌重鐫
朱子原訂近思録集註
板藏江西藩署册庫

重刻近思錄序
卜子云切問而近思近思云
者將以收其放心也捨之則
存其固有之良舍之則亡
其本來之善聖狂殊途只

圖 16－2　江永《朱子原訂近思録集注》，清嘉慶十九年江西藩署刻本

(2) 清同治七年(1868)楚北崇文書局刻本,梨花女子大學校有藏(181.234),4 册。奎章閣也有藏(奎中 3798—V.1—4),4 册。

(3) 清同治八年(1869)江蘇書局刻本,成均館大學校有藏(C2—19 v.1—3),3 册。梨花女子大學校有藏(181.2,書影見圖 16-3),4 册。首爾大學校奎章閣有藏本(奎中 4776),3 册。韓國國立中央圖書有藏本(古 1252—83),4 册。高麗大學校藏本(C1—B2C),6 册。延世大學校有藏(181.31),6 册。

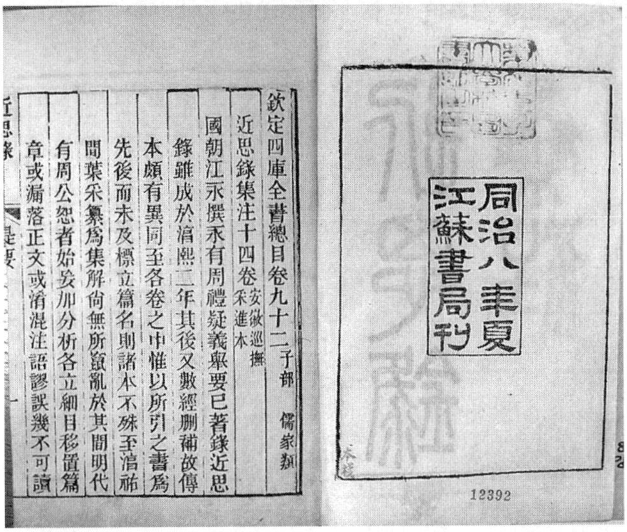
欽定四庫全書總目卷九十二 子部 儒家類
近思錄集注十四卷 安徽巡撫采進本
國朝江永撰永有周禮疑義舉要已著錄近思錄雖成於淳熙二年其後又數經刪補故傳本頗有異同至各卷之中惟以所引之書為先後而未及標立篇名則諸本不殊至淳祐間葉采纂為集解尚無所竄亂於其間明代有周公恕者始妄加分析各立細目移置篇章或漏落正文或混淆注語謬誤幾不可讀
近思錄 提要

同治八年夏
江蘇書局刊
12392

圖 16-3 江永《近思録集注》,清同治八年江蘇書局刻本

(4) 清光緒元年(1875)刻本,延世大學校藏本,5 册。

(5) 清光緒十五年掃葉山房刊本,高麗大學校有藏(C1—B2),6 册。延世大學校有藏(181.31),3 册。

(6) 清光緒十五年金陵書局刊本,雅丹文庫有藏,6 册。

(7) 清光緒三十年蜀東善成堂重刻本,延世大學校有藏(181.31),6 册。

(8) 清代上海文瑞樓石印本,高麗大學校有藏(C1—B2A),4 册。國立中央圖書館有藏(古 1240—2),4 册。

2. 江永集注《近思録》十四卷民國年間版本

現存韓國的有:

(1) 民國六年(1917)上海校經山房石印本,高麗大學校藏本(C1—

B2D)，4 册。

（2）民國十一年上海掃葉山房石印本，嶺南大學校圖書館有藏。

（3）民國十三年上海掃葉山房石印本，東國大學校中央圖書館有藏。

（4）民國十五年上海掃葉山房石印本，成均館大學校中央圖書館藏本。

（5）民國二十一年上海掃葉山房石印本，高麗大學校藏本（C1—B2B）。

三、張伯行“三録”清代至民國年間的刻印本

（一）張伯行《近思録集解》十四卷

1. 清代張伯行《近思録集解》十四卷，清康熙五十一年（1712）姑蘇正誼堂刻本

梨花女子大學校藏有殘本（存《集解》卷四至卷十四），4 册（書影見圖 16－4）。

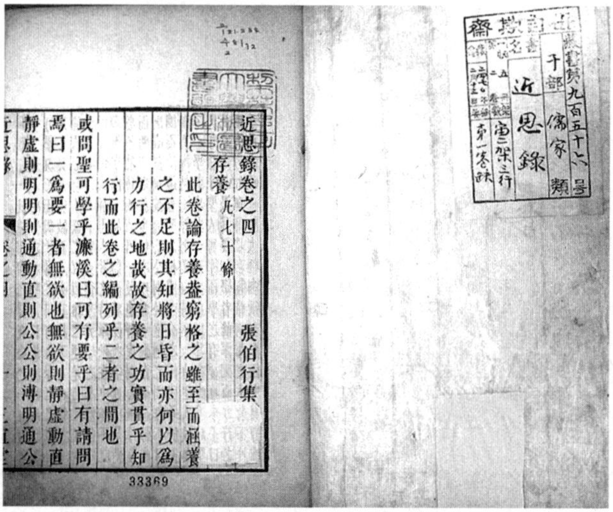
近思錄卷之四 張伯行集
存養 凡七十條
此卷論存養葢窮格之雖至而涵養
之不足則其知將日昏而亦何以爲
力行之地哉故存養之功實貫乎知
行而此卷之編列乎二者之間也
或問聖可學乎濂溪曰可有要乎曰有請問
焉曰一爲要一者無欲也無欲則靜虛動直
靜虛則明明則通動直則公公則溥明通公
33369

圖 16－4　張伯行《近思録集解》，清康熙五十一年姑蘇正誼堂刻本

2. 張伯行《近思録集解》，民國二十六年（1937）商務印書局印本

韓國國立中央圖書館有藏。

（二）張伯行《續近思録》十四卷

張伯行集解《續近思録》十四卷，清康熙四十九年（1710）姑蘇正誼堂刻

本,韓國國立中央圖書館有藏(古古 1—50—70,書影見圖 16－5),4 册(考訂見前文第三章)。首爾大學校奎章閣也有藏(奎 3496),4 册。

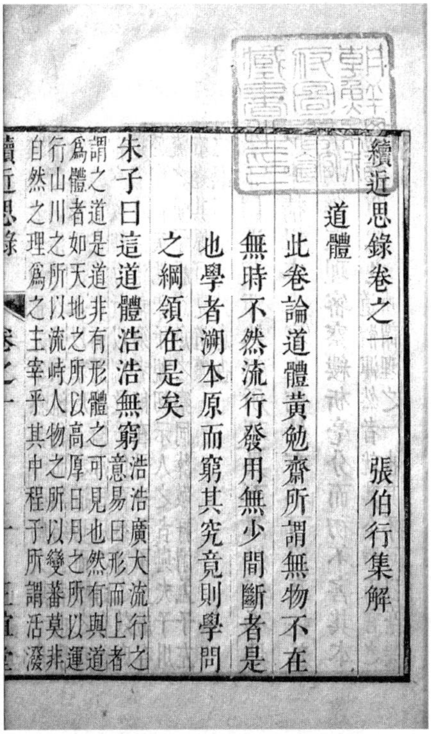

續近思錄卷之一　張伯行集解

道體

此卷論道體黄勉齋所謂無物不在無時不然流行發用無少間斷者是也學者溯本原而窮其究竟則學問之綱領在是矣

朱子曰這道體浩浩無窮浩浩廣大流行之意易曰形而上者謂之道是道非有形體之可見也然有與道爲體者如天地之所以高厚日月之所以運行山川之所以流峙人物之所以變蕃莫非自然之理爲之主宰乎其中程子所謂活潑

圖 16－5　張伯行《續近思録》,清康熙四十九年姑蘇正誼堂刻本

廣近思錄卷之十二

儀封張伯行孝先甫輯

閩中受業　柳　瑃荆石
　　　　　陳紹濂尚友　仝校

戒警

張南軒曰義利交戰卒爲利所奪君子小人相好卒爲小人所汨蓋亦理勢之必然

張南軒曰常人之情往往忽於小而暗於大銳於始而怠於終睹其著而不原於微望

286592

圖 16－6　張伯行《廣近思録》,清康熙五十年姑蘇正誼堂刻本

(三) 張伯行《廣近思録》十四卷

《廣近思録》十四卷,清張伯行輯,柳瑃、陳紹濂等仝校,清康熙五十年(1711)刻本,首爾大學校奎章閣藏有兩部殘本,一部殘存卷一至卷三(蓑古 181.1 J255g v. 1—3),1 册;另一部殘存卷十二至卷十四,1 册(書影見圖 16－6),鈐印有“踈齋藏書”“完山世家”“李頤命印”等。韓國民族美術研究所也有藏,5 册。

第二節　韓國現藏日本刊印的《近思録》文獻

朝鮮半島在歷史上與鄰邦日本文化交流頻繁，在中國儒學思想傳播日本的歷程中也曾發揮過中轉站的重要作用。日本在接受、消化中國儒學後，衍生出大量具有本邦特色的程朱理學文獻，其刊印的"《近思録》文獻"中有一部分反過來又回流至朝鮮半島。經初步調查，現存韓國的日本"《近思録》文獻"大體如下。

一、《近思録》及其日文訓點本

（一）《近思録》十四卷，寬文十年山崎嘉日文訓點本

江户時代日本儒者山崎嘉日文訓點《近思録》，韓國國立中央圖書館有存（古1—50—92），2冊。刻本每半葉九行十六字，注文小字雙行同。四周單欄，白口，對（黑）魚尾。在漢字旁標注了日文訓點。正文前刻有寬文十年山崎嘉敬義《近思録序》與《近思録目録》。卷十四末刻有《近思録後序》兩篇（即朱熹序、吕祖謙序）。在吕氏跋文末的左下角刻有刊記"書肆：洛陽武村市兵

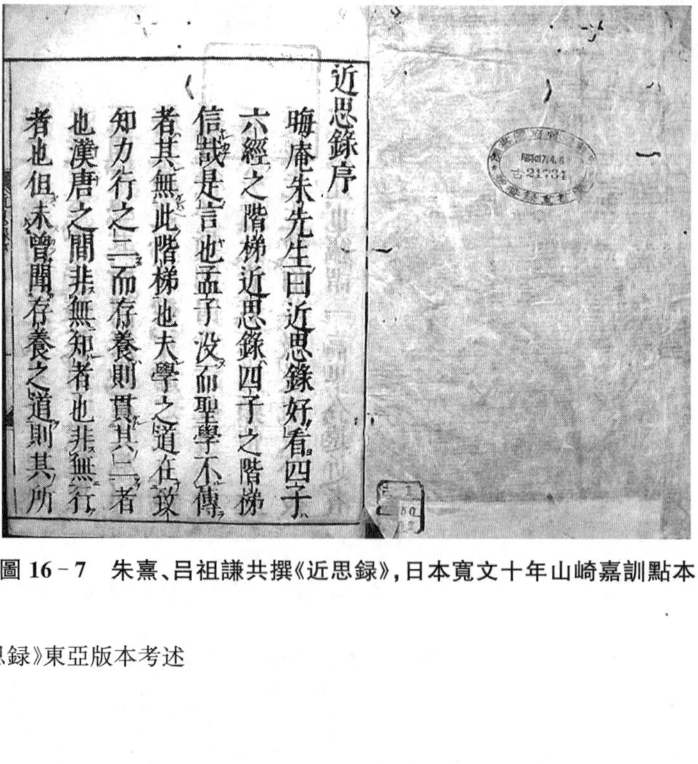
近思録序
晦庵朱先生曰近思録好看四子
六經之階梯近思録四子之階梯
信哉是言也孟子没而聖學不傳
者其無此階梯也大學之道在致
知力行之二而存養則貫其二者
也漢唐之間非無知者也非無行
者也但未曾聞存養之道則其所

圖16－7　朱熹、吕祖謙共撰《近思録》，日本寬文十年山崎嘉訓點本

衞/大坂 同 佐兵衞”。因而依據山崎嘉作序時間與刊記可知，此刊本爲日本寬文十年(1670)洛陽武村市兵衞、大坂武村市兵衞刊行。此藏本(書影見圖16－7)與日本現存寬文十年山崎嘉訓點版本同。

(二)《近思録》十四卷，安政三年刊本

朱熹、吕祖謙共編《近思録》十四卷，韓國國立中央圖書館藏有一刻本(古1—50—95)，2冊。每半葉十行二十一字，左右雙欄，有界行。白口，單(黑)魚尾。行格漢字右下刻有日文訓點。卷首的書名葉刻“安政三年丙辰鐫/近思録”(書影見圖16－8)。《近思録》卷十四末刻有朱熹《近思録後序》、吕祖謙《近思録後序》。因此，此藏本是日本安政三年(1856)刊本，前文已述及。

圖16－8 《近思録》，日本安政三年刻本

(三)《近思録》十四卷，《漢文大系》本

富山房編輯部編《漢文大系》本，大正六年(1917)富山房印本。首爾大學校奎章閣藏本(古263—20—1)，零本20冊。該《漢文大系》第22冊收録有《近思録》十四卷。

(四)《近思録》十四卷，《漢文叢書》本

塚本哲三編《漢文叢書》收録了《近思録》《傳習録》，大正八年(1919)東京有朋堂書店刊印。此本延世大學校有藏。

(五)《近思録》十四卷，《世界大思想全集》本

日本國立國會圖書館編《世界大思想全集》第53冊“支那思想篇”，收録有《近思録》《傳習録》，昭和六年(1931)東京春秋社出版。此本延世大學校有藏。

二、日本學者的注釋本

(一) 貝原篤信《近思録備考》十四卷,寛文八年刊本

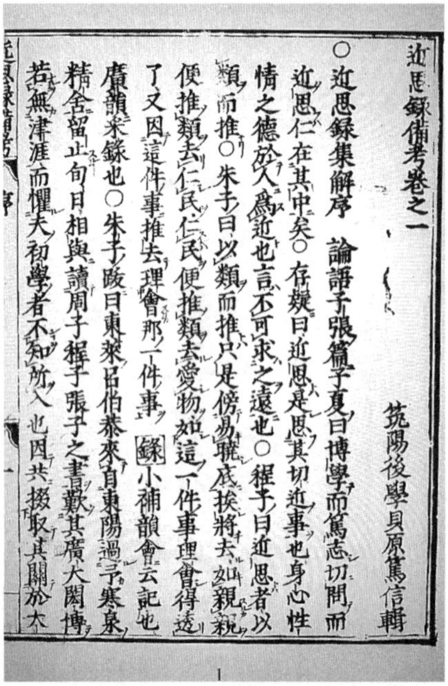

近思録備考卷之一

筑陽後學貝原篤信輯

○近思録集解序　論語子張篇子夏曰博學而篤志切問而近思仁在其中矣○存疑曰近思是思其切近事也身心性情之德於人爲近也言不可求之遠也○程子曰近思者以類而推○朱子曰以類而推只是傍易曉底挨將去如親親便推類去仁民仁民便推類去愛物如這一件事理會得透了又因這件事推去理會那一件事 録 小補韻會云記也廣韻采録也○朱子跋曰東萊吕伯恭來自東陽過予寒泉精舍留止旬日相與讀周子程子張子之書歎其廣大閎博若無津涯而懼夫初學者不知所入也因共掇取其關於大

圖 16 - 9　貝原篤信《近思録備考》,日本寛文八年刻本

貝原篤信撰寫的《近思録備考》十四卷,日本寛文八年(1668)刊本,韓國國立中央圖書館有藏(古 1—50—42),3 册(書影見圖 16 - 9)。每半葉十一行二十四字,四周雙欄,無界行。白口,順(黑)魚尾。行格漢字右下刻有日文訓點。卷十四末刻有日本寛文戊申年貝原篤信《書近思録備考之後》,接之刻有三豎行刊記:"寛文八年歲次戊申七月日/柳馬場二條下町/吉野屋權兵衛新刊。"因而,此刻本與日本現存貝原篤信《備考》寛文八年吉野屋權兵衛刻本同。

(二) 澤田希《近思録説略》十四卷,享保五年刊本

日本享保年間澤田希撰《近思録説略》十四卷,韓國國立中央圖書館有藏(古 1—50—7),5 册。此刻本每半葉十一行二十五字,四周單欄,白口,單(黑)魚尾。卷端題署"武江後學澤田希著"。正文前刻有享保五年伊藤長胤《近思録説略序》、享保五年澤田希《近思録説略序》。卷十四末刻有刊記"澤田織部著/享保五龍集仲夏良辰/柳馬場通二條下町/芳野屋權兵衛刊行"。因此可知這是享保五年(1720)夏芳野屋權兵衛刊行的《近思録説略》。

(三) 溪百年《近思録餘師》十四卷,天保十四年刊本

溪百年所著《近思録餘師》十四卷(又稱《經典餘師近思録》),是用日文注譯的理學經典,韓國國立中央圖書館有藏(古 1—50—104),10 册(書影見圖 16 - 10)。此刻本版框與一般刻本有别,分作上、下兩欄,上欄爲日文、漢文批

注，下欄每半葉九行十四字(以漢字計數)，注文爲日文雙行。左右雙欄，有界行。白口，單(黑)魚尾。《近思録》語録刻作漢字，溪氏注釋刻作雙行日文。卷首書名葉刻“天保癸卯孟春”，“讃岐百年先生述/經典餘師近思録之部 十卷/浪華森本三書堂合刻”。正文前有讃崎溪《自序》，卷末有必山島圭跋文。藏本的版式、内容與日本藏天保十四年(1843)森本三書堂合刻本相同。

圖 16－10　溪百年《近思録餘師》書名葉，日本天保十四年森本三書堂合刻本

(四) 中村惕齋講述《近思録》十四卷，明治四十三年排印本

中村惕齋講述《近思録》十四卷，即《近思録示蒙句解》，早稻田大學編《先哲遺書漢籍國字解全書》第八卷收録，明治四十三年(1910)早稻田大學出版。韓國國立中央圖書館有藏(5—0—10—1—8)，1 册。延世大學校有藏。奎章閣藏(古 259—1—1)，零本 1 册。

(五) 簗田忠勝信《近思録集解便蒙詳説》二十四卷，大正三年鉛印本

簗田忠勝信著、久保得二校訂《近思録集解便蒙詳説》，收録在三島毅、服部宇之吉監修，高瀨武次郎、久保得二校訂《(校訂)漢文叢書》第 10 册，日本大正三年(1914)四月一日東京博文館印本。韓國國立中央圖書館有藏(5—70—6—10)，1 册。

(六) 秋月胤繼譯注《近思録》，昭和十五年印本

秋月胤繼譯注《近思録》十四卷，昭和十五年(1940)岩波書店出版。韓國國會圖書館有藏(181.234—364)，國立中央圖書館有藏(043—13—2204)。

在此需要補充説明的是，上述韓國現存日本刻印的“《近思録》文獻”，我們僅述録了江户時代至二十世紀四十年代的部分傳本，仍有待補充完善。

三、葉采《近思録集解》日本刻本

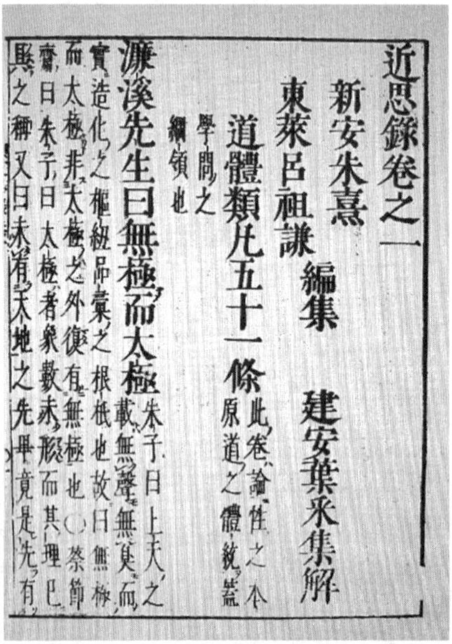
近思錄卷之一
新安朱熹
東萊呂祖謙 編集
建安葉采集解
道體類凡五十一條 此卷論性之本原道之體統蓋
學問之綱領也
濂溪先生曰無極而太極 朱子曰上天之載無聲無臭而
實造化之樞紐品彙之根柢也故曰無極
而太極非太極之外復有無極也○蔡節
齋曰朱子曰太極者象數未形而其理已
具之稱又曰未有天地之先畢竟是先有

圖 16－11 葉采《近思録集解》，日本文化九年刻本

(一) 日本文化九年刻本

葉采《近思録集解》十四卷流佈日本後，江户時代的日本進行了刊行，其中日本文化九年（1812）刻板就是其中一種。日本此刊也曾流佈朝鮮半島，韓國國立中央圖書館有藏（古 1—50—90），2 册（書影見圖 16－11）。每半葉八行十六字，注文小字雙行同。四周單欄，白口，單（黑）魚尾。行格漢字右下刻有日文訓點。正文前刻有葉采《進近思録表》、《近思録集解序》、朱熹序、吕祖謙跋、《近思録》（此書取材的 14 部書名）、《集解目録》。卷十四末刻有刊記："文化九年壬申五月/心齋橋通/浪華書林 加賀屋善藏梓。"由此可見此刻本是加賀屋善於日本文化九年刊梓。

(二) 文久四年刻本

葉采《近思録集解》十四卷，日本文久四年（1864）刻本，韓國成均館大學校有藏，4 册（書影見圖 16－12）。每半葉八行十六字，注文小字雙行同。四周單欄，白口，單（黑）魚尾。刻有日文訓點。刻本卷首的書名兼牌記葉刻"文久四歲再鐫"，"建安葉采集解/近思録/浪華書肆嵩山□□□"。正文前刻有葉采《進近思録表》、《近思録集解序》、朱熹序、吕祖謙跋、《近思録》（此書取材的 14 部書名）、《集解目録》。卷十四末有出版刊記："和漢洋書籍發兑處。東京帝國大學……帝國圖書館御用書肆。發行印刷者：青木恒三郎。""製本發賣所：青木嵩山堂。"因而《近思録集解》此刻本是浪華書肆青木嵩山堂於文久四年重刊。

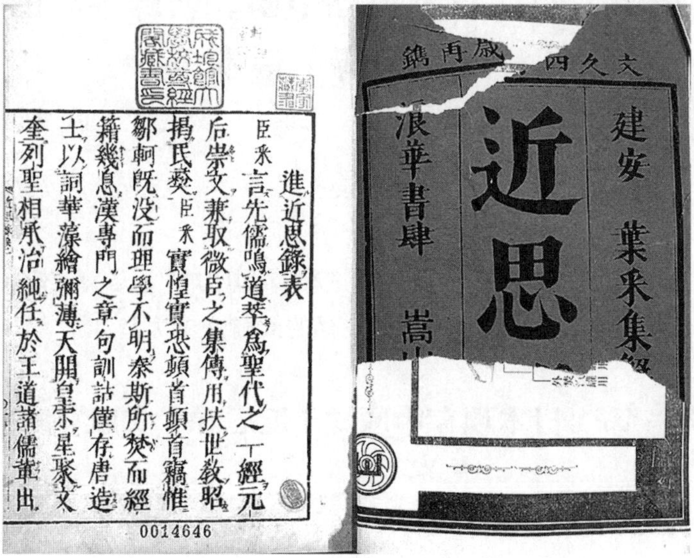

文久四歲再鐫
建安 葉采集解
近思
浪華書肆 嵩山

進近思録表
臣采言先儒鳴道萃爲聖代之一經元
后崇文兼取微臣之集傳用扶世教昭
揭民彝臣采實惶實恐頓首頓首竊惟
鄒軻既沒而理學不明秦斯所焚而經
籍幾息漢專門之章句訓詁僅存唐造
士以詞華藻繪彌薄天開皇宋星聚文
奎列聖相承治純任於王道諸儒輩出
0014646

圖 16－12　《近思録集解》，日本文久四年刻本

第十七章　日本現存中國、朝鮮半島的《近思録》傳本

歷史上，中國本土、朝鮮半島學者撰寫或刊印的《近思録》文獻也通過不同途徑流佈日本，日本各大藏書機構現存的此類文本大致如下。

第一節　日本現存中國“《近思録》文獻”簡目

一、《近思録》原文本

（一）《近思録》十四卷，明代嘉靖六年賈世祥刻本

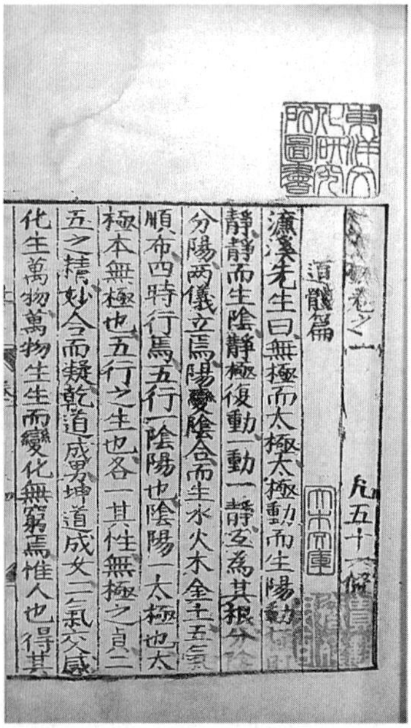

圖 17－1　朱熹、吕祖謙共撰《近思録》，明嘉靖六年刻本

明人賈世祥認爲崇尚程朱之學的大明朝，應該闢邪崇正，引領人們閱讀藴藏“聖賢之學，帝王之道”的《近思録》，於是在明嘉靖年間刊刻了《近思録》。該本每半葉九行十九字，四周單欄，有界行。白口，對（黑）魚尾。正文前刻有《近思録》（朱熹序、吕祖謙跋）、《近思録目》（此書所取材的 14 部書名）。卷十四末刻有明嘉靖丁亥（六年，1527）賈世祥《刻近思録成序後》。東京大學東洋文化研究所藏本（大木文庫 子部儒家 6），一帙四册（書影見圖 17－1）。其版式、内容與中國社科院圖書館所藏嘉靖六年（1527）賈世祥刻本同，且卷帙完好。鈐朱文印“大木文庫”“東洋文化研究所圖書”。行間有佚名用藍色筆圈點。

(二)《近思録》十四卷,《朱子遺書》清初刻本

1. 清康熙年間吕氏寳誥堂重刻《朱子遺書》本

朱熹、吕祖謙合輯《近思録》十四卷,收録在《朱子遺書》之中,有清初吕留良家刻本(書影見圖 17 - 2)。日本國立公文書館現存有《朱子遺書》46 册本(子 248—0002 號),《近思録》刻本每半葉十二行二十二字,夾注小字雙行同,左右雙欄,有界行,上下細黑口,對(黑)魚尾。"恒"字闕末筆,或避宋諱。"玄""弘"不諱。

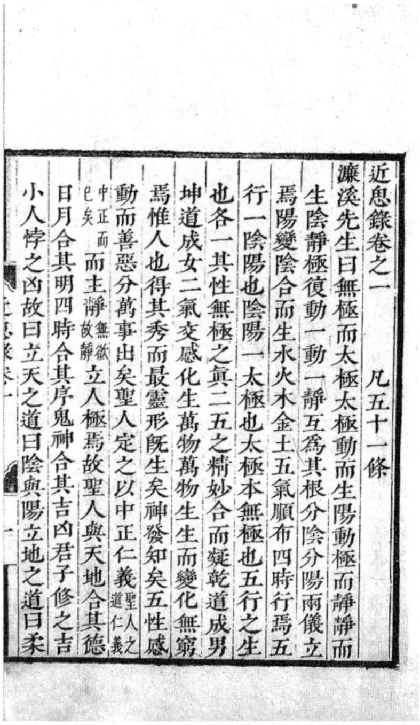
近思錄卷之一　凡五十一條
濂溪先生曰無極而太極太極動而生陽動極而靜靜而
生陰靜極復動一動一靜互爲其根分陰分陽兩儀立
焉陽變陰合而生水火木金土五氣順布四時行焉五
行一陰陽也陰陽一太極也太極本無極也五行之生
也各一其性無極之眞二五之精妙合而凝乾道成男
坤道成女二氣交感化生萬物萬物生生而變化無窮
焉惟人也得其秀而最靈形既生矣神發知矣五性感
動而善惡分萬事出矣聖人定之以中正仁義聖人之道仁義
中正而已矣而主靜無欲故靜立人極焉故聖人與天地合其德
日月合其明四時合其序鬼神合其吉凶君子修之吉
小人悖之凶故曰立天之道曰陰與陽立地之道曰柔

圖 17 - 2 《近思録》,《朱子遺書》本,清初刻本

第 1 册卷首書名葉刻書名大字"《朱子遺書》",在書名"書"字的左下刻記"禦兒吕氏寳誥堂重刻白鹿洞原本"。正文前刻有《朱子遺書目録》、《近思録》(此書取材的 14 部書名)、朱熹序、吕祖謙跋。由該刻本牌記以及避諱字可知,此書爲清康熙年間"禦兒吕氏寳誥堂重刻白鹿洞原本"《朱子遺書》,其中收録的《近思録》十四卷是清康熙年間吕留良寳誥堂重刻白鹿洞原本。鈐朱文印"淺草文庫"。

"禦兒吕氏寳誥堂重刻白鹿洞原本"《朱子遺書》本,日本國立公文書館還藏有《朱子遺書》20 册本(298—0274 號),16 册本(298—0276)。

2. 清代《朱子遺書》二刻本

《近思録》十四卷也收録在《朱子遺書》二刻本中,京都大學人間環境研究科有藏。

(三)《近思録》十四卷,清初康熙年間寫本

此抄寫本是在素紙上抄寫,書體質樸,編排較整齊。每半葉九行十八字,夾注雙行同。卷一卷端首行頂格題"近思録卷之一",次行頂格抄録正文,

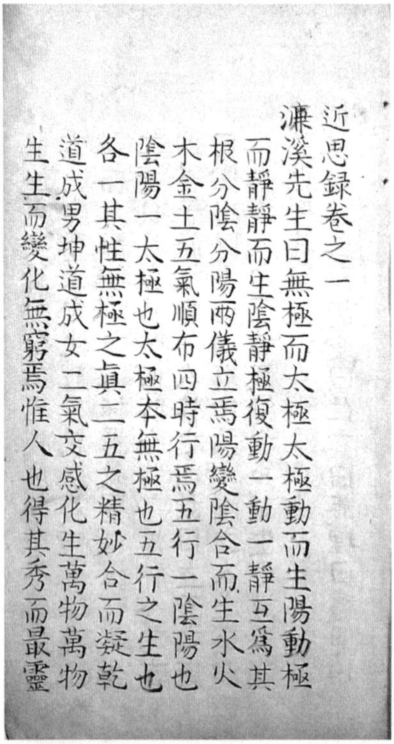
近思録卷之一
濂溪先生曰無極而太極太極動而生陽動極
而靜靜而生陰靜極復動一動一靜互爲其
根分陰分陽兩儀立焉陽變陰合而生水火
木金土五氣順布四時行焉五行一陰陽也
陰陽一太極也太極本無極也五行之生也
各一其性無極之眞二五之精妙合而凝乾
道成男坤道成女二氣交感化生萬物萬物
生生而變化無窮焉惟人也得其秀而最靈

圖 17－3 《近思録》,清初抄寫本

每條單列,除每條首字外,其餘各行均低一字格抄寫。卷末有尾題“近思録卷之某某”。其編次體例與清初《朱子遺書》本很相近。該本卷首抄有《近思録》(此書取材的 14 部書名)、朱熹序文、吕祖謙跋文。

此抄寫本的天頭偶有夾簽,粘貼的紙條上寫有漢字,内容多是對本葉某條或某幾條語録之意的闡述。如在卷一“仁者天下之公”條、“有感必有應”條、“天下之理”條後,貼有一書簽,上書:“仁者以下三章皆言道體之在人者,此章言仁爲道體之大端,有感章言道體之在人,感應而不已,天下之理章言道體之在人,恒久而不窮。”此類情形可能是抄寫者添改所致,從抄寫認真、編排整齊的角度看,似可斷爲清稿本。再結合抄寫本中“恒”字闕末筆避諱,“玄”改作“元”,“弘”字不諱,故推斷恐爲清康熙年間中國人抄寫,因爲如果是日本人抄寫則不須避清帝諱。

日本國立公文書館藏本(298—0155 號,書影見圖 17－3),2 册,四眼綫裝。鈐朱文印“淺草文庫”“文化丙子”“大學校圖書之印”,墨色陽文印“昌平坂學問所”。由此可知,此藏本原爲昌平坂學問所、大學校舊藏。

二、《近思録》注本

(一) 葉采集解《近思録》系列版本

1. 葉采集解《近思録》十四卷,明代刻本

此刻本每半葉九行二十一字,注文小字雙行二十字,左右雙欄,有界行,白口。刻本卷前刻有葉采《近思録集解序》、《集解目録》、《近思録》(此書取材的 14 部書名)、朱熹《近思録前引》、吕祖謙《近思録後引》、葉采《進近思

録表》。

從此刻本版式特徵看，與明代正德嘉靖年間的明刊本極相近，與現藏臺北的明刻本、現藏上海圖書館的明刊本（袁榮法《剛伐邑齋藏書志》著録）基本相同，故筆者以爲是明代刊本。日本國立公文書館有藏（298—0159 號，書影見圖 17－4），3 册，四眼綫裝。鈐有朱文印“季方”“肖峰”“小野節家藏書”“淺草文庫”“大日本帝國圖書印”“天保壬辰”，白文印“宜爾子孫”“觀復家藏”“壺中洞平”等，墨色印“昌平坂學問所”。藏本有朱筆圈點、墨筆批注。此藏本的卷七闕第五葉。此藏本嚴紹璗《日藏漢籍善本書録》有著録[①]。

依據藏本第 3 册後封底白峰野叟墨筆題識，云：“《近思録》三册者，内藏助明友加藤氏之遺物也。余大父先生與加藤氏有舊交云爾。余侍先考之膝下有所聞，故識之。寶曆七年丁丑三月，白峰野叟。”可知此藏本中的批注是日本寶曆七年（1757）白峰野叟所爲，故可稱此藏本爲日本白峰野叟批注本。

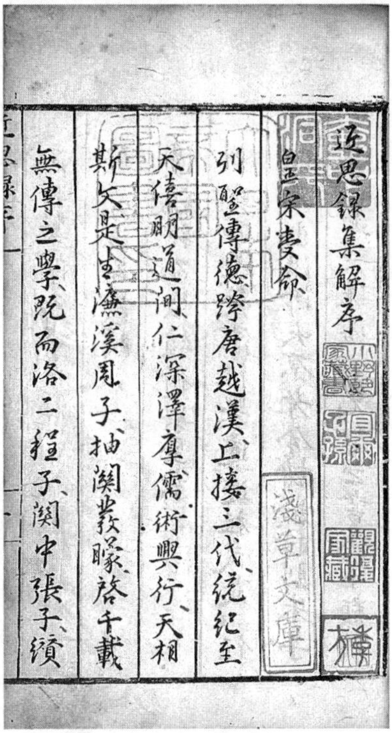
近思録集解序
皇宋受命
列聖傳德跨唐越漢上接三代統紀至
天僖明道間仁深澤厚儒術興行天相
斯文是生濂溪周子抽關發蒙啓千載
無傳之學既而洛二程子關中張子纘

圖 17－4　葉采《近思録集解》，明代刻本

2. 葉采集解《近思録》十四卷，明崇禎八年刻本

明崇禎年間陸雲龍、丁允和等有意重倡程朱理學，故而重刻葉采《近思録集解》。該刻本每半葉九行十九字，注文小字單行十八字，四周單欄，有界行，白口，單（黑）魚尾。天頭刻有校勘文字。陸雲龍、丁允和校訂的注文列於《近思録》原文之後，刻本中對於《近思録》某條語録往往分作若干段予以解釋。

刻本卷首書名葉刻：“翠娱閣訂定/近思録/聖主崇文，正理學大明之日，兹録及性理，則濂洛關閩淵源近，宗師亦首崇之。本坊特求善本精梓以公四

① 嚴紹璗《日藏漢籍善本書録》子部，中華書局，2007 年 3 月 1 版，第 724 頁。

方，具眼宜共珍焉。聚古堂梓行。"該葉右下鈐方形朱底白文印"翻刊必究"。卷首依次刻有明崇禎八年錢塘陸雲龍雨侯甫於翠娱閣中所作序文（序文末原本刻有兩方墨印：陽文"翠娱閣雨侯氏"，陰文"陸雲龍印"）、葉采《近思録集解序》《近思録》（此書取材的 14 部書名）、朱熹序、吕祖謙跋。依據陸雲龍作序題署時間"崇禎乙亥"，即崇禎八年，故將此刻本擬作明崇禎八年（1635）陸雲龍、丁允和校訂重刻本，聚古堂刊行。日本東京都立中央圖書館有藏（市 125—IW—12—1，書影見圖 17－5），6 册，鈐朱文印"東京都立圖書館藏書"，墨印"市村文庫"，可知爲市村瓚次郎（1864—1947）舊藏之物。卷十四末有損脱，闕 1 條語録。

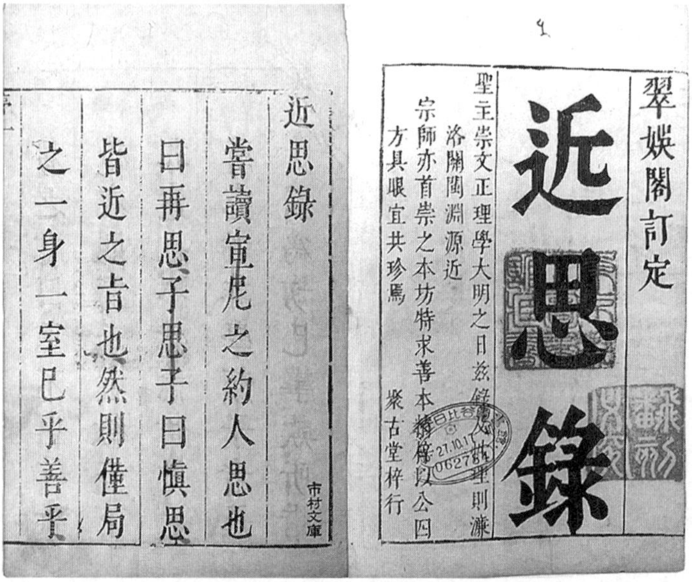
翠娱閣訂定
近思録
聖主崇文正理學大明之日兹録入性理則濂
洛闗閩淵源近
宗師亦首崇之本坊特求善本精校公四
方具眼宜共珍焉
聚古堂梓行

近思録
嘗讀宣尼之約人思也
曰再思子思子曰慎思
皆近之旨也然則僅局
之一身一室已乎善乎
市村文庫

圖 17－5 《近思録集解》，明崇禎八年陸雲龍校訂本

陸雲龍、丁允和校訂本，明崇禎八年（1635）聚古堂刻本，日本東洋文庫也有藏。卷首書名葉所刻文字與東京都立中央圖書館藏本同，然該葉左上鈐長方形朱文印"朱紫陽先生原本訂正無訛"，右下鈐方形朱色陰文印"翻刊必究"。東洋文庫藏本（Ⅲ—2—81），6 册。鈐朱文印"加藤家藏書印""南山櫻花散人圖書印""翼輪堂藏書信""東洋文庫"。藏本天頭有佚名批注，刻本中也有用日文訓點。刻本卷十四的第 26 條爲抄補，該語録文字下有朱筆圈點，書寫“此一節丙辰春補，勿齋”。

日本萬治二年(1659)吉野屋權兵衛重刻葉采《近思録集解》本的卷首書名葉，與此處書名葉文字内容相同，但是經仔細比較，二者書體有異。故日本的刊本很可能是翻刻“聚古堂”刻本的該書名葉。

3. 葉采《近思録集解》十四卷，清康熙年間刻本

此刻本每半葉九行十九字，注文小字雙行二十四字，左右雙欄，有界行。白口，單(黑)魚尾。“玄”字闕末筆，恐避清帝諱。正文前刻有葉采《進近思録表》(“天開”“皇宋”“列聖”“皇帝”等均提行頂格刻印)、葉采《近思録集解序》、朱熹《近思録前引》、吕祖謙《近思録後引》、《近思録集解目録》、《近思録群書姓氏》(此書取材的 14 部書名)。由上述版式特徵、字體以及避諱字，可推斷爲清初刊本。日本國立公文書館有藏(298—0158 號，書影見圖 17－6)，2 册，五眼綫裝，藏家著録爲“清刊本”。鈐朱文印“淺草文庫”“日本政府圖書”“文化辛未”“惺庵”等，墨色陽文印“昌平坂學問所”，可見爲昌平坂學問所舊藏。

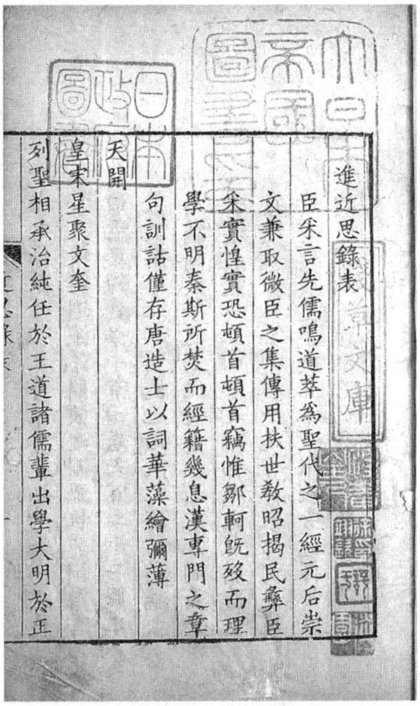
進近思録表
臣采言先儒嗚道萃爲聖代之一經元后崇
文兼取微臣之集傳用扶世教昭揭民彝臣
采實惶實恐頓首頓首竊惟鄒軻既歿而理
學不明秦斯所焚而經籍幾息漢專門之章
句訓詁僅存唐造士以詞華藻繪彌薄
天開
皇宋星聚文奎
列聖相承治純任於王道諸儒輩出學大明於正

圖 17－6 《近思録集解》，清康熙年間刻本

儘管此刻本頗似清初邵仁泓重刻葉采《集解》本，版式、内容基本相同，但是如果説公文書館此藏本是邵仁泓重刻本，那爲何藏家著録爲“清刊本”，以及卷首爲何不見書名葉、卷尾不見邵仁泓跋文？這或許是因爲該藏本在輾轉流傳中，卷首的扉葉和卷末的跋文損落了，故今天難以見到，這種情況在版本流傳過程中是有可能的。因其無牌記、邵氏跋文，出於慎重，故藏家著録爲“清刊本”。

4. 葉采《近思録集解》十四卷，清康熙年間邵仁泓重刻本

此刻本日本多家藏書機構有藏，如東京大學總合圖書館有藏(B60—

1412),《東京大學總合圖書館漢籍目録》著録曰:"《近思録集解》十四卷,(宋)葉采集解。清初吴郡邵仁泓重訂刊本。"①

5. 葉采《近思録集解》十四卷,清代味經堂重刻本

日本國立公文書館有一藏本,每半葉九行十九字,注文小字雙行二十四字,左右雙欄,有界行。白口,單(黑)魚尾。刻本中"玄"字闕末筆,"恒""弘"字不避諱。書名葉刻"朱子原本/近思録集解/□經堂藏板"(書影見圖 17-7)。正文前刻有葉采《進近思録表》("天開""皇宋""列聖""皇帝"等均提行頂格刻印)、葉采《近思録集解序》、朱熹《近思録前引》、吕祖謙《近思録後引》、《近思録集解目録》、《近思録群書姓氏》(此書取材的 14 部書名)、邵仁泓《近思録後跋》。

圖 17-7 《近思録集解》,清代味經堂重刻本

依據書名葉、邵氏跋文以及刻本諱字可知,葉采《近思録集解》十四卷此刻本是清康熙年間□經堂刻本。署名"□經堂藏板"的刻本與清康熙年間邵

① 東京大學總合圖書館編《東京大學總合圖書館漢籍目録》,1995 年 3 月初版發行,第 272 頁。

仁泓刻本版式、内容、書體相同，僅筆畫上有細微差異，極似同一版本。因而推測恐是□經堂重刻邵仁泓校刊本。該藏本（298—0162號），4册，藏家著録爲“清刊本”，或許是依據邵氏跋文而定。鈐朱文印“淺草文庫”“大學校圖書之印”“文政庚寅”，墨色陽文印“昌平坂學問所”，由此可知爲昌平坂學問所、大學校舊藏。藏本天頭有朱筆漢文批注。

關於公文書館藏署名“□經堂藏板”的刻本，可據日本九州大學藏本補上書名葉的脱字。葉采《近思録集解》清初刻本，日本九州大學有藏（碩水文庫/キ/11），4册。其卷首書名葉刻“朱子原本/《近思録集解》/味經堂藏板”。依據該藏本的著録及所載文字，可知它與公文書館藏本應屬於同一版本，那麼公文書館藏本書名葉“經”上脱落的應是“味”字，如此以來，這個刻本就是清前期的味經堂重刻本。

6. 葉采《近思録集解》十四卷，清光緒十年廣仁堂重刻本

葉采《近思録集解》清光緒十年（1884）廣仁堂重刻本，是葉采注本在清後期的重刻本之一。該刻本每半葉九行二十三字，注文小字雙行同，四周雙欄，有界行。白口，單（黑）魚尾。版心下端刻記“廣仁堂”堂號與刻工姓名、字數。卷端題“建安葉采集解”。刻本中“玄”“弘”“寧”闕末筆，“醇”改作“醕”。各卷末刻“華陰王守恭校字”。本書刻工有王慶有、王玉林、劉桂圃、趙恩第、傅學海、周日新等人。卷首書名葉右半葉刻書名“近思録集解”，其左半業牌記爲“光緒甲申津河廣仁堂較刊，吴縣吴大澂署檢”。“甲申”年，即光緒十年。刻本正文前刻有《欽定四庫全書總目·近思録》提要、葉采《進近思録表》、葉采《近思録集解序》、朱熹《近思録前引》、吕祖謙《近思録後引》、《近思録集解目録》、《近思録群書姓氏》及《讀近思録綱領》。卷十四末附載《近思録集解正文與遺書吕本吕氏家塾本異同考》，邵仁泓《近思録後跋》，光緒甲申年十月王守恭跋文。依據刻本的避諱字、牌記，可知這是清光緒十年廣仁堂重刻本。廣島大學圖書館藏本，2册。鈐朱文印“廣島文理科大學圖書之印”。

7. 《分類經進近思録集解》十四卷，明嘉靖十七年劉仕賢重刻本

現存能確定刊刻年代的最早葉采集解、周公恕類次本《分類經進近思録集解》，日本也有藏（書影見圖17-8）。該刻本每半葉九行二十字，注文

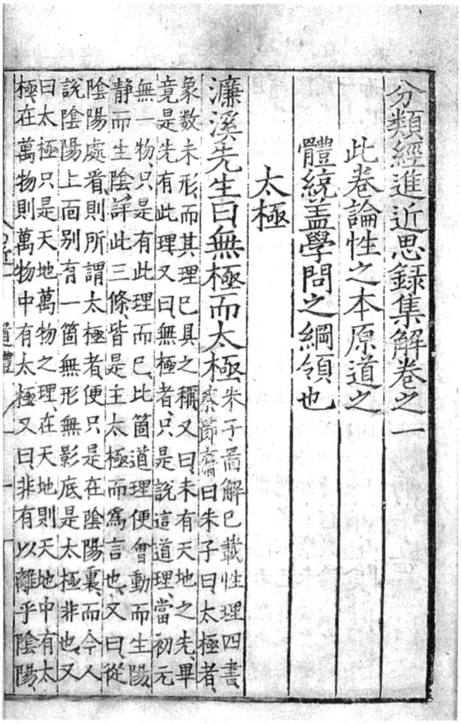

圖 17-8　葉采集解，周公恕類次《分類經進近思録集解》，明嘉靖十七年劉仕賢重刻本

小字雙行同，四周單欄，有界行。上下細黑口，對(綫)魚尾。卷首刻有明嘉靖十七年劉仕賢《重刊近思録序》、《近思録》(所取材的 14 部書名)、朱熹序、吕祖謙跋、《集解目録》、《分類經進近思録集解綱目》(詳列十四卷的小標題)，之後集中彙刻各卷内容提要(即葉采解題)，此"綱目"的卷端首行頂格題署"近思録集解卷之一"，第二、第三行均低九字格分題"建安葉采集進""鷺洲後學周公恕類次"。或許因爲此處題署了注者、類次者，故該刻本正文卷端無此類題注。我們依據劉仕賢作序時間，認爲此刊本是明嘉靖十七年(1538)劉仕賢重刻本。日本國立公文書館藏本(子 003—0004 號)，4 册，四眼綫裝。鈐朱文印"日本政府圖書"。有佚名朱筆圈點句讀。嚴紹璗《日藏漢籍善本書録》有著録。

8.《分類經進近思録集解》十四卷，明末楊璧卿刻本

葉采集進，周公恕類次，吴勉學校閲的此刻本，日本也有藏。刻本每半葉九行十八字，注文小字雙行同，左右雙欄，有界行。白口，單(黑)魚尾(魚尾下刻有一小圓框)。相較於《分類經進近思録集解》明嘉靖十七年刻本，此刻本在文字上有明顯的校改痕迹，如改"答"爲"荅"，改"盖"或"蓋"爲"葢"，改"辞"爲"辭"，或少量地增删文字。

刻本書名葉刻"葉先生分類集解/近思録/書林楊璧卿梓"(書影見圖 17-9)。這與復旦、上圖所藏刻本扉葉文字略有異(即上編所述此類刻本的扉葉刻"葉先生解/近思録/書林楊璧卿梓")，正文前刻有葉采《近思録集解

序》、《進近思録表》、《近思録群書姓氏》(所取材的 14 部書名)、朱熹序、吕祖謙跋、《近思録集解》(目録)、《分類經進近思録集解綱目》(詳列十四卷的小標題)。日本國立公文書館藏本(298—0175號),3 册,四眼綫裝。藏本多個葉面字迹漫漶不甚清晰,恐爲後印本。鈐有朱文印"弘文學士院""林氏藏書""淺草文庫",墨色陽文印"昌平坂學問所"。由此可見,此藏本原爲江户時代林恕(1618—1680)、大學頭林衡(1768—1841)舊藏之物。《日藏漢籍善本書録》著録爲"明萬曆年間(1573—1620 年)刊本"①。

圖 17-9　葉采集解,周公恕類次,吴勉學校閲《分類經進近思録集解》書名葉,明末楊璧卿刻本

9.《分類經進近思録集解》十四卷,明萬曆年間刻本

葉采集進,周公恕類次,吴中珩校閲的此刻本,卷端題署"吴中珩"。該刻本每半葉九行十八字,注文小字雙行同,四周單欄,有界行。白口,單(黑)魚尾。正文前刻有葉采《進近思録表》、《近思録群書姓氏》(所取材的 14 部書名)、朱熹序、吕祖謙跋、《近思録集解》(目録)、《分類經進近思録集解綱目》(詳列十四卷的小標題)。

吴中珩校閲本與吴勉學校閲本相較,吴中珩本各卷卷端所題内容不像吴勉學刻本那樣統一:書名,卷一題爲"分類經進近思録集解",卷二、三、四、七、八、九題爲"分類近思録集解",其餘各卷題爲"近思録集解";地名,卷三至卷九"鷺洲"刻作"鷺州"。

此刻本,日本國立公文書館有藏(298—176,書影見圖 17-10),4 册,四眼綫裝。鈐朱文印"淺草文庫""文化辛未""日本政府圖書""子明氏",墨色陽

① 嚴紹璗《日藏漢籍善本書録》子部,第 724 頁。

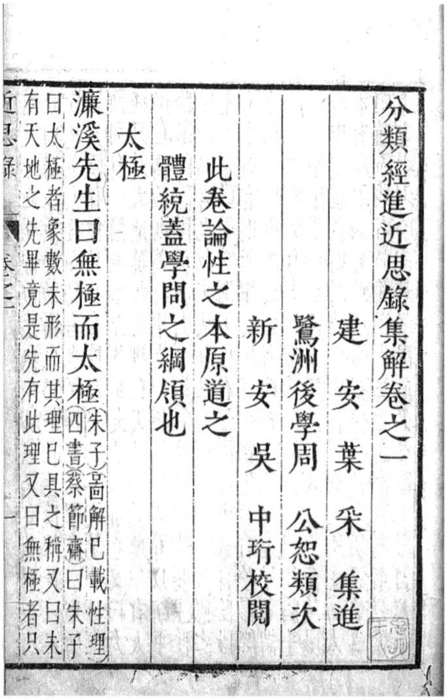

分類經進近思錄集解卷之一
建安葉采集進
鷺洲後學周公恕類次
新安吳中珩校閲
此卷論性之本原道之
體統蓋學問之綱領也
太極
濂溪先生曰無極而太極（朱子啚解已載性理四書蔡節齋曰朱子）
曰太極者象數未形而其理已具之稱又曰未
有天地之先畢竟是先有此理又曰無極者只
近思錄 卷之一

圖 17－10　葉采集解，吴中珩校閲《分類經進近思録集解》，明萬曆年間刻本

文印“昌平坂學問所”，因此可知是昌平坂學問所舊藏。《日藏漢籍善本書録》著録爲“（明）吴中珩校。明萬曆年間（1573—1620 年）刊本”①。

10. 葉采《近思録集解》十四卷，明代萬曆年間刊本

署（明）汪道昆標題的此刻本，每半葉九行十八字，注文小字雙行同。左右雙欄，有界行，框高 20.50 釐米，寬 13.70 釐米。白口，單（黑）魚尾。版心魚尾上方刻書名卷次簡稱（“近思録卷一”），魚尾下刻卷名（如“道體”）、頁碼，版心下方刻記字數（如“子五百六十七”）。卷一卷端首行頂格題“近思録集解卷之一”，次行低三字格題本卷的小標題、本卷葉采解題（如“太極”，“此卷論性之本原……綱領也”），第三行頂格刻印正文。“恒”字避諱，改作“常”。

正文前刻有葉采《近思録集解序》、葉采《進近思録表》（“天開”“皇宋”等提行頂格刻印）、朱熹《近思録前引》、汪道昆《近思録標題釋義》（楷行書上板刻印）、《近思録總例》（彙集各卷葉采解題文字）、《近思録書目》、《近思録標題釋義目録》（刻印各卷的小標題）、《諸賢姓氏併行略》、《集解三賢行略》。卷十四末刻有吕祖謙《近思録後引》。

此刻本，日本國立公文書館有藏（298—0165，書影見圖 17－11），6 册，四眼綫裝。鈐有朱文印“淺草文庫”“文化辛未”“日本政府圖書”，墨色陽文印“昌平坂學問所”。《改訂内閣文庫漢籍分類目録》著録：“《近思録集解》十四卷，（宋）葉采集解，（明）汪道昆校。明（萬曆）刊。”②藏家認爲是明代汪道昆校

① 嚴紹璗《日藏漢籍善本書録》子部，第 724 頁。

② 《改訂内閣文庫漢籍分類目録》，日本昭和四十五年十月出版，第 168 頁。

訂，然筆者認爲有誤，已作考證，詳見本章第三節。

(二) 茅星來《近思録集注》十四卷，清代刊抄本

1. 清道光三年刻本

據《東京大學總合圖書館漢籍目録》載："《近思録》十四卷，(宋)朱熹輯，清茅星來集注。道光三年刊本。"[①]東京大學總合圖書館有藏(B60—890)。

2. 清代道光、咸豐年間抄寫本

茅星來《近思録集注》自乾隆年間面世後，流佈於世的多爲抄本、影印本。傳至日本的這個抄本，原屬清末陸氏皕宋樓所藏，後被日本收購，現藏静嘉堂。

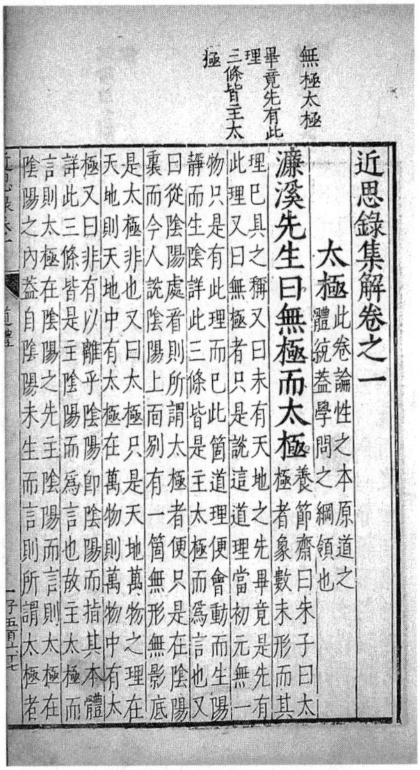
無極太極畢竟先有此理三條皆主太極
近思錄集解卷之一
太極 此卷論性之本原道之體統蓋學問之綱領也
濂溪先生曰無極而太極 蔡節齋曰朱子曰太極者象數未形而其理已具之稱又曰未有天地之先畢竟是先有此理又曰無極者只是說這道理當初元無一物只是有此理而已此箇道理便會動而生陽靜而生陰詳此三條皆是主太極而爲言也又曰從陰陽處看則所謂太極者便只是在陰陽裏而今人說陰陽上面別有一箇無形無影底是太極非也又曰太極只是天地萬物之理在天地則天地中有太極在萬物則萬物中有太極又曰非有以離乎陰陽而即陰陽而指其本體詳此三條皆是主陰陽而爲言也故主太極而言則太極在陰陽之先主陰陽而言則太極在陰陽之內蓋自陰陽未生而言則所謂太極者

圖 17－11　葉采《近思録集解》，明刊本，題署"明汪道昆"校訂

該抄本是在素紙上抄寫，書體剛健秀美。每半葉九行二十一字，注文小字雙行同。卷首抄有《欽定四庫全書·近思録集注》"提要"、康熙辛丑年(1721)茅星來《自序》(即康熙六十年《近思録集注原序》)、《近思録集注卷首》(即《近思録集注附説》一卷)。《集注》卷十四末抄有乾隆元年(1736)茅星來《後序》(即《近思録集注後序》)。此抄寫本中"玄""弘""寧"闕末筆，而清同治帝載淳之"淳"不諱，可知此抄本是同治年或此以前抄寫，極有可能抄寫於清道咸年間。

日本静嘉堂所藏此抄本(書影見圖 17－12)，4 册，四眼綫裝。鈐朱文印"静嘉堂藏書""歸安陸樹聲藏書之記"，爲陸氏皕宋樓舊藏。河田羆編《静嘉堂秘籍誌》有著録[②]，所言茅星來爲"烏程人"，有誤，當是康熙年間浙江"歸安人"。

① 東京大學總合圖書館編《東京大學總合圖書館漢籍目録》，第 273 頁。
② 賈貴榮《日本藏漢籍善本書志書目集成》，第 6 册第 136 頁。

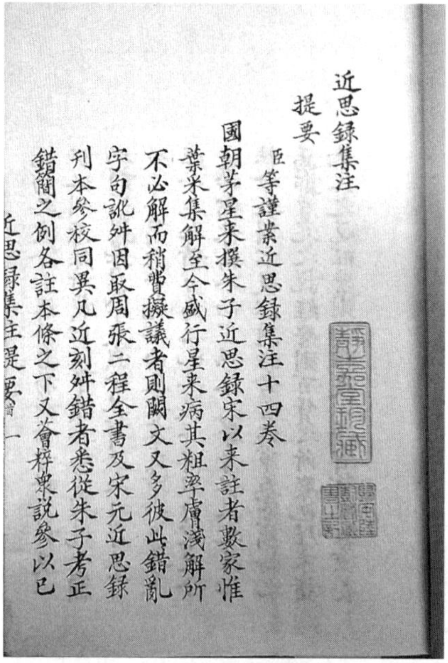
近思録集注
提要
臣等謹案近思録集注十四卷
國朝茅星来撰朱子近思録宋以来註者數家惟
葉采集解至今盛行星来病其粗率膚淺解所
不必解而稍費擬議者則闕文又多彼此錯亂
字句訛舛因取周張二程全書及宋元近思録
刊本參校同異凡近刻舛錯者悉從朱子考正
錯簡之例各註本條之下又薈粹衆説參以已
近思録集注 提要 一

圖 17－12　茅星來《近思録集注》，清代道光、咸豐年間抄本

3. 民國年間的影印本

民國年間編纂《四庫全書珍本初集》，其子部收録茅星來《近思録集注》的影印本。日本國立國會圖書館有藏。

（三）江永《近思録集注》十四卷，清代刊本

1. 清咸豐三年刻本

清江永集注《近思録》十四卷，此刻本每半葉九行二十一字，注文小字雙行二十一字。四周雙欄，白口，單（黑）魚尾。"玄""弘"字避諱。卷首書名葉刻"咸豐癸丑重鎸"，"江慎修先生原輯/五子近思録集注"。"癸丑"，即咸豐三年。正文前刻有清乾隆七年（1742）江永《近思録集注序》、《近思録書目原序》（朱熹序、吕祖謙跋）、《近思録集注凡例》、《考訂朱子世家》一卷。依據書名葉，可知此江永《集注》爲清咸豐三年（1853）重刻本，廣島大學圖書館有藏，5 册，鈐朱文印"廣島文理科大學圖書之印"。有佚名朱筆圈點。

2. 清同治八年江蘇書局刻本

該刻本每半葉九行十九字，注文小字雙行同。左右雙欄，有界行，白口，單（黑）魚尾。卷首書名葉右半葉刻印書名"近思録集注"，其左半葉牌記題署"同治八年夏江蘇書局刊"。正文前刻有《欽定四庫全書總目・近思録集注》"提要"、王鼎《朱子原訂近思録序》、江永《近思録集注序》、《近思録書目原序》（包括此書取材的 14 部書名、朱熹序、吕祖謙跋、朱子論《近思録》選録）、《近思録集注凡例》。卷十四末刻有應寶時跋文。之後刻《考訂朱子世家》一卷，張日晸《重刊近思録集注序》，《近思録集注》"校勘記"一卷。

此刻本，日本多家藏書機構有藏，如東洋文庫曰："《近思録》十四卷，附《考訂朱子世家》一卷、《校勘記》一卷。（宋）朱熹、吕祖謙同輯，（清）江永集注

並撰《考訂朱子世家》,《校勘記》王炳撰。清同治八年江蘇書局刊本。”[①]

京都大學人文科學研究所有藏(書影見圖 17－13),鈐朱文印“島田”“京大人文研藏”等,白文印“島田雯次讀”。藏本有朱筆畫綫、漢文批注。

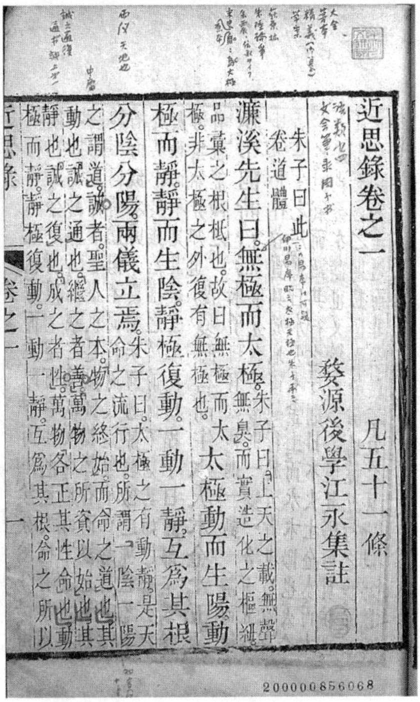
近思錄卷之一　凡五十一條
婺源後學江永集註
朱子曰此卷道體
濂溪先生曰無極而太極。朱子曰上天之載無聲無臭而實造化之樞紐品彙之根柢也故曰無極而太極非太極之外復有無極也
太極動而生陽動極而靜靜而生陰靜極復動一動一靜互爲其根分陰分陽兩儀立焉朱子曰太極之有動靜是天命之流行也所謂一陰一陽之謂道誠者聖人之本物之終始而命之道也其動也誠之通也繼之者善萬物之所資以始也其靜也誠之復也成之者性萬物各正其性命也動極而靜靜極復動一動一靜互爲其根命之所以
近思錄　卷之一　一
20000085606 8

圖 17－13　江永《近思録集注》,
清同治八年江蘇書局刻本

3. 清光緒十一年江西書局刊本

此刻本,京都大學有藏,藏家著録曰:“《朱子原訂近思録》十四卷,附《考訂朱子世家》一卷。……(清)江永撰。光緒十一年江西書局刊本。(村)”[②]

4. 清光緒十四年廣雅書局刻本

此刻本,日本多家藏書機構有藏,如東京大學總合圖書館藏本(B60—777),藏家著録曰:“《朱子原訂近思録》十四卷,附《考訂朱子世家》一卷。(宋)朱熹輯,(清)江永集注並撰《世家》,(清)王鼎校。光緒十四年廣州廣雅書局據同治四年跋盱眙吴棠望三益齋刊本重刊。”[③]東洋文庫、京都大學文學部也有藏。

5. 清光緒二十五年浙江官書局刻本

江永集注《近思録》十四卷,光緒二十五年(1899)浙江官書局刻本,每半葉七行十八字,注文小字雙行同。四周雙欄,有界行,白口,單魚尾。卷首書名葉右半葉刻大字“近思録”,其左半業牌記爲“光緒己亥餘月重録於浙江官書局”。“己亥”年,即光緒二十五年。正文前刻有《欽定四庫全書總目·近思録集注》“提要”等。此刻本,京都大學人文科學研究所有藏,鈐朱文印“東方

① 東洋文庫編《東洋文庫所藏漢籍分類目録》,第 21 頁。

② 《京都大學人文科學研究所漢籍分類目録》,京都大學人文科學研究所發行,昭和三十八年九月印刷,山代印刷株式會社,第 462 頁。

③ 《東京大學總合圖書館漢籍目録》,第 273 頁。

文化學院京都研究所”(書影見圖 17－14)。

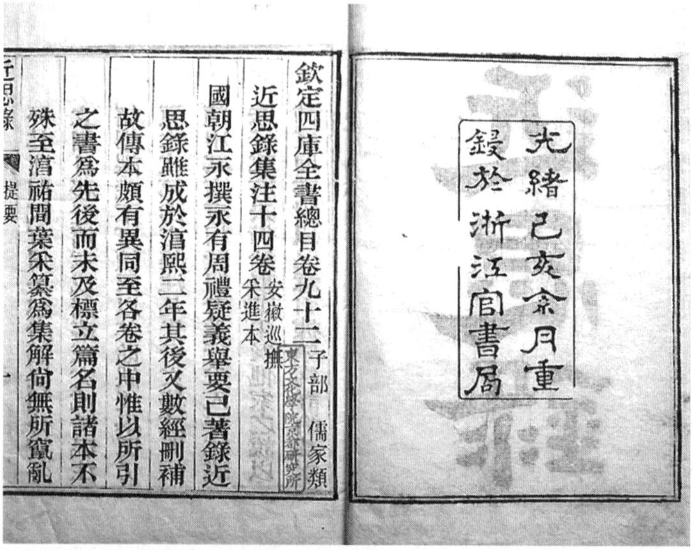
光緒己亥余月重
鋟於浙江官書局

欽定四庫全書總目卷九十二　子部　儒家類
近思錄集注十四卷安徽巡撫采進本
國朝江永撰永有周禮疑義舉要已著錄近
思錄雖成於淳熙二年其後又數經刪補
故傳本頗有異同至各卷之中惟以所引
之書爲先後而未及標立篇名則諸本不
殊至淳祐間葉采纂爲集解尙無所竄亂

圖 17－14　《近思録集注》,清光緒二十五年浙江官書局刻本

6. 中華民國十三年上海掃葉山房石印本

江永集注《近思録》十四卷,附《考訂朱子世家》一卷、《校勘記》一卷,掃葉山房石印本,每半葉十五行三十字,注文小字雙行四十五字。左右雙欄,上下細黑口,單魚尾。版心下端右側印“掃葉山房藏版”。此本書名葉右半葉印“民國十三年孟夏重校/近思録集注/上海掃葉山房發行”,其左半業牌記印“民國十三年石印”,並印有圓形墨印“掃葉山房”。正文前依次印有《欽定四庫全書總目・近思録集注》“提要”、王鼎《朱子原訂近思録序》、江永《近思録集注序》、張日晸《重刊近思録集注序》《近思録書目原序》、朱熹序、吕祖謙跋、《近思録集注凡例》。石印本末印有應寶時《跋》。

依據此本的書名葉、牌記以及序跋文可知,這是江永《近思録集注》民國十三年(1924)掃葉山房重印本,而且其卷端題識、序跋以及正文内容、體例,均與同治八年江蘇書局刊本相同,由此可知是掃葉山房重印江蘇書局刊本。該石印本,日本多家藏書機構有藏,如東京都立中央圖書館藏本(諸122/MW/060),4 册(書影見圖 17－15),四眼綫裝。鈐朱文印“諸橋文庫”

"東京都立圖書館藏書"。早稻田大學也有藏。

7. 中華民國二十一年周氏師古堂刻本

清江永集注、民國周學熙節録《近思録》十四卷，編列在《古訓粹編》第二。民國刻本每半葉十一行二十五字，左右雙欄，有界行，上白口，下黑口，單魚尾。卷首書名葉刻"古訓粹編十二種""中華壬申三月周氏師古堂刊"。"壬申"年，即民國二十一年。正文卷前刻有民國二十一年俞壽滄《古訓粹編序》、《古訓粹編總目》(包括《身世金箴》《近思録》《呻吟語》《庭訓格言》等 12 種)。此《總目》後刻有周學熙一段跋文，說:"右書十二種，《身世金箴》乃先公手節，以示子孫，其餘則學熙師先公意旨從事選録，平日置之案頭，服膺數十年，毋敢或釋。今師古堂釐訂幼學書籍，因裒刻以供家塾講習，庶幾學古有獲，毋忘遺訓云爾。壬申三月周學熙謹識。"

圖 17－15 《近思録集注》書名葉，民國十三年掃葉山房石印本

依據書名葉、周學熙跋文、卷端所題，此本《近思録》是節録本，是周學熙節録清代江永《近思録集注》而成。此刻本是民國二十一年(1932)周學熙師古堂刊印，收録在《古訓粹編》十二種。東京大學東洋文化研究所有藏，1 册，鈐朱文印"大木研究室藏"。

8. 中華民國二十四年上海會文堂新記書局排印本

清江永集注《近思録》十四卷，會文堂鉛字排印本，每半葉十二行三十三字，注文小字雙行四十六字。卷首的書名頁印"中國學術基本叢書"，"宋朱熹纂集，清江永集注/近思録/上海會文堂新記書局印行"。正文前依次印有張日晸《重刊序》、《凡例》、《引言》、《考訂朱子世家》、《書目》(《近思録》取材的 14 部書名)、《原序》(朱熹序、吕祖謙跋)、江永《近思録集注序》、《近思録集注校勘記》一卷、《欽定四庫全書總目·近思録集注》“提要”。《集注》卷十四末有應寶時《跋》。該印本封底印有刊記“中華民國二十四年三月出版”,“精校圈點近思録”,印刷所“會文堂新記書局”(上海河南路三二五號)。

由上述内容可知,這是民國二十四年(1935)上海會文堂新記書局排印本。東京都立中央圖書館有藏(諸 125/M/038,書影見圖 17－16),1 册,四眼綫裝。鈐朱文印“諸橋文庫”“東京都立圖書館藏書”。藏本有佚名朱筆漢字批注。

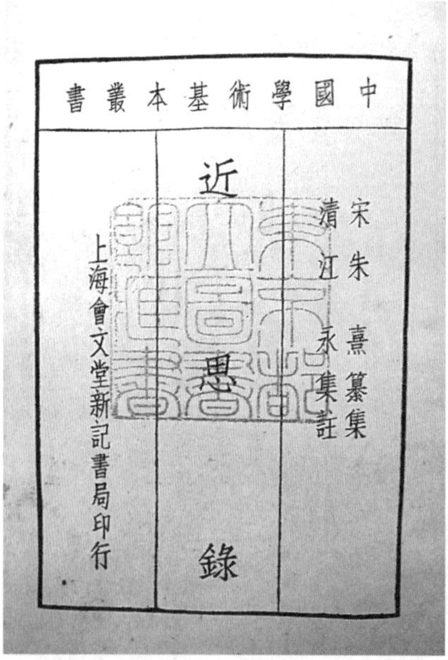
中國學術基本叢書
近思錄
宋 朱熹纂集
清 江永集註
上海會文堂新記書局印行

圖 17－16 《近思録集注》,民國二十四年會文堂新記書局印本

(四) 汪紱《讀近思録》,清光緒二十二年刻本

清光緒年間浙刻清汪雙池《讀近思録》本,每半葉十行二十二字,四周雙欄,有界行,白口,單魚尾。卷端題“婺源汪紱雙池著,後學烏程盧葆辰子純、同邑程夢元颸園、同邑余家鼎彝伯同校字”。此刻本書名葉右半葉刻“長安趙展如中丞鑒定/讀近思録/同邑後學余家鼎謹署”,其左半業刻牌記“光緒丙申中冬重刊”,知爲清光緒二十二年(1896)重刻本。東洋文庫藏有(V—2—74)《汪雙池先生叢書》150 册,《讀近思録》收録在第 107 册(書影見圖 17－17)。

讀近思錄
婺源汪 紱雙池著 後學烏程盧葆辰子純
同邑程夢元颸園同校字
同邑余家鼎彝伯
近思錄分十四卷而以道體開其端道體篇五十一條而
以太極圖說冠其首此如子思子之作中庸而首言天命
之謂性也性命孔子所罕言而子思孟子周程張朱皆汲
汲乎先言之者孔子既沒異說橫行老佛塞其源功利汩
其流於是乎人人各有性命而不知自求君子不特標其
本原而示之則學者無由知性命之在已而作聖非異人

圖 17－17 汪紱《讀近思録》,清光緒二十二年刻本

(五)陳沆補注《近思録》十四卷，清代刻本

清陳沆《近思録補注》刻本(書影見圖 17－18)，每半葉九行二十二字，注文小字雙行同，四周雙欄，有界行。白口，單(黑)魚尾。正文前刻有《近思録書目原序》(包括取材的 14 部書名、朱熹序文、吕祖謙跋文)。此刻本中“禎”“弘”“寧”“淳”字避諱，因而可知是清光緒年間刻本。東京都立中央圖書館有藏(諸 125/MW/020)，4 册，四眼綫裝。鈐朱文印“諸橋文庫”“有即起書樓圖書記”“東京都立圖書館藏書”。該藏本封皮有墨筆書“鄭孝胥先生寄贈本”，天頭有朱筆、墨筆批注。

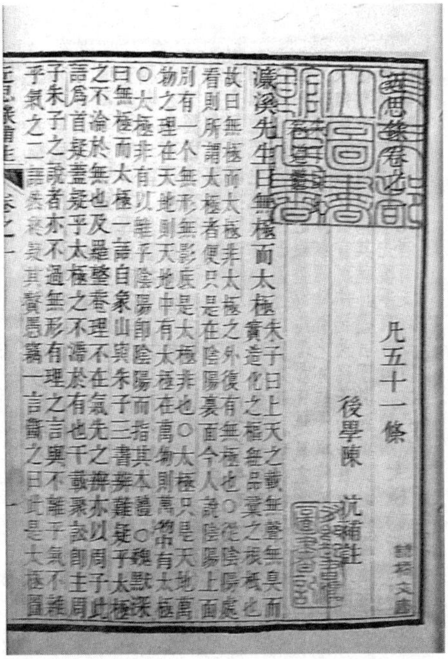

圖 17－18　陳沆補注《近思録》，清刻本

三、張伯行“三録”清代刻本

(一) 張伯行集解《近思録》十四卷

1. 清康熙五十一年正誼堂刻本

刻本每半葉九行十七字，注文小字雙行十七字，左右雙欄，有界行，白口，單(黑)魚尾。版心下端刻堂號“正誼堂”。刻本“玄”字改作“元”。卷首書名葉刻“康熙四十九年鐫”，“張大中丞訂/近思録集解/正誼堂藏板”。卷首刻有清康熙五十一年張伯行《近思録序》(序文末刻有兩方印、“張伯行印”“孝先”)、朱熹《近思録原序》、吕祖謙《近思録原序》、《近思録群書姓氏》。依據卷首牌記及張伯行作序時間，此刻本由姑蘇正誼堂於清康熙四十九年開雕，康熙五十一年刊成。東京大學總合圖書館有藏，4 册(書影見圖 3－39)。

2. 清同治五年刻本

《正誼堂全書》清同治年間刻本，收録有《近思録集解》《續近思録》《廣近思録》。

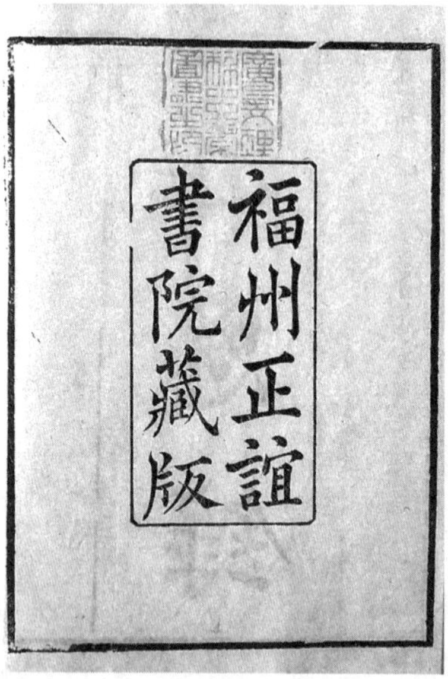

圖 17－19　張伯行《近思録集解》牌記，清同治五年刻本

此張伯行《近思録集解》十四卷，爲尹會一參訂本，刻本每半葉十行，行二十二字，注文小字雙行二十二字，左右雙欄，有界行，白口，單魚尾。由同治年間楊浚總校，多人覆校、分校。“玄”“弘”“淳”字均避諱。清同治五年夏月福州正誼書局重校刊梓，福州正誼書院藏版。廣島大學圖書館有藏（書影見圖 17－19）。

（二）張伯行集解《續近思録》十四卷

1．清康熙四十九年姑蘇正誼堂刻本

此刻本每半葉九行十七字，注文小字雙行同，左右雙欄，有界行，白口，單（黑）魚尾。版心下端刻“正誼堂”。日本國立公文書館藏有兩部，一部藏書號爲 298—0192，5 册，四眼綫裝，鈐朱文印“淺草文庫”“日本政府圖書”“文化辛未”，墨色陽文印“昌平坂學問所”，前文第三章已述及。另一部藏書號是“子 007—0001”（書影見圖 17－20），6 册（各册書衣左上所貼書簽上均題有“理學全書”，藏家的《廣近思録》

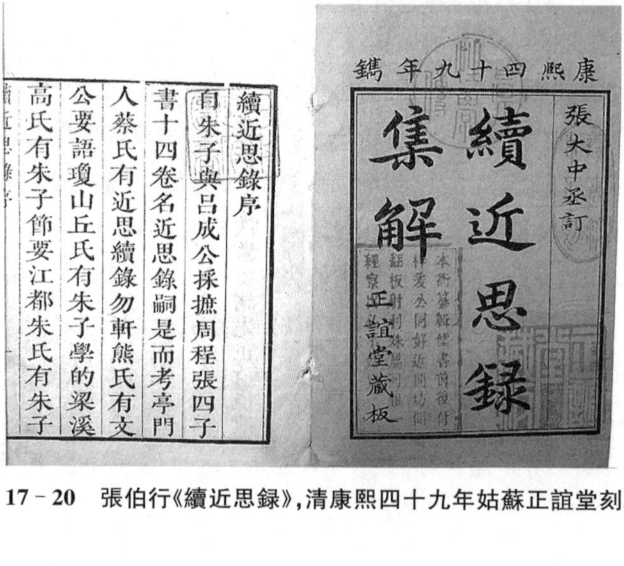

圖 17－20　張伯行《續近思録》，清康熙四十九年姑蘇正誼堂刻本

清康熙年刻本書簽也題“理學全書”),鈐印有“正誼堂藏書”“日本政府藏書”等。

2. 張伯行集解《續近思録》十四卷,清同治九年刊本

此刻本每半葉十行,行二十二字,注文小字雙行二十二字,左右雙欄,有界行,白口,單魚尾。由楊浚總校,多人覆校、分校。清同治九年三月福州正誼書院采訪續刊,福州正誼書院藏版。廣島大學圖書館有藏。

(三) 張伯行《廣近思録》十四卷

1. 清康熙五十年姑蘇正誼堂刻本

日本國立公文書館藏有此刻本,藏書號爲(子 007—0001),6 册。鈐印有“正誼堂藏書”“日本政府圖書”等。見前文第三章所述(書名葉書影見圖 17 - 21)。

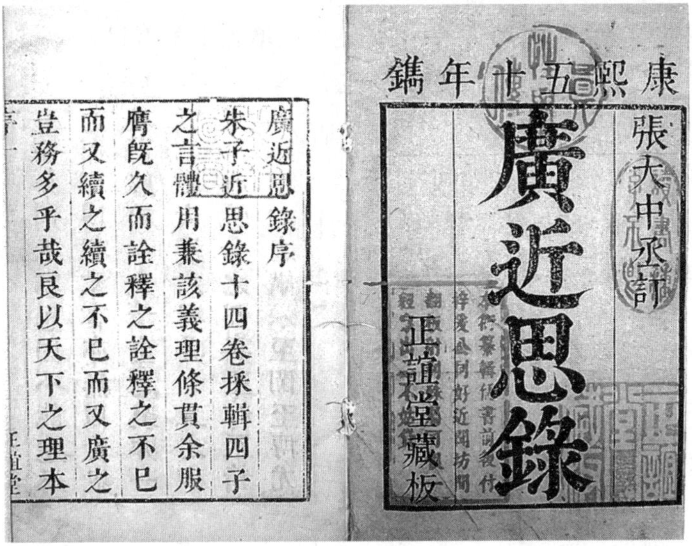
康熙五十年鐫
張大中丞訂
廣近思錄
正誼堂藏板

廣近思錄序
朱子近思錄十四卷採輯四子
之言體用兼該義理條貫余服
膺既久而詮釋之詮釋之不已
而又續之續之不已而又廣之
豈務多乎哉良以天下之理本

圖 17 - 21　張伯行《廣近思録》,清康熙五十年姑蘇正誼堂刻本

2. 清同治五年福州正誼書院重刻本

張伯行輯《廣近思録》十四卷,清代同治年刻本每半葉十行,行二十二字,左右雙欄,有界行,白口,單魚尾。由楊浚總校,多人覆校、分校。刻本中“寧”字避諱闕筆。福州正誼書院藏版。廣島大學圖書館藏本,收録在同治年間刊本《正誼堂全書》的第 121—123 册。鈐朱文印“廣島文理科大學圖書之印”。

四、《五子近思録》系列版本

（一）汪佑《五子近思録》十四卷，清代刻本

1. 清康熙三十三年金閶勤有樓刻本

清汪佑編《五子近思録》十四卷勤有樓刻本，每半葉九行二十字，注文小字雙行十九字，左右雙欄，無界行，白口，單魚尾。卷端題“新安汪佑啓我合編，子鑑晦叔恭校”。版心下端刻“星溪訂補”。刻本“恒”“玄”字闕末筆。卷首書名葉刻“周程張朱合編”，“新安汪星溪先生訂補/五子近思録/金閶勤有樓藏板”。正文前刻有清康熙三十三年李振裕《五子近思録叙》、汪佑《五子近思録序》、康熙三十二年朱啓昆《五子近思録跋》、朱熹《朱子近思録原序》、吕祖謙《吕東萊先生近思録原序》、《原刻近思録例》、《五子近思録例》、《五先生姓氏》、《原刻近思録徵書篇目》、《五子近思録增入朱子書目》、《原刻近思録集解姓氏》、《五子近思録合編姓氏》、《附録星溪汪氏著述書目》、《五子近思録合編參較姓氏》及《五子近思録目次》。據牌記，李、汪、朱等人題序跋時間，以及刻本中的諱字，可知是勤有樓刊於康熙年間。參見前文第三章。

清康熙三十三年金閶勤有樓刻本，日本多家藏書機構有藏，如日本國立公文書館有藏（298—0199 號，書影見圖 17－22），8 册，四眼綫裝。鈐朱文印

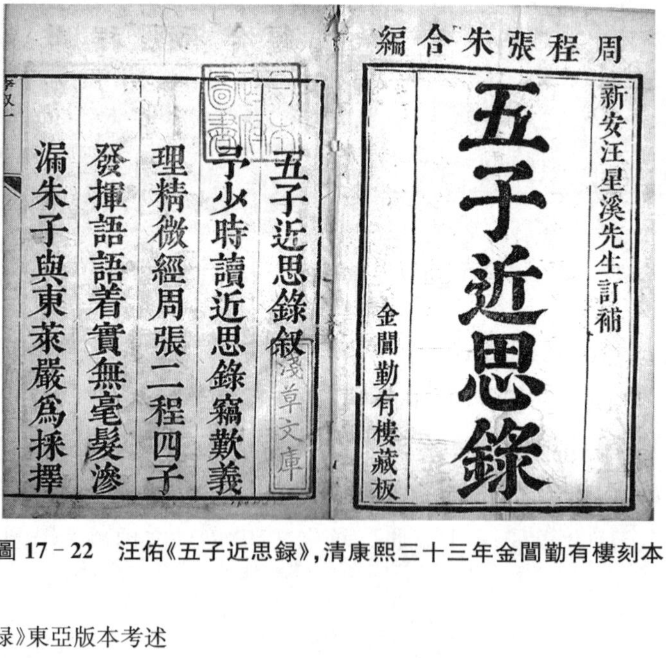

圖 17－22　汪佑《五子近思録》，清康熙三十三年金閶勤有樓刻本

"淺草文庫""文化庚午""日本政府圖書"。墨色陽文印"昌平坂學問所"。東京大學東洋文化研究所有藏,4 册,四眼綫裝。鈐朱文印"韓頤和印""敬庵""子孫保之"等。

2. 汪佑編《增補五子近思録詳解》十四卷,清代萃華堂刊本

此刻本半葉九行二十字,注文小字雙行十九字,四周單欄,有界行,白口,單魚尾。卷端題"新安汪佑啓我合編,子鑑晦叔恭校"。"恒""玄"字避諱。卷首書名葉刻"周程張朱合編","新安汪星溪先生訂/增補五子近思録詳解/萃華堂藏板"。正文前刻有汪佑《增補五子近思録詳解序》、朱啓昆《增補五子近思録詳解跋》、朱熹《朱子近思録原序》、吕祖謙《吕東萊先生近思録原序》、《原刻近思録例》、《五子近思録例》、《五先生姓氏》、《原刻近思録徵書篇目》、《五子近思録增入朱子書目》、《原刻近思録集解姓氏》、《五子近思録合編姓氏》、《附録星溪汪氏著述書目》及《增補五子近思録詳解目次》。

京都大學人文科學研究所藏本,4 册。鈐朱文印"村本英秀寄贈""京都帝國大學圖書"。《京都大學人文科學研究所漢籍目録》有著録。見前文第三章。

(二) 施璜《五子近思録發明》十四卷,清代刻本

1. 清康熙年間聚錦堂刻本

此刻本卷端題署:"新安施璜虹玉甫纂注,同里吴日慎徽仲甫、汪鑑晦叔甫閲正。"京都大學有藏,《京都大學人文科學研究所漢籍目録》著録云:"《五子近思録發明》十四卷,清施璜撰。清康熙四十四年自序刊本,聚錦堂藏板。"東京都立中央圖書館也有藏(井 0538),6 册。

2. 清康熙年間世榮堂刻本

清施璜纂注,吴日慎、汪鑑閲正《五子近思録發明》十四卷,此刻本每半葉九行二十字,注文小字雙行同,左右雙欄,有界行,上白口,下粗黑口,單(黑)魚尾。卷端題"新安施璜虹玉甫纂注,同里吴日慎徽仲甫、汪鑑晦叔甫閲正"。正文中"恒"字闕末筆,"玄"字改用"伭","弘"字不諱。卷首書名葉刻"孝感熊先生鑒定","新安施璜虹玉著/五子性理發明/世榮堂藏版"。正文前依次刻

有清康熙乙酉年(四十四年)施璜《五子近思録發明序》、《近思録原編書序》(朱熹序、吕祖謙跋)、《參閱校訂姓氏》、《五子近思録發明例》、《四先生書目》、《五子近思録補編增入書目》、汪佑《五子近思録序》、《五子近思録目次》("目次"葉末署名"後學吴維信校")。據其版式特徵、避諱字、施璜作序時間,此本刊梓可能在施璜序年(1705)刊就,此刻即清康熙年間世榮堂刊本《五子近思録發明》,或許翻刻康熙四十四年本。日本國立公文書館藏本(298—0198 號),8 册,四眼綫裝。鈐朱文印"淺草文庫""寛政庚申"。墨色陽文印"昌平坂學問所"(書影見圖 17 - 23)。

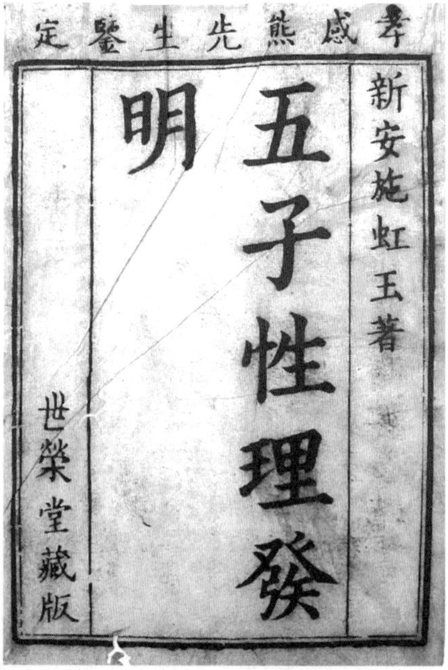

圖 17 - 23　施璜《五子近思録發明》書名葉,清代世榮堂重刻本

第二節　日本現存的朝鮮半島《近思録》傳本

歷史上朝鮮半島學者撰注的《近思録》文本,以及朝鮮李朝刻印、抄録的《近思録》文獻也流佈日本,現存主要文本如下。

一、朝鮮王朝刊印的中國學者"《近思録》文獻"

(一) 葉采集解《近思録》十四卷,朝鮮時代的刻印本

1. 明正德十四年鳳城精舍刊本

此刻本每半葉九行十八字,注文小字雙行同。四周雙欄,有界行。白口,順魚尾。正文前刻有葉采《進近思録表》、《近思録集解序》、《集解目録》、《近思録》(所取材的 14 部書名)、朱熹序、吕祖謙跋。《近思録》卷十四末左下刻有四周雙欄牌記,刻有雙行文字"正德己卯夏/鳳城精舍刊"。"己卯"年是明

正德十四年，即李朝中宗十四年(1519)，故此刻本當是此時由鳳城精舍刊印。日本國立國會圖書館藏本(WA36—4，書影見圖 17－24)，4 册。該藏本第 4 册末封底貼有一紙條，墨筆書：“韓本《近思録集解》四册，明武宗正德十四年己卯，即我后柏原天皇永正十六年。舊，東照公駿河城内書庫所藏也，當寶重矣。”現藏本爲五眼綫裝，鈐朱文印“御本”“佛”“帝國圖書館藏”“明治三七、一二、二二，購求”。此正德十四年朝鮮鳳城精舍刊本，九州大學也有藏本(坐春風文庫/72)，4 册。日本宫城縣圖書館有藏，該館編集《宫城縣圖書館漢籍分類目録》著録云：“《近思録》十四卷，宋朱熹、吕祖謙同輯，宋葉采集解，朝鮮正德十四年鳳城精舍刊本後印。”①

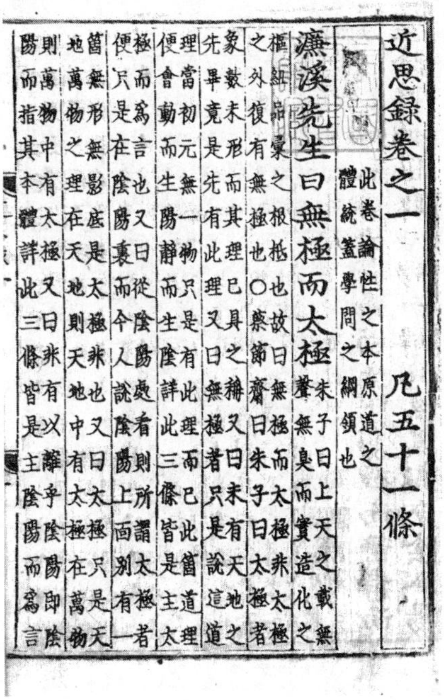
近思録卷之一　凡五十一條
此卷論性之本原道之體統蓋學問之綱領也
濂溪先生曰無極而太極朱子曰上天之載無聲無臭而實造化之樞紐品彙之根柢也故曰無極而太極非太極之外復有無極也○蔡節齋曰朱子曰太極者象數未形而其理已具之稱又曰未有天地之先畢竟是先有此理又曰無極者只是說這道理當初元無一物只是有此理而已此箇道理便會動而生陽靜而生陰詳此三條皆是主太極而爲言也又曰從陰陽處看則所謂太極者便只是在陰陽裏而今人說陰陽上面別有一箇無形無影底是太極非也又曰太極只是天地萬物之理在天地則天地中有太極在萬物則萬物中有太極又曰非有以離乎陰陽即陰陽而指其本體詳此三條皆是主陰陽而爲言

圖 17－24　葉采《近思録集解》，朝鮮鳳城精舍刊本

2. 朝鮮戊申字本(銅活字本)

該本每半葉十行十七字，注文小字雙行同。四周雙欄，有界行，白口，對(二葉花紋)魚尾。正文前印有葉采《近思録集解序》、《集解目録》、《進近思録表》、《近思録》(所取材的 14 部書名)、朱熹序、吕祖謙跋。日本東洋文庫藏本(X1—4—B—32，書影見圖 17－25)，4 册，五眼綫裝。鈐朱文印“東洋文庫”。藏本封皮、扉葉是用已經印刷過文字的廢紙來做裝幀，有菱形暗紋。

3. 朝鮮世宗年間木板本(覆刻甲寅字印本)

朝鮮李朝世宗十八年木板本，每半葉九行十八字，注文小字雙行同。四周雙欄，有界行，上下粗黑口，對(三葉花紋)魚尾。正文前刻有葉采《近思録集解序》、《集解目録》、《近思録》(包括此書取材的 14 部書名、朱熹序、吕祖謙

① 日本宫城縣圖書館編集《宫城縣圖書館漢籍分類目録》，昭和六十年三月宫城縣圖書館發行，笹氣出版印刷株式會社，第 85 頁。

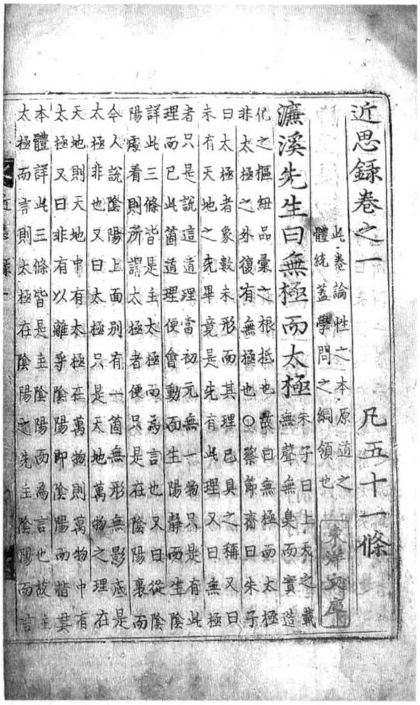
近思録卷之一　凡五十一條

此卷論性之本原道之體統蓋學問之綱領也

濂溪先生曰無極而太極

圖 17－25　《近思録集解》，
朝鮮銅活字本

跋）、葉采《進近思録表》。卷十四末印有權近、卞季良、金鑌三人的跋文，跋文末有刊記“正統元年六月日印出”，隨後有金汶跋文。慶應義塾大學圖書館藏本，4 册，四眼綫裝。該館藏書目録著録説：《近思録》十卷，（宋）葉采集解。“覆刻朝鮮正統元年（1436）跋甲寅字印本，伊佐早謙舊藏”①。此藏本，4 册，鈐朱文印“伊佐早謙古書之寶”“林丁文庫”“慶應義塾圖書館藏”。此藏本卷一第八、九葉爲後人抄配，卷二第四十一、四十二葉也是後世抄配。

第 1 册封皮上貼有一紙條，墨筆題識：“《近思録》四册，爲朝鮮永樂銅活字本，今也傳存極鮮，宜珍襲。昭和己巳二月半死翁謙。”並且在第 1 册末葉夾有一張紙條，上書：“《近思録》，西曆一四三六刊。從來……銅活字本……珍重……”從此版本的款式、字體看，伊佐早謙“昭和己巳”年（1929）題識説是朝鮮銅活字本，不當，通過與現存李朝活字本、木板本比較，當是覆刻甲寅字本，韓國藏書機構一般著録爲“丙辰字覆刻本”。

（二）熊剛大《近思録句解》十四卷，《性理群書句解》李朝刻印本

李朝太宗十五年平壤府翻刻本，宋熊節撰，熊剛大注《新編音點性理群書句解》四十六卷。朝鮮李朝時期翻刻本較多，其中有流佈日本的，如日本國立國會圖書館藏本（821—107）《性理群書句解》。

該《句解》的“前集”存卷十至卷二十三，“後集”二十三卷殘闕較少，其中熊剛大句解的《近思録》十四卷大體保留。此木板本每半葉十三行二十四字，

① 慶應義塾圖書館編《慶應義塾圖書館和漢貴重書目録》子部儒家類，第 132 頁。

注文小字雙行同。四周雙欄(或左右雙欄),有界行,上下大黑口,順(黑)魚尾。每卷首葉版心魚尾間上方題記菱形花紋,下方題記頁碼,其餘各葉版心在魚尾間上題書名簡稱(如"書後")、頁碼。《句解》"後集"的卷首刻有《近思録編集諸儒注解目録》。此《目録》的卷端題署曰:"《近思録》一十四卷,晦庵先生朱文公集編,東來先生吕成公同編,考亭後學熊剛大集解。"

現存此藏本中熊剛大集解的《近思録》卷一闕前三葉,故在此我們以卷二卷端來描述版式。首行頂格題"新刊音點性理群書句解卷之二",越六字格題有橢圓形墨蓋子的"後集"二字,第二行低一字格題"《近思録》卷第二"(下有本卷的解題,即雙行小字注文),第三行刻印正文,卷末有尾題"新編音點性理群書句解卷之某某"。

圖 17-26　熊剛大《近思録句解》刊記,李朝平壤府翻刻本

在"後集"卷二十三末葉尾題的左下,有一行刊記"平壤府重刊"(書影見圖 17-26)。隨後在另一葉有金慮遐識文,即"殿下之十三年秋……永樂乙未……金慮遐"。"永樂乙未",即李朝太宗十五年。因而此刻本是李朝太宗十五年(1415)朝鮮朝平壤府儒學教授金慮遐等人翻刻中國《性理群書句解》本。國會圖書館藏本,3 册,四眼綫裝。鈐朱文印"帝國圖書館藏""明治三九、七、七購求"。

二、朝鮮王朝學者的"《近思録》文獻"

(朝鮮)鄭曄、金長生《近思録釋疑》十四卷,朝鮮李朝刊本。

此木板本每半葉七行十八字,注文小字雙行同,四周雙欄,有界行。白口,對(二葉花紋)魚尾。正文卷前刻有明萬曆二十六年(1598)金長生《沙溪先生近思録釋疑問目》、《近思録誤字校正》(以中和板校正)、《近思録釋疑》

(包括對葉采進表、序文、目録以及朱子、東萊序跋等的注解)。

此本與朝鮮李朝顯宗二年(1661)刻本框欄、序文等不同,非同一版本。依據《問目》末金長生落款的時間以及用“中和板校正”的情況,當是《釋疑》中和板之後刻印。日本東洋文庫藏本(V | |—3—168),1 册,五眼綫裝。鈐朱文印“井觀翁”“東洋文庫”等。參見前文第八章。

三、朝鮮人姜沆寫本

(一)《近思録》十四卷,朝鮮萬曆二十七年姜沆寫本

這是在印製好烏絲欄的欄框中抄寫,四周雙欄,有行格,每半葉九行十七字。上下黑口,對(花)魚尾。正文前抄有葉采《近思録集解序》、《集解目録》、《近思録》(取材的 14 種書名)、朱熹序、吕祖謙跋、葉采《進近思録表》。

圖 17-27 《近思録》《續録》《别録》,朝鮮姜沆寫本,一函

從卷前收録葉采序文、進表的情形推測,此抄本恐依據葉采《近思録集解》本的《近思録》原文抄寫。國立公文書館藏本(298—0154 號),1 册。《近思録》與《近思續録》《近思别録》合爲一函(圖片見圖 17-27),四眼綫裝。鈐朱文印“大學藏書”“日本政府圖書”。詳情見前文所述。

(二)蔡模《近思續録》十四卷,《近思别録》十四卷,姜沆抄寫本

《續録》的抄寫款式與《近思録》相同。四周雙欄,有行格,每半葉九行十七字。上下黑口,對(花)魚尾。國立公文書館藏本,與《近思别録》合在一起裝成 2 册,四眼綫裝。鈐朱文印“大學藏書”“日本政府圖書”。舊藏紅葉山文庫。關於寫本《近思續録》十四卷,《改訂内閣文庫漢籍分類目録》著録説是“宋蔡模,朝鮮萬曆二七,寫”本[①]。

---

① 《改訂内閣文庫漢籍分類目録》,昭和四十五年十月印,第 168 頁。

《近思别録》十四卷,姜沆抄寫的款式與《近思録》亦同。每半葉九行十七字,上下黑口,對(花)魚尾。日本國立公文書館藏本,四眼綫裝。鈐朱文印“寬政戊午”。

我們之所以將上述三種文本斷定爲李朝姜沆抄寫,是因爲在《别録》卷十四末有一段跋文,即“己亥冬至月二十三日,朝鮮宣務郎前守刑部員外郎菁川姜沆字武卿謹跋”。該跋文末鈐朱文印“李氏臣子”。“乙亥”,是明代萬曆二十七年,即朝鮮李朝宣祖三十二年(1599),故將姜沆題跋時間作爲此寫本的抄録時間。又因跋文末有朱文印“李氏臣子”,故推斷爲李朝姜沆本人抄録。

第三節　日本藏《近思録標題釋義》真僞辨

在日本訪求漢文典籍時,筆者偶見日本國立公文書館藏有一種標記爲“《近思録標題釋義》”(以下簡稱“《釋義》”)的刻本,該館書目著録:“《近思録集解》選者:葉采(宋),校訂者:汪道昆(明)”,“明萬曆刊本”。此藏本 6 册,書皮左上書簽位置均題記“近思録集解標題”。由於多年進行《近思録》文獻調研的緣故,筆者在國内和日本、韓國常會見到一種名爲《分類經進近思録集解》的注解本,是元末明初人周公恕類次南宋葉采集解《近思録》十四卷而成,並有較多重刻本存世。然而在不經意比較中,我發現題爲汪道昆的《釋義》與周氏類次本非常接近。不論它們的體例還是内容,很大程度上都相同,似乎是同一種文本。可是,爲何日本此藏本隻字不提周公恕、劉仕賢、吴勉學等人的名字呢? 既然此書與明代文學家汪道昆有關聯,那麽汪氏是否真有此作呢? 早年陳榮捷對於此書題汪道昆撰,以爲“是冒名後加”[①],但其言不够詳盡,故有必要將該藏本與相關的明代刊本作一比較,探明它們之間的關係,進而揭示、闡明《近思録標題釋義》的真正面目。

---

① 陳榮捷説:“《近思録標題釋義》十四卷,題汪道昆撰。日本内閣文庫藏,想是孤本。書實本周公恕之書而略有加減,卷頭標以簡單句語。有汪道昆序,無年月日。其文與劉仕賢序,大同小異,而書法與用紙與全書不同,顯是冒名後加。汪文名頗盛,决不至剽竊如此也。”陳榮捷《朱學論集》,臺北學生書局,1982 年 4 月初版,第 165 頁。

一、汪道昆其人

汪道昆(1525—1593),初字玉卿,後改字伯玉,號南明,歙縣(今安徽歙縣)人。明代嘉、萬年間的文學家。明嘉靖二十六年(1547)進士,除義烏知縣,歷任襄陽知府、福建按察使,福建、湖廣巡撫等,官至兵部左侍郎。汪道昆治政頗有功績,詩文與李攀龍、王世貞齊名,文簡而有法,在文學界有盛名。《明史・藝文志》著録其著述有《春秋左傳節文》十五卷,《楞嚴纂注》十卷,《太函集》一百二十卷,《南溟副墨》二十四卷。

汪道昆生活的時代,王陽明心學"良知"論頗具活力,程朱理學顯得活力不足。汪氏出身商賈之家,自身以儒爲業,不滿意當時俗儒的言行,認爲"雅道不作,徒籍濂洛關閩爲口實,以傳同聲,則俗儒也"[①]。在當時徽商實力逐漸增大的背景下,人們的思想觀念也在漸變,而生在長在"程朱闕里"的汪氏,其學術思想大體固守過去的傳統,程朱理學的觀念積澱很深,也推崇心學[②]。他自著詩文,編修族譜、《列女傳》等,以加强程朱理學思想的傳播。

並且,從現存文獻考察可知,汪氏生活的年代,程朱理學經典文本《近思録》及其整理本仍不斷得以刊刻面世,汪氏有無可能在《近思録》文獻注釋整理方面有所作爲呢? 據龍膺《汪伯玉先生傳》,汪無竟著、汪瑶光編次的《汪左司馬年譜》,汪道昆没有作過《釋義》;尋查《明史》和現存公私藏書目録,也未見汪氏著述中有此《釋義》,尤其是與他有道義之交的焦竑,修撰《國史經籍志》時著録《近思録》文獻 4 種,若汪氏有此《釋義》,則宜著録。而且目前國内也無與汪道昆相關的《近思録》文本存世,那麽,日本所藏明萬曆刻本《釋義》與汪道昆的關聯,就值得懷疑了。

二、《近思録標題釋義》與《分類經進近思録集解》比較

(一) 版式、相關序文的比較

日本國立公文書館所藏《近思録標題釋義》十四卷,是明代萬曆年間刊本。卷一卷端題"近思録集解"。版式爲半葉九行十八字,注文小字雙行同。

① (明)汪道昆撰,胡益民、余國慶點校《太函集》卷三十二,黄山書社,2004 年 1 版,第 699 頁。

② 參閲耿全友《汪道昆商人傳記研究》,安徽大學 2002 年碩士學位論文。

左右雙欄，有界行，白口，單(黑)魚尾。框高 20.50 釐米，寬 13.70 釐米。版心刻有書名卷次(如“近思録卷一”)、卷名(如“道體”)、頁碼(如“一”)、刻版字數(如“子五百六十七”)。該館藏本，鈐有朱文印“淺草文庫”“日本政府圖書”“文化辛未”，墨色陽文印“昌平坂學問所”。刻本卷前刻有南宋淳祐八年(1248)葉采《近思録集解序》、淳祐十二年《進近思録表》、朱熹《近思録前引》、汪道昆《近思録標題釋義》(序文)、《近思録總例》、《近思録書目》、《近思録標題釋義目録》、《諸賢姓氏並行略》、《集解三賢行略》。卷十四末刻有吕祖謙《近思録後引》。但是，卷端葉未見署名“周公恕類次”或“汪道昆校閲”的字樣。

周公恕《分類經進近思録集解》十四卷，原本不存，今有明嘉靖十七年(1538)劉仕賢重刻本存世，國内多家圖書館有藏。卷一卷端題“分類經進近思録集解”。此刻本每半葉九行二十字，注文小字雙行二十字，四周單欄，細黑口，對(綫)魚尾。框高 20.50 釐米，寬 13.80 釐米。版心刻書名首字、卷次(如“近一”)、篇名(如“道體”)、頁碼。卷端題“建安葉采集進，鷺洲後學周公恕類次”。卷首有明嘉靖十七年劉仕賢《重刊近思録序》、《近思録》(14 部書名、朱熹《近思録序》、吕祖謙《近思録跋》)、《集解目録》、《分類經進近思録集解綱目》、《近思録集解》各卷内容提要。

上述兩種刻本爲明代刊本，刊刻時間上有先後，其版式特徵有明顯差異，相互間似乎不存在覆刻或翻刻的關係，但其文本内容與序跋文又關係緊密，那麽，它們之間到底是什麽關係呢？

兩種刻本的卷前序跋文中，最令人困惑的是劉仕賢序文與汪道昆序文。署名爲“新安汪道昆”的《近思録標題釋義》序文爲：

> 道一而已。孰爲近？孰爲遠？以言乎遠則不禦，以言乎邇則静而正，一以貫之爾矣。一者何，心也。心之官謂之思，無思而無不通謂之聖。夫學所以希聖也，學而不思，何以作睿？思而不近，何以基遠？故思者聖功之本也，近者推行之則也。《書》曰“若陟遐必自邇”，其此之由乎？世之學者，馳神於外，役志於物，而反之身心性情間，每扞格焉。吾不知其可與入聖也。晦庵朱子暨東萊吕氏，討論聖學，纂修名言，而爲《近思録》以範後世。予嘗讀而思之：學莫先於知方，故首之以求端；方不可以

徒知，故次之以用力；力必爲乎己，故次之以處己；成乎己即成乎物，故次之以治人；是數者皆所以黜邪而居正也，故次之以辨異端、觀聖賢終焉。夫學而達於聖賢，亦既遠且大矣，而其實不越乎心，其思不出乎位。何遠非近？何近非遠？斯道也，其一致矣乎。予嘉先儒之垂教，而病學者之遺近也，因類而聚之，復標而出之，相與發明先儒之閫奥，以加惠後學云。新安汪道昆撰。

比較該序文與明代嘉靖劉仕賢《重刊近思録序》[①]後發現，汪道昆序文"而已"後闕"矣"，"熟爲近""熟爲遠"後均闕"焉"，"一者何"後闕"也"，"心也"後闕"心之理謂之道"。嘉靖刻本"因重梓以示焉"，汪氏改爲"因類而聚之，復標而出之，相與發明先儒之閫奥，以加惠後學云"；"嘉靖戊戌春三月之吉，賜進士出身欽差巡按浙江等處監察御史南昌仰峰劉仕賢書"，汪氏改爲"新安汪道昆撰"。因此，二者内容差異很小，汪氏此序文基本上是拷貝劉仕賢重刻周公恕類次本時的序文。若從形式上比較，此《釋義》序文的字體爲手寫行楷上版，與刻本其他部分均爲宋體字不一樣，且此序文後未署名作序的年月日。正常情形下，作爲在當時文壇上已負文名的汪道昆應不會竊用劉仕賢序文，也不會在序文後不題年款。

若要解决這兩種刻本的關係問題，還得從周公恕類次本的傳刻歷程去考察。周公恕類次本在明代後期流佈較廣，特别是明代萬曆年間，汪道昆的同鄉，歙縣人吴勉學校閲的周公恕《分類經進近思録集解》成爲當時周氏類次本的代表。筆者以前曾探究過吴勉學校閲本與劉仕賢刻本的關係，吴勉學校閲刊印的《分類經進近思録集解》十四卷，與劉氏刻本卷端書名相同，即"分類經進近思録集解"；卷首載録的序文、目録等内容相近；卷端署名除"建安葉采集進，鷺洲後學周公恕類次"外，增有"新安吴勉學校閲"。既然劉氏刻本來自周公恕類次本，那麽吴勉學應是據周公恕分類改編本或據劉仕賢刻本進行校閲[②]。存世的吴氏校閲本代表是萬曆年刻本，版式爲半葉九行十八字，注文小

---

① 該序文收録在(宋)葉采集進、(明)周公恕類次《分類經進近思録集解》，明嘉靖十七年劉仕賢刻本。

② 見筆者拙作《明代中後期〈分類經進近思録集解〉考述》，《圖書館雜誌》2008 年第 4 期，第 63—67 頁。

字雙行同。左右雙欄，有界行，白口，單(黑)魚尾。

於是，筆者將明萬曆年間吴氏校閲刻本與日本所見載有汪道昆序文的《近思録標題釋義》進行比較，發現二者版式相同。可見，此《近思録標題釋義》與周公恕類次本、劉仕賢刻本、吴勉學校閲本關係密切。由此推想，難道題作《近思録標題釋義》的此書是重刻吴勉學校閲本？或者它們就是同一版本？因不能妄加猜測，便又從以下幾方面作進一步比較。

(二) 編排體例、卷目的比較

1. 編排體例比較

汪道昆《近思録標題釋義》(以下暫稱作“汪本”)正文體例的編次，每卷卷端依次題書名卷次(如“近思録集解卷之一”)、各卷内容提要(即葉采對本卷所作解題，概述本卷内容)、每卷的第一個小類目(按，刻本卷三至卷十四的第一個小類目置於本卷提要之後，而卷一、卷二的第一個小類目卻置於本卷内容提要之前)、正文。

《近思録標題釋義》正文的編次體例與周公恕《分類經進近思録集解》(以現存最早最完整的明嘉靖十七年劉仕賢刻本爲比較對象，以下簡稱“周本”)的體例基本相同，與吴勉學校閲本《分類經進近思録集解》(以下簡稱“吴本”)的體例，除吴本卷端書名下增刻“建安葉采集進，鷺洲後學周公恕類次，新安吴勉學校閲”外，皆相同。至於《近思録標題釋義》卷一、卷二的第一個小類目刻印位置的變化，或主持刊刻者有意爲之，或刻工誤倒。

2. 各卷類目比較

(1) 卷首所編綱目。汪本、周本、吴本的卷首，均刻有《近思録集解》各卷内容提要、《分類經進近思録集解綱目》，衹有汪本在内容提要前未署名“葉采集解”“周公恕類次”等文字，而將各卷内容提要統轄於標題“近思録總例”下，並將《分類經進近思録集解綱目》標題改换爲《近思録標題釋義目録》。

周本、吴本、汪本卷首刻印的各卷小類目標題大部分相同，僅《近思録標題釋義目録》省減了一些類目，如卷一無吴本《分類經進近思録集解綱目》下轄的“對待 生意”“氣”，而正文中卻實際存在此類目。可見《釋義目録》類目的改删，很可能是刻印時有意顯示與他本的不同。

(2) 正文類目比較。將汪道昆《近思録標題釋義》與《分類經進近思録集解》(筆者按,因吴勉學校閲本是重刻周本,類目與之相同,故在此與周本比較即可)正文中的小類目進行比較(以第一卷爲例),概述如下:

從卷端題識看,汪本與周本有同有異。汪本書名爲"近思録集解",周本爲"分類經進近思録集解";汪本未署名編注者①,周本署名"建安葉采集進,鷺洲後學周公恕類次"(吴本增"新安吴勉學校閲");汪本與周本在書名卷次下均有内容提要:"此卷論性之本原,道之體統,蓋學問之綱領也。"

從小類目編次看,周公恕打亂了葉采《近思録集解》本(以元刻明修本葉采《近思録集解》十四卷爲比較對象,以下簡稱"《集解》")原有的語録編排體例,將原十四卷分爲 188 個小類目(按,筆者以正文自然分節的實際類目爲計數單位)。如卷一分 18 小類,每類語録前冠以小類目標題:太極,天道,陰陽,天地物理、對待生意,鬼神,道,四德五常,仁,義,性,性命,心,中和,中,誠(立誠 存誠 見二卷),感應屈伸之理(感應之化見後),神,本末。各類目下轄若干條語録。經比較,汪本與周本同。

具體而言,卷一的各條語録及注文,汪本"太極"目下是南宋葉采《近思録集解》卷一的第 1 條;"天道"目下是第 5 條;"陰陽"目下是第 9、10、16、43、44 條,卷四第 2 條,截録卷四第 53 條中的一句話;"天地物理、對待生意"目下是第 18、22、23、25 條;"鬼神"目下是第 8、46、47 條;"道"目下是第 13、19 條,卷二第 105 條,卷三第 29 條,截録卷十三第 3 條前一句;"四德五常"目下是第 6、37、41 條,截録第 2 條中一句;"仁"目下是第 11、17、20、24、35、36、45 條及 37 條中一部分,卷二第 47、52、63、64 條等,卷四第 59、70 條,截録卷四第 30 條前兩句;"義"目下是第 15 條,卷七第 39 條,卷十第 44 條,截録卷二第 60 條後一句;"性"目下是第 14、21、38、40、48、51 條,卷二第 30、80 條;"性命"目下是第 7 條,卷二第 81 條;"心"目下是第 4、39、42、50 條,卷二第 24、76、83、97、101、103 條,卷三第 1 條,卷四第 8、12、17、21、32、33、35、43、55、61、62、67 條,卷五第 2、7 條,卷十二第 22 條,截録卷二第 92 條第一、二兩句,卷四第 25 條後兩句、第 65 條的前一句;"中和"目下是第 3 條,截録卷四第 53 條前一部

① 與明萬曆年間刻本汪道昆《太函集》卷端署名明顯不一,《太函集》卷端署名爲"新都汪道昆伯玉著"。

分;"中"目下是第 26、29、30 條;"誠"目下是第 31 條及第 2 條前一句;"感應屈伸之理"目下是第 12、32、33、34 條;"神"目下是第 2 條末句及第 49 條,卷三第 59 條;"本末"目下是第 28 條。

汪本與周本卷一所收語録編次相同,即將葉采《近思録集解》卷一的 50 條語録(僅卷一第 27 條未收入本卷)重新分類編排,並從《近思録集解》其他卷中(如卷二、三、四、五、七、十、十二、十三)選取或裁剪部分語録及其注文編入《近思録標題釋義》卷一各類目下。

至於汪本其他各卷語録的編次,與周本基本相同。如有些卷目所轄語録不像卷一有較多明顯取自他卷處,而是多保留葉采《近思録集解》原卷的語録,較少從其他卷目中選取或截録語録。

(三) 内容的比較

汪本與周本(包括吴勉學校閲本)正文内容基本相同。分而言之:汪本、周本中《近思録》原文均與葉采集解《近思録》同,葉采注文的核心内容也都被收録。雖然説,就某一卷收録的語録來説,汪本、周本與葉采《近思録集解》略有差異,即汪本、周本收録的語録條數與葉采《集解》原卷内容相比有增有減,然而就整本書的内容看,差異不大,如卷一,除收録了葉采《集解》卷一的 50 條語録外,還從其他卷中選録或截録部分語録歸並至卷一各類目下,而在它們原本所在的卷目中已被他卷選録的語録多數不再重出。

最具特色的是,汪本與周本對葉采《集解》各卷的語録正文、注文進行了取捨調整,有時並非衹在本卷内作語録次序的調整和内容的增删,而且還從其他卷中選録與小類目相關的語録插入其中,如卷一"陰陽"目下,所收語録的編次是《集解》卷一的第 9、10、43、44 條,卷四第 2 條,卷四第 53 條中的一句話,卷一第 16 條。卷一增加的正文、注文取自《集解》第二、四卷的較多,多爲伊川、横渠的語録。汪本、周本有時也肢解《集解》某條語録歸於不同的小類目下,如將《集解》卷一第 2 條肢解成三段,分別編入"誠""四德五常""神"等小類中。

汪本、周本其他各卷語録的内容、編次,大體與卷一類似,即保持《集解》各卷内容的主體不變,然後稍作調整與增減。例如卷十三,汪本、周本同樣選取了《集解》卷十三的 14 條語録，並從卷十四第 17 條中截録一段歸於“異端”類目下；並將《集解》原語録條次重新編排，如此卷“異端”類目下是《集解》卷十三的第 1、2 條，卷十四的第 17 條中一段語録，“釋氏”類目下是卷十三的第 3、4、5、6、8、9、11、12、14 條，“仙術”類目下是卷十三的第 10、7 條，“諸子言有無”類目下是卷十三的第 13 條。

若就周本、汪本與葉采《集解》分别比較，則會發現：

1. 周本對《集解》原有語録文字（包括注文）有少量增删或改動，如周本卷一“天道”類目下編録的《集解》卷一第 5 條原文，在語録前增“伊川先生曰”五字，並改“以性情謂之乾”爲“以情性謂之乾”；又如周本卷一“陰陽”類目下録入《集解》卷一第 43 條原文，在句首删去了“横渠先生曰”五字。其他各卷多有此類情形，而《近思録》原文的主體並無大的差異。

周本的注文，常在注文前增添一二句，説明注語出處，如卷一第 1 條首句“濂溪先生曰：無極而太極”下注“朱子《圖解》已載《性理》、四書”，而删除了《集解》原有注文“朱子曰：上天之載……復有無極也”。如周本卷一“陰陽”類目收録的卷四第 2 條語録的注文下，較《集解》無“《易傳》下同”句，增加“伊川元本係四卷論存養”句。如周本卷一“鬼神”類目下收録的《集解》卷一第 8 條，增加注文“伊川”二字。如周本卷一“仁”類目下收録的《集解》卷一第 45 條末的注文，删除《集解》原有注文前的“王往通”，改注文“《詩・大雅》‘板’篇”爲“横渠《大雅》‘板’篇”。各卷多有此類情形。

周本的内容與葉采《集解》相比較，雖然在文字上存在少數脱衍現象，但周本仍是以葉采《近思録集解》内容爲主體，故該類次本卷端仍舊首題“建安葉采集進”。

2. 汪本對《集解》原有語録文字（包括注文）也有少量增删或改動，如汪本卷一“天道”類目下編録的《集解》卷一第 5 條原文，在語録前增“伊川先生曰”五字，並改“以性情謂之乾”爲“以情性謂之乾”；又如汪本卷一“陰陽”類目下録入《集解》卷一第 43 條原文，在句首删去了“横渠先生曰”五字。其他各卷多有此類情形。可以説汪本與周本一樣，與《集解》原文的主體並無大的差異。

但是，汪本的注文，不像周本在注文前增添一二句説明注語出處，而是對

《集解》的少數注文校改，這卻與萬曆年刻本吴勉學校閲本相同，如卷一第1條首句“濂溪先生曰：無極而太極”下，删除《集解》原有注文“朱子曰：上天之載……復有無極也”。其注文爲：“養節齋曰：朱子曰……太極而已。”（筆者按，汪本“養”當作“蔡”，或刻工致誤）無周本所增“朱子《圖解》已載《性理》、四書”句。如汪本卷一“陰陽”類目下收録的卷四第2條語録的注文與《集解》同，而無《集解》“《易傳》下同”句，汪本又無周本所增加的“伊川元本係四卷論存養”句。如汪本卷一“鬼神”類目下收録的《集解》卷一第8條，增加注文“伊川”二字，與周本相同。如汪本卷一“仁”類目下收録的《集解》卷一第45條末的注文，又删除《集解》原注文前的“王往通。《詩・大雅》‘板’篇”，其餘注文與《集解》同，衹是不同於周本在此處所作的改動。

總體而言，汪本各卷注文都有此類情形，與吴本基本相同。這些文字上的校改，或汪氏，或本就是吴氏校閲所致。因此，汪本與吴本一樣，與周本存在少許差異，仍是以葉采《集解》内容爲主體。

3. 汪本與吴本一樣，總體上沿襲了周本的類次體例，内容上除極少數文字或因刊校造成差異外，大都基本相同。從全書的内容考察發現，周公恕類次本（包括吴本）、汪道昆校閲本皆打亂了葉采《集解》的語録原有編次，從結構形式上對葉采《集解》進行了整理改動，而正文包括注文的内容並無大的改動。儘管葉采《集解》經過他們分類改編，“容顔”大變，清代學者多持批評意見①，説它是“謬誤幾不可讀”，然而它在明成化、嘉靖、萬曆年間影響卻很大，究其原因或是因其内容仍是以葉采《集解》爲基礎，所以我們在此將它們歸於葉采集解《近思録》系列版本。

---

① 黄虞稷認爲，周公恕《近思録分類集解》十四卷是“就葉采《集解》参錯雜折之，非葉氏本書也”。（清）張習孔《近思録傳序》曰：“鷺洲周公恕者，取葉氏本参錯離析之，先後倒亂，且有删逸，仍冒葉氏名曰‘分類集解’，創爲二百餘類，全失朱子之意。流傳既久，幾亂本真。”（載於《近思録傳》清康熙十七年飲醇閣刻本）（清）江永《近思録集注序》曾批評周公恕：“以己意别立條目，移置篇章，破析句段。細校原文，或增或複，且復脱漏譌舛，大非寒泉纂集之舊。後來刻本相仍，幾不可讀。”（載於江永集注《近思録》，清嘉慶十二年刻本）而且四庫館臣亦云：“葉采纂爲《集解》，尚無所竄亂於其間。明代有周公恕者，始妄加分析，各立細目，移置篇章，或漏落正文，或淆混注語，謬誤幾不可讀。”（見《四庫全書總目》，中華書局，1965年1版，第781頁）王鼎《朱子原訂近思録序》曰：“周公恕分標細目，移動本文，破碎糾紛，不免漏落妄增之譏。”（載於江永集注、王鼎校次《朱子原訂近思録》，清嘉慶十九年刻本）（清）耿文光《萬卷精華樓藏書記》云：“坊本多從周公恕分類，割裂舛錯，盡失其初。”（中華書局，1993年1版，第634頁）

對於周公恕的分類編次文本,明嘉靖年間劉仕賢有重刻推廣之功,但尚無確鑿史料能够證明同時期的汪道昆對《分類經進近思録集解》作過校閲。從現存所謂汪道昆校閲的《釋義》與萬曆年吴勉學校閲本的比較,説二者是同一種版本,也不爲過,且都是源自周公恕類次本。

三、結論

從《釋義》與《分類經進近思録集解》體例、内容、各卷小類目編次及所轄内容等的比較可見,兩種版本的内容、各卷的分類編次基本相同。因而,如果説汪道昆真的撰有《近思録標題釋義》,那麽也是在周公恕《分類經進近思録集解》本基礎上損益而成。但作爲當時名家望族的汪道昆,其著述之舉在方志、家史中應有載,而今卻不見有記載此類信息的文字。

從《釋義》與吴勉學校閲本《分類經進近思録集解》的版式、内容、類目、體例、刻本字體的比較可知,二者非常接近,實爲同源,甚至可謂同一。二者之間僅有極少數文字差異,這或許是書賈行爲所致。

從書名題款看,按古籍著録的慣例,當以第一卷第一行確定書名,那麽此《釋義》書名應叫《近思録集解》,這與周公恕類次本、吴勉學校閲本的卷一所題書名稍有差異。卷前刊刻者改《分類經進近思録集解綱目》爲"近思録標題釋義",或是有意爲了新穎而爲。

日本所藏《釋義》載有的序文,雖無常見版本序跋後所刻印的年月字樣,但它大體是汪氏 14 歲時劉仕賢重刻所作序文的改版。據現有文獻資料記載可知,汪道昆不曾撰寫過《近思録標題釋義》序文,那麽題作"新安汪道昆撰"的序文,極有可能是書賈盜用汪氏之名的僞作。

至於爲何此刻本在卷前改序文名、目録名,新創《近思録總例》,假託汪道昆校訂《近思録標題釋義》? 筆者認爲有三方面的原因:一則汪道昆在萬曆時期在文壇已有盛名,書賈有意借名人噱頭,創造一種名人注本效應。二則改變卷前的標目名稱、序文作者,題"汪道昆撰",極有可能是書賈爲了給人新穎感,避免雷同,便於流通銷售。三則與"分類"本的名聲不佳有關。從現存文獻資料看,周公恕分類改編的《分類經進近思録集解》,在明清公私藏目中很少著録。一是因爲明代人作書目一向不重視注記版本,二來則因爲明末清初周公恕類次本聲名漸衰，且大多坊刻俗本，難入收藏家法眼，即使如邵懿辰《增訂四庫簡明目録標注》有所記録，也衹是不屑一顧地説"近刻竄亂，謂周公恕本，及新安朱氏本"。故此，周公恕《分類經進近思録集解》及其傳刻系統的版本，不僅歷史記録的少，而且流傳至今的也少。現存類次本則多爲明後期重刻，其代表主要是萬曆年間吴勉學校閲本。至於日本所藏此刻本，是書商采用當時很容易得到的吴勉學校閲本《分類經進近思録集解》，删除"周公恕類次""吴勉學校閲"之類的文字，於是有了託名汪道昆撰序、卷端卻不題撰校者的"新書"——《近思録集解》。所謂汪氏"類而聚之，復標而出之，相與發明先儒之閫奥"，衹是書賈代汪氏發言罷了。可見，朱子學研究名家陳榮捷説汪氏之名是被"冒名後加"，還是可信的①。

第四節　"《近思録》文獻"在朝鮮半島與日本間的交流概況

千百年來，歷史上中國、朝鮮、日本等國的學者、官員、僧侶、商人、平民等，曾將中國優秀的文獻典籍輸送到朝鮮半島、日本列島，以致近七百年間"《近思録》文獻"大量流佈東亞。雖説《近思録》傳入朝鮮、日本的時間、途徑不一，卻爲東亞朱子學思想學術發展做出了重要貢獻。今在此就朝鮮半島與日本之間《近思録》文獻流傳的概況補充以下兩點。

一、在《近思録》文獻流佈上朝鮮與日本互有往來

因爲地理環境的因素，朝鮮半島的百濟西憑黄海與中國相連，東與日本九州相交，"中國儒學最初傳入日本列島是通過古代韓國的百濟而完成的。百濟既是中國儒學傳入朝鮮半島的一個重要管道，同時也是中國儒學流入日本列島的一個必要中介"②。成書於公元 712 年的《古事記》、公元 720 年的《日本書紀》記載了此類史料。《日本書紀》載："應神天皇十六年春二月，王仁

---

① 筆者拙作《日本藏〈近思録標題釋義〉真僞辨》一文已發表於《上海交通大學學報》2013 年 8 月第 4 期，第 96—102 頁。

② 李甦平《韓國儒學史》，人民出版社，2009 年 8 月 1 版，第 44 頁。

來日本,爲太子菟道稚郎子師,教以典籍,使無不通者。"[①]因而,一般認爲儒家典籍和思想大約在公元四世紀末五世紀初從百濟傳入日本。隨後百濟人阿直歧、王仁等人向日本傳播儒學,朝鮮半島作爲中國文化思想向日本傳播的橋梁,隨着時代發展而不斷發揮着中國漢籍向日本傳播的中繼站作用。

從1388年到1499年間,日本向朝鮮派遣"請經使"多達83次,朝鮮輸往日本的《大藏經》多達43部,總卷數達20多萬卷[②]。張伯偉在考察東亞圖書交流史時也發現,圖書有從朝鮮流傳到日本的,如"百濟古爾王五十一年,遣書籍於倭國。倭初無文獻,至是始從百濟得中國文字"[③]。從現存日本的朱子學文獻資料考察,部分朱子學的相關著述也是由朝鮮半島傳入日本的,如羅欽順《困知記》、陳建《學蔀通辨》,由朝鮮傳入日本。

筆者發現朝鮮朱子學家李滉(退溪)的著述在江户時代也傳到日本,並有刻本存世,日本學者關於《近思録》的注文往往引用李退溪話語。而且現存日本的《近思録》文獻也有來自古朝鮮的,如現存日本的正德十四年(1519)朝鮮鳳城精舍刊本《近思録集解》,朝鮮金長生、鄭曄《近思録釋疑》李朝刊本,南宋葉采《近思録集解》朝鮮銅活本,萬曆二十七年(1599)朝鮮人姜沆寫本《近思録》《近思續録》《近思别録》等。而且受朝鮮傳本或書籍製作手段的影響,歷史上日本也曾重刻李朝傳本,如日本寬文八年(1668)吉野屋權兵衛刊本葉采《近思録集解》,就是翻刻朝鮮李朝中宗十四年鳳城精舍本。

歷史上日本活字印刷術主要來自朝鮮[④]。張伯偉認爲,朝鮮的"壬辰倭亂"(1592)時,"在朝鮮的許多古籍(包括中國和朝鮮的刻本、抄本)都被掠奪到日本"。朝鮮銅活字也被豐臣秀吉搶去,於是日本有了銅活字印刷術。對日本銅活字"爲朝鮮所鑄"這一問題,日本人島田翰説:"始知慶長活字,實爲朝鮮所鑄,蓋豐公征朝之役,其圖籍活字爲我將士所收。"日本明治四十一年八月,重野安繹《活版高麗史序》説:"近者國書刊行會偶得一本(筆者按,即

---

① 《日本書紀・應天皇十年條》。按:在繼體天皇七年(513),百濟國王派遣了五經博士段楊爾到日本;繼體天皇十年,百濟又派遣五經博士高安茂到日本。此後五經博士頻頻往來於日本。

② 李瑞良《中國古代圖書流通史》,第379頁。

③ 張伯偉《從朝鮮書目看漢籍交流》,收録在王勇主編《書籍之路與文化交流》,第394頁。

④ 關於日本的木活字印刷術,日本人島田翰説:"私謂皇國活刷之法,傳自朝鮮。"參見張秀民《中國印刷史》,第774頁。

《高麗史》),將活字印刷以廣其傳,徵言於余,余謂'往昔朝鮮太祖鑄字所,銅鑄活字印行書籍,至世宗時撰述蔚興,其技滋精。文禄之役,我將士賫之以歸。德川氏初,用以印書,所得朝鮮活字者是也。我之文化,資於此而益盛'。"[①]山井重章跋《群書治要》又説:"元和二年(1616)命金地院崇傳及林道春用征韓所獲銅活字刷印,文字不足,命漢人林五官者增鑄。又招刷工於京師,召五山僧掌校正。"[②]

於是,在江户時代日本利用本土擁有的製作圖書手段,將傳入的《近思録》文獻進行更新改造,轉化成本民族的儒學經典讀本。現存有日本人用銅活字印刷的葉采《近思録集解》十四卷,在版式、體例、製作樣式等方面與朝鮮銅活字本葉采《近思録集解》非常接近。又如,天保二年(1831)活字本《近思録》就是利用藩祖土津公儲存的活字字印印製而成,此書歷時三年,即起於文政十二年(己丑,1829),終於天保二年(辛卯,1831)。"其意專在奉公家教育之意,指引學徒而趨於正路"[③]。因而,可以説日本確實借助了源自朝鮮的銅活字印刷術在本國傳播《近思録》文獻。

同時,朝鮮也有到日本購書、求書者,如李朝英祖"四十年,趙曮奉使日本,嶺人趙姓者隨往,得日本《太陶國興書牘》一本而歸,其書即國之秘史"[④]。在《近思録》文獻流佈途徑上,朝鮮、日本之間也存在相互傳播痕迹,彼此曾用同樣的手段傳播着爲東亞所尊崇的理學讀本《近思録》。現存韓國的《近思録》文獻有的來自日本,如《近思録備考》日本寬文八年(1668)刊本,《近思録》山崎嘉日文訓點寬文十年(1670)刻本與安政三年(1856)刊本,澤田希《近思録説略》享保五年(1720)刊本,南宋葉采《近思録集解》文化九年(1812)刻本,溪百年《近思録餘師》天保十四年(1843)刊本等。

可見,朝鮮半島與日本列島雖有一水相隔,但歷史上交往則久遠,《近思録》文獻也成爲他們之間互通有無的儒學經典,促進了東亞歷史上程朱理學的興盛。

---

① (日)重野安繹《活版高麗史序》,見(日)市島謙吉編輯《高麗史》,明治四十一年十一月至明治四十二年十月,武木信賢印刷,國書刊行會活字版。

② 張秀民《中國印刷史》,第775頁。

③ (日)山内俊温《活版近思録跋》,見《近思録》,日本天保二年活字本。

④ 張伯偉《從朝鮮書目看漢籍交流》,收録在王勇主編《書籍之路與文化交流》,第395頁。

二、朝鮮、日本的保存與再生可彌補中國相關文本的散佚

歷史上的高麗刊印業較發達，所印製的漢文書籍中，往往有的是中國本土已經失傳的，因而，宋代就有向高麗要書的情形發生。如《朱子語類》載："嘗見韓無咎説：高麗入貢時，神宗諭進先秦古書。及進來，有六經不曾焚者。"故"在宋代，高麗在接受中國圖書的同時，已經成爲漢文圖書的生産製作者，許多漢文圖書已倒過來由高麗向中國流通"①。在十二、十三世紀發生的中國與高麗雙方圖書對流史話，也在後世繼續上演。

在中國、朝鮮半島、日本的圖籍藏儲史上，我們往往可發現，出自本土卻在本土散佚的文獻有些在他處可以獲得，這些文獻也常常從歷史上曾經流佈的地域回流至本土，如從日本傳回的中國已亡佚的文化典籍，清代鮑廷博的《知不足齋叢書》就有收集，如皇侃《論語集解義疏》《古文孝經孔氏傳》等。

據目前東亞區域存世的《近思録》文獻考察發現，有些文本因爲多種原因在《近思録》的故土中國已難尋覓或散佚，但在朝鮮、日本仍能見到當初傳入時的中國漢籍。如南宋的《近思別録》十四卷，在中國歷史上曾有書目著録過，在中國本土卻不見有單行本存世，然而在日本卻存有寬文八年(1668)重刻本，由此可彌補中國之不足。同樣的情形在韓國也存在，《近思別録》十四卷寫本，高麗大學校有藏，且在日本國立公文書館又藏有朝鮮李朝宣祖三十二年(1599)寫本《近思別録》。又如明吴勉學校閲的《分類經進近思録集解》"盛芸閣"刻本，中國本土無，然韓國延世大學校有藏。再如清汪佑《五子近思録》清萃華堂重刻本，在中國已難覓，日本京都大學人文科學研究所則有藏。

由於歷史上的朝鮮半島、日本一直都很尊崇中國文化思想，珍藏漢籍成爲其精神動力的外現。因而，漢籍傳入東亞後，在朝鮮半島、日本能得到保存，或得以抄刻流佈，以至於那些往往在中國本土闕失的文獻卻可在此地域獲得，這些珍貴的文本反過來又彌補了源頭之不足，也成爲《近思録》系列文獻傳播歷程中的幸事。

---

① 李瑞良《中國古代圖書流通史》，第 301 頁。

結　論

一、東亞在朱學化進學路徑建構上存在共通性

中國儒者引導後學學習聖賢，一般是通過研讀融合聖賢思想的著述來明曉聖賢之道。朱熹對"四書"情有獨鍾，在注釋整理期間，曾説："某要人先讀《大學》，以定其規模。次讀《論語》，以立其根本。次讀《孟子》，以觀其發越。次讀《中庸》，以求古人之微妙處。《大學》一篇有等級次第，總作一處，易曉，宜先看。《論語》卻實，但言語散見，初亦難看。《孟子》有感激興發人心處。《中庸》亦難讀。看三書後方宜讀之。"①可見在四書閱讀的先後問題上，朱熹遵循着由淺入深、循序漸進的治經道理來指導後學讀書。

在爲天下士子探尋讀書門徑時，朱熹不僅就四書間的讀經次序提出見解，而且在四書與傳統儒學經典之間，朱熹亦欲構建出一條進學路徑。他説四書是五經的階梯。既然人們研習五經有四書這一階梯可尋，那麽假之時日則可讀懂讀透。然而，面對北宋周敦頤、張載、程顥、程頤四子著述殿堂的廣大閎博，求學者又該從何處入門呢？因此就有必要去建立一個可尋級而入的階梯。二程再傳弟子朱熹深感重任在肩，以爲周子、程子、張子之書"廣大閎博，若無津涯，而懼夫初學者不知所入"，自覺有必要爲四子著述編輯入門讀本，以便窮鄉晚進、有志於學而無明師良友以先後之者"亦足以得其門而入"，故與吕祖謙精粹四子著述編成《近思録》十四卷，"凡學者所以求端用力、處己治人之要，與夫所以辨異端、觀聖賢之大略，皆粗見其梗概"②。這就是朱子最初編輯《近思録》的用意，即方便求學者由博返約地讀書。因此，朱熹六十一

① (宋)黎靖德編，王星賢點校《朱子語類》卷十四，中華書局，1986 年 1 版，第 249 頁。

② (宋)朱熹《近思録原序》，載於(宋)葉采集解《近思録》，元刊本。

歲那年說："《近思録》好看。四子，六經之階梯；《近思録》，四子之階梯。"①朱熹有意將傳統儒家經典四書、五經與《近思録》、"四子"相對應，賦予《近思録》近乎"經書"的特質。朱熹明確提出四書是學習五經的階梯，而自己與吕祖謙共輯的《近思録》則是進升周、張、二程之學的直接階梯。該進學路徑是將傳統儒學與宋代理學進行繫聯，這在朱熹之前未見史書有載，可謂是集理學之大成者朱熹的創見，故而我們稱之謂"朱學化進學路徑"。

（一）"朱學化進學路徑"建立之後，在中國本土不斷得以發揚光大

北宋四子著述"是皆羽翼六經，而上接孟子以來千載不傳之統"②，《近思録》則可展現四子的治學育人之道，又可上溯六經之旨。因而，朱熹晚年認定：《近思録》是學習四子學術思想的直接階梯。此後該進學路徑也得到中國崇尚理學者的肯定，如清代施璜說："五經以四書爲階梯，讀四書無入處，則不可以言五經；四書以《近思録》爲階梯，讀《近思録》無入處，則不可以言四書。"③

考察宋元明清理學發展史，不難發現朱熹關於"《近思録》進學階梯"之論，在不同的歷史時期皆能得到崇尚理學者的回應、倡行與弘揚。首先，"《近思録》→四子→四書→五經"的入道路徑，在朱門後學中得到讚賞。如朱熹門人陳淳"衛師門甚力，多所發明"，認爲《近思録》薈萃四子，讀之可知道統、識門徑，但不可死守。他說"此《録》則四先生之要言所萃，今令學者先讀之，使知道統之復續"④。朱熹再傳弟子葉采三十年如一日對《近思録》進行集解，"創通大義"，"以類而推，以觀四先生之大全"，努力發揮《近思録》的階梯功用。楊伯嵒《泳齋近思録衍注》、熊剛大《近思録句解》等也有類似功用。

其次，由朱子進學階梯之説引發的"入道之階"建設，在元明清各朝得以承繼，同時結合時代之需進行了相應調整，衍生出繽紛多姿的理學進學路徑。

---

① 《朱子語類》卷一百五，第2629頁。此説是朱熹弟子陳淳於庚戌初見朱子之時所録，朱熹時年六十一歲。

② （明）賈世祥《刻近思録成序後》，載於《近思録》，明嘉靖六年賈世祥刻本。

③ （清）施璜《五子近思録發明序》，載於施璜纂注《五子近思録發明》，清康熙四十四年序刻本。

④ （宋）陳淳《北溪大全集》卷二十三《答李公晦三》，見《四庫全書》集部，第1168册第685頁。

元代許魯齋認爲《近思録》是“入聖之基”[①]，趙訓孫、戴亨、柳貫等尊“《近思録》乃近世一經”[②]。在那時學界已然將此書視作“經”，認定它是閱讀聖賢文獻的基礎臺階。諸如《近思録精義》《近思録補注》《近思録廣輯》等注解續補之書，曾不斷充實着進階之路。

《近思録》深受明初王室推崇，永樂“詔修《性理大全》，其録諸儒之語皆因《近思録》而廣之”[③]，已將此書作爲編撰理學書的範本。明代理學家更是積極傳揚此書，賈世祥認爲《近思録》能羽翼六經，吴邦模覺得《近思録》可助讀者“止則思爲顔、孟，仕則思爲伊、周”。薛敬軒、胡敬齋、羅整庵、高攀龍等都將《近思録》作爲進入理學世界的津梁。明末，朱子關於《近思録》的階梯之説更是爲世人肯定，有仿編或增補《近思録》而成的《朱子節要》《五子近思録》等，作爲時人閱讀《近思録》的新階梯。

清代學者在朱學化進學路徑的落實與弘揚上最爲用心，他們關於《近思録》進階之説的鮮活立論，使得朱子入道階梯之説走向成熟。清初邵仁泓以爲歷史上“家弦而户誦”的《近思録》，“實足以該四子之精微”，具有很好的導引功用[④]。清前期多位學者用自己的注編之作來承繼朱子階梯之説，如朱顯祖按《近思録》體例框架纂集朱熹語録成《朱子近思録》；劉源渌歷經四十年“録朱子之著述言動”編就《近思續録》，認爲：“學者誠從事於此，以探聖經賢傳之指，則《近思録》與四子、六經，一以貫之矣，又何患入道之無階哉！”[⑤]“學者誠從事於此，以徐讀夫《近思録》，而漸博乎四子，以馴致於六經焉，則大道之階梯，不待遠求矣，又何患入之之無基耶？”[⑥]其門人將《續録》定性爲“前録之階梯”[⑦]。

特别是作爲朱熹故里的清代徽州籍學者，在繼承發展朱學化進階之説上

---

① (清)張伯行《近思録序》，載於張伯行集解《近思録》，清康熙五十一年刊本。

② (元)吴師道《禮部集》卷二十《代孫幹卿御史請刊〈近思録發揮〉等書公文》，見《四庫全書》集部，第1212册第291頁。

③ 《性理群書句解》“提要”，見(清)永瑢、紀昀等撰《四庫全書總目》，第787頁。

④ (清)邵仁泓《近思録後跋》，載於(宋)葉采《近思録集解》，清康熙年間邵仁泓重訂本。

⑤ (清)陳舜錫《近思續録小引》，載於(清)劉源渌編《近思續録》，清康熙四十年陳舜錫抄本。

⑥ (清)陳舜錫《近思續録跋》，見(清)劉源渌編《近思續録》，清光緒十七年補刻本。

⑦ (清)馬恒謙《近思續録跋》，載於(清)劉源渌編《近思續録》，清光緒十七年補刻本。

貢獻尤大。歙縣張習孔"自少受讀是書,喜其約而備,微而顯"①,撰成《近思録傳》,嘉惠後學。休寧汪佑認爲朱熹"既集周、程、張四先生之言爲階梯,若不得朱子精粹切要之言合觀之,則學者終有所闕憾"②,於是將邱濬《朱子學的》與高攀龍《朱子節要》合編,以續於四子之後,撰成《五子近思録》,故使得《近思録》階梯之説顯得更爲詳備。休寧施璜身體力行,以汪佑此書爲底本,采輯明代"薛、胡、羅、高四先生"之語,"彙萃其精要者,以附於各卷之末",其《五子近思録發明》形成較爲嚴密的邏輯體系和理學進升的層級,讀者得此《近思録》續編訂補之作,差不多能總體認知宋元明三朝理學思想發展之脉絡、理學代表者之思想精髓,這也進一步充實發展了朱子進階之説。婺源江永認爲"凡義理根原,聖學體用,皆在此編"的《近思録》,"直亞於《論》《孟》《學》《庸》",他依據"原本次第,裒輯朱子之言有關此《録》者,悉采入注,朱子説未備,乃采平巖及他氏説補之,間亦竊附鄙説,盡其餘藴"③,完成《近思録集注》。因而該注本在清後期基本代替了葉采《集解》而成爲朱學化進學路徑的又一重要新階梯。

此外,張伯行認爲朱熹"輯《近思》爲入德之門",是在爲後學建立入聖臺階,"俾學者尋繹玩味,心解力行,庶幾自近及遠,自卑升高,而詖淫邪遁不能淆,訓詁詞章不得而汩没"④,其撰就的《近思録集解》,多言性理學説。他又集朱熹語爲《續近思録》,纂集"南軒、東萊、勉齋,迄許、薛、胡、羅,彙集七家言"爲《廣近思録》。張氏認爲:"余於《近思録》所爲,既詮釋之而又續之,既續之而又廣之,冀有以章明義藴,引進後人,而且以輔翼儒書於不墮也。……學者誠由《近思録》而並及夫《續》與《廣》二録,尋繹玩味,沉潛反覆,萬殊一理,悠然會心,夫然後六經、四子之書,不爲口耳,當必有身體而心驗之者,入聖之階梯無逾斯矣。"⑤

由於朱熹的精要之言未直接載於《近思録》,故明清學者皆欲彌補《近思録》未收朱子語之闕憾,然朱熹著述宏博,非窮年畢月不可卒讀,如何在一部

---

① (清)張習孔《近思録傳序》,載於張習孔撰《近思録傳》,清康熙十七年飲醇閣刻本。

② (清)施璜《五子近思録發明序》。

③ (清)江永《近思録集注序》,載於江永集注《近思録》,清嘉慶十二年刻本。

④ (清)張伯行《近思録序》。

⑤ (清)張伯行《廣近思録序》,載於張伯行輯《廣近思録》,清康熙五十年正誼堂刻本。

有進學之階性質的讀本中使北宋四子與南宋朱子融爲一體，這就是宋以後理學家們不斷研討的課題。歷史上各類注釋、續仿編本同中有異，其立意與主張各有側重，但皆欲解决入聖之道的問題。相較而言，有清一代學者們衍生的各式進階之論，既遵守了朱學化進學路徑的精神，又豐富了朱子進階之説。

(二) 朱學化進學路徑在朝鮮、日本得以融通且本土化

程朱理學作爲“新儒家”的學術思想代表，在高麗朝後期傳入朝鮮半島，十三世紀初期傳入日本。隨之而起的朝鮮朱子學、日本朱子學，則是該區域吸收消化朱子學而形成的本土學術思想。他們特别推崇在中國已“被經典”的《近思録》，當中國的《近思録》原文本、注本、仿編本等流佈到朝鮮半島、日本後，在其本邦也出現了《近思録》續編、仿編、注譯、講説、筆記等具有本土特色的後續著述。

與中國有着相同儒學文化根基的朝鮮、日本，在接受程朱之學的同時也接受了《近思録》這部理學經典，以致朱熹關於《近思録》的階梯之説也得以移植，在傳播地生根發芽、開花結果。在高麗後期，朱子的進階之説已融入崇尚儒學的朝鮮半島，李魯叔認爲《近思録》是“造道之徑，升堂之階”[①]，主持刊刻了葉采《近思録集解》，很明顯是在肯定朱學化的進學路徑。

朝鮮李朝儒學者更是推崇朱子《近思録》階梯之説，他們通過抄寫、刻印來擴大此書在本邦的流通，增强李朝社會對“入道之階”的認知與理解。例如，李朝金汶在輔佐國君鑄造活字刊印儒學經典時説：“臣汶謹考群書參其同異，凡諸改正闕疑悉受睿斷，仍命鑄字所模印頒賜，俾人人讀《小學》書以正其操履，讀《近思録》以識其門庭而不迷於所從。”[②]於是在李朝社會早期出現了《近思録》的多種活字本。

李朝社會真正意義上對朱學化進學路徑進行本土化，是他們將《近思録》階梯之説與本邦朱子學家的學術思想相融合，將這些學者的語録融彙於《近

① (高麗)李魯叔《近思録跋文》，載於(宋)葉采集解《近思録》，高麗朝恭愍王十九年星山李氏刊本。

② (朝鮮)金汶《近思録跋文》，載於(宋)葉采集解《近思録》，朝鮮李朝世宗十八年刻本。

思録》思想體系之中。例如，李度中認爲“朱子後孔子，栗谷後朱子”[①]，有意借助《近思録》體例編集本邦朱子學大家李珥之言，於是仿照清初汪佑所編《五子近思録》，彙集李珥語録爲《李子近思録》十四卷，建立了接地氣、更易被本邦士子閲讀理解的入道階梯。並且在理學讀本的本土化建設過程中，另有學者仿照中國理學家的做法，將多位本邦儒學名家的語録進行輯録，編成供本土讀者閲讀的入門讀物，如朴文烈《海東七子近思録》，薈萃李朝前期七位朱子學家言語行事，“依《近思》門類彙分抄録合成一帙，以爲我東之一經”[②]。

正是因爲《近思録》嘉惠後世求學者甚多，因而能够在歷史上的東亞形成共識。朝鮮讀者與中國學者交相共鳴，確認它是“四書之津筏”[③]，不斷構建更易於本邦讀者閲讀、更貼近其社會實際的《近思録》文獻，所以在朝鮮王朝還出現了較多《近思録》仿編續補文本，以之作爲求學入聖之階。如李漢膺編《續近思録》，建立相容中國、李朝的進學階梯，使“後之學者有意於四子（筆者按，即朱熹、張栻、吕祖謙、李滉）者，由是而尋焉，則庶乎得其門而入也”[④]。他們以此類文本作爲學習《近思録》之階梯，進而讓求學者進達四子、六經，其用心與中國明清續編、仿編《近思録》者相契合。

而且李朝學者在續編仿編《近思録》過程中漸趨自信，例如韓夢麟所編《續近思録》可與清代張伯行的續録仿編本相媲美，吴熙常爲其作序時，不無自豪地説：“異日是編倘入中國，而有具眼者則尚可見朱子書大明於左海，而絶徼之外亦有如張伯行者出焉，是不可以無傳也。”[⑤]很顯然，他們肯定了本邦著述的進階功用，既是對朱學化進學路徑的認同與再發展，也是對李朝朱子學學術思想的發揚光大。

同樣在受儒學文化思想影響很深的日本，《近思録》及其整理本在相當長的歷史時期一直被奉爲“學者入道之階梯”[⑥]。歷史上日本朱子學者與朝鮮儒

---

① （朝鮮）李度中《李子近思録序》，見李度中編，（朝鮮）李垂校《李子近思録》，朝鮮李朝筆寫本。

② （朝鮮）豐城後學《海東七子近思録序》，載於（朝鮮）朴文烈編《海東七子近思録》，朝鮮李朝寫本。

③ （朝鮮）吴熙常《續近思録序》，收録在（朝鮮）韓夢麟編《續近思録》，朝鮮李朝純祖十九年木活字本。

④ （朝鮮）李漢膺《續近思録序文》，載於李漢膺編《續近思録》，朝鮮李朝木板本。

⑤ （朝鮮）吴熙常《續近思録序》。

⑥ （日）山崎嘉《近思録序》，載於《近思録》寛文十年洛陽武村市兵衛、大坂同佐兵衛刊本。

者在《近思録》進階之説上的認識基本相同，也謹遵朱子階梯之説，在不斷贊許其入道功用的同時又大力推廣、發展。例如，儒學名家山崎嘉身體力行傳揚朱子學，他在轉引朱子《近思録》階梯一説時，明確肯定道："信哉！是言也。孟子没而聖學不傳者，其無此階梯也。"[①]甚至將古代聖學在孟子之後不傳的原因歸結爲没有人能像朱熹那樣建立此類入學之階。日本學者很看重《近思録》的導引價值，高津泰認爲"學者苟志聖賢之道，而欲窮洙泗之淵源者，舍此書而無他途也"[②]。

日本社會在江户、明治時期除了不斷翻刻、重刻源自中國或朝鮮的《近思録》文獻外，其朱子學者在本土又不斷注釋、講讀《近思録》及其注本，意欲建築本邦的進學路徑。如宇都宫遯庵標注《近思録集解》十四卷，"欲階梯《近思録》而示後學升堂之道"[③]，欲爲日本讀者建立一個全面理解《近思録》的文本。從現存的日本"《近思録》系列文獻"考察，其形態多樣，内容豐富，且個性明顯。其中最具特色的是日本學者講説類《近思録》文本，將朱學化進學理念與本邦朱子學思想融合得很緊，如中村惕齋、山崎闇齋、淺見絅齋、剛庵獨録、室鳩巢等相關講義，或用漢字記載，或用假名、片假名記載，或用假名與漢字相結合的方式來記載。在傳統儒學的基礎上，其關於《近思録》的解讀與日本本土文化結合得更爲緊密。在這一點上，相較於朝鮮亦步亦趨的做法，在改造"《近思録》文獻"的記録手段方面，在用假名與漢字的結合體代替漢字媒介方面，日本要比朝鮮半島走得更遠，故而其構建的本土化《近思録》文獻，更趨於獨立性，詮釋也更具民族特色。就此而言，日本社會將朱學化的進學路徑消化吸收得更爲大膽。

總之，《近思録》是進學四子者的求端用力之所在，自誕生以來一直得到各時期儒者的推崇，又被快速移植到域外，歷史上朝鮮與日本闡釋、續編、仿編、講説的有關《近思録》文本，相當豐富。在朱學化進學路徑的融合、發展方面，朝鮮、日本的共性遠超差異，他們都快捷地將朱學化進階精髓融會於本邦理學文獻建設之中，形成具有本土色彩的可與朱學化進學路徑相融通

---

① （日）山崎嘉《近思録序》。

② （日）高津泰《近思録訓蒙輯疏序》，載於（日）安褧《近思録訓蒙輯疏》，日本弘化四年刊本。

③ （日）宇都宫遯庵《近思録集解跋文》，載於宇都宫遯庵標注《近思録》，延寶六年刊本。

的入道階梯。

（三）東亞朱學化進學路徑存在共通性的原因

關於"《近思録》，四子之階梯"説，是朱熹站在南宋歷史文化背景下的認知，是針對本國求學者而言，但是隨着歷史上東亞思想文化交流的不斷發展，程朱理學在朝鮮半島、日本的被接受與再傳播，以及朱子學本土化，朝鮮社會與日本社會先後對朱子之説産生共識，在《近思録》文獻傳播、融通的過程中，他們欲借助朱熹建構的朱學化進學路徑，逐步構築出本土化的入道之階，使朱學化的進學路徑演化爲具有本民族特性的進學之階。那麽，朱學化進學階梯之所以能演變爲東亞求學理學者共識性階梯，其中的主要原因是什麽呢？

東亞各國在朱學化進學路徑上之所以能形成共通意識，一是因爲該路徑在東亞區域存在共識基礎，東亞儒學文化存在一體性，歷史上東亞各國有深厚的文化淵源。考察朝鮮、日本的歷史不難發現，他們長期受中國文化浸潤，其主流學術思想在較長的歷史時期表現爲儒學文化觀，中國傳統儒學在該地域潛滋暗長，在很長的歷史時期影響着他們的社會。當在傳統儒學基礎上發展而來的程朱理學出現後，在東亞各國歷史文化思想同源相近的背景下，朝鮮、日本很快接受並尊崇朱子學，這種近親血緣便是朱子進學路徑在各國存活、發展的歷史根基。

二是在接受中國理學思想的歷程中，各國存在諸多相同的文化要素。歷史上東亞區域各民族長期使用漢語言文字這一共同的符號載體，在漢字文化圈中彼此進行對話交流已是常態，這也是《近思録》之類理學文獻流佈東亞的社會文化基礎。由於漢字很早傳入古朝鮮、日本，被主流社會接受，久而久之便有了漢文化的積澱，而當作爲用漢字記録的《近思録》系列文獻面世後，朝鮮、日本學者在閱讀理解上已無大礙。再者，這些文獻又憑藉着中國印刷技術的發展成熟，多以優質的物質形態流佈他國，那麽擁有書籍印刷基礎的朝鮮、日本也能快捷地將這些《近思録》文獻在本邦落地生根。如朝鮮的活字本、木板本基本保持中國版本的內容、體態，形神兼備，很好地傳播了《近思録》思想。

三是朱學化進學路徑被東亞各國接受，也與其相近的社會政治結構不無關聯。儒學思想是中國古代思想統治的主流意識，作爲與古代中國有宗藩關係的朝鮮，也有着與中國封建王朝非常相近的政治制度。作爲長期仰慕中國的日本，與朝鮮一樣，其社會也積澱着厚重的中國儒學思想基礎，有着相近的社會結構。這些要素爲東亞朱學化進學路徑的形成、發展提供了社會保證。

四是《近思録》本身能在東亞區域成爲普遍認可的理學經典。因爲"《近思録》一書無不切人身，救人病"，具有很高的思想學術價值，其内容不尚空論，在乎切近日用的修治踐履，那麽朱熹基於此書而建構的朱學化進學之階能在東亞社會形成廣泛共識。南宋後期，在朱門弟子眼裹，《近思録》已踞"經書"[①]之位，成爲讀宋代理學的首選經典。在後朱熹時代，"治宋代理學，無不首讀《近思録》"，在東方儒學文化圈一直被奉爲"學者入道之階梯"，後世《近思録》注本、續仿編本之多，有力地佐證了《近思録》如經書般受人尊崇的史實。因而，此書是認知研究朱子學思想必不可少的入門要籍，在悠久而廣泛的歷史空間有着世界性影響。這對於尊崇朱子學的李朝社會、日本社會主流來説，不能不倚重於《近思録》而上溯至理學的宏大世界。

五是因爲《近思録》也是人們修身向賢的精神港灣。在中國歷史上，《近思録》與科舉考試有很大關聯，早在南宋就有無名氏編撰的《文場資用分門近思録》行世，以之輔助士子科考。而且五經、四書在元明清社會"爲升選登進之階。海内之士，争自濯磨學術，畫然一出於正，以應朝廷之選"，"科場功令，命題一本五經、四子書，其援引傳説，必以朱子爲斷，誠以朱子之道，孔孟之道也"[②]。而《近思録》作爲閲讀四子書、進升五經的階梯，不但可以得到士子的認可，而且對於那些科場失意者也是一種慰藉，他們可藉此近思修身。因而朱子關於《近思録》階梯之説能一直爲後世遵從，且人們又通過注釋、續編、刻抄等手段加以深化、適時發展。朝鮮、日本社會在十六至十九世紀，也新生出大量與時俱進的《近思録》續編、講説文本，很明顯是在中國《近思録》已有進

---

① 朱熹再傳弟子葉采説它是"我宋之一經，將與四子並列，詔後學而垂無窮者"。見（宋）葉采《近思録集解序》，載於葉采集解《近思録》，元刊本。

② （清）王鼎《朱子原訂近思録序》，載於（清）江永《朱子原訂近思録》，清嘉慶十九年王鼎校次本。

階基礎上延伸出的新階梯，成爲其社會教化、個體修行倚重的重要文本。

從上述朱學化進階之説在東亞各國擁有共通性的主要原因可知，基於相同或相近的歷史文化積澱，一旦時機成熟，源於中國的朱子進階之説，則完全可以摇身一變而成爲朝鮮半島、日本求學理學者的共識階梯。但是，儒學思想文化在東亞各國既存在共通性，也存在差異性，因爲各國對儒學（包括宋明理學）的接受、消化、新生推廣存在民族文化差異。朝鮮半島在明清時期作爲中國的附屬國，政治體制受中國影響很深，對程朱理學大體上也是亦步亦趨，朱子學在李朝的發展成熟，主要有賴政府的大力推動。李朝學者的自主創造，也是借助中國味較濃的朱學化階梯去建構本邦朱學化進學路徑。而歷史上的日本社會雖然崇尚中國文化，可朱子學在日本的傳播一開始是藉助佛教流傳，佛教的傳播對江户時代的日本朱子學曾發揮着積極的推動作用，程朱理學於是由民間推動走向政府推動。以至於《近思録》朱學化的進學路徑在日本，自主創造意識更爲明顯，其本邦學者在進學之階本土化方面較多地表現出其民族文化的個性思想。

總之，由朱熹發端的朱學化進學路徑，在東亞七百多年的歷史長河中得到不斷延伸。宋代之後不僅得到本土學者回應，而且能得到朝鮮、日本儒學者共鳴，也引發出各國學者前赴後繼地構建具有時代特色或本邦特徵的各式階梯之説，微異之中卻存在着普遍的共通之處。他們推崇朱子學，承繼朱子階梯之説，又將其本土化，形成了以"《近思録》，四子之階梯"觀念爲本，以各自所建入道之階爲體，建設出可融通的供人們走向入聖之道的津梁。朱學化的進學路徑是東亞儒學文化圈的共識，爲《近思録》文獻歷久彌新的傳播發揮了積極歷史作用，以致今日其代表文本依然是人們修身踐行、向善尚賢的階梯。

二、東亞對葉采《近思録集解》的推崇與質疑

朱熹、吕祖謙編撰的《近思録》濃縮了北宋周、張、二程四子學術思想之精髓，彰顯其窮理正心修己治人之要，成爲人們研學"四書之階梯"，差不多在南宋後期便"被經典"，而朱熹再傳弟子葉采的《集解》在推尊經典、推動"近思之學"發展方面皆有相當影響。

(一) 葉采《集解》在本土頗受推崇，得《近思録》多數注者讀者讚賞

《近思録》面世後，首先在中國本土傳播，在宋元明清各朝不斷得以刊刻傳抄，同時注解、續編、仿編者絡繹不絶，又形成大量“《近思録》後續著述”，葉采集解的《近思録》，在中國歷史上被公認爲《近思録》最具代表性的經典注本。從葉采自己的述説也可見其注解此書用力持久而專心，他經“朝刪暮輯，逾三十年”，於淳祐八年完成《近思録集解》十四卷，凡“其諸綱要，悉本朱子舊注，參以《升堂記聞》及諸儒辨論，擇其精純，刊除繁複，以次編入，有闕略者，乃出臆説”①。依據《近思録》各卷内容，他擬定了與之相契合的各卷篇名，並簡要闡明各卷内容提要。《集解》各卷綱目、提要的創建，使得《近思録》原書體例顯得更加明晰完備，使程朱理學思想内容更趨明朗，在後世影響深遠，其所擬綱目差不多成爲後世《近思録》續編、仿編者所倚重的範式，爲諸家所宗，儒林學界，久嘉讚譽，曰“《近思録集解》平易明正，足以羽翼乎四子之書，分明是考亭門法”②；云“葉采本文公舊注、諸儒辯論輯爲注解，而後四先生精蘊昭然日星”③；《近思録》“原本之美備，實足以該四子之精微，而葉注之詳明，又足以闡《近思》之實理”④。

所以，七百年間葉采《集解》幾乎替代《近思録》原書而行傳播程朱理學思想之實，不斷被重刻再造。經多年的實地調研，筆者發現目前現存南宋至民國年間的《近思録》文獻版本有近 200 種，其中葉采《集解》系列版本就達 36 種之多，這是《近思録》其他注釋本難以企及的。諸如《集解》有元刊本、元刻明修本，明初至明末皆有刻本行世。清代刻抄本尤多，如《集解》清康熙年間邵仁泓校刊本，雍正年間三多齋、尚義堂刻本，清代在兹堂、培遠堂、安定書院、廣仁堂刊本，《四庫全書》本，以及《重鎸近思録集解》《近思録原本集解》本等，而《近思録》原文本的版本現存僅 17 種。可見《集解》確實成爲南宋後期，元、明、清時期士子進升理學的重要入門津梁，其傳本之多、種類之繁，成爲《近思録》文獻中的中流砥柱，在中國本土宗朱的社會背景下被元明清的絶大

① （宋）葉采《近思録集解序》，載於朱熹、吕祖謙共輯《近思録》，葉采集解，元刊本。

② （朝鮮）趙承洙序文，載於趙承洙《葉注記疑往復説》，朝鮮筆寫本。

③ （清）朱之弼《近思録原本集解序》，載於（宋）葉采《近思録集解》，清康熙十三年刻本。

④ （清）邵仁泓《近思録後跋》，載於（宋）葉采《近思録集解》，清康熙年間邵仁泓重訂本。

多數崇尚朱子學者奉爲圭臬。

在中國本土的理學傳播史上，儘管葉采《集解》擁有朱子學的純正性，是值得信賴的理學入門讀本，但是我們在考察後世學者的論説時，偶見有人指出《集解》不足。清康熙年間茅星來在集注時《近思録》時，以爲葉采《集解》"粗率膚淺，於是書（筆者按，即《近思録》）了無發明，又都解所不必解，其有稍費擬議處則又闕焉"[①]。於是，在注解時對葉采的闕漏進行校正。然而，《集解》在中國本土被人捎帶批評的情形，畢竟鮮見，且不是對《集解》主體作批判，也未影響其在理學史上的地位，故在中國本土的朱子學者眼裏，葉采《集解》一直充滿魅力，歷代學者争相傳閲。

（二）葉采《集解》也頗爲朝鮮、日本學者推崇

從現存文獻資料考察，在朝鮮高麗朝、李朝刊刻、活字印刷、抄寫的中國學者《近思録》文獻中，要數葉采《集解》版本最多，達 40 餘種。可見，葉采《集解》也是最受朝鮮半島歡迎的注本，或直接翻刻，或活字印製。他們認爲葉采"出於朱子……采爲《集解》，而並收吕成公及張南軒、黄勉齋、蔡節齋、李果齋之説，而獻於朝，廣諸海内"[②]，能助益朱子學的傳播，因而葉氏《集解》在朝鮮朱子學派眼裏地位甚高，在李朝前期理學思想的傳播過程中發揮了積極作用。朝鮮半島借助重刊葉采《集解》來建設本邦朱子學入門讀本，現存葉采《集解》傳本數量遠超其本邦印製的《近思録》原文本，足以佐證《集解》是他們了解宣揚理學的堅實基礎。

歷史上日本本土再生的"葉采集解系列版本"有 20 多種，其傳本數量在日本也遠超《近思録》原文本，這也充分説明葉采《集解》最爲日本學界青睞。其中部分重刻本内容與《集解》漢籍原本完全相同，甚至連版式也完全相同，如出一轍。如朱熹、吕祖謙編集，葉采集解，明代吴勉學校閲的《近思録》，日本寬文十三年石渠堂重刊本，國立公文書館有藏，其版式、卷首書名葉等與中國本土明稽古齋刻吴勉學校閲本基本相同。又如中村惕齋《近思録訓蒙句

---

① （清）茅星來《近思録集注原序》，載於茅星來《近思録集注》，上海古籍出版社影印《四庫全書》文淵閣藏本。

② （韓）盧相稷《近思録釋義序》，載於（朝鮮）朴履坤《近思録釋義》，韓國石板本。

解》依葉采《集解》而用淺顯的文字進行注釋，宇都宫遯庵《鼇頭近思録》兼采葉采注解甚多。

在《近思録》傳播史上，由於葉采《集解》首次將朱熹的學術思想與北宋四子貫穿起來，這在《近思録》詮釋史上是一種創舉，最先彌補《近思録》一書中無朱熹思想資料之闕憾。在東亞《近思録》後續文獻綱目編纂方面，葉采《集解》不僅給後來的其他注家提供了參照之本，而且其所設置的綱目名稱及其注解義理之思路，對後來其他《近思録》注釋本、續編本産生了積極影響。總之，歷史上東亞學界對《集解》讚揚尤多，故"葉注之爲世誦習久"。特别是那些尊朱的學者，認爲"葉氏私淑於北溪陳氏，其説宜得朱子之意"①，以至於"葉采之注，在日本甚爲通行，日本注家幾皆全依葉注"②。世界著名朱子學研究專家陳榮捷此言不無道理，葉采創製的各卷篇目、解題，使得《近思録》原書體例顯得更加明晰完備，内容更趨明朗，又多爲後世《近思録》續編、仿編者所宗，因襲沿用，故《集解》成爲《近思録》衆多注本中流佈最廣者。

在朝鮮、日本朱子學思想發展史上，其學者讀者主動或被動接受《集解》皆很明顯，如金長生、鄭曄《近思録釋疑》采用了葉采《集解》的卷目，取葉采《集解》"以理舊學，則字有其訓，句有其解，不翅若瞽者之有相矣"。其注文中李珥、李滉、金長生之言，體現出本土學者的主張；又多引朱子之説補入各卷，互成部居，注釋之中兼而續編。並且，歷史上《近思録》日本注家注釋時，基本都以當時的通行本葉采《集解》爲底本。

（三）朝鮮、日本學者對《集解》也心生質疑

李朝前期的儒家對葉采《集解》持肯定意見的佔絶對多數，諸如金長生、宋時烈之流，承繼本邦李珥朱子學思想，忠信程朱理學，學有所得，在注釋校刊《近思録》時，即使對葉采注解的文字有質疑，但對其主體依舊肯定，將《集解》作爲底本再行釋疑。等到李朝中後期，學者在接受《集解》時已經不再苟同，接受的同時對其注文的質疑、批駁之聲漸多，一味贊同葉采釋義者漸少。如《近思録集解劄疑》《近思録葉注劄疑》《近思録葉注記疑》《近思録葉注疑

---

① （日）高津泰《近思録訓蒙輯疏序》，載於（日）安褧《近思録訓蒙輯疏》，日本弘化四年刊本。

② 陳榮捷《近思録詳注集評》"引言"，第3頁，華東師範大學出版社，2007年1版。

義》《近思録集解或問》等著述，質疑《集解》，評其不足、糾其失誤。

朝鮮學界對《集解》的接受與揚棄，在肯定中又産生疑問，如《近思録釋疑》的編校者不衹是對《近思録》部分條目進行了詮釋、考證，更多地是對葉采《集解》的注文進行質疑評析，或解釋《集解》中的注文，或指出葉采注文的未穩、未安、不襯切、語序不當、牽强處，然而從《釋疑》注文字裏行間包蘊着商討的口吻可察，其注釋多處用"恐"或"似"字表示商榷之意，反映出李朝前期朱子學者對《集解》的尊重態度。

其實，《釋疑》對葉采"集解"的評析質疑，並非全無根據，其闡發自有可取之處。李朝學者自己所説，"此書固與平巖本注多有異同，而不以爲嫌者，本欲公天下之義理而無一毫彼我之私"[①]。可見他們對葉采集解文字不過於諱忌，對其不當之處進行釋疑，又體現出學術乃天下公器的思想，故在李朝"讀《近思》者不可以無此"書。再者這種敢於質疑葉采注文的舉動，説明李朝學者在面對朱學嫡傳者葉采的注解時，"墨守之心"有所動摇，他們"能操其戈以入平巖之室"[②]，多少也透露出辨疑的膽量與幾份自信，也體現出李朝中期儒學者具有的批判精神。此《釋疑》本因便利於李朝讀者閲讀理解《集解》，故在朝鮮儒學史上傳本較多，影響較大，以致韓國現存版本多達 12 種。

李朝後期，學界在肯定《近思録》及葉采集解價值與影響的同時，已經有意將本邦朱子學者的思想資料適時運用於注解《近思録》。如朴履坤認爲《近思録》"葉氏之解尚有不能詳明者"，於是搜集宋儒論説，參照朝鮮儒者之語，撰成《近思録釋義》十四卷。該書對《近思録》622 條語録中的"十之七八"作了注釋，對葉采集解提出異議，闡發己見，所引所按井井有據，足以資益於本邦讀者。

歷史上日本學者尊信朱子又不盲從朱子思想，其注家在自己的《近思録》注本中往往直接批駁《集解》不足，如貝原篤信主張讀《近思録》當先明此書各卷文字之意，然後方能通其義理，故其《近思録備考》强調訓詁考據，從本源上幫助本土讀者理解文辭句意。

與貝原篤信學風相近的仲欽，專奉宋儒之學，長期在本土宣揚程朱理學

① （朝鮮）宋時烈《近思録釋疑後序》，載於《近思録釋疑》，李朝顯宗二年木板本。
② （朝鮮）宋時烈《近思録釋疑後序》，載於李朝顯宗二年木板本。

思想。他在編輯《四書鈔説》之後編撰《近思録鈔説》十四卷。他認爲朱、吕共輯《近思録》是從爲學修身論及修齊治平,直至成賢成聖、明曉道體,而葉采的《集解》卻讓"初學之士不能得致思之端而了其旨歸",故批駁葉注不足[①]。於是,他以葉采《集解》爲底本,抄録葉氏注解"難通之章,而各附録諸儒之説",並增補自己的注解,冠以"鈔説"之名,撰就《近思録鈔説》。

如今,客觀地審視葉采《集解》,我們便會發現,相較於史上其他《近思録》注本,《集解》有許多可圈可點之處,然他並非完美。如朱熹在《近思録》第十三卷"辨異端"中彙輯四子關於釋老的論説,借四子之言對其有過甄別和簡評,指出理學與這些學説的差異。後世注家在注解時,當有必要探尋本源,將理學思想和其他諸家思想學説的差異之處闡明,以釋讀者疑惑。而葉采《集解》衹是籠統地説四子與釋老似同實異,至於哪些同,葉氏並未解説,讀者則不甚明確。對此,清代茅星來《集注》在注解關鍵字後,比較了佛、儒之同,引用朱熹相關論述來佐證自己見解。故而,茅氏云葉采《集解》"稍費擬議處則闕焉",並非妄言。

對《集解》此類不足,史上日本學者在批評時也與中國注家看法略同,如與茅氏同時期的山崎嘉,在注釋《近思録》時,認爲"葉仲圭爲《集解》,楊伯嵒爲《衍注》,皆未能深有所發明"[②],指出葉采集解有闕失。故弘化三年高津泰説:"葉氏私淑於北溪陳氏,其説宜得朱子之意,而其注往往不滿於人意。故我先儒闇齋山崎氏盡除之,單以白文行於世。"[③]現存文獻也證明山崎闇齋確實不滿葉采集解,而將葉氏注本中的注文刪除,僅以白文的形態向世人傳播。儘管此舉有些過激,但卻反映出部分日本學者對《集解》的批評態度。

朱熹説《近思録》是學習四書的階梯,而在東亞《近思録》傳播歷程中,葉采《集解》卻長期是人們閱讀《近思録》的最佳階梯,現存《集解》東亞傳本之多也説明,朝鮮、日本社會並没有因爲它存在瑕疵而唾棄它,更多的則是褒揚與肯定。

---

① (日)仲欽《近思録鈔説序》,收録在仲欽《近思録鈔説》卷首,漢文寫本。

② (日)山崎嘉《近思録序》,載於《近思録》寬文十年洛陽武村市兵衛、大坂佐兵衛刊本。

③ (日)高津泰《近思録訓蒙輯疏序》,載於(日)安褧《近思録訓蒙輯疏》,日本弘化四年刊本。

(四) 對《集解》的質疑、批評,朝鮮、日本學者同中有異

葉采《集解》是中國《近思録》注本的代表,也是朝、日翻刻並以之構築本土朱子學的基礎文獻,長期持續不斷地在東亞漢字文化圈産生着影響,在朝鮮、日本廣受好評,或直接翻刻,或活字印刷,或抄録研讀。朝鮮、日本社會積極吸收葉采注本的主要内容,活學活用,或在葉采集解的基礎上作以"詳明"的注釋,如朝鮮朴履坤的《近思録釋義》;或依託於《集解》向求學者講解其主要内容,如日本中村愓齋的《近思録鈔説》、室鳩巢的《近思録鳩巢先生講義》。

歷史上,宋代儒學的主流派"程朱理學",對朝鮮産生了異常深遠的影響。《近思録》自南宋後期傳至朝鮮半島,朱熹的"階梯"之説、《近思録》的"入道"價值,便得到了高麗學者的肯定,隨後對李氏朝鮮政治思想、學術文化産生了很大影響。由於流佈朝鮮半島的《近思録》及《集解》等文獻,代表的是先進、發達、文明程度較高的文化,因而李朝前期的儒學名家金宏弼、鄭汝昌、趙光祖、李彦迪、李滉、李珥、金長生等,都能主動接受並加以傳播。李朝在受容《集解》時又以之爲基礎新生出反映朝鮮朱子學的新注本,這些擁有時代意識、本邦特色的生命體態,大大推動了朝鮮理學的發展。但是,朝鮮學者在吸收葉采注本主體内容的同時,卻有與中國因尊朱而推崇葉注不同的一面,即敢於釋疑和辨疑,從中展現自己的理解與主張。這些與其民族情感、社會文化、政治制度等不無關聯。

葉采《集解》爲朱子學脉之嫡傳,在朝鮮人的心目中,其内容很適用於教導求學問道者,是程朱理學在李朝發展壯大的基礎文獻。朝鮮在接受《集解》時,在自身新創文本内容上表現出相容並蓄的思想,既將中國宋元明清具有代表性的理學家語録收入其中,又能兼顧本邦名家語録,輯録李滉、李珥等朱子學大家的論説文字。如金長生《近思録釋疑》、李瀷《近思録疾書》、林翰周《近思録葉注存疑》等文本,較多地展現出本民族學者關於《近思録》思想的别樣詮釋。因而,李朝學者在從異國他鄉流佈而來的葉采《集解》這一"母體"上進行文化增值,或增删,或辨疑,或校訂,欲在注解《近思録》的注文中融入本邦學者的主張或思想,其民族的主體意識,隱約之中也由面對宗主國的自卑走向一種民族自尊,於是對中國本土相關理學文本敢於質疑甚至批駁。正是

朝鮮儒者民族主體意識的覺醒，以致醞釀出李朝中後期對於居統治地位數百年的朱子學的不滿。

日本社會曾長期尊信朱子學，江户時期的日本朱子學與中國朱子學雖有共性，卻也有其獨立發展的一面。在受容《近思録》中國歷代注家注本時，即便是長期被世人誦習的葉注，日本學者也敢於批判，不一味盲從，解説時增附己見，流露出一種民族自省、自信意識。他們重新注解《近思録》的文本遠多於朝鮮，意在將葉采《集解》吸收轉化爲本土文本的一個重要組成部分，以中土文獻爲己所用意圖甚是明朗。這很大程度上與其學者不受中國政治意識、學術傳統、門派之争的束縛有關，故他們在接受朱子學嫡傳者葉氏《集解》時，敢於批判。

相較於李朝學者，日本學者對於葉采的"集解"異議更多，主要體現在三個方面：(1) 有日本學者指出《集解》訓詁考據的不足，如貝原篤信《備考》。(2) 有學者不滿葉采集解而將其注文刪除，僅以白文的形態向世人傳播，如《近思録》山崎嘉訓點本。(3) 有學者認爲葉采《集解》、何基《近思録發揮》釋義未盡，不能完全闡明《近思録》文理微旨，以致初學者有所困惑。如澤田希在《集解》"字義事實未盡訓釋，文理微旨或未闡明"的情形之下，博搜旁考，進行注説，撰成《近思録説略》十四卷。

從葉采《集解》在朝鮮、日本被接受揚棄的歷史考察，我們能明確地感知，朝鮮、日本受中國政治思想、學術傳統的束縛有限，在承傳中國歷代注家詮釋思想的同時，其學者又大膽進行質疑，敢於批判接受，發表己見。這些也印證出在李朝社會發展中後期或日本江户後期、明治時期，其本邦朱子學思想的逐漸成熟。

相較於中國本土學者對《集解》的推崇，朝鮮、日本學者則間或探討其不足，然二者之間也有微異。在批判性接受《集解》時，朝鮮學者讚揚有餘，肯定的成分遠多於否定，即便有疑，仍以商榷的口吻解説，大量使用"恐""似""如何"等表委婉揣測之意的詞語；日本學者對《集解》不一味盲從，解説時展示己見，爲我所用的價值取向較明顯。可見兩國批判程度的微異，也折射出他們對程朱理學思想的認同差異。

三、東亞"近思之學"的文獻構建與學術價值

"近思"之名,出自《論語·子張》"博學而篤志,切問而近思",意爲思考當前的問題,在《近思録》一書中其意則爲就切近者思之。"近思之學"這一名稱,從現存文獻資料考察,最早使用該稱謂的是朝鮮李朝後期的李漢膺,他在自己編撰的《續近思録》序文中説"我東諸賢,紹修洛閩近思之學"[①]。儘管南宋時期理學家們没有提出這一稱謂,但當時雖無其名卻早有其實,朱熹與吕祖謙合編的理學入門經典《近思録》即首次展露"近思之學"的學術思想,是實實在在地爲時人和後學創建"近思之學",以垂教於後世。後世的東亞漢字文化圈衆多學者所論切問近思之學無不源於此,而且還發展了其學術思想,使之與時同進。

(一)朱熹"近思之學"學術思想,建立在關於身心、切於行習基礎上

當初,朱熹爲何考慮建立具有階梯性質的"近思之學"呢?究其原因則與南宋淳熙二年夏朱熹、吕祖謙在武夷山寒泉精舍的聚會研學有關,他們"相與讀周子、程子、張子之書,嘆其廣大閎博,若無津涯,而懼夫初學者不知所入也。因共掇取其關於大體而切於日用者"[②],編成《近思録》十四卷。他們想要解決的主要問題是,讀書人在讀宏博的聖賢著述時如何"由其要而致其博",這也是教育者和傳播道學者必須要解決的問題。朱熹發現北宋四子的著述内容廣大宏博,初讀者難免會有"望洋之嘆",因此朱熹"掇取其關於身心日用者,教人先識其門庭"[③]。同理,後朱熹時代那些傳載諸家學説的大量文本,在其後世讀者眼裏何嘗不是汪洋之海,因而爲免那時的讀書人也生"望洋之嘆",東亞各時期各地域的學者便遵從朱熹編撰《近思録》的宗旨,陸續編纂供時人能切問近思的文本。所以,"近思之學"的建立在朱熹時代不僅必要,而且在其身後也同樣有必要。

"近思之學"的本質就是引導人們從最切近的地方去思考,由熟知或已知

---

① (朝鮮)李漢膺《續近思録序文》,載於李漢膺編撰《續近思録》,朝鮮李朝木板本。

② (宋)朱熹《近思録序》,載於朱熹、吕祖謙共輯,葉采集解《近思録》,元刊本。

③ (清)施璜《五子近思録發明序》,載於施璜纂注《五子近思録發明》,清康熙四十四年聚錦堂刻本。

去進學未知。於是構建反映此旨趣的文獻編撰者，則要在浩如烟海的文獻中，選取那些“關於大體而切於日用者”，讓讀者由近及遠、由約返博，再由博而約獲取聖賢思想。所以《近思録》參編者吕祖謙認爲，那些“厭卑近而騖高遠，躐等陵節流於空虚，迄無所依據，則豈所謂‘近思’者”[①]？很顯然，“近思之學”與好高騖遠相對立，讀書人沿着朱、吕建構的便捷“入道之階”，則能“循是而進，自卑升高，自近及遠”。因此朱熹當時很樂觀地認爲，求學者若能做到“近思”，便可以盡得“其宗廟之美、百官之富”。

“朱子‘近思’之義，體用畢該，顯微合轍”[②]。選取一個合適的階梯導引後學讀書，是體現“近思之學”思想的關鍵，所以諳熟教育規律的朱熹主編此書欲構建的“近思之學”，亦即讀者的入道之學。朱熹在六十一歲時，高度肯定《近思録》有此功用，提出了著名的“近思階梯論”，即“四子，六經之階梯；《近思録》，四子之階梯”[③]。自此以後，圍繞朱熹“近思”階梯之論，東亞不同時期的學者順應時代發展的需求不斷建構着惠及學林的“近思之學”。

（二）中國古代反映“近思之學”思想的文獻建構，堅守朱子主旨，引領着理學文本建設持續發展

在朱熹之後的七八百年間，東亞“近思之學”是以建構適合某一歷史階段本地域閲讀者求學問道的文本爲主，以之作爲入道“津梁”且在内容上呈現出地域文化、時代特色。從現存文獻資料考察，我國一直是處於建構該學術思想輸出國的地位。

《近思録》濃縮了北宋周、張、二程四子窮理正心修己治人之要，反映了其學術思想的精髓，但是對於理學集大成者朱熹的言論卻未記録，故而南宋後期，朱熹再傳弟子蔡模深感朱熹著述“廣大閎博”，認爲有必要把反映朱子思想的語録文字進行精選集編，於是仿《近思録》體例建設朱子學的入門臺階，選取朱子語録 438 條編成《近思續録》。十四卷標題分别爲：道體、爲學、致知、存養、克治、齊家、出處、治體、治法、臨政處事、教人、警戒、辨别異端、總論

① （宋）吕祖謙《近思録跋》，載於朱熹、吕祖謙共輯，葉采集解《近思録》，元刊本。

② （清）宋實穎《朱子近思録序》，收録在《朱子近思録》，清光緒二十八年紹宅重刻本。

③ （宋）黎靖德編，王星賢點校《朱子語類》卷一百五，第 2629 頁。

聖賢。並且，蔡模還將吕祖謙、張載的語録粹集編成《近思别録》十四卷，其意在於通過建構該文獻爲時人建設通向南宋東南三賢思想殿堂的階梯，其舉措在後世影響非常深遠。因此，蔡模仿朱熹所建《近思録》理學體系續編而成的《續録》，是現存文獻中最早踐行朱子"近思之學"思想者。

元代仁宗皇慶二年十一月下詔實行科舉，開科取士以朱熹《四書章句集注》《詩集傳》《周易本義》等爲準繩，形成制度。那時的朱子學已名副其實地成爲官方意識，元朝尊奉程朱理學的風尚已形成。在此背景下，朱門後學倍感榮幸，不遺餘力弘揚朱子學術思想，崇尚朱子學者對於朱子構建的"近思之學"不斷加以充實、發展。元代的趙訓孫、戴亨、柳貫等尊"《近思録》乃近世一經"[①]，相繼編撰完成《精義》《補注》《廣輯》等，雖説如今這些文獻散佚難覓，但仍可想見他們在當時是有意加强"近思之學"的文獻建設，其注解或續補，實爲當時的求學者建設通往聖賢之學的門徑。

明代朝廷更是牢牢地讓程朱理學思想高居意識形態的統治地位，朝野多能發揚光大朱子學。爲了讓《近思録》之類的文獻容易得到了時人的理解，讓程朱理學更好地傳播，明代理學名家都積極傳揚朱子"近思之學"。諸如薛敬軒、胡敬齋、羅整庵、高攀龍等，都認爲《近思録》是進升儒家經書的津梁，該思想主張在他們著述中潛滋暗長。故清初時徽州大儒施璜説自己："嘗讀薛子《讀書録》、胡子《居業録》、羅子《困知記》與高子《遺書》，喜其皆由《近思》以升入四書、五經之堂室者……迨讀北平孫氏《學約續編》，亦謂薛、胡、羅、高四先生，羽翼周、程、張、朱五先生者也。"[②]

正是由於北宋"四子之書廣浩無涯，初學未易指尋"[③]，故朱、吕編纂《近思録》。時至明朝，學者們以爲四子著述皆能羽翼六經，朱熹所宣導的"近思之學"則是爲人們指引通往聖賢之道的門徑。如嘉靖十七年吴邦模刊刻此書時明確肯定："是書爲士人進道之基，不寧取給於身心，異時居官任政所以尊主庇民者，端有賴焉。"[④]明代學者不斷傳刻《近思録》文獻，就是在爲士子求學問

① （元）吴師道《禮部集》卷二十《代孫幹卿御史請刊〈近思録發揮〉等書公文》，見《四庫全書》集部，影印文淵閣藏本，第1212册第291頁。

② （清）施璜《五子近思録發明序》。

③ （明）賈世祥《刻近思録成序後》，載於《近思録》明嘉靖六年賈世祥刻本。

④ （明）吴邦模《近思録跋》，載於《近思録》明嘉靖十七年吴邦模刻本。

道構建可以倚重的基石。

明代"近思之學"的文獻建構者已明確領會到朱子近思之學的内藴,即朱熹欲由此書而建立一種"從入之序",以便讀者"從兹而至聖人之道"。然而明儒對"近思之學"的發展並非衹是停留在傳刻《近思録》及葉采注本,而是有感於朱子學術思想的宏富,仿《近思録》的旨趣續編供世人閲讀的新文本。如朱崇沐《重編近思録》十四卷,高攀龍集録朱熹語而成《朱子節要》十四卷,錢士升初步將北宋四子與朱子相合而成《五子近思録》十四卷,此類仿編續録性質的理學文獻,已爲明代"近思之學"增添了新内涵,發揮着新作用。

相較於明代,清代學者在"近思之學"的建設發展上建樹更多。清代崇信理學者皆讚賞朱熹所言"《近思録》,四書之階梯"。如朱之弼校刊《近思録原本集解》,邵仁泓校刊《近思録集解》,朱顯祖纂集《朱子近思録》,劉源渌編《近思續録》,張伯行集解《近思録》《續近思録》《廣近思録》等,不論傳刻還是編撰"近思録文獻",均肯定《近思録》是"俾後學得以入門"[①]的經典,指出此書"實足以該四子之精微",對後世求學者具有很好的導引功用[②],確信若不讀此書則"憂學者入道之無階"[③]。可以説,朱子構建的"近思之學"在清儒眼裹最大的功績便體現在"入道之漸"建設上,家弦户誦必由此道而行。

在清代發展、完善"近思之學"思想的著述中,清初汪佑編撰的《五子近思録》尤其值得關注,因爲此書對此後東亞反映"近思之學"的文獻建設影響較大。汪佑深感朱熹建構的體現"近思之學"的文本無"朱子之書",但"學者讀四先生之書,而未合觀乎朱子之書,則終不能無所闕憾"[④],於是將《學的》與《朱子節要》合編,以續於四子之後,編集《五子近思録》十四卷,使得四子、朱子之言論合爲一個整體,"近思之學"的文本至此纔成爲一本"完書","五子如五行之不可闕一矣","由五子而階梯四子、六經,由群儒大成而闡群聖大成,所稱科級畢具,羹墻三古,孰逾於兹"[⑤]。他不僅繼續鞏固了朱子階梯之説,使

① (清)朱顯祖《〈朱子近思録〉又叙》,載於《朱子近思録》,清光緒二十八年刻本。
② (清)邵仁泓《近思録後跋》,載於(宋)葉采《近思録集解》,清康熙年間邵仁泓重訂本。
③ (清)陳舜錫《近思續録跋》,載於(清)劉源渌編《近思續録》,清光緒十七年補刻本。
④ (清)朱啓昆《五子近思録跋》,載於(清)汪佑編《五子近思録》,清康熙三十二年刻本。
⑤ (清)汪佑《五子近思録序》,載於汪佑編《五子近思録》,清康熙三十二年刻本。

其更爲詳備，而且有意體現宋代理學家的整體思想，建設更切合那個時代讀者閲讀的文本，解决時人入道無階之患，故在“近思之學”文本建設上影響深遠。

與汪佑同時期的同道學人施璜以汪佑《五子近思録》爲底本，並采輯明代薛、胡、羅、高的精要論説附於各卷之末，撰就《五子近思録發明》十四卷，“即以四先生之言發明五先生之旨，而意益親切，語更詳備”①。此書在“近思之學”的文獻發展建設上，第一次將宋明理學家的精要之語整合成一體，進一步充實發展了朱子階梯説，形成較爲嚴密的邏輯體系和理學進升層級，後世讀者得此《近思録》續編補録之作，庶幾可總體認知宋元明三朝理學思想發展之脉絡、理學家代表之思想精髓。

宋以後，古代“科場功令，命題一本五經、四子書，其援引傳説，必以朱子爲斷，誠以朱子之道，孔孟之道也”②。以至於朱熹所主張的“近思之學”在朝野均受推崇，後世續編、注釋、刻抄《近思録》者絡繹不絶，並且又有學者對此前的注解、續編類文獻進行審察修繕，反映“近思之學”的成果與時共進，出現了張習孔《近思録傳》、茅星來《近思録集注》、江永《近思録集注》等。

受清雍正褒奬的“禮樂名臣”張伯行，對於“近思之學”有更透徹的領悟，高度肯定朱熹“輯《近思》爲入德之門”。他一人編撰了“三録”，其《近思録集解》《續近思録》《廣近思録》前後合一，成爲融合宋元明十二家語録的《近思録》文獻，其目的在於爲後學建立自近及遠、自卑升高的入聖臺基，彰明義藴，引進後人。

由於“《近思録》爲理學第一要書”③，作爲藴藏“近思之學”學術思想的文本，是公認的“入德門户”，後世學爲聖賢者、近思踐履者、讀是書者，潛心體驗，會通北宋四子之道，上探四書、五經之精奥。特别是後世學者從近思切問出發，建構的融會“近思之學”思想的諸多文本適合求學者閲讀，也得到東亞朝鮮半島、日本社會的高度肯定。

---

① （清）施璜《五子近思録發明序》。

② （清）王鼎《朱子原訂近思録序》。

③ 清乾隆初年佚名者奏摺，收録在葉采《近思録集解》清乾隆五年刻本的卷首。

（三）“近思之學”在朝鮮李朝、日本的發展與進化，表現爲體現該學術思想的名目繁多的文本面世

朱子“近思之學”的思想精髓是隨着“近思録文獻”的東傳而被東亞朝鮮半島、日本認知、接受的。在高麗王朝後期，《近思録》的學術思想已得到當時社會的肯定，如高麗朝恭愍王十九年李魯叔就將自己心目中具有“造道之徑，升堂之階”[①]價值的《近思録》刊刻傳播，即以葉采《近思録集解》作爲刊刻對象。正是由於《近思録》之精藴詳於葉注，其義理詳明，故《近思録》原文本在東亞歷史上的傳本反不如朱熹再傳弟子葉采《近思録集解》多，整個東亞區域差不多是以《集解》作爲傳播《近思録》學術思想的主體，因而該注本一直活躍在東亞《近思録》文獻傳播的主舞臺。

儘管歷史上東亞區域重刻葉采《集解》或對其進行辨疑的版本近乎百種，然而最能鮮明反映朝鮮、日本學者“近思之學”主張的，則是朝鮮李朝、江户明治時期仿編、講論《近思録》的大量文獻，它們纔是“近思之學”在域外發展、進化的代表成果。

1. 朝鮮李朝學者對“近思之學”文本建設的發展與本土化

在李朝學者眼裏，“《近思録》爲四子之階梯，初學之關鑰”[②]。最能反映“近思之學”在朝鮮半島落地生根的是其學者仿照《近思録》體例編撰的具有其本邦特色的“仿近思録類”文本，諸如韓夢麟編《續近思録》，李漢膺編《續近思録》，宋秉璿編《近思續録》，李度中編《李子近思録》，朴泰輔編《海東七子近思録》等。雖説這些仿《近思録》文獻“發凡立例，一遵寒泉之成規”，但從中也展現出李朝中後期學者的繼承創新意識，特別是欲努力藉此反映本邦朱子學家的學術思想。

例如，在中國學者蔡模、邱濬、高攀龍等仿《近思録》續編本的影響下，韓夢麟從《學的》《節要》《四書章句集注》中粹集朱熹之語而成《續近思録》。此書編纂既取法於朱熹當初編集四子語録的初衷，又能效法宋、明學者續編《近思録》之法，從朱熹宏富的著述中采輯語録以體現“近思之學”。並且，當時的

---

① （高麗）李魯叔《近思録跋文》，載於（宋）葉采集解《近思録》，高麗朝恭愍王十九年星山李氏刊本。

② （朝鮮）尹箕《近思録跋文》，載於（宋）葉采集解《近思録》，李朝宣祖十一年禮山縣刻本。

李朝學者認爲其仿照《近思録》旨趣構建的該《續録》可以與幾乎同一時期的清代理學家張伯行《續近思録》相媲美，自然具有傳播朱子學術思想之功效。

再如，宋秉璿早年讀本邦趙光祖、李滉、李珥、金長生、宋時烈五位大儒的著述，感到其内容廣博，難見涯際，而"有望洋之嘆"。後來他受朱子近思之學的啓發，仿照清汪佑《五子近思録》體例，將自己多年劄記的五先生語録千餘條彙集成《近思續録》，幫助本邦士子從身邊學人言論之中盡快掌握李朝朱子學精髓。該書備載"求端用力、處己治人之要"，"辨異端、觀聖賢之事"，可爲朝鮮讀者進學之階。至於李朝學者爲何選中《五子近思録》爲直接仿編對象，主要基於汪佑《五子》是遵守寒泉之舊，是《近思録》傳播史中真正意義上第一部將四子、朱子合爲一體的"完書"。在此編纂思維的影響下，宋氏將本邦趙、二李、金、宋與宋五子相類比，有意將本邦朱子學名家之言彙集爲一個完整的李朝"五子近思録"。在他眼中李朝的"五先生之學，即周、程、張、朱之道"。

綜上所述，不難看出李朝不同時期的學者都在陸續爲求學者搭建進入"近思之學"的階梯，從一般性的仿《近思録》編撰到建構内容爲純本土大儒語録的《近思續録》，説明李朝後期的學者更强調本國理學傳承的獨立性與道學緒脉的正統性，宋秉璿《近思續録》一書差不多是朝鮮性理學完成本土化建構的標誌性成果①，也是反映李朝"近思之學"成熟的著述，故而編撰者宋秉璿不無自豪地説："闡明四子之旨則此書，安知不爲四子、《近思》之羽翼也。"②

朝鮮對朱子"近思之學"的發展與本土化，還表現在上自國王下至平民對《近思録》思想的青睞。從目前現存文獻考察，歷史上李朝學者甚至君臣常常在一起研讀《近思録》，就其内容進行問答，或君臣廷對問辨，或多位學者相約講論説辨，以致形成具有李朝特色的問答類、講義類、劄記類文本，總數不下於 50 種，這是《近思録》在朝鮮半島傳播之後，"近思之學"在域外衍化而成的在中國又極少見的文獻建設成果，諸如李滉《答某某問目近思録》、朴世采《近思録問答》、趙承洙《近思録問答》、李朝正祖《近思録講義》、沈相鳳《近思録講義》、朴知誠《近思録劄録》、朴光一《近思録劄記》、鄭裕昆《近思録抄説》等。

① 參閲羅海燕《〈近思續録〉與韓國的儒學本土化建構》，載於《東疆學刊》，2016 年第 4 期，第 23—24 頁。

② （朝鮮）宋秉璿《近思續録序文》，載於宋秉璿《近思續録》，李朝高宗十一年木板本。

例如，李朝國王的《慎獨齋詩》直接肯定了《近思録》切問近思之學術主張，云："仰瞻扁額俯而思，切近工夫莫若斯。"[①]在李朝有識之士眼裏，"我朝文明之治實賴於此"，明確肯定了《近思録》"體用兼備，本末該舉"之功用。且以爲《近思録》是"近思之學"思想的直接體現，如李震相在《近思録劄義後説》中説："學以思爲要，而思以騖遠爲戒……夫四先生，宋人也，於時爲近，其言之粹於道最近，是《録》之成，宜皆切近之旨"。[②] 對於"近思之學"主旨的理解，李朝參加科考的士子鄭重器在丁未會試時作有《對近思録策》，説："讀《近思》之書，而求'近思'之學者，要不出'明理正心'四個字。"[③]其主張也反映出李朝青少年"求近思之學者"的心聲。

2. "近思之學"文獻建構在日本的繼續發展與演變

在受程朱理學思想影響的日本，"《近思録》文獻"也長期被奉爲入道之階梯。在日本的儒學名家、普通讀者對《近思録》的評判言辭中，都洋溢着相當的尊崇之情。如山崎嘉轉引朱子語時，明確肯定"《近思録》，四子之階梯"[④]，堅信朱子的"近思"之論。日本刊行、訓釋此書者以爲"欲學聖人之道者，不可不讀四子，而讀四子者尤不可以不讀《近思録》"[⑤]，"學者苟志聖賢之道，而欲窮洙泗之淵源者，舍此書而無他途也"[⑥]。

特别是對於朱熹在《近思録》編纂中所表達的"近思之學"思想，日本學者洞察清晰，如溪百年在用日文注解供日本童蒙閲讀的文本時，説："朱文公編此書，名以'近思'，其意雖在自卑升高，自近及遠，而其患後世學病之如是，而欲以有瘳之也，蓋亦有焉。余也不自揣，嘗以國字略解四子、六經及《小學》書，以便童蒙。今又取此書解之，願讀者能内視而不外騖。"[⑦]他所撰《近思録

① （朝鮮）沈相龍《近思録講説》，收録在《莊田集》卷二，李朝筆寫本，其影印本見（韓）宋熹準《近思録注解叢編》第 9 册。

② （朝鮮）李震相《近思録劄義後説》，收録在《求志録》卷十二，李朝筆寫本，其影印本見宋熹準《近思録注解叢編》第 6 册。

③ （朝鮮）鄭重器《對近思録策》，李朝木板本，其影印本見宋熹準《近思録注解叢編》第 4 册。

④ （日）山崎嘉《近思録序》，載於《近思録》寛文十年洛陽武村市兵衛、大坂同佐兵衛刊本。

⑤ （日）安褧《活板近思録序》，載於《近思録》日本天保二年活字本。

⑥ （日）高津泰《近思録訓蒙輯疏序》，載於（日）安褧《近思録訓蒙輯疏》，日本弘化四年刊本。

⑦ （日）溪百年《近思録餘師自序》，載於溪百年《近思録餘師》，日本天保十四年河内屋太助等刊本。

餘師》就是在踐行"近思之學",發揚朱子創設的學術主張。

在"近思之學"文獻建設與發展方面,相較於朝鮮,日本學者仿《近思録》續編的供本國讀者便宜領悟的文本相對較少,如宇都宫遯庵講學時,爲了"下國遠鄉乏載籍者"能知曉北宋四子、朱熹著述的精華,在葉采《集解》本基礎上撰就《鼇頭近思録》十四卷,就是爲了本邦讀者"爲博學篤志之便"。而此類以中國《近思録》及注本爲底本進行續編的則不多,目前僅見石冢崔高、牧原直亮、古賀朴等學者編集朱熹、山崎闇齋、淺見絅齋等人之言而成《近思録集説》十四卷。編撰者受中國學者仿《近思録》續編以體現"近思之學"思想文本的影響,精選中國理學名家"關於大體而切於日用"的語録,又擇取本邦儒學家的語録,依《近思録》編纂手段、體例去仿編。故此書所摘取朱熹論説文字、采集本邦諸家之説,意在將兩國代表儒者的論説相融合,給日本讀者提供了既不陌生又易理解把握的"近思"之作,其實質與朱子學術思想一致。

但是,日本學界與朝鮮學者建構《近思録》文獻往往也有類似之處,如在研讀《近思録》時,他們或爲弟子後學解説其精髓,或自修撰寫讀書劄記,編撰講義類、鈔説類、筆記類等文本,現存不少於 30 種,如中村惕齋《近思録鈔説》、櫻田虎門《近思録摘説》、山崎闇齋《近思録講義筆記》、伊藤維楨《讀近思録鈔》、淺見絅齋《近思録師説》、佐藤直方《近思録筆記》、三宅重固《讀近思録筆記》、室鳩巢《近思録道體講義》、小野道熙《近思録講義》、山崎道夫《近思録講本釋義》、張源祥《近思録鈔》等。歷史上日本學者關於《近思録》的講讀本、仿編本,絶大多數沿襲朱熹所擬綱目或葉采集解的標題,或仿擬出文字相近的篇目。如溪百年譯注《近思録餘師》、古賀樸等編集《近思録集説》之類。由於日本的《近思録》後續著述有了那些眉目清晰的綱目,故能使得其本土求學者在理解、認知文本内容的過程中更易領悟。此類文獻建構所輯内容,既取法於朱熹當初編集四子語録的初衷,又效法中國續編者的做法,結合本邦實情,把中國學者的言論與日本朱子學家的言語行事彙集融合,編集簡明精要的理學文本,有助於讀者閱讀修行。

崇尚中國傳統思想文化的日本學者在講論《近思録》時還能身體力行"近思之學",如中村惕齋《近思録示蒙句解》就是用淺近的解説來幫助本邦讀者閱讀《近思録》,其句解《近思録》也是一種對"近思之學"的踐行,裨益於學童理解聖賢之道。他謙虚地對讀者説，自己的“淺解鄙説，亦不能不循由，猶學琴瑟者必先慣雜弄也”[①]。

從上述日本學者平日閲讀、講論《近思録》所形成的成果可以想見他們對《近思録》的喜愛之情，對“近思之學”也亂熟於心，正如三宅尚齋《默識録》第三卷對佐藤直方讀《近思録》情狀的描述：“直方先生與人語，非《小》《近》、四子未嘗載於口舌，才之穎，辭之敏，終日與人談學，譬喻百端，殆教人踴躍自得矣，實東方一人耳。”[②]可以説這就是在日用躬行之中真切發揚朱子“近思之學”的精神。

（四）“近思之學”文獻構建推動了東亞理學發展，助益了學爲聖賢者

“近思之學”作爲一種學術思想，其内核就是建構一種特有的入道之階，便於求學者由近及遠、由已知探求未知，由易操作下手到會通宏富繁難的著述。自朱熹肇始至後世東亞學者承繼發展的“近思之學”文獻，是以中國各朝學者建構的續《近思録》文獻爲主體，且這些文本又不斷影響着朝鮮、日本的學者，如清初汪佑繼《近思録》之後撰就的《五子近思録》，在朝鮮、日本均獲得認可，成爲他們仿效的範本。因而，總體考察可知，東亞這些反映“近思之學”思想主張的理學文獻有較明顯的時代印迹，文獻建構的繼承者發展者都能因時而進，建構新的、適合彼時彼地需求的文本。特别是在《近思録》編纂主旨的引領下，後世學者絡繹不絶編撰着讀者熟知、易於領會、便於日用、契合“近思之學”的大量文獻。這些不失“近思”之旨的文獻，在不同地域、不同時期皆發揮過價值，爲程朱理學思想傳播、人們研修“近思之學”發揮了重要作用。

“近思之學”由朱熹發其端，其“《近思録》階梯説”的價值表述明確。後世東亞遵從程朱之學者順應時代的發展，基於朱熹“《近思録》四書之階梯”之説，創建了多姿多彩的階梯新説，如吴邦模的“進道之基”[③]，朱顯祖的“入道之漸”[④]，

---

① （日）仲欽敬甫《近思録示蒙句解叙》，載於仲欽敬甫《近思録示蒙句解》，日本文化九年大坂森本太助、森本仁助、森本直助等刊本。

② （日）三宅尚齋《默識録》第518頁，見《日本倫理彙編》第7册本。

③ （明）吴邦模《近思録跋》，載於《近思録》明嘉靖十七年吴邦模刻本。

④ （清）朱顯祖《〈朱子近思録〉又叙》，載於《朱子近思録》，清光緒二十八年刻本。

劉源淥撰作的"前録之階梯",張伯行注重而爲的"聖學之階梯"①"入德之門"②"入聖之階梯"③;朝鮮宋秉璿續編以羽翼四子、《近思録》,建造的"進學之階"④;日本宇都宫遯庵"欲階梯《近思録》而示後學升堂之道"⑤,山内俊温確信《近思録》"爲聖學之階梯、大道之標表"⑥等,無不展現出立説者强烈的弘揚朱子學的責任意識、傳承"近思之學"的使命感。

"近思之學"的實質是入道階梯構建之學。東亞地域各時期的理學文獻建設,特别是圍繞《近思録》進行的文獻建設,形成了大量注釋本、仿編本或續編本。撰著者的用意基本上都是爲了滿足彼時彼地求學者之需,使其領悟"近思"之内涵,切人身,救人病,借助這些通向聖賢的臺階,踐行"近思之學",與《中庸》審問、慎思之旨一致。如蔡模、汪佑、張伯行、韓夢麟、李度中、宋秉璿、仲欽敬甫、石冢崔高等學者的著述,共計百餘種,這些仿編類文獻都是在爲求學之士建構便捷的入道之門,因而也成爲當時求學者進升《近思録》或四書、五經最易把握又便於入門的階梯。他們由此近思而切行,小則修身,大則治國平天下,以扶翼正學。

從東亞歷史演變可知,不論時代如何變遷,朱熹之後的東亞學者都能加强凸顯"近思之學"思想的文獻建設,在不斷豐富充實其内容的過程中,很注重新内容的注入,葆其青春焕發,使其擁有鮮活的生命力。這也是東亞理學文獻建設歷程中《近思録》文獻歷久彌新的秘訣所在。後世求學者若不能真切躬行"近思之學",卻要好高求約,則"是猶立數仞之墻而浮埃聚沫以爲基,航斷港絶潢以望至於海"⑦,必不可得。

"近思之學"思想對東亞影響至深,決不僅僅表現在理學文獻建構方面,而且浸潤東亞社會尚儒者内心,以致研讀者、歌詠者絡繹不絶。如中村惕齋將代表該思想的《近思録》看作僅次於六經、四書的珍貴經典。朝鮮、日本學

---

① (清)張伯行《續近思録序》,載於張伯行集解《續近思録》,清康熙四十九年正誼堂刻本。
② (清)張伯行《近思録序》。
③ (清)張伯行《廣近思録序》,載於張伯行輯《廣近思録》,清康熙五十年正誼堂刻本。
④ (朝鮮)宋秉璿《近思續録序文》,載於宋秉璿編《近思續録》,李朝高宗十一年木板本。
⑤ (日)宇都宫遯庵《近思録集解跋文》,載於宇都宫遯庵標注《近思録》,日本延寳六年刊本。
⑥ (日)山内俊温《活版近思録跋》,載於《近思録》日本天保二年活字本。
⑦ (清)賀瑞麟《重刻小學近思録序》,載於《近思録》清光緒十年三原劉氏傳經堂刻本。

者更有甚者將《近思録》作爲自己吟詠詩詞的題材,“六經四子四賢訣,都在《近思》一帙中”。試想若不是《近思録》思想在山崎闇齋内心地位崇高,則斷不會作出此詩。

總之,“近思者,近取諸己”。“近思之學”就是通過選取關於大體而切於日用的理學家語録,引導不知所入的初學者“以類推之”,於視聽言動、彝倫日用之間,切實向自己身上領取,如此自近及遠,自卑升高,以識理學門庭而不迷入所從,從而到達入聖之道。歷史上東亞反映“近思之學”的文獻建設,不僅推動了朱子《近思録》思想的廣泛傳播,所形成的近思切問之學風也惠及了後世子孫,而且這些藴蓄“近思之學”的文獻,在當下的經濟社會仍具有其現實價值。因爲閲讀研習這些文獻可增進人們的修養,助其戒浮躁、免俗塵,推動全社會形成健康向上的文化生態,進而有益於社會經濟的良性發展。令人欣慰的是,從近幾十年中國社會的“研究《近思録》熱”現象看,已出現了尚賢求聖新風尚的端倪。

四、其他值得思考的問題

(一) 朝鮮與日本對《近思録》的訓讀雖有别,卻都推動了該文獻的傳播

從東亞朝鮮、日本接受中國典籍時解決閲讀障礙的方法考察,他們都能用本國語言系統來詮釋中國文言文,這種訓讀方法在韓國、日本現存“《近思録》文獻”中仍有保存。但是歷史上朝鮮、日本社會的訓讀方法存在差異。

朝鮮諺文産生於《近思録》流佈李朝之後,即李朝世宗大王時期,其相較於日文則爲後出。儘管諺文的産生主要是藉之記録本民族的語言,然我們在韓國調查存世《近思録》類文獻時,幾乎見不到二十世紀之前李朝社會用諺文抄寫、刊刻的版本,對於來自中國的《近思録》文獻,僅有少數傳本用諺文標注句讀。就存世的《近思録》文獻李朝傳本考察,朝鮮學者往往在漢字左右兩旁用諺文和符號等表示訓讀,如在存世傳本標有諺文訓讀的有葉采《近思録集解》李朝世宗十八年(1436)、中宗十四年(1519)的木板本,顯宗十三年(1672)的活字本,《近思録》李朝英祖二十九年(1753)廣州府刊本等。而且韓國現存《近思録》文獻的此類訓讀本相較於存世的日本傳本則很少,主要原因:一是朝鮮半島受中國政治文化影響更直接,精通漢文者較多,李朝社會有人可直

接閲讀《近思録》原文;二是雖然李朝世宗大王創造了訓民正音,自那時起李朝便開始直接用國字翻譯中國文獻,可是鮮見有用諺文對《近思録》進行翻譯的。或許緣於上述因素,朝鮮社會在接受中國經典《近思録》時,相較於同爲東亞漢字文化圈的日本,他們没有用自己的文化語言框架來重新建構《近思録》。

在《近思録》流佈到日本之前,日文假名已産生,因而日本學者面對從中國南宋流佈而入的朱子學文獻,尤其是頗益於求學者修身尚賢的《近思録》文獻時,他們很快采用日文加注的訓點方式,以便本邦讀者閲讀接受,進而實現了朱子學思想傳播與日本文化的有效融合,且這種融合趨勢發展很快。到了十九世紀後期,朱學化的進學路徑較多地借助日文本《近思録》文獻來實現對讀者的導引。

日本的訓讀包括字音、語序,即用漢字的簡體字來標音,用顛倒符號加上日語助詞、尾碼等標示語序。日本人自十七世紀開始采用古日文進行訓點,或用本民族文字進行譯介《近思録》,既使得日文訓點本或日文標注本不斷呈現,又加速了程朱理學文獻的普及與傳播。用此法訓讀《近思録》者有林道春點、山崎闇齋點,庶幾形成日本式的訓點體系。如《近思録》日本寬文十年(1670)京都壽文堂武村市兵衛刊本,就是用山崎嘉訓點本。現存葉采《近思録集解》日本慶安元年(1648)風月宗知刊本,宇都宫遯庵《鼇頭近思録標注》延寶六年(1678)刻本,皆刻有日本訓點。

正因爲這些日本學者的訓讀,故使得日本的讀者能較順利接受來自中國的理學經典。但值得注意的是,歷史上日本人"接受外國文化時並非原封不動地把它搬進來,而是加以種種改動使其合適於自己的文化架構,然後纔肯接受"①,日本在接受消化《近思録》時也是如此。歷史上日本學者爲了使其本邦讀者閲讀理解《近思録》文獻,他們還做出了符合日本人的解讀,如簗田毅齋《近思録集解便蒙詳説》,是一部用日文對葉采《集解》進行注解的本子。溪百年《近思録餘師》,是一部漢文、日文注文合爲一體的注本。他們認爲因爲語言障礙使得本土讀者難以類推意會《近思録》的内容,故他們更多地是用日

① (日)金文京《試論日韓兩國翻譯中國典籍的方法》,載於鄭吉雄、張寶三編《東亞傳世漢籍文獻譯解方法初探》,華東師範大學出版社,2008年5月1版,第199頁。

文進行注解，如中村惕齋《近思録示蒙句解》十四卷，現存有文化九年(1812)大阪森本太助、森本仁助、森本直助等刊本，而且此後不久《近思録》的純日文譯本也在明治社會面世。

總之，儘管日本的訓讀文化與古代朝鮮半島的訓讀有關聯，又有微異，但都或多或少對《近思録》思想學術傳播做過貢獻，朝鮮諺文訓讀、日文訓讀與注譯等，對《近思録》文獻傳播流通來説都是不容忽視的重要手段。

(二) 對整理發掘東亞理學文獻來説，古文獻版本與相關學術思想史相結合的研究，在今後不失爲一條值得肯定的路徑

本書的"版本研究"相較於傳統的古籍版本考訂則有自己明顯的特色，因爲我們已不僅僅局限於對古文獻版本考訂，而是關乎《近思録》的東亞傳播和世界性影響。在探究的過程中，我們欲竭力開闢出一條能超越前人的路徑，即在考述各類版本後，或在某一章節後，有意結合相關版本將古籍版本研究與東亞理學思想學術史研究相結合，做到考論結合，以突顯某些版本研究所蘊藏的文獻學術價值，這便是本書有别於一般古籍版本考訂所具有的特色之一。

相較於此前學者關於《近思録》文獻的鑒定，本書不論在考訂版本數量，還是在文獻考證的系統性、準確性上，均超越此前，是在前人古文獻研究基礎上的提高，差不多展現了現存東亞《近思録》文獻的全景。如關於朝鮮半島歷史上的葉采《集解》，其版本類别多樣，内容非常豐富，雖説韓國學者有過一些考證，但是本書考訂的版本數目、類别遠超昔日東亞學者的探究，不僅梳理了韓國藏書機構目録書的著録，補正了部分著録的錯訛，而且對韓國學者書目著録上籠統模糊的表述作了明朗有據的考述，填補了部分藏家尚未準確著録的圖籍。如第七章第一節關於葉采《近思録集解》高麗大學校藏本中的一種李朝木板本(C1－A79B)，該校著録爲"光海五"刻本，而本書對其進行了考辨，糾正了該校藏書目録的錯訛，確定該傳本爲李朝世宗年間木板本。

曾記得嚴佐之先生説："每一種圖書、圖書的每一種版本，都反映着一定社會階段和歷史時期的生産力水準，不僅是古代書史的'活'見證，還是考察古代科學技術(印刷、造紙、裝幀技術等)和文化藝術(書法、雕刻、裝幀藝術等）水準的重要實證。”[1]本書差不多是就《近思録》東亞版本的研究來爲嚴先生之論作注脚。而這個注脚的確立，是基於我們對中國、韓國、日本、美國等主要藏書機構實地調研所得。筆者在大量爬梳《近思録》文獻的各種版本後，歷經十五個春秋，不斷地嚴謹考證，探其源流，最終對現存六百多種版本進行分類考述，將中國與朝鮮半島、日本《近思録》文獻的相關版本考訂進行了彙總，而且在本書開篇的“緒論”、相關章節中的“附論”，分專題或就相關類别揭示出《近思録》相關文獻版本的源流、類别，在一定程度上對程朱理學在東亞歷史上的傳播與影響作了闡發，並揭示不同國度、不同社會文化對理學經典《近思録》的接受與回饋。

筆者撰寫此書是努力想在傳統古文獻研究之中進行一些創新，就《近思録》傳播史而言，本書既可彌補史上《近思録》文獻東亞版本全面整體研究的空白，又能在古文獻版本考訂的傳統手法基礎上，注重古籍版本考述與思想學術史探究的結合。如本書中的“《近思録》在朝鮮半島的接受與傳播”“《近思録》在日本的傳播與本土化”“《近思録》在東亞的學術地位與影響”“楊伯嵒生平考”“論清初考證學對理學經典注解之革新”“吴訥補注《近思録句解》版本”“日本藏《近思録標題釋義》真僞辨”“東亞‘近思之學’的文獻構建與學術價值”等。此類篇章既能在版本考訂中提升人們對古籍版本的認知，探究出相關地域衆多文獻版本藴藏的思想學術價值，又可補充説明一些版本延伸狀態，能爲今後《近思録》的相關研究者提供極其便利的前期研究基礎，而且這些考論之文，結構層次合理，論述得當，有些已單章發表，得學術界肯定。

本書另一重要特色是將具有書志特色的版本考訂與輯録體提要相糅合，將東亞歷史上“近思録文獻”版本的相關序跋類文字一一輯録，虽然標點或不當，需方家教正，但卻完整而全面地將文字呈現在讀者面前。如本書在各種版本考述文字之後所附“某某序曰”“某某跋云”之類，能爲東亞儒學（程朱理學）研究提供很有文獻學術價值的珍貴文獻資料，這也爲相關東亞儒學研究者提供了扎實的文獻研究基礎。

筆者除了進行上述有關研究路徑的大膽開拓外，在調研撰寫文稿的過程

① 嚴佐之《古籍版本學概論》，華東師範大學出版社，2008 年 10 月 2 版，第 4 頁。

中，還特别注重吸收前人智慧，參考了東亞大量公私藏書目録以及前輩時賢代表性的哲學思想史著述，在立論的同時又盡力彌補前人或本人昔日研究的不足，糾正了某些藏書目録或檢索網站著録的錯誤，如關於張伯行《近思録集解》卷六的語録，陳榮捷《朱學論集》（第 84 頁）曾説："張伯行之删去卷六'家道'第十三'問孀婦'條，而以伊川論兄弟之愛一段以補填之，諒必以伊川'餓死事極小，失節事極大'之言爲太苛。……伯行效忠朱子，可謂鞠躬盡瘁，然去朱子之客觀精神，則甚遠矣。"陳先生認爲更换此條是張伯行嫌其太苛，其行爲去朱子客觀精神甚遠。其實，該表述有誤。現存張氏《集解》清乾隆元年刻本無"問孀婦"條語録，至於該刊本爲何没有此語録，並不是"張伯行"自己在《集解》本中删除，而是乾隆年尹會一參訂本時删去，因爲現存比乾隆元年刻本早的張伯行《集解》康熙年刻本則有此條語録。

又如本書對東亞《近思録》傳播史上最具代表性的南宋葉采《近思録集解》版本作了全面系統的考訂，關於葉采《集解》"中國版本"部分，筆者在自己十幾年前撰寫論文的基礎上進行了更爲精細準確的描述，既彌補了昔日考證之不全面，又糾正了幾處不嚴謹的表述。

再如韓國中央研究院對所藏葉采《集解》版本的著録非常簡略，甚至將高麗刊本説成李朝木板本，本書第七章對其藏本分别作了考訂，有理有據闡述各種版本的源流、刊刻時間。

總之，流佈於中國、東亞朝鮮、日本的《近思録》及後續著述是值得珍視的寶貴文獻，其藴藏的學術思想史資源，差不多串起了七百年東亞理學思想史。本書全面展現了《近思録》在東亞歷史上的版本盛況，一定程度上探究了其背後的各國思想、學術、文化發展與演變概況，文獻版本考訂内容豐富而飽滿，有助於《近思録》系列文獻的東亞傳播史研究更加深入和細化，對東亞整理發掘傳揚理學文獻或有助益。拙稿幾經修改，猶有所憾，如今已盡吾愚悃，以質大雅。

主要參考文獻

中外著述(以書名音序排列)

B

《拜經樓藏書題跋記》,(清)吴壽暘,中華書局,1995 年 8 月 1 版。

《北京大學圖書館古籍善本書目》,北京大學圖書館編,北京大學出版社,1999 年 6 月 1 版。

《北京圖書館古籍善本書目》,北京圖書館編,書目文獻出版社,1987 年 7 月 1 版。

《北京圖書館古籍珍本叢刊》,北京圖書館編,書目文獻出版社,1988 年 2 月影印本。

《柏克萊加州大學東亞圖書館中文古籍善本書志》,陳先行主編,柏克萊加州大學東亞圖書館編,上海古籍出版社,2005 年 3 月 1 版。

C

《常郡八邑藝文志》,(清)盧文弨,清光緒十六年刻本。

《朝鮮時代書目叢刊》,張伯偉編,中華書局,2004 年 10 月 1 版。

《傳播學》,沙蓮香等主編,中國人民大學出版,1990 年 2 月 1 版。

《傳書堂藏書志》,王國維撰,王亮整理,吴格審定,上海古籍出版社,2014 年 8 月 1 版。

《叢書集成初編》,中華書局,1985 年新一版。

D

《鄧廣銘治史叢稿》,鄧廣銘,北京大學出版社,1997 年 6 月 1 版。

《東北地區古籍綫裝書聯合目録》,遼寧省圖書館、吉林省圖書館、黑龍江省圖書館編,遼海出版社,2003 年 12 月 1 版。

《東京大學東洋文化研究所漢籍分類目録》,(日)東京大學東洋文化研究所編，日本昭和五十六年三月，汲古書院發行，縮印本。

《東京大學總合圖書館漢籍目録》，東京大學總合圖書館編，東京大學總合圖書館發行，1995 年 3 月初版。

《東亞漢籍版本學初探》，陳正宏，中西書局，2014 年 10 月 1 版。

《東亞儒學九論》，陳來，生活・讀書・新知三聯書店，2008 年 8 月 1 版。

《東亞儒學史的新視野》，黄俊傑，華東師範大學出版社，2008 年 6 月 1 版。

Dschu Hsi, Djin sï lu, Olaf Graf 譯, die Sungkonfuzianische Summa mit. dem Kommentar des Yä Tsai（東京，Sophia 大學，1953 年）。

E

《二程集》，（宋）程顥、程頤著，王孝魚點校，中華書局，1987 年 7 月 1 版。

F

《販書偶記續編》，（清）孫殿起，上海古籍出版社，1980 年 9 月 1 版。

《分類經進近思録集解》，（宋）葉采集解、（明）周公恕類編，明嘉靖十七年劉仕賢刻本。

G

《改訂内閣文庫漢籍分類目録》，（日）内閣文庫編，内閣文庫發行，日本昭和四十五年十月出版。

《高麗大學校漢籍綜合目録》（上），高麗大學校中央圖書館編，高麗大學校 1979 年 3 月出版發行，1984 年 9 月出版發行。

《高麗大學校漢籍綜合目録》（下），高麗大學校中央圖書館編，高麗大學校 1975 年 2 月出版發行，1976 年 7 月出版發行。

《高麗史》，（朝鮮）鄭麟趾等修撰，孫曉主編，西南師範大學出版社、人民出版社，2014 年 11 月 1 版。

《稿抄本明清藏書目三種》，（清）錢謙益等，北京圖書館出版社，2003 年 5 月 1 版。

《（稿本）中國古籍善本書目書名索引》，天津圖書館編，齊魯書社，2003 年 4 月 1 版。

《古書目録》，（韓）成均館大學校中央圖書館編輯，成均館大學校出版部發行,1979 年 2 月印刷,1981 年 12 月印刷,2002 年 3 月印刷。

《古書目録》,(韓)東國大學校中央圖書館編輯,東國大學校中央圖書館 1981 年 2 月發行,信興印刷株式會社印刷。

《古書目録》,(韓)國會圖書館編,發行人:裴重燮,發行處:國會圖書館,1995 年 9 月發行,成紋印刷社印刷。

《古書目録》,(韓)國立中央圖書館編,韓國國立中央圖書館 1970 年、1972 年、1973 年 12 月分别發行。

《廣島大學斯波文庫漢籍目録》,廣島大學附屬圖書館編,山脇印刷株式會社,平成十一年十月發行。

《"國家圖書館"善本書志初稿》子部,臺北"國家圖書館"特藏組編,臺北"國家圖書館",1998 年 6 月初版。

《國立北平圖書館善本書目》,臺北"國立中央圖書館"編,臺北"國立中央圖書館"發行,1969 年 12 月初版。

《"國立故宫博物院"普通舊籍目録》,臺北"故宫博物院"編,臺北"故宫博物院"發行,1970 年 5 月初版。

《"國立故宫博物院"善本舊籍總目》,臺北"故宫博物院"編,臺北"故宫博物院"出版,1983 年 4 月初版。

《國學概論》,章太炎,上海古籍出版社,2011 年 12 月 1 版。

H

《海東七子近思録》,(朝鮮)朴泰輔,朝鮮李朝肅宗年間筆寫本。

《韓國古書綜合目録》,(韓)國會圖書館司書局參考書誌課編輯,大韓民國國會圖書館,1968 年 12 月發行。

《韓國儒學史》,李甦平,人民出版社,2009 年 8 月 1 版。

《韓國儒學史略》,(韓)李丙燾,漢城亞細亞文化社,1986 年 8 月 1 版。

《韓國所藏中國漢籍總目》,(韓)全寅初主編,首爾學古房,2005 年 6 月初版。

《韓國學:理論與方法》,(韓)林熒澤著,李學堂譯,山東大學出版社,2010 年 9 月 1 版。

《漢籍在日本的流佈研究》,嚴紹璗,江蘇古籍出版社,1992 年 6 月 1 版。

《洪氏讀書録》,(朝鮮)洪奭周,朝鮮李朝純祖十年抄本。

《皇朝經籍志》,(清)黄本驥輯,(清)蔣瓌校,清道光二十五年三長物齋校刊本。

《徽州刻書》,徐學林,安徽人民出版社,2005 年 5 月 1 版。

《徽州刻書與藏書》,劉尚恒,廣陵書社,2003 年 11 月 1 版。

J

《嘉業堂藏書志》,(清)繆荃孫等撰,吴格整理校點,復旦大學出版社,1997 年 12 月 1 版。

《嘉業堂抄校本目録》,周子美,華東師範大學出版社,2000 年 3 月 1 版。

《鑒往瞻來——儒學文化研究的回顧與展望》,石立善,復旦大學出版,2006 年 10 月 1 版。

《建陽刻書史》,方彦壽,中國社會出版社,2003 年 4 月 1 版。

《江户時代經學者傳略及其著作》,張文朝編譯,臺北萬卷樓圖書股份有限公司,2014 年 3 月初版。

《接受美學導論》,朱立元,安徽教育出版社,2004 年 11 月 1 版。

《金明館叢稿二編》,陳寅恪,上海古籍出版社,1980 年 8 月 1 版。

《近思後録》,(朝鮮)盧守慎,李朝明宗十五年筆寫本。

《近思録》,(清)江永集注,清道光二十四年大梁書院張日晸重刻本。

《近思録》,(清)江永集注,清同治八年江蘇書局刻本。

《近思録》,(宋)朱熹、(宋)吕祖謙共輯,明嘉靖六年賈世祥刻本。

《近思録》,(宋)朱熹、吕祖謙同輯,明嘉靖十七年吴邦模刻本。

《近思録》,(宋)朱熹、吕祖謙共輯,明崇禎年間張雋校刻本。

《近思録》,(宋)朱熹、吕祖謙共輯,清嘉慶二十二年刻道光三年印本。

《近思録》,(宋)朱熹、吕祖謙共輯,清光緒十年三原劉氏傳經堂重刻吕氏家塾讀本。

《近思録》,(宋)朱熹、吕祖謙編,(宋)葉采集解,嚴佐之導讀,程水龍整理,上海古籍出版社,2010 年 8 月 1 版。

《近思録》,(宋)朱熹、吕祖謙共輯,李朝英祖二十九年木板本。

《近思録》,(宋)朱熹、吕祖謙同輯,(日)山崎嘉訓點,日本寬文十年京都壽文堂刊本。

《近思録》,(宋)朱熹、吕祖謙共輯,日本天保二年活字本。

《近思録》,(日)中村惕齋講述,明治四十三年早稻田大學排印本。

Jinsilu-Aufzeichnungen des Nachdenkens uüber Naheliegendes-Texte der Neo-Konfuzianer des 11. Jahrhunderts. Verlag der Weltreligionen, 2008。Wolfgang Ommerborn(Hg.)。

《〈近思録〉版本與傳播研究》,程水龍,上海古籍出版社,2008 年 6 月 1 版。

《近思録備考》,(日)貝原篤信,日本寬文八年吉野屋權兵衛刊本。

《近思録鈔》,(日)張源祥編,日本昭和十四年大阪ぐろりあ書房出版,漢文謄寫版。

《近思録鈔説》,(日)中村惕齋,日本漢文寫本。

《近思録附注》,(朝鮮)金平默,李朝哲宗年間筆寫本。

《〈近思録〉集校集注集評》,程水龍,上海古籍出版社,2012 年 11 月 1 版。

《近思録集解》,(清)李文炤,清雍正十二年四爲堂刻本。

《近思録集解》,(清)張伯行,清乾隆元年維揚安定書院刻本,尹會一參訂。

《近思録集解》,(宋)朱熹、(宋)吕祖謙共輯,(宋)葉采集解,元刻本。

《近思録集解》,(宋)朱熹、(宋)吕祖謙共輯,(宋)葉采集解,明刻本。

《近思録集解》,(宋)葉采集解,(明)陸雲龍、丁允和訂正,明崇禎八年刻本。

《近思録集解》,(宋)葉采,清康熙年間邵仁泓重訂本。

《近思録集解》,(宋)葉采,清乾隆元年陳氏培遠堂刊本。

《近思録集解》附《近思録》,程水龍校點,中華書局,2017 年 8 月 1 版。

《近思録集解》,(宋)朱熹、(宋)吕祖謙共輯,(宋)葉采集解,高麗朝恭愍王十九年星山李氏刊本。

《近思録集解》,(宋)朱熹、(宋)吕祖謙共輯,(宋)葉采集解,朝鮮李朝宣祖十一年禮山縣刻本。

《近思録集解》,(宋)朱熹、(宋)吕祖謙共輯,(宋)葉采集解,李朝世宗十八年木板本。

《近思録集解》,(宋)朱熹、吕祖謙共撰,(宋)葉采集解,李朝純祖二十六年木板本。

《〈近思録〉集解本의板本研究》,(韓)禹貞訓,中央大學校大學院碩士學位論文(指導教授:宋日基),2010 年 2 月。

《近思録集朱》,(清)黄叔璥,清乾隆年間稿本。

《近思録集注》,(清)江永,清嘉慶十二年婺源李承端刊本。

《近思録欄外書》,(日)佐藤一齋,日本天保十年漢文寫本。

《近思録釋疑》,(朝鮮)鄭曄、金長生編,(朝鮮)宋時烈等校,李朝顯宗二年木板本。

《近思録釋義》,(朝鮮)朴履坤,韓國石板本,日本昭和八年印刷。

《近思録説略》,(日)澤田希,日本享保五年芳野屋權兵衛刊本。

《近思録通解》,朱高正,華東師範大學出版社,2010 年 7 月 1 版。

《近思録詳注集評》,陳榮捷,華東師範大學出版社,2007 年 7 月 1 版。

《近思録訓蒙輯疏》,(日)安褧,日本弘化四年日新館刊本。

《近思録原本集解》,(宋)葉采集解,(清)朱之弼詮正,清雍正年間修補本。

《〈近思録〉研究》,姜錫東,人民出版社,2010 年 10 月 1 版。

《近思録餘師》,(日)溪百年,日本天保十四年河内屋太助等刊本。

《近思録摘説》,(日)櫻田虎門,漢文抄本。

《近思録注解叢編》,(韓)宋熹準編,發行人:洪載坤,發行處:學民文化社,1999 年 3 月影印本。

《近思録傳》,(清)張習孔,清康熙十七年飲醇閣刻本。

《近思續録》,(宋)蔡模,清康熙年間柯崇樸重刻本。

《近思續録》,(清)劉源渌,清康熙三十二年至三十三年馬常沛抄本。

《近思續録》,(清)劉源渌,清康熙三十九年陳舜錫抄本。

《近思續録》,(清)劉源渌,清光緒十七年劉景宸補刻本。

《近思續録》,(朝鮮)宋秉璿,李朝高宗十一年木板本。

《京都大學人文科學研究所漢籍目録》,(日)京都大學人文科學研究所編,株式會社同朋舍出版,昭和五十六年十二月發行。

《京都大學人文科學研究所漢籍分類目録》，(日)京都大學人文科學研究所編，山代印刷株式會社，昭和三十八年九月印刷。

《京都大學文學部漢籍分類目録》，(日)京都大學文學部，中西印刷株式會社，昭和三十四年三月印刷。

《經籍訪古志》，(日)澀江全善、森立之，上海古籍出版社，2014年10月1版。

《經學歷史》，(清)皮錫瑞，中華書局，2004年7月1版。

《郡齋讀書志校證》，(宋)晁公武撰，孫猛校證，上海古籍出版社，1990年10月1版。

K

《奎章閣圖書韓國本綜合目録》，首爾大學校圖書館、(韓)李榮基編，保景文化社，1981年12月1版，1994年4月修正版。

《奎章閣圖書中國本綜合目録》，首爾大學校圖書館、(韓)李榮基編，信興印刷株式會社，1982年11月發行。

L

《理學綱要》，吕思勉，東方出版社，1996年3月1版。

《理學在浙江的傳播》，程水龍，上海古籍出版社，2010年11月1版。

《李子近思録》，(朝鮮)李度中，(朝鮮)李垂校，朝鮮李朝筆寫本。

《嶺南大學校圖書館所藏古書目録》，(韓)嶺南大學校中央圖書館編，嶺南大學校中央圖書館發行，大明文化印刷所，2004年12月出版。

《劉師培儒學論集》，劉師培，四川大學出版社，2010年4月1版。

《吕留良年譜長編》，卞僧慧，中華書局，2003年9月1版。

《吕晚邨先生文集》，(清)吕留良，清雍正三年吕氏天蓋樓刻本。

《吕祖謙年譜》，杜海軍，中華書局，2007年8月1版。

《吕祖謙評傳》，潘富恩、徐餘慶，南京大學出版社，1992年1月1版。

《吕祖謙全集》，(宋)吕祖謙撰，黄靈庚、吴戰壘主編，浙江古籍出版社，2008年1月1版。

《吕祖謙思想初探》，潘富恩、徐餘慶，浙江人民出版社，1984年6月1版。

《吕祖謙文學研究》，杜海軍，學苑出版社，2003年7月1版。

M

《美國哈佛大學哈佛燕京圖書館中文善本書志》,沈津,上海辭書出版社,1999年2月1版。

《明代書目題跋叢刊》,馮惠民、李萬健等選編,書目文獻出版社,1994年1月1版。

《明史》,(清)萬斯同撰,上海古籍出版社影印,2008年1月1版。

《明史》,(清)張廷玉等撰,中華書局,1974年4月1版。

《木犀軒藏書題記及書録》,(清)李盛鐸撰,張玉範整理,北京大學出版社,1985年12月1版。

N

《南宋儒學建構》,何俊,上海人民出版社,2004年5月1版。

P

《樸學與清代社會》,黄愛平,河北人民出版社,2003年1月1版。

Q

《千頃堂書目》,(清)黄虞稷撰,瞿鳳起、潘景鄭整理,上海古籍出版社,1990年5月1版。

《清初理學思想研究》,楊菁,(臺北)里仁書局,2008年1月初版。

《清代禁燬書目(補遺)》,(清)姚覲元編,孫殿起輯,商務印書館,1957年8月初版。

《清代理學史》,龔書鐸主編,史革新著,廣東教育出版社,2007年1月1版。

《清代内府刻書目録解題》,故宫博物院圖書館、遼寧省圖書館編,紫禁城出版社,1995年9月1版。

《清代思想史》,陸寶千,華東師範大學出版社,2009年11月1版。

《清代通史》,蕭一山,中華書局,1986年9月1版。

《清代學術概論》,梁啓超,上海古籍出版社,1998年1月1版。

《清代學術探研録》,王俊義,中國社會科學出版社,2002年8月1版。

《清儒學案》,徐世昌等編纂,沈芝盈、梁運華點校,中華書局,2008年10月1版。

《清儒學記》,張舜徽,齊魯書社,1991年11月1版。

《清史稿》，趙爾巽等，中華書局，1976 年 7 月 1 版。

《清史稿藝文志拾遺》，王紹曾主編，中華書局，2000 年 9 月 1 版。

《清史列傳》，國史館編，王中翰點校，中華書局，1987 年 11 月 1 版。

《清實録》，中華書局影印，1985—1987 年 1 版。

《慶尚大學校圖書館漢籍室所藏漢籍目録》，（韓）慶尚大學校圖書館編輯，慶尚大學校出版部發行，圖書出版民族文化印刷，1996 年 12 月發行。

《慶應義塾圖書館和漢貴重書目録》，（日）慶應義塾圖書館編集，慶應義塾圖書館 2009 年 3 月發行。

《全宋文》，曾棗莊、劉琳主編，上海辭書出版社、安徽教育出版社，2006 年 8 月 1 版。

R

《日藏漢籍善本書録》，嚴紹璗，中華書局，2007 年 3 月 1 版。

《日本藏漢籍善本書志書目集成》，賈貴榮輯，北京圖書館出版社，2003 年 6 月 1 版。

《日本藏漢籍珍本追蹤紀實》，嚴紹璗，上海古籍出版社，2005 年 5 月 1 版。

《日本的朱子學》，朱謙之，人民出版社，2000 年 12 月 1 版。

《日本國志》，（清）黄遵憲，李紹平校點，嶽麓書社，2016 年 8 月 1 版。

《日本歷史》，（日）井上清，陝西人民出版社，2011 年 8 月 1 版。

《日本史概説》，（日）坂本太郎，商務印書館，1992 年 8 月 1 版。

《日本天皇制及其精神結構》，王金林，天津人民出版社，2001 年 8 月 1 版。

《日本朱子學派之哲學》，（日）井上哲次郎，東京富山房，明治三十八年十二月初版，大正十三年七月十四版。

《日中文化交流史》，（日）木宫泰彦著，胡錫年譯，商務印書館，1980 年 4 月 1 版。

《儒家思想意涵之現代闡釋論集》，劉述先，臺北"中央研究院"中國文哲研究所籌備處，2000 年 3 月初版。

《儒家思想與日本文化》，王家驊，浙江人民出版社，1990 年 3 月 1 版。

S

《山東省圖書館館藏海源閣書目》，山東省圖書館編，齊魯書社，1999 年

12月1版。

《十三經概論》,蔣伯潛,上海古籍出版社,2010年8月1版。

《十三經注疏》(阮元刻本),上海古籍出版社,1997年7月1版。

《書籍之路與文化交流》,王勇主編,上海辭書出版社,2009年12月1版。

《書目答問補正》,(清)張之洞撰,范希曾補正,上海古籍出版社,2001年7月1版。

《四庫存目標注》,杜澤遜,上海古籍出版社,2007年1月1版。

《四庫禁燬書叢刊》經部,《四庫禁燬書叢刊》編纂委員會編,北京出版社,1997年1版。

《四庫全書》,臺灣商務印書館影印文淵閣藏本,1986年3月初版。

《四庫全書存目叢書》子部,《四庫全書存目叢書》編纂委員會編,上海古籍出版社,1995年9月1版。

《四庫全書總目》,(清)永瑢、紀昀等,中華書局,1965年6月1版。

《四書章句集注》,(宋)朱熹,中華書局,1983年10月1版。

《宋版書敘録》,李致忠,北京圖書館出版社,1994年6月1版。

《宋代理學三書隨劄》,錢穆,生活·讀書·新知三聯書店,2002年8月1版。

《宋濂全集》,羅月霞主編,浙江古籍出版社,1999年12月1版。

《宋明理學》,陳來,華東師範大學出版社,2004年3月1版。

《宋明理學史》,侯外廬、邱漢生、張豈之,人民出版社,1997年10月2版。

《宋明理學研究》,張立文,人民出版社,2002年11月1版。

《宋史》,(元)脱脱等,中華書局,1985年6月1版。

《宋元舊本經眼録》,(清)莫友芝,收録在《影山堂叢書》,清同治十二年影山堂刊本,北京圖書館影印,2000年6月1版。

《宋元明清儒學年表》,(日)今關壽麿編,北京圖書館出版社,2002年4月1版。

《宋元學案》,(清)黄宗羲原著,(清)全祖望補修,陳金生、梁運華點校,中華書局,1986年12月1版。

T

《天禄琳琅書目》,(清)于敏中,中華書局,1995年8月1版。

《鐵琴銅劍樓藏書目録》,(清)瞿鏞,中華書局影印本,1990年3月1版。

W

《萬卷精華樓藏書記》,(清)耿文光,中華書局,1993年1月1版。

《王國維遺書》,王國維,上海書店,1983年9月1版。

《温州府志》,(明)王瓚、蔡芳編,清同治五年温州府學重刻本。

《五子近思録》,(明)錢士升,明崇禎五年刻本。

《五子近思録》,(清)汪佑編,(清)汪鑑校,清康熙三十二年刻本。

《五子近思録》,(清)汪佑編,日本天保六年加賀屋善、河内屋吉兵衛刻本。

《五子近思録發明》,(清)施璜,清康熙四十四年刻本。

《五子近思録輯要》,(清)孫嘉淦,清雍正五年刻本。

《五子近思録輯要》,(清)孫嘉淦,清同治十二年霞城書院刻本。

X

《錫山歷朝著述書目考》,(清)高鑅泉,清光緒二十八年天爵堂活字本。

《新編帝國圖書館和古書目録》,(日)東京堂出版編輯部,株式會社東京堂出版,昭和六〇年十月初版。

《星湖先生近思録疾書》,(朝鮮)李瀷,朝鮮李朝筆寫本。

《性理群書補注》,(宋)熊剛大集解,(明)吴訥補注,明宣德九年刊本。

《續近思録》,(朝鮮)李漢膺,朝鮮李朝木板本。

《續近思録》,(朝鮮)韓夢麟,李朝純祖十九年木活字本。

《續修四庫全書》,《續修四庫全書》編委會編,上海古籍出版社,2002年3月1版。

《續修四庫全書總目》,中國科學院圖書館整理,齊魯書社,1999年2月1版。

《續修四庫全書總目提要(稿本)》,中國科學院圖書館整理,齊魯書社,1996年12月1版。

《續資治通鑒長編》,(宋)李燾,中華書局,1980年1月1版。

《學統》,(清)熊賜履原著,徐公喜、郭翠麗點校,鳳凰出版社,2011年6月1版。

Y

《延世大學校中央圖書館古書目録》,(韓)延世大學校中央圖書館編,光明印刷公社,1977 年 5 月發行,1987 年 2 月發行。

《楊園先生全集》,(清)張履祥,清同治十年江蘇書局重刻本。

《楊園先生全集》,(清)張履祥著,陳祖武點校,中華書局,2002 年 7 月 1 版。

《元史》,(明)宋濂,中華書局,1976 年 4 月 1 版。

《越南漢喃文獻目録提要》,劉春銀、王小盾、陳義主編,臺北"中央研究院"中國哲學研究所編印,2001 年 12 月初版。

Z

《早稻田大學圖書館所藏漢籍分類目録》,早稻田大學圖書館編,日本綜合印刷株式會社,日本平成三年十二月印刷。

《藏園訂補郘亭知見傳本書目》,(清)莫友芝撰,傅增湘訂補,傅熹年整理,中華書局,1993 年 6 月 1 版。

《增訂四庫簡明目録標注》,(清)邵懿辰撰,邵章續録,上海古籍出版社,1959 年 12 月 1 版(1979 年 7 月新 1 版)。

《張栻集》,(宋)張栻,中華書局,2015 年 11 月 1 版。

《張元濟古籍書目序跋彙編》,張人鳳編,商務印書館,2003 年 9 月 1 版。

《張載理學與文獻探研》,林樂昌,人民出版社,2016 年 3 月 1 版。

《鄭堂讀書記》,(清)周中孚,中華書局,1993 年 1 月 1 版。

《中國叢書綜録》,上海圖書館編,上海古籍出版社,1982 年 12 月 1 版。

《中國叢書綜録續編》,施廷鏞,北京圖書館出版,2003 年 3 月 1 版。

《中國地方志叢書》,臺灣成文出版社影印,1967 年 12 月 1 版。

《中國地方志集成》,上海書店,1993 年 1 版。

《中國古代思想史論》,李澤厚,生活・讀書・新知三聯書店,2008 年 6 月 1 版。

《中國古代圖書流通史》,李瑞良,上海人民出版社,2000 年 5 月 1 版。

《中國古籍善本書目》,中國古籍善本書目編輯委員會編,上海古籍出版社,1996 年 12 月 1 版。

《中國古籍總目》子部,中國古籍總目編纂委員會編,上海古籍出版社,2010 年 12 月 1 版。

《中國近三百年學術史》,錢穆,商務印書館,1997 年 8 月新 1 版。

《中國科學院圖書館藏中文古籍善本書目》,中國科學院圖書館編,科學出版社,1994 年 3 月 1 版。

《中國歷代國家藏書機構及名家藏讀叙傳選》,袁詠秋等編,北京大學出版社,1997 年 12 月 1 版。

《中國歷史博物館藏普通古籍目録》,中國歷史博物館圖書資料信息中心編,北京圖書館出版社,2002 年 6 月 1 版。

《中國拍賣古籍文獻目録》,姜尋,上海書店出版社,2001 年 12 月 1 版。

《中國善本書提要》,王重民,上海古籍出版社,1983 年 8 月 1 版。

《中國書院史》,鄧洪波,東方出版中心,2004 年 7 月 1 版。

《中國思想史》,韋政通,上海書店,2003 年 12 月 1 版。

《中國宋代哲學》,張岱年,河南人民出版社,1992 年 12 月 1 版。

《中國文化叢談》,錢穆,臺北三民書局,1975 年 10 月 4 版。

《中國文化史》,柳詒徵,上海古籍出版社,2001 年 10 月 1 版。

《中國學術思想史論叢》,安徽教育出版社,2004 年 7 月 1 版。

《中國印刷史》,張秀民,上海人民出版社,1989 年 9 月 1 版。

《中國與朝鮮半島關係史論》,楊軍、王秋彬,社會科學文獻出版社,2006 年 8 月 1 版。

《中國哲學大綱》,張岱年,中華書局,2017 年 5 月 1 版。

《中國政治思想史》,蕭公權,商務印書館,2011 年 12 月 1 版。

《中南、西南地區省、市圖書館館藏古籍稿本提要》,陽海清主編,華中理工大學出版社,1998 年 11 月 1 版。

《中日交通史》,(日)木宫彦泰,商務印書館,1931 年 1 版。

《中外圖書交流史》,彭斐章主編,湖南教育出版社,1998 年 6 月 1 版。

《周敦頤集》,(宋)周敦頤,中華書局,2009 年 2 月 2 版。

《周子通書》,(宋)周敦頤著,徐洪興導讀,上海古籍出版社,2000 年 12 月 1 版。

《朱熹的歷史世界》,余英時,生活・讀書・新知三聯書店,2004 年 8 月 1 版。

《朱熹的思維世界》,(美)田浩(Hoyt Cleveland Tillman),陝西師範大學出版社,2002 年 8 月 1 版。
《朱熹年譜長編》,束景南,華東師範大學出版社,2001 年 9 月 1 版。
《朱熹書院及門人考》,方彦壽,華東師範大學出版社,2000 年 7 月 1 版。
《朱熹著作版本源流考》,徐德明等編,中國文聯出版社,2000 年 10 月 1 版。
《朱學論集》,陳榮捷,華東師範大學出版社,2007 年 8 月 1 版。
《朱子大傳》,束景南,商務印書館,2003 年 4 月 1 版。
《朱子近思録》,(清)朱顯祖輯,(清)朱澐校,清光緒二十八年刻本。
《朱子全書》,朱傑人、嚴佐之、劉永翔主編,上海古籍出版社、安徽教育出版社,2010 年 9 月 1 版。
《朱子書信編年考證》,陳來,上海人民出版社,1989 年 4 月 1 版。
《朱子文語纂編》,(清)嚴鴻逵,日本天保十四年源忠邦翻刻本。
《朱子新探索》,陳榮捷,臺北學生書局,1988 年 4 月初版。
《朱子新學案》,錢穆,巴蜀書社,1987 年 2 月 1 版。
《朱子語類》,(宋)黎靖德編,王星賢點校,中華書局,1986 年 3 月 1 版。
《朱子原訂近思録》,(清)江永集注,(清)王鼎校次,清嘉慶十九年江西藩署刊本。
《朱子原訂近思録》,(清)江永集注,(清)王鼎校次,清同治三年至四年望三益齋刻本。
《朱子哲學思想的發展與完成》,劉述先,學生書局,1982 年初版。
《朱子哲學研究》,陳來,華東師範大學出版社,2000 年 9 月 1 版。

論文(以出版時間先後編排)

《鄧廣銘〈宋史職官志考證〉序》,陳寅恪,原載於《讀書通訊》,1943 年 3 月。
《崎門學派における近思録の尊重と若林强齋の近思録十四目講義》,(日)山崎道夫,載於日本國士館大學《人文學會紀要》第 4 號,昭和四十七年一月。
《朝鮮實學大師李瀷的哲學思想初探》,謝寶森,載於《浙江學刊》,1982 年第 3 期。
《談訪問哲學界觀感》,陳榮捷,載於《中國哲學年鑒》,中國大百科出版社，1984年7月1版。

《朱子學在朝、日、越及西方的傳播與影響》，楊焕英，載於《江西教育學院學報》，1988年第1期。

《建陽劉氏刻書考（下）》，方彦壽，載於《文獻》，1988年第3期。

《〈近思録〉的編纂》，劉又銘，載於臺灣《中華學苑》第43期，1993年3月。

《〈近思録〉與儒家“出處之義”》，嚴佐之，載於《中華文史論叢》第58輯，1999年。

《吕留良寶誥堂刻書考述》，徐德明，載於《上海高校圖書情報學刊》，2001年第4期。

《吕祖謙與〈近思録〉的編纂》，杜海軍，載於《中國哲學史》，2003年第4期。

《〈近思録〉思想研究》，林明賢，臺灣輔仁大學中國文學研究所2003年碩士學位論文。

《朱熹與吕祖謙的交誼》，劉昭仁，載於《黄山學院學報》，2004年8月第4期。

《宋葉采〈近思録集解〉版本源流考》，載於《華東師範大學學報》，2006年9月第5期。

《聖賢氣象認知的展開——以朱子〈近思録・聖賢氣象〉篇爲鵠的》，盧其薇，載於《輔大中研所學刊》，2006年10月第16期。

《江永〈近思録集注〉版本源流考》，程水龍，載於《文獻》，2007年第1期。

《〈近思録〉新論》，方旭東，載於《哲學研究》，2008年第3期。

《明代中後期〈分類經進近思録集解〉考述》，程水龍、曹潔，載於《圖書館雜誌》，2008年4月第4期。

《試論日韓兩國翻譯中國典籍的方法》，（日）金文京，載於鄭吉雄、張寶三編《東亞傳世漢籍文獻譯解方法初探》，華東師範大學出版社，2008年5月1版。

《〈近思録〉與〈中庸〉〈大學〉文本的内在統一性》，劉鹿鳴，載於《安徽大學學報》，2009年3月第2期。

《日本藏〈近思録標題釋義〉真僞辨》，程水龍、曹潔，載於《上海交通大學學報》，2013年8月第4期。

《日本朱子學的官學化研究》，王玉强、陳景彦，載於《社會科學戰綫》，2013 年第 7 期。

《〈近思録〉後續著述及其思想學術史意義》，嚴佐之，載於《文史哲》，2014 年第 1 期。

《中國經典理學〈近思録〉在日本的傳播與本土化》，程水龍，載於《河南社會科學》，2014 年 5 月第 5 期。

《〈近思録〉與中國傳統哲學的體系結構》，李祥俊、賈椏釗，載於《哲學研究》，2014 年第 9 期。

《朱子所謂“四子”何指》，石立善，載於《衡水學院學報》，2015 年 4 月第 2 期。

《理學開新：〈近思録〉的編纂及其内在邏輯理念》，路新生，載於《華東師範大學學報》，2015 年第 6 期。

《孤本〈近思録傳〉與清初的理學轉向》，方笑一，載於《華南師範大學學報》，2015 年第 6 期。

《關於〈近思録〉未收邵雍之言的研究》，劉洋，載於《綏化學院學報》，2015 年 9 月第 9 期。

《浙學晚著〈近思録集説〉的學術貢獻》，杜海軍、杜昭，載於《浙江師範大學學報》，2015 年第 5 期。

《治〈近思録〉之階梯　以朱釋朱之典範》，任莉莉，載於《文獻》，2015 年 11 月第 6 期。

《再論〈近思録〉的取材成書與價值取向》，王傳龍，載於《厦門大學學報》，2016 年第 1 期。

《嚴鴻逵〈朱子文語纂編〉研究》，余杭，温州大學 2016 届碩士學位論文。

《理學經典〈近思録〉在朝鮮李朝的接受與傳播》，曹潔、程水龍，載於《文獻》，2016 年第 4 期。

《清郭嵩燾注〈近思録〉及其“宗朱”之學》，嚴佐之，載於《歷史文獻研究》總第 37 輯，華東師範大學出版社，2016 年 9 月 1 版。

《陳沆〈近思録補注〉考論》，張文，載於《歷史文獻研究》總第 37 輯，華東師範大學出版社，2016 年 9 月 1 版。

《〈性理群書句解〉的價值探究》，程水龍、曹潔，載於《歷史文獻研究》總第37輯，華東師範大學出版社，2016年9月1版。

《佐藤一齋是一位朱子學者嗎？——就〈欄外書〉的記載而談》，（日）永富青地，載於《歷史文獻研究》總第37輯，華東師範大學出版社，2016年9月1版。

《〈近思續録〉與韓國的儒學本土化建構》，羅海燕，載於《東疆學刊》，2016年10月第4期。

《朱子學的海外傳播及其意義》，張品端，載於《光明日報》2017年4月12日，第11版。

《論清初考證學對理學經典注解之革新》，曹潔、程水龍，載於《歷史文獻研究》總第39輯，華東師範大學出版社，2017年9月1版。

《漢宋之争與文化專制：張伯行〈近思録集解〉刊刻、流傳論考》，羅争鳴，載於嚴佐之、顧宏義主編《〈近思録〉文獻叢考》，上海古籍出版社，2018年1月第1版。

《〈近思録〉注者考二則》，程水龍、曹潔，載於嚴佐之、顧宏義主編《〈近思録〉文獻叢考》，上海古籍出版社，2018年1月1版。

《日本寬文八年刻本〈近思别録〉編者考》，程水龍，載於嚴佐之、顧宏義主編《〈近思録〉文獻叢考》，上海古籍出版社，2018年1月1版。

《切問近思、經世致用——論張紹价〈近思録解義〉及其學術貢獻》，程水龍、姚鶯歌，載於《朱子學刊》第28輯，黄山書社，2018年5月1版。

網站

韓國國立中央圖書館官網：www. nl. go. kr

京都大學圖書館網站：https://op. kulib. kyoto-u. ac. jp/webopac/catdbn. do

日本國立國會圖書館網站：http://www. ndl. go. jp/jp/service/index. html

後　記

自嚴佐之師2003年賜我關於"《近思録》研究"的博士學位論文題目以來,已過去整整十六個春秋。回想這十六年探尋《近思録》文獻版本的漫漫征程,確實有許多事情讓我難以忘懷,至今歷歷在目。

"《近思録》文獻"分存東亞各國,爲了盡可能多地掌握東亞各國相關《近思録》文獻的一手資料,我多次前往國内東北、華北、中原、西南、華南、華東區域調查訪書,更是尋求機會前往中國臺灣、日本、韓國、美國訪尋文獻,有時還託請國内外的學友幫我尋訪古籍。多年來,在時間有限、個人經濟很有限的情形之下,我默默爬梳整理,於2006年博士畢業時初步釐清了國内《近思録》藏本情况,此後的十幾年繼續不斷尋訪目驗國内外所藏古籍,對原博士論文作較多增補且不斷進行修正。特别是在《近思録》文獻國内主要藏本的查驗、整理之後,我還過目了現藏韓國、日本主要藏書機構的"《近思録》文獻"版本,因而逐步完成《近思録》朝鮮半島、日本的版本考述。如今家中堆積如山的影印、複印本,以及自己拍攝的各種《近思録》文獻資料,皆是親力親爲而得。

在國内外尋訪《近思録》文獻的歷程中,有時我和妻子結伴前往。如在韓國、日本多地的訪書,成爲我們夫妻國外訪學的一道别致風景。曾記得在冰天雪地之中,我們倆背着雙肩包,一邊啃着麵包,一邊奔向延世大學校,或成均館大學校,或高麗大學校,或首爾大學校的藏書地;在淅淅瀝瀝的梅雨之季,爲節省時間和經費,我們從廣島坐夜班巴士前往京都或東京,在京都大學、東京大學、慶應義塾大學、國立公文書館、國會圖書館、静嘉堂等地,我們争分奪秒地趕到藏書地,真誠友善地提出欲讀古籍珍本的申請,如饑似渴地翻閲,仔細記録獲得的各類信息。由於我們在外出訪書時做過較明確的分工,故在各地查閲古籍的有限時間内,總能配合默契,有條不紊地工作着,以至於異域他鄉的學者或讀者往往投來羡慕的眼神。每當我們離開所訪書的國度登機回國時,與大包小包海淘的旅游觀光者相比,我們卻顯得較寒酸,因爲我們託運的大箱子裏裝的多是訪學過程中在各藏書機構複製打印的古文獻資料、查閲抄録的筆記,以及學者們惠贈的書籍。相機内極少有風景人物照,儲存卡内保存着許許多多的古籍圖片。

在國内外拜訪藏書機構的過程中,每當工作人員回復有我請求查詢的文獻時,原本一路奔波的疲憊則頓然化解,於是我便快速填寫索書單,找好閲讀抄録的位置,全身心地進入工作狀態。曾記得在大學讀外國文學名著時,巴爾扎克小説中有個吝嗇鬼葛朗臺,他對金錢的渴望和佔有欲幾乎達到了病態的程度,看到金子,便有佔有金子的强烈欲望。而我卻是不論旅途多麽辛勞、心中有多少煩心事,祇要一看見圖書館或博物館的管理人員拿出帶有"近思"二字的文獻,我就兩眼放光,不知哪兒來的精神,可以一連好幾個小時坐在那兒專注地翻閲、抄録、鑒賞,因而我往往成爲古籍閲覽室最後一位離開的讀者。

寒暑假對一般人而言是輕鬆快樂的時光,大多會外出旅游或與家人團聚。可是,這對我來説卻是一種奢侈。不論我早年在杭州工作,還是後來到了温州、蘇州,在大學從事教學與科研之餘我確實很想回到上海的家,與家人在一起,做飯做菜,教養兒女,但是心願往往難以達成。因爲早年乘坐的是緑皮火車,相當耗時,後來有了動車,時間節約並不多,且又費錢。如從温州往返上海,在火車、公交車上要耗費十五六個小時,這對於把時間視同生命的我來説,着實令人心疼,所以爲了珍惜這些時間,我總是咬緊牙忍受着旅途辛勞,在車上吵雜的空間,不顧疲憊地用耳塞堵住耳孔,静坐或站立(往往無座位),閲讀整理文獻資料,或撰寫論文。近年來,隨着年齡的增大、身體的虚弱,在車上看書已精力難擠,效果堪憂。

我乃父之子、妻之夫、兒之父,贍養、教養的責任大於天,對此從不敢懈怠。多年來在我回故鄉看望父親、陪女兒讀書參加活動的日子裏,我也會見縫插針地閲讀、體悟《近思録》。記得在接送女兒參加誦經、學書畫的時候,我往往躲在上海玉佛寺某個樓道的角落,静静讀自己的《近思録》,周邊是寺廟焚香客繚繞的煙塵與大小和尚們陣陣念佛唱經之聲,我似在佛國,心卻在凡塵(理學)。

儘管我天資欠佳、學養不足,但十幾年來不論嚴寒酷暑,我都堅持調查訪求《近思録》版本，從不懈怠，孜孜以求。長期研讀文獻，也讓自己對東亞區域現存《近思録》文獻的狀況有了較透徹的認知，於是動筆對現存近六百種版本進行審慎考訂，完成自己十六年前的願望，即完成一部内容充實完備、體例適當的"《近思録》東亞版本研究"。如今，我實現了多年奢望，幸喜之情不言而喻。然小作因個人條件有限尚不能全面徹底調閲所有東亞版本，留下少許遺憾，故盼賢達之士給予補正。若此作對研究《近思録》者有所裨益則足矣。

總而言之，在求學問道的歷程中，我應該感謝的人實在太多，師長們的指點迷津，同道者的熱情相助，使得我一步一個臺階向高處攀登。在前後十六年尋訪調研《近思録》的歲月裏，許多藏書機構、前輩時賢給了我銘記在心的友善，在此我要感謝華東師範大學、復旦大學、北京大學、清華大學、吉林大學、四川大學、陝西師範大學、東北師範大學、温州大學、蘇州大學、東吴大學、仁川教育大學、首爾大學校奎章閣、高麗大學校、成均館大學校尊經閣、延世大學校、梨花女子大學校、韓國學中央研究院、廣島大學、京都大學、東京大學、早稻田大學、慶應義塾大學、麻州大學等國内外大學古籍閲覽室給予的幫助，感謝中國國家圖書館、日本國立公文書館、國立國會圖書館、静嘉堂、東京都立中央圖書館、東洋文庫、韓國國立中央圖書館等給予的幫助，感謝上海圖書館、南京圖書館，安徽省、浙江省、湖南省、湖北省、山西省、山東省、内蒙古、温州市、吴江市、泰州市、無錫市等圖書館的幫助，感謝臺北"故宫博物院"、安徽省博物館、天一閣博物館等的誠摯幫助。

而且還要特别感謝在我歷年尋書、訪學之際，直接給我教誨、幫助的前輩時賢嚴佐之、陳正宏、束景南、朱傑人、魯國堯、丁治民、沈鍾偉、陳先行、劉薔、張伯偉、王小盾、高橋智、金彦鍾、金榮鎮、樂愛國、張品端、林樂昌、安承俊、李旭鎮、叢培凱、黄雲鶴、蔣文仙、胡艷紅、李善强、孟根琪琪格等，在此一併向你們表示由衷的感謝！

書稿殺青後，得到鳳凰出版社編輯吴瓊博士精心幫助，在此特别致謝！

程水龍　2019 年夏於蘇州大學

音序索引

D

H

J

K

L

N

P

Q

R

S

W

X

Y

Z

《近思録》東亞版本考述

圖録

程水龍 著

鳳凰出版社

目　録

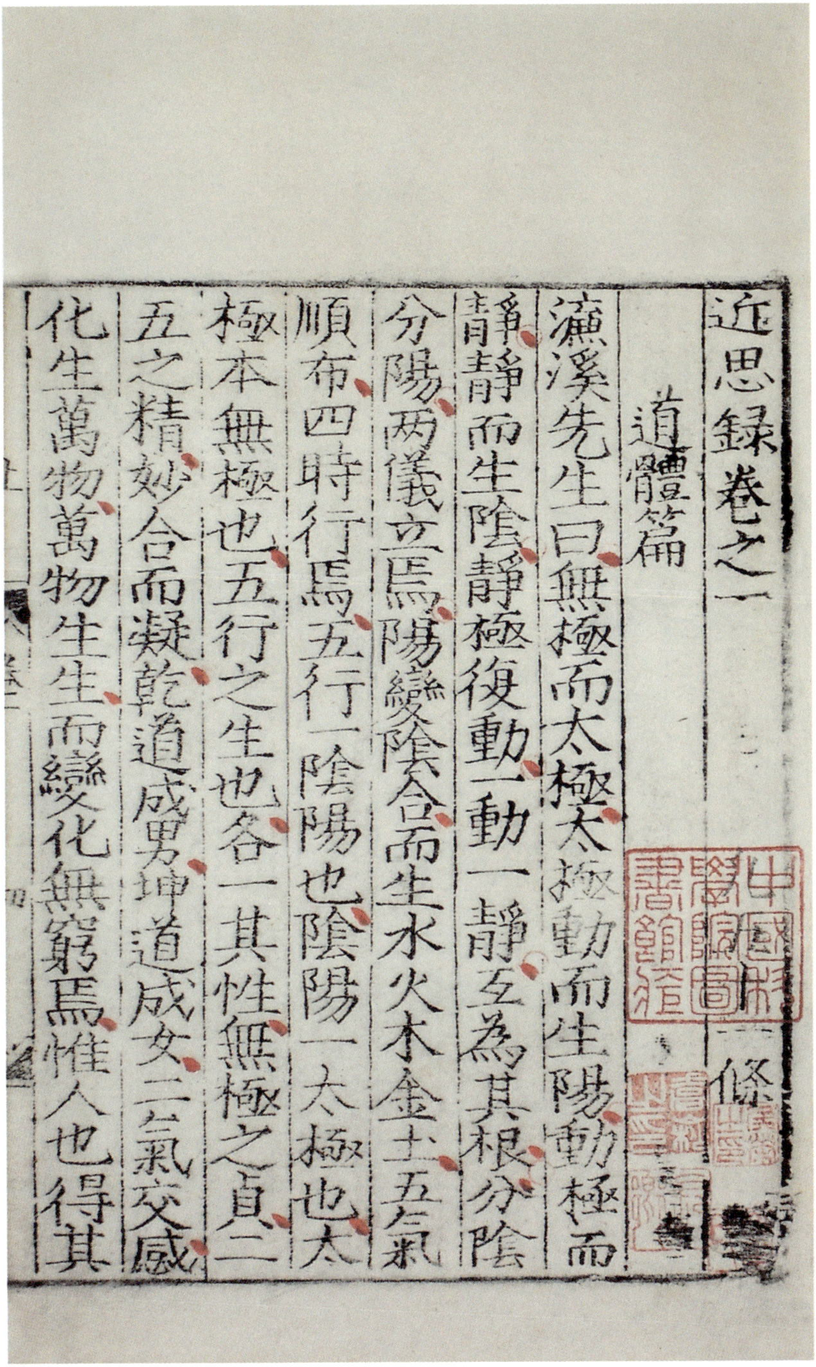
近思録卷之一

道體篇

濂溪先生曰無極而太極太極動而生陽動極而靜靜而生陰靜極復動一動一靜互為其根分陰分陽兩儀立焉陽變陰合而生水火木金土五氣順布四時行焉五行一陰陽也陰陽一太極也太極本無極也五行之生也各一其性無極之真二五之精妙合而凝乾道成男坤道成女二氣交感化生萬物萬物生生而變化無窮焉惟人也得其

圖 1-1　朱熹、吕祖謙共撰《近思録》，
明嘉靖六年賈世祥刻本，
中國科學院圖書館藏

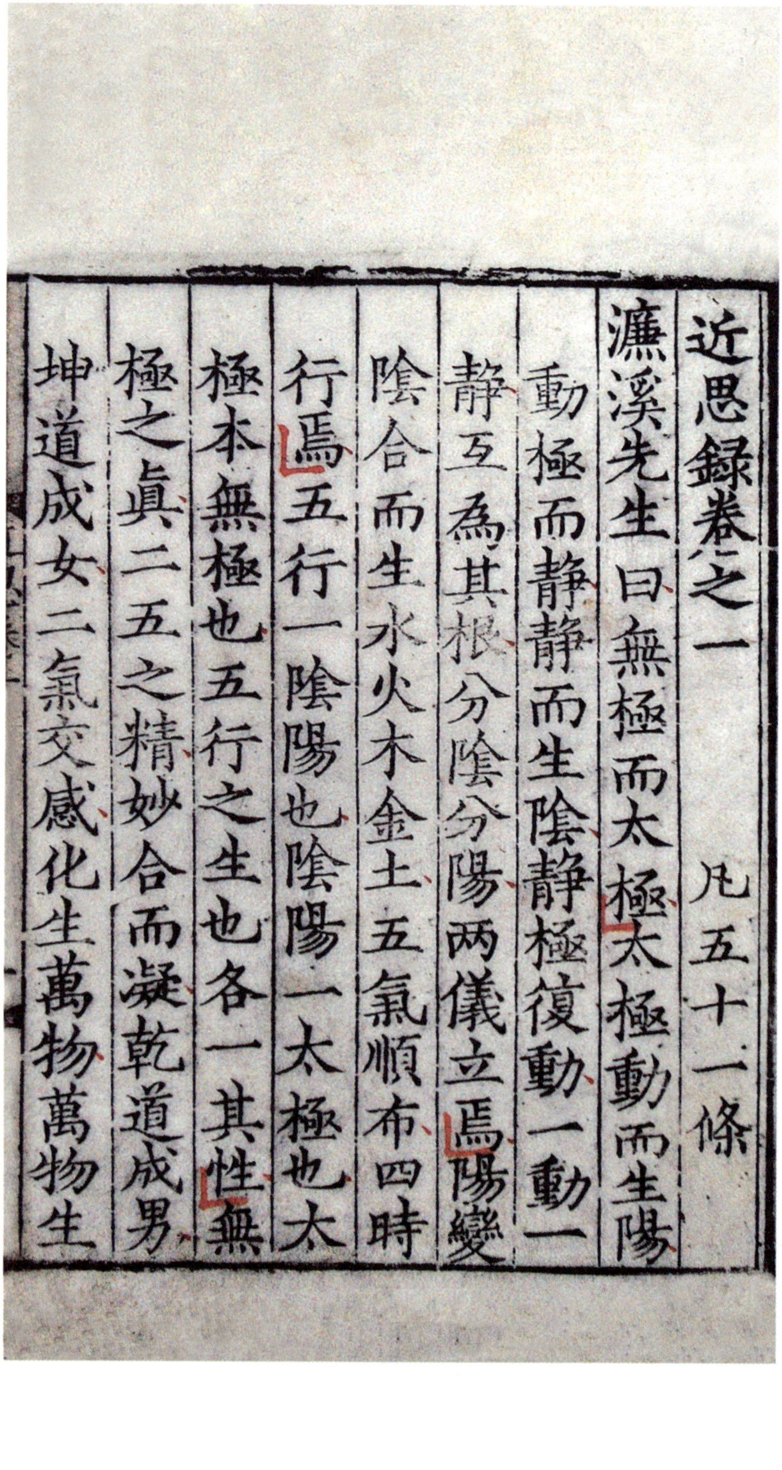

近思録卷之一　凡五十一條
濂溪先生曰無極而太極太極動而生陽
動極而靜靜而生陰靜極復動一動一
靜互為其根分陰分陽兩儀立焉陽變
陰合而生水火木金土五氣順布四時
行焉五行一陰陽也陰陽一太極也太
極本無極也五行之生也各一其性無
極之眞二五之精妙合而凝乾道成男
坤道成女二氣交感化生萬物萬物生

圖 1-2　朱熹、吕祖謙共撰《近思録》，
明嘉靖十七年吴邦模刻本，
上海圖書館藏

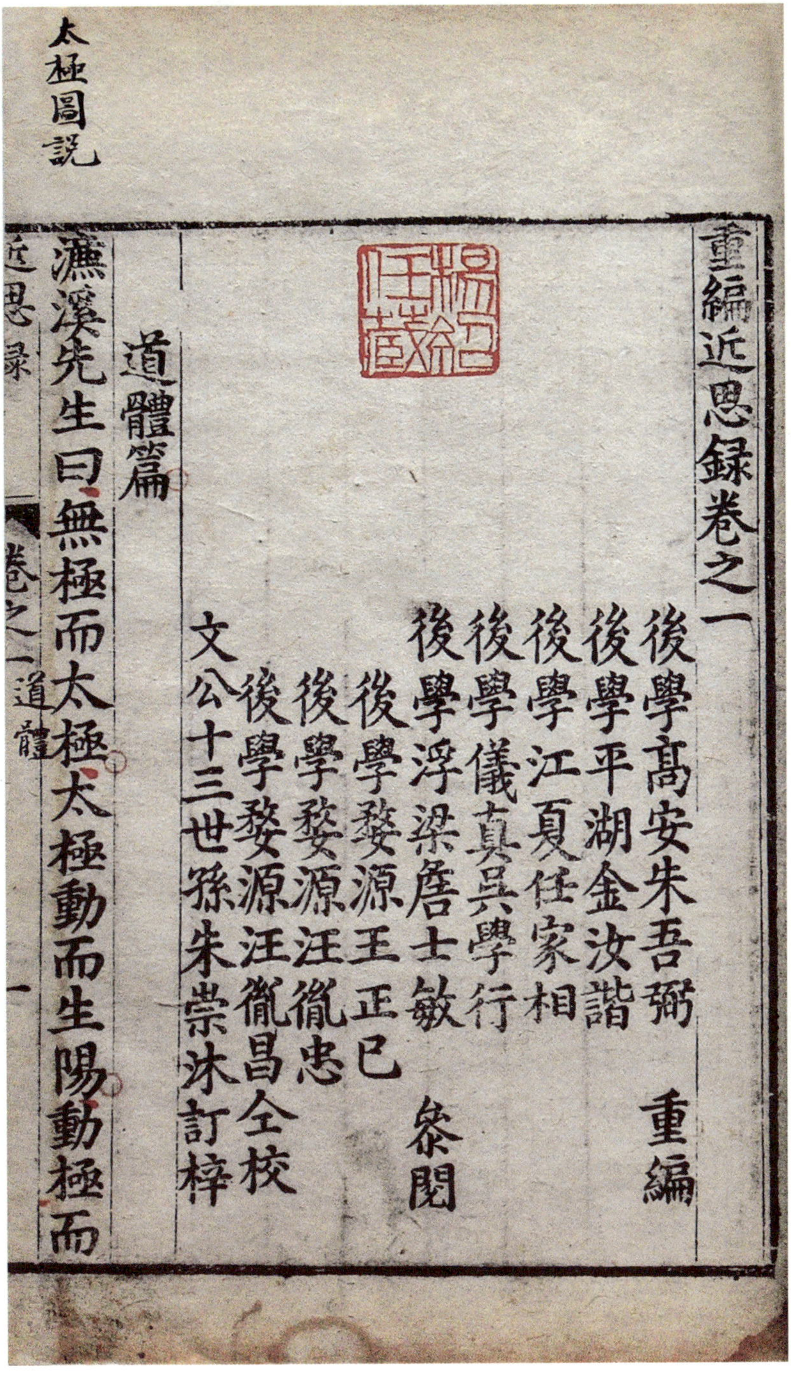
太極圖說

重編近思録卷之一

後學高安朱吾弼　重編
後學平湖金汝諧
後學江夏任家相
後學儀真吳學行
後學浮梁詹士敏　參閱
後學婺源王正已
後學婺源汪徽忠
後學婺源汪徽昌全校
文公十三世孫朱崇沐訂梓

道體篇

濂溪先生曰無極而太極太極動而生陽動極而

近思録　卷之一　道體　一

圖 1-4　朱吾弼《重編近思録》，
明萬曆三十五年朱崇沐刻本，
湖南圖書館藏

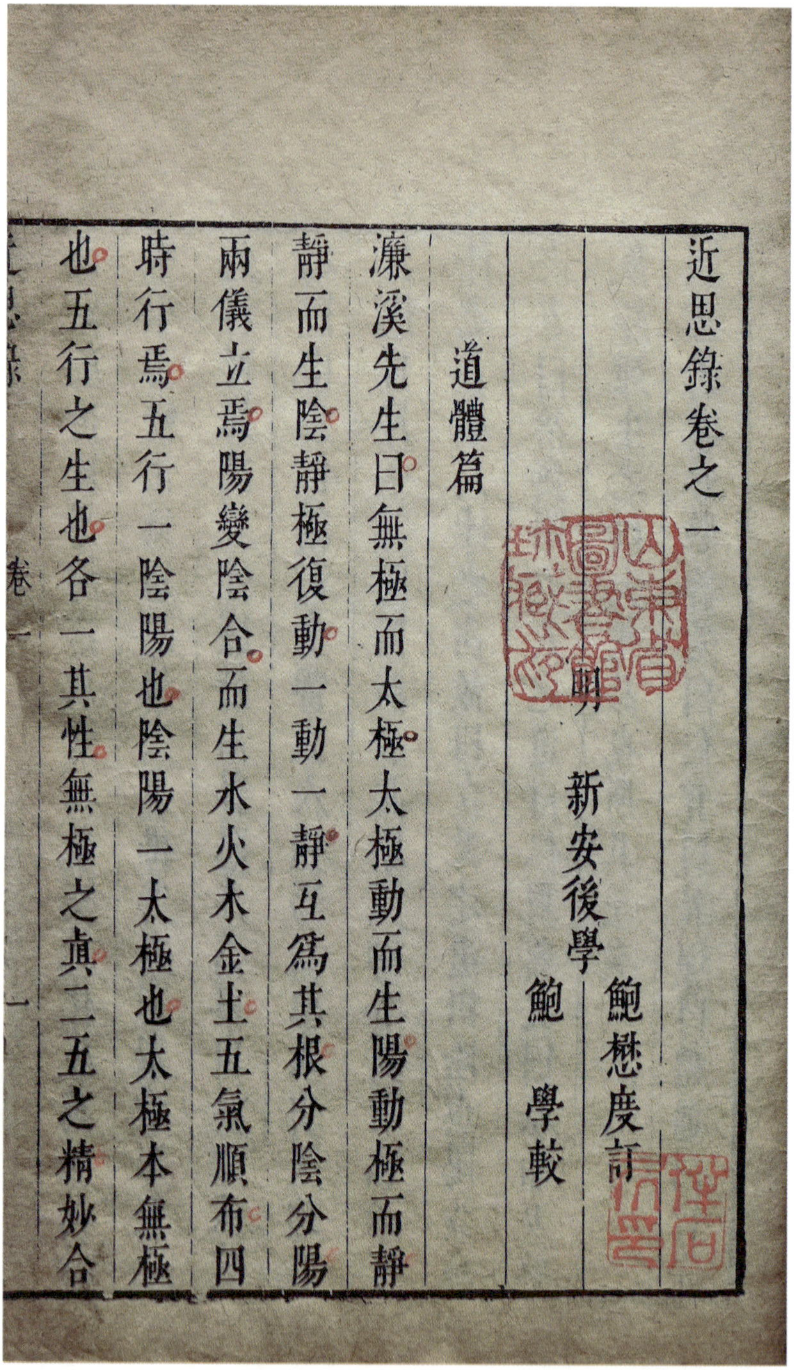

近思錄卷之一

明　新安後學　鮑懋度訂

鮑　學較

道體篇

濂溪先生曰無極而太極太極動而生陽動極而靜靜而生陰靜極復動一動一靜互爲其根分陰分陽兩儀立焉陽變陰合而生水火木金土五氣順布四時行焉五行一陰陽也陰陽一太極也太極本無極也五行之生也各一其性無極之眞二五之精妙合

圖 1-5　朱熹、吕祖谦同撰《近思録》，
明崇禎八年鮑懋度刻本，
山東省圖書館藏

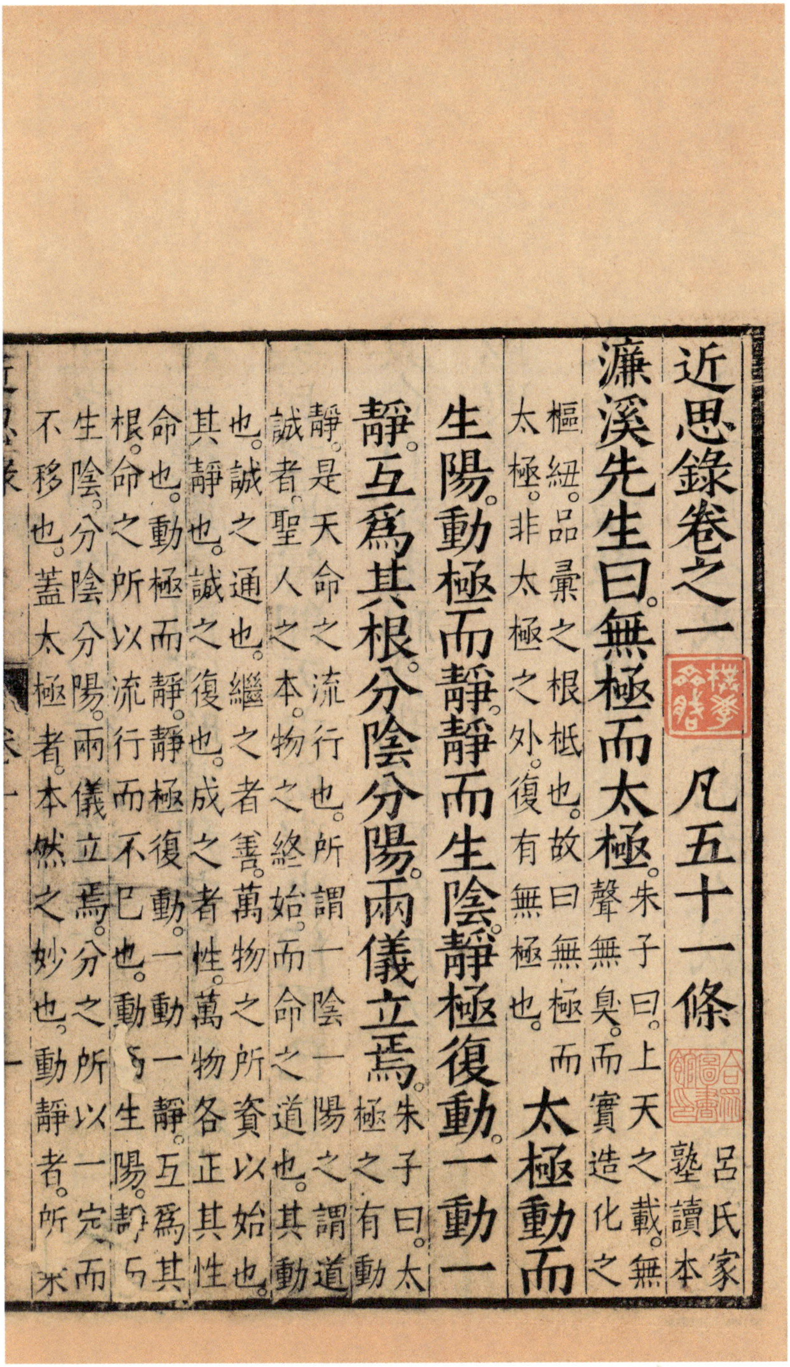
近思錄卷之一　凡五十一條　呂氏家塾讀本

濂溪先生曰。無極而太極。朱子曰。上天之載。無聲無臭。而實造化之樞紐。品彙之根柢也。故曰無極而太極。非太極之外。復有無極也。太極動而生陽。動極而靜。靜而生陰。靜極復動。一動一靜。互爲其根。分陰分陽。兩儀立焉。朱子曰。太極之有動靜。是天命之流行也。所謂一陰一陽之謂道。誠者。聖人之本。物之終始。而命之道也。其動也。誠之通也。繼之者善。萬物之所資以始也。其靜也。誠之復也。成之者性。萬物各正其性命也。動極而靜。靜極復動。一動一靜。互爲其根。命之所以流行而不已也。動而生陽。靜而生陰。分陰分陽。兩儀立焉。分之所以一定而不移也。蓋太極者。本然之妙也。動靜者。所乘

圖 1-8　朱熹、呂祖谦同撰《近思録》，
清初呂氏家塾讀本，
上海圖書館藏

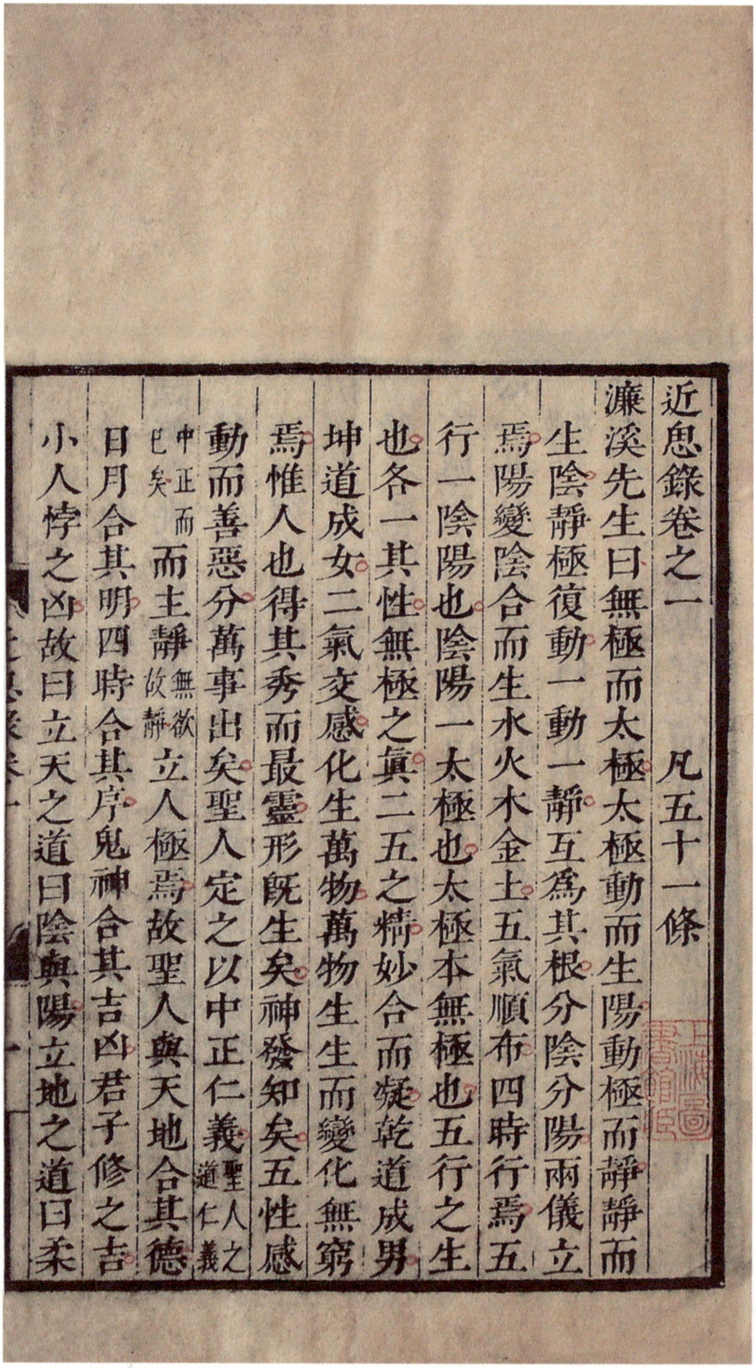
近思錄卷之一　凡五十一條

濂溪先生曰無極而太極太極動而生陽動極而靜靜而生陰靜極復動一動一靜互爲其根分陰分陽兩儀立焉陽變陰合而生水火木金土五氣順布四時行焉五行一陰陽也陰陽一太極也太極本無極也五行之生也各一其性無極之眞二五之精妙合而凝乾道成男坤道成女二氣交感化生萬物萬物生生而變化無窮焉惟人也得其秀而最靈形旣生矣神發知矣五性感動而善惡分萬事出矣聖人定之以中正仁義（聖人之道仁義中正而已矣）而主靜（無欲故靜）立人極焉故聖人與天地合其德日月合其明四時合其序鬼神合其吉凶君子修之吉小人悖之凶故曰立天之道曰陰與陽立地之道曰柔

圖 1-11　朱熹、吕祖谦共撰《近思録》，
清初《朱子遺書》本，
上海圖書館藏

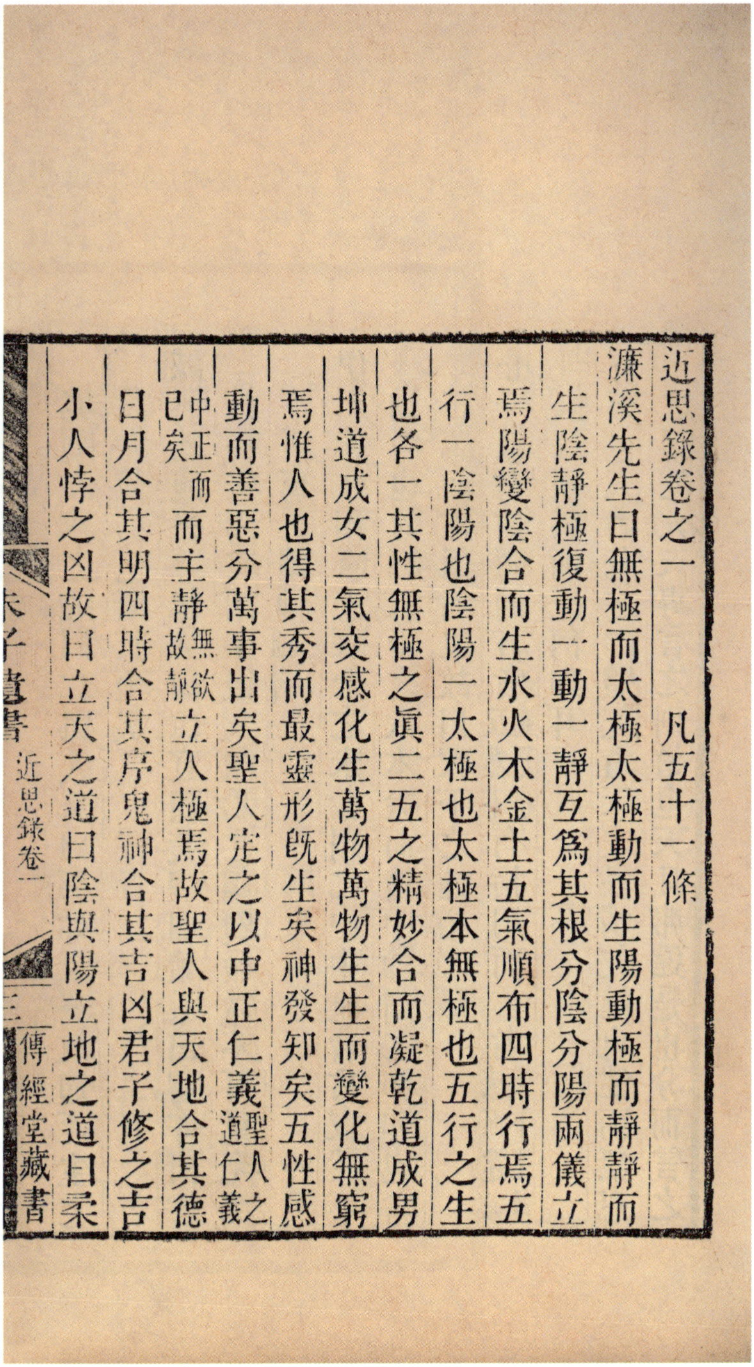

近思錄卷之一　凡五十一條

濂溪先生曰無極而太極太極動而生陽動極而靜靜而生陰靜極復動一動一靜互爲其根分陰分陽兩儀立焉陽變陰合而生水火木金土五氣順布四時行焉五行一陰陽也陰陽一太極也太極本無極也五行之生也各一其性無極之眞二五之精妙合而凝乾道成男坤道成女二氣交感化生萬物萬物生生而變化無窮焉惟人也得其秀而最靈形既生矣神發知矣五性感動而善惡分萬事出矣聖人定之以中正仁義（聖人之道仁義中正而已矣）而主靜（無欲故靜）立人極焉故聖人與天地合其德日月合其明四時合其序鬼神合其吉凶君子修之吉小人悖之凶故曰立天之道曰陰與陽立地之道曰柔

朱子遺書　近思錄卷一　三　傳經堂藏書

圖 1-14　朱熹、吕祖谦共撰《近思録》，
《朱子遺書合編》本，
清光緒十二年傳經堂刻本，
上海圖書館藏

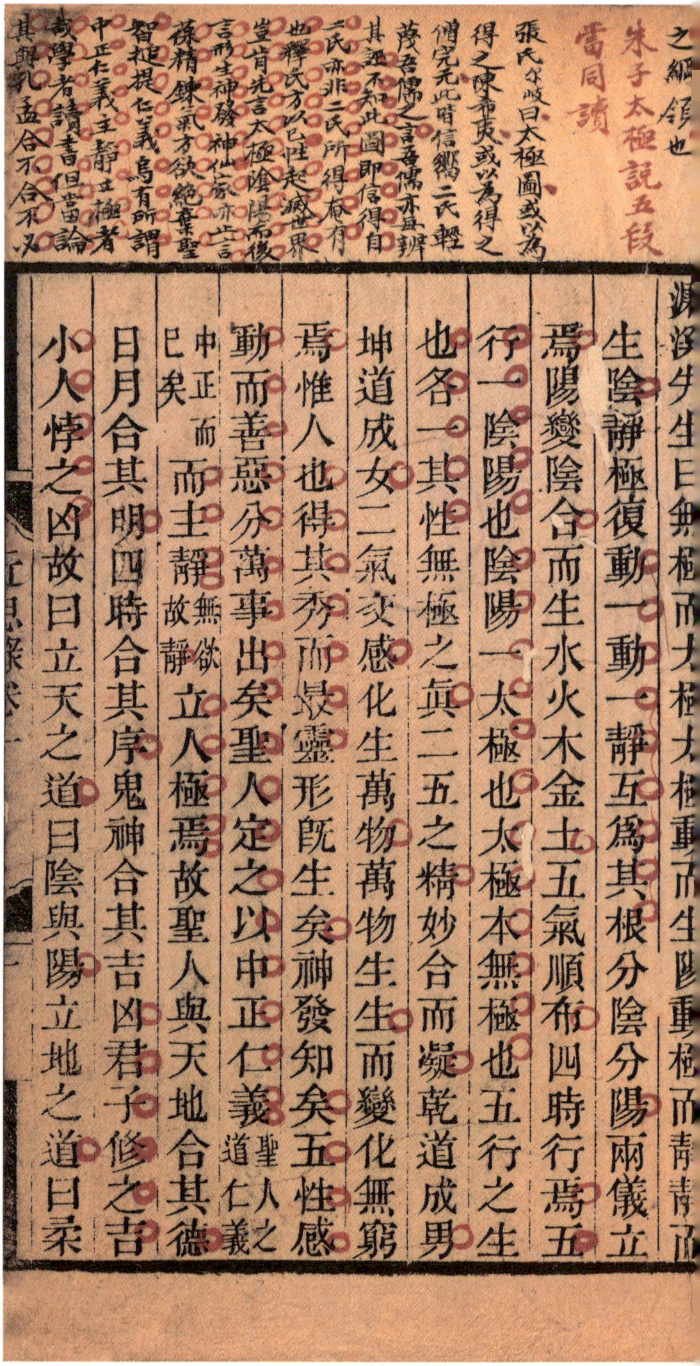

之綱領也

朱子太極說五段當同讀

濂溪先生曰無極而太極太極動而生陽動極而靜靜而
生陰靜極復動一動一靜互爲其根分陰分陽兩儀立
焉陽變陰合而生水火木金土五氣順布四時行焉五
行一陰陽也陰陽一太極也太極本無極也五行之生
也各一其性無極之眞二五之精妙合而凝乾道成男
坤道成女二氣交感化生萬物萬物生生而變化無窮
焉惟人也得其秀而最靈形既生矣神發知矣五性感
動而善惡分萬事出矣聖人定之以中正仁義聖人之道仁義
中正而已矣而主靜無欲故靜立人極焉故聖人與天地合其德
日月合其明四時合其序鬼神合其吉凶君子修之吉
小人悖之凶故曰立天之道曰陰與陽立地之道曰柔

圖 1-15　朱熹、吕祖谦共撰《近思録》，
清嘉慶二十二年刻，
道光三年印本，
上海圖書館藏

四月四日東萊呂祖謙謹書

朱止泉朱子聖學考畧卷四於書近思錄後篇云向讀是篇朱子教人苦心良法雖隔五百餘年如承謦欬安敢不盡心力以從事於茲既卒斯編乃究四先生全集依此十四則而求之雖有門徑可尋終覺渾淪難透又從朱子語類所論四先生處反復推究若有端緒而用力得力未見次第之的確者又從朱子文集語類或問全編沈潛玩味然後得朱子工夫先後始終之序脩己治人之法全體大用所在而循循勉力焉於是四先生之全體大用顯然明白矣嗚呼朱子所遺諸編乃萬世來學之規矩與

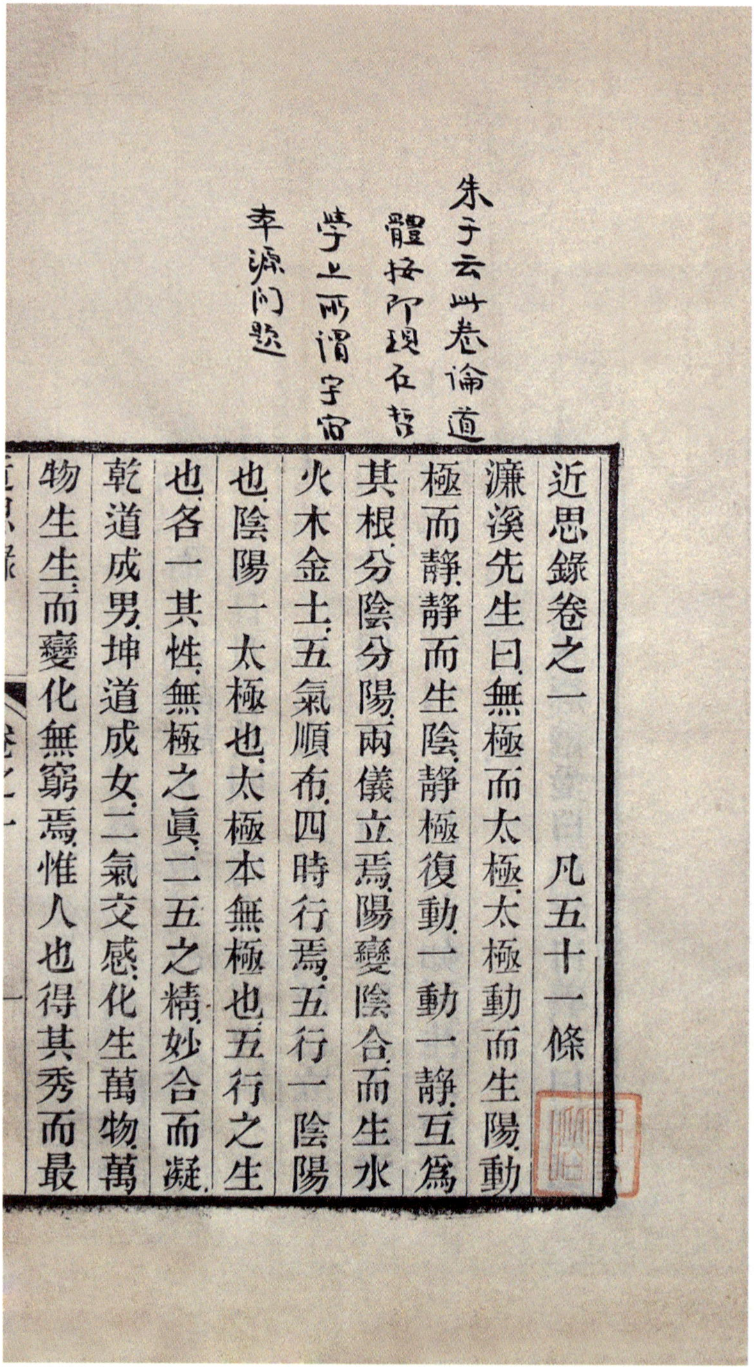

朱子云此卷論道體按即現在哲學上所謂宇宙本源問題

近思錄卷之一　凡五十一條

濂溪先生曰無極而太極太極動而生陽動極而靜靜而生陰靜極復動一動一靜互爲其根分陰分陽兩儀立焉陽變陰合而生水火木金土五氣順布四時行焉五行一陰陽也陰陽一太極也太極本無極也五行之生也各一其性無極之眞二五之精妙合而凝乾道成男坤道成女二氣交感化生萬物萬物生生而變化無窮焉惟人也得其秀而最

圖 1-16　朱熹、吕祖谦共撰《近思録》，
清咸豐七年湛貽堂刻本，
湖南圖書館藏

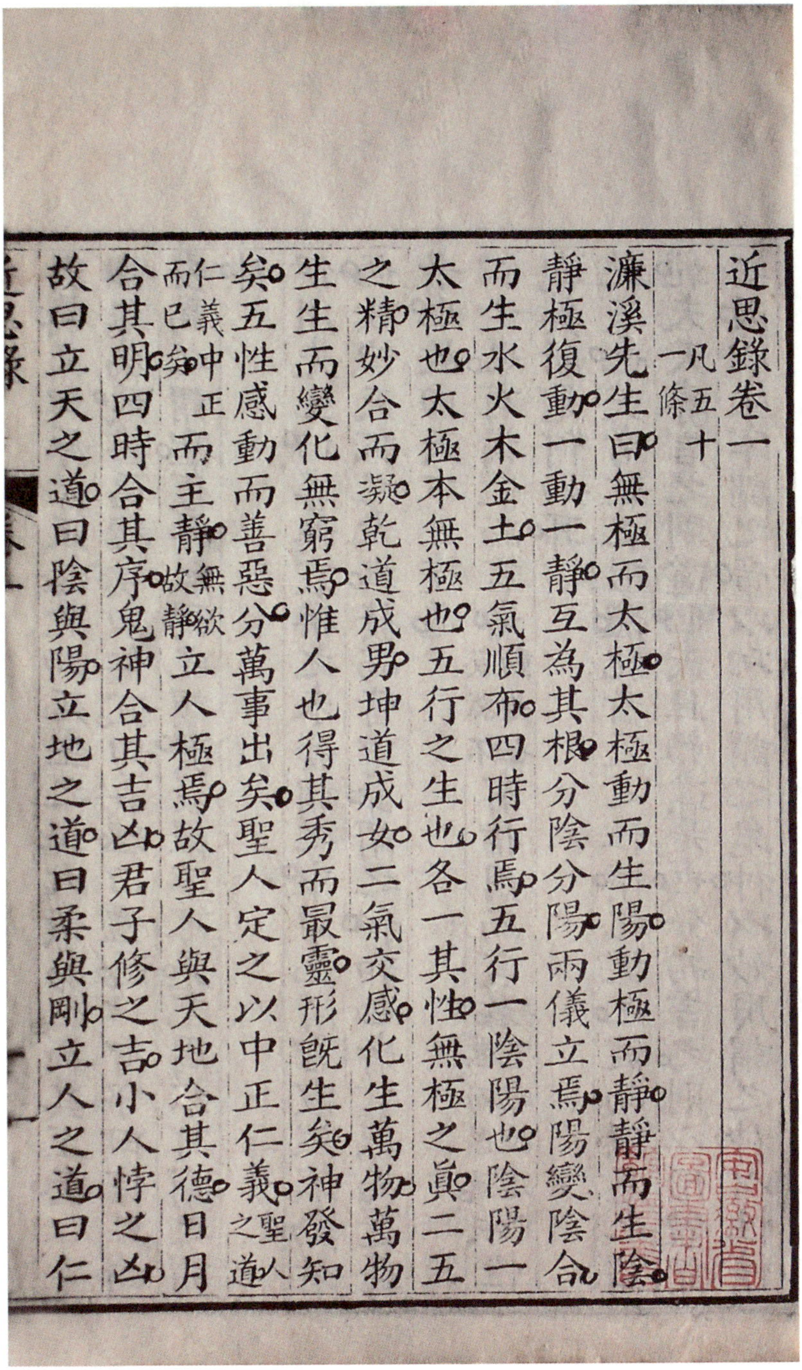
近思錄卷一

凡五十一條

濂溪先生曰無極而太極太極動而生陽動極而靜靜而生陰靜極復動一動一靜互為其根分陰分陽兩儀立焉陽變陰合而生水火木金土五氣順布四時行焉五行一陰陽也陰陽一太極也太極本無極也五行之生也各一其性無極之眞二五之精妙合而凝乾道成男坤道成女二氣交感化生萬物萬物生生而變化無窮焉惟人也得其秀而最靈形既生矣神發知矣五性感動而善惡分萬事出矣聖人定之以中正仁義聖人之道仁義中正而已矣而主靜無欲故靜立人極焉故聖人與天地合其德日月合其明四時合其序鬼神合其吉凶君子修之吉小人悖之凶故曰立天之道曰陰與陽立地之道曰柔與剛立人之道曰仁

圖 1-17　朱熹、吕祖谦共撰《近思録》，
清咸豐十年徐樹銘校刊本，
安徽省圖書館藏

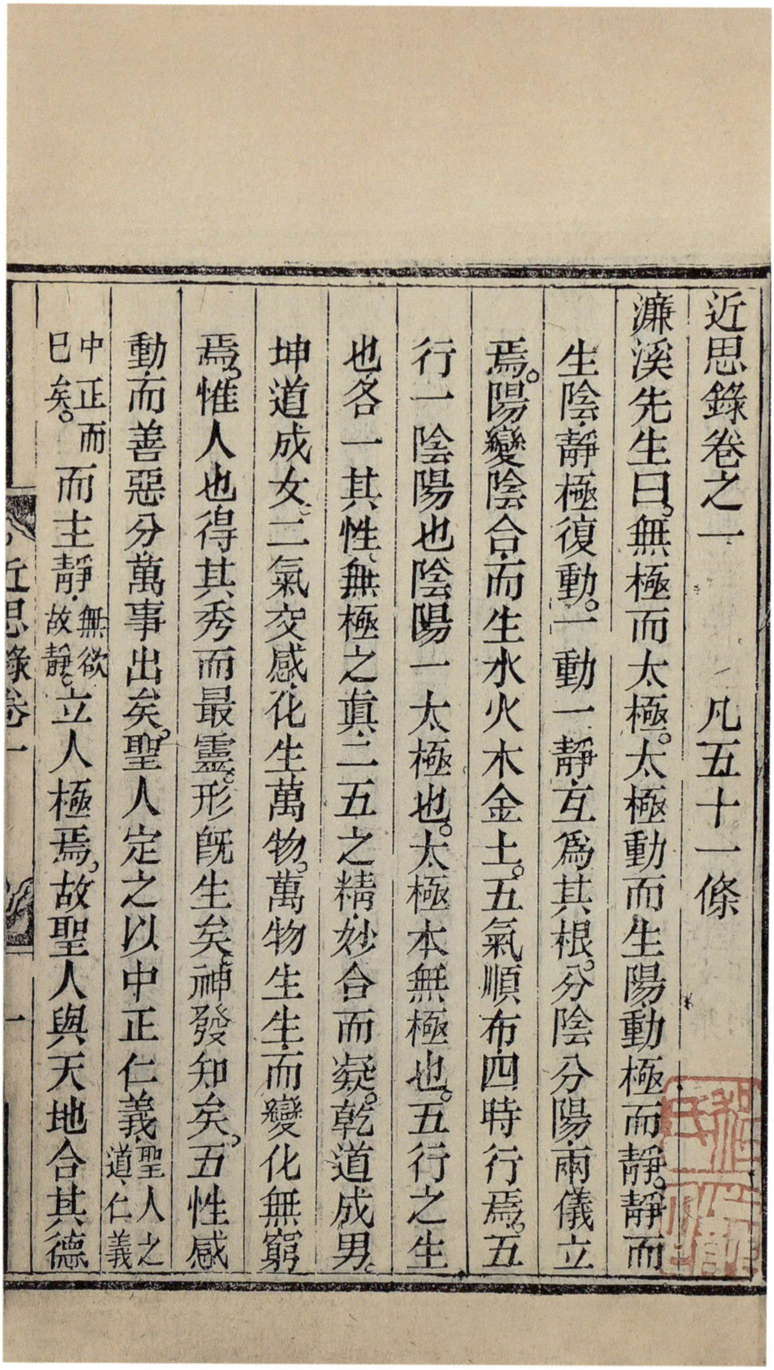
近思錄卷之一　　凡五十一條

濂溪先生曰。無極而太極。太極動而生陽。動極而靜。靜而生陰。靜極復動。一動一靜。互為其根。分陰分陽。兩儀立焉。陽變陰合。而生水火木金土。五氣順布。四時行焉。五行一陰陽也。陰陽一太極也。太極本無極也。五行之生也。各一其性。無極之真。二五之精。妙合而凝。乾道成男。坤道成女。二氣交感。化生萬物。萬物生生。而變化無窮焉。惟人也。得其秀而最靈。形既生矣。神發知矣。五性感動而善惡分。萬事出矣。聖人定之以中正仁義。聖人之道。仁義中正而已矣。而主靜。無欲故靜。立人極焉。故聖人與天地合其德

近思錄卷一　一

圖 1-18　朱熹、吕祖谦共撰《近思録》，
清同光年間猗氏方麓書院刻本，
筆者家藏

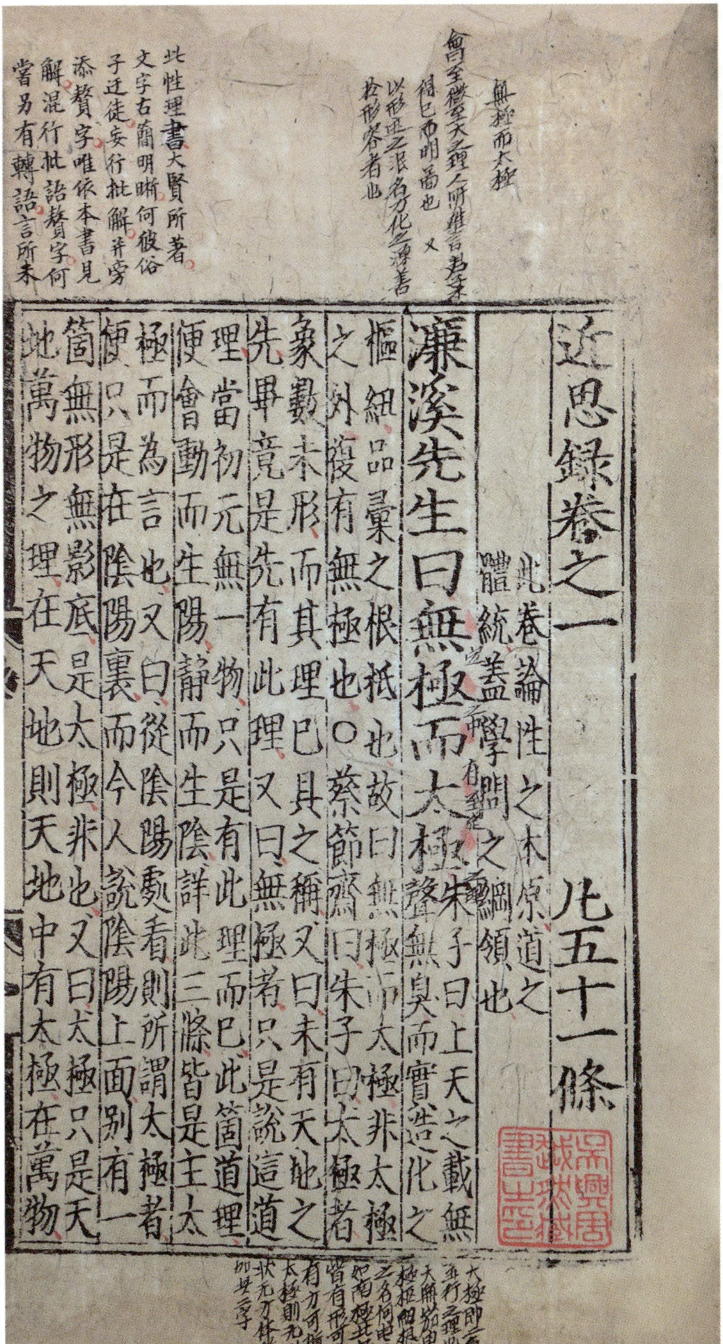
近思錄卷之一　凡五十一條

此卷論性之本原道之體統蓋學問之綱領也

濂溪先生曰無極而太極朱子曰上天之載無聲無臭而實造化之樞紐品彙之根柢也故曰無極而太極非太極之外復有無極也○蔡節齋曰朱子曰太極者象數未形而其理已具之稱又曰未有天地之先畢竟是先有此理又曰無極者只是說這道理當初元無一物只是有此理而已此箇道理便會動而生陽靜而生陰詳此三條皆是主太極而為言也又曰從陰陽處看則所謂太極者便只是在陰陽裏而今人說陰陽上面別有一箇無形無影底是太極非也又曰太極只是天地萬物之理在天地則天地中有太極在萬物

圖 2-1　葉采《近思録集解》，
元刻本，
臺北“故宫博物院”藏

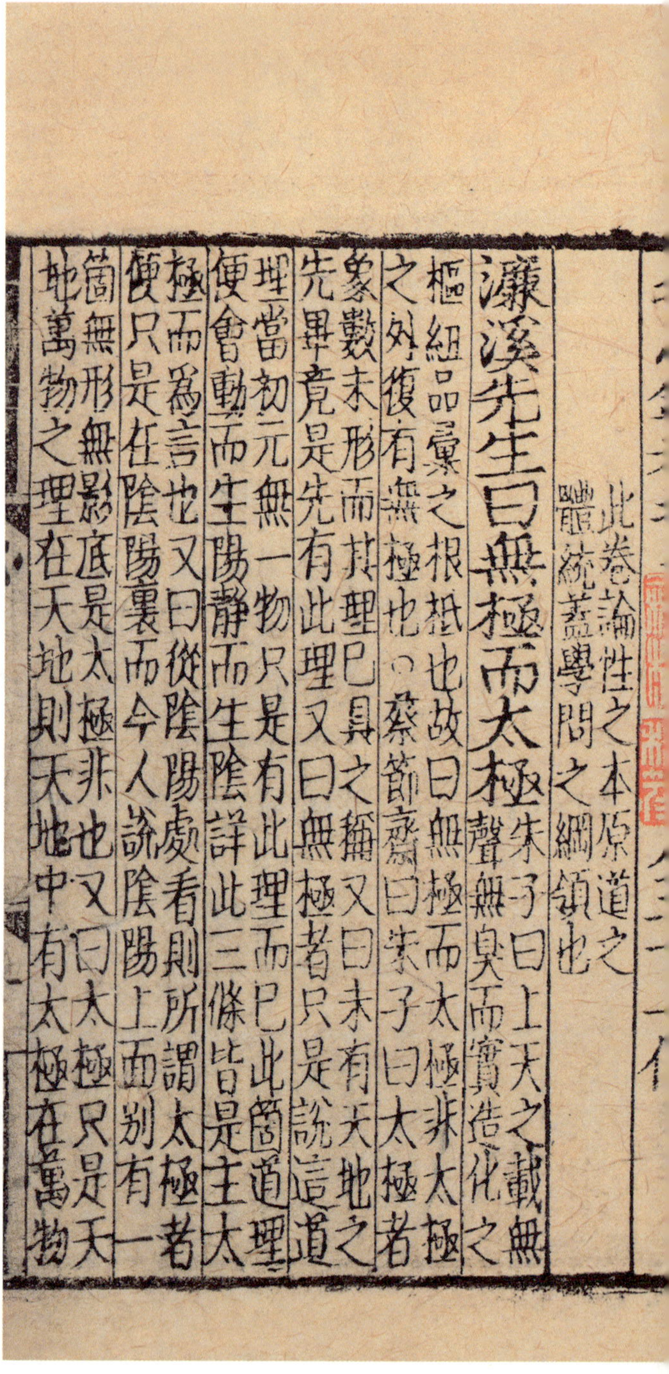

濂溪先生曰無極而太極朱子曰上天之載無聲無臭而實造化之樞紐品彙之根柢也故曰無極而太極非太極之外復有無極也○蔡節齋曰朱子曰太極者象數未形而其理已具之稱又曰未有天地之先畢竟是先有此理又曰無極者只是說這道理當初元無一物只是有此理而已此箇道理便會動而生陽靜而生陰詳此三條皆是主太極而爲言也又曰從陰陽處看則所謂太極者便只是在陰陽裏而今人說陰陽上面別有一箇無形無影底是太極非也又曰太極只是天地萬物之理在天地則天地中有太極在萬物

此卷論性之本原道之體統蓋學問之綱領也

圖 2-2　葉采《近思録集解》，
元刻明修本，
中國國家圖書館藏

臣幸逢上聖獲效愚衷願以螢爝之微仰裨日
月之照五千文十萬説雖莫贊於法言四三王
七六經願益恢於聖化所有近思録集解壹部
拾冊謹隨表上進以聞干冒宸嚴臣無任戰汗
屏營之至臣采實惶實恐頓首頓首謹言
淳祐十二年正月　日朝奉郎監登聞鼓院
兼景獻府教授臣葉　采　上表

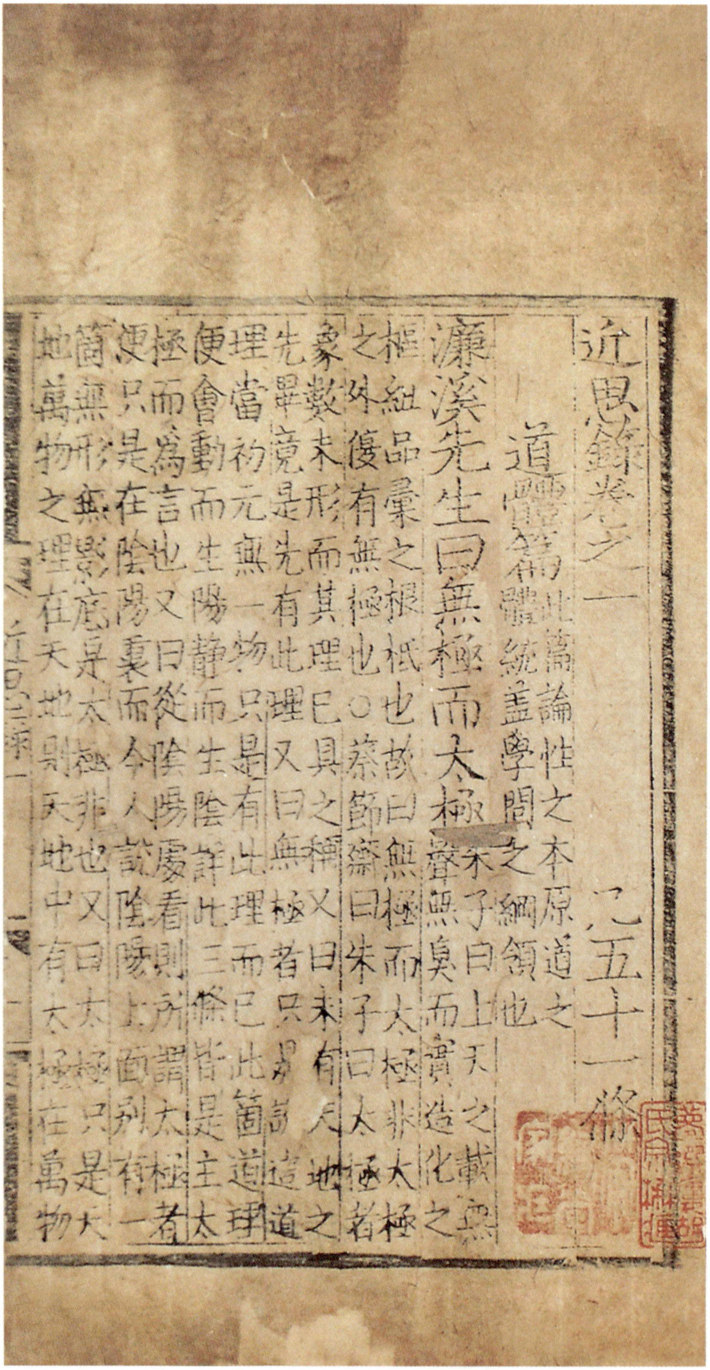

圖 2-3　葉采《近思録集解》，
明初刻本，
中國科學院圖書館藏

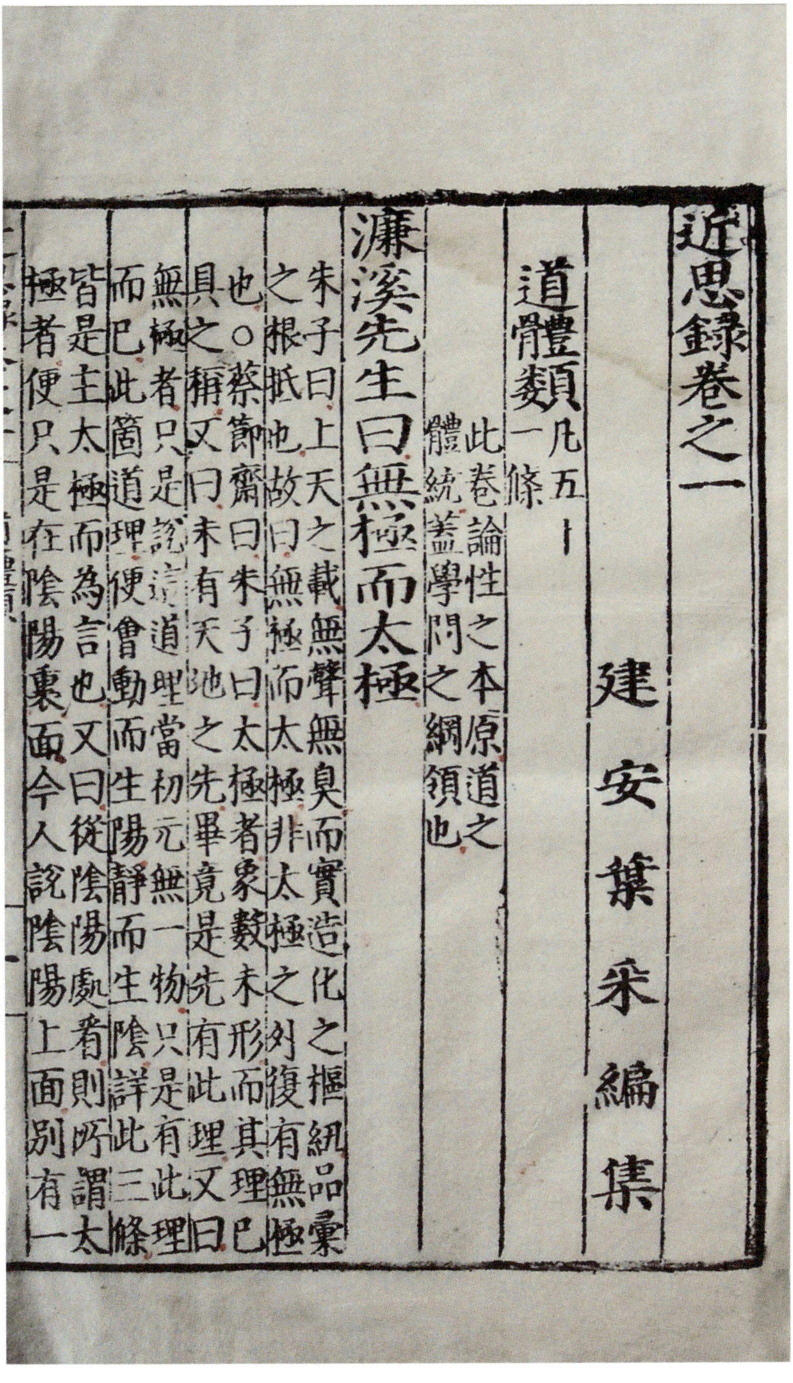

圖 2-4　葉采《近思録集解》，
明中期刻本，
上海圖書館藏

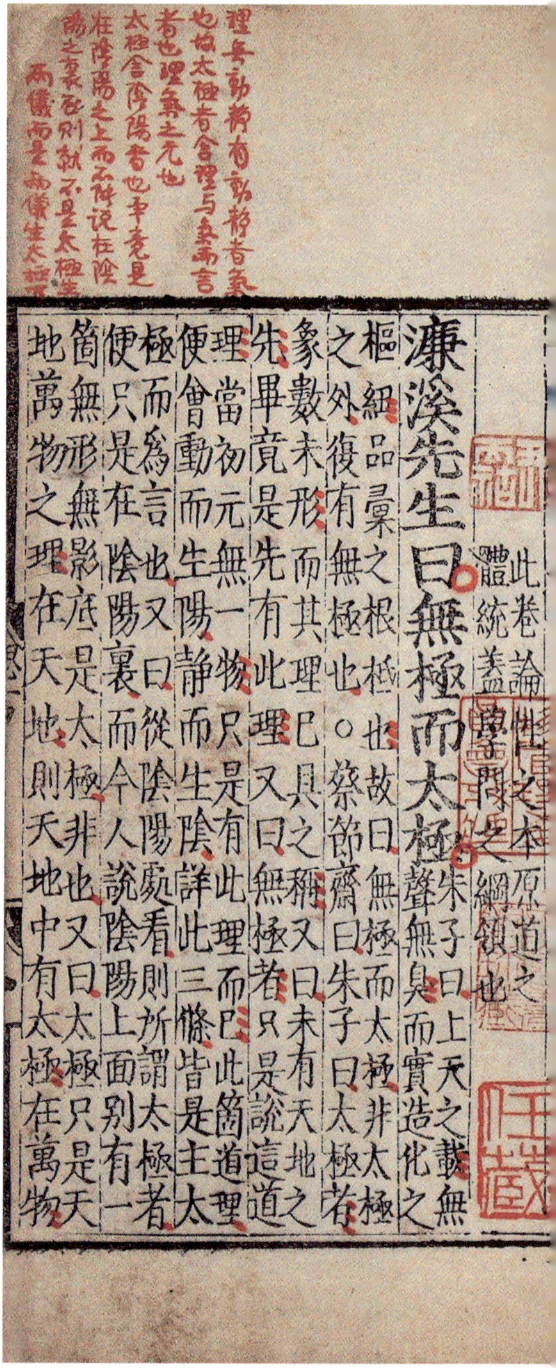

圖 2-6　葉采《近思録集解》，
明嘉靖年間刻本，
湖南圖書館藏

臣幸逢上聖獲效愚衷顧以螢爝之微仰禆日
月之照五千文十萬說雖莫贊於法言四三王
七六經願益恢於聖化所有近思録集解壹部
拾冊謹隨表上進以聞干冒宸嚴臣無任戰汗
屛營之至臣采實惶實恐頓首頓首謹言
淳祐十二年正月　日朝奉郎監登聞鼓院
兼景獻府教授臣葉采上表

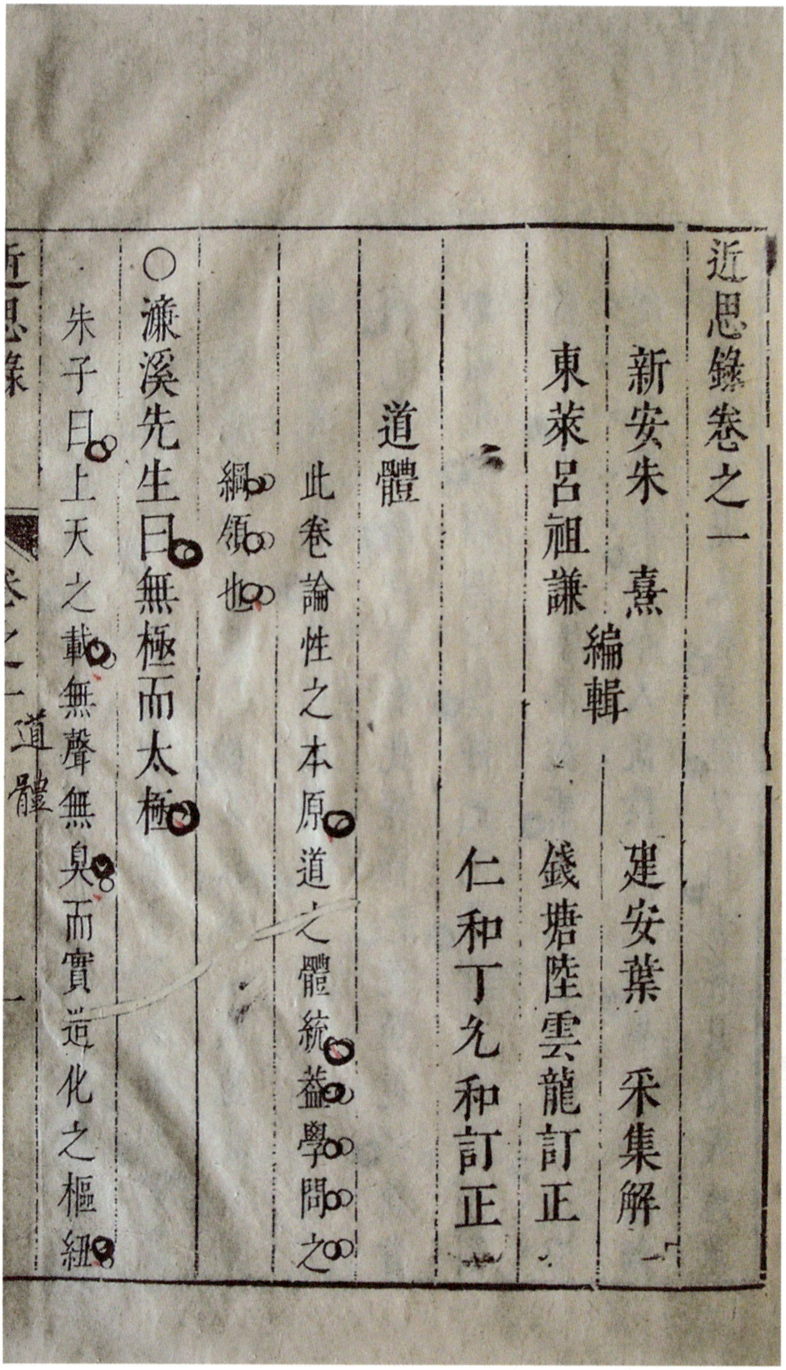

近思錄卷之一

新安朱　熹　編輯　建安葉　采集解

東萊呂祖謙　錢塘陸雲龍訂正

仁和丁允和訂正

道體

此卷論性之本原道之體統蓋學問之綱領也

○濂溪先生曰無極而太極

朱子曰上天之載無聲無臭而實造化之樞紐

近思錄　卷之一　道體　一

圖 2-7　葉采《近思録集解》，
明末陸雲龍訂正本，
泰州市圖書館藏

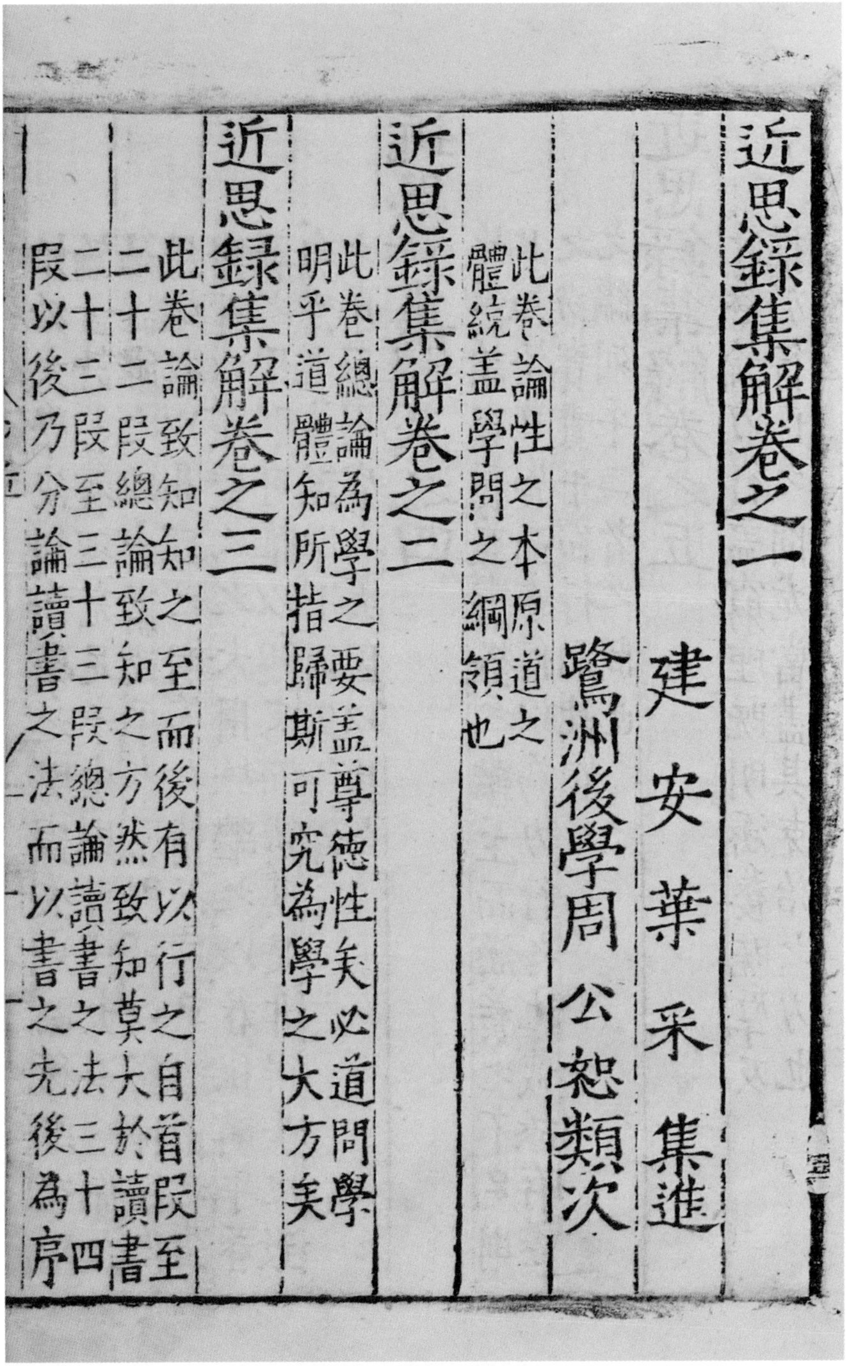

近思録集解卷之一

建安葉采集進

鷺洲後學周公恕類次

此卷論性之本原道之體統蓋學問之綱領也

近思録集解卷之二

此卷總論為學之要蓋尊德性矣必道問學明乎道體知所指歸斯可究為學之大方矣

近思録集解卷之三

此卷論致知知之至而後有以行之自首段至二十二段總論致知之方然致知莫大於讀書二十三段至三十三段總論讀書之法三十四段以後乃分論讀書之法而以書之先後為序

圖 2-9　葉采集解、周公恕類次《分類經進近思録集解》，
明嘉靖十七年劉仕賢刻本，
日本國立公文書館藏

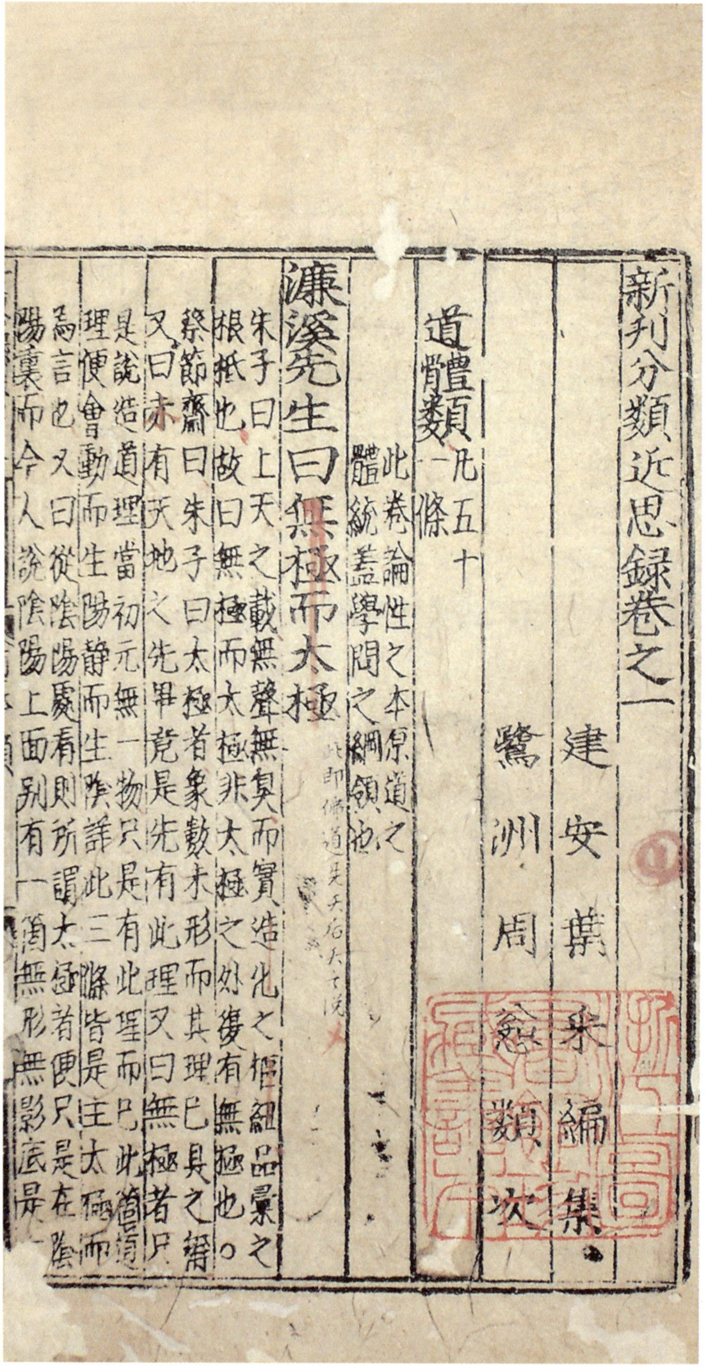
新刊分類近思録卷之一
建安葉采編集
鷺洲周恕類次
道體類凡五十一條
此卷論性之本原道之體統蓋學問之綱領也
濂溪先生曰無極而太極
朱子曰上天之載無聲無臭而實造化之樞紐品彙之根柢也故曰無極而太極非太極之外復有無極也○蔡節齋曰朱子曰太極者象數未形而其理已具之稱又曰未有天地之先畢竟是先有此理又曰無極者只是說造道理當初元無一物只是有此理而已此道理便會動而生陽靜而生陰詳此三條皆是主太極而為言也又曰從陰陽處看則所謂太極者便只是在陰陽裏而今人說陰陽上面別有一箇無形無影底是一

圖 2-11　葉采集解、周公恕類次《新刊分類近思録》，
明代建陽坊刻本，
浙江圖書館藏

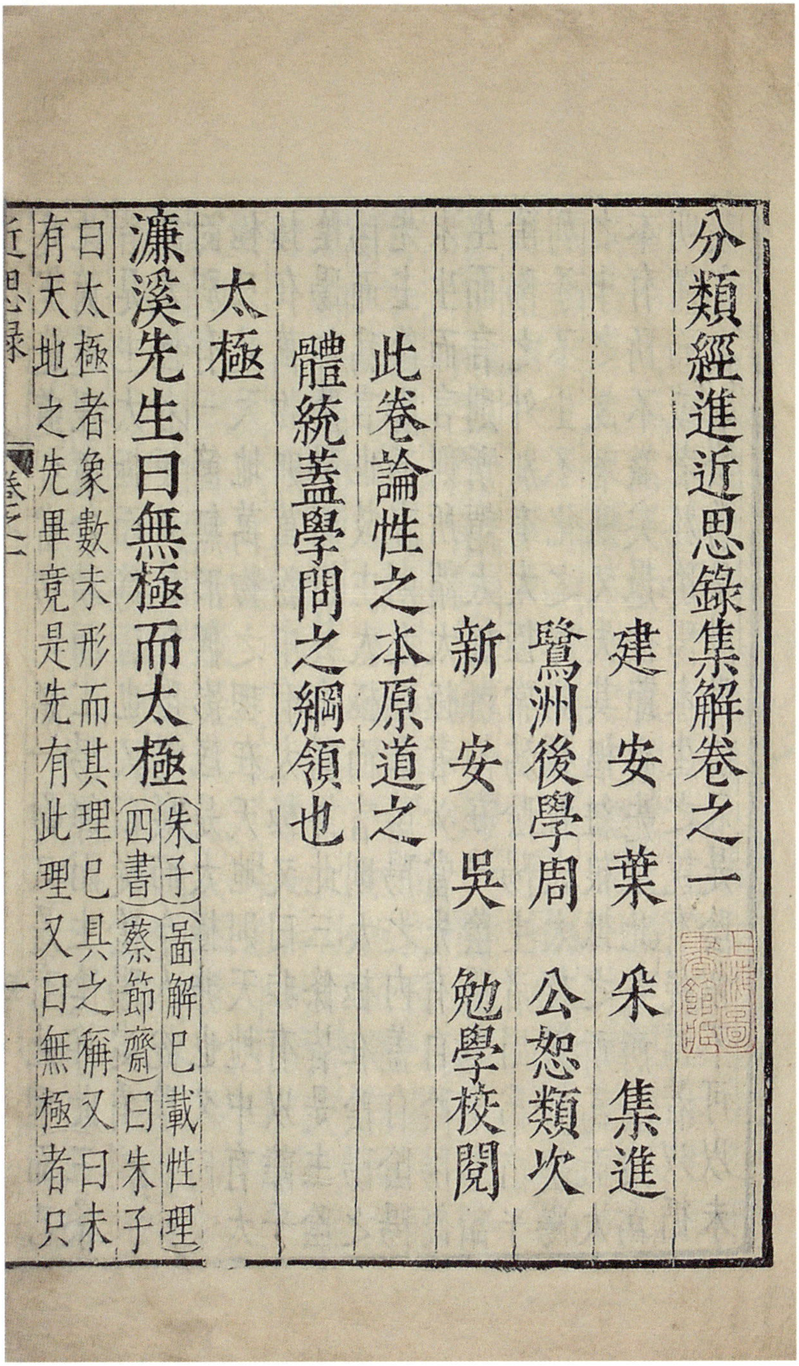
分類經進近思錄集解卷之一

建安葉采集進

鷺洲後學周公恕類次

新安吳勉學校閲

此卷論性之本原道之體統蓋學問之綱領也

太極

濂溪先生曰無極而太極（朱子）（啚解已載性理）（四書）（蔡節齋）曰朱子曰太極者象數未形而其理已具之稱又曰未有天地之先畢竟是先有此理又曰無極者只

近思録　卷之一　一

圖 2-12　葉采集解、吳勉學校閱《分類經進近思録集解》，
明萬曆年間刻本，
上海圖書館藏

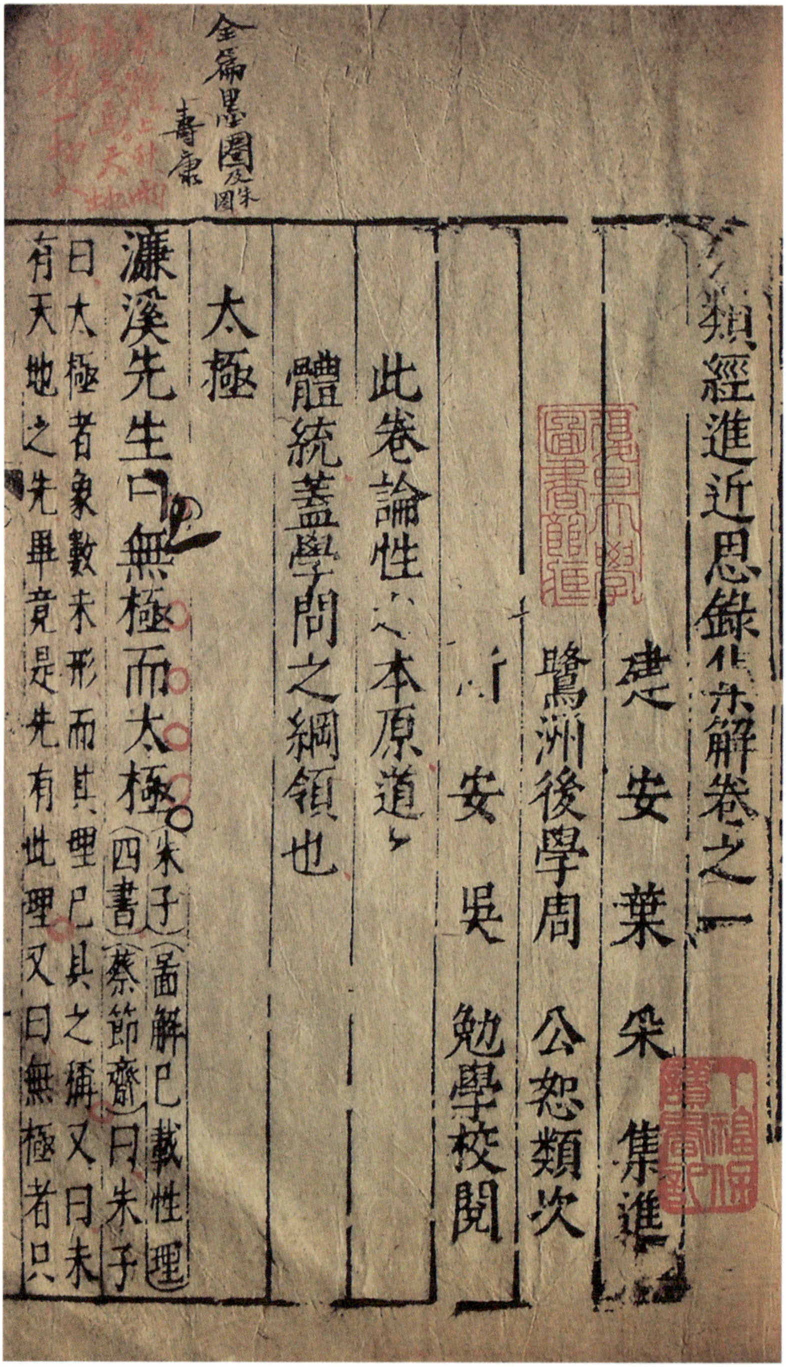
全篇墨圈及朱圈 壽康
分類經進近思錄集解卷之一
建安葉采集進
鷺洲後學周公恕類次
新安吳勉學校閱
此卷論性之本原道之體統蓋學問之綱領也
太極
濂溪先生曰無極而太極○朱子（圖解已載性理）（四書）（蔡節齋）曰朱子
曰太極者象數未形而其理已具之稱又曰未
有天地之先畢竟是先有此理又曰無極者只

圖 2-13　葉采集解、吴勉學校閲《分類經進近思録集解》，
明代建陽楊璧卿刻本，
復旦大學藏

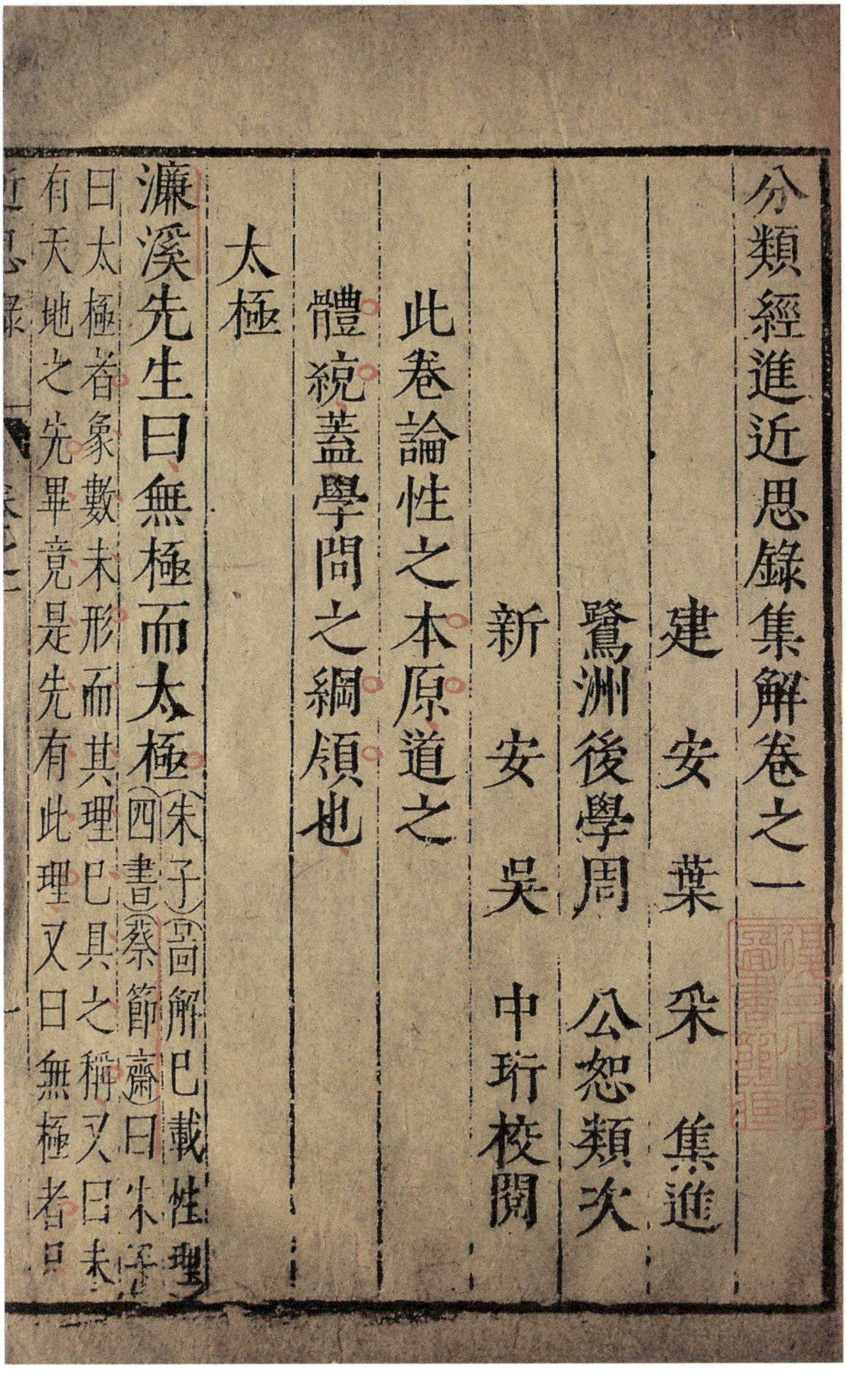
分類經進近思錄集解卷之一
建安 葉采 集進
鷺洲後學周 公恕類次
新安 吳 中珩校閱
此卷論性之本原道之
體統蓋學問之綱領也
太極
濂溪先生曰無極而太極朱子圖解已載性理四書蔡節齋曰朱子
曰太極者象數未形而其理已具之稱又曰未
有天地之先畢竟是先有此理又曰無極者只

圖 2-15　葉采集解、吳中珩校閱《分類經進近思録集解》，
明末刊本，
復旦大學藏

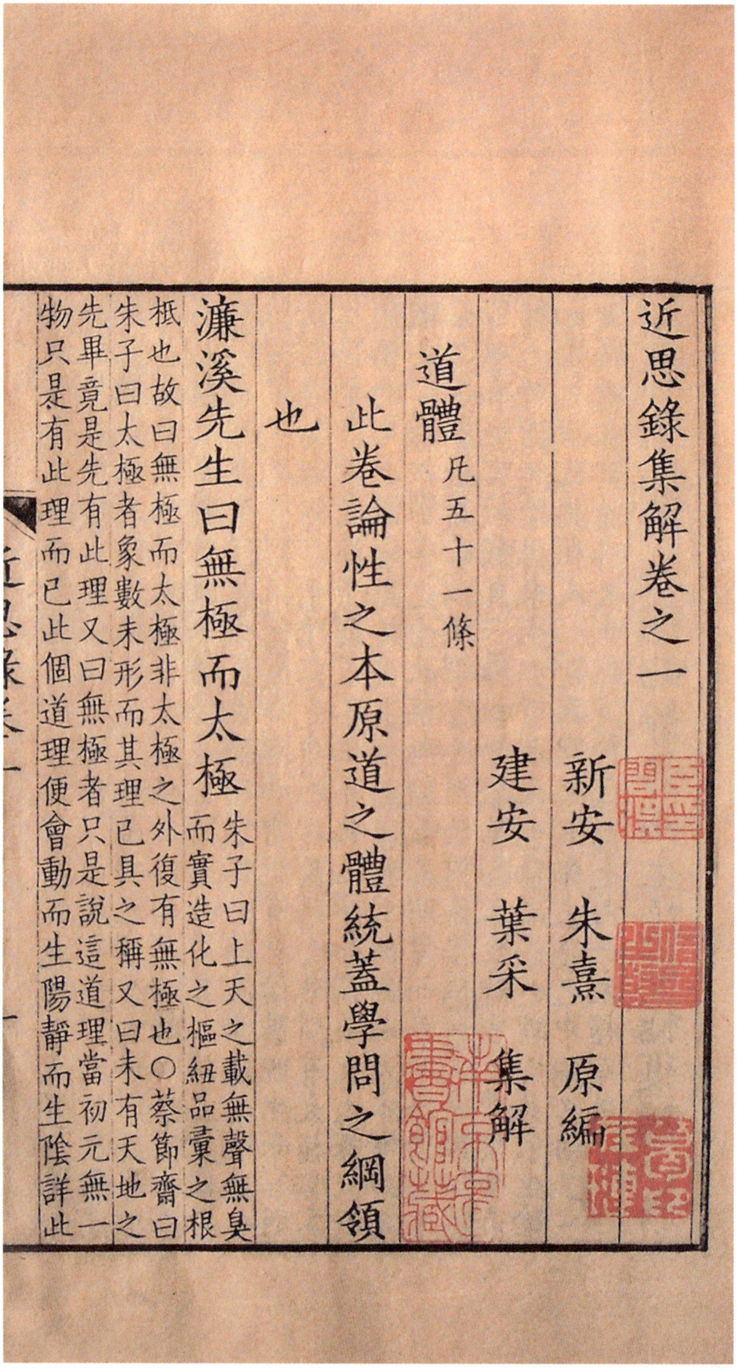

近思錄集解卷之一

新安　朱熹　原編

建安　葉采　集解

道體凡五十一條

此卷論性之本原道之體統蓋學問之綱領也

濂溪先生曰無極而太極朱子曰上天之載無聲無臭而實造化之樞紐品彙之根柢也故曰無極而太極非太極之外復有無極也○蔡節齋曰朱子曰太極者象數未形而其理已具之稱又曰未有天地之先畢竟是先有此理又曰無極者只是說這道理當初元無一物只是有此理而已此個道理便會動而生陽靜而生陰詳此

圖 2-18　葉采《近思録集解》，
清康熙年間邵仁泓校刊本，
南京圖書館藏

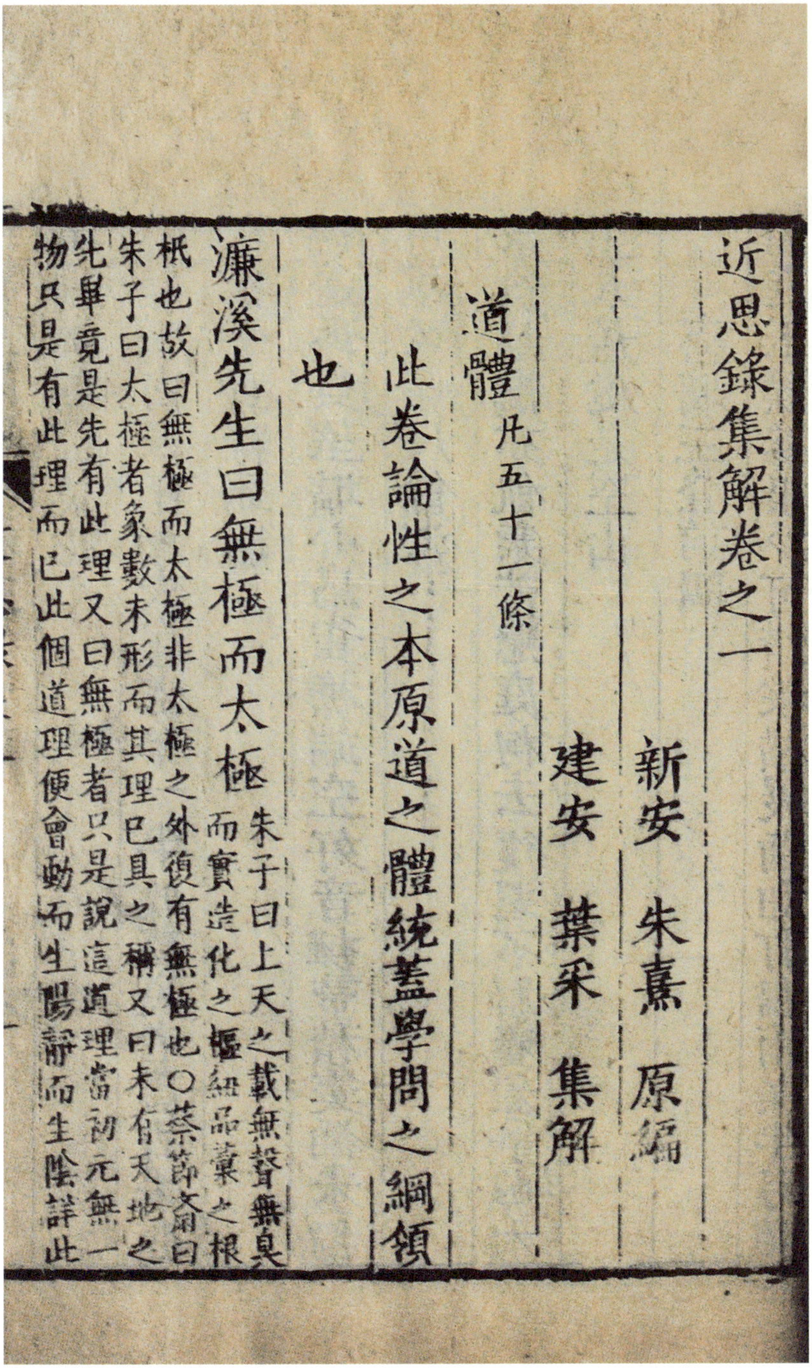

近思錄集解卷之一

新安　朱熹　原編

建安　葉采　集解

道體　凡五十一條

此卷論性之本原道之體統蓋學問之綱領也

濂溪先生曰無極而太極　朱子曰上天之載無聲無臭而實造化之樞紐品彙之根柢也故曰無極而太極非太極之外復有無極也○蔡節齋曰朱子曰太極者象數未形而其理已具之稱又曰未有天地之先畢竟是先有此理又曰無極者只是說這道理當初元無一物只是有此理而已此個道理便會動而生陽靜而生陰詳此

圖 2-20　葉采《近思録集解》，
清雍正年間三多齋重刻本，
湖南圖書館藏

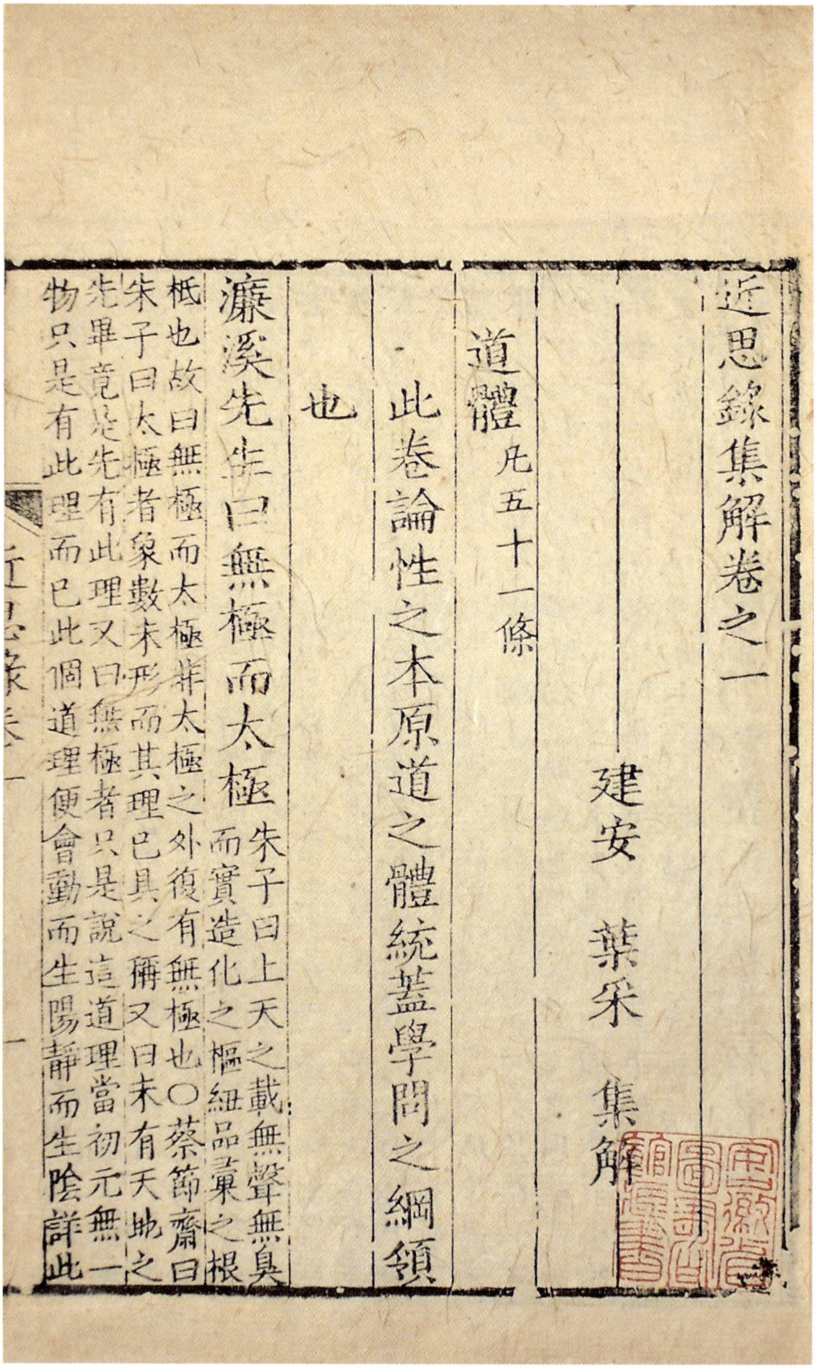

近思錄集解卷之一

建安　葉采　集解

道體凡五十一條

此卷論性之本原道之體統蓋學問之綱領也

濂溪先生曰無極而太極朱子曰上天之載無聲無臭而實造化之樞紐品彙之根柢也故曰無極而太極非太極之外復有無極也○蔡節齋曰朱子曰太極者象數未形而其理已具之稱又曰未有天地之先畢竟是先有此理又曰無極者只是說這道理當初元無一物只是有此理而已此個道理便會動而生陽靜而生陰詳此

近思錄卷之一　一

安徽省圖書館藏書

圖 2-21　葉采《近思録集解》，
清康熙年間柯崇樸重刻本，
安徽省圖書館藏

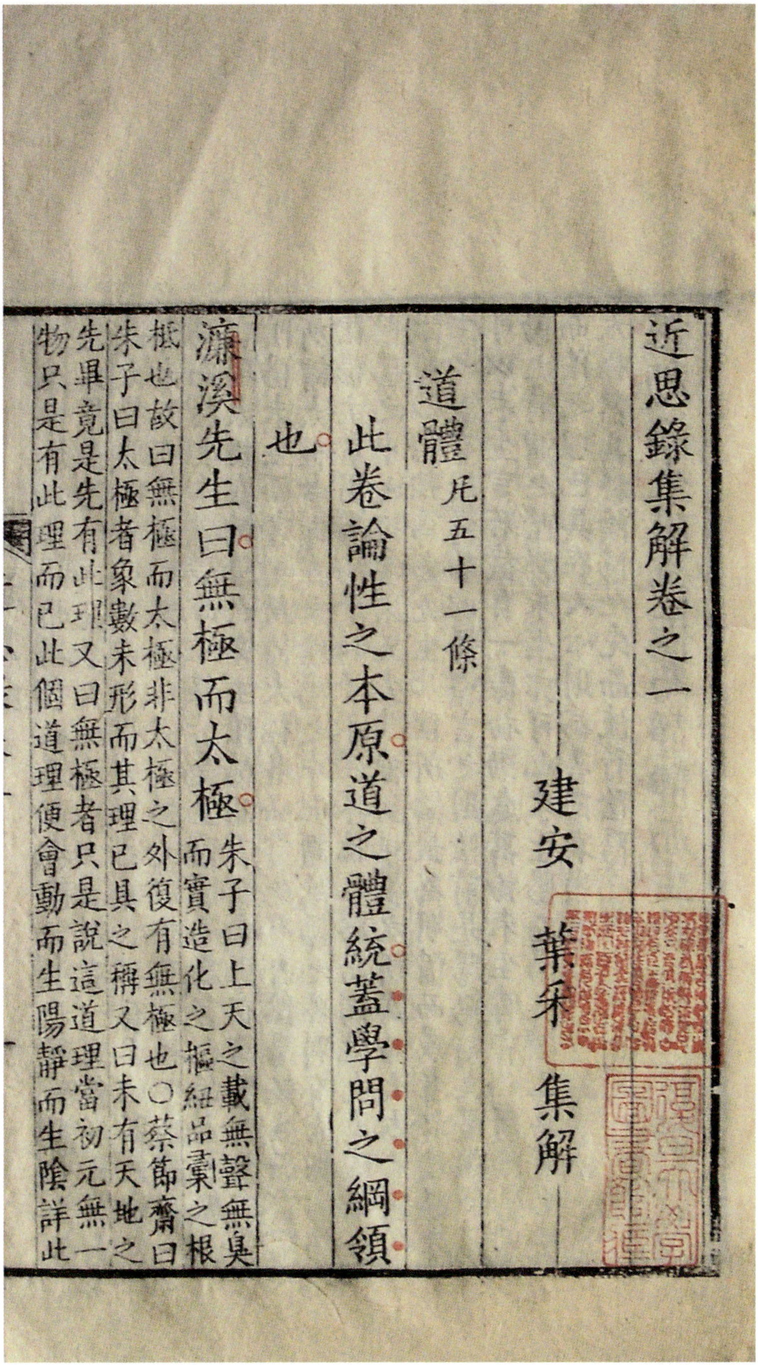
近思錄集解卷之一

建安　葉采　集解

道體　凡五十一條

此卷論性之本原道之體統蓋學問之綱領也

濂溪先生曰無極而太極　朱子曰上天之載無聲無臭而實造化之樞紐品彙之根柢也故曰無極而太極非太極之外復有無極也○蔡節齋曰朱子曰太極者象數未形而其理已具之稱又曰未有天地之先畢竟是先有此理又曰無極者只是說這道理當初元無一物只是有此理而已此個道理便會動而生陽靜而生陰詳此

圖 2-22　葉采《近思録集解》，
清雍正三年尚義堂重刻本，
復旦大學藏

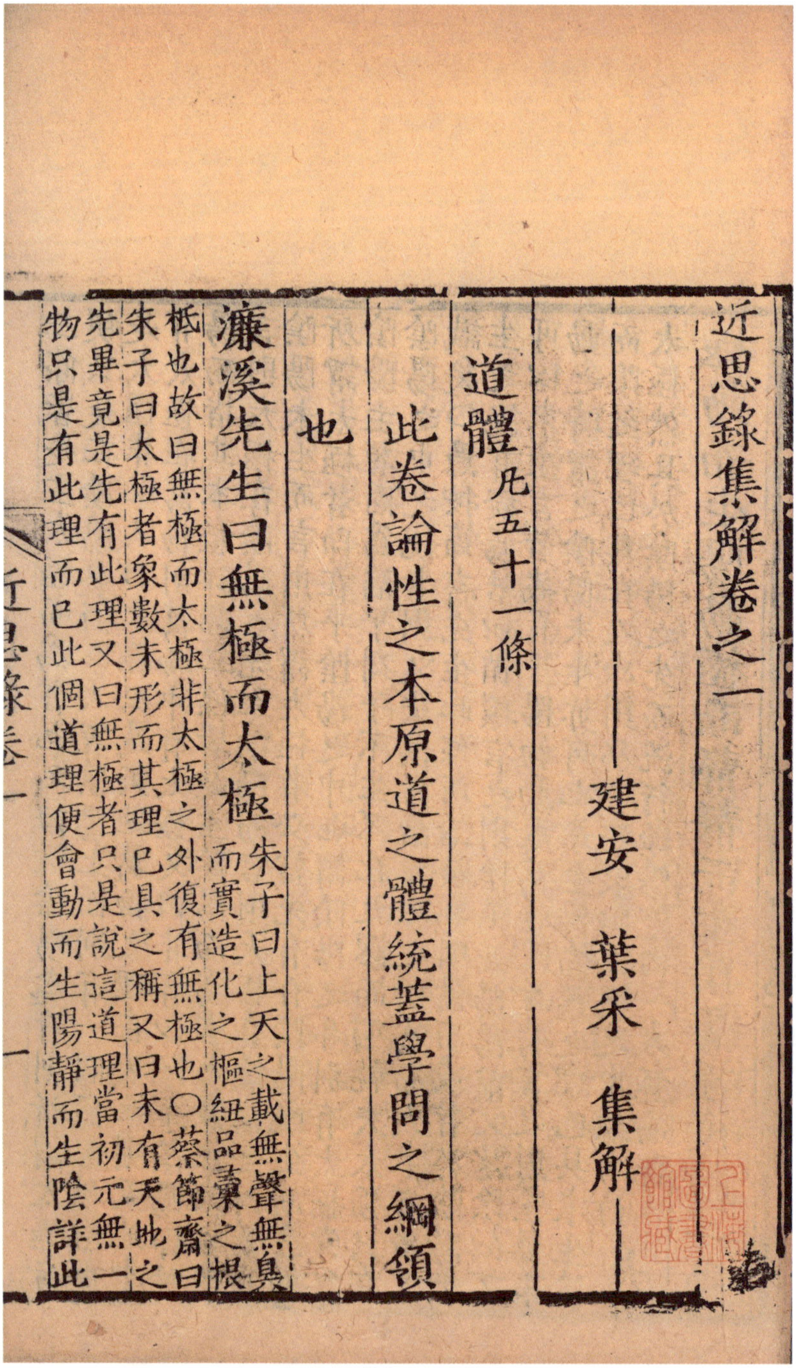

近思錄集解卷之一

建安　葉采　集解

道體　凡五十一條

此卷論性之本原道之體統蓋學問之綱領也

濂溪先生曰無極而太極　朱子曰上天之載無聲無臭而實造化之樞紐品彙之根柢也故曰無極而太極非太極之外復有無極也〇蔡節齋曰朱子曰太極者象數未形而其理已具之稱又曰未有天地之先畢竟是先有此理又曰無極者只是說這道理當初元無一物只是有此理而已此個道理便會動而生陽靜而生陰詳此

近思錄卷一　一

圖 2-23　葉采《近思録集解》，
清代在兹堂刻本，
上海圖書館藏

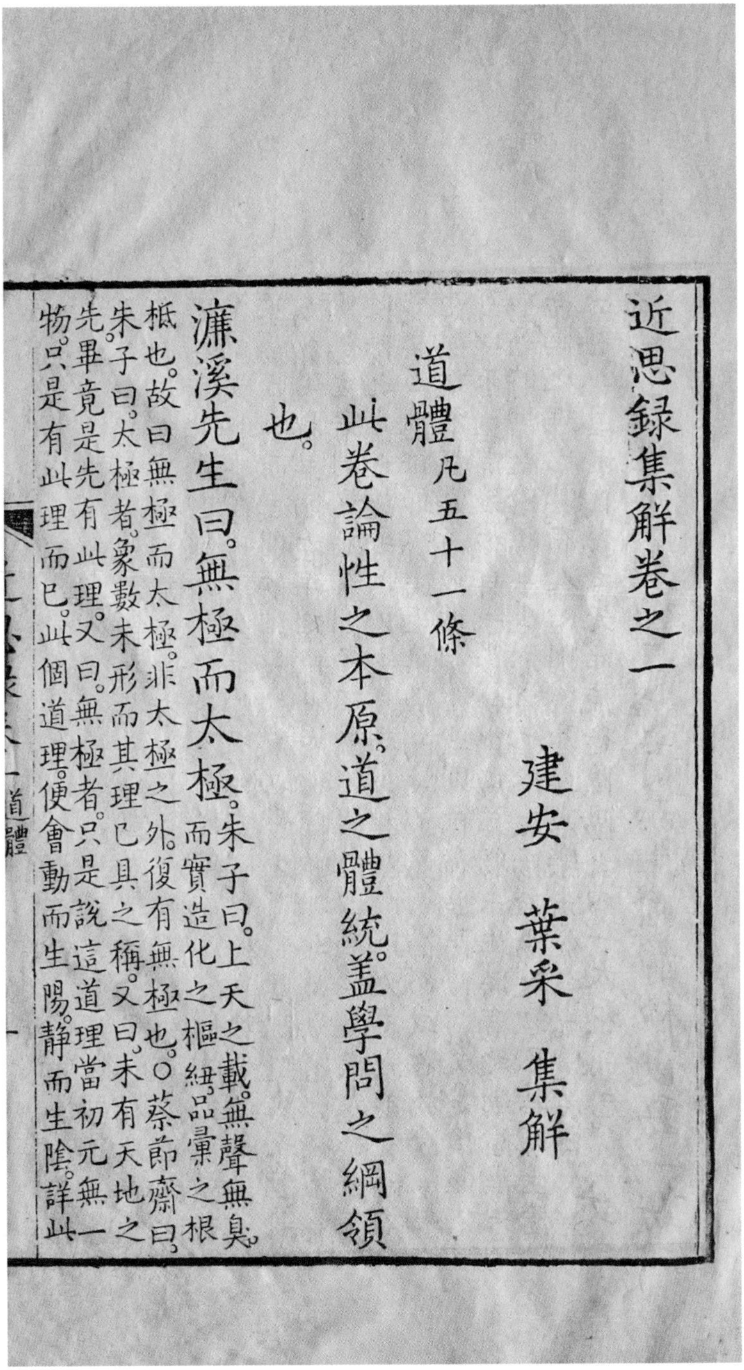

圖 2-24 葉采《近思録集解》，
清乾隆元年培遠堂刻本，
湖南圖書館藏

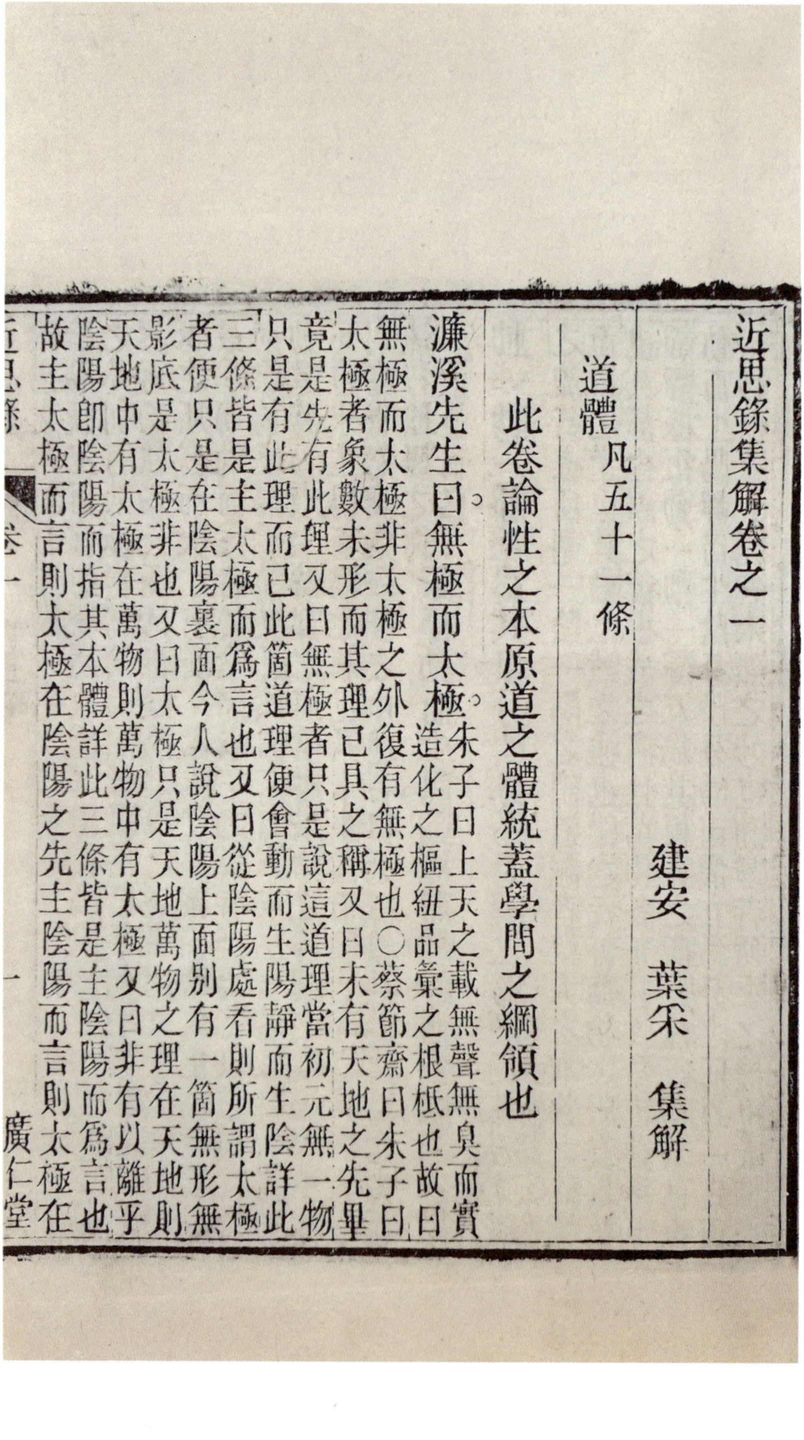

近思錄集解卷之一

建安　葉采　集解

道體凡五十一條

此卷論性之本原道之體統蓋學問之綱領也

濂溪先生曰無極而太極○朱子曰上天之載無聲無臭而實造化之樞紐品彙之根柢也故曰無極而太極非太極之外復有無極也○蔡節齋曰朱子曰太極者象數未形而其理已具之稱又曰未有天地之先畢竟是先有此理又曰無極者只是說這道理當初元無一物只是有此理而已此箇道理便會動而生陽靜而生陰詳此三條皆是主太極而爲言也又曰從陰陽處看則所謂太極者便只是在陰陽裏面今人說陰陽上面別有一箇無形無影底是太極非也又曰太極只是天地萬物之理在天地則天地中有太極在萬物則萬物中有太極又曰非有以離乎陰陽卽陰陽而指其本體詳此三條皆是主陰陽而爲言也故主太極而言則太極在陰陽之先主陰陽而言則太極在

近思錄　卷一　一　廣仁堂

葉采《近思録集解》，
清光绪十年津河廣仁堂刻本，
蘇州大學藏

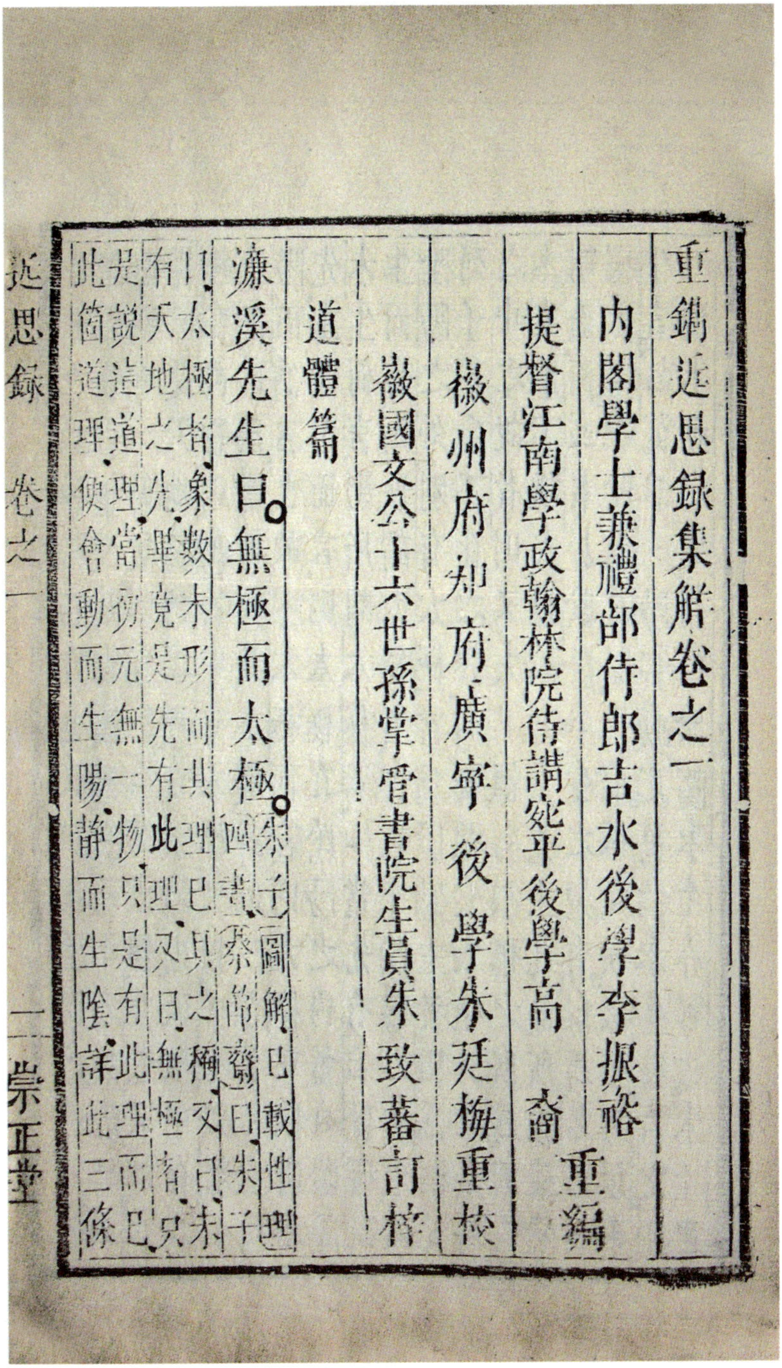

重鐫近思録集解卷之一

内閣學士兼禮部侍郎吉水後學李振裕
提督江南學政翰林院侍講宛平後學高裔 重編
徽州府知府廣寧後學朱廷梅重校
徽國文公十六世孫掌晋書院生員朱致蕃訂梓

道體篇

濂溪先生曰。無極而太極。朱子圖解已載性理四書。蔡節齋曰。朱子曰。太極者。象數未形。而其理已具之稱。又曰。未有天地之先。畢竟是先有此理。又曰。無極者。只是說這道理。當初元無一物。只是有此理而已。此箇道理。便會動而生陽。靜而生陰。詳此三條

近思録　卷之一　一　崇正堂

圖 2-28　李振裕、高裔重編《重鐫近思録集解》，
清康熙二十八年崇正堂刊本，
湖南圖書館藏

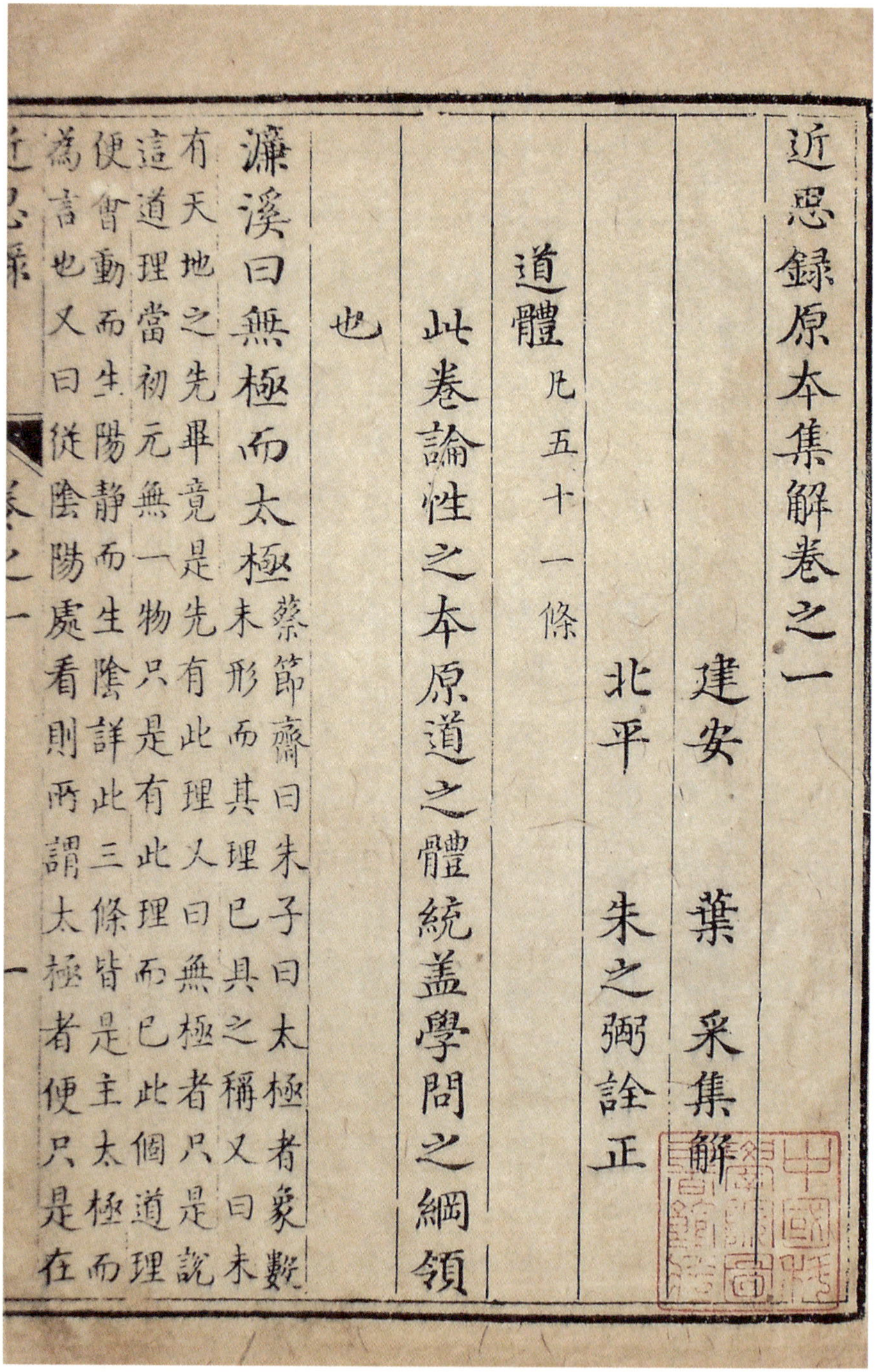
近思録原本集解卷之一
建安　葉　采集解
北平　朱之弼詮正
道體凡五十一條
此卷論性之本原道之體統蓋學問之綱領也
濂溪曰無極而太極蔡節齋曰朱子曰太極者象數未形而其理已具之稱又曰未有天地之先畢竟是先有此理又曰無極者只是說這道理當初元無一物只是有此理而已此個道理便會動而生陽靜而生陰詳此三條皆是主太極而為言也又曰從陰陽處看則所謂太極者便只是在
近思録　卷之一　一

圖 2-30　葉采集解、朱之弼詮正《近思録原本集解》，
清康熙十三年刻本，
中國科學院圖書館藏

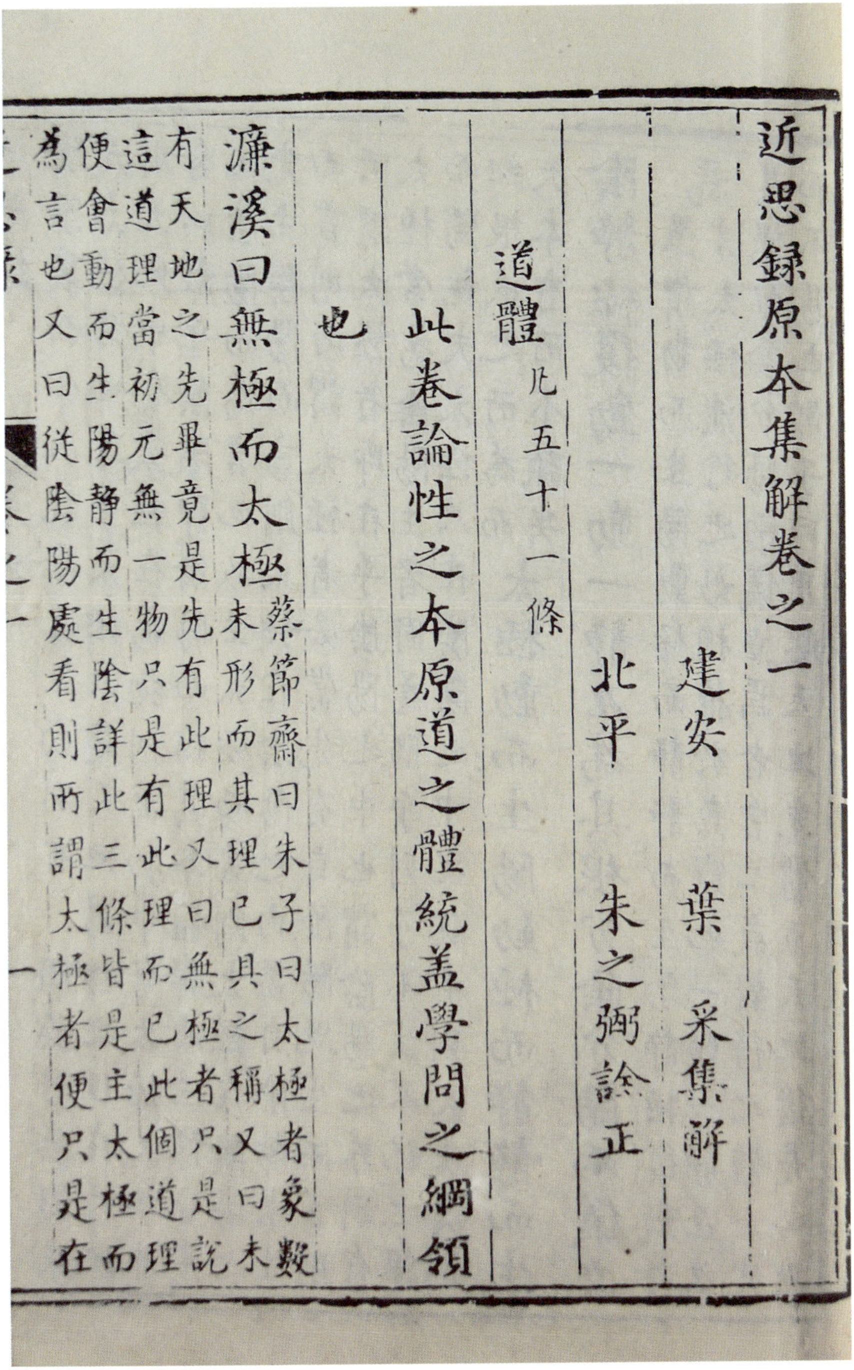

近思録原本集解卷之一

建安　葉　采集解

北平　朱之弼詮正

道體凡五十一條

此卷論性之本原道之體統蓋學問之綱領也

濂溪曰無極而太極蔡節齋曰朱子曰太極者象數未形而其理已具之稱又曰未有天地之先畢竟是先有此理又曰無極者只是說這道理當初元無一物只是有此理而已此個道理便會動而生陽靜而生陰詳此三條皆是主太極而爲言也又曰從陰陽處看則所謂太極者便只是在

圖 2-32　葉采集解、朱之弼詮正《近思録原本集解》，
清代天心閣刻本，
寧波天一閣藏

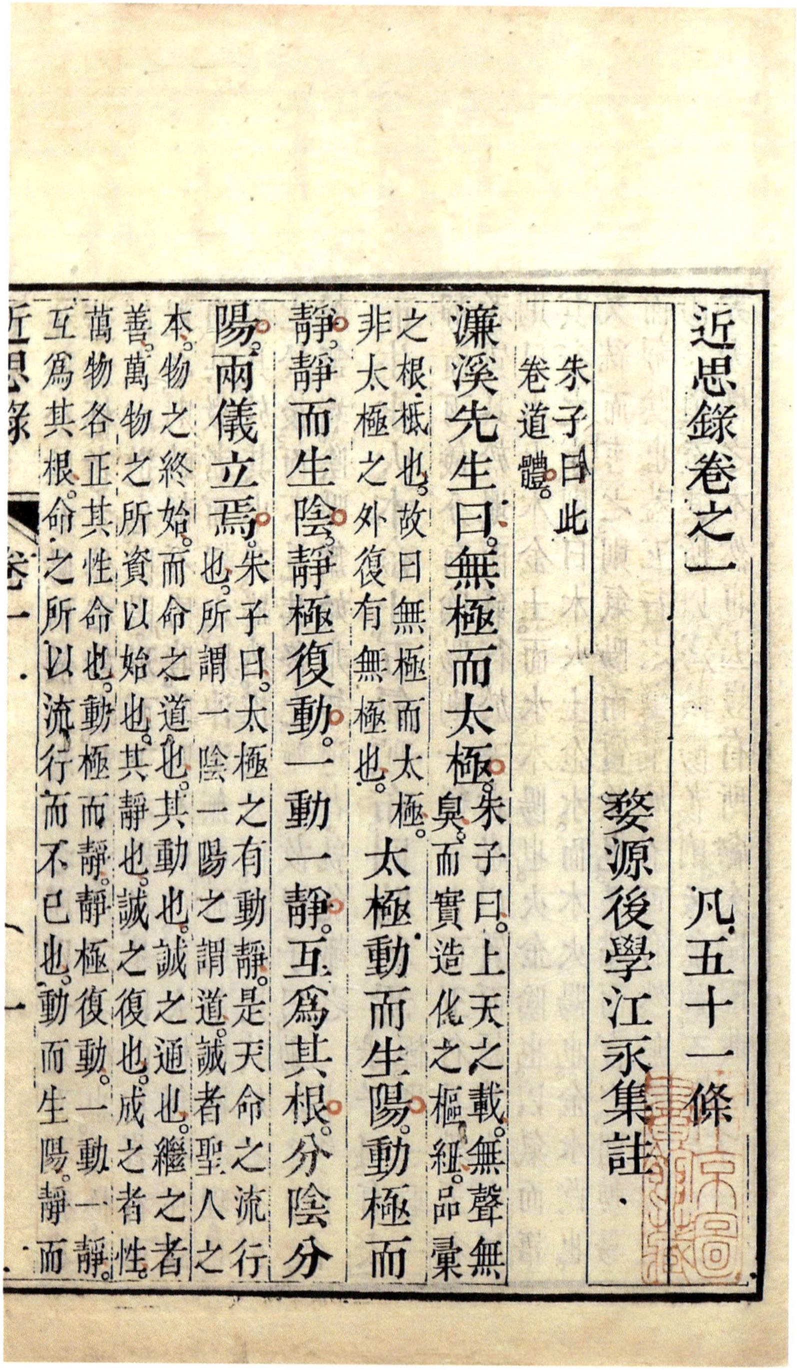
近思錄卷之一　　凡五十一條

婺源後學江永集註

朱子曰此卷道體

濂溪先生曰無極而太極朱子曰上天之載無聲無臭而實造化之樞紐品彙之根柢也故曰無極而太極非太極之外復有無極也太極動而生陽動極而靜靜而生陰靜極復動一動一靜互爲其根分陰分陽兩儀立焉朱子曰太極之有動靜是天命之流行也所謂一陰一陽之謂道誠者聖人之本物之終始而命之道也其動也誠之通也繼之者善萬物之所資以始也其靜也誠之復也成之者性萬物各正其性命也動極而靜靜極復動一動一靜互爲其根命之所以流行而不已也動而生陽靜而

近思錄　卷一

圖 2-33　江永《近思録集注》，
清嘉慶十二年婺源李承端刊本，
南京圖書館藏

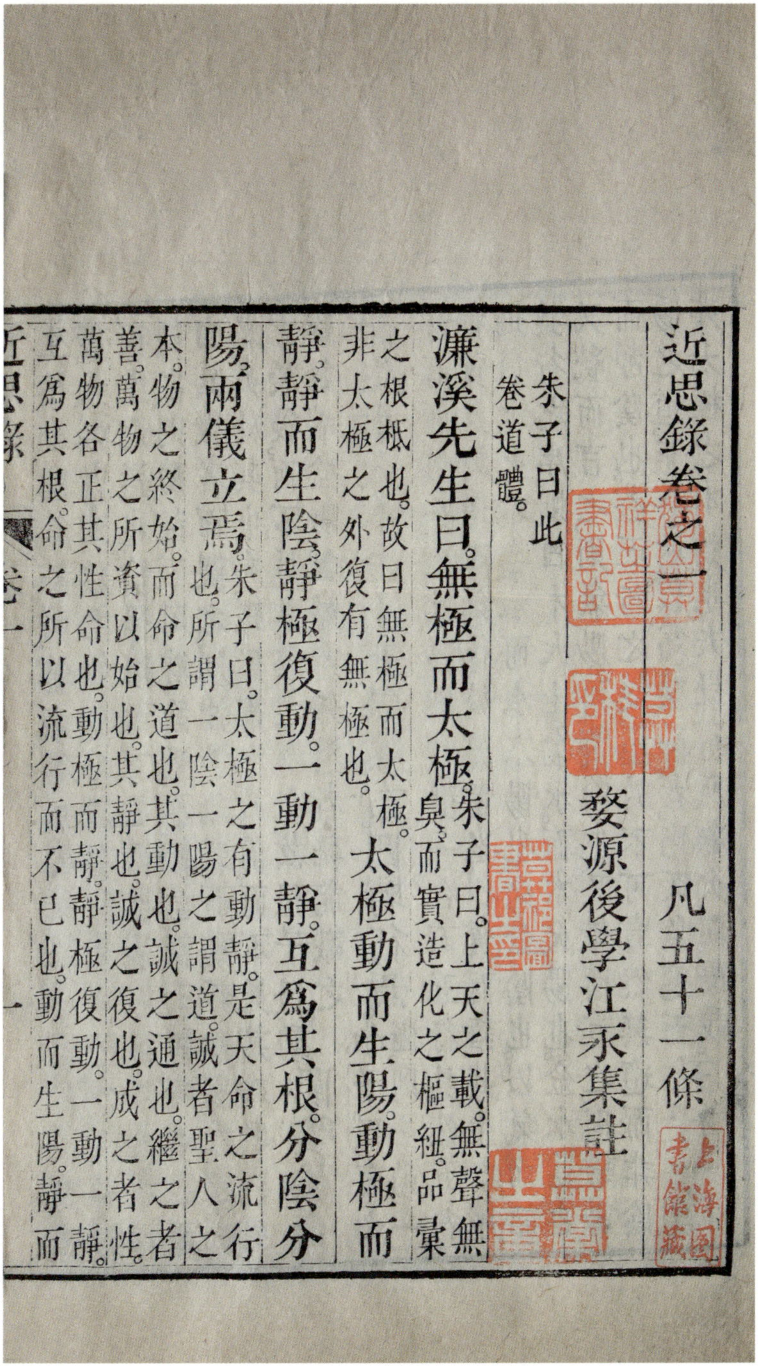

圖 2-34　江永《近思録集注》，
清嘉慶十二年婺源李承端刊本，
上海圖書館藏

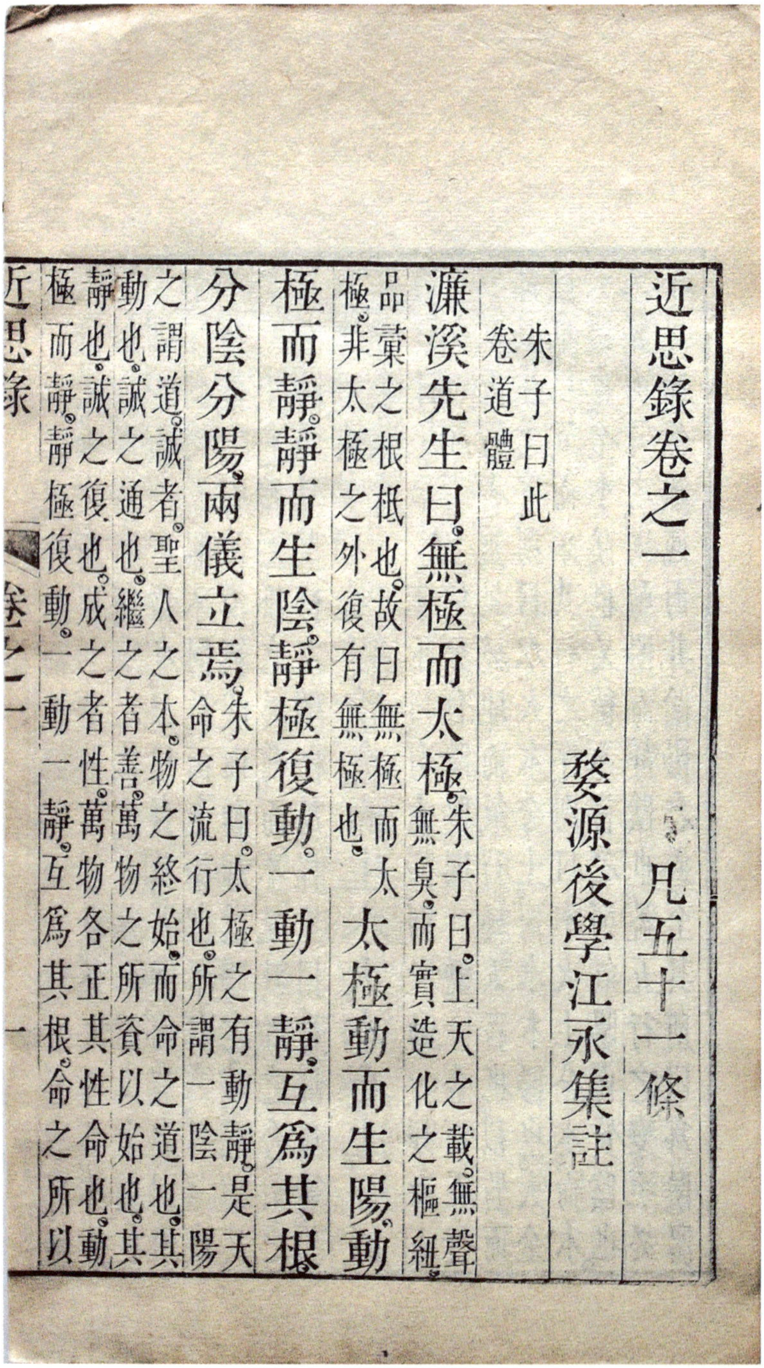

近思錄卷之一　凡五十一條

婺源後學江永集註

朱子曰此卷道體

濂溪先生曰無極而太極朱子曰上天之載無聲無臭而實造化之樞紐品彙之根柢也故曰無極而太極非太極之外復有無極也太極動而生陽動極而靜靜而生陰靜極復動一動一靜互爲其根分陰分陽兩儀立焉朱子曰太極之有動靜是天命之流行也所謂一陰一陽之謂道誠者聖人之本物之終始而命之道也其動也誠之通也繼之者善萬物之所資以始也其靜也誠之復也成之者性萬物各正其性命也動極而靜靜極復動一動一靜互爲其根命之所以

近思錄　卷之一　一

圖 2-35　江永《近思録集注》，
清道光五年婺源一經堂刻本，
湖南圖書館藏

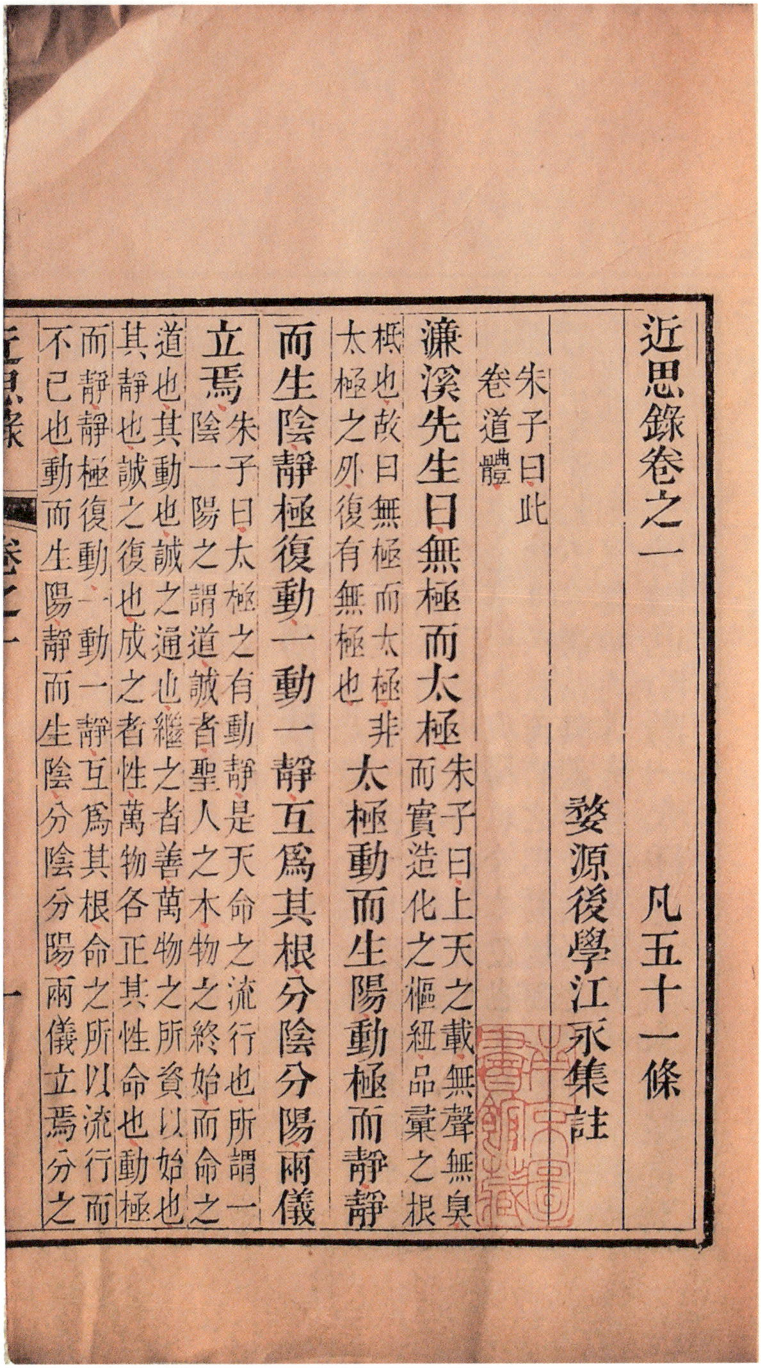

近思錄卷之一

凡五十一條

婺源後學江永集註

朱子曰此卷道體

濂溪先生曰無極而太極朱子曰上天之載無聲無臭而實造化之樞紐品彙之根柢也故曰無極而太極非太極之外復有無極也太極動而生陽動極而靜靜而生陰靜極復動一動一靜互爲其根分陰分陽兩儀立焉朱子曰太極之有動靜是天命之流行也所謂一陰一陽之謂道誠者聖人之本物之終始而命之道也其動也誠之通也繼之者善萬物之所資以始也其靜也誠之復也成之者性萬物各正其性命也動極而靜靜極復動一動一靜互爲其根命之所以流行而不已也動而生陽靜而生陰分陰分陽兩儀立焉分之

近思錄 卷之一 一

圖 2-36　江永《近思録集注》，
清道光二十四年大梁書院刻本，
南京圖書館藏

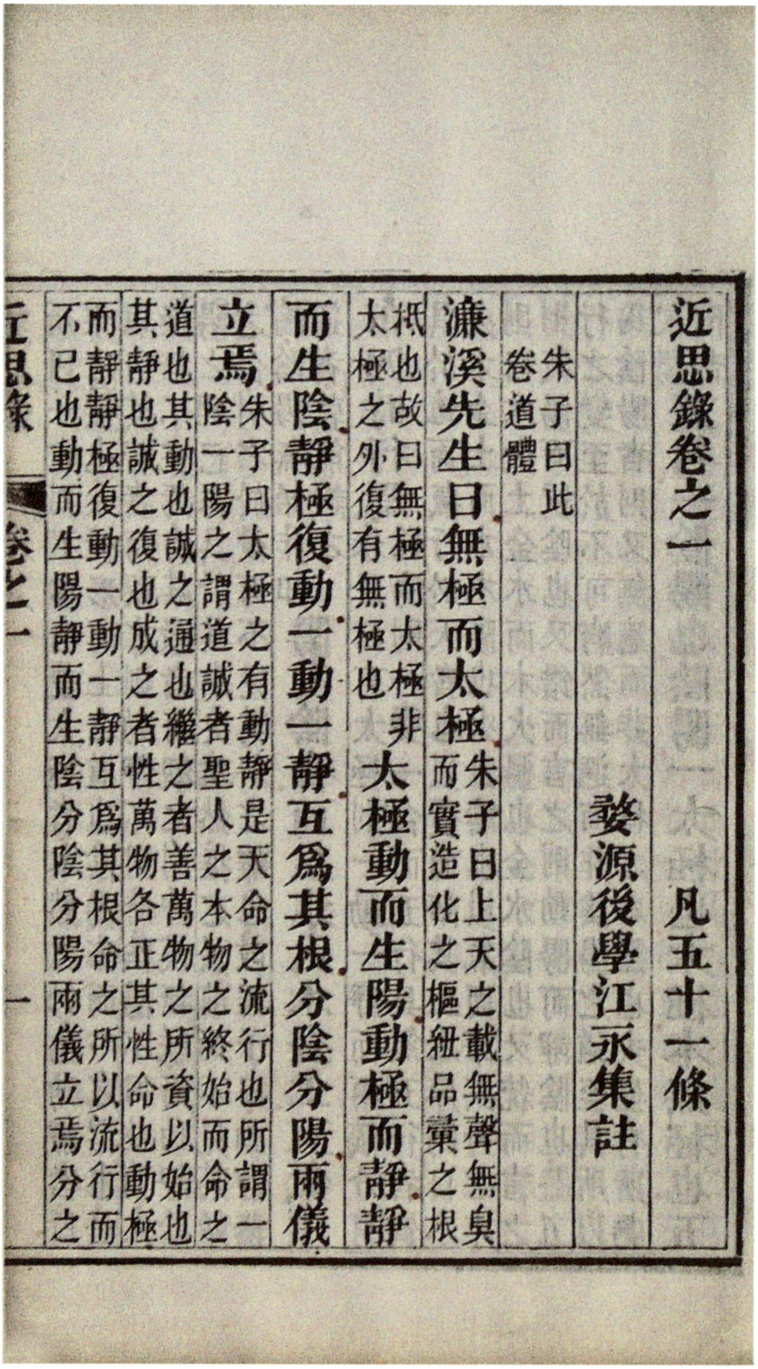
近思錄卷之一　凡五十一條
婺源後學江永集註
朱子曰此卷道體
濂溪先生曰無極而太極朱子曰上天之載無聲無臭而實造化之樞紐品彙之根柢也故曰無極而太極非太極之外復有無極也太極動而生陽動極而靜靜而生陰靜極復動一動一靜互爲其根分陰分陽兩儀立焉朱子曰太極之有動靜是天命之流行也所謂一陰一陽之謂道誠者聖人之本物之終始而命之道也其動也誠之通也繼之者善萬物之所資以始也其靜也誠之復也成之者性萬物各正其性命也動極而靜靜極復動一動一靜互爲其根命之所以流行而不已也動而生陽靜而生陰分陰分陽兩儀立焉分之
近思錄　卷之一　一

圖 2-37　江永《近思録集注》，
清咸豐三年醉經堂刻本，
湖南圖書館藏

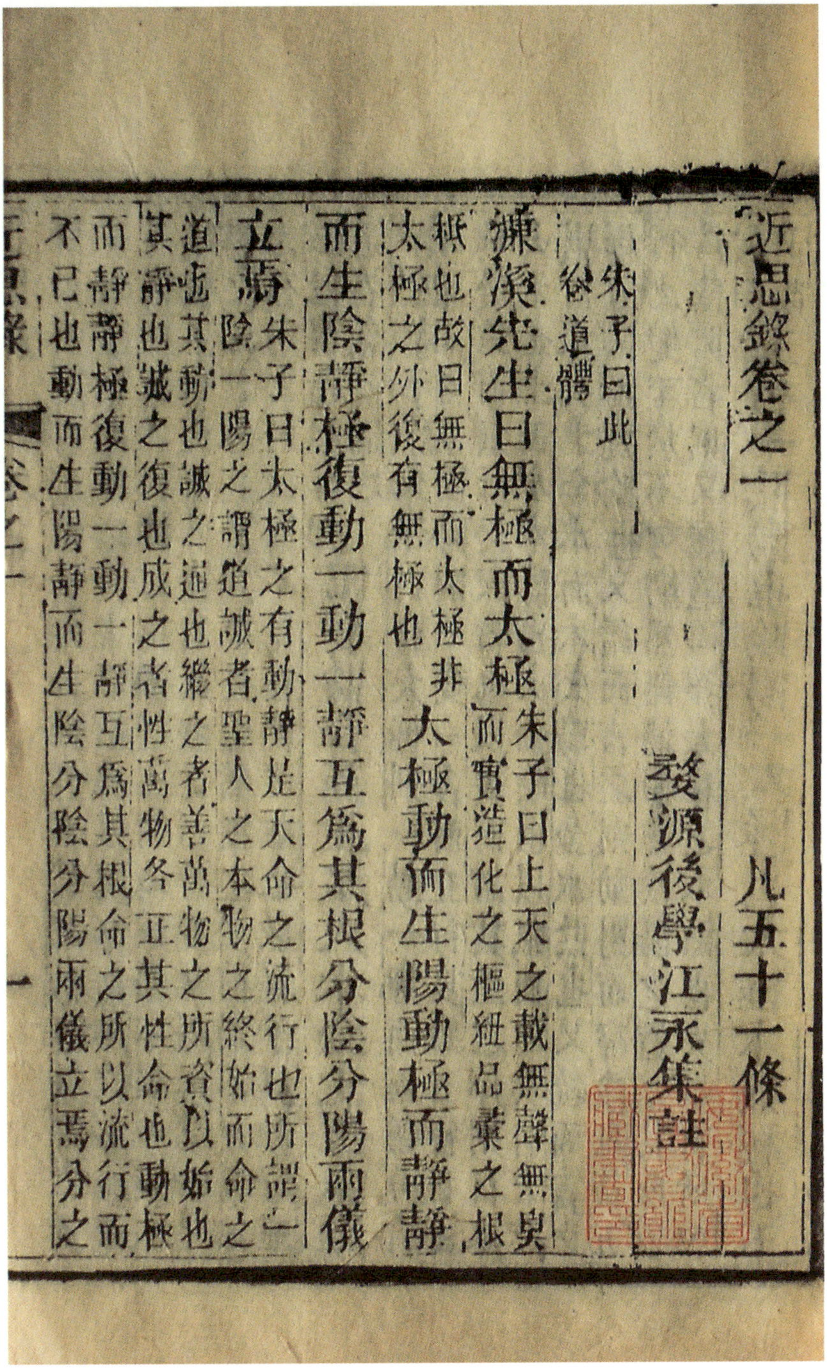

近思錄卷之一　凡五十一條

婺源後學江永集註

朱子曰此卷道體

濂溪先生曰無極而太極朱子曰上天之載無聲無臭而實造化之樞紐品彙之根柢也故曰無極而太極非太極之外復有無極也太極動而生陽動極而靜靜而生陰靜極復動一動一靜互為其根分陰分陽兩儀立焉朱子曰太極之有動靜是天命之流行也所謂一陰一陽之謂道誠者聖人之本物之終始而命之道也其動也誠之通也繼之者善萬物之所資以始也其靜也誠之復也成之者性萬物各正其性命也動極而靜靜極復動一動一靜互為其根命之所以流行而不已也動而生陽靜而生陰分陰分陽兩儀立焉分之

近思錄　卷之一　一

圖 2-38　江永《近思録集注》，
清光緒十五年金陵書局刻本，
安徽省圖書館藏

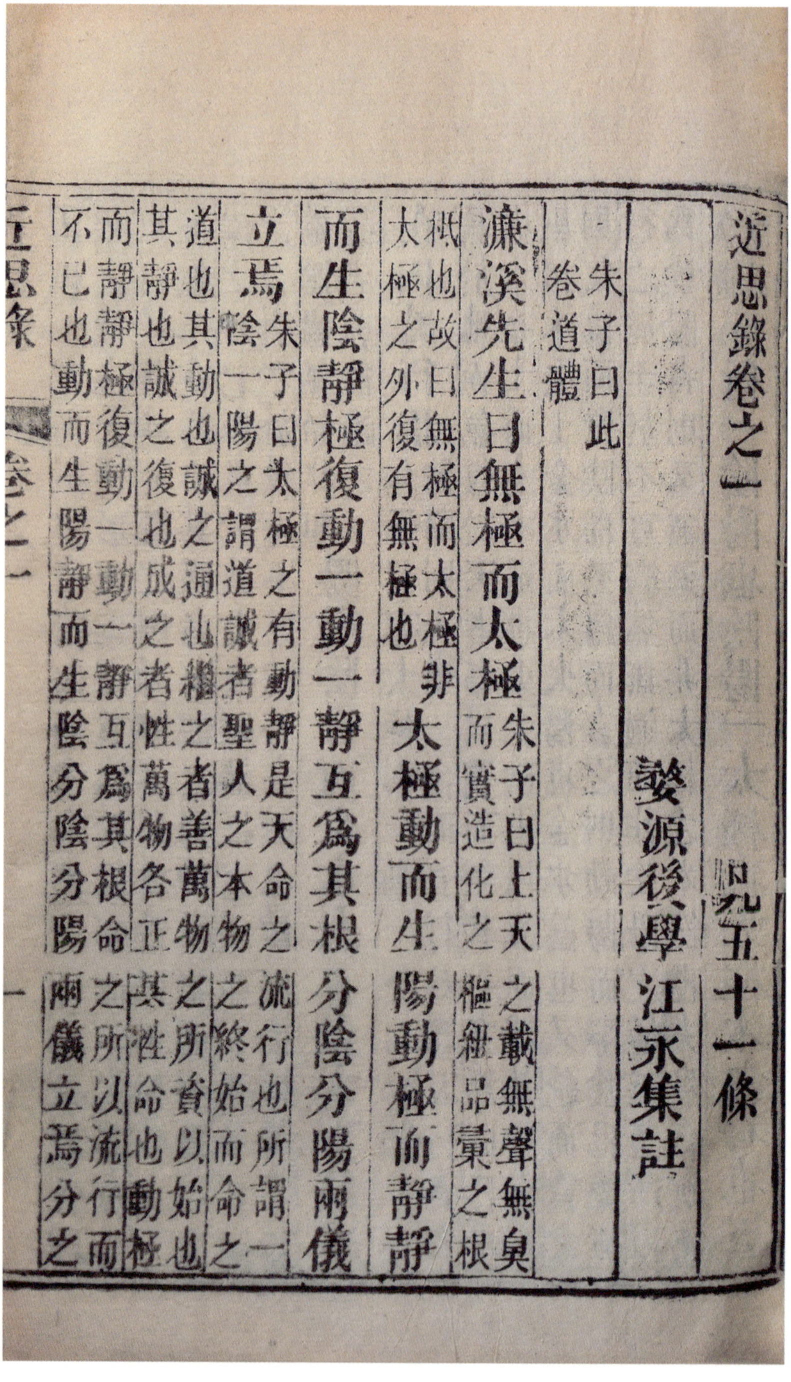
近思錄卷之一　凡五十一條

婺源後學江永集註

朱子曰此卷道體

濂溪先生曰無極而太極朱子曰上天之載無聲無臭而實造化之樞紐品彙之根柢也故曰無極而太極非太極之外復有無極也太極動而生陽動極而靜靜而生陰靜極復動一動一靜互爲其根分陰分陽兩儀立焉朱子曰太極之有動靜是天命之流行也所謂一陰一陽之謂道誠者聖人之本物之終始而命之道也其動也誠之通也繼之者善萬物之所資以始也其靜也誠之復也成之者性萬物各正其性命也動極而靜靜極復動一動一靜互爲其根命之所以流行而不已也動而生陽靜而生陰分陰分陽兩儀立焉分之

近思錄　卷之一　一

圖 2-42　江永《近思録集注》，
清光緒年間維新局校刊本，
華東師範大學藏

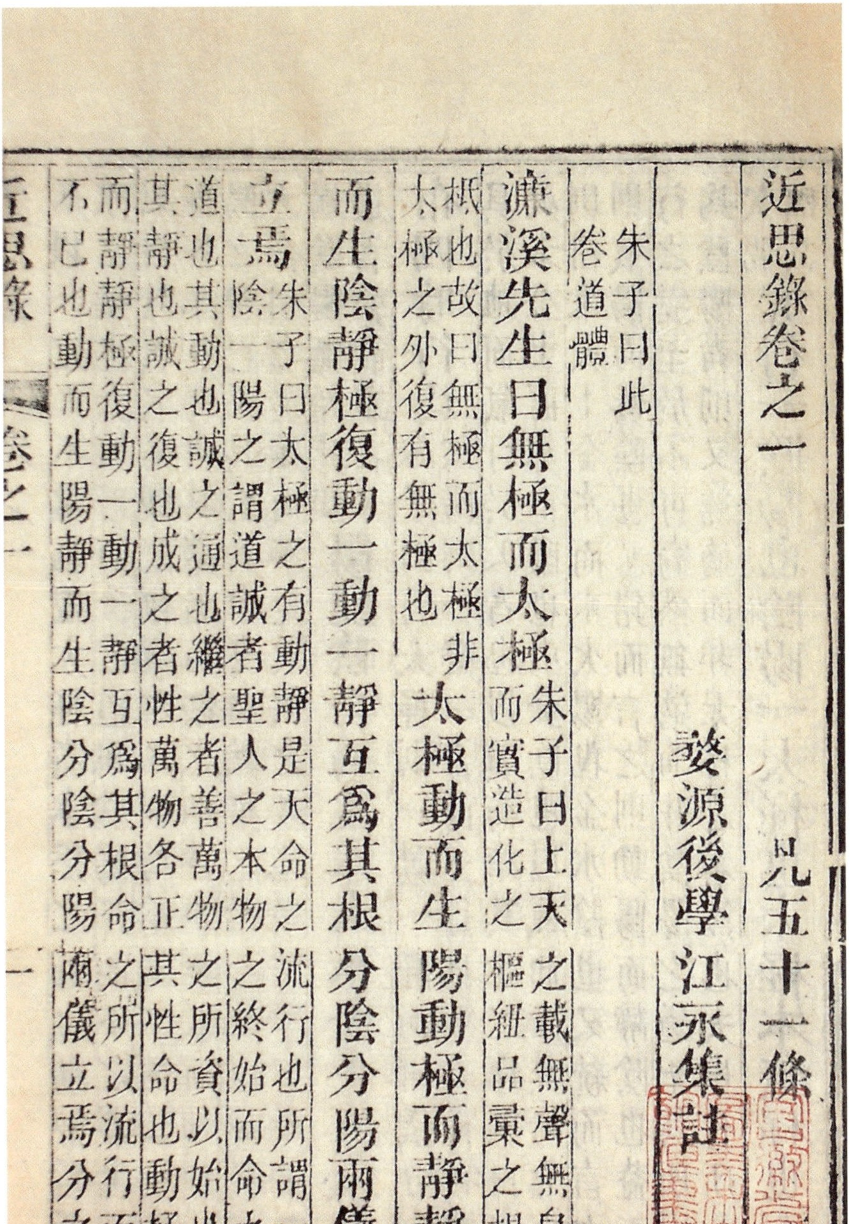
近思錄卷之一　凡五十一條

婺源後學江永集註

朱子曰此卷道體

濂溪先生曰無極而太極朱子曰上天之載無聲無臭而實造化之樞紐品彙之根柢也故曰無極而太極非太極之外復有無極也太極動而生陽動極而靜靜而生陰靜極復動一動一靜互爲其根分陰分陽兩儀立焉朱子曰太極之有動靜是天命之流行也所謂一陰一陽之謂道誠者聖人之本物之終始而命之道也其動也誠之通也繼之者善萬物之所資以始也其靜也誠之復也成之者性萬物各正其性命也動極而靜靜極復動一動一靜互爲其根命之所以流行而不已也動而生陽靜而生陰分陰分陽兩儀立焉分之

近思錄　卷之一　一

圖 2-43　江永《近思録集注》，
清光緒年間裕德局校刊本，
安徽省圖書館藏

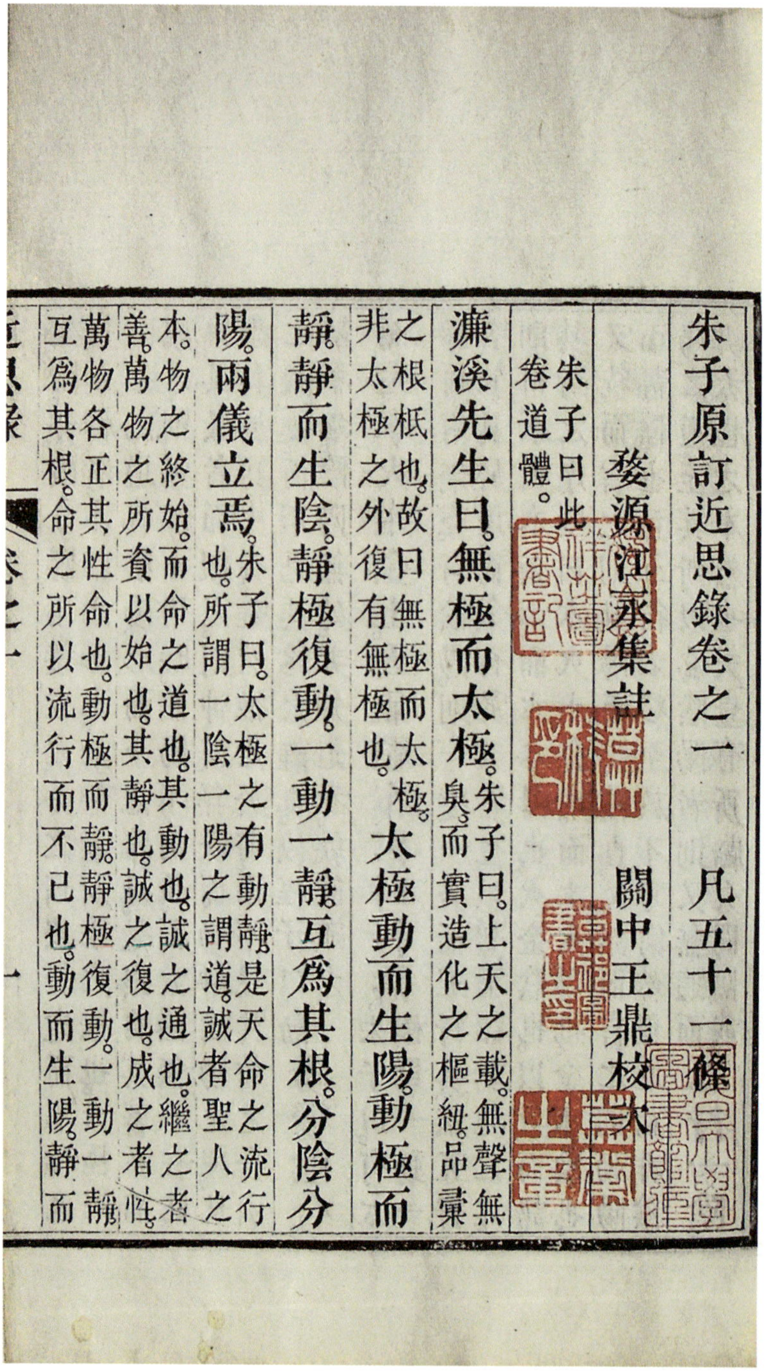
朱子原訂近思錄卷之一　凡五十一條

婺源江永集註　關中王鼎校

朱子曰此卷道體

濂溪先生曰無極而太極朱子曰上天之載無聲無臭而實造化之樞紐品彙之根柢也故曰無極而太極非太極之外復有無極也太極動而生陽動極而靜靜而生陰靜極復動一動一靜互爲其根分陰分陽兩儀立焉朱子曰太極之有動靜是天命之流行也所謂一陰一陽之謂道誠者聖人之本物之終始而命之道也其動也誠之通也繼之者善萬物之所資以始也其靜也誠之復也成之者性萬物各正其性命也動極而靜靜極復動一動一靜互爲其根命之所以流行而不已也動而生陽靜而

近思錄　卷之一　一

圖 2-45　江永《朱子原訂近思録集注》，
清嘉慶十九年江西藩署刊本，
復旦大學藏

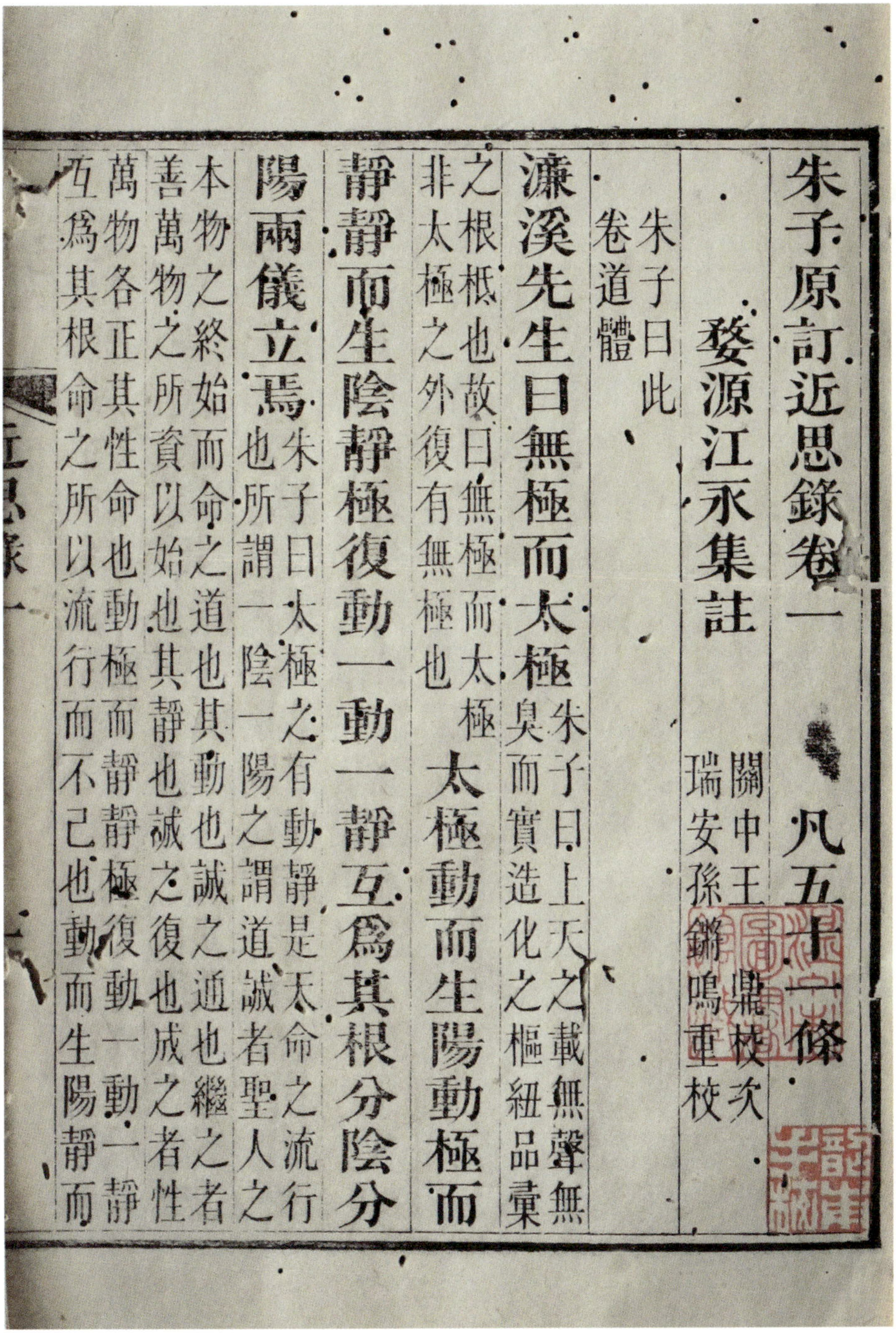
朱子原訂近思錄卷一　凡五十一條

婺源江永集註　關中王鼎校次　瑞安孫鏘鳴重校

朱子曰此卷道體

濂溪先生曰無極而太極朱子曰上天之載無聲無臭而實造化之樞紐品彙之根柢也故曰無極而太極非太極之外復有無極也太極動而生陽動極而靜靜而生陰靜極復動一動一靜互爲其根分陰分陽兩儀立焉朱子曰太極之有動靜是天命之流行也所謂一陰一陽之謂道誠者聖人之本物之終始而命之道也其動也誠之通也繼之者善萬物之所資以始也其靜也誠之復也成之者性萬物各正其性命也動極而靜靜極復動一動一靜互爲其根命之所以流行而不已也動而生陽靜而

圖 2-46　江永《朱子原訂近思録集注》，
清咸豐二年孫鏘鳴校刊本，
溫州市圖書館藏

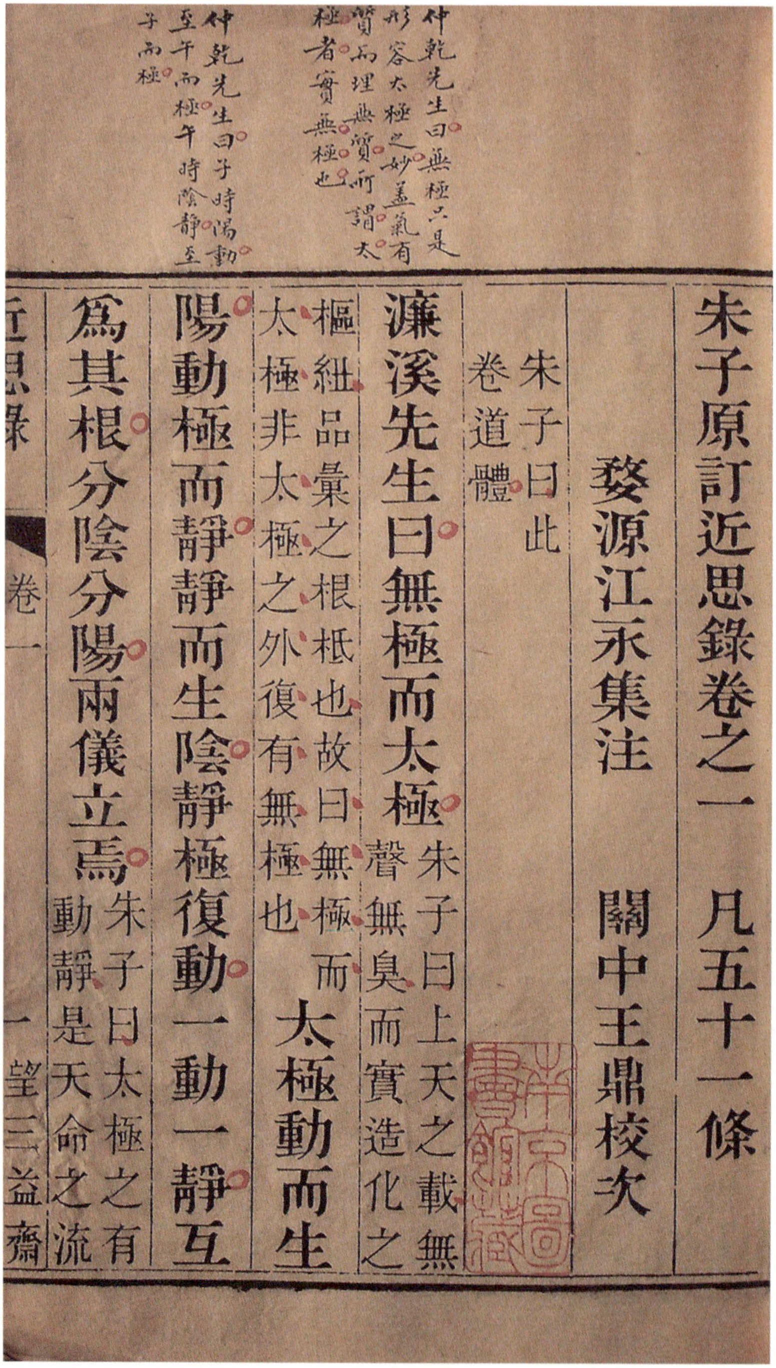
仲乾先生曰無極只是形容太極之妙蓋氣有質而理無質所謂太極者實無極也

仲乾先生曰子時陽動至午而極午時陰靜至子而極

朱子原訂近思錄卷之一　凡五十一條

婺源江永集注　關中王鼎校次

朱子曰此卷道體

濂溪先生曰無極而太極朱子曰上天之載無聲無臭而實造化之樞紐品彙之根柢也故曰無極而太極非太極之外復有無極也太極動而生陽動極而靜靜而生陰靜極復動一動一靜互爲其根分陰分陽兩儀立焉朱子曰太極之有動靜是天命之流

近思錄　卷一　一　望三益齋

圖 2-47　江永《朱子原訂近思録集注》，
清同治四年望三益齋刻本，
南京圖書館藏

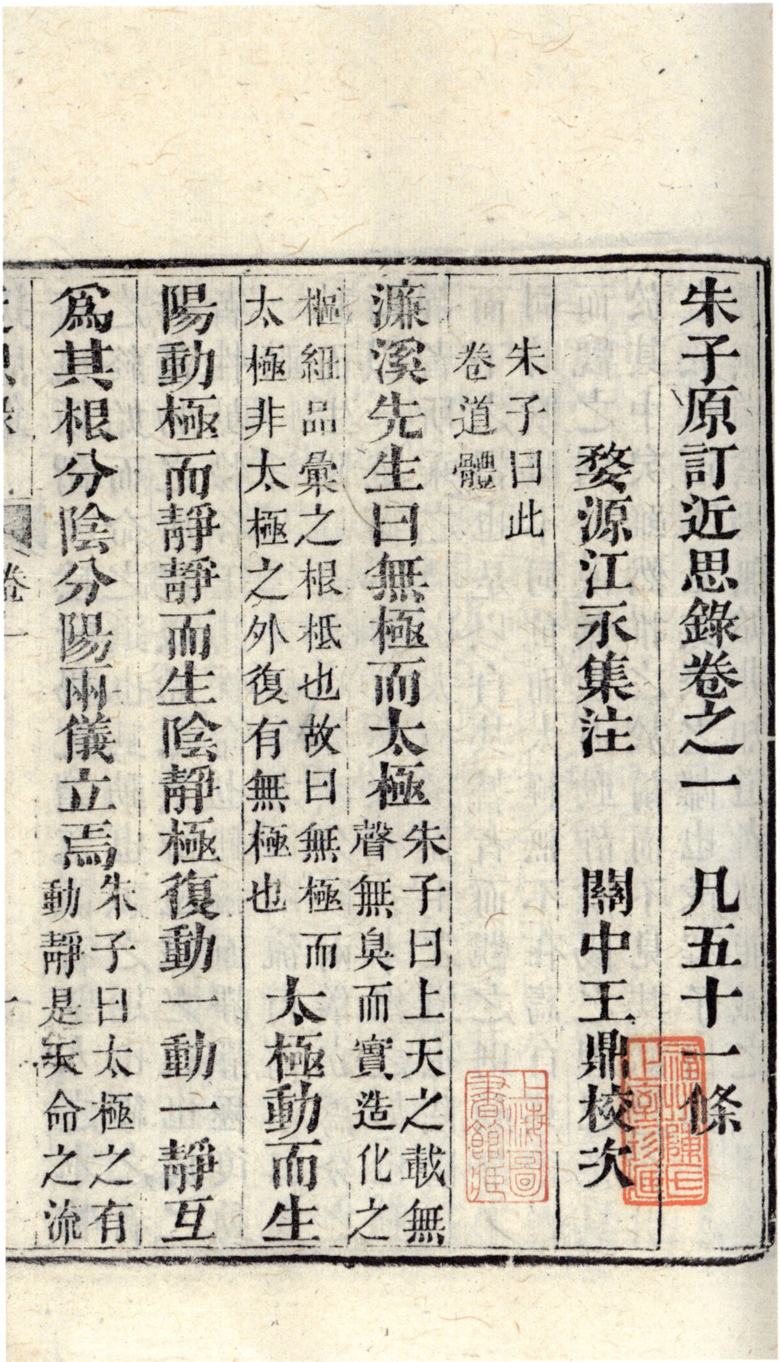
朱子原訂近思錄卷之一　凡五十一條
婺源江永集注　關中王鼎校次
朱子曰此卷道體
濂溪先生曰無極而太極朱子曰上天之載無聲無臭而實造化之樞紐品彙之根柢也故曰無極而太極非太極之外復有無極也太極動而生陽動極而靜靜而生陰靜極復動一動一靜互爲其根分陰分陽兩儀立焉朱子曰太極之有動靜是天命之流

圖 2-48　江永《朱子原訂近思録集注》，
清同治七年崇文書局重刻本，
上海圖書館藏

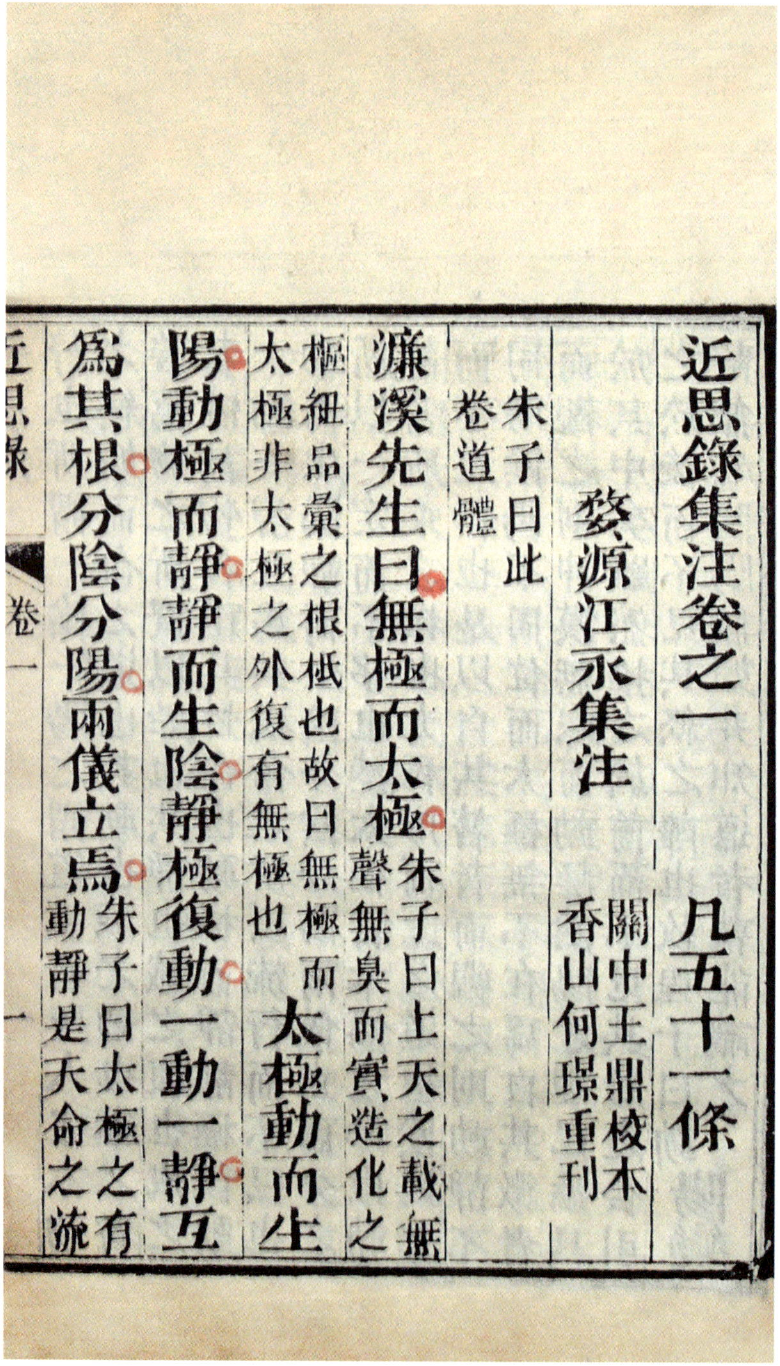

圖 2-49　江永《近思録集注》，
清光緒元年香山何璟重刻本，
湖南圖書館藏

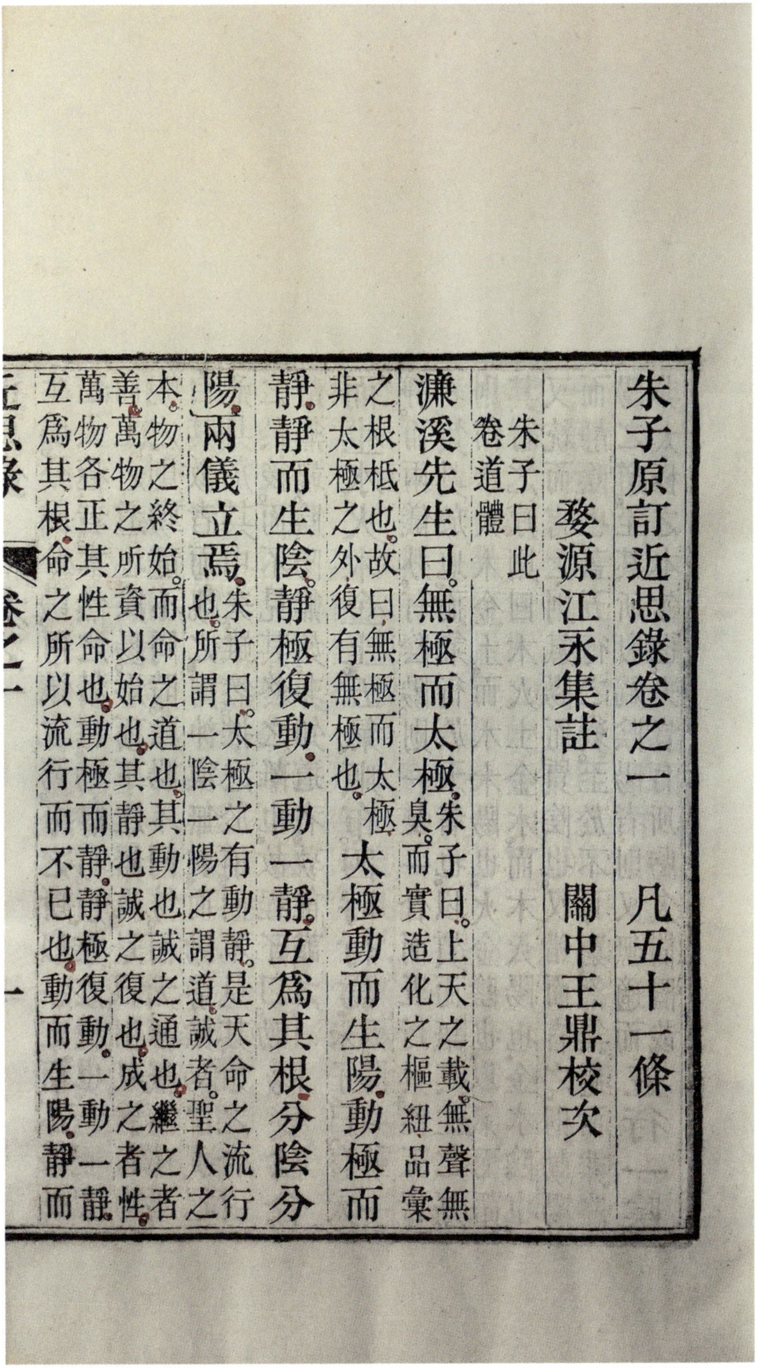
朱子原訂近思錄卷之一　凡五十一條

婺源江永集註　關中王鼎校次

朱子曰此卷道體

濂溪先生曰無極而太極朱子曰上天之載無聲無臭而實造化之樞紐品彙之根柢也故曰無極而太極非太極之外復有無極也太極動而生陽動極而靜靜而生陰靜極復動一動一靜互爲其根分陰分陽兩儀立焉朱子曰太極之有動靜是天命之流行也所謂一陰一陽之謂道誠者聖人之本物之終始而命之道也其動也誠之通也繼之者善萬物之所資以始也其靜也誠之復也成之者性萬物各正其性命也動極而靜靜極復動一動一靜互爲其根命之所以流行而不已也動而生陽靜而

近思錄　卷之一　一

圖 2-50　江永《朱子原訂近思録集注》，
清光緒十一年江西書局刻本，
華東師範大學藏

050 -

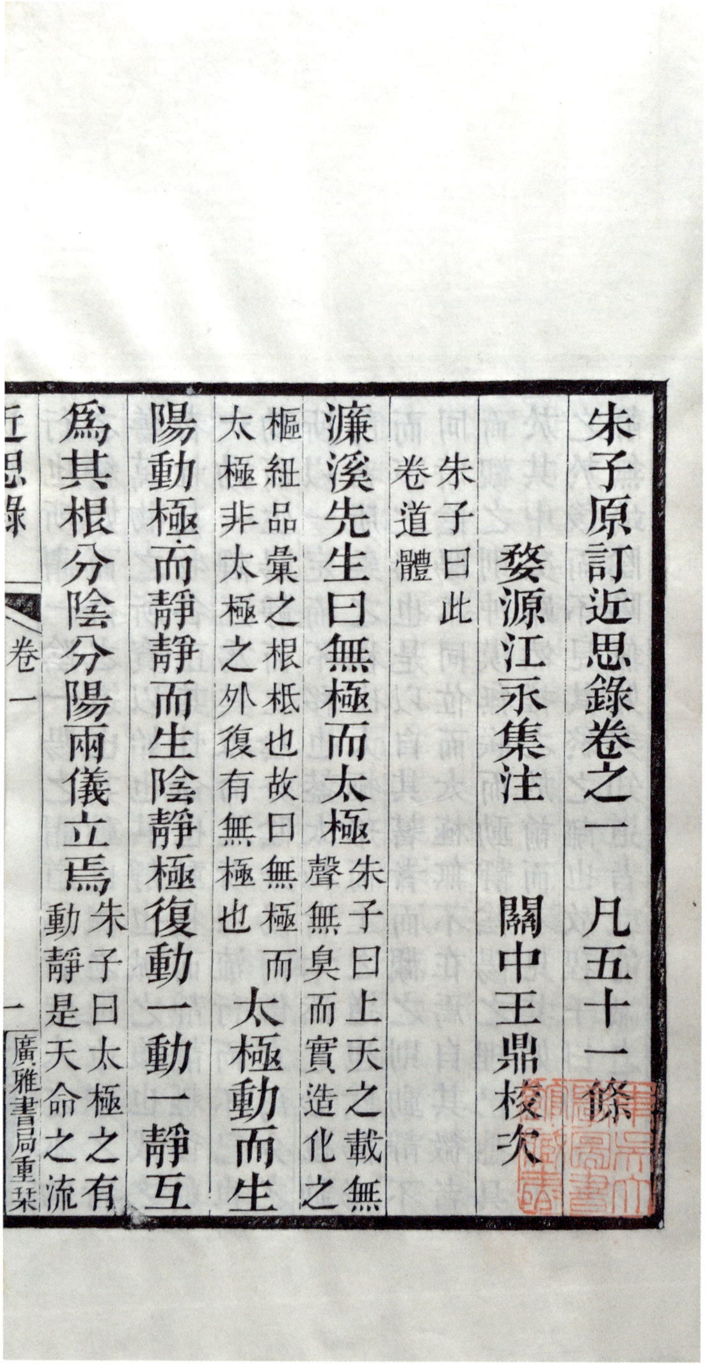

圖 2-51　江永《朱子原訂近思録集注》，
清光緒十四年廣雅書局刻本，
蘇州大學藏

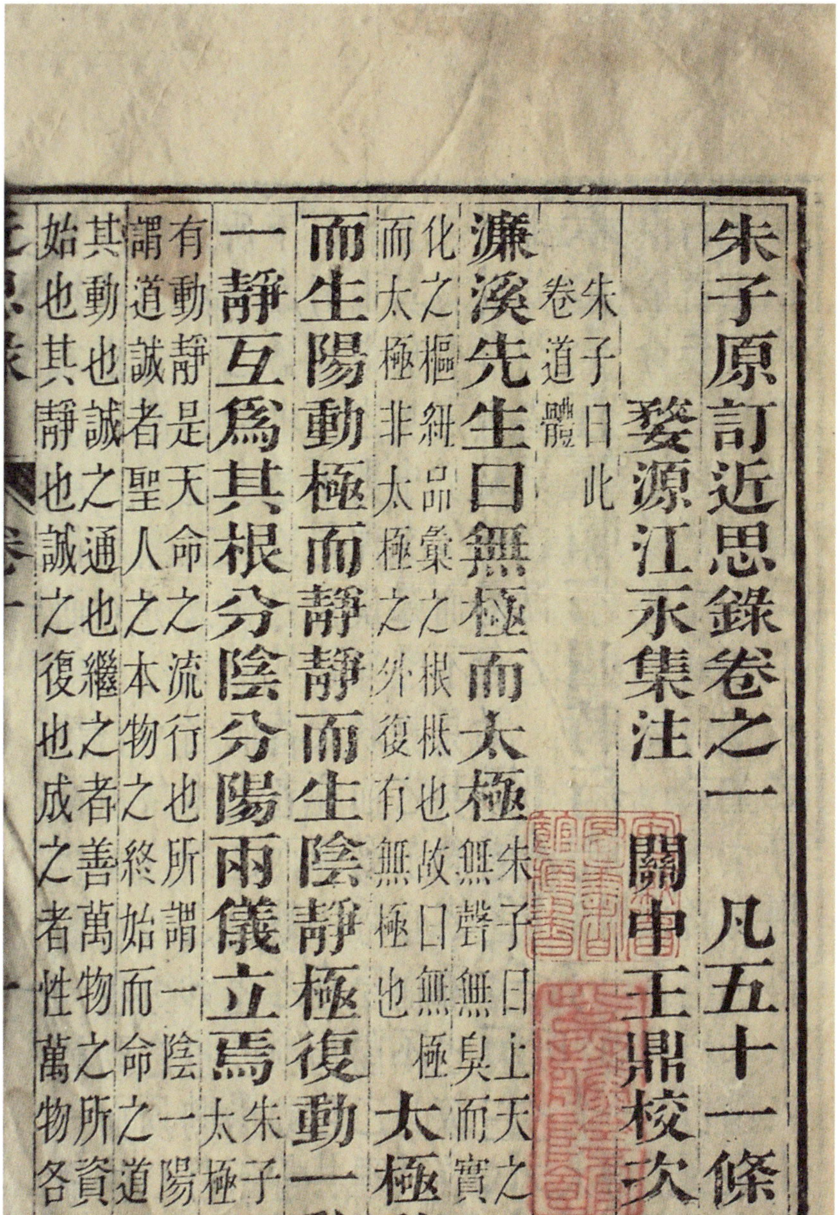

朱子原訂近思錄卷之一　凡五十一條

婺源江永集注　關中王鼎校次

朱子曰此卷道體

濂溪先生曰無極而太極 朱子曰上天之載無聲無臭而實造化之樞紐品彙之根柢也故曰無極而太極非太極之外復有無極也 太極動而生陽動極而靜靜而生陰靜極復動一動一靜互爲其根分陰分陽兩儀立焉 朱子曰太極之有動靜是天命之流行也所謂一陰一陽之謂道誠者聖人之本物之終始而命之道也其動也誠之通也繼之者善萬物之所資以始也其靜也誠之復也成之者性萬物各正

圖 2-53　江永《朱子原訂近思録集注》，
清光緒十五年長安少墟書院重刻本，
安徽省圖書館藏

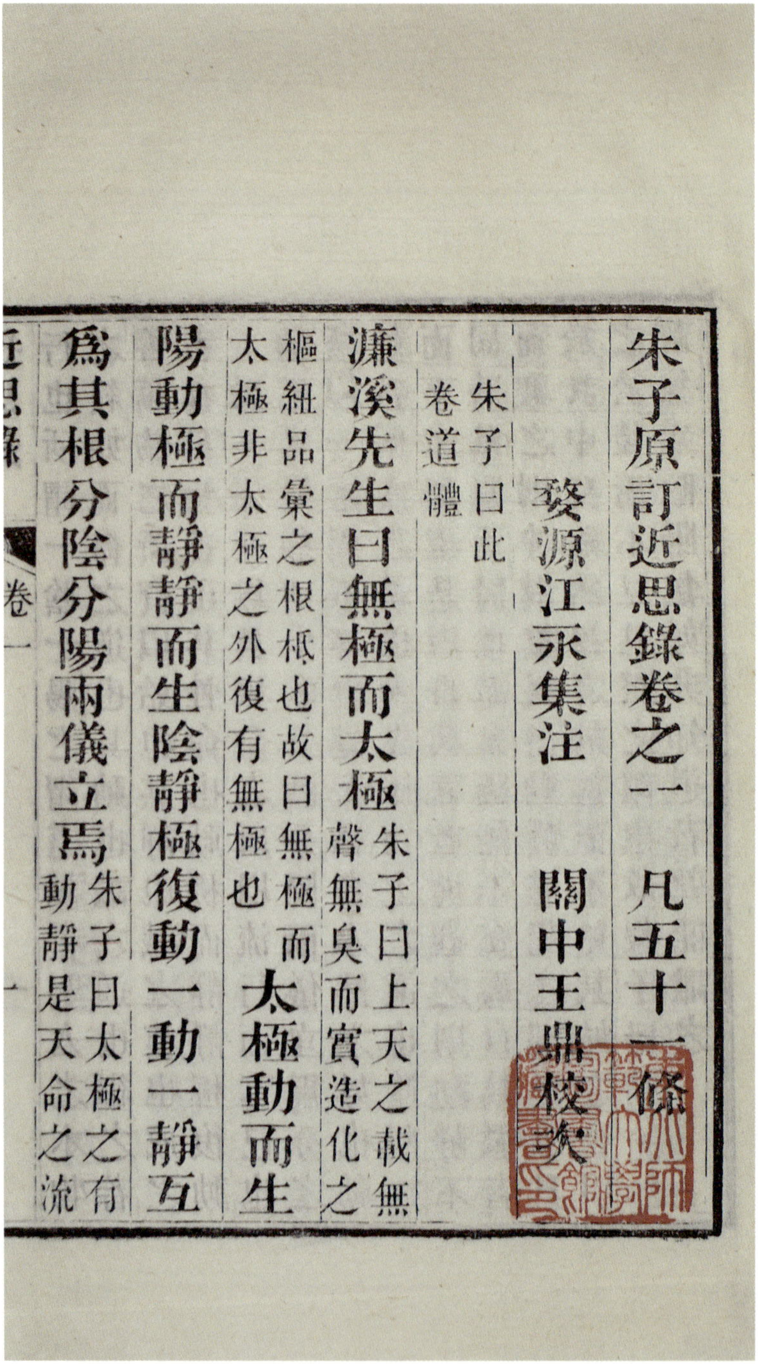

朱子原訂近思錄卷之一　凡五十一條

婺源江永集注　關中王鼎校次

朱子曰此卷道體

濂溪先生曰無極而太極朱子曰上天之載無聲無臭而實造化之樞紐品彙之根柢也故曰無極而太極非太極之外復有無極也太極動而生陽動極而靜靜而生陰靜極復動一動一靜互爲其根分陰分陽兩儀立焉朱子曰太極之有動靜是天命之流

近思錄　卷一　一

圖 2-56　江永《朱子原訂近思録集注》，
民國八年麗澤會重刻本，
東北師範大學藏

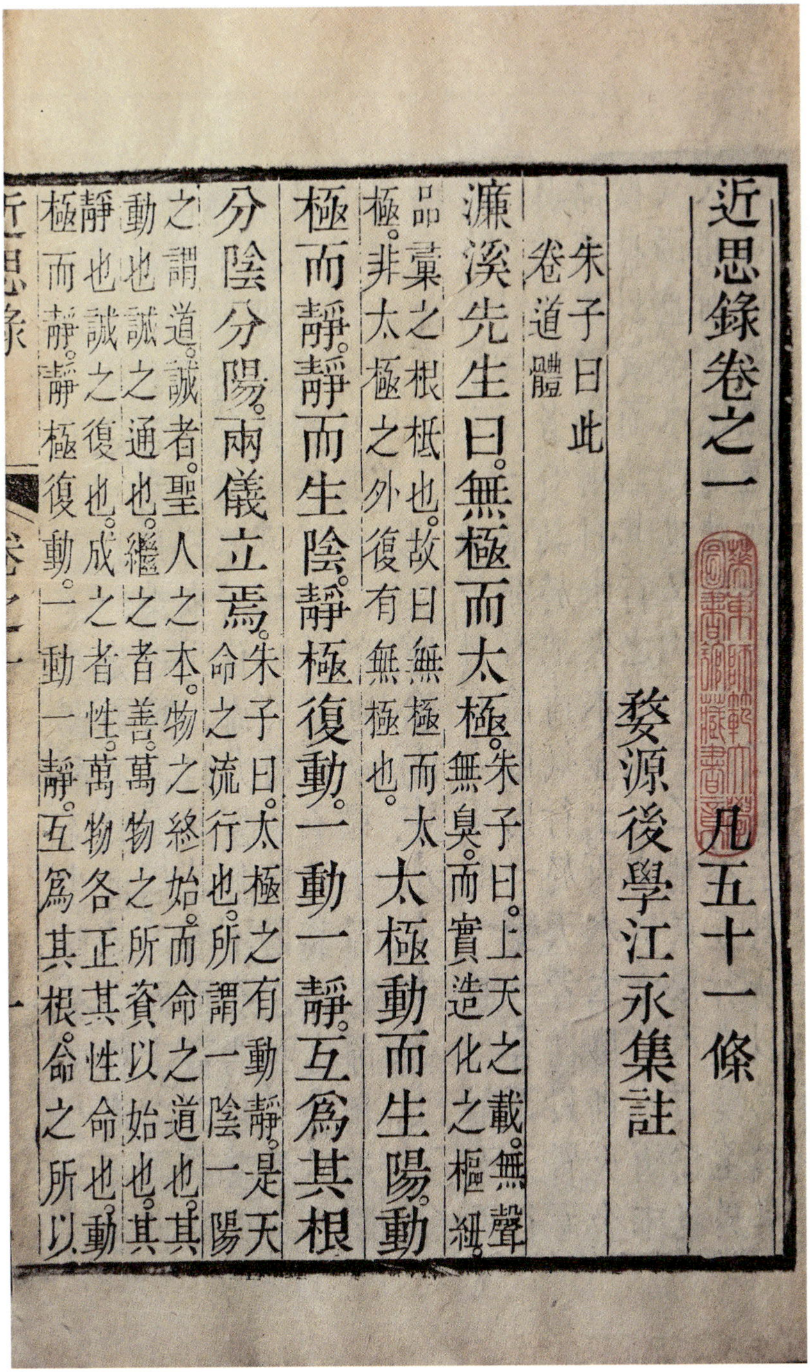
近思錄卷之一

凡五十一條

婺源後學江永集註

朱子曰此卷道體

濂溪先生曰無極而太極朱子曰上天之載無聲無臭而實造化之樞紐品彙之根柢也故曰無極而太極非太極之外復有無極也太極動而生陽動極而靜靜而生陰靜極復動一動一靜互爲其根分陰分陽兩儀立焉朱子曰太極之有動靜是天命之流行也所謂一陰一陽之謂道誠者聖人之本物之終始而命之道也其動也誠之通也繼之者善萬物之所資以始也其靜也誠之復也成之者性萬物各正其性命也動極而靜靜極復動一動一靜互爲其根命之所以

近思錄　卷之一

圖 2-58　江永《近思録集注》，
清同治八年江蘇書局刻本，
華東師範大學藏

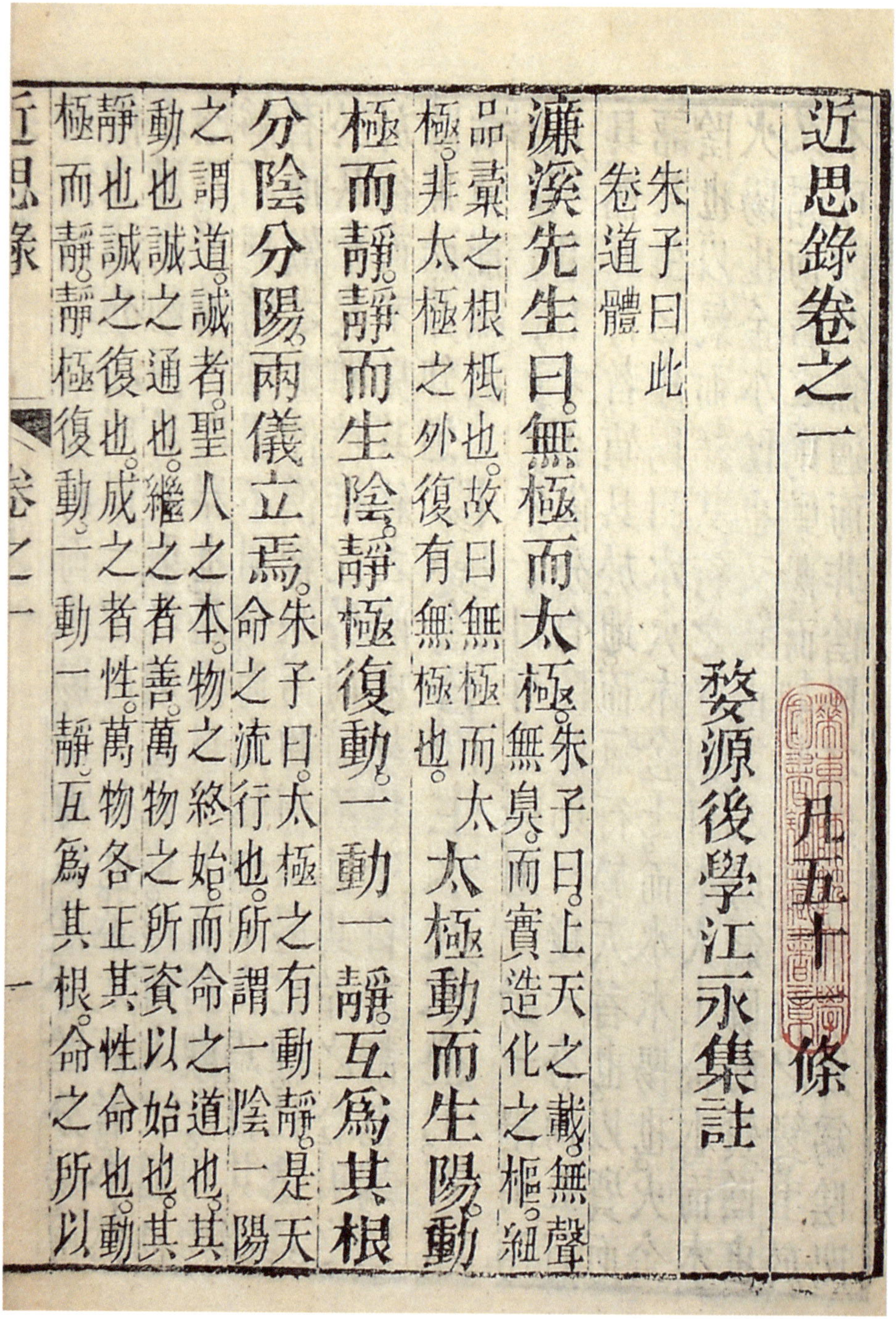
近思錄卷之一　凡五十一條

婺源後學江永集註

朱子曰此卷道體

濂溪先生曰。無極而太極。朱子曰。上天之載。無聲無臭。而實造化之樞紐。品彙之根柢也。故曰無極而太極。非太極之外復有無極也。太極動而生陽。動極而靜。靜而生陰。靜極復動。一動一靜。互爲其根。分陰分陽。兩儀立焉。朱子曰。太極之有動靜。是天命之流行也。所謂一陰一陽之謂道。誠者。聖人之本。物之終始。而命之道也。其動也。誠之通也。繼之者善。萬物之所資以始也。其靜也。誠之復也。成之者性。萬物各正其性命也。動極而靜。靜極復動。一動一靜。互爲其根。命之所以

近思錄　卷之一　一

圖 2-62　江永《近思録集注》，
清光緒十五年掃葉山房刊本，
華東師範大學藏

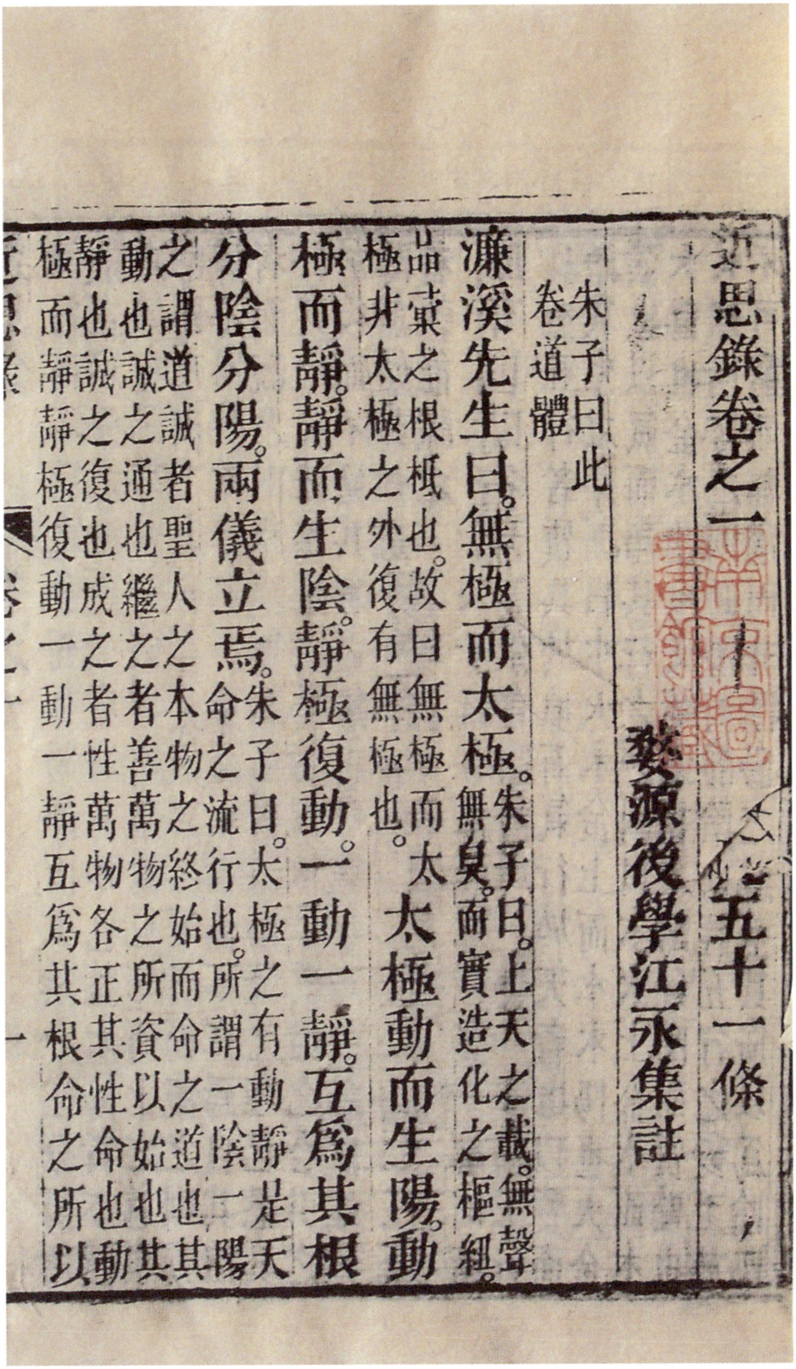
近思錄卷之一　五十一條

婺源後學江永集註

朱子曰此卷道體

濂溪先生曰。無極而太極。朱子曰。上天之載。無聲無臭。而實造化之樞紐。品彙之根柢也。故曰無極而太極。非太極之外復有無極也。太極動而生陽。動極而靜。靜而生陰。靜極復動。一動一靜。互爲其根。分陰分陽。兩儀立焉。朱子曰。太極之有動靜。是天命之流行也。所謂一陰一陽之謂道。誠者聖人之本。物之終始。而命之道也。其動也。誠之通也。繼之者善。萬物之所資以始也。其靜也。誠之復也。成之者性。萬物各正其性命也。動極而靜。靜極復動。一動一靜。互爲其根。命之所以

近思錄　卷之一　一

圖 2-64　江永《近思録集注》，
清光緒三十年蜀東善成堂刻本，
南京圖書館藏

056 –

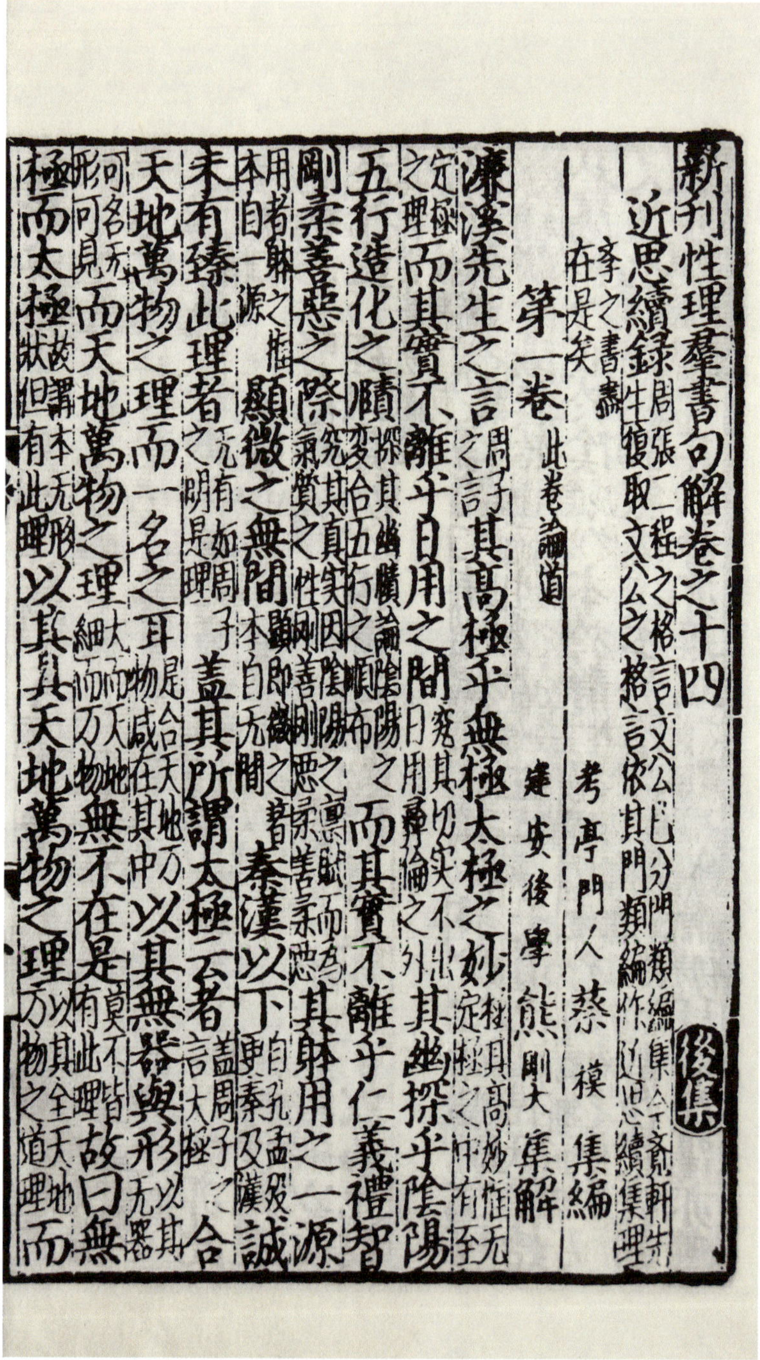

新刊性理羣書句解卷之十四　後集

近思續録 周張二程之格言文公已分門類編集今覺軒先生復取文公之格言依其門類編作近思續集理學之書盡在是矣

考亭門人蔡模集編

第一卷 此卷論道

建安後學熊剛大集解

濂溪先生之言 周子之言 其高極乎無極太極之妙 極其高妙極無極之中有至定之理 而其實不離乎日用之間 極其切實不出日用彝倫之外 其幽探乎陰陽五行造化之賾 探其幽賾論陰陽之變合五行之順布 而其實不離乎仁義禮智剛柔善惡之際 究其真實因陰陽之氣質之性剛善剛惡柔善柔惡 其體用之一源 用者體之所本自一源 顯微之無間 顯即微之著本自無間 秦漢以下 自孔孟歿後更秦及漢 誠未有臻此理者 無有如周子之明是理 蓋其所謂太極云者 言太極蓋周子之合天地萬物之理而一名之耳 是合天地萬物咸在其中 以其無器與形 以其無器形可見可名無 而天地萬物之理 大而天地細而萬物 無不在是 莫不皆有此理 故曰無極而太極 故謂本無形狀但有此理 以其具天地萬物之理 以其全天地萬物之道理 而

圖 3-1　熊剛大句解《近思續録》，
《新刊音點性理群书句解》元刊本，
臺北“國家圖書館”藏

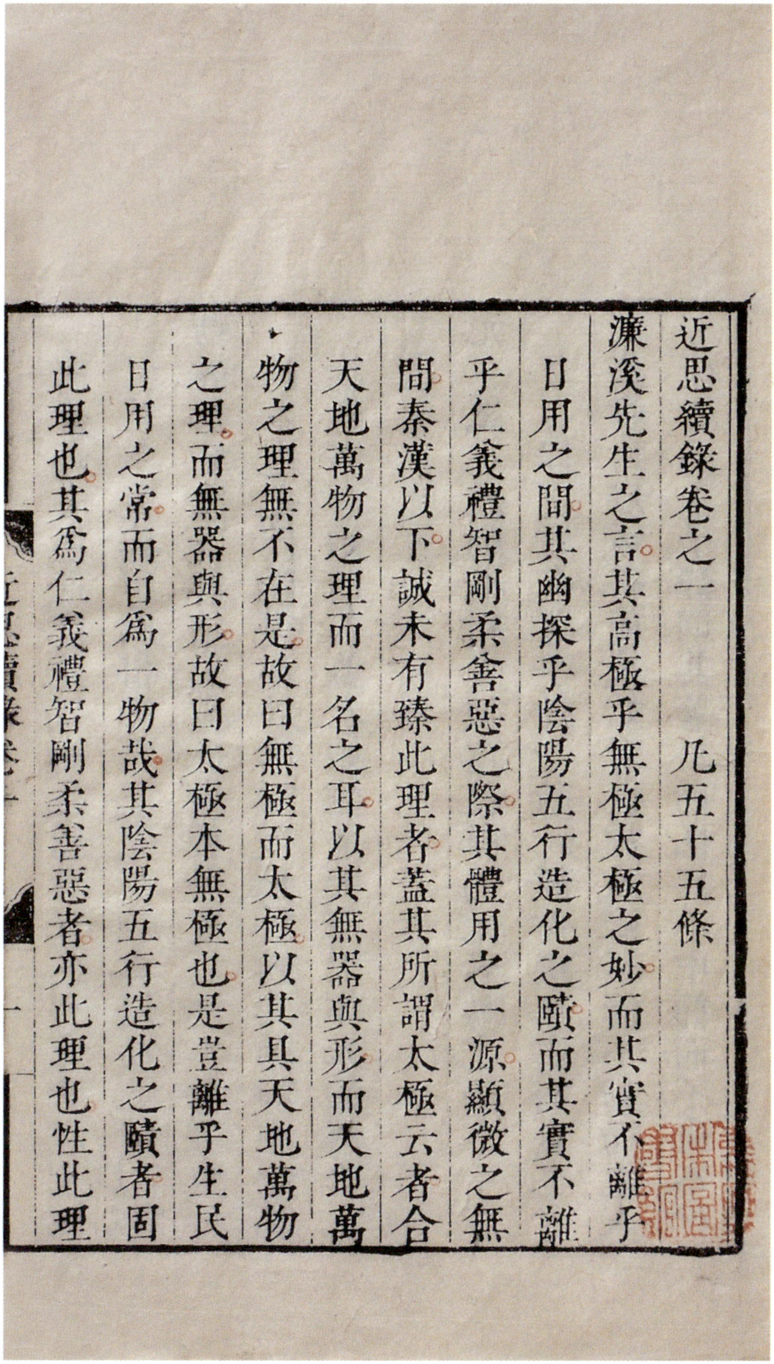

近思續錄卷之一　　凡五十五條

濂溪先生之言其高極乎無極太極之妙而其實不離乎日用之間其幽探乎陰陽五行造化之賾而其實不離乎仁義禮智剛柔善惡之際其體用之一源顯微之無間秦漢以下誠未有臻此理者蓋其所謂太極云者合天地萬物之理而一名之耳以其無器與形而天地萬物之理無不在是故曰無極而太極以其具天地萬物之理而無器與形故曰太極本無極也是豈離乎生民日用之常而自爲一物哉其陰陽五行造化之賾者固此理也其爲仁義禮智剛柔善惡者亦此理也性此理

圖 3-2　蔡模《近思續録》，
清康熙二十八年天蓋樓刻本，
嘉興市圖書館藏

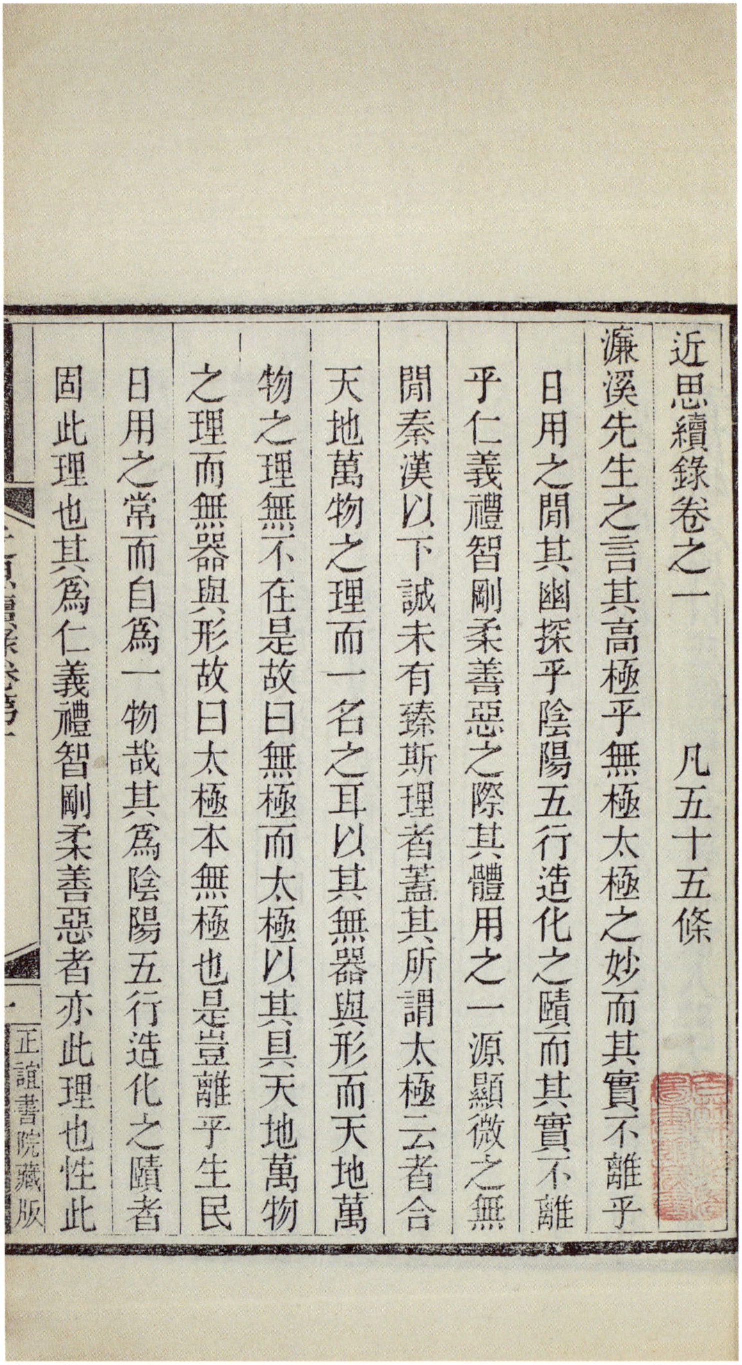
近思續錄卷之一　凡五十五條

濂溪先生之言其高極乎無極太極之妙而其實不離乎日用之間其幽探乎陰陽五行造化之賾而其實不離乎仁義禮智剛柔善惡之際其體用之一源顯微之無間秦漢以下誠未有臻斯理者蓋其所謂太極云者合天地萬物之理而一名之耳以其無器與形而天地萬物之理無不在是故曰無極而太極以其具天地萬物之理而無器與形故曰太極本無極也是豈離乎生民日用之常而自爲一物哉其爲陰陽五行造化之賾者固此理也其爲仁義禮智剛柔善惡者亦此理也性此

正誼書院藏版

圖 3-3　蔡模《近思續録》，
清光緒三十一年張晉刻本，
東北師範大學藏

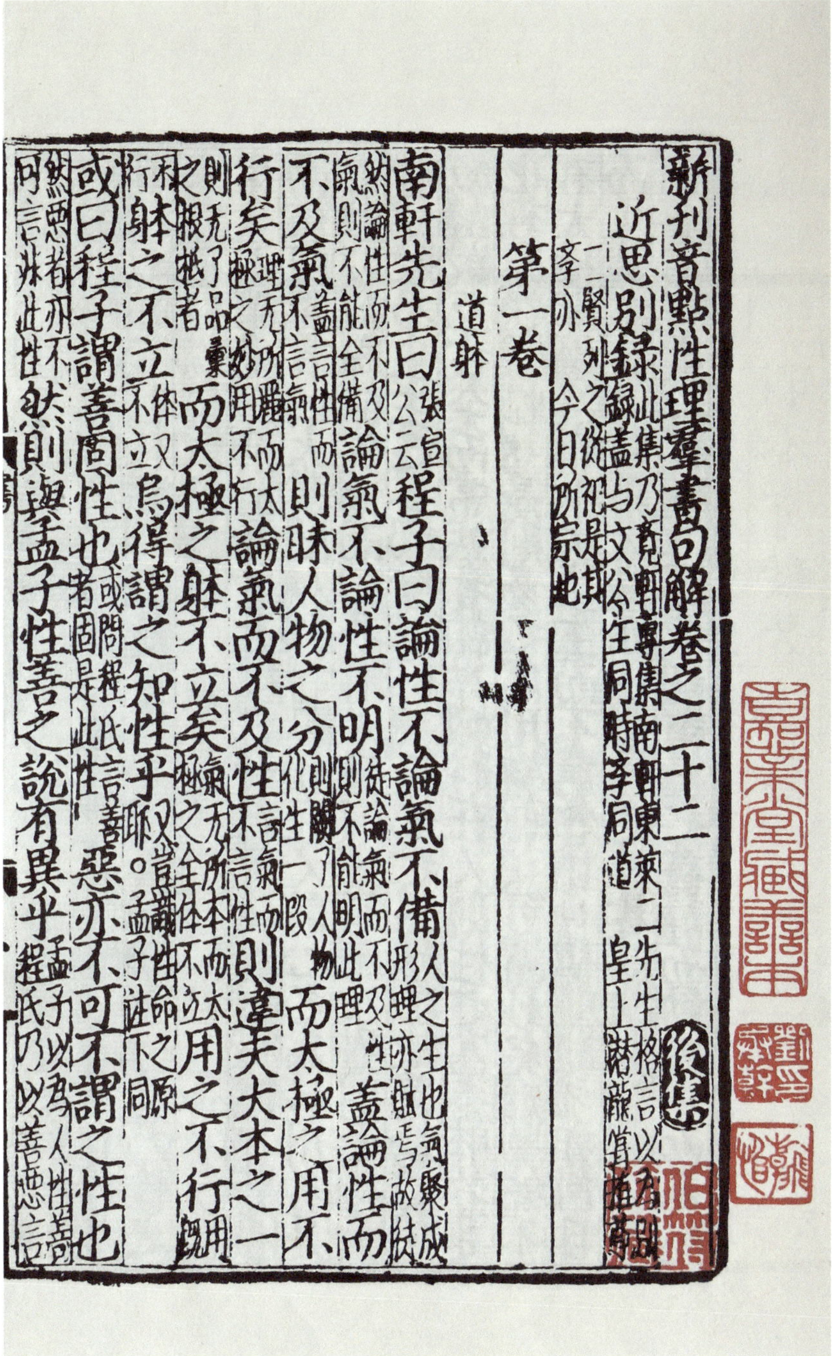
新刊音點性理羣書句解卷之二十二　後集
近思別録
第一卷
道躰
南軒先生曰程子曰論性不論氣不備論氣不論性不明蓋論性而不及氣則昧人物之分而太極之用不行矣論氣而不及性則違夫大本之一而太極之躰不立矣躰之不立烏得謂之知性乎哉。
或曰程子謂善固性也惡亦不可不謂之性也然則與孟子性善之説有異乎

圖 3-5　熊剛大句解《近思別録》，
《新刊音點性理群書句解》元刊本，
臺北藏

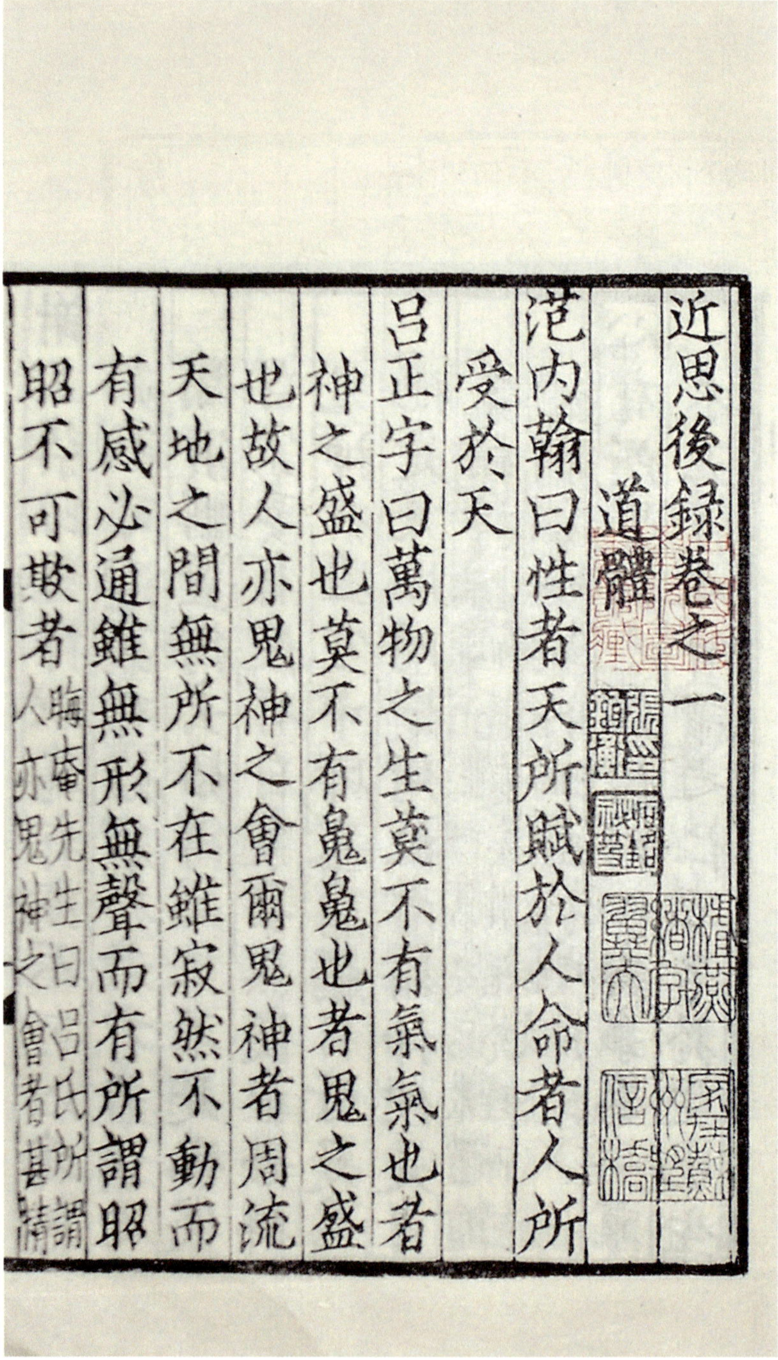
近思後録卷之一
道體
范内翰曰性者天所賦於人命者人所受於天
吕正字曰萬物之生莫不有氣氣也者神之盛也莫不有魄魄也者鬼之盛也故人亦鬼神之會爾鬼神者周流天地之間無所不在雖寂然不動而有感必通雖無形無聲而有所謂昭昭不可欺者晦菴先生曰吕氏所謂人亦鬼神之會者甚精

圖 3-7　佚名《近思後録》，
宋刻本，
臺北“國家圖書館”藏

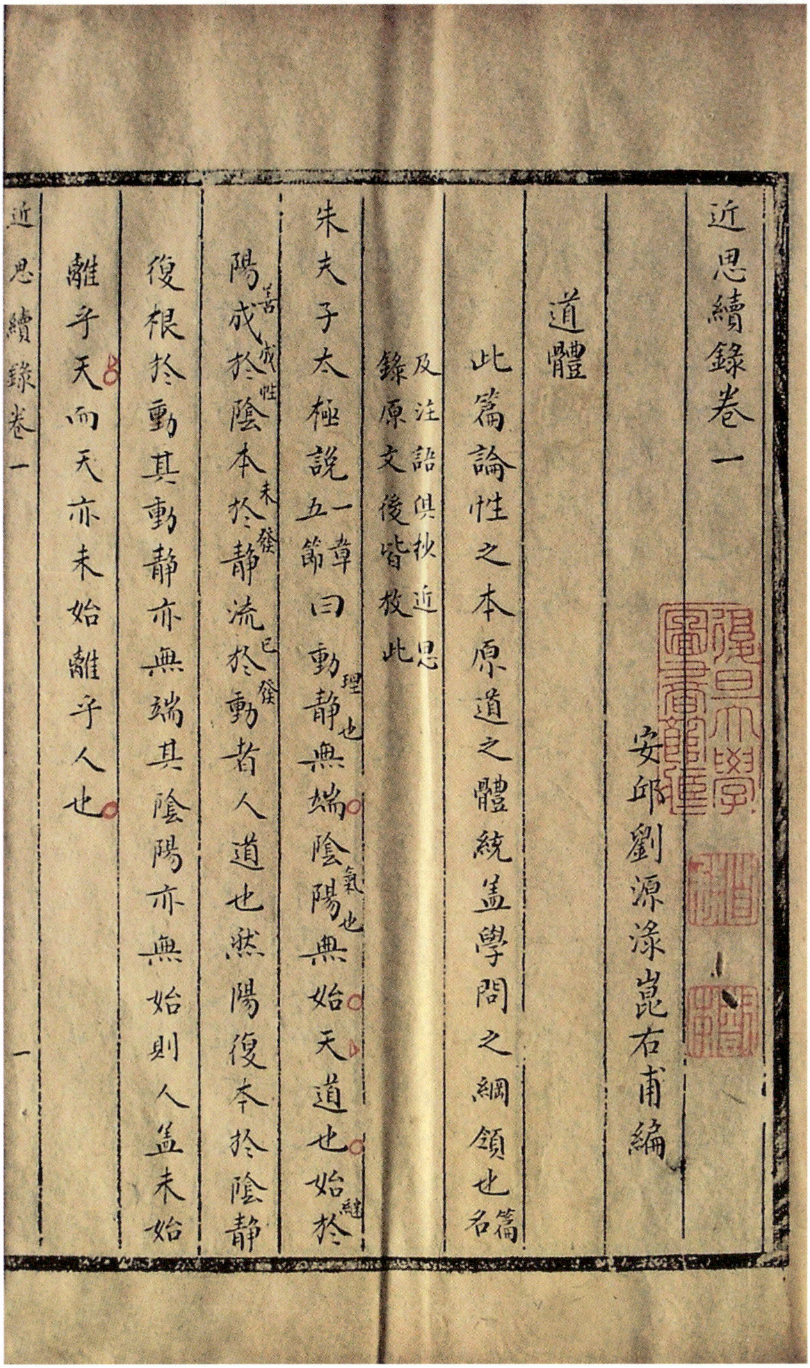
近思續録卷一

安邱劉源淥崑右甫編

道體

此篇論性之本原道之體統蓋學問之綱領也篇名及注語與抄近思録原文後皆放此

朱夫子太極說一章五節曰動靜無端理也陰陽無始氣也天道也始於繼陽善成性於陰本未發於靜流已發於動者人道也然陽復本於陰靜復根於動其動靜亦無端其陰陽亦無始則人蓋未始離乎天而天亦未始離乎人也

近思續録卷一　一

圖 3-8　劉源淥《近思續録》，
清初抄本，
復旦大學藏

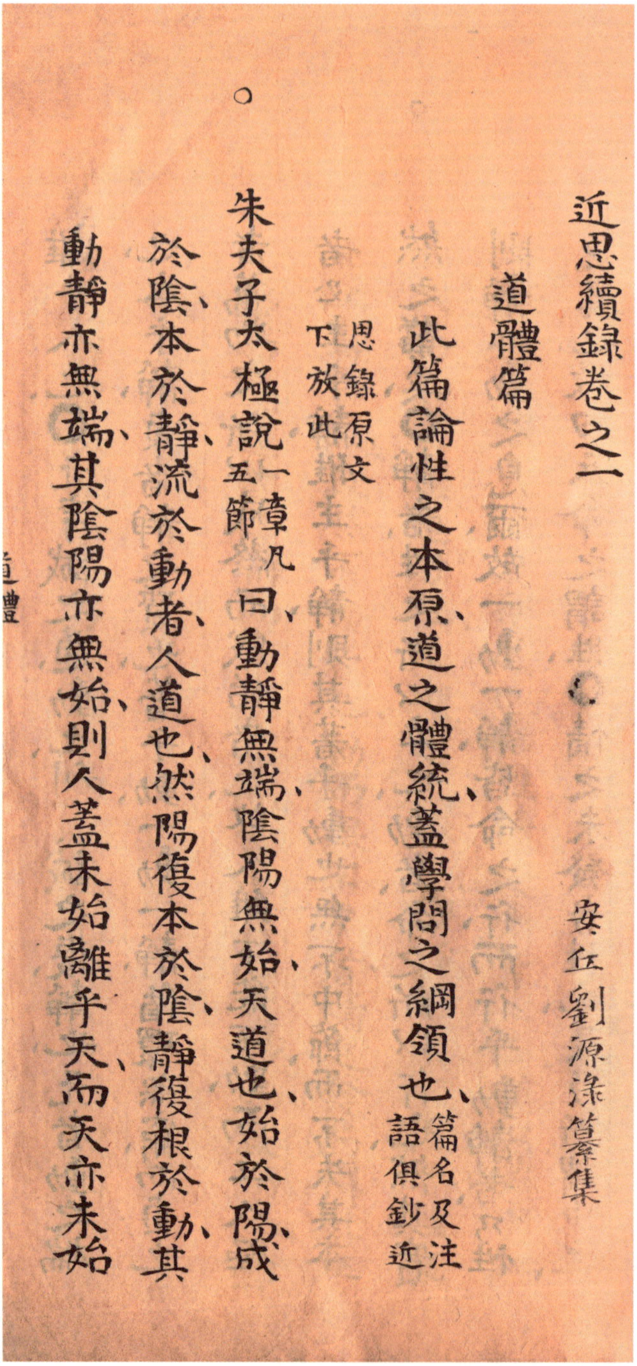
近思續録卷之一　安丘劉源淥纂集

道體篇

此篇論性之本原、道之體統、蓋學問之綱領也、篇名及注語俱鈔近思録原文下放此

朱夫子太極說一章凡五節曰、動靜無端、陰陽無始、天道也、始於陽成於陰、本於靜、流於動者、人道也、然陽復本於陰、靜復根於動、其動靜亦無端、其陰陽亦無始、則人蓋未始離乎天、而天亦未始

道體

圖 3-9　劉源淥《近思續録》，
清康熙三十九年陳舜錫抄本，
清華大學藏

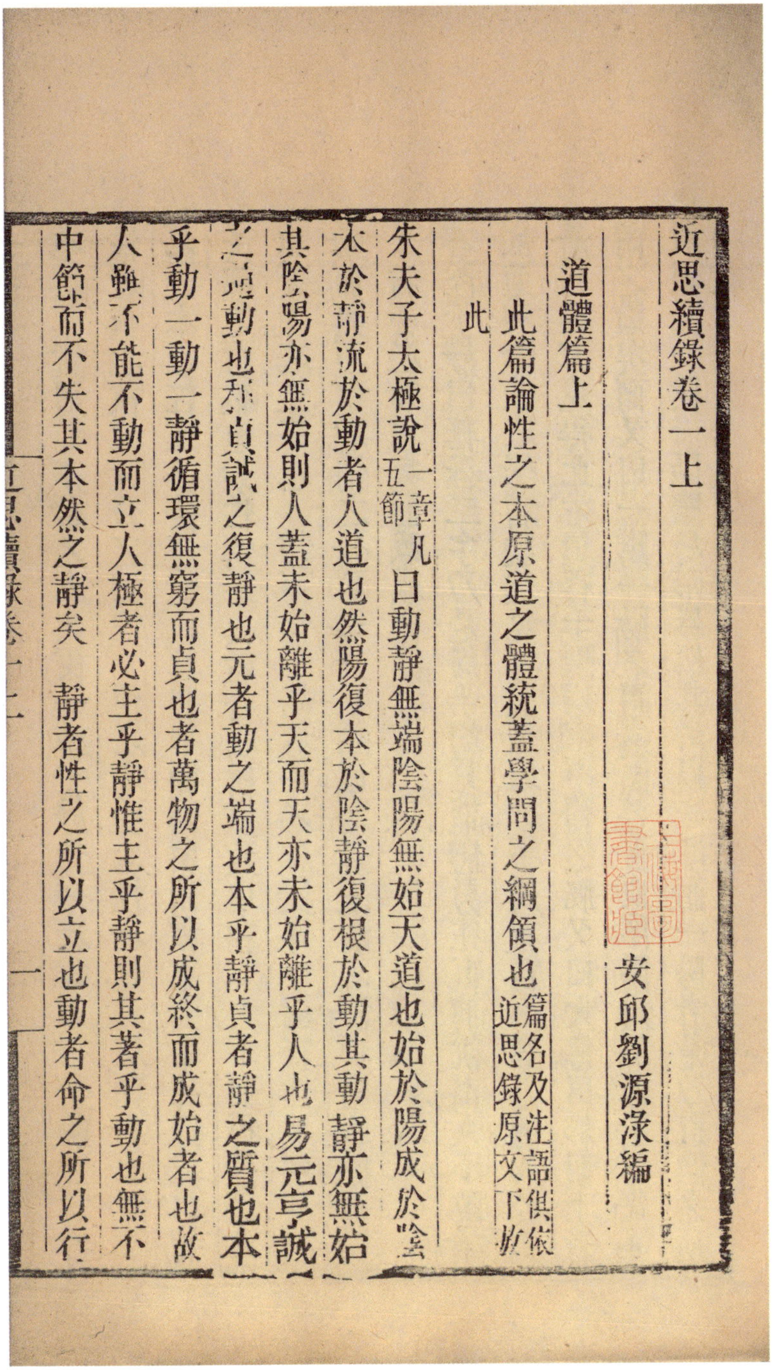

近思續錄卷一上

道體篇上　　　　安邱劉源淥編

此篇論性之本原道之體統蓋學問之綱領也篇名及注語俱依近思錄原文下放此

朱夫子太極說一章凡五節曰動靜無端陰陽無始天道也始於陽成於陰本於靜流於動者人道也然陽復本於陰靜復根於動其動靜亦無始其陰陽亦無始則人蓋未始離乎天而天亦未始離乎人也易元亨誠之通動也利貞誠之復靜也元者動之端也本乎靜貞者靜之質也本乎動一動一靜循環無窮而貞也者萬物之所以成終而成始者也故人雖不能不動而立人極者必主乎靜惟主乎靜則其著乎動也無不中節而不失其本然之靜矣　靜者性之所以立也動者命之所以行

近思續錄卷一上　一

圖 3-11　劉源淥《近思續録》，
清光緒十七年補刻本，
上海圖書館藏

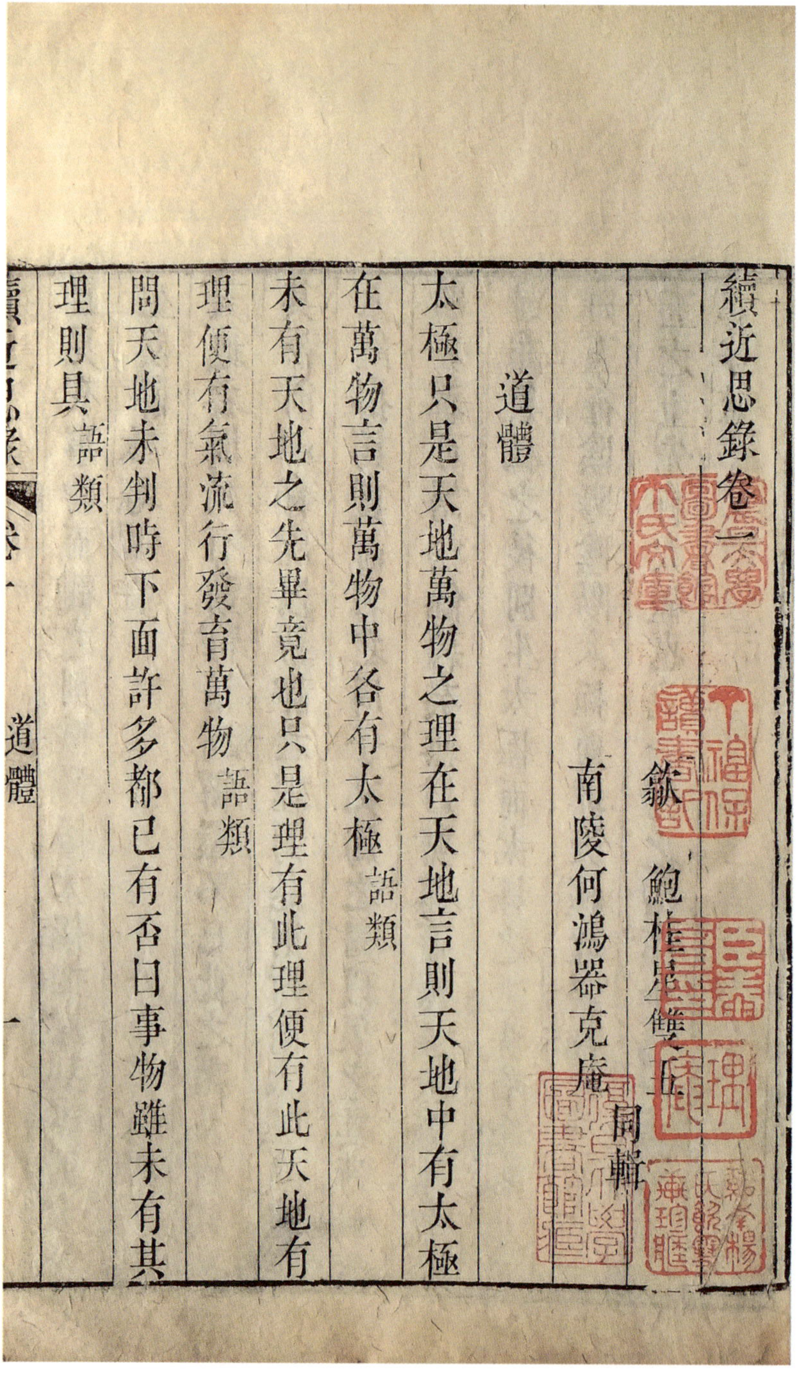

續近思錄卷一

歙　鮑桂星雙五
南陵何鴻器克庵　同輯

道體

太極只是天地萬物之理在天地言則天地中有太極在萬物言則萬物中各有太極　語類

未有天地之先畢竟也只是理有此理便有此天地有理便有氣流行發育萬物　語類

問天地未判時下面許多都已有否曰事物雖未有其理則具　語類

續近思錄　卷一　道體　一

圖 3-12　鮑桂星、何鴻器《續近思録》，
清道光十四年刻本，
復旦大學藏

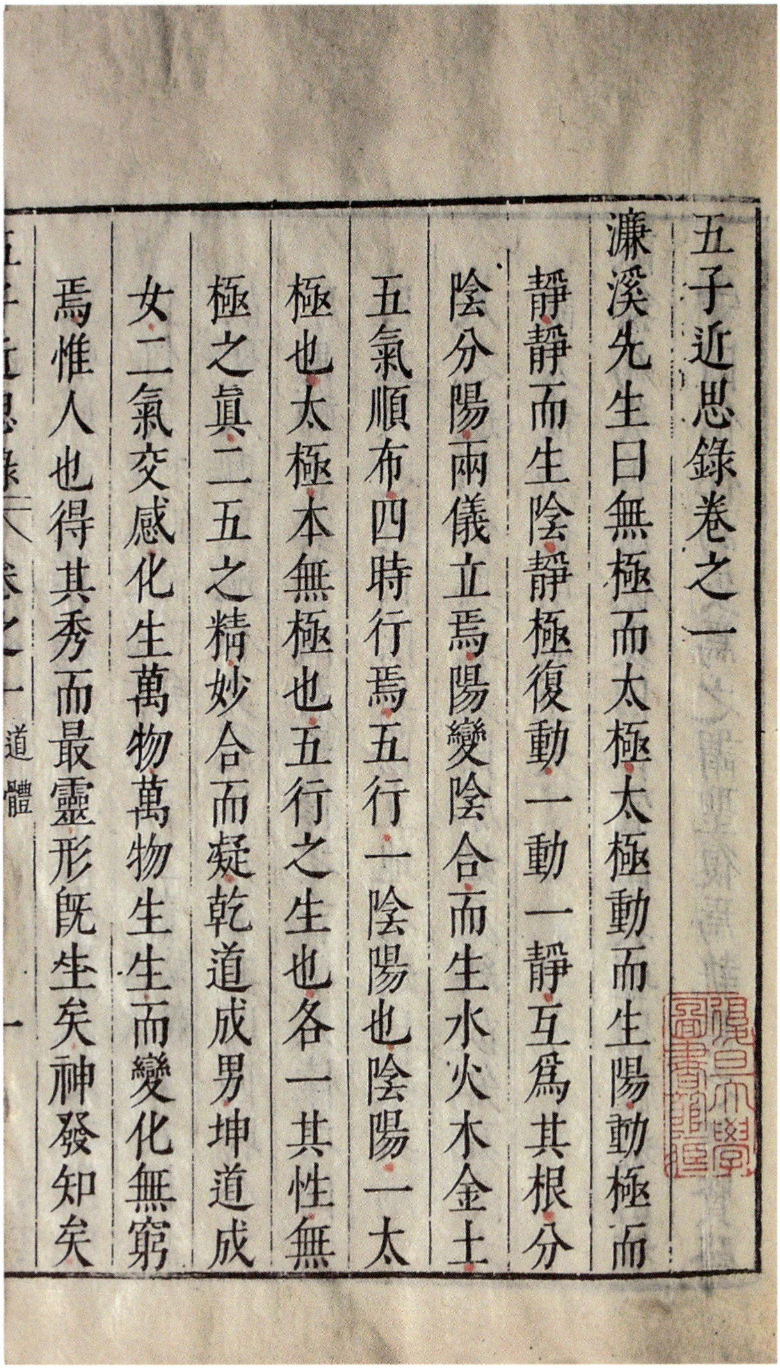
五子近思録卷之一

濂溪先生曰無極而太極太極動而生陽動極而靜靜而生陰靜極復動一動一靜互爲其根分陰分陽兩儀立焉陽變陰合而生水火木金土五氣順布四時行焉五行一陰陽也陰陽一太極也太極本無極也五行之生也各一其性無極之眞二五之精妙合而凝乾道成男坤道成女二氣交感化生萬物萬物生生而變化無窮焉惟人也得其秀而最靈形既生矣神發知矣

五子近思録 卷之一 道體 一

圖 3-13　錢士升《五子近思録》，
明崇禎五年刻本，
復旦大學藏

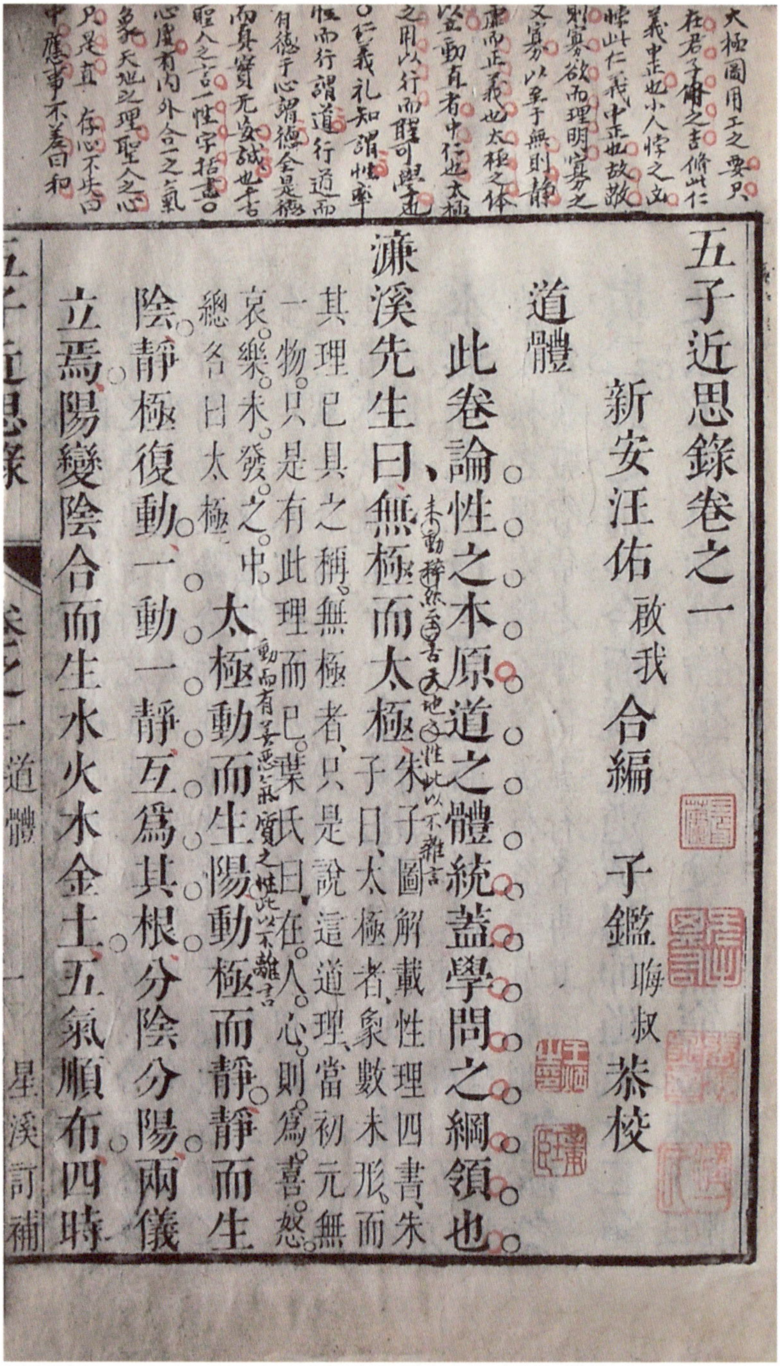

圖 3-15　汪佑《五子近思録》，
清康熙三十二年刻本，
上海圖書館藏

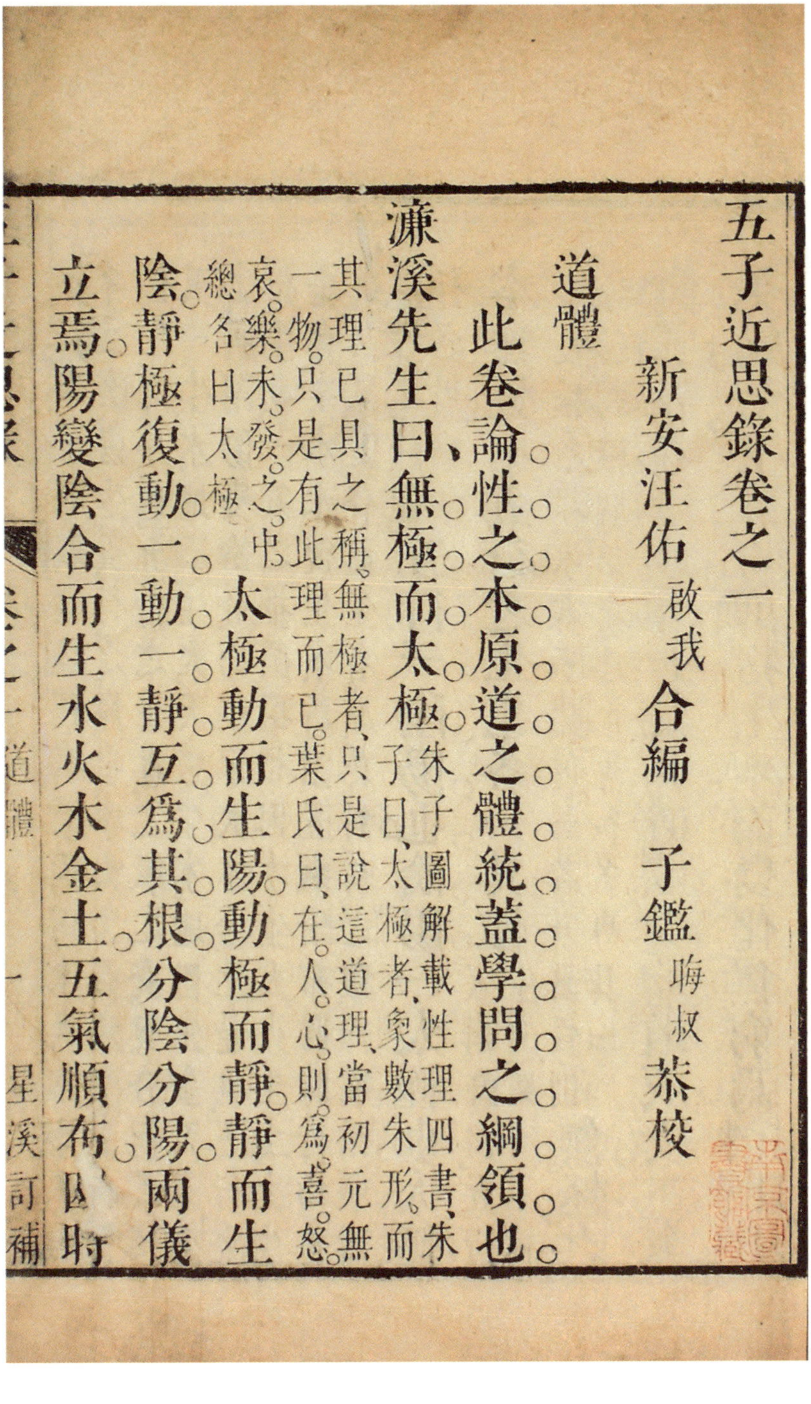

五子近思錄卷之一

新安汪佑啟我合編　子鑑晦叔　恭校

道體

此卷論性之本原道之體統蓋學問之綱領也

濂溪先生曰無極而太極朱子圖解載性理四書朱子曰太極者象數未形而其理已具之稱無極者只是說這道理當初元無一物只是有此理而已葉氏曰在人心則為喜怒哀樂未發之中總名曰太極太極動而生陽動極而靜靜而生陰靜極復動一動一靜互為其根分陰分陽兩儀立焉陽變陰合而生水火木金土五氣順布四時

五子近思錄　卷之一　道體　一　星溪訂補

圖 3-16　汪佑《五子近思録》，
清康熙三十三金閶勤有樓刻本，
南京圖書館藏

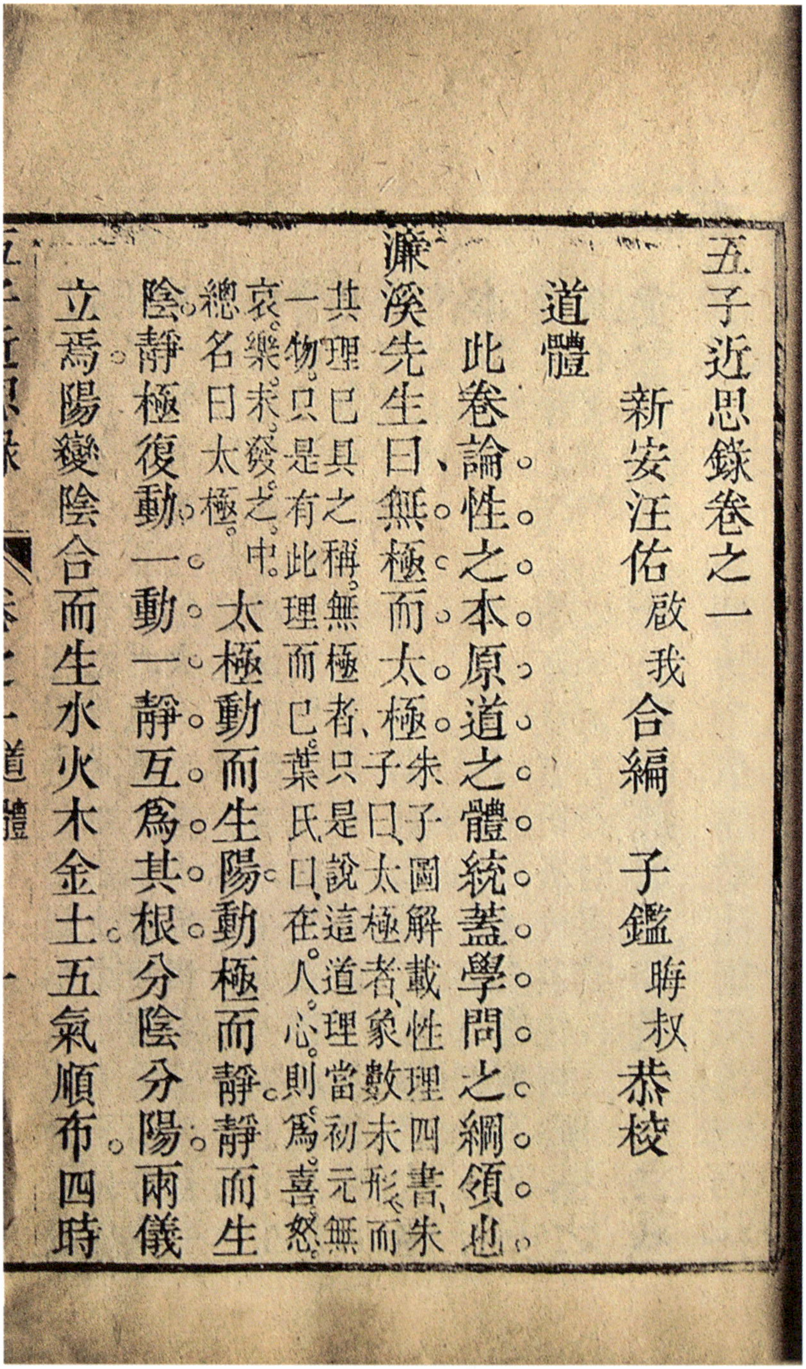

五子近思錄卷之一

新安汪佑啟我合編　子鑑晦叔恭校

道體

此卷論性之本原道之體統蓋學問之綱領也

濂溪先生曰、無極而太極。朱子圖解載性理四書朱子曰太極者象數未形而其理已具之稱無極者只是說這道理當初元無一物只是有此理而已葉氏曰在人心則爲喜怒哀樂未發之中總名曰太極。太極動而生陽動極而靜靜而生陰靜極復動一動一靜互爲其根分陰分陽兩儀立焉陽變陰合而生水火木金土五氣順布四時

五子近思錄　卷之一　道體　一

圖 3-22　汪佑《五子近思録》，
清代退思堂重刻本，
華東師範大學藏

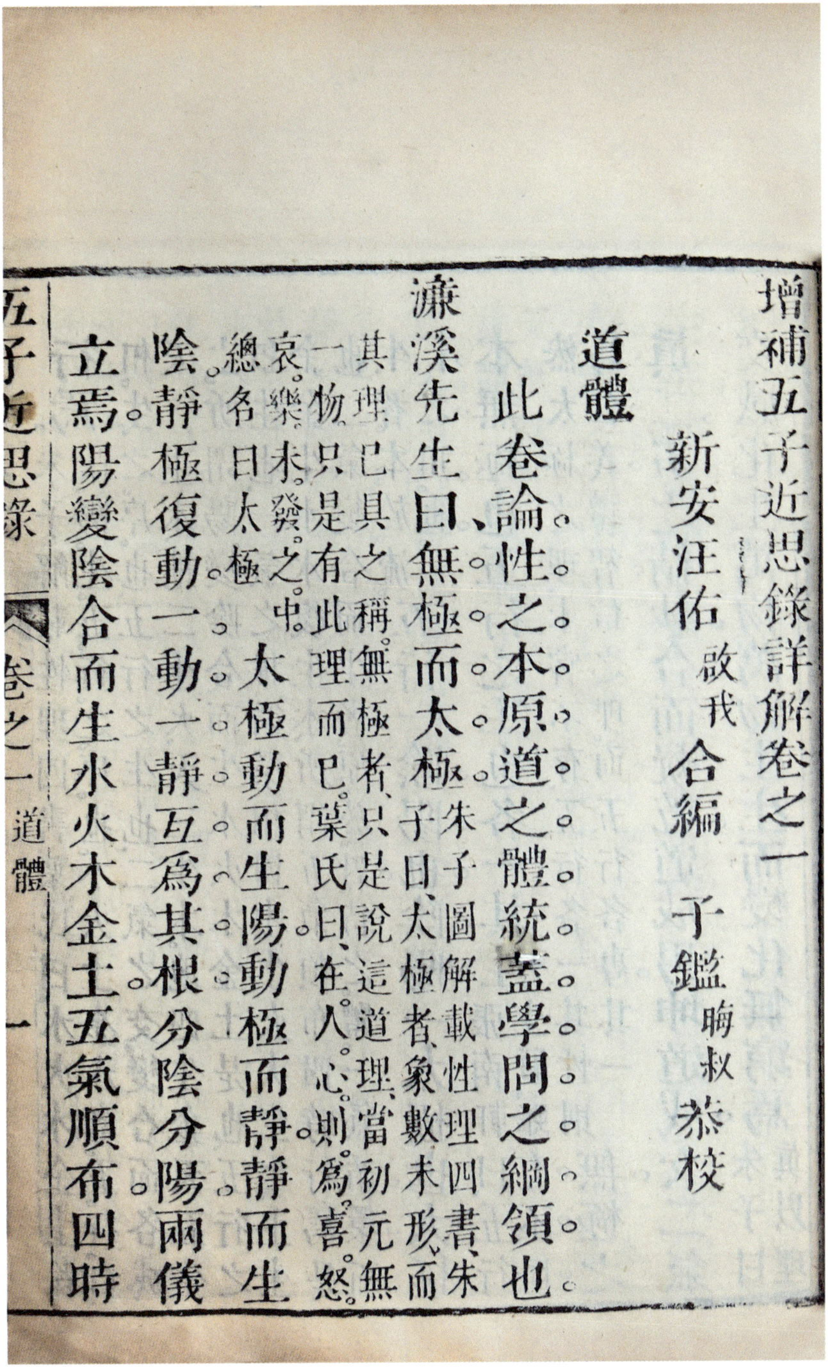
增補五子近思錄詳解卷之一

新安汪佑啟我合編　子鑑晦叔恭校

道體

此卷論性之本原道之體統蓋學問之綱領也

濂溪先生曰無極而太極朱子圖解載性理四書朱子曰太極者象數未形而其理已具之稱無極者只是說這道理當初元無一物只是有此理而已葉氏曰在人心則爲喜怒哀樂未發之中總名曰太極太極動而生陽動極而靜靜而生陰靜極復動一動一靜互爲其根分陰分陽兩儀立焉陽變陰合而生水火木金土五氣順布四時

五子近思錄　卷之一　道體　一

圖 3-23　汪佑《增補五子近思録詳解》，
清代萃華堂刊本，
京都大學人文科學研究所藏

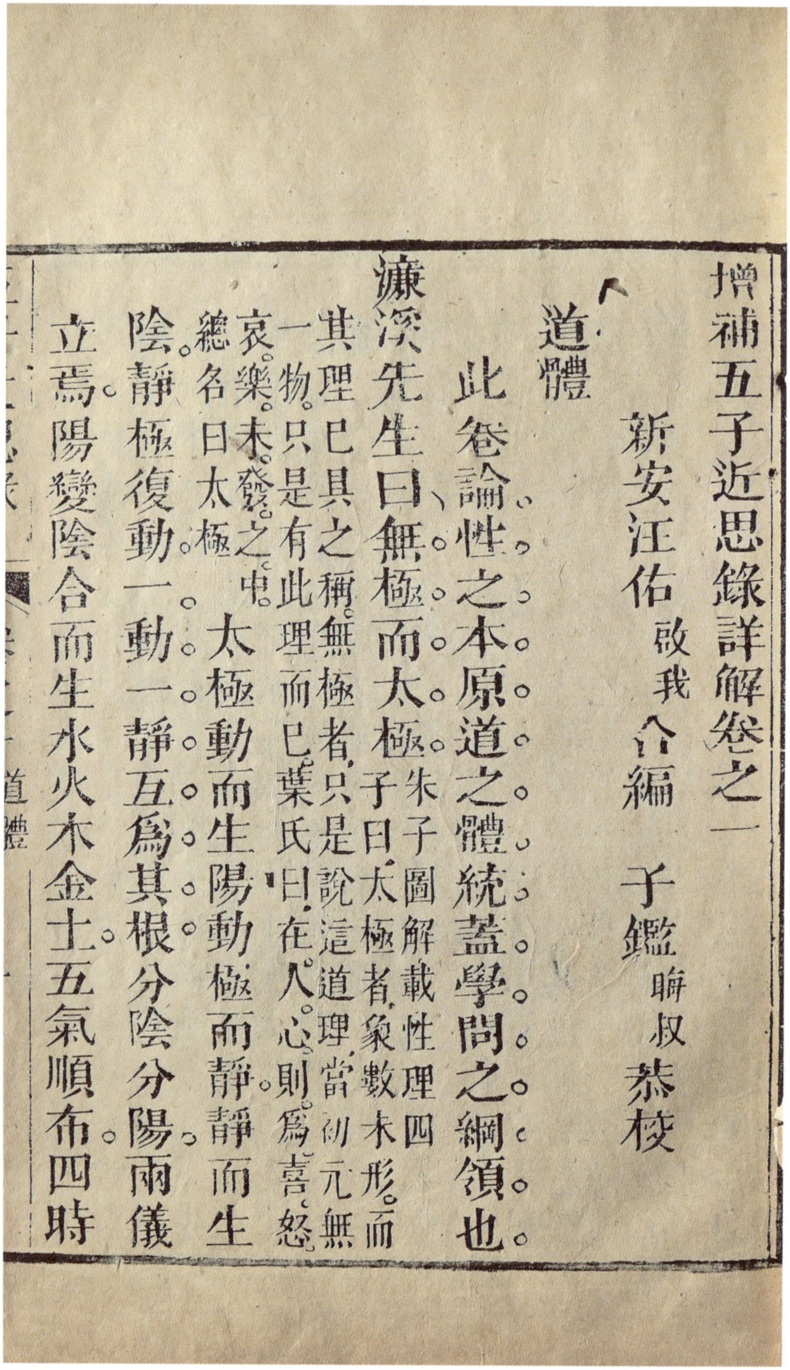
增補五子近思錄詳解卷之一
新安汪佑 啟我 介編 子鑑 晦叔 恭校
道體
此卷論性之本原道之體統蓋學問之綱領也
濂溪先生曰無極而太極朱子圖解載性理四子曰太極者象數未形而其理已具之稱無極者只是說這道理當初元無一物只是有此理而已葉氏曰在人心則爲喜怒哀樂未發之中總名曰太極太極動而生陽動極而靜靜而生陰靜極復動一動一靜互爲其根分陰分陽兩儀立焉陽變陰合而生水火木金土五氣順布四時

圖 3-25　汪佑《增補五子近思録詳解》，
清同治十三年拾芥園刻本，
陝西師範大學圖書館藏

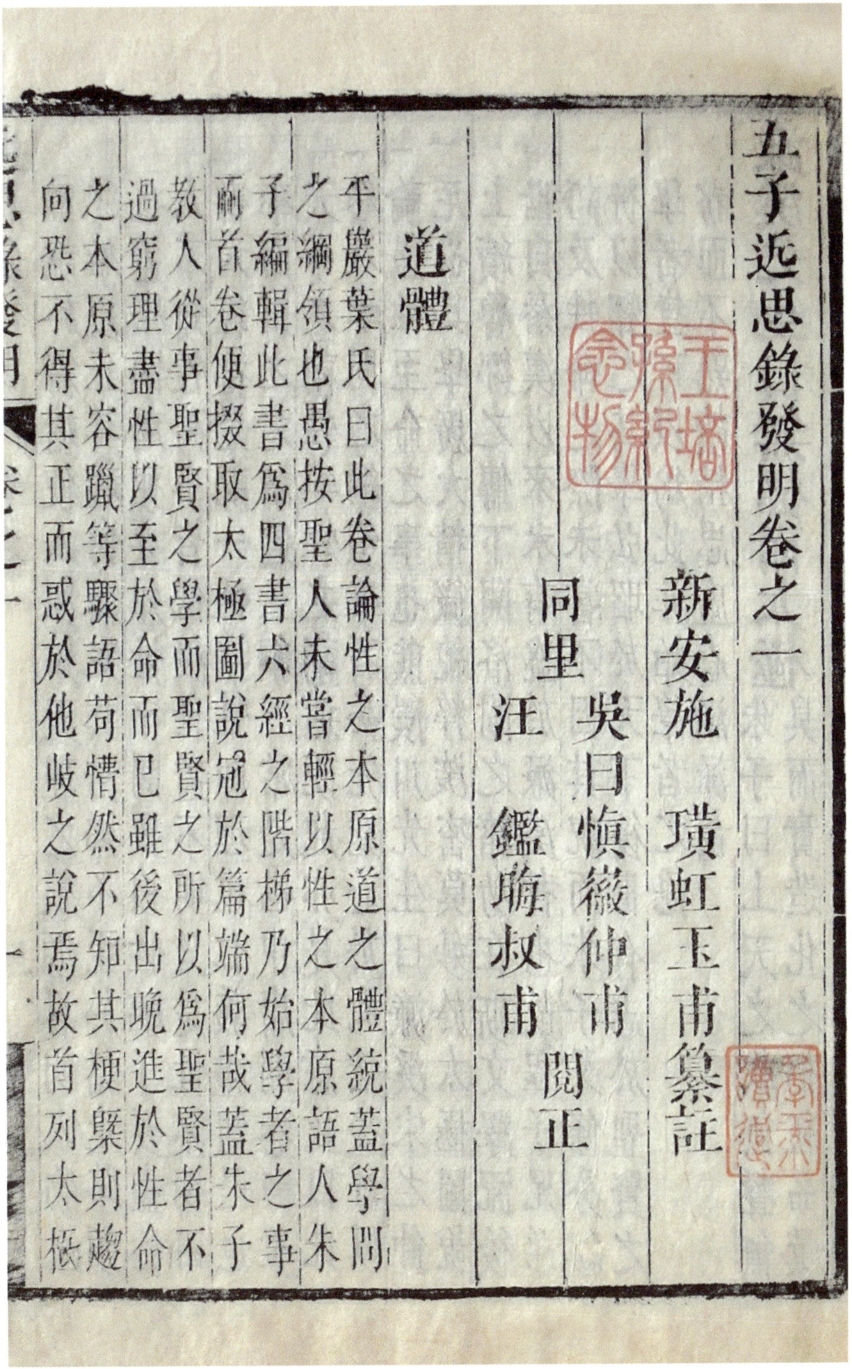

五子近思錄發明卷之一

新安施　璜虹玉甫纂註

同里　吳曰愼徽仲甫

　　　汪　鑑晦叔甫　閱正

道體

平巖葉氏曰此卷論性之本原道之體統蓋學問之綱領也愚按聖人未嘗輕以性之本原語人朱子編輯此書爲四書六經之階梯乃始學者之事而首卷便掇取太極圖說冠於篇端何哉蓋朱子教人從事聖賢之學而聖賢之所以爲聖賢者不過窮理盡性以至於命而已雖後出晚進於性命之本原未容躐等驟語苟懵然不知其梗槩則趨向恐不得其正而惑於他岐之說焉故首列太極

圖 3-26　施璜《五子近思録發明》，

清康熙四十四年序刻本，

上海圖書館藏

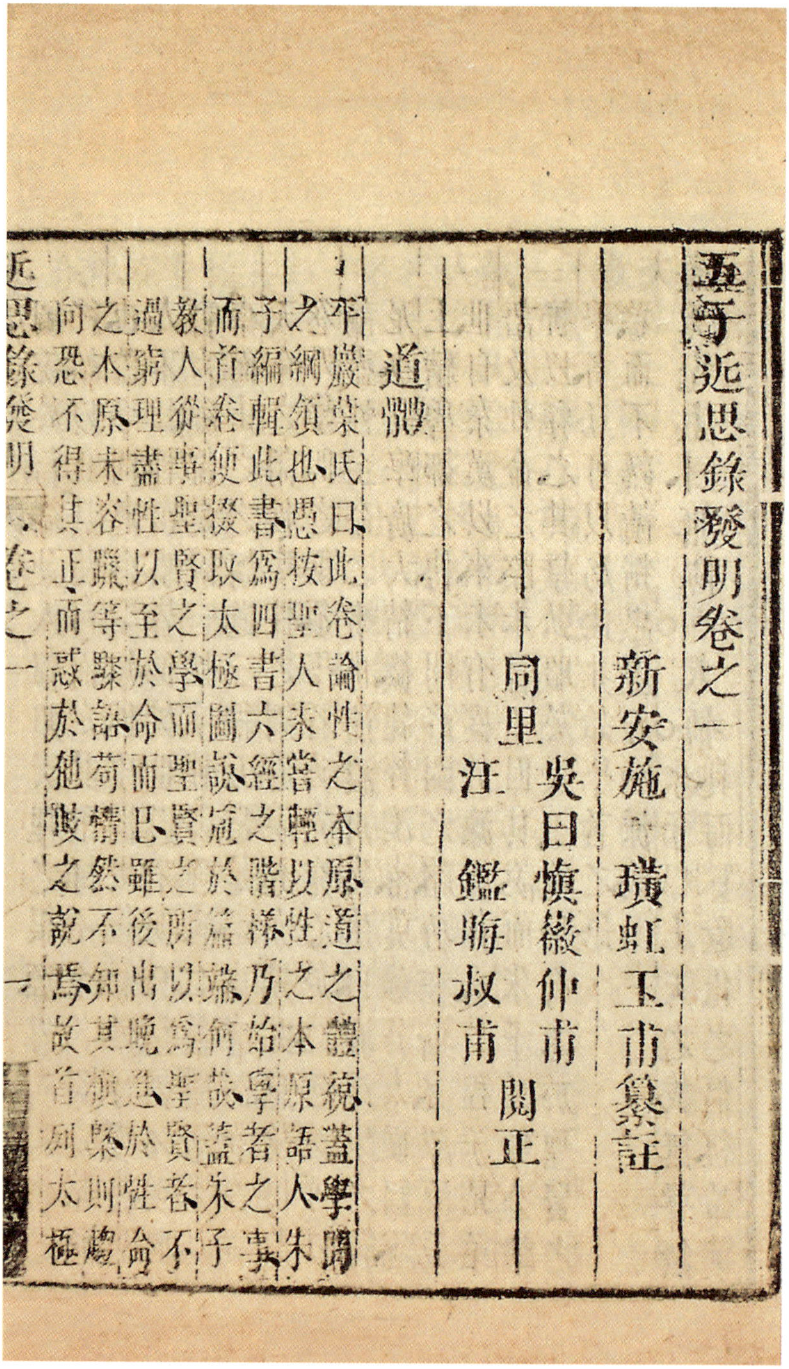

五子近思錄發明卷之一

新安施　璜虹玉甫纂註

同里　吳曰慎徽仲甫　閱正

汪　鑑晦叔甫

道體

平巖葉氏曰此卷論性之本原道之體統蓋學問之綱領也愚按聖人未嘗輕以性之本原語人朱子編輯此書爲四書六經之階梯乃始學者之事而首卷便援取太極圖說冠於篇端何歟蓋朱子教人從事聖賢之學而聖賢之所以爲聖賢者不過窮理盡性以至於命而已雖後出晚進於性命之本原未容躐等驟語苟謂然不知其梗槩則趨向恐不得其正而惑於他岐之說焉故首列太極

近思錄發明　卷之一　一

圖 3-27　施璜《五子近思録發明》，
清康熙年間英秀堂刻本，
紹興圖書館藏

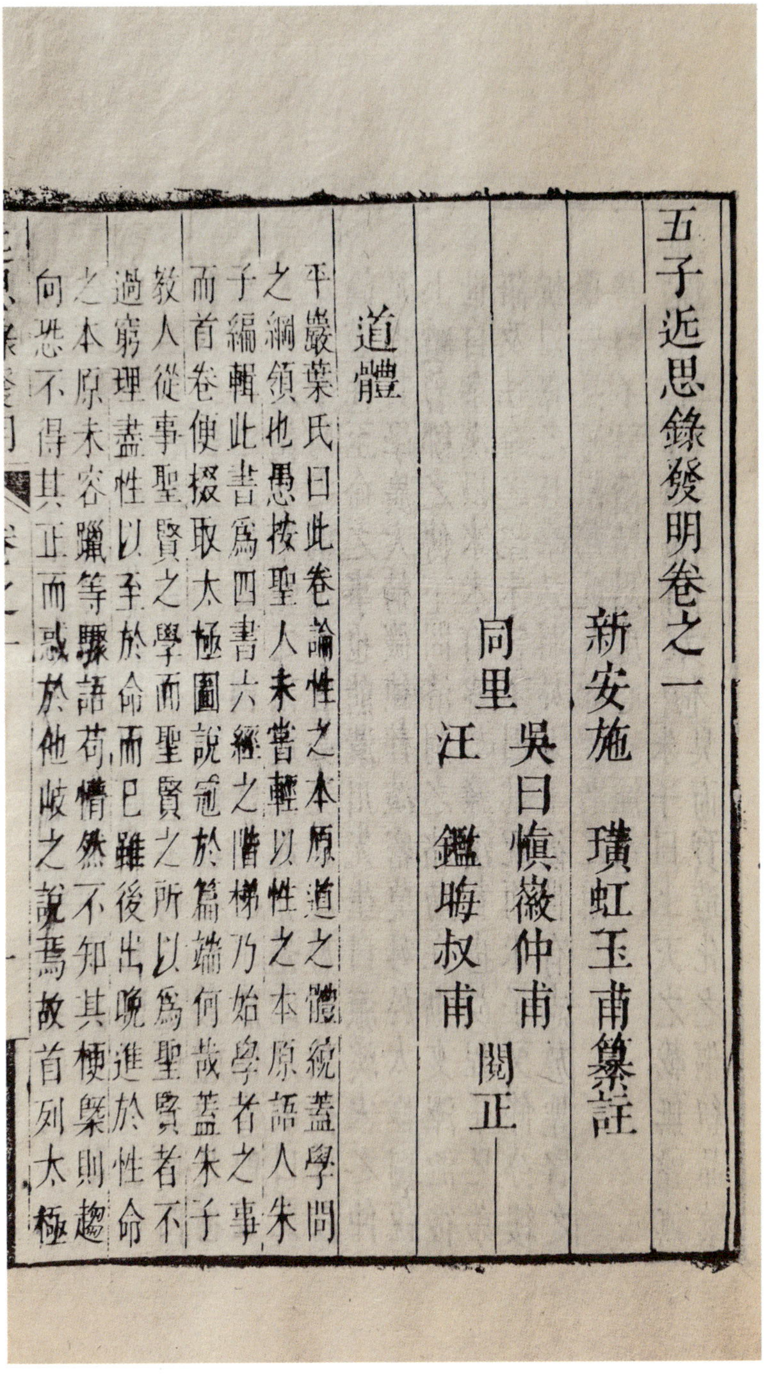
五子近思錄發明卷之一

新安施　璜虹玉甫纂註

同里　吳曰慎徽仲甫
汪　鑑晦叔甫　閲正

道體

平巖葉氏曰此卷論性之本原道之體統蓋學問之綱領也愚按聖人未嘗輕以性之本原語人朱子編輯此書爲四書六經之階梯乃始學者之事而首卷便掇取太極圖說冠於篇端何哉蓋朱子教人從事聖賢之學而聖賢之所以爲聖賢者不過窮理盡性以至於命而已雖後出晚進於性命之本原未容躐等驟語苟懵然不知其梗槩則趨向恐不得其正而惑於他岐之說焉故首列太極

圖 3-28　施璜《五子近思録發明》，
清康熙年間聚錦堂重刻本，
上海圖書館藏

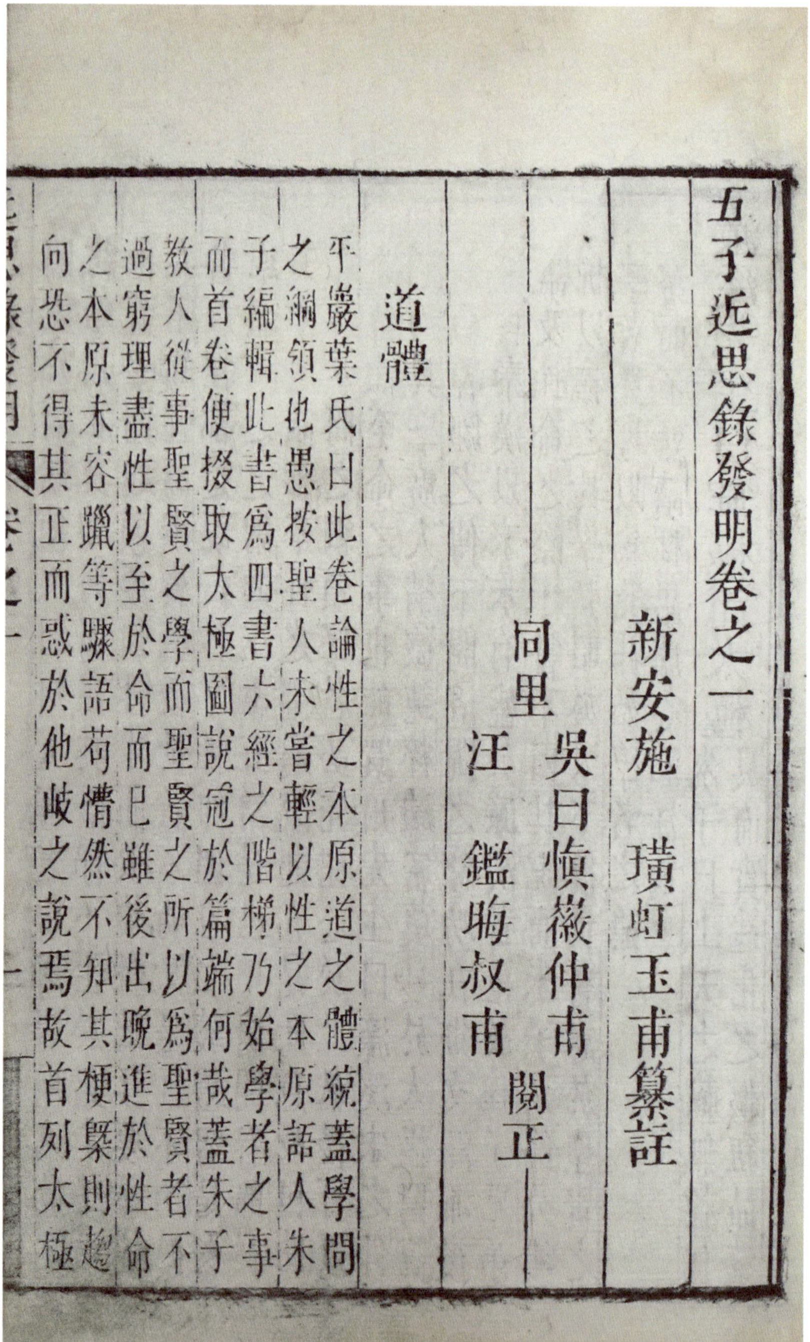

五子近思錄發明卷之一

新安施　璜虹玉甫纂註

同里　吳曰慎徽仲甫
　　　汪　鑑晦叔甫　閱正

道體

平巖葉氏曰此卷論性之本原道之體統蓋學問之綱領也愚按聖人未嘗輕以性之本原語人朱子編輯此書爲四書六經之階梯乃始學者之事而首卷便掇取太極圖說冠於篇端何哉蓋朱子教人從事聖賢之學而聖賢之所以爲聖賢者不過窮理盡性以至於命而已雖後出晚進於性命之本原未容躐等驟語苟懵然不知其梗槩則趨向恐不得其正而惑於他岐之說焉故首列太極

圖 3-29　施璜《五子近思録發明》，
清代世榮堂重刻本，
日本國立公文書館藏

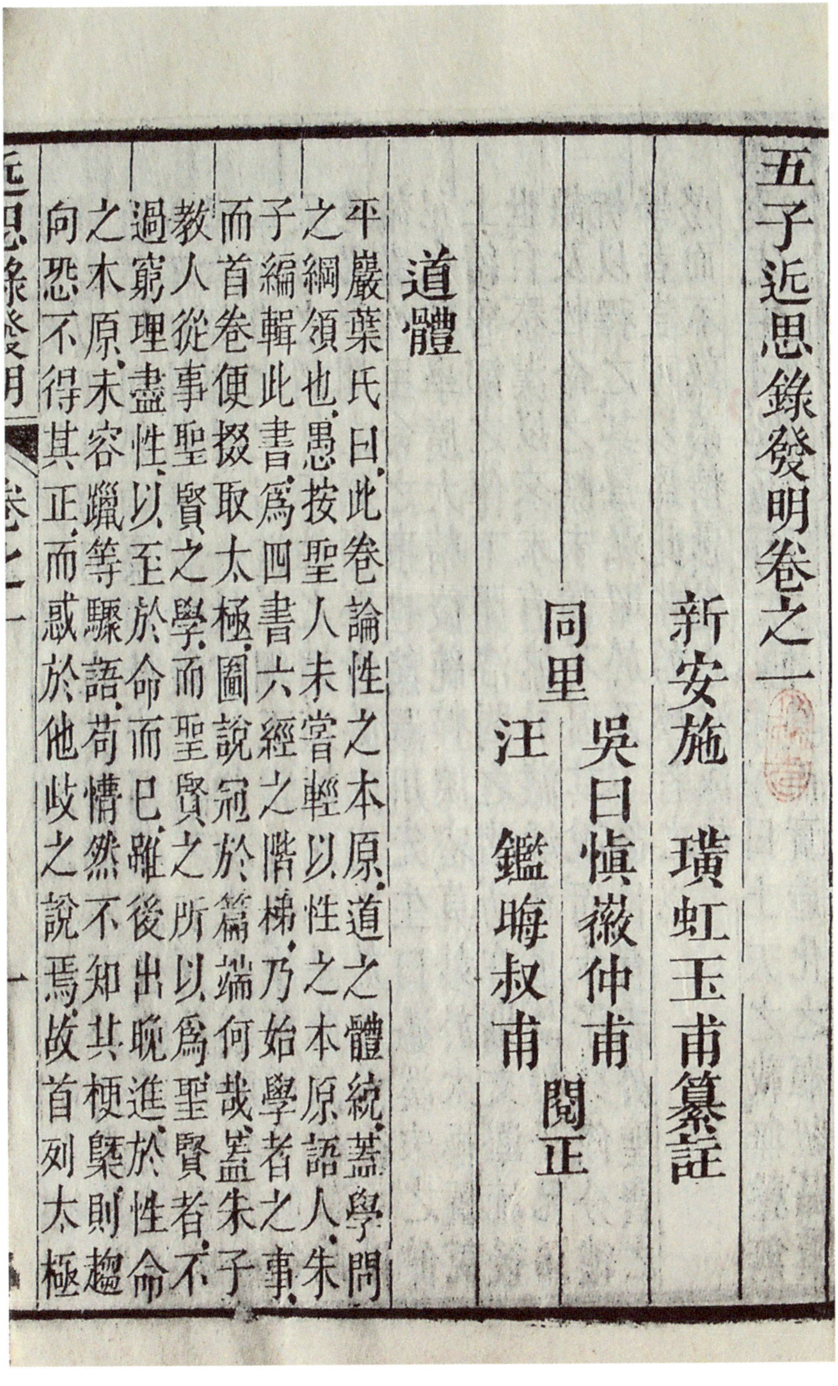

五子近思錄發明卷之一

新安施　璜虹玉甫纂註

同里　吳曰慎徽仲甫
　　　汪　鑑晦叔甫　閱正

道體

平巖葉氏曰此卷論性之本原道之體統蓋學問之綱領也愚按聖人未嘗輕以性之本原語人朱子編輯此書爲四書六經之階梯乃始學者之事而首卷便掇取太極圖說冠於篇端何哉蓋朱子教人從事聖賢之學而聖賢之所以爲聖賢者不過窮理盡性以至於命而已雖後出晚進於性命之本原未容躐等驟語苟懵然不知其梗槩則趨向恐不得其正而惑於他歧之說焉故首列太極

近思錄發明　卷之一　一

圖 3-33　施璜《五子近思録發明》，
清光緒六年雲南書局重刻本，
上海圖書館藏

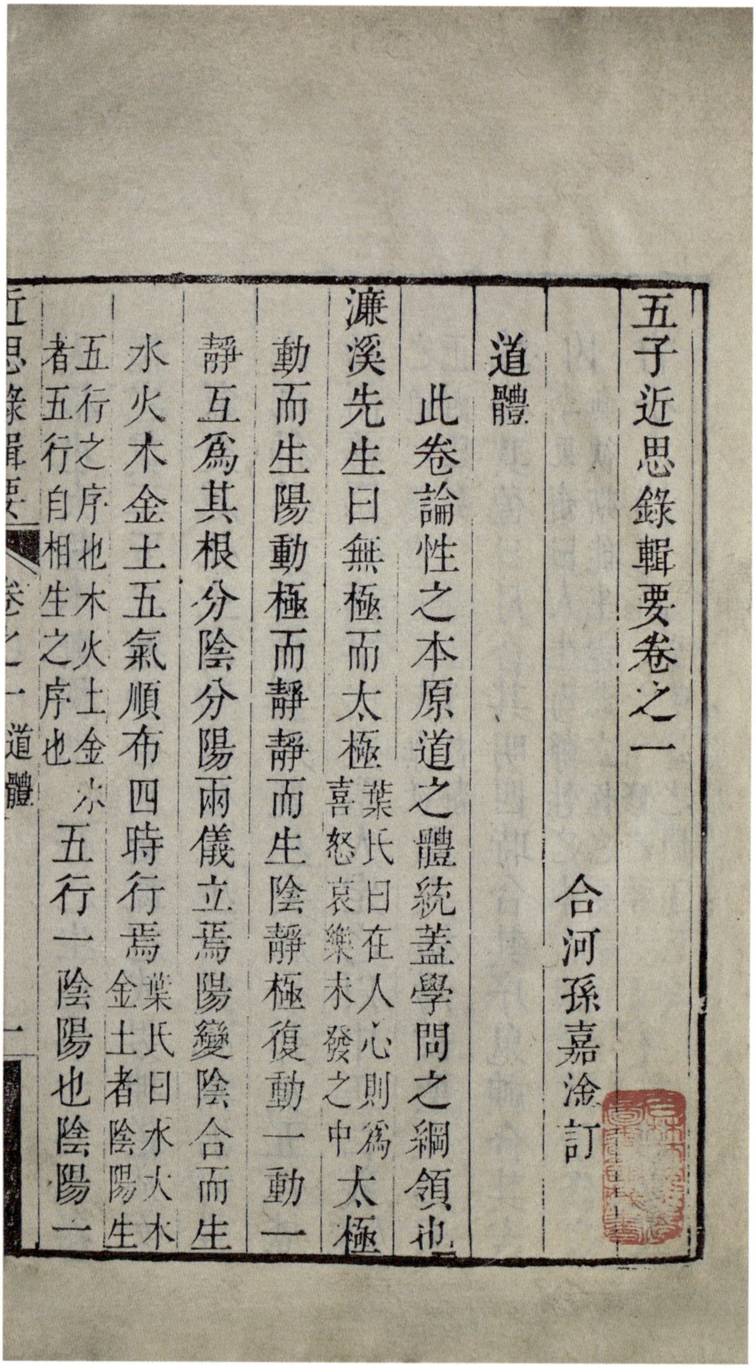

圖 3-36　孫嘉淦《五子近思録輯要》，
清雍正年間刻本，
東北師範大學藏

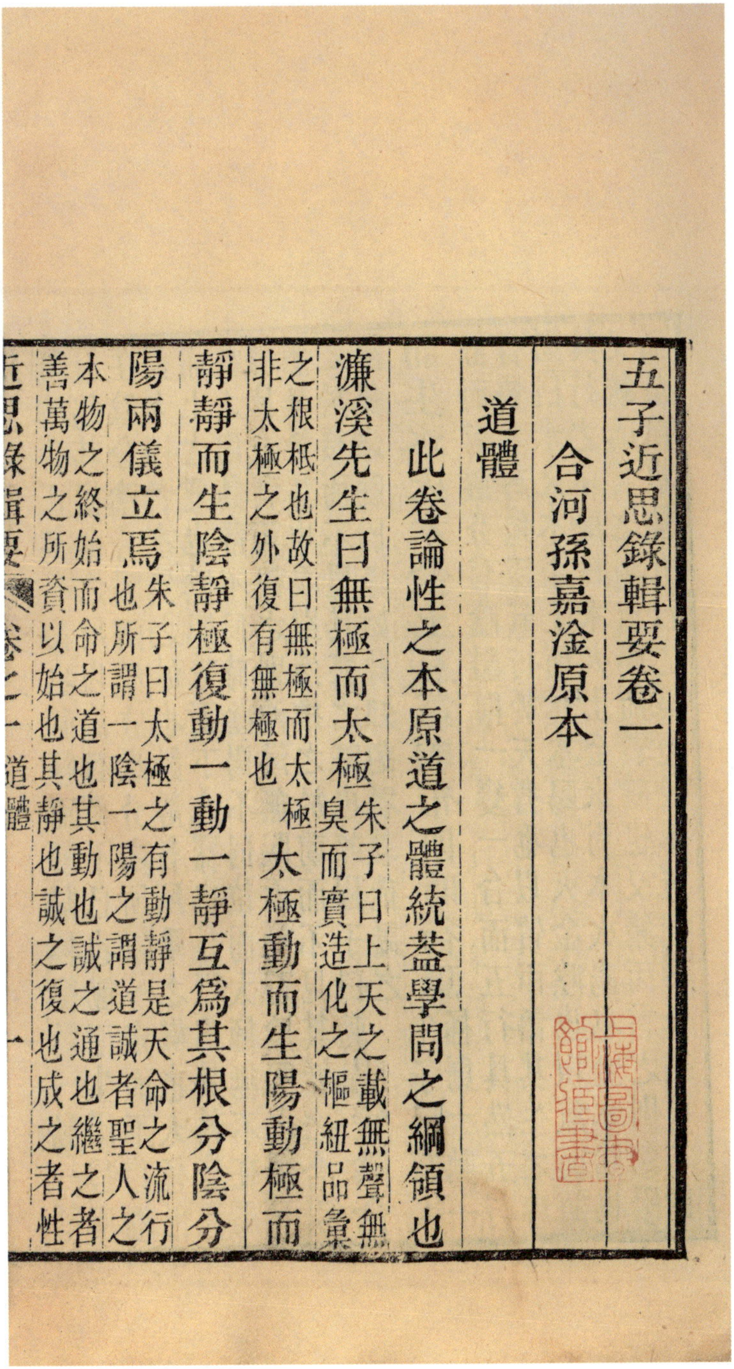

五子近思錄輯要卷一

合河孫嘉淦原本

道體

此卷論性之本原道之體統蓋學問之綱領也

濂溪先生曰無極而太極朱子曰上天之載無聲無臭而實造化之樞紐品彙之根柢也故曰無極而太極非太極之外復有無極也太極動而生陽動極而靜靜而生陰靜極復動一動一靜互爲其根分陰分陽兩儀立焉朱子曰太極之有動靜是天命之流行也所謂一陰一陽之謂道誠者聖人之本物之終始而命之道也其動也誠之通也繼之者善萬物之所資以始也其靜也誠之復也成之者性

近思錄輯要　卷之一　道體　一

圖 3-37　孫嘉淦《五子近思録輯要》，
清同治十二年霞城書院刊本，
上海圖書館藏

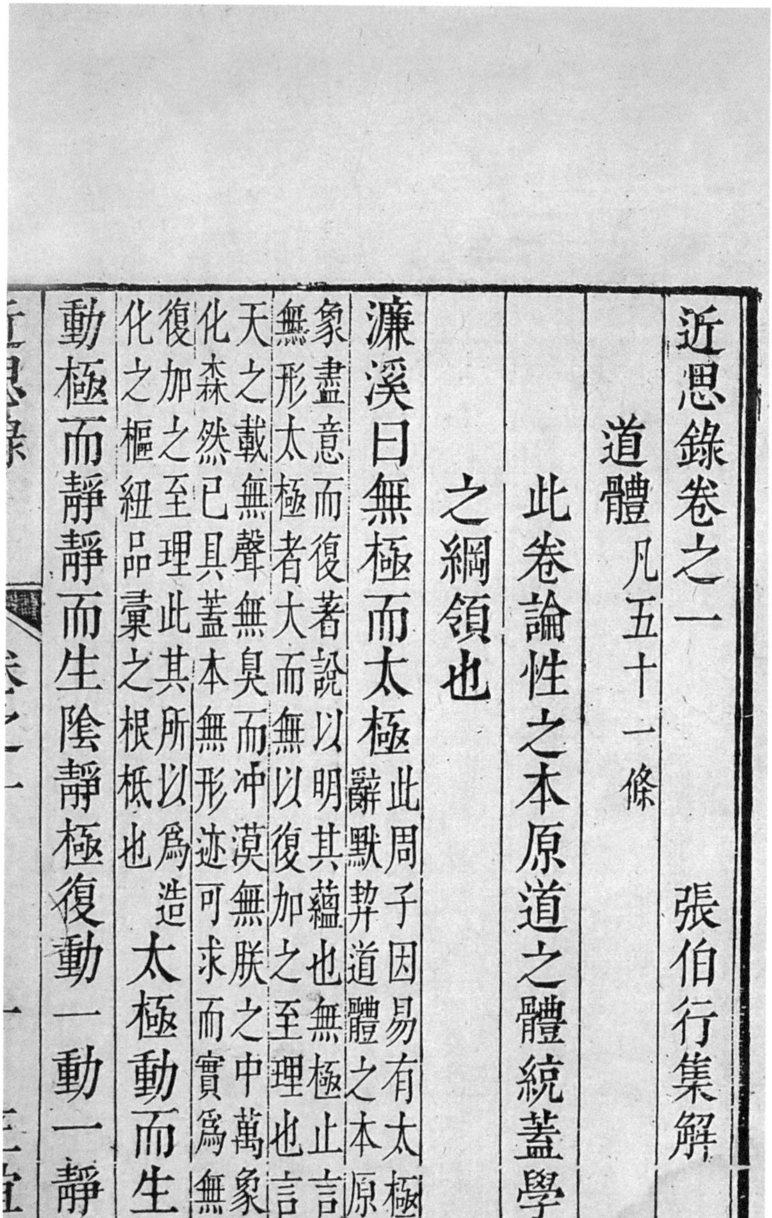
近思錄卷之一　張伯行集解

道體凡五十一條

此卷論性之本原道之體統蓋學問之綱領也

濂溪曰無極而太極此周子因易有太極之辭默揭道體之本原立象盡意而復著説以明其蘊也無極止言其無形太極者大而無以復加之至理也言上天之載無聲無臭而冲漠無朕之中萬象萬化森然已具蓋本無形迹可求而實爲無以復加之至理此其所以爲造化之樞紐品彙之根柢也太極動而生陽動極而靜靜而生陰靜極復動一動一靜互

近思錄　卷之一　一　正誼堂

圖 3-39　張伯行《近思録集解》，
清康熙五十一年姑蘇正誼堂刻本，
東京大學藏

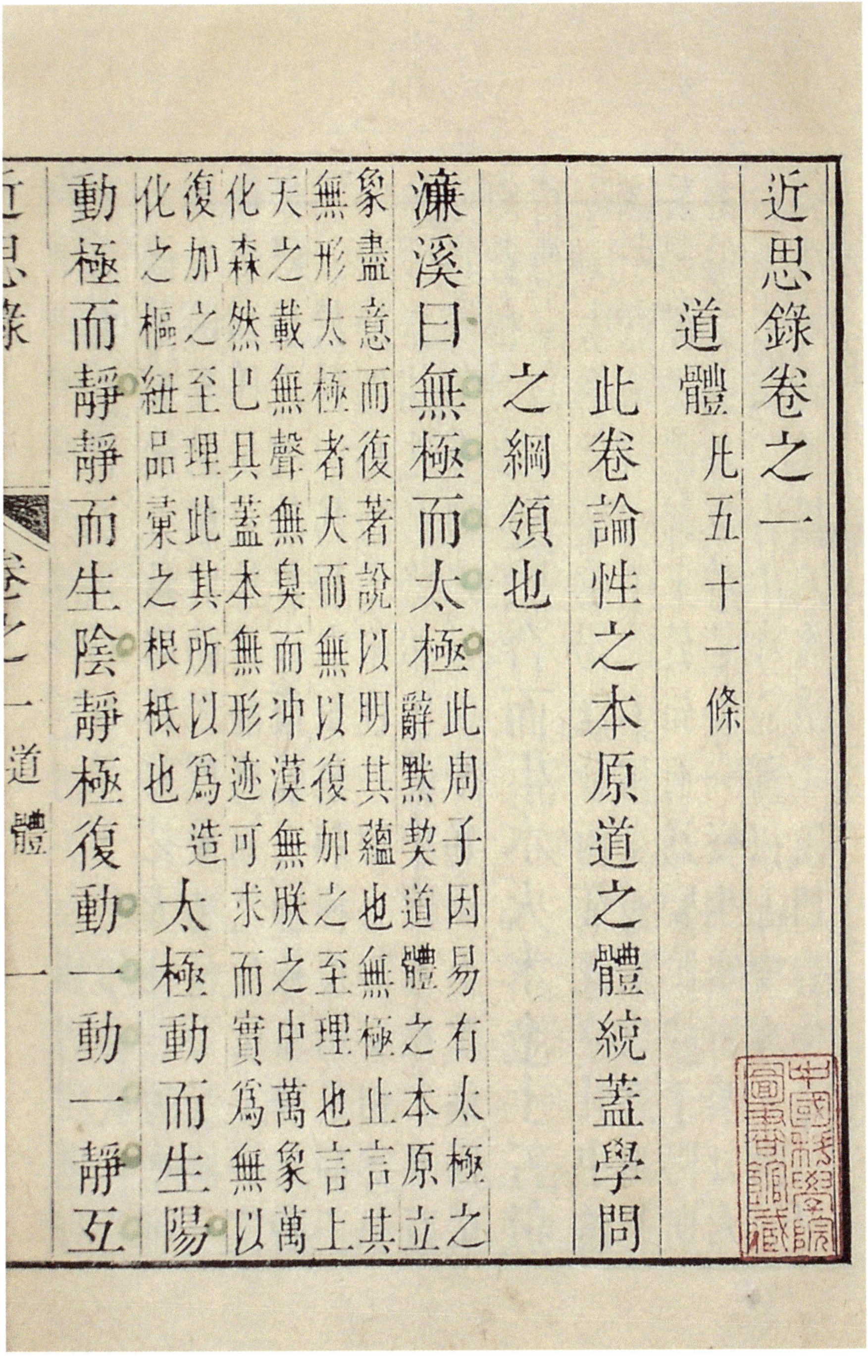

近思錄卷之一

道體凡五十一條

此卷論性之本原道之體統蓋學問之綱領也

濂溪曰無極而太極此周子因易有太極之辭默契道體之本原立象盡意而復著說以明其蘊也無極止言其無形太極者大而無以復加之至理也言上天之載無聲無臭而冲漠無朕之中萬象萬化森然已具蓋本無形迹可求而實爲無以復加之至理此其所以爲造化之樞紐品彙之根柢也太極動而生陽動極而靜靜而生陰靜極復動一動一靜互

近思錄　卷之一　道體　一

圖 3-40　張伯行《近思録集解》，
清乾隆元年維揚安定書院刻本，
中國科學院圖書館藏

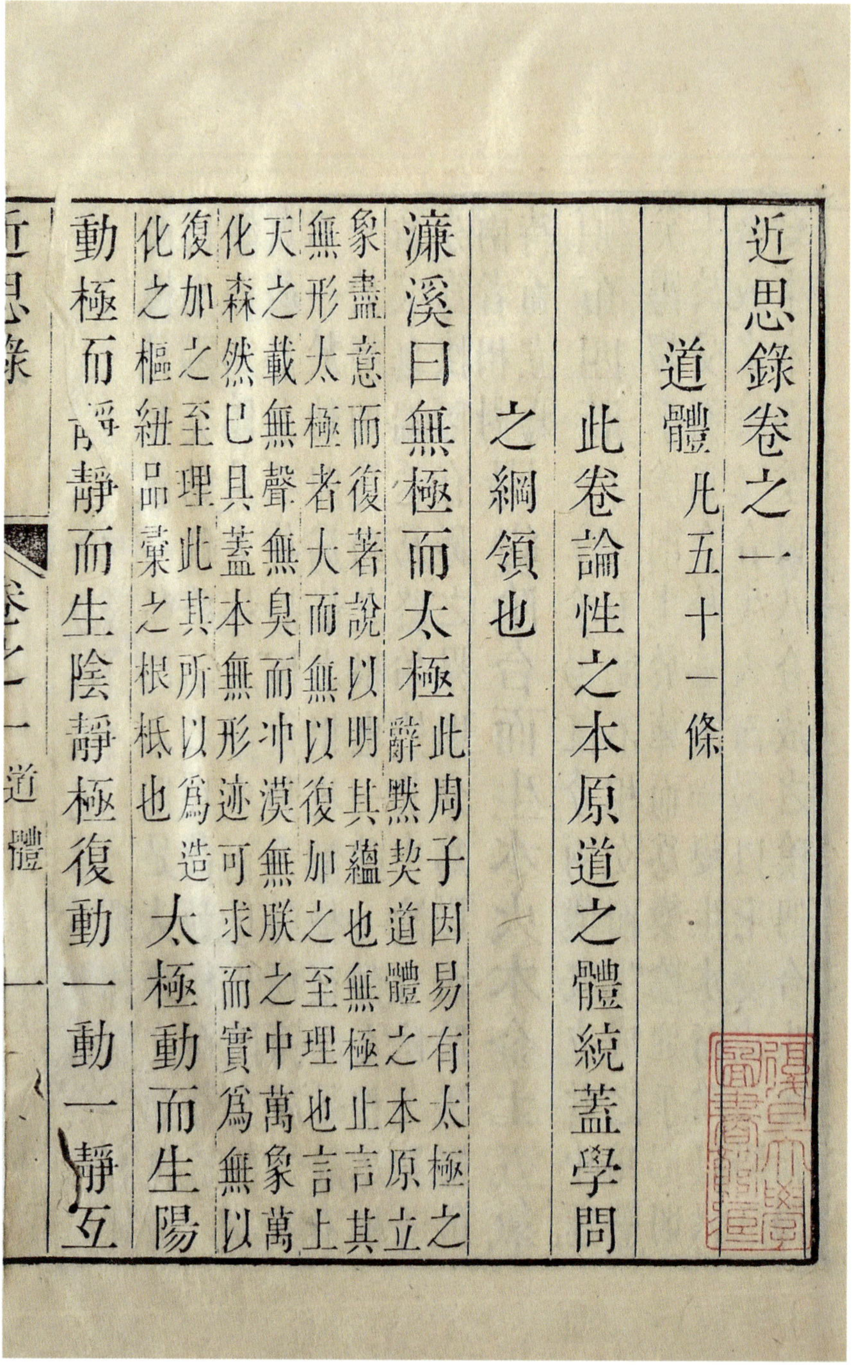
近思錄卷之一
道體凡五十一條
此卷論性之本原道之體統蓋學問
之綱領也
濂溪曰無極而太極此周子因易有太極之辭默契道體之本原立象盡意而復著說以明其蘊也無極止言其無形太極者大而無以復加之至理也言上天之載無聲無臭而冲漠無朕之中萬象萬化森然已具蓋本無形迹可求而實爲無以復加之至理此其所以爲造化之樞紐品彙之根柢也太極動而生陽
動極而浮乃靜而生陰靜極復動一動一靜互
近思錄　卷之一　道體　一

（印章）

圖 3-41　張伯行《近思録集解》，
清乾隆十三年尹會一重修本，
復旦大學藏

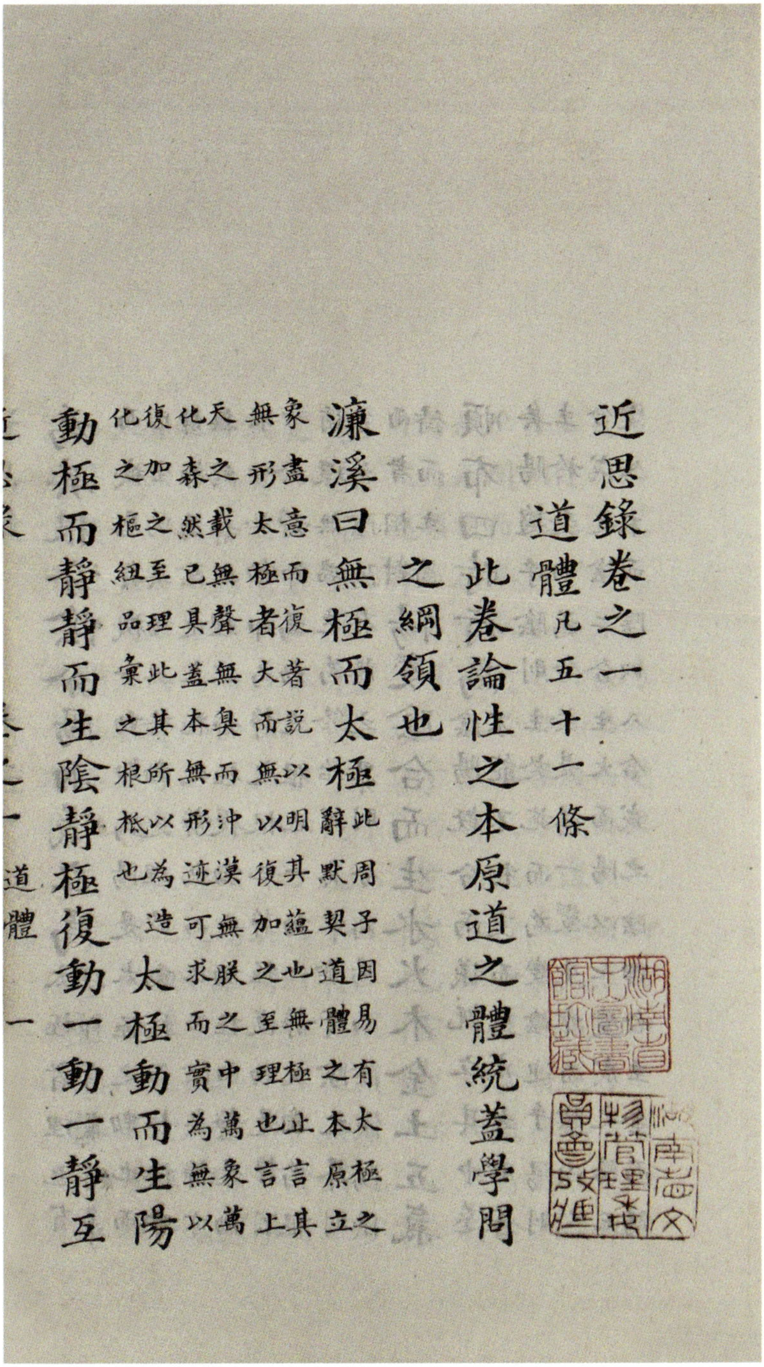

近思錄卷之一

道體凡五十一條

此卷論性之本原道之體統蓋學問之綱領也

濂溪曰無極而太極此周子因易有太極之辭默契道體之本原立象盡意而復著說以明其蘊也無極止言其無形太極者大而無以復加之至理也言上天之載無聲無臭而沖漠無朕之中萬象萬化森然已具蓋本無形迹可求而實為無以復加之至理此其所以為造化之樞紐品彙之根柢也

太極動而生陽動極而靜靜而生陰靜極復動一動一靜互

近思錄　卷之一　道體　一

圖 3-42　張伯行《近思録集解》，
清乾隆年間抄本，
湖南圖書館藏

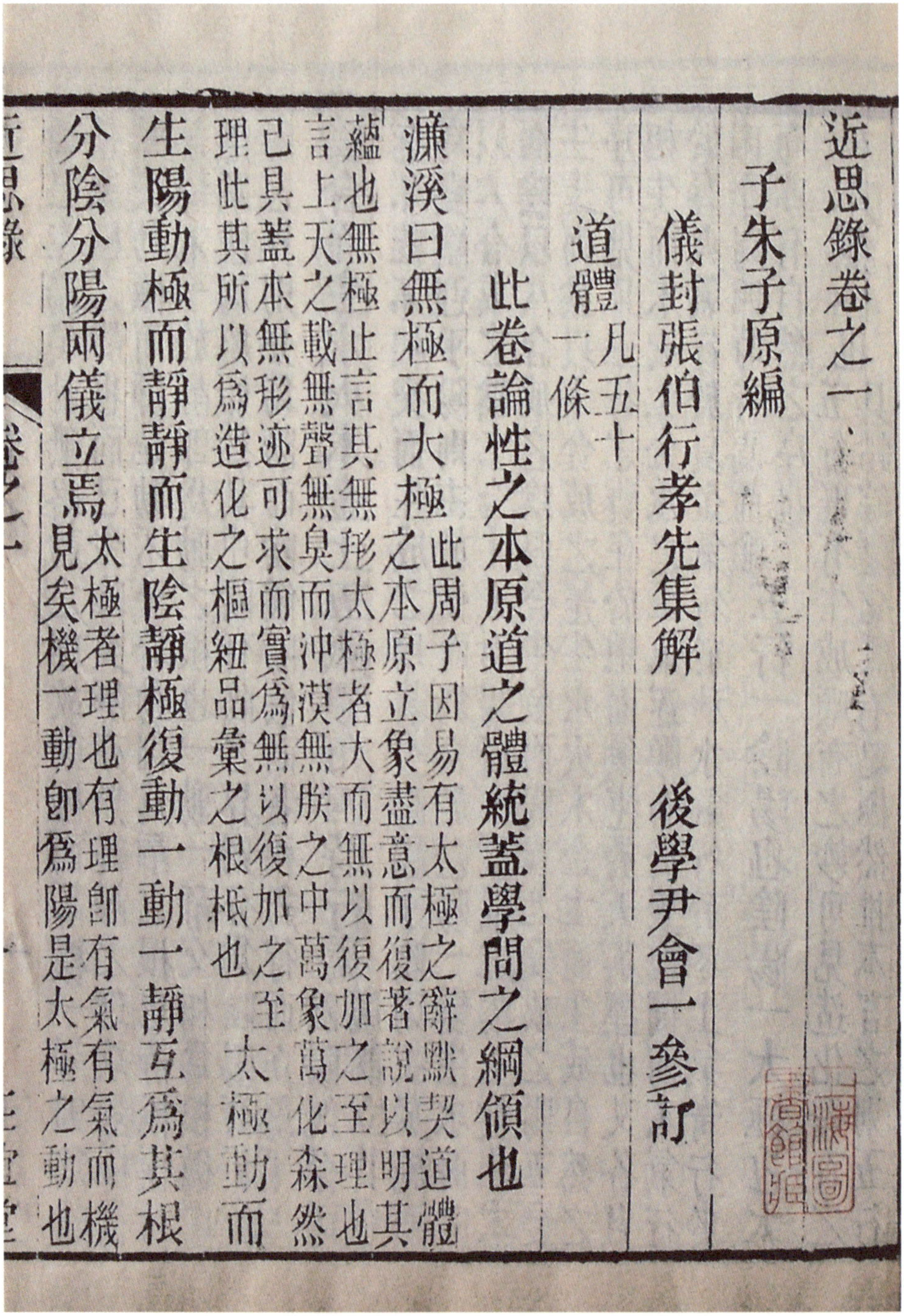

近思錄卷之一

子朱子原編

儀封張伯行孝先集解　後學尹會一參訂

道體凡五十一條

此卷論性之本原道之體統蓋學問之綱領也

濂溪曰無極而太極此周子因易有太極之辭默契道體之本原立象盡意而復著說以明其藴也無極止言其無形太極者大而無以復加之至理也言上天之載無聲無臭而沖漠無朕之中萬象萬化森然已具蓋本無形迹可求而實爲無以復加之至理此其所以爲造化之樞紐品彙之根柢也太極動而生陽動極而靜靜而生陰靜極復動一動一靜互爲其根分陰分陽兩儀立焉太極者理也有理即有氣有氣而機見矣機一動即爲陽是太極之動也

近思錄　卷之一　一　正誼堂

圖 3-43　張伯行《近思録集解》，
清同治五年福州正誼書局重刻本，
上海圖書館藏

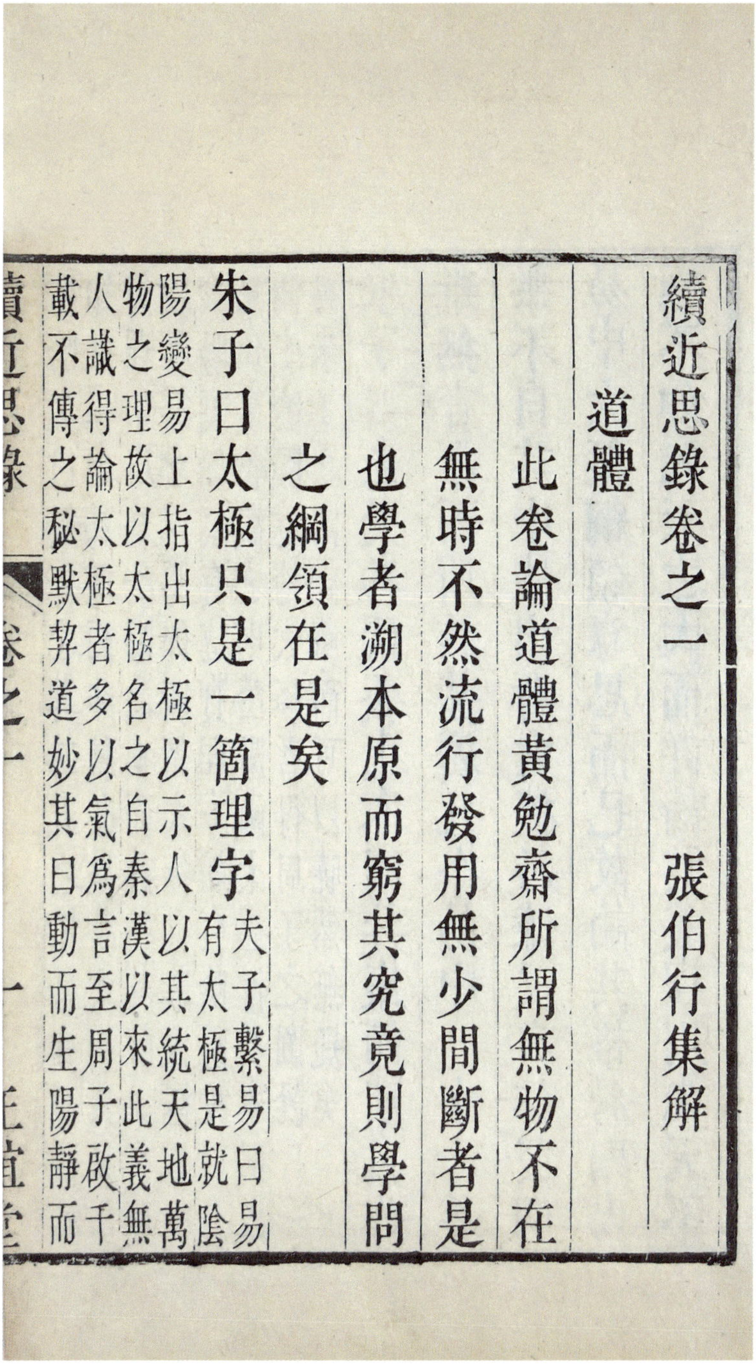

續近思錄卷之一　　張伯行集解

道體

此卷論道體黄勉齋所謂無物不在無時不然流行發用無少間斷者是也學者溯本原而窮其究竟則學問之綱領在是矣

朱子曰太極只是一箇理字夫子繫易曰易有太極是就陰陽變易上指出太極以示人以其統天地萬物之理故以太極名之自秦漢以來此義無人識得論太極者多以氣為言至周子啟千載不傳之秘默契道妙其日動而生陽靜而

圖 3-46　張伯行《續近思録》，
清康熙四十九年姑蘇正誼堂刻本，
日本國立公文書館藏

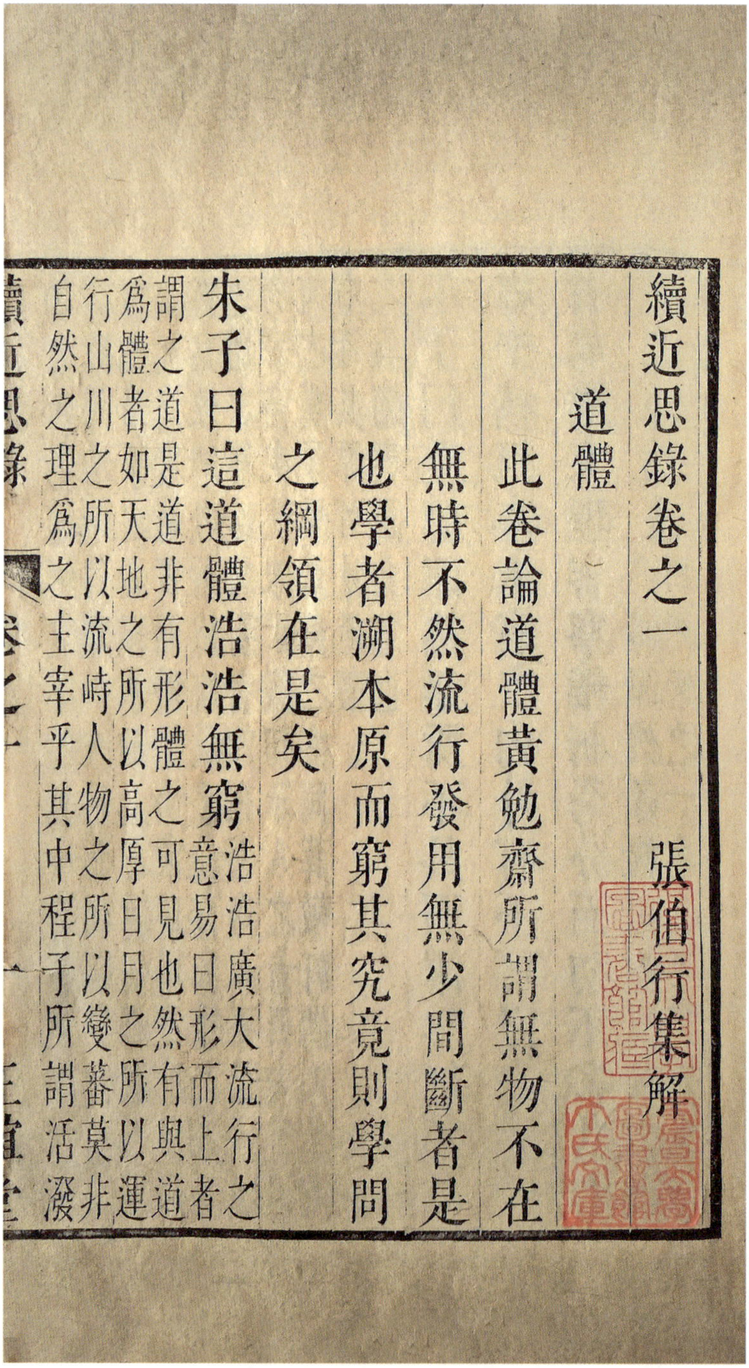
續近思録卷之一

道體　　張伯行集解

此卷論道體黄勉齋所謂無物不在無時不然流行發用無少間斷者是也學者溯本原而窮其究竟則學問之綱領在是矣

朱子曰這道體浩浩無窮浩浩廣大流行之意易曰形而上者謂之道是道非有形體之可見也然有與道爲體者如天地之所以高厚日月之所以運行山川之所以流峙人物之所以變蕃莫非自然之理爲之主宰乎其中程子所謂活潑

續近思録　卷之一　一　正誼堂

圖 3-47　張伯行《續近思録》，清康熙年間正誼堂修訂本，復旦大學藏

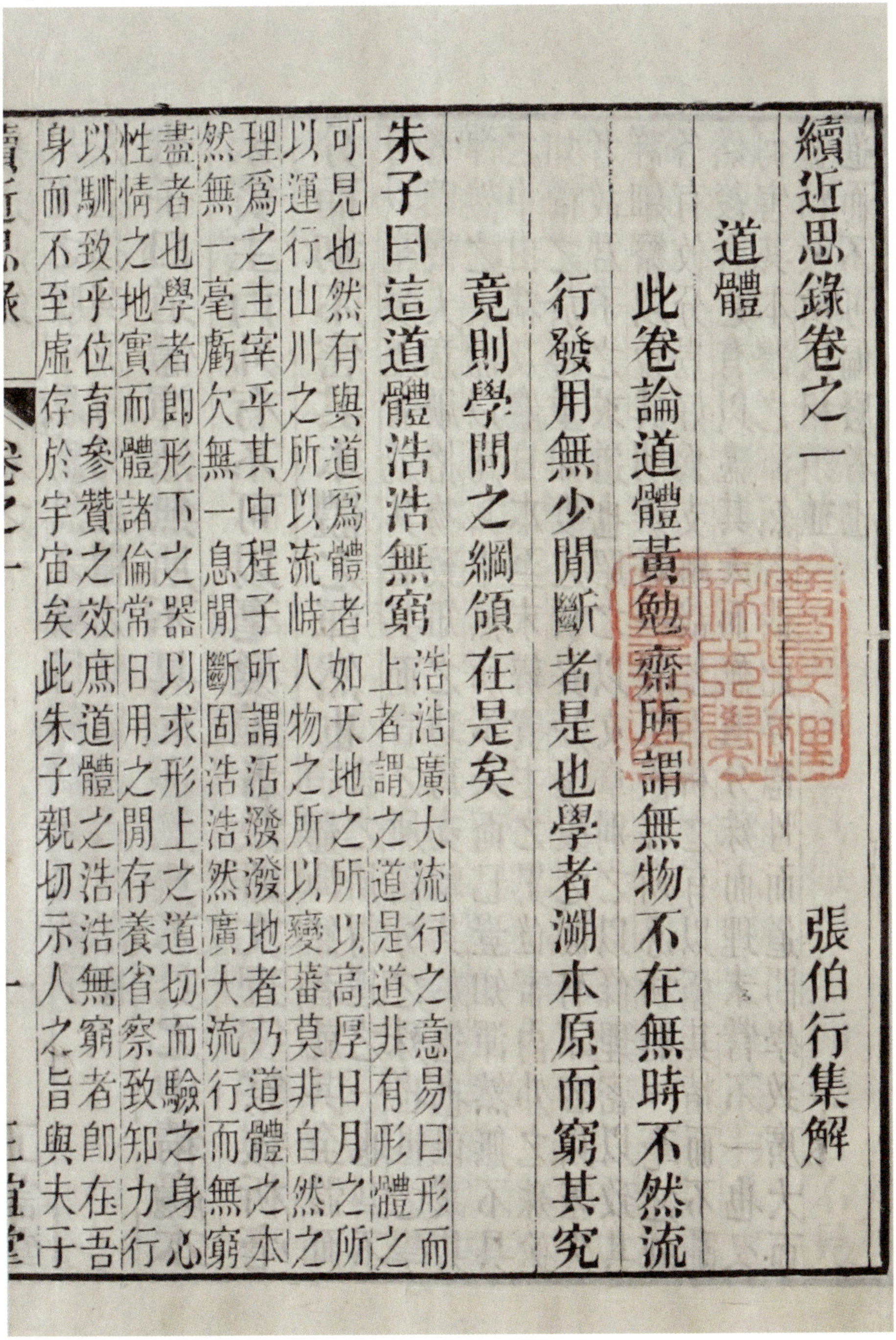

續近思錄卷之一　　張伯行集解

道體

此卷論道體黄勉齋所謂無物不在無時不然流行發用無少間斷者是也學者溯本原而窮其究竟則學問之綱領在是矣

朱子曰這道體浩浩無窮浩浩廣大流行之意易曰形而上者謂之道是道非有形體之可見也然有與道爲體者如天地之所以高厚日月之所以運行山川之所以流峙人物之所以變蕃莫非自然之理爲之主宰乎其中程子所謂活潑潑地者乃道體之本然無一毫虧欠無一息間斷固浩浩然廣大流行而無窮盡者也學者卽形下之器以求形上之道切而驗之身心性情之地實而體諸倫常日用之間存養省察致知力行以馴致乎位育參贊之效庶道體之浩浩無窮者卽在吾身而不至虛存於宇宙矣此朱子親切示人之旨與夫子

圖 3-49　張伯行《續近思録》，
清同治九年福州正誼書院續刊本，
廣島大學藏

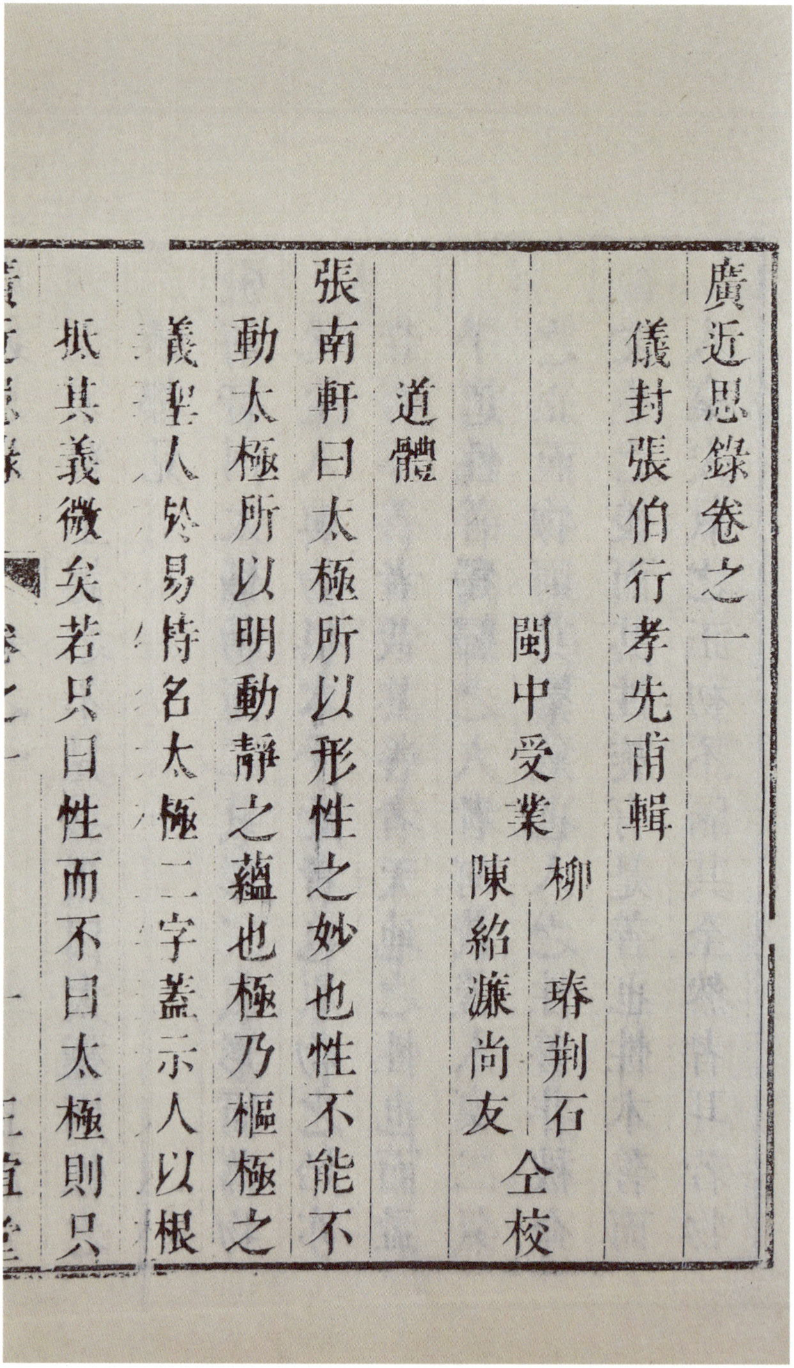

廣近思錄卷之一

儀封張伯行孝先甫輯

閩中受業　柳椿荆石　陳紹濂尚友　全校

道體

張南軒曰太極所以形性之妙也性不能不動太極所以明動靜之藴也極乃樞極之義聖人於易特名太極二字蓋示人以根抵其義微矣若只曰性而不曰太極則只

廣近思錄　卷之一　一　正誼堂

圖 3-50　張伯行《廣近思録》，
清康熙五十年姑蘇正誼堂刻本，
日本國立公文書館藏

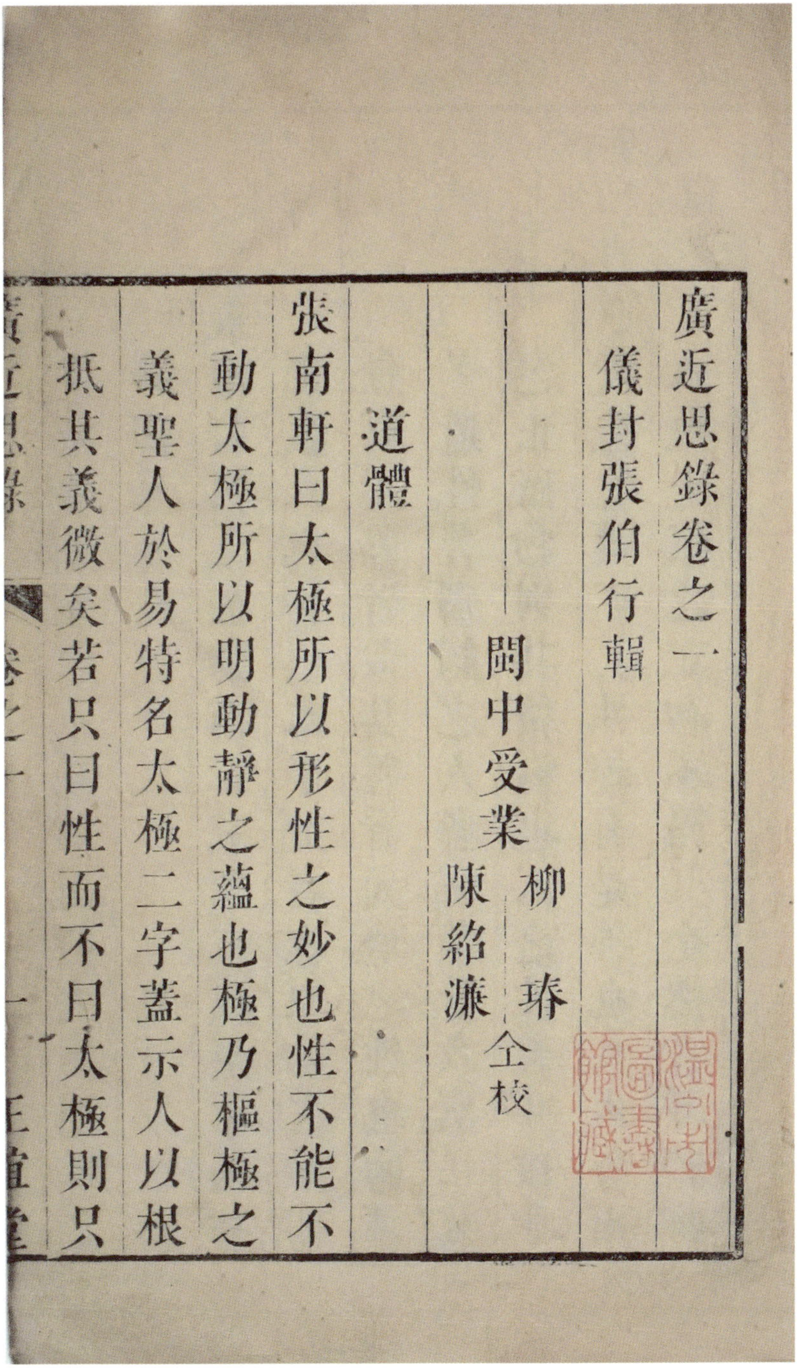
廣近思錄卷之一
儀封張伯行輯
閩中受業　柳琫　陳紹濂　仝校
道體
張南軒曰太極所以形性之妙也性不能不
動太極所以明動靜之蘊也極乃樞極之
義聖人於易特名太極二字蓋示人以根
抵其義微矣若只曰性而不曰太極則只
廣近思錄　卷之一　一　正誼堂
溫州市圖書館藏

圖 3-51　張伯行《廣近思録》，
清康熙年間正誼堂修訂本，
溫州市圖書館藏

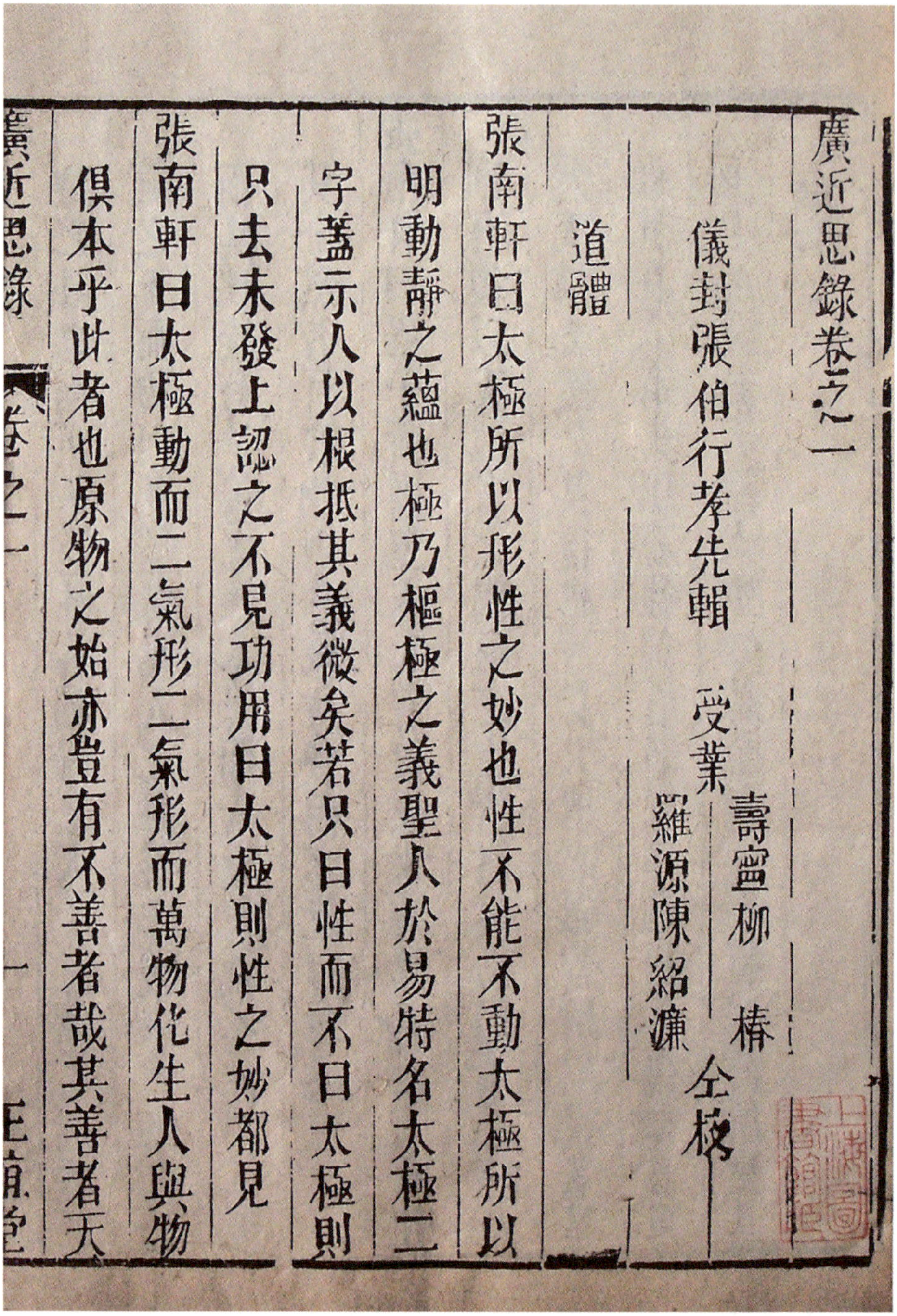
廣近思錄卷之一

儀封張伯行孝先輯　受業　壽寧柳　椿

羅源陳紹濂　仝校

道體

張南軒曰太極所以形性之妙也性不能不動太極所以明動靜之蘊也極乃樞極之義聖人於易特名太極二字蓋示人以根柢其義微矣若只曰性而不曰太極則只去未發上認之不見功用曰太極則性之妙都見

張南軒曰太極動而二氣形二氣形而萬物化生人與物俱本乎此者也原物之始亦豈有不善者哉其善者天

廣近思錄　卷之一　一　正誼堂

圖 3-52　張伯行《廣近思録》，
清同治五年福州正誼書院重刻本，
上海圖書館藏

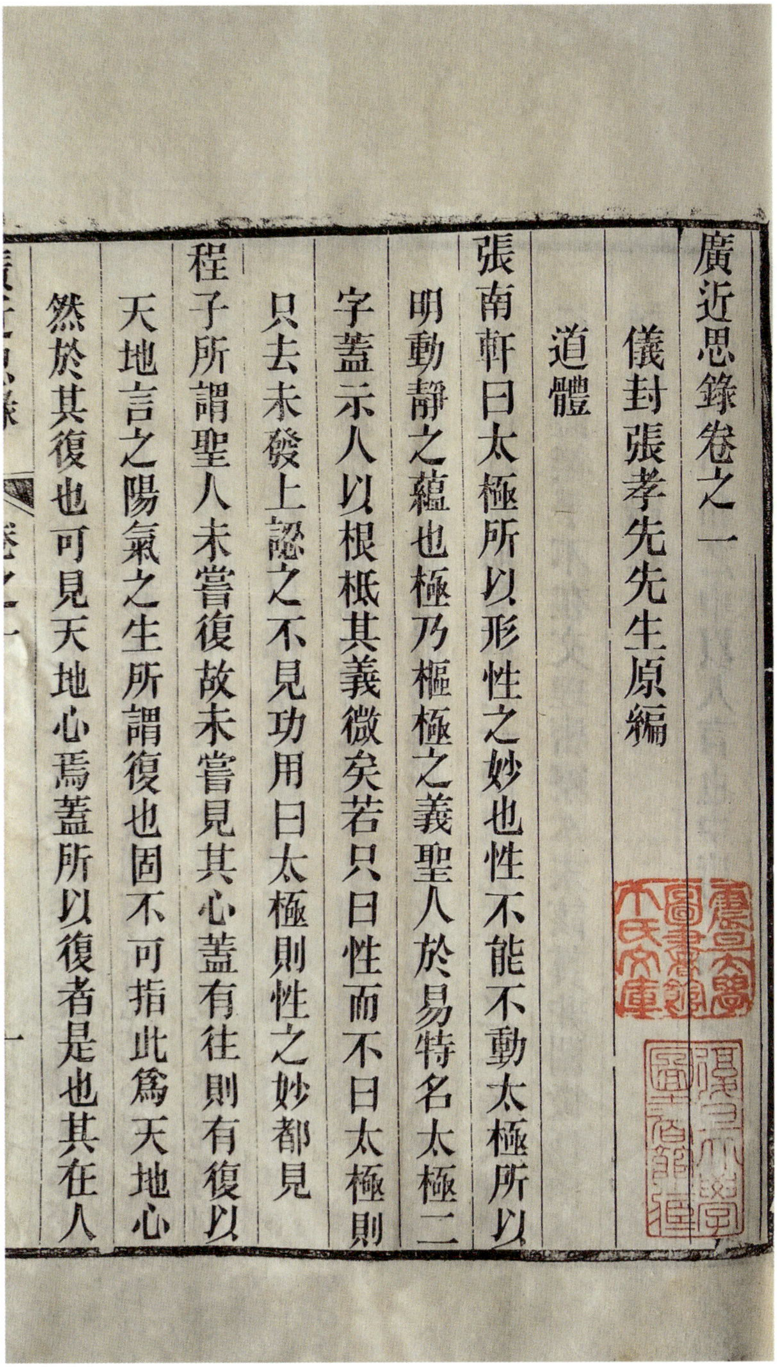
廣近思錄卷之一

儀封張孝先先生原編

道體

張南軒曰太極所以形性之妙也性不能不動太極所以明動靜之蘊也極乃樞極之義聖人於易特名太極二字蓋示人以根柢其義微矣若只曰性而不曰太極則只去未發上認之不見功用曰太極則性之妙都見

程子所謂聖人未嘗復故未嘗見其心蓋有往則有復以天地言之陽氣之生所謂復也固不可指此爲天地心然於其復也可見天地心焉蓋所以復者是也其在人

廣近思錄　卷之一　一

圖 3-53　張伯行《廣近思録》，
清光緒二十年河南學署刻本，
復旦大學藏

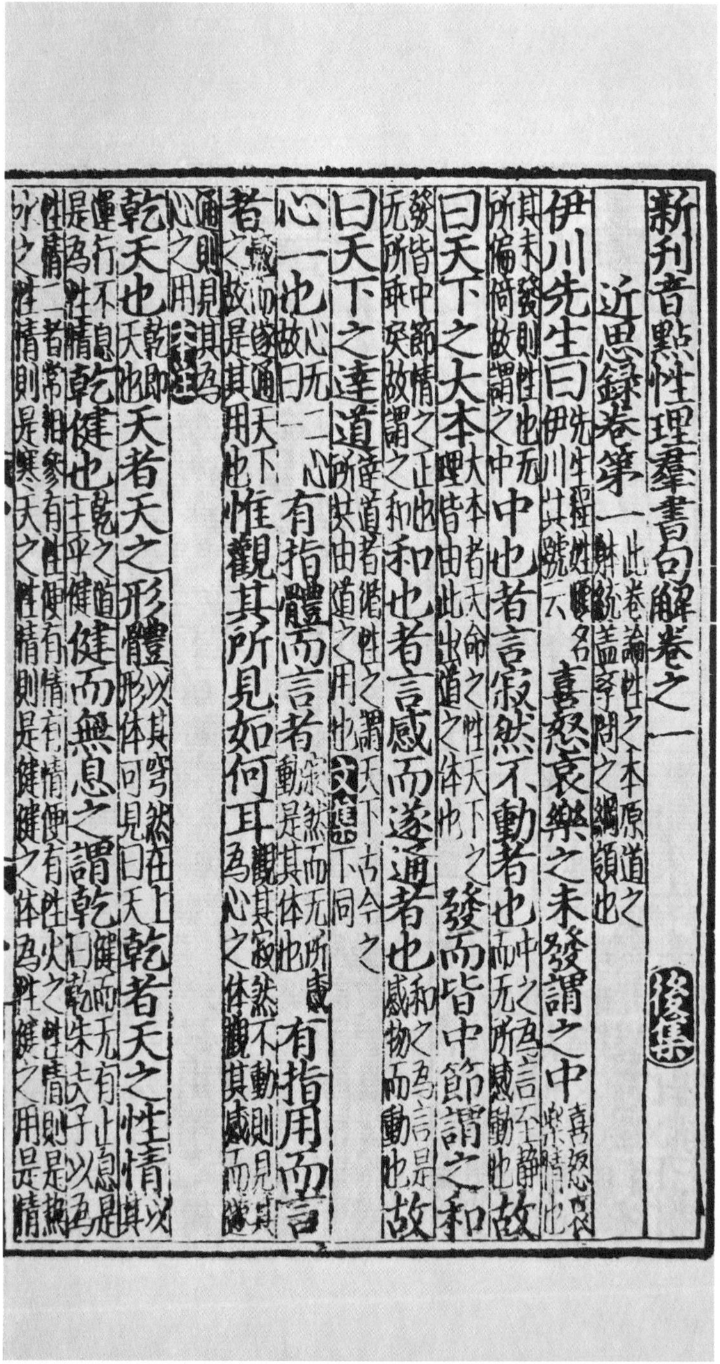
新刊音點性理羣書句解卷之一　後集
近思録卷第一 此卷論性之本原道之體統蓋學問之綱領也
伊川先生曰 先生程姓頤名伊川其號也 喜怒哀樂之未發謂之中 喜怒哀樂情也
其未發則性也无所偏倚故謂之中 中也者言寂然不動者也 中之爲言主静而无所感動也 故
曰天下之大本 大本者天命之性天下之理皆由此出道之体也 發而皆中節謂之和
發皆中節情之正也无所乖戾故謂之和 和也者言感而遂通者也 和之爲言是感物而動也 故
曰天下之達道 達道者循性之謂天下古今之所共由道之用也 文選下同
心一也 心无二心故曰一 有指體而言者 寂然而无所感動是其体也 有指用而言
者 感而遂通天下之故是其用也 惟觀其所見如何耳 觀其寂然不動則見其爲心之体觀其感而遂
通則見其爲心之用 [illegible]
乾天也 乾即天也 天者天之形體 以其穹然在上以形体可見曰天 乾者天之性情 以其
運行不息是爲性情 乾健也 乾之道主乎健 健而無息之謂乾 健而无有止息是曰乾朱子以爲
性情二者常相參有性便有情有情便有性火之性情則是熱
水之性情則是寒天之性情則是健健之体爲性健之用是情

圖 4-1　熊剛大句解《近思録》，
《新刊音點性理群書句解》元刊本，
臺北“國家圖書館”藏

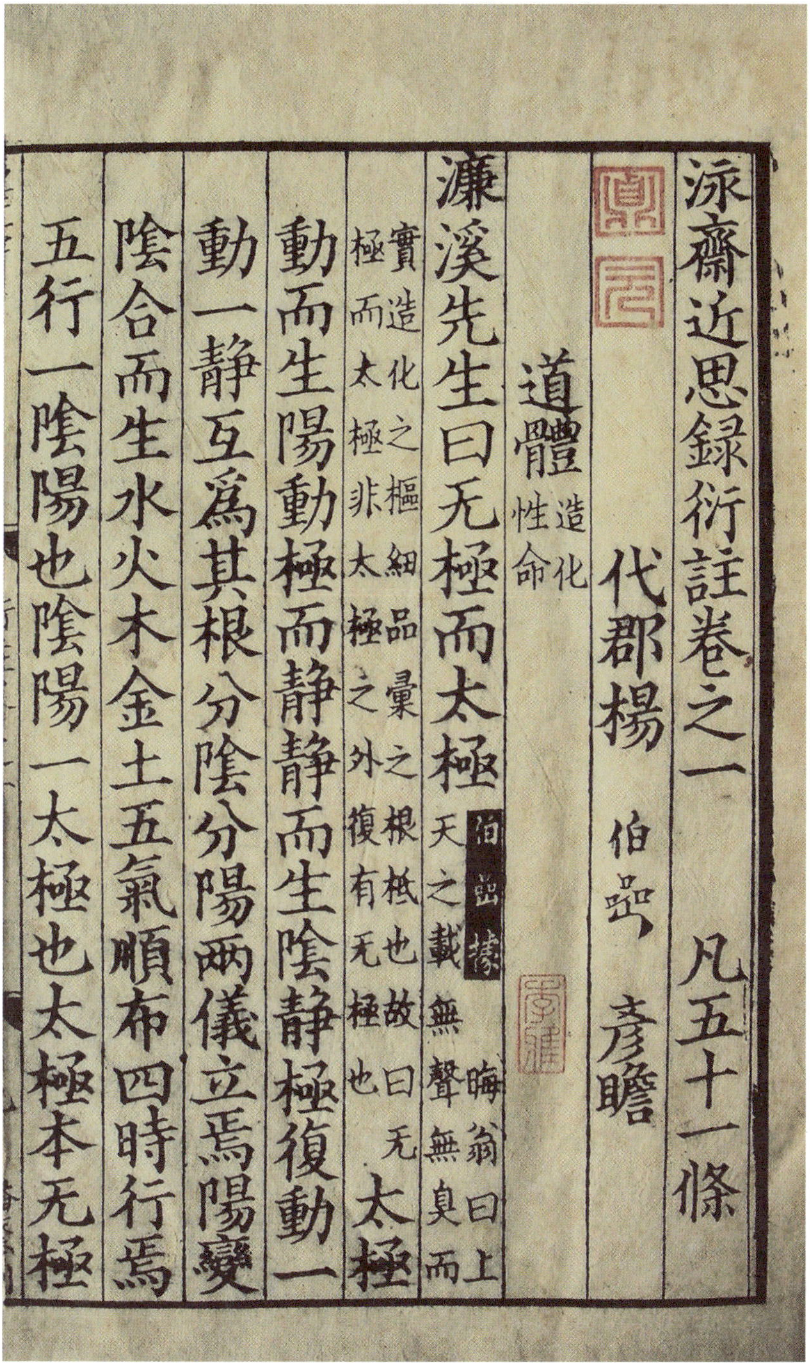
泳齋近思録衍註卷之一　凡五十一條
代郡楊　伯嵒　彦瞻
道體　造化　性命
濂溪先生曰无極而太極伯嵒按晦翁曰上天之載無聲無臭而實造化之樞紐品彙之根柢也故曰无極而太極非太極之外復有无極也太極動而生陽動極而靜靜而生陰靜極復動一動一靜互爲其根分陰分陽兩儀立焉陽變陰合而生水火木金土五氣順布四時行焉五行一陰陽也陰陽一太極也太極本无極

圖 4-3　楊伯嵒《泳齋近思録衍注》，
南宋刻本，
北京大學藏

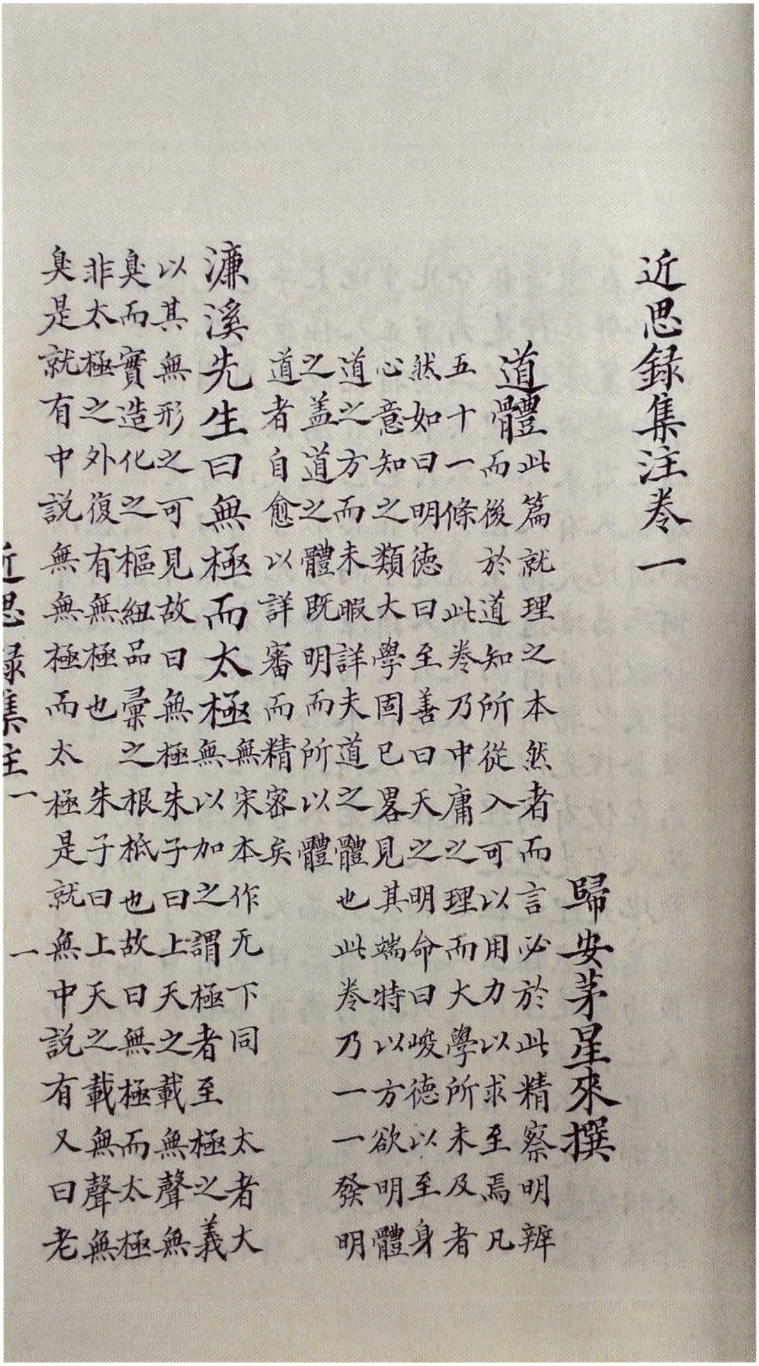

近思録集注卷一

歸安茅星來撰

道體 此篇就理之本然者而言必於此精察明辨而後於道知所從入可以用力以求至焉凡五十一條　此卷乃中庸之理而大學所未及者然如曰明德曰至善曰天之明命曰峻德以至身心意知之類大學固已畧見其端特以方欲明體道之方而未暇詳夫道之體也此卷乃一一發明之盖道之體既明而所以體道者自愈以詳審而精密矣

濂溪先生曰無極而太極 無宋本作无下同　太者大無以加之謂極者至極之義以其無形之可見故曰無極朱子曰上天之載無聲無臭而實造化之樞紐品彙之根柢也故曰無極而太極非太極之外復有無極也　朱子曰上天之載無聲無臭是就有中說無無極而太極是就無中說有又曰老

近思録集注　一　一

圖 4-4　茅星來《近思録集注》，
清道光、咸豐年間抄本，
静嘉堂藏

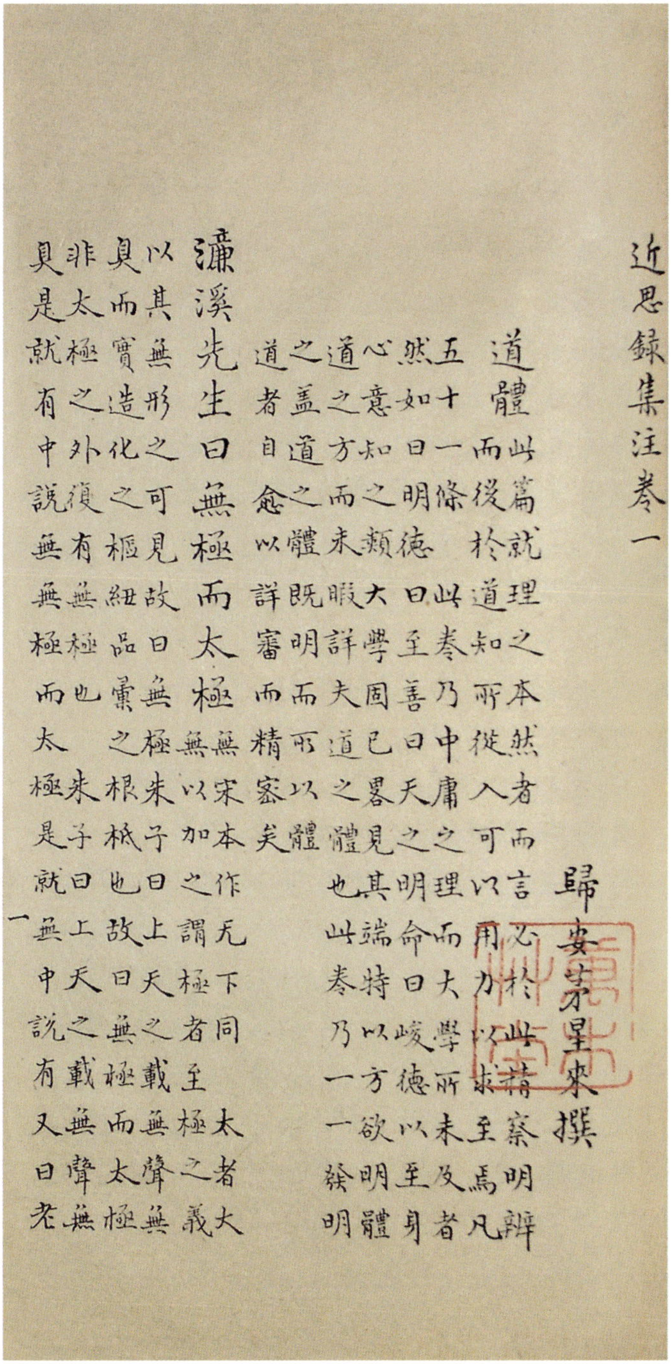
近思録集注卷一

歸安茅星來撰

道體　此篇就理之本然者而言，必於此精察明辨，而後於道知所從入，可以用力以求至焉。凡五十一條。此卷乃中庸之理，而大學所未及者。然如曰明德、曰至善、曰天之明命、曰峻德，以至身心意知之類，大學固已略見其端，特以方欲明體道之方，而未暇詳夫道之體也。此卷乃一一發明之。蓋道之體既明，而所以體道者自愈以詳審而精密矣。

濂溪先生曰：無極而太極。無，宋本作无，下同。太者，大無以加之謂；極者，至極之義。以其無形之可見，故曰無極。朱子曰：上天之載，無聲無臭，而實造化之樞紐，品彙之根柢也，故曰無極而太極。非太極之外復有無極也。朱子曰：上天之載，無聲無臭，是就有中說無；無極而太極，是就無中說有。又曰：老

一

圖 4-5　茅星來《近思録集注》，
清代佚名抄本，
浙江圖書館藏

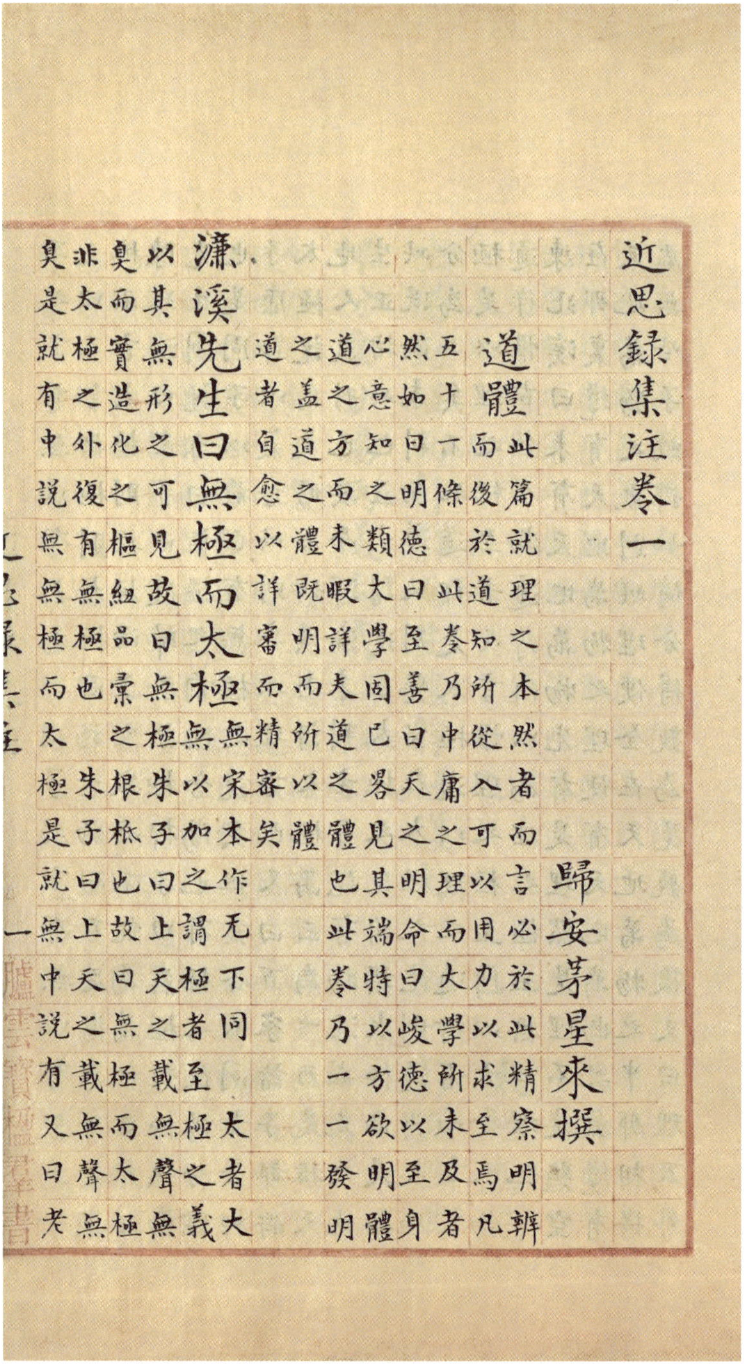
近思録集注卷一

歸安茅星來撰

道體 此篇就理之本然者而言必於此精察明辨而後於道知所從入可以用力以求至焉凡五十一條 此卷乃中庸之理而大學所未及者然如曰明德曰至善曰天之明命曰峻德以至身心意知之類大學固已畧見其端特以方欲明體道之方而未暇詳夫道之體也此卷乃一一發明之盖道之體既明而所以體道者自愈以詳審而精密矣

濂溪先生曰無極而太極 無宋本作无下同太者大無以加之謂極者至極之義以其無形之可見故曰無極朱子曰上天之載無聲無臭而實造化之樞紐品彙之根柢也故曰無極而太極非太極之外復有無極也朱子曰上天之載無聲無臭是就有中說無無極而太極是就無中說有又曰老

圖 4-6　茅星來《近思録集注》，
清“臚雲寶樞群書”抄本，
加利福尼亞大學藏

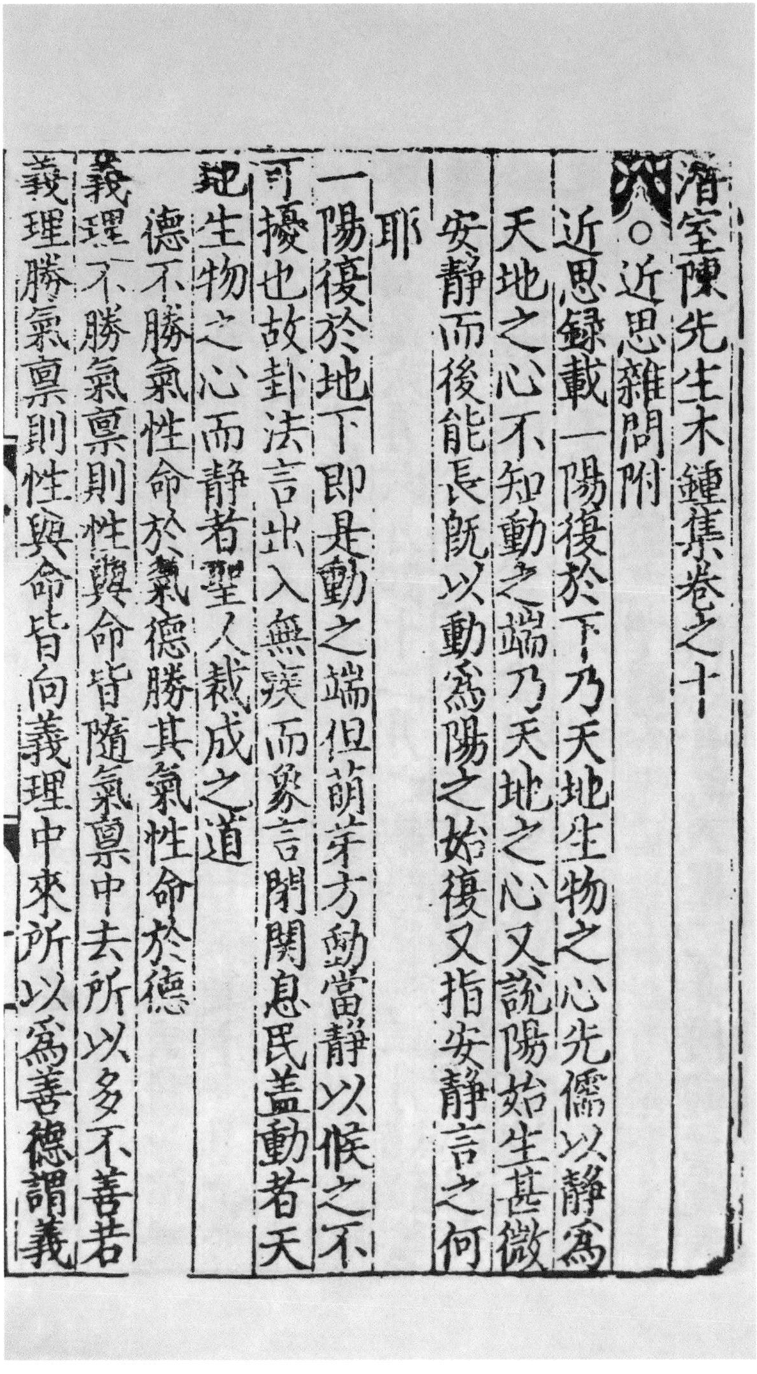

潛室陳先生木鍾集卷之十一

○近思雜問附

近思録載一陽復於下乃天地生物之心先儒以靜爲天地之心不知動之端乃天地之心又説陽始生甚微安靜而後能長既以動爲陽之始後又指安靜言之何耶

一陽復於地下即是動之端但萌芽方動當靜以候之不可擾也故卦法言出入無疾而彖言閉關息民蓋動者天地生物之心而靜者聖人裁成之道

德不勝氣性命於氣德勝其氣性命於德

義理不勝氣禀則性與命皆隨氣禀中去所以多不善若義理勝氣禀則性與命皆向義理中來所以爲善德謂義

圖 5-1　陳埴《近思雜問》，
元代建陽吴氏友于堂刊《木鍾集》本，
上海圖書館藏

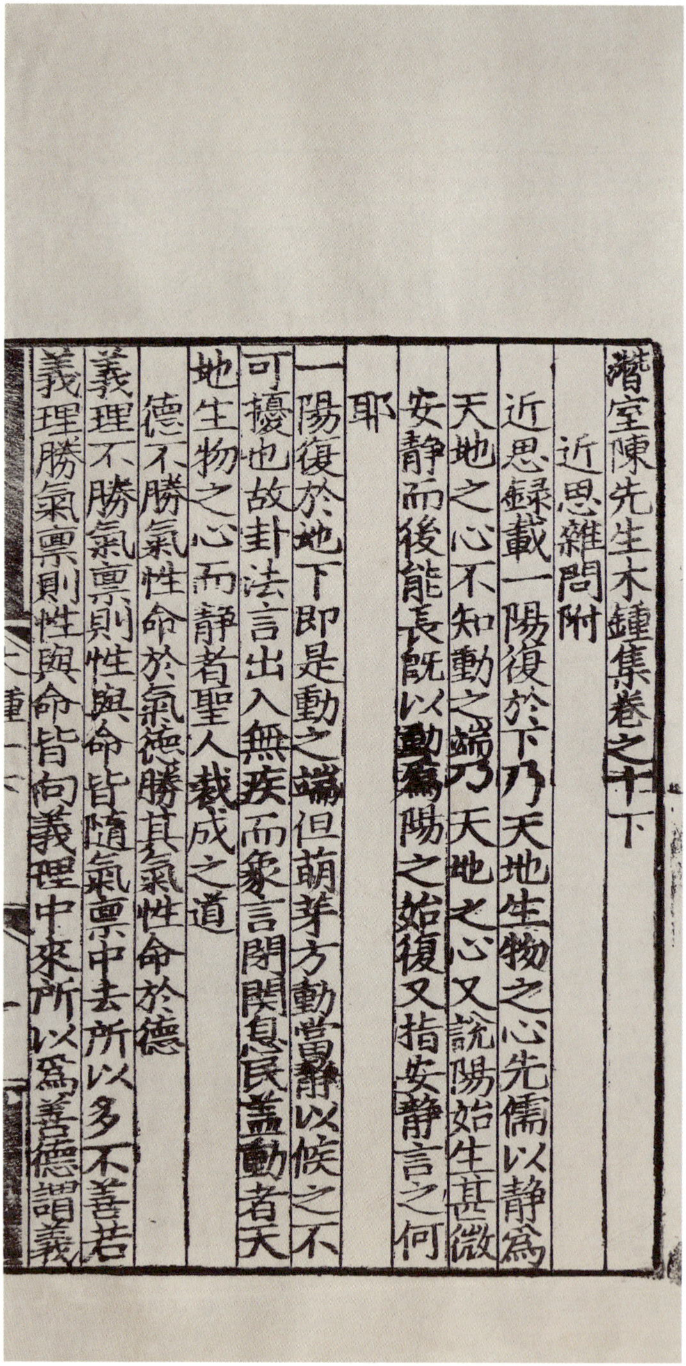
潛室陳先生木鍾集卷之十一下
近思雜問附
近思錄載一陽復於下乃天地生物之心先儒以静爲天地之心不知動之端乃天地之心又説陽始生甚微安静而後能長旣以動爲陽之始復又指安静言之何耶
一陽復於地下即是動之端但萌芽方動當静以候之不可擾也故卦法言出入無疾而象言閉關息民蓋動者天地生物之心而静者聖人栽成之道
德不勝氣性命於氣德勝其氣性命於德
義理不勝氣禀則性與命皆隨氣禀中去所以多不善若義理勝氣禀則性與命皆向義理中來所以爲善德謂義

圖 5-6　陳埴《近思雜問》，
明弘治十四年高賓重刻《木鍾集》本，
南京圖書館藏

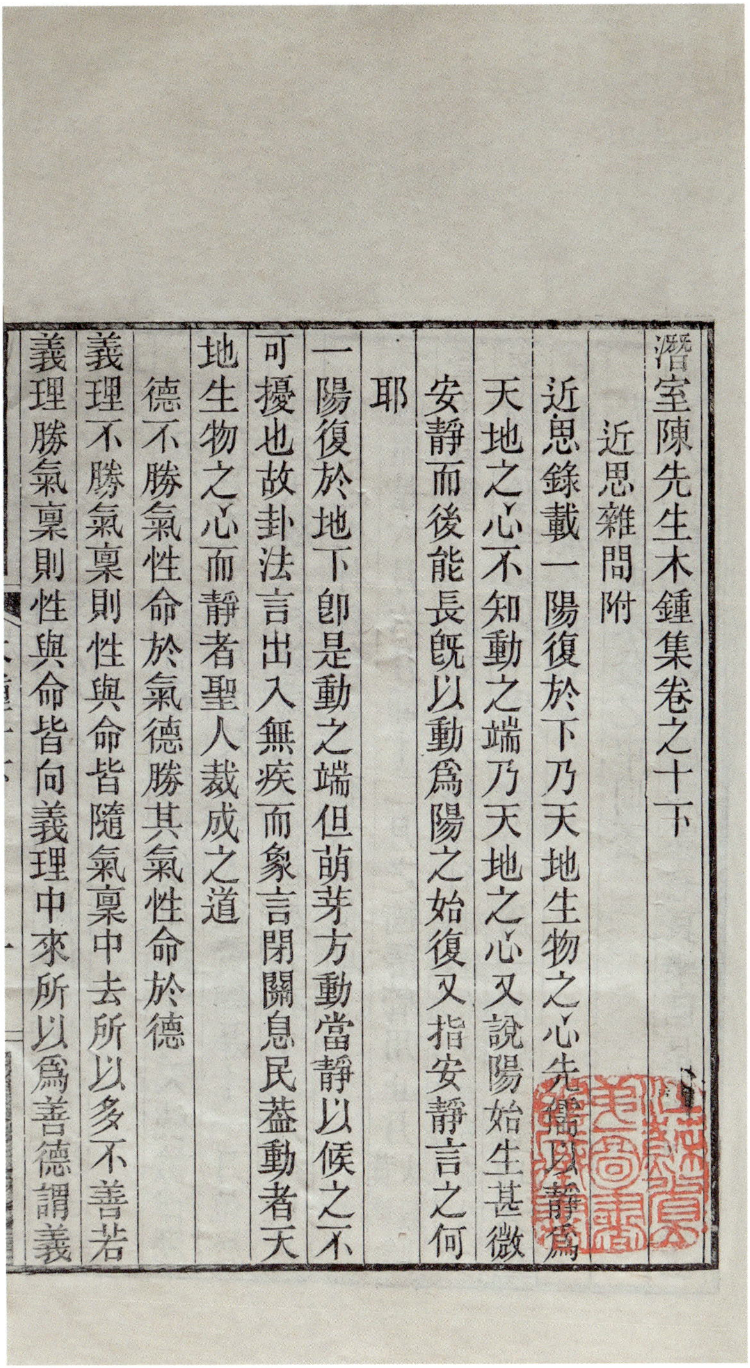
潛室陳先生木鍾集卷之十下

近思雜問附

近思錄載一陽復於下乃天地生物之心先儒以靜爲天地之心不知動之端乃天地之心又說陽始生甚微安靜而後能長旣以動爲陽之始復又指安靜言之何耶

一陽復於地下卽是動之端但萌芽方動當靜以候之不可擾也故卦法言出入無疾而象言閉關息民葢動者天地生物之心而靜者聖人裁成之道

德不勝氣性命於氣德勝其氣性命於德

義理不勝氣稟則性與命皆隨氣稟中去所以多不善若義理勝氣稟則性與命皆向義理中來所以爲善德謂義

圖 5-12　陳埴《近思雜問》，
清同治六年東甌郡齋《木鍾集》刊本，
南京圖書館藏

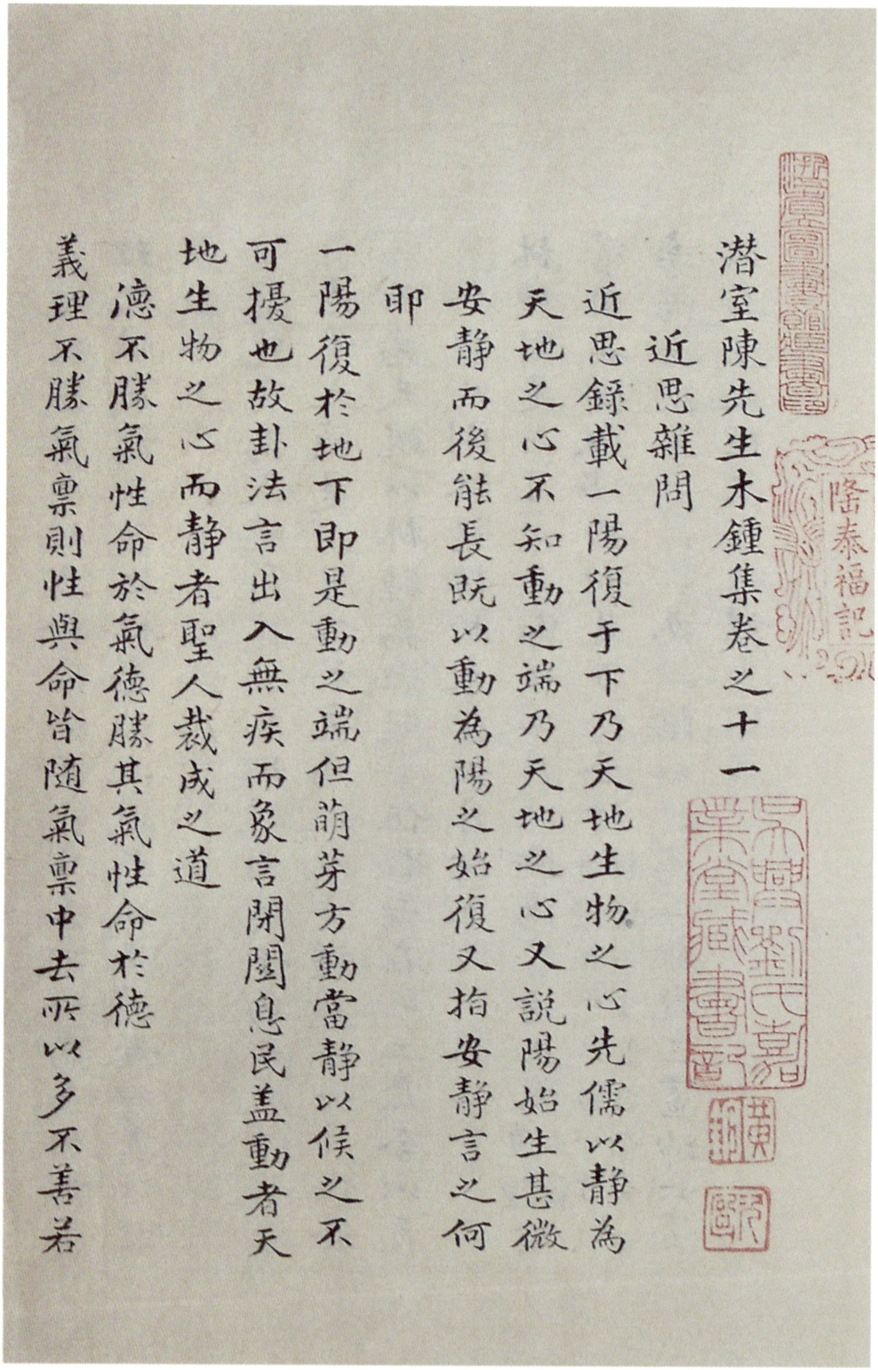
潛室陳先生木鍾集卷之十一
近思雜問
近思錄載一陽復于下乃天地生物之心先儒以靜為天地之心不知動之端乃天地之心又說陽始生甚微安靜而後能長既以動為陽之始復又指安靜言之何耶
一陽復於地下即是動之端但萌芽方動當靜以俟之不可擾也故卦法言出入無疾而象言閉闗息民蓋動者天地生物之心而靜者聖人裁成之道
德不勝氣性命於氣德勝其氣性命於德
義理不勝氣稟則性與命皆隨氣稟中去所以多不善若

圖 5-14　陳埴《近思雜問》，
清末無名氏抄《木鍾集》本，
浙江圖書館藏

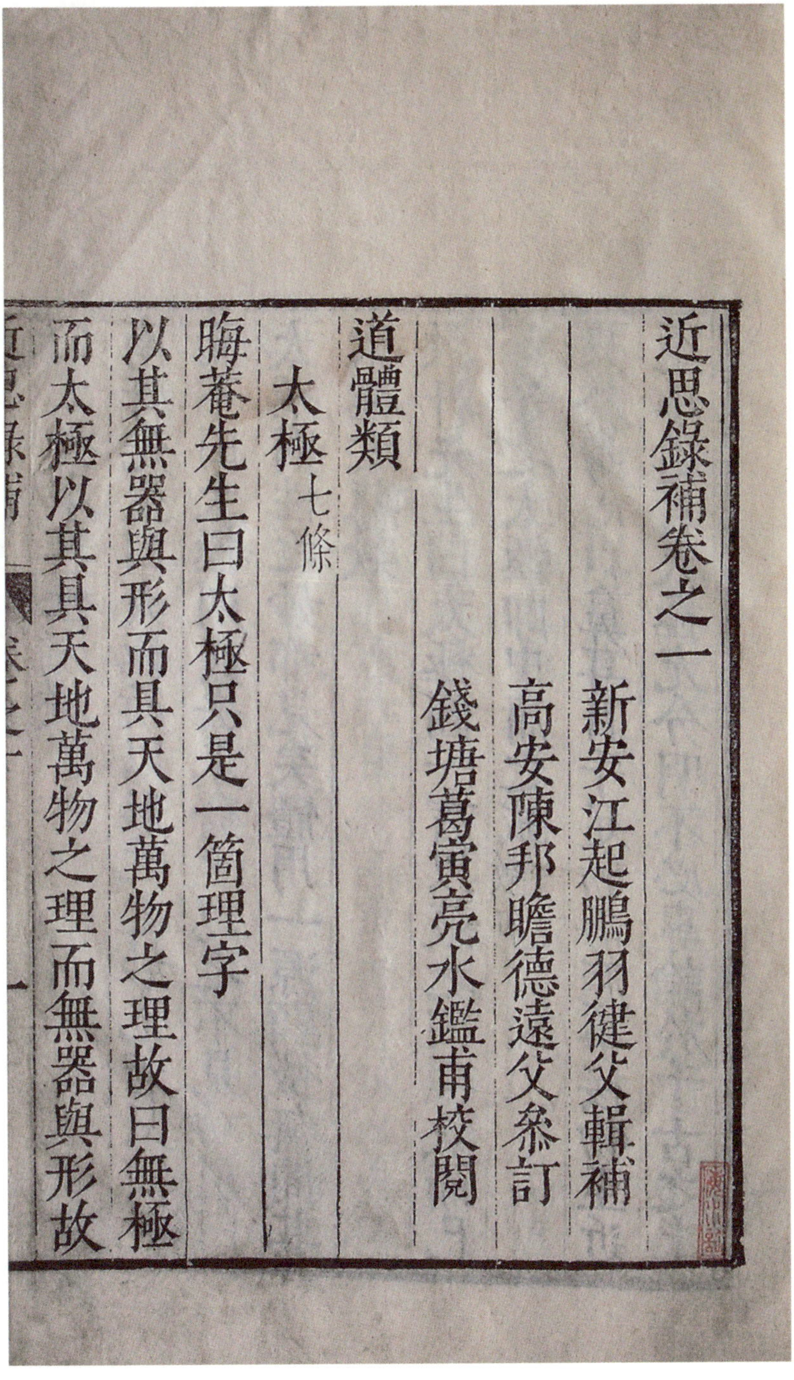

近思録補卷之一

新安江起鵬羽健父輯補

高安陳邦瞻德遠父叅訂

錢塘葛寅亮水鑑甫校閱

道體類

太極七條

晦菴先生曰太極只是一箇理字

以其無器與形而具天地萬物之理故曰無極

而太極以其具天地萬物之理而無器與形故

近思録補　卷之一　一

圖 5-15　江起鵬《近思録補》，
明萬曆三十二年刻本，
無錫市圖書館藏

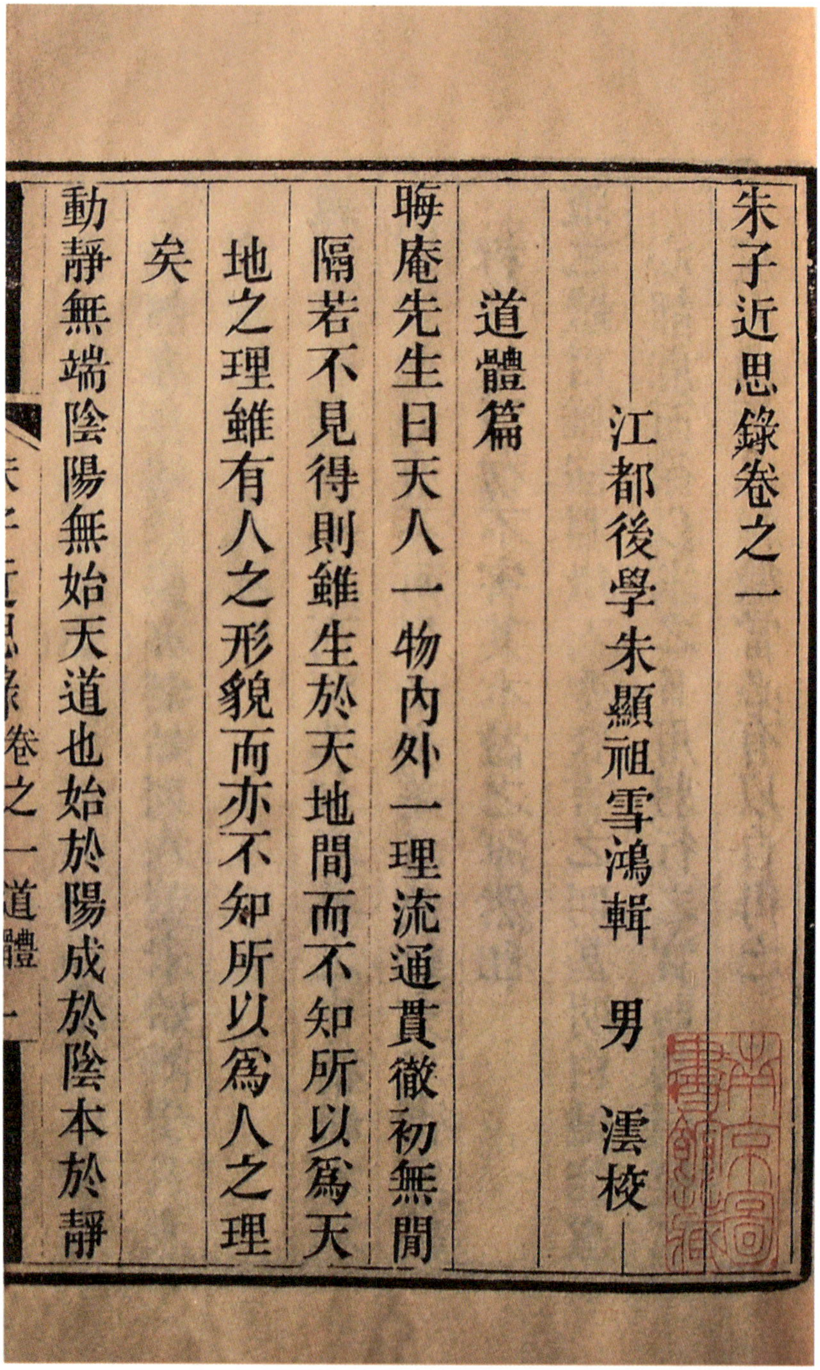
朱子近思錄卷之一
江都後學朱顯祖雩鴻輯　男　澐校
道體篇
晦庵先生曰天人一物內外一理流通貫徹初無間
隔若不見得則雖生於天地間而不知所以爲天
地之理雖有人之形貌而亦不知所以爲人之理
矣
動靜無端陰陽無始天道也始於陽成於陰本於靜

朱子近思錄卷之一　道體　一

圖 5-17　朱顯祖《朱子近思録》，
清光緒二十八年刻本，
南京圖書館藏

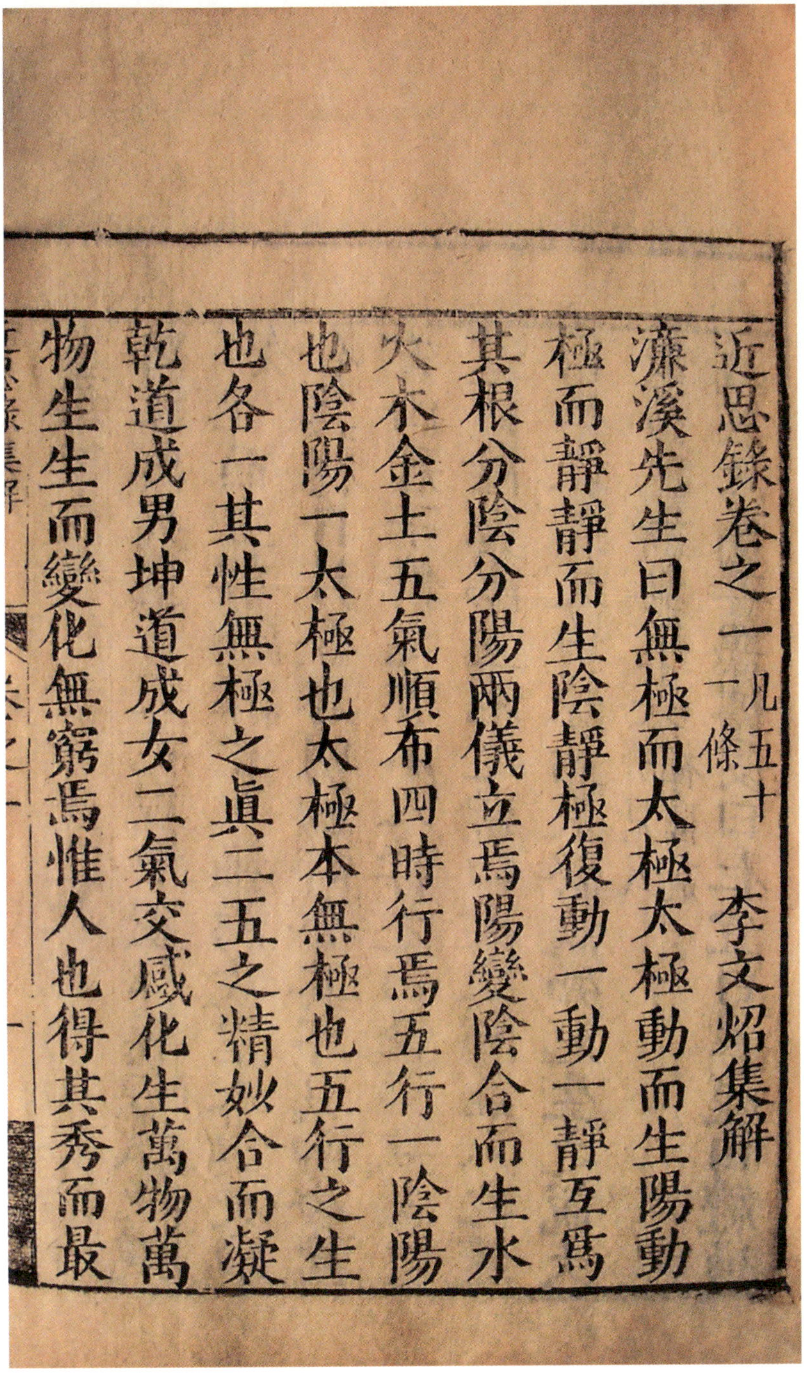
近思錄卷之一 凡五十一條　李文炤集解
濂溪先生曰無極而太極太極動而生陽動極而靜靜而生陰靜極復動一動一靜互爲其根分陰分陽兩儀立焉陽變陰合而生水火木金土五氣順布四時行焉五行一陰陽也陰陽一太極也太極本無極也五行之生也各一其性無極之眞二五之精妙合而凝乾道成男坤道成女二氣交感化生萬物萬物生生而變化無窮焉惟人也得其秀而最

圖 5-19　李文炤《近思録集解》，
清雍正年間刻本，
華東師範大學藏

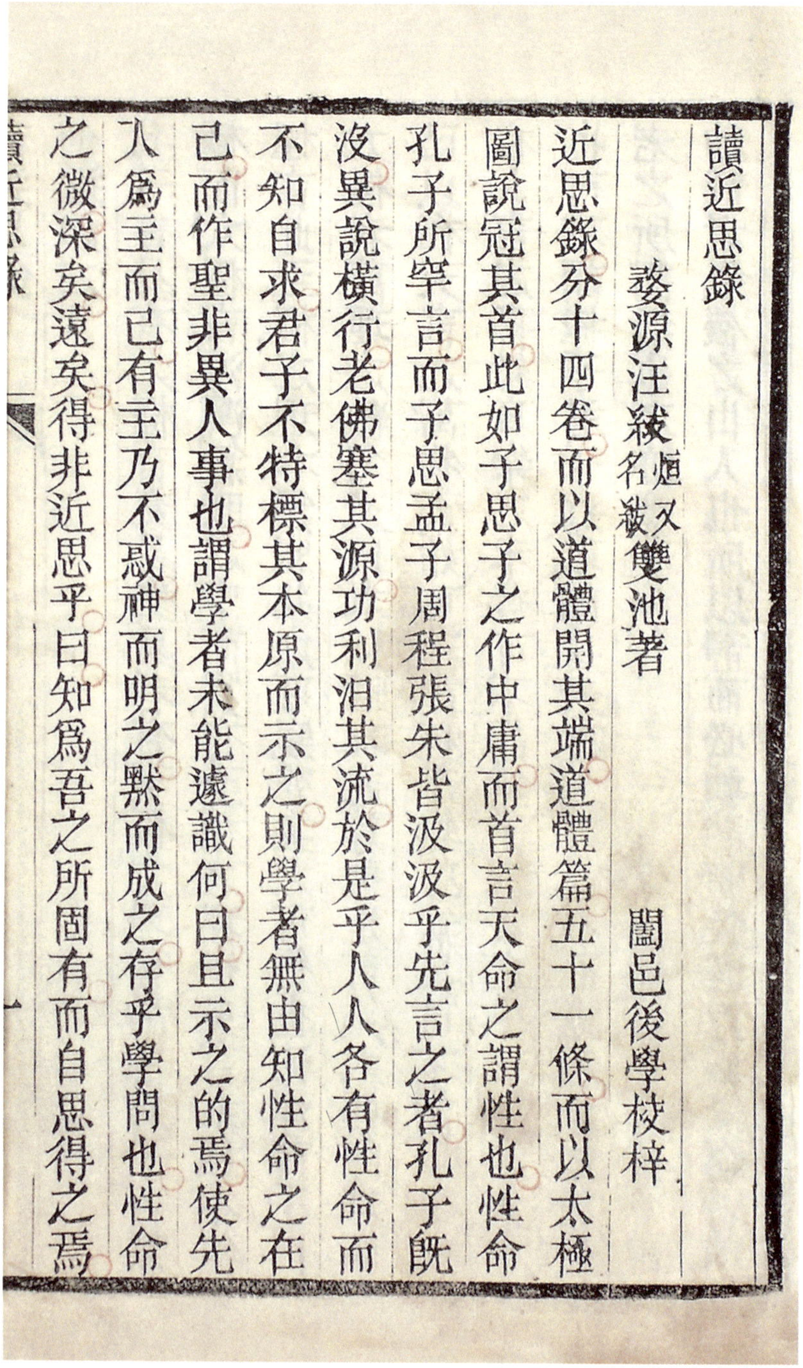

讀近思錄

婺源汪紱烜又名紱雙池著　　闔邑後學校梓

近思錄分十四卷而以道體開其端道體篇五十一條而以太極圖說冠其首此如子思子之作中庸而首言天命之謂性也性命孔子所罕言而子思孟子周程張朱皆汲汲乎先言之者孔子既沒異說橫行老佛塞其源功利汨其流於是乎人人各有性命而不知自求君子不特標其本原而示之則學者無由知性命之在己而作聖非異人事也謂學者未能遽識何曰且示之的焉使先入爲主而已有主乃不惑神而明之默而成之存乎學問也性命之微深矣遠矣得非近思乎曰知爲吾之所固有而自思得之焉

圖 5-21　汪紱《讀近思録》，
清光緒十年紫陽書院刻本，
上海圖書館藏

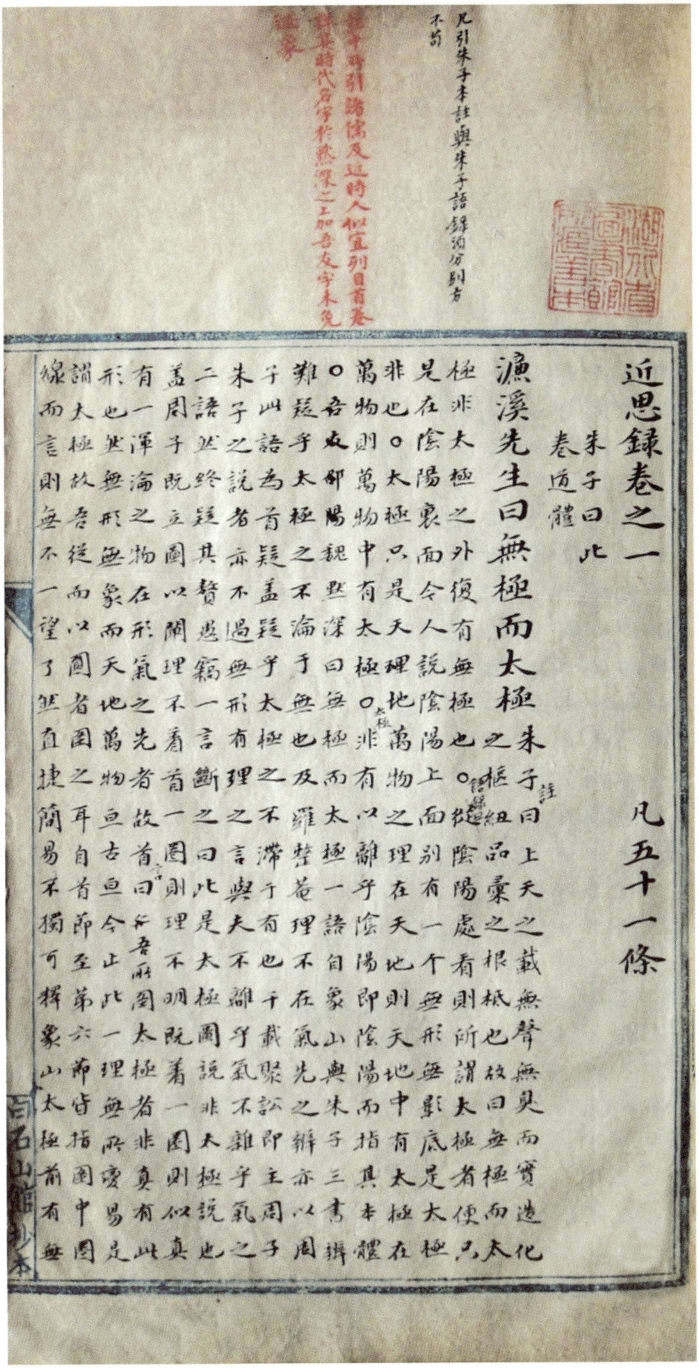

圖 5-23　陳沆《近思録補注》，
稿本，
湖北省圖書館藏

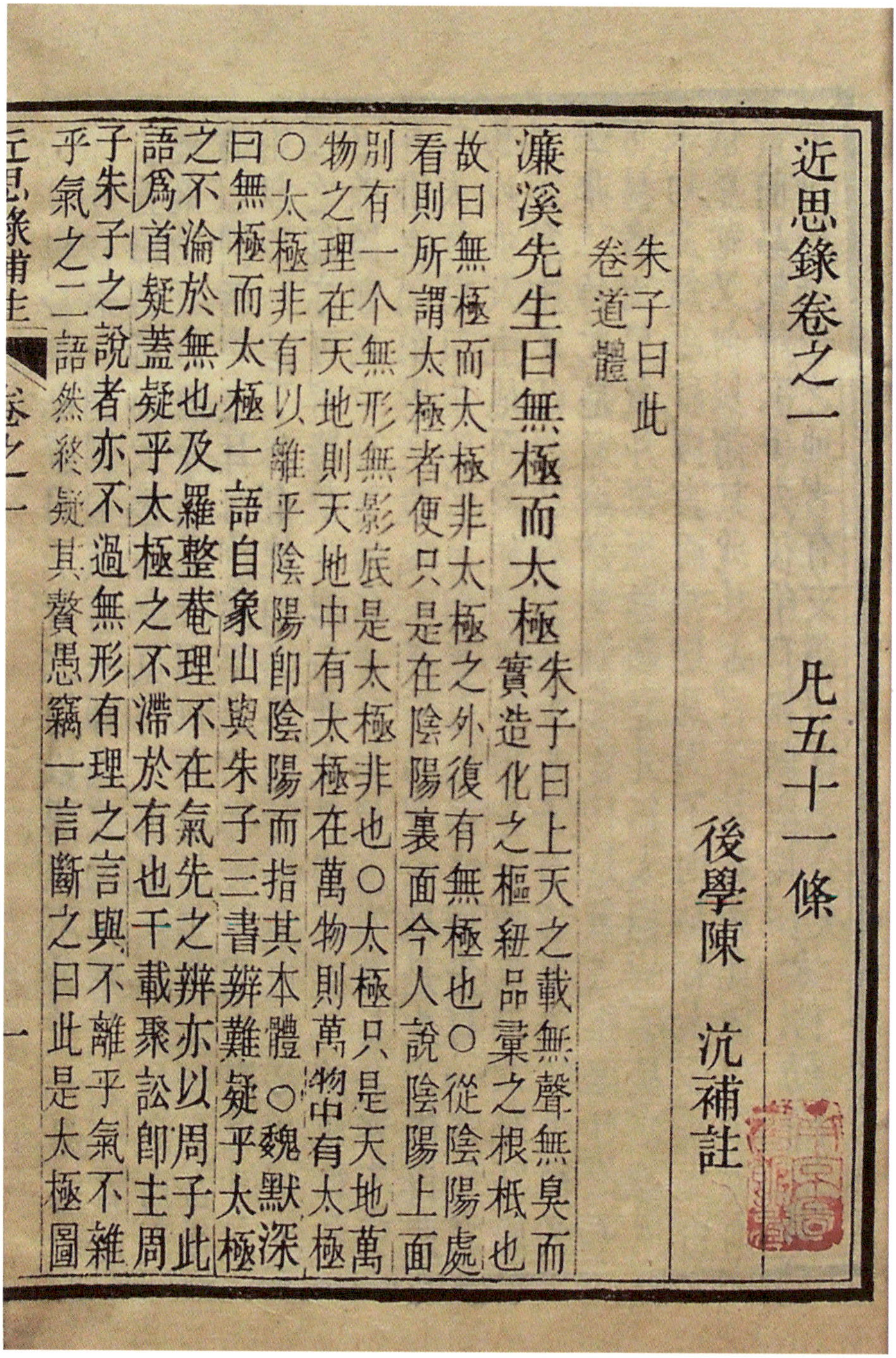
近思錄卷之一　凡五十一條

後學陳　沆補註

朱子曰此卷道體

濂溪先生曰無極而太極朱子曰上天之載無聲無臭而實造化之樞紐品彙之根柢也故曰無極而太極非太極之外復有無極也○從陰陽處看則所謂太極者便只是在陰陽裏面今人說陰陽上面別有一个無形無影底是太極非也○太極只是天地萬物之理在天地則天地中有太極在萬物則萬物中有太極○太極非有以離乎陰陽卽陰陽而指其本體○魏默深曰無極而太極一語自象山與朱子三書辨難疑乎太極之不淪於無也及羅整菴理不在氣先之辨亦以周子此語爲首疑蓋疑乎太極之不滯於有也千載聚訟卽主周子朱子之說者亦不過無形有理之言與不離乎氣不雜乎氣之二語然終疑其贅愚竊一言斷之曰此是太極圖

近思錄補注　卷之一　一

圖 5-25　陳沆《近思録補注》，
清同光年間修改本，
南京圖書館藏

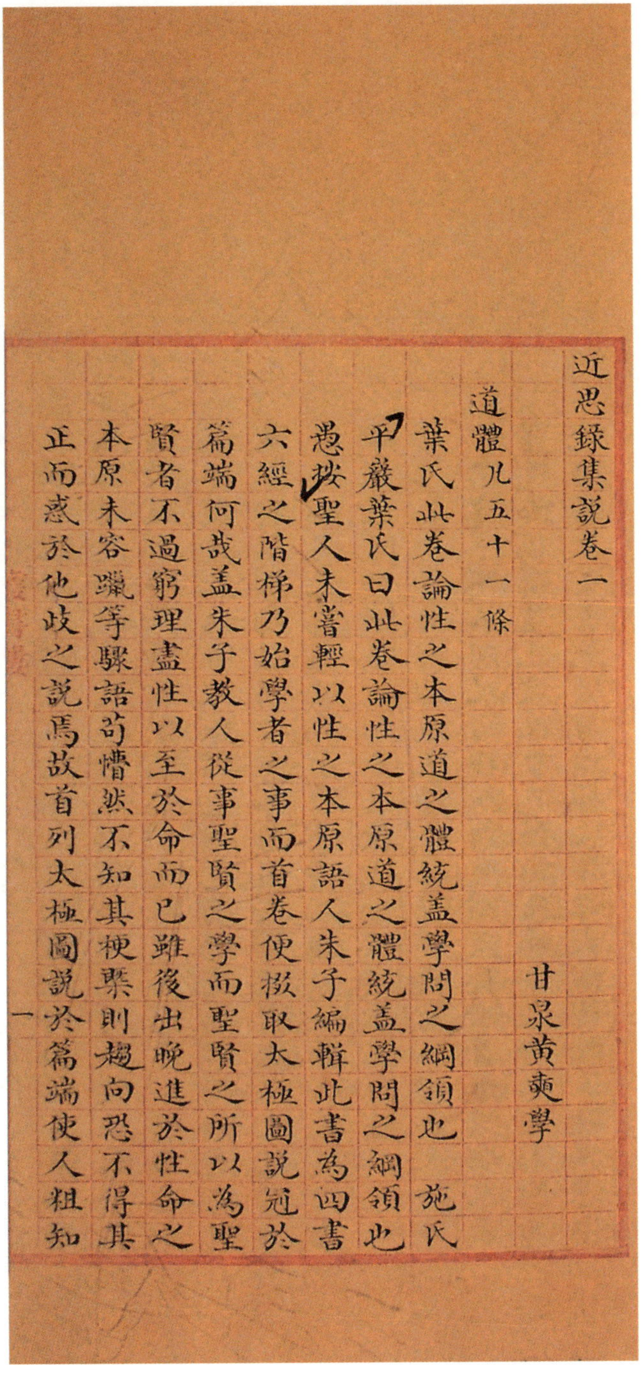
近思録集説卷一

甘泉黄奭學

道體凡五十一條

葉氏此卷論性之本原道之體統蓋學問之綱領也　施氏

平巖葉氏曰此卷論性之本原道之體統蓋學問之綱領也

愚按聖人未嘗輕以性之本原語人朱子編輯此書為四書六經之階梯乃始學者之事而首卷便掇取太極圖說冠於篇端何哉蓋朱子教人從事聖賢之學而聖賢之所以為聖賢者不過窮理盡性以至於命而已雖後出晚進於性命之本原未容躐等驟語苟懵然不知其梗槩則趨向恐不得其正而惑於他岐之說焉故首列太極圖說於篇端使人粗知

圖 5-26　黄奭《近思録集説》，
清抄本，
中國國家圖書館藏

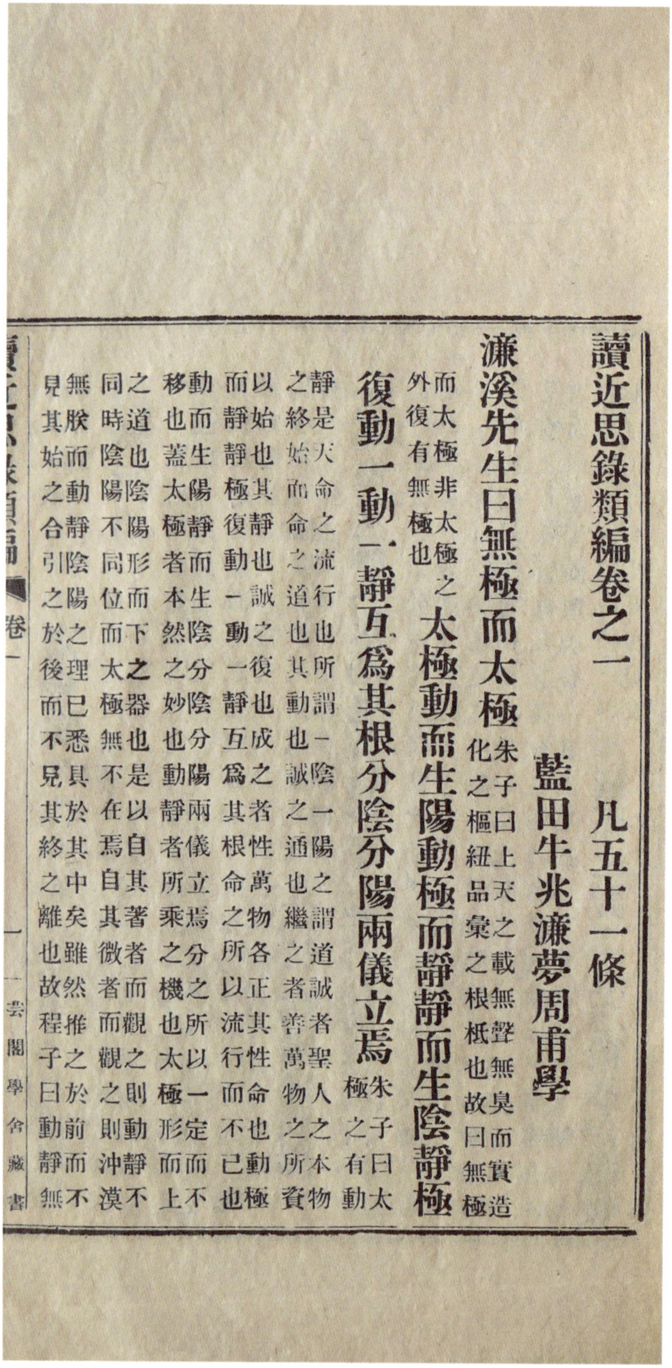
讀近思錄類編卷之一　凡五十一條

藍田牛兆濂夢周甫學

濂溪先生曰無極而太極朱子曰上天之載無聲無臭而實造化之樞紐品彙之根柢也故曰無極而太極非太極之外復有無極也太極動而生陽動極而靜靜而生陰靜極復動一動一靜互爲其根分陰分陽兩儀立焉朱子曰太極之有動靜是天命之流行也所謂一陰一陽之謂道誠者聖人之本物之終始而命之道也其動也誠之通也繼之者善萬物之所資以始也其靜也誠之復也成之者性萬物各正其性命也動極而靜靜極復動一動一靜互爲其根命之所以流行而不已也動而生陽靜而生陰分陰分陽兩儀立焉分之所以一定而不移也蓋太極者本然之妙也動靜者所乘之機也太極形而上之道也陰陽形而下之器也是以自其著者而觀之則動靜不同時陰陽不同位而太極無不在焉自其微者而觀之則沖漠無朕而動靜陰陽之理已悉具於其中矣雖然推之於前而不見其始之合引之於後而不見其終之離也故程子曰動靜無

讀近思錄類編　卷一　一　芸閣學舍藏書

圖 5-29　牛兆濂《讀近思録類編》，
清光緒三十一年芸閣精舍活字本，
陝西師範大學藏

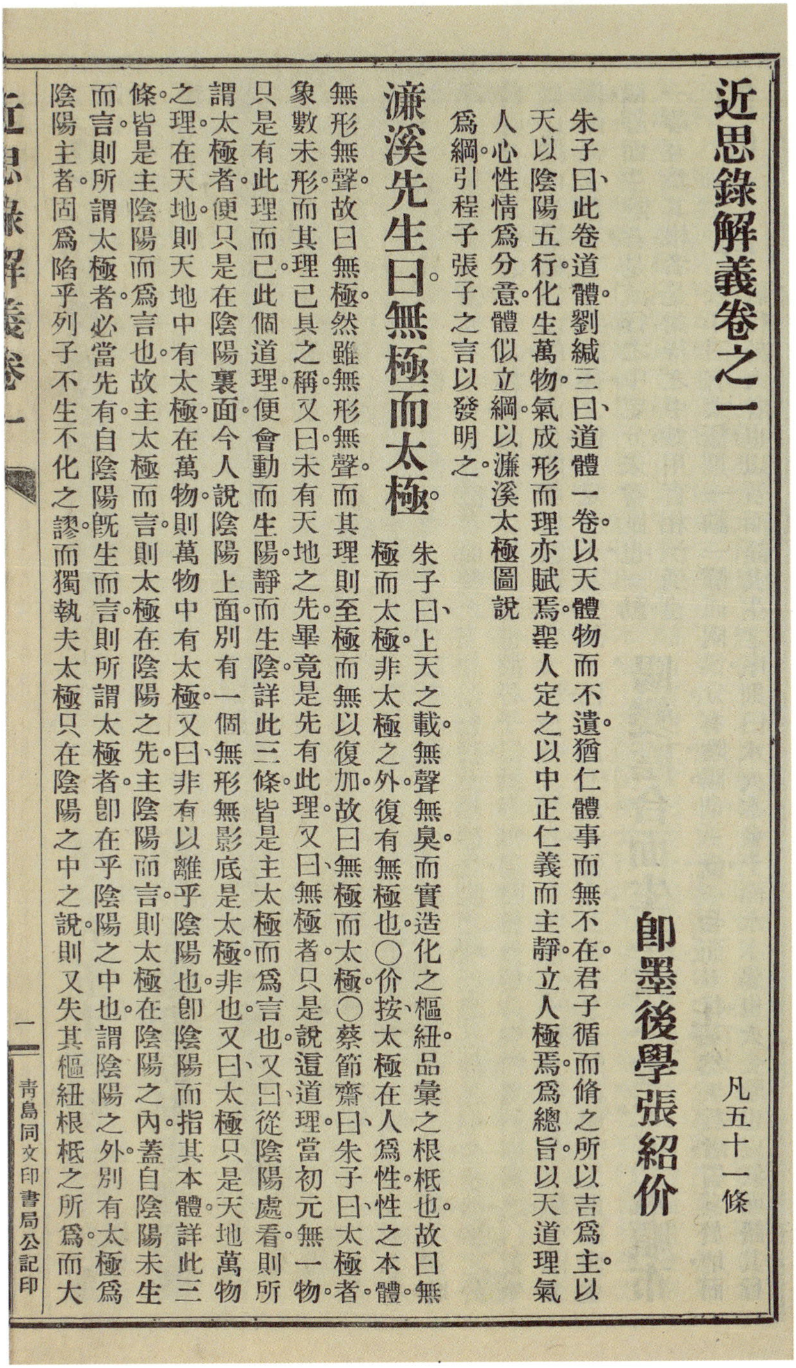
近思錄解義卷之一

凡五十一條

卽墨後學張紹价

朱子曰、此卷道體。劉絾三曰、道體一卷。以天體物而不遺。猶仁體事而無不在。君子循而脩之所以吉。爲主以天以陰陽五行。化生萬物。氣成形而理亦賦焉。聖人定之以中正仁義而主靜。立人極焉。爲總旨。以天道理氣人心性情爲分。意體似立綱。以濂溪太極圖說爲綱。引程子張子之言以發明之。

濂溪先生曰。無極而太極。

朱子曰、上天之載。無聲無臭。而實造化之樞紐。品彙之根柢也。故曰無極而太極。非太極之外。復有無極也。〇价按、太極在人爲性。性之本體。無形無聲。故曰無極。然雖無形無聲。而其理則至極而無以復加。故曰無極而太極〇蔡節齋曰、朱子曰太極者。象數未形而其理已具之稱。又曰未有天地之先。畢竟是先有此理。又曰、無極者。只是說這道理當初元無一物。只是有此理而已。此個道理。便會動而生陽。靜而生陰。詳此三條。皆是主太極而爲言也。又曰、從陰陽處看則所謂太極者。便只是在陰陽裏面。今人說陰陽上面。別有一個無形無影底是太極。非也。又曰、太極只是天地萬物之理。在天地。則天地中有太極。在萬物。則萬物中有太極。又曰、非有以離乎陰陽也。卽陰陽而指其本體。詳此三條。皆是主陰陽而爲言也。故主太極而言。則太極在陰陽之先。主陰陽而言。則太極在陰陽之內。蓋自陰陽未生而言。則所謂太極者。必當先有。自陰陽既生而言。則所謂太極者。卽在乎陰陽之中也。謂陰陽之外。別有太極爲陰陽主者。固爲陷乎列子不生不化之謬。而獨執夫太極只在陰陽之中之說。則又失其樞紐根柢之所爲而大

近思錄解義卷一　一

青島同文印書局公記印

圖 5-30　張紹价《近思録解義》，
民國二十五年活字本，
浙江圖書館藏

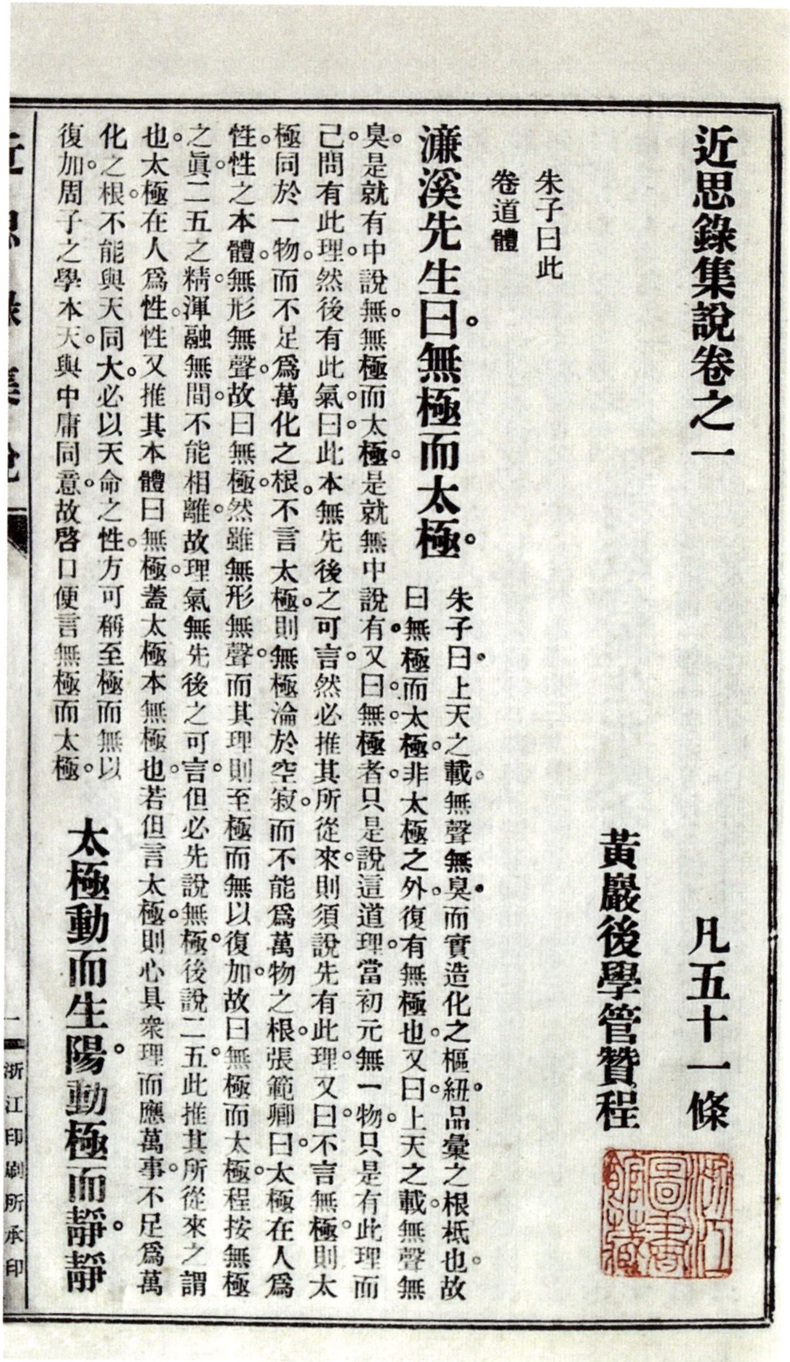

近思錄集說卷之一

凡五十一條

黃巖後學管贊程

朱子曰此卷道體

濂溪先生曰無極而太極。

朱子曰。上天之載。無聲無臭。而實造化之樞紐品彙之根柢也。故曰無極而太極。非太極之外復有無極也。又曰上天之載無聲無臭。是就有中說無。無極而太極。是就無中說有。又曰無極者只是說這道理當初元無一物。只是有此理而已。問有此理然後有此氣。曰此本無先後之可言。然必推其所從來則須說先有此理。又曰不言無極則太極同於一物而不足爲萬化之根。不言太極則無極淪於空寂而不能爲萬物之根。張範卿曰太極在人爲性。性之本體無形無聲。故曰無極。然雖無形無聲而其理則至極而無以復加。故曰無極而太極。程按無極之眞。二五之精渾融無間不能相離。故理氣無先後之可言。但必先說無極後說二五。此推其所從來之謂也。太極在人爲性。性又推其本體曰無極。蓋太極本無極也。若但言太極則心具衆理而應萬事不足爲萬化之根。不能與天同大。必以天命之性。方可稱至極而無以復加。周子之學本天。與中庸同意。故啓口便言無極而太極。

太極動而生陽。動極而靜。靜

浙江印刷所承印

圖 5-31　管贊程《近思録集説》，
民國二十五年活字本，
浙江圖書館藏

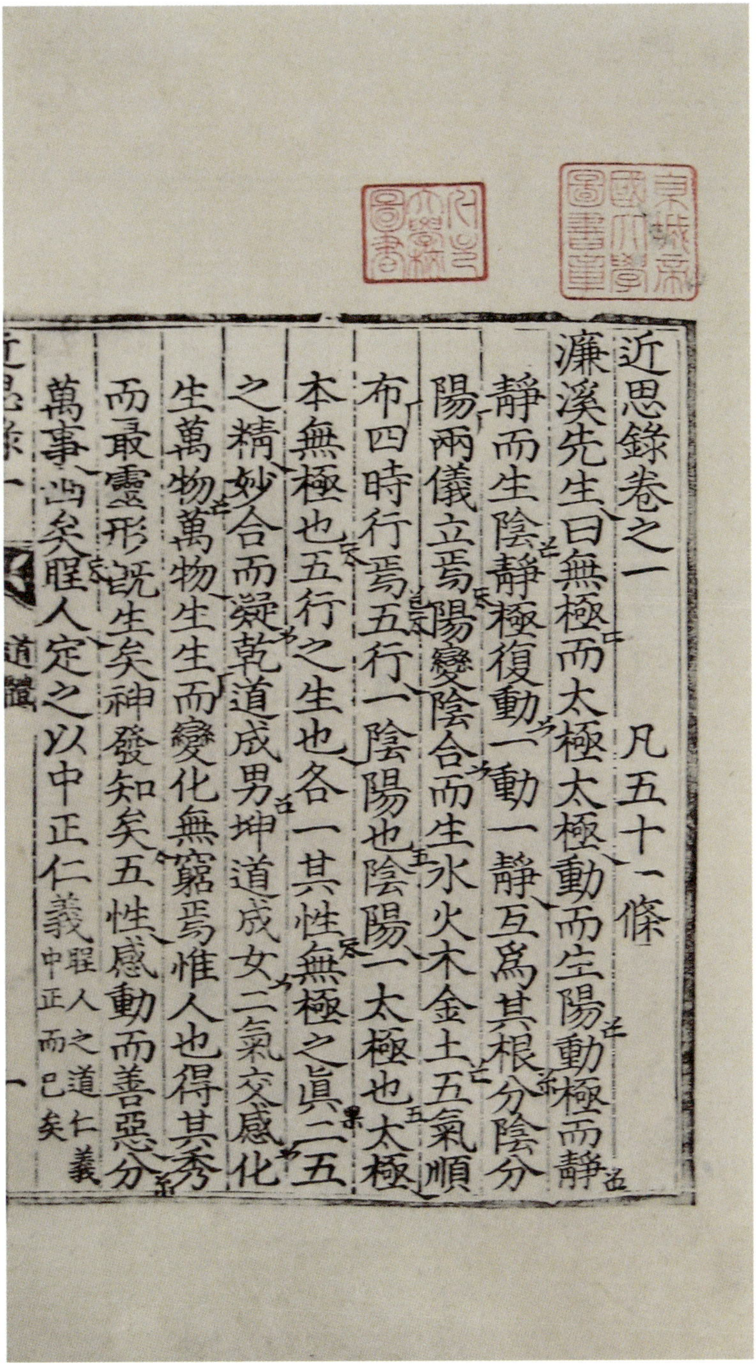
近思錄卷之一　凡五十一條
濂溪先生曰無極而太極太極動而生陽動極而靜靜而生陰靜極復動一動一靜互爲其根分陰分陽兩儀立焉陽變陰合而生水火木金土五氣順布四時行焉五行一陰陽也陰陽一太極也太極本無極也五行之生也各一其性無極之眞二五之精妙合而凝乾道成男坤道成女二氣交感化生萬物萬物生生而變化無窮焉惟人也得其秀而最靈形旣生矣神發知矣五性感動而善惡分萬事出矣聖人定之以中正仁義聖人之道仁義中正而已矣

圖 6-1　朱熹、吕祖謙共撰《近思録》，
李朝英祖二十九年木板本，
首爾大學校奎章閣藏

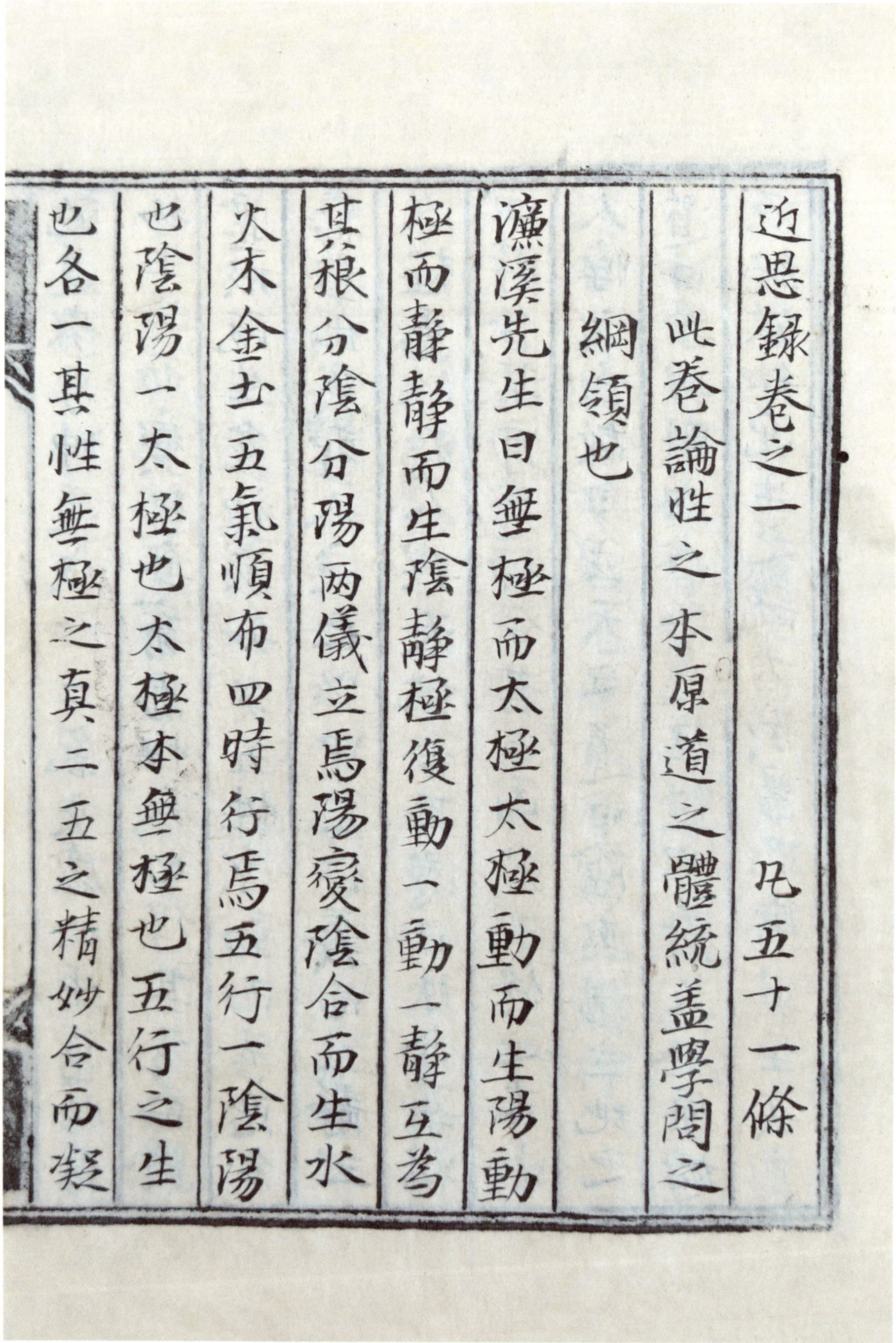
近思録巻之一　凡五十一條
此巻論性之本原道之體統盖學問之
綱領也
濂溪先生曰無極而太極太極動而生陽動
極而靜靜而生陰靜極復動一動一靜互為
其根分陰分陽兩儀立焉陽變陰合而生水
火木金土五氣順布四時行焉五行一陰陽
也陰陽一太極也太極本無極也五行之生
也各一其性無極之真二五之精妙合而凝

圖 6-3　朱熹、吕祖謙共撰《近思録》，
李朝宣祖三十二年姜沆筆寫本，
日本國立公文書館藏

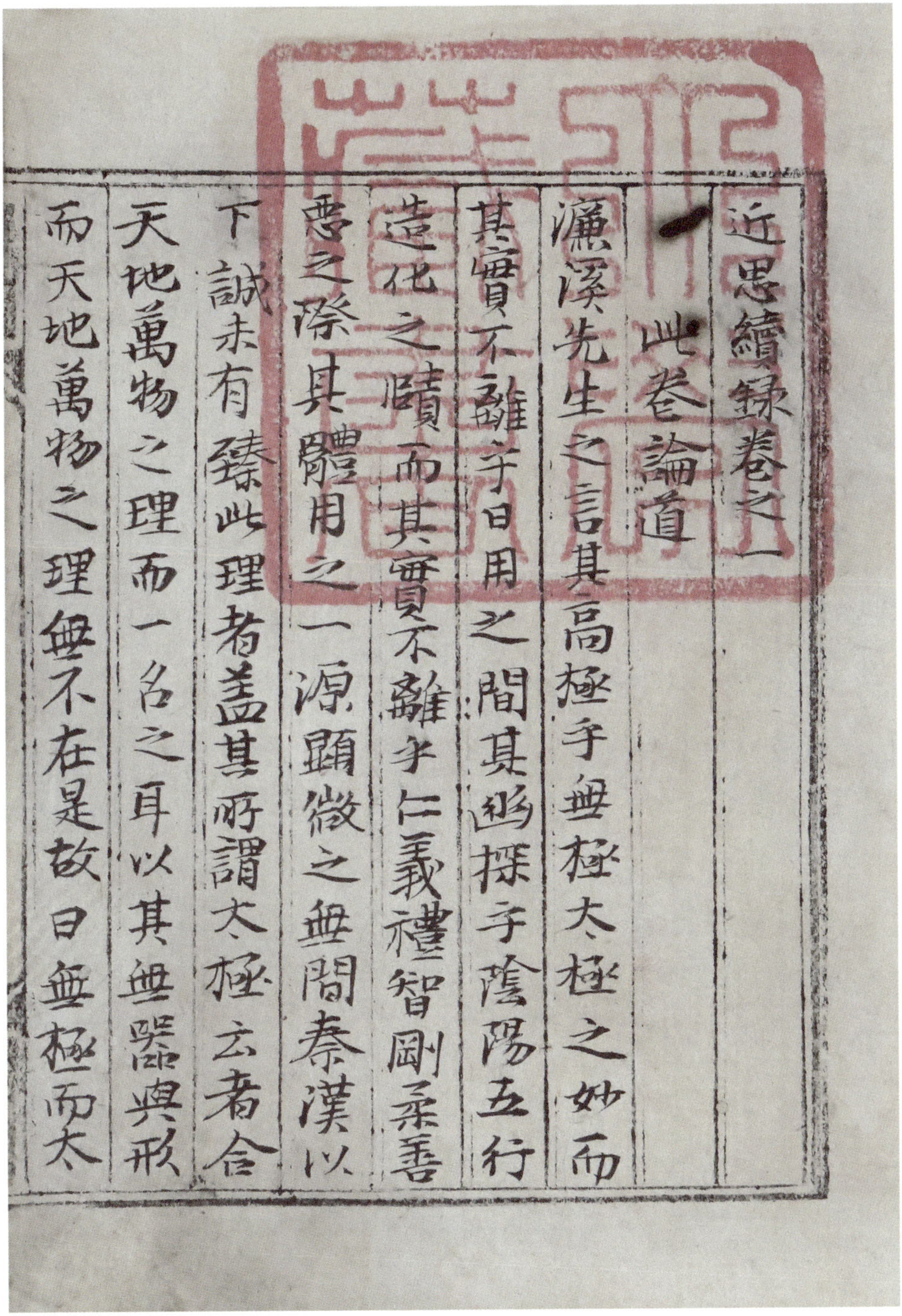
近思續録卷之一
此卷論道
濂溪先生之言其高極乎無極太極之妙而
其實不離乎日用之間其幽探乎陰陽五行
造化之賾而其實不離乎仁義禮智剛柔善
惡之際其體用之一源顯微之無間秦漢以
下誠未有臻此理者蓋其所謂太極云者合
天地萬物之理而一名之耳以其無器與形
而天地萬物之理無不在是故曰無極而太

圖 6-4　蔡模《近思續録》，
李朝姜沆筆寫本，
日本國立公文書館藏

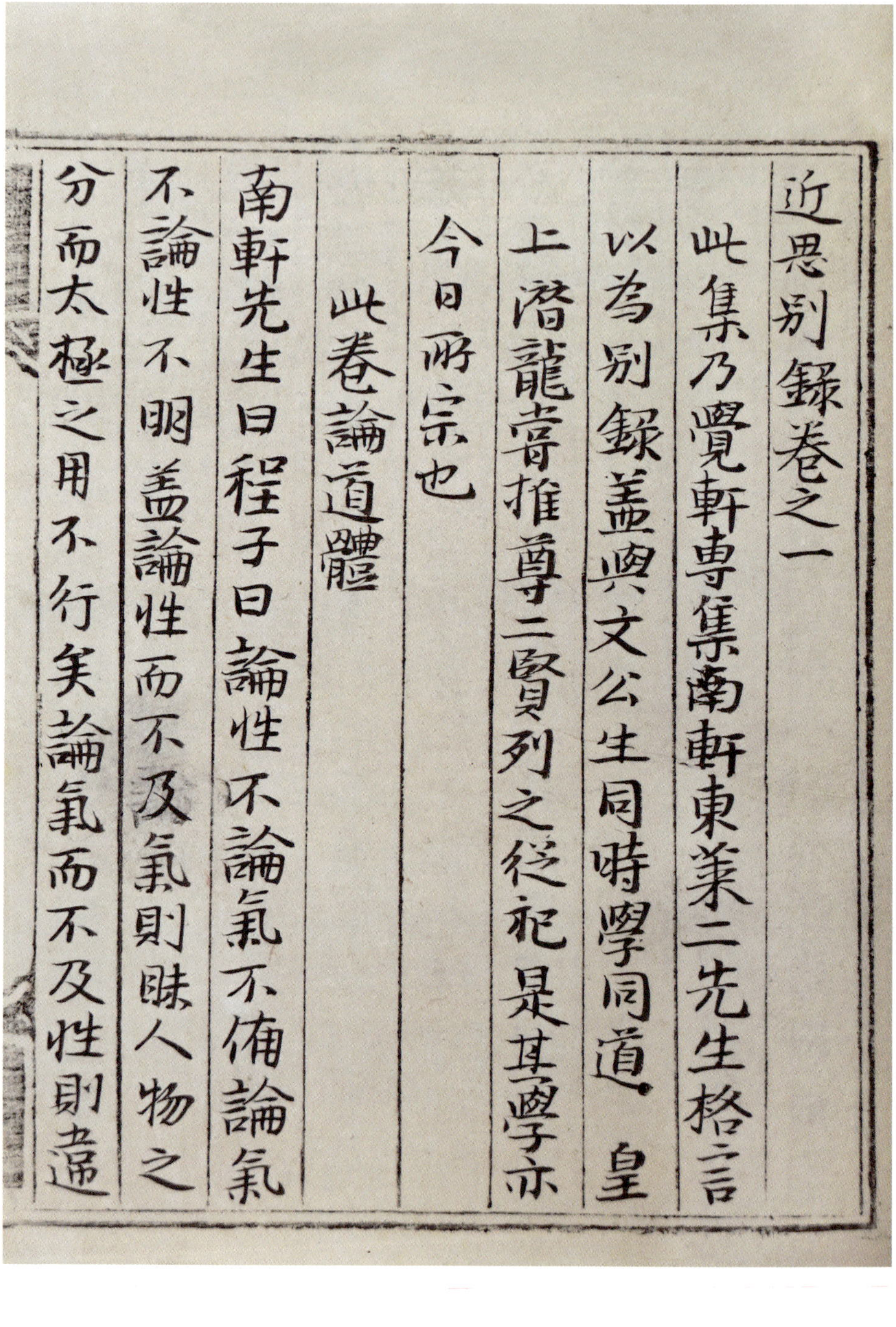

近思別録卷之一

此集乃覺軒專集南軒東萊二先生格言以為別録蓋與文公生同時學同道。皇上潛龍嘗推尊二賢列之從祀是其學亦今日所宗也

此卷論道體

南軒先生曰程子曰論性不論氣不備論氣不論性不明蓋論性而不及氣則昧人物之分而太極之用不行矣論氣而不及性則遠

圖 6-5　蔡模《近思別録》，
李朝姜沆筆寫本，
日本國立公文書館藏

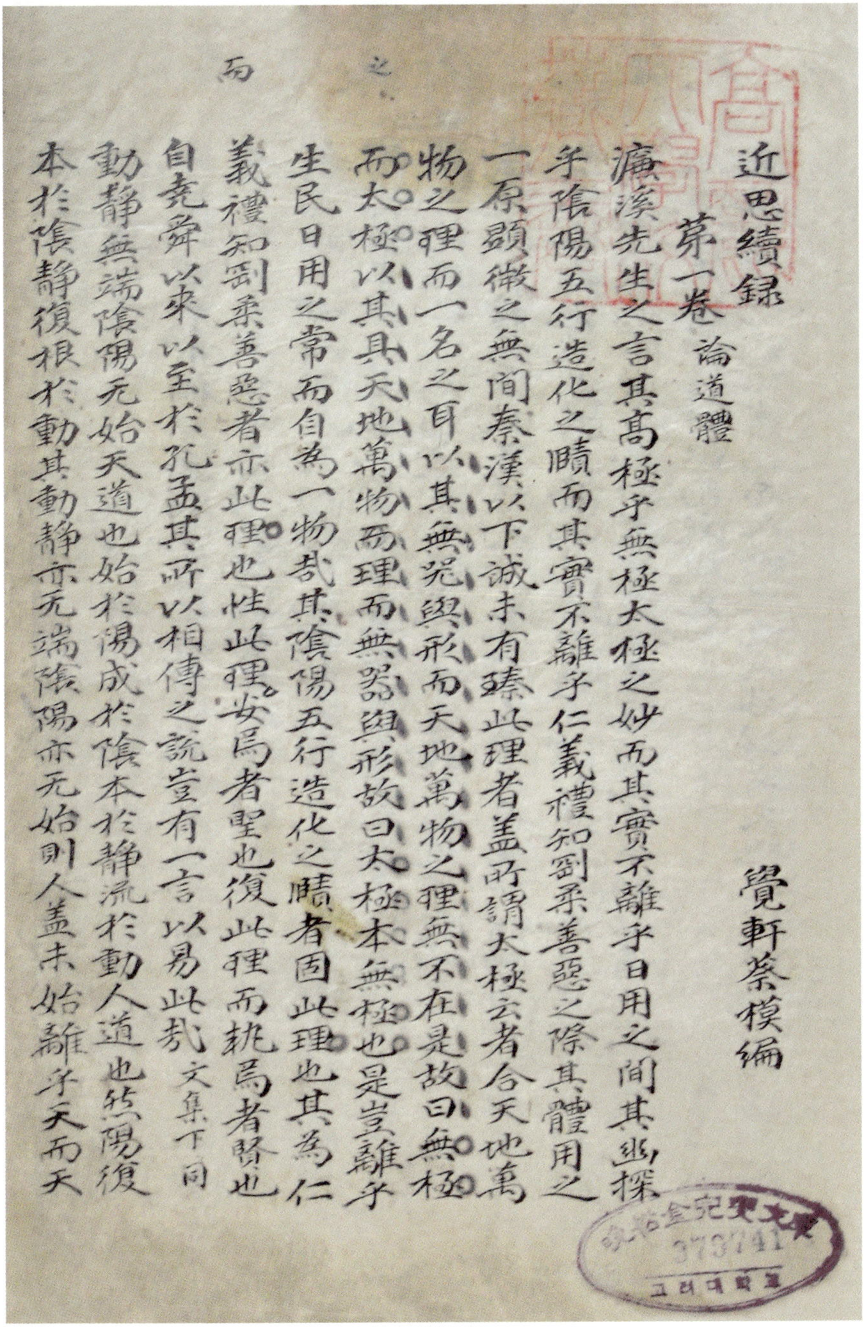

之　而

近思續録

第一卷　論道體

覺軒蔡模編

濂溪先生之言其高極乎無極太極之妙而其實不離乎日用之間其幽探乎陰陽五行造化之賾而其實不離乎仁義禮知剛柔善惡之際其體用之一原顯微之無間秦漢以下誠未有臻此理者盖所謂太極云者合天地萬物之理而一名之耳以其無器與形而天地萬物之理無不在是故曰無極而太極以其具天地萬物之理而無器與形故曰太極本無極也是豈離乎生民日用之常而自為一物哉其陰陽五行造化之賾者固此理也其為仁義禮知剛柔善惡者亦此理也性此理安焉者聖也復此理而執焉者賢也自堯舜以來以至於孔孟其所以相傳之說豈有一言以易此哉文集下同

動靜無端陰陽无始天道也始於陽成於陰本於靜流於動人道也然陽復本於陰靜復根於動其動靜亦无端陰陽亦无始則人盖未始離乎天而天

圖 6-6　蔡模《近思續録》，
李朝佚名筆寫本，
高麗大學校藏

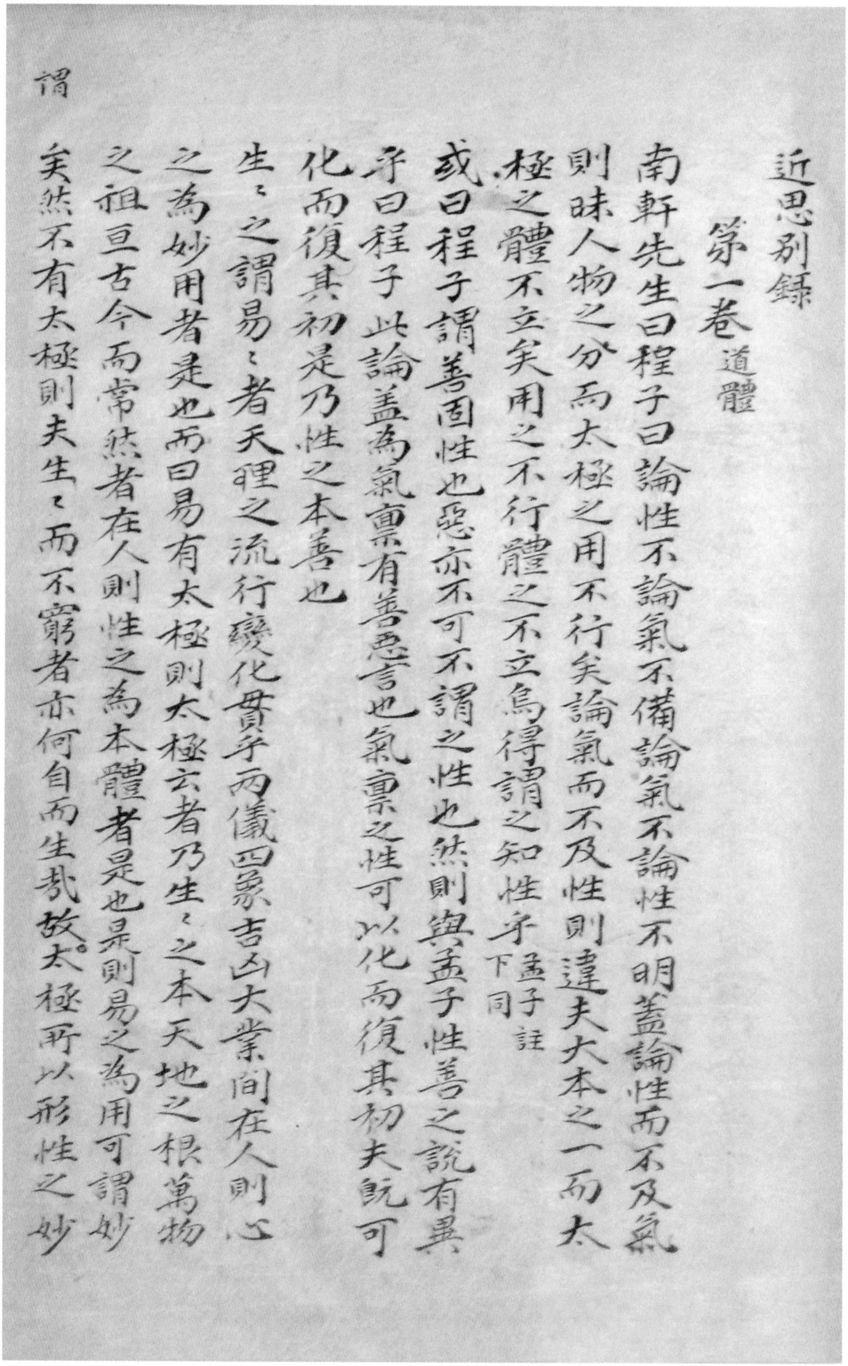
近思別録

第一卷 道體

南軒先生曰程子曰論性不論氣不備論氣不論性不明蓋論性而不及氣則昧人物之分而太極之用不行矣論氣而不及性則違夫大本之一而太極之體不立矣用之不行體之不立烏得謂之知性乎孟子註下同

或曰程子謂善固性也惡亦不可不謂之性也然則與孟子性善之說有異乎曰程子此論蓋為氣稟有善惡言也氣稟之性可以化而復其初夫既可化而復其初是乃性之本善也

生生之謂易易者天理之流行變化貫乎兩儀四象吉凶大業而在人則心之為妙用者是也而曰易有太極則太極云者乃生生之本天地之根萬物之祖亘古今而常然者在人則性之為本體者是也是則易之為用可謂妙矣然不有太極則夫生生而不窮者亦何自而生哉故太極所以形性之妙謂

圖 6-7　蔡模《近思別録》，
李朝佚名筆寫本，
高麗大學校藏

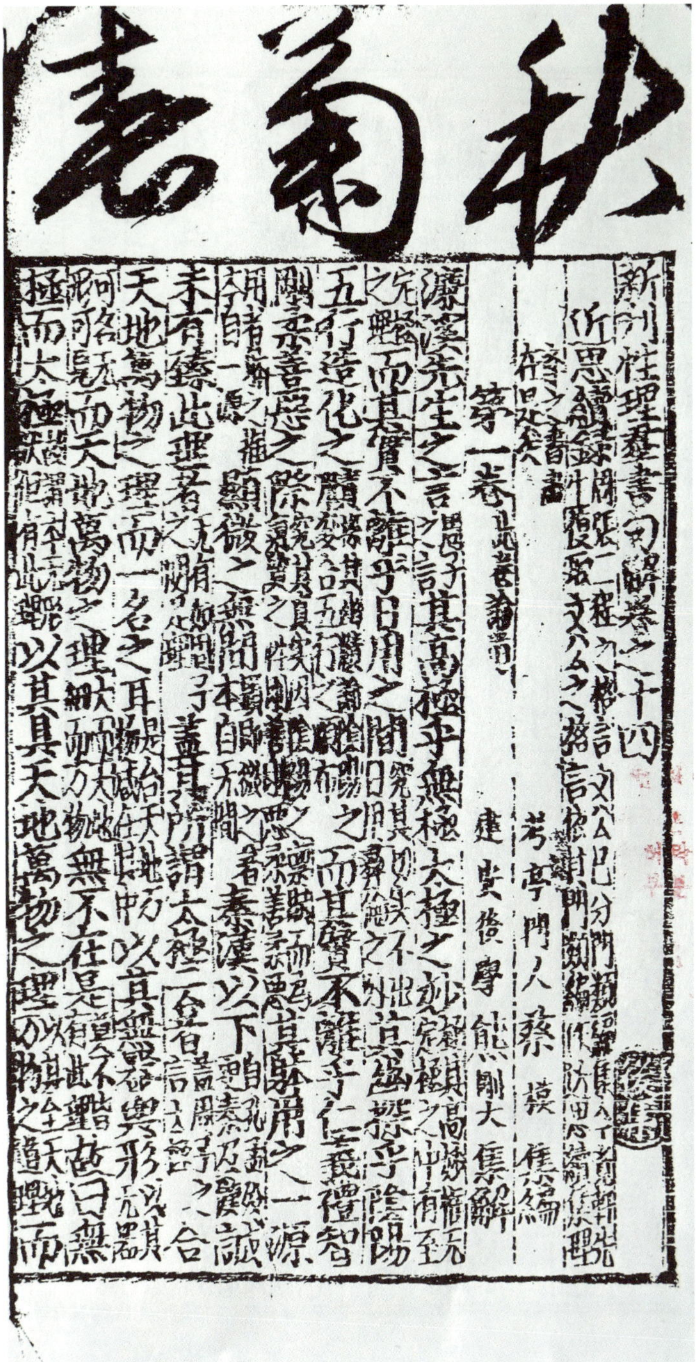
新刊性理羣書句解卷之二十四
近思續錄
考亭門人 蔡模 集編
建安後學 熊剛大 集解
第一卷
濂溪先生之言，其高極乎無極太極之妙，而其實不離乎日用之間；其幽探乎陰陽五行造化之賾，而其實不離乎仁義禮智剛柔善惡之際；其體用之一源，顯微之無間，秦漢以下誠未有臻斯理者。蓋其所謂太極云者，合天地萬物之理而一名之耳。以其無器與形，而天地萬物之理無不在是，故曰無極而太極；以其具天地萬物之理而

圖 6-8　蔡模編、熊剛大句解《近思續録》，
《新刊性理群書句解》本，
李朝太宗十五年平壤府木板本，
延世大學校藏

116

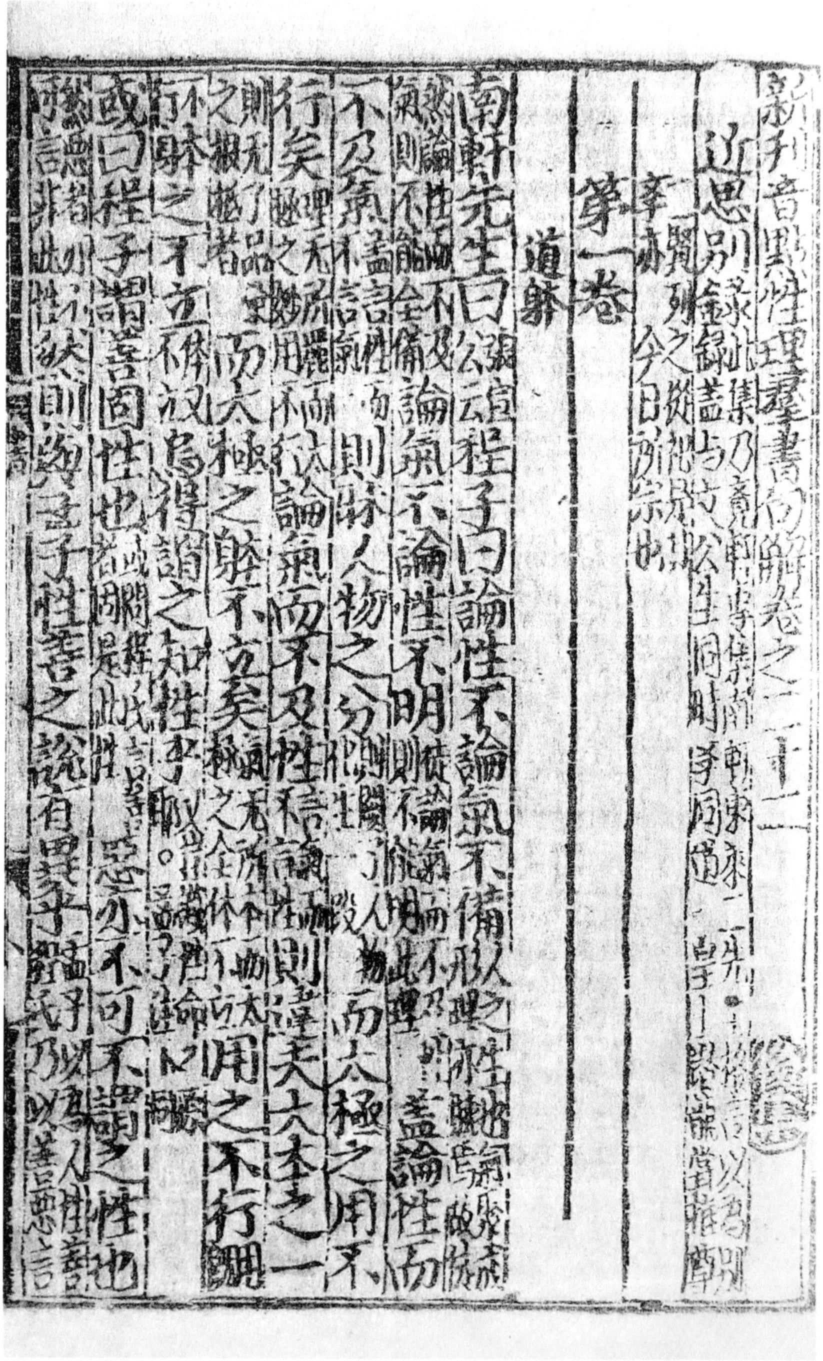
新刊音點性理羣書句解卷之二十二
近思別録
第一卷
道體
南軒先生曰程子曰論性不論氣不備論氣不論性不明
蓋論性而不及氣則昧人物之分而太極之用不行矣
論氣而不及性則違夫大本之一而太極之體不立矣
或曰程子謂善固性也惡亦不可不謂之性也

圖 6-9　蔡模編、熊剛大句解《近思別録》，李朝平壤府刻《新刊音點性理群書句解》本，日本國立國會圖書館藏

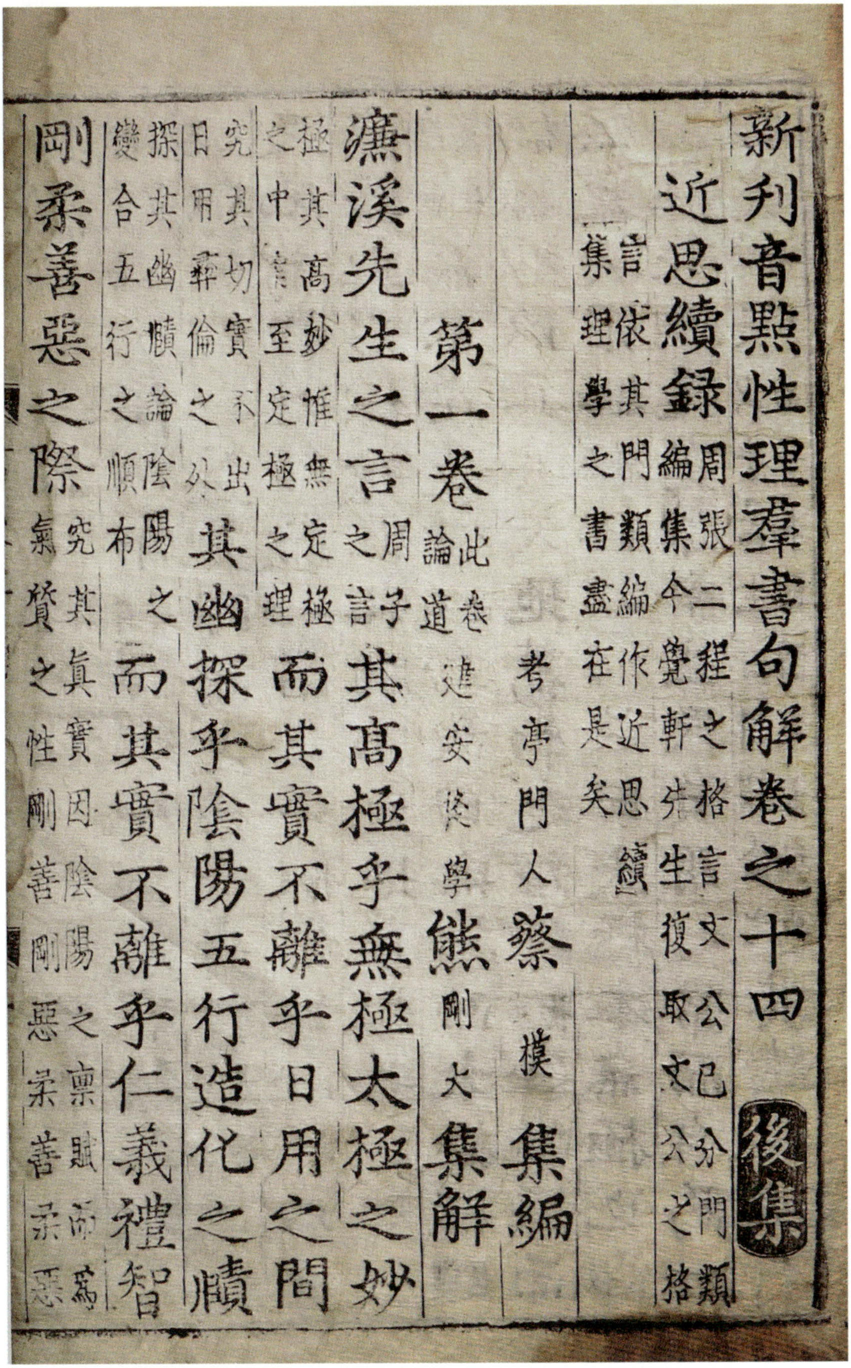

圖 6-10　蔡模編、熊剛大句解《近思續録》，
《新刊音點性理群書句解》本，
李朝世宗二十一年甲寅字本，
韓國國立中央圖書館藏

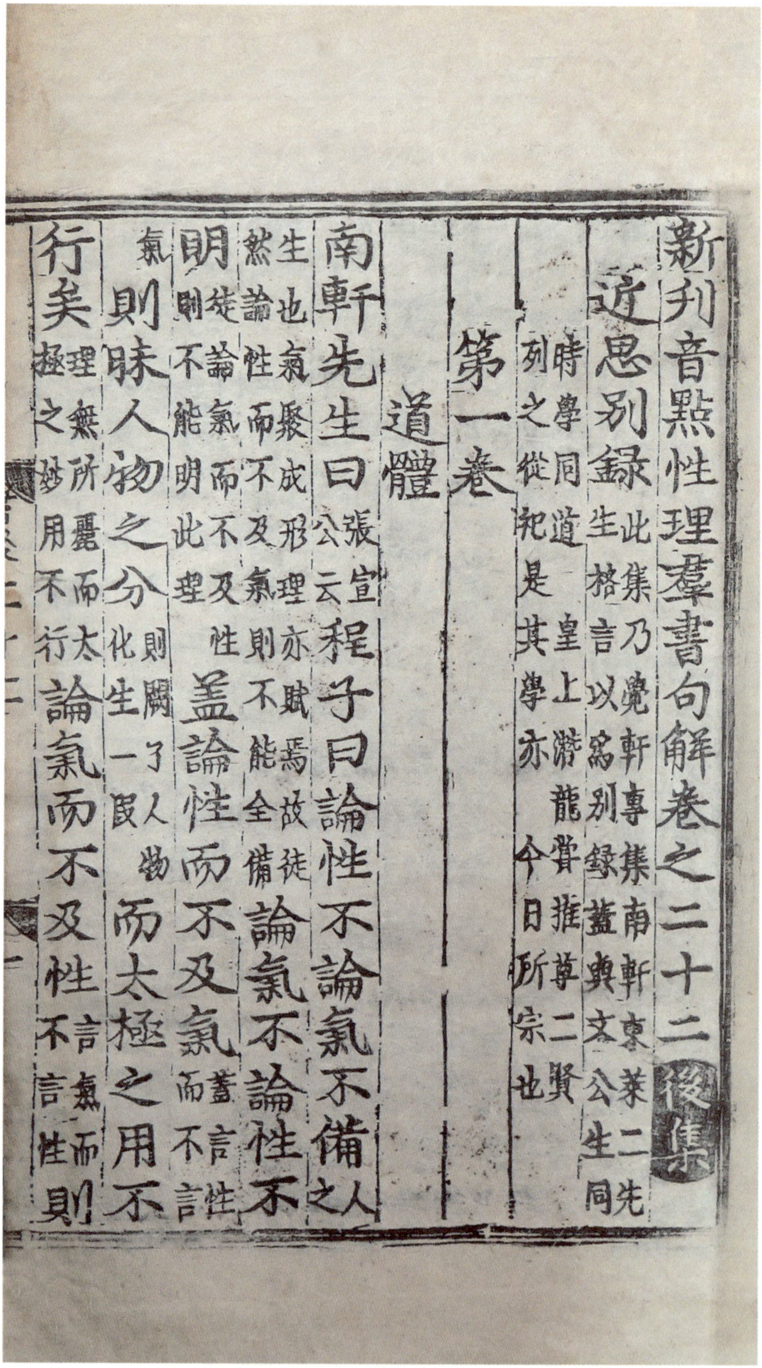
新刊音點性理羣書句解卷之二十二 後集

近思別録 此集乃覺軒專集南軒東萊二先生格言以爲別録蓋與文公先生同時學同道 皇上潜龍嘗推尊二賢列之從祀是其學亦今日所宗也

第一卷

道體

南軒先生曰張宣公云程子曰論性不論氣不備人之生也氣聚成形理亦賦焉故徒然論性而不及氣則不能全備論氣不論性不明徒論氣而不及性則不能明此理蓋論性而不及氣蓋言性而不言氣則昧人物之分則罔了人物化生一原而太極之用不行矣理無所麗而太極之妙用不行論氣而不及性言氣而不言性則

圖 6-12　蔡模編、熊剛大句解《近思別録》，
《新刊音點性理群書句解》本，
李朝成宗年間覆刻甲寅字本，
高麗大學校藏

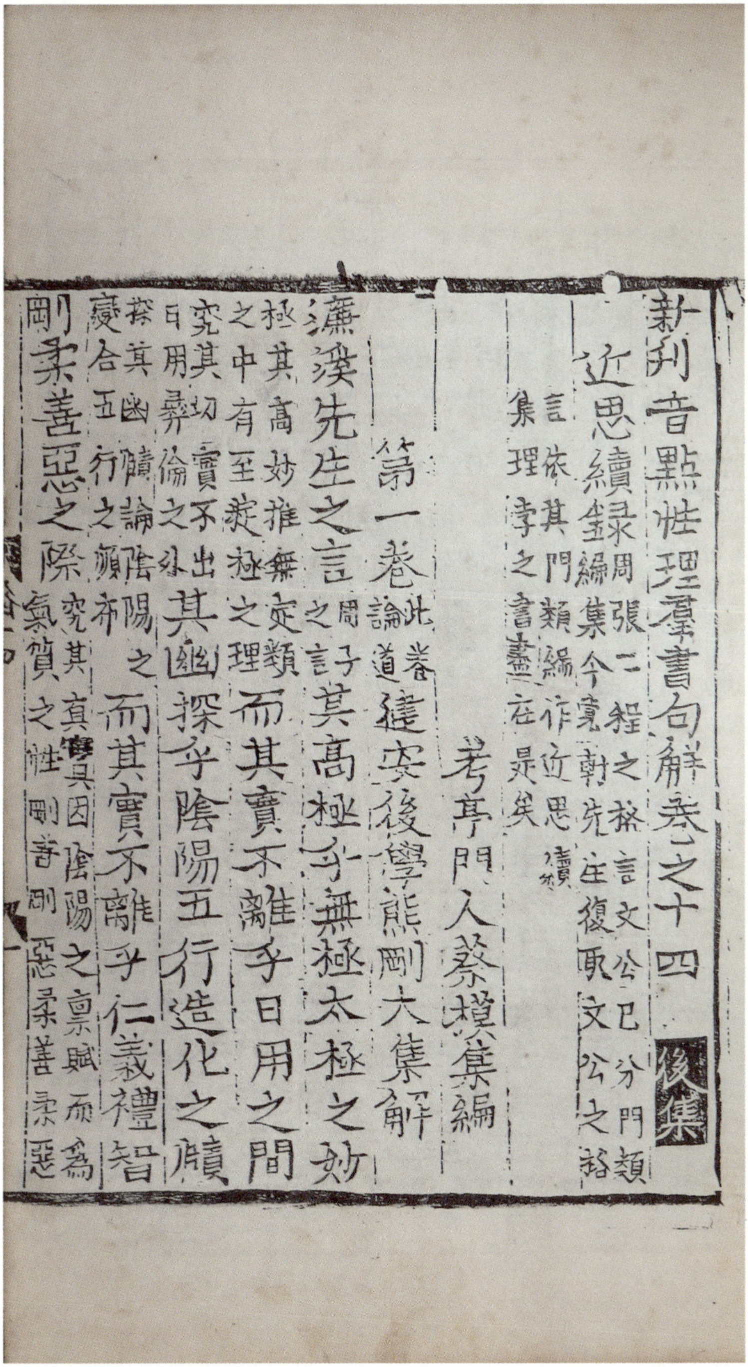
新刊音點性理羣書句解卷之十四 後集

近思續録 周張二程之格言文公已分門類編集今寛軒先生復取文公之格言依其門類編作近思續集理學之書盡在是矣

考亭門人蔡模集編

第一卷 此卷論道 建安後學熊剛大集解

濂溪先生之言 周子之言 其高極乎無極太極之妙 極其高妙推無定類之中有至旋極之理 而其實不離乎日用之間 究其切實不出日用彝倫之外 其幽探乎陰陽五行造化之賾 探其幽賾論陰陽變合五行之頒布 之 而其實不離乎仁義禮智剛柔善惡之際 究其真實因陰陽之稟賦而爲氣質之性剛善剛惡柔善柔惡

圖 6-13　蔡模編、熊剛大句解《近思續録》，
《新刊音點性理群書句解》本，
李朝成宗十九年木板本，
高麗大學校藏

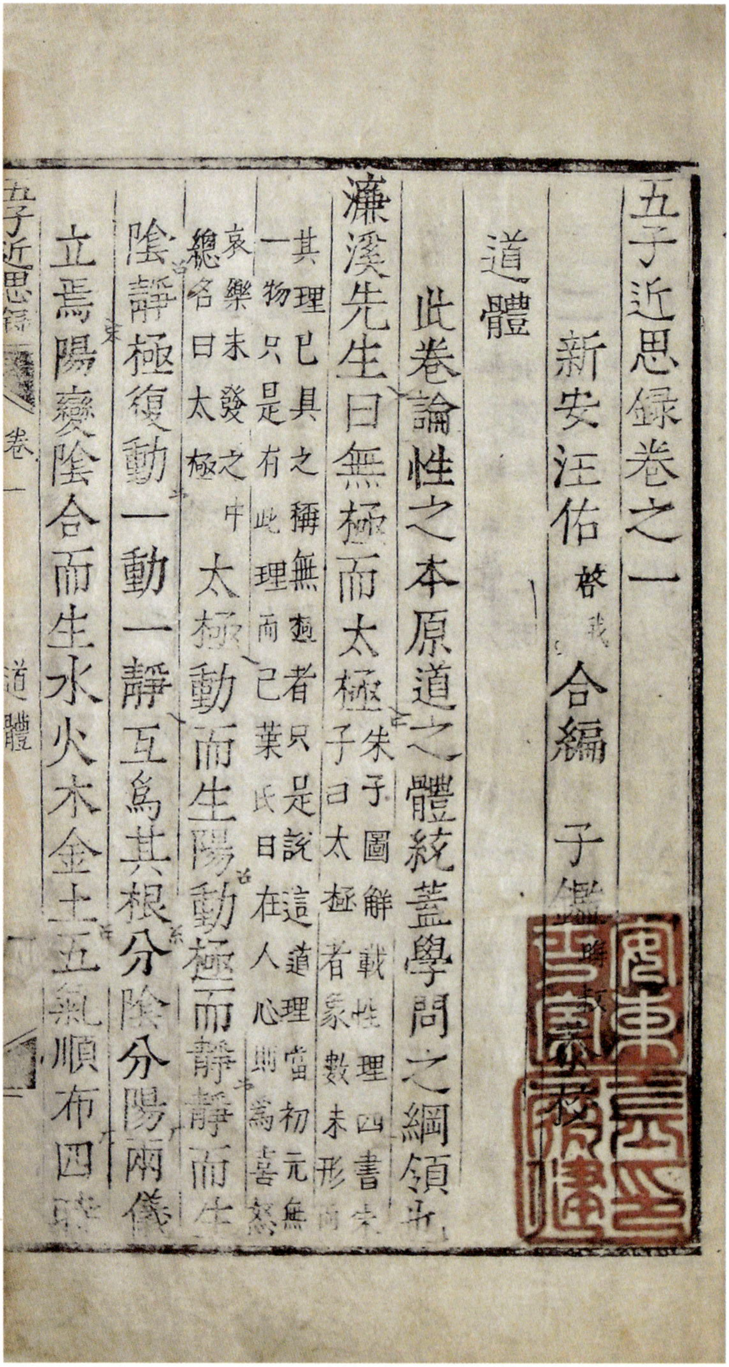
五子近思録卷之一
新安汪佑啓我合編　子
道體
此卷論性之本原道之體統蓋學問之綱領也
濂溪先生曰無極而太極朱子圖解載性理四書朱子曰太極者象數未形其理已具之稱無極者只是說這道理當初元無一物只是有此理而已葉氏曰在人心則為喜怒哀樂未發之中總名曰太極太極動而生陽動極而靜靜而生陰靜極復動一動一靜互為其根分陰分陽兩儀立焉陽變陰合而生水火木金土五氣順布四時
五子近思録　卷一　道體　一

圖 6-16　汪佑《五子近思録》，
芸閣印書體字本，
高麗大學校藏

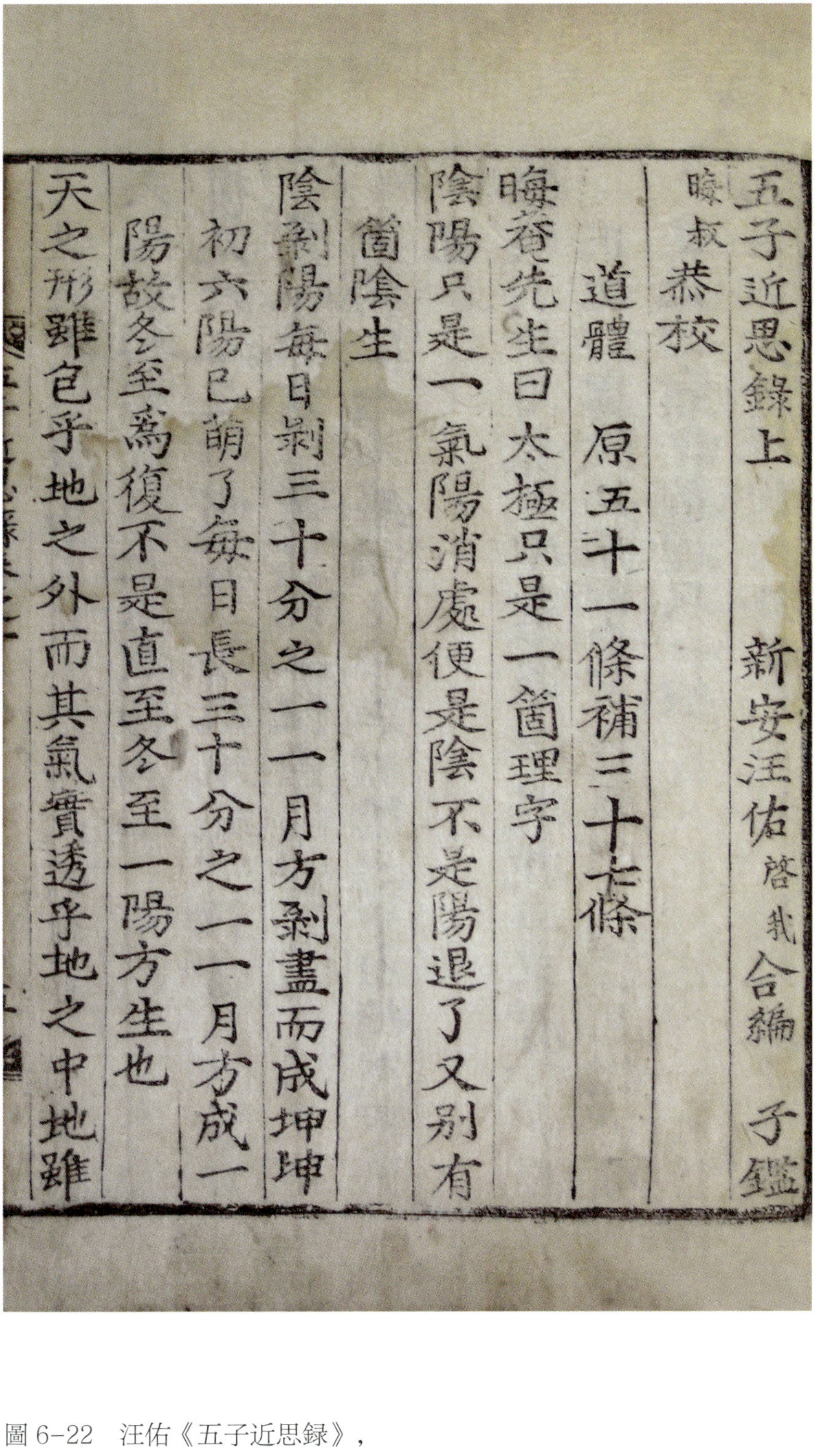

五子近思錄上　新安汪佑啓我合編　子鑑

晦叔恭校

道體　原五十一條補三十七條

晦菴先生曰太極只是一箇理字

陰陽只是一氣陽消處便是陰不是陽退了又別有

箇陰生

陰剝陽每日剝三十分之一一月方剝盡而成坤坤

初六陽已萌了每日長三十分之一一月方成一

陽故冬至爲復不是直至冬至一陽方生也

天之形雖包乎地之外而其氣實透乎地之中地雖

圖 6-22　汪佑《五子近思録》，
李朝英祖年間活字本，
高麗大學校藏

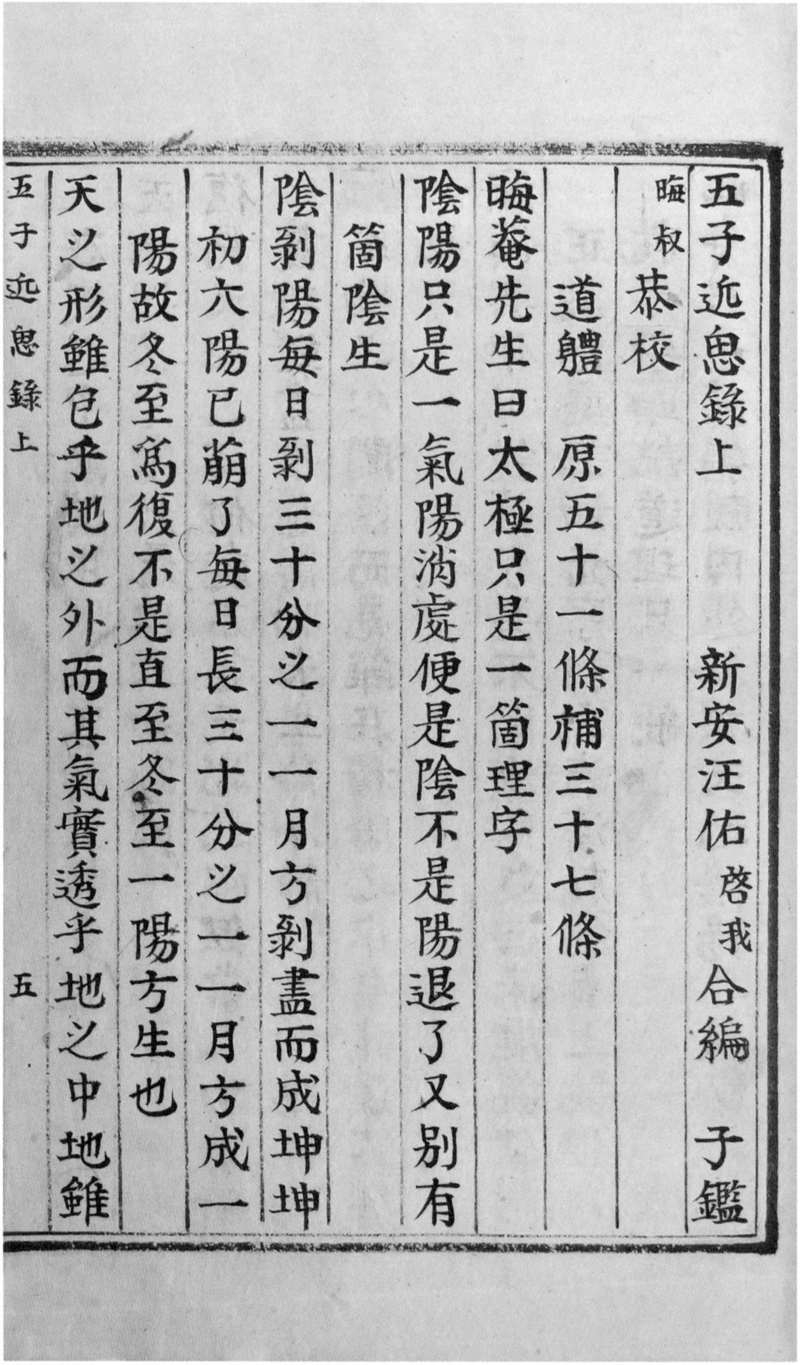

圖 6-24　汪佑《五子近思録》，
李朝筆寫本，
高麗大學校藏

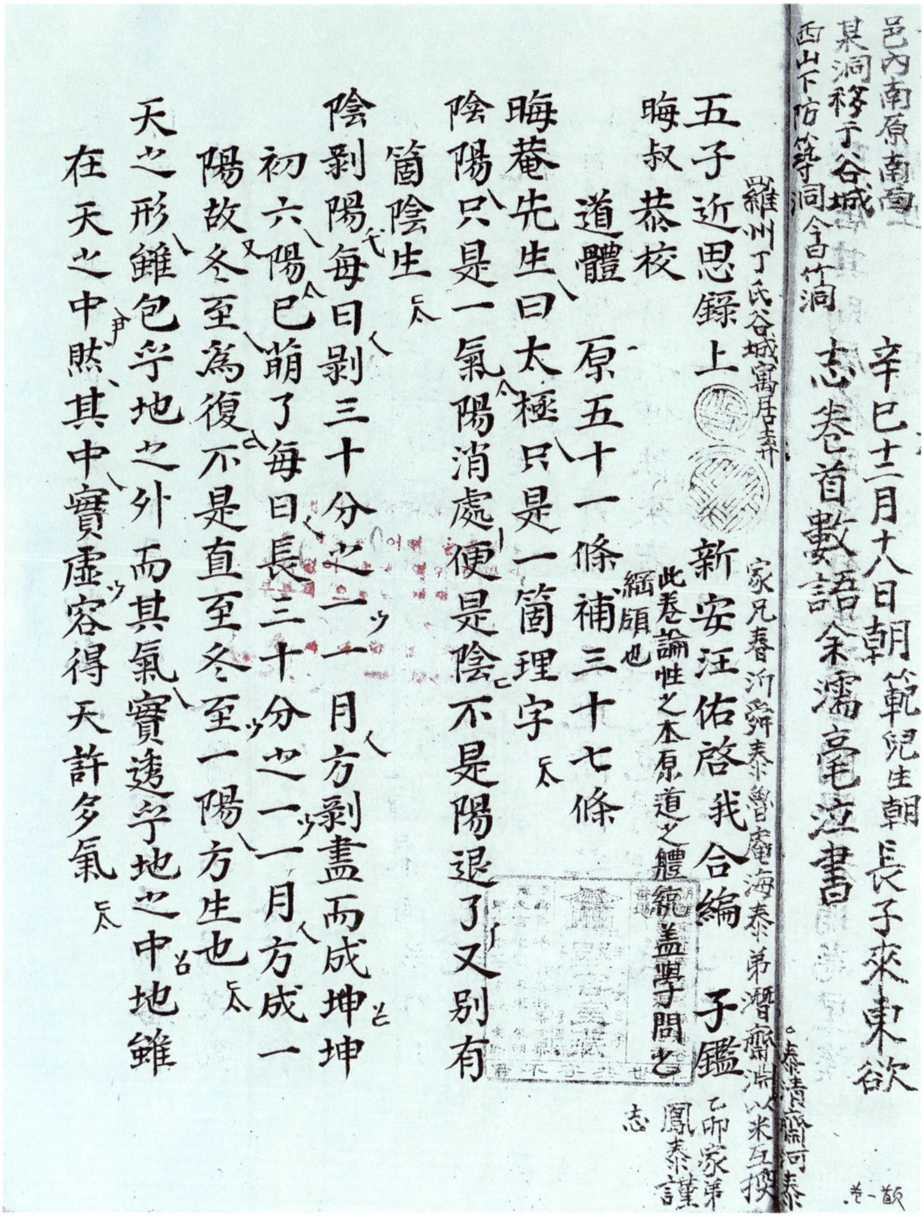

圖 6-25　汪佑《五子近思録》，
丁氏家藏諺文懸吐本（複印件），
延世大學校藏

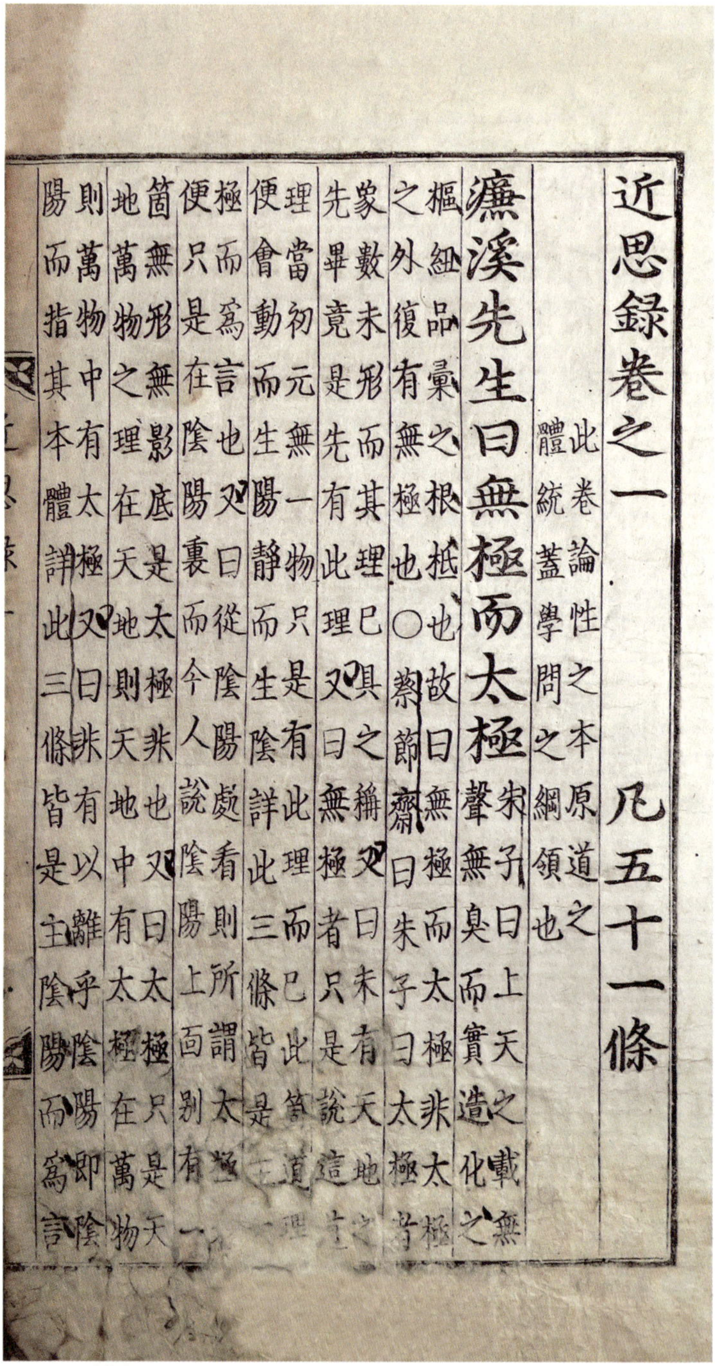

近思錄卷之一　凡五十一條

此卷論性之本原道之體統蓋學問之綱領也

濂溪先生曰無極而太極 朱子曰上天之載無聲無臭而實造化之樞紐品彙之根柢也故曰無極而太極非太極之外復有無極也○蔡節齋曰朱子曰太極者象數未形而其理已具之稱又曰未有天地之先畢竟是先有此理又曰無極者只是說這[illegible]理當初元無一物只是有此理而已此箇道理便會動而生陽靜而生陰詳此三條皆是[illegible]極而爲言也又曰從陰陽處看則所謂太極便只是在陰陽裏而今人說陰陽上面別有一箇無形無影底是太極非也又曰太極只是天地萬物之理在天地則天地中有太極在萬物則萬物中有太極又曰非有以離乎陰陽即陰陽而指其本體詳此三條皆是主陰陽而爲言

圖 7-2　葉采《近思録集解》，
甲寅字（花魚尾版），
李朝世宗十八年印本，
高麗大學校藏

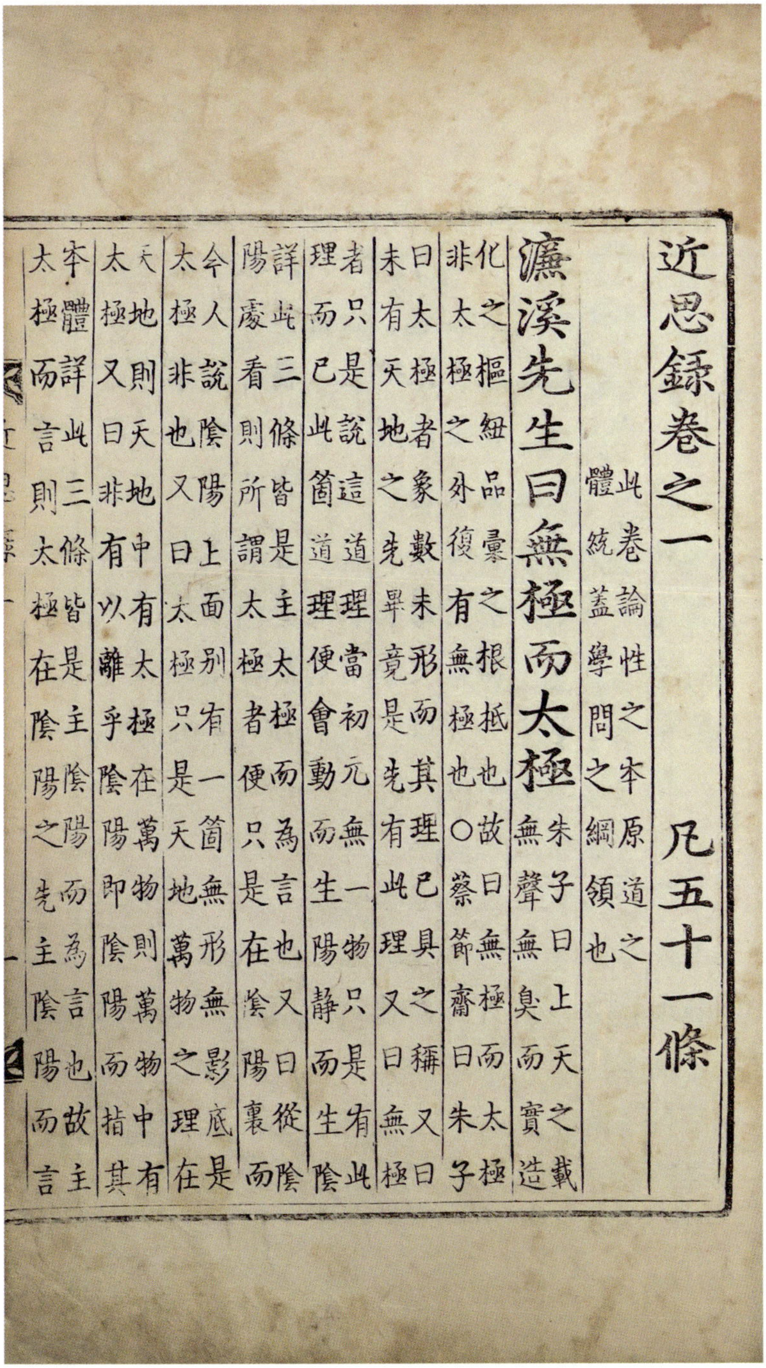

近思錄卷之一　凡五十一條

此卷論性之本原道之體統蓋學問之綱領也

濂溪先生曰無極而太極朱子曰上天之載無聲無臭而實造化之樞紐品彙之根抵也故曰無極而太極非太極之外復有無極也○蔡節齋曰朱子曰太極者象數未形而其理已具之稱又曰未有天地之先畢竟是先有此理又曰無極者只是說這道理當初元無一物只是有此理而已此箇道理便會動而生一陽靜而生陰詳此三條皆是主太極而為言也又曰從陰陽處看則所謂太極者便只是在陰陽裏而今人說陰陽上面別有一箇無形無影底是太極非也又曰太極只是天地萬物之理在天地則天地中有太極在萬物則萬物中有太極又曰非有以離乎陰陽即陰陽而指其本體詳此三條皆是主陰陽而為言也故主太極而言則太極在陰陽之先主陰陽而言

圖 7-8　葉采《近思録集解》，
戊申字混入其他字體的李朝活字本，
韓國學中央圖書館藏

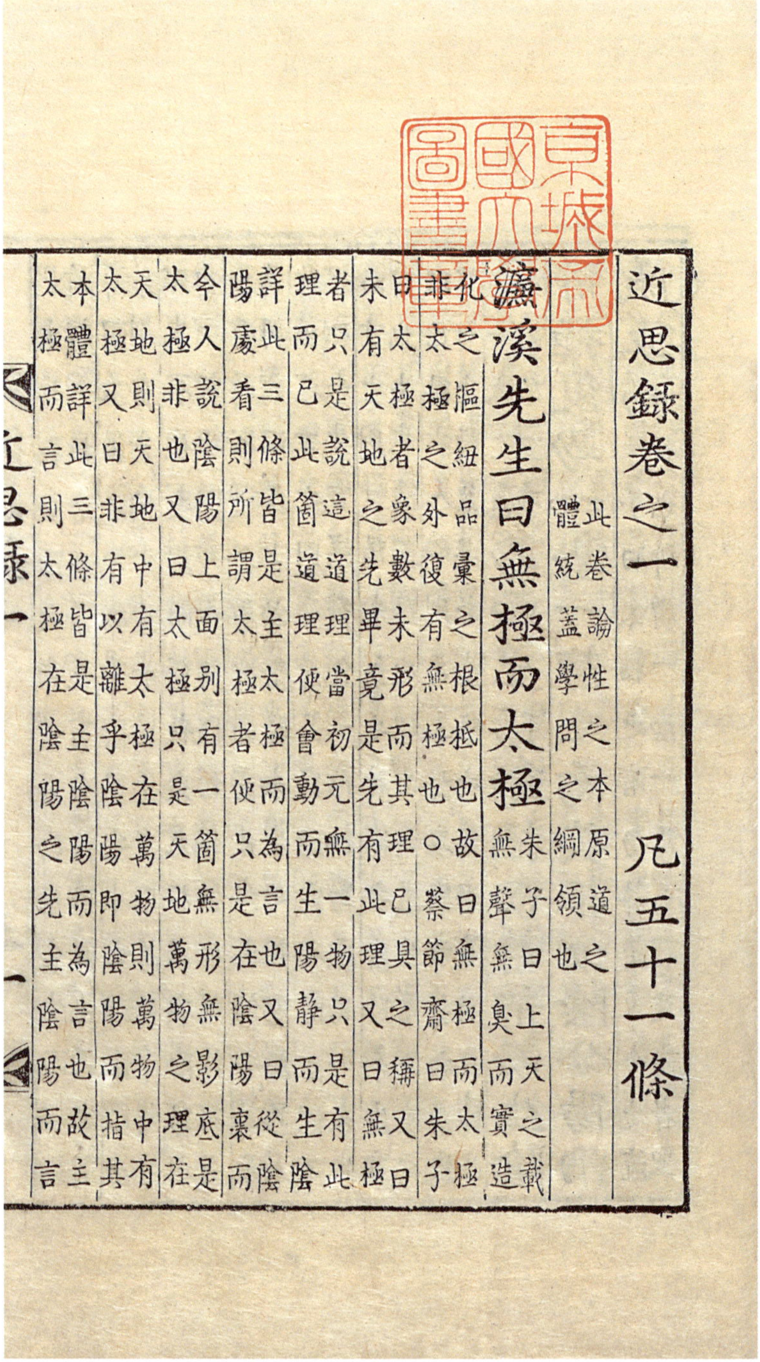

近思錄卷之一　凡五十一條

此卷論性之本原道之體統蓋學問之綱領也

濂溪先生曰無極而太極朱子曰上天之載無聲無臭而實造化之樞紐品彙之根柢也故曰無極而太極非太極之外復有無極也○蔡節齋曰朱子曰太極者象數未形而其理已具之稱又曰未有天地之先畢竟是先有此理又曰無極者只是說這道理當初元無一物只是有此理而已此箇道理便會動而生陽靜而生陰詳此三條皆是主太極而為言也又曰從陰陽處看則所謂太極者便只是在陰陽裏而今人說陰陽上面別有一箇無形無影底是太極非也又曰太極只是天地萬物之理在天地則天地中有太極在萬物則萬物中有太極又曰非有以離乎陰陽即陰陽而指其本體詳此三條皆是主陰陽而為言也故主太極而言則太極在陰陽之先主陰陽而言

近思錄　一

圖 7-11　葉采《近思録集解》，
壬辰字本，
首爾大學校奎章閣藏

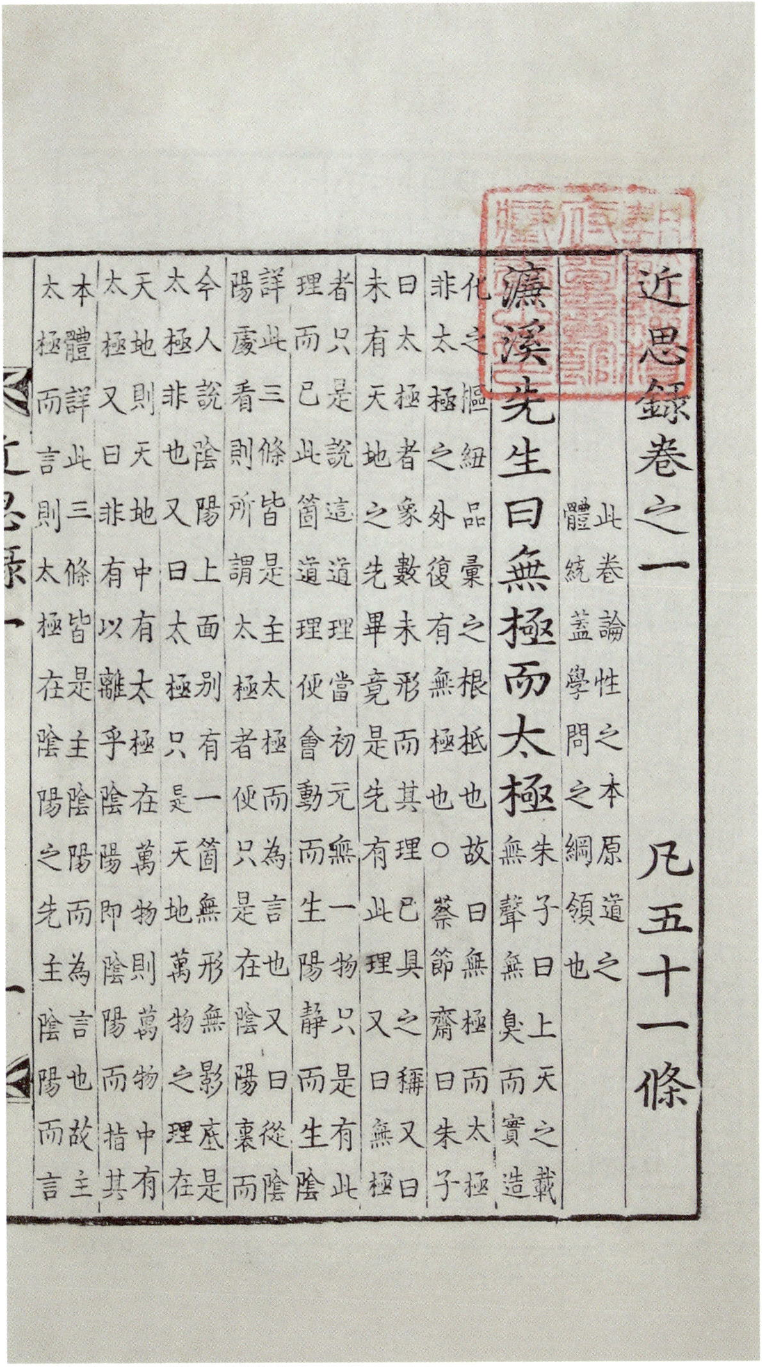
近思録卷之一　凡五十一條

此卷論性之本原道之體統蓋學問之綱領也

濂溪先生曰無極而太極朱子曰上天之載無聲無臭而實造化之樞紐品彙之根柢也故曰無極而太極非太極之外復有無極也○蔡節齋曰朱子曰太極者象數未形而其理已具之稱又曰未有天地之先畢竟是先有此理又曰無極者只是說這道理當初元無一物只是有此理而已此箇道理便會動而生陽靜而生陰詳此三條皆是主太極而為言也又曰從陰陽處看則所謂太極者便只是在陰陽裏而今人說陰陽上面別有一箇無形無影底是太極非也又曰太極只是天地萬物之理在天地則天地中有太極在萬物則萬物中有太極又曰非有以離乎陰陽即陰陽而指其本體詳此三條皆是主陰陽而為言也故主太極而言則太極在陰陽之先主陰陽而言

圖 7-13　葉采《近思録集解》，
丁酉字本，
韓國國立中央圖書館藏

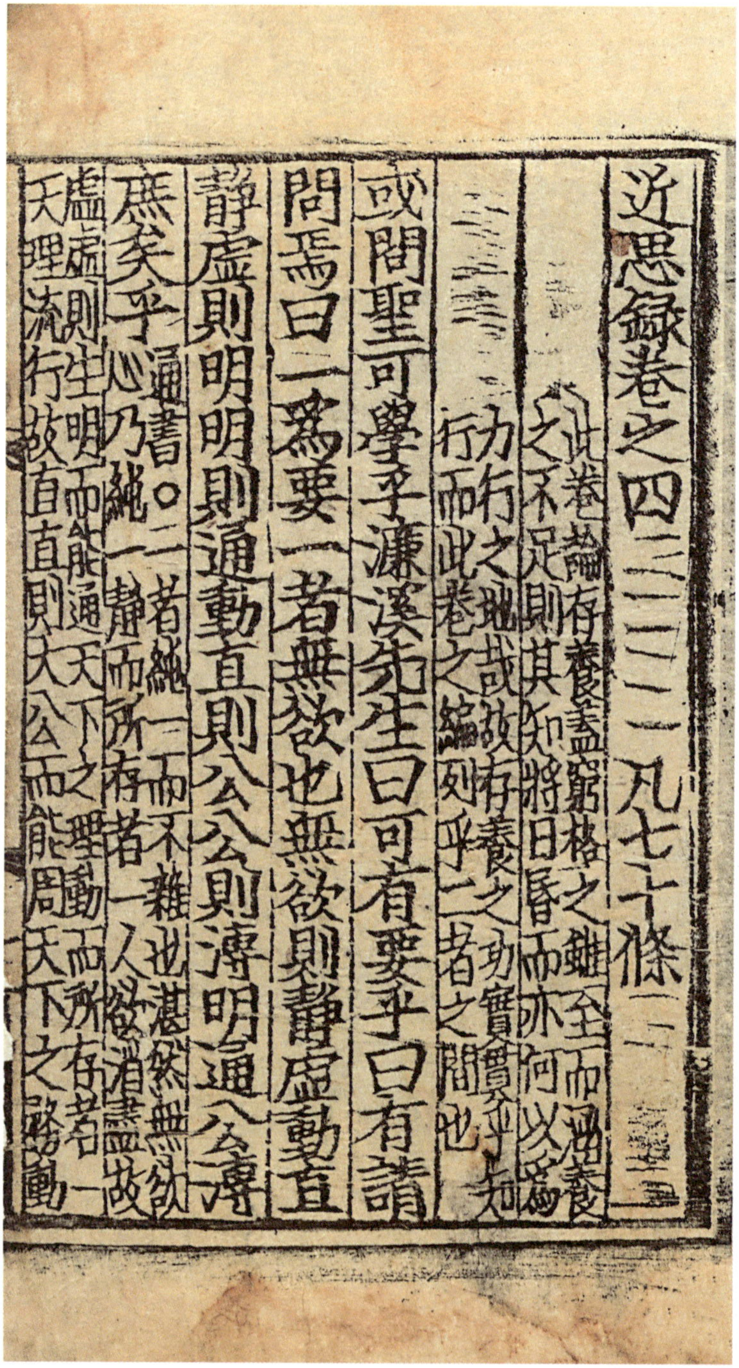
近思録卷之四 凡七十條

此卷論存養盖窮格之雖至而涵養之不足則其知將日昏而亦何以爲力行之地哉故存養之功實貫乎知行而此卷之編列乎二者之間也

或問聖可學乎濂溪先生曰可有要乎曰有請問焉曰一爲要一者無欲也無欲則靜虛動直靜虛則明明則通動直則公公則溥明通公溥庶矣乎通書○一者純一而不雜也湛然無欲心乃純一靜而所存者一人欲消盡故虛虛則生明明而能通天下之理動而所存者一天理流行故直直則大公而能周天下之務動

圖 7-15　葉采《近思録集解》，
高麗朝恭愍王十九年木板本，
奎章閣藏

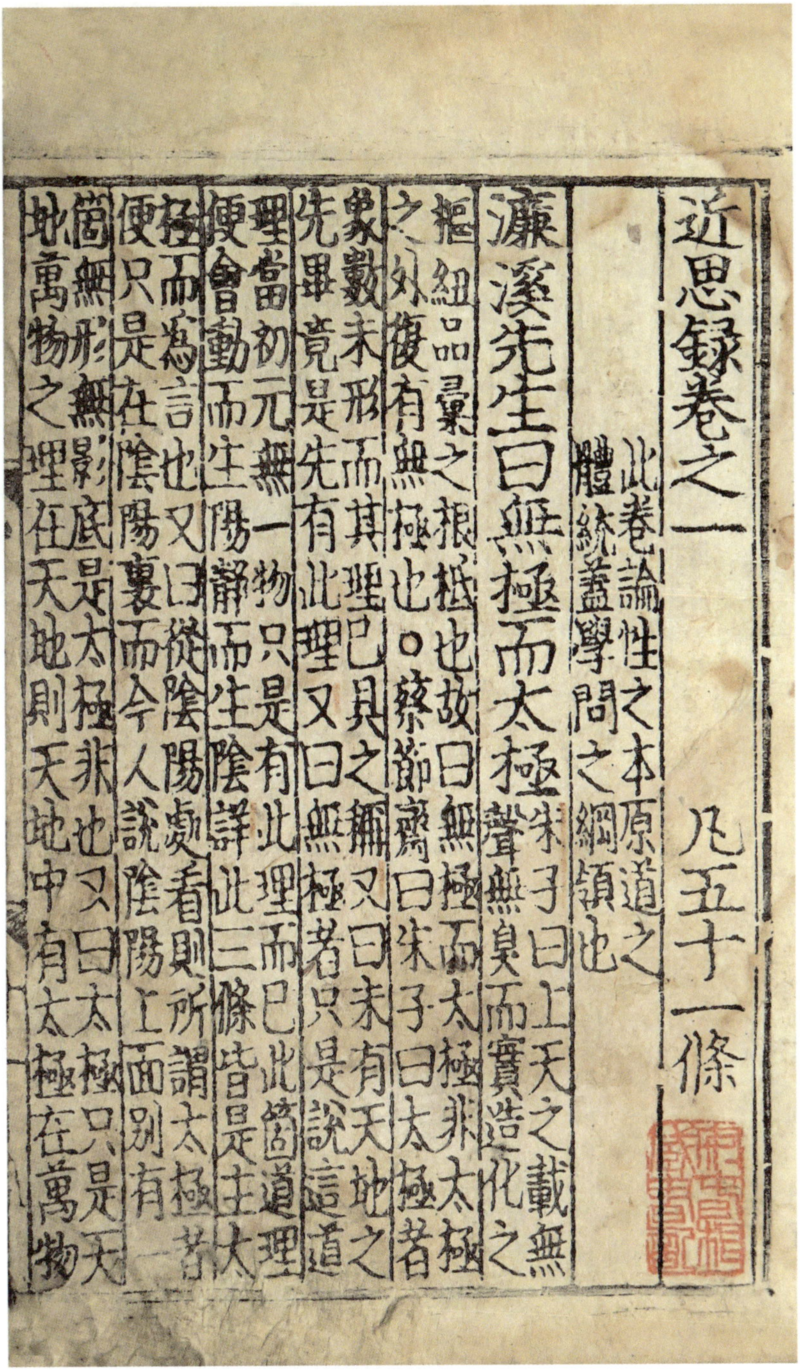

圖 7-18　葉采《近思録集解》，
高麗朝木板本，
韓國學中央研究院藏

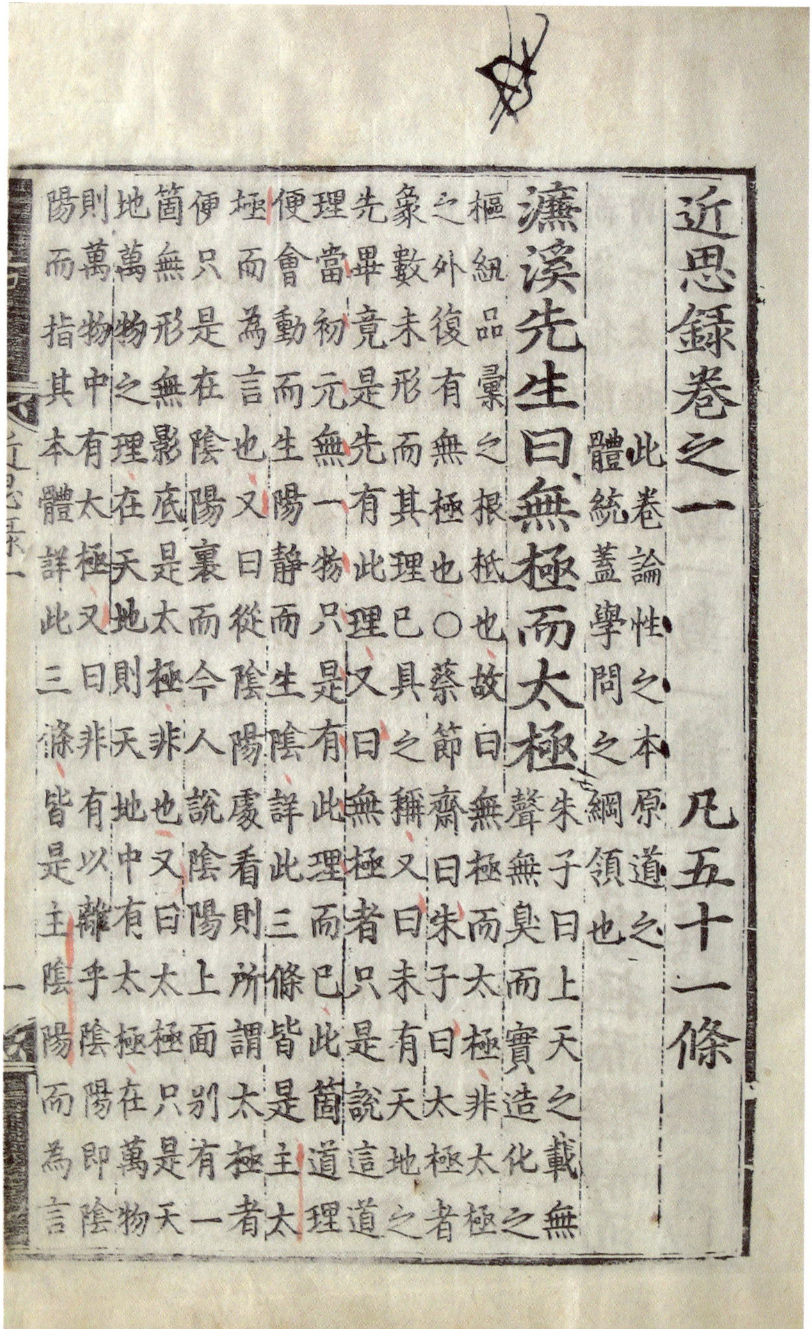

近思録卷之一　凡五十一條

此卷論性之本原道之體統蓋學問之綱領也

濂溪先生曰無極而太極

朱子曰上天之載無聲無臭而實造化之樞紐品彙之根柢也故曰無極而太極非太極之外復有無極也○蔡節齋曰朱子曰太極者象數未形而其理已具之稱又曰未有天地之先畢竟是先有此理又曰無極者只是說這道理當初元無一物只是有此理而已此箇道理便會動而生陽靜而生陰詳此三條皆是主太極而為言也又曰從陰陽處看則所謂太極者便只是在陰陽裏而今人說陰陽上面別有一箇無形無影底是太極非也又曰太極只是天地萬物之理在天地則天地中有太極在萬物則萬物中有太極又曰非有以離乎陰陽即陰陽而指其本體詳此三條皆是主陰陽而為言

近思録一　一

圖 7-21　葉采《近思録集解》，
李朝世宗年間覆刻甲寅字本，
高麗大學校藏

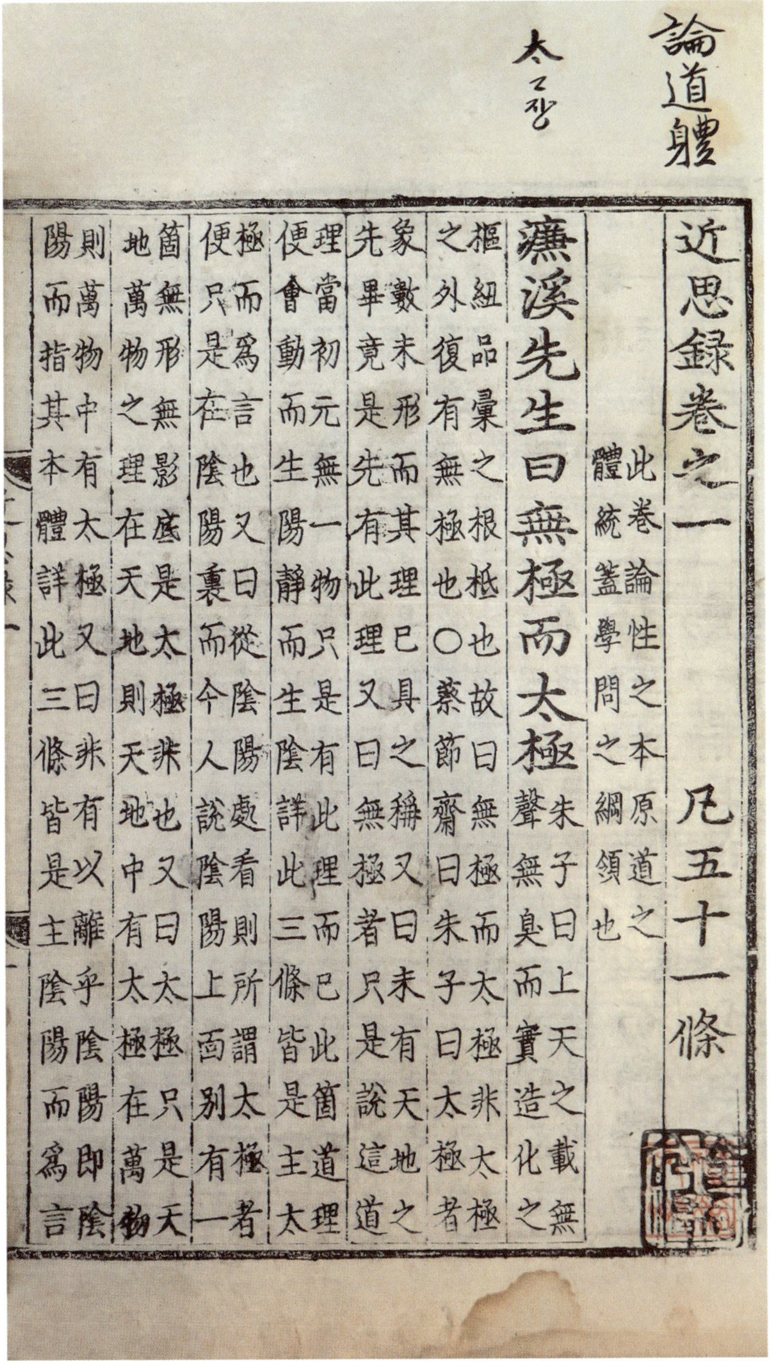
論道體

近思錄卷之一　凡五十一條

此卷論性之本原道之體統蓋學問之綱領也

濂溪先生曰無極而太極朱子曰上天之載無聲無臭而實造化之樞紐品彙之根柢也故曰無極而太極非太極之外復有無極也○蔡節齋曰朱子曰太極者象數未形而其理已具之稱又曰未有天地之先畢竟是先有此理又曰無極者只是說這道理當初元無一物只是有此理而已此箇道理便會動而生陽靜而生陰詳此三條皆是主太極而爲言也又曰從陰陽處看則所謂太極者便只是在陰陽裏而今人說陰陽上面別有一箇無形無影底是太極非也又曰太極只是天地萬物之理在天地則天地中有太極在萬物則萬物中有太極又曰非有以離乎陰陽即陰陽而指其本體詳此三條皆是主陰陽而爲言

圖 7-23　葉采《近思録集解》，
李朝中宗十四年鳳城精舍刊本，
成均館大學校藏

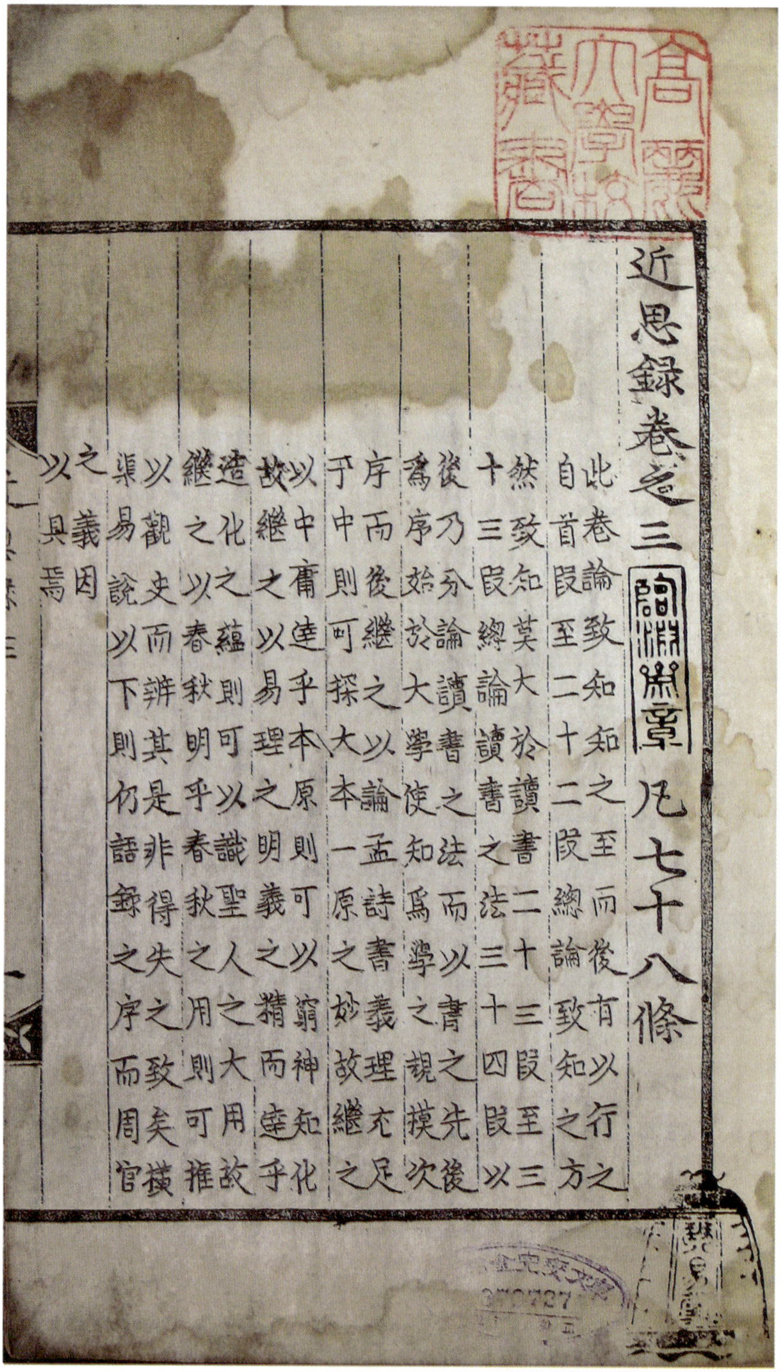

近思録卷之三 [illegible] 凡七十八條

此卷論致知知之至而後有以行之
自首段至二十二段總論致知之方
然致知莫大於讀書二十三段至三
十三段總論讀書之法三十四段以
後乃分論讀書之法而以書之先後
爲序始於大學使知爲學之規摸次
序而後繼之以論孟詩書義理充足
乎中則可探大本一原之妙故繼之
以中庸達乎本原則可以窮神知化
故繼之以易理之明義之精而達乎化
造化之蘊則可以識聖人之大用故
繼之以春秋明乎春秋之用則可推
以觀史而辨其是非得失之致矣横
渠易說以下則仍語録之序而周官
之義因
以具焉

圖 7-30　葉采《近思録集解》，
李朝宣祖十一年禮山縣刻本，
高麗大學校藏

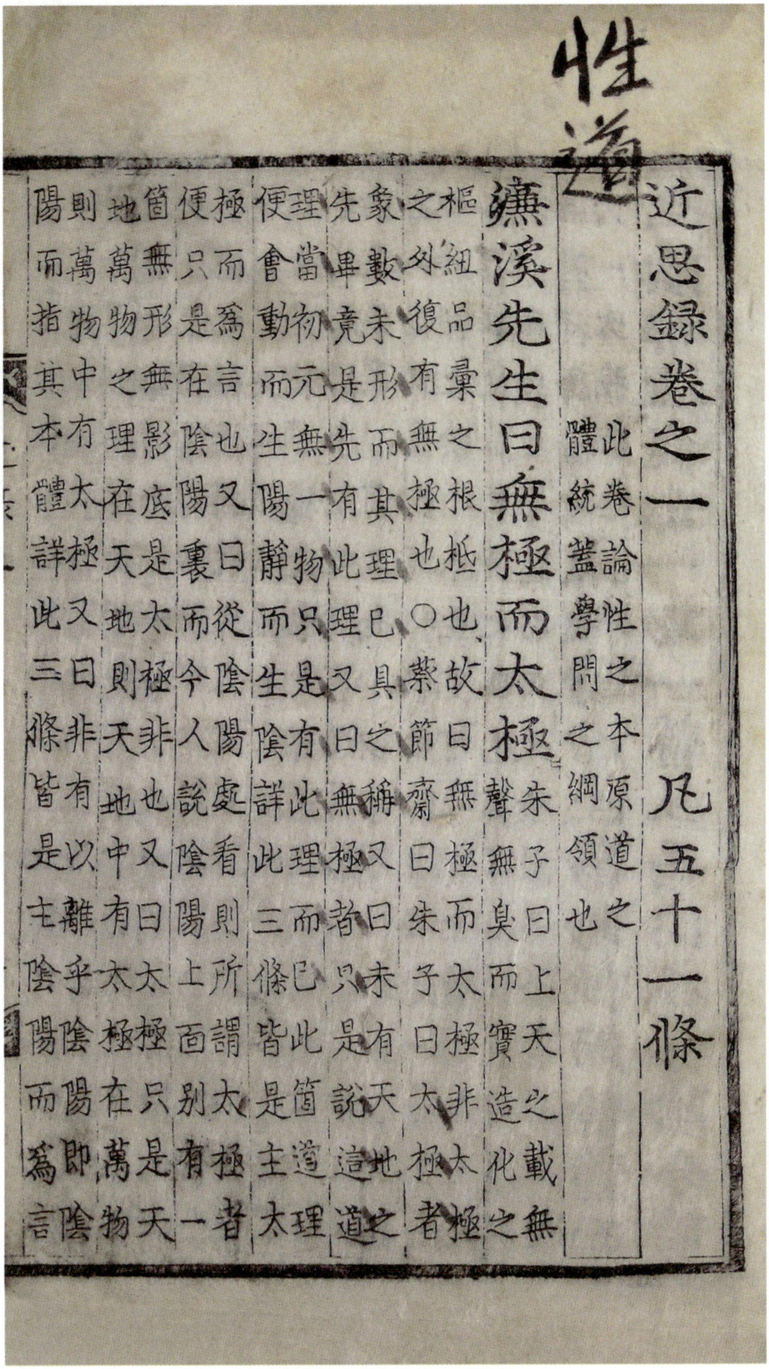

性道

近思錄卷之一　凡五十一條

此卷論性之本原道之體統蓋學問之綱領也

濂溪先生曰無極而太極朱子曰上天之載無聲無臭而實造化之樞紐品彙之根柢也故曰無極而太極非太極之外復有無極也○蔡節齋曰朱子曰太極者象數未形而其理已具之稱又曰未有天地之先畢竟是先有此理又曰無極者只是說這道理當初元無一物只是有此理而已此箇道理便會動而生陽靜而生陰詳此三條皆是主太極而為言也又曰從陰陽處看則所謂太極者便只是在陰陽裏而今人說陰陽上面別有一箇無形無影底是太極非也又曰太極只是天地萬物之理在天地則天地中有太極在萬物則萬物中有太極又曰非有以離乎陰陽即陰陽而指其本體詳此三條皆是主陰陽而為言

圖 7-33　葉采《近思録集解》，
李朝宣祖十四年佔畢書院刊本，
高麗大學校藏

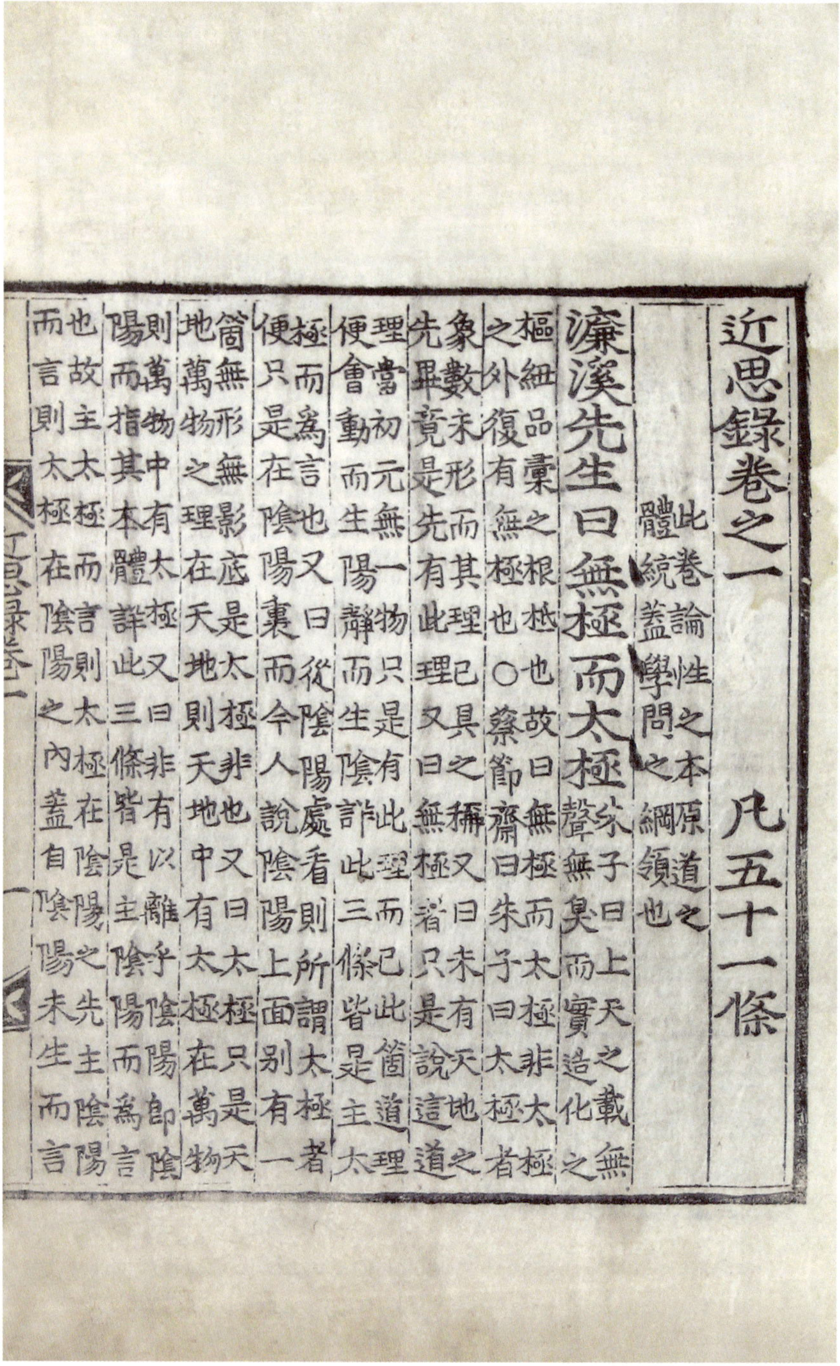

近思録卷之一　凡五十一條

此卷論性之本原道之體統蓋學問之綱領也

濂溪先生曰無極而太極朱子曰上天之載無聲無臭而實造化之樞紐品彙之根柢也故曰無極而太極非太極之外復有無極也○蔡節齋曰朱子曰太極者象數未形而其理已具之稱又曰未有天地之先畢竟是先有此理又曰無極者只是說這道理當初元無一物只是有此理而已此箇道理便會動而生陽靜而生陰詳此三條皆是主太極而為言也又曰從陰陽處看則所謂太極者便只是在陰陽裏而今人說陰陽上面別有一箇無形無影底是太極非也又曰太極只是天地萬物之理在天地則天地中有太極在萬物則萬物中有太極又曰非有以離乎陰陽即陰陽而指其本體詳此三條皆是主陰陽而為言也故主太極而言則太極在陰陽之先主陰陽而言則太極在陰陽之內蓋自陰陽未生而言

近思録卷之一　一

圖 7-37　葉采《近思録集解》，
李朝玉山書院刊本，
梨花女子大學校藏

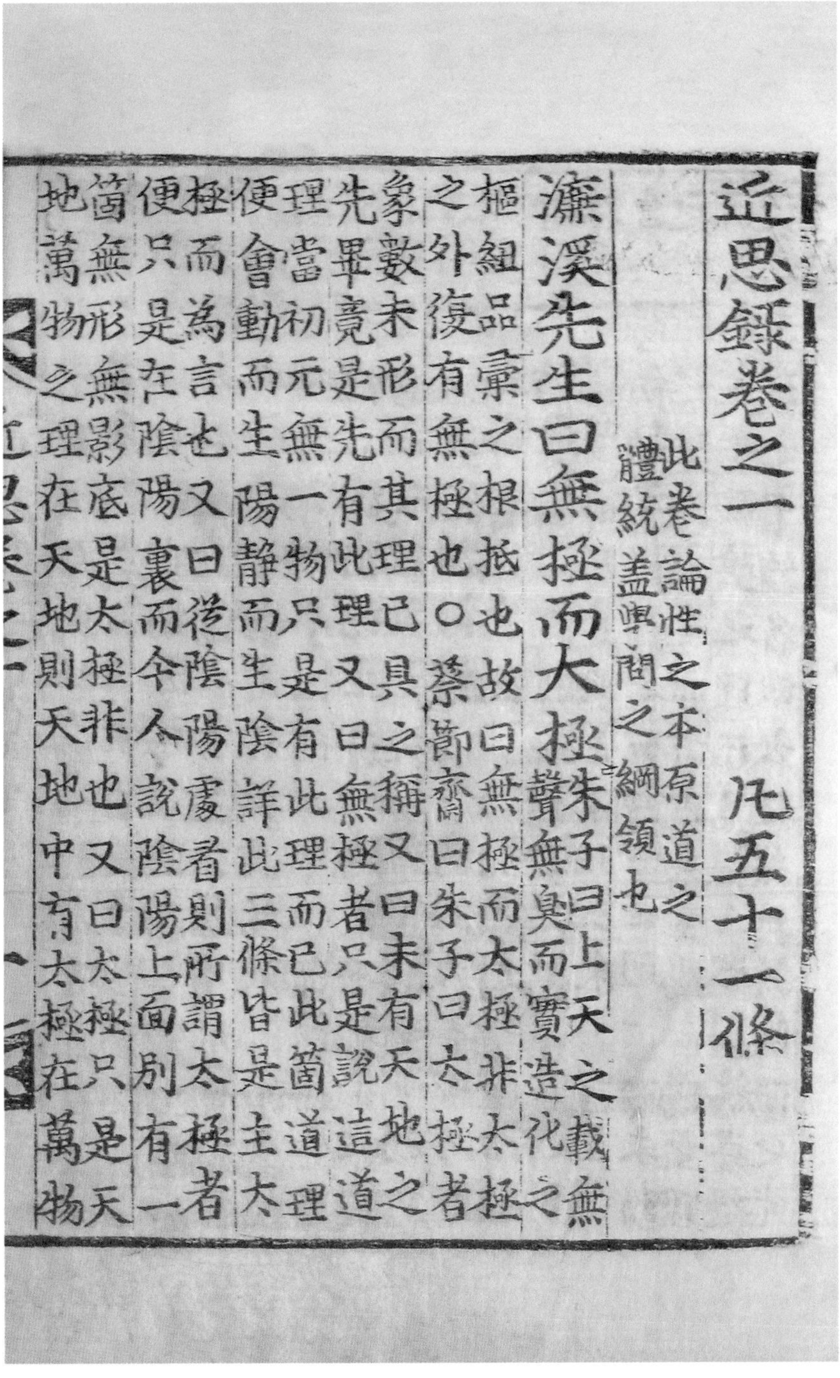
近思錄卷之一　凡五十一條

此卷論性之本原道之體統蓋學問之綱領也

濂溪先生曰無極而太極朱子曰上天之載無聲無臭而實造化之樞紐品彙之根柢也故曰無極而太極非太極之外復有無極也○蔡節齋曰朱子曰太極者象數未形而其理已具之稱又曰未有天地之先畢竟是先有此理又曰無極者只是說這道理當初元無一物只是有此理而已此箇道理便會動而生陽靜而生陰詳此三條皆是主太極而爲言也又曰從陰陽處看則所謂太極者便只是在陰陽裏而今人說陰陽上面別有一箇無形無影底是太極非也又曰太極只是天地萬物之理在天地則天地中有太極在萬物

圖 7-40　葉采《近思録集解》，
李朝正祖年間成川府刊本，
高麗大學校藏

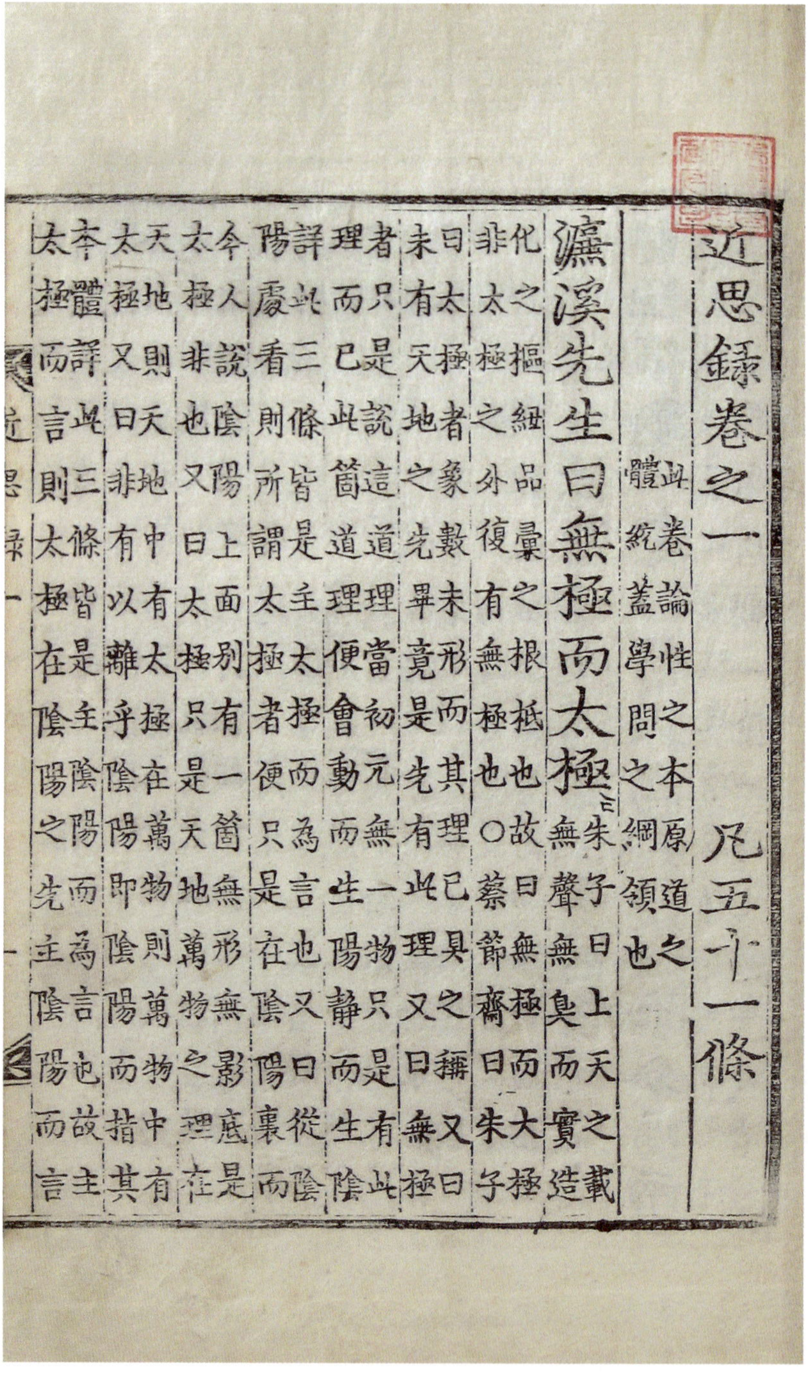

近思錄卷之一　凡五十一條

此卷論性之本原道之體統蓋學問之綱領也

濂溪先生曰無極而太極朱子曰上天之載無聲無臭而實造化之樞紐品彙之根柢也故曰無極而大極非太極之外復有無極也○蔡節齋曰朱子曰太極者象數未形而其理已具之稱又曰未有天地之先畢竟是先有此理又曰無極者只是說這道理當初元無一物只是有此理而已此箇道理便會動而生陽靜而生陰詳此三條皆是主太極而言也又曰從陰陽處看則所謂太極者便只是在陰陽裏而今人說陰陽上面別有一箇無形無影底是太極非也又曰太極只是天地萬物之理在天地則天地中有太極在萬物則萬物中有太極又曰非有以離乎陰陽即陰陽而指其本體詳此三條皆是主陰陽而言也故主太極而言則太極在陰陽之先主陰陽而言

圖 7-47　葉采《近思録集解》，
李純祖二十六年三溪書院刻本，
韓國國立中央圖書館藏

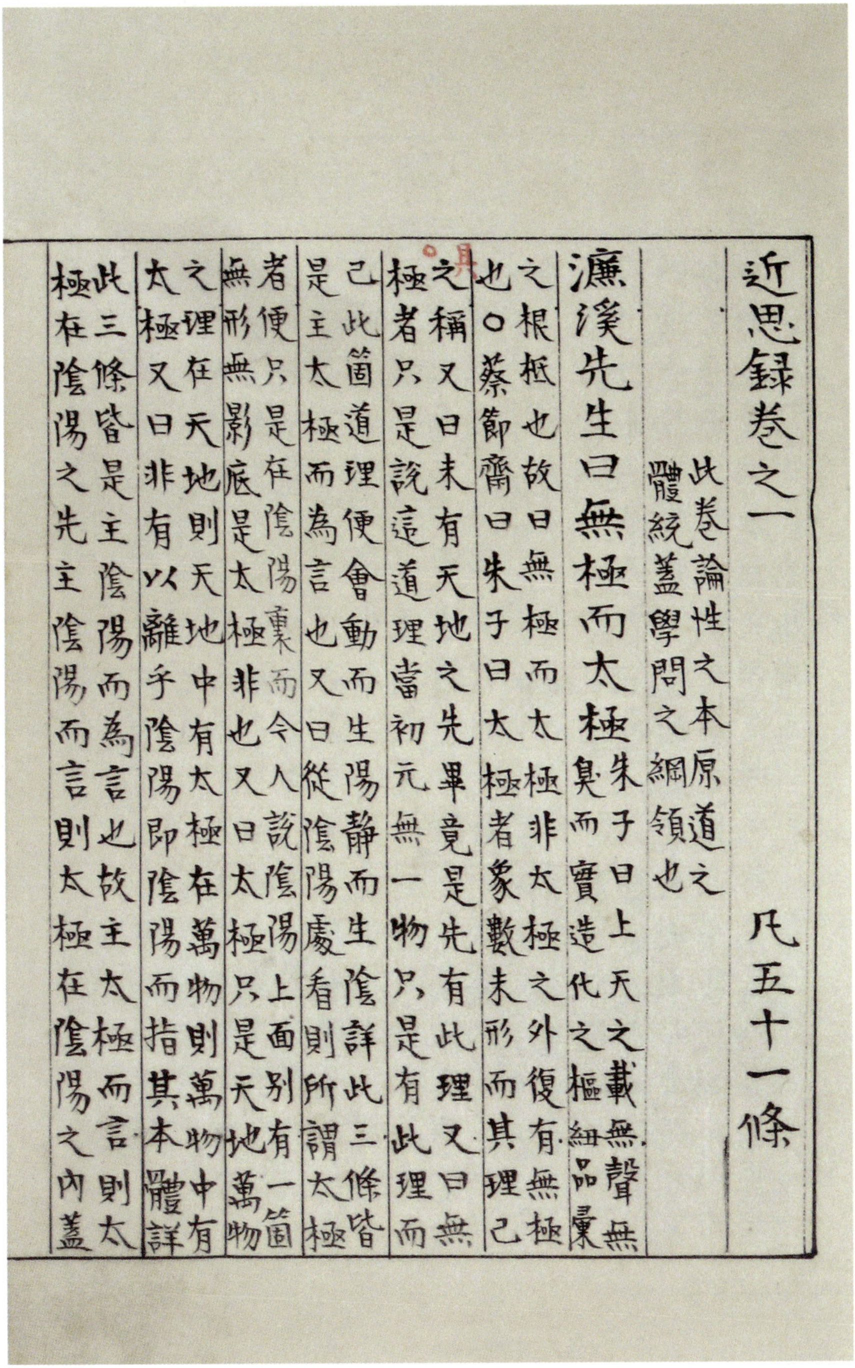
近思録卷之一　　凡五十一條

此卷論性之本原道之體統蓋學問之綱領也

濂溪先生曰無極而太極朱子曰上天之載無聲無臭而實造化之樞紐品彙之根柢也故曰無極而太極非太極之外復有無極也○蔡節齋曰朱子曰太極者象數未形而其理已具之稱又曰未有天地之先畢竟是先有此理又曰無極者只是說這道理當初元無一物只是有此理而已此箇道理便會動而生陽靜而生陰詳此三條皆是主太極而為言也又曰從陰陽處看則所謂太極者便只是在陰陽裏而令人說陰陽上面別有一箇無形無影底是太極非也又曰太極只是天地萬物之理在天地則天地中有太極在萬物則萬物中有太極又曰非有以離乎陰陽即陰陽而指其本體詳此三條皆是主陰陽而為言也故主太極而言則太極在陰陽之先主陰陽而言則太極在陰陽之內蓋

圖 7-52　葉采《近思録集解》，
李朝佚名烏絲欄筆寫本，
梨花女子大學校藏

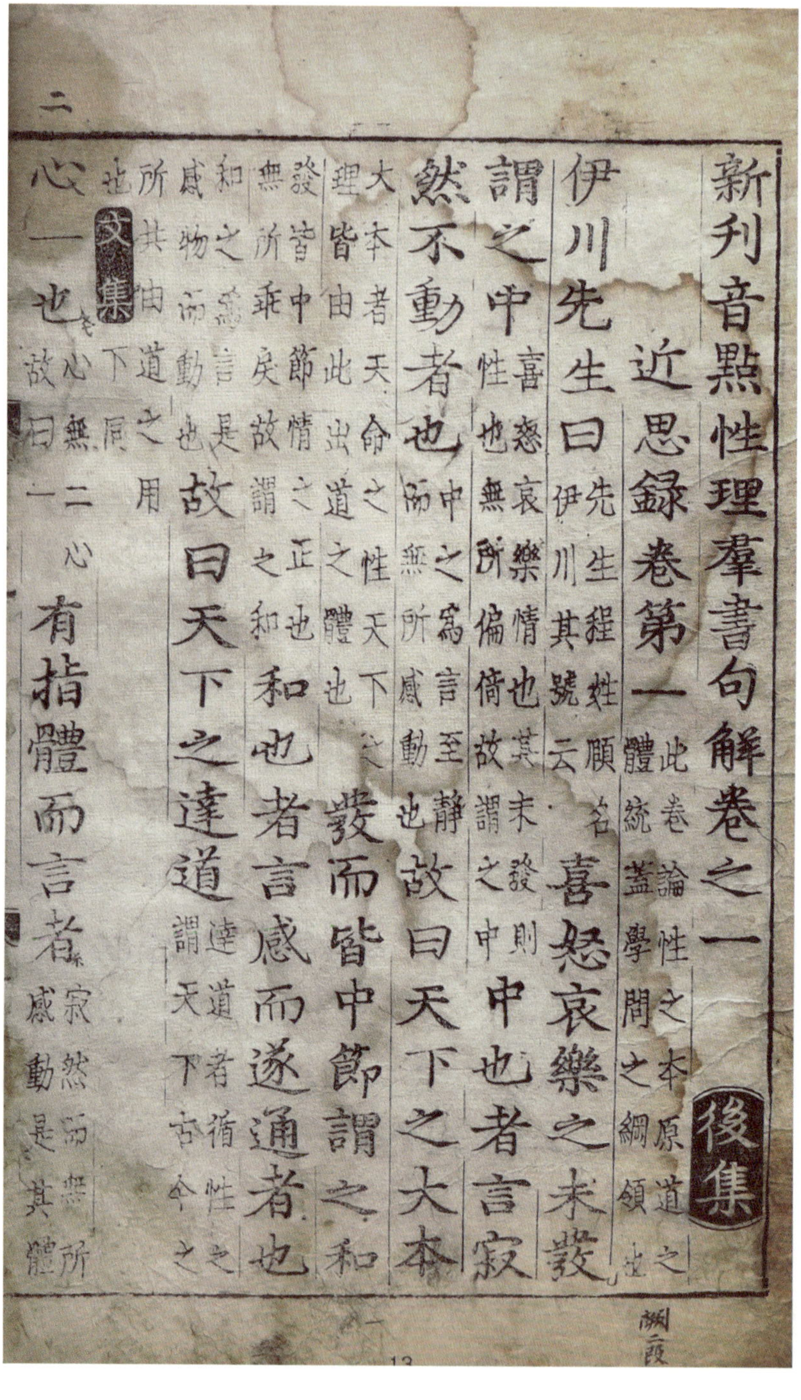
二

新刊音點性理羣書句解卷之一

近思録卷第一 此卷論性之本原道之體統蓋學問之綱領也 後集

伊川先生曰 先生程姓頤名伊川其號云 喜怒哀樂之未發謂之中 喜怒哀樂情也其未發則性也無所偏倚故謂之中 中也者言寂然不動者也 中之爲言至靜而無所感動也 故曰天下之大本 大本者天命之性天下之理皆由此出道之體也 發而皆中節謂之和 發皆中節情之正也無所乖戾故謂之和 和也者言感而遂通者也 和之發言是感物而動也 故曰天下之達道 達道者循性之謂天下古今之所共由道之用也 文集 下同 心一也 心無二心故曰一 有指體而言者 寂然而無所感動是其體

圖 7-55　熊剛大句解《近思録》，
《新刊音點性理群書句解》本，
李朝世宗二十一年甲寅字本，
韓國國立中央圖書館藏

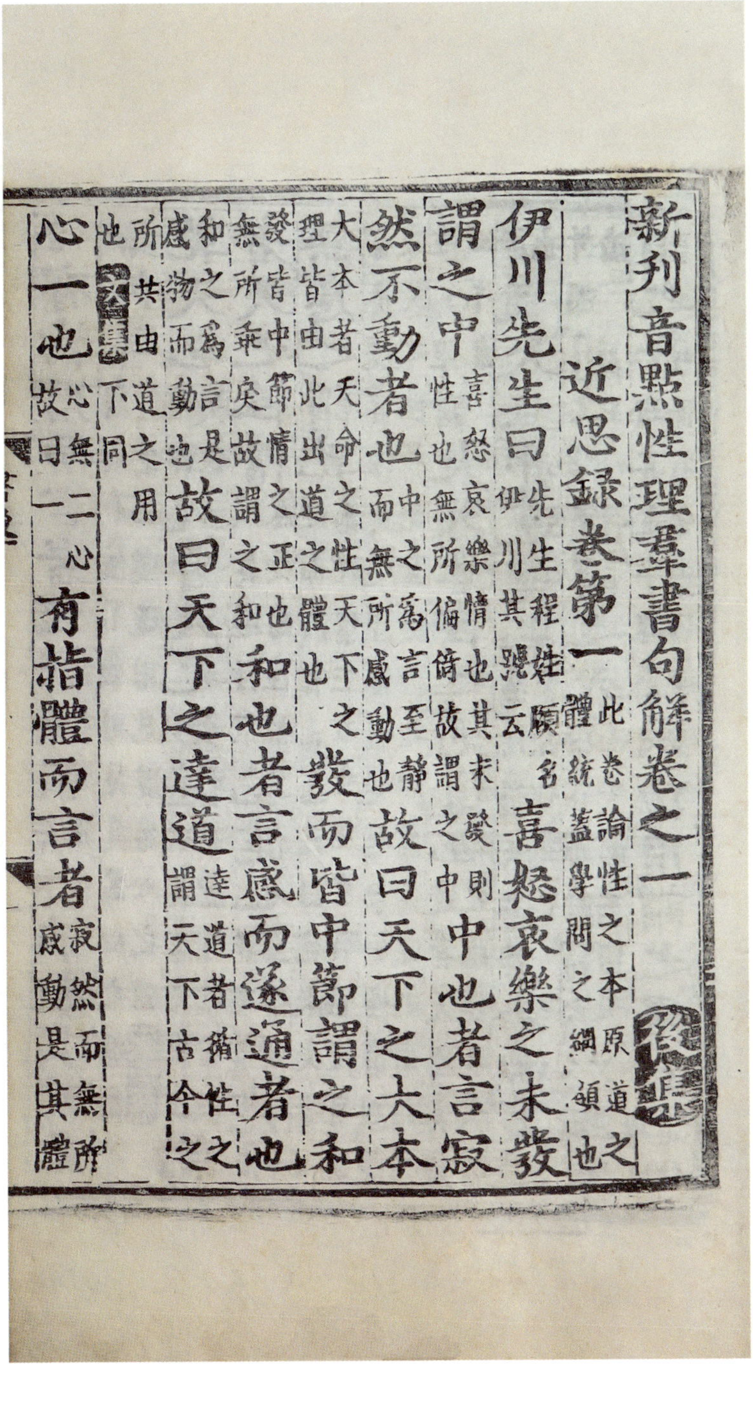

圖 7-56　熊剛大句解《近思録》，
《新刊音點性理群書句解》本，
李朝成宗十九年木板本，
高麗大學校藏

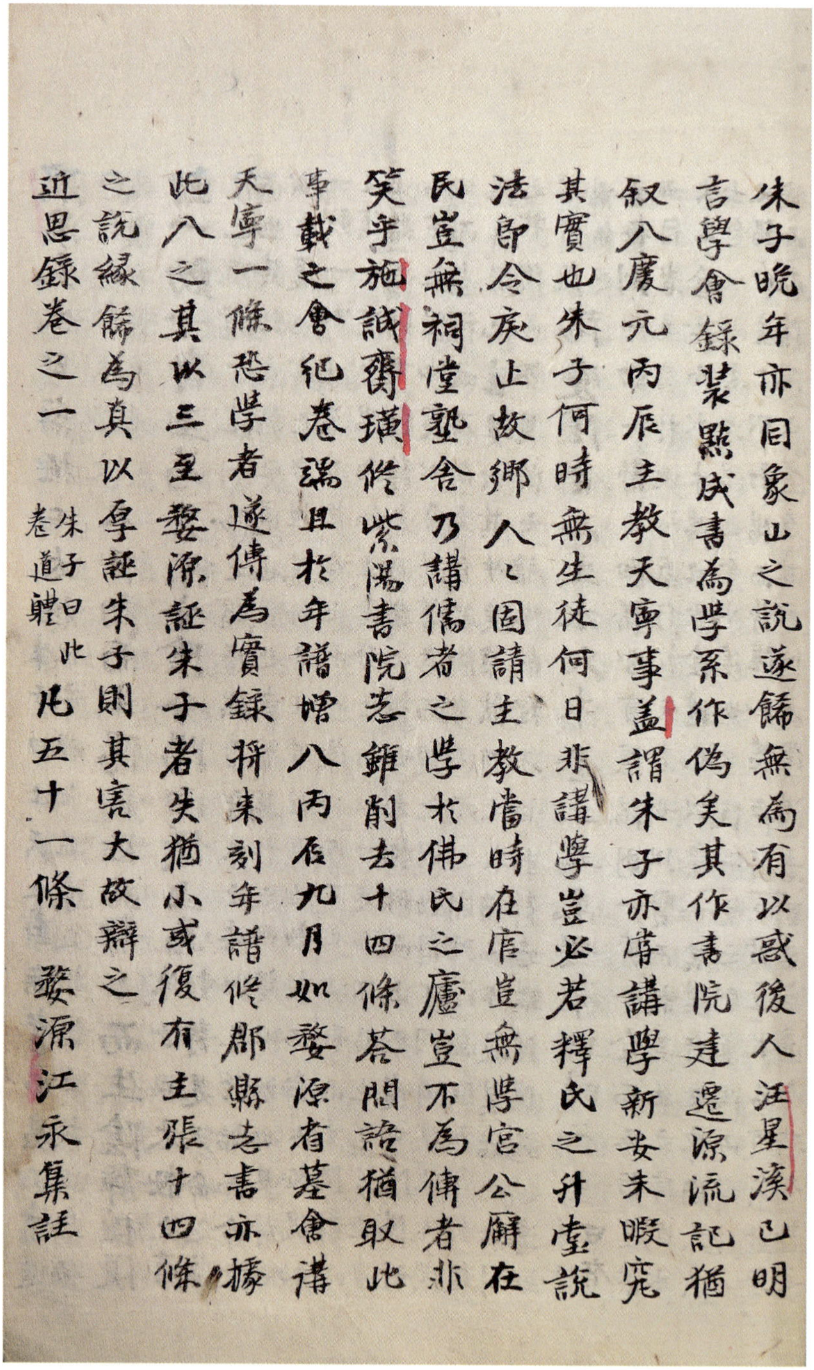
朱子晚年亦同象山之說遂歸無爲有以惑後人汪星溪已明
言學會錄裴顯成書爲學系作僞矣其作書院建還源流記猶
敘入慶元丙辰主教天寧事蓋謂朱子亦嘗講學新安未暇究
其實也朱子何時無生徒何日非講學豈必若釋氏之升堂說
法即令庚止故鄉人〻固請主教當時在官豈無學宮公廨在
民豈無祠堂塾舍乃講儒者之學於佛氏之廬豈不爲儒者非
笑乎施誠齋璜從紫陽書院志雖削去十四條答問語猶取此
事載之會紀卷端且於年譜增入丙辰九月如婺源省墓會講
天寧一條恐學者遂傳爲實錄將來刻年譜從郡縣志書亦據
此入之其以三至婺源誣朱子者失猶小或復有主張十四條
之說緣飾爲真以厚誣朱子則其害大故辯之
近思錄卷之一 朱子曰此卷道體 凡五十一條 婺源江永集註

圖 7-58　江永《近思録集注》，
李朝筆寫本，
高麗大學校藏

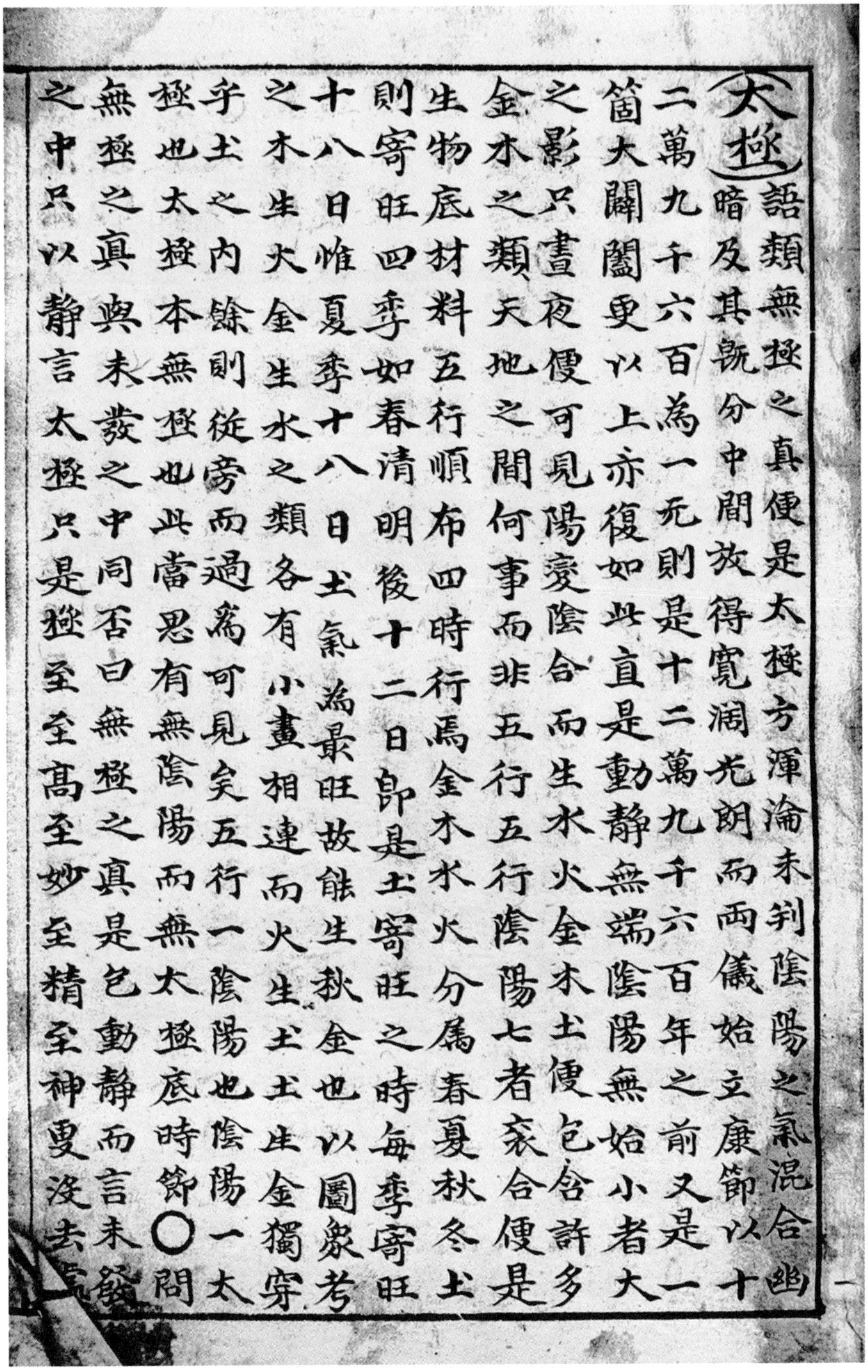

太極
語類無極之真便是太極方渾淪未判陰陽之氣混合幽暗及其旣分中間放得寬濶光朗而兩儀始立康節以十二萬九千六百為一元則是十二萬九千六百年之前又是一箇大闔闢更以上亦復如此直是動靜無端陰陽無始小者大之影只晝夜便可見陽變陰合而生水火金木土便包含許多金木之類天地之間何事而非五行五行陰陽七者袞合便是生物底材料五行順布四時行焉金木水火分屬春夏秋冬土則寄旺四季如春清明後十二日卽是土寄旺之時每季寄旺十八日惟夏季十八日土氣為最旺故能生秋金也以圖象考之木生火金生水之類各有小畫相連而火生土土生金獨穿乎土之內餘則從旁而過䖏可見矣五行一陰陽也陰陽一太極也太極本無極也此當思有無陰陽而無太極底時節○問無極之真與未發之中同否曰無極之真是包動靜而言未發之中只以靜言太極只是極至至高至妙至精至神更沒去處

圖 8-1　鄭曄、金長生《近思録釋疑》，
李朝筆寫本，
延世大學校藏

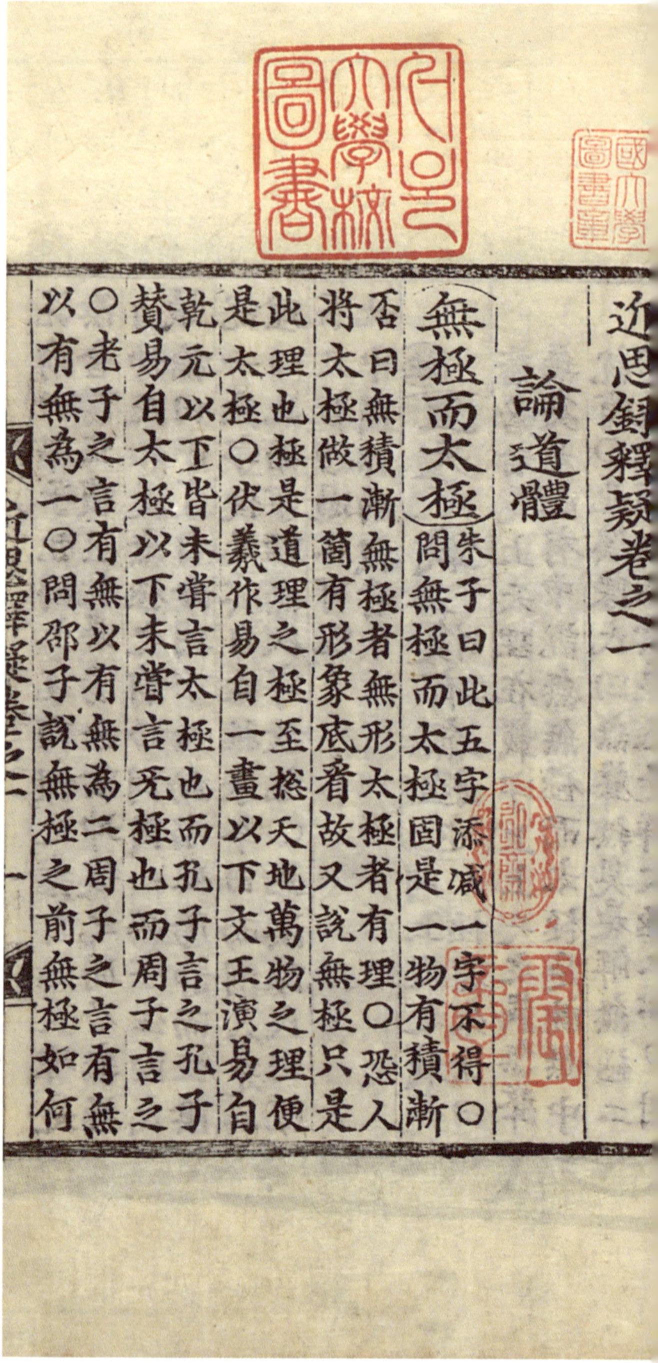

近思録釋疑卷之一

論道體

無極而太極 朱子曰此五字添減一字不得○問無極而太極固是一物有積漸否曰無積漸無極者無形太極者有理○恐人將太極做一箇有形象底看故又説無極只是此理也極是道理之極至摠天地萬物之理便是太極○伏羲作易自一畫以下文王演易自乾元以下皆未嘗言太極也而孔子言之孔子贊易自太極以下未嘗言无極也而周子言之○老子之言有無以有無為二周子之言有無以有無為一○問邵子説無極之前無極如何

圖 8-5　鄭曄、金長生《近思録釋疑》，
李朝顯宗二年木板本，
首爾大學校奎章閣藏

知吾鄉京也求康一言
以義於轉居于吾家如
君云崇禎紀元之二百四
年季冬日秋夕後學
學家持烈謹序

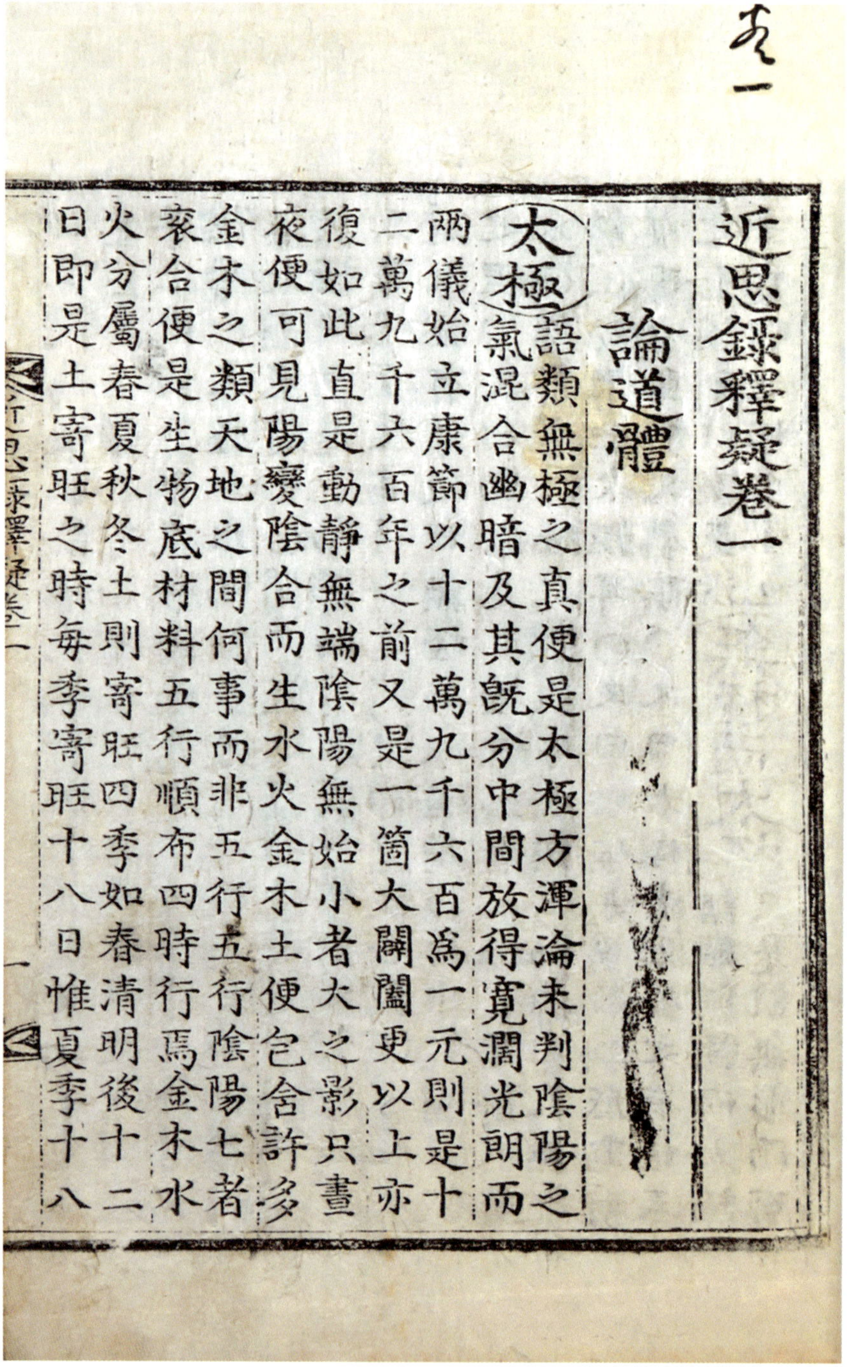
卷一

近思録釋疑卷一

論道體

太極語類無極之真便是太極方渾淪未判陰陽之氣混合幽暗及其旣分中間放得寬濶光朗而兩儀始立康節以十二萬九千六百爲一元則是十二萬九千六百年之前又是一箇大闢闔更以上亦復如此直是動靜無端陰陽無始小者大之影只晝夜便可見陽變陰合而生水火金木土便包含許多金木之類天地之間何事而非五行五行陰陽七者衮合便是生物底材料五行順布四時行焉金木水火分屬春夏秋冬土則寄旺四季如春清明後十二日即是土寄旺之時每季寄旺十八日惟夏季十八

近思録釋疑卷一　一

圖 8-8　鄭曄、金長生《近思録釋疑》，
李朝木板本（四周雙欄），
成均館大學校藏

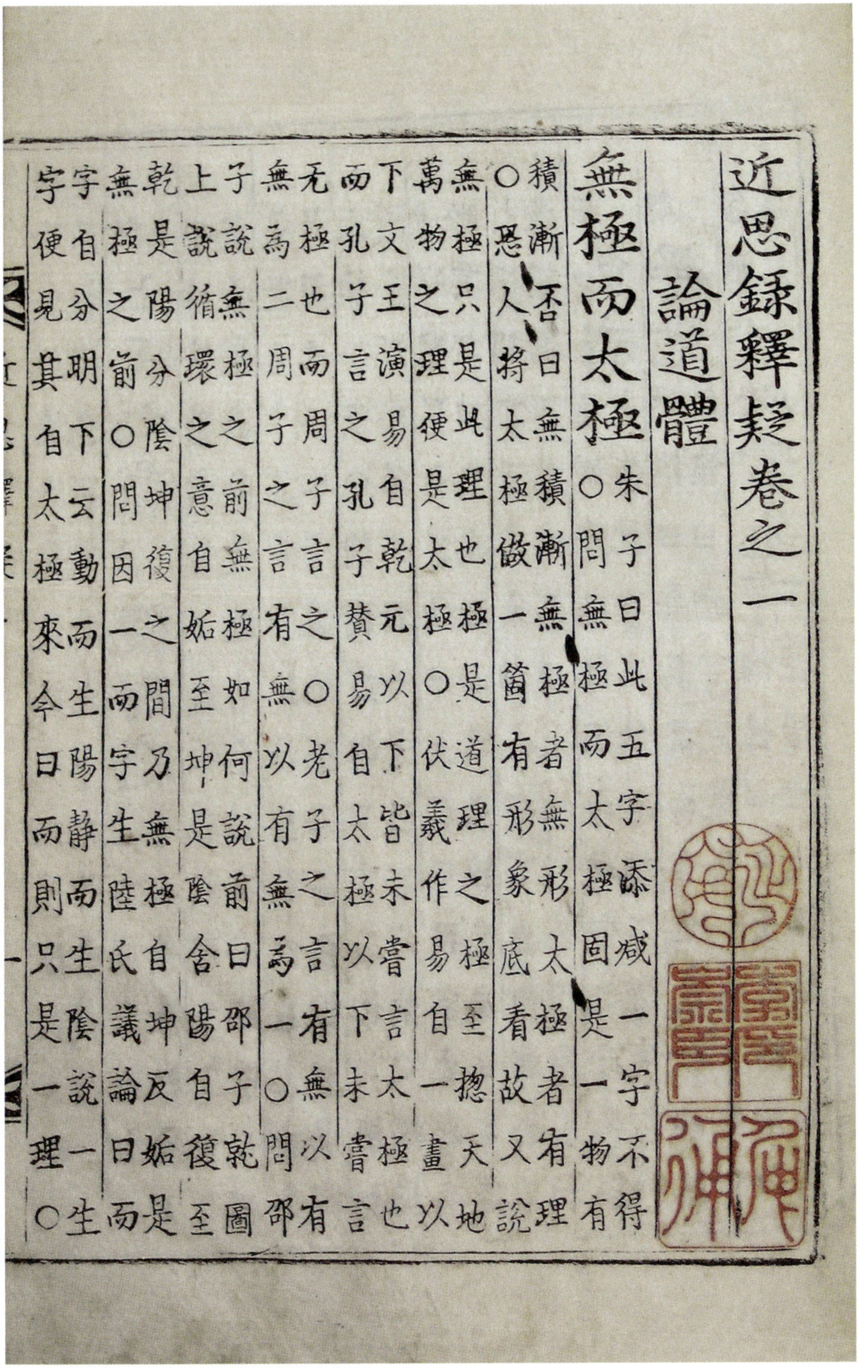
近思録釋疑卷之一

論道體

無極而太極 ○朱子曰此五字添减一字不得○問無極而太極固是一物有積漸否曰無積漸無極者無形太極者有理○恐人將太極做一箇有形象底看故又說無極只是此理也極是道理之極至摠天地萬物之理便是太極○伏羲作易自一畫以下文王演易自乾元以下皆未嘗言太極也而孔子言之孔子贊易自太極以下未嘗言无極也而周子言之○老子之言有無以有無爲二周子之言有無以有無爲一○問邵子說無極之前無極如何說前曰邵子乾圖上說循環之意自姤至坤是陰含陽自復至乾是陽分陰坤復之間乃無極自坤反姤是無極之前○問因一而字生陸氏議論曰姤而字自分明下云動而生陽靜而生陰說一生字便見其自太極來今日而則只是一理○

圖 8-11　鄭曄、金長生《近思録釋疑》，
李朝肅宗年間戊申字本，
高麗大學校藏

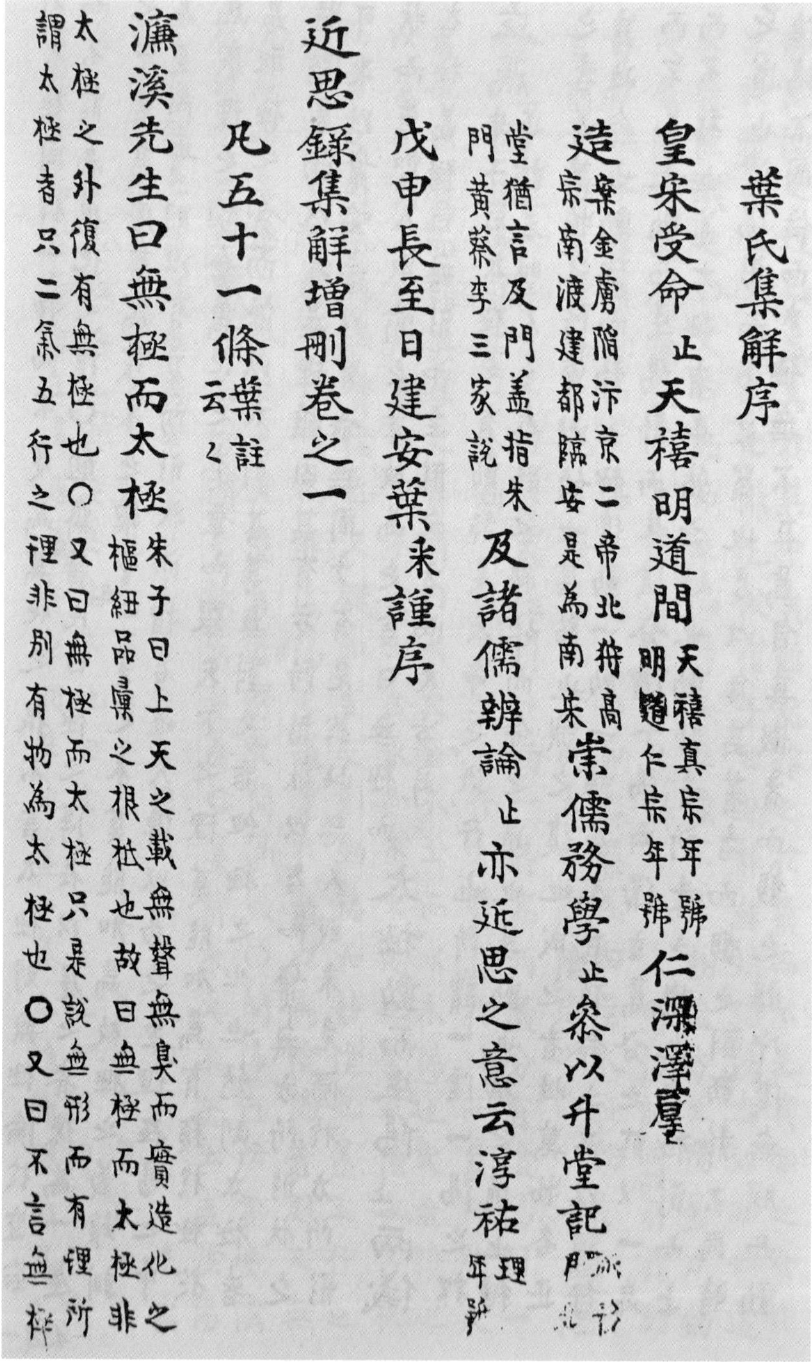
葉氏集解序
皇宋受命止天禧明道間（天禧真宗年號　明道仁宗年號）仁漸澤厚迄（欽宗金虜陷汴京二帝北狩高宗南渡建都臨安是為南宋）崇儒務學止參以升堂記[illegible]（堂猶言及門蓋指朱門黃蔡李三家說）及諸儒辨論止亦近思之意云淳祐（理宗年號）
戊申長至日建安葉采謹序
近思録集解增刪卷之一
凡五十一條（葉註云云）
濂溪先生曰無極而太極（朱子曰上天之載無聲無臭而實造化之樞紐品彙之根柢也故曰無極而太極非太極之外復有無極也○又曰無極而太極只是說無形而有理所謂太極者只二氣五行之理非別有物為太極也○又曰不言無極

圖 8-33　柳鼎文《近思録集解增删》，
李朝筆寫本，
見《近思録注解叢編》影印本

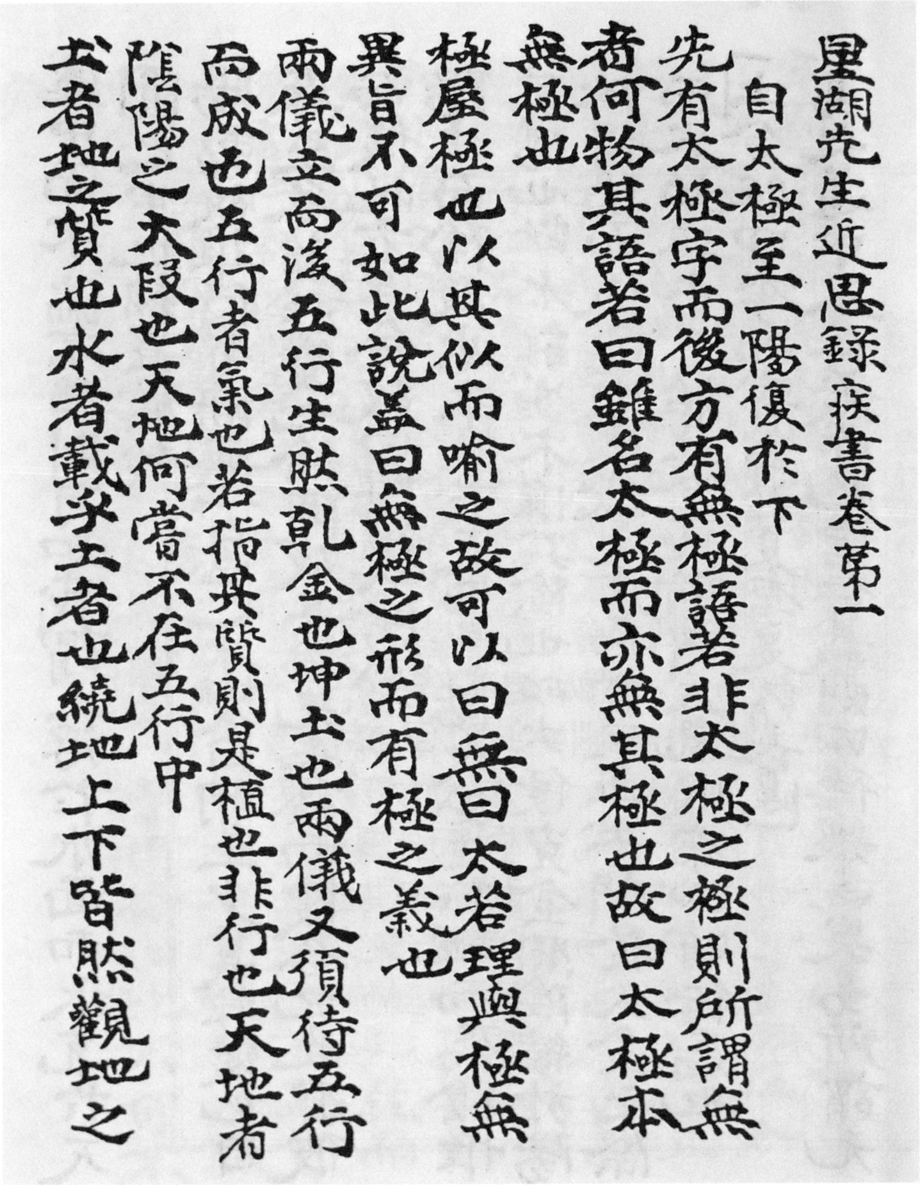
星湖先生近思錄疾書卷第一
自太極至一陽復於下
先有太極字而後方有無極語若非太極之極則所謂無
者何物其語若曰雖名太極而亦無其極也故曰太極本
無極也
極屋極也以其似而喻之故可以曰無曰太若理與極無
異旨不可如此說蓋曰無極之形而有極之義也
兩儀立而後五行生然乾金也坤土也兩儀又須待五行
而成也五行者氣也若指其質則是植也非行也天地者
陰陽之大段也天地何嘗不在五行中
土者地之質也水者載乎土者也繞地上下皆然觀地之

圖 8-34　李瀷《星湖先生近思錄疾書》，
李朝筆寫本，
首爾大學校奎章閣藏

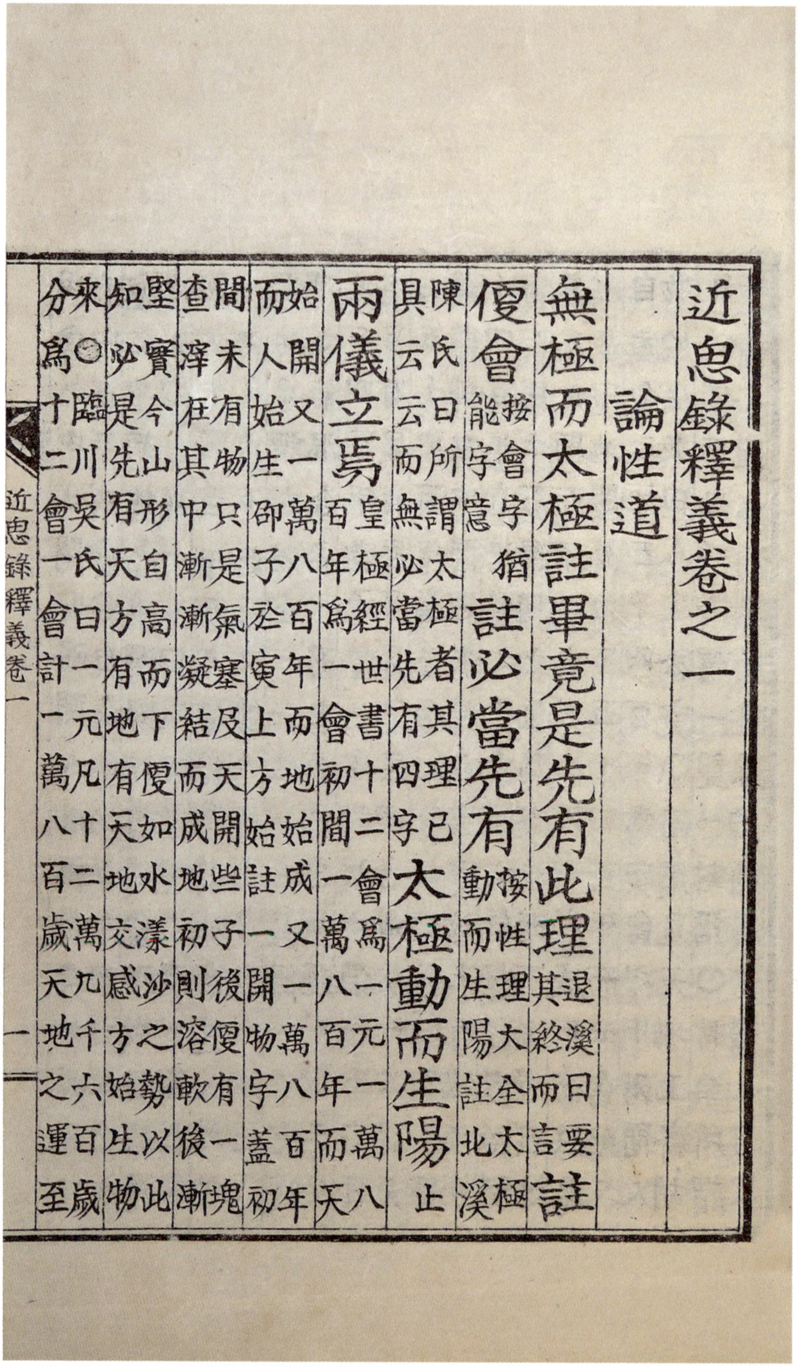

近思錄釋義卷之一

論性道

無極而太極註畢竟是先有此理退溪曰要其終而言註便會按會字猶能字意註必當先有按性理大全太極動而生陽註北溪陳氏曰所謂太極者其理已具云云而無必當先有四字太極動而生陽止兩儀立焉皇極經世書十二會爲一元一萬八百年爲一會初間一萬八百年而天始開又一萬八百年而地始成又一萬八百年而人始生卯子丑寅上方始註一開物字盖初間未有物只是氣塞及天開些子後便有一塊查滓在其中漸漸凝結而成地初則溶軟後漸堅實今山形自高而下便如水漾沙之勢以此知必是先有天方有地有天地交感方始生物來◎臨川吳氏曰一元凡十二萬九千六百歲分爲十二會一會計一萬八百歲天地之運至

近思錄釋義卷一　一

148 –

圖 8-35　朴履坤《近思録釋義》，
石印本，
成均館大學校藏

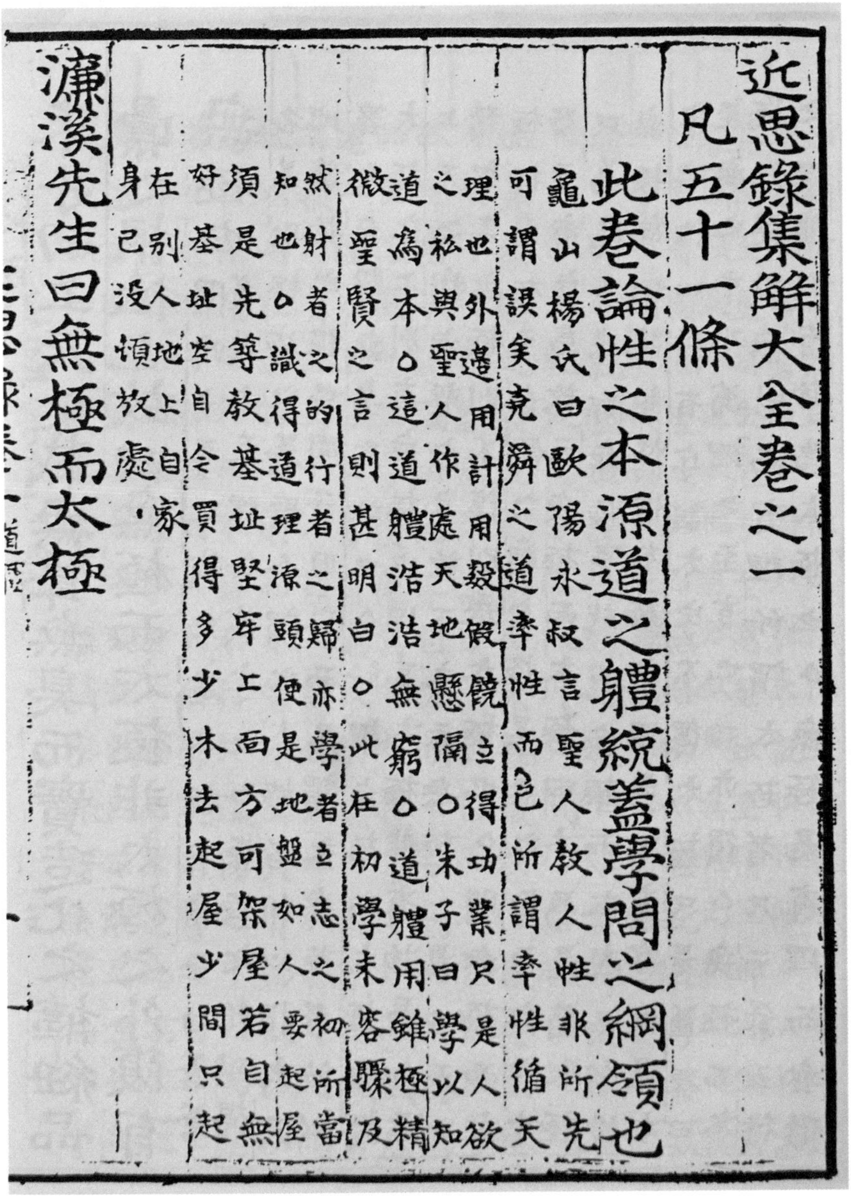
近思錄集解大全卷之一

凡五十一條

此卷論性之本源道之體統蓋學問之綱領也

龜山楊氏曰歐陽永叔言聖人教人性非所先可謂誤矣堯舜之道率性而已所謂率性循天理也外邊用計用數假饒立得功業只是人欲之私與聖人作處天地懸隔○朱子曰學以知道為本○這道體浩浩無窮○道體用雖極精微聖賢之言則甚明白○此在初學未容驟及然射者之的行者之歸亦學者立志之初所當知也○識得道理源頭便是地盤如人要起屋須是先築教基址堅牢上面方可架屋若自無好基址空自今買得多少木去起屋少間只起在別人地上自家身己沒人頓放處

濂溪先生曰無極而太極

圖 8-36　金平默《近思録附注》，
李朝哲宗年間筆寫本，
見《近思録注解叢編》影印本

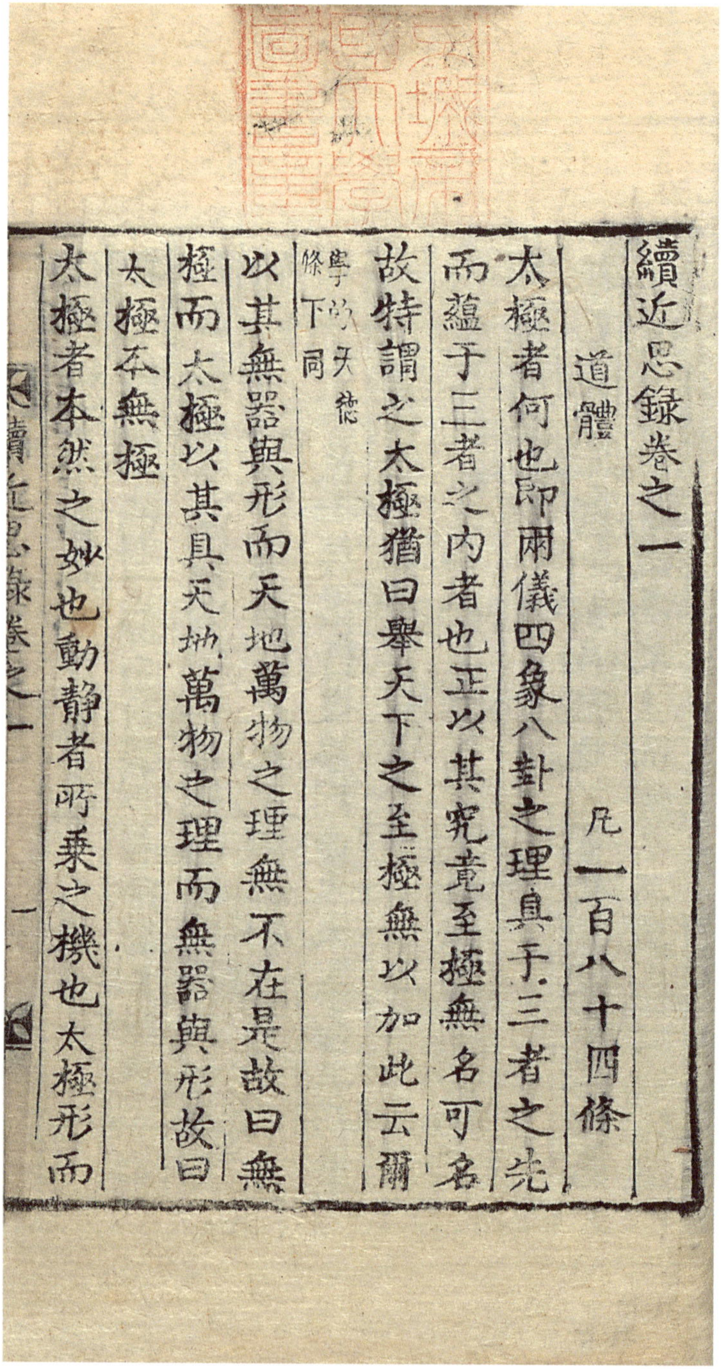

續近思錄卷之一

道體　凡一百八十四條

太極者何也即兩儀四象八卦之理具於三者之先而蘊於三者之内者也正以其究竟至極無名可名故特謂之太極猶曰舉天下之至極無以加此云爾學的天德條下同以其無器與形而天地萬物之理無不在是故曰無極而太極以其具天地萬物之理而無器與形故曰太極本無極

太極者本然之妙也動靜者所乘之機也太極形而

續近思錄卷之一　一

圖 9-1　韓夢麟《續近思録》，
李朝純祖年間活字本，
首爾大學校奎章閣藏

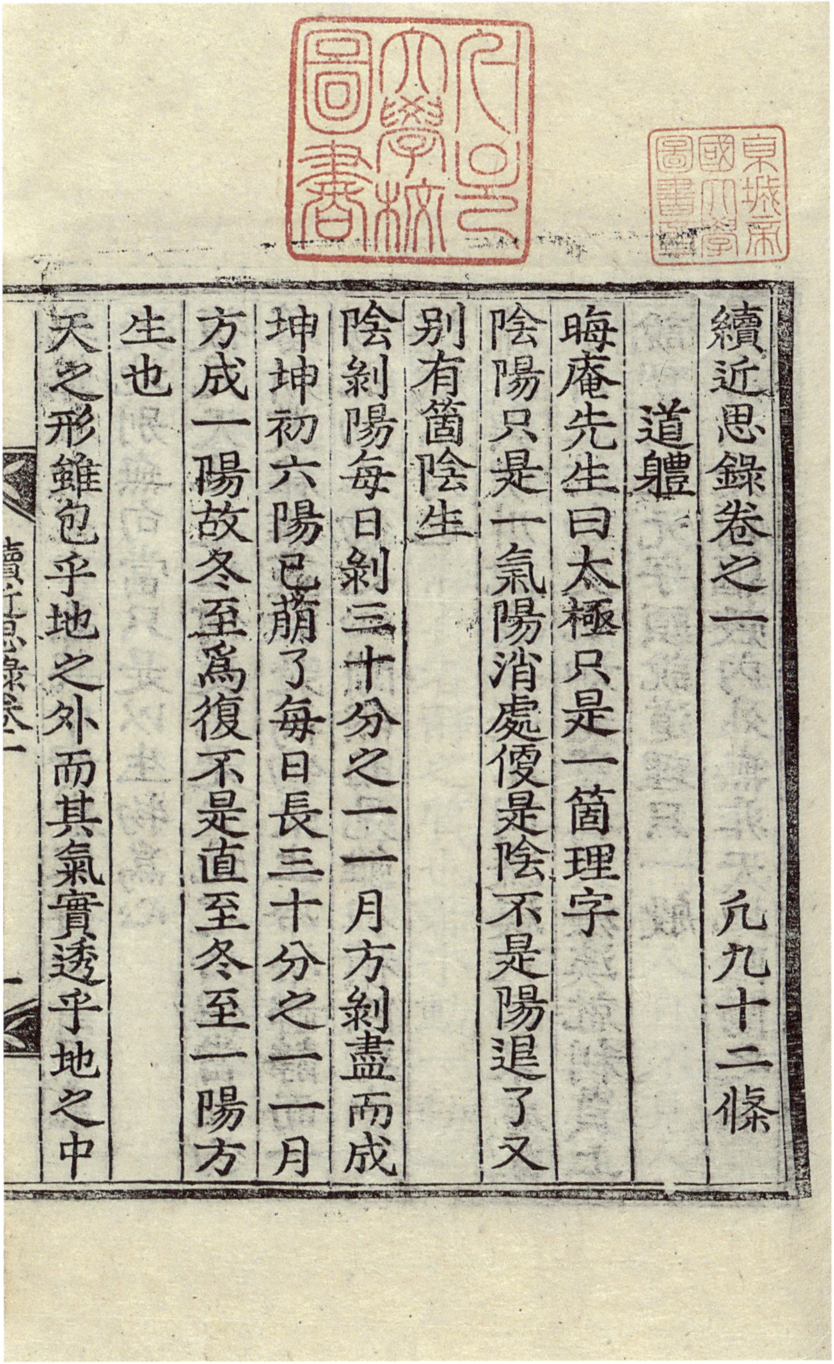

續近思錄卷之一　凡九十二條

道體

晦庵先生曰太極只是一箇理字

陰陽只是一氣陽消處便是陰不是陽退了又別有箇陰生

陰剝陽每日剝三十分之一一月方剝盡而成坤坤初六陽已萌了每日長三十分之一一月方成一陽故冬至爲復不是直至冬至一陽方生也

天之形雖包乎地之外而其氣實透乎地之中

續近思錄卷之一

圖 9-3　李漢膺《續近思録》，
李朝哲宗年間木板本，
首爾大學校奎章閣藏

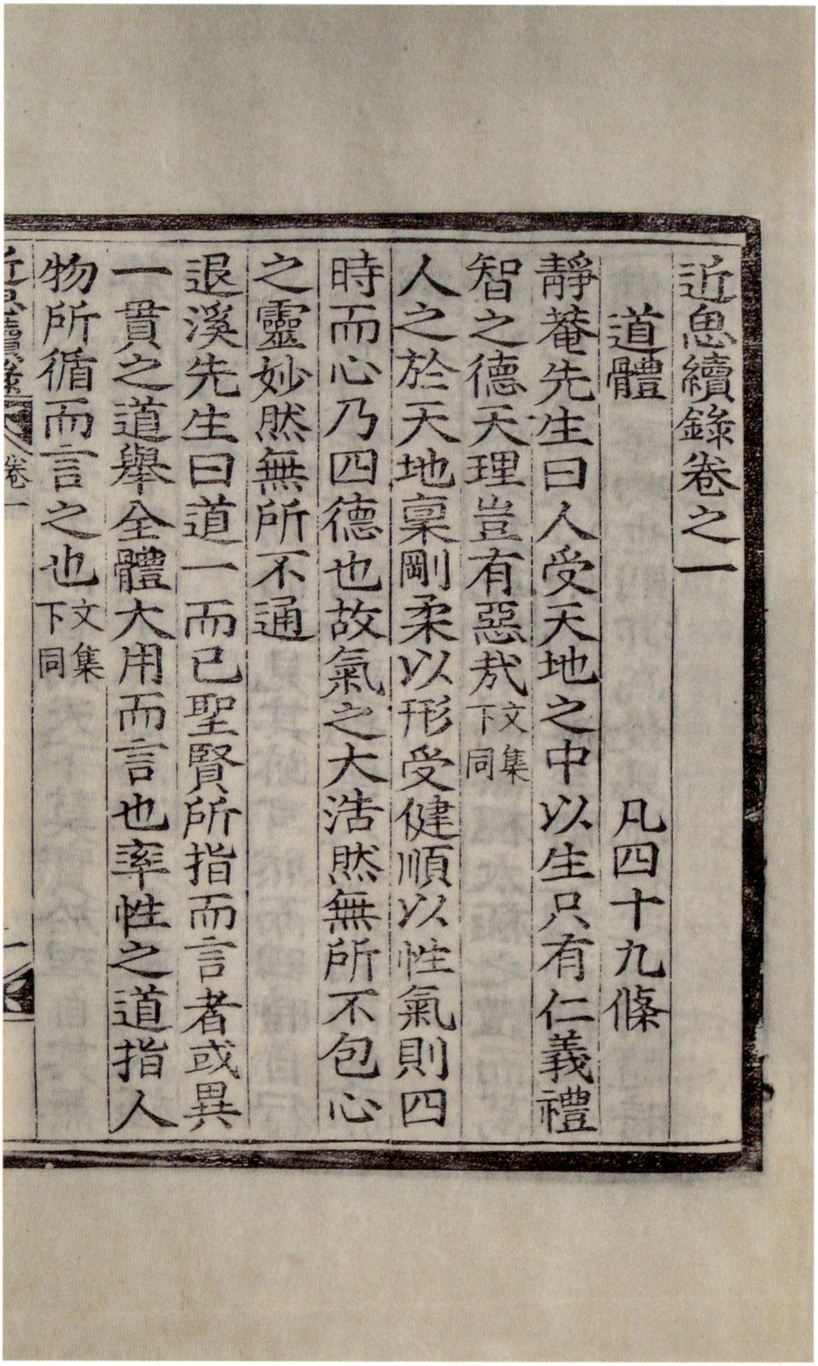
近思續錄卷之一

道體　凡四十九條

靜菴先生曰人受天地之中以生只有仁義禮智之德天理豈有惡哉文集下同

人之於天地稟剛柔以形受健順以性氣則四時而心乃四德也故氣之大浩肰無所不包心之靈妙肰無所不通

退溪先生曰道一而已聖賢所指而言者或異一貫之道舉全體大用而言也率性之道指人物所循而言之也文集下同

近思續錄　卷一

圖 9-4　宋秉璿《近思續録》，
李朝高宗十一年序刊本，
高麗大學校藏

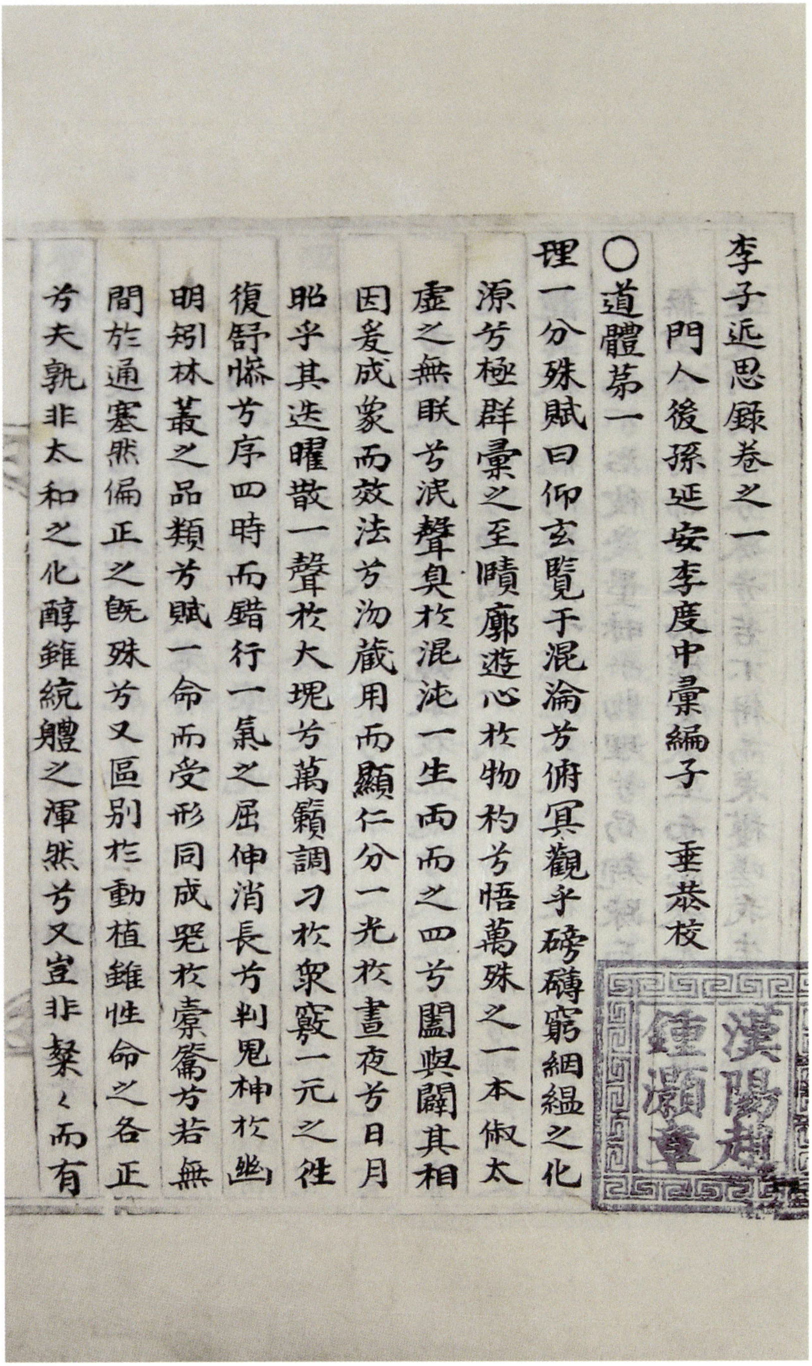

李子近思錄卷之一

門人後孫延安李度中彙編 子 垂恭校

○道體第一

理一分殊賦曰仰玄覽于混淪兮俯冥觀乎磅礴窮絪縕之化源兮極群彙之至賾廓遊心於物初兮悟萬殊之一本俶太虛之無眹兮泯聲臭於混沌一生兩兩之四兮闔與闢其相因爰成象而效法兮沕藏用而顯仁分一光於晝夜兮日月照乎其迭曜散一聲於大塊兮萬籟調刁於衆竅一元之往復舒慘兮序四時而錯行一氣之屈伸消長兮判鬼神於幽明紛林叢之品類兮賦一命而受形同成罔於槖籥兮若無間於通塞然偏正之既殊兮又區别於動植雖性命之各正兮夫孰非太和之化醇雖統體之渾然兮又豈非粲粲而有

圖 9-8　李度中《李子近思録》，
筆寫本，
梨花女子大學校藏

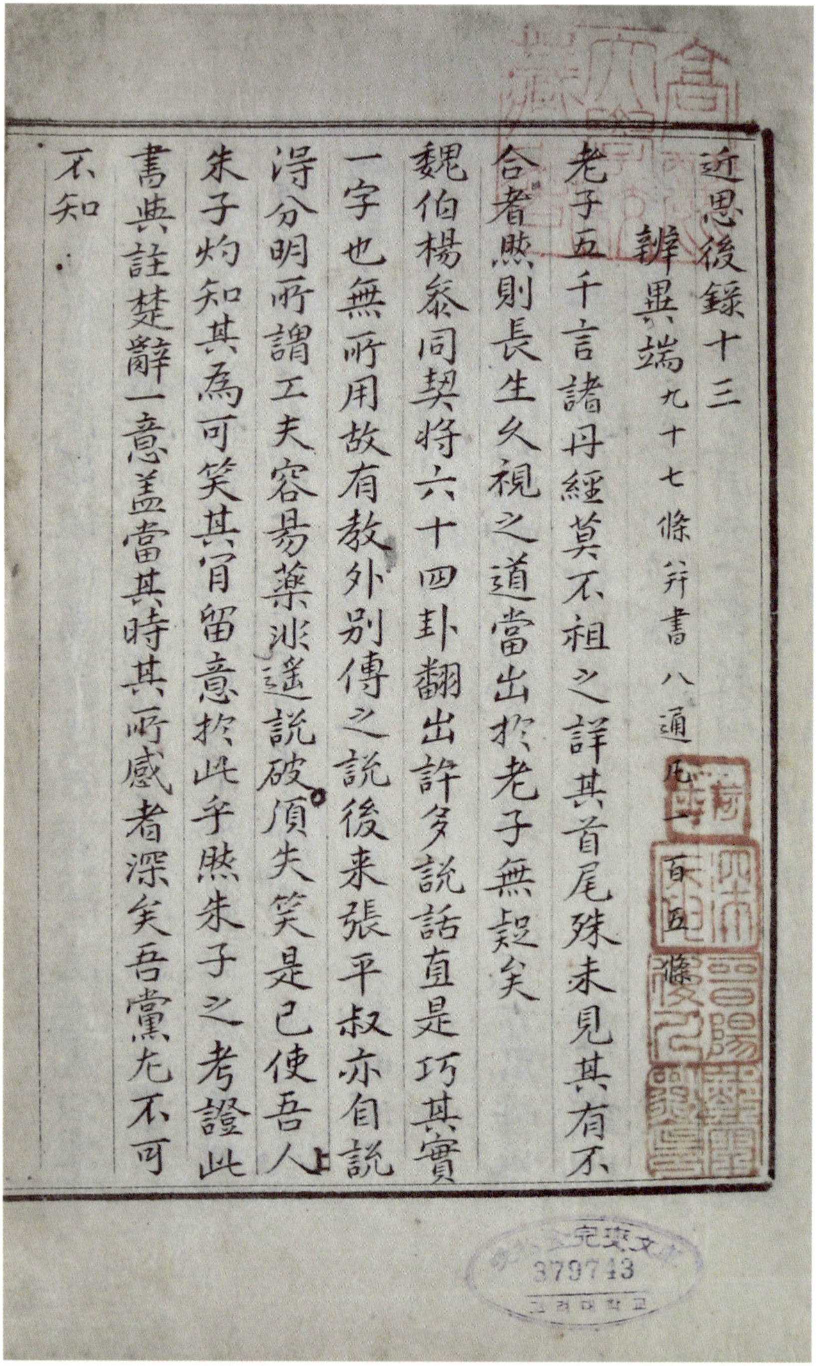
近思後錄十三

辨異端 九十七條 幷書八通 凡一百五條

老子五千言諸丹經莫不祖之詳其首尾殊未見其有不合者然則長生久視之道當出於老子無疑矣

魏伯陽參同契將六十四卦翻出許多說話直是巧其實一字也無所用故有教外別傳之說後來張平叔亦自說得分明所謂工夫容易藥非遙說破須失笑是已使吾人朱子灼知其爲可笑其肎留意於此乎然朱子之考證此書與註楚辭一意蓋當其時其所感者深矣吾黨尤不可不知

圖 9-10　盧守慎《近思後録》，

筆寫本，

高麗大學校藏

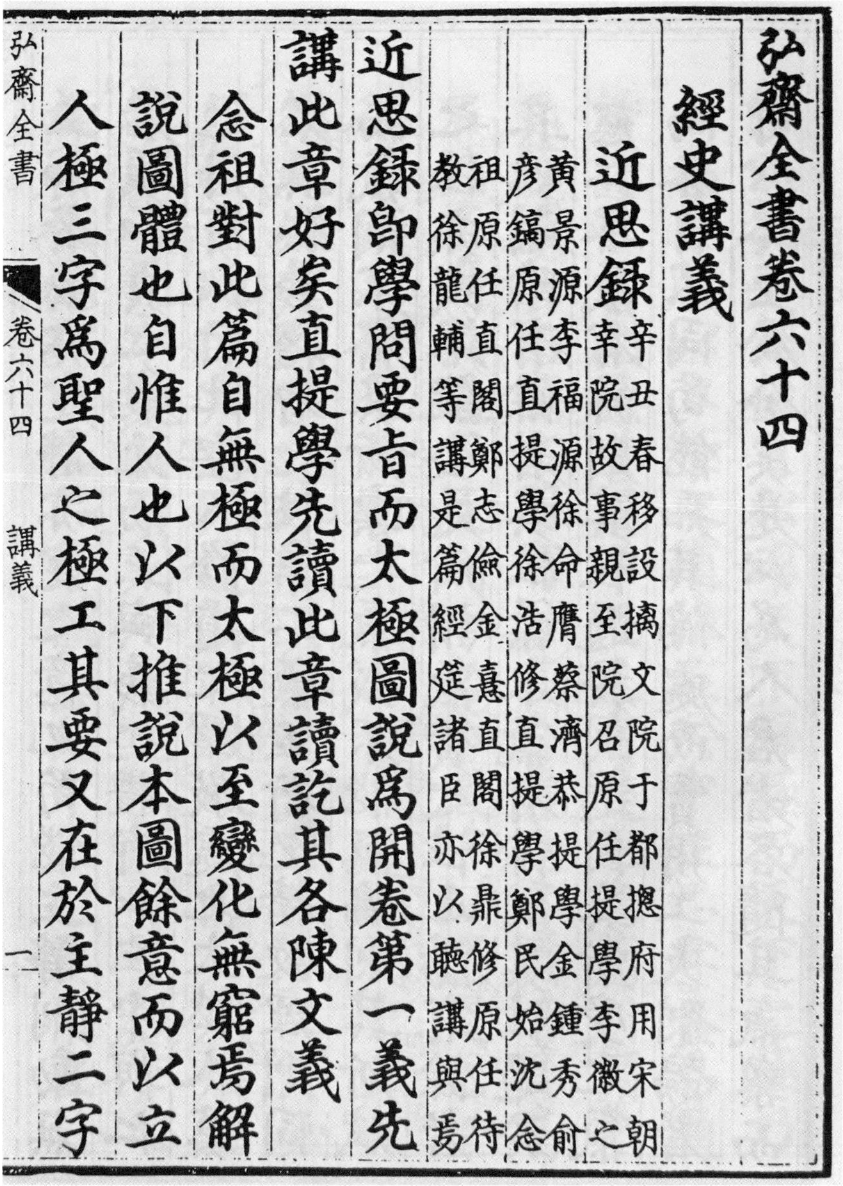

弘齋全書卷六十四

經史講義

近思録辛丑春移設摛文院于都摠府用宋朝幸院故事親至院召原任提學李徽之黃景源李福源徐命膺蔡濟恭提學金鍾秀俞彥鎬原任直提學徐浩修直提學鄭民始沈念祖原任直閣鄭志儉金熹直閣徐鼎修原任待教徐龍輔等講是篇經筵諸臣亦以聽講與焉

近思録卽學問要旨而太極圖說爲開卷第一義先講此章好矣直提學先讀此章讀訖其各陳文義

念祖對此篇自無極而太極以至變化無窮焉解說圖體也自惟人也以下推說本圖餘意而以立人極三字爲聖人之極工其要又在於主静二字

弘齋全書　卷六十四　講義　一

圖 10-10　李朝正祖《近思録講義》，
李朝木板本，
見《近思録注解叢編》影印本

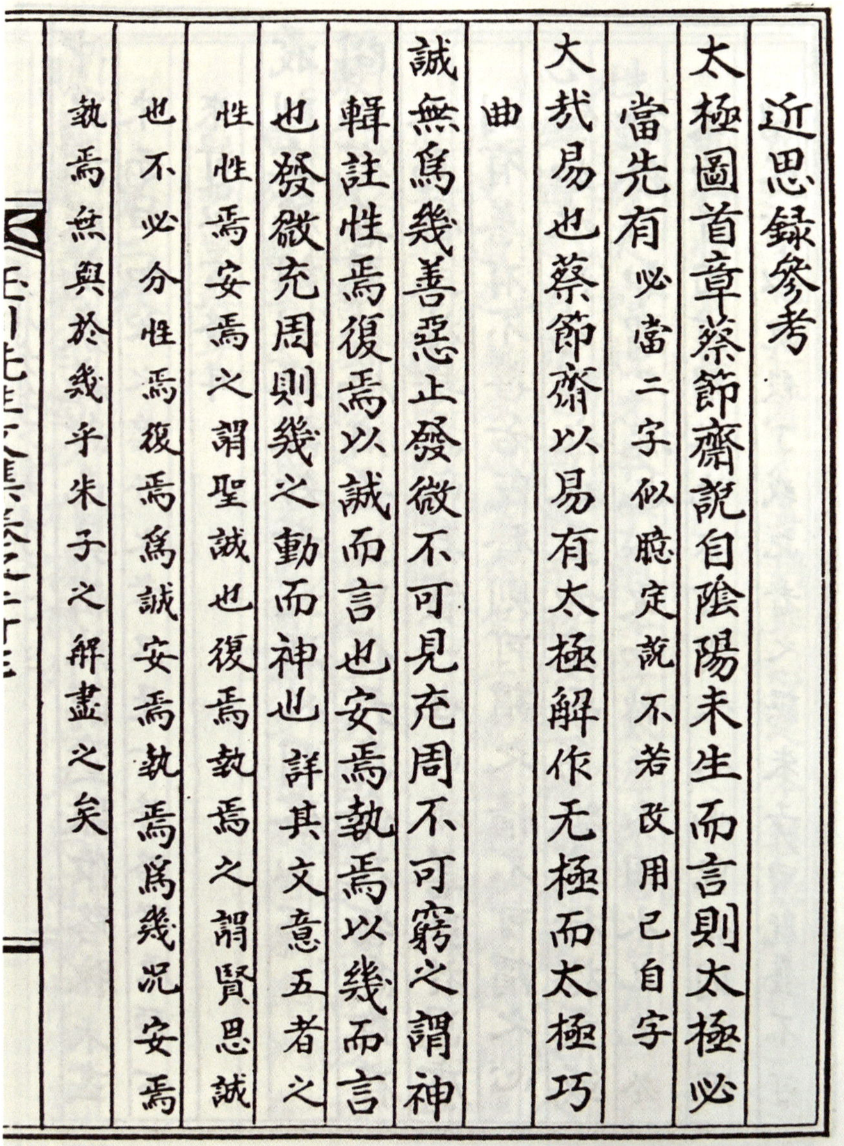

近思録參考
太極圖首章蔡節齋説自陰陽未生而言則太極必當先有必當二字似聡定説不若改用已自字
大哉易也蔡節齋以易有太極解作无極而太極巧曲
誠無爲幾善惡止發微不可見充周不可窮之謂神
輯註性焉復焉以誠而言也安焉執焉以幾而言也發微充周則幾之動而神也　詳其文意五者之性性焉安焉之謂聖誠也復焉執焉之謂賢思誠也不必分性焉復焉爲誠安焉執焉爲幾况安焉執焉無與於幾乎朱子之解盡之矣

圖 10-26　趙德鄰《近思録參考》，
筆寫本，
見《近思録注解叢編》影印本

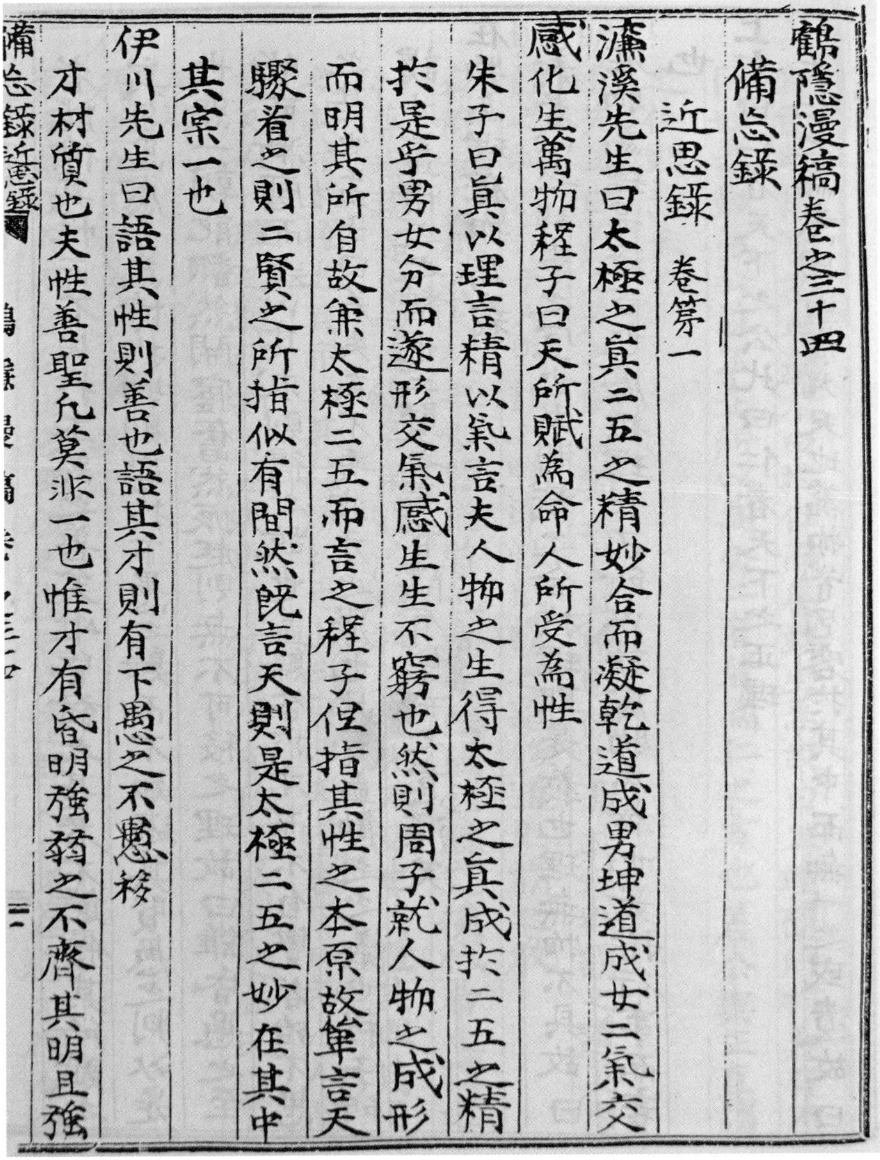
鶴隱漫稿卷之三十四

備忘錄

近思錄　卷第一

濂溪先生曰太極之眞二五之精妙合而凝乾道成男坤道成女二氣交感化生萬物程子曰天所賦爲命人所受爲性

朱子曰眞以理言精以氣言夫人物之生得太極之眞成於二五之精於是乎男女分而遂形交氣感生生不窮也然則周子就人物之成形而明其所自故兼太極二五而言之程子但指其性之本原故單言天賦着之則二賢之所指似有間然旣言天則是太極二五之妙在其中其宗一也

伊川先生曰語其性則善也語其才則有下愚之不移

才材質也夫性善聖凡莫非一也惟才有昏明強弱之不齊其明且強

備忘錄近思錄　鶴隱漫稿卷之三十四　二

圖 10-38　李馥《近思録備忘録》，
筆寫本，
見《近思録注解叢編》影印本

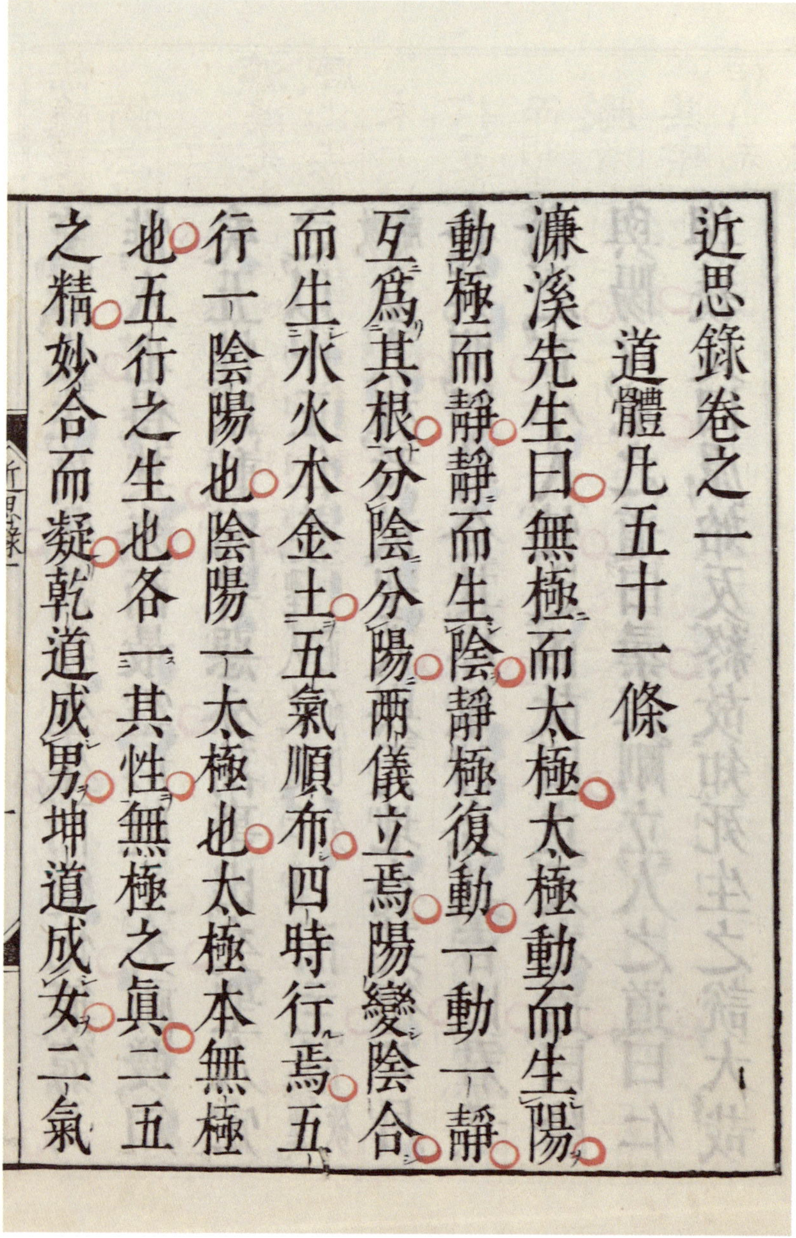

近思錄卷之一
道體凡五十一條
濂溪先生曰無極而太極太極動而生陽動極而靜靜而生陰靜極復動一動一靜互爲其根分陰分陽兩儀立焉陽變陰合而生水火木金土五氣順布四時行焉五行一陰陽也陰陽一太極也太極本無極也五行之生也各一其性無極之眞二五之精妙合而凝乾道成男坤道成女二氣

圖 11-2　朱熹、吕祖謙共撰《近思録》，
日本寛文十年壽文堂刊本，
東京都立中央圖書館藏

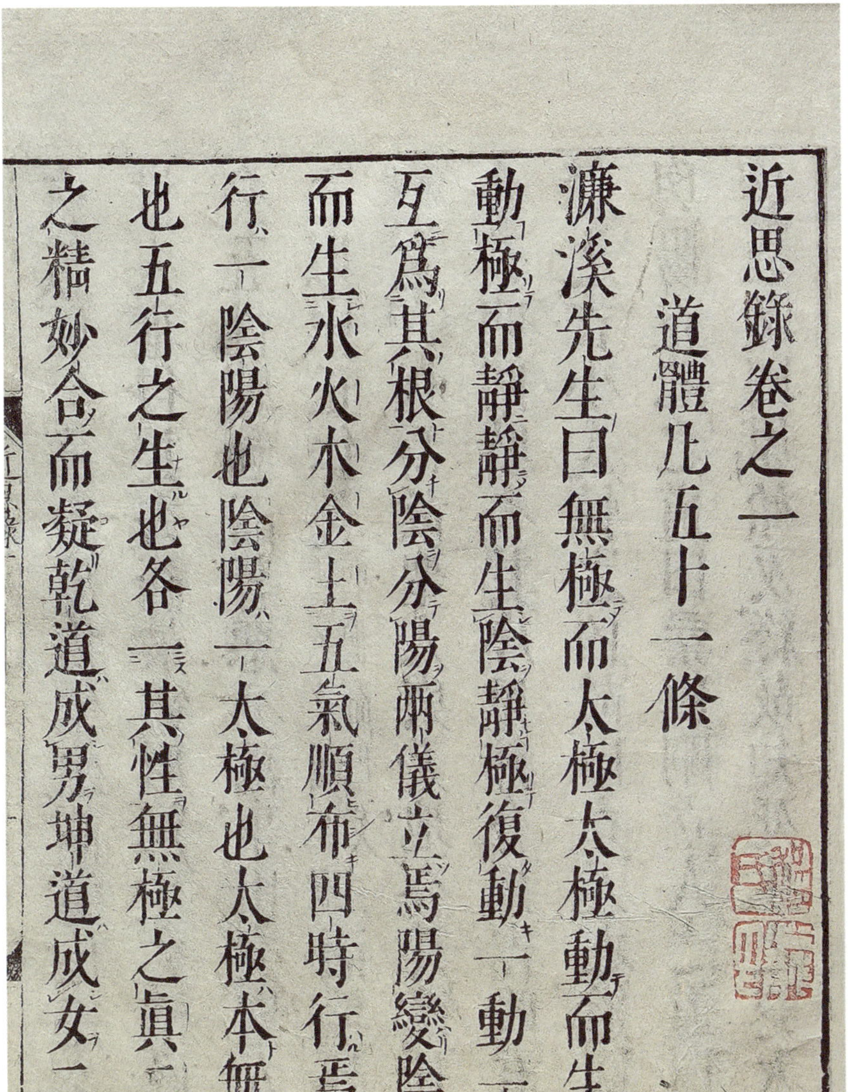
近思錄卷之一

道體凡五十一條

濂溪先生曰無極而太極太極動而生陽動極而靜靜而生陰靜極復動一動一靜互爲其根分陰分陽兩儀立焉陽變陰合而生水火木金土五氣順布四時行焉五行一陰陽也陰陽一太極也太極本無極也五行之生也各一其性無極之眞二五之精妙合而凝乾道成男坤道成女二氣

朱熹、吕祖謙共撰《近思録》，
洛陽武村市兵衛、大坂武村佐兵衛刻本，
筆者家藏

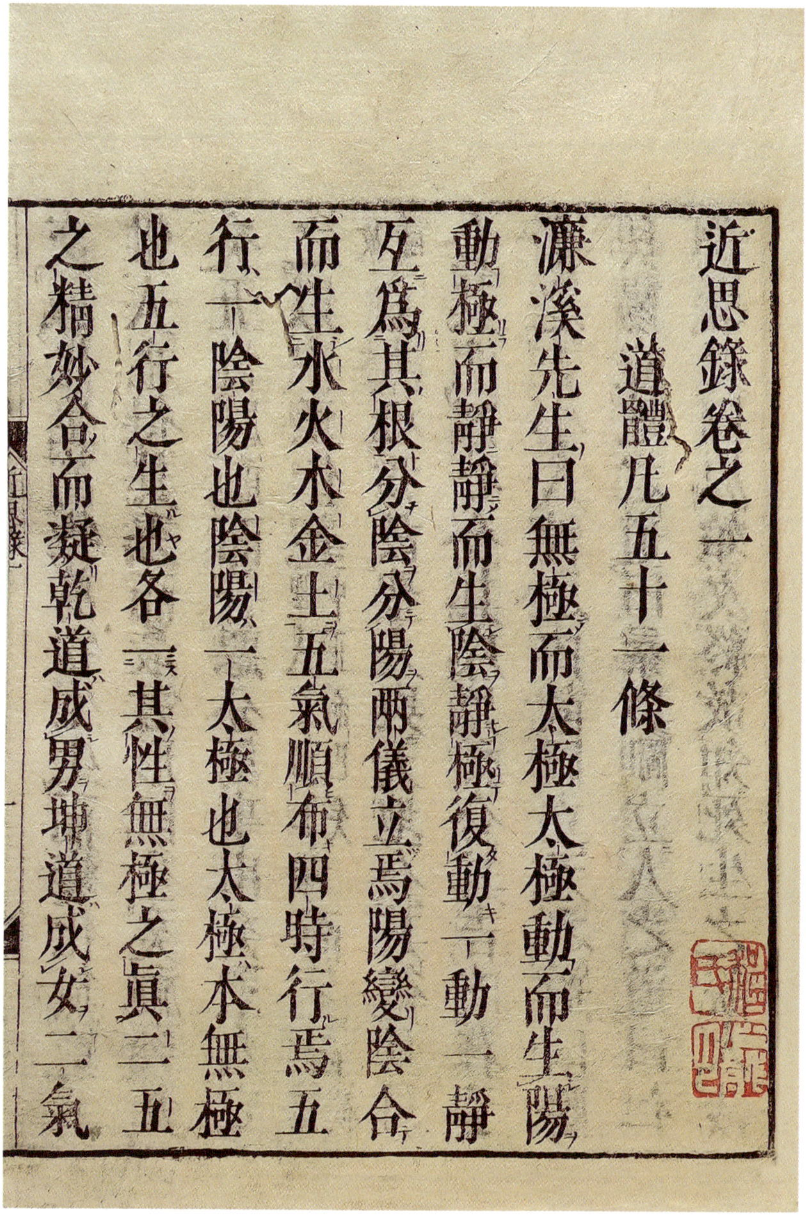
近思錄卷之一
道體凡五十一條
濂溪先生曰無極而太極太極動而生陽
動極而靜靜而生陰靜極復動一動一靜
互爲其根分陰分陽兩儀立焉陽變陰合
而生水火木金土五氣順布四時行焉五
行一陰陽也陰陽一太極也太極本無極
也五行之生也各一其性無極之眞二五
之精妙合而凝乾道成男坤道成女二氣

朱熹、吕祖謙共撰《近思録》，
日本安永三年壽文堂、井上清兵衛重刻本，
筆者家藏

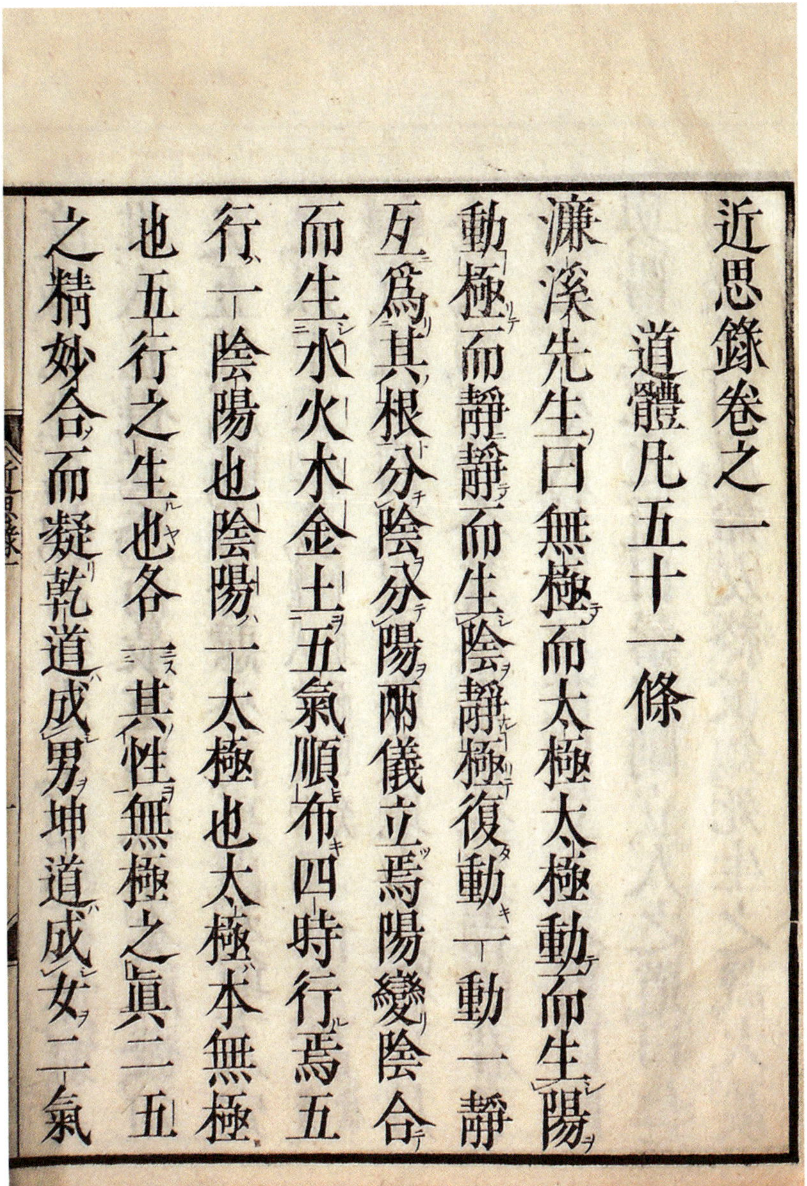

近思錄卷之一

道體凡五十一條

濂溪先生曰無極而太極太極動而生陽動極而靜靜而生陰靜極復動一動一靜互爲其根分陰分陽兩儀立焉陽變陰合而生水火木金土五氣順布四時行焉五行一陰陽也陰陽一太極也太極本無極也五行之生也各一其性無極之眞二五之精妙合而凝乾道成男坤道成女二氣

圖 11-11　朱熹、吕祖謙共撰《近思録》，日本安政五年再校、明治四年刻本，上海圖書館藏

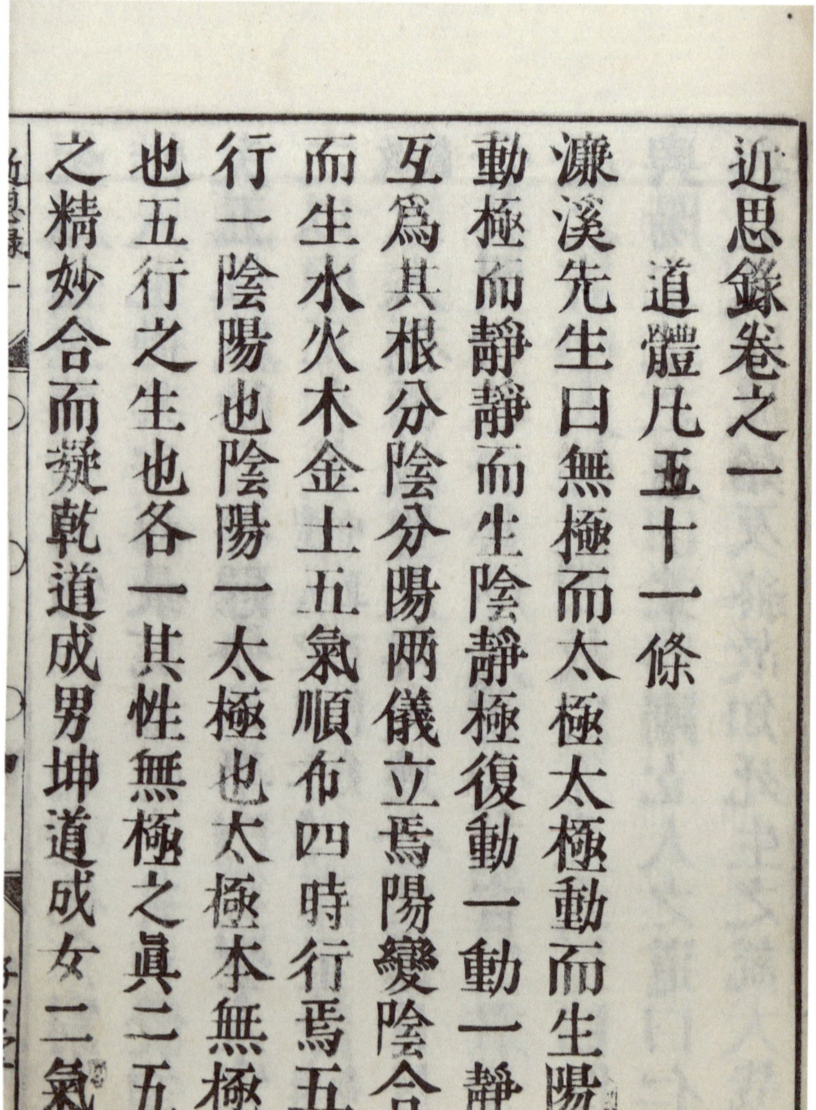
近思錄卷之一
道體凡五十一條
濂溪先生曰無極而太極太極動而生陽
動極而靜靜而生陰靜極復動一動一靜
互爲其根分陰分陽兩儀立焉陽變陰合
而生水火木金土五氣順布四時行焉五
行一陰陽也陰陽一太極也太極本無極
也五行之生也各一其性無極之眞二五
之精妙合而凝乾道成男坤道成女二氣

圖 11-13　朱熹、吕祖謙共撰《近思録》，
好古堂活字本，
東京都立中央圖書館藏

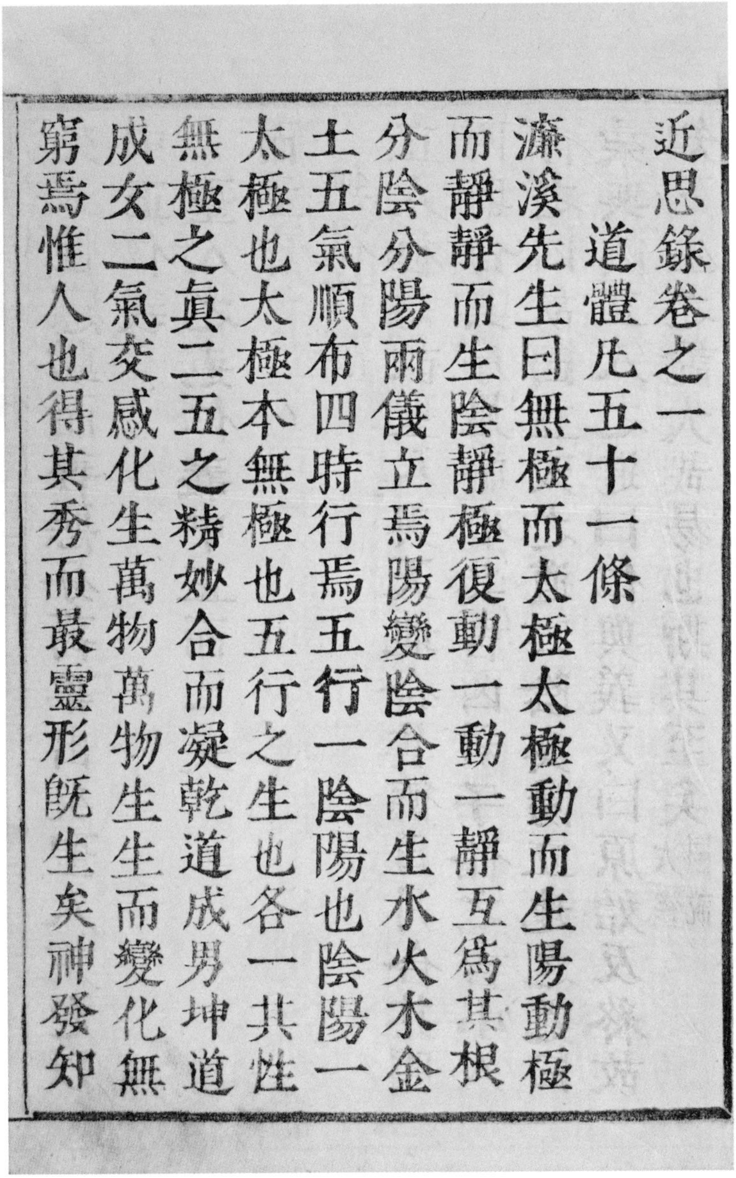

近思錄卷之一
道體凡五十一條
濂溪先生曰無極而太極太極動而生陽動極
而靜靜而生陰靜極復動一動一靜互爲其根
分陰分陽兩儀立焉陽變陰合而生水火木金
土五氣順布四時行焉五行一陰陽也陰陽一
太極也太極本無極也五行之生也各一其性
無極之眞二五之精妙合而凝乾道成男坤道
成女二氣交感化生萬物萬物生生而變化無
窮焉惟人也得其秀而最靈形既生矣神發知

圖 11-14　朱熹、吕祖謙共撰《近思録》，
日本天保二年活字本，
日本國立公文書館藏

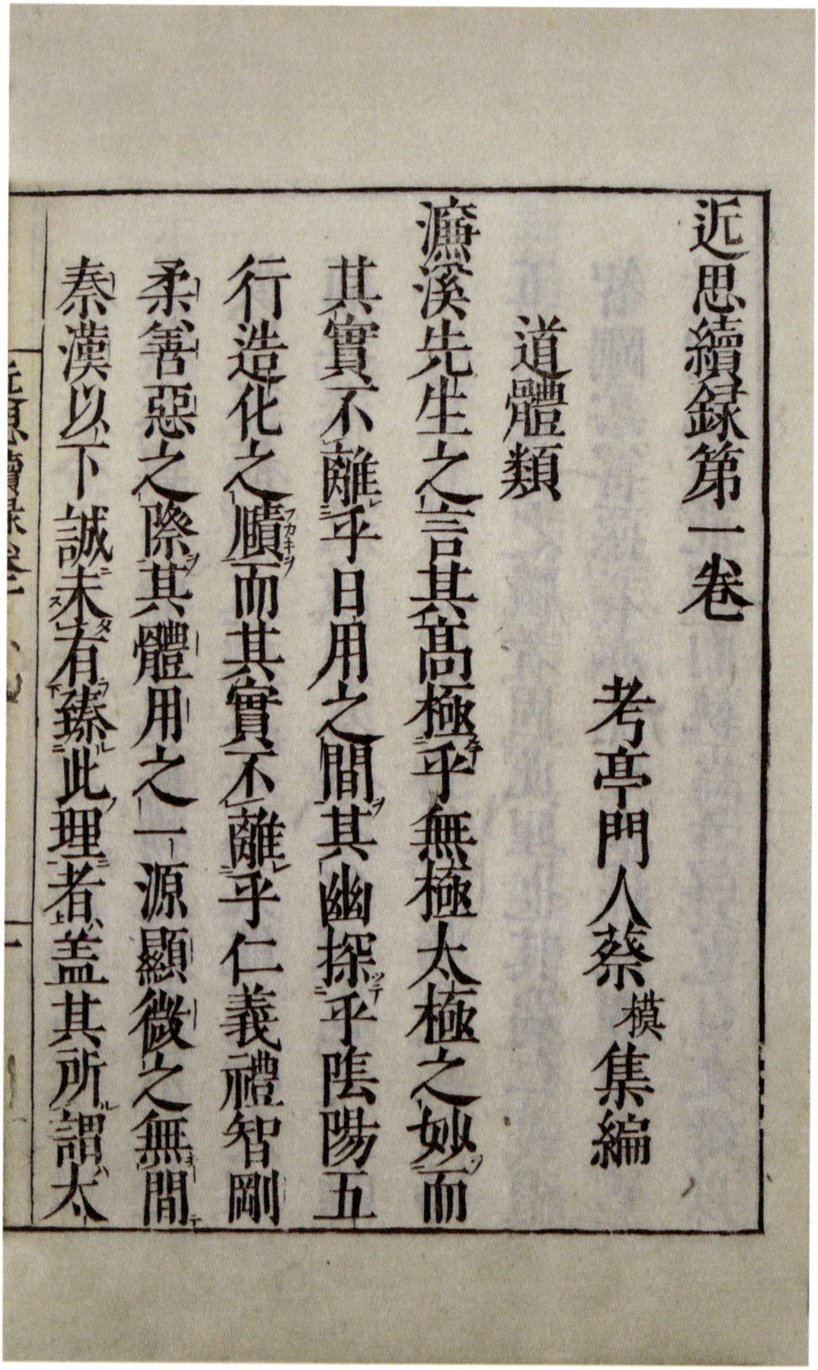
近思續録第一卷

考亭門人蔡模集編

道體類

濂溪先生之言其高極乎無極太極之妙而其實不離乎日用之間其幽探乎陰陽五行造化之賾而其實不離乎仁義禮智剛柔善惡之際其體用之一源顯微之無間秦漢以下誠未有臻此理者蓋其所謂太

圖 11-15　蔡模《近思續録》，
日本寬文八年刻本，
日本國立公文書館藏

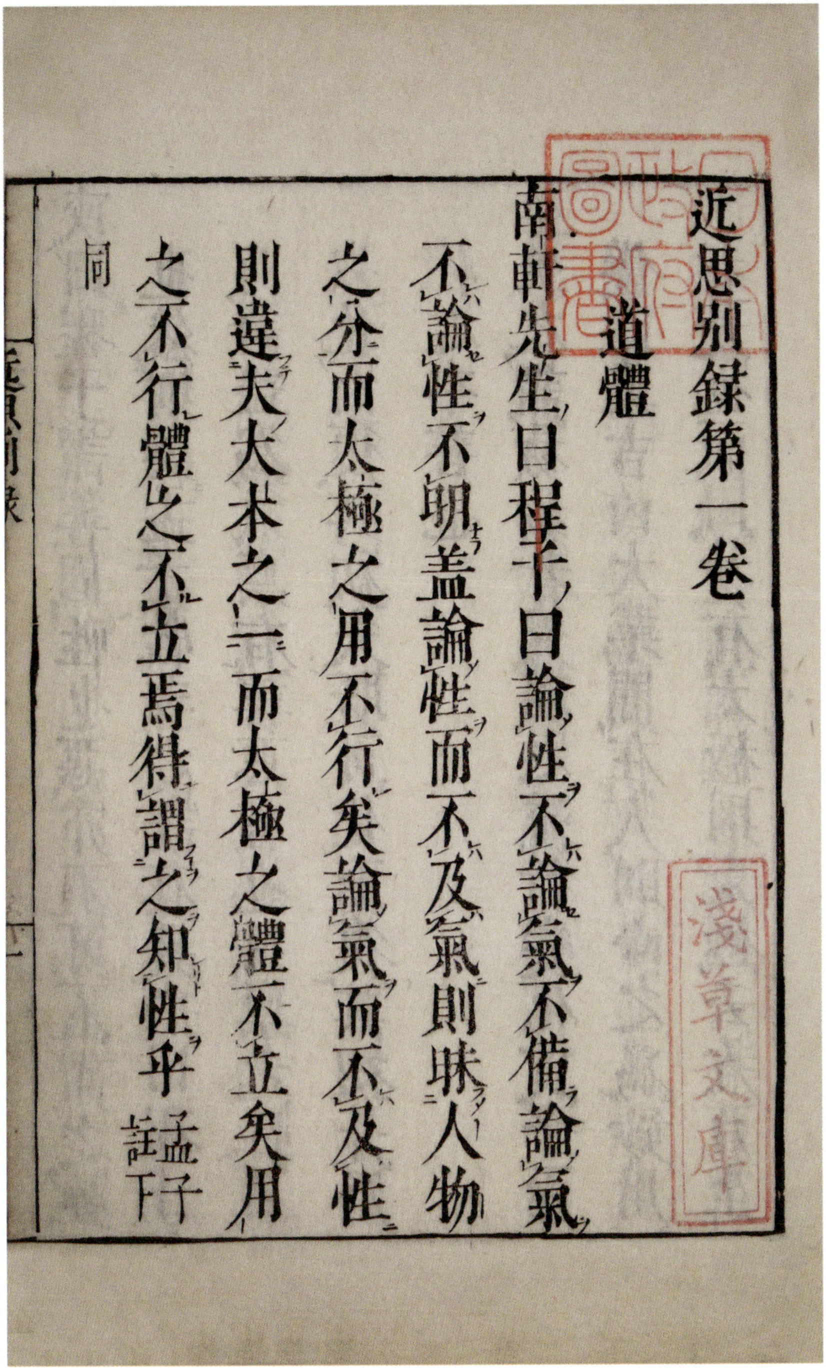

近思別録第一卷

道體

南軒先生曰程子曰論性不論氣不備論氣不論性不明蓋論性而不及氣則昧人物之分而太極之用不行矣論氣而不及性則違夫大本之一而太極之體不立矣用之不行體之不立焉得謂之知性乎 孟子註下

同

近思別録 一

圖 11-17　蔡模《近思別録》，
日本寬文八年刻本，
日本國立公文書館藏

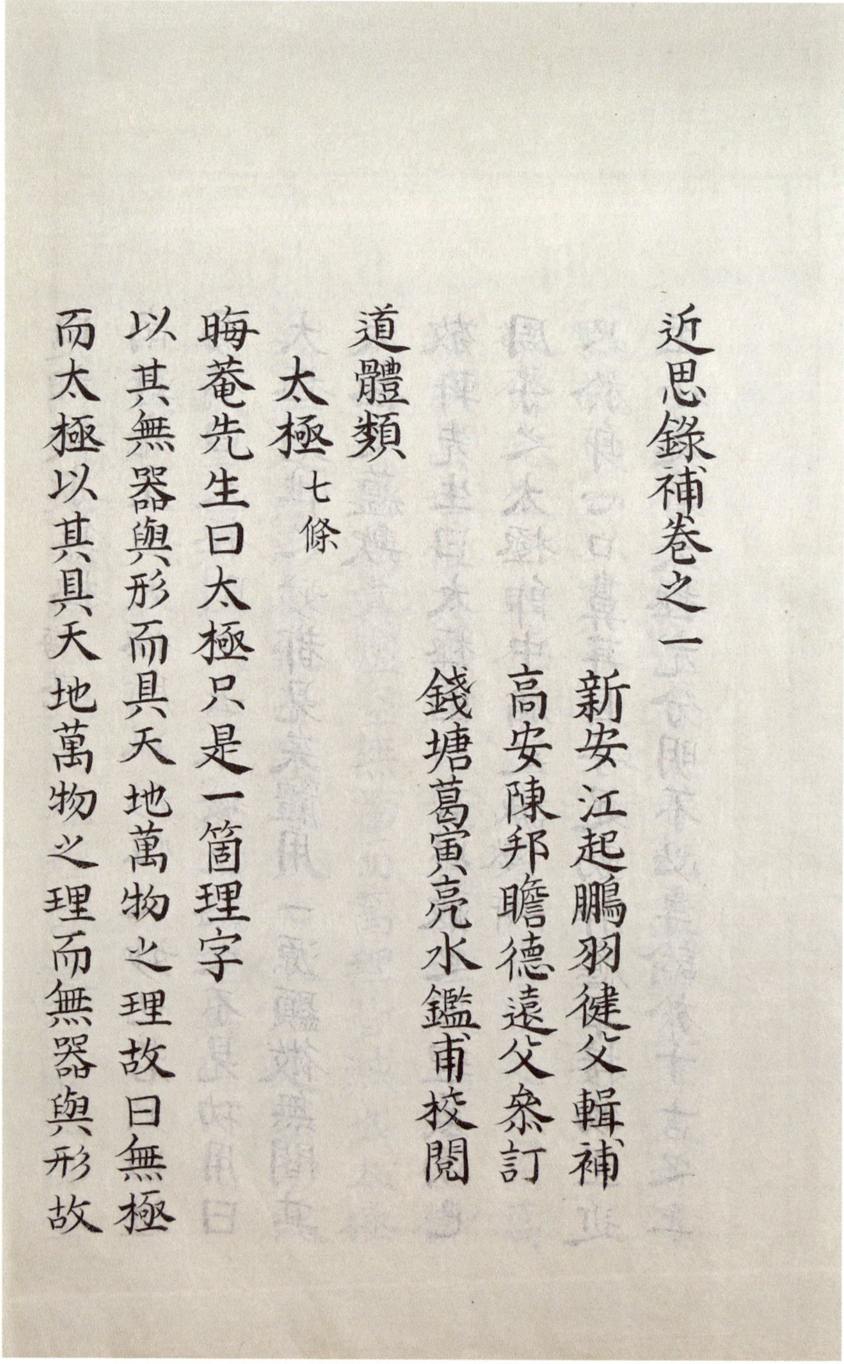

近思錄補卷之一

新安江起鵬羽健父輯補
高安陳邦瞻德遠父叅訂
錢塘葛寅亮水鑑甫校閱

道體類

太極 七條

晦菴先生曰太極只是一箇理字
以其無器與形而具天地萬物之理故曰無極
而太極以其具天地萬物之理而無器與形故

圖 11-19 江起鵬《近思録補》，
江户時代寫本，
日本國立公文書館藏

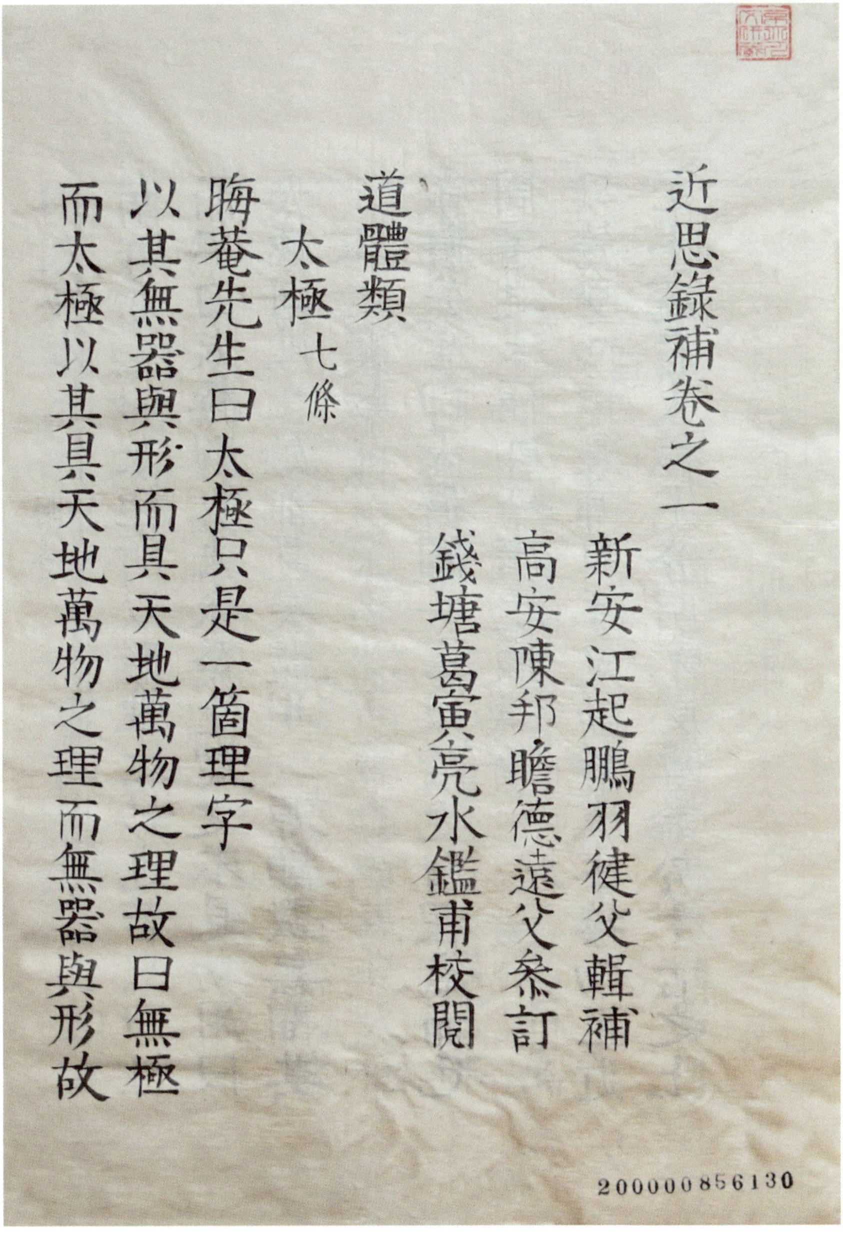
近思録補卷之一
新安江起鵬羽健父輯補
高安陳邦瞻德遠父叅訂
錢塘葛寅亮水鑑甫校閲
道體類
太極七條
晦菴先生曰太極只是一箇理字
以其無器與形而具天地萬物之理故曰無極
而太極以其具天地萬物之理而無器與形故

200000856130

圖 11-20　江起鵬《近思録補》，
漢文抄寫本，
京都大學人文科學研究所藏

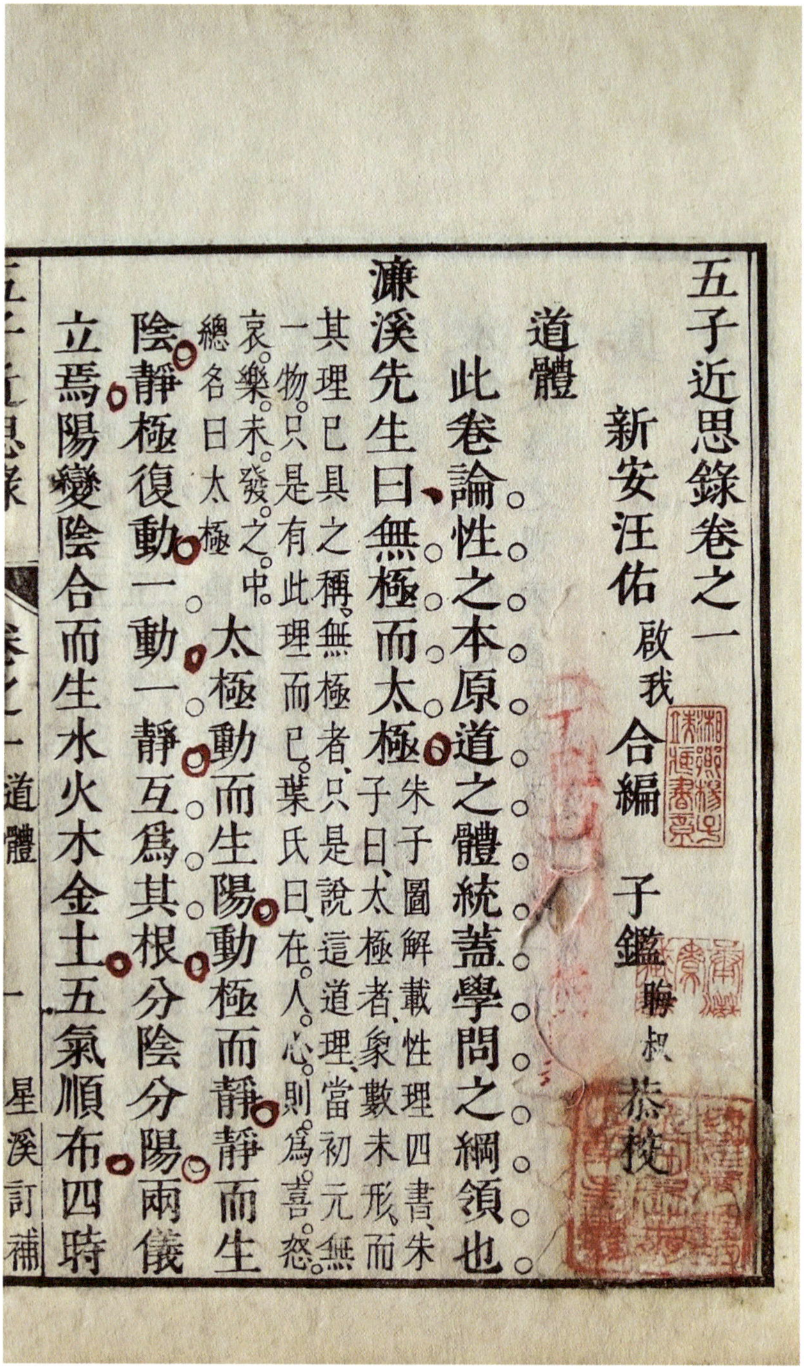

五子近思錄卷之一

新安汪佑啟我合編　子鑑晦叔恭校

道體

此卷論性之本原道之體統蓋學問之綱領也

濂溪先生曰無極而太極朱子圖解載性理四書朱子曰太極者象數未形而其理已具之稱無極者只是說這道理當初元無一物只是有此理而已葉氏曰在人心則為喜怒哀樂未發之中總名曰太極太極動而生陽動極而靜靜而生陰靜極復動一動一靜互為其根分陰分陽兩儀立焉陽變陰合而生水火木金土五氣順布四時

五子近思錄　卷之一　道體　一　星溪訂補

圖 11-21　汪佑《五子近思録》，
日本天保六年刊本，
湖南圖書館藏

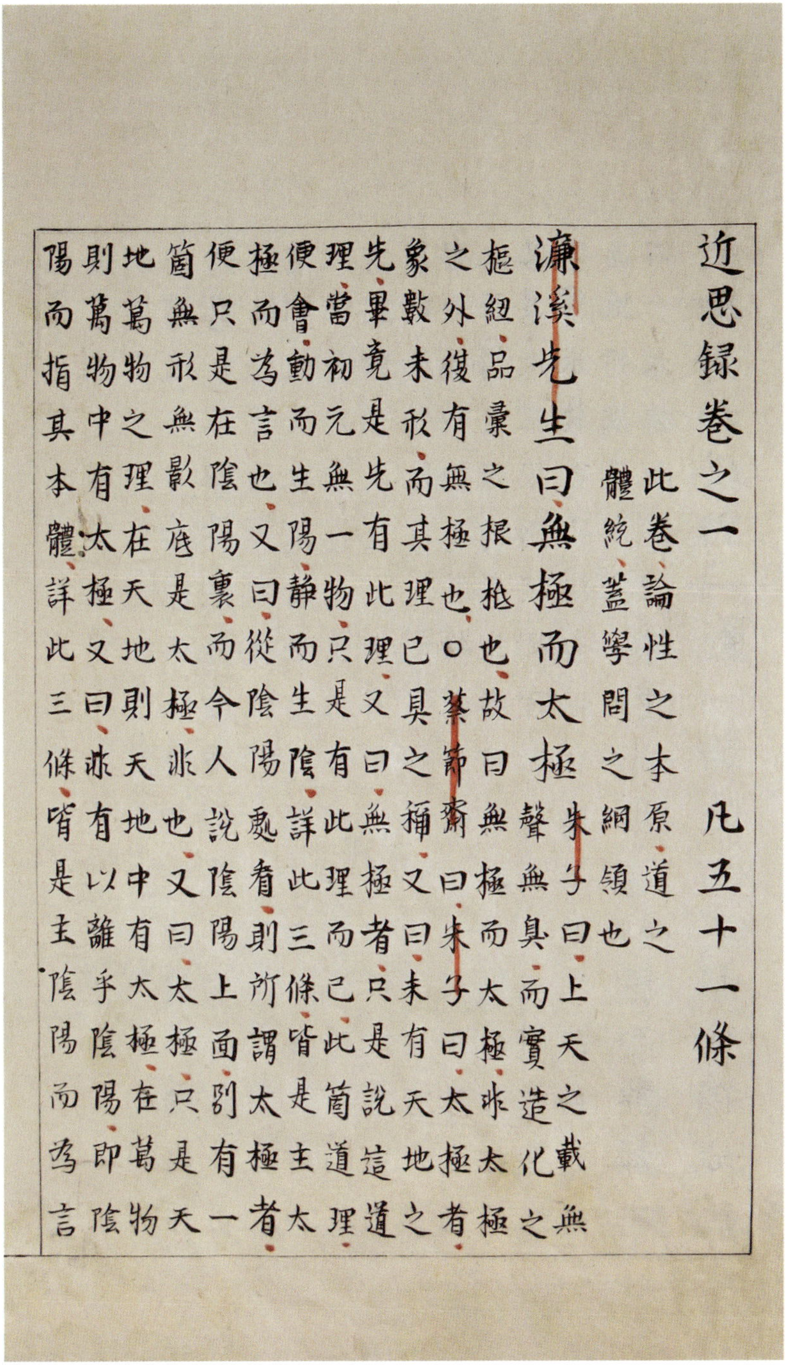

近思録卷之一　凡五十一條
此卷論性之本原道之體統蓋學問之綱領也
濂溪先生曰無極而太極　朱子曰上天之載無聲無臭而實造化之樞紐品彙之根柢也故曰無極而太極非太極之外復有無極也○蔡節齋曰朱子曰太極者象數未形而其理已具之稱又曰未有天地之先畢竟是先有此理又曰無極者只是說這道理當初元無一物只是有此理而已此箇道理便會動而生陽靜而生陰詳此三條皆是主太極而為言也又曰從陰陽處看則所謂太極者便只是在陰陽裏而今人說陰陽上面別有一箇無形無影底是太極非也又曰太極只是天地萬物之理在天地則天地中有太極在萬物則萬物中有太極又曰非有以離乎陰陽即陰陽而指其本體詳此三條皆是主陰陽而為言

圖 12-1　葉采《近思録集解》，
江户初期抄寫本，
日本國立公文書館藏

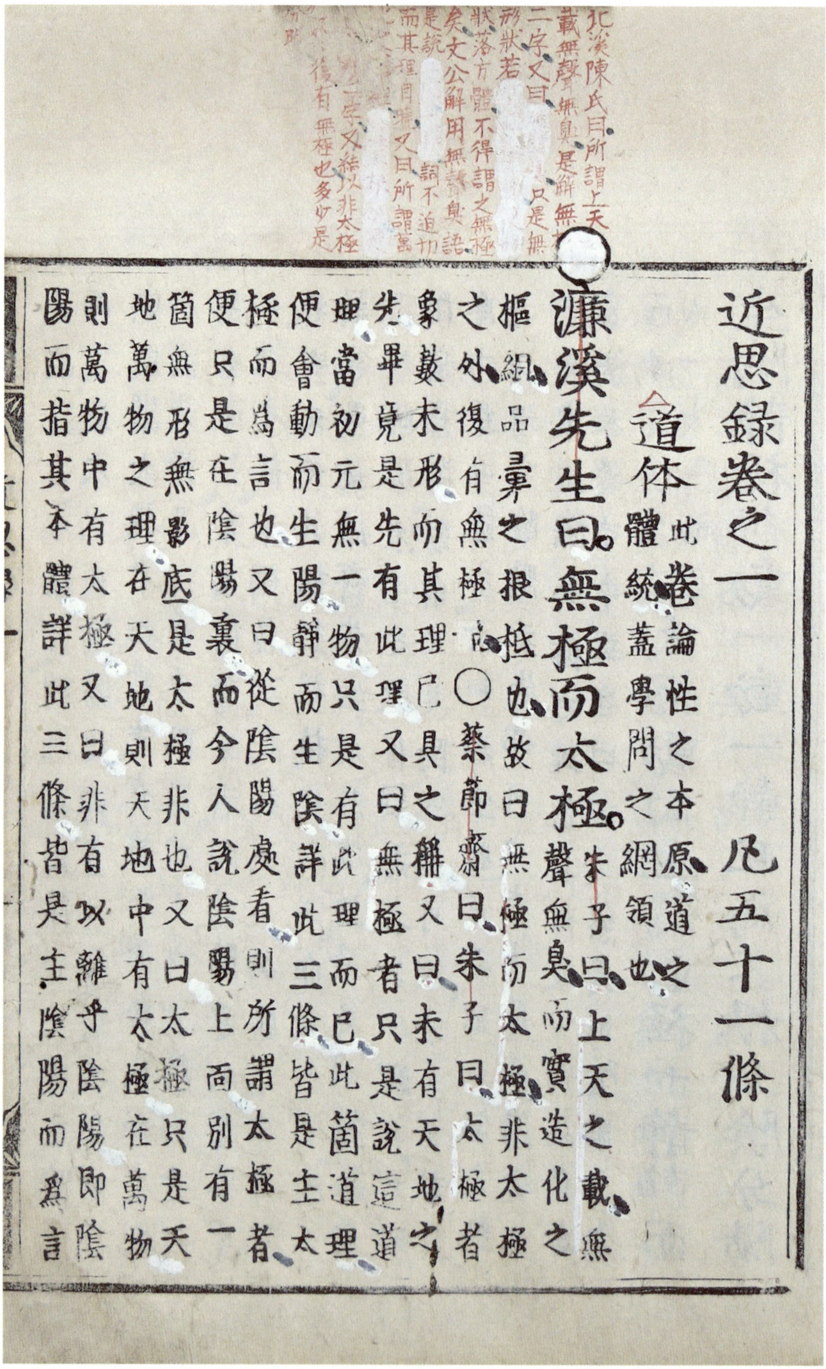

近思録卷之一　凡五十一條

道体　此卷論性之本原道之體統蓋學問之綱領也

濂溪先生曰無極而太極。朱子曰上天之載無聲無臭而實造化之樞紐品彙之根柢也故曰無極而太極非太極之外復有無極也○蔡節齋曰朱子曰太極者象數未形而其理已具之稱又曰未有天地之先畢竟是先有此理又曰無極者只是說這道理當初元無一物只是有此理而已此箇道理便會動而生陽靜而生陰詳此三條皆是主太極而爲言也又曰從陰陽處看則所謂太極者便只是在陰陽裏而今人說陰陽上面別有一箇無形無影底是太極非也又曰太極只是天地萬物之理在天地則天地中有太極在萬物則萬物中有太極又曰非有以離乎陰陽即陰陽而指其本體詳此三條皆是主陰陽而爲言

圖 12-2　葉采《近思録集解》，
日本寛永年間古活字本，
日本國立公文書館藏

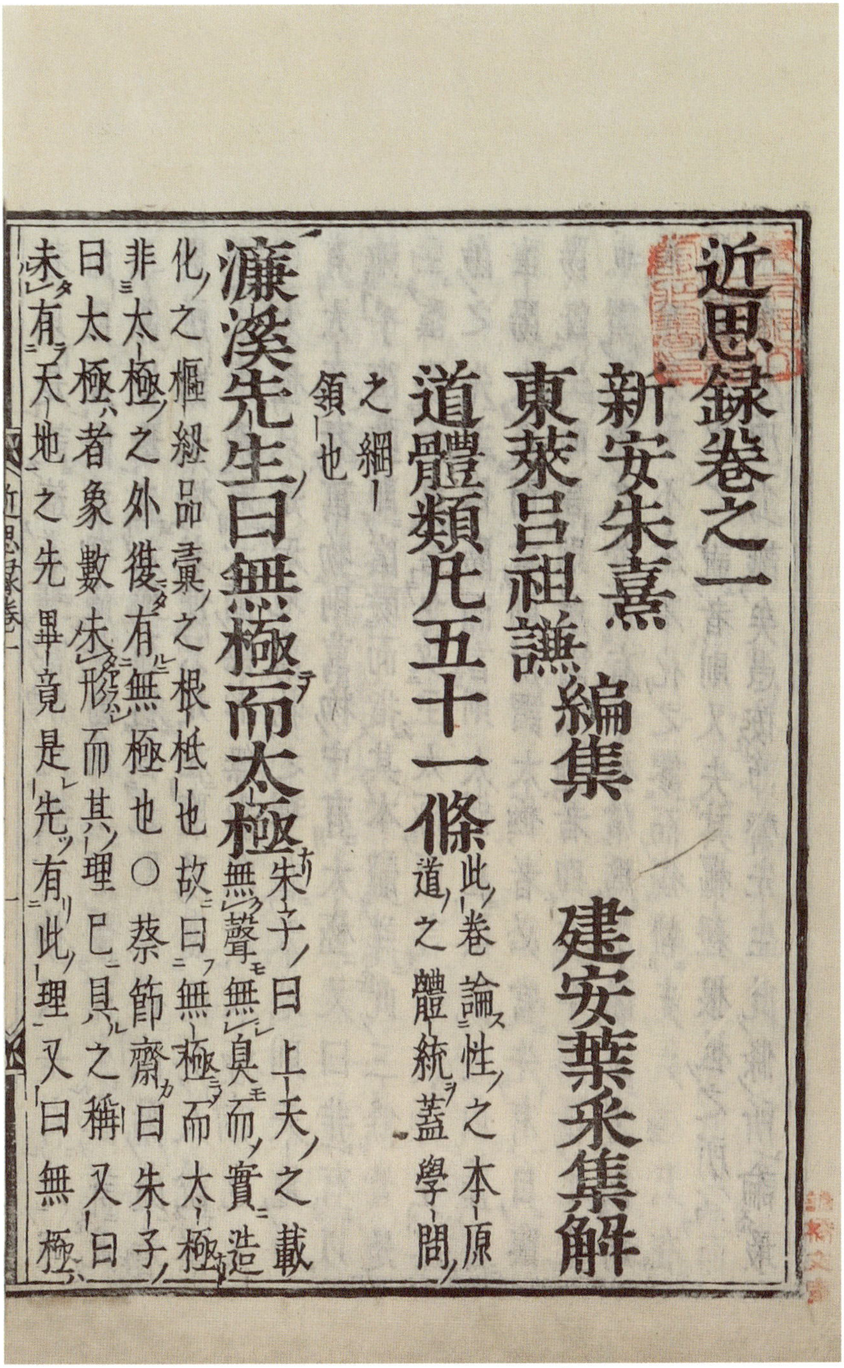

近思録卷之一

新安朱熹
東萊呂祖謙　編集
建安葉采集解

道體類凡五十一條此卷論性之本原道之體統蓋學問之綱領也

濂溪先生曰無極而太極朱子曰上天之載無聲無臭而實造化之樞紐品彙之根柢也故曰無極而太極非太極之外復有無極也○蔡節齋曰朱子曰太極者象數未形而其理已具之稱又曰未有天地之先畢竟是先有此理又曰無極

- 171

圖 12-3　葉采《近思録集解》，
日本慶安元年風月宗知刊本，
東京都立中央圖書館藏

172 –

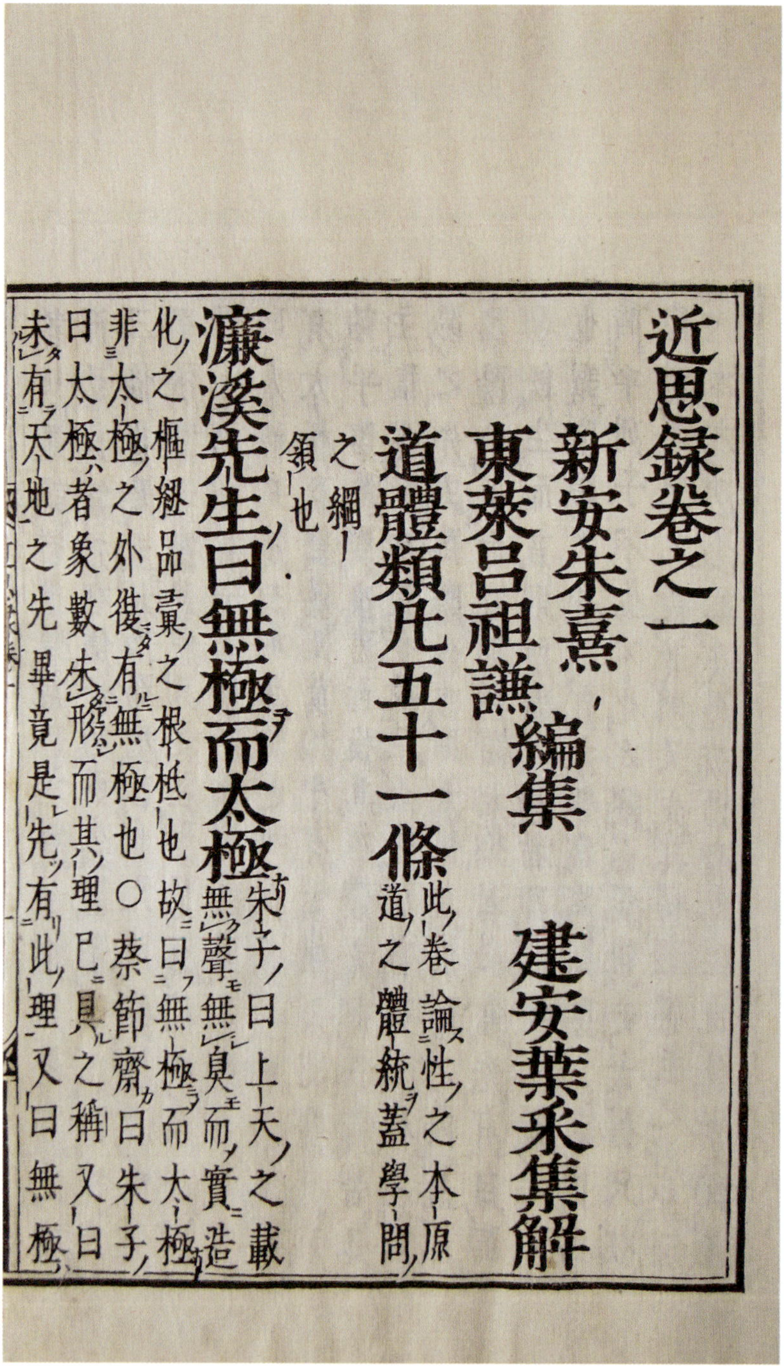
近思録卷之一
新安朱熹
東萊呂祖謙編集　建安葉采集解
道體類凡五十一條此卷論性之本原道之體統蓋學問之綱領也
濂溪先生曰無極而太極朱子曰上天之載無聲無臭而實造化之樞紐品彙之根柢也故曰無極而太極非太極之外復有無極也○蔡節齋曰朱子曰太極者象數未形而其理已具之稱又曰未有天地之先畢竟是先有此理又曰無極

圖 12-4　葉采《近思録集解》，
十七世紀前期翻刻聚古堂刊本，
京都大學文學部藏

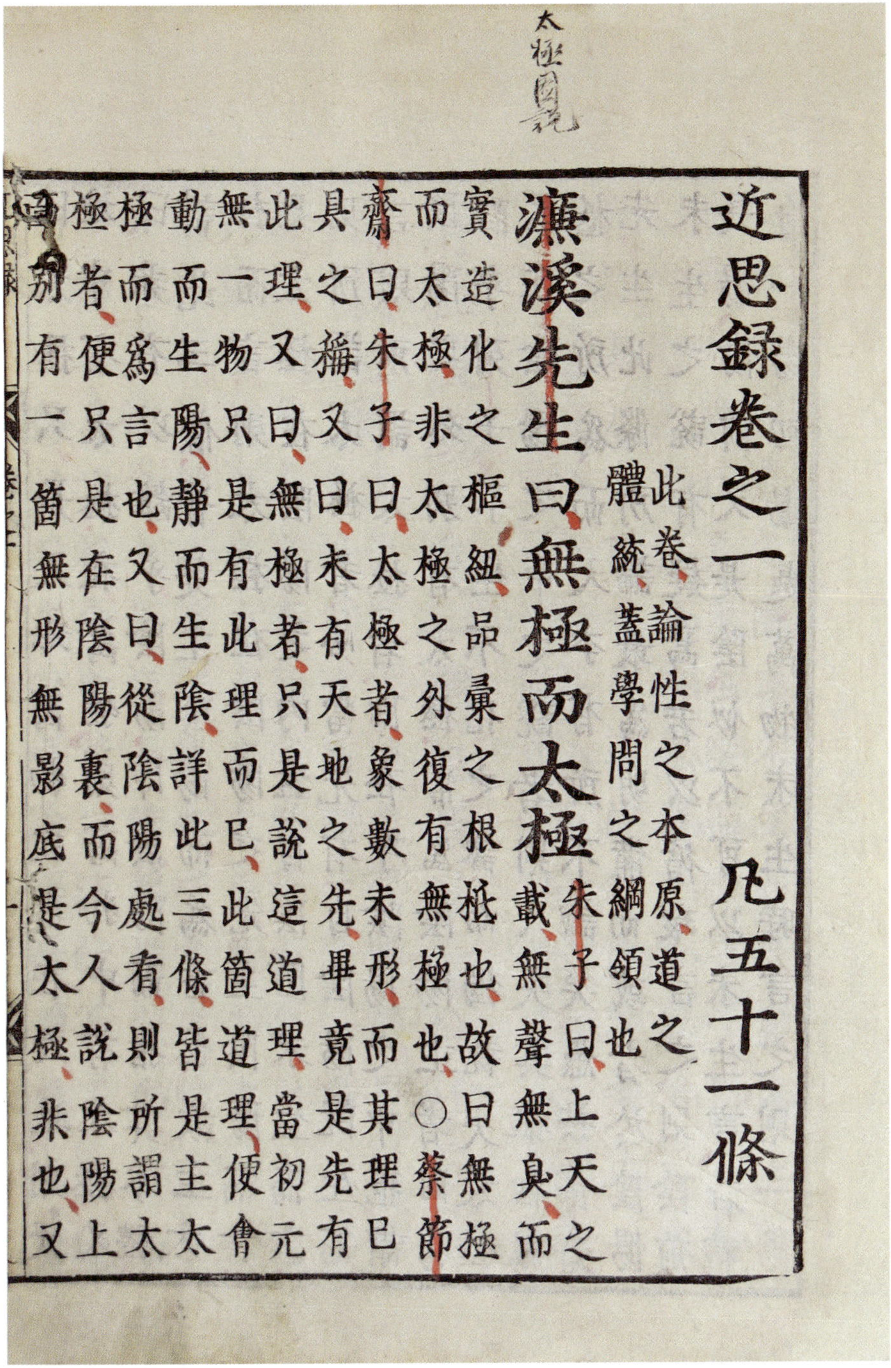
太極圖說

近思録卷之一　凡五十一條

此卷論性之本原道之體統蓋學問之綱領也

濂溪先生曰無極而太極朱子曰上天之載無聲無臭而實造化之樞紐品彙之根柢也故曰無極而太極非太極之外復有無極也○蔡節齋曰朱子曰太極者象數未形而其理已具之稱又曰未有天地之先畢竟是先有此理又曰無極者只是說這道理當初元無一物只是有此理而已此箇道理便會動而生陽靜而生陰詳此三條皆是主太極而爲言也又曰從陰陽處看則所謂太極者便只是在陰陽裏而今人說陰陽上而别有一箇無形無影底是太極非也又

圖 12-7　葉采《近思録集解》，
日本寬文八年吉野屋權兵衛刊本，
日本國立公文書館藏

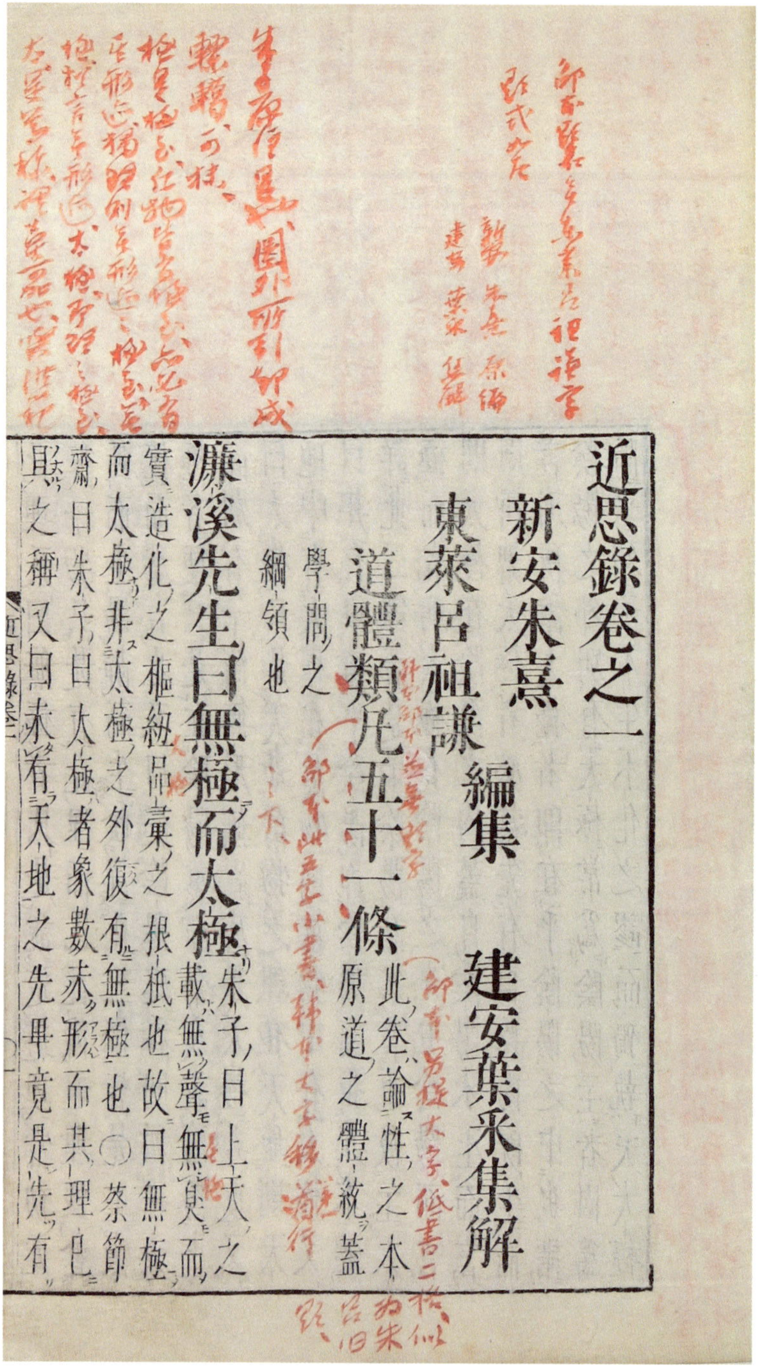
近思錄卷之一
新安朱熹
東萊呂祖謙 編集 建安葉采集解
道體類凡五十一條
此卷論性之本原道之體統蓋學問之綱領也
濂溪先生曰無極而太極朱子曰上天之載無聲無臭而實造化之樞紐品彙之根柢也故曰無極而太極非太極之外復有無極也○蔡節齋曰朱子曰太極者象數未形而其理已具之稱又曰未有天地之先畢竟是先有

圖 12-9　葉采《近思録集解》，
日本元禄七年芳野屋權兵衛刊本，
佐藤一齋批注本，
東京都立中央圖書館藏

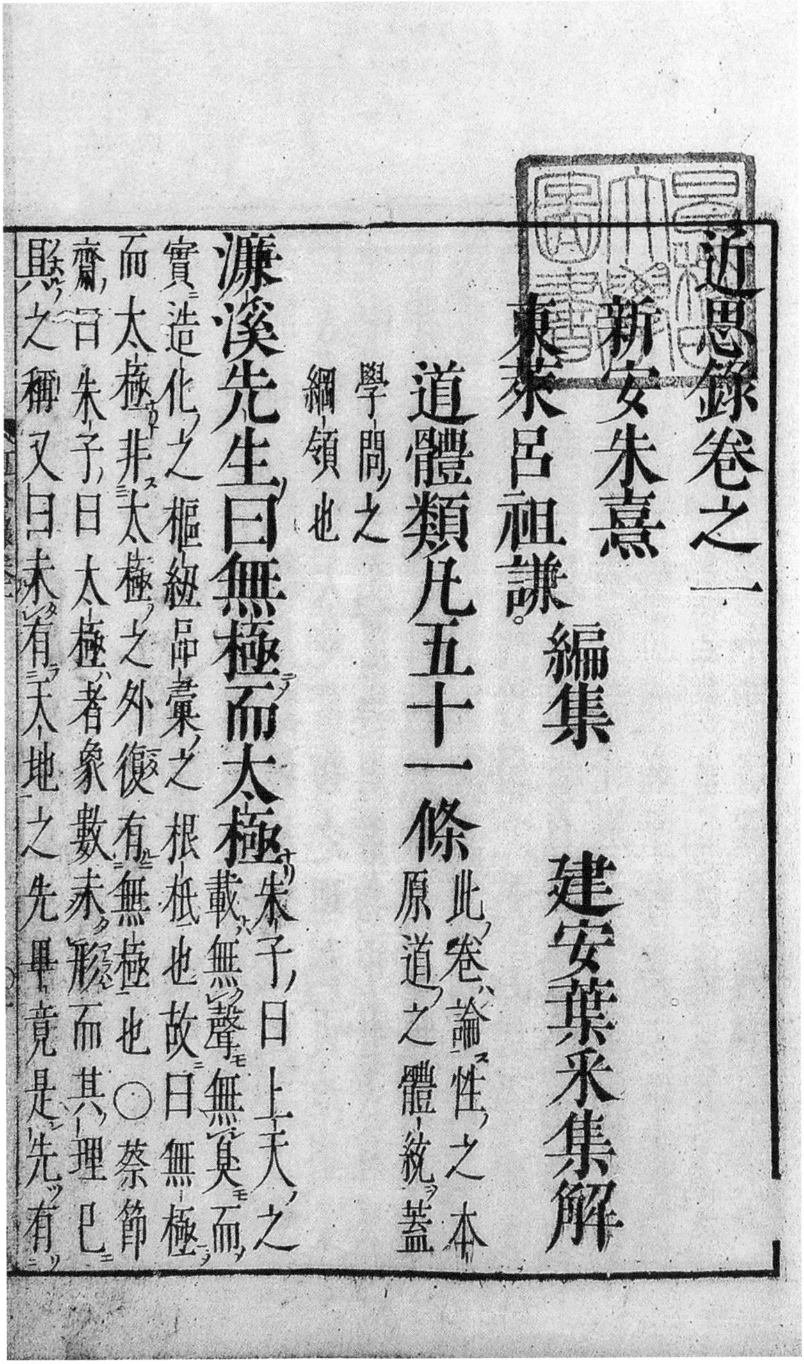
近思録卷之一

新安朱熹

東萊呂祖謙　編集　　建安葉采集解

道體類凡五十一條此卷論性之本原道之體統蓋學問之綱領也

濂溪先生曰無極而太極朱子曰上天之載無聲無臭而實造化之樞紐品彙之根柢也故曰無極而太極非太極之外復有無極也○蔡節齋曰朱子曰太極者象數未形而其理已具之稱又曰未有天地之先畢竟是先有

圖 12-11　葉采《近思録集解》，
日本文化九年刻本，
早稲田大學藏

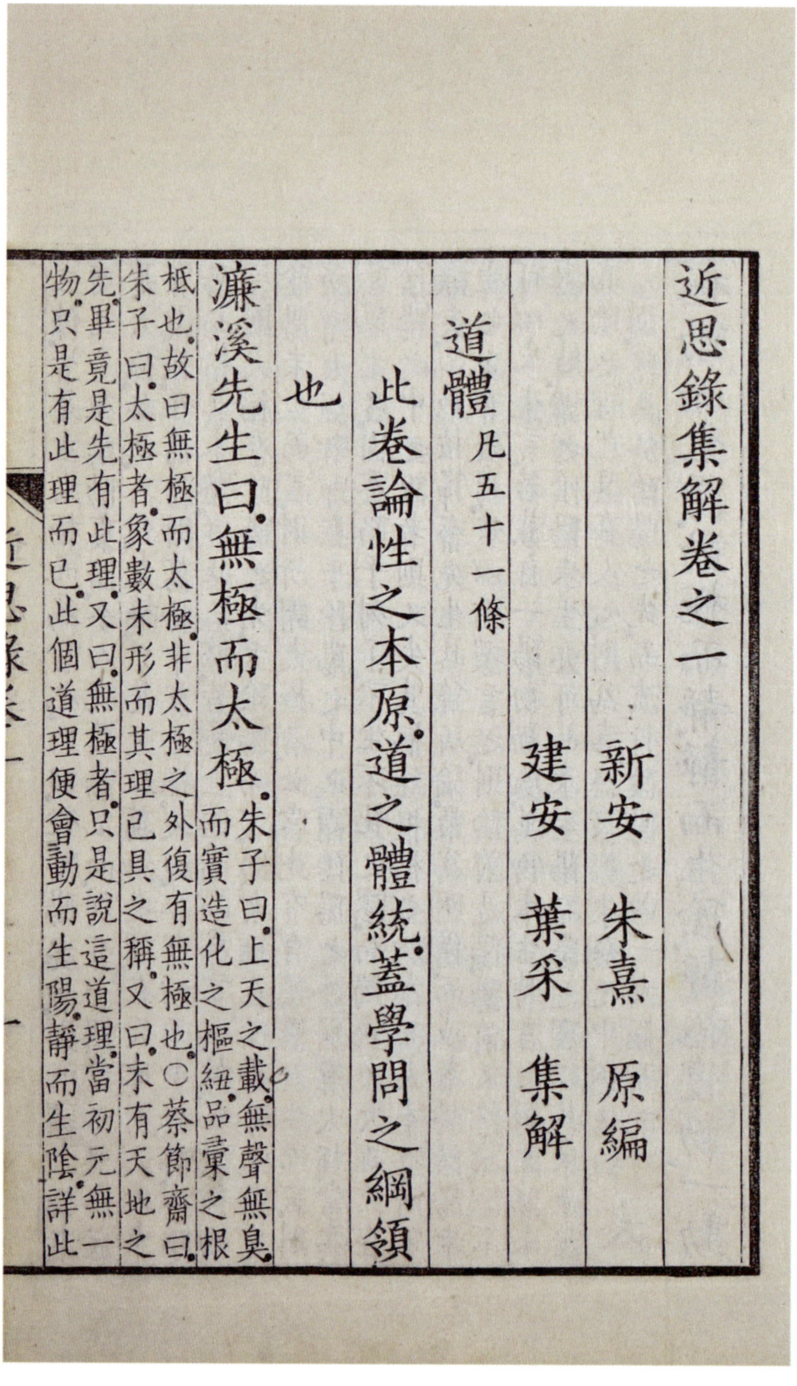
近思錄集解卷之一
新安　朱熹　原編
建安　葉采　集解
道體凡五十一條
此卷論性之本原道之體統蓋學問之綱領也
濂溪先生曰無極而太極朱子曰上天之載無聲無臭而實造化之樞紐品彙之根柢也故曰無極而太極非太極之外復有無極也○蔡節齋曰朱子曰太極者象數未形而其理已具之稱又曰未有天地之先畢竟是先有此理又曰無極者只是說這道理當初元無一物只是有此理而已此個道理便會動而生陽靜而生陰詳此

圖 12-12　葉采《近思録集解》，
日本天保五年刊本，
日本國立公文書館藏

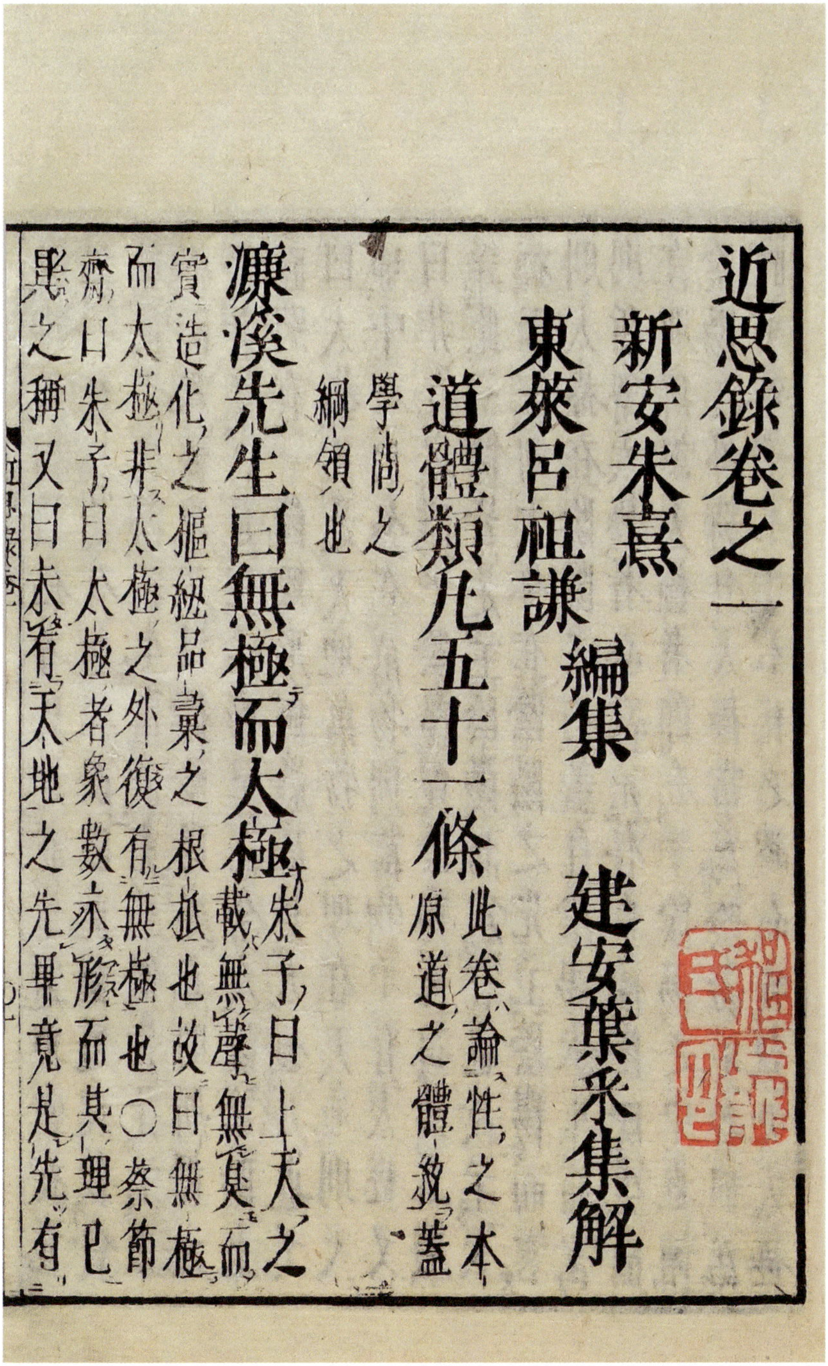

近思錄卷之一

新安朱熹

東萊呂祖謙　編集

建安葉采集解

道體類凡五十一條　此卷論性之本原道之體統蓋學問之綱領也

濂溪先生曰無極而太極　朱子曰上天之載無聲無臭而實造化之樞紐品彙之根柢也故曰無極而太極非太極之外復有無極也○蔡節齋曰朱子曰太極者象數未形而其理已具之稱又曰未有天地之先畢竟是先有

圖 12-13　葉采《近思録集解》，
日本弘化三年之前加贺屋善刻本，
筆者家藏

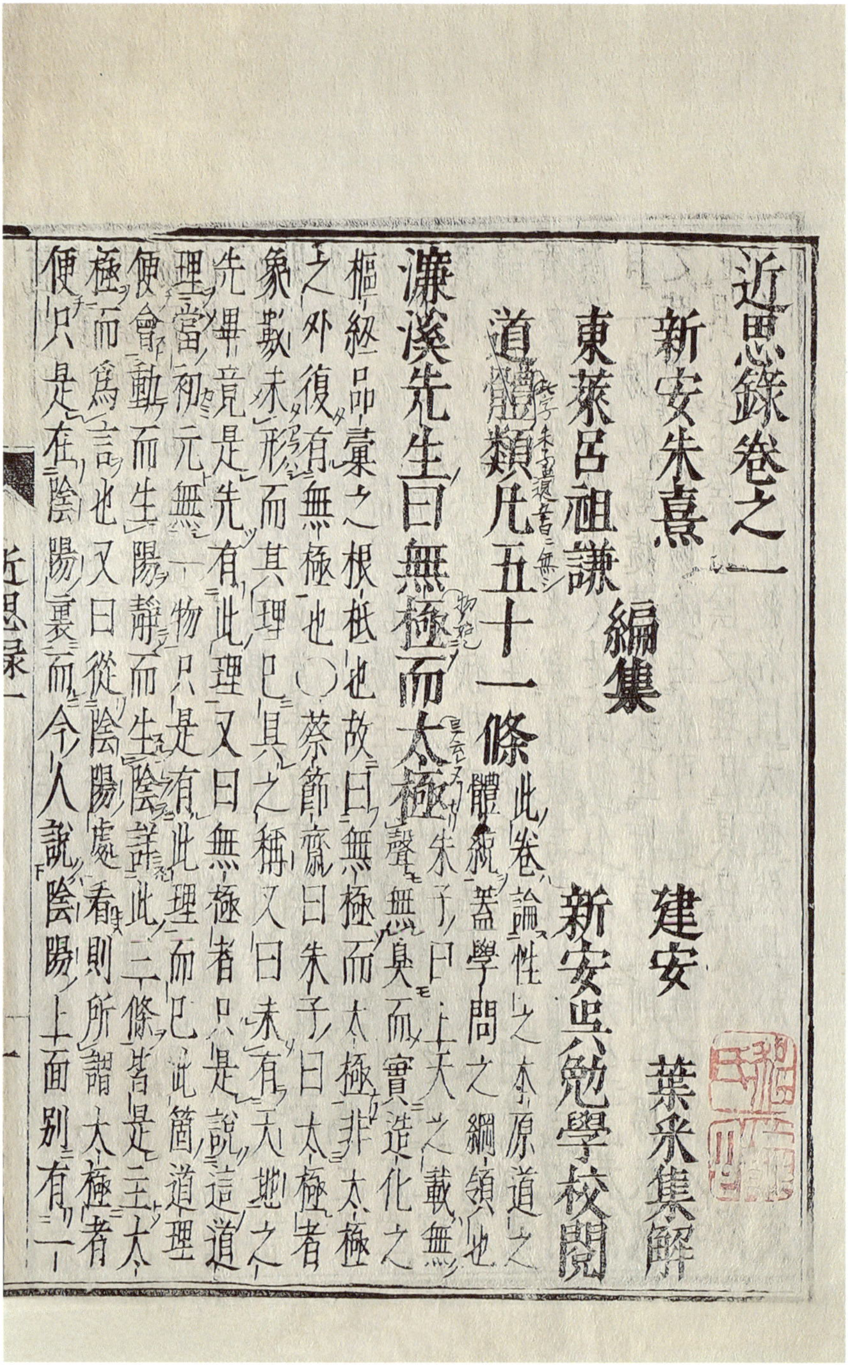

近思錄卷之一

新安朱熹　　建安　葉采集解

東萊呂祖謙　編集　新安吳勉學校閲

道體類凡五十一條　此卷論性之本原道之體統蓋學問之綱領也

濂溪先生曰無極而太極　朱子曰上天之載無聲無臭而實造化之樞紐品彙之根柢也故曰無極而太極非太極之外復有無極也○蔡節齋曰朱子曰太極者象數未形而其理已具之稱又曰未有天地之先畢竟是先有此理又曰無極者只是說這道理當初元無一物只是有此理而已此箇道理便會動而生陽靜而生陰詳此二條皆是主太極而爲言也又曰從陰陽處看則所謂太極者便只是在陰陽裏而今人說陰陽上面別有一

近思錄一　一

葉采《近思録集解》，
吴勉學校閲，
日本寛文十三年石渠堂重校梓本，吉野屋權兵衛刊，
筆者家藏

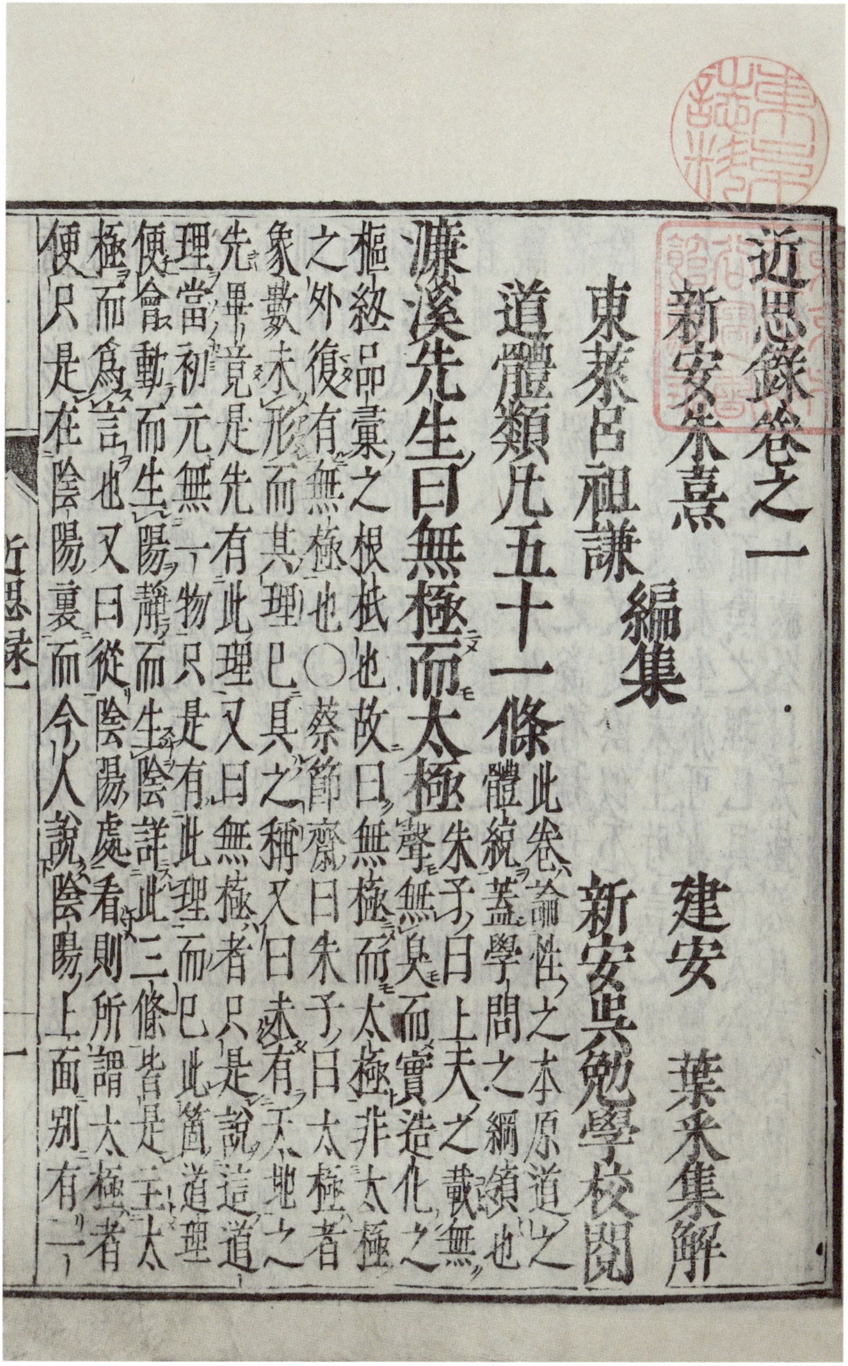

圖 12-20　葉采集解、吴勉學校閲《近思録》，
日本貞享五年刊本，
東京都立中央圖書館藏

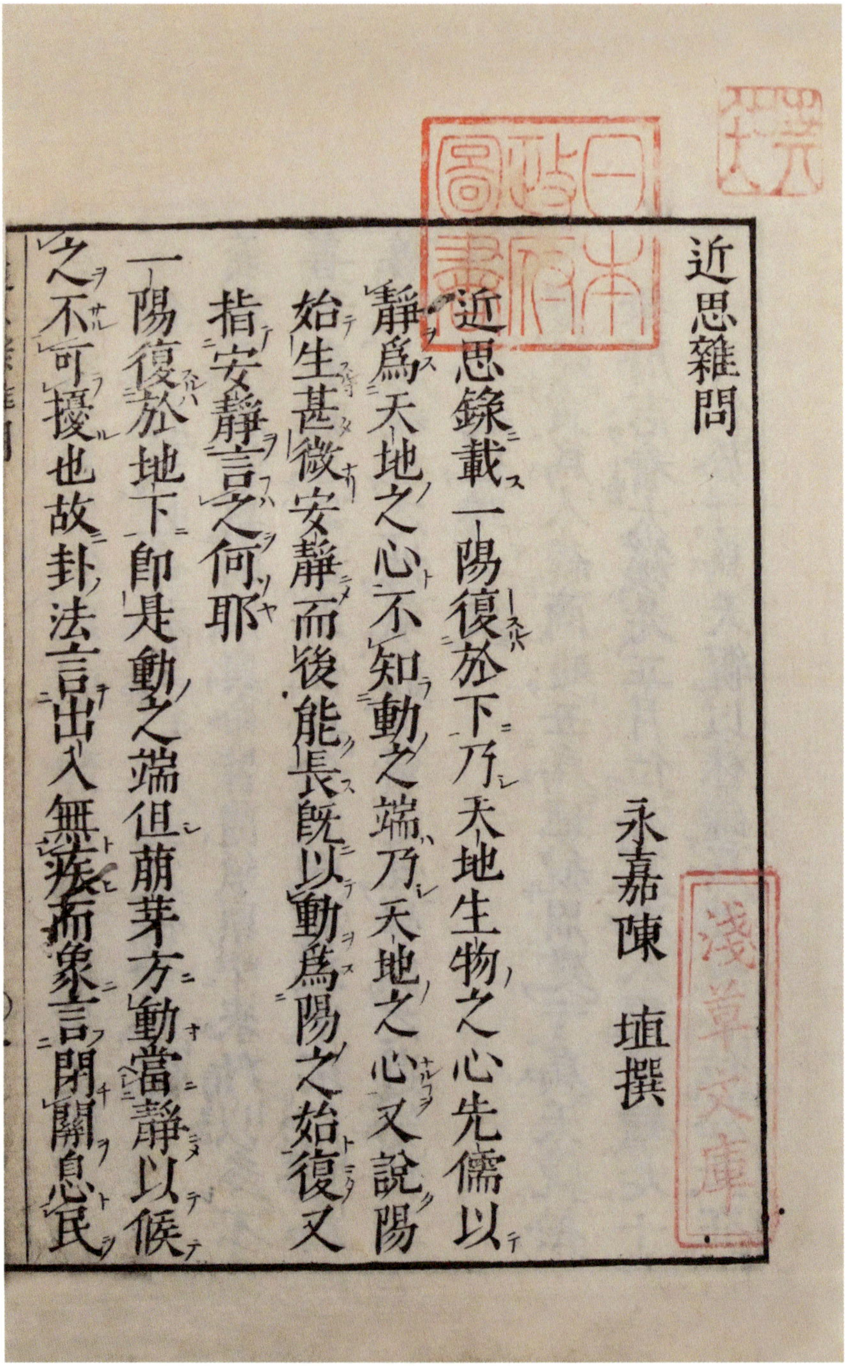

近思雜問

永嘉陳　埴撰

近思錄載一陽復於下乃天地生物之心先儒以靜爲天地之心不知動之端乃天地之心又說陽始生甚微安靜而後能長旣以動爲陽之始復又指安靜言之何耶

一陽復於地下卽是動之端但萌芽方動當靜以候之不可擾也故卦法言出入無疾而象言閉關息民

日本政府圖書
淺草文庫

圖 12-23　陳埴《近思雜問》，
日本寬文六年山森六兵衛刊本，
日本國立公文書館藏

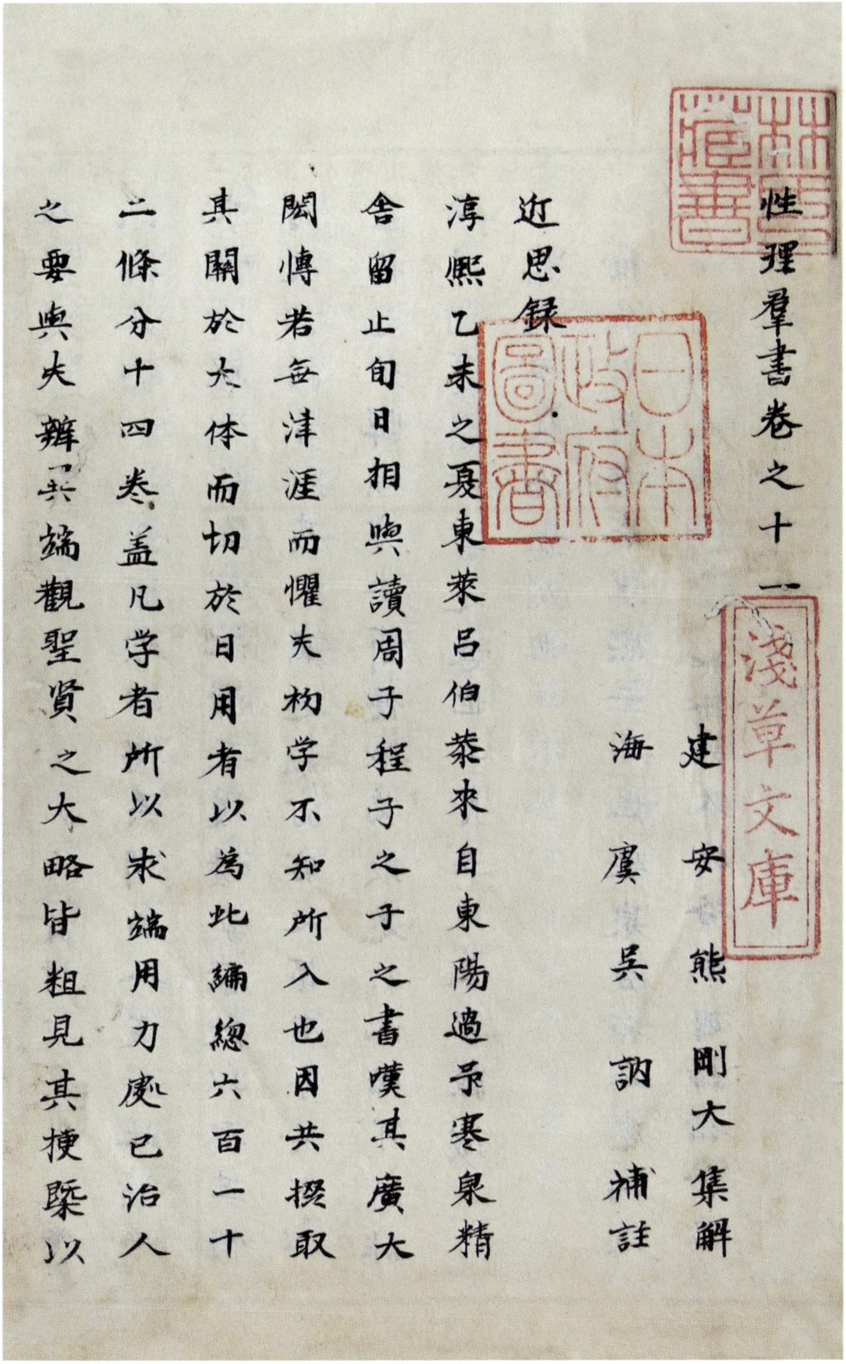
性理羣書卷之十一
建安熊剛大集解
海虞吳訥補註
近思録
淳熙乙未之夏東萊呂伯恭來自東陽過予寒泉精舎留止旬日相與讀周子程子之子之書歎其廣大閎博若無津涯而懼夫初学不知所入也因共掇取其關於大体而切於日用者以爲此編總六百一十二條分十四巻蓋凡学者所以求端用力處已治人之要與夫辨異端觀聖賢之大略皆粗見其梗槩以

圖 12-25　吳訥補註《近思録句解》，
《性理群書補註》抄寫本，
日本國立公文書館藏

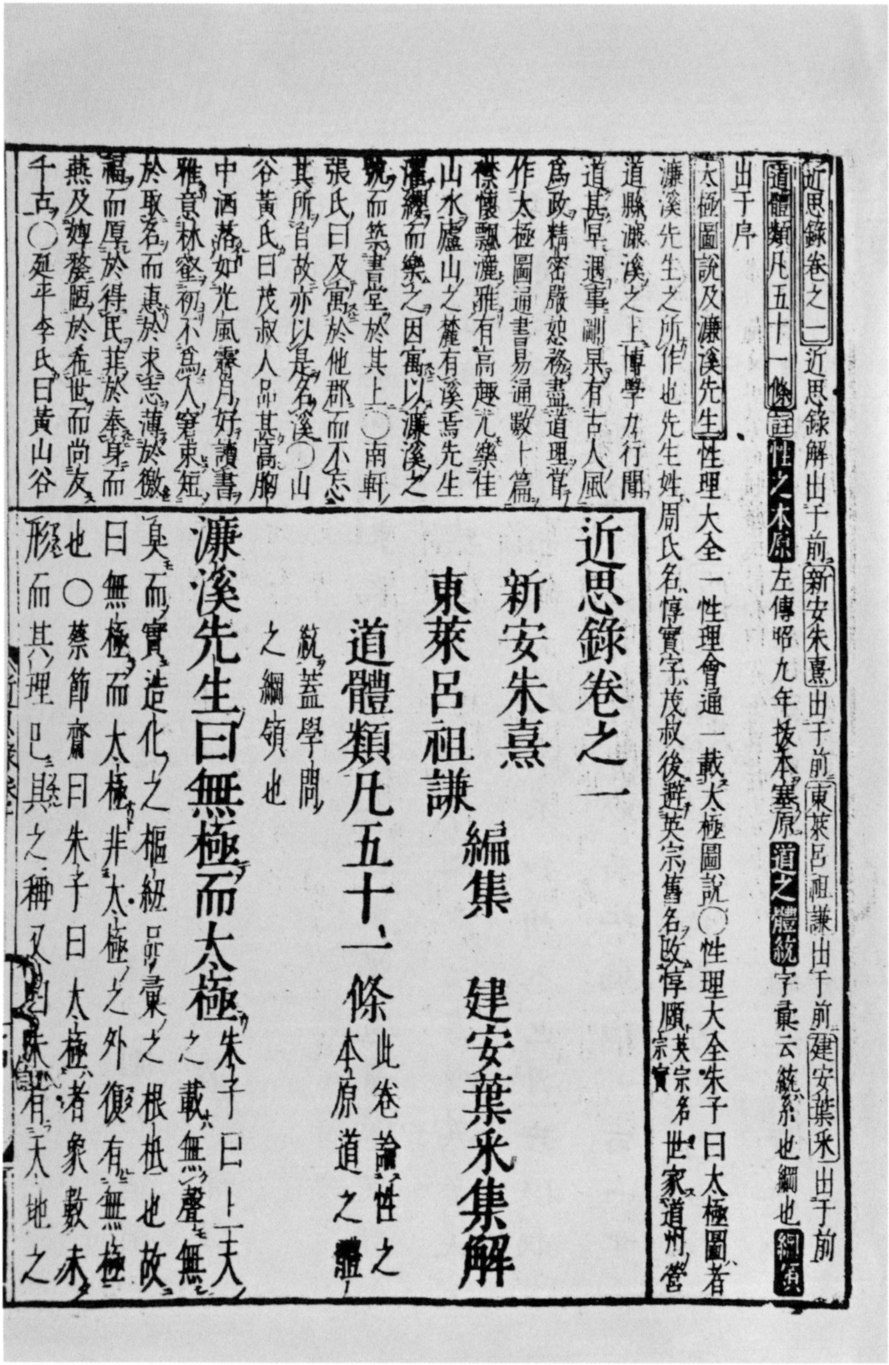
近思錄卷之一　近思錄解出于前　新安朱熹出于前　東萊呂祖謙出于前　建安葉采出于前

道體類凡五十一條註　性之本原左傳昭九年拔本塞原　道之體統字彙云統系也綱也　綱領

出于序

太極圖說及濂溪先生　性理大全一性理會通一載太極圖說○性理大全朱子曰太極圖者濂溪先生之所作也先生姓周氏名惇實字茂叔後避英宗舊名改惇頤英宗名曙世家道州營道縣濂溪之上博學力行聞道甚早遇事剛果有古人風為政精密嚴恕務盡道理嘗作太極圖通書易通數十篇襟懷飄灑雅有高趣尤樂佳山水廬山之麓有溪焉先生濯纓而樂之因寓以濂溪之號而築書堂於其上○南軒張氏曰及寓於他郡而不忘其所自故亦以是名溪○山谷黃氏曰茂叔人品甚高胸中灑落如光風霽月好讀書雅意林壑初不為人窘束短於取名而惠於求志薄於徼福而厚於得民菲於奉身而燕及惸嫠陋於希世而尚友千古○延平李氏曰黃山谷

近思錄卷之一

新安朱熹　東萊呂祖謙　編集　建安葉采集解

道體類凡五十一條

此卷論性之本原道之體統蓋學問之綱領也

濂溪先生曰無極而太極　朱子曰上天之載無聲無臭而實造化之樞紐品彙之根柢也故曰無極而太極非太極之外復有無極也○蔡節齋曰朱子曰太極者象數未形而其理已具之稱又以形器已具而其理無朕

圖 13-1　宇都宫遯庵《鼇頭近思録》，
日本延寶六年吉野屋權兵衛、大坂吉野屋五兵衛刊本，
京都大學人文科學研究所藏

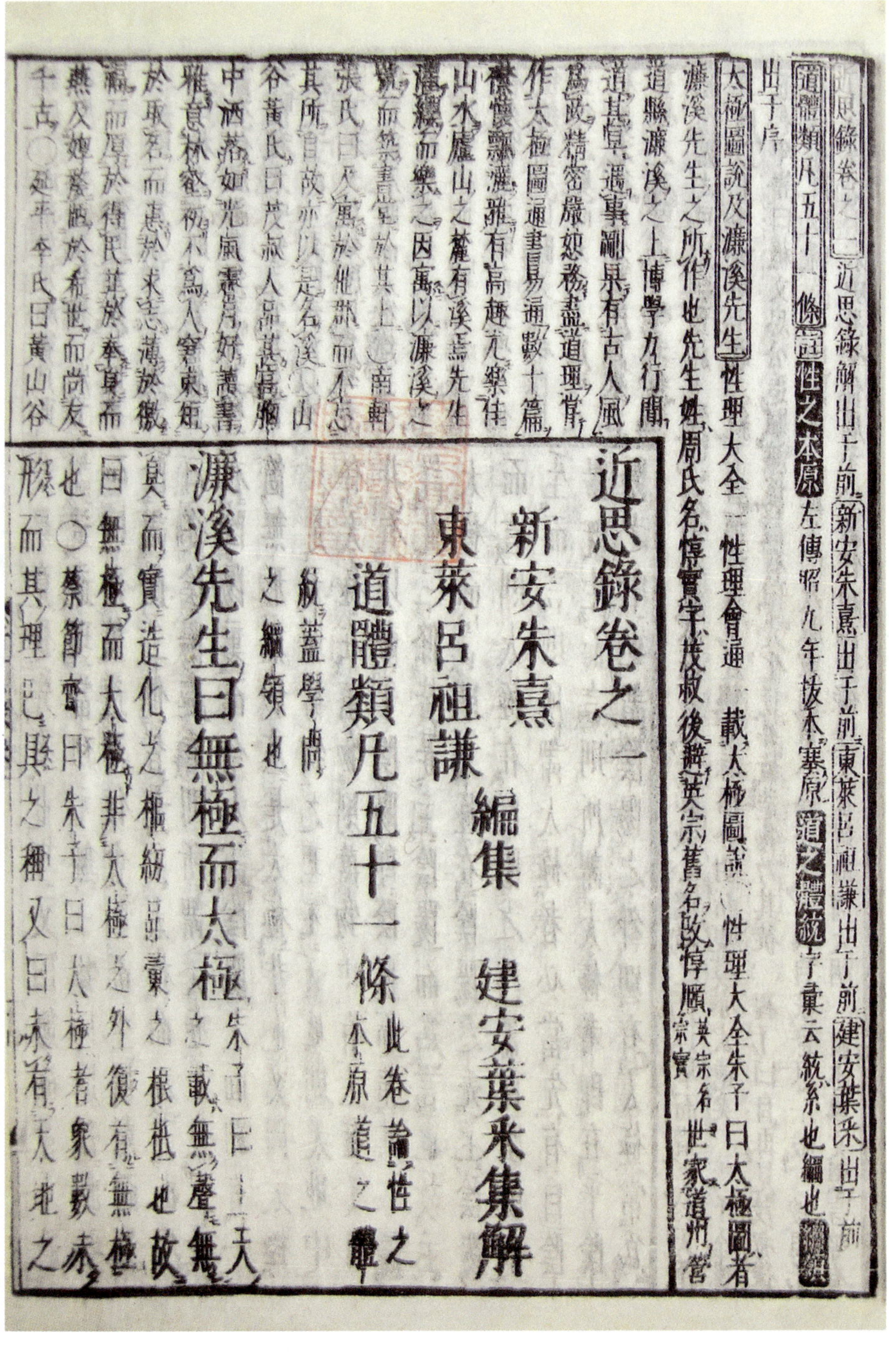

近思錄卷之一

新安朱熹

東萊呂祖謙　編集

建安葉采集解

道體類凡五十一條

濂溪先生曰無極而太極

圖 13-3　宇都宮遯庵《鼇頭近思録》，
出雲寺松柏堂刻本，
筑波大學藏

京師三條通升屋町
御書物所
出雲寺和泉掾

圖 13-4　宇都宫遯庵《鼇頭近思録》，
出雲寺和泉掾刻本，
筆者家藏

嘗聞近思録四子之階梯我又欲階梯近思録而示後學升堂之道故校此於四先生之全書及易詩書語孟其餘可解此書者朱子語類性理大全等若干編彙集細釋之庶下國遠鄉乏載籍者見之為博學篤志之便豈不教学之一助乎延寶丁巳四月甲子求身堂宇由的跋

柳馬場通押小路上ル町
吉野屋權兵衛刊行
延寶六年戊午二月吉辰

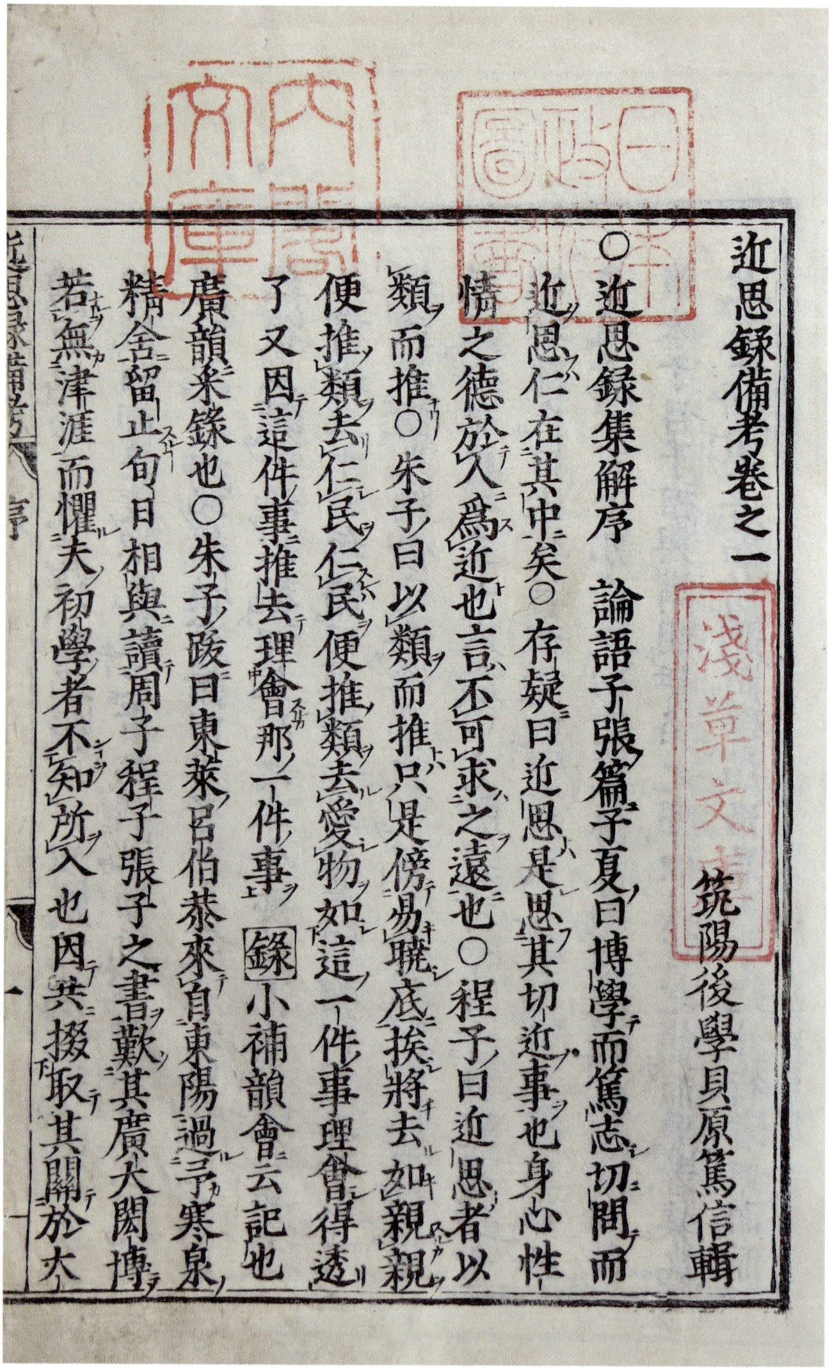
近思録備考卷之一　　筑陽後學貝原篤信輯
○近思録集解序　論語子張篇子夏曰博學而篤志切問而
近思仁在其中矣○存疑曰近思是思其切近事也身心性
情之德於人爲近也言不可求之遠也○程子曰近思者以
類而推○朱子曰以類而推只是傍易曉底挨將去如親親
便推類去仁民仁民便推類去愛物如這一件事理會得透
了又因這件事推去理會那一件事　錄　小補韻會云記也
廣韻采錄也○朱子跋曰東萊呂伯恭來自東陽過予寒泉
精舍留止旬日相與讀周子程子張子之書歎其廣大閎博
若無津涯而懼夫初學者不知所入也因共掇取其關於大

圖 13-5　貝原篤信《近思録備考》，
日本寬文八年刊本，
國立公文書館藏

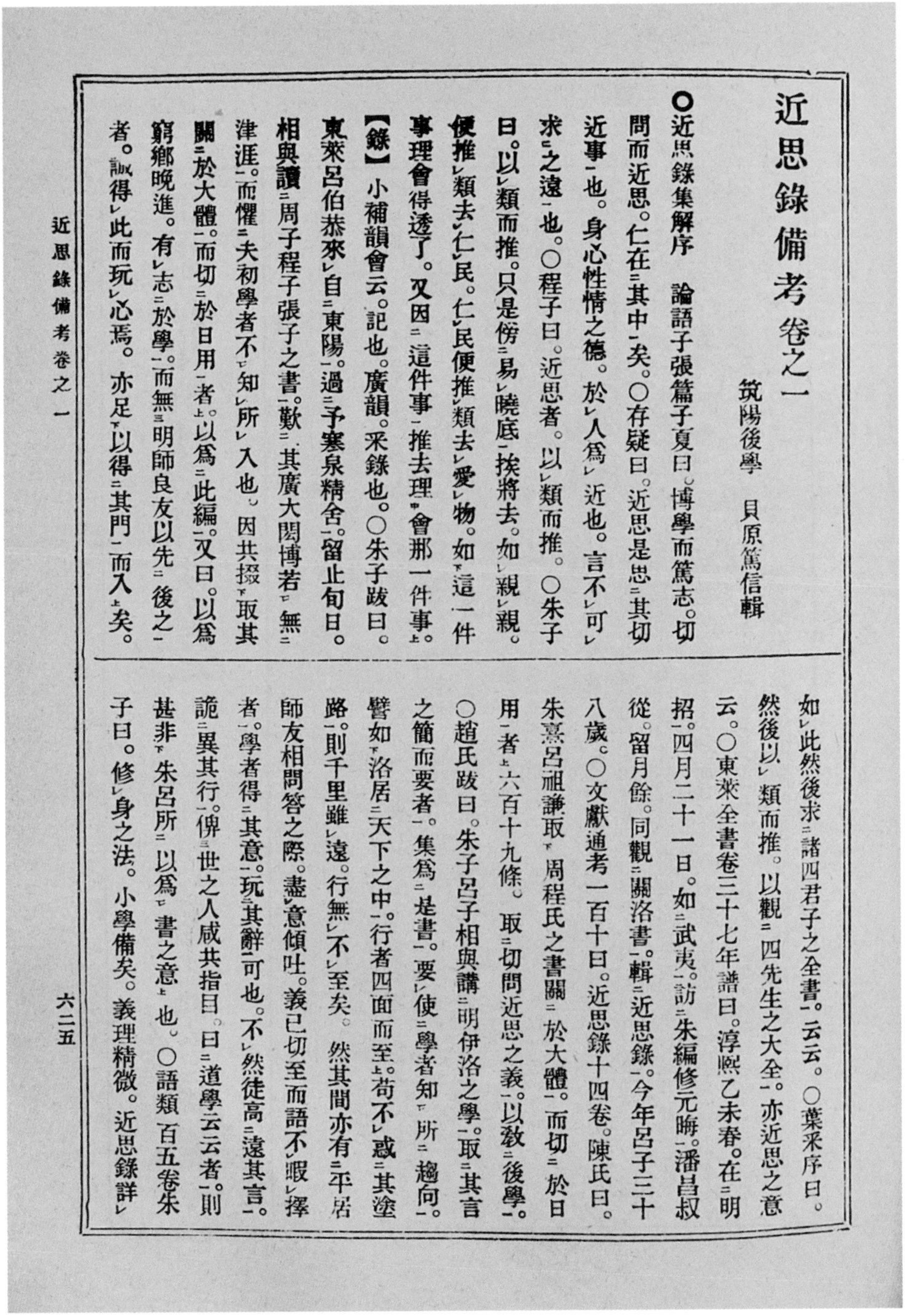

圖 13-7　貝原篤信《近思録備考》，
日本明治四十四年活字本，
廣島大學藏

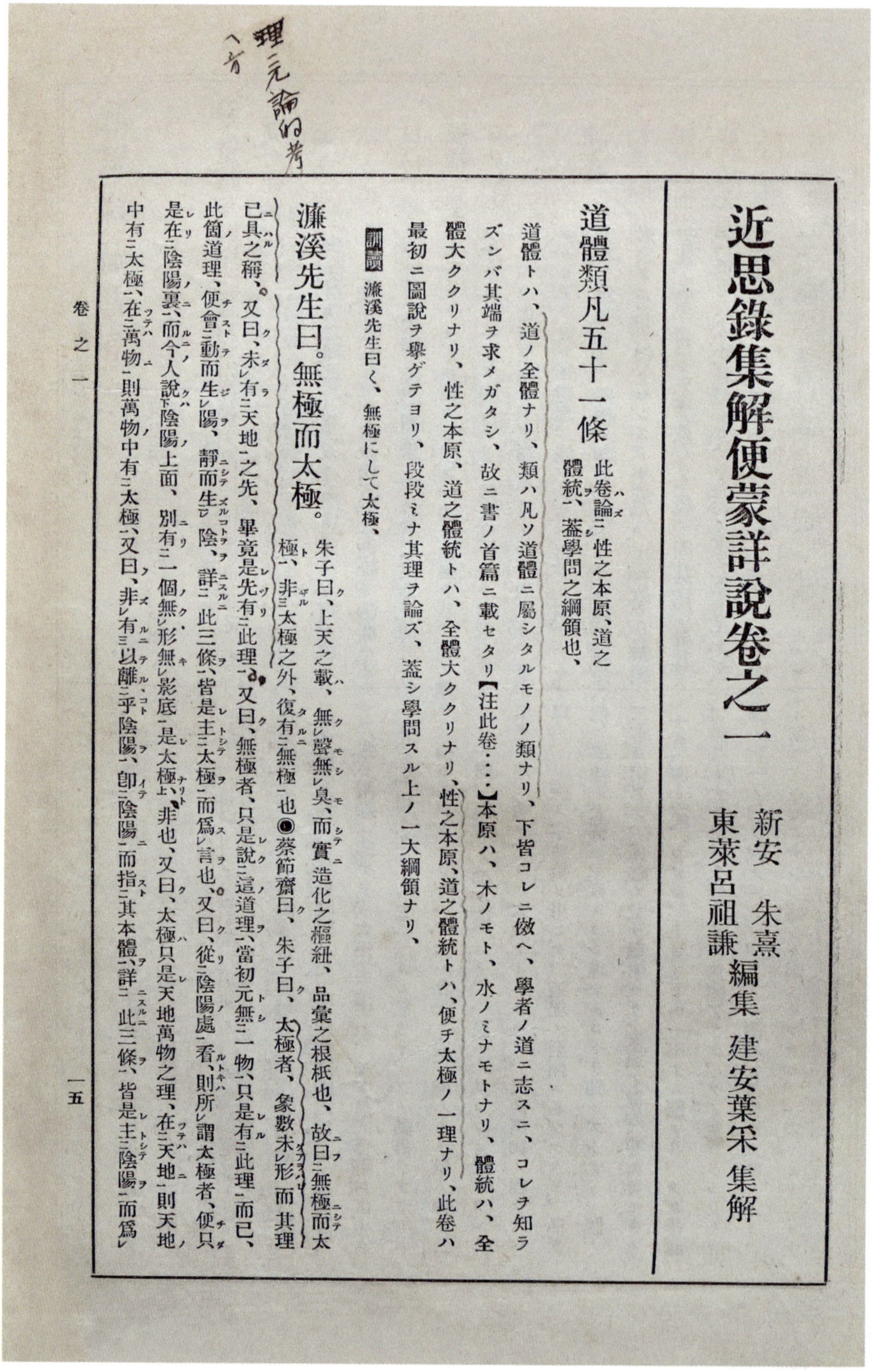

理二元論的考へ方

近思録集解便蒙詳説卷之一

新安　朱熹
東萊呂祖謙　編集
建安葉采　集解

道體類凡五十一條　此卷論ニ性之本原、道之體統一、蓋學問之綱領也、

道體トハ、道ノ全體ナリ、類ハ凡ソ道體ニ屬シタルモノノ類ナリ、下皆コレニ倣ヘ、學者ノ道ニ志スニ、コレヲ知ラズンバ其端ヲ求メガタシ、故ニ書ノ首篇ニ載セタリ【注此卷…】本原ハ、木ノモト、水ノミナモトナリ、體統ハ、全體大ククリナリ、性之本原、道之體統トハ、全體大ククリナリ、性之本原、道之體統トハ、便チ太極ノ一理ナリ、此卷ハ最初ニ圖說ヲ擧ゲテヨリ、段段ミナ其理ヲ論ズ、蓋シ學問スル上ノ一大綱領ナリ、

訓讀　濂溪先生曰く、無極にして太極、

濂溪先生曰。無極而太極。　朱子曰、上天之載、無レ聲無レ臭、而實造化之樞紐、品彙之根柢也、故曰ニ無極而太極一、非下太極之外、復有中無極上也◉蔡節齋曰、朱子曰、太極者、象數未レ形而其理已具之稱、又曰、未レ有ニ天地一之先、畢竟是先有ニ此理一、又曰、無極者、只是說ニ這道理一、當初元無ニ一物一、只是有ニ此理一而已、此箇道理、便會ニ動而生一レ陽、靜而生レ陰、詳ニ此三條一、皆是主ニ太極一而爲レ言也、又曰、從ニ陰陽處一看、則所レ謂太極者、便只是在ニ陰陽裏一、而今人說ニ陰陽上面、別有ニ一個無レ形無レ影底一是太極上、非也、又曰、太極只是天地萬物之理、在ニ天地一則天地中有ニ太極一、在ニ萬物一則萬物中有ニ太極一、又曰、非レ有下以離ニ乎陰陽一、卽ニ陰陽一而指ニ其本體一、詳ニ此三條一、皆是主ニ陰陽一而爲レ

卷之一　　一五

圖 13-8　簗田忠勝信《近思録集解便蒙詳説》，
日本大正三年活字本，
廣島大學藏

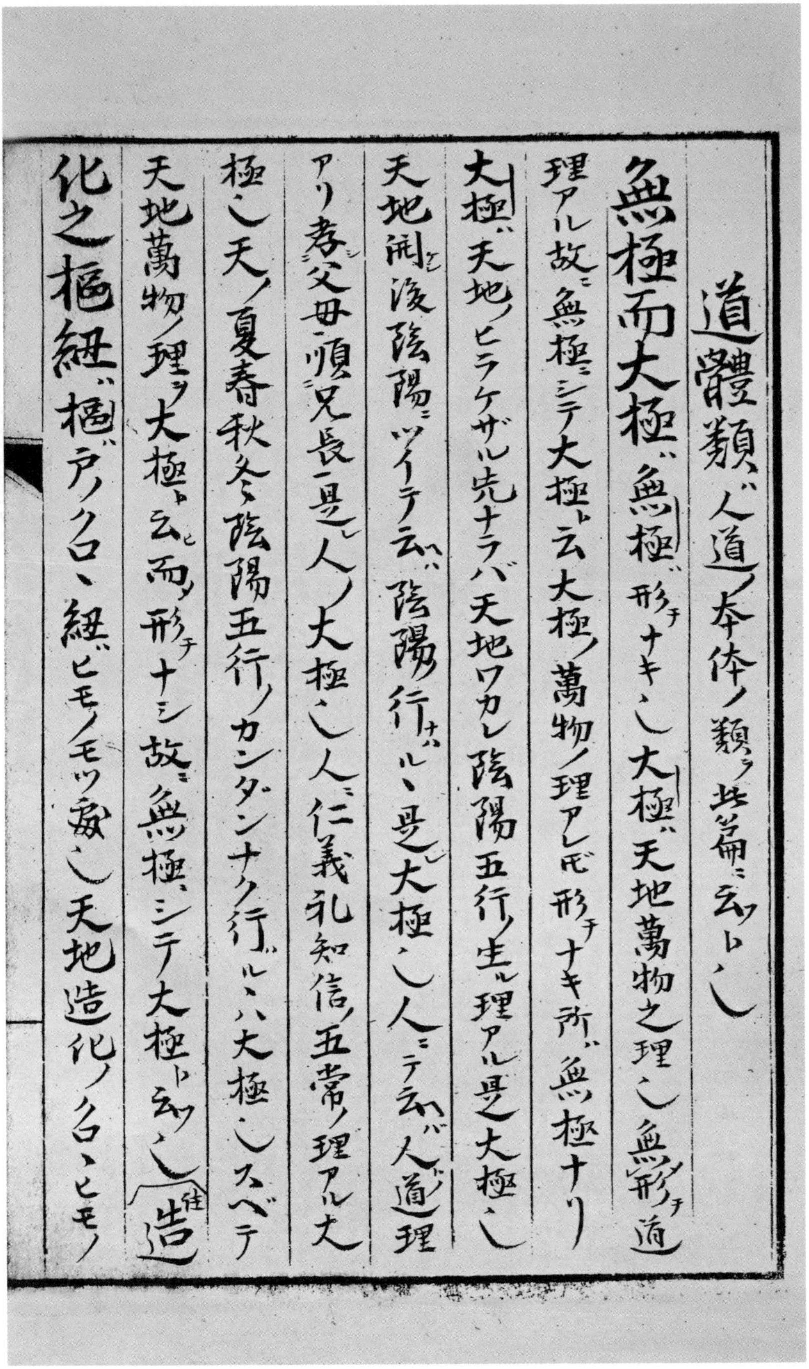

道體類ハ人道ノ本体ノ類ヲ此篇ニ云フトゾ
無極而大極ハ無極ハ形チナキゾ大極ハ天地萬物之理ゾ無形チノ道
理アル故ニ無極ニシテ大極ト云大極ノ萬物ノ理アレドモ形チナキ所ハ無極ナリ
大極ハ天地ノヒラケザル先ナラバ天地ワカレ陰陽五行ノ生ル理アル是之大極ゾ
天地開ケテ後陰陽ニツイテ云ハヾ陰陽行ハルヽ是大極ゾ人ニテ云ハヾ人道ノ理
アリ孝シ父母ニ順ヒ兄長ニ是レ人ノ大極ゾ人ニ仁義礼知信ノ五常ノ理アル大
極ゾ天ノ夏春秋冬陰陽五行ノカンタンナク行ハルヽハ大極ゾスベテ
天地萬物ノ理ヲ大極ト云而シテ形チナシ故ニ無極ニシテ大極ト云フゾ　造
化之樞紐ハ樞ハ戸ノクヽ紐ハヒモノモツ處ゾ天地造化ノクヽヒモノ

圖 13-10　中井履軒《近思録聞書》，
日文鈔寫本，
日本國立國會圖書館藏

190 –

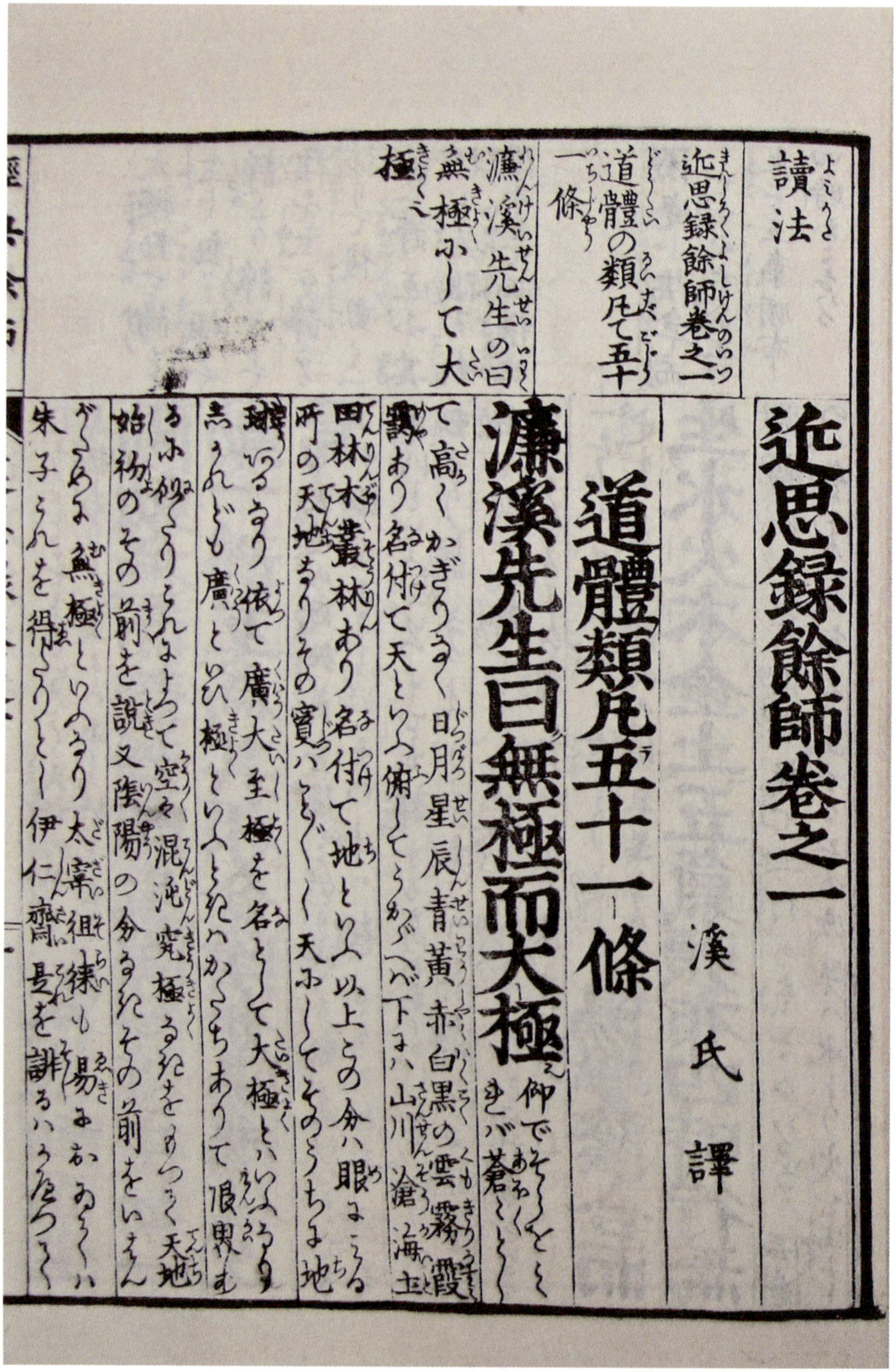
讀法
近思録餘師巻之一
道體の類凡て五十一條
濂溪先生の曰無極ふして大極
近思録餘師巻之一
溪氏譯
道體類凡五十一條
濂溪先生曰無極而大極

圖 13-11　溪百年《近思録餘師》，
日本天保十四年森本三書堂合刻本，
筑波大學藏

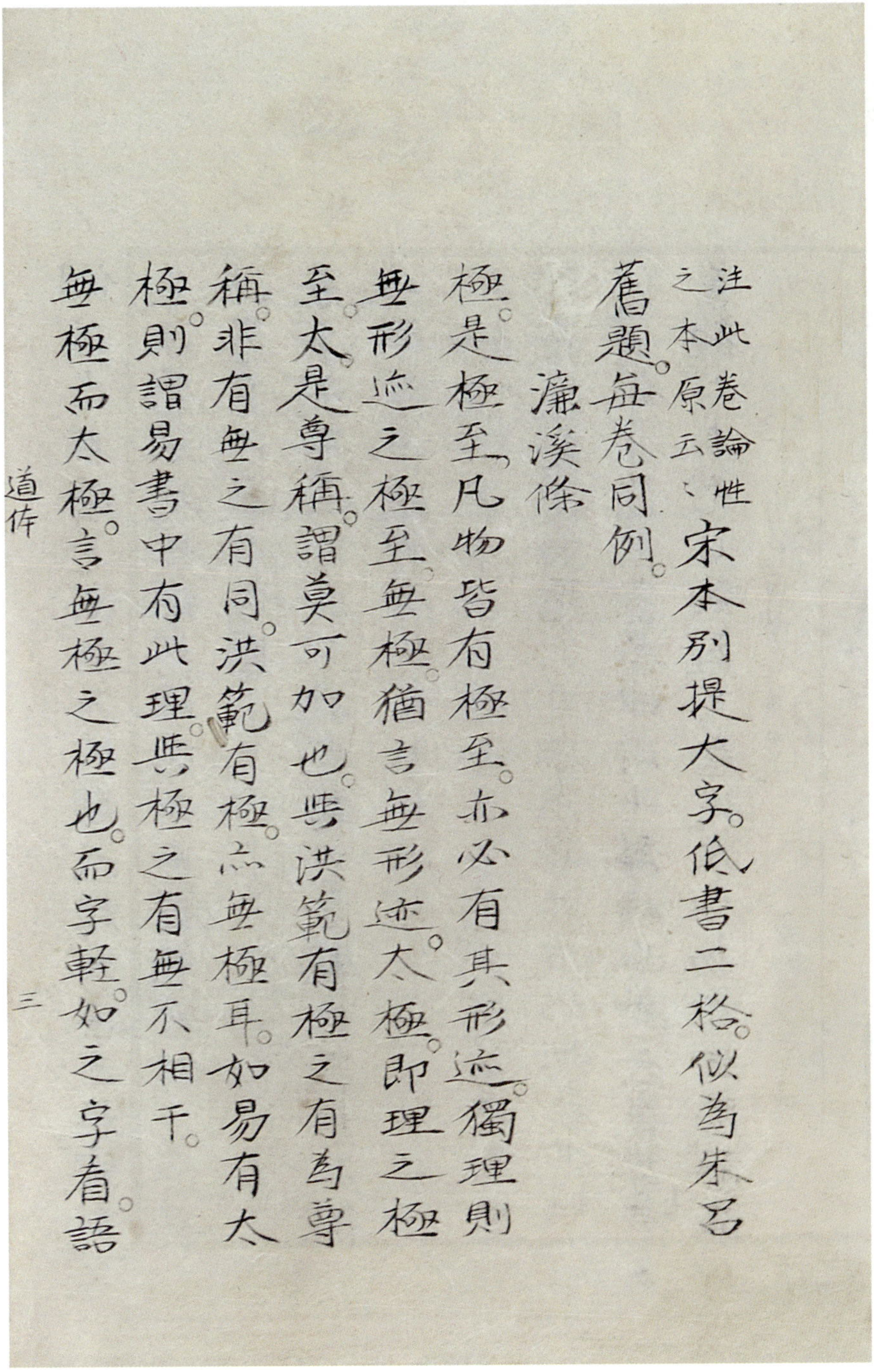
注此卷論性之本原云、宋本別提大字。低書二格。似為朱呂
舊題。每卷同例。
濂溪條
極是極至。凡物皆有極至。亦必有其形迹。獨理則
無形迹之極至。無極猶言無形迹。太極即理之極
至。太是尊稱。謂莫可加也。其洪範有極之有為尊
稱。非有無之有同。洪範有極。亦無極耳。如易有太
極。則謂易書中有此理。其極之有無不相干。
無極而太極。言無極之極也。而字輕。如之字看。語
道作
三

圖 13-13　佐藤一齋《近思録欄外書》，
日本天保十年漢文寫本，
東京都立中央圖書館藏

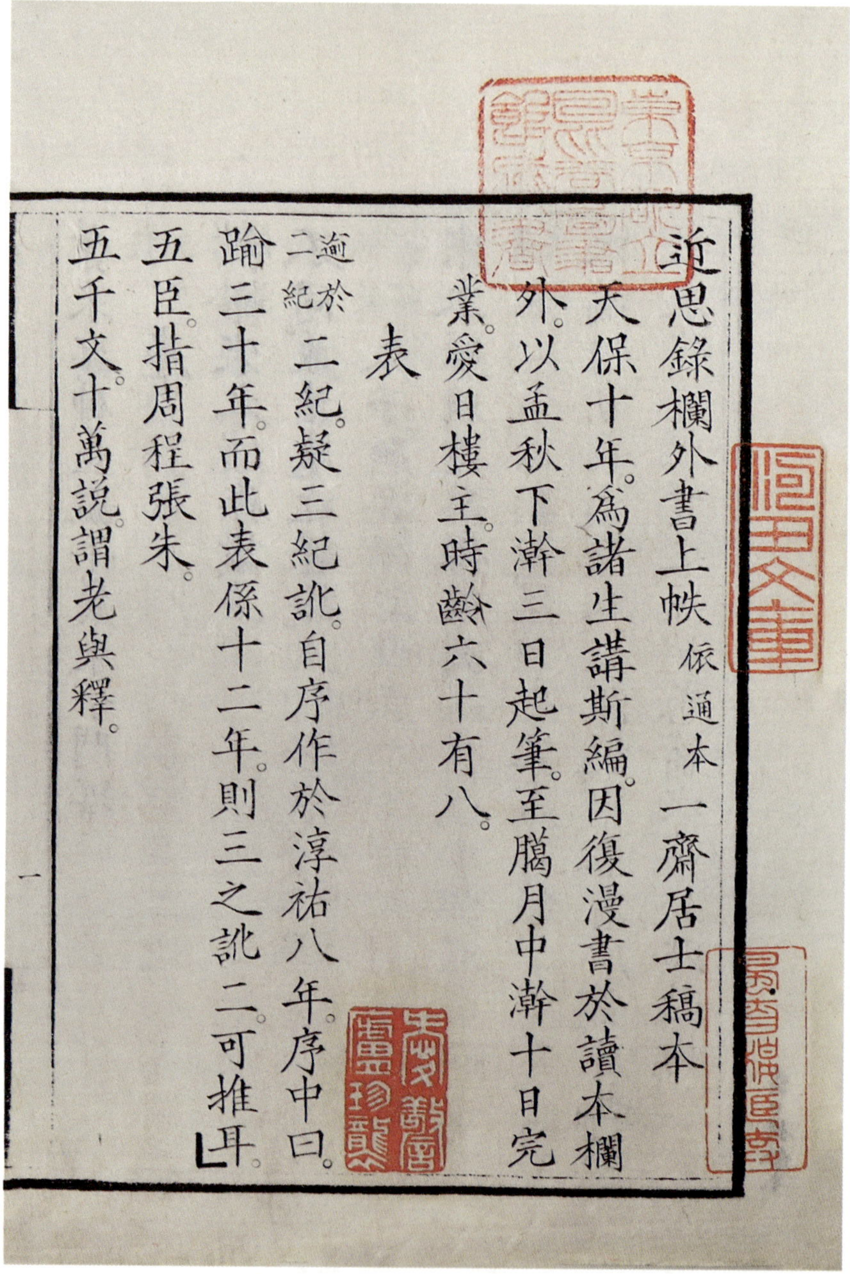
近思錄欄外書上帙 依通本 一齋居士稿本
天保十年。爲諸生講斯編。因復漫書於讀本欄外。以孟秋下澣三日起筆。至臈月中澣十日完業。愛日樓主時齡六十有八。
表
逾於二紀 二紀。疑三紀訛。自序作於淳祐八年。序中曰。踰三十年。而此表係十二年。則三之訛二。可推耳。
五臣。指周程張朱。
五千文。十萬說。謂老與釋。

圖 13-14　佐藤一齋《近思録欄外書》，
愛日樓抄寫本，
東京都立中央圖書館藏

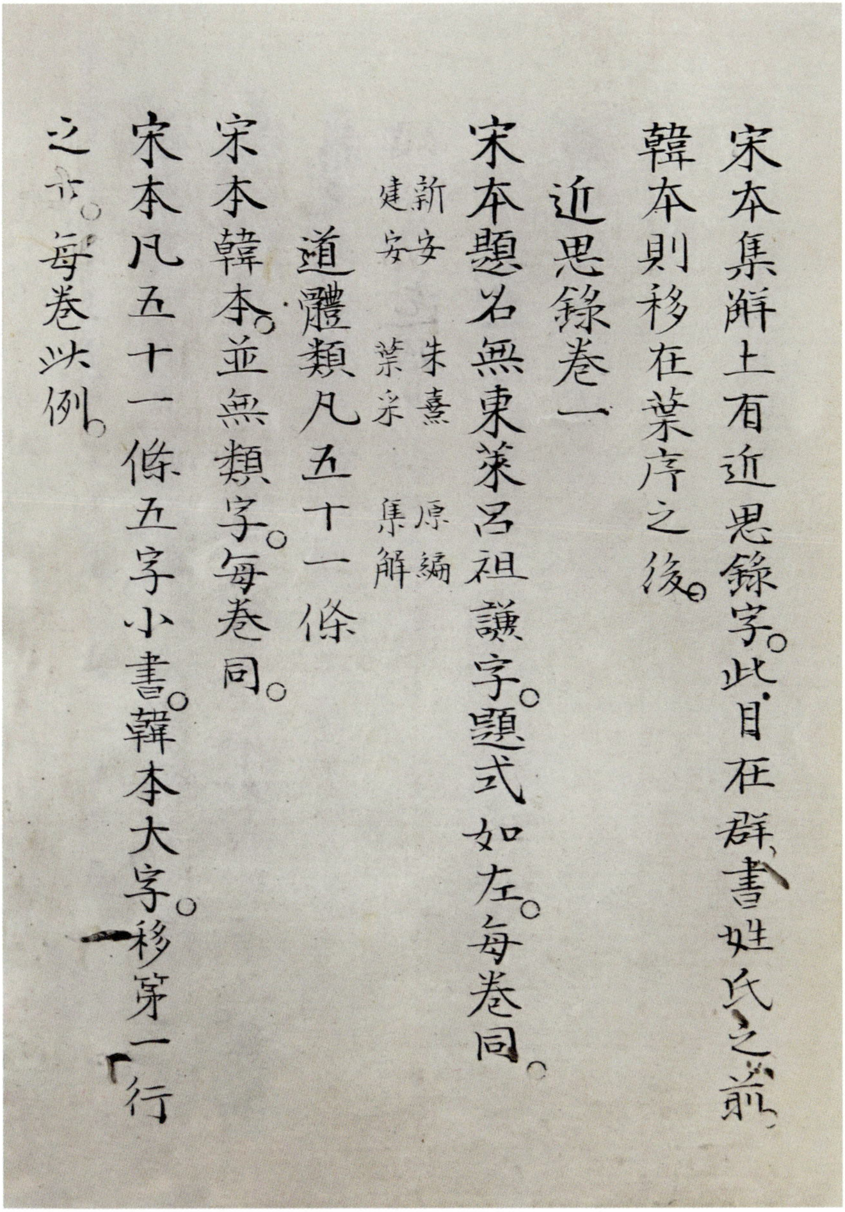
宋本集解上有近思錄字。此目在群書姓氏之前。
韓本則移在葉序之後。
近思錄卷一
宋本題名無東萊呂祖謙字。題式如左。每卷同。
新安　朱熹　原編
建安　葉采　集解
道體類凡五十一條
宋本韓本並無類字。每卷同。
宋本凡五十一條五字小書。韓本大字。移第一行
之下。每卷此例。

圖 13-15　佐藤一齋《近思録欄外書》，
漢文寫本（九行本），
東京都立中央圖書館藏

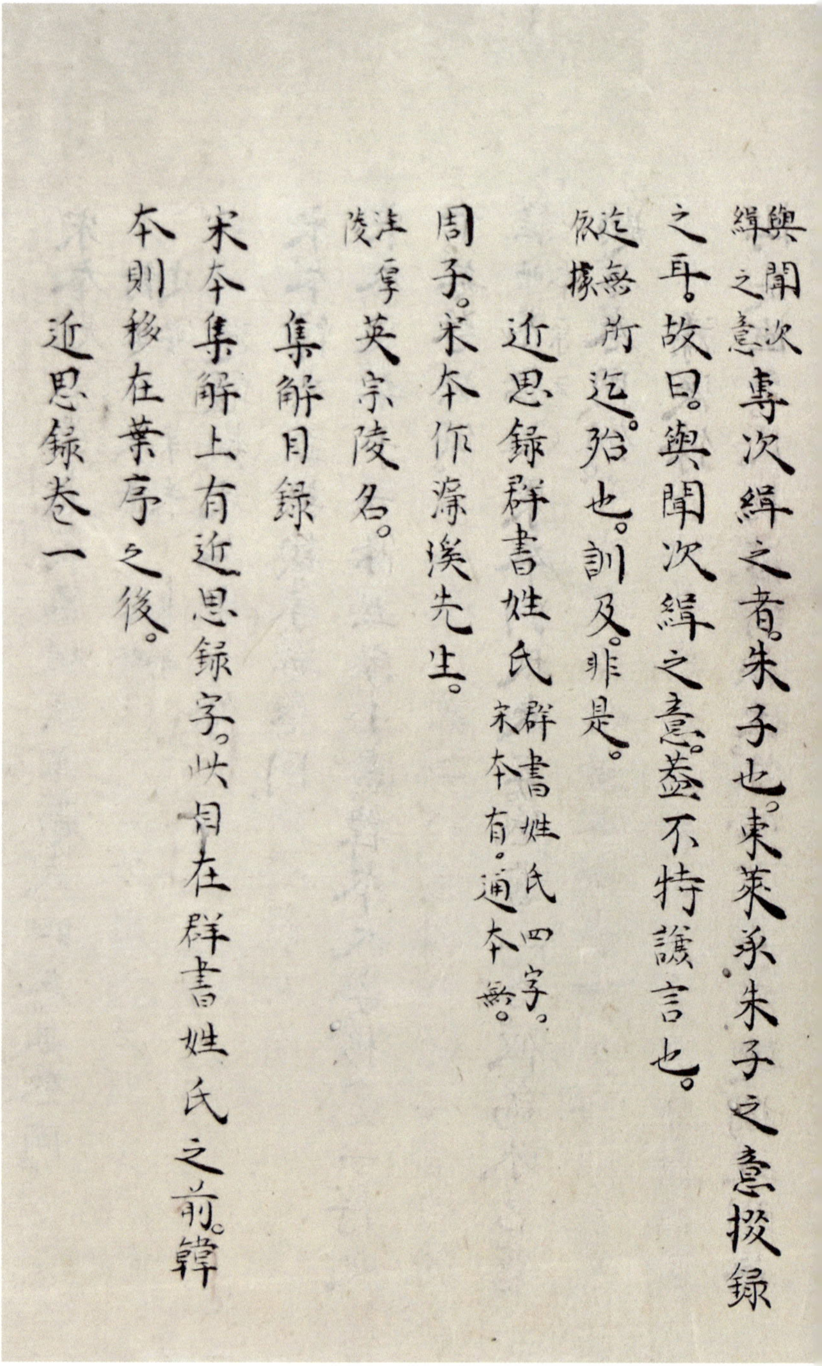

與聞次緝之意專次緝之者。朱子也。東萊承朱子之意掇録
之耳。故曰。與聞次緝之意。蓋不特讓言也。
近無依據所近。殆也。訓及。非是。
近思録群書姓氏群書姓氏四字。宋本有。通本無。
周子。宋本作濂溪先生。
注厚陵英宗陵名。
集解目録
宋本集解上有近思録字。此目在群書姓氏之前。韓
本則移在葉序之後。
近思録巻一

圖 13-16　佐藤一齋《近思録欄外書》，
漢文寫本（十行本），
二松學舍大學藏

約

序

考合緒論宋本緒作諸。不同。兼指遠近詳約。

朱子題言

宋本題曰。近思録前引。韓本以朱呂二引。置四先生書目後。求端用力。處已治人。宜渾說中各有所當。可也。不必求篇目以實之。注就卷篇次旁分貼。恐拘。

呂氏題言

宋本題曰。近思録後引。

196 –

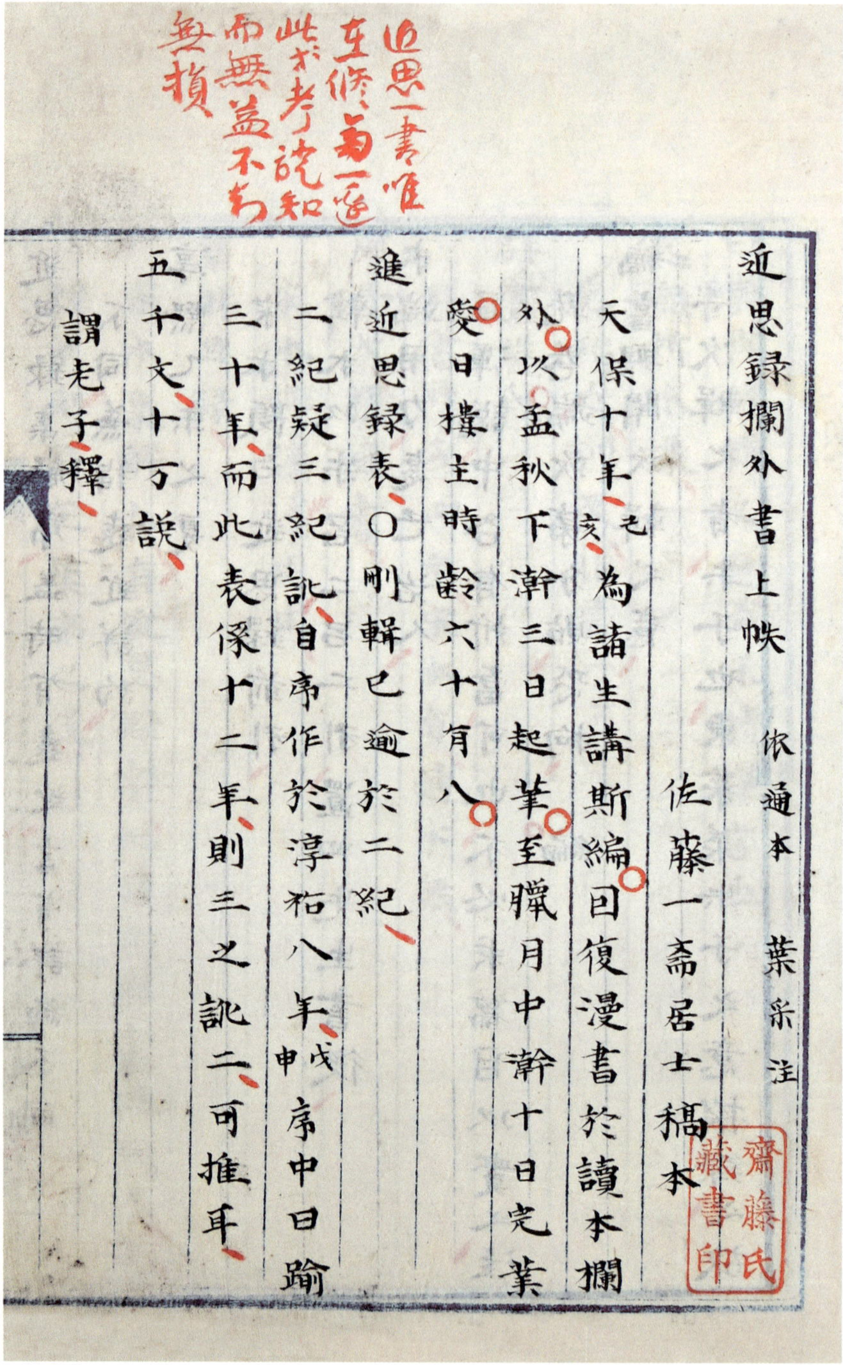

近思録欄外書上帙　依通本　葉采注
佐藤一斎居士稿本
天保十年己亥為諸生講斷編回復漫書於讀本欄
外以孟秋下澣三日起筆至臘月中澣十日完業
癸日撲主時齡六十有八
進近思録表〇删輯已逾於二紀
二紀疑三紀訛自序作於淳祐八年戊申序中日踰
三十年而此表係十二年則三之訛二可推耳
五千文十万説
謂老子釋

近思一書唯在傍、看一遍此等考說知而無益不知無損

齋藤氏藏書印

圖 13-17　佐藤一齋《近思録欄外書》，
藍格漢文抄寫本，
二松學舍大學藏

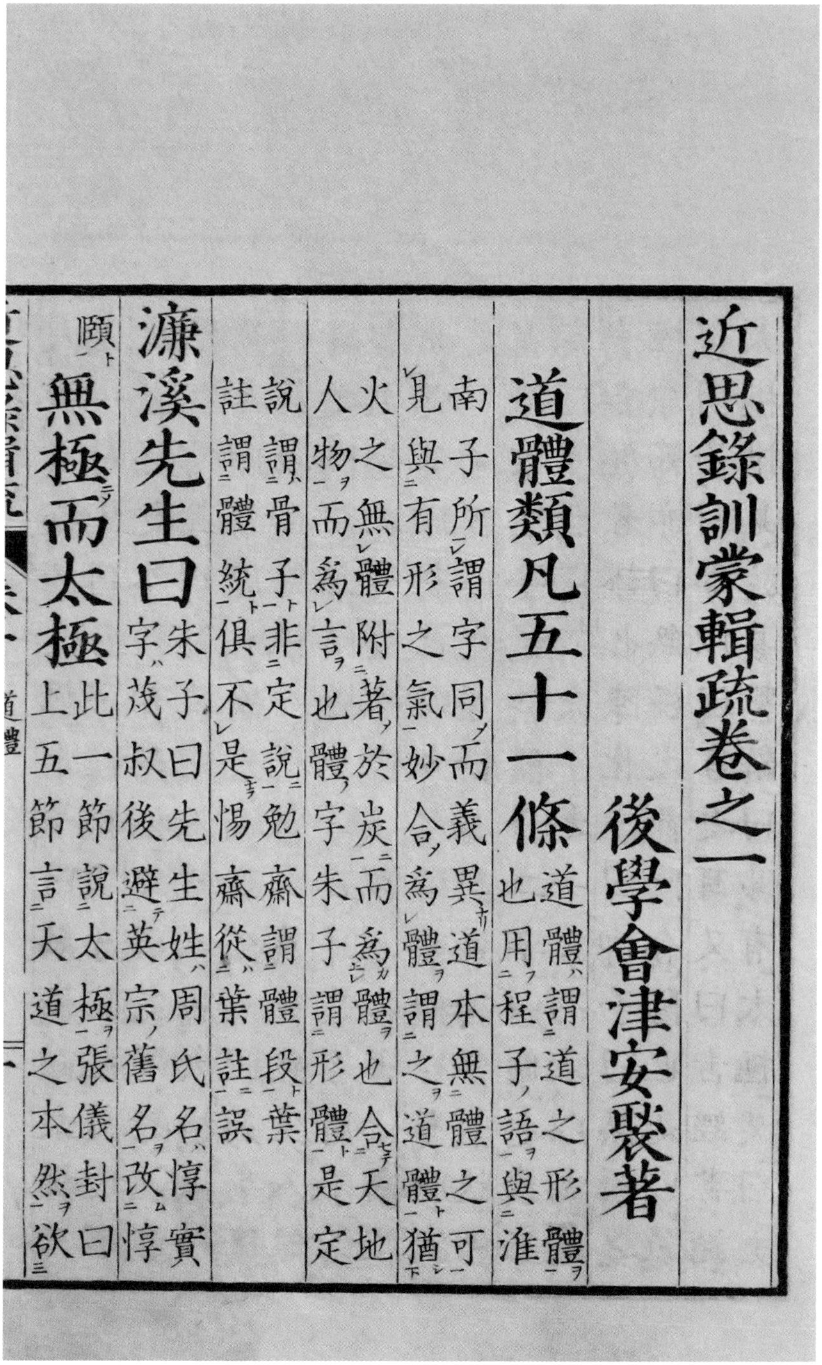

近思錄訓蒙輯疏卷之一

後學會津安褧著

道體類凡五十一條 道體謂道之形體也用程子語與淮南子所謂字同而義異道本無體之可見與有形之氣妙合為體謂之道體猶火之無體附著於炭而為體也合天地人物而為言也體字朱子謂形體是定說謂骨子非定說勉齋謂體段葉註謂體統俱不是惕齋從葉註誤

濂溪先生曰 朱子曰先生姓周氏名惇實字茂叔後避英宗舊名改惇頤

無極而太極 此一節說太極張儀封曰上五節言天道之本然欲

圖 13-19　安褧《近思録訓蒙輯疏》，
日本弘化四年刊本，
日本國立公文書館藏

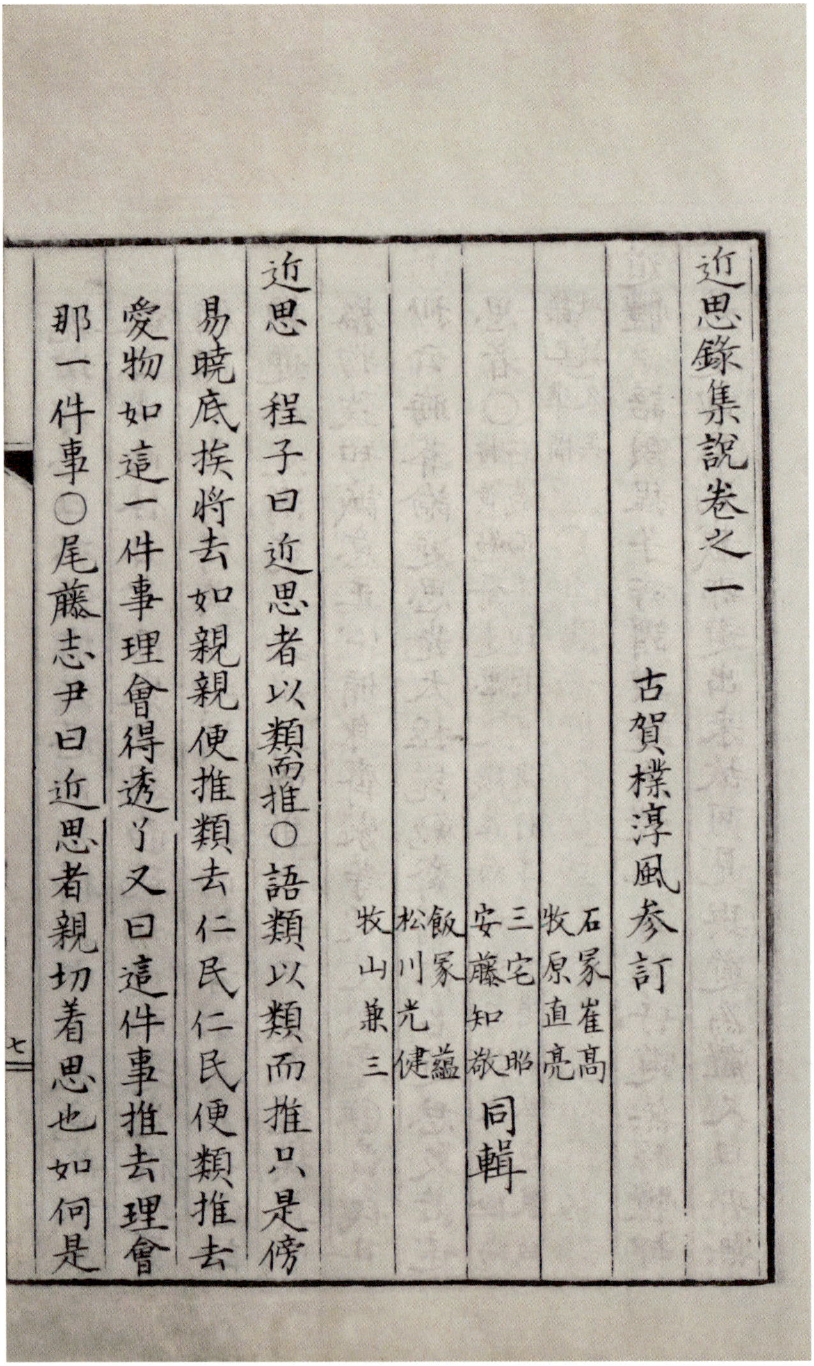

近思錄集說卷之一

古賀樸淳風參訂

石冢崔高
牧原直亮
三宅昭
安藤知敬
飯冢蘊
松川光健
牧山兼三
同輯

近思 程子曰近思者以類而推○語類以類而推只是傍易曉底挨將去如親親便推類去仁民仁民便類推去愛物如這一件事理會得透了又曰這件事推去理會那一件事○尾藤志尹曰近思者親切着思也如何是

七

圖 13-21　古賀樸等輯《近思録集説》，
漢文抄寫本，
日本國立公文書館藏

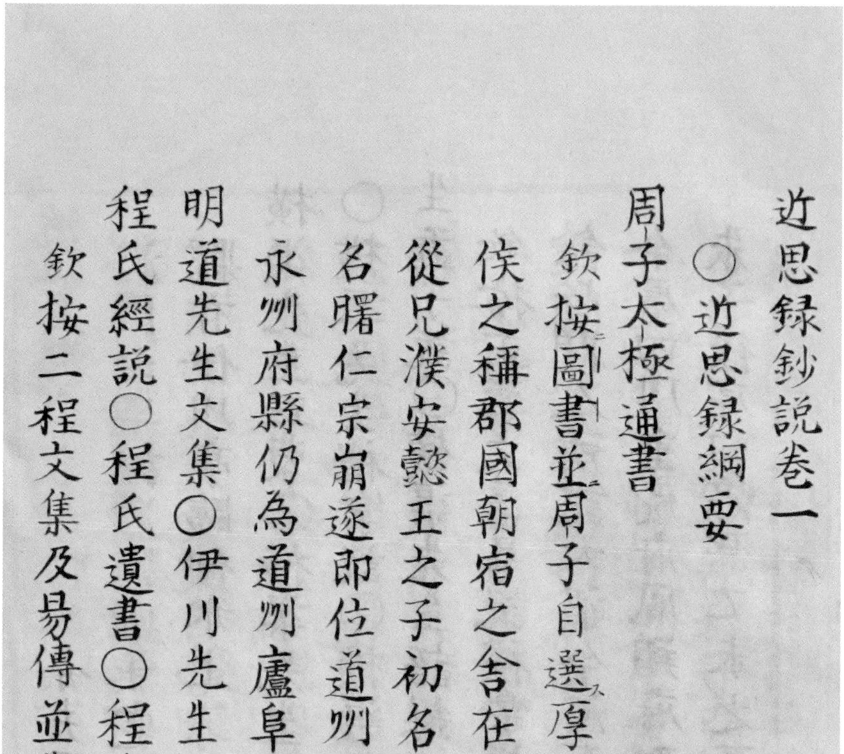

近思録鈔説巻一

○近思録綱要

周子太極通書

欽按圖書並周子自選厚陵宋英宗陵號藩者諸侯之稱郡國朝宿之舍在京師者名邸英宗仁宗從兄濮安懿王之子初名宗實仁宗立爲皇子賜名曙仁宗崩遂即位道州營道縣今屬湖廣改爲永州府縣仍為道州廬阜即江西之廬山也

明道先生文集○伊川先生文集○周易程氏傳○程氏經説○程氏遺書○程氏外書

欽按二程文集及易傳並先生自選餘皆門人所

圖 14-1　中村惕齋《近思録鈔説》，
漢文抄寫本，
日本國立公文書館藏

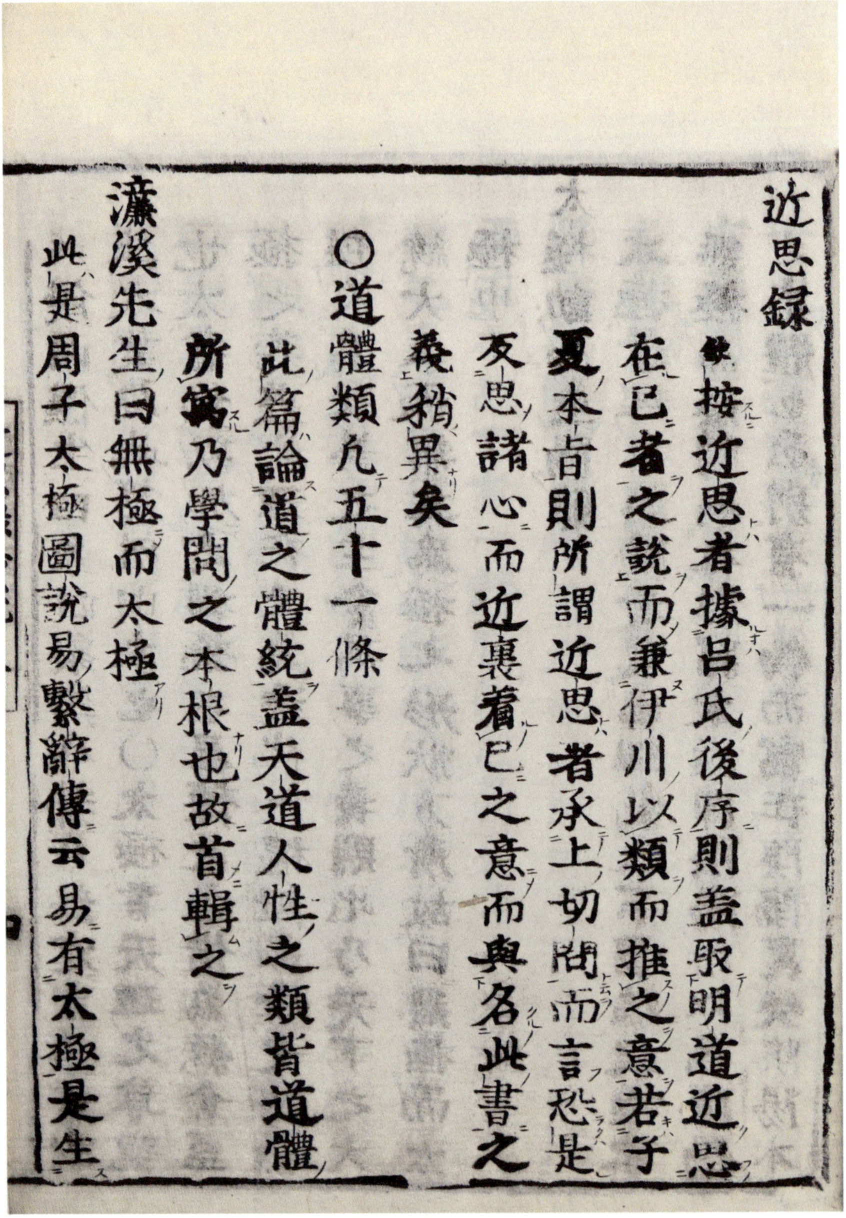
近思録

鈔按近思者據呂氏後序則蓋取明道近思在己者之説而兼伊川以類而推之意若子夏本旨則所謂近思者承上切問而言恐是反思諸心而近裏着己之意而與名此書之義稍異矣

〇道體類凡五十一條

此篇論道之體統蓋天道人性之類皆道體所寓乃學問之本根也故首輯之

濂溪先生曰無極而太極

此是周子太極圖説易繫辭傳云易有太極是生

圖 14-3　中村惕齋《近思録鈔説》，
活字本，
東京都立中央圖書館藏

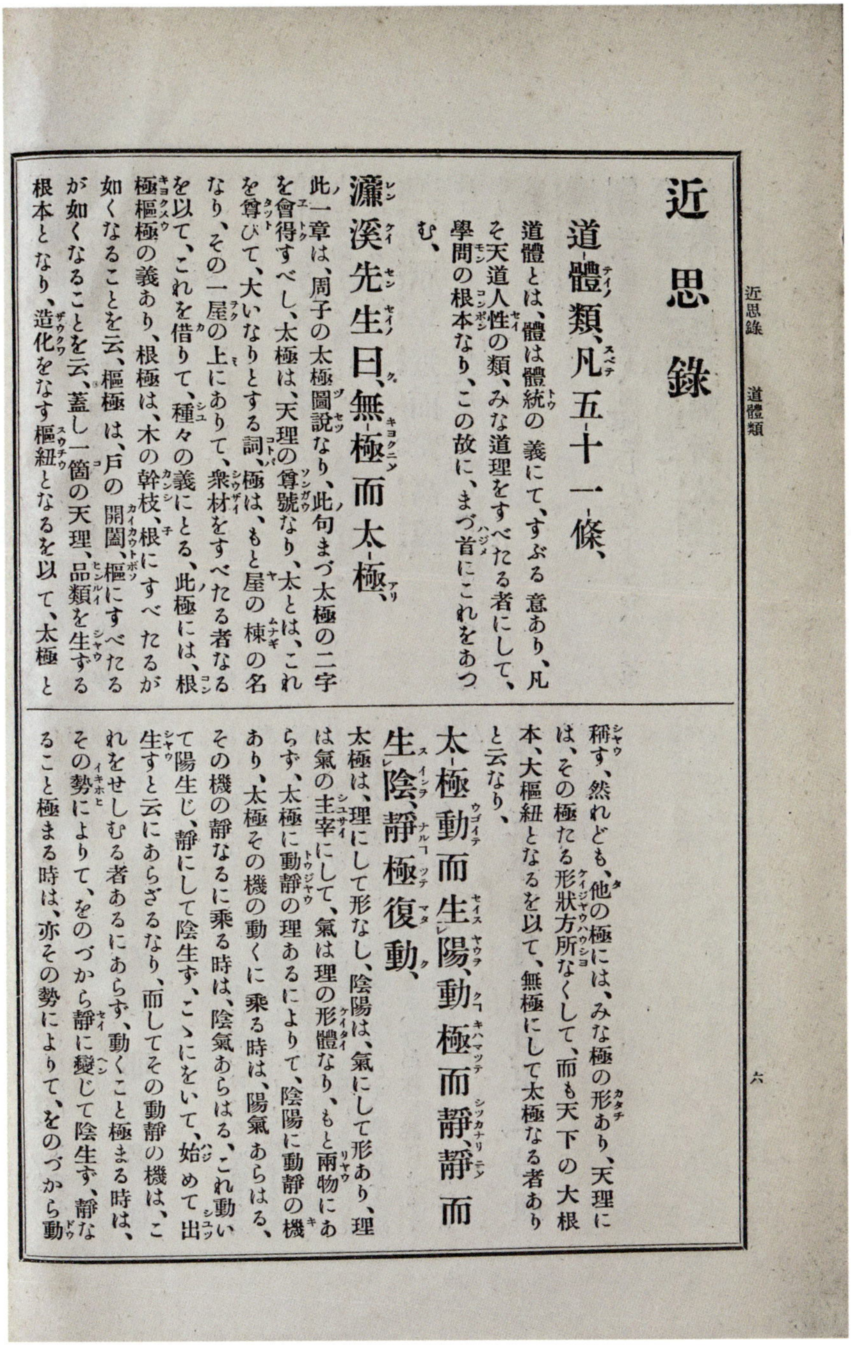

近思錄　道體類　六

近思錄

道體類、凡五十一條、

道體とは、體は體統の義にて、すぶる意あり、凡そ天道人性の類、みな道理をすべたる者にして、學問の根本なり、この故に、まづ首にこれをあつむ、

濂溪先生曰、無極而太極、

此一章は、周子の太極圖說なり、此句まづ太極の二字を會得すべし、太極は、天理の尊號なり、太とは、これを尊びて、大いなりとする詞、極は、もと屋の棟の名なり、その一屋の上にありて、衆材をすべたる者なるを以て、これを借りて、種々の義にとる、此極には、根極樞極の義あり、根極は、木の幹枝、根にすべたるが如くなることを云、樞極は、戸の開闔、樞にすべたるが如くなることを云、蓋し一箇の天理、品類を生ずる根本となり、造化をなす樞紐となるを以て、太極と稱す、然れども、他の極には、みな極の形あり、天理には、その極たる形狀方所なくして、而も天下の大根本、大樞紐となるを以て、無極にして太極なる者ありと云なり、

太極動而生陽、動極而靜、靜而生陰、靜極復動、

太極は、理にして形なし、陰陽は、氣にして形あり、理は氣の主宰にして、氣は理の形體なり、もと兩物にあらず、太極に動靜の理あるによりて、陰陽に動靜の機あり、太極その機の動くに乘る時は、陽氣あらはる、その機の靜なるに乘る時は、陰氣あらはる、これ動いて陽生じ、靜にして陰生ず、こゝにをいて、始めて出生すと云にあらざるなり、而してその動靜の機は、これをせしむる者あるにあらず、動くこと極まる時は、その勢によりて、をのづから靜に變じて陰生ず、靜なること極まる時は、亦その勢によりて、をのづから動

圖 14-4　中村惕齋講述《近思録示蒙句解》，
明治四十三年排印本，
京都大學藏

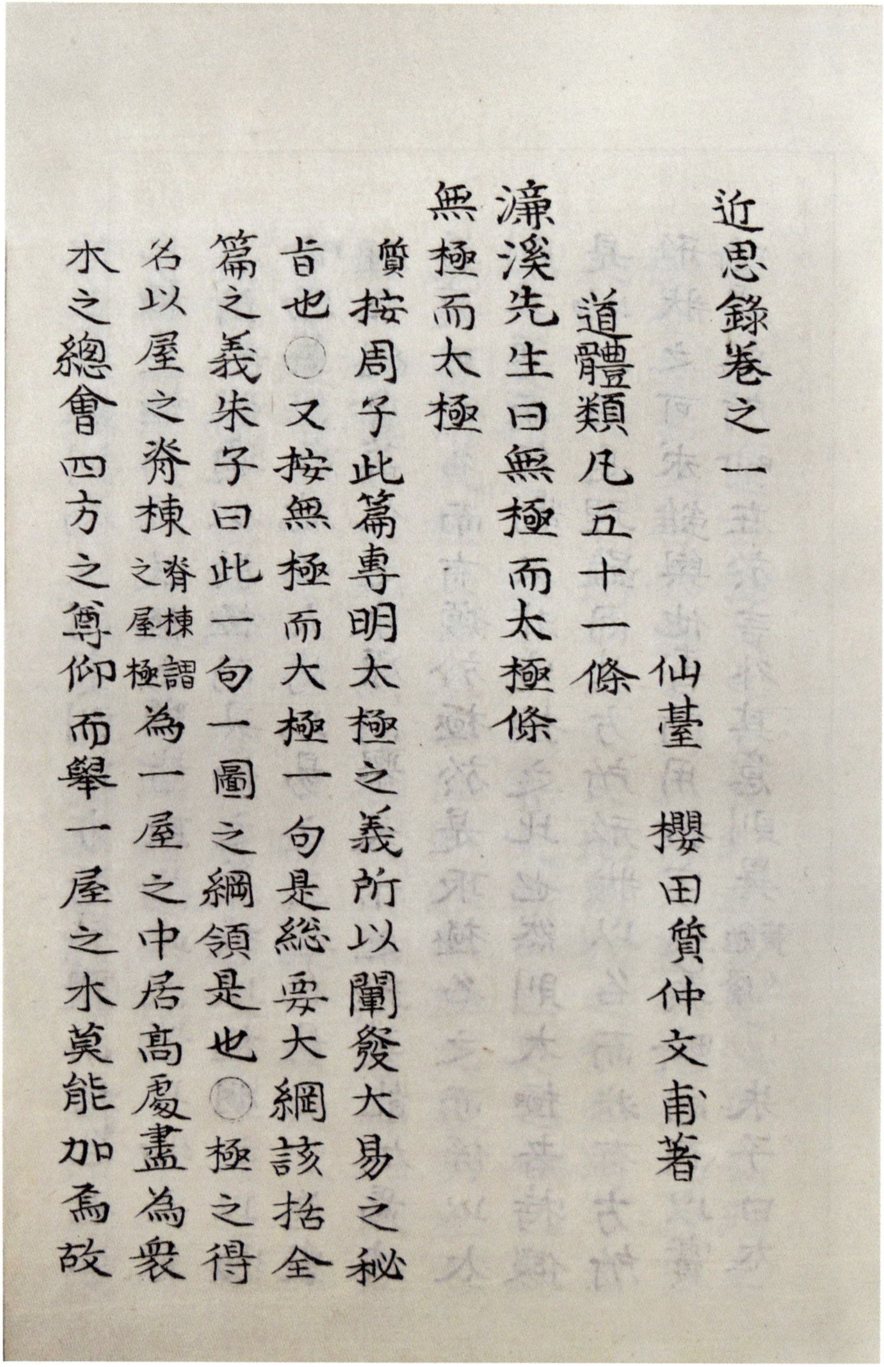

近思錄卷之一

道體類凡五十一條　仙臺　櫻田質仲文甫著

濂溪先生曰無極而太極條

無極而太極

質按周子此篇專明太極之義所以闡發大易之秘旨也◎又按無極而大極一句是総要大綱該括全篇之義朱子曰此一句一圖之綱領是也◎極之得名以屋之脊棟脊棟謂之屋極為一屋之中居高處盡為衆木之總會四方之尊仰而擧一屋之木莫能加爲故

圖 14-6　櫻田虎門《近思録摘説》，
漢文抄寫本，
東京都立中央圖書館藏

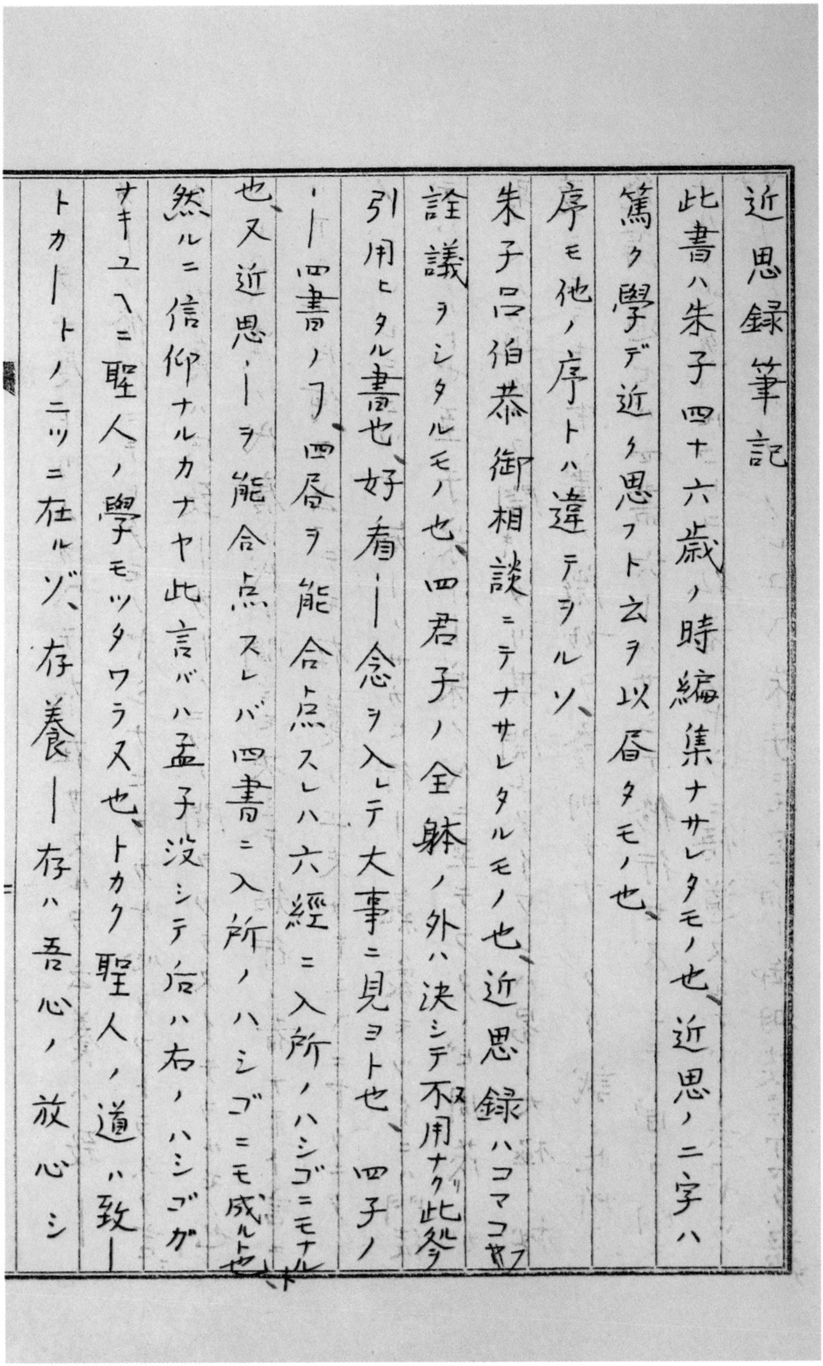
近思録筆記
此書ハ朱子四十六歳ノ時編集ナサレタモノ也、近思ノ二字ハ
篤ク學デ近ク思フト云ヲ以名タモノ也、
序モ他ノ序トハ違テヲルゾ、
朱子呂伯恭御相談ニテナサレタルモノ也、近思録ハコマコヤカ
詮議ヲシタルモノ也、四君子ノ全躰ノ外ハ決シテ不用ナク此參
引用ヒタル書也、好看ー念ヲ入レテ大事ニ見ヨト也、四子ノ
ーー四書ノ了、四昏ヲ能合点スレハ六經ニ入所ノハシゴニモナル
也、又近思ーーヲ能合点スレバ四書ニ入所ノハシゴニモ成ル也
然ルニ信仰ナルカナヤ此言バハ孟子没シテ后ハ右ノハシゴガ
ナキユヘニ聖人ノ學モツタワラヌ也、トカク聖人ノ道ハ致ー
トカーートノニツニ在ルゾ、存養ー存ハ吾心ノ放心シ

圖 14-8　山崎闇齋《近思録筆記》，
稿本，
日本國立國會圖書館藏

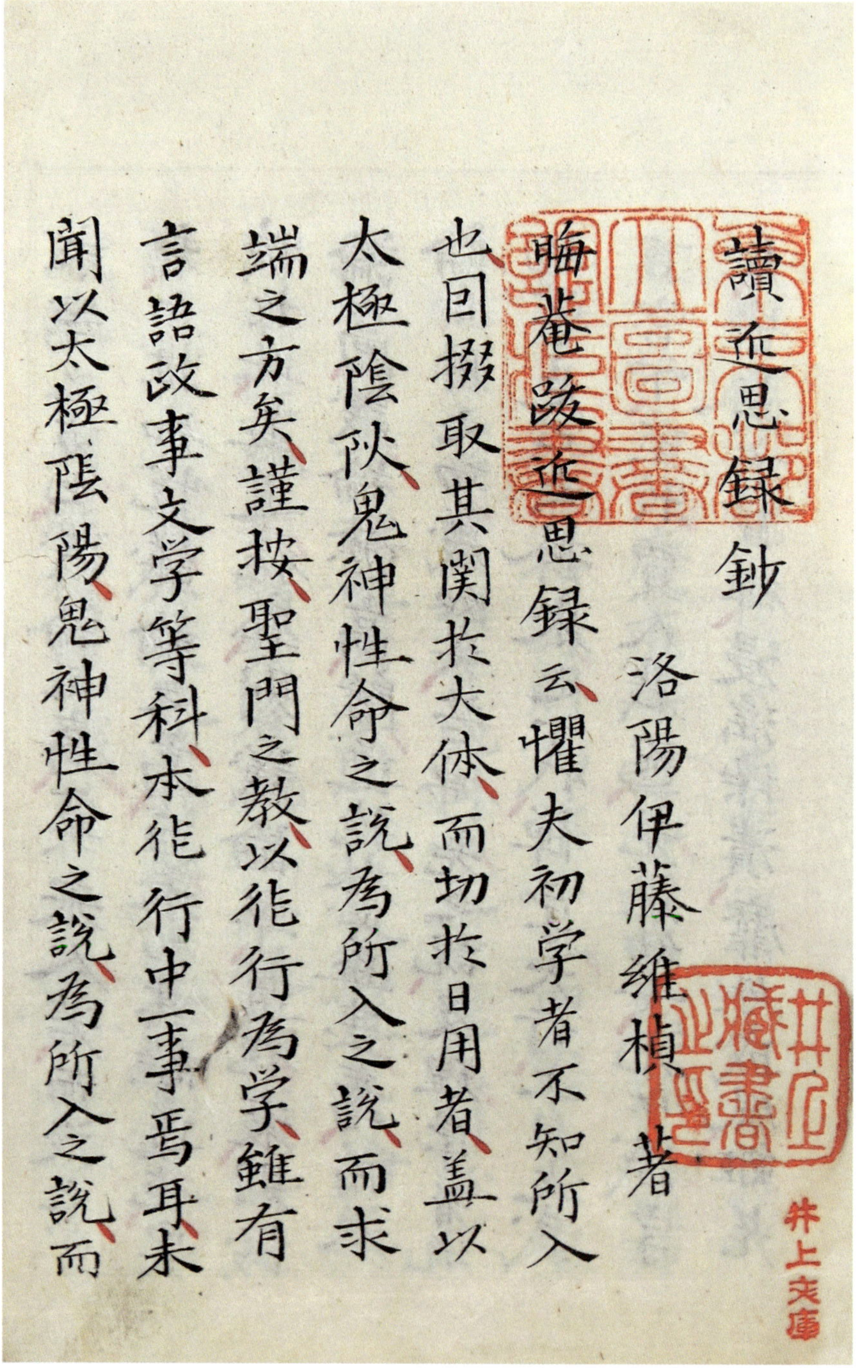

讀近思録鈔

洛陽伊藤維楨著

晦菴跋近思録云懼夫初学者不知所入也曰掇取其関於大体而切於日用者蓋以太極陰陽鬼神性命之説為所入之説而求端之方矣謹按聖門之教以能行為学雖有言語政事文学等科本能行中一事焉耳未聞以太極陰陽鬼神性命之説為所入之説而

圖 14-10　伊藤維楨《讀近思録鈔》，
漢文抄寫本，
東京都立中央圖書館藏

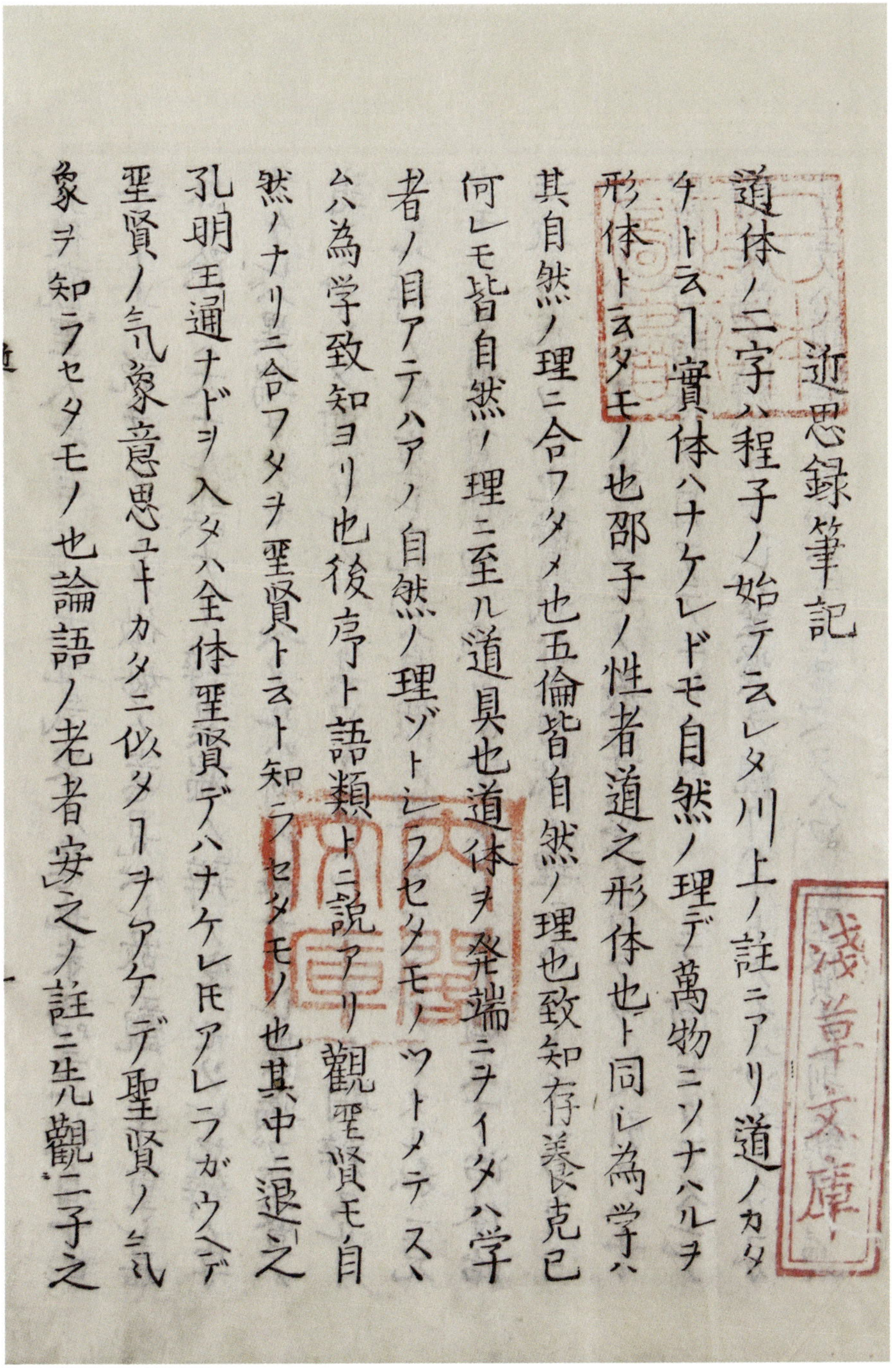

近思録筆記

道体ノ二字ハ程子ノ始テ云レタ川上ノ註ニアリ道ノカタ
チト云ヿ實体ハナケレドモ自然ノ理デ萬物ニソナハルヲ
形体ト云タモノ也邵子ノ性者道之形体也ト同レ為学ヿハ
其自然ノ理ニ合フタメ也五倫皆自然ノ理也致知存養克己
何レモ皆自然ノ理ニ至ル道具也道体ヲ発端ニヲイタハ学
者ノ目アテハアノ自然ノ理ゾトシラセタモノツトメテス丶
ムハ為学致知ヨリ也後亭ト語類ニ説アリ観聖賢モ自
然ノナリニ合フタヲ聖賢ト云ト知ラセタモノ也其中ニ退之
孔明王通ナドヲ入タハ全体聖賢デハナケレドモアレラガウヘデ
聖賢ノ気象意思ユキカタニ似タヿヲアケデ聖賢ノ気
象ヲ知ラセタモノ也論語ノ老者安之ノ註ニ先觀二子之

圖 14-11　佐藤直方《近思録筆記》，
日文抄本，
日本國立公文書館藏

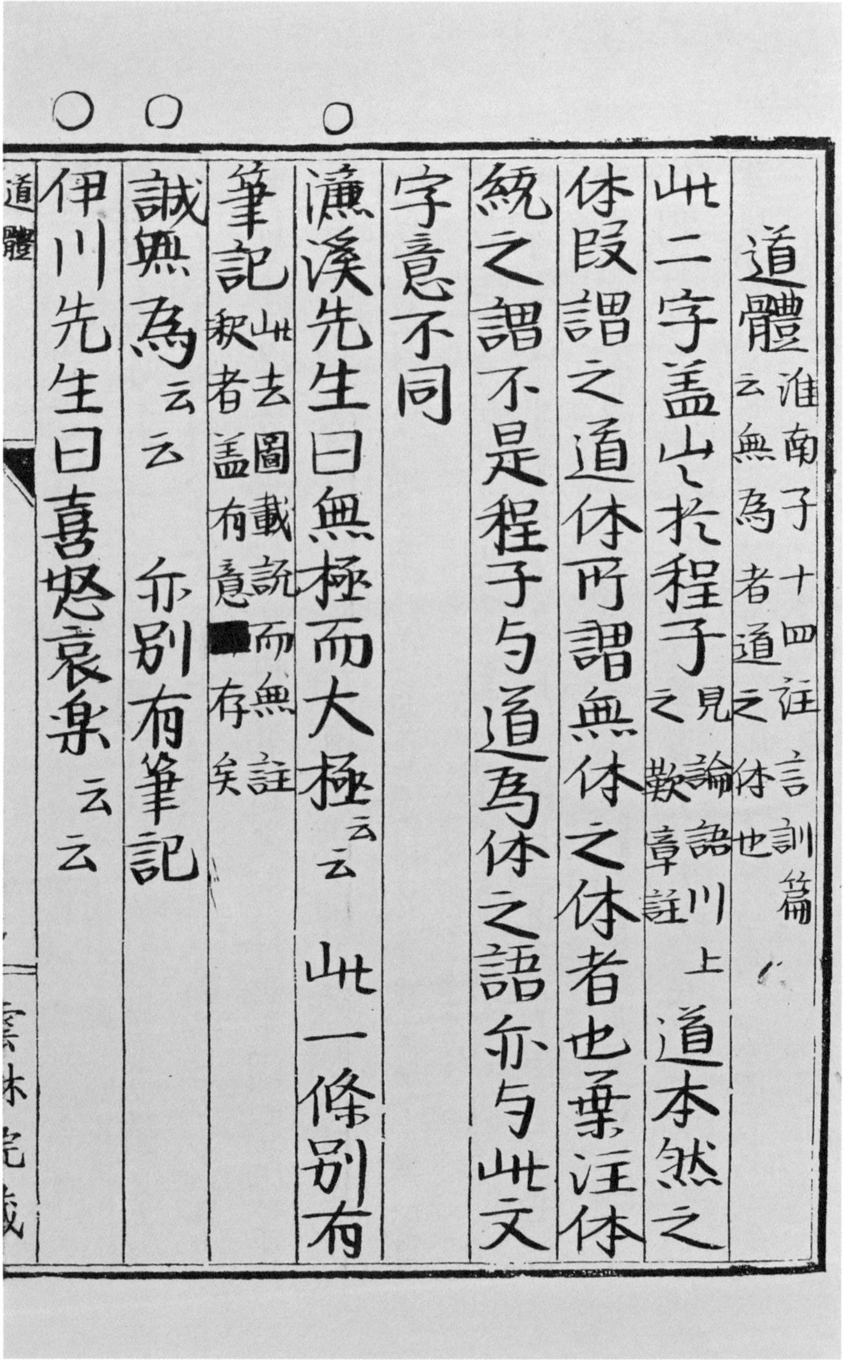

道體 淮南子十四詮言訓篇云無為者道之体也
此二字蓋出於程子 見論語川上之數章註 道本然之
体叚謂之道体所謂無体之体者也葉注体
統之謂不是程子与道為体之語亦与此文
字意不同
濂溪先生曰無極而大極云云 此一條別有
筆記 此去圖載説而無註釈者蓋有意[redacted]存矣
誠無為云云 亦別有筆記
伊川先生曰喜怒哀樂云云
道體

圖 14-12　三宅重固《讀近思録筆記》，
日本享保十三年漢文寫本，
東京都立中央圖書館藏

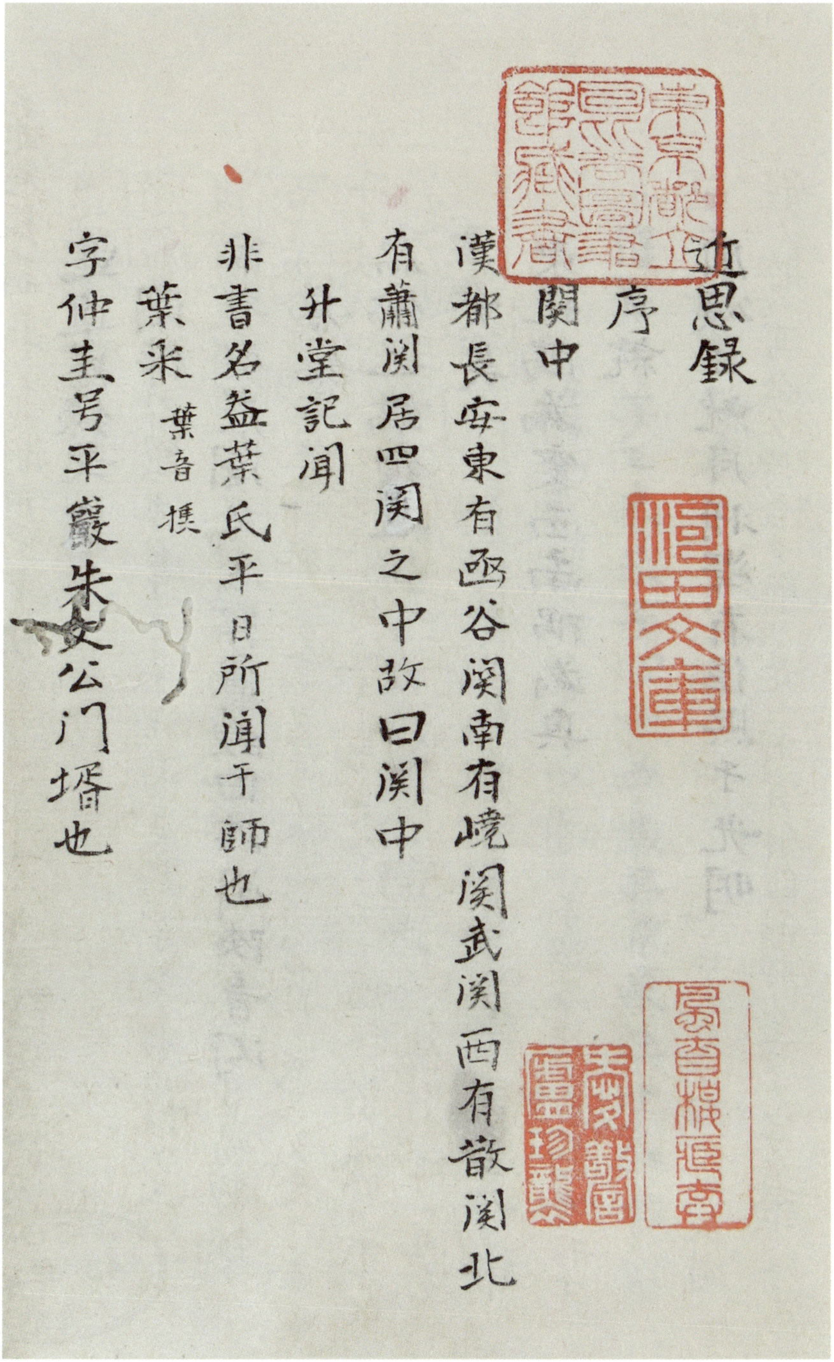
近思録
序
關中
漢都長安東有函谷関南有嶢関武関西有散関北
有蕭関居四関之中故曰関中
升堂記聞
非書名益葉氏平日所聞于師也
葉采 葉音摂
字仲圭号平巖朱文公門播也

圖 14-13　中井竹山《近思録説》，
漢文抄寫本，
東京都立中央圖書館藏

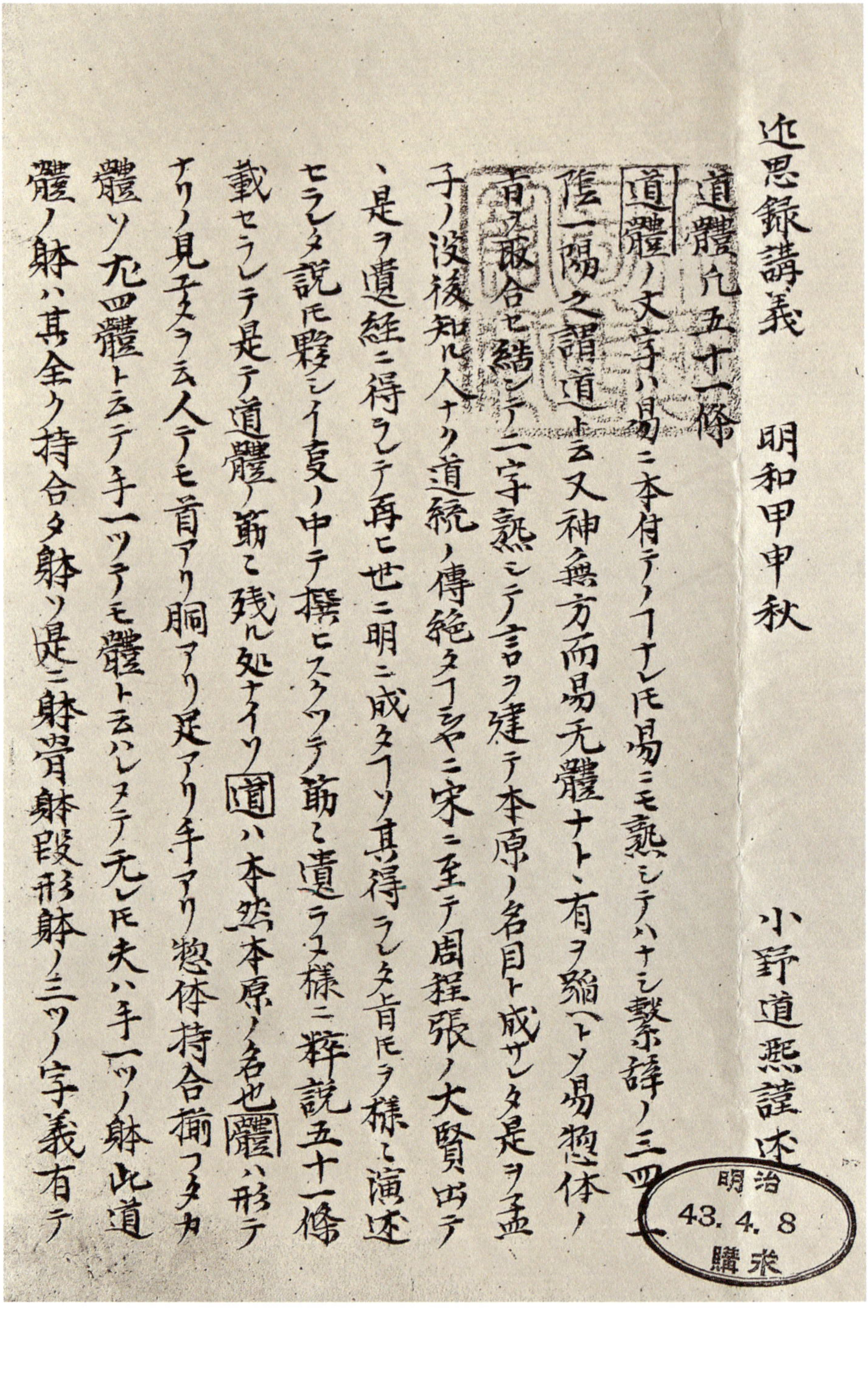

圖 14-17　小野道熙《近思録講義》，
日本明和年間寫本，
日本國立國會圖書館藏

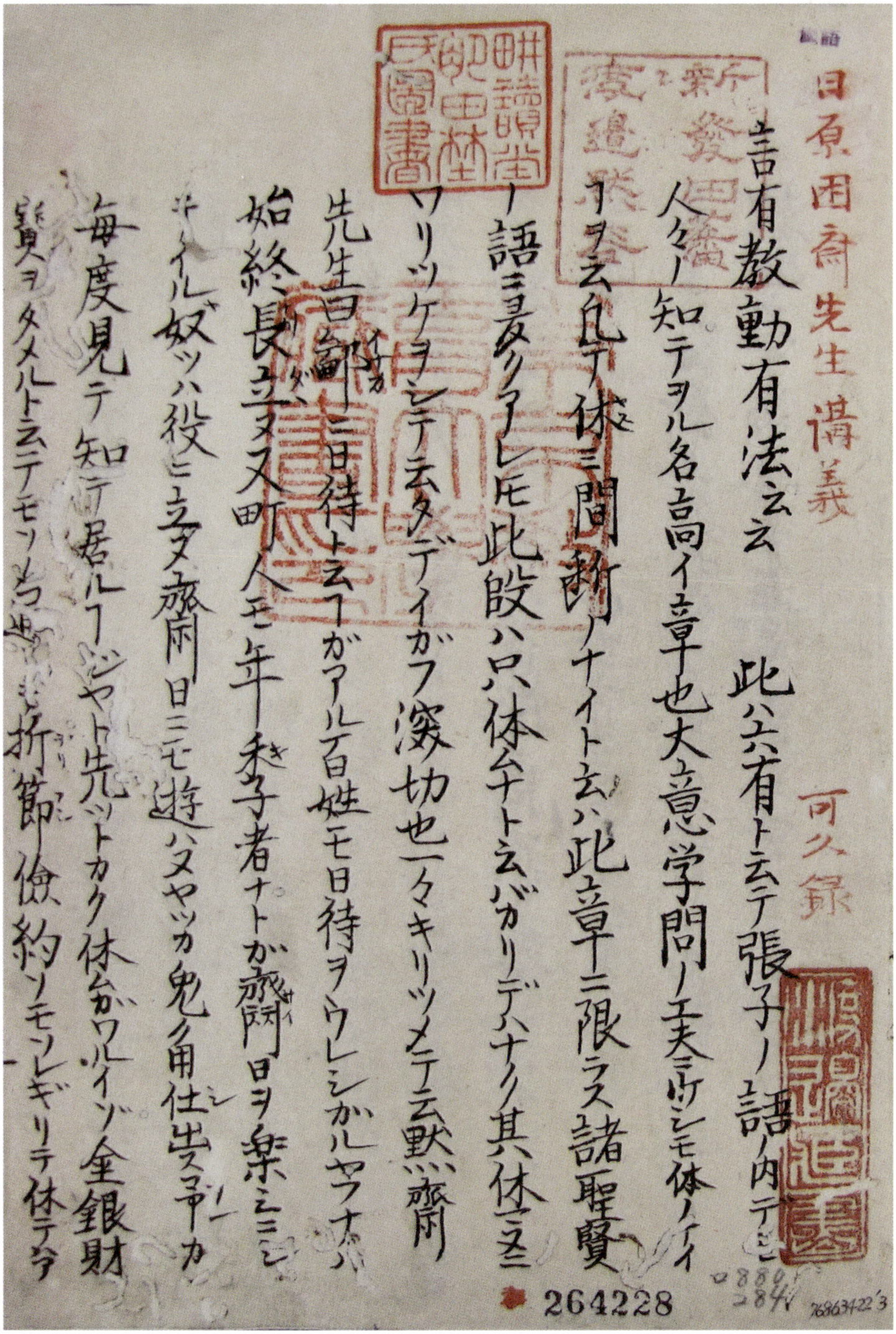

圖 14-18　手塚坦齋《近思録六有西銘講義》，
日文寫本，
筑波大學藏

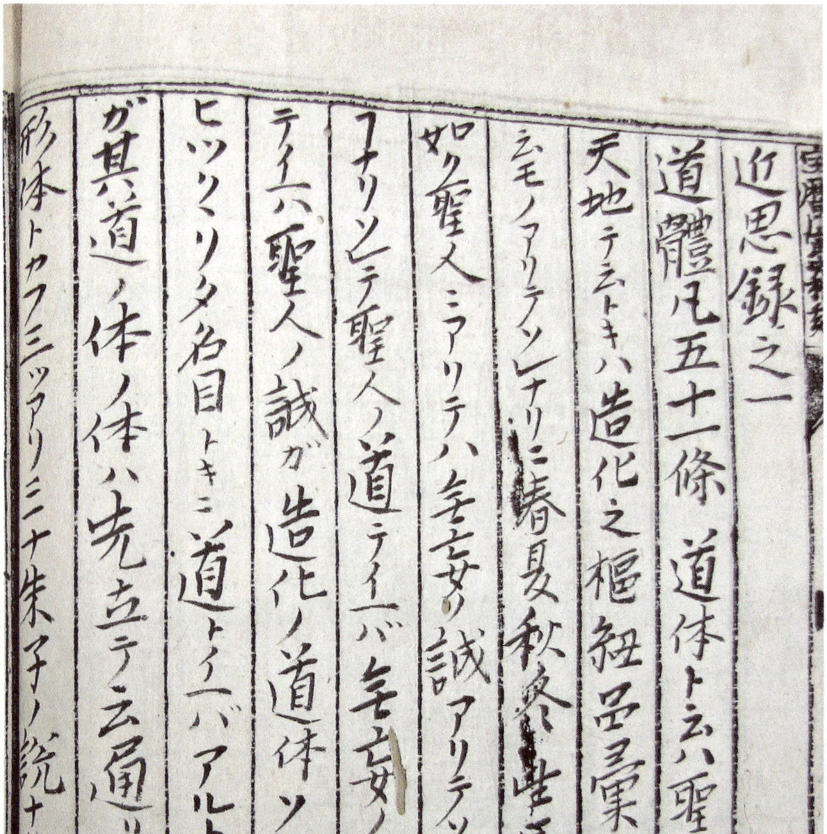
近思録之一
道體凡五十一條　道体ト云ハ聖人ノトカレタ道ノ全体ハ
天地テ云トキハ造化之樞紐品彙之根底トナル道体ト
云モノアリテソレナリニ春夏秋冬生長收藏ノ道ノ行ル、
如ク聖人ニアリテハ無妄ノ誠アリテソレヨリ聖人ノ道ハ行ル、
ナリソレテ聖人ノ道テイヘバ無妄ノ誠ガ造化ノ道体造化
テイヘハ聖人ノ誠ガ造化ノ道体ソレ故道体ハ道全体ヲ
ヒツクリタ名目トキニ道トイヘバアルトアラユルモノミナ道ジヤ
ガ其道ノ体ノ体ハ先立テ云通リ三説アリテ体骨体段
形体トカフミツアリミナ朱子ノ説ナリ先ツ体骨ト云ハ骨

圖 14-19　藤原兼原《近思録講義》，
日本明和年間抄本，
筑波大學藏

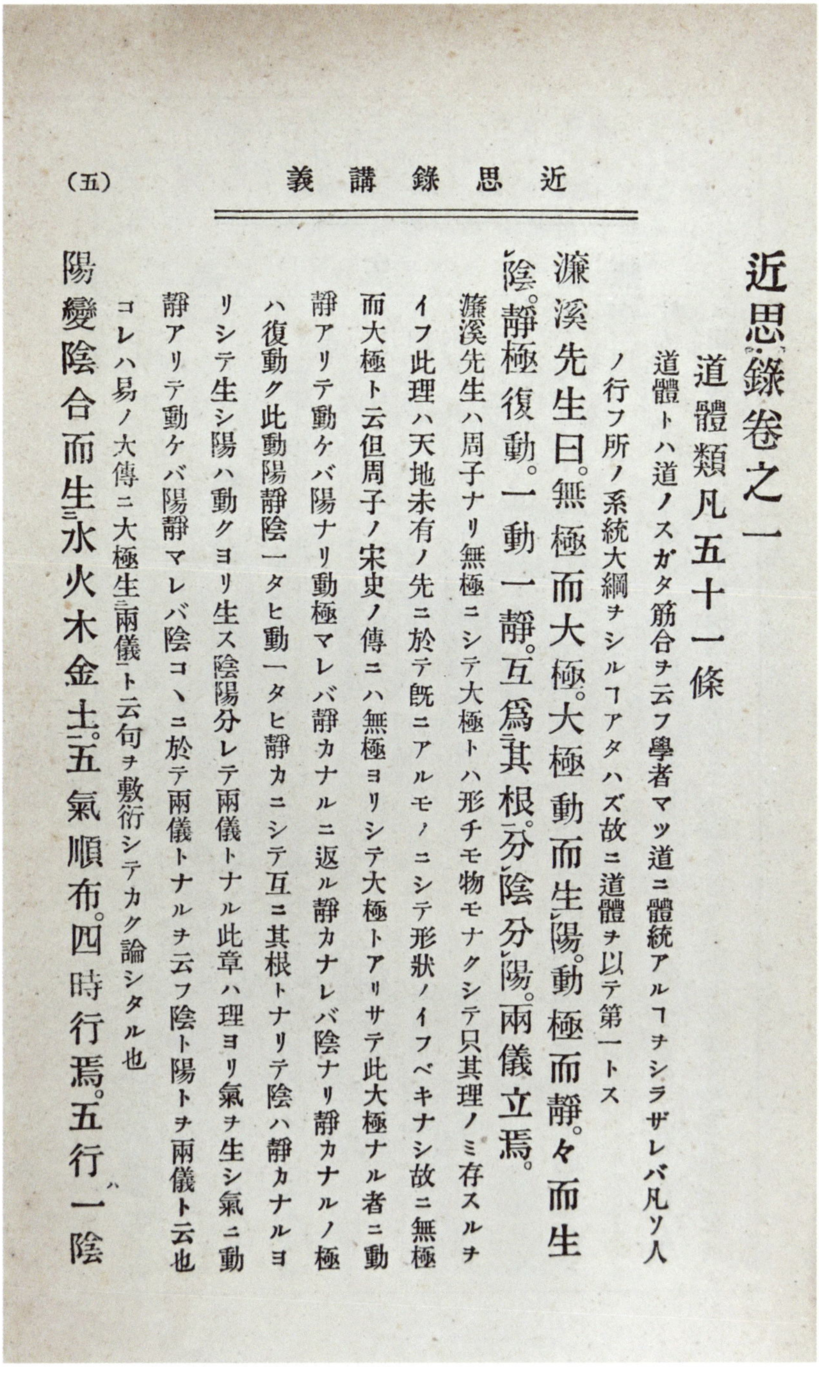

近思錄講義 （五）

近思錄卷之一

道體類凡五十一條

道體トハ道ノスガタ筋合ヲ云フ學者マヅ道ニ體統アルコヲシラザレバ凡ソ人ノ行フ所ノ系統大綱ヲシルコアタハズ故ニ道體ヲ以テ第一トス

濂溪先生曰。無極而大極。大極動而生陽。動極而靜。々而生陰。靜極復動。一動一靜。互爲其根。分陰分陽。兩儀立焉。

濂溪先生ハ周子ナリ無極ニシテ大極トハ形チモ物モナクシテ只其理ノミ存スルヲイフ此理ハ天地未有ノ先ニ於テ既ニアルモノニシテ形狀ノイフベキナシ故ニ無極而大極ト云但周子ノ宋史ノ傳ニハ無極ヨリシテ大極トアリサテ此大極ナル者ニ動靜アリテ動ケバ陽ナリ動極マレバ靜カナルニ返ル靜カナレバ陰ナリ靜カナルノ極ハ復動ク此動陽靜陰一タヒ動一タヒ靜カニシテ互ニ其根トナリテ陰ハ靜カナルヨリシテ生シ陽ハ動クヨリ生ス陰陽分レテ兩儀トナル此章ハ理ヨリ氣ヲ生シ氣ニ動靜アリテ動ケバ陽靜マレバ陰コヽニ於テ兩儀トナルヲ云フ陰ト陽トヲ兩儀ト云也

コレハ易ノ大傳ニ大極生兩儀ト云句ヲ敷衍シテカク論シタル也

陽變陰合而生水火木金土。五氣順布。四時行焉。五行一陰

圖 14-20　内藤耻叟講述《近思録》，
明治二十六年印本，
二松學舍大學藏

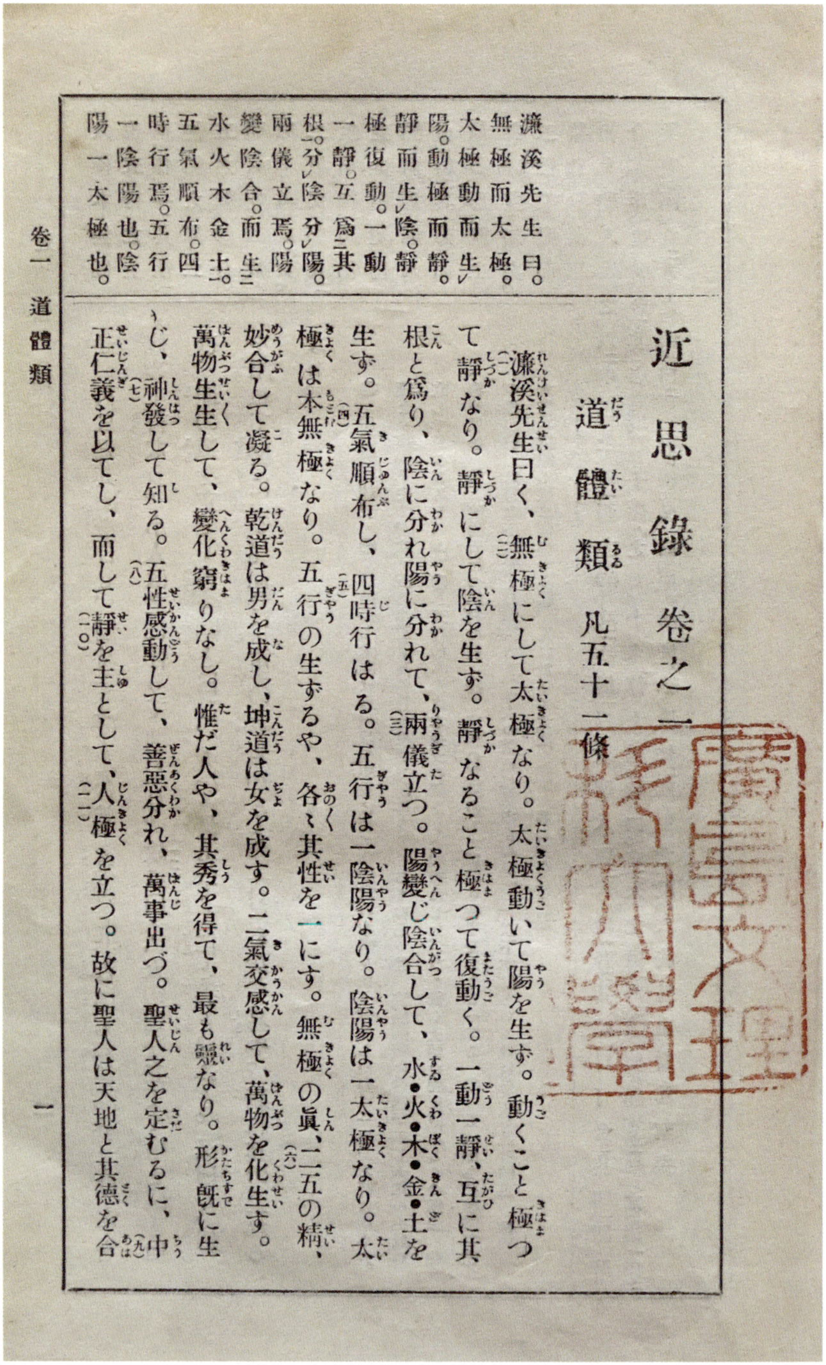

濂溪先生曰。無極而太極。太極動而生陽。動極而靜。靜而生陰。靜極復動。一動一靜。互爲其根。分陰分陽。兩儀立焉。陽變陰合。而生水火木金土。五氣順布。四時行焉。五行一陰陽也。陰陽一太極也。

近思錄卷之一

道體類 凡五十一條

(一)濂溪先生曰く、(二)無極にして太極なり。太極動いて陽を生ず。動くこと極つて靜なり。靜にして陰を生ず。靜なること極つて復動く。一動一靜、互に其根と爲り、陰に分れ陽に分れて、(三)兩儀立つ。陽變じ陰合して、水•火•木•金•土を生ず。(四)五氣順布し、(五)四時行はる。五行は一陰陽なり。陰陽は一太極なり。太極は本無極なり。五行の生ずるや、各〻其性を一にす。無極の眞、(六)二五の精、妙合して凝る。乾道は男を成し、坤道は女を成す。二氣交感して、萬物を化生す。萬物生生して、變化窮りなし。惟だ人や、其秀を得て、最も靈なり。形既に生じ、(七)神發して知る。(八)五性感動して、善惡分れ、萬事出づ。聖人之を定むるに、中(九)正仁義を以てし、而して(一〇)靜を主として、(一一)人極を立つ。故に聖人は天地と其德を合

廣島文理科大學

卷一 道體類 一

圖 15-2 林泰輔譯《近思録》，
《漢文叢書》本，
廣島大學藏

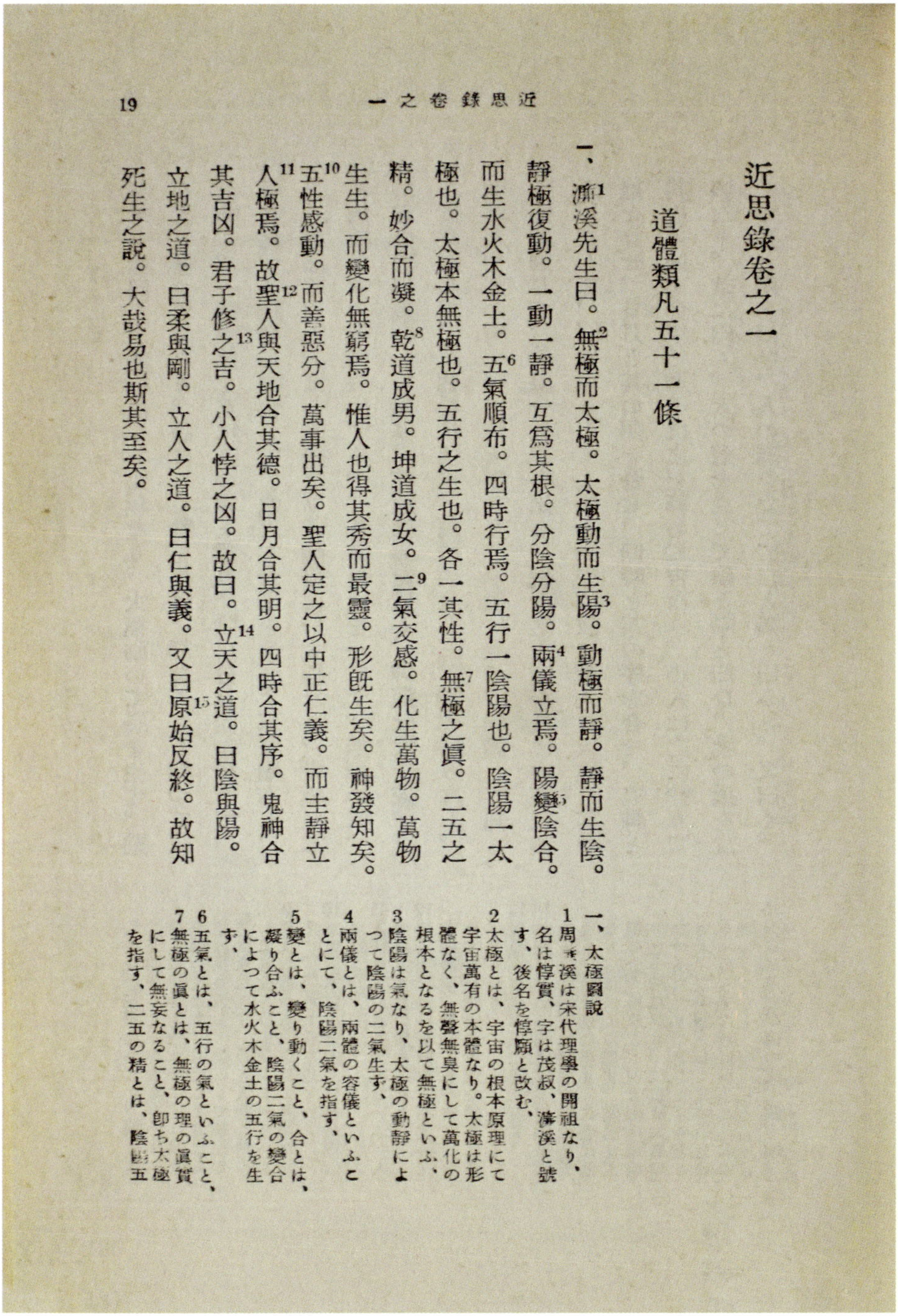

近思錄卷之一

道體類凡五十一條

一、濂[1]溪先生曰。無[2]極而太極。太極動而生陽[3]。動極而靜。靜而生陰。靜極復動。一動一靜。互爲其根。分陰分陽。兩[4]儀立焉。陽變[5]陰合。而生水火木金土。五[6]氣順布。四時行焉。五行一陰陽也。陰陽一太極也。太極本無極也。五行之生也。各一其性。無極之眞[7]。二五之精。妙合而凝。乾[8]道成男。坤道成女。二[9]氣交感。化生萬物。萬物生生。而變化無窮焉。惟人也得其秀而最靈。形既生矣。神發知矣。五[10]性感動。而善惡分。萬事出矣。聖人定之以中正仁義。而主靜立人[11]極焉。故聖[12]人與天地合其德。日月合其明。四時合其序。鬼神合其吉凶。君子修之吉[13]。小人悖之凶。故曰。立[14]天之道。曰陰與陽。立地之道。曰柔與剛。立人之道。曰仁與義。又曰原[15]始反終。故知死生之說。大哉易也斯其至矣。

一、太極圖說

1 周濂溪は宋代理學の開祖なり、名は惇實、字は茂叔、濂溪と號す、後名を惇頤と改む、

2 太極とは、宇宙の根本原理にて宇宙萬有の本體なり。太極は形體なく、無聲無臭にして萬化の根本となるを以て無極といふ、

3 陰陽は氣なり、太極の動靜によつて陰陽の二氣生ず、

4 兩儀とは、兩體の容儀といふことにて、陰陽二氣を指す、

5 變とは、變り動くこと、合とは、凝り合ふこと、陰陽二氣の變合によつて水火木金土の五行を生ず、

6 五氣とは、五行の氣といふこと、

7 無極の眞とは、無極の理の眞實にして無妄なること、卽ち太極を指す、二五の精とは、陰陽五

圖 15-4　秋月胤繼譯《近思録》，
岩波文庫本，
廣島大學藏

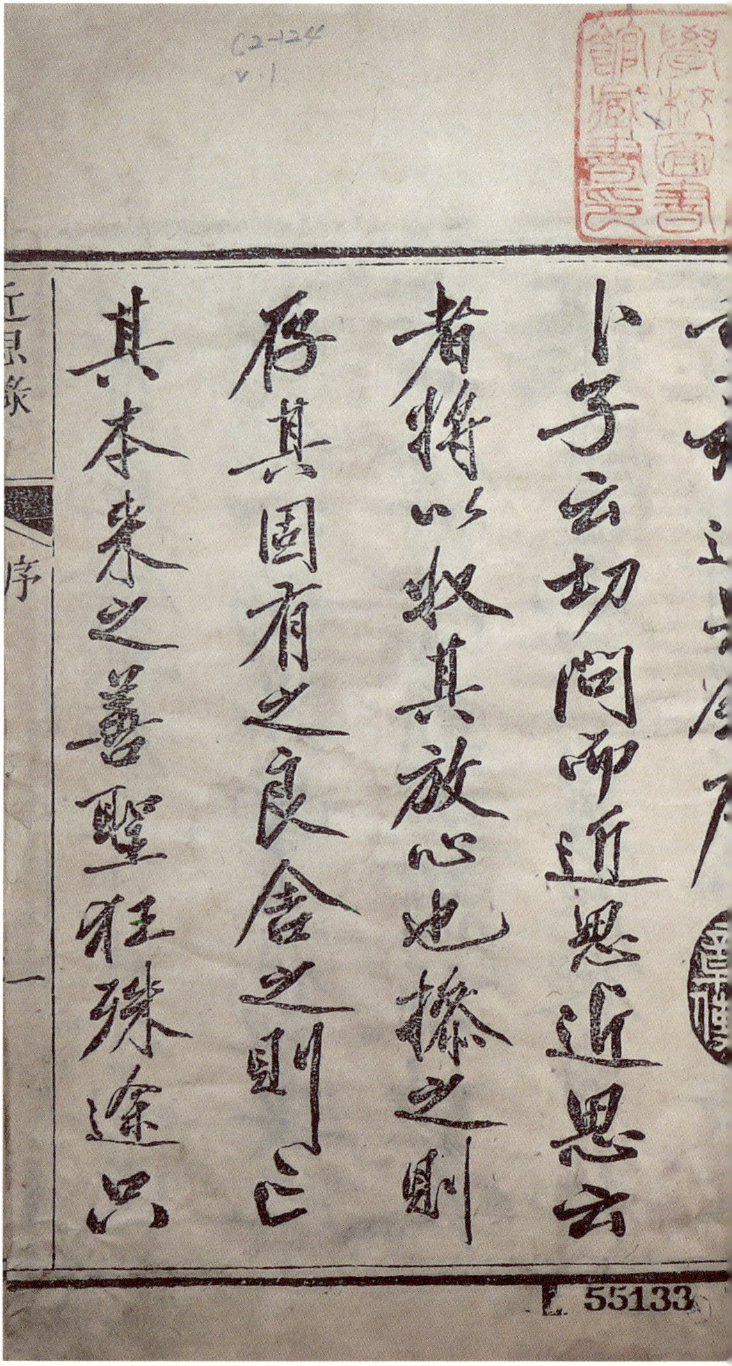
卜子云切問而近思近思云
者將以收其放心也擴之則
務其固有之良舍之則已
其本來之善聖狂殊途只
近思錄 序 一

圖 16-2　江永《朱子原訂近思録集注》，
清嘉慶十九年江西藩署刻本，
成均館大學校藏

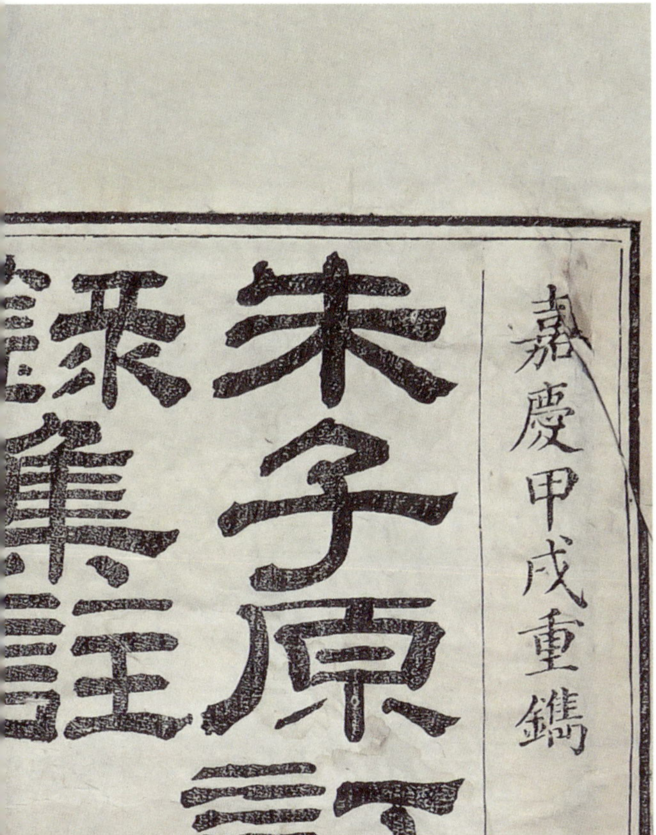
嘉慶甲戌重鐫

朱子原訂近思錄集註

板藏江西

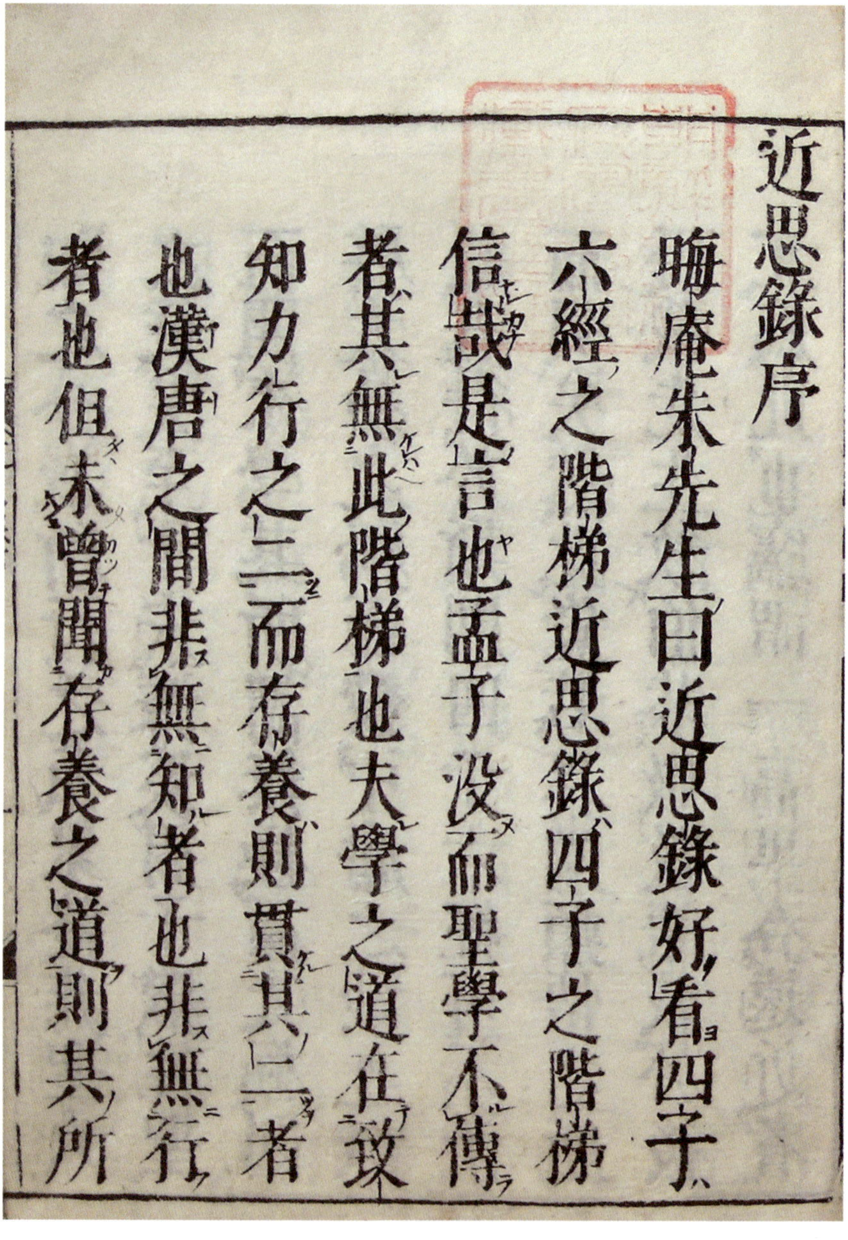

近思錄序

晦庵朱先生曰近思錄好看四子六經之階梯近思錄四子之階梯信哉是言也孟子沒而聖學不傳者其無此階梯也夫學之道在致知力行之二而存養則貫其二者也漢唐之間非無知者也非無行者也但未曾聞存養之道則其所

圖 16-7　朱熹、吕祖謙共撰《近思録》，
日本寬文十年山崎嘉訓點本，
韓國國立中央圖書館藏

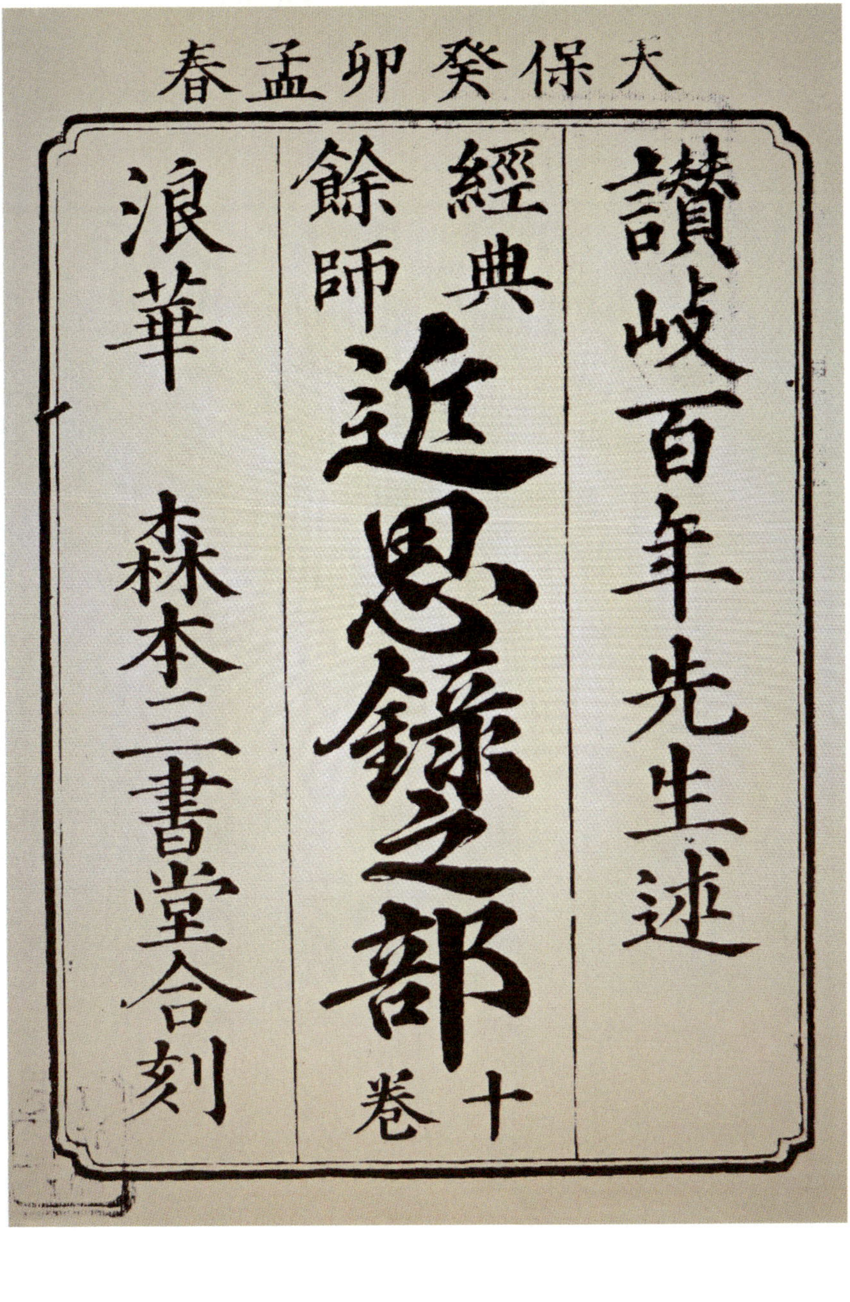

天保癸卯孟春

讃岐百年先生述

經典餘師 近思錄之部 十卷

浪華 森本三書堂合刻

圖 16-10　溪百年《近思録餘師》，
日本天保十四年森本三書堂合刻本，
韓國國立中央圖書館藏

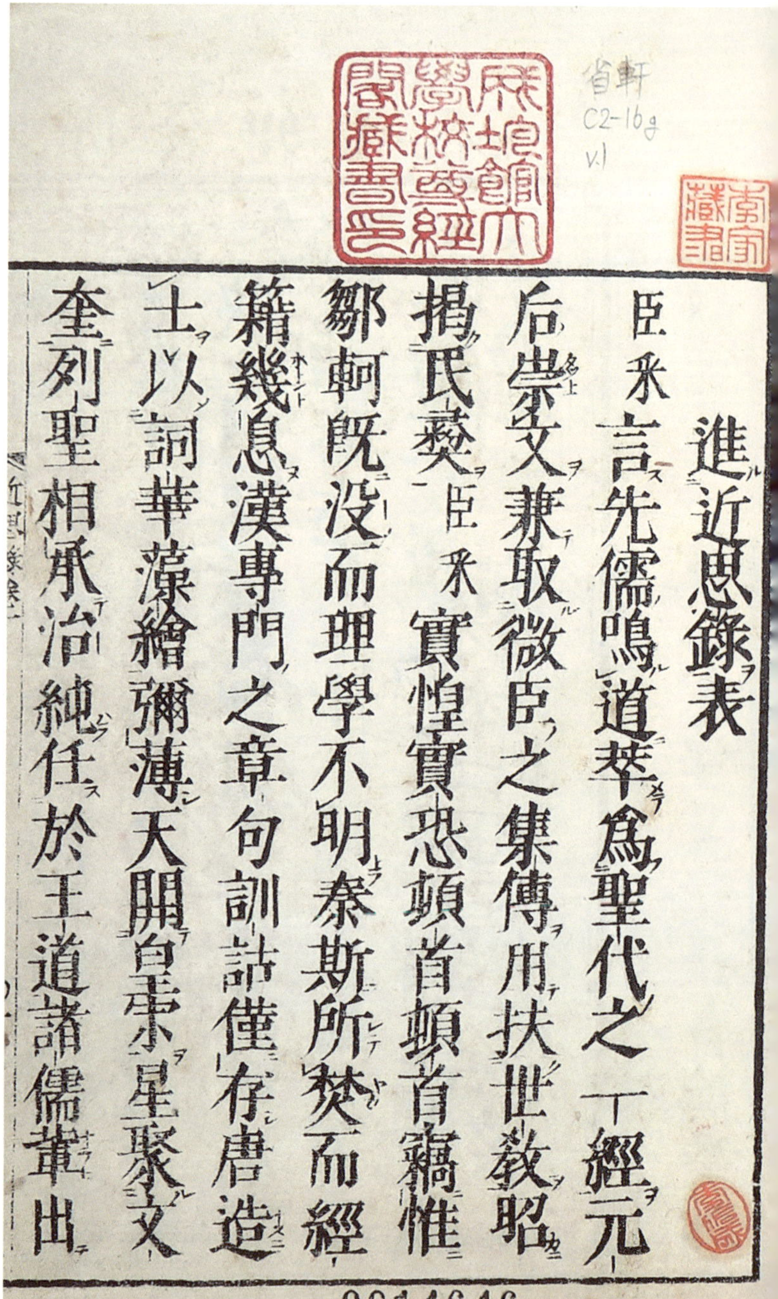
進近思錄表
臣采言先儒鳴道萃爲聖代之一經元
后崇文兼取微臣之集傳用扶世教昭
揭民彝臣采實惶實恐頓首頓首竊惟
鄒軻既沒而理學不明秦斯所焚而經
籍幾息漢專門之章句訓詁僅存唐造
士以詞華藻繪彌薄天開皇宋星聚文
奎列聖相承治純任於王道諸儒輩出

圖 16-12　葉采《近思録集解》，
日本文久四年刻本，
成均館大學校藏

文久四
歲再鐫
建安　葉采集解
近思
浪華書肆
嵩

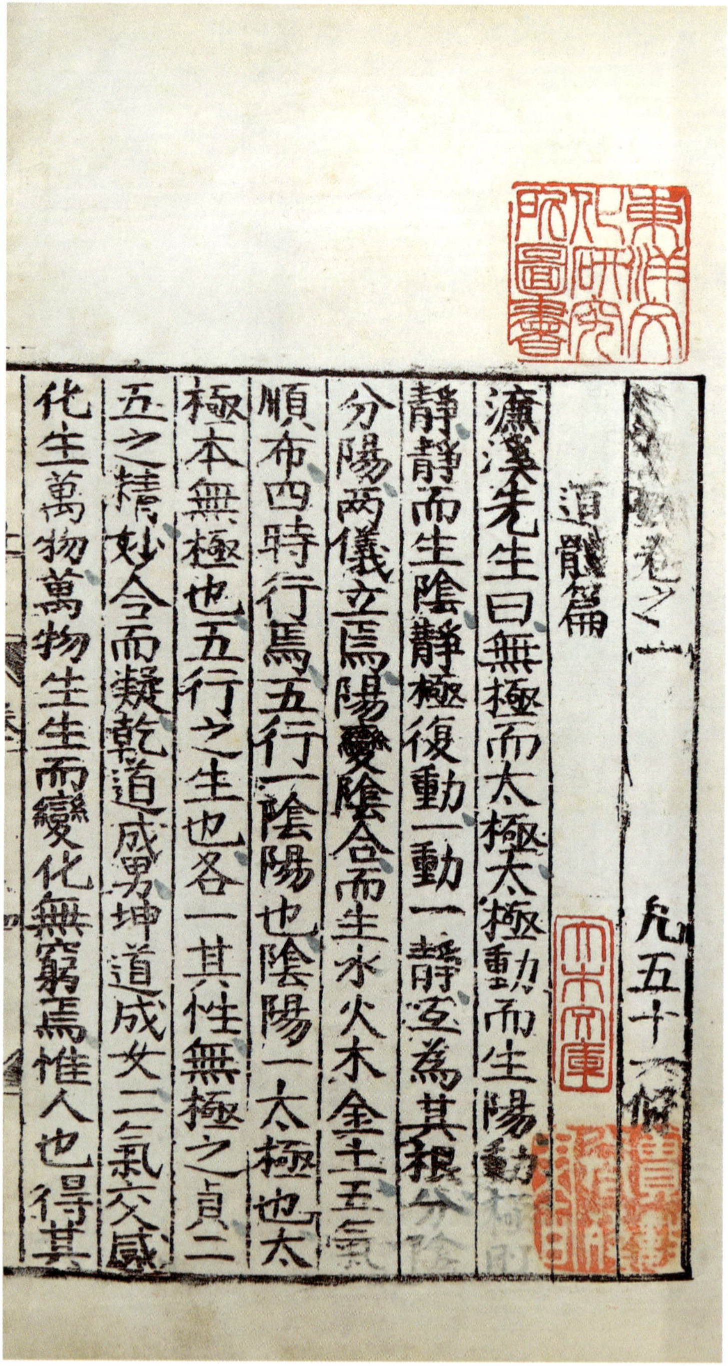

卷之一　凡五十一條

道體篇

濂溪先生曰無極而太極太極動而生陽動極而

靜靜而生陰靜極復動一動一靜互為其根分陰

分陽兩儀立焉陽變陰合而生水火木金土五氣

順布四時行焉五行一陰陽也陰陽一太極也太

極本無極也五行之生也各一其性無極之真二

五之精妙合而凝乾道成男坤道成女二氣交感

化生萬物萬物生生而變化無窮焉惟人也得其

圖 17-1　朱熹、吕祖謙共撰《近思録》，
明嘉靖六年刻本，
東京大學東洋文化研究所藏

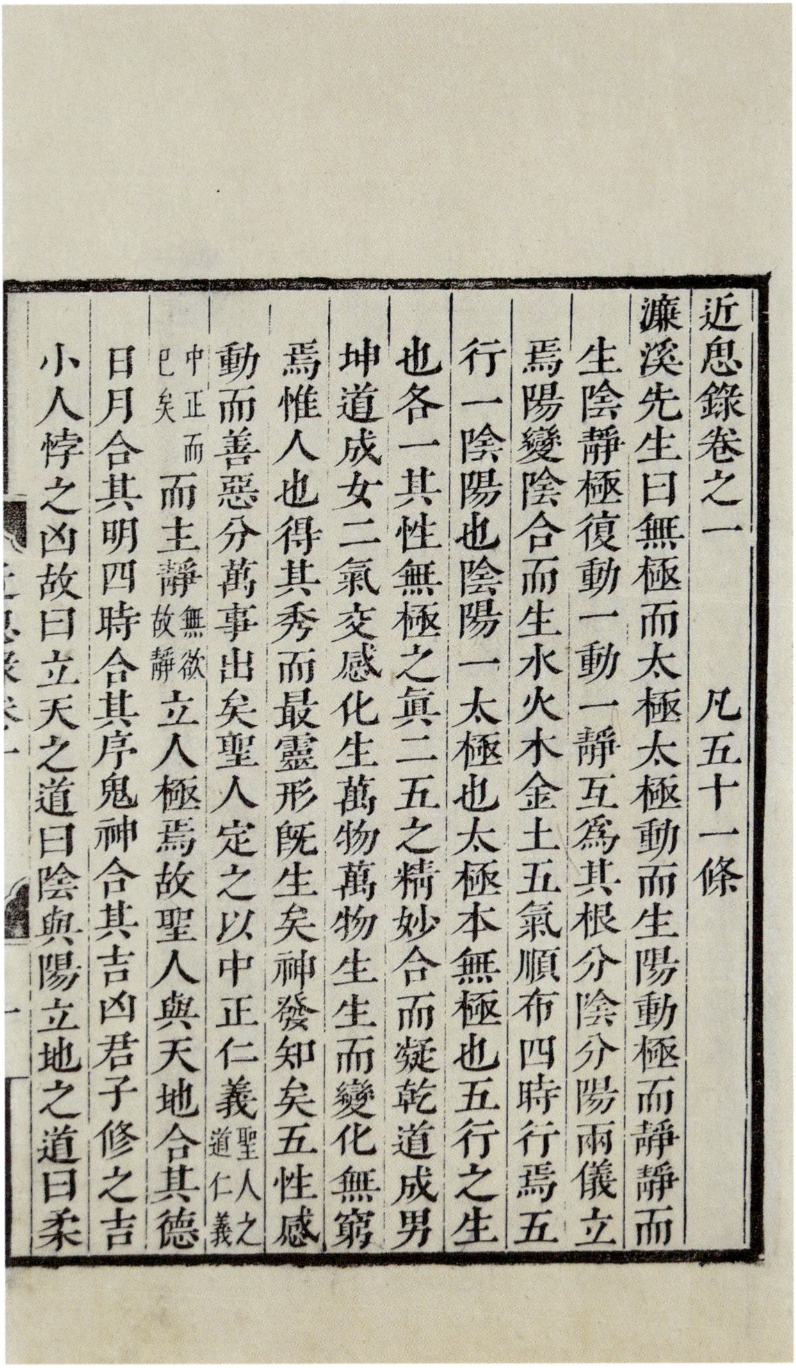
近思錄卷之一　　凡五十一條

濂溪先生曰無極而太極太極動而生陽動極而靜靜而生陰靜極復動一動一靜互爲其根分陰分陽兩儀立焉陽變陰合而生水火木金土五氣順布四時行焉五行一陰陽也陰陽一太極也太極本無極也五行之生也各一其性無極之眞二五之精妙合而凝乾道成男坤道成女二氣交感化生萬物萬物生生而變化無窮焉惟人也得其秀而最靈形既生矣神發知矣五性感動而善惡分萬事出矣聖人定之以中正仁義（聖人之道仁義中正而已矣）而主靜（無欲故靜）立人極焉故聖人與天地合其德日月合其明四時合其序鬼神合其吉凶君子修之吉小人悖之凶故曰立天之道曰陰與陽立地之道曰柔

圖 17-2　朱熹、吕祖謙共撰《近思録》，
清初《朱子遺書》本，
日本國立公文書館藏

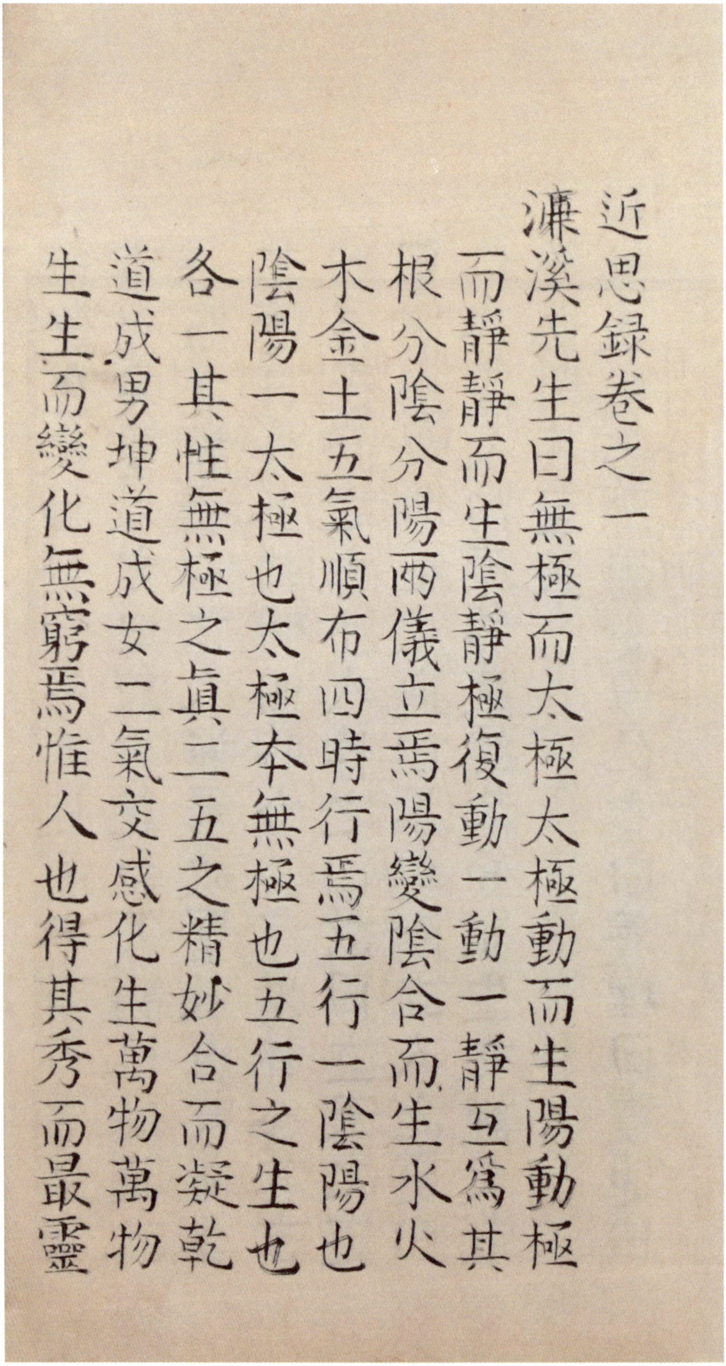

近思録卷之一
濂溪先生曰無極而太極太極動而生陽動極
而靜靜而生陰靜極復動一動一靜互爲其
根分陰分陽兩儀立焉陽變陰合而生水火
木金土五氣順布四時行焉五行一陰陽也
陰陽一太極也太極本無極也五行之生也
各一其性無極之眞二五之精妙合而凝乾
道成男坤道成女二氣交感化生萬物萬物
生生而變化無窮焉惟人也得其秀而最靈

圖 17-3　朱熹、吕祖謙共撰《近思録》，
清初抄寫本，
日本國立公文書館藏

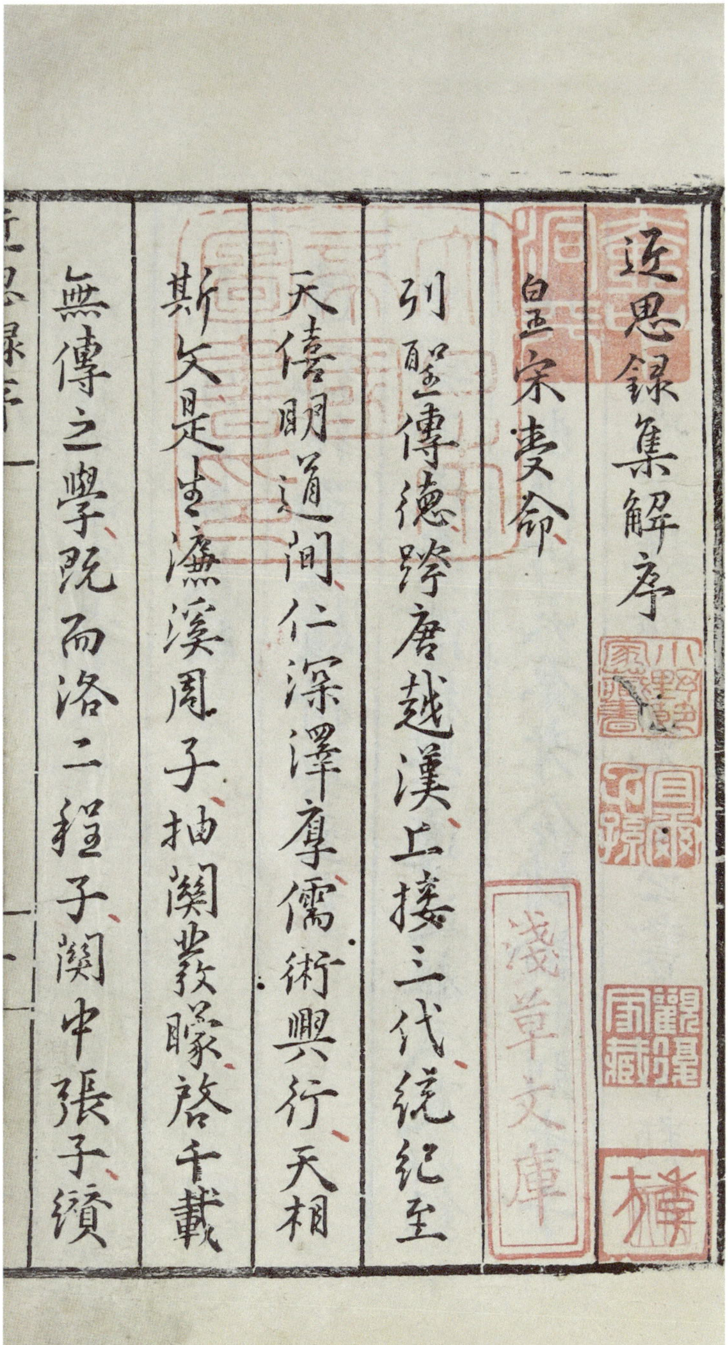

近思録集解序
皇宋受命
列聖傳德跨唐越漢上接三代統紀至
天僖明道間仁深澤厚儒術興行天相
斯文是生濂溪周子抽關發矇啓千載
無傳之學既而洛二程子闡中張子纘

圖 17-4　葉采《近思録集解》，
明代刻本，
日本國立公文書館藏

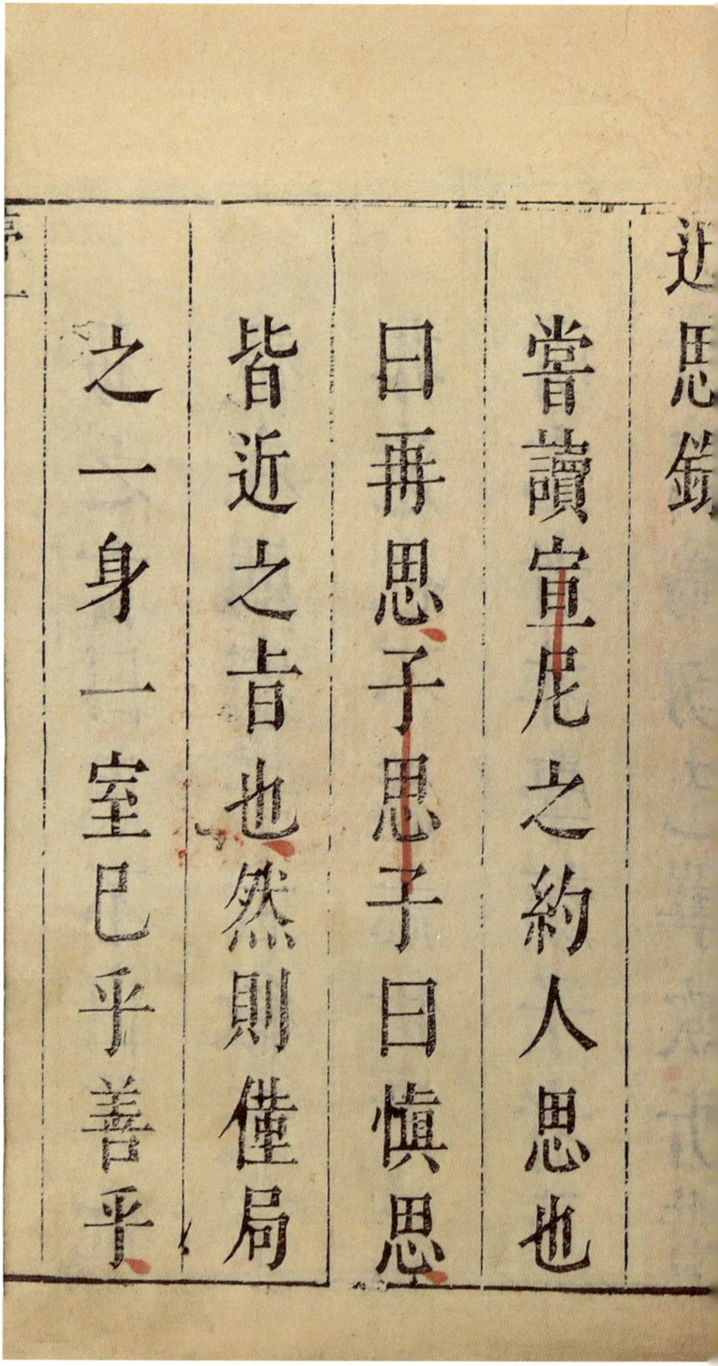

近思錄

嘗讀宣尼之約人思也曰再思子思子曰慎思皆近之旨也然則僅局之一身一室已乎善乎

圖 17-5　葉采《近思録集解》，
明崇禎八年陸雲龍校訂本，
東京都立中央圖書館藏

4

翠娛閣訂定

近思錄

聖主崇文正理學大明之日茲錄乃性理則濂
洛關閩淵源近
宗師亦首崇之本坊特求善本精校以公四
方具眼宜共珍焉

聚古堂梓行

日比谷圖書館
27.10.11
062784

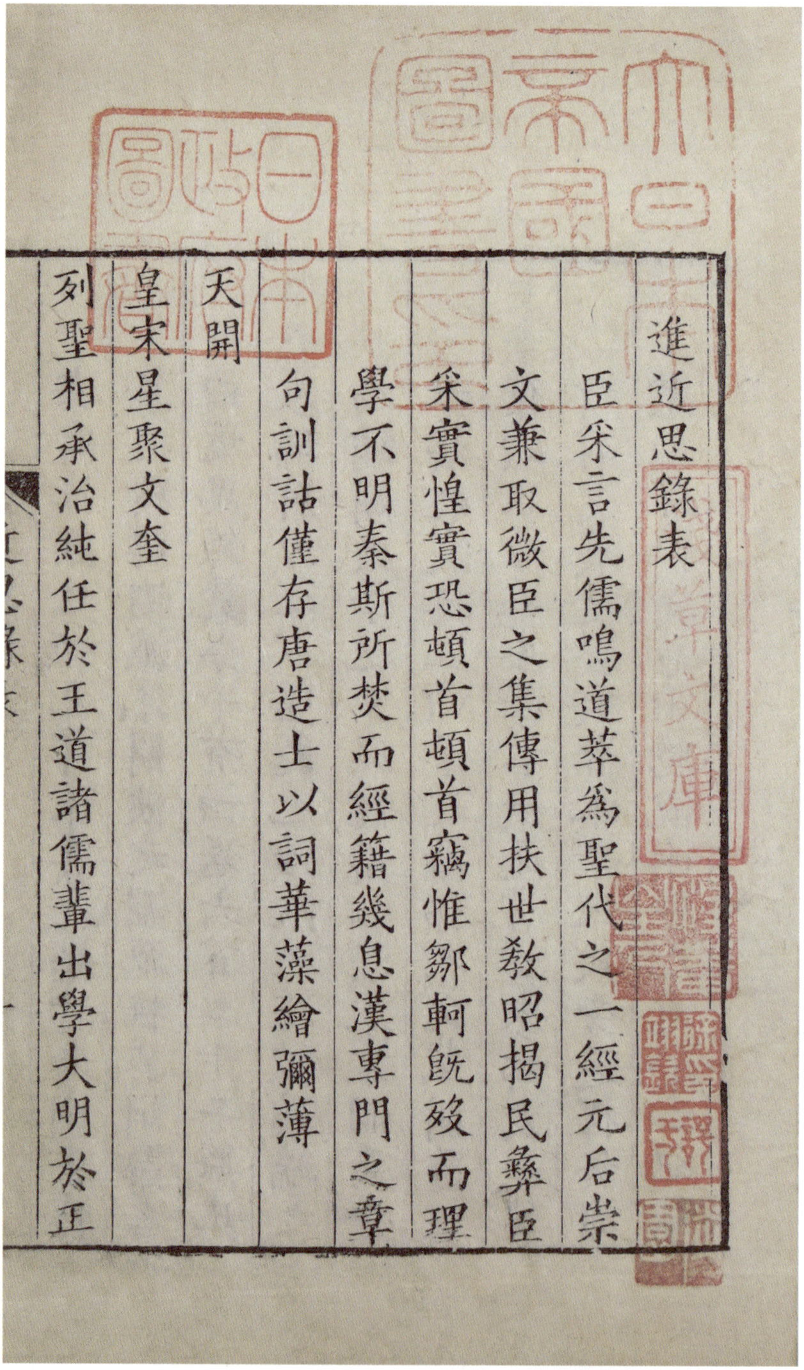
進近思録表
臣采言先儒鳴道萃爲聖代之一經元后崇
文兼取微臣之集傳用扶世教昭揭民彝臣
采實惶實恐頓首頓首竊惟鄒軻既歿而理
學不明秦斯所焚而經籍幾息漢專門之章
句訓詁僅存唐造士以詞華藻繪彌薄
天開
皇宋星聚文奎
列聖相承治純任於王道諸儒輩出學大明於正

圖 17-6　葉采《近思録集解》，
清康熙年間刻本，
日本國立公文書館藏

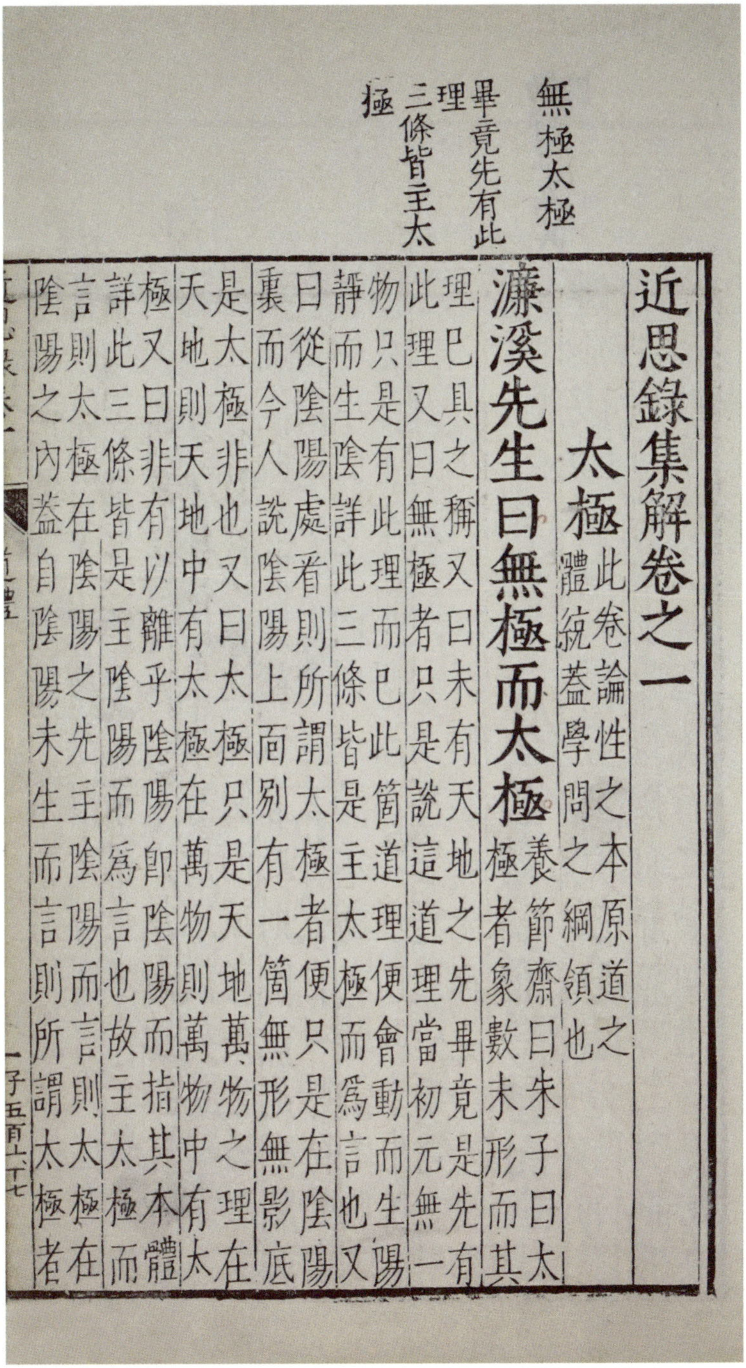

無極太極
畢竟先有此理
三條皆主太極

近思錄集解卷之一

太極此卷論性之本原道之體統蓋學問之綱領也

濂溪先生曰無極而太極養節齋曰朱子曰太極者象數未形而其理已具之稱又曰未有天地之先畢竟是先有此理又曰無極者只是說這道理當初元無一物只是有此理而已此箇道理便會動而生陽靜而生陰詳此三條皆是主太極而爲言也又曰從陰陽處看則所謂太極者便只是在陰陽裏而今人說陰陽上面別有一箇無形無影底是太極非也又曰太極只是天地萬物之理在天地則天地中有太極在萬物則萬物中有太極又曰非有以離乎陰陽即陰陽而指其本體詳此三條皆是主陰陽而爲言也故主太極而言則太極在陰陽之先主陰陽而言則太極在陰陽之內蓋自陰陽未生而言則所謂太極者

圖 17–11　葉采《近思録集解》，
明刊本，
藏家題署“明汪道昆”校訂，
日本國立公文書館藏

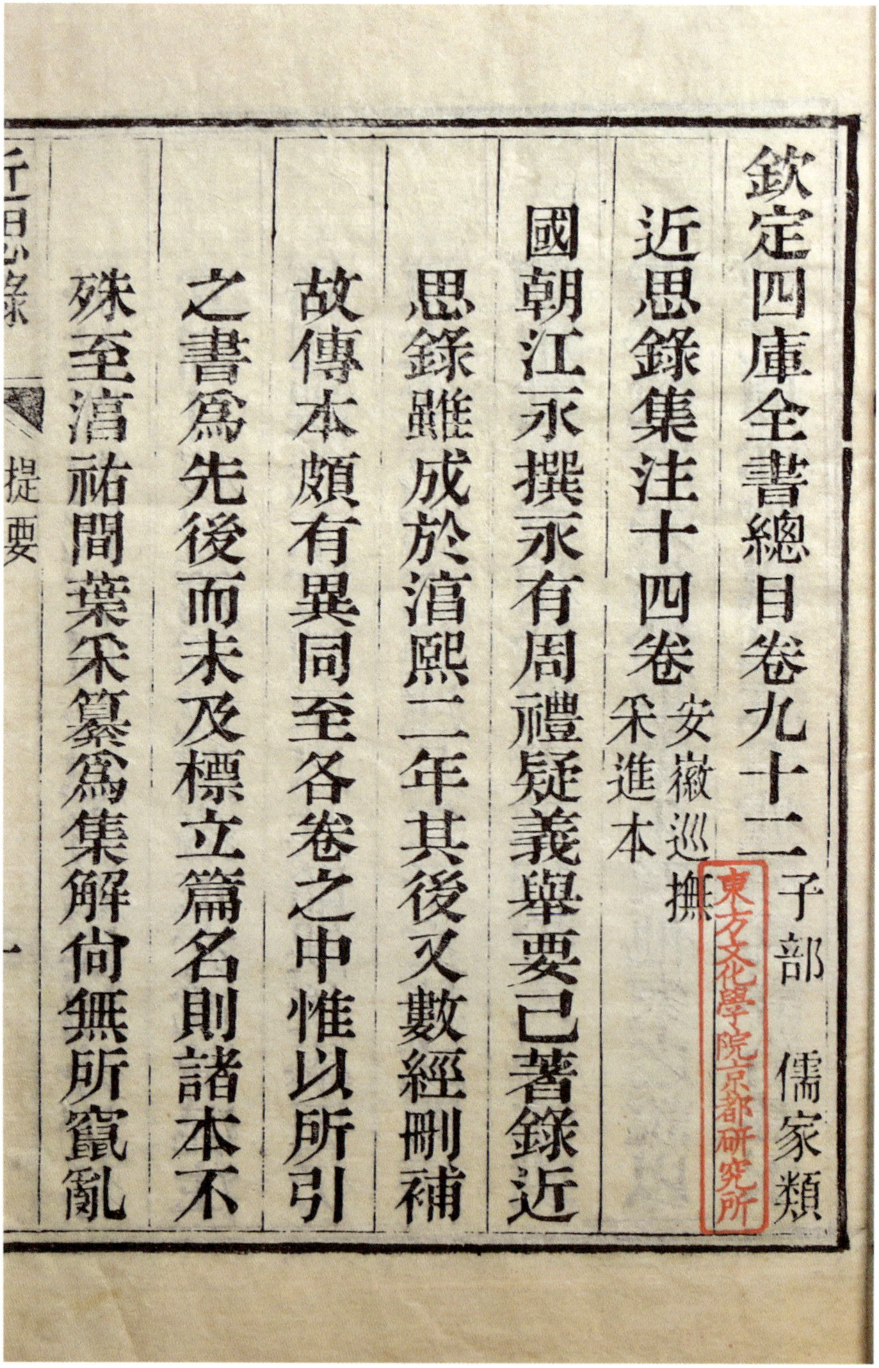

欽定四庫全書總目卷九十二　子部　儒家類

近思錄集注十四卷　安徽巡撫采進本

國朝江永撰永有周禮疑義舉要已著錄近思錄雖成於淳熙二年其後又數經删補故傳本頗有異同至各卷之中惟以所引之書爲先後而未及標立篇名則諸本不殊至淳祐間葉采纂爲集解尙無所竄亂

近思錄　提要　一

圖 17-14　江永《近思録集注》，
清光绪二十五年浙江官書局刻本，
京都大學藏

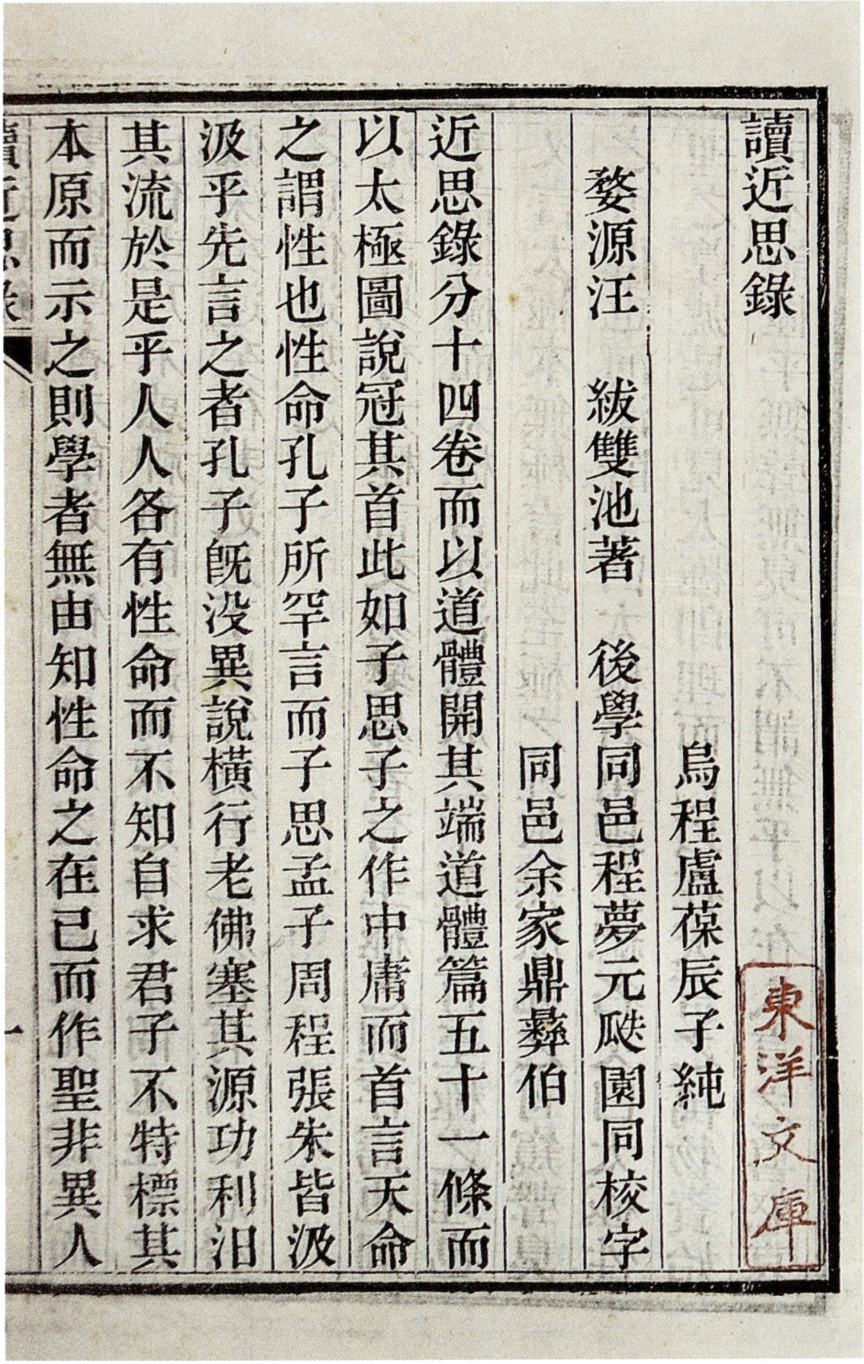

讀近思錄　　烏程盧葆辰子純
婺源汪　紱雙池著　後學同邑程夢元颬園同校字
同邑余家鼎彝伯
近思錄分十四卷而以道體開其端道體篇五十一條而
以太極圖說冠其首此如子思子之作中庸而首言天命
之謂性也性命孔子所罕言而子思孟子周程張朱皆汲
汲乎先言之者孔子既沒異說橫行老佛塞其源功利汨
其流於是乎人人各有性命而不知自求君子不特標其
本原而示之則學者無由知性命之在已而作聖非異人

讀近思錄　一

東洋文庫

圖 17-17　汪紱《讀近思録》，
清光緒二十二年刻本，
東洋文庫藏

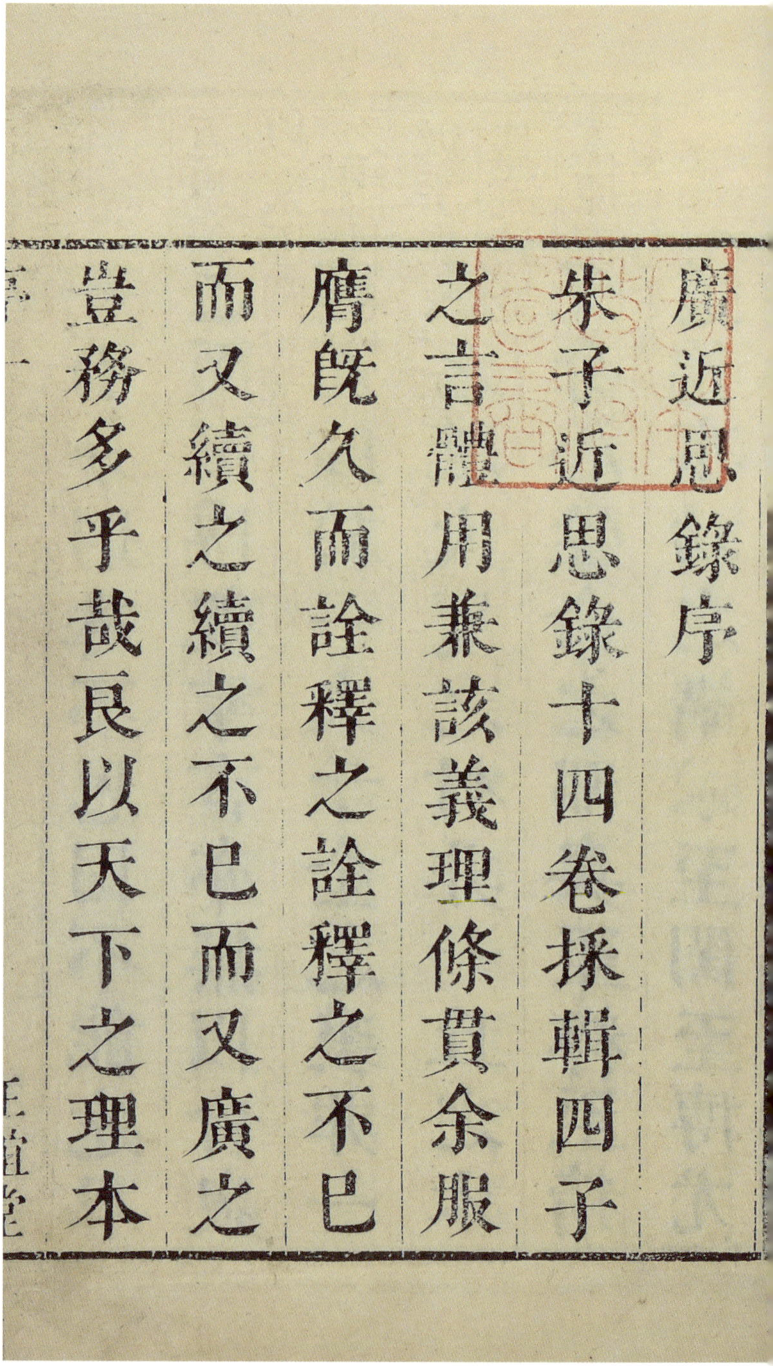
廣近思錄序

朱子近思錄十四卷採輯四子之言體用兼該義理條貫余服膺既久而詮釋之詮釋之不已而又續之續之不已而又廣之豈務多乎哉良以天下之理本

序　一　　正誼堂

圖 17-21　張伯行《廣近思録》，
清康熙五十年姑蘇正誼堂刻本，
日本國立公文書館藏

康熙五十年鐫

張大中丞訂

廣近思錄

正誼堂藏板

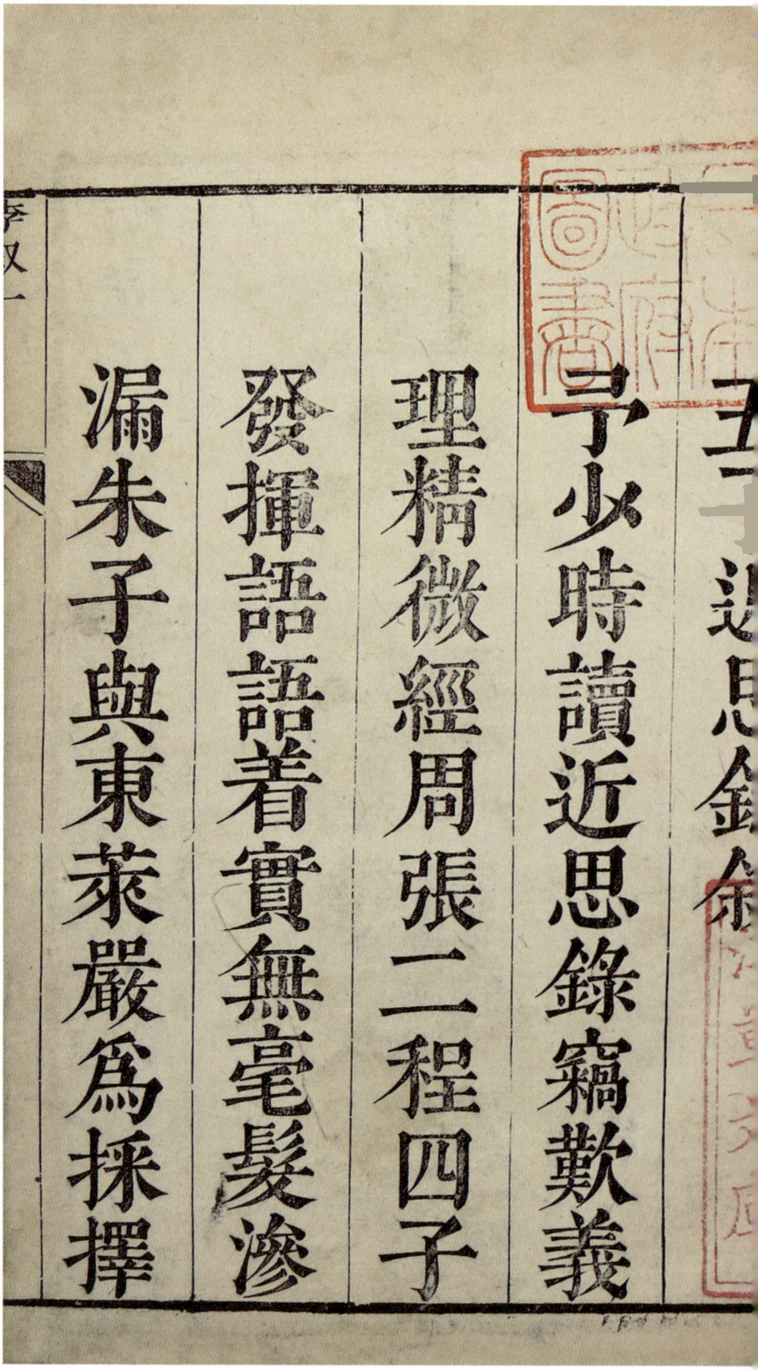
予少時讀近思錄竊歎義
理精微經周張二程四子
發揮語語着實無毫髮滲
漏朱子與東萊嚴爲採擇

圖 17-22　汪佑《五子近思録》，
清康熙三十三金閶勤有樓刻本，
日本國立公文書館藏

周程張朱合編

新安汪星溪先生訂補

五子近思錄

金閶勤有樓藏板

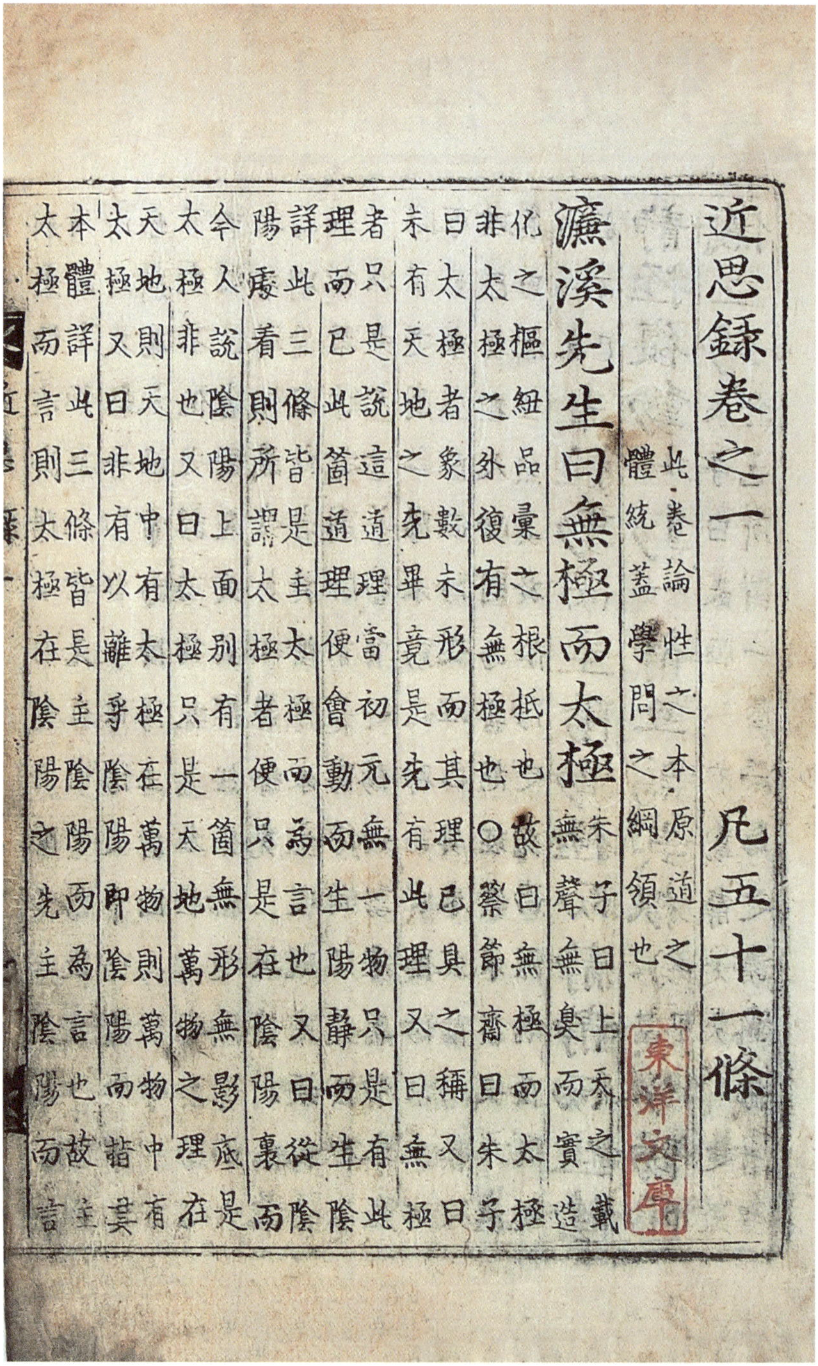

近思録卷之一　凡五十一條

此卷論性之本原道之體統蓋學問之綱領也

濂溪先生曰無極而太極朱子曰上天之載無聲無臭而實造化之樞紐品彙之根柢也故曰無極而太極非太極之外復有無極也○蔡節齋曰朱子曰太極者象數未形而其理已具之稱又曰未有天地之先畢竟是先有此理又曰無極者只是說這道理當初元無一物只是有此理而已此箇道理便會動而生陽靜而生陰詳此三條皆是主太極而爲言也又曰從陰陽處看則所謂太極者便只是在陰陽裏而今人說陰陽上面別有一箇無形無影底是太極非也又曰太極只是天地萬物之理在天地則天地中有太極在萬物則萬物中有太極又曰非有以離乎陰陽即陰陽而指其本體詳此三條皆是主陰陽而爲言也故主太極而言則太極在陰陽之先主陰陽而言

東洋文庫

圖 17-25　葉采《近思録集解》，
朝鮮銅活字本，
東洋文庫藏